DICTIONNAIRE
DES HÉRÉSIES
DES ERREURS ET DES SCHISMES,
ou
MÉMOIRES
POUR SERVIR A L'HISTOIRE
DES ÉGAREMENTS DE L'ESPRIT HUMAIN
PAR RAPPORT A LA RELIGION CHRÉTIENNE;
PRÉCÉDÉ
D'UN DISCOURS DANS LEQUEL ON RECHERCHE QUELLE A ÉTÉ LA RELIGION PRIMITIVE DES HOMMES,
LES CHANGEMENTS QU'ELLE A SOUFFERTS JUSQU'A LA NAISSANCE DU CHRISTIANISME;
LES CAUSES GÉNÉRALES, LES FILIATIONS ET LES EFFETS DES HÉRÉSIES
QUI ONT DIVISÉ LES CHRÉTIENS;

PAR PLUQUET.

OUVRAGE AUGMENTÉ DE PLUS DE 400 ARTICLES, DISTINGUÉS DES AUTRES PAR DES ASTÉRISQUES;
CONTINUÉ JUSQU'A NOS JOURS POUR TOUTES LES MATIÈRES QUI EN FONT LE SUJET, COMME POUR LE DISCOURS PRÉLIMINAIRE,
REVU ET CORRIGÉ D'UN BOUT A L'AUTRE;

DÉDIÉ A NOTRE SAINT-PÈRE LE PAPE PIE IX,
PAR M. L'ABBÉ J.-Jn CLARIS,
ANCIEN PROFESSEUR DE THÉOLOGIE;

SUIVI

1° D'UN DICTIONNAIRE NOUVEAU DES JANSÉNISTES, CONTENANT UN APERÇU HISTORIQUE DE LEUR VIE, ET UN EXAMEN CRITIQUE
DE LEURS LIVRES,
PAR M. L'ABBÉ *****,
Membre de plusieurs sociétés savantes;

2° DE L'*Index* DES LIVRES DÉFENDUS PAR LA SACRÉE CONGRÉGATION DE CE NOM, DEPUIS SA CRÉATION JUSQU'A NOS JOURS,
3° DES PROPOSITIONS CONDAMNÉES PAR L'ÉGLISE DEPUIS L'AN 411 JUSQU'A PRÉSENT;
4° DE LA LISTE COMPLÈTE DES OUVRAGES CONDAMNÉS PAR LES TRIBUNAUX FRANÇAIS, AVEC LE TEXTE DES
JUGEMENTS ET ARRÊTS TIRÉS DU *Moniteur*.

Publié par M. l'abbé Migne,
ÉDITEUR DES **COURS COMPLETS** SUR CHAQUE BRANCHE DE LA SCIENCE RELIGIEUSE.

TOME SECOND.

2 VOL. PRIX : 16 FRANCS.

CHEZ L'ÉDITEUR,
AUX ATELIERS CATHOLIQUES DU PETIT-MONTROUGE,
BARRIÈRE D'ENFER DE PARIS.

1847

Paris. — Imprimerie de VRAYET DE SURCY, rue de Sèvres, 57.

ENCYCLOPÉDIE THÉOLOGIQUE,

OU

SÉRIE DE DICTIONNAIRES SUR TOUTES LES PARTIES DE LA SCIENCE RELIGIEUSE,

OFFRANT EN FRANÇAIS

LA PLUS CLAIRE, LA PLUS FACILE, LA PLUS COMMODE, LA PLUS VARIÉE
ET LA PLUS COMPLÈTE DES THÉOLOGIES.

CES DICTIONNAIRES SONT :

D'ÉCRITURE SAINTE, DE PHILOLOGIE SACRÉE, DE LITURGIE, DE DROIT CANON, D'HÉRÉSIES ET
DE SCHISMES, DES LIVRES JANSÉNISTES, MIS A L'INDEX ET CONDAMNÉS, DES PROPOSITIONS
CONDAMNÉES, DE CONCILES, DE CÉRÉMONIES ET DE RITES, DE CAS DE CONSCIENCE,
D'ORDRES RELIGIEUX (HOMMES ET FEMMES), DE LÉGISLATION RELIGIEUSE, DE
THÉOLOGIE DOGMATIQUE ET MORALE, DES PASSIONS, DES VERTUS ET DES VICES,
D'HISTOIRE ECCLÉSIASTIQUE, D'ARCHÉOLOGIE SACRÉE, DE MUSIQUE RELI-
GIEUSE, DE GÉOGRAPHIE SACRÉE ET ECCLÉSIASTIQUE, D'HÉRALDIQUE
ET DE NUMISMATIQUE RELIGIEUSES, DES DIVERSES RELIGIONS,
DE PHILOSOPHIE, DE DIPLOMATIQUE CHRÉTIENNE
ET DES SCIENCES OCCULTES.

PUBLIÉE

PAR M. L'ABBÉ MIGNE,

ÉDITEUR DES **COURS COMPLETS** SUR CHAQUE BRANCHE DE LA SCIENCE RELIGIEUSE.

50 VOLUMES IN-4°.

PRIX : 6 FR. LE VOL. POUR LE SOUSCRIPTEUR A LA COLLECTION ENTIÈRE, 7 FR., 8 FR., ET MÊME 10 FR. POUR LE
SOUSCRIPTEUR A TEL OU TEL DICTIONNAIRE PARTICULIER.

TOME DOUZIÈME.

DICTIONNAIRE DES HÉRÉSIES, DES SCHISMES, DES AUTEURS ET DES LIVRES
JANSÉNISTES, DES OUVRAGES MIS A L'INDEX, DES PROPOSITIONS
CONDAMNÉES PAR L'ÉGLISE, ET DES OUVRAGES
CONDAMNÉS PAR LES TRIBUNAUX
FRANÇAIS.

TOME SECOND.

2 VOL. PRIX : 16 FRANCS.

CHEZ L'ÉDITEUR,

AUX ATELIERS CATHOLIQUES DU PETIT-MONTROUGE,
RUE D'AMBOISE, BARRIÈRE D'ENFER DE PARIS.

1847

DICTIONNAIRE
DES HÉRÉSIES,
DES ERREURS ET DES SCHISMES,
ou
MÉMOIRES POUR SERVIR A L'HISTOIRE DES ÉGAREMENTS DE L'ESPRIT HUMAIN,
PAR RAPPORT A LA RELIGION CHRÉTIENNE.

R

*RATIONALISME. Il faut distinguer deux époques : le rationalisme ancien et le rationalisme moderne.

Rationalisme ancien. Au milieu des extravagances de l'idolâtrie, des hommes sages ont paru. Justement choqués de l'absurdité du dogme et de l'abomination du culte, qu'avaient-ils à faire? à remonter à la source des traditions. Dieu leur en avait ménagé les moyens : un homme d'abord, une famille ensuite, un peuple enfin sont constitués les gardiens de la tradition ; plus les ténèbres augmentent, plus le phare lumineux s'élève. Mais les sages se fourvoyèrent; au lieu de recourir aux Hébreux, ils interrogèrent l'Egypte : de là le dégoût des traditions. Ceux qu'on nommait les sages ont voulu y suppléer, ont pris confiance en eux-mêmes, ont renoncé à la foi, ont entrepris de constituer la vérité sans elle : c'est la première époque du *rationalisme*.

Pour en trouver la racine, il faut fouiller dans les temples d'Egypte, distinguer de la doctrine exotérique des Egyptiens leur doctrine ésotérique, suivre la marche et les progrès de celle-ci : 1° raison et explication des symboles; 2° doctrine du principe actif et du principe passif ; 3° enfin panthéisme. Ce qui était théologie secrète en Egypte devient mystères en Grèce. Entre la théologie et le *rationalisme*, l'institut de Pythagore est la transition. Bientôt l'esprit humain s'élance par toutes les voies à la conquête des vérités primordiales : mis à l'œuvre, le raisonnement, la sensation, le sensualisme échouent; le scepticisme gagne du terrain; la philosophie éplorée se jette dans l'éclectisme et s'y éteint.

Mais, pendant que s'accomplissait cette épreuve, s'opérait une autre révolution. Les traditions primitives, concentrées dans la Judée, commencent à se répandre au dehors au moyen 1° de la dispersion d'Israël ; 2° de la captivité de Juda. Plus tard, les juifs circulent en tous lieux, portant avec eux leurs livres sacrés traduits. Un bruit sourd annonce au monde un libérateur : il doit sortir de la Judée, il rétablira toutes choses. L'avènement du Messie justifie la prédiction ; le genre humain rentre dans sa voie; une longue période de foi se prépare : cette foi guidera la science dans les siècles éclairés, et vaincra l'ignorance dans les âges d'obscurcissement.

Rationalisme moderne. Après avoir sommeillé longtemps, le *rationalisme* se réveille. Il marche d'abord parallèlement à la foi : puis il se hasarde à la perdre de vue; enfin il rompt avec elle.

La raison devient altière ; elle cite la religion à sa barre. Après avoir étendu sa domination sur les sciences morales et politiques, la voilà qui s'attaque aux faits. *Voy.* STRAUSS. On avait fait de la religion *a priori*, de la morale *a priori*, il ne restait qu'à faire de l'histoire *a priori* : c'est ce qu'on a tenté. Dès lors le *rationalisme* a dépassé son terme : il ne peut plus que rétrograder.

Le mouvement rétrograde est déjà commencé ; la lassitude a gagné les adeptes ; de là, le désabusement et les défections. Quelques-uns se sont jetés dans l'éclectisme; les plus sages dans l'école écossaise; le reste erre dans un rêve vague de progrès indéfini.

Le *rationalisme* antique pouvait donner la raison de son existence, le *rationalisme* actuel ne le peut pas : c'est un soulèvement sans motifs de l'orgueil humain contre la foi.

Pour se constituer en dehors des traditions, le *rationalisme* moderne a mis tout en œuvre : vains efforts ! Toutes les facultés humaines ont été mises en jeu : résultat nul ! Toutefois, l'orgueil humain tient bon.

Pour empêcher qu'il n'y ait accord entre la raison et la foi, que le christianisme et la science ne se rapprochent, il évoque avec appareil le fantôme du moyen âge: mais christianisme et moyen âge ne sont pas choses identiques.

Il s'écrie qu'il faut aller en avant, quoi

qu'il arrive : mais, si l'on est mal engagé, pourquoi ne pas revenir en arrière!

Il s'indigne qu'on propose à l'esprit une foi aveugle : mais on ne propose qu'une foi raisonnable.

Pendant que l'orgueil philosophique se débat, la raison publique a pris l'avance : saturée de *rationalisme*, elle n'en veut plus. Les théories *a priori* sont décréditées : on demande des faits. Il y a donc un mouvement réactionnaire, qui doit tourner à l'avantage des traditions, et les hommes de foi ont en ce moment une grande mission à remplir. Mais il faut qu'ils connaissent l'esprit de la génération présente, qu'ils se placent sur le terrain des faits, qu'ils se mettent en rapport avec la science moderne, sans se précipiter au-devant des nouveautés, sans admettre légèrement les faits ni accueillir des théories équivoques : la science n'est pas infaillible et ne saurait prévaloir sur la parole sacrée. Que les apologistes chrétiens se tiennent fermes sur les traditions : ils domineront la science et pourront l'attendre : elle arrive, et bientôt elle sera d'accord avec eux. Qu'ils ne craignent point, au reste, de se trouver à l'étroit. Le champ des traditions chrétiennes est vaste : qui saura coordonner ce bel ensemble de faits étonnera toujours par la grandeur des tableaux. Le champ des traditions chrétiennes a de la profondeur : qui saura fouiller dans les cavités qu'il renferme, fera jaillir des sources d'eau vive qui s'élanceront vers les cieux. D'autres feront goûter ce que la religion a d'aimable : ils feront désirer qu'elle soit vraie.

« Il se prépare une réconciliation entre toutes les sciences, dit Riambourg. La philosophie même participe au mouvement : elle avait mission de constater la nécessité d'une révélation : elle y a travaillé longtemps d'une manière indirecte ; c'est directement qu'elle commence maintenant à le faire ; elle ne s'en tiendra pas là. A mesure qu'elle sondera les profondeurs de la conscience humaine, l'accord de l'observation psychologique avec la révélation ne peut manquer de la frapper : à l'exemple de Pascal, elle signalera ce grand trait de vérité ; arrivée à ce point, la raison humaine envisagera d'un autre œil ces marques divines qui servent de sceau à la vraie tradition. Les miracles lui paraîtront mériter l'attention : elle rendra hommage à ceux qui se perpétuent sous nos yeux ; quant à ceux qui ont servi de fondement à la prédication évangélique, elle reconnaîtra que la critique ne peut les entamer. Les choses ainsi préparées, rien n'empêchera que la raison et la foi ne renouvellent le pacte antique. Dans ce nouvel accord seront nettement posées les prérogatives de la raison et la prééminence de la foi. Alors tout désordre cesse : le *rationalisme* est fini. »

Le tableau que nous venons de tracer initie le lecteur aux profondes désolations qu'enfante le *rationalisme*, système d'orgueil et de bassesse, qui, lorsqu'il désespère de comprendre, se met à nier ; et (ce qui donne de l'horreur) ne pouvant pas plus se rendre compte de sa propre nature que de l'essence divine, les confond toutes deux, soit dans l'ensemble des êtres, le panthéisme, *voyez* ce mot et Spinosisme, soit dans sa propre apothéose, l'anthropolâtrie!

Nous ne reviendrons pas sur le *rationalisme antique*, nous ne nous occupons que de ce *rationalisme moderne* dont la source actuelle n'est autre que le principe constitutif de la rébellion protestante : la faculté du libre examen.

Si cet examen se bornait aux motifs de crédibilité, rien ne serait plus juste, rien ne serait plus raisonnable ; mais cette recherche ramènerait nécessairement les esprits à la *vérification* des faits, donc au *témoignage*, donc à *l'autorité* : dès lors le principe fondamental de la orgueilleuse erreur du seizième siècle serait réduit en poussière. Mais c'est aux mystères eux-mêmes que s'attache ce pernicieux examen, sans s'inquiéter de ce qu'en rigueur logique, la perception de l'objet étant la condition de la possibilité de l'examen, celui-ci ne peut s'occuper que d'objets abordables à l'entendement humain, ce qui, en saine raison, devrait l'empêcher de soumettre les mystères à ses investigations : l'orgueil ne raisonne pas ainsi, il ne passe pas à côté des objets qu'il ne peut scruter, et, conséquent jusqu'à la mort de l'intelligence, il les rejette et nie même leur existence. Le protestantisme philosophique en est venu à ce point inévitable. Ne pouvant comprendre Dieu, il le rejette tout au moins dans sa révélation. *Voyez* Supernaturalisme.

Nous transcrirons ici de belles considérations de M. l'abbé de Ravignan.

« On se demande avec étonnement, dit cet auteur, comment il a pu se faire que, dans tout le cours des siècles, tant d'incertitudes et tant d'incohérences soient venues entraver et obscurcir les recherches laborieuses dans lesquelles l'âme s'étudiait elle-même. L'histoire de la philosophie est en grande partie l'histoire des travaux entrepris par l'esprit humain pour parvenir à se connaître. Ce sont aussi les archives non-seulement les plus curieuses à étudier, mais aussi les plus instructives, si l'on sait en profiter. Quand on veut mûrement y lire et résumer attentivement les données philosophiques sur la nature de l'âme, sur la puissance et les droits de la raison, on trouve alors que deux systèmes principaux sont en présence.

« Les uns, frappés des impressions extérieures et sensibles qui accueillent l'homme au berceau, qui l'environnent et l'accompagnent dans toutes les phases de son existence mortelle, frappés de ces relations entretenues sans cesse au dehors par l'action des organes et des sens, les uns, dis-je, ont cru que le fondement de nos connaissances, la puissance réelle de l'âme et les droits de la raison devaient être surtout placés dans l'expérience. C'est ce qu'on a nommé l'*empirisme* ; et par ce mot, je ne veux pas seulement exprimer ici l'abus, mais encore l'usage de l'observation et de la sensibilité considérées, selon quelques-uns, comme le principe même de nos connaissances.

« L'autre système, d'un spiritualisme plus noble et plus élevé, place la nature de l'âme, ses droits, son pouvoir premier dans l'idée même purement intellectuelle. Ainsi, au moyen de l'idée pure, l'âme conçoit et développe la vérité par son énergie propre et intime. C'est l'idéalisme. Et ici encore, je ne veux pas non plus nommer seulement un excès. L'expérience donc, l'expérience sensible et l'idée pure, voilà, je crois, les deux bannières distinctes sous lesquelles on peut ranger la plupart des théories laborieusement enfantées pour exprimer le principe de nos connaissances, la nature même de l'âme et les droits de la raison. Les uns ont semblé tout rapporter à l'expérience, les autres à l'idée.

« Il faut s'arrêter avec l'œil d'une considération attentive sur ces dispositions exclusives et contraires des hommes qui furent nommés sages au sein de l'humanité.

« Des esprits exclusifs et trop défiants peut-être à l'égard des pures et hautes spéculations de la pensée s'emparèrent de la matière et des sens, et s'y établirent comme au siège même de la réalité, ils crurent pouvoir y recueillir tous les principes, toutes les connaissances et les idées de toutes choses. Ils adoptèrent l'empirisme : d'immenses abus s'ensuivirent. »

M. de Ravignan trace l'histoire de l'empirisme ou de la philosophie expérimentale en Orient, en Grèce, en Angleterre et en France. Il expose également l'histoire de l'idéalisme, et rappelle que les plus illustres représentants de cette philosophie furent, avec les contemplatifs de l'Inde, Pythagore, les métaphysiciens d'Elbe, Platon, et depuis le christianisme, saint Augustin, saint Anselme, Descartes, Mallebranche, Bossuet, Fénelon, Leibnitz. L'école allemande vint ensuite, et l'orateur montre qu'elle se précipita dans tous les abus de l'idéalisme le plus outré :

« Des hommes, dit-il, qui ne manquaient assurément ni de force ni d'étendue dans l'intelligence, se sont un jour séparés de tous les enseignements de la tradition. Ils ont méprisé les travaux des vrais sages et toutes les données du sens commun : ils se sont enivrés de leurs propres pensées. L'orgueil de l'esprit et ses illusions, qu'ils se dissimulaient peut-être à eux-mêmes, les ont entraînés bien loin, bien loin du but. Alors tout a vacillé à leurs regards, tout a paru mouvant devant leurs yeux ; leur vue s'est obscurcie. Ils n'ont plus rien aperçu de stable ni de fixe. Ils n'ont plus reconnu de bases et n'ont plus retrouvé d'appuis. La foi était la terre de refuge et de salut. Ces hommes n'avaient plus la foi. La pierre angulaire, le Christ permanent dans l'Eglise, s'était transformée pour eux en vague phénomène, en vaine évolution de l'idée, pas autre chose.

« Mais alors la vie véritable a fui de ces âmes, et elles n'ont eu pour dernière consolation et pour dernière espérance qu'un affreux désespoir dans une négation universelle et absolue. Il faut donc courageusement rester dans son bon sens, il faut éviter courageusement les extrêmes, il faut respecter les bases posées et réfléchir longtemps avant de prononcer. Il faut reconnaître les bornes avec les droits et l'action véritable de la raison humaine. »

Trois choses, suivant l'orateur, constituent la raison humaine, ou du moins peuvent servir à en déterminer les droits : l'idée, l'expérience et le besoin d'autorité.

« Si l'on veut n'accepter que les droits de l'idée pure, on risque de s'abîmer dans le gouffre des abstractions : si l'on veut n'accepter que l'expérience des sens tout seuls, on courbe la dignité de l'intelligence et de l'esprit sous le joug des sens et des organes, si l'on ne veut en toutes choses que l'autorité et la foi, je le dirai avec franchise, on rend l'autorité et la foi impossibles à la raison.

« Trop généralement, les philosophes scindent l'homme et le divisent violemment. Si l'on acceptait l'homme tout entier, tel qu'il est, avec ses facultés diverses : si l'on acceptait l'homme avec sa vue intellectuelle et pure, avec sa force expérimentale et sensible, avec son intime et invincible besoin des vérités divines et révélées, alors on aurait l'homme tout entier, on aurait la vraie nature de l'âme, les conditions et les droits véritables de la raison. Mais ce n'est pas là ce qu'on fait : on prend une faculté, une partie, une force de l'homme, et l'on y place toute la raison et toute la philosophie.

« Un exemple illustre va éclaircir ce que je viens d'énoncer. Quand Descartes parut, il voulut pénétrer toutes les profondeurs de l'âme, sonder la nature intime de la raison, et recommencer méthodiquement toute la chaîne de nos connaissances. Ce fut alors qu'il prononça le mot devenu si célèbre : Je pense, donc je suis. Quant à moi, il me semble que Descartes aurait pu tout aussi bien dire : Je pense et je suis, ou j'existe et je pense, car nous avons également la conscience et de notre pensée et de notre existence. Vous en conviendrez, je crois : ces deux vérités sont simultanées, elles sont évidentes au même degré pour la raison. C'est par une seule et même perception de l'âme que nous connaissons notre existence aussi bien que notre pensée.

« Par où, et c'est là que je veux en venir, par où vous pouvez bien comprendre que, pour avoir la notion vraie de l'âme, les conditions constitutives de la raison, il faut unir sainement l'un avec l'autre l'élément empirique et l'élément idéaliste, c'est-à-dire en d'autres termes, et en termes fort simples, l'idée et l'expérience ; et pourquoi ? parce qu'il y a simultanément dans l'homme ces deux choses, ces deux facultés, ces deux principes : l'idée et l'expérience. Et c'est ce que j'ai voulu signifier en associant ainsi ces deux mots : je pense et j'existe ; expression, l'une du monde logique ou de la pensée, l'autre du monde expérimental et sensible.

« Voilà donc, si nous voulons en convenir, le double élément qui constitue d'abord, à nos regards, la nature intellectuelle de l'homme et la force première de la raison ; l'idée, la vue intellectuelle et pure du vrai ; et l'expérience, ou la connaissance que les sens nous donnent des objets extérieurs et sensibles. A la première des facultés, à l'idée, correspondent toutes ces notions générales, spirituelles, qui ne peuvent nous venir par les sens, telles que les notions de l'être, du vrai, du bon, du juste, auxquelles il faut joindre l'amour nécessaire de la béatitude, le besoin d'agir pour une fin, pour un but, pour une fin qui soit complète et dernière. Et là, vous avez le fond naturel de notre intelligence et ce qu'on peut nommer les premiers droits constitués de la raison....

« Qu'arrive-t-il donc et qu'ai-je à dire encore ? Ah ! la raison impatiente s'agite, elle cherche, elle cherche, elle avance et avance toujours. Tout à coup sa vue s'obscurcit, sa vigueur s'arrête. Elle chancelle comme un homme ivre. Elle se débat en vain au milieu d'épaisses ténèbres. Que s'est-il donc passé ? C'est que, loin de la portée, loin de l'œil intelligent de l'homme, par delà les limites naturelles de l'expérience et de l'idée, au delà de toutes les lois de l'évidence, au delà, bien au delà s'étendent encore les immenses régions de la vérité. Oui, par delà, il y a encore l'invisible, l'incompréhensible, l'infini ! et vous n'en pouvez douter ; car vous savez que Dieu habite la lumière inaccessible. Et même dans l'ordre humain il y a encore loin de nous, hors de la portée de notre vue, de notre intelligence, il y a les temps, les lieux, il y a tous les faits du passé.

« Mais pour nous en tenir à la connaissance de Dieu seul, pour en venir à ce caractère dernier que je vous signalais en commençant, après les premières notions traditionnelles sur la Divinité, avouons-le, ni l'idée, ni l'expérience, ni l'intuition, ni le raisonnement ne peuvent plus ici nous servir davantage, car il s'agit de sonder les profondeurs de l'infini, il s'agit de mesurer l'éternité. Quel homme alors ne doit trembler ? Seigneur ! qui viendra donc à notre aide ?

« Nous avons la foi. La foi, elle avance toujours, elle ne craint rien, elle ne craint pas de s'élancer dans les régions de l'infini et de l'incompréhensible. Entendez-le donc, je vous en prie. La foi, glorieuse extension de la raison, lui apporte ce qu'elle n'a pas, lui donne ce qu'elle ne peut ni saisir ni atteindre. C'est un don du Seigneur, un bienfait de la grâce divine.

« Oh ! oui, vous ne l'avez pas comprise la dignité de cette foi, vous qui prétendez qu'elle veut asservir, étouffer, restreindre la raison. Vous ne croyez pas, peut-être, vous qui m'écoutez en ce moment ; peut-être, dans une de vos heures railleuses, vous avez en pitié ceux qui croient. Mais, prenez garde ; nous n'acceptons pas votre compassion et votre pitié. Croyants, et croyants sincères, nous avons la raison comme vous ; comme vous, et avec elle, nous avançons ; et plus que vous peut-être, nous allons jusqu'à ses limites ; nous admettons tout ce qu'elle admet, tout ce que vous admettez, et plus encore, permettez-moi de le dire. Mais là où vous vous arrêtez, nous avançons encore ; là où vous vous épuisez en vain, nous possédons, vainqueurs paisibles ; là où vous balbutiez, nous affirmons ; là où vous doutez, nous croyons ; là où vous languissez incertains et malheureux, nous triomphons et nous régnons heureux. Telle est la foi, et voilà comment elle vient relever la dignité de l'homme par les mystères divins qu'elle révèle. Il est vrai, la foi vous soumet à une autorité, à l'autorité de la parole divine qui daigna un jour se démontrer à la raison de l'homme, parce que la raison avait, en vertu des dons du Seigneur, le droit de demander cette démonstration et cette preuve. Un jour, sur cette terre bénie de la Judée par les miracles et les leçons de l'Homme-Dieu, cette manifestation de l'autorité divine s'accomplit. La raison l'entendit, elle la conçut, elle la reconnut, et la foi s'établit : foi éminemment raisonnable, puisque nous l'enseignons, et nous le répétons sans cesse, la raison, pour croire, ne peut, ne doit se soumettre qu'à une autorité raisonnablement acceptable et certaine......

« Non, la foi ne vient pas, l'autorité divine ne vient pas non plus arrêter l'essor de la raison. Au contraire, la foi vient arracher l'esprit vacillant de l'homme à l'empire des ténèbres et d'incertitudes infranchissables pour tous ses efforts. Et quand la foi a ainsi établi son paisible empire, quand elle règne au fond de nos cœurs, alors la raison peut en sûreté parcourir, mesurer, pénétrer, sonder cet univers immense, si généreusement laissé à ses libres investigations. Soit donc que recueillie en elle-même, elle descende profondément dans l'âme pour étudier sa nature intime, et remonter aux principes premiers, à l'essence même des choses ; soit que, reportant les regards sur ces mondes visibles, elle en découvre les phénomènes, elle en saisisse les lois, elle marque, au milieu du torrent des faits, la haute économie du gouvernement du monde, alors toujours à l'abri tutélaire de la foi, l'homme intelligent est libre et vraiment grand, il mesure toute l'étendue de la terre et des cieux, il ne connaît plus d'obstacles ni de barrières, assuré qu'il est de marcher à la suite de la parole et de l'autorité divine elle-même. C'est ainsi, et c'est ainsi seulement que la raison s'élève et grandit, garantie contre ses propres écarts ; c'est ainsi qu'elle s'élève jusqu'au plus haut degré de la science véritable ; oui, elle a conquis toute sa dignité par l'obéissance même qu'elle rend à cette loi, et elle devient le plus noble et le dernier effort du génie de l'homme, lorsque, en donnant à ses forces tout leur développement, elle a respecté aussi les limites de sa nature, et qu'elle a mérité de s'unir à la lumière et à la gloire divines.

« J'ai dit tout ce que je voulais dire. Il me semble que nous avons, quoique bien en abrégé, fixé certaines notions suffisantes sur notre nature intelligente et sur les droits de la raison. Je les résume en peu de mots. Trois états, ou trois espèces de connaissance et d'affirmation : l'évidence ou intuition, le raisonnement ou déduition, la foi. Ce sont là trois actes ou fonctions de l'âme qui correspondent à autant de voies ou moyens d'arriver à une affirmation certaine : l'idée, l'expérience, l'autorité. Hors de là, je ne crains pas de le dire, il n'y a pas de vraie philosophie, il n'y a pas de notion vraie de l'homme, il n'y a pas de justice rendue à la nature intelligente.

« Pour achever, s'il est possible, d'écarter d'injustes répulsions, nous placerons directement en présence la philosophie et l'autorité catholique ou l'Eglise. Nous demanderons franchement à la philosophie et à la raison tout ce qu'elles réclament et exigent de l'autorité et de la foi catholique ; et nous reconnaîtrons que la philosophie obtient avec le catholicisme tout ce qu'elle a le droit de réclamer, et que ce qu'elle n'obtient pas, elle n'a aucun droit de le réclamer.....

« La raison réclame avec justice pour l'homme quatre choses : *le droit des idées et des vérités premières; le droit de l'expérience et des faits; des solutions fixes sur les grandes questions religieuses;* enfin *un principe fécond de science, de civilisation et de prospérité.* Par la foi, et par la foi catholique seule, la raison obtient ici tout ce qu'elle est en droitd'exiger.

« 1° La saine philosophie, d'accord en ce point avec la théologie la plus communément approuvée, a de tout temps demandé que, dans l'analyse de la certitude, on vînt se reposer en dernier lieu sur les premiers principes et les premières vérités qui nous sont évidemment connues et qui constituent en quelque sorte le fond même de l'âme. A ces premiers anneaux doit nécessairement se rattacher la chaîne des vérités admises, quelles qu'elles soient, sans quoi elles seraient comme des étrangers qui demeurent en dehors, n'ont point de place au foyer domestique, et ne sont unis par aucun lien à la famille même.

« Aussi l'Eglise catholique a-t-elle toujours entendu être acceptée raisonnablement, avoir toujours un lien dans l'intime raison de l'homme. L'Eglise n'a jamais prétendu faire admettre son autorité, même infaillible et divine, sans qu'elle se rattachât, avec la grâce, à un principe intérieur de conviction personnelle. Voilà ce qu'il faut savoir.

« Eh bien! au fond de l'âme vit et demeure un intime besoin d'autorité : il est impossible d'en disconvenir; il forme comme la conscience universelle du genre humain; besoin d'autorité pour les masses, même en des choses accessibles à l'intelligence, mais qui exigeraient des efforts hors de proportion avec l'état de la multitude; besoin d'autorité pour les esprits plus cultivés et pour le génie lui-même, en présence de l'invisible, de l'incompréhensible, de l'infini, qui se rencontre sans cesse au-devant des pensées de tous les hommes. Aussi voyez de toute part cette étonnante propension à croire le merveilleux et l'inconnu, propension qui existe dans la nature et qui n'est pas en soi un instinct de crédulité aveugle, mais bien plutôt la conscience d'un grand devoir et d'un grand besoin, du besoin de l'infini, qui manque à l'homme, que l'homme cherche et qu'il doit trouver.

« L'autorité de l'Eglise, enseignant et définissant les choses divines et inconnues, est donc, sous ce rapport, en parfaite harmonie avec ce besoin immense et universel de la raison humaine, avec le besoin d'autorité, avec le besoin du merveilleux et du mystère. Et n'est-ce pas déjà se rattacher à un principe intérieur?

« 2°. De plus, les fondements de la certitude morale ou historique appartiennent aux premiers principes et aux premières vérités de l'intelligence. Quant à l'acceptation certaine des faits, il n'y a rien dans l'âme qui soit exigé, si ce n'est un témoignage qu'on ne puisse soupçonner ni d'illusion, ni d'imposture. Mais, en vérité, nous prend-on pour des insensés ? et comment pouvons-nous? les apôtres, les martyrs, les Pères, les premiers chrétiens sont des témoins de faits contemporains ou peu éloignés. Leurs vertus, leur éminente sainteté, leur constance, leurs sacrifices, leur nombre, leur caractère et la haute science de plusieurs écartent à jamais du témoignage rendu par eux aux faits divins la possibilité même de l'erreur et du mensonge.

« Et que voulez-vous donc? qu'exigez-vous pour des faits? Sincèrement, une tradition historique peut-elle être plus grave, plus imposante, plus suivie, plus sacrée que cette tradition catholique sur les faits mêmes qui ont fondé l'Eglise et son indestructible autorité? Qu'y a-t-il ici de vraiment raisonnable et philosophique, devant des faits immobiles et certains comme un roc ? Après tout, nous croyons sur un témoignage positif et irrécusable. Que peut demander de plus une philosophie saine et éclairée ? Elle cesse de l'être, quand elle cesse de croire.

« Donc, si nous croyons, c'est autant pour servir les droits de la raison que pour en remplir les devoirs. La foi toute seule peut conserver ici la vérité des idées et la force de l'expérience, en consacrant et les premiers principes de l'intelligence et la certitude des faits. Or, tous les faits du christianisme sont liés à l'institution de l'Eglise et de son autorité : un même apostolat, un même témoignage, une même origine, une même foi reproduisent les uns, établissent l'autre. Nous possédons ainsi une logique invincible ; nous vivons par la force d'un syllogisme tout divin, type suprême de philosophie véritable. Entendez-le! Ce que Dieu même garantit et affirme est incontestable et certain. Or, Dieu, par les faits avérés de sa toute-puissance, garantit et prouve l'institution de l'autorité catholique annoncée, établie, exercée en son nom. Donc cette autorité est divinement certaine.

« Vous le voyez : la philosophie pouvait légitimement réclamer les droits des idées ou vérités premières, les droits de l'expérience ou des faits ; l'autorité catholique les sauve tous et les consacre par sa démonstration même. »

3° Passant ensuite à la troisième subdivision, M. de Ravignan montre que l'Eglise donne de hautes et positives solutions sur la nature de Dieu, de l'âme et de ses destinées, sur le culte vrai à décerner au Créateur, sur les conditions de réconciliation et d'union avec lui, tandis que la philosophie se tourmente, se fatigue et ne balbutie que des chimères ou des erreurs. Seule, l'Eglise affirme et définit tout sur ces points entre les académies flottantes, entre les philosophies divergentes et incertaines, entre toutes les ignominies de la pensée. Qu'on ne dise pas que dans ces solutions il se rencontre des mystères. Comment n'y en aurait-il point, puisqu'il s'agit de l'infini ? N'y en a-t-il pas partout? Les mystères sont un nouveau bienfait : ils fixent à jamais l'esprit en présence des profondeurs divines, et ils sont les flambeaux du monde; car la foi ne se borne pas à rallumer les flambeaux de la raison que nous avions éteints, elle y allume de nouvelles et célestes clartés.

« Dieu se féconde lui-même et trouve dans son essence intime les termes réels et distincts de son activité infinie, sans que jamais une création lui ait été nécessaire : le dogme de la Trinité nous le montre. La sagesse incréée s'incarne pour nous servir de modèle et nous instruire, mais surtout pour le rachat du genre humain par le sang d'un sacrifice tout divin : le besoin de réparation et de rachat est le cri de l'humanité... Allez dire à saint Augustin, allez dire à saint Thomas et à Bossuet que les mystères de la foi chrétienne entravent et arrêtent l'élan de la raison ainsi que du génie. Ils vous répondront qu'ils n'ont de lumières que par les mystères, qu'ils n'ont connu que par eux le monde, l'homme et Dieu; et dans leurs étonnantes élévations sur la foi, ils vous raviront d'admiration et vous inonderont de clartés divines. Ainsi, la raison veut et doit vouloir des solutions sur les plus grandes questions, sur les plus grands intérêts : elle ne les trouve que dans l'autorité catholique seule.

« 4° Enfin, la philosophie et la raison réclament avec justice un principe fécond de *science*, de *civilisation*, mais d'ordre également. Pour la *science*, que faut-il ? Des points de départ et des données fixes. Sans ce secours, nul moyen d'avancer, puisque les découvertes sont rares et que l'intuition puissante du génie n'apparaît qu'à des intervalles éloignés dans un bien petit nombre. Ces points de départ, ces données fixes, c'est l'autorité catholique qui les fournit en définissant, d'une manière certaine, Dieu, la création, l'âme humaine, son immortalité, sa liberté, sa fin dernière, le désordre moral et le besoin de réparation. Il en va de même du principe de *civilisation*.

« L'autorité catholique est un principe civilisateur, précisément parce qu'elle fixe et définit. Elle pose des dogmes, des barrières ; elle établit seule dans la société humaine des doctrines arrêtées et fondamentales. Et quand il n'y a plus de foi définie dans les intelligences, quand il n'y a plus d'autorité qui enseigne souverainement les esprits sur les vérités religieuses, alors la raison et la pensée retournent à l'état sauvage. Je ne voudrais rien dire assurément d'offensant pour personne. J'exprime un fait, la logique du libre examen et de l'indépendance absolue de l'idée humaine s'est pleinement produite et développée de nos jours dans la philosophie de Hégel et dans les philosophies analogues. Mais que sont ces philosophies? La subversion entière de toute réalité et, par suite, de toute morale, de toute religion, de tout ordre social. Et les peuples remués jusque dans leurs fondements, toutes les bases intellectuelles et politiques ébranlées, ne signalent que trop, dans un grand nombre, les effets de l'abandon funeste où l'on a prétendu laisser le pouvoir régulateur des croyances et des doctrines religieuses.

« Il faut hardiment prononcer que l'autorité catholique est le palladium vrai et le gardien sauveur de la liberté même de penser ; car elle lui évite la *folie*, ce qui est bien un grand service à lui rendre. C'est donc la raison elle-même qui accepte l'autorité catholique, qui l'accepte et l'embrasse étroitement, parce qu'elle la voit évidemment acceptable et certaine... L'Eglise seule au monde lui apparaît remplissant réellement les conditions de cette autorité nécessaire.

« Antique, pure, sainte, le front ceint des gloires des martyrs et du génie, l'Eglise poursuit jusqu'à nous sa marche majestueuse et calme, au milieu des oscillations et des tempêtes. Elle tient déroulées dans sa main les traditions sacrées de l'Evangile et de l'histoire, qui ont marqué du sceau de l'institution divine son origine et sa durée. L'Eglise parle aux yeux, à la conscience, au bon sens, au cœur, à l'expérience ; elle parle le langage des faits et des vérités définies qui rencontrent toujours dans les âmes sincères, avec le secours divin, un assentiment généreux et paisible. La raison, soutenue de la grâce, attache alors sûrement à la colonne de l'autorité les premiers anneaux de la chaîne ; ses convictions les plus intimes s'unissent en Dieu même à la foi enseignée. L'homme, éclairé d'en haut, habite alors une grande lumière, loin du doute, loin des recherches et des anxiétés pénibles... Et c'est ainsi qu'à l'ombre de l'autorité catholique et de la doctrine, la société s'avance dans les voies régulières de la science et de la civilisation, de la force et de la prospérité véritable. »

En outre, il faut prouver que ce que la philosophie n'obtient pas de l'Eglise, elle n'a pas le droit de l'exiger.

Placée en présence de l'autorité catholique, la philosophie n'obtient pas :

1° La sanction de sa folle et déplorable prétention de tout recommencer et de tout créer de nouveau : le monde, la vérité, la religion, Dieu, l'homme, la société et la philosophie elle-même ; comme si rien n'avait été trouvé ni défini jusque-là, comme si l'humanité n'avait pas encore été enseignée.

2° La raison n'obtient pas de professer l'indépendance absolue de l'idée humaine, en sorte que, dans le domaine de l'intelligence, Dieu soit l'inférieur et la raison le maître. Non; il faut savoir que Dieu règne, vérité souveraine, intelligence infinie, et qu'à tous ces titres il peut nous enseigner quand il lui plaît, et comme il lui plaît. Quoi! nous pouvons révéler notre âme à nos semblables en toute liberté, et Dieu ne le pourrait pas? La prétention serait étrange.

3° La raison n'obtient pas d'échapper sans cesse à la langue des faits, à des preuves immenses de tradition et d'histoire. Le paralogisme et l'absolu ne sont pas un droit. Mais non; on veut rêver à loisir, se bercer dans des nuages, construire *a priori* un monde et un christianisme aventureux et des systèmes sans fin, quand Dieu, créateur et réparateur, a bâti de ses mains l'univers catholique.

« Prétendre ne reconnaître d'autre voie, ni d'autre guide en religion que la raison spéculative et l'abstraction vague, c'est se perdre comme la fumée dans les airs. Nous ne tarderons pas sans doute à trouver des historiens qui traduisent de la sorte les faits de Charlemagne et de saint Louis en purs phénomènes de l'idée ou bien en météores atmosphériques. Et n'avons-nous pas déjà des histoires qui semblent approcher de cette perfection nouvelle? A chaque genre de vérité sa certitude : aux vérités seulement intellectuelles, la certitude métaphysique; aux lois de la nature, la certitude physique ou d'observation; aux faits, la certitude historique ou du témoignage; et cette dernière est absolue comme les autres. Ne l'oublions jamais ! Tâchons de vivre dans le monde positif et réel. Quand il s'agit donc d'une question de fait, la philosophie n'a pas le droit d'oublier l'histoire ou de la traduire en abstractions idéales. »

4° La raison n'obtient pas non plus de retrancher le lien étroit et nécessaire entre la vérité et la vertu. C'est là le grand sophisme du jour. On prétend laisser la foi catholique et garder la morale; on se trompe, on ruine l'une et l'autre. Sans les dogmes, plus de base et de sanction pour les préceptes.

« On l'a dit avec raison, une morale sans dogme est une justice sans tribunaux, une loi sans pouvoir ni sanction. »

5° Enfin, la raison n'obtient pas devant l'autorité catholique d'inventer des progrès du dogme et de la morale religieuse, semblables aux progrès de l'industrie et des machines, parce que Dieu a dit la vérité à l'homme, et que la vérité pour l'homme d'un temps est la vérité pour tous les temps; car elle est immuable comme Dieu même, son auteur et son type.

« Oui, Dieu est venu au secours de l'incertitude et de la mobilité humaine. Il a placé au milieu d'un horizon infini un centre immobile, l'autorité, et l'autorité révélée. Nul progrès ne peut la changer. Avec ces religions progressives de l'humanité, de l'idée, du socialisme et je ne sais quelle autre encore, s'il fallait, pour avancer, changer à la manière dont les choses humaines, dit-on, progressent ici-bas, grand Dieu ! ce serait faire descendre trop bas et l'homme et son auteur : l'homme, dont le besoin religieux serait alors le jouet légitime de toutes les influences et de toutes les rêveries passagères ; Dieu, dont la connaissance, le culte, les lois, les éternelles prévisions seraient ainsi subordonnées aux variations des âges, aux chances des opinions, aux luttes et aux caprices des partis et des révolutions humaines.

« Et si, par *le progrès* on entend, comme il semble, une divinité qui se transforme fatalement et sans fin elle-même, et qu'on ne craint pas de nommer, à la vue d'une aberration si triste, d'une méconnaissance si profonde de l'humanité, je n'ai plus le courage de rien dire; je ne sais que m'affliger en silence. Non, non, ce progrès n'est pas un droit; il n'est qu'une parole violente, jetée contre l'Eglise, sans signification et sans fondement. Le progrès est tout entier dans le retour à une foi immuable qui ramène sans cesse les esprits au foyer divin de toutes les lumières.

« 6° Enfin la philosophie n'obtient pas, en présence de l'Eglise, le droit à une indifférence totale, une égalité absolue de toute doctrine, de toute croyance et de toute Eglise ; car ce serait bannir la vérité de la terre et rendre le monde inhabitable pour des êtres doués de raison. Toutes les religions et tous les cultes, dites-vous, sont indifférents pour la conscience et pour le bonheur des peuples. Cette indifférence philosophique est même le grand trophée conquis par l'esprit moderne. Il en est ainsi, dites-vous ! Alors, oui et non, affirmation et négation, schisme et unité, déisme et foi, panthéisme et christianisme, même l'athéisme, tout est un, associé, confondu, également vrai, également sain, pur et bon. Telle est la logique d'une tolérance fausse et cruelle dont on fait si grand bruit. Plus donc de foi exclusive ; à la bonne heure! Quoi que l'on puisse penser ou dire, c'est toujours la même religion, une même Eglise où tous les esprits sont réunis, fort étonnés, sans doute, de se trouver ensemble. Mais on ne voit pas que c'est là se former un dieu pire que ceux du polythéisme. Dans le délire païen, toutes les folies, tous les crimes étaient du moins partagés entre la foule des dieux et attribués à chacun dans des degrés divers d'infamie : ici, le perfectionnement nouveau confondrait et réunirait dans un seul et même degré d'approbation et d'égalité divine toutes les contradictions, toutes les erreurs, toutes les variations, toutes les ignominies, c'est-à-dire tout ce qu'il plairait aux hommes d'appeler religion et culte.

« Il faut plaindre ceux qui défendent avec tant d'ardeur un principe si fécond en déplorables conséquences. La vérité est une, essentiellement une; comme Dieu est un, elle est éternellement inconciliable avec le faux qui est son contraire. Vous ne voulez plus d'autorité, plus d'unité de foi et d'Église. Qu'avez-vous? Vous repoussez ces dogmes intolérants; ils attentent à la liberté de la philosophie et de la science. Ils arrêtent le développement de la civilisation et de l'amour vrai entre les hommes. Alors, il n'y a plus de liberté, de science, de vertu ni d'amour, que là où ne se trouve plus la vérité, où même elle devient impossible; oui, la vérité est impossible dans l'égalité prétendue de toutes les croyances et de tous les dogmes aux yeux de la conscience humaine.

« Au contraire, l'unité catholique de foi et d'Eglise est le lien parfait de la société et de la charité de tous les hommes. Ceux qui croient, on les tient étroitement embrassés; ceux qui s'égarent, on les cherche; le zèle, amour véritable, les appelle, les attire par tous les efforts. Et telle est la raison même de la lutte soutenue avec constance par l'Eglise contre les séparations et les erreurs; elle mène et dirige ainsi avec force sa barque de salut parmi les naufrages et les tempêtes, afin d'arracher à la mort les victimes ballottées çà et là au gré de tous les vents.

« Pauvre voyageur, arrête! fatigué dans ta course au milieu des flots, éloigné de la route, sans guide et sans boussole, tu vas périr. Insensé, tu cherchais un monde nouveau, il est trouvé; tu croyais commander en maître à l'Océan, Dieu seul y règne. Tu dédaignais, pour voguer au loin, les routes vulgaires et les lois d'une longue expérience: tu voulais avancer toujours et conquérir toujours; tu prétendais n'avoir plus besoin ni du port ni du pilote, et tu n'as rencontré que déceptions amères, anxiétés cruelles, luttes violentes; trop souvent s'entr'ouvrit devant tes yeux l'abîme du désespoir et de la mort. Regarde! près de toi navigue en paix le vaisseau vainqueur des mers; seul il t'offre un refuge assuré et te promet le voyage sans péril. »

RÉBAPTISANTS. C'est le nom que l'on donnait à ceux qui prétendaient qu'il fallait rebaptiser les hérétiques: cette erreur fut d'abord soutenue par Agrippin, ensuite par saint Cyprien, et adoptée dans le quatrième siècle par les donatistes.

L'an 255, on commença à disputer en Afrique sur le baptême des hérétiques.

Les novatiens rebaptisaient tous ceux qui passaient dans leur parti. Un nommé Magnus, croyant qu'il ne fallait avoir rien de commun avec les hérétiques, ou craignant qu'on ne parût suivre Novatien en rebaptisant comme lui, demanda à saint Cyprien s'il fallait rebaptiser ceux qui quittaient le parti de Novatien et rentraient dans l'Eglise (1).

Saint Cyprien répondit que, puisqu'il fallait rebaptiser tous ceux qui avaient été baptisés par des hérétiques ou schismatiques, les novatiens n'en devaient pas être exceptés; et se fondait sur ces principes:

1° Ceux qui sortent hors de l'Eglise doivent être considérés comme des païens et, par conséquent, tout à fait incapables de faire les fonctions de ministres de Jésus-Christ.

(1) Cypr., ep. 69, édit. de Dodvel.

2° L'Eglise étant unique et renfermée dans une seule communion, il fallait qu'elle fût du côté de Novatien ou de celui de Corneille.

3° Novatien ne pouvait pas donner le nom d'Eglise à son parti, parce qu'il était destitué de la succession des évêques, ayant été ordonné hors de l'Eglise.

4° Les hérétiques et les schismatiques étant destitués du Saint-Esprit, ils ne pouvaient pas le conférer à ceux qu'ils baptisaient, non plus que le pardon des péchés, qu'on ne pouvait accorder sans avoir le Saint-Esprit: qu'on ne peut se sauver hors de la vraie Eglise; que par conséquent on n'avait point de vrai baptême hors de l'Eglise, et que Novatien ne pouvait regarder son parti comme la vraie Eglise, ou qu'il fallait dire que Corneille, le seul légitime successeur de Fabien, Corneille, qui avait remporté la couronne du martyre, était hors de l'Eglise; enfin il prouve, par l'exemple des tribus schismatiques d'Israël, que Dieu hait les schismatiques; qu'ainsi, ni les schismatiques, ni les hérétiques n'ont le Saint-Esprit.

Saint Cyprien dit, dans cette lettre, tout ce qu'on peut dire en faveur de son sentiment; cependant elle ne leva pas toutes les difficultés des évêques de Numidie. Dix huit évêques de cette province écrivirent de nouveau à saint Cyprien, qui convoqua un concile dans lequel on déclara que personne ne pouvait être baptisé hors de l'Eglise.

Malgré la décision du concile d'Afrique, beaucoup d'évêques préféraient la coutume ancienne au sentiment de Cyprien, qui convoqua un nouveau concile, où les évêques de Numidie et d'Afrique se trouvèrent: ce second concile confirma la décision du premier concile de Carthage sur la nullité du baptême des hérétiques. Le concile informa le pape Étienne de ce qu'il avait jugé; mais le souverain pontife condamna le jugement des Pères de Carthage.

La lettre de saint Étienne est perdue; mais on voit, par la lettre de saint Cyprien, que ce pape insistait beaucoup sur la tradition et sur la pratique universelle de l'Eglise, dans laquelle il ne faut rien innover.

Saint Cyprien, pour se soutenir contre l'autorité du siège de Rome, convoqua un troisième concile, composé de quatre-vingt-sept évêques africains, numides et maures: on y confirma le jugement des deux conciles précédents sur la nullité du baptême des hérétiques. Saint Cyprien écrivit à Firmilien, sur la contestation qui s'était élevée entre le pape et l'Eglise d'Afrique, et Firmilien approuva le sentiment de saint Cyprien.

On mit de part et d'autre beaucoup de vivacité et de chaleur dans cette dispute. Saint Etienne menaça d'excommunier les rebaptisants; mais il n'y eut point d'excommunication portée, du moins aucun de ceux qui l'ont prétendu n'ont jusqu'ici donné aucune preuve convaincante de leur sentiment; car il y a bien de la différence entre l'excommunication et le refus que le pape Etienne fit de communiquer avec les députés d'Afrique, ou une menace de se séparer de saint Cyprien ; et ce sont cependant les deux preuves qu'on apporte pour établir que saint Etienne excommunia saint Cyprien (1).

Le pape Etienne mourut, et Sixte, son successeur, ne poussa pas plus loin la contestation de la validité du baptême des hérétiques, qui fut décidée conformément au jugement du pape Etienne dans un concile plénier. Nous n'examinerons point si ce concile est le concile de Nicée ou celui d'Arles ; cette question n'est d'aucune importance, puisque par l'un et par l'autre concile il est certain que le baptême des hérétiques est valide.

Saint Cyprien n'appuyait son opinion que sur des paralogismes : il prétendait que l'hérétique n'ayant ni le Saint-Esprit, ni la grâce, il ne pouvait la donner ; mais il est certain que le baptême ne tirant son efficacité que de l'institution de Jésus-Christ, la foi du ministre ne peut empêcher l'effet du baptême, pas plus que l'état de péché dans lequel il se trouverait en donnant le baptême.

Ce qu'il disait que personne ne pouvant se sauver hors de la vraie Eglise, il ne pouvait y avoir de baptême chez les hérétiques, est encore un paralogisme ; car, comme on ne sort de la vraie Eglise que par l'hérésie, c'est-à-dire par la révolte à l'autorité de la vraie Eglise, dans les sociétés chrétiennes il n'y a d'hérétiques que ceux qui participent à cet esprit de révolte ; ceux qui n'y participent pas appartiennent à la vraie Eglise : tels sont les enfants et les adultes qui sont dans une ignorance invincible de la révolte de la société dans laquelle ils vivent.

Enfin, le pape Etienne opposait à saint Cyprien une tradition universelle et immémoriale, et saint Cyprien reconnaît, dans sa lettre à Quintus, la vérité de cette tradition ; il ne remonte pas lui-même au delà d'Agrippin, son prédécesseur.

Mais, dira-t-on, comment donc l'usage de rebaptiser les hérétiques s'était-il établi ? Le voici :

Il s'était élevé dans l'Eglise des hérétiques qui avaient altéré la forme du baptême, tels que les valentiniens, les basilidiens, etc. Le baptême de ces hérétiques était nul, et on rebaptisait ceux qui se convertissaient lorsqu'ils avaient été baptisés par ces hérétiques, ce qui n'est point du tout favorable au sentiment de saint Cyprien (2).

Les donatistes adoptèrent ce sentiment, et saint Augustin l'a très-bien réfuté dans son livre du baptême.

RÉFORMATION — RÉFORME ; c'est le nom que donnèrent à leur schisme toutes les sectes qui se séparèrent de l'Eglise romaine dans le commencement du seizième siècle.

L'histoire ecclésiastique ne fournit point d'événement plus intéressant : tout était tranquille dans l'Europe ; toutes les Eglises étaient unies par la même foi, par les mêmes sacrements, toutes étaient soumises au souverain pontife et le regardaient comme le chef de l'Eglise.

Léon X, qui occupait alors le siège de Rome, envoya des indulgences en Allemagne, en Suisse ; un intérêt sordide en abuse ; Luther s'élève contre cet abus et attaque ensuite les indulgences mêmes, le pape et l'Eglise ; la moitié de l'Allemagne s'arme pour Luther et se sépare de l'Eglise romaine ; le Danemarck, la Suède, une partie de la Hongrie et de la Pologne sont entraînés dans le schisme. *Voyez* l'article LUTHER.

Dans le même temps, Zuingle, curé en Suisse, prêche contre les indulgences, attaque presque tous les dogmes de l'Eglise romaine, abolit toutes les cérémonies et détache de l'Eglise catholique la plus grande partie de la Suisse. *Voyez* l'art. ZUINGLE.

Luther et Zuingle appellent réforme le changement qu'ils font dans les dogmes et dans le culte, et prennent la qualité de réformateurs. Ils inspirent leur fanatisme et forment des disciples qui vont porter leurs erreurs dans toute l'Europe ; ils les enseignent en Angleterre, et l'Eglise anglicane en adopte une partie ; ils troublent les Pays-Bas, occasionnent la formation de la république des Provinces-Unies, et font de la religion de Calvin la religion dominante de ces provinces : ils pénètrent en France, se multiplient et y obtiennent des temples et l'exercice libre de leur religion pendant plus d'un siècle. *Voyez* les articles ANGLICANE (*Eglise*), HOLLANDE, CALVINISTES.

Du sein de la réforme de Luther, de Zuingle et de Calvin, naquirent mille sectes différentes, aussi opposées entre elles qu'elles étaient ennemies de l'Eglise romaine : tels furent les anabaptistes, qui se divisèrent en treize ou quatorze sectes (*voyez* l'article ANABAPTISTES) ; les sacramentaires, qui se divisent en neuf différentes branches ; les confessionistes, partagés en vingt-quatre sectes ; les extravagants, qui avaient des sentiments opposés à la confession d'Augsbourg, et qui se divisèrent en six sectes (*voyez* l'article LUTHER et LUTHÉRIENS) ; les calvinistes, qui se divisèrent en gomaristes et en arminiens, en supra-lapsaires et en infra-lapsaires, en puritains et en anglicans (*voyez* ces articles). Enfin Servet, Okin, les sociniens, les nouveaux ariens.

L'histoire de toutes ces sectes est, à proprement parler, l'histoire de la réforme et presque l'histoire de l'esprit humain pendant ces siècles.

Nous avons exposé dans chacun de ces articles leurs principes, et nous les avons réfutés ; nous avons réservé pour cet article l'examen de leurs principes communs.

---

(1) *Voyez* Valois, le P. Alex. Schelstrate. Les protestants, aussi bien que les catholiques, se sont partagés sur ce point, mais, ce me semble, par quelque raison de parti plutôt que par des raisons tirées de l'histoire même.

(2) *Voyez*, dans saint Irénée, l. 1, c. 18, les différentes formules de ces hérétiques ; les uns baptisaient au nom du Père de toutes choses, qui était inconnu ; de la vérité, qui était la mère de toutes choses ; de Jésus, descendu pour racheter les vertus ; d'autres se servaient de noms bizarres et propres à étonner l'imagination ; ils baptisaient au nom de Basyma, de Cacabasse, de Diarba la, etc. Les Marcionites baptisaient au nom du Juste, du Bon et du Méchant.

Toutes les sociétés chrétiennes qui ont pris le titre d'Eglises réformées se sont séparées de l'Eglise romaine. Le fondement de cette séparation est : 1° que l'Eglise romaine était tombée dans des erreurs qui ne permettaient pas de rester dans sa communion; 2° que l'Ecriture était la seule règle de notre foi; 3° que tout fidèle était juge du sens de l'Ecriture, et avait droit de juger de ce qui appartient à la foi, de se séparer de la société qui est tombée dans l'erreur et de s'attacher à une autre, ou d'en former une nouvelle dans laquelle il rétablisse la foi et le culte dans sa pureté.

Nous allons faire voir, 1° que les erreurs que les prétendus réformés reprochent à l'Eglise romaine n'ont pu autoriser leur séparation; 2° que l'Ecriture n'est pas la seule règle de la foi; 3° que ce n'est point aux simples fidèles, mais aux évêques, successeurs des apôtres, qu'il appartient de juger des controverses de la religion.

§ I. — *Les erreurs que les prétendus réformés reprochent à l'Eglise romaine n'ont pu autoriser leur séparation.*

Les réformés prétendent justifier leur schisme par ce raisonnement.

On ne peut demeurer uni à une secte qui oblige à faire profession de diverses erreurs fondamentales, et à pratiquer un culte sacrilége et idolâtre comme l'adoration de l'hostie, etc.

Or l'Eglise romaine oblige à faire profession de diverses erreurs fondamentales, et à pratiquer un culte sacrilége et idolâtre.

On ne peut donc pas demeurer dans sa communion, et tous ceux qui sont persuadés de la fausseté de ses dogmes et de l'impiété de son culte sont obligés de s'en séparer.

Nous avons fait voir que l'Eglise romaine n'est tombée dans aucune erreur. Voyez les différents articles LUTHER, CALVIN, ZUINGLE, etc., et les protestants les plus éclairés ont été forcés de reconnaître qu'elle n'enseignait aucune erreur fondamentale (1).

Nous allons présentement examiner le sophisme des protestants, indépendamment de cette discussion.

Il y a une séparation simple et négative, qui consiste plutôt dans la négation de certains actes de communion que dans des actions positives contre la société dont on se sépare.

Il y a une autre séparation qu'on peut appeler positive, qui enferme l'érection d'une société séparée, l'établissement d'un nouveau ministère, et la condamnation positive de la première société à laquelle on était uni.

Les prétendus réformés ne se sont pas contentés de la première séparation, qui consiste à ne point communiquer avec l'Eglise romaine dans les choses qu'ils prétendaient être mauvaises et défendues par la loi de Dieu; ils ont formé une nouvelle société, une nouvelle Eglise; ils ont établi de nouveaux pasteurs, ils ont usurpé le ministère ecclésiastique, ils ont prononcé anathème contre l'Eglise romaine, ils ont dégradé et chassé ses pasteurs.

La séparation des protestants est donc un schisme inexcusable; car l'usurpation du ministère est criminelle par elle-même et ne peut être justifiée par la prétendue idolâtrie de la société dont on se sépare.

Celui qui dirait, par exemple, qu'il est permis de calomnier toute société qui oblige à l'hérésie et à un culte idolâtre; qu'il est permis d'en tuer les pasteurs en trahison et d'employer pour les exterminer toutes sortes de moyens, avancerait sans doute une proposition impie et hérétique, parce que les crimes des autres ne donnent jamais droit d'en commettre soi-même, et qu'ainsi, encore qu'une Eglise fût hérétique, il ne serait pas plus permis de la calomnier et d'employer la trahison pour en faire mourir les pasteurs.

Ainsi, quand même l'Eglise romaine serait hérétique et idolâtre, ce qui est une supposition impossible, les réformés n'auraient pas eu droit d'établir un nouveau ministère ni d'usurper celui qui était établi, parce que ces actions sont défendues par elles-mêmes, l'usurpation de la puissance pastorale sans mission étant toujours criminelle et ne pouvant être excusée par aucune circonstance étrangère.

Car c'est une usurpation criminelle que de s'attribuer un don de Dieu que l'on ne peut recevoir que de lui seul : telle est la puissance pastorale, à moins qu'on ne soit assuré de l'avoir reçue et qu'on ne puisse le prouver aux autres.

Or, Dieu n'a point révélé que, dans le temps de la nouvelle loi, après le premier établissement de l'Eglise, il communiquerait encore en quelques cas extraordinaires sa puissance pastorale par une autre voie que par la succession.

Par conséquent, personne ne peut s'assurer de l'avoir reçue hors de cette succession légitime; tous ceux qui se la sont attribuée sont notoirement usurpateurs (2).

Pour se convaincre pleinement de cette vérité, il ne faut que se rappeler l'état dans lequel ont été les réformés, selon les hypothèses mêmes des ministres; car on ne peut se les représenter autrement que comme des hérétiques convertis. Ils avaient été adorateurs de l'hostie, ils avaient invoqué les saints et révéré leurs reliques ; ils avaient ensuite cessé de pratiquer ce culte, ils étaient donc devenus orthodoxes, selon eux, par changement de sentiment, et c'est ce qu'on appelle des hérétiques convertis.

Tout hérétique perd, par l'hérésie dont il fait profession, le droit d'exercer légitimement les fonctions des ordres qu'il a reçus, quoiqu'il conserve le droit d'exercer valide-

---

(1) Tillotson, Serm., t. III, ser. ii, 11, p. 71. Chilingvort, dans l'ouvrage intitulé : La religion protestante est une voie sûre.

(2) Préjugés légitimes, p. 135, etc.

ment ces ordres ; il faut, pour recouvrer l'exercice légitime de son autorité, se réconcilier à l'Eglise.

Mais à quelle Eglise les prétendus réformés se sont-ils réconciliés? Ils ont tenu une conduite bien différente, ils ont commencé par assembler des Eglises sans autorité, sans dépendance de personne, sans se mettre en peine s'il y avait ou s'il n'y avait pas une Eglise véritable à laquelle ils fussent obligés de s'unir (1).

Les réformateurs n'ont donc pû avoir qu'une mission extraordinaire, et c'est là prétention de Bèze, de Calvin, etc.

Mais une vocation extraordinaire a besoin d'être prouvée par des miracles, et les réformateurs n'en ont point fait ; tous les catholiques qui ont traité les controverses ont mis ces points dans le plus grand jour (2).

Les prétendus réformés ont donc érigé une Eglise sans autorité, et par conséquent ils sont schismatiques, puisqu'ils se sont séparés de la société qui était en possession du ministère, et de laquelle ils n'ont point reçu de mission.

§ II. — *La tradition est, aussi bien que l'Ecriture, la règle de notre foi.*

Les théologiens appellent tradition une doctrine transmise de vive voix ou consignée dans les écrits de ceux qui étaient chargés de la transmettre.

Jésus-Christ a enseigné sa doctrine de vive voix, et c'est ainsi que les apôtres l'ont publiée. Jésus-Christ ne leur ordonna point d'écrire ce qu'il leur enseignait, mais d'aller le prêcher aux nations et de l'enseigner. Ce ne fut que longtemps après l'établissement du christianisme et pour des circonstances particulières que les apôtres écrivirent; tous n'écrivirent pas, et ceux qui ont écrit n'ont pas écrit à toutes les Eglises.

Les écrits des apôtres aux Eglises particulières ne contiennent pas tout ce qu'ils auraient pu écrire, ni tout ce que Jésus-Christ leur avait enseigné ou que le Saint-Esprit leur avait inspiré. On ne peut donc douter que beaucoup d'Eglises particulières n'aient été pendant plusieurs années sans aucun écrit des apôtres et sans Ecriture sainte; il y avait donc, dès l'institution du christianisme, un corps auquel Jésus-Christ avait confié le dépôt de sa doctrine, et qu'il avait chargé de l'enseigner.

Ce corps l'avait reçue et la transmettait par la voie de la tradition ; c'était en vertu de l'institution même de Jésus-Christ que ce corps était chargé d'enseigner la doctrine qu'il avait reçue.

Ce corps a-t-il perdu le droit d'enseigner, depuis que les évangélistes et les apôtres ont écrit? Jésus-Christ a-t-il marqué cette époque pour la fin du ministère apostolique? Les successeurs des apôtres ont-ils oublié la doctrine qu'on leur avait confiée?

Mais s'il n'y a plus de corps chargé du dépôt de la doctrine, par quelle voie savons-nous donc qu'il n'y a que quatre Evangiles, que l'Evangile contient la doctrine de Jésus-Christ? Comment a-t-on distingué les vrais Evangiles de cette foule de faux Evangiles, composés par les hérétiques des premiers siècles? Comment aurait-on pu connaître les altérations faites à l'Ecriture, s'il n'y eût pas eu un corps subsistant et enseignant, qui avait reçu et qui conservait par tradition ce que Jésus-Christ et les apôtres avaient enseigné? Saint Paul ordonne aux Thessaloniciens de demeurer fermes et de conserver les traditions qu'ils ont apprises, soit par ses paroles, soit par ses écrits (3).

Ce même apôtre ordonne à Timothée d'éviter les nouveautés profanes des paroles et toute doctrine qui porte faussement le nom de science ; il veut qu'il se propose pour modèle les saintes instructions qu'il a entendues de sa bouche touchant la foi. Les Corinthiens ont mérité d'être loués, parce qu'ils conservaient les traditions et les règles qu'ils avaient reçues de lui (4).

Saint Paul regarde donc comme un dépôt sacré et comme une règle la doctrine qu'il a enseignée à Timothée et aux Corinthiens. Or, il n'a pas enseigné à Timothée seulement par écrit, mais encore de vive voix ; il y a donc une tradition ou une doctrine qui se transmet de vive voix et que l'on doit conserver comme la doctrine contenue dans l'Ecriture sainte.

Ce fut par le moyen de la tradition que l'Eglise confondit les hérétiques des premiers siècles, les valentiniens, les gnostiques, les marcionites, etc. (5).

Tous les conciles ont combattu les erreurs par la tradition. Ces faits sont hors de doute ; ils peuvent être ignorés, mais ils ne peuvent être contestés par ceux qui ont quelque connaissance de l'histoire ecclésiastique.

Par ce que nous venons de dire, il est clair que Daillé n'a combattu la doctrine de l'Eglise catholique sur la tradition qu'en partant d'un faux état de question, puisqu'il suppose que l'on ne connaît la tradition que par les ouvrages des Pères (6).

Il en faut penser autant de tout ce que les protestants ont dit pour prouver que la tradition est obscure et incertaine. La tradition, prise comme l'instruction du corps visible chargé du dépôt de la foi, ne peut jamais être incertaine ; son incertitude entraînerait celle du christianisme.

§ III. — *Il n'appartient qu'aux premiers pasteurs, successeurs des apôtres, de juger des controverses de la foi, et non pas aux simples fidèles.*

Jésus-Christ a confié à ses apôtres la pré-

---

(1) Voyez les professions de foi des synodes de Gap, de la Rochelle; MM. de Vallembourg, dans leur traité de la mission des protestants.
(2) Prétendus réformés convaincus de schisme, l. III, c. 5.
(3) II Thess., II, 15.
(4) I Cor., XI, 2.
(5) Iren. adversus gnost., l. III, c. 2.
(6) River, Tractatus de PP. auctoritate; Genevæ, 1660. Traité de l'emploi des Pères pour le jugement des différends en la religion, par Jean Daillé; Genève, 1732.

dication de sa doctrine ; il leur a promis d'être avec eux jusqu'à la consommation des siècles ; c'est à eux qu'il a dit : Enseignez les nations ; celui qui vous écoute, m'écoute.

Il est clair que ces promesses regardent non seulement les apôtres, mais encore leurs successeurs, qui sont établis dépositaires de la doctrine de Jésus-Christ, et chargés de l'enseigner jusqu'à la consommation des siècles. C'est ainsi que toute l'Eglise a entendu les promesses faites aux apôtres, et les protestants ont été forcés de reconnaître dans cette promesse la perpétuité et l'indéfectibilité de l'Eglise (1).

Par l'établissement même de l'Eglise et par la nature du ministère que Jésus-Christ confia aux apôtres et à leurs successeurs, il est clair qu'ils sont seuls juges de la doctrine. Le ministère de l'instruction n'est point différent du ministère qui prononce sur les différends de religion : comment auraient-ils l'autorité suffisante pour enseigner la doctrine de Jésus-Christ jusqu'à la consommation des siècles, s'ils n'avaient pas l'autorité de juger et s'ils pouvaient se tromper dans leurs jugements ? Les confessions que nous avons citées dans une note supposent ce que nous avançons ici.

La doctrine de l'Eglise romaine sur l'infaillibilité des jugements des premiers pasteurs est la doctrine de toute l'antiquité : l'histoire ecclésiastique entière sert de preuve à cette vérité, que les protestants ont reconnue dans presque toutes les confessions que nous avons citées.

Ce n'est donc point au simple fidèle à juger des controverses de la foi.

Si le simple fidèle jugeait des controverses de la foi, ce ne pourrait être que par la voie de l'inspiration ou par la voie d'examen.

Le premier moyen a été abandonné par les protestants, et n'a pas besoin d'être réfuté : c'est ce principe qui a produit les anabaptistes, les quakers, les prophètes des Cévennes, etc.

La voie de l'examen, quoique moins choquante, n'est pas plus sûre.

Les sociétés chrétiennes séparées de l'Eglise romaine prétendent que l'Ecriture contient tout ce qu'il faut croire pour être sauvé, et qu'elle est claire sur tous ces sujets ; d'où ils concluent qu'elle suffit pour conserver le dépôt de la foi.

Mais, premièrement, je demande à qui il appartient de déterminer quels articles il est nécessaire de croire pour être sauvé, et si ce n'est pas à ceux que Jésus-Christ a chargés d'annoncer sa doctrine, à qui il a dit : Qui vous écoute, m'écoute.

Je demande, en second lieu, si, lorsqu'il s'élève quelque contestation sur le sens de l'Ecriture, le jugement de cette contestation n'appartient pas essentiellement au corps que Jésus-Christ a chargé d'enseigner, et avec lequel il a promis d'être jusqu'à la consommation des siècles ?

Juger du sens de l'Ecriture, c'est déterminer quelles idées Jésus-Christ a attachées aux paroles qui expriment sa doctrine. Ceux auxquels il a ordonné d'enseigner et avec lesquels il a promis d'être peuvent seuls déterminer infailliblement quelles idées il attachait à ces mots ; eux seuls sont donc juges infaillibles du sens de l'Ecriture.

Ainsi, sans examiner si l'Ecriture est claire dans les choses nécessaires au salut, je dis que, par la nature même de l'Eglise et par l'institution de Jésus-Christ, les premiers pasteurs sont juges du sens de l'Ecriture et des controverses qui s'élèvent sur ce sens.

Troisièmement, sans disputer sur la clarté de l'Ecriture et sans examiner si elle contient tout ce qu'il faut croire pour être sauvé, je dis que, lorsque le corps des pasteurs déclare qu'un dogme appartient à la foi, on doit le croire avec la même certitude avec laquelle on croit que le Nouveau Testament contient la doctrine de Jésus-Christ. Tout ce qu'on dirait pour attaquer le jugement de ce corps, par rapport au dogme, attaquerait également la vérité et l'authenticité de l'Ecriture, que nous connaissons par le moyen de ce corps, comme nous l'avons fait voir ci-dessus, § II.

Quatrièmement, la voie de l'examen, que l'on veut substituer à l'autorité de l'Eglise, est dangereuse pour les hommes les plus éclairés, impraticable pour les simples ; elle ne peut donc être la voie que Dieu a choisie pour garantir les chrétiens de l'erreur ; car Jésus-Christ est venu pour tous les hommes ; il veut que tous connaissent la vérité et qu'ils soient sauvés.

Cinquièmement, attribuer aux simples fidèles le droit de juger des controverses qui s'élèvent sur la foi, c'est ouvrir la porte à toutes les erreurs, détruire l'unité de l'Eglise et ruiner toute la discipline.

Pour s'en convaincre, qu'on jette un coup d'œil sur la réforme à sa naissance ; on y voit une infinité de sectes qui se déchirent et qui enseignent les dogmes les plus absurdes ; on voit les chefs de la réforme gémir de la licence de leurs prosélytes : écoutons leurs plaintes.

Capiton, ministre de Strasbourg, écrivait confidemment à Farel qu'ils ont beaucoup nui aux âmes par la précipitation avec laquelle on s'était séparé du pape. « La multitude, dit-il, a secoué entièrement le joug... ils ont bien la hardiesse de vous dire : Je suis assez instruit de l'Evangile, je sais lire par moi-même, je n'ai pas besoin de vous (2). »

---

(1) Confessio augustana, art. 5, 7, 8, 21. Confessio saxonica. De Ecclesia. Syntagma confessionum fidei, quæ in diversis regnis et nationibus fuerunt editæ; Genève, 1654, in-4°, p. 68, 69, 70. Confessio Virtemberg., De ordine; ibid., p. 119. De Ecclesia, p. 132. Confessio bohemica, art. 8; ibid., p. 187; art. 9, p. 188, 189; art. 14, p. 196. Confessio argentinensis, c. 13. De officio et dignit. ministr., p. 183. Confess. Helvet., c. 17, p. 31, 35. Confess. gallic., p. 5, art. 21. Confess. anglicana, p. 90.

(2) Cap., ep. ad Farel, inter ep. Calvin., p. 4, édit. de Genève. Préjugés légitimes, p. 67.

« Nos gens, dit Bèze, sont emportés par tout vent de doctrine, tantôt d'un côté, tantôt d'un autre : peut-être qu'on pourrait savoir quelle créance ils ont aujourd'hui sur la religion ; mais on ne saurait s'assurer de celle qu'ils auront demain. En quel point de la religion ces Eglises qui ont déclaré la guerre au pape sont-elles d'accord ensemble ? Si vous prenez la peine de parcourir tous les articles depuis le premier jusqu'au dernier, vous n'en trouverez aucun qui ne soit reconnu par quelques-uns comme de foi et rejeté par les autres comme impie (1). »

§ IV. — *Réponses aux difficultés que l'on fait en faveur de la voie d'examen.*

« Ou les catholiques romains, disent les protestants, supposent que l'Eglise dans laquelle ils sont nés est infaillible, et le supposent sans examen ; ou ils ont examiné avec soin les fondements de l'autorité qu'ils attribuent à l'Eglise.

« On ne peut pas dire qu'ils aient attribué à l'Eglise une autorité infaillible, telle qu'ils la lui attribuent, sans savoir pourquoi : autrement, il faudrait approuver l'attachement du mahométan à l'Alcoran.

« Il faut donc examiner : or, cet examen est aussi embarrassant que la méthode des protestants ; si l'on en doute, il ne faut que voir ce qui est nécessaire pour cet examen ; il faut remarquer que ceux qui font cet examen doivent être considérés comme dégagés de toutes les sociétés chrétiennes et exempts de toutes sortes de préjugés ; car il ne leur faut supposer que les lumières du bon sens.

« La première chose qu'ils doivent *examiner* dans cette proposition, *l'Eglise est infaillible*, qu'on prétend qu'ils reçoivent comme véritable, c'est qu'ils doivent savoir ce que c'est que cette Eglise en laquelle on dit que réside l'infaillibilité : si l'on entend par là tous les chrétiens qui forment les différents corps des Eglises chrétiennes, en sorte que, lorsque ces chrétiens disent d'un commun accord qu'une chose est véritable, on se doive rendre à leur autorité ; s'il suffit que le plus grand nombre déclare un sentiment véritable pour l'embrasser, et si cela est, si un petit nombre de suffrages de plus ou de moins suffit pour autoriser ou pour déclarer fausse une opinion ; s'il ne faut consulter que les sentiments d'aujourd'hui, ou depuis les apôtres, pour connaître la vérité de ce sentiment : qui sont ceux en qui réside l'infaillibilité ; si un petit nombre d'évêques assemblés et de la part des autres sont infaillibles.

« En second lieu, il faut savoir en quoi consiste proprement cette infaillibilité de l'Eglise : est-ce en ce qu'elle est toujours inspirée ou en ce qu'elle ne nous dit que des choses sur lesquelles elle ne peut se tromper ? Il faudra encore savoir si cette infaillibilité s'étend à tout.

« En troisième lieu, il faut savoir d'où cette Eglise chrétienne tire son infaillibilité. On n'en peut pas croire les docteurs qui l'assurent, sans en donner d'autres preuves que la doctrine commune, parce qu'il s'agit de savoir si cette doctrine est vraie : c'est ce qui est en question. On ne peut pas dire non plus qu'il faut joindre l'Ecriture à l'Eglise, toutes les difficultés que l'on vient de faire n'en subsistent pas moins ; il faudrait comparer la créance de cette Eglise de siècle en siècle avec ce que dit l'Ecriture, et voir si ces deux principes s'accordent ; car on ne peut croire ici personne (2). »

Je réponds que ce n'est ni par voie d'examen, ni sans raison, que le catholique croit l'Eglise infaillible, mais par voie d'instruction.

Le simple fidèle a connu par le moyen de l'instruction la divinité du christianisme ; il a appris que Jésus-Christ a confié à ses apôtres et à leurs successeurs la prédication de sa doctrine ; il sait par la voie de l'instruction que Jésus-Christ a promis à ses apôtres et à leurs successeurs d'être avec eux jusqu'à la consommation des siècles ; il sait par conséquent que les successeurs des apôtres enseigneront jusqu'à la consommation des siècles la vérité, et que ce qu'ils enseigneront comme appartenant à la foi appartient en effet à la foi.

Pour être sûr qu'il doit penser ainsi sur des dogmes définis par l'Eglise, le simple fidèle n'a pas besoin d'entrer dans la discussion de toutes les questions que propose le Clerc.

La solution de toutes ces questions est renfermée dans l'instruction que reçoit le simple fidèle : cette instruction est donc équivalente à la voie d'examen, puisqu'elle met le simple fidèle en état de répondre aux difficultés par lesquelles on prétend rendre sa croyance douteuse.

Ce n'est point sur la parole des premiers pasteurs que le simple fidèle se soumet à leur autorité, c'est sur les raisons qu'ils donnent de leur doctrine, sur des preuves de fait dont tout fidèle peut s'assurer, sur des faits à la portée de tout le monde, attestés par tous les monuments et aussi certains que les premiers principes de la raison ; en un mot, sur les mêmes preuves qu'on employait pour convaincre l'hérétique et l'infidèle, l'ignorant et le savant ; sur des faits dont l'homme qui n'est ni stupide ni insensé peut s'assurer comme le philosophe, et sur lesquels on peut avoir une certitude qui exclut toute crainte d'erreur ; et, pour mettre le Clerc sans réplique sur ce point, je n'ai besoin que de son traité sur l'incrédulité.

Ainsi, l'Eglise ne conduit point les fidèles par le moyen d'une obéissance aveugle et d'instinct, mais par la voie de l'instruction et de la lumière ; c'est par cette voie qu'elle conduit le fidèle jusqu'à l'autorité infaillible de l'Eglise. Le fidèle élevé à cette vérité n'a plus besoin d'examiner et de discuter ; il croit, sans crainte de se tromper, tout ce que

---
(1) Bèze, ep. prima. Préjugés légit., p. 70.
(2) Défense des sentiments des théologiens de Hollande, page 55.

lui propose un corps de pasteurs chargés par Jésus-Christ même d'enseigner, dont la mission et l'autorité est attestée par des faits hors de toute difficulté.

L'Eglise catholique fournit donc aux simples fidèles un moyen facile, sûr, infaillible, pour ne tomber dans aucune erreur contraire à la foi ou à la pureté du culte. Peut-on dire la même chose de la voie d'examen?

Les protestants ont proposé sous mille faces différentes les difficultés que nous venons d'examiner : les principes généraux que nous venons d'établir peuvent résoudre toutes ces difficultés, au moins celles qui méritent quelque attention. Nous avons d'excellents ouvrages de controverse qui sont entrés dans ces détails : tels sont l'Histoire des Variations, l. xv; la Conférence de Bossuet avec Claude; les Préjugés légitimes, c. 14, 15, 16, 17, 18; les Prétendus réformés convaincus de schisme, l. i; Réflexions sur les différends de religion, par Pélisson; les Chimères de Jurieu, par le même, et ses Réponses à Leibnitz; les deux Voies opposées en matière de religion, par M. Papin (1).

REJOUIS, secte d'anabaptistes qui riaient toujours. *Voyez* les différentes sectes des ANABAPTISTES.

* RELAPS, hérétique qui retombe dans une erreur qu'il avait abjurée. L'Eglise accorde plus difficilement l'absolution aux hérétiques relaps, qu'à ceux qui ne sont tombés qu'une fois dans l'hérésie; elle exige des premiers de plus longues et de plus fortes épreuves que des seconds, parce qu'elle craint avec raison de profaner les sacrements en les leur accordant. Dans les pays d'inquisition les hérétiques relaps étaient condamnés au feu; et dans les premiers siècles, les idolâtres relaps étaient exclus

---

(1) La réforme arrive à sa fin; sa vie est épuisée. Son principe survit, car c'est le principe éternellement subsistant de révolte contre l'autorité; mais il s'est déplacé. Il a passé du temple aux académies, des académies aux clubs politiques, et de là aux places publiques. Avec ce principe on avait tenté de faire des Eglises; on n'a pas même fait de sectes; on a tout au plus fait des opinions.

L'autorité des Etats réformés voit cette fin irrémédiable du protestantisme; et, elle la voit sans doute entourée d'images sinistres, comme si ce débris de christianisme venant à manquer aux peuples, il ne devait plus rester de trace de morale humaine, et que le catholicisme fût non-avenu dans les conditions de l'ordre politique sur la terre.

Que font donc les Etats oppressés de crainte devant cet avenir? Ils veulent refaire une apparence de lien social. Ils rajustent les parties d'un édifice brisé. Et comme la réforme a rempli sa destinée par un principe de liberté, ils veulent lui faire une destinée meilleure par un principe contraire. C'est-à-dire, les Etats appellent la force, comme loi de renouvellement de la réforme. Peu leur importe d'exterminer le principe de la réforme par cela même. Ils ne font que remettre en exercice le droit primitif des réformateurs, qui proclamaient le droit d'interprétation et de croyance, et brûlaient quiconque prenait au sérieux pour son compte cette liberté.

Et comment le protestantisme politique redeviendrait-il quelque chose sans ces procédés violents? Les Etats s'effarouchent de l'éparpillement des opinions humaines; ils ont raison : la barbarie est au terme de cette anarchie. A ce grand désordre, ils ne sauraient opposer l'unité de la foi; ils lui opposent l'unité de la force. Ce remède est extrême, et s'il n'est pas logique, il est nécessaire; nous ne disons pas qu'il soit efficace.

Le remède efficace et logique à la fois, ce serait celui que proclame le puséysme d'Oxfort; l'abandon public du

---

pour toujours de la société chrétienne.

* REMONTRANTS, surnom donné aux hérétiques arminiens, à cause des remontrances qu'ils firent, en 1610, contre le synode de Dordrecht. *Voyez* ARMINIENS.

* RENÉGATS. On donne ce nom à ceux qui ont renoncé à la foi de Jésus-Christ pour embrasser une fausse religion.

* RETHORIUS. Philastre rapporte que Rethorius enseignait que les hommes ne se trompaient jamais et qu'ils avaient tous raison; qu'aucun d'eux ne serait condamné pour ses sentiments, parce qu'ils avaient tous pensé ce qu'ils devaient penser (2). Ce système ressemblerait beaucoup à celui des libertins, des latitudinaires, des indépendants, etc., qui ont dogmatisé dans ces derniers temps, et il nous paraît que tous ces sectaires n'ont guère mérité le nom de chrétien.

* RICHER (Edmond) vit le jour à Chource, dans le diocèse de Langres, en 1560.

Nous ne dirons rien ici de sa vie, qui fut longtemps assez orageuse, ni de la plupart de ses écrits. Le plus fameux de tous, parce qu'il fit beaucoup de bruit dans le temps et qu'il a causé de grands maux, surtout en France, où il a servi de base à la malheureuse révolution dont ce beau royaume ressent encore les pernicieux effets, est le petit traité qu'il intitula: *De la puissance ecclésiastique et politique*. On dit que Richer le composa pour l'instruction particulière d'un premier président du parlement de Paris, qui le lui avait demandé, et pour s'opposer à une thèse où l'on soutenait l'infaillibilité du pape et sa supériorité au-dessus du concile général. Richer prétendait donner dans ce traité les maximes que suivait l'Eglise de France; mais il s'en faut bien qu'il s'en tînt là. Nous avons rapporté plus haut (3) les

---

principe par lequel la réforme est arrivée à ses dernières conséquences de division et d'épuisement. Car le docteur Pusey sent aussi que l'humanité s'affaisse par le défaut d'unité morale. Mais, soigneux de la dignité de l'intelligence, il ne lui impose pas des lois de fer. Il n'appelle pas à son aide l s liturg es royales; il ne soumet pas l'unité à des symboles fictifs, rédigés par un archevêque politique. Il rend à la croyance sa liberté, et à la réunion des fidèles leur constitution naturelle, indépendante de la hiérarchie séculière, laquelle ne saurait pénétrer dans la conscience sans l'opp resser et la dégrader.

Dans le puséysme tout se concilie, le besoin d'ordre et d'unité, force secrète qui survit jusque dans les derniers éparpillements de l'anarchie, et le sentiment de la liberté, témoignage intime de la grandeur de l'homme, jusque dans ses abai-sements extrêmes. Le puséysme réalise l'unité de la doctrine, lorsque les Etats la réalisent par la force; si le puséysme est protestant encore, du moins il est logicien; car il publie la raison qu'il a de ne l'être plus. Il ne lui manque que d'être conséquent, et déjà plusieurs des docteurs les plus célèbres de cette école sont rentrés dans le sein de l'Eglise catholique.

(2) Philastr. Aug., de Hæres., c. 72.

(3) Quoique nous ayons donné en français ces principes fondamentaux, nous croyons devoir les rapporter ici dans la langue dont s'est servi l'auteur, et d'après Tournely (Traité de Ordine, p. 7), pour la satisfaction de nos lecteurs : Omnis communitas seu societas perfecta, etiam civilis, jus habet ut sibi leges imponat, se ipsam gubernet, quod quidem jus in prima sua origine ad ipsammet societatem pertinet, et quidem modo magis proprio, singulari et immediato, quam ad alium quemlibet privatum : cum in ipso jure divino ac naturali fundamentum habeat, adversus quod nec annorum tractu, nec locorum privilegiis, nec dignitate personarum præscribi unquam potest.

principes fondamentaux de son système et quelques-unes de ses propositions répréhensibles. Nous avons prouvé aussi que le P. Quesnel a ressuscité ce même système dans son livre des *Réflexions morales*, et nous avons démontré que ce système est opposé à l'Ecriture sainte, à la tradition, aux définitions de l'Eglise, etc.

Richer donna, en 1620, une déclaration de ses sentiments, protestant qu'il n'avait point prétendu attaquer la puissance légitime du souverain pontife, ni s'écarter en rien de la foi catholique; mais le pape n'ayant point été satisfait de cette déclaration, Richer en donna une seconde et se rétracta même. Des auteurs prétendent que ce dernier acte lui avait été extorqué, qu'il ne fût pas sincère, et qu'en même temps que Richer l'accordait par l'ordre du ministre, il écrivait dans son testament qu'il persistait dans les sentiments qu'il avait énoncés dans son traité. Quand tout cela serait vrai, il ne s'ensuivrait rien autre chose, si ce n'est que l'Eglise a eu dans la personne de ce docteur un ennemi opiniâtre comme tant d'autres.

Consultez, dans ce volume, les notes qui se trouvent au bas des col. 1218-1220. Il faut lire aussi tout ce que nous avons dit du troisième principe capital de Quesnel, depuis la col. 1292 jusqu'à la col. 1313 du même volume.

ROSCELIN, clerc de Compiègne, enseignait la philosophie sur la fin du onzième siècle (1092). Il avança que les trois personnes divines étaient trois choses comme trois anges, parce qu'autrement on pourrait dire que le Père et le Saint-Esprit se sont incarnés; le Père, le Fils et le Saint-Esprit ne faisaient cependant qu'un Dieu, parce qu'ils avaient le même pouvoir et la même volonté; mais il croyait qu'on pourrait les appeler trois Dieux, si l'usage n'était pas contraire à cette manière de s'exprimer.

C'est l'erreur des trithéistes; elle fut condamnée dans un concile tenu à Compiègne, en 1092.

Roscelin abjura son erreur; mais peu de temps après il dit qu'il n'avait abjuré son opinion que parce qu'il avait appréhendé d'être assommé par le peuple ignorant.

Saint Anselme le réfuta dans un traité intitulé : *De la Foi, de la Trinité et de l'Incarnation*. Toute la réfutation de saint Anselme porte sur ce principe si simple et si vrai : c'est qu'il ne faut pas raisonner contre ce que la foi nous enseigne, contre ce que l'Eglise croit, et que l'on ne doit pas rejeter ce que l'on ne peut pas comprendre; mais qu'il faut avouer qu'il y a plusieurs choses qui sont au-dessus de notre intelligence (1).

ROSKOLNIKS ou RASKOLNIKS. Ce sont les seuls sectaires de l'Eglise russe, dont ils professent à peu près les dogmes, les différences se réduisant à des objets extérieurs et de peu d'importance, à une discipline plus sévère et à certaines coutumes et cérémonies superstitieuses. Ainsi, ils proscrivent l'usage du tabac, qu'ils appellent *l'herbe du diable*. Ces sectaires, au nombre de 300,000, ont quelques couvents et un archimandrite particulier à Niwojalen, sur le Bug. Ils sont répandus dans la Valachie et la Moldavie, en Bessarabie et même à Constantinople.

RUNCAIRES, secte qui avait adopté les erreurs des patarins et qui soutenait que l'on ne commettait point de péché mortel par la partie inférieure du corps : sur ce principe, ils s'abandonnaient à toutes sortes de déréglements (2).

RUPITANS, nom donné aux donatistes, parce que, pour répandre leur doctrine, ils traversaient les rochers qui s'expriment en latin par *rupes*.

RUSSIENS ou RUSSES. *Voyez* MOSCOVITES.

RUSTAUX, nom donné à une secte d'anabaptistes, formée de gens rustiques et de bandits sortis de la campagne, qui, sous prétexte de religion, excitaient la sédition dans les villes.

S

SABBATAIRES ou SABBATHIENS. On a désigné sous ces noms différents sectaires : 1° Des juifs mal convertis, qui, dans le premier siècle de l'Eglise, étaient opiniâtrément attachés à la célébration du sabbat et autres observances de la loi judaïque. 2° Une secte du quatrième siècle, formée par un certain Sabbathius, qui voulut introduire la même erreur parmi les novatiens, et qui soutenait qu'on devait célébrer la pâque avec les juifs le quatorzième de la lune de mars. On prétend que ces visionnaires avaient la manie de ne vouloir point se servir de leur main droite; ce qui leur fit donner le nom de *sinistres* ou *gauchers*. 3° Une branche d'anabaptistes qui observent le sabbat comme les juifs, et qui prétendent qu'il n'a été aboli par aucune loi dans le Nouveau Testament. Ils blâment la guerre, les lois politiques, les fonctions de juge et de magistrat; ils disent qu'il ne faut adresser des prières qu'à Dieu le Père, et non au Fils, ni au Saint-Esprit.

SABELLIUS, embrassa l'erreur de Praxée et de Noet; il ne mettait point d'autre différence entre les personnes de la Trinité que celle qui est entre les différentes opérations d'une même chose. Lorsqu'il considérait Dieu comme faisant des décrets dans un conseil éternel et résolvant d'appeler les hommes au salut, il le regardait comme Père; lorsque ce même Dieu descendait sur

---

(1) Anselm., t. II, ep. 35. Ivo Carnotensis, ep. 27. Abælard, ep. 21, ad episcop. Paris. D'Argenté, Collect.

Jud. t. III, p. 1. Natal. Alex., sæc. XI et XII.
(2) Dup., XIIIᵉ siècle, p. 190.

la terre dans le sein de la Vierge, qu'il souffrait et mourait sur la croix, il l'appelait Fils ; enfin, lorsqu'il considérait Dieu comme déployant son efficace dans l'âme des pécheurs, il l'appelait Saint-Esprit (1).

Selon cette hypothèse, il n'y avait aucune distinction entre les personnes divines : les titres de Père, de Fils et de Saint-Esprit n'étaient que des dénominations empruntées des actions différentes que Dieu avait produites pour le salut des hommes.

Sabellius ne faisait que renouveler l'hérésie de Praxée et de Noet, et s'appuyait sur les mêmes raisons : *voyez* leurs articles. Il forma un parti qui subsista quelque temps ; saint Épiphane dit que les sabelliens étaient répandus en assez grand nombre dans la Mésopotamie et autour de Rome. Le concile de Constantinople, en rejetant leur baptême, fait voir qu'ils avaient un corps de communion en 381. Saint Augustin a cru que cette secte était tout à fait anéantie au commencement du cinquième siècle (2).

L'erreur de Sabellius a été renouvelée par Photin dans le quatrième siècle et par les antitrinitaires (3) ; nous traitons dans ce dernier article des principes du sabellianisme.

Denys d'Alexandrie combattit avec beaucoup de zèle et de succès l'erreur de Sabellius ; mais on trouva que, pour mettre une différence plus sensible entre les personnes de la Trinité, il mettait de la différence entre la nature du Père et du Fils ; car il voulait faire entendre la distinction du Père et du Fils par la distinction qui est entre la vigne et le vigneron, entre le vaisseau et le charpentier.

Aussitôt que Denys d'Alexandrie fut informé des conséquences qu'on tirait de ses comparaisons, il s'expliqua sur la divinité de Jésus-Christ et déclara qu'il était de même nature que son Père : il soutint qu'il n'avait jamais dit qu'il y eût eu un temps où Dieu n'était pas Père : que le Fils avait reçu l'être du Père ; mais, comme il est impossible qu'il n'y ait pas une splendeur lorsqu'il y a de la lumière, il est impossible que le Fils qui est la splendeur du Père ne soit pas éternel ; enfin Denys d'Alexandrie se plaignit de ce que ses ennemis n'avaient pas consulté un grand nombre de ses lettres où il s'était expliqué nettement, au lieu qu'ils ne s'étaient attachés qu'à celles où il réfutait Sabellius et qu'ils avaient tronquées en divers endroits.

Nous n'examinerons point ici si Denys d'Alexandrie avait donné lieu aux accusations formées contre lui ; nous ferons seulement quelques remarques sur le bruit qui s'éleva à cette occasion.

1° Sabellius niait que le Père et le Fils fussent distingués, et les catholiques soutenaient contre lui que le Père et le Fils étaient des êtres distingués : les catholiques, par la nature de la question, étaient donc portés à admettre entre les personnes divines la plus grande distinction possible ; puis donc que les comparaisons de Denys d'Alexandrie qui, prises à la lettre, supposent que Jésus-Christ est d'une nature différente de celle du Père, ont été regardées comme des erreurs, parce qu'elles étaient contraires à la consubstantialité du Verbe, il fallait que ce dogme fût non-seulement enseigné distinctement dans l'Église, mais encore qu'il fût regardé comme un dogme fondamental de la religion chrétienne.

2° Il est clair que les catholiques soutenaient que le Père, le Fils et le Saint-Esprit, n'étaient ni des noms différents donnés à la nature divine à cause des différents effets qu'elle produisait, ni trois substances, ni trois êtres d'une nature différente. La croyance de l'Église sur la Trinité était donc alors telle qu'elle est aujourd'hui, et c'est dans Jurieu une ignorance grossière d'accuser l'Église catholique d'avoir varié sur ce dogme.

3° L'exemple de Denys d'Alexandrie fait voir qu'il ne faut pas juger qu'un Père n'a pas cru la consubstantialité du Verbe, parce qu'on trouve dans ce Père des comparaisons qui, étant pressées et prises à la rigueur, conduisent à des conséquences opposées à ce dogme.

Sandius, qui veut trouver l'arianisme dans tous les Pères qui ont précédé le concile de Nicée, prétend que Denys d'Alexandrie n'a jamais fait l'apologie de sa doctrine contre Sabellius, ni donné les explications dans lesquelles il reconnaît la consubstantialité du Verbe, parce qu'Eusèbe ni saint Jérôme n'en ont jamais parlé, et que Denys d'Alexandrie était mort avant que Denis, auquel elle est adressée, fût élevé sur le siège de Rome (4).

Mais Sandius se trompe, 1° quand il s'appuie sur le silence d'Eusèbe et de saint Jérôme ; car l'un et l'autre parlent des quatre livres que Denys a composés sur le sabellianisme, et quand ils n'en auraient pas parlé, l'abrégé que saint Athanase fait de ses réponses suffit pour convaincre tout homme raisonnable qu'il y avait une apologie (5).

2° Il est certain que Denys était évêque de Rome lorsque Denys d'Alexandrie fit son apologie ; l'erreur de Sandius vient de ce qu'il a suivi Eusèbe, qui donne onze ans à l'épiscopat de Xiste, prédécesseur de Denys, au lieu que Xiste n'a été que deux ans évêque de Rome, et que par conséquent Denys a monté sur le siège de Rome neuf ans plus tôt que ne le dit Eusèbe.

D'ailleurs, Eusèbe lui-même assure que Denys d'Alexandrie dédia ses livres sur le sabellianisme à Denys, évêque de Rome (6).

SACCOPHORES, c'est-à-dire porte-sacs,

---

(1) Théodor., Hæret. Fab., l. II, c. 9. Euseb., l. VI, c. 7. Epiph., hær. 62.
(2) August., de Hær., c. 4.
(3) C'est encore aujourd'hui la doctrine des sociniens.
(*Édit.*)

(4) Sandius, de Script. Eccles., p. 42. Neucleus, Hist., l. I, p. 12.
(5) Eusèbe, Hist. Ecclés., l. VII, c. 26. Hieron. de Script. Eccles., c. 69, p. 85. Athan, de Synod., p. 918.
(6) Ibid.

branche de tatianistes qui s'habillaient d'un sac pour marquer mieux leur renoncement aux biens de ce monde. Et souvent sous cet habit, ils cachaient une conduite très-déréglée. L'Église qui connaissait leur hypocrisie, n'hésita jamais de condamner ce vain appareil de mortification, auquel le peuple ne se laisse prendre que trop aisément. (*Codex Theod.*, l. 7, 9 et 11; *Basil., ep. ad Amphilochum, can.* 47.)

*SACIENS, nom donné aux anthropomorphites. *Voyez* ce mot.

SACRAMENTAIRES : c'est ainsi qu'on appela les calvinistes et les zuingliens qui niaient la présence réelle.

SAGAREL. *Voyez* SEGAREL.

*SAINT-SIMONISME. Secte qui, après avoir fait quelque bruit, est morte dans ces dernières années, et dont le souvenir se lie à l'histoire des combats du christianisme au dix-neuvième siècle.

Elle a emprunté son nom du comte Henri de Saint-Simon, qui se donnait comme l'*analogue* de Socrate, mais qui, bien qu'il appelât une explication nouvelle de la doctrine du Christ, dit Auguste Comte, n'avait point abjuré le christianisme. Plusieurs de ses disciples ont avoué que Saint-Simon, « comme *industriel*, s'était ruiné; comme *penseur*, s'était épuisé à prendre toutes les formes, sans réussir jamais à frapper les esprits; qu'enfin, comme *moraliste*, il s'était suicidé. » Sur le dernier point, il y aurait bien d'autres choses à dire : ceux qui l'ont connu savent en effet comment il a donné le premier l'exemple de cette *émancipation* que ses disciples prêchèrent sur la femme. Quoi qu'il en soit de sa conduite et de ses ouvrages, Saint-Simon n'exerça guère d'influence pendant sa vie, qu'il termina obscurément en 1825.

Quelques idées positives exposées dans ses écrits ou dans ses entretiens avec un petit nombre d'amis furent exploitées après sa mort, dans le *Producteur.*

Plusieurs de ces écrivains ne considéraient les questions que sous le point de vue matériel ou industriel : Comte essaya de les régulariser en système. Les principes fondamentaux de sa doctrine étaient que le genre humain avait passé d'abord par une ère de *théologie* et de *poésie;* alors c'était l'*imagination* qui régnait sur les hommes. Puis était venue une ère de *philosophie* ou d'*abstraction pure;* ce qui fut le règne de la pensée. De Comte, devait dater l'ère de la science des choses *positives*, le règne de la *réalité.* Quant aux idées religieuses, il soutenait que, salutaires à des époques déjà fort éloignées, elles ne pouvaient plus avoir, dans l'*état viril actuel de la raison humaine,* qu'une influence rétrograde, et qu'ainsi il fallait se hâter de les remplacer par des idées positives. Suivant lui, on ne pouvait obtenir une véritable rénovation des théories sociales et, partant, des institutions politiques, qu'en élevant ce qu'on appelle les *sciences morales et politiques* à la dignité de *sciences physiques,* et par l'application convenable de la méthode positive, *fondée par Bacon, Descartes,* etc.

La division ne tarda pas à se mettre parmi les rédacteurs du *Producteur.* Ceux qui, dans la suite, formèrent la famille *saint-simonienne* trouvaient que Comte et ses amis s'occupaient trop exclusivement de questions *matérielles et positives;* qu'ils laissaient un vide, qu'ils avaient oublié de regarder une des faces de la *nature,* la face la plus noble et la plus belle, celle de l'*amour* ou de la *femme.* Ils prétendaient que la *religion* des *producteurs* était trop exclusivement pour l'homme, et qu'il en fallait une qui fût pour l'homme et pour la femme. En conséquence, supposant que le christianisme était mort, ce qu'au reste tous les *producteurs* pensaient aussi, ils entreprirent de le remplacer par une religion nouvelle : de là la suspension du *Producteur,* à la fin de 1826.

Le silence le plus complet fut gardé par les *saint-simoniens* pendant deux ans : ce ne fut qu'à la fin de 1828 qu'une exposition de la doctrine eut lieu chez Enfantin, devant un petit nombre d'auditeurs. Leurs prédications, fixées et élaborées chez Enfantin, furent continuées, sous la présidence de Bazard, dans une salle qu'ils louèrent rue Taranne. Leurs grands mots de *réhabilitation du sentiment religieux,* d'*union des peuples,* de *bonheur universel,* le respect même avec lequel ils parlaient du christianisme, langage si différent de celui du philosophisme voltairien, firent alors impression sur l'imagination du jeune Dory.

A la place du *Producteur* qui avait cessé de paraître, l'*Organisateur* eut mission d'introduire l'*élément religieux* dans la *science positive* : aussi le journal prit-il, dès l'abord, un ton mystique et inspiré. Bientôt, s'apercevant qu'une religion sans hiérarchie, sans prêtres, n'était pas viable, les novateurs se partagèrent en *apôtres* et *disciples*, *pères* et *fils,* la réunion des affiliés s'appela *famille,* et leur religion, *Église saint-simonienne*; la suprême autorité était concentrée entre les mains d'Enfantin et de Bazard, qui portèrent le titre de *Pères suprêmes,* mais qui avouaient n'avoir reçu que par l'intermédiaire d'O. Rodrigues, disciple de Saint-Simon, les inspirations du maître dont ils voulaient continuer et perfectionner l'œuvre. Plusieurs de ceux que cette organisation laissait dans les rangs inférieurs, blessés dans leur amour-propre, renoncèrent au titre de *fils* et se séparèrent des deux *pères.*

Peu connus avant la révolution de 1830, les saint-simoniens levèrent la tête aussitôt après. Le *Globe,* organe des *doctrinaires* qui professaient le *libéralisme avancé et intelligent,* et dont la religion se réduisait à un éclectisme philosophique mi-partie de la doctrine allemande de Fichte et de la doctrine écossaise de Reid, fut acheté par les sectaires. Comme le *Producteur,* il rendait justice à l'action que le christianisme, doctrine bonne et divine, avait exercée sur la civilisation, en déclarant toutefois qu'*il avait fait son temps.*

Les saint-simoniens, s'attachant à développer ce principe, furent souvent bien inspirés lorsqu'ils exposaient leurs vues sur les destinées passées du christianisme, et ils apprirent ainsi à leurs auditeurs ce qu'il fallait penser des ignorants dédains de la philosophie du dix-huitième siècle. Malheureusement, ils ajoutaient : « La religion chrétienne est mourante : voyez le peu de bruit qu'elle fait ; elle est impuissante : voyez la dissolution des mœurs actuelles ; elle est morte ; voyez le peu de foi de ses enfants. Donc, il faut la remplacer et mieux faire qu'elle. » En conséquence, allaient-ils épurer les mœurs, dompter les passions, étouffer la concupiscence ? Ce résultat, que le christianisme ne leur paraissait pas avoir obtenu ; ils le trouvaient impossible : ils voulaient donc, non pas changer la vie, les mœurs, l'esprit des hommes, mais changer la règle, changer la foi, changer les notions du bien et du mal, du beau et du laid. Or, ceci est le changement même de la révélation, et par conséquent de l'histoire, de l'humanité, de Dieu. Ils l'avouaient, et de là leurs dogmes principaux :

Leur *Dieu-Tout*, où panthéisme universel.

La négation du péché originel.

La prétention de réhabiliter la chair.

L'abolition de l'hérédité.

La suppression de tout lieu de punition après la mort.

Enfin, la déification de Saint-Simon et d'Enfantin.

Tous ces dogmes, qui partent du même principe, celui de vouloir remplacer le christianisme, se suivent et s'enchaînent. On peut le dire sans crainte à tous ceux qui veulent nous attaquer et à ceux qui sont séparés de nous : « Vous ne serez conséquents qu'alors que vous aurez, comme les saint-simoniens, refait le ciel et la terre, Dieu et l'homme. »

Sans suivre pas à pas les erreurs historiques et philosophiques des saint-simoniens, nous ferons ressortir la fausseté de quelques-uns de leurs principes fondamentaux.

Quoiqu'ils dédaignassent la prétendue science des philosophes du dix-huitième siècle, ils avaient reçu d'eux un principe qui leur est commun avec la plupart des déistes et des philosophes du temps présent : c'est celui de la *perfectibilité indéfinie de la nature humaine*, ou du *progrès continu de l'humanité*. Le christianisme reconnaît bien un progrès, et un progrès plus réel et plus grand que celui de tous les philosophes ; car il nous ordonne de *marcher de vertu en vertu*; entre tous les dons, de *désirer toujours les plus parfaits*; enfin, de nous efforcer *d'être parfaits comme notre Père céleste est parfait*. Mais ce progrès doit se réaliser dans le cercle de la révélation, c'est-à-dire partir du fait d'un homme créé bon, puis tombé et puni, relevé et racheté par Jésus-Christ. La révélation est assise sur des bases, non-seulement religieuses, mais historiques, tandis que la perfectibilité philosophique et saint-simonienne n'a aucune base historique ou révélée. Au contraire, elle part de l'*état sauvage*, et même de l'*état de nature* dans lequel le genre humain aurait commencé, et d'où il se serait élevé par ses propres forces ; et l'on conçoit que, si le genre humain a en effet progressé, de l'*état de nature* où il vivait, sans parole, sans pensée, sans Dieu, à l'état actuel, on peut espérer qu'il progressera jusqu'à une espèce de *déification*. Mais cet *état de nature* est non-seulement une erreur religieuse, une hérésie, mais encore une erreur historique, laquelle n'est plus admise que par ceux qui, sans examiner ce point de fait, le prennent tel que le présente le commun de nos vieux historiens, ou plutôt de nos vieux philosophes. Nous avons donc raison de dire que la doctrine saint-simonienne, fondée sur ce principe, n'a aucune base historique ou révélée.

Ce qui précède fait, du reste, comprendre pourquoi les saint-simoniens ont voulu changer la nature de Dieu. Le père suprême Enfantin a formulé le symbole suivant, qui paraît avoir été celui de l'Église saint-simonienne jusqu'au moment de sa dissolution : « Dieu est tout ce qui est ; tout est en lui, tout est par lui; nul de *nous* n'est hors de lui ; mais aucun de *nous* n'est *lui*. Chacun de nous vit de sa vie, et *tous* nous communions en lui, car il est *tout ce qui est*. » En vain dirait-on que cette proposition : *mais aucun de nous n'est lui* éloigne toute idée de panthéisme : elle exclut, il est vrai, toute idolâtrie ou déification humaine, et, dans ce sens, ceux qui *adorèrent* Enfantin et le reconnurent pour la *loi vivante*, furent en désaccord formel avec elle; mais elle n'empêche pas que ceux qui croient que *Dieu est tout ce qui est* ne soient panthéistes, sinon par *identification*, au moins par *absorption*. Or, ce qui amena les saint-simoniens au panthéisme, c'est que, refusant de croire aux destinées de l'homme, telles que les a posées le Dieu de l'Évangile, il fallut bien d'abord qu'ils rejetassent ce Dieu ; en second lieu, comme ils voulaient faire arriver l'homme de progrès en progrès, jusqu'au parfait bonheur d'une espèce de déification obtenue dans ce monde, il fallut encore, à mesure qu'ils faisaient remonter l'homme jusqu'à Dieu, qu'ils fissent descendre Dieu jusqu'à l'homme, non point à la manière des chrétiens, mais par une espèce d'identité ou de confusion de nature ; ils furent d'ailleurs entraînés au panthéisme par une admiration outrée et une fausse appréciation des croyances orientales, où ils crurent voir un Dieu plus grand que celui de la *Genèse*, confondant ainsi les opinions spéculatives et philosophiques des Hindous, opinions qui n'ont pas plus de forces ou de fondement que celle d'Enfantin, avec leurs croyances traditionnelles, lesquelles, à peine étudiées, et encore imparfaitement connues, annoncent cependant le Dieu même de la *Genèse*.

Les saint-simoniens venant changer les rapports des hommes entre eux, et des hommes avec Dieu, auraient dû montrer les preuves de leur mission. Or, il leur était difficile d'en donner. Aussi changèrent-ils tout ce que nous connaissons par l'histoire de la mission de Moïse et de Jésus-Christ, et à ceux qui s'étonnaient de ce qu'ils annonçaient une religion nouvelle ils dirent : « Nous faisons précisément ce qu'a fait Moïse, ce qu'a fait le Christ. Moïse est venu donner aux Juifs une religion nouvelle : le Christ, à son tour, est venu détruire l'ancienne religion par une religion nouvelle, et remplacer Moïse. Ce sont là des phases qui arrivent parfois dans l'humanité. Nous commençons une de ces phases : nous faisons *comme* Moïse et *comme* le Christ; nous agissons comme agirent les apôtres. » Mais parler ainsi de la mission de Moïse et de Jésus-Christ, c'était (nous faisons ici abstraction du caractère d'inspiration divine) ne pas connaître *historiquement* ce qu'ils ont fait. Moïse s'est borné à rappeler aux Juifs ce qui leur avait été révélé avant lui; il n'a cessé de leur rappeler que le Dieu dont il leur parlait était le Dieu d'Abraham, d'Isaac et de Jacob; il est venu en écrire l'histoire authentique : il n'a donc changé ni le dogme, ni la morale. Jésus n'est pas venu, plus que Moïse, détruire l'ancienne religion; il est venu l'améliorer, la perfectionner; mais il a laissé le même Dieu et n'a point changé les règles essentielles de la morale. Ce qui est capital en ce point, il n'est pas venu améliorer, perfectionner à l'improviste, sans s'être fait annoncer, sans, pour ainsi dire, que Moïse eût été prévenu et le judaïsme averti : Moïse n'est un vrai prophète, le judaïsme n'est une religion véritablement révélée que parce que le Christ est venu ; il était prédit, attendu, contenu dans la religion judaïque; le judaïsme et le christianisme sont invariablement unis. Au contraire, les saint-simoniens sont venus étourdiment, sans être annoncés ni prédits, seuls et de leur propre autorité, non point perfectionner, mais détruire et changer de fond en comble le christianisme. Ils ne pouvaient donc pas dire *historiquement* qu'ils étaient venus *comme* Moïse, *comme* le Christ, *comme* les apôtres; sans compter que les apôtres, Jésus-Christ et Moïse faisaient des miracles; mais il faut convenir qu'à cet égard les saint-simoniens n'ont jamais prétendu avoir agi *comme* Moïse, le Christ et les apôtres.

Les saint-simoniens méconnurent également l'histoire et la nature humaine, dans leur fameuse question de la *femme*. Ils accusaient la religion antique d'avoir *opprimé* la femme en la tenant esclave, et reprochaient au christianisme d'avoir cherché seulement à la *protéger* et non à l'*émanciper*, ce que venait faire enfin le saint-simonisme qui la proclamait *libre* et *indépendante*.

Il est vrai que, dans les temps anciens, la femme a toujours vécu dans la dépendance la plus complète, ou dans l'esclavage le plus humiliant. Interrogez les traditions historiques des peuples les plus séparés, les Chinois, les habitants de l'Afrique, les Américains, les peuplades de l'Océanie, partout vous trouverez une sorte de *réprobation*, une *punition* pesant sur la femme. C'est même là un problème historique que le saint-simonisme aurait dû expliquer. Le christianisme seul l'explique, en racontant la part trop grande qu'eut la femme à la première faute. Il nous apprend d'ailleurs que si la loi antique a laissé la femme dans son état de dépendance, au moins elle ne lui a pas caché ses titres de noblesse qui l'élèvent à la droite de l'homme; il nous avertit que la femme tire son origine de l'homme lui-même, ce qui déjà l'égale à lui ; elle n'est point nommée son esclave, mais son *aide, adjutor*, et un aide *semblable à lui, similis ejus ;* elle est créée *seule*, pour un *seul*, ce qui exclut et condamne la polygamie, et proclame le premier droit de la femme, celui d'être la seule compagne d'un seul homme : telle est l'*origine* de la femme, tels sont ses *droits*, d'après la loi antique et le saint-simonisme n'a rien inventé de plus noble, de plus relevé. Cette commune origine a été méconnue, ces droits ont été enfreints chez tous les peuples idolâtres, et il en est encore ainsi partout où le christianisme n'est pas reçu; mais c'était au saint-simonisme, à le rendre raison mieux que ne le fait le christianisme, et il y était obligé, lui qui prétendait que tout ce qui s'est fait dans l'humanité n'a pas été bien expliqué jusqu'à ce jour. Jésus-Christ, qui est venu réparer la faute originelle, est venu aussi relever la femme de son état de punition. D'abord, le christianisme a aboli la polygamie et le divorce, et par conséquent établi des droits égaux pour l'homme et pour la femme dans le mariage. En second lieu, il a reconnu la femme *indépendante* de toute autorité humaine, dans sa croyance, dans les règles de sa conscience, et dans la libre disposition de sa personne : toute union non consentie par elle est nulle. Sous l'ancienne loi, une sorte de réprobation était attachée à la femme qui n'était pas mariée : le christianisme, en élevant la virginité au-dessus du mariage, et en permettant ainsi à la femme de vivre séparée de l'homme et honorée, l'a *émancipée* complétement ; et il l'a *émancipée* aussi en ce sens qu'il a brisé les liens qui la tenaient esclave au fond des tentes et des harems, lui donnant la libre circulation des places publiques, ce qui est encore aujourd'hui un prodige aux yeux de plusieurs peuples de l'Orient. Le christianisme a fait plus : il a cherché à réaliser la parole antique, prononcée avant sa chute : *Tu es la chair de ma chair, et les os de mes os.* Pour cela, il a sanctifié la chair, en élevant le mariage à la dignité de sacrement, c'est-à-dire de rendant un signe auquel la grâce, la bienveillance, la bénédiction de Dieu sont attachées; et s'il dit à la femme d'être soumise à son époux, il prend pour expliquer ce précepte le plus grand amour dont il ait connaissance, et il le donne à l'homme pour exemple en disant : « Aime ton épouse comme le Christ a aimé son Église, et il s'est livré à la mort pour elle. »

Tout ce que dit ou fait le christianisme pour la femme ne tend qu'à un seul but, celui de l'unir à l'homme de l'union la plus entière et la plus parfaite : au contraire, tous les conseils du saint-simonisme ne tendaient qu'à la séparer, qu'à l'éloigner de l'homme. Il suit de là que, si les conseils et les préceptes du christianisme étaient suivis, le bonheur de la femme, identifié à celui de l'homme, lui serait égal : au contraire, si les enseignements de la religion nouvelle eussent prévalu, il n'y aurait plus ni union, ni société, ni bonheur pour la femme. Dans cette hypothèse, plus son indépendance, plus son isolement seraient grands, plus aussi son état serait antinaturel. Les conseils des saint-simoniens, poussés dans leurs dernières conséquences, n'aboutiraient à rien moins qu'à mettre un terme aux rapports de l'homme et de la femme, et la fin du monde arriverait forcément, tant il y a d'absurdités cachées dans cette théorie saint-simonienne.

Et pourtant le saint-simonisme se donnait avec assurance comme allant faire le bonheur du monde, en fixant les règles nouvelles qui devaient régir et satisfaire l'esprit et le corps de l'homme. Sous ce double rapport, on peut diviser toute l'œuvre saint-simonienne en deux parties : la partie spirituelle ou religieuse, et la partie matérielle ou industrielle. Qu'il y ait eu dans cette doctrine quelques points de vue nouveaux et louables, sous le rapport de l'industrie et de l'amélioration matérielle des peuples, nous l'accorderons sans peine ; mais les améliorations de l'industrie ne constituent pas une doctrine religieuse. La partie vraiment spirituelle du saint-simonisme regarde les nouvelles notions qu'il essaya de donner de *Dieu* et les nouvelles règles qu'il voulait imposer à la *morale*. Or, dans cette voie, ou bien les saint-simoniens ont copié ou parodié le christianisme ; et alors ils ont reçu des éloges ou des mépris selon que ceux avec qui ils étaient en rapport croyaient ou ne croyaient pas à la religion de Jésus-Christ ; ou bien ils ont essayé de sortir du christianisme, et alors leurs amis mêmes se sont éloignés d'eux avec indignation et dégoût, et leurs ennemis les ont regardés comme des misérables qui venaient pervertir la nature humaine. Ceci nous suggère une réflexion consolante pour notre foi : c'est que si les anciennes sectes ont fait des prosélytes par leur immoralité, ici c'est l'immoralité même des principes qui a éloigné les esprits de la secte nouvelle. Ce n'est donc point comme *religion* que le saint-simonisme a eu quelque succès, mais seulement comme enseignement ou *progrès industriel*. Si ses jeunes adeptes s'étaient contentés d'améliorer le sort des peuples, en prêchant le Dieu et la morale des chrétiens, leur enseignement subsisterait peut-être encore et on leur serait redevable d'importantes améliorations, tandis qu'ils tombèrent de chute en chute, d'excès en excès, de scission en scission, précisément à cause des règles nouvelles qu'ils prétendirent ajouter à la révélation chrétienne.

L'illusion fut grande un moment, lorsque la *religion nouvelle*, comme ils l'appelaient eux-mêmes, commença à se développer sous l'influence quasi-divine de Bazard-Enfantin. Après avoir fondé la hiérarchie, ils fondèrent les cérémonies qui devaient accompagner les différents actes de la vie, c'est-à-dire la communion, le mariage, la mort. La *communion saint-simonienne* consistait en une espèce *de communication de pensées* : Ainsi, à la première communion générale, en 1831, tous les membres de la famille, prenant successivement la parole, manifestèrent leur adhésion à la révélation venant de Saint-Simon par le canal des pères suprêmes, et leurs espérances dans les destinées progressives de l'homme ; en même temps eut lieu la première *adoption* des enfants, ou leur admission au sein de la *communion universelle*, ce qui constituait le *baptême de l'égalité*. Le mariage saint-simonien, du moins celui d'Alexandre de Saint-Chéron avec Claire Bazard, n'annonça pas que la foi fût vive au cœur de ses apôtres, qui, ne se contentant pas de la consécration saint-simonienne, firent leurs diligences pour que leur union fût légitimée, non-seulement devant l'officier civil, mais devant l'Eglise catholique. La première cérémonie de *l'inhumation* donna lieu à Jules Lechevalier de proclamer que par la mort se accomplit dans le sein de Dieu une phase de la vie éternelle : Dieu est la *vie*, Dieu est tout ce qui *est*, Dieu est l'*amour*.

Pendant que la prédication saint-simonienne était ouverte aux quatre coins de Paris, propagée par l'*Organisateur* et par le *Globe*, par la voix et avec la plume d'un grand nombre de jeunes talents, Dory se posait à Marseille comme missionnaire de la religion nouvelle ; mais il ferma bientôt son école, dégoûté, sceptique, ni chrétien, ni saint-simonien. Comme lui, Hoart à Toulouse, Lemonnier à Montpellier, Laurent à Rennes, Leroux à Lyon, Talabot à Brest, Bouffard à Limoges, Jules Lechevalier et Adolphe Guéroult à Rouen, Duveyrier en Belgique, d'Eichtal en Angleterre, etc., vécurent, d'abord sur ce que leur doctrine avait de bon, c'est-à-dire sur ce qu'ils avaient emprunté au christianisme. Mais les saint-simoniens devaient échouer, moins encore à cause de leurs dogmes, de leur panthéisme, de leurs variations sur la nature de Dieu, que parce que leur morale révolta les esprits. En effet, qu'importe le dogme à ce siècle, qui ne sait plus d'où lui viennent les plus grandes vérités ? on n'aura à en rendre compte que dans l'autre monde. Mais il est une partie de la religion qui commence à porter ses fruits dans celui-ci, à savoir la morale, d'après laquelle sont réglés nos rapports avec les autres hommes ; or, les nouveautés qu'Enfantin prétendit y introduire produisirent de nombreuses discussions, qui aboutirent à une scission éclatante entre les deux chefs et les principaux disciples.

Bazard avait été constamment en désaccord avec Enfantin sur la question *politique* où il voulait introduire l'*élément de guerre*, et sur la question *morale* où il refusait de ratifier les idées de son collègue touchant l'affranchissement de la femme.

Enfantin, partant du principe philosophique que l'homme a le droit de se faire à lui-même sa morale, soutenait qu'il était absurde d'imposer à la femme cette loi qui venait, selon lui, uniquement de l'homme ; qu'il fallait que la femme aussi se fît à elle-même sa loi ; conséquemment, qu'en fait de morale on devait ne lui rien imposer, ne lui rien conseiller, mais seulement l'*appeler*, en attendant la *femme-messie*, laquelle révélerait elle-même la loi qui lui était convenable. Le christianisme, n'admettant pas que l'homme se soit fait ou ait eu le droit de se faire la loi morale, ne se trouve point en cause ici. Quant à ceux qui admettent ce principe, et qui ainsi se font en quelque sorte Dieu, ils ont en effet mauvaise grâce de refuser un tel droit à la femme.

En outre, Enfantin prétendit que la femme devait être mise en participation de la prêtrise ; qu'il fallait donc former une prêtrise nouvelle, qui serait composée d'hommes et de femmes ; que c'étaient ces prêtresses et prêtres nouveaux qui devaient diriger et harmoniser dans l'avenir les *appétits des sens* et les *appétits intellectuels*, préparer et faciliter l'union des êtres à *affections profondes*, c'est-à-dire ceux qui aiment toujours la même personne, avec les êtres à *affections vives*, lesquels ne peuvent se contenter d'un seul amour et ont besoin d'en changer souvent l'objet : cette doctrine qui n'était au fond qu'une hideuse promiscuité, réhabilitait le vice et réglementait l'adultère : elle souleva des oppositions.

Jules Lechevalier, s'accusant d'abord d'avoir cru à la possibilité de constituer une famille et travailler à la réalisation d'une société avant que sa loi fût trouvée, avoua qu'il n'avait pas tardé à s'apercevoir que les deux pères étaient en désunion sur la politique et la morale ; qu'il se repentait d'avoir fait entrer dans cette société un certain nombre de personnes ; qu'on ne pouvait sans loi les diriger ; qu'il eût mieux aimé les laisser dans l'état où elles se trouvaient auparavant. Il conclut à ce que la religion saint-simonienne fût déclarée en état de *liquidation*, ajoutant qu'il revenait à douter de tout et se disait de nouveau philosophe.

Malgré les oppositions, Enfantin passa outre à la réorganisation de la hiérarchie, telle qu'elle devait être sous l'ère de l'*appel à la femme*. Il y eut donc : Enfantin, *père suprême* ; à côté de son fauteuil un fauteuil vide, représentant la *femme absente et appelée* ; à côté d'Enfantin, mais un peu au-dessous, O. Rodrigues, nommé *chef du culte et de l'industrie*, spécialement chargé de l'organisation religieuse des travailleurs et des intérêts matériels. En cette qualité, il fit un appel à la bourse de tous, pour l'aider à nourrir la famille saint-simonienne. Du reste, O. Rodrigues tout en proclamant le père suprême l'*homme le plus moral de son temps*, fit ses réserves contre lui, car il stipula que les seuls changements à introduire dans la morale ancienne consistaient à admettre le *divorce* et à décider qu'aucun individu ne pouvait être l'époux de plus d'une femme *à la fois*.

Tandis que Jules Lechevalier, repoussant l'*orientalisme* et ses doctrines d'*adoration* stupide et de lâcheté *sensuelle* qui aveuglaient les *enfantinistes*, conviait les hommes et les femmes *saines* de cœur, d'esprit et de corps, à former un *nouveau christianisme*. Bazard, séparé aussi d'Enfantin, formulait les croyances de la nouvelle Eglise qu'il entendait continuer. Il rendait un solennel hommage à tout ce que le christianisme avait fait pour la loi morale, mais arrivait à la même solution que Rodrigues, puisqu'il croyait devoir admettre le divorce. Quant à la femme, il ne pensait pas qu'elle fût appelée à rien révéler ; elle avait simplement pour mission de propager et de faire *acclamer* ce qui aurait été révélé par l'homme.

Les *travailleurs* ou *industriels* saint-simoniens, au nombre d'environ trois mille, divisés en *visiteurs*, *aspirants* et *fonctionnaires*, consommaient sans produire, malgré leur titre de *producteurs*. Les dons volontaires qui couvrirent les premières dépenses venant à s'épuiser, ils recoururent à un emprunt pour la garantie duquel ils obligèrent envers la société tous leurs biens, qu'O. Rodrigues eut pouvoir d'administrer. Connu à la bourse, ce dernier se chargea de négocier l'emprunt c'est-à-dire de faire *acte de culte* en fondant la *puissance morale de l'argent*. Mais la justice, jusque-là tranquille spectatrice des doctrines et des actions saint-simoniennes, prit ombrage de ce leurre offert à l'avidité des rentiers. Le père suprême et O. Rodrigues furent prévenus d'avoir embrigadé les ouvriers, cherché à capter les héritages, et émis des rentes sans posséder les garanties nécessaires pour le payement des intérêts et le remboursement du capital.

Il n'y avait pas trois mois que les changements à introduire dans la morale avaient été fixés par O. Rodrigues au *divorce*, ou à l'*union successive de l'homme et de la femme*, et déjà cette barrière était franchie par Enfantin. Il voulait que le prêtre fût un composé de l'homme et de la femme, et que l'un et l'autre usassent de *tous* leurs moyens pour pacifier l'humanité et la rendre heureuse. « Tantôt, osait-il dire, le couple sacerdotal *calmera* l'ardeur immodérée de l'*intelligence* ou *modérera* les appétits déréglés des *sens* ; tantôt, au contraire, il *réveillera* l'intelligence apathique, ou *réchauffera* les sens engourdis ; car il connaît tout le charme de la *décence* et de la *pudeur*, mais aussi toute la grâce de l'*abandon* et de la *volupté*. » Duveyrier n'hésita point à annoncer qu'on pourrait bien trouver la *femme* qui devait révéler et établir la *morale*, au milieu même de celles qui se livraient à la prostitution publique. Ainsi, au lieu du progrès que les saint-simoniens avaient promis à l'humanité, ils la faisaient reculer jusqu'à cet état de nature animale qu'ils lui donnaient pour berceau.

Après tout, la morale d'Enfantin découlait de ses principes. En effet, les saint-simoniens soutenaient que Dieu est tout ce qui existe, la nature inanimée, aussi bien que nous, nature animée. Mais, si Dieu est tout ce qui existe, tout est donc divin. Or, où trouver dans un tout divin quelque chose qui soit *mal* et par conséquent *défendue*, quelque chose qui ne soit pas *bonne* et par conséquent *permise*? Si Dieu est nous, comment pouvons-nous pécher? Dieu peut-il pécher? Il est la règle : ne sommes-nous pas la règle aussi? La notion de *défense* et de *permission* renferme celle d'une loi émanée d'un être supérieur : or, où ceux qui nient toute communication entre Dieu et l'homme, toute révélation faite par le créateur à la créature, trouvent-ils un être supérieur de qui, pour eux, peut venir une loi? D'ailleurs une action faite contre la loi est un *péché*, une *chute*, une *erreur* de l'esprit, une *faiblesse* de la volonté : mais, quand on nie la chute originaire, quand on dit que l'esprit de l'homme est droit par lui-même et que sa volonté est forte et entière, comment reconnaître des péchés, des chutes, des erreurs? Si donc les saint-simoniens qui s'éloignaient d'Enfantin étaient plus moraux, ils étaient en réalité moins conséquents. On comprend, par ce qui précède, pourquoi l'Église catholique veille avec une sévérité si grande à la conservation du dogme. On a beau soutenir que la morale en est indépendante : le dogme et la morale sont, au contraire, inséparablement unis ; l'un s'appuie sur l'autre, et l'expérience prouve que, dès que l'un est renversé, l'autre ne tarde pas à s'écrouler plus ou moins entièrement. Plusieurs hérétiques avaient fait comme ces malheureux jeunes gens, ajoute M. Bonnetty, auquel cette appréciation du saint-simonisme est empruntée ; ils avaient déclaré l'homme bon et impeccable ; et, comme les saint-simoniens, ils étaient arrivés à la communauté des femmes et à tous les désordres qui s'en suivent.

Bazard et O. Rodrigues, que leur qualité d'hommes mariés et pères de famille retenaient naturellement dans de certaines bornes protestèrent contre la morale d'Enfantin. Moins explicite, Rodrigues soutenait bien qu'il fallait se borner au *divorce*, mais il admettait le prêtre et la prêtresse ; il attendait encore que la femme révélatrice vînt promulguer le *code de la pudeur*. Enfantin, qui était logé au chef-lieu, et qui en outre disposait du *Globe*, de la correspondance et de la caisse, tint bon avec ceux qui lui restaient fidèles. Ceux-ci *acclamèrent* encore plus vivement leur *père*, se félicitèrent de ce que le *chrétien*, représenté par Bazard, et le *juif* par Rodrigues, s'étaient séparés d'eux, et se glorifièrent de ce qu'ils possédaient enfin *un Dieu, une foi, un père.*

Cependant la presse combattait, avec l'arme du raisonnement et du sarcasme, de semblables doctrines, publiées de sang-froid par des hommes de talent. A cette société sans foi et presque sans morale pratique qui s'élevait contre eux, les nouveaux apôtres, usant de représailles, disaient qu'elle applaudissait l'adultère au théâtre, dans les romans, qu'elle tolérait les femmes légères dans ses salons, qu'elle payait et patentait même la prostitution. Ici encore le débat était entre le saint-simonisme et le siècle ; le christianisme demeurait hors de cause. On l'accusait seulement de n'avoir pas prévenu ou guéri tous ces désordres ; mais il répondait par ses croyances, disant qu'il n'avait jamais soutenu que l'homme fût *bon* et *saint* par lui-même, et que d'ailleurs, l'homme étant libre, ce triste état de la société s'expliquait facilement aux yeux du chrétien.

L'accusation d'outrages à la morale publique, d'attaques à la propriété, et de provocation au renversement du gouvernement pesait sur Enfantin et sur Michel Chevalier, gérant du *Globe*, lorsque le choléra vint montrer l'efficacité du christianisme et le vide des doctrines saint-simoniennes, en présence de la plus terrible épreuve. Les saint-simoniens ne surent que conseiller d'opérer une diversion, au moyen de grands travaux ou de fêtes publiques.

L'épuisement de leurs ressources les condamnant à la retraite, ils essayèrent de la masquer sous des apparences d'une détermination libre, et parodièrent un des actes de la vie de Jésus-Christ. Le vendredi saint 20 avril 1832, jour où le *Globe* cessa de paraître, Enfantin annonça qu'une phase de sa vie était accomplie : il avait *parlé*, il voulait *agir* ; mais, chargé d'appeler le *prolétaire* et la *femme* à une vie nouvelle, il allait consacrer l'anniversaire de la mort du *divin libérateur des esclaves* en commençant une retraite et en abolissant la *domesticité*, dernière trace du servage. En effet, retirés dans une maison de campagne qu'Enfantin possédait à Ménilmontant, les saint-simoniens y vécurent sans domestiques.

Le 6 juin fut choisi pour la prise du nouvel habit sous lequel ils devaient se révéler au monde et lui donner l'exemple du travail.

Les nouveaux apôtres firent à Ménilmontant l'essai de l'organisation de la société, selon la *capacité* et selon le *mérite*. Deux fois par semaine, le mercredi et le dimanche, leur porte fut ouverte aux fidèles et aux curieux, qui les considéraient occupés de travaux domestiques, prenant leurs repas, se promenant deux à deux ou réunis en groupes, sereins, rayonnants, les yeux exaltés, ou bien chantant des cantiques sur un ton grave et monotone. La foule avide de les voir devint si grande que la police lui défendit l'accès de la maison.

Devant la cour d'assises, où l'accusation d'outrages à la morale publique et de participation à une réunion non autorisée de plus de vingt personnes amena, au mois d'août, Enfantin, Michel Chevalier, Duveyrier, Barrault et O. Rodrigues, le *père suprême* parut au milieu de ses disciples, tous en costume. Quoique les femmes ne fussent pas encore *classées*, il avait à sa droite Cécile Fournel et à sa gauche Aglaé Saint-Hilaire, que les magistrats refusèrent d'admettre comme ses conseils. Pendant trente heures, les nouveaux apôtres retinrent la parole, et il y eut chez plusieurs d'entre eux des mouvements d'éloquence, mais seulement alors que, se plaçant sur le terrain du christianisme, ils reprochèrent à la société son incrédulité et ses vices, son indifférence et ses mœurs corrompues. En cette occasion Enfantin oublia que, quand les chefs de secte ont joué les inspirés, c'est que leur inspiration était préparée de longue main, en sorte qu'ils étaient assurés qu'elle ne leur manquerait pas. Pour n'avoir pas pris les mêmes précautions, il trompa par sa nullité l'avide attente des curieux. Une légère amende fut infligée à O. Rodrigues et à Barrault; mais Enfantin, Duveyrier et Michel Chevalier se virent condamner à une année de prison.

La condamnation du père suprême accéléra la chute du saint-simonisme, en brisant tous les liens d'autorité: ce saint-simonisme, qui se vantait de hiérarchiser l'univers, finit, comme toutes les hérésies, par défaut de hiérarchie, chaque individu voulant à son tour devenir chef et révélateur. Les disciples les plus influents ayant déclaré qu'ils voyaient, dans la condamnation du père une *indication providentielle de liberté*, qui s'accordait avec un besoin d'indépendance qu'ils sentaient en eux, Enfantin, pour sauver les apparences, déclara de son côté qu'il donnait à ses disciples la permission de suivre leur inspiration propre et leur impulsion native.

Cependant, deux des principales idées vivaient encore au sein des plus fervents: celle de *sanctifier le travail du peuple*, en partageant ses fatigues, et l'espoir en l'arrivée de la *femme-messie*.

Un certain nombre de saint-simoniens se mirent à parcourir la France, la Savoie, l'Allemagne, la Belgique, l'Angleterre, à l'effet de donner au peuple l'exemple du travail et de lui annoncer l'ère de la réhabilitation des travailleurs, de l'affranchissement de la femme et de la paix universelle. Ils vivaient du produit de leur journée, ce qu'ils appelaient recevoir le *baptême du salaire*; ils supportaient stoïquement les huées et les coups de la populace, ce qu'ils appelaient donner à leur foi le *baptême du martyre*: souvenir et misérable parodie de ce qui s'était passé lors de l'établissement du christianisme.

Au mois de janvier 1833, Barrault, l'*homme le plus incomplet sans la femme*, comme le nommait Cécile Fournel, se mit à la recherche de la *femme-messie*. Il établit d'abord, à Lyon, une feuille intitulée : 1833, *ou l'Année de la mère*, où il déclara renoncer au titre de saint-simonien, ne pas vouloir de celui d'*Enfantinien*, et prendre celui de *compagnon de la femme*. Convaincu que ce *messie* devait être en Orient, qu'on la trouverait à Constantinople, et qu'elle serait juive de nation, il s'embarqua à Marseille. Des agents turcs, fatigués de ses salutations aux *filles d'Orient*, parmi lesquelles il cherchait la *femme libre*, l'eurent bientôt fait transporter de Constantinople à Smyrne.

Tandis que Barrault et quelques autres *compagnons de la femme* l'appelaient en Turquie, en Syrie, en Egypte, Cécile Fournel et Marie Talon donnaient le *Livre des actes* pour organe au saint-simonisme. Puis une grâce abrégea la captivité d'Enfantin, de Michel Chevalier et de Duveyrier, à la condition qu'ils ne se mêleraient plus de catéchiser la France et qu'ils iraient au loin exercer l'inquiète activité de leur esprit. Enfantin, dont les idées s'étaient déjà modifiées, passa en Egypte, moins comme apôtre que comme simple industriel. Il finit par perdre de vue la *femme-messie*, que Barrault avait vainement attendue et que Cécile Fournel n'alla pas moins vainement chercher en Orient. Quelques compagnons de voyage d'Enfantin apostasièrent autant le saint-simonisme que le christianisme, et se firent musulmans.

C'est ainsi que le saint-simonisme, en tant que *religion nouvelle*, ou *révélation de Dieu par Saint-Simon et Enfantin*, alla prendre place à la suite de ces innombrables erreurs qui, après avoir germé dans l'esprit de quelques hommes, fait un peu de bruit et séduit quelques disciples, grâce aux lambeaux empruntés par elles à la religion de Jésus-Christ, se sont évanouies en fumée, comme toutes les pensées des hommes séparées de Dieu.

Lambert se trouve en Egypte et y est devenu Lambert-Bey; Duveyrier fait des vaudevilles; Michel Chevalier est au conseil d'Etat et écrit pour le *Journal des Débats* des articles d'économie politique et de critique littéraire; Carnot est député ; Cazeaux dirige le desséchement des Landes et se distingue par ses entreprises industrielles; Transon et Dugied sont rentrés dans le sein du catholicisme; Margerin est professeur à l'université catholique de Belgique; Emile et Isaac Perreire sont attachés à l'administration supérieure du chemin de fer de Versailles; Laurent a accepté une place de juge à Privas et une *Histoire populaire de Napoléon* ; Olindes Rodrigues s'occupe à présent de finances; madame Bazard et son gendre, de Saint-Chéron, sont rentrés dans le sein du catholicisme; Jean Reynaud et Pierre Leroux, panthéistes obstinés, poursuivent en silence leurs premières études; d'Eichtal est resté homme du monde après comme avant: c'était le plus fidèle et le dernier des partisans d'Enfantin. Quant au père Enfantin lui-même, chef de la nouvelle Eglise, il est retiré dans la vie privée, et se trouve en Algérie, comme membre de la commission scientifique d'Afrique.

En rappelant ces noms, nous ne pouvons disconvenir qu'il y a eu dans le saint-simonisme des hommes de talent, et même de zèle désintéressé : mais ils n'ont eu de l'éclat que lorsqu'ils ont développé des questions purement industrielles et des théories favorables à la civilisation des peuples, questions toutes tirées du christianisme ou qui du moins ne lui sont pas opposées. Toutes les fois qu'usant leur science ou les affections de leur cœur au service d'une cause ingrate, ils ont voulu faire de la *religion*, ils sont tombés d'abîme en abîme, et c'est ce qui les a perdus. L'Eglise seule est le champ où l'on peut semer pour la tranquillité et le bonheur des générations futures. Là seulement le labeur n'est pas vain, la récolte est sûre, et la récompense magnifique, car l'Eglise travaille avec nous et Dieu couronne les travailleurs.

SAMOSATIENS, ou SAMOSATÉNIENS, disciples et partisans de Paul de Samosate, évêque d'Antioche vers l'an 262. Cet hérétique était né à Samosate, ville située sur l'Euphrate, dans la province que l'on nommait la *Syrie Euphratésienne*, et qui confinait à la Mésopotamie. Il avait de l'esprit et de l'éloquence, mais trop d'orgueil, de présomption, et une conduite fort déréglée. Pour amener plus aisément à la foi chrétienne Zénobie, reine de Palmyre, dont il avait gagné les bonnes grâces, il lui déguisa les mystères de la Trinité et de l'Incarnation. Il enseigna qu'il n'y a en Dieu qu'une seule personne qui est le Père; que le Fils et le Saint-Esprit sont seulement deux attributs de la Divinité, sous lesquels elle s'est fait connaître aux hommes; que Jésus-Christ n'est pas un Dieu, mais un homme auquel Dieu a communiqué sa sagesse d'une manière extraordinaire et qui n'est appelé Dieu que dans un sens impropre. Peut-être Paul espérait-il d'abord que cette fausse doctrine demeurerait cachée, et ne se proposait pas de la publier; mais quand il vit qu'elle était connue, et que l'on en était scandalisé, il entreprit de la défendre et de la soutenir.

Accusé dans un concile qui se tint à Antioche, l'an 264, il déguisa ses sentiments, et protesta qu'il n'avait jamais enseigné les erreurs qu'on lui imputait; il trompa si bien les évêques, qu'ils se contentèrent de condamner sa doctrine, sans prononcer contre lui aucune censure. Mais comme il continua de dogmatiser, il fut condamné et dégradé de l'épiscopat dans un concile postérieur d'Antioche, l'an 270.

Dans la lettre synodale que les évêques écrivirent aux autres Eglises, ils accusent Paul d'avoir fait supprimer dans l'Eglise d'Antioche les anciens cantiques dans lesquels on confessait la divinité de Jésus-Christ, et d'en avoir fait chanter d'autres qui étaient composés à son honneur. Pour attaquer ce mystère, il faisait ce sophisme : si Jésus-Christ n'est pas devenu Dieu, d'homme qu'il était, il n'est donc pas consubstantiel au Père, et il faut qu'il y ait trois substances, une principale et deux autres qui viennent de celle-là (1).

Si Paul de Samosate avait pris le mot de *consubstantiel* dans le même sens que nous lui donnons aujourd'hui, son argument aurait été absurde ; c'est précisément parce que le Fils est *consubstantiel* au Père, qu'il n'y a pas trois substances en Dieu ou trois essences, mais une seule. Il faut donc qu'il ait entendu autre chose. Saint Athanase a pensé que Paul entendait trois substances formées d'une même matière préexistante, et que c'est dans ce sens que les Pères du concile d'Antioche ont décidé que le Fils n'est pas consubstantiel au Père. Dans ce cas, l'argument de Paul est encore plus inintelligible et plus absurde. Toujours est-il certain que ces Pères ont enseigné formellement que le Fils de Dieu est coéternel et égal au Père, et qu'ils ont fait profession de suivre en ce point la doctrine des apôtres et de l'Eglise universelle (2).

Les sectateurs de Paul de Samosate furent aussi appelés pauliniens, paulianistes, ou paulianisants. Comme ils ne baptisaient pas les catéchumènes *au nom du Père, et du Fils, et du Saint-Esprit*, le concile de Nicée ordonna que ceux de cette secte qui se réuniraient à l'Eglise catholique seraient rebaptisés. Théodoret nous apprend qu'au milieu du cinquième siècle elle ne subsistait plus.

De tous ces faits, il résulte qu'au troisième siècle, plus de cinquante ans avant le concile de Nicée, la divinité de Jésus-Christ était la foi universelle de l'Eglise.

SAMPSÉENS, ou SCHAMSÉENS, sectaires orientaux, desquels il n'est pas aisé de connaître les sentiments. Saint Épiphane (3) dit qu'on ne peut les mettre au rang des juifs, ni des chrétiens, ni des païens; que leurs dogmes paraissent avoir été un mélange des uns et des autres. Leur nom vient de l'hébreu *schemesch*, le soleil, parce qu'on prétend qu'ils ont adoré cet astre; ils sont appelés par les Syriens, *chamsi*, et par les Arabes *shemsi*, ou *shamsi*, les solaires. D'un autre côté, on prétend qu'ils admettaient l'unité de Dieu, qu'ils faisaient des ablutions, et suivaient plusieurs autres pratiques de la religion judaïque. Saint Epiphane a cru que c'étaient les mêmes que les esséniens et les elcésaïtes.

SANGUINAIRES, secte d'anabaptistes qui ne cherchaient qu'à répandre le sang de ceux qui ne pensaient pas comme eux.

SATURNIN était d'Antioche et disciple de Ménandre, dont il adopta les sentiments et dont il paraît avoir fait un système destiné à expliquer la production du monde, celle de l'homme, et les grands événements qui s'étaient passés sur la terre et que contenaient les livres de Moïse. C'étaient là les objets qu'on se proposait alors d'expliquer, et ce sont en effet les plus intéressants pour la curiosité humaine (4).

Pour expliquer ces faits, Saturnin supposait, comme Ménandre, un être inconnu aux hommes; cet être avait fait les anges, les archanges et les autres natures spirituelles et célestes.

Sept de ces anges s'étaient soustraits à la puissance du Père de toutes choses, avaient

---

(1) Fleuri, Hist. Ecclés., liv. VIII, n. 1.
(2) *Voyez* Bullus, Defin. fidei Nicom., sect. 3, ch. 4, § 5, et sect. 4, ch. 2, § 7.

(3) Hæres. 53.
(4) Iren., l. I, c. 30, n. 5; l. II, c. 17, 10. Massuet, Dis. in Iren., c. 48.

créé le monde et tout ce qu'il contient, sans que Dieu le Père en eût aucune connaissance. Dieu descendit pour voir leur ouvrage et parut sous une forme visible; les anges voulurent la saisir, mais elle s'évanouit; alors ils tinrent conseil et dirent : Faisons des êtres sur le modèle de la figure de Dieu; ils façonnèrent un corps semblable à l'image sous laquelle la Divinité s'était offerte à eux.

Mais l'homme façonné par les anges ne pouvait que ramper sur la terre comme un ver. Dieu fut touché de compassion pour son image et envoya une étincelle de vie qui l'anima; l'homme alors se dressa sur ses pieds, marcha, parla, raisonna, et les anges façonnèrent d'autres hommes. Il est bien clair que, dans ce sentiment, l'âme dépendait des organes dans lesquels elle s'insinuait; et que ses fonctions, ses qualités, ses vices et ses vertus, étaient des suites de la conformation des organes auxquels elle était unie. Par ce moyen, Saturnin expliquait heureusement, à ce qu'il croyait, les désordres physiques et moraux, sans préjudice de la toute-puissance du Dieu suprême.

Ces anges créateurs du monde en avaient partagé l'empire et y avaient établi des lois.

Un des sept anges créateurs avait déclaré la guerre aux six autres, et c'était le démon ou Satan qui avait aussi donné des lois et fait paraître des prophètes.

Pour délivrer de la tyrannie des anges et des démons les âmes humaines, l'Être suprême avait envoyé son Fils, dont la puissance devait détruire l'empire du Dieu des Juifs et sauver les hommes.

Ce Fils n'avait point été soumis à l'empire des anges et n'avait point été enchaîné dans des organes matériels : il n'avait eu un corps qu'en apparence, n'était né, n'avait souffert et n'était mort qu'en apparence. Saturnin croyait par ce moyen couper la difficulté qu'on tirait des souffrances de Jésus-Christ contre sa divinité.

Dans ces principes, l'homme était un être infortuné, l'esclave des anges, livré par eux au crime et plongé dans le malheur. La vie était donc un présent funeste, et le plaisir qui portait les hommes à faire naître un autre homme était un plaisir barbare que l'on devait s'interdire.

Cette loi de continence était un des points fondamentaux de l'hérésie de Saturnin; pour l'observer plus sûrement, ses disciples s'abstenaient de manger de la viande et de tout ce qui pouvait porter à l'amour des femmes.

Saturnin eut des écoles et des disciples en Syrie; la mort était, selon eux, le retour de l'âme à Dieu d'où elle était venue (1).

Abulpharage, dans son Histoire des dynasties, parle de Saturnin qu'il nomme Saturin : il lui attribue d'avoir dit que c'est le diable qui a fait dans l'homme et dans les femmes les différences des sexes, et que c'est pour cela que les hommes regardent la nudité comme une chose honteuse.

Ménandre reconnaissait un Être éternel et infini, et attribuait à des puissances invisibles l'empire du monde : il avait prétendu être l'envoyé de ces puissances et donner l'immortalité par le moyen d'une espèce de baptême magique.

Saturnin, son disciple, conserva le fond de son système et s'efforça de le concilier avec la religion chrétienne et reconnut que Jésus-Christ était le Fils de Dieu, qu'il avait été envoyé par son Père pour le salut des hommes; mais il niait qu'il eût pris un corps et qu'il eût souffert.

Je vois dans le changement que Saturnin fait au système de Ménandre :

1° Qu'il était attaché à ce système, et qu'il l'a conservé autant qu'il lui a été possible; que par conséquent il n'y a fait que les changements qu'il ne pouvait s'empêcher de faire, et qu'ainsi il n'a pu s'empêcher de reconnaître que Jésus-Christ était Fils de Dieu et envoyé par son Père pour le salut des hommes.

2° Je vois que Saturnin, pour concilier avec la divinité de Jésus-Christ l'état de souffrance dans lequel il était sur la terre, ne lui a attribué qu'un corps fantastique; que par conséquent Saturnin avait de la répugnance à reconnaître que Jésus-Christ était en effet Fils de Dieu, et qu'il n'en a fait un dogme de son système que parce qu'il lui était impossible de le nier.

3° Les preuves que les chrétiens donnaient de la divinité de Jésus-Christ étaient des faits que Saturnin était en état de vérifier, puisqu'il était dans le temps et sur les lieux où ces faits s'étaient passés et qu'il est certain que Saturnin a examiné ces faits; on peut sur cela s'en rapporter à l'amour-propre. Un homme entêté d'un système, comme on voit que Saturnin l'était, n'admet d'étranger à son système que ce qu'il ne peut nier sans une absurdité manifeste.

Nous avons donc dans Saturnin un témoin irréprochable de la vérité des faits qui prouvent la divinité de Jésus-Christ, et le reproche qu'on fait ordinairement aux défenseurs de la religion de n'apporter pour témoins que des chrétiens n'a pas lieu contre Saturnin.

*SCEPTICISME, en fait de religion. C'est la disposition d'un philosophe qui prétend avoir examiné les preuves de la religion, qui soutient qu'elles sont insuffisantes ou balancées par des objections d'un poids égal, et qu'il a droit de demeurer dans le doute, jusqu'à ce qu'il ait trouvé des arguments invincibles auxquels il n'y ait rien à opposer. Il est évident que ce doute réfléchi est une irréligion formelle; un incrédule ne s'y tient que pour être dispensé de rendre à Dieu aucun culte, et de remplir aucun devoir de religion. Nous soutenons que c'est non-seulement une impiété, mais encore une absurdité.

1° C'en est une de regarder la religion comme un procès entre Dieu et l'homme;

(1) Iren., l. 1, c. 22. Tert., de Anima, c. 23. Philast., de Hær., c. 31. Epiph., hær. 23. Théod., l. 1, c. 3, Aug., de Hær., c. 5.

comme un combat dans lequel celui-ci a droit de résister tant qu'il le peut, d'envisager la loi divine comme un joug contre lequel nous sommes bien fondés à défendre notre liberté, puisque cette liberté prétendue n'est autre chose que le privilége de suivre sans remords l'instinct des passions. Quiconque ne pense pas que la religion est un bienfait de Dieu, la craint et la déteste déjà ; il est bien sûr de ne la trouver jamais suffisamment prouvée, et d'être toujours plus affecté par les objections que par les preuves.

2° Il n'est pas moins contraire au bon sens de demander pour la religion des preuves de même genre que celles qui démontrent les vérités de géométrie ; l'existence même de Dieu, quoique démontrée, ne porte pas sur ce genre de preuves. Les démonstrations métaphysiques qu'on en donne, quoique très-solides, ne peuvent guère faire impression que sur les esprits exercés et instruits ; elles ne sont point à portée des ignorants.

3° La vérité de la religion chrétienne est appuyée sur des faits ; il en doit être ainsi de toute religion révélée. Puisque la révélation est un fait, il doit être prouvé comme tous les autres faits par des témoignages, par l'histoire, par les monuments : il ne peut et ne doit pas l'être autrement. N'est-il pas aussi démontré en son genre que César a existé, qu'il y a eu un peuple romain, que la ville de Rome subsiste encore, qu'il l'est que les trois angles d'un triangle sont égaux à deux angles droits ? Un esprit sensé ne peut pas plus douter d'une de ces vérités que de l'autre. Il y a plus : on peut être indifférent sur la dernière, ne pas se donner la peine d'en examiner et d'en suivre la démonstration, parce qu'on n'a pas l'esprit accoutumé à ces sortes de spéculations ; on passera tout au plus pour un ignorant ; mais si l'on montrait la même indifférence sur la vérité des faits, si l'on refusait d'avouer que César a existé et que Rome subsiste encore, on serait certainement regardé comme un insensé. Ces faits sont donc rigoureusement démontrés, pour tout homme sensé, par le genre de preuves qui leur conviennent, et il n'est point d'ignorant assez stupide pour ne pouvoir pas les saisir.

4° La preuve de la religion la plus convaincante pour le commun des hommes est la conscience ou le sentiment intérieur. Il n'en est aucun qui ne sente qu'il a besoin d'une religion qui l'instruise, qui le réprime, qui le console. Sans avoir examiné les autres religions, il sent par expérience que le christianisme produit en lui ces trois effets si essentiels à son bonheur ; il en trouve donc la vérité au fond de son cœur. Ira-t-il chercher des doutes, des disputes, des objections, comme font les sceptiques? Si on lui en oppose, elles feront peu d'impression sur lui ; le sentiment intérieur lui tient lieu de toute autre démonstration.

5° Y a-t-il du bon sens à mettre en question pendant toute la vie un devoir qui naît avec nous, qui fait le bonheur des âmes vertueuses, et qui doit décider de notre sort éternel? Si nous venons à mourir sans avoir vidé la dispute, aurons-nous lieu de nous féliciter de notre habileté à trouver des objections ? Il n'est que trop prouvé qu'un sophisme est souvent plus séduisant qu'un raisonnement solide, et qu'il est inutile de vouloir persuader ceux qui ont bien résolu de n'être jamais convaincus.

6° Les sceptiques prétendent qu'ils ont cherché des preuves, qu'ils les ont examinées, que ce n'est pas leur faute si elles ne leur ont pas paru assez solides. N'en croyons rien ; ils n'ont cherché et pesé que des objections. Ils ont lu avec avidité tous les livres écrits contre la religion ; ils n'en ont peut-être pas lu un seul composé pour la défendre ; s'ils ont jeté un coup d'œil rapide sur quelqu'un de ces derniers, ce n'a été que pour y trouver à reprendre et pour pouvoir se vanter d'avoir tout lu. Dès qu'il est question d'un fait qui favorise l'incrédulité, ils le croient sur parole et sans examen ; ils le copient, ils le répètent sur le ton le plus affirmatif. Vainement on le réfutera vingt fois, ils ne laisseront pas d'y revenir toujours. On les a vus se fâcher contre des critiques qui ont démontré la fausseté de certains faits souvent avancés par les incrédules ; ces écrivains sincères ont été forcés de faire leur apologie, pour avoir osé enfin découvrir la vérité et confondre le mensonge, et c'est ainsi que nos sceptiques ont cherché de bonne foi à s'instruire ; les plus incrédules en fait de preuves sont toujours les plus crédules en fait d'objections.

Vous ne croyez à la religion, nous disent-ils, que par préjugé ; soit pour un moment. Il nous paraît que le préjugé de la religion est moins blâmable que le préjugé d'incrédulité ; le premier vient d'un amour sincère pour la vertu, le second d'un penchant décidé pour le vice. La religion a été le préjugé de tous les grands hommes qui ont vécu depuis le commencement du monde jusqu'à nous ; l'incrédulité, qui n'est qu'un libérateur d'esprit, est le travers d'un petit nombre de raisonneurs très-inutiles et souvent très-pernicieux, qui ne se sont fait un nom que chez les peuples corrompus.

Dieu, disent encore les sceptiques, ne punira pas l'ignorance ni le doute involontaires. Nous en sommes persuadés ; mais la disposition des sceptiques n'est point une ignorance involontaire ni un doute innocent, il est réfléchi et délibéré ; ils l'ont recherché avec tout le soin possible, et souvent il ne leur en a pas peu coûté pour se le procurer : S'il y a un cas dans la vie où la prudence nous dicte de prendre le parti le plus sûr malgré nos doutes, c'est certainement celui-ci ; or, le parti de la religion est évidemment le plus sûr.

David Hume, zélé partisan du scepticisme philosophique, après avoir étalé tous les sophismes qu'il a pu forger pour l'établir, est forcé d'avouer qu'il n'en peut résulter aucun bien, qu'il est ridicule de vouloir détruire la raison par le raisonnement ; que la nature, plus forte que l'orgueil philosophique, maintiendra toujours ses droits contre toutes les spéculations abstraites. Disons hardiment qu'il en sera de même de la religion, puisqu'elle est entée sur la nature; que si nos mœurs publiques devenaient meilleures, tous les incrédules, sceptiques ou autres, seraient méprisés et détestés.

Dans les disputes qui ont régné entre les théologiens catholiques et les protestants, ils se sont accusés mutuellement de favoriser le scepticisme en fait de religion. Les premiers ont dit qu'en voulant décider toutes les questions par l'Ecriture sainte, sans un autre secours, les protestants exposaient les simples fidèles à un doute universel; 1° parce que le très-grand nombre sont incapables de s'assurer par eux-mêmes si tel livre de l'Ecriture est authentique, canonique, inspiré, ou s'il ne l'est pas; s'il est fidèlement traduit, s'ils en prennent le vrai sens, si celui qu'ils y donnent n'est pas contredit par quelque autre passage de l'Ecriture; 2° parce qu'il n'y a aucune question controversée entre les différentes sectes sur laquelle chacune n'allègue des passages de l'Ecriture pour étayer son opinion; que le sens de l'Ecriture étant ainsi l'objet de toutes les disputes, il est absurde de le regarder comme le moyen de les décider.

Sans prendre la peine de répondre à ces raisons, les protestants ont répliqué qu'en appelant à l'autorité de l'Eglise, les catholiques retombent dans le même inconvénient; qu'il est aussi difficile de savoir quelle est la véritable Eglise, que de discerner quel est le vrai sens de l'Ecriture; qu'il n'est pas plus aisé de se convaincre de l'infaillibilité de l'Eglise que du vrai ou du faux de toute autre opinion. Les incrédules n'ont pas manqué de juger que les deux partis ont raison, que l'un n'a pas un meilleur fondement de sa foi que l'autre.

Mais nous en avons démontré la différence (1). 1° Nous avons fait voir que la véritable Eglise se fait discerner par un caractère évident et sensible à tout homme capable de réflexion; savoir, par la catholicité, caractère qu'aucune secte ne lui conteste, et que toutes lui reprochent même comme un opprobre. Il n'est dans le sein de l'Eglise aucun ignorant qui ne sente que l'enseignement universel de cette Eglise est un moyen d'instruction plus à sa portée que l'Ecriture sainte, puisque souvent il ne sait pas lire. 2° Nous avons prouvé que l'infaillibilité de l'Eglise est une conséquence directe et immédiate de la mission divine des pasteurs, mission qui se démontre par deux faits publics, par leur succession et par leur ordination. Les protestants ont supposé faussement que cette infaillibilité ne pouvait être prouvée autrement que par l'Ecriture sainte; encore une fois, nous leur avons démontré le contraire.

C'est par l'événement qu'il faut juger lequel des deux systèmes conduit au scepticisme et à l'incrédulité. Ce n'est pas en suivant le principe du catholicisme, mais celui de la prétendue réforme, que les raisonneurs sont devenus sociniens, déistes, sceptiques, incrédules. Dans vingt articles de ce Dictionnaire, nous avons fait voir que tous sont partis de là, et n'ont fait que pousser les conséquences de ce principe jusqu'où elles pouvaient aller. Les incrédules de toutes les sectes n'ont presque fait autre chose que tourner contre le christianismo en général les objections que les protestants ont faites contre le catholicisme. Ce n'est donc pas à ces derniers qu'il convient de nous reprocher que notre système ou notre méthode conduisent au doute universel en fait de religion.

*SCHELLING (doctrine de). Schelling et Hégel sont les chefs de toute la philosophie hétérodoxe au dix-neuvième siècle. M. Cousin, fondateur de l'école éclectique, lui a fait de nombreux emprunts; mais la plupart des autres rationalistes français, sans excepter ceux mêmes qui l'ont accusé de plagiat, ne sont guère sur ce point moins coupables que lui. Il est donc nécessaire d'étudier sérieusement ces deux philosophes. Nous avons parlé de l'un (*Voy.* HÉGEL); nous allons, avec M. de Valroger, exposer l'ancien et le nouveau système de l'autre.

§ I. — *Ancien système de Schelling.*

I. *Son point de départ.* Fichte, se plaçant au centre du moi, avait voulu en faire sortir toutes choses; il avait posé en principe l'identité substantielle du sujet pensant et de tous les objets de la pensée : c'était le panthéisme. Mais Fichte prétendait que les objets de la pensée étaient produits par le sujet pensant : c'est ce qui donnait à son panthéisme un caractère spécial, un caractère idéaliste et subjectif (2). Schelling garda cette idée que la science repose et doit reposer essentiellement sur l'unité radicale de ce qui sait et de ce qui est su; mais il voulait expliquer d'une manière nouvelle cette identité absolue du subjectif et de l'objectif. *Le moi absolu* ne lui

---

(1) *Voyez* Dictionnaire théologique de Bergier, au mot *Eglise*.

(2) Sur la philosophie de Fichte, voyez Buhle, *Hist. de la phil. moderne*, t. VI, p. 583 de la trad. franç. — M. Barchou de l'enhoën, *Hist. de la phil. allemande*, t. I, p. 329. — Tennemann, *Manuel de l'hist. de la phil.*, t. II, p. 264. — Galuppi, *Mémoires de l'Inst. de Fr. savants étrangers*, t. I, p. 53, in-4°, 1841. — Rosmini, *Nuovo Saggio sull' origine delle idee*, t. III, p. 120, 265, 286, 296, 305. — Steininger, *Examen critique de la phil. allem. depuis Kant*; Trèves, 1841, p. 51. — *Nouv. Revue germanique*, passim. — H. Heine, de *l'Allemagne*, t. I, p. 175. M. Barchou de Penhoën a traduit le livre de Fichte sur la destinée de l'homme; mais cet ouvrage ne représente qu'une des phases de l'idéalisme transcendental.

Sur la philosophie de Schelling, on pourra consulter les ouvrages suivants : Steininger, *Examen critique de la philosophie allema,de depuis Kant*, p. 65, Trèves, 1841. — H. Heine, de *l'Allemagne*, t. I, p. 215. — M. Barchou de Penhoën, *Hist. de la phil. allemande*, t. II, p. 3. — A. Saintes, *Hist. de la vie et des ouvrages de Spinoza*, p. 272, 308, 319. — Rosmini, *Nuovo Saggio sull' origine della idea*, III vol. de la seconde édition, p. 105, 266, 212, 292, 296, 298. — M. Matter, *Schelling et la phil. de la nature*, brochure in-4°, Paris, 1842. — Tennemann, *Manuel de l'hist. de la phil.*, t. II, p. 284. — M. Cousin indique l'exposition de Tennemann comme excellente. La philosophie de la nature n'est, à proprement parler, qu'une partie secondaire du système de Schelling : mais comme elle a été plus développée que les autres parties, elle a donné son nom à l'ensemble.

paraissait point assez abstrait; il chercha un principe plus indéterminé, plus insaisissable encore. Au-dessus de l'idéal et du réel, du moi et de la nature, il plaça donc l'*absolu*.

II. *Notion de l'absolu*. Mais qu'est-ce que l'absolu? Les formules données par Schelling pour le faire concevoir sont très-variées, souvent poétiques et ambiguës, souvent inintelligibles, et quelquefois contradictoires, du moins en apparence. Dans son *Bruno*, empruntant le langage des gnostiques, il l'appelle le *saint abîme duquel sort tout ce qui est, et dans lequel tout retourne*, Bruno, p. 66. Ailleurs il déclare qu'il est difficile d'en exprimer la nature dans le langage des mortels, *ibid.*, p. 132. Je le crois sans peine. Recueillons pourtant ses principales définitions. L'*absolu* n'est ni infini, ni fini; ni être, ni connaître, ni sujet, ni objet. Qu'est-ce donc? C'est ce en quoi se confondent et disparaissent toute opposition, toute diversité, toute séparation, comme celle de sujet et d'objet, de savoir et d'être, d'esprit et de nature, d'idéal et de réel. C'est la force universelle à l'état de simple puissance. Schelling lui donne quelquefois le nom de Dieu (1). Alors il distingue en Dieu deux états : il y a d'abord Dieu en soi, à l'état d'idée, *Deus implicitus* ; puis Dieu, se révélant dans le monde et par le monde, arrive à une existence accomplie, *Deus explicitus*.

D'autres fois Schelling ne fait de Dieu qu'une des formes de l'*absolu*, un des points de vue sous lesquels on peut le considérer.

Enfin Schelling paraît avoir conçu Dieu comme la raison absolue et impersonnelle, comme le monde idéal, l'idée de toutes les idées (2). Cette conception, qui peut au fond se ramener à la précédente, a, comme nous le verrons, servi de base au système de Hégel.

Cette force unique qui engendre éternellement l'univers, on peut l'appeler *natura naturans* ; elle n'est, à proprement parler, l'univers, *natura naturata*, qu'autant qu'elle est à l'état de développement ou d'actualité. Mais soit qu'on considère la nature en puissance ou en acte, c'est, au fond et toujours, une seule et même chose : c'est l'absolu. La nature déployée en individus est toujours la nature, et les individus ne sont que ses formes, ses phénomènes; car *tout est un et le même* (3).

Traduisant ce principe fondamental dans un style mythologique, Schelling appelle l'univers un *animal immortel*, et les corps célestes des *animaux intelligents*, des *animaux bienheureux*, *des dieux immortels* (4).

III. *Développement de l'absolu*. En raison d'un fait primitif, inexplicable, le moi et le non-moi, le subjectif et l'objectif, l'esprit et la matière, se dégagent du sein de l'absolu ;

l'un et l'autre vont parcourir chacun de leur côté une série de transformations et d'évolutions. De là trois parties dans la science générale : la philosophie de la nature ou du réel, la philosophie de l'intelligence ou de l'idéal ; puis au-dessus la philosophie de l'absolu.

Mais s'il y a distinction et division dans l'absolu, l'identité universelle n'en subsiste pas moins. Les lois de la nature se retrouvent au dedans de nous comme lois de la conscience, et réciproquement, les lois de la conscience se retrouvent comme lois de la nature dans le monde extérieur, *où elles se sont objectivées*. Au moyen des idées de la raison, nous pouvons donc connaître l'essence et la forme de toute chose : être et connaître étant identiques, la philosophie de la nature peut être construite *a priori*.

Le développement de l'absolu dans l'idéal et dans le réel, ou l'absolu sous sa forme secondaire, c'est ce que Bruno et Spinosa appelaient *natura naturata*.

L'univers matériel est l'ensemble et la combinaison des puissances réelles de l'absolu. L'histoire est l'ensemble et la combinaison de ses puissances idéales.

Schelling a différentes formules pour exprimer le développement de l'absolu : il l'appelle tantôt *sa division*, *sa manière de se différencier*, tantôt *sa révélation spontanée*, quelquefois aussi *la chute des idées*. Dans ces diverses formules, comme dans toute la philosophie de Schelling, on reconnaît les influences diverses qui l'ont fait passer tour à tour de Spinosa à Bruno, et de Bruno aux néo-platoniciens.

IV. *Du réel ou de la nature* (5). La matière n'est point, comme on l'imagine communément, quelque chose d'inerte en soi, et qui ne peut être mis en jeu qu'accidentellement par une influence extérieure. Tout est force et activité. Dans la pierre, la force et l'activité sont en léthargie; mais de ce degré inférieur jusqu'aux degrés supérieurs de l'organisation, il y a une progression continue d'énergie, de spontanéité et de liberté. Ce développement progressif ne se fait pas au moyen d'une excitation externe, mais par une spontanéité interne toujours croissante. Ce que le vulgaire appelle être, matière, *substratum* des phénomènes, n'est autre chose que cette puissance active de la nature qui s'apparaît à elle-même dans l'homme sous sa forme la plus pure. La nature active est avec sa forme une seule et même chose ; elle agit sous cette forme, elle est réelle en elle et par elle.

La spontanéité est donc la loi du monde ; et cette loi, encore une fois, n'a pas été imposée du dehors ; c'est une loi interne, une

---

(1) C'est ainsi que M. Cousin a entendu le principe de son maître. Après avoir défini l'absolu : « La substance commune est le commun idéal du moi et du non-moi, leur identité, » il ajoute aussitôt : « Cette identité absolue du moi et du non-moi, de l'homme et de la nature, c'est Dieu. » *Frag. philos.*, préf. de la 2e édit., p. 28.
(2) Bruno, pag. 45.
(3) L'unité de l'absolu est si rigoureuse, suivant Schelling, que, par rapport aux choses en elles-mêmes, il n'y a

pas de succession. Le temps est purement idéal. *Voir Bruno*, p. 76. D'où l'on a conclu, par exemple, que la lune, considérée en elle-même, est en même temps en conjonction et en opposition avec le soleil.
(4) Bruno, pag. 72, 80, 96, 97.
(5) Schelling paraît employer souvent le mot *nature* comme synonyme d'absolu ; mais ici il restreint sa signification, et le prend comme synonyme de réel.

puissance et une vie universelle. Même dans la nature organique, il y a une règle et une puissance, ou, en d'autres termes,, *idée* et *vie. Distinction* dans ce qui est la *non-distinction*, déploiement en multiple de ce qui était un, évolution de ce qui était enveloppé, en un mot individuation : voilà la grande règle qui se révèle dans la nature tout entière.

La nature, de ce qu'elle était d'abord, germe de tout, mais germe à l'état de léthargie, se fait monde et organisme infini, où l'individu n'est rien par lui et rien pour lui. — Chaque objet détaché est le symbole et la répétition de l'infini. Au début, la vie de l'individu est d'abord enveloppée dans un germe ; elle y sommeille, mais bientôt son activité s'éveille, se déploie et devient par elle-même ce qu'elle doit devenir en vertu de sa nature. Le germe se développe comme s'il suivait un modèle. Même dans le règne végétal et dans le règne animal, il s'efforce de réaliser, dans son développement, un type ou une *idée* ; s'il suit son idéal aveuglément, du moins il le suit exactement. Sans doute nous n'observons ici l'idée que sur un degré inférieur de l'échelle ; toutefois elle existe ; et si le germe s'y conforme de lui-même, c'est une preuve manifeste qu'elle est sa loi. Mettez à la place d'un gland ou d'un œuf un sujet plus développé, l'homme, par exemple, il suivra avec une parfaite conscience l'idée de son déploiement, et il comprendra que cette idée n'est autre chose que son instinct interne, sa destinée essentielle. Il se révèle donc dans les individus, aussi bien que dans le grand tout, une loi qui se fait reconnaître comme une irrésistible activité, une nécessité interne, ou une idée active et vivante. Le monde réel n'est rien autre chose que le monde idéal, passant de la puissance à l'acte, et *s'objectivant*, se manifestant progressivement sous une forme visible et palpable.

Quoiqu'on ne puisse concevoir d'époque où la raison absolue ait existé seule et sans l'univers objectif, quoique l'univers soit la forme éternelle et nécessaire de la raison absolue, il n'y en a pas moins développement et perfectionnement successif dans l'existence du monde. L'imagination de la nature dort dans la pierre, rêve dans l'animal, et ne parvient que dans l'homme à une véritable connaissance de soi-même.

Si l'activité de l'absolu n'a pas conscience de sa fin dans tous les objets, elle n'en procède pas moins dans tous rationnellement, et tout le système d'organisation qui se révèle dans le monde n'est autre chose que la raison qui y existe. Il suit de là que tout est bien, chaque chose étant ce qu'elle est en vertu d'une raison qui l'oblige d'être ce qu'elle est, et l'empêche d'être autre chose. C'est là ce que le disciple le plus célèbre de Schelling, Hégel, exprimait par ces mots : *Tout ce qui est réel et rationnel.* — La raison humaine est la loi du monde prenant conscience d'elle-même au moment où elle atteint le plus haut degré de son développement. Elle s'annonce déjà dans les règnes inférieurs, et devient perceptible comme instinct sur les derniers degrés de l'échelle, mais c'est seulement en nous qu'elle arrive à une existence complète.

Cette loi suprême et idéale que suit la nature existe nécessairement et par elle-même ; elle est le seul Dieu que Schelling reconnût autrefois. Il soutenait en effet de la manière la plus formelle qu'il n'y a en dehors du monde ni créateur ni ordonnateur. S'il conservait les noms de Dieu et de Providence, c'était en leur donnant un sens tout différent du sens ordinaire. Tout le charme du monde reposait, suivant lui, sur cette antithèse que produit par des forces aveugles, il est néanmoins en tout et partout rationnel. Dire que la nature est une agrégation d'atomes sans vie, combinés par le hasard, et dire qu'une puissance étrangère à la nature et souverainement intelligente a disposé le monde comme il est, ce sont là, s'il faut l'en croire, deux erreurs également insoutenables (1).

V. *De l'idéal.* Le théâtre des développements de l'idéal, c'est l'histoire.

Il y a une force supérieure qui domine et dirige tous les développements de l'humanité ; mais cette force n'est pas un être libre comme le Dieu des chrétiens : c'est une loi nécessaire qui se trouve au sein de l'absolu. Cette loi étant rationnelle ou idéale, on peut *a priori* déterminer tout le plan de l'histoire. Le développement progressif de l'absolu dans le temps peut être divisé en trois périodes : la première est celle de la fatalité ; la seconde, celle de la nature ; la troisième, celle de la providence. Nous sommes dans la seconde période, et l'on ne peut dire quand arrivera la troisième. Sous ces trois noms, *Destin, Nature, Providence*, il faut reconnaître un même principe, toujours identique, mais se manifestant sous des faces différentes : en un mot, l'absolu.

L'art est la création libre et spontanée au moyen de laquelle l'esprit humain réalise extérieurement les intentions de l'éternelle raison. Il n'est pas moins qu'une continuelle révélation de Dieu dans l'esprit humain.

L'État est l'image vivante, animée de la raison ; il est l'œuvre de la raison tendant à se manifester au dehors à mesure qu'elle s'éveille dans les masses populaires ; il est la mise en jeu, le résumé le plus sublime de toutes les puissances de l'idéal. — La réalisation de la notion du droit, voilà le dernier but que doit atteindre l'humanité. Ce sera la fusion de tous les peuples en un seul peuple, de tous les États en un seul État ; on ne connaîtra d'autres règles et d'autres lois que ce qui est bon, juste, légitime ; le droit sera sur le trône.

Dans l'histoire : *Dieu se fait, Dieu devient.* Sortis de l'absolu, le réel et l'idéal viennent se confondre dans l'absolu. Au dernier terme de ses développements, l'absolu fait un effort pour se saisir, se savoir, se comprendre en tant qu'absolu, et tant que suprême identité. Il a conscience de cet effort, et alors apparaît

(1) *Voyez* Matter, pag. 26, 27. *Ueber das Verhaeltniss der bildenden Künste zur Natur*, vol. I, pag. 346.

la philosophie; elle est la conscience que l'absolu a de lui-même.

L'absolu dénué de la conscience de soi-même, voilà le point de départ; l'absolu élevé à la conscience de soi-même, ou bien la philosophie, voilà la conclusion dernière de toutes choses.

VI. *Des êtres finis.* L'absolu n'existe pas en dehors des êtres finis qui sont ses idées et les formes de ses idées. Comme il n'y a qu'un seul être, rien de fini n'existe en soi; le fini n'a qu'une réalité apparente. L'apparition des êtres particuliers dans l'être infini ne constitue pas une véritable division; car, dans l'absolu, le réel et l'idéal se confondent à tel point, que la différence même entre le réel et l'idéal n'est qu'idéal (1). — Le corps et l'âme de l'homme ne sont que deux modes différents, deux formes d'une essence indivisible. Le moi n'a une existence propre que dans ses actes. Notre âme ne peut conserver l'individualité après la mort, car sa limitation dépend du corps et finit avec lui. L'*idée de l'âme* est seule éternelle (2).

VII. *Conséquences.* Telle est en résumé cette *philosophie de la nature* que M. Cousin appelait encore en 1833 *la vraie philosophie*. La voilà dans toute sa rigueur. Or, n'est-ce pas là du panthéisme, et même le panthéisme le plus complet? C'est en vain que Schelling et ses amis se sont débattus contre cette accusation : il est possible qu'ils n'aient jamais été panthéistes ailleurs que dans les écoles et dans les livres; il est possible qu'ils ne le soient plus du tout; mais, dans les écoles et dans les livres, ils l'ont été jadis, ils l'ont été longtemps. A la vérité, il est sans cesse question dans Schelling d'une providence et d'un être suprême; mais qu'est-ce que cette providence? C'est une loi nécessaire. Qu'est-ce que cet être suprême, cet absolu? C'est la substance universelle, c'est tout ce qui est, car *tout est un et le même*. Point de création. Si Dieu est quelque chose, il n'est plus que l'âme du monde; il se développe fatalement dans la nature et par la nature, et c'est dans l'humanité seulement qu'il arrive enfin à l'existence personnelle.

VIII. L'identité absolue étant posée en principe, que deviennent la liberté et la responsabilité morale? Logiquement on ne saurait plus les admettre. Aussi Schelling s'est-il exprimé plus d'une fois en fataliste. Nous lisons, par exemple, dans Tennemann, qu'il définit la vertu : « un état dans lequel l'âme se conforme, non pas à une loi placée en dehors d'elle-même, mais à la nécessité interne de sa nature. » Cependant ici, comme sur les autres points, Schelling était inépuisable en ressources pour échapper aux objections : lui reprochait-on de détruire la distinction entre le vice et la vertu, les idées de mérite et de démérite.... alors il répondait : « Il y a quelque chose de plus grand que la vertu et la morale du vulgaire; il y a un état de l'âme dans lequel les commandements et les récompenses sont inutiles et inconnues, parce que dans cet état l'âme n'agit que *par la nécessité de sa nature*. L'âme, disait-il, n'est vraiment vertueuse que si elle l'est avec une liberté absolue, c'est-à-dire si la vertu est pour elle la félicité absolue. Être malheureux ou se sentir tel, c'est la véritable immortalité, et la félicité n'est pas un accident de la vertu : c'est plutôt la vertu elle-même (3). »

IX. Fichte, Schelling, Hégel et M. Cousin, entendent la liberté comme les jansénistes et les protestants. Logiquement ils le doivent : la liberté, à leur point de vue, ne peut être que l'affranchissement de toute coaction, et non pas l'affranchissement de la nécessité. Suivant Schelling, il est vrai, dans une subjectivité véritable, le développement interne ne présente pas le même caractère de nécessité que dans les degrés inférieurs de l'existence ; le déploiement du moi, par exemple, est spontané et volontaire. — Mais, il faut bien le remarquer, la spontanéité et la volonté ne sont pas le libre arbitre, la faculté de choisir.

M. Matter expose sur ce point la théorie de Schelling d'une manière qui confirme l'opinion que nous venons d'émettre : « Entre la liberté et la nécessité, dit-il, il y a la plus grande analogie. Sans doute, elles sont caractérisées par des nuances très-sensibles, mais il n'existe point entre elles de *différence de nature*; au contraire, ces deux termes désignent au fond une même loi, une même puissance, une même activité : celle du déploiement des germes. *La nécessité* en vertu de laquelle un objet qui a conscience de lui (c'est-à-dire un sujet) se développe d'une manière conforme à sa nature, est la liberté au point de vue de ce sujet (4). »

X. Ainsi donc il n'y a point de libre arbitre : l'homme fait ce qu'il veut, mais il ne peut pas vouloir autre chose que ce qu'il veut. Dès lors point de responsabilité morale; point de vice, mais aussi point de vertu; point d'enfer, mais aussi point de ciel. — L'âme humaine, dit-on, est la raison suprême dans une individualité. Voilà qui est à merveille! Mais, si nous sommes des dieux incarnés, par malheur nous ne sommes im-

---

(1) Schelling, dont la prudence est proverbiale en Allemagne, avait soin de dissimuler, par toutes sortes de stratagèmes, les conséquences naturelles de ses principes; peut-être aussi tâchait-il de se faire illusion à lui-même. « L'absolu, disait-il, détruit si peu notre personnalité, qu'au contraire il demeure toujours immanent dans les personnalités qu'il constitue ; et dès lors elles sont éternelles. Dans l'organisme de l'homme, n'y a-t-il pas d'autres organismes qui ont une sorte de vie indépendante et même de liberté? Ainsi l'œil dans notre corps a son activité, ses fonctions, sa santé, ses maladies et sa mort à part. » Mais l'œil n'a de mouvement qu'autant que l'âme lui en imprime. Si l'exemple choisi par Schelling est exact, on devra donc dire que notre âme pareillement reçoit de l'absolu toutes ses déterminations. C'est en vain que Schelling repousse cette conséquence; elle lui est imposée irrésistiblement par son principe de l'identité universelle.

(2) *Philos. und Religion*, pag. 68.

(3) *Philos. und Religion*, pag. 60, 61. Ces idées se trouvent aussi dans l'Éthique de Spinosa : « Beatitudo non est virtutis præmium, sed ipsa virtus. » Part. II, in fine, part. IV, propos. 19, 28, et part. V, prop. 42.

(4) M. Matter, *Schelling et la philosophie de la nature*, pag. 20.

mortels qu'en *idée* : la mort, en déchirant notre enveloppe personnelle, fait rentrer notre divinité à l'état latent. Cela est triste!

XI. *Explication de nos mystères.* Sur ce fond de doctrines impies, Schelling étendait prudemment un voile de formules chrétiennes. Il n'y a pas dans notre symbole un seul mystère qu'il ne prétendît éclairer et traduire scientifiquement : la Trinité, le péché originel, l'incarnation, la rédemption, devenaient des métaphores ou des allégories panthéistiques; et tous les faits de l'histoire religieuse subissaient les transformations les plus inattendues sous la baguette puissante de ce magicien. Essayons rapidement d'en donner quelque idée.

Déchéance. Notre activité, suivant Schelling, ne peut dériver de Dieu tout entière; elle doit avoir une racine indépendante, *au moins en ce qui concerne la liberté de faire le mal*. Mais d'où peut venir cette mauvaise moitié de l'homme, si elle ne vient pas de Dieu? A cette question, voici la réponse du philosophe : Le monde primitif et absolu était tout en Dieu; mais le monde actuel est relatif, n'est pas tel qu'il était, et s'il ne l'est plus, c'est précisément parce qu'il est devenu quelque chose en soi (1). La réalité du mal apparut avec le premier acte de la volonté humaine, posée indépendante ou différente de la volonté divine, et ce premier acte a été l'origine de tout le mal qui désole le monde.

Ici on entrevoit confusément deux systèmes bien différents : suivant l'un, la chute originelle, source de tout mal, c'est l'individualité, la personnalité; suivant l'autre, le péché primitif a été un acte de la volonté humaine opposé à la volonté divine. Le premier de ces systèmes a été inspiré par le panthéisme, bien qu'au fond il ne puisse s'accorder avec lui. Quant au second, il est bien clairement encore en contradiction avec le principe de l'identité absolue. Comme les gnostiques et Jacob Boehme, dont il emprunte souvent les idées et même le langage, Schelling, prétend rattacher ses théories les plus bizarres aux textes de nos livres saints ; mais il donne, bien entendu, à ces textes une signification dont personne ne s'était jamais avisé. — Poursuivons notre exposition.

Réhabilitation. « La chute de l'homme ne brisa pas seulement le lien qui rattachait ses facultés à leur centre; elle eut dans le monde des résultats immenses. Le monde fut en effet, en dehors de Dieu, de Dieu primitif, de Dieu le Père. Il agit désormais comme être à part, à peu près comme dans les théories gnostiques, σοφία, l'âme du monde, et les génies émanés de son sein. Mais *un Sauveur* devait ramener au père ce qui était émané du père; second Adam, il assembla les puissances disséminées, il rendit à leur primitive harmonie la conscience du monde et la sienne,

celle de l'identité ; il redevint *le Fils de Dieu*, se soumit au Père, et rétablit ainsi dans l'unité primitive et divine tout ce qui est. C'est ainsi que l'infini, Dieu, est rentré dans le fini, le monde. Aussi Dieu, devenu homme, le Christ, a été nécessairement la fin des dieux du paganisme (2). »

« L'unité rétablie, l'homme ne peut néanmoins se sauver que par la mort de l'égoïsme, et en participant au sacrifice du Christ. Or, il faut la puissance divine, le Saint-Esprit, pour faire cesser la division de la volonté, et de la pensée humaine. *Ibid.* »

XII. *Histoire de la Religion.* — Telle est en substance la théorie de la chute et de la réhabilitation imaginée par Schelling. M. Ballanche, M. Cousin, et surtout M. Leroux ont imité ce nouveau gnosticisme d'une façon plus ou moins timide, plus ou moins hétérodoxe. Mais les vues du philosophe allemand sur le paganisme ont exercé parmi nous une influence beaucoup plus profonde. Longuement développée dans la compilation de MM. Creuser et Guigniaut, elles apparaissent souvent dans MM. Cousin, E. Quinet, Leroux et une multitude d'autres écrivains moins importants. Nous allons donc les résumer.

Dans l'intervalle entre la chute et la réhabilitation, « les facultés de l'homme agissaient instinctivement dans le sens des puissances de la nature, et lisaient pour ainsi dire dans leurs secrets. » C'est là ce qui explique la divination et le *prophétisme*, les oracles et les mythologies (3).

Toute la substance de la religion chrétienne était cachée dans le symbolisme des mystères païens : elle se faisait graduellement en vertu de la loi du progrès, et, dans les derniers siècles qui ont précédé notre ère, elle était à peine enveloppée de quelques voiles transparents. Ainsi ce n'est pas seulement chez les Juifs et les patriarches que l'on doit chercher les origines de nos croyances. Chaque peuple de l'antiquité a contribué pour sa part à la formation de notre symbole et de notre culte. Toutes les religions païennes étaient comme les divers chapitres d'une vaste et nécessaire introduction au christianisme (4). Dupuis est un des hommes qui ont le mieux entendu l'histoire des religions.

§ II. — *Nouveau système de Schelling.*

I. *Variations de Schelling.* La pensée de Schelling a subi de nombreuses transformations. Disciple de Fichte, il ne s'éloignait guère d'abord de l'enseignement de son maître; peu à peu cependant il se détacha de l'idéalisme transcendental et développa sa philosophie de la nature. Suivant un de ses amis les plus intimes, c'est pendant son enseignement à Iéna qu'il s'éprit d'enthousiasme pour le juif d'Amsterdam, et se fit décidément spinosiste. « Mais voilà qu'il incline peu à peu vers le

---

(1) M. Matter ajoute que, suivant Schelling, l'absolu a conduit le monde de telle sorte, qu'il *devint quelque chose par soi*; mais alors c'est donc l'absolu qui est coupable du péché originel. Voir *M. Matter*, p. 32, 33. Schelling avait dit dans son *Bruno* : « S'il arrive que les êtres que nous nommons individuels parviennent à une conscience individuelle, c'est lorsqu'ils se séparent de Dieu, et qu'ils vivent ainsi dans le péché. Mais la vertu consiste à faire abnégation de son individualité, et à retourner ainsi à Dieu, source éternelle des individualités. » *Bruno*, p. 58 à 68.

(2) *Matter*, pag. 54.
(3) Idem, ibid.
(4) *Philos. und Religion*, pag. 73.

théisme, sans renoncer pour cela au fond de son système; la lecture de Jacob Boehme paraît avoir fait sur lui une vive impression. C'est désormais dans Schelling une lutte entre le théisme et le panthéisme (1). »

II. *Retour au théisme.* — Peu à peu il s'est opéré dans son intelligence une révolution dont les résultats définitifs viennent seulement d'être connus. Les causes de cette révolution sont nombreuses. Vivement attaqué, Schelling, tout en se défendant, fut contraint de se rapprocher des opinions qu'on lui opposait, et sans avoir le courage de reconnaître franchement ses erreurs, il devint à la fin si différent de lui-même, que beaucoup de personnes crurent à sa conversion. Les rationalistes l'accusèrent avec violence d'avoir trahi leur cause, et de s'être fait catholique. Malheureusement ce n'était là qu'une erreur. Toutefois sans revenir complétement à la vérité, le philosophe modifiait progressivement sa terminologie et sa pensée. Il n'accommodait pas seulement son langage à celui du christianisme, mais il cherchait à rattacher ses théories les plus audacieuses aux croyances communes; et bientôt il arriva à des principes manifestement inconciliables avec ceux qui servaient de point de départ à son panthéisme. — De plus un changement heureux survint dans ses études. Aux méditations abstraites, aux rêveries enthousiastes succédait l'observation des monuments et des faits historiques. Du jour où Schelling quitta le monde fantastique qu'il s'était créé pour entrer définitivement dans le monde réel, il dut un peu se désenchanter des utopies qui avaient absorbé d'abord sa jeune imagination. Les extravagances dans lesquelles tombèrent ses disciples les plus ardents, et l'incroyable confusion d'idées qu'engendrèrent ses doctrines, durent aussi contribuer un peu à le désabuser. Il régnait sur la philosophie allemande, mais son royaume était dans une anarchie qui présageait une ruine prochaine. Bientôt son école se débanda. Le plus conséquent de tous ses sectateurs, son ami Hégel, devint un de ses adversaires les plus déclarés; Oken et Wagner prirent une attitude analogue, quoique avec moins d'éclat. Outre ces amis, changés en ennemis, Schelling eut encore bien d'autres antagonistes. D'abord Fichte défendit son système attaqué. Bouterwek et Fries réclamèrent au nom du kantisme diversement modifié par chacun d'eux. Jacobi démontra avec une éloquence chaleureuse que la philosophie de la nature était au fond un athéisme spiritualisé. De son côté, Eschenmayer prouva sans peine que le principe de l'identité absolue sapait la morale par sa base, en détruisant la personnalité et la liberté. En un mot toutes les écoles se liguèrent ensemble pour combattre l'ennemi commun.

Schelling fit d'abord assez bonne contenance; grâce aux ténèbres dont il avait toujours enveloppé sa pensée et à la flexibilité de ses formules, il put répondre à quelques objections d'une manière plus ou moins spécieuse; mais il ne réfuta complétement aucun des adversaires qu'il combattit, et, à l'égard du plus grand nombre, il garda un silence dédaigneux. Enfin, il se retira comme Achille, sous sa tente, et s'enveloppa majestueusement d'un mystère impénétrable. Laissant ses amis et ses ennemis se disputer entre eux, il se bornait à dire qu'on ne le comprenait pas, mais qu'il saurait en temps opportun faire cesser le malentendu.

III. *Lutte contre Hégel.* — Lorsque les dernières conséquences du système de l'identité absolue ont été mises à nu par Hégel, et surtout par ses disciples, une réaction a dû s'opérer et s'est opérée en effet. Malheureusement les adversaires de l'école hégélienne partagent trop souvent quelques-unes des erreurs même les plus graves de cette école. Ainsi, bien qu'ils réclament en faveur du libre arbitre, ils conservent au fond des vues fatalistes, et cette inconséquence paralyse tous leurs efforts. Nous ne parlons pas de l'Allemagne catholique; la foi y préserve la raison de pareilles erreurs; mais, dans l'Allemagne protestante, les esprits sont abandonnés à eux-mêmes. Un des hommes qui avaient le plus contribué à égarer la philosophie germanique, entreprit de la ramener sur la route des vérités morales et religieuses. Schelling, fort de son ancienne gloire et du secret dont il avait entouré ses méditations depuis trente années se rendit récemment à Berlin pour y engager une lutte décisive. Le discours d'ouverture du célèbre professeur fut avidement lu dans toute l'Allemagne.

Nouveau point de départ. — Depuis Descartes, dit-il, la raison pure avec ses principes *a priori* a été l'unique agent de la science philosophique. Or, la raison pure ne nous révèle que l'être en général, l'être indéterminé, et partant impersonnel. Elle ne donne non plus que le nécessaire; l'acte libre lui échappe. Mais ce qui est nécessaire est éternel aussi. Donc avec la raison pure toute seule, et abstraction faite de nos autres moyens de connaître, on ne trouvera, si l'on est conséquent, qu'un Dieu impersonnel, un monde nécessaire et éternel, le panthéisme en un mot; la personnalité et la liberté, jamais. L'histoire de la philosophie moderne le prouve. L'emploi exclusif de la méthode *a priori*, l'a conduite de système en système au panthéisme de Hégel, qui fait de la raison la substance et la cause de l'univers, Dieu, lui-même. Dans cette théorie, le concret, le déterminé, l'individuel n'est qu'un phénomène éphémère; s'il se montre, c'est pour s'évanouir aussitôt sans retour. Mais heureusement la raison pure n'est pas le seul moyen que nous ayons d'arriver à la science. Si la création a été un acte libre, nous ne pouvons connaître les créatures qu'*a posteriori*, par l'expérience. La méthode expérimentale ou historique devra donc trouver sa place dans la philosophie, si la liberté existe. Or, sommes-nous primitivement portés à concevoir toutes choses comme nécessaires? Évidemment non. « Nous sentons en contemplant les choses de

(1) Histoire de la vie et des ouvrages de Spinosa, par A. Saintes, pag. 287

ce monde, qu'elles pourraient ne pas être, qu'elles pourraient être autrement, qu'elles sont accidentelles. L'humanité témoigne en notre faveur : le Dieu qu'elle adore est un Dieu personnel et libre. Nous avons encore, pour préférer la méthode historique, tous les instincts qui protestent en nous contre le panthéisme. Nous avons les souveraines certitudes de la morale qui suppose la liberté de l'homme et la personnalité de Dieu. »

Inconséquence. — Telles sont les idées que Schelling développe dans une partie de son cours d'introduction : mais après cette vigoureuse attaque contre la philosophie panthéiste, il revient, ce semble, à la méthode exclusive dont il a montré le vice, et il semble se réconcilier un peu avec les systèmes rationalistes auxquels il a fait la guerre. La théorie spinosiste qu'il professa autrefois est présentée par lui comme une sorte d'avenue aboutissant à ses nouvelles doctrines. Il ne la renie pas, il veut seulement la compléter en la corrigeant (1). Il y fait un changement capital, car il abjure définitivement le panthéisme. « On ne descend pas nécessairement dit-il, de Dieu au monde ; mais on remonte nécessairement du monde à Dieu, de l'effet à la cause, et le Dieu auquel on arrive par cette voie est un Dieu personnel et libre. »

Si de l'introduction nous passons au système, nous apercevrons bientôt que le philosophe n'y est guère fidèle à la nouvelle méthode qu'il a proclamée ; au lieu de combiner habilement la raison pure et l'observation, il retourne à son ancienne méthode, et procède par intuition : au lieu de faire de la philosophie sérieuse et solide, il fait de la poésie. S'il échappe au panthéisme, il reste toujours engagé dans un illuminisme sans règle.

IV. *De la création.* — Dieu crée, dit-il, par un acte libre de sa volonté ; mais si le décret est libre, une fois prononcé, il se réalise par un procédé constant. Dieu crée d'après les lois éternelles que l'existence a en lui. — Le mystère de la création est assurément impénétrable. — Le philosophe prétend néanmoins en pénétrer les secrets les plus obscurs. L'analyse s'avoue impuissante à donner une idée un peu complète des spéculations inaccessibles dans lesquelles s'enfonce l'audacieux penseur ; en voici seulement les principales conclusions :

Il y a trois principes ou facteurs de l'existence (2). D'abord, un principe de l'existence absolue, indéterminée, en quelque sorte aveugle et chaotique, qui est une énergie rivale qui lui résiste et la restreint. La lutte de ces deux puissances, et le triomphe progressif de la seconde, ont produit la variété des êtres et le développement toujours plus parfait de la création. Ce dualisme est dominé par un troisième principe, qui apparaît dans le monde avec l'homme, lorsque l'existence aveugle a été vaincue. L'homme, l'esprit, possède tous les principes de l'existence ; mais la matière aveugle est entièrement transfigurée en lui. Tout en lui est lumière et harmonie, il est l'image fidèle de Dieu. A l'exemple de Dieu, il est libre aussi, il est maître de rester uni à Dieu, ou de s'en détacher, de demeurer ou non dans l'harmonie.

V. *Chute primitive.* — « L'expérience seule nous apprend ce qui s'est passé. L'état de l'homme atteste la chute. Encore ici le décret est libre, mais il se réalise d'après des lois *nécessaires*. L'homme tomba en s'asservissant au principe de la matière. Un conflit pareil à celui qui produisit la matière dut alors se renouveler. Seulement cette guerre, au lieu de remplir de son trouble les espaces de l'univers, n'agita plus que les profondeurs de la conscience humaine. Pendant de longs siècles l'homme fut, pour ainsi dire, dépossédé de lui-même ; il n'était plus l'hôte de la raison divine, mais celui des puissances *Titaniques*, désordonnées, qui renouvelaient en lui leurs anciennes discordes. » — Alors il dut lui apparaître des dieux étrangers que nous ne pouvons plus concevoir ; et il ne pouvait s'affranchir de cette tumultueuse vision. La lutte qui avait une première fois produit le monde, produisit les mythologies. La marche de cette lutte fut la même qu'autrefois, et le principe de la matière fut à la fin entièrement dompté. Après ces vastes préliminaires, le christianisme parut, créa l'homme, pour ainsi dire une seconde fois, et le rendit à lui-même et au vrai Dieu.

Du paganisme. — Ainsi, suivant Schelling, les mythologistes étaient pour l'homme déchu une nécessité. Notre nature était alors dans un état très-différent de son état actuel ; il ne faut donc point condamner le paganisme ; il était une conséquence fatale de la chute, et en même temps une réhabilitation progressive. Les cultes idolâtriques forment une série ascendante d'initiations de plus en plus lumineuses et pures.

De la révélation. — Ici Schelling arrive à sa théorie de la révélation, application assez bizarre et presque inintelligible des hypothèses ontologiques qui servent de point de départ à tout le système. En voici le résumé. — La suite naturelle de la chute était la ruine de l'homme. Mais la volonté divine intervint pour nous sauver, et réduisit de nouveau le principe de la matière. La force rivale, qui avait déjà triomphé de ce principe dans la création, pouvait seule le soumettre de nouveau. Cette force, qui est le Demiurge, apparut donc soumise à Dieu, et en même

---

(1) « Je suis toujours sur le même terrain, mais il est plus élevé. » Telles sont les paroles que Schelling adressait, il y a quelques années à un voyageur russe. Voir l'*Hist. de la vie et des ouvr. de Spinosa*, par A. Saintes, p. 288. Voici les titres de cinq ouvrages que Schelling a en portefeuille, et qu'il a résumés dans son cours : 1° *Introduction en forme d'histoire de la philosophie depuis Descartes.* — 2° *Philosophie positive*, ainsi nommée parce qu'elle n'est pas construite *a priori*, mais qu'elle a sa racine dans la réalité vivante. — 3° *Philosophie de la mythologie.* — 4° *Philosophie de la révélation.* — 5° *Philosophie de la nature.* — Les quatre premiers de ces ouvrages paraîtront ensemble, mais le dernier ne sera publié qu'après la mort de l'auteur.

(2) Nous soupçonnons que Schelling ne prétend pas trouver ces trois principes seulement dans le monde, mais aussi dans l'essence divine. Cela fait une singulière trinité !

temps uni a une race coupable; elle devint le Verbe médiateur. Dans sa lutte contre la matière aveugle, cette puissance divine avait *produit d'abord les mythologies;* mais c'était pour elle un chemin et non le but. Les dieux des mythologies n'existaient que dans l'imagination de l'homme. Le *Verbe* du christianisme, au contraire, apparut dans une chair réelle, et se mêla aux hommes, comme une personnalité distincte. Le christianisme n'est point la plus parfaite des mythologies; il les abolit, au contraire, en réunissant l'homme à Dieu, en le faisant, comme autrefois, souverain, non plus esclave de la nature. Il paraît que Schelling admet l'incarnation, la résurrection, l'ascension : seulement il les explique à la façon des gnostiques. L'Evangile est à ses yeux une histoire réelle. La religion, dit-il, ne sera point dépossédée par la philosophie; mais le dogme, au lieu *d'être imposé par une autorité extérieure,* sera librement compris et accepté par l'intelligence. De nouveaux temps s'annoncent. Le catholicisme relevait de saint Pierre; la réforme de saint Paul; l'avenir relèvera du disciple préféré, de saint Jean, l'apôtre de l'amour; nous verrons enfin l'homme affranchi de toutes les servitudes, et, d'un bout de la terre à l'autre, les peuples prosternés dans une même adoration, unis par une même charité.

VI. Schelling paraît considérer ces rêveries comme une apologie transcendante du christianisme. Mais assurément, si cette religion ne pouvait être sauvée que par de semblables transformations, il y aurait fort à craindre pour son avenir; car Schelling ne formera pas même une secte aussi nombreuse que celle de Valentin ou de Swedenborg. Comment, en effet, le vent du doute, qui ébranle tout en Allemagne, n'emporterait-il pas ce fragile édifice d'abstractions fantastiques? Tout cela ne pose sur rien, ni sur la raison, ni sur la révélation. Si le christianisme, ce firmament du monde moral, menaçait jamais de s'écrouler, ce n'est pas avec de pareils échafaudages d'hypothèses arbitraires qu'on pourrait le soutenir et empêcher sa ruine! Si Schelling renonce au panthéisme, il s'efforce encore de maintenir quelques-unes des erreurs qui en étaient la conséquence dans ses anciennes théories.

VII. *Fatalisme.* — L'idée de la liberté est le point capital qui distingue les nouvelles opinions de Schelling de ses opinions anciennes. Mais ne semble-t-elle pas oubliée et même détruite dans les détails, et ne peut-on pas encore trouver à côté d'elle le fatalisme? L'homme, en effet, est après sa chute soumis au mouvement mythologique, et ne peut pas s'y soustraire; il n'est plus libre. Le redevient-il avec le christianisme? Nullement. L'esprit humain se développe dès lors dans la philosophie, comme autrefois dans la mythologie, sous l'empire d'une loi inflexible. Les systèmes se succèdent pour une raison nécessaire, et chacun apporte avec lui une morale différente. Le bien et le mal varient sans cesse; ou mieux, il n'y a ni bien, ni mal; tout a raison d'être en son temps. Plus de règle éternelle du juste, et par conséquent plus de conscience, plus de responsabilité. La liberté n'a donc pu se trouver que dans l'acte de la chute.... Le fatalisme pèse sur tout le reste de l'histoire; et sommes-nous bien loin avec lui des conséquences morales du panthéisme?

VIII. Le christianisme, d'après Schelling, se distingue des mythologies, mais il ne les contredit pas; sans elles, il n'aurait pu s'accomplir. Elles ont été comme lui inspirées par le Demiurge, ou le Verbe rédempteur; elles le préparent, elles en sont, pour ainsi dire, les propylées. Evidemment ce n'est pas là ce que pense le christianisme; l'idolâtrie et le péché sont pour lui même chose; il n'excuse d'aucune manière la mythologie. — Schelling n'est pas plus orthodoxe dans ses vues sur le judaïsme. A vrai dire, on ne sait guère à quoi demeure bon un peuple élu, une fois que les mythologies annoncent et préparent le christianisme. Schelling se montre fort embarrassé de ce qu'il en doit faire.

IX. *Conclusion.* — Ce n'est là qu'une philosophie apocryphe du christianisme : elle ne peut satisfaire ni les philosophes rationalistes, ni les théologiens orthodoxes. Aussi Schelling ne fait pas école à Berlin. Le roi lui témoigne toujours une haute faveur; mais son succès ne va pas plus loin.

SCHISME. Ce terme, qui est grec d'origine, signifie division, séparation, rupture, et l'on appelle ainsi le crime de ceux qui, étant membres de l'Eglise catholique, s'en séparent pour faire bande à part, sous prétexte qu'elle est dans l'erreur, qu'elle autorise des désordres et des abus, etc. Ces rebelles ainsi séparés sont schismatiques; leur parti n'est plus l'Eglise, mais une secte particulière.

Il y a eu de tout temps dans le christianisme des esprits légers, orgueilleux, ambitieux de dominer et de devenir chefs de parti, qui se sont crus plus éclairés que l'Eglise entière, qui lui ont reproché des erreurs et des abus, qui ont séduit une partie de ses enfants, et qui ont formé entre eux une société nouvelle; les apôtres mêmes ont vu naître ce désordre, ils l'ont condamné et l'ont déploré. Les *schismes* principaux dont parle l'histoire ecclésiastique sont celui des novatiens, celui des donatistes, celui des lucifériens, celui des Grecs qui dure encore, enfin celui des protestants; nous avons parlé de chacun sous son nom particulier : il nous reste à donner une notion du grand *schisme d'Occident,* mais il convient d'examiner auparavant si le *schisme* en lui-même est toujours un crime, ou s'il y a quelque motif capable de le rendre légitime. Nous soutenons qu'il n'y en a aucun, et qu'il ne peut y en avoir jamais; qu'ainsi tous les schismatiques sont hors de la voie du salut. Tel a toujours été le sentiment de l'Eglise catholique; voici les preuves qu'elle en donne.

1° L'intention de Jésus-Christ a été d'établir l'union entre les membres de son Eglise;

il dit (1) : « Je donne ma vie pour mes brebis ; j'en ai d'autres qui ne sont pas encore dans le bercail : il faut que je les y amène, et j'en ferai un seul troupeau sous un même pasteur. » Donc ceux qui sortent du bercail pour former un troupeau à part vont directement contre l'intention de Jésus-Christ. Il est évident que ce divin Sauveur, sous le nom de brebis qui n'étaient pas encore dans le bercail, entendait les gentils : malgré l'opposition qu'il y avait entre les deux opinions, leurs mœurs, leurs habitudes et celles des Juifs, il voulait en former non deux troupeaux différents, mais un seul. Aussi, lorsque les Juifs convertis à la foi refusèrent de fraterniser avec les gentils, à moins que ceux-ci n'embrassassent les lois et les mœurs juives, ils furent censurés et condamnés par les apôtres. Saint Paul nous fait remarquer qu'un des grandes motifs de la venue de Jésus-Christ sur la terre a été de détruire le mur de séparation qui était entre la nation juive et les autres, de faire cesser par son sacrifice l'inimitié déclarée qui les divisait, et d'établir entre elles une paix éternelle (2). De quoi aurait servi ce traité de paix, s'il devait être permis à de nouveaux docteurs de former de nouvelles divisions et d'exciter bientôt entre les membres de l'Eglise des haines aussi déclarées que celle qui avait régné entre les Juifs et les gentils ?

2° Saint Paul, conformément aux leçons de Jésus-Christ, représente l'Eglise, non-seulement comme un seul troupeau, mais comme une seule famille et un seul corps, dont tous les membres unis aussi étroitement entre eux que ceux du corps humain, doivent concourir mutuellement à leur bien spirituel et temporel ; il leur recommande d'être attentifs à conserver par leur humilité, leur douceur, leur patience, leur charité, l'*unité d'esprit dans le lien de la paix* (3) ; à ne point se laisser entraîner comme des enfants à tout vent de doctrine, par la malice des hommes habiles pour insinuer l'erreur (4). De même qu'il n'y a qu'un Dieu, il veut qu'il n'y ait qu'une seule foi et un seul baptême ; c'est, dit-il, pour établir cette unité de foi que Dieu a donné des apôtres et des évangélistes, des pasteurs et des docteurs (5). C'est donc contre l'ordre de Dieu, de fermer l'oreille aux leçons des pasteurs et des docteurs qu'il a établis, pour en écouter de nouveaux qui s'ingèrent d'eux-mêmes à enseigner leur propre doctrine.

Il recommande aux Corinthiens de ne point fomenter entre eux de *schismes* ni de disputes au sujet de leurs apôtres ou de leurs docteurs ; il les reprend de ce que les uns disent : *Je suis à Paul ;* les autres : *Je suis du parti d'Apollo ou de Céphas* (6). Il blâme toute espèce de divisions. « Si quelqu'un, dit-il, semble aimer la dispute, ce n'est point notre coutume ni celle de l'Eglise de Dieu ;... à la vérité il faut qu'il y ait des hérésies, afin qu'on connaisse parmi vous ceux qui sont à l'épreuve (7) ; » On sait que l'hérésie est le choix d'une doctrine particulière. Il met la dispute, les dissensions, les sectes, les inimitiés, les jalousies, au nombre des *œuvres de la chair* (8).

Saint Pierre avertit les fidèles « qu'il y aura parmi eux de faux prophètes, des docteurs du mensonge qui introduiront des sectes pernicieuses, qui auront l'audace de mépriser l'autorité légitime, qui, pour leur propre intérêt, se feront un parti par leurs blasphèmes... qui entraîneront les esprits inconstants et légers.... en leur promettant la liberté, pendant qu'eux-mêmes sont les esclaves de la corruption (9). » Il ne pouvait pas mieux peindre les schismatiques, qui veulent, disent-ils, réformer l'Eglise.

Saint Jean parlant d'eux les nomme des *antechrists.* « Ils sont sortis d'entre nous, dit-il, mais ils n'étaient pas des nôtres ; s'ils en avaient été, ils seraient demeurés avec nous (10). » Saint Paul en a fait un tableau non moins odieux (11).

3° Nous ne devons donc pas être étonnés de ce que les Pères de l'Eglise, tous remplis des leçons de la doctrine des apôtres, se sont élevés contre tous les schismatiques, et ont condamné leur témérité ; saint Irénée en attaquant tous ceux de son temps qui avaient formé des sectes, Tertullien dans ses *Prescriptions contre les hérétiques*, saint Cyprien contre les novatiens, saint Augustin contre les donatistes, saint Jérôme contre les lucifériens, etc., ont tous posé pour principe qu'il ne peut point y avoir de cause légitime de rompre l'unité de l'Eglise : *Præscindendæ unitatis nulla potest esse justa necessitas* ; tous ont soutenu que hors de l'Eglise il n'y a point de salut.

Les notions des premiers chrétiens sur l'unité sont rappelées par M. de Trevern, *Discussion amicale sur l'Eglise anglicane et en général sur la réformation*, t. I, lettre 2, p. 32 dans les citations suivantes :

Saint Clément, pape, dans son admirable lettre aux Corinthiens, gémit sur la *division impie et détestable* (ce sont ses mots), *qui vient d'éclater parmi eux.* Il les rappelle à leur ancienne piété, au temps où pleins d'humilité, de soumission, ils étaient aussi incapables de faire une injure que de la ressentir. « Alors, ajoute-t-il, toute espèce de schisme était une abomination à vos yeux. » Il termine en leur disant qu'il se presse de faire repartir Fortunatus, « auquel, dit-il, nous joignons quatre députés. Renvoyez-les-nous au plus vite dans la paix, afin que nous puissions bientôt apprendre que l'u-

(1) Joan. x, 15.
(2) Ephes. ii, 14.
(3) Ibid. iv, 2.
(4) Ibid., 14.
(5) Ibid., 4 et 11.
(6) I Cor. i, 10, 11, 12.

(7) I Cor. xi, 16.
(8) Gal. v, 19.
(9) II Petr. ii, 1, 10, 14, 19.
(10) I Joan. ii, 18.
(11) II Tim. iii, iv.

nion et la concorde sont revenues parmi vous, ainsi que nous ne cessons de le demander par nos vœux et nos prières, et afin qu'il nous soit donné de nous réjouir du rétablissement du bon ordre parmi nos frères de Corinthe. » Qu'aurait dit ce pontife apostolique des grandes défections de l'Orient, de l'Allemagne, de l'Angleterre, lui qui, au premier bruit d'une contestation survenue dans une petite partie du troupeau, dans une seule ville, prend aussitôt l'alarme, traite ce mouvement de division impie, détestable ; tout schisme, d'abomination, et emploie l'autorité de son siége et ses instances paternelles pour ramener les Corinthiens à la paix et à la concorde.

Saint Ignace, disciple de saint Pierre et de saint Jean, parle dans le même sens. Dans son épître aux Smyrniens, il leur dit : « Evitez les schismes et les désordres, source de tous les maux. Suivez votre évêque comme Jésus-Christ, son Père, et le collège des prêtres comme les apôtres. Que personne n'ose rien entreprendre dans l'Eglise, sans l'évêque. » — Dans sa lettre à Polycarpe, « Veillez, dit-il, avec le plus grand soin à l'unité, à la concorde, qui sont les premiers de tous les biens. » Donc les premiers de tous les maux sont le schisme et la division. Puis dans la même lettre, s'adressant aux fidèles : « Ecoutez votre évêque, afin que Dieu vous écoute aussi. Avec quelle joie ne donnerais-je pas ma vie pour ceux qui sont soumis à l'évêque, aux prêtres, aux diacres! Puissé-je un jour être réuni à eux dans le Seigneur! » Et dans son épître à ceux de Philadelphie : « Ce n'est pas, dit-il, que j'aie trouvé de schisme parmi vous, mais je veux vous prémunir comme des enfants de Dieu. » Il n'attend pas qu'il ait éclaté du schisme ; il en prévient la naissance, pour en étouffer jusqu'au germe. « Tous ceux qui sont au Christ, tiennent au parti de leur évêque, mais ceux qui s'en séparent pour embrasser la communion de gens maudits, seront retranchés et condamnés avec eux. » Et aux Ephésiens : « Quiconque, dit-il, se sépare de l'évêque et ne s'accorde point avec les premiers-nés de l'Eglise, est un loup sous la peau de brebis. Efforcez-vous, mes bien-aimés, de rester attachés à l'évêque, aux prêtres et aux diacres. Qui leur obéit, obéit au Christ, par lequel ils ont été établis ; qui se révolte contre eux, se révolte contre Jésus. » Qu'aurait-il donc dit de ceux qui se sont révoltés depuis contre le jugement des conciles œcuméniques, et qui, au mépris de tous les évêques du monde entier, se sont attachés à quelques moines ou prêtres réfractaires, ou à un assemblage de laïques ?

Saint Polycarpe, disciple de saint Jean, dans sa lettre aux Philippiens, témoigne toute son horreur contre ceux qui enseignent des opinions hérétiques. Or, l'hérésie attaque à la fois et l'unité de doctrine, qu'elle corrompt par ses erreurs, et l'unité de gouvernement auquel elle se soustrait par opiniâtreté. « Suivez l'exemple de notre Sauveur, ajoute Polycarpe ; restez fermes dans la foi, immuables dans l'unanimité, vous aimant les uns les autres. » A l'âge de quatre-vingts ans et plus, on le vit partir pour aller à Rome conférer avec le pape Anicet sur des articles de pure discipline : il s'agissait surtout de la célébration de la Pâque, que les Asiatiques solennisaient, ainsi que les Juifs, le quatorzième jour de la lune équinoxiale, et les Occidentaux, le dimanche qui suivait le quatorzième. Sa négociation eut le succès désiré. On convint que les Eglises d'Orient et d'Occident suivraient leurs coutumes sans rompre les liens de communion et de charité. Ce fut durant son séjour à Rome, qu'ayant rencontré Marcion dans la rue, et voulant l'éviter : « Ne me reconnais-tu pas, Polycarpe, dit cet hérétique ? — Oui, sans doute, pour le fils aîné de Satan. » Il ne pouvait contenir sa sainte indignation contre ceux qui, par leurs opinions erronées s'attachaient à pervertir et diviser les chrétiens.

Saint Justin, qui de la philosophie platonicienne passa au christianisme, le défendit par ses apologies, et le scella de son sang, nous apprend que l'Eglise est renfermée dans une seule et unique communion, dont les hérétiques sont exclus. « Il y a eu, dit-il, et il y a encore des gens qui, se couvrant du nom de chrétiens, ont enseigné au monde des dogmes contraires à Dieu, des impiétés, des blasphèmes. Nous n'avons aucune communion avec eux, les regardant comme des ennemis de Dieu, des impies et des méchants (1). »

Le grand évêque de Lyon, saint Irénée, disciple de Polycarpe, et martyr ainsi que son maître, écrivait à Florinus, qui lui-même avait souvent vu Polycarpe, et qui commençait à répandre certaines hérésies : « Ce n'est pas ainsi que vous avez été instruit par les évêques qui vous ont précédé. Je pourrais encore vous montrer la place où le bienheureux Polycarpe s'asseyait pour prêcher la parole de Dieu. Je le vois encore avec cet air grave qui ne le quittait jamais. Je me souviens et de la sainteté de sa conduite, et de la majesté de son port, et de tout son extérieur. Je crois l'entendre encore nous raconter comme il avait conversé avec Jean et plusieurs autres qui avaient vu Jésus-Christ, et quelles paroles il avait entendues de leurs bouches. Je puis vous protester devant Dieu, que si ce saint évêque avait entendu des erreurs pareilles aux vôtres, aussitôt il se serait bouché les oreilles en s'écriant, suivant sa coutume : Bon Dieu ! à quel siècle m'avez-vous réservé pour entendre de telles choses ? et à l'instant il se serait enfui de l'endroit (2). » Dans son savant ouvrage *sur les hérésies*, l. IV, il dit en parlant des schismatiques : « Dieu jugera ceux qui ont occasionné des schismes, hommes cruels qui n'ont aucun amour pour lui, et qui, préférant leurs avantages propres à l'unité de l'Eglise, ne balancent point, sur les raisons

---

(1) Dialogue avec Tryphon.

(2) Eusèbe, Hist. Eccles., lib. V

les plus frivoles, de diviser et déchirer le grand et glorieux corps de Jésus-Christ, et lui donneraient volontiers la mort, s'il était en leur pouvoir.... Mais ceux qui séparent et divisent l'unité de l'Eglise, recevront le châtiment de Jéroboam. »

Saint Denys, évêque d'Alexandrie, dans sa lettre à Novat qui venait d'opérer un schisme à Rome, où il avait fait consacrer Novatien en opposition au légitime pape Corneille, lui dit : « S'il est vrai, comme tu l'assures, que tu sois fâché d'avoir donné dans cet écart, montre-le-nous par un retour prompt et volontaire. Car il aurait fallu souffrir tout plutôt que de se séparer de l'Eglise de Dieu. Il serait aussi glorieux d'être martyr, pour sauver l'Eglise d'un schisme et d'une séparation, que pour ne pas adorer les dieux, et beaucoup plus glorieux encore dans mon opinion. Car, dans le dernier cas, on est martyr pour son âme seule; dans le premier, pour l'Eglise entière. Si donc tu peux, par d'amicales persuasions ou par une conduite mâle, ramener tes frères à l'unité, cette bonne action sera plus importante que ne l'a été ta faute; celle-ci ne sera plus à la charge, mais l'autre à ta louange. Que s'ils refusent de te suivre et d'imiter ton retour, sauve, sauve du moins ton âme. Je désire que tu prospères toujours et que la paix du Seigneur puisse rentrer dans ton cœur (1). »

Saint Cyprien : « Celui-là n'aura point Dieu pour père, qui n'aura pas eu l'Eglise pour mère. S'imaginent-ils donc (les schismatiques) que Jésus-Christ soit avec eux quand ils s'assemblent, eux qui s'assemblent hors de l'Eglise? Qu'ils sachent que, même en donnant leur vie pour confesser le nom du Christ, ils n'effaceraient point dans leur sang la tache du schisme; attendu que le crime de discorde est au-dessus de toute expiation. Qui n'est point dans l'Eglise ne saurait être martyr. » Livre *de l'Unité*. Il montre ensuite l'énormité de ce crime par l'effrayant supplice des premiers schismatiques, Coré, Dathan, Abiron, et de leurs deux cent cinquante complices : « La terre s'ouvrit sous leurs pieds, les engloutit vifs et debout, et les absorba dans ses entrailles brûlantes. »

Saint Hilaire, évêque de Poitiers, s'exprime ainsi sur l'unité : « Encore qu'il n'y ait qu'une Eglise dans le monde, chaque ville a néanmoins son église, quoiqu'elles soient en grand nombre, parce qu'elle est toujours une dans le grand nombre (2). »

Saint Optat de Milève cite le même exemple pour montrer que le crime du schisme est au-dessus même du parricide et de l'idolâtrie. Il observe que Caïn ne fut point puni de mort, que les Ninivites obtinrent le temps de mériter grâce par la pénitence. Mais dès que Coré, Dathan, Abiron se portèrent à diviser le peuple, « Dieu, dit-il, envoie une faim dévorante à la terre : aussitôt elle ouvre une gueule énorme, les engloutit avec avidité, et se referme sur sa proie. Ces misérables, plutôt ensevelis que morts, tombent dans les abîmes de l'enfer.... Que direz-vous à cet exemple, vous qui nourrissez le schisme et le défendez impunément? »

Saint Chrysostome : « Rien ne provoque autant le courroux de Dieu, que de diviser son Eglise. Quand nous aurions fait un bien innombrable, nous n'en péririons pas moins pour avoir rompu la communion de l'Eglise, et déchiré le corps de Jésus-Christ (3). »

Saint Augustin : « Le sacrilége du schisme ; le crime, le sacrilége plein de cruauté; le crime souverainement atroce du schisme ; le sacrilége du schisme qui outrepasse tous les forfaits. Quiconque, dans cet univers, sépare un homme et l'attire à un parti quelconque, est convaincu par là d'être fils des démons et homicide. » *Passim*. « Les donatistes, dit-il encore, guérissent bien ceux qu'ils baptisent de la plaie d'idolâtrie, mais en les frappant de la plaie plus fatale du schisme. Les idolâtres ont été quelquefois moissonnés par le glaive du Seigneur; mais les schismatiques, la terre les a engloutis vifs dans son sein (4). » « Le schismatique peut bien verser son sang, sans jamais obtenir la couronne. Hors de l'Eglise, et après avoir brisé les liens de charité et d'unité, vous n'avez plus à attendre qu'un châtiment éternel, lors même que, pour le nom de Jésus-Christ, vous auriez livré votre corps aux flammes (5). »

Il serait facile d'étendre les citations, en ajoutant Tertullien, Origène, Clément d'Alexandrie, Firmilien de Césarée, Théophile d'Antioche, Lactance, Eusèbe, Ambroise, etc., et après tant d'illustres témoins, les décisions des évêques réunis en corps dans les conciles particuliers d'Elvire en 305; d'Arles en 314; de Gangres vers 360; de Saragosse, 381; de Carthage, 398; de Turin, 399; de Tolède, 400; dans les conciles généraux de Nicée, 325; de Constantinople, 331; d'Ephèse, 411; de Chalcédoine, 451.

J'aime mieux citer des autorités qui, pour être plus modernes, n'en seront peut-être pas moins fortes....

La confession d'Augsbourg, art. 7 : « Nous enseignons que l'Eglise une, sainte, subsistera toujours. Pour la vraie unité de l'Eglise, il suffit de s'accorder dans la doctrine de l'Evangile et l'administration des sacrements, comme dit saint Paul : une foi, un baptême, un Dieu père de tous. »

La confession helvétique, art. 12, parlant des assemblées que les fidèles ont tenues de tout temps, depuis les apôtres, ajoute : « Tous ceux qui les méprisent et s'en séparent, méprisent la vraie religion, et doivent être pressés par les pasteurs et les pieux magistrats, de ne point persister opiniâtrement dans leur séparation. »

La confession anglicane, art. 16 : « Nous croyons qu'il n'est permis à personne de se

---
(1) Eusèbe, Hist. ecclés., liv. vii.
(2) Sur le psaume xiv.
(3) Homélie sur l'Epître aux Ephésiens

(4) Liv. i contre les Donatistes.
(5) Epître à Donat.

soustraire aux assemblées du culte, mais que tous doivent garder l'unité de l'Eglise... et que quiconque s'en écarte, résiste à l'ordre de Dieu. »

La confession écossaise, art. 27 : « Nous croyons constamment que l'Eglise est une.... Nous détestons entièrement les blasphèmes de ceux qui prétendent que tout homme, en suivant l'équité, la justice, quelque religion qu'il professe d'ailleurs, sera sauvé. Car sans le Christ, il n'est ni vie ni salut, et nul n'y peut participer s'il n'a été donné à Jésus-Christ par son Père. »

La confession belge : « Nous croyons et confessons une seule Eglise catholique... Quiconque s'éloigne de cette véritable Eglise, se révolte manifestement contre l'ordre de Dieu. »

La confession saxonne, art. 8 : « Ce nous est une grande consolation de savoir qu'il n'y a d'héritiers de la vie éternelle que dans l'assemblée des élus, suivant cette parole : *Ceux qu'il a choisis, il les a appelés.* »

La confession bohémienne, art. 12 : « Nous avons appris que tous doivent garder l'unité de l'Eglise.... que nul ne doit y introduire de sectes, exciter de séditions, mais se montrer un vrai membre de l'Eglise dans le lien de la paix et l'unanimité de sentiment. » Etrange et déplorable aveuglement dans ces hommes, de n'avoir su faire l'application de ces principes au jour qui précéda la prédication de Luther ! Ce qui était vrai, lorsqu'ils dressaient leurs confessions de foi et leurs catéchismes l'était bien sans doute autant alors.

Calvin lui-même enseigne que s'éloigner de l'Eglise, c'est renier Jésus-Christ; qu'il faut bien se garder d'une séparation si criminelle..... qu'on ne saurait imaginer attentat plus atroce que de violer, par une perfidie sacrilége l'alliance que le Fils unique de Dieu a daigné contracter avec nous (1). Malheureux ! quel arrêt est sorti de sa bouche ! Il sera éternellement sa propre condamnation.

4° Pour peindre la grièveté du crime des schismatiques, nous ne ferons que copier ce que Bayle en a dit (2) : « Je ne sais, dit-il, où l'on trouverait un crime plus grief que celui de déchirer le corps mystique de Jésus-Christ, de son épouse qu'il a rachetée de son propre sang, de cette mère qui nous engendre à Dieu, qui nous nourrit du lait d'intelligence qui est sans fraude, qui nous conduit à la béatitude éternelle. Quel crime plus grand que de se soulever contre une telle mère, de la diffamer par tout le monde ; de faire rebeller tous ses enfants contre elle ; si on le peut, de les lui arracher du sein par milliers pour les entraîner dans les flammes éternelles, eux et leur postérité pour toujours? Où sera le crime de lèse-majesté divino au premier chef, s'il ne se trouve là ? Un époux qui aime son épouse et qui connaît sa vertu, se tient plus mortellement offensé par des libelles qui la font passer pour une prostituée, que pour toutes les injures qu'on lui dirait à lui-même.

« De tous les crimes où un sujet puisse tomber, il n'y en a point de plus horrible que celui de se révolter contre son prince légitime, et de faire soulever tout autant de provinces qu'on peut pour tâcher de le détrôner, fallût-il désoler toutes les provinces qui voudraient demeurer fidèles. Or, autant l'intérêt surnaturel surpasse tout avantage temporel, autant l'Eglise de Jésus-Christ l'emporte sur toutes les sociétés civiles ; donc autant le *schisme* avec l'Eglise surpasse l'énormité de toutes les séditions. »

Daillé, au commencement de son *Apologie pour les réformés*, c. 2, fait le même aveu touchant la grièveté du crime de ceux qui se séparent de l'Eglise sans aucune raison grave ; mais il soutient que les protestants en ont eu d'assez fortes pour qu'on ne puisse plus les accuser d'avoir été schismatiques. Nous examinerons ces raisons ci-après. Calvin lui-même et ses principaux disciples n'ont pas tenu un langage différent.

5° Mais, avant de discuter leurs raisons, il est bon de voir d'abord si leur conduite est conforme aux lois de l'équité et du bon sens. Ils disent qu'ils ont été en droit de rompre avec l'Eglise romaine, parce qu'elle professait des erreurs, qu'elle autorisait des superstitions et des abus auxquels ils ne pouvaient prendre part sans renoncer au salut éternel. Mais qui a porté ce jugement, et qui en garantit la certitude ? Eux-mêmes et eux seuls. De quel droit ont-ils fait tout à la fois la fonction d'accusateurs et de juges? Pendant que l'Eglise catholique, répandue par toute la terre, suivait les mêmes dogmes et la même morale, le même culte, les mêmes lois qu'elle garde encore, une poignée de prédicants, dans deux ou trois contrées de l'Europe, ont décidé qu'elle était coupable d'erreur, de superstition, d'idolâtrie ; ils l'ont ainsi publié ; une foule d'ignorants et d'hommes vicieux les ont crus et se sont joints à eux ; devenus assez nombreux et assez forts, ils lui ont déclaré la guerre et se sont maintenus malgré elle. Nous demandons une fois qui leur a donné l'autorité de décider la question, pendant que l'Eglise entière soutenait le contraire ; qui les a rendus juges et supérieurs de l'Eglise dans laquelle ils avaient été élevés et instruits, et qui a ordonné à l'Eglise de se soumettre à leur décision, pendant qu'ils ne voulaient pas se soumettre à la sienne.

Lorsque les pasteurs de l'Eglise assemblés au concile de Trente, ou dispersés dans les divers diocèses, ont condamné les dogmes des protestants, et ont jugé que c'étaient des erreurs, ceux-ci ont objecté que les évêques catholiques se rendaient juges et parties. Mais, lorsque Luther, et Calvin, et leurs adhérents, ont prononcé du haut de leur tribunal que l'Eglise romaine était un cloa-

(1) Inst., lib. IV.
(2) Supplém. du Comment. philosophique., Préface aux Œuvres, tom. II, pag. 480, col. 2.

que de vices et d'erreurs, était la Babylone et la prostituée de l'Apocalypse, etc., n'étaient-ils pas juges et parties dans cette contestation? Pourquoi cela leur a-t-il été plus permis qu'aux pasteurs catholiques? Ils ont fait de gros livres pour justifier leur *schisme* : jamais ils ne se sont proposé cette question, jamais ils n'ont daigné y répondre.

L'évidence, disent-ils, la raison, le bon sens, voilà nos juges et nos titres contre l'Eglise romaine. Mais cette évidence prétendue n'a été et n'est encore que pour eux, personne ne l'a vue qu'eux; la raison est la leur et non celle des autres, le bon sens qu'ils réclament n'a jamais été que dans leur cerveau. C'est de leur part un orgueil bien révoltant, de prétendre qu'au seizième siècle il n'y avait personne qu'eux dans toute l'Eglise chrétienne qui eût des lumières, de la raison, du bon sens. Dans toutes les disputes qui, depuis la naissance de l'Eglise, se sont élevées entre elle et les novateurs, ces derniers n'ont jamais manqué d'alléguer pour eux l'évidence, la raison, le bon sens, et de défendre leur cause comme les protestants défendent la leur. Ont-ils eu raison tous? et l'Eglise a-t-elle toujours eu tort? Dans ce cas, il faut soutenir que Jésus-Christ, loin d'avoir établi dans son Eglise un principe d'unité, a placé un principe de division pour tous les siècles, en laissant à tous les sectaires entêtés la liberté de faire bande à part, dès qu'ils accuseront l'Eglise d'être dans le désordre et dans l'erreur.

Au reste, il s'en faut beaucoup que tous les protestants aient osé affirmer qu'ils ont l'évidence pour eux : plusieurs ont été assez modestes pour avouer qu'ils n'ont que des raisons probables. Grotius et Vossius avaient écrit que les docteurs de l'Eglise romaine donnent à l'Ecriture sainte un sens *évidemment* forcé, différent de celui qu'ont suivi les anciens Pères, et qu'ils forcent les fidèles d'adopter leurs interprétations; qu'il a donc fallu se séparer d'eux. Bayle (1) observe qu'ils se sont trop avancés. « Les protestants, dit-il, n'allèguent que des raisons disputables, rien de convaincant, nulle démonstration; ils prouvent et ils objectent; mais on répond à leurs preuves et à leurs objections; ils répliquent et on leur réplique; cela ne finit jamais : était-ce la peine de faire un *schisme*? » Demandons plutôt : En pareille circonstance, était-il permis de faire un *schisme*, et de s'exposer aux suites affreuses qui en ont résulté?

Les controverses de religion, continue Bayle, ne peuvent pas être conduites au dernier degré d'évidence ; tous les théologiens en tombent d'accord. Jurieu soutient que c'est une erreur très-dangereuse d'enseigner que le Saint-Esprit nous fait connaître évidemment les vérités de la religion; selon lui, l'âme fidèle embrasse ces vérités, sans qu'elles soient évidentes à sa raison ; et

(1) Dict. critique, art. Nimosius, Rem. H.
(2) Ibid.
(3) Cap. III, vers. 10.
(4) II Joan. 10.

même *sans qu'elle connaisse évidemment que Dieu les a révélées*. On prétend que Luther, à l'article de la mort, a fait un aveu à peu près semblable : voilà donc où aboutit la prétendue clarté de l'Ecriture sainte sur les questions disputées entre les protestants et nous.

6° Il y a plus : en suivant le principe sur lequel les protestants avaient fondé leur *schisme* ou leur séparation d'avec l'Eglise romaine, d'autres docteurs leur ont résisté, leur ont soutenu qu'ils étaient dans l'erreur, et lui ont prouvé qu'il fallait se séparer d'eux. Ainsi Luther vit éclore parmi ses prosélytes la secte des anabaptistes et celle des sacramentaires, et Calvin fit sortir de son école les sociniens. En Angleterre, les puritains ou calvinistes rigides n'ont jamais voulu fraterniser avec les épiscopaux ou anglicans, et vingt autres sectes sont successivement sorties de ce foyer de division. Vainement les chefs de la prétendue réforme ont fait à ces nouveaux *schismatiques* les mêmes reproches que leur avaient faits les docteurs catholiques ; on s'est moqué d'eux, on leur a demandé de quel droit ils refusaient aux autres une liberté de laquelle ils avaient trouvé bon d'user eux-mêmes, et s'ils ne rougissaient pas de répéter des arguments auxquels ils prétendaient avoir solidement répondu.

Bayle n'a pas manqué de leur faire encore cette objection. Un catholique, dit-il, a devant lui tous ses ennemis, les mêmes armes lui servent à les réfuter tous ; mais les protestants ont des ennemis devant et derrière; ils sont entre deux feux, le papisme les attaque d'un côté et le socinianisme de l'autre ; ce dernier emploie contre eux les mêmes arguments desquels ils se sont servis contre l'Eglise romaine (2). Nous démontrerons la vérité de ce reproche en répondant aux objections des protestants.

Première objection. Quoique les apôtres aient souvent recommandé aux fidèles l'union et la paix, ils leur ont aussi ordonné de se séparer de ceux qui enseignent une fausse doctrine. Saint Paul écrit à Tite (3) : « Evitez un hérétique après l'avoir repris une ou deux fois. » Saint Jean ne veut pas même qu'on le salue. (4) Saint Paul dit anathème à quiconque prêchera un Evangile différent du sien, fût-ce un ange du ciel (5). Nous lisons dans l'Apocalypse (6) : « Sortez de Babylone, mon peuple, de peur d'avoir part à ses crimes et à son châtiment. » Dans ce même livre, ch. II, vers. 6, le Seigneur loue l'évêque d'Ephèse de ce qu'il hait la conduite des nicolaïtes ; et, vers. 15, il blâme celui de Pergame de ce qu'il souffre leur doctrine. De tout temps l'Eglise a retranché de sa société les hérétiques et les mécréants ; donc les protestants ont dû en conscience se séparer de l'Eglise romaine. Ainsi raisonne Daillé (7) et la foule des protestants.

(5) Gal. I, 8, 9.
(6) Apoc., XVIII, 4.
(7) Apolog., ch. 5.

Réponse. En premier lieu, nous prions ces raisonneurs de nous dire ce qu'ils ont répondu aux anabaptistes, aux sociniens, aux quakers, aux latitudinaires, aux indépendants, etc., lorsqu'ils ont allégué ces mêmes passages pour prouver qu'ils étaient obligés en conscience de se séparer des protestants et de faire bande à part.

En second lieu, saint Paul ne s'est pas borné à défendre aux fidèles de demeurer en société avec des hérétiques et des mécréants, mais il leur ordonne de fuir la compagnie des pécheurs scandaleux (1); s'ensuit-il de là que tous ces pécheurs doivent sortir de l'Eglise pour former une secte particulière, ou que l'Eglise doit les chasser de son sein? Les apôtres en général ont défendu aux fidèles d'écouter et de suivre les séducteurs, les faux docteurs, les prédicants d'une nouvelle doctrine; donc tous ceux qui ont prêté l'oreille à Luther, à Calvin et à leurs semblables, ont fait tout le contraire de ce que les apôtres ont ordonné.

En troisième lieu, peut-on faire de l'Ecriture sainte un abus plus énorme que celui qu'en font nos adversaires? Saint Paul commande à un pasteur de l'Eglise de reprendre un hérétique, de l'éviter ensuite, et de ne plus le voir s'il est rebelle et opiniâtre; donc cet hérétique fait bien de se révolter contre le pasteur, de lui débaucher ses ouailles, de former un troupeau à part: voilà ce qu'ont fait Luther et Calvin, et, suivant l'avis de leurs disciples, ils ont bien fait; saint Paul les y a autorisés. Mais ces deux prétendus réformateurs étaient-ils apôtres ou pasteurs de l'Eglise universelle, revêtus d'autorité pour la déclarer hérétique, et pour lui débaucher ses enfants?

Parce qu'il leur a plu de juger que l'Eglise catholique était une Babylone, ils ont décidé qu'il fallait en sortir; mais ce jugement même, prononcé sans autorité, était un blasphème; il supposait que Jésus-Christ, après avoir versé son sang pour se former une Eglise pure et sans tache, a permis, malgré ses promesses, qu'elle devînt une Babylone, un cloaque d'erreurs et de désordres. Toute société, sans doute, est en droit de juger ses membres; mais les protestants qui sont tout dans l'Ecriture n'y ont pas trouvé qu'une poignée de membres révoltés a droit de juger et de condamner la société entière. Ils peuvent y apprendre qu'un pasteur, un évêque, tels que ceux d'Ephèse et de Pergame, est autorisé à bannir de son troupeau des nicolaïtes condamnés comme hérétiques par les apôtres; mais elle n'a jamais enseigné que les nicolaïtes ni les partisans de toute autre secte, pouvaient légitimement tenir tête aux évêques, et former une Eglise ou une société *schismatique*.

De ce que l'Eglise catholique a toujours retranché de son sein les hérétiques, les mécréants, les rebelles, il s'ensuit qu'elle a eu raison de traiter ainsi les protestants, et de leur dire anathème; mais il ne s'ensuit pas

(1) I Cor. v, 11; II Thess. iii, 6, 14

qu'ils ont bien fait de le lui dire à leur tour, d'usurper ses titres, et d'élever autel contre autel. Il est étonnant que des raisonnements aussi gauches aient pu faire impression sur un seul esprit sensé.

Seconde objection. Les pasteurs et les docteurs catholiques ne se contentaient pas d'enseigner des erreurs, d'autoriser des superstitions, de maintenir des abus, ils forçaient les fidèles à embrasser toutes leurs opinions, et punissaient par des supplices quiconque voulait leur résister; il n'était donc pas possible d'entretenir société avec eux; il a fallu nécessairement s'en séparer.

Réponse. Il est faux que l'Eglise catholique ait enseigné des erreurs, etc., et qu'elle ait forcé par des supplices les fidèles à les professer. Encore une fois, qui a convaincu l'Eglise d'être dans aucune erreur? Parce que Luther et Calvin l'en ont accusée, s'ensuit-il que cela est vrai? Ce sont eux-mêmes qui enseignaient des erreurs et qui les ont fait embrasser à d'autres. De même qu'ils alléguaient des passages de l'Ecriture sainte, les docteurs catholiques en citaient aussi pour prouver leur doctrine; les premiers disaient: Vous entendez mal l'Ecriture, les seconds répliquaient: C'est vous-mêmes qui en pervertissez le sens. Notre explication est la même que celle qu'ont donnée de tout temps les Pères de l'Eglise, et qui a toujours été suivie par tous les fidèles: la vôtre n'est fondée que sur vos prétendues lumières, elle est nouvelle et inouïe; donc elle est fausse. Une preuve que les réformateurs l'entendaient mal, c'est qu'ils ne s'accordaient pas, au lieu que le sentiment des catholiques était unanime. Une autre preuve que les premiers enseignaient des erreurs, c'est qu'aujourd'hui leurs disciples et leurs successeurs ne suivent pas leur doctrine. *Voyez* PROTESTANTS.

D'ailleurs, autre chose est de ne pas croire et de ne pas professer la doctrine de l'Eglise, et autre chose de l'attaquer publiquement et de prêcher le contraire. Jamais les protestants ne pourront citer l'exemple d'un seul hérétique ou d'un seul incrédule supplicié pour des erreurs qu'il n'avait ni publiées ni voulu faire embrasser aux autres. C'est une équivoque frauduleuse de confondre les mécréants paisibles avec les prédicants séditieux, fougueux et calomniateurs, tels qu'ont été les fondateurs de la prétendue réforme. Qui a forcé Luther, Calvin et leurs semblables de s'ériger en apôtres, de renverser la religion et la croyance établies, d'accabler d'invectives les pasteurs de l'Eglise romaine? Voilà leur crime, et jamais leurs sectateurs ne parviendront à les justifier.

Troisième objection. Les protestants ne pouvaient vivre dans le sein de l'Eglise romaine, sans pratiquer les usages superstitieux qui y étaient observés, sans adorer l'eucharistie, sans rendre un culte religieux aux saints, à leurs images et à leurs reliques: or, ils regardaient tous ces cultes comme autant d'actes d'idolâtrie. Quand ils se seraient trompés dans le fond, toujours ne pouvaient-ils observer ces pratiques sans aller contre leur conscience ; donc ils ont été forcés de faire bande à part, afin de pouvoir servir Dieu selon les lumières de leur conscience.

Réponse. Avant les clameurs de Luther, de Calvin et de quelques autres prédicants, personne dans toute l'étendue de l'Eglise catholique ne regardait son culte comme une idolâtrie ; ces docteurs même l'avaient pratiqué pendant longtemps sans scrupule ; ce sont eux qui, à force de déclamations et de sophismes, sont parvenus à le persuader à une foule d'ignorants ; ce sont donc eux qui sont la cause de la fausse conscience de leurs prosélytes. Quand ceux-ci seraient innocents d'avoir fait un *schisme,* ce qui n'est pas, les auteurs de l'erreur n'en sont que plus coupables ; mais saint Paul ordonne aux fidèles d'obéir à leurs pasteurs et de fermer l'oreille à la séduction des faux docteurs : donc ceux-ci et leurs disciples ont été complices du même crime.

Quand on veut nous persuader que la prétendue réforme a eu pour premiers partisans des âmes timorées, des chrétiens scrupuleux et pieux, qui ne demandaient qu'à servir Dieu selon leur conscience, on se joue de notre crédulité. Il est assez prouvé que les prédicants étaient ou des moines dégoûtés du cloître, du célibat et du joug de la règle, ou des ecclésiastiques vicieux, déréglés, entêtés de leur prétendue science ; que la foule de leurs partisans ont été des hommes de mauvaises mœurs et dominés par des passions fougueuses. Il n'est pas moins certain que le principal motif de leur apostasie fut le désir de vivre avec plus de liberté, de piller les églises et les monastères, d'humilier et d'écraser le clergé, de se venger de leurs ennemis personnels, etc., tout était permis contre les papistes à ceux qui suivaient le nouvel Evangile.

On nous en impose encore plus grossièrement, quand on prétend qu'il fallait du courage pour renoncer au catholicisme, qu'il y avait de grands dangers à courir, que les apostats risquaient leur fortune et leur vie, qu'ils n'ont donc pu agir que par motif de conscience. Il est constant que dès l'origine les prétendus réformés ont travaillé à se rendre redoutables. Leurs docteurs ne leur prêchaient point la patience, la douceur, la résignation au martyre, comme faisaient les apôtres à leurs disciples, mais la sédition, la révolte, la violence, le brigandage et le meurtre. Ces leçons se trouvent encore dans les écrits des réformateurs, et l'histoire atteste qu'elles furent fidèlement suivies. Étrange délicatesse de conscience, d'aimer mieux bouleverser l'Europe entière que de souffrir dans le silence les prétendus abus de l'Eglise catholique!

Quatrième objection. A la vérité les Pères de l'Eglise ont condamné le *schisme* des novatiens, des donatistes et des lucifériens,

(1) Commonit. ch. 4 et 29

parce que ces sectaires ne reprochaient aucune erreur à l'Eglise catholique, de laquelle ils se séparaient ; il n'en était pas de même des protestants, à qui la doctrine de l'Eglise romaine paraissait erronée en plusieurs points.

Réponse. Il est faux que les *schismatiques* dont nous parlons n'aient reproché aucune erreur à l'Eglise catholique. Les donatistes regardaient comme une erreur de penser que les pécheurs scandaleux étaient membres de l'Eglise ; ils soutenaient l'invalidité du baptême reçu hors de leur société. Les novatiens soutenaient que l'Eglise n'avait pas le pouvoir d'absoudre les pécheurs coupables de rechute. Les lucifériens enseignaient qu'on ne devait pas recevoir à la communion ecclésiastique les évêques ariens, quoique pénitents et convertis, et que le baptême administré par eux était absolument nul. Si, pour avoir droit de se séparer de l'Eglise, il suffisait de lui imputer des erreurs, il n'y aurait aucune secte ancienne ni moderne qu'on pût justement accuser de *schisme ;* les protestants eux-mêmes n'oseraient blâmer ici une des sectes qui se sont séparées d'eux, puisque toutes sans exception leur ont reproché des erreurs, et souvent des erreurs très-grossières

En effet, les sociniens les accusent d'introduire le polythéisme et d'adorer trois dieux, en soutenant la divinité des trois personnes divines ; les anabaptistes, de profaner le baptême, en l'administrant à des enfants qui sont encore incapables de croire ; les quakers, de résister au Saint-Esprit, en empêchant les simples fidèles et les femmes de parler dans les assemblées de religion, lorsque les uns ou les autres sont inspirés ; les anglicans, de méconnaître l'institution de Jésus-Christ, en refusant de reconnaître le caractère divin des évêques : tous de concert reprochent aux calvinistes rigides de faire Dieu auteur du péché en admettant la prédestination absolue, etc.; donc, ou toutes ces sectes ont raison de vivre séparées les unes des autres et de s'anathématiser mutuellement, ou toutes ont eu tort de faire *schisme* d'avec l'Eglise catholique ; il n'en est pas une seule qui n'allègue les mêmes raisons de se séparer de toute autre communion quelconque.

Un de leurs controversistes a cité un passage de Vincent de Lérins, qui dit (1) que si une erreur est prête à infecter toute l'Eglise, il faut s'en tenir à l'antiquité ; que si l'erreur est ancienne et étendue, il faut la combattre par l'Ecriture. Cette citation est fausse ; voici les paroles de cet auteur : « Ç'a toujours été, et c'est encore aujourd'hui la coutume des catholiques de prouver la vraie foi de deux manières, 1° par l'autorité de l'Ecriture sainte ; 2° par la tradition de l'Eglise universelle ; non que l'Ecriture soit insuffisante en elle-même, mais parce que la plupart interprètent à leur gré la parole divine, et forgent ainsi des opinions et des erreurs. Il faut donc entendre l'Ecriture sainte dans le sens de l'Eglise, surtout dans les questions qui servent de fondement à tout le dogme catholique. Nous avons dit encore que dans l'Eglise même il faut avoir égard à l'universalité et à l'antiquité ; à l'universalité, afin de ne pas rompre l'unité par un *schisme*; à l'antiquité, afin de ne pas préférer une nouvelle hérésie à l'ancienne religion. Enfin nous avons dit que dans l'antiquité de l'Eglise il faut observer deux choses, 1° ce qui a été décidé autrefois par un concile universel, 2° si c'est une question nouvelle sur laquelle il n'y a point eu de décision, il faut consulter le sentiment des Pères qui ont toujours vécu et enseigné dans la communion de l'Eglise, et tenir pour vrai et catholique ce qu'ils ont professé d'un consentement unanime. » Cette règle, constamment suivie dans l'Eglise depuis plus de dix-sept siècles, est la condamnation formelle du *schisme* et de toute la conduite des protestants, aussi bien que des autres sectaires.

Quelques théologiens ont distingué le *schisme actif* d'avec le *schisme passif* : par le premier ils entendent la séparation volontaire d'une partie des membres de l'Eglise d'avec le corps, et la résolution qu'ils prennent d'eux mêmes de ne plus faire de société avec lui ; ils appellent *schisme passif* la séparation involontaire de ceux que l'Eglise a rejetés de son sein par l'excommunication. Quelquefois les controversistes protestants ont voulu abuser de cette distinction : ils ont dit : Ce n'est pas nous qui nous sommes séparés de l'Eglise romaine, c'est elle qui nous a rejetés et condamnés; c'est donc elle qui est coupable de *schisme*, et non pas nous. Mais il est prouvé par tous les monuments historiques du temps, et par tous les écrits des luthériens et des calvinistes, qu'avant l'anathème prononcé contre eux par le concile de Trente, ils avaient publié et répété cent fois que l'Eglise romaine était la Babylone de l'Apocalypse, la synagogue de Satan, la société de l'Antechrist ; qu'il fallait absolument en sortir pour faire son salut; en conséquence ils tinrent d'abord des assemblées particulières, ils évitèrent de se trouver à celles des catholiques et de prendre aucune part à leur culte. Le *schisme* a donc été actif et très-volontaire de leur part.

Nous ne prétendons pas insinuer par là que l'Eglise ne doit point exclure promptement de sa communion les novateurs cachés, hypocrites et perfides, qui, en enseignant une doctrine contraire à la sienne, s'obstinent à se dire catholiques, enfants de l'Eglise, défenseurs de sa véritable croyance, malgré les décrets solennels qui les flétrissent. Une triste expérience nous convainc que ces hérétiques cachés et fourbes ne sont pas moins dangereux et ne font pas moins de mal que des ennemis déclarés.

SCHISME D'ANGLETERRE. *Voyez* ANGLETERRE.

SCHISME DES GRECS. *Voyez* GRECS.

SCHISME D'OCCIDENT. C'est la division qui arriva dans l'Eglise romaine au quatorzième siècle, lorsqu'il y eut deux papes placés en même temps sur le saint-siège, de manière qu'il n'était pas aisé de distinguer lequel des deux avait été le plus canoniquement élu.

Après la mort de Benoît XI en 1304, il y eut successivement sept papes français d'origine; savoir, Clément V, Jean XXII, Benoît XII, Clément VI, Innocent VI, Urbain V et Grégoire XI; qui tinrent leur siège à Avignon. Ce dernier ayant fait un voyage à Rome, y tomba malade et y mourut le 13 mars 1378. Le peuple romain, très-séditieux pour lors, et jaloux d'avoir chez lui le souverain pontife, s'assembla tumultueusement, et d'un ton menaçant déclara aux cardinaux réunis au conclave, qu'il voulait un pape romain ou du moins italien de naissance. Conséquemment les cardinaux, après avoir protesté contre la violence qu'on leur faisait et contre l'élection qui allait se faire, élurent le 9 avril, Barthélemy Prignago, archevêque de Bari, qui prit le nom d'Urbain VI Mais, cinq mois après, ces mêmes cardinaux, retirés à Anagni et ensuite à Fondi, dans le royaume de Naples, déclarèrent nulle l'élection d'Urbain VI, comme faite par violence, et ils élurent à sa place Robert, cardinal de Genève, qui prit le nom de Clément VII.

Celui-ci fut reconnu pour pape légitime par la France, l'Espagne, l'Ecosse, la Sicile, l'île de Chypre, et il établit son séjour à Avignon ; Urbain VI, qui faisait le sien à Rome, eut dans son obédience les autres Etats de la chrétienté. Cette division, que l'on a nommée *le grand schisme d'Occident*, dura pendant quarante ans. Mais aucun des deux partis n'était coupable de désobéissance envers l'Eglise ni envers son chef ; l'un et l'autre désiraient également connaître le véritable pape, tout prêts à lui rendre obéissance dès qu'il serait certainement connu.

Pendant cet intervalle, Urbain VI eut pour successeurs à Rome Boniface IX, Innocent VII, Grégoire XII, Alexandre V et Jean XXIII. Le siége d'Avignon fut tenu par Clément VII pendant seize ans, et durant vingt-trois par Benoît XIII son successeur. En 1409, le concile de Pise, assemblé pour éteindre le *schisme*, ne put en venir à bout; vainement il déposa Grégoire XII, pontife de Rome, et Benoît XIII, pape d'Avignon ; vainement il élut à leur place Alexandre V; tous les trois eurent des partisans, et au lieu de deux compétiteurs il s'en trouva trois.

Enfin ce scandale cessa l'an 1417; au concile général de Constance, assemblé pour ce sujet, Grégoire XII renonça au pontificat ; Jean XXIII, qui avait remplacé Alexandre V, fut forcé de même, et Benoît XIII fut solennellement déposé. On élut Martin V, qui peu à peu fut universellement reconnu, quoique Benoît XIII ait encore vécu cinq ans, et se soit obstiné à garder le nom de pape jusqu'à la mort.

Les protestants, très-attentifs à relever tous les scandales de l'Eglise romaine, ont exagéré les malheurs que produisit celui-ci ; ils disent que pendant le *schisme* tout sentiment de religion s'éteignit en plusieurs endroits, et fit place aux excès les plus scandaleux ; que le clergé perdit jusqu'aux apparences de la religion et de la décence ; que les personnes vertueuses furent tourmentées de doutes et d'inquiétudes. Ils ajoutent que cette division des esprits produisit cependant un bon effet, puisqu'elle porta un coup mortel à la puissance des papes (1).

Ce tableau pourrait paraître ressemblant, si l'on s'en rapportait à plusieurs écrits composés pendant le *schisme* par des auteurs passionnés et satiriques, tels que Nicolas de Clémengis et d'autres. Mais, en lisant l'histoire de ces temps-là, on voit que ce sont des déclamations dictées par l'humeur, dans lesquelles on trouve souvent le blanc et le noir suivant les circonstances. Il est certain que le *schisme* causa des scandales, fit naître des abus, diminua beaucoup les sentiments de religion ; mais le mal ne fut ni aussi excessif ni aussi étendu que le prétendent les ennemis de l'Eglise. A cette même époque il y eut chez toutes les nations catholiques, dans les diverses obédiences des papes et dans les différents états de la vie, un grand nombre de personnages distingués par leur savoir et par leurs vertus ; Mosheim lui-même en a cité un bon nombre qui ont vécu, tant sur la fin du quatorzième siècle qu'au commencement du quinzième, et il convient qu'il aurait pu en ajouter d'autres. Les prétendants à la papauté furent blâmables de ne vouloir pas sacrifier leur intérêt particulier et celui de leurs créatures au bien général de l'Eglise ; on ne peut cependant pas les accuser d'avoir été sans religion et sans mœurs. Ceux d'Avignon, réduits à un revenu très-mince, firent, pour soutenir leur dignité, un trafic honteux des bénéfices, et se mirent au-dessus de toutes les règles ; c'est donc dans l'église de France que le désordre dut être le plus sensible : cependant, par l'*Histoire de l'Eglise gallicane*, nous voyons que le clergé n'y était généralement ni dans l'ignorance ni dans une corruption incurable, puisque l'on se sert des clameurs mêmes du clergé, pour prouver la grandeur du mal.

D'ailleurs, en l'exagérant à l'excès, les protestants nous semblent aller directement contre l'intérêt de leur système ; ils prouvent, sans le vouloir, de quelle importance est dans l'Eglise le gouvernement d'un sage, éclairé, vertueux, puisque, quand ce secours vient à manquer, tout tombe dans le désordre et la confusion. Les hommes de bon sens, dit Mosheim, apprirent que l'on pouvait se passer d'un chef visible, revêtu d'une suprématie spirituelle : on peut s'en passer sans doute, lorsqu'on veut renverser le dogme, la morale, le culte, la discipline, comme ont fait les protestants ; mais, quand on veut les conserver tels que les apôtres les ont établis, on sent le besoin d'un chef ; une expérience de dix-sept siècles a dû suffire pour nous l'apprendre.

SCHOLTÉNIENS, secte nouvelle, née du protestantisme en Hollande. Formée sous l'inspiration du poëte Bilderdyk, mort en 1834, elle proclama que la base de toute société devait être l'Evangile, et chercha à établir une espèce de théocratie. Propagée par le juif converti Dacosta, professeur à Amsterdam, et par Cappadoce, médecin à la Haye, l'école fut bientôt une secte. Elle adopta la profession de foi du synode de Dordrecht, tenu en 1618 et 1619, protestant contre le synode de 1816 qui déclara que les ministres n'étaient tenus de jurer les formules du synode de Dordrecht qu'avec restriction et autant qu'ils ne les croyaient pas contraires à la conscience. Ce synode, en annulant les formules de 1618, fit prévaloir le système d'indifférence suivi par beaucoup de ministres, lesquels, au fond, sont sociniens, à tel point qu'en 1834 il ne restait plus, à Leyde, qu'un seul professeur qui ne le fût pas. C'fut sans doute cette défection qui, réveillant le zèle des protestants sincères, donna lieu aux progrès des sectaires nouveaux, persuadés qu'ils étaient plus orthodoxes, plus rigides, plus calvinistes que le commun des réformés. Deux jeunes pasteurs, de Cock et Scholten, auxquels se joignirent plus tard trois autres, déployèrent l'étendard du puritanisme. Il est à remarquer, en effet, que la secte forme deux branches distinctes : l'une qui a pour chef Dacosta, et l'autre Scholten. Les partisans de Dacosta admettent la divinité de Jésus-Christ et montrent plus de régularité dans les pratiques de religion ; mais ils ne se séparent point de l'Eglise établie, qu'ils veulent réformer et non renverser. Les *scholténiens*, au contraire, sont sortis de l'Eglise dominante, qu'ils regardent comme défigurée et corrompue. Le premier acte de séparation complète des *vrais réformés*, car c'est ainsi qu'ils se nomment, fut signé le 13 octobre 1834, et le 1er novembre une proclamation exhorta les adeptes à suivre cet exemple. Le clergé protestant, frappé au cœur par ses propres enfants, jeta un cri d'alarme, et provoqua, de la part du synode général qui s'assemble annuellement à la Haye, des mesures de répression contre l'audace toujours croissante des nouveaux puritains. En conséquence, ils furent exclus de la communion du culte établi. L'Etat et l'Eglise se prêtant secours, le gouvernement donna des ordres rigoureux contre les dissidents ; et le synode, non-seulement lança la censure ecclésiastique contre les *vrais réformés* et ôta à leurs chefs le caractère de pasteurs ; mais, sur le motif que les temples protestants sont à l'usage exclusif du culte officiel, ordonna l'évacuation de ceux que conservaient les communes schismatiques. Comme elles refusèrent de les livrer, on recourut à l'emploi de la force. Les nouveaux religionnai-

(1) Mosheim, Hist. Ecclés., xive siècle, part. II, ch. 2, § 15.

res, poursuivis de toute part, se réunirent dans des maisons particulières, dans des granges et même en plein air. Non content d'avoir réduit les *vrais réformés* à cet état d'isolement, le gouvernement, à l'effet d'empêcher toute prédication de leur part, s'arma de l'art. 291 du code pénal français, encore en vigueur dans ce pays, et le ministère public poursuivit sans relâche les nouveaux sectaires du chef d'association illégale de plus de vingt personnes. Ceux-ci, frappés dans leur patrie, intéressèrent en leur faveur les protestants étrangers. Des pasteurs du canton de Vaud réclamèrent pour eux, et une réunion de ministres dissidents à Londres leur donna aussi des preuves de sympathie.

SCHWENKFELDIENS, hérétiques, qui furent ainsi nommés parce qu'ils avaient pour chef un certain Schwenkfeldius, qui enseignait entre autres erreurs que Jésus-Christ avait apporté son corps avec lui du ciel, et qu'après son ascension, son humanité était devenue Dieu.

SECTAIRES. C'est le nom général que l'on donne, dans quelque religion que ce soit, à ceux qui s'éloignent de la commune façon de penser et du chef commun, pour suivre les opinions d'un maître particulier.

SECTE, société de plusieurs personnes qui s'écartent des dogmes universellement reçus dans la religion véritable; et s'attachent à soutenir des opinions nouvelles et erronées. La plupart des sectes qui se sont élevées dans la religion catholique, depuis la naissance du christianisme jusqu'à nos jours, ont chacune leur article particulier dans ce Dictionnaire.

SECUNDIN, philosophe d'Afrique, qui parut vers l'an 405 et défendit les erreurs de Manès.

SECUNDUS, disciple de Valentin, changea quelque chose dans le nombre et dans le système de la génération des Eons; mais les changements dans ces sortes de systèmes sont si arbitraires et tiennent à des conjectures si minces et à des raisons si frivoles qu'il est inutile de suivre ces détails (1).

SEGAREL ou SAGAREL (Georges) était un homme du bas peuple, sans connaissances et sans lettres, qui, n'ayant pu être reçu dans l'ordre de Saint-François, se fit faire un habit semblable à celui dont on habille les apôtres dans les tableaux; il vendit une petite maison qui faisait toute sa fortune, en distribua l'argent, non aux pauvres, mais à une troupe de bandits et de fainéants.

Il se proposa de vivre comme saint François et d'imiter Jésus-Christ.

Pour porter encore plus loin que saint François la ressemblance avec Jésus-Christ, il se fit circoncire, se fit emmailloter, fut mis dans un berceau et voulut être allaité par une femme.

La canaille s'attroupa autour de ce chef digne d'elle et forma une société d'hommes qui prirent le nom d'apostoliques.

C'étaient des mendiants vagabonds qui prétendaient que tout était commun, et même les femmes; ils disaient que Dieu le Père avait gouverné le monde avec sévérité et justice; que la grâce et la sagesse avaient caractérisé le règne de Jésus-Christ; mais que le règne de Jésus-Christ était passé et qu'il avait été suivi de celui du Saint-Esprit, qui est un règne d'amour et de charité; sous ce règne, la charité est la seule loi, mais une loi qui oblige indispensablement et qui n'admet point d'exception.

Ainsi, selon Segarel, on ne pouvait refuser rien de ce qu'on demandait par charité; à ce seul mot, les sectateurs de Segarel donnaient tout ce qu'ils avaient, même leurs femmes.

Segarel fit beaucoup de disciples; l'inquisition le fit arrêter, et il fut brûlé; mais sa secte ne finit pas avec lui; Dulcin, son disciple, se mit à la tête des apostoliques. *Voyez* cet article (2).

SÉLEUCUS, philosophe de Galatie, qui adopta les erreurs d'Hermogène. Il croyait que la matière était éternelle et incréée comme Dieu, et que les anges formaient l'âme avec du feu et de l'esprit; c'est le fond du système de Pythagore; nous avons réfuté ces deux erreurs à l'article HERMOGÈNE et à l'article MATÉRIALISTES (3).

SEMI-ARIENS; c'est le nom que l'on donna à ceux qui disaient que Jésus-Christ n'était pas consubstantiel, mais qui reconnaissaient qu'il était d'une nature semblable.

SEMI-PÉLAGIANISME; le mot seul fait entendre que c'était un adoucissement du pélagianisme; voici l'origine de cette erreur.

Les pélagiens, forcés successivement de reconnaître le péché originel et la nécessité d'une grâce intérieure, mais voulant toujours faire dépendre de l'homme son salut et la vertu, avaient prétendu que cette grâce devait se donner aux mérites.

Saint Augustin avait combattu cette dernière ressource dans ses ouvrages contre les pélagiens; mais cependant le concile d'Afrique n'avait prononcé rien expressément sur cet objet, soit que saint Augustin, qui fut l'âme de ce concile, trouvât que la matière n'était pas encore éclaircie et craignît de faire naître de nouvelles difficultés capables de retarder la condamnation des pélagiens et de leur fournir un nouvel incident sur lequel il y aurait encore à disputer et qui est en effet enveloppé de ténèbres; soit enfin que les pélagiens eux-mêmes aient reconnu une grâce indépendante de nos mérites et n'aient différé sur ce point des catholiques qu'en ce qu'ils ont cru que cette grâce consistait dans les dons naturels.

Cette espèce d'omission, quelle qu'en soit la cause, put faire croire que l'Église n'avait défini contre les pélagiens que le péché originel, l'impossibilité de vivre sans péché et la nécessité d'une grâce intérieure; et qu'elle avait laissé indécise la question de la gratuité de la grâce, comme elle avait laissé

(1) Epiph., hær. 32. Philastr., hær. 40.
(2) Natal. Alex. in sæc. XIII, XIV. D'Argentré, Collect. Jud., t. I, p. 272. Rainald, ad an. 1308, n. 9.
(3) Philastr., hær. 54.

indécises différentes questions qui s'étaient élevées entre les pélagiens et les catholiques dans le cours de leurs disputes; le dogme de la gratuité de la grâce put donc ne paraître qu'une question problématique.

Saint Augustin avait cependant traité cette question dans ses livres sur la grâce et sur le libre arbitre, dans son livre sur la corruption et sur la grâce et dans sa lettre à Sixte.

Il avait prouvé la gratuité de la grâce par les passages de l'Ecriture qui disent que nous n'avons rien que nous n'ayons reçu, que ce n'est pas nous qui discernons; l'exemple de Jacob et d'Esaü servait de base à son sentiment.

Pour répondre aux difficultés des pélagiens contre ces principes, et pour justifier la justice de Dieu, il avait eu recours à la comparaison du potier, qui fait de la même masse des vases d'honneur et des vases d'ignominie.

Enfin, il avait prétendu que si l'homme était l'arbitre de son salut, on portait des atteintes au dogme de la toute-puissance de Dieu sur le cœur de l'homme. Dieu ayant fait tout ce qu'il a voulu dans le ciel et sur la terre, comment faire dépendre de l'homme son salut? Il fallait donc reconnaître une prédestination indépendante de l'homme, sans que celui qui n'était pas prédestiné eût droit de se plaindre. Dieu, selon saint Augustin, en couronnant nos mérites couronne ses dons; ceux qui seront damnés le seront ou pour le péché originel, ou pour leurs propres péchés.

S'ils sont des vases de perdition, ils ne doivent pas se plaindre, parce qu'ils sont tirés de la masse de perdition, comme ceux qui, tirés de cette même masse, deviennent des vases de miséricorde ne doivent point s'enorgueillir.

Mais pourquoi Dieu délivre-t-il l'un plutôt que l'autre?

Saint Augustin répond à cette difficulté, que c'est un mystère, et qu'il n'y a point d'injustice en Dieu; que ses jugements sont impénétrables, mais pleins de sagesse et d'équité.

En effet, disait saint Augustin, si c'est par grâce qu'il délivre, il ne doit rien à ceux qu'il ne délivre pas, et c'est par justice qu'ils sont condamnés.

Que ceux qui prétendent que Dieu, par ce choix, est *accepteur* de personnes, nous disent quel est le mérite de l'enfant d'un infidèle ou d'un méchant qui est baptisé, tandis que le fils d'un père homme de bien et d'une mère vertueuse périt avant qu'on puisse lui administrer le baptême. Il faut donc s'écrier avec l'apôtre : O profondeur des jugements de Dieu! etc.

Que diront les défenseurs du mérite de l'homme, à l'exemple de Jacob et d'Esaü, que Dieu avait choisis avant qu'ils eussent fait rien de bien et de mal? Diront-ils que c'est le bien ou le mal que Dieu avait prévu qu'ils feraient?

Mais alors saint Paul avait tort de dire,

(1) Epist. ad Sixt.

sur cet exemple même, que la différence de leur sort n'est l'ouvrage ni de leurs efforts, ni de leur volonté, mais de la miséricorde de Dieu (1).

Il établit les mêmes principes dans sa lettre à Vital; il paraît d'abord y anéantir le libre arbitre; il le compare au libre arbitre des démons, il enseigne qu'il ne faut pas croire que Dieu veuille sauver tous les hommes et donne différentes explications pour faire voir que cette volonté de Dieu n'embrasse pas tous les hommes.

Il enseigne que c'est Dieu qui prépare la volonté et qui la fait voulante, qui la change par sa toute-puissante volonté; si cela n'était pas ainsi, pourquoi remercierait-on Dieu?

Les ouvrages de saint Augustin parurent détruire la liberté et désespérants pour les hommes; des moines du mont Adrumet en conclurent que, tout dépendant de Dieu, on ne pouvait reprendre ceux qui n'observaient pas la règle.

Saint Augustin, pour détromper ces moines, leur écrivit le livre De la Correction et de la Grâce; il y confirme ces principes sur la prédestination, sur la nécessité de la grâce prévenante et gratuite, sur la faiblesse de l'homme; il dit que Dieu a prédestiné les hommes au salut de toute éternité, sans aucune prévision de leurs bonnes œuvres et sans avoir aucun motif que sa grâce et sa miséricorde.

La célébrité que saint Augustin s'était acquise dans l'affaire des pélagiens répandit ses ouvrages; mais beaucoup de personnes considérables par leurs lumières et par leur piété furent choquées de la doctrine de saint Augustin, et crurent que ce Père faisait dépendre le sort des hommes après cette vie d'un décret absolu de Dieu, porté de toute éternité. Cette doctrine parut dure et contraire surtout à la doctrine des Pères grecs, qui, ayant eu à disputer contre les manichéens, les marcionites et les philosophes fatalistes, paraissaient plus opposés à ce décret de sauver les hommes antécédemment à toute prévision de leurs mérites.

Cassien, qui avait passé sa vie en Orient, où il avait beaucoup lu les Pères grecs, et surtout saint Chrysostome, fut choqué de ce décret absolu; il communiqua ses difficultés, et l'on examina ce décret absolu. On crut que saint Augustin, dans ses derniers écrits contre les pélagiens, était allé au delà de ce que l'Eglise avait décidé, puisqu'elle n'avait pas décidé la gratuité de la grâce; on regarda le sentiment de saint Augustin comme une opinion problématique.

On reconnut donc contre les pélagiens le péché originel et la nécessité d'une grâce intérieure; mais on regarda comme une question la cause pour laquelle cette grâce s'accordait aux uns et se refusait aux autres.

On porta donc les yeux sur ce redoutable mystère; on envisagea l'humanité plongée dans les ténèbres et coupable, et l'on chercha pourquoi parmi les hommes quelques-uns avaient la grace, tandis qu'une infinité d'autres ne l'avaient pas.

Saint Augustin, uniquement occupé du soin d'établir la gratuité de la grâce, d'abaisser le libre arbitre orgueilleux et de faire dépendre l'homme de Dieu, croyait ne pouvoir trouver cette raison dans l'homme et la supposait dans la volonté de Dieu.

Mais il restait dans cette décision un côté obscur; car pourquoi Dieu veut-il donner la grâce à l'un plutôt qu'à l'autre?

Vouloir, c'est choisir, c'est préférer : toute préférence est impossible entre des objets absolument égaux; les hommes plongés dans la masse de perdition, et avant qu'ils aient fait quelque action personnelle, sont absolument égaux. Dieu ne peut donc en préférer un à l'autre par un décret antérieur à leur mérite personnel, et cette préférence ne serait point différente de la fatalité aveugle ou du hasard.

Dieu veut que tous les hommes soient sauvés : or, comment cela serait-il vrai si Dieu, par un décret éternel et absolu, avait choisi quelques hommes pour être sauvés, sans aucun égard à leurs mérites, et s'il avait laissé tous les autres dans la masse de perdition? Il faut donc reconnaître que la prédestination et la vocation à la grâce se font en vue des mérites de l'homme.

L'Ecriture nous apprend que Jésus-Christ est mort pour tous les hommes; que comme tous les hommes sont morts en Adam, tous aussi sont vivifiés en Jésus-Christ.

On ne peut dire que saint Paul ait entendu par-là qu'une partie du genre humain pouvait recevoir le salut par Jésus-Christ; car, afin que son opposition de Jésus-Christ à Adam soit juste, il faut nécessairement que, comme tous les hommes ont reçu un principe de corruption et de mort en Adam, ils trouvent en Jésus-Christ un principe de résurrection et de vie qu'ils peuvent se préparer à recevoir; car le libre arbitre n'étant pas éteint dans l'homme, il peut au moins connaître la vérité de la religion, désirer la sagesse et se disposer à la recevoir par ce dernier mouvement, qui serait cependant stérile et insuffisant si la grâce ne s'y joignait pas.

Lorsqu'on pressait les semi-pélagiens par l'Epître de saint Paul aux Romains, ils avouaient qu'ils ne découvraient rien qui les satisfît sur plusieurs endroits de cette Epître; mais ils croyaient que le plus sûr était de se taire sur ces objets qu'il est impossible à l'esprit humain de pénétrer; ils soutenaient que le sentiment de saint Augustin anéantissait les exhortations des prédicateurs et l'édification publique; que quand il serait vrai, il ne fallait pas le publier, parce qu'il était dangereux de prêcher une doctrine que le peuple ne comprenait pas, et qu'il n'y avait aucun péril à s'en taire (1).

L'on n'avait point défini contre les pélagiens la gratuité de la grâce; le sentiment des semi-pélagiens fut donc une espèce de problème sur lequel on se partagea sans rompre, ou sans se séparer de communion, et le semi-pélagianisme fut adopté par des hommes célèbres par leurs lumières autant que par leur piété : tels furent Fauste, Gennade, Cassien, etc.

Il y avait d'ailleurs des personnes qui, sans prendre parti sur la gratuité de la grâce, étaient choquées du décret absolu que saint Augustin semblait admettre (2).

Saint Augustin, dans son livre de la Prédestination et dans celui du don de la Persévérance, justifia son sentiment sur la gratuité de la grâce et sur la prédestination : il fit voir qu'elle était clairement enseignée dans l'Ecriture; qu'elle n'était point injuste puisque Dieu ne devait ni la grâce de la vocation, ni le don de la persévérance; que les hommes naissant pécheurs et privés de la grâce, il ne pouvait jamais y avoir de proportion entre leurs actions et la grâce, qui est un don surnaturel; que la grâce et la vie éternelle étaient souvent accordées à des enfants qui n'avaient aucun mérite; qu'il y en avait d'autres enlevés de cette vie pendant qu'ils étaient justes pour prévenir leur chute; que par conséquent ce n'étaient ni les mérites des hommes, ni la prescience de l'usage qu'ils devaient faire de la grâce qui déterminaient Dieu à accorder la grâce aux uns plutôt qu'aux autres; que la raison de la préférence que Dieu donnait à un homme sur un autre était un mystère; qu'on pouvait en chercher les raisons et qu'il les adopterait, pourvu qu'elles ne fussent contraires ni à la gratuité de la grâce, ni à la toute-puissance de Dieu.

Saint Augustin ne prétendait donc pas que, pour défendre la gratuité de la grâce et de la prédestination, il fût indispensable de supposer que Dieu, par un décret absolu et sans aucune raison, avait arrêté de toute éternité de damner les uns et de sauver les autres; la prédestination, selon saint Augustin, pouvait donc n'avoir pour principe ni un décret absolu de Dieu, ni les mérites des hommes, mais une raison absolument différente; car qui peut dire qu'il connaît tous les desseins de Dieu?

Il y a donc un milieu entre le décret absolu qui avait révolté les semi-pélagiens et le sentiment qui attribuait la prédestination aux mérites des hommes; mais les hommes de parti ne voient jamais de milieu entre leur sentiment et celui de leurs adversaires : le semi-pélagianisme continua donc à faire du progrès.

Les disputes furent vives et longues entre les semi-pélagiens et les disciples de saint Augustin : les papes Célestin, Gélase, Hormisdas, défendirent la doctrine de saint Augustin : mais le semi-pélagianisme dominait encore dans les Gaules, et la doctrine de saint Augustin y était combattue par beaucoup de monde.

Césaire voyant que ce parti était trop puissant pour être abattu par les disciples

(1) Prosper, ep. ad Aug. Hilar., ep. ad Aug.

(2) Ibid.

de saint Augustin, eut recours au pape Félix IV, qui lui envoya des extraits des ouvrages de saint Augustin.

Césaire ne tarda pas à en faire usage : le patrice Libère faisait à Orange la dédicace d'une église; Césaire, qui était ami de Libère et qui avait un grand crédit sur son esprit depuis qu'il l'avait guéri d'une maladie, alla à la cérémonie de cette dédicace. Douze autres évêques qui étaient aussi à cette cérémonie, ayant parlé des matières de la grâce, s'assemblèrent et approuvèrent les articles qui avaient été envoyés à Césaire par le pape Félix : c'est cette assemblée qu'on nomme le second concile d'Orange; il était composé de douze évêques, et huit laïques y assistèrent.

Ce concile publia vingt-cinq canons, qui forment une des plus belles décisions que l'Eglise ait faites.

On décide dans ces canons le dogme du péché originel, la nécessité, la gratuité de la grâce prévenante pour le salut; on y condamne toutes les finesses et tous les subterfuges des semi-pélagiens; on répond aux reproches qu'ils faisaient aux catholiques de détruire le libre arbitre, d'introduire le destin.

Le concile déclare que tous ceux qui sont baptisés peuvent et doivent, s'ils veulent, travailler à leur salut; que Dieu n'a prédestiné personne à la damnation, et on dit anathème à ceux qui sont dans cette opinion, sans que ce sentiment puisse préjudicier à la doctrine de ceux qui enseignent que c'est Dieu qui nous inspire par sa grâce le commencement de la foi et de l'amour, qui est auteur de notre conversion.

Lorsque le concile fut fini, saint Césaire en envoya le résultat au pape Félix IV; mais Félix étant mort avant qu'il eût reçu les lettres du concile d'Orange, Boniface II, qui lui succéda, approuva ces canons. On trouve sa lettre à la suite du concile, ou à la tête de plusieurs manuscrits.

Césaire mourut vers la fin du dixième siècle, et le semi-pélagianisme diminua insensiblement.

Le semi-pélagianisme était surtout puissant parce qu'il s'était attaché un grand nombre de personnes qui n'approuvaient pas le décret absolu; lorsque l'Eglise eut condamné ce sentiment, toute cette portion abandonna le parti semi-pélagien, qu'elle ne regardait que comme un parti opposé au décret absolu et qui défendait la liberté contre les défenseurs de la fatalité (1).

* SÉPARATISTES. Ce nom fut donné, en Angleterre, à ceux qui ne voulurent pas se conformer aux règlements d'Edouard, d'Elisabeth et de Jacques, touchant l'Eglise anglicane, et qui firent une Eglise à part. Ce sont les mêmes qui furent appelés *puritains*, *non-conformistes*, *presbytériens*. Voyez ces articles.

(1) Il faut lire, sur l'histoire du semi-pélagianisme, les ép. 225 et 226 de saint Augustin; saint Prosper contra collat.; Carmen de Ingrat.; les ouvrages de Fauste; les Conférences de Cassien, Gennade; Tillemont, Hist. Eccles., t. XIII, XIV, XVI; Noris, Hist. Pélag., l. II, c. 14 et suiv.; Vossius, Hist. Pélag., l. VI, p. 528; Usserius, Antiquit., c. 14; Hist. litt. de France, t. II et III.

* SÉPULCRAUX, hérétiques qui niaient la descente de Jésus-Christ aux enfers.

* SERVÉTISTES; quelques auteurs ont ainsi nommé ceux qui ont soutenu les mêmes erreurs que Michel Servet, médecin espagnol, chef des anti-trinitaires, des nouveaux ariens ou des sociniens.

On ne peut pas dire exactement que Servet ait eu des disciples de son vivant; il fut brûlé à Genève avec ses livres l'an 1553, à la sollicitation de Calvin, avant que ses erreurs sur la Trinité eussent pu prendre racine. mais on a nommé *servétistes* ceux qui dans la suite ont soutenu les mêmes sentiments. Sixte de Sienne a même donné ce nom à d'anciens anabaptistes de Suisse, dont la doctrine était conforme à celle de Servet.

Cet homme, qui a fait tant de bruit dans le monde, naquit à Villanova, dans le royaume d'Aragon, l'an 1509; il montra d'abord beaucoup d'esprit et d'aptitude pour les sciences; il vint étudier à Paris, et se rendit habile dans la médecine. Dès l'an 1531, il donna la première édition de son livre contre la Trinité, sous ce titre : *De Trinitatis erroribus libri septem, per Michaelem Servetum, alias Reves, ab Aragonia Hispanum.* L'année suivante il publia ses Dialogues avec d'autres traités, qu'il intitula : *Dialogorum de Trinitate libri duo : de Justitia regni Christi capitula quatuor, per Michaelem Servetum, etc.*, anno 1532. Dans la préface de ce second ouvrage, il déclare qu'il n'est pas content du premier, et il promet de le retoucher. Il voyagea dans une partie de l'Europe, et ensuite en France, ou après avoir essuyé diverses aventures, il se fixa à Vienne en Dauphiné, et il y exerça la médecine avec beaucoup de succès.

C'est là qu'il forgea une espèce de système théologique auquel il donna pour titre : *Le rétablissement du christianisme, Christianismi Restitutio*, et il le fit imprimer furtivement l'an 1553. Cet ouvrage est divisé en six parties; la première contient sept livres sur la Trinité; la seconde trois livres *de Fide et Justitia regni Christi, legis justitiam superantis, et de Caritate*; la troisième est divisée en quatre livres et traite *de Regeneratione ac Manducatione superna et de Regno Antichristi*. La quatrième renferme trente lettres écrites à Calvin; la cinquième donne soixante marques du règne de l'Antechrist, et parle de sa manifestation comme déjà présente; enfin la sixième a pour titre : *de mysteriis Trinitatis ex veterum disciplina, ad Philippum Melanchthonem et ejus collegas Apologia*. On lui attribue encore d'autres ouvrages (2).

Pendant qu'il faisait imprimer son *Christianismi Restitutio*, Calvin trouva le moyen d'en avoir des feuilles par trahison, et il les envoya à Lyon avec les lettres qu'il avait reçues de Servet : celui-ci fut arrêté et mis en prison. Comme il trouva moyen de s'échapper, il se sauva à Genève pour passer

(2) *Voyez* Saudius, Biblioth. Antitrinitar., pag. 17

de là en Italie. Calvin le fit saisir, et le déféra au consistoire comme un blasphémateur; après avoir pris les avis des magistrats de Bâle, de Berne, de Zurich, de Schaffhouse, il le fit condamner au supplice du feu par ceux de Genève, et la sentence fut exécutée avec des circonstances dont la cruauté fait frémir.

Cette conduite de Calvin l'a couvert d'opprobre, lui et sa prétendue réforme, malgré les palliatifs dont ses partisans se sont servis pour l'excuser. Ils ont dit que c'était dans Calvin un reste de papisme dont il n'avait encore pu se défaire; que les lois portées contre les hérétiques par l'empereur Frédéric II étaient encore observées à Genève. Ces deux raisons sont nulles et absurdes.

1° Servet n'était justiciable ni de Calvin ni du magistrat de Genève; c'était un étranger qui ne se proposait point de se fixer dans cette ville ni d'y enseigner sa doctrine; c'était violer le droit des gens que de le juger suivant les lois de Frédéric II. 2° Calvin avait certainement déguisé à *Servet* la haine qu'il avait conçue contre lui, et les poursuites qu'il lui avait suscitées, autrement celui-ci n'aurait pas été assez insensé pour aller se livrer entre ses mains; Calvin fut donc coupable de trahison, de perfidie, d'abus de confiance et de violation du secret naturel. Si un homme constitué en autorité parmi les catholiques en avait ainsi agi contre un protestant, Calvin et ses sectaires auraient rempli de leurs clameurs l'Europe entière, ils auraient fait des livres de plaintes et d'invectives. 3° Il est fort singulier que des hommes suscités de Dieu, si nous en croyons les protestants, pour réformer l'Eglise et pour en détruire les erreurs, se soient obstinés à conserver la plus pernicieuse de toutes, savoir: le dogme de l'intolérance à l'égard des hérétiques: c'est la première qu'il aurait fallu abjurer d'abord. Cela est d'autant plus impardonnable, que c'était une contradiction grossière avec le principe fondamental de la réforme. Ce principe est que la seule règle de notre foi est l'Ecriture sainte, que chaque particulier est l'interprète et le juge du sens qu'il faut y donner, qu'il n'y a sur la terre aucun tribunal infaillible qui ait droit de déterminer ce sens. A quel titre donc Calvin et ses partisans ont-ils eu celui de condamner Servet, parce qu'il entendait l'Ecriture sainte autrement qu'eux? En France, ils demandaient la tolérance; en Suisse, ils l'exerçaient la tyrannie. 4° Quand les catholiques auraient condamné à mort les hérétiques précisément pour leurs erreurs, ils auraient du moins suivi leur principe, qui est que l'Eglise ayant reçu de Jésus-Christ l'autorité d'enseigner, d'expliquer l'Ecriture sainte, de condamner les erreurs, ceux qui résistent opiniâtrément à son enseignement sont punissables. Mais nous avons prouvé vingt fois dans le cours de cet ouvrage que les catholiques n'ont jamais puni de mort les hérétiques précisément pour leurs erreurs, mais pour les séditions, les violences, les attentats contre l'ordre public dont ils étaient coupables, et que telle est la vraie raison pour laquelle on a sévi contre les protestants en particulier. Or Servet n'avait rien fait de semblable à Genève.

Mais, en condamnant sans ménagement la conduite de Calvin, le traducteur de l'*Histoire ecclésiastique* de Mosheim a très-mauvaise grâce de nommer Servet *un savant et spirituel martyr*; Mosheim n'a pas eu la témérité de lui donner un titre si respectable; tous deux conviennent que cet hérétique joignait à beaucoup d'orgueil un esprit malin et contentieux, une opiniâtreté invincible et une dose considérable de fanatisme (1); c'est donc profaner l'auguste nom de *martyr*, que de le donner à un pareil insensé.

Quelques sociniens ont écrit qu'il mourut avec beaucoup de constance, et qu'il prononça un discours très-sensé au peuple qui assistait à son supplice; d'autres écrivains soutiennent que cette harangue est supposée. Calvin rapporte que quand on lui eut lu la sentence qui le condamnait à être brûlé vif, tantôt il parut interdit et sans mouvement, tantôt il poussa de grands soupirs, tantôt il fit des lamentations comme un insensé, en criant *miséricorde*. Le seul fait certain est qu'il ne rétracta point ses erreurs.

Il n'est pas aisé d'en donner une notice exacte; la plupart de ses expressions sont inintelligibles: il n'y a aucune apparence qu'il ait eu un système de croyance fixe et constant; il ne faisait aucun scrupule de se contredire. Quoiqu'il emploie contre la sainte Trinité plusieurs des mêmes arguments par lesquels les ariens attaquaient ce mystère, il proteste néanmoins qu'il est fort éloigné de suivre leurs opinions, qu'il ne donne point non plus dans celles de Paul de Samosate. Sandius a prétendu le contraire, mais Mosheim n'est pas de même avis.

Suivant ce dernier, qui a fait en allemand une histoire assez ample de Servet, cet insensé se persuada que la véritable doctrine de Jésus-Christ n'avait jamais été bien connue ni enseignée dans l'Eglise, même avant le concile de Nicée, et il se crut suscité de Dieu pour la révéler et la prêcher aux hommes; conséquemment il enseigna «que Dieu avant la création du monde avait produit en lui-même deux représentations personnelles, ou manières d'être, qu'il nommait *économies, dispensations, dispositions*, etc., pour servir de médiateurs entre lui et les hommes, pour leur révéler sa volonté, pour leur faire part de sa miséricorde et de ses bienfaits; que ces deux représentations étaient le Verbe et le Saint-Esprit; que le premier s'était uni à l'homme Jésus, qui était né de la vierge Marie par un acte de la volonté toute-puissante de Dieu; qu'à cet égard on pouvait donner à Jésus-Chrit le nom de *Dieu*; que le Saint-Esprit dirige et anime toute la nature, produit dans l'esprit des hommes les sages conseils, les penchants vertueux et les bons sentiments; mais que ces deux représentations

(1) Hist. Ecclés. xvi° siècle, sect. 3, part. 2, ch. 4, § 4

n'auront plus lieu après la destruction du globe que nous habitons, qu'elles seront absorbées dans la Divinité d'où elles ont été tirées. » Son système de morale était à peu près le même que celui des anabaptistes, et il blâmait comme eux l'usage de baptiser les enfants.

Par ce simple exposé, il est déjà clair que l'erreur de Servet touchant la Trinité était la même que celle de Photin, de Paul de Samosate et de Sabellius, et qu'il n'y avait rien de différent que l'expression. Suivant tous ces sectaires, il n'y a réellement en Dieu qu'une seule personne; le Fils ou le Verbe et le Saint-Esprit ne sont que deux différentes manières d'envisager et de concevoir les opérations de Dieu. Or, il est absurde d'en parler comme si c'étaient des substances ou des personnes distinctes, et de leur attribuer des opérations, puisque les prétendues personnes ne sont que des opérations. Dans ce même système, il est absurde de dire que le Verbe s'est uni à l'humanité de Jésus-Christ, puisque ce Verbe n'est autre chose que l'opération même par laquelle Dieu a produit le corps et l'âme de Jésus-Christ dans le sein de la sainte Vierge. Enfin, il est faux que dans cette hypothèse Jésus-Christ puisse être appelé *Dieu*, sinon dans un sens très-abusif; cette manière de parler est plutôt un blasphème qu'une vérité.

Il n'est pas étonnant que cet hérétique ait répété contre les orthodoxes les mêmes reproches que leur faisaient déjà les ariens; il disait comme eux que l'on doit mettre au rang des athées ceux qui adorent comme Dieu un assemblage de divinités, ou qui font consister l'essence divine dans trois personnes réellement distinctes et subsistantes; il soutenait que Jésus-Christ est Fils de Dieu, dans ce sens seulement qu'il a été engendré dans le sein de la sainte Vierge par l'opération du Saint-Esprit, par conséquent de Dieu même. Mais il poussait l'absurdité plus loin que tous les anciens hérésiarques, en disant que Dieu a engendré de sa propre substance le corps de Jésus-Christ, et que ce corps est celui de la Divinité. Il disait aussi que l'âme humaine est de la substance de Dieu, qu'elle se rend mortelle par le péché, mais qu'on ne commet point de péché avant l'âge de vingt ans, etc. Sur les autres articles de doctrine, il joignit les erreurs des luthériens et des sacramentaires à celle des anabaptistes (1).

Il est donc évident que les erreurs de Servet ne sont qu'une extension ou une suite nécessaire des principes de la réforme ou du protestantisme: il argumente contre les mystères de la sainte Trinité et de l'Incarnation, de la même manière que Calvin et ses adhérents raisonnaient contre le mystère de la présence réelle de Jésus-Christ dans l'eucharistie, et contre les autres dogmes de la croyance catholique qui leur déplaisaient; il se servait, pour entendre l'Ecriture sainte, de la même méthode que suivent encore aujourd'hui tous les protestants. S'ils disent qu'il poussait trop loin et qu'il en abusait, nous les prierons de nous tracer par l'Ecriture sainte la ligne à laquelle Servet aurait dû s'arrêter. Quoi qu'ils disent, il est démontre que le protestantisme est le père du servétisme et du socinianisme, et que les réformateurs, en voulant le détruire, ont vainement tâché d'étouffer le monstre qu'ils avaient eux-mêmes nourri et enfanté. *Voy.* SOCINIANISME.

SÉTHIENS. Les séthiens étaient une secte de gnostiques, ainsi appelés parce qu'ils honoraient particulièrement Seth, qu'ils croyaient être Jésus-Christ lui-même.

Ils reconnaissaient, comme tous les gnostiques, un être suprême, immortel, bienheureux; mais ils crurent voir dans le monde des irrégularités et des imperfections qui ne pouvaient, selon eux, avoir pour principe un seul être sage et tout-puissant; ils attribuèrent la production du monde à des génies.

Ce que l'histoire nous apprend des différents états par lesquels le monde et le genre humain ont passé leur parut supposer que ces puissances se disputaient l'empire du monde, les uns voulant assujettir les hommes, et les autres voulant les délivrer. Ces combats leur parurent difficiles à expliquer dans le sentiment qui supposait que le monde était gouverné par un seul être tout-puissant.

Il paraissait que les puissances qui gouvernaient le monde faisaient de leur mieux; qu'elles se battaient tantôt à force ouverte, tantôt qu'elles usaient de finesse: pour expliquer tous ces phénomènes, ils imaginèrent une foule de puissances propres à produire tous ces effets. Voici comment ils imaginaient que tout cela s'était fait.

Ils concevaient l'Etre suprême comme une lumière infinie; c'était le Père de tout, et ils l'appelaient le premier homme.

Ce premier homme avait produit un fils qui était le *second homme* et le *fils de l'homme*.

Le Saint-Esprit qui se promenait sur les eaux, sur le chaos, sur l'abîme était, selon eux, la première femme de laquelle le premier homme et son fils avaient eu un fils qu'ils appelaient le Christ.

Ce Christ était sorti de sa mère par le côté droit, et s'était élevé; mais une autre puissance était sortie par le côté gauche et était descendue, cette puissance était la sagesse; elle s'était abaissée sur les eaux, elle y avait pris un corps; mais, revenue pour ainsi dire à elle-même, elle s'était relevée, et en tournant vers un séjour éternel elle avait formé le ciel, et enfin avait quitté son corps lorsqu'elle était parvenue au séjour de l'Etre suprême.

La sagesse était féconde: elle avait produit un fils, et ce fils avait produit six autres puissances.

Les séthiens attribuaient à ces puissances les propriétés nécessaires pour produire les effets qu'on observait dans le monde; ils supposaient entre ces puissances des querelles, des guerres, et prétendaient expliquer

(1) Hist. du socinianisme, part. II, pag. 221.

DICTIONNAIRE DES HÉRÉSIES. II.

par ce moyen tout ce qu'on racontait des états par lesquels le monde avait passé ; ils prétendaient que le Dieu des armées, qu'ils appelaient *Jaldabaoth*, enorgueilli de sa puissance, avait dit : Je suis le Dieu suprême, aucun être n'est plus grand que moi.

Sa mère avait blâmé son orgueil et lui avait dit que le premier homme et le Fils de l'homme étaient au-dessus de lui. Jaldabaoth irrité avait pour se venger appelé les hommes, et leur avait dit : Faisons l'homme à notre image ; aussitôt l'homme avait été formé, et Jaldabaoth lui avait inspiré un souffle de vie ; on lui avait ensuite formé une femme, avec laquelle les anges avaient eu commerce, et de ce commerce étaient nés d'autres anges.

Jaldabaoth donna des lois aux hommes, et leur défendit de manger d'un certain fruit.

La mère de Jaldabaoth, pour punir l'orgueil de son fils, descendit et produisit un serpent qui persuada à Eve de manger du fruit défendu. Eve, après s'être laissé séduire, persuada Adam.

Le Créateur des hommes, irrité de leur désobéissance, les chassa du paradis.

Adam et Eve, chargés de la malédiction du Créateur, n'eurent point d'enfants ; le serpent descendit du ciel sur la terre, soumit les anges et en produisit six autres, qui furent ennemis des hommes parce que c'était pour eux que le serpent avait quitté le ciel.

La sagesse, pour adoucir le sort des hommes, les avait éclairés d'une lumière surnaturelle ; ils avaient par ce moyen trouvé de la nourriture, et ils avaient eu des enfants, Caïn et Abel.

Caïn, séduit par le serpent, tua Abel ; mais enfin, avec le secours de la sagesse, Adam et Eve eurent Seth et Norca, d'où sont sortis tous les hommes.

Les serpents portaient les hommes à toutes sortes de crimes, tandis que la sagesse, empêchait que la lumière ne s'éteignît parmi les hommes.

Le Créateur, irrité de plus en plus contre les hommes, couvrit la terre d'un déluge qui devait anéantir le genre humain ; mais la sagesse avait sauvé Noé dans l'arche, et Noé avait repeuplé la terre.

Le Créateur, ne pouvant anéantir les hommes, voulut faire avec eux un pacte, et choisit Abraham pour cela. Moïse, descendant d'Abraham, avait, en vertu de ce pacte, délivré les Hébreux d'Egypte, et leur avait donné une loi ; il avait ensuite choisi sept prophètes, mais la sagesse lui avait fait prononcer des prophéties qui annonçaient Jésus-Christ.

La sagesse, par cet artifice, avait fait en sorte que le Dieu créateur, sans savoir ce qu'il faisait, fit naître deux hommes, l'un d'Elisabeth et l'autre de la vierge Marie.

La sagesse était bien fatiguée des soins qu'elle donnait aux hommes et elle s'en plaignit, et sa mère fit descendre le Christ dans Jésus afin qu'il la secourût.

Aussitôt qu'il fut descendu, Jésus naquit de la Vierge par l'opération de Dieu, et Jésus fut le plus sage, le plus pur et le plus juste de tous les hommes ; beaucoup de ses disciples ne savaient pas d'abord que le Christ fût descendu en lui. Il fit des miracles et prêcha qu'il était le fils du premier homme ; les Juifs le crucifièrent, et alors le Christ quitta Jésus et s'envola vers la sagesse lorsque le supplice commença.

Le Christ ressuscita Jésus, qui, après la résurrection, avait eu un corps glorieux et ne fut pas reconnu par les disciples ; il monta ensuite au ciel où il attire les âmes des bienheureux sans que le Créateur le sache.

Lorsque l'esprit de lumière qui est chez les hommes sera réuni dans le ciel, il formera un éon immortel, et ce sera la fin du monde.

Quelques-uns parmi les sethiens croyaient que la sagesse s'était manifestée aux hommes sous la figure d'un serpent : c'est apparemment pour cela qu'on les appela ophites par dérision, comme s'ils adoraient un serpent. Il y eut des ophites différents des sethiens, puisque les ophites reniaient Jésus-Christ. *Voyez* OPHITES (1).

SÉVÈRE vécut un peu après Tatien et fut le chef de la secte des sévériens.

L'origine du bien et du mal était alors la grande difficulté qu'on s'efforçait d'éclairer : Sévère crut que le bien et le mal qu'on voyait dans le monde supposaient qu'il était soumis à des principes opposés, dont les uns étaient bons, et les autres méchants et subordonnés cependant à un Etre suprême qui résidait au plus haut des cieux.

Comme le bien et le mal sont mêlés presque partout, Sévère s'imagina qu'il s'était fait entre les bons et les mauvais principes une espèce de contrat ou de transaction par laquelle ils avaient mis sur la terre une égale quantité de biens et de maux.

L'homme, qui est un mélange de qualités estimables et vicieuses, de raison et de passions, avait été formé par les bons et par les mauvais esprits.

D'après ces vues générales, rien n'était plus intéressant pour l'homme que de bien distinguer ce qu'il avait reçu des puissances bienfaisantes et ce que les puissances malfaisantes avaient mis en lui.

L'homme avait, selon Sévère, deux propriétés principales et essentielles, qui faisaient en quelque sorte tout l'homme ; il était raisonnable et sensible : sa sensibilité était le principe de toutes ses passions, et ses passions causaient tous ses malheurs ; la raison, au contraire, lui procurait toujours des plaisirs tranquilles et purs. Sévère jugea que l'homme avait reçu la raison des puissances bienfaisantes, et la sensibilité des puissances malfaisantes.

De ces principes généraux il conclut que le siège de la raison est l'ouvrage des êtres

---

(1) Iren., l. I. c. 34. Ephiph., hær. 34. Ter., de Præscript., c. 47. Philastr., de Hær., c. 3. Aug., de Hær., c. 79. Damasc., hær. 59.

bienfaisants, et que le siége des passions est la production des puissances malfaisantes; ainsi, selon Sévère, le corps humain, depuis la tête jusqu'au nombril, était l'ouvrage du bon principe, et le reste du corps était l'ouvrage du mauvais.

Le bon et le mauvais principe, après avoir ainsi formé l'homme de deux parties si contraires, avaient mis sur la terre tout ce qui pouvait entretenir la vie de l'homme : l'être bienfaisant avait placé autour de lui des aliments propres à entretenir l'organisation du corps sans exciter les passions; et l'être malfaisant, au contraire, avait mis autour de lui tout ce qui pouvait éteindre la raison et allumer les passions.

Lorsqu'on étudie l'histoire des malheurs qui ont affligé les hommes, on voit qu'ils ont presque tous leur source dans l'ivresse ou dans l'amour; Sévère conclut de là que le vin et les femmes étaient deux productions du mauvais principe.

L'eau, qui conservait l'homme calme et qui n'altérait point sa raison, était un principe bienfaisant.

Les encratites ou tatianistes, qui trouvèrent les principes de Sévère favorables à leur sentiment, s'attachèrent à lui et prirent le nom de sévériens (1).

SÉVÉRIENS, disciples de Sévère, dont nous venons de parler.

Il y a eu aussi des sévériens, ainsi nommés parce qu'ils étaient attachés à Sévère, chef des acéphales.

SIGNIFICATIFS. Quelques auteurs ont ainsi nommé les sacramentaires, parce qu'ils enseignent que l'eucharistie est un simple signe du corps de Jésus-Christ.

SILENCIEUX : c'est ainsi que l'on nommait ceux qui ne rendaient point d'autre culte que le silence.

SIMON, surnommé le MAGICIEN, était du bourg Gitton, dans le pays de Samarie; il fut disciple du magicien Dosithée, qui prétendait être le Messie prédit par les prophètes. Le disciple fit des efforts extraordinaires pour surpasser son maître dans l'art des prestiges, et il réussit : on prétend qu'il passait impunément au milieu des flammes, qu'il traversait les airs comme les oiseaux, qu'il se métamorphosait et paraissait sous mille formes différentes; sa parole ouvrait les portes, changeait les pierres en pain et produisait des arbres (2).

Que ces prestiges fussent des effets du commerce que Simon avait avec les démons ou des tours d'adresse, il est certain qu'ils séduisirent presque tout le peuple de Samarie; que Simon attira sur lui toute l'attention du peuple et fit rentrer Dosithée dans la classe des hommes ordinaires : on l'appelait la grande vertu de Dieu.

Tandis que Simon était dans sa gloire, saint Philippe précha l'Evangile à Samarie;

il y fit des miracles qui détrompèrent les Samaritains : on reconnut les prestiges de Simon, et il fut abandonné par beaucoup de monde. Simon fut étonné lui-même de la puissance des prédicateurs de l'Evangile; mais il ne les regarda que comme des magiciens d'un ordre supérieur, et le baptême, les prières et les jeûnes, comme une espèce d'initiation aux mystères du christianisme, qui n'était, selon lui, qu'une espèce de magie. Il se fit baptiser, il priait, il jeûnait, et ne quittait point saint Philippe, dans l'espérance de lui arracher son secret.

Lorsque les apôtres surent que l'Evangile avait été reçu à Samarie, ils y envoyèrent saint Jean et saint Pierre pour confirmer les fidèles; ils leur imposèrent les mains, et le Saint-Esprit descendit sur eux visiblement; ce qui paraissait par le don de prophétie, par le don des langues, etc.

Simon, étonné de plus en plus de la puissance des apôtres, voulut acheter de saint Pierre son secret; car il n'avait pas du don des miracles une autre idée. Saint Pierre eut horreur de cette proposition, et lui fit une vive réprimande; Simon, qui redoutait la puissance de saint Pierre, se retira confus, et demanda à saint Pierre qu'il priât pour lui (3).

De l'argent que saint Pierre refusa, Simon en acheta une courtisane nommée Hélène, qui apparemment devait servir à ses opérations magiques et à ses plaisirs (4).

Simon, accompagné d'Hélène, se retira dans les provinces où l'on n'avait pas encore annoncé l'Evangile et combattit la doctrine des apôtres sur l'origine du monde et sur la Providence. Peut-on, disait Simon, supposer que l'Etre suprême ait produit immédiatement le monde? S'il avait formé lui-même l'homme, lui aurait-il prescrit des lois qu'il savait qu'il n'observerait pas? ou s'il a voulu qu'Adam observât ses préceptes, quelle est donc la puissance de ce créateur, qui n'a pu prévenir la chute de l'homme? Non, ce créateur n'est point l'Etre tout-puissant et souverainement parfait et bon, c'est un être ennemi des hommes, qui ne leur a donné des lois que pour avoir des coupables à punir (5).

Voici le système que Simon substituait à la doctrine des apôtres, et comment il croyait prévenir les difficultés qu'on pouvait lui opposer.

La philosophie platonicienne était alors fort en vogue en Orient : ce n'était point, à proprement parler, le système de Platon, qui n'en avait peut-être point eu, c'était le fond du sentiment qui reconnaît dans le monde un Esprit éternel et infini par lequel tout existe.

Les platoniciens ne croyaient pas que cet esprit eût produit immédiatement le monde que nous habitons; ils imaginaient entre l'Etre suprême et les productions de la terre

---

(1) Euseb., Hist. Eccles., l. iv, c. 29. Epiph., hær. 44.
(2) Nicéphore, l. ii Hist. Eccles., c. 27. Clem. Recognit., l. ii. Basnage nie ces faits, mais il ne donne aucune raison de son sentiment.
(3) Act. viii, 10.
(4) Tert., de Anima, c. 54.
(5) Fragments des ouvrages de Simon, rapportés par Grabe, Spicileg. PP., pag. 308.

une longue chaîne d'esprits ou de génies, par le moyen desquels ils expliquaient tous les phénomènes : comme ces génies n'avaient pas une puissance infinie, on avait cru pouvoir résister à leurs efforts par des secrets ou par des enchantements, et la magie s'était incorporée avec ce système, qui, comme on le voit, était absolument arbitraire dans les détails ; ce fut ce système que Simon adopta, et qu'il tâcha de rendre sensible au peuple.

Il supposait une intelligence suprême, dont la fécondité avait produit une infinité d'autres puissances avec des propriétés différentes à l'infini. Simon se donna parmi ces puissances la place la plus distinguée, et bâtit sur cette supposition tout son système théologique destiné à expliquer au peuple la naissance du péché dans le monde, l'origine du mal, le rétablissement de l'ordre et la rédemption des hommes. Simon ne niait donc pas ces dogmes ; mais il prétendait que les apôtres les expliquaient mal, et voici quel était son système, dont le fond a servi de canevas à plusieurs des hérétiques des trois premiers siècles ; ainsi l'on croyait alors le péché originel, et l'on attendait un rédempteur.

Du système de Simon.

Je suis, disait Simon, la parole de Dieu, je suis la beauté de Dieu, je suis le Paraclet, je suis le Tout-Puissant, je suis tout ce qui est en Dieu.

J'ai, par ma toute-puissance, produit des intelligences douées de différentes propriétés ; je leur ai donné différents degrés de puissance. Lorsque je formai le dessein de faire le monde, la première de ces intelligences pénétra mon dessein et voulut prévenir ma volonté ; elle descendit et produisit les anges et les autres puissances spirituelles, auxquelles elle ne donna aucune connaissance de l'Être tout-puissant auquel elle devait l'existence. Ces anges et ces puissances, pour manifester leur pouvoir, produisirent le monde ; et pour se faire regarder comme des dieux suprêmes, et qui n'avaient point été produits, retinrent leur mère parmi eux, lui firent mille outrages, et, pour l'empêcher de retourner vers son père, l'enfermèrent dans le corps d'une femme ; en sorte que de siècle en siècle elle avait passé dans le corps de plusieurs femmes, comme d'un vaisseau dans l'autre. Elle avait été la belle Hélène qui avait causé la guerre de Troie, et, passant de corps en corps, elle avait été réduite à cette infamie que d'être exposée dans un lieu de débauche.

J'ai voulu retirer Hélène de la servitude et de l'humiliation ; je l'ai cherchée comme un pasteur cherche une brebis égarée ; j'ai parcouru les mondes, je l'ai trouvée, et je veux lui rendre sa première splendeur. C'était ainsi que Simon prétendait justifier la licence de s'associer dans sa mission une courtisane. Beausobre prétend que l'histoire d'Hélène est une allégorie qui désigne l'âme ; ce sentiment et plusieurs autres qu'il adopte ne m'ont pas paru suffisamment prouvés ; on y voit un homme d'esprit qui combat par d'ingénieuses conjectures des témoignages positifs.

En parcourant les mondes formés par les anges, disait Simon, j'ai vu que chaque monde était gouverné par une puissance principale ; j'ai vu ces puissances ambitieuses et rivales se disputer l'empire de l'univers ; j'ai vu qu'elles exerçaient tour à tour un empire tyrannique sur l'homme, en lui prescrivant mille pratiques fatigantes et insensées ; j'ai eu pitié du genre humain ; j'ai résolu de rompre ses chaînes et de le rendre libre en l'éclairant : pour l'éclairer, j'ai pris une figure humaine, et j'ai paru un homme entre les hommes, sans être cependant un homme.

Je viens leur apprendre que les différentes religions sont l'ouvrage des anges, qui, pour tenir les hommes sous leur empire, ont inspiré des prophètes, et persuadé qu'il y avait des actions bonnes et mauvaises, lesquelles seraient punies ou récompensées. Les hommes, intimidés par leurs menaces ou séduits par leurs promesses, se sont refusés aux plaisirs ou dévoués à la mortification. Je viens les éclairer et leur apprendre qu'il n'y a point d'action bonne ou mauvaise par elle-même ; que c'est par ma grâce et non par leurs mérites que les hommes sont sauvés, et que pour l'être il suffit de croire en moi et à Hélène : c'est pourquoi je ne veux pas que mes disciples répandent leur sang pour soutenir ma doctrine.

Lorsque le temps que ma miséricorde a destiné à éclairer les hommes sera fini, je détruirai le monde, et il n'y aura de salut que pour mes disciples : leur âme, dégagée des chaînes du corps, jouira de la liberté des purs esprits ; tous ceux qui auront rejeté ma doctrine resteront sous la tyrannie des anges (1).

Telle est la doctrine que Simon enseignait : un prestige dont il s'appuyait subjuguait l'imagination de ses auditeurs ; ils voulaient devenir ses disciples et demandaient le baptême ; le feu descendait sur les eaux, et Simon baptisait (2).

Par ces artifices, Simon avait séduit un grand nombre de disciples, et s'était fait adorer comme le vrai Dieu.

Simon connaissait l'étendue de la crédulité ; il savait que les contradictions les plus choquantes disparaissaient aux yeux des hommes séduits par le merveilleux, et que, tant que le charme dure, l'imagination concilie les idées les plus inalliables. Il soutenait donc qu'il était tout-puissant, quoiqu'il fût sujet à toutes les infirmités de la nature humaine ; il disait qu'il était la grande vertu de Dieu, quoiqu'il détruisît toute la morale et qu'il ne pût délivrer ses adorateurs d'aucun de leurs maux.

Les disciples de Simon perpétuèrent l'illusion par les prestiges qui l'avaient produite,

---

(1) Iren., l. 1, c. 20, édit. Grab., édit. Massuet, c. 25.

(2) Cypr., de Baptismo.

et le peuple, qui ne retourne jamais sur ses pas pour examiner une doctrine qui ne le gêne pas, adorait Simon et croyait ses prêtres. Saint Justin remarque que vers l'an 150 presque tous les Samaritains, et même un petit nombre d'autres en divers pays, reconnaissaient encore Simon pour le plus grand des dieux. Il avait encore des adorateurs vers le milieu du troisième siècle, comme on le voit par un ancien auteur qui écrivait contre saint Cyprien.

Simon composa plusieurs discours contre la foi de Jésus-Christ, il les intitula les Contradictions. Grabe nous en a donné quelques fragments (1)

Parmi les disciples de Simon, quelques-uns voulurent faire une secte à part : tel fut Ménandre qui changea quelque chose à la doctrine de son maître et fit une nouvelle secte appelée la secte des ménandriens. *Voyez* l'art. de MÉNANDRE.

De la statue élevée à Simon et de sa dispute avec saint Pierre.

Saint Justin et d'autres Pères assurent que l'on éleva dans Rome une statue à Simon : ils ne sont point d'accord sur le temps. Saint Irénée et saint Cyrille de Jérusalem disent qu'elle fut élevée par ordre de l'empereur Claude, et par conséquent après la mort de Simon. Saint Augustin, au contraire, dit que cette statue fut érigée à la persuasion de Simon (2).

Des critiques célèbres ont cru qu'on avait pris une statue du dieu *Semon Sangus* pour une statue de Simon ; voici le fondement de leur conjecture :

On sait que les Romains, à l'imitation des Sabins, adoraient un *Semo Sancus* qu'ils disaient être leur Hercule : on a même trouvé dans ces derniers temps une statue dans l'île du Tibre, où saint Justin dit qu'était celle de Simon. Cette statue porte cette inscription, assez approchante de celle que rapporte saint Justin : *Semoni Sanco* (ou *Sango*) *Deo fidio sacrum. Sex. Pompeius Sp. L. Col. Mussianus quinquennalis Decurio Bidentalis donum dedit*.

Cette statue, trouvée sous le pontificat de Grégoire XIII, en 1574, dans le lieu même où saint Justin dit qu'on avait élevé une statue à Simon le Magicien, a donné lieu de croire que saint Justin avait confondu *Semon* avec Simon, surtout parce que les graveurs mettaient assez souvent un I pour un E ; on trouve même que ce Sémon est quelquefois appelé *Sanctus* aussi bien que *Sancus*, de sorte que l'inscription pouvait être telle que la rapporte saint Justin, et n'avoir rien de commun avec Simon le Magicien. On ne trouve dans les auteurs païens rien qui ait rapport à cet événement, ce qui ne serait guère possible s'il était vrai : d'ailleurs, les Juifs étaient odieux à Claude, et le sénat persécutait les magiciens et les avait chassés de Rome (3).

Enfin, il est certain qu'on n'accordait l'apothéose qu'aux empereurs, et encore après leur mort : comment aurait-on fait de Simon le Magicien un Dieu pendant sa vie ?

Tillemont soutient que saint Justin, ayant cité ce fait dans son apologie adressée au sénat, aurait été convaincu de fausseté sur-le-champ, s'il n'eût pas été vrai. Cependant saint Justin, dit Tillemont, cite encore ce fait dans la seconde apologie, et même dans son dialogue contre Tryphon, et le cite comme un fait qui n'avait pas besoin d'être prouvé ; par conséquent, dit Tillemont, les païens qui étaient à portée de convaincre saint Justin de faux n'ont point regardé comme une chose douteuse que l'on eût érigé une statue à Simon : il cite encore, pour appuyer son sentiment, Fleury, etc.

On peut répondre à Tillemont :

1° Que les apologies de saint Justin n'étaient pas des ouvrages que le sénat eût entrepris de réfuter ; ainsi son silence ne prouve rien en faveur de saint Justin ;

2° Ce fait était trop peu important pour en faire un sujet de controverse ;

3° Si ce fait avait eu un aussi grand degré de notoriété qu'on le prétend, pourquoi les Pères sont-ils si opposés entre eux sur le temps auquel cette statue fut érigée, et pourquoi les uns disent-ils que ce fut du vivant de Simon, les autres après sa mort ? Si l'acte par lequel le sénat et l'empereur avaient érigé une statue à Simon eût été si connu, n'y aurait-on pas vu exactement si ce fut sous Néron ou sous Claude que la statue fut élevée ?

Il paraît que c'est sans beaucoup de fondement que Tillemont s'appuie sur l'autorité de Fleury : c'est en faisant l'analyse de l'apologie de saint Justin que Fleury rapporte le fait de la statue de Simon, il ne le garantit point, il ne l'examine point ; enfin le P. Petau, Ciaconius, Valois, Rigault, Blondel, etc., reconnaissent que saint Justin s'est trompé (4).

Plusieurs auteurs du cinquième siècle ont rapporté que Simon s'étant fait élever en l'air par deux démons dans un chariot de feu fut précipité par l'effet des prières de saint Pierre et de saint Paul, et qu'il mourut de sa chute.

Mais ce fait est apocryphe ; car, indépendamment de la difficulté de le concilier avec la chronologie, il est certain que la chute de Simon, à la prière de saint Pierre, était un fait trop important pour avoir été ignoré des chrétiens et pour n'avoir pas été employé par les apologistes des premiers siècles ; cependant saint Justin, saint Irénée, Tertullien, n'en parlent point, eux qui ont parlé de sa statue (5).

---

(1) Dionys., de divin. Nominibus, c. 6, p. 594. Constit. apostol., l. vi, c. 8. 16. Grab., Spicileg. PP., p. 303.
(2) Justin, Apolog. 1, c. 54.
(3) Tacit., Annal., l. ii, c. 7.
(4) Petavius, in Epiph. Hen. Valesius, ad Euseb., l. ii, c. 13. Desid. Heraldus, in Arnob. et Tert. Rigalt., in Tert. Blonde, de Sibylla, c. 2. Vandale, dissert. de Orac. Ittigius, dis. de Hæres., sect. 1, c. 1.
(5) Les auteurs qui rapportent la chute de Simon ont peut-être appliqué à cet imposteur ce que Suétone rapporte d'un homme qui, sous Néron, se jeta en l'air et se brisa en tombant. Cette conjecture d'Ittigius n'est pas destituée de vraisemblance : on trouve, sous Néron, qu'un hom-

SISCIDOIS : ils avaient les mêmes sentiments que les vaudois, si ce n'est qu'ils avaient plus de respect pour le sacrement de l'eucharistie (1).

SOCIALISTES. Secte formée par Robert Owen, qui, à certains égards, peut être comparée aux deux utopistes français, Fourier et Saint-Simon.

Robert Owen, né à Newton, en Angleterre, l'an 1771, et appliqué au commerce dès son enfance, ne dut qu'à lui-même ce qu'il apprit dans la littérature et dans les sciences. Tous les instants que lui laissaient ses occupations, il les consacrait à la lecture ; il s'appropriait par la réflexion les idées qui sympathisaient avec la tendance de son esprit ; et, mû par des sentiments naturels d'humanité, il avisait au moyen de contribuer au bonheur de ses semblables, sans s'élever toutefois à la félicité de la vie future, et en se préoccupant exclusivement du bien-être de la vie présente.

Après avoir rempli des emplois subalternes dans différentes maisons, il s'associa à des spéculateurs, et fonda à New-Lanark, en Ecosse, une filature où il occupa jusqu'à deux mille personnes de l'un et de l'autre sexe. Les conduisant par la seule raison, sans qu'il fût jamais question de culte ; il parvint à les préserver ou à les corriger de certains désordres grossiers, qui règnent trop souvent dans les fabriques, et leur procura des jouissances matérielles qu'on ne trouvait point ailleurs. La grande fortune, résultat de son industrie, concourut à le mettre en relief. Stimulé par les éloges que lui donnaient les philanthropes de divers pays, il conçut la pensée de généraliser sa méthode et de réformer la société entière. En 1812, il publia son premier ouvrage sous ce titre : *Nouvelles vues de société*, ou *Essais sur la formation du caractère humain*. Dans le commencement, Owen se contentait de laisser de côté les pratiques religieuses, et affectait de parler d'une tolérance universelle. Vers 1817, il se prononça ouvertement contre toutes les religions existantes, les représentant comme des sources de malheur pour les sociétés dirigées d'après leurs principes. Abandonné par les uns, repoussé par les autres, attaqué et poursuivi comme impie par le clergé anglican, il passa, en 1824, aux Etats-Unis d'Amérique.

Voltaire avait eu le projet, dont il parle souvent dans sa correspondance, de former à Clèves une colonie de philosophes qui auraient travaillé de concert au progrès des lumières. Ce projet avorta. Il semble que Robert Owen ait voulu le réaliser aux Etats-Unis, dans l'Indiana, en réunissant quelques centaines d'individus, épris des opinions philosophiques du XVIII° siècle, admirateurs de Voltaire et de Rousseau, pleins de zèle pour la propagation de leurs idées les plus hardies. Quatre cents disciples, hommes et femmes, vivant ensemble, aimaient à entendre Owen leur répéter que, pour détruire le péché, il faut abolir la trinité du mal, c'est-à-dire toute religion, toute propriété, et le mariage. Un système aussi impie, et tout à la fois aussi destructif de toute société, ne rencontrait aucune opposition de la part du gouvernement américain, qui ne s'occupe ni des erreurs spéculatives, ni de celles qui peuvent avoir des conséquences pratiques, si ce n'est lorsqu'elles se manifestent par quelque tumulte ou par des désordres publics. Le novateur pouvait, sans obstacle, avancer, dans ses discours publics, que toutes les religions sont fondées sur l'ignorance ; qu'elles ont été et sont la cause du vice, de la discorde, de la misère dans toutes les classes ; qu'elles sont le seul obstacle à la formation d'une société éclairée, vertueuse et charitable; qu'elles ne se soutiennent que par la sottise des peuples et la tyrannie de leurs chefs. La colonie s'appelait *Nouvelle harmonie* : mais, en dépit de ce nom, la paix et la concorde ne s'y maintinrent pas.

Sur le point de la quitter pour voyager en Europe, Owen voulut s'illustrer par une démarche d'éclat. Au mois de janvier 1828, ce novateur, dont les déclamations audacieuses avaient fait quelque sensation en Amérique, porta un défi au clergé de la Nouvelle-Orléans, comme aux prédicateurs de la religion en tout autre lieu, les invitant à examiner avec lui la vérité du christianisme. Ce défi fut accepté par M. A. Campbell, qui s'offrit de prouver que les assertions d'Owen étaient insoutenables, et que leur auteur était hors d'état de les prouver par la voie du raisonnement et d'une discussion loyale. Après avoir répondu au défi, il reçut une visite d'Owen. Ce dernier alléguant qu'il allait passer en Angleterre, et qu'il ne prévoyait pas pouvoir revenir aux Etats-Unis avant le printemps suivant, le rendez-vous fut ajourné au second lundi d'avril 1829, dans la ville de Cincinnati, état de l'Ohio. M. A. Campbell fit insérer dans les journaux l'annonce du combat, exprima l'espoir qu'un grand nombre voudraient être témoins de cette lutte d'une espèce nouvelle, se félicita d'avoir choisi une saison favorable pour les voyageurs, et un lieu dont les communications par les bateaux à vapeur rendaient l'accès facile. Mais les curieux se demandaient si Owen serait exact au rendez-vous, et si ce voyage en Angleterre, qui avait suivi de si près le défi, n'était pas une retraite.

Il retourna, il est vrai, en Amérique, mais se rendit au Mexique pour demander le territoire de Texas. Protégé par les torys en Angleterre, il avait obtenu du duc de Wellington, alors ministre, des lettres de recom-

---

me prétendit avoir le secret de voler ; il était tout simple de juger que cet homme était Simon. Rien n'est si ordinaire que des rapprochements de cette espèce.

On présenta à Paul IV des médailles qui portaient d'un côté Néron et de l'autre saint Pierre, avec cette légende : *Petrus Gallilæus*. Il y a des personnes qui ont cru que cette médaille avait été frappée en mémoire de la victoire de saint Pierre sur Simon ; il n'est pas nécessaire de faire des réflexions sur cette preuve. *Voyez* sur cela David de la Roque, dissert. de Legione fulminante, p. 613.

(1) Dupin, XIII° siècle.

mandation pour l'ambassadeur anglais, M. Packenham, neveu du duc. Dans une entrevue qu'Owen eut avec le président du Mexique, l'ambassadeur porta la parole pour lui, et se donna garant de sa moralité et de sa capacité. Les circonstances ne permettaient pas au président de concéder le Texas à Owen ; mais il lui offrit un territoire encore plus considérable (d'environ 1500 milles), s'étendant depuis le golfe du Mexique jusqu'à l'Océan Pacifique, sur la frontière des États-Unis et des États-Mexicains. Owen réclama pour son gouvernement la liberté religieuse ; et, comme le congrès du Mexique ne put s'accorder avec lui sur ce point, il renonça à son expérience.

De retour en Angleterre, Owen voyagea sur le continent, se mit en relations avec les hommes influents, concourut à l'établissement de salles d'asile en divers pays, à la propagation de la méthode de Lancaster pour l'enseignement élémentaire, et à l'amélioration de la condition des enfants dans les manufactures : mais son but principal était d'accréditer son système, en se formant des disciples, qui sont appelés *socialistes*. Sir Robert Peel, dont le novateur avait naguère tenté de faire un adepte, mais qui n'a pas de goût pour les rêveries, ne put être compté parmi eux.

M. Bouvier, évêque du Mans, précise ainsi les principaux points du système d'Owen :

1° L'homme, en paraissant dans le monde, n'est ni bon ni mauvais : les circonstances où il se trouve le font ce qu'il devient par la suite.

2° Comme il ne peut modifier son organisation ni changer les circonstances qui l'entourent, les sentiments qu'il éprouve, les idées et les convictions qui naissent en lui, les actes qui en résultent sont des faits nécessaires contre lesquels il reste désarmé : il ne peut donc en être responsable.

3° Le vrai bonheur, produit de l'éducation et de la santé, consiste principalement dans l'association avec ses semblables, dans la bienveillance mutuelle et dans l'absence de toute superstition.

4° La religion rationnelle est la religion de la charité : elle admet un Dieu créateur, éternel, infini, mais ne reconnaît d'autre culte que la loi naturelle, qui ordonne à l'homme de suivre les impulsions de la nature et de tendre au but de son existence. Mais Owen ne dit pas quel est ce but.

5° Quant à la société, le gouvernement doit proclamer une liberté absolue de conscience, l'abolition complète de peines et de récompenses, et l'*irresponsabilité* de l'individu, puisqu'il n'est pas libre dans ses actes.

6° Un homme vicieux ou coupable n'est qu'un malade, puisqu'il ne peut être responsable de ses actes : en conséquence, on ne doit pas le punir, mais l'enfermer comme un fou, s'il est dangereux.

7° Toutes choses doivent être réglées de telle sorte que chaque membre de la communauté soit pourvu des meilleurs objets de consommation, en travaillant selon ses moyens et son industrie.

8° L'éducation doit être la même pour tous, et dirigée de telle sorte qu'elle ne fasse éclore en nous que des sentiments conformes aux lois évidentes de notre nature.

9° L'égalité parfaite et la communauté absolue sont les seules règles possibles de la société.

10° Chaque communauté sera de deux à trois mille âmes, et les diverses communautés, se liant ensemble, se formeront en congrès.

11° Dans la communauté, il n'y aura qu'une seule hiérarchie, celle des fonctions, laquelle sera déterminée par l'âge.

12° Dans le système actuel de société, chacun est en lutte avec tous et contre tous : dans le système proposé, l'assistance de tous sera acquise à chacun, et l'assistance de chacun sera acquise à tous.

Ces principes se trouvent développés d'une manière fastidieuse dans plusieurs ouvrages d'Owen, notamment dans le *Livre du nouveau monde moral*. Des écrits particuliers ont d'ailleurs été publiés pour les exposer ou pour les défendre.

De l'exposition des doctrines nous passons à l'organisation actuelle de la secte. Son nom est *Société universelle des religionnaires rationnels*. Il y a un congrès annuel, investi du pouvoir législatif sur toute la communauté. Ce congrès général s'assemble chaque année dans une résidence différente, et il y vient des délégués de tous les congrès particuliers, qui sont au nombre de soixante et un. Outre ce corps législatif, il y a un pouvoir exécutif central qui siége à Birmingham, et qui est en séance à peu près permanente. C'est lui qui est chargé de la propagation de la doctrine, et qui envoie des missionnaires dans tout le royaume, divisé en quatorze districts. Les missions embrassent plus de trois cent cinquante mille individus. Les missionnaires ont un traitement d'environ trente schellings par semaine, sans compter les frais du voyage ; et l'argent nécessaire est fourni par des contributions individuelles de quarante centimes par semaine. Les *socialistes* ont aussi à leur disposition toutes les ressources ordinaires de la publicité en Angleterre ; dans les principales villes, à Manchester, à Liverpool, à Birmingham, à Sheffield, ils ont des salles où ils tiennent des séances publiques et régulières ; ils ont un journal spécial, intitulé le *Nouveau monde moral*, et disposent en outre du journal hebdomadaire le plus répandu des trois royaumes, de *Weekly-Dispatch*, qui est tiré tous les samedis à trente mille exemplaires.

Cette organisation et cette propagation des *socialistes* firent naître des inquiétudes en Angleterre. On voyait, d'après les antécédents d'Owen, qu'il s'attaquait, non-seulement à l'église établie, mais à la révélation en général. Son système favorisait d'ailleurs les idées révolutionnaires, ajoutait à la fermentation des esprits, surexcitait une exaltation menaçante. Une pétition de quatre mille habitants de Birmingham, effrayés de ces résultats, fut présentée à la chambre des lords par le docteur Phillpots, évêque d'Exeter, un des plus zélés champions de l'église établie, et la chambre adopta, en conséquence, la proposition d'une enquête sur la doctrine et sur les progrès de la nouvelle secte. Lord Melbourne, alors ministre, moins avisé que Sir Robert Peel, alla jusqu'à présenter Owen à la reine Victoria, au mois de janvier 1840; démarche dont le clergé anglican se scandalisa et qui fit grand bruit. Le novateur, dans une sorte de manifeste publié le 2 février suivant, et en tête duquel il se qualifiait d'*inventeur et de fondateur d'un système de société et de religion rationnelle*, parla avec beaucoup de vanité de sa présentation à la reine; il s'y vanta aussi d'avoir été naguère protégé par les torys, et y rendit compte de ses théories et de sa conduite. Lord Melbourne, interpellé à ce sujet à la chambre des lords, convint que sa démarche n'avait pas été exempte d'imprudence, aveu dont l'opposition tira avantage pour attaquer le ministre. Mais il y avait dans cette affaire quelque chose de plus grave qu'une lutte ministérielle. Birmingham envoyait une pétition de huit mille signatures pour contredire celle des quatre mille, et il était difficile qu'on ne s'alarmât pas de l'extension que prenait une secte qui n'était pas moins hostile à la société qu'à la religion. Les déclamations des *socialistes* exercent la plus redoutable influence sur cette partie de la population que son inexpérience et sa crédulité disposent à être le jouet des utopistes. *Voyez* FOURIÉRISME et SAINT-SIMONISME.

M. de Luca, rédacteur des *Annales des sciences religieuses*, publiées à Rome, a lu à l'académie de la religion catholique une savante dissertation sur ce sujet : *La condition économique des peuples ne peut être améliorée sans le secours des doctrines et des institutions de l'Église catholique. Impiété et inutilité des doctrines et des institutions contraires des prétendus socialistes modernes, Saint-Simon, Charles Fourier et Robert Owen*.

SOCIÉTÉS SECRÈTES. (Dix-neuvième siècle.) Pour se former une juste idée de l'organisation des *sociétés secrètes* de nos jours, et bien comprendre leur influence, il faut les ranger en deux grandes classes, qui ont chacune un caractère distinct. L'une, depuis longtemps subsistante, renferme, sous le voile de la *franc-maçonnerie*, des agrégations diverses, au sein desquelles siègent les apôtres de la philosophie, rendant leurs oracles et prophétisant la régénération des peuples : c'est la révolution à l'état de théorie ; et les francs-maçons peuvent adopter pour emblème une torche qui embrase. La seconde classe renferme des agrégations secrètes armées, prêtes à combattre au premier signal l'autorité publique, et l'on découvre les séides de l'anarchie avec l'attitude menaçante de conjurés : c'est la révolution à l'état d'application ; et ces sociétés secrètes peuvent adopter pour emblème un poignard. La révolution prend un corps dans ces républiques occultes, qui font incessamment effort pour passer de l'état de société secrète à celui de société publique, comme elles y réussirent, notamment en 1821, en Espagne, dans le Piémont et à Naples. Leur centre est à Paris.

La société des francs-maçons a peut-être été l'origine et elle a certainement été le modèle de celle des *carbonari*, qui s'est nouvellement organisée, qui s'est propagée dans toute l'Italie et dans d'autres pays ; et qui, bien que divisée en plusieurs branches et portant différents noms, suivant les circonstances, est cependant réellement une, tant pour la communauté d'opinions et de vues, que par sa constitution.

Les *carbonari* affectent un singulier respect et un zèle merveilleux pour la religion catholique et pour la doctrine et la parole du Sauveur, qu'ils ont quelquefois la coupable audace de nommer leur grand maître et le chef de leur société : mais ces discours menteurs ne sont que des traits dont se servent ces hommes perfides pour blesser plus sûrement ceux qui ne se tiennent pas sur leurs gardes.

Le serment redoutable par lequel, à l'exemple des anciens priscillianistes et manichéens, ils promettent qu'en aucun temps et qu'en aucune circonstance ils ne révéleront quoi que ce soit qui puisse concerner leur société à des hommes qui n'y seraient point admis, ou qu'ils s'entretiendront jamais avec ceux des derniers grades de choses relatives aux grades supérieurs ; de plus, les réunions clandestines et illégitimes qu'ils forment à l'instar de plusieurs hérétiques, et l'agrégation de personnes de toutes les religions et de toutes les sectes dans leur société, montrent assez, quand même il ne s'y joindrait pas d'autres indices, qu'il ne faut avoir aucune confiance dans leurs paroles.

Leurs livres imprimés, dans lesquels on trouve ce qui s'observe dans leurs réunions, surtout dans celles des grades supérieurs, leurs catéchismes, leurs statuts, d'autres documents authentiques, les témoignages de ceux qui, après avoir abandonné cette association en ont révélé aux magistrats les artifices et les erreurs, tout établit que les *carbonari* ont principalement pour but de propager l'indifférence en matière de religion, le plus dangereux de tous les systèmes ; de donner à chacun la liberté absolue de profaner et de souiller la passion du Sauveur par quelques-unes de leurs coupables cérémonies, de mépriser les sacrements de l'Église (auxquels ils paraissent en substituer quelques-uns inventés par eux), de rejeter les mystères de la religion catholique ; enfin de renverser le saint-siège, contre lequel, animés d'une haine toute particulière, ils tranquent les complots les plus noirs et les plus détestables.

Les préceptes de morale que donne la société des *carbonari* ne sont pas moins coupables, quoiqu'elle se vante hautement d'exiger de ses sectateurs qu'ils aiment et pratiquent la charité et les autres vertus, et qu'ils s'abstiennent de tout vice. Ainsi elle favorise ouvertement les plaisirs des sens. Elle enseigne qu'il est permis de tuer ceux qui révéleraient le secret dont nous avons parlé plus haut. Elle enseigne encore, au mépris des paroles des apôtres Pierre et Paul, qu'il est permis d'exciter des révoltes pour dépouiller de leur puissance les rois et tous ceux qui commandent, auxquels elle donne le nom injurieux de tyrans.

Tels sont les dogmes et les préceptes de cette société ; et les attentats politiques, accomplis en Espagne, dans le Piémont, à Naples, attentats accompagnés d'outrages et de mesures hostiles à la religion catholique, en ont été la triste application. Tels sont aussi les dogmes et les préceptes de tant d'autres *sociétés secrètes* conformes ou analogues à celle des *carbonari*.

La bulle de Pie VII, *Ecclesiam a Jesu Christo*, du 13 septembre 1821, les frappe d'une condamnation renouvelée par Léon XII, dans une bulle du 13 mars 1825, qui signale particulièrement l'association désignée sous le nom d'*universitaire*, parce qu'elle a établi son siége dans plusieurs universités, où des jeunes gens sont pervertis, au lieu d'être instruits, par quelques maîtres initiés à des mystères d'iniquité, et formés à tous les crimes.

SOCINIANISME, doctrine des sociniens, dont Lélie et Fauste Socin sont regardés comme les auteurs, et qui a sa source dans les principes de la réforme.

De l'origine du socinianisme et de son progrès jusqu'à la mort de Lélie Socin.

Luther avait attaqué l'autorité de l'Eglise, de la tradition et des Pères ; l'Ecriture était, selon ce théologien, la seule règle de notre foi, et chaque particulier était l'interprète de l'Ecriture.

Le chrétien, abandonné à lui-même dans l'interprétation de l'Ecriture, n'eut pour guide que ses propres connaissances, et chaque prétendu réformé ne découvrait dans l'Ecriture que ce qui était conforme aux opinions et aux idées qu'il avait reçues ou aux principes qu'il s'était faits lui-même ; et comme presque toutes les hérésies n'étaient que de fausses interprétations de l'Ecriture, presque toutes les hérésies reparurent dans un siècle où le fanatisme et la licence avaient répandu presque dans toute l'Europe les principes de la réforme.

On vit donc sortir du sein de la réforme des sectes qui attaquèrent les dogmes que Luther avait respectés : le dogme de la trinité, la divinité de Jésus-Christ, l'efficacité des sacrements, la nécessité du baptême. *Voyez* à l'article LUTHER, les sectes sorties du luthéranisme, les articles ANABAPTISTES, ARIENS MODERNES.

Mais ces sectes, nées presque toutes du fanatisme et de l'ignorance, étaient divisées entre elles et remplissaient l'Allemagne de divisions et de troubles.

Pendant que l'Allemagne était déchirée par ces factions, les principes de la réforme, portés dans les pays où le feu du fanatisme n'échauffait pas les esprits, germaient pour ainsi dire paisiblement et acquéraient de la consistance dans des sociétés qui se piquaient de raisonner.

Quarante personnes des plus distinguées par leur rang, par leurs emplois et par leurs titres, établirent en 1546 à Vicence, ville de l'Etat vénitien, une espèce d'académie pour y conférer ensemble sur les matières de religion et particulièrement sur celles qui faisaient alors le plus de bruit.

L'espèce de confusion qui couvrait alors presque toute l'Europe, les abus grossiers et choquants qui avaient pénétré dans tous les Etats, des superstitions et des croyances ridicules ou dangereuses qui s'étaient répandues, firent juger à cette société que la religion avait besoin d'être réformée, et que, l'Ecriture contenant de l'aveu de tout le monde la pure parole de Dieu, le moyen le plus sûr pour dégager la religion des fausses opinions était de n'admettre que ce qui était enseigné dans l'Ecriture.

Comme cette société se piquait de littérature et de philosophie, elle expliqua, selon les règles de critique qu'elle s'était faites et conformément à ses principes philosophiques, la doctrine de l'Ecriture, et n'admit comme révélé que ce qu'elle y voyait clairement enseigné, c'est-à-dire ce que la raison concevait.

D'après cette méthode, ils réduisirent le christianisme aux articles suivants.

Il y a un Dieu très-haut, qui a créé toutes choses par la puissance de son Verbe, et qui gouverne tout par ce Verbe.

Le Verbe est son Fils, et ce Fils est Jésus de Nazareth, fils de Marie, homme véritable, mais un homme supérieur aux autres hommes, ayant été engendré d'une vierge et par l'opération du Saint-Esprit.

Ce Fils est celui que Dieu a promis aux anciens patriarches, et qu'il donne aux hommes ; c'est ce Fils qui a annoncé l'Evangile et qui a montré aux hommes le chemin du ciel en prenant sa chair et en vivant dans la piété. Ce Fils est mort par l'ordre de son Père, pour nous procurer la rémission de nos péchés ; et il est ressuscité par la puissance du Père, et il est glorieux dans le ciel.

Ceux qui sont soumis à Jésus de Nazareth sont justifiés de la part de Dieu, et ceux qui ont de la piété en lui reçoivent l'immortalité qu'ils ont perdue dans Adam. Jésus-Christ seul est le Seigneur et le chef du peuple qui lui est soumis ; il est le juge des vivants et des morts ; il reviendra vers les hommes à la consommation des siècles.

Voilà les points auxquels la société de Vicence réduisit la religion chrétienne. La Trinité, la consubstantialité du Verbe, la divinité de Jésus-Christ, etc., n'étaient, selon cette société, que des opinions prises dans la philosophie des Grecs, et non pas des dogmes révélés.

Les assemblées de Vicence ne purent se faire assez secrètement pour que le ministère n'en fût pas instruit : il en fit arrêter quelques-uns qu'on fit mourir ; les autres s'échappèrent, tels furent Lélie Socin, Bernard Okin, Pazuta, Gentilis, etc., qui se retirèrent en Turquie, en Suisse, en Allemagne.

Les chefs de la prétendue Réforme n'étaient pas moins ennemis des nouveaux ariens, que des catholiques, et Calvin avait fait brûler Servet ; ainsi les exilés de Vicence ne purent enseigner librement leurs sentiments dans les lieux où le magistrat obéissait aux réformateurs. Ils se retirèrent donc enfin en Pologne, où les nouveaux ariens professaient librement leurs sentiments sous la protection de plusieurs seigneurs polonais qu'ils avaient séduits.

Ces nouveaux ariens avaient en Pologne des églises, des écoles, et assemblaient des synodes où ils firent des décrets contre ceux qui soutenaient le dogme de la Trinité.

Lélie Socin quitta la Suisse et se réfugia parmi ces nouveaux ariens ; il y porta le goût des lettres, les principes de la critique, l'étude des langues et l'art de la dispute ; il écrivit contre Calvin, il fit des commentaires sur l'Ecriture sainte, et apprit aux antitrinitaires à expliquer dans un sens figuré ou allégorique les passages que les réformés leur opposaient pour les obliger à reconnaître la Trinité et la divinité de Jésus-Christ. Il aurait sans doute rendu de plus grands services au nouvel arianisme ; mais il mourut le 16 mars 1562 à Zurich, laissant son bien et ses écrits à Fauste Socin son neveu.

Du socinianisme depuis que Fauste Socin en fut le chef.

La réputation de Lélie Socin, les lettres qu'il écrivait à sa famille, firent naître de bonne heure dans Fauste Socin le goût des disputes de religion et le désir de s'y distinguer : il s'appliqua avec beaucoup d'ardeur à la théologie, et à l'âge de vingt ans il crut être en état de s'ériger en maître et de faire un nouveau système de religion. Son zèle, qui n'avait pas encore sa maturité, l'emporta si loin, que, non content de dogmatiser avec ses parents et avec ses amis, il voulut le faire dans les assemblées où son esprit et sa naissance lui donnaient accès. L'inquisition en fut informée ; elle poursuivit tous les membres de la famille de Socin, en arrêta quelques-uns, et les autres se sauvèrent où ils purent.

Fauste Socin fut de ce nombre : âgé d'environ vingt-trois ans, il vint à Lyon ; ce fut là qu'il apprit la mort de son oncle qui lui avait légué ses papiers. Fauste Socin alla à Zurich pour y recueillir la succession et surtout les écrits de son oncle, et revint en Italie avec ce funeste trésor. Son nom, sa noblesse et son esprit lui donnèrent bientôt entrée à la cour de François, grand-duc de Florence : il plut à ce prince, et se fixa auprès de lui. La galanterie, les plaisirs de la cour, l'ambition, l'occupèrent tout entier pendant douze ans ; après ce temps, le goût des controverses de religion reprit insensiblement le dessus sur les plaisirs et sur le désir de faire fortune. Fauste Socin quitta la cour, renonça à ses emplois, et forma le projet de parcourir l'Europe pour y enseigner la doctrine de son oncle et la sienne.

Après quelques courses, il arriva en 1574 à Bâle et y demeura trois ans, uniquement occupé des matières de religion et de controverses, qu'il étudiait surtout dans les écrits de son oncle, dont il adopta tous les sentiments ; il voulut les enseigner, et se rendit odieux aux luthériens, aux calvinistes et à tous les protestants. Socin, rebuté par les contradictions qu'il éprouva, passa en Transylvanie, et enfin se rendit en Pologne vers l'an 1579.

Les antitrinitaires ou les nouveaux ariens avaient fait de grands progrès en Pologne, et ils y avaient fondé beaucoup d'églises et d'écoles ; ils y jouissaient d'une entière liberté.

Mais toutes ces églises n'étaient pas uniformes dans leur créance. Lorsque Fauste Socin arriva en Pologne, elles formaient en quelque sorte des sociétés différentes, et l'on en compte jusqu'à trente-deux qui n'avaient presque de commun que de ne pas regarder Jésus-Christ comme le vrai Dieu.

Fauste Socin voulut s'attacher à une de ces églises, mais les ministres qui la gouvernaient le refusèrent, parce qu'ils apprirent qu'il avait beaucoup de sentiments contraires à ceux qu'ils professaient. Fauste Socin ne voulut alors s'associer à aucune des églises de Pologne, et affecta d'être l'ami de toutes pour les amener à ses idées ; il leur disait qu'à la vérité Luther et Calvin avaient rendu de grands services à la religion, et qu'ils s'y étaient assez bien pris pour renverser le temple de l'Antechrist de Rome et pour dissiper les erreurs qu'il enseignait ; néanmoins qu'il fallait convenir que ni eux, ni ceux qui s'étaient bornés à leur système, n'avaient encore rien fait pour rebâtir le vrai temple de Dieu sur les ruines de celui de Rome, et pour rendre au grand Dieu le vrai culte qui lui est dû.

Pour y parvenir, disait Socin, il faut établir comme la base de la vraie religion qu'il n'y a qu'un seul Dieu ; que Jésus-Christ n'est Fils de Dieu que par adoption et par les prérogatives que Dieu lui a accordées ; qu'il n'était qu'un homme, qui, par les dons dont le ciel l'a prévenu, était notre médiateur, notre pontife, notre prêtre ; qu'il ne fallait adorer qu'un seul Dieu, sans distinction de personnes ; ne point s'embarrasser, pour expliquer ce que c'était que le Verbe, de la manière dont il procédait du Père avant les siècles et de quelle manière il s'était fait homme ; qu'il fallait regarder comme des fables forgées dans l'imagination des hommes la présence réelle de l'humanité et de la divinité de Jésus-Christ dans l'eucharistie, l'efficacité du baptême pour effacer le péché originel, etc.

Ce plan de religion plut infiniment à des hommes qui ne s'étaient écartés de la croyance des églises réformées que parce qu'ils ne voulaient reconnaître comme enseigné dans l'Ecriture que ce qu'ils comprenaient. Les unitaires, qui faisaient le parti dominant parmi les ennemis de la divinité de Jésus-Christ, l'agrégèrent à leurs églises et suivirent ses opinions ; plusieurs autres églises les imitèrent, et Socin devint le chef de toutes ces églises.

Ce nouveau chef, par ses instructions et par ses disputes, répandit de l'éclat sur toutes les églises, et alarma les protestants et les calvinistes. Cinquante ministres protestants s'assemblèrent et appelèrent les ministres princzowiens pour prendre avec eux des moyens de réunion ; mais ceux qui avaient déjà pris parti pour Fauste Socin les conduisirent au synode ; et les prétendus réformés, effrayés de se voir en tête un adversaire comme Socin, abandonnèrent pour la plus grande partie le synode, sous prétexte qu'il ne leur était pas permis d'avoir des conférences ni aucune société avec des personnes qui suivaient les erreurs des ébionites, des samosatiens, des ariens, etc., de tous ceux qui ont autrefois été excommuniés par l'Eglise.

Volanus, Némojonius, Paléologue et quelques autres moins scrupuleux ou plus hardis attaquèrent Socin personnellement, et publièrent des thèses qui furent soutenues dans le collége de Posnanie : Fauste Socin s'y trouva.

Les prétendus réformés voulurent y soutenir la divinité de Jésus-Christ, mais à la faveur de la tradition des anciens Pères et des conciles. Fauste Socin opposa à ces preuves tout ce que les protestants ont opposé aux catholiques sur la tradition et sur l'Eglise pour justifier leur schisme. « Les Pères et les conciles peuvent se tromper, disait Socin, ils se sont même trompés quelquefois ; il n'y a point de juge parmi les hommes qui ait une autorité infaillible et souveraine pour décider les matières de foi ; il n'appartient qu'à l'Ecriture de désigner les objets de notre créance : c'est donc en vain que vous me citez l'autorité des hommes pour m'assurer du point le plus important de la religion, savoir la divinité de Jésus-Christ. »

Les réformés sentirent que pour arrêter les progrès de Socin il fallait avoir recours à d'autres moyens que la controverse : ils l'accusèrent d'avoir inséré dans ses ouvrages des maximes séditieuses. La patience, le courage et l'adresse de Socin triomphèrent de ses ennemis. Malgré les malheurs qu'il essuya, il avait un grand nombre de disciples parmi les personnes de qualité, et enfin il obtint la malheureuse satisfaction qu'il avait tant désirée : toutes les églises de Pologne et de Lithuanie, si différentes en pratique, en morale et en dogmes, et qui ne convenaient que dans la seule opinion de ne vouloir pas croire que Jésus-Christ fût le grand Dieu, consubstantiel au Père éternel, se réunirent, et ne formèrent qu'une seule église, qui prit et qui porte encore aujourd'hui le nom d'Eglise socinienne.

Socin ne jouit pas tranquillement de la gloire à laquelle il avait aspiré avec tant d'ardeur ; les catholiques et les protestants lui causèrent des chagrins, et il mourut dans le village de Luclavie où il s'était retiré, pour se dérober aux poursuites de ses ennemis. Socin mourut en 1604, âgé de 65 ans ; on mit sur son tombeau cette épitaphe :

Tota licet Babylon destruxit tecta Lutherus,
Muros Calvinus, se l fundamenta Socinus.

Luther a détruit le toit de Babylone, Calvin en a renversé les murailles et Socin en a arraché les fondements.

La secte socinienne, bien loin de mourir ou de s'affaiblir par la mort de son chef, s'augmenta beaucoup, et devint considérable par le grand nombre des personnes de qualité et de savants qui en adoptèrent les principes ; les sociniens furent en état d'obtenir dans les diètes la liberté de conscience.

Les catholiques n'avaient cédé qu'à la nécessité des temps en accordant aux sectaires la liberté de conscience ; lorsque les temps de trouble furent passés, ils résolurent de chasser les sociniens. Les catholiques s'unirent donc aux protestants contre les sociniens, et la diète résolut l'extinction des derniers. Par le décret qui y fut fait, on les obligea, ou d'abjurer leurs hérésies, ou de prendre parti parmi les communions tolérées dans le royaume, et ce décret fut exécuté rigoureusement.

Une partie des sociniens entra dans l'Eglise catholique, beaucoup s'unirent aux protestants ; mais le plus grand nombre se retira en Transylvanie, en Hongrie, dans la Prusse ducale, dans la Moravie, dans la Silésie, dans la Marche de Brandebourg, en Angleterre, en Hollande : ce fut ainsi que la Pologne se délivra de cette secte, après l'avoir soufferte plus de cent ans.

Les sociniens trouvèrent des ennemis puissants dans tous les Etats où ils se retirèrent ; non-seulement ils n'y firent point d'établissement, mais la puissance ecclésiastique et la puissance séculière s'unirent contre eux, et partout ils furent condamnés par les lois de l'Eglise et de l'Etat. Mais les lois qui ont proscrit les sociniens n'ont pas réfuté leurs principes : ces principes se sont conservés dans tous les Etats qui ont proscrit le socinianisme, et beaucoup de réformés en Angleterre, et surtout en Hollande, ont passé des principes de la Réforme à ceux du socinianisme. *Voyez* les articles ARIENS MODERNES, ARMINIENS.

Système théologique des sociniens.

L'Ecriture sainte, et surtout le Nouveau Testament, est, selon Socin, un livre divin pour tout homme raisonnable : ce livre nous apprend que Dieu, après avoir créé l'homme, lui a donné des lois, que l'homme les a transgressées, que le péché s'est répandu sur la terre, que la religion s'est corrompue, que l'homme est devenu ennemi de Dieu, que Dieu a envoyé Jésus-Christ pour réconcilier les hommes avec lui et pour leur apprendre ce qu'ils devaient faire et croire pour être sauvés. Il n'est pas possible de douter que Jésus-Christ ne soit celui que Dieu a envoyé pour accomplir l'œuvre de la réconciliation des hommes, et pour leur enseigner ce qu'ils doivent croire et pratiquer.

Il n'est pas moins certain que le Nouveau Testament contient la doctrine de Jésus-Christ ; c'est donc dans ce livre divin qu'il faut chercher ce que l'homme doit croire et pratiquer pour être sauvé.

Comme il n'y a point de juge ou d'interprète infaillible du sens de l'Ecriture, il faut tâcher de le découvrir par les règles de la critique et par la lumière de la raison. Socin et ses disciples s'occupèrent donc à chercher dans l'Ecriture le système de religion que Jésus-Christ était venu enseigner aux hommes ; et c'est ce qui a produit tous ces commentaires sur l'Ecriture, qui forment presque toute la bibliothèque des Frères polonais.

Socin et ses disciples, prétendant ne suivre dans l'interprétation du Nouveau Testament que les règles de la critique et les principes de la raison, expliquèrent d'une manière intelligible à la raison tout le Nouveau Testament, et prirent dans un sens métaphorique tout ce que la raison ne concevait pas ; par ce moyen, ils retranchèrent du christianisme tous les mystères, et réduisirent à de simples métaphores ces vérités sublimes que la raison ne peut comprendre.

D'après ce principe, ils enseignèrent qu'il n'y a qu'un seul Dieu, créateur du monde : le Père, le Fils et le Saint-Esprit ne sont point des personnes divines, mais des attributs de Dieu. Ainsi les sociniens renouvelèrent l'erreur de Sabellius, de Praxée : nous les avons réfutés à ces articles, et à l'article ANTITRINITAIRES.

Dieu créa Adam et lui donna des lois ; Adam les transgressa ; Adam, pécheur, tomba dans l'ignorance et dans le désordre ; sa postérité l'imita, et la terre fut couverte de ténèbres et de pécheurs. Les sociniens ne reconnaissaient donc point de péché originel : nous avons réfuté cette erreur à l'article PÉLAGIENS.

Dieu, touché du malheur des hommes, a envoyé son Fils sur la terre : ce Fils est un homme ainsi nommé parce que Dieu l'a comblé de grâce ; ainsi les sociniens renouvelèrent l'erreur de Théodote de Bysauce : nous l'avons réfutée à cet article, et aux articles ARIENS, NESTORIUS.

Jésus-Christ, inspiré par Dieu même, enseigna aux hommes ce qu'ils devaient croire et pratiquer pour honorer Dieu, il leur apprit qu'il y avait une autre vie, où leur fidélité à pratiquer ce qu'il annoncerait serait récompensée, et leur résistance punie.

Dieu avait voulu que ces peines ou ces récompenses fussent le prix de la vertu ou le châtiment du désordre ; il n'avait point choisi parmi les hommes un certain nombre pour être heureux, et abandonné le reste à un penchant vicieux, qui devait les conduire à la damnation ; tous sont libres ; Jésus-Christ leur a donné à tous l'exemple de la vertu ; ils ont tous reçu de Dieu la lumière de la raison ; ils ne naissent point corrompus, tous peuvent pratiquer la vertu ; il n'y a point de prédestination ni d'autre grâce que ces instructions et ces dons naturels que l'homme reçoit de Dieu.

Les sociniens renouvelèrent donc l'erreur des pélagiens sur le péché originel, sur la nature et sur la nécessité de la grâce et sur la prédestination : nous avons réfuté toutes ces erreurs à l'article PÉLAGIANISME.

Nous n'entrerons pas dans un plus grand détail sur les autres erreurs des sociniens ; elles sont des conséquences de celles que nous venons d'exposer, et se réfutent par les mêmes principes.

Toutes ces erreurs ont pour cause générale ce principe fondamental que Socin emprunta en partie de la réforme : c'est que le Nouveau Testament contient seul la doctrine de Jésus-Christ, mais que c'est aux hommes à l'interpréter suivant les principes de la raison et selon les règles de la critique.

Nous avons fait voir la fausseté de ce principe en faisant voir contre Luther et contre les réformés qu'il y a un corps de pasteurs chargé d'enseigner les vérités que Jésus-Christ a révélées aux hommes. *Voyez*, à l'article LUTHER, ce que l'on dit pour prouver l'autorité de la tradition, et, à l'article RÉFORME, ce qu'on dit pour prouver que l'Eglise seule est juge infaillible des controverses de la foi, et qu'il est absurde d'attribuer ce droit au simple fidèle. Ce principe bien établi, le socinianisme s'évanouit, et ne devient plus qu'un système imaginaire, puisqu'il porte sur une supposition absolument fausse.

SPINOSISME. Système d'athéisme de Benoît Spinosa, juif portugais, mort en Hollande l'an 1677, à 44 ans. Ce système est un assemblage confus des idées des rabbins, des principes de Descartes mal appliqués, et des sophismes des protestants ; on l'a aussi nommé *panthéisme*, parce qu'il consiste à soutenir que l'*univers* est Dieu, ou qu'il n'y a point d'autre Dieu que l'universalité des êtres. D'où il s'ensuit que tout ce qui arrive est l'effet nécessaire des lois éternelles et immuables de la *nature*, c'est-à-dire d'un être infini et universel, qui existe et qui agit nécessairement. Il est aisé d'apercevoir les conséquences absurdes et impies qui naissent de ce système.

On voit d'abord qu'il consiste à réaliser des abstractions, et à prendre tous les termes dans un sens faux et abusif. L'*être* en général, la *substance* en général, n'existent point ; il n'y a dans la réalité que des individus et des *natures* individuelles. Tout *être*, toute *substance*, toute *nature*, est ou corps ou esprit, et l'un ne peut être l'autre. Mais Spinosa pervertit toutes ces notions ; il prétend qu'il n'y a qu'une seule *substance*, de laquelle la pensée et l'étendue, l'esprit et le corps sont des *modifications ;* que tous les êtres particuliers sont des modifications de l'être en général.

Il suffit de consulter le sentiment intérieur, qui est le souverain degré de l'évidence, pour être convaincu de l'absurdité de ce langage. Je sens que je suis moi et non un autre, une substance séparée de toute autre, un individu réel, et non une modification; que mes pensées, mes volontés, mes sensations, mes affections sont à moi et non à un autre, et que celles d'un autre ne sont pas les miennes. Qu'un autre soit un être, une substance, une nature aussi bien que moi, cette ressemblance n'est qu'une idée abstraite, une manière de nous considérer l'un l'autre ; mais qui n'établit point l'*identité* ou une unité réelle entre nous.

Pour prouver le contraire, Spinosa ne fait qu'un sophisme grossier. « Il ne peut y avoir, dit-il, plusieurs substances de même attribut ou de différents attributs ; dans le premier cas, elles ne seraient point différentes, et c'est ce que je prétends ; dans le second, ce seraient ou des attributs essentiels, ou des attributs accidentels : si elles avaient des attributs essentiellement différents, ce ne seraient plus des substances ; si ces attributs n'étaient qu'accidentellement différents, ils n'empêcheraient point que la substance ne fût une et indivisible. »

On aperçoit d'abord que ce raisonneur joue sur l'équivoque du mot *même* et du mot *différent*, et que son système n'a point d'autre fondement. Nous soutenons qu'il y a plusieurs substances de même attribut, ou plusieurs substances dont les unes diffèrent essentiellement, les autres accidentellement. Deux hommes sont deux substances de même attribut, ils ont même nature et même essence, ce sont deux individus de même espèce, mais ils ne sont pas le *même*; quant au nombre, ils sont différents, c'est-à-dire distingués. Spinosa confond l'identité de nature, ou d'espèce, qui n'est qu'une ressemblance, avec l'identité individuelle, qui est l'unité ; ensuite il confond la distinction des individus avec la différence des espèces : pitoyable logique ! au contraire, un homme et une pierre sont deux substances de différents attributs, dont la nature, l'essence, l'espèce, ne sont point les mêmes ou ne se ressemblent point. Cela n'empêche pas qu'un homme et une pierre n'aient l'attribut commun de substance ; tous deux subsistent à part et séparés de tout autre être ; ils n'ont besoin ni l'un ni l'autre d'un suppôt, ce ne sont ni des accidents ni des modes ; s'ils ne sont pas des substances, ils ne sont rien.

Spinosa et ses partisans n'ont pas vu que l'on prouverait qu'il n'y a qu'un seul mode, une seule modification dans l'univers, par le même argument dont ils se servent pour prouver qu'il n'y a qu'une seule substance ; leur système n'est qu'un tissu d'équivoques et de contradictions. Ils n'ont pas une seule réponse solide à donner aux objections dont on les accable.

Le comte de Boulainvilliers, après avoir fait tous ses efforts pour expliquer ce système ténébreux et inintelligible, a été forcé de convenir que le système ordinaire qui représente Dieu comme un Etre infini, distingué, première cause de tous les êtres, a de grands avantages, et sauve de grands inconvénients. Il tranche les difficultés de l'infini qui paraît indivisible et divisé dans le *spinosisme;* il rend raison de la nature des êtres; ceux-ci sont tels que Dieu les a faits, non par nécessité, mais par une volonté libre; il donne un objet intéressant à la religion, en nous persuadant que Dieu nous tient compte de nos hommages ; il explique l'ordre du monde, en l'attribuant à une cause intelligente qui sait ce qu'elle fait ; il fournit une règle de morale qui est la loi divine, appuyée sur des peines et des récompenses ; il nous fait concevoir qu'il peut y avoir des miracles, puisque Dieu est supérieur à toutes les lois et à toutes les forces de la nature qu'il a librement établies. Le *spinosisme* au contraire ne peut nous satisfaire sur aucun de ces chefs, et ce sont autant de preuves qui l'anéantissent.

Ceux qui l'ont réfuté ont suivi différentes méthodes. Les uns se sont attachés principalement à en développer les conséquences absurdes. Bayle en particulier a très-bien prouvé que, selon Spinosa, Dieu et l'étendue sont la même chose; que l'étendue étant composée de parties dont chacune est une substance particulière, l'unité prétendue de la substance universelle est chimérique et purement idéale. Il a fait voir que les modalités qui s'excluent l'une l'autre, telles que l'étendue et la pensée, ne peuvent subsister dans le même sujet, que l'immutabilité de Dieu est incompatible avec la division des parties de la matière et avec la succession des idées de la substance pensante ; que les pensées de l'homme étant souvent contraires les unes aux autres, il est impossible que Dieu en soit le sujet ou le suppôt. Il a montré qu'il est encore plus absurde de prétendre que Dieu est le suppôt des pensées criminelles, des vices et des passions de l'humanité; que, dans ce système, le vice et la vertu sont des mots vides de sens ; que, contre la possibilité des miracles, Spinosa n'a pu alléguer que sa propre thèse, savoir, la nécessité de toutes choses, thèse non prouvée, et dont on ne peut pas seulement donner la notion ; qu'en suivant ses propres principes, il ne pouvait nier ni les esprits, ni les miracles, ni les enfers (1).

Dans l'impuissance de rien répliquer de solide, les spinosistes se sont retranchés à dire que Bayle n'a pas compris la doctrine de leur maître, et qu'il l'a mal exposée. Mais ce critique, aguerri à la dispute, n'a pas été dupe de cette défaite, qui est celle de tous les matérialistes; il a repris en détail, toutes les propositions fondamentales du système, il a défié ses adversaires de lui en montrer une seule dont il n'eût pas exposé le vrai sens. En particulier, sur l'article de l'immutabilité et du changement de la substance, il a démontré que ce sont les spinosistes qui ne

---

(1) Dict. crit. Spinosa.

s'entendent pas eux-mêmes ; que, dans leur système, Dieu est sujet à toutes les révolutions et les transformations auxquelles la matière première est assujettie selon l'opinion des péripatéticiens (1).

D'autres auteurs, comme le célèbre Fénelon, et le père Lami, bénédictin, ont formé une chaîne de propositions évidentes et incontestables, qui établissent les vérités contraires aux paradoxes de Spinosa ; ils ont ainsi construit un édifice aussi solide qu'un tissu de démonstrations géométriques, et devant lequel le *spinosisme* s'écroule de lui-même.

Quelques-uns enfin ont attaqué ce sophiste dans le fort même où il s'était retranché, et sous la forme géométrique, sous laquelle il a présenté ses erreurs, ils ont examiné ses définitions, ses propositions, ses axiomes, ses conséquences ; ils en ont dévoilé les équivoques et l'abus continuel qu'il a fait des termes ; ils ont démontré que de matériaux si faibles, si confus et si mal assortis, il n'est résulté qu'une hypothèse absurde et révoltante (2).

Plusieurs écrivains ont cru que Spinosa avait été entraîné dans son système par les principes de la philosophie de Descartes ; nous ne pensons pas de même. Descartes enseigne à la vérité qu'il n'y a que deux êtres existants réellement dans la nature, la pensée et l'étendue ; que la pensée est l'essence ou la substance même de l'esprit ; que l'étendue est l'essence ou la substance même de la matière. Mais il n'a jamais rêvé que ces deux êtres pouvaient être deux attributs d'une seule et même substance ; il a démontré au contraire que l'une de ces deux choses exclut nécessairement l'autre, que ce sont deux natures essentiellement différentes, qu'il est impossible que la même substance soit tout à la fois esprit et matière.

D'autres ont douté si la plupart des philosophes grecs et latins, qui semblent avoir enseigné l'unité de *Dieu*, n'ont pas entendu sous ce nom l'univers ou la nature entière ; plusieurs matérialistes n'ont pas hésité de l'affirmer ainsi, de soutenir que tous ces philosophes étaient *panthéistes* ou *spinosistes*, et que les Pères de l'Église se sont trompés grossièrement, ou en ont imposé, lorsqu'ils ont cité des passages des anciens philosophes en faveur du dogme de l'unité de Dieu, professé par les Juifs et par les chrétiens.

Dans le fond, nous n'avons aucun intérêt de prendre un parti dans cette question ; vu l'obscurité, l'incohérence, les contradictions qui se rencontrent dans les écrits des philosophes, il n'est pas fort aisé de savoir quel a été leur véritable sentiment. Ainsi l'on ne pourrait accuser les Pères de l'Église ni de dissimulation, ni d'un défaut de pénétration, quand même ils n'auraient pas compris parfaitement le système de ces raisonneurs. Ceux qu'on peut accuser de panthéisme avec le plus de probabilité, sont les pythagoriciens et les stoïciens, qui envisageaient Dieu comme l'âme du monde, et qui le supposaient soumis aux lois immuables du destin. Mais, quoique ces philosophes n'aient pas établi d'une manière nette et précise la distinction essentielle qu'il y a entre l'esprit et la matière, il paraît qu'ils n'ont jamais confondu l'un avec l'autre ; jamais ils n'ont imaginé, comme Spinosa, qu'une seule et même substance fût tout à la fois, esprit et matière. Leur système ne valait peut-être pas mieux que le sien, mais enfin il n'était pas absolument le même.

Toland, qui était spinosiste, a poussé plus loin l'absurdité, il a osé soutenir que Moïse était *panthéiste*, que le Dieu de Moïse n'était rien autre chose que l'univers. Un médecin, qui a traduit en latin et a publié les ouvrages posthumes de Spinosa, a fait mieux encore ; il a prétendu que la doctrine de ce rêveur n'a rien de contraire aux dogmes du christianisme, et que tous ceux qui ont écrit contre lui l'ont calomnié (3). La seule preuve que donne Toland est un passage de Strabon (4), dans lequel il dit que Moïse enseigna aux Juifs que Dieu est tout ce qui nous environne, la terre, la mer, le ciel, le monde, et tout ce que nous appelons *la nature*.

Il s'ensuit seulement que Strabon n'avait pas lu Moïse, ou qu'il avait fort mal compris le sens de sa doctrine. Tacite l'a beaucoup mieux entendu. Les Juifs, dit-il, conçoivent par la pensée un seul Dieu, souverain, éternel, immuable, immortel, *Judæi, mente sola, unumque Numen intelligunt, summum illud et æternum, neque mutabile, neque interiturum* (5). En effet, Moïse enseigne que Dieu a créé le monde, que le monde a commencé, que Dieu l'a fait très-librement, puisqu'il l'a fait par sa parole ou par le seul vouloir, qu'il a tout arrangé comme il lui a plu, etc. Les panthéistes ne peuvent admettre une seule de ces expressions ; ils sont forcés de dire que le monde est éternel, ou qu'il s'est fait par hasard ; que le tout a fait les parties, ou que les parties ont fait le tout, etc. Moïse a sapé toutes ces absurdités par le fondement. Il n'est pas nécessaire d'ajouter que les Juifs n'ont point eu d'autre croyance que celle de Moïse, et que les chrétiens la suivent encore.

Il ne sert à rien de dire que le *spinosisme* n'est point un athéisme formel ; que si son auteur a mal conçu la Divinité, il n'en a pas pour cela nié l'existence, qu'il n'en parlait même qu'avec respect, qu'il n'a point cherché à faire des prosélytes, etc. Dès que le *spinosisme* entraîne absolument les mêmes conséquences que l'athéisme pur, qu'importe ce qu'a pensé d'ailleurs Spinosa ? Les

---

(1) Dict. crit. Spinosa, rem. CC, DD.
(2) Hooke, *Relig. natur. et revel. Principia*, 1ʳᵉ part. etc. On peut consulter encore Jacquelot, *Traité de l'existence de Dieu* ; Le Vassor, *Traité de la véritable religion*, etc.
(3) Mosheim., *Hist. Ecclés.*, xvɪɪᵉ siècle, sect. 1, § 24, notes *t* et *u*.
(4) Geogr. lib. xvɪ.
(5) Hist. lib. v, cap. 1 seq.

contradictions de ce rêveur ne remédient point aux fatales influences de sa doctrine; s'il ne les a pas vues, c'était un insensé stupide, il ne lui convenait pas d'écrire. Mais l'empressement de tous les incrédules à le visiter pendant sa vie, à converser avec lui, à recueillir ses écrits après sa mort, à développer sa doctrine, à en faire l'apologie, font sa condamnation. Un incendiaire ne mérite pas d'être absous, parce qu'il n'a pas prévu tous les dégâts qu'allait causer le feu qu'il allumait.

STADINGHS, fanatiques du diocèse de Brême, qui faisaient profession de suivre les erreurs des manichéens. Voici l'origine, le progrès et la fin de cette secte:

Le jour de Pâques, une dame de qualité, femme d'un homme de guerre, fit son offrande à son curé; le curé trouva son offrande trop modique, il s'en plaignit et résolut de s'en venger.

Après l'office, la femme se présenta pour recevoir la communion, et le curé, au lieu de lui donner la communion avec l'hostie, mit dans la bouche de cette dame la pièce de monnaie qu'elle lui avait donnée pour offrande. Le recueillement et la frayeur dont cette dame était pénétrée ne lui permirent pas de s'apercevoir qu'au lieu de l'hostie on lui mettait dans la bouche une pièce de monnaie, et elle la garda quelque temps sans s'en apercevoir; mais, lorsqu'elle voulut avaler l'hostie, elle fut dans le plus terrible tourment en trouvant dans sa bouche une pièce de monnaie au lieu de l'hostie; elle crut qu'elle s'était présentée indignement à la sainte table, et que le changement de l'hostie en la pièce de monnaie était la punition de son crime; elle fut pénétrée de la plus vive douleur, et l'agitation de son âme changea ses traits et altéra sa physionomie: son mari s'en aperçut, il voulut en savoir la cause, et demanda qu'on punît le prêtre; on refusa de le faire, il éclata, ses amis en furent informés, et, par leur conseil, il tua le prêtre qu'on ne voulait pas punir.

Aussitôt il fut excommunié, et n'en fut pas effrayé.

Les manichéens et les albigeois n'avaient point été détruits par les croisades, par les rigueurs de l'inquisition: ils s'étaient répandus dans l'Allemagne, et y semaient secrètement leurs erreurs; ils profitèrent des dispositions lesquelles ils virent l'homme de guerre excommunié et ses amis pour leur persuader que les ministres de l'Eglise n'avaient point le pouvoir d'excommunier. On les écouta favorablement; ils persuadèrent que les ministres étaient, non-seulement de mauvais ministres, mais encore qu'ils étaient les ministres d'une mauvaise religion, qui avait pour principe un Etre ennemi des hommes, qui ne méritait ni leurs hommages, ni leur amour; qu'ils les devaient à l'Etre qui avait rendu l'homme sensible au plaisir et qui lui permettait d'en ouïr.

(1) d'Argentré, Collect. jud., t. I, an. 1230, p. 139; Natal. Alex., in sæc. XIII; Dupin, XIIIᵉ siècle, c. 19.

Les stadinghs adoptèrent donc le dogme des deux principes des manichéens, et rendirent un culte à Lucifer ou au démon dans leurs assemblées, où la débauche la plus infâme fut pour eux un exercice de piété.

La secte des stadinghs se grossit insensiblement; on leur envoya des missionnaires; les stadinghs les insultèrent et les firent mourir. De ces crimes, ils passèrent à la persuasion qu'ils feraient une action agréable à Lucifer ou au bon principe en faisant mourir tous les ministres du christianisme. Ils coururent la campagne, pillèrent les églises et massacrèrent les prêtres: on avait brûlé les manichéens, parce qu'on croyait qu'il fallait brûler les hérétiques; les manichéens ou les stadinghs massacraient les prêtres, parce qu'ils croyaient qu'on devait détruire les ennemis du Dieu bienfaisant.

Leur progrès effraya les catholiques; le pape Grégoire IX fit prêcher une croisade contre les stadinghs, et il accorda aux croisés la même indulgence qu'on gagnait dans la croisade pour la terre sainte. On vit en Frise une multitude de croisés qui arrivaient de Gueldre, de Hollande et de Flandre, et à la tête desquels se mirent l'évêque de Brême, le duc de Brabant, le comte de Hollande.

Les stadinghs, instruits dans la discipline militaire par un homme de guerre qui avait donné naissance à la secte, marchèrent à l'armée des croisés, lui livrèrent bataille, se battirent en braves gens, et furent totalement défaits: plus de six mille stadinghs restèrent sur la place, et la secte fut éteinte (1).

Ainsi, il y a dans tous les peuples ignorants une disposition prochaine au fanatisme qui n'attend que l'occasion d'éclater; et cette occasion se trouve presque toujours dans les lieux où le clergé est ignorant.

STANCARISTES, secte de luthériens. Voy. l'article des sectes qui sont sorties du luthéranisme.

STERCORANISTE: c'est celui qui croit que le corps eucharistique de Jésus-Christ est sujet à la digestion et à ses suites, comme les autres aliments.

Vers le milieu du IXᵉ siècle, les Saxons n'étaient pas encore bien instruits des vérités de la religion chrétienne, et Paschase fit pour eux un traité du corps et du sang de Notre-Seigneur. Il y établissait le dogme de la présence réelle, et il disait que nous recevions dans l'eucharistie la même chair et le même corps qui était né de la Vierge.

Quoique Paschase n'eût suivi dans ce livre que la doctrine de l'Eglise, et qu'avant lui les catholiques eussent cru que le corps et le sang de Jésus-Christ étaient vraiment présents dans l'eucharistie, et que le pain et le vin étaient changés au corps et au sang de Jésus-Christ, on n'avait pas coutume de dire si formellement que le corps de Jésus-Christ dans l'eucharistie était le même que celui qui était né de la Vierge (2).

Ces expressions de Paschase déplurent; on

(2) Mabillon, Præf. in IV sæc. Benedict., part. II, c. I, p. 4.

les attaqua, il les défendit ; cette dispute fit du bruit, les hommes les plus célèbres y prirent part, et se partagèrent entre Pachase et ses adversaires.

Les adversaires de Pachase reconnaissaient aussi bien que lui la présence réelle de Jésus-Christ dans l'eucharistie, ils ne condamnaient que sa manière de s'exprimer ; tous reconnaissaient donc que Jésus-Christ était réellement présent dans l'eucharistie.

Il y a dans tous les hommes qui raisonnent un principe de curiosité toujours actif, que les querelles des hommes célèbres dirigent toujours vers les objets dont ils s'occupent : tous les esprits furent donc portés vers le dogme de la présence réelle de Jésus-Christ dans l'eucharistie.

De là naquirent une foule de questions sur les conséquences de ce dogme : on demanda entre autres choses si quelque partie de l'eucharistie était sujette à être rejetée comme les autres aliments.

Quelques-uns pensèrent que les espèces du pain et du vin qui subsistent même après la consécration étaient sujettes aux différents changements que les aliments éprouvent ; d'autres, au contraire, crurent qu'il était indécent de supposer que quelque chose de ce qui appartenait à l'eucharistie passât par les différents états auxquels les aliments ordinaires sont sujets, et donnèrent à ceux qui soutenaient le contraire le nom odieux de stercoranistes ; mais injustement, puisque personne ne croyait que le corps de Jésus-Christ fût digéré : on ne peut citer aucun auteur qui l'ait soutenu, et tous les monuments de l'histoire ecclésiastique supposent le contraire (1)

Les Grecs ont aussi été traités par quelques Latins comme des stercoranistes : voici ce qui a occasionné un pareil reproche. Les Grecs prétendaient qu'on ne devait point célébrer la messe dans le carême, excepté le samedi et le dimanche, qui sont deux jours pendant lesquels les Grecs ne jeûnent jamais ; ils prétendent même que c'est une pratique contraire à la tradition des apôtres de dire la messe les jours de jeûne.

Le cardinal Humbert crut que les Grecs condamnaient la coutume de célébrer la messe les jours de jeûne parce que l'eucharistie rompait le jeûne ; il leur reprocha de penser que notre corps se nourrit du corps de Jésus-Christ, et les appela du nom odieux de stercoranistes ; mais il se trompait : les Grecs défendaient la célébration de la messe les jours de jeûne, parce qu'ils les regardaient comme des jours de douleur et de tristesse, pendant lesquels on ne devait point célébrer un mystère de joie, tel que l'eucharistie (2).

Il paraît donc certain que le *stercoranisme* est une erreur imaginaire, comme le reconnaît Basnage, mais non pas une hérésie, et qu'on l'a faussement imputée à ceux qui ont nié la présence réelle, comme il le prétend (3).

Les auteurs du neuvième siècle, qu'on a taxés injustement de stercoranisme, aussi bien que les Grecs, reconnaissaient la présence réelle ; et quand leurs écrits n'en fourniraient pas des preuves incontestables, il est certain qu'on ne pourrait, sans absurdité, réfuter un homme qui nierait la présence réelle, en lui reprochant qu'il suppose que le corps de Jésus-Christ se digère et passe au retrait.

A l'égard de la question que l'on forme sur le sort des espèces eucharistiques lorsqu'elles sont dans l'estomac, les uns ont imaginé qu'elles étaient anéanties, les autres ont cru qu'elles se changeaient en la substance de la chair qui doit ressusciter un jour : ce sentiment fut assez commun dans le neuvième siècle et dans les suivants ; depuis ce temps, les théologiens n'ont point douté que les espèces eucharistiques ne puissent se corrompre et être changées.

Peut-être faudrait-il résoudre ces questions par ces mots d'un ouvrage anonyme publié par dom Luc d'Acheri : Il n'y a que Dieu qui sache ce qui arrive à l'eucharistie lorsque nous l'avons reçue. (*Spicileg.*, t. XII, p. 41.)

STEVENISTES. En 1802, Corneille Stevens, qui avait administré le diocèse de Namur, en qualité de vicaire général, reconnut sans difficulté la légitimité du concordat et la mission des nouveaux évêques ; mais comme on demandait aux ecclésiastiques de souscrire une formule de soumission, non pas au concordat seulement, mais à la loi du 18 germinal an X, ce qui comprenait les *articles* dits *organiques*, il protesta contre les peines ecclésiastiques dont le nouvel évêque de Namur menaçait ceux qui refuseraient de se soumettre. Depuis qu'il eut cessé ses fonctions de vicaire apostolique par suite de la prise de possession des nouveaux évêques de Namur et de Liége, il continua, comme docteur particulier, d'adresser au clergé et aux fidèles, des lettres, des avis et des instructions où il condamnait tout ce qui avait la moindre apparence d'une approbation tacite de la loi de germinal.

En 1803, quelques fidèles du diocèse de Namur, qui avaient à leur tête trois prêtres, ayant fait un schisme véritable, Stevens blâma leur opposition schismatique ; et, comme ils ne voyaient qu'en lui leur chef spirituel, à raison de son ancienne qualité de grand vicaire, il déclara aux prêtres qu'il leur retirait tous leurs pouvoirs. Quoiqu'il ait toujours rejeté ces schismatiques, on les appela *stevenistes*, par une méprise qui a été la source de jugements erronés portés sur Stevens. Plus tard les trois schismatiques s'appelèrent les *non-communicants*.

Stevens traita d'illicite le serment de la légion d'honneur, comme renfermant la loi de germinal. Quand parut le catéchisme de l'empire, non-seulement il enseigna que les curés ne pouvaient l'adopter, mais il

---

(1) Allix, Préf. de la trad. de Ratramne. Boileau, Préf. sur le même auteur. Mabillon, Præf. in IV sæc. Benedict., part. II, c. 1, 4, 5.

(2) Mabillon, ibid.
(3) Basnage, Hist. de l'eglise, t. II, l. VI, c. 6, p. 926.

voulait qu'on curé auquel on l'envoyait déclarât ouvertement son opposition. Lors du décret du 18 février 1809, sur les hospitalières, il soutint que les anciennes hospitalières ne pouvaient en conscience accepter les statuts impériaux. Il s'éleva avec force contre les décrets de 1809 qui établissaient l'université. Après la bulle d'excommunication contre l'empereur, il écrivit qu'il ne comprenait pas comment un curé qui continuait les prières publiques pour Napoléon pouvait être tranquille devant Dieu et devant l'Eglise.

Les écrits de Stevens fomentèrent le mécontentement en Belgique, aussi la police mit-elle sa tête à prix. Il échappa aux recherches en vivant, depuis la fin de 1802, dans une profonde retraite à Fleurus, et l'année 1814 lui apporta sa délivrance: mais il ne reprit point de fonctions, et continua, dans sa résidence de Wavre, une vie simple et modeste qu'il ne termina qu'en 1828.

Stevens avait toujours protesté de sa soumission au saint-siége. Il envoya même à Rome tous ses écrits imprimés et manuscrits, en priant le pape d'examiner sa doctrine et de décider quelques questions: mais le saint-siége ne paraît point avoir voulu revenir sur ces questions épineuses dont la solution n'était plus nécessaire. Le testament de Stevens est un nouveau témoignage de son obéissance au pontife romain, et, s'il poussa l'opposition à l'excès, du moins on n'est pas en droit de le ranger parmi les anticoncordataires. *Voy.* ce mot et *BLANCHARDISME.*

*STONITES, ou NOUVELLES LUMIÈRES (New lights), tirent leur nom de Stone leur chef, et suivent la doctrine des ariens. C'est une des sectes si nombreuses des Etats-Unis.

*STRAUSS (Doctrine de). David-Frédéric Strauss, né dans le Wurtemberg, étudia à l'université de Tubingue. Disciple de Schelling, il quitta son école pour celle des illuminés dont il adopta, de son aveu, les extravagantes erreurs. Par une transition difficile à expliquer, il passa du mysticisme à la plus froide incrédulité. L'interprétation des livres saints par l'allégorie était de mode, et l'on reste stupéfait à la vue de l'insouciance de la théologie d'outre-Rhin en présence d'une révolution qui substituait aux antiques croyances une tradition sans Evangile, un christianisme sans Christ. Strauss, qui complétait à Berlin ses études théologiques, devint jaloux de surpasser ses devanciers dans la carrière du rationalisme. Ils n'étaient à ses yeux que des raisonneurs pusillanimes, qui ne savaient pas tirer toutes les conséquences de leurs principes. Allant plus loin que les naturalistes et les rationalistes, il faisait ressortir avec force le ridicule de leurs interprétations arbitraires, et s'égayait sur tous ces docteurs qui ont deviné que l'arbre du bien et du mal n'est rien qu'une plante vénéneuse, probablement un mancenillier sous lequel se sont endormis les premiers hommes; que la figure rayonnante de Moïse descendant du mont Sinaï était un produit naturel de l'électricité; la vision de Zacharie, l'effet de la fumée des candélabres du temple; les rois mages, avec leurs offrandes de myrrhe, d'or et d'encens, trois marchands forains qui apportaient quelque quincaillerie à l'enfant de Bethléhem; l'étoile qui marchait devant eux, un domestique porteur d'un flambeau; les anges dans la scène de la tentation, une caravane qui passait dans les déserts chargée de vivres. Dans le fait, il faut être possédé de la manie du système pour débiter sérieusement que, si Jésus-Christ a marché sur les flots de la mer, c'est qu'il nageait ou marchait sur ses bords; qu'il ne conjurait la tempête qu'en saisissant le gouvernail d'une main habile; qu'il ne rassasiait miraculeusement plusieurs milliers d'hommes que parce qu'il avait des magasins secrets, ou que ceux-ci consommèrent leur propre pain qu'ils tenaient en réserve dans leurs poches; enfin qu'au lieu de monter au ciel, il s'était dérobé à ses disciples à la faveur d'un brouillard, et qu'il avait passé de l'autre côté de la montagne: explications étranges, qui n'exigent pas une foi moins robuste que celle qui admet les miracles. A ces partisans de l'exégèse nouvelle, Strauss eût volontiers demandé, comme autrefois les sociniens aux protestants, pourquoi ils s'étaient arrêtés en si beau chemin. Plus hardi qu'eux, il traça le plan d'un ouvrage destiné à faire envisager l'histoire évangélique sous un nouveau jour. M. Guillon, évêque de Maroc, explique ainsi ce plan : *Examen critique des doctrines de Gibbon, du docteur Strauss et de M. Salvador, sur Jésus-Christ, son Evangile et son Eglise:*

« Parce que notre loi chrétienne repose sur les Evangiles où sont consignées la vie et les doctrines du divin Législateur, M. Strauss a cru que, cette base renversée, notre foi restait vaine et sans appui, et il a conçu le dessein de la réduire à une ombre fantastique. Dans cette vue il commence par saper l'authenticité des Evangiles, en la combattant par l'absence ou le vide des témoignages soit externes, soit internes, qui déposent en sa faveur. Selon lui, la reconnaissance qui en aurait été faite ne remonte pas au delà de la fin du deuxième siècle. Jésus s'était donné pour le Messie promis à la nation juive: quelques disciples crédules accréditèrent cette opinion. Il fallut l'étayer de faits miraculeux qu'on lui supposa. Sur ce type général, se forma insensiblement une histoire de la vie de Jésus, qui, par des modifications successives, a passé dans les livres que, depuis, on a appelés du nom d'Evangile. Mais point de monuments contemporains. La tradition orale est le seul canal qui les ait pu transmettre à une époque déjà trop loin de son origine pour mériter quelque créance sur les faits dont elle se compose. Ils ne sont arrivés jusqu'à elle que chargés d'un limon étranger. Le souvenir du fondateur n'a plus été que le fruit pieux de l'imagination, l'œuvre d'une école appliquée à revêtir sa doctrine d'un symbole vivant. Toute cette histoire est donc sans réalité ; tout le Nouveau Testament n'est plus qu'une longue fiction mythologique, substituée à celle de l'ancienne idolâtrie.

« Toutefois ce n'est encore là que la moitié du système.

« Dans l'ensemble de l'histoire évangélique, M. Strauss découvre un grand mythe, un mythe philosophique, dont le fond est, dit-il, l'idée de l'humanité. A ce nouveau type se rapporte tout ce que les auteurs sacrés nous racontent du premier âge de l'Église chrétienne, à savoir : l'humanité, ou l'union du principe humain et du principe divin. Si cette idée apparaît dans les Évangiles sous l'enveloppe de l'histoire, et de l'histoire de Jésus, c'est que, pour être rendue intelligible et populaire, elle devait être présentée, non d'une manière abstraite, mais sous la forme concrète de la vie d'un individu. C'est qu'ensuite Jésus, cet être noble, pur, respecté comme un dieu, ayant le premier fait comprendre ce qu'était l'homme et le but où il doit tendre ici-bas, l'idée de l'humanité demeura pour ainsi dire attachée à sa personne. Elle était sans cesse devant les yeux des premiers chrétiens, lorsqu'ils écrivaient la vie de leur chef. Aussi reportèrent-ils, sans le savoir, tous les attributs de cette idée, sur celui qui l'avait fait naître. En croyant rédiger l'histoire du fondateur de leur religion, ils firent celle du genre humain envisagé dans ses rapports avec Dieu.

« Il est clair que la vérité évangélique disparaît sous cette interprétation; que les œuvres surnaturelles dont elle s'appuie restent problématiques et imaginaires ; que, même dans l'hypothèse d'une existence physique, Jésus-Christ ne fut qu'un simple homme étranger à son propre ouvrage et dépouillé de tous les caractères de mission divine qui lui assurent ses adorations. »

En Allemagne et en Suisse, l'apparition de cet ouvrage excita une profonde indignation : de l'aveu de Strauss, ce sentiment alla jusqu'à l'horreur de sa personne. A Zurich, 40,000 signatures protestèrent contre la nomination de l'auteur à la chaire de théologie: on ne voulut point y introniser le déisme, souriant avec orgueil au renversement de toutes les religions. Néanmoins, quatre éditions de l'*Histoire de la vie de Jésus* portèrent jusqu'aux extrémités de l'Europe, avec le nom de Strauss, le poison de ses doctrines, et M. Littré, membre de l'Institut, en donna même une traduction française.

Le principe essentiel et fondamental du livre de Strauss, c'est que les Évangiles n'ont aucun caractère d'authenticité, et qu'alors il faut nécessairement recourir à l'interprétation mythique. Il développe sa thèse en citant une foule d'objections cent fois exposées et cent fois réfutées par les apologistes du christianisme. On peut donc lui répondre, soit en prouvant que son principe est faux en lui-même, soit en détruisant les preuves par lesquelles il tâche de l'établir. Si les fondements d'un édifice qu'on veut élever sont bâtis sur le sable mouvant, l'édifice ne doit-il pas s'écrouler au premier souffle de la tempête?

Que je lise l'histoire de la naissance et de l'enfance de Jésus dans Strauss, au lieu de me faire voir dans les récits simples et touchants de l'Évangile les preuves frappantes de sa vérité, il ne me présentera partout que des mythes : mythe historique dans la naissance de Jean-Baptiste, dont le berceau aura été embelli de traits merveilleux pour rehausser la grandeur de Jésus; mythe philosophique ou plutôt dogmatique dans la naissance de Jésus-Christ. Selon Strauss, le type du Messie existait déjà dans les livres sacrés, dans les traditions du peuple juif; et, Jésus ayant inspiré pendant sa vie et laissé après sa mort la croyance qu'il était le Messie, il se forma parmi les premiers chrétiens une histoire de la vie de Jésus où les particularités de sa doctrine et de sa destinée se combinèrent avec ce système. Mais, dès le premier pas, le docteur allemand peut être arrêté par ce raisonnement :

« Votre théorie, avec tout son échafaudage d'érudition pédantesque, tombe par terre si l'histoire de Jésus est composée par des témoins oculaires, ou du moins par des hommes voisins des événements. Vous concevez vous-même qu'une fois admis que les apôtres ou leurs disciples immédiats ont rédigé ces Livres qui portent leur nom, il est impossible que le mythe, qui ne se forme que lentement et par des additions successives, y puisse prendre place. Or, qu'opposerez-vous à la tradition constante, universelle, immémoriale, à la foi publique de la société chrétienne, aux aveux non équivoques de ses plus ardents adversaires, à l'impossibilité même d'assigner une époque où ces titres primitifs du christianisme auraient pu être supposés par un imposteur? Quoi ! une société entière aurait admis des écrits qui contenaient la règle de sa croyance et de sa conduite, des écrits qu'elle révérait comme inspirés et auxquels elle en appelait dans toutes ses controverses, sans prendre la peine de s'informer, sans examiner avec le plus grand soin et la plus grande sévérité s'ils étaient les ouvrages des apôtres, de qui seuls ils pouvaient emprunter ce caractère sacré qu'on leur attribuait! Vous ne doutez pas des tragédies de Sophocle, des harangues de Démosthène, des ouvrages philosophiques de Cicéron, des poèmes de Virgile, parce qu'une tradition remontant jusqu'au temps où vivaient ces écrivains atteste qu'ils sont les véritables auteurs des chefs-d'œuvre qui ont rendu leurs noms immortels. Est-ce donc quand une société entière élève la voix pour déposer sur un livre d'où dépend son existence comme société, que vous rejetez cette simple règle du bon sens? Citerez-vous en faveur de quelque livre que ce soit une opinion aussi ferme, aussi unanime, aussi répandue que celle des chrétiens à l'égard des livres du Nouveau Testament? Certes, je conçois qu'ils aient mieux aimé souffrir la mort la plus cruelle que de livrer aux idolâtres les titres augustes de leur foi.

« Avant vos fastidieuses élucubrations, il s'était rencontré des ennemis ardents du christianisme, aussi habiles, aussi rusés que vous, et bien plus près que vous de l'origine des faits. Ont-ils jamais laissé entrevoir le moindre soupçon sur l'authenticité de l'histoire de Jésus-Christ? Celse, en accusant sans preuve les chrétiens d'avoir altéré les Evangiles, ne reconnaît-il point, par-là même, un texte primitif ou authentique de nos livres saints? Porphyre élève-t-il sur leur origine le doute le plus léger? Mais combien le témoignage de Julien a encore plus de force! Il avait été élevé dans le christianisme, et avait été promu au grade de lecteur, dont la fonction est de lire au peuple les Ecritures. Non-seulement, il n'a pas nié l'authenticité des Evangiles, mais il en nomme expressément les auteurs. «Matthieu, Marc et Luc, dit cet apostat, n'ont pas osé parler de la divinité de Jésus-Christ; Jean a été plus hardi que les autres, et il a fait un dieu de Jésus de Nazareth. » Comment expliquez-vous cet accord unanime des chrétiens et de leurs ennemis naturels? Croyez-vous résoudre l'objection en disant que les chrétiens, ayant fait la supposition des livres sacrés, ont eu le pouvoir de les faire adopter à leurs adversaires, ou qu'ils se sont accordés pour commettre cette infidélité? On vous laisse le choix entre ces deux absurdités.

« Et, d'ailleurs, assignez, si vous le pouvez, une époque où un faussaire aurait tenté de fabriquer nos Evangiles. Apparemment, ce ne sera pas le temps où les apôtres vivaient encore : leur réclamation eût dévoilé l'imposture et confondu le faussaire. Voulez-vous placer la fabrication de l'Evangile après la mort des apôtres? Alors, comme ces livres étaient déjà reçus vers le milieu du second siècle, ils auraient été imaginés vers le commencement du même siècle. Mais, à cette époque, vivait encore Jean l'évangéliste ; Polycarpe, disciple de Jean; Ignace; l'Eglise était remplie d'évêques qui avaient vécu avec les apôtres, et qui n'auraient pas manqué de s'opposer à l'admission de ces livres inventés à plaisir. Au reste, plus vous reculez la supposition, plus vous la rendez incroyable et impossible, puisque vous faites un plus grand nombre d'Eglises, d'évêques, de peuples complices de l'imposture. »

Ainsi est établie l'origine apostolique des Evangiles, c'est-à-dire le fait qu'ils ont été écrits peu après la mort de Jésus-Christ, par des apôtres ou par des disciples immédiats des apôtres; ce qui réprouve tout système mythique que leur prête le réformateur. Ainsi est renversé le principe fondamental de Strauss.

Toutes ces objections de détail reposent sur les contradictions que lui présentent les Evangiles et sur le caractère surnaturel dont ils sont empreints.

Il y a longtemps qu'on a invoqué ces contradictions apparentes comme un argument invincible contre la valeur historique des récits du Nouveau Testament. Celse, au deuxième siècle, Porphyre, au troisième, les reprochèrent aux chrétiens; plus tard, quelques déistes anglais, Morgan, Chubb et d'autres les relevèrent à leur tour. Lessing en exposa dix, qu'il déclarait inconciliables, et sur lesquelles il appelait l'attention des théologiens. De leur côté, les apologistes de la religion y trouvaient une nouvelle preuve de la véracité des écrivains sacrés. Des imposteurs, répliquaient-ils à leurs adversaires, n'eussent pas manqué, après avoir concerté leur fable, de rassembler dans un seul livre les faits et les points de doctrine dont ils seraient convenus ; et, si les apôtres ont négligé cette précaution, c'est qu'ils se sont reposés sur la vérité elle-même du soin de résoudre les difficultés qu'ils n'avaient pas daigné prévoir.

Appliquons cette règle du bon sens aux deux généalogies de Jésus-Christ, si contradictoires au premier coup d'œil, et contre lesquelles Strauss a dirigé les traits de sa critique envenimée. Ne serait-il pas plus raisonnable d'attribuer les difficultés qui s'y rencontrent à l'ignorance où nous sommes de quelque circonstance propre à les éclaircir, que de supposer dans les évangélistes une contradiction si grossière, si capable de décrier leur histoire dès le début, et qu'il était si facile d'éviter ! Que d'obscurité le temps et les coutumes des Juifs ont dû répandre sur leurs généalogies! à peine pouvons-nous quelquefois concilier avec les monuments publics le témoignage des historiens contemporains sur plusieurs faits incontestables qui se sont passés il y a un ou deux siècles. Combien plus sommes-nous sujets à nous méprendre, dit le savant Prideaux, quand nous portons les yeux sur des objets qui sont éloignés de nous de près de 2000 ans! Bullet, dans ses *réponses critiques*, en rapporte un exemple bien propre à justifier la judicieuse remarque de l'auteur anglais : c'est la discordance de toutes les médailles frappées pour le sacre de Louis XIV avec le témoignage des historiens contemporains; ces médailles le fixant plus tôt que les historiens. La conciliation de ces monuments serait insurmontable, si dom Ruinart ne nous avait avertis que le sacre fut différé par un incident et qu'on ne changea rien aux médailles qui étaient déjà frappées. A l'obscurité et à l'éloignement des temps se joignent aussi les usages du peuple juif, selon lesquels la même personne pouvait avoir deux pères différents, un père naturel, un père légal; un père d'affinité, un père d'adoption, et où la même personne avait souvent deux noms. Cette duplicité de pères, d'aïeux, de noms, n'a-t-elle pas dû laisser des difficultés qu'on ne peut entièrement éclaircir dans les généalogies des Juifs? Nous ne pouvons donc présenter que des explications qui donnent un dénoûment plausible ; mais aussi jamais les incrédules ne prouveront que les deux généalogies sont contradictoires.

Strauss regarde les généalogies de Joseph et de Marie comme inventées à plaisir; car, demande-t-il, où les évangélistes auraient-ils pu découvrir la suite des aïeux de personnes aussi pauvres et aussi obscures que Marie et Joseph? Faut-il donc apprendre au critique allemand, que jamais peuple ne fut plus soigneux de conserver ses généalogies que le peuple hébreu? L'Ecriture raconte quelquefois les généalogies des personnes les plus obscures; et on voit dans Néhémie que tous ceux qui revinrent de la captivité de Babylone, à l'exception d'un petit nombre, prouvèrent qu'ils descendaient de Jacob. Ce n'est qu'au temps de Trajan que les Juifs négligèrent de conserver leurs tables généalogiques, et le Talmud se plaint amèrement qu'on ait laissé perdre un dépôt aussi précieux.

Strauss croit triompher parce que saint Matthieu annonce 14 générations pour chaque classe, tandis qu'il n'y en a que 13 dans la seconde. Qui ne voit que cette différence n'en est pas une, quand on met David dans la première classe qu'il finit, et dans la seconde qu'il commence? La raison de ce double emploi est que l'évangéliste veut commencer chaque classe par un personnage important ou par un événement remarquable. Il commence la première par Abraham, la seconde par David, la troisième au renouvellement de la nation pour la terminer à Jésus-Christ. Dans cette supposition, dont personne ne peut démontrer l'impossibilité, il y aura 14 personnes engendrées ou engendrantes dans chacune des trois classes.

Une autre objection dont le critique allemand se montre très-fier, c'est que saint Matthieu fait preuve d'une grande ignorance en disant que Joram engendra Osias, et en omettant dans sa généalogie les rois Ochosias, Joas et Amasias. Strauss nous permettra sans doute de croire que saint Matthieu, qui avait dessein de convaincre les Juifs par le témoignage de leurs Ecritures, devait les avoir lues et connaître un peu l'histoire de sa nation. Donc, s'il a omis quelques personnes dans la généalogie qu'il rapporte, il n'a fait en cela que suivre l'usage des livres saints, où il y a une multitude de généalogies dans lesquelles on ne rapporte que les personnages nécessaires au but qu'on se propose. Joram n'a pas engendré Osias immédiatement, mais bien médiatement, et, en montrant l'ordre de la succession, sans énumérer tous les personnages, l'écrivain sacré a composé tout au plus une généalogie imparfaite, et non une généalogie fautive.

Selon Strauss, toutes les tentatives pour concilier les deux généalogies sont inutiles. Saint Luc donne à Jésus pour ancêtres des individus tout autres, pour la plupart, que ceux que saint Matthieu lui attribue. Qu'en conclure? qu'un évangéliste nous donne les ancêtres de Marie, l'autre ceux de Joseph, et que les deux généalogies sont différentes sans être contradictoires; que Jésus est vraiment, selon la chair, fils de David et de Salomon, puisque les branches de Salomon et de Nathan se sont réunies dans Zorobabel, un des ancêtres de Marie, sa mère; qu'il est fils par adoption et par éducation de Joseph; par conséquent l'héritier légitime du sceptre d'Israël, qui appartenait de droit à son père adoptif et nourricier. Mais Joseph, selon saint Matthieu, est fils de Jacob, et, selon saint Luc, il est fils d'Héli : donc, il y a contradiction. Non : seulement, Joseph était fils de Jacob par nature, et d'Héli par alliance, pour avoir épousé Marie qui en était la fille. Saint Matthieu, écrivant pour les Juifs, osa donner la généalogie de Joseph, père légal de Jésus; saint Luc, qui s'adressait aux gentils, celle de Marie.

Nous ne nous arrêterons pas à répondre aux objections que Strauss élève contre l'histoire de l'Annonciation et de la Visitation. Personne, à moins d'être rationaliste allemand, ou partisan du système mythique, ne croira qu'il y a contradiction dans le récit des apparitions faites à différentes personnes, dans des temps différents, pour différentes fins et avec des circonstances différentes. Disons seulement que bien absurde est celui qui prétend dicter à la sagesse divine la conduite qu'elle devait tenir pour accomplir ses grands desseins de miséricorde sur le genre humain.

Strauss ne nous apprend rien de nouveau quand il prouve longuement, d'après les anciens historiens, que Cyrinus ne fut proconsul de Syrie que douze ans après le dénombrement dont parle saint Luc, à l'occasion de la naissance de Jésus-Christ : mais Strauss aurait dû ajouter que, selon Suétone, Auguste avait rétabli l'office des censeurs, dont une des fonctions était d'opérer les recensements du peuple, de noter la naissance, l'âge et la mort des individus; que, selon Tacite, le même empereur avait confié différentes commissions à un certain Sulpicius Quirinus, qui ne diffère pas beaucoup du Cyrinus de saint Luc. N'y a-t-il pas tout lieu de penser que Cyrinus, avant d'être proconsul, fut envoyé en Syrie et en Judée par Auguste, pour opérer un simple dénombrement de personnes? Il n'était pas alors *proconsul*, mais simplement préteur ou *procureur* de Syrie, comme saint Luc lui en donne le nom, et comme il le donne aussi à Pilate, qui n'était que *procureur* et non *proconsul* de Judée. Il faut nécessairement supposer que Cyrinus fut envoyé deux fois en Judée, d'abord en qualité de procureur adjoint à Saturninus, ou de censeur dont l'opération se borna à un simple dénombrement du peuple juif, *populi censio;* et ensuite comme proconsul, quand il fit entrer au trésor impérial les richesses d'Archélaüs dépossédé de la royauté, et qu'il leva une taxe sur les propriétés d'après le premier dénombrement: taxe qui occasionna dans la Judée de grands mouvements que connaissait très-bien saint Luc, et dont il parle dans ses *Actes*.

Strauss n'avait garde d'oublier la contradiction apparente qui se trouve dans le rapport chronologique de la visite des mages et de la fuite en Egypte racontées par saint Matthieu, avec la présentation dans le temple qu'on lit dans saint Luc. Au lieu de ne voir, comme le critique allemand, dans les deux récits qu'un caractère mythique, il serait plus naturel et plus conforme à la vérité de penser avec les interprètes que les mages vinrent adorer Jésus-Christ treize jours après sa naissance ; qu'Hérode ne commanda pas aussitôt le massacre des enfants de Bethléhem, parce qu'il crut que les mages, dont il n'avait nulle raison de suspecter la sincérité, n'avaient pas été heureux dans leurs recherches pour trouver ce nouveau roi des Juifs qu'ils étaient venus adorer de si loin, et qu'ainsi la honte les avait empêchés de repasser à Jérusalem et de lui rendre compte de l'inutilité de leur démarche. Mais, ce qui se passa à la Purification ayant fait du bruit dans le temple et s'étant répandu jusque dans la ville, Hérode comprit que l'enfant roi des Juifs existait véritablement et que les mages l'avaient trompé. Alors, c'est à-dire après la Purification, il ordonna le massacre des Innocents. Cette solution, que nous empruntons à saint Augustin, n'offre rien que de plausible et conserve aux deux récits leur caractère historique. Nous ajouterons, avec le même saint docteur, que, dans ces paroles : « Aussitôt que Joseph et Marie eurent accompli ce que prescrivait la loi du Seigneur, ils revinrent à Nazareth, » l'évangéliste lie les faits qu'il raconte, sans parler des intermédiaires, et qu'il faut rapporter à cette époque la fuite en Égypte.

Strauss ne se borne pas à signaler les contradictions apparentes des Évangiles pour incriminer leur valeur historique : il voit encore dans le caractère surnaturel dont ils sont empreints un produit mythique de l'époque, étrangère à l'esprit de l'histoire et tout avide de merveilleux. Tout ce qui surpasse l'ordre naturel, il le répute pour faux, expliquant les Évangiles par des traditions ou des accommodations de passages parallèles de l'Ancien Testament, opposant à nos récits sacrés les absurdes légendes des Évangiles apocryphes, réfutant toutes les ridicules interprétations des théologiens naturalistes pour aboutir à des conclusions non moins absurdes, non moins révoltantes, le caractère mythique. Mais ici sa haine le sert mal, et il va plus loin qu'il ne pense ; car, en refusant à Dieu le pouvoir de faire des miracles, il tombe dans le panthéisme, ou, si on l'aime mieux, dans l'athéisme. Quand on a réduit son livre à sa plus simple expression, qu'y trouve-t-on? Un Dieu sans vertu, sans force, sans puissance, un Dieu qui n'agit pas, un Dieu qui n'existe pas. C'est donc après avoir ravi à Dieu sa toute-puissance, sous prétexte de lui conserver son immutabilité (comme si Dieu, en réglant les lois de la nature, n'avait pas aussi pu régler les exceptions qu'il voulait y apporter), qu'on se vantera d'être chrétien, d'expliquer le christianisme d'une manière philosophique, de respecter les Écritures, de regarder l'apparition de Jésus-Christ sur la terre « comme un phénomène unique en son genre, qui ne doit plus se présenter à la terre, et dont personne ne pourra éclipser la gloire, parce que les vérités qu'il révéla au monde sont de l'ordre le plus élevé et qu'il n'y a rien au delà ! » Mais le théologien allemand croit-il expier l'impudence de ses blasphèmes par quelques hommages hypocrites, et ne pourra-t-on pas le renfermer toujours dans ce dilemme auquel il lui sera difficile d'échapper? Ou Jésus-Christ est Dieu, ou il est le dernier des hommes : il n'y a pas de milieu. S'il n'est pas Dieu, les Juifs ont fait un acte de justice en le mettant à mort ; s'il n'est effacé par le prophète de la Mecque, et la religion mahométane l'emporte sur le christianisme ; s'il n'est pas Dieu, la religion qu'il a prêchée n'est qu'une absurde superstition, un jeu de théâtre. Car, vous le savez, il se dit Fils de Dieu, égal à Dieu, Dieu lui-même : il exige les adorations dues à Dieu ; et, puisque d'après vous ce sont là des titres qu'il usurpe, c'est donc ou un visionnaire qui nous donne pour des vérités les rêves de son imagination, ou un impie qui cherche à disputer à Dieu ses temples et ses autels ; dans tous les cas, le rebut du monde. Nous défions tous les partisans du système mythique d'éviter ces conséquences, à moins qu'ils n'abjurent les premières règles du bon sens et de la logique.

L'antipathie pour tout ce qui porte un caractère surnaturel est un des premiers motifs qui ont conduit Strauss à la négation du récit évangélique. Mais, l'Évangile une fois rejeté, il est loin d'avoir fini avec les miracles. Le livre des *Actes*, les principales *Épîtres* des apôtres nous restent encore, et ces monuments de l'antiquité chrétienne suffisent, sans aucun doute, pour rétablir les faits les plus importants qu'il a cherché à ébranler. Le docteur Tholuck, dans sa réfutation de l'ouvrage de Strauss, démontre la vérité de cette assertion :

« Si nous passons, dit-il, de l'*Histoire évangélique* aux *Actes des apôtres*, il semble que sur ce terrain nouveau les miracles doivent cesser de nous apparaître. L'Église primitive avait tout épuisé pour composer le portrait du Messie : quel front aussi élevé que le sien pouvait rester à couronner encore, et où prendre des lauriers ? on serait donc porté à n'attendre plus, dès lors, qu'une histoire dépouillée de tout ornement, remplie uniquement d'événements naturels. Mais cette transition brusque ne se présente pas à nous ; loin de là : les *Actes* et les *Épîtres des apôtres* forment, avec le récit *évangélique*, une suite de miracles non interrompue et toujours prolongée. Il n'en fut pas de Jésus-Christ comme du soleil des tropiques, qui paraît sans être précédé de l'aurore, et se dérobe aux regards sans laisser aucune trace après lui. Les prophéties l'avaient annoncé mille ans avant sa naissance ; les miracles se multiplièrent après lui, et la puissance qu'il avait apportée dans le monde continua longtemps encore d'être active. Que la critique entreprenne jamais de faire disparaître le soleil de la scène du monde, il lui faudra faire disparaître aussi l'aurore qui le précède et le crépuscule qui le suit. Comment y parviendra-t-elle? elle ne l'a pas encore découvert. Pour nous, en attendant cette découverte, montrons que l'histoire de l'Eglise est comme une chaîne continue ; et, si nous voyons l'électricité se propager dans toute sa longueur, concluons que le premier anneau doit avoir été frappé par un coup descendu du ciel sur la terre.

« Où commence, d'après le critique de la *Vie de Jésus*, l'histoire de celui que le monde chrétien adore comme son sauveur et son Dieu ?—Au tombeau taillé dans le roc par Joseph d'Arimathie. Debout sur ses bords, les disciples tremblants, éperdus, ont vu leur espérance s'engloutir dans son sein avec le cadavre de leur maître. Mais quel événement vint se placer entre cette scène du sépulcre et le cri de saint Pierre et de saint Jean : «Nous ne pouvons pas laisser sans témoignage les choses que nous avons vues et entendues. *Act. apost.*, IV, 20. » — « Quand on embrasse d'un coup d'œil, dit le docteur Paulus, l'histoire de l'origine du christianisme, pendant cinquante jours, à partir de la dernière cène, on est forcé de reconnaître que quelque chose d'extraordinaire a ranimé le courage de ces hommes. Dans cette nuit qui fut la dernière de Jésus sur la terre, ils étaient pusillanimes, empressés de fuir; et, alors qu'ils sont abandonnés, ils se trouvent élevés au-dessus de la crainte de la mort, et répètent aux juges irrités qui ont condamné Jésus à mort : « On doit plutôt obéir à Dieu qu'aux hommes (1). » Ainsi, le critique d'Heidelberg le reconnaît, il doit s'être passé quelque chose d'extraordinaire : le docteur Strauss en convient lui-même. « Maintenant encore, dit-il, ce n'est pas sans fondement que les apologistes soutiennent que la transition subite du désespoir qui saisit les disciples à la mort de Jésus et de leur abattement, à la foi vive et à l'ardeur avec laquelle, cinquante jours après, ils proclamèrent qu'il était le Messie, ne peut s'expliquer, à moins de reconnaître que *quelque chose* vraiment extraordinaire a, pendant cet intervalle, ranimé leur courage. » Oui, il s'est passé quelque chose; mais quoi? n'allez pas croire que ce fut un miracle. On sait comment les rationalistes, précurseurs de Strauss, posant en principe que les léthargies étaient très-fréquentes dans la Palestine, à l'époque où vivait Jésus, ont fait intervenir la syncope et l'évanouissement, afin d'expliquer sa mort apparente, et par suite sa résurrection. Depuis 1780, le rationalisme n'a pas suivi d'autre tactique, et, s'il enlevait au monde chrétien le vendredi saint, il lui donnait cependant encore un joyeux jour de Pâques. — Strauss se présente : il admet aussi, comme nous l'avons vu, *quelque chose*, mais peu de chose. —La résurrection était trop! Contrairement à ses précurseurs, il arrache donc par fragments aux chrétiens le jour de Pâques, et leur laisse le vendredi saint. Voici comment: Les apôtres, des femmes, les cinq cents Galiléens dont parle saint Paul (2) s'imaginèrent avoir vu Jésus ressuscité, et ce sont ces *visions* qui, dans la vie des apôtres, dé-

(1) Docteur Paulus, *Kommentar*, etc., th. 5, pag. 807.
(2) I Cor. xv, 6.

terminèrent la transition soudaine du désespoir à la joie du triomphe. Pour rendre raison de ces visions, on a encore recours aux explications naturelles données déjà par ses devanciers; on veut bien même, par *condescendance* (3), faire intervenir les éclairs et le tonnerre; mais le mieux serait de s'en débarrasser. Saint Paul, il est vrai, dont le témoignage présente un certain poids, parle de la résurrection comme d'un fait ; *mais ce fait n'existe que dans son imagination et celle de ses compagnons*. Il faut bien cependant admettre aussi dans sa vie *quelque chose*, si l'on veut comprendre l'impulsion qui lui est imprimée ; on admet alors ces visions, au moins comme *quelque chose de provisoire*, qui fera l'effet d'un pont volant pour passer de l'*Evangile* aux *Actes des apôtres*, jusqu'à ce que la critique, se plaçant dans une région plus élevée, puisse, sans intermédiaire, franchir cet abîme.

« Passons donc sur ce pont volant, bâti on ne sait si c'est par l'imagination de l'orientaliste novice, ou par celle du critique allemand; passons de l'histoire évangélique aux *Actes des apôtres*. Suivant alors dans l'examen de l'hypothèse de Strauss, la loi proposée par Gieseler (4), afin de juger l'hypothèse sur l'origine des évangiles, nous demandons : *quelle conclusion l'histoire qui nous reste du corps de Jésus-Christ, c'est-à-dire de son Eglise, nous fait-elle porter sur celle de son chef?*—Deux voies différentes, dit-il, se présentent à quiconque regarde l'histoire des miracles évangéliques comme le produit de l'imagination de l'église primitive, produit qui fut déterminé par le caractère de cette Eglise elle-même. Peut être jugera-t-il que, frappés par ces visions récentes et par la croyance que ce ressuscité était le Messie d'Israël, les chrétiens se mirent à rêver, recueillirent ce qui avait paru d'extraordinaire dans sa vie et parvinrent ainsi à fabriquer une histoire merveilleuse. Toutefois si, comme le prétend Strauss, la vie de Jésus ne présenta rien d'extraordinaire, on ne conçoit pas trop comment les disciples purent s'imaginer avoir remarqué dans leur maître ce qu'ils n'avaient jamais vu. Mais voici une autre opinion qui lève cette difficulté.—L'Eglise primitive alla chercher dans l'Ancien Testament toutes les prophéties relatives au Messie, les réunit afin d'orner avec elles quatre canevas de la vie de Jésus; elle se mit ensuite à les broder à l'aide d'arabesques miraculeux. Contente de son œuvre, elle termina là son travail, auquel elle ajouta cependant peut-être encore quelques volutes isolées. Cette prétendue conduite de l'Eglise chrétienne sert de point de départ à Strauss. Le grand argument sur lequel il s'appuie pour justifier son interprétation mythique de la vie de Jésus, c'est qu'on ne pourra jamais démontrer « qu'un de nos évangiles ait été attribué à l'un des apôtres et reconnu par lui. » Il pense que, pour cette composition mythique, ils ont dû

(3) *Das Leben Jesu*, th. 2, pag. 657.
(4) *Versuch ueber die Enstehung der Evangelien*, p. 112.

réunir leurs forces. Quant aux détails qu'ils ne réussirent pas à faire entrer dans la vie de leur maître, ils les réservèrent pour la leur. De là, ces aventures dans des îles enchantées, ces tempêtes qui les jetèrent enfin sains et saufs sur un rivage fortuné; en un mot, toutes les réminiscences prosaïques des anciens temps, la vie des compagnons du Sauveur nous le présente.

« Heureusement nous avons l'histoire des apôtres écrite par un compagnon de saint Paul, et plusieurs lettres apostoliques que les critiques, même protestants, regardent, en général, comme authentiques. Le caractère de ces écrits nous permet de porter un jugement sur ces deux opinions, et partant sur l'hypothèse relative au caractère mythique de l'*Évangile*. Si la première opinion est vraie, les *Actes des apôtres*, ainsi que leurs *Épîtres*, nous les représenteront comme des hommes aveuglés, guidés par le fanatisme, et qui transforment en miracles des faits naturels. Si la seconde est fondée, ces documents nous montreront dans les Apôtres des hommes qui sortent si peu de l'ordre ordinaire que le miracle n'occupe aucune place dans leur vie. Or, le caractère de leurs *Actes* et de leurs *Épîtres* renverse ces deux hypothèses. Nous y trouvons, il est vrai, des miracles; mais la conduite de leurs auteurs est si prudente et si sage, qu'il nous est impossible de concevoir le moindre doute sur la modération et la véracité de leur témoignage. D'un autre côté, toute leur vie se passe au milieu d'un monde que nous connaissons déjà; nous voyons des personnages, des événements qui ne nous sont pas étrangers ; mais, de plus, ils opèrent des miracles qui semblent jaillir comme des éclairs du sein d'un monde plus élevé.

« Nous avons à démontrer d'abord *le caractère historique des Actes des apôtres*. On est forcé de reconnaître, et l'auteur lui-même le déclare formellement, qu'ils ont été composés par un ami et un compagnon de l'apôtre saint Paul : pour prétendre le contraire, il faudrait soutenir que l'ouvrage tout entier est supposé, ce à quoi on n'a pas encore songé. D'ailleurs, l'impression qu'il laisse dans l'esprit du lecteur est assez décisive, et, si elle s'était effacée de sa mémoire, il lui suffirait de lire du chapitre xvi depuis le verset 11 jusqu'à la fin, pour ne conserver aucun doute sur ce point, et se convaincre que le narrateur a dû vivre sur les lieux où les faits se sont accomplis. Souvent même, notamment quand il fait la relation du trajet vers l'Italie, on éprouve une impression semblable à celle que fait naître la lecture d'un journal de voyage. On suit les stations , on mesure la profondeur de la mer, on sait combien d'ancres ont été jetées;

en un mot, tous les événements sont rapportés avec tant d'ordre que l'on peut demander à tout historien : Est-il vraisemblable qu'après plusieurs années une description aussi détaillée eût pu être composée d'après les documents transmis oralement? Où saint Luc, favorisé par une heureuse mémoire, doit avoir écrit la relation de ce voyage aussitôt après l'avoir achevé : ou il doit avoir eu entre ses mains un journal de voyage (1). Il n'a pas été témoin des événements consignés dans la première partie des *Actes des apôtres*. Quoi que prétendent Schleiermacher et Riehm (2), le style toujours le même que l'on remarque dans tout cet ouvrage, rend inadmissible, ainsi que pour l'*Évangile*, une collection de documents inaltérés. Mais Wohl ne parle pas seulement du caractère historique de la première partie; il examine aussi le caractère du style, et il soutient que saint Luc a employé des notes écrites, où s'est attaché à reproduire assez exactement les relations des Juifs; car, dit-il, il est inégal, moins classique que dans les autres morceaux, depuis le chapitre xx, où l'auteur paraît avoir été abandonné à lui-même. Bleck, dans l'examen de l'ouvrage de Mayerhoff, a embrassé la même opinion, et il cherche à prouver que saint Luc doit s'être servi d'une relation écrite (3). C'est aussi le sentiment d'Ulrich (4).

« Examinons maintenant le caractère historique des *Actes des apôtres*. Plusieurs points difficiles à accorder, et notamment des différences chronologiques se présentent à nous, il est vrai, quand nous les comparons avec les *Lettres* de saint Paul; mais aussi nous y trouvons une concordance si frappante, que ces deux monuments de l'antiquité chrétienne fournissent des preuves de l'authenticité l'un de l'autre. Que l'on considère surtout les *Actes des apôtres* dans leurs nombreux points de contact avec l'histoire, la géographie et l'antiquité classiques, on ne tardera pas à voir ressortir les qualités de saint Luc, comme historien. La scène se passe tour à tour dans la Palestine, la Grèce et l'Italie. Les erreurs commises par un mythographe grec, sur les usages et la géographie des Juifs, et, à plus forte raison, par un mythographe juif sur les coutumes des pays, n'eussent pas manqué de trahir leur ignorance. — Ici la vie est pleine d'incidents divers dans les églises de la Palestine, dans la capitale de la Grèce, dans les sectes philosophiques, devant le tribunal des proconsuls romains, en présence des rois juifs, des gouverneurs des provinces païennes, au milieu des flots bouleversés par la tempête; partout cependant nous trouvons des indications exactes, dans l'histoire et la géographie, des noms et des événements que

---

(1) Meyer, dans son *Commentaire sur les Actes des apôtres*, p. 338, fait aussi la remarque suivante : « La clarté qui règne dans tout le récit de cette navigation, son étendue, portent à croire que saint Luc écrivit cette relation intéressante aussitôt après son débarquement, pendant l'hiver qu'il passa à Malte. Il n'eut qu'à consulter ses impressions récentes encore, consignées peut-être dans son journal de voyage, d'où elles passèrent dans son histoire.»
Rappelons-nous maintenant que l'écrivain qui montre tant d'exactitude est aussi l'auteur de l'*Évangile*.
(2) *De fontibus Actorum apostolorum*.
(3) *Studien und Kritiken*, 1836, h. 4.
(4) Ibid., 1837, h. 2.

nous connaissons d'ailleurs ; ce serait là surtout que l'on pourrait découvrir le mythographe fanatique. Nous avons déjà eu l'occasion (1) de soumettre à un examen approfondi les détails donnés par saint Luc sur les gouverneurs juifs et romains qui vivaient de son temps; il a résisté victorieusement à cette épreuve. Elle a fait ressortir la vérité historique de son Évangile, il nous reste à parler encore de quelques antiquités.

« Il nous suffira de parcourir trois chapitres de l'ouvrage de saint Luc, les chapitres XVI à XVIII, où il se présente à nous comme le compagnon de voyage de l'Apôtre.

« Nous trouvons dans ces chapitres, comme dans tous les autres, des indications géographiques exactes, conformes aux connaissances que nous possédons d'ailleurs sur la topographie et sur l'histoire de cette époque. Ainsi la ville de Philippes nous est représentée comme la première ville d'une partie de la Macédoine, et comme une colonie, πρώτη τῆς μερίδος τῆς Μακεδονίας πόλις, κολώνια. Nous pouvons laisser les exégètes disputer quant à la manière d'enchaîner πρώτη dans le corps du discours. Il suit de là 1° que la Macédoine était divisée en plusieurs parties : or, Tite-Live (2) nous apprend qu'Amelius Paulus avait divisé la Macédoine en quatre parties, 2° que Philippes était une colonie. Cette ville fut, en effet, colonisée par Octave, et les partisans d'Antoine y furent transportés (3). D'après le verset 13, dans cette ville se trouvait, près d'une rivière, un oratoire, προσευχή. Le nom de la rivière n'est pas indiqué, mais nous savons que le Strymon coulait près de Philippes. L'oratoire était placé sur le bord de la rivière ; nous savons que les Juifs avaient coutume de laver leurs mains avant la prière, et, pour cette raison, ils élevaient leurs oratoires sur le bord des eaux (4). — Au verset 14, il parle d'une femme païenne dont les juifs avaient fait une prosélyte. Josèphe nous apprend que les femmes païennes, mécontentes de leur religion, cherchaient un aliment pour leur intelligence dans le judaïsme, et qu'à Damas, par exemple, plusieurs l'avaient embrassé. Cette femme s'appelait Lydia ; ce nom, d'après Horace, était usité. C'était une vendeuse de pourpre de la ville de Thyatire. Thyatire se trouve dans la Lydie; or, la coloration de la pourpre rendait la Lydie célèbre (5). Une inscription trouvée à Thyatire atteste qu'il y avait des corps de teinturiers (6). Le verset 16 fait mention d'une fille possédée d'un esprit de Python, πνεῦμα Πύθωνος. Πύθων est le nom d'Apollon, le dieu des prophètes, appelés pour cette raison πυθωνικοί et πυθόληπτοι; les ventriloques recevaient aussi le même nom lorsqu'ils s'occupaient de la divination (7). On lit, verset 27, que le geôlier de la prison dans laquelle se trouvait saint Paul voulut se tuer, croyant que les prisonniers s'étaient enfuis. Le droit romain condamnait à ce châtiment le geôlier qui laissait les détenus s'échapper (8). Vers. 35. Les magistrats de la ville sont appelés στρατηγοί. C'est, en effet, le nom qu'on leur donnait à cette époque, surtout dans les villes colonisées. Ces magistrats n'envoyèrent pas des serviteurs ordinaires, les ὑπηρέται, par exemple, que le sanhedrin de Jérusalem (9) envoya dans la prison de saint Pierre ; mais, d'après la coutume des Romains, ils envoyèrent des licteurs ῥαβδούχους. — Vers. 38. Les magistrats furent saisis d' crainte en apprenant que les prisonniers étaient citoyens romains. On se rappelle ces mots de Cicéron: «Cette parole, ce cri touchant, je suis citoyen romain, qui secourut tant de fois nos concitoyens chez des peuples barbares et aux extrémités du monde (10). » La loi Valeria défendait d'infliger à un citoyen romain le supplice du fouet et de la verge.

» Nous arrivons au chapitre XVII. Au commencement de ce chapitre, nous voyons placées près l'une de l'autre les villes d'Amphipolis et d'Apollinie, puis Thessalonique. — Le verset 5 rappelle cette foule des ἀγοραῖοι, subrostrani, subbasilicani, si communs chez les Grecs et les Romains; dans l'Orient, les gens de cette sorte se rassemblent aux portes de la ville. Vers. 7. Nous trouvons un exemple des accusations de démagogie portées si fréquemment alors devant les empereurs soupçonneux. Vers. 12. Nous voyons de nouveau un certain nombre de femmes grecques qui embrassent la croyance des apôtres. Mais ce qui surtout est remarquable et caractéristique, c'est la description

---

(1) Glaubwürdigkeit der evangelischen Geschichten, pag. 160.
(2) Lib. XLV, 29.
(3) Dio Cass., liv. LI, pag. 415. Pline, histoire naturelle, IV, 11. Digest. leg., 56, 80.
(4) Carpzov, Apparat. antiq., p. 320. — Philon, décrivant la conduite des Juifs d'Alexandrie dans certains jours solennels, raconte que, « de grand matin, ils sortaient en foule hors des portes de la ville pour aller aux rivages voisins (car les proseuques étaient détruits), et là, se plaçant dans le lieu le plus convenable, ils élevaient leur voix d'un commun accord vers le ciel. » Philo, in Flacc, p. 382. Idem, De vita Mos., I. II, et De legat. ad Caium, passim. — Ces sortes d'oratoires se nommaient en grec προσευχή, προσευκτήριον, et en latin proseucha :

Ede ubi consistas, in qua te quæro proseucha.
(Juven. Sat. III, 296.)

Au rapport de Josèphe, Antiq., l. XIV, c. 10, § 24, la ville d'Halicarnasse permit aux Juifs de bâtir des oratoires : « Nous ordonnons que les Juifs, hommes ou femmes, qui voudront observer le sabbat et s'acquitter des rites sacrés prescrits par la loi, puissent bâtir des oratoires sur le bord de la mer. » Tertullien ad Nat., l. I, c. 13, parlant de leurs rites et de leurs usages, tels que les sabbats, jeûnes, panis sans levain, etc., mentionne les prières faites sur le bord de l'eau, orationes littorales. Nous ajouterons que les Samaritains eux-mêmes avaient, d'après saint Épiphane, hæres. 80, cela de commun avec les Juifs.

On peut voir dans la synagogue judaïque de Jean Buxtorf les prescriptions des rabbins, qui défendaient aux Juifs de vaquer à la prière avant de s'être purifiés par l'eau. Voir M. l'abbé Glaire, Introduction à l'Écriture sainte, t. V, p. 398.

(5) Val. Flaccus, IV, 388. Claudien, Rap. Proserp. I, 274. Pline, Hist. naturelle, IV, 57. Élien, Hist. animal., IV, 46.
(6) Sponius, Miscel. erud. antiq. III, 93.
(7) Plutar., de oraculi Defectu, cap. 2.
(8) Spanheim, de Usu et Præst. numismat., tom. I, diss. 9; tom. II, diss. 15. Casaubon, Sur Athénée, V, 14.
(9) Act. apost. V, 22.
(10) Cicero in Verrem orat. 5, num. 57.

du séjour du grand apôtre dans Athènes. Comme tout se réunit alors pour nous persuader que nous sommes au sein même de cette ville! il parcourt les rues, il les trouve pleines de monuments de l'idolâtrie, et remarque une multitude innombrable de statues et d'autels (au temps des empereurs, ils encombraient Rome, au point qu'on pouvait à peine traverser les rues de cette ville). Isocrate, Himérius, Pausanias, Aristide, Strabon parlent de la superstition, δεισιδαιμονία, des Athéniens, et des offrandes sans nombre ἀναθήματα suspendues à la voûte des temples de leurs dieux. *Welstein*. Sur la place publique, où se rassemblaient les philosophes, il rencontre des épicuriens et des stoïciens; des paroles de dédain sortent de leur bouche. Mais le nombre des curieux est encore plus grand que celui de ces hommes hautains. On se rappelle le reproche adressé autrefois aux Athéniens par Démosthène et Thucydide, et renouvelé par saint Luc : *Vous demandez toujours quelque chose de nouveau*. Il paraît devant l'aréopage; mais quel fut le discours de saint Paul? Quel mythographe juif eût pu mettre dans la bouche du grand apôtre des paroles si propres à peindre son caractère? Il a vu un autel élevé à *un dieu inconnu*. Pausanias et Philostrate parlent de ces autels (1); son discours nous présente le commencement de l'hexamètre d'un distique grec, *et nous trouvons jusqu'au γάρ lui-même dans un poëme composé par un compatriote de l'apôtre, Aratus de Cilicie*, Phœnomena, v. 5. Un grand nombre d'hommes ne se convertirent pas à ce discours; comme des mythographes n'eussent pas manqué de l'imaginer, afin de relever davantage la première prédication de saint Paul dans la capitale de la Grèce; quelques-uns seulement s'attachèrent à lui. Quant aux philosophes, les uns se retirèrent avec le dédain des épicuriens sur les lèvres; les autres, véritables stoïciens, contents d'eux-mêmes, dirent : « Nous nous entendrons une autre fois. » Sommes nous sur le terrain du mythe, ou sur celui de l'histoire ?

« Chap. xviii. Le deuxième verset rapporte un fait historique : l'expulsion des Juifs de Rome, par l'empereur Claude, et Suétone dit : « *Judæos impulsore Chresto assidue tumultuantes Roma expulit Claudius* (2). » Le troisième nous rappelle une coutume des Juifs, chez lesquels les savants s'occupaient à faire des tentes. Cette profession n'eût pu s'allier dans un philosophe grec avec l'enseignement; parmi les Juifs les savants avaient coutume de l'exercer; les rabbins se livraient alors aux ouvrages manuels (3). L'apôtre saint Paul avait même un motif particulier pour choisir cette profession. Dans la Cilicie, sa patrie, on l'exerçait généralement, parce qu'on y trouvait une espèce de chèvres dont on employait le poil dans la fabrication des toiles appelées pour cette raison κιλίκια (4). Les versets 12 et 13 présentent aussi avec l'histoire un rapport frappant...

« Nous avons examiné quelques passages seulement de l'ouvrage de saint Luc; sur tous les points les résultats seraient les mêmes... Si nous passons aux derniers chapitres des *Actes des apôtres*, il est impossible de ne pas admettre que Théophile connaissait l'Italie, quand on voit l'auteur, lorsqu'il parle, chap. xxvii, des rivages de l'Asie et de la Grèce, indiquer avec soin la situation et la distance relative des lieux qu'il mentionne, tandis qu'à mesure qu'il s'approche de l'Italie, il les suppose tous connus; il se contente de nommer Syracuse, Rhégium, Pouzzoles, le *petit marché d'Appius* dont parle Horace (5), et les Trois-Hôtelleries (*tres tabernæ*) que Cicéron (6) nous fait connaître. Lorsque Josèphe et Philon nomment la ville de Pouzzoles, ils n'emploient pas, il est vrai, la dénomination romaine Ποτιόλοι. Josèphe racontant dans sa Vie, chap. 3, son premier voyage à Rome, cite cette ville et lui donne le nom grec Δικαιαρχία, mais il ajoute : ἣν Ποτιόλους Ἰταλοι καλοῦσιν. Le même nom se présente encore deux fois dans ses Antiquités (7). Il en est de même de Philon (8).

« Et remarquons comme tout rappelle exactement les usages de cette époque. Saint Paul, transporté par un vaisseau d'Alexandrie jusqu'au lieu où était l'Aréopage; de là il les laissa aller, ayant eu soin toutefois de les faire suivre, partout où elles couleraient alier. Il ordonna ensuite de les faire lorsqu'elles se seraient arrêtées d'elles-mêmes, *au d'eu te plus voisin ou au dieu qui contiendrait*; il parvint ainsi à faire cesser la peste. Diogène ajoute : « De là vient qu'encore aujourd'hui on voit dans les aubourgs d'Athènes des autels sans nom de ἐν (ἀνωνύμων), érigés en mémoire de l'expiation qui fut faite alors. » Diogen. Laert. in Epimen. l. i, § 10. D'après ces témoignages divers, est-il permis de douter qu'à l'époque où saint Paul se trouvait à Athènes, il y eût des autels portant cette inscription ? Comme, d'un autre côté, aucun monument historique ne montre ailleurs l'existence d'un autel semblable, peut-on concevoir qu'un faussaire eût saisi une circonstance aussi extraordinaire. Voy. M. Glaire, *ib.*, p. 579-400

(2) Sueton. in Claud. cap. 25.
(3) *Vergl. Wiener Realwœrterbuch ueber das Wort* HANDWERKE.
(4) Plinius, Hist. natur., xxii. Servius, rem. sur Virgile, Georgica. iii, 513.
(5) Sat. 1, 5, 3.
(6) Ad Atticum, t, 13
(7) Lib. xvii, cap. 12, § 1, et xviii, 7.
(8) In Flaccum, i, ii, pag. 524, vers. 12

---

(1) Pausanias, qui écrivait avant la fin du iiᵉ siècle, parlant, dans la description d'Athène, d'un autel élevé à Jupiter Olympien, ajoute : *Et près de là se trouve un autel de di eux inconnus*. Πρὸς αὐτῷ δ' ἐστιν ἀγνώστων θεῶν βωμός; l. v, c. 14. n. 6. Le même écrivain parle ailleurs de *deux ou d'un endroit d'autels de dieux appelés in onnus*. Βωμοὶ δὲ θεῶν οἱ ὀνομαζομένων ἀγνώστων, l. i, c. 1, n. 4. Philostrate, qui florissait au commencement du iiiᵉ siècle, fait dire à Apollonius de Thyane, « qu'il était sage de parler avec respect de tous les dieux, *surtout à Athènes, où l'on élevait des autels aux génies inconnus*. » *Vita Ap II. Thym.*, l. vi, c. 3. — L'auteur du dialogue *Philopatris*, ouvrage attribué par les uns à Lucien, qui écrivait vers l'an 170, et par d'autres à un païen anonyme du ivᵉ siècle, fait jurer Critias *par les dieux inconnus d'Athènes*, à la fin du dialogue il s'exprime ainsi : « Mais tâchons de découvrir le dieu inconnu à Athènes, et alors, levant les mains au ciel, offrons-lui nos louanges et nos actions de grâces. » Quant à l'introduction de ces dieux inconnus dans Athènes, voici comment Diogène Laërce raconte le fait. Au temps d'Epiménide (c'est-à-dire, comme on le croit communément, vers l'an 600 avant Jésus-Christ), une peste ravageant cette ville, et l'oracle ayant déclaré que pour la faire cesser, il fallait la purifier ou l'expier (καθῆραι), on envoya en Crète pour faire venir ce philosophe. Arrivé à Athènes, Epiménide prit des brebis blanches et des brebis noires, et les conduisit au

drie, œoarqua à Pouzzoles. Or nous savons que les vaisseaux d'Alexandrie avaient coutume d'aborder dans ce port (1), d'où, au rapport de Strabon, ils distribuaient leurs marchandises dans toute l'Italie. Il dut aussi se diriger de là vers Rome. « Ses amis, remarque Hug, l'attendaient, les uns au marché d'Appius (*Forum Appii*), les autres aux Trois-Hôtelleries. Il s'embarqua apparemment sur un canal que César avait creusé au travers des marais Pontins, afin de rendre le trajet plus facile ; il dut par cela même passer au marché d'Appius, qui, à l'extrémité de ce canal, en était le port. » Une partie de ses amis l'attendait aux Trois-Hôtelleries. Elles étaient situées à dix milles romains plus près de Rome (2), à peu près à l'endroit où la route de Velletri aboutissait aux marais Pontins. La foule y était moins nombreuse et moins remuante ; les embarras y étaient moins grands qu'au marché d'Appius (3) ; aussi paraît-il que là se trouvait une hôtellerie pour les classes élevées (4). Voilà pourquoi cette partie des amis de saint Paul l'attendait à cette station plus convenable à son rang. Ainsi, tout se trouve exactement conforme aux circonstances topographiques, telles qu'elles étaient alors (5).

« D'après ces documents, il est impossible de douter encore si, en parcourant les *Actes des apôtres*, nous sommes sur le terrain de l'histoire ; et nous devons reconnaître que saint Luc se trouvait placé, pour écrire l'histoire, dans des circonstances aussi favorables qu'un Josèphe. Si ce rapport frappant qui existe entre sa narration et les connaissances que nous possédons sur l'histoire et la géographie des Juifs et des païens, paraissait à quelqu'un d'un faible poids, qu'il se représente la vive impression qui nous saisirait si, entre les mille points que nous pouvons comparer à d'autres documents, et où nous croyons découvrir des contradictions, nous allions découvrir la même harmonie.

« Or, cette histoire qui se trouve, sur tous les points, conforme aux faits et aux usages que nous connaissons d'ailleurs, nous présente des miracles sans nombre. Plusieurs fois des critiques de la trempe et du génie du docteur Paulus ont désiré que deux classes de personnes (un assesseur de la justice désigné *ad hoc* et un *doctor medicinæ*) eussent pu faire l'instruction des miracles du Nouveau Testament. Il satisfait à cette double exigence. L'histoire de l'aveugle-né rapportée par saint Jean, chap. IX, *fut examinée par les assesseurs du sanhédrin de Jérusalem*; et quel fut le résultat de l'enquête ? *Cet homme est né aveugle, et Jésus l'a guéri*. Quant au *doctor medicinæ*, chargé d'instruire les miracles, les *Actes des Apôtres*

nous le présentent. Saint Luc fut le témoin oculaire de tous les miracles opérés par saint Paul, et personne assurément ne l'accusera d'une trop grande propension pour les miracles. Un jeune homme appelé Eutyque, accablé par le sommeil, étant tombé du troisième étage, fut emporté comme mort ; on s'attend peut-être à le voir ressusciter avec pompe ; mais saint Paul se contente de prononcer ces paroles consolantes : « Ne vous troublez point, car la vie est en lui (6). » Plus de quarante Juifs réunis à Jérusalem firent le vœu de ne boire ni manger qu'ils n'eussent tué saint Paul ! On s'attend peut-être qu'une apparition va descendre du ciel pour avertir l'Apôtre et le défendre : loin de là : le fils de sa sœur se présente pour lui révéler la conspiration , et Paul trouve un protecteur dans le tribun de la ville (7).

« Poussé par la tempête sur les bords de l'île de Malte, il y débarqua, et une vipère s'élança sur sa main ; on s'attend peut-être à le voir prononcer des paroles magiques : « Mais Paul, dit saint Luc, ayant secoué la vipère dans le feu, n'en reçut aucun mal (8). » Toutefois, nous savons, par le témoignage de cet historien et de ce médecin prudent, que « Dieu faisait de grands miracles par les mains de Paul, et qu'il lui suffisait de placer sur les malades les mouchoirs et le linge qui avaient touché son corps, et aussitôt ils étaient guéris de leurs maladies et les esprits impurs s'éloignaient (9). » A Malte, il guérit par ses prières et par l'imposition des mains, le père de l'homme qui les influent sur cette île, et beaucoup d'autres s'approchèrent de lui et recouvrèrent la santé (10).

« Saint Pierre et saint Jean furent traduits devant le sanhédrin pour avoir guéri un malade. Saint Pierre eut le courage de reprocher aux puissants du peuple le meurtre du Messie : l'homme qu'ils avaient guéri était debout au milieu d'eux, et les membres du sanhédrin s'étonnèrent ; ils furent saisis de crainte, voyant que ses disciples possédaient encore la puissance qu'ils croyaient avoir anéantie en tuant Jésus, et qu'ils pouvaient rendre la vie aux morts. Ils n'essayèrent pas de réfuter l'accusation portée contre eux par saint Pierre ; ils ne purent nier le prodige qu'ils avaient vu, et condamner à mort ceux qui l'avaient opéré. L'impression de la multitude avait été si grande, qu'à la suite de ce miracle *cinq mille* hommes embrassèrent la foi nouvelle, et il ne resta d'autre moyen aux membres du sanhédrin que de faire saisir les deux disciples de Jésus et de leur commander le silence (11). Et tous les miracles qu'ils opéraient, ils les faisaient au nom d'un seul. « Je n'ai ni or ni argent, disait saint Pierre , mais ce que j'ai je vous le donne : *au nom de Jésus-Christ de Nazareth*

---

(1) Strab. lib. XVII, pag. 795 édit. de Casaubon. Senec. epist. 77, in principio
(2) Antonini Itinerar., edit. Wesseling, pag. 107, apud Hug, ibid.
(3) Horat. Sat. 1, sat. 5, 3.
(4) Cicer. ad Atticum I, 13.
(5) Hug, *Einleitung*, th. 1, pag. 24.

(6) Act. apost. XX, 10.
(7) Ibid., 12 seq.
(8) Ibid, XXVIII, 5.
(9) Ibid., XIX, 12.
(10) Ibid., XXVIII, 9.
(11) Ibid., IV.

levez-vous et marchez (1). » Nous le voyons, celui qui avait promis à son Eglise de rester avec elle jusqu'à la fin du monde, a tenu sa promesse. D'après les croyants, l'action créatrice et conservatrice de Dieu dans le gouvernement de l'univers est absolument une ; il en est de même dans son Eglise. Jésus-Christ ne fut pas comme le soleil des tropiques qui paraît à l'horizon sans être précédé de l'aurore, et se dérobe aux regards sans laisser aucune trace après lui. L'aurore des prophéties l'avait annoncé au monde *mille* ans avant sa naissance, les miracles opérés dans son Eglise longtemps après sa disparition furent comme le crépuscule qui constata son passage. Cette puissance de produire des miracles sans cesse agissante dans l'Eglise de Jésus-Christ, peut-elle avoir manqué à son fondateur?

« Dans les *Actes des apôtres*, saint Paul nous est apparu comme un homme qui ravit l'admiration aux esprits les plus froids. Qui peut la refuser à son courage en présence de Festus, alors qu'il est devenu si imposant au gouverneur romain lui-même que le roi Agrippa veut connaître cet homme extraordinaire (2) ? Qui peut s'empêcher d'admirer le courage et l'adresse qui éclatent dans son discours au roi Agrippa (3) ; le courage, la prudence, la modération qu'il fit paraître alors que le vaisseau sur lequel il se trouvait était si violemment battu par la tempête (4). Quand une fois l'histoire de saint Paul, ses paroles qui nous ont été transmises par une main étrangère, nous l'ont fait connaître, comme on éprouve un désir pressant de l'entendre lui-même! Ce caractère plein de courage n'est pas celui d'un fourbe; cette modération, cette prudence n'indiquent pas un fanatique ; les faits du christianisme, le fondateur de cette Eglise, doivent être réellement tels qu'ils nous les présente. Nous avons de saint Paul *treize* Epîtres qui nous révèlent suffisamment ses pensées. La nouvelle critique a reconnu l'authenticité des principales d'entre elles. Or, quel rapport présentent-elles avec les *Actes des apôtres*? Confirment-elles le jugement que nous portons d'après les Actes, sur le caractère de l'histoire évangélique ? Elles nous montrent saint Paul toujours le même dans toutes les circonstances : inébranlable, plein de courage et de joie au milieu des chaînes. Que l'on parcoure en particulier la Lettre aux *Philippiens*, et que l'on se rappelle que l'homme qui écrivait : *Réjouissez vous*, mes bien-aimés frères ; *réjouissez-vous* sans cesse dans le Seigneur ; je le dis encore une fois, *réjouissez-vous* (5), que cet homme *avait alors les mains chargées de chaînes* (6). Sa modération, sa prudence, son activité paraissent dans toutes ses Lettres, et surtout dans celle aux *Corinthiens*, tandis que dans son Epître aux *Colossiens* (7) on voit éclater son indignation contre une piété extérieure et des observances superstitieuses. Et ce même homme, plein de modération, nous représente les prodiges, les miracles et les prophéties comme des événements qui ont marqué presque tous les instants de sa vie. Les *Actes des apôtres* avaient parlé des visions pendant lesquelles Jésus-Christ était apparu à cet apôtre ravi en extase (8). Il rapporte lui-même ces apparitions miraculeuses et ces extases (9), et nous voyons encore ici une preuve de sa modération, puisqu'il n'en parle que dans ce passage. Les *Actes des apôtres* lui ont attribué le pouvoir de faire des miracles : il parle lui-même « des œuvres, de la vertu des miracles et des prodiges qu'il a opérés afin de propager l'Evangile (10). » — Les *Actes des apôtres* rapportent le don miraculeux des langues accordé aux premiers disciples du Sauveur, et saint Paul rend grâces à Dieu de ce qu'il possède ce don dans un degré plus élevé que les autres (11). D'après ses discours, rapportés dans les *Actes des apôtres*, l'apparition de Jésus-Christ détermine toute sa conduite (12) ; dans ses Lettres il parle de cet événement comme du plus important de sa vie, — tantôt avec un noble orgueil, car il fonde sur lui son droit à l'apostolat (13), — tantôt avec l'expression de la douleur que lui inspire le souvenir de ses persécutions contre le Fils de Dieu lui-même (14). Il commence presque toutes ses Epîtres en déclarant qu'il a été appelé à l'apostolat non par la volonté des hommes, mais par un décret miraculeux de Dieu. Les *Actes des apôtres* nous le montrent toujours le même au milieu des afflictions, toujours sous la protection miracu-

---

(1) Act. apost., III, 6.
(2) Ibid., xxv, 22.
(3) Ibid., xxvi. Comparez *Tholuck's Abhandlung in den Studien und Kritiken*, 1835, h. 2.
(4) Act. apost. xxvii.
(5) Philipp. iv, 4.
(6) Act. apost. xxviii, 20.
(7) Coloss. ii, 16, 23.
(8) Act. apost. xxii, 17 ; xxiii, 11.
(9) II Cor. xii, 12.
(10) Rom. xv, 19. II Cor., xii, 12. « Que l'antipathie pour les miracles fasse rejeter en masse, comme non historiques, tous les passages de l'Evangile et des Actes des apôtres dans lesquels ils nous apparaissent, plutôt que de céder à l'évidence de la vérité, devon-nous en être surpris, quand nous voyons les exégètes attaquer avec le... me tous les points de cette œuvre miraculeuse que les armes tranchantes de la critique ont été impuissantes à renverser? Ainsi, d'après *Reiche*, les prodiges (σημεῖα), et les miracles (τέρατα) dont saint Paul affirme être l'auteur, n'étaient que des rêves des nouveaux convertis. Le docteur *de Wette* n'a pas cru pouvoir approuver cette prétention des exégètes, il reconnaît que saint Paul, dans ces deux passages, parle de ses miracles; toutefois il se hâte d'ajouter : « Mais pour déterminer la valeur de son témoignage dans un fait personnel, et même la signification exacte des σημεῖα, τέρατα, les moyens nous manquent, vu que les données sont trop peu considérables. » Mais quoi ! le même apôtre ne fait-il pas une longue énumération des prodiges et des miracles opérés dans l'Eglise? Cette indication précise ne répond-elle aucune lumière sur ce point ? N'est-on pas forcé d'avouer que les miracles retranchés par la critique du corps des Evangiles reparaissent dans les Actes des apôtres, et, quand on les a arrachés avec beaucoup de peine, ne faut-il pas reconnaître encore que les Epîtres de saint Paul nous les présentent en si grand nombre qu'ils défient et la lime des exégètes et les armes tranchantes de la critique ?
(11) I Cor. xxiv, 18.
(12) Act. apost. xxii, 10 ; xxvi, 15.
(13) I Cor. ix, 1.
(14) Ibid., xv, 1, 9.

leuse de Dieu; tel il nous apparaît dans ses Epîtres aux Corinthiens (1). Plusieurs fois, les *Actes des apôtres* parlent du pouvoir de faire des miracles accordé à l'Eglise, et saint Paul présente comme un fait bien connu cette puissance dont jouissaient les premiers chrétiens (2). Et ce qui est le plus grand des miracles, c'est qu'alors même qu'il les montre s'opérant ainsi continuellement, il ne compte sur la production d'aucun. Il sait qu'une apparition céleste a fait tomber les chaînes des mains de saint Pierre; il n'a pas oublié qu'à Philippes, pendant un tremblement de terre, les portes de sa prison s'ouvrirent, et les fers de tous les prisonniers furent brisés (3), et cependant à Rome, il porte les chaînes sans songer à l'intervention d'aucun événement extraordinaire, — il ne sait pas s'il sera mis à mort ou rendu à la liberté (4). Dans tous les discours, depuis Césarée jusqu'à Rome, dans les Lettres qu'il écrivit pendant sa captivité, on ne trouve pas un seul mot qui indique qu'une apparition miraculeuse le délivrera peut-être... Cet homme ne pouvait-il pas, aussi bien que les Juifs, constater l'existence d'un miracle (5)?

« Nous avions donc raison de dire, en commençant, que l'on peut, indépendamment des Evangiles, reconstruire l'histoire de Jésus. Voyez, en effet : Strauss les rejette, et avec lui nous les retranchons pour un instant du canon des livres saints ; puis nous plaçons les actes en tête du Nouveau-Testament. Leur caractère historique une fois prouvé, nous les ouvrons, et une nouvelle série de miracles opérés par les apôtres se présente à nous; et si nous leur demandons qui leur a donné le pouvoir de semer ainsi les prodiges sur leurs pas, ils nous répondent : « Jésus de Nazareth. » Leur demandons-nous alors quel est ce Jésus de Nazareth? ils proclament que « c'est un homme à qui Dieu a rendu témoignage par les merveilles, les miracles et les prodiges qu'il lui a donné de faire (6) ; » puis ils nous racontent sa naissance merveilleuse, sa vie, sa mort sur une croix, sa résurrection, son ascension dans les cieux. Que voulez-vous encore? »

Dans le système de Strauss, le christianisme demeure en effet sans cause. Si le Christ n'a été qu'une ombre, comment, à son nom, l'ancienne société s'est-elle écroulée pour faire place à la société nouvelle? L'univers s'est ébranlé, mais le moteur échappe! Quoi ! ces mille témoins dont le monde admira la constance et les vertus, et qui scellèrent de leur sang leur témoignage immortel, ils expiraient dans les tortures pour une ombre, pour un fantôme sorti des imaginations populaires !

Que sert au rationaliste Strauss d'avoir dépouillé le Christ de tous les rayons de sa gloire. Sa grandeur personnelle n'est pas seulement dans l'Evangile ; elle apparaît encore majestueuse et toute-puissante dans la conversion de l'univers, qui a suivi son dernier soupir sur la croix. Strauss n'a rien gagné à rejeter les miracles. Il doit savoir que le prodige n'est pas tout entier dans l'eau changée en vin aux noces de Cana ; mais plutôt dans le changement du monde païen, dans l'empire des Césars frappé de stupeur comme les soldats du sépulcre, dans les barbares dominés par le dogme des peuples qu'ils ont vaincus, dans les efforts des p. Yens, des sectaires des différents siècles, et, en dernier lieu, des philosophes et des révolutionnaires, pour anéantir l'Eglise du Christ, tandis qu'ils n'ont fait que l'affermir sur le roc antique et inébranlable où il l'a fondée. Qui pourra jamais croire que l'incomparable originalité du Christ ne soit qu'une imitation perpétuelle du passé ; que le personnage le plus attesté de l'histoire n'ait eu rien de réel ; que l'Evangile, si frappant par son unité, ne soit qu'un composé de doctrines assorties au hasard !

S'il n'y a rien de réel dans la vie de Jésus, quelle certitude trouverons-nous dans les autres parties de l'histoire? où s'arrêtera ce scepticisme désolant? Voilà donc où sont enfin arrivés ceux qui ont secoué le joug de l'Eglise catholique! Voilà donc où en serait le monde, si Dieu, pour le salut de la pauvre humanité, n'avait pas établi sur la terre une autorité visible et toujours subsistante!»

*SUBSTANTIAIRES. Secte de luthériens qui prétendaient qu'Adam, par sa chute, avait perdu tous les avantages de sa nature; qu'ainsi le péché originel avait corrompu en lui la substance même de l'humanité, et que ce péché était la *substance* même de l'homme. Nous ne concevons pas comment des sectaires, qui ont prétendu fonder toute leur doctrine sur l'Ecriture sainte, ont pu y trouver de pareilles absurdités.

*SUPERNATURALISME. De même que, sous l'expression de *rationalisme*, *exégèse nouvelle*, *exégètes allemands*, on entend l'*incrédulité absolue*, le refus de se soumettre même à l'autorité des faits, dès que, dans leur nature ou dans leurs conséquences, ils offrent un caractère merveilleux, réputé impossible, parce que l'orgueil humain, dans son impuissance de les reproduire ou de les comprendre, leur décerne son mépris; de même, sous le nom de *supernaturalisme*, on entend l'*incrédulité relative* qui, en admettant ces faits, non pas précisément comme divinement manifestés, mais comme historiquement et par conséquent suffisamment constatés, en appelle encore au critérium de la raison individuelle, afin de se construire un système sur ce qu'il convient d'en conclure.

Entre ces deux camps ennemis, gouvernés par les Hégel, les Feuerbach, les Bauer, les Marheineck, les Bretschneider et autres théo-

---

(1) II Cor. vi, 4 ; ix, 11 ; xii, 28.
(2) I Cor. xii, 8, 10, 14.
(3) Act. apost. xvi.
(4) Philipp. i, 20.

(5) Tholuck, *Glaubwürdigkeit der evangelischen Geschichten*, 2ᵉ édit., pag. 570, 594.
(6) Act. apost. ii, 22.

logiens philosophes, qui tous, plus ou moins, disciples de Spinosa, reconnaissent aussi plus ou moins Kant pour évangéliste, se posa le pasteur Schleiermacher, arborant l'étendard d'un éclectisme pacificateur, de sa création ; admettant ici les droits scrutateurs de la seule intelligence, là les douceurs piétistiques des convictions du cœur. Comme il arrive toujours aux ingénieux inventeurs de routes moyennes entre erreurs et erreurs, entre folies et folies, entre mensonges et mensonges, Schleiermacher fut accablé des traits que lancèrent sur lui les deux camps ennemis. Accusé d'*illogisme* par les uns, de *mauvaise foi* par les autres, il ne fit guère école de modérantisme philosophico-religieux.

SUPRALAPSAIRES. Voyez INFRALAPSAIRE*.

*SYNCRÉTISTES, conciliateurs. On a donné ce nom aux philosophes qui ont travaillé à concilier les différentes écoles et les divers systèmes de philosophie, et aux théologiens qui se sont appliqués à rapprocher la croyance des différentes communions chrétiennes.

Peu nous importe de savoir si les premiers ont bien ou mal réussi ; mais il n'est pas inutile d'avoir une notion des diverses tentatives que l'on a faites, soit pour accorder ensemble les luthériens et les calvinistes, soit pour réunir les uns et les autres à l'Église romaine ; le mauvais succès de tous ces projets peut donner lieu à des réflexions.

Basnage (1) et Mosheim (2) en ont fait un détail assez exact ; nous ne ferons qu'abréger ce qu'ils en ont dit.

Luther avait commencé à dogmatiser en 1517 ; dès l'an 15.9, il y eut à Marpourg une conférence entre ce réformateur et son disciple Mélanchthon, d'un côté, OEcolampade et Zwingle, chefs des sacramentaires, de l'autre, au sujet de l'eucharistie, qui était alors le principal sujet de leur dispute ; après avoir discuté la question assez longtemps, il n'y eut rien de conclu, chacun des deux partis demeura dans son opinion. L'un et l'autre cependant prenaient pour juge l'Écriture sainte, et soutenaient que le sens en était clair. En 1536, Bucer, avec neuf autres députés, se rendit à Wirtemberg, et parvint à faire signer aux luthériens une espèce d'accord ; Basnage convient qu'il ne fut pas de longue durée, que l'an 1544 Luther commença d'écrire avec beaucoup d'aigreur contre les sacramentaires, et qu'après sa mort la dispute s'échauffa au lieu de s'éteindre.

En 1550, il y eut une nouvelle négociation entamée entre Mélanchthon et Calvin pour parvenir à s'entendre ; elle ne réussit pas mieux. En 1558, Bèze et Farel, députés des calvinistes français, de concert avec Mélanchthon, firent adopter par quelques princes d'Allemagne qui avaient embrassé le calvinisme, et par les électeurs luthériens, une application de *la Confession d'Augsbourg,*

(1) Hist. de l'Église, liv. xxvi, ch. 8 et 9.
(2) Hist. Ecclés., xvii° siècle, sect. 2, part. ii.

qui semblait rapprocher les deux sectes ; mais Flaccius Illyricus écrivit avec chaleur contre ce traité de paix ; son parti grossit après la mort de Mélanchthon ; celui-ci ne remporta, pour fruit de son esprit conciliateur, que la haine, les reproches, les invectives des théologiens de sa secte.

L'an 1570 et les années suivantes, les luthériens et les calvinistes ou réformés conférèrent encore en Pologne dans divers synodes tenus à cet effet, et convinrent de quelques articles ; malheureusement il se trouva toujours des théologiens entêtés et fougueux qui s'élevèrent contre ces tentatives de réconciliation ; l'article de l'eucharistie fut toujours le principal sujet des disputes et des dissensions, quoique l'on eût cherché toutes les tournures possibles pour contenter les deux partis.

En 1577, l'électeur de Saxe fit dresser par ses théologiens luthériens le fameux livre de *la Concorde*, dans lequel le sentiment des réformés était condamné ; il usa de violence et de peines afflictives pour faire adopter cet écrit dans tous ses États. Les calvinistes s'en plaignirent amèrement ; ceux de Suisse écrivirent contre ce livre, et il ne servit qu'à aigrir davantage les esprits. L'an 1578, les calvinistes de France, dans un synode de Sainte-Foi, renouvelèrent leurs instances pour obtenir l'amitié et la fraternité des luthériens ; ils envoyèrent des députés en Allemagne, ils ne réussirent pas. En 1631, le synode de Charenton fit le décret d'admettre les luthériens à la participation de la cène, sans les obliger à faire abjuration de leur croyance. Mosheim avoue que les luthériens n'y furent pas fort sensibles, non plus qu'à la condescendance que les réformés eurent pour eux dans une conférence tenue à Leipsick pendant cette même année. Les luthériens, dit-il, naturellement timides et soupçonneux, craignant toujours qu'on ne leur tendit des pièges pour les surprendre, ne furent satisfaits d'aucune offre ni d'aucune explication (3).

Vers l'an 1640, Georges Calixte, docteur luthérien, forma le projet non-seulement de réunir les deux principales sectes protestantes, mais de les réconcilier avec l'Église romaine. Il trouva des adversaires implacables dans ses confrères, les théologiens saxons. Mosheim (4) convient que l'on mit dans cette controverse de la fureur, de la malignité, des calomnies, des insultes ; que ces théologiens, loin d'être animés par l'amour de la vérité et par zèle de religion, agirent par esprit de parti, par orgueil, par animosité. On ne pardonna point à Calixte d'avoir enseigné, 1° que si l'Église romaine était remise dans le même état où elle était durant les cinq premiers siècles, on ne serait plus en droit de rejeter sa communion ; 2° que les catholiques qui croient de bonne foi les dogmes de leur Église par ignorance, par habitude, par préjugé de naissance et d'éducation, ne sont point exclus du salut, pourvu

(3) Hist. Ecclés., ibid., ch. 1, § 4.
(4) Ibid., § 20 et suivants.

qu'ils croient toutes les vérités contenues dans le symbole des apôtres, et qu'ils tâchent de vivre conformément aux préceptes de l'Évangile. Mosheim, qui craignait encore le zèle fougueux des théologiens de sa secte, a eu grand soin de déclarer qu'il ne prétendait point justifier ces maximes.

Nous sommes moins rigoureux à l'égard des hérétiques en général; nous n'hésitons point de dire, 1° que si tous voulaient admettre la croyance, le culte, la discipline qui étaient en usage dans l'Église catholique pendant les cinq premiers siècles, nous les regarderions volontiers comme nos frères; 2° que tout hérétique qui croit de bonne foi les dogmes de sa secte, par préjugé de naissance et d'éducation, par ignorance invincible, n'est pas exclu du salut, pourvu qu'il croie toutes les vérités contenues dans le symbole des apôtres, et qu'il tâche de vivre selon les préceptes de l'Évangile, parce qu'un des articles du symbole des apôtres est de croire *à la sainte Église catholique*. Pour nous récompenser de cette condescendance, on nous reproche d'être intolérants.

En 1645, Uladislas IV, roi de Pologne, fit tenir à Thorn une conférence entre les théologiens catholiques, les luthériens et les réformés; après beaucoup de disputes, Mosheim dit qu'ils se séparèrent tous plus possédés de l'esprit de parti, et avec moins de charité chrétienne qu'ils n'en avaient auparavant. En 1661, nouvelle conférence à Cassel, entre les luthériens et les réformés; après plusieurs contestations, ils finirent par s'embrasser et se promettre une amitié fraternelle. Mais cette complaisance de quelques luthériens leur attira la haine et les reproches de leurs confrères. Frédéric-Guillaume, électeur de Brandebourg, et son fils Frédéric Ier, roi de Prusse, ont fait inutilement de nouveaux efforts pour allier lesdeux sectes dans leurs États. Mosheim ajoute que les *syncrétistes* ont toujours été en plus grand nombre chez les réformés que parmi les luthériens; que tous ceux d'entre ces derniers qui ont voulu jouer le rôle de conciliateurs, ont toujours été victimes de leur amour pour la paix. Son traducteur a eu grand soin de faire remarquer cet aveu.

Il n'est donc pas étonnant que les luthériens aient porté le même esprit d'entêtement, de défiance, d'animosité, dans les conférences qu'ils ont eues avec des théologiens catholiques. Il y en eut une à Ratisbonne en 1601, par ordre du duc de Bavière et de l'électeur palatin; une autre à Neubourg en 1615, à la sollicitation du prince palatin; la troisième fut celle de Thorn en Pologne, de laquelle nous avons parlé; toutes furent inutiles. On sait qu'après la conférence que le ministre Claude eut à Paris avec Bossuet en 1683, ce ministre calviniste, dans la relation qu'il en fit, se vanta d'avoir vaincu son adversaire, et les protestants en sont encore aujourd'hui persuadés.

Cependant, en 1684, un ministre luthérien, nommé Pratorius, fit un livre pour prouver que la réunion entre les catholiques et les protestants n'est pas impossible, et il proposait plusieurs moyens pour y parvenir; ses confrères lui en ont su très-mauvais gré, ils l'ont regardé comme un papiste déguisé. Dans le même temps un autre écrivain, qui paraît avoir été calviniste, fit un ouvrage pour soutenir que ce projet ne réussira jamais, et il en donnait différentes raisons. Bayle a fait un extrait de ces deux productions (1).

Le savant et célèbre Leibnitz, luthérien très-modéré, ne croyait point à l'impossibilité d'une réunion des protestants aux catholiques; il a donné de grands éloges à l'esprit conciliateur de Mélanchthon et de Georges Calixte. Il pensait que l'on peut admettre dans l'Église un gouvernement monarchique tempéré par l'aristocratie, tel que l'on conçoit en France celui du souverain pontife; il ajoutait que l'on peut tolérer les messes privées et le culte des images, en retranchant les abus. Il y eut une relation indirecte entre ce grand homme et Bossuet; mais comme Leibnitz prétendait faussement que le concile de Trente n'était pas reçu en France, *quant à la doctrine*, ou aux définitions de foi, Bossuet le réfuta par une réponse ferme et décisive (2). On conçoit aisément que le gros des luthériens n'a pas applaudi aux idées de Leibnitz.

En 1717 et 1718, lorsque les esprits étaient en fermentation, surtout à Paris, au sujet de la bulle *Unigenitus*, et que les appelants formaient un parti très-nombreux, il y eut une correspondance entre deux docteurs de Sorbonne et Guillaume Wake, archevêque de Cantorbéry, touchant le projet de réunir l'Église anglicane à l'Église de France. Suivant la relation qu'a faite de cette négociation le traducteur anglais de Mosheim, tome VI, p. 64 de la version française, le docteur Dupin, principal agent dans cette affaire, se rapprochait beaucoup des opinions anglicanes, au lieu que l'archevêque ne voulait céder sur rien, et demandait pour préliminaire de conciliation que l'Église gallicane rompît absolument avec le pape et avec le saint-siége, devînt par conséquent schismatique et hérétique, aussi bien que l'Église anglicane. Comme dans cette négociation Dupin ni son confrère n'étaient revêtus d'aucun pouvoir, et qu'il s'agissait pas par des motifs assez purs, ce qu'ils ont écrit a été regardé comme non avenu.

Enfin en 1723, Christophe-Matthieu Pfaff, théologien luthérien et chancelier de l'université de Tubinge, avec quelques autres, renouvela le projet de réunir les deux principales sectes protestantes; il fit à ce sujet un livre intitulé : *Collectio scriptorum Irenicorum ad unionem inter protestantes faciendam*, imprimé à Hall en Saxe, in-4°. Mosheim avertit que ses confrères s'opposèrent

(1) Nouv. de la république des lettres, décembre 1685, art. 3 et 4.

(2) Esprit de Leibnitz, t. II, part. VI et suiv., p. 97

vivement a ce projet pacifique, et qu'il n'eut aucun effet. Il avait écrit en 1755 que les luthériens ni les arminiens n'ont plus aujourd'hui aucun sujet de controverse avec l'Eglise réformée (1). Son traducteur soutient que cela est faux, que la doctrine des luthériens touchant l'eucharistie est rejetée par toutes les églises réformées sans exception ; que dans l'Eglise anglicane, les trente-neuf articles de sa *confession de foi* conservent toute leur autorité ; que dans les églises réformées de Hollande, d'Allemagne et de la Suisse, on regarde encore certaines doctrines des arminiens et des luthériens comme un juste sujet de les exclure de la communion, quoique dans ces différentes contrées il y ait une infinité de particuliers qui jugent qu'il faut user envers les uns et les autres d'un esprit de tolérance et de charité. Ainsi le foyer de a division subsiste toujours prêt à se rallumer, quoique couvert d'une cendre légère de tolérance et de charité.

Sur tous ces faits il y a matière à réflexion.

1° Comme la doctrine chrétienne est révélée de Dieu, et qu'on ne peut pas être chrétien sans la foi, il n'est permis à aucun particulier ni à aucune société de modifier cette doctrine, de l'exprimer en termes vagues, susceptibles d'un sens orthodoxe, mais qui peuvent aussi favoriser l'erreur ; d'y ajouter ou d'en retrancher quelque chose par complaisance pour des sectaires, sous prétexte de modération et de charité. C'est un dépôt confié à la garde de l'Eglise, elle doit le conserver et le transmettre à tous les siècles tel qu'elle l'a reçu et sans aucune altération (2). « Nous n'agissons point, dit saint Paul, avec dissimulation, ni en altérant la parole de Dieu, mais en déclarant la vérité ; c'est par là que nous nous rendons recommandables devant Dieu à la conscience des hommes. » Nos adversaires ne cessent de déclamer contre les fraudes pieuses ; y en a-t-il donc une plus criminelle que d'envelopper la vérité sous des expressions captieuses, capables de tromper les simples et de les induire en erreur ? ç'a été cependant le manége employé par les sectaires toutes les fois qu'ils ont fait des tentatives pour se rapprocher. Il est évident que ce qu'on appelle aujourd'hui tolérance et charité, n'est qu'un fond d'indifférence pour les dogmes, c'est-à-dire pour la doctrine de Jésus-Christ.

2° Jamais la fausseté du principe fondamental de la réforme n'a mieux éclaté que dans les disputes et les conférences que les protestants ont eues ensemble ; ils ne cessent de répéter que c'est par l'Ecriture sainte seule qu'il faut décider toutes les controverses en matière de foi ; et depuis plus de deux cent cinquante ans qu'ils contestent entre eux, ils n'ont pas encore pu convenir du sens qu'il faut donner à ces paroles de Jésus-Christ : *Ceci est mon corps, ceci est mon sang.* Ils soutiennent que chaque particulier est en droit de donner à l'Ecriture le sens qui lui paraît vrai, et ils se refusent mutuellement la communion, parce que chaque parti veut user de ce privilége.

3° Lorsque les hérétiques proposent des moyens de réunion, ils sous-entendent toujours qu'ils ne rabattront rien de leurs sentiments, et qu'il est permis à eux seuls d'être opiniâtres. Nous le voyons par les prétentions de l'archevêque de Cantorbéry ; il exigeait avant toutes choses que l'Eglise gallicane commençât par se condamner elle-même, qu'elle reconnût que jusqu'à présent elle a été dans l'erreur, en attribuant au souverain pontife une primauté de droit divin et une autorité de juridiction sur toute l'Eglise. Cette proposition seule était une véritable insulte, et ceux à qui elle a été faite n'auraient pas dû l'envisager autrement. Il est aisé de former un schisme, il ne faut pour cela qu'un moment de fougue et d'humeur ; pour en revenir, c'est autre chose :

Facilis descensus Averni,
Sed revocare gradum......

4° Le caractère soupçonneux, défiant, obstiné des hérétiques, est démontré non-seulement par les aveux forcés que plusieurs d'entre eux en ont faits, mais par toute leur conduite. Mosheim lui-même, en convenant de ce caractère de ses confrères, n'a pas su s'en préserver. Il soutient que toutes les méthodes employées par les théologiens catholiques pour détromper les protestants, pour leur exposer la doctrine de l'Eglise telle qu'elle est, pour leur montrer qu'ils en ont une fausse idée et qu'ils la déguisent pour la rendre odieuse, sont des piéges et des impostures ; mais des hommes qui accusent tous les autres de mauvaise foi, pourraient bien en être coupables eux-mêmes. Comment traiter avec des opiniâtres qui ne veulent pas encore convenir que l'*Exposition de la foi catholique* par Bossuet présente la véritable croyance de l'Eglise romaine, qui ne savent pas encore si nous recevons les définitions de foi du concile de Trente, qui semblent même douter si nous croyons tous les articles contenus dans le symbole des apôtres ? S'ils prenaient au moins la peine de lire nos catéchismes et de les comparer, ils verraient qu'on croit et qu'on enseigne de même partout ; mais ils trouvent plus aisé de nous calomnier que de s'instruire.

5° Comme chez les protestants il n'y a point de surveillant général, point d'autorité en fait d'enseignement, point de centre d'unité, non-seulement chaque nation, chaque société, mais chaque docteur particulier croit et enseigne ce qu'il lui plaît. Quand on parviendrait à s'entendre avec les théologiens d'une telle université ou d'une telle école, on n'en serait pas plus avancé à l'égard des autres ; la convention faite avec les uns ne lie pas les autres. L'esprit de contradiction, la rivalité, la jalousie, les préventions nationales, les petits intérêts de politique, etc., suffisent pour exciter tous ceux qui n'ont point

(1) Hist. Ecclés., xviii° siècle, § 22

(2) I Tim. vi, 20 ; II Tim. i, 14.

eu de part a cette convention, a la traverser de tout leur pouvoir. C'est ce qui est arrivé toutes les fois qu'il y a eu quelque espèce d'accord conclu entre les luthériens et les calvinistes; la même chose arriverait encore plus sûrement, si les uns ou les autres avaient traité avec des catholiques. La confession d'Augsbourg présentée pompeusement à la diète de l'empire ne plut pas à tous les luthériens; elle a été retouchée et changée plusieurs fois, et ceux d'aujourd'hui ne la reçoivent pas dans tous les points de doctrine. Il en a été de même des confessions de foi des calvinistes : aucune ne fait loi pour tous, chaque église réformée est un corps indépendant, qui n'a pas même le droit de fixer la croyance de ses membres.

6° Bossuet, dans l'écrit qu'il a fait contre Leibnitz, a très-bien démontré que le principe fondamental des protestants est inconciliable avec celui des catholiques. Les premiers soutiennent qu'il n'y a point d'autre règle de foi que l'Ecriture sainte; que l'autorité de l'Eglise est absolument nulle, que personne ne peut être obligé en conscience de se soumettre à ses décisions. Les catholiques, au contraire, sont persuadés que l'Eglise est l'interprète de l'Ecriture sainte, que c'est à elle d'en fixer le véritable sens, que quiconque résiste à ses décisions en matière de doctrine, pèche essentiellement dans la foi, et s'exclut par là même du salut. Quel milieu, quel tempérament trouver entre ces deux principes diamétralement opposés?

Par conséquent les syncrétistes, de quelque secte qu'ils aient été, ont dû sentir qu'ils travaillaient en vain, et que leurs efforts devaient nécessairement être infructueux. Les éloges que les protestants leur prodiguent aujourd'hui ne signifient rien; le résultat de la tolérance qu'on vante comme l'héroïsme de la charité, est qu'en fait de religion chaque particulier, chaque docteur, doit ne penser qu'à soi, et ne pas s'embarrasser des autres. Ce n'est certainement pas là l'esprit de Jésus-Christ ni celui du christianisme.

SYNERGISTES, théologiens luthériens qui ont enseigné que Dieu n'opère pas seul la conversion du pécheur, et que celui-ci coopère à la grâce en suivant son impulsion. Le nom de synergistes vient du grec συνεργέω, *je contribue, je coopère*.

Luther et Calvin avaient soutenu que par le péché originel l'homme a perdu toute activité pour les bonnes œuvres; que quand Dieu nous fait agir par la grâce, c'est lui qui fait tout en nous et sans nous; que, sous l'impulsion de la grâce, la volonté de l'homme est purement passive. Ils ne s'étaient pas bornés là; ils prétendaient que toutes les actions de l'homme étaient la suite nécessaire d'un décret par lequel Dieu les avait prédestinées et résolues. Luther n'hésitait pas de dire que Dieu produit le péché dans l'homme aussi réellement et aussi positivement qu'une bonne œuvre, qu'il n'est pas moins la cause de l'un que de l'autre. Calvin n'avouait pas cette conséquence, mais il n'en posait pas moins le principe.

Telle est la doctrine impie que le concile de Trente a proscrite (1) en ces termes : « Si quelqu'un dit que le libre arbitre de l'homme excité et mû de Dieu ne coopère point, en suivant cette impulsion et cette vocation de Dieu, pour se disposer à se préparer à la justification; qu'il ne peut y résister, s'il le veut; qu'il n'agit point et demeure purement passif; qu'il soit anathème. Si quelqu'un enseigne que par le péché d'Adam le libre arbitre de l'homme a été perdu et anéanti, que ce n'est plus qu'un nom sans réalité ou une imagination suggérée par Satan; qu'il soit anathème. Si quelqu'un soutient qu'il n'est pas au pouvoir de l'homme de rendre mauvaises ses actions, mais que c'est Dieu qui fait le mal autant que le bien, en le permettant non-seulement, mais réellement et directement, de manière que la trahison de Judas n'est pas moins son ouvrage que la conversion de saint Paul; qu'il soit anathème. » Dans ces décrets, le concile se sert des propres termes des hérétiques. Il paraît presque incroyable que de prétendus réformateurs de la foi de l'Eglise aient poussé la démence jusque-là, et qu'ils aient trouvé des sectateurs; mais lorsque les esprits sont une fois échauffés, aucun blasphème ne leur fait peur.

Mélanchthon et Strigélius, quoique disciples de Luther, ne purent digérer sa doctrine; ils enseignèrent que Dieu attire à lui et convertit les adultes, de manière que l'impulsion de la grâce est accompagnée d'une certaine action ou coopération de la volonté. C'est précisément ce qu'a décidé le concile de Trente. Cette doctrine, dit Mosheim, déplut aux luthériens rigides, surtout à Flaccius Illyricus et à d'autres; elle leur parut destructive de celle de Luther touchant la servitude absolue de la volonté humaine et l'impuissance dans laquelle est l'homme de se convertir et de faire le bien; ils attaquèrent de toutes leurs forces les *synergistes*. Ce sont, dit-il, à peu près les mêmes que les semi-pélagiens (2). Mosheim n'est pas le seul qui ait taxé de semi-pélagianisme le sentiment catholique décidé par le concile de Trente; c'est le reproche que nous font tous les protestants, et que Jansénius a copié; est-il bien fondé?

Déjà nous en avons prouvé la fausseté au mot SEMI-PÉLAGIANISME. En effet, les semi-pélagiens prétendaient qu'avant de recevoir la grâce, l'homme peut la prévenir, s'y disposer et la mériter par de bonnes affections naturelles, par des désirs de conversion, par des prières, et que Dieu donne la grâce à ceux qui s'y disposent ainsi; d'où il s'ensuivait que le commencement de la conversion et du salut vient de l'homme et non de Dieu. C'est la doctrine condamnée par les huit premiers canons du second concile

---

(1) Sess. 6 de Justific., can. 4, 5, 6.

(2) Hist. Ecclés., XVIᵉ siècle, sect. 5, part. II, ch. 1, § 3.

d'Orange, tenu l'an 529. Or, soutenir, comme les semi-pélagiens, que la volonté de l'homme prévienne la grâce par ses bonnes dispositions naturelles, et enseigner, comme le concile de Trente, que la volonté prévenue, *excitée et mue par la grâce*, coopère à cette motion ou à cette impulsion, est-ce la même chose?

Le concile d'Orange en condamnant les erreurs dont nous venons de parler, ajoute, can. 9 : « Toutes les fois que nous faisons quelque chose de bon, c'est Dieu qui agit en nous *et avec nous*, afin que nous le fassions. » Si Dieu agit avec nous, nous agissons donc aussi avec Dieu et nous ne sommes pas purement passifs. Il est évident que le concile de Trente avait sous les yeux les décrets du concile d'Orange, lorsqu'il a dressé les siens.

C'est ce qu'enseigne aussi saint Augustin dans un discours contre les pélagiens (1). Sur ces paroles de saint Paul : *Tous ceux qui sont mus par l'esprit de Dieu* (2), les pélagiens disaient : « Si nous sommes mus ou poussés, nous n'agissons pas. Tout au contraire, répond le saint docteur, vous agissez et vous êtes mus ; vous agissez bien, lorsqu'un principe vous meut. L'esprit de Dieu qui vous pousse, aide à votre action; il prend le nom d'*aide*, parce que vous faites vous-mêmes quelque chose... Si vous n'étiez pas agissants, il n'agirait pas avec vous, *si non esses operator, ille non esset cooperator*. » Il le répète, cap. 12, n. 13 : « Croyez donc que vous agissez ainsi par une bonne volonté. Puisque vous vivez, vous agissez sans doute ; Dieu n'est pas votre *aide* si vous ne faites rien, il n'est pas coopérateur où il n'y a point d'opération. » Dira-t-on encore que saint Augustin suppose la volonté de l'homme purement passive sous l'impulsion de la grâce? Nous pourrions citer vingt autres passages semblables.

Il nous importe peu de savoir si Mélanchthon et les autres *synergistes* ont mieux mérité le reproche de *semi-pélagianisme*; mais nous aimons à connaître la vérité. Dans une lettre écrite à Calvin, et citée par Bayle, *Dictionn. crit. Synergistes*, A, Mélanchthon dit : « Lorsque nous nous relevons d'une chute, nous savons que Dieu veut nous aider, et qu'il nous secourt en effet dans le combat : *Veillons seulement*, dit saint Basile, *et Dieu surtout*. Ainsi notre vigilance est excitée, et Dieu exerce en nous sa bonté infinie; il a promis le secours et il le donne, *mais à ceux qui le demandent*. » Si Mélanchthon a entendu que la demande de la grâce ou la prière se fait par les forces naturelles de l'homme, et n'est pas l'effet d'une première grâce qui excite l'homme à prier, il a véritablement été semi-pélagien, il a été condamné par le deuxième concile d'Orange, *can.* 3, et par celui de Trente, *can.* 4. Voilà ce que Mosheim aurait dû remarquer; mais mais les théologiens hétérodoxes n'ont ni des notions claires, ni des expressions exactes sur aucune question.

Le fondement sur lequel les protestants et leurs copistes nous accusent de semi-pélagianisme est des plus ridicules. Ils supposent qu'en disant que l'homme *coopère à la grâce*, nous entendons qu'il le fait par ses forces naturelles. Mais comment peut-on appeler *forces naturelles* celles que la volonté reçoit par un secours surnaturel? C'est une contradiction palpable. Si les *synergistes* luthériens y sont tombés, nous n'en sommes pas responsables. Supposons un malade réduit à une extrême faiblesse, qui ne peut plus se lever ni marcher; si on lui donne un remède qui ranime le mouvement du sang, qui remet en jeu les nerfs et les muscles, il pourra peut-être se lever et marcher pendant quelques moments. Dira-t-on qu'il le fait par ses forces naturelles, et non en vertu du remède? Dès que cette vertu aura cessé, il retombera dans son premier état.

Bayle, dans le même article, a voulu très-inutilement justifier ou excuser Calvin, en disant que quoiqu'il s'ensuive de la doctrine de ce novateur que Dieu est la cause du péché, cependant Calvin n'admettait pas cette conséquence. Tout ce qu'on en peut conclure, c'est qu'il était moins sincère que Luther qui ne la niait pas. Qu'il l'ait avouée ou non, il n'en était pas moins coupable. Son sentiment ne pouvait aboutir qu'à inspirer aux hommes une terreur stupide, une tentation continuelle de blasphémer contre Dieu, et de le maudire au lieu de l'aimer. Il est singulier qu'un hérétique obstiné ait eu le privilège de travestir la doctrine de l'Eglise, d'en tirer les conséquences les plus fausses, malgré la réclamation des catholiques, et qu'il en ait été quitte pour nier celles qui découlaient évidemment de la sienne. S'il avait trouvé quelque chose de semblable dans ses adversaires, de quel opprobre ne les aurait-il pas couverts?

Le traducteur de Mosheim avertit dans une note (3) que de nos jours il n'y a presque plus aucun luthérien qui soutienne, touchant la grâce, la doctrine rigide de Luther; nous le savons : nous n'ignorons pas non plus que presque tous les réformés ont abandonné aussi sur ce sujet la doctrine rigide de Calvin. Il reconnaissent donc enfin, après deux cents ans, que les deux patriarches de la réforme ont été dans une erreur grossière, et y ont persévéré jusqu'à la mort. Il est difficile de croire que Dieu a voulu se servir de deux mécréants pour réformer la foi de son Eglise ; pas un seul protestant n'a encore daigné répondre à cette réflexion.

Mais ces mêmes réformés sont tombés d'un excès dans un autre. Quoique le synode de Dordrecht ait donné en 1618 la sanction la plus authentique à la doctrine rigide de Gomar, qui est celle de Calvin; quoiqu'il ait

---

(1) Serm. 156, de Verbis Apostoli, cap. 11, num. 11.
(2) Rom., viii, 14.

(3) Tom. IV, pag. 533.

proscrit celle d'Arminius, qui est le pélagianisme, celle-ci a été embrassée par la plupart des théologiens réformés, même par les anglicans (1). Conséquemment ils ne reconnaissent plus la nécessité de la grâce intérieure; au lieu que Calvin ne cessait de citer saint Augustin, les réformés d'à présent regardent ce Père comme un novateur. *Voyez* ARMINIENS, PÉLAGIANISME.

* SYNOUSIASTES. *Voyez* APOLLINARISTES.

T

* TABORITES. *Voyez* HUSSITES.

TACITURNES, secte d'anabaptistes; *voyez* cet article; *voyez* aussi SILENCIEUX.

TANCHELIN, ou TANCHELME, était un laïque qui s'érigea en prédicant au commencement du douzième siècle, et qui publia différentes erreurs.

Les incursions des barbares et les guerres avaient anéanti les sciences dans l'Occident et corrompu les mœurs; le désordre et l'ignorance régnaient encore dans le onzième et dans le douzième siècle; on ne voyait parmi les laïques que meurtre, que pillages, que rapines, que violences ; le clergé se ressentait de la corruption générale ; les évêques, les abbés et les clercs allaient à la guerre ; l'usure et la simonie étaient communes, l'absolution était vénale, le concubinage des clercs était public et presque passé en coutume; les bénéfices étaient devenus héréditaires; quelquefois on vendait les évêchés du vivant des évêques, d'autres fois les seigneurs les léguaient à leurs femmes par testament; beaucoup d'évêques disaient qu'ils n'avaient besoin ni de bons ecclésiastiques, ni de canons, parce qu'ils avaient tout cela dans leurs bourses.

Ces désordres étaient portés à un plus grand excès dans la Flandre qu'ailleurs (2).

Ce fut dans cette province que Tanchelin publia les erreurs qui commençaient à se répandre en France depuis près d'un siècle contre le pape, contre les sacrements et contre les évêques. Il prêcha qu'il fallait compter pour rien le pape, les évêques et tout le clergé ; que les églises étaient des lieux de prostitution et les sacrements des profanations ; que le sacrement de l'autel n'était d'aucune utilité pour le salut ; que la vertu des sacrements dépendait de la sainteté des ministres; et enfin il défendit de payer la dîme.

Le peuple, sans instruction et sans mœurs, reçut avidement la doctrine de Tanchelin, et le regarda comme un apôtre envoyé du ciel pour réformer l'Eglise. Ses disciples prirent les armes et l'accompagnaient lorsqu'il allait prêcher; on portait devant lui un étendard et une épée; c'était avec cet appareil qu'il prêchait, et le peuple l'écoutait comme un oracle.

Lorsqu'il eut porté le peuple à ce point d'illusion, il prêcha qu'il était Dieu et égal à Jésus-Christ; il disait que Jésus-Christ n'avait été Dieu que parce qu'il avait reçu le Saint-Esprit, et Tanchelin prétendait qu'il avait reçu aussi bien que Jésus-Christ la plénitude du Saint-Esprit; que par conséquent il n'était point inférieur à Jésus-Christ.

Le peuple le crut, et Tanchelin fut honoré comme un homme divin.

Tanchelin était voluptueux : il profita de l'illusion de ses disciples pour jouir des plus belles femmes de sa secte, et les maris et les pères, témoins avec le public des plaisirs de Tanchelin, rendaient grâce au ciel des faveurs que l'homme divin accordait à leurs femmes ou à leurs filles.

Tanchelin avait commencé sa mission en prêchant contre le désordre des mœurs : l'austérité de sa morale, son extérieur mortifié, son aversion pour les plaisirs, son zèle contre les déréglements du clergé, avaient gagné les peuples; et il la finit en faisant canoniser par ce même peuple des désordres plus monstrueux que ceux contre lesquels il s'était élevé, et il fit canoniser ses désordres sans que le peuple s'aperçût de cette contradiction.

Tanchelin, à la tête de ses sectateurs, remplissait de troubles et de meurtres tous les lieux où l'on ne recevait pas sa doctrine. Un prêtre lui cassa la tête lorsqu'il s'embarquait; ses disciples se répandirent alors du côté de Cologne et d'Utrecht; quelques-uns furent brûlés par le peuple, et les autres paraissent s'être confondus avec les divers hérétiques qui attaquaient les sacrements, les cérémonies de l'Eglise et le clergé (3).

TASCADRUGISTES; c'était une branche de montanistes qui, pour marque de tristesse, mettaient les doigts sur le nez durant la prière : c'est ce que signifie le nom qu'ils prenaient; ils mettaient encore leurs doigts dans leur bouche, pour recommander le silence : cette secte fut peu nombreuse; on en trouvait quelques-uns dans la Galatie (4).

Ils se nommaient aussi passalorinchites, patalotinchites, ascrodrupites, etc.

TATIEN, était Syrien de naissance; il fut d'abord élevé dans les sciences des Grecs et dans la religion des païens. Il voyagea beaucoup, il trouva partout la religion païenne absurde, et les philosophes flottants entre une infinité d'opinions et de systèmes contradictoires.

Lorsqu'il était dans cette perplexité, les livres des chrétiens lui tombèrent entre les mains ; il fut frappé de leur beauté : « Je fus persuadé, dit-il, par la lecture de ces livres, à cause que les paroles en sont simples, que les auteurs en paraissent sincères et éloignés de toute affectation, que les choses qu'ils

---

(1) Trad. de Mosheim, tom. VI, pag. 32.
(2) Hist. littéraire de France, t. VII, p. 5, etc.
(3) D'Argentré, Collect. jud., t. I, p. 11.

(4) Damascen., de Hær. Hieron., Comment. in Ep. ad Galat. Philastrius, de Hær., c. 76.

disent se comprennent aisément, que l'on y trouve beaucoup de prédictions accomplies, que les préceptes qu'ils donnent sont admirables, et qu'ils établissent un monarque unique de toutes choses... et que cette doctrine nous délivre d'un grand nombre de maîtres et de tyrans auxquels nous étions assujettis (1). »

C'était donc en quelque sorte par lassitude et non pas par une conviction forte que Tatien avait embrassé le christianisme ; il restait encore au fond de son esprit des idées platoniciennes. Pour déranger son orthodoxie, il ne lui fallait que rencontrer dans le christianisme des obscurités : c'est en effet ce qui lui arriva, comme on le voit par son livre des Problèmes ou des Questions qu'il composa pour montrer l'obscurité de l'Ecriture et la difficulté d'en comprendre divers passages.

Tatien alors, aussi peu content de la doctrine des chrétiens que de celle des philosophes, choisit dans les dogmes des différentes sectes tout ce qui lui parut propre à éclairer la raison sur la nature de l'Etre suprême, sur l'origine du monde, sur l'histoire des Juifs, sur le christianisme.

Il imaginait, comme Valentin, des puissances invisibles, des principautés et d'autres fables semblables : il admettait avec Marcion deux différents dieux, dont le créateur était le second ; c'est pourquoi il prétendait que quand le Créateur avait dit : *Que la lumière soit faite*, c'était moins un commandement qu'il faisait qu'une prière qu'il adressait au Dieu suprême qui était au-dessus de lui. Il attribuait l'ancien Testament à deux dieux différents, et rejetait quelques-unes des Epîtres de saint Paul.

Il condamnait l'usage du mariage autant que l'adultère, appuyé sur un passage de saint Paul dans son Epître aux Galates, qui dit : Celui qui sème dans la chair moissonnera la corruption de la chair (2).

Il avait beaucoup d'aversion pour ceux qui mangeaient de la chair des animaux et qui buvaient du vin, fondé sur ce que la loi défend aux Nazaréens d'en boire, et sur ce que le prophète Amos fait un crime aux Juifs de ce qu'ils en avaient fait boire aux Nazaréens consacrés à Dieu : c'est pour cela que l'on appela encratistes et hydroparastes ses sectateurs, parce qu'ils n'offraient que de l'eau dans la célébration de l'eucharistie (3).

Tatien forma sa secte du temps de Marc-Aurèle, vers l'an 172 : elle se répandit particulièrement à Antioche, dans la Cilicie, en Pisidie, dans beaucoup de provinces de l'Asie, jusqu'à Rome, dans les Gaules, dans l'Aquitaine et en Espagne.

Tatien avait composé beaucoup d'ouvrages dont il ne nous reste presque rien.

Ses disciples s'appelèrent tatianistes, encratistes, continents, sévériens, apotactiques, saccophores.

(1) Tat., Orat. ad Græcos, c. 46.
(2) Galat. vi, 8.
(3) Epiph. Aug., de Hær., c. 25. Cyprian., ep. 63,

*TERMINISTES. On a ainsi nommé certains calvinistes qui mettent un terme à la miséricorde de Dieu. Ils enseignent : 1° qu'il y a beaucoup de personnes dans l'Eglise et hors de l'Eglise, à qui Dieu a fixé un certain terme avant leur mort, après lequel il ne veut plus les sauver, quelque long que soit le temps pendant lequel elles vivront encore sur la terre ; 2° qu'il l'a ainsi résolu par un décret impénétrable et irrévocable ; 3° que ce terme une fois expiré, Dieu ne leur donne plus les moyens de se repentir et de se sauver, qu'il ôte même à sa parole tout pouvoir de les convertir ; 4° que Pharaon, Saül, Judas, la plupart des Juifs, beaucoup de gentils, ont été de ce nombre ; 5° que Dieu souffre encore aujourd'hui beaucoup de réprouvés de cette espèce ; que s'il leur accorde encore des grâces après le terme qu'il a marqué, ce n'est pas dans l'intention de les convertir.

Les autres protestants, surtout les luthériens, rejettent avec raison ces sentiments, qui sont autant de conséquences des décrets absolus de prédestination soutenus par Calvin et par les gomaristes ; à proprement parler, ce sont autant de blasphèmes injurieux à la bonté infinie de Dieu et à la grâce de la rédemption, destructifs de l'espérance chrétienne, formellement contraires à l'Ecriture sainte.

TERRIE ; c'est un de ces prétendus apostoliques qui s'élevèrent en France dans le douzième siècle ; il se tint longtemps caché dans une grotte à Corbigny, au diocèse de Nevers, où il fut enfin pris et brûlé. Deux vieilles femmes, disciples de Terrie, souffrirent le même supplice. Terrie avait donné à l'une le nom de l'Eglise et à l'autre celui de sainte Marie, afin que lorsque ses sectateurs étaient interrogés ils pussent jurer par sainte Marie qu'ils n'avaient point d'autre foi que celle de la sainte Eglise (4).

* TÉTRADITES. Ce nom a été donné à plusieurs sectes d'hérétiques, à cause du respect qu'ils affectaient pour le nombre de *quatre*, exprimé en grec par τέτρα.

On appelait ainsi les sabbataires, parce qu'ils célébraient la pâque le quatorzième de la lune de mars, et qu'ils jeûnaient le mercredi qui est le quatrième jour de la semaine. On nomma de même les manichéens et d'autres qui admettaient en Dieu quatre personnes au lieu de trois ; enfin les sectateurs de Pierre le Foulon, parce qu'ils ajoutaient au trisagion quelques paroles par lesquelles ils insinuaient que ce n'était pas une seule des personnes de la sainte Trinité qui avait souffert pour nous, mais la divinité tout entière. *Voyez* PATRIPASSIENS.

THÉOBUTE ou THÉBUTE. Après la mort de saint Jacques, surnommé le Juste, Siméon, fils de Cléophas, fut élu évêque de Jérusalem ; Théobute, qui aspirait à cette dignité, se sépara de l'Eglise chrétienne, et, pour se former une secte, réunit les senti-

l. vii, édit. d'Erasme.
(4) Dupin, Hist. des contr. du xu° siècle, c. 6.

ments des différentes sectes des Juifs : c'est tout ce que nous savons de ses erreurs.

Voilà donc un disciple des apôtres mêmes qui se sépare de l'Eglise de Jérusalem, que le désir de la vengeance éclaire et anime contre les apôtres, qui connaissait à fond la religion chrétienne, qui aurait dévoilé l'imposture des apôtres, s'ils en avaient été coupables, qui aurait triomphé avec éclat des premiers chrétiens qui l'avaient refusé pour évêque, et dont la secte aurait anéanti la religion chrétienne : cependant la religion chrétienne s'établit à Jérusalem, se répand par toute la terre, et il ne nous reste de Théobute que le souvenir de son ambition et de son apostasie, qui forme un monument incontestable de la vérité du christianisme et de celle des miracles sur lesquels les chrétiens fondaient la divinité de leur religion.

Si la religion chrétienne eût été fausse, elle ne pouvait résister aux attaques de cette espèce d'ennemis qu'autant que la puissance temporelle leur aurait imposé silence, et aurait empêché qu'ils ne découvrissent l'imposture des chrétiens.

Mais cette autorité temporelle persécutait les chrétiens, protégeait et encourageait leurs ennemis.

Il n'y a que deux moyens d'expliquer le progrès de la religion chrétienne et l'extinction totale des sectes qui se séparèrent d'elle et qui l'attaquèrent à sa naissance : ces moyens sont, ou l'impossibilité d'obscurcir l'évidence des faits sur lesquels elle s'appuyait, ou une attention continuelle de la puissance séculière à empêcher tous ceux qui se séparaient de l'Eglise et des apôtres d'en révéler la fausseté : or, s'il y a quelque chose de certain, c'est que la puissance séculière employait contre les chrétiens toute sa vigilance et toutes ses forces.

Ainsi, si la religion chrétienne était fausse, ses progrès et l'extinction de la secte de Théobute et de plusieurs autres sectes qui l'ont attaquée à sa naissance seraient non-seulement un effet sans cause, mais un fait arrivé malgré le concours de toutes les causes qui devaient nécessairement l'empêcher.

* THÉOCATAGNOSTES. C'est le nom que saint Jean Damascène a donné à des hérétiques, ou plutôt à des blasphémateurs qui blâmaient des paroles ou des actions de Dieu, et plusieurs choses rapportées dans l'Ecriture sainte ; ce pouvaient être quelques restes de manichéens ; leur nom est formé du grec Θεός, Dieu, et καταγινώσκω, *je juge, je condamne.*

Quelques auteurs ont placé ces mécréants dans le septième siècle ; mais saint Jean Damascène, le seul qui en ait parlé, ne dit rien du temps auquel ils parurent. D'ailleurs, dans son *Traité des Hérésies*, il appelle souvent *hérétiques* des hommes impies et pervers, tels que l'on en a vus dans tous les temps et qui n'ont formé aucune secte. Jamais ils n'ont été en plus grand nombre que parmi les incrédules de nos jours ; s'ils étaient moins ignorants, ils rougiraient peut-être de répéter les objections de Celse, de Julien, de Porphyre, des marcionites, des manichéens et de quelques autres hérétiques.

* THÉODORE DE MOPSUESTE, écrivain célèbre qui a vécu sur la fin du quatrième et au commencement du cinquième siècle de l'Eglise. Dans sa jeunesse il avait été le condisciple et l'ami de saint Jean Chrysostome, et il avait embrassé comme lui la vie monastique. Il s'en dégoûta quelque temps après, reprit le soin des affaires séculières et forma le dessein de se marier. Saint Jean Chrysostome, affligé de cette inconstance, lui écrivit deux lettres très-touchantes pour le ramener à son premier genre de vie. Elles sont intitulées *ad Theodorum lapsum*, et se trouvent au commencement du premier tome des ouvrages du saint docteur ; ce ne fut pas en vain. Théodore céda aux vives et tendres exhortations de son ami, et renonça de nouveau à la vie séculière ; il fut dans la suite promu au sacerdoce à Antioche, et devint évêque de la ville de Mopsueste en Cilicie. On ne peut pas lui refuser beaucoup d'esprit, une grande érudition, et un zèle très-actif contre les hérétiques ; il écrivit contre les ariens, contre les apollinaristes et contre les eunomiens ; l'on prétend même que souvent il poussa ce zèle trop loin, et qu'il usa plus d'une fois de violence contre les hétérodoxes.

Mais il ne sut pas se préserver lui-même du vice qu'il voulait réprimer. Imbu de la doctrine de Diodore de Tarse son maître, il la fit goûter à Nestorius, et il répandit les premières semences du pélagianisme. On l'accuse en effet d'avoir enseigné qu'il y avait deux personnes en Jésus-Christ ; qu'entre la personne divine et la personne humaine il n'y avait qu'une union morale ; d'avoir soutenu que le Saint-Esprit procède du Père et non du Fils ; d'avoir nié, comme Pélage, la communication et les suites du péché originel dans tous les hommes. Le savant Ittigius (1) a fait voir que le pélagianisme de Théodore de Mopsueste est sensible, surtout dans l'ouvrage qu'il fit contre un certain *Aram* ou *Aramus*, et que sous ce nom, qui signifie *syrien*, il voulait désigner saint Jérôme, parce que ce Père avait passé la plus grande partie de sa vie dans la Palestine, et qu'il avait écrit trois dialogues contre Pélage. De plus Asséemani (2) reproche à Théodore d'avoir nié l'éternité des peines de l'enfer, et d'avoir retranché du canon plusieurs livres sacrés. Il fit un nouveau symbole et une liturgie dont les nestoriens se servent encore.

Il exerça aussi sa plume contre Origène et contre tous ceux qui expliquaient l'Ecriture sainte comme ce Père dans un sens allégorique. Ebedjésu, dans son *Catalogue des écrivains nestoriens*, lui attribue un ouvrage en cinq livres, *contra Allegoricos*. Dans ses *Commentaires sur l'Ecriture sainte*, qu'il ex-

---

(1) Dissert. 7, § 15.

(2) Biblioth. orientale, tom. IV, ch. 7, § 2

pliqua, dit-on, tout entière, il s'attacna constamment au seul sens littéral. Il en a été beaucoup loué par Mosheim (1); et celui-ci blâme d'autant les Pères de l'Église qui en ont agi autrement. Mais s'il faut juger de la bonté d'une méthode par le succès, celle de Théodore et de ses imitateurs n'a pas toujours été heureuse, puisqu'elle ne l'a pas préservé de tomber dans des erreurs. Il donna du *Cantique des Cantiques* une explication toute profane qui scandalisa beaucoup ses contemporains; en interprétant les prophètes, il détourna le sens de plusieurs passages que l'on avait jusqu'alors appliqués à Jésus-Christ, et il favorisa ainsi l'incrédulité des Juifs. On a fait parmi les modernes le même reproche à Grotius, et les sociniens en général ne l'ont que trop mérité. Le docteur Lardner qui a donné une liste assez longue des ouvrages de Théodore de Mopsueste (2), en rapporte un passage tiré de son *Commentaire sur l'Evangile de saint Jean*, qui n'est pas favorable à la divinité de Jésus-Christ; aussi les nestoriens n'admettaient-ils ce dogme que dans un sens très-impropre.

C'est donc une affectation très-imprudente de la part des critiques protestants de douter si Théodore a véritablement enseigné l'erreur de Nestorius, s'il n'a pas été calomnié par les allégoristes contre lesquels il avait écrit. Il n'est pas besoin d'une autre preuve de son hérésie, que du respect que les nestoriens ont pour sa mémoire; ils le regardent comme un de leurs principaux docteurs, ils l'honorent comme un saint, ils font le plus grand cas de ses écrits, ils célèbrent sa liturgie. Il est vrai que cet évêque mourut dans la communion de l'Eglise, sans avoir été flétri par aucune censure; mais l'an 553, le deuxième concile de Constantinople condamna ses écrits comme infectés de nestorianisme.

Le plus grand nombre est perdu, il n'en reste que des fragments dans Photius et ailleurs; mais on est persuadé qu'une bonne partie de ses commentaires sur l'Ecriture sont encore entre les mains des nestoriens. On ajoute que son *Commentaire sur les douze petits prophètes* est conservé dans la bibliothèque royale; et M. le duc d'Orléans, mort à Sainte-Geneviève, en 1752, a prouvé dans une savante dissertation que le Commentaire sur les psaumes, qui porte le nom de Théodore d'Antioche dans la *Chaîne* du P. Cordier, est de Théodore de Mopsueste.

THÉODOTE, hérétique associé par les auteurs ecclésiastiques à Cléobule, et chef de secte du temps des apôtres. *Voyez* à l'article CLÉOBULE les conséquences qu'on peut tirer de l'extinction de ces sectes en faveur du christianisme.

On confond mal à propos ce Théodote avec Théodote de Bysance (3).

THÉODOTE LE VALENTINIEN, n'est connu que par ses églogues que le **Père Combéfis** nous a données sur le manuscrit de la bibliothèque des Pères dominicains de la rue Saint-Honoré : ces églogues ne contiennent qu'une application de l'Ecriture au système de Valentin. Théodote prétend y prouver les différents points de la doctrine de Valentin par quelques passages de l'Ecriture : cet ouvrage a été commenté par le Père Combéfis, et se trouve dans la Bibliothèque grecque de Fabricius, tom. V, p. 135.

THÉODOTE DE BYSANCE, surnommé le Corroyeur, du nom de sa profession, prétendit que Jésus-Christ n'était qu'un homme : il se fit des disciples qu'on nomma théodotiens.

Ce n'est point ici une erreur de l'esprit ; c'est une hérésie dans laquelle l'amour-propre de Théodote se jeta comme dans un asile pour éviter les reproches qu'il s'était attirés par son apostasie.

Pendant la persécution qui s'éleva sous Marc-Aurèle, Théodote fut arrêté avec beaucoup de chrétiens, qui confessèrent Jésus-Christ et remportèrent la couronne du martyre. Théodote renonça à Jésus-Christ ; les fidèles lui firent tous les reproches que méritait son crime et que le zèle inspirait dans ces temps de ferveur.

Pour se dérober à l'indignation des fidèles de Bysance, Théodote se retira à Rome; mais il y fut reconnu, et fut regardé avec horreur.

Théodote représenta d'abord que Jésus-Christ même traitait avec moins de rigueur ceux qui l'offensaient, puisqu'il avait déclaré qu'il pardonnait ce qu'on dirait contre lui ; et enfin que son crime n'était pas aussi grand qu'on le prétendait, puisqu'en reniant Jésus-Christ, il n'avait renié qu'un homme né d'une vierge, à la vérité, par l'opération du Saint-Esprit, mais sans aucune autre prérogative que celle d'une vie plus sainte et d'une vertu plus éminente (4).

Cette doctrine souleva tout le monde, et Théodote fut excommunié par le pape Victor : Théodote trouva cependant des disciples qui prétendaient que la doctrine de leur maître avait été enseignée par les apôtres jusqu'au pontificat de Zéphyrin, qui avait corrompu la doctrine de l'Eglise en faisant un dogme de la divinité de Jésus-Christ.

Les catholiques réfutaient ces difficultés par le témoignage de l'Ecriture, par les hymnes et par les cantiques que les chrétiens avaient composés dès le commencement de l'Eglise , par les écrits des auteurs ecclésiastiques qui avaient précédé Victor, tels que saint Justin, Miltiade, saint Irénée, Clément d'Alexandrie, Méliton, qui avaient tous enseigné et défendu la divinité de Jésus-Christ, enfin par l'excommunication même que Victor avait prononcée contre Théodote (5).

Pour se défendre contre l'évidence de ces raisons, les théodotiens retranchèrent de

---

(1) Hist. Ecclés., v⁵ siècle, part. II, ch. 3, § 3 et 5.
(2) *Credibility of the Gospel history*, tom. II, pag. 599.
(3) Théodoret, Hæret. Fab., l. II, præf. Euseb., Hist. Ecclés., l. IV, c. 22. Notes d'Usser. sur l'Ep. de saint Ignace aux Tralliens.

(4) Auctor Append. ad Tert., de Præscrip., c. ultimo Epiph., hær., 54. Théodoret, Hæret. Fab., l. II, c. 5.
(5) Théodoret, ibid., c. 2. Euseb., Hist. Ecclés., l. IV c. 3

l'Ecriture tout ce qui était contraire à leur doctrine : « Ils ont corrompu sans pudeur les saintes Ecritures, dit un auteur qui écrivait contre eux, ils ont aboli la règle de l'ancienne foi,... et il est aisé à ceux qui en voudront prendre la peine de voir si je dis la vérité : il ne faut que conférer ensemble les exemplaires, et l'on verra bientôt la différence, car ceux d'Asclépiade ne s'accordent pas avec ceux de Théodote, et il est fort aisé d'en trouver des copies, parce que leurs disciples ont un grand soin de transcrire les corrections ou plutôt les corruptions de leur maître; les copies d'Hermophile sont encore différentes des autres, et celles d'Apollone ne s'accordent pas même entre elles, y ayant bien de la différence entre les premières et les dernières. Il est bien difficile qu'ils ne s'aperçoivent eux-mêmes combien cette témérité est criminelle; car en corrompant ainsi les Ecritures ils font voir, ou qu'ils n'ont point de foi, s'ils ne croyaient pas que le Saint-Esprit les a dictées, ou qu'ils se croyaient eux-mêmes plus habiles que le Saint-Esprit : et ils ne peuvent pas nier que ces changements ne viennent d'eux, puisque les exemplaires où ils se trouvent sont écrits de leurs propres mains, et qu'ils ne les sauraient montrer dans aucun exemplaire plus ancien qu'eux, pour dire qu'ils les ont puisés de ceux dont ils avaient d'abord reçu les premières instructions du christianisme. Quelques-uns d'entre eux n'ont pas même voulu prendre la peine de corrompre les Ecritures; mais ils ont rejeté tout d'un coup et la loi et les prophètes, sous prétexte que la grâce de l'Evangile leur suffit (1). »

Les Théodotiens joignirent à ces infidélités toutes les subtilités d'une logique contentieuse et minutieuse. « Ils ne connaissent pas Jésus-Christ, dit l'auteur que j'ai cité, d'autant qu'ils ne cherchent pas ce qu'on lit dans la parole de Dieu, mais qu'ils examinent curieusement par quelle figure du syllogisme ils soutiendraient leur hérésie; quand on leur propose quelque endroit de l'Ecriture, ils regardent s'il fait un argument conjonctif ou disjonctif (2); »

Les théodotiens appuyaient leur sentiment sur tous les passages de l'Ecriture dans lesquels Jésus-Christ parle comme un homme, et supprimaient tous ceux qui établissent sa divinité.

Un des principaux disciples de Théodote de Byzance fut Théodote le Banquier, qui, pour établir plus incontestablement que Jésus-Christ n'était en effet qu'un homme, prétendit qu'il était inférieur à Melchisédech et forma la secte des melchisédéciens. Asclépiade et les autres dont il est parlé dans le fragment que nous avons rapporté ne firent point de secte.

Il est certain, par ce qu'on vient de dire, qu'il y a eu sur la fin du second siècle un Théodote qui renia Jésus-Christ, qui encourut l'indignation de tous les fidèles, qui fut excommunié, parce qu'il prétendait n'a voir renié qu'un homme né de la Vierge et doué d'une sainteté et d'une vertu éminente

1° Par le motif qui porta Théodote à nier la divinité de Jésus-Christ, il est évident que cet hérétique n'accorda à Jésus-Christ que les qualités qu'il ne pouvait lui refuser; il était donc incontestable que Jésus-Christ était né d'une Vierge, par l'opération du Saint-Esprit, et qu'il était d'une sainteté éminente; car Théodote avait un grand intérêt à refuser ces prérogatives à Jésus-Christ, et il avait beaucoup de lumières et peu de délicatesse sur les moyens de défendre son sentiment, puisqu'il corrompait l'Ecriture pour combattre avec plus de vraisemblance la divinité de Jésus-Christ. Les faits et les miracles qui prouvaient que Jésus-Christ était né d'une Vierge, par l'opération du Saint-Esprit, étaient donc incontestables, et l'aveu de Théodote est à cet égard beaucoup plus fort que le témoignage des auteurs païens; j'ose dire que le pyrrhonisme le plus scrupuleux n'en peut exiger de plus sûr.

2° L'excommunication de Théodote prouve incontestablement que la divinité de Jésus-Christ était un dogme fondamental de la religion chrétienne très-expressément enseigné dans l'Eglise; qui faisait la base de la religion chrétienne, puisqu'il entrait dans les cantiques et dans les hymnes composés presque à la naissance du christianisme, et qu'il avait été enseigné par les apôtres; car il est impossible que des gens grossiers et ignorants, tels que les premiers prédicateurs du christianisme, se soient élevés tout à coup à la croyance de la divinité du Verbe, et qu'ils s'y soient élevés par les seules lumières de la raison : c'est une vérité qui ne sera contestée par aucun de ceux qui ont réfléchi sur la marche de l'esprit humain et qui en connaissent tant soit peu l'histoire.

Quelle est donc la témérité de ceux qui soutiennent que la divinité du Verbe est un dogme platonicien introduit dans le christianisme par les platoniciens! Les Epîtres de saint Paul, où la divinité du Verbe est si clairement enseignée, sont-elles l'ouvrage d'un platonicien?

3° Les théodotiens avaient corrompu l'Ecriture; la doctrine de l'Ecriture sur la divinité de Jésus-Christ était donc alors si claire, que la subtilité de la logique ne pouvait l'obscurcir.

4° Il était aisé de découvrir l'imposture des théodotiens en comparant leurs exemplaires de l'Ecriture avec le canon de l'Eglise; les catholiques avaient donc conservé l'Ecriture pure et sans altération.

5° On oppose aux théodotiens tous les auteurs ecclésiastiques qui ont précédé le pape Victor; on ne doutait donc pas alors que ces Pères n'eussent enseigné la divinité de Jésus-Christ, et l'on était vraisemblablement alors aussi en état de juger du sens des Pères que l'auteur du Platonisme dévoilé, Sandus, Jurieu, Wisthon, etc.

6° On voit des théodotiens qui, pressés par

(1) Caius, apud Euseb. Hist. Ecclés., l. iv, c. 28.   (2) Ibid.

les prophéties, nient leur autorité ; les prophéties qui annoncent le Messie et qui établissent sa divinité étaient donc claires alors et facilement applicables à Jésus-Christ, puisqu'on les corrompt ou qu'on les nie lorsqu'on attaque la divinité de Jésus-Christ. Tous les juifs et les infidèles, dans ces temps, avaient donc assez de lumières pour connaître la vérité de la religion chrétienne.

7° Comme Théodote enseignait cette doctrine dans un temps de persécution, il n'est pas étonnant que, malgré l'évidence de la doctrine catholique sur la divinité de Jésus-Christ, il se soit fait des disciples, mais il paraît impossible qu'il ne se soit pas attaché tous les chrétiens, si la divinité de Jésus-Christ n'était pas un dogme incontestable dans l'Eglise : dix chrétiens qui auraient résisté à la doctrine de Théodote seraient, en faveur des faits qui établissent la divinité de Jésus-Christ, un témoignage infiniment plus sûr que celui de dix mille Théodotiens contre ce fait. Or, il est certain que Théodote ne pervertit que peu de disciples et que sa secte s'éteignit, tandis que les chrétiens se multiplièrent à l'infini, même au milieu des persécutions ; quelle est donc la philosophie, la critique ou l'équité de ceux qui prétendent que la divinité de Jésus-Christ n'était pas enseignée clairement pendant les trois premiers siècles de l'Eglise ?

THÉOPASCHITES. *Voyez* PATRIPASSIENS.

THÉOPHILANTHROPES. Lorsqu'après le règne de la terreur, la religion chrétienne commença à rassembler ses débris, la secte *impie qui n'avait pas renoncé au projet* depuis longtemps formé de la détruire résolut de lui opposer le *déisme*. Ce fut alors qu'on vit succéder à la burlesque idolâtrie introduite en 1793, un culte nouveau, qui n'était autre chose que la religion naturelle revêtue de formes liturgiques. Les disciples de cette religion prirent le nom de *théophilanthropes*, mot dérivé du grec, et qui signifie *amis de Dieu et des hommes*.

Diverses tentatives avaient déjà eu lieu, tant en France qu'en Allemagne, en Hollande et en Angleterre (1), pour faire du *déisme* un culte extérieur; mais c'est à l'an V de l'ère républicaine qu'il convient de rapporter l'origine positive de la *théophilanthropie* proprement dite.

On regarde généralement comme les fondateurs de cette secte, cinq habitants de Paris, nommés *Chemin*, *Mareau*, *Janes*, *Haüy* et *Mandar*, lesquels, ayant adopté le Manuel rédigé par Chemin, l'un d'eux, se réunirent pour la première fois le 26 nivôse an V (15 janvier 1797), rue Saint-Denis, à l'institution des aveugles des deux sexes, dirigée par Haüy, frère du physicien (2).

Avant de tracer l'histoire du culte éphémère des théophilanthropes, nous allons exposer l'abrégé de leurs dogmes, de leur morale et de leurs cérémonies et pratiques religieuses, que nous avons tiré de leurs propres livres, dont nous reproduirons le texte même. Dans plusieurs provinces, le rite théophilanthropique différait de celui usité à Paris : il ne sera ici question que de ce dernier, attendu qu'il a été plus généralement suivi (3).

Dogmes.

« L'*existence de Dieu* et l'*immortalité de l'âme*, voilà les seuls dogmes reconnus par les théophilanthropes ; dogmes qui n'ont pas besoin de longues démonstrations, puisque ce sont des vérités de sentiment que chacun trouve dans son cœur, s'il y descend de bonne foi.

« Convaincus qu'il y a trop de distance entre le créateur et la créature, pour que celle-ci prétende à le connaître, ils ne recherchent point ce qu'est Dieu, ce qu'est l'âme, ni comment Dieu récompense les bons et punit les méchants.

« Le spectacle de l'univers, l'assentiment unanime des peuples, le témoignage de la conscience, voilà pour eux les preuves de l'existence de Dieu. L'idée de Dieu entraînant nécessairement l'idée de la perfection infinie, ils en concluent que Dieu est juste et bon, et qu'ainsi la vertu sera récompensée et le vice puni.

« Comme l'erreur est inhérente à la faiblesse humaine, et que nos opinions dépendent d'une foule de circonstances dont nous ne sommes pas les maîtres, les théophilanthropes sont persuadés que Dieu, juste et bon, ne nous jugera pas d'après nos opinions, ni d'après les formes de nos différents cultes, mais d'après le fond de nos cœurs et d'après nos actions. Ils se gardent bien, en conséquence, de haïr, encore moins de persécuter leurs semblables pour des opinions qu'ils ne partagent pas ; ils cherchent seulement, s'ils les croient dans l'erreur, à les désabuser par une douce persuasion. S'ils persistent, ils conservent pour eux les mêmes sentiments d'amitié. Ils n'ont en horreur

---

(1) Dès l'année 1756, Premontval, qui avait abandonné le catholicisme pour se faire protestant, publia un livre intitulé : *Panagiana Panurgica*, ou *le faux Evangéliste*, tendant à prouver la nécessité de donner un rite à la religion naturelle. En 1776, David Williams mit au jour, avec le même but, une *liturgie fondée sur les principes universels de religion et de morale*. Il ouvrit même une chapelle à Londres, pour y réunir les *libres penseurs* de toutes les religions, et s'annonça comme *prêtre de la nature*. Mais son projet avorta bientôt, parce que la plupart de ses disciples, étant graduellement arrivés du *déisme* à l'*athéisme*, considérèrent dès lors toute espèce de culte comme inutile. Plus tard parurent successivement une foule d'ouvrages conçus dans le même dessein, et parmi lesquels on en remarque un qui précéda de peu de temps la *théophilanthropie*. Il avait pour titre : *Extrait d'un manuscrit intitulé :* LE CULTE DES ADORATEURS, *contenant des fragments de leurs différents livres, sur l'institution du culte, les observances religieuses, l'instruction, les préceptes et l'adoration.* L'auteur anonyme était d'Aubermenil, député.

(2) Si l'on en croit une relation historique de la Théophilanthropie, donnée par un de ses fondateurs mêmes, et insérée au tome IX de la nouvelle édition de l'ouvrage intitulé : *Cérémonies et coutumes religieuses de tous les peuples du monde*, les premières réunions de la secte se seraient formées vers le milieu de l'an III (1795).

(3) Voyez le *Manuel des Théophilanthropes* rédigé par C..., 2ᵉ édition, Paris, an V ; l'*instruction élémentaire sur la morale religieuse*, rédigée par l'auteur du *Manuel*, Paris, an V ; l'*Année religieuse des Théophilanthropes*, par le même, 2 vol, in-18, Paris, an V, etc.

que les actions criminelles ; ils plaignent les coupables, et font tous leurs efforts pour les ramener au bien. »

Morale.

« Toute la morale des théophilanthropes est fondée sur ce seul précepte : *Adorez Dieu, chérissez vos semblables, rendez-vous utiles à la patrie.*

« La conscience, toujours infaillible quand il s'agit de juger la moralité de nos actions, c'est-à-dire, l'intention qui les a produites, pouvant s'égarer quelquefois sur la nature du bien et du mal en lui-même, les théophilanthropes, pour ne pas se tromper à cet égard, ont une règle sûre renfermée dans la maxime suivante :

« *Le bien est ce qui tend à conserver l'homme ou à le perfectionner.*

« *Le mal est tout ce qui tend à le détruire ou à le détériorer.*

« L'application morale de ce principe apprend aux théophilanthropes qu'il n'y a de bonnes actions que celles qui sont utiles, et de mauvaises que celles qui sont nuisibles. Faire une chose utile à soi-même et nuisible aux autres est toujours un crime. Faire une chose utile aux autres et nuisible à soi seul, voilà l'héroïsme de la vertu.

« De ces principes, les théophilanthropes font dériver une foule de devoirs qu'ils divisent en trois classes, savoir : 1° les devoirs envers Dieu ; 2° les devoirs envers nous-mêmes, qu'ils appellent vertus individuelles ; 3° et les devoirs envers nos semblables.

« Ceux envers Dieu consistent dans l'adoration.

« Ceux envers nous-mêmes se composent de la science, de la sagesse, de la prudence, de la tempérance, du courage, de l'activité et de la propreté.

« Enfin, les devoirs envers nos semblables sont de deux sortes : 1° les devoirs de famille ou vertus domestiques, c'est-à-dire, l'économie, l'amour paternel, l'amour conjugal, l'amour filial, l'amour fraternel, les devoirs respectifs des maîtres et des serviteurs ; 2° ceux envers la société, ou vertus sociales, telles que la justice, la charité, la probité, la douceur, la modestie, la sincérité, la simplicité des mœurs et l'amour de la patrie, etc. »

Pratiques journalières.

« Toute la religion des théophilanthropes consistant dans l'accomplissement des devoirs qui dérivent des principes ci-dessus posés, ils n'attachent pas une importance superstitieuse aux pratiques extérieures qu'ils suivent, et qu'ils ne jugent nécessaires que parce que les unes leur servent à mettre de l'ordre dans leur conduite, et que les autres, en frappant leurs sens, les rappellent d'une manière plus efficace à la Divinité et à la perfection de leur être.

« Voici le plan adopté par le théophilanthrope dans sa conduite habituelle :

« Il n'accorde au sommeil que le temps convenable pour réparer ses forces ; lors de son réveil, il élève son âme à Dieu, et lui adresse, au moins par la pensée, l'invocation suivante :

« *Père de la nature, je bénis tes bienfaits, je te remercie de tes dons.*

« *J'admire le bel ordre de choses que tu as établi par ta sagesse, et que tu maintiens par ta providence, et je me soumets à cet ordre universel.*

« *Je ne te demande pas le pouvoir de bien faire : tu me l'as donné ce pouvoir, et avec lui la conscience, pour aimer le bien ; la raison, pour le connaître ; la liberté, pour le choisir. Je n'aurais donc point d'excuse si je faisais le mal. Je prends devant toi la résolution de n'user de ma liberté que pour faire le bien, quelques attraits que le mal paraisse me présenter.*

« *Je ne t'adresserai point d'indiscrètes prières : tu connais les créatures sorties de tes mains, leurs besoins n'échappent pas plus à tes regards que leurs plus secrètes pensées : je te prie seulement de redresser les erreurs du monde et les miennes ; car presque tous les maux qui affligent les hommes, proviennent de leurs erreurs.*

« *Plein de confiance en ta justice, en ta bonté, je me résigne à tout ce qui arrive ; mon seul désir est que ta volonté soit faite.*

« Le théophilanthrope fuit l'oisiveté et s'applique au travail.

« Il se soutient dans la pratique du bien par la pensée qu'il est toujours en présence de la Divinité.

« Il boit et mange sobrement, et au moment de ses repas, il témoigne intérieurement sa reconnaissance au Père de la nature.

« Il fuit la singularité, et porte partout la franchise et la sérénité qui caractérisent les gens de bien.

« A la fin de la journée, il s'adresse à lui-même les questions suivantes :

« *De quel défaut t'es-tu corrigé aujourd'hui ?*

« *Quel penchant vicieux as-tu combattu ?*

« *En quoi vaux-tu mieux ?* etc., etc.

« Le résultat de cet examen de conscience, est la résolution de devenir meilleur le lendemain. »

Fêtes religieuses et morales.

« Aux yeux des théophilanthropes, le temple le plus digne de la Divinité, c'est l'univers. Ils ont toutefois des temples élevés par la main des hommes, où il leur est plus facile de se recueillir et d'entendre les leçons de la sagesse, et dans lesquels ils se réunissent le matin des jours consacrés au repos.

« Quelques inscriptions morales, un autel simple, où ils déposent en signe de reconnaissance pour les bienfaits du Créateur, des fleurs ou des fruits, suivant les saisons ; une tribune pour les lectures et les discours : voilà tout l'ornement de leurs temples.

« Un chef de famille, proprement et simplement vêtu (1), et tête découverte, lit les deux premiers chapitres du Manuel théophi-

---

(1) Par suite, des prêtres devenus théophilanthropes firent adopter un costume qui était habit bleu, ceinture rose, robe blanche ou manteau.

lanthropique, concernant les dogmes et la morale, et le paragraphe relatif à la conduite journalière.

« Ensuite, et lorsque la réunion est complète, le chef de famille, debout du côté de l'autel, récite à haute voix l'invocation : *Père de la nature*, etc. ; les assistants, dans la même attitude, répétant à voix basse.

« Cette invocation est suivie d'un moment de silence, pendant lequel chacun se rend compte de sa conduite depuis la dernière fête religieuse ; puis l'on s'assied pour entendre des lectures ou des discours de morale, qui s'accordent avec les principes exposés dans le Manuel, principes de religion, de bienveillance et de tolérance universelle, principes également éloignés et de la sévérité du stoïcisme, et du relâchement des épicuriens.

« Ces lectures et discours sont entrecoupés par des chants analogues.

« Les théophilanthropes ne cherchent point à frapper les regards par des assemblées nombreuses ; le père de famille peut se faire lui-même ministre de son culte, et l'exercer au milieu des siens. »

Célébration de la naissance des enfants.

Le nouveau-né est apporté dans l'assemblée à la fin de la fête religieuse. Le père, ou, en son absence, un de ses plus proches parents, déclare les noms qui lui ont été donnés dans l'acte civil de sa naissance, et le tient élevé vers le ciel. Le chef de famille, président de la fête, lui adresse les paroles suivantes :

« *Vous promettez devant Dieu et devant les hommes d'élever* **** *dans la doctrine des théophilanthropes, de lui inspirer, dès l'aurore de sa raison, la croyance de l'existence et de l'immortalité de l'âme, et de le pénétrer de la nécessité d'adorer Dieu, de chérir ses semblables, et de se rendre utile à la patrie.*

« Le père répond : *Je le promets.*

« Il est bon que celui-ci se fasse accompagner au temple, lorsqu'il en aura la possibilité, par deux personnes probes de l'un et de l'autre sexe, qui consentent à être parrain et marraine de l'enfant, et qui sachent apprécier les devoirs que ces titres leur imposent.

« Lorsqu'il y a un parrain et une marraine, le chef de famille leur dit : *Vous promettez devant Dieu et devant les hommes de tenir lieu à cet enfant, autant qu'il sera en vous, de ses père et mère, si ceux-ci étaient hors d'état de lui donner leurs soins.* Ils répondent : *Nous le promettons.*

« Le chef de famille fait ensuite un discours sur les devoirs imposés aux père et mère et à ceux qui élèvent les enfants.

« Ce jour est une fête pour la famille. »

Mariage.

« Les deux époux, après avoir rempli les formalités prescrites par les lois du pays, se rendent à l'assemblée religieuse de la famille ou du domicile de l'épouse. La fête finie, ils s'approchent de l'autel ; ils sont entrelacés de rubans ou de guirlandes de fleurs dont les extrémités sont tenues de chaque côté des époux par les anciens de leur famille.

« Le chef de famille dit à l'époux : *Vous avez pris **** pour épouse.* L'époux répond : *Oui.* Puis s'adressant à l'épouse : *Vous avez pris **** pour époux.* Elle répond : *Oui.*

« On peut ajouter à ces formalités la présentation de l'anneau à l'épouse par son époux, la médaille d'union donnée par le chef de famille à l'épouse, ou autres de ce genre, suivant les usages du pays, tant que ces formalités ont un but moral et le même caractère de simplicité.

« Le chef de famille fait ensuite un discours sur les devoirs du mariage.

« La famille célèbre dans ce jour l'union des deux époux. »

Devoirs rendus aux morts.

« Les théophilanthropes rendent les derniers devoirs aux morts suivant les usages du pays. Après la fête religieuse qui suit le décès, on place dans le temple un tableau sur lequel sont inscrits ces mots : *La mort est le commencement de l'immortalité.*

« On peut mettre devant l'autel une urne ombragée de feuillage.

« Le chef de famille dit : « *La mort a frappé un de nos semblables* (à quoi il ajoute, si le décédé était dans l'âge de raison : *Conservons le souvenir de ses vertus, et oublions ses fautes*) : *que cet événement soit pour nous un avis d'être toujours prêts à paraître devant le juge suprême de nos actions.* » Il fait ensuite quelques réflexions sur la mort, sur la brièveté de la vie, sur l'immortalité de l'âme, etc., etc. (1).

« On peut chanter des hymnes analogues à toutes ces différentes institutions religieuses. »

Telles étaient la doctrine, les pratiques et les cérémonies de la nouvelle religion.

Cependant, malgré l'esprit de douceur et de tolérance qu'affectaient les théophilanthropes, la plupart de leurs discours étaient semés de traits dirigés en apparence contre le fanatisme et la superstition, mais qui avaient réellement pour but le christianisme. Il leur est souvent même arrivé de se livrer ouvertement à des déclamations violentes contre les prêtres. Au reste, on ne saurait douter aujourd'hui que cette institution n'ait été fondée en haine de la religion chrétienne. Le respectable abbé Sicard, instituteur des sourds-muets, étant un jour entré, par curiosité, dans l'église de la Visitation-Sainte-Marie, au faubourg Saint-Jacques, où s'était établie une réunion de théophilanthropes, et n'apercevant ni croix, ni tabernacle, ni ornements, dit à un de ses voisins : « Je vois bien à quoi tend tout ceci ; ces messieurs ne veulent point innover, mais ils ont à cœur d'éteindre les cierges et de tarir l'huile dans la lampe du sanctuaire. »

Les théophilanthropes réunis rue Saint-Denis, ne voulant pas se borner à des réunions particulières, s'adressèrent à l'autorité civile, afin de partager avec les catholiques

---

(1) On voit, d'après ces dispositions, qu'il n'y avait point de présentation de corps au temple.

la jouissance des églises. Il était tout simple d'affecter tel ou tel édifice à leur usage exclusif, mais comme on cherchait surtout à abreuver de dégoûts ceux qui professaient la religion catholique, les magistrats, en accédant à la demande des théophilanthropes, décidèrent que les uns et les autres auraient la jouissance commune des temples, et que les attributs, décorations et emblèmes de chaque culte seraient enlevés lorsque l'autre officierait. L'exécution de cet arrêté offrait de grandes difficultés ; la première était l'embarras du dérangement des objets consacrés au culte chrétien, et qui pour la plupart se trouvaient placés à demeure ; mais la principale consistait dans la répugnance qu'éprouvaient les catholiques à célébrer le service divin dans les mêmes lieux que leurs ennemis. Le cas leur parut même tellement grave, qu'ils crurent devoir soumettre la question à des docteurs. Ceux-ci, après une mûre délibération, levèrent leurs scrupules, et les firent consentir au partage des églises, par la considération que, sur leur refus, on pourrait les forcer à abandonner tout à fait le lieu saint ; ce qui compromettrait nécessairement les intérêts de la religion. Il fut donc résolu qu'ils se maintiendraient dans les églises, sauf à transporter la sainte eucharistie dans quelque lieu isolé, pour la dérober aux profanations.

Saint-Étienne du Mont, Saint-Jacques du Haut-Pas, Saint-Médard, Saint-Sulpice, Saint-Thomas d'Aquin, Saint-Gervais, Saint-Germain l'Auxerrois, Saint-Eustache, Saint-Nicolas des Champs et Saint-Roch, furent les premières églises dont les théophilanthropes eurent l'usage commun avec les catholiques. Ils en obtinrent successivement d'autres, et parvinrent même à s'établir à Notre-Dame, dont ces derniers abandonnèrent le chœur, ne se réservant que la nef. L'heure assignée aux théophilanthropes était de onze à deux ; cependant ils ne commençaient guère avant midi. Leur office durait environ une heure et demie. Vers le mois de pluviôse an VI (février 1798), il fut fixé au décadi ; mais en l'an IX, le dimanche étant redevenu le jour de fête pour la plus grande partie des citoyens, les théophilanthropes déclarèrent « que, sur la demande de plusieurs sociétaires à qui leurs relations ne permettaient pas de célébrer le décadi, ils feraient désormais leurs exercices les jours correspondant aux dimanches dans le temple de la Victoire (Saint-Sulpice), tandis qu'ils seraient continués le décadi dans celui de la Reconnaissance (Saint-Germain l'Auxerrois) ; qu'ils n'entendaient pas pour cela adopter d'autre calendrier que le républicain, mais seulement se prêter aux vœux des personnes qui, ne pouvant suspendre leurs travaux, seraient, sans cet arrangement, hors d'état d'assister aux exercices de la religion naturelle. »

La théophilanthropie ne resta pas renfermée dans Paris, elle s'étendit aussi dans plusieurs provinces. C'est aux environs de la capitale que les disciples commencèrent à exercer leur apostolat. Ayant obtenu la chapelle du château de Versailles, ils y établirent le nouveau culte, ce qu'ils avaient déjà inutilement essayé de faire à Argenteuil, patrie d'un des coryphées de l'ordre. A Andresy, près de Versailles, un vitrier-peintre présida une petite société de la même secte. A Choisy-sur-Seine et à Montreuil, on vit aussi se former de pareilles réunions. Dans ce dernier lieu, le directeur de l'institution était un nommé *Beauce-Labrette*, qui avait été l'un des plus ardents disciples de la déesse *Raison*. Aux cérémonies assistaient des filles du boulevard du temple, qu'il payait pour chanter. On assure que parmi les spectateurs, qui, dans le commencement, étaient assez nombreux, la plupart recevaient par séance, savoir : les hommes et les femmes trente sous chacun, et les enfants, dix. Mais la ruine de *Beauce-Labrette* l'ayant mis dans l'impossibilité de continuer les payements, il fut forcé de céder sa place à un autre. Dès lors le nombre des disciples diminua graduellement, et à tel point, que se trouvant réduits à dix, la société fut dissoute.

Les théophilanthropes s'installèrent également à Bernay, à Soissons, à Poitiers, à Liège, à Châlons-sur-Marne, à Bourges, à Sancerre, etc., etc.; et dans presque toutes ces villes, les catholiques furent en butte aux vexations les plus odieuses. Après Paris, Auxerre et Sens ont été les lieux où le nouveau culte jeta de plus profondes racines et se maintint pendant plus longtemps. Dans cette dernière ville, il n'y eut pas de moyens qu'on n'employât pour dégoûter les catholiques, avec qui les sectaires avaient la jouissance commune de la cathédrale. Le département de l'Yonne se distingua de tous les autres par son zèle persécuteur. Cependant, partout où s'établit la théophilanthropie on put remarquer, dès l'origine, un refroidissement, qui en annonçait la décadence inévitable.

Si les disciples parvinrent dans plusieurs villes à se faire des prosélytes, ils échouèrent dans beaucoup d'autres. A Nancy, Jeandel, procureur syndic du district, fit distribuer une circulaire dans laquelle il vomissait contre le catholicisme et les prêtres les injures les plus grossières, et manifestait l'espérance de voir bientôt prospérer *la religion nationale, fondée par la raison;* c'est ainsi qu'il appelait le nouveau culte. Mais les Lorrains demeurèrent fidèles à la foi de leurs pères. Au Havre et à Château-Thierry, les tentatives des commissaires délégués à la propagation de la théophilanthropie n'eurent aucun résultat, et à Bordeaux, le prêtre apostat Latapy, partisan de la secte, et qui, pour l'y établir, avait obtenu des autorités l'église de Saint-Éloi, fut obligé de renoncer à son projet.

Les théophilanthropes, non contents de fonder leur culte en France, eurent aussi la prétention de l'établir chez l'étranger. Un nommé *Siauve* alla en Suisse pour y jouer le rôle de missionnaire, rôle qu'il paraît avoir été forcé d'abandonner. Dans le cours de l'an VII on imprima à Turin une traduction italienne du *Manuel des théophilanthropes*, publiée par *G. de Gregori*, qui, dans sa préface, cherchait à prouver que le nouveau culte n'était pas contraire au catholicisme. Un prêtre, nommé *Morardo*, dédia à Ginguené, ambassadeur de France en Sardaigne, une brochure intitulée : *Pensées libres sur le culte et ses ministres*; ouvrage qu'on peut regarder comme une apologie de la théophilanthropie, et qui a été victorieusement réfuté par le père *Della Valle*, dans la réponse ayant pour titre : *Quatre mots à Gaspard Morardo*. On assure qu'un Français, ayant porté en Amérique les livres des théophilanthropes, tenta, mais sans succès, d'en établir le culte public à Philadelphie.

Revenons maintenant aux théophilanthropes de la capitale, où s'était fixé le foyer de la nouvelle religion. Dix-huit mois étaient à peine écoulés depuis son établissement, qu'un schisme éclata parmi les disciples. Ceux qui étaient en possession de Saint-Thomas d'Aquin avaient donné à leur culte le titre de *non catholique*. Les administrateurs de ce temple, dans un acte officiel du 16 thermidor an VI, consignèrent la déclaration suivante :

« Les administrateurs, etc., déclarent qu'ils n'ont pas secoué le joug d'une *secte* pour en adopter une autre; que néanmoins ils n'ont pas cru devoir refuser les services que leur ont offerts les lecteurs du culte qui prend le nom de *culte des théophilanthropes*, parce que leur morale et leurs pratiques leur ont paru raisonnables, et qu'il importe à l'ordre public qu'il s'élève un culte nouveau, de quelque nature que ce soit; que, malgré la pureté des dogmes et le pur déisme que les théophilanthropes professent, il faut qu'il n'y ait dans la discipline d'une religion quelconque, rien qui puisse devenir contraire aux lois; qu'ils ont cependant remarqué que les lecteurs des théophilanthropes paraissent se former en *secte*, se resserrent en communion, se distribuent exclusivement des missions, et reconnaissent entre eux un centre de doctrine et de police. Cette manière de se propager leur paraît contraire au régime républicain, qui ne doit avoir d'autre lien politique que celui de la patrie, d'autre juridiction que celle des magistrats, et d'autre censure que celle de la loi. Les anciennes républiques avaient des cultes libres, mais leurs ministres ne formaient point entre eux une sorte de hiérarchie, de communion, etc. Pour obvier à ce que les lecteurs théophilanthropes ne dégénèrent pas du culte qu'ils professent, et qui est dans sa pureté primitive, lesdits administrateurs ont pris possession du temple de leur canton, pour y établir un culte sans mystères, sans superstition, sans dogmes outrés, et *par conséquent autre que celui des catholiques*. En conséquence, les administrateurs du culte du temple du dixième arrondissement se constituent libres et indépendants du comité des théophilanthropes séant à *Catherine*, et de tout autre. Les cérémonies, chants, lectures et jours de fêtes indiqués par la loi, seront réglés par les susdits administrateurs. Ils adopteront, s'ils le jugent convenable, les cérémonies et chants des autres temples, par imitation et non par juridiction. Ils n'admettent d'autres juridictions et relations que celles des autorités constituées, et consentent à ce que le culte qui sera professé dans le temple s'intitule : *Culte primitif*. » Signé Naraigille, Sobry, Desforges et Raignier l'aîné.

En général, tel était l'esprit d'indépendance qui animait les zélateurs de la nouvelle secte, que la plupart conçurent des inquiétudes et témoignèrent même leur mécontentement, lorsque les disciples choisirent des ministres, et que ceux-ci prirent un costume et cherchèrent à exercer de l'influence sur le peuple.

Ainsi qu'on avait lieu de s'y attendre, on vit figurer parmi les sectateurs de la théophilanthropie une foule d'hommes qui, pendant la révolution, avaient joué les rôles les plus odieux, par exemple, des adorateurs de la *déesse Raison*, et des partisans du *culte Marat*. On y remarquait aussi quelques personnages alors assez célèbres; tels étaient Creuzé-Latouche, Julien de Toulouse, Regnault, du conseil des anciens; Dupont de Nemours, etc., etc. En général, c'étaient presque tous républicains. Si l'on en croit un historien de la théophilanthropie, Bernardin de Saint-Pierre aurait été du nombre des adeptes, et aurait même été parrain d'un nouveau-né de cette secte à Saint-Thomas d'Aquin. En l'an VI, Palissot dédia aux théophilanthropes une édition nouvelle de la brochure de Boucher de la Richardière, ayant pour titre : *De l'Influence de la Révolution sur le caractère national*, et où se trouve un pompeux éloge du nouveau culte. Il en fit même distribuer des exemplaires à l'institut. Mercier, qui, dans *l'Homme sauvage*, avait annoncé que l'univers se soumettrait à la morale évangélique, s'écrie, dans son *Nouveau Paris*, à l'occasion de la théophilanthropie : « *Grâces immortelles soient rendues à la philosophie, la raison triomphe!* »

On croit communément que Lareveillère-Lepaux, alors l'un des membres du directoire, a été l'un des propagateurs les plus zélés du culte théophilanthropique, et qu'en raison de l'influence que lui donnait sa dignité, il en était considéré comme le patriarche, et exerçait une espèce de pontifical. Les disciples ont repoussé cette assertion, prétendant que leur religion s'était établie sans aucun concours de la puissance. A leur chute, ils nièrent positivement que l'ex-directeur eût été un de leurs coryphées, et ils consignèrent leur désaveu dans des placards imprimés. Il ne reste point aujourd'hui de documents d'après lesquels on puisse juger la question; ce qu'il y a de certain, c'est que dans un discours que Lareveillère-Lepaux prononça à l'institut, le 12 floréal an V, c'est-à-dire cinq mois après la naissance de la théophilanthropie, il se déchaîna violemment contre le catholicisme, qu'il accusait d'être destructeur de toute liberté, et témoigna le désir de voir s'élever un culte simple, qui aurait *un couple* de dogmes et une religion sans prêtres; choses assez difficiles à concilier. On sait aussi qu'il assistait quelquefois aux réunions de la nouvelle secte, et qu'il contribua à une modique offrande, lors d'une collecte que firent dans l'arrondissement du directoire les administrateurs théophilanthropes de Saint-Sulpice. On peut donc conclure que si ce directeur, qui se vantait d'avoir humilié le pape et le sultan, et qui fut un des ennemis les plus ardents de la religion, ne suivit pas publiquement le nouveau culte, il en professa du moins les principes (1).

On a vu qu'en divers endroits les autorités locales favorisèrent les théophilanthropes au préjudice même des catholiques. Quant au gouvernement, s'il ne leur a pas accordé une protection spéciale, du moins a-t-il usé à leur égard d'une tolérance bienveillante. En effet, plusieurs de ses agents prêtaient ouvertement leur appui à la nouvelle secte, et le ministre de l'intérieur lui-même envoyait gratuitement le *Manuel des théophilanthropes* dans les départements. Une autre preuve de cette tolérance existe encore dans le traité avec la cour de Naples, rédigé par Charles Lacroix, et ratifié par le corps législatif le 3 brumaire an V, dont l'article 9 porte : *Tout citoyen français et tous ceux qui composent la maison de l'ambassadeur ou ministre, et celles des autres agents accrédités et reconnus de la république française, jouiront dans les États de S. M. le roi des Deux-Siciles, de la même liberté de culte que celle dont y jouissent les individus des nations non catholiques les plus favorisées à cet égard.* Si l'on considère, d'une part, que dès le mois de vendémiaire les fondateurs de la théophilanthropie avaient adopté le manuel de Chemin, et, de l'autre, que le gouvernement, d'ailleurs fort mal disposé pour les catholiques, ne pouvait pas ignorer les projets des nouveaux sectaires, on ne saurait douter que la clause ci-dessus n'ait été insérée au traité dans la vue de favoriser ces derniers. Il est à remarquer que la même clause fait partie du traité négocié avec le Portugal, et qu'elle n'a point été stipulée dans ceux passés avec les nations non catholiques, tels que les États-Unis, l'Angleterre, la Hollande, etc., où la liberté des cultes n'éprouve aucune difficulté.

Les réunions théophilanthropiques, qui, dans le commencement, furent très-nombreuses, parce que la curiosité y attirait une foule de spectateurs, finirent par se dissoudre d'elles-mêmes. On voit qu'à l'époque du 18 brumaire an VIII, la société n'occupait plus que les temples de la Reconnaissance (Saint-Germain l'Auxerrois), de l'Hymen (Saint-Nicolas des Champs), de la Victoire (Saint-Sulpice), et de la Jeunesse (Saint-Gervais). Enfin, le 12 vendémiaire an X (4 octobre 1801), un arrêté des consuls prononça que les théophilanthropes ne pourraient plus se réunir dans les édifices nationaux. A cette occasion parut un opuscule sur *l'Interdiction du culte de la religion naturelle*, dans lequel l'auteur se plaint de ce que l'autorité civile leur a refusé acte de leur déclaration pour continuer dans un local qu'ils auraient loué et où il réclame cette liberté.

Ainsi tomba à Paris, après cinq ans d'existence, le culte théophilanthropique, qui, dans les provinces, eut une durée moins longue encore, et dont il ne resta bientôt plus aucune trace.

M. Isambert a vainement essayé de ressusciter cette secte décréditée, à une époque rapprochée de la révolution de 1830.

* TIMOTHÉENS. On nomma ainsi, dans le cinquième siècle, les partisans de Timothée Ælure, patriarche d'Alexandrie, qui, dans un écrit adressé à l'empereur Léon, avait soutenu l'erreur des eutychiens ou monophysites. *Voyez* EUTYCHIANISME.

* TNÉTOPSYCHIQUES, hérétiques qui soutenaient la mortalité de l'âme ; c'est ce que signifie leur nom.

* TRADITEURS. On donna ce nom, dans le troisième et le quatrième siècle de l'Église, aux chrétiens qui, pendant la persécution de Dioclétien, avaient livré aux païens les saintes Écritures pour les brûler, afin d'éviter ainsi les tourments et la mort dont ils étaient menacés.

Ce n'est pas la première fois que les païens avaient fait tous leurs efforts pour anéantir les livres sacrés. Dans la cruelle persécution excitée contre les Juifs par Antiochus, les livres de leur foi furent recherchés, déchirés et brûlés, et ceux qui refusèrent de les livrer, furent mis à mort, comme nous le voyons dans le premier livre des *Machabées*, c. 1, vers. 56. Dioclétien renouvela la même impiété, par un édit qu'il fit publier à Nicomédie, l'an 303, par lequel il ordonnait que tous les livres des chrétiens fussent brûlés, leurs églises détruites, et qui les privait de tous leurs droits civils et de tout emploi. Plusieurs chrétiens faibles, on ajoute même quelques évêques et quelques prêtres, succombant à la crainte des tourments, livrèrent les saintes Écritures aux persécuteurs ; ceux qui eurent plus de fermeté les regardèrent comme des lâches, et leur donnèrent le nom ignominieux de *traditeurs*.

Ce malheur en produisit bientôt un autre. Un grand nombre d'évêques de Numidie refusèrent d'avoir aucune société avec ceux qui étaient accusés de ce crime ; ils ne voulurent pas reconnaître pour évêque de Carthage Cécilien, sous prétexte que Félix, évêque d'Aptonge, l'un de ceux qui avaient sacré Cécilien, était du nombre des *traditeurs*, accusation qui ne fut jamais prouvée. Donat, évêque des Cases-Noires, était à la tête de ce parti ; c'est qui fit donner le nom de *donatistes* à tous ces schismatiques. Le concile d'Arles, tenu l'an 314, par ordre de Constantin, pour examiner cette affaire, décida que tous ceux qui se trouveraient réellement coupables d'avoir livré aux persécuteurs des livres ou des vases sacrés, seraient dégradés de leurs ordres et déposés,

---

(1) Un de ses collègues, dit-on, le raillait un jour au sujet de la théophilanthropie, et l'engageait, pour en préparer le triomphe, à se faire pendre et à ressusciter trois jours après, l'assurant que, dans ce cas, le succès serait infaillible.

pourvu qu'ils en fussent convaincus par des actes publics, et non accusés par de simples paroles. Il condamna ainsi les donatistes qui ne pouvaient produire aucune preuve des crimes qu'ils reprochaient à Félix d'Aptonge et à quelques autres.

* TREMBLEURS, *shakers*. Secte de quakers aux Etats-Unis. Ils reconnaissent que leur origine est potérieure à l'année 1750, et Anne Lee, née en Angleterre, est considérée comme la mère de leur religion. Ils possèdent dans le comté de Mercer un établissement qui ressemble à une petite ville habitée par des hommes et des femmes en très-grand nombre ; ils sont gouvernés par un homme et par une femme qui porte, comme la fondatrice, le nom de mère, et pour laquelle ils ont la vénération la plus profonde. Lorsqu'elle sort de la maison, ce qui n'arrive que rarement, ils la prennent et l'enlèvent entre leurs bras, afin qu'on l'aperçoive à une plus grande distance.

Ils rejettent le mystère de la sainte Trinité, les mérites et la divinité de Jésus-Christ, la maternité de la sainte Vierge, la résurrection de la chair, et les autres articles de foi ; ils poussent même le blasphème jusqu'à soutenir que le Père et le Saint-Esprit sont deux êtres incompréhensibles, mais dans la même essence, comme mâle et femelle, quoiqu'ils ne forment pas deux personnes. Suivant eux, le Saint-Esprit est du genre féminin, et mère de Jésus-Christ. Ils affirment encore que le Verbe divin se communiqua à l'homme Jésus, qui pour cette raison fut appelé le Fils de Dieu, et que le Saint-Esprit se communiqua de même à Anne Lee qui devint aussi fille de Dieu. Ils condamnent aussi le mariage comme illicite, et cependant, indépendamment des danses qu'ils forment avec les femmes, ils vivent en communauté avec elles dans l'établissement dont il a été question plus haut. Ils s'y appliquent beaucoup au travail, et excellent dans différents métiers. Il y en a parmi eux qui maintiennent la nécessité de la confession ; mais non aux prêtres ni en en secret.

Le culte des *trembleurs* consiste principalement en danses religieuses, assez singulières. Les hommes vont rangés sur une ligne, et les femmes, placées vis-à-vis, en forment une seconde ; tous sont disposés avec beaucoup d'ordre et de régularité : un homme bat la mesure, en frappant ses mains l'une contre l'autre. Comme le mouvement est d'abord très-modéré, et qu'il est fidèlement suivi par ceux qui dansent, ils ne font au commencement que jeter les pieds à droite et à gauche, sans les croiser, comme dans les danses ordinaires ; mais ensuite, le mouvement devenant de plus en plus vif, ils sautent aussi haut qu'il leur est possible, quelquefois jusqu'à trois ou quatre pieds de terre. Cet exercice ne finit que lorsque ceux ou celles qui y prennent part sont épuisés de fatigue et baignés de sueur. C'est alors qu'ils sont pleins de l'Esprit. Dans le fort de l'action, les hommes se dépouillent de leurs habits et de leurs gilets, tandis que les robes des femmes voltigent à droite et à gauche. Nous n'avons pas besoin d'en indiquer les conséquences.

* TRINITAIRES, terme qui a reçu différentes significations arbitraires. Souvent on s'en est servi pour désigner toutes les sectes hérétiques qui ont enseigné des erreurs touchant le mystère de la sainte Trinité, en particulier les sociniens ; mais il est beaucoup mieux de les appeler *unitaires*, comme on le fait aujourd'hui. Ce sont eux qui ont coutume de donner le nom de *trinitaires* et d'*athanasiens* aux catholiques et aux protestants qui reconnaissent un seul Dieu en trois personnes, et qui professent le symbole de saint Athanase. *Voyez* Sociniens.

* TRISACRAMENTAIRES. Parmi les protestants, il s'est trouvé quelques sectaires à qui l'on a donné ce nom, parce qu'ils admettaient trois sacrements, le baptême, la cène ou l'eucharistie, et l'absolution, au lieu que les autres ne reconnaissent que les deux premiers. Quelques auteurs ont cru que les anglicans regardaient encore l'ordination comme un sacrement, d'autres ont pensé que c'était la confirmation ; mais ces deux faits sont contredits par la *confession de foi anglicane*, art. 25.

* TRITHÉISME. C'est l'hérésie de ceux qui ont enseigné qu'il y a non seulement trois personnes en Dieu, mais aussi trois essences, trois substances divines, par conséquent trois dieux.

Dès que des raisonneurs ont voulu expliquer le mystère de la sainte Trinité, sans consulter la tradition et l'enseignement de l'Eglise, ils ont presque toujours donné dans l'un ou l'autre des deux excès : les uns, pour ne pas paraître supposer trois dieux, sont tombés dans le sabellianisme ; ils ont soutenu qu'il n'y a en Dieu qu'une personne, savoir, le Père ; que les deux autres ne sont que deux dénominations ou deux différents aspects de la divinité. Les autres, pour éviter cette erreur, ont parlé des trois personnes comme si c'étaient trois essences, trois substances ou trois natures distinctes, et sont ainsi devenus *trithéistes*.

Ce qu'il y a de singulier, c'est que cette hérésie a pris naissance parmi les eutychiens ou monophysites qui n'admettaient qu'une seule nature en Jésus-Christ. On prétend que son premier auteur fut Jean Acusnage, philosophe syrien ; il eut pour principaux sectateurs Conon, évêque de Tarse, et Jean Philoponus, grammairien d'Alexandrie. Comme ces deux derniers se divisèrent sur d'autres points de doctrine, on distingua les *trithéistes cononites* d'avec les *trithéistes philoponistes*. D'une autre part, Damien, évêque d'Alexandrie, distingua l'essence divine des trois personnes ; il nia que chacune d'elles, considérée en particulier et abstractivement des deux autres, fût Dieu. Il avouait néanmoins qu'il y avait entre elles une nature divine et une divinité commune, par la participation de laquelle chaque personne était Dieu. On ne conçoit rien à ce verbiage, sinon que Damien concevait la divinité comme un tout dont chaque personne n'était qu'une partie. Il eut néanmoins des sectateurs que l'on nomma *damianistes*.

Les ariens qui niaient la divinité du Verbe, et les macédoniens qui ne reconnaissaient point celle du Saint-Esprit, n'ont pas manqué d'accuser de *trithéisme* les catholiques qui soutenaient l'une et l'autre. Aujourd'hui les *unitaires* ou sociniens nous font encore le même reproche très-mal à propos, puisque nous soutenons l'identité numérique de nature et d'essence dans les trois personnes divines. Le seul moyen de garder un juste milieu et d'éviter toute erreur en parlant de ce mystère incompréhensible est de s'en tenir scrupuleusement au langage et aux expressions approuvés par l'Eglise.

* TROPIQUES. Saint Athanase, dans sa *lettre à Sérapion*, nomme ainsi les hérétiques macédoniens, parce qu'ils expliquaient par des *tropes*, ou dans un sens figuré, les passages de l'Ecriture sainte qui parlent du Saint-Esprit, afin de prouver que ce n'était pas une personne, mais une opération divine. Les sociniens font encore de même, et répètent les interprétations forcées de ces anciens sectaires.

Quelques controversistes catholiques ont aussi donné le nom de *tropiques* ou de *tropistes* aux sacramentaires qui expliquent les paroles de l'institution de l'eucharistie dans un sens figuré.

* TROPITES, hérétiques dont parle saint Philastre, *hæres*. 70, qui soutenaient que par l'incarnation, le Verbe divin avait été changé en chair ou en homme, et avait cessé d'être une personne divine. C'est ainsi qu'ils entendaient ces paroles de saint Jean : *Le Verbe a été fait chair; et Verbum caro factum est* (Joan. I, 14). Ils ne faisaient pas attention, dit saint Philastre, que le Verbe divin est immuable, puisqu'il est Dieu et Fils de Dieu ; il ne peut donc pas cesser d'être ce qu'il est. Lui-même a formé par sa puissance la chair ou l'humanité dont il s'est revêtu, afin de se rendre visible aux hommes, de les instruire et d'opérer leur salut. Tertullien avait déja réfuté cette erreur (1); elle fut renouvelée par quelques eutychiens au cinquième siècle.

* TRUSTEES. Aux Etats-Unis d'Amérique, le gouvernement, veillant seulement à la police et à l'ordre extérieur et matériel, laisse les habitants libres dans leur religion et dans le choix de leurs pasteurs. Il ne leur demande point d'argent pour le donner ensuite aux ministres des différents cultes, après en avoir retenu une partie entre ses mains. Quand une congrégation ou paroisse s'établit, les membres choisissent un nombre fixe de personnes à qui est confiée l'administration temporelle de l'Eglise ; c'est ce que nous appelons le *conseil de fabrique*. Ces fabriciens ou marguilliers sont nommés *trustees*; c'est-à-dire *hommes de confiance*. Au nombre de leurs fonctions est celle de fournir aux dépenses du culte et de subvenir aux besoins des prêtres ; ils font en conséquence les collectes et les quêtes, fixent et payent le traitement des pasteurs. Mais, dans quelques localités, notamment à Philadelphie, ces *trustees*, se prévalant de la distribution qu'ils sont chargés de faire des fonds communs, ont élevé des prétentions intolérables. Ainsi, ils ont essayé d'usurper le droit de choisir ou de rejeter les pasteurs, de régler ou de déterminer l'ordre et les cérémonies du service divin, etc., fonctions qui n'appartiennent qu'aux évêques et aux prêtres qui reçoivent d'eux la mission. Les prélats se sont toujours déclarés contre ces prétentions, soit individuellement, soit réunis en concile (1829) ; car partout et toujours l'Eglise a soutenu ou réclamé la liberté du choix de ses pasteurs, de son enseignement et de sa discipline.

TURLUPINS, fanatiques débauchés du quatorzième siècle, qui joignirent aux erreurs des béguards les infamies des cyniques ; ils furent excommuniés par Grégoire XI ; les princes chrétiens les punirent sévèrement ; on en fit brûler un assez grand nombre : cette sévérité et l'horreur qu'excitait leur infamie anéantirent bientôt cette secte (2).

U

UBIQUISTES ou UBIQUITAIRES, luthériens qui croyaient qu'en conséquence de l'union hypostatique de l'humanité avec la divinité, le corps de Jésus-Christ se trouve partout où la divinité se trouve.

Les sacramentaires et les luthériens ne pouvaient s'accorder sur la présence de Jésus-Christ dans l'eucharistie : les sacramentaires niaient la présence réelle de Jésus-Christ dans l'eucharistie, parce qu'il était impossible qu'un même corps fût dans plusieurs lieux à la fois ; Clustré et quelques uns autres répondirent que cela était faux, que l'humanité de Jésus-Christ étant unie au Verbe, son corps était partout avec le Verbe.

Mélanchthon opposait aux ubiquistes que cette doctrine confondait les deux natures de Jésus-Christ, le faisant immense selon son humanité et même selon son corps, et qu'elle détruisait le mystère de l'eucharistie, à qui on ôtait ce qu'il avait de particulier, si Jésus-Christ, comme homme, n'y était présent que de la manière dont il est dans le bois ou dans la pierre.

* UNITAIRES. C'est le nom que prennent aujourd'hui les nouveaux antitrinitaires, parce qu'ils font profession de conserver la gloire de la divinité au grand, seul, unique et souverain Dieu, Père de Notre-Seigneur Jésus-Christ.

(1) Lib. de Carne Christi, cap. 10 seq.
(2) Prateole, Elenchus hæresium. Bernard de Lutzenbourg. Gaguin, Hist., l. IX.

UNIVERSALISTES. L'on nomme ainsi parmi les protestants ceux qui soutiennent que Dieu donne des grâces à tous les hommes pour parvenir au salut : c'est, dit-on, le sentiment actuel de tous les arminiens, et ils donnent le nom de *particularistes* à leurs adversaires.

Pour concevoir la différence qu'il y a entre les opinions des uns et des autres, il faut se rappeler qu'en 1618 et 1619, le synode tenu par les calvinistes à Dordrecht ou Dort en Hollande, adopta solennellement le sentiment de Calvin, qui enseigne que Dieu, par un décret éternel et irrévocable, a prédestiné certains hommes au salut, et dévoué les autres à la damnation, sans avoir aucun égard à leurs mérites ou à leurs démérites futurs ; qu'en conséquence il donne aux prédestinés des grâces irrésistibles par lesquelles ils parviennent nécessairement au bonheur éternel, au lieu qu'il refuse ces grâces aux réprouvés qui, faute de ce secours, sont nécessairement damnés. Ainsi, selon Calvin, Jésus-Christ n'est mort et n'a offert à Dieu son sang que pour les prédestinés. Ce même synode condamna les arminiens qui rejetaient cette prédestination et cette réprobation absolue, qui soutenaient que Jésus-Christ a répandu son sang pour tous les hommes et pour chacun d'eux en particulier ; qu'en vertu de ce rachat, Dieu donne à tous, sans exception, des grâces capables de les conduire au salut, s'ils sont fidèles à y correspondre. Les décrets de Dordrecht furent reçus sans opposition par les calvinistes de France, dans un synode national tenu à Charenton en 1633.

Comme cette doctrine était horrible et révoltante, que d'ailleurs des décisions en matière de foi sont une contradiction formelle avec le principe fondamental de la réforme, qui exclut toute autre règle de foi que l'Ecriture sainte, il se trouva bientôt, même en France, des théologiens calvinistes qui secouèrent le joug de ces décrets impies. Jean Caméron, professeur de théologie dans l'académie de Saumur, et Moïse Amyraut, son successeur, embrassèrent sur la grâce et la prédestination le sentiment des arminiens. Suivant le récit de Mosheim (1), Amyraut, en 1634, enseigna, « 1° que Dieu veut le salut de tous les hommes sans exception ; qu'aucun mortel n'est exclu des bienfaits de Jésus-Christ par un décret divin ; 2° que personne ne peut participer au salut et aux bienfaits de Jésus-Christ, à moins qu'il ne croie en lui ; 3° que Dieu par sa bonté n'ôte à aucun homme le pouvoir et la faculté de croire, mais qu'il n'accorde pas à tous les secours nécessaires pour user sagement de ce pouvoir ; de là vient qu'un si grand nombre périssent par leur faute, et non par celle de Dieu.

Ou le système d'Amyraut n'est pas fidèlement exposé, ou ce calviniste s'explique fort mal. 1° Il devait dire si entre *les bienfaits de Jésus-Christ* il comprenait les grâces actuelles intérieures, et prévenantes, nécessaires soit pour croire en Jésus-Christ, soit pour faire une bonne œuvre quelconque. S'il admettait cette nécessité, sa première proposition n'a rien de repréhensible ; s'il ne l'admettait pas, il était pélagien, et Mosheim n'a pas tort de dire que la doctrine d'Amyraut n'était qu'un pélagianisme déguisé. En parlant de cette hérésie, nous avons fait voir que Pélage n'a jamais admis la notion d'une grâce intérieure et prévenante, qui consiste dans une illumination surnaturelle de l'esprit et dans une motion ou impulsion de la volonté ; qu'il soutenait que cette motion détruirait le libre arbitre. C'est ce que soutiennent encore les arminiens d'aujourd'hui.

2° La seconde proposition d'Amyraut confirme encore le reproche de Mosheim ; elle affirme que personne ne peut participer au salut et aux bienfaits de Jésus-Christ, sans croire en lui. C'est encore la doctrine de Pélage ; il disait que le libre arbitre est dans tous les hommes, mais que dans les chrétiens seuls il est aidé par la grâce (2). Cela est incontestable, s'il n'y a point d'autre grâce que la loi et la connaissance de la doctrine de Jésus-Christ, comme le soutenait Pélage ; mais saint Augustin a prouvé contre lui, que Dieu a donné des grâces intérieures à des infidèles qui n'ont jamais cru en Jésus-Christ, et que le désir même de la grâce et de la foi est déjà l'effet d'une grâce prévenante. Et, comme la concession ou le refus de cette grâce ne se fait certainement qu'en vertu d'un décret par lequel Dieu a résolu ou de la donner ou de la refuser, il est faux que personne ne soit exclu des bienfaits de Jésus-Christ, en vertu d'un décret divin, comme Amyraut l'affirme dans sa première proposition.

3° La dernière y est encore plus opposée. En effet, qu'entend ce théologien par *le pouvoir et la faculté de croire ?* S'il entend un pouvoir naturel, c'est encore le pur pélagianisme. Suivant saint Augustin et selon la vérité, ce pouvoir est nul, s'il n'est prévenu par la prédication de la doctrine de Jésus-Christ, et par une grâce qui incline la volonté à croire. Plusieurs milliers d'infidèles n'ont jamais entendu parler de Jésus-Christ, d'autres auxquels il a été prêché n'y ont pas cru. Ils n'ont donc pas reçu de Dieu la grâce intérieure et efficace de la foi, ou le secours nécessaire *pour user sagement de leur pouvoir*. Or, encore une fois, il est impossible que Dieu accorde ou refuse une grâce, soit extérieure, soit intérieure, sans qu'il ait voulu et résolu par un décret ; donc il est faux que les infidèles n'aient pas été exclus d'un très-grand bienfait de Jésus-Christ en vertu d'un décret divin. Mais il ne s'ensuit pas de là qu'ils n'en aient reçu aucun bienfait. Ainsi le système d'Amyraut n'est qu'un tissu d'équivoques et de contradictions.

Le traducteur de Mosheim l'a remarqué dans une note. Il convient d'ailleurs que la doctrine de Calvin touchant la prédestina-

---

(1) Hist. Ecclés., xvii° siècle, sect. 2, part. II, ch. 2, § 14.

(2) Saint Augustin, de Gratia Christi, cap. 31, num. 33.

tion absolue est dure et terrible, fondée sur les notions les plus indignes de l'Etre suprême. « Que fera donc, dit-il, le vrai chrétien, pour trouver la consolation qu'aucun système ne peut lui donner? Il détournera ses yeux des décrets cachés de Dieu, qui ne sont destinés ni à régler nos actions ni à nous consoler ici-bas; il les fixera sur la miséricorde de Dieu manifestée par Jésus-Christ, sur les promesses de l'Evangile, sur l'équité du gouvernement actuel de Dieu et de son jugement futur. »

Ce langage n'est ni plus juste ni plus solide que celui d'Amyraut; 1° Il s'ensuit que les réformateurs n'ont été rien moins que de vrais chrétiens, puisqu'au lieu de détourner les yeux des fidèles des décrets cachés de Dieu, il les ont exposés sous un aspect horrible, capable de glacer d'effroi les plus hardis ; 2° il est absurde de supposer que les décrets cachés de Dieu peuvent être contraires aux desseins de miséricorde qu'il nous a manifestés par Jésus-Christ; or, ceux-ci sont évidemment destinés à nous consoler et à nous encourager ici-bas ; 3° il ne dépend pas de nous de fixer nos yeux sur les promesses de l'Evangile, sans faire attention à ses menaces et à ce que saint Paul a dit touchant la prédestination et la réprobation; 4° il y a de l'ignorance ou de la mauvaise foi à supposer qu'il n'est aucun milieu entre le système pélagien des arminiens d'Amyraut, etc., et la doctrine horrible de Calvin. Nous soutenons qu'il y en a un, c'est le sentiment des théologiens catholiques les plus modérés. Fondés sur l'Ecriture sainte et sur la tradition universelle de l'Eglise, ils enseignent que Dieu veut sincèrement le salut de tous les hommes sans exception, que par ce motif « il a établi Jésus-Christ victime de propitiation, par la foi en son sang, afin de démontrer sa justice, et afin de pardonner les péchés passés (1). » Conséquemment que Jésus-Christ est mort pour tous les hommes et pour chacun d'eux en particulier, et que Dieu donne à tous des grâces intérieures de salut, non dans la même mesure ou avec la même abondance, mais suffisamment pour que tous ceux qui y correspondent, parviennent à la foi et au salut. Dieu les distribue à tous, non en considération de leurs bonnes dispositions naturelles, des bons désirs qu'ils ont formés, ou des bonnes actions qu'ils ont faites par les forces naturelles de leur libre arbitre, mais en vertu des mérites de Jésus-Christ rédempteur de tous , et victime de propitiation pour tous (2). C'est une erreur grossière de Pélage, d'Arminius, d'Amyraut, des protestants, des jansénistes, etc., de croire qu'aucune grâce de Jésus-Christ n'est accordée qu'à ceux qui le connaissent et qui croient en lui.

A la vérité, nous ne sommes pas en état de vérifier en détail la manière dont Dieu met la foi et le salut à la portée des Lapons et des nègres, des Chinois et des sauvages, de connaître la quantité et la nature des grâces qu'il leur donne ; mais nous n'avons pas plus besoin de le savoir, que de découvrir les ressorts par lesquels Dieu fait mouvoir cet univers, ou de savoir les motifs de l'inégalité prodigieuse qu'il met entre les dons naturels qu'il accorde à ses créatures. Saint Paul dans son Epître aux Romains, ne fait pas consister la prédestination en ce que Dieu donne beaucoup de grâces de salut aux uns, pendant qu'il n'en donne point du tout aux autres, mais en ce qu'il accorde aux uns la grâce actuelle de la foi, sans l'accorder de même aux autres. Nous ne voyons pas en quoi ce décret de prédestination peut troubler notre repos et notre confiance en Dieu ; convaincus, par notre propre expérience, et de la miséricorde et de la bonté infinie de Dieu à notre égard, nous tourmenterons-nous par la folle curiosité de savoir comment il en agit envers tous les autres hommes ?

En troisième lieu, il y a une remarque importante à faire sur les progrès de la présente dispute chez les protestants. En parlant des décrets de Dordrecht, Mosheim a observé que quatre provinces de Hollande refusèrent d'y souscrire, qu'en Angleterre ils furent rejetés avec mépris, et que, dans les églises de Brandebourg, de Brême, de Genève même, l'arminianisme a prévalu ; il ajoute que les cinq articles de doctrine condamnés par ce synode sont le sentiment commun des luthériens et des théologiens anglicans. De même, en parlant d'Amyraut, il dit que ses sentiments furent reçus non-seulement par toutes les universités huguenotes de France, mais qu'ils se répandirent à Genève et dans toutes les églises réformées de l'Europe, par le moyen des réfugiés français. Comme il a jugé que ces sentiments sont le pur pélagianisme, il demeure constant que cette hérésie est actuellement la croyance de tous les calvinistes, et que du prédestinatianisme outré de leur premier maître, ils sont tombés dans l'excès opposé. D'autre part, puisqu'il avoue que les luthériens et les anglicans suivent les opinions d'Arminius, et qu'après la condamnation de celui-ci ses partisans ont poussé son système beaucoup plus loin que lui, nous avons droit de conclure que les protestants en général sont devenus pélagiens. Mosheim confirme ce soupçon par la manière dont il a parlé de Pélage et de sa doctrine (3). Il ne l'a blâmée en aucune façon. Pour comble de ridicule, les protestants n'ont jamais cessé d'accuser l'Eglise romaine de pélagianisme. Ce phénomène théologique est assez curieux ; le verrons-nous arriver parmi ceux de nos théologiens auxquels on peut justement reprocher le sentiment des prédestinatiens ?

UTILITAIRES, secte qui est née en Angleterre, dont Jérémie Bentham a été le pontife, et qui a pour devise, pour règle, pour décalogue de ses pensées et de ses actions, l'utilité pratique et positive.

(1) Rom. III, 25.
(2) I Tim. II, 4-6.

(3) Hist. Ecclés., v° siècle, part. II, ch. 5, § 23 et suiv.

V

VALDO. *Voyez* VAUDOIS.

VALENTIN, hérétique qui parut vers le milieu du second siècle. Il forma une secte considérable, et les Pères ont beaucoup écrit contre lui et contre ses erreurs.

Ce qui nous reste de son système a paru si obscur à quelques critiques qu'ils n'ont point hésité à regarder Valentin et ses disciples comme des insensés, et ses erreurs comme un assemblage d'extravagances qui ne méritaient pas d'être examinées.

Ces critiques ne prétendent pas, je crois, que les erreurs des valentiniens aient été des absurdités palpables, et des contradictions manifestes. L'esprit humain n'est pas capable d'admettre de pareilles contradictions; il n'y a point d'homme qui puisse croire que deux et deux font cinq, parce que l'esprit humain ne peut pas croire qu'une chose est et n'est pas en même temps.

Les erreurs des valentiniens n'étaient donc que des erreurs appuyées sur des principes faux, mais spécieux, ou des conséquences mal déduites des principes vrais.

L'étendue de la secte de Valentin, le soin avec lequel les Pères ont réfuté ses erreurs, supposent que ces principes étaient analogues aux idées de ce siècle; j'ai donc pensé que l'examen du système de Valentin pouvait servir à faire connaître l'état de l'esprit humain dans ce siècle, les principes philosophiques qui dominaient dans ce siècle, l'art avec lequel Valentin les a conciliés avec le christianisme, et la philosophie des Pères, dont on parle aujourd'hui si légèrement et souvent mal à propos.

Je crois même qu'indépendamment de ces considérations, le système de Valentin peut former un objet intéressant pour ceux qui aiment l'histoire de l'esprit humain.

On voit, par ce que nous venons de dire, que le système de Valentin était un système philosophique et théologique, ou son système philosophique appliqué à la religion chrétienne : examinons ces deux objets.

Des principes philosophiques de Valentin.

Les Chaldéens reconnaissaient un Etre suprême qui était le principe de tout; cet Etre suprême avait, selon eux, produit des génies qui en avaient produit d'autres moins parfaits qu'eux; ces génies, dont la puissance avait toujours été en décroissant, avaient enfin produit le monde et le gouvernaient. Leur philosophie s'était répandue chez presque tous les peuples qui cultivaient les sciences. Pythagore avait adopté beaucoup de leurs idées, et Platon les avait exposées avec tous les charmes de l'imagination; il avait, pour ainsi dire, animé tous les attributs de l'Etre suprême, il les avait personnifiés.

La philosophie de Pythagore, celle de Platon et le système des émanations s'étaient fort répandus dans l'Orient ; on en transporta les principes dans le christianisme, comme on peut le voir par un grand nombre d'hérésies du premier et du second siècle ; on ne connaissait point d'autre philosophie dans l'Orient, et surtout à Alexandrie, où Valentin avait étudié (1).

Valentin avait été satisfait de ces principes, et il entreprit de les transporter dans la religion chrétienne ; mais il suivit une méthode bien différente de celle des gnostiques et des autres hérétiques (2).

Le spectacle des malheurs qui affligent les hommes, leurs vices, leurs crimes, la barbarie des puissants envers les faibles, avaient fait sur Valentin des impressions profondes, et il ne pouvait croire que des hommes aussi méchants fussent l'ouvrage d'un Dieu juste, saint et bienfaisant. Il crut que les crimes des hommes avaient leurs causes dans les passions et que les passions naissent de la matière; il supposa qu'il y avait dans la matière des parties de différentes espèces et des parties irrégulières qui ne pouvaient s'ajuster avec les autres. Valentin crut que Dieu avait réuni les parties régulières et qu'il en avait formé des corps réguliers ; mais les parties irrégulières que Dieu avait négligées étant restées mêlées avec les productions organisées et régulières causaient des désordres dans le monde ; Valentin croyait par ce moyen concilier la Providence avec les désordres qui règnent sur la terre (3).

Mais tout existant par l'Etre suprême, comment avait-il produit une matière indocile à ses lois? Comment cette matière pouvait-elle être la production d'un esprit infiniment bon ?

Cette difficulté détermina Valentin à abandonner son premier sentiment, ou à joindre à ses premières idées les principes du système des platoniciens.

On supposait, dans ce système, que tout était sorti du sein même de l'Etre suprême par voie d'émanation, c'est-à-dire comme la lumière sort du soleil pour se répandre dans toute la nature, ou, en suivant une autre comparaison prise chez les Indiens, comme les fils de l'araignée sortent de son corps.

La production du monde corporel est une des grandes difficultés de ce système ; car, tout venant de l'Intelligence suprême par voie d'émanation, comment en était-il sorti autre chose que des esprits? comment la matière pouvait-elle exister?

Pour expliquer, dans ce système, la production du monde corporel, on rechercha tout ce qu'un esprit pouvait produire; on fit

---

(1) Iren., l. II, c. 10; l. I, c. 5.
(2) Tert., de Præscript., c. 7. Epiph., hær., 31. Person., in vindiciis Ignat.
(3) Valent., Dissert. apud Grab. Dissert. PP sæc. II, p. 55.

dans l'homme même toutes les observations qui pouvaient faire connaître les productions dont un esprit est capable.

On remarqua que notre esprit connaissait qu'il formait des idées ou des images des objets : ces images étaient des êtres réels, produits par l'esprit, et distingués de lui, puisqu'il les considérait comme des tableaux placés hors de lui. On crut, par ce moyen, expliquer comment l'Etre suprême avait produit des esprits.

Nous n'avons pas seulement des idées, nous sentons en nous-mêmes des passions qui nous transportent, des désirs violents qui nous agitent; ces désirs, ces passions ne nous éclairent point et ne représentent rien; ce sont donc, à proprement parler, des forces motrices qui sortent du fond de notre âme : comme l'âme après ces agitations rentre dans le calme, on crut que ces désirs ou ces forces motrices en sortaient, et l'on crut concevoir par là qu'un esprit pouvait produire des forces motrices ou des esprits moteurs et agités sans cesse.

Nous ne sommes pas toujours agités par les passions ou jouissant d'un calme serein ; nous éprouvons des états de langueur, de tristesse, des sentiments de haine ou de crainte, qui obscurcissent nos idées et semblent nous ôter toute action : ces affections qui sortaient encore du fond de notre âme parurent avoir avec la matière brute et insensible une analogie complète, et l'on crut pouvoir faire sortir d'un principe spirituel des esprits et de la matière.

Mais, comme l'Intelligence suprême n'était point sujette aux passions humaines, il n'était pas possible de faire sortir le monde immédiatement de cette intelligence, et l'on imagina une longue chaîne d'esprits, dont le nombre était, comme on le voit, absolument arbitraire.

Voilà, ce me semble, la suite des idées qui conduisirent l'esprit des philosophes au système des émanations que Valentin adopta: voyons comment il en appliqua les principes au christianisme.

Application des principes de Valentin à la religion chrétienne.

La religion chrétienne nous apprend que la première production de l'Etre suprême est son Fils ; que c'est par ce Fils que tout a été créé, qu'il y a un Saint-Esprit, une sagesse et une infinité d'esprits de différents ordres.

Voilà le premier objet que Valentin envisagea dans la religion chrétienne ; il ne commença donc pas l'explication de l'origine du monde comme Moïse nous la décrit, mais par la production du Verbe, de la sagesse et des esprits inférieurs ; il fit ensuite sortir des premières productions le monde corporel et les esprits humains ; enfin il expliqua comment ces esprits sont ensevelis dans les ténèbres, comment ils s'unissent à un corps et comment parmi tous les esprits purs il s'est formé un Sauveur qui a délivré les hommes des ténèbres et les a rendus capables de s'élever jusqu'aux esprits purs et de jouir de leur bonheur : voici toutes ses explications.

L'Etre suprême est un esprit infini, tout-puissant, existant par lui-même; lui seul est par conséquent éternel, car tout ce qui n'existe pas par lui-même a une cause et a commencé.

Avant l'époque où tout a commencé, l'Etre suprême existait seul : il se contemplait dans le silence et dans le repos, il existait seul avec sa pensée; il n'y avait, selon les platoniciens, rien autre chose d'essentiel à un esprit, et ils pensaient que nous-mêmes, lorsque nous nous examinions, nous ne trouvions en nous rien de plus que notre substance et notre pensée.

Après une infinité de siècles, l'Etre suprême sortit pour ainsi dire de son repos ; il voulut communiquer l'existence à d'autres êtres.

Ce désir vague de communiquer l'existence n'aurait rien produit si la pensée ne l'avait dirigé et ne lui eût fixé pour ainsi dire un objet et tracé un plan : il fallut donc que l'Etre suprême confiât pour ainsi dire son désir à sa pensée, afin qu'elle pût en diriger l'exécution ; et c'est ce que Valentin exprimait d'une manière figurée en disant que l'Etre suprême ou le *Bytos* avait laissé tomber ce désir dans le sein de la pensée.

La pensée avait donc formé le plan du monde : ce plan est le monde intelligible que les platoniciens imaginaient en Dieu.

L'Etre suprême, trop grand pour exécuter lui-même son dessein, avait produit un esprit, et l'aurait produit par sa seule pensée ; car un esprit qui pense produit une image distinguée de lui, et cette image est une substance dans le système des valentiniens, comme elle paraît l'avoir été dans le sentiment de quelques platoniciens.

L'esprit produit par la pensée était une intelligence capable de comprendre son dessein, et douée d'un jugement infaillible pour en suivre l'exécution.

Ainsi, selon Valentin, l'esprit et la vérité étaient sortis du sein de la pensée ; c'était en quelque sorte le fruit du mariage de l'Etre suprême avec la pensée.

L'esprit, ou le fils unique, connut qu'il était destiné à produire des êtres capables de glorifier l'Etre suprême, et vit qu'il fallait que ces êtres fussent capables de penser et eussent la vie : c'est ce que Valentin exprimait encore d'une manière figurée, en disant que le mariage de l'esprit et de la vérité avait produit la vie et la raison.

La raison et la vie étant produites, l'esprit créateur connut qu'il pouvait former des hommes, et avec les hommes composer une société d'êtres pensants capables de glorifier l'Etre suprême ; et c'est ce que Valentin exprimait en disant, que du mariage de la raison et de la vie étaient sortis l'homme et l'Eglise.

Voilà les huit éons ou les huit premiers principes de tout, selon Valentin : il prétendait les trouver dans le commencement de l'Evangile de saint Jean.

Tous ces éons connaissaient Dieu ; mais

la connaissance qu'ils en avaient était bien inférieure à celle qu'en avait l'esprit ou le fils unique.

La sagesse, qui était le dernier des éons, vit avec peine la prérogative du fils unique ou de l'esprit; elle s'efforça de former une idée qui représentât l'Etre suprême; mais l'idée qu'elle s'en forma n'était qu'une image confuse. Ainsi, tandis que les productions des autres éons étaient des substances spirituelles et intelligentes, l'effort que la sagesse fit pour former l'idée de l'Etre suprême ne produisit qu'une substance spirituelle, informe, et d'une nature absolument différente des autres esprits.

La sagesse, étonnée des ténèbres dans lesquelles elle s'était ensevelie, sentit son erreur et sa témérité; elle voulut dissiper la nuit dont elle était environnée; elle fit des efforts, et ces efforts produisirent dans la substance informe des forces; elle sentit qu'elle ne pouvait dissiper ses ténèbres, et qu'elle devait attendre de Dieu seul la force nécessaire pour recouvrer la lumière.

L'Etre suprême fut touché de son repentir: pour la rétablir dans sa première splendeur et pour prévenir ce désordre dans les autres éons, l'esprit ou le fils unique produisit le Christ, c'est-à-dire une intelligence qui éclairait les éons, qui leur apprit qu'ils ne pouvaient connaître l'Etre suprême, et un Saint-Esprit qui leur fit sentir tout le prix de leur état et tout ce qu'ils devaient à l'Etre suprême; il leur apprit à le louer et à le remercier.

Les éons, par ce moyen, furent fixés dans leur état, et formèrent une société d'esprits qui étaient parfaitement dans l'ordre.

Ces esprits connurent leurs perfections; et comme la connaissance d'un esprit produit une image distinguée de cet esprit, les éons, en connaissant leurs perfections réciproques, produisirent un esprit qui était l'image de leurs perfections et qui les réunissait toutes.

Cet esprit était donc le chef naturel des éons; ils connurent qu'étant leur chef, il fallait des ministres pour exécuter ses ordres: ils en produisirent, et ces ministres sont les anges.

Cependant l'esprit que la sagesse avait produit restait enseveli dans les ténèbres; le fils unique ou l'intelligence, après avoir éclairé les éons, donna à cet esprit informe la faculté de connaître: il ne l'eut pas plutôt reçue qu'il aperçut son bienfaiteur; mais le fils unique ou l'intelligence se retira, et laissa cet esprit, ou la fille de la sagesse, avec un désir violent de le connaître: mais son essence ne le lui permettait pas. Elle fit, pour se le représenter, les plus grands efforts, en sentit l'inutilité et fut accablée de tristesse.

Un esprit ne fait point d'effort sans produire quelque chose hors de lui; ainsi de l'agitation de cet esprit (ou de l'entymę) se produisit la tristesse: elle sentit ensuite que ses efforts l'avaient affaiblie, elle craignit de mourir, et produisit la crainte, l'inquiétude, l'angoisse. D'autres fois elle se rappelait la beauté de l'intelligence qui l'avait douée de la faculté de connaître, cette image la réjouissait, et sa joie produisait la lumière; enfin elle retombait dans la tristesse.

Toutes ces productions sont des substances spirituelles, mais qui n'ont point la faculté de connaître; ce sont des mouvements ou des forces motrices, qui se resserrent ou qui se dilatent.

Pour faire cesser les efforts et les angoisses de la fille de la sagesse, l'intelligence envoya le Sauveur vers Achamot, le Sauveur l'éclaira et là délivra de ses passions; Achamot délivrée de ses passions commença à rire, et son rire fut la lumière.

Dans le moment où Achamot fut délivrée de ses passions, elle produisit un être surnaturel qui fut le fruit de la lumière dont elle avait été éclairée et de la joie qu'elle en avait ressentie.

L'âme qu'elle produisit fut donc une âme sensible et intelligente.

Toutes les passions produites par Achamot étaient encore confondues et formaient le chaos: le Christ les réunit et forma la matière, il sépara la lumière des autres passions, et la terre parut.

Ce nouveau monde corporel fut donc composé de deux parties, dont l'une renfermait la lumière et l'autre la terre.

Dans la région de la lumière était l'âme qu'Achamot avait produite et qu'elle avait douée de la sensibilité et de la faculté de connaître.

La première affection de cette âme fut le sentiment de son existence; avant d'avoir rien connu, elle sentit qu'elle existait.

Comme toutes les affections de l'âme produisent hors de l'âme des êtres semblables à ces affections, l'âme qui habitait dans la région de la lumière produisait une âme qui n'était que sensible.

Achamot unit à cette âme sensible une âme spirituelle, et de la réunion de ces deux êtres il se forma un être sensible et intelligent.

Les sentiments de joie, de tristesse, etc., ne sont, dans les principes de Valentin, que des efforts ou des forces motrices; ainsi une âme sensible est douée d'une force motrice: l'âme sensible et l'âme spirituelle réunies forment donc un être capable, non-seulement de connaître et de sentir, mais encore de mettre en mouvement la matière, d'agir sur elle et d'en recevoir les impressions.

Il connut les différentes manières dont il pouvait agir sur la matière et dont la matière pouvait réagir sur lui; il forma donc des corps organisés, il y logea les âmes sensibles et spirituelles, et produisit sur la terre les plantes, les animaux, les hommes. Cet esprit est le créateur, selon Valentin, et non pas l'Etre suprême, qui, étant un esprit exempt de toute passion, ne peut agir sur la matière et la façonner.

L'esprit qui habitait dans la région lumineuse, et le créateur qui occupait la région de la terre étaient composés d'une partie spirituelle; ils ne connaissaient pas l'Etre suprême; ils ne voyaient rien au-dessus d'eux, ainsi le *Demiurgue* voulut être regardé dans les cieux comme le seul Dieu; et le créateur fit la même chose sur la terre.

Les hommes sur la terre vivaient donc dans une ignorance profonde de l'Etre suprême; le Sauveur est descendu pour les éclairer : lorsque les hommes spirituels se seront perfectionnés par la doctrine qu'il a enseignée, la fin de toutes choses sera, disaient les valentiniens ; alors, tous les esprits ayant reçu leur perfection, *Achamot*, leur mère, passera de la région moyenne dans le *Plérome*, et sera mariée au Sauveur formé par les éons et leur chef : voilà l'époux et l'épouse dont l'Ecriture nous parle.

Les hommes spirituels, dépouillés de leur âme et devenus esprits purs, entreront aussi dans le Plérome, et seront les épouses des anges qui environnent le Sauveur.

L'auteur du monde passera dans la région moyenne où était sa mère; il y sera suivi des âmes des justes qui n'auront point été élevés au rang des esprits purs, et qui conserveront leur sensibilité; ils ne passeront point la moyenne région : car rien d'animal n'entrera dans le Plérome.

Alors le feu, qui est caché dans le monde, paraîtra, s'allumera, consumera toute la matière, et se consumera avec elle, jusqu'à s'anéantir.

Dans le système de Valentin, l'Etre suprême était un pur esprit qui se contemplait, et qui trouvait son bonheur dans la connaissance de ses perfections : c'était là le modèle que tous les esprits devaient imiter, tous devaient tendre à cette perfection sans y prétendre ; mais ils en approchaient autant qu'il était possible à une créature lorsqu'ils s'étaient délivrés de toutes les passions.

Dans le système de Valentin, ces passions étaient des puissances aveugles et des substances étrangères à l'âme ; il fallait que l'homme veillât sans cesse pour les chasser de son cœur : par ce moyen l'homme devenait un pur esprit, c'est-à-dire une intelligence qui n'avait que des idées et point de sentiment; c'était alors que l'âme devenait un séjour digne du Père céleste (1).

Valentin baptisait au nom du Père de toutes choses qui était inconnu de la vérité, mère de toutes choses, de Jésus-Christ qui était descendu pour racheter les vertus. Ce sont vraisemblablement ces manières d'administrer le baptême qui ont donné naissance à la coutume de rebaptiser et à l'erreur des rebaptisants.

Il est inutile de s'arrêter à réfuter ces erreurs, qui portent toutes sur une fausse idée de la toute-puissance de l'Etre suprême. Tout le système valentinien se dissipe lorsqu'on fait attention que l'Etre suprême existant par lui-même doit avoir une puissance infinie, et n'a besoin que d'un acte de sa volonté pour faire exister des esprits et des corps, et qu'il peut imprimer à la matière tous les mouvements possibles.

Les Pères ont réfuté solidement ces erreurs, et fait voir l'abus que les valentiniens faisaient des saintes Ecritures en faveur de leur sentiment. Il n'est pas possible de copier ici tout ce qu'ils ont dit ; mais nous ne pouvons nous dispenser de faire quelques remarques sur leurs ouvrages contre les valentiniens. 1° Ils y font voir une métaphysique profonde et une grande force de raisonnement. 2° Ils prouvent que toute l'Eglise chrétienne professait la croyance qu'ils défendent, et qui est la même que celle d'aujourd'hui. 3° Il est évident que ces Pères n'étaient pas des platoniciens, et que les chrétiens n'avaient point emprunté leurs dogmes de ces philosophes : car, je le répète, c'est, si je peux m'exprimer ainsi, par la masse de la doctrine de l'Eglise qu'il faut juger de celle des Pères, et non pas par quelques passages détachés de leur place et dépouillés des explications que les Pères eux-mêmes ont données de leur sentiment (2).

On ne sait quelle était l'origine de Valentin ni précisément quand il enseigna son erreur ; il paraît qu'il fut célèbre vers le milieu du second siècle (3).

Il eut beaucoup de disciples ; les plus célèbres furent Ptolomée, Secundus, Héracléon, Marc, Colarbasse, Bassus, Florin, Blastus, qui répandirent sa doctrine, et formèrent des sectes souvent étendues, et qui étaient fort nombreuses dans les Gaules du temps de saint Irénée, qui nous a donné le plus de lumières sur cette secte (4).

Voyez, à l'article MARC ; les changements qu'on fit dans ce système.

* VALÉSIENS, ancienne secte d'hérétiques dont l'origine et les erreurs sont peu connues ; saint Epiphane, qui en a fait mention (5), dit qu'il y en avait dans la Palestine, sur le territoire de la ville de Philadelphie, au delà du Jourdain. Ils tenaient quelques-unes des opinions des gnostiques, mais ils avaient aussi d'autres sentiments différents. Ce qu'on en sait, c'est qu'ils étaient tous eunuques, et qu'ils ne voulaient point d'autres hommes dans leur société. S'ils en recevaient quelques-uns, ils leur interdisaient l'usage de la viande, jusqu'à ce qu'ils se fussent mutilés ; alors ils leur permettaient toute espèce de nourriture, parce qu'ils les croyaient dès ce moment à couvert des mouvements déréglés de la chair. On a cru aussi qu'ils mutilaient quelquefois par violence les étrangers qui passaient chez eux ; et que jamais retraite de brigands ne fut évitée avec plus de soin par les voyageurs ; mais ce fait n'est guère probable ; les peuples voisins se seraient armés contre eux, et les auraient exterminés.

---

(1) Iren. l. I, c. 2. Tert. adversus Valent. Epiph. Massuet. edit. de S. Iren. Dissert., art. 1. Clem. Alex. Strom., l. II, p. 1409. Philastr. Théodoret, l. I Hæret. Fab., c. 7. Aug., de Hær. c. 31. Damascen., de Hær., t. 57.

(2) Tert. Iren. Clem. Alex. Epiph., ibid.

(3) *Voyez*, sur cela, Pearson, Vind. Ignat., part. II, c. 7 ; Dodwel ; Ittig., de Hæres...; Grabbe, Spicileg.

(4) Thomasius a prétendu que la secte des valentiniens a été si nombreuse qu'elle avait presque fait équilibre avec l'Eglise catholique ; mais c'est un sentiment destitué de preuves dans Thomasius et contraire à tous les monuments de l'histoire ecclésiastique.

(5) Hæres. 58.

Comme saint Epiphane a placé cette hérésie entre celle des noétiens et celle des novatiens, on présume qu'elle existait vers l'an 240 ; mais elle n'a pas pu s'étendre beaucoup, ni subsister longtemps (1).

VAUDOIS, disciples de Pierre Valdo, riche marchand de Lyon.

La mort subite d'un ami qui tomba presque à ses pieds lui fit faire de profondes réflexions sur la fragilité de la vie humaine et sur le néant des biens de la terre. Il voulut y renoncer pour ne s'occuper que de son salut, et distribua tous ses biens aux pauvres ; il voulut inspirer aux autres le détachement du monde et le dépouillement des richesses ; il exhorta, prêcha, et, à force de prêcher le désintéressement, il se persuada que la pauvreté évangélique, sans laquelle on ne pouvait être chrétien, ne permettait de rien posséder.

Plusieurs personnes suivirent l'exemple de Pierre Valdo, et formèrent, vers l'an 1136, une secte de gens qu'on appelait les pauvres de Lyon, à cause de la pauvreté dont ils faisaient profession. Valdo leur expliquait le Nouveau Testament en langue vulgaire, et devint l'oracle de ce petit troupeau.

Le zèle de ses disciples s'échauffa bientôt, et ils ne se contentèrent pas de pratiquer la pauvreté, ils la prêchèrent, et s'érigèrent en apôtres, quoiqu'ils ne fussent que de simples laïques sans mission. L'Eglise de Lyon, sans condamner leurs motifs et leur zèle, voulut les renfermer dans de justes bornes ; mais Valdo et ses disciples avaient une trop haute idée d'eux-mêmes pour déférer aux avis de l'Eglise de Lyon. Ils prétendirent que tous les chrétiens devaient savoir l'Ecriture, que tous étaient prêtres et que tous étaient obligés d'instruire le prochain. Fondés sur ces principes qui renversaient le gouvernement de toute l'Eglise, les vaudois continuèrent à prêcher et à se déchaîner contre le clergé. Si l'Eglise leur imposait silence, ils répondaient ce que les apôtres avaient répondu au sénat des Juifs, lorsqu'il leur défendait de prêcher la résurrection de Jésus-Christ : *Faut-il obéir à Dieu ou aux hommes ?*

Les vaudois savaient l'Ecriture ; ils avaient un extérieur mortifié, leurs mœurs étaient austères, et chaque prosélyte devenait un docteur.

D'un autre côté la plus grande partie du clergé, sans lumière et sans mœurs, n'opposait communément aux vaudois que son autorité. Les vaudois firent des progrès rapides, et, après avoir employé tous les ménagements possibles, le pape les excommunia, et les condamna avec tous les autres hérétiques qui inondaient alors la France.

Les foudres de l'Eglise irritèrent les vaudois ; ils attaquèrent l'autorité qui les condamnait.

Fondés sur la nécessité de renoncer à toute possession pour être vraiment chrétien, Valdo et ses disciples prétendirent que l'Eglise romaine avait cessé d'être la vraie Eglise depuis qu'elle avait des possessions et des biens temporels ; que ni le pape, ni les évêques, ni les abbés, ni les clercs, ne devaient posséder ni biens-fonds, ni dignités temporelles, ni fiefs, ni droits régaliens ; que les papes, qui avaient approuvé ou excité les princes pour faire la guerre, étaient de vrais homicides, et par conséquent sans autorité dans l'Eglise.

De là les vaudois concluaient qu'eux seuls étaient la vraie Eglise, puisqu'eux seuls pratiquaient et enseignaient la pauvreté évangélique.

Après s'être ainsi établis comme la seule vraie Eglise, ils prétendirent que les fidèles étaient égaux, que tous étaient prêtres, que tous avaient le droit d'instruire, que les prêtres et les évêques n'avaient pas celui de les en empêcher. Ils prouvaient toutes ces prétentions par quelques passages de l'Ecriture : tel est le passage de saint Matthieu, dans lequel Jésus-Christ dit à ses disciples qu'ils sont tous frères ; celui de saint Pierre qui dit aux fidèles : Rendez-vous mutuellement service, chacun selon le don qu'il a reçu, comme étant de fidèles dispensateurs des différentes grâces de Dieu ; le passage de saint Marc où Jésus-Christ défend à ses disciples d'empêcher un homme de chasser les démons au nom de Jésus-Christ, quoique cet homme ne suivît pas ses apôtres (2).

Les vaudois prétendirent donc former une Eglise nouvelle qui était la vraie Eglise de Jésus-Christ, qui, par conséquent, avait seule le pouvoir d'excommunier et de damner : par ce moyen, ils calmèrent les consciences alarmées par les foudres de l'Eglise.

Pour détacher plus efficacement les fidèles de l'Eglise, ils condamnèrent toutes ses cérémonies : la loi du jeûne, la nécessité de la confession, les prières pour les morts, le culte des saints, et en un mot tout ce qui pouvait concilier aux pasteurs légitimes le respect et l'attachement des peuples ; enfin, pour entretenir les peuples dans l'ignorance, ils condamnèrent les études et les académies, comme des écoles de vanité.

Tel fut le plan de religion que les vaudois imaginèrent pour se défendre contre les anathèmes de l'Eglise et pour se faire des prosélytes.

Ils ne fondaient point leur prétendue réforme, ni sur la tradition, ni sur l'autorité des conciles, ni sur les écrits des Pères, mais sur quelques passages de l'Ecriture mal interprétés ; ainsi Valdo et ses disciples ne formèrent point une chaîne de tradition qui remontât jusqu'à Claude de Turin.

Les vaudois renouvelèrent : 1° les erreurs de Vigilance sur les cérémonies de l'Eglise, sur le culte des saints et des reliques, et sur la hiérarchie de l'Eglise ; 2° les erreurs des

---

(1) Tillemont, Mémoires pour l'hist. ecclés., tom. III, pag. 362.

(2) Matth. xxiii. I Petr. iv, 10.

donatistes sur la nullité des sacrements conférés par de mauvais ministres et sur la nature de l'Eglise ; 3° les erreurs des iconoclastes ; 4° ils ajoutèrent à ces erreurs que l'Eglise ne peut posséder des biens temporels.

Nous avons réfuté ces erreurs dans les articles des différents hérétiques qui les ont avancées, et l'erreur qui est particulière aux vaudois ne mérite pas une réfutation sérieuse.

Les vaudois n'appuyaient leurs erreurs que sur quelques passages de l'Ecriture pris à la lettre. Plusieurs hérétiques, avant eux, avaient déjà suivi cette méthode ; mais ces hérétiques avaient fait peu de progrès dans les premiers siècles de l'Eglise, parce que les fidèles et les ministres de l'Eglise étaient éclairés dans ces siècles. Mais, au commencement du douzième siècle, les peuples et les ecclésiastiques étaient ignorants, et le sophisme le plus grossier était, pour la plupart des ecclésiastiques, une difficulté insoluble, et pour le peuple une raison évidente.

Il y avait cependant des hommes respectables par leurs lumières et par la régularité de leurs mœurs ; mais ils étaient rares, et ils ne purent empêcher que les vaudois ne séduisissent beaucoup de monde.

Comme la doctrine des vaudois favorisait les prétentions des seigneurs, et tendait à remettre entre leurs mains les possessions des églises, les vaudois furent protégés par les seigneurs chez lesquels ils s'étaient réfugiés après avoir été chassés de Lyon. Ces seigneurs, sans adopter leurs erreurs, étaient bien aises de les opposer au clergé, qui condamnait les seigneurs qui avaient dépouillé les églises.

Les vaudois, chassés du territoire de Lyon, trouvèrent donc des protecteurs, et se firent un grand nombre de prosélytes.

Valdo se retira avec quelques disciples dans les Pays-Bas, d'où il répandit sa secte dans la Picardie et dans différentes provinces de la France.

Les vaudois n'étaient pas les seuls hérétiques qui troublassent la religion de l'Etat ; les albigeois ou les manichéens, les publicains ou popélicains, les henriciens, etc., avaient formé de grandes sectes en France. Louis VII fit venir des missionnaires pour les convertir ; mais ils prêchèrent sans succès contre les erreurs des vaudois. Philippe Auguste, son fils, eut recours à l'autorité ; il fit raser plus de trois cents maisons de gentilshommes, où ils s'assemblaient, et entra ensuite dans le Berri où ces hérétiques commettaient d'horribles cruautés. Plus de sept mille furent passés au fil de l'épée ; beaucoup d'autres périrent par les flammes, et, de ceux qui purent échapper, les uns qu'on nomma dans la suite turlupins allèrent dans les pays vallons, les autres en Bohême ; les sectateurs de Valdo se répandirent dans le Languedoc et dans le Dauphiné.

Les vaudois qui s'étaient jetés en Languedoc et en Provence furent détruits par ces terribles croisades que l'on employa contre les albigeois et contre les hérétiques qui s'étaient si prodigieusement multipliés dans les provinces méridionales de la France. Ceux qui se sauvèrent dans le Dauphiné, se voyant inquiétés par l'archevêque d'Embrun, se retirèrent à Val-Louise et dans les autres vallées où les inquisiteurs les suivirent. Tous ces efforts n'aboutirent qu'à rendre les vaudois plus dissimulés ; enfin, fatigués des poursuites de l'inquisition, ils se joignirent aux débris des albigeois ; ils se retirèrent dans la Gaule cisalpine et entre les Alpes, où ils trouvèrent un asile parmi des peuples qui étaient infectés des hérésies du neuvième et du dixième siècle.

Alphonse, roi d'Aragon, fils de Bérenger IV, comte de Barcelone et marquis de Provence, ayant chassé de ses Etats tous les sectaires qui ne se convertirent pas, les sectaires provençaux se retirèrent aussi dans les vallées.

Ils n'étaient pas poursuivis avec moins de vivacité en Bohême et dans toute l'Allemagne, d'où ils se sauvèrent aussi dans les vallées, où se rendaient tous les jours d'autres hérétiques chassés de Lombardie et d'Italie ; ainsi ces différents bannissements formèrent dans les vallées de Piémont un peuple d'hérétiques qui adoptèrent la religion des vaudois.

Le pape exhorta le roi de France, le duc de Savoie, le gouvernement de Dauphiné et le conseil delphinal à travailler à les engager à renoncer à leurs erreurs, et même à les y forcer. Les exhortations du pape eurent leur effet, on envoya des troupes dans les vallées.

Quelques années après, Louis XII, passant en Italie, se trouva peu éloigné d'une retraite de ces hérétiques appelée Valputes ; il les fit attaquer, et il y eut un carnage horrible. Louis XII crut avoir anéanti l'hérésie, et donna son nom à la retraite où il avait fait périr un si prodigieux nombre d'hérétiques : cette retraite se nomma Val-Louise.

Les vaudois se retirèrent dans l'intérieur des vallées, et dans ces retraites bravèrent la politique des légats, le zèle des missionnaires, les rigueurs de l'inquisition et la puissance des princes catholiques.

On vit des armées entières consumées dans ces affreuses retraites des vaudois, et enfin on fut obligé de leur accorder dans ces vallées le libre exercice de leur religion sous Philippe VII, duc de Savoie, vers la fin du quinzième siècle (1489).

Les vaudois, se croyant indomptables, et non contents du libre exercice de leur religion, envoyèrent des prédicateurs dans les cantons catholiques. Pour réprimer leur témérité, le duc de Savoie envoya à la tête de cinq cents hommes un officier qui entra subitement dans les vallées des vaudois, où il mit tout à feu et à sang. Les vaudois prirent les armes, surprirent les Piémontais et les tuèrent presque tous ; on cessa de leur faire la guerre.

Vers le milieu du seizième siècle, OEcolampade et Bucer écrivirent aux vaudois pour les engager à se réunir aux Eglises réformées, et malgré la différence de leur croyance l'union se fit. Le formulaire de foi portait :

1° Que le service de Dieu ne pourrait être fait qu'en esprit et en vérité ;

2° Que ceux qui sont et seront sauvés ont été élus de Dieu avant la création du monde ;

3° Que quiconque établit le libre arbitre nie la prédestination et la grâce de Dieu ;

4° Que l'on ne peut appeler bonnes œuvres que celles qui sont commandées de Dieu, et qu'on ne peut appeler mauvaises que celles qu'il défend ;

5° Qu'on peut jurer par le nom de Dieu, pourvu que celui qui jure ne prenne point le nom de Dieu en vain ;

6° Que la confession auriculaire n'est point commandée de Dieu, et que quand on a péché publiquement on doit confesser sa faute publiquement ;

7° Qu'il n'y a point de jours arrêtés pour le jeûne du chrétien ;

8° Que le mariage est permis à toutes sortes de personnes, de quelque qualité et condition qu'elles soient ;

9° Que celui qui n'a pas le don de continence est obligé de se marier ;

10° Que les ministres de la parole de Dieu peuvent posséder quelque chose en particulier pour nourrir leur famille ;

11° Qu'il n'y a que deux signes sacramentaux, le baptême et l'eucharistie.

Les vaudois ayant reçu ces articles avec quelques autres de peu de conséquence, et se croyant plus forts par cette union avec les protestants d'Allemagne et les réformés de France, résolurent de professer cette nouvelle croyance : ils chassèrent des vallées dont ils étaient les maîtres tous les curés et les autres prêtres ; ils s'emparèrent des églises et en firent leurs prêches.

La guerre de François Ier contre le duc de Savoie favorisait leurs entreprises ; mais aussitôt que ces deux princes eurent fait la paix, Paul III fit dire au duc de Savoie et au parlement de Turin que les ennemis qu'ils avaient dans les vallées étaient beaucoup plus à craindre que les Français, et qu'il fallait pour le bien de l'Eglise et de l'Etat travailler à les exterminer.

Sa Sainteté ayant envoyé, peu de temps après, une bulle qui enjoignait aux juges de ce parlement de punir rigoureusement tous ceux qui leur seraient livrés par les inquisiteurs, ils exécutèrent cet ordre, suivant en cela l'exemple des parlements de France : on vit brûler tant de vaudois dans la ville de Turin, qu'on eût dit que son parlement voulait se distinguer des autres par cette manière de procéder.

Les vaudois se maintinrent cependant dans les vallées, et le duc de Savoie, trop faible pour les détruire, eut recours à François Ier, qui envoya des troupes en Piémont pour cette expédition ; ces troupes arrêtèrent un nombre prodigieux de vaudois qui furent brûlés.

François Ier mourut ; Henri II laissa les vaudois en paix, et ils en jouirent jusqu'à la paix qui termina la guerre d'Espagne et de la France, et qui rétablit le duc de Savoie dans ses Etats.

Le pape fit faire au duc de Savoie des reproches sur son peu de zèle contre les vaudois, et ce prince envoya contre eux des troupes ; mais ils firent une résistance qui détermina le duc à leur accorder encore une fois la paix dont ils jouirent jusqu'en 1570, époque où le duc Emmanuel entra dans une ligue offensive avec plusieurs princes de l'Europe contre les protestants. Dès qu'elle fut signée, il défendit aux vaudois de s'assembler, à moins que le gouvernement n'assistât à leurs assemblées.

Ils étaient traités bien plus sévèrement en France, et ils se retirèrent dans les terres neuves, d'où ils furent bientôt chassés par le zèle des missionnaires, aidés et soutenus par les gouverneurs des provinces.

Ces expéditions et les guerres du duc de Savoie avaient dépeuplé ses Etats, il était dans l'impuissance de réduire les barbets ou vaudois ; il prit le parti de les tolérer, mais à condition qu'ils n'auraient point de temples et qu'ils ne pourraient faire venir de ministres étrangers.

Cromwell demanda pour eux une tolérance plus étendue, et leur envoya de l'argent, avec lequel ils achetèrent des armes, et la guerre recommença entre le duc de Savoie et les vaudois ; les vallées furent encore inondées du sang des catholiques et des vaudois ; les cantons suisses proposèrent enfin leur médiation, et les vaudois obtinrent encore la tolérance civile.

Les vaudois ne purent se contenter de cette tolérance : ils chassèrent les missionnaires, et l'on apprit qu'ils avaient des intelligences avec les ennemis du duc de Savoie.

Amédée prit donc la résolution de chasser les vaudois de ses Etats ; Louis XIV seconda ses projets et envoya des troupes en Piémont contre les vaudois ; le duc de Savoie donna alors un édit par lequel il faisait à tous ses sujets hérétiques des vallées défense de continuer l'exercice de leur religion.

Les vaudois ne voulurent point obéir, et la guerre recommença avec beaucoup de vivacité ; mais enfin, après bien des fatigues et beaucoup de sang répandu, les vaudois ou barbets se soumirent, et les Français se retirèrent.

Quelques années après, le duc de Savoie s'étant uni à la ligue d'Augsbourg, révoqua ses édits contre les barbets, rappela les fugitifs et leur accorda le libre exercice de leur religion ; depuis ce temps, les barbets se sont rétablis et ont été très-utiles au duc de Savoie contre la France (1).

VIGILANCE, prêtre et curé d'une paroisse de Barcelone, au commencement du cin-

---

(1) Hist. des albigeois et des vaudois, par le P. Benoît D'Argentré. Collect. jud., l. 1. Reginald, Dupin, Fleury, de Thou. Hist. de France.

quième siècle ou sur la fin du quatrième, comme le pensent les savants auteurs de l'histoire littéraire de France, enseigna différentes erreurs.

Les ouvrages dans lesquels il les enseignait ne sont point parvenus jusqu'à nous; c'est par saint Jérôme que nous connaissons ses erreurs, et voici ce que saint Jérôme en dit :

« On a vu dans le monde des monstres de différentes espèces : Isaïe parle des centaures, des sirènes et d'autres semblables : Job fait une description mystérieuse du Léviathan et de Béhémoth : les poëtes content les fables de Cerbère, du sanglier de la forêt d'Erymanthe, de la Chimère et de l'hydre à plusieurs têtes ; Virgile rapporte l'histoire de Cacus ; l'Espagne a produit Gérion qui avait trois corps ; la France seule en avait été exempte, et on n'y avait jamais vu que des hommes courageux et éloquents ; quand Vigilance, ou plutôt *Dormitance*, a paru tout d'un coup, combattant avec un esprit impur contre l'esprit de Dieu ; il soutient qu'on ne doit point honorer les sépulcres des martyrs, ni chanter *alleluia* qu'aux fêtes de Pâques ; il condamne les veilles ; il appelle le célibat une hérésie, et dit que la virginité est la source de l'impureté. »

Vigilance affectait le bel esprit ; c'était un homme qui aiguisait un trait et qui ne raisonnait pas ; il préférait un bon mot à une bonne raison ; il visait à la célébrité ; il voulut écrire ; il attaqua tous les objets dans lesquels il remarqua des faces qui fournissaient à la plaisanterie.

« Est-il nécessaire, disait-il, que vous respectiez ou même que vous adoriez je ne sais quoi que vous portez dans un petit vase ? Pourquoi baiser et adorer de la poussière, une vile cendre enveloppée de linge qui étant impure souille ceux qui en approchent et qui ressemble aux sépulcres blanchis des pharisiens, qui n'étaient que poussière et que corruption au dedans ? Il faut donc que les âmes des martyrs aiment encore leurs cendres ; apparemment qu'elles sont auprès d'elles et roulent à l'entour, de peur que s'il venait quelque pécheur elles ne pussent pas entendre ses prières étant absentes.

« Nous voyons que les coutumes des idolâtres se sont presque introduites dans l'Eglise sous prétexte de religion. On y allume de grands cierges en plein midi, on y baise, on y adore un peu de poussière ; c'est rendre, sans doute, un grand service aux martyrs que de vouloir éclairer avec de méchants cierges ceux que l'Agneau assis sur son trône éclaire avec tout l'éclat de sa majesté.

« Pendant que nous vivons, nous pouvons prier les uns pour les autres ; mais après notre mort les prières que l'on fait pour l'autre ne sont pas écoutées ; les martyrs mêmes demandent sans l'obtenir que Jésus-Christ venge leur sang.

« Comment peut-on concevoir qu'un peu de poussière produise tous les prodiges qu'on raconte, et quel serait l'objet de ces miracles qui se font au milieu des fidèles ? Les miracles ne peuvent servir qu'à éclairer les infidèles ; je vous demande que vous m'expliquiez comment il se peut faire qu'un peu de poussière ait tant de vertu.

« Si tout le monde se renferme dans des cloîtres, par qui les églises seront-elles desservies ? »

Vigilance attaquait ensuite le célibat et les vœux comme des sources de désordres (1).

On peut donc réduire à trois chefs les erreurs de Vigilance ; il attaquait : 1° le culte des saints ; 2° celui des reliques ; 3° le célibat (2).

Les protestants ont adopté toutes ces erreurs : nous allons les examiner.

§ I. — *Du culte des saints.*

Le culte des saints a deux parties, l'honneur qu'on leur rend et l'invocation.

Le culte des saints était généralement établi dans l'Eglise lorsque Vigilance l'attaqua par des plaisanteries et par le reproche d'idolâtrie.

Les protestants ont combattu ce culte par les mêmes raisons et ont prétendu qu'il était inconnu aux premiers siècles.

Il n'est ni possible d'entrer dans le détail des différentes difficultés que les protestants ont entassées contre le culte des saints, ni nécessaire d'examiner ces difficultés en particulier, pour mettre le lecteur en état de prononcer sur leurs sophismes : il suffit de donner une idée précise de la doctrine de l'Eglise sur le culte des saints :

1° L'Eglise catholique suppose que les saints connaissent nos besoins et qu'ils peuvent intercéder pour nous, c'est un point de doctrine fondé sur l'Ancien et sur le Nouveau Testament : Jacob prie l'ange qui l'a protégé de protéger ses enfants ; il invoque Abraham et Isaac (3).

Dieu dit lui-même dans Jérémie que quand Moïse et Samuel intercéderaient pour le peuple, il ne les écouterait pas (4).

Saint Pierre promet aux fidèles de prier pour eux après sa mort (5).

En un mot, l'Ancien et le Nouveau Testament supposent évidemment que les saints connaissent nos besoins, qu'ils s'intéressent pour nous ; Kemnitius et la confession de Virtemberg reconnaissent que les saints prient pour l'Eglise.

Vigilance dit que, pendant que nous vivons, nous pouvons prier les uns pour les autres. Saint Jérôme répond : Si les apôtres

---

(1) Hieron. contr. Vigilant.
(2) Le Clerc, biblioth. univers., an. 1689, p. 169, accuse saint Jérôme de mauvaise foi contre Vigilance qu'il regarde comme un habile homme ; mais on ne voit point sur quoi il fonde son opinion. Basnage, Hist. Eccles., t. II, l. xix, c. 7, prétend la même chose, mais sans le prouver.

Barbeyrac, qui n'a été que l'écho de Le Clerc contre les Pères, a renouvelé ces accusations et a voulu les prouver par des passages qui établissent le contraire ; Barbeyrac, Préf. de Puffend. Rép. à D. Cellier.
(3) Genes., xlviii.
(4) Jerem., xv.
(5) I Petr. ii, 1.

et les martyrs, encore revêtus d'un corps et dans l'obligation de prendre soin de leur propre salut, peuvent prier pour les hommes, à plus forte raison ils peuvent le faire après avoir remporté la victoire et avoir été couronnés. Moïse qui seul obligea Dieu à pardonner à six cent mille combattants, et saint Etienne le premier des martyrs qui imita si parfaitement Jésus-Christ et qui demanda pardon pour ses bourreaux, auront-ils moins de pouvoir étant avec le Sauveur qu'ils n'en avaient en ce monde ? Saint Paul, qui assure que Dieu lui a accordé la vie de deux cent soixante-seize personnes qui naviguaient avec lui, fermera la bouche quand il sera dans le ciel, et il n'osera pas dire un mot pour ceux qui ont reçu l'Evangile par toute la terre (1) ?

Dans ce passage saint Jérôme répond à ce que Vigilance avait dit sur l'invocation des saints, que leurs prières n'étaient point écoutées, et saint Jérôme fait voir par plusieurs exemples que leurs prières sont écoutées.

Comment donc Basnage a-t-il pu dire que saint Jérôme n'a pas cru que l'invocation des saints fût légitime (2) ?

Saint Jérôme suppose que la tradition de l'Eglise est unanime et constante sur le culte des saints, et Vigilance ne s'est point fondé sur la tradition pour attaquer ce culte ; ce qui prouve qu'en effet la tradition n'était pas favorable à Vigilance, comme Basnage l'a prétendu, fondé sur des conjectures contraires à toute l'antiquité ecclésiastique et aux principes de la logique et de la critique.

En effet, au commencement du troisième siècle, Origène parle expressément de l'invocation des saints (3).

Eusèbe de Césarée, qui a passé une partie de sa vie dans le troisième siècle, et qui certainement n'était ni ignorant, ni superstitieux, Eusèbe, dis-je, assure que l'on visitait les tombeaux des martyrs, et que les fidèles leur adressaient leurs prières.

Saint Hilaire, saint Ambroise, saint Ephrem, saint Basile, saint Grégoire de Nysse, etc., sont tous unanimes sur le culte des saints, et l'Eglise grecque est parfaitement d'accord sur ce point avec l'Eglise latine (4).

2° Les catholiques invoquent les saints et ne les adorent pas. O tête insensée ! dit saint Jérôme, qui vous a dit qu'on adore les martyrs (5) ?

3° Les catholiques ne prient point les saints comme ayant un pouvoir indépendant de Dieu, mais comme des médiateurs et comme des intercesseurs puissants auprès de Dieu ; ils reconnaissent que les mérites des saints sont des mérites acquis par la grâce de Dieu ; ils ne rendent donc pas un culte idolâtre aux saints, et le culte qu'ils leur rendent n'est pas d'une nature semblable au culte qu'ils rendent à Dieu : il est faux que ce culte soit de même espèce, et qu'il ne diffère que du plus au moins, comme le prétendent les théologiens (6).

Le culte que les catholiques rendent aux saints n'est donc pas un crime, et les théologiens de Saumur reconnaissaient que ce culte ne serait point condamnable s'il différait essentiellement du culte qu'on rend à Dieu.

Ce double culte est évidemment marqué dans toute l'antiquité, quoi qu'en dise Basnage, ou il faut qu'il fasse de tous les chrétiens des trois premiers siècles autant d'idolâtres, puisqu'ils ont rendu un culte aux martyrs (7).

C'est donc à tort que les apologistes de la confession d'Augsbourg disent que les docteurs anciens, avant saint Grégoire le Grand, ne parlent point de l'invocation des saints, et l'on trouve dans saint Grégoire de Nazianze une oraison sur saint Cyprien qui fait voir que le culte des saints était établi avant le quatrième siècle.

Calvin n'était pas détourné d'admettre l'invocation des saints que parce qu'il ne concevait pas comment les prières peuvent leur être connues : c'est aussi le fondement de la répugnance de Vossius pour ce culte (8).

Grotius répond que cela est cependant fort aisé à comprendre. « Les prophètes, tandis qu'ils étaient sur la terre, dit-il, ont connu ce qui se passait dans les lieux où ils n'étaient pas. Elisée connaît tout ce que fait Giési, quoiqu'absent ; Ezéchiel au milieu de la Chaldée voit tout ce qui se passe dans Jérusalem ; les anges sont présents à nos assemblées, et s'emploient pour rendre nos prières agréables à Dieu : c'est ainsi que, non-seulement les chrétiens, mais aussi les Juifs, l'ont cru dans tous les temps. Après ces exemples, un lecteur non prévenu doit croire qu'il est bien plus raisonnable d'admettre dans les martyrs une connaissance des prières que nous leur adressons que non pas de la leur ôter (9). »

Ce que nous venons de dire met le lecteur en état de juger si c'est avec quelque fondement que Calvin, Chamier, Hospinien, Daillé, Vossius, Basnage, Lenfant, Barbeyrac, etc., ont annoncé que le culte des saints est une bêtise, une rage, un blasphème, une idolâtrie (10).

Si le culte des saints est une idolâtrie, les païens, Julien l'Apostat, Vigilance, ont donc mieux connu ce culte que les Pères du quatrième et cinquième siècles qui l'ont défendu ; et tandis que ces Pères combattaient avec tant de zèle et tant de succès les novatiens, les ariens, les manichéens, les donatistes,

(1) Hieron. contr. Vigilant.
(2) Basnage, Hist. Eccles., t. II, l. xix, c. 7.
(3) Exhort. ad martyr. Hom. in Ezech.
(4) Hil., c. 18 in Matth. Ambr., t. II, p. 200. Ephrem., de Mensa, et serm. in sanct. qui def. Basil., orat. 20, de 40, mart. Greg. Nyss., Or. in Theod. Perpét. de la foi, t. V, p. 401.
(5) Hieron. contr. Vigilant.
(6) Thes., de Cultu et Invoc.

(7) Basnag., His. Ecclés., t. II, l. xix, c. 10.
(8) Grotius, annot. ad consult. Cassand.
(9) Grot., Votum pro pace.
(10) Calvin., Instit., l. ii, c. 20. Chamier, t. xx, c. 1. Hospin., Hist. sacr., part. ii. Daillé, adversus Latin., de reliq. Cultu. Vossius, de Idol. L'enfant, Préservatif. Basnage, Hist. Ecclés., t. II, l. xix, c. 10. Barbeyrac, Rép. au P. Cellier.

les pélagiens, ils étaient les promoteurs et les prédicateurs de l'idolâtrie, et contribuaient de toutes leurs forces à éteindre la religion et la piété.

§ II. — *Du culte des reliques.*

Le culte des reliques est un sentiment naturel que la religion autorise : Moïse emporta les os de Joseph lorsqu'il sortit de l'Egypte.

Le respect de Josias pour les corps des prophètes, les miracles opérés par les os d'Elisée et par les habits de saint Paul justifient le respect des chrétiens pour les reliques des saints (1).

Les chrétiens qui accompagnèrent saint Ignace dans le lieu de son martyre recueillirent avec grand soin ce qui resta de ses os, les mirent dans une châsse, gardaient ce dépôt comme un trésor inestimable, et tous les ans s'assemblaient le jour de son martyre pour se réjouir au Seigneur de la gloire de ce saint (2).

Les fidèles de Smyrne ne négligèrent rien pour recueillir les reliques de saint Polycarpe (3).

L'Eglise de Lyon a toujours les reliques des saints en grande vénération (4).

Ce respect était généralement établi dans l'Eglise lorsque Vigilance osa l'attaquer; c'est un fait prouvé par saint Jérôme. « Nous commettons donc des sacriléges, dit-il à Vigilance, quand nous entrons dans l'Eglise des apôtres ; Constantin en commit un en rapportant les saintes reliques d'André, de Luc et de Timothée à Constantinople, où les démons rugissent auprès d'elles, et où ces esprits dont Vigilance est possédé avouent qu'ils sentent l'effet de leur présence; l'empereur Arcade est un impie, qui a transféré en Thrace les os du bienheureux Samuel, longtemps après sa mort ; tous les évêques qui ont porté dans un vase d'or une chose si abjecte et des cendres répandues dans de la soie sont non-seulement des impies, mais encore des insensés; ç'a été une folie aux peuples de toutes les Eglises de venir au-devant de ces reliques avec autant de joie que s'ils eussent vu un prophète vivant, et en si grand nombre que la foule en augmente depuis la Palestine jusqu'à la Macédoine, chantant d'une commune voix les louanges de Dieu (5). »

C'est donc dans Barbeyrac une ignorance grossière de l'histoire ecclésiastique d'assurer que le culte des reliques commençait à s'établir au temps de saint Jérôme.

Le respect des fidèles pour les reliques a été général depuis Vigilance, dont l'erreur ne fit point de progrès ; et le culte des reliques depuis Vigilance n'a été attaqué que par les pétrobusiens, les vaudois et les prétendus réformés, qui en ont fait un des fondements de leur schisme, prétendant que l'Eglise catholique rendait aux reliques un culte idolâtre.

Mais il est certain que jamais l'Eglise catholique n'a rendu aux reliques un culte qui se bornât à ces reliques et qui eût aucun rapport à l'idolâtrie, comme M. de Meaux l'a fait voir dans son Exposition de la foi.

Le culte des reliques n'était donc pas un motif suffisant pour se séparer de l'Eglise catholique, et Tillotson a été obligé de reconnaître que les protestants n'ont pas dû se séparer de l'Eglise catholique parce qu'elle était idolâtre, mais parce qu'il était très-difficile de n'y être pas idolâtre (6).

Il y a sans doute des abus dans le culte que l'on rend aux reliques, et il y en avait peut-être plus avant la Réforme qu'aujourd'hui ; mais l'Eglise ne les approuvait pas, elle les condamnait.

Mais quelques abus introduits parmi les fidèles sont-ils un motif suffisant pour rompre l'unité ? appartient-il à des particuliers de se séparer de l'Eglise parce qu'elle n'empêche pas ces abus ? que deviendrait la police de l'Eglise si des hommes sans autorité se croyaient en droit d'y établir la Réforme?

Les difficultés de Basnage contre le culte des reliques portent toujours sur cette fausse supposition, savoir : que les catholiques honorent les saints et leurs reliques d'un culte semblable à celui qu'ils rendent à Dieu. On peut voir sur les reliques les savants et judicieux auteurs que nous citons en note (7).

§ III. — *Du célibat.*

D'anciens hérétiques regardaient tous les objets qui procurent du plaisir comme des bienfaits de l'Etre suprême, et la loi qui défendait d'en user comme l'ouvrage d'un être malfaisant, qui voulait contrarier Dieu et rendre les hommes malheureux ; ainsi, ils faisaient en quelque sorte un devoir de religion de se procurer un plaisir défendu ; chez eux la fornication était une action vertueuse et la continence une imbécillité ou une impiété (8).

Vigilance regardait au contraire la fornication comme un crime, et le célibat comme un état qui rendait ce crime inévitable.

Luther, au commencement de la Réforme, prêcha un sermon où il s'exprimait ainsi : « Comme il n'est pas en mon pouvoir de n'être point homme, il n'est pas non plus en ma puissance de vivre sans femme, et cela m'est plus nécessaire que de manger, de boire et de satisfaire aux nécessités du corps... Si les femmes sont opiniâtres, il est à propos que le mari leur dise : Si vous ne le voulez pas, une autre le voudra ; si la maîtresse ne veut pas venir, la servante viendra (9). »

Zuingle, Bèze, etc., suivirent l'exemple de Luther : ce qui fit dire à Erasme que la

---

(1) IV Reg. xiii. Eccli. xlviii, Act. xix.
(2) Ruinart, Acta martyrum.
(3) Ibid., p. 53.
(4) Ibid., p. 67.
(5) Hieron. contr. Vigil.
(6) Tillotson, Serm. sur ces paroles de saint Paul : Ils seront sauvés, mais comme par le feu.
(7) Papebroc, Acta sanct., t. V. Mabillon. præf. act. SS. Fleury, discours 5 sur l'histoire ecclés.
(8) Les Antitactes.
(9) Serm. Luther.

Réforme n'était qu'une comédie continuelle, puisque le mariage en était toujours le dénoûment.

Les nouveaux réformés n'ont pu justifier les expressions de Luther. Basnage et les autres protestants conviennent qu'elles ne sont pas trop dignes d'un patriarche ; mais ils ont défendu ses principes sur la loi du célibat. Ils ont prétendu que cette loi était injuste, qu'il était impossible de l'observer, qu'elle était inconnue à la primitive Eglise, qu'elle avait causé des désordres infinis, et que c'était pour remédier à ces désordres que les réformateurs avaient attaqué la loi du célibat : tels sont les principes de Chamier, de Kemnitius, des théologiens de Sedan et de Saumur, de Jurieu, de Basnage, de Lenfant.

Barbeyrac, qui, dans la préface de sa traduction de Puffendorf et dans sa réponse à dom Cellier, a copié tout ce qu'il a pu trouver dans le Clerc contre les Pères, a renouvelé toutes ces difficultés, et il a même prétendu que le célibat est contraire au bien de la société humaine en général et à celui des sociétés particulières ; c'est par ce côté que la loi du célibat principalement a été attaquée dans notre siècle. Pour juger de ces difficultés, examinons : 1° ce que l'Eglise primitive a pensé du célibat ou de la continence ; 2° si elle a pu obliger ses ministres à l'observer ; 3° si le célibat de l'Eglise romaine est nuisible à la société civile.

PREMIÈRE QUESTION. — Sur ce que l'Eglise primitive a pensé du célibat et de la continence

L'Ecriture nous représente la continence volontaire comme un état de sainteté particulière ; il ne faut, pour s'en convaincre, que jeter les yeux sur le chapitre VII de la première Epître de saint Paul aux Corinthiens. Il serait inutile, pour le prouver, de citer les théologiens catholiques ; les théologiens protestants le reconnaissent. Grotius et Forbesius avouent que l'Evangile et saint Paul préfèrent la continence au mariage (1).

Il ne faut qu'ouvrir les Pères des premiers siècles pour se convaincre que le célibat et la virginité furent très-communs dans les trois premiers siècles du christianisme.

Dodwel reconnaît que, depuis les conseils de saint Paul, l'estime de la virginité s'était généralement répandue, et que, dès le temps de saint Clément, la virginité était en honneur (2).

On ne tarda pas à s'obliger par des vœux à garder la continence, et ces vœux sont presque aussi anciens que le christianisme : on le voit par saint Justin, Athénagore, saint Clément d'Alexandrie, Tertullien, Origène (3).

(1) Grotius in 1 Cor. VII. Forbesius, l. I Theol. moral., t. I, c. 12, p. 19.
(2) Dodwel, dissert. 2 sur la chronologie des papes, dans les ouvrages posthumes de Pearson.
(3) Justin, Apol. Athenagore Legat. pro Christ. Clem. Alex., l. II Strom. Tert. Apol., c. 9. Origen. contr. Cels.
(4) Perpét. de la foi, t. V, p. 209.
(5) Mabillon, præf. in I sæc. Benedict., n. 5, etc.

Il est inutile d'examiner ce qu'on a pensé de la continence dans les siècles suivants ; tout le monde sait qu'au temps de saint Antoine les déserts d'Egypte et de Syrie étaient remplis de religieux qui faisaient profession de vivre dans le célibat : depuis ce temps, la vie monastique s'est conservée en Orient (4).

La vie monastique n'est donc pas un abus introduit par l'Eglise romaine ; elle a commencé presque avec le christianisme (5).

SECONDE QUESTION. — L'Eglise a-t-elle imposé à ses ministres la loi du célibat, et cette loi est-elle injuste?

Le célibat n'est point une condition nécessaire et de droit divin pour recevoir le sacerdoce.

Cependant, de tous les apôtres nous ne connaissons que saint Pierre qui ait eu une femme, et si les autres en ont eu, il faut qu'ils aient renoncé à l'usage du mariage, puisque dans l'histoire il n'est fait aucune mention de leurs enfants : l'opinion, du temps de Tertullien et de saint Jérôme, était que saint Pierre seul avait été marié (6).

Les auteurs, il est vrai, paraissent partagés sur le mariage de saint Paul ; mais tout le monde convient que, lorsqu'il écrivit son Epître aux Corinthiens, il faisait profession de vivre dans la continence, puisqu'il le dit lui-même (7).

Le concile de Nicée suppose cet usage établi dans l'Eglise, puisqu'on y défend aux prêtres d'avoir d'autres femmes que leurs sœurs, leurs mères, ou des personnes qui les mettent hors d'état de soupçon : ce qui suppose que les prêtres n'avaient point de femmes ; car on ne peut pas dire que sous le nom de sœur le concile ait compris la femme (8).

Saint Epiphane parle du célibat des prêtres comme d'un usage généralement établi et observé dans tous les lieux où l'on observait exactement les canons de l'Eglise. Il reconnaît pourtant que le contraire se pratique en quelques lieux ; mais il dit que cette exception n'est pas fondée sur l'autorité des canons, ne se tolère que par condescendance pour la faiblesse, et ne s'est introduite que par négligence.

Le célibat est ordonné dans les canons des apôtres, et l'on sait que la discipline contenue dans cette collection a été observée par les Orientaux pendant les trois premiers siècles de l'Eglise (9).

Cette pratique n'est pas moins générale dans l'Eglise latine ; on le voit par le trente-troisième canon du concile d'Eliberi, qui défend aux prêtres et aux diacres, sous peine de déposition, de vivre avec leurs femmes.

(6) Tert., de Monogam. Hieron. contr. Jovinian.
(7) Tert., ibid., c. 3. Epiph., hær. 58. Hieron., ep. 22. Aug., De Grat. et lib. Arb., c. 4. Theodoret, in Paul., disent que saint Paul a été marié. Clem. Alex., l. III Strom., c. 30. Eusèbe et saint Méthode le nient.
(8) Conc. Nic., can. 4.
(9) Can. 27

Sur la fin du quatrième siècle, le second concile de Carthage établit la même loi (1).

Il est vrai que dans le temps de la persécution l'Eglise latine ne fit point de lois pour punir les clercs qui n'observaient pas la loi de la continence, et qu'il y avait des prêtres qui s'étaient mariés ou qui, ayant été ordonnés mariés, continuaient à user du mariage ; les uns parce qu'ils le croyaient permis, les autres parce qu'ils prétendaient que le mariage était aussi bien permis aux prêtres du christianisme qu'à ceux de l'ancienne loi.

Le pape Sirice ayant été informé de ces désordres, lorsque la persécution cessa, pardonna aux premiers, à condition qu'ils n'avanceraient pas dans les ordres, et qu'ils ne feraient la fonction de ceux qu'ils avaient reçus qu'en observant la loi de continence : il déposa les seconds, et défendit d'ordonner des gens mariés, et à ceux qui étaient ordonnés de se marier.

Il est évident que le pape Sirice ne faisait que remettre en vigueur une loi déjà établie et reconnue dans l'Eglise.

Au commencement du cinquième siècle, Innocent I confirma le décret de Sirice (2).

Au milieu du sixième, Justin fit une loi pour confirmer, dit-il, les saints canons qui défendaient aux prêtres de se marier (3).

Par ce que nous venons de dire, il est certain, 1° que l'on a toujours eu dans l'Eglise une vénération singulière pour la vertu de continence : 2° que cette vertu n'est pas au-dessus des forces de l'homme, aidé du secours de la grâce : 3° que l'Eglise ancienne l'a prescrite à ses ministres.

La loi du célibat imposée aux prêtres et aux diacres par le pape Sirice, et ensuite aux sous-diacres par saint Léon, n'est donc point injuste, à moins qu'on ne prétende que l'Eglise n'a point le droit de faire des lois, et d'exiger de ses ministres certaines vertus ou certaines qualités, selon qu'elle les juge nécessaires au temps et aux circonstances.

C'est donc de la part des premiers réformateurs une révolte inexcusable d'avoir violé les vœux de continence qu'ils avaient faits et d'avoir condamné la pratique de l'Eglise.

La réclamation de Paphnuce contre la loi du célibat, dans le concile de Nicée, est un fait trop douteux pour autoriser un simple fidèle à se révolter contre une loi généralement observée dans l'Eglise ; il n'est rapporté, ce fait, que par Socrate et par Sozomène ; Eusèbe n'en parle point, et Bayle le croit faux. Au reste, ce fait, aussi bien que différents canons cités par les protestants, prouve que la loi du célibat n'a pas toujours obligé dans l'Eglise latine, mais non pas que l'Eglise n'a pu la porter.

C'est principalement sur les désordres du clergé que les réformateurs ont appuyé leur infraction de la loi du célibat.

Il est certain que ces désordres étaient très-grands, quoiqu'ils aient été excessivement exagérés par les protestants, et surtout par Jurieu, qui, dans sa défense de la Réforme, entasse sans choix, sans discernement, sans critique et sans pudeur, une foule de fables et de calomnies absurdes.

Mais ces désordres du clergé venaient du désordre général que les incursions des barbares avaient porté dans l'Europe. Le clergé plongé dans la plus profonde ignorance, incapable de s'occuper de ses devoirs et d'étudier, fut entraîné par le torrent du désordre général et devint vicieux par les mêmes causes qui avaient rendu tous les peuples de l'Europe vicieux, ignorants et féroces. L'Eglise gémissait sur ces désordres, et elle seule avait droit de prescrire les lois propres à les réprimer (4).

L'usage de l'Eglise grecque n'autorisait point la liberté des réformateurs ; cette Eglise permet le mariage des prêtres ; mais comme il s'agit d'un point de discipline, chacun peut et doit suivre l'usage de l'Eglise dans laquelle il se trouve.

TROISIÈME PARTIE. — La loi du célibat est-elle contraire au bonheur des Etats ?

La population est liée très-étroitement avec la puissance et le bonheur d'un Etat, et le célibat est, dit-on, contraire à la population ; les législateurs les plus sages en ont fait un crime ; tout le monde sait comment il était puni à Sparte.

On s'appuie sur ce principe pour condamner la doctrine de l'Eglise sur le célibat. « Le mariage, dit-on, est honnête et nécessaire dans toutes les sociétés civiles ; est-ce que tous les sages législateurs ont employé les expédients les plus nécessaires pour y engager les citoyens ; cela étant supposé, un peuple composé de chrétiens, tous persuadés qu'il y a dans la continence un degré de sainteté qui rend les hommes plus agréables à Dieu que l'état du mariage, les chrétiens ne se marieraient point ; car toutes les exhortations des écrivains sacrés tendent à imposer l'obligation indispensable de se perfectionner et de se rendre plus agréable à Dieu (5). »

---

(1) Can. 2.
(2) Innocent. ep. 3.
(3) L. v, cap. De episcopis et clericis, collect. 4, t. I.
(4) *Voyez*, sur cette question, Sylvius, t. IV, supplem., quæst. 53.
Juenin, De imped. matrim.
Ferraud, Réponse à l'apologie de Jurieu.
Lettres sur différents sujets de controverse, par M. l'abbé de Cordemoy, lettres 3 et 4.
Hist. des conciles généraux ; on trouve à la fin un excellent traité du célibat.
Cellier, Apologie pour la morale des PP.

Hist. du divorce de Henri VIII, 3 vol. in-12, 1688, chez Boudot ; on trouve à la fin de bonnes dissertations sur le célibat.
Dom Gervaise a aussi traité cette matière dans une dissertation qu'il a mise à la fin de la Vie de saint Cyprien.
Il y a des théologiens qui prétendent que le célibat est de droit divin.
Voyez Sylvius, loc. cit. ; mais ce n'est qu'une opinion et qui paraît sans fondement.
(5) Barbeyrac, Traité de la morale des Pères, c. 8, page 113, etc.

On a retourné le fond de ces difficultés de cent manières, et l'on est allé jusqu'à prédire, d'après ces principes, que les protestants subjugueraient les Etats catholiques : faisons quelques réflexions sur ces difficultés.

1° L'Eglise catholique enseigne que la continence est un état plus parfait que celui du mariage, mais elle enseigne aussi que la continence est un don particulier, que tout le monde n'est pas appelé à cet état, que cet état, si respectable en lui-même, est très-dangereux pour le salut lorsqu'on n'y est pas bien appelé ; elle impose des épreuves à ceux qui veulent s'y consacrer ; elle enseigne que le mariage est un état saint et auquel le grand nombre des hommes est appelé. Ainsi la doctrine de l'Eglise catholique ne porte pas tous les chrétiens au célibat, et la persuasion de l'excellence de la continence n'empêchera pas le mariage dans les Etats catholiques

2° Un homme qui se marie produit plus d'un homme : ainsi, suivant les lois de la nature, les hommes doivent se multiplier assez pour ne pouvoir subsister dans le même lieu et pour être forcés de former de nouveaux établissements.

Les émigrations, qui ne sont que la surabondance des sujets, ne sont pas contraires au bonheur de l'Etat ; elles sont même nécessaires, mais elles sont perdues pour l'Etat. La loi du célibat ne serait donc point contraire au bonheur d'un Etat, quand on supposerait que le célibat absorbe cette surabondance : elle ne peut être nuisible dans un Etat où l'on sait encourager et favoriser la population ; il est même certain que le célibat, qui absorbe cette surabondance de sujets qui se trouve dans un Etat bien gouverné, est beaucoup plus utile que l'usage d'envoyer des colonies, puisque ces colonies sont perdues pour l'Etat dont elles sortent, et que le célibat de l'Eglise catholique conserve à l'Etat les citoyens qu'elle perdrait par l'envoi des colonies.

Ce n'est donc point sur le célibat de l'Eglise romaine qu'il faudrait rejeter la dépopulation des Etats catholiques s'ils étaient dépeuplés ; leur dépopulation aurait d'autres causes. Un auteur qu'on ne peut soupçonner de manquer de zèle pour le bonheur de l'Etat, l'Ami des hommes, a prouvé cette vérité pour tout lecteur équitable.

Le célibat, qui était d'abord défendu à Sparte et à Rome, y fut toléré dans la suite. On sait d'ailleurs que les gymnosophistes chez les Indiens, les hyérophantes chez les Athéniens, une partie des disciples de Pythagore, vivaient dans le célibat (1).

Le célibat n'est donc contraire ni à la puissance des Etats ni au bonheur des particuliers.

VINTRAS (Pierre-Michel), chef d'une nouvelle secte de montanistes, qui se forma

(1) Hist. critiq. du célibat, Acad. des inscript., 1713.
(2) Luc. I, 35.
(3) Symbol. apost.

vers l'année 1840-41, dans le diocèse de Bayeux, sous la dénomination d'*OEuvre de la miséricorde*. Elle se révéla surtout par un *Opuscule* sur des communications annonçant cette œuvre dont voici la substance :

ARTICLE PREMIER. — *OEuvre de la miséricorde*.

La mission de Pierre-Michel est appelée par lui *OEuvre de la miséricorde*, parce qu'elle a pour but, dit-il, de *fléchir la colère de Dieu et d'aider à la conversion des pécheurs*. Il annonce qu'après un grand bouleversement dans la société, le *règne du Saint-Esprit commencera sur la terre épurée*. C'est ici aussi que commence l'erreur.

Il enseigne que « le premier règne, celui du Père, était le *règne de la crainte* (sous la loi mosaïque).

« Que le second règne, celui du Fils, était le *règne de la grâce*, de la conciliation, qui devait tout purifier pour nous conduire à celui de l'amour.

« Que le troisième règne, celui du Saint-Esprit, est le *règne de l'amour*. C'est aussi celui dont Pierre-Michel a été élu le prédicateur, ainsi que Montan. »

Il suppose donc, par cette distinction bien formelle, que le règne du Père n'était pas en même temps celui du Fils, et que celui du Fils n'était pas en même temps celui du Père et du Saint-Esprit. Or, c'est la doctrine catholique que la très-sainte Trinité, Père, Fils et Saint-Esprit, n'a pas moins régné sous la loi de Moïse que sous la loi de grâce ; que, quoique les trois personnes soient parfaitement distinctes les unes des autres dans leurs opérations *relatives* (*ad intra*, suivant l'expression des théologiens), elles ne le sont point dans leurs opérations *extérieures* (*ad extra*), et qu'elles y concourent toutes trois également. D'où il suit que le règne du Père est tout à la fois celui du Fils et du Saint-Esprit.

Qui ne sait d'ailleurs que l'inspiration des prophètes, partie essentielle de l'ancienne loi, est attribuée spécialement au Saint-Esprit, ainsi que celle des apôtres sous la loi de grâce ? N'est-il pas évident que le grand mystère de l'incarnation est regardé comme l'ouvrage du Saint-Esprit : *Spiritus sanctus superveniet in te* (2)... *Conceptus est de Spiritu sancto* (3) ; que c'est le Saint-Esprit qui a *enseigné* aux apôtres *toute vérité* (4), qui leur a donné le don des langues (5), etc..... Mais, encore un coup, toutes ces merveilleuses opérations du Saint-Esprit lui étaient communes avec le Père et le Fils, quoique la puissance soit principalement attribuée au Père, la sagesse au Fils et la bonté au Saint-Esprit, dans les saintes Ecritures. Que devient donc le nouveau système imaginé par Pierre-Michel, et qu'il a, comme nous le verrons bientôt, emprunté à un célèbre hé-

(4) Joann. XXVI, 13
(5) Act. II, 4.

résiarque? En enseignant, comme il le prétend, des vérités ignorées jusqu'à présent, ne donne-t-il pas un démenti à Notre-Seigneur qui a déclaré à ses apôtres que le Saint-Esprit leur enseignera *toute vérité? Paracletus Spiritus sanctus vos docebit omnia* (1). Ne semble-t-il pas supposer que le Sauveur du monde a jugé à propos de cacher à ses disciples certaines vérités de la plus haute importance, que le Saint-Esprit a tenues comme en réserve, jusqu'au jour où son grand prophète Pierre-Michel les annoncerait de sa part?

Nous voyons dans ce même premier article que Pierre-Michel a employé, pour faire accroire à ses disciples qu'il est véritablement l'organe du Saint-Esprit, des *moyens de séduction* qui annoncent un homme adroit, tout simple ouvrier qu'il est, à manier les esprits.

Voici le premier. C'est un bruit assez généralement répandu dans la société, que la France est menacée de grands malheurs. De sinistres prophéties, propagées par tout le royaume depuis bien des années, ne nous prédisent que désastres, incendies, bouleversement général dans Paris et autres grandes villes...... Pierre-Michel a profité adroitement de ces impressions si générales de terreur, pour effrayer ses disciples et les engager à s'en préserver en adoptant ses rêveries : « L'*OEuvre de la miséricorde*, dit-il, annonce que Dieu, irrité des crimes de la terre, va la frapper; elle prophétise des malheurs inouïs, la destruction des villes, et des événements effroyables, au milieu desquels la lutte s'élèvera puissante, acharnée entre les hommes, les anges et les démons sur la terre, et parmi les éléments. Vers la fin de cette lutte, les anges vaincront les démons à face humaine, l'archange Michaël enchaînera Lucifer, et *le règne du Saint-Esprit commencera sur la terre.* » La conséquence est facile à tirer : *Venez à moi et vous serez à couvert.*

Deuxième moyen de séduction. On s'est occupé pendant nombre d'années, surtout depuis la mémorable prophétie de Martin, de Gallardon, et sa visite au roi, du sort du prétendu dauphin, fils de Louis XVI. Les uns assurent qu'il est mort au Temple : les autres qu'il est encore vivant, et qu'il doit reparaître tôt ou tard dans une crise politique pour monter sur le trône. C'est aussi ce qu'assurent certaines prophéties qui ont circulé à Paris et dans les provinces. Pierre-Michel se déclare en faveur du dauphin vivant. Pour se concilier en même temps ce grand nombre de légitimistes qui ne reconnaissent que le duc de Bordeaux pour vrai et unique héritier du trône, il annonce que ce jeune prince reconnaîtra les droits antérieurs du dauphin et deviendra son auxiliaire.

« Au fort de ces événements terribles, dit Pierre-Michel, Dieu doit se servir du *duc de Normandie*, le convertir et le rendre nouveau *Cyrus* et *Constantin.* Ce prince, appelé monarque, doit ensuite, conjointement avec un nouveau saint pape, établir définitivement le règne de Dieu sur toute la terre. Ce prince doit prophétiser et faire des miracles. Le duc de Bordeaux, qui se démettra de ses droits au trône de France, postérieurs à ceux du duc de Normandie, deviendra l'auxiliaire de ce dernier pour l'expansion de la religion catholique sur tous les peuples.

« Après ces événements, un concile doit examiner et admettre les nouvelles propositions de Pierre-Michel. »

Voilà certes bien des merveilles, et, à l'exception de la dernière, Pierre-Michel n'a pas eu besoin, comme on le voit, de l'inspiration du Saint-Esprit pour les annoncer.

Art. 2. — *Nécessité de cette OEuvre.*

Pierre-Michel prétend la prouver par la défection de l'Eglise catholique.

« La foi perdue, dit-il, les crimes multipliés, les docteurs fameux discutant sur les mots, ayant oublié le sens des lettres saintes, étourdis dans leur mollesse; l'*Eglise ne s'étant pas toujours montrée fidèle épouse comme aux premiers jours de son alliance*, rendent cette OEuvre indispensable. »

C'est le prétexte allégué par presque tous les anciens et modernes réformateurs pour justifier leurs sacriléges innovations, et notamment par Luther et Calvin, et toutes les sectes sorties de leur sein. Les uns affirment que l'erreur s'est introduite dans l'Eglise au sixième siècle, les autres longtemps auparavant et même dès le premier siècle : c'est l'opinion de quelques anglicans.

Il est très-certain que puisque Jésus-Christ est venu au monde pour enseigner aux hommes la manière dont Dieu veut être honoré, et les moyens de parvenir au salut éternel, il s'ensuit nécessairement, 1° qu'étant la vérité même, la doctrine qu'il nous a enseignée doit demeurer *invariable* dans tous les siècles jusqu'à la fin du monde; 2° qu'il a dû fonder une société, une Eglise chargée de l'enseigner à toutes les nations, sans craindre de jamais tomber dans l'erreur. S'il n'avait pris cette précaution, nous serions fondés à douter, non-seulement s'il a été le Fils éternel de Dieu, mais encore s'il a été véritablement un sage législateur ; car c'eût été bien inutilement qu'il aurait fait tant de miracles, aurait versé tout son sang sur la croix, aurait changé la face de l'univers pour établir sa doctrine.

« Allez, dit-il à ses apôtres, enseignez toutes les nations, leur apprenant à observer toutes les choses que je vous ai prescrites, *et assurez-vous que je suis toujours avec vous* (enseignants) *jusqu'à la consommation des siècles* (2). Comme mon Père m'a envoyé, je vous envoie (3). Celui qui vous écoute m'écoute, celui qui vous méprise me méprise (4). » Il dit aussi à saint Pierre :

---

(1) Joann. xiv, 26.
(2) Matth. xxviii, 19, 20.

(3) Joann. xx
(4) Luc. x.

« Tu es Pierre, et sur cette pierre je bâtirai mon Eglise, et les portes de l'enfer (c'est-à-dire toutes les forces des démons) ne prévaudront pas contre elle (1). » Et cette Eglise est appelée par saint Paul *la colonne et la base de la vérité* (2).

L'Eglise catholique, ainsi établie par son divin fondateur, n'a jamais cessé d'enseigner la vérité, de repousser et de condamner l'erreur. Le premier concile tenu par les apôtres a été le modèle de tous ceux qui ont été tenus depuis. Ils s'étaient assemblés à Jérusalem pour juger la question des cérémonies légales. Leur décret fut adressé à toutes les Eglises particulières comme un oracle du Saint-Esprit. « Il a semblé bon, leur mandent-ils, *au Saint-Esprit et à nous* de ne vous point imposer d'autres charges que celles-ci (3), etc. »

Pierre-Michel, en accusant l'Eglise catholique de ne s'être pas montrée fidèle épouse, a donc accusé Jésus-Christ lui-même.

Quant à sa mission pour réformer l'Eglise, il l'a reçue, à l'entendre, dans des *extases*, *des sommeils extatiques*, où il plaît au Saint-Esprit de l'éclairer, de lui révéler tout ce qu'il doit enseigner aux autres. Cette prétention ne paraîtra pas nouvelle à ceux qui connaissent l'histoire des hérésies qui ont affligé l'Eglise : nous en citerons un ou deux exemples.

Montan, célèbre hérésiarque du deuxième siècle de l'Eglise, était sujet, comme Pierre-Michel, à des convulsions, à des mouvements extraordinaires, à des extases dans lesquelles il recevait, disait-il, l'inspiration divine. Il se présentait comme prophète envoyé de Dieu pour donner un nouveau degré de perfection à la religion et à la morale chrétiennes. Il s'appelait le *Paraclet* promis par Jésus-Christ à ses apôtres pour enseigner les grandes vérités *qui étaient réservées pour la maturité de l'Eglise*.

Ses visions et ses extases lui attirèrent une foule de disciples. Les évêques d'Asie, après l'avoir examiné, s'assemblèrent et le condamnèrent dans le concile d'Hiéraple. Malgré cette condamnation, on vit en peu de temps une multitude innombrable de *prophètes* montanistes de l'un et de l'autre sexe. L'Eglise de Thyatire fut entièrement pervertie ; la religion catholique y fut éteinte pendant près de 112 ans. Les montanistes se répandirent dans tout l'empire romain, quoique excommuniés dans plusieurs autres conciles.

Priscilla et Maximilla furent les premières et les plus célèbres disciples de Montan. On est porté à croire que Pierre-Michel en compte déjà trois qui lui sont entièrement dévouées, puisqu'elles forment partie de son grand conseil : c'est ce qu'il appelle *une mystérieuse trinité de trois femmes vénérées* (4).

Environ un siècle après, Manès, père des manichéens, se vantait aussi d'être inspiré par le Saint-Esprit ; il alla même plus loin, et prétendit qu'il était le Paraclet. « Jésus-Christ, dit-il, a promis à ses apôtres l'esprit *Paraclet*, ou consolateur ; c'est moi qui suis cet envoyé du ciel. » Et il se fondait sur ce que dit saint Paul : *Ex parte enim cognoscimus et ex parte prophetamus. Cum autem venerit quod perfectum est, evacuabitur quod ex parte est* (5). C'est moi, disait-il à peu près comme Pierre-Michel, qui suis choisi de Dieu pour prêcher la perfection.

ART. 3. — *Signes extérieurs.*

Faisons d'abord remarquer ici un *troisième moyen de séduction*. Qui ne sait que Bonaparte a imaginé la *Légion d'honneur* pour multiplier le nombre de ses créatures, tant dans l'ordre militaire que dans l'ordre civil, et s'assurer ainsi de leur dévoûment ? A son tour, Pierre-Michel a imaginé, pour cet effet le *Ruban bleu*, mais d'un ordre bien supérieur ; car c'est celui de l'Immaculée Conception de la sainte Vierge. Il y a aussi une *croix de grâce* qui lui a été révélée par un archange. Cette croix a deux grands privilèges : l'un au profit de ceux qui la portent, car elle est pour eux un *préservatif*, au fort des événements terribles qu'il a prophétisés ; l'autre, au profit de Pierre-Michel, car cette croix est pour ceux qui en sont décorés *un indice de l'abandon de leur volonté à Dieu* DANS LA PERSONNE DE PIERRE-MICHEL !

Voici quelque chose de plus mystérieux encore. Pierre-Michel, dans ses sommeils extatiques, s'élève au plus haut degré d'éloquence, et des odeurs extrêmement fortes, mais suaves, se font alors sentir de tous côtés. Il a de plus, sur la région du cœur, un *stygmate* en forme de croix qui, par moment, est tout embaumé..... Et toutes ces merveilles sont présentées par Pierre-Michel à ses disciples, *comme des preuves authentiques de sa mission!!!*

ART. 4. — *Apôtres, laïques, onctions.*

C'est en l'honneur des sept dons du Saint-Esprit qu'il a partagé ses apôtres en *septaines*, chargées d'annoncer par le monde le règne de l'Esprit, comme s'il n'avait pas régné sur la terre depuis la création du monde ! Mais il y a une septaine dite *sacrée*, composée de neuf membres, *dont les noms ont été vus inscrits sur le cœur même de Jésus-Christ!* Vus par qui ? Sans doute par Pierre-Michel dans un sommeil extatique.

Ces personnes ont été vues aussi, dans une autre vision, *parmi les douze étoiles qui forment l'auréole glorieuse de la très-sainte vierge Marie!*

Ce n'est ici, on le voit, que merveilles sur merveilles. En voici une encore plus admirable. Durant son sommeil extatique ; Pierre-Michel a reçu une croix miraculeuse renfermant du *baume dit de la croix*. Ce baume est *gélatineux* et *sanguinolent*. C'est avec ce baume que Pierre-Michel consacre les chefs des septaines et leur confère la

---

(1) Matth. xvi, 18.
(2) II Tim. iii, 15.
(3) Act. xv, 28.

(4) *Voyez* ART. 4.
(5) I Cor. xiii, 9, 10.

mission. Il leur *impose aussi les mains* : pratiques qu'il a empruntées à l'Eglise catholique ; car le pontife, lors de l'ordination des prêtres, leur impose les mains, et consacre les leurs par une sainte onction. Les chefs des septaines ont le droit de consacrer de la même manière les membres dont ils sont présidents. Et *malheur* à ceux des septanaires qui *refuseraient leur concours à l'œuvre*, après avoir reçu l'onction ; car il y a des *menaces terribles prononcées contre eux !* C'est ainsi qu'en agissent la plupart des chefs de sectes fanatiques, pour s'attacher irrévocablement ceux qu'ils ont séduits.

Ce n'est pas tout : dans la septaine générale, composée de neuf personnes, Pierre-Michel et deux autres forment à eux trois, *par une combinaison voulue de Dieu, un seul groupe trinaire, sur lequel plane un religieux mystère*. (N'est-ce pas une image de la très-sainte Trinité ?) Quand à ce septenaire se joint : 1° une *mystérieuse trinité de trois femmes vénérées ;* 2° M. Ber.. (apparemment un des chefs de la nouvelle Eglise) ; 3° le grand monarque (duc de Normandie) ; 4° le duc de Bordeaux ; 5° le souverain pontife d'alors, *cela forme les douze étoiles*, vues autour de la sainte Vierge; et ces personnes forment alors le *conseil de l'Immaculée Conception de Marie*, se rattachant à l'*OEuvre de la miséricorde.*

Mais voici le plus curieux de cette grande révélation. C'est que ces membres de la septaine sacrée, réunis en assemblée dans ce qu'on nomme le *cénacle, sont infaillibles dans leurs décisions*, parce que l'Esprit-Saint préside à leurs délibérations !

Ce mélange de visions (qui n'ont d'autre origine que l'imagination déréglée ou la supercherie d'un prétendu prophète) avec les saints mystères du christianisme et la pratique de l'Eglise catholique ; — cet indigne travestissement de la sainte Trinité et du saint concile tenu par les apôtres ; — cette infaillibilité accordée au grand conseil de Pierre-Michel, et refusée par lui à l'Eglise catholique, qu'il accuse d'infidélité ; — ces trois *femmes vénérées* partageant le don de l'infaillibilité ; — ces douze membres du grand conseil logés, pour ainsi dire, dans les étoiles de la couronne de la sainte Vierge; — toutes ces inventions absurdes, ridicules et blasphématoires, ne peuvent qu'exciter une profonde indignation contre l'auteur de pareilles impiétés.

ART. 5. — *Visions et sang de Notre-Seigneur Jésus-Christ.*

Il n'y est question que de visions de l'archange saint Michel, de saint Joseph, de la sainte Vierge, du sang de Jésus-Christ *sorti de son cœur, plus précieux*, dit Pierre-Michel, que celui qui a ensanglanté la miraculeuse hostie d'Agen ; comme s'il y avait une portion du sang de Jésus-Christ qu'on puisse dire plus précieuse qu'une autre !

Un miracle assurément fort plaisant, c'est celui d'un ange à figure humaine, qui, étant descendu du ciel, va ouvrir le tronc d'une église pour y prendre de l'argent, et se rend ensuite chez un bijoutier pour y faire confectionner des médaillons miraculeux, transmis ensuite aux sujets pieux que le nouveau prophète veut en gratifier ! — Pierre-Michel et deux de ses plus intimes adhérents possèdent eux seuls trois de ces médaillons, qui renferment une étoffe imbibée du sang de Notre-Seigneur, qu'il fait baiser aux fidèles !!!

ART. 6. — *Marie, Vierge immaculée.*

Quatrième moyen de séduction, employé par Pierre-Michel pour augmenter le nombre de ses adeptes. Il sait que, dans ces derniers temps, la dévotion à l'Immaculée Conception de la sainte Vierge a fait de grands progrès en France, d'abord par suite d'une multitude de guérisons et de conversions miraculeuses très-authentiques, opérées par la vertu d'une médaille dont la forme a été révélée à une sainte fille de Saint-Vincent de Paul, et, plus tard, par suite d'autres miracles de ce genre, dont on trouve le récit dans le *Manuel de l'archiconfrérie du très-saint Cœur de Marie*. C'est une grâce spéciale accordée à la France, dans ce siècle d'incrédulité et d'immoralité, pour ranimer la foi des fidèles. Pierre-Michel s'est emparé adroitement de cette dévotion pour assurer plus de crédit à ses extravagantes visions ; mais, en voulant lui donner plus d'éclat, il l'a dénaturée.

Tous les théologiens, tous les docteurs s'accordent à dire que la très-sainte Vierge fut, avant sa naissance, purifiée du péché originel. Les uns pensent qu'elle ne le fut qu'après sa conception ; les autres, et c'est la très-grande majorité, soutiennent qu'elle fut immaculée dans sa conception même. Plusieurs papes ont défendu d'enseigner le contraire ; mais ils ont également défendu de mettre publiquement cette dernière opinion au nombre des *articles de foi* enseignés par l'Eglise, comme aussi de censurer ceux qui, en particulier, soutiendraient que la conception de la sainte Vierge n'a pas été immaculée. Bossuet disait, en parlant de ce mystère : « Après les articles de foi, je ne vois guère de chose plus assurée. » (*Sermon sur la Conception.*) Enfin, tout récemment, S. S. le pape Grégoire XVI a autorisé plusieurs évêques à faire célébrer dans leurs diocèses, la fête de l'Immaculée Conception, et à faire insérer dans les litanies de la très-sainte Vierge, cette prière : *Vierge conçue sans tache*, priez pour nous.

Mais ce n'est pas assez pour Pierre-Michel d'admettre l'Immaculée Conception de Marie et de vouloir même qu'elle soit un article de foi. Il veut nous obliger de croire que la très-sainte Vierge a été réellement *conçue du Saint-Esprit*, qu'elle a par conséquent une mère, mais point de père : il affirme qu'il a lui-même été témoin de l'opération de ce grand mystère ; qu'*il a vu le Saint-Esprit déposer un petit corps tout formé dans celui de sainte Anne !!*

ART. 7. — *Anges et hommes selon Pierre-Michel.*

Pierre-Michel a appris, dans une vision extatique, que, dans l'origine, les âmes des hommes ont été créées en même temps que les anges; que nos âmes ont été chassées avec eux du ciel pour n'avoir pas voulu reconnaître Marie comme reine des anges, et que Dieu a placé une partie de ces anges et des âmes dans des corps humains, afin qu'ils puissent recouvrer le ciel par un bon usage de leur liberté. Il prétend aussi que la condamnation de Lucifer n'a été *irrévocable* que depuis la chute d'Adam, dont il a séduit la femme.

Tout ce qu'il raconte à ce sujet est fort curieux; mais voici qui l'est bien davantage. Pierre-Michel est un des anges déchus, et, qui mieux est, *un archange dans les séraphins*. Dieu, en l'appelant *son Verbe*, le héraut, *le clairon de ses volontés sacrées*, lui conféra des pouvoirs tels qu'il ne faut ni résister, ni répliquer à sa parole. *Lui seul a droit de juger en dernier ressort;* quand il est dans ses fonctions d'extase et de visions, *il est dit et cru entièrement infaillible*. Il y a danger pour l'âme de celui qui résiste et n'obéit pas incontinent aux ordres ou conseils donnés dans ses extases ou visions.

Il est cependant une autorité supérieure à celle de Pierre-Michel dans ses extases ; c'est celle de l'Eglise catholique, qui, dans le concile de Constantinople, cinquième général, en 553, a condamné et anathématisé les origénistes, qui soutenaient que la peine des anges rebelles chassés du ciel n'a pas été une *damnation éternelle*, et que les âmes des hommes ont préexisté avant la création du monde. Quant à ce que dit Pierre-Michel, qu'il a été jadis *archange dans les séraphins*, que Dieu l'a appelé *son Verbe*.., qu'il est *seul juge en dernier ressort, entièrement infaillible*, etc., il faut nécessairement en conclure, ou qu'il est tombé en démence, ou qu'il est l'organe de Satan pour séduire les fidèles : car qui ne sait que les ravissements, les extases, les mouvements extraordinaires d'une certaine éloquence dont il fait parade, les parfums et une foule d'autres prestiges, ne sont qu'un jeu pour lui ? Saint Paul se plaignait de son temps de ces *faux apôtres ouvriers trompeurs qui se transforment en apôtres de Jésus-Christ; et on ne doit pas s'en étonner*, continue-t-il, *puisque Satan même se transforme en ange de lumière* (1). Concluons donc avec ce saint apôtre écrivant aux Galates : « Il y a des gens, mes frères, qui vous troublent et qui veulent renverser l'Evangile de Jésus-Christ... Je vous l'ai dit et je vous le redis encore une fois. Si quelqu'un vous annonce un Evangile différent de celui que nous vous avons annoncé, qu'*il soit anathème* » (*Galat.* I, 7, 9); c'est-à-dire retranché du corps de Jésus-Christ, séparé de la communion des saints, banni de la société des fidèles.

Mgr. l'évêque de Bayeux, dans une circulaire à son clergé, du 8 novembre 1841, condamna en effet la nouvelle doctrine, en ces termes : « Après avoir entendu le rapport circonstancié et motivé d'un habile théologien, après un mûr examen de notre part, et de l'avis unanime de notre conseil, nous *déclarons que l'opuscule sur des communications annonçant l'œuvre de la miséricorde*, contient des principes contraires à l'enseignement et à la foi de l'Eglise catholique; que les révélations et les miracles dont on veut se prévaloir, ne sauraient venir de Dieu; nous réprouvons et condamnons l'association établie pour la propagation de ces révélations et de ces principes. »

Cette association fut condamnée pareillement par un bref du pape Grégoire XVI, adressé le 8 novembre 1843 à Mgr. l'évêque de Bayeux.

WALFRÈDE, homme obscur et ignorant, qui soutenait que l'âme mourait avec le corps : il parut vers la fin du dixième siècle. Durand, abbé de Castres, le réfuta sans réplique, et son erreur n'eut point de suite.

WALKÉRISTES. Les restaurateurs du christianisme primitif, qui se détachèrent de l'Eglise anglicane à la fin du dix-huitième siècle, sous la direction du sectaire Brown, reçurent le nom de *walkéristes*, de Walker, auxiliaire de Brown, dont la prépondérance a fait donner son nom à la société.

Les *walkéristes* repoussent l'idée d'un corps sacerdotal; mais ils ont des anciens ou inspecteurs dont les fonctions sont seulement administratives ou de surveillance.

Ils sont opposés à toutes les sociétés chrétiennes, surtout aux arminiens, aux stricts-calvinistes, aux antinoméens, aux baptistes, et plus encore à l'Eglise anglicane, qu'ils regardent comme un système antichrétien établi par l'intervention des lois humaines. Pour trouver la religion véritable, il faut remonter aux temps apostoliques; car s'éloigner de la tradition apostolique et des préceptes de Jésus-Christ, c'est se placer criminellement au-dessus d'eux. En partant de ce principe, dont ils déduisent des conséquences et tirent des applications, ils rejettent le baptême. Si, dans les premiers siècles, on l'administrait, c'était à des gens qui avaient professé le judaïsme, le paganisme; mais nous, qui sommes nés de parents chrétiens, n'en avons pas besoin. Il suffit, d'après la recommandation de saint Paul aux Ephésiens, de bien élever les enfants. On n'est pas plus obligé de se faire baptiser que d'aller dans tout le monde, comme les apôtres, baptiser et prêcher. D'ailleurs, saint Paul se félicite d'avoir baptisé peu de personnes. Ces sectaires ne considèrent pas que le but de saint Paul n'est pas de rejeter le baptême, mais de combattre l'esprit de parti d'après lequel certaines gens se disaient, les uns du parti d'Apollon, les autres de celui de Paul, les autres de celui de Céphas.

Ils s'assemblent le premier jour de la semaine en mémoire de la résurrection du

(1) II Cor. xi, 13, 14.

Sauveur, et prennent ensemble du pain et du vin, symbole de son corps et de son sang.

Comme les quakers, ils rejettent le serment, même lorsqu'il est exigé par le magistrat. En général, les sociétés chrétiennes, d'après la tradition, expliquent en quel sens il est défendu ou permis de jurer; mais ils allèguent que la défense est scripturale, et, quand on leur objecte que, d'après leur manière d'interpréter le texte sacré, l'obligation de laver les pieds aux hôtes est également *scripturale*, ils prétendent qu'on ne doit pas ici se fixer sur le sens littéral, mais sur l'esprit du texte, et l'entendre des devoirs de charité, quel qu'en soit l'objet.

Les sexes sont séparés dans leurs assemblées. Elles finissent par un baiser de paix, recommandé, disent-ils, dans l'Ecriture-Sainte, car ils prennent dans un sens matériel et non métaphorique les expressions de tendresse employées par saint Paul et par saint Pierre à la fin de diverses Epîtres. Ils veulent même que le baiser de paix soit obligatoire dans certaines circonstances, entre des parents, des amis; par exemple, en partant pour quelque voyage, et au retour; à plus forte raison, disent-ils, à la fin du service liturgique. En conséquence, à la fin de l'assemblée, après les prières, les frères embrassent les frères, les sœurs embrassent les sœurs. Cependant des disputes s'étaient élevées de la part de quelques membres qui s'y refusaient.

En 1806 les *walkéristes* étaient environ cent trente personnes à Dublin, et ils avaient dix à douze petites réunions affiliées, dont une à Londres.

WICLEF, ou plutôt Jean de Wiclif, naquit à Wiclif dans la province d'York, vers l'an 1329; il étudia au collége de la reine à Oxford, et fit de grands progrès dans l'étude de la philosophie et de la théologie.

En 1361, l'archevêque de Cantorbéry fit à Oxford une fondation pour l'étude de la logique et du droit; il devait y avoir un gardien et onze écoliers, trois moines de l'Eglise de Christ à Cantorbéry, les huit autres du clergé séculier.

Le fondateur donna lui-même la place de gardien à un moine qu'il déplaça peu de temps après pour faire Wiclef gardien.

Après la mort du fondateur, Simon Lengham, son successeur, rendit aux moines les places qu'ils avaient perdues : Wiclef en appela, et le pape confirma l'expulsion de ce docteur et tout ce que Lengham avait fait.

Deux ans après, Wiclef devint professeur en théologie; il remplit cette fonction avec beaucoup de distinction, et fit dans le cours de fréquentes déclamations contre les moines; il leur reprocha même des erreurs capitales.

Wiclef n'était pas dans des dispositions plus favorables pour la cour de Rome, soit que son mécontentement vînt de la perte de son procès, soit qu'il fût causé par les démêlés des papes avec l'Angleterre, soit enfin qu'il fût produit par la lecture de cette foule d'ouvrages qui avaient attaqué successivement l'Eglise de Rome, tels que les écrits de Marsille de Padoue et de Jean d'Olive; Wiclef attaqua la cour de Rome dans ses leçons de théologie, dans ses sermons et dans ses écrits; il réunit tout ce qu'on avait dit contre sa puissance et contre ses richesses; il attaqua son autorité dans les choses purement spirituelles; il prétendit trouver dans sa doctrine des erreurs fondamentales.

Le clergé d'Angleterre avait toujours pris le parti des papes contre les rois et contre le parlement, il avait retenu le peuple dans la fidélité au saint-siége. Wiclef entreprit de ruiner le crédit du clergé en attaquant ses prétentions et tout ce qui pouvait lui concilier le respect et la confiance des peuples.

Les démêlés vifs et fréquents de la cour de Rome et de l'Angleterre, depuis Jean Sans-Terre, avaient indisposé les esprits contre cette cour; on ne se rappelait qu'avec beaucoup de peine l'excommunication et la déposition de ce prince, sa couronne mise aux pieds du légat et remise par ce ministre sur la tête du roi, la cession de l'Angleterre au pape, et le tribut imposé sur ce royaume par le pape; enfin les Anglais voyaient avec chagrin les bénéfices donnés par le pape aux étrangers. Comme dans ces démêlés le clergé avait ordinairement pris le parti de la cour de Rome, il s'était attiré la haine d'une partie du peuple, qui d'ailleurs regardait avec envie les richesses que les ecclésiastiques possédaient.

Wiclef trouva donc dans les esprits des dispositions favorables au désir qu'il avait de soulever l'Angleterre contre l'Eglise de Rome.

Il fut secondé dans cette entreprise par les Lollards qui s'étaient fait des partisans en Angleterre : il se fit des disciples et donna de l'inquiétude au clergé.

On envoya au pape Grégoire XI plusieurs propositions de Wiclef qui renouvelaient les erreurs de Marsille de Padoue, de Jean de Gand, etc.

Le pape ordonna à l'archevêque de Cantorbéry et à l'évêque de Londres de faire emprisonner Wiclef, s'il était vrai qu'il eût enseigné une doctrine si détestable (1).

Edouard mourut dans ces entrefaites, et Richard II lui succéda; l'archevêque de Cantorbéry et l'évêque de Londres exécutèrent leur commission, ils citèrent devant eux Wiclef, et il comparut : il était accompagné du duc de Lancastre et du lord Piercy. Ceux-ci voulurent que Wiclef répondît assis, les évêques voulaient qu'il fût debout; on se dit de part et d'autre des paroles assez vives, et l'on se sépara sans avoir rien fait sur l'affaire de Wiclef, qui, à la faveur de cette puissante protection, continua à enseigner sa doctrine et fit des prosélytes qui la répandirent; mais le clergé le condamna et le força de quitter sa cure.

La disgrâce de Wiclef ne fit qu'augmenter sa haine contre le pape et contre le clergé. Il composa divers ouvrages pour insinuer

---

(1) Conc. Britanniæ, t. III, p. 123 et passim.

ses sentiments et les communiquer dans toute l'Angleterre.

Dans ce temps, Urbain VI et Clément VII se disputaient le siège de Rome. L'Europe était partagée entre ces deux pontifes, Urbain était reconnu par l'Angleterre et Clément par la France. Urbain VI fit prêcher en Angleterre une croisade contre la France, et accorda aux croisés les mêmes indulgences que l'on avait accordées pour les guerres de la terre sainte.

Wiclef saisit cette occasion pour soulever les esprits contre l'autorité du pape et composa contre cette croisade un ouvrage plein d'emportement et de force. « Il est honteux, dit-il, que la croix de Jésus-Christ, qui est un monument de paix, de miséricorde et de charité, serve d'étendard et de signal pour tous les chrétiens pour l'amour de deux faux prêtres, qui sont manifestement des Antechrists, afin de les conserver dans la grandeur mondaine en opprimant la chrétienté plus que les Juifs n'opprimèrent Jésus-Christ lui-même et ses apôtres... Pourquoi est-ce que l'orgueilleux prêtre de Rome ne veut pas accorder à tous les hommes indulgence plénière à condition qu'ils vivent en paix et en charité, pendant qu'il la leur accorde pour se battre et pour se détruire (1) ? »

Urbain VI envoya en Angleterre une monition pour citer Wiclef à Rome ; mais il fut attaqué d'une paralysie et mourut peu de temps après, l'an 1384, le 28 décembre.

Doctrine de Wiclef.

Wiclef avait beaucoup de sectateurs ; le clergé, pour arrêter les progrès de ses erreurs, renouvela les condamnations portées contre sa doctrine, et l'Université d'Oxford, après avoir examiné les livres de ce théologien, en tira deux cent soixante-dix-huit propositions qu'elle jugea dignes de censure, et qu'elle envoya à l'archevêque de Cantorbéry (2).

Ces conclusions contiennent toute la doctrine de Wiclef et le plan de réformation qu'il avait formé, s'il est vrai qu'il ait eu un plan ; car je vois bien dans ces propositions un but, celui de rendre l'Eglise romaine et le clergé odieux, d'exciter contre eux l'indignation publique et d'anéantir leur autorité ; mais je n'y vois point de système, point de corps suivi de doctrine, point de forme de gouvernement qu'il ait voulu substituer au gouvernement de l'Eglise romaine. L'anarchie, le désordre, le fanatisme des anabaptistes, me paraissent les conséquences les plus naturelles de la doctrine de Wiclef. La voici telle qu'on peut la voir dans l'extrait que l'Université d'Oxford fit de ses différents ouvrages, dont la plus grande partie est inconnue.

Il attaque dans ses dialogues le pape, les ordres religieux, les richesses du clergé, les sacrements, les prières pour les morts.

Il dit que le pape est simoniaque, hérétique, qu'il n'a point d'ordre dans l'Eglise de Dieu, mais dans la société des démons ; que, depuis la dotation de l'Eglise, tous les papes sont les précurseurs de l'Antechrist et les vicaires du démon ; que les papes et cardinaux sont institués, non par Jésus-Christ, mais par le diable ; qu'il faut conseiller aux fidèles de ne point demander d'indulgences au pape, parce que la bonté de Dieu n'est pas renfermée dans l'enceinte des murs de Rome ou d'Avignon ; que ni le pape ni aucune puissance sur la terre n'a le pouvoir de nous empêcher de profiter des moyens de salut que Jésus-Christ à établis ; que le pape et ses collègues sont des pharisiens et des scribes, qui prétendent avoir droit de fermer la porte du ciel où ils n'entreront point et où ils ne veulent point permettre d'entrer.

Les évêques n'ont qu'une puissance imaginaire ; un simple prêtre, dont les mœurs sont réglées, a plus de puissance spirituelle que les prélats élus par les cardinaux et nommés par le pape.

Il donne aux ordres religieux le nom de secte. Il se déchaîne surtout contre les quatre ordres mendiants ; ces ordres sont fondés, selon lui, sur l'hypocrisie : les Sarrasins qui rejettent l'Evangile sont coupables devant Dieu, mais moins que ces quatre sectes ; le musulmanisme et la vie des cardinaux conduisent, par des routes différentes, mais également sûres, à l'enfer. Si les fidèles sont obligés d'honorer le corps de l'Eglise leur sainte mère, il n'en est point qui ne doive travailler à la purger de ces sectes, qui sont quatre humeurs mortelles dont son corps est infecté.

La confession est une pratique instituée par Innocent III, et rien n'est plus inutile ; il suffit de se repentir : il condamne l'usage du chrême dans l'administration du baptême ; il attaque le dogme de la transsubstantiation.

Le livre du sermon du Seigneur sur la montagne contient quatre parties : là il prétend que les apôtres ayant travaillé de leurs mains pour vivre, n'ayant pris que les aumônes que le simple nécessaire, il est clair que les clercs qui entrent dans l'état ecclésiastique avec une intention différente sont simoniaques.

Les seigneurs temporels sont en droit de dépouiller tous les ecclésiastiques de leurs possessions ; ils n'ont pas besoin, pour user de ce droit, d'un décret du pape ; c'est favoriser l'hérésie que de ne pas s'élever contre les possessions de l'Eglise : quoique les ancêtres des fidèles se soient dépouillés de la propriété de ces biens, leurs descendants en corrigeant leurs erreurs recouvrent tous leurs droits, et ce titre est bien plus légitime que le droit de conquête. Tous les dons que l'on fait au clergé devraient être des aumônes libres et non pas des impositions forcées ; le peuple est obligé en conscience de refuser la dîme aux mauvais ministres, et l'on ne doit point craindre les censures que l'on encourt pour avoir rempli ce devoir.

(1) Dans le livre intitulé : l'Explication du grand arrêt de malédiction.

(2) Dans la collection des conciles d'Angleterre.

Wiclef prétend que pour nommer légitimement aux bénéfices il faut rétablir les élections par le sort : c'est Jésus-Christ seul qui ordonne quand il veut et comme il veut; un homme à qui sa conscience rend témoignage qu'il remplit la loi de Jésus-Christ est sûr d'être ordonné prêtre par Jésus-Christ.

Le livre de la simonie n'est qu'une répétition de tout ce qu'il a dit contre les religieux.

Dans le livre de la perfection des Etats, il prétend qu'il ne devrait y avoir dans l'Eglise que deux ordres, le diaconat et la prêtrise ou le sacerdoce ; les autres ordres sont des institutions monstrueuses.

Dans le livre intitulé *De l'ordre chrétien*, il attaque le dogme de la présence réelle et renouvelle l'erreur des bérengariens. Il assure que les enfants morts sans baptême sont sauvés ; il répète ce qu'il a dit sur les moines et sur les ordres ; il regarde comme un concubinage le mariage contracté par des personnes qui ne peuvent avoir des enfants; il nie que l'extrême-onction soit un sacrement. Il prétend que l'homme le plus saint est celui qui a le plus de pouvoir dans l'Eglise et la seule autorité légitime.

Il avance que pour avoir un droit légitime de posséder quelque chose sur la terre il faut être juste, et qu'un homme perdait son droit à ses possessions lorsqu'il commettait un péché mortel.

Il est étonnant que Wiclef, qui n'avançait cette maxime que pour autoriser les fidèles à dépouiller le clergé de ses richesses, n'ait pas vu qu'elle établissait le clergé maître absolu de tous les biens temporels, puisqu'il n'appartient en effet qu'à l'Eglise de juger si un homme est coupable d'un péché mortel; car abandonner ce jugement aux particuliers, comme Wiclef le faisait, c'était ouvrir la porte à tous les vols et à toutes les guerres. Les fureurs des hussites et des anabaptistes, qui désolèrent l'Allemagne après Wiclef, sont les effets de cette doctrine.

Wiclef soutient dans le même ouvrage que tout arrive nécessairement.

Le Trialogue contient quatre livres, qui ne sont que la répétition de tout ce qui a été dit contre les possessions temporelles du clergé ; il y condamne la consécration des églises, les cérémonies, et répète tout ce qu'il a dit sur la nullité des censures et des excommunications de l'Eglise.

L'ouvrage intitulé *Dialogues* roule tout entier sur la métaphysique abstraite : il est destiné à combattre la croyance de la présence réelle par des difficultés tirées de la nature même de l'étendue, parce qu'il est impossible que les accidents eucharistiques subsistent sans sujet, parce que deux corps ne peuvent exister dans le même espace, parce que Dieu ne peut produire en même temps un corps dans deux différents endroits.

Il y renouvelle les erreurs d'Abaelard sur les bornes de la puissance divine ; il prétend que Dieu ne pouvait faire ce qu'il a fait.

(1) Burnet, Hist. de la Réforme d'Angl., t. 1, p. 59.

Dans le traité de l'Art du sophiste, Wiclef porte de nouveaux coups aux possessions temporelles de l'Eglise et s'élève jusqu'à l'idée primitive du droit des hommes sur la terre ; tout appartenant à Dieu, lui seul peut donner à l'homme un droit exclusif à quelque chose, et Dieu ne donne ce droit qu'aux justes et à ceux qui ont la grâce. La qualité d'héritier, les titres, les concessions, les donations, n'établirent donc jamais un droit légitime en faveur du pécheur ; il est usurpateur tant qu'il est privé de la justice habituelle et de la grâce.

Un père qui meurt dans la justice ne donne pas à son fils le droit de lui succéder, s'il ne lui mérite pas la grâce nécessaire pour vivre saintement : les hommes n'ont donc point sur la terre d'autres droits ni d'autre loi que la charité.

Ainsi un maître qui ne traite pas son domestique comme il voudrait être traité s'il était à sa place pèche contre la charité, perd la grâce ; il est déchu de tous ses droits et dépouillé de toute autorité légitime sur son serviteur. Il faut en dire autant des rois, des papes et des évêques, selon Wiclef, lorsqu'ils commettent un péché mortel.

La pauvreté étant la première loi du christianisme, personne ne doit avoir de procès pour les biens temporels, il ne doit s'occuper que du ciel; il ne peut donc sans péché s'occuper à juger des affaires profanes. Ainsi, lorsque les barbares ravagent un pays, il est plus conforme à l'Evangile de supporter ces malheurs que de repousser la force par la force.

Dieu, selon Wiclef, n'approuve point que les catholiques aient de domination civile ou religieuse; et la colère, quelque légère qu'elle soit, lorsqu'elle n'a pas pour objet la gloire de Dieu, devient un péché mortel; il attaque ensuite la prière pour les morts.

Le livre du Domaine civil contient trois livres : les docteurs d'Oxford n'ont extrait que quelques propositions contre les moines et deux propositions dont on ne voit pas le sens.

Tout ce que nous venons d'exposer des principes de Wiclef, il le répète dans son traité du Diable, dans son livre de la Doctrine de l'empire, dans son livre Du ciel, dans celui De la confession.

Voilà la doctrine de Wiclef telle qu'elle est exposée dans la collection des conciles d'Angleterre, donnée par les Anglais mêmes depuis quelques années; on ne trouve rien dans les monuments recueillis par les éditeurs de ces conciles qui suppose qu'on ait imputé à Wiclef des sentiments qu'il n'avait pas, ou que l'extrait de ses livres ait été infidèle.

C'est donc sans aucun fondement que le docteur Burnet dit qu'on ne sait au vrai si les sentiments qu'on lui attribue étaient véritablement de lui : « puisque nous n'en savons rien, dit-il, que par ses ennemis, qui ont écrit avec une passion à rendre douteux tout ce qu'ils ont avancé (1). »

Les sectateurs de Wiclef, qui étaient en grand nombre et aussi ennemis du clergé que le clergé l'était de Wiclef; les sectateurs de Wiclef, dis-je, n'auraient pas manqué de relever les infidélités des extraits, et leur silence est une approbation formelle de la fidélité de ces extraits.

Des effets de la doctrine de Wiclef.

Les ouvrages de Wiclef contenaient donc des principes assortis aux différents caractères, proportionnés aux différentes sortes d'esprit, et favorables à l'indisposition assez générale en Angleterre contre le pape, contre le clergé, contre les moines : on conçoit donc qu'il se fit des disciples.

Le clergé n'oublia rien pour étouffer cette secte naissante ; il anathématisa les wicléfites et les lollards qui se confondirent en quelque sorte, il obtint contre eux des édits rigoureux, et l'on brûla les wicléfites et les lollards (1).

Cependant la doctrine de Wiclef faisait du progrès, et la chambre des communes présenta, en 1404, une adresse au roi, pour le prier de s'emparer des revenus du clergé; mais le roi n'y consentit pas. La chambre des communes présenta une nouvelle adresse en 1410 ; mais le roi la rejeta et défendit à la chambre des communes de se mêler des affaires du clergé ; la chambre des communes demanda ensuite qu'on révoquât ou qu'on adoucît l'édit qui condamnait les lollards et les wicléfites : cela même fut refusé; et pendant la tenue du parlement le roi fit brûler un lollard.

Henri V ne traita pas les lollards avec moins de rigueur ; mais il n'éteignit ni cette secte ni celle des wicléfites qui fit des progrès secrets, mais considérables, dans la chambre des communes, et prépara tout pour le schisme de Henri VIII.

Les livres de Wiclef furent portés en Allemagne : Jean Hus adopta une partie de ses erreurs, et s'en servit pour soulever les peuples contre le clergé.

Lorsqu'on eut abattu la secte des hussites, on n'anéantit pas dans les esprits la doctrine de Wiclef, et cette doctrine produisit ces différentes sectes d'anabaptistes qui désolèrent l'Allemagne lorsque Luther eut donné le signal de la révolte contre l'Eglise. *Voyez* l'art. ANABAPTISTES.

Nous avons réfuté les erreurs des wicléfites sur la présence réelle, à l'article BÉRENGER et BÉRENGARIENS ; ses erreurs sur la prière pour les morts, sur les cérémonies de l'Eglise, sur le sacrement de l'ordre et sur la supériorité des évêques, aux articles AÉRIUS, VIGILANCE ; son erreur sur la toute-puissance de Dieu, à l'article ABAELARD ; son sentiment sur les indulgences, à l'article LUTHER ; son sentiment sur la confession, à l'article OSMA.

A l'égard de son opinion sur les possessions temporelles du clergé, elle n'a de fondement que l'abus que le clergé pourrait faire des biens temporels qu'il possède ; et une dissertation qui prouverait que le clergé peut posséder légitimement des biens temporels ne persuaderait à personne que le clergé ne fait pas un mauvais usage de ses biens, si nous étions dans le cas qu'on pût reprocher au clergé qu'il fait un mauvais emploi des biens ecclésiastiques.

Les albigeois qui enseignaient qu'il fallait dépouiller les ecclésiastiques de leurs possessions n'eurent point de partisans plus zélés que quelques usuriers et quelques seigneurs avides et tyrans de leurs vassaux. On entend souvent renouveler ces anciennes déclamations contre le clergé ; mais il est rare de les trouver dans la bouche d'un homme d'esprit, désintéressé, modeste et charitable.

WOÉTIENS, hérétiques ainsi nommés, parce que leur chef était un certain Woétius, qui enseigna qu'il fallait se contenter d'observer religieusement le dimanche, sans célébrer aucune fête.

Z

ZISCA. *Voy.* HUSSITES.

ZUINGLE (Ulric), né à Tackenbourg en 1484, fit ses études à Rome, à Vienne et à Bâle, où il prit le bonnet de maître ès arts ; après avoir fait son cours de théologie, il fut curé à Glaris, en 1506, et ensuite dans un gros bourg nommé Notre-Dame des Hermites : c'était un lieu de dévotion fort fameux, où les pèlerins venaient en foule et faisaient beaucoup d'offrandes.

Zuingle y découvrit d'étranges abus, et vit que le peuple était dans des erreurs grossières sur l'efficacité des pèlerinages et sur une foule d'autres pratiques : il attaqua ces abus dans ses instructions et dans ses discours.

Tandis que Zuingle s'occupait à corriger ces abus, Léon X faisait publier en Allemagne des indulgences par les dominicains, et en Suisse par Bernardin Samson, cordelier. Zuingle s'éleva contre l'abus que le cordelier Samson faisait des indulgences, et il fut approuvé par l'évêque de Constance, qui était mécontent de ce que le cordelier Samson était entré dans son diocèse sans sa permission et n'avait point fait vidimer ses bulles à Constance.

Zuingle fut alors nommé prédicateur de Zurich, et il peignit si vivement les abus et même les excès du cordelier, que le consul de Zurich fit fermer les portes au porteur d'indulgences. Tous ces abus étaient fondés

---

(1) Abrégé des actes de Rymer. A la suite de l'Hist. de Rapin-Thoiras, t. II, p. 60. Conc. Britan., t. III.

sur des traditions incertaines, souvent sur des fables; Zuingle, pour couper la racine des abus, attaqua toutes les traditions, et prétendit qu'il fallait n'admettre comme vrai et comme appartenant à la religion chrétienne que ce qui était enseigné formellement dans l'Ecriture; qu'il fallait rejeter comme une invention humaine tout ce qui ne pouvait se prouver par l'Ecriture.

Le magistrat de Lausanne crut voir dans la doctrine de Zuingle un moyen sûr pour faire tomber tous les abus, et une voie facile pour déterminer les points sur lesquels on devait obéir au pape et à la puissance ecclésiastique. On adressa donc à tous les curés, prédicateurs et autres bénéficiers chargés du soin des âmes un édit du conseil, par lequel il leur était ordonné de ne prêcher que ce qu'ils pouvaient prouver par la parole de Dieu, et de passer sous silence les doctrines et les ordonnances humaines.

Les livres de Luther contre les indulgences, contre l'Eglise romaine, étaient passés en Suisse et on les y avait lus avidement. Zuingle, de son côté, avait communiqué ses sentiments à beaucoup de personnes : on vit donc tout à coup une foule de prédicateurs qui attaquèrent, non les abus, mais les indulgences mêmes, le culte des saints, les vœux monastiques, le célibat des prêtres, le carême, la messe, etc.

L'évêque de Constance, qui avait approuvé Zuingle lorsqu'il n'avait attaqué que les abus, donna un mandement contre les novateurs et envoya des députés aux autres cantons pour se plaindre de la licence des novateurs.

Les cantons assemblés à Lucerne firent un décret, le 27 mars 1522, pour défendre aux ecclésiastiques la prédication de la nouvelle doctrine.

Zuingle ne déféra point aux ordres des cantons, il continua ses déclamations : les catholiques de Zurich combattirent les réformateurs, et le peuple était partagé entre Zuingle et les ministres catholiques.

Par le principe fondamental de la réforme de Zuingle, toutes les disputes de religion devaient se décider par l'Ecriture seule : ces disputes devenaient donc de simples faits; et pour les décider il ne fallait qu'ouvrir l'Ecriture et voir, de deux propositions opposées, laquelle était contenue dans l'Ancien ou dans le Nouveau Testament. Le magistrat était donc juge compétent des disputes de religion, et le conseil de Zurich ordonna aux ministres des églises de sa juridiction de se rendre à Zurich, et supplia l'évêque de Constance d'y venir ou d'y envoyer ses théologiens.

Les ministres obéirent au conseil, et l'évêque de Constance envoya Jean Faber, son grand vicaire avec ses théologiens à Zurich.

Zuingle présenta sa doctrine contenue en soixante-sept articles ; mais Faber, qui vit que le conseil voulait s'établir juge de la doctrine, refusa d'entrer en conférence devant le conseil assemblé pour juger; prétendit qu'il n'appartenait qu'à l'Eglise de juger des controverses de la religion, et offrit de répondre par écrit aux articles de Zuingle ; qu'au reste, indépendamment de sa réponse, il fallait attendre le concile qu'on devait assembler.

Sur le refus que Faber fit de se soumettre au jugement du conseil de Zurich sur les points de doctrine ou de discipline attaqués par Zuingle, le conseil fit publier un édit par lequel il défendait d'enseigner autre chose que ce qui était contenu dans l'Ecriture.

En conséquence de ce décret, Grégoire Luti se mit à prêcher contre les cérémonies de l'Eglise romaine et contre le faste du clergé. L'administrateur des terres des chevaliers de Saint-Jean de Jérusalem s'en plaignit, et le magistrat condamna Luti à la prison et à l'exil.

Zuingle censura vivement en chaire la conduite du sénat : le grand conseil cassa cette sentence, et ordonna que désormais les affaires de religion seraient portées devant lui : bientôt Luti fut promu à une autre cure.

Carlostad, chassé de Saxe par Luther, se retira en Suisse et y apporta ses erreurs sur l'eucharistie ; il enseigna que le corps de Jésus-Christ n'y était point réellement.

Zuingle saisit avidement une opinion si favorable au dessein qu'il avait d'abolir la messe.

Carlostad avait appuyé cette opinion sur ce qu'il est impossible qu'un corps soit en plusieurs lieux à la fois. Luther avait opposé à cette difficulté l'autorité de l'Ecriture, qui dit expressément que les symboles eucharistiques sont le corps de Jésus-Christ : cette raison était péremptoire contre Zuingle qui établissait sa réforme sur ce principe fondamental, savoir : qu'on ne doit rien enseigner que ce qui est contenu dans l'Ecriture.

Cet argument tourmentait Zuingle nuit et jour, et il y cherchait une solution.

Cependant il prêchait avec sa véhémence ordinaire contre l'Eglise romaine ; son parti devenait le parti dominant ; les esprits s'échauffèrent, on brisa les images, et comme le trouble augmentait dans la ville, les magistrats ordonnèrent des conférences sur les matières controversées. Après plusieurs conférences, les magistrats abolirent successivement la messe et toutes les cérémonies de l'Eglise romaine ; ils ouvrirent les cloîtres, les moines rompirent leurs vœux, les curés se marièrent, et Zuingle lui-même épousa une riche veuve. Voilà le premier effet que produisit dans le canton de Zurich la réforme de Zuingle.

Il était fort occupé de la difficulté de concilier le sentiment de Carlostad sur l'eucharistie avec les paroles de Jésus-Christ, qui dit expressément : *Ceci est mon corps*. Il eut un songe dans lequel il croyait disputer avec le secrétaire de Zurich, qui le pressait vivement sur les paroles de l'institution : il vit paraître tout à coup un fantôme blanc ou noir, qui lui dit ces mots : « Lâche, que ne réponds-tu ce qui est écrit dans l'Exode, l'*Agneau est la pâque*, pour dire qu'il en est le signe. »

Cette réponse du fantôme fut un triomphe, et Zuingle n'eut plus de difficulté sur l'eucharistie; il enseigna qu'elle n'était que la figure du corps et du sang de Jésus-Christ; il trouva dans l'Ecriture d'autres exemples où le mot *est* s'employait pour le mot signifie : tout lui parut alors facile dans le sentiment de Carlostad.

L'explication de Zuingle, favorable aux sens et à l'imagination, fut adoptée par beaucoup de réformés; ils voulaient tous abolir la messe, et le dogme de la présence réelle formait un embarras sur cet article, l'explication de Zuingle le levait; OEcolampade, Capiton, Bucer l'adoptèrent; elle se répandit en Allemagne, en Pologne, en Suisse, en France, dans les Pays-Bas, et forma la secte des sacramentaires.

Luther, qui, aussi bien que Zuingle, avait établi l'Ecriture comme l'unique règle de la foi, traita les sacramentaires comme des hérétiques, et l'on vit entre les sacramentaires et les luthériens la même opposition qui était entre toutes ces sectes et l'Eglise romaine : aucun intérêt n'a jamais pu les réunir, et les luthériens ne persécutaient pas les sacramentaires avec moins de fureur que les catholiques.

La réforme introduite en Suisse par Zuingle se répandit; plusieurs réformateurs secondèrent ses efforts à Berne, à Bâle, à Constance, etc.

Plusieurs cantons restèrent constamment attachés à la religion catholique, et condamnèrent la prétendue réforme des autres cantons; ils leur écrivirent pour leur représenter que la réforme de la religion n'appartenait ni au peuple, ni à un pays particulier, mais à l'Eglise, à un concile général. Les prétendus réformés n'eurent aucun égard aux représentations des catholiques; on employa de part et d'autre des expressions dures et la guerre fut sur le point d'éclater plus d'une fois entre les catholiques et les protestants; enfin les cantons de Zurich et de Berne défendirent de transporter des vivres dans les cinq cantons catholiques, et l'on arma de part et d'autre.

Zuingle fit tous ses efforts pour éteindre le feu qu'il avait allumé : il n'était pas brave, et il fallait qu'en qualité de premier pasteur de Zurich, il allât à l'armée; il sentait qu'il ne pouvait s'en dispenser, et il ne doutait pas qu'il n'y pérît. Une comète qui parut alors le confirma dans la persuasion qu'il serait tué; il s'en plaignit d'une manière lamentable, et publiait que la comète annonçait sa mort et de grands malheurs sur Zurich; malgré les plaintes de Zuingle, la guerre fut résolue; Zuingle accompagna l'armée.

Les catholiques attaquèrent les Zuriquois un vendredi, 11 octobre 1531, à Cappel, et les défirent : Zuingle fut tué.

Après la bataille de Cappel, les catholiques et les Zuriquois firent la paix à condition que chacun conserverait sa religion.

Nous avons réfuté la doctrine de Zuingle sur le célibat à l'article VIGILANCE; son sentiment sur l'eucharistie, à l'article BÉRENGER; son erreur sur la messe, à l'article LUTHÉRANISME; son erreur sur le culte des saints, à l'article VIGILANCE; son erreur sur les indulgences, à l'article LUTHÉRANISME.

Il faut appliquer à la réforme que Zuingle établit en Suisse ce que nous avons dit de la réforme de Luther et de la Réforme en général.

Nous avons peu de chose à dire sur les talents de Zuingle et sur ses ouvrages; il n'était ni savant, ni grand théologien, ni bon philosophe, ni excellent littérateur; il avait l'esprit juste et borné; il exposait avec assez d'ordre ses pensées, mais il pensait peu profondément si on en juge par ses ouvrages.

Toute la doctrine de Zuingle est renfermée dans soixante-sept articles, comme nous l'avons déjà dit : il a fait un ouvrage pour justifier et pour prouver ces articles; cet ouvrage ne contient que les raisons employées par tous les réformateurs.

Zuingle, un peu avant sa mort, fit une confession de foi qu'il adressa à François Ier; là, en expliquant l'article de la vie éternelle, il dit à ce prince qu'il doit espérer de voir l'assemblée de tout ce qu'il y a eu d'hommes saints, courageux et vertueux dès le commencement du monde. Là, vous verrez, dit-il, les deux Adam, le Racheté et le Rédempteur, vous verrez un Abel, un Enoch... vous y verrez un Hercule, un Thésée, un Socrate, Aristide, Antigonus, etc.

Les ouvrages de Zuingle ont été recueillis en cinq volumes in-folio (1).

ZUINGLIENS. Hérétiques, sectateurs de Zuingle.

---

(1) On peut, avec ces ouvrages, voir Bossuet, Hist. des Var.; Spond. ad. an. 1517; Hist. de la Réforme, par le Duchat; Supplément de Bayle, art. ZUINGLE.

AVERTISSEMENT DE L'ÉDITEUR

On connaissait un livre intitulé : BIBLIOTHÈQUE JANSÉNISTE, ou *Catalogue alphabétique des principaux livres jansénistes ou suspects de jansénisme, qui ont paru depuis la naissance de cette hérésie, avec des notes critiques sur les véritables auteurs de ces livres, sur les erreurs qui y sont contenues et sur les condamnations qui en ont été faites par le saint-siége, ou par l'Eglise gallicane, ou par les évêques diocésains* (1) ; sans indication du lieu de l'impression ni de celui du libraire, mais portant la date de 1722.

Ce livre eut plusieurs éditions. Nous avons sous les yeux la quatrième, *revue, corrigée et augmentée de plus de la moitié.* L'auteur y a fait entrer les *livres quesnellistes, baïanistes, ou suspects de ces erreurs, avec un traité dans lequel les cent et une propositions de Quesnel, sont qualifiées en détail.* Elle est de *Bruxelles*, 1744, *Simon t' Sertetevens, imprimeur de son excellence Mgr l'archevêque de Malines*, et forme 2 vol. in-12 ; le 1er, de 351 pages sans compter la préface et la liste chronologique des livres, et le 2e, où se trouve aussi la *Bibliothèque des livres quiétistes*, de 315 pages, sans compter la table alphabétique des ouvrages.

La *Bibliothèque janséniste* a pour auteur le P. Dominique de Colonia, jésuite, né à Aix en 1660, mort à Lyon en 1741, qui n'y mit pas son nom. Il est auteur de plusieurs autres ouvrages qui attestent ses connaissances étendues en littérature et en antiquités. Sa *Religion chrétienne autorisée par les témoignages des auteurs païens*, plusieurs fois réimprimée, fait partie de la collection des *Démonstrations évangéliques*.

Dans la *Bibliothèque janséniste* le P. de Colonia ne reste pas toujours dans les bornes de la modération ; il emploie quelquefois des épithètes un peu dures, et qualifie de jansénistes des auteurs estimables, des ouvrages exempts de cette tache, et des opinions non condamnées. Son livre fut mis à l'*index* à Rome, par décret du 20 septembre 1749.

Le P. Louis Patouillet, né à Dijon en 1699, mort à Avignon vers 1779, refondit et augmenta considérablement l'ouvrage du P. de Colonia. Il était accoutumé à déployer la plus vive ardeur contre le jansénisme (2) ; nul ne l'égala dans la guerre qu'il fit à cette hérésie. Son zèle la lui montrait, non-seulement où elle pouvait se trouver déguisée, mais encore où elle n'était pas réellement pas. Ainsi, au lieu de corriger le livre du P. de Colonia, il le rendit plus répréhensible. Son édition de ce livre parut sous le titre de *Dictionnaire des livres jansénistes ou qui favorisent le jansénisme ;* nous ignorons en quel lieu et en quelle année elle fut publiée, et nous conjecturons qu'elle était en 4 vol. in-12. Quoi qu'il en soit, elle fut aussi mise à *l'index* à Rome, par un décret du 11 mars 1754.

L'année suivante, et sous le titre que nous venons de transcrire, une nouvelle édition de l'ouvrage du P. Patouillet fut publiée à *Anvers, chez Jean-Baptiste Verdassen, aux Deux-Cigognes.* Nous en avons sous les yeux un exemplaire, 4 vol. in-12, le 1er de xx-508 pages ; le 2e de 552 ; le troisième de 504, et le 4e de 467. Au premier abord nous avions pensé que cette édition postérieure au décret de l'*Index* avait été corrigée ; mais l'examen que nous en avons fait nous a convaincu du contraire. Le nom du P. Patouillet n'y est pas.

L'ouvrage que nous donnons sur les auteurs jansénistes et sur leurs livres n'est pas la reproduction de celui du P. de Colonia ou du P. Patouillet ; cela est visible pour la partie biographique dont ces écrivains ne se sont pas occupés. Quant à la partie bibliographique, nous avouons que nous avons tiré beaucoup de choses de l'ouvrage du P. Patouillet. En cela nous n'avons fait que suivre l'exemple de Feller et d'autres auteurs, qui lui ont fait aussi des emprunts plus ou moins considérables. Et dans ces reproductions partielles, il nous est arrivé souvent d'adoucir les expressions de l'écrivain et de rectifier ses jugements. On trouve dans son ouvrage la critique de beaucoup de livres dont il n'est nullement question dans le nôtre ; mais en revanche nous nous occupons de ceux dont il ne pouvait parler, puisqu'ils n'ont été mis au jour qu'après la publication du sien. Nous avons puisé les articles biographiques des auteurs, et les appréciations critiques de leurs livres dans des ouvrages et des recueils estimés des amis de l'orthodoxie : c'était le meilleur moyen pour nous assurer de mettre dans un pareil travail plus d'exactitude et de justice, et d'assumer moins de responsabilité.

Au reste, les livres dont nous avons donné les titres, nous ne les considérons pas tous comme entachés de jansénisme, bien qu'ils aient été composés par des jansénistes déclarés. Plusieurs partisans de cette hérésie ont fait de fort bons livres ; Arnauld, Nicole, et surtout Duguet en ont publié d'excellents. Nous ne blâmons pas les écrits de Debonnaire et de quelques autres contre l'incroyable folie des convulsions. Nous considérons comme dangereux les livres condamnés soit par le saint-siége, soit seulement par des prélats, gardiens vigilants de la foi catholique ; et nous confessons que ces livres, ainsi flétris, ne nous ont pas paru dignes de beaucoup de ménagement. Quant à ceux qui n'ont pas été l'objet d'une telle flétrissure, mais qui nous ont paru répréhensibles, nous avons cru pouvoir user à leur égard d'une critique que nous croyons permise, et qu'on exerce librement en effet dans toutes les écoles, dans tous les partis, dans tous les journaux. Or, tel livre, dont on relève quelques propositions, peut être bon d'ailleurs, au jugement même de celui qui les relève.

(1) Un volume in-12 de 307 pages, plus la préface et la table.

(2) En 1755, il avait fait paraître, sous le voile de l'anonyme, l'*Apologie de Cartouche, ou le Scélérat justifié par la grâce du P. Quesnel.*

DICTIONNAIRE
DES
JANSÉNISTES,

CONTENANT UN APERÇU HISTORIQUE DE LEUR VIE ET UN EXAMEN CRITIQUE DE LEURS LIVRES.

A

AGIER (Pierre-Jean, ou Jean-Pierre) naquit à Paris le 28 décembre 1748, d'un procureur au parlement de cette ville, fut d'abord avocat et parvint à être l'un des présidents de la cour royale de Paris. Il fut député suppléant aux Etats - Généraux, et membre de la commune de Paris. L'esprit révolutionnaire s'est plus d'une fois manifesté dans ses discours et dans ses écrits. C'était un grand partisan des principes de Port-Royal, et il embrassa avec beaucoup d'ardeur la cause de l'église constitutionnelle. Il écrivit un grand nombre d'ouvrages dans lesquels il défend le jansénisme qu'il professait franchement et sans détour; il publia en outre beaucoup de brochures de circonstance et fournit des articles à la *Chronique religieuse*, qui parut de 1818 à 1821. *Voy.* Grégoire. Il mourut le 22 septembre 1823. Il entretenait des relations avec la petite église d'Utrecht, et avait été exécuteur testamentaire de l'abbé Mouton. On sait aussi qu'il faisait passer des secours aux opposants de Hollande. Quand il mourut, il y avait trente-trois ans qu'il occupait des places dans les tribunaux, d'où il suit qu'il possédait le secret d'être conservé sous tous les régimes.

Du MARIAGE *dans ses rapports avec les lois françaises.* 1801, 2 vol. in-8°.

Dans cet ouvrage, l'auteur transporte à la puissance civile toute l'autorité sur le mariage, et il emploie une longue dissertation par laquelle il essaie de prouver que le concile de Trente n'est point reçu en France, ni quant à la discipline, ni quant à la doctrine, et qu'il n'a aucun caractère d'œcuménicité. En présence d'assertions si téméraires, il n'est pas besoin de dire que ce livre est mauvais.

JUSTIFICATION *de Fra-Paolo Sarpi, ou Lettres d'un prêtre italien à un magistrat français sur le caractère et les sentiments de cet homme célèbre.* 1811, in-8°.

Cet ouvrage en faveur de Sarpi était digne d'un homme qui l'imitait dans son mépris pour le concile de Trente. *Voyez* AMELOT.

VUES *sur le second avénement de Jésus-Christ, ou Analyse de l'ouvrage de Lacunza.* 1818, in-8°. — L'ouvrage de Lacunza, jésuite, fut publié sous le faux nom de *Ben-Ezra*. *Voyez* ci-après l'article BEN-EZRA.

Le millénarisme est ouvertement exposé et enseigné dans cet ouvrage et dans l'*analyse* qu'en a faite Agier. *Voyez* d'ETTEMARE.

PROPHÉTIES *concernant Jésus-Christ et l'Eglise, éparses dans les livres saints, avec des explications et des notes.* 1819, in-8°.

L'auteur, en recueillant ces prophéties, paraît n'avoir eu d'autre but que de consoler de ses pertes le parti auquel il s'était livré. Il y donne ses conjectures sur la conversion des Juifs et sur le jugement dernier, deux événements qu'il prétend devoir être séparés par un long intervalle, et il s'y déclare pour le millénarisme. *Voyez* d'ETTEMARE.

Agier a donné aussi beaucoup d'ouvrages sur l'Ecriture sainte : *Les Psaumes, nouvellement traduits sur l'Hébreu, et mis dans leur ordre naturel.* 1809, 3 vol. in-8°; *les Prophètes, nouvellement traduits sur l'Hébreu, avec des explications et des notes critiques; Isaïe,* 1820, 2 vol. in-8°; *Ezéchiel,* 1821, 2 vol. in-8°; *Daniel,* 1822, 1 vol. in-8°; *les petits Prophète,* 1822, 2 vol. in-8°; *Commentaire sur l'Apocalypse,* 1823, 2 vol. in-8°. Dans tous ces ouvrages Agier défend le jansénisme; il suit les errements des appelants les plus fameux par leurs illusions, d'Ettemare, etc.

AGUESSEAU (Henri-François d'), que nous ne plaçons ici qu'à cause de son éditeur. *Voyez* ANDRÉ.

ALETOPHILE, pseudonyme de Jean COURTOT.

ALEXANDRE (Noel), savant dominicain, naquit à Rouen en 1639, fut docteur de Sorbonne en 1675, provincial en 1706, et mourut à Paris en 1724. Il avait, en 1704, souscrit au cas de conscience, et fut, pour ce fait, exilé à Châtellerault; mais il se rétracta et il lui fut permis de revenir. M. Picot, qui mentionne ces circonstances, ajoute : « Il avait pris part aux troubles qui divisèrent l'Eglise de son temps ; ce qui fut cause que le clergé de France lui retira une pension qu'il lui avait accordée. Ce théologien était habile, estimé, laborieux. Il passait pour n'être pas très-favorable à la cour de Rome. Il eut des démêlés avec le P. Frassen, le P. Daniel, et écrivit contre les maladies chinoises. » Et Feller : « Le pape Benoît XIII ne l'appelait que *son maître*, quoique quelques-uns de ses ouvrages eussent été proscrits, en 1684, par un décret de l'inquisition de

Rome, contre lequel il se justifia avec autant de modestie et de calme, que de dignité et de force..... Bien qu'attaché aux sentiments des théologiens de son ordre, il était juste et modéré à l'égard de ceux qui ne les adoptaient pas. *Je ne puis souffrir*, dit-il dans son Histoire ecclésiastique, *ceux qui, à l'exemple de Jansénius, conservent témérairement des opinions qui ne sont point condamnées dans l'Eglise, et qui, faisant de mauvais parallèles de la doctrine molinienne avec les erreurs des pélagiens, blessent la vérité, violent la charité, troublent la paix de l'Eglise.*

AMELOT DE LA HOUSSAYE (Nicolas, ou, selon quelques-uns, Abraham-Nicolas), naquit à Orléans au mois de février 1634, dans un état voisin de l'indigence, et mourut à Paris le 8 décembre 1706. Dans les premiers temps qu'il fut à Paris, il vécut tantôt des aumônes qu'il recevait des jésuites, et tantôt de ce qu'il gagnait à copier des écrits pour eux. Il fut secrétaire du président de Saint-André, ambassadeur de France à Venise, et, à ce qu'il paraît, s'attira quelque disgrâce. Dans son séjour à Venise, il recueillit des documents dont il se servit plus tard pour son *Histoire du gouvernement de Venise*, avec le *Supplément* et l'*examen de la liberté originaire* (traité traduit de l'italien de Marc Velserus), *avec des notes historiques et politiques*. Amsterdam, 1705, in-12, 3 vol. Cet ouvrage, assez mal fait et peu judicieux, déplut au sénat qui s'en plaignit à la cour de France, et on prétend que l'auteur fut enfermé à la Bastille. Amelot a publié beaucoup d'ouvrages dont le P. Niceron a donné la liste dans le tome XXXV de ses *Mémoires*. Nous ne parlerons ici que du suivant :

Histoire *du concile de Trente*, de Fra-Paolo Sarpi, traduite par le sieur de La Mothe-Josseval, avec des remarques historiques, politiques et morales. Amsterdam, G. P. et J. Blaeu, 1683, in-4°. —*Seconde édition*, portant le nom d'Amelot de la Houssaye, *revue et augmentée*. Amsterdam, G. P. et J. Blaeu, 1686, in-4°.

« Amelot, dit M. Beuchot (*Biogr. univers.*), qui se cacha sous le nom de La Mothe-Josseval, ne fit pas sa traduction sur l'original italien; mais sur la version latine, peu fidèle de Newton. » *Voyez* Dominis.

« La traduction d'Amelot eut de la vogue avant que celle de Le Courayer parût. Elle fut généralement improuvée ; on trouva mauvais qu'il se fût avisé de traduire l'ouvrage d'un moine factieux, qui, suivant la remarque de Bossuet, couvrait sous un froc l'esprit et les sentiments de Calvin, et qui n'avait eu d'autre but que de rendre odieuse cette grande assemblée de prélats catholiques. »

« Loin d'adoucir, dit un autre écrivain, ce que Fra-Paolo dit, avec tant d'affectation en faveur des hérétiques, Amelot de la Houssaye ne perd aucune occasion, et dans sa préface et dans ses notes, de publier tout ce qu'il a pu trouver ou imaginer qui pût favoriser les sentiments erronés d'un si détestable historien. » *Voyez* Courayer (le).

L'*Histoire du concile de Trente* de Fr Paolo, la *Traduction* qu'en a faite Amelot, et l'*Abrégé* qu'en a donné Jurieu, « sont trois livres, dit le même auteur, que les jansénistes autorisent et qu'ils répandent partout. Leur but est de rendre le concile de Trente odieux, et d'anéantir ses décisions sur la grâce. C'était là une des maximes fondamentales de l'abbé de Saint-Cyran : *Qu'il fallait tout mettre en œuvre pour décréditer le concile de Trente, qui, selon lui, a été fait par le pape et par les scholastiques, qui y ont beaucoup changé la doctrine de l'Eglise.* Tels sont les propres termes de ce novateur dans sa vingt-quatrième Maxime.

Les prétendues *Lettres* de Vargas sur le concile de Trente, ou la prétendue version française qui en a été faite, sont encore un artifice du parti pour prévenir les peuples contre ce saint concile. C'est l'apostat *Le Vassor*, auparavant prêtre de l'Oratoire, et depuis réfugié en Angleterre, qui en est l'éditeur. » *Voyez* Vassor (le).

ANDRÉ (N...), ex-oratorien, bibliothécaire du célèbre d'Aguesseau, donna deux bons ouvrages contre Rousseau, et, entre autres sur lesquels nous ne nous prononçons pas, l'*Esprit de Duguet*. Il publia les Œuvres de d'Aguesseau, 13 vol. in-4°, dont le dernier ne parut qu'en 1789. « Il est bon de prévenir, dit l'auteur des *Mémoires pour servir à l'Histoire ecclésiastique*, tome IV, page 230, seconde édition, qu'à la tête de ce treizième volume, l'éditeur a placé un *Avertissement*, des *Remarques* et des *Extraits* dont il doit seul être responsable. André, qui n'avait pu insinuer ses idées dans les précédents volumes, a voulu apparemment s'en dédommager dans celui-ci, qui fut publié en 1789. Il y a inséré des réflexions et des opinions qui n'ont aucun rapport avec son sujet, et qui n'ont d'autre but que d'insinuer les principes de son parti. Il prétend que plusieurs de ces *Remarques* et *Extraits* ont été trouvés dans les papiers du chancelier, et il veut bien convenir néanmoins que cela ne prouve pas que telle fût la doctrine de ce magistrat. C'était, dit-il, *ou des extraits qu'il faisait de ses lectures, ou les réponses de théologiens et de jurisconsultes qu'il avait consultés*. J'ai peine à croire que l'éditeur lui-même n'y soit pas aussi pour quelque chose. Le plus pur jansénisme respire dans ces *Extraits*. Les miracles mêmes du diacre Pâris y sont mentionnés avec honneur. On y débite toutes les maximes les plus chères au parti. Vous y lirez, par exemple, que *le plus grand nombre des pasteurs, qui a le pape à sa tête, possède à la vérité une plus grande autorité de juridiction, mais non une plus grande autorité en persuasion* : distinction futile, ridicule, inconnue à l'antiquité, et manifestement inventée par le besoin. Enfin le ton aigre et tranchant de la plupart de ces *Extraits* aurait dû les faire exclure d'une collection à laquelle ils ne tiennent par aucun côté, dans laquelle ils sont doublement déplacés, et où ils contrastent avec la réserve et la modération de l'illustre auteur, à l'abri du nom duquel on semble vouloir les faire passer. »

ANTINE (Maur-François d'). *Voyez* CLÉMENCET.

ARNAULD (Antoine), le vingtième des vingt-deux enfants d'Antoine Arnauld et de Catherine Marion, et frère de Robert Arnauld d'Andilly, de Marie-Angélique Arnauld, abbesse de Port-Royal-des-Champs, et de Henri Arnauld, évêque d'Angers. — Antoine Arnauld, le père de tous ceux qui viennent d'être nommés, était fils d'Antoine Arnauld, avocat général de la reine Marie de Médicis; il fut avocat au Parlement, où il acquit une grande célébrité, moins par son mérite que par les circonstances où il se trouva. Il avait de l'éloquence; l'avocat général Marion aimait à l'entendre et lui donna sa fille aînée en mariage. Il plaida, en 1594, pour l'Université contre les jésuites. « Son plaidoyer est ce qui le fit connaître, dit l'auteur des *Trois siècles littéraires;* les circonstances dans lesquelles il le prononça contribuèrent beaucoup à le mettre en vogue chez les ennemis de la Société. Si on le lit aujourd'hui de sang-froid, on y remarquera plutôt ce ton de chaleur et d'emportement qui naît de la prévention, que le caractère de cette véritable éloquence qui réunit la vérité des faits à la force de l'expression. Il publia contre la Société de Jésus un autre ouvrage intitulé : *Le franc et véritable Discours du roi sur le rétablissement qui lui est demandé pour les Jesuites,* in-8°. Henri IV, auquel il était adressé, n'en fit aucun cas, et rétablit les jésuites. — Son fils Antoine, sujet de cet article, naquit à Paris le 6 février 1612. Il voulut, dit-on, se livrer à l'étude de la jurisprudence, mais le vœu de sa mère et les conseils de l'abbé de Saint-Cyran, son directeur, le décidèrent à préférer la théologie. Elevé dans la haine des jésuites par son père, et dirigé par Saint-Cyran, quel rôle jouera Arnauld? Nous ne donnerons pas ici son histoire; nous rapporterons seulement quelques jugements tirés de différents auteurs. Le lecteur peut lire l'article biographique sur Arnauld dans le *Dictionnaire historique* de Feller. Tout le monde sait qu'Arnauld a beaucoup écrit, qu'il a fait plusieurs bons ouvrages et une grande quantité de mauvais, dont nous ne mentionnerons qu'une partie. On sait aussi qu'on lui en a attribué qui ne sont pas de lui ; nous éviterons, autant que possible, de le charger de ceux-là. Il prit la part la plus active dans les affaires théologiques de son temps, et fut l'oracle et le chef des jansénistes; sa vie fut tristement agitée, et il mourut à Bruxelles, entre les bras de Quesnel, le 8 août 1694, à l'âge de quatre-vingt-trois ans. Les jansénistes l'appelaient le *grand Arnauld*. Il fut *grand*, si l'on veut; mais de quelle grandeur? Luther et Calvin avaient été *grands* avant lui. Il fut donc grand ; nous l'avouons en pensant aux Raphaïm, à ces géants dont parle l'Ecriture. « Parmi les esprits factieux, dit un célèbre orateur, être leur adhérent, c'est le souverain mérite ; n'en être pas, c'est le souverain décri. Si vous êtes dévoué à leur parti, ne vous mettez pas en peine d'acquérir de la capacité, de la probité. Votre dévouement vous tiendra lieu de tout le reste. Caractère particulier de l'hérésie, dont le propre a toujours été d'élever jusqu'au ciel ses fauteurs et ses sectateurs, et d'abaisser jusqu'au néant ceux qui osaient l'attaquer et la combattre. La manie des hérésiarques était de s'ériger eux-mêmes premièrement, et puis leurs partisans et leurs associés, en hommes rares et extraordinaires ; tout ce qui s'attachait à eux devenait grand ; le seul titre d'être dans leurs intérêts était un éloge achevé; il n'y avait parmi eux, à les entendre, que des génies sublimes, que des prodiges de science et de vertu. » Bourdal., *Sermon sur l'aveugle-né*.

« Arnauld, dit un auteur, hérita de son père une haine aussi implacable qu'injuste contre les jésuites. Il ne fut admis dans la maison de Sorbonne qu'après la mort du cardinal de Richelieu, ce ministre pénétrant ayant empêché, tant qu'il vécut, qu'on reçût un sujet dont certains actes annonçaient le déplorable rôle qu'il remplirait dans la suite. Alexandre VII l'a appelé *enfant d'iniquité et perturbateur du repos public*. Arnauld, de son côté, n'a jamais ménagé dans ses écrits les puissances de l'Eglise et de l'Etat. Il n'a cessé de représenter les papes, le roi, les évêques, comme étant unis ensemble pour persécuter la vertu et la vérité. Il a été chassé de Sorbonne comme un hérétique obstiné, qui opposait perpétuellement son opinion prétendue et particulière, faillible et pleine d'illusions, à l'autorité infaillible de l'Eglise. Aussi aucun bachelier n'est-il reçu dans la faculté de Paris qu'il ne s'engage par serment à rejeter constamment et pour toujours la doctrine hérétique d'Arnauld, censurée par cette faculté dans sa délibération du mois de septembre 1704. Enfin il est mort en persistant dans ses hérésies, comme il paraît par son *Testament*, où il a soin d'avertir *qu'on doit regarder comme un faux bruit que la calomnie pourra répandre, de supposer que c'est lui faire grâce que de croire pieusement qu'il se sera reconnu avant que de mourir*.

Ce docteur, ignominieusement retranché du corps dont il faisait partie, fut cependant considéré comme un *triomphateur;* c'est-à-dire, son parti, malgré cette fâcheuse aventure, voulut, dans la suite, le présenter comme tel. On avait, dans un imprimé, avancé qu'insinué sur M. Arnauld, entre plusieurs choses véritables, deux faits qui étaient faux ; l'un, que ce docteur avait été chassé de France ; l'autre, qu'il avait été nommément excommunié. La famille de M. Arnauld s'en plaignit et obtint une lettre de M. d'Aguesseau, par laquelle ces faits se trouvaient détruits et rétractés. Cette circonstance parut favorable aux jansénistes, ils voulurent en profiter pour renverser d'un seul coup tout ce qui avait jamais été fait contre Arnauld. C'est dans cette vue qu'ils firent imprimer et qu'ils publièrent un écrit intitulé : *Triomphe de M. Arnauld*.

A peine cet écrit eut-il vu le jour, qu'il fut

supprimé par un arrêt du conseil dont voici la teneur :

« Le roi ayant été informé qu'on répandait dans le public un écrit intitulé : *Le Triomphe de M. Arnauld*, Sa Majesté aurait reconnu, par le compte qui lui en a été rendu, qu'on y avait eu la témérité de publier des faits qui s'étaient passés sous ses yeux, et même une lettre écrite par son ordre au sieur abbé de Pomponne, doyen de son conseil et chancelier de ses ordres; ce qui aurait engagé cet abbé à porter ses plaintes au roi d'une impression faite à son insu, qui l'offensait personnellement, autant qu'elle était contraire au respect qui est dû à Sa Majesté, et dont il la suppliait de ne laisser exister aucun vestige; que, d'ailleurs, le titre même qu'on a donné à cet écrit suffirait seul pour faire voir manifestement qu'on avait cherché à abuser d'une lettre qui n'avait pour objet que la rétractation de quelques faits injurieux à la personne de feu sieur Arnauld, sans qu'il fût question de ses sentiments; l'auteur, qui se rétractait, ayant nettement déclaré sur ce point qu'en les combattant, son intention n'avait jamais été d'offenser la famille ni la personne du sieur abbé de Pomponne, et que cependant on avait voulu présenter au public cette rétractation comme une justification solennelle des sentiments de feu sieur Arnauld, malgré la censure toujours subsistante qu'ils avaient éprouvée de la part de la faculté de théologie de Paris; en sorte qu'il était visible que ceux qui ont fait imprimer cet écrit n'avaient eu en vue que de troubler de nouveau la paix de l'Eglise. A quoi étant nécessaire de pourvoir, Sa Majesté étant en son conseil, a ordonné et ordonne que l'écrit qui a pour titre : *Triomphe de M. Arnauld*, imprimé sans privilège ni permission, sera et demeurera supprimé : enjoint à tous ceux qui en ont des exemplaires de les remettre incessamment au greffe du conseil pour y être supprimés. Fait Sa Majesté, très-expresses inhibitions et défenses à tous imprimeurs, libraires, colporteurs ou autres, de quelque état ou condition qu'ils soient, d'en imprimer, vendre, débiter, ou autrement distribuer, à peine de punition exemplaire, etc. Fait au conseil d'Etat du roi, Sa Majesté y étant, tenu à Versailles le 27 avril 1748. »

Peut-être sera-t-on bien aise d'avoir une connaissance plus particulière de la *censure toujours subsistante* dont il est parlé dans cet arrêt. Elle porte en substance que *depuis quelques mais M. Antoine Arnauld ayant écrit en français et publié une certaine lettre intitulée* : Seconde Lettre, etc., *les docteurs députés pour l'examiner ont rapporté qu'entre autres choses qu'ils y ont trouvées très-dignes d'être censurées, ils y en ont principalement remarqué quelques-unes qui semblaient pouvoir se réduire à deux questions, dont l'une pourrait s'appeler de fait et l'autre de droit*. Sur la première on rapporte plusieurs propositions tirées des pages 49, 130, 149 et 152. Sur la seconde, on cite la fameuse proposition de la page 226, qui assure que *l'Evangile et les Pères nous montrent dans la personne de saint Pierre un juste à qui la grâce, sans laquelle on ne peut rien, a manqué dans une occasion où l'on ne peut pas dire qu'il n'ait point péché.*

Il est dit ensuite que *la sacrée faculté (qui pendant deux mois entiers s'est assemblée solennellement en Sorbonne presque tous les jours) a délibéré sur toute cette affaire, et après une exacte discussion, a déclaré que la première question qui est le fait, est téméraire, scandaleuse, injurieuse au pape et aux évêques de France; et même qu'elle donne sujet de renouveler la doctrine de Jansénius qui a été ci-devant condamnée; et que la seconde, qui regarde le droit, est téméraire, impie, blasphématoire, frappée d'anathème et hérétique.*

On ajoute que le sieur Arnauld n'ayant pas voulu se soumettre, *la faculté a jugé qu'il devait être rejeté de sa compagnie, effacé du nombre de ses docteurs, et tout à fait retranché de son corps; et le déclare en effet rejeté, effacé et retranché.*

Enfin, continuent les docteurs, *pour empêcher que cette pernicieuse doctrine dudit Arnauld, qui comme une peste a déjà saisi beaucoup d'esprits, ne fasse un plus grand progrès, la faculté a ordonné qu'on n'admettrait à l'avenir aucun des docteurs aux assemblées, ou autres droits et fonctions quelconques, concernant ladite faculté, ni aucun des bacheliers aux actes de théologie, soit pour disputer ou pour répondre; ni aucun de ceux qui se présentent pour entrer dans la faculté, à supplier, comme l'on dit communément, pour le premier cours, ou pour répondre de tentative, qu'ils n'eussent auparavant souscrit à cette présente censure.*

En outre, que si quelqu'un ose approuver, soutenir, enseigner, prêcher ou écrire les susdites propositions dudit Arnauld, il sera absolument chassé de ladite faculté.

Et de plus, la faculté a ordonné que cette censure serait imprimée et publiée, afin que tout le monde sache combien elle abhorre cette pernicieuse et pestilente doctrine. Fait à Paris, dans l'assemblée générale tenue en Sorbonne, le dernier jour de janvier, l'an de Jésus-Christ 1656, et confirmé le premier jour de février de la même année.

M. l'abbé de Choisi, dans le dixième volume de son *Histoire de l'Eglise*, rapporte la manière dont M. Arnauld fut chassé de la faculté après cette censure. *Le pape* (ajoute-t-il, page 449) *approuva tout ce qui s'était fait en Sorbonne, et condamna la lettre d'Arnauld et ses deux apologies de Jansénius* (1).

Le même auteur, dans son tome II, imprimé en 1723, avec approbation et privilége du roi, s'exprime ainsi sur le compte de ce docteur : *Il devint*, dit-il, *le chef des nouveaux*

---

(1) « Et, disait à cette occasion un écrivain de ce temps-là; et ce qui rend encore cette condamnation de la Sorbonne plus singulière et plus éclatante, c'est qu'aucun bachelier ne peut être reçu qu'il ne l'ait auparavant signée; de sorte qu'à perpétuité, et tant que subsistera la célèbre faculté de Paris, on saura qu'il y eut autrefois un docteur, nommé Antoine Arnauld, qui avança et soutint une hérésie très-dangereuse, et qu'on crut devoir à jamais prémunir les candidats contre sa pernicieuse doctrine. »

sectaires. On l'appela parmi eux le père abbé, titre qui fut supprimé après sa mort, le P. Quesnel, qui lui succéda dans la direction de leurs affaires, s'étant contenté de celui de père prieur, qu'il se flattait peut-être de rendre aussi illustre. Après la paix de Clément IX, à laquelle M. Arnauld eut beaucoup de part, il ne se crut pas en sûreté à Paris (1) : *il ne pouvait pas s'empêcher d'avoir un commerce continuel avec ses amis des Pays-Bas, et ce commerce qui sentait la cabale, déplaisait à la cour. Il se retira en Flandre, et y demeura toujours caché.... Il craignait si fort d'être reconnu, de peur qu'on n'exigeât de lui une soumission parfaite aux décrets de l'Eglise, que, sentant approcher sa dernière heure, il n'osa jamais faire appeler un prêtre approuvé de l'ordinaire, et aima mieux expirer entre les bras du P. Quesnel, son disciple, qui lui administra le viatique et l'extrême-onction, quoiqu'il n'en eût pas le pouvoir.... Comme Tertullien, il eut le malheur de s'écarter de la foi dans des articles essentiels. L'imagination, le feu, l'éloquence, le savoir, ont été à peu près égaux; l'obstination, l'entêtement ont été pareils.*

« Avec du génie, dit l'auteur des *Trois siècles littéraires*, de l'éloquence et une littérature étendue, Arnauld a prouvé combien un homme sage doit se défier de ses préventions, et combien il est essentiel, pour le bonheur et la véritable gloire, de savoir les réprimer lorsqu'elles nous emportent trop loin. Il était né avec toutes les qualités qui forment les grands écrivains; mais son esprit, naturellement polémique, l'engagea dans des disputes qui aigrirent son humeur et dégradèrent ses talents. Il lui fallait absolument des adversaires. Ennemi des protestants, il écrivit contre eux avec cette vigueur et cette vivacité qui caractérisent autant le talent de la dispute que le zèle de la vérité. Dans ses Controverses contre le ministre *Claude*, on admire une dialectique profonde, une méthode lumineuse, un enchaînement de preuves, une variété d'images, une force d'expression qui captivent l'esprit et l'attachent agréablement. Ce qu'il a écrit contre les jésuites est de la même magie de style, de la même éloquence, sans pouvoir néanmoins y méconnaître une amertume, un acharnement bien éloignés de ce ton qui fait valoir les raisons et prouve l'impartialité. On doit par conséquent se garder d'adopter inconsidérément tout ce qu'il leur impute dans sa *Morale pratique* et dans ses autres écrits, où l'animosité étouffe le discernement et laisse une libre carrière à l'exagération, à la fausseté, aux contradictions. Ce n'est pas par des imputations étrangères à la question qu'on réussit à réfuter ou à confondre ses antagonistes. — Tel était le caractère de M. Arnauld : une humeur prompte à s'enflammer, une grande facilité pour écrire et, plus que tout cela, le désir de la célébrité, désir dont on sait si rarement se garantir, le précipitèrent dans les disputes de son temps, et consumèrent des travaux qu'il eût pu rendre infiniment plus utiles. — Il ne se borna pas à des discussions théologiques ; il écrivit contre le prince d'Orange, et le titre (2) de son ouvrage suffit pour faire connaître la trempe de son esprit. L'auteur du *Siècle de Louis XIV* prétend que ce livre n'est pas de M. Arnauld, à cause du titre qui tient du style du P. Garasse. Cet historien n'a pas lu sans doute tous les ouvrages de ce docteur; il en a composé incontestablement tant d'autres où le style du P. Garasse se fait souvent sentir, que l'on est autorisé à lui attribuer celui-ci jusqu'à ce que l'on ait des preuves plus solides du contraire. »

« M. Arnauld, dit M. de Loménie (*Histoire du jansénisme*), a le corps petit et n'eut jamais les grâces en partage. Il n'a de vif que les yeux. Tous les autres traits de son visage ne marquent que de la stupidité... Il a le nez assez gros et d'une forme peu agréable, les dents fort laides, les lèvres pâles, nul embonpoint, les mains fort petites, les jambes grêles, les pieds de pygmée ; mais sa tête est fort grosse, ses épaules larges et sa poitrine à proportion..... Quand une fois il a chaussé quelque chose dans sa forte tête, il revient difficilement de ses premiers préjugés, et trouve toujours des raisons pour les défendre. »

« La passion de M. Arnauld, dit un autre écrivain, fut d'être l'idole d'une grande faction. Il fut dans l'Eglise ce qu'était le cardinal de Retz dans l'Etat, ne cherchant dans la rébellion que le personnage de rebelle. Lutter contre Rome et Versailles, contre les papes et le roi, c'était le point de vue dans lequel il voulait être envisagé. Avec un caractère si vain, on est bien éloigné de la simplicité chrétienne. Aussi la seule idée de se rétracter, d'avoir tort, le faisait frémir. Ce naturel dur et altier le brouillait souvent avec ses amis. On l'a vu aux prises avec Nicole et Mallebranche : Pascal, quelque temps avant de mourir, éprouva aussi sa mauvaise humeur. C'est que dans Arnauld le cœur n'avait pas de moindres défauts que l'esprit. Si l'un était rempli de suffisance, l'autre était pétri de haine et de colère. Sa bouche et sa plume distillaient le fiel également. Jamais les injures ne lui parurent assez fortes, ni les invectives assez violentes. Il fit même un livre pour prouver géométriquement que les écrivains en peuvent user sans scrupule contre ceux qui combattent leurs sentiments. On sait que, dans le cours de sa vie, il eut un grand nombre d'adversaires ; mais ceux qu'il a été le plus fortement haïs, et, si l'on peut parler de la sorte, le plus solennellement, ce sont les jésuites. Il avait hérité de toute l'aversion de son

---

(1) Racine nous apprend dans la Vie de son père, pag. 177, que M. Arnauld ne paraissait alors à l'hôtel de Longueville, où il s'était retiré, qu'avec un habit séculier, une grande perruque sur la tête, et l'épée au côté.

(2) *Le vrai portrait de Guillaume Henri de Nassau, nouvel Absalon, nouvel Hérode, nouveau Néron, nouveau Cromwel.*

père contre eux, et de toute celle de Jansénius et de Saint-Cyran : de sorte que, dans l'exacte vérité, s'estimer soi-même et haïr les jésuites, c'était Arnauld tout entier. »

Les plus dangereux ouvrages d'Antoine Arnauld ou du grand Arnauld sont les suivants :

DE LA FRÉQUENTE COMMUNION, *où les sentiments des Pères, des papes et des conciles, touchant l'usage des sacrements de pénitence et d'eucharistie sont fidèlement exposés.* Paris, 1643, in-4°. — Sixième édition, Paris, Ant. Vitré, 1648, in-4°. — Traduction latine de ce même livre, faite par l'auteur. Paris, Ant. Vitré, 1647, in-4°.

Ce livre parut avec l'approbation de quelques évêques et de vingt-quatre docteurs de Sorbonne. Nous n'avons pas besoin de dire que l'auteur aurait pu lui donner un titre tout opposé ; car on sait qu'il roule *contre* la fréquente communion. Il sembla dirigé contre les jésuites et jeta le trouble parmi les fidèles. Attaqué vivement, il fut défendu plus vivement encore. Une foule d'écrits furent publiés à cette occasion. De ceux qui réclamèrent pour la doctrine de l'Eglise, nous citerons M. d'Abra de Raconis, évêque de Lavaur (*Examen et jugement du livre de la fréquente communion*, Paris, Cramoisi, 1644, in-4° ; le père Yves de Paris, capucin (*Très-humbles remontrances présentées à la reine contre les doctrines de ce temps.* Paris, 1644, in-4°) ; Camus, évêque de Belley (*Pratiques de la fréquente communion*, etc. Paris, Brunet, 1644, in-8°; *Exposition des passages des Pères*, etc. Paris, Alliot, 1643, in-8°) ; le P. Petau, jésuite ; Isaac Habert, théologal de Paris, depuis évêque de Vabres.

L'abbé de Barcos ayant publié, en 1645, deux traités pour soutenir l'hérésie des *deux chefs qui n'en font qu'un*, Innocent X, par un décret du 24 janvier 1647, condamna non-seulement ces traités comme hérétiques, mais encore tous les autres livres où cette proposition est établie et soutenue, tant *ceux qui étaient déjà imprimés*, que ceux qui le pourraient être à l'avenir. Clause si remarquable que M. du Pin, dans son *Hist. ecclés.* du XVII° siècle, tom. II, p. 146, reconnaît de bonne foi que l'inquisition avait en vue dans ce décret la proposition qui est dans la préface du livre de la *Fréquente communion*.

Le même livre, en 1648, fut condamné le 27 mai par l'archevêque de Besançon, Claude d'Achey. Quatre mois auparavant, le 27 janvier de la même année, le parlement du comté de Bourgogne avait rendu l'arrêt suivant : *Pour prévenir les pernicieux inconvénients qui peuvent naître de certains livres imprimés depuis peu, contenant les œuvres spirituelles composées tant par le sieur Arnauld, prêtre parisien, que par le sieur Duvergier, abbé de Saint-Cyran, il est défendu à tous d'apporter en ce pays, lire et ouïr lire, retenir en sa maison, débiter ou acheter lesdits livres imprimés ou manuscrits, sur peine d'en répondre et de l'amender arbitrairement.*

(1) Cela est faux : l'Ecriture ne les nomme point.

Cet arrêt se trouve dans les Ordonnances du comté de Bourgogne, approuvées et confirmées par Louis le Grand.

En 1690, plusieurs propositions qui étaient extraites du livre de la *Fréquente communion* furent flétries par le décret d'Alexandre VIII, du 20 décembre ; en 1695, le 15 janvier, M. Humbert Guillaume de Précipien, archevêque de Malines, en défendit la lecture ; et la Faculté de Louvain se déclara contre ce livre en 1705. Telle est l'histoire de cet ouvrage. En voici les erreurs qui furent signalées dans divers écrits du temps.

1° Dans la préface, à la page 27 de la première édition, on trouve l'hérésie des *deux chefs qui n'en font qu'un*. Elle se trouve aussi dans la table des matières de la cinquième édition, chez Vitré, et même elle y est prouvée assez au long à la lettre P.

2° On lit dans la même préface, page 146, ces paroles remarquables: *L'Ecriture sainte nous apprend qu'Elie et Enoch* (1) *viendront à la fin du monde pour prêcher la pénitence ....., et que trouvant les hommes endurcis et incapables de se convertir, ils seront touchés d'indignation contre leurs péchés.....; et parce que les hommes ne pourront alors ni faire la pénitence à laquelle Elie les exhortera, ni supporter celle qu'il leur imposera malgré eux, ils concevront une telle haine contre lui, qu'ils le tueront enfin*, etc. C'est ici le dogme favori de M. Arnauld, l'impossibilité des commandements de Dieu dans les circonstances même où l'on pèche en ne les observant pas. Les hommes, dit-il, seront *incapables* de se convertir ; ils ne *pourront faire* pénitence, et cependant ils seront coupables en ne faisant pas ce qui n'était point en leur pouvoir.

3° A la page 107 (encore de le préface), M. Arnauld donne de l'Eglise une idée fort étrange : *C'est aujourd'hui,* dit-il, *le temps de son altération, de sa vieillesse, de sa défaillance et de son couchant.* Ainsi, selon ce fils dénaturé, la Mère des fidèles, la sainte Epouse de Jésus-Christ, n'est plus qu'une vieille décrépite, presqu'en enfance et en délire, malgré les promesses qui lui ont été faites d'indéfectibilité, d'infaillibilité et de sainteté.

4° A la page 628, il assure que la *pratique* de l'Eglise *aujourd'hui la plus commune* dans le sacrement de pénitence *favorise l'impénitence générale de tout le monde,..... qu'elle n'est ni la plus excellente, ni la plus sûre*. Il s'agit de la pratique d'absoudre le pénitent bien disposé sans attendre qu'il ait accompli toute la pénitence qui lui est ordonnée. L'Eglise autorise cette pratique, et l'audacieux novateur ose la blâmer et la censurer.

5° A la page 489, on lit : *La grâce est inséparable de l'exercice des bonnes œuvres.* C'est-à-dire avec Calvin, qu'il n'y a point de grâce suffisante.

6° A la page 562, il s'élève contre ces paroles : *In quacumque hora ingemuerit peccator, salvus erit.* Il dit qu'*elles ne sont point* de *l'Ecriture*, qu'on ne les trouvera jamais ni dans notre édition *Vulgate*, ni dans *l'original hébreu*, ni dans *la version des Septante*, ni dans *la Paraphrase Chaldaïque*, ni dans aucune autre version soit nouvelle ou ancienne. Verbiage inutile. C'est là chicaner sur les mots afin de nier le sens de l'Ecriture. Car enfin ne lit-on pas dans *Ezéchiel*, XXXIII, 12 : *Impietas impii non nocebit ei, in quacumque die conversus fuerit ab impietate sua ?* Ne lit-on pas dans Isaïe, XXX, 15, selon la version des Septante : *Cum conversus ingemueris, salvus eris ?* Ce sens n'est-il pas le même que celui du passage contesté ? C'est donc une insigne mauvaise foi de s'arrêter précisément aux mots et d'y vouloir fixer la dispute, tandis qu'il s'agit du sens qui, sous d'autres termes, se trouve en effet dans l'Ecriture, et qui évidemment est contraire aux prétentions du novateur.

7° On lit à la page 680 ces paroles si contraires à la réalité et si souvent reprochées à M. Arnauld : *Comme l'Eucharistie est la même viande que celle qui se mange dans le ciel, il faut nécessairement que la pureté du cœur des fidèles qui la mangent ici-bas ait de la convenance et de la proportion avec celle des bienheureux, et qu'il n'y ait autre différence qu'autant qu'il y en a entre la foi et la claire vision de Dieu, de laquelle seule dépend la différente manière dont on le mange sur la terre et dans le ciel.* M. Arnauld parle, comme on voit dans ce passage, de la manière dont on mange le corps de Jésus-Christ sur la terre et de celle dont on le mange dans le ciel. Il doit, dit-il, y avoir de la *convenance* entre ces deux manières ; et toute la *différence* qui doit s'y trouver est celle qui est entre *la foi* et *la vision* béatifique. *La foi* est donc, selon cet écrivain, la seule manière dont on mange ce corps adorable sur la terre, comme *la vision* est la seule manière dont on le mange dans le ciel.

Mais est-ce là parler en catholique ? N'y a-t-il donc pas, entre la manducation des fidèles et celle des bienheureux, une autre *différence*, que celle qui se trouve entre la foi et la vision béatifique ? Ces deux manducations ne sont-elles pas des manducations purement métaphoriques ? Et n'y a-t-il pas une manducation véritable et proprement dite (la manducation orale) qui est indépendante de la foi ? Il faut donc convenir que M. Arnauld s'est exprimé là en vrai calviniste. S'il ne l'a fait que par inadvertance, il devait rétracter, modifier, changer ces scandaleuses expressions, dès qu'on les lui a reprochées ; or il ne l'a point fait ; et toutes les éditions qui ont paru de son ouvrage portent, comme la première, cette empreinte de calvinisme. Et qu'on ne dise pas que l'auteur de la *Perpétuité de la foi* ne peut être soupçonné d'en vouloir à l'Eucharistie : car, 1° M. Arnauld n'est pas seul auteur de ce fameux livre ; on sait que M. Nicole y eut une grande part ; 2° il ne s'agit pas des autres écrits de M. Arnauld ; il s'agit du livre de la *Fréquente communion*, et dans ce livre il s'agit de la proposition que nous venons d'en extraire ; c'est sur elle qu'il faut juger et décider ; or on ne le peut faire sans prononcer que c'est une proposition aussi calviniste que celle de ce bénédictin (dom Morel) qui, dans son *Imitation de Jésus-Christ*, dit nettement : *Je possède véritablement et j'adore celui-là même que les anges adorent dans le ciel ; mais je ne possède que par la foi.*

8° M. Arnauld (pag. 349 et 623) appelle Jansénius *un des plus savants prélats de ce siècle et des mieux instruits dans la science de l'Eglise.* C'est cependant ce prélat *si bien instruit* de la science de l'Eglise, qui a fait un livre condamné par l'Eglise elle-même. Il faut donc, ou que l'Eglise ait tort dans sa condamnation, ou que M. Arnauld ait tort dans ses éloges. *Voyez* JANSÉNIUS.

9° Cet auteur (mauvais critique) cite le livre de la *Hiérarchie ecclésiastique* comme étant de saint Denis l'Aréopagite, et en conséquence il veut qu'on éloigne de la communion ceux qui n'ont pas encore l'amour divin *pur et sans mélange* (part. I, ch. 4, p. 24). Proposition qui éloigne tous les hommes des saints autels, et qui fut condamnée par Alexandre VIII, le 7 décembre 1690. C'est la 23° des 31 qui furent censurées par son décret.

10° Le même décret a condamné la proposition suivante (c'est la 18°) : *L'Eglise ne tient point pour un usage, mais pour un abus la coutume moderne en ce qui regarde l'administration du sacrement de pénitence, encore que cette pratique soit soutenue par l'autorité de plusieurs, et confirmée par une longue suite d'années.* Or cette proposition se trouve très-clairement exprimée dans la préface du livre de la *Fréquente communion*, page 67.

11° M. Arnauld (pag. 242 et 243) prétend qu'autrefois la pénitence publique était pour les péchés même secrets. Faux et pernicieux système (*Voyez* VARET). Mais ce rigoriste outré n'emploie de si fortes couleurs pour dépeindre l'ancienne discipline, qu'afin d'attaquer, comme on l'a vu, la conduite présente de l'Eglise. Pour le confondre, il suffit de dire que l'ancienne discipline n'était bonne que parce qu'elle était approuvée de l'Eglise, et que, comme cette même Eglise a jugé à propos de la changer, il faut aussi approuver ce changement, l'Eglise étant aujourd'hui aussi infaillible qu'elle l'était alors.

12° Enfin, pour finir l'examen de ce pernicieux et méchant livre, nous nous contenterons de dire que c'est un ouvrage destiné spécialement à combattre, non-seulement la communion fréquente, mais la communion même, dont on cherche à éloigner, à priver les fidèles : de sorte qu'il n'est guère de livres jansénistes plus dangereux que celui-ci, et qu'un directeur éclairé doive plus soigneusement retirer des mains de ses pénitents.

Au surplus, il n'est guère d'écrit plus mal conçu que le livre de la *Fréquente communion*. M. l'évêque de Lavaur (Raconis) remarque avec raison que les trois parties qui le composent ne sont attachées l'une à l'autre par aucun lien ; qu'elles n'ont rapport à aucun projet général, et qu'elles peuvent être transposées indifféremment; et qu'aucun objet n'y a sa place déterminée où il se doive rapporter : ce qui fait que l'auteur revient sans cesse sur ses pas pour traiter les mêmes matières qu'il a traitées précédemment.

Le prélat examine ensuite les *équivoques*, les *déguisements et sinistres interprétations*, les *faiblesses et défauts de jugement*, les *calomnies*, les *défauts de candeur et de sincérité*, les *ignorances en logique et en théologie*, les *contradictions*, les *conséquences dangereuses*, les *propositions qui vont à l'erreur*, les *propositions scandaleuses et injurieuses contre l'Eglise*, qui se trouvent dans cet ouvrage. Et tous ces points sont si bien discutés, prouvés, démontrés, qu'on s'étonne qu'un livre si mauvais à tous égards ait pu avoir dans le monde quelque réputation.

Ajoutons à cet article un échantillon du style d'Arnauld. *Il vaut mieux* (dit-il, p. 239) *pour retrancher les discours superflus, que nous nous résolvions tout d'un coup, de vous aller attaquer dans vos retranchements, et que la vérité, qui est plus forte et plus invincible que l'Hercule des poëtes, aille étouffer ce mensonge grossier, comme le monstre de la fable, au milieu de cet antre obscur d'une fausse distinction, où il se retire et se renferme.* Telle est la façon d'écrire contrainte, enflée, profane, indécente, de ce fameux auteur. C'est ainsi que s'exprime sa piété. En nous parlant du plus auguste de nos mystères, et de la plus sainte de nos actions, ce grand théologien nous cite *l'Hercule des poëtes*, *le monstre de la fable*, *l'antre obscur d'une fausse distinction*, *où se retire et se renferme un mensonge grossier qu'on va étouffer.* Quel ridicule et impie galimatias !

ANALYSE *du livre de saint Augustin, de la Correction et de la grâce.* 1644, chez Antoine Vitré, à Paris, réimprimé en 1690, chez François Muguet.

Cet ouvrage fit beaucoup de bruit.

Les Pères bénédictins, par reconnaissance pour Port-Royal, qui avait fourni à dom Blampain des mémoires pour sa nouvelle édition de saint Augustin, placèrent cette analyse à la tête du livre *de Correptione et gratia*, qui est dans le dixième volume. Mais elle y causa tant de scandale, qu'ils ont été obligés de l'en arracher et de la faire disparaître autant qu'ils ont pu. On y enseigne que Dieu ne veut pas sauver tous les hommes, ni aucun des réprouvés, q. 4, n. 9. *Si Deus omnes omnino homines vellet salvos fieri, omnes omnino salvarentur : quia volenti salvum facere nullum hominis resistit arbitrium.*

Autres propositions erronées, tirées du même libelle :

1° *La grâce n'est rien autre chose que l'inspiration de l'amour, avec laquelle les hommes accomplissent les préceptes de Dieu par la charité.*

2° *Dieu, par la grâce, nous fait vouloir et nous fait agir. D'où il s'ensuit que celui qui ne veut pas et qui n'agit point n'a pas reçu la grâce.*

3° *Si saint Augustin avait admis cette grâce suffisante, que quelques nouveaux théologiens prétendent être donnée sans exception à tous ceux qui tombent dans le péché, il n'eût eu qu'un mot à dire pour résoudre la difficulté : mais il prend une route toute contraire.* (Saint Augustin l'a dit, ce mot, en disant : *Perseverares si velles.*)

4° *Saint Augustin assure qu'on reprend avec justice ceux qui ne persévèrent pas; parce que c'est à cause de leur mauvaise volonté qu'ils ne persévèrent pas ; et, s'ils ne reçoivent pas de Dieu la persévérance, cela vient de ce que le don de la grâce divine ne les a pas séparés de cette masse de perdition, dont Adam est l'auteur. C'est pourquoi, si le secours sans lequel on ne peut demeurer dans le bien, leur manque, c'est une punition du péché.* (On voit que cette proposition renferme tout le venin de la nouvelle hérésie.)

5° *Les saints à présent n'ont pas, comme l'avait Adam, une grâce qui dépende de leur libre arbitre, mais une grâce qui soumet leur libre arbitre.*

6° *La volonté du premier homme eut le libre arbitre pour persévérer ; mais à présent la nôtre est mue par la grâce divine, d'une manière inévitable et insurmontable.*

7° *A présent les mérites des saints sont les mérites de la grâce et non pas du libre arbitre : c'est-à-dire ce sont des mérites qui leur sont donnés par une grâce qui soumet le libre arbitre. Mais le premier homme eût eu des mérites qui n'eussent pas été spécialement des mérites de la grâce, mais du libre arbitre; parce qu'ils eussent été propres d'un libre arbitre, aidé à la vérité par la grâce, mais par une grâce qui donnait la puissance d'agir, et non pas l'action et la volonté même.*

En faut-il davantage pour conclure que ce libelle ne contient autre chose que le jansénisme?

APOLOGIE DE M. JANSÉNIUS, *évêque d'Ypres, et de la doctrine de saint Augustin, expliquée dans son livre* (l'Augustinus), *contre trois sermons de M. Habert, théologal de Paris, prononcés dans Notre-Dame en* 1642 *et* 1643. 1644, in-4° de 430 pages.

La secte jansénienne fut toujours féconde en apologies. Celle-ci, composée par Arnauld pour répondre à M. Habert, qui s'était élevé avec force contre Jansénius et qui devint évêque de Vabres, peut passer pour être le premier ouvrage que le parti ait publié pour défendre l'hérésiarque. On y lit ces propositions hérétiques et détestables.

Si le diable avait le pouvoir de donner quelque grâce aux hommes, il ne leur en donnerait point d'autre que (la suffisante), *puisqu'elle favorise tant le dessein qu'il a de les damner* (pag. 88).

Elle peut être appelée une grâce de damnation (pag. 89).

Une grâce vaine , inutile au salut des hommes, que l'Evangile ne reconnaît point, que saint Paul ignore, que saint Augustin réfute, qui ne se trouve point dans les saints Pères, ni dans les conciles (pag. 92).

C'est ainsi que ce hardi novateur ose s'expliquer sur le dogme de la grâce suffisante. Selon lui, *c'est une doctrine pélagienne de dire que les hommes sont justifiés par Jésus-Christ s'ils veulent.* On peut bien juger que dans un aussi gros livre, il y a bien d'autres erreurs; mais cet échantillon suffit pour apprécier tout l'ouvrage. M. l'archevêque de Rouen le condamna *par un mandement* du 26 mai 1661, et en défendit la lecture *sous peine d'excommunication encourue par le seul fait.* Le pape Innocent X l'avait condamné le 23 avril 1654.

Seconde apologie *de M. Jansénius, évêque d'Ypres,* etc. 1645, en quatre livres, in-4° de 426 pages.

M. Habert ayant répondu à la première *Apologie* de Jansénius par un livre intitulé *la Défense de la Foi de l'Église,* etc, Arnauld répliqua par cette *Seconde Apologie*, où se trouvent, comme dans la première, toutes les erreurs de l'évêque d'Ypres contre la grâce suffisante, contre la possibilité de l'état de pure nature. On y lit entre autres, à la page 212, ce dogme affreux de Calvin : *Dieu a voulu positivement exclure de la vie éternelle et de son royaume ceux qu'il n'y a pas prédestinés. Cette réprobation n'est pas seulement négative, mais positive.*

M. l'archevêque de Rouen condamna cette *Seconde Apologie* comme la première, et en défendit la lecture *sous peine d'excommunication encourue par le seul fait*, le 26 mai 1661.

Le pape Innocent X l'avait aussi condamnée le 23 avril 1654.

Considérations *sur l'entreprise faite par M. Nicolas Cornet, syndic de la faculté de théologie de Paris, en l'assemblée du 1er juillet 1649.* In-4°. Plusieurs éditions. — Arnauld dit, dans cet écrit, qu'*on n'a pu conserver la première des cinq propositions, sans se déclarer ouvertement contre la doctrine de saint Augustin.*

Par ces paroles, Arnauld se déclara hautement pour l'impossibilité de quelques commandements de Dieu, et ne se montra pas plus soumis, pour *le droit* que pour *le fait*, aux décisions de l'Eglise.

Apologie *pour les saints Pères de l'Église, défenseurs de la grâce de Jésus-Christ, contre les erreurs qui leur sont imposées,* etc. Paris, 1651, in-4° de 1069 pages, avec quelques approbations, mais sans privilège.

Les approbateurs attribuent cet ouvrage au sieur *de La Mothe*, docteur en théologie : mais ce prétendu *de La Mothe* n'est autre que M. Arnauld qui composa, en 1650, cette apologie chez M. Hamelin, pour prouver par l'Écriture, par la tradition, par les Pères, et surtout par saint Augustin, que Dieu ne veut sauver que les élus, et qu'ils sont aussi les seuls pour le salut desquels Jésus-Christ ait versé son sang.

Parmi une infinité d'erreurs dont ce livre est tissu, on y trouve, page 296, cette proposition hérétique, qui est la cinquième de Jansénius : *Jésus-Christ n'ayant point fait de prière qui n'ait été accomplie, on ne peut pas dire qu'il ait prié pour le salut éternel des réprouvés, ni par conséquent qu'il ait offert pour eux le sacrifice de son sang, qui renferme en soi la plus divine de toutes les prières qu'il ait jamais faites.*

On y trouve aussi, page 111, ce dogme de Calvin : *La volonté antécédente pour le salut de tous les hommes n'est qu'une simple velléité et un simple souhait qui ne renferme aucune préparation de moyens.* L'auteur s'était exprimé d'une manière encore plus forte et plus indécente à la page 88, où on lit ces paroles : *L'on peut dire tout de même que Dieu, par cette volonté antécédente de désirs et de souhaits, voudrait que les démons fussent sauvés aussi bien que les hommes.*

Ce livre fut condamné par M. l'archevêque de Rouen dans son mandement du 26 mai 1661, où il en interdit la lecture *sous peine d'excommunication encourue par le seul fait.*

Lettre d'un docteur *de Sorbonne à une personne de condition, du 24 février 1655, sur ce qui est arrivé depuis peu dans une paroisse de Paris (Saint-Sulpice) à un seigneur de la cour* (le duc de Liancourt). Paris, 1655, in-4°.

Le duc de Liancourt faisait élever sa petite-fille à Port-Royal; il donnait asile à l'abbé de Bourséis, janséniste déclaré; il ne croyait pas que les cinq propositions condamnées fussent dans le livre de Jansénius, et Arnauld l'avait extraordinairement signalé dans sa défense de ce livre ; en conséquence, un prêtre de Saint-Sulpice lui refusa l'absolution. C'est à cause de ce refus qu'Arnauld publia la lettre dont on vient de lire le titre. On lui répondit solidement par différents écrits. Alors il publia une *Seconde lettre du 10 juillet 1655*, pour défendre la première.

Or, dans cette *seconde lettre* se trouvaient deux propositions qui furent également l'objet de justes critiques, et qui furent déférées à la Sorbonne; la première qu'on appelait *de droit*, était conçue en ces termes : *Les Pères nous montrent un juste dans la personne de saint Pierre, à qui la grâce, sans laquelle on ne peut rien, a manqué dans une occasion où l'on ne saurait dire qu'il n'a point péché.* La seconde, qu'on appelait *de fait* : *L'on peut douter que les cinq propositions condamnées par Innocent X et par Alexandre VII, comme étant de Jansénius, évêque d'Ypres, soient dans le livre de cet auteur.*

A cette occasion, Arnauld publia divers opuscules :

1° Considérations *sur ce qui s'est passé en l'assemblée de la faculté de théologie de Paris, tenue en Sorbonne le 4 novembre 1655, sur le sujet de la seconde lettre de M. Arnauld.* In-4°.

Dans cet écrit, Arnauld attaque violemment et l'assemblée et ce qu'elle a fait. Sa colère ne lui fait voir que cabale et injustice, et ne lui dicte que des invectives et des injures contre ses juges.

2° EPISTOLA *et scriptum ad sacram Facultatem Parisiensem in Sorbona congregatam die sexta decembris* 1655. In-4°.

3° EPISTOLA *et alter apologeticus ad sacram Facultatem Parisiensem congregatam die 17 januarii* 1656. In-4°.

Ces écrits ne restèrent pas sans réponse. Mais il y eut quelque chose de plus fâcheux pour Arnauld : la Sorbonne censura les deux propositions renfermées dans sa *seconde lettre* : la première, comme *téméraire, impie, blasphématoire, frappée d'anathème et hérétique* ; et la seconde fut déclarée *téméraire, scandaleuse, injurieuse au pape et aux évêques de France, et comme donnant sujet de renouveler entièrement la doctrine de Jansénius, ci-devant condamnée.* La censure est du dernier jour de janvier 1656. En conséquence, Arnauld, refusant d'y souscrire, fut exclus de la faculté. Des docteurs, des licenciés et des bacheliers qui l'imitèrent dans son refus opiniâtre, éprouvèrent la même disgrâce ; et il fut décidé que quiconque ne souscrirait pas à la condamnation d'Arnauld ne serait pas reçu dans la faculté.

Arnauld prit une très-grande part à l'affaire des religieuses de Port-Royal. Il publia, avec quelques autres chefs du parti, surtout avec Nicole, les ouvrages suivants :

LETTRE *écrite au roi le* 6 *mai* 1661, *par R. M. Agnès, abbesse de Port-Royal, sur un ordre de sa majesté de renvoyer les postulantes et les novices de ce monastère.* In-4°.

Cette lettre et la suivante sont d'Arnauld et de Nicole.

LETTRE *écrite le* 25 *mai* 1661 *par la mère Angélique Arnauld, ancienne abbesse de Port-Royal, à la reine mère, dans laquelle elle justifie les intentions et la conduite des religieuses de ce monastère.* In-4°.

COPIE *de deux lettres ; la première de M. Arnauld, en date du 3 juin* 1661, *à M. Du Hamel, curé de Saint-Méry, au sujet des cinq propositions ; la seconde, de M. Nicole, écrite en* 1679, *sur la défense faite aux religieuses de Port-Royal d'avoir des pensionnaires.* In-4°, en manuscrit, à la bibliothèque du roi.

JUGEMENT *équitable sur les contestations présentes, pour éviter les jugements téméraires et criminels ; tiré de saint Augustin.* 1661, in-4°.

Cet écrit, qui est du seul Arnauld, fut réimprimé à la suite de la nouvelle édition du pamphlet intitulé : *Les Imaginaires et les Visionnaires,* par Nicole ; Cologne, P. Marteau, 1683, in-8°.

RÉFLEXIONS *sur une déclaration que M. l'archevêque de Paris a donnée aux religieuses de Port-Royal pour expliquer la signature du formulaire qu'il leur demande.* In-4°.

Arnauld paraît être seul auteur de cette pièce.

MÉMOIRE *pour les religieuses de Port-Royal, du 13 juin* 1664, *sur la signature du formulaire.* In-4°.

LETTRE *de M. d'Angers, du 12 avril* 1664, *à M. l'archevêque de Paris, au sujet des religieuses de Port-Royal.* In-4°.

Elle est d'Arnauld et de Nicole.

EXAMEN *de la conduite des religieuses de Port-Royal, touchant la signature du fait de Jansénius, selon les règles de l'Eglise et de la morale chrétienne.* 1664, in-4°.

Avec Noël de La Lane, et probablement Nicole.

FACTUM *pour les religieuses de Port-Royal.* 1664.

D'autres l'attribuent à Le Maistre.

APOLOGIE *pour les religieuses de Port-Royal, contre les injustices et les violences du procédé dont on a usé envers ce monastère.* 1665, in-4°.

Avec Nicole et Sainte-Marthe.

LETTRE *d'un théologien sur le livre de M. Chamillard.* 1665.

D'autres l'attribuent à La Lane.

En général, le grand objet de tous ces écrits apologétiques, c'est de prouver qu'on ne peut sans injustice obliger des vierges consacrées à Dieu de signer qu'elles croient que les cinq propositions condamnées sont dans un livre latin qu'elles n'entendent pas. Mais bien loin que leur prétendue ignorance fût pour elles un titre légitime pour ne pas signer, elle devait les rendre encore plus soumises à la voix de leur pasteur. Il n'est pas nécessaire d'être savant ni d'entendre le latin pour obéir à l'Eglise, il ne faut qu'être docile. Ce n'est point par leurs lumières personnelles, c'est sur la foi de leurs pasteurs que les personnes du sexe croient que Calvin, Luther, Nestorius et Arius ont enseigné des hérésies.

2° Les filles du Port-Royal n'étaient pour leur malheur que trop instruites des dogmes de Saint-Cyran et d'Arnauld, son disciple. Elles ne refusaient de signer purement et simplement le formulaire que parce qu'elles savaient bien qu'en le signant ainsi, elles abjureraient la doctrine de Jansénius.

On leur avait appris à se moquer des décisions des papes, *parce qu'ils sont faillibles* ; à compter pour rien une constitution dogmatique acceptée par le corps des pasteurs, *parce que le grand-prêtre Caïphe, les scribes et les docteurs de la loi avaient crucifié Jésus-Christ* ; à ne pas suivre l'exemple du reste des fidèles, *parce que la foi ne se conservait plus que dans le petit troupeau dont elles étaient l'élite ;* à ne pas s'embarrasser de la privation des sacrements, *parce que le juste vit de la foi, que la chair ne sert à rien, et parce que sainte Marie Egyptienne, et plusieurs autres saints anachorètes se sont passés des sacrements* ; à ne pas craindre une excommunication injuste, *parce que c'est là une espèce de martyre très-méritoire.*

Trois ou quatre d'entre elles ayant enfin obéi à l'Eglise : *Vous êtes bien simples,* leur disaient les autres, *de croire que Jésus-Christ soit mort pour Cain et pour Judas; ces réprouvés n'ont pas plus de part à la rédemption que les démons* (Jans. t. 3, l. 5, c. 21). *Devez-vous être surprises , après l'exemple et la chute de Libère et d'Honorius, si de nos jours deux papes ont injustement condamné les cinq propositions ?*

3° Les religieuses de Port-Royal ayant été transférées et dispersées en divers monastères catholiques, l'an 1709, en vertu d'une bulle du pape et d'un ordre du roi, elles se soumirent insensiblement toutes ; et quatre ans après cette dispersion, il n'en restait plus qu'une seule qui n'eût point abjuré ses erreurs.

Nous dirons en particulier quelque chose touchant l'*Apologie pour les religieuses de Port-Royal.* Elle est en quatre parties, dont chacune a une pagination particulière : la première renferme 132 pages ; la deuxième, 101; la troisième, XII—96, et la quatrième, qu'on dit être d'Arnauld seul, XVI—251. On a cru que Nicole avait eu une grande part à cet ouvrage , mais cela n'est pas certain. On a dit qu'il était l'auteur des trois premières parties ; mais on voit, chap. II , pag. 28, que l'auteur était prêtre, et Nicole n'était pas prêtre. Beloyne , *Hist. de Port-Royal*, tom. V, pag. 247, assure qu'il n'a point eu de part à l'*Apologie*, et qu'elle est de Sainte-Marthe.

Il serait difficile de se faire une idée de la multiplicité et même de l'étrangeté des mesures et des moyens employés par les directeurs du monastère de Port-Royal, *pour prévenir l'esprit des religieuses , pour leur fournir des réponses sur tout ce qu'on pourrait leur objecter, pour les animer au combat, pour intimider celles qui s'y porteraient avec lâcheté.* Cependant les auteurs de l'*Apologie* disent hardiment *qu'il n'est rien de tout cela, et que leurs directeurs n'ont eu qu'à les suivre , à les modérer , et non à les pousser* (Préface de la deuxième partie, p. 3). Mais on connaissait plusieurs exemplaires manuscrits d'*Instructions étudiées* , par lesquelles ces messieurs *préparaient ces religieuses à la plus surprenante résistance.* Ces instructions étaient intitulées : *Règles pour le temps de la persécution,* en 26 articles, ou *Règles que nous devons garder en ce temps* , en 24 articles, ou *Avis sur la conduite qu'il faudra tenir au cas qu'il arrive du changement dans le gouvernement de la maison.* On y lit, par exemple, ces paroles : *Il ne faut point craindre toutes les menaces qu'on vous pourra faire et tous ces commandements qu'on vous fera, soit par l'autorité du pape, soit par celle de M. L.*, etc.

Peut-on dire que ce soit là *modérer* ces religieuses ? N'est-ce pas au contraire les aigrir, les exciter, les *pousser* à la résistance ? Dans tous ces écrits, il n'est parlé que des persécuteurs de la vérité, de la fermeté à résister à tout, des pasteurs qui trompent et séduisent leurs troupeaux, de l'état déplorable où l'Eglise gémit de se trouver, etc.

Pour mieux faire valoir ces séditieuses maximes et pour prendre sur l'esprit de ces religieuses un plus grand ascendant, on employait des moyens dont nous ne parlerons pas. Mais nous dirons que cette volumineuse *Apologie* fut fortement attaquée par Jean Des Marets Saint-Sorlin. Cet auteur publia contre elle un ouvrage en quatre volumes in-12, intitulé : *Réponse à l'insolente Apologie des religieuses de Port-Royal , avec la découverte de la fausse Eglise des jansénistes et de leur fausse éloquence*, 1666.

M. Louis Abbelli, évêque de Rodez, publia aussi, en 1666, un livre intitulé : *Défense de l'honneur de la sainte Mère de Dieu, contre un attentat de l'apologiste de Port-Royal , avec un projet d'examen de son Apologie.* Paris, Florentin Lambert, 1 vol. in-12. C'est là que ce prélat, plein de zèle et de piété, combat avec force ce que l'écrivain de Port-Royal avait avancé de contraire à l'immaculée conception, dans la Préface de la quatrième partie de son *Apologie.*

ABUS *et nullités de l'ordonnance subreptice de M. l'archevêque de Paris , contre le Nouveau Testament de Mons.* Paris , 1667.

M. Arnauld publia cet ouvrage pour entretenir les religieuses de Port-Royal dans leur révolte. Il y débite cette maxime pernicieuse : *Que les personnes qui connaissent par leurs propres lumières que l'ordonnance de M. l'archevêque de Paris contre la traduction de Mons est nulle , ne peuvent pas en conscience s'y soumettre.* On voit quelles sont les conséquences d'une telle doctrine. Les sujets n'ont qu'à se persuader que leurs supérieurs ont tort, ils feront une bonne œuvre, selon M. Arnauld, de leur refuser l'obéissance qu'ils leur doivent.

Ce libelle fut été condamné par l'ordonnance de M. l'archevêque de Paris (Péréfixe), du 20 avril 1668, portant *défense , sous peine d'excommunication encourue ipso facto, de le vendre, publier, distribuer ou débiter.*

DÉFENSE *de la traduction du Nouveau Testament , imprimée à Mons , contre le sermon du Père Maimbourg, jésuite,* prêché en 1667 En sept parties. 1668, in-4°. — Autre édition, Cologne, J. Dubuisson, 1668, in-12 de 462 pages. On y trouve la *Réponse aux remarques de P. Annat.* — Nouvelle *Défense* , ou autre édition, Cologne, Nic. Schouten , 1669 , in-8°. — Autre , Cologne , Simon Schouten, 1680, 2 vol. in-12. — Continuation de cette Défense, *ibid.* 1681, in-12. Toutes ces Apologies de la version de Mons furent faites en société avec Nicole. *Voyez* SACY.

MÉMOIRES *sur la distinction du fait et du droit.*

Dix *Mémoires* furent publiés sur ce sujet. Les uns sont de Nicole, les autres de La Lane ou de quelque autre ; deux ont Arnauld pour auteur ; le *neuvième, du 1er juillet* 1668, où *l'on rapporte en abrégé les injustices du bref contre les quatre évêques, et où l'on fait voir qu'on ne le pourrait recevoir sans reconnaître le tribunal de l'inquisition.* In-4°.

— Le dixième, du 1ᵉʳ juillet 1668, où l'on soutient *la distinction du droit et du fait contre les chicaneries et les faussetés d'un écrit intitulé :* Eclaircissements nécessaires, etc. In-4°.

Ces dix *Mémoires* furent enveloppés dans la même condamnation que la distinction du fait et du droit.

Il y a encore d'Arnauld, sur ce sujet : *Lettre circulaire écrite par MM. les évêques d'Alet, de Pamiers, de Beauvais et d'Angers, à MM. les archevêques et évêques de France, le 25 avril 1668, sur le bref obtenu contre leurs mandements.* In-4°.

MORALE PRATIQUE *des jésuites, représentée en plusieurs histoires arrivées dans toutes les parties du monde; extraits de livres très-autorisés et fidèlement traduits, et de mémoires très-sûrs et indubitables,* 1670.

Ce livre, dont le titre présente quelques variantes, parut d'abord en 1669 ou 1670, en un seul vol. in-12. Il en eut huit dans la suite; le dernier parut en 1695. Le premier et le deuxième, ou du moins une partie du deuxième, sont de Cambaut de Pont-Château, qui fit exprès le voyage d'Espagne, « non pour débiter des bibles, comme le candide M. Georges Borrow, » dit M. Valery, mais pour y acheter le *Theatro jesuitico.* Tout le reste de l'ouvrage est d'Arnauld. M. Crétineau-Joly attribue aussi à Arnauld le tom. Iᵉʳ, où se trouve le *Théâtre jésuitique,* mais c'est à tort, dit M. Valery.

M. l'archevêque de Paris ayant fait examiner la *Morale pratique* par quelques docteurs de Sorbonne, leur avis unanime fut qu'il était tout rempli d'injures, d'impostures et de calomnies, de falsifications, d'ignorances grossières, de propositions fausses, scandaleuses et hérétiques. Cet avis doctrinal fut suivi d'un arrêt du parlement de Paris qui condamna ce livre à être lacéré et brûlé en Grève par la main du bourreau, ce qui fut exécuté.

Quelques années après, la *Morale pratique* fut condamnée à Rome, et défendue sous peine d'excommunication. Le décret en fut publié le 27 mai 1687.

LE FANTÔME DU JANSÉNISME, *ou justification des prétendus jansénistes, par le livre même d'un docteur de Sorbonne savoyard intitulé* Préjugez légitimes contre le jansénisme (1). Cologne, 1686, 1688 et 1714.

Arnauld ne mit pas son nom à ce livre; et voici en quels termes un écrivain en a parlé dans le temps. Ce livre est de M. Arnauld. Si nous en croyons l'auteur de la *Question curieuse* (2) c'est-à-dire M. Arnauld lui-même,

c'était, en ces temps de malheureuses disputes, le livre le plus nécessaire *aux évêques, aux princes, aux magistrats pour les détromper une bonne fois de toutes les fausses idées qu'on leur avait fait prendre de ce fantôme.* Par malheur pour l'auteur, l'assemblée du clergé de 1700, en a jugé tout autrement, car elle a condamné cette proposition : *le jansénisme est un fantôme,* comme *fausse, téméraire, scandaleuse, injurieuse au clergé de France, aux souverains pontifes, à l'Église universelle,* comme *schismatique et favorisant les erreurs condamnées.*

Au reste, si le véritable Arnauld imposa quelque temps aux simples par le livre dont nous parlons, le faux Arnauld quelques années après sut détromper le public de *toutes les fausses idées qu'on lui avait fait prendre,* et le convainquit par une preuve sans réplique, que le jansénisme n'était certainement point un être de raison.

La douleur qu'eurent les jansénistes de se voir ainsi démasqués, leur fit jeter pendant sept ou huit mois des plaintes lamentables (3). On en fut peu touché; on savait bien à quoi s'en tenir au sujet du *fantôme;* d'un côté on plaisantait, de l'autre on rappelait certains faits et on raisonnait. Partout on croyait à l'existence réelle du jansénisme, partout on voyait et on entendait des jansénistes.

Après tout cela, il était surprenant que les écrivains du parti osassent encore parler de *fantôme.* Ils le faisaient cependant tous les jours, ils le font encore, sans considérer que par là même ils détruisent ce qu'ils avancent, et qu'en publiant sans pudeur qu'il n'y a point de jansénistes, ils ne font autre chose que prouver évidemment qu'ils le sont eux-mêmes.

Mais allons plus loin, et ne leur laissons à cet égard aucun subterfuge; qu'entend-on par le nom de *janséniste?* On entend ceux qui, à l'occasion de Jansénius et des cinq propositions ou de Quesnel et de la bulle *Unigenitus,* refusent de se soumettre à l'Eglise. Cela posé, on demande s'il n'y a personne qui soit dans ce cas, personne qui rejette le formulaire, ou la constitution. N'y a-t-il ni appelant, ni réappelant? Le parti n'en a-t-il pas lui-même publié la liste? Ne l'a-t-il pas grossie le plus qu'il a pu? Et le diacre Pâris et ses prétendus miracles, et les convulsions et les convulsionnistes, tout cela n'est-il qu'un songe? Et ces personnages vils et obscurs, dont le gazelier fait dans ses feuilles de si fades éloges, n'ont-ils pas existé?

Après tout, ne nous étonnons pas que ces novateurs rougissent de leur nom, de leur origine, de leurs sentiments, de leur conduite. Il n'y a rien là en effet qui puisse être avoué sans honte et sans confusion. Mais ils ont beau se déguiser et se renoncer, pour ainsi dire, eux-mêmes, ils sont toujours éga-

---

(1) *Préjugez légitimes contre le jansénisme, avec une histoire abrégée de cette erreur depuis le commencement des troubles que Jansénius et M. Arnauld ont causés dans le monde, jusqu'à leur pacification, et les constitutions d'Innocent X et d'Alexandre VII, et la censure de Sorbonne, par un docteur de Sorbonne* (M. de La Ville). Cologne, Abr. du Bois, 1686, in-8°.

(2) *Question curieuse si M. Arnauld est hérétique* (par M. Arnauld lui-même). Pag. 139.

(3) *Quatre Plaintes* de M. Arnauld.

lement coupables, également chargés d'anathèmes devant Dieu et devant les hommes.

Observons une chose assez singulière. C'est que tandis que les principaux écrivains du parti, les Duguet (1), les Le Gros (2) et tant d'autres, s'efforcent de persuader qu'il n'y eut jamais de jansénistes, une infinité de personnages médiocres se piquent au contraire de l'être et en font parade : l'ignorant, par émulation ; le demi-savant, par orgueil ; les femmes, par légèreté ; le dévot, par entêtement ; et le libertin par intérêt.

En cela ils suivent à la lettre le conseil que M. Racine donnait autrefois en plaisantant (3) : *Si vous n'êtes point*, disait-il, *de Port-Royal, faites ce que vous pourrez pour y être reçu. Vous n'avez que cette voie pour vous distinguer. Le nombre de ceux qui condamnent Jansénius, est trop grand ; le moyen de se faire connaître dans la foule ? Jetez-vous dans le petit nombre de ses défenseurs ; commencez à faire les importants, mettez-vous dans la tête qu'on ne parle que de vous, et que l'on vous cherche partout pour vous arrêter ; délogez souvent, changez de nom... surtout louez vos messieurs, et ne les louez pas avec retenue.*

Au reste, le fantôme du jansénisme n'a été imaginé, que pour répondre aux préjugés légitimes contre le jansénisme, du docteur De la Ville.

QUESTION curieuse : si M. Arnauld, docteur de Sorbonne, est hérétique. A monsieur.... conseiller de Son Altesse l'évêque et prince de Liége. A Cologne, chez Nicolas Schouten. La première édition est de 1690, in-12, pages 228.

Cette *Question curieuse* est de M. Arnauld lui-même. Dupin l'attribue à Quesnel dans sa Bibliothèque, mais il s'est rétracté dans ses Additions.

M. Arnauld tâche, dans cet écrit, de soutenir et de justifier toutes les erreurs qu'il a avancées dans tous ses autres ouvrages, et il dit en particulier, page 56, que *l'apologie des saints Pères, défenseurs de la grâce, est un excellent traité de la grâce*, quoique ce soit un livre condamné par l'Église, comme hérétique. Il soutient aussi de toutes ses forces que la proposition hérétique qui le fit chasser de la Sorbonne, n'a rien que de fort orthodoxe.

DIFFICULTÉS *proposées à M. Steyaert en neuf parties, dont les trois premières sont pour la justification des Pères de l'Oratoire de Mons.* 1692, 3 vol.

Arnauld dit, page 287 et suivantes, que la bulle *In eminenti*, publiée par Urbain VIII, *est subreptice et clandestinement fabriquée ; qu'on y a mal pris l'esprit du pape ; qu'on ne fait pas grand cas de cette bulle à Rome même ; que le décret d'Alexandre VIII contre les trente et une propositions extraites des auteurs jansénistes, est aussi subreptice* (pag. 292).

(1) Lettre à M. de Montp., pag. 4 et 11.
(2) Rép. à la Bibl. Jans.

A la page 343 et 344, il avance que *toutes nos actions volontaires ont pour principe l'amour de Dieu, ou l'amour de la créature pour elle-même* ; c'est-à-dire, selon l'école de Port-Royal, la charité ou la cupidité ; erreur condamnée dans les propositions 44-48 de Quesnel.

Les neuf parties de cet ouvrage furent condamnées à Rome par un décret du 3 mars 1705.

PRIÈRE *pour demander à Dieu la grâce d'une véritable conversion.* In-16 de 76 pages. — *Eclaircissements sur quelques difficultés touchant la grâce.* 44 pages.

Ce petit livre n'est qu'un précis des erreurs les plus chères au parti. Tout le jargon du jansénisme s'y trouve, mais d'une manière séduisante et très-dangereuse.

L'impuissance totale de la volonté et l'état purement passif de notre libre arbitre se rencontrent à chaque page. Par exemple, page 51 : *C'est en assujettissant pleinement la liberté à la servitude de la justice et au règne de votre grâce que vous la soutenez et la protégez.*

Page 48. *Lorsque vous la faites mouvoir et agir, c'est la même chose que si elle se mouvait et agissait toute seule et par elle-même.*

Page 38. *Elle ne se possède jamais davantage que lorsque vous la faites mouvoir. Vous régnez sur elle sans violence, sans contrainte, sans effort* (il ne dit pas sans nécessité), *mais par une paix victorieuse, par une douceur invincible, par une facilité toute puissante.*

Page 35. *Vous faites tout ce que vous voulez de cette volonté, et dans cette volonté, et par cette volonté, sans qu'elle puisse jamais arrêter le cours de la vôtre, et qu'elle puisse retarder un seul moment l'exécution de vos desseins.* Saint Étienne disait : *Vos semper Spiritui sancto resistitis.*

Page 30. *J'éprouve en toute occurrence, que mes pensées et ma volonté ne sont point en mon pouvoir : je n'en puis disposer comme je voudrais ; je ne puis les retenir ; je ne puis leur commander.* L'Écriture dit : *Sub te erit appetitus ejus, et tu dominaberis illius.*

Pag. 27. *Ma volonté ne peut être hors de la servitude, si vous ne régnez absolument sur elle par votre grâce. Vous pouvez lui donner une véritable et parfaite liberté en exerçant sur elle votre puissance souveraine et infinie de Créateur et de Rédempteur.*

Les *Éclaircissements* sont encore plus mauvais : les erreurs et les hérésies y sont plus entassées, et plus crûment énoncées. Il serait difficile de les exposer sans copier tout l'ouvrage.

Il a été condamné par un mandement de M. l'archevêque de Rouen, du 26 mai 1661, où ce prélat en défend la lecture *sous peine d'excommunication encourue par le seul fait.*

INSTRUCTIONS *sur la grâce, selon l'Écriture et les Pères*, par Arnauld ; *avec l'Exposition de la foi de l'Église romaine, touchant*

(3) Seconde lettre de M. Racine à l'auteur des *Imaginaires*.

la grâce et la prédestination, par Martin de Barcos; *et plusieurs autres pièces sur ce sujet*, par Quesnel. Cologne, P. Marteau, 1700, in-8°. — Condamné à Rome le 11 mars 1704.

LETTRES *de M. Antoine Arnauld*. Nanci, 1727, huit volumes in-12. Le neuvième est de 1743.

Les lettres d'un homme tel qu'Arnauld ne peuvent qu'exprimer un tendre attachement à Jansénius et à ses dogmes : une révolte opiniâtre contre les papes et leurs décisions ; une opposition invincible à la signature du formulaire, et une haine implacable contre tous ceux qui ont combattu ses erreurs; c'est là en effet tout ce qui résulte des neuf volumes dont il est ici question.

Arnauld a fait beaucoup d'autres ouvrages en faveur du jansénisme ; tous sont répréhensibles. Nous mentionnerons seulement les suivants.

CONSIDÉRATIONS *sur une censure prétendue de la Faculté de Théologie de Paris, contre quelques propositions touchant la matière de la grâce et du franc arbitre, en 1560.* 1644, in-4°.

RÉPONSE AU P. ANNAT, *provincial des jésuites, touchant les cinq propositions attribuées à M. l'évêque d'Ypres*; divisée en deux parties. 1654, in-4°.

ECLAIRCISSEMENT *sur quelques nouvelles objections touchant les cinq propositions attribuées à M. l'évêque d'Ypres* ; où il est aussi montré que ce que les jésuites s'efforcent de faire ne peut qu'allumer le feu d'une très-grande division dans l'Eglise. 1654, in-4°.

DISSERTATIO *theologica, in qua confirmatur propositio Augustiniana* : Defuit Petro gratia, sine qua nihil possumus. 1654, in-4°.

DIFFICULTÉS *proposées à l'assemblée du clergé de 1661*, le 6 mai de cette année, sur les délibérations touchant le formulaire. In-4°.

LES JUSTES PLAINTES *des théologiens contre la délibération de l'assemblée des évêques tenue aux Augustins en 1663*, et la défense des évêques improbateurs du formulaire, contre l'entreprise de cette même assemblée. 1663, in-4°.

LES DESSEINS DES JÉSUITES, *représentés à messieurs les prélats de l'assemblée tenue aux Augustins le 2 octobre 1663*, in-4°.

LETTRE D'UN ECCLÉSIASTIQUE *à son évêque, touchant la signature du formulaire du clergé*; en date du 19 mai 1657, in-4°.

PLAINTE *à M. l'évêque d'Arras*, contre les imposteurs qui ont fait écrire sous son nom un grand nombre de lettres aux théologiens de Douai. 1691, in-12.

SECONDE PLAINTE *aux PP. jésuites*, sur le bruit qu'ils font courir que c'est le vrai Arnauld qui a écrit les lettres, et que c'est un faux Arnauld qui a fait la plainte. 1691, in-12.

TROISIÈME PLAINTE *à M. l'évêque de Liége*, contre le P. Payen, recteur du collége des jésuites de Douai. 1691, in-12.

JUSTIFICATION *de la troisième plainte contre le P. Payen*; avec la lettre écrite à ce docteur, de la part du pape Innocent XI, par le cardinal Cibo. 1692, in-12.

CORRECTION *faite au P. Payen, sur sa réponse à la justification de la troisième plainte.* 1692, in-12.

QUATRIÈME PLAINTE *aux PP. jésuites*, sur la prétendue lettre qu'ils viennent de publier sous le nom d'un inconnu qui se déclare être auteur des lettres du faux Arnauld. 1692, in-12.

NOTATIONES *in decretum romanæ inquisitionis de auctoritate principum apostolorum Petri et Pauli* : 1647, in-8°.

TRADUCTION *d'un écrit intitulé* : In decretum romanæ inquisitionis de auctoritate principum apostolorum Petri et Pauli notationes. 1647, in-12.

SENTENCE DU PRÉVOST DE PARIS *ou de son lieutenant civil*, du 6 mai 1647, portant condamnation du libelle sous le titre de Remarques sur un décret de l'inquisition de Rome, touchant l'autorité des princes des apôtres, saint Pierre et saint Paul. Paris, Sebast, Cramoisy. 1647, in-8°.

L'abbé de Bellegarde a donné une collection des œuvres d'Arnauld, de 1775 à 1782, 45 vol. in-4°, y compris la Perpétuité de la foi, publiée en 5 volumes. Le soin en fut confié à l'abbé Hautefage, l'un des collaborateurs du *Scélérat obscur* qui rédigeait les *Nouvelles ecclésiastiques* (voyez FONTAINE). Cette collection est accompagnée d'une Vie d'Antoine Arnauld, par Larrière, à qui Bellegarde fournit les matériaux. Cette Vie fut imprimée à part. Paris, 1783, 2 vol. in-8°

ARNAULD d'ANDILLY (ROBERT), fils aîné de l'avocat Antoine Arnaud et frère du fameux Antoine Arnauld, naquit à Paris en 1589. Il donna plusieurs traductions qui eurent beaucoup de succès, mais dont plusieurs sont plus élégantes que fidèles. On peut v... n article dans Feller. Il mourut le 27 s... ..nbre 1674, laissant des *Mémoires de sa vie écrits par lui-même*, publiés par Goujet, à Hambourg, 1734, 2 vol. in-12. M. d'Andilly, l'aîné des Arnaulds, quitta la cour pour se retirer à la maison de Pomponne où il mena, sous la conduite de l'abbé de Saint-Cyran, une espèce de vie qui n'était ni tout à fait chrétienne, ni tout à fait profane... Las de jouer à la longue paume avec les paysans de son village, et de tailler les arbres de son verger qu'il avait plantés de sa main, il prit le premier la résolution de s'aller confiner dans le désert de Port-Royal-des-Champs. Ce sont les propres termes de M. de Loménie, comte de Brienne, secrétaire d'Etat, et depuis Père de l'Oratoire.

Les *Mémoires* dont il est ici question, sont pleins de la vanité la plus puérile, et des éloges les plus outrés de Saint-Cyran, de Port-Royal et de tout ce qui appartient au jansénisme. Quant aux invectives violentes qui y sont répandues contre les jésuites, on ne doit pas en être surpris. Le sang huguenot qui coulait dans les veines des Arnauld, avait fait passer dans toute leur famille une haine implacable et héréditaire pour cette société.

Page 139 de la seconde partie, il insinue cette proposition, depuis condamnée, que *le jansénisme est un fantôme*, lorsqu'il dit, *ce prétendu jansénisme*, et qu'il ajoute qu'on ne peut dire *ce que c'est*.

Page 148. Il insiste fort sur les prétendus miracles opérés, dit-il, à Port-Royal. Il prétend que *tous ces miracles étaient comme la voix du ciel, par laquelle Dieu se déclarait en faveur de l'innocence de ces bonnes religieuses*. On voit par là que ce n'est pas d'aujourd'hui que le parti a employé l'imposture, le prestige et l'illusion pour se soutenir dans sa révolte, en se disant extraordinairement appuyé du ciel.

Ces *Mémoires* finissent en 1656; ils sont datés de 1667. L'auteur les commença à Port-Royal, et les acheva à Pomponne.

ARNAULD (HENRI), frère d'Arnaud d'Andilly, et du grand Arnauld, naquit à Paris en 1597, fut fait évêque d'Angers en 1649. Ami du monastère de Port-Royal où il avait été sacré, et où il avait sa mère, six sœurs, cinq nièces et plusieurs de ses proches, il prit à certaines affaires janséniennes une part, dont, malgré ces circonstances, il serait difficile de le justifier; il fut un des quatre évêques qui s'opposèrent à la signature du formulaire : il le signa cependant, et fit sa paix, non sans quelque subterfuge, avec le pape Clément IX. Ce pontife souhaitait ardemment que la paix fût rétablie dans l'Eglise de France. Les quatre évêques, c'est-à-dire ceux d'Angers, de Beauvais, d'Aleth et de Pamiers, qui avaient montré la plus grande opposition à la signature pure et simple du formulaire d'Alexandre VII, voulant rentrer dans la communion du saint-siège, assurèrent Clément IX qu'ils y avaient enfin souscrit sans exception ni restriction quelconque. Cependant, malgré ces protestations, ils célébrèrent leur synode, où ils firent souscrire le formulaire avec la distinction expresse du fait et du droit, et ils en dressèrent des procès-verbaux qu'ils eurent soin de tenir secrets. Dix-neuf évêques se joignirent à eux pour certifier au pape la vérité de ce que ceux-ci lui avaient mandé. Des assertions aussi positives déterminèrent Clément IX à recevoir les quatre évêques à sa communion en 1668; mais à peine cette réconciliation fut-elle rendue publique, que les quatre évêques et leurs partisans publièrent les procès-verbaux qu'ils avaient dérobés jusqu'alors à la connaissance du clergé; et ils en inférèrent que le pape en se réconciliant avec eux, avait approuvé la signature avec la distinction du droit et du fait. C'est ce qu'on a appelé, assez mal à propos, *la Paix de Clément IX*. *Voyez* les brefs de Clément IX à ce sujet, l'un adressé au roi, l'autre aux quatre évêques, le troisième aux évêques médiateurs; la *Relation* du cardinal Rospigliosi; la *Harangue* du cardinal Estiœus dans la congrégation du consistoire, du 4 janvier 1693; et la *Défense de l'histoire des cinq propositions*, p. 396. Henri Arnauld avait certainement d'excellentes qualités, et c'est à cause de lui et de quelques autres personnages, que nous allons rapporter les lignes suivantes, empruntées d'un théologien judicieux et modéré. « Il ne faut pas, dit-il, juger trop sévèrement quelques hommes célèbres qui, dans le premier temps du jansénisme, ont témoigné du goût pour cette hérésie naissante. Elle avait tellement alors réussi à prendre les dehors de la piété, de l'austérité, du zèle, et même de l'attachement à l'Eglise catholique, que bien des personnes ont pu être les dupes de l'hypocrisie. Les scènes scandaleuses de Saint-Médard, les farces sacrilèges des secouristes, le schisme formel de la prétendue Eglise d'Utrecht, n'avaient pas encore eu lieu. Le jugement de l'Eglise s'est manifesté par des décisions plus formelles et plus soutenues, par des décrets pontificaux, solennellement et universellement reçus, par la conviction complète et générale de tous les catholiques; tous les subterfuges du parti, toutes les subtilités des dogmatisants opiniâtres dans l'erreur ont été confondus; les apparences de la piété ont fait place au libertinage et au philosophisme. L'illusion qui a pu exister d'abord est dissipée, et il ne faut pas douter que bien des gens, qui ont paru favorables au parti, se garderaient bien de l'être aujourd'hui. » On sent bien que cette réflexion ne regarde pas les fondateurs, les chefs et les principaux agents. Henri Arnauld mourut le 8 mars 1692, à l'âge de 95 ans. *Voyez* PAVILLON.

L'ancien catalogue de la Bibliothèque du roi mentionne les titres de divers écrits, dans les termes suivants, tome II :

N° 798. LETTRE de M. l'évêque d'Angers au roi, touchant la signature du formulaire du 6 juillet 1661, par MM. Arnauld et Nicole. *In-4°*.

N° 799. LETTRE écrite au roi par M. l'évêque d'Angers, le 24 juillet 1662, touchant la signature du formulaire. *In-4°*.

N° 800. TROISIÈME LETTRE de M. l'évêque d'Angers au roi, touchant la signature du formulaire, en date du 17 septembre 1662, par MM. Arnauld et Nicole, avec la réponse du même évêque à la lettre de monseigneur le nonce, du 29 août 1662. *In-4°*

N° 804. RÉPONSE de M. d'Angers à une lettre de M. de Lionne, du 21 août 1661, par MM. Arnauld et Nicole. *In-4°*.

N° 958. LETTRE de M. d'Angers, du 12 avril 1664, à M. l'archevêque de Paris, au sujet des religieuses de Port-Royal, par MM. Arnauld et Nicole. *In-4°*.

N° 1624 *bis*. CENSURE d'un livre intitulé : *Apologie pour les casuistes*, faite par M. l'évêque d'Angers le 11 novembre 1658, dressée par Antoine Arnauld et Isaac le Maistre de Sacy. Angers, Pierre Avril, 1658. *In-4°*.

ARNAULD (*le faux*), personnage supposé sur lequel l'Histoire ecclésiastique publie les détails suivants, qu'il est important de connaître. Le jansénisme était fort accrédité à

Douai; mais il se tenait caché, surtout depuis la condamnation et l'exil, en 1687, du sieur Gilbert, professeur de théologie dans l'université de cette ville. Un docteur de Paris, que le roi avait à Douai pour y professer la théologie, forma le dessein de démasquer les partisans du jansénisme, et y réussit ; le moyen qu'il imagina pour les faire expliquer nettement, fût d'écrire à quelqu'un de ce parti, comme il se figura qu'aurait pu le faire le célèbre Antoine Arnauld, et signa A. A....... M. Deligny, bachelier en théologie, reçut la première lettre du faux Arnauld, croyant qu'elle était du véritable, dont il ne connaissait pas l'écriture. Il répondit sur-le-champ, avec une grande affection de cœur, à l'adresse qu'on lui avait donnée ; rien ne lui paraissait plus honorable que d'avoir mérité l'attention d'un personnage si fameux, que les puissances ecclésiastiques et séculières n'avaient pu abattre. (*Voyez* DELIGNY). Ce premier succès encouragea le faux Arnauld, qui par le moyen du sieur Deligny, établit en peu de temps un commerce réglé avec les sieurs Gilbert, Laleu, Rivette, professeurs royaux, et avec le sieur Malpoix, chanoine de Douai, tous liés par leurs communs sentiments. Dans toutes leurs lettres, ils témoignaient la plus haute vénération pour M. Arnauld et le plus grand zèle pour soutenir la bonne cause dont il était l'appui. Ce commerce dura plus de deux ans sans qu'on soupçonnât la supercherie. Non content de savoir que ces messieurs étaient de chauds partisans de M. Arnauld, l'imposteur voulut quelque chose de plus ; et, vu la disposition où l'on était à son égard, il ne lui fut pas difficile de l'obtenir. Il dressa une sorte de thèse, telle que Port-Royal l'aurait pu concevoir, et la leur envoya avec une lettre où il leur marquait qu'il avait besoin de leur approbation pour faire triompher la vérité. Cette thèse fut signée le 2 novembre 1690, par les cinq personnes qu'on a nommées et par quatre autres. Quand le faux Arnauld eut assez de documents pour convaincre ces messieurs de leurs mauvais sentiments, il les fit imprimer sous le titre de *Secrets découverts*. Le mystère parvint à la connaissance du roi, qui n'eut rien de plus pressé que d'éloigner ces sujets de l'université. Mais lorsque le véritable Arnauld eut appris toute cette intrigue, il en fut hors de lui-même ; il traita l'auteur d'imposteur, de filou, de fourbe, de menteur, de fripon, de faussaire, d'ange de Satan, d'organe du démon. Tous ces traits se voient dans les écrits que sa plume enfanta sur ce sujet, dans sa requête à M. d'Arras, en 1691, dans celle à M. l'évêque et prince de Liége, et dans deux lettres aux jésuites, qu'il accusait d'être les auteurs de cette menée. Mais il se trompait dans cette accusation, car on sut que M. Tournely en était l'auteur, celui-là même qui a été professeur royal en Sorbonne, et qui se distingua tant dans la faculté en faveur de la constitution *Unigenitus*.

ASFELD (JACQUES-VINCENT BIDAL D'), naquit en 1664, frère du maréchal de France Claude-François Bidal d'Asfeld, fut abbé de la Vieuville en 1688 et docteur de Sorbonne en 1692. Il se démit de son abbaye en 1706, et mourut à Paris en 1745. Son attachement au jansénisme, qui le rendit réappelant, lui attira une lettre de cachet, en 1721. Cependant il ne donna pas dans la folie des convulsions ; il provoqua même et signa la consultation qui les condamnait.

Il fit longtemps des conférences à Saint-Roch sur l'Écriture-Sainte ; Duquet lui en fournissait la matière. Ces conférences étaient très-fréquentées. Il eut part à l'explication de plusieurs psaumes de Duquet, à celle des vingt-cinq premiers chapitres d'*Isaïe*, et à celle des livres *des Rois*.

Il est auteur de la préface des *Règles pour l'intelligence des saintes Écritures*, par Duquet. Paris, Jacques Etienne, 1712, un vol. in-12. Telle est du moins la part que lui attribuent à ce livre les *Nouvelles ecclésiastiques* du 18 décembre 1745.

On a reproché à l'abbé d'Asfeld de favoriser et d'insinuer dans cette préface l'hérésie de Quesnel sur l'impuissance et l'insuffisance de l'ancienne loi ; il s'exprime ainsi, page 23 : *Pour le corps de la nation* Juive, *la loi a été une occasion, quoique innocente, de méprise, en exaltant avec pompe les biens temporels, et en tenant cachés les biens éternels*. Mais la réflexion qu'il fait là-dessus est encore bien plus Quesnelliste. *Les Israélites*, ajoute-t-il, *étaient dignes par leur orgueil de cette espèce de séduction*.

Au reste, ce livre a été réfuté par un rabbin converti, et l'on trouve un excellent extrait de cette réfutation dans les journaux de Trévoux, janvier 1728.

Dom La Taste attribue à l'abbé d'Asfeld, contre les convulsions, le *Système du mélange confondu* et le *Système des discernants confondus*, 1735 et 1736. On le dit également auteur des *Vains efforts des mélangistes et des discernants confondus*, 1738, où il réfute Poncet, Boursier, d'Etemare. Il paraît que Besoigne le seconda dans ces écrits.

Il existe une *Relation de l'interrogatoire de M. l'abbé d'Asfeld*, etc., sur laquelle un écrivain s'est exprimé dans les termes que nous allons rapporter.

La puissance ecclésiastique et la puissance séculière sont également attaquées dans cet écrit. Le docteur qui y parle ne ménage ni le cardinal de Noailles, dont il est le diocésain, ni le roi, dont il est le sujet, ni les prélats dont il traite indignement le caractère et la doctrine, dans la personne des *quarante* de l'assemblée de 1714.

L'instruction des quarante prélats (dit-il, page 4) *et le nouveau corps de doctrine, qui sont venus au secours de la bulle, n'ont fait qu'ajouter de nouvelles erreurs aux premières*. Page 5. *Je n'ai pu apprendre qu'avec un sensible déplaisir, que par une démarche prématurée, on jetât l'autorité royale dans un labyrinthe dont elle ne pourra sortir qu'en retournant aux règles, c'est-à-dire en ré-*

trogradant, ou se rétractant, en détruisant tout ce qu'elle a fait.

Ainsi, l'Eglise et le roi se sont trop avancés : l'Eglise en enseignant des erreurs, et le roi en les appuyant de son autorité. C'est là ce que pense de l'un et de l'autre le docteur Bidal.

Veut-on savoir ce qu'il pense de lui-même? C'est bien ici qu'on va voir cette fatuité pharisaïque, cette plénitude de soi-même, cette bonne opinion de sa capacité et de ses lumières, ce mépris de celles des autres; cette idolâtrie de ses pensées et de sa raison; cette adoration de son propre esprit, qui font le caractère propre et spécifique des pharisiens de nos jours, les jansénistes et les quesnellistes.

Il y a quarante ans (dit l'abbé d'Asfeld, pag. 6 et 7) *que j'étudie la religion, et que j'y emploie constamment huit ou dix heures par jour, sans en avoir jamais rien soustrait, par la grâce de Dieu, ni pour l'intrigue, ni pour faire ma cour à ceux qui peuvent donner, ni pour la bonne chère, ou pour le plaisir. Qu'ils en disent autant,* ajoute-t-il fièrement, *et qu'ils produisent des preuves de leurs profondes connaissances dans les Ecritures saintes et dans la tradition. Je suis du métier. Nous nous connaissons. Je sais ce qu'ils font et ce qu'ils savent ; et qu'ils me permettent en ceci de ne les point regarder comme mes maîtres.* Quel ton! quelle insulte! quel fanatisme !-Les successeurs des apôtres, le corps épiscopal, cette Eglise enseignante, avec laquelle Jésus-Christ sera jusqu'à la consommation des siècles, l'abbé d'Asfeld ne les reconnaît point pour *ses maîtres :* il croit en savoir plus qu'eux. Le voilà donc livré à son esprit particulier, et sans autre guide que l'ange des ténèbres qui l'inspire.

AUDRAN (Prosper-Gabriel), professeur d'hébreu au collége de France, naquit à Romans (Dauphiné) en 1743, de la famille des célèbres graveurs de ce nom. Il entra dans la magistrature, et fut reçu conseiller au Châtelet de Paris, le 4 août 1768. Dégoûté de sa charge, il la vendit, se livra à l'étude de l'Ecriture sainte, prit des leçons d'hébreu sous Rivière, professeur de cette langue au collége de France, et fut nommé à sa place le 15 novembre 1799. Il n'était cependant pas très-fort dans l'hébreu. Il mourut le 23 juin 1819, laissant une *Grammaire hébraïque en tableaux;* Paris 1805, in-4°. On n'insèra pas dans le catalogue de sa bibliothèque les livres jansénistes dont il possédait, à ce qu'il paraît, un nombre assez considérable ; à cet égard, il poussait loin ses préventions. Il avait une grande réputation de piété dans ce parti, que l'avocat Baudin (*Voyez* ce nom), son ami, était parvenu à lui faire embrasser; il en avait épousé avec passion les erreurs et même les singularités. Le nom de la sainte Vierge semblait lui être en horreur, et il ne voulait point participer au culte que l'Eglise lui rend : aussi le remarquait-on dans les offices divins, abandonnant le lieu saint au moment où l'on commençait à invoquer la Mère de Dieu. Il n'aimait pas non plus à assister aux saluts. On dit; après sa mort, qu'il avait tout laissé aux pauvres ; mais on ne tarda pas de savoir que, fidèle aux leçons et aux exemples de son parti, il avait tout laissé à une certaine caisse destinée, non pas tout-à-fait pour les pauvres, mais pour d'autres œuvres bien plus importantes et plus précieuses. Qui encore à cette époque ne connaissait la *boîte à Perrette,* grossie successivement par les largesses des jansénistes les plus fervents, et sur laquelle M. Picot a donné des renseignements dans ses *Mémoires,* tom. III, pag. 621 ? Audran ne pouvait oublier cette petite et chère église d'Utrecht, objet de tant de prédilections.

AUGER (Athanase), naquit à Paris le 24 décembre 1734, se fit une grande réputation par ses traductions françaises de plusieurs ouvrages grecs; il fut grand-vicaire de Mgr de Noé, évêque de Lescars, qui appartenait au parti janséniste, tantôt par le richérisme et tantôt par le millénarisme. Auger, dans un de ses ouvrages, se déclara ennemi de la langue latine par des raisons très-peu satisfaisantes. Il se signala grandement en faveur de l'Eglise constitutionnelle, et on peut douter qu'un autre ecclésiastique eût mis dans cette tâche autant de chaleur et de persévérance. Il combattit dans cette arène jusqu'à sa mort, qui arriva le 7 février 1792. Quelques symptômes avaient paru annoncer qu'il s'y distinguerait lorsqu'elle serait ouverte : un prêtre qui n'aime pas le latin ; un grand-vicaire d'un évêque qui prophétise des choses étranges et contraires à la nature de l'Eglise ; un orateur qui dans ses sermons substitue d'autres versions latines à la Vulgate, etc., promettait bien de ne pas se perdre dans la foule des prêtres du Seigneur, quand l'orage gronderait sur le sanctuaire, en disperserait les ministres.

AVOCATS. L'esprit d'opposition avait entraîné un grand nombre d'avocats, surtout du Parlement de Paris, dans la voie jansénienne. On les vit jouer dans les affaires du parti un rôle doublement intéressé. Nous allons mentionner ici plusieurs pièces qui attestent leur goût pour les nouveautés et leur amour du scandale.

Consultation *de MM. les avocats du Parlement de Paris, au sujet du jugement rendu à Embrun, contre M. l'évêque de Senez.* 1727.

I. — Cet ouvrage, signé de 50 avocats de Paris, tend à établir que l'infaillibilité promise à l'Eglise, que le pouvoir spirituel qui lui a été donné par Jésus-Christ, que l'autorité qu'elle a de décider les contestations qui s'élèvent dans son sein, résident dans la société entière en tant qu'elle renferme les pasteurs et les simples fidèles ; de manière que les évêques ne peuvent rien faire que dépendamment de cette société à laquelle ils sont subordonnés.

Les avocats entreprennent de justifier cette proposition de Quesnel, que *c'est l'Eglise qui a l'autorité d'excommunier par ses premiers* pasteurs, du consentement, du moins présumé, de tout ce corps. Ils s'écrient que ceux qui se font un devoir d'étudier les principes de la hiérarchie et la forme du gouvernement, se trouvent déconcertés par la condamnation de cette proposition. Ils semblent regarder l'Eglise comme une république populaire, dont toute l'autorité législative, et coactive réside dans la société entière et dans le consentement exprès ou présumé de la multitude, ce qui est le pur système de M. Antoine de Dominis. *Deus Spiritum suum toti Ecclesiæ promisit, non alligando eum certis personis. Sunt laici in Ecclesia, ipsiusque solidam et majorem partem constituunt.* De Republ. Eccl. 1, cap. 12.

Les mêmes avocats, en parlant de la bulle *Unigenitus*, disent que *le chrétien, le citoyen et ceux qui ont étudié les principes de la hiérarchie en sont effrayés, consternés, indignés.* En parlant des censures *in globo*, que *ces sortes de jugements ne sont qu'un joug honteux, qui ne présente que ténèbres et que confusion.*

En parlant des conciles généraux, que c'est la fausse politique de la cour de Rome qui s'oppose à leur convocation.

En parlant du concile d'Embrun, que *toutes les démarches qui ont été faites dans ce concile ne sont qu'un tissu d'irrégularités, dont il y a peu d'exemples dans l'antiquité, et que la postérité aura peine à croire.*

II. — Le roi, informé du trouble que cette *consultation* jetait dans les esprits, et des plaintes qu'elle excitait dans le public, demanda sur ce sujet l'avis et le jugement des cardinaux, archevêques et évêques qui se trouvaient pour lors à Paris. Ce fut pour obéir à cet ordre que les prélats écrivirent à Sa Majesté une lettre signée par trente et un cardinaux, archevêques et évêques, à la tête desquels on voit les cardinaux de Rohan, de Bissy et de Fleury. Elle est datée du 4 mai 1728. En voici le résultat :

« Il résulte de nos observations, Sire, que les auteurs de la *Consultation* se sont égarés en des points très-importants ; nous déclarons à V. M. qu'ils ont avancé, insinué, favorisé sur l'Eglise, sur les conciles, sur le pape, sur les évêques, sur la forme et l'autorité de leurs jugements, sur la bulle *Unigenitus*, sur l'appel au futur concile, et sur la signature du *Formulaire*, des maximes et des propositions téméraires, fausses, tendantes au schisme, et dont la plupart ont été déjà justement proscrites comme injurieuses à l'Eglise, destructives de la hiérarchie, suspectes d'hérésie, et même hérétiques. Ils ont attaqué le concile d'Embrun témérairement, injustement et au préjudice de l'autorité royale, et du respect qui est dû à un nombre considérable de prélats et au pape même. »

En conséquence il y eut un arrêt du conseil d'Etat du 3 juillet 1728, où le roi déclare, qu'au jugement des évêques, les véritables idées qu'on doit avoir de l'Eglise et de sa puissance spirituelle sont altérées et obscurcies dans la *Consultation* des avocats ; qu'on y réduit le corps des pasteurs, en qui réside la puissance spirituelle, à ne pouvoir l'exercer que du consentement du reste de l'Eglise ; ce qui ne peut s'entendre que des ministres du second ordre et des laïques mêmes, soumettant ainsi le pasteur au troupeau et donnant lieu par là de révoquer en doute l'autorité de toutes les décisions de l'Eglise ; que cette doctrine affaiblit l'autorité des conciles généraux et favorise le dogme de l'esprit particulier ; que de simples laïques, s'érigeant en juges mêmes de la foi, y font une déclamation injurieuse contre une *Constitution* confirmée par trois souverains pontifes, acceptée en France par cinq assemblées du clergé, reçue par toute l'Eglise, et revêtue tant de fois du sceau de l'autorité royale ; qu'il n'est pas surprenant, après cela, que le souverain pontife soit si peu respecté dans cette *Consultation*, qu'on affecte de ne lui donner que le nom et la qualité de chef visible dans l'Eglise, au lieu de celle de *chef visible de l'Eglise*. Qu'on réduit sa primauté, qui est de droit divin, à une simple prérogative d'honneur et de dignité, qui n'est fondée que sur un droit purement positif et non pas sur l'institution de Jésus-Christ même.

Sa Majesté ordonne que ladite *Consultation* sera et demeurera supprimée, défend de la retenir et de la distribuer, à peine de punition exemplaire.

III. — Cette *Consultation* a reçu de toutes parts les traitements qu'elle méritait. Le 9 juin 1728, le pape Benoît XIII la condamna par un bref, *comme contenant des propositions scandaleuses, téméraires, séditieuses, pernicieuses, injurieuses à l'autorité du saint-siège et des évêques, favorisant l'hérésie, schismatiques et hérétiques.* Il défend de l'imprimer ou de la lire, sous peine d'excommunication *ipso facto*, sans autre déclaration, et dont on ne pourra être absous que par lui ou par le pontife régnant.

Le même écrit a été condamné avec les qualifications les plus fortes, par des mandements particuliers de plusieurs grands prélats du royaume.

M. l'évêque de Soissons (aujourd'hui archevêque de Sens) a proscrit la *Consultation*, comme suspecte d'hérésie et même c.. me hérétique.

M. l'évêque de Marseille qualifie d'audacieuse et de fanatique une entreprise par laquelle des laïques sans mission, sans connaissance de cause, sans autorité, au mépris de toutes les puissances et au scandale des peuples, ont osé donner des règles aux fidèles sur leur croyance, faire la loi aux évêques, prétendre assujettir un concile à des formalités arbitraires, instruire et conduire leur propre pasteur, et enseigner l'Eglise même.

M. l'évêque de Carcassonne (de Rochebonne) vertueux et zélé prélat, que la terre ne méritait pas de posséder plus longtemps, père des pauvres, évêque digne des premiers siècles, a dit dans sa lettre à M. le cardinal de Bissy, que cette *Consultation* sapait les fondements les plus inébranlables de la religion et contenait des propositions qui font frémir. Il l'a condamnée ensuite, par un mandement du 5 mars 1728, *comme téméraire, séditieuse, scandaleuse, injurieuse au corps des pasteurs, à l'autorité de notre S. P. le pape et à celle du roi, tendante au schisme, et hérétique.*

M. l'archevêque de Cambrai l'a foudroyée par une instruction pastorale de 250 pages, où l'on trouve tout ce qui a été dit de plus solide et de plus énergique sur cette matière.

M. l'évêque d'Evreux (Le Normand) suivit les cinquante avocats jusque dans les sources où ils étaient allés puiser tout ce qu'ils avaient avancé contre le concile d'Embrun; et (pour nous servir des paroles de M. de Sisteron) *il démontra, ou que, par la plus grossière ignorance, ils n'avaient eu nulle connaissance des lois, des règlements et des exemples qu'ils avaient rapportés dans leur Consultation; ou que, par la plus insigne perfidie, ils avaient supposé, tronqué et falsifié généralement toutes les autorités dont ils s'appuyaient.*

Le mandement de M. l'évêque de Valence (Milon), contre la même *Consultation*, est du 1er octobre 1728. Celui de M. de Boulogne (Henriant), est du 13 août. Celui de M. de Tours (Chastignac) est du 22 novembre. Celui de M. de Vence (Surian) est du 19 novembre. Celui de M. de Saint-Brieuc (De Monclus) est du 3 février 1729. L'ordonnance et l'instruction pastorales de M. l'évêque de Luçon (de Rabutin de Bussy) est du 27 août 1728.

Le mandement de M. de Châlons (Madat) est du 18 août. Celui de M. de La Rochelle (Brancas) est du 15 novembre. Celui de M. le cardinal de Bissy est du 23 décembre. Celui de l'archevêque d'Embrun (depuis cardinal de Tencin) contre un libelle intitulé *Représentations*, etc., qui était une apologie de la *Consultation*, est de novembre 1729, et la lettre du même prélat à ses diocésains, pour leur communiquer l'instruction de M. l'évêque d'Evreux, est du mois d'août 1731, etc.

Tel fut le sort de la *Consultation*, cet ouvrage si cher au parti. *A peine ce monstre vit-il le jour*, dit M. de Tencin, *qu'il fut étouffé par le concours des deux puissances.*

CONSULTATION *de messieurs les avocats de Paris, au sujet de la canonisation de saint Vincent-de-Paul.* Voyez BOURSIER (Laurent-François.)

CONSULTATION *du 1er septembre 1739, au sujet du mandement de M. l'archevêque de Sens, du 6 avril 1739, qui ordonne, sous peine de suspense, d'enseigner le nouveau catéchisme.*

Cette consultation est signée par douze avocats. La France, disent-ils, ne reconnaît point d'excommunication encourue par le seul fait, et elle conserve encore sur ce point l'ancien droit de l'Eglise dans les premiers siècles; l'excommunication ne pouvait être prononcée qu'après une accusation suivie d'une conviction juridique et par une sentence. C'est ce droit primitif, ajoutent-ils, que le concile de Constance a rétabli par la proscription des abus qui l'avaient obscurci dans des siècles d'ignorance, et par la défense de regarder personne comme excommunié avant que la sentence d'excommunication ait été rendue nommément contre lui... Et plus bas: On ne reconnaît point en France d'excommunication encourue par le seul fait, et c'est un abus d'en prononcer.

C'est ainsi que les jurisconsultes contredisent tous les théologiens et canonistes français; ils auraient sans doute dû savoir que l'*ipso facto* est plus ancien en France qu'en Italie, et qu'il a été en usage dans nos conciles avant que d'être employé dans les Décrétales.

Mais l'ignorance sur tous ces points ne les a rendus que plus téméraires: ils osent nier le pouvoir de l'Eglise, renverser ses règles, insulter aux premiers pasteurs, et choquer leur juste autorité. Ils n'attaquent rien de moins que la bulle *Ad evitanda* du concile de Constance, le concile de Bâle, l'assemblée des Etats du royaume tenue à Bourges en 1438, la pragmatique-sanction de Charles VII, le concile de Latran sous Léon X, et le concordat entre ce souverain pontife et le roi François 1er; car enfin tous ces actes connus et authentiques supposent de véritables excommuniés de droit ou de sentence prononcée. Quoiqu'on y établisse qu'ils ne sont à éviter qu'après la publication et la dénomination, est-il permis de conclure qu'ils ne sont pas réellement excommuniés devant Dieu, et que la France ne reconnaît point d'excommunications encourues par le seul fait? Il s'ensuit seulement que les excommuniés de droit ne sont à éviter qu'après une sentence qui déclare et qui dénonce, qu'ayant fait l'action défendue, ils ont encouru l'excommunication dont le droit punit cette action. Il est vrai que depuis le concile de Constance, on n'encourt point extérieurement les peines de l'excommunication *ipso facto*, avant la dénomination; mais il n'est pas moins vrai qu'on les encourt intérieurement, et que la censure opère réellement sur l'intérieur du coupable, avant qu'il soit nommément déclaré et dénoncé excommunié.

Telle est en particulier la doctrine de France. Elle paraît dans ses conciles, dans les statuts de ses évêques, dans les résultats de ses assemblées, les rituels, les formules de prône, où partout le législateur suppose que les censures portées lient intérieurement le prévaricateur à l'instant de sa prévarication, sans autre jugement. Reste à discerner à connaître les excommunications qui sont en vigueur, et qui ont force dans l'Eglise de France; mais c'est ce que l'on n'entreprend pas d'examiner ici.

CONSULTATIONS à l'occasion du refus des sacrements fait au célèbre Coffin, à l'article de la mort. *Voyez* COFFIN.

CONSULTATION ou *Mémoire pour les sieurs Samson, curé d'Olivet*, etc., *diocèse d'Orléans*, et autres ecclésiastiques de différents diocèses, appelants comme d'abus ; contre M. l'évêque d'Orléans et autres archevêques et évêques de différents diocèses, intimés : sur l'effet des arrêts des parlements, tant provisoires que définitifs, en matière d'appel comme d'abus des censures ecclésiastiques.

Ce mémoire est de sept pages, imprimé à Paris, chez Lottin, délibéré et signé les 27 juillet et 7 septembre 1730, par quarante avocats du parlement.

Depuis l'établissement de la monarchie, on n'a jamais porté plus loin l'esprit de révolte, de schisme et d'indépendance, ni outragé plus indignement la puissance royale.

Les quarante avocats enseignent dans le libelle que les parlements ont reçu du corps de la nation l'autorité qu'ils exercent en administrant la justice; qu'ils sont *les assesseurs du trône*, et que personne n'est au-dessus de leurs arrêts. Ils appellent le parlement *le Sénat de la nation*, et ils égalent en quelque façon sa puissance à celle du monarque, à qui ils ont l'audace de donner le simple titre de *Chef de la nation*.

La puissance ecclésiastique n'y est pas moins outragée. On y taxe les évêques de tyrannie et de vexations à l'égard de ceux qui leur sont soumis. On prétend que sur les simples appels comme d'abus, les arrêts de défense relèvent des censures, et que leur effet est non-seulement *dévolutif*, mais encore *suspensif*.

L'assemblée générale du clergé se tenait alors : elle en porta ses plaintes au roi ; et lui ayant représenté dans les termes les plus touchants et les plus respectueux, *qu'à moins d'un prompt remède, la foi se perdait, les hérétiques triomphaient ; que le déisme même et l'athéisme profitaient de cet esprit d'indépendance qui gagnait chaque jour ; et qu'en un mot il n'y avait qu'un pas à faire pour embrasser le calvinisme et pour saper les fondements de la monarchie :* le roi, par un arrêt de son conseil d'État, supprima le mémoire des avocats comme injurieux à son autorité, séditieux et tendant à troubler la tranquillité publique. Sa Majesté ordonna que ceux qui l'avaient signé eussent dans un mois à le désavouer ou à se rétracter, faute de quoi ils demeureraient par provision interdits de leurs fonctions.

Il faut observer que des quarante avocats dont les noms étaient au bas du mémoire, il n'y en avait que treize qui l'eussent signé, que la signature des vingt-sept autres était entièrement supposée ; que des treize même qui l'avaient signé, il n'y en avait que deux qui l'eussent fait avec connaissance de cause, et que de ces deux encore, le premier, qui se trouvait le doyen de tous, était aveugle.

Dès que l'arrêt du conseil eut paru, les quarante avocats demandèrent la permission de s'expliquer, et cette grâce leur fut accordée. On fut satisfait de leurs explications dans ce qui était relatif à l'autorité monarchique, sur laquelle ils ne laissèrent rien à désirer, et on inséra leur déclaration dans un autre arrêt du conseil. Mais les évêques n'eurent pas sujet d'être contents, puisque cette même déclaration contient une proposition formellement hérétique qui anéantit totalement leur juridiction.

Le mémoire des quarante avocats fut fortement attaqué par les prélats. M. l'archevêque d'Embrun (de Tencin) parut le premier sur les rangs : il le condamna par un mandement dans lequel il établit solidement la distinction des deux puissances, la différence de leurs fonctions, et ne laissa aucun subterfuge à l'erreur.

Cette même année (1731), M. l'archevêque de Paris (de Vintimille), fit paraître un mandement dans lequel le fameux mémoire est censuré et condamné, comme renfermant sur la puissance et la juridiction ecclésiastiques, et sur le pouvoir des chefs, plusieurs principes respectivement faux, pernicieux, destructifs de la puissance et de la juridiction ecclésiastiques, erronés et même hérétiques.

DÉFENSE *de la Consultation de MM. les avocats de Paris.*

Malgré les justes anathèmes dont la consultation des cinquante avocats avait été frappée, un anonyme entreprit de la justifier et d'attaquer le formulaire, sans respect ni pour les bulles et les brefs des souverains pontifes, ni pour les délibérations des assemblées du clergé, ni pour les édits et déclarations du roi.

Il ose dire, page 69, que *ce n'est point l'Eglise qui exige la signature du formulaire... que c'est une loi dans l'Eglise, mais que ce n'est pas une loi de l'Eglise.*

M. le cardinal de Bissy, par son instruction du 12 novembre 1729, condamna ce libelle, *comme contenant des propositions téméraires, fausses, scandaleuses, injurieuses au saint-siége, aux assemblées du clergé de France, aux édits et déclarations de Sa Majesté, et qui ne tendent pas moins qu'à renverser l'autorité du formulaire,* etc. Il défendit en même temps à tous les fidèles de son diocèse *de lire et de garder ledit écrit.*

QUESTION *nouvelle. A-t-on droit d'accuser MM. les avocats du parlement de Paris, d'avoir passé leur pouvoir, et d'avoir traité des matières qui ne sont pas de leur compétence dans leur célèbre consultation sur le jugement rendu à Embrun contre M. de Senon.* 1728. 15 pages in-4°.

Les *Nouvelles ecclésiastiques*, du 20 avril 1728, ont annoncé cet écrit. La réponse à la question qui y est proposée se trouve dans la lettre de 31 cardinaux, archevêques et évêques au roi, du 4 mai 1728 ; dans l'arrêt du conseil du 3 juillet ; dans le bref du pape, du 9 juin ; dans les mandements de MM. de Soissons (Languet), de Marseille (Belsunce), de Carcassonne (Rochebonne), de Cambrai (Saint-Albin), d'Evreux (Le Normand), de Saint-Papoul (Ségur), de Tours (Rastignac), de Lectoure (de Beaufort), etc.

NATURE (*De la*) *de la grâce, où l'on fait voir ce que c'est que la grâce de Jésus-Christ, considérée en général, et indépendamment* du sujet, c'est-à-dire de l'être particulier où elle consiste; en 1739, in-12, 141 pages. L'ouvrage est dédié aux avocats, et l'épitre dédicatoire est des plus singulières. L'auteur se donne pour un *homme du peuple, naturellement peu éclairé, mais destiné de Dieu pour instruire les plus grands docteurs sur les matières de la grâce.* Ces grands docteurs sont les avocats. Dieu, dit-il, *a mis au nombre de vos clients l'Eglise même de Jésus-Christ. Songez que l'Eglise, réduite à l'extrémité, n'a presque plus d'autres défenseurs que vous, et qu'elle implore votre secours et votre foi avec larmes. Songez que c'est à Dieu même que vous devez répondre d'une si grande cause, qu'il a remise entre vos mains.*

On aurait peine à croire que ce discours fût sérieux, si l'auteur ne se donnait pour un sincère janséniste. Selon lui, toute la grâce de Jésus-Christ est efficace, infaillible dans ses opérations et dans ses effets, par sa propre force. L'efficacité lui est tellement attachée, qu'elle en fait la différence essentielle d'avec la grâce de l'état d'innocence. La foi et l'espérance ne peuvent être sans charité. Depuis cent ans, les théologiens ont jeté une horrible confusion dans les matières qui concernent la nature et les opérations de la grâce. *Tout y a été rempli de ténèbres; et néanmoins par une fatalité digne de larmes, la foi a été jugée, sans que la vérité ni l'erreur eussent été éclaircies. Aussi le Seigneur, par une providence et une bonté admirables, n'a pas permis qu'il s'assemblât jusqu'ici un concile général.*

C'est faire entendre clairement que l'Eglise dispersée n'est point infaillible; qu'elle a condamné injustement la doctrine de Jansénius et de Quesnel, et qu'on est en droit d'appeler de son jugement à celui du concile général. Il n'est pas surprenant que l'anonyme déclame à toute outrance contre les théologiens scholastiques, et que, pour les décrier, il leur impute des erreurs chimériques. C'est là le ton et la pratique de tous les novateurs.

MÉMOIRE *pour M. François-Jacques Fleury*, curé de la paroisse de Saint-Victor d'Orléans, prisonnier à la Bastille, accusé d'avoir imputé une lettre à M. l'évêque d'Orléans, en imitant sa signature, et de l'avoir adressée à M. le duc d'Orléans, régent; contre M. le procureur général de la chambre séant au château de l'Arsenal, accusateur. Paris, Jean-Michel Garnier. In-fol.

CONSULTATIONS *de MM. les avocats du Parlement de Paris*, au sujet de la procédure faite contre M. *Villebrun*, curé de Sainte-Anne de Montpellier, et du mandement de M. l'évêque de Montpellier, du 7 mars 1739, concernant la signature du formulaire d'Alexandre VII. 1740, in-4°.

DIVERS ÉCRITS *sur l'affaire de M. le curé de Carvin-Epinay*: 1° Examen de la sentence étendue de M. le vice-gérant; 2° Lettre sur la réponse de M. le promoteur; 3° Lettre sur la désolation de la paroisse de Carvin; 4° Requête et quelques attestations des paroissiens de Carvin. 1715, in-12.

LETTRE *de M. Clément Waterloppe*, curé de Carvin-Epinay, à M. de Caninck, vice-gérant de l'officialité de Tournay, où il se justifie contre la sentence rendue sur le refus de publier la constitution *Unigenitus*; avec une autre lettre du même curé à M. l'évêque de Tournay, et un mémoire où l'on examine s'il est permis de publier cette constitution. 1715, in-12.

RECUEIL *des Consultations de MM. les avocats du parlement de Paris*, au sujet de la procédure extraordinaire, instruite à l'officialité de Cambrai, contre le sieur *Bardon*, chanoine de Leuze, sur son refus de souscrire aux bulles contre Baïus et Jansénius et à la bulle *Unigenitus*. 1740, in-4°.

REQUÊTES *présentées au parlement de Bretagne* et à M. l'évêque de Rennes, au sujet d'un refus de sacrements, en sa lettre circulaire écrite en 1731 aux évêques de France, par ordre du roi. 1769, in-4°.

MÉMOIRE *où l'on prouve l'injustice et la nullité des excommunications* dont on menace ceux qui ont appelé ou qui appelleront de la constitution *Unigenitus*, et où l'on marque les moyens de s'en garantir. 1719, in-4°.

MÉMOIRE *sur le refus public des sacrements au lit de la mort*, qu'on fait dans plusieurs diocèses aux fidèles de l'un et de l'autre sexe qui ne reçoivent point la constitution *Unigenitus*, in-4°.

REQUÊTE *de la demoiselle Sellier*, sœur du sieur Sellier, chanoine d'Orléans, à messieurs de parlement en la grand'chambre, pour se plaindre du refus des sacrements fait par le chapitre d'Orléans audit sieur son frère, à l'article de la mort. Paris, Ph.-Nic. Lottin. 1739, in-4°.

CONSULTATION *des avocats du parlement de Paris*, pour la cause de M. l'évêque de Senez, du premier juillet 1727, in-4°.

CONSULTATION *des avocats du parlement de Paris*, du 30 octobre 1727, au sujet du jugement rendu à Embrun, contre M. l'évêque de Senez, in-4°.

On publia à cette occasion, entre autres ouvrages, les pièces qui suivent:

LETTRE *de M. l'évêque de Senez à M. Du Perray*, doyen des avocats du parlement de Paris, du 23 novembre 1727, pour le remercier de la consultation dressée par lui et ses confrères en faveur dudit évêque. In-4°.

CINQ LETTRES *d'un avocat de province* à M. AUBRY, avocat au parlement de Paris, au sujet de sa dernière consultation en faveur de M. de Senez. In-4°.

M. *Aubry*, avocat au parlement de Paris, réfuté par lui-même dans le parallèle qu'il fit en 1721, au sujet du prieuré de Merlon, pour M. l'abbé de Tencin.

QUESTION NOUVELLE. *A-t-on droit d'accuser les avocats du parlement de Paris d'avoir outrepassé leur pouvoir, et d'avoir traité des matières qui ne sont pas de leur com-*

pétence, dans leur consultation sur le jugement contre M. de Senez. In-4°.

APOLOGIE *de la Consultation des avocats jansénistes de Paris,* contre le concile d'Embrun, sur l'air de *Jean de Vert en France,* etc., et Remerciement des jansénistes auxdits avocats, sur l'air de *Joconde.* In-8° et in-4°

B

BAIUS (MICHEL DE BAY, plus connu sous le nom de), né en 1513, au village de Melin dans le Hainaut, devint un docteur trop fameux de l'université de Louvain. Il mourut au mois de septembre 1609, le 16, suivant les uns, le 19, suivant les autres. On peut voir son article dans le *Dict. hist.* de Feller. Baïus se soumit aux bulles des papes qui condamnèrent ses principes et ses erreurs. « Sa soumission, dit Tabaraud, ne termina pas les disputes dans l'université de Louvain; mais leur histoire se rattache à celle du jansénisme. » *Biogr. univ.* de Michaud, art. *Baïus.*

OPERA MICHAELIS BAII *celeberrimi in Lovaniensi academia theologi, cum Bullis Pontificum, et aliis ejus causam spectantibus.* Cologne, 1696.

Cette édition fut donnée par les soins du Père Gerberon, qui finit par apostasier. Plusieurs des pièces dont il l'augmenta n'avaient point encore vu le jour. Innocent XII la condamna en 1697.

BAILLET (ADRIEN), né à la Neuville-en-Hez, village peu éloigné de Beauvais, le 13 juin 1649, de parents pauvres. Il reçut les ordres en 1676, et devint, en 1682, à la recommandation d'Hermant, bibliothécaire de Lamoignon. C'était un savant extrêmement laborieux; il mourut le 21 janvier 1706. Il doit à quelques-uns de ses ouvrages une place dans cette triste galerie, non pas précisément, si on le veut, comme janséniste déclaré, mais à cause de ce qu'on va lire.

DE LA DÉVOTION A LA SAINTE VIERGE *et du culte qui lui est dû.* Paris, Cl. Cellier, 1693, in-12. Autre édition, 1696, in-12.

Nous connaissons une critique de ce livre; mais, comme elle nous paraît exagérée, nous ne la rapporterons pas.

Tabaraud, dans la *Biographie universelle,* de Michaud trouve que le livre de Baillet est un « ouvrage solide et instructif, où l'auteur tient un juste milieu entre les protestants qui traitent d'idolâtrie le culte qu'on rend à la mère de Dieu et les dévots indiscrets qui le surchargent de pratiques minutieuses, souvent même superstitieuses. Cet ouvrage fut dénoncé à l'archevêque de Paris (de Harlay), qui n'y trouva rien à répondre, et à la Sorbonne qui, au lieu de faire droit à la dénonciation, censura le livre de Marie d'Agréda, où ce culte est poussé à des excès ridicules. » — Après ces paroles qui ne nous plaisent pas du tout, voici sur le même sujet celles de Feller, qui ne nous plaisent guère:

« Baillet désapprouve dans ce livre bien des pratiques que l'Eglise semble autoriser u du moins tolérer : mais comme il peut y avoir dans cette matière, comme dans toute autre, des abus et des excès, l'ouvrage de Baillet était, à bien des égards, propre à les corriger et à les prévenir. On l'a peut-être jugé un peu trop sévèrement, sans doute par la crainte que d'une extrémité il n'entraînât dans une autre. » — Feller, par ces dernières paroles, entend, nous le croyons, la critique dont nous avons dit un mot. A cet égard, nous sommes de son avis.

S'il est vrai, comme le dit Tabaraud, que M. l'archevêque de Paris ne trouva rien à reprendre à l'ouvrage de Baillet, il est vrai aussi que le pape mit cet ouvrage à l'*Index* deux fois, 1° par le décret du 7 septembre 1695, et 2° par celui du 26 octobre 1701. Ainsi furent frappées les deux éditions, chacune avec la clause *donec corrigatur.*

Si la Sorbonne, au lieu de censurer cet ouvrage, censura celui de Marie d'Agréda, elle rencontra dans son sein une vive opposition, et ne fit en cela qu'imiter la congrégation de l'*Index,* qui avait censuré la *Cité mystique,* dès 1681. Feller ne dit pas que l'ouvrage de Baillet fut censuré, et on pourrait lui reprocher à lui aussi de passer les bornes d'une juste critique, en parlant du livre de Marie d'Agréda.

JUGEMENTS DES SAVANTS *sur les principaux ouvrages des auteurs.*

Cet ouvrage forme 9 vol. in-12, et n'est pas achevé, tant s'en faut.

Il y a deux manières, dit un auteur orthodoxe, d'inspirer l'erreur aux fidèles : en avançant des erreurs contre la foi, en louant sans restriction les auteurs qui les enseignent. D'après cela, on a reproché à Baillet d'avoir fait de pompeux éloges de Port-Royal, sans oublier l'abbé de Saint-Cyran (tom. II, pag. 293; tom. IV, p. 562).

Il célèbre les Arnauld. Quant au fameux docteur de ce nom, il passe sous silence le décret par lequel la Sorbonne l'expulsa, lui et tous ceux qui refusèrent de signer sa condamnation. Le Maistre de Sacy avait droit à l'encens de Baillet, qui lui consacra généreusement quinze pages, tom. IV, p. 593. Le Père Gerberon a sa part, tom. III, p. 536. Quelqu'un voulant savoir pourquoi Baillet le prodiguait ainsi aux jansénistes, n'en trouva d'autre raison que ces paroles de Baillet lui-même, tom. I, pag. 95 : C'est que le *jansénisme est une hérésie imaginaire.* Baillet demande qu'on lui définisse ce que c'est *que la société des jansénistes, qu'il a prise longtemps pour une chimère à laquelle on a attaché un nom de secte qui est rejeté de tout le monde.* — Or, c'est une proposition condamnée par l'assemblée de 1700.

VIE D'EDMOND RICHER, *docteur de Sor-*

bonne, etc. Liége, 1714, in-12 de 407 pages. — Autre édition, 1734, in-12 de 380 pages.

On attribue communément cette biographie à Baillet, qui semble n'avoir eu d'autre but que de faire l'apologie du livre *De Ecclesiastica et politica potestate*. Richer, auteur de ce livre, le rétracte, et Baillet s'attache à infirmer cette rétractation. Pour y réussir, il adopte une calomnie assez mal concertée, savoir : que le Père Joseph força Richer à se rétracter, en lui faisant mettre par deux assassins le poignard sur la gorge. Il ajoute que Richer mourut sept mois après, de douleur de s'être rétracté ; mais cette rétractation de Richer fut donnée en 1629, et sa mort arriva plus longtemps après, c'est-à-dire le 29 novembre 1631. Cette horrible anecdote est victorieusement prouvée calomnieuse par le *Journal de Trévoux*, janvier 1703.

VIES DES SAINTS, *composées sur ce qui nous reste de plus authentique et de plus assuré dans leur histoire, disposées selon l'ordre des calendriers et les martyrologes*. Paris, Rouland, 1704, 4 vol. in-fol.

Cet ouvrage fut condamné par l'évêque de Gap, qui en défendit la lecture, sous peine d'excommunication encourue par le seul fait, dans son mandement du 4 mars 1711. Le prélat y dit, page 12, que *ce livre, outre les sentiments de Jansénius, inspire encore ceux de la prétendue réforme sur un grand nombre d'articles, tant de dogme que de discipline*. Ce n'est donc pas un livre qu'on puisse mettre entre les mains des fidèles. Il est moins propre à édifier ou à instruire, qu'à faire douter. Adulateur perpétuel des auteurs protestants, il copie leurs ouvrages avec peu de discernement, sans savoir démêler le bon du mauvais, faute de théologie, faute de précision et de rectitude dans l'esprit ; il marche d'un pas assez sûr quand il a pour guide les Bollandistes, dans les ouvrages desquels il a puisé presque tout ce qu'il a de bon. Hors de là, il chancelle, il s'égare souvent, il dit le pour et le contre et il s'enveloppe dans un dangereux pyrrhonisme.

On trouve dans cet ouvrage un grand nombre de fautes grossières, comme quand il dit (1) dans son discours sur la *Quinquagésime*, en parlant de l'aveugle de Jéricho, que *la guérison de cet aveugle fut le dernier miracle que Jésus-Christ fit de son vivant..... Il voulut donner cette dernière preuve de sa puissance divine*.

BARBIER D'AUCOURT (JEAN), avocat au parlement de Paris, né à Langres, de parents pauvres, vers l'an 1641. « Une aventure qui lui arriva en 1663, dit Auger, dans la *Biogr. univers.* de Michaud, parut décider de la nature de ses liaisons et de ses écrits. Tous les ans, les Jésuites exposaient dans l'église de leur collège une suite de tableaux énigmatiques dont les spectateurs étaient invités à donner l'explication en latin. Barbier, ayant laissé échapper quelques paroles peu décentes, le jésuite qui présidait à l'exercice l'en reprit, en lui rappelant la sainteté du lieu. Il répondit brusquement : *Si locus est sacrus, quare exponitis....?* On ne lui laissa pas le temps d'achever sa phrase : tous les écoliers se mirent à répéter son barbarisme, et le sobriquet d'*avocat sacrus* lui en resta. On prétend que cette petite mortification le jeta dans le parti opposé aux Jésuites, que depuis il attaqua en corps ou individuellement dans ses divers écrits.... Il ne fut pas plus heureux aux exercices du barreau, qu'à ceux des jésuites : la première fois qu'il plaida, il resta court au bout de quelques phrases. » Il mourut le 13 septembre 1694.

ONGUENT POUR LA BRULURE, *ou secret pour empêcher les Jésuites de brûler les livres*, en vers burlesques. 1664, in-4° -- Satire d'environ 1800 vers, divisée en trois parties ; la deuxième est intitulée : *Ce que c'est que le jansénisme, que l'on prétend brûler dans tous les livres qu'on brûle*.

L'auteur, voulant faire l'apologie de cette satire, publia : *Lettre d'un avocat à un de ses amis, sur l'Onguent pour la brûlure*; du 1er avril 1664, in-4°. C'est sans doute contre cette même satire que fut publiée une pièce qui a pour titre : *l'Etrille du Pégase janséniste, aux rimailleurs de Port-Royal*: en vers, in-4°. La satire de Barbier d'Aucourt est plate et des plus insipi'es ; ce qui n'a pas empêché qu'on ne l'ait réimprimée, encore contre les jésuites, en 1826 ou 1827, in-32.

LETTRE D'UN AVOCAT *à un de ses amis*, du 4 juin 1664, *sur la signature du fait contenu dans le formulaire, avec différents motifs de signer le formulaire*; en vers, in-4°.

GAUDINETTES, *ou lettres à M. Gaudin, official de Paris, sur la signature du formulaire*. 1666.

LETTRES EN VERS LIBRES A UN AMI *sur le mandement de M. l'archevêque de Paris contre la traduction du Nouveau-Testament imprimé à Mons ; avec un madrigal adressé à ce prélat, et un autre sur le P. Maimbourg*; in-4°.

BARCOS (MARTIN DE), né à Bayonne en 1600, était neveu, par sa mère, du fameux abbé de Saint-Cyran, qui l'envoya étudier la théologie sous Jansénius, alors professeur à Louvain, et plus tard évêque d'Ypres. Ayant des liaisons avec les Arnauld, il fit l'éducation du fils d'Arnauld d'Andilly ; il revint ensuite auprès de son oncle, auquel il succéda dans l'abbaye de Saint-Cyran. Son attachement à Port-Royal lui valut une lettre de cachet, qui l'exilait à Boulogne ; mais il se cacha, et ne reparut qu'après la paix, en 1669. Il revint dans son abbaye, où il mourut en 1778. *Voyez* son article dans Feller. De ses ouvrages, tous oubliés, nous ne mentionnerons que les suivants.

AUTORITÉ (DE L') DE SAINT PIERRE ET DE SAINT PAUL *qui réside dans le pape, successeur de ces deux apôtres*. Sans nom d'auteur ni de ville ; 1645, in-4° de 77 pages.

(1) Tome IV, p. 15, seconde colonne.

Martin de Barcos composa cet ouvrage pour établir l'hérésie *Des deux chefs qui n'en font qu'un*, en prouvant à sa manière que saint Paul avait été, aussi bien que saint Pierre, le chef visible de l'Eglise, et pour anéantir par là le dogme fondamental de la primauté de saint Pierre et de ses successeurs, qui, après lui, ont été les vicaires de Jésus-Christ. Il paraît évident que de Barcos en y travaillant, avait devant les yeux le livre *de la République ecclésiastique*, composé par l'archevêque de Spalatro, Marc-Antoine de Dominis : tant il y a de conformité entre les raisonnements, les preuves, la doctrine et les citations.

Le pape Innocent X, par un décret du 24 janvier 1647, condamna le livre de *l'Autorité de saint Pierre et de saint Paul*, et celui de *la Grandeur de l'Eglise romaine*, autre ouvrage de de Barcos, publié dans le même temps et dans le même but ; et censura comme hérétique la proposition *Des deux chefs qui n'en font qu'un*, dans quelque livre qu'elle se trouve.

RECUEIL *de divers ouvrages touchant la grâce*. En 1645.

Ce recueil a été publié par les soins de l'abbé de Barcos. On y trouve divers écrits dangereux.

L'Abrégé du pèlerin de Jéricho, de Conrius.

Le Mémoire présenté au pape et aux cardinaux, par les docteurs députés de Louvain pour la défense de Jansénius.

La Justification générale et particulière de la doctrine de M. l'évêque d'Ypres.

La Lettre sur la prédestination et la fréquente communion, pour justifier M. Arnauld.

La Censure (c'est-à-dire la critique) *d'un livre intitulé : Prædestinatus* ; laquelle est uniquement destinée à prouver, comme si cela était possible, qu'il n'y a point eu de Prédestinatiens, et que cette hérésie est un fantôme.

QUÆ SIT SANCTI AUGUSTINI *et doctrinæ ejus auctoritas in Ecclesia : opus propugnandis*(1) *hodiernis erroribus, controversiisque elucidandis et componendis accommodatum, in quo excutitur Tractatus de Gratia publice traditus in collegio Navarrico a M. Jacobo Pereyret, theologo ac professore Parisiensi*, 1650. C'est-à-dire :

Quelle est dans l'Eglise l'autorité de saint Augustin et de sa doctrine : ouvrage utile pour combattre, pour éclaircir et pour terminer les erreurs et les disputes de nos jours, dans lequel on examine le Traité de la Grâce, dicté publiquement dans le collège de Navarre, par M. Jacques Pereyret, professeur de théologie de la Faculté de Paris, 1650.

Un écrivain janséniste, l'abbé Goujet, dit que Guillebert, docteur de Sorbonne, a aussi travaillé à cet ouvrage, qui renferme tout le venin des erreurs janséniennes.

L'adversaire qu'attaque l'abbé de Barcos est un docteur de Sorbonne très-orthodoxe,

(1) Il voulait dire, *oppugnandis*.

Pereyret, qui dans ses écrits combattait publiquement les erreurs de Jansénius, et qui par cette raison est si maltraité par le P. Gerberon dans le 2ᵉ vol. de son *Histoire générale du jansénisme*, p. 71.

Un des grands objets de ce livre est de prouver que l'autorité de l'Eglise doit céder à celle de saint Augustin : proposition condamnée par Alexandre-VIII.

Parmi les erreurs dont il est rempli, on y trouve (p. 117) celle-ci, qui a été souvent proscrite : Que les cinq propositions ont par elles-mêmes un sens catholique, quoiqu'elles pourraient être détournées à un autre sens par une fausse interprétation : *Vero per se et catholico sensu prœditas, sed quæ prava interpretatione alio deflecti possint.*

DÉFENSE DE FEU M. VINCENT DE PAUL, *instituteur et premier supérieur-général de la Mission, contre les faux discours du livre de sa Vie, publiée par M. Abelli, ancien évêque de Rodez, et les impostures de M. Des Marets, qu'il fait dans son livre de l'Hérésie imaginaire, imprimé à Liège ; et quelques autres pièces très-curieuses de M. de Saint-Cyran. Revue et corrigée en cette dernière édition*, 1672, in-12, p. 276, sans la Préface et la Table des chapitres.

M. Abelli, évêque de Rodez, avait publié la Vie de saint Vincent de Paul. Différents traits qu'il y rapporte prouvent évidemment que ce saint était ennemi du jansénisme, et qu'il regardait l'abbé de Saint-Cyran comme un dangereux novateur. Tout ce que dit là-dessus M. Abelli a été confirmé par René Alméras, second général de la Mission. Le même fait résulte encore de la déposition de M. l'évêque d'Héliopolis ; et il est démontré par le fragment de la lettre que saint Vincent écrivit, en 1651, à un prélat au sujet du livre de Jansénius. Cependant tout le parti s'est récrié contre cet endroit intéressant de la vie de saint Vincent. L'abbé de Barcos, neveu de Saint-Cyran, publia la prétendue *Défense de feu M. Vincent de Paul*, et il y soutint que M. Vincent et son oncle étaient restés amis jusqu'à la fin. C'est donc, comme on voit, la défense de l'abbé de Saint-Cyran que de Barcos entreprenait. Il n'y réussit pas ; et malgré son faible ouvrage, il est demeuré si constant que saint Vincent détestait la doctrine de l'abbé de Saint-Cyran, et qu'il travaillait plus que personne à faire condamner la nouvelle hérésie, que les jansénistes aujourd'hui s'attachent beaucoup moins à nier ce fait qu'à décrier le saint lui-même.

Le libelle de de Barcos a été réfuté par M. Abelli, qui fit imprimer, en 1668, la Vraie défense des sentiments du vénérable serviteur de Dieu Vincent de Paul, etc., touchant quelques opinions de feu M. l'abbé de Saint-Cyran, contre les discours injurieux d'un libelle anonyme faussement intitulé : *Défense de feu M. Vincent de Paul.*

EXPOSITION DE LA FOI CATHOLIQUE *touchant la Grâce et la Prédestination, avec un recueil des passages les plus précis et les plus forts* de *l'Ecriture sainte*, *sur lesquels est fondée cette doctrine*. A Mons, chez Gaspard Migeot, 1696, in-12. p. 275, sans compter le recueil des passages.

Cet écrit, publié anonyme, et qui a fait tant de bruit, est l'ouvrage de *Martin de Barcos*, neveu de l'abbé de Saint-Cyran. On a pour garant de ce fait *Duvaucel*, dans une de ses lettres à l'archevêque de Sébaste (Cadde), datée du 7 juin 1698. Jurieu, dans son *Traité historique sur la Théologie mystique*, p. 343, l'attribue faussement à M. Pavillon, évêque d'Alet.

Cette exposition renouvelle tout le jansénisme, et présente clairement toute la doctrine renfermée dans les cinq propositions.

1° Pages 190 et 191, l'auteur enseigne en termes exprès la première proposition : *Que les justes manquent quelquefois des grâces nécessaires pour éviter de tomber dans le péché mortel, ce qui fait qu'ils y tombent effectivement*; et il ose même avancer que c'est là *une vérité de foi*.

2° Pages 43, 145, 149, il parle toujours de la grâce comme d'une inspiration qui ne manque jamais d'avoir son effet de persuader le cœur, de former la bonne volonté, de faire agir.

Pages 158, 159, 163, 169, il dit que *toute grâce de Jésus-Christ est efficace*; qu'*il faut reconnaître qu'il n'y a point d'autre grâce suffisante que celle qu'on appelle efficace*.

3° La troisième proposition, savoir, que pour mériter et démériter, il n'est pas besoin que l'homme ait une liberté exempte de nécessité, se trouve depuis la page 211 jusqu'à la page 224.

4° La quatrième proposition se trouve pages 137 et 138; mais elle y est enveloppée dans des expressions détournées et ambiguës.

5° Enfin l'auteur enseigne que Dieu ne veut pas sauver tous les hommes, et que Jésus-Christ est mort pour le salut des seuls prédestinés. C'est la doctrine qui règne depuis la page 197 jusqu'à la page 220.

J'omets beaucoup d'autres sentiments erronés qu'on trouve dans ce livre, et qui ont été censurés, ou auparavant dans Baïus, ou depuis dans Quesnel.

L'*Exposition* ayant été rendue publique, M. le cardinal de Noailles, par un mandement du 20 août 1696, la condamna comme *contenant une doctrine fausse, téméraire, scandaleuse, impie, blasphématoire, injurieuse à Dieu, frappée d'anathème et hérétique; enfin comme renouvelant la doctrine des cinq propositions de Jansénius, avec une témérité d'autant plus insupportable, que l'auteur ose donner comme étant de foi, non-seulement ce qui n'en est pas, mais même ce que la foi abhorre et ce qui est détesté par toute l'Eglise.*

Une si juste condamnation irrita le parti. On vit paraître le fameux libelle intitulé: *Problème ecclésiastique proposé à M. Boileau, de l'archevêché de Paris: à qui l'on doit croire de M. Louis-Antoine de Noailles, évêque de Châlons en 1695, ou de M. Louis-Antoine de Noailles, archevêque de Paris, en 1696*. Dans ce libelle, on fait un parallèle des *Réflexions morales* de Quesnel, approuvées l'année précédente par M. de Noailles, et de l'*Exposition* qu'il venait de condamner. On montre clairement que la doctrine en est la même : on prétend qu'il n'est pas possible d'accorder ensemble l'évêque et l'archevêque, puisque ces deux ouvrages sont si semblables, qu'on ne peut approuver ou censurer l'un sans que l'approbation ou la censure ne retombe sur l'autre.

Le *Problème ecclésiastique* fut déféré au parlement par M. d'Aguesseau, alors avocat général, depuis procureur général et ensuite chancelier, et sur son réquisitoire, il fut condamné à être lacéré et brûlé par un arrêt du 10 janvier 1699; ce qui fut exécuté le 15.

L'auteur de la *Solution de divers problèmes* et quelques autres petits auteurs du parti ont prétendu que c'était le P. Daniel, jésuite, qui avait composé le *Problème ecclésiastique*. Calomnie absurde, puisqu'il est constant, comme l'a prouvé le P. Gerberon lui-même, que cet écrit venait d'un Augustinien, et qu'en effet on l'a trouvé dans les papiers de dom Thierri de Viaixnes, écrit de sa propre main. *Voyez* NOAILLES, VIAIXNES.

Pour revenir à l'*Exposition de la foi*, etc., ce livre a été condamné le 4 mars 1711, par M. l'évêque de Gap; le 5 août 1707, par M. l'évêque de Nevers. Il l'avait été par le pape Innocent XII, en 1697.

BARRAL (l'abbé PIERRE) naquit à Grenoble, vint de bonne heure à Paris, se chargea de quelques éducations, se fit janséniste pour tenir à quelque chose, et mourut le 21 juillet 1772.

LES APPELANTS *célèbres*, qui parurent en 1753, sont, à ce qu'il paraît, le premier ouvrage qu'il publia.

DICTIONNAIRE *portatif de la Bible*. 1756, 2 vol. in-12.

C'est une compilation superficielle, pleine de fautes de tous les genres, qui ne peut donner une idée juste des livres saints. On dirait que l'auteur s'est attaché de préférence aux traits qui, dans un état isolé, sans nuance et sans ensemble, peuvent alimenter l'esprit de dérision et de satire. Un théologien appelle ce dictionnaire *le persiflage de l'Histoire sainte*. « Gémissons, ajoute-t-il, de ce que des ouvrages de cette nature dont l'objet présente tant d'attraits à la piété et au zèle, sortent si souvent des mains de gens de parti, qui ne peuvent que disserter ou narrer d'une manière froide et aride, pour lesquels l'onction, le langage de conviction et du sentiment sont des choses étrangères et ignorées, et qui n'ont d'ardeur et d'industrie que pour les marottes de sectes.»

LETTRES *sur des querelles littéraires*, de l'abbé Irailh, qu'il fit avec Clément et Le Roy.

SOEVIGNIANA, in-12. C'est un recueil de pensées tirées des *Lettres* de madame de Sévigné, avec des lettres calomnieuses.

On lui attribue communément le DICTIONNAIRE *historique, littéraire et critique des hommes célèbres*, 1758, 6 vol. in-8°; mais il ne fut guère, à ce qu'il paraît, que l'éditeur de cette compilation rédigée à Soissons, par

Guibaud, Valla et Chabot. Quoi qu'il en soit, voici ce qu'à propos de cet ouvrage dom Chaudon a dit de Barral: qu'il en croyait l'unique auteur, mais que, pour les mêmes motifs, on est bien autorisé à dire aussi de Guibaud, Valla et Chabot : « Il était un de ceux qui écrivaient avec le plus de violence contre les ennemis de Port-Royal. Il développa ses sentiments dans son *Dictionnaire historique, littéraire et critique des hommes célèbres*. L'enthousiasme et l'animosité, ces deux passions si ridicules dans un homme de lettres, si dangereuses dans un historien, ont dirigé l'auteur et l'ont égaré. Les éloges les plus outrés et les injures les plus atroces se présentent tour à tour sous sa plume. Dans les articles des ennemis de sa bulle, il emploie toutes les hyperboles des oraisons funèbres. On a dit avec quelque raison que ce livre était le *martyrologe du jansénisme*, fait par un convulsionnaire. »

BARRE (DE LA). *Voy.* MAISTRE (Antoine Le).

BASNAGE DE BEAUVAL (JACQUES) naquit en 1653, fut ministre à Rouen, sa patrie, et ensuite en Hollande. Il donna plusieurs ouvrages, et mourut en 1723.

L'UNITÉ, *la visibilité, l'autorité de l'Église et la vérité renversées par la constitution Unigenitus, et par la manière dont elle a été reçue. A Amsterdam*, 1715. In-8°, page 291.

Quoique ce livre soit d'un protestant, nous lui donnons place dans cet ouvrage, parce qu'il est, comme les écrits des jansénistes, contre la bulle, et qu'il a donné occasion à un libelle jansénien, intitulé : *Lettres à M. Basnage, pour servir de réponse à son livre de l'Unité*, etc.

M. Basnage, homme d'esprit, qui avait de la capacité, mais qui écrivait en protestant, et toujours selon les principes de sa secte, suppose, par exemple, que la doctrine de la grâce, efficace par elle-même, de la manière qu'elle est enseignée par les calvinistes et par les jansénistes, est un article de foi.

De là il conclut qu'il n'y a plus d'*unité* dans l'Eglise, parce que le pape et les évêques pensent et parlent d'une manière, et les jansénistes de l'autre; qu'il n'y a plus de *vérité*, puisque le chef des pasteurs et les pasteurs sont dans l'erreur. Enfin, que l'Eglise n'est plus *visible*, parce qu'on ne la reconnaît plus dans les pasteurs qui sont des hérétiques, et qu'on ne peut s'assurer qu'elle soit dans le petit nombre des évêques qui se sont séparés des autres. Voilà des raisonnements qui sont bons pour Amsterdam.

Voici comme l'auteur s'exprime (page 16) sur la voix et le cri des fidèles, en tant qu'elle est opposée à celle des pasteurs : *Quel contraste et quel scandale, si l'Eglise est réduite à des laïques, si laïques ont droit de s'opposer au souverain pontife et aux évêques qui sont les dépositaires de la foi ! Quel renversement si les laïques ont aujourd'hui l'autorité de juger que la bulle est remplie de choses monstrueuses qui choquent la foi et qui abolissent les droits de Dieu !*

Il se moque de la violence que N..... prétend qu'on a faite aux évêques de l'assemblée de Paris. Il le fait en divers endroits, mais voici ce qu'il dit à la page 18 : *Il faut dire les choses comme elles sont; on n'a point vu à Paris l'autorité royale plus dominante qu'à Nicée. Ainsi, si l'on juge de la chaire de vérité par les apparences extérieures, il faut conclure que l'assemblée des quarante prélats avait raison, aussi bien que le concile de Nicée, et que c'est la chaire de vérité que le petit nombre des évêques opposants n'a pu renverser, comme Eusèbe de Nicomédie, avec ses amis, ne put le faire sous Constantin; ou bien, si l'on veut que le roi, en déclarant ses intentions, a fait un excès de violence, qui a ôté si visiblement la liberté aux prélats qu'ils ne pouvaient se soutenir sans miracle, on pourra dire la même chose de Constantin à Nicée.*

Enfin, il dit encore : *Trouver le témoignage perpétuel de la vérité dans un très-petit nombre d'évêques opposants, et faire dépendre ce témoignage éblouissant de certaines circonstances qui peuvent être douteuses et contestées, comme l'influence de l'autorité royale, l'amour de certains prélats pour les dignités, la haine des autres pour un certain parti, et conjecturer avec certitude que le petit nombre n'a ni entêtement, ni passion, ni intérêt, c'est faire dépendre la vérité et le témoignage de l'Eglise de nos conjectures et de l'effet de l'imagination des particuliers.*

On voit que l'ancien protestant presse fort les nouveaux sectaires, et qu'il leur fait ici des arguments *ad hominem*, auxquels il ne leur est guère possible de répondre.

BAUDIN (PIERRE-CHARLES-LOUIS), avocat, né à Sédan, le 18 octobre 1748. Il avait des préventions sur certaines matières théologiques qu'il fit partager à Audran (*Voy.* ce nom). Il passait dans un parti pour un homme religieux et régulier. Il fut membre de l'assemblée législative et de la convention; il épousa les opinions de l'Eglise constitutionnelle, à laquelle il fut fort attaché. Il fit un livre *du Fanatisme et du Culte*, et mourut le 17 octobre 1799.

BEAUTEVILLE (JEAN-LOUIS DU BUISSON DE), évêque d'Alais, naquit à Beauteville, dans le Rouergue, en 1708. D'abord chanoine et grand vicaire de Mirepoix, ensuite député du second ordre à l'assemblée du clergé de 1735, où il se rangea du côté du cardinal de la Rochefoucauld : ce qui lui valut, dit-on, l'évêché d'Alais. Le 16 avril 1764, il donna un mandement au sujet des *Extraits des Assertions*, qui excita le plus grand mécontentement parmi ses collègues. M. de Brancas, archevêque d'Aix, lui écrivit à ce sujet ; mais il ne put en obtenir aucune satisfaction. Clément XIII lui adressa aussi un bref pour blâmer sa conduite, et ce bref fut condamné au feu par le parlement d'Aix; ce qui indisposa encore davantage les évêques contre lui. Enfin, son mandement fut déféré à l'assemblée du clergé, dont il refusa de reconnaître la compétence, et il protesta. Il ne put cependant faire prévaloir son sentiment parmi son clergé. Plusieurs de ses prêtres se déclarèrent contre lui. Après sa mort, qui eut lieu le 25 mars 1776, la signature du formulaire fut rétablie par les grands vicaires du chapitre ; et quelques sujets de son conseil, que l'on regardait comme dangereux, furent éloignés. On est étonné que malgré la sévérité de ses principes, cet évêque eût deux abbayes outre son évêché. La *Biographie universelle* dit, on ne sait trop sur quel fondement, qu'il avait été en correspondance avec Clément XIV sur les moyens de terminer les divisions qui déchiraient l'Eglise de France. Elle fait aussi le plus grand éloge de ses vertus, que nous sommes loin de vouloir contredire ; mais il nous semble que son peu de déférence pour les avis du souverain pontife, et sa dissidence d'avec la très-grande majorité des évêques de France, méritent quelque blâme. On attribue à un abbé Lanot, ami de Goursin, le mandement qu'il a donné sur les *Assertions*, ainsi que les écrits qu'il a publiés pour le défendre.

BELLEGARDE (Gabriel du Pac de) naquit le 17 octobre 1717 au château de Bellegarde, près de Carcassonne, laissa le monde où il eût pu briller, et entra dans l'état ecclésiastique. Malheureusement, lié dès ses premières études théologiques avec des disciples de Port-Royal, non-seulement il en embrassa la doctrine et la professa ouvertement, mais encore il mit tous ses soins à la répandre. Il fit de fréquents voyages en Hollande, où s'étaient retirés les principaux appelants pour y écrire plus librement et travailler, sans qu'on pût les empêcher, à la propagation de leurs principes. Dans ce dessein, ils avaient formé à Rhinwick un séminaire à la tête duquel se trouvaient Le Gros, Poncet-Desessarts, et Etemare. Bellegarde s'y rendit pour la première fois en 1741 ; et depuis il ne passa guère d'années sans y faire un voyage et d'assez longs séjours. C'est là qu'il commença à écrire en faveur du parti. Non content de se servir de sa plume, il employait, au soutien de sa cause, son crédit et des sommes considérables. Il avait, en 1741, été nommé chanoine-comte de Lyon. Il craignait que les devoirs auxquels ce bénéfice l'obligeait ne le détournassent trop de son occupation favorite ; il s'en démit en 1763. La même année il assista au concile d'Utrecht, qui s'ouvrit le 13 septembre, sous la présidence de l'archevêque. Plusieurs jansénistes de France s'y étaient rendus en qualité de théologiens ; mais Bellegarde en fut un des membres les plus actifs. Il en rédigea les actes ; il composa la préface qui le précède. Il ne tint compte du décret de Clément XIII, du 30 avril 1765, qui les condamne. Il assista au contraire redoubler de zèle. Il parcourut l'Allemagne et l'Italie pour y faire de nouveaux prosélytes. On assure qu'il fit passer dans ces pays pour plus de dix millions de livres de son parti : à Vienne, il était en relation avec van Swieten, de Stock, de Terme, et les canonistes et jurisconsultes qui montraient tant de zèle pour changer l'enseignement en Allemagne, et il n'était point étranger aux réformes tentées dans ce pays. En Italie, il était lié avec Ricci, Tamburini, Zola et les autres théologiens de cette école. Il avait aussi des amis en Espagne et en Portugal, et était très au fait de ce qui se passait dans les églises étrangères. C'est lui qui fournissait aux *Nouvelles ecclésiastiques* les détails qu'on y trouve à cet égard. On nous le représente comme accablé sous le poids d'une correspondance énorme. Il montrait pour l'Eglise d'Utrecht une prédilection particulière. Si l'on en croit un auteur, il avait conçu l'idée d'éteindre le schisme de Hollande : projet louable, s'il a existé ; mais le moyen, ce semble, était bien plus la soumission que la résistance aux décisions du chef de l'Eglise, adopté par l'immense majorité des évêques. L'abbé de Bellegarde mourut à Utrecht, le 14 décembre 1789.

Mémoire *pour servir à l'histoire de la bulle dans les Pays-Bas*, depuis 1713 jusqu'en 1730. 1755, 4 vol. in-12.

Journal *de l'abbé Dorsanne*, dont il donna une seconde édition en 1756.

Aux cinq volumes de cet ouvrage, l'abbé de Bellegarde en ajouta un sixième, conçu et écrit dans les mêmes vues et dans le même genre. Il y joignit une préface, et le grossit d'anecdotes empreintes de l'esprit de parti sur les personnages qui avaient joué un rôle dans les affaires de la bulle. *Voy.* Dorsanne.

Histoire *de l'Eglise d'Utrecht*. 1765, in-12.

Recueil *de témoignages rendus à l'Eglise d'Utrecht*.

Il donna aussi un supplément aux œuvres de van Espen. Il est plus connu encore par l'édition des œuvres d'Antoine Arnauld. 44 vol. in-4°, qu'il fit faire à Lausanne, de 1755 à 1782, par les soins de l'abbé Hautefage. Il fournit à Larrière les mémoires avec lesquels celui-ci composa la *Vie d'Arnauld* qui accompagne cette édition. Il traduisit en français les actes du synode de Pistoie.

BÉNÉDICTINS *de la congrégation de Saint-Maur*. Beaucoup de Bénédictins se laissèrent aller au jansénisme. Plusieurs se distinguèrent par le zèle qu'ils déployèrent en sa faveur, et méritèrent ainsi une place particulière dans cette triste galerie. On a fait une *Histoire de la constitution Unigenitus, en ce qui regarde la congrégation de Saint-Maur.* Utrecht, 1736, in-12 de 333 pages. C'est le catalogue, dressé par une main janséniste, des Bénédictins de Saint-Maur qui, comme appartenant à la secte, se soulevèrent scandaleusement contre le saint-siège, contre ses décisions les plus solennellement reçues par l'Eglise universelle, contre l'autorité du prince, souvent contre celle de leurs propres supérieurs ; et qui, en punition de leur zèle et de leur révolte, ont été ou exilés ou emprisonnés, ou qui, pour éviter la peine due à leur conduite criminelle, se sont réfugiés en Hollande, couvrant leur apostasie du spécieux prétexte de zèle pour la vérité.

On peut bien s'imaginer que l'auteur de ce libelle n'omet rien de ce qui peut donner l'air de persécution à la conduite des puissances à l'égard de ces novateurs, et l'air d'innocence à ces religieux discoles qui ont bravé toute autorité.

Au reste, les jansénistes font en vain trophée du grand nombre de Bénédictins qui ont, disent-ils, rendu témoignage contre la bulle. Il n'y a qu'à lire là-dessus la troisième partie de la 21ᵉ *Lettre théologique*, pages 1641 et 1642, pour n'être plus la dupe de leurs exagérations.

Tels et tels (dit M. de Bethléem, alors dom de la Taste) *ont de la régularité, de l'esprit, de la capacité; c'est dommage que le parti les ait fascinés. Tels et tels autres (ceux-ci sont en grand nombre, dans la liste au moins des adhérents à M. de Senez) n'ont jamais ni signé, ni chargé personne de le faire en leur place. Si on y voit leurs noms, c'est une friponnerie des éditeurs : quelques-uns mêmes de ces religieux étaient morts avant la convocation du concile d'Embrun. Pour les autres (et le nombre en est aussi fort grand), Dieu leur a fait la grâce de reconnaître leur faute, et de revenir de bonne foi à l'obéissance et à l'unité. Ceux-ci ne savent pas seulement de quoi il s'agit; ce sont des esprits bornés à l'extrême. Ceux-là (je veux croire qu'il y en ait peu, mais je sais qu'il y en a), pour être au large, voulaient le trouble dans la congrégation, et auraient désiré qu'elle fût détruite. Enfin tels et tels ont toujours fait la sollicitude et le supplice des supérieurs par leur caractère et par leur conduite. Il en est même qu'ils avaient été obligés de sentencier.*

Ce seul trait, tiré des *Lettres théologiques* d'un Bénédictin même, est la véritable *Histoire de la constitution Unigenitus*, en ce qui regarde la congrégation de Saint-Maur. *Voy.* LOUVARD.

BERTI (ALEXANDRE-POMPÉE), clerc régulier de la congrégation des Serviteurs de la Mère de Dieu, naquit à Lucques en 1686, professa la théologie à Naples, se rendit, en 1739, à Rome, où il devint assistant du général de son ordre. Il traduisit en italien les *Essais de morale* et d'autres ouvrages de Nicole; raison pour laquelle Zacharia lui reproche d'avoir introduit le jansénisme en Italie.

TRÈS-HUMBLES REMONTRANCES *de plusieurs Bénédictins de la congrégation de Saint-Maur, à S. E. M. le cardinal de Bissy, à M. l'archevêque d'Embrun et à MM. les évêques de Saint-Flour, Amiens, Saint-Malo, Angers, Soissons, Québec, Saintes, Laon, Alet, Saint-Pons, Bayonne et Senez, au sujet des approbations qu'ils ont données à la seconde lettre de dom Vincent Thuillier; dans laquelle ces quatorze prélats ont autorisé par leurs suffrages, 1° une acceptation feinte, simulée et frauduleuse de la constitution Unigenitus; 2° plusieurs erreurs contraires aux saintes Ecritures et à la tradition; 3° des semences et des déclarations de ce schisme dans l'Eglise de France; 4° des calomnies atroces contre des évêques et des personnes respectables de l'un et de l'autre sexe; 5° plusieurs absurdités et contradictions.* 94 pages in-4°; 1731.

Ce titre annonce un ouvrage des plus fanatiques, et l'attente n'est point trompée.

L'auteur (pages 11, 12, 34, 52) prend en main la défense du baïanisme, du jansénisme, du richérisme, d'un appel schismatique et de toutes les hérésies qui troublent depuis tant d'années l'Eglise de France. Il les renouvelle ouvertement; il les assemble; il les appuie par mille faussetés et par mille horreurs, que toutes les rigueurs du cloître ne peuvent expier.

BEN-EZRA (JEAN-JOSAPHAT), faux nom sous lequel fut publié le fameux ouvrage de Lacunza, jésuite. Voici, en français, le titre de ce livre, 3 vol. in-4° : *Venue du Messie dans sa gloire et dans sa majesté.* M. Jérôme Castillon y Salas, évêque de Tarazona et inquisiteur général, « le condamna, dit l'*Ami de la Religion*, tom. XXI, pag. 12, par décret du 15 janvier 1819. *La nature de cet ouvrage*, est-il dit dans le décret, *son introduction furtive, sa publication clandestine, les troubles et l'anxiété que produit sa lecture*, ont alarmé notre ministère attentif à prévenir toute innovation dans la doctrine et dans l'explication de nos mystères. Après en avoir conféré avec les conseillers du roi pour l'inquisition, le prélat a ordonné l'examen scrupuleux de l'ouvrage par des théologiens éclairés. Ce que l'on a publié du travail du faux Ben-Ezra, les conjectures et les rêveries de l'auteur, les interprétations bizarres qu'il se permet, justifient suffisamment la mesure prise par M. de Castillon. Si le pouvoir de l'inquisition est légitime, c'est surtout lorsqu'il s'agit de réprimer les mauvaises doctrines; ce tribunal procède d'ailleurs avec l'autorisation du gouvernement; l'inquisiteur général est conseiller du roi, et il est marqué dans le décret du 15 janvier qu'il a été rendu compte de cette affaire au roi, qui a autorisé le décret. Les deux puissances concourent donc ici, parce que toutes deux ont également intérêt au maintien des saines doctrines. »

BESCHERAND (l'abbé), eut l'avantage et la gloire d'être le premier convulsionnaire. En 1731, l'archevêque de Paris venait, après une information juridique, de déclarer faux le miracle d'Anne Le Franc. Les chefs du parti, assemblés à ce sujet, furent, dit-on, (*Journal des Convuls.*, par madame Mol) d'avis qu'il fallait détruire l'effet du mandement par quelque coup d'état, et jugèrent que rien ne serait plus efficace qu'un miracle. On le demanda donc hardiment à Dieu. Bescherand se fit porteur de l'appel qu'on interjetait du mandement, et se présenta sur le tombeau du diacre, ne doutant pas que son infirmité (il était boiteux) ne disparût à la fin de la neuvaine; mais il s'en passa deux, et sa jambe ne se redressait point. Alors les convulsions le prirent; des mouvements violents, des sauts, des élancements, des agitations furieuses : tel était le caractère de ces sortes de scènes. Il fut décidé qu'elles équivalaient au miracle attendu. Pendant que Bescherand donnait ce divertissement à la foule des curieux, des scribes décrivaient exactement toutes les variantes de ses convulsions, et ces descriptions s'envoyaient dans les provinces. Cependant le boiteux restait toujours tel. Ce n'est pas qu'il ne s'opérât dans sa jambe des changements notables : il y eut telle séance où il fut constaté qu'à force de sauter, elle avait allongé d'une ligne; prodige dont on eut soin d'instruire le public dans de pompeuses relations. Ce convulsionnaire se donna longtemps en spectacle, sans s'en trouver mieux. Tous les jours il venait se mettre sur le tombeau, et là, représentait l'Eglise (car on ne craignait pas de lui appliquer ces mots : *Personam gerit Ecclesiæ*), il se déshabillait et recommençait ses sauts et ses gambades. Les louanges qu'on donnait à ce ridicule fou, l'accueil et les caresses qu'il recevait, firent naître à d'autres le désir d'avoir des convulsions. Ils en eurent. La folie gagna, et la tombe devint un théâtre où accouraient des malades et des gens en santé qui briguaient l'avantage d'être convulsionnaires. Cependant, dès le principe, on écrivit contre ces folies, et personnellement contre Bescherand; les jansénistes répondirent par d'autres écrits, et, à ce sujet, un critique exprime en ces termes sa façon de penser : « La meilleure réponse eût été l'allongement de la jambe de Bescherand, mais cette réponse est encore à venir, et tout porte à croire qu'elle ne viendra jamais. Le fanatique, après avoir donné les scènes les plus ridicules sur la tombe de Pâris, retourna dans sa province aussi sottement qu'auparavant. Depuis ce temps-là il n'a plus été question de lui : il s'est confiné dans une retraite obscure, et il n'a laissé au monde que l'odieux souvenir de son impudence et de sa fourberie, avec une juste indignation contre la secte convulsionniste dont il a été le premier et le plus méprisable instrument. » On a de Bescherand ou à son occasion :

LETTRE de M. l'abbé Bescherand à M. l'abbé d'Asfeld, et la réponse de M. l'abbé d'Asfeld. In-4°.

TROIS LETTRES au sujet des choses singulières et surprenantes qui arrivent en la personne de M. l'abbé Bescherand, à Saint-Médard; écrites les 18, 28 octobre et 2 novembre 1731, par l'abbé Favier, 1731, in-4°.

RÉPONSE à tous les écrits qui ont paru contre M. l'abbé Bescherand, et les miracles qui s'opèrent à Saint-Médard; première lettre, en date du 14 janvier 1732. In-4°.

RÉPONSE du 16 février 1732, à tous les écrits qui ont paru contre M. l'abbé Bescherand, et les miracles qui s'opèrent à Saint-Médard; seconde et dernière lettre, in-4°.

BESOGNE ou BESOIGNE (JÉRÔME), docteur de Sorbonne, un des dépositaires des fonds assignés pour le soutien du parti, s'attira plusieurs lettres de cachet à cause de son opposition à la bulle, et mourut en 1763, à l'âge de 77 ans. De ses ouvrages no mentionnerons les suivants :

QUESTIONS sur le concile d'Embrun, 1727.

QUESTIONS importantes sur les matières du temps, 1727.

LETTRE de l'auteur de la tradition des problèmes, du 26 octobre 1737, à un ecclésiastique, au sujet de la traduction d'un passage de saint Augustin, rapporté dans cette tradition. In-4°.

JUSTE MILIEU qu'il faut tenir dans les disputes de religion. 1735, in-4°. — Suivi d'un autre ouvrage intitulé : *Catéchisme sur l'Eglise pour les temps de troubles*.

HISTOIRE DE PORT-ROYAL. 1752, 6 vol. in-12 remplis de détails très-peu intéressants pour quiconque n'a d'autre parti, comme s'exprime M. de Rancé, *que celui de Jésus-Christ*.

VIES DES QUATRE ÉVÊQUES engagés dans la cause de Port-Royal, 1756, 2 vol. in-12, faisant suite à l'*Histoire* ci-dessus.

PRINCIPES de la perfection chrétienne et religieuse, etc., 1748, in-12 de 502 pages.

Un critique s'exprime en ces termes sur ce livre dans le temps même où on le publiait :

A la page 13, dit-il, l'auteur parle ainsi de Nicole et de l'abbé Duguet : *Ecoutons deux auteurs de notre siècle, également estimés pour les lumières qu'ils ont puisées dans l'étude des Pères, et pour la fidélité qu'ils ont eue à nous présenter la doctrine pure de la tradition*. Un écrivain, s'il était catholique, parlerait-il ainsi de deux hommes si fameux par leur attachement au parti, et qui ont rempli de tant d'erreurs cette multitude de volumes qu'ils ont mis au jour? D'autre côté un censeur royal, s'il était catholique, ou s'il lisait les livres qu'il approuve, ou s'il faisait attention à ce qu'il lit, accorderait-il son suffrage à un écrit où Nicole et Duguet sont dépeints sous de si belles couleurs ? Celui qui a approuvé cet écrit ignore-t-il cette longue suite de maximes fausses, erronées, hérétiques, qu'on a relevées récemment dans les ouvrages de morale de Nicole ? Ou bien a-t-il passé lui-même dans le camp des ennemis de l'Eglise, et en est-il venu aujourd'hui jusqu'à estimer les chefs des philistins?

A la page 426 l'auteur insinue la nécessité de lire l'Ecriture sainte.

Les pages 378 jusqu'à la page 400 sont d'une doctrine outrée contre les dots des religieuses. Mais tout passe, tout est approuvé aujourd'hui, quand la morale en est excessivement sévère. Tertullien, s'il vivait dans ce siècle, serait à la mode; et le censeur dont il s'agit ne manquerait pas d'approuver tout son rigorisme.

Selon le principe de la page 3, il n'y a aucune différence entre l'obligation du chrétien et celle du religieux, puisque, selon l'auteur, tout chrétien est *obligé indispensablement de tendre à la perfection*.

Au reste, ce livre est fort sec, comme tous ceux de l'auteur et du parti.

PRINCIPES *de la pénitence et de la conversion*, ou *Vies des pénitents*. 1762, in-12.

PRINCIPES *de la justice chrétienne*, ou *Vies des justes*. 1762, in-12.

Voyez l'article d'ASFELD, et le *Mémoire sur la Vie et les ouvrages de Besoigne*, par Rondet, à la tête du catalogue de ses livres.

BEUIL (DU), prieur de Saint-Val, faux nom sous lequel Louis-Isaac le Maistre de Sacy, un des solitaires de Port-Royal, publia, en 1662, sa traduction de l'*Imitation de Jésus-Christ*. Barbier suppose qu'il y a eu cent cinquante éditions de cette traduction; ce n'est po..rtant pas qu'elle soit parfaite. L'auteur a négligé bien souvent la fidélité pour courir après l'élégance : il porte même l'explication jusqu'à la paraphrase; et M. Genu, en rendant justice à son élocution abondante et facile, avoue que c'est parfois une imitation libre, assez semblable, dans son genre, à celle de Corneille en vers. Il n'est donc pas étonnant que cette traduction ait essuyé des critiques, et M. Barbier, qui en fait un crime aux jésuites, et qui leur reproche à cette occasion de la jalousie et de l'amertume, montre, ce semble, à leur égard une bien grande sévérité.

Les jansénistes ont voulu que l'*Imitation de Jésus-Christ*, comme le *Nouveau Testament*, servît à inoculer et à consacrer leurs erreurs. Un traducteur infidèle a rendu ce titre du chap. XV du premier livre : *De operibus ex caritate factis*, par cette sentence, *qu'il faut faire toutes ses œuvres par un motif de charité*; un autre écrivain de la même école, qui n'avait pu se résoudre à traduire de la manière la plus simple et la plus naturelle le titre du chap. 3 du IV° livre : *Quod utile sit sæpe communicare*, avait imaginé de le rendre ainsi, *qu'il est souvent utile de communier*. Un autre avait même été encore plus loin, et trouvant encore cette dernière version trop contraire à ses préjugés, il l'avait remplacée par cette périphrase : *Comment l'âme pieuse doit trouver dans la sainte communion sa force et sa joie*. On remarque ce trait d'infidélité dans une édition de l'*Imitation* de Beuil, ou plutôt de Sacy, donnée à Paris, chez Desprez, en 1736. Il est peut-être à propos de signaler ces inexactitudes, et nous pourrions relever d'autres expressions aussi peu correctes qui se trouvent dans les *Réflexions*, les *Pratiques* et les *Prières* dont sont accompagnées la plupart des traductions enfantées par ce même parti.

BLONDEL (LAURENT), naquit à Paris en 1672, fut très-affectionné pour Port-Royal, fournit beaucoup de matériaux aux nombreux compositeurs d'*Histoires* et de *Mémoires* sur Port-Royal, et se chargea de la direction de l'imprimerie du sieur Desprez, qui imprimait beaucoup de livres jansénistes, et chez lequel il vint demeurer en 1715. Il revoyait les manuscrits de l'impression desquels Desprez se chargeait. Il trouva cependant le temps de composer de nouvelles *Vies des saints*, 1722, Paris, Desprez et Desessarts, in-fol.; des *Pensées évangéliques, pratiques et prières*; et de donner une nouvelle édition des *Vies des saints*, de Goujet et Mésenguy; puis il mourut en 1740.

BOIDOT (PHILIPPE), supérieur du séminaire des Trente-Trois, et docteur de Sorbonne, exclu en 1729, fut éditeur du *Traité théologique, dogmatique et critique des indulgences et du jubilé*, de Loger (*Voyez* ce nom), curé de Chevreuse, 1751. Gouget revit cet ouvrage. On attribue à Boidot une *Lettre*, du 18 mars 1736, sur les imputations faites à l'abbé Debonnaire, dans les *Nouvelles ecclésiastiques*. Il tenait chez lui des conférences sur les matières ecclésiastiques, et était le chef d'une société particulière d'appelants. C'est de là que sortit le *Traité des prêts de commerce*, publiés en 1739, par Aubert, curé de Chânes, et augmenté depuis par Mignot. Cette société des Trente-Trois passait auprès du reste des appelants pour être assez hardie dans sa manière de penser, et presque pour socinienne, parce qu'elle ne voulait pas se soumettre à l'autorité de leurs deux ou trois évêques. Boidot mourut en 1751.

BOILEAU (JACQUES), frère de Boileau Despréaux, naquit à Paris en 1635, fut docteur de Sorbonne, doyen et grand-vicaire de Sens, chanoine de la Sainte-Chapelle, doyen de la faculté de théologie, et mourut à Paris en 1716. Comme son frère il avait l'esprit porté à la satire, et son frère disait de lui que *s'il n'avait été docteur de Sorbonne, il aurait été docteur de la comédie italienne*. Il a donné un assez grand nombre d'ouvrages, qu'il écrivit en latin, *de crainte*, disait-il, *que les évêques ne les censurent*.

CLAUD. FONTEII *Opus de antiquo Jure presbyterorum in regimine ecclesiastico*. Taurini, Barthol. Zappata, 1676, in-12. — Editio secunda, correctior, 1678, in-8°.

Boileau se cacha sous le faux nom de Claude Fontaine.

Il est clair (dit-il, page 31 de la deuxième édition) *par les Actes des apôtres, que saint Paul commande à l'Eglise de garder les ordonnances des prêtres comme celles des évêques ou des apôtres. C'est pourquoi le docteur de Sorbonne, auteur de la version du Nouveau Testament imprimé à Mons, et qui, plein d'une éloquence douce, nette et non variable, exprime toujours les pensées de Dieu d'une manière qui les égale, a traduit ces mots de saint Paul d'une façon qui me fait plaisir :* Confirmans ecclesias, præcipiens custodire præcepta apostolorum et seniorum, *ordonnant de garder les règlements des apôtres et des prêtres*.

Mais 1° n'est-ce pas faire injure à l'épiscopat que de prétendre égaler ainsi les ordonnances des prêtres à celles des évêques? 2° De telles louanges données à la version de Mons (version condamnée par plusieurs papes et par plusieurs prélats français, *voyez* l'article MAISTRE (LE) ne sont-elles pas téméraires et scandaleuses?

Autre proposition attentatoire à la juridiction et à la dignité épiscopale : *Un évêque n'est point autrement juge d'un prêtre que d'un autre évêque* (page 33).

On voit par là que, dès 1678, les jansénistes étaient déjà presbytériens.

DISQUISITIO HISTORICA *de librorum circa res theologicas approbatione*. Dissertation historique touchant l'approbation des livres en matière de théologie. *Anvers*, 1708.

Il est probable que ce livre a été imprimé à Paris. Le docteur Boileau le distribuait lui-même à ses amis et à qui voulait le voir.

On y trouve des propositions contraires aux intérêts de l'Etat, et qui n'établissent pas moins la supériorité des états au-dessus du roi que celle du concile au-dessus du pape.

Page 68, en parlant du livre d'Edmond Richer, *sur la Puissance ecclésiastique*, son système est qualifié de *tempérament louable* entre deux extrémités opposées, *laudabili temperamento*; et à la page 69, il est dit que ce système ne touche point à la foi; *in re quæ per se ad fidem non spectat*.

Cependant dès que le livre de Richer parut, non-seulement il fut censuré par la Sorbonne, mais par deux conciles, l'un de la province de Sens, tenu à Paris, auquel présida le savant cardinal du Perron, l'autre de la province d'Aix. Et la doctrine de Richer fut déclarée *fausse*, *scandaleuse*, *erronée*, *schismatique*, *hérétique*..... *impie*, etc. Après quoi la cour étant informée que ce docteur songeait à écrire pour la défense de son système, Louis XIII lui fit faire défense expresse par le cardinal de Richelieu, sous peine de la vie, d'imprimer les écrits qu'il se préparait à publier. Ce sont ces mêmes écrits, qui ayant été conservés par ses héritiers, furent imprimés clandestinement à Reims par D. Thierri de Viaixnes, Bénédictin de la congrégation de Saint-Vannes, que le roi, pour cette raison-là même, entre plusieurs autres, fit enfermer à Vincennes.

Voilà ce que les deux puissances ont pensé du pernicieux système que l'auteur de la Dissertation historique ose appeler *un louable tempérament*, une doctrine *qui n'intéresse point la foi*.

A la page 97, en parlant des théologiens de Paris, approbateurs de l'*Augustin* de Jansénius, l'auteur dit : *Ces docteurs ont passé sans contredit pour les plus habiles en théologie. Ils n'ont jamais été soupçonnés d'aucune erreur; au contraire, par leur vertu sans reproche qui les a distingués jusqu'à la mort, ils ont rendu célèbre la faculté de théologie de Paris.*

HISTORIA CONFESSIONIS AURICULARIS, *ex antiquis scripturæ, patrum, pontificum et conciliorum monumentis expressa*. Paris, Edm. Martin, 1683, in-8°.

Cette histoire a été approuvée par messieurs *Chassebras* et Antoine *Fabre*, et contient des erreurs capitales. En voici deux entre autres très-pernicieuses, qui se trouvent réunies dans une seule proposition, à la page 55 : *Raro jam, ecclesiæ œtate provecta et ad senium vergente, malas cogitationes esse lethales*. C'est-à-dire, maintenant que l'Eglise est sur son déclin et qu'elle vieillit, il arrive rarement que les mauvaises pensées soient des péchés mortels.

Le docteur aurait dû se ressouvenir de ces paroles de l'Ecriture (Prov. XV) : *Abominatio Domini cogitationes malæ*. Il n'aurait pas inculqué dans plusieurs autres endroits de son livre une morale si corrompue et si détestable. *Facile est* (dit-il page 54) *respondere minus crebro peccata cogitationum esse lethalia*.

Une telle doctrine est à la vérité digne de l'auteur de l'*Histoire des Flagellants* et du livre intitulé: *De Tactibus impudicis*; mais on demande si des hommes qui publient hardiment des propositions si abominables ont droit d'affecter après cela le plus outré rigorisme et de crier sans cesse contre la morale relâchée des casuistes. *Voyez* l'article de *Boileau* dans Feller.

BOILEAU (JEAN-JACQUES), chanoine de Saint-Honoré, à Paris, naquit près d'Agen, en 1649. Il occupa d'abord une cure dans son diocèse natal; ensuite il vint à Paris, eut beaucoup de part à la confiance du cardinal de Noailles, et joua un rôle dans les disputes et les négociations relatives au jansénisme, auquel il était assez favorable. Il mourut en 1735, laissant des ouvrages où l'on trouve quelquefois un peu de prévention. Ce sont :

LETTRES *sur différents sujets de morale et de piété*. 1737, 2 vol. in-12.

VIE *de madame la duchesse de Liancourt*, et ABRÉGÉ *de la Vie de madame Combé*, institutrice de la maison du Bon-Pasteur.

BONNAIRE (DE). *Voyez* DÉBONNAIRE.

BONNERY (N...), curé de Lansarques, dans le diocèse de Montpellier. Lorsqu'il fut mort, on trouva dans ses papiers un écrit contenant les plus intimes secrets de la secte jansénienne. Cet écrit est parfaitement semblable à celui que le P. Quesnel envoya confidemment, en 1699, à une religieuse janséniste de Rouen, et que cette religieuse remit, en 1719, à M. d'Aubigné, son archevêque, avec la lettre qu'elle avait reçue du P. Quesnel.

L'évêque de Montpellier (M. de Charancy) crut devoir profiter d'une si belle occasion pour inspirer à ses diocésains une juste horreur du jansénisme : il rendit public l'écrit qui s'était rencontré chez le curé fanatique, et il y joignit une lettre pastorale, où il montra que, tout affreux qu'est cet écrit, il n'attribue rien au parti qui ne soit prouvé par d'autres actes bien authentiques et par un détail connu de ce qui s'est passé depuis la naissance du jansénisme.

Un anonyme, non moins fanatique que le curé Bonnery, voulut attaquer la *Lettre* du prélat; et c'est ce qu'il fit dans un gros livre intitulé :

DÉFENSE *de la vérité et de l'innocence, outragées dans la lettre pastorale de M. de Charancy, évêque de Montpellier, en date du 24 septembre 1740*. Utrecht, 1744, in-4°, de 426 pages, sans la préface qui en a 230.

L'auteur s'élève avec violence contre la

Lettre pastorale; mais la fausseté et la faiblesse de ses réponses ne sert qu'à mieux faire sentir la force et la vérité des accusations de M. de Charancy.

1° Il tâche, mais en vain, de justifier sur divers points la personne de Jansénius, et de montrer en particulier qu'il a été toujours très-éloigné de vouloir innover dans la foi. Les propres aveux de l'évêque d'Ypres prouvent le contraire. On a ses lettres. On sait ce qu'il a écrit à l'abbé de Saint-Cyran, son intime confident. Il ne lui dissimule pas qu'il *n'ose dire à personne du monde ce qu'il pense des opinions de son temps sur la grâce et la prédestination; que ses découvertes étonneront tout le monde; que si sa doctrine vient à être éventée, il va être décrié comme le plus extravagant rêveur qu'on ait vu :* qu'il *en est effrayé;* qu'il *ne sera pas facile de faire passer son livre aux juges; et qu'il est surtout à craindre qu'on ne lui fasse à Rome le même tour qu'on a fait à d'autres,* c'est-à-dire à Hessels et à Baïus.

Il ajoute qu'*au reste le pouvoir ultramontain est ce que l'on estime la moindre chose; que, ne pouvant espérer que son livre soit approuvé au-delà des Alpes, il est d'avis qu'on ne peut réussir à lui donner cours qu'en formant un puissant parti, et en gagnant surtout des communautés;* qu'il *fera en sorte que son ouvrage ne paraisse pas de son vivant, pour ne pas s'exposer à passer sa vie dans le trouble.* Ce sont de pareils aveux qui avaient autorisé M. de Charancy à dire que *Jansénius était convaincu de la nouveauté de sa doctrine :* et ces preuves si frappantes de la mauvaise foi de ce novateur, l'auteur du libelle n'a pu ni les détruire, ni même les infirmer.

Il ne réussit pas mieux à justifier le système doctrinal de l'évêque d'Ypres. Il a beau le déguiser à la faveur du thomisme, il ne peut le soustraire aux censures réitérées de l'Eglise. Aussi ce zélé défenseur de Jansénius et de Quesnel n'oppose à la notoriété constante des faits qu'avait allégués M. de Montpellier que de vagues et fausses déclamations, des injures grossières et des imputations évidemment calomnieuses.

BOIS (DU), faux nom sous lequel Godefroy Hermand a publié un ouvrage.

BOIS (PHILIPPE GOIBAUD sieur DU), naquit à Poitiers, commença par être maître de danse, devint ensuite le gouverneur de M. le duc de Guise, auquel il avait trouvé le moyen de plaire; apprit le latin à l'âge de trente ans, par le conseil de MM. de Port-Royal, qu'il avait choisis pour les directeurs de sa conscience et de ses études. Il a traduit en français plusieurs ouvrages de saint Augustin, et en particulier ses *Confessions*, in-8°, et ses *Lettres*, en 2 vol. in-folio; mais les notes savantes et curieuses dont il a accompagné ses traductions sont de l'abbé de Tillemont, son ami particulier.

Du Bois donne à saint Augustin et à Cicéron, dont il a aussi traduit quelques ouvrages, le même style, le même tour, le même arrangement, c'est-à-dire qu'il en fait deux grands faiseurs de phrases, qui disent tout sur le même ton. Cette remarque est de l'abbé d'Olivet dans son *Histoire de l'Académie française.* Du Bois fut reçu dans cette académie en 1693, une année avant sa mort. La longue préface qu'il mit à la tête du sermon de saint Augustin est assez bien écrite, mais très-mal pensée, suivant l'abbé Trublet. Le docteur Arnauld en fit une critique judicieuse. Nous mentionnerons ici spécialement l'ouvrage suivant :

DE LA PRÉDESTINATION *des saints et du don de la persévérance.* A Paris, in-12, 1676.

Le traducteur de ces deux ouvrages de saint Augustin explique plusieurs passages de ce Père comme le font les calvinistes, et en particulier comme le fait *Pierre Dumoulin.* Il y débite en beaucoup d'endroits avec *Dumoulin,* le dogme détestable de la réprobation positive. Et dans la traduction de la lettre de saint Augustin à saint Paulin, il adopte l'explication hérétique du Nouveau Testament de Mons : *Ce n'est pas moi, mais la grâce de Dieu qui est en moi* (page 395).

BOISSIÈRE (SIMON-HERVIEU DE LA) naquit à Hernay, en 1707, embrassa l'état ecclésiastique, publia plusieurs ouvrages, dont l'un est intitulé : *Préservatifs contre les faux principes de Mongeron,* 1750, et mourut à Paris, en 1777.

DOUBLE HOMMAGE *que la vérité exige par rapport aux contestations présentes,* 1780.

Cet ouvrage, qui ne parut qu'après la mort de l'auteur, semble témoigner qu'il appartenait au parti appelant.

BONLIEU, faux nom pris par Lulane.

BONT (CHARLES DE), licencié en théologie de la Faculté de Louvain, jouit des bonnes grâces de M. de Sébaste, qui cependant ne put réussir à le maintenir dans l'un des postes importants qu'il lui avait successivement confiés : l'opposition des catholiques, fut plus forte. De Bont dut se contenter d'une cure; mais au bout de près de douze ans, ses paroissiens le chassèrent comme hérétique, et M. l'archevêque de Malines le punit comme tel, en l'excluant d'un bénéfice où il s'était fait nommer dans le Brabant. Le livre intitulé : LA VÉRITÉ *catholique victorieuse,* imprimé, non pas à Amsterdam, comme le titre le dit faussement, mais à Ypres, porte son nom. Or ce livre est l'un de ceux où le jansénisme déborde ; on en va juger par ce qui suit.

Pages 176, 177: *La doctrine qui enseigne que Dieu veut sauver tous les hommes sans exception, et qu'en conséquence de cette volonté, il leur a communiqué la grâce nécessaire pour faire leur salut, a été la doctrine de tous les hérétiques et de tous leurs sectateurs qui ont combattu la grâce de Jésus-Christ, et parce qu'ils établissaient cette doctrine comme le fondement de toutes leurs erreurs; de là est venu aussi qu'aucun des saints docteurs qui ont soutenu la nécessité et la vertu de la grâce contre les susdits hérétiques et leurs adhérents n'a jamais reçu cette doctrine, mais qu'au contraire ils l'ont tous rejetée et eue en abomination. D'où il s'ensuit qu'elle doit au moins être regardée comme très-suspecte d'hérésie.*

Page 136 : *Ces paroles, je ne prie pas pour*

le monde, montrent manifestement qu'il y avait un monde et des hommes pour lesquels Jésus-Christ n'avait pas dessein de mourir, et pour lesquels il n'a offert à son père ni son sang ni ses prières.

Page 134 : *Qui est-ce qui peut entendre dire sans horreur que Jésus-Christ soit mort pour chacun des hommes en particulier?*

On pourrait rapporter un grand nombre de propositions semblables, tant sur cette matière que sur la liberté et la grâce, mais il suffira de dire que depuis la page 480 jusqu'à la page 485, tout le jansénisme se trouve exactement renfermé en cinq pages ; le reste du livre est un tissu de calomnies, d'injures et de paroles méprisantes, d'accusations d'hérésies, telles que pourrait faire le calviniste le plus outré contre la doctrine catholique.

C'est ce qui a fait dire au célèbre protestant Leydeker, dans son histoire du Jansénisme (page 275), que *Bont est un janséniste sincère et plus ingénu que les autres, et qui vaut pour le moins son maître et son patriarche Jansénius, si même il ne le surpasse pas. Hæc Carolus Bontius, quem laudamus ut jansenistam ingenuum præ cæteris, ipsoque patriarcha meliorem.*

BORDE (Vivien la), prêtre de l'Oratoire, naquit à Toulouse, en 1680, fut envoyé à Rome avec l'abbé Chevalier, par le cardinal de Noailles, pour les affaires de la constitution, devint supérieur du séminaire de Saint-Magloire, à Paris, où il mourut le 15 mars 1748. Outre les ouvrages dont il va être question, le P. Laborde est auteur de plusieurs *Mandements* et *Instructions pastorales* du cardinal de Noailles et de l'évêque de Troyes, Bossuet.

Examen *de la Constitution, etc., selon la méthode des géomètres. Première dissertation, contenant des maximes générales.* Février 1714, in-12, 67 pages, publié sous le voile de l'anonyme.

D'abord l'avertissement est un amas d'invectives contre Rome, contre les jésuites, contre les cardinaux, surtout contre le cardinal Fabroni, et contre les évêques orthodoxes. L'auteur vient ensuite aux louanges du livre de Quesnel, et il ose dire que *pendant 40 ans ce livre a été lu avec l'approbation des plus grands évêques de France, et l'édification générale des pasteurs et des peuples* (p. 11), quoiqu'il eût déjà été condamné et à Rome et en France, ainsi que nous l'avons dit ailleurs.

Ensuite, le prétendu géomètre, après quelques préliminaires fort inutiles, attaque (p. 9) les condamnations *in globo*, par ce raisonnement absurde et cette façon de parler insolente : *Qui se chargera de faire la distribution des qualifications énoncées, et qui démêlera ce chaos ? Où le pape lui-même a pu le démêler, ou il ne l'a pu. S'il l'a pu, que ne l'a-t-il fait ? S'il ne l'a pu, qui le pourra ?* L'auteur n'a pas vu qu'un hussite aura droit de tenir le même langage sur le concile de Constance, puisque ce concile œcuménique a employé pour la condamnation de Jean Hus la même sorte de censure dont s'est servi Clément XI contre Quesnel. Il n'a pas vu qu'en excitant (p. 13) les magistrats à attaquer la bulle *Unigenitus*, parce que la censure qu'elle porte est générale et n'applique point les qualifications, il soulevait par conséquent les mêmes magistrats contre le concile de Constance, dont la censure contre Jean Hus est précisément dans la même forme.

Tout le reste du libelle n'est pas moins méprisable : tout y porte à faux ; le jargon géométrique de l'auteur n'éblouit personne. Ses maximes, ses corollaires, ses réflexions, ses exemples, tout annonce un écrivain peu sensé, lequel ou avance hardiment les principes les plus faux, ou, s'il en pose de vrais, n'en tire que de fausses conséquences.

Témoignage *de la vérité dans l'Eglise. Dissertation théologique, où l'on examine quel est ce Témoignage, tant en général qu'en particulier, au regard de la dernière constitution, pour servir de précaution aux fidèles et d'apologie à l'Eglise catholique contre les reproches des protestants.* 1714, in-12, 333 pages.

I. L'auteur protestant du *Journal littéraire* s'élève avec justice contre la fin de ce titre. En effet, dit-il, qu'avaient affaire là les protestants ? *N'ont-ils pas assez fait connaître..... qu'ils entrent volontiers avec les ennemis de la constitution dans toutes leurs vues contre cette décision ? Venir après cela mettre froidement à la tête d'un livre qu'il n'est fait que pour servir de précaution aux fidèles et d'apologie à l'Eglise catholique contre les reproches des protestants, n'est-ce pas leur chercher de gaîté de cœur une vraie querelle d'Allemand ? surtout lorsque c'est un livre dont le principe est tout protestant.... où l'on est continuellement obligé de recourir à la voie de l'examen..., et où l'on dénonce hautement : « Malheur à qui n'entre point dans cet examen avec cet œil simple et droit que la crainte n'effraie point, que les espérances n'éblouissent point, que le désir de plaire aux hommes n'altère point, que la vérité seule peut fixer, parce qu'elle seule a droit de plaire ! malheur, en un mot, de l'Apôtre : Omnia probate, quod bonum est tenete :* Examinez tout, et ne retenez que ce qui est bon ! » *Si c'est dans la vue de paraître éloigné des protestants qu'on en agit ainsi,* continue le journaliste de La Haye, *c'est en rechercher les occasions, ce semble, avec trop d'affectation. C'est maintenant une mauvaise finesse qui ne peut plus surprendre personne. On sait trop aujourd'hui en quoi les réformés et les jansénistes se ressemblent ; et il y aurait peut-être de l'avantage pour ceux-ci à en convenir de bonne foi : cela leur serait à tout le moins plus glorieux que la dissimulation qu'ils affectent depuis si longtemps à cet égard.* (Journal littéraire, 1714, p. 434.)

Tels sont les reproches d'ami que le journaliste protestant fait à l'auteur oratorien, et l'on doit convenir qu'ici le protestant a toute la raison de son côté.

II. Parmi les excès où l'auteur du *Témoi-*

gnage, *etc.*, s'est porté, il y en a qui lui sont communs avec d'autres défenseurs du P. Quesnel, et il y en a qui lui sont particuliers.

Non content de dire avec plusieurs des quesnellistes que la constitution *Unigenitus* condamne des vérités et qu'elle autorise des erreurs ; que l'acceptation de cette bulle par le clergé de France est l'effet de l'ignorance, de la surprise, de la faiblesse, de la politique; que c'est l'autorité de la cour qui a entraîné les suffrages des prélats, etc.; non content de semblables expressions, tout injurieuses qu'elles étaient, cet auteur a porté l'outrage et l'insolence jusqu'à oser dire que la constitution *ébranle les fondements de la religion*, et qu'elle *altère sans ménagement le dépôt sacré :* jusqu'à soutenir qu'en acceptant cette bulle, les prélats ont dit anathème à *Jésus-Christ* ; qu'ils se sont *chargés d'une iniquité plus criante que ne le fut la prévarication* de ceux qui signèrent contre la divinité du Verbe à Rimini : jusqu'à mettre en parallèle la conduite du roi, dans l'affaire de la constitution, avec celle d'un empereur arien, l'ennemi déclaré des catholiques, et à la représenter même comme plus injuste et plus violente. C'est-à-dire que l'on n'ajouterait rien à la force des expressions de l'auteur, quand avec Luther et Calvin on donnerait au pape le nom d'*Antechrist*, au siége de saint Pierre le nom de la *prostituée de l'Apocalypse*, à l'assemblée du clergé le nom de *conciliabule* et de *brigandage*, au roi le nom de *persécuteur* et de *tyran*.

Pour comble de tant d'excès, l'auteur en ajoute un qui lui est propre et qui tend à les justifier tous. Tandis qu'il accuse faussement le pape et les évêques d'avoir ébranlé les fondements de la religion, il fait lui-même très-réellement ce qu'il leur reproche. Car, pour défendre le livre et la doctrine du P. Quesnel contre les anathèmes du corps des pasteurs uni à son chef, il entreprend de leur ôter le droit sacré qui leur a été donné par Jésus-Christ de décider souverainement des questions de la foi, pour attribuer ce droit aux peuples. Au lieu d'obliger le troupeau à écouter la voix des pasteurs, il assujettit au contraire les pasteurs à écouter celle du troupeau. En vain le pape avec les évêques, en vain les conciles généraux prononceront sur un point de religion, si le suffrage unanime des peuples ne précède ou ne suit le jugement des pasteurs, c'est le jugement de la multitude, et non le leur, qui sera la règle de la vérité.

En cas de partage entre les évêques, si l'on voit d'un côté le chef avec le corps, et de l'autre un petit nombre qui s'en sépare, loin que cet accord entre le chef et les membres soit une preuve ou même un préjugé pour la justice de leur cause et pour la vérité, selon l'auteur, c'est tout le contraire ; pourvu que ceux du petit nombre puissent alléguer que le plus grand a eu les puissances de son côté, qu'il a mis en œuvre les intrigues, les menaces, la violence, et que la chose est notoire : intrigues, violences, notoriété, que nulle secte hérétique n'a manqué de reprocher à ceux qui l'ont condamnée, et dont le petit nombre, pour qui parle l'auteur, se regardera toujours comme seul juge.

Tel est le système de cet écrivain, dans les principes duquel ce n'est plus aux apôtres et à leurs successeurs, mais au peuple qu'il est dit : *Allez, enseignez ; et qui vous écoute, m'écoute :* ce n'est plus eux qui sont établis les dépositaires et les juges de la doctrine ; enfin, par la même raison, ce n'est point en eux, mais dans le corps des fidèles que réside l'autorité de faire des lois qui obligent la conscience, de punir les rebelles, de retrancher les membres gâtés, etc. Idée monstrueuse de l'Eglise, suivant laquelle ce ne serait plus qu'un assemblage de fanatiques, où les disciples deviendraient les maîtres, et où, pour mieux dire, il n'y aurait proprement ni maîtres ni disciples, etc.

C'est ainsi que, pour sauver le jansénisme, l'auteur en est réduit à désarmer l'Eglise, à donner gain de cause contre elle aux protestants, à justifier leur schisme, à rendre désormais interminables toutes les disputes en matière de religion, à introduire par conséquent la tolérance de toutes les sectes. Principe abominable, qui est la destruction non-seulement de la catholicité, mais de tout le christianisme.

III. Le parlement sentit le danger de cet ouvrage, et le proscrivit, par un arrêt du 21 février 1715.

Les *Nouvelles ecclésiastiques* du 25 mai 1715 triomphent de ce que ni le pape ni les évêques ne se sont point élevés contre le *Témoignage de la vérité*. Le parti n'a pas eu longtemps cette satisfaction. Ce livre a été condamné par le pape, par l'assemblée du clergé, par M. l'archevêque de Lyon, par M. de Mailly, archevêque de Reims, etc., et réfuté par le père Daniel. — Le père la Borde désavoua cet ouvrage dans la suite, en adhérant à la constitution.

MÉMOIRE *sur une prétendue assemblée de l'Oratoire, etc.*, juin 1746 in-4°, pages 16.

Avant que la congrégation de l'Oratoire tint son assemblée, en 1746, on fit paraître deux imprimés ; l'un intitulé : *Mémoire, etc.*, l'autre ayant pour titre : *Lettre au R. P. N. de la congrégation de l'Oratoire, etc.* Ces deux tocsins tendaient à entretenir cette congrégation dans la révolte contre les deux puissances. Le premier, plein d'impiété et d'audace, a passé pour être de la même main que le fanatique ouvrage du *Témoignage de la vérité*. Le second, plus modéré en apparence, est au fond aussi pernicieux. Ce sont des poisons apprêtés différemment, mais également mortels.

PRINCIPES *sur la distribution des deux puissances.* 1753, in-12.

Cet ouvrage, qui renferme des principes pernicieux et destructifs de la juridiction ecclésiastique, fut condamné par le clergé de France ; il fut aussi proscrit par Benoît XIV, dans son bref du 4 mars 1755.

CONFÉRENCE *sur la pénitence*, petit in-12; ouvrage d'une morale sévère et même rigide.

BOSSUET (JACQUES-BENIGNE), évêque de Troyes (1), né en 1664, neveu de l'illustre évêque de Meaux, entra dans l'état ecclésiastique, et se trouvait à Rome avec l'abbé Philippeaux qui l'avait dirigé dans ses études, lorsque le grand Bossuet le chargea (2) de poursuivre la condamnation du livre des *Maximes* de Fénélon. L'abbé Bossuet montra peu de délicatesse dans cette affaire, et mit plus que du zèle à la faire réussir. Il oublia que s'il est glorieux de faire triompher la justice, il est plus beau encore de n'employer, pour y parvenir, que de la modération et des moyens dignes de la cause pour laquelle on agit. Sa volumineuse correspondance sur cet objet, publiée par Deforis, fit peu d'honneur à sa sagesse et à son caractère. A son retour, en 1699, il fut ordonné prêtre, et pourvu de l'abbaye de Saint-Lucien de Beauvais. Il devint grand vicaire de son oncle, qui désira l'avoir pour coadjuteur, et en fit la demande à Louis XIV, en parlant de lui avec éloge, *ce qui prouverait sans doute que l'abbé Bossuet avait su se contraindre devant un juge si éclairé.* Le roi n'accéda point à cette demande, et le mit toujours éloigné de l'épiscopat (3). Ce ne fut que sous la régence, et par le crédit du cardinal de Noailles, qu'il eut l'évêché de Troyes en 1716. Signalé parmi ceux dont la doctrine était suspecte, *il n'obtint ses bulles que deux ans après*, sur une attestation d'orthodoxie que le cardinal de la Trémouille donna en sa faveur. Le nouvel évêque adhéra à l'accommodement de 1720. En 1725, il se déclara pour l'évêque de Montpellier, et maintint son opposition à la bulle. L'année suivante, il donna un mandement contre l'office de saint Grégoire VII, et défendit (4) contre un abbé Fichant (5) l'authenticité de quelques-uns des ouvrages posthumes de son oncle, qu'il avait publiés, tels que les *Elévations sur les mystères*, les *Méditations sur l'Evangile*, le *Traité de l'amour de Dieu*, celui du *Libre Arbitre et de la Concupiscence* et celui de la *Connaissance de Dieu et de soi-même*. Le parlement de Paris décida en sa faveur (6). Il eut ensuite, avec M. Languet, archevêque de Sens, métropolitain, de longues disputes, d'abord sur quelques-unes de ses instructions pastorales, ensuite sur un nouveau Missel qu'il

donna et dans lequel on trouva des innovations. Il se défendit avec peu de modération, et finit cependant par retrancher quelques-unes des dispositions blâmées. Le 30 mars 1742, il se démit de son évêché, et mourut le 12 juillet de l'année suivante.

PROJET *de réponse..... à M. l'archevêque d'Embrun.* In-4°, 42 pages.

Voici l'occasion et le sujet de cet ouvrage. Au commencement de 1733, on vit paraître un écrit de 52 pages in-4° intitulé : *Instruction pastorale de M. l'évêque de Montpellier, adressée au clergé et aux fidèles de son diocèse, au sujet des miracles que Dieu fait en faveur des appelants de la bulle* Unigenitus.

L'auteur, zélé partisan du figurisme moderne, y insinue clairement et établit autant qu'il peut la supposition impie d'une défection générale du sacré ministère, et par conséquent de toute l'Eglise. Pour appuyer son système, il cite en sa faveur les *Méditations* posthumes de M. Bossuet, évêque de Meaux, et lui impute d'avoir enseigné la même doctrine.

M. le cardinal de Tencin, pour lors archevêque d'Embrun, s'éleva justement contre une opinion si monstrueuse, dans son instruction pastorale du 5 août de la même année. Il s'expliqua, à l'égard de M. Bossuet, d'une manière qui ne devait pas déplaire à M. de Troyes. Celui-ci néanmoins s'en offensa; et, dans une lettre datée du 26 avril 1737, il reprocha vivement à l'illustre archevêque d'avoir supposé *gratuitement* que cette erreur (de la défection générale de l'Eglise des nations) était imputée à M. Bossuet par M. de Montpellier. M. d'Embrun répliqua par une lettre adressée à M. de Troyes, datée de Paris le 27 octobre 1737, in-4° de 40 pages, où il démontre évidemment, 1° que *M. de Montpellier a réellement enseigné la défection générale du ministère dans l'église des gentils*; 2° qu'il s'est appuyé pour prouver *son opinion, de l'autorité de M. Bossuet.*

Or, dans le *Projet de réponse*, on prétend encore justifier là-dessus M. de Montpellier. Mais s'en faut bien qu'on y réussisse. Les preuves alléguées par M. de Tencin sont toujours triomphantes et subsisteront à jamais dans toute leur force.

Rien n'est en effet plus décisif contre M. Colbert que le texte même de son instruction pastorale. *L'ancien peuple*, dit-il, *est la figure du nouveau dans ses malheurs, aussi*

---

(1) Cette notice est tirée de la *Biographie universelle* de Feller, édition de Besançon, Gauthier frères.

(2) *Jamais choix ne fut plus malheureux et n'eut des suites plus déplorables,* dit M. de Bausset, historien de Bossuet.

(3) C'est en 1703 que l'évêque de Meaux présenta au roi un placet pour qu'il lui donnât son neveu pour coadjuteur ou pour successeur. Ce placet a été imprimé dans les *Mémoires de Trévoux*, en 1765. On assure que lors de l'affaire du cas de conscience, l'abbé Bossuet se donna beaucoup de mouvement pour engager les docteurs signataires à se retracter, et Fouillou, dans son *Histoire du Cas de conscience*, dit qu'il s'attira à cette occasion des reproches assez vifs sur son ambition et sur son désir d'être évêque.

Après la mort de l'évêque de Meaux, l'abbé Bossuet parut oublié. On voit pourtant qu'il présenta à Louis XIV un exemplaire manuscrit de la *Défense de la Déclaration* de 1682. Cette note est tirée des *Mémoires* de M. Picot, tom. IV, p. 198.

(4) Dans une autre édition de Feller, celle de Paris, Méquignon-Havard, 17 vol. in-8°, on lit : *Il prit à partie les journalistes de Trévoux, qui avaient jeté du doute sur quelques ouvrages de son oncle.*

(5) Le prélat fit paraître contre cet abbé deux *instructions pastorales*, où on regrette, dit M. Picot, qu'il n'ait pas prescrit à ses rédacteurs de mettre plus de modération.

(6) Depuis lors l'authenticité de ces écrits n'a plus été que faiblement contestée, dit M. Picot.

bien que dans ses avantages. Ce serait se tromper grossièrement que de laisser au peuple figuratif tous les malheurs, et de ne vouloir le reconnaître comme figure du peuple nouveau que dans ce qui lui arrive d'avantageux. Il ajoute : *Isaïe voit un temps où les étoiles du ciel seront languissantes. Les cieux se plieront et se rouleront comme un livre, tous les astres en tomberont, comme des feuilles tombent de la vigne et du figuier. Qui peut douter que le ciel, dans toutes ces prophéties, ne désigne l'Eglise; que le soleil, la lune, les étoiles, ne soient le symbole des pasteurs que Jésus-Christ a établis pour être la lumière du monde?* Peut-on marquer et dépeindre plus clairement la défection générale et l'apostasie universelle de l'église des gentils? *Voyez* ETEMARE.

INSTRUCTION *pastorale*...... du 1er juillet 1733.

On trouve ici le plus pur quesnellisme; par exemple, page 83 : *Notre dépravation est telle, qu'abandonnés à nous-mêmes, nous n'éviterions aucun mal, ou nous ne l'éviterions qu'en nous jetant volontairement dans un autre.* C'est là, comme on voit, l'impuissance de l'homme *pour tout bien*, établie dans les cinq premières propositions de Quesnel, et surtout dans la première. N'est-ce pas aussi la trente-huitième proposition : *Le pécheur n'est libre que pour le mal, sans la grâce du libérateur.*

Page 99. Voici le titre d'un paragraphe : *Que la foi n'opère que par la charité.* C'est copier visiblement la 51e proposition de Quesnel : *La foi justifie quand elle opère; mais elle n'opère que par la charité.*

INSTRUCTION...... du 1er *février* 1734.

Que doit-on penser de cette proposition (n° 63, p. 88) ? *La volonté spéciale de Dieu, par laquelle il sauve efficacement qui lui plaît, est la source et le principe de tout ce que nous demandons à Dieu, et le fondement de notre espérance.*

Ces paroles ne détruisent-elles pas totalement l'espérance chrétienne? Car enfin si notre espérance n'a pour *fondement* que la volonté *spéciale* de Dieu, par laquelle il sauve *efficacement* qui lui plaît, si c'est là le *principe* de *toutes* nos prières, comme personne ne sait s'il sera sauvé *efficacement*, et si Dieu a pour lui cette volonté *spéciale*, toutes nos prières sont donc sans principe, et toute notre espérance sans *fondement.*

MISSALE *sanctæ ecclesiæ Trecensis.* Typis Petri Michelin, an. 1736. *Missel de la sainte église de Troyes.*

Lorsque M. Bossuet eut publié ce Missel, son métropolitain, M. l'archevêque de Sens, examina les rites nouveaux que ce prélat introduisait dans son église; il les exposa dans un mandement du 20 avril 1737, et il déclara que, pour remplir son ministère, il ne pouvait se dispenser de les improuver, de les condamner, et de défendre, sous peine de suspense, à tous ceux qui sont soumis à sa juridiction, de s'y conformer, et de faire usage à l'autel des nouvelles messes que renferme ce scandaleux Missel.

Voici une partie de ce qu'il y a trouvé de répréhensible.

1° Dans les douze messes à l'honneur de Marie, on en a retranché tout ce que l'ancienne liturgie contient à son honneur. On ne parle presque plus d'elle aux messes de la Purification, de l'Annonciation et de la Circoncision. On a retranché tout ce qui est propre et spécial à Marie, aux messes de l'Assomption et de la Compassion;

2° On n'a pas mis une seule fois dans les douze messes, destinées à l'honneur de Marie, ces paroles : *Ave Maria, gratia plena, Dominus tecum, benedicta tu in mulieribus.... Mater, ecce Filius tuus; Fili, ecce Mater tua:* tout cela a été retranché;

3° Dans l'oraison marquée *ad postulandam caritatem*, pour demander la charité, on va insinuer, par une ridicule affectation, le système janséniste des deux délectations invincibles, la charité et la cupidité, qui, comme les deux poids d'une balance, entraînent nécessairement notre volonté. *Deus.... da cordibus nostris, ut deficiente cupiditate, de die in diem in tuo amore crescamus ;*

4° On y qualifie grossièrement et injustement de livres étrangers les livres liturgiques de l'Eglise romaine, mère de tous les fidèles, et maîtresse de toutes les Eglises;

5° On y retranche toute la sainte décoration de nos autels, crucifix, chandeliers, flambeaux, reliques de saints, tableaux. On n'y voit ni tabernacle, ni retable orné. On ne laisse qu'une simple nappe sur l'autel, de sorte qu'on le prendrait pour une table de cène calviniste, et toute l'église pour un prêche.

On dirait presque qu'on veut faire revivre de nos jours l'hérésie de *Vigilantius*, que saint Jérôme combattit avec tant de force, et qui condamnait les flambeaux et les lumières dont on décorait de son temps les tombeaux des saints martyrs et les autels élevés sur ces tombeaux.

Saint Paulin, mieux instruit de la pratique de l'Eglise que tous ces novateurs, nous l'apprend dans un seul vers :

Clara decorantur claris altaria lychnis.

Sidonius Apollinaris, qui florissait dans le cinquième siècle, raconte, dans une de ses lettres (1) que, le second de septembre, étant allé avant le jour assister à l'office dans l'église de Saint-Just, évêque de Lyon, dont on célébrait la fête, il fut obligé d'en sortir après l'office, avec quelques amis, pour aller un peu prendre l'air en attendant l'heure de tierce : *Car*, ajoute-t-il, *nous avions souffert une excessive chaleur causée par le grand nombre de flambeaux allumés et par la grande foule du peuple.*

6° Le nouveau Missel de Troyes favorise ouvertement les nouvelles erreurs. On y a inséré tout ce qui peut les insinuer. On a affecté d'y placer les textes dont les jansénistes abusent, et de les rapprocher les uns des au-

(1) C'est la 17 du ve Livre, adressée à son ami Eriphius.

tres. On n'a pas manqué d'y faire entrer le *Quem vult indurat* de saint Paul (1), et le *Non invenit pœnitentiæ locum, quanquam cum lacrymis inquisisset eam* (2).

On y a inséré l'erreur favorite des nouveaux sectaires : que la charité est la seule vertu des chrétiens, et par conséquent que la foi et l'espérance ne sont rien : *Quod non dat virginitas, supplet sola caritas, virtus omnis*, dit-on, page 435.

On affecte d'y dire que Dieu ne doit sa grâce à personne. Mais ne la doit-il pas du moins à titre de promesse, de fidélité, d'engagement? On y débite (3) ouvertement le dogme calviniste de l'inamissibilité de la grâce : *Non potest peccare, quoniam ex Deo natus est*.

7° On a retranché ces deux textes si honorables à la chaire de saint Pierre : *Tu es Petrus, et super hanc petram ædificabo Ecclesiam meam* : Vous êtes Pierre, et c'est sur cette pierre que j'édifierai mon Eglise; *Quodcunque ligaverit super terram, erit ligatum et in cœlis, etc.*, quoique ces paroles se trouvent dans l'ancien Sacramentaire de saint Grégoire. L'oraison pour le pape a été retranchée dans les fériés, et la messe pour son élection a été supprimée.

MANDEMENT..... *pour recommander au clergé et aux fidèles de son diocèse, la lecture et la pratique du* Traité de l'amour de Dieu, *nécessaire dans le sacrement de pénitence, suivant la doctrine du concile de Trente, composé par feu M. J. B. Bossuet, évêque de Meaux*. Du 1er juillet 1735.

Ce *mandement*, comme la plupart de ceux qui portent le nom de ce prélat, est fait pour insinuer et accréditer le jansénisme. Tantôt on y exprime les sentiments catholiques avec un langage janséniste, tantôt on y débite les sentiments jansénistes avec un langage catholique. D'abord on dissimule le véritable état de la question, et l'on affecte de répandre les plus odieuses couleurs sur les théologiens et les évêques qu'on se propose de réfuter.

Voici de quoi il s'agissait, et ce que l'auteur du mandement aurait dû exposer.

Grand nombre de théologiens prétendent que, pour être réconciliés dans le sacrement de pénitence, il suffit d'avoir la foi, la crainte surnaturelle, l'espérance du pardon, l'amour de concupiscence qui fasse préférer la possession de Dieu à toutes choses, la détestation sincère de tout péché mortel, la ferme résolution d'accomplir tous les commandements, et par conséquent de produire, quand le précepte y obligera, des actes d'amour, de bienveillance, par lesquels on aime Dieu pour lui-même et au-dessus de tout.

D'autres théologiens soutiennent qu'outre toutes les dispositions que tous les docteurs catholiques exigent, et même outre un amour de bienveillance qui ne serait point encore porté jusqu'à un certain degré, il faut, dans le temps qu'on reçoit le sacrement, un acte de charité théologale, qui soit un acte d'amour de Dieu aimé pour lui-même; un acte, lequel, en vertu de son motif très-distingué du motif de l'espérance, fasse actuellement préférer Dieu à tout autre objet.

C'est là ce que M. de Troyes devait d'abord développer. Il devait ensuite ajouter : que ceux qui n'embrassent point ce dernier sentiment, ne s'en éloignent que dans l'appréhension ou de dégrader la charité appréciative (pour me servir de ce terme de l'école), s'ils avouaient qu'elle ne suffit pas pour justifier toujours, même hors du sacrement, ou d'anéantir la vertu du sacrement, s'ils convenaient qu'il requiert pour disposition une charité qui justifie avant qu'on le reçoive.

Il était encore de l'équité de dire : que ces docteurs sont catholiques, que l'Eglise leur permet d'enseigner leurs sentiments; que le pape Alexandre VII, par son bref du 5 mai 1667, *défend à tous les fidèles, aux évêques, aux archevêques, aux cardinaux, sous peine d'excommunication latæ Sententiæ, de censurer l'opinion de ceux qui nient la nécessité de quelque amour de Dieu dans l'attrition conçue par la crainte des peines de l'enfer*, opinion qui paraît être aujourd'hui la plus commune dans les écoles, et qu'en 1725, Benoît XIII, dans une Instruction qui se trouve sur la fin du concile romain, après avoir défini la contrition et l'attrition en ces termes : *Contritio dolor est perfectus caritate, cum quo, ex solo amore Dei tanquam summi boni, peccatum prius admissum displicet super omnia mala. Attritio dolor est communiter conceptus vel ex inferni metu, vel ex paradisi jactura, vel ex peccati fœditate*, s'explique ainsi sur la suffisance de l'attrition : *Sententia hodie communis est perfectam contritionem esse bonam, sed non esse necessariam ad confessionem, cum sufficiat dolor imperfectus, sive attritio, aut pura, jam superius explicata, aut ad summum conjuncta cum aliquali initio amoris benevoli erga Deum; quod remanet huc usque indecisum a sancta Sede*.

Voilà encore une fois ce que M. de Troyes devait expliquer avant que d'établir son sentiment. Mais, au lieu de tout cela, il dit d'abord, page 5, ligne 5 : *Il est vrai qu'il est presque incroyable que des docteurs aient osé révoquer en doute, et même nier la nécessité d'aimer Dieu pour être justifié et réconcilié avec lui; qu'il est étonnant qu'une telle vérité ait besoin d'être prouvée, je ne dis pas à des chrétiens, mais à des hommes tant soit peu raisonnables!* Or, ce langage s'accorde-t-il avec celui d'Alexandre VII et de Benoît XIII? Peut-on même, en s'exprimant ainsi, éviter la censure portée par le premier de ces deux souverains pontifes? N'est-il pas évident que l'un et l'autre de ces papes ont osé *nier* ou du moins révoquer en doute *la nécessité d'aimer Dieu* d'un amour de charité appréciative, pour être justifié

---

(1) Ad Rom. cap. IX, 18.
(2) Ad Hebræos, XII, 17.

(3) Page 327.

dans le sacrement, et que par conséquent, selon M. de Troyes, ils ne sont ni *des chrétiens* ni *des hommes tant soit peu raisonnables.*

Le prélat continue en ces termes : *Mais aussi, c'est parce qu'il s'est trouvé de tels hommes... qui ont porté la licence jusqu'à enseigner qu'on n'est point obligé d'aimer Dieu, pas même pour être réconcilié avec lui; qui par là ont réduit la vie chrétienne à une justice tout humaine et tout extérieure, et la pénitence à quelques formalités, ou tout au plus à quelque frayeur passagère; c'est parce qu'il s'est trouvé des prêtres, des pasteurs et des chrétiens qui ont écouté ces faux docteurs et qui se sont formés sur leurs leçons empoisonnées de pernicieux préjugés, d'où s'en sont ensuivis un relâchement déplorable dans la discipline, une effroyable corruption dans les mœurs, un renversement presque général dans la face du christianisme, et la perte d'une infinité d'âmes; c'est, dis-je, pour cela même que rien ne peut être plus important qu'un ouvrage tel que celui que nous vous mettons aujourd'hui entre les mains.*

Qui parle ainsi dans ce long texte? N'est-ce pas Luther? 1° N'y voit-on pas les mêmes calomnies dont le moine apostat chargea les docteurs les plus catholiques, lorsqu'il disait (I resol. contr. Concl. Eck. Concl. 2) : *Ego scio et confiteor me aliud non didicisse* (in Theologia) *quam ignorantiam peccati, baptismi et totius christianæ vitæ. Nec quid virtus Dei, gratia Dei, fides, spes caritas sit. Breviter, non solum nihil didici (quod ferendum erat), sed nonnisi dediscenda didici. Miror autem si alii felicius dedidicerint. Christum amiseram illic, nunc in Paulo reperi.*

2° Ne sont-ce pas les mêmes erreurs sur le dogme, si, comme l'assure le prélat, on ne peut nier la nécessité d'aimer Dieu d'un amour de charité parfaite, pour être justifié dans le sacrement, *sans réduire la vie chrétienne à une justice tout humaine et tout extérieure, et la pénitence à quelques formalités, ou tout au plus à quelque frayeur passagère?* L'hérésiarque n'avait-il pas droit de condamner la crainte et l'espérance destituées de charité, et de s'exprimer ainsi dans son second sermon sur la pénitence.

Contritio (sic enim cœpit vocari pœnitentia interior) duplici via *paratur* : 1° *Per discussionem, collectionem, detestationem peccatorum, qua quis, ut dicunt, recogitat annos suos in amaritudine animæ suæ, ponderando peccatorum gravitatem, damnum, fœditatem, multitudinem; deinde amissionem æternæ beatitudinis, ac æternæ damnationis acquisitionem, et alia quæ possunt tristitiam et dolorem excitare, spe satisfaciendi per bona opera. Hæc autem contritio facit hypocritam, imo magis peccatorem, quia solum timore præcepti et dolore damni id facit, et tales omnes indigne absolvuntur et communicantur. Et si libere deberent (remoto præcepto ac minis pœnarum) confiteri, certe dicerent sibi non displicere eam vitam præteritam, quam sic coguntur displicere et confiteri. Imo quo magis timore pœnæ et dolore damni sic conteruntur, eo magis peccant et afficiuntur suis peccatis, quæ coguntur, non autem volunt odisse. Et hæc est illa contritio, quam illi vocant extra caritatem non meritoriam, alii vocant attritionem proxime disponentem ad contritionem : sic enim ipsi opinantur, quam opinionem errorem ego judico;* 2° *Paratur per intuitum et contemplationem speciosissimæ justitiæ, qua quis in pulchritudine et specie justitiæ meditatus in eam ardescit et rapitur, incipitque cum Salomone fieri amator sapientiæ, cujus pulchritudinem viderat. Hæc facit vere pœnitentem, quia amore justitiæ id facit; et hi sunt digni absolutione.*

On ose ici défier les partisans de M. de Troyes de montrer la plus légère différence entre le premier article de son mandement et le sermon de Luther. Dira-t-on que Luther est allé trop loin quand il avance que la crainte destituée de charité rend le pécheur *hypocrite* et plus coupable qu'il n'était? Mais M. de Troyes ne donne-t-il pas dans le même excès quand il soutient qu'on ne peut nier la nécessité de la charité pour être justifié dans le sacrement de pénitence, sans *réduire la vie chrétienne à une justice tout humaine et tout extérieure, et la pénitence à quelques formalités ou tout au plus à quelque frayeur passagère.* Qu'est-ce qu'*une justice tout extérieure et une pénitence réduite à quelques formalités,* sinon une véritable *hypocrisie?*

On a vu, dans la notice extraite de Feller, que l'évêque de Troyes, possesseur des ouvrages manuscrits de son oncle, en avait publié plusieurs. Le *Traité de l'amour de Dieu,* pour la publication duquel il donna le mandement dont il vient d'être question, est un de ces ouvrages posthumes. On a vu aussi, dans la même notice et en note, que plusieurs de ces ouvrages firent naître des doutes sur leur authenticité. Les critiques remarquèrent qu'il y avait des traces de jansénisme; principalement dans les *Élévations sur les mystères,* et les *Méditations sur les évangiles;* nous rapporterons quelque chose de ce qu'en ont dit ces critiques, lorsque nous aurons parlé d'un autre ouvrage totalement imputé à l'évêque de Meaux, c'est-à-dire, de la *Défense de la Déclaration de 1682,* que cet illustre prélat avait abandonnée, comme il avait abandonné, répudié, *envoyé promener* la *Déclaration* elle-même; mais que son neveu né craignit pas de publier, après avoir osé l'altérer et la falsifier. Nous terminerons cet article par un aperçu des sentiments des jansénistes à l'égard de l'évêque de Meaux, et un autre des sentiments de l'évêque de Meaux à l'égard du jansénisme.

DEFENSIO DECLARATIONIS *celeberrimæ quam de potestate ecclesiastica sanxit clerus gallicanus, anno 1682.* Luxembourg, 1730, 2 vol. in-4°.

Édition faite furtivement, à ce qu'il paraît, très-défectueuse, et qui donna lieu à l'évêque de Troyes de publier cet ouvrage sur la copie qu'il possédait. Voilà ce qu'on a dit;

mais on a dit aussi que l'évêque de Troyes, voulant, contrairement à la volonté de son oncle, publier ce livre, fit faire, sans avoir l'air de s'en mêler, l'édition de Luxembourg, afin de se trouver obligé d'en donner une meilleure, et de se mettre ainsi à l'abri du reproche d'avoir violé la défense que lui avait faite son oncle.

L'abbé Le Roy, ex-oratorien et janséniste, a donné une traduction française de ce livre, et l'abbé Coulon, ancien grand vicaire de Nevers, un *Abrégé*, en un vol. in-8°, Paris, Méquignon-Junior, annoncé dans l'*Ami de la religion*, tom. III, 1815. Cet Abrégé a été publié de nouveau, récemment, par M. de Genoude, sous ce titre faux et trompeur : *Défense de l'Eglise gallicane, par Bossuet*, en un volume in-18, au format Charpentier, de 424 pages.

« Soardi (1) prouve assez bien, dit Feller (2), que cette *Défense*, telle que nous l'avons, n'est pas de Bossuet, quoiqu'il soit vrai qu'il a fait un ouvrage sur ce sujet, revu et beaucoup changé quelque temps avant sa mort. Il y avait, comme l'assure M. d'Aguesseau, une péroraison où le livre était dédié à Louis XIV, et qui ne se trouve pas dans ce que le neveu du célèbre prélat nous a donné comme l'ouvrage de son oncle. » — « Le parlement de Paris, dit encore Feller (3), puissamment sollicité par les amis de l'évêque de Troyes, accusé par Soardi d'avoir altéré la *Défense de la Déclaration*, donnée sous le nom de l'évêque de Meaux, supprima l'ouvrage de Soardi par un arrêt du 25 juin 1748 ; mais il n'a sans doute pas prétendu déroger par là aux très-bonnes raisons de l'auteur. (4). En général, dit un critique cité ici par Feller, on ne peut regarder comme étant réellement et totalement de Bossuet, que les ouvrages imprimés de son vivant, parce que les papiers de ce grand homme ont passé par les mains des Bénédictins jansénistes des Blancs-Manteaux, qui les tenaient de l'évêque de Troyes dévoué à la secte. » Ces Bénédictins jansénistes voulurent donner une nouvelle édition des œuvres de Bossuet ; Claude Le Queux en fut d'abord spé-

cialement chargé. Voyez *Queux* (*Claude Le*), et *Déforis*.

M. Picot, dans l'*Ami de la religion*, s'est occupé au moins trois fois de la *Défense de la Déclaration* ; la première, tom. III, page 278, en rendant compte de l'*Histoire de Bossuet*, par M. de Beausset ; la deuxième, tom. XV, page 21, en rendant compte du tome XXXI des *OEuvres de Bossuet*, publiées par Lebel ; et la troisième, tom. XV, pag. 226 et suiv., à l'occasion des tomes XXXII et XXXIII de cette même édition. Nous allons rapporter ici ce qu'il dit par rapport à la *Défense*, à l'exception de ce qui se trouve dans le tom. III, parce que cela est moins complet que dans les comptes-rendus subséquents, et y est répété.

« Au tome XXXI, dit M. Picot, commence la *Défense de la Déclaration du clergé*, qui doit faire 3 volumes. L'éditeur a mis en tête du volume la *Préface* faite par Le Roy, pour son édition de 1745. Cette *Préface*, rédigée par un homme exact et laborieux, qui avait beaucoup étudié les ouvrages de Bossuet, nous fait connaître les diverses formes que prit sa *Défense*, et M. le cardinal de Beausset, dans son *Histoire*, a achevé de porter la lumière sur tout ce qui a rapport à ce grand travail. Nous voyons, par l'un, que Bossuet commença la *Défense* en 1684, et lui donna, cette année et la suivante, une première forme ; mais après l'accommodement de 1693, il sentit la nécessité d'y faire des changements. Il supprima alors le titre de *Défense de la Déclaration du clergé*, et y substitua celui de *la France orthodoxe*, ou *Apologie de l'école de Paris et du clergé de France*. C'est le titre que Bossuet donna à une *dissertation préliminaire* qu'il mit à la place des trois premiers livres de son ancien plan. Là, il n'est plus question des quatre articles, et Bossuet même dit, n° 10 : *Que la Déclaration devienne ce qu'on voudra, car ce n'est point elle que nous entreprenons de défendre ici, et nous aimons à le répéter souvent.* Il paraît assez étonnant, comme le remarque Le Roy lui-même, qu'après une manière de s'exprimer si formelle, l'ouvrage porte encore le

---

(1) *De suprema Romani Pontificis auctoritate hodierna Ecclesiæ gallicanæ doctrina.* Avignon, 1741, 1 vol. in-4°. « M. de Bruininck, conseiller de l'électeur palatin, en a donné une nouvelle édition, Heidelberg, 1735, avec une préface intéressante et une épître dédicatoire au pape Pie VI. Dans ce livre plein d'érudition et d'une sage critique, Soardi montre que la doctrine actuelle du clergé de France n'est point du tout opposée, mais au contraire très-favorable à l'autorité du pape, et que, dans la pratique surtout, ce clergé semble regarder la fameuse Déclaration de 1682 comme non avenue. Un observateur, rapprochant l'époque de la déclaration avec celle de la révolution, voit dans les événements un contraste qui prête plus d'une matière à des réflexions utiles. Il voit, après la révolution d'un siècle, le respectable clergé du royaume très-chrétien, persécuté, dépouillé, exilé par les suites de ce même richérisme, auquel, peut-être sans le vouloir et sans s'en douter, il avait cru devoir accorder quelque chose dans des temps difficiles, par déférence pour les volontés d'un monarque absolu et les instances d'une magistrature

qui n'avait pas encore dévoilé tout le plan de ses opérations. Il voit ce même clergé se jeter sans réserve entre les bras du chef de l'Eglise ; demander, attendre ses décisions, les accepter comme des décrets irréfragables, les prendre pour fondement des instructions adressées au peuple et de la juste réclamation de leurs sièges envahis ; promener la profession pratique de cette doctrine dans toutes les régions de l'Europe, confondre, par les paroles, les écrits, les exemples et l'aspect seul de leurs personnes, les richéristes des pays étrangers ; effacer ou, si l'on veut, expier toutes les traces d'une déclaration qui, peut-être par d'autres causes, a concouru pour sa part à préparer sa démocrati e acéphale qui a désolé l'Eglise de France. Feller, qui nous a fourni cette note, renvoie ici à *Innocent XII* et à *Sfondrate*. »

(2) Article *Bossuet*, évêque de Meaux.
(3) Article *Soardi*.
(4) Voyez le *Journal historique et littéraire*, du 1er décembre 1790, pag. 541.

titre de *Défense de la Déclaration*. Mais Bossuet n'eut pas le temps de faire à l'ouvrage tous les changements qu'il avait projetés. Nous voyons par le journal de l'abbé Ledieu, son secrétaire, qu'il entreprit d'y mettre la dernière main en 1700, sous le nouveau titre de *Gallia orthodoxa*. Il fit à la *dissertation préliminaire* quelques additions. Il se proposait d'en faire d'autres à tout l'ouvrage. Il comptait retrancher le livre où il est parlé de la conduite et des prétentions de Grégoire VII, dans la crainte de mal édifier ses lecteurs. L'abbé Bossuet, l'évêque de Troyes, confirma à Le Roy qu'en effet son oncle avait formé le projet de revoir encore son ouvrage, mais qu'une multitude d'affaires, et plus encore ses infirmités, l'avaient empêché de l'exécuter (page 19). L'abbé Le Queux, qui avait travaillé à l'édition des Blancs-Manteaux, dit également, dans des notes manuscrites, qu'on ne peut guère douter que le dessein de Bossuet n'eût été de changer son ouvrage tout entier, comme il avait changé les trois premiers livres. Le Roy, dans sa *Préface*, semble avoir été tenté de faire le travail de ces corrections telles qu'il supposait que Bossuet les aurait exécutées ; mais il craignit de passer en cela les droits d'éditeur, et il laissa l'ouvrage tel qu'il l'avait trouvé dans les dernières copies que lui avait remises l'évêque de Troyes.

« De tous ces renseignements recueillis par les plus zélés admirateurs de Bossuet, il est aisé de conclure que nous n'avons pas son ouvrage dans l'état où il l'eût mis, qu'il y manque une dernière révision, et que le titre même de *Défense* aurait dû être changé. A ces détails, M. le cardinal de Beausset en ajoute d'assez précieux. Il nous apprend que l'évêque de Meaux avait permis au cardinal de Noailles et à l'abbé Fleury de prendre une copie de son ouvrage, tel qu'il l'avait composé d'abord en 1685. La copie de l'abbé Fleury est à la bibliothèque du roi : ce fut sur la copie du cardinal de Noailles qu'on fit imprimer, à Luxembourg, en 1730, une première édition de la *Défense*. Cette édition, inexacte et pleine de fautes, ne contenait point par conséquent la *dissertation préliminaire*, ni les additions faites en 1696 et en 1701. Ce fut alors que l'évêque de Troyes, dépositaire des manuscrits de son oncle, conçut le projet d'une édition plus complète de la *Défense*. Il avait présenté lui-même à Louis XIV, en 1708, une copie manuscrite de cet ouvrage, copie qui est déposée aussi à la bibliothèque du roi, et où se trouve joint un *Mémoire* qu'il présenta également au roi. Il dit dans ce *Mémoire* que son oncle lui avait recommandé de ne remettre son manuscrit qu'au roi, et il rappelle les divers motifs (1) qu'avait eus ce grand évêque de ne pas souhaiter que son ouvrage fût rendu public. Voyez ce *Mémoire* dans l'*Histoire de Bossuet*, par M. de Beausset, tom. II, p. 417. Nous remarquerons encore, avec l'élégant et fidèle historien, que l'abbé Bossuet ne présenta point à Louis XIV la *dissertation préliminaire*; et on présume, avec assez de fondement, que cette espèce de soustraction était motivée par un passage de cette *dissertation*, qui n'a pas plu aux jansénistes. Bossuet veut prouver que la doctrine gallicane n'ôte rien à l'autorité des décrets apostoliques, et il ajoute : « Dans quel lieu ou dans quelle partie de l'univers la constitution d'Innocent X et les autres, sur l'affaire de Jansénius, ont-elles été reçues avec plus de respect ou exécutées avec plus d'efficacité qu'en France ? Il est notoire que les sectateurs, soit secrets, soit déclarés de Jansénius, n'ont pas la hardiesse de dire le moindre mot. En vain ils appelleraient mille fois aux conciles œcuméniques, ils ne seraient pas écoutés ; et la constitution qui les condamne, étant une fois publiée et acceptée partout, a toute la force d'un jugement irréfragable que le souverain pontife a droit d'exécuter avec une autorité souveraine, ou par lui-même, ou par le ministère de tous les évêques. » Il faut rendre justice à Le Roy, il rapporte très-fidèlement ce passage, qui nous prouve assez ce que Bossuet aurait pensé de ces appels au futur concile qui firent tant de bruit après sa mort, et de cette opposition si animée de la part des gens qu'il se flattait de voir réduits au silence. Disons encore, à la louange de Le Roy, que, tout janséniste qu'il était, il blâme les excès de quelques théologiens français, qui, proposant les quatre articles comme des points de foi, déclament contre les papes, et s'efforcent d'avilir l'autorité la plus respectable qui soit sur la terre. Il les renvoie à l'école de Bossuet....

« .... Bossuet fait l'éloge des pères de Constance et de leurs décrets ; il ne distingue point les sessions et les temps. Ainsi il trouve insoutenable l'opinion de ceux qui n'admettent comme œcuméniques que les sessions postérieures à l'élection de Martin V. Il parle convenablement de ce pontife et de son zèle pour maintenir l'autorité du concile

---

(1) Dans son compte-rendu de l'*Histoire de Bossuet*, M. Picot dit, d'après cette *Histoire* : « Bossuet semblait laisser de côté la *Déclaration sur laquelle*, disait-il, *le pape est content et le clergé ne dit mot*. Bossuet d'ailleurs ne publia jamais ni son premier travail, ni la révision qu'il en fit. Il n'en laissa prendre qu'une ou deux copies. Il ne les montra même pas à Louis XIV. Nous pouvons conjecturer, avec beaucoup de fondement, que ce grand évêque était assez d'avis de ne pas faire paraître un ouvrage de cette nature, la paix ayant été conclue entre les deux puissances. L'abbé Bossuet le dit même formellement dans un *Mémoire* présenté à Louis XIV en 1708. Son témoignage n'est pas suspect. Il déclare que son oncle, sentant approcher sa fin, lui remit l'original de son ouvrage, en lui ordonnant expressément de ne le confier qu'au roi, et en lui ajoutant que S. M. persisterait sans doute dans la résolution de ne le point publier, qu'elle avait eu pour cela des raisons qui subsistaient toujours, et qu'aux considérations importantes qui détournaient S. M. de faire paraître ce travail, il la priait de joindre celle de ménager sa réputation... Nous devons donc croire que Bossuet n'eût pas approuvé la publication de son livre. »

de Constance. Il est vrai que, peu après (page 270), il lui échappe un mot assez aigre contre le pape, mot même doublement déplacé par la tournure ironique que l'auteur lui a donnée, et qui ne sied guère dans une matière aussi grave qu'une discussion théologique.

« Le texte est accompagné de notes qui ont paru nécessaires pour expliquer quelques endroits, ou même pour rectifier quelques erreurs; car il n'est pas très-étonnant que, dans un ouvrage de si longue haleine, rempli de tant de faits et de citations, il se soit glissé par inadvertance ou autrement des inexactitudes, que l'auteur eût fait disparaître, s'il eût eu le temps de mettre la dernière main à son travail. Le Roy, dans son édition de 1745, n'a pas fait difficulté de relever quelques-unes de ces fautes......

« Bossuet n'est jamais plus éloquent que lorsqu'il célèbre la puissance et la dignité du saint-siège. On en pourrait citer une foule d'exemples dans son beau *Sermon sur l'Unité de l'Eglise*. La *Défense de la déclaration* en fournirait aussi plusieurs. Le paragraphe X du *Corollaire* est intitulé : *Majesté et puissance du saint-siége*. Arrêtons-nous ici, dit l'illustre auteur, *à considérer avec admiration la puissance romaine, instituée pour unir toutes les parties de l'Eglise, et pour nous faire entrer dans cette charité éternelle par laquelle nous ne serions qu'un en Dieu*: Et après avoir montré avec quelle vigueur les papes ont terrassé les hérésies : *Tout le droit que nous attribuons aux Eglises*, ajoute-t-il, *consiste à reconnaître et à déclarer si l'interprète commun leur paraît avoir décidé conformément à la tradition, afin qu'après s'en être convaincues, elles acquiescent à sa décision, qu'elles regarderont désormais avec une foi ferme comme l'ouvrage du Saint-Esprit, qui ne cessera jamais d'être le maître et le docteur de l'Eglise*. Il paraît que ce passage avait scandalisé quelques gallicans, et l'éditeur de 1745, Le Roy, qui assurément n'est pas suspect d'ultramontanisme, a cru nécessaire de mettre dans cet endroit (*Defensio declarationis*, tom. II, pag. 313, édition de 1745) une note pour réfuter ceux qui prétendaient que Bossuet avait affaibli la doctrine gallicane. Il est vrai qu'il a pris sur lui d'ajouter en marge, à la page citée, quelque chose au texte de Bossuet; addition que le nouvel éditeur a sagement fait de supprimer.

« Nous aimerions encore à citer la profession de foi qui termine ce *Corollaire*. Bossuet y proteste, dans les termes les plus forts, de son respect et de son dévouement pour le saint-siége, et promet d'obéir, si on imposait silence aux deux partis. Il prie le saint-père de le regarder *comme une humble brebis prosternée à ses pieds*. Quelques personnes se sont étonnées, après cela, que Bossuet ait tant insisté, dans le livre IX, sur ce qu'il appelle les *chutes* des pontifes romains. Est-ce par de tels moyens qu'il faut défendre la doctrine gallicane, dit le nouvel éditeur dans une note du tome XXXIII? Tournely convenait que *ces arguments n'étaient pas fort à propos dans cette controverse*, et Bossuet avait dit lui-même dans son *Sermon sur l'Unité de l'Eglise* : *Que, contre la coutume de tous leurs prédécesseurs, un ou deux souverains pontifes, ou par violence, ou par surprise, n'avaient pas assez constamment soutenu ou assez pleinement expliqué la doctrine de la foi; consultés de toute la terre, et répondant durant tant de siècles à toutes sortes de questions de doctrine, de discipline, de cérémonies, qu'une seule de leurs réponses se trouve notée par la souveraine rigueur d'un concile œcuménique, ces fautes particulières n'ont pu faire aucune impression dans la chaire de saint Pierre. Un vaisseau qui fend les eaux n'y laisse pas moins de traces de son passage*.

« Dans une autre note, qui suit de près celle-ci, le nouvel éditeur remarque que de savants catholiques ont écrit pour laver entièrement le pape Libère de reproche. Il cite la *Dissertation critique et historique sur le pape Libère, dans laquelle on fait voir qu'il n'est jamais tombé*, par l'abbé Corgne, Paris, 1736; et, comme plus direct encore, le *Commentaire critique et historique sur saint Libère, pape*, par le P. Stisting, dans ses *Acta sanctorum*; au 23 septembre, il renvoie encore à ce que Bossuet avait dit lui-même à ce sujet dans sa *seconde Instruction pastorale sur les promesses de l'Eglise*, tome XXII de cette édition, page 580. Enfin, l'illustre auteur de l'*Histoire de Bossuet* dit dans une note, tome II, page 396 : *Je trouve également dans les notes de l'abbé Ledieu, que Bossuet lui avait dit qu'il avait rayé de son Traité de ecclesiastica Potestate, tout l'endroit qui regarde le pape Libère, comme ne prouvant pas bien ce qu'il voulait établir en ce lieu; ce qui montre que ce grand évêque avait, après un mûr examen, fait à son ouvrage des changements, ou du moins qu'il voulait en faire, et que ces changement n'ont pas tous été insérés dans les éditions de la Défense*.

« A la fin du tome XXXIII est l'*Appendice de la défense*, avec une préface, qui est celle du premier travail de Bossuet. Car on sait, et nous l'avons dit ailleurs, qu'il revit plusieurs fois son ouvrage. Il le composa d'abord vers 1683 et 1685; en 1696, il fit la *Dissertatio prævia*; en 1700 et 1701, il revit l'ouvrage, et des notes manuscrites de l'abbé Lequeux portent qu'*on ne peut guère douter que le dessein de Bossuet n'ait été de changer son ouvrage tout entier* (Histoire de Bossuet, tome II, page 400). Il avait même laissé des brouillons pour l'exécution de ce plan, comme M. de Bausset le rapporte au même endroit; brouillons que l'abbé Lequeux avait vus, mais qui n'existent plus, soit que le temps ou la révolution les aient détruits, soit que des dépositaires infidèles les aient fait disparaître. Quoi qu'il en soit, ces détails expliquent comment plusieurs personnes ont pu concevoir des doutes sur l'authenticité de la *Défense*. Elles ne connaissaient que l'édition qui parut à Luxembourg en 1730, et qui ne fut imprimée que sur une des copies du premier travail de Bossuet. Alors l'évêque de Meaux ne donnait pas l'ouvrage sous son nom; il ne parlait de lui qu'à la troisième personne. Dans la *Préface*, il ne se nomme que comme d'autres évêques de l'assemblée. Dans le chapitre 12 du livre III, il rappelle les éloges donnés à l'*Exposition de la doctrine de l'Eglise catholique*, par l'*évêque de Meaux*. Depuis, Bossuet changea d'avis et se déclara l'auteur de l'ouvrage, au lieu que, dans le premier travail, il ne se présentait que comme un député qui avait assisté aux discussions, et qui en exposait les motifs. Nous devons ces remarques à M. le cardinal de Bausset, et nous sommes bien aises de les insérer ici pour dissiper les doutes qui nous ont été quelquefois exposés. »

Telle est l'histoire que l'estimable rédacteur de l'*Ami de la religion* a faite, il y a déjà longtemps, de la *Défense de la Déclaration*. On le voit, M. Picot la reconnaissait authentique, malgré tant de raisons qui s'y opposent. Alors M. de Maistre n'avait pas publié l'examen qu'il a fait de cet ouvrage dans son traité de l'*Eglise gallicane*. C'est ce livre qu'il faut lire, pour savoir à quoi s'en tenir sur le compte de cette fameuse *Défense*. Voici, au reste, un fragment où elle est appréciée à sa juste valeur. Nous le tirons du journal l'*Univers*, dans la polémique qu'il a récemment soutenue contre la *Gazette de France*; ce fragment nous paraît renfermer l'opinion de M. de Maistre, qui a étudié la question dans l'intérêt de la gloire de Bossuet.

« On sait que Bossuet, dit l'*Univers*, ayant entrepris ce livre par l'ordre de Louis XIV pour venger du mépris de tous les théologiens de l'Europe et de son propre mépris les *odieuses* (cette épithète est de Bossuet lui-même) propositions de 1682, y travailla, ou plutôt le refit pendant les vingt dernières années de sa vie, y revint à cent reprises, le soumit à cent métamorphoses, changea le titre, fit du livre la préface, et de la préface le livre; et que, toujours mécontent d'une œuvre qui trahissait son génie, parce qu'elle était fondamentalement contraire à la sincérité de son âme et de sa foi, il mourut en recommandant à son neveu de n'en remettre qu'au roi les matériaux fort mêlés. On sait que ce neveu de Bossuet, entièrement soumis aux jansénistes de la seconde génération, pire que la première, était capable de toutes les indélicatesses de l'esprit de secte, et qu'il traita les manuscrits de son oncle comme Port-Royal a traité ceux de Pascal, comme M. Cousin, plus récemment, a traité ceux de Jouffroy. On sait que les cahiers de Bossuet, refusés pendant six ans par Louis XIV, alors bien refroidi pour la *Déclaration*, ne furent imprimés que sur une copie furtive, déloyalement livrée aux libraires de Hollande par l'évêque de Troyes, quarante et un ans après la mort de l'évêque de Meaux. On sait, enfin, que cet ouvrage, voué à l'oubli par le cardinal Fleury, comme par son auteur, fut reçu avec affliction dans toute l'Eglise. Clément XII voulut le condamner formellement, et ne s'en abstint que par *la double considération des égards dus à un homme comme Bossuet, qui avait si bien mérité de la religion, et par la crainte d'exciter de nouveaux troubles*. Ce sont les propres paroles du pape Benoît XIV, selon lequel *il eût été difficile de trouver un autre ouvrage aussi contraire à la doctrine professée par l'autorité du saint-siége, par toute l'Eglise catholique*.

« La *Defensio* fut réfutée pied à pied par le cardinal Orsi, qui porta sur l'ensemble du livre ce jugement malheureusement trop fondé : *Il n'y a pas un Grec, il n'y a pas un évêque anglican qui n'adopte avec empressement les interprétations que Bossuet donne aux passages de l'Ecriture et des Pères, dont on se sert pour soutenir la suprématie du pape. Sa manière est de proposer les textes que nous citons en faveur de la prérogative pontificale comme des objections qu'il doit réfuter. Les textes, au contraire, que les hérétiques employaient contre le dogme catholique, et que nous tâchons d'accorder avec notre doctrine, Bossuet s'en empare et nous les donne pour des règles certaines d'interprétation dans l'examen des textes de l'Ecriture et de la tradition. Or, cette méthode mène loin en théologie*.

« Telle est la *Défense de la Déclaration*. Si Bossuet en est l'auteur, il est certain tout au moins qu'il n'y a pas travaillé seul; les jansénistes y ont mis tour à tour la plume et le grattoir. Il est plus certain encore que l'illustre écrivain a renié son ouvrage, comme il avait renié la *Déclaration* elle-même (1), puisqu'il n'a pu se décider à le publier de son vivant, ni à le laisser après sa mort, à moins que le roi, suivant l'expression de M. de Maistre, *n'en fût en quelque sorte l'éditeur*. En tous cas, c'est un livre mal fait, un livre sans autorité, un mauvais livre pour la religion, un mauvais livre pour la monarchie, contre laquelle il fournit des armes terribles, et ce serait honorer Bossuet que de le brûler au pied de sa statue. »

L'*Univers*, après s'être expliqué sur le livre publié, comme étant de Bossuet, par M. de Genoude, termine son article par quelques lignes extraites de l'ouvrage de M. de Maistre sur l'*Eglise gallicane*. « Elles sont, dit-il, à l'adresse des habiles gens qui, depuis 1682, ont tant trafiqué de l'erreur de Bossuet, oubliant ou voulant oublier que l'évêque de Meaux avait lui-même condamné par avance en cent endroits de ses immortels ouvrages, et qu'il condamnerait bien plus encore aujourd'hui les conséquences funestes qu'on oserait tirer de son égarement et de ses malheureuses condescendances. »

« Nous devons à ses merveilleux talents, dit M. de Maistre (*de l'Eglise gallicane*, liv. II, ch. 9, p. 237), nous devons aux services inestimables qu'il a rendus à l'Eglise et aux lettres, de suppléer à ce qu'il n'a pas écrit

(1) On connaît cette phrase significative de la *Defensio Declarationis*: ABEAT IGITUR DECLARATIO QUO LIBUERIT! c'est-à-dire, comme traduit M. de Maistre : *Qu'elle aille se promener !*

dans son testament. Il appartient à tout homme juste et éclairé de condamner tout ce qu'il a condamné, de mépriser tout ce qu'il a méprisé, quand même le caractère, auquel on n'échappe jamais entièrement, l'aurait empêché de parler assez clair pendant sa vie. C'est à nous, surtout qu'il appartient de dire à *tout éditeur indigne*, *quel que soit son nom et sa couleur*, ABI QUO LIBUERIS! Il n'appartient à aucun de ces fanatiques obscurs d'entacher la mémoire d'un grand homme. Parmi tous les ouvrages qu'il n'a pas publiés lui-même, tout ce qui n'est pas digne de lui n'est pas de lui. »

On ne peut donc louer les éditeurs qui continuent d'admettre parmi les ouvrages de Bossuet la *Defensio*, qui ne peut être considérée comme son œuvre; et il faut espérer que le public, par respect pour la mémoire de ce grand homme, et par reconnaissance pour les services qu'il a rendus à l'Eglise et aux lettres, fera entendre assez haut désormais ses réclamations pour que cet ouvrage ne soit pas réimprimé dans la collection de ceux de Bossuet.

On a vu, dans l'article biographique de l'évêque de Troyes, que quelques-uns des ouvrages de piété composés par l'évêque de Meaux furent publiés après sa mort par son neveu, et que l'authenticité en fut contestée par plusieurs écrivains orthodoxes; nous mentionnerons seulement deux ouvrages, et, comme nous l'avons annoncé, nous citerons quelques passages de la critique que ces écrivains en firent.

ÉLÉVATIONS *à Dieu sur tous les mystères de la religion chrétienne*, Paris, *Mariette*, 1727, deux petits volumes in-12, avec un mandement de M. l'évêque de Troyes.

Cet ouvrage posthume, attribué à M. Bossuet, a paru à bien des gens, ou supposé en entier, ou altéré et falsifié par l'éditeur. En le publiant, M. de Troyes était trop livré au jansénisme pour ne pas profiter d'une occasion si propre à le favoriser. De plus, les *Nouvelles ecclésiastiques* de 1728, page 4, disent *que le mandement qui est à la tête des Élévations, comme les Élévations elles-mêmes, contredit la bulle dans tous ses points*. Voici quelques propositions qui ne justifient que trop ce jugement de la Gazette janséniste.

Pensez que la grâce qui vous fait chrétiens.... n'est point passagère, qu'elle vous fait justes, persévérants, marchant courageusement et humblement sous les yeux de Dieu durant toute la suite de vos jours (1). Peut-on plus clairement exprimer l'inamissibilité de la grâce?

Le propre de la foi, selon ce que dit saint Paul, c'est d'être opérante et agissante par amour (2). Saint Paul ne dit point cela; il dit: *La foi qui opère par amour*, pour la distinguer de la foi qui n'opère pas par

(1) Pag. 20 du Mandement. *Item*, t. III, pag. 126.
(2) Pag. 10 du Mand., et t. 1, p. 3.
(3) Tom. II, p. 331.
(4) Tom. I, p. 111.
(5) Tom. I, p. 175.

amour, et qui en effet peut être sans la charité.

La foi est une nouvelle vertu qui renferme toutes les autres... Qui ne croit point au Fils, n'a ni grâce, ni vérité, ni vertu (3). Si la foi renferme toutes les vertus, celui qui n'a pas la charité n'a donc pas la foi. Aussi lit-on, page 136, *que la foi est feinte en ceux où elle n'est pas soutenue par les bonnes œuvres*. Il s'ensuit de toute cette doctrine que les infidèles péchent dans toutes leurs actions, parce que, n'ayant pas la foi opérante par la charité, ils n'ont ni *grâce*, ni *vérité*, ni *vertu*.

Satan n'avait point, comme nous, à combattre une mauvaise concupiscence qui l'entraînât au mal comme par force (4). Si l'auteur avait dit simplement, *par force*, il aurait parlé contre le bon sens, puisque la volonté ne peut être forcée, et qu'une volonté forcée, comme le dit Luther lui-même, ne serait pas une volonté, mais plutôt une non-volonté: *esset potius, ut ita dicam, noluntas*. Mais en ajoutant *comme*, il insinue l'hérésie de la nécessité inévitable, qu'il veut accorder avec la liberté et le démérite. On n'a pas manqué de faire valoir ce bel endroit, dans le mandement. On y dit, page 16: *La tyrannie de cette malheureuse concupiscence appesantit son joug sur les coupables enfants d'Adam, et les entraîne au mal comme par force*.

Adam pécheur, tu ne peux que fuir Dieu et augmenter ton péché (5). *L'homme laissé à lui-même n'éviterait aucun mal* (6). Le mandement donne un nouveau jour à ces propositions. On y lit, page 17: *Il fallait que l'homme laissé à lui-même sentît par une longue expérience qu'il ne peut que s'enfoncer de plus en plus dans son ignorance et dans son péché*. C'est dire comme Quesnel, que sans la grâce on n'a de lumière que pour s'égarer, d'ardeur que pour se précipiter, de force que pour se blesser. Proposit. 39.

Il est de l'efficace de votre volonté... que tout ce que vous voulez soit, dès que vous le voulez, autant que vous le voulez, quand vous le voulez (7). Cette proposition est vraie, lorsqu'on l'entend de la volonté absolue de Dieu; mais les jansénistes en abusent, pour nier que Dieu veuille sauver aucun de ceux qui ne sont pas sauvés, et pour soutenir qu'on ne résiste point à la grâce, et qu'on ne peut y résister; la grâce de Dieu, selon Quesnel, n'étant autre chose que sa volonté toute-puissante.

Voici quelques passages qui paraissent être d'une main jansénienne.

Toute la face de l'Eglise semble infectée. Depuis la plante des pieds jusqu'à la tête, il n'y a point de santé en elle (8).

La régularité passe pour rigueur: on lui donne un nom de secte, et la règle ne peut plus se faire entendre. Pour affaiblir tous les préceptes dans leur source, on attaque celui de l'amour de Dieu, etc. (9).

(6) Pag. 202.
(7) Pag. 74 et 75.
(8) Tom. II, p. 211.
(9) Tom. II, pag. 212.

On ne reconnaîtra pas moins une main janséniene dans les portraits des rois et de leurs ministres, et dans des allusions malignes qu'on fait en parlant de Pharaon, d'Hérode, etc. C'est la coutume de ces Messieurs, de se donner pour des gens de bien, pour des saints persécutés, et de se servir de l'Ecriture sainte pour dire tout ce qu'ils veulent contre ceux qui ne favorisent point leurs erreurs, fût-ce les puissances les plus respectables.

MÉDITATIONS *sur les Evangiles*, par feu M. Bossuet, évêque de Meaux. Paris, Pierre-Jean Mariette, 1731, 4 vol. in-12.

Plusieurs évêques ordonnèrent que cet ouvrage fût retiré des mains des fidèles. Ils étaient loin d'être satisfaits du mandement de l'évêque de Troyes, dont il était précédé. On pensait aussi que certains passages du livre étaient répréhensibles. Voici ceux du mandement qui ont déterminé ces prélats à prohiber cette édition des *Méditations* dans leurs diocèses.

Pag. 19 : *Dieu est le seul moteur des cœurs.*

Pag. 32, 33 : *La grâce de la nouvelle alliance.... c'est l'inspiration du saint amour, c'est le don de la bonne volonté. Tous les autres dons, s'ils sont sans amour, ne guérissent point la maladie de l'homme. Comme ils ne touchent point au cœur, où est le mal, ils le laissent dans sa misère, dans sa faiblesse, dans son impuissance. Car quand il s'agit de vivre chrétiennement, de prendre la résolution ferme de marcher après Jésus-Christ, de l'imiter, de le suivre, pouvoir, c'est vouloir. Mais souvenez-vous que c'est vouloir fortement, que c'est vouloir invinciblement.*

Pag. 34 : *Une volonté faible ne peut rien.*

Faut-il conclure de là que l'illustre évêque de Meaux favorisait le jansénisme? Il serait plus vrai, plus juste, de conclure que l'évêque de Troyes a falsifié les manuscrits que son oncle lui avait laissés. La falsification des ouvrages de piété et la falsification de la *Défense de la Déclaration* se confirment mutuellement.

Il ne nous reste plus qu'à faire connaître les sentiments des jansénistes envers l'évêque de Meaux, et ceux de ce grand prélat à l'égard du jansénisme.

Les jansénistes ont fort varié sur le compte de Bossuet; ils ne tiennent pas à son sujet un langage uniforme. En cent endroits ils relèvent son savoir éminent et sa respectable autorité ; ils triomphent en alléguant la prétendue justification des *Réflexions morales*, et ils la regardent comme le boulevard des cent une propositions. Mais ce prélat ayant avancé dans cette même justification *qu'il faut reconnaître la volonté de sauver tous les hommes justifiés, comme expressément définie par l'Eglise catholique en divers conciles, notamment dans celui de Trente, et encore très-expressément par la constitution d'Innocent X du dernier mai* 1653, alors ils changent de langage, et M. Bossuet, selon eux (*Exam. Theol.*, t. II, p. 314 et suiv.), *ne traite ce point qu'en passant, et n'approfondit pas la difficulté. Il a joint ensemble, apparemment sans s'en apercevoir, deux questions ou deux idées différentes, dont l'une appartient à la foi et est expressément définie; ce qu'on ne peut pas dire de l'autre.* Méprise grossière, qui ne serait pas pardonnable dans un théologien de trois mois, surtout en matière si importante.

Telle est la conduite que les jansénistes tiennent depuis longtemps à l'égard de ce prélat. Quand il justifie les *Réflexions morales*, il est *notre savant prélat* ; c'est un *prélat très-éclairé*, c'est un *illustre auteur*, c'est *le grand Bossuet*, c'est enfin *l'illustre défenseur de la foi catholique* (1). Mais s'il avoue avec franchise que c'est un excès d'avoir laissé dans les *Réflexions morales* cette proposition : *La grâce d'Adam était due à la nature saine et entière*; s'il n'approuve pas plusieurs autres choses dans ce livre; si, dans l'assemblée de 1700, il presse la censure de cette proposition : *Le jansénisme est un fantôme*; s'il paraît peu favorable au jansénisme; enfin s'il regarde la volonté de sauver tous les hommes justifiés comme expressément définie par l'Eglise catholique, dès lors il est exact au delà du nécessaire (2) : il faut que la tête lui tourne; on lui fait des menaces, on a eu par le passé trop bonne opinion de cet évêque de cour; c'est un très-pauvre homme, un prophète, *qui claudicat in utramque partem* (3) ; il ne traite les choses qu'en passant et sans approfondir les difficultés ; il joint ensemble, sans s'en apercevoir, *deux questions différentes*, dont l'une appartient à la foi, ce qu'on ne peut pas dire de l'autre.

Ainsi a-t-on toujours eu dans le parti deux poids et deux mesures, ce qui, selon le Sage, est abominable aux yeux de Dieu. *Prov.* XX, 10 ; 23.

On vient de voir que l'évêque de Meaux a justifié les *Réflexions morales*. Il paraît qu'il existe une lettre de Bossuet, fort curieuse, dans laquelle ce grand prélat déclare ne trouver aucun reproche à faire au livre des *Réflexions morales*, si ce n'est du côté du style. Cette lettre est rapportée par M. Valery dans la *Correspondance de Mabillon, etc., avec l'Italie*. Paris, 1846.

La *Justification des Réflexions morales sur le Nouveau Testament, etc., composée en* 1699 *contre le Problème ecclésiastique, etc., par feu Messire Jacques-Bénigne Bossuet, etc.*, 1710, in-12 de 164 pag., fait partie des œuvres complètes de Bossuet. L'auteur du *Dictionnaire des livres jansénistes* a mis cette *Justification* dans son ouvrage; mais il s'exprime en ces termes :

» Si nous mettons ici cet écrit à la suite

---

(1) Quesnel dans l'*Avert. de la Just.*, pag. 5, 6, 10, 12.

(2) *Lettre* de l'abbé Dambert. Lettre du 14 août 1700, *Apud caus.*

(3) Quesnel, p. 334. Lettre du 12 septembre 1698, *Ibid.* p. 345.

des livres jansénistes, ce n'est certainement pas que nous voulions accuser M. Bossuet de jansénisme, lui qui a établi des principes si contraires à cette hérésie. Ce n'est pas non plus que nous doutions que cet écrit ne soit en effet l'ouvrage de ce grand évêque : la chose nous paraît incontestable. Nous voulons seulement que les lecteurs soient instruits des articles suivants :

« 1° Que M. Bossuet n'a pas publié cette pièce de son vivant ; mais que ce sont les jansénistes qui l'ont fait imprimer après sa mort;

« 2° Que jamais il ne l'a intitulée : *Justification des Réflexions sur le Nouveau Testament*, et que ce titre a été imaginé par le parti;

« 3° Qu'il l'eut à peine composée, qu'il changea de sentiment, et que depuis il n'en a plus changé sur ce point;

« 4° Que le parti fut instruit de ce changement, et qu'il n'a pas laissé, par une mauvaise foi insigne, de produire l'écrit du prélat, comme s'il avait persisté dans ses premiers sentiments;

« 5° Qu'ils ont traité M. Bossuet avec le dernier mépris, toutes les fois qu'il s'est déclaré contre eux ;

« 6° Que, quelque respectable qu'ait toujours été M. Bossuet pour son savoir, on ne doit pas croire que son autorité puisse en aucune façon balancer celle du souverain pontife et de tant d'évêques à qui elle serait opposée; et qu'ainsi on ne la pourrait produire qu'à pure perte pour le livre du P. Quesnel;

« 7° Que les évêques de Luçon et de la Rochelle ont publié au sujet de cette *Justification*, une *instruction pastorale* du 14 mai 1711, qu'il est important de lire. On y voit que le sieur Willart, dès le 30 janvier 1700, écrivit au P. Quesnel qu'il venait d'apprendre que M. de Meaux parlait mal comme bien d'autres *des quatre frères*; c'est-à-dire, des 4 tomes des *Réflexions morales*; et que l'abbé Couet écrivit à M. de Meaux lui-même en ces termes : *On connaît des personnes à qui vous avez dit que les cinq propositions sont dans le livre du P. Quesnel... Vous n'aurez pas apparemment oublié, Monseigneur, que vous avez encore avoué depuis peu à un archevêque de l'assemblée, que l'on trouvait dans ce livre le pur jansénisme.*

« De tout ce que nous venons de dire, il résulte qu'on a cherché contre sa propre conscience à imposer à la crédulité du public, en imprimant cette prétendue *Justification* du P. Quesnel par M. Bossuet, et qu'elle n'est d'aucune autorité. »

Voici également ce que, sur le même sujet, nous lisons dans les *Mémoires pour servir à l'histoire ecclésiastique*, par M. Picot, tom. IV, pour l'année 1704, pag. 15 : « Bossuet fut auteur de la partie dogmatique de l'ordonnance du cardinal de Noailles, du 20 août 1696, contre l'*Exposition de la foi*, de l'abbé de Barcos. Cette ordonnance ayant été attaquée par Dom Thierri de Viaixnes dans le *Problème ecclésiastique*, Bossuet se trouva engagé à en prendre la défense. Il fit un écrit pour montrer la différence qu'il y avait entre la doctrine du livre de l'*Exposition*, et celle du livre des *Réflexions morales*.... Il abandonna cet écrit à son ami pour la justification duquel il était fait, et il se plaignit, dit l'abbé Ledieu, son secrétaire, qu'en le publiant *on eût omis le meilleur de son écrit*, c'est-à-dire, *des corrections importantes et nécessaires au livre de Quesnel.* Il fit dans les mêmes vues un *avertissement* qui devait être joint à une nouvelle édition des *Réflexions morales. Il y répondait*, suivant le même secrétaire, *aux écrits des jésuites et des jansénistes, et il se proposait de débrouiller ces matières, à cause des jansénistes qui les avaient embrouillées par leurs chicanes. Ce travail est certainement dirigé contre tous les excès des jansénistes.* Bossuet voulait qu'on mît un grand nombre de cartons à l'ouvrage de Quesnel. Il en indiqua le nombre et l'objet dans un mémoire que Déforis a eu entre les mains, ainsi qu'il paraît par une note de lui qui s'est trouvée dans les manuscrits de Bossuet. Ce mémoire a disparu, ainsi qu'un écrit sur le formulaire, un panégyrique de saint Ignace, et peut-être encore d'autres pièces contraires aux préjugés des éditeurs. Bossuet retira son *avertissement* parce que l'on ne voulut pas se soumettre à ses corrections. C'est l'écrit qu'on a publié après sa mort, sous le titre de *Justification des Réflexions morales*, en supprimant la demande des cartons. »

Sentiments de Bossuet, évêque de Meaux, à l'égard du jansénisme.

Ce qui suit est extrait de l'*Ami de la religion*, tom. III, pag. 321.

« M. de Bausset a recueilli avec soin tout ce qui, dans l'histoire et les écrits de Bossuet, indique sa manière de penser sur les querelles janséniennes. Il a rendu par là un service important, en faisant sortir la vérité toute entière du milieu des nuages dont on s'était efforcé de la couvrir. L'historien remarque que l'évêque de Meaux, élevé par le docteur Cornet, ne montra jamais de préventions contre les personnes, mais aussi qu'il attaqua, en plusieurs rencontres, les opinions des théologiens de Port-Royal. Dans l'éloge de Cornet, il le loue beaucoup de s'être signalé dans les troubles de l'Eglise ; *un docteur*, ajoute-t-il, *ne pouvant se taire dans la cause de foi. Il disait souvent*, écrit l'abbé Ledieu, *qu'il n'avait jamais seulement été tenté par aucun des maîtres ou des disciples de Port-Royal ; que jamais son esprit n'avait admis le plus faible doute sur l'autorité des décisions de l'Eglise qui avaient condamné la doctrine de Jansénius ; qu'il avait lu et relu son livre, et qu'il y trouvait les cinq propositions condamnées.* Dans sa lettre aux religieuses de Port-Royal, il établit la régularité du jugement rendu sur le livre de l'évêque d'Ypres, et dit que la distinction imaginée entre le fait et le droit *est inouïe dans les souscriptions ordonnées par l'Eglise.* Il reproche aux guides de ces religieuses *de sembler mettre toute leur défense à décrier hautement, de vive voix et par écrit, tout le gouvernement présent de l'Eglise.* Ce sont les jansénistes, disait-il à l'abbé Lediou, qui ont accoutumé le monde et surtout les docteurs à avoir peu de respect pour les censures de l'Eglise, au moins dans les matières qui les touchent et surtout dans les faits. On connaissait depuis longtemps sa lettre du 30 septembre 1677, au maréchal de Bellefond. *Je crois donc,* y dit-il, *que les propositions sont véritablement dans Jansénius, et qu'elles sont l'âme de son livre. Tout ce qu'on a dit au contraire me parait une chicane.*

« Dans sa *Défense de la Déclaration,* Bossuet parle toujours de l'affaire du jansénisme comme d'une chose irrévocablement décidée. Dans la *Dissertation préliminaire,* chapitre LXXVIII, il s'exprime ainsi : *Dans quel pays la bulle d'Innocent X,* etc... (passage cité ci-dessus). On sait avec quel zèle Bossuet s'éleva contre le docteur du Pin et contre la légèreté avec laquelle ce critique téméraire parlait des papes et affaiblissait la primauté du saint-siége. C'était un des reproches les plus graves qu'il lui faisait. Dans un mémoire qu'il présenta à Louis XIV, avant l'assemblée de 1700, il expose *le péril extrême de la religion entre deux partis opposés : celui des jansénistes et celui de la morale relâchée.* Quant aux premiers, il se plaint *d'écrits nombreux qui viennent des Pays-Bas, ou l'on renouvelle les propositions les plus condamnées de Jansénius, avec des tours plus artificieux et plus dangereux que jamais.* Il déférait entre autres un livre intitulé : *La Doctrine augustinienne de l'Eglise romaine,* où, sous prétexte de faire le procès au système du cardinal Sfondrate, on *ramenait,* dit Bossuet, *le jansénisme tout entier sous de nouvelles couleurs.* Il apporta beaucoup de zèle à le faire censurer. Il avait d'abord noté cinq propositions sur le jansénisme ; elles furent réduites à quatre par les mouvements que se donnèrent quelques docteurs jansénistes, et entre autres Ravechet, qui se signala depuis lors des appels. Bossuet, dont ils exercèrent plus d'une fois la patience, et qui suspectait leurs sentiments, consentit à omettre une de ces propositions plutôt que de manquer la condamnation des quatre autres.

« Ce fut Bossuet qui fut l'auteur de la partie dogmatique de l'ordonnance du cardinal de Noailles, du 20 août 1696, contre l'*Exposition de la foi,* de l'abbé de Barcos, neveu de Saint-Cyran. Cette ordonnance ayant été attaquée par D. Thierry de Viaixnes, autre jansén ste, dans le *Problème ecclésiastique,* Bossuet, qui était le véritable auteur de l'ordonnance, se trouva engagé à en prendre la défense. Il fit un écrit pour montrer la différence qu'il y avait entre la doctrine du livre de l'*Exposition* et celle du livre des *Réflexions morales,* que le cardinal de Noailles avait approuvées. Il abandonna cet écrit à son ami, pour la justification duquel il était fait, et il se plaignit, dit l'abbé Lediou, *qu'en* le publiant, on eût omis le meilleur de son écrit, c'est-à-dire des corrections importantes et nécessaires au livre de Quesnel. Il y répondit, dit Lediou, aux écrits des jésuites et des jansénistes, et il se proposait de débrouiller ces matières, à cause des jansénistes qui les ont embrouillées par leurs chicanes. Ce travail est certainement dirigé contre tous les excès des jansénistes. Bossuet voulait de plus qu'on mît un grand nombre de cartons à l'ouvrage de Quesnel. Il en indiqua le nombre et l'objet dans un mémoire que D. Déforis avait entre les mains, ainsi qu'il paraît par une note de lui que M. de Bausset a vue. Mais on n'a point retrouvé ce mémoire dans ses papiers ; et il en a été sans doute de cette pièce comme de quelques autres dont nous parlerons bientôt, et qu'on a fait disparaître. Bossuet retira son *avertissement,* parce que l'on ne voulut pas se soumettre à ce qu'il exigeait. On trouva moyen de se le procurer après sa mort, et c'est l'écrit qu'on publia sous le titre de *Justification des Réflexions morales,* en dissimulant, comme de raison, la demande des cartons et les autres circonstances qui produisirent cet écrit, *dirigé certainement,* dit l'abbé Lediou, *contre tous les excès des jansénistes.*

« Bossuet était si peu disposé à les ménager que dans *sa Défense de la tradition et des saints Pères,* il censure *l'excès insoutenable avec lequel Jansénius s'est permis d'écrire que saint Augustin est le premier qui a fait entendre aux fidèles le mystère de la grâce.* Il n'avait donc pas changé de sentiment sur la fin de ses jours, comme on l'a dit. Lors de l'affaire du cas de conscience, s'étant mis à relire les principaux ouvrages sur le jansénisme, il adressa au cardinal de Noailles un mémoire sous ce titre : *Réflexions sur le cas de conscience,* et on conjecture que c'est d'après son conseil qu'on se contenta de demander aux signataires une rétractation. Le journal de Lediou nous apprend qu'il fut chargé par Louis XIV de ramener à la soumission l'abbé Couet, un des principaux signataires du cas de conscience, et que l'on soupçonnait même d'en être l'auteur. Il se concilia la confiance de ce docteur, et rédigea une déclaration que Couet signa. Il y disait que *l'Eglise est en droit d'obliger tous les fidèles de souscrire, avec une approbation et une soumission entière de jugement, à la condamnation, non-seulement des erreurs, mais encore des auteurs et de leurs écrits..... qu'il faut aller jusqu'à une entière et absolue persuasion que le sens de Jansénius est justement condamné.* Bossuet fit plus : il commença un ouvrage sur l'autorité des jugements ecclésiastiques et la soumission due à l'Eglise même sur les faits. Il voulait encore, disait-il, *rendre ce service à l'Eglise. Je viens de relire Jansénius tout entier,* c'est lui qui parle à son secrétaire, comme celui-ci le rapporte, *j'y trouve les cinq propositions très-nettement, et leurs principes répandus par tout le livre.* Il ajoutait *qu'Arnauld était inexcusable de n'avoir employé ses grands talents qu'à s'ef-*

forcer de faire illusion au public en cherchant à persuader que Jansénius n'avait pas été condamné; qu'il n'avait écrit sa fameuse lettre à un duc et pair que pour soutenir cette chimère, et que sa proposition de saint Pierre n'avait eu pour objet que de défendre celle de Jansénius sur l'impossibilité de l'accomplissement des préceptes divins. Il ne pouvait comprendre comment les quatre évêques, Arnauld et les religieuses de Port-Royal avaient consenti à se servir d'une restriction aussi grossière, qui lui paraissait un mensonge formel. Il travaillait donc alors à un traité sur *l'autorité des jugements ecclésiastiques.* Il y mettait beaucoup d'ardeur. *Il faut,* disait-il, *faire quelque chose qui frappe un grand coup, et ne reçoive pas de réplique.* Il conduisit cet écrit jusqu'à la page 107. Forcé de l'interrompre par la maladie dont il fut attaqué, il le reprit à la fin de 1703. *Il se sentait excité à l'achever,* suivant le témoignage de l'abbé Ledieu, *voyant qu'aucun évêque n'a touché le principe de décision sur cette matière, qui est que l'Écriture ordonne de noter l'homme hérétique, de le dénoncer à l'Église; ce qui s'est toujours fait par voies d'informations ou de jugements ecclésiastiques auxquels on s'est toujours soumis, quelque raison qu'on puisse alléguer pour les croire sujets à défectibilité. Il ajoutait qu'outre les choses de foi, qui demandent une entière soumission, il y a celles qui appartiennent à la foi, et de si près, que la lumière de la foi se répand sur elles, et exigent par conséquent une soumission même de foi.* Malgré ce zèle et cette ardeur, l'ouvrage ne put être terminé, et l'on doit regretter que nous ayons été privés d'un tel travail. On a même perdu le manuscrit original du commencement de cet écrit. Ce manuscrit existait encore en 1760 entre les mains de l'abbé Lequeux, qui prépara les premiers volumes de la dernière édition de Bossuet. Il a disparu depuis, et il ne reste qu'une copie du préambule avec le plan de l'ouvrage, écrits de la main du même Lequeux. Il est assez facile de deviner le motif qui l'a porté, lui ou D. Déforis, à supprimer un ouvrage en faveur du formulaire. On prétend même qu'ils se sont vantés de cette infidélité. Ils ont anéanti également un *panégyrique de saint Ignace,* composé par Bossuet, *avec des éloges pour les jésuites.* M. de Bausset cite une lettre de Grosley, académicien de Troyes, à D. Tassin, bénédictin des Blancs-Manteaux, et l'un des collaborateurs de la dernière édition de Bossuet. Grosley y engageait les éditeurs de Bossuet à conserver intacts et à publier même l'écrit sur le formulaire et le panégyrique qui ne devait pas être suspect à ces éditeurs n'a pu l'emporter sur l'esprit de parti. Il y a tout à parier que les deux écrits sont anéantis pour toujours. Pour réparer cette perte, autant qu'il était possible, M. de Bausset a inséré à la fin de son histoire le précis de l'ouvrage sur le formulaire, qu'il a trouvé écrit de la main de Lequeux. Bossuet y défend le droit de l'Église de dresser des formules de doctrine, montre l'obligation d'y déférer, et répond aux objections qu'on peut élever contre. Il cite des exemples de semblables jugements, et en est resté au vingt-quatrième exemple.

« Nous avons réuni, sous un seul point de vue, tout ce qui a rapport aux sentiments de Bossuet sur des questions trop longtemps agitées. Plus on s'était efforcé de dénaturer ces sentiments, plus il était important de montrer que ce grand homme n'avait point à cet égard une autre manière de voir que la majorité de ses collègues. Assurément personne ne connaissait mieux que lui les droits de l'Église; et quand il proclame si fortement la nécessité de lui obéir, on ne sait comment pourraient se soustraire à cette obligation ceux qui font profession de révérer l'autorité d'un si savant évêque. Il sera donc constant que la mort l'a trouvé les armes à la main pour combattre ceux qui ne voulaient point se soumettre à l'autorité, et ses derniers travaux ont été dirigés contre un parti que, d'après plusieurs années de tranquillité, on avait pu croire étouffé, ou du moins dépérissant sensiblement, mais qui venait de montrer, dans l'affaire du cas de conscience, son existence, sa force et ses moyens. Il faut savoir gré à l'historien de Bossuet du soin avec lequel il a recueilli tout ce qui avait rapport à une matière trop souvent obscurcie par l'esprit de parti. Tous les faits qu'il a rassemblés convaincront les esprits de bonne foi: il y a peu d'espérance de ramener les autres. »

BOUCHER (ÉLIE-MARCOUL) travailla aux *Nouvelles Ecclésiastiques,* publia des *relations des assemblées de la faculté de théologie,* et mourut le 19 mars 1754.

BOUCHER (PHILIPPE), né à Paris en 1691, mort en 1768, fit ses études au collège de Beauvais, et se destina à l'état ecclésiastique; mais il ne fut jamais que diacre. Il est connu comme un des auteurs des *Nouvelles Ecclésiastiques,* ou *Mémoires sur la constitution* Unigenitus, 1727. Il est aussi connu par quatre *lettres sur les miracles de M. Pâris,* publiées sous le nom de l'abbé Delisle ; il donna de plus une *Analyse de l'épître aux Hébreux,* et quelques autres écrits. Il mourut le 3 janvier 1768. *Voyez* BOURSIER *(Philippe).*

PREMIÈRE *lettre de M...., du 10 septembre* 1731, *à un ami de Pâris, pour lui faire part de ses réflexions sur les miracles opérés au tombeau de M. Pâris.* In-4°.

SECONDE *lettre de M. l'abbé Delisle, du 27 novembre* 1731, *sur les miracles de M. Pâris.*

TROISIÈME *et* QUATRIÈME *lettres de M. l'abbé Delisle, des mois de janvier et février* 1732, *sur les miracles de M. Pâris, contre un écrit qui a pour titre:* Discours sur les miracles, par un théologien. In-4°.

ARRÊT *du conseil d'État du roi, du* 24 *avril* 1732, *qui ordonne que les deux libelles intitulés:* Seconde et troisième lettres de M. l'abbé Delisle sur les miracles de M. Paris, *seront lacérés et brûlés, etc. Paris, imprimerie royale,* 1732, *in-4°.* — « On trouve dans ces deux libelles, est-il dit dans l'arrêt, *tous les caractères des libelles diffamatoires et séditieux, soit par la licence et la malignité avec laquelle l'archevêque de la capitale de ce royaume y est attaqué témérairement, sans aucun respect ni pour sa personne ni pour sa dignité, soit par les traits artificieux que l'auteur de ce libelle y a semés, pour révolter les inférieurs contre les supérieurs.*

BOURDAILLE (Michel), docteur de Sorbonne, grand vicaire et chanoine dignitaire de l'église de la Rochelle, mourut dans cette ville le 26 mars 1694, laissant plusieurs ouvrages, dont le suivant fit quelque bruit.

Théologie morale *de saint Augustin, où le précepte de l'amour de Dieu est traité à fond, et les autres maximes de l'Evangile sont expliquées et démontrées.* Paris, Guill. Desprez, 1686, in-12.

Cet ouvrage ne fut pas publié sous le nom de l'auteur, mais sous ces initiales pseudonymes : E. B. S. M. R. D.

Feller nous fait croire que ce livre méritait le jugement sévère qu'en porta un critique orthodoxe.

C'est une théologie entière, dont les maximes, liées ensemble et exposées successivement, se terminent enfin aux plus grandes abominations du quiétisme, et au renversement de la morale de Jésus-Christ.

La doctrine des faux disciples de saint Augustin ne peut subsister qu'elle ne conduise ses sectateurs à la morale la plus corrompue et à un déréglement général, dès qu'ils veulent appliquer leurs principes, soit aux péchés, soit aux vertus, et en faire des règles de mœurs. La *Théologie morale*, du docteur Bourdaille, ne prouve que trop sensiblement cette vérité.

L'auteur, en effet, n'y entreprend rien de moins que de mettre les plus grands crimes au rang des péchés véniels.

Quelque péché que l'on commette, fût-ce idolâtrie, homicide, empoisonnement, fornication, etc., pourvu qu'on ne se laisse aller à quelqu'un de ces désordres qu'*avec une extrême répugnance, et comme malgré soi, ou forcé par la crainte d'un grand mal, ou cédant à la violence de la tentation,* il ne s'ensuit pas, selon lui, qu'on perde la grâce ni qu'on mérite l'enfer (pages 582, 583).

Le plaisir de s'occuper en idée des plus cruelles vengeances ou des plus grandes impuretés, lorsque *l'acquiescement que l'on donne à la suggestion ne va qu'au plaisir de penser aux choses défendues,* dont on n'en veut point venir à l'effet ; toutes les complaisances les plus volontaires pour ces objets si capables d'allumer la passion, et qui sont autant d'occasions prochaines, ne font qu'un péché véniel, suivant le casuiste de la secte (pages 592 et 593).

(1) Feller, obligé d'être court, rapporte seulement le passage que nous mettons entre crochets, et il dit : « Cette proposition fut attaquée dans un écrit où on l'attribuait à tous les disciples de saint Augustin, qui pourtant la désavouaient. Cet écrit, intitulé : *Morale relâchée des prétendus disciples de saint Au-*

La charité peut dominer et subsister habituellement au fond du cœur, lors même qu'elle est dominée actuellement par la cupidité. Alors elle garantit le juste des feux de l'enfer, malgré les désordres où il s'abandonne, et par-dessus tout cela elle lui tient lieu de toutes les autres vertus (pages 582 et suivantes). L'espérance n'a plus d'acte qui lui soit propre. Elle n'a ni objet ni devoir particulier (pages 161, 162). Il en est de même des autres vertus chrétiennes.

C'est là en substance le système de Bourdaille. Voici ses propres paroles :

Il y a un fonds de cupidité qui demeure toujours habituellement avec la charité ; et comme ces deux inclinations habituelles demeurent ensemble, on peut fort bien en faire la comparaison, et dire que l'homme est juste s'il a un plus grand fonds de charité permanente que de toute autre affection, si la charité dans son cœur est habituellement la plus forte (page 249).

Ce qui fait l'état de justice, c'est l'amour de la justice au moins dominant habituellement, c'est-à-dire plus grand que tous les autres amours, préférant habituellement la justice à tout autre objet et à tout autre intérêt ; d'où il s'ensuit évidemment qu'il n'y aura de péché mortel que celui qui, détruisant entièrement, ou du moins affaiblissant extrêmement, l'amour de la justice, jusqu'à rendre la cupidité habituellement la plus forte, sera un état de cupidité dominante, et fera préférer à la justice, non-seulement dans le moment d'une action passagère, mais même habituellement, quelque objet que ce soit ; ou, pour parler encore plus nettement et plus positivement, qui augmentera l'amour des biens périssables jusqu'au point de le rendre habituellement plus grand et plus fort dans la volonté, que l'amour de Dieu ou de la justice (page 572).

[*Ceux qui ne se laisseraient aller à quelqu'un de ces désordres qu'avec une extrême répugnance, et comme malgré eux, ou forcés par la crainte d'un grand mal qui les menacerait, ou cédant à la violence d'une passion qui les emporterait, de sorte qu'ils en eussent un extrême déplaisir tout aussitôt qu'ils seraient hors de ces fâcheuses conjonctures, on ne pourrait pas dire si assurément qu'ils auraient perdu la grâce et qu'ils auraient encouru la damnation ; car, encore que la cupidité ait dominé dans ce moment, ce peut n'avoir été qu'une domination passagère, qui ne change pas absolument le fond et la disposition du cœur* (1)]. *Si la charité a cédé à la violence en comme plié sous le poids, elle n'a peut-être pas laissé de subsister toujours pour se relever d'elle-même, quand elle n'aura plus été opprimée par une violence étrangère ; c'est comme un arbre que l'on courbe avec violence et qui se redressera de lui-même, pourvu qu'il ne soit point corrompu : il se courbe parce*

gustin, etc., donna lieu à deux lettres du docteur Arnauld, où il la réfutait. De son côté, le docteur Hideux, un des approbateurs du livre, déclara qu'il la désapprouvait, et qu'il n'avait donné son approbation qu'à condition qu'on la retrancherait. »

qu'il n'a pas tout à fait la force de résister à la violence qu'on lui fait ; mais cependant il en conserve assez pour se redresser quand on ne la lui fera plus ; c'est une éclipse que la charité souffrirait dans l'instant, qui n'éteindrait pas la lumière, quoiqu'elle la fît disparaître : ou bien, pour me servir d'une autre comparaison plus morale, c'est comme des sujets qui, craignant de s'exposer au pillage, souffrent pour un temps la domination étrangère, quoiqu'ils conservent toujours beaucoup d'affection pour leur prince (page 582).

Ce ne sont point là des propositions échappées ; c'est un plan, un tissu de maximes, de raisonnements, de comparaisons, qui ne peuvent aboutir qu'à rendre véniels les péchés mortels les plus énormes.

Quel renversement de la morale de Jésus-Christ ! Si Joseph se fût laissé vaincre par les fureurs de la femme qui le tenta, son adultère n'eût été qu'un péché véniel, puisqu'étant saint comme il l'était, il ne l'eût sans doute commis qu'*avec une extrême répugnance*, ou *comme malgré lui*, *et forcé par la crainte d'un grand mal qui le menaçait*.

Ainsi ces apostats, dont parle saint Cyprien, que la vue des échafauds fit chanceler dans la foi et sacrifier aux faux dieux, mais qui venaient aussitôt pleurer leur faute aux pieds des évêques, n'avaient point commis d'offense mortelle.

De malheureux domestiques, qu'un ordre violent et absolu force de servir la passion de leurs maîtres ; des débiteurs prêts d'être accablés s'ils ne font de faux actes ; des femmes que la crainte de la mendicité la plus extrême porte à prostituer leur pudeur ; des captifs chez les infidèles, destinés aux traitements les plus rigoureux s'ils ne renoncent à Jésus-Christ : tous ces fidèles, en succombant à la violence de la tentation *avec une extrême répugnance, et par la crainte d'un grand mal*, n'auront fait qu'un péché véniel ! etc.

Voilà donc ce qu'on appelle la *Théologie morale de saint Augustin !* Voilà ce qu'osent imprimer des hommes qui crient encore plus haut que les autres contre la morale corrompue ! Voilà ce qu'approuvent les docteurs Le Féron, Piques et Hideux. Voilà ce livre dont ils disent, qu'*après l'avoir lu exactement, ils se sentent obligés de rendre ce témoignage, qu'ils n'ont jamais lu de livre où la morale chrétienne fût si solidement établie, et où le sentiment de saint Augustin fût si clairement expliqué*. Or, toute la secte ne devrait-elle pas se trouver humiliée et se réduire au silence en voyant ses chefs enseigner une telle doctrine ?

BOURGEOIS (JEAN), docteur de Sorbonne, chantre et chanoine de Verdun, abbé de la Merci-Dieu, confesseur des religieuses et des domestiques de Port-Royal, mourut au mois d'octobre 1687, à l'âge de quatre-vingt trois ans. Il était un des approbateurs du livre de la *Fréquente communion*, et fut jugé digne d'aller le défendre à Rome. Il a publié l'histoire de sa mission sous le titre suivant :

RELATION *de M. Bourgeois, docteur de Sorbonne, député à Rome par vingt évêques de France pour la défense du livre de la Fréquente communion*, composé par M. Arnauld, contenant ce qui s'est passé à Rome en 1645 et 1646, pour la justification de ce livre. Nouvelle édition, 1750, in-12, 144 pages, sans compter l'avertissement, qui est de 24 pages.

Cette relation fut imprimée en 1665, à la suite de la *Remontrance à M. Humbert de Precipiano, archevêque de Malines*, composée par Quesnel. On ne fit la nouvelle édition que pour faire revivre le livre pernicieux de la *Fréquente communion*. L'avertissement est presque tout entier à la louange d'Arnauld ; l'auteur y rapporte les éloges que lui ont décernés ses partisans, Boileau entre autres. Au contraire, il déchire les prélats qui lui ont été opposés, surtout M. Raconis, évêque de Lavaur.

CONDITIONES *propositæ ac postulatæ a doctoribus facultatis theologiæ Parisiensis, ad examen doctrinæ gratiæ*, avec Noël de La Lane, 1649, in-4°.

Il paraît qu'il y a de cette pièce une traduction française, qui est de Bourgeois seul.

BOURSIER (LAURENT-FRANÇOIS), naquit à Ecouen, en 1679, fut prêtre et docteur de la maison et société de Sorbonne. Il joua un grand rôle dans les affaires du jansénisme, et eut beaucoup de crédit dans ce parti. Son premier ouvrage fut le livre *de l'Action de Dieu sur les créatures*, dont il va être question dans un moment. Il rédigea depuis des *Mémoires contre la constitution* Unigenitus ; *l'Acte d'appel* des quatre évêques en 1717 ; divers autres écrits des mêmes ; les articles de la faculté de théologie en 1718 (il en fut au moins le principal rédacteur) ; *l'Acte d'appel* des quatre évêques pour la bulle *Pastoralis officii* ; leur *Mémoire* en 1719 ; leur renouvellement d'appel en 1720 ; la *Lettre* de trois évêques au roi en 1721, et celle de sept évêques au pape et au roi la même année ; la réponse de six évêques au cardinal de Bissy en 1723, et beaucoup de mémoires pour Soanen lors de son jugement à Embrun. Boursier déploya surtout son zèle dans cette affaire, et mit en mouvement les théologiens et les avocats pour la défense de Soanen. Il fut des principaux arcs-boutants de la Sorbonne depuis 1716 jusqu'en 1729. On le fit sortir de ce corps en 1729 avec les autres opposants. Boursier dressa la *Lettre* de douze évêques au roi contre le concile d'Embrun ; l'*Instruction pastorale* de Soanen *sur l'autorité de l'Eglise* ; la *Lettre* du même au roi en 1729, et plusieurs autres écrits au nom des docteurs et des curés de Paris. Il rédigea en grande partie l'*Instruction pastorale* de Colbert, en 1736, où il est parlé des *secours*. On a donc eu raison de dire qu'il était l'oracle de tout ce parti. Il dirigeait les évêques opposants, et les faisait parler à son gré. C'était, ce semble, une grande faiblesse à des prélats d'être ainsi asservis à un théologien exalté. La fin de la vie de Boursier fut marquée par d'autres brochures sur les convulsions, sur l'espérance et la confiance, sur les secours, sur les vertus théologales. Il y eut parmi les appelants, sur ces différents points, des disputes dans lesquelles Boursier joua un grand rôle, et qui lui occasionnèrent, de la part des siens, des chagrins et des contradictions auxquelles il fut fort sensible. Cet homme était instruit, laborieux et fécond, mais en même temps ardent et opiniâtre. On le voit présider à toutes les assemblées des appelants, dicter leurs démarches, exciter leur zèle. Il fut surtout des assemblées de 1732 et 1733, sur les convulsions, et s'efforça d'imposer quelque frein à ce délire, dont il ne lui fut pas donné cependant de sentir toute la honte. Madame Molle peint comme un homme cauteleux et rusé, qui aimait à dominer. Ses amis l'ont loué ni plus ni moins qu'un Père de l'Eglise.

DE L'ACTION DE DIEU *sur les créatures : traité dans lequel on prouve la prémotion physique par le raisonnement, et où l'on examine plusieurs questions qui ont rapport à la nature des esprits et à la grâce.* Lille, J.-B. Brovellio, 1713, 6 vol. in 12; Paris, François Babuty, 1713, 2 vol. in-4°.

Ce livre séduisant, sous le voile d'un faux thomisme, sape la foi par les fondements, soumet la religion à la raison humaine. Il insinue d'un bout à l'autre le jansénisme, le calvinisme et le spinosisme.

1° Le jansénisme. *La balance est penchée,* dit l'auteur dans la sect. II, part. II, chap. 2, *le poids de la cupidité l'a entraînée vers le vice. La volonté, tandis qu'elle sera livrée à elle-même, suivra l'impression de son poids jusqu'à ce qu'elle ait achevé de tomber dans l'abîme.*

Il s'explique encore plus nettement en faveur de cette alternative nécessitante de la cupidité ou de la grâce, dans la sect. V, chap. IV, art. 3 et 4.

Il renouvelle ailleurs les propositions 23, 24 et 25 de Quesnel, en disant, que *l'opération de Dieu Créateur et de Jésus-Christ Rédempteur sont aussi efficaces l'une que l'autre; et que, comme dans la création la créature est produite et déterminée à l'être, dans la rédemption elle est produite et déterminée au bien* (Sect. II, part. II, chap. 4).

Enfin la grâce suffisante qu'admet l'auteur est la petite grâce janséniene. Selon lui, la grâce suffisante est, par rapport à la tentation, ce qu'est par rapport à un poids de 400 degrés une force de 399 degrés (Sect. VII, part. I).

2° Le calvinisme. Suivant cet auteur, *aucune détermination ne vient de l'homme. C'est Dieu qui est le seul et unique auteur du mouvement le plus léger et le plus délicat, du plus petit acte, d'un souffle, pour ainsi dire, d'un rayon de volonté* (sect. I, chap. 3, sect. II, p. I, ch. 5). D'où il s'ensuit que l'âme n'est plus qu'un être passif, inagissant, nécessité.

Dieu, dit-il dans un autre endroit, *exerce un empire égal sur les créatures inanimées et sur les raisonnables. Toute la différence qu'il y a, c'est que l'obéissance des autres est éclairée et libre. Mais Dieu doit opérer l'un et l'autre. Notre être tout entier, celui de l'âme, celui du corps, celui de leurs modifications, est uniquement l'ouvrage de Dieu. Notre âme, nos actions, nos déterminations, les plus petites parties de nous-mêmes qui doivent être asservies à ses lois, sont l'ouvrage de la puissance souveraine. Notre âme n'est donc que le théâtre des changements arbitraires qu'un autre produit en elle. Mais quelles idées étranges que celles d'un asservissement de toutes les parties de nous-mêmes sous les lois déterminantes et absolues de la puissance souveraine?* Luther s'est-il jamais exprimé plus durement? Peut-on douter après cela des extrémités où les novateurs de ce siècle sont prêts à se porter, et où il n'est que trop évident qu'ils se sont déjà portés depuis longtemps.

Voici encore ce que la doctrine de Calvin renferme de plus dur et de plus impie. *Comme Dieu prédestine certaines personnes parce qu'il le veut, c'est une suite aussi qu'il veuille abandonner les autres parce qu'il le veut... On n'eût pas eu lieu de se plaindre de Dieu, quand même, avant la prévision du péché original, il aurait prédestiné les uns et réprouvé les autres. Il a pu le faire ainsi. Il n'y a pas néanmoins d'apparence qu'il l'ait fait. Rien ne le gêne ni le contraint dans ses décrets. Il a pu les faire comme il a voulu. Il a pu prédestiner et réprouver les hommes, sans les regarder comme tombés dans le péché original. Il a pu les prédestiner et les réprouver, en les considérant comme tombés dans le péché original, en conséquence du décret qui a permis ce péché. Tout cela est purement arbitraire en Dieu* (Sect. VI, part. III, ch. 4). C'est, comme l'on voit, une véritable réprobation positive, une prédestination au péché directe et immédiate, dont il s'agit ici, quoiqu'on s'efforce de persuader le contraire à la faveur de quelques expressions ménagées avec art. Mais quelle affreuse impiété que de dire que Dieu, considérant la créature innocente, a pu par un décret entièrement arbitraire, la destiner à des supplices éternels. Saint Augustin pensait bien différemment : *Bonus est Deus,* disait-il, dans sa réponse à Julien ; *justus est Deus. Potest aliquot sine bonis meritis liberare, quia bonus est ; non potest quemquam sine malis meritis damnare, quia justus est* (lib. II, cap. 18).

3° Le spinosisme. *Nos connaissances,* dit l'auteur, *contiennent certaines perfections qui se trouvent en Dieu.*

En connaissant nos âmes et les autres êtres créés, nous connaissons quelque chose de ce qui est Dieu (Sect. III, ch. 3). *Car les créatures* (1) *ne sont que des écoulements et des participations de l'être ou de celui qui est comme l'abîme et l'océan de l'être, n'étant par elles-mêmes* (2) *qu'un néant universel et sans réserve, et n'ayant pour tout partage qu'un être emprunté.*

---

(1) Sect. IV, chap. 8. Sect. VI, p. III, ch. 8.
(2) Sect. II, part. I, chap. 6. Sect. V, chap. 4, art. 1, art. 4.

Dieu seul est l'Etre premier (1), *l'Etre des êtres sans restrictions. Il est universellement Etre, puisqu'il possède et qu'il contient toutes les perfections et tous les degrés d'être qui sont dans les créatures, toutes nos connaissances n'étant que des parties de ce tout sans bornes. Dieu est l'Etre, et tout est renfermé dans l'Etre. C'est là que nous puisons notre nature, notre possibilité, notre être. L'être que Dieu donne aux créatures, il le possède en premier; il le possède dans son tout, et le réunit à ses autres perfections, et par conséquent il le possède d'une manière éminente et infiniment supérieure à celle des créatures.*

Il est aisé de reconnaître dans cette doctrine le pur spinosisme, c'est-à-dire, la plus impie et la plus extravagante des erreurs. Il s'ensuit en effet de tous ces passages, que Dieu contient formellement tous les êtres de l'univers; et que s'il les contient éminemment, ce n'est que dans le sens qu'il les possède chacun en particulier, selon leur entité véritable et propre, et quelque chose de plus. Or, Spinosa se fût accommodé d'une pareille doctrine; et assurément il n'a pas été plus loin, lorsqu'il a osé avancer que l'univers entier n'était qu'un seul tout, qui composait tout l'Etre divin.

Au reste, l'auteur procède dans tout son ouvrage en géomètre, et ne parle que par théorème, propositions, démonstrations et corollaires; ce qu'il y a de singulier, c'est qu'il prouve la prémotion physique par des passages entassés d'auteurs païens, grecs et latins, comme Homère, Hérodote, Sophocle, Virgile, Stace, Juvénal, Térence et Catulle. On ne s'attendait pas à voir ces païens, la plupart très-lubriques, cités comme théologiens thomistes.

L'auteur ne mit pas son nom à son livre (et en cela il fut plus sage que ses approbateurs, M. Van Erthon, le P. Delbecque, prieur des dominicains de Namur, le P. Henri de Saint-Ignace de l'ordre des Carmes, et M. d'Arnaudin).

Il parut, en 1716, une réfutation intitulée : *Le Philosophe extravagant dans le traité de l'Action de Dieu sur les créatures...*

Un janséniste, parlant du livre de l'*Action de Dieu*, a dit dans une lettre insérée dans les *Nouvelles Ecclésiastiques depuis la const. jusqu'en* 1728, pag. 2 : « Il a toute la force du raisonnement et toute la solidité dont peut être susceptible le système des thomistes. Ce système, assez décrié depuis quelque temps, avait besoin d'un pareil avocat pour le soutenir. Le jargon de leur école en donnait de l'éloignement. Cet auteur leur fera de nouveaux prosélytes ; mais je ne sais s'il ne vérifiera point une parole qu'on a dite il y a longtemps, et qui paraît bien un paradoxe, c'est que de tous les théologiens, *les thomistes sont les plus pélagiens.* »

L'auteur des *Trois Siècles littéraires* s'est exprimé en ces termes sur le même livre : « Boursier employa la métaphysique la plus profonde en faveur de la prémotion physique; c'est-à-dire qu'il travailla beaucoup pour établir un système dont le moindre défaut est d'être incertain, et dont les conséquences, de l'aveu des meilleurs théologiens, sont de porter atteinte à la liberté de l'homme. Ces sortes de questions, nous le remarquerons ici, ne sauraient être agitées qu'avec de grands inconvénients. On instruira beaucoup plus utilement les hommes, et on remplira plus certainement les vues de la religion, en leur apprenant à réprimer l'esprit de dispute, à respecter les dogmes, à pratiquer la morale évangélique, qu'en employant toutes les ressources de la logique à établir des systèmes qui peuvent bien rendre les hommes pointilleux, mais rarement meilleurs. Sans prononcer sur le fond du livre de M. *Boursier*, nous pouvons assurer qu'il nous a paru inintelligible en bien des endroits, et que trop de subtilité y fait perdre le fil du raisonnement. »

Le roi, par un arrêt de son conseil du 27 août 1714, ordonna qu'on saisît tous les exemplaires du livre de Boursier, et en révoqua le privilège. L'arrêt porte que dans cet ouvrage on *trouve répandus plusieurs principes qui tendent à renouveler les opinions condamnées, et à inspirer de dangereux sentiments, dont il est nécessaire d'arrêter les suites pernicieuses.*

LETTRE *des curés de Paris et du diocèse, etc.* du 15 décembre 1716.

Nous mentionnons ici cette lettre, parce que, comme on va le voir, Boursier la défendit.

M. de Mailly, archevêque de Reims, condamna cet écrit par une ordonnance du 4 janvier 1717. Voici les propositions qu'il en avait extraites :

« Qu'en remontant jusqu'aux premiers siècles de l'Eglise, il ne se trouvera jamais une constitution semblable à la bulle *Unigenitus.*

« Que loin de connaître dans cette constitution la doctrine de leurs Eglises, ils ont la douleur d'y voir cette doctrine proscrite, la sainte morale décréditée, les règles de la pénitence abolies, la lampe des divines Ecritures éteinte pour le commun des fidèles, les principes de la tradition bannis, la justice et l'innocence opprimées, l'Eglise de France privée d'un trésor qu'elle a possédé longtemps avec fruit (c'est-à-dire le livre des *Réflexions morales*); les plus durs anathèmes lancés indistinctement contre tant de propositions qui ne contiennent que ce qu'ils ont appris de leurs pères, que ce qu'ils ont enseigné à leurs peuples ;

« Que le décret du pape porte sur son front un caractère de surprise, qui n'est pas moins contraire à toutes les lois du saint-siège apostolique, qu'opposé à la saine doctrine, etc. ;

« Qu'ils demandent à Dieu de ne point permettre que jamais cette constitution soit reçue, puisqu'elle ne le peut être en aucune manière, sans s'écarter de la simplicité de la foi, sans faire un mélange indigne de

(1) Sect. VI, part. III, chap. 8. Sect. III, chap. 9.

Sect. I, ch. 4.

la vérité et de l'erreur, sans jeter dans l'Eglise une semence de division éternelle, et sans s'éloigner de l'exemple des anciens défenseurs de la foi. »

Toutes lesquelles propositions ce grand prélat *déclare respectivement téméraires, scandaleuses, fausses, erronées, schismatiques, hérétiques, injurieuses au saint-siége et à l'épiscopat.* Il *défend en conséquence, sous peine de suspense, qui sera encourue par le seul fait, à tous ecclésiastiques...... de lire, ni de retenir ladite lettre imprimée ou manuscrite.* Et *défend pareillement à tous autres fidèles, sous les peines de droit, de la lire ni de la conserver.*

APOLOGIE DES CURÉS *du diocèse de Paris, contre l'ordonnance de monseigneur l'archevêque de Reims*, depuis cardinal de Mailly, *du 4 janvier 1717, portant condamnation d'un imprimé, intitulé :* Lettre des curés de Paris et du diocèse, etc. 1717, in-4°.

Il y en a eu, en 1718, une seconde *édition revue, corrigée, augmentée.*

On trouve, dans ce petit ouvrage in-4°, plusieurs propositions téméraires, scandaleuses, fausses, erronées, schismatiques, hérétiques, injurieuses au saint-siége et à l'épiscopat. Il fut supprimé par un arrêt du parlement, le 23 octobre 1717.

CONSULTATION *de Messieurs les avocats du parlement de Paris, au sujet de la bulle de notre saint-père le pape, en date du 16 juin 1737, qui a pour titre :* Canonisatio beati Vincentii a Paulo, *avec l'opposition de Messieurs les curés de Paris, qui ont présenté requête au parlement contre l'instruction de M. l'archevêque de Sens au sujet des miracles.*

Si Vincent de Paul eût favorisé le jansénisme, le parti n'eût point trouvé d'abus dans la bulle de sa canonisation. Mais ce serviteur de Dieu se déclara hautement contre cette hérésie, et vint à bout de la faire solennellement condamner ; voilà ce qui a porté les disciples de Jansénius à se déchaîner sans pudeur contre le nouveau saint et contre le pape qui a donné la bulle de sa canonisation.

Dix avocats, des moins célèbres et des moins estimés, ont prêté leurs noms à la consultation qui a paru sur ce sujet. La bulle marque que *la Providence a fait éclater la sainteté de Vincent de Paul, dans un temps où les novateurs en France tâchant, par des miracles faux et controuvés, de répandre leurs erreurs, de troubler la paix de l'Eglise catholique, et de retirer les fidèles de la communion du saint-siége.* Tel est le premier grief des avocats, p. 4. Les autres griefs de ces jurisconsultes excitent encore plus, et la pitié pour leur ignorance, et l'indignation contre leur mauvaise foi.

Cette téméraire *consultation* fut condamnée, avec deux autres écrits sur le même sujet, par un mandement de M. l'archevêque de Cambrai du 16 janvier 1739, *comme contenant des propositions respectivement fausses, téméraires, scandaleuses, injurieuses au clergé de France, aux souverains pontifes, et à toute l'Eglise, et à l'autorité du roi, erronées et favorisant une hérésie pernicieuse que toute l'Eglise a condamnée,* etc.

La *lettre de* M*** *à* M***, au sujet de saint Vincent de Paul, nous apprend que la *consultation* a pour auteur le fameux Boursier, ce grand patriarche du parti convulsionniste, l'apologiste de toutes les prophétesses insensées de nos jours.

Boursier publia une foule de brochures contre les décrets des papes dans les matières de la grâce.

LETTRES *à un ecclésiastique sur la justice chrétienne et sur les moyens de la conserver ou de la réparer.* 1733, in-12 de 266 pages.

On avait attribué à tort ce livre à Gaspard Terrasson, de l'Oratoire ; mais si on en ignore l'auteur, on sait qu'il avait été revu par Boursier.

Il fut censuré par la faculté de théologie de Paris le 1er septembre 1734.

Le but principal de l'auteur est de calmer la conscience des sectateurs du jansénisme, sur le trouble où peut les jeter la privation des sacrements.

Pour y parvenir, il entreprend d'éloigner les justes et les pécheurs de l'usage de la confession sacramentelle.

Il prétend que la justice chrétienne dont le juste vit est tellement stable, qu'elle peut se conserver sans les secours extérieurs que Jésus-Christ a établis dans l'Eglise pour soutenir et accroître la piété des fidèles.

Il admet dans l'homme justifié une espèce d'impeccabilité, qu'il appelle morale ; sur quoi il s'explique à peu près comme les disciples de Calvin.

Il improuve comme inutile, et même dangereux, l'usage établi dans l'Eglise de confesser ses péchés véniels.

En établissant des règles pour distinguer les péchés mortels d'avec les véniels, il fait entendre que quelquefois on commet un péché en matière grave avec un plein consentement sans perdre la justice.

Selon lui, quand on doute si un péché est mortel ou véniel, tout juste est son propre juge, et n'est pas obligé de consulter son confesseur ou les casuistes ; parce que dès là qu'il est juste, il a l'esprit de sagesse et de discrétion, et un pouvoir suffisant pour se décider lui-même.

Enfin, rien n'égale son déchaînement contre l'état présent de l'Eglise. A l'exemple des hérétiques des derniers siècles, qui l'ont si indignement outragée, il la noircit sans pudeur par les calomnies les plus atroces.

Les endroits les plus pernicieux de ce livre sont : 2ᵉ lettre, p. 39 et 41, 58, 59, 60 ; 4ᵉ lettre, p. 74, 75, 79, 83 ; 9ᵉ lettre, p. 210, 211, 198, 197, 194, 195, 200 ; 12ᵉ lettre, p. 261, 262, 264 ; 11ᵉ lettre, p. 258, 251, 247, 254 et 255 ; 1ʳᵉ lettre, p. 12 ; 10ᵉ lettre, p. 221, 223 ; 1ʳᵉ lettre, p. 12 et 13 ; 10ᵉ lettre, p. 231, 232, 233, 234 ; 7ᵉ lettre, p. 144, 145, 147, 148, 154 ; 6ᵉ lettre, p. 130.

C'est de ces divers endroits que sont extraites les 25 propositions que la faculté de théologie a censurées. Elle les qualifie, chacune en particulier, avec toute la sagesse et la modération possibles, les unes comme hérétiques, les autres comme erronées, schismatiques, etc. M. l'archevêque de Sens a adopté cette censure et l'a insérée en entier dans son mandement du 1ᵉʳ mai 1735, par lequel il condamne les *lettres sur la justice chrétienne*, etc.

Ce mauvais livre n'avait pas échappé à la vigilance et au zèle de M. de Tencin, alors archevêque d'Embrun. Dès le 15 février 1734, il le condamna *comme contenant des maximes et des propositions respectivement fausses, scandaleuses, téméraires, injurieuses aux usages de l'Eglise, séditieuses, favorables aux hérétiques, aux hérésies et au schisme, erronées et même hérétiques.*

LETTRES *de M. Boursier, docteur de la maison et société de Sorbonne, sur l'indéfectibilité de l'Eglise dans la tradition de sa doctrine, et sur son infaillibilité dans les jugements qu'elle porte concernant la foi et les mœurs ; contre la huitième lettre pastorale de M. Languet, archevêque de Sens.* Ouvrage posthume, 1750, in-4° de 79 pages.

Boursier avait composé (dit-on dans l'avertissement) ces deux lettres, *pour défendre l'instruction pastorale de M. de Senez sur l'Eglise.* C'est déjà faire assez connaître combien ces lettres sont mauvaises, puisqu'elles tendent à soutenir un ouvrage pernicieux, foudroyé dans un concile, et pour lequel M. de Senez a été flétri et suspendu de toutes ses fonctions épiscopales et sacerdotales. D'ailleurs, on reconnaît dans ce livre-là cette main dangereuse de Boursier, de ce génie fourbe et captieux, de cet homme d'erreur si plein de fiel et d'audace, qui a combattu l'Eglise par tant d'écrits où tout respire l'hérésie et le fanatisme.

BOURSIER (PHILIPPE) naquit à Paris en 1693, fut diacre et dévoué, comme son homonyme dont il vient d'être question, à la secte qui a causé tant de maux à l'Eglise. Il fut un des premiers auteurs des *Nouvelles Ecclésiastiques*, où tous ceux qui tiennent à la catholicité étaient calomniés de la manière la plus odieuse. Il rédigea aussi les *discours* qui précèdent chaque année, depuis 1731, cet ouvrage de parti. *Voyez* FONTAINE (*Jacques*). Philippe Boursier est peut-être le même que Philippe Boucher, dont on a fait par inadvertance deux personnages différents.

Ces discours sont au nombre de dix-huit : ce sont des déclamations, dont les unes sont courtes, les autres plus étendues; les unes sont des lamentations, les autres des apologies; les unes ne contiennent que les calomnies et les injures de l'imposteur le plus effronté, les autres ne présentent que les fougues et les fureurs d'un frénétique. Toutes sont remplies du poison le plus subtil ; chaque page est contagieuse et empestée.

A l'ouverture du livre, on est sûr de rencontrer des horreurs et des blasphèmes. Je l'ouvre, par exemple, à la page 209, et dans cette page je lis ces paroles : *Mille fois on l'a dit, et l'on ne peut trop le répéter : la bulle est affreuse; mais c'est parce qu'elle est affreuse qu'elle porte avec elle son préservatif. Les propositions qu'elle condamne sont si évidemment vraies, leurs contradictoires si évidemment fausses, que quand un ange descendu du ciel viendrait nous annoncer une autre doctrine que celle que contiennent les 101 propositions prises dans leur sens naturel, il faudrait lui dire anathème.* On juge aisément quelle sorte d'ange a inspiré à l'auteur de si affreux sentiments et de si horribles expressions. Tout le reste du libelle est dans le même goût ; tout est marqué au même coin ; tout porte également l'empreinte du père du mensonge.

BOURZEIS (AMABLE DE) naquit à Volvic, près de Riom, en 1606, fut abbé de Saint-Martin-de-Cores, et l'un des quarante de l'académie française. Il entra d'abord avec beaucoup de chaleur dans les disputes du jansénisme ; mais en 1661, revenu de cet enthousiasme, comme on va le voir, il signa le formulaire. Il mourut à Paris en 1672.

LETTRE *d'un abbé à un abbé.*

L'abbé de Bourzéis y avance, page 3, en termes formels, la première des cinq fameuses propositions. Le sens de ces paroles (dit-il), *Dieu ne commande pas des choses impossibles*, est que Dieu ne commande pas des choses impossibles à la nature saine, quoiqu'elles soient par accident impossibles à la nature infirme, comme elle l'est maintenant.

LETTRE *d'un abbé à un prélat de la cour de Rome,* 1649.

Il traite ici la *cour de Rome* avec la dernière insolence. Il l'appelle, page 21, une retraite de larrons, *latibulum latronum*. Il a l'audace d'avancer que *les cardinaux et les théologiens, qui ont qualifié les propositions déférées, n'y entendent rien pour la plupart.*

LETTRE *d'un abbé à un président.*

Il avance ici, page 79, cette proposition manifestement hérétique : *Un juste peut être tenté d'un péché mortel, et n'avoir pas la grâce de résister à la tentation, ni la grâce même de demander celle de résister.*

PROPOSITIONES *de Gratia in Sorbonæ Facultate prope diem examinandæ, propositæ calendis Junii* 1649, in-4° de 40 pages.

On y trouve tout au long, page 24, et sans nul ménagement, la troisième proposition de Jansénius, en ces termes : *Sola libertas a coactione ad veram libertatem, et proinde ad meritum est necessaria.*

SAINT AUGUSTIN VICTORIEUX *de Calvin et de Molina*, ou *Réfutation d'un livre intitulé :* Le Secret du jansénisme. Paris, 1652, gros in-4°.

De tous les livres de Bourzéis en faveur du jansénisme, c'est le plus considérable. Il y veut justifier ces trois dogmes capitaux de

Jansénius : 1° Que Jésus-Christ n'est pas mort pour tous les hommes; 2° que l'homme pèche même dans les choses qu'il fait nécessairement ; 3° que la contrainte seule est opposée à la liberté.

On y trouve, page 174, cette proposition hérétique, qui est la troisième de Jansénius : *Le péché est dans nous volontaire et nécessaire : volontaire, puisque c'est l'effet de la volonté (qui le produit; nécessaire, puisqu'elle le produit, étant forcée par la tyrannie de sa convoitise.*

Pag. 14, il avance cette proposition calviniste : *Les élus sont les seuls qui reçoivent des moyens suffisants pour se sauver.*

Enfin, dans la page 142, il se déguise si peu qu'il ose mettre parmi les principes de notre créance cet affreux principe de Calvin : *Que les hommes qui pèchent dans cet état de la nature blessée le font nécessairement, et que néanmoins ils sont véritablement coupables pour ces crimes, et que Dieu les punit avec justice, parce que cette nécessité de pécher n'est point l'ouvrage du Créateur ; mais une suite de la désobéissance d'Adam, qui a déréglé et corrompu toute notre nature.*

APOLOGIE DU CONCILE DE TRENTE *et de saint Augustin, contre les nouvelles opinions du censeur latin de la* Lettre française d'un abbé (l'abbé de Sainte-Marthe) à un évêque. 1650, in-4°.

De l'aveu de ses amis, l'abbé de Bourzéis, avant la constitution d'Innocent X, avait établi le fait de Jansénius, persuadé qu'il était que les propositions se trouvent dans l'*Augustinus*, du moins en termes équivalents. C'est cette persuasion qui fut cause de sa conversion : car dès qu'il vit que les jansénistes n'osaient plus contester ouvertement le droit, ni défendre les cinq propositions, il fut détrompé totalement, et rétracta, le 4 novembre 1661, tout ce qu'il avait fait pour les soutenir. Il protesta en signant le formulaire, qu'il voudrait pouvoir effacer de son sang tout ce qu'il avait écrit, et qu'il aurait toute sa vie un souverain et inviolable attachement pour les décisions du saint-père, *qui est*, dit-il, *le vicaire de Jésus-Christ sur la terre et le maître commun des chrétiens en la foi.* Le P. Gerberon n'y pensait pas, lorsqu'il a dit dans son *Histoire générale du jansénisme*, sous l'an 1661, que cet abbé avait signé (le 4 novembre) par complaisance pour le cardinal Mazarin, qui était mort huit mois auparavant, le 9 mars 1661.

Il faut observer que l'*Apologie* dont il est ici question a été condamnée par le saint-siège, et qu'on y trouve cette hérésie formelle : *La grâce opère dans nous par une douce, mais forte nécessité.*

BOYER (PIERRE), prêtre de l'oratoire, né à Arlant, le 12 octobre 1677, mort le 18 janvier 1755, s'est distingué par son fanatisme pour les saltimbanques de Saint-Médard, qui lui procura d'abord un interdit en 1729, puis le fit reléguer au mont Saint-Michel, et enfin enfermer à Vincennes pendant quatorze ans. Il eut de la réputation comme prédicateur. Dorsanne dit de lui : *On l'a accusé d'avoir souvent avancé dans ses sermons des propositions dures. Il était suivi par tout ce qu'il y avait de plus zélé dans le parti.* Dans les conversations il parlait beaucoup et fort indiscrètement, et paraissait par sa conduite vouloir s'attirer une lettre de cachet; tom. III, pag. 66. Boyer joua un rôle dans le *Journal des Convulsions.* Comme il avait l'avantage de posséder la ceinture du diacre Pâris, cette relique lui donnait de la considération. Il présidait quelquefois aux assemblées de convulsionnaires, fut quelque temps directeur du fameux frère Augustin, et finit par le dénoncer au parlement.

LA SOLIDE *dévotion du Rosaire, ou l'idée, l'excellence et les pratiques de cette dévotion ; avec une exposition des saints mystères qu'on y médite, et une paraphrase du Pater et de l'Ave Maria.* Paris, Lottin, 1727.

La doctrine qu'on débite dans cet ouvrage est évidemment conforme à un grand nombre de propositions condamnées par la bulle *Unigenitus*, surtout au sujet de la prédestination, de la grâce et de la charité théologale.

Page 144. On restreint aux seuls élus la volonté de Dieu et de son Fils Jésus-Christ pour le salut de tous les hommes. *O mon Dieu, vous nous donnez la confiance que nous sommes du monde élu, que vous avez aimé jusqu'à donner pour lui votre Fils unique. Séparez-nous donc sans cesse de cet autre monde, justement maudit, et pour lequel votre Fils ne daigne pas même vous prier.*

Page 57. On suppose qu'il y a des justes que Dieu abandonne le premier. *Nous vous prions, Seigneur, de ne nous abandonner jamais, afin que nous ne nous abandonnions jamais nous-mêmes.*

Dans la page 135, où il fallait parler de l'Assomption de la sainte Vierge, on met une exhortation au silence et à ne point honorer la sainte Vierge par la témérité et par le mensonge. L'auteur voudrait qu'au lieu des *Ave Maria* qu'il regarde comme une prière superflue après le *Pater*, on récitât pour le Rosaire les 150 psaumes. Il y enseigne à ne parler jamais de la sainte Vierge et de ses grandeurs, que pour lui rappeler le souvenir de sa bassesse. On peut juger par là que l'auteur, quoiqu'il se dise enfant de saint Dominique, a entrepris de ruiner la forme et l'esprit du Rosaire, sous le vain prétexte de réformer l'ouvrage de son saint patriarche.

On renouvelle dans la page 132 les erreurs de Baïus : *Sans vous et sans cet amour que vous donnez seul, tout n'est que péché dans l'homme.* Page 159. *En vain on vous appelle Père, si ce n'est pas votre esprit de grâce et d'amour qui crie dans nous et qui nous fait appeler de cet aimable nom.*

Le P. Joseph Roux, prieur du couvent de la rue Saint-Jacques, qui était un des cinq approbateurs du livre, révoqua son approbation au bout de huit mois, déclarant qu'on avait inséré dans le livre bien des choses qui n'étaient pas dans le manuscrit qu'on lui avait donné à examiner, et qui ne se trouvaient pas même dans le volume imprimé dont on lui fit ensuite présent ; prévarication frauduleuse et trop ordinaire aux écrivains du parti.

MAXIMES *et avis propres pour conduire u pécheur à une véritable conversion.* Paris seconde édition, 1739, 349 pages.

Dans la première édition le jansénisme était plus crûment exprimé ; on y appelai notre liberté *une misérable liberté* ; on y disait à Dieu : *j'applaudirai..... à votre puissante main qui aura lié dans moi le pouvoir même que je me sentirai de vous résister.* Or a corrigé ces termes dans la seconde édition mais ce qu'on y a laissé suffit bien encore pour nous autoriser à en inspirer aux fidèle un juste dégoût et un salutaire éloignement.

Page 15. Avec quelque dextérité qu'on ait traité ici l'article de la justice chrétienne, il est aisé d'y apercevoir ce penchant qu'ont les jansénistes à croire que la grâce sanctifiante est presque inamissible quand on l'a, et presque impossible à recouvrer quand on l'a perdue, ainsi que l'a enseigné l'auteur des *lettres sur la justice chrétienne.*

Pag. 39. Avant la loi de Moïse, l'homme *faisait le mal comme sans le connaître.* Où l'auteur a-t-il pris cela ? avant Moïse, ignorait-on les principes de la loi naturelle, et n'avait-on aucune connaissance de ce qu'elle défend ?

Pag. 46 et 47. On conseille la lecture de plusieurs livres infectés de jansénisme.

Pag. 67. *Le pécheur doit consentir, quoique commençant de n'être plus sous la loi, de demeurer un juste temps sous la main médicinale de la grâce, afin qu'elle achève dans lui tout l'ouvrage qui doit précéder la réconciliation.* Vrai galimatias, destiné uniquement à faire entendre que la satisfaction doit précéder l'absolution, ainsi que l'a enseigné Quesnel. C'est aussi la doctrine des pages 74 et 75.

Pag. 81, l'auteur prétend qu'après avoir reçu l'absolution, il conviendrait que pour se préparer à la communion *on prît l'intervalle d'une quinzaine de jours ou d'un mois.* C'est, comme l'on voit, détourner les âmes les plus ferventes de la communion hebdomadaire, et à plus forte raison de la communion journalière.

Boyer fit le *Quatrième gémissement sur la destruction de Port-Royal,* 1714, in-12 ; une *Vie de M. Pâris* in-12, et d'autres ouvrages de parti. On lui attribua le *Parallèle de la doctrine des païens et des jésuites,* in-8° ; mais il paraît que ce pamphlet est d'un laïque nommé Péan.

BRIANNE (N....), curé appelant.

MÉMOIRE *pour le sieur de Brianne,* 1737.

On entreprend de prouver par ce mémoire que tout curé a par son titre le droit de pouvoir être commis par ses confrères pour administrer le sacrement de pénitence dans leurs paroisses, sans qu'il soit besoin d'avoir pour cela l'agrément de l'évêque diocésain. Prétention chimérique et sans fondement. Saint Charles Borromée, le concile de Milan et la faculté de théologie de Paris, ont décidé qu'un curé ne peut appeler d'autres curés du diocèse pour confesser dans sa paroisse, si ces curés ne sont pas approuvés généralement pour tout le diocèse. La raison est que les curés, précisément par leur institution et en qualité de curés, n'ont de juridiction que sur leurs propres paroissiens.

BRIQUET, excellent prêtre janséniste, qui mourut en 1770, après avoir passé les cinq dernières années de sa vie sans célébrer le saint sacrifice de la messe et sans communier. Cette dévotion n'était pas rare dans le parti. *Voyez* LE GROS, TOURNUS.

BROEDERSEN (NICOLAS), pasteur à Delft, puis doyen du chapitre schismatique d'Utrecht, composa, en latin, un traité en faveur des prétentions de ce chapitre ; un *Court traité des contrats rachetables des deux côtés,* 1729, et un autre *sur les Usures permises et non permises,* 1743. Il s'était déclaré pour les prêts et contrats de rentes usités en Hollande. Il y eut à ce sujet de vives disputes dans ce clergé, en 1728 et années suivantes. D'un côté étaient Broedersen, Thierri de Viaixnes, Antoine Cinest, Godefroi Vaskenburg, chanoine d'Utrecht, Méganck, etc ; de l'autre Barchman, Pétitpied, Le Gros. Chaque parti publia plusieurs écrits.

BROUE (PIERRE DE LA), évêque de Mirepoix, naquit à Toulouse en 1643. Il fut un des quatre évêques qui formèrent en 1717 l'acte d'appel par eux interjeté contre la bulle *Unigenitus ;* on verra plus bas le nom des trois autres. M. de la Broue ne voulut pas même souscrire à l'accommodement de 1720. Il mourut à Bellestat, village de son diocèse, en 1720. Le grand Bossuet avait été très-lié avec l'évêque de Mirepoix.

CATÉCHISME *du diocèse de Mirepoix.* Toulouse, Douladoure, 1699, in-12.

M. de la Broue y enseigne, page 181, que la grâce actuelle n'est en nous que *quand nous faisons quelque bonne action pour notre salut.* Cette proposition, comme on voit, exclut la grâce suffisante, et renferme en peu de mots tout le venin des cinq propositions.

Son mandement a été condamné à Rome le 12 décembre 1714, *comme contenant des propositions et assertions au moins fausses, séditieuses, scandaleuses, injurieuses au saint-siége apostolique, et surtout aux évêques de France et aux écoles catholiques ; présomptueuses, téméraires, schismatiques et approchantes de l'hérésie.*

PROJET *de Mandement et d'Instruction pastorale.... au sujet de la constitution de N. S. P. le pape du 8 septembre 1713.* 1714, in-12 de 58 pages. — C'est comme un préliminaire de *l'Acte d'appel qui suit*

ACTE D'APPEL *au futur concile par MM. les évêques de Mirepoix, de Senez, de Montpellier et de Boulogne, avec un recueil de pièces pour justifier cet appel, ou qui y ont rapport,* 1717.

La traduction latine de cet acte sous ce

titre : *Instrumentum appellationis, etc, per quatuor illustrissimos Galliæ episcopos interpositæ in comitiis sacræ facultatis Parisiensis, quæ et ipsa appellationi adhæsit insulis Flandorum*, 1717.

Il y eut aussi l'ACTE D'APPEL de M. de Noailles au pape mieux conseillé et au futur concile ; — l'ACTE des quarante-huit curés de Paris, par lequel ils adhèrent à l'appel du cardinal de Noailles, etc ; — deux ACTES DE L'APPEL *interjeté de la constitution Unigenitus au concile général*, par le P. Quesnel. Amsterdam, Jean Potgieter, 1717, in-12 de 184 pages, etc.

Il y eut beaucoup d'autres *actes d'appel* interjetés de la bulle *Unigenitus* dont il serait inutile de faire mention, par exemple, celui des *Sœurs grises* d'Abbeville, celui des *Frères tailleurs*, etc. Nous ne rappelons ici tous ces *actes d'appel* qu'à l'occasion de celui des quatre évêques, et pour dire que tout appel d'une bulle dogmatique, reçue du corps épiscopal, est un appel schismatique et hérétique. L'histoire de l'Eglise n'en fournit point d'autres exemples que ceux des pélagiens et de Luther. C'est ce que l'abbé Fleury, auteur de l'*Histoire ecclésiastique*, assura positivement à M. le Régent, qui l'avait consulté là-dessus.

Le crime de ces sortes d'appel est de vouloir anéantir les promesses de Jésus-Christ, en niant l'infaillibilité de l'Eglise dispersée. Aussi l'appel des quatre évêques fut-il condamné en 1718 par un décret du saint-siège, qui l'a noté d'hérésie et de plusieurs autres qualifications flétrissantes. Ce sont les sept évêques appelants qui nous ont instruits de ce fait, dans leur lettre commune au pape Innocent XIII : *Tacere non possumus*, disent-ils, *præter alias horrendas qualificationes, inustam hæreseos notam ejusmodi instrumento.*

Celui du cardinal de Noailles fut aussi condamné, en 1719, comme approchant de l'hérésie : et en général tous ces appels furent déclarés schismatiques par les mandements de quarante ou cinquante évêques.

Voici les noms des quatre prélats qui donnèrent le premier signal de la révolte contre l'Eglise, en publiant, le 5 mars 1717, de concert avec la Sorbonne, leur appel : *de la Broue*, évêque de Mirepoix, *Colbert de Croissy*, évêque de Montpellier, *de Langle*, évêque de Boulogne, *Soanen*, évêque de Senez. Noms qui ne seront guère moins détestés par la postérité que ceux d'un *Spifame*, évêque de Nevers, ou d'un *Odet de Chatillon*, évêque de Beauvais.

Le moyen qu'on prit pour grossir la liste des appelants qui se mirent à leur suite fut digne d'une si mauvaise cause. On emprunta jusqu'à dix-huit cent mille livres pour acheter des appels, et avec cette somme on ne put faire que dix-huit cents appelants. Cette manœuvre fut découverte par les plaintes des créanciers qui ne furent jamais remboursés. Un nommé Servien, prêtre, qui était secrétaire de M. de Noailles, évêque de Châlons, et qui avait fait la plus grande partie des emprunts, fut arrêté et condamné aux galères, *où il trouva*, disait-il, *la morale trop sévère*. Voyez l'*Histoire de la Constitution*, par M. l'évêque de Sisteron, au commencement du livre IV.

Il convient de mentionner ici un in-4° de 68 pages, intitulé : *Actes et exposition des motifs de l'appel interjeté par l'université de Paris le 5 octobre 1718, etc, avec le discours prononcé par M. Coffin, recteur*, etc. Ces actes schismatiques furent révoqués depuis par la faculté de théologie et par la faculté des arts. Ainsi dès-lors la flétrissure qu'ils avaient méritée ne porta plus que sur les facultés de médecine et de droit, et sur Coffin, qui persévéra jusqu'à la mort dans son appel.

DÉFENSE *de la grâce efficace par elle-même.* Paris, Barois, 1721, in-12.

M. de la Broue fit ce livre contre le père Daniel, jésuite, et Fénelon, archevêque de Cambrai.

On le mit en vente le 20 février 1721, et dès le lendemain le libraire reçut défense de le débiter.

On y trouve le plus pur jansénisme, c'est-à-dire, le système des deux délectations invincibles. Voici les paroles de M. de la Broue, pag. 255 : *Il s'ensuit manifestement que quand la grâce est plus forte que la délectation opposée de la concupiscence, il arrive infailliblement qu'elle l'emporte.* Et à la page 258 : *La délectation victorieuse est, au sentiment de saint Augustin, la grâce efficace.*

BRUN (JEAN-BAPTISTE LE), connu aussi sous le nom de Desmarettes, naquit à Rouen, fut élevé à Port-Royal, resta simple acolyte ; posséda la confiance de Colbert, archevêque de Rouen, et du cardinal de Coislin, à Orléans ; fit plusieurs ouvrages liturgiques, une *Concorde des livres des Rois et des Paralipomènes*, à laquelle on a fait des reproches, et divers travaux d'érudition ; enfin, il s'attira des disgrâces à cause de son attachement à Port-Royal, et mourut à Orléans.

BUZANVAL (NICOLAS CHOART DE), né à Paris, en 1611, fut sacré évêque de Beauvais, en 1650, après avoir rempli plusieurs postes dans la magistrature. Il fut l'un des quatre évêques qui d'abord s'opposèrent à la signature du formulaire, mais qui ensuite le signèrent : ce qui amena la paix dite de Clément IX. *Voyez* ARNAULD (*Henri*), et PAVILLON. M. de Buzanval mourut en 1679, et N.... zenguy, bon janséniste, écrivit sa vie.

C

CABRISSEAU (NICOLAS) naquit à Rethel en 1680, fut curé de Saint-Etienne, à Reims, appela de la bulle et fut exilé. Il mourut laissant des *Discours sur les vies des saints de l'Ancien Testament*, 6 vol.; des *Instructions chrétiennes sur le sacrement de mariage et sur les huit béatitudes* ; d'autres *Instructions courtes et familières sur le symbole*, et s

Réflexions morales sur le livre de Tobie, 1 v.

CADRY (JEAN-BAPTISTE), autrement dit DARCY. *Voyez* ce nom.

CAMUS (ARMAND-GASTON) naquit à Paris, le 2 avril 1740, fit dans sa jeunesse une étude approfondie des lois ecclésiastiques, et devint avocat du clergé de France. Il était janséniste; lorsque la révolution éclata, il s'en montra partisan enthousiaste. Il fut député aux Etats-généraux par la ville de Paris et envoyé à la Convention par le département de la Haute-Loire. Dans cette dernière assemblée, il s'annonça en sollicitant des mesures rigoureuses. Quoique absent lors du procès de Louis XVI, il voulut participer au régicide, et écrivit *qu'il votait la mort du tyran*. Professant le jansénisme le plus outré, il fut irréconciliable adversaire de la *cour de Rome*, et contribua le plus à la réunion du comtat Venaissin; il fit ôter au pape les annates et autres avantages pécuniaires dont il jouissait en France. Il mourut à la suite d'une attaque d'apoplexie, le 2 novembre 1804. On le regarde comme un des principaux rédacteurs de la Constitution civile du clergé, en faveur de laquelle il écrivit. On le croit éditeur de l'ouvrage suivant, dont Le Ridant avait, en 1766, donné la première édition.

CODE matrimonial, avec des augmentations. *Paris*, 1770, in-4°.

Ouvrage qui n'est pas favorable au pouvoir de l'Eglise sur le mariage. *Voyez* TABARAUD.

CARMÉLITES *de la rue Saint-Jacques*. L'irrégularité a été dans tous les siècles une suite certaine de la désobéissance des fidèles aux décisions de l'Eglise. La communauté des Carmélites de la rue Saint-Jacques en a fourni un triste exemple. Elle crut que ce n'était pas violer les lois de la clôture que de pratiquer secrètement au-dessus de son église, dans la charpente, une petite porte par où les externes pouvaient entrer dans le monastère. Arrêtons-nous et supprimons les réflexions qui naissent naturellement de ce sujet.

Les Carmélites ont dissipé des sommes considérables et des effets très précieux. Un entretien sobre et frugal de trente religieuses n'est pas d'une fort grande dépense. Cependant le revenu de plus de dix mille écus ne leur suffisait pas. Elles empruntaient chaque année vingt mille livres ; quel usage ont-elles fait de cet argent? Dirons-nous qu'elles en ont secouru les pauvres de la paroisse, ou des ecclésiastiques fugitifs et mutins ? Nous disons seulement, par discrétion, que ceux-ci excitaient plus leur pitié que les autres. On ne reconnaissait plus parmi elles cette piété vive, cette charité ardente, ce recueillement parfait, cet esprit intérieur, qui caractérisent si bien les enfants de sainte Thérèse; une direction ténébreuse ne leur en avait laissé que l'écorce, les exemples de cette sainte étaient oubliés, ses maximes méprisées, ses constitutions négligées. Elles adoraient l'erreur, le mensonge, le fanatisme. La séduction les avait insensiblement réduites à cet affreux état.

Leur nouveau supérieur, M. l'évêque de Bethléem (La Taste), ne put se le dissimuler. Il était de sa religion d'y remédier promptement ; mais quel travail que de ramener à leur devoir des filles indociles, qui se font un mérite de leur indocilité! Il en vint à bout; il chassa de cette maison l'homme ennemi, et la secte, au désespoir, gémit sur cette importante perte, et tint à ce sujet les discours les plus insensés. Elle publia sous le voile de l'anonyme un livre intitulé :

LETTRES *apologétiques pour les Carmélites du faubourg Saint-Jacques de Paris*, 1748, cinq brochures in-12.

C'est l'abbé Jean-Baptiste Gaultier qui en est l'auteur.

1° On doit, dit-il page 2, *on doit cette justice aux Carmélites du faubourg, que, dès le premier jour que la bulle* Unigenitus *parut dans le royaume, elles la regardèrent comme un des plus grands scandales qu'on eût vu dans l'Eglise*.

Sainte Thérèse s'affligeait des maux que faisaient de son temps les erreurs de Luther et de Calvin, et voici ses filles qui en sont venues à ce degré d'aveuglement, de s'affliger sur un décret de l'Eglise qui condamne dans Quesnel les erreurs des hérésiarques. Elles n'ont pas même attendu que les évêques eussent parlé : *dès le premier jour*, elles ont décidé que la constitution était *un des plus grands scandales*, etc. Mais depuis *ce premier jour*, l'Eglise en a jugé bien autrement. La bulle qui leur déplait a été reçue authentiquement par le clergé de France, par trois conciles, par quatre papes, par un consentement plus que tacite de tous les évêques de l'Eglise. Elle a été reconnue comme un jugement de l'Eglise universelle en matière de doctrine, par la déclaration de S. M., du 24 mars 1730, et par l'arrêt de son conseil d'Etat du 21 février 1741. Cette bulle, si respectable en tout sens par elle-même et aussi revêtue de tout ce que l'Eglise et l'Etat ont de plus auguste, sera-t-elle dégradée parce qu'elle n'est pas du goût des Carmélites de la rue Saint-Jacques ? La grande autorité dans l'Eglise de Dieu que celle des Carmélites de la rue Saint-Jacques, et de leur apologiste !

2° A la page 4 et 5, on compare M. de Bethléem à *Alcime, que crurent les Assidéens*.

Le jansénisme est en possession depuis sa naissance de noircir les gens de bien qui le réprouvent. Chez eux, les Saint-Cyran, les Arnauld, les Gilbert, sont les Elie et les Jean-Baptiste de leur temps : au contraire Pilate, Hérode, les scribes, les pharisiens et les princes des prêtres se retrouvent dans les personnes les plus respectables de l'Eglise et de l'Etat. Que de fanatisme dans toutes ces figures !

3° Page 8, l'apologiste exalte le nombre des Bénédictins qui ont rendu et rendent témoignage contre la bulle. Il faut lire là-dessus la troisième partie de la 21° lettre théol., p. 1641 et 1642, que nous avons citée dans l'article des BÉNÉDICTINS *de la congrégation de Saint-Maur*. On verra quels sont les religieux de la congrégation de Saint-Maur que l'apologiste canonise pour avoir rendu témoignage contre la bulle. Les Montfaucon, les Constant, les Martène, les Ruinart, et plusieurs autres des plus habiles, se sont toujours distingués par une sincère et parfaite soumission à ce décret.

Il y a encore dans ces *Lettres* bien d'autres choses, je ne dis pas répréhensibles, le terme est trop faible, mais condamnables, mais détestables.

CARRÉ DE MONTGERON. *Voyez* MONTGERON.

CARRIERES (Louis DE) naquit en 1662, à Auvilé, près d'Angers, entra dans la congrégation de l'Oratoire, où il remplit divers emplois, et mourut à Paris le 11 juin 1717.

COMMENTAIRE *littéral sur toute la Bible, inséré dans la traduction française, avec le texte latin à la marge.* Paris, 1701-1716, 24 vol. in-12. — Autre édition, Nancy, 1740, aussi in-12. — Autre, Paris, 1750, 6 vol. in-4°, avec cartes et figures. — Autre, Toulouse, 1788, 10 vol. in-12. — Encore d'autres, dans ces derniers temps, à Lyon, à Besançon, etc., auxquelles on a joint le commentaire de Ménochius.

« Le Commentaire de Carrières, dit Feller (art. *Carrières*), ne consiste presque que dans plusieurs mots adaptés au texte pour le rendre plus clair et plus intelligible. Ces courtes phrases sont distinguées du texte par le caractère italique... Il a eu beaucoup de succès et il est d'une utilité journalière. » — Ce Commentaire ne méritait ni cet éloge ni ce succès; on en va trouver ci-après plus d'une preuve.

Le libraire Méquignon-Havard a donné, en 1828, une édition de la *Bible de Vence* (la cinquième), où se trouve le *Commentaire* de Carrières. Il publiait en même temps une édition du *Dictionnaire historique* de Feller. Le travail de Carrières y est l'objet de plus d'une réclame; à l'article *Maistre* (Louis-Isaac Le), plus connu sous le nom de Sacy, auteur d'une traduction de la Bible, qui, elle aussi, n'a jamais mérité l'estime dont elle a joui parmi les catholiques, on en trouve une qu'il faut signaler. On y lit : « La *traduction* du père Carrières, aujourd'hui plus répandue que celle de Sacy, est moins élégante, mais *plus fidèle et surtout plus orthodoxe.* » Et immédiatement après : « La Bible de Sacy ne doit être lue qu'avec précaution ; l'auteur, attaché au parti de Jansénius, y laisse percer quelquefois sa doctrine, en interprétant à sa manière les passages qui y ont rapport. » Cela est vrai; mais l'auteur de cette réclame et de cette observation, continuateur de Feller, ne s'est pas souvenu apparemment qu'il avait laissé dans l'article de *Carrières*, ces mots, qui sont de Feller : « *Il* (Carrières) *s'est servi de la traduction de Sacy.* » En effet, Carrières n'a fait autre chose que d'insérer quelques mots, de courtes phrases, qu'on appelle *son Commentaire*, dans la traduction de Sacy, dont il a conservé les fautes, quant à la traduction, et les erreurs, quant à la doctrine, de telle sorte que les fautes et les erreurs de l'un sont les fautes et les erreurs de l'autre.

Cependant il faut avouer que la prétendue traduction de Carrières dans cette cinquième édition de la Bible de Vence a été corrigée dans bien des endroits, et dire que M. Drach, qui donna ses soins à cette édition à partir du cinquième volume, a supprimé en grande partie le *Commentaire* de Carrières *inséré* dans le texte français. Mais écoutons, sur la valeur de ce *précieux* commentaire, M. Drach lui-même.

« Dans le principe, dit-il, j'ai pensé conserver en entier la paraphrase du R. P. de Carrières, sauf à y faire quelques changements ; mais je n'ai pas tardé à m'apercevoir que cette *paraphrase n'est le plus souvent qu'un verbiage fatigant, incompatible avec la noble simplicité qui fait le sublime, le majestueux du texte sacré, et qui lui imprime, si j'ose m'exprimer ainsi, le cachet de l'Esprit-Saint.* On est parfois tenté de croire que de Carrières *avait pris à tâche d'augmenter le nombre des mots* dans tous les versets où cela était possible. D'autres fois, *aux événements racontés dans la Bible, il mêle des circonstances qui n'ont aucun fondement, ou qu'il n'a pu prendre que dans son imagination.* »

Mais ce n'est là que le moindre inconvénient de la prétendue Bible de Carrières ; c'est surtout, comme celle de Sacy, dans la traduction du Nouveau Testament que le poison est répandu souvent avec un art qui le dérobe aux esprits peu attentifs. Mais, répétons-le, la traduction du Nouveau Testament dans la Bible de Carrières est, comme celle de l'Ancien Testament, la traduction qu'en avait donnée Sacy. Or « la traduction du Nouveau Testament par Sacy, dit M. Picot dans l'*Ami de la Religion* (tom. XII, pag. 296), n'est rien moins que parfaite, et on lui a reproché avec raison sa conformité en plusieurs points avec la version de Mons, condamnée à Rome et en France, et même quelque ressemblance avec les traductions protestantes. » *Voyez* MAISTRE (*Louis-Isaac* LE).

Voici quelques exemples des erreurs qui se trouvent dans les éditions de la Bible de Carrières, antérieures à notre époque ; par quoi nous ne prétendons pas dire que les dernières soient exemptes de fautes doctrinales.

Joan. I, 1 : *Verbum erat apud Deum.* La Bible de Carrières porte, comme avaient traduit Genève, Mons, Huré, Quesnel : *Le Verbe était avec Dieu;* au lieu de : *Le Verbe était dans Dieu;* ce qui prouve sa divinité.

Ibid., 27 : *Ipse est qui post me venturus est, qui ante me factus est.* Elle dit avec les mêmes hérétiques : *qui m'a été préféré.* Il fallait dire : *Qui est avant moi;* pour ne pas favoriser les ariens et les sociniens, parce que *toute préférence,* selon saint Augustin, *marque comparaison.*

1. Cor. XV, 10 : *Non ego autem, sed gratia Dei mecum.* Elle porte : *Non pas moi toutefois, mais la grâce de Dieu qui est avec moi;* il fallait : *Mais la grâce de Dieu avec moi.*

2. Thessal. II, 10 : *Ideo mittet illis Deus operationem erroris ut credant mendacio :* Elle dit : *C'est pourquoi Dieu leur enverra des illusions si efficaces, qu'ils croiront au mensonge ;* il fallait : *C'est pourquoi Dieu leur enverra cet ouvrage de l'erreur, en sorte qu'ils ajouteront foi au mensonge.*

Thessal. II, 13, ces paroles : *Verbum Dei qui operatur in vobis qui creditis*, sont traduites ainsi : *La parole de Dieu, qui agit efficacement en vous qui êtes fidèles.* On voit sans peine que ce mot *efficacement* est une addition malicieusement faite au texte.

7° Voyez les articles Huré, Maistre (Louis-Isaac), Le Quesnel, et vous trouverez une conformité parfaite entre la Bible du P. de Carrières et ces versions hérétiques. Au reste, il faut remarquer qu'elles étaient déjà condamnées comme telles quand le P. de Carrières a livré *sa Bible* à l'impression ; faut-il en conclure que c'est avec connaissance de cause et avec un plein attachement à l'erreur qu'il a reproduit tout ce qui avait été flétri, réprouvé, condamné comme hétérodoxe dans ses prédécesseurs ? Que le lecteur prononce. *Voyez* Chevalier.

CASTORIE (L'évêque de). *Voyez* Néercassel.

CAULET (Etienne-François de), né a Toulouse en 1610, d'une bonne famille de robe, abbé de Saint-Volusien de Foix à 17 ans, fut sacré évêque de Pamiers en 1645. Il donna une nouvelle face à son diocèse, désolé par les guerres civiles et par les dérèglements du clergé et du peuple. Son chapitre était composé de douze chanoines réguliers de Sainte-Geneviève, que Sponde, son prédécesseur, appelait douze léopards ; il les adoucit et les réforma. Il fonda trois séminaires, visita tout son diocèse, prêcha et édifia partout. Louis XIV ayant donné un édit en 1673, qui étendait la régale sur tout son royaume, l'évêque de Pamiers refusa de s'y soumettre. On fit saisir son temporel pour pouvoir l'ébranler. L'arrêté fut exécuté à la rigueur, et le prélat fut réduit à vivre des aumônes de ses partisans ; car, les jansénistes lui étaient dévoués, quoiqu'il eût maltraité un de leurs chefs (l'abbé de Saint-Cyran), et qu'il eût essuyé plusieurs variations dans les affaires de cette secte. On sait ce qu'il avait déposé, le 16 juin 1638, contre ce premier saint du parti, lorsqu'il n'était encore que l'abbé Caulet, et quelle idée il donna alors de la bonne foi et des sentiments du nouvel apôtre. Mais, devenu évêque, il se déclara pour le silence respectueux sur le fait de Jansénius, et fut dès ce moment un saint à placer dans le calendrier de l'ordre. « Tant il est vrai, dit là-dessus un historien en plaisantant, qu'il ne faut désespérer de la conversion de personne. Mais il me semble, après tout, qu'avant de procéder à la canonisation, messieurs de Port-Royal auraient bien dû tirer une rétractation en forme de ce qu'il avait attesté juridiquement ; car enfin, s'il a dit vrai, quel homme était-ce que l'abbé de Saint-Cyran ? Et s'il a rendu un faux témoignage, où a été sa conscience de ne pas réparer la calomnie ? C'est une nécessité qu'un des deux saints sorte du calendrier. » Caulet fut l'un des quatre évêques qui refusèrent d'abord de signer le formulaire, mais qui le signèrent avec une restriction dont il est parlé dans l'article Arnauld (*Henri*). *Voyez* cet article et celui de Pavillon. Caulet mourut en 1680, après avoir donné le paradoxal exemple d'un évêque qui se sacrifie pour les droits du saint-siége et se livre en même temps avec ses plus cruels ennemis. On a de lui un *Traité de la régale*, publié en 1681, in-4°.

CAYLUS (Daniel-Charles-Gabriel De Pestel, De Levis, De Tubières, De), naquit à Paris en 1669, d'une famille illustre, fut disciple de Bossuet, le grand évêque de Meaux, devint grand-vicaire du cardinal de Noailles, en 1700, évêque d'Auxerre en 1705, et mourut en 1754.

Ce prélat eut le malheur de se laisser aller à tout vent de doctrine. D'abord les premiers temps de son épiscopat furent assez paisibles. Le 22 mars 1711, il publia une lettre pastorale pour condamner une thèse soutenue par des Bénédictins de son diocèse, et où l'on renouvelait les erreurs de Baïus. De Caylus exigea du professeur une rétractation de sept propositions, et des jeunes religieux un acte de soumission aux bulles contre Baïus et Jansénius. A cette démarche éclatante, il ajouta l'acceptation qu'il fit, en 1714, de la bulle *Unigenitus*. Il la publia par un mandement du 28 mars. Membre de l'assemblée du clergé de 1715, où l'on censura les *Hexaples*, il y parla encore dans le même sens. Telle avait été sa conduite sous Louis XIV ; la mort de ce prince lui apporta apparemment de nouvelles lumières. Il signa, avec seize évêques, une lettre adressée au régent pour demander des explications, et en souscrivit, dit-on, une seconde plus forte encore avec trente-un de ses collègues ; mais cette deuxième lettre est une chimère, et on n'a jamais pu en montrer les signatures. En 1717, il suspendit dans son diocèse l'acceptation de la bulle, et, peu après, il se mit au rang des appelants, et depuis on le vit toujours un des plus ardents du parti anti-constitutionnaire. Il prit part à toutes ses démarches, signa plusieurs lettres communes aux autres évêques opposants , interdit les Jésuites de son diocèse, défendit leurs congrégations, et signala chaque année de son épiscopat par des traits d'un dévouement entier à la cause qu'il avait embrassée. Toutes les autorités furent fatiguées de ses lettres et de ses remontrances. L'assemblée du clergé de 1730 le fit exhorter en vain à tenir une autre conduite. Son château de Régennes était pour les opposants un rendez-vous et un asile. Les canonicats, les cures, tous les emplois à la nomination de l'évêque étaient réservés à des prêtres en guerre avec leurs évêques, et le long gouvernement de M. de Caylus lui fournit le moyen de faire ainsi de son diocèse une place forte du jansénisme. Il conférait les ordres aux jeunes ecclésiastiques qui ne voulaient pas signer le formulaire. En 1733, il publia avec ostentation un miracle opéré dans son diocèse par l'intercession du diacre Pâris, et il alla chanter en grande pompe un *Te Deum* au lieu où le prodige avait eu lieu. Il changea le Bréviaire, le Missel, le Rituel, et le Catéchisme de son diocèse. Ses disputes avec son métropolitain, M. Languet, furent longues et produisirent de part et d'autre beaucoup d'écrits. L'évêque avait toujours auprès de lui des conseillers destinés à nourrir et fortifier son zèle, et dont quelques-uns d'eux se laissèrent aller à des actes de fanatisme, comme on le voit dans la *Vie même de M. de Caylus*, tome II, page 92. Celui de ces prêtres qui mérite le plus d'être cité à cet égard, est Henri Julliot, curé de Courgy, appelant très-exalté, qui ne manquait pas de prêcher ses paroissiens contre la bulle. Ses services ne se bornaient pas à sa cure : en 1727, il avait parcouru les cantons de Tonnerre, de Chablis et de Noyers pour y chercher des adhésions à la cause de M. de Soanen. Forcé de quitter sa cure à cause de son exagération, il devint l'agent de M. de Caylus, tantôt allant par son ordre dans le diocèse de Sens exciter les curés contre leur archevêque, tantôt arrangeant adroitement quelques miracles, tantôt visitant les couvents de religieuses du Calvaire, et soufflant parmi elles la résistance et l'insubordination. Cette dernière affaire est une de celles qui occupa le plus M. de Caylus. Un bref de Clément XII, du 1er août 1730, avait nommé de nouveaux supérieurs pour cette congrégation. Les évêques d'Auxerre et de Troyes, qui étaient les anciens s'opposèrent à cette nomination, et excitèrent les religieuses à ne pas la reconnaître. Ils les échauffèrent par leurs lettres et par leurs émissaires. On dicta à ces filles des remontrances, des protestations, des significations. Des avocats prouvèrent disertement qu'elles avaient toute raison de se plaindre. Les notaires ne pouvaient suffire à rédiger leurs actes et les huissiers à les signifier; car, c'était ainsi que l'on procédait, et il y eut sur cette seule affaire des écritures sans fin. M. de Caylus ne parut pas approuver les convulsions. On cite plusieurs de ses lettres contre les derniers volumes de Mongeron, contre le livre des *Suffrages* et contre les *Secours violents*. En 1753, on lui prêta, dit sa *Vie*, un projet pour perdre les jésuites. Il s'agissait de les dénoncer au parlement. L'évêque ne voulut pas donner les mains à cette levée de boucliers, et le complot fut différé. Le duc d'Orléans lui écrivit sur sa conduite. Le chancelier d'Aguesseau lui fit également des représentations inutiles. Cet évêque s'était déclaré pour le schisme de Hollande, et avait donné son avis pour la consécration d'un archevêque d'Utrecht, et ensuite pour celle des évêques de Haarlem et de Deventer. Il mourut à Régennes, étant depuis quatorze ans le seul évêque en opposition avec les décrets de l'Église. Ses *OEuvres*, en 4 vol., furent condamnées à Rome par un décret du 11 mai 1754. On croit qu'il n'y avait mis que son nom, et qu'elles étaient soit de Duhamel, chanoine de Seignelay, qui lui prêta plus d'une fois sa plume, soit de Cadry, qui fut son théologien et son homme de confiance, surtout depuis 1748. Ces détails sont tirés principalement d'une *Vie* de l'évêque, 1765, par Dettey, chanoine d'Auxerre. Cette *Vie*, panégyrique continuel, est surtout remarquable en ce qu'on y fait de grands éloges de la déclaration du 2 septembre 1754, tandis que l'ouvrage est, d'un bout à l'autre, une infraction continuelle de cette loi.

MANDEMENT... *pour suspendre l'effet de l'acceptation et publication de la Constitution* Unigenitus, 1717.

Il dit, page 1, que *la Constitution ne peut être regardée que comme une loi d'économie et de police.* Mais dans quel aveuglement ne faut-il pas être tombé pour s'exprimer ainsi? Bannir, comme fait la Constitution, la fausseté, l'erreur, l'impiété, l'hérésie, et non-seulement l'hérésie, mais un amas de plusieurs hérésies, est-ce donc ne régler que la police?

LETTRE à M. *l'évêque de Soissons, à l'occasion de ce que ce prélat dit de lui* (évêque d'Auxerre) *dans sa première lettre à M. l'évêque de Boulogne* ; du 13 novembre 1721, in-4°, 37 pages.

L'objet de cette lettre schismatique est de se défendre de l'accusation de schisme, et d'en rejeter le crime sur M. Languet lui-même et sur les autres évêques catholiques. On y voit, page 25, l'hérésie favorite de Quesnel sur la décadence et l'affaiblissement de l'Église : *C'est*, dit M. de Caylus, *un malheur attaché à l'affaiblissement pro.digieux des derniers temps, qui sont la lie des siècles, qui approchent des moments où l'iniquité doit être consommée.* Les jansénistes ne sont jamais si contents que quand ils décrient l'Église présente et qu'ils annoncent comme prochain le jugement dernier. Cette décadence prétendue de l'Église les autorise à se révolter contre elle, et cette proximité supposée du jugement dernier et du retour d'Élie, les confirme dans leur fanatisme et les jette dans toutes sortes d'illusions. *Voyez* ETEMARE.

M. de Caylus insinue, page 5, l'hérésie de la grâce nécessitante par ces paroles : *Ils aiment la loi sainte, et tout le bien qu'elle leur présente, et que la grâce leur fait faire.* Ces messieurs supposent toujours que la grâce seule fait tout, et que nous ne sommes que des instruments passifs entre les mains de Dieu.

Cette lettre a été condamnée à Rome, comme *pleine de l'esprit de schisme et d'hérésie*, par un décret du 14 juillet 1723.

Il y a une seconde lettre du même prélat à M. de Soissons, *au sujet de l'infaillibilité que ce prélat attribue aux jugements de Rome*. Elle est datée du 16 mai 1722. C'est un in-4° de 40 pages. On y aperçoit aisément le même esprit, qui depuis son appel, lui a dicté tous ses ouvrages.

MANDEMENT... pour le carême de 1733. Il renferme cette proposition hérétique condamnée : *La synagogue n'enfantait que des esclaves indignes de l'héritage céleste.*

MANDEMENT... sur un *prétendu miracle de Seignelay*, 1733.

On ne peut donner une plus juste idée de ce libelle (car c'en est un, imprimé *sans nom d'imprimeur, sans privilége ni permission*) qu'en rapportant ce qu'en dit l'arrêt du conseil d'État du 28 mars 1734. Sa Majesté déclare « avoir reconnu que l'auteur de cet ouvrage a voulu établir des principes capables d'émouvoir les esprits et de les révolter contre l'autorité d'une constitution émanée du saint-siége, acceptée par le corps des pasteurs et reçue solennellement dans le royaume avec le concours de la puissance royale, qui en a ordonné tant de fois l'exécution ; qu'on trouve d'ailleurs dans ce mandement des applications odieuses de faits historiques, dont le principal objet est de faire entendre que dans le temps présent la vérité souffre une espèce de persécution, et qu'elle ne réside que dans l'esprit de ceux qui combattent une décision de l'Église. »

INSTRUCTION PASTORALE *de M. l'évêque d'Auxerre au sujet de quelques libelles et écrits répandus dans le public contre son mandement du 28 décembre 1733, à l'occasion du miracle opéré dans la ville de Seignelay.*

Genève et Londres peuvent admirer dans cette instruction les traits suivants : *Que l'esprit de la cour de Rome est un esprit de domination et de hauteur ; — qu'elle a peu d'égards dans ses censures pour la vérité et la justice ; — que les condamnations* in globo *sont peu dignes de la charité de l'Église et de la majesté de la religion ; — que les auteurs de ces décrets sont des téméraires qui se portent à des excès intolérables ; — que la constitution* Unigenitus *est un décret scandaleux, qui, par la plus lâche flatterie, autorise des erreurs très-évidentes et très-pernicieuses ; — que la cour romaine n'est plus touchée, ni de son propre honneur, ni de celui de l'Église, ni de l'édification des fidèles, ni de leur salut.* Expressions dignes de la réprobation de tous les catholiques. Aussi, M. l'évêque de Laon (La Fare), pour apprendre une bonne fois à ses diocésains ce qu'ils doivent penser de la doctrine de ces prélats réfractaires et de leurs adhérants, crut qu'il devait les déclarer tous séparés de sa communion. C'est ce qu'il exécuta, en février avril 1736, dans un mandement où, après avoir défendu sous peine d'excommunication encourue par le seul fait de lire les derniers ouvrages de MM. les évêques d'Auxerre, de Montpellier et de Senez, il déclare qu'il ne regarde point comme vrais enfants de l'Église ceux qui sont appelants de la bulle *Unigenitus*, ou qui lui sont notoirement opposés ; qu'il les tient tous pour des schismatiques et des hérétiques qui se sont séparés d'eux-mêmes, et qu'en conséquence il rejette leur communion jusqu'à ce qu'ils viennent à résipiscence. (*Hist.*

de la Constitution, par M. l'évêque de Sisteron, tom. II.)

CATÉCHISME, ou *Instruction sur les principales vérités de la religion catholique, imprimé par ordre de M. l'évêque d'Auxerre, pour l'usage de son diocèse.* 1734. 217 pag.

Pag. 60, on demande : *Qu'est-ce que la vertu chrétienne?* Et l'on répond : *C'est une vertu qui nous porte à faire le bien par amour pour Dieu, et en vue de sa gloire ;* définition fausse et erronée, selon laquelle l'espérance ne serait plus une vertu chrétienne, puisqu'elle nous porte au bien pour mériter le ciel, et qu'elle n'a pas pour motif l'amour pour Dieu et la vue de sa gloire.

On demande à la page 10 : *Qu'entendez-vous quand vous dites que Dieu peut tout?* Et la réponse est : *J'entends que Dieu peut et fait tout ce qu'il veut, et que nulle créature ne résiste à sa volonté.* C'est une des hérésies du parti, que la volonté de Dieu est toujours efficace ; que jamais l'homme n'y résiste ; et en conséquence que tous ceux que Dieu veut sauver sont en effet sauvés, et qu'il ne veut sauver que les seuls prédestinés. M. d'Auxerre, pour écarter ce mauvais sens, devait ajouter, surtout dans les circonstances présentes, que Dieu peut et fait tout ce qu'il veut *absolument*, et que rien ne résiste à sa volonté *absolue*.

Il est dit à la pag. 25 : *Nous devons regarder tous les maux qui nous arrivent, et la mort même, comme les effets du péché, et comme des peines que nous avons méritées.* Cette doctrine favorise la 70º proposition condamnée dans Quesnel : *Dieu n'afflige jamais les innocents, et les afflictions servent toujours à punir le péché ou à purifier le pécheur.* Dogme faux et erroné, puisque Dieu a affligé la sainte Vierge, sans que ses afflictions aient servi à punir le péché ou à purifier le pécheur, et qu'Abraham et Tobie furent éprouvés, parce qu'ils étaient agréables à Dieu.

Page 66, on définit ainsi l'Église : *C'est l'assemblée des fidèles qui, sous la conduite des pasteurs légitimes, ne font qu'un corps dont Jésus-Christ est le chef.* Il fallait dire que Jésus-Christ est le chef invisible de l'Église, et que le pape en est le chef visible. Or nous avons eu occasion de montrer combien M. d'Auxerre est ennemi du pape et du saint-siége.

MANDEMENT... *pour la publication du jubilé de l'année sainte.* In-4º de 25 pages.

M. de Caylus, évêque d'Auxerre (l'unique évêque du monde qui se soit déclaré pour la secte jansénienne), a jugé à propos de publier la bulle du jubilé. Personne néanmoins ne la lui avait adressée, ni le pape, ni la cour, ni les agents du clergé. Mais il était de son intérêt de ne paraître pas exclus des grâces accordées à tous les enfants de l'Église. Quoiqu'il n'ait plus cette glorieuse qualité, il faut, selon le système jansénien, faire illusion et parler comme si l'on tenait encore à l'Église romaine, jusqu'à ce que des circonstances plus favorables permettent de lever le masque et de se révolter ouvertement.

Le pape, dit M. d'Auxerre, pag. 1, exhorte les évêques, et même leur enjoint de publier cette bulle aussitôt qu'ils l'auront reçue. Il est bon de remarquer ici avec quelle adresse ce prélat supprime quelques paroles de la bulle, qui auraient montré trop évidemment que cette exhortation et cet ordre ne le regardent nullement. Quels sont en effet les év'ques que le saint Père exhorte, et à qui il ordonne de publier sa bulle? Ce sont ceux qui sont dans la grâce et la communion du siége apostolique : *Episcopos... gratiam et communionem sedis apostolicæ habentes... hortamur, rogamus... ipsis injungimus.* Or M. d'Auxerre est-il dans la grâce et dans la communion du saint-siége? lui qui a si scandaleusement appelé et réappelé des décisions dogmatiques, les plus solennellement reçues de toute l'Eglise; lui, dont tant d'ouvrages ont été chargés d'anathèmes par les souverains pontifes; lui qui ne reçoit plus depuis longtemps aucune marque de communion de la part des papes; lui qui, dans les délires de sa révolte et dans les excès de son fanatisme, n'a pas craint d'enseigner dans une instruction pastorale adressée à tous les fidèles de son diocèse, au sujet de quelques écrits contre les prétendus miracles de Seignelay : que *les décrets de Rome ne respirent ni l'esprit, ni la charité, ni la doctrine apostolique; que les auteurs de ces décrets sont des téméraires qui se portent à des excès intolérables; que l'esprit de la cour de Rome est un esprit de domination et de hauteur; qu'elle a peu d'égards dans ses censures pour la vérité et la justice; que la constitution* Unigenitus *est un décret scandaleux; qui, par la plus lâche flatterie, autorise des erreurs très-évidentes et très-pernicieuses; que la cour romaine n'est plus touchée ni de son propre honneur, ni de celui de l'Eglise, ni de l'édification des fidèles, ni de leur salut.* De si monstrueuses expressions, un langage si digne de Luther, une conduite si publiquement schismatique, tout cela annonce-t-il un évêque qui soit dans la grâce et dans la communion du saint-siége? Au reste, il faut bien s'attendre à trouver dans ce mandement, comme dans tous les autres écrits qui portent le nom de M. Caylus, tout le jargon de la secte. Comme ce prélat est fort avancé en âge, on met, tant qu'on peut, son existence à profit. Il n'y a pas jusqu'aux permissions de manger des œufs qui ne soient pour le parti une occasion précieuse, qu'il ne laisse pas échapper, de débiter sa doctrine, et de déchirer à belles dents tous ceux qui lui sont opposés. C'est que le temps approche où il n'y aura plus de noms d'évêques à mettre à la tête de leurs écrits. Il faut donc les multiplier à présent, afin qu'on puisse se soutenir dans la suite par des nombreuses citations du grand Caylus.

Mandement... pour le carême de 1750.

On fit, à l'occasion de ce mandement, les observations suivantes : 1° M. d'Auxerre veut faire accroire dans ce mandement que l'épiscopat est partagé sur ce décret, et que *tout l'obstacle à la paix est qu'on ne veut pas s'entendre;* 2° il vante *son éloignement pour toute erreur, la pureté de sa foi* : lui qui a signé, publié, répandu, ou en son nom, ou conjointement avec les autres évêques appelants, une infinité d'écrits où les erreurs sont multipliées, accumulées, entassées ; 3° par un abus manifeste des termes, il appelle *schismatiques* ceux qui refusent les sacrements à ces pécheurs publics, lesquels ont, comme lui, par des signatures solennelles et des actes publics, montré leur scandaleuse désobéissance à une loi *de l'Eglise et de l'Etat* ; 4° il fait valoir une prétendue union avec Benoît XIV, sans faire attention que ce pape, étant archevêque de Boulogne, a approuvé par une lettre connue de tout le monde tout ce qui s'est fait au concile d'Embrun ; que, dans son livre sur la *Canonisation des saints* il a loué les évêques de France d'avoir combattu les faux miracles de Paris ; et qu'à l'occasion du Jubilé de l'an 1745, il écrivit une lettre au roi, où il marquait à Sa Majesté que, si dans sa bulle du Jubilé il n'avait pas nommément exclu les réfractaires à la constitution, c'est qu'il est évident que ceux qui ne rendent pas à l'Eglise l'obéissance qui lui est due ne participent point à ses faveurs ; 5° il s'applaudit d'une prétendue conformité de sa doctrine avec les évêques de France, quoiqu'il n'y en ait aucun qui ne déteste ses résistance ; 6° il se répand, à son ordinaire, en violentes invectives contre les jésuites, semblable aux séducteurs dont parle le Prophète , *qui mordent dentibus et prædicant pacem.*

CERVEAU (RÉNÉ), naquit à Paris en 1700, fut prêtre et appelant zélé, et mourut en 1780. Il eut la docilité de porter quelquefois les sacrements à des malades, en vertu d'arrêts du parlement.

Recueil *de cantiques.* 1738.

Nécrologe *des plus célèbres défenseurs et confesseurs de la vérité des* 17e *et* 18e *siècles.* Paris, 1760 et années suivantes, 7 vol. in-12.

C'est un catalogue particulièrement destiné à exalter ceux qui se sont opposés au formulaire et à la constitution ; il renferme un très-grand nombre d'hommes obscurs, dont on connaît à peine le nom. Cependant il y a quelques articles qui peuvent servir à l'histoire littéraire.

[Esprit *de Nicole.* 1765, in-12.

CHAPT DE RASTIGNAC (LOUIS-JACQUES DE] naquit en 1684, dans le Périgord, fut évêque de Tulles en 1722, et archevêque de Tours deux ans après. Il s'illustra par son savoir et son éloquence. Il montra d'abord beaucoup de zèle contre le jansénisme, fut approuvé par un bref de Benoît XIII, du 22 août 1725, présida avec honneur à plusieurs assemblées du clergé, et parut faire cause commune avec ses collègues, pour les intérêts de l'Eglise. C'est sans doute ce qui excita le parti contre lui,

…n anonyme publia: *Lettre d'un ecclésiastique de Tours à M. de Rastignac, son archevêque*, etc., datée du 10 juin 1727. L'auteur lui fait un crime de son zèle en faveur de la bulle. *Vous êtes entré* (lui dit-il, *page* 2), *dans ce diocèse, pour ainsi dire, le fer et le feu à la main, pour y faire recevoir à quelque prix que ce fût la constitution* Unigenitus, *unique objet de votre zèle; vous y avez annoncé ce décret comme une loi de l'Eglise et de l'Etat; vous avez paru borner toutes vos vues, vos soins, votre sollicitude, à soumettre tous les esprits à cette loi*. Cet anonyme a l'audace de dire, page 2, qu'on ne veut pas *faire connaître la bulle*, parce qu'elle porte avec elle sa réfutation. Ce n'est pas le premier janséniste qui ait avancé cette absurdité. On a imprimé partout ce décret; on l'a publié dans tous les diocèses; on l'a répandu avec profusion; on l'a mis entre les mains de tout le monde : deux ans même avant cette lettre, M. de Camilly en avait envoyé un exemplaire dans chaque doyenné du diocèse de Tours; et cependant l'ecclésiastique pousse ici l'imposture jusqu'à dire, page 3, qu'on tient la bulle cachée, parce que *ses défenseurs se décrieraient en la mettant entre les mains de tout le monde*. Il faut avouer que ce sont là de ces traits qui caractérisent bien le parti, et qui annoncent à toute la terre ce front d'airain que l'esprit du mensonge sait donner à ceux qu'il inspire.

L'audacieux écrivain reproche ensuite à son archevêque, page 6, des contradictions, par exemple, de regarder les appelants comme schismatiques, et néanmoins de leur faire part du jubilé, et désigner une de leurs églises pour lieu de station. Il l'accuse, page 8, de *s'être occupé au jeu pendant le service, le jour de la fête du saint apôtre de Touraine;* et après avoir avancé cette calomnie, il s'écrie que ce sont là *les malheureux fruits de la fatale bulle*. Il lui reproche encore dans la même page d'avoir un attachement public et déclaré *pour l'école molinienne*, de les appeler *des hommes apostoliques, puissants en œuvres et en paroles*, etc. Sur quoi cet écrivain, fécond en outrages, entre dans de violents transports contre la Société, et finit sa lettre par exhaler contre elle toute sa haine.

Plusieurs années se passèrent, et, dit-on, M. de Rastignac eut avec quelques jésuites des différends qui commencèrent à l'aigrir. Dans son dépit, il donna sa confiance à des gens qui en abusèrent pour lui faire tenir ce langage. Ce fut à l'occasion du livre du P. Pichon que ces dispositions du prélat éclatèrent. Il condamna ce livre, et cela on ne peut que louer son zèle; mais on trouva qu'en parlant de la rétractation de l'auteur, il n'était ni modéré ni équitable. Pour combattre ces faux principes, l'archevêque donna successivement, en 1748 et 1749, trois Instructions pastorales : une *sur la pénitence*, une autre *sur la communion*, et une troisième, plus fameuse encore, du 23 février 1749, *sur la justice chrétienne par rapport aux sacrements de pénitence et d'eucharistie*. Il s'était d'abord adressé, pour la rédiger, à Boursier; mais celui-ci étant mort, son travail fut achevé par son disciple et son ami Gourlin, qui y insinua les réflexions et les maximes les plus chères aux appelants. Aussi nul ouvrage n'a été plus loué par eux. Sur les plaintes qu'on en fit, le cardinal de Rohan réunit, par ordre du roi, quelques évêques chargés d'examiner cette *Instruction*. Ces évêques étaient MM. Bertin, évêque de Vannes, La Tarte, évêque de Bethléem, Robusté, évêque de Nitrie, et Billard, évêque d'Olympie, qui s'adjoignirent le docteur Montagne, de Saint-Sulpice. On écrivit à l'archevêque de Tours, pour l'engager à expliquer son *Instruction*. Le cardinal de Rohan, l'archevêque de Sens et d'autres prélats le sollicitèrent à cet effet, mais en vain. Un anonyme, qu'on dit être un abbé Cussac, ayant publié, en 1749, une *Lettre* contre l'*Instruction pastorale*, l'archevêque condamna cet écrit par un mandement très-vif, du 15 novembre 1749. Cependant il fit paraître une lettre, du 5 février 1750, où il protestait de sa soumission aux décisions de l'Eglise. Il assurait, dans d'autres lettres, que, s'il était condamné, il saurait imiter Fénelon dans son obéissance. Un nouvel écrit de Cussac, sous le titre de Réponse, excita les réclamations du prélat, qui le défera aux magistrats et à l'assemblée du clergé. L'écrit n'était pas modéré; mais les plaintes de l'archevêque ne le furent guère non plus. Sa mort, arrivée en 1750, mit fin à cette dispute.

CHAUVELIN (Henri-Philippe de), abbé de Montier-Ramey, conseiller-clerc au parlement de Paris, et chanoine honoraire de Notre-Dame, joua un rôle très-actif dans les querelles sur le refus des sacrements (*Voyez* Coffin, etc.), et dans l'affaire des jésuites. Il fut un des plus ardents solliciteurs des mesures prises en ces deux occasions par les parlements, dénonça un grand nombre de prêtres, l'archevêque de Paris, les évêques, etc., prononça contre les jésuites, en 1761, deux discours fameux, et devint par là le coryphée des jansénistes. Marmontel, dans ses *Mémoires*, le montre membre d'un comité de théâtre avec mademoiselle Clairon, et occupé à décider du mérite des pièces. Voltaire avait été lié avec lui. L'abbé lui ayant envoyé son portrait en 1765, le philosophe lui fit passer en retour *les premiers rogatons qu'il trouva sous sa main*, c'est-à-dire, apparemment quelques-uns des pamphlets et facéties qu'il enfantait alors avec tant de fécondité contre la religion. La lettre de Voltaire, du 13 novembre 1765, qui nous apprend ces détails, ajoute : *Je me flatte qu'on entendra parler de l'abbé dans l'affaire des deux puissances, et que ce Bellerophon écrasera la chimère du pouvoir sacerdotal*. L'abbé Chauvelin méritait ces éloges et ces encouragements. Il était fort vif contre les papes et les évêques. Outre ces comptes rendus contre les jésuites, il les poursuivit encore par un discours au parlement, le 29 avril 1767, pour demander une seconde fois leur expulsion. On lui attribua les *Lettres : Ne repugnate vestro bono*, publiées contre le clergé en 1750, et auxquelles Cautel, évêque de Grenoble, et Duranthon, docteur de Sorbonne, ont répondu. La *Biographie universelle* donne ces lettres à l'avocat Bargeton, mort en 1749. On ne sait si l'abbé Chauvelin n'est point auteur de la *Tradition des faits*, pamphlet publié en 1753, pour déprimer les évêques et exalter les prérogatives du parlement. Il était de la société de madame Doublet, surnommée la *Paroisse*, où, dit Grimm, *on était janséniste, ou du moins parlementaire : mais où on n'était pas chrétien. Aucun croyant*, selon lui, *n'y était admis*. Cela prouve du moins l'opinion qu'on avait de cette coterie, qui joua un rôle, lors des disputes du parlement. On sait qu'aux discours de l'abbé Chauvelin, les jésuites opposèrent l'*Apologie de l'Institut*, le *Compte rendu des comptes rendus*, l'*Appel à la raison*, etc.

L'abbé Chauvelin mourut en 1770, à l'âge de 54 ans. Il était plein de feu, petit et extrêmement contrefait. On connaît cette épigramme du poète Roy :

Quelle est cette grotesque ébauche,
Est-ce un homme? est-ce un sapajou?
Cela parle.... une raison gauche
Sert de ressort à ce bijou.
Il veut jouer un personnage :
Il prête aux fous son frêle appui;
Il caresse sa propre image
Dans les ridicules d'autrui,
Et s'extasie à chaque ouvrage
Hors de nature comme lui.

CHEVALIER (Louis), avocat, consacra sa parole et sa plume au service des appelants. De ses mémoires et de ses plaidoyers, nous mentionnerons :

PLAIDOYER... en trois séances différentes. Avril 1716.

Il s'y emporte contre la bulle, et y montre un grand mépris des décisions du saint-siège et même du souverain pontife. Il y pose des principes qui tendent à détruire l'universalité, la perpétuité, la visibilité de l'Eglise.

PLAIDOYER... pour les trois chanoines de Reims, appelant comme d'abus de la sentence d'excommunication prononcée contre eux par l'officiel métropolitain de la même ville. 1716, in-12.

Un des justes reproches que l'on a faits à Quesnel est d'avoir employé, dans ses *Réflexions morales*, la traduction de Mons déjà condamnée. Aussi l'abbé de Landève, grand vicaire de M. de Mailly, dans un mandement du 27 avril 1714, contre le livre des *Réflexions*, apporte-t-il pour un d s motifs de sa condamnation que l'auteur *s'était servi d'un texte corrompu*. Or, Chevalier, dans le plaidoyer dont il s'agit, ou n'a pas entendu cet endroit du mandement, ou a fait semblant de ne le pas entendre. *Apparemment, Messieurs*, (dit-il, page 11), *qu'on voulait parler de la Vulgate. Jusqu'à présent je ne croyais pas qu'une version approuvée et déclarée authentique par le concile de Trente, et qui est entre les mains de tout le monde, pût être regardée comme un texte corrompu*.

Voilà jusqu'où allaient les lumières de cet avocat : il ne comprenait pas que *la Vulgate étant approuvée par l'Eglise, on pût en faire en français une traduction infidèle et hérétique !* Dans la même page il prétend que l'Instruction pastorale des quarante *a été faite pour servir de contre-poison à la bulle*. Voilà quel est son respect pour le pape qui a donné, et pour le corps des premiers pasteurs qui a reçu cette bulle.

CHINIAC DE LA BASTIDE, avocat. *Voyez* FLEURY.

CHOISEUL DU PLESSIS-PRASLIN (GILBERT DE), fut reçu docteur de Sorbonne en 1640, nommé à l'évêché de Comminges en 1644, transféré à celui de Tournai en 1671, mourut en 1689. « Il avait été employé, en 1663, dit Feller, dans des négociations pour l'accommodement des disputes occasionnées par le livre de Jansénius. Il avait eu aussi beaucoup de part aux conférences qui se tinrent aux Etats du Languedoc sur l'affaire des quatre évêques. Toutes ces négociations n'aboutirent à rien, et ne servirent qu'à contaster l'opiniâtreté des défenseurs du livre de Jansénius, et les liaisons trop étroites que Choiseul avait toujours eues avec ceux de ce parti. »

A l'égard des négociations dont Choiseul fut chargé en 1663, nous dirons qu'à cette époque les jansénistes faisaient semblant de vouloir se réconcilier avec l'Eglise. Girard et Lalane dressèrent en conséquence cinq articles, moyennant quoi ils abandonnaient les cinq propositions, quant au droit, mais sans parler du fait. Ce sont ces cinq articles que M. de Choiseul présenta au pape Alexandre VII, qui les fit examiner, et qui, sur le rapport qui lui fut fait qu'ils étaient ambigus et suspects, ne les voulut point admettre, ne répondit point à M. de Comminges, et affecta de n'en pas dire un mot dans le bref qu'il envoya aux évêques de France, le 29 du mois suivant. Et cependant, ces mêmes articles, les jansénistes osèrent assurer que le saint-siège les avait approuvés, et ils allèrent jusqu'à chercher à accréditer ce mensonge par la publication d'un écrit intitulé :

EXPOSITIO *augustiniana circa materiam quinque propositionum, olim Alexandro VII, nunc denuo S. P. Alexandro VIII oblata; simulque eorum quæ ad eam publicandam impulerunt brevis narratio*. 1690, in-12 de 16 pages.

CLEMENCET (DOM CHARLES) naquit en 1703, à Painblanc, diocèse d'Autun; entra dans la congrégation de Saint-Maur, enseigna la rhétorique à Pont-le-Voy, fut appelé au monastère des Blancs-Manteaux, et, né avec l'amour du travail, écrivit jusqu'à sa mort, qui arriva le 5 avril 1778. C'était un homme ardent, attaché à ses opinions, et souffrant avec peine qu'on les combattît. Au rapport de dom Chaudon, « il ne fallait dire en sa présence ni du mal de messieurs de Port-Royal, ni du bien des jésuites. »

ART DE VÉRIFIER LES DATES *des faits historiques, des chartes, des chroniques et autres anciens monuments*, etc.; par des religieux bénédictins de la congrégation de Saint-Maur. Paris, 1750, in-4°.

Ce livre fut commencé par dom Maur Dantine, qui en fit la plus grande partie, si même il ne le fit tout entier. Il fut mis au jour par dom Durand et dom Clémencet; puis, augmenté, il en fut publié une nouvelle édition en 1770, 1 vol. in-fol.; puis encore augmenté, une autre édition en 1784, 2 vol. in-fol.

Pour faire juger de la façon de penser de dom Durand et de dom Clémencet, un critique, considérant les traits qu'ils avaient mis ou laissés dans cet ouvrage, publia les observations suivantes.

1° Sur Gottescalc. — *Gottescalc* (dit-on, pag. 492, liv. 19.) *moine d'Orbais, très-versé dans les écrits de saint Augustin, avait donné occasion par quelques expressions un peu dures*, etc.; et, à deux cents pages de là, dans une addition ou *errata*, p. 713, liv. 19, on s'exprime ainsi : *Dures* : ajoutez, *pour ceux qui ne sont pas au fait du langage de saint Paul et de saint Augustin*. Il résulte de cette odieuse supercherie, que l'auteur de *l'Art de vérifier les dates* veut faire passer Raban, et tout le concile de Mayence; Hincmar, et tous les pères du concile de Kiersy; et en général tous les catholiques, pour des ignorants et des imbéciles, *qui ne sont au fait ni du langage de saint Paul, ni de celui de saint Augustin;* tandis qu'il nous donne au contraire le moine *très-versé dans les écrits* du docteur de la grâce.

2° Sur le pape Victor. — On met ici, sans aucun fondement, au nombre *des conciles non reçus*, le concile que ce pape tint à Rome contre les asiatiques *Quarto-decimans;* et on fabrique un passage latin, pour faire croire que saint Irénée a *blâmé et repris* Victor d'avoir séparé de sa communion de si grandes Églises.

3° Sur le pape Libère et le concile de Rimini. — Tout janséniste se croit en droit d'altérer la vérité sur ces deux articles. Notre auteur n'y manque pas. Libère a signé la première formule de Sirmich, qui n'était point formellement hérétique; et il lui fait signer ici la troisième formule, qui était arienne, sans se ressouvenir qu'il a mis le retour de Libère à Rome sous l'année 358, et qu'ainsi ce pape n'a pu signer à Sirmich, en 358, la formule du troisième concile qui s'est tenu en 359, sous les consuls Eusèbe et Hypatius.

Il assure, p. 242, que *l'empereur engagea les députés catholiques à signer à Nice en Thrace un nouveau formulaire arien, qui fut envoyé à Rimini, et enfin reçu par tous les évêques du concile.* Il y a là une insigne

fausseté. Le formulaire dont on parle, considéré en lui-même, et selon la teneur des termes, n'était nullement arien. L'auteur aurait bien fait de consulter là-dessus saint Jérôme, et de lire la Dissertation XXXII du père Alexandre sur le quatrième siècle.

4° Sur le cinquième concile œcuménique. — Les hérétiques n'aiment point ce concile, qui a condamné les trois chapitres et décidé sur les faits dogmatiques. L'auteur de *l'Art de vérifier les dates* soutient (p. 286) que ce concile *n'a agi que des personnes*. Bévue grossière. Les trois chapitres étaient-ils *des personnes?* Il assure encore que saint Grégoire le Grand *n'avait pas la même vénération pour le cinquième concile que pour les quatre premiers*. Et quatre pages après, il dit que saint Grégoire *porte le même respect au cinquième concile,* qu'aux quatre premiers conciles. Contradiction pitoyable!

5° Sur Honorius. — Notre auteur est trop bon janséniste pour ne pas adopter tout ce qu'on a avancé de plus dur contre ce pape.

6° Sur d'autres papes. — On peut remarquer ici bien des omissions affectées. L'auteur avait promis, page IV de la préface, *pour chaque pontificat, la plupart des événements considérables;* et, sous le pontificat de Clément XI, il ne dit pas un mot de la constitution *Unigenitus*. Au lieu que, sous le pontificat de Clément IX, il ne manque pas de parler de la prétendue paix de ce pontife. Pag. 380, en parlant de Grégoire VII, il ne fait nulle mention du titre de *saint* qu'il a dans l'Église. Pag. 192, il appelle saint Pierre *le premier des apôtres*. Pourquoi n'use-t-il pas du terme consacré dans l'Église, de *prince des apôtres?* Pag. 355, il dit que *Jésus-Christ lui donna le premier rang et la prééminence.* Pourquoi n'ajoute-t-il pas, *d'honneur et de juridiction?*

7° Sur le concile de Florence. — Il dit, pag. 336, que *quelques-uns ne le regardent plus comme général depuis le départ des Grecs.* Et ensuite il place une étoile, ou astérisque, qui est, selon lui, la marque des *conciles non reçus.* Mais qui lui a dit que le concile de Florence, dans ses dernières sessions, est rejeté, et que le décret *ad Armenos* n'est de nulle valeur (1)?

8° Sur le Port-Royal. — Pag. 548, l'auteur, donnant un *prospectus* du siècle de Louis XIV, dit que *la France a vu des théologiens dont les sublimes lumières, la profonde science et le nombre prodigieux d'écrits donnent de l'étonnement et causent une espèce de surprise, selon l'expression du P. Petau, parlant d'un de ces grands hommes :* « Stupor incessit tot ab uno confecta fuisse v. lumina. » Telles sont les expressions enflées et hyperboliques que le parti sait si bien employer quand il s'agit de ses héros. Celui dont les écrits prodigieux ont causé, dit-on, *l'étonnement du P. Petau*, est l'abbé de Saint-Cyran.

---

(1) Touchant les papes et les conciles, les auteurs de *l'Art de vérifier les dates* ont commis beaucoup d'autres erreurs, que M. Guérin, rédacteur du *Mémorial Catholique*, a relevées, du moins en grande partie, dans son *Manuel des Conciles*, Paris, 1846, un vol. in-8°. Ces erreurs avaient déjà occupé l'auteur des *Mélanges d'Histoire*, imprimés chez Leclerc, 1806, tom. 1, pag. 406.

Mais ce qu'il y a ici de singulier et de ridicule, c'est que notre auteur prend le continuateur du P. Petau pour le P. Petau lui-même, et qu'il attribue à ce savant homme ce qui n'est et ne peut être l'ouvrage que de son méprisable continuateur.

9° Sur dom Dantine. — Les éditeurs, dans la préface, pag. 10, disent que dom Dantine, premier auteur de *l'Art de vérifier les dates*, fut obligé de quitter Reims *pour un sujet qui fera toujours honneur à sa mémoire*. Or ce sujet n'est autre, à ce qu'on sait d'ailleurs, que son appel; on peut juger par là de l'estime que font ces éditeurs d'un appel aussi schismatique que celui de la bulle *Unigenitus* au futur concile.

— Feller parle en ces termes de l'*Art de vérifier les dates* : « M. de Saint-Allais en a donné une nouvelle édition avec quelques changements et des augmentations. Dans cet ouvrage, il y a beaucoup de recherches et d'érudition, mais aussi beaucoup d'idées singulières, de calculs exotiques, et pour ainsi dire arbitraires, revêtus d'un appareil de critique propre à subjuguer les âmes admiratrices des choses nouvelles. On voit sans peine que les rédacteurs ont moins cherché à instruire qu'à se distinguer, plus attentifs à quitter les routes battues qu'à saisir la vérité et l'ordre exact de l'histoire. L'édition de 1788 surtout est infectée de l'esprit de ce parti qui a produit les convulsions de Saint-Médard, et qui, sous des apparences opposées, se réunit à la philosophie du jour pour travailler, chacun à sa manière, à démolir le grand édifice de l'Eglise catholique, comme les pharisiens et les saducéens travaillèrent, sous les auspices de l'hypocrisie et du libertinage, d'une orthodoxie factice et du plus grossier matérialisme, à déshonorer et à perdre la synagogue. »

Dom François Clémencet fut un des Bénédictins qui travaillèrent à l'*Art de vérifier les dates*. C'est lui qui publia l'édition de 1770, et la suivante, en 2 vol. in-fol. Cet ouvrage fut publié de nouveau en 1820, in-8° et in-4°, précédé de l'*Art de vérifier les dates* avant Jésus-Christ, par dom Clémencet; c'est M. de Saint-Allais qui donna cette dernière édition. On voit que l'*Art de vérifier les dates* eut beaucoup de succès; un critique a nommé ce fameux ouvrage l'*Art de vérifier les dates et de falsifier les faits*.

LETTRE de M..... à un ami de province sur le désir qu'il témoigne de voir une réponse à la Lettre contre *l'Art de vérifier les dates* etc. 4 décembre 1750, in-4° de 24 *pages*.

Cette *Lettre* critique *contre l'Art de vérifier les dates* avait été publiée au mois d'août 1750. L'auteur y démontrait que plusieurs endroits de cet ouvrage étaient marqués au coin du jansénisme; il y relevait les traits faux et perfides sur Gothescalc, etc., dont il a été question ci-dessus. Or c'est à cette *Lettre* que les auteurs irrités ont tâché de répondre par la lettre apologétique dont il s'agit. Mais bien loin de dissiper les justes reproches de jansénisme qui leur avaient été faits, ils donnent encore lieu par ce libelle même de les regarder comme les jansénistes les plus décidés, soit par ce qu'ils avancent, page 12, pour justifier la doctrine du moine prédestinatien condamné au concile de Kiersy, soit par les éloges indécents qu'ils donnent, page 17, aux Port-Royalistes qu'ils appellent *des astres qui ont brillé par la lumière de leur foi*.

Feller dit que la *lettre* contre *l'Art de vérifier les dates* est pleine de bonnes observations, dont quelques-unes ont été insérées dans les *Mémoires de Trévoux*, 1750, novembre, pag. 2656. Il renvoie aussi à son *Journal historique*, 15 février 1785, pag. 241; — 1" octobre 1785, pag. 240; — 1" octobre 1790, pag. 185. On trouve, dans ce dernier n°, la réponse à la prétendue apologie des auteurs.

HISTOIRE *générale de Port-Royal*, 1755-1757, 10 vol. in-12

On en a une autre de Racine, et encore une autre publiée en 1786.

Toutes ces histoires se réduisent à nous apprendre que l'esprit de dispute et de parti amena enfin la destruction totale et la démolition de ce monastère célèbre. « Louis XIV, dit un auteur, lassé de voir des fillettes infatigablement argumenter sur la grâce et la prédestination, rejeter les décisions de l'Eglise, faire de leur maison le rendez-vous de tous les factieux d'un parti fanatique et dangereux, a pris enfin, de concert avec le pape, la sage résolution de mettre ces pauvres et inquiètes créatures dans une situation plus paisible, en les dispersant en divers monastères, et de faire raser leur maison. La charrue y a passé et on a vu croître de bons épis là où l'on n'entendait que de tristes ergoteries sur saint Augustin. »

LA VÉRITÉ ET L'INNOCENCE *victorieuses de l'erreur et de la calomnie, ou huit lettres sur le projet de Bourg-Fontaine*. 1758, 2 vol. in-12.

Jean Filleau avait publié une *Relation juridique de ce qui s'est passé à Poitiers, touchant la nouvelle doctrine des jansénistes*, imprimée par le commandement de la reine. Poitiers, 1654, in-8°. C'est dans le second chapitre que l'on trouve l'anecdote connue sous le nom de *Projet de Bourg-Fontaine*. Filleau raconte que six personnes qu'il n'ose désigner que par les lettres initiales de leurs noms, s'étaient assemblées en 1621 pour délibérer sur les moyens de renverser la religion et d'élever le déisme sur ses ruines. On a imprimé en 1756 : *La réalité du projet de Bourg-Fontaine*, 2 vol. in-12 ; ouvrage auquel Clémencet opposa son livre de *la Vérité et l'Innocence victorieuses*, dont il s'agit.

« Ce livre qui est écrit chaudement, dit D. Chaudon, n'est pas le seul dans lequel l'auteur ait réfuté les jésuites. Il donna diverses brochures contre eux avant et après l'arrêt du parlement de 1762. Il aurait été sans doute plus généreux de ne pas jeter des pierres à des gens qui étaient à terre. Mais puisqu'un religieux voulait écrire contre des religieux, il aurait dû prendre un ton plus modéré ; le sien ne l'était assurément pas. Qu'on en juge par ce titre d'une de ses brochures : *Authenticité des pièces du procès criminel de religion et d'Etat qui s'instruit contre les jésuites, depuis deux cents ans, démontrée*, 1760, in-12. »

Quant au projet de Bourg-Fontaine, le plus fort argument que Dom Clémencet emploie dans sa réfutation est que *la Réalité* a été brûlée par arrêt du parlement de Paris du 21 avril 1758 ; mais Dom Clémencet ne songeait pas que les Provinciales avaient été brûlées par arrêt du parlement de Provence du 9 février 1677. « Quoi qu'il en soit, dit Feller, *la Réalité*, mal à propos attribuée au P. Patouillet, a été réimprimée plusieurs fois, traduite en latin sous le titre de *Veritas concilii Burgofonte initi*, en allemand, en flammand et autres langues. » Dans les dernières éditions, on trouve une longue réponse aux *huit lettres*. La meilleure édition est celle de Liége, 1787, 2 vol. in-8°. « La postérité ayant sous les yeux les événements qui lui sont réservés, jugera peut-être mieux que nous si ce projet a existé ou non. » Voilà ce que nous disions en 1783. Ces événements n'étaient pas bien loin. Peu d'années après, on vit le jansénisme, intimement uni au philosophisme, transmettre à celui-ci ses erreurs propres, et ce fanatisme de secte qui porta la dévastation dans l'Eglise de France. Un auteur moderne a porté de la *Réalité* le jugement suivant : « Je suis loin de garantir toutes les conjectures, combinaisons et rapprochements de l'auteur. Quoique l'ensemble présente un tableau frappant, et que les événements ne soient pas trop propres à lui concilier la confiance des lecteurs, je crois néanmoins que l'auteur a trop légèrement désigné quelques coopérateurs de cette œuvre, d'abord si mystérieuse et aujourd'hui si manifeste dans ses effets. Des liaisons d'amitié ainsi que des démarches ou écrits inconsidérés, ne suffisent pas pour accuser ces intentions, surtout dans un temps où le véritable esprit de la secte était peu connu et où les gens de bien ont pu être les dupes des apparences. Quant aux six principaux acteurs dont il est question dans le projet, nous en abandonnons le jugement à ceux qui auront combiné sans prévention leurs ouvrages et leur conduite, avec la tâche respective que la *Relation* de Filleau leur attribue. »

EXTRAIT DES ASSERTIONS *dangereuses et pernicieuses des ouvrages des jésuites.*

Clémencet n'est pas seul auteur de cette fameuse collection, mais il est celui qui y a le plus contribué. Dans cet ouvrage, on voit partout, selon l'archevêque de Sarlat (*Instructions pastorales du 28 novembre 1764*), l'empreinte d'une main ennemie de Dieu et de ses saints, de l'Eglise et de ses ministres, du roi et de ses sujets. *Voy.*, cette instruction, celle de l'archevêque de Paris du 28 octobre 1763, où cet ouvrage est refuté avec assez de détail. *Voy.* encore la Réponse des extraits aux assertions, 1763, 3 vol. in-4°, où l'on montre les falsifications et les altérations de toute espèce dont les *Extraits* sont remplis.

Les autres monuments (car ce n'est pas tout) des préventions et du fanatisme jansénien de Clémencet sont : l'*Authenticité des pièces du procès criminel de religion et d'Etat qui s'instruit contre les jésuites depuis deux cents ans* ; — la *Justification de l'Histoire ecclésiastique de l'abbé Racine* ; — les *Lettres de Gramme et d'Eusèbe Philalèthe sur l'Histoire de Morénas*, 1753 et 1759 ; — les *Conférences de la mère Angélique Arnauld* ; — les *OEuvres posthumes de l'abbé Racine* ; — et, en manuscrit, une *Histoire littéraire de Port-Royal*, qui ferait, dit-on, 4 vol. in-4°.

CLÉMENT (AUGUSTIN-JEAN-CHARLES), naquit à Creteil en 1717, embrassa l'état ecclésiastique, mais ne fut pas ordonné sous-diacre à Paris, parce qu'il refusa de signer le formulaire. Il se rendit alors à Auxerre, où l'évêque Caylus lui conféra la prêtrise, et le nomma trésorier de son église. L'abbé Clément se montra très-zélé pour la cause de l'appel. En 1758, on l'envoya à Rome pour essayer d'y faire nommer un pape agréable au parti. Clément se donna beaucoup de mouvement à cet effet, et alla aussi à Naples. Ces voyages ne furent pas tout-à-fait inutiles à la cause qu'il soutenait, et on dit qu'il contribua par ses menées, à développer l'esprit qui se manifesta peu après parmi quelques théologiens d'Italie. En 1768, il fit le voyage d'Espagne, où il se lia avec Clément, évêque de Barcelonne; de Bernaga, archevêque de Saragosse, les ministres Campomanez et Roda, et se remua beaucoup en faveur de son parti, prêchant sans cesse contre la cour de Rome et contre le molinisme. Il était allé quatre fois en Hollande : d'abord en 1752, avec l'abbé d'Etémare ; puis en 1762, avec une mission spéciale pour l'Eglise d'Utrecht ; en 1763 et en 1766, pour assister en qualité de canoniste aux assemblées des jansénistes de ce pays. Tant de courses ne satisfirent pas le zèle de l'abbé Clément, qui entreprit encore, en 1769, un nouveau voyage en Italie, pour influer sans doute sur l'élection d'un pape, et aussi pour obtenir une exposition de doctrine, dont ce parti sollicitait l'approbation depuis longtemps. Il ne réussit pas dans ce dernier but, mais il renouvela ses liaisons, à Rome, à Naples et ailleurs, avec plusieurs théologiens qui passaient pour se rapprocher de ses sentiments. Il entretenait avec eux une correspondance très-suivie, et dont la collection se montait, dit-on, à vingt-quatre volumes. Ces correspondants étaient Bottari, Foggini, Del Mare, de l'Oratoire ; Palmieri, Tamburini, Zola, Alpruni, Pujati, Nanneroni, Simioli, etc. La révolution vint ouvrir un nouveau champ au zèle de l'abbé Clément. Il s'attacha à l'Eglise constitutionnelle, et s'étant fait élire, par je ne sais qui, évêque de Seine-et-Oise, il fut sacré le 12 mars 1797, assista aux deux conciles des constitutionnels, et prit part à toutes les démarches de ce parti. Il se rendit ridicule, aux yeux des siens mêmes, par les puérilités de son zèle et les petitesses de sa vanité. Voulant gagner le pape de vitesse, il annonça en 1800, le jubilé à son diocèse. Mais ce qui parut plus bizarre, ce sont les changements qu'il voulut introduire dans l'administrat on des sacrements. Le concile de 1797 avait ordonné la rédaction d'un rituel français, dont les paroles sacramentelles seulement devaient être en latin. François-Louis Pousignon, vicaire épiscopal de Clément, que l'on chargea de ce travail, mit tout en français, fit même des changements en traduisant, et commença à administrer les sacrements de cette manière. A l'entendre, la religion allait beaucoup gagner à cette innovation, dont il s'applaudit dans une lettre du 19 juillet 1799. Clément seconda son vicaire de tout son pouvoir et donna sur ce sujet deux lettres pastorales en septembre et octobre suivants. L'Eglise constitutionnelle se divisa : Le Coz, Saurine, Royer et Desbois se déclarèrent par écrit contre les innovations. D'un autre côté, leurs collègues Grégoire, Brugière, Duplan, Renaud, les favorisèrent et écrivirent dans ce sens, et les *Nouvelles ecclésiastiques* soutinrent aussi ce sentiment. Les événements qui suivirent firent tomber à plat cette tentative. Clément a laissé un *Journal de correspondances*, et *Voyages d'Italie et d'Espagne*, 1802, 3 vol.; ouvrage risible pour le style, plein de minuties, et où l'auteur se représente comme chargé de la sollicitude de toutes les églises. On publia en 1812, des *Mémoires* secrets sur la vie de M. Clément, qui sont dénués de tout intérêt.

On s'est quelquefois prévalu, à propos de la suppression des jésuites de la part qu'y eurent les jansénistes, du *journal* de l'abbé Clément et d'une lettre du cardinal de Bernis. A ce sujet, un écrivain orthodoxe, qui connaissait et ce journal et cette lettre, a fait des considérations qu'il est utile de reproduire ici. Elles sont dirigées contre certaines assertions d'un ancien magistrat, janséniste déclaré.

Puisqu'on invoque l'autorité du *journal* de l'abbé Clément, nous allons, dit l'écrivain (M. Picot, *Ami de la religion*) que nous citons, y recourir aussi; nous en présenterons des extraits où l'on verra se soulever une partie du voile qui couvre les moyens et les efforts par lesquels s'opéra l'extinction de la société. Nous joindrons plusieurs autres témoignages à celui-là, et nous examinerons ensuite la lettre du cardinal, qu'on nous a présentée comme si terrassante.

La cour de Lisbonne et les souverains de la maison de Bourbon avaient proscrit la société dans leurs Etats, et en avait banni ou laissé bannir les membres. Les jésuites français étaient errants en Allemagne ; les autres avaient été jetés sur les côtes de l'Etat de l'Eglise. Mais l'ordre existait encore: Clément XIII fut vivement sollicité de l'abolir. Au mois de janvier 1769, les ministres de France, d'Espagne et de Naples, à Rome, présentèrent chacun au pape un mémoire sur ce sujet. Le mémoire du marquis d'Aubeterre, ambassadeur de France, semblait indiquer que Louis XV ne faisait cette démarche que par complaisance pour Charles III. Cependant le ministère insista, et la *Gazette de France* du 24 février 1769, en annonçant la mort de Clément XIII, parla des mémoires précédents, comme *proposant l'une des conditions dont les trois cours faisaient dépendre leur réconciliation avec la cour de Rome*. On s'était en effet emparé d'Avignon et de Bénévent. Le Portugal surtout, en rupture ouverte avec le dernier pape, et les brouilleries entre les deux cours duraient depuis huit ou dix années, et avaient pris un caractère d'aigreur et d'animosité.

Clément XIV laissa voir, dès le commencement de son pontificat, l'intention de se rapprocher des souverains. Nous sommes loin d'adopter l'idée répandue par quelques historiens d'un pacte secret par lequel ce pape eût promis, dans le conclave, de détruire la société, pacte dont son exaltation aurait été la récompense. Cette imputation déjà imaginée dans d'autres circonstances par des détracteurs du saint-siége n'est appuyée sur aucune espèce de preuves, et est regardée par tous les hommes sages, impartiaux et éclairés, en Italie et ailleurs, comme une fable ridicule. On peut croire sans doute que les couronnes firent tout ce qui était en elles pour obtenir un pape favorable à leurs vues. Mais il y a loin de là à la transaction absurde et honteuse qu'on prête à leurs partisans dans le conclave et à Ganganelli. Ce qui est plus vrai, c'est que, dès l'élévation de ce dernier, le ministère espagnol reprit ses instances pour la destruction. MM. d'Aranda et de Roda, l'un président du conseil de Castille, l'autre chargé des affaires ecclésiastiques, profitèrent de leur crédit pour renouveler les sollicitations. Charles III parut bien quelque temps vouloir se contenter d'une simple sécularisation des membres de la société : c'était l'avis du Père d'Osma, son confesseur, et du premier ministre Grimaldi ; mais l'influence du comte d'Aranda fit revenir avec plus de vivacité au projet d'une extinction absolue.

Le 21 novembre 1769, l'abbé Clément arriva à Rome. Issu d'une famille parlementaire, dévoué au jansénisme, il se vante dans son *journal* que son voyage était concerté avec un des ministres, M. de l'Averdy, et avec quelques magistrats attachés au même parti. Tout son *journal* dépose du zèle avec lequel on poursuivait alors la destruction de la société. *Le conseil de Castille*, y lit-on, *donna avis au roi Charles III de ne rien terminer avec la cour de Rome, même sur la nonciature, qu'après avoir obtenu ce point essentiel* (la destruction). *Le 4 avril 17 0, j'appris qu'à la suite de ce plan les cours réunies venaient de donner ordre de ne plus rien traiter à Rome qu'elles n'eussent obtenu l'extinction des jésuites* (tom. III, pag. 40).

Les ministres des trois cours reçurent l'ordre de faire au pape des instances nouvelles plus précises pour l'extinction pure et simple (pag. 48). M. de Bernis a reçu de nouveaux reproches de sa cour, et des ordres plus précis d'accélérer la conclusion (page 51). *Il est vraisemblable*, dit l'abbé Clément, à la page suivante, *que le pape, ennemi d'un côté des mesures violentes, et de l'autre résolu de procurer, durant son pontificat, la paix avec les cours, n'a promis que par nécessité l'extinction si demandée; que cependant il n'a pas été sans espérance, en même temps, que quelque événement pourrait survenir, et faire diversion ou modification à une demande à laquelle il ne se portait pas de lui-même.* L'abbé Clément voulait donc qu'on envoyât *un solliciteur plus puissant et bien décidé au nom de tous les princes. Un bon solliciteur ne quitterait pas prise qu'il n'eût emporté la place, si bien armé de l'autorité d'un bon plan adopté et applaudi par le concert des princes, qu'il en résultât une sorte de* COACTION DÉCENTE ET EFFICACE *auprès du pape, soit que pareille coaction ne lui serve que de prétexte contre les objections, soit qu'elle soit nécessaire pour l'entraîner lui-même. Serait-ce trop faire pour une démarche si forte que de lui accorder, s'il y consentait, l'approche de quelque régiment de Corse?* (pages 52 et 53).

L'abbé Clément n'est-il pas fort plaisant avec sa *coaction décente?* Il rapporte quelques démarches du pape pour éviter une extinction absolue, en accordant une extinction partielle et comme provisoire. Ce pontife, *naturellement porté, par caractère et par système, à faire tout le monde content*, s'était flatté de satisfaire par là l'Espagne et la France, qui sollicitaient avec plus d'instances ; mais la cour de France voulait l'extinction absolue et universelle, et menaçait de retenir Avignon en rendant le comtat. *La dissolution de la société devait être portée au comble, et même être ignominieuse* (page 61).

On trouvera un peu plus loin, dans le même volume, de nouvelles preuves de l'ardeur des cours pour l'extinction absolue. Au mois de mai 1770, les quatre ambassadeurs de Naples, de France, d'Espagne et de Portugal, eurent successivement des audiences du pape pour cet objet. L'abbé Clément prétend qu'à cette époque le pape *avait déjà promis par écrit l'extinction si désirée ; mais on ne savait ni quand ni comment elle s'exécuterait* (pag. 88). *Le Portugal et l'Espagne ne voulaient point recevoir le nonce sans cette condition préalable.... La reddition de Bénévent et d'Avignon ne tenait plus qu'au caractère irrévocable qu'on exigeait de cette extinction.* A la page 96, il est fait mention d'instances plus pressantes de a part de l'Espagne ; elles redoublèrent en avril 1771. *Le roi d'Espagne faisait en ce moment de si vives instances, que le pape ne paraissait plus occupé d'autre chose que de la grandeur de cet embarras, et il n'attendait que de pouvoir alléguer une coaction suffisante pour en sortir... Le ministre de Portugal dit que si les délais duraient encore plus longtemps, il avait ordre de préparer ses équipages pour quitter Rome* (pages 98 et 99).

L'abbé Clément ayant quitté Rome pour revenir en France, son *journal* ne nous offre plus aucune lumière sur la suite des négociations. Mais ce que nous avons rapporté suffit pour nous faire juger de la vivacité et de la valeur des poursuites. On harcelait le pape par des sollicitations réitérées, on le menaçait, on lui garoait quelques-unes de ses possessions, on refusait de recevoir ses nonces, on ne voulait entendre à aucun accommodement qu'il n'eût promis ce qu'on souhaitait. C'est par cette *sorte de coaction décente et efficace*, comme le dit naïvement l'abbé Clément, que l'on arracha le décret de suppression. D'autres témoignages confirment à cet égard le sien ; les *Nouvelles ecclésiastiques* prouvent assez les mouvements que l'on se donna pour la destruction des jésuites. On peut consulter entre autres les feuilles du 14 mars 1769 ; 28 août 1771 ; 24 octobre 1774 ; 12 mars 1776, et 4 décembre 1779.

Le diplomate Bourgoing, qui avait été à Rome, et qui avait vu de près les ressorts des événements, fait un mérite a i ministre d'Espagne, don Joseph Monino, depuis comte de Florida Blanca, de son activité et de sa persévérance pour entraîner Clément XIV. Ce fut lui, dit-il dans ses *Mémoires historiques et philosophiques sur Pie VI et son pontificat*, qui arracha, plutôt qu'il n'obtint, le bref de 1773. Plus loin, le même historien, dont l'attachement à sa cause philosophique n'est pas équivoque, loue Monino de sa fermeté à poursuivre les jésuites après leur extinction. Il rapporte, tome 1er, page 43, des preuves du despotisme que le ministre espagnol exerçait à Madrid. Le pape ayant promis au roi de Prusse de ne pas troubler les jésuites établis dans ses états, les ministres d'Espagne et de France lui en firent les reproches les plus sanglants. Bourgoing convient que la cour d'Espagne était *exigeante et ombrageuse*. Florida-Blanca fut appelé au ministère en 1777 ; mais le pape ne gagna point à son départ, et Azara, qui était chargé des détails sous le duc de Grima di, ne se montra pas moins sévère et impérieux. Il tourmenta Pie VI pour l'affaire de l'évêque de Mallo ; c'étaient des plaintes et des reproches sans fin ; on en trouvera les détails dans les *Mémoires* de Bourgoing, chapitre IV, et on ne pourra s'étonner assez de cette rigueur impitoyable avec laquelle le ministère espagnol poursuivait jusqu'au fond de la Russie les faibles restes d'un ordre religieux, et cherchait querelle au pape parce que cet ordre conservait encore quelques branches à l'extrémité de l'Europe. Cette intolérance tracassière annonçait assurément un autre mobile que l'amour de la religion et l'intérêt de l'État que l'on mettait en avant.

Nous trouvons encore deux autres historiens qui s'accordent à rapporter la destruction des jésuites à la même cause. Caraccioli, qui, par ses liaisons avec les jansénistes, devait être au courant des secrets de ce parti, dit, dans sa *Vie de Clément XIV*, 1775, in-12, que *si ce pape n'eût consulté que son cœur, il n'y a pas de doute, comme il l'a témoigné lui-même plusieurs fois, qu'il n'eût adouci leur sort au lieu de les détruire; mais il s'était décidé par des raisons puissantes;* et l'auteur réduit ces raisons à la persévérance inflexible des sollicitations des couronnes (page 174). Il ajoute que Charles III se déclara leur accusateur auprès du saint-siége, et qu'il poursuivit leur destruction avec chaleur ; ce qu'il attribue à l'influence de quelques ministres puissants.

L'abbé Georgel, dont on a publié récemment des *Mémoires pour servir à l'Histoire des événements de la fin du 18e siècle*, n'est pas moins précis sur cette ligue des cours contre la société, et si nous n'adoptons pas tout ce qu'il rapporte à cet égard, nous pouvons du moins faire usage de son témoignage quand nous le trouvons conforme aux données historiques que nous fournissent les autres monuments du temps. Charles III, dit-il, toujours agité des frayeurs qu'on lui avaient inspirées (1), écrivit aux rois de France et de Portugal pour les presser de se réunir à lui afin d'obliger, par un commun effort, le pape à supprimer la société. La cour de Lisbonne ne demandait pas mieux. Louis XV fut plus difficile à gagner; mais les instances de Charles III et les insinuations du duc de Choiseul obtinrent enfin son consentement, et l'ambassadeur de France eut ordre de s'unir à ceux de Madrid et de Lisbonne pour demander la suppression. Les démarches commencèrent sous Clément XIII, mais elles devinrent bien plus actives sous Clément XIV; le roi d'Espagne désira que le cardinal de Bernis restât à Rome pour presser l'exécution de la mesure. Le cardinal eut besoin de toute son adresse pour réussir. Il ne donnait aucun relâche au pape ; et savait même l'effrayer au besoin. Les cardinaux italiens n'approchaient plus Clément XIV, qui avait tous les jours des conférences avec les deux ministres de France et d'Espagne. La cour de Madrid se plaignait de la lenteur du pape, et l'impatience de Charles III ne s'accommodait pas de tant de délais. Clément XIV faisant valoir l'opposition des autres cours, et surtout de Marie-Thérèse, on travailla à gagner cette princesse. Le comte Mahoni, ambassadeur d'Espagne à Vienne, eut ordre de suivre cette affaire, et la cour de France donna la même commission au prince Louis de Rohan, coadjuteur de Strasbourg, ambassadeur auprès de l'impératrice. Charles III écrivit lui-même à Marie-Thérèse, qui résista d'abord, et ne se rendit qu'aux instances de son fils. Il fallut même que le pape y joignit les siennes, et on dit qu'il alla jusqu'à faire à l'impératrice un cas de conscience de ses refus. Alors on dressa le bref

de suppression, qui fut communiqué au roi d'Espagne, puis revu, corrigé et augmenté par Monino, de concert avec l'ambassadeur de France. Depuis, Clément XIV fut livré aux inquiétudes et aux regrets. Il disait souvent *Compulsus fec*: Sa mort réveilla les craintes et les agitations du roi d'Espagne. La seule idée de voir les jésuites ressuscités le faisaient trembler. Son ministre à Rome eut ordre de travailler à prévenir l'élection d'un pape favorable à la société. Monino s'y porta avec plus de zèle que de succès. Ce ministre était lui-même fortement préoccupé de la crainte des jésuites, et le prince de Kaunitz se moquait de ses terreurs exagérées. Telle est la substance du récit de l'abbé Georgel, qui était alors secrétaire d'ambassade à Vienne, et qui a pu être instruit de plusieurs circonstances d'une affaire qui occupait l'attention publique.

Aux témoignages déjà prononcés, nous joindrons celui d'un évêque respectable d'Italie, que son caractère, ses vertus et son âge mettent au-dessus de tout soupçon, et qui nous a adressé des observations et des éclaircissements sur quelques endroits de nos *Mémoires*. Il est certain, nous marque M. C., évêque de M., que Clément XIV, avant d'accorder la suppression, exigeait le consentement de Marie-Thérèse. (L'abbé Clément le dit aussi dans son *Journal*). Il le demandait, et croyait que cette princesse le refuserait. On eut en effet de la peine à l'obtenir. Les ambassadeurs de diverses puissances eurent ordre d'insister là-dessus, et tous les moyens furent mis en usage pour vaincre la répugnance de l'impératrice. Un de ces moyens fut l'intervention de la reine de Naples, sa fille, qui la pressait dans ses lettres par toutes les raisons qu'elle pouvait imaginer, ou qu'on lui suggérait. Marie-Thérèse, harcelée ainsi par ce qu'elle avait de plus cher, sollicitée d'un autre côté par les théologiens qu'on avait mis auprès d'elle, se rendit. La reine de Naples a raconté elle-même ce fait à plusieurs personnes, depuis que le roi Ferdinand eut rappelé les jésuites, en 1804, et elle ne faisait pas difficulté de dire qu'elle voulait réparer par cet aveu le tort qu'elle avait eu de contribuer à la suppression. Le même prélat rapporte plusieurs particularités qui se lient avec tout ce qui précède. Après le bref de suppression, le pape avait prescrit aux évêques, par une encyclique, les conditions sous lesquelles ils doivent employer les jésuites dans le ministère. Cette encyclique ne fut point publiée en divers Etats; et le duc de Modène, François III, fut un de ceux qui ne l'admirent point d'abord. Mais peu après, comme il désirait obtenir de Rome des lettres appelées *Sanatoria*, au sujet de l'envahissement des biens ecclésiastiques qu'il se reprochait, Monino, toujours à l'affût de ce qui pouvait étendre et consommer la proscription, lui

---

(1) Georgel cite le marquis de Montalègre, le comte d'Aranda, Campomanez et Monino, comme ceux qui eurent le plus de part, en Espagne, à la destruction des Jésuites, et qui furent seuls dans le secret des mesures prises contre eux.

fit croire qu'il n'obtiendrait pas ces lettres s'il ne consentait à faire exécuter l'encyclique. Le vieux duc sacrifia donc sa répugnance sur ce point au désir de tranquilliser sa conscience sur un autre article; c'est ainsi, dit l'évêque qui nous apprend ce fait, que les ministres étrangers dirigeaient les affaires dans les derniers temps du pontificat de Clément XIV. Ce pape les craignait; et, à force de leur céder, il en était venu à ne plus oser rien faire sans leur autorisation. Sa complaisance pour eux avait tous les caractères de la peur qu'inspire un maître sévère à un disciple timide. M. C. en rapporte un trait qu'il tient d'un de ses collègues, M. Costaguti, prédicateur distingué, depuis évêque de Borgo san Sepolcro. Celui-ci, à qui le pape témoignait des bontés, lui demanda un jour à être autorisé à se confesser à un jésuite (ils étaient tous interdits) : Clément XIV refusa d'abord; mais le prédicateur insistant, et représentant que cette grâce ne tirerait point à conséquence, et qu'elle ne serait que pour lui seul, le pape regardant autour de lui, comme s'il eût craint d'être entendu, et mettant son doigt sur sa bouche, lui dit tout bas : *Je vous le permets, mais qu'on n'en sache rien.* Les *Nouvelles ecclésiastiques* rapportent elles-mêmes une preuve de l'empire que la cour d'Espagne exerçait à Rome. On lit dans la feuille du 19 décembre 1774, qu'immédiatement après la mort de Clément XIV, le ministre d'Espagne alla trouver le cardinal Albani, doyen du sacré collège, et lui dit que le roi son maître *entendait qu'on lui répondît des jésuites alors enfermés au château de Saint-Ange, et qu'on ne les mît point en liberté.* Tel était le ton auquel le dernier pontifical avait accoutumé les ministres étrangers ; telle était la persévérance de la guerre qu'ils avaient déclarée aux jésuites, même après les avoir anéantis.

En résumant les renseignements que nous venons de présenter, et qui nous viennent de voies non suspectes, on apprend à se faire une idée juste des causes qui déterminèrent l'extinction de la société. Il est clair que cette mesure fut dictée par les cours étrangères ; qu'on effraya un pontife faible et timide, et qu'on lui arracha un consentement que sa conscience repoussait. On a vu combien de démarches, de sollicitations, d'efforts, de menaces furent mises en œuvre pendant plusieurs années ; et si nous avions un journal suivi de tout ce qui s'est passé à cet égard, pendant tout le pontifical de Clément XIV, comme nous en avons un pour quelques mois seulement ; si l'abbé Clément eût continué sa relation, où il note si bien le concert des ministres, et leurs plaintes, et leurs instances, et leurs plans de *coaction*, et leur poursuite opiniâtre, nous saurions plus de détails peut-être ; mais nous ne serions pas plus convaincus que nous le sommes de l'influence que les ministres étrangers eurent sur la suppression. C'est à ce but que se rapportèrent toutes les négociations des cours sous ce pontificat ; c'est de là que l'on faisait dépendre la réconciliation, ainsi que la restitution des domaines du saint-siége, envahis sous le dernier règne.

L'auteur auquel nous répondons ici, a l'air d'ignorer tout cela. Il nous renvoie au *journal* de l'abbé Clément, et l'on dirait qu'il ne l'a pas lu; car comment aurait-il pu ne pas voir tout ce que nous avons cité, ou s'il l'a vu, comment peut-il se prévaloir d'un tel témoignage, qui confond entièrement son système? Quant au bref de Clément XIV, et à la lettre du cardinal de Bernis, que notre adversaire nous oppose, comme il invoque encore, à cet égard, l'abbé Clément, nous avons eu recours au *journal* de cet abbé, et nous y avons trouvé, tome III, page 174, que madame Louise présenta au roi son père un mémoire en faveur des jésuites ; que ce mémoire fut examiné dans le conseil du roi, et que, pour parer le coup, M. de Montazet, archevêque de Lyon, conseilla au duc d'Aiguillon de solliciter du pape un bref dans lequel il exposerait au roi les motifs qui l'avaient porté à abolir la société. Le pape s'étant refusé à cette demande, le cardinal le pria de lui adresser au moins à lui-même un bref dont il se servirait pour empêcher le rétablissement de la société en France. Ce fut alors que Clément XIV adressa au cardinal le bref du 9 mars 1774, dont M. S. veut tirer avantage, mais dont il ne donne pas le texte. Ce bref en effet ne dit rien de plus que le bref de suppression. Il n'en était que la suite, et il avait été sollicité comme le premier. Nous savons très-bien que le pape ne pouvait pas alléguer les motifs que nous avons présentés plus haut; il devait en présenter d'autres, plus conformes à la dignité du son siège et aux convenances; et c'est ce qu'il a fait, tant dans le bref du 21 juillet 1773 que dans celui du 9 mars 1774.

La lettre du cardinal de Bernis au duc d'Aiguillon, que M. S. donne, presque en entier, à la suite de ses dissertations sur *Henry IV*, *les jésuites et Pascal*, est susceptible de plusieurs observations. Nous voulons admettre qu'elle soit authentique, quoique nous n'ayons à cet égard aucune preuve, et que M. S. ait négligé d'établir la vérité de ce document : mais que peut-on conclure de cette lettre? Le cardinal de Bernis avait été un des instruments de la destruction des jésuites, puisqu'il avait été chargé par sa cour de faire tant d'instances à ce sujet. Est-il bien étonnant qu'il cherchât à soutenir son ouvrage et à interpréter d'une manière favorable une mesure à laquelle il avait pris tant de part? N'était-il pas naturel qu'il s'efforçât de persuader aux autres, et de se persuader lui-même que cette mesure avait été commandée par de graves considérations? le soin de son honneur n'exigeait-il pas qu'il ne parût point s'être prêté à sa destruction par complaisance ou par politique? Son langage était donc commandé par les circonstances et par sa position ; et l'abbé Clément lui-même lui reproche le *personnage politique* qu'il faisait dans cette affaire. Nous n'avons garde de vouloir manquer à la mémoire du cardinal de Bernis ; mais, sans parler du reproche que lui faisaient les Italiens, d'être un peu léger, y aurait-il beaucoup d'injustice à rappeler qu'il eut plutôt la réputation d'un homme de beaucoup d'esprit, d'un littérateur agréable, d'un grand seigneur généreux, d'un diplomate habile, que d'un évêque austère ou d'un théologien consommé? Chez lui, le poète et l'homme de société parurent faire oublier quelquefois le prince de l'Église, et le rôle d'ambassadeur et de courtisan put nuire à celui de cardinal et d'archevêque. Quoi qu'il en soit, un homme avec autant de tact, n'était pas assez maladroit pour applaudir au rétablissement des jésuites après avoir passé cinq ans à solliciter leur suppression. Il se serait décrédité lui-même en changeant ainsi d'opinion, suivant les conjonctures. En voulant justifier Clément XIV, c'était donc sa propre apologie qu'il faisait. Il n'était pas moins intéressé que le pape dans cette cause, et dès lors son témoignage perd un peu de son poids. Cette pièce capitale, et dont on nous fait tant de bruit, n'est plus que le plaidoyer d'une des parties, qu'un mémoire dicté par la position même du cardinal, que la manifestation d'une opinion qu'il ne pouvait se dispenser de professer en public.

Au surplus, cette lettre même, toute défavorable qu'elle est aux jésuites, laisse cependant entrevoir les efforts qu'il fallut faire pour les détruire, et le concert dont nous avons parlé. *La cour d'Espagne*, dit le cardinal, *pria le roi* (Louis XV) *de s'unir à elle pour obtenir la suppression entière des jésuites. S. M., par amitié pour le roi d'Espagne, promit d'appuyer efficacement de son concours l'instance projetée. S. M. C. étant le premier mobile de la négociation, devait en être le directeur.... L'instance pour l'extinction totale fut donc faite au nom des trois monarques.* M. S. s'est bien gardé de citer ce passage, et l'on peut soupçonner quelles raisons il a eues de l'omettre. Nous le rétablissons d'après la lettre telle que l'abbé Clément a rapporté dans son *Journal*. Plus bas, le cardinal dit : *Mais si Clément XIV n'a jamais eu de doute que la société des jésuites méritât d'être réformée, il a été longtemps bien éloigné de penser qu'il fût sage de la supprimer. Outre les services qu'elle avait rendus à la religion, en combattant les hérétiques, en s'opposant aux novateurs, en défendant les droits et les prétentions du saint-siége, en portant la foi chez les infidèles, en instruisant la jeunesse et le public par plusieurs ouvrages dignes d'estime, et par des prédications éloquentes, le pape considérait que, maîtres de presque tous les collèges de la catholicité, d'un grand nombre de séminaires, d'établissements pieux et des missions les plus importantes, ce serait risquer un ébranlement général que de détruire une compagnie si employée.... Il appréhendait surtout de commencer à faire un si grand mal, sans avoir le temps de procurer le bien.* Effectivement le pape n'avait pas tort de craindre cet ébranlement et ce *grand mal*, qui n'ont été que trop sensibles. Le cardinal ajoute que, *si les jésuites se fussent humiliés, au lieu de montrer la plus grande audace, et de se présenter toujours l'épée à la main, S. S. ne les aurait jamais supprimés.* Et où se sont-ils donc présentés *l'épée à la main*? quand ont-ils donc montré *la plus grande audace*? quelle est cette grande résistance par laquelle ces hommes redoutables ont signalé leur pouvoir? En Portugal, en France, en Espagne, à Naples, ils ont été proscrits avec une facilité qui étonnait leurs ennemis mêmes. On les a vus en un instant enlevés de leurs maisons, dépouillés de tout, bannis de leur patrie, frappés des lois les plus rigoureuses, insultés dans des milliers de pamphlets, traités comme des criminels. Qu'ont-ils opposé à la proscription et aux outrages? Quelques écrits, dont la haine leur a fait même un crime. Leurs ennemis avaient tout droit de les accabler ; pour eux, on leur interdisait jusqu'à la plainte. *Les jansénistes, leurs implacables adversaires*, comme le dit le Cardinal, ameutaient contre eux les ministres, les parlements, les écrivains et l'opposition; les faisaient déporter en masse, les emprisonnaient, cherchaient même à leur ôter tout asile; et cependant ces grands défenseurs du précepte de la charité trouvaient encore qu'on n'en faisait point assez. *Tout le monde*, disait leur gazetier, a remarqué dans la manière dont le fameux bref d'extinction a été exécuté, à Rome même, que les partisans des jésuites étaient venus à bout de surprendre en plusieurs choses la religion du saint père. (*Nouvelles ecclésiastiques*, feuille du 24 octobre 1774).

Assurément on ne se serait pas attendu à un tel reproche, et il fallait être bien difficile pour trouver l'excès de la douceur et de la modération dans la manière dont on en usait alors à Rome même, envers les membres de la société. Mais telle est l'influence de l'esprit de parti, qu'il éteint jusqu'aux sentiments les plus communs d'humanité et de piété pour le malheur.

Pour en revenir à la lettre du cardinal de Bernis, il est assez clair qu'elle est l'ouvrage d'un homme qui, pour se justifier lui-même, cherchait les torts aux jésuites, et qu'elle n'expose que les motifs apparents d'une mesure dont on ne voulait pas dire les causes véritables. Ces causes nous paraissent bien établies par les détails que nous avons extraits de divers auteurs, et par les rapprochements que nous avons présentés; et il nous semble que ce point d'histoire sera désormais hors de doute pour quiconque examinera les faits sans prévention.

CLÉMENT (Dom FRANÇOIS) *Voyez* CLÉMENT.

CLERC (PIERRE LE), sous-diacre du diocèse de Rouen, mort vers 1773. Il se fit connaître en 1733 par un *acte de révocation de la signature du formulaire*, et donna dans les illusions d'un parti qui reconnaissait comme prophète un prêtre nommé *Vaillant*. Son zèle pour cette cause lui ayant occasionné quelque désagrément, il se retira en Hollande, où il chercha à se faire des partisans par ses écrits. Après avoir publié les *Vies des religieuses de Port-Royal*, 1750, 4 vol. in-12, il donna à Amsterdam une nouvelle édition des *Nouvelles ecclésiastiques*, et une du *Journal* de Dorsanne, en 1753. Il fit paraître, en 1756, le *Renversement de la religion par les bulles et les brefs contre Baïus, Jansénius*, etc., 2 volumes, et, en 1758, un *Précis de dénonciation de ces bulles*. Le Clerc n'y reconnaissait pour œcuméniques que les sept premiers conciles généraux, et assaisonnait ses erreurs d'invectives contre le pape et les évêques. En même temps il tâchait de se faire des partisans, prêchait, écrivait, menaçait. Ce fut à son sujet que les prêtres d'Utrecht s'assemblèrent en 1763. On lui fit dire qu'il pouvait se présenter et donner ses défenses, mais il le refusa avec hauteur et publia de nouvelles lettres, attaquant le dogme catholique sur la procession du Saint-Esprit, la primauté du pape et le concile de Trente qu'il traitait d'*assemblée de novateurs*. Sa condamnation à Utrecht ne fit que l'irriter davantage. Il fit paraître, en 1764, un écrit sous ce titre : *Rome redevenue païenne et pire que païenne*, où il l'appelait une *synagogue de Satan*; plus une *courte Apologie*, et l'*Idée de la vie de M. Witte*. La même année, il publia un acte d'appel au concile œcuménique, et, le 24 mars 1765, un acte contre l'excommunication de l'évêque Van Stiphout. Ces écrits respirent la colère et l'emportement. Tel fut l'abîme d'erreurs où l'habitude de mépriser l'autorité entraîna cet appelant. Il ne fit qu'abuser des maximes qu'il entendait débiter. Il est remarquable qu'il se défendait à peu près comme avait fait autrefois Quesnel. Comme lui, il se plaignait qu'on l'eût condamné sans l'entendre; et l'auteur des *Nouvelles* lui répond, comme on avait répondu autrefois à Quesnel, que *ce n'est pas sa personne, mais seulement sa doctrine que l'on a condamnée*. Toutes les raisons que Le Clerc alléguait contre l'assemblée d'Utrecht, les jansénistes les avaient données avant lui contre le concile d'Embrun; et tout ce qu'on lui objectait pour le convaincre, les catholiques l'avaient opposé dans le temps aux défenseurs de Soanen. Ainsi ce parti se condamnait lui-même. On le vit faire, en 1764, contre Le Clerc, tout ce qu'il avait reproché à l'Eglise d'avoir fait en 1727. De même encore que les jansénistes continuèrent, malgré les décrets de l'Eglise, à enseigner leurs erreurs universellement condamnées, Le Clerc continua d'enseigner sa mauvaise doctrine. Quels reproches, après tout, pouvaient-ils lui faire?

CLIMENT (JOSEPH) naquit dans le royaume de Valence en 1706, devint évêque de Barcelone en 1766, et donna, le 26 mars 1769, une *Instruction pastorale* sur les études, qui fut dénoncée à cause d'un passage favorable à l'Eglise d'Utrecht.

CLUGNY ou CLUNY (PIERRE ou FRANÇOIS DE) naquit en 1637 à Aigues-Mortes, entra dans la congrégation de l'Oratoire, enseigna dans divers colléges et fut envoyé, en 1665, à Dijon, où il demeura jusqu'à sa mort qui arriva en 1694. Il a laissé dix volumes d'*OEuvres spirituelles*, « qu'on lit peu, dit Feller, parce qu'elles sont pleines d'idées singulières et bizarres, et d'expressions peu assorties à la dignité des choses, » Il suffira de mentionner ici deux de ses ouvrages, avec les observations critiques que firent sur eux des écrivains orthodoxes.

LA DÉVOTION *des pécheurs pénitents; par un pécheur*. Lyon, Ant. Briasson, 1685, in-12 de 292 pages.

L'auteur dit, dans la préface : *Après que Dieu, tout bon, a comme attrapé une âme, oserais-je dire avec le saint homme Job, qu'il change bientôt de conduite et qu'il devient tout cruel*. Dire de Dieu qu'il a *attrapé* une âme, est-ce une expression sérieuse et décente? A la page 45, il dit que *tout ce que fait Dieu dans la conduite intérieure des âmes, aussi bien que dans l'ouvrage de notre rédemption, n'est que pour nous faire en quelque façon perdre l'esprit et la raison*. Au chap. 5, il prétend qu'*à un pécheur rien ne doit être plus aimable que le poids du péché*. Il l'appelle *le bienheureux poids du péché*. Il ne voudrait pas condamner un pécheur qui, moins hardi que l'enfant prodigue, voudrait pendant quelque temps *porter le poids de son crime*. Selon ce système, il ne faut plus que le pécheur ait aucun empressement de se réconcilier avec le Seigneur. Le Père de Cluny ose ensuite blâmer la conduite de Dieu même, en blâmant le père de l'enfant prodigue. *Il semble*, dit-il, *que l'enfant prodigue en fut trop tôt quitte. Le droit du jeu et la justice voulait qu'il demeurât au moins pendant quelque temps..... exilé de la maison de son père*. Insolent et impie réformateur! qui, en blâmant ce bon père de s'être laissé fléchir trop promptement fait retomber ses reproches sur Jésus-Christ lui-même, lequel absout sans délai la femme adultère, et accorde sur-le-champ à la pécheresse de l'Evangile la rémission de tous ses péchés. Telle fut aussi la hardiesse du traducteur de Mons, qui, ayant à rendre en français cet endroit du chapitre XV de saint Luc : *Cito proferte stolam*, apportez promptement *la robe*: fit disparaître dans sa traduction ce mot, *cito*, vite, promptement, parce qu'il n'était pas favorable à son erreur. Rien n'est sacré pour ces rigoristes fanatiques, ni l'Eglise, ni l'Evangile, ni même la personne adorable de Jésus-Christ.

Ecoutons encore l'oratorien sur le compte de l'enfant prodigue. Il fallait, continue-t-il, *le laisser un peu avec ses pourceaux, enfoncé dans leurs ordures*, et le bon de l'affaire aurait été de l'y tenir noyé si longtemps, que, crevant d'infection, il en conçût un dégoût éternel. *Il est vrai*, ajoute-t-il, *que la bonté de Dieu, qui paraît extrême dans toute cette parabole, tint une autre conduite; mais cela n'empêche pas qu'il ne fasse toujours des merveilles lorsqu'au lieu de nous* considérer comme ses enfants, *il voudra nous traiter avec la Cananée comme des chiens.*

Le même auteur n'est ni moins bizarre, ni moins impie, à la page 79, lorsqu'il veut empêcher les pécheurs de *demander pardon à Dieu,* en leur disant que c'est trop leur demander, et (page 80) qu'ils doivent porter, au moins quelque temps, par disposition intérieure, *la grande peine qui est due au péché, qui est de ne recevoir jamais le pardon.* Ainsi cet écrivain veut d'un côté empêcher le pécheur de s'adresser à Dieu, et de *lui demander le pardon de ses péchés;* et de l'autre il veut que Dieu ne se laisse point aller à une bonté *extrême;* qu'il tienne les pécheurs *noyés longtemps et crevant d'infection,* et qu'il *fasse toujours des merveilles en les traitant comme des chiens.* Fut-il jamais système plus désespérant et plus outrageux à l'égard de la divine miséricorde ?

Le Père de Cluny, à la page 87, pour montrer que la vie de l'homme est peu de chose, dit *que Dieu, qui connaît si bien le prix et la valeur des choses, a donné la vie de saint Jean-Baptiste pour une gambade et pour un pas d'une petite baladine;* et, à la page 89, *que Dieu, qui règle tout avec tant de justice, a donné la tête du plus saint et du plus grand de tous les hommes pour la danse d'une petite effrontée.* Quel raisonnement et quelles expressions ! A la page 93, il prétend *qu'on doit beaucoup se défier de la dévotion d'émulation. Dieu seul,* dit-il, page 94, *doit être en nous toute chose.* Quand nous remarquerions quelque sainteté, *quelque grâce* et quelque don extraordinaire dans une âme, il ne faut pas l'admirer ou s'en occuper. D'où l'on doit conclure que c'est faire mal que d'admirer, de méditer les vertus de la sainte Vierge et des plus grands saints, et de s'exciter à les imiter, parce que c'est une dévotion d'émulation dont il faut se défier. Enfin, pages 98 et 99, il donne dans une mysticité outrée, en parlant du néant du pécheur, néant volontaire qu'il appelle *admirable,* par lequel le pécheur ne se meut point, ne résiste point, et se trouve par là *propre aux opérations de Dieu.* N'est-ce point là cet état passif si souvent et si justement reproché aux quiétistes.

Sujets d'oraison *pour les pécheurs, tirés des Epîtres et des Evangiles; par un pécheur.*
Lyon, Briasson, 1695.

On trouve dans ce livre des propositions qui favorisent les erreurs du temps ; par exemple : *Achevez en moi, Seigneur, votre miséricorde, et faites-moi bien faire le bien que votre grâce me fait faire.* Cette proposition est captieuse et mal sonnante ; elle insinue l'hérésie de la grâce irrésistible ; il semble que l'homme soit purement passif, et tel que le prétend M. de Sacy, quand il dit en termes exprès : *Dieu seul fait tout en nous.*

(1) A cette occasion, nous mentionnerons :
Declaratio et Responsiones Archiepiscopi Sebasteni, Apostolici in Hollandiæ missione Vicarii, super pluribus, quæ tum ad ipsum, tum ad illam pertinent, interrogationibus. 1703. 252 pages.
Ce libelle fut condamné, le 3 avril 1704, par un

COBBAERT (Pierre).

Rhythmica consideratio *altitudinis consilii divini super salute generis humani, ex sanctissimo et irrefragabili Ecclesiæ doctore Augustino episcopo Hipponensi, proposita per D. ac fratrem Petrum Cobbaert S. Theol. licentiatum, ejusdemque quondam lectorem, abbatiæ Ninivensis canonicum Norbertinum, pastorem in Lie de Kerche. Bruxellis ex officina Martini de Bossuyt.* 1647.

Considération harmonieuse de la profondeur des desseins de Dieu sur le salut du genre humain, etc.

Ce livre, qui contient les erreurs de Jansénius, les met, selon la coutume des novateurs, sur le compte de saint Augustin. L'évêque d'Anvers le censura par un mandement du 25 février 1647, comme contenant une doctrine réprouvée par la bulle d'Urbain VIII, et défendit *de l'imprimer, de le répandre, de le lire ou de le garder.*

CODDE (Pierre) naquit à Amsterdam en 1648, entra dans la congrégation de l'Oratoire, et, après la mort de Neercassel (*voyez* ce nom), arrivée en 1686, fut choisi pour lui succéder dans le vicariat des Provinces-Unies. Il fut fait archevêque de Sébaste. Mais à son sacre il refusa de signer le formulaire; ce qui fit juger qu'il ne vaudrait pas mieux que son prédécesseur. Il ne justifia que trop cette idée par la conduite qu'il tint en Hollande. Les choses allèrent si loin, qu'Innocent XII, en étant informé, établit une congrégation de dix cardinaux pour vaquer à l'examen de cette affaire. On donna ordre, en 1699, à M. de Sébaste de venir se justifier en personne; il fallut obéir malgré toutes ses répugnances. Il arriva donc à Rome sur la fin de 1700. On lui remit les chefs d'accusation rédigés en 26 articles. Il fournit ses défenses six mois après (1). Enfin la dernière congrégation s'étant tenue en présence du pape, le 7 mai 1702, toutes les voix allèrent à suspendre M. de Sébaste, et M. Cock fut nommé vicaire par *interim.* Le clergé janséniste de Hollande n'en fut pas plutôt informé, qu'il s'adressa à M. Heinsius, pensionnaire, et aux bourgmestres d'Amsterdam, et en conséquence les Etats Généraux défendirent à M. Cock de faire aucune fonction de son vicariat. Ainsi les prétendus augustiniens, sous la protection des puissances séculières et hérétiques, se crurent en droit de braver le saint-siège. Le pape, informé de cet odieux procédé, écrivit aux catholiques des Provinces-Unies et des pays voisins pour les exhorter à l'obéissance; et quelque temps après, M. de Sébaste étant retourné en Hollande, Sa Sainteté Clément XI publia un décret du 3 avril 1704 par lequel ce prélat était absolument déposé du vica-

décret de l'Inquisition, comme *contenant une doctrine et des assertions pour le moins suspectes, singulières, contraires aux Constitutions ecclésiastiques, capables d'infecter les esprits de mauvaises opinions et d'erreurs déjà condamnées.*

riat. Alors la fureur des jansénistes n'eut plus de bornes. On vit paraître une foule de libelles plus insolents les uns que les autres, où l'on décidait sans pudeur que M. Codde, nonobstant sa déposition, jouissait de la pleine autorité attachée à son emploi.

Ce furent Quesnel, De Witte et Van Espen qui, à la tête du parti, décidèrent que Codde pouvait continuer ses fonctions, en se mettant sous la protection des Etats Généraux. Codde crut qu'il ne pouvait mieux faire, et ce fut à cette occasion que les jansénistes firent frapper une médaille qui mit le sceau à leur révolte. D'un côté on voit le buste de M. de Sébaste en rochet et en camail, avec cette inscription au bas : *Illustrissimus ac reverendissimus D. dominus Petrus Coddæus, archiepiscopus Sebastenus, per fœderatum Belgium vicarius apostolicus;* pour marquer que M. de Sébaste, malgré sa déposition, était toujours regardé par le parti comme légitime vicaire apostolique, en vertu de la protection que lui donnent les Etats de Hollande ; ce qui est encore plus clairement exprimé par ces paroles de la légende : *Non sumit aut ponit honores arbitrio popularis auræ.* Au revers de la médaille est un agneau couché, auprès duquel le lion belgique debout tient d'un côté l'épée haute, et de l'autre des javelots, en action de le défendre. On voit en l'air la foudre lancée, qui se détournant de dessus l'agneau va tomber sur le palais du Vatican qu'elle met en feu. La légende, *Insontem frustra ferire parat*, dévoile tout ce mystère.

Les choses avaient été portées à un tel point sur le vicariat apostolique de M. Codde, que les prêtres jansénistes administraient les sacrements en langue vulgaire, récitaient en flamand toutes les prières du Rituel romain. Au reste, les différentes apologies qu'on a publiées en faveur de M. de Sébaste ont été défendues sous peine d'excommunication.

Parmi les pièces qui parurent en faveur de ce schisme, nous connaissons :

Défense de messire Pierre Codde... contre le décret de Rome porté contre lui le 3 avril 1704.

Causa Coddæana, sive collectio scriptionum quibus Petri Coddæi, archiepiscopi Sebasteni, vicarii apostolici in fœderato Belgio, fides orthodoxa, vivendi disciplina, regendi ratio, jurisdictio et potestas ordinaria in Ecclesia Batava romano-catholica contra obtrectatorum calumnias adseruntur. Antuerpiæ, sumptibus societatis, 1705.

On ne trouve dans ce Recueil que les plaintes, les clameurs, les fausses excuses d'un hérétique condamné. Il est composé de différentes pièces : la première, après une courte préface, est intitulée : *Responsio ad breve Memoriale*, etc., pag. 88; la seconde a pour titre : *Declaratio et responsiones ab archiepiscopo Sebasteno, cum in Urbe esset, EE. DD. cardinalibus tradita,* etc., pag. 259. Les autres pièces sont : *Arch. Sebasteni notationes : Epistolæ; tria memorialia : Defensio Petri Coddæi adversus decretum inquisitionis : Jani Parrhasii notæ in decretum : Consultatio.*

Il parut encore d'autres écrits, qui, tout schismatiques qu'ils étaient, eurent le sort qu'ils méritaient; ils furent condamnés par un décret du pape, en date du 4 octobre 1707, et c'est contre ce décret que s'éleva, en 1708, le séditieux auteur du livre intitulé : *Divers abus et nullités du décret de Rome, du 4 octobre 1707, au sujet des affaires de l'Eglise catholique des Provinces-Unies*, 1708, volume de 234 pages, plus la table.

L'anonyme, le P. Quesnel, dans la pag. 53 et les suivantes, attaque les condamnations générales et les censures *in globo* comme *contraires à l'usage des successeurs des apôtres, peu dignes de la majesté de l'épouse du Sauveur, éloignées de son esprit, peu propres à édifier et à instruire les fidèles, propres au contraire à les induire en erreur*, etc. On voit par là le cas que cet hérétique écrivain fait de la condamnation de la doctrine de Wicleff et de Jean Hus, publiée par le concile de Constance ; de la bulle de Léon X contre Luther; de celles de Pie V, Grégoire XIII, et Urbain VIII, contre Baïus. On reconnaît, à la page 115, le jargon des protestants dans cette phrase de l'auteur janséniste: *J'ai peine à croire que Sa Sainteté ait trouvé le don des langues dans la succession qui lui est échue du côté de saint Pierre et de saint Paul.*

Au reste, Codde mourut le 18 décembre 1710; et comme il mourut dans son obstination et dans ses erreurs, le pape par un décret du 14 janvier 1711 condamna sa mémoire, et défendit de prier pour lui. Les jansénistes publièrent un libelle contre ce décret, intitulé : *Justification de la mémoire de M. Pierre Codde*, etc.

COFFIN (Charles) naquit, en 1676, à Buzancy, dans le diocèse de Reims, devint principal du collége de Beauvais en 1713, recteur de l'université de Paris en 1718, et se rendit célèbre par de belles productions en vers et en prose, et, ce qui vaut encore mieux, par de belles actions en faveur de la religion et du prochain. Malheureusement il était janséniste, et janséniste ardent et opiniâtre. Il mourut dans la nuit du 20 au 21 juin 1749. Sa mort fut le commencement des disputes entre le parlement et l'archevêque de Paris. Quand on demanda pour lui les derniers sacrements au curé de Saint-Etienne-du-Mont, ce digne pasteur, instruit des règles et des usages du diocèse, exigea préalablement un billet ou certificat de confession. Les jansénistes trouvaient assez de prévaricateurs pour les confesser, mais ils en trouvaient peu qui voulussent s'exposer aux suites de cette prévarication. Celui qui avait confessé Coffin ne jugea pas à propos de se déclarer; et de son côté Coffin ne voulut pas le faire connaître. Ainsi ce fameux principal de Beauvais, qui, depuis 1713, avait établi dans son collège l'éloignement des sacrements, y mourut sans les avoir reçus, et laissa à ses disciples le scandaleux exemple d'une constante révolte contre l'Eglise et ses décisions. Ce refus des sacrements solennellement fait à un héros de la secte, alarma tout ce qui restait encore d'appelants à Paris. Ils engagèrent les parents du défunt à suivre cette affaire au parlement; un magistrat porta plainte pour eux, et quelques avocats, saisissant l'occasion de se distinguer par le scandale, rédigèrent quatre *consultations*. La première qui parut est du 2 juillet 1749; elle est signée de 28 avocats. La seconde, qui est du 16 juillet, est signée de 13. La troisième l'est de 9, et la quatrième, de 4 seulement. Ces quatre *consultations* ne virent pas plutôt le jour, qu'elles furent supprimées par un arrêt du conseil du 1er août 1749, *comme renfermant des questions et des propositions dangereuses, et capables de troubler la tranquillité publique.*

C'est par cette plainte portée au parlement, et par ce qui s'ensuivit, que commença cette longue suite de dénonciations dont les tribunaux retentirent contre les refus des sacrements faits aux appelants.

Quelques autres écrits furent publiés à la même occasion que les *Consultations* dont il a été parlé; nous allons en mentionner un qui concerne le neveu de M. Coffin.

LETTRE *de M. L..... à M. B....., ou relation circonstanciée de ce qui s'est passé au sujet du refus des sacrements fait à M. Coffin, conseiller au Châtelet, par le sieur Bouettin, curé de Saint-Etienne-du-Mont.* La Haye, 1751, in-12, 94 pages.

Un écrivain des plus méprisables du parti a publié ce libelle, dit un auteur. En voici l'occasion, dit ce même auteur, contemporain des faits, et que nous laissons parler. M. Coffin, principal du collége de Beauvais, si connu par son attachement au jansénisme, et par le profit immense qu'il a fait dans l'administration de ce collége (où il a gagné, dit-on, plus de cinq cent mille livres), laissa en mourant un neveu, à qui il avait acheté une charge de conseiller au Châtelet. Ce neveu, nommé Daniel-Charles Coffin, fut attaqué, dans le mois d'octobre 1750, d'une maladie dont le public a su le nom, la nature, la cause et les effets. Quelque dangereuse que fût cette maladie, on n'avertit le curé de Saint-Etienne-du-Mont, que le 26 novembre 1750, et ce digne pasteur se transporta sur-le-champ chez le malade.

C'est ici que commence la fausse relation contenue dans ce libelle en question. Les faits que son auteur avance pages 9, 12, 21, 27, 34, 50, 52, 55, 56, 62, etc., ne sont que faussetés, mensonges, calomnies.

Cet écrivain sans pudeur ne craint pas de dire, page 22, que *depuis plus de trente-sept ans, la bulle, ce sanglier cruel de la forêt, désole l'héritage du Seigneur.* Il ajoute : *On se fatigue à défier ses fauteurs d'articuler une seule vérité catholique qu'elle propose à croire, ou une seule erreur qu'elle veuille que l'on condamne. A un défi si accablant pour les bullistes, point de réponses.* Je défie à mon tour qui que ce soit de pousser plus loin l'effronterie. Il n'y a même que le gazetier janséniste et M. Guéret, qui puissent le porter jusqu'à ce point.

Eh quoi! on n'a pas fait de réponse à ce défi insensé des jansénistes? Quoi! les *Suppléments aux Nouvelles ecclésiastiques* n'ont pas été remplis du détail, soit des erreurs censurées par la bulle, soit des vérités qu'enseigne ce saint décret? Quoi! dans la lettre du P. *Corber* de l'Oratoire, qui fut imprimée sur la fin de 1746, sous ce titre : *Lettre d'un Père de l'Oratoire à un de ses confrères, sur la soumission aux dernières décisions de l'Eglise, et principalement à la bulle* Unigenitus *de Clément XI*, *avec une réponse à quelques difficultés nouvellement proposées;* dans cette lettre, dis-je, page 2, on ne trouve pas la liste des principales erreurs que la bulle condamne? Quoi! dans tant d'autres écrits solides et instructifs qu'on a composés pour combattre les réfractaires, on n'a pas mille et mille fois représenté et détaillé les erreurs proscrites par la bulle? Et l'on ose encore là-dessus faire un *défi!* et l'on ose dire que ce défi est *accablant* pour les catholiques! et l'on ose assurer que les catholiques n'y ont jamais fait de *réponses!* Oh! qu'il est bien vrai que l'esprit d'erreur ôte à ceux qu'il domine, non-seulement la foi et la probité, mais encore la pudeur et le bon sens!

En voici une autre preuve. L'Anonyme, page 24, ne craint pas d'avancer que le pape Benoît XIV *n'a jamais fait grand cas de la bulle, qu'il dit tout rondement n'être pas de son bail.* Mais où l'imposteur va-t-il pris ce qu'il ose attribuer si hardiment au saint-père? Ne sait-il pas au contraire que ce même pontife, n'étant encore que le cardinal Lambertini, a écrit la lettre la plus forte et la plus énergique pour féliciter M. de Tencin de tout ce qui a été fait au concile d'Embrun en faveur de la constitution, et contre l'évêque réfractaire qui y fut condamné? Est-ce là *ne pas faire grand cas de la bulle?* Ne sait-il pas que Sa Sainteté, dans son ouvrage sur les Canonisations, donne de grands éloges aux évêques de France qui ont attaqué et confondu les faux miracles de *Pâris*, par lesquels on voulait infirmer l'autorité de la bulle? Ne sait-il pas encore que dans les trois jubilés qui ont été accordés sous le pontificat de Benoît XIV, ce pape a toujours déclaré, soit dans la bulle même du jubilé, soit dans des brefs au roi, que c'est une chose évidente que ceux qui sont rebelles à la constitution *Unigenitus* ne peuvent nullement participer aux grâces et aux faveurs de l'Eglise? Est-ce là, encore un coup, *ne pas faire grand cas de la bulle?* Mais finissons. C'est trop longtemps parler d'un misérable auteur dont la rusticité, l'ignorance et la mauvaise foi sautent aux yeux, et n'inspirent pour lui et pour son libelle que mépris et que pitié.

COISLIN (HENRI-CHARLES DU CAMBOUST, duc de), naquit à Paris le 15 septembre 1664, devint évêque de Metz, ville qui lui doit des casernes et un séminaire. Il avait des vertus et des lumières; il légua à l'abbaye de Saint-

Germain des Prés la fameuse bibliothèque du chancelier Séguier, dont il avait hérité. Il mourut en 1732. Nous allons parler de son Mandement, qu'il publia pour l'acceptation de la bulle *Unigenitus* et qui fit du bruit.

MANDEMENT *et Instruction pastorale*, etc. 1714.

M. de Coislin a condamné par ce mandement les *Réflexions morales* du P. Quesnel, *comme contenant des propositions très-dangereuses, surtout tendantes à renouveler l'hérésie des cinq Propositions*. Mais il n'accepte la constitution que relativement au sens qu'il lui plaît de donner aux propositions censurées, et il défend de leur donner toute autre interprétation. Or un évêque particulier est-il en droit de restreindre ainsi à un certain sens des propositions condamnées par le corps des pasteurs? Ces sortes de restrictions purement arbitraires n'anéantissent-elles pas la condamnation qu'on avait adoptée? Un évêque qui ne recevrait les canons du concile général, que relativement aux explications qu'il voudrait leur donner, serait-il regardé comme un évêque orthodoxe?

Aussi le mandement de M. de Metz fut-il; 1° supprimé par un arrêt du conseil d'Etat du 5 juillet 1714, *comme injurieux à Sa Sainteté et aux prélats de l'assemblée du clergé;* 2° censuré à Rome, *comme étant au moins scandaleux, présomptueux, téméraire, injurieux au saint-siége, propre à conduire au schisme et à l'erreur.*

COLART (N.....).

LETTRE *à M. l'évêque de Troyes, en réponse à sa Lettre pastorale aux communautés religieuses de son diocèse, en date du 23 novembre* 1749. 1750, in-12, 58 pages.

M. l'évêque de Troyes (Poncet de la Rivière), en succédant à M. Bossuet, trouva un diocèse depuis longtemps infecté de jansénisme. Le mal était si grand qu'il ne fut pas permis au nouvel évêque de le dissimuler. Il se vit donc, dès le premier instant de son épiscopat, dans l'obligation de travailler sans respect humain à détruire l'erreur et à ramener les esprits à l'obéissance due à l'Eglise. Touché surtout de l'opiniâtreté de plusieurs religieuses, il leur adressa, en novembre 1749, une *Lettre pastorale*, pleine d'instructions sages, lumineuses, éloquentes, capables de faire de salutaires impressions sur d'autres cœurs que des cœurs endurcis dans le jansénisme. Dès ce moment la secte irritée songea à décrier de tout son pouvoir un prélat si contraire à ses intérêts, et si zélé pour les saintes décisions qu'elle déteste. Elle chargea aussitôt son gazetier de répandre sur lui toute la noirceur de son fiel; et celui-ci, accoutumé à ces affreuses commissions, a parfaitement suivi, et peut-être même surpassé la méchanceté de ses maîtres. Dans ses *Nouvelles ecclésiastiques*, du 11 septembre 1750, il a publié contre M. de Troyes les plus atroces calomnies, avec cet air hypocrite que sait prendre un scélérat du premier ordre, quand il veut plus sûrement et plus profondément enfoncer le poignard. On voit par là s'exécuter de nouveau l'exécrable projet dont un auteur janséniste n'a pas craint d'informer le public, dans des *Réflexions sur l'ordonnance du 27 janvier 1732, qui ordonne que la porte du petit cimetière de Saint-Médard sera et demeurera fermée.* Nous avons tâché, disait ce fanatique dans son Avertissement; *nous avons tâché, et nous tâcherons de plus en plus d'attirer sur les évêques l'infamie publique.* En conséquence donc de cet horrible complot, outre les *Nouvelles ecclésiastiques*, on répandit dans le public d'autres impostures également grossières et faciles à décrire. Ainsi pendant que le prélat annonçait à la cour du roi de Pologne les vérités de l'Evangile, il apprit que toute la rage de l'enfer se déchaînait contre lui.

La conjuration ne se borna point à ce excès. Le parti jugea à propos de publier en même temps contre le même évêque la lettre qui est l'objet de cet article; persuadé qu, par des coups si vifs et si redoublés, il intimiderait enfin le prélat. Il y réussit au bout de quelques années; car la guerre que ce digne évêque faisait aux doctrines jansé-niennes lui mérita l'exil, et le força, en 1758, à donner la démission de son siége. La *lettre* de Colart est pleine d'insolences, de choses ridicules et d'erreurs, qui, toutes, furent relevées par les écrivains orthodoxes de l'époque. Nous ne mentionnerons ici que les erreurs.

L'auteur dit, pag. 8 : *Un concile même, qui prendrait le nom de concile général et qui enseignerait contre l'Eglise, il faudrait le rejeter. On ne doit donc pas interdire aux simples tout usage de leur raison, puisqu'ils en ont besoin pour discerner celui qui parle au nom de l'Eglise.*

Ce texte est clair : il attribue sans détour aux plus simples fidèles le droit de *discerner* la doctrine de l'Eglise de celle qui est erronée, le concile qui est général de celui qui ne l'est pas, les évêques qui enseignent bien de ceux qui enseignent mal. En un mot, il ne s'agit plus de la voie d'autorité; tout est réduit à la voie d'examen et de discussion.

Pag. 6 et suivantes, il canonise la doctrine de la *Morale chrétienne sur le Pater*, de l'*Instruction sur la pénitence*, par Treuvé, de l'*Année chrétienne* par Le Tourneux, des ouvrages de Nicole, etc.; c'est-à-dire qu'il adopte cette prodigieuse multitude d'erreurs dont tous ces livres sont infectés; car, dit-il, pag. 11 : *Je suis de bonne composition. J'avoue, je confesse, je reconnais que la doctrine des livres de Port-Royal est précisément la même que celle des cent et une propositions condamnées par la bulle* Unigenitus. Pag. 15 : *Non*, dit-il, *l'affaire du P. Quesnel n'est pas jugée.* Pag. 27, il fait profession ouverte de croire plusieurs erreurs de Quesnel, qu'il entasse et qu'il s'imagine autoriser suffisamment par quelques passages mal entendus. Pag. 42, il prétend que pour être libre, il suffit d'être exempt de la nécessité de contrainte et de la nécessité naturelle. Pag. 44, il soutient que *Néron*, *Domitien*, *Caligula* étaient nécessités à tous leurs crimes, et, parce que les catholiques assurent le contraire, il prétend que les catholiques excusent de péché ces empereurs féroces. Quoi! dire d'un homme, que sans nulle nécessité, de quelque espèce que ce soit, par sa détermination la plus libre, la plus dégagée de toute impulsion étrangère, il a commis un crime affreux, c'est l'excuser! Pag. 45, le blasphémateur s'exprime ainsi : *Convenez avec moi que votre bulle renverse toute la morale et anéantit la religion.*

COLBERT (CHARLES-JOACHIM), fils du marquis de Croissy, frère du grand Colbert, naquit en 1667, et fut nommé à l'évêché de Montpellier en 1697. Il édifia le diocèse confié à ses soins, travailla à la conversion des hérétiques, et en ramena plusieurs à l'Eglise. Cependant, M. Colbert donna tête baissée dans le jansénisme, et y joua un grand rôle. Lors de la bulle *Unigenitus*, il s'avisa de montrer cette opposition ardente et inflexible qui a rendu son nom cher aux appelants. On le vit pendant vingt ans accumuler des écrits tous plus vifs les uns que les autres : mandements, lettres au pape, au roi, aux évêques, écrits de toutes les formes. Il paraît qu'il était dominé entièrement par deux ou trois jansénistes. On lui avait donné pour théologien un abbé Gaultier, dont il sera parlé dans cet ouvrage ; et on croit que plusieurs des écrits, publiés sous le nom de l'évêque, étaient de ce Gaultier. Colbert avait encore auprès de lui un prêtre, nommé Croz, dont les *Nouvelles ecclésiastiques* font un grand éloge. La même gazette nous apprend qu'il avait un agent à Paris, Léonard Dilhe, mort le 10 juin 1769, qui ne s'était laissé ordonner prêtre par lui qu'à condition de ne jamais dire la messe. Avec de tels conseillers, l'évêque de Montpellier ne garda plus de mesure, et fatigua toutes les autorités de ses écrits. La chose alla si loin qu'un arrêt du conseil du roi, du 24 septembre 1724, saisit les revenus de son évêché, et déclara ses autres bénéfices vacants et impétrables. L'assemblée du clergé de 1725 demanda la tenue du concile de Narbonne, et elle l'aurait sans doute obtenue sans les sollicitations d'une famille accréditée. Cette année même, l'évêque avait écrit deux lettres violentes contre le décret qu'il avait pris en aversion. En 1729, il adressa à Louis XV une lettre remplie d'invectives contre les évêques de France, qu'il peignit comme de mauvais citoyens, parce qu'ils étaient soumis aux jugements de l'Eglise. C'est cette lettre qui est si vigoureusement réfutée au VII° tome des Actes du clergé. « Nous souffrons, disent les évêques en s'adressant au roi, nous souffrons depuis longtemps avec la plus vive douleur tout ce que la licence et la mauvaise foi ont jusqu'ici fait entreprendre aux ennemis de la constitution *Unigenitus* pour anéantir, s'il était possible, ce jugement de l'Eglise. Nous attendions que le temps et la réflexion pussent ramener ces esprits inquiets. Aux artifices, aux calomnies, aux invectives qu'ils n'ont cessé de mettre en œuvre contre nous, nous n'avons opposé qu'une modération dont nous n'éprouvons que trop l'inutilité et le préjudice. Mais pourrons-nous, Sire, ne pas nous élever contre une lettre téméraire et séditieuse, écrite à V. M. par M. de Montpellier, dans laquelle il s'efforce de décrier ses adversaires et de les rendre suspects au roi ; dans laquelle il prend des auteurs protestants les faits et les expressions les plus odieuses pour détruire dans l'esprit des peuples le respect qu'ils doivent au chef de l'Eglise, et dans laquelle enfin il établit des principes capables de ruiner tous les fondements de notre foi. » Après avoir écrit contre les évêques, Colbert attaqua le pape et publia contre Clément XII une *Lettre pastorale*, datée du 21 avril 1734. Las de s'agiter et d'agiter l'Eglise en faveur d'une secte inquiète et tracassière, il mourut en 1738, à soixante et onze ans. Les ouvrages donnés sous son nom ont été recueillis en 3 vol. in-4°, 1740. Son *Catéchisme*, qui est à bien des égards un très-bon ouvrage (*voyez* POUJET), et la plupart de ses *Instructions pastorales*, ont été condamnés à Rome, et quelques-unes de ces dernières par l'autorité séculière. » *Voyez* BROUE (*P. de La*). Il mourut sans avoir donné aucune marque de résipiscence et de retour à l'obéissance qu'il devait à l'Eglise, et qu'il lui avait si longtemps et si scandaleusement refusée. La liste de ses écrits serait longue, fastidieuse et inutile ; nous parlerons seulement de quelques-uns qui nous donneront une idée du reste. L'évêque de Montpellier était de plus abbé de Foidmont et prieur de Longueville ; l'austérité de ses principes n'allait pas apparemment jusqu'à lui interdire la pluralité des bénéfices. Un appelant disait de lui, dans un écrit publié en 1727 : *M. de Montpellier est d'un caractère à ne reculer sur rien. La fermeté dégénère en entêtement quand on a pris un mauvais parti. Le prélat sacrifierait l'intérêt de la vérité, le bien de l'Eglise, sa propre gloire plutôt que de revenir sur ses premières démarches.* Il paraît que cette opiniâtreté formait le caractère du prélat. Il est bon de prévenir, au surplus, que dans les écrits de ses partisans il est désigné souvent sous le nom de *Grand Colbert* : exagération ridicule quand elle s'applique à un évêque qui très-probablement ne fit qu'adopter la plupart des écrits publiés sous son nom.

MANDEMENT *de M. l'évêque de Montpellier au sujet de l'appel interjeté par lui et ses adhérents au futur concile général.*

Ce mandement est daté du 20 mars 1717. Le prélat y joignit l'*Acte d'appel*. *Voyez* BROUE (*P. de La*).

Cet *Acte* et ce *Mandement* ne sont qu'une énumération odieuse de différents chefs d'accusation contre la bulle. Il n'appartient qu'à l'hérésie de supposer que le pape, avec la très-grande pluralité des évêques, peut enseigner des erreurs capitales et les proposer à la foi des fidèles. Que deviendraient les promesses de Jésus-Christ?

M. de Montpellier, page 26 et 27, s'offre pour chef à tous ceux qui voudront appeler, c'est-à-dire qui voudront se révolter contre une loi de l'Eglise et de l'Etat. Comme Luther, il se ménage une ressource pour éluder les décisions du concile en exigeant des conditions équivoques pour la validité du jugement. *Nous appelons*, dit-il, *au futur concile général, qui sera assemblé légitimement, et en lieu sûr, où nous et nos députés puissent aller librement et avec sûreté, et à celui ou à ceux, auquel ou auxquels il appartient de juger de cette sorte de cause.* C'est de conditions toutes semblables que Luther accompagna son appel.

MÉMOIRE *qui accompagnait le Mandement de M. de Montpellier, pour la publication de son Acte d'appel du 19 avril 1719, dans lequel on fait voir la nécessité d'un concile général pour remédier aux maux de l'Eglise, et où l'on déduit les motifs de l'Appel interjeté au futur concile de la constitution,* etc.

Tout est à relever dans ce mémoire. Nous n'en rapporterons qu'un seul trait, qui est le précis de tout l'ouvrage. Continuera-t-on, dit M. Colbert, à vouloir que nous condamnions des propositions orthodoxes, sous prétexte d'abus insensés qui n'ont point de partisans, tandis que leur censure favorise des erreurs subsistantes qu'un formidable parti veut ériger en dogme de foi (page 223)? C'est comme on voit, accuser la bulle, 1° de condamner des propositions orthodoxes; 2° de les condamner sous prétexte d'abus insensés qui n'ont point de partisans; 3° de favoriser des erreurs subsistantes. Cependant c'est le corps pastoral, dont Jésus-Christ ordonne d'écouter la voix avec docilité, qui propose cette bulle aux fidèles, comme une règle de leur croyance. En faut-il davantage à de véritables enfants de l'Eglise pour détester une si énorme accusation? Cette réflexion, si naturelle et si judicieuse, est tirée de l'*Instruction pastorale*, que M. le cardinal de Tencin, alors archevêque d'Embrun, donna en 1730, *portant défense de lire et de garder divers écrits publiés sous le nom de M. l'évêque de Montpellier.* Instruction excellente, que nous copions presque mot à mot dans la plupart des articles où il s'agit des ouvrages de M. Colbert, évêque de Montpellier.

RÉPONSE *à l'instruction pastorale de M. le cardinal de Bissy au sujet de la bulle Unigenitus, du mois de février* 1723.

Cette *réponse* porte le nom de M. Colbert, évêque de Montpellier. Voici le titre du dernier chapitre : *La doctrine de M. le cardinal de Bissy sur l'équilibre fait disparaître la faiblesse de l'homme tombé; elle lui donne des forces égales à celles de Dieu; elle attaque le dogme et la morale* (page 213). Après quoi, depuis la page 213 jusqu'à la page 223, on fait un détail d'excès monstrueux que l'on assure être des suites nécessaires de la doctrine de M. de Bissy, et l'on finit par ces paroles : *Ne nous arrêtons pas davantage à découvrir les autres conséquences de cette pernicieuse erreur* (page 223). C'est ainsi qu'est traitée la doctrine du cardinal qui était une des principales colonnes de l'Eglise de France.

Cependant cette doctrine, 1° touchant la force de la tentation, n'est autre chose que la doctrine de saint Paul, qui assure que *Dieu ne permettra jamais que nous soyons tentés au-dessus de nos forces* : c'est-à-dire que, sous la plus forte tentation, nous aurons toujours assez de force pour résister, ou par la grâce déjà reçue, ou par celle qu'une humble prière pourra nous obtenir; 2° touchant la force de la grâce, la doctrine de M. de Bissy est précisément celle du concile de Trente, qui a défini que, sous la motion de la grâce, la volonté conserve toujours le pouvoir de résister. En conséquence de quoi l'Eglise a encore décidé que, pour mériter et démériter, il ne suffit pas d'être exempt de contrainte, mais qu'il faut l'être encore de nécessité. Telle est la doctrine de M. de Bissy. *L'erreur pernicieuse* n'est donc pas de son côté, mais du côté de celui qui donne cette qualification à la doctrine de ce prélat.

REMONTRANCES *au roi au sujet de l'arrêt du conseil d'Etat du 11 mars 1723;* publiées par M. de Montpellier en 1724.

Cet écrit a été condamné par un arrêt du conseil, du mois de septembre 1724, à être lacéré. Il a pour but de justifier la prétendue nécessité de la distinction du fait et du droit dans la condamnation du livre de Jansénius, quoique cette distinction ait été réprouvée par la bulle d'Alexandre VII et par celle de Clément XI, *Vineam Domini Sabaoth.*

Il résulte de ces remontrances de M. Colbert et de sa *lettre pastorale*, une conviction manifeste de désobéissance, non-seulement auxdites bulles, mais aux édits du roi. C'est ainsi que Sa Majesté s'exprime dans son arrêt. Elle y ajoute *que cette entreprise est capable de rallumer le feu d'une hérésie que l'Eglise a formellement condamnée, de troubler la tranquillité de l'Etat; et qu'il est nécessaire d'y pourvoir d'une manière capable de contenir la témérité de ceux qui voudraient, comme M. de Montpellier, se soustraire à l'observation de cette loi.*

A la page 20, M. de Montpellier ne craint pas de dire que *le fait consiste à savoir si la doctrine des cinq propositions est renfermée dans le livre de Jansénius, et si cet auteur a eu intention de l'enseigner.* Comment ose-t-on s'exprimer ainsi? Est-il un théologien qui ne sache que l'Eglise n'a jamais exigé qu'en signant le formulaire on condamnât *l'intention* de Jansénius, mais seulement le sens naturel de son livre? Pages 49, 50 et 51, de ce que, sur le fait de Jansénius, *les uns ont admis une foi divine, les autres une foi humaine,* il conclut des deux *qu'il suffit d'avoir pour le fait de Jansénius une soumission de discipline.* Paralogisme grossier; comme si l'on disait : selon plusieurs catholiques, la prédestination doit être antécédente ; selon d'autres, elle n'est que conséquente ; donc il n'y a point de prédestination. L'Eglise prononce que le texte du livre de Jansénius est hérétique. Cette décision appartient au droit et exige la foi divine. Elle prononce conséquemment que le sens de ce texte est le même que celui des cinq propositions : le vrai disciple de Jésus-Christ ne se laisse point ébranler par les disputes de l'école, sur la nature et sur le nom de la croyance due à cette dernière décision, disposé à se soumettre avec la même docilité, quand l'Eglise jugera à propos de prononcer sur ces disputes.

LETTRE *circulaire aux évêques de France, du 2 mai 1725, au sujet de la demande d'un concile proposé dans l'assemblée provinciale de Narbonne, pour juger monsieur de Montpellier.*

On peut remarquer, dans la page 4, deux erreurs capitales : 1° M. de Montpellier attribue à l'Eglise de soumettre les fidèles (par le formulaire), à une croyance qu'elle n'a pas droit d'exiger et, par conséquent, d'exercer sur ses enfants un pouvoir tyrannique ; 2° il dispense les fidèles de la soumission, à moins qu'il ne soit prouvé que les évêques ont lu les livres que l'Eglise condamne, et qu'en même temps ils ne déclarent y avoir reconnu les erreurs qu'elle réprouve ; fausse maxime, qui annulerait toutes les décisions, et ouvrirait la porte à toutes les hérésies.

Qu'importe à l'Eglise et à l'Etat, dit M. de Montpellier, page 8, *qu'on croie ou qu'on ne croie pas que Jansénius a enseigné cinq hérésies ?* « Il importe beaucoup à l'Eglise, répond un grand prélat (1), que l'on condamne les cinq propositions dans le sens du livre de Jansénius, parce que ce sens est celui qui a été nommément condamné. L'Eglise a persisté constamment à vouloir que l'on souscrivît à la condamnation de trois chapitres, et par là elle a fait connaître qu'il lui importait, non-seulement que l'on condamnât telles erreurs, mais encore que l'on reconnût qu'elles étaient contenues dans tel livre. Quoique cette décision renfermât un fait nouveau, elle n'a pas jugé qu'il fût inutile, et en a fait dépendre la catholicité ; et elle a cru qu'il pouvait devenir l'objet de notre créance. »

Page 9, M. de Montpellier fait entendre que l'Eglise poursuit depuis plus de quatre-vingts ans un fantôme. Proposition censurée en 1700, par le clergé de France.

LETTRE *circulaire.... à plusieurs évêques, à l'occasion des projets d'accommodement où l'on s'était flatté que Rome allait entrer vers les mois d'avril et de mai 1725, datée du 20 juin 1725.*

Tenons-nous-en à notre appel, dit M. Colbert, page 5 ; *c'est la seule voie qui puisse nous mettre à couvert devant Dieu et devant les hommes.* C'est ainsi que ce prélat continue et qu'il continuera pendant toute sa vie,

(1) M. de Tencin, archevêque d'Embrun.

à s'obstiner à s'appuyer sur un *appel* schismatique et illusoire, censuré par l'Eglise, déclaré de nul effet par la loi du souverain, et par conséquent criminel *devant Dieu et devant les hommes.*

LETTRE *pastorale..., du 20 octobre 1725, au sujet du miracle de l'hémorrhoïsse, arrivé à Paris.*

Cette *Lettre pastorale* a été supprimée par arrêt du parlement de Paris, du 15 avril 1726. Les paroles de cet arrêt sont remarquables : *Sous prétexte de célébrer le miracle que le bras tout-puissant de Dieu vient d'opérer sous nos yeux, on entreprend de pénétrer dans les secrets impénétrables de la Providence ; on ne se contente pas de l'employer contre les excès les plus énormes, condamnables par eux-mêmes, on s'en fait un argument de parti et une vaine idée de triomphe.*

Il s'agissait d'un miracle qu'on disait avoir été opéré sur une malade par le saint sacrement, porté par M. Goy, curé de Sainte-Marguerite. Comme ce curé était appelant, le parti prétendait que le miracle avait été opéré en faveur de la cause des appelants : prétention téméraire et schismatique. Ce miracle, s'il est vrai, rendrait témoignage à la foi vive de l'hémorrhoïsse, mais il n'en rendrait aucun au prêtre qui portait le saint sacrement. Avec la même foi, la malade eût pu obtenir sa guérison du saint sacrement entre les mains du plus mauvais prêtre, comme entre les mains du plus saint.

LETTRE *pastorale, du 1er décembre 1725, au sujet de la protestation de M. de Montpellier contre ce qui s'était passé par rapport à lui dans l'assemblée du clergé.*

A la page 10, M. de Montpellier, parlant des chartreux qui sont allés à Utrecht, les appelle *ces illustres fugitifs que la crainte des plus grands maux a forcés de chercher un asile dans une terre étrangère.* Comment un évêque peut-il ainsi se dégrader, jusqu'à louer une troupe de religieux apostats, qui sont allés *chercher* dans un pays hérétique, et auprès d'un évêque schismatique et intrus, un appui à leur révolte contre l'Eglise et contre leurs supérieurs légitimes ?

Cette lettre a été supprimée par arrêt du parlement de Paris, du 15 avril 1726. En voici les termes : *On oublie ce que l'autorité royale a fait de plus solennel, soit au sujet du formulaire, soit sur la constitution Unigenitus. On s'élève contre la constitution, et il semble qu'on se fasse un devoir de la combattre. On applaudit, dans cette vue, jusqu'aux écrits les plus outrés, qui sont moins une apologie du scandale qu'a causé la fuite de quelques religieux sortis du royaume, qu'une déclamation contre la constitution Unigenitus.*

INSTRUCTION *pastorale...., adressée au clergé et aux fidèles de son diocèse, à l'occasion d'un écrit imprimé, répandu dans le public, sous le titre de* Mandement *de* M. *l'évêque de Saintes...., donné à Paris le* 26 *novembre* 1725.

Cette instruction est du 19 mai 1726. L'auteur y prend, contre M. de Saintes, la défense de douze articles que M. le cardinal de Noailles avait proposés au pape Benoît XIII, pour en être approuvés.

« Ces articles (dit M. de Sisteron, *Hist. de la Const.*, l. v), étaient tous équivoques dans les termes, et suspects d'un mauvais sens. Quelques-uns étaient faux par la trop grande généralité des expressions dans lesquelles ils étaient conçus ; quelques autres enseignaient des erreurs manifestes ; plusieurs donnaient lieu à des conséquences nécessaires, mais pernicieuses ; et la plupart étaient contraires aux sentiments les plus communs des théologiens, et à la liberté des écoles catholiques. »

De tels articles ne pouvaient manquer de trouver dans M. Colbert un zélé défenseur. Il prodigue ici, sur ce sujet, les déclamations les plus outrées, les figures les plus violentes, les termes les plus emportés et les invectives les plus amères contre M. l'évêque de Saintes (M. de Beaumont), digne neveu du grand Fénelon.

ORDONNANCE *et instruction pastorale....,* du 17 *septembre* 1726, *portant condamnation du livre intitulé :* Institutiones catholicæ.

Ce livre, condamné par M. Colbert, évêque de Montpellier, est le *Catéchisme* qu'il avait lui-même publié, et qu'on avait depuis traduit en latin.

Pages 38 et 39, il trouve mauvais qu'on ait corrigé dans son Catéchisme cette proposition : *Que la crainte seule des châtiments éternels dont Dieu punit le péché ne change point la disposition du cœur.* Doctrine qu'il prétend *avoir été enseignée dans l'Eglise pendant* 17 *siècles.* S'il se bornait à dire que la crainte *seule* des châtiments éternels ne suffit pas pour justifier le pécheur et le remettre en état de grâce, il n'avancerait rien que de vrai ; mais il est manifestement faux que cette crainte ne puisse exclure la volonté actuelle de pécher. Le concile de Trente suppose le contraire, et la raison le démontre. Celui qui craint efficacement les châtiments éternels veut conséquemment éviter tout ce qui peut les lui attirer. Il ne conserve donc pas la volonté actuelle de pécher, qui les lui attirerait. Le même prélat, page 28, parle ainsi : *Saint Augustin pose pour principe sur cette matière, que ce que veut le Tout-Puissant, il ne peut le vouloir vainement.* Et à cette occasion il entasse plusieurs passages de ce Père et des autres pour prouver que Dieu n'a aucune sorte de volonté intérieure et réelle, non pas même conditionnelle, de sauver aucun de ceux qui ne sont pas réellement sauvés. Cette doctrine renferme, au moins par une conséquence nécessaire, les impiétés, les blasphèmes et l'hérésie de la cinquième proposition de Jansénius.

LETTRES.... *à M. de Soissons.*

La première est du 6 novembre 1726 ; la seconde, du 8 décembre ; la troisième, du 5 janvier 1727, à l'occasion du miracle opéré à Paris, dans la paroisse Sainte-Marguerite ; la quatrième, du 5 mars 1727 ; la cinquième, en 1728, 42 pages in-4°. Ces lettres, comme tous les ouvrages de M. Colbert, ne respirent que le jansénisme. Il en veut surtout au formulaire, quoiqu'il l'eût signé lui-même plusieurs fois. Il dit (dans sa quatrième lettre, page 23), qu'il l'a signé, *sans savoir ce qu'il faisait.* Il pouvait, avec plus de justice, en dire autant de tous les écrits qui ont paru sous son nom.

RÉPONSE.... *à M. l'évêque de Chartres,* datée du 17 juillet 1727.

On y trouve, pages 13 et 14, une déclamation visiblement dictée par l'esprit du mensonge : *Vous êtes bien bon de supposer qu'une cause qui est portée au tribunal de l'Eglise universelle, par un appel reconnu pour légitime dans tous les parlements du royaume, puisse être terminée dans un concile de quelques évêques....; vous ne connaissez d'autre mal que celui de ne pas recevoir la bulle* Unigenitus, *et de ne pas souscrire purement et simplement au formulaire d'Alexandre VII ; mais c'est déjà un des grands maux de l'Eglise de renfermer dans son sein des pasteurs qui donnent au bien le nom de mal, et au mal le nom de bien..... Si les conciles provinciaux sont si nécessaires, pourquoi n'en pas tenir pour y examiner la doctrine de ceux qui nous donnent aujourd'hui leur équilibre insensé pour un dogme de foi ; qui ajoutent aux promesses de l'Eglise, en lui donnant des privilèges que Jésus-Christ ne lui a pas donnés.*

1° M. de Montpellier appelle ici *légitime* un appel illusoire, schismatique et nul de plein droit, que les évêques de France ont condamné comme tel, et que toute l'Eglise a en horreur. 2° Il impute aux parlements du royaume, d'avoir *reconnu pour légitime* cet appel, qui a été réprouvé et déclaré de nul effet par la déclaration du roi, qu'ils ont enregistrée. 3° Il accuse le pape, les évêques, c'est-à-dire le corps des pasteurs, et par conséquent l'Eglise elle-même, d'entretenir le mal et l'erreur dans son sein, et de *donner au bien le nom de mal, et au mal le nom de bien,* en ordonnant qu'on reçoive la bulle *Unigenitus,* et qu'on souscrive purement et simplement au formulaire d'Alexandre VII. 4° Il donne le nom d'*équilibre insensé* à la liberté exempte de toute nécessité antécédente : liberté qu'on ne peut nier sans tomber dans l'hérésie de la troisième proposition de Jansénius. 5° Il ose dire que conserver à l'Eglise le droit incontestable qu'elle s'attribue d'exiger la créance intérieure de l'hérécité d'un livre, c'est ajouter aux promesses des privilèges que Jésus-Christ n'a pas accordés.

Il n'y a guère que M. Colbert, ou celui qui tient sa plume, qui ait été capable d'entasser en si peu de lignes tant d'erreurs et de mensonges.

LETTRE *pastorale.... du 31 décembre* 1727, *contre un mandement de M. de Carcassonne.*

Tel est, dit M. de Montpellier, *le malheur du temps où nous vivons, que l'on fait consister la piété à bannir de l'Eglise les ouvrages les plus propres à l'y entretenir. La vérité méconnue, méprisée, contredite par ceux mêmes qui sont chargés de l'enseigner.* L'Eglise romaine est donc, selon ce prélat, une Babylone, où il n'y a plus que confusion et qu'erreur. Un ministre de Genève se reconnaîtrait dans ce discours séditieux et fanatique.

INSTRUCTION *pastorale... au sujet du jugement rendu à Embrun contre M. l'évêque de Senez*, du 25 janvier 1728.

L'esprit de parti n'inspira jamais de plus violent enthousiasme que celui dont paraît saisi l'auteur de cette instruction. Il profane d'abord (pages 3 et 5) par une application sacrilège les paroles de l'Ecriture, pour peindre sous les plus noires couleurs un concile universellement applaudi. Il accuse (page 9) les évêques de presque toutes les nations catholiques, ou d'être les apologistes de *propositions monstrueuses et abominables*, ou de les fomenter par le silence : calomnie digne d'un protestant. Il a le front d'avancer (p. 14) que les évêques assemblés à Embrun ont avoué que M. de Montpellier *n'a enseigné aucune hérésie*: imposture si grossière qu'elle est inconcevable, puisque la doctrine de M. de Senez, adoptée par M. de Montpellier, a été condamnée à Embrun, comme *téméraire, scandaleuse, séditieuse, injurieuse à l'Eglise, aux évêques et à l'autorité royale, schismatique, pleine d'un esprit hérétique, remplie d'erreurs, et fomentant des hérésies.* Il met (page 19) le témoignage de cinquante avocats au-dessus des suffrages d'un concile, muni de l'autorité la plus respectable. Un témoignage d'avocats sur des points de religion, être donné comme une preuve de la vérité! et cela dans un ouvrage qui porte le nom d'un évêque! Quelle honte pour l'épiscopat! Les pages 20 et 21 font frémir, par le fanatisme, le mensonge et l'outrage qui y règnent. On y appelle *nouveauté* la doctrine opposée aux erreurs de Baïus, Jansénius et Quesnel. Les moyens mis en œuvre par l'Eglise pour procurer l'obéissance due à ses décisions sont qualifiés de *mensonges, d'intrigues, de ruses*, de *violences*, etc. On assure que *les os des morts prophétisent* en faveur des dogmes du parti ; c'est-à-dire qu'on s'autorise des miracles faux et supposés qu'une troupe d'imposteurs a attribués à l'intercession du sieur Pâris, mort rebelle à l'Eglise. Pages 24 et 25, M. de Montpellier renverse toutes les règles de supériorité qui constituent la hiérarchie ecclésiastique. Il anéantit la juridiction des conciles provinciaux sur les évêques de leur province. Il excite ses diocésains à la révolte contre tout ce que pourraient statuer ceux qui ont une autorité supérieure à la sienne. Il compare sa cause à celle de saint Athanase; et la doctrine enseignée par le corps pastoral dans la bulle *Unigenitus*, il la compare à l'hérésie arienne. Enfin les excès de cette Instruction ne peuvent eux-mêmes être mieux comparés qu'aux fougues et aux fureurs de Luther.

LETTRE.... *au roi*. Du 19 juin 1728.

On n'a guère vu d'ouvrage où l'emportement et la fureur règnent davantage, et où les expressions soient moins mesurées que dans celui-ci. L'objet de cette *Lettre* est de décréditer le concile d'Embrun et d'anéantir, s'il se peut, la bulle *Unigenitus*.

On dit, page 38, que c'est la force, victorieuse de la vérité, qui a produit le témoignage des cinquante *avocats* en faveur de M. de Senez. Ensuite on fait la peinture la plus affreuse de la constitution, pages 39 et 40.

Cent et cent fois, M. de Montpellier répète dans ses déclamations que la religion est ébranlée jusque dans ses fondements par la bulle, et que les premières vérités y sont condamnées, que le blasphème y est porté jusqu'à nier que Dieu soit tout-puissant. Les plus grands, les plus savants et les plus saints évêques sont chargés des injures et des calomnies les plus atroces. Il n'y a sortes de noirceurs qu'il ne publie contre les jésuites. Dans la lettre que nous examinons, il avance que ces Pères ne mettent pas le Nouveau Testament entre les mains de leurs novices et de leurs jeunes profès, et comme une fausseté si manifeste excitait contre lui l'indignation publique, il adressa une autre lettre au roi, où il rétracta cette calomnie; mais il eut grand soin de ne rétracter que celle-là, afin de confirmer par son silence les autres imputations qu'il ne rétractait pas.

LETTRE *pastorale... au clergé et aux fidèles de son diocèse, au sujet d'un écrit répandu dans le public, sous le titre d'Instruction pastorale de M. l'évêque de Marseille, et condamnation d'un livre intitulé* : Morale chrétienne rapportée aux instructions que Jésus-Christ nous a données dans l'Oraison dominicale, etc.; du 30 décembre 1728.

L'auteur, dans cet écrit, et depuis la page 12 jusqu'à la page 15 , parle avec si peu de précision, et use de tant d'expressions équivoques, qu'il donne un juste motif de le soupçonner d'avoir voulu insinuer que tout acte qui n'est pas amour de Dieu est péché, ou du moins qu'il n'y a point d'autre acte surnaturel et chrétien que cet amour, ni d'autre grâce actuelle que celle qui nous excite à le former.

Pages 31 et 32. *Le pape était revêtu comme les autres de l'autorité de Jésus-Christ* (il est question de la bulle *Unigenitus*); *mais elle ne lui avait pas été donnée pour l'employer contre Jésus-Christ*. Peut-on blasphémer plus scandaleusement contre le vicaire de Jésus-Christ et contre une décision de l'Eglise ?

En général, il faut convenir que M. de Montpellier a étrangement abusé de la patience de l'Eglise; qu'il n'a point mis de bornes à ses déclamations, à ses invectives et à ses injures, et qu'aucune vertu, aucun sanctuaire n'a été à l'abri des traits satiriques et envenimés de sa plume.

LETTRE *pastorale... au sujet d'un écrit répandu dans le public, sous le titre de Codicille ou supplément au testament spirituel de M. l'ancien évêque d'Apt*, etc., du 15 juin 1729.

Page 2. *Non, certainement,* dit M. de Montpellier, *Jésus-Christ n'appellera pas de la constitution ; mais pour marquer la condamnation qu'il fait de cette bulle, après les miracles qu'il a daigné faire entre les mains des appelants, il en fera aussi sur leurs tombeaux et par leur intercession, en attendant qu'il fasse triompher leur cause au tribunal de l'Eglise universelle qui en est saisi.*

M. Colbert s'érige donc en prophète. Il déclare affirmativement que Jésus-Christ condamne la bulle; il annonce des miracles faits et à faire en preuve de cette condamnation. Impiété, blasphème, témérité fanatique.

INSTRUCTION *pastorale... au sujet des miracles que Dieu fait en faveur des appelants de la bulle* Unigenitus. Datée du 1er février 1733. In-4° de 50 pages.

C'est peut-être, a-t-on dit, le plus fanatique des ouvrages écrits ou adoptés par M. de Montpellier.

1° L'auteur, après avoir lancé mille blasphèmes contre l'Eglise de Jésus-Christ, contre son autorité et ses décisions, vient aux miracles, la dernière ressource de toute secte désespérée. *Enfin,* dit-il, *Dieu parle maintenant contre la bulle par des miracles et des prodiges, dont la voix pleine de magnificence attire l'attention des peuples, console l'âme qui était dans la détresse, et jette l'effroi dans le camp ennemi.* C'est ainsi que M. Colbert porte un faux témoignage contre Dieu même, en lui attribuant des œuvres qu'il n'a pas faites, et même en lui attribuant les opérations du démon, supposé qu'en effet il y ait dans ces prétendus miracles quelque chose de réel. Il ne savait pas que les appelants eux-mêmes travailleraient à le réfuter, et qu'ils le chargeraient de confusion. L'auteur du *Plan général de l'œuvre des convulsions* (l'abbé de l'Isle), avoue que cette œuvre est accompagnée de *mouvements violents, bigarrés, douloureux, laids ;* de quelque chose de *bas* et de *puéril ;* d'*indécences,* de *faux,* tant *dans la doctrine et dans la morale;* que *dans les prédictions* : et enfin du *défaut de raison.* Ne voilà-t-il pas une *voix* bien pleine de *magnificence,* et qui doit bien *jeter l'effroi dans le camp ennemi.* 2° *Quand la vérité n'a plus la liberté de paraître* (dit M. de Montpellier, p. 6), *les hommes ne parlant plus de la vérité, la vérité doit parler elle-même aux hommes. Voilà la cause de toutes les merveilles qui s'opèrent sous nos yeux.* Les hommes ne parlent plus de la vérité : c'est donc à dire que la prédication commune de l'Evangile a cessé ; et c'est de ce blasphème contre les promesses de Jésus-Christ que le prélat tire la cause des prétendues merveilles qu'il vante. 3° M. de Montpellier continue ainsi : *Si nous avons la douleur de voir dans les premières places quelques pasteurs* (pourquoi ne pas dire cinq papes, toute l'Eglise romaine, tous les cardinaux, tous les évêques des pays étrangers, tous les évêques de France, excepté alors trois ou quatre) *tellement déclarés pour les faux dogmes de la bulle qu'il ne permettent pas qu'on enseigne sous leurs yeux la doctrine du salut ; d'autres en plus grand nombre, au moins en France, ne reçoivent que le nom de la bulle, et prêchent des vérités contraires aux faux dogmes autorisés par ce décret.* Quelle atroce injure faite à des évêques, que de les dépeindre comme des hommes sans honneur, sans bonne foi, sans conscience et sans religion, qui reçoivent par lâcheté de *faux dogmes,* et qui, sans les rétracter, *prêchent les vérités contraires?* Comment M. de Montpellier a-t-il osé hasarder une pareille calomnie, sans même essayer d'en rapporter aucune preuve ? Tous les évêques ont reconnu d'une voix commune et avec joie la *doctrine de l'Eglise* dans la constitution *Unigenitus,* et ils l'ont acceptée dans *le même sens* et avec les *mêmes qualifications* que le pape l'a donnée. Quoi de plus unanime ? Leur conduite est conforme à cette démarche : les dogmes janséniens n'ont pas la liberté de paraître dans leurs diocèses : ils sont renfermés dans les antres et les cavernes. Où M. de Montpellier a-t-il pris qu'une *acceptation,* qui a des conséquences si suivies, n'est qu'une *acceptation apparente* (page 6) ? Quelque prophétesse convulsionnaire lui a-t-elle révélé qu'après avoir sondé le cœur de ces prélats, elle y a trouvé des sentiments contraires à leurs paroles ?

Tout le reste de l'ouvrage est marqué au même coin d'erreur, de violence et de fanatisme, Il a été condamné par le pape, le 1er octobre 1733, avec les plus fortes qualifications, et par un arrêt du Conseil du 25 avril de la même année.

LETTRE... *au roi,* datée du 26 juillet 1733.

Le prélat dit, page 6, que sa *cause est visiblement celle de Dieu,* et toute sa pièce tend à justifier, aux dépens de la bulle, son instruction pastorale du 1er février 1733, et à autoriser les miracles de Paris.

LETTRE *pastorale de M. l'évêque de Montpellier, pour prémunir son diocèse contre un bref de N. S. P. le pape,* du 21 avril 1734.

M. Colbert répand ici son fiel, 1° sur le pape et sur ses brefs. Le titre seul de la lettre pastorale en est une preuve. C'est, dit-il, *pour prémunir les fidèles de son diocèse contre un bref de N. S. P. le pape.* Et, pages 4, 5 et 6, il ose appliquer au bref même la plupart des qualifications dont le pape a chargé son instruction pastorale. Il dit que c'est le bref du pape *qui doit être argué de faux ;* que c'est le bref qui a *scandalisé,* que c'est le bref qui est *téméraire,* parce qu'il *nie des faits aussi évidents que le soleil.* Ensuite, adressant la parole au pape même, il lui reproche son aveuglement en ces termes : *Quoi ! vous ne voyez pas les miracles, et vous voyez des hérésies notoires dans notre instruction! On ne dira pas de vous : Heureux les yeux qui ont vu ce que vous voyez! Mais il est à craindre qu'on ne dise : Vous regarderez de vos yeux et vous ne verrez point.* 2° Sur l'Église de Rome et sur ses coutumes, page 30, il attaque les dispenses que donne le pape. *Combien obtient-on tous les jours de dispenses d'abstinence, de vœux simples, d'empêchements dirimants du mariage, sur des prétextes frivoles, ou même sans alléguer aucune cause, pourvu qu'on satisfasse à la taxe?* Page 31, il rapporte un passage de Contarin contre la Daterie; il parle lui-même contre la coutume de l'Église romaine, *qui exige de l'argent pour les résignations,* etc.; il taxe cette coutume d'erreur, puisqu'il met en tête de cet article cette proposition : *C'est une erreur de soutenir qu'il est permis de ne pas donner gratuitement ce que l'on a reçu de Jésus-Christ gratuitement.* Il accuse donc d'erreur l'Église romaine. 3° Sur l'Eglise universelle et sur ses décisions, page 43, il explique les prophéties, comme si elles avaient annoncé *la défection dans les pasteurs mêmes.* Pages 40 et 46, c'est la même prétention. Page 50, il accuse l'Église universelle *de tolérer les prêtres répandus par toute la terre, qui enseignent des erreurs exécrables, et qui les enseignent partout avec une opiniâtreté invincible, et par là de se rendre complice de leurs iniquités.* Quant aux décisions de l'Eglise universelle, voici comme il les traite, page 54 : *La bulle Unigenitus est,* selon lui, *un funeste décret qui anathématise les vérités saintes.*

En un mot, ce qui forme le tissu de tout l'ouvrage, ce sont, ainsi qu'on vient de le montrer, non-seulement les plus horribles déclamations contre le vicaire de Jésus-Christ et contre le saint-siége, mais encore les contradictions les plus palpables, les plus monstrueuses hérésies, les absurdités les plus grossières, les principes de morale les plus relâchés et les plus pervers, le figurisme et le fanatisme le plus outré.

Qu'il est malheureux celui qui en mourant a laissé à la postérité de si affreux monuments de son existence, de si scandaleuses leçons de révolte, et de si contagieux exemples d'impiété!

INSTRUCTION *pastorale...* datée de 1737

Le figurisme partageait alors, comme l'on sait, la secte des jansénistes. L'auteur de cette instruction, qui en est zélé partisan, insinue clairement et établit une défection considérable de toute l'Église qui doit arriver avant la fin du monde. C'est un système fanatique et monstrueux, mais il leur est nécessaire pour soutenir leur parti ; l'autorité du corps des premiers pasteurs est un poids qui les accable. L'unique ressource est donc d'anéantir l'Église enseignante, par une apostasie presque universelle, afin de décréditer par là ses décisions.

Isaïe, dit M. de Montpellier, *voit un temps où les étoiles du ciel seront languissantes, les cieux se plieront et se rouleront comme un livre, tous les astres en tomberont comme les feuilles tombent de la vigne et du figuier.... Qui peut douter que le ciel dans toutes ces prophéties ne désigne l'Église ; que le soleil, la lune et les étoiles ne soient le symbole des docteurs que Jésus-Christ a établis pour être la lumière du monde.* Voilà donc la défection générale prédite par Isaïe. Or, selon le prélat figuriste, cette défection est déjà arrivée par l'incrédulité des premiers pasteurs qui marchent sur les traces des juifs. *Voyez* ETEMARE.

LETTRE... *à M. l'évêque de Babylone et à M. Le Gros, avec la réponse.*

LETTRE *à N. S. P. le pape Clément* XII. 1734.

RECUEIL DES LETTRES *de messire Charles-Joachim Colbert, évêque de Montpellier.* Cologne, 1740, in-4°, 930 pages sans compter l'avertissement qui est de 6 pages. — Autre édition des mêmes lettres en quatre volumes in-12, publiée sur la fin de 1741, ou au commencement de 1742.

Il ne serait pas surprenant qu'après la mort de M. Colbert on eût fait paraître sous son nom des écrits qui n'étaient pas de lui ; puisque, même de son vivant, la chose était ordinaire, et que souvent le prélat ignorait pendant plusieurs jours les mandements et les instructions qu'on publiait à Paris, décorés de son nom et de ses armes. Mais quoi qu'il en soit de ces lettres, il faut convenir qu'elles sont dignes de lui, c'est-à-dire d'un homme dont l'emportement contre la constitution et les constitutionnaires n'avait ni bornes ni mesure, le serpent symbolique qui est à la tête du *Recueil* n'exprimant qu'imparfaitement le venin qui y est répandu, et qui l'infecte d'un bout à l'autre.

Nous ne relèverons ici que l'imposture des éditeurs qui ont adopté de prétendues lettres du cardinal Davia à M. de Montpellier, et ensuite de prétendues réponses de M. de Montpellier à ce cardinal, et qui ont eu le front de faire imprimer les unes et les autres dans le *Recueil* dont il est ici question, en citant les *Nouvelles ecclésiastiques* du 20 fév. 1740, d'où ils les ont extrait les fausses pièces, pour en régaler une seconde fois le public. C'est à la page 895 et suivantes qu'on les trouve. Le cardinal Davia y est supposé vouloir détruire, *anéantir* les jésuites. Le faussaire (le gazetier ecclésiastique), pour rendre plausible ce mensonge, avait imité le style d'un étranger qui parle mal français, et sous cette enveloppe il avait cru débiter impunément les noirs sentiments de son cœur.

Dès que la feuille où sont ces lettres imaginaires eut paru à Rome, elle fut condamnée au feu par un décret du 15 avril 1740, comme étant un écrit *détestable,* qui contient *des relations fausses et calomnieuses, tendant à séduire les simples et à ternir la réputation d'une personne constituée dans une éminente dignité; comme si cette personne avait été en liaison d'amitié et en société d'erreur avec des hommes réfractaires.*

Près de deux ans après, le faussaire lui-même (le gazetier janséniste) fut obligé d' vouer dans sa feuille du 4 février 1742, que *les lettres à M. de Montpellier, qui portent le nom du cardinal Davia, ne sont pas de lui.* C'est ainsi qu'en 1749, un autre janséniste, M. Poncet, l'auteur des *Observations sur le bref du pape au grand inquisiteur d'Espagne,* y a ajouté une prétendue lettre du P. Daubentan, jésuite, au P. Croiset, qu'il a enrichie de quelques notes. Cette fausse lettre avait déjà été publiée en 1714 : les jansénistes la ressuscitèrent en 1726. Enfin, en 1749, ils lui ont fait voir le jour pour la troisième fois, sans se ressouvenir des écrits publics par lesquels on avait confondu l'imposture. On peut juger par ces traits combien la calomnie est au fond inépuisable pour les hérétiques. Mais quels hommes que ceux qui de sang-froid fabriquent ainsi dans leur cabinet des *lettres du cardinal Davia,* des *réponses de M. Colbert,* des *lettres du P. Daubentan,* et qui ensuite en inondent le public, en s'écriant d'un ton hypocrite qu'ils ne cherchent que la vérité et la charité !

L'hérésie janséniennne, après la mort de Colbert, eut quelques défenseurs dans le diocèse de Montpellier. *Voyez* GAULTIER. Voici une pièce entre autres qui le prouve.

LETTRE *de plusieurs curés, bénéficiers et autres prêtres de la ville et du diocèse de Montpellier, à M. Georges Lazare de Charancy leur évêque, au sujet de son mandement du 1er juillet 1742, pour la publication de la bulle* Unigenitus, *et mémoire apologétique pour la défense des ecclésiastiques de ce même diocèse, accusés dans leur foi par M. l'évêque dans ce même mandement* 1744, *in-4°* 102 pagés.

La lettre est datée du 25 août 1742. On ajoute qu'elle a été signée par vingt-sept curés, bénéficiers ou prêtres (qu'on ne nomme pas), et qu'elle a été remise le 2 novembre à M. le promoteur pour être présentée à M. l'évêque.

1° Ces presbytériens ne font que répéter ce qui a été dit cent fois par le parti contre l'unanimité des évêques acceptants, et contre les censures *in globo.* Ils osent vanter au contraire l'unanimité des opposants, dont les uns ont soutenu que les cent une propositions étaient cent une vérités fondamentales ; et les autres, que plusieurs d'entre elles étaient très-mauvaises et très-condamnables (M. de Béthune, évêque de Verdun, appelant); les uns que la bulle pouvait être reçue avec des explications (M. le cardinal de Noailles); les autres que c'était une pièce détestable, que nulle explication ne pouvait faire passer (M. de Montpellier; 2° Au reproche qu'on fait au parti qu'il est sans chef et sans évêques, les vingt-sept ministres janséniens répondent qu'ils ont pour eux tous les évêques appelants qui sont morts. Par cet ingénieux moyen, ces messieurs se passent des évêques vivants, et réduisent tout le corps pastoral aux seules ombres d'une quinzaine de pasteurs trépassés. 3° Ils prétendent que l'acceptation des quarante a été relative, et ils s'efforcent de le prouver : 1° par le tissu même des mandements où il n'y a pas un seul mot qui puisse le faire soupçonner ; 2° par la lettre de plusieurs évêques à M. le duc d'Orléans, de janvier 1716 : lettre fausse, supposée, dont la fausseté a été démontrée par le cardinal de Bissy, dans son instruction de 1725, pages 226 et 227; en un mot, lettre chimérique, qu'on a défié les jansénistes de produire, et qui ne subsiste que dans leur imagination.

La lettre des curés est suivie d'un mémoire apologétique de quatre-vingt quatorze pages.

CORDIER (JEAN), un des pseudonymes de Jean Courtot.

COUET, chanoine et grand-vicaire de Paris, possédait la confiance du cardinal de Noailles, du chancelier d'Aguesseau et de plusieurs autres personnages. Il fut d'abord partisan de l'appel, mais ensuite il contribua même au retour du cardinal. C'est lui qui est l'auteur des lettres : *Si l'on peut permettre aux jésuites de confesser et d'absoudre.* Il mourut en 1736.

COURAYER (PIERRE-FRANÇOIS LE) naquit à Rouen en 1681, fut chanoine régulier de Saint-Augustin, bibliothécaire de Sainte-Geneviève à Paris, opposant à la bulle *Unigenitus,* apostat, et mourut le 16 octobre 1776. Voici ses ouvrages :

Dissertation sur la validité des ordinations des Anglais et la succession des évêques de l'Eglise anglicane; avec les preuves justificatives des faits avancés. En deux parties, Bruxelles, Simon T'serstevens, 1723, in-12.

Les hérétiques cherchent à réunir leurs forces ; c'est leur intérêt, ils espèrent par là se rendre redoutables aux catholiques. Louis Ellies du Pin avait conçu un projet de réunion avec l'Eglise anglicane ; Le Courayer, réfugié en Angleterre et fait docteur d'Oxford, suivit le même système, et le poussa encore plus loin.

Dès que ce religieux eut publié sa *Dissertation,* les fidèles en furent alarmés, et plusieurs savants prirent la plume pour combattre un si pernicieux ouvrage. Les journalistes de Trévoux, D. Gervaise, le Père Hardouin, jésuite (1), le Père Le Quien, jacobin (2), Fennell (3), entrèrent en lice, et

---

(1) *La dissertation du P. Le Courayer sur la succession des évêques anglais et sur la validité de leurs ordinations, réfutée*; en deux parties : l'une concernant la question de fait, et l'autre celle de droit ; par le Père Hardouin, jésuite. Paris, Ant. Urb. Coustelier, 1724, in-12, 2 vol.

(2) *Nullité des ordinations anglicanes,* ou réfutation de la dissertation du Père Le Courayer sur la validité des ordinations des Anglais, par le Père Le Quien, de l'ordre de Saint-Dominique. Paris, Simart, 1725, in-12, 2 vol.—*La nullité des ordinations anglicanes,* démontrée de nouveau, tant pour les faits que pour le droit, contre la défense du Père Le Courayer, par le Père Le Quien, de l'ordre de Saint-Dominique. Paris, Fr. Babuty, 1730, in-12, 2 vol.

(3) *Mémoires,* ou dissertation sur la validité des

attaquèrent avec force le nouveau système. Enfin un anonyme y opposa des *observations importantes* (1). Mais le novateur était bien éloigné de reconnaître ses torts; il les augmenta au contraire considérablement par la scandaleuse défense de sa dissertation, qu'il publia en 1726, imprimée à *Bruxelles chez Simon T'serstevens*, en quatre volumes in-12. Elle est écrite avec toute la hauteur et toute la présomption que le calvinisme et le jansénisme fondus ensemble peuvent inspirer à un écrivain naturellement audacieux et plein de lui-même. Alors M. Claude *Pelletier*, chanoine de l'Eglise de Reims, dénonça aux évêques de France et la *Dissertation* et la *Défense*, et M. l'évêque de Marseille (Henri-François-Xavier de Belsunce de Castel-Moron), condamna ces deux ouvrages dans une *Instruction pastorale* publiée le jeudi saint 1727. Cette affaire ne put faire un si grand éclat sans que le roi en fût informé. S. M. fit remettre aussitôt les deux livres du P. Le Courayer entre les mains des évêques que leurs affaires avaient appelés à Paris. Les prélats au nombre de vingt s'assemblèrent, et après un sérieux examen ils censurèrent les deux ouvrages sur les *Ordinations des Anglais*; ils déclarèrent que l'auteur y avait avancé un grand nombre de propositions contraires à la pureté du dogme sur plusieurs points essentiels de la religion; contraires à la discipline aussi bien qu'à l'autorité de l'Eglise et à la primauté du pape, et ils les condamnèrent comme respectivement fausses, téméraires, captieuses, mal sonnantes, scandaleuses, injurieuses à l'Eglise, au saint-siège, favorisant le schisme et l'hérésie, erronées, condamnées par le saint concile de Trente, et hérétiques. Le roi rendit ensuite dans son conseil un arrêt (le 7 septembre 1727) par lequel il ordonna que les deux livres seraient lacérés et supprimés, à peine contre les contrevenants de 3,000 livres d'amende et de plus grande punition s'il y échoit.

Il y avait trois ans que ces dangereux écrits se débitaient à Paris, et dans l'abbaye même de Sainte-Geneviève. Le P. Le Courayer s'en était déclaré lui-même l'auteur, et cependant M. le cardinal de Noailles ne l'avait point poursuivi par les censures. Ce religieux était appelant, et ce titre était pour lui une sauvegarde. On souffrit qu'au milieu de Paris il montât à l'autel, et qu'il célébrât tous les jours nos saints mystères, après avoir publiquement dogmatisé contre la transsubstantiation et la présence réelle dans l'auguste sacrifice de nos autels, contre la forme de nos ordinations, contre nos saintes cérémonies, et contre la primauté et l'autorité du chef visible de l'Eglise. Mais dès que M. de Noailles sut que les évêques s'assemblaient à Paris contre le P. Le Courayer, il se hâta de les prévenir; il condamna la *Dissertation* et la *Défense* par un court mandement, le 18 août 1727; et, le dernier octobre de la même année, il donna sur le même sujet une assez longue *Instruction pastorale*.

Cependant les condamnations se multiplièrent. Le *mandement* de M. l'archevêque de Cambrai (de Saint-Albin) est du 15 septembre. Sa première réflexion est *que ce n'est pas d'aujourd'hui qu'on a reproché aux novateurs, qui depuis près de quatre-vingts ans troublent la paix de l'Eglise, qu'ils étaient d'intelligence avec les calvinistes, et qu'ils travaillaient secrètement à faire revivre toutes leurs erreurs*. Le mandement de M. de Boulogne est du 10 octobre, celui de M. de Soissons (Languet) est du 15 septembre. Ce prélat remarque, comme M. de Cambrai, que celui qui s'est précipité dans de si grandes erreurs, *est un de ceux qui se sont élevés contre la constitution; et qu'en effet ceux qui franchissent avec hardiesse la barrière sacrée de l'autorité ne mettent bientôt plus de bornes à leurs innovations*. Le mandement de M. de Beauvais (de Saint-Aignan) est du 8 décembre. Il gémit, ainsi que les autres, de ce que les novateurs, *non contents de détruire la possibilité des commandements de Dieu, la coopération du libre arbitre à la grâce, la volonté dans Dieu de sauver tous les hommes, en avançant des erreurs tant de fois condamnées par l'Eglise, osent encore douter de la présence réelle du corps et du sang de Jésus-Christ dans l'auguste sacrement de nos autels*. Celui de M. de Noyon (Châteauneuf de Rochebonne) est du 4 de novembre; celui de M. de Luçon (Rabutin de Bussy) est du 1ᵉʳ octobre, etc.

L'année suivante (le 18 septembre 1728), les deux livres du P. Le Courayer ayant été dénoncés au concile d'Embrun par le promoteur du concile, M. Gaspard d'Hugues, M. de Marseille fit là-dessus son rapport, et, en conséquence, le 26 du même mois, le concile dans sa 28ᵉ et dernière session condamna les deux livres comme renouvelant des dogmes hérétiques sous une fausse couleur de concilier les dogmes catholiques avec ceux des Anglais; comme combattant la primauté de la chaire de saint Pierre et l'autorité des évêques; comme attaquant la doctrine catholique sur le caractère imprimé par les sacrements; comme défendant sur l'eucharistie les erreurs des Anglais condamnées par le concile de Trente; comme soutenant que

---

ordinations des Anglais, et sur la succession des évêques anglicans, en réponse au livre du Père Le Courayer, par M. E. Fennell. Paris, Nicolas Leclerc, 1726, in-8°, 2 vol.

(1) On publia encore d'autres ouvrages contre Le Courayer; nous indiquerons les suivants : — *Traité dogmatique de la messe*, pour servir de justification à la censure des évêques, contre le Père Le Courayer, par Cl. le Pelletier. Paris, de Lussem, 1724, in-12. — *Lettre d'un théologien* à un ecclésiastique de ses amis, sur une dissertation touchant la validité des ordinations des Anglais. Paris, Gabriel Amaury, 1724, in-12. — *Lettre au R. P. Le Courayer*, sur son traité des ordinations des anglais, par un religieux Bénédictin. Paris, J. B. Lamesle, 1726, in-12. — *Justification de l'église Romaine* sur la réordination des anglais épiscopaux, ou réponse à la dissertation sur la validité des ordinations anglaises du P. Le Courayer, par le R. P. Théodoric de Saint-René. Paris, Paul du Mesnil, 1728, in-12, 2 vol.

le sacrifice de la messe n'est point réel, mais qu'il n'est qu'une pure figure et une simple représentation ; comme rendant suspecte la foi de l'auteur sur la présence réelle de Jésus-Christ dans l'eucharistie, et sur un grand nombre d'autres dogmes catholiques, etc. Au reste, le P. Le Courayer n'a pas été ébranlé par tous ces orages. L'opiniâtreté de cet appelant a tenu bon contre tous les éclaircissements et toutes les censures. Vaincu par une multitude de savants, il a toujours affecté un air de triomphe au milieu de ses défaites. Condamné par les puissances ecclésiastiques, il s'est fait gloire de mépriser tous leurs anathèmes. *Vingt prélats*, dit-il dans sa lettre au P. de Riberolles, abbé de Sainte-Geneviève, *ne m'ont pas effrayé : le livre des* Réflexions morales *condamné par cent évéques, en* 1714, *n'en est pas moins précieux à tous les amateurs de la vérité.* On voit par ces expressions que les appelants sont des hommes aguerris, que leur résistance à la bulle les a mis en goût et en état de ne plier sur rien ; et qu'en effet, ils ne sont pas plus dociles sur la présence réelle et le sacrifice de la messe, que sur la grâce et la liberté.

Relation historique et apologétique des sentiments et de la conduite du P. Le Courayer, avec les preuves justificatives des faits avancés dans l'ouvrage. Amsterdam, 1729, 2 vol. in-12.

Le P. Le Courayer prétend faire son apologie, et il ne fait que justifier les censures de son livre. Ce sont ici des erreurs formelles sur la présence réelle, sur la tolérance des religions, sur l'Église, la grâce, etc. Dans toutes ces matières, cet appelant va un peu plus loin que ne voudraient ses collègues dans l'appel. Il a développé trop tôt les principes qui lui sont communs avec eux. La présence corporelle de Jésus-Christ dans l'eucharistie, est selon lui, *une chimère*. Les jansénistes n'ont eu garde de s'expliquer encore si crûment, quoiqu'ils aient laissé connaître plus d'une fois qu'ils ne pensaient guère mieux sur ce point.

Jusqu'ici, ils n'ont appliqué le nom de *chimère* qu'au prédestinatianisme, au baïanisme, au jansénisme, et, dans les *Nouvelles ecclésiastiques*, à l'acceptation de la bulle *Unigenitus*. Le Courayer, en enfant perdu, est le premier qui dise si hautement que la présence réelle est *une chimère* ; aussi doit-il s'attendre que cette imprudente franchise ne sera pas du goût du parti.

Un autre article, où ils n'osent le soutenir ouvertement, est ce qu'il dit des conciles généraux. Il ne pense pas que la décision des conciles généraux dispense d'examiner, et ce n'est point à son avis une preuve certaine qu'un dogme soit de tradition, parce qu'un concile général l'a adopté. Voilà ce que dit des conciles généraux un appelant au futur concile. On voit par là quelle soumission il aurait pour ses décisions, et en cela il a bien des secrets imitateurs, lesquels, si on tenait le concile, n'en feraient pas plus de cas que fit Luther du concile de Trente, auquel il avait appelé. Les quesnellistes ne sont plus même fort réservés sur cet article. L'auteur de l'*Avocat du diable*, livre imprimé en 1743, dit en se moquant : *Voilà une décision bien sensée, aussi est-elle du concile de Trente*. Le même auteur invite *à jeter les yeux sur les États, dont le sage et chrétien gouvernement tolère toutes les religions*. Les jansénistes ont prouvé, dans le cours des événements politiques qui depuis lors se sont passés en Europe, qu'ils pensaient tout comme l'*Avocat du diable* et Le Courayer, quoiqu'ils ne s'exprimassent pas alors aussi nettement qu'eux. Ils ont bien contribué à donner à la France un gouvernement qui tolère toutes les religions et n'en professe aucune.

Histoire du concile de Trente, écrite en italien par Fra-Paolo Sarpi, de l'ordre des Servites, et traduite de nouveau en français avec des notes critiques, historiques et théologiques. Londres, Samuel Id'le, 1736, 2 vol. in-fol. — Autre édition, à Amsterdam, J. Westein et G. Smith, 1736, 2 vol. in-4°.

Le concile de Trente, comme nous l'avons déjà dit, concile auguste, qui a foudroyé les erreurs de Luther et de Calvin, ne pouvait être du goût des jansénistes ; c'est pour cela que Le Courayer, appelant de la constitution *Unigenitus*, crut entrer dans les vues de son parti, en cherchant à renouveler les calomnies de Fra-Paolo contre ce dernier concile œcuménique. Il publia donc une nouvelle traduction de la fameuse *Histoire*, composée par ce moine servite, qui n'était autre chose qu'un vrai protestant, et il y ajouta des notes plus scandaleuses encore que le texte, dans lesquelles il *s'efforce d'établir un système qui tend à justifier toutes les religions, et à ravir à la seule véritable les caractères qui la distinguent.* Ce sont les expressions de M. le cardinal de Tencin, alors archevêque d'Embrun, dans l'excellente Instruction qu'il a publiée contre ce pernicieux ouvrage.

Les premiers égarements de Le Courayer, dit ce grand prélat, *nous avaient préparé au scandale que nous déplorons. Engagé dans le parti funeste qui cause aujourd'hui tant de troubles, il s'était accoutumé à mépriser l'enseignement des premiers pasteurs : flétri par son archevêque, par une nombreuse assemblée d'évéques, par le concile de cette métropole* (d'Embrun),... *il s'était raidi contre les censures, et il avait vu, sans être effrayé, l'excommunication lancée sur lui par le général de son ordre. Faut-il donc s'étonner qu'il ait foulé aux pieds les engagements les plus sacrés,* etc..... *Quand on vient à méconnaître la règle qui seule peut fixer notre foi, quand on se livre entièrement à sa passion, quand il n'y a plus que l'orgueil, que l'opiniâtreté qui décident de ce que l'on doit croire, dans cette déplorable situation d'esprit, dans cette privation de toute saine lumière, quelles barrières ne franchit-on point ? N'est-on pas entraîné d'abîme en abîme ?*

Ce qui est arrivé d'une manière si éclatante au P. Le Courayer, arrive souvent en effet d'une manière plus secrète à une infinité de jansénistes. Ils commencent par se révolter contre la bulle *Unigenitus*, et ils finissent par n'avoir plus aucune espèce de religion. Quoi qu'il en soit, M. l'archevêque d'Embrun, après avoir fait connaître à fond Fra-Paolo, après avoir montré ce que l'on doit penser du sieur Le Courayer lui-même, condamna le livre dont il s'agit *comme établissant un système de religion impie et hérétique, comme contenant un très-grand nombre de propositions respectivement fausses, téméraires, scandaleuses, captieuses, séditieuses, et déjà condamnées; injurieuses aux évêques, au pape et à l'Eglise, erronées, schismatiques et hérétiques.* Voyez AMELOT, DOMINIS et le *Diction. hist.* de Feller, aux articles SARPI.

Voici un livre qui concerne particulièrement le P. Le Courayer; c'est la raison pour laquelle il va en être question à la suite de son article.

CALOMNIE (La) *portée aux derniers excès, contre les appelants, par MM. de Marseille, de Cambrai et de Beauvais.* 1728, in-4° de 23 pages.

Le but de cet écrit est de justifier les jansénistes accusés par ces prélats, dans leurs mandements contre le P. *Le Courayer*, de ne pas croire la présence réelle; mais cette accusation n'est assurément rien moins qu'une calomnie; et nous allons montrer par quelques articles curieux et importants qu'elle n'est que trop bien fondée.

1° Dans la fameuse assemblée de Bourgfontaine, les chefs de la secte délibérèrent s'ils aboliraient l'eucharistie. 2° Dans les papiers qui furent saisis chez M. Du Pin, il était dit qu'*on peut abolir la confession auriculaire, et ne plus parler de la transsubstantiation dans le sacrement de l'eucharistie.* Voyez PIN (Du) et l'*Histoire de la constitution,* par M. de Sisteron, liv. V. 3° Un oratorien, nommé le P. Mioly, dans une thèse à Marseille, et M. *Cally,* curé de Caen, ont soutenu que l'eucharistie était un sacrement où l'âme de Jésus-Christ s'unit à la matière du pain, lequel devient ainsi le corps de Jésus-Christ. 4° M. *de Saci*, dans les *Heures de Port-Royal,* veut qu'à l'élévation de l'hostie, on dise: *Je vous adore au jugement général, et à la droite du Père éternel.* 5° Le P. Morel, bénédictin de la congrégation de Saint-Maur, dans son *Imitation de Jésus-Christ*, traduite avec une prière affective, dit à la page 387: *A la messe je possède véritablement, et j'adore celui-là même que les anges adorent dans le ciel; mais je ne le possède que par la foi.* 6° Dans la *Morale du Pater*, on lit ces paroles: *Nous mangeons ici le corps de Jésus-Christ, par la foi, en attendant que nous soyons pleinement rassasiés de lui en le voyant dans le ciel à face découverte.* Propositions que Calvin lui-même eût adoptées sans peine. 7° M. *Arnauld,* dans le livre de la *Fréquente communion,* page 680, dit, que, *comme l'eucharistie est la même viande que celle qui se mange dans le ciel, il faut nécessairement... qu'il n'y ait autre différence qu'autant qu'il y en a entre la foi et la claire vision de Dieu, de laquelle seule dépend la différente manière dont on le mange sur la terre et dans le ciel.* Expressions fausses et très-suspectes, puisque entre ces deux manducations métaphoriques, l'une *sur la terre* par la foi, et l'autre *dans le ciel* par la vision béatifique, il y a une troisième manducation, la manducation orale, la seule propre et véritable manducation qui est indépendante de la foi, et dont M. Arnauld devait parler, s'il voulait parler juste, ou s'il pensait catholiquement. 8° Le P. Le Courayer, appelant, soutient dans sa *Dissertation* et dans la *Défense* de sa Dissertation, que le sacrifice de la messe n'est que figuratif et commémoratif, sans aucune immolation réelle; et que l'eucharistie est chez les Anglais tout ce qu'elle est dans l'Eglise romaine.

Voilà, de la part des jansénistes, des textes formels et précis qui déposent contre eux, attestent leurs sentiments, et qui confondent le téméraire écrivain qui ose ici crier à la calomnie.

COURTOT (JEAN), prêtre de l'Oratoire, a publié divers ouvrages sous des noms supposés.

LA CALOMNIE CONFONDUE *par la démonstration de la vérité et de l'innocence opprimés par la faction des jésuites, pour servir de justification de la personne et de la doctrine de Jansénius.* In-4°, publié sous le nom supposé de *Jean Cordier.* Autre édition, 1663, in-8°, publiée sous le même pseudonyme.

MANUALE *catholicorum, autore Alethophilo Charitopolitano,* 1651.

Le Manuel des catholiques par Alethophile de Charitopolis, autre faux nom sous lequel se cachait Jean Courtot. Cet ouvrage fut brûlé le 4 janvier 1664 par la main du bourreau, et l'auteur, aussi bien que l'imprimeur, furent condamnés *à être pris au corps, si appréhendés peuvent être; sinon, assignés à trois briefs jours et leurs biens saisis.*

CURÉS DE BLOIS. Un assez grand nombre de curés de la ville et du diocèse de Blois se livrèrent au jansénisme, et crurent même au faux thaumaturge de Saint-Médard. Nous connaissons d'eux la pièce suivante, qui en suppose d'autres.

SECONDE REQUÊTE *présentée à M. l'évêque de Blois,* à la fin de février 1739, par quarante-deux curés et autres ecclésiastiques de son diocèse, au sujet de la guérison miraculeuse opérée à Moisy par l'intercession du bienheureux diacre François de Pâris, en la personne de *Louise Trimasse,* veuve de Jean Mercier, avec une addition aux pièces justificatives de ce miracle, imprimées l'année dernière 1738, et de nouvelles réflexions importantes contenant la réfutation des articles de la vingtième lettre de dom la Taste, qui combattent cette merveille, et les preuves de la nécessité de la seconde requête. 1739, in-4°.

CURÉS DE PARIS. Il est parlé, dans plusieurs articles de cet ouvrage, de messieurs les curés de Paris, à raison de divers écrits que les habiles du parti ont faits pour eux. Ici nous allons mentionner quelques autres pièces qui les regardent et dont nous ne connaissons pas les auteurs. *Voy* Avocats, Boursiers, etc.

Lettre *des curés du diocèse de Paris, du 15 décembre 1716, à M. le cardinal de Noailles, au sujet de la constitution Unigenitus.* In-12.

Lettre *du clergé de l'église paroissiale de Saint-Roch, à M. le cardinal de Noailles, au sujet des bruits répandus que Son Eminence était sur le point de recevoir la constitution Unigenitus.* In-8°.

Le Témoignage *de MM. les curés de la ville et du diocèse de Paris, au sujet de la constitution Unigenitus, dans leurs lettres présentées à M. le cardinal de Noailles.....* 1717, in-4°.

Témoignage *du clergé séculier et régulier de la ville et du diocèse de Paris, au sujet de la constitution Unigenitus.* 1717.

Pour balancer l'autorité irréfragable du corps épiscopal uni à son chef, on a emprunté et mis en œuvre l'autorité de quelques curés et de quelques supérieurs de communautés régulières et autres, parmi lesquelles on n'a pas manqué de placer les frères Tailleurs de Paris, et les sœurs Grises d'Abbaville.

Apologie *des curés du diocèse de Paris, contre l'ordonnance de M. l'archevêque de Reims, du 4 janvier 1717, portant condamnation d'un imprimé intitulé: Lettre des curés de Paris et du diocèse, etc., dans laquelle ils déduisent les causes et moyens de l'appel par eux interjeté de la constitution Unigenitus.* 1717, in-4°.

Voy. Boursiers.

Conclusions *du chapitre de l'église métropolitaine de Paris, du 23 septembre 1718, par lesquelles il adhère à l'appel de M. l'archevêque, du 3 avril précédent.* In-4°.

Voy. Noailles.

Acte *des quarante-huit curés de Paris, par lequel ils adhèrent à l'appel du cardinal de Noailles,* etc.

Liste *des chanoines, curés, docteurs et ecclésiastiques séculiers et réguliers de la ville et du diocèse de Paris, qui ont déclaré par des actes envoyés à nos seigneurs les évêques appelants, qu'ils persistent dans leur appel, et protestent de nullité contre tout ce qui pourrait avoir été fait, ou qui pourrait se faire, tendant à infirmer leur dit appel.*

Il y eut plusieurs éditions de cette pièce; la troisième, corrigée et augmentée, est de 1721, in-4°.

Requête *de MM. les curés de la ville et faubourgs de Paris, du 19 mai 1726, à Son Eminence M. le cardinal de Noailles, au sujet du mandement de M. l'évêque de Saintes, du 26 novembre 1725.* In-4°. Ce mandement de M. l'évêque de Saintes condamne l'écrit intitulé : *Réflexions envoyées de Rome en France touchant les explications demandées par les appelants de la bulle* Unigenitus, *lues dans la congrégation des cardinaux, en présence du pape, et qui ont déterminé Sa Sainteté à n'en point accorder.*

Mémoire *de trente curés de la ville de Paris, présenté à Son Eminence M. le cardinal de Noailles, au sujet du bruit qui s'est répandu d'une prochaine acceptation de la bulle* Unigenitus. Le 16 mai 1727. In-4° de 20 pages.

Les trente curés, dans ce mémoire schismatique, rappellent au cardinal sa fermeté passée, et l'encouragent à se soutenir. Ils lui disent qu'on ne peut ni publier la bulle, ni l'accepter; que s'ils la publiaient, leurs paroissiens s'élèveraient contre eux, et que par une méprise peu honorable à la bulle *Unigenitus,* les simples croiraient que les propositions qu'elle condamne sont des instructions qu'elle donne.

Un arrêt du conseil d'Etat, du 14 juillet 1727, supprima ce mémoire *comme scandaleux, et comme contraire aux décisions de l'Eglise et aux lois de l'Etat.* Le roi, par cet arrêt, ordonna que les exemplaires en seront lacérés. Par des lettres particulières, Sa Majesté commet le lieutenant général de police, pour informer contre les auteurs de ce mémoire et pour leur faire leur procès définitivement et en dernier ressort, *selon la rigueur des ordonnances.*

Les très-humbles remontrances *des curés de Paris qui ont présenté à M. le cardinal de Noailles un mémoire au sujet du bruit,* etc.

Dans ces *très-humbles remontrances,* messieurs les curés de Paris répètent toutes les erreurs contenues dans leur *Mémoire* et dans leur *Lettre.* Ils y renouvellent leur appel schismatique au futur concile œcuménique; et, pour colorer leur révolte, voici comment ils s'expliquent:

Ce n'est pas, disent-ils, *une cause particulière aux curés de Paris; elle leur est commune avec un nombre d'évêques très-respectables : avec M. le cardinal de Noailles aux actes duquel ils ont adhéré, avec des universités, avec un nombre prodigieux d'ecclésiastiques du second ordre, tant séculiers que réguliers, dont l'appel a lié irrévocablement cette grande affaire au tribunal de l'Eglise universelle. Leurs personnes, leur honneur, leur liberté sont sous la protection de Dieu et du saint concile. Nul tribunal inférieur, nul concile particulier ne peut infirmer cet appel, ni juger définitivement une des plus grandes causes qui aient jamais été dans l'Eglise.*

Les trente curés ajoutent que la bulle *Unigenitus ne peut jamais être par elle-même* une loi de *l'Etat. On ne pourrait*, disent-ils, *lui donner ce nom, qu'en conséquence et dans la supposition que ce fût une loi de l'Eglise : ce qui ne peut pas se vérifier de la bulle Unigenitus.*

Les curés osent insinuer dans cette remontrance, 1° le dogme impie de Marc-Antoine de Dominis et de Richer, que *dans le gouvernement de l'Eglise tout doit se régler en commun;* en abusant grossièrement de cette parole de Jésus-Christ : que tout esprit de domination y doit être interdit; 2° l'hérésie du presbytéranisme, c'est-à-dire l'égalité des prêtres avec les évêques ; et enfin, faisant armes de tout, ils autorisent leur folle prétention par la conduite du pape, qui ne doit rien décider d'important, disent-ils, sans le conseil des cardinaux.

Cette remontrance des trente curés a été flétrie par un arrêt du conseil d'Etat du roi, donné à Fontainebleau le 11 octobre 1727. Le roi déclare que c'est *par un esprit de révolte et d'indépendance que ces remontrances ont été faites.... qu'après avoir méprisé la puissance ecclésiastique, l'auteur de ce libelle ne respecte pas davantage l'autorité du roi, à laquelle il conteste le droit de faire une loi de l'Etat de ce qui est déjà une loi de l'Eglise, comme si le roi avait excédé les bornes de son pouvoir en ordonnant que cette loi reçue par le corps des pasteurs unis à leur chef, serait inviolablement observée dans ses Etats; comme si les curés formaient un corps qui fût en état de faire des remontrances au roi.* Sa Majesté ordonne que ces remontrances seront supprimées, *comme injurieuses à l'autorité royale, contraires aux lois de l'Etat*, à peine de *punition exemplaire contre ceux qui se trouveront saisis desdits exemplaires.* Le roi ordonne que le *procès sera fait à l'auteur, à l'imprimeur et aux distributeurs de ces exemplaires, suivant la rigueur des ordonnances.*

LETTRE *des trente curés de la ville, faubourgs et banlieue de Paris*, à Son Éminence M. le cardinal de Noailles..., au sujet de la lettre écrite à Sa Majesté par plusieurs prélats, à la tête desquels se trouve Son Éminence, sur le jugement rendu à Embrun contre M. l'évêque de Senez (Soanen), 1728, in-4°.

TÉMOIGNAGE *du clergé de Paris à l'occasion de la lettre écrite à Sa Majesté par plusieurs prélats, au sujet du jugement rendu à Embrun contre M. de Senez.* 1728, in-4°.

SECONDE REQUÊTE *des curés de Paris à leur archevêque, au sujet des Miracles de M. de Pâris.* 4 p. in-4°, 1731.

Les vingt-deux curés de Paris, qui ont signé cette requête, présentent à M. l'archevêque treize relations de guérisons *extraordinaires, dont ils se sont trouvés*, disent-ils, *en état d'assurer.* Ils ajoutent, qu'*elles sont si considérables en elles-mêmes, si évidemment attestées par un grand nombre de témoins dont la sincérité est connue, et revêtues de caractères si éclatants, qu'ils espèrent que Sa Grandeur voudra bien en prendre connaissance*, etc.

Le lecteur peut juger de toutes ces prétendues guérisons par la quatrième, qui est celle du sieur Le Doulx, fils du procureur du roi au grenier à sel de Laon, et demeurant alors à Paris, dans la communauté de Saint-Hilaire. Ce qui doit charger de confusion les auteurs de cette requête, c'est que le sieur Le Doulx celui-là même sur lequels ils prétendent que le miracle s'est opéré, celui que le parti s'est pressé de conduire dans tous les quartiers de Paris pour y publier de vive voix sa guérison miraculeuse, est celui-là même qui, de retour à Laon, touché de Dieu, et ébranlé par la lecture publique, qui se fit dans la cathédrale, d'un mandement de M. de la Fare, a découvert à ce prélat tous les secrets ressorts de cette diabolique manœuvre.

Voici le fait, tel que nous l'apprenons, et la lettre que le jeune homme écrivit à son évêque le 4 mars 1732, et le mandement que le prélat publia sur ce sujet le 10 avril de la même année. Le sieur Le Doulx fut attaqué, le dimanche 17 juin 1731, d'une fièvre causée par un rhume qui le tourmentait depuis quelques jours ; quoique la maladie fût légère, on entreprit de lui faire entendre qu'il était en très-grand danger. On le confessa le lundi, et le confesseur lui déclara que c'était *pour contenter messieurs de la maison.* Le mardi matin, le même ecclésiastique (de Saint-Étienne-du-Mont) lui apporta le viatique et l'extrême-onction, et lui dit encore, que *ce n'était pas qu'il le trouvât plus mal, mais que c'était pour satisfaire messieurs de la maison.* Ces messieurs de la maison avaient donc leur dessein ; et ce dessein était de grossir en apparence la maladie. Dans cette vue, ils firent faire au malade de fréquentes saignées ; il en fallait multiplier le nombre pour embellir les certificats. Mais pour faire bientôt courir le jeune homme dans tout Paris, il ne fallait pas épuiser ses forces ; le moyen de satisfaire à tout fut de réitérer souvent les saignées, et de ne lui tirer presque point de sang. *J'avais déjà été saigné quatre fois*, dit le sieur Le Doulx, *mais on ne me tirait presque point de sang, ce qui fait que ces saignées ne m'affaiblirent point.* Comme le malade prit le parti de ne point répondre aux discours importuns qu'on lui tenait sur M. Pâris, on en prit occasion de publier qu'il avait perdu la connaissance, et ce fut alors qu'on mit sous son chevet un morceau de bois de lit du prétendu saint. Le lendemain, le sieur Le Doulx commença à cracher, ce qui le soulagea. Aussitôt on cria miracle. Le malade en fut d'autant plus étonné, qu'il *ne s'était point adressé au sieur Pâris, et qu'il n'avait point de confiance en lui.*

Pour mettre à profit cette intrigue, il fallait des certificats. Le médecin (Le Moine) dit qu'il n'y avait qu'à en dresser un, et il le signa, tel qu'il lui fut présenté. Les chirurgiens (Coutavo et Bailly) résistèrent quelque temps, mais enfin ils succombèrent. On fit faire au jeune homme une relation, qu'on corrigea plusieurs fois. Enfin, on le conduisit dans une infinité de maisons, pour y raconter le miracle imaginaire et donner vogue à l'imposture.

Tel est le miracle que les vingt-deux curés de Paris ont eu l'audace de présenter à leur archevêque pour en informer. M. l'archevêque en prit en effet connaissance, et le sieur Le Doulx, par un acte du 30 mai, lui déclara que la relation présentée par les curés, et faite par lui même, à l'instigation de ceux qui l'environnaient alors, ne contenait point vérité, et qu'il persistait dans celle qu'il avait faite à M. de Laon.

Le 2 avril suivant, le jeune homme, plein de courage et de zèle pour réparer sa faute, écrivit encore à M. de la Fare, et le pria de vouloir bien donner son mandement, *pour désabuser le peuple sur ce prétendu miracle.* Ce fut en conséquence que ce prélat publia, le 10 du même mois, un mandement imprimé, avec les lettres du sieur Le Doulx : monuments immortels et du zèle de ce grand prélat, et de la sacrilége imposture du parti.

CURÉS DE REIMS. Claude-Remy Hillet, Jean-François Debeine, et Louis Geoffroy, curés à Reims, *esprits discoles, perturbateurs de la tranquillité de l'Eglise, ministres d'iniquité;* Nicolas Le Gros, Claude Baudouin et Jean-François Maillefer, chanoines de Reims, refusant de se soumettre à la bulle *Unigenitus,* furent excommuniés par sentences rendues le 17 juin 1715, en l'officialité de Reims. Ces sentences furent publiées avec le mandement du vicaire général de M. l'archevêque (de Mailli), à Reims, B. Multeau, 1715, in-4°.

A cette occasion plusieurs pièces furent publiées par les excommuniés, ou par leurs avocats, en leur nom.

MÉMOIRE *pour les trois docteurs et curés de Reims, appelant comme d'abus d'une sentence d'excommunication prononcée contre eux,* etc. Paris, Damien Beugnier, 1716, in-4°.

MÉMOIRE *des trois docteurs et curés de Reims, pour obtenir le renvoi au parlement de la cause intentée contre eux, au sujet de la constitution* Unigenitus. Paris, Damien Beugnier, 1716, in-4°.

REMONTRANCE *à Nosseigneurs de parlement, pour les trois curés de Reims, au sujet de l'excommunication; avec le plaidoyer de M° Chevalier,* avocat. Paris, Imb. de Bats, in-4°.

MÉMOIRE *pour les trois chanoines, docteurs de la faculté de théologie de Reims, appelant comme d'abus d'une sentence,* etc. avec quelques pièces qui ont rapport à cette affaire. Paris, Fr. Jouenne, 1716, in-4°.

PLAIDOYER *de M° Joly en faveur des trois chanoines et des trois curés, pour être déchargés de la sentence,* etc. 1716, in-4°.

MÉMOIRE *pour les curés de la ville et du diocèse de Reims, appelant comme d'abus des ordonnances de M. l'archevêque de Reims, des 5 octobre 1716 et 20 mars 1717, au sujet de la constitution* Unigenitus ; par M° Chevalier, avocat; avec des lettres et actes de plusieurs curés du diocèse de Reims. Paris, Fr. Jouenne, in-4°.

MÉMOIRE *pour le chapitre de l'Eglise métropolitaine de Reims, et autres, appelant comme d'abus des ordonnances de M. l'archevêque de Reims, des 5 octobre et 9 décembre 1716, et 20 mars 1717 ; par M° Guillet de Blaru,* avocat, avec un recueil de pièces qui y ont rapport. Paris, Fr. Jouenne, 1717, in-4°.

MÉMOIRE *pour la faculté de théologie de Reims, appelant comme d'abus des ordonnances,* etc.; par M° Chevalier, avocat; avec la protestation de la faculté de théologie de Reims, etc. Paris, Fr. Jouenne. 1717.

Tous ces écrits sont répréhensibles à plus d'un titre; les trois derniers mémoires surtout respirent d'un bout à l'autre le presbytéranisme.

Un mandement de M. de Mailli, du 5 octobre 1716, était dirigé contre le livre du *Témoignage de la vérité;* et le prélat ordonnait qu'on fit lecture de ce mandement. Les curés, le chapitre et la faculté de théologie, refusèrent de faire cette lecture, quoiqu'elle leur fût prescrite sous peine de suspense encourue *ipso facto.*

L'hérésie est, comme on voit, peu d'accord avec elle-même. Mille fois on a entendu les jansénistes soutenir que chaque évêque en particulier, indépendamment et du pape et du corps des évêques, est le maître absolu de la doctrine dans son diocèse. Un homme s'est depuis élevé, et, dans un ouvrage fanatique intitulé : *le Témoignage de la Vérité,* il est allé jusqu'à vouloir que le cri tumultueux du simple peuple fût la règle de notre foi. Ici l'on prétend que la voix des évêques est inutile, sans le suffrage des ecclésiastiques du second ordre, et c'est en particulier l'unique but que s'est proposé l'auteur du troisième mémoire. Voici quelques-unes de ses propositions :

Page 261. *Il ne croient pas* (les docteurs, chanoines et curés de Reims) *qu'on doive..... regarder comme une chose constante que les évêques sont les seuls juges de la doctrine.* Page 270. *Doit-on regarder comme une vérité décidée ce qu'avance M. l'archevêque..... que les évêques sont de droit divin les seuls juges de la doctrine?* Page 271. *Nous y lisons* (dans le Deutéronome) *que dans les questions difficiles il faut s'adresser au sanhédrin, et suivre le jugement des prêtres.* Toute cette page et la suivante sont employées à développer cette doctrine erronée, que *les pasteurs du second ordre ont voix décisive dans les conciles.*

C'est ainsi que le jansénisme détruit toute la hiérarchie. Dans cette secte, l'évêque est autant que le pape, le prêtre autant que l'évêque, et le laïque autant que le prêtre.

Voyez ROUSSE.

D

DAMVILLIERS, pseudonyme dont Pierre Nicole a fait usage.

DANTINE (dom). *Voyez* CLÉMENCET.

DARCY ou **CADRY** (JEAN-BAPTISTE). Un de ces deux noms est l'anagramme de l'autre; mais lequel? Les uns disent que Darcy est le vrai nom de cet honnête janséniste, qui, par anagramme, l'avait changé en celui de Cadry. D'autres prétendent le contraire; M. Picot croit que le vrai nom est Cadry, et Darcy le nom de guerre. Quoi qu'il en soit, Darcy ou Cadry naquit en Provence en 1680, et fut tour à tour théologien de Verthamon, évêque de Pamiers, de Soanen, évêque de Senez, et de Caylus, évêque d'Auxerre. Il mourut à Savigny près de Paris le 25 novembre 1736.

Il eut part à l'*Instruction pastorale* de Soanen, qui donna lieu au concile d'Embrun. Il est auteur des *Apologies*, du *Témoignage* et de la *Défense* des Chartreux réfugiés en Hollande.

HISTOIRE *du livre des* Réflexions morales *et de la* Constitution Unigenitus. Amsterdam, 1723-1738, 4 vol. in-4°, dont le premier est de Louail (*Voyez* ce nom).

HISTOIRE *de la condamnation de M. de Soanen, évêque de Senez,* 1728, in-4°.

RÉFLEXIONS *sur l'ordonnance de M. de Vintimille,* du 29 septembre 1729. — Il publia beaucoup d'autres écrits de ce genre.

DEBONNAIRE (Louis), prêtre appelant, naquit à Troyes ou près de cette ville, entra dans la congrégation de l'Oratoire, qu'il quitta dans la suite. Il a écrit plusieurs ouvrages, dont quelques-uns contre la constitution; il était cependant un des adversaires des convulsions, qu'il attaque même assez vivement dans son *Examen critique, physique et théologique des convulsions, et des caractères divins qu'on croit voir dans les accidents des convulsionnaires*, en trois parties, 1733, in-4°. Debonnaire mourut subitement dans le jardin du Luxembourg, le 28 juin 1750. De ses ouvrages en faveur du jansénisme, nous citerons:

Essai du nouveau conte de ma mère l'oie; ou les Enluminures du jeu de la constitution avec une estampe qui représente le jeu de la constitution. 1722, in-8°. Écrit burlesque.

On a cru, non sans raison, que Debonnaire fut l'éditeur du *Discours de Fleury sur les prétendues libertés de l'Église gallicane,* avec des notes assez amères. *Voyez* FLEURY.

Debonnaire publia quelques lettres aux évêques de Montpellier et de Senez. Dans une lettre du 29 août 1735, à M. Colbert, il lui dit: *On dit qu'il y a dans Paris un homme chargé d'une procuration générale de signer pour vous tout ce qu'il plaît à certaines gens de publier sous votre nom.* Il écrivait à M. Soanen, le 12 février 1736: *Vous pouvez vous ressouvenir qu'au mois d'octobre 1729, vous n'aviez point encore ouï parler d'un ouvrage condamné le 1ᵉʳ août 1726, dans une instruction pastorale qui porte votre nom.* Par où l'on voit que Debonnaire croyait, comme d'autres, que les écrits publiés sous le nom de ces prélats n'étaient pas d'eux. C'est lui que Soanen attaque dans sa *Lettre* du 20 juin 1736.

DEFORIS (DOM JEAN-PIERRE), bénédictin de la congrégation de Saint-Maur, né à Montbrison, en 1732. Il se prononça fortement contre les principes révolutionnaires, dans une profession de foi courageusement exprimée dans une lettre qu'il adressa au *Journal de Paris*, et formant 28 pages in-8°. Il y fut fidèle, et la scella de son sang, le 25 juin 1794. Arrivé au pied de l'échafaud, il demanda et obtint d'être exécuté le dernier, afin de pouvoir offrir à ses compagnons d'infortune tous les secours de son ministère. Cependant, ce religieux était janséniste; nous aimons à croire qu'il avait cessé de l'être à la vue des malheurs que les principes jansénieus avaient contribué à faire tomber sur la France. C'était un écrivain laborieux; ses écrits sont en général solides, et annoncent beaucoup d'érudition; mais on y remarque un ton d'âpreté et d'aigreur qui révolte. Tout ce qui n'est pas janséniste y est fort maltraité. Il ne va être question ici que de l'édition des *œuvres de Bossuet*, à laquelle il eut une grande part, et ce qui va en être dit est extrait de *l'Ami de la Religion*, n° 58, tom. III, pag. 85.

« Les manuscrits de Bossuet, après la mort de l'évêque de Troyes étaient passés au président de Chazot, son neveu, et, après lui, aux Bénédictins des Blancs-Manteaux de Paris. Ceux-ci formèrent le projet d'une édition plus ample et plus complète que celles qui existaient. Le prospectus en fut distribué, en 1766, in-4°. L'abbé le Queux, qui s'était associé à cette entreprise, prépara, dit-on, les premiers volumes. Mais il mourut avant qu'il y eût rien de publié. D. Déforis, bénédictin des Blancs-Manteaux, se trouva chargé seul de l'édition. Il en publia 18 volumes de 1772 à 1778, qui comprennent principalement les écrits de Bossuet qui n'avaient pas encore été réunis, ses lettres et ses sermons. L'éditeur se servit pour cela de tout ce qu'il trouva dans les manuscrits de l'évêque de Meaux. Il rassembla les sermons et même les canevas de sermons, les lettres et les fragments de lettres. Il y joignit des préfaces, des notes en grand nombre, des tables, et parvint ainsi à faire des volumes. On est forcé de dire que ni le goût ni un zèle bien entendu pour la gloire de Bossuet n'ont présidé au travail de l'éditeur. Il a compilé sans choix des fragments qui auraient dû rester dans les cartons. Ce n'est pas rendre service à un grand homme que de publier indistinctement tout ce que l'on trouve dans ses papiers (1), et ce qui n'était destiné qu'à son usage. Ces essais informes, le plus souvent, attendaient d'être mis en œuvre, ou n'étaient que des matériaux. D. Déforis n'en jugea pas ainsi, et grossit son édition de tous ces morceaux. Un autre défaut de son travail, c'est la longueur de ses préfaces, la profusion de ses notes, et surtout l'esprit dans lequel elles sont rédigées, la partialité des jugements, l'âcreté du style, et la vivacité hargneuse avec laquelle l'éditeur attaque, à droite et à gauche, ceux qui ont le malheur de ne pas penser comme lui. Il les gourmande vertement, quand il les rencontre, ou plutôt il s'éloigne de son chemin pour aller les chercher. Vous ouvrez un volume que vous croyez de Bossuet, et vous y êtes fatigué des interminables notes, éclaircissements, apologies et récriminations de l'éditeur. Vous comptiez parcourir un monument élevé à la mémoire d'un grand évêque, et vous ne voyez souvent qu'une construction informe et pesante, dressée maladroitement en l'honneur d'un parti. Ce n'est plus Bossuet tout seul, c'est trop fréquemment un disciple tout plein des préjugés de son école et qui rabâche à tout propos la doctrine et les arguties de son maître.

« Aussi tous les gens sages et modérés s'accordèrent-ils à blâmer la composition indigeste de l'édition nouvelle. L'Assemblée du clergé de 1780 *l'improuva d'une manière très-expresse* (2), après un rapport qui lui fut fait par l'abbé Chevreuil, et en porta ses plaintes au chancelier. Dom Déforis avait déjà reçu l'ordre de n'imprimer que le texte de Bossuet. On dit qu'il eut défense de continuer, et il paraît que le régime même de sa congrégation lui interdit de s'en occuper. C'est ce qui explique pourquoi les derniers volumes, publiés par le libraire, n'ont pas reçu la dernière main. On essaya néanmoins de continuer cette édition. En 1790, on donna les volumes XIX et XX, contenant la *Défense de la déclaration* du clergé, et il se répand en ce moment (1815) que deux autres volumes viennent d'être présentés au roi. Mais on a beau faire; il n'est pas à croire que cette édition se relève du discrédit où elle est tombée. Elle est jugée à jamais, non-seulement par ceux qui n'ont pas l'honneur de penser comme Dom Déforis sur certaines matières, mais par tous ceux qui ont un peu de goût, de jugement et de mesure. C'est une collection entièrement manquée, et les efforts qu'on a faits en dernier lieu pour la réhabiliter ne réconcilieront pas le public avec elle. C'est une compilation informe et un ouvrage de parti: deux défauts majeurs, qui sont sans excuse et sans remède. »

DELAN (François-Hyacinthe), docteur et professeur de Sorbonne, chanoine et théologal de Rouen, naquit à Paris en 1672. Exilé à Périgueux, lors du *Cas de conscience* dont il était un des signataires, il se rétracta et obtint son rappel. Il prit part aux démarches de la Sorbonne sous la régence, fut exclu des assemblées de la faculté, en 1729, et signa la *Consultation*, du 7 janvier 1735, contre les convulsionnaires. Il se déclara aussi contre les *Nouvelles ecclésiastiques* par vingt lettres, qui parurent en 1736 et en 1737, sous le nom de *Réflexions judicieuses*, et dans lesquelles il attaqua aussi les *nouveaux écrivains* combattus par Soanen. Il avait donné précédemment deux *Examens du figurisme moderne*, et faisait ainsi à la fois la guerre aux *Nouvelles*, aux *Figuristes* et à Debonnaire, chef du parti opposé. On cite encore de lui une *Dissertation théologique sur les convulsions*; l'*Examen de l'usure sur les principes du droit naturel*, 1753, contre Formey; la *Défense de la différence des vertus théologales d'espérance et de charité*, 1744, sur la dispute qui s'éleva à cette occasion entre les appelants; l'*Autorité de l'Eglise et de sa tradition défendue*. Delan paraît avoir été modéré dans le parti de l'appel.

DELIGNY (N...), bachelier de la faculté de théologie de Douai, disciple du fameux Gilbert, fut envoyé en exil pour avoir enseigné à Douai le pur jansénisme.

Lettre à *M. l'évêque de Tournai*.

On peut en juger par cet échantillon · *On rendrait*, dit-il, *un grand service à l'Eglise, si l'on en exterminait le rosaire et le scapulaire*. Proposition téméraire, scandaleuse, offensive des oreilles pieuses, et qui ne prouve que trop cette horreur impie qu'ont les jansénistes pour le culte de la sainte Vierge, et pour tout ce qui tient à une si solide dévotion.

Les auteurs *du Libelle intitulé:* Le venin des écrits contre les ouvrages du P. Platel et du P. Taverne, *découvert à MM. les docteurs de la Faculté de théologie de Douai, convaincus de calomnies par les lettres et la déclaration de M. Deligny adressées à trois prélats plus de deux ans avant qu'il revînt de son exil*. 1704, in-12 de 87 pages. Les ouvrages des PP. Platel et Taverne, jésuites, ayant été attaqués par divers écrits jansénistes, on y répondit par une brochure intitulée : *Le venin des écrits*, etc., dans laquelle le bachelier Deligny se trouva fort maltraité. Ce fut pour se défendre, qu'il publia le Libelle dont il est ici question. Ce n'est qu'un recueil de quelques-unes de ses lettres dont la première est à M. d'Arras, la deuxième à M. de Cambrai, et la troisième à M. de Paris ; vient ensuite une déclaration de ses sentiments. Enfin la quatrième lettre,

---

(1) Et c'est, ajoutons-nous, lui en rendre un fort mauvais, que de publier des ouvrages qu'il avait condamnés lui-même à ne jamais voir le jour ; des ouvrages tels, par exemple, que la *Défense de la déclaration de 1682*, dont Bossuet, qui l'avait entreprise, travaillée et retravaillée mainte et mainte fois sans pouvoir jamais la terminer ou la trouver de son goût, avait dit : *Qu'elle aille se promener : Abeat quo libuerit*; car elle était le tourment de sa foi, de son cœur et de son esprit. (*Voyez* Bossuet, évêque de Troyes.)

(2) Ce sont les termes du procès-verbal. Note de l'*Ami de la Religion*.

qui est la plus longue, est encore à M. d'Arras, et renferme quelques lettres du P. de la Chaise.

Ce Deligny dont il s'agit est ce bachelier de Douai si connu par l'aventure du faux Arnauld, dont voici en peu de mots la fameuse histoire.

Quelques théologiens de Douai déguisaient avec grand soin leurs sentiments erronés, et disaient, avec les autres jansénistes, que le jansénisme n'était qu'un fantôme. Un inconnu eut l'adresse de les faire sortir de leur secret. Il écrivit au sieur Deligny, en prenant le nom de M. Arnauld; et par ce moyen il l'engagea à se trahir lui-même, et à convenir de son intime adhésion à la doctrine de Jansénius. Ce bachelier, croyant écrire à M. Arnauld, ouvrit son cœur, et dévoila ses véritables sentiments.

Je suis entièrement persuadé, lui dit-il dans une de ses lettres, *que M. l'évêque d'Ypres a été condamné par une faction d'une bande molinienne, et qu'il n'a jamais tenu d'autre doctrine sur la grâce que celle de saint Augustin : je crois même que nul pape n'a jamais donné de plus évidentes marques de faillibilité, que dans la condamnation des cinq propositions in sensu a Jansenio intento.*

Je suis persuadé, dit-il dans une autre lettre, *que les papes ont manqué en condamnant Jansénius, et ainsi je n'ai aucun scrupule de lire les livres qui traitent du jansénisme.*

Et dans une autre il s'exprime ainsi : *Quant à la grâce suffisante, je vous dirai ouvertement ma pensée : je suis persuadé qu'une personne savante en a porté un jugement très-juste et très-équitable, quand elle a dit que la grâce suffisante des molinistes est une erreur, moi je la crois une hérésie, et que la grâce suffisante des thomistes est une sottise.*

Enfin, dans une autre lettre, voici comment il parle : *Je déclare devant Dieu que j'ai une attache inviolable à tous les sentiments de M. Arnauld, etc. Que je crois que la liberté d'indifférence dans la nature corrompue n'est qu'une chimère et une invention humaine, et le reste d'une philosophie pélagienne. Que depuis la chute d'Adam il n'y a plus de grâce suffisante, mais seulement efficace, etc. Que le sentiment des molinistes sur ce chapitre est demi-pélagien, et que l'opinion des thomistes est une pure sottise et une extravagance. Que sans la grâce efficace, non seulement nous ne faisons rien de bien, mais encore nous ne pouvons rien faire, et que c'est être demi-pélagien que de penser le contraire. Qu'entre les dévotions populaires qui se bornent à un culte extérieur et demi-judaïque, on peut compter le scapulaire, le rosaire, le cordon, et d'autres confréries, et que ce serait faire un service à l'Église que d'abolir ces dévotions fantastiques qui tiennent plus de la momerie que de la véritable piété.*

L'inconnu proposa encore au bachelier Deligny de signer une thèse de sept articles, purement janséniennes, et le bachelier le fit de tout son cœur.

Or c'est sur tous ces aveux indiscrets que revient Deligny dans le libelle qui occasionne cet article. Il en rétracte et condamne quelques-uns; il veut justifier les autres : et il a l'audace de dire qu'il n'a avancé ces propositions que dans le sens des thomistes, lui qui, en parlant à cœur ouvert, avait traité deux fois ce sens des thomistes de folie et d'extravagance. *Voyez* ARNAULD *(le faux).*

DESANGINS, prêtre dont on voulut faire un thaumaturge pour relever le crédit de Paris.

RELATION *des maladies et des guérisons miraculeuses de Marie Gautt,* et surtout de la dernière opérée par l'intercession de M. Desangins, prêtre, mort à Paris en 1731, et enterré à Saint-Severin. 1735, in-4°. *Voyez* ROUSSE, etc.

DESBOIS DE ROCHEFORT (ÉLÉONORE-MARIE) naquit à Paris en 1749, fut docteur de Sorbonne, vicaire général de la Rochelle, et ensuite curé de Saint-André des Arcs à Paris. Il embrassa les principes de la révolution, et fut évêque constitutionnel de la Somme; il subit néanmoins des persécutions : lorsqu'on l'eut arrêté, on le mit, pour l'humilier, avec des prostituées. Au bout de vingt-deux mois de détention, il fut rendu à la liberté; alors il se fit imprimeur, et c'est de ses presses que sortirent les différents écrits en faveur du clergé constitutionnel. Il fonda les *Annales de la religion, ou mémoires pour servir à l'histoire du* XVIIIe *siècle, par une société d'amis de la religion et de la paix. Ces amis de la religion et de la paix* étaient Desbois lui-même et ses confrères Grégoire et Royer. D'après le prospectus qui parut au mois de juin 1795, il fut aisé de prévoir que le nouveau journal ne serait guère que la suite des *Nouvelles ecclésiastiques,* et n'obtiendrait pas la confiance du clergé. Les noms que nous venons de citer annonçaient assez que le jansénisme et l'esprit révolutionnaire brilleraient également dans les *Annales.* D'autres *amis de la religion et de la paix* concouraient à cette publication ; nous nommerons Saint-Marc, ancien rédacteur des *Nouvelles ecclésiastiques,* Servois, Daire, Pilet et Sauvigny. Minard et Grappin y donnaient quelquefois des articles. Ces *Annales* commencèrent en 1795 et durèrent jusqu'en 1803, époque où elles furent supprimées par la police, comme tendant à perpétuer les troubles. Ce recueil forme dix-huit volumes in-8°. C'est tout dire, qu'il peut être regardé comme la suite de la gazette janséniste. Les rédacteurs étaient presque tous attachés à ce parti. Desbois mourut le 5 septembre 1807. (*Ami,* t. XVII, p. 71.)

DESESSARTS (ALEXIS), naquit à Paris en 1687, entra dans l'état ecclésiastique, fut appelant et concourut aux écrits publiés contre la bulle, en 1713 et 1714. Il avait quatre frères, tous ecclésiastiques et jansénistes; l'un deux est fort connu sous le nom de Poncet. Leur maison était un lieu de conférence, et comme le bureau d'adresse du parti. Les réfugiés de la province y envoyaient des bulletins à la main, qui furent

le premier germe des *Nouvelles ecclésiastiques.* Alexis prit part à toutes les querelles janséniennes, et fut un des plus chauds partisans du figurisme. Il écrivit contre Debonnaire, janséniste aussi, mais qui attaquait ce système. Il combattit aussi Petitpied lors des disputes sur la confiance et la crainte, ou plutôt sur les vertus théologales; car la controverse avait changé d'objet, et ce fut le troisième état de cette dispute. Il mourut le 12 mai 1774.
Voyez ETEMARE.

DÉFENSE *du sentiment des saints Pères sur le retour futur d'Elie, et sur la véritable intelligence des Ecritures.* 1737, in-12. — Avec une *Suite,* 1740, 2 vol. in-12.

EXAMEN *du sentiment des Pères et des anciens Juifs sur la durée des siècles.* 1739, in-12.

DISSERTATION *où l'on prouve que saint Paul n'enseigne pas que le mariage puisse être rompu, lorsqu'une des parties embrasse la religion chrétienne.* 1765, in-12. Elle fut mise à l'*index* le 6 septembre 1759, et ne fut pas approuvée dans le parti même de l'auteur.

DIFFICULTÉS *proposées au sujet d'un dernier éclaircissement* sur les vertus théologales. 1741.

C'est le premier ouvrage qu'il donna dans la dispute dont il a été question. Petitpied répondit, et sa *réponse,* datée du 5 février 1742, fut mise à l'*index* par décret du 11 septembre 1750.

DOCTRINE *de saint Thomas sur l'objet et la distinction* des vertus théologales, 1742; et *défense de cet écrit,* 1743.

DESESSARTS (JEAN BAPTISTE). *Voyez* PONCET.

DESFOURS DE GENETIÈRE (CLAUDE-FRANÇOIS) naquit à Lyon, en 1757, du dernier président de la cour des monnaies de cette ville. Sa famille, alliée au prince de Montbarrey, s'était jetée dans les opinions de Port-Royal; élevé dans ces idées, le jeune Desfours y fut affermi par les oratoriens de Juilly, où il fit ses études. Les jansénistes s'étaient divisés en plusieurs sectes; Desfours adopta celle des convulsionnaires. Il en fut un des plus chauds partisans, et le *convulsionnisme* fut l'unique affaire qui l'occupa toute sa vie. Il y consacra tout son savoir, sa fortune, sa tranquillité; entreprit de longs voyages pour trouver ou former de nouveaux convulsionnaires, et pour recueillir les faits des anciens sectateurs, dont plusieurs étaient vénérés par le parti, comme autant de prophètes. Desfours fut un des ennemis les plus déclarés de la révolution; il la regardait comme un châtiment du ciel infligé à la France et aux Bourbons, « pour avoir persécuté la vérité dans les docteurs et les disciples de Port-Royal. » Pour soutenir et propager cette *vérité,* il avait, à cette même époque, des presses clandestines, d'où sortaient des ouvrages qui se ressentaient de l'impéritie de l'imprimeur. Le parti *convulsionnaire* fut intimement uni jusqu'au concordat de 1802. Ils se divisèrent alors; Desfours fut un de ceux qui refusèrent de reconnaître la nouvelle organisation de l'Eglise gallicane. Toujours à la recherche des *convulsionnaires* et de leurs partisans, Desfours se rendit en Suisse; mais à son retour, ce voyage ayant éveillé les soupçons du gouvernement d'alors, il fut renfermé au Temple où il resta six mois. Quelques-uns donnèrent pour principal motif de cet emprisonnement une brochure *sur le jugement* du duc d'Enghien, que Desfours avait distribuée en secret. Malgré leur profession de morale, les *illuminés* de tous les pays s'abandonnent souvent aux excès les plus blâmables; un certain nombre de *convulsionnaires* avait cela de commun avec eux; mais il faut rendre à Desfours la justice de dire qu'il eut toujours des mœurs pures et même austères, avait, pour imiter sans doute les maîtres de Port-Royal, que leurs partisans peignaient comme de pieux anachorètes. S'il ne partagea pas les désordres de plusieurs convulsionnaires, il en avait embrassé néanmoins toutes les opinions avec une exaltation peu commune. Comme eux tous, Desfours était préoccupé du but de leur *grand œuvre,* c'est-à-dire de la future conversion des juifs au christianisme; cet espoir de sa part lui inspira un tel amour pour le peuple d'Israël, qu'il allait épouser une jeune juive; mais les remontrances de sa famille et celles de ses collègues empêchèrent qu'il ne conclût ce mariage. Vers les dernières années de sa vie, il tomba dans la plus profonde misère, ayant dépensé son patrimoine dans des voyages sans fruit, des entreprises bizarres, à l'impression de ses livres, et enfin en des secours réitérés à ses amis les convulsionnaires. Pour comble de chagrin il finit par être divisé d'opinion avec eux : bientôt il se vit abandonné de tout le monde. Une demoiselle de Lyon, d'un âge avancé, qui regardait Desfours de Génetière comme l'homme le plus vertueux, le recueillit chez elle; il y mourut le 30 août 1819, à l'âge de soixante-deux ans. Desfours n'ayant voulu recevoir les secours de la religion que d'un prêtre *dissident,* le clergé de sa paroisse refusa d'assister à ses funérailles. Ses partisans, de leur côté, se disputèrent ses vêtements, se partagèrent ses cheveux, le regardèrent et l'invoquèrent comme un saint.

LES TROIS *états de l'homme.* 1788, in-8°, sans indication de lieu. Ces trois états sont : *Avant la loi, Sous la loi, Sous la grâce.* Il est inutile de dire que l'auteur les présente d'après ses opinions erronées.

RECUEIL *de prédictions intéressantes, faites depuis* 1737, *par diverses personnes, sur plusieurs événements importants.* 1792, 2 vol. in-12.

Nous n'affirmons pas que cette date soit exacte.

C'est un ouvrage singulier sous tous les rapports, et qui n'est qu'un recueil d'extraits de discours de différents convulsionnaires, que les gens du parti vénèrent comme prophètes. Ces fragments indigestes, placés par ordre chronologique, portent chacun la date du jour et de l'année, depuis le 26 mars 1733, jusqu'au 30 mai 1792. Ils appartiennent en grande partie au *frère Pierre* (l'avocat Perrault), au *frère Thomas*, à la *sœur Marie*, et à la *sœur Holda* (mademoiselle Fontan), qui est considérée par les convulsionnaires comme la prophétesse de la révolution. D'autres de la même secte en parlent aussi, et leurs amis et dévots y trouvent des prophéties sur le rétablissement des jésuites, l'invasion étrangère, la constitution civile du clergé, etc. On remarque dans le style de ces prétendus prophètes, une affectation visible de vouloir imiter les vrais prophètes de la sainte Écriture. Mais en supposant même que les amis de l'OEuvre n'aient pas altéré les dates, toutes ces prophéties se trouvent noyées dans un fatras d'éloges pour les jansénistes, de choses et d'expressions si incohérentes qu'il faut tout l'aveuglement de la foi *convulsionnaire* pour y déterrer ces obscures prédictions. Celles de la sœur Holda, par exemple, sont délayées dans l'original, en 35 vol. in-12. M. Grégoire s'est plu parfois à citer le livre de Desfours dans son *Histoire des sectes religieuses.*

DESMARES (Toussaint-Gui-Joseph), prêtre de l'Oratoire, naquit en 1599 à Vire en Normandie, fut député à Rome pour défendre les opinions de Jansénius. Il prononça à ce sujet, devant le pape Innocent X, un discours qu'on trouve dans le *Journal de Saint-Amour.* Son attachement aux idées de l'évêque d'Ypres lui attira des disgrâces méritées. On le chercha pour l'enfermer dans la Bastille; mais, s'étant échappé, il se retira chez le duc de Liancourt, un des plus ardents dévots du parti dans le diocèse de Beauvais. Il y resta jusqu'à sa mort, qui arriva en 1687. C'est à lui que le parti doit le *Nécrologe de Port-Royal,* 1723, in 4°, auquel travailla aussi Dom Rivet.

DESROQUES (N.....), chanoine régulier. On lui a attribué un livre intitulé :

INSTRUCTION *pour calmer les scrupules, au sujet de la constitution* Unigenitus, *et de l'appel qui en a été interjeté.* 1718; seconde édition, 1719, 119 pages.

Cet ouvrage de ténèbres fut supprimé par arrêt du Parlement de Paris, le 14 janvier 1719. On pourra se former une juste idée de cette *Instruction,* par le caractère qu'en a fait M. l'avocat général de Lamoignon dans son plaidoyer où il requiert la condamnation de cet écrit.

L'auteur, dit ce magistrat, *propose les maximes les plus pernicieuses à la religion et au bien de l'État. Il conduit par les mêmes vues qui dictèrent le livre du Témoignage de la vérité,* condamné si solennellement par l'arrêt du 21 février 1715. *Il ne craint pas de rendre les peuples dépositaires de la foi, conjointement avec les évêques. La seule prérogative qu'il accorde aux prélats est de les faire marcher d'un pas égal avec les curés de leurs diocèses. Ainsi ce n'est point, selon lui, le troupeau qui doit obéir au pasteur; mais c'est le pasteur qui doit se conformer à la volonté du troupeau.*

Voici quelques traits qui découvriront en même temps le ridicule et l'impiété de cet ouvrage :

Le tribunal des évêques, du pape et du concile même particulier sont, dit l'auteur, page 49, *les baillages; le tribunal souverain, où l'on juge en dernier ressort, c'est l'Église ou le concile œcuménique.*

Il attaque ensuite avec une violence extrême les censures *ipso facto,* et sa grande objection contre elles, c'est qu'*il serait ridicule de dire que, dès le moment qu'un scélérat a volé ou tué sur un grand chemin, il est dès lors roué en effet,* ipso facto, page 51.

Il continue sur le même ton, et dit qu'ajouter *l'ipso facto* à l'excommunication, c'est comme ajouter à la livre le mot de *sterling,* ainsi qu'on fait en Angleterre.

Il compare ailleurs (pag. 98) l'Église dispersée aux conseillers d'un parlement *qui sont dispersés chacun dans leur logis.* En un mot, tout dans cette misérable brochure fait paraître un esprit également bas et audacieux, burlesque et impie.

DINOUART (Joseph-Antoine-Toussaint), chanoine de Saint-Benoît à Paris, naquit à Amiens en 1716, rédigea pendant quelque temps, avec l'abbé Claude Jouannet, de Dôle, les *Lettres sur les ouvrages de piété,* appelées depuis le *Journal chrétien,* et entreprit dans la suite le *Journal ecclésiastique,* qu'il continua jusqu'à sa mort, qui arriva en 1786. Ce *Journal ecclésiastique* est un ouvrage utile où l'on trouve souvent des articles intéressants et instructifs. L'ensemble en eût été mieux lié et plus conséquent, si, captivé par les partisans de la *Petite église,* l'auteur ne s'était laissé entraîner par les préventions d'une secte artificieuse, et n'avait répandu à pleines mains la calomnie contre ceux qui la démasquaient. L'édition qu'il a donnée de l'*Abrégé de l'histoire ecclésiastique,* de l'avocat Macquer (mort en 1770), à laquelle il ajouta un volume, et la *Vie de Palafox,* évêque espagnol, que les jansénistes ont réclamé comme un de leurs partisans, portent l'empreinte de cette fâcheuse situation qui, en faisant le tourment de l'écrivain, envoie encore le trouble et la défiance dans l'esprit du lecteur. Notamment, le volume qu'il ajoute à l'ouvrage de Macquer est visiblement calqué sur les livres jansénistes.

DOMINIS (Marc-Antoine de), mort en 1624, à l'âge de soixante-quatre ans, au château Saint-Ange, où le pape l'avait fait enfermer. Après avoir appartenu à la société de Jésus pendant environ vingt ans, il la quitta pour monter sur le siège épiscopal de Segnia en Dalmatie. Depuis il obtint l'archevêché de Spalatro, par la faveur de l'empereur Rodolphe. Il était ami des nouveautés, inquiet, vain, changeant et entreprenant. Il souffrait les caresses des protestants, et avait des idées qu'il prévoyait bien ne devoir pas être partagées par les catholiques. Pour les rendre publiques, il passa en Angleterre. Là, il publia deux ouvrages dont il va être question, et, après plusieurs années de séjour dans ce pays, il obtint du pape Grégoire XV de se rendre à Rome, où il désavoua ses ouvrages et rétracta ses erreurs : mais il fit de nouvelles fautes, et Urbain VIII le fit enfermer.

DE REPUBLICA *ecclesiastica*. Londres, 1617 et 1620, 3 volumes in-fol. — Autre édition, Francfort, 1658.

« Le principal but de cet ouvrage, dit un critique, dont Feller cite quelque chose, est d'anéantir, s'il se pouvait, non-seulement la monarchie de l'Eglise et la primauté du pape, mais encore la nécessité d'un chef visible. Un tel ouvrage ne pouvait manquer de plaire aux puritains d'Angleterre; mais il est surprenant que Jacques I*er* l'ait souffert, et qu'il n'ait pas vu qu'un homme qui ne veut pas de chef dans l'Eglise n'en veut pas dans l'Et t... Dominis prétend prouver (liv. I, ch. 4), que saint Pierre n'était pas le seul chef de l'Eglise, et que saint Paul lui était égal en autorité. Il dit ailleurs que l'Eglise n'a point de véritable juridiction, et il lui refuse toute puissance coactive, ne lui laissant que la directive. Il confond l'Eglise enseignante avec l'Eglise enseignée. Et pour peindre cet auteur d'un seul trait, on peut et on doit dire que le système de Richer, celui de l'auteur du *Témoignage de la vérité*, et celui des cinquante avocats, rentrent parfaitement dans celui de Marc-Antoine de Dominis. Aussi Richer refusa-t-il toujours de souscrire à la censure que fit de cet ouvrage la faculté de théologie le 15 décembre 1617. »

Nicolas Coeffeteau réfuta savamment le livre de Dominis, lequel livre fut brûlé avec la représentation du corps de son auteur au Champ de Flore, par sentence de l'inquisition. Plusieurs écrivains, les uns jansénistes, les autres gallicans, ont adopté plusieurs idées de Dominis, non-seulement dans le siècle dernier, mais encore dans celui-ci. On peut nommer l'évêque constitutionnel Grégoire, l'abbé Tabaraud et M. Dupin. *Voyez* le *Dict. histor.* de Feller, au mot *Dominis*.

Environ deux ans après l'apparition de son livre sur le gouvernement de l'Eglise, Marc-Antoine de Dominis publia l'*Histoire du concile de Trente* de Fra-Paolo Sarpi, sous le nom de *Pietro Soave Polano*, anagramme de *Paolo Sarpio*, *Veneto*, c'est-à-dire *Paul Sarpi de Venise*. Il y eut plusieurs éditions et plusieurs traductions de ce livre; nous avons parlé ci-dessus des traductions françaises; et ici nous mentionnerons seulement :

HISTORIA *del concilio Tridentino; nella quale si scoprono tutti gl'artificii della Corte di Roma, per impedire che ne la verità di dogmi si palesasse, nè la riforma di papato, et della Chiesa si trattasse; di Pietro Soave Polano,* publicata, etc. In Londra, Giovan. Billio, 1619, in-fol.

PETRI *Suavis Polani Historiæ concilii Tridentini,* libri octo; ex italicis summa fide et accuratione latini facti : studio et labore *Adami Newtoni* et *Guillelmi Bedelli.* Augustæ Trinobantum, 1620, in-fol.

PETRI *Suavis Polani Historiæ concilii Tridentini*, libri octo, ex italicis summa fide ac cura latini facti. Editio nova, ab ipso auctore multis locis emendata et aucta; ex versione *Adami Newton* (sed posteriorem maxime librorum meliorem versionem adornavit *Guil.* Bedellus, Sarpii amicus, cæterorum *M. Ant. de Dominis*). Lugduni Batavorum, 1622, in-4°.

Nous avons dit, dans d'autres articles, pourquoi les jansénistes recommandent l'ouvrage de Sarpi. *Voyez* AMELOT, COURAYER.

On sait que cette *histoire* mensongère a été victorieusement réfutée par l'ouvrage dont voici le titre :

HISTORIA *del concilio di Trento*, scritta dal Padre *Sforza Pallavicino*, della compagnia di Giesu; ove insieme refiutasi con autorevoli testimonianze un'istoria falsa, divolgata nello stesso argomento sotto nome di Pietro Soave Polano. In Roma, Angelo Bernabò dal Verme, erede del Manelfi, 1656, 1657. 2 vol. in-fol. — Autre édition, in Roma, Biagio Diversin, etc., 1664, 3 vol. in-4°. — Traduite en latin, studio et labore Joan. Bapt. Giattini, Anvers, ex officina Plantiniana Balthasaris Moreti, 1670, 3 vol. in-4°.

DORSANNE (Antoine), natif d'Issoudun en Berri, docteur de Sorbonne, chantre de l'Eglise de Paris, fut grand vicaire et official du même diocèse, sous le cardinal de Noailles. Il eut part à la confiance de ce cardinal, et fut un des principaux instigateurs des mesures qu'il prit, et de son opposition à la bulle *Unigenitus*. Il mourut en 1728, de la douleur que lui causa l'acceptation pure et simple que ce même cardinal de Noailles avait faite enfin de la bulle. Nous avons de lui un *Journal* très-minutieux, contenant l'histoire et les anecdotes de ce qui s'est passé à Rome et en France, dans l'affaire de la constitution *Unigenitus*, 2 vol. in-4°, ou 6 vol. in-12, en y comprenant le supplément. L'auteur s'y montre très-prévenu, très-partial et très-ardent; il a tout vu, tout entendu, et mêle à quelques faits intéressants les détails les plus minutieux et les anecdotes les plus suspectes. Ses amis seuls ont le sens commun ; les autres sont des imbéciles ou des fripons. Dorsanne est à la fois, dans ce journal, fort crédule et fort malin; il ne dissimule pas qu'il fit tout ce qu'il put pour empêcher le cardinal de Noailles d'accepter. Villefore, auteur des Anecdotes de la constitution *Unigenitus*, s'était beaucoup servi de ces Mémoires dans la composition de son ouvrage; aussi retrouve-t-on dans le journal une bonne partie des faits, faux ou vrais, rapportés dans les Anecdotes. L'auteur des Anecdotes ne conduit son histoire que jusqu'en 1718, le journaliste l'a continuée jusqu'en 1728. La narration du premier est vive et coulante, celle du second est simple et fort négligée.

DRAPIER (Gui), naquit à Beauvais, fut curé de cette ville, soutint les idées janséniennes, et écrivit en faveur des *Réflexions morales* et contre la constitution *Unigenitus*.

DUBLINEAU (N....), docteur de Sorbonne. Réfutation *de la Réponse de M. l'évêque d'Angers à la lettre de M. Dublineau, docteur de Sorbonne, du faux système de M. l'évêque de Soissons, dans ses deux avertissements, et des pernicieux principes sur lesquels on prétend établir l'acceptation de la bulle* Unigenitus. 1719. In-8° de 182 pages.

Dublineau, vieux docteur jansénisté, s'était avisé d'écrire à M. l'évêque d'Angers (Poncet de la Rivière), pour l'inviter à appeler au futur concile. Ce prélat, qui, par la publicité de ses sentiments sur ce sujet, se croyait à l'abri d'une pareille proposition, répondit avec force au docteur, le 10 de décembre 1718, et fit imprimer sa réponse, pour détourner les fidèles de son diocèse des pièges que leur tendaient les novateurs. Or, c'est de cette réponse qu'un anonyme a entrepris la *Réfutation*, par un assez long écrit qu'on peut appeler à juste titre une misérable compilation de tous les lieux communs des Quesnellistes.

DUBOIS. *Voyez* Bois (du).

DUBOIS, prêtre à Delft. Nom emprunté par le Père Quesnel.

DUGUET (Jacques-Joseph), né à Montbrison, en 1649, commença ses études chez les Pères de l'Oratoire de cette ville. Il les étonna par l'étendue de sa mémoire et la facilité de son esprit. Devenu membre de la congrégation à laquelle il devait son éducation, il professa la philosophie à Troyes, et, peu de temps après, la théologie à Saint-Magloire à Paris : c'était en 1677. Au mois de septembre de cette année, il fut ordonné prêtre. Les conférences qu'il fit pendant les deux années suivantes, 1678 et 1679, lui acquirent une grande réputation. Tant d'esprit, de savoir, de lumière et de piété, dans un âge si peu avancé, surprenaient et charmaient les personnes qui venaient l'entendre, et le nombre en était considérable. Sa santé, naturellement délicate, ne put soutenir longtemps le travail qu'exigeaient ses conférences. Il demanda, en 1680, d'être déchargé de tout emploi, et il l'obtint. Cinq ans après, en 1685, il sortit de l'Oratoire, pour se retirer à Bruxelles, auprès du docteur Arnauld, son ami. L'air de cette ville ne lui étant pas favorable, il revint en France, à la fin de la même année, et vécut dans la plus grande retraite, au milieu de Paris. Quelque temps après, en 1690, le président de Ménars, désirant avoir chez lui un homme d'un si grand mérite, lui offrit un appartement dans sa maison. L'abbé Duguet l'accepta, et en jouit jusqu'à la mort de ce magistrat. Les années qui suivirent cette perte furent moins heureuses pour cet écrivain. Son opposition à la constitution *Unigenitus*, et son attachement à la doctrine de Quesnel, son ami, l'obligèrent de changer souvent de demeure et même de pays : on le vit successivement en Hollande, à Troyes, à Paris ; il mourut en cette dernière ville en octobre 1733, dans sa quatre-vingt-quatrième année. De sa plume, aussi ingénieuse que chrétienne, sont sortis un grand nombre d'ouvrages, écrits avec pureté, avec noblesse, avec élégance; c'est le caractère de son style. Il serait parfait, s'il était moins coupé, plus varié, plus précis : on lui reproche aussi un peu d'affectation.

Nous venons de rapporter ce que Feller dit de Duguet ; nous allons citer également une partie de l'article que lui a consacré M. Picot, dans ses *Mémoires*, tom. IV, pag. 148.

« Duguet ne renonça jamais à son appel ; il réappela même en 1721, et mit beaucoup de zèle à engager d'autres à faire la même démarche. Sa lettre à l'évêque de Montpellier, en 1724, mérita d'être flétrie par arrêt. Ses autres ouvrages sont nombreux. Les voici dans l'ordre des dates : 1° *Traité de la Prière publique et des Dispositions pour offrir les saints mystères.* 1 vol. in-12. Paris, 1707; il a été réimprimé fort souvent. 2° *Traité sur les Devoirs d'un évêque*, Caen, 1710. 3° *Règles pour l'intelligence des saintes Ecritures.* 1 vol. in-12. Paris, 1716. L'abbé Asfeld y a travaillé; elles ont été attaquées par l'académicien Fourmont et par un anonyme. 4° *Réfutation du système de Nicole, touchant la grâce universelle*, brochure in-12. 1716. 5° *Traité des Scrupules*, in-12. Paris, 1717. 6° *Lettres sur divers sujets de morale et de piété*, 10 vol. Paris, 1718, souvent réimprimé. 7° *Pensées d'un magistrat sur la déclaration qui doit être portée au parlement*, brochure in-4°. 1720. 8° *Conduite d'une dame chrétienne*, in-12. Paris, 1725. 9° *Dissertation théologique et dogmatique sur les exorcismes et autres cérémonies du baptême ; Traité dogmatique de l'Eucharistie ; Réfutation d'un écrit sur l'usure*, in-12. Paris, 1727. 10° *Caractères de la Charité*, in-12. Paris, 1727. 11° *Maximes abrégées sur les décisions de l'Eglise, et préjugés légitimes contre la constitution*, 1727. 12° *Explication du mystère de la Passion*, 2 vol. in-12. Paris, 1728. Cet ouvrage, dont il a été fait plusieurs éditions, n'est qu'une portion d'un plus grand ouvrage qui parut sous le même titre, en 14 vol., 1733. 13° *Réflexions sur le mystère de la sépulture ou le tombeau de Jésus-Christ*, 2 vol. in-12, 1731. 14° *L'Ouvrage des six Jours, ou Histoire de la Création*, 1 vol. in-12. 1731. Souvent réimprimé. C'est le commencement de l'*Explication de la Genèse*, qui parut l'année suivante, à Paris, en 6 vol. in-12. 15° La même année, *Explication du livre de Job*, 4 vol. in-12. 16° *Explication de plusieurs psaumes*, 4 vol. in-12. Paris, 1733. L'abbé d'Asfeld y a donné un supplément. 17° *Explication des xxv premiers chapitres d'Isaïe*, 6 vol. in-12. Paris, 1734. L'abbé Asfeld y a eu sa part. 18° *Traité des Principes de la foi chrétienne*, 3 vol. in-12. Paris, 1736. 19° *Explication des livres des Rois*, 5 vol. in-12. Paris, 1738. L'abbé d'Asfeld y a eu sa part. 20° *Institution d'un prince*, 4 vol. in-12, 1739. Cet ouvrage fut composé pour le duc de Savoie, depuis roi de Sardaigne. 21° *Conférences ecclésiastiques*, 2 vol. in-4°. On voit combien Duguet était fécond ; il l'était même trop. Du reste, plusieurs de ses ouvrages sont estimés des ecclésiastiques ; il y règne un ton d'onction qui n'est pas commun dans cette école. Les *Explications* de l'Ecriture sainte méritent surtout d'être remarquées. C'est le fruit des conférences que l'auteur faisait à Saint-Roch, avec l'abbé d'Asfeld, et qui eurent dans le temps beaucoup de vogue et de réputation. On a encore de Duguet une lettre à Van Espen, en faveur de l'appel, tribut qu'il a payé aux préjugés de son parti. Il était néanmoins bien éloigné de l'âcreté et de la passion qui dominent dans tant d'écrits publiés vers cette époque. Dans une lettre du 9 février 1732, qui fut imprimée, il s'élève fortement contre les *Nouvelles ecclésiastiques*, et caractérise dignement cette misérable gazette et son auteur. Il ne blâmait pas moins la folie des convulsions, l'opprobre de ce parti. Cette manière de voir diminua son crédit sur la fin de ses jours, et l'exposa à quelques désagréments de la part de ceux dont il avait épousé jusque-là les intérêts. »

Maintenant, nous allons faire connaître les critiques de quelques-uns des ouvrages de Duguet.

TRAITÉ *de la prière publique*, etc. Voyez la citation de M. Picot.

Le style de cet ouvrage est diffus, dit Feller, qui ajoute que l'auteur se rapproche des principes si opiniâtrément défendus par Messieurs de Port-Royal.

Les catholiques, dit un autre écrivain, ont trouvé quantité de choses répréhensibles dans cet ouvrage. En voici quelques-unes :

1° L'erreur de la grâce irrésistible, c'est-à-dire, la seconde des cinq propositions hérétiques de Jansénius, se trouve formellement dans le *Traité de la prière*, partie III, nombre 9 : *Nous ne devons lui demander* (à Dieu), *que cette grâce qui nous apprend à user bien de tout le reste, et dont nous ne saurions jamais abuser.*

2° Il est visible que Duguet ne pense pas autrement que le P. Quesnel sur la charité. Il prétend avec lui que toute action qui ne procède pas de la charité parfaite est réprouvée de Dieu. On jugera par ce court parallèle de l'unanimité de leurs sentiments.

Le P. Quesnel dit (1) : *C'est la charité seule qui parle à Dieu, c'est elle seule que Dieu entend* ; et Duguet dit : *Dieu ne prête l'oreille qu'à la charité* (3ᵉ moyen, nombre 8).

Le P. Quesnel dit (2) : *La charité seule honore Dieu*, et M. Duguet dit après lui : *La charité seule le peut louer* (Ibidem).

Le P. Quesnel dit (3) : *C'est en vain qu'on crie à Dieu : Mon Père, si ce n'est point l'esprit de charité qui crie... La seule charité fait les actions chrétiennes... Dieu ne couronne que la charité. Qui court par un autre mouvement et par un autre motif* (tel que la foi ou l'espérance), *court en vain... Il n'y a point d'espérance où il n'y a point d'amour... Il n'y*

(1) Prop. 84.
(2) Prop. 56.

a ni Dieu ni religion où il n'y a point de charité. M. Duguet débite la même doctrine en termes plus précieux : *La charité seule sait gémir, tout le reste n'est qu'un son semblable à celui d'un airain retentissant, ou un bruit importun ; rien n'est mesuré, rien n'est dans le ton, rien n'est d'accord, que ce que prononce la charité, tout est insupportable sans elle, et discordant ; nous ne devons demander que la charité.* On affecte d'insinuer dans le dixième moyen, l'hérésie de la caducité et de la décadence prétendue de l'Eglise, en disant que Dieu la renouvellera dans sa vieillesse. *Voyez* ETEMARE.

Dans le *Traité de la préparation aux saints mystères*, on ne permet à un chanoine très-homme de bien et très-fervent de ne dire la messe que trois fois la semaine.

RÈGLES *pour l'intelligence des saintes Ecritures.* Paris, Jacques Etienne, 1716, petit in-12.

Nous avons déjà cité ce livre à l'article de l'abbé d'Asfeld, qui en a fait la préface. *Voyez* cet article.

L'auteur de la *Préface générale sur l'Ancien Testament*, tome I de la Bible de Vence, 5ᵉ édition, page 275, reproduit en partie ou en abrégé les *règles* de Duguet, mais sans le nommer ; il semble qu'il en ajoute quelques autres, et il dit en note : « La plupart des règles qui vont être ici présentées se trouvent développées avec beaucoup plus d'étendue dans l'ouvrage intitulé : *Règles pour l'intelligence des saintes Ecritures.* Paris, Etienne, 1716, petit in-12. On les trouve aussi sommairement présentées dans le *Discours préliminaire* qui se trouve à la tête de l'*édition de la Bible de Sacy*, imprimée à Paris, chez Desprez, en 1759, in-fol. Il est permis de répéter ici ce qui a été dit dans ce *Discours* d'après l'auteur de l'ouvrage que l'on vient de citer. Ces règles solides ne peuvent être trop répandues ; et le précis que l'on en donne ici, ne peut qu'inviter le lecteur à lire l'ouvrage même d'où elles sont tirées. »

CONDUITE *d'une dame chrétienne pour vivre saintement dans le monde.* Ce livre fut composé pour Mme d'Aguesseau, vers l'an 1680, et imprimé en 1725 ; Paris, Jacq. Vincent ; in-12. —Autre édition, 1750, ibid.

On a reproché avec raison à l'auteur de ce livre là lecture des *lettres* de l'abbé de Saint-Cyran. *Elles sont*, dit-il, *écrites d'une manière un peu sèche ; mais les maximes en sont admirables. Voyez* SAINT-CYRAN.

LETTRE... *à M. de Montpellier* (Colbert), *au sujet de ses remontrances au roi* ; in-4°.

A l'occasion de cette lettre, un critique s'exprima, dans le temps, ainsi qu'il suit :

M. Duguet, après avoir été longtemps un janséniste assez modéré, lève enfin entièrement le masque. Sa *lettre* est datée du 25 juillet 1724 ; au lieu de s'envelopper comme il faisait auparavant, et de mesurer ses expressions, il y prend le ton de M. de With, du

(3) Prop. 55 et suiv.

P. Gerberon et du P. de la Borde; c'était s'accommoder parfaitement au caractère du prélat à qui il écrivait. Il ne se contente pas d'applaudir en secret au nouveau chef du parti : *J'ai cru, Monseigneur,* lui dit-il, *que la vérité que vous défendez exigeait de moi quelque chose de plus... et que je devais prendre même quelque part à votre combat et à votre victoire, en vous rendant compte de mes sentiments dans une lettre qui deviendra publique, s'il est nécessaire.*

C'est donc M. Duguet qui veut que le public soit une fois bien instruit *de ses sentiments;* et quels sont-ils ces sentiments? C'est que le jansénisme n'est qu'un vain fantôme que l'Égl se combat. *Plus on s'est efforcé,* dit-il, page 4, *de réaliser le fantôme du jansénisme, plus on a démontré le mensonge et l'imposture ; et il est désormais indubitable, après une inquisition si longue et si ardente, que tout se réduit au simple fait de Jansénius... On lui attribue des propositions qui ne sont pas de lui. On a réduit sa doctrine à un simple extrait, et en cela on a fait une chose inouïe et d'un très-dangereux exemple. On a sur cet extrait très-court, très-informe, très-infidèle, condamné toute sa doctrine.*

Il ne s'explique pas moins clairement sur ce prétendu fantôme dans la page onzième. Il ne fait pas façon d'y avancer que les accusateurs de Jansénius sont eux-mêmes persuadés que *la grâce nécessitante n'est qu'une erreur abstraite sans sectateur.*

M. Duguet va jusqu'à assurer (page 2), que le pape Clément XI n'a point condamné le silence respectueux dans la bulle *Vineam Domini Sabaoth,* quoique ce soit là un des grands objets de cette bulle, quoique le P. Gerberon et M. de With, déterminés jansénistes, aient eux-mêmes reconnu que la décision contre le silence respectueux était nette, précise et évidente, et ne laissait ni subterfuge ni ressource. Ce sont les termes de M. de With. Mais M. Duguet s'entortille et s'enveloppe dans un ployable galimatias, pour sauver le silence respectueux de l'atteinte mortelle que lui a portée cette bulle.

Il dit, page 3, que, puisque les autres évêques gardent le silence quand ils devraient parler, *leur devoir est dévolu à M. de Montpellier, et que l'épiscopat solidaire dont il est revêtu l'oblige à parler et à agir au nom de tous ses confrères.*

Il est inouï (ajoute-t-il page 6) *que lorsqu'il n'y a personne qui enseigne ou qui défende l'erreur, qu'il n'y a ni chefs ni disciples, qu'il n'y a pas ombre de secte ou de parti, et que les preuves en sont aussi évidentes que le soleil, on ait établi un formulaire pour faire signer à tout le monde la condamnation d'une erreur qui est rejetée de tout le monde,* etc.

Cette lettre fut supprimée par un arrêt du conseil du 11 novembre 1724, et l'auteur, obligé de se cacher, a eu une vie depuis fort agitée. C'est alors qu'on le vit successivement en Hollande, à Troyes, à Paris, et dans plusieurs autres lieux différents.

EXPLICATION *des qualités ou des caractères que saint Paul donne à la charité.* Paris Ch. La Bottière, 1727, 456 pages. — Autre édition, Paris, Louis Guérin, 1727, in-8°. — Autre, Bruxelles, sans nom d'auteur ni d'imprimeur. — Autre, Amsterdam, Henry Wander Hagen, 1731; in-12, 468 pages.

Un passage du chapitre XIII de la première Epître aux Corinthiens sert comme de texte à tout le discours. L'abbé Duguet, en paraphrasant les traits dont saint Paul a formé le caractère de la charité, décrit les défauts que l'Apôtre oppose à cette vertu. Mais il paraît que son but principal est d'y établir un point important de la doctrine jansénienne.

Cette nouvelle religion consiste dans la seule charité; la charité seule y est tout le culte, tout le mérite, toutes les vertus. Les dons que l'on appelle vertus, comme la foi, l'espérance, la pénitence, etc., s'ils sont avec la charité, ne font que par elle leurs fonctions, ne réussissent et n'obtiennent que par elle ; et s'ils sont sans elle, ils sont non-seulement sans mérite, mais même sans utilité ; ils sont criminels, et d'autant plus criminels qu'ils sont en un degré plus excellent.

Au reste, cette charité, qui seule est tout, est le pur effet de la volonté de Dieu, et la grâce n'est autre chose que l'infusion de cette charité. On ne peut guère mieux s'y prendre pour faire des déistes et des quiétistes.

Toutes les éditions de ce livre ne se ressemblent point. Il y en a quelques-unes d'où l'on a retranché les endroits les plus pernicieux. Il y en a d'autres où on les a laissés tels qu'ils ont coulé de la plume de l'auteur.

Un critique a signalé un passage où Duguet, à l'imitation des chefs du parti, tâche d'affermir les disciples de Jansénius et de Quesnel dans leur révolte contre la bulle *Unigenitus,* en supposant faussement, et malgré la plus grande notoriété, que l'Eglise n'a point parlé dans ce décret que les constitutionnaires sont injustement persécutés par les deux puissances, et qu'ils doivent mépriser comme nulles toutes les censures lancées contre eux. Ce qui suit, ajoute le critique, n'est ni moins séditieux, ni moins schismatique.

« Tant qu'ils demeurent dans ces sentiments (les quesnellistes), leur charité les rend martyrs de la vérité qu'ils préfèrent à tous les avantages, et à ceux même que la piété met au-dessus de tout ce que les hommes peuvent lui ôter; et elle les rend aussi martyrs de l'unité, qu'ils préfèrent à tous les intérêts publics ou secrets qui seraient capables de les en détacher. Le Père céleste les couronne en secret, pendant qu'ils sont rejetés par des hommes qui ne connaissent pas leur innocence, ou qui en sont les ennemis; et il prépare les récompenses éternelles à leur attachement inviolable à l'Eglise. Les hommes spirituels, comme les appelle saint Augustin, qui demeurent attachés et soumis à l'Eglise, lorsqu'il en paraissent chassés par la malice des factieux et par la faiblesse des autres, sont affermis dans cette disposition par une charité qui ne s'aigrit jamais, etc. »

Pourrait-on employer des couleurs plus fausses pour peindre les partisans et les ennemis du jansénisme? Ceux-ci sont traités d'*hommes factieux et d'injustes persécuteurs*; ceux-là sont canonisés comme autant d'illustres *martyrs de la vérité et de l'unité*. Les protestants ont-ils rien avancé de plus injurieux à l'Eglise romaine?

Dans le seizième article, M. Duguet parle à peu près comme Jansénius et Quesnel, sur l'état des Juifs et la loi ancienne, sur la différence des deux alliances, sur la crainte et la charité.

Le livre des *Caractères de la charité* a été condamné à Rome le 7 octobre 1746, *donec corrigatur*.

EXPLICATION *du mystère de la Passion de Notre-Seigneur Jésus-Christ, suivant la Concorde*. Paris, 1728, Jacques-Etienne et François Babuty. En deux parties; approuvé par M. Tournely, qui apparemment ne l'avait pas lu avec assez d'attention.

Ce même livre est imprimé à Amsterdam chez Henry Wander Hayen, 1727. La première partie est intitulée : *La croix de Notre-Seigneur Jésus-Christ*. La seconde a pour titre : *Le mystère de Jésus-Christ crucifié, dévoilé par saint Paul*.

Un critique orthodoxe a signalé dans la première partie beaucoup de passages où l'efficacité de toute grâce est établie.

Voici un endroit où l'inamissibilité de la justice est assez clairement exprimée, page 196 : *Zacharie.... nous dit que le serment que Dieu avait fait à Abraham.... avait pour objet un peuple nouveau..... ce nouveau peuple.... n'est plus captif.... sous la malédiction de la loi. Il est saint et juste. Il l'est également tous les jours de sa vie..... ce peuple nouveau n'est autre que nous.... c'est notre sainteté et notre justice qui ont été promises à ce père des fidèles, mais une sainteté et une justice non interrompues.*

Voici une autre erreur, page 99 : *La voix du Père et la manière dont il enseigne, sont infailliblement suivies de la persuasion et de l'obéissance*. La conséquence immédiate de cette doctrine est que ceux qui n'ont pas été persuadés, qui n'ont pas obéi, n'ont pas été enseignés, ou ce qui revient au même, n'ont pas eu la grâce.

Le théologien que nous citons relève, dans la seconde partie, les passages où l'auteur établit le système erroné qui refuse aux Juifs les forces pour accomplir la loi.

Page 52 (édition de Hollande) : *La doctrine de Jésus-Christ, précisément comme doctrine, est la même chose que la loi. C'est la grâce seule qui l'en distingue* : expression qui annonce clairement le système de l'auteur sur la différence des deux alliances. La correction qu'on a faite à Paris est juste, en mettant : *C'est l'abondance seule de la grâce qui l'en distingue*; mais il la fallait faire aussi dans tous les autres endroits où l'auteur répète la même erreur en d'autres termes, et où, sous prétexte de dire que l'ancienne loi ne donnait point la grâce par el e-même, il dit que Dieu dans l'ancienne alliance ne donnait aucune grâce qui rendît l'accomplissement de la loi possible, et que dans la nouvelle il donne une grâce efficace qui fait accomplir la loi.

Page 58. *Dans une alliance*, dit-il,... *où Dieu se contente d'exiger l'obéissance sans la promettre, et où le peuple se charge d'obéir sans connaître sa faiblesse... il n'y a rien de certain que la prévarication du côté du peuple, et que le châtiment du côté de Dieu*. Il tient le même langage, p. 108, 119, 120, 121.

Pour ce qui est de la nouvelle alliance, il dit, pages 123, 124 et 125, que *Jésus-Christ s'y charge lui-même de l'obéissance de l'homme*; et page 126 : *Que l'homme parlait seul dans l'ancienne alliance*; mais que *Dieu agit seul dans la nouvelle*.

Page 320. *Jésus-Christ fait en nous par sa grâce tout le bien que nous faisons, agissant au lieu de nous*. Telle est la doctrine janséniste. Quand nous faisons le bien, *Jésus-Christ le fait en nous, agissant au lieu de nous*. Quand nous faisons le mal, le diable le fait en nous, agissant au lieu de nous ; moyennant quoi nous sommes purement passifs ; et les deux principes, le bon et le mauvais, font tout en nous. Or qu'est-ce que ce système, sinon le pur manichéisme ?

EXPLICATION *littérale de l'ouvrage de six jours, mêlée de réflexions morales par M. ***, à Bruxelles, chez Foppens*. — Autre édition ; Paris, Babuty, 1736, avec les explications des chapitres XXXVIII et XXXIX de Job, et des psaumes XVIII, CIII, in-12, 448 pages. — Autre édition, ou plutôt la même, augmentée du second sens du psaume CIII, et d'une table des matières. Paris, Babuty, 1740, in-12 de 527 pages.

« L'abbé Duguet, dit un théologien, insinue avec adresse dans cet ouvrage le dogme impie de Calvin et de Pierre Dumoulin sur la réprobation. Il y enseigne que le juste ne contribue en rien à sa sanctification ; et que si l'impie se damne, c'est que Dieu a voulu le laisser dans la masse de corruption. »

« *Seigneur* (dit-il, page 106 et 107, éditions de Paris), *oseront-ils vous demander pourquoi vous avez préféré certains jours à tous les autres, et pourquoi vous avez discerné les mois et les années, en laissant les autres dans l'obscurité et dans l'oubli ? Y a-t-il eu du côté des jours, des mois et des années, quelque mérite particulier.....*

« *C'est moi seul qui les ai séparés depuis la création du soleil. C'est ma seule faveur qui a fait le mérite et la gloire des uns, sans que les autres aient droit de se plaindre... Mon dessein a été d'instruire, par ce choix si visiblement libre et gratuit, toute la postérité d'Adam, à qui je ne dois rien depuis sa chute, mais dont je discernerai mes élus pour me les consacrer d'une manière particulière, et où je laisserai les autres dans l'état profane où je les trouve.*

« Il est évident par ce passage que, selon Duguet, le juste ne contribue pas plus à son salut que le jour, qui est choisi de Dieu pour être brillant, ne contribue par lui-même à cette gloire ; et que le pécheur ne contribue pas plus à son malheur que le jour, qui est laissé dans l'oubli, ne contribue à son obscurité. »

Malgré cela, Feller dit que *l'explication de l'ouvrage des six jours* est un ouvrage estimé ; « l'utile y est mêlé à l'agréable, dit-il encore : c'est un des meilleurs commentaires que l'on puisse lire sur l'histoire de la création. »

« Il est bien à regretter que Duguet n'ait pas été, comme il devait l'être, soumis à l'Eglise, en tout, partout et toujours. Les *explications* qu'il a données sur divers livres de l'Ecriture sont édifiantes, instructives, dignes d'être lues ; cependant elles n'ont joui, et on le conçoit, que d'une médiocre faveur auprès des catholiques fidèles. Et Duguet, dit Feller, s'attache moins à lever les difficultés de la lettre dans ses différents *commentaires*, qu'à faire connaître la liaison de l'Ancien Testament avec le Nouveau, et à rendre attentif aux figures qui représentent les mystères de Jésus-Christ et de son Eglise. Mais il ne néglige point absolument le sens de la lettre, et il s'arrête quelquefois à des explications plus pieuses que solides; elles ne dérogent en rien à ce qu'il dit d'ailleurs de satisfaisant sur les mêmes objets. »

DUHAMEL (Robert-Joseph-Alexis), chapelain de Seignelay, et théologien de Caylus, évêque d'Auxerre, est auteur d'un *Projet d'instruction pastorale contre Berruyer*; des *Lettres sur les explications de Buffon*, 1751 ; des *Lettres flamandes, ou Histoire des variations et contradictions de la prétendue religion naturelle*, 1752; de *l'Auteur malgré lui à l'auteur volontaire*, 1767, sur l'édition du *Discours* de Fleury, et le *Commentaire* de Chiniac de la Bastide. *Voyez* FLEURY ; et d'une *Dissertation sur l'autorité du saint-siège*, publiée par Maustrut en 1779. Il assista au concile d'Utrecht avec d'Etemare, Pelvert, Paris-Vaquier, Mercadier, etc.

DUMONT, pseudonyme de Le Maistre de Sacy.

DUPAC DE BELLEGARDE. *Voyez* BELLEGARDE.

DURAND (Dom). *Voyez* CLÉMENCET.

DUSAUSSOIS (N...), né vers l'an 1687, fut curé d'Haucourt, dans le diocèse de Rouen, mourut dans sa paroisse au mois d'octobre 1727, après avoir, dans un zèle mal entendu et alors trop commun, publié l'ouvrage suivant :

LA VÉRITÉ *rendue sensible à tout le monde, contre les défenseurs de la constitution Unigenitus, par demandes et par réponses; ouvrage dans lequel on détruit clairement toutes les difficultés qu'on oppose à ceux qui rejettent cette bulle.* Troisième édition, 1720. Cinquième, 1724, avec une partie qui commence à l'article 6.

Réimprimé en 1743 avec ce nouveau titre : *La vérité rendue sensible à tout le monde, ou Entretiens familiers d'un curé avec un marchand, sur les contestations dont l'Eglise est agitée, et en particulier sur la constitution Unigenitus.* On y a joint la constitution elle-même, avec des remarques, ce qui forme deux volumes in-12. Cette édition fut donnée par Grillot. *Voyez* ce nom.

Si jamais l'erreur fut rendue sensible et palpable, c'est dans ce livre fanatique. Il est composé en forme de dialogues. Il a été condamné par une sentence de l'official de Cambrai, rendue le 13 avril 1733, *comme renouvelant les erreurs condamnées, injurieux à l'Eglise et à l'épiscopat, scandaleux et tendant à exciter de nouveaux troubles en matière de doctrine*; et en vertu de cette sentence, il fut lacéré et brûlé par la main du bourreau, à Mons, le 17 du même mois.

On peut dire que ce malheureux ouvrage est un tissu perpétuel de sophismes et de paradoxes, de mensonges, de principes pernicieux, de faussetés débitées avec un air de hauteur et de confiance capables d'éblouir les simples. Tout y est injurieux aux papes, aux évêques, et à toutes les puissances.

L'auteur ose dire dans son avertissement au lecteur, et il affecte de répéter plusieurs fois dans le corps de son livre, que les auteurs de la constitution *Unigenitus* la cachent avec grand soin, comme un ouvrage capable de révolter les fidèles. *On a remarqué dans différents endroits*, dit-il, page 7 de son avertissement, *que les fauteurs de cette pièce n'ont garde de la mettre entre les mains de ceux qu'ils veulent engager dans leur parti, parce qu'elle est seule capable de les trahir, et qu'on y aperçoit du premier coup d'œil les vérités de la religion proscrites et censurées. Les opposants au contraire ne craignent point de mettre au jour cette bulle, qui suffit pour les justifier et pour détromper ceux qu'on s'efforce de séduire par des discours vagues, et par de grands principes qu'on applique à tort et à travers... On a donc cru qu'on ne pouvait mieux faire que de la mettre entre les mains de tout le monde, en la faisant imprimer à la tête de cet ouvrage.*

Mais par quelle audace un écrivain ose-t-il avancer qu'on cache avec soin une constitution qui se voit à la tête de tant de mandements d'archevêques et d'évêques orthodoxes, et en particulier à la tête du mandement commun que quarante prélats firent en 1714 ; une constitution que les curés ont eu ordre de publier dans leurs prônes ; une constitution dont on a distribué une infinité d'exemplaires, et dont toutes les parties ont été détaillées et mises sous les yeux des fidèles par une infinité d'auteurs qui ont écrit pour la soutenir ?

Le pur presbytérianisme et quelque chose de pire se trouve dans la page 277. *Je dis plus*, dit l'auteur, *non-seulement les prêtres sont les successeurs des soixante-dix disciples, et les pasteurs de l'Eglise, mais ils sont même les vicaires de Jésus-Christ.* Voilà le second ordre placé tout au moins au niveau du premier.

Notre auteur avance, page 261, comme un fait de notoriété publique, que l'acceptation des évêques de France n'a pas été libre, et qu'on doit uniquement l'attribuer à la crainte qu'ils eurent d'encourir l'indignation du roi. *La plupart des évêques*, dit-il encore, p. 262, *craignant de chagriner le roi et de mortifier trop le pape, résolurent de recevoir la constitution.* Mais pour anéantir cette chimère, on n'a qu'à jeter un coup d'œil sur ce qui se passa après la mort du roi Louis le Grand, arrivée le 1ᵉʳ septembre 1715. Ce fut certainement pour lors que la scène aurait dû changer, et que les suffrages, s'ils n'eussent pas été libres, comme on le prétend, auraient dû se réunir et s'expliquer en faveur de M. le cardinal de Noailles qui était le maître des grâces. Cependant tout le contraire arriva aux yeux de toute l'Europe ; les évêques sollicités, pressés et menacés, firent éclater plus de zèle et de courage qu'auparavant ; ils ratifièrent et confirmèrent plusieurs fois leur acceptation, soit par la condamnation du pernicieux livre des *Héxaples*, soit par le *Mémoire* qu'ils présentèrent à M. le régent. Toutes les contradictions qu'ils eurent à essuyer ne servirent qu'à les affermir davantage dans l'unanimité de leur foi.

On attribue au même Dusaussois ou du Saussois :

1° Une *lettre d'un philosophe à M. l'évêque de Soissons, sur son premier avertissement*, 1716, in-12 de près de 200 pages ;

2° Une *lettre d'un théologien*, au même. M. de Soissons répondit à ses deux lettres par sa sixième lettre pastorale, et le théologien répliqua, en 1723, par une troisième lettre de 80 pages.

3° Une *liste ou catalogue des principales erreurs, sophismes, calomnies, falsifications, faussetés et contradictions, qui se trouvent dans les écrits de M. de Soissons;* 1722, in-4° de 48 pages.

DUVERGER ou DUVERGIER de HAURANNE. *Voyez* SAINT-CYRAN.

E

ESPEN (ZEGER-BERNARD VAN), naquit à Louvain le 9 juillet 1646, fut docteur en droit en 1675. Il était ecclésiastique et remplissait avec distinction une chaire du collège du pape Adrien VI. Ses liaisons avec les ennemis de l'Église, ses sentiments sur le *Formulaire* et sur la bulle *Unigenitus*, l'apologie qu'il fit du sacre de Steenoven, archevêque schismatique d'Utrecht, remplirent de chagrins ses derniers jours. Il était le grand casuiste du parti. C'est lui qui, de concert avec le P. Quesnel, fit cette étrange décision : que *le clergé de Hollande pouvait en bonne conscience s'adresser aux supérieurs protestants pour avoir un vicaire apostolique à son gré, et pour faire interdire et rejeter ceux que le pape leur avait donnés.* Ce qu'il écrivit sur le sacre des évêques et leur juridiction contentieuse obligea le recteur de l'Université de Louvain de rendre contre lui une sentence par laquelle il l'interdit *a divinis et a functionibus academicis*. Van Espen se retira à Maëstricht, puis à Amersfort, où il mourut le 28 octobre 1728. Suivant M. l'archevêque d'Embrun, dans son *Instruction* dogmatique sur la juridiction, Van Espen est un *canoniste flétri, sententié, apostat, et mort dans sa révolte.* Voyez son article dans Feller. On a donné plusieurs éditions des œuvres de Van Espen. Les manuscrits de ce canoniste furent remis à l'abbé de Bellegarde, qui fit un choix et prépara un *supplément* ; il y joignit la vie de l'auteur, et forma de tout un cinquième volume in-folio, qui fit suite aux quatre de l'édition de Lyon de 1778.

ETEMARÉ (JEAN-BAPTISTE LESESNE DE MÉNILLE D'), prêtre appelant et qu'on peut considérer comme le chef de ceux qui, vers 1720, commencèrent à forger, à accréditer et à développer un système de prophéties sur un second avénement de Jésus-Christ et un renouvellement de toutes choses. C'est pourquoi nous donnerons, à la suite de son article, un précis historique de ce système. D'Etemare naquit au château de Ménilles, en Normandie, le 4 janvier 1682, fit ses études chez les oratoriens de Saumur, puis vint à Paris, au séminaire de Saint-Magloire, où l'abbé Duguet était alors professeur de théologie. Il fut ordonné prêtre en 1709, la même année où Port-Royal fut détruit ; il paraît cependant qu'il eut encore le temps de visiter le berceau du jansénisme, et que dans ce pèlerinage il se dévoua à la défense de cette cause. Il fut envoyé dans le midi de la France, afin d'y exciter les évêques à se plaindre de quelques arrêts du conseil contre les écrits des évêques de Bayeux et de Montpellier. En 1725, il se rendit pareillement à Rome, dans l'espérance d'y obtenir une bulle *doctrinale* favorable à son parti ; mais il ne réussit pas dans ces deux missions, et son peu de succès à Rome n'augmenta pas son respect pour l'autorité du saint-siège. On le regarda avec raison comme l'un des principaux promoteurs de cette espèce de système qu'on appelle *figurisme*, dans lequel on voit dans tous les passages de l'Écriture sainte des figures et des prédictions des temps présents et à venir. D'Etemare avait puisé ses principes dans les leçons de l'abbé Duguet, mais il les outrait d'une manière bizarre et ridicule. Il ne voyait partout que des figures de la défection de l'Église et de la conversion des Juifs ; et il paraît certain que ces principes amenèrent les scènes déplorables des convulsions. D'Etemare se montra chaud partisan de cette *œuvre* qu'on appelait *divine*, et eut le triste honneur d'être un des directeurs de ces farces, où, à des dérisions sacrilèges, se mêlaient d'impudentes prophéties (1). Les plus modérés du parti désapprouvèrent l'œuvre divine, et d'Etemare, malgré son zèle pour le soutien de la cause, vit diminuer sa considération. Il finit par s'apercevoir que l'œuvre n'était pas aussi divine qu'il l'avait cru d'abord. La honte qu'il en eut l'engagea à se vouer à la retraite pendant quelque temps. Il avait fait en 1714, dans un voyage en Hollande, la connaissance du P. Quesnel, et prit part à l'établissement d'un épiscopat dans ce pays. Il assista aussi à l'espèce de concile tenu à Utrecht en 1763. Vers la fin de ses jours, il alla se fixer dans cette petite église, et il mourut au séminaire de Rhinwick, le 29 mars 1770, âgé de 88 ans. Il a laissé :

LETTRES THÉOLOGIQUES *contre une instruction pastorale du cardinal de Bissy*, où on entrevoit déjà son système de figures;

MÉMOIRES, au nombre de neuf, *sur les propositions renfermées dans la constitution* Unigenitus *qui regardent la nature de l'ancienne et nouvelle loi*. 1714, 1715, 1716.

ESSAIS *des parallèles des temps de Jésus-Christ avec les nôtres ;*

EXPLICATION *de quelques prophéties ;*

LA TRADITION *de l'Eglise sur la future conversion des Juifs ;*

MÉMOIRE *envoyé à M. Petitpied le 20 août 1736, au sujet de deux écrits intitulés :* Système du mélange, *etc.*, et système des discernants, *etc.*, in-4°.

ECLAIRCISSEMENTS *sur la crainte servile et la crainte filiale, selon les principes de saint Augustin et de saint Thomas*. 1734, in-4°.

PRÉCIS HISTORIQUE DU FIGURISME ET DU MILLÉNARISME IMAGINÉS PAR LES JANSÉNISTES (2).

I. Vers l'an 1720, comme il a été dit ci-dessus, on vit sortir du milieu des contestations qui troublaient alors l'Eglise, un système de conjectures et de prédictions sur les derniers temps. C'est un effet naturel de l'erreur de conduire à l'illusion, et l'esprit de révolte pousse insensiblement au fanatisme : des hommes opiniâtrément attachés à des opinions proscrites, et qui se sentaient frappés par l'autorité, cherchaient un refuge dans l'avenir. Puisque l'Eglise les condamnait, il était clair que c'était de sa part une prévarication dont il fallait qu'elle fût châtiée. On ne rêvait donc qu'obscurcissement, défection, apostasie. La *gentilité* était maudite et corrompue, et devait s'attendre à être totalement abandonnée. Dieu devait venir au secours de son Eglise par quelque moyen extraordinaire ; cela était sûr. Mais quel était ce moyen? Vaste champ aux suppositions et aux chimères. Rien n'était si aisé que de s'égarer dans une telle route, de la part des gens qui n'avaient d'autres guides que leur imagination; qui, de plus, étaient aveuglés par l'esprit de parti, et qui couraient eux-mêmes au-devant des illusions. Aussi mille rêveries se succédèrent : on annonça la venue prochaine d'Elie, la conversion des Juifs et le renouvellement de l'Eglise. Pour Elie, rien n'était plus certain. Il était en route ; les uns l'avaient vu, les autres partaient pour aller au-devant de lui.

II. On reproche à Duguet d'avoir favorisé ce mouvement des esprits. Cet écrivain instruit et habile avait aussi adopté, dit-on, ces idées d'un renouvellement nécessaire, et il a poussé un peu loin dans ses ouvrages l'usage des applications et des figures de nos livres saints. Il était trop judicieux et trop modéré pour donner dans les excès de ses disciples ; mais il leur a peut-être ouvert la route. Attaché au même parti, il voulait aussi trouver un contre-poids à l'autorité qui le condamnait. Ses amis rapportent de lui ce mot qu'ils citent souvent : *Il nous faut un nouveau peuple*, et c'est là-dessus qu'ils ont bâti tant d'hypothèses et appelé les juifs à leur secours contre les condamnations de l'Eglise. A la tête de ces enthousiastes il faut compter d'Etemare, homme ardent, qui publia successivement, en 1724 et années sui-

---

(1) Un écrivain du temps dit à ce sujet : « D'Etemare nous apprend que le jour de son ordination, entre les deux élévations de la messe, Dieu lui donna l'intelligence des Ecritures et le don de les interpréter. Or, quelles sont les lumières de ce docteur figuriste? Selon lui, l'histoire des Machabées était la figure de tout ce qui a précédé, accompagné et suivi la destruction de Port-Royal. *Saint-Cyran* est représenté par Mathathias, *Bacos* par Simon, et *Arnauld* par Judas Machabée. L'ânesse de Balaam figure le clergé du second ordre, que les mauvais traitements du premier ont forcé d'ouvrir la bouche contre la bulle *Unigenitus*. Cette même ânesse avait figuré la mère Angélique Arnauld, abbesse de Port-Royal. Elle représente encore toutes les religieuses qui ont réclamé contre la constitution. »

« La pénétration de notre illuminé est si prodigieuse en fait de figures, qu'il a vu que la promotion faite par Louis XIV, après la bataille d'Hochstet, dans laquelle il comprit les officiers prisonniers, était l'image et la figure de cette promotion de martyrs et de confesseurs, que Dieu a faite depuis l'arrivée de la bulle. Enfin il voit dans l'Ecriture que le prophète Elie doit se mettre à la tête des convulsionnaires, et commencer sa mission avec ce digne cortège, afin de rétablir toutes choses en faveur du quesnellisme. Telles sont les rares découvertes du sieur d'Etemare. Boursier son confrère et son intime ami, n'avait pas d'autres idées que lui, en matière de figurisme et de convulsionnisme.

« Un autre fanatique, le diacre Pâris, n'était pas moins savant dans le figurisme. Si on en croit un des auteurs de sa vie, *il croyait voir dans toute l'œuvre de la constitution, l'apostasie prédite par saint Paul, et plus anciennement prédite et figurée dans les anciens livres*. Il était aussi pleinement persuadé qu'il fallait que le prophète Elie parût pour réparer toutes choses.

« Un docteur aussi insensé qu'eux tous (le sieur le Gros), réfugié en Hollande, a prédit dans des écrits qu'il a dictés publiquement à Utrecht, que nous aurons bientôt un pape juif, suivant ces paroles de Dieu au jeune Samuel : *Suscitabo mihi sacerdotem fidelem*. »

(2) Nous donnons ce titre au morceau qu'on va lire, et que nous avons tiré de l'*Ami de la Religion*, tom. XXV, n°s du 13 et 20 septembre 1820.

vantes : *Explication de quelques prophéties sur la future conversion des Juifs; Réponse aux difficultés sur cette Explication; Tradition sur la future conversion des Juifs; Parallèle du peuple d'Israël et du peuple chrétien; Histoire de la religion, représentée sous divers symboles*, etc. D'Etemare jouissait d'une grande influence parmi les siens; dans ses discours, dans ses écrits, dans ses conversations, il inculquait son système de figures, et cette manie se propagea parmi des hommes que le mécontentement disposait à l'exaltation. Boursier, le Gros, Boyer, Joubert, Poncet, Fourquevaux, Fernanville et d'autres appelants donnèrent pleinement dans ces idées.

III. Les convulsions et les miracles contribuèrent encore à échauffer les esprits. On voulait du merveilleux. Les relations du cimetière Saint-Médard, les journaux des convulsionnaires, les écrits même des théologiens appelants, tout retentissait de prédictions et de prodiges. Chacun voyait clair dans l'avenir, et trouvait dans les livres saints les preuves du système qu'il s'était fait. L'Apocalypse surtout leur fournissait un texte immense et commode aux hypothèses les plus bizarres. Le Gros et Fernanville donnèrent chacun une explication de ce livre ; la *Connaissance des temps, par rapport à la religion*, 1727 ; le *Catéchisme historique et dogmatique*, 1729 ; *l'Introduction abrégée à l'intelligence des prophéties*, 1731 ; *l'Idée de la Babylone spirituelle*, 1733 ; in-12 de 660 pages avec la suite, favorisaient ce goût pour les conjectures. L'un, dans un pamphlet plein de fanatisme, de *l'Avénement d'Elie*, 1734, établissait que la bulle avait introduit dans l'Eglise une apostasie qui ne pouvait cesser que par la venue de ce patriarche. L'autre, dans un *Calendrier mystérieux, exactement supputé sur l'Apocalypse*, 1732, avait découvert que cette bulle était la bête qui avait reçu le pouvoir de faire la guerre pendant trois ans et demi ; cette époque avait évidemment commencé à la déclaration du 24 mars 1730, et devait finir en septembre 1733. Dans les *Conjectures des derniers temps*, sous le nom du cardinal de Cusa, on trouvait que le renouvellement de l'Eglise devait arriver de 1700 à 1750. Une *Lettre*, imprimée en 1739, fixait le retour des Juifs à l'an 1748 ou environ. Toutes ces suppositions étaient entremêlées de déclamations et d'invectives contre les pasteurs. On voit par le *Journal des Convulsions*, de Mme Mol, combien le fanatisme était commun dans le parti. Une foule de convulsionnaires prédisaient l'arrivée d'Elie pour l'année, pour le mois, pour la semaine qui devaient suivre. Un M. Auffrai, bon bourgeois de Paris, fit plusieurs voyages en 1732, au-devant du prophète ; un autre, nommé Pinault, allait le chercher de son côté ; un autre se donnait pour le précurseur d'Elie. On envoya à Metz un sous-diacre appelant, le Clerc, avec quelques frères, pour disposer les Juifs à bien recevoir le patriarche. Les *Nouvelles ecclésiastiques* elles-mêmes, quoi-

qu'elles fussent fort réservées sur cet article, et qu'elles cherchassent à sauver l'honneur de leur parti en dissimulant ces impostures, les avouent cependant en deux ou trois endroits. « On apprend, disent-elles, que quelques personnes, malheureusement séduites et livrées à l'illusion, se sont répandues en diverses provinces pour y débiter qu'Elie est venu ; que cet Elie est M. Vaillant, prêtre appelant, né de nos jours, au milieu de la France, lequel est actuellement à la Bastille pour la seconde fois ; qu'il sortira de sa prison par miracle ; qu'il sera mis à mort, etc. On aurait de la peine à croire que des personnes, qui jusque-là n'avaient pas manqué de sens et de raison, pussent ajouter foi à de pareilles extravagances, les proposer et les expliquer par des dénouements non moins absurdes, si l'on ne savait que ces absurdités ont en effet des partisans et des sectateurs à Paris, et qu'un curé d'une des principales villes du royaume, appelant et homme d'esprit, les a tout récemment annoncées à son peuple. Cet exemple et celui du frère Augustin, qui s'est dit le précurseur du véritable Elie, et dont il a été parlé dans les *Nouvelles* et ailleurs, ne prouvent que trop quel pouvoir reçoit aujourd'hui le démon pour tromper les hommes. » (*Nouvelles*, 1734, page 172). La même gazette parle encore (1735, page 3) *de la secte du frère Augustin, et de ceux qui donnent follement M. Vaillant pour Elie*. Une lettre de Colbert, évêque de Montpellier, insérée dans les *Nouvelles*, feuille du 22 novembre 1734, dit que *le fanatisme augmente parmi les disciples du frère Augustin*; qu'on en rapporte des choses horribles, et que *le Vaillantisme fait aussi des progrès*. Ces égarements du frère Augustin sont de plus constants par plusieurs autres écrits, par la procédure qui fut instruite contre lui au parlement, et par un arrêt rendu sur cette affaire le 21 janvier 1735.

IV. Ce prodige de séduction et de délire, qui, il faut le remarquer, fut restreint au parti de l'appel, et ne fit de ravages que dans son sein, révolta cependant dans ce parti quelques hommes plus modérés. De là une scission éclatante : les appelants se partagèrent en figuristes et en antifiguristes. Tandis que les premiers, et c'était le plus grand nombre, applaudissaient à des diatribes odieuses et à des prophéties ridicules, les autres y opposèrent de vives réfutations. L'abbé Débonnaire fit paraître successivement des écrits contre le figurisme et ses défenseurs ; la *Lettre à Nicole* ; l'*Examen critique, physique et théologique des convulsions* ; des *Observations*, des *Défenses*, des *Lettres*, etc. ; car il y montra autant de fécondité que d'ardeur dans cette controverse, où il fut secondé par Boidot, Mignot, Latour et quelques autres. Dans sa lettre du 22 septembre 1735 à l'évêque de Montpellier, il signale particulièrement les prédictions d'apostasie générale faites par les écrivains ci-dessus nommés, et il demande comment on peut concilier de telles menaces avec les promesses de l'Eglise.

Il donna, avec Boidot, des *Traités historiques et polémiques de la fin du monde, de la venue d'Elie, et du retour des Juifs* (on ne sait si ce troisième traité a paru). Ces ouvrages leur attirèrent une nuée d'adversaires, tout le camp des figuristes s'ébranla; les évêques de Sénez, de Montpellier et de Babylone; de Gennes, Poncet, et des écrivains plus obscurs encore, enfantèrent force brochures en faveur de leur système; les plus remarquables de ces écrits sont la *Lettre* du 20 juin 1736, publiée sous le nom de Soanem, mais qui était du P. de Gennes, et où l'on autorisait le fanatisme des figuristes sur la venue d'Elie, la défection de l'Eglise et la conversion des Juifs; dix-neuf *Lettres sur l'OEuvre des convulsions*, par Poncet; *Défense du sentiment des saints Pères sur le retour futur d'Elie*, par Alexis Desessarts, 1737, in-12; *Suite de cette défense*, 1740, in-12; *Examen du sentiment des Pères sur la durée des siècles, où l'on traite de la conversion des Juifs*, 1739, in-12 de 565 pages. Débonnaire répondit à tous ces écrits : il soutenait que la venue d'Elie n'était qu'une opinion particulière. Nous ne déciderons point si, dans la chaleur de la dispute, il n'est pas allé trop loin; mais les excès intolérables de ses adversaires atténueraient un peu ses torts. Celui de ses écrits, qui va le plus directement à notre sujet, est le *Jugement sommaire de l'évêque de Sénez*, troisième partie, où il traite de la conversion des Juifs et de la venue d'Elie.

V. Au milieu de ces disputes, le fanatisme des convulsions et des prophéties continuait et enfantait des écrits ridicules et des scènes déplorables. Un nommé Ottin, dont la conduite était aussi horrible que la doctrine, annonçait toujours Elie. Un père Ponchard, appelant, écrivait dans le même sens. Le 16 septembre 1752, on déféra au parlement de Paris une prédiction d'une jeune convulsionnaire à MM. du parlement sur les affaires présentes. L'abbé Joubert, autre appelant, disciple de Duguet, et auteur de quelques écrits cités plus haut, appliquait les prophéties à tort et à travers. Ses trois *Lettres sur l'interprétation des Ecritures*, 1744, autorisent cette manie des figures. Son *Explication des principales prophéties de Jérémie, d'Ezéchiel et de Daniel, disposées selon l'ordre des temps*, 1749, 5 vol. in-12, et son *Commentaire sur les douze petits prophètes*, 1754-1759, 5 vol. in-12, sont pleins d'allusions malignes et de rêveries ; il n'y est question que d'obscurcissement, de vérités proscrites, d'erreurs qui infectent le sanctuaire, de pasteurs infidèles et devenus des idoles; et l'on y appelle les juifs pour renouveler l'Eglise. Depuis, Joubert fit encore paraître un *Commentaire sur l'Apocalypse*, Avignon, 1762, 2 vol. in-12, où il développe les idées chères aux siens sur la venue d'Elie et la conversion des juifs; il prétend comme d'Etémare et les autres figuristes, que ces événements précéderont beaucoup la fin du monde. Nous rapportons au même temps l'*Horoscope des temps, ou Conjectures sur l'avenir*, par le père Pinel, appelant fameux par des égarements de plus d'un genre. Rondet, éditeur de la Bible d'Avignon, ayant remarqué avec assez de raison que toutes ces idées conduisaient aux erreurs des millénaires, un autre appelant, l'abbé Malot, le combattit dans une *Dissertation sur l'époque du rappel des Juifs*, 1776, in-12. Rondet s'était un peu moqué des règles de Duguet et des explications de Joubert, et il soutenait que la conversion des Juifs et ses suites devaient être renvoyées à la fin du monde et à la persécution du dernier antechrist. Malot, au contraire, admettait un long intervalle entre la conversion des Juifs et cette persécution. Rondet développa son sentiment dans une longue *Dissertation*, 1778, in-12 de 796 pages, et ensuite dans un *Supplément* à cette *Dissertation*, ou *Lettre à Eusèbe*, 1780, in-12 de 704 pages; Malot, d'un autre côté, donna une seconde édition de sa *Dissertation*, 1779, in-12 de 264 pages; puis un *Supplément*, 1780, in-12 de 50 pages; puis une *Suite et défense de la Dissertation sur l'époque du rappel de Juifs*, 1781, in-12 de 206 pages; puis une *Lettre à l'auteur des Nouvelles*, datée du 10 juin 1782. Dans ces écrits Malot assignait le rappel des Juifs en 1849, et établissait un avénement temporel de Jésus-Christ sur la terre; et ce qu'il y a de bizarre, c'est que Rondet, tout en combattant ce millénarisme et ces calculs, voulut aussi assigner l'époque de la destruction de l'antechrist qu'il annonce pour 1860. Toutes ces prédictions reposent sur des rapprochements arbitraires, et on peut se contenter de leur opposer ces paroles de Notre-Seigneur : *Non est vestrum nosse tempora vel momenta*, etc. Quant à l'avènement intermédiaire, on a défié les millénaristes de citer un seul auteur ecclésiastique qui ait admis plus de deux avénements extérieurs et sensibles de Jésus-Christ, le premier dans son incarnation, et le second lorsqu'il viendra juger le monde.

VI. La même controverse produisit quelques écrits en Italie. Il parut à Brescia, en 1772, une dissertation sous ce titre : *du Retour des Hébreux à l'Eglise, et de ce qui doit y donner occasion*, in-12, de 154 pages. L'auteur (1), qui paraît s'être nourri de la lecture des écrits de nos appelants, parlait à peu près comme eux de l'obscurcissement des vérités de la grâce, de la défection des gentils, de la venue d'Elie, de la corruption de la morale, et faisait des allusions malignes et des menaces effrayantes. L'abbé Mozzi, chanoine de Bergame, réfuta cet auteur dans trois *Lettres*, imprimées à Lucques, 1777 in-8°; il y établit qu'il est faux et erroné qu'Elie doive venir longtemps avant l'antechrist, et il montre que le système de décadence de l'Eglise est dangereux dans la foi. Une *Lettre d'un théologien aux auteurs*

---

(1) Nous croyons que c'est le P. Pujoti, bénédictin de Mont-Cassin, connu par d'autres écrits où montre aussi quelques penchants pour les nouvelles doctrines.

des Ephémérides littéraires de Rome, 1778, 31 pages in-12, prit la défense de la Dissertation, dont l'auteur répondit lui-même par une nouvelle dissertation *sur l'époque du retour des Juifs*, Venise, 1779, in-8° de 373 pages.

VII. On peut rapporter au même sujet les ouvrages énoncés dans le premier article, le *Discours sur l'état futur de l'Eglise*, que M. de Noé, évêque de Lescar, devait prononcer à l'assemblée du clergé de 1785, et dont l'idée et le fonds paraissent lui avoir été fournis par le P. Lambert, dominicain : il est certain du moins que le *Recueil des passages*, qu'on a depuis imprimé avec le *Discours*, est de ce religieux. L'évêque, dans ce *Discours*, annonçait la défection de la gentilité et l'établissement d'un nouveau règne de Jésus-Christ; comme on fut averti qu'il s'y livrait à des conjectures arbitraires, il fut invité à ne le point prononcer. On lui dédia quelques années après un ouvrage rédigé dans le même esprit ; c'est l'*Avis aux catholiques sur le caractère et les signes des temps où nous vivons, ou de la Conversion des Juifs, de l'avènement intermédiaire de Jésus-Christ, et de son règne visible sur la terre*; Lyon, 1794, in-12. L'auteur ne se nomma point ; mais on sait que c'est M. Dufour de Gennetière, qui demeure à Grangeblanche, près Lyon, et qui passe pour être attaché au même parti que la plupart des écrivains précédents. Dans le même temps le P. Lambert avait composé son *Avertissement aux fidèles sur les signes qui annoncent que tout se dispose pour le retour d'Israël*, 1793, in-8° de 126 pages. Mais comme les circonstances où était alors la France empêchèrent que cette brochure n'eût toute la publicité que désirait l'auteur, il l'a refondue dans l'*Exposition des prédictions et des promesses faites à l'Eglise pour les derniers temps de la gentilité*, 1806, 2 vol. in-12. Le P. Lambert, qui s'y était nommé, n'y parle que de menaces : « Nous touchons aux derniers temps ; il ne restera bientôt plus de la gentilité qu'un résidu infect et une lie corrompue ; le royaume de Dieu va nous être ôté : Elie va venir ; il sera proscrit par tout le corps de la gentilité, le pape à la tête : la conversion des Juifs se fera au milieu des temps ; et l'intervalle qui doit s'écouler depuis cette époque jusqu'à la fin du monde sera infiniment plus long que la période de leur réprobation : Jérusalem redeviendra le centre de la religion ; Jésus-Christ y établira son trône, et y régnera d'une manière toute particulière ; son peuple convertira toutes les nations, et régnera lui-même sur la terre ; le saint-siége sera l'antechrist... »
Voilà le système du P. Lambert, qui non-seulement reproduit ici les idées folles et les expressions insultantes des figuristes, ses devanciers, mais qui ne craint pas de renouveler ainsi les odieuses imputations des protestants ; il essaie vainement de se justifier du reproche de millénarisme ; enfin, il divinise les convulsions, et, dans un long morceau, il rapporte avec admiration les scènes les plus horribles et les plus ridicules de cette œuvre honteuse. Si un homme instruit, un prêtre, un religieux, un théologien, donnait dans de telles rêveries, à quoi ne fallait-il pas s'attendre de la part de la foule enthousiaste et crédule ? Aussi le délire y était extrême, comme l'attestent quelques écrits de ce temps (1).

VIII. Aujourd'hui même, la manière de prophétiser sur les derniers temps règne parmi les adhérents à cette cause, et jusque

---

(1) On peut voir là-dessus un ouvrage qui parut anonyme, sous le titre de *Notion de l'œuvre des convulsions et des secours, surtout par rapport à ce qu'elle est dans nos provinces du Lyonnais, Forez, Mâconnais, etc., à l'occasion du crucifiement public de Farcins*. (Lyon, 1788, in-12 de 504 pages.) L'ouvrage est divisé en quinze chapitres, où l'auteur, le P. Crêpe, dominicain, entremêle les faits et les raisonnements pour montrer l'absurdité des convulsions. Il donne l'histoire abrégée de ces folies, au moins pour son temps, et insiste surtout sur la branche des convulsionnaires dont le P. Pinel était le chef ; c'est celle qui était la plus répandue dans le midi. Ce Pinel était un ancien oratorien, né en Amérique, qui vivait dans le monde, et qui était riche. Il gagna une sœur Brigitte, du grand hôpital de Paris, qu'il enleva, et qu'il prétendait être la femme marquée dans l'Apocalypse. Il débitait sur elle mille rêveries, la parcourait les provinces ; et menant une vie scandaleuse. Il mourut, sans secours, dans un village où la maladie le surprit, laissant son bien à Brigitte, qui rentra à l'hôpital, et ne fit plus parler d'elle. On crut quelque temps que Pinel ressusciterait pour l'accomplissement des prophéties qu'il avait faites, mais il fallut renoncer à cet espoir. Angélique succéda à Brigitte ; c'était la femme d'un marchand de Paris, qui avait beaucoup d'apparitions et prophétisait aussi. Saint-Colmier eut également une convulsionnaire ; mais elle fut renfermée, et le curé qui la prônait fut flétri et exilé. Le 12 octobre 1787, crucifiement de Tiemcon Thomasson, à Farcins, en présence de quarante personnes ; il fut dirigé par deux curés assez connus, les sieurs B. Merlinot, avocat de Trévoux, dénonça le fait. L'archevêque envoya sur les lieux un de ses grands-vicaires, l'abbé Julyclerc, pour assoupir l'affaire ; il obtint une lettre de cachet contre le curé de Farcins, qui fut enfermé chez les Cordeliers de Tanlay. Bonjour avait prédit qu'il viendrait faire les Pâques dans sa paroisse, en 1788 ; ce qui n'eut pas lieu. Toutefois il parvint dans la suite à s'échapper. Son frère avait été relégué au Pont-d'Ain, leur pays natal. Les prophéties des convulsionnaires annonçaient une grande persécution qui devait commencer en 1802 et durer trois ans et demi ; Elie, Pinel et Brigitte devaient y périr. Clément XIV et Pie VI étaient les antechrists. Le P. Crêpe donne aussi quelques détails sur la licence des mœurs dans l'œuvre. Enfin, il propose à ses partisans des difficultés sur l'appel, sur le millénarisme, sur la substitution de l'œuvre à l'Eglise, et à la fin du volume, sur les prophéties et les miracles. Le témoignage du P. Crêpe sur ces matières mérite d'autant plus de confiance qu'il avait été d'abord initié à ces folies. Il avoue, page 48, qu'il a été au noviciat de l'œuvre, et il rappelle, là et ailleurs, ce qu'il y a entendu. Il paraît que les absurdités et les cruautés dont il fut témoin le ramenèrent au parti de la soumission. Il abandonna, non-seulement les convulsionnaires, mais le parti d'où ils étaient sortis, et il parle toujours comme fort opposé à toute leur secte, et honteux de ses excès.

dans ces dernières années on a vu paraître plusieurs écrits pleins de conjectures les plus hasardées. De ce genre est un *Discours sur les promesses renfermées dans les Ecritures, et qui concernent le peuple d'Israël*, 1848, in-8° de 81 pages. Ce *Discours*, qui n'a jamais été prononcé, paraît être d'un homme qui a beaucoup écrit dans ces derniers temps en faveur de son parti. L'auteur appelle les Juifs de tous ses vœux; il les voit rassemblés en corps de nation, rebâtissant Jérusalem, et élevés en gloire et en puissance; il ne veut pas, dit-il, se prononcer sur la question du règne visible de Jésus-Christ sur la terre, et néanmoins il regarde comme très-croyable que *le vrai Joseph se manifestera d'une manière sensible à ses frères;* que *les Juifs verront celui qu'ils ont percé*, et que *Jésus-Christ viendra lui-même en personne instruire son peuple.* Voilà donc un avénement assez clairement marqué : ce qui ne surprendra point ceux qui savent que cet auteur était disciple et ami du P. Lambert. On va plus loin dans un écrit plus récent encore, qui a paru sous le titre des *Prophéties éparses concernant Jésus-Christ et son Eglise*, 1819, in-8° sans, nom d'auteur, mais qui est de M. Agier, auquel le parti doit d'autres ouvrages. Dans celui-ci M. Agier se plaint beaucoup du pharisaïsme et de l'ultramontanisme, qu'il regarde apparemment comme les deux plus grands fléaux de notre temps : pour nous en garantir, il ne trouve pas de meilleur moyen que la conversion des Juifs ; aussi ramène-t-il à cet objet toutes les prophéties et même ce qui n'est point prophétie, et il présente les Juifs rassemblés en corps de peuple en Palestine, rétablissant l'ordre dans l'Eglise, convertissant les mahométans, et portant partout l'Evangile. Le chef de l'Eglise sera pris parmi eux, et sera infaillible ; ce qui nous a un peu étonné dans un adversaire déclaré de l'infaillibilité romaine. Au surplus, l'auteur trace l'histoire des Juifs dans ces temps à venir d'une manière si précise et si détaillée, que nous n'en saurons pas davantage quand les événements se seront passés sous nos yeux. Jésus-Christ descendra sur la terre visiblement, et y établira son règne, qui durera mille ans ; mais l'auteur est si réservé qu'il n'ose pas assurer si ces années seront les mêmes que les nôtres. Quant aux gentils, il les accable de fléaux, et leur applique ce qui est dit dans l'Apocalypse des sept coupes de la colère du Seigneur. Tel est cet ouvrage, où M. Agier a laissé bien loin derrière lui les autres interprètes, et où il a bravé les reproches de millénarisme, de hardiesse et de nouveauté, qu'on pourrait justement lui faire.

IX. Un troisième ouvrage a paru en Italie ; ce sont les *Lettres sur l'avénement intermédiaire et le règne visible de Jésus-Christ* ; Lugano, 1816 et 1817. Il y a huit lettres, dont la plus ancienne remonte pour la date jusqu'en 1811. L'auteur est l'abbé Giudici, frère du conseiller d'Etat de ce nom, qui est aussi ecclésiastique. Il abonde dans le sens des deux écrivains précédents, et ne fait guère que répéter ce qu'on avait dit avant lui. Il soutient le système de M. Dufour, du P. Lambert et de M. Agier, qu'il nomme les millénaires catholiques, et cherche à répondre aux objections qu'on leur a faites, et entre autres à la *Réfutation* de l'ouvrage du P. Pujati, Bénédictin du Mont-Cassin, qui, tout favorable qu'il était à nos appelants en général, avait blâmé le système du Dominicain français. Le livre de l'abbé Giudici est fort superficiel, et l'auteur a la naïveté de convenir qu'il étudie la matière à mesure qu'il compose ; ce qui est un bien mauvais moyen de donner quelque chose d'instructif et de solide.

X. Ces trois ouvrages, comme presque tous les précédents, étaient sortis du parti de l'appel ; mais il en a paru récemment un autre qui est remarquable en ce qu'il semble avoir été composé par un Jésuite. Emmanuel Lacunza, né à Saint-Jacques du Chili, en 1731, et Jésuite profès en 1766, ayant été déporté l'année suivante, ainsi que tous ses confrères, fut envoyé à Imola, dans l'Etat de l'Eglise, où, peu après, il se séquestra de toute société, se servant lui-même, se couchant au point du jour, et passant la nuit à travailler. Le 17 juin 1801, on le trouva mort sur les bords de la rivière qui baigne les murs de la ville ; on présuma qu'il y était tombé la veille en faisant sa promenade accoutumée. Soit que la solitude et le genre de vie bizarre qu'il avait adopté eussent échauffé sa tête, soit que son système tînt à d'autres causes, il a laissé, ou du moins on lui attribue un ouvrage sous ce titre : *Avénement du Messie avec gloire et majesté*. L'auteur distingue plusieurs sortes de millénaires, et prétend laver de ce reproche ceux qui, comme lui, admettent dans le règne de mille ans une félicité spirituelle. Il entre ensuite dans une explication des prophéties, qui est trop longue et trop minutieuse pour que nous entreprenions d'en donner une analyse. Nous nous contenterons de dire que Lacunza n'admet point précisément un avénement intermédiaire de Jésus-Christ. Il suppose que le Fils de Dieu descendra plein de gloire sur la terre pour exterminer l'antechrist, et tirer ses saints de l'oppression ; qu'il y aura une résurrection et un jugement partiel, et qu'il établira un règne de mille ans ; qu'après cela Satan, ayant été délié, et recommençant à troubler la paix, Jésus-Christ le vaincra sans remonter au ciel, et commencera le jugement universel. Sans nous arrêter à cette explication, qui n'est ni plus ni moins plausible que tant d'autres, et repose, comme elles, sur des rapprochements et des inductions fort arbitraires, nous remarquerons un endroit où l'auteur dans une des bêtes citée dans l'Apocalypse, voit le *Sacerdoce* ou *l'ordre sacerdotal corrompu dans sa majorité au temps de l'antechrist*; explication assez peu séante, pour ne rien dire de plus, dans la bouche d'un prêtre.

Ce singulier ouvrage n'a point été imprimé du vivant de Lacunza ; il s'en répandit seulement des copies incomplètes. C'est sans doute sur une de ces copies qu'on en fit une édition en deux volumes, dans l'île de Léon, près Cadix, du temps que les cortès y siégeaient. Depuis, l'envoyé de la république de Buénos-Ayres à Londres, en ayant eu un manuscrit plus complet, l'a fait imprimer en espagnol, à Londres; 1816, 4 vol. in-8°; l'auteur y est nommé Jean-Josaphat Ben-Ezra, nom sous lequel les copies manuscrites ont circulé (*Voyez* BEN-EZRA). Plus récemment on a traduit l'ouvrage en latin : *Messiæ adventus cum gloria et majestate;* le traducteur est Mexicain, et il demande grâce pour son latin, qui en effet paraît assez barbare. Cette traduction est encore manuscrite; mais on dit qu'il en existe beaucoup de copies.

C'est sur une de ces copies qu'a été rédigée la brochure intitulée : *Vues sur le second avénement de Jésus-Crhist, ou Analyse de l'ouvrage de Lacunza sur cette importante matière;* Paris, 1818, in-8° de 120 pages. L'auteur, qui n'y a pas mis son nom, mais qu'on sait être M. Agier, pense au fond comme Lacunza, et approuve ses principales conjectures. Il ne s'écarte de ses sentiments que sur des accessoires de son système. Il a l'air tout étonné qu'un Jésuite ait des idées justes sur la religion; il lui reproche seulement d'avoir parlé des *erreurs folles et dangereuses de Quesnel,* et ce zélé partisan des *Réflexions morales* est scandalisé qu'on traite ainsi un livre si précieux. *C'est une tache,* dit-il, dans l'ouvrage de Lacunza ; et il est horrible, en effet, que cet Espagnol ait mieux aimé s'en tenir au jugement du saint-siége et à celui des évêques, qu'à l'opinion de M. Agier et de M. Silvy. A cela près, l'anonyme fait l'éloge de Lacunza et de ses explications, et il paraît goûter entre autres sa manière d'entendre le règne de mille ans.

Il est à propos de faire observer que la *Chronique religieuse* a parlé avec éloge de tous ces derniers écrits en faveur du milléranisme; les rédacteurs de cette feuille paraissent goûter un tel système. Héritiers de l'esprit des premiers appelants, ils en perpétuent les illusions et les chimères, comme les erreurs et l'opiniâtreté. Ceux qui seraient bien aises de voir reproduire de nos jours tous les principes de parti, n'ont qu'à consulter entre autres dans cette *Chronique* des *Réflexions sur les interdits arbitraires,* par D. A. E. D. R., tome Ier, page 193; un article sur la *Lettre de M. Jean à M. Rodet,* page 265; un article où l'on rend compte de *Dialogues sur la grâce efficace par elle-même, entre Philocaris et Alethazette,* même volume, page 359; le *Jansénisme dans tout son jour,* page 512; ou plutôt il leur suffira d'ouvrir un cahier de cet ouvrage pour s'assurer qu'on y suit fidèlement les traces des *Nouvelles ecclésiastiques.* Il aurait été trop fâcheux que le gazetier n'eût pas eu un successeur.

EYKENBOOM (IGNACE), nom supposé sous lequel on a publié un livre intitulé : *Idée générale du catéchisme,* et qui est une critique assez pauvre de la doctrine catholique sur tous les points contraires aux erreurs de Jansénius.

F

FABRE (CLAUDE-JOSEPH), naquit à Paris le 15 avril 1668, entra dans la congrégation de l'Oratoire, y professa avec distinction, fut obligé de la quitter, y rentra en 1715 et y mourut le 22 octobre 1753.

DICTIONNAIRE *de Richelet,* dont il donna une édition, dans laquelle il laissa insérer plusieurs articles sur les matières de théologie, et des satires odieuses dictées par l'esprit de parti. C'est ce qui l'obligea de sortir de sa congrégation.

CONTINUATION *de l'Histoire ecclésiastique de Fleury.*

L'esprit de parti s'y montre souvent ; c'est d'ailleurs un travail mal fait, « sans correction, sans élégance. Rondet, qui l'a continuée après lui, a encore plus mal réussi, et donne au fanatisme de la *Petite Eglise* un essor plus libre. C'est cependant cette Continuation de Fleury qui est continuellement citée par les compilateurs du jour ; le fanatique Fabre, le fanatique Rondet, sont sans cesse allégués comme des autorités légales, par des gens mêmes qui veulent avoir des titres à la philosophie. Tel est le sort de l'histoire dans ces jours de subversion et de mensonge. » Ces observations sont fort justes. On a donné, vers 1835, une nouvelle édition de Fleury avec cette *Continuation* de Fabre, et on y a ajouté quelque chose du même Fabre, dont on avait trouvé un manuscrit. L'entreprise réussit mal ; le public ne vint pas en aide à l'éditeur. Fleury lui-même n'est plus goûté ; il n'est pas toujours exact, et il est souvent partial. On préfère avec raison l'*Histoire* de l'Eglise, par M. l'abbé Rohrbacher. Mais revenons au P. Fabre.

Il mit à la tête de sa *Continuation* un discours où la critique orthodoxe a trouvé plusieurs choses répréhensibles, entre autres : une proposition injurieuse à l'Eglise, et qui heurte de front la promesse que Jésus-Christ lui a faite, que *les portes de l'enfer ne prévaudront jamais contre elle.* C'est que dans le 14e siècle *les pasteurs de l'Eglise romaine n'avaient ni règle sûre, ni instruction solide pour se conduire.*

On fait aussi, dans ce même discours, un précepte indispensable de rapporter positivement à Dieu toutes nos actions, par le motif de l'amour divin : doctrine condamnée dans Quesnel.

C'est de même P. *Fabre,* continuateur de Fleury, qui, dans le livre CXXXI, n°74, p. 522 et 523 du tome XXVI, édition in-12, de 1727, a traduit ainsi ces paroles d'Erasme, qui voulait mettre l'Ecriture sainte entre les mains de tout le monde : *Me auctore, sacros libros teget Agricola, leget Faber, leget Latomus.* La troisième proposition d'Erasme (condamnée par la Sorbonne) *est qu'il sera cause qu'Agricola, que Faber, que Latomus, liront les livres sacrés.* L'oratorien en délire a cru que ces mots *Agricola, Faber* et *Latomus,* étaient ici trois noms d'hommes, et que la Sorbonne pouvait condamner et condamnait en effet une proposition, parce qu'on y conseillait à trois personnes de lire l'Ecriture sainte.

On peut juger par ces différents traits quelle est la foi et quelle est la science du P. Fabre. Aussi lui fut-il défendu de pousser plus loin la Continuation de l'Histoire de Fleury.

FAUVEL (N...), docteur en théologie de l'université de Caen. On a de lui divers ouvrages.

En 1714, et à Coutances, Fauvel renouvela le richérisme. Il avança que le pouvoir de faire des lois appartient à la multitude ou à celui qui en a soin : *Pertinet ad multitudinem leges condere, vel ad eum qui curam habet multitudinis.* Voilà la multitude de pair et de niveau avec le roi, puisqu'elle a, aussi bien que lui, la puissance législatrice. Fauvel nous apprend ensuite de quelle manière les rois peuvent faire les lois. Ce pouvoir, dit-il, appartient à celui qui peut les faire observer par la voie de contrainte. Or, il n'y a que la multitude, ou le prince, où le sénat, au nom de la multitude, qui aient ce pouvoir de contrainte : donc eux seuls peuvent faire les lois : *Ad eum pertinet tantum leges condere, qui vim habet cogendi ad observationem legis ; atqui sola multitudo, vel princeps, vel senatus nomine multitudinis, vim habet cogendi ad observationem legis. Ergo...*

Il ajoute que Dieu a immédiatement donné à la multitude le pouvoir dont les rois sont revêtus par la multitude : *Potestas quam reges habent, eatenus in ipsis reperitur, quatenus populis a Deo immediate concessa est, et a populis regibus ipsis data.* Selon ce système séditieux, puisé dans Richer et dans Marc-Antoine de Dominis, le prince ne tient donc son pouvoir que de la multitude, et ce n'est qu'au nom de la multitude qu'il gouverne.

L'Eglise n'est pas mieux traitée que les rois par Fauvel. Voici son raisonnement : *In omni republica bene ordinata existit hæc potestas condendi leges ; atqui Ecclesia est respublica bene ordinata. Ergo,* etc. Il conclut de là que ce pouvoir ne se trouve que dans le concile œcuménique, parce qu'il représente la république universelle, à laquelle Jésus-Christ l'a donné immédiatement, et de laquelle le pape et les évêques l'ont reçu.

Une si dangereuse doctrine fut censurée par M. l'archevêque d'Embrun, dans son excellente *Instruction pastorale sur le Mémoire des quarante avocats,* du 26 janvier 1731.

Mais nous devons dire que Fauvel revint à résipiscence et qu'il rétracta sa mauvaise doctrine, dans l'écrit dont voici le titre : *Déclaration du sieur Fauvel... sur certaines propositions tirées de ses écrits de philosophie.* Paris, imprimerie royale, 1722, in-4°.

FEUILLET (N...), chanoine de Saint-Cloud.

Histoire *abrégée de la conversion de M. Chanteau.* Paris, Simart, 1706

A la page 161, on confond la crainte servile avec la crainte servilement servile. C'est une adresse jansénienne, afin d'avoir un prétexte de blâmer toute crainte.

Page 179, on ose avancer « que des prédicateurs et des directeurs dans les chaires, dans les confessionnaux, disent tous les jours aux amateurs du monde : Communiez souvent, quoique vous soyez tout remplis de l'amour du monde ; quoique vous ne pensiez qu'à vous divertir, qu'à aller au bal, au jeu, à l'opéra, à la comédie. » C'est une calomnie absurde. Les évêques souffriraient-ils qu'on tint dans les chaires un pareil langage ?

Page 180, cet ennemi de la communion ne craint pas de dire à un grand prince : « Méditez bien ces vérités ; vous verrez qu'il se trouve presque autant de meurtriers de Jésus-Christ qu'il y a de communiants au monde. » C'est ainsi que, par les exagérations les plus outrées, l'auteur tâche d'inspirer aux fidèles de ne point communier, afin de ne point faire de sacrilèges ; comme s'il n'y avait point de milieu entre communier indignement et ne point communier du tout ; comme si le même Dieu, qui a défendu de recevoir indignement la sainte Eucharistie, n'avait pas aussi commandé expressément de la recevoir.

Pages 107 et 108, *Tous ceux qui communient, si nous en exceptons un petit nombre, qui n'est connu que de Dieu, ne croient point comme il faut la réalité du corps de Jésus-Christ dans le saint sacrement.* Peut-on rien ajouter à une pareille extravagance ? Sera-ce donc une preuve de la foi qu'on a en la présence réelle que de ne point communier ?

FÈVRE (Jacques Le), né à Lisieux, docteur de Sorbonne, grand vicaire de Bourges, auteur de plusieurs ouvrages, passe pour avoir travaillé aux *Hexaples.* Il mourut à Paris.

FEYDEAU (Matthieu) naquit à Paris en 1616, fut docteur de Sorbonne, théologal d'Alet, puis de Beauvais, et mourut en exil en 1694, à Annonay, dans le Vivarais.

Catéchisme *de la grâce.* 1650, in-12 de 40 ou 45 pages.

Samuel Des Marets attribue cet ouvrage à M. Duhamel, second curé de Saint-Merry ; mais Gerberon, historien de la secte, nous apprend qu'il est de Feydeau.

Ce petit *Catéchisme* est un précis fort exact de l'*Augustin* de Jansénius. Il a été réimprimé plusieurs fois, en Flandre, à Paris, à Lyon ; on l'a fait aussi paraître sous le titre d'*Éclaircissement de quelques difficultés touchant la grâce.* Il a été traduit en plusieurs sortes de langues, et en particulier en latin, sous ce titre : *Catechismus, seu brevis Instructio de Gratia :* et sous cet autre : *Compendium doctrinæ christianæ quoad prædestinationem et gratiam.*

Voici quelques-unes des erreurs de ce pernicieux ouvrage :

La grâce nécessaire pour croire et pour prier n'est pas donnée à tous.

Les justes n'ont pas toujours les secours nécessaires pour surmonter les tentations.

Jésus-Christ n'est pas mort, afin que tous les hommes reçussent le fruit de sa mort.... mais à dessein d'offrir le prix de son sang pour sauver ses élus, et donner à quelques autres des grâces passagères.

Il suffit pour que la volonté soit libre, qu'elle n'agisse pas par contrainte, ou par une nécessité involontaire, etc.

Le *Catéchisme de la grâce* fut condamné le 6 octobre 1650, par Innocent X, comme renouvelant les erreurs condamnées par trois de ses prédécesseurs. Il a aussi été condamné par plusieurs évêques de France et des Pays-Bas.

Au contraire, il fut adopté par les calvinistes de Genève, sans qu'ils y changeassent un seul mot : et ce fut surtout alors que les prétendus réformés de Hollande offrirent aux jansénistes des Pays-Bas et à ceux de France, de les recevoir dans leur communion.

Samuel Des Marets, français de nation, professeur de théologie à Groningue, en publia une traduction latine (*voyez* MARETS), et le fit soutenir en forme de thèses par ses écoliers, comme contenant clairement *la doctrine décidée dans le synode de Dordrecht.*

Dans sa préface, il loue Jansénius d'avoir puissamment défendu la cause de Michel Baïus, *que l'autorité et la force avaient plutôt opprimé,* dit-il, *que la vérité et la raison.* Baïus, ajoute-t-il, *était un homme de mérite, peu éloigné du royaume des cieux.*

Enfin il assure que ces *disputes sur la grâce servent beaucoup à ébranler le siége de l'antechrist, qui est sur le penchant de sa ruine, et qu'il faut espérer que ceux qui ont embrassé la défense de la vérité sur ce point, éclairés d'une nouvelle lumière, abjureront enfin les autres erreurs de leur communion, et se déclareront ouvertement contre le concile de Trente, qu'ils n'osent encore rejeter tout à fait, se contentant d'adoucir ses canons, de les plier comme de la cire molle, pour leur donner un sens favorable, et les ajuster à leurs opinions.*

D'un côté on a publié contre le *Catéchisme de la grâce* un ouvrage intitulé : *Réponses catholiques aux questions proposées dans ce prétendu catéchisme,* par le P. Dorisy, jésuite. Paris, 1650, in-12 ; et : *Les jansénistes reconnus calvinistes par Samuel Des Marets,* par Jean Brisacier, jésuite. Paris, 1652, in-12.

Et d'un autre côté on en fit l'apologie sous ce titre : *Fraus Calvinistarum retecta; sive catechismus de gratia ab hæreticis Sam. Maresii corruptelis vindicatus; per Hierony-* mum ab Angelo Forti, (Godefroy Hermant, de Beauvais), doctorem theologum. Paris, 1652, in-4°. Arnauld, près de deux ans auparavant, avait déjà défendu le même ouvrage.

MÉDITATIONS *des principales obligations des chrétiens, tirées de la sainte Ecriture, des conciles et des Pères.* Paris, 1649.

Feydeau y établit ouvertement, pag. 14, le système des deux amours, tel qu'il est dans Baïus et dans Quesnel. Dans l'édition de 1651, il y insinue en cent endroits que la grâce est irrésistible.

Tom. II, pag. 183 : *Personne n'entend cette voix qu'il n'y vienne.* Pag. 94, on dit que la grâce n'est donnée qu'aux élus ; que tout le monde n'a pas la grâce nécessaire pour le salut ; et pag. 348, que notre libre arbitre ne peut pas faire le bien, si la grâce ne le lui fait faire.

MÉDITATIONS *sur l'Histoire et la concorde des Evangiles.* Lyon, 1696, 3 vol. in-12.

L'auteur y établit avec affectation plusieurs articles de la doctrine jansénienne.

Tom. II, pag. 95 : *Ce n'est pas assez pour commencer à se convertir à Dieu, que d'entendre les vérités chrétiennes, d'y appliquer son esprit, et d'en comprendre le sens, sans une grâce particulière que tout le monde n'a pas.* Il est donc des personnes qui n'ont ni la grâce nécessaire pour commencer à se convertir, ni le pouvoir prochain ou éloigné de faire un pas vers Dieu.

Pag. 385 : *L'Ecriture ne commande que la charité.* Autre erreur. L'Ecriture ne commande-t-elle pas aussi la foi, l'espérance, etc.?

Pag. 388 et 389, l'auteur enseigne, sans aucun détour, le système hérétique des deux amours, unique principe de toutes nos actions. Selon lui, tout ce qui vient de la charité, est bon ; tout ce qui vient de la cupidité, est mal ; toutes nos œuvres sont *des fruits qui viennent de l'une de ces deux racines.*

Tom. III, pag. 166, on demande : *Faut-il que je fasse toujours des actes de l'amour de Dieu?* et l'on répond : *vous y êtes obligé toujours et à toujours..... en sorte que toutes nos actions doivent être faites en vertu de l'amour de Dieu.*

Quel affreux rigorisme, suivant lequel tous les actes de foi, d'espérance, de commisération et des autres vertus, soit naturelles, soit chrétiennes, sont des péchés, dès qu'ils n'ont pas pour motif l'amour actuel de Dieu!

FITE-MARIA (N... DE LA), frère de Henri-Antoine, qui était né à Pau, qui fut abbé de Saint-Polycarpe, réforma ce monastère et y donna l'exemple de toutes les vertus de l'état religieux. « Il paraît, dit M. Picot dans ses *Mémoires,* édit. de 1816, tom. IV, pag. 126, qu'on voulut l'attirer à un parti remuant. Tournus, appelant zélé, fit le voyage de Saint-Polycarpe, et n'omit rien pour communiquer ses sentiments à l'abbé, qui y montra toujours de la répugnance, et persévéra dans la soumission. Ce ne fut qu'après sa mort que ce parti, étant revenu à la charge, l'emporta ; ce qui amena la dissolution de cet établissement. On s'y écarta bientôt des règles et de l'esprit du sage abbé, et l'on s'y livra de de vaines disputes. Un autre la Fête-Maria, frère du pieux réformateur, vivait dans l'abbaye, et y déclamait sans ménagement contre la bulle et contre les évêques. L'auteur que nous citons plus bas avoue qu'il avait *donné prise sur lui par un zèle peut-être excessif.* On fut obligé de l'éloigner. Mais d'autres appelants y venaient secrètement. En 1741, on fit défense de recevoir des novices. On sut qu'on y avait des reliques du diacre Páris et de Soanen. Le 1er septembre 1747, les trois religieux restants appelèrent de la bulle *Unigenitus.* Le 6 avril 1773, le dernier religieux, D. Pierre, fut assassiné dans l'abbaye qu'il n'avait pas voulu abandonner. Les biens furent donnés au séminaire de Narbonne. *Voyez* l'*Histoire de l'abbaye,* publiée, en 1785, par Reynaud, curé de Vaux, au diocèse d'Auxerre. Appelant lui-même, il fait assez connaître les relations étroites des religieux de Saint-Polycarpe avec le parti. Il est remarquable que la maison alla en décadence de ce moment. »

FITZ-JAMES (FRANÇOIS, duc de), évêque de Soissons, né en 1709, était fils du duc de Berwick, fils naturel du roi d'Angleterre Jacques II. Ayant embrassé l'état ecclésiastique, il fut nommé, en 1738, à l'évêché de Soissons, et fait peu après premier aumônier de Louis XV. Ce fut en cette qualité qu'il administra les sacrements à ce prince dans sa maladie de Metz, et qu'il exigea de lui, avant cette cérémonie, l'éloignement de la duchesse de Châteauroux. Les amis de cette dame critiquèrent cette démarche du prélat, qui ne fit en cela que son devoir ; et Voltaire qui s'élève contre lui à ce sujet n'aurait sûrement pas manqué de se moquer de lui s'il eût toléré le scandale. Quoi qu'il en soit, il paraît que la conduite de M. de Fitz-James lui attira une sorte de disgrâce. Il devait avoir le chapeau à la présentation du prétendant ; cette dignité passa à un autre. Il donna, en 1748, sa démission de la première aumônerie. Depuis il parut se rapprocher de plus en plus des appelants, dont il emprunta la plume en plusieurs occasions. Le P. la Borde rédigea son *Instruction pastorale* contre le P. Pichon, en 1748. Goursin composa son long *Mandement* en 7 volumes contre Hardouin et Berruyer, en 1759. M. de Fitz-James donna vers le même temps à son diocèse un Catéchisme et un Rituel avec de *Instructions sur les dimanches et fêtes* en 3 vol. in-12, qui sont probablement aussi de Goursin. Il se déclara contre les Jésuites à l'assemblée des évêques, en 1761, et publia, le 27 décembre 1762, au sujet du recueil des *Assertions,* une *Instruction pastorale* qui était du même Goursin, qui fut condamnée par un bref de Clément XIII, du 13 avril 1763, et qui indisposa contre lui tous ses collègues. De Montesquiou, évêque de Sarlat, la réfuta dans une *Instruction pastorale,* du 24 novembre 1764, qui est bien faite, solide et modérée. Les évêques de Langres et de Saint-Pons donnèrent sur le même sujet des *Mandements* que les parlements de Paris et de Toulouse cherchèrent à flétrir par d'odieuses condamnations. Il y eut une commission de quatre évêques nommés pour instruire cette affaire, et ce fut à ce sujet que l'abbé le Gras rédigea son *Mémoire pour prouver que l'évêque de Soissons avait passé les bornes de l'enseignement épiscopal.* L'évêque y répondit. Mais son meilleur appui fut dans l'esprit du ministère qui influa sur l'avis de la commission. Elle se déclara, dit-on, pour M. de Fitz-James. Ce prélat paraît avoir été guidé dans ces différentes occasions par quelque ressentiment secret. Il s'était entouré à Soissons d'appelants, quoiqu'il ne pensât pas en tout comme eux. Il faisait signer le formulaire dans son diocèse, et nous retrouvons de lui une lettre du 31 mai 1759, à Meindartz, archevêque d'Utrecht. C'est une réponse un peu tardive à une autre lettre que Meindartz lui avait écrite, deux ans auparavant. De Fitz-James s'y explique contre l'appel, et conseille à Meindartz d'y renoncer et de recevoir la bulle pour le bien de la paix. Ses *Œuvres posthumes,* publiées par Goursin, 1769, 2 vol. in-12, sont plus de celui-ci que de l'évêque.

FLEURY (CLAUDE), auteur fameux d'une *Histoire ecclésiastique,* sur laquelle nous n'avons pas à nous expliquer ici, mais qui est heureusement remplacée par l'*Histoire universelle de l'Eglise catholique* de M. l'abbé Rohrbacher. Nous voulons parler d'un des *discours* de Fleury, du neuvième, qui traite des *libertés de l'Eglise gallicane.* Ce *discours* ne fut point publié du vivant de l'auteur, qui mourut en 1723. « Il ne parut qu'après sa mort, en 1723, dit M. Picot (*Mémoires,* tom. IV, pag. 104, édit. de 1816). L'édition fut clandestine. L'éditeur, peut-être l'abbé Débonnaire (*voyez* son article), y joignit des notes qui annoncent un homme de parti ; ce qui fut cause que le *discours* fut supprimé par un arrêt du conseil du 9 septembre 1723, portant que les *notes* sont *pleines d'une doctrine très-dangereuse pour la religion.* Il fut aussi mis à l'index à Rome, le 13 février 1725. En 1763, Antoine-Gaspard Boucher d'Argis (avocat, mort vers 1780) donna une nouvelle édition de ce *discours,* où l'on se permit des altérations considérables, qui ont été relevées par M. Emery dans ses *Nouveaux opuscules de Fleury.* Celui-ci y donne le texte du *discours,* conforme à un manuscrit qu'il avait entre les mains, et on voit avec surprise que Boucher d'Argis avait altéré précisément les passages les plus favorables à l'Eglise et au saint-siége. Un autre avocat, Chiniac de la Bastide, fit encore imprimer le *discours* de Fleury, en 1765, avec un *commentaire* si violent, qu'il déplut même au parti auquel l'éditeur était attaché. (*Voyez* DUHAMEL). Ainsi ce *discours* avait toujours été altéré en lui-même, ou déparé par de mauvaises notes, quand M. Emery le publia, en 1807, dans sa pureté primitive. Il fit voir que Fleury n'était pas aussi opposé à la cour de Rome qu'on a voulu le persuader. »

FLORE DE SAINTE-FOI, un des pseudonymes dont usait le P. Gerberon.

FLORIOT (Pierre), prêtre du diocèse de Langres, fut confesseur des religieuses de Port-Royal, puis curé des Lais, à cinq ou six lieues de Paris, et mourut le 1ᵉʳ décembre 1691, à l'âge de 87 ans.

Morale chrétienne *rapportée aux instructions que Jésus-Christ nous a données dans l'oraison dominicale.* Rouen, *Eustache Viret,* 1672, in-4° de 1020 pages.

Les titres les plus saints et les plus spécieux furent toujours employés par les jansénistes pour faire passer plus facilement leurs erreurs.

Cette prétendue *Morale chrétienne* qu'on appelle ordinairement *la Morale du Pater,* fut souvent réimprimée à Paris. La cinquième édition est celle que nous suivrons dans nos remarques.

L'auteur enseigne, liv. V, sect. 2, pag. 500, que dans l'état où nous sommes, malgré l'impossibilité des commandements de Dieu, nous péchons en ne les observant pas. *L'homme,* dit-il, *est tombé par son péché dans un si effroyable désordre, qu'il se trouve dans l'impuissance de les accomplir...; par le dérèglement de sa volonté il est devenu comme perclus, et a contracté une certaine paralysie spirituelle qui est cause qu'il ne peut plus de soi-même faire le bien que Dieu lui ordonne : ce qui n'empêche pas que Dieu n'ait toujours le droit de lui commander, et que l'homme en cette infirmité où il est tombé par sa faute ne pèche en ne faisant pas ce que Dieu lui commande.* Il faut remarquer qu'il ne s'agit pas ici de la grâce qui est nécessaire pour faire un bien qui est surnaturel : l'abbé Floriot n'en doute pas ; mais il suppose le commandement d'une part, et de l'autre l'impuissance de l'accomplir depuis le péché originel, l'homme, depuis ce péché, manquant des grâces nécessaires pour lui rendre possibles les commandements : et il prétend que, malgré cette impuissance, l'homme pèche en ne faisant pas ce que Dieu lui commande. Telle est donc l'idée qu'on nous donne de notre Dieu. Il ordonne d'agir ; il ne donne point de secours pour agir ; et l'homme pèche en n'agissant pas, et il est damné pour n'avoir pas fait ce qu'il lui était impossible de faire.

Le même auteur ne reconnaît point d'autre grâce actuelle, que l'inspiration efficace de la charité et de l'amour de Dieu, par laquelle le Saint-Esprit nous éloigne du mal, et nous fait faire le bien (2ᵉ Traité, préamb. art. 1, 3ᵉ point).

Il embrasse aussi le système jansénien des deux délectations alternativement nécessitantes. *La même action* (dit-il au même endroit, page 64) *de la volonté humaine étant d'aimer, elle ne se meut et ne se porte à ses objets que par ce plaisir; c'est-à-dire qu'elle n'aime que ce qui est agréable. Partout où elle trouve son plaisir, elle s'y attache : et de deux plaisirs qui se présentent à elle, le plus fort l'emporte. De là vient que la conversion d'une âme pécheresse n'est autre chose dans la vérité, que le changement d'un plaisir en un autre plaisir plus fort.* Peut-on exposer et admettre plus clairement le système inventé par les novateurs, pour détruire la liberté de l'homme ; pour lui ôter toute force dans la coopération de la volonté ; pour la réduire à suivre en esclave les mouvements étrangers qui la déterminent invinciblement ; et pour établir le mérite et le démérite de nos actions dans la nécessité même qui nous emporte ?

Ibid., page 62 : *Notre vie,* dit-il, *considérée comme nôtre, n'est que péché. Si elle est bonne, elle n'est point de nous, mais de Dieu en nous.* Et page 61 : *Notre salut ne dépend point de nous, mais de Dieu seul.* A quel libertinage, à quel désespoir ne conduisent pas naturellement de pareils principes ?

On enseigne, liv. III, sect. 3, art. 4, qu'un pécheur qui assiste à la messe, fait un nouveau péché, et qu'*assister à la messe et communier, demandent les mêmes dispositions.* On dit, page 411, que la prière du pécheur se tourne en péché ; que le pécheur impénitent qui assiste à la messe, même un jour de commandement, fait un nouveau péché : mais que ce *péché n'était pas encore assez connu, étant couvert du spécieux prétexte du commandement de l'Eglise.*

Cette hérétique doctrine, on la prête faussement à saint Chrysostome : et c'est ici que nous allons faire voir une de ces falsifications atroces dont il n'y a que le parti qui soit capable.

Floriot, page 405, fait parler ainsi ce saint docteur : *En vain nous assistons à l'autel, puisque personne ne communie. Ce que je vous dis, non afin que vous alliez à la communion, mais afin que vous vous en rendiez dignes.* Ce qu'il y a d'inconcevable, c'est qu'il met à côté le texte latin qui le condamne. Car voici les termes de saint Chrysostome : « *Hoc dico non solum ut participetis, sed ut vos dignos reddatis.* Ce que je vous dis, non-seulement afin que vous alliez à la communion, mais encore afin que vous vous en rendiez dignes. » Le faussaire, comme on voit, met simplement *non,* au lieu de *non-seulement,* et par là il change totalement la proposition et y substitue un sens tout différent. Or, fut-il jamais une plus monstrueuse infidélité ?

La page suivante nous offre une autre supercherie. L'auteur finit le passage de saint Chrysostome par ces paroles : *Ainsi, afin que je ne vous rende pas plus coupable devant Dieu, je vous conjure, non pas de vous trouver simplement aux sacrés mystères, mais de vous rendre dignes d'y entrer et d'y assister.* Et dans le texte latin, qui est encore cité à la marge, il a soin, cette fois-ci, de ne pas rapporter les termes de saint Chrysostome. Il a raison ; car ils font un sens absolument différent de celui qu'il lui donne dans sa traduction. Le saint docteur ne veut point détourner ni les pécheurs, ni ceux qui ne communient point, de venir à la messe, et il les en avertit ; mais son désir est de les voir toujours prêts et dignes de communier autant de fois qu'ils viennent à la messe : *Rogo quidem vos, non ut non adsitis, sed ut præsentia et aditu vos reddatis dignos.* Je vous conjure, *non pas de vous absenter* des sacrés mystères, mais de vous rendre dignes d'y entrer et d'y assister (pag. 888 du Comment. de saint Chrysostome sur l'épître de saint Paul aux Ephésiens. Homél. 3, chap. 2, de l'impression d'Etienne Cramoisi, et de la traduct. de Fronton le Duc).

On trouve à la page 330 (liv. III, sect. 1, art. 7., cette proposition condamnée dans Baïus, que toutes les vertus prétendues des païens n'étaient que des vices et des péchés.

Nous avons souvent dit et prouvé que les chefs du parti ne croient nullement à la présence réelle. En voici encore une démonstration. Floriot dit en termes exprès : *Nous mangeons ici le corps de Jésus-Christ par la foi, en attendant que nous soyons pleinement rassasiés de lui, en le voyant dans le ciel à face découverte.* Calvin eût-il fait difficulté d'adopter une telle proposition? Et si notre auteur eût cru la présence réelle, n'eût-il pas dit que nous mangeons ici le corps de Jésus-Christ réellement et substantiellement dans l'Eucharistie, en attendant que nous soyons pleinement rassasiés de lui, en le voyant dans le ciel à face découverte? Mais un calviniste secret n'a garde de s'exprimer ainsi : *Nous autres fidèles*, dit Floriot, *qui sommes éclairés de la véritable lumière, nous ne devons concevoir qu'une manducation spirituelle* (Morale chrétienne, t. VI, sect., 2, article 2, page 66.). *Voyez* FEYDEAU, MAHETS, etc.

Combien d'autres erreurs ne pourrait-on pas relever, tant sur la loi naturelle et sur la loi de Moïse, que sur la loi chrétienne? Mais en faut-il davantage pour donner une juste idée de l'affreuse doctrine répandue dans la *Morale sur le Pater*, et de l'étrange religion du gazetier janséniste, qui ne rougit pas de se faire le défenseur et le panégyriste d'un tel ouvrage dans les *Nouvelles ecclésiastiques* du 11 décembre 1747?

Tant d'impiétés et de blasphèmes ne pouvaient manquer de faire tomber sur ce livre pernicieux les foudres et les anathèmes de l'Eglise. M. de Marseille, cet évêque illustre, digne par ses talents et ses vertus héroïques des siècles les plus heureux, flétrit cet ouvrage de ténèbres, le 23 février 1728. Il est vrai que M. Colbert, évêque de Montpellier, chef de la secte, et connu par sa révolte persévérante contre l'Eglise, s'éleva publiquement contre cette censure; mais ce fut au grand étonnement et au grand scandale des fidèles. M. le cardinal de Tencin, alors archevêque d'Embrun, fit éclater sa juste indignation à ce sujet, par un mandement du premier mai 1742, dont le dispositif est conçu en ces termes : *Après avoir fait toutes les réflexions que demandait l'importance de la matière, après avoir pris l'avis de plusieurs théologiens, le saint nom de Dieu invoqué, nous avons condamné et condamnons le dit écrit, comme rempli de sentiments contraires à la doctrine et aux décisions de l'Eglise, et contenant plusieurs erreurs condamnées dans Luther, dans Calvin, dans Baïus, dans Jansénius et dans Quesnel; défendons sous les peines de droit, de lire le susdit livre, de le garder, de le donner, de le prêter ou de le vendre; ordonnons sous la même peine d'en rapporter les exemplaires huit jours après la publication de notre présent Mandement au greffe de notre officialité, où il sera enregistré pour servir aux jugements ecclésiastiques.*

FONTAINE (CLAUDE), faux nom sous lequel le docteur Jacques Boileau publia un de ses ouvrages.

FONTAINE (JACQUES) dit DE LA ROCHE, prêtre appelant, fut pourvu, en 1713, dans le diocèse de Tours, où il était venu se fixer, de la cure de Mantilan. A cette époque, la bulle *Unigenitus* avait causé en France une grande fermentation dans les esprits, et formé deux partis opposés qui se disputaient et qui écrivaient suivant leurs opinions différentes. Fontaine fut un des plus chauds adversaires de cette bulle; son zèle à la décréditer, et une lettre imprimée, adressée à un M. de Rastignac, lui firent perdre sa cure. S'étant rendu à Paris, il y reçut un gracieux accueil des frères Desessarts, qui avaient ouvert leur maison à tous les prêtres inquiétés pour la même cause. Plusieurs d'entre eux avaient, depuis 1727, entrepris un *Bulletin* qu'ils envoyaient imprimer chaque semaine à leurs partisans, soit pour exciter leur zèle, soit pour les avertir de ce qui se passait. Ce *Bulletin* n'était autre chose que le fameux journal, alors connu sous le nom de *Nouvelles ecclésiastiques*. Les principaux rédacteurs étaient Boucher, Troya, auxquels se joignit Fontaine, qui prit alors le surnom de *La Roche*. Depuis 1727, il demeura seul chargé du journal, sous l'inspection d'une sorte de conseil, composé des membres les plus ardents et les plus éclairés du parti. Pour éviter les poursuites, Fontaine se condamna à une profonde retraite que peu de gens connaissaient. On cite une dame Théodon, très-attachée au parti des appelants, comme la première qui imagina les imprimeries secrètes, où l'on confectionnait ce journal, ainsi que l'on confectionna ensuite tant d'écrits divers, notamment lors de nos troubles révolutionnaires. On avait établi cette imprimerie près de la rue de la Parcheminerie, au faubourg Saint-Jacques. Hérault, alors lieutenant de la police, mit tout en œuvre pour connaitre l'auteur des *Nouvelles ecclésiastiques*; mais Fontaine, protégé par le zèle de ses partisans malgré la surveillance active de Hérault, continua à publier sa gazette une fois chaque semaine (1). Deux de ses colporteurs furent arrêtés, interrogés,

---

(1) On dit qu'elle s'imprimait près de la rue de la Parcheminerie, quartier Saint-Jacques. Une dame Théodon, livrée au parti, et morte en 1739, est citée comme ayant formé les imprimeries secrètes, d'où partirent cet écrit et tant d'autres de cette espèce. Note tirée des *Mémoires* de M. Picot.

menacés; mais on ne put savoir d'eux le lieu où se cachait le rédacteur. Une femme tomba également entre les mains des agents de police, au moment où elle allait distribuer huit cents exemplaires des *Nouvelles*; on lui demanda si elle savait que le roi eût défendu de colporter cette gazette : *Oui*, répondit-elle, *Mais Dieu me l'a ordonné*. M. de Vintimille, archevêque de Paris, donna le 27 avril 1732 un *mandement* pour condamner les *Nouvelles*. Quelques curés de Paris refusèrent de le publier; d'autres en donnèrent lecture dans leur paroisse; et alors les gens qui appartenaient au parti de Fontaine sortirent de l'église pour éviter cette condamnation, et rendre par là, disaient-ils dans leur langage, *un témoignage de la foi*. L'archevêque ordonna aux curés *appelants* de lire le mandement en question; mais les curés eurent recours au parlement, qui se saisit de cette affaire avec beaucoup de chaleur et un intérêt marqué pour l'auteur des *Nouvelles*; intérêt que partageaient un grand nombre de magistrats. Le parlement mit tant de zèle dans la défense de son protégé, que plusieurs conseillers furent exilés, et d'autres demandèrent leur démission. Lors des discussions du parlement avec la cour, Fontaine, de son côté, se déclara son défenseur, et la gazette devint un foyer de discorde. Les jésuites opposèrent (en 1734), à la gazette de Fontaine qui ne les épargnait pas dans ses diatribes, un *Supplément* qu'on leur défendit de publier en 1748 (1). Tous les partisans ne trouvaient pas cependant son écrit hebdomadaire exempt de critique; parmi ceux-ci, Duguet, Delan, Débonnaire, remarquèrent qu'il ne respectait pas toujours la vérité, qu'il se plaisait souvent à débiter des minuties, des platitudes; ils se plaignaient surtout des excès du rédacteur. Malgré cela, Fontaine était devenu, pour les siens, un oracle. C'est d'après cet oracle, que l'on cita comme des prodiges, les convulsions et les miracles de Saint-Médard. Toujours ardent contre les papes, les évêques et en général contre l'autorité, qu'il un écrivain impartial, il a le mérite (Fontaine) d'avoir contribué à affaiblir les sentiments de religion par l'âcreté de ses disputes et la persévérance de ses calomnies. » On croit aussi que Fontaine fut, par ses déclamations violentes, une des principales causes de l'expulsion des jésuites. Et après avoir rédigé sa gazette pendant plus de trente ans, il mourut d'un ulcère à la vessie, le 26 mai 1761, à l'âge de soixante-treize ans. Cette notice est tirée du *Dictionn. hist.* de Feller, édition de Paris, 17 vol. in-8°, article *Fontaine* (Jacques). *Voyez* ci-après LOUAIL.

Nous connaissons :

NOUVELLES ECCLÉSIASTIQUES, *depuis l'arrivée de la constitution en France jusqu'en* 1728; in-4°.

---

(1) Fontaine peut être regardé, par l'assiduité de ses clameurs contre les Jésuites, comme une des causes de leur destruction. Ses partisans, qui

NOUVELLES ECCLÉSIASTIQUES, ou *Mémoires pour servir à l'histoire ecclésiastique des années* 1728, 1729, 1730, 1731; in-4°. — 1732, 1733; in-4°. 1734, 1735, 1736; in-4°. — 1737, 1738, 1739; in-4°, etc.

TABLES *des noms et matières contenues dans les* Nouvelles ecclésiastiques *des années* 1728, etc.

Maintenant, nous allons mettre sous les yeux du lecteur une appréciation qui fut faite par un homme compétent de la gazette de Fontaine, lorsqu'elle était dans son bon temps, et que, malgré quelques expressions dures, nous avons tout lieu de croire juste.

Nouvelles ecclésiastiques, trésor de mensonges, dit l'auteur que nous avons annoncé et que nous allons laisser parler; *Nouvelles ecclésiastiques*, trésor de mensonges, non de mensonges légers, de fictions innocentes, de railleries ingénieuses, mais d'affreux blasphèmes contre Dieu, de déclamations forcenées contre les décisions de l'Eglise, d'expressions séditieuses contre le roi, ses ministres et toutes les puissances établies de Dieu, d'impostures atroces contre les fidèles soumis à la bulle, de faux miracles controuvés pour séduire les simples, de convulsions diaboliques érigées en dons du ciel, d'erreurs palpables et cent fois condamnées, de falsifications et d'autres traits d'un faussaire consommé, d'exemples bizarres d'une partialité révoltante, de contradictions sans nombre, de platitudes méprisables. Tel, et plus détestable encore est le libelle périodique, commencé en 1728, et continué jusqu'à présent, à la honte de notre siècle, sous le titre de *Nouvelles ecclésiastiques*, ou *Mémoire pour servir à l'histoire de la constitution*.

I. *Blasphèmes du Nouvelliste*. N'est-ce point d'abord une horrible impiété de comparer les miracles de Paris à ceux de Jésus-Christ, et de prétendre justifier le doute des incrédules par rapport aux miracles du Sauveur, par le doute que les constitutionnaires font paraître pour les prétendus miracles du diacre de Saint-Médard?

C'est cependant à cet excès d'impudence et de témérité que s'est porté le Nouvelliste, dans sa feuille du 24 décembre 1731. Voici ses propres termes : *L'auteur des Lettres, comme M. l'archevêque et les autres, qu'on peut appeler en pareil cas les avocats du diable, consentiront de reconnaître pour vrais miracles les guérisons subites des malades désespérés. L'auteur de la Dissertation, plus conséquent dans ses raisonnements, réserve à la nature les guérisons subites, comme les autres. Pourquoi en effet mettre cette barrière à l'incrédulité? Elle expliquera désormais par les mêmes principes tous les miracles de Jésus-Christ. Les morts ressuscités ne l'embarrasseront pas davantage. Le jeune homme de Naim et la fille de Jaïre étaient en syncope. Celle du*

---

n'ont pas eu honte de vanter sa piété, conviennent qu'il ne disait pas la messe. Note tirée des *Mémoires* de M. Picot.

Lazare est plus forte et plus opiniâtre : on en trouve des exemples. Jésus de Nazareth, très-habile physicien, connaît la cause de cette mort apparente, y applique subitement le remède. Ainsi il les tira de leur sommeil léthargique : Non mortua est puella, sed dormit. *Voilà le mystère d'un incrédule.*

Tel est le langage du gazetier ; serait-ce celui d'un homme qui croirait en Jésus-Christ, et qui serait persuadé de ses miracles ? Quoi ! mettre en parallèle un impie qui s'efforcerait d'anéantir la vérité, et les personnes qui ne se rendent pas aux miracles qu'on attribue au diacre de Saint-Médard ! Quoi ! être prêt à céder aux raisonnements de l'incrédule, et à lui abandonner Jésus-Christ et ses plus grands miracles, si ce qu'on dit sur l'incertitude ou la fausseté des miracles de Paris est vraisemblable et concluant ?

Quoi ! comparer la résurrection du Lazare avec la guérison, par exemple, d'*Anne Le Franc*, ou du sieur *Le Doulx*, dont on a si évidemment constaté la fausseté ? Quoi suggérer soi-même une défaite à l'incrédule à l'égard des morts ressuscités par Jésus-Christ ; lui proposer de dire que la mort du Lazare n'était qu'*une syncope plus forte et plus opiniâtre*, à laquelle Jésus-Christ, comme *très-habile physicien*, avait subtilement appliqué le remède (réponse impertinente, dont les ennemis de l'Évangile ne se sont jamais avisés). Encore une fois, tenir ce langage, n'est-ce pas irréligion, impiété, exécrable blasphème ?

Faut-il s'étonner si, depuis le jansénisme, l'incrédulité a fait de si prodigieux progrès ? La secte impie de Jansénius ne se contente pas de représenter Dieu comme un tyran cruel et injuste ; la voilà qui décrédite et dégrade les miracles de Jésus-Christ, et qui anéantit par là le fondement de notre sainte religion. A la vérité, il s'est trouvé un appelant (M. Duguet) qui s'est élevé contre cette monstrueuse témérité du gazetier, mais la secte en corps l'a-t-elle désavouée ? a-t-elle obligé cet écrivain à en demander pardon à Dieu et aux hommes ?

II. *Déclamations contre les décisions de l'Église.* L'audace du schisme s'exhala toujours en invectives contre les jugements qui le condamnaient. C'est aussi ce ton qu'a pris le gazetier. Depuis 1728 jusqu'à ce jour, il ne cesse de vomir les injures les plus atroces contre les papes et contre leurs décisions les plus solennellement reçues par l'Église universelle. Jamais Luther, dans les accès de sa rage, n'en a tant dit contre Léon X et contre sa bulle. Quel est l'enfant de l'Église qui ne frémit pas quand il entend le nouvelliste traiter les bulles contre Baïus, la constitution *Unigenitus*, de bulles *affreuses*, de *monstrueux décrets*, etc. ?

Mais c'est surtout dans ses préambules sur chaque année, que cet homme de ténèbres déclame en frénétique et en véritable énergumène. Il ne tient pas à lui que l'Église ne soit invisible, ou plutôt qu'on ne croie, comme Saint-Cyran, qu'il n'y a plus d'Église.

III. *Expressions séditieuses contre le roi et ses ministres, et toutes les puissances légitimes.* Quand on a secoué le joug de la foi, on ne respecte plus rien. L'hérétique gazetier en fournit la preuve. Louis XIV, Louis XV, leurs ministres ; Clément XI et les autres papes ; les conciles de Rome, d'Embrun, d'Avignon ; les cardinaux de Fleury, de Rohan, etc.; tout ce qu'il y a de plus respectable au monde se trouve à chaque page insulté, bravé, foulé aux pieds par ce ténébreux écrivain.

Dans la feuille du 24 décembre 1731, M. l'archevêque de Paris (De Vintimille) est traité d'*avocat du diable*; comme si, en combattant les miracles de Paris, il entrait dans les desseins du *diable*, et faisait pour le *diable* ce qu'un avocat fait pour sa partie. Sur quoi M. Duguet remarque que saint Paul se repentit d'avoir appelé le chef de la synagogue *une muraille blanche*, et qu'à plus forte raison un inconnu qui qualifie d'*avocat du diable* un archevêque, dont le sacerdoce est bien plus respectable que celui du chef de la synagogue, doit être regardé comme coupable du plus énorme attentat.

Le roi (1), si on en croit *ce séditeux auteur, le roi, abusé par ses ministres, se prête à l'erreur et à l'injustice pour persécuter la vérité et l'innocence : sous son nom et par ses ordres on punit de l'exil et de la prison des hommes dont tout le crime est de combattre généreusement pour les droits sacrés de sa couronne et les intérêts de la religion : l'oppression est telle, et la persécution si ouvertement déclarée, qu'on voit encore aujourd'hui des martyrs de la foi, comme on en vit au temps des empereurs ennemis du nom chrétien, ou protecteurs de l'hérésie.*

Étranges impostures ! déclamations séditieuses ! c'est par là que ce gazetier cherche à soulever les esprits contre son souverain, et qu'il fait voir que lui et ses partisans ne sont pas moins ennemis de la puissance temporelle que de la spirituelle.

IV. *Impostures contre les catholiques.* Dans les vingt-deux années qui, jusqu'à ce jour, composent cette immense compilation d'anecdotes scandaleuses, il n'en est aucune où l'on ne puisse compter des milliers d'impostures, toutes plus atroces les unes que les autres, sur les qualités, les talents, les mœurs et la doctrine des fidèles les plus soumis à l'Église, et cela uniquement parce qu'ils lui étaient soumis ; et ces impostures sont toujours assaisonnées de toutes les expressions satiriques et indécentes que peuvent dicter l'aigreur, l'animosité, l'emportement et la fureur. Rien n'est à l'abri des morsures de ce chien enragé. Actions, intentions, principes des actions, ce qu'il y a de plus caché dans le cœur de l'homme, l'infernal gazetier envenime tout et s'applaudit encore en secret de sa méchanceté et de sa noirceur. Ceux qui en voudront des exem-

---

(1) M. de Vintimille, Mand. du 27 avril 1732.

ples, n'ont qu'à lire le *Supplément aux Nouvelles ecclésiastiques*, ouvrage infiniment utile, et qui pendant quinze ans (depuis 1734 jusqu'à l'année 1748, inclusivement) a servi d'asile à l'innocence si constamment noircie et outragée dans le libelle périodique et diffamatoire dont il est ici question.

V. *Faux miracles et convulsions.* On sait combien de fausses merveilles la fourberie des jansénistes a inventées pour étayer leur cause désespérée. Le gazetier n'a pas manqué de leur donner une place honorable dans ses *Nouvelles*. Témoin, entre une infinité d'autres, la feuille du 14 juillet 1731 : les convulsions mêmes, il les autorise avec un zèle distingué. Il ne rougit point de confondre Dieu et le démon, Jésus-Christ et Bélial dans cette œuvre exécrable, qui révolte non-seulement le christianisme, mais la raison et l'humanité. Il a rempli son libelle de longs et ennuyeux plaidoyers pour leur défense. Dans la feuille du 12 novembre 1735, il copie avec complaisance l'infâme doctrine contenue dans la *Plainte de Charlotte*, et par là cet empoisonneur public cherche à répandre la corruption jusque dans les provinces les plus éloignées.

VI. *Erreurs palpables et cent fois condamnées.* Toutes les erreurs de Baïus, de Jansénius et de Quesnel sont répétées, renouvelées, ressassées, inculquées, défendues et justifiées à chaque instant par le secrétaire du parti. Son but principal est en effet de les faire revivre, et d'inspirer un souverain mépris pour tous les papes, tous les évêques, tous les tribunaux qui les ont condamnées. Pour ce qui est de la doctrine catholique sur la grâce, sur la liberté, sur l'amour de Dieu, il ne la rapporte qu'avec étonnement, comme si c'était une doctrine nouvelle, absurde, insoutenable.

VII. *Traits odieux qui caractérisent un faussaire.* J'appelle un faussaire du premier ordre celui, par exemple, qui supposerait à un cardinal des lettres qu'il n'a jamais écrites, et à un pape des discours qu'il n'a jamais tenus. Or c'est jusqu'à cet excès de brigandage qu'est allé l'auteur des *Nouvelles ecclésiastiques*.

1° Dans l'édition des lettres de M. Colbert, évêque de Montpellier, on avait inséré des lettres du cardinal Davia à ce prélat, et des réponses du prélat au cardinal. Les prétendues lettres de cette éminence imitaient les fautes de langage et d'orthographe que peut faire un étranger qui a très-peu d'usage d'écrire et de parler en français. Du reste on s'y déclarait ouvertement en faveur du parti janséniste. On y approuvait le culte sacrilège et les faux miracles de Paris. On y adhérait à la cause schismatique et à tous les sentiments hétérodoxes de M. Colbert. On s'y déchaînait à toute outrance contre la cour de Rome et la société des jésuites. Ces Pères y étaient traités de *bigots*, de *fripons*, d'*enfants d'Agag*, d'*ennemis de l'Eglise*, et de *gens qui méritent la fin des templiers*. Le gazetier janséniste, dans sa feuille du 20 février 1740, donne d'amples extraits de ces lettres.

Il assure que ces extraits sont *fidèlement transcrits sur les originaux*, de la main même du cardinal, parce que, dans un commerce aussi secret, il n'avait pas la liberté d'employer un secrétaire.

Qu'arriva-t-il? Cette feuille des *Nouvelles ecclésiastiques* eut le sort qu'elle méritait ; elle fut condamnée par la congrégation du Saint-Office à être brûlée dans la place de Sainte-Marie sur la Minerve, le 19 avril 1740, comme contenant des écrits *faux, calomnieux, propres à séduire les simples, et contraires à la réputation dudit cardinal*.

Alors que ne dit pas le fougueux nouvelliste dans son libelle du 5 septembre de la même année, pour appuyer et soutenir ses premiers mensonges ? Il méprisa les plus fortes objections que divers écrivains lui avaient proposées. Il leur répondit d'un ton insultant. Il répéta sans cesse que les originaux des lettres existaient certainement ; qu'on était en état de les produire, et qu'elles étaient véritablement écrites par le cardinal Davia ; que nous sommes dans un siècle où l'on nie tout ; *et que quelque chose qu'on dise et qu'on fasse, il en est de ces lettres comme des miracles qui y sont reconnus par le cardinal Davia*; aveu remarquable et dont l'imposteur n'a pas senti la conséquence.

Cependant, la fausseté de ces mêmes lettres devint enfin si sensible et si palpable, que celui qui peut-être les avait fabriquées, ou du moins qui en avait soutenu avec tant d'impudence la vérité, fut obligé, dans sa gazette du 4 février 1742, de se rétracter. Il le fit donc, mais dans les termes les plus radoucis, et avec tous les détours et tous les artifices qu'il jugea les plus propres à diminuer sa honte et à pallier son crime.

2° Dans les *Nouvelles ecclésiastiques* du 7 octobre 1729, le même gazetier fait dire au pape Benoît XIII *qu'il voudrait pour beaucoup que le concile d'Embrun n'eût jamais été tenu*. Il assure comme un fait certain que c'est à un gentilhomme français, présenté par le cardinal Polignac, que le saint-père dit cette parole, et que c'est ce gentilhomme qui a publié ce fait à son retour en France. Or tout ce récit est faux ; et ce même gentilhomme (le marquis de Magnano) qu'il a osé citer, donne sur ce sujet un démenti public et solennel par une déclaration faite par-devant notaire.

Contentons-nous de produire ici ces deux traits d'imposture. Il n'en faut assurément pas davantage pour inspirer une juste horreur du faussaire insigne, qui s'en trouve si authentiquement convaincu.

VIII. *Partialités bizarres et contradictions révoltantes.* Nous nous bornons à un seul exemple. L'auteur du *Supplément* du 8 août 1747 avait prétendu que Le Tourneux, dans son *Année Chrétienne*, avait avancé un double blasphème, lorsqu'en parlant de Jésus-Christ, il a dit en termes exprès : *Il délibéra s'il prierait son Père de le dispenser de mourir, ou peut-être même qu'il lui fit en effet cette prière; mais il se corrigea aussitôt*. Que répondit à cela le gazelier janséniste, dans la feuille du 4 décembre de la même année? Il convint que ces expressions étaient des *impiétés* ; mais il soutint qu'elles n'étaient point dans Le Tourneux ; que *ces impiétés étaient de l'invention du supplémenteur;* qu'on *lit tout le contraire dans Le Tourneux ;* qu'on doit *frémir de cette calomnie!... Calomnie atroce, par laquelle on prétend noircir un auteur mort dans la paix de l'Eglise.*

Il fut aisé à l'auteur du *Supplément* de répliquer. Il montra que les paroles en question se trouvent au quatrième tome de l'*Année Chrétienne*, dans l'explication de l'Evangile pour le samedi de la semaine de la Passion, à la page 368, seconde édition chez Josset en 1683, dernière ligne de cette page, *folio verso*. Tout autre que l'effronté nouvelliste aurait avoué son tort. Celui-ci ne s'est pas déconcerté. Il a reconnu, dans sa feuille du 9 janvier 1748, que les expressions étaient en effet dans Le Tourneux ; mais il a nié que ce fussent des *impiétés*. Ainsi donc les mêmes expressions sont, selon lui, des *impiétés*, si elles ne se trouvent pas dans Le Tourneux, et si elles s'y trouvent, elles sont alors bonnes, louables et édifiantes. Or n'est-ce pas là une partialité révoltante et une contradiction si bizarre, qu'en la voyant on a peine à contenir son indignation?

IX. *Platitudes méprisables*. Il semble en vérité que le nouvelliste veuille réunir en lui tous les vices et tous les défauts. Il n'est pas seulement hérétique dans sa doctrine, imposteur dans ses écrits, séditieux dans ses plaintes, forcené dans ses invectives, téméraire dans ses soupçons ; il est encore fade et insipide dans ses plaisanteries. Dirait-on que ce coryphée du parti, cet oracle d'une secte qui se pique tant de sérieux et de gravité, s'amuse néanmoins à faire des anagrammes, et qu'il croit régaler le public en lui présentant des puérilités de cette nature? Dans l'année 1731, page 274, il fait l'anagramme de M. de Sens, et dans ces mots : *Joannes Josephus Languet*, il trouve ceux-ci : Oh! *Pelagius Senonas venit*. Ce profond théologien croit donc avoir pulvérisé les avertissements et tous les ouvrages de M. Languet, en formant, par un arrangement arbitraire des lettres de nom, je ne sais quel sens impertinent et absurde? Comment n'a-t-il pas compris qu'employer un anagramme pour prouver la vérité de la doctrine janséniste, c'est être autant au-dessous des faiseurs d'anagrammes, que les faiseurs d'anagrammes sont eux-mêmes au-dessous du reste des écrivains ?

Mais le même gazetier, pour faire le bel esprit, ne tire pas toujours ainsi de son propre fonds ; il sait aussi profiter de ses lectures et les appliquer à son sujet. Dans la feuille du 30 octobre 1729, pour insulter M. l'archevêque de Paris, et pour attaquer son instruction pastorale, il dit qu'elle a été *publiée par les crieurs et afficheurs de ces ouvrages que Despréaux dit être souvent peu recherchés du public nonchalant, mais vantés à coup sûr du mercure galant.*

Qu'il y a d'esprit dans une pareille application?

Parlerons-nous ici du mot *carcasse*, donné si ingénieusement par le gazetier à la Faculté de théologie de Paris, et de celui de *carcassien* attribué de même à tout docteur catholique? Ces termes lui ont paru si spirituels, qu'il n'y a guère de mois qu'il ne les emploie dans ses feuilles pour y tenir lieu de sel et d'enjouement.

Parlerons-nous encore des éloges funèbres qu'il fait à tout propos des premiers venus, maîtres d'école, servantes, etc., qui sont morts dans le parti? Toutes les inepties qui s'y trouvent pourraient en effet rendre cet écrivain méprisable ; mais d'un tel homme, ce n'est pas seulement du mépris, c'est de l'horreur qu'il en faut inspirer.

Ecoutons un appelant qui le connaissait pour le moins aussi bien que nous le connaissons.

X. *Caractère de l'auteur par M. Petit-Pied.* Voici comment s'exprime M. Petit-Pied dans une lettre imprimée, qui parut en 1735 :

L'auteur insensé des Nouvelles ecclésiastiques *est celui qui, abandonnant les voies de la charité, n'a point trouvé celles de la vérité. C'est un imprudent qui reçoit des mémoires de toute main, et les imprime sans discernement. C'est un historien partial, dès là indigne de toute créance, qui ignore les premières règles de son métier ; qui ne fait point ou qui fait infidèlement et avec mépris les extraits des livres de ses adversaires, et qui transcrit au long, et comble de louanges insipides les ouvrages de ses partisans. C'est un ingrat, qui commet malicieusement les personnes à qui l'on a de singulières obligations. C'est un indocile, qui n'a aucun égard aux sages corrections que lui ont faites et lui font journellement les plus célèbres théologiens. C'est un rebelle qui, après la juste sévérité du ministère public, a marqué encore un plus vif acharnement. L'esprit de vertige s'est saisi de lui avec tant de violence, qu'il a déshonoré par ses feuilles jusqu'à M. de Senez. C'est un furieux, qui attaque toutes les puissances ecclésiastiques et séculières ; tous les corps et tous les particuliers, abbés, évêques, archevêques, cardinaux, papes, ordres religieux, magistrats, ministres, princes, rois : rien n'est épargné par ce frénétique ; le fiel coule de sa plume ; le noir sang qui bout dans ses veines se répand dans tout l'univers sur les personnes de tout état, de tout sexe, de toute condition. C'est un convulsionniste, qui met tout en œuvre pour décrier les écrivains opposés à son fanatisme. En un mot, c'est un enragé, qui déchire à belles dents depuis le simple clerc jusqu'au souverain pontife, depuis* Nentelet *jusqu'à* Louis XV, *et tout ce qui est entre ces deux extrêmes. Le sieur Lenoir, Chavigni, moines de Saint-Maur, ce fameux gazetier de Hollande, avaient-ils commis de pareils attentats?*

Tel est le portrait qu'un appelant fameux a fait de l'auteur des *Nouvelles*. Il est affreux ce portrait, mais il est ressemblant.

XI. *La condamnation des* Nouvelles *ecclésiastiques par le pape, les évêques et le parlement*. Quoique les feuilles dont nous parlons portent avec elles leur propre condamnation, étant évidemment contraires aux premiers principes de la foi, de la raison, de la charité et de la probité, la puissance spirituelle et la puissance temporelle ont cependant jugé à propos de les flétrir encore par des condamnations expresses, afin d'en faire concevoir aux fidèles toute l'horreur qu'ils en doivent avoir.

Rome les a condamnées au feu par un décret du 15 avril 1740. Plusieurs évêques les ont proscrites : M. de Laon, par son mandement du 1er décembre 1731 ; M. l'archevêque de Paris, par un mandement du 27 avril 1732 ; M. de Marseille, par un avertissement du 6 juin 1732 ; M. l'évêque de Chartres, par une ordonnance et instruction pastorale du 7 avril 1736, etc.

Le parlement de Paris, par un arrêt du 9 février 1731, les a condamnées à être *lacérées et brûlées en la cour du Palais, par l'exécuteur de la haute justice.*

XII. *Ce qu'il faut penser de la lecture de ces Nouvelles.* N'est-il pas étonnant après cela qu'il y ait encore des gens assez prévenus et assez aveuglés pour se permettre la lecture de ces horribles feuilles ? Qu'ils sachent que, selon toutes les lois divines et humaines, on ne peut sans péché et sans encourir les censures portées par la constitution, ni les lire, ni les entendre lire, ni les vendre, ni les distribuer, ni les garder, ni les prêter, ni concourir en aucune manière, directe ou indirecte, à leur cours et à leur distribution ; que si on a eu le malheur de se rendre coupable de quelqu'un de ces articles, on doit s'en accuser exactement dans le sacrement de pénitence ; et que, sur ce point, la vigilance et l'attention des confesseurs est un devoir essentiel, auquel ils ne peuvent manquer sans une criminelle prévarication. »

— Tel est le jugement porté il y a cent ans contre les *Nouvelles ecclésiastiques*, par un auteur que plusieurs personnes ont pu croire prévenu et exagéré. Un autre écrivain voulant savoir à quoi s'en tenir, et rectifier ensuite ce premier jugement, crut que, dégagé de toute prévention, il lui appartenait d'examiner cette affaire, de se livrer à des recherches et d'en publier le résultat. Or voici ce résultat dans les lignes suivantes, où l'on retrouvera des passages tirés de ce qu'on a déjà lu ci-dessus ; mais le lecteur voudra bien pardonner ces répétitions.

« En comparant, dit l'auteur que nous voulons citer, les témoignages des jésuites, des jansénistes et de ceux qui se moquent des uns et des autres, il sera aisé de déterminer au juste le mérite de la Gazette et du gazetier. Si l'on pouvait s'en rapporter aux jésuites, le nouvelliste réunit tous les vices. *Il est impie dans sa morale, hérétique dans sa doctrine, calomniateur dans ses imputations, séditieux dans ses plaintes, imposteur dans ses écrits, ridicule dans ses déclamations, forcené dans ses invectives, téméraire dans ses soupçons, absurde dans ses raisonnements, faussaire dans ses citations, furieux dans ses satires, fade dans ses éloges, insipide dans ses plaisanteries. Son libelle périodique est un trésor de mensonges grossiers, de blasphèmes horribles, d'impostures atroces, de falsifications palpables, de contradictions sans nombre, de platitudes pitoyables. C'est là que des convulsions diaboliques sont mises sur le compte du Tout-Puissant, et qu'on vomit contre les vicaires de Jésus-Christ et leurs décisions, contre les premiers pasteurs et leurs instructions, contre les gens de bien et leur soumission à l'Eglise, les calomnies les plus atroces, assaisonnées de toutes les expressions indécentes que peuvent suggérer la rage et la fureur à un frénétique qui n'a ni âme, ni éducation L'infernal gazetier, dans sa retraite obscure, se nourrit de son infamie; il s'enveloppe de sa noirceur, il s'applaudit de sa méchanceté. Il ne s'humanise que lorsqu'il faut faire l'oraison funèbre de quelque maître d'école, de quelque servante, qui auront eu le bonheur de mourir en disant des injures au pape, en faisant décréter leur pasteur, en se faisant porter leur jugement et leur condamnation, en vertu d'un exploit et sous l'escorte des huissiers.* En un mot, si l'on en croit les jésuites, la Gazette ecclésiastique est contraire aux premiers principes de la foi, de la raison, de la charité et de la probité.

Si l'on s'en rapporte aux écrivains qui ne sont ni jésuites, ni jansénistes, en particulier à M. d'Alembert, le gazetier est un SCÉLÉRAT OBSCUR, *qui se rend tous les huit jours criminel de lèse-majesté, par des libelles méprisés; qui est tombé dans un excès d'avilissement auprès de gens sensés, en donnant le nom de miracles à des tours de passe-passe dont les charlatans de la foire rougiraient ; en faisant l'éloge de ces filles séduites que des imposteurs ont dressées dès l'enfance pour jouer à prix d'argent cette farce abominable. C'est un blasphémateur, qui calomnie le vicaire de Jésus-Christ en citant l'Evangile ; qui ne parle pas de la charité dont il viole toutes les lois, qui vend toutes les semaines un libelle qui dégoûte aujourd'hui les lecteurs les plus avides de satires ; qui ne respecte ni les oints du Seigneur, ni les premiers pasteurs de l'Eglise, ni les ministres des souverains ; qui distille, en un mot, son venin sur les talents et les vertus qui honorent la religion.*

Si l'on consulte enfin les jansénistes, dont il est le secrétaire et l'entrepôt, ils n'en font point un portrait plus flatteur. Le célèbre et modéré Duguet dit que *l'auteur inconnu* des Nouvelles ecclésiastiques *se rend coupable d'un attentat énorme.* M. Petit-Pied, appelant, le caractérise ainsi : *L'auteur insensé* des Nouvelles ecclésiastiques, *abandonnant les voies de la charité, n'a point trouvé celles de la vérité. C'est un imprudent..... qui n'a aucun discernement..... c'est un historien partial..... indigne de toute créance..... c'est un ingrat..... c'est un indocile..... c'est un rebelle..... l'esprit de vertige s'est saisi de lui..... c'est un furieux qui attaque toutes les puissances ecclésiastiques et séculières, tous les corps et les particuliers. Abbés, évêques, archevêques, cardinaux, papes, ordres religieux, magistrats, ministres, princes, rois,* rien n'est épargné par ce *frénétique; le fiel coule de sa plume, le noir sang qui bout dans ses veines se répand..... sur les personnes de tout état, de tout sexe, de toute condition. C'est un convulsionniste..... fanatique.* En un mot, c'est un enragé, qui déchire à belles dents depuis le simple clerc jusqu'au souverain pontife, depuis Neutelet jusqu'à *Louis XV, et tout ce qui est entre ces deux extrêmes.* De ces trois portraits, on pourra choisir celui qui paraîtra le plus ressemblant et le plus flatteur.

En voici un quatrième, tracé par une main respectable à tous égards, par un des plus grands prélats qu'il y ait eu en France. M. de Montillet, archevêque d'Auch, dans son instruction vraiment pastorale, du 24 janvier 1764, apprend ainsi à ses diocésains à se former une juste idée du gazetier ecclésiastique : *C'est un écrivain caché, inconnu : on ne sait où il habite; cependant, du fond de son repaire, il lance incessamment les traits les plus envenimés contre tout ce qui lui déplaît; monstre déguisé sous les dehors d'un défenseur du grand précepte de la charité, il en viole toutes les règles; c'est un fourbe, un imposteur, un calomniateur décidé : vertu, mérite, puissance, autorité, tout est en proie à la malignité de sa plume; vrai ou faux, tout lui est égal, pourvu qu'il nuise, qu'il déchire, qu'il mette en pièces; rien ne le décide que l'intérêt de la cause à qui il a vendu sa plume, son honneur et son âme ; il est connu par les siens mêmes sous ce caractère : mais on a besoin d'un tel homme, on le paie, on le méprise et on s'en sert.*

Écoutons encore M. d'Alembert (*Dict. encycl.*, art. *Nouvelles ecclésiast.*). NOUVELLES ECCLÉSIASTIQUES *est le titre très-impropre d'une feuille ou plutôt d'un libelle périodique, sans esprit, sans charité et sans aveu, qui s'imprime clandestinement depuis 1728, et qui paraît régulièrement toutes les semaines. L'auteur anonyme de cet ouvrage, qui vraisemblablement pourrait se nommer sans être plus connu, instruit le public, quatre fois par mois, des aventures de quelques clercs tonsurés, de quelques sœurs converses, de quelques prêtres de paroisse, de quelques moines, de quelques convulsionnaires, appelants et réappelants; de quelques petites fièvres guéries par l'intercession de M. Pâris; de quelques malades qui se sont crus soulagés en avalant de la terre de son tombeau, parce que cette terre ne les a pas étouffés, comme bien d'autres. Quelques personnes paraissent surprises que le gouvernement, qui réprime les faiseurs de libelles, et les magistrats qui sont exempts de partialité comme les lois, ne sévissent pas efficacement contre ce ramas insipide et scandaleux d'absurdités et de mensonges. Un profond mépris est sans doute la seule cause de cette indulgence : ce qui confirme cette idée, c'est que l'auteur du libelle périodique dont il s'agit est si malheureux, qu'on n'entend jamais citer aucun de ses traits; humiliation la plus grande qu'un écrivain satirique puisse recevoir, puisqu'elle suppose en lui la plus grande inepte dans le genre d'écrire le plus facile de tous.* Après ces portraits divers tracés par des mains non suspectes, ceux qui sont condamnés et calomniés dans ce libelle peuvent dire avec Tertullien : *Tali dedicatore, damnationis nostræ etiam gloriamur,* Apolog., c. 5.

— La mort de Fontaine ne fit point cesser sa gazette. Guénin, dit De Saint-Marc, lui succéda, et continua les *Nouvelles* jusqu'en 1793. Il avait d'abord eu, comme réviseurs : Gourlin, May, Maultrot ; et dans les derniers temps il était secondé par Larrière et Hautefage. Depuis 1793, les *Nouvelles* furent continuées à Utrecht, par Jean-Baptiste-Sylvain Mouton, prêtre, né à la Charité-sur-Loire. Elles ne paraissaient plus que tous les quinze jours, et elles cessèrent totalement en 1803. Le parti les trouva avantageusement remplacées par les *Annales* des constitutionnels, et ensuite par la *Chronique religieuse*, dont le fameux Grégoire et Tabaraud étaient rédacteurs. La *Chronique* cessa de paraître en 1821. Le parti a maintenant pour organe la *Revue ecclésiastique*, qui paraît une fois par mois, et a pour rédacteurs une petite coterie de laïques, M. Dec..., maître de pension ; M. Rav..., espèce d'homme d'affaires ; M. J..., avocat ; etc.

FONTAINE (NICOLAS), naquit à Paris d'un maître écrivain, fut confié à l'âge de vingt ans aux solitaires de Port-Royal. Il se chargea d'abord d'éveiller les autres ; mais dans la suite il eut le soin plus noble des études de quelques jeunes gens qu'on y élevait. Les heures de loisir qui lui restaient, il les employait à transcrire les écrits des savants qui habitaient cette solitude. Il suivit Arnauld et Nicolle dans leurs diverses retraites Après l'expulsion du docteur Arnauld de la Sorbonne, Fontaine suivit le sort des jansénistes, qui étaient obligés de se tenir cachés. Ils avaient entre eux des conférences secrètes pour la rédaction de leurs ouvrages : Fontaine assistait avec son ami Sacy à celles qui se tenaient à l'hôtel de Coqueville, où l'on s'occupait de la traduction de la *Bible*. Ces réunions déplurent au gouvernement, qui fit enfermer Fontaine et Sacy à la Bastille, en 1666, d'où ils ne sortirent qu'en 1668. Ces deux amis ne se quittèrent plus. Après la mort de Sacy, en 1684, Fontaine changea plusieurs fois de retraite. Il se fixa enfin à Melun, où il mourut en 1709, à quatre-vingt-quatre ans.

HOMÉLIES *de saint Jean-Chrysostome, sur saint Paul*, traduites en français. Paris, 1682, 5 vol.

Le traducteur fut accusé de tendre, dans cet ouvrage, à la réalisation du fameux projet de Bourgfontaine, qui était d'attaquer le fond de la religion, la Trinité, l'Incarnation, le péché originel, la liberté, la grâce, la possibilité de ces préceptes et la mort de Jésus-Christ pour tous les hommes. Fontaine ajoute exprès, disait-on, au texte de saint Chrysostome, ou en retranche des termes essentiels, qui font paraître ce Père grec, tantôt janséniste et tantôt nestorien.

Peut-on, par exemple, favoriser plus ouvertement le socinianisme et le nestorianisme, que le fait cet infidèle traducteur, lorsqu'il fait dire à saint Chrysostome, page 170 : *Saint Paul confond ici les juifs*, en montrant qu'il *y a deux personnes en Jésus-Christ* ; et lorsqu'il ajoute, six lignes après : *Sa*nt *Paul confond aussi Marcel et les autres, montrant que les deux personnes qui sont en Jésus-Christ sont subsistantes par elles-mêmes et séparées entre elles.* Ce sont là des blasphêmes.

Dans un autre endroit, il se sert de cette expression : *C'est non-seulement Jésus-Christ, mais Dieu même qui l'a dit.* Eût-il parlé ainsi, s'il eût cru que Jésus-Christ était Dieu lui-même?

Ces erreurs capitales, ces hérésies réelles et sensibles, ayant été dévoilées aux yeux du public par une lettre du Père Daniel, *touchant une hérésie renouvelée depuis peu*, et ensuite par une dissertation latine de ce même Père, le P. Rivière, autre jésuite, dénonça en forme cette hérésie, dans un ouvrage intitulé : *Le Nestorianisme renaissant.*

Sur cette dénonciation, M. l'archevêque de Paris (de Harlay) examina et condamna la traduction de saint Chrysostome, malgré tous les efforts que fit le parti pour soutenir cet ouvrage et pour encourager le traducteur à ne se point rétracter. Cette même traduction fut aussi condamnée à Rome par un décret du 7 mai 1687.

Fontaine ne resta pas sans défenseur. On publia en sa faveur l'écrit qui a pour titre : *Le Roman séditieux du Nestorianisme renaissant convaincu de calomnie et d'extravagance*, libelle généralement attribué au P. Quesnel, et qui, indépendamment de la doctrine, à n'en regarder que le style et le goût, ne fit pas honneur à son auteur.

Pour ce qui est de Fontaine, il reconnut ses erreurs. Il écrivit à M. l'archevêque de Paris le 4 septembre 1693, et lui envoya une rétractation solennelle qu'il promit de faire mettre à la tête de son dernier volume (promesse néanmoins qui ne fut pas exécutée), et en conséquence il fit mettre plusieurs cartons en différents endroits de sa traduction.

Il parut aussi sous son nom un écrit intitulé : *Avertissement de l'auteur de la traduction des homélies*, etc., dont on fut très-mécontent et contre lequel le P. Rivière écrivit encore. Goujet, auteur du Supplément au *Dictionnaire de Moréri*, attribue cet *Avertissement* à Fontaine. C'est une méprise qu'il pouvait si facilement éviter, qu'on a lieu de croire qu'elle est très-volontaire. Car enfin il n'avait qu'à lire le Recueil historique des bulles, il y aurait trouvé une seconde lettre de Fontaine à M. l'archevêque de Paris, du 12 mars 1694, dans laquelle il assure ce prélat que cet *Avertissement* n'est point de lui et qu'il n'y a jamais eu de sa part. Il est probable en effet que c'est M. du Pin qui composa cet *Avertissement*, et qu'il le publia frauduleusement sous le nom de Fontaine, pour servir de contre-poids à sa rétractation dont tout le parti avait été extrêmement mortifié.

Quoi qu'il en soit, Goujet soutint cet *Aver-*

DICTIONNAIRE DES HÉRÉSIES. II.

tissement nestorien, et ressuscita même autant qu'il pouvait le nestorianisme, quoique sous des mots ambigus. C'est à la page 334 du second tome de sa *Bibliothèque Française*, et à l'article de *Fontaine* dans le Supplément au *Dictionnaire de Moréri*, qu'il défend et qu'il absout le mieux qu'il lui est possible le traducteur et la traduction des *homélies* de saint Chrysostome, et que par là il semble vouloir faire revivre l'impiété.

PSAUTIER *de David, traduit en français avec des notes courtes, tirées de saint Augustin et des autres Pères.* Paris, Elie Josset, 1702.

Réimprimé en 1703. — La traduction et les notes sont de Nicolas Fontaine.

On nous y représente comme nécessités à faire le mal. *Psal.* 106, *v.* 14.

Comme incapables de résister ni à la cupidité ni à la grâce. *Ps.* 6, *v.* 3 ; *ps.* 21, *v.* 2 ; *ps.* 59, *v.* 1. *Premier cantique de Moïse, v.* 11, 12.

On y donne à entendre que, soit qu'il faille vaincre une tentation ou surmonter la difficulté d'une bonne œuvre, nous n'avons nulle part à la victoire. *Ps.* 43, *v.* 7 ; *ps.* 90, *v.* 1, 2 ; *ps.* 59, *v.* 1 ; *ps.* 112, *v.* 3 ; *ps.* 144, *v.* 16.

Que tout se fait dans nous. *Ps.* 3, *v.* 3 ; *ps.* 88, *v.* 23 ; *ps.* 97, *v.* 2 ; *premier cantique de Moïse, v.* 17.

Mais rien par nous. D'où il suit que nous ne sommes que des instruments inanimés, qui n'ont aucune part ni au bien ni au mal. *Ps.* 45, *v.* 10. *Voyez* la première édition. *Ps.* 17, *v.* 23 ; *ps.* 43, *v.* 3 ; *deuxième cantique de Moïse, v.* 17.

On y restreint aux seuls élus ce qui est écrit du salut éternel. Si David dit : *Je n'ai point vu le juste abandonné* ; on ajoute par forme de commentaire : *Secours de D.eu pour les élus.*

Si Jésus prie avant que d'aller à la mort, on met pour titre : *Jésus prie pour le salut de tous ses élus. Ps.* 36, *v.* 26.

A côté de ces paroles d'un psaume : *Seigneur, sauvez votre peuple*, on met : *Il faut prier pour les élus.*

Et sur ces autres : *Le Seigneur est doux envers tous* ; on dit : *Élus : Dieu les prévient de sa miséricorde. Ps.* 27, *v.* 12 ; *ps.* 144, *v.* 9.

La plus grande partie des notes marginales ne sont que des allusions aux prétendues persécutions qu'on fait aux disciples de Jansénius, aux prétendues injustices de Louis le Grand, à la destruction de Port-Royal, à la dispersion des religieuses obstinées. On leur annonce que Dieu humiliera les méchants, les persécuteurs, les impies qui les ont calomniées.

Dans la note sur le psaume 73, on insinue cette erreur de Quesnel, que la lecture de l'Écriture sainte doit être permise à tous les fidèles sans nulle distinction. On y dit que *la dernière ressource de ceux qui avaient entrepris de détruire la religion chrétienne fut* d'ôter les livres saints d'entre les mains des fidèles.

Dans le Cantique : *Audite, cœli, quæ loquor*, on calomnie l'Eglise par cette note marginale : *Nouveauté que l'on aime dans l'Eglise. Nouvelles opinions que l'on a instituées à la place de l'ancienne vérité*. (Note 27.) *Novi recentesque venerunt quos non coluerunt patres eorum.*

Le 48ᵉ verset du même cantique est accompagné de cette note condamnée dans Baïus et dans Quesnel : *OEuvres des païens, toutes empoisonnées ; fruits de mort.*

Dans une note du psaume 77, verset, 651, voici comme on s'explique avec Quesnel : *Prières des pécheurs ; Dieu les entend, mais il les méprise.*

Ce psautier fut condamné par un mandement de M. l'évêque de Gap, daté du 4 mars 1711.

MÉMOIRES *pour servir à l'histoire de Port-Royal*. Utrecht, 1736, 2 vol. in-12.

Esprit d'erreur et de révolte, tel est le fond de cet ouvrage. Les détails y abondent et vont jusqu'à la minutie ; tout paraît précieux dans les saints d'un parti auquel on est dévoué.

ABRÉGÉ *de l'histoire de la Bible*. Voyez MAISTRE DE SACY.

HEURES CHRÉTIENNES ou *Paradis de l'âme, contenant divers exercices de piété, tirées de l'Ecriture sainte et des saints Pères, traduites du latin, intitulées:* Paradisus animæ christianæ, *composées par M. Horstius, docteur de l'Université de Cologne et curé dans la même ville*, 1685, *et nouvelle édition, revue, corrigée et augmentée*. A Paris, 1715, vol. in-12.

Cette traduction dont M. Fontaine est l'auteur, a été condamnée par plusieurs évêques comme favorisant en bien des endroits les nouvelles erreurs. En effet, à toute occasion on affecte d'y insinuer que Jésus-Christ n'est mort que pour les élus. Et dans les prières que l'on doit faire avant et après l'élévation de la sainte hostie, on n'y regarde jamais que Jésus-Christ assis à la droite de son Père ou mourant sur la croix, jamais Jésus-Christ présent réellement sur nos autels. Comme M. Fontaine était fort attaché au jansénisme, il n'est pas surprenant qu'il ait pris *les Heures de Port-Royal* pour son modèle. L'original, le *Paradisus animæ christianæ*, est pur de jansénisme. Fontaine, en le traduisant, le défigura et y mit ses poisons. Horstius était un vertueux et savant prêtre, toujours fidèle à pratiquer et à enseigner la doctrine catholique. Son *Paradisus* respire la piété la plus suave et la plus pure. Une nouvelle traduction française de ce charmant ouvrage ne manquerait pas d'être favorablement accueillie.

FOSSÉ (PIERRE THOMAS DU). Voyez THOMAS.

FOUILLOUX (JACQUES DU) naquit à La Rochelle, fut diacre et licencié en Sorbonne, se donna beaucoup de mouvement en faveur du jansénisme et mourut à Paris en 1736, à l'âge de 66 ans.

Il eut une grande part à la première édition de l'*Action de Dieu sur les créatures*. Voyez BOURSIER.

DÉFENSE *de tous les théologiens, et en particulier des disciples de saint Augustin, contre* l'ordonnance *de M. l'évêque de Chartres du 3 août 1703, portant condamnation du cas de conscience* (1), *avec une réponse aux remarques du même prélat sur les Déclarations de M. Couet*, 1706, in-12. Des exemplaires portent le millésime de 1704.

Le grand objet que s'était proposé ici l'élève de Quesnel était de combattre de toutes ses forces l'infaillibilité de l'Eglise à l'égard des faits dogmatiques.

Voici quelques-unes des scandaleuses propositions dont cette prétendue *Défense* est remplie.

Page 243 : *La bulle d'Urbain VIII*, In eminenti, *bien loin d'être un jugement définitif, est certainement subreptice*. De même, pages 246, 266, 270, 281.

Page 513 : *Il n'y a peut-être point d'affaire dans toute l'histoire de l'Eglise, où toutes les règles aient été plus violées, et où l'on ait fait paraître plus de bizarrerie, d'injustice et de cet esprit de hauteur et de domination, qui est si opposé à l'esprit de Jésus-Christ, que dans l'affaire du Formulaire.*

C'est ainsi que parlent ces hommes qui se retranchent dans le *silence respectueux*. Tel est donc leur silence, et tel est leur respect. La première de ces propositions fut condamnée en termes exprès par le décret d'Alexandre VIII, du 7 décembre 1690. *Bulla Urbani VIII,* In eminenti, *est subreptitia*. La seconde est un tissu de calomnies atroces contre la conduite du pape et de l'Eglise.

Aux pages 7, 151, 409, 490, on représente les évêques, le pape, tous les supérieurs ecclésiastiques, comme des tyrans, des persécuteurs, qui obligent *des chrétiens, des prêtres, des docteurs*, à se rendre sourds à la voix de Dieu, en signant le Formulaire.

Selon ce que dit cet auteur, p. 517, 519, 520, *souffrir pour ce sujet, c'est souffrir le martyre, non pour un point de fait, mais pour le dogme* : et c'est sur ce fondement qu'il exhorte les gens du parti à la constance au milieu de leurs disgrâces.

Voici deux autres propositions qui retombent évidemment dans les dogmes condamnés.

Quand on supposerait (dit l'auteur, p. 444) *que des justes n'ont aucune grâce actuelle qui leur rende possibles les commandements, et qu'on ne voudrait pas faire valoir la possibilité que leur donne la grâce habituelle, selon saint Thomas, on ne pourrait encore préten-*

---

(1) Le *Cas de conscience* fut également condamné par plusieurs autres prélats : les évêques de Noyon, de Vence, du Mans, de Marseille, de La Rochelle, de Sarlat, les archevêques d'Arles, de Vienne, de Cambrai, etc.

dre que ce serait là soutenir le sens condamné de la première proposition; car le sens condamné de cette proposition est de nier toute possibilité. or ce n'est pas nier toute possibilité que de ne nier que la possibilité qui vient de la grâce; puisqu'il faudrait pour cela prétendre qu'il n'y a point de possibilité où il n'y a point de grâce.

Sur quoi je demande quelle puissance un homme dénué de toute grâce conserve encore pour une action de la piété chrétienne, qui lui est commandée. Il lui reste la faculté naturelle de son libre arbitre; mais cette faculté naturelle ainsi abandonnée à elle-même, que peut-elle pour une action de la piété chrétienne?

Le premier des commandements de Dieu est de l'aimer, et de l'aimer d'un amour surnaturel. Que peut en cela le libre arbitre dénué de toute grâce? Est-ce donc là qu'aboutissent les efforts des prétendus disciples de saint Augustin? à renouveler une erreur que ce grand saint a combattue avec tant de force et de succès! à soutenir que sans la grâce les commandements ne laissent pas d'être possibles!

Certainement quand les pélagiens (1) objectent à ce saint docteur, que, selon lui, les commandements de Dieu seraient impossibles, et par conséquent tyranniques, il est bien éloigné de répondre qu'ils sont encore possibles avec les seules forces naturelles du libre arbitre. C'est au contraire ce qu'il regarde comme une impiété, qui rendrait la croix de Jésus-Christ vaine et inutile. Par où trouve-t-il donc les commandements possibles? (2) Par le secours de la grâce que Dieu nous donne ou qu'il est prêt à nous donner, et qu'il nous avertit de demander.

Les défenseurs de Jansénius, comme on voit, s'éloignent étrangement de saint Augustin. Les voilà obligés à parler en pélagiens, pour éviter le dogme impie de l'impossibilité des commandements de Dieu. C'est donc ici que l'erreur se confond elle-même. Tout le parti depuis cent ans accuse de pélagianisme des théologiens très-catholiques. L'aversion qu'il a pour eux le fait courir à une extrémité tout opposée à leurs sentiments; et c'est là justement qu'il va tomber lui-même dans le pélagianisme, et qu'il se voit réduit à dire que la possibilité d'accomplir les commandements de Dieu se trouve encore *où il n'y a point de grâce.*

Mais l'erreur ne saurait se soutenir. Du pélagianisme, voici qu'on revient au jansénisme. Page 384, l'auteur s'exprime ainsi : *On dit d'un homme qui a les pieds liés, qu'il lui est impossible de marcher, d'un prisonnier enfermé dans un cachot, qu'il ne peut voir.... marque-t-on par là une entière et absolue im-*

possibilité? Point du tout... Or ce n'est qu'en ce sens que les disciples de saint Augustin ont dit quelquefois qu'il était *impossible de faire le bien sans la grâce de Jésus-Christ.*

Il s'ensuit de là que le juste peut accomplir les commandements, comme un homme qui a les pieds liés peut marcher; comme celui qui est dans un cachot, où la lumière ne pénètre pas, peut voir. N'est-ce pas dire qu'il ne le peut pas, mais qu'il le pourrait, s'il avait la grâce qui lui manque; comme celui qui est dans un cachot pourrait voir, si la lumière y pénétrait? Que dirait-on d'un juge qui condamnerait à la mort un prisonnier, parce qu'étant dans les ténèbres il ne lirait pas, et qu'étant dans les fers il ne courrait pas?

Au reste, ce livre si fort accrédité dans la secte a été condamné par M. l'évêque d'Apt le 15 mai 1706, et par un décret du saint office, le 17 juillet 1709.

HISTOIRE *du cas de conscience signé par quarante docteurs de Sorbonne; contenant les brefs du pape, les ordonnances épiscopales, censures, lettres et autres pièces pour et contre le cas, avec des réflexions sur plusieurs ordonnances,* A Nancy (ou plutôt en Hollande), chez Joseph Nicolaÿ, 1705, 1710, 1711, 8 vol. in-12.

Quel est donc ce fameux *cas de conscience* à l'honneur duquel on fit une si volumineuse histoire? C'est ce que d'abord nous allons voir, et ensuite nous reviendrons à son *Histoire.* Voici :

CAS DE CONSCIENCE *proposé par un confesseur de province touchant la constitution d'Alexandre VII, et résolu par quarante docteurs de la Faculté de Paris,* 1701.

Il fut proposé à la Sorbonne en 1701. Le canevas en fut envoyé par M. Perrier (neveu de Pascal, et chanoine de Clermont en Auvergne), à MM. Rouland et Anquetil qui y travaillèrent, et le dressèrent tel qu'il fut imprimé à Liége, chez Broncart. Comme ils y avaient inséré la nécessité de la grâce suffisante des thomistes, cela déplut au parti, et engagea M. Petit-Pied à changer cet endroit, et à publier une seconde édition, qui fut signée par quarante docteurs.

Le plan de cet écrit renferme plusieurs articles. C'est un confesseur de province qui a quelque difficulté au sujet d'un ecclésiastique auquel il a donné longtemps l'absolution sans scrupule, mais qu'on lui a dit avoir des sentiments nouveaux et singuliers. L'ecclésiastique qu'il a examiné sur différents points, lui a répondu : 1° qu'il condamne les cinq propositions dans tous les sens que l'Eglise les a condamnées, et même dans le sens de Jansénius, en la manière

---

(1) Magnum aliquid Pelagiani se scire putant, quando dicunt, non juberet Deus quod sciret non posse ab homine fieri. Quis hoc nesciat? Sed ideo jubet aliqua quæ non possumus, ut noverimus quid ab illo petere debeamus. De Grat. et lib. Arbit. c. 15.

(2) Præceptum Dei tyrannicum non est, sed ut impleatur, ipse rogandus est. Op. imp. l. III, n. 77.

Dico esse possibile voluntati hominis deflectere a malo, et facere bonum, sed ei voluntati quam Deus adjuvat gratis. Ibid. n. 115.

Imperat Deus quæ fieri possunt : sed ipse dedit, ut faciant, eis qui facere possunt et faciunt, et eos qui non possunt, imperando admonet a se poscere ut possint. Ibid. n. 116.

qu'Innocent XII les a expliquées dans son bref aux évêques des Pays-Bas; mais que sur le fait, il croit qu'il lui suffit d'avoir une soumission de silence et de respect, et que tant qu'on ne le pourra convaincre juridiquement d'avoir soutenu aucune des propositions, on ne doit point l'inquiéter, ni tenir sa foi pour suspecte, etc. Il y a sept autres articles, que nous ne rapporterons pas ici, de peur d'être trop long : d'ailleurs celui-ci étant le plus important, il suffit pour donner une juste idée de tout l'ouvrage.

Ce fameux *cas*, avec la décision des quarante docteurs, qui autorisait le silence respectueux, a été censuré premièrement par M. Bossuet, évêque de Meaux, et par M. l'évêque de Chartres ; ensuite par MM. de Clermont, de Poitiers, de Sarlat, et par plusieurs autres archevêques et évêques. Enfin, à la sollicitation des rois de France et d'Espagne, et de l'Église gallicane, il fut solennellement condamné, le 16 juillet 1705, par la bulle *Vineam Domini Sabaoth*, de Clément XI, qui fut enregistrée par le parlement, acceptée par le clergé de France, reçue par l'Église universelle ; et dans laquelle le saint-siège a décidé l'insuffisance du silence respectueux. Il y eut aussi une délibération de la Faculté de Paris contre cet écrit, le 1er septembre 1704.

Les plus célèbres d'entre ces docteurs furent MM. Petit-Pied et Bourret, professeurs de Sorbonne ; Sarrazin, Pinsonat, Ellies Dupin, Hideux, curé des Innocents ; Blampignon, curé de Saint-Merri ; Feu, curé de Saint-Gervais ; de Lan, théologal de Rouen ; Picard, curé de Saint-Cloud ; Joly, Guestor, chanoine régulier de Saint-Victor ; le P. Alexandre, dominicain, etc. Celui-ci, en enseignant le cas hérétique, avait sans doute oublié la doctrine catholique qu'il avait enseignée dans ses dissertations sur l'Histoire ecclésiastique du vi^e siècle (dissert. 5) : En effet, il y dit en termes exprès que l'Église, éclairée par l'Esprit de vérité, ne peut se tromper en prononçant sur les textes des livres dogmatiques, et la preuve qu'il en apporte est que si elle pouvait errer dans ces occasions, elle n'aurait pas tout ce qu'il faut pour nourrir, guérir et conduire les fidèles : comme un pasteur qui ne saurait pas discerner les bons et les mauvais pâturages ne serait pas propre à faire paître les brebis, et comme un médecin qui prendrait du poison pour de l'antidote ferait un fort mauvais médecin.

Le père Alexandre rétracta le premier sa signature. Tous les autres en firent autant, excepté M. Petit-Pied ; *dempto uno Parvopede*, dit M. Gilbert, prévôt de Douai, dans l'histoire anecdote et allégorique qu'il a faite de ce cas. Ce qu'il y a de singulier, c'est que M. Petit-Pied, quand il signa le cas de conscience, n'avait jamais lu Jansénius, comme il l'avoua, la veille de la Fête-Dieu 1703, dans sa maison, à un célèbre docteur.

Il faut aussi remarquer que dans la décision des quarante docteurs, on autorise des livres très-pernicieux et condamnés, tels que sont : *les Lettres de l'abbé de Saint-Cyran, le Rituel d'Aleth, le livre de la fréquente Communion, Heures de Port-Royal, le Nouveau Testament de Mons*, etc.

Venons maintenant à l'*Histoire* de ce fameux *cas*. Elle fut attribuée à Fouilloux ; mais elle est de Louail et de mademoiselle de Joncaux. Fouilloux ne fit que la revoir et y ajouter des notes.

Tout l'objet de cet artificieux ouvrage est d'anéantir, s'il le pouvait, l'infaillibilité de l'Église dans la décision des faits dogmatiques, de soutenir la décision des quarante docteurs jansénistes, et par là de faire *aller en fumée* tout ce que l'Église a fait contre le jansénisme, selon l'expression du sieur *Duvaucel*, dans une de ses lettres au P. Quesnel. (Causa Quesn., p. 403.)

Dans cet amas de pièces et cette suite d'événements, Fouilloux nous apprend quelques faits dignes de remarque : il assure :

1° Que M. le Tellier, archevêque de Reims, répéta plusieurs fois, dans un entretien qu'il eut avec M. l'abbé d'Argentré, qu'il n'y avait rien dans le *cas de conscience* qu'il ne fût prêt à signer. Ce trait, s'il était vrai, ne ferait pas honneur à ce prélat ; mais quel fond faire sur des anecdotes de parti ?

2° Que M. le cardinal de Noailles avait vu le *cas* avant qu'on le rendît public, et qu'il avait même permis à quelques docteurs de le signer, pourvu qu'ils ne le commissent point. Et pour rendre probable cette duplicité du cardinal, il rappelle malignement la conduite qu'il avait, dit-il, tenue en d'autres occasions. C'est ainsi que les écrivains du parti ont exalté ce cardinal, quand il leur a été favorable, et qu'ils ont tout mis en usage pour le décrier, dès qu'il a paru se déclarer contre eux.

3° Que l'abbé Bossuet, depuis évêque de Troyes, se déclara alors pour la cause catholique. *Cette démarche*, dit Fouilloux, *lui attira de la part de ces docteurs (du parti) des reproches assez vifs sur son ambition et sur son désir d'être évêque, à quoi ils attribuèrent tout le mouvement qu'il se donnait.*

JUSTIFICATION *du silence respectueux, ou réponse aux Instructions pastorales et autres écrits de M. l'archevêque de Cambrai*, 1707, trois tom. in-12, faisant en tout 1394 pages.

Les chapitres 50 et 51 sont de M. Petit-Pied.

L'illustre Fénelon avait fulminé quatre *Instructions pastorales*, soit contre le *cas de conscience*, soit à l'occasion de cet écrit, et sur l'infaillibilité de l'Église, à propos de la nécessité de signer le formulaire. Il publia aussi une *Instruction pastorale* contre la *Justification du silence respectueux*.

Ce livre, dit le grand prélat, *porte pour ainsi dire la révolte écrite sur le front. Vouloir justifier le silence respectueux que l'Église a condamné avec tant d'éclat, c'est oser condamner la condamnation même qu'elle en a prononcée. Bouchez donc vos oreilles*, continue ce prélat, en parlant aux fidèles de son diocèse, *bouchez vos oreilles aux paroles in-*

sinuantes et flatteuses du tentateur. C'est .e dragon qui imite la voix de l'agneau. L'illustre archevêque réfute ensuite ce scandaleux ouvrage avec cette force de raison, cette clarté d'idées, ces grâces de langage qui lui étaient propres; son *Instruction pastorale* sur ce sujet est du 1ᵉʳ juillet 1708.

Nous ne rapporterons ici qu'un trait de la prétendue *Justification :* il suffira pour faire connaître toute l'audace de son auteur. *La suffisance du silence respectueux*, dit-il, page 249, *demeurera démontrée, quelque bulle et quelques mandements qu'on publie.* C'est ainsi que ce novateur foule aux pieds toutes les décisions du saint-siège et des évêques; et endurcit son cœur contre l'Eglise jusqu'au point de rejeter avec mépris toutes les *bulles* et tous les *mandements* publiés ou à publier.

CHIMÈRE DU JANSÉNISME, *ou Dissertation sur le sens dans lequel les cinq propositions ont été condamnées, pour servir de réponse à un écrit* (1) *qui a pour titre :* Deuxième défense de la Constitution, Vineam Domini Sabaoth. 1708, in-12.

Lorsque l'hérésie de Jansénius eut été solennellement condamnée, en 1653, ses principaux défenseurs s'assemblèrent pour délibérer sur le parti qu'il y avait à prendre. Les uns opinèrent pour la soumission à la bulle, les autres prétendirent qu'il en fallait appeler au futur concile. M. Arnauld qui ne voulait ni abandonner cette doctrine, ni avouer qu'elle eût été proscrite, ouvrit un troisième avis, qui fut de distinguer le droit du fait, et de dire que les cinq propositions étaient légitimement condamnées dans un certain sens; mais que ce sens n'était point celui du livre de Jansénius. *On ne nous tirera jamais de là*, ajouta-t-il. Ensuite il développa si bien les avantages de son système, qu'il entraîna toute l'assemblée dans son sentiment.

Ce fait, qui suffit seul pour montrer que le jansénisme n'est rien moins qu'une *chimère*, est incontestable. On l'a appris de M. Robert, docteur de Sorbonne, élevé à Port-Royal, et qui s'était trouvé à l'assemblée dont il s'agit. Son frère, M. Robert, conseiller clerc au parlement de Paris, le confirma depuis à M. le cardinal de Fleury; et le même fait est encore constaté par une lettre très-curieuse de M. d'Hillerin, docteur de Sorbonne et doyen de La Rochelle, dont voici un fidèle extrait.

Ce docteur (2) raconte à un de ses amis ce que lui avait dit autrefois le P. Thomassin, savoir : « qu'après la bulle d'Innocent X, l'assemblée des principaux du parti s'était tenue au faubourg Saint-Jacques, qu'ils étaient au nombre de trente-deux, que lui, père Thomassin, y était présent ; que la délibération fut ouverte par ces paroles : *Quid faciemus, viri fratres ?* que l'avis de M. Pascal fut que les cinq propositions ayant été condamnées telles qu'on les soutenait, il ne croyait pas qu'on pût chicaner, et qu'ainsi il n'y avait point d'autre parti à prendre que celui d'accepter humblement la bulle, ou d'en appeler au futur concile ; qu'alors M. Arnauld s'apercevant de l'impression que faisait l'avis de M. Pascal, représenta avec force que la voie d'appel était très-dangereuse, et suggéra la distinction du fait et du droit, dont on a fait depuis un si grand usage ; qu'il parla fort longtemps et qu'il trompa ceux qui en effet voulaient être trompés. » Le P. Thomassin ajouta à M. d'Hillerin qu'il avait été effrayé de cette délibération, et qu'il commença dès lors à se défier d'une société de gens si peu sincères. *Défiez-vous-en aussi*, mon enfant, lui dit-il en le congédiant, *ce sont des fourbes qui trompent l'Eglise.*

Ce conseil venait fort à propos pour achever de convaincre M. d'Hillerin de la mauvaise foi du parti. Il faisait alors son séminaire à Saint-Magloire, où le P. de La Tour était supérieur. Comme il entendait répéter sans cesse, dans les conversations, que les cinq propositions avaient été fabriquées à plaisir ; que jamais elles n'ont été soutenues par aucun des disciples de Jansénius, et que ce n'est que par pure calomnie qu'on les leur impute, sa surprise fut extrême d'apercevoir dans sa chambre différents écrits qu'on y glissait, dans lesquels on mettait en thèse ces mêmes propositions qu'on disait n'être soutenues par personne. Fatigué de voir ces manuscrits renaître tous les jours sur sa table, il en fit la confidence au P. Bordes, l'un des directeurs du même séminaire : ce père s'écria, outré de douleur : *Ah! l'on veut perdre notre congrégation!* Ensuite il exhorta le jeune abbé à ne pas se laisser surprendre à ces sortes d'écrits, et il lui promit de lui faire avoir une conversation avec le P. Thomassin, qui était alors retiré à l'institution. *Vous apprendrez*, lui dit-il, *de ce savant homme, que le jansénisme est une véritable hérésie, conjurée en faveur des cinq propositions, et qui ne fait semblant de les condamner que par pure supercherie.* Ce fut là l'occasion qu'eut M. d'Hillerin de rendre visite au P. Thomassin, et d'en apprendre, ainsi que nous venons de le dire, tout ce qui s'était passé dans l'assemblée des docteurs du parti.

Mais pour revenir à cette assemblée, à peine se fut-elle séparée, que ceux qui la composaient publièrent partout, conformément à la résolution qu'ils y avaient prise, que le jansénisme n'était qu'une *chimère* ; que l'Eglise avait pris un *fantôme* pour une chose réelle ; que les cinq propositions étaient des propositions en l'air, des erreurs *imaginaires*, et que la doctrine qu'on avait censurée *ne se trouvait nulle part*.

Le pape Alexandre VII fut instruit de ce nouveau langage des docteurs de Port-Royal

---

(1) De M. Deker, doyen de l'église de Malines.
(2) L'original de cette lettre, dit l'écrivain qui fournit ces détails, est entre les mains de son neveu, M. d'Hillerin, trésorier et grand vicaire de La Rochelle.

et il le condamna dans sa constitution du 16 octobre 1656. Il y traite d'*enfants d'iniquité et de perturbateurs du repos public ceux qui osaient dire que les cinq propositions ont été forgées à plaisir.* Voici ses paroles : *Cum.... sicut accepimus, nonnulli iniquitatis filii prædictas quinque propositiones..... ficte et pro arbitrio compositas esse..... asserere..... non reformident.*

Ces expressions du souverain pontife auraient dû faire impression; elles n'empêchèrent pourtant pas un ou deux évêques orthodoxes de considérer eux-mêmes le jansénisme comme une chose dont on se faisait peur.

Arnauld publia de son côté le *Fantôme du jansénisme.* Nicole mit au jour les *Imaginaires* et les *Visionnaires.* Enfin Jacques Fouilloux publia le livre intitulé : *Chimère du jansénisme*, où, par un aveuglement inconcevable, en voulant prouver que les cinq propositions *ne se trouvent nulle part*, il avança lui-même la troisième presque en propres termes. C'est dans la page 217, où il s'exprime ainsi : *La nécessité n'empêche point que la volonté humaine n'agisse avec une véritable indifférence.*

Mais toutes ces propositions, qui font du jansénisme une hérésie *abstraite* et sans sectateurs, furent condamnées en 1700 par l'assemblée générale du clergé, comme *fausses, téméraires, scandaleuses, injurieuses au clergé de France, aux souverains pontifes et à l'Eglise universelle, comme schismatiques et favorisant les erreurs condamnées.* Voyez ARNAULD, GIRARD, NICOLE, QUESNEL.

HEXAPLES, *ou les six colonnes, sur la constitution* Unigenitus, 1714, un vol. in-4° ou in-8°.

Telles sont les premières éditions. Au mois de mars 1721, il parut une nouvelle édition des *Hexaples*, en 7 vol. in-4°.

Cet ouvrage est un amas prodigieux de textes tirés de l'Ecriture et des Pères, dont on abuse indignement pour affaiblir dans l'esprit des fidèles la soumission qu'ils doivent aux décisions du souverain pontife et de l'Eglise, pour s'en faire un rempart contre la constitution. Il y a longtemps que M. Racine a reproché aux jansénistes d'user de cet artifice. *Je ne doute point* (leur disait-il, dans sa première lettre à l'auteur des *Visionnaires*) *que vous ne vous justifiez par l'exemple de quelque Père : car, qu'est-ce que vous ne trouvez point dans les Pères?*

M. Fouilloux a su en effet y trouver tout ce qu'il souhaitait; mais c'est en commettant les infidélités les plus criantes, en ajoutant aux passages qu'il cite, des paroles essentielles qui ne furent jamais dans le texte; en les faisant même imprimer en gros caractères, pour imposer plus sûrement aux lecteurs.

Au reste, ce n'est point précisément par la conformité des passages qu'on doit juger du véritable sens des auteurs, puisqu'il n'y a jamais eu d'hérétique qui n'ait assez ramassé de passages pour faire croire aux ignorants que la tradition lui était favorable. Julien autorisait autrefois le pélagianisme du témoignage de saint Jean Chrysostome. Luther disait que saint Augustin était tout pour lui, *Augustinus totus meus est.* Et Calvin alla jusqu'à se vanter que s'il lui fallait faire sa confession de foi, elle serait toute tissue des propres termes de saint Augustin. *Augustinus adeo totus noster est, ut si mihi confessio scribenda sit, ex ejus scriptis contextam proferre abunde mihi sufficiat.* (Lib. de æterna Dei Prædest., p. 693.)

Il faut observer ici que, quand même certaines propositions se trouveraient en propres termes dans quelques ouvrages des saints Pères, il ne s'ensuivrait point de là que l'Eglise ne fût pas en droit de les proscrire ; car 1° les mêmes termes, détachés de ce qui les amène et de ce qui les suit, peuvent avoir un sens fort différent dans les originaux d'où ils sont empruntés; 2° il y a des temps où certaines expressions sont fort innocentes, lesquelles dans d'autres temps deviennent dangereuses par l'abus qu'en font les novateurs, et alors l'Eglise ne peut rien faire de plus sage que de les interdire à ses enfants. C'est là précisément ce que saint Augustin disait à Julien, qui se prévalait de l'autorité des Pères grecs, comme M. Fouilloux de celle des Pères latins. *Vobis nondum litigantibus securius loquebantur.* (Lib. I contra Julian., c. 22.)

L'auteur des *Anti-Hexaples* (le P. Paul de Lyon, capucin) rapporte dans la préface de son livre un fait remarquable, qui est une nouvelle preuve de la mauvaise foi du parti. L'auteur des *Hexaples* avait osé calomnier le cardinal Cassini, en publiant dans sa préface que ce cardinal *s'était allé jeter aux pieds du pape, pour le conjurer de ne point faire paraître la constitution* Unigenitus. Le P. Paul prouve évidemment la fausseté de ce fait, par deux témoignages authentiques du cardinal Cassini lui-même. Le premier est tiré d'une lettre de ce cardinal au général des capucins, où il lui dit expressément que, *bien loin de s'être jeté aux pieds de Sa Sainteté pour l'empêcher de publier sa constitution, il s'y serait jeté pour l'y engager.* Le second témoignage est tiré d'une lettre de ce cardinal à M. l'évêque de Grasse. Il l'assure positivement *qu'il s'est attaché sincèrement à la constitution comme à un dogme de foi, et qu'il est prêt à répandre son sang et à donner sa vie pour la défendre.*

Il résulte de tout ce que nous venons de dire que Fouilloux est un infâme calomniateur, qui impute aux personnes les plus respectables des faits faux et controuvés, et un insigne faussaire qui altère et falsifie grossièrement les passages qu'il cite. Aussi le livre des *Hexaples* a-t-il été censuré par l'assemblée du clergé, le 25 octobre 1715, *comme renouvelant les erreurs si souvent condamnées par le saint-siège, et nommément par la constitution* Unigenitus *et par les évêques, et contenant une doctrine injurieuse au saint-siège et aux évêques, scandaleuse, erronée, hérétique, et au surplus un grand nombre de passages falsifiés de l'Ecriture sainte, des conciles et des Pères.*

Plusieurs évêques de France ont fait des mandements particuliers pour la publication de cette censure : entre autres, M. l'évêque de Marseille, le 11 mars 1716 ; M. l'archevêque de Vienne, le 12 ; M. de Toulon, le 20 ; M. d'Angers, le 1ᵉʳ d'avril ; M. l'archevêque de Lyon, le 16 ; M. l'évêque de Langres, le 20 ; M. l'archevêque d'Arles, le 1ᵉʳ mai ; M. l'évêque de Grasse, dans le même mois ; M. l'évêque de Châlons-sur-Saône, le 3 ; M. l'évêque d'Orléans, le 11 ; M. l'évêque de Nantes, le 17, etc.

FOULON (Nicolas), bénédictin de la congrégation de Saint-Maur, né à Marcilly-sur-Saône, le 4 mars 1742, était parent de dom Clément, savant bénédictin de la maison des Blancs-Manteaux de Paris, où le jansénisme commençait à dominer. Il en adopta non-seulement les opinions, mais donna encore dans les folies des convulsions. Son goût pour la liturgie le fit choisir pour un des rédacteurs du nouveau bréviaire de la congrégation de Saint-Maur, fixée au monastère des Blancs-Manteaux, et c'est là qu'il en prépara l'édition, publiée en 1787, en 4 vol., où l'on ne trouve aucuns des saints jésuites, et où l'on fait un grand éloge de Rondet. Il renferme aussi un tableau de la religion, où l'on reconnaît les idées et le langage des jansénistes. La manie des innovations a porté les auteurs jusqu'à composer de nouvelles litanies de Notre-Seigneur et de la sainte Vierge : aussi ce bréviaire n'est accompagné d'aucune approbation du général des Bénédictins, et il ne fut pas adopté. Peu de temps après, dom Foulon, qui s'était élevé avec force contre les prêtres qui se remplissaient pas les devoirs de leur état, changea tout à coup de conduite : après s'être montré si sévère dans ses principes, il sortait continuellement et ne conservait presque plus rien des habitudes d'un religieux. Ses supérieurs, lui ayant fait des représentations inutiles, se disposaient à l'envoyer dans une autre maison, lorsqu'il s'évada et se retira à Montmorency, chez le P. Cotte, de l'Oratoire, curé intrus de ce lieu, avec lequel il était lié. Peu après il contracta des liaisons étroites avec la demoiselle Marotte du Coudray, fille d'un ancien conseiller au Châtelet, élevée dans les principes rigides du jansénisme, et qui n'avait pas voulu se marier : elle épousa cependant dom Foulon, et sa sœur, le P. Cotte. On ignore ce que devint Foulon pendant la terreur, mais il paraît qu'il vécut dans une position très-gênée ; plus tard il obtint une place d'huissier au conseil des Cinq-Cents, puis au Tribunat et enfin au Sénat ; il la conserva jusqu'au 13 juillet 1813, époque de sa mort. On a de lui : *Prières particulières, en forme d'office ecclésiastique, pour demander à Dieu la conversion des Juifs et le renouvellement de l'Eglise en France* ; 1778, in-12, Voyez d'Ettemare, etc.

FOURQUEVAUX (Jean-Baptiste-Raymond Pavie de), acolyte appelant, né à Toulouse en 1693, fut d'abord militaire, puis entra à Saint-Magloire, et se mit sous la direction de Boursier et de d'Ettemare.

Son *Traité de la confiance chrétienne*, publié en 1728, fut la première origine des disputes sur la confiance et la crainte. Petit-Pied l'attaqua dans neuf lettres successives. Fourquevaux se défendit par deux autres et fut secondé par d'Ettemare, Le Gros et autres. Il joua un rôle dans les convulsions et mérita que son *éloge* fût fait dans les *Nouvelles Ecclésiastiques* ; on le trouve dans le n° du 7 février 1769. Il était mort, l'année précédente, au château de Fourquevaux.

Lettre *d'un prieur, au sujet de la nouvelle réfutation du livre des* Règles *pour l'intelligence des saintes Ecritures* (de Duguet). Paris, 1727, in-12. — *Nouvelles Lettres sur le même sujet*, 1729, in-12.

Réflexions *sur la captivité de Babylone*, 1728.

C'est un de ces écrits dont les fanatiques auteurs croyaient voir à cette époque la *défection générale*, et qui ne voyaient d'autres ressources et d'autres remèdes que le retour des Juifs. Ils s'imaginaient aussi trouver dans Jérémie et la petite troupe qui lui était attachée, de quoi autoriser le petit nombre de leurs adhérents.

Traité *de la confiance chrétienne, ou de l'usage légitime des vérités de la grâce ; nouvelle édition plus ample et plus correcte que la précédente, et pour servir de supplément à l'idée de la conversion du pécheur.*

Quand les jansénistes recommandent la lecture de ce traité, ils promettent qu'on y trouvera la réfutation complète du reproche que leur font les catholiques de soutenir des opinions contraires à l'espérance chrétienne ; mais rien ne justifie mieux cette accusation que la doctrine du traité même dont il s'agit.

On lit en effet, dans le chapitre 5, les paroles suivantes : *La disposition où nous devons être pour faire un usage légitime des vérités de la grâce, c'est la confiance ou l'espérance chrétienne..... Elle fait que nous regardant comme étant du nombre des élus, nous espérons que Dieu nous conduira au terme de notre élection, en nous rendant justes et saints, si nous ne le sommes pas encore, et en nous conservant la justice et la sainteté, si nous en sommes déjà en possession..... La confiance*, dit-on encore, chap. 16, *à la prendre dans toute son étendue, consiste à se regarder comme étant du nombre des élus, et à espérer en conséquence toutes les faveurs que Dieu répand sur ceux qui appartiennent à cet heureux troupeau.*

Ces propositions se trouvent répétées bien des fois en termes formels ou équivalents, dans plusieurs autres endroits du même ouvrage ; d'où il suit évidemment que la seule miséricorde et bonté spéciale par laquelle Dieu conduit ses élus à la gloire céleste est le fondement de notre espérance.

Or, comme nous ne savons point si nous sommes du nombre des élus, nous ignorons conséquemment si nous avons quelque part à cette bonté spéciale. Quelle est donc cette espérance qui n'est fondée que sur un secours que j'ignore s'il me sera accordé ou refusé?

Le nombre des élus est très-petit en comparaison de celui des réprouvés : par conséquent, le chrétien dont l'espérance n'est fondée que sur l'amour spécial en faveur des élus n'espère le salut éternel qu'autant qu'il peut se trouver dans ce petit nombre. Il n'est pas assuré d'en être exclus, c'est-à-dire qu'il n'est pas dans un désespoir absolu ; voilà toute son espérance. Mais est-ce là cette espérance qui, selon l'Apôtre, ne confond point, qui doit nous servir comme d'un casque contre les traits enflammés de l'ennemi, et qui, comme une ancre ferme et assurée, nous rend forts et inébranlables jusqu'à la fin? Est-ce là cette espérance très-ferme que tous doivent avoir dans le secours de Dieu, selon le concile de Trente ?

L'espérance du chrétien ne peut être solide; il ne peut espérer personnellement pour lui la grâce et la gloire qui est promise, s'il n'a une assurance, pour ainsi dire personnelle, que la promesse le regarde et lui appartient.

C'est parce qu'il sait que Jésus-Christ est mort pour son salut, que Dieu veut sincèrement le sauver, qu'il ne l'abandonnera pas le premier, et qu'il le secourra par sa grâce, de manière à lui rendre son salut possible ; de sorte qu'il dépendra de lui de parvenir au bonheur promis, en répondant aux moyens qui lui seront donnés; c'est parce que toutes ces vérités consolantes lui sont connues par les lumières de la foi, et qu'elles le regardent personnellement, qu'il espère sans hésiter et qu'il se confie fermement dans le Seigneur. Otez-lui la certitude de ces vérités qui ne sont reconnues d'aucun janséniste, ôtez-lui la part personnelle qu'il y a, et ne lui montrez que les promesses spéciales qui sont faites pour le petit nombre des élus, ces promesses particulières, n'ayant plus pour lui d'application certaine, il ne pourra sans témérité espérer avec assurance d'être de ce nombre heureux, car aucune de ces vérités de la foi ne l'assure qu'il en est, et elles lui font même envisager ce nombre comme si petit, qu'il y a plus lieu de craindre de n'en être pas, que de croire qu'il y est compris.

Selon le janséniste, Jésus-Christ n'est mort pour le salut éternel que des prédestinés seuls ; Dieu prédestine à la réprobation les fidèles qui ne sont pas sauvés, et en conséquence il leur refuse les moyens suffisants pour qu'ils puissent parvenir au salut. Le nombre des élus est petit, parce que Dieu veut que le plus grand nombre périsse; et cela doit arriver uniquement parce que tel est son bon plaisir. Le moyen de pouvoir concilier avec cette doctrine une tendre et ferme confiance !

L'auteur du *Traité* ne dissimule pas que la *difficulté est très-grande*; et pour se tirer d'embarras, il répond que *la confiance est une espèce de mystère où l'on se fie en Dieu pour espérer en lui contre toute espérance*.

Mais que doit-on penser d'un prétendu mystère, dont l'exposition contredit ouvertement et détruit visiblement divers points de la créance catholique? Qu'est-ce qu'un mystère fondé sur l'erreur et inalliable avec plusieurs vérités de notre sainte religion, un mystère qui favorise le libertinage ou le désespoir, et qui tend à ruiner les fondements de la précieuse vertu qu'il faudrait établir? voilà ce que les nouveaux sectaires osent nous donner pour un *traité* orthodoxe *de la confiance chrétienne*.

CATÉCHISME *historique et dogmatique sur les contestations qui divisent maintenant l'Eglise; où l'on montre quelle a été l'origine et le progrès des disputes présentes, et où l'on fait des réflexions qui mettent en état de discerner de quel côté est la vérité.* Tom. I, à la Haye, aux dépens de la Société, 1729, in-12 de 387 pages. Tom. II, 1730, 424 pag.

Ce livre est par demandes et par réponses, en forme d'entretien entre un maître et un disciple. C'est le même plan que celui de la *Vérité rendue sensible*. *Voyez* DUSAUSSOIS. L'ouvrage entier est divisé en trois sections. La première conduit jusqu'à la fin des congrégations de *Auxiliis* ; la seconde contient ce qui regarde le *formulaire* et les autres affaires du Port-Royal; la troisième traite de la constitution *Unigenitus* et de ses suites, jusqu'à la fin de l'année 1729; le tout est assaisonné des contes et des fables usitées dans le parti. Tous les objets sont mis dans un faux jour; tous les faits sont altérés; tout est dirigé à détourner les fidèles de l'obéissance due à l'Eglise. L'enchaînement des mensonges est fait avec art. Les contrastes sont ménagés : après les noires couleurs dont on a dépeint les jésuites dans la première section, suivent les brillants éloges qu'on prodigue, dans la seconde, aux messieurs de Port-Royal. En un mot, c'est un des plus pernicieux livres que la secte a publiés ; et il a une suite qui va jusqu'en 1760. Il y a une édition de 1766, 5 volumes in-12, avec les suites

FRESNE (DE), faux nom que prenait quelquefois le P. Quesnel.

FROIDMONT ou FROMONT (LIBERT), *Fromondus*, naquit à Harcourt, village du pays de Liége, en 1587, fut ami intime de Jansénius, son successeur dans la chaire d'interprète de l'Ecriture sainte à Louvain, et son exécuteur testamentaire avec Calénus. Il fit imprimer l'*Augustinus* de ce prélat, sans avoir pour le saint-siège la déférence que Jansénius avait exigée d'eux, en les chargeant du soin de publier son livre. Il donna un *commentaire latin sur les Epîtres de saint Paul*, 1670; c'est proprement un abrégé de celui d'Estius; puis des *commentaires sur le Cantique des cantiques* et sur l'*Apocalypse*, qui peu utiles et qui se ressentent des erreurs qu'il avait adoptées. Il donna aussi, en faveur des mêmes erreurs, plusieurs ouvrages de polémique, où des titres bizarres et ridicules, comme on va le voir. Il mourut à Louvain en 1653.

ANATOMIA *hominis*. Louvain, 1641.

Ouvrage condamné par Urbain VIII, dans sa bulle *In eminenti*, en 1641, et par Innocent X, décret du 23 avril 1654, en même temps que le *Conventus africanus*, qui fut attribué à Froidmont, puis à Sinnich, puis à Stockmans, et que nous placerons parmi les anonymes.

EPISTOLA *Liberti Fromondi et Henrici Caleni, Lovanii*, 16 *junii*, 1641, *quæ incipit* Theses vestras.

Cette lettre fut condamnée par le décret d'Innocent X, déjà mentionné.

CHRYSIPPUS, *seu de libero Arbitrio, ad philosophos peripateticos*. Louvain, 1644.

Condamné par le même décret comme les précédents. L'auteur y enseigne la troisième proposition de Jansénius, que la nécessité est incompatible avec la liberté.

LUCERNA AUGUSTINIANA, *qua breviter et dilucide declaratur concordia et discordia, qua duo nuper ex DD. doctores S. Th. Duacen. conveniunt aut recedunt a cæteris hodie sancti Augustini discipulis*. — La lampe de saint Augustin, etc.

Condamnée, comme les précédentes, par le décret d'Innocent X.

THERIACA *Vincentii Lenis* (la Thériaque de Vincent le Doux) *adversus Dion. Petavii et Ant. Ricardi libros de libero Arbitrio*. Louvain, 1647, in-4°. L'auteur y fait revenir la troisième proposition de Jansénius. Il dit que toutes les fois que la volonté agit nécessairement, mais par une nécessité volontaire et suivant son inclination, elle agit librement : *Toties necessitas est voluntaria, nec libertatem consensus evertit.*

EMUNCTORIUM *lucernæ Augustinianæ, quo fuligines a quibusdam aspersæ emunguntur*; c'est-à-dire à la lettre : *Mouchettes de la lampe de saint Augustin, pour empêcher la fumée dont certaines gens tâchent de l'obscurcir*. Ouvrage condamné par le décret d'Innocent X, du 23 avril 1654.

G

GABRIEL (GILLES DE) ou ÆGIDIUS GABRIELIS, licencié de l'université de Louvain, prêtre, religieux du tiers-ordre de Saint-François, lecteur en théologie, etc.

SPECIMINA MORALIS *christianæ et moralis diabolicæ in praxi*. Bruxelles, Eug.-Henri Fricx, 1675; in-8°. — Autre édit on, Rome, Tirroni, 1680. — Autre, Lyon, Jean Certe, 1683, in-12.

Ce livre, où d'abord se montraient trop à découvert le baïanisme et le jansénisme, fut dénoncé à l'Eglise, et le 27 septembre 1679, il fut condamné par un décret de l'inquisition comme *capable d'infecter d'erreurs le peuple fidèle*. L'auteur fut obligé d'aller à Rome; il y donna une nouvelle édition de son livre en 1680; mais il déguisa encore si mal sa pernicieuse doctrine, qu'on parla aussitôt d'en faire une seconde condamnation.

L'année suivante, 1681, l'inquisition d'Espagne, par un décret du 28 août, condamna ce livre, *comme contenant des propositions hérétiques de Michel Baïus, et des propositions jansénistes, sentant l'hérésie schismatique, erronées, fausses, téméraires, scandaleuses, malsonantes, injurieuses à Notre-Seigneur Jésus-Christ, aux conciles et aux SS. Pères.*

L'an 1683, le 2 septembre, malgré les sollicitations de personnes puissantes, et tout ce que put alléguer pour sa justification le P. Gabrielis lui-même, qui fut écouté en personne, après une longue discussion de la part des examinateurs, le même ouvrage fut condamné à Rome, *en quelque langue et dans quelque endroit qu'on pût l'imprimer*; et ce décret fut rendu, non par la congrégation de l'Index, mais par celle du Saint-Office, comme le remarque Duvaucel dans une lettre du 19 novembre suivant, *ce qui rend*, dit-il, *la censure encore plus atroce et plus authentique*. Duvaucel, ou Walloni, fut pendant plus de vingt ans agent du parti à Rome, et c'est à ses amis des Pays-Bas qu'il écrivit la lettre que nous citons.

Les Pères du tiers-ordre, toujours inviolablement attachés au saint-siége, furent eux-mêmes les premiers et les plus ardents à solliciter la condamnation d'un si dangereux écrit.

Voici quelques-unes des propositions erronées du P. Gabrielis. Elles sont tirées de la seconde édition de son livre, faite à Rome en 1680.

1° Page 335: *Duo sunt amores, qui de cordis humani regno, adeoque de imperandi jure inter se contendunt, nempe amor Dei, et amor mundi... Quatenus autem alteruter istorum amorum prævalet, deliberationem et operationem vel ponit, vel imperat; sic ut omnis humana volitio, sive voluntas, omnis deliberatio et actio vel ab amore Dei procedat, vel ab amore mundi.*

C'est, comme on le voit, la doctrine de Baïus dans sa 28° proposition, de laquelle on peut inférer aussi une autre proposition condamnée, savoir que toutes les actions qui ne sont pas faites par un motif de charité sont vicieuses, et que toutes les actions des infidèles sont des péchés.

2° Pages 113, 120, 125, Gabrielis veut qu'on diffère toujours l'absolution jusqu'à ce que la pénitence soit accomplie; et la raison qu'il en apporte, c'est que *sanatio spiritualis peccatoris de lege ordinaria non minori tempore indiget quam corporalis, imo majori*. Il va plus loin, et, dans la page 133, il assure que dans les trois premiers siècles on refusait l'absolution et la communion, à l'article de la mort, à ceux qui n'avaient pas fait pénitence.

3° Pages 227 et 305: *Illud apostolicum:* Sive manducatis, sive bibitis, sive aliquid aliud facitis, omnia ad gloriam Dei facite: *præceptum naturale est ab Apostolo renova-*

tum, nec sine caritate impleri potest, id est, sine amore Dei super omnia, et per consequens *sine gratia quæ caritatis principium est. — Erit ergo peccatum ex inordinatione amoris naturæ corruptæ, quod homo non omnia referat in Deum, tanquam in ultimum finem.*

C'est encore là la doctrine de Baïus, proposition 17 : *Non est vera obedientia legis quæ fit sine caritate :* doctrine qui fait des actions des infidèles autant de péchés.

Le P. Gabrielis enseigne, — que quelques commandements de Dieu sont impossibles ; — que dans l'état de la nature tombée, on ne résiste jamais à la grâce intérieure ; — que la grâce était due à Adam ; — qu'il n'y a que deux amours, la charité et la cupidité, etc.

Toutes ces erreurs, et encore d'autres, furent relevées et combattues dans un livre imprimé à Liége, en 1683, sous ce titre : R. *P. Ægidii Gabrielis moralis doctrinæ reiteratum examen, ejusque catholica repetita castigatio ;* et dans un autre ouvrage imprimé à Cologne en 1680 et intitulé : *Scrupuli ex lectione speciminum moralium P. F. Gabrielis Leodiensis, oborti Cornelio Zegers.*

GAUFRIDY, avocat général au parlement d'Aix, fut un adversaire passionné de la constitution. Il eut un apologiste qui l'égala et même le surpassa dans sa haine, comme il appert d'un livre intitulé :

Défense *du discours de M. de Gaufridy, avocat général du parlement d'Aix, du 22 mai 1716 ; des arrêts des parlements de Paris, d'Aix, de Dijon, de Douai, et de la conduite de la Sorbonne, ou Réfutation de la lettre du prétendu abbé provençal, adressée aux RR. PP. jésuites,* 1616, in-12, 117 pages.

Cet apologiste prétend (page 4) que la constitution *établit un nouveau pélagianisme ;* qu'elle a été *arrachée du pape,* qu'*elle commet également, et l'honneur de son pontificat, et la dignité de son siége.* Quelle douleur pour ce déclamateur insensé, s'il vit encore, de voir cette même constitution contre laquelle il a blasphémé, autorisée par le suffrage de cinq papes, d'un concile romain, d'un concile d'Avignon, du concile d'Embrun, par le témoignage des Eglises étrangères et de tous les évêques de France, reconnue pour un jugement dogmatique et irréformable de l'Eglise universelle par cette même Sorbonne, qu'il appelle (page 32) le *Concile perpétuel des Gaules,* enfin devenue une loi de l'Etat par plusieurs déclarations de nos rois, enregistrées au parlement !

GAULTIER (Jean-Baptiste) naquit à Evreux en 1685, fut d'abord théologien de de Langle, évêque de Boulogne ; s'attacha, en 1724, à Colbert, évêque de Montpellier, pour lequel il composa beaucoup d'écrits. *La France Littéraire* de 1756 le donne formellement comme auteur des écrits qui parurent sous le nom de MM. de Langle et Colbert. Après la mort de ce dernier, Gaultier se chargea de faire la guerre à M. de Charency, son successeur. C'est de lui qu'est la *Lettre* adressée à ce prélat, et qu'on appelait agréablement dans le parti les *Verges d'Héliodore.* Il composa dans le même genre le *Mémoire apologétique des curés de Montpellier ;* deux nouvelles *Lettres* à M. de Charency, en 1744 et 1745 ; *Abrégé de la Vie et idée des ouvrage. de M. Colbert ;* cinq *Lettres pour les Carmélites* du faubourg Saint-Jacques (*Voyez* Carmélites) ; la *Vie de M. Soanen ;* des *Lettres* à l'évêque de Troyes, à l'évêque d'Angers, à l'archevêque de Sens, etc., dans lesquelles il ne faut pas chercher de modération. L'abbé Gaultier consentit cependant quelquefois à laisser les évêques en repos, et à tourner son zèle contre les philosophes. On lui doit dans ce genre *l'Essai sur l'homme convaincu d'impiété,* la *Réfutation de la Voix du sage et du peuple,* de Voltaire, et *les Lettres persanes, convaincues d'impiété.* Enfin, il est encore auteur de dix-sept *Lettres Théologiques* contre Berruyer, et de la *Lettre à un duc et pair,* sur les affaires du parlement, du 26 octobre 1753. Ce dernier écrit est un libelle contre les évêques, et fut condamné au feu par un arrêt du parlement de Rouen, du 20 février 1754.

GAUTHIÉS (François-Louis), naquit à Paris en 1696, fut nommé curé de Savigny-sur-Orge par le cardinal de Noailles en 1728. Sa paroisse fut longtemps un asile pour les appelants qui avaient des raisons de se cacher. C'est pour cela que nous le plaçons ici, et non pour ses écrits, qui sont irréprochables. Il se démit de sa cure, et se retira au Val-de-Grâce, à Paris ; ce qui ne contribua pas peu à fortifier les soupçons qu'on avait de son opposition aux décrets de l'Eglise. Il mourut en 1780, un mois après sa retraite au Val-de-Grâce.

GAZAIGNES (Jean-Antoine); plus connu sous le nom de PHILIBERT, naquit à Toulouse, le 23 mai 1717, fut chanoine de cette ville, devint chanoine de Saint-Bernard de Paris. Il était appelant, et néanmoins il désapprouva la constitution civile du clergé. Il mourut le 29 mars 1802. On connaît de lui l'ouvrage suivant :

Annales de la société des soi-disant Jésuites, 1764 et années suivantes, 5 gros vol. in-4°.

Ce livre parut sous le nom emprunté d'*Emmanuel Robert de Philibert, ancien chanoine de Toulouse.* C'est un recueil de tout ce qui s'est écrit d'injurieux contre les Jésuites. On prétend qu'outre ces cinq volumes Gazaignes en avait préparé trois autres qui n'étaient pas moins outrageants, mais qui n'ont point paru. Au reste, il n'épargnait rien pour que sa diatribe fût complète : il entreprit, dit-on, plusieurs voyages, et notamment celui de Vienne, dans l'espoir de se procurer de nouvelles anecdotes dans le genre de celles qu'il avait déjà recueillies.

GENET (François), né à Avignon en 1640 d'un avocat, chanoine et théologal de la cathédrale d'Avignon, et ensuite évêque de Vaison, eut le chagrin d'être enveloppé dans l'affaire des *Filles de l'Enfance* de Toulouse, qu'il avait reçues dans son diocèse. Il fut arrêté en 1683, conduit d'abord au Pont-

Saint-Esprit, ensuite à Nimes, et de là à l'Ile de Ré, où il passa 15 mois. Rendu à son diocèse, à la prière du pape, il se noya dans un petit torrent en retournant d'Avignon à Vaison, l'an 1702.

Théologie Morale, ou résolution des cas de conscience, selon l'Ecriture sainte, les canons et les saints Pères, composée par l'ordre de M. l'évêque et prince de Grenoble, seconde édition. A Paris, chez André Pralard, 1677, 7 vol. in-12.

Cette théologie parut suspecte à plusieurs grands prélats. M. de la Berchère, archevêque d'Aix, la défendit dans son séminaire, et fit lire à sa place la théologie d'Abelly. M. Le Camus lui-même substitua à sa place les Instructions du cardinal Tolet. Enfin, la faculté de théologie de Louvain, dans un jugement doctrinal qu'elle rendit le 10 mars 1703, au sujet du fameux cas de conscience que M. l'archevêque de Malines lui avait proposé, rangea la *Théologie Morale de Grenoble* parmi les livres suspects, à cause du rigorisme qui y est affecté.

La moins mauvaise édition de cette théologie est de 1715, 8 vol. in-12. Les deux volumes de *Remarques*, publiés sous le nom de *Jacques de Remonde* contre la *Morale de Grenoble*, furent censurés par le cardinal Le Camus, et mis à l'*Index* à Rome : le zèle du critique a paru le conduire à une extrémité contraire. La *Théologie de Grenoble* a été traduite en latin, 1702, 7 vol. in-12, par l'abbé Genet, frère de l'évêque et prieur de Sainte-Gemme, mort en 1716, qui est auteur des *Cas de conscience sur les sacrements*, 1710, in-12.

GENETIERE. *Voyez* DESFOURS.

GENNES (Julien-René-Benjamin de), naquit à Vitré en Bretagne le 16 juin 1687, fut prêtre de la congrégation de l'Oratoire, professa la théologie à Saumur, soutint une *thèse sur la grâce*, qui fut censurée par l'évêque et la faculté d'Angers, écrivit contre ces censures, fut exclu de sa congrégation par lettres de cachet, se réfugia au village de Millon, près le Port-Royal, vint à Paris et fut mis à la Bastille, et envoyé, quatre mois après, en Hainaut, dans un couvent de Bénédictins. Il obtint sa liberté à cause du dérangement de sa santé, et alla voir l'évêque de Senez à la Chaise-Dieu. Retiré à Semerville, dans le diocèse de Blois, il vivait comme un laïque, ne disant jamais la messe, et passant même plusieurs années sans faire ses pâques. *Voyez* Briquet. Il mourut le 18 juin 1748. C'était, dit un biographe, un homme vif, véhément, emporté. Son ardeur, dit un autre, son ardeur pour la vérité des prétendus miracles de Paris et pour les prodiges des convulsions passait les bornes d'un fanatisme ordinaire. Nous citerons de lui :

Sentiment *des facultés de théologie de Paris, de Reims et de Nantes sur la thèse soutenue à Saumur, et condamnée par un mandement de M. l'évêque d'Angers, du 30 septembre 1718*; avec deux dissertations, l'une sur l'autorité des bulles contre Baïus, l'autre sur l'état de pure nature ; ou Lettres du P. de Gennes pour sa justification contre la censure de la thèse soutenue à Saumur. 1722, 2 vol. in-12.

Coup d'oeil *en forme de lettre sur les convulsions* ; où on examine cette œuvre dès son principe, et dans les différents caractères qu'elle porte, et on éclaircit ce qui peut s'y apercevoir de désavantageux. 1733, in-12. Publié anonyme.

Dissertation *sur les bulles contre Baïus, où l'on montre qu'elles ne sont pas reçues par l'Eglise*. Utrecht, 1737, in-8°, en deux parties, dont la première de 318 pages, et la seconde de 310.

Ouvrage publié aussi sous le voile de l'anonyme.

L'auteur cherche à persuader que l'Eglise n'a reçu ni expressément ni tacitement la bulle contre Baïus. Entreprise aussi vaine que téméraire et folle.

1° La bulle contre Baïus, publiée par l saint pape Pie V, a été confirmée par Grégoire XIII et renouvelée par Urbain VIII.

2° Nous avons l'acte de la publication solennelle de ces bulles dans Rome et par toute l'Italie.

3° On a de même les actes et les mandements d'acceptation des évêques de l'Eglise de Belgique ; les décrets des deux universités de Flandre, et l'édit de Philippe IV, roi d'Espagne, qui en ordonna la publication.

4° L'inquisition générale d'Espagne porte un décret, qui ordonne la réception de ces bulles dans tous les Etats de cette vaste monarchie.

5° On a l'acte par lequel ces mêmes décrets ont été acceptés dans la Pologne.

6° La bulle d'Urbain VIII en 1644 fut lue en Sorbonne par l'ordre exprès du roi, et la conclusion fut, d'un consentement unanime, que, dans ce qui regarde la doctrine, on recevait la bulle avec un profond respect. En conséquence on défendit à tous et à chacun des docteurs d'oser soutenir aucune des propositions condamnées. La même bulle fut publiée dans la capitale du royaume par M. de Gondi, archevêque de Paris. M. d'Achey, archevêque de Besançon, déclara dans un statut synodal de 1648, qu'il recevait avec respect la bulle d'Urbain VIII contre Baïus, et que personne ne serait pourvu d'un bénéfice à charge d'âmes dans son diocèse, qu'il n'eût signé un formulaire conçu en ces termes : *Je N. proteste que je reçois avec soumission la bulle d'Urbain VIII et sans restriction. Je déclare que je n'ai point d'autres sentiments que ceux qu'elle approuve.*

7° Quatre-vingt-cinq évêques de France marquent au pape Innocent X, dans une lettre commune, que tous les mouvements qui agitent ce royaume auraient dû être apaisés, tant par l'autorité du concile de Trente, que par celle de la bulle d'Urbain VIII, dont *Votre Sainteté*, ajoutent-ils, *a établi par un nouveau décret la force et la vérité*

8° Les quarante évêques assemblés à Paris en 1714 supposent à chaque page de leur instruction pastorale l'autorité incontestable des bulles contre Baïus.

9° Enfin, quatre-vingt-seize cardinaux, archevêques et évêques citèrent en 1720 la bulle de Pie V comme une loi dogmatique de l'Eglise. Il en est de même des vingt-huit prélats assemblés pour donner leur avis contre la consultation des quarante avocats.

Comment après cela ose-t-on avancer que ces mêmes bulles ne sont reçues dans l'Eglise, ni expressément ni tacitement, et que cela est démontré avec la dernière évidence?

GERBERON (GABRIEL), né à Saint-Calais, dans le Maine, en 1628, fut d'abord de l'Oratoire, et se fit ensuite bénédictin dans la congrégation de Saint-Maur en 1649. Il y enseigna la théologie durant quelques années. Il s'expliquait avec si peu de ménagement en faveur de la doctrine du jansénisme, que Louis XIV voulut le faire arrêter dans l'abbaye de Corbie, en 1682 ; mais il échappa aux poursuites de la maréchaussée, et se sauva en Hollande. Sa vivacité et son enthousiasme l'y suivirent. L'air de Hollande étant contraire à sa santé, il passa dans les Pays-Bas. L'archevêque de Malines le fit saisir en 1703, et le condamna comme partisan des nouvelles erreurs sur la grâce. Le P. Gerberon fut ensuite enfermé par ordre du roi dans la citadelle d'Amiens, puis au château de Vincennes, sans que ni les prisons ni les châtiments pussent modérer la chaleur de son zèle pour ce qu'il appelait la bonne cause. L'on ne doutait pas qu'il dût mourir dans l'opposition aux décrets de l'Eglise, lorsqu'il revint à des sentiments plus catholiques. Il demanda avec empressement de signer le Formulaire, ce qu'il fit le 18 avril 1710, rétractant la doctrine de tous ses livres, et témoignant beaucoup de douleur de son attachement aux opinions condamnées. On le mit en liberté, et le 30 du même mois, rendu à ses frères, il ratifia de son plein gré, dans l'abbaye de Saint-Germain-des-Prés, ce qu'il avait fait à Vincennes. Il était temps qu'il se reconnût. A une obstination de cinquante ans, enfin désavouée, il ne survécut pas dix mois entiers, étant mort le 29 janvier 1711, à l'âge de 82 ans, « non sans de cruels remords, dit un historien, surtout à cause du grand nombre d'âmes qu'il avait égarées ; mais en même temps avec une ferme confiance dans les miséricordes du Seigneur, et avec une vivacité de repentir qui a pu en expier le délai. »

Le P. Gerberon avait dans ses ouvrages, comme dans son caractère, une impétuosité qui faisait de la peine à ses amis, mais en même temps quelque chose de plus franc et de plus droit que n'ont ordinairement les gens de parti ; et c'est peut-être ce qui le détacha enfin de sa faction à laquelle il avait sacrifié ses talents et son repos l'espace d'un demi-siècle.

Ses ouvrages en faveur du parti sont au nombre de plus de quarante volumes, qu'il publia sous dix ou douze noms différents.

Tantôt il se masquait sous le nom de *Flore de Sainte-Foy*, tantôt sous celui de *Rigberius*, ou de *François Poitevin*, ou du *sieur de Pressigny* : quelquefois sous des noms flamands ; d'autres fois sous celui de *l'abbé Richard*, etc.

MIROIR *de la piété chrétienne, où l'on considère, avec des réflexions morales, l'enchaînement des vérités catholiques de la prédestination et de la grâce de Dieu, et leur alliance avec la liberté de la créature.* Gerberon se cache ici sous le faux nom de *Flore de Sainte-Foy*, 1670. Il y en a eu une seconde et une troisième édition, à Liége, chez Pierre Bonard, en 1677.

Ce prétendu *Miroir de la piété* n'est propre qu'à faire regarder Dieu comme un tyran. Il ébranle la foi, renverse l'espérance, éteint la charité, et précipite l'âme dans le désespoir, ou la pousse au libertinage et à l'irréligion. De sorte que pour donner à ce pernicieux libelle un titre qui lui soit convenable, on peut avec vérité et avec justice le nommer, le *Miroir de l'impiété*.

Ce n'est, en effet, qu'un précis du livre de Jansénius, mis en lambeaux et tourné en réflexions et en sentiments. Chaque page est marquée par quelque hérésie. Nous allons réduire à quelques points principaux ce prodigieux nombre d'erreurs.

I. *Sur la prédestination et la réprobation.* — Page 121 : *Dieu, sans avoir égard aux mérites ni aux démérites, a, dès l'éternité, formé un dessein absolu et efficace de séparer quelques-uns de la masse du péché, et leur donner sa grâce et sa gloire, abandonnant les autres et les prédestinant aux supplices de l'enfer.*

Page 124 : *Après le péché originel, Dieu n'a eu dessein de sauver que ceux qu'il a choisis par sa miséricorde.*

Page 126 : *C'est la volonté de Dieu qui fait le discernement des prédestinés à la gloire, d'avec celui des prédestinés aux supplices de l'enfer.*

Page 127 : *Il est incontestable que Dieu ne veut pas sauver tous les hommes.*

Page. 134 : *Si ceux que Dieu laisse dans la masse ne se sauvent pas, ce n'est pas toujours parce qu'ils ne le veulent pas, mais parce que Dieu ne les veut pas sauver.*

Page 136 : *Dieu les abandonne à leurs cupidités et ne les prédestine qu'à la mort éternelle.*

Affreuse doctrine, enseignée auparavant par Jansénius, tom. 3, *lib.* 3 et 10 ; par Calvin, *lib.* 3, *Inst. cap.* 24, et *lib.* de æ*tern. Prædest.*, et par son disciple Bèze dans son *Apologie* du colloque de Montbéliard.

II. *Sur la mort de Jésus-Christ.* — P. 125. *Jésus-Christ n'est point mort dans le dessein de mériter à chacun des hommes les grâces nécessaires pour le salut.* Doctrine détestable qui détruit tous les sentiments de piété et de reconnaissance envers Notre-Seigneur Jésus-Christ.

III. *Sur la grâce.* — Page 101 : *Sans un secours qui soit efficace, c'est-à-dire, qui par la force de sa douceur fasse invinciblement faire* le bien dont il inspire l'amour, on ne peut en cet état de corruption, ni éviter aucun mal que par un autre mal, ni faire aucun bien véritable.

Page 155 : *La grâce qui donne le pouvoir donne aussi l'action.*

Page 157 : *On ne rejette jamais la grâce qui donne un plein pouvoir de faire*, etc.

Il n'y a point en cet état aucune grâce qui soit purement suffisante, c'est-à-dire qui donne un pouvoir achevé, qui n'ait besoin d'aucun autre secours pour vouloir et pour faire, et qui toutefois ne donne pas la volonté ni l'action.

Page 158 : *C'est assez de dire que la grâce qui nous donne le pouvoir de faire, nous donne aussi l'action, pour faire comprendre qu'il ne se donne plus de grâce suffisante, ni de pouvoir achevé qui demeure sans action.*

Pernicieuse erreur, qui flatte les sentiments corrompus de la nature, et sert de prétexte aux pécheurs pour différer leur conversion et même pour y renoncer entièrement.

IV. *Sur la liberté.* — Page 86 : *L'homme criminel, sans l'aide de la grâce, est dans une nécessité de pécher, et néanmoins il pèche avec une entière liberté.*

Page 183 : *La volonté fait nécessairement, quoique avec une entière liberté, ce qui lui plaît davantage.*

Page 185 : *Lorsque le plaisir que la grâce nous inspire est plus grand que celui que la cupidité nous donne pour le péché, nous suivons nécessairement, quoique très-librement, son attrait, qui nous porte au bien; comme au contraire lorsque le plaisir du péché est plus fort que celui de la justice, nous sommes nécessairement vaincus et entraînés au mal.*

Page 207 : *Pour mériter ou démériter il n'est pas besoin d'avoir la liberté qui met la volonté hors de toute sorte de nécessité.*

« Opinion hérétique, dit saint Thomas, qui ôte tout le mérite et démérite des actions humaines...., et qui ne choque pas seulement les principes de la foi, mais qui renverse encore tous ceux de la vraie morale; parce que si notre volonté agit nécessairement, il ne doit plus y avoir de délibérations, d'exhortations, de préceptes, de châtiments, de louanges, ni de blâme. » *Quæst. disp. Quæst.* 6.

V. *Sur la nécessité de pécher.* — Page 80 : *Dès lors que le péché s'est rendu maître de notre cœur, nous ne pouvons plus aimer que le péché.*

Page 82 : *L'homme criminel, qui est abandonné à lui-même, n'a plus de liberté que pour pécher.*

Page 91 : *L'homme perdant la grâce par le crime de sa naissance, qui est le péché originel, il a perdu la liberté, et s'est engagé dans la nécessité de ne plus faire que le mal.*

Page 164 : *Que des pécheurs qui gémissent sous le poids de leurs crimes, voudraient pouvoir briser les chaînes qui les attachent au péché dont ils se sont faits captifs; mais ils ne veuvent.*

Pernicieux langage, qui favorise l'impénitence de ceux qui sont dans l'état du péché.

VI. *Sur l'impossibilité d'observer les commandements de Dieu.* — Page 161 : *Il arrive quelquefois qu'un juste n'a pas une grâce qui lui donne un pouvoir prochain et suffisant pour garder un commandement de Dieu, quoiqu'il en ait le désir, et qu'il fasse même quelque effort, mais trop faible pour satisfaire à ce qui lui est commandé.*

Page 162 : *Un juste qui viole quelque commandement de Dieu, n'a point eu de grâce qui lui donnât un pouvoir prochain de le garder.*

Page 265 : *Pourquoi donc rechercher si on a pu ou si l'on n'a pas pu éviter le péché, pour trouver en son impuissance de fausses excuses ?*

Page 138 : *Ce qui me fait trembler, c'est la rigueur de cette justice, qui, laissant dans la masse du péché tous ceux que sa miséricorde n'a pas choisis, ne leur prépare aucun secours qui puisse les sauver.*

Doctrine exécrable, qui porte à l'impiété, au désespoir et au blasphème.

On trouve quelquefois des jansénistes assez effrontés (par exemple, l'auteur des *Nouvelles Ecclésiastiques*) pour assurer que personne n'a jamais soutenu aucune des cinq propositions; après l'extrait que nous venons de faire du *Miroir de la piété*, oseront-ils encore tenir un pareil langage? Au reste, c'est ici un des livres que le parti prône le plus.

Il est peu d'ouvrages qui aient été frappés de plus d'anathèmes.

Il a été condamné par le cardinal Grimaldi, archevêque d'Aix; par le cardinal Le Camus, évêque de Grenoble; par l'archevêque de Rouen, par l'évêque de Gap, le 4 mars 1711 ; par l'évêque de Toulon, Jean de Vintimille, le 19 février 1678, *comme contenant une doctrine fausse, téméraire, scandaleuse et hérétique*, et renouvelant les erreurs de Michel Baïus, condamnées par les souverains pontifes Pie V, Grégoire XIII et Urbain VIII, et les propositions de Jansénius, condamnées par Innocent X et Alexandre VII.

La même année, 1678, il fut brûlé par la main du bourreau, en conséquence d'un arrêt du parlement d'Aix, du 14 janvier. L'insolent auteur s'en fit une gloire et un mérite. *Ne vous imaginez pas*, dit-il, *que cet ouvrage passe pour l'ouvrage de quelque démon, parce qu'il a subi ce que les démons souffrent, c'est-à-dire, qu'il a été brûlé. C'est ce qui fait aujourd'hui la gloire de cet ouvrage, puisque c'est en cela qu'il a eu le sort qu'ont eu les plus excellents livres, et ceux mêmes que le Saint-Esprit a dictés.* Procès Gerb., ch. II, p. 35.

MIROIR *sans tache, où l'on voit que les vérités que Flore enseigne dans le Miroir de la piété sont très-pures*, par l'abbé Valentin.

Cette apologie du *Miroir de la piété* mérite à peu près les mêmes censures que le livre dont elle prend la défense. On a lieu de croire qu'elle est du P. Gerberon. A certains traits marqués on reconnaît son style et le caractère de son esprit (1).

Lettre d'un *théologien à M. l'archevêque de Reims.*

M. le Tellier, archevêque de Reims, ayant censuré, en 1677, le *Miroir de la piété chrétienne*, fut traité par le P. Gerberon avec le plus grand mépris. *C'est*, dit-il, *cet enflé d'orgueil dont parle saint Paul ; ce docteur qui ne sait rien de la science des saints, et ce possédé d'une maladie d'esprit d'où naissent les envies, les médisances, les mauvais soupçons et les disputes pernicieuses.*

Catéchisme *de la pénitence, qui conduit les pécheurs à une véritable conversion.* Paris, Jossel, 1677, in-12 de 204 pages.

C'est la traduction d'un ouvrage latin de Raucourt, curé de Bruxelles ; ouvrage tissu des mêmes erreurs qui firent condamner le *Catéchisme de la grâce. Voyez* Feydeau.

Les Entretiens *de Dieudonné et de Romain, où l'on explique la doctrine chrétienne touchant la prédestination et la grâce de Jésus-Christ*, etc. Cologne, 1691, in-12 de 186 pages.

Le protestant Leydeker, dont nous faisons quelquefois mention dans cet ouvrage, ayant accusé l'Eglise romaine d'être pélagienne, le P. Gerberon, sous le voile de l'anonyme, entreprit de le réfuter, et composa pour cela ces *Entretiens*, dans lesquels ce qu'il appelle *la Doctrine chrétienne sur la prédestination et la grâce* n'est autre chose que le calvinisme mitigé ou le pur jansénisme.

C'est donc ici une espèce de catéchisme de la secte, un peu plus étendu que le *Catéchisme de la grâce* dont nous avons déjà parlé, et que les calvinistes ont adopté sans y rien changer (*Voyez* Feydeau et Maret); mais un peu moins ample que l'*Exposition de la foi* que M. le cardinal de Noailles a censurée (*Voyez* Barcos). On y a joint une approbation anonyme, invention très-commode par laquelle un auteur se donne à lui-même et à son ouvrage toutes les louanges qu'il désire.

Outre que les erreurs jansénniennes sont ici crûment exprimées, et que l'anonyme n'y met pas en usage les déguisements ordinaires aux auteurs du parti, on a encore la satisfaction de voir clairement quels sont leurs subterfuges secrets, lorsqu'ils font semblant de condamner les cinq propositions de Jansénius.

Quand par exemple il dit (page 113) qu'il *condamne de cœur et de bouche la première proposition*, quand il assure *que la grâce est donnée à tous ceux qui la demandent comme il faut ; ... ous-entend que la grâce de prier, de demander comme il faut*, n'est pas donnée à tous. Quand il dit tout haut que *la grâce est donnée à tous ceux qui veulent et s'efforcent autant qu'ils doivent de garder les commandements*, il dit tout bas qu'il y en a plusieurs *qui ne veulent pas*, et *qui ne s'efforcent pas de les garder*, parce qu'ils n'ont pas la grâce de vouloir et de s'efforcer.

A la page 112, sur la seconde proposition, savoir : qu'en *l'état de la nature corrompue on ne résiste jamais à la grâce intérieure*, il dit, à la vérité, qu'*il la condamne de cœur et de bouche*, et il avoue qu'*il y a des grâces intérieures auxquelles on résiste.* Mais comment leur résiste-t-on ? C'est précisément parce qu'on *ne fait pas le bien qu'elles nous inspirent, et dont elles forment en nous quelques désirs, mais trop faibles pour pouvoir vaincre notre cupidité.* Il s'agit là, comme on voit, de la petite grâce de Jansénius, de la délectation qui est inférieure en degrés à celle de la concupiscence ; cette délectation, quoique inférieure, a son pouvoir intrinsèque et qui inspire *quelques faibles désirs*, mais elle *ne peut pas* en inspirer de plus forts, relativement à la cupidité prépondérante. Elle a donc tout l'effet qu'elle peut avoir dans les circonstances présentes ; on ne lui résiste donc pas à proprement parler ; quand donc l'auteur convient qu'on lui résiste, il entend seulement qu'elle n'a pas tout l'effet qu'elle aurait dans une autre circonstance, où la cupidité lui serait inférieure en degrés.

Il dit aussi sur la quatrième proposition, que *quelque forte et efficace que soit la grâce qui nous prévient, on la peut toujours rejeter, si l'on veut, et que si on ne la rejette jamais, c'est qu'elle fait elle-même qu'on ne le veut pas.*

A l'égard de la troisième proposition, qui assure que *pour mériter et démériter, c'est assez d'être exempt de contrainte, et qu'il n'est pas nécessaire d'être exempt de nécessité,* il dit, page 114, qu'*il la condamne très-sincèrement avec toute l'Eglise;* mais c'est en la falsifiant et en y ajoutant les termes de *nécessité de la nature qui fait agir, non par choix, mais par impulsion, comme on le voit dans les bêtes, dans les petits enfants et dans les fous ou frénétiques.* Il convient donc que pour être libre, il faut être exempt de la *nécessité de la nature*, de la nécessité absolue, n'être pas comme les bêtes et les fous ; mais il ne convient pas qu'il faille être exempt de la nécessité relative. Au contraire, il dit, page 79, que *la volonté est libre, et que l'homme pèche avec liberté, parce qu'il ne pèche et ne commet le mal que parce qu'il le veut*, fût-il nécessité à le vouloir par la cupidité qui l'entraîne au mal.

---

(1) Il y a une autre apologie du même ouvrage; elle est intitulée : *Combat des deux clefs, ou défense du Miroir de la piété chrétienne : recueil d'ouvrages dans lequel, opposant la clef de la science à celle de la puissance, on fait voir l'abus des prétendues censures de quelques évêques contre ce livre*, 1673, A. Durocortore.

Le seul titre de ce livre en marque assez l'esprit et l'objet. C'est de justifier, par des raisons empruntées de Calvin, les erreurs répandues dans le *Miroir de la piété chrétienne.*

Enfin, sur la cinquième proposition, que *Jésus-Christ n'est mort que pour les prédestinés*, il dit, page 111, qu'il *la déteste comme une impiété et comme une erreur*; mais c'est en y ajoutant : *comme si nul des réprouvés ne recevait aucune grâce, ou comme si ces grâces qu'ils recevaient ne leur avaient pas été méritées par Jésus-Christ et n'étaient pas le fruit de sa mort. Il convient donc que Jésus-Christ a mérité par sa mort, à plusieurs réprouvés même, diverses grâces dont ils se servent pour un temps*, et dans ce sens qu'il est mort pour eux ; mais il dit positivement *qu'il n'a pas prié pour leur salut, et qu'il n'a pas offert sa mort pour leur obtenir les grâces sans lesquelles ils ne pouvaient être sauvés* (pag. 110 et 111).

Telles sont les indignes subtilités par lesquelles des esprits fourbes cherchent à éluder les décisions les plus formelles de l'Église. Il ne les faut donc croire qu'avec de grandes précautions, quand, pour en imposer, ils déclarent qu'ils condamnent les cinq propositions de Jansénius, mais surtout lorsqu'ils ajoutent : *partout où elles se trouvent* ; car on a lieu de soupçonner qu'ils nient également le droit et le fait, et qu'ils ne les croient ni mauvaises en elles-mêmes, ni tirées du livre de Jansénius.

MANIFESTE pour dom *Gabriel Gerberon*, adressé à M. *le marquis de Seignelay*, 1683.

Le P. Gerberon, pour justifier sa fuite de l'abbaye de Corbie, publia ce manifeste, dans lequel il ne déguise aucun de ses sentiments sur la religion.

OPERA *Michaelis Baii celeberrimi in Lovaniensi academia theologi, cum bullis pontificum et aliis ejus causam spectantibus*. Cologne, 1696.

1° Les 79 ou 80 propositions de Baïus sur la grâce, sur le libre arbitre, sur les bonnes œuvres, etc., ayant été solennellement proscrites, en 1566, par une bulle de Pie V, confirmée par celle de Grégoire XIII, Baïus rétracta toutes ses erreurs avec une soumission qui édifia l'Église.

Il dit lui-même, dans l'acte qu'il en donna, que, pleinement persuadé par les raisons de François Tolet, jésuite (depuis cardinal), député de Sa Sainteté à Louvain, et touché par les différents entretiens et les communications qu'il avait eues avec lui, il reconnaît et il confesse que c'est à bon droit, et après un jugement mûr et un examen très-diligent, qu'a été faite et décernée la condamnation de toutes les opinions exprimées dans la bulle de Pie V. *J'avoue*, dit-il, *qu'il y a beaucoup de ces erreurs qui sont contenues dans quelques écrits que j'avais mis au jour avant cette censure du siége apostolique, et j'avoue que je les ai soutenues dans le même sens dans lequel elles sont condamnées..... Enfin je déclare que je renonce à toutes ces opinions, et que j'acquiesce à la condamnation qu'en a faite le saint-siége.* Ego Michel de Bay...... agnosco et profiteor.

Les disciples de Baïus n'imitèrent pas la docilité de leur maître. Ses différentes erreurs sur la grâce et sur le libre arbitre furent renouvelées environ quarante ans après, par Cornélius Jansénius, qui donna d'abord à son livre le titre d'*Apologie de Baius*, avant que de l'intituler : *Augustinus*.

2° Au reste, cette nouvelle édition de Baïus, faite par les soins du P. Gerberon, et augmentée par ce Père de plusieurs pièces qui n'avaient point encore paru, a été condamnée par le pape Innocent XII, en 1697 (1).

DÉFENSE *de l'Église romaine contre les calomnies des protestants*, 1691.

Le dessein de l'ouvrage n'est autre que d'anéantir les constitutions, les décrets et les brefs des souverains pontifes, et de prouver qu'ils n'ont jamais défini le fait de Jansénius. On y avance sans détour que Jésus-Christ n'a pas offert son sang pour ceux qu'il savait que son Père ne voulait pas sauver.

On y dit (page 107) : *Les semi-pélagiens tenant comme une vérité catholique que Jésus-Christ est mort pour tous les hommes qui ont jamais été, qui sont et qui seront, il ne faut pas s'étonner qu'ils soutiennent pareillement que telle a été de toute éternité la volonté de Dieu tout-puissant. Mais quand nous montrons clairement que cette doctrine n'est ni celle de saint Paul, ni celle des saints Pères, ni celle de la sainte Église, je ne puis me persuader que nous soyons obligés de croire que Dieu veut sauver tous les hommes sans exception.*

Et dans la seconde partie, entretien 2, p. 21, Dieudonné, qui est un des interlocuteurs, fait cette demande : *Jésus-Christ, en mourant, n'a-t-il pas donc offert sa mort pour le salut éternel de ceux qui n'étaient pas prédestinés ?* Et Romain répond : *Non*. Il est aisé de reconnaître là l'hérésie de la cinquième proposition de Jansénius.

M. Mauguin, président à la cour des Monnaies, qui s'est avisé d'écrire sur ce sujet, l'a aussi traité d'*imaginaire*. Enfin le P. Gerberon a fait un ouvrage pour mettre aussi le Baïanisme au nombre des *phantômes*. C'est le manuscrit dont il est parlé dans le procès de ce Père, et qui fut trouvé parmi ses papiers. L'ouvrage était tout prêt pour l'impression, avec l'approbation du P. Blanquaert. Le P. Gerberon, qui a avoué qu'il en était l'auteur, veut y prouver que les erreurs de Baïus n'ont jamais existé que dans la tête de ceux qui les ont condamnées, c'est-à-dire, du saint pape Pie V et de Grégoire XIII. Ce qu'il y a encore de plus extravagant, c'est qu'il dit sérieusement qu'il ne démasque ce *phantôme* que pour soutenir l'honneur de l'Église romaine.

---

(1) *Phantasma Baianismi*. Ce n'est pas seulement le jansénisme qu'on a transformé en fantôme : on en a fait autant des hérésies précédentes auxquelles il doit sa naissance. Mais le P. Gerberon n'a pas l'honneur de cette invention. Ussérius (*Hist. Gotheschalci et Prædestinatianæ controversiæ ab eo motæ*, Dublini, 1631) lui en avait donné l'exemple. Ce fameux calviniste d'Irlande a soutenu le premier que le Prédestinatianisme était une chimère, et que la doctrine des Gotheschale était irrépréhensible.

Une si belle découverte charma Jansénius, et il en sut profiter. Tout le chapitre 23 de son huitième livre est employé à prouver qu'il n'y a jamais eu d'hérésie prédestinatienne et que c'est une chimère des semi-pélagiens.

Ce livre a été condamné à Rome, par un décret du 11 mai 1704.

DEFENSIO *Ecclesiæ Romanæ catholicæque veritatis de gratia adversus Joannis Leydeckeri, in sua Historia jansenismi, hallucinationes injustasque criminationes vindice Ignatio Eyckenboom theologo*, 1696. Défense de l'Église romaine et du dogme catholique sur la grâce contre les erreurs et les injustes accusations de Jean Leydecker, dans son *Histoire du Jansénisme*, par Ignace Eyckenboom, théologien.

Leydecker publia, en 1695, une histoire latine du jansénisme. Comme c'était un bon protestant, il avança une infinité de choses contraires à la doctrine de l'Église; mais il y mêla aussi un grand nombre de traits qui incommodèrent fort les jansénistes. Il leur remit, par exemple, sous les yeux la ressemblance de leur doctrine avec celle des protestants; il leur reprocha de ce que, pensant à peu près comme eux, ils voulaient cependant faire bande à part, et étaient assez ingrats pour méconnaître une religion qui était la source et le modèle de la leur.

Les disciples de Jansénius ne crurent pas devoir laisser sans réplique cet ouvrage. Ces messieurs veulent bien penser comme les protestants; mais ils ne veulent pas que ni les catholiques ni les protestants s'en aperçoivent. Le P. Gerberon se chargea donc de répondre, et, travesti sous un nom emprunté, il publia cette prétendue apologie de l'Église romaine, qui fut condamnée à Rome en 1696.

DISQUISITIONES *duæ de gratuita prædestinatione et de gratia per se ipsam efficaci*. Rotterdam.

Ces deux dissertations sont une espèce d'apologie du baïanisme et du jansénisme; le saint-siége les condamna le 8 mai 1697.

TRAITÉS *historiques sur la grâce et la prédestination*, etc. Sens, Louis Pressurot, 1699.

Il s'agit, dans ces traités historiques, des mêmes matières que l'auteur avait déjà traitées dans ses deux *disquisitions* sur la grâce, mais arrangées un peu diversement. Ils font donc une nouvelle apologie du baïanisme et du jansénisme.

On peut appliquer à ces disquisitions et à ces traités cette célèbre parole du savant Grotius : Que si *l'Église catholique romaine adoptait les sentiments de ce Père, elle serait bientôt réunie avec les églises protestantes*.

Les traités historiques ont été condamnés par M. Précipiano, archevêque de Malines, le 2 janvier 1704.

MÉDITATIONS *chrétiennes sur la providence et la miséricorde de Dieu, et sur la misère et la faiblesse de l'homme, pour les personnes de piété qui aiment à connaître leur faiblesse et la force de la grâce, pour mettre en elle toute leur confiance, avec des exercices*.

Sous le faux nom de *sieur de Pressigny*, professeur en théologie, le père Gerberon présente, dans ce livre, en forme de méditations chrétiennes, le jansénisme le plus cru et le moins mesuré.

On peut en juger par les propositions suivantes :

Page 153 et suivantes : *Dieu n'a eu dessein de sauver que ceux qu'il a choisis par sa miséricorde*.

Page 150 : *Pour tous les autres qu'il laisse dans la masse du péché, et pour lesquels il n'a point de pensées de salut, il ne leur prépare point de secours avec lesquels ils puissent, au moins d'un pouvoir prochain, arriver où il ne les destine pas*.

Page 161 : *Il est hors de doute qu'il ne leur prépare point de grâces qui puissent leur mériter ce qu'il ne leur veut pas donner*.

Page 155 : *Le sens de l'Apôtre n'est pas que Jésus-Christ, qui est toujours écouté de son Père, ait demandé le salut de ceux qui se perdent, ni qu'il ait offert sa mort pour leur salut éternel*.

Pag. 211 et 212 : *Pourquoi rechercher si j'ai pu ou si je n'ai pas pu éviter les crimes que j'ai commis, pour trouver en mon impuissance de fausses excuses ? Je l'ai voulu : c'est assez, je suis coupable. Cette puissance de vouloir ou de ne pas vouloir n'est point ce qui fera la gloire ou le reproche de mes actions*.

Page 137 : *Les secours qu'on appelle suffisants, dont l'usage soit soumis au choix de notre volonté, ne se donnent point dans l'état de l'homme corrompu, auquel Dieu a réservé les secours efficaces qui triomphent de nos cupidités*.

Page 135 : *Sans un secours qui soit efficace, l'on ne peut en cet état de corruption, ni éviter aucun mal que par un autre mal, ni faire aucun bien véritable*.

Page. 81 : *Il ne se peut faire qu'une action libre, qui est faite sans la foi qui agit par la charité, ne soit un péché*.

Le titre ou sujet de la 3ᵉ méditation est, *que la volonté fait nécessairement ce qui lui plaît davantage*; et celui de la 13ᵉ, *que l'essence de la liberté ne consiste point dans l'indifférence*.

Ces propositions et autres semblables font presque tout le livre. Il fut imprimé à Anvers, en 1692, et ensuite dans plusieurs endroits du royaume; mais toujours furtivement. Il fut répandu avec affectation en France, en Flandre, surtout dans les maisons religieuses, et enfin condamné par M. l'évêque de Gap, le 4 mars 1711.

LE CHRÉTIEN *désabusé sur le sujet de la grâce*, 1698.

Il est fait mention de ce livre dans l'*Histoire* et les *Actes* du procès que M. l'archevêque de Malines fit faire au père Gerberon. Ces mêmes *actes* font voir évidemment que l'écrivain janséniste n'entend autre chose par le titre du *Chrétien désabusé*, que le chrétien bien convaincu que Dieu n'a ni donné, ni offert des moyens de salut à aucun de ceux qui se damnent.

TROIS CONFÉRENCES *des Dames savantes*, 1689.

Les deux premières de ces conférences sont contre le P. Alexandre, dominicain. La troisième est sur le *Problème ecclésiastique*, et l'on y trouve entre autres choses un fait singulier ; c'est que ce fameux problème, qui avait tant intrigué les jésuites, est l'ouvrage d'un des nouveaux disciples de saint Augustin.

Le P. Gerberon suit, dans ces *Conférences*, les traces de Marcion, de Montanus, d'Arius, de Pélage et de tous les hérétiques qui, selon la belle remarque de saint Jérôme, se sont toujours efforcés d'engager les femmes dans leurs erreurs, parce qu'elles sont *plus faciles à tromper, plus difficiles à détromper, et plus propres à tromper les autres*.

CONFIANCE *chrétienne appuyée sur quatre principes inébranlables, d'où s'ensuivent nécessairement les principales vérités qui regardent le salut des hommes*. 1703.

Cet ouvrage fut premièrement censuré par les deux universités de Louvain et de Douai, à la réquisition de M. l'archevêque de Malines ; il fut ensuite condamné par M. de Malines lui-même, et par l'électeur de Cologne. Le P. Van Hamme de l'Oratoire de France fut arrêté et puni pour en avoir distribué les exemplaires. Enfin ce livre fut condamné par le saint-siége, le 11 mars 1704.

C'est un des ouvrages où le prétendu fantôme du jansénisme est le plus sensiblement réalisé. Le P. Gerberon y établit la *confiance chrétienne*, en enseignant comme une vérité incontestable, et même comme un article de foi, que Jésus-Christ est mort pour les seuls prédestinés. Il y établit pour principe dans la page 25 et les suivantes, que Dieu ne veut sauver que ceux qu'il a donnés à son Fils ; et voici les affreuses conséquences qu'il tire de ce principe.

Donc, dit-il, *si quelques-uns ne reçoivent point de grâces, et ne se sauvent pas, la foi nous oblige de croire que Jésus-Christ n'a pas prié pour eux, et n'a pas demandé leur salut.*

Donc, s'il est sûr que tous les hommes ne sont pas sauvés, il n'est pas moins sûr que Jésus-Christ n'a ni voulu généralement le salut de tous les hommes, ni offert ses mérites, ni donné sa vie généralement pour le salut de tous.

Donc, si quelques-uns se perdent, le Fils de Dieu ni son Père n'ont pas voulu les sauver.

L'ÉGLISE *de France affligée*. 1690.

Dans ce livre séditieux, publié sous le pseudonyme de *François Poitevin*, le P. Gerberon se déchaîne avec fureur contre Louis XIV, et exhorte vivement les évêques de France à s'opposer à la prétendue persécution subie par les jansénistes. Suivant ce fanatique, le roi et ses ministres étaient coupables des plus grandes violences.

L'archevêque de Toulouse, dit-il, *a employé l'autorité du roi pour faire mourir un juste et un innocent... L'on assure qu'un prêtre de Paris, plus noble par sa vertu que par son nom, est aussi enfermé* (dans la Bastille) *pour le même crime ; c'est-à-dire pour avoir aimé l'Église et la grâce de Jésus-Christ... Elles ne voyent* (les religieuses de Port-Royal) *que des soldats prêts à les immoler à la fureur de leurs persécuteurs, si elles ne s'immolent elles-mêmes au parjure et à la calomnie par un faux serment... Ces saintes filles sont chassées de leur maison par une injustice qui frappe les yeux de tout le monde... L'on ne persécute pas dans la France seulement l'Évangile de Jésus-Christ, en bannissant ou faisant mettre en prison, sans aucune forme de justice, tous ceux qui en soutiennent les vérités les plus saintes... L'on pousse les conquêtes qu'on a entrepris de faire sur l'Église, jusqu'aux lieux les plus inviolables et les plus sacrés, dont nos rois se faisaient autrefois une piété d'être les protecteurs.*

Le même novateur honore du nom de martyrs ceux que le roi jugeait à propos de punir comme rebelles à l'Église. C'est représenter le prince comme un Néron et un Dioclétien. La plupart des livres jansénistes, et surtout ceux du P. Gerberon, sont remplis de ces traits justes et polis.

MÉMORIAL HISTORIQUE *de ce qui s'est passé depuis l'année 1647, jusqu'à l'an 1653, touchant les cinq propositions, tant à Paris qu'à Rome*. 1676.

C'est ici un abrégé assez fidèle, que le P. Gerberon fit du *Journal de Saint-Amour*, journal qui fut brûlé par la main du bourreau, *après avoir été examiné par plusieurs des plus notables prélats et docteurs de la Faculté de Paris*.

HISTOIRE ABRÉGÉE *du jansénisme, avec des remarques sur l'ordonnance de M. l'archevêque de Paris*. Cologne, 1698, in-12 de 176 pages.

M. l'archevêque de Paris ayant condamné l'*Exposition de la foi catholique*, de l'abbé de Barcos, le P. Gerberon publia cette *Histoire abrégée*, dans laquelle il déclama avec sa violence ordinaire contre l'ordonnance de ce prélat.

HISTOIRE GÉNÉRALE *du jansénisme, contenant ce qui s'est passé en France, en Espagne, en Italie, dans les Pays-Bas*, etc., *au sujet du livre intitulé* : Augustinus Cornelii Jansenii. Amsterdam, Louis de l'Orme, 1700, 3 vol in-12. *Lyon*, 1701, 5 vol. in-12 ; par M. l'abbé **** Dumanoir.

Le P. Gerberon a recueilli dans ce livre presque tout ce qu'il a écrit ailleurs sur cette matière. Mais bouillant et impétueux comme il était, et incapable par son caractère de déguiser ses sentiments, il y a peu ménagé les expressions.

Il y enseigne à découvrir les erreurs condamnées. Il avance sans détour, en différents endroits, que le Sauveur du monde n'est mort que pour les élus ; que toute grâce médicinale est efficace par elle-même ; et qu'il n'y a aucune grâce suffisante qui soit donnée à tous, et avec laquelle ils pourraient se convertir s'ils voulaient. Il nie la possibilité des commandements ; il anéantit la liberté ; il refuse ouvertement de se couvrir du manteau des thomistes, comme le faisaient les autres prétendus disciples de saint Augustin. Il déclame contre toutes les puissances ecclésiastiques et séculières. Il traite avec mépris les plus grands hommes de son siècle. Selon lui, MM. Vincent, Eudes et Ollier, si distingués par leur éminente piété, et dont le premier a été canonisé, le P. Dubosc, cordelier, le P. Joseph, feuillant, l'archiduc Léopold et saint François de Sales lui-même, sont des molinistes outrés, des disciples de Pélage ou des demi-pélagiens.

Le P. Sirmond, si estimé des savants, n'avait point de théologie, et était plus propre à amasser des manuscrits, qu'à en pénétrer le vrai sens. Si le cardinal Mazarin et M. de Marca, archevêque de Toulouse, se déclarèrent contre les nouvelles opinions, c'est que le premier n'aime pas le cardinal de Retz, et l'autre cherche à se raccommoder avec Rome. Si M. l'avocat général Talon invective en plein parlement contre les jansénistes, c'est uniquement parce qu'une fille qu'il aimait s'était faite religieuse à Port-Royal.

Ce fut une conduite aussi peu mesurée, qui empêcha le P. Gerberon de devenir le patriarche du parti.

ESSAIS DE LA THÉOLOGIE morale, par le R. P. Gilles Gabrielis. Troisième édition, Amsterdam, 1680, in-12, portant qu'elle est faite *suivant l'imprimé à Rome*, et qu'elle est *augmentée*.

C'est la traduction du livre latin du P. Gabrielis ; elle ne fut pas plus heureuse que l'original, car elle fut condamnée avec lui, par décret du saint office. *Voyez* GABRIELIS.

INSTRUCTION *courte et nécessaire pour tous les catholiques des Pays-Bas, touchant la lecture de l'Ecriture sainte*. Cologne, Nicolas Schouten, 1690.

Cet ouvrage, qui fut publié sous le pseudonyme de Corneille Van-de-Velden, fut brûlé en Flandre et condamné à Rome.

CENTURIE *de méditations*. 1698.

Livre publié sous le faux nom de l'*abbé Richard*, et condamné par le saint-siége.

CATÉCHISME *du jubilé et des indulgences*. Livre également condamné.

OCCASUS *jansenismi*, ou la chute du jansénisme.

Cet ouvrage, à la tête duquel on voit un titre si extraordinaire et de si mauvais augure, est une violente déclamation que fait le P. Gerberon contre les jansénistes de mauvaise foi, qui, sans être intérieurement persuadés, ont eu, dit notre auteur, *la lâcheté de signer le formulaire ; ce qui annonce*, ajoute-t-il, *la ruine prochaine du jansénisme*.

JUSTE DISCERNEMENT *entre la créance catholique et les opinions des protestants et autres touchant la prédestination et la grâce.* 1703, in-12 de 30 pages.

Ce discernement prétendu juste est en quelque sorte une nouvelle édition du fameux *Ecrit à trois colonnes*. Il n'y a en effet presque point de différence entre ces deux libelles, si ce n'est que le P. Gerberon, auteur du *Juste discernement*, est plus hardi que l'auteur des *Trois Colonnes*, et qu'il déguise moins ses erreurs. Ce libelle a été imprimé trois fois en flamand. On y voit les propositions suivantes : *Le sens des paroles de l'Apôtre : Dieu veut que tous les hommes soient sauvés, n'est pas cette interprétation pélagienne, il n'y a aucun homme que Dieu, en tant qu'il est en soi, ne veuille sauver, donnant pour cela à tous les hommes, sans exception d'aucun, la grâce suffisante. A tous ceux que Dieu veut sauver, il leur a préparé antécédemment des secours efficaces, qui leur donnent la volonté de croire en lui et la persévérance finale.*

Item. *Dieu ne fait point d'injustice à ceux qu'il a résolu de ne point sauver.* Cette expression ne marque-t-elle pas une réprobation positive et antécédente ?

Item. *Sans la grâce que Jésus-Christ nous a méritée par sa mort, nous ne pouvons pas faire le moindre bien. Dieu donne pas cette grâce à tous les hommes ; mais comme il ne la doit à personne, il la donne à qui il lui plaît. Avec le secours de cette grâce, l'homme peut accomplir les commandements de Dieu, et par conséquent ils ne sont pas impossibles.* Admirable conséquence ! Non, sans doute, ils ne sont pas impossibles à celui qui a cette grâce ; mais puisqu'elle n'est pas donnée à tous les hommes, ni même à tous les justes, les commandements de Dieu sont donc impossibles à plusieurs justes ; ce qui est l'hérésie de la première proposition de Jansénius.

REMARQUES *sur l'Ordonnance et sur l'Instruction pastorale de M. l'archevêque de Paris* (le cardinal de Noailles), *portant condamnation du livre intitulé* : Exposition de la foi.

La condamnation de l'*Exposition de la foi*, par l'abbé de Barcos, piqua au vif les jansénistes. Ils ne se contentèrent pas de publier sur cette condamnation le *Problème ecclésiastique*, ils firent encore paraître d'injurieuses Remarques, dans lesquelles ils prennent hautement la défense du livre de Jansénius.

Si la pénétration d'esprit de M. de Paris, dit le P. Gerberon, *lui rend l'intelligence du mauvais sens des cinq propositions si claire, il aurait rendu un très-grand service à l'Eglise, s'il avait eu la bonté de lui faire part de ses lumières, et de nous découvrir ce qu'il voit si clairement, et ce que tous les théologiens voient si confusément...... Ce que les uns pensent y voir comme hérétique...... les autres le voient comme une doctrine très-saine et très-catholique.*

APOLOGIE *pour le Problème ecclésiastique, avec une solution véritable.*

M. de Noailles étant évêque de Châlons, approuva, le 13 juin 1695, les *Réflexions morales* de Quesnel. Peu de temps après, étant archevêque de Paris, il condamna, le 20 d'août 1696, l'*Exposition de la foi catholique, touchant la grâce et la prédestination*, composée par de Barcos. Là-dessus il parut un libelle intitulé : *Problème ecclésiastique proposé à M. l'abbé Boileau de l'archevêché de Paris ; à qui l'on doit croire de M. Louis-Antoine de Noailles, évêque de Châlons en 1695, ou de M. Louis-Antoine de Noailles, archevêque de Paris en 1696.* L'auteur prétendait qu'il n'était pas possible d'accorder ensemble l'évêque et l'archevêque, les deux ouvrages étant si semblables, qu'on ne pouvait censurer ou approuver l'un, que la censure ou l'approbation ne retombât sur l'autre. Ce libelle fut condamné au feu par arrêt du parlement de Paris, le 10 janvier 1699.

Il est évident que l'auteur du Problème ne pouvait être qu'un janséniste ; puisque le parti seul prenait intérêt à la condamnation de l'*Exposition*. Cependant quelques jansénistes subalternes l'attribuèrent sans pudeur aux jésuites ; mais le P. Gerberon, un des chefs du parti, revendiqua cet ouvrage, et prouva qu'il ne venait que d'un augustinien.

C'est aussi lui qui en fit l'*Apologie*, dont il s'agit dans cet article, et où le cardinal de Noailles et le parlement de Paris sont fort maltraités.

REMONTRANCE *charitable à M. Louis de Cicé, etc. ; avec quelques réflexions sur la censure de l'Assemblée du clergé.* Cologne, Pierre Marteau, 1700.

M. l'abbé de Cicé, vertueux prêtre des Missions étrangères, durant le séjour qu'il fit à la Chine, conforma toujours sa conduite à celle des jésuites : ce fut assez pour lui attirer de la part du P. Gerberon la *Remontrance* prétendue *charitable* dont il s'agit.

Après tout, il paraît que ce libelle ne fut réellement composé que pour avoir lieu d'insulter l'Assemblée du clergé de France de l'année 1700.

Cette assemblée, à laquelle présidait M. le cardinal de Noailles, et où se trouvait M. Bossuet, évêque de Meaux, venait de porter aux jansénistes un coup terrible, en condamnant, par les plus fortes censures, quatre propositions, qui sont répandues dans tous leurs libelles.

La première de ces propositions était : *Que le jansénisme est un fantôme qui ne se trouve nulle part que dans l'imagination malade de certaines personnes.*

La seconde portait : *Que les constitutions d'Innocent X et d'Alexandre VII n'avaient fait que renouveler et qu'aigrir les disputes ; qu'Innocent XII, dans son Bref, s'était expliqué en termes équivoques, n'ayant pas osé s'expliquer clairement ; et qu'enfin les évêques, en recevant et faisant exécuter ces constitutions, avaient violé les libertés de l'Eglise gallicane.*

Dans les troisième et quatrième propositions, on méprisait ouvertement les constitutions et les brefs des papes ; on chargeait d'injures les évêques de France ; on demandait que la cause du jansénisme passât par un nouvel examen, comme si elle n'était pas encore finie par tant de constitutions apostoliques, auxquelles est joint le consentement de tout le corps épiscopal.

L'Assemblée du clergé déclara que ces propositions avec les deux précédentes, sont *fausses, téméraires, scandaleuses, injurieuses au clergé de France, aux souverains pontifes et à toute l'Eglise, schismatiques et favorisant les erreurs condamnées.*

Ce fut cette juste condamnation qui irrita dom Gerberon, et qui produisit la *Remontrance* et les *Réflexions* dont il est ici question.

EPISTOLA *theologi ad generalem præpositum Carthusiæ. Senior seniori.* Lettre d'un théologien au P. général des Chartreux. L'ancien à l'ancien.

Le P. *Le Masson*, général des chartreux et zélé défenseur de l'Eglise, dans son livre intitulé, *Enchiridion salutis operandæ*, avait hautement blâmé la conduite et la mauvaise foi des jansénistes, de ce qu'après avoir, dans le commencement, soutenu les cinq propositions comme un dogme fondamental, ils changèrent tout à coup de langage, quand ils les virent condamnées, et se rabattirent à nier qu'elles fussent dans le livre de Jansénius. Le P. Gerberon eut la hardiesse de faire là-dessus une vive réprimande à ce général dans le libelle dont nous parlons. Au reste, ce reproche que le P. Le Masson fait au parti, ne se trouve que dans sa lettre au P. général des jésuites, qui est à la tête de la seconde édition de son *Enchiridion*.

FABLE *du temps ; un coq noir qui combat deux renards.*

Dom Gerberon reconnut dans ses interrogatoires (procès, ch. 2, p. 9) qu'il était l'auteur de cette fable allégorique, mais il nia qu'il l'eût fait imprimer.

Par les deux renards, il voulait désigner M. l'archevêque de Rouen et M. l'évêque de Séez ; et par le coq noir, il indiquait le fameux *Le Noir*, théologal de Séez, le même qui a publié l'*Evêque de cour* et quelques autres écrits en faveur du jansénisme.

LETTRE *d'un théologien à M. l'évêque de Meaux touchant ses sentiments et sa conduite à l'égard de M. de Cambrai.* A Toulouse, 1698.

Le livre des *Maximes des saints* sur la vie intérieure ayant été condamné par le pape Innocent XII, les jansénistes crurent avoir trouvé l'occasion favorable d'engager dans leur hérésie le savant archevêque de Cambrai. Le P. Gerberon lui conseilla de distinguer à leur exemple le fait et le droit. Il se fit fort de montrer que l'Eglise n'avait condamné qu'un fantôme en condamnant le livre des *Maximes des saints* ;

et pour commencer à engager M. de Fénelon, il publia d'abord une lettre contre son adversaire, M. de Meaux, dont le parti était mécontent ; mais ce grand homme ne répondit à ces offres que par une entière soumission aux décisions de l'Eglise.

Le P. Gerberon a avoué dans ses interrogatoires qu'il jugea la soumission de ce prélat trop grande et indigne du rang qu'il tenait dans l'Eglise.

LETTRE à *M. Abelly, évéque de Rodez, touchant son livre de l'Excellence de la sainte Vierge.*

M. Abelly, prélat plein de science et de piété, a composé un livre de *l'Excellence de la sainte Vierge.* Il y rapporte et il autorise tout ce que les saints Pères ont jamais dit de plus magnifique à l'honneur de la mère de Dieu. Cette matière ne pouvait pas manquer de déplaire aux jansénistes; c'est aussi pour cela que le P. Gerberon, s'érigeant en juge de la doctrine des évéques, fait ici le procès à ce prélat et le traite de la manière la plus injurieuse.

ADMONITIO *fraterna ad eruditissimum D. Opstraet.* 1696.

Avertissement fraternel au très-savant M. Opstraet.

Cet ouvrage fut composé par le P. Gerberon à l'occasion d'un schisme qui se forma entre les jansénistes des Pays-Bas. Le plus grand nombre soutenait avec le P. Quesnel et avec le sieur Hennebel, qu'on pouvait signer le Formulaire sans distinction et sans restriction, quoiqu'on ne crût pas intérieurement le fait qui y est énoncé. Les autres soutenaient au contraire que cette souscription était un vrai parjure, et le P. Gerberon avec le sieur de Withe était à la tête de ces jansénistes rigides.

Ce fut pour encourager tout le parti que notre Bénédictin publia l'écrit en question, et un autre écrit intitulé *Discordiæ jansenianæ enarrator* (1696). Il y exhorte vivement à lever le masque et à prêcher le pur dogme, *selon lui*, de la prédestination et de la grâce.

Voici en quels termes et avec quel air de confiance le P. Gerberon soutient (p. 4.) la cinquième proposition de Jansénius. *Ad cor redeant timidiores Augustini discipuli... Dicant utrum et ubi Augustinus asseruerit quod Deus velit singulos homines salvos fieri, et ad agnitionem veritatis venire, an non potius oppositum disertis verbis docuerit pluribus in locis.*

Cet ouvrage fut proscrit par les archevéques de Malines et de Cologne

L'ARCHEVÊQUE *de Malines mal défendu.*

Le P. Gerberon n'a pas craint de s'exprimer ainsi dans ce libelle : *Le gouvernement de France est mille fois plus cruel et plus injuste que les tribunaux de l'Inquisition. Qui ne sait pas,* ajoute-t-il, *les cruautés et les injustices qu'on exerce encore en France contre les plus saints évéques, les plus savants théologiens, les plus pures vierges, plusieurs autres personnes de toutes sortes d'états, qu'on a opprimées et qu'on continue d'opprimer... Et n'est-ce pas là ce gouvernement tyrannique que monseigneur s'efforce d'établir ?* Les calvinistes les plus furieux ont-ils jamais invectivé avec plus d'audace et plus d'impiété contre le gouvernement de nos rois ?

EXAMEN *des préjugés de M. Jurieu.* 1702.

Publié sous le nom supposé de *l'abbé Richard.* Semé d'erreurs capitales, sans compter les traits injurieux que l'auteur y lance contre l'Eglise et le saint-siége.

SECOND ENTRETIEN *d'un abbé et d'un jésuite.*

On ne vit peut-être jamais rien de plus insolent et de plus emporté que cet ouvrage. Dom Gerberon, parlant du décret d'Alexandre VIII contre les trente et une propositions janséniennes, s'exprime en ces termes: *Cette censure ambiguë est le scandale de la cour romaine, la honte du saint office et la confusion du pontificat d'Alexandre* VIII.

DECLARATIO *seu professio fidei cleri Hollandiæ.*

Déclaration ou profession de foi du clergé de Hollande.

Plusieurs ecclésiastiques de Hollande s'étaient ouvertement révoltés contre le saint-siége pour s'attacher à M. l'archevéque de Sébaste. (*Voyez* CODDE.) Le P. Gerberon composa cet ouvrage dans le dessein de les affermir dans le schisme.

AVIS SALUTAIRE *de la bienheureuse vierge Marie à ses dévots indiscrets.*

Cet ouvrage que Gerberon traduisit du latin de Widenfeld (*Voyez* ce nom), et qui corrigeait un excès par un autre, fut défendu à Rome, en 1674, *donec corrigatur,* et ensuite absolument. Le P. Bourdaloue fit un sermon pour le réfuter : *De la dévotion envers la sainte Vierge dans les mystères*

GÉRY, un des pseudonymes de Quesnel.

GESVRES (DOM FRANÇOIS), bénédictin de la congrégation de Saint-Maur.

DEFENSIO *Arnaldina, sive analytica synopsis libri de Correptione et Gratia (quæ ab Arnaldo, doctore Sorbonico, edita est, an.* 1644), *ab omnibus reprehensorum vindicata calumniis. Antuerviæ*, 1700, in-12, 785 pages.

L'Analyse du livre de saint Augustin *de Correptione et Gratia,* composée par M. Arnauld, fut d'abord insérée par les Bénédictins dans leur édition de saint Augustin. Mais les catholiques en firent tant de bruit, et un abbé allemand, qui écrivit contre cette édition, attaqua *l'Analyse* avec tant de force, que les éditeurs jugèrent à propos de la supprimer. C'est cependant de cette même *Analyse* que D. François Gesvres a entrepris la défense dans le livre que nous examinons.

Il blâme d'abord sa préface ses confrères d'avoir abandonné *l'Analyse* d'Arnauld; il les accuse en cela de timidité ou de perfidie. Il prétend ensuite que le nom de janséniste est un nom honorable. Le corps de l'ouvrage a deux parties. Dans la première, il s'agit de la volonté générale de Dieu de sauver tous les hommes, et dans la seconde, il tâche de répondre aux objections de l'abbé allemand.

On s'imagine aisément que l'apologiste d'Arnauld combat de toutes ses forces la volonté générale de Dieu de sauver tous les hommes ou de sauver quelqu'un des réprouvés. La condamnation de la cinquième proposition ne l'embarrasse pas ; il emploie là-dessus toutes les chicanes, tous les artifices de la secte, il se plie et replie pour éluder les raisonnements victorieux de l'auteur de l'histoire des cinq propositions.

Voici une partie des subterfuges qui lui sont communs avec M. Arnauld et les partisans les plus subtils du jansénisme.

Le texte formel de saint Paul : *Deus vult omnes homines salvos fieri* (1 *Tim.*, II, 4), est décisif contre la doctrine jansénienne. Ce passage est clair par lui-même, et l'on sait l'interprétation simple et naturelle que lui donne l'Église. Dom Gesvres en pense autrement. Il soutient (pag. 2) que *omnes* ne signifie point là la même chose que *singulos* ; que (pag. 8) *omnes homines* ne signifie pas les prédestinés, parce qu'il y a des prédestinés de tout sexe, de tout âge, de toute condition ; que (pag. 10, 15) ces paroles d'Innocent X (qui condamne la cinquième proposition, *Intellectam eo sensu, ut Christus pro salute dumtaxat prædestinatorum mortuus sit*, ne signifient pas *entendue en ce sens, que Jésus-Christ soit mort pour le salut des seuls prédestinés* ; mais *que Jésus-Christ soit mort seulement pour le salut des prédestinés* : en sorte que le terme *dumtaxat* appartient, dit-il, au mot *salute* et non pas au mot *prædestinatorum*. Par cette pitoyable chicane, il convient que Jésus-Christ n'est pas mort seulement pour le salut des élus, mais qu'il est mort encore pour mériter à d'autres hommes non prédestinés une justice passagère et des grâces ; et qu'avancer le contraire, c'est une erreur ; mais il persiste à nier que ce soit errer dans la foi, que de dire de Jésus-Christ qu'il est mort pour le salut des seuls prédestinés.

Il est bon de connaître, par cet échantillon jusqu'où peut aller la mauvaise foi des esprits orgueilleux qui, quoique convaincus qu'on les a condamnés réellement, ne peuvent se résoudre à en convenir, et cherchent à tromper les autres et à se tromper eux-mêmes par de misérables faux-fuyants dont ils sentent eux-mêmes dans leur conscience l'insuffisance et le ridicule.

GIBIEUF (GUILLAUME) naquit à Bourges, entra dans la congrégation de l'Oratoire, fut docteur de Sorbonne, et mourut à Saint-Magloire, à Paris, après l'an 1650.

Dans un de ses ouvrages intitulé : *De li-*

bertate Dei et creaturæ, Paris, 1630, le P. Gibieuf enseigne des choses qui paraissent approcher des erreurs condamnées dans Jansénius.

Le savant évêque de Vabres, Isaac *Habert*, ayant dans sa jeunesse approuvé le livre du P. *Gibieuf*, a rétracté ensuite cette approbation dans sa théologie des Pères Grecs, pag. 148 (1). Il y avoue avec cette candeur qu'on aime si fort dans les savants, qu'étant encore jeune théologien, il ne croyait pas que ce fût une hérésie de nier dans l'homme la liberté d'indifférence pour faire le bien ou le mal, pour agir ou pour ne pas agir ; mais qu'il se détrompa en lisant une censure de la Sorbonne faite en 1650, le 27 juin, par laquelle elle condamnait comme hérétique cette proposition : *Liberum hominis arbitrium non habet potestatem ad opposita*.

Quoique le P. Gibieuf eût avancé bien des erreurs dans son livre, il aimait cependant la religion et la vérité. Il n'eut donc pas plutôt vu le jansénisme condamné par le saint-siège, qu'il changea de sentiments et de conduite, et rompit avec Port-Royal. Il écrivit en 1649 aux religieuses carmélites une lettre circulaire, par laquelle il leur défend, en qualité de leur supérieur, de lire aucun des livres du parti sur la grâce, la pénitence, la fréquente communion ; de lire leur Apologie, leur Vie de saint Bernard. Cette lettre est enregistrée dans toutes les communautés des carmélites, et M. l'abbé *Rochette*, un de leurs visiteurs, avait un exemplaire de cette lettre écrite de la main même du P. Gibieuf.

GILBERT, professeur royal en théologie, dans l'université de Douai, publia un livre intitulé : *Tractatus de gratia* ; mais ce livre excita des inquiétudes et des réclamations.

Cinq célèbres docteurs et professeurs de la Faculté de Paris, MM. Pirot, Saussoy, J. Robert, B. Guichard et de l'Estocq, furent chargés d'examiner le *Traité de la grâce* ; ils déclarèrent, le 28 janvier 1687, qu'*après une exacte discussion ils avaient reconnu que la doctrine de Jansénius, condamnée par les constitutions d'Innocent X et d'Alexandre VII, reçues de tous les catholiques, y était établie, et non pas d'une manière obscure et en passant, ou en peu de mots, mais ouvertement, de dessein formé, avec un empressement et une obstination extrême, sans y oublier les expressions injurieuses et pleines d'aigreur, qui ressentent l'esprit des novateurs ; que par des interprétations chimériques on y éludait les décisions des souverains pontifes, en les détournant à un sens étranger et entièrement éloigné de leur pensée. Enfin que ce poison, aussi dangereux qu'il y en puisse avoir pour les écoles, était tellement répandu dans tous ces écrits, qu'il serait impossible de les corriger, et qu'il n'y avait pas d'autre moyen de lever le scandale qu'ils avaient causé, que de les abjurer expressément. Ce qui leur a fait*

---

(1) Illius (Gibiefii) ego probabilem aliquando sententiam junior theologus judicabam ; judicium istud vero emendare ac retractare post Facultatis matris meæ agnitum Decretum, ac succrescentia ab ea opinione errorum prius latentium germina, minime pudere aut molestum esse debet.

juger qu'on ne pouvait pas souffrir, sans perdre l'université de Douai, que celui qui les a composés continue d'y enseigner. Fait à Paris le 28 de janvier 1687.

On n'a guère vu de variations plus grandes que celles du docteur Gilbert. Déposé de son emploi de professeur et chassé de Douai, il fit sa rétractation à Lille, le 27 juillet de cette même année, et il reconnut en particulier le tort qu'il avait eu d'enseigner que la grâce purement suffisante était une grâce pélagienne ; mais on vit bientôt qu'il n'y allait pas de bonne foi. Il s'éleva contre la censure des docteurs de Sorbonne, et il soutint ses anciennes erreurs dans une lettre qu'il écrivit au P. Quesnel, et qui porte pour titre : *Lettre justificative de M. Gilbert, prêtre, docteur en théologie,* etc. Il fit signifier à l'évêque d'Arras qui l'avait aussi condamné, un appel dans lequel il soutient qu'il n'y a rien que de très-orthodoxe dans son Traité de la grâce ; et il continua d'infecter l'université de Douai par l'ascendant que sa capacité lui donnait sur l'esprit des professeurs. Il dogmatisa dans la ville de Saint-Quentin et dans les autres lieux où il fut relégué, et il mourut enfin à Lyon, dans le château de Pierre-Encise.

Dans un gros ouvrage manuscrit, qui fut supprimé par les ordres du roi, il a osé enseigner que depuis le concordat passé l'an 1516, entre le pape Léon X et le roi François I*er*, il n'y avait plus en France de véritables évêques ; et il n'a point rougi d'y comparer les quarante docteurs, qui signèrent le fameux cas de conscience, avec les quarante martyrs qui, sous l'empire de Licinius, moururent à Sébaste pour la confession de la foi de Jésus-Christ : *Mais avec cette différence,* dit-il, *que les quarante martyrs du troisième siècle persévérèrent tous, excepté un seul : au lieu que les quarante confesseurs de nos jours ont tous enfin prévariqué, excepté le seul Petit-Pied,* dempto uno Parvo-Pede, *qu'on n'a jamais pu ébranler.* Voy. ARNAULD (le faux).

GIRARD (CLAUDE), licencié en Sorbonne, fut, dès le commencement des troubles, député à Rome avec Saint-Amour, Brousse et Angran. C'est de lui qu'il est tant parlé, sous le nom de *Denis Raimond,* dans les écrits des jansénistes, à cause des services qu'il rendait au parti.

ÉCLAIRCISSEMENT *du fait et du sens de Jansénius,* en quatre parties, avec un *parallèle de la doctrine du P. Amelotte, avec celle de Jansénius, et la réfutation du livre de Dom Pierre de Saint-Joseph,* feuillant, 1660, in-4°, publié sous le nom supposé de Denis Raimond.

L'abbé Claude Girard n'est pas seul l'auteur de ce livre ; un autre docteur janséniste, nommé aussi Gérard, y eut beaucoup de part. Tout le système de Denis Raimond et de son maître Jansénius sur la mort de Jésus-Christ pour tous les hommes est parfaitement développé par M. le cardinal de Bissy, dans son mandement contre les Institutions théologiques du P. Juenin. Voici comme il parle pag. 376 : *Selon Denis Raimond, Jansénius réduit toute la volonté que Jésus-Christ a eue de sauver les réprouvés, même baptisés, à trois choses. La première à avoir voulu leur donner des grâces passagères. La seconde à leur avoir fait proposer l'usage des sacrements établis pour le salut des hommes. La troisième, à avoir eu quelque penchant naturel à les sauver, considérés en tant qu'hommes. Et comme il est certain que ces trois choses jointes ensemble ne forment aucune volonté actuelle, positive et effective en Jésus-Christ de sauver ces hommes, il est constant que cet auteur établit par ces textes, que Jansénius n'a reconnu en Jésus-Christ aucune volonté de sauver les réprouvés, même baptisés.*

En général, le dessein de Raimond est de se révolter ouvertement contre les constitutions apostoliques, en protestant que ni lui ni ses confrères ne croient point que les cinq propositions soient de Jansénius. *J'espère,* dit-il, *que le lecteur demeurera pleinement convaincu que les disciples de saint Augustin ont toujours traité les cinq propositions de faits à plaisir.*

Quand il dit *toujours,* c'est une insigne fausseté qu'il avance ; car il est certain qu'avant la condamnation des cinq propositions, les Jansénistes et leurs adversaires reconnaissaient d'un commun accord, qu'elles étaient véritablement dans l'*Augustin de Jansénius. Les uns,* dit le grand Fénelon, *attaquaient ces propositions, et les autres les défendaient comme la doctrine de Jansénius. Les agents du parti auprès du pape tâchaient de les justifier comme la doctrine catholique que Jansénius avait puisée dans saint Augustin. Et dès le moment que l'on ôte ême de l'Église est tombé, elles disparaissent par un paradoxe incroyable dans un livre où les amis et les ennemis de Jansénius les avaient vues jusqu'alors.*

Ce paradoxe et tout ce que dit là-dessus Denis Raimond n'est qu'une suite de la résolution prise quelques années auparavant dans l'assemblée dont nous avons déjà parlé à l'occasion de la *chimère du jansénisme* (*Voyez* FOUILLOUX). Les chefs y décidèrent, comme nous avons dit, que, quoiqu'avant la condamnation on eût soutenu les cinq propositions comme étant de Jansénius, il fallait après la condamnation dire hardiment qu'elles n'étaient pas de lui. Le parti eut d'abord quelque peine à se faire à ce nouveau système. Un changement si subit ébranla bien des subalternes, et jeta de l'inquiétude même dans Port-Royal. C'est, comme l'on sait, ce qui opéra la conversion de la sœur Flavie, religieuse de ce monastère. Cette bonne fille, dit un auteur célèbre (1), était janséniste de tout son cœur, et avait cru jusque-là, ainsi qu'on le lui avait toujours dit, que les cinq propositions étaient autant d'articles de foi. Quand donc elle apprit que le résultat

---

(1) Lettre à un seigneur de la cour.

l'assemblée était de les abandonner à leur mauvaise fortune, et de se réduire à soutenir qu'elles n'étaient point de Jansénius, elle en fut scandalisée au delà de ce qu'on peut dire, et protesta qu'elle les regarderait toujours comme la plus pure doctrine de saint Augustin. Sa sincérité embarrassa beaucoup. On lui dit que tout était perdu si elle ne faisait aveuglément ce qu'on désirait d'elle; et on lui fit entendre qu'il fallait dissimuler dans la conjoncture présente, et que les cinq propositions ne seraient pas toujours malheureuses. Mais comme elle avait l'esprit droit et éclairé, elle reconnut aussitôt la fourberie des docteurs, et prit en même temps la résolution de renoncer aux cinq propositions, à Jansénius et aux jansénistes, et d'abandonner le maître, les disciples et la doctrine.

Mais quoique ces prétendus augustiniens perdissent par là quelques amis, ils ne se départirent pas néanmoins de leur nouveau système : au contraire, Denis Raimond l'appuie ici de toutes ses forces; dans le titre même de son livre, il ose assurer *que les cinq propositions condamnées ne sont contenues dans le livre de Jansénius, ni quant aux termes, ni quant au sens.* Ainsi, il s'est rangé de lui-même au nombre *des enfants d'iniquité et des perturbateurs du repos public*, dont Alexandre VII avait parlé quatre ans auparavant; et son ouvrage, en préparant les voies à *la chimère du jansénisme*, aux imaginaires et au *fantôme du jansénisme*, qui n'en sont qu'une ennuyeuse répétition, a été enveloppé comme ces libelles dans la censure portée en 1700 par l'assemblée générale du clergé.

Éclaircissement *sur quelques difficultés touchant la signature du fait, en 1664.*

Ce libelle est du même docteur, Claude Girard, masqué encore ici sous le nom de Denis Raimond.

Dialogues *entre deux paroissiens de Saint-Hilaire-du-Mont, sur les ordonnances contre la traduction du Nouveau Testament, imprimée à Mons*, 1664.

Ces deux dialogues ont pour but d'avilir l'autorité épiscopale, de rendre ridicules les ordonnances de M. de Paris et de M. d'Embrun, de faire mépriser les excommunications, et de justifier une traduction infidèle, proscrite par les deux puissances. Ils ont été condamnés par l'ordonnance de M. l'archevêque de Paris du 20 avril 1668, portant défense sous peine d'excommunication encourue *ipso facto*, de *les vendre, publier, distribuer ou débiter*.

GIRARD DE VILLETHIERRY (Jean), prêtre de Paris, mort en 1709, passait pour être attaché à Port-Royal, dit M. Picot, et a laissé beaucoup d'ouvrages dont Feller parle fort bien.

GONDRIN (Louis-Henri de Pardaillan de), né au château de Gondrin, diocèse d'Auch, en 1620, d'une famille ancienne, fut nommé en 1664 coadjuteur d'Octave de Bellegarde, archevêque de Sens, son cousin. Il prit possession de cet archevêché en 1646, et le gouverna jusqu'à sa mort, arrivée le 20 septembre 1674, à cinquante-quatre ans. Il eut de grands démêlés avec les jésuites, qu'il interdit dans son diocèse pendant plus de vingt-cinq ans. Le parti de Jansénius le regardait comme un appui; cependant Gondrin signa en 1653, la lettre de l'assemblée du clergé au pape Innocent X, où les prélats reconnaissaient : « Que les cinq fameuses *propositions* sont dans *Jansénius*, et condamnées *au sens de Jansénius*, dans la constitution de ce pontife. » Il signa aussi le formulaire, sans distinction ni explication; mais ensuite il parut s'en repentir, et se joignit aux quatre évêques d'Alet, de Pamiers, d'Angers et de Beauvais, pour écrire à Clément IX, « qu'il était nécessaire de séparer la question *de fait* d'avec celle *de droit*, qui étaient contenues dans le Formulaire. » L'abbé Bérault l'appelle un « caméléon qui prenait la couleur de tous les objets intéressants qui l'environnaient, et la quittait aussitôt qu'ils cessaient de l'intéresser. » On a de lui : 1° des *lettres*; 2° plusieurs *ordonnances pastorales*; 3° on lui attribue la *traduction* des Lettres choisies de saint Grégoire le Grand, publiée par Jacques Boileau. Dans sa *Lettre pastorale à l'occasion de la bulle d'Innocent X*, publiée en 1653, il soutient que les cinq propositions avaient été fabriquées par les ennemis de la grâce du Sauveur, dans le dessein de décrier la doctrine de saint Augustin, et qu'elles ont été condamnées par le saint-siège dans le sens hérétique qu'elles renferment, et nullement dans celui de Jansénius.

On peut dire que M. de Gondrin fut cause que le jansénisme répandit ses poisons dans le diocèse de Sens. Sous M. Languet, ces nouvelles doctrines y exerçaient encore de grands ravages; ce grand prélat rencontra une vive opposition, qui produisit beaucoup d'écrits; nous parlerons des suivants.

Lettre *de plusieurs curés, chanoines et autres ecclésiastiques du diocèse de Sens à M. leur archevêque* (Languet), datée du 1er juillet 1731, et formant quatorze pages in-4°, y compris l'avertissement qui a huit pages.

Les esprits révoltés qui écrivirent cette lettre avaient pour objet principal de défendre et d'établir la prétendue obligation de rapporter toutes ses actions à Dieu par un motif de charité. Cette erreur, qui détruit toutes les vertus, et qui élève sur leurs débris la seule charité, est la plus chère au parti, parce qu'elle est la plus spécieuse, et qu'elle donne à ses suppôts un plus beau jeu pour déployer leur éloquence, et pour s'écrier avec emphase qu'on veut abolir le grand précepte de l'amour de Dieu. Mais rien n'est plus aisé que de les confondre. Il suffit pour cela de leur opposer simplement la doctrine de l'Église sur cet article. Elle enseigne l'indispensable obligation d'aimer Dieu; elle reconnaît la charité pour la reine des vertus;

mais elle nous apprend que la charité n'est pas la seule vertu, qu'il y en a d'autres, comme la foi et l'espérance, qui ont leur motif propre et distingué de celui de la charité ; et que par conséquent on peut produire des actes de foi, des actes d'espérance, etc., qui sont bons et très-bons, quoiqu'ils n'aient pas pour motif la charité.

Voici quelques propositions du libelle que nous examinons.

I. — Avertissement, page 5 : *Nous lui abandonnons volontiers* (à M. Languet) *la constitution. Elle est pour lui, et il est pour elle, contre le premier commandement du Décalogue, dans sa portion la plus considérable.*

II. — Ibid. page 6 : *Il est donc vrai que la constitution restreint le premier et le grand commandement. Quelle confusion pour les constitutionnaires! quel secours pour les appelants! Il est donc vrai qu'on en veut restreindre la nécessité* (de l'amour de Dieu)! *C'est donc le premier et le grand commandement de la loi que l'on attaque! C'est à la substance de ce précepte que l'on en veut! On ne prétend pas moins que d'y faire un retranchement qui le réduise presqu'à rien.*

III.—Ibid. *Voilà de quoi il s'agit ; il ne reste plus ni voile ni obscurité. Il n'y a plus qu'à choisir entre mon catéchisme, ou plutôt entre l'Évangile et la constitution.*

IV. — Lettre, page 10. *Si c'est une erreur d'enseigner que toute action délibérée dont la charité au moins actuelle n'est pas le principe, est un péché; si c'est une erreur de dire que celui-là pèche en ses actions qui n'a pas la charité théologale commencée, il faut aussi regarder comme une erreur de tenir pour maxime que les chrétiens doivent dans toutes leurs actions aimer Dieu, et qu'il n'y a point d'action vertueuse, si elle n'est commandée par la charité.*

Ce quatrième article, extrait du libelle dont il s'agit, mérite une attention particulière. Il renferme trois propositions qu'on prétend semblables. Les deux premières sont de M. Languet, archevêque de Sens, et la troisième, qui est de l'*Apologie des casuistes*, a été censurée par M. de Gondrin, archevêque de Sens, et par sept ou huit autres évêques.

Les propositions de M. Languet sont : *C'est une erreur d'enseigner que toute action délibérée, dont la charité au moins actuelle n'est pas le principe, est un péché.*

Item. *C'est une erreur de dire que celui-là pèche en ses actions qui n'a pas la charité théologale commencée.*

La proposition censurée par M. de Gondrin est celle-ci : *C'est une erreur de tenir pour maxime que les Chrétiens doivent dans toutes leurs actions aimer Dieu, et qu'il n'y a point d'action vertueuse si elle n'est commandée par la charité.*

Or les deux propositions de M. Languet sont appuyées par ce prélat sur la condamnation que l'Église universelle a faite de la doctrine de Baïus. Il fallait donc (supposé la conformité des trois propositions) tâcher de montrer contre M. Languet, que la doctrine qu'il traite d'erreur n'a point été réellement condamnée dans Baïus. Mais l'auteur de la lettre, sans avoir seulement essayé de réfuter sur ce point ce prélat, a le front d'opposer sérieusement l'autorité de M. de Gondrin et de sept ou huit évêques à celle de trois souverains pontifes (le saint et savant pape Pie V, Grégoire XIII et Urbain VIII), qui ont proscrit la doctrine de Baïus, et de tout l'épiscopat qui a applaudi à cette condamnation.

D'ailleurs, compte-t-on pour rien l'autorité d'Alexandre VIII, qui a condamné, en 1690, trente-une propositions des jansénistes? Les propositions 7, 8, 9, 10, 11, 12, 13, 14, 15, ressemblent fort à celle que M. Languet qualifie d'erreur.

Nous ne disons rien ici de la bulle *Unigenitus;* l'auteur l'abandonne à M. Languet : c'est-à-dire qu'il méprise quatre papes qui l'ont confirmée, presque tous les cardinaux, archevêques et évêques de France, qui y ont reconnu avec une extrême joie la décision de l'Église ; et tous les évêques du monde qui regardent la bulle comme la règle de leur foi ; et au contraire il veut nous assujettir à l'autorité de M. de Gondrin et de sept ou huit évêques. Fut-il jamais prétention plus absurde? Mais nous ne saurions omettre le bref d'Innocent XII, en 1699, contre les propositions 1, 2, 4, 5, 6, 23, de M. de Fénelon. Le pape y décide, dit un savant prélat (1), *que le motif de l'intérêt propre n'est pas incompatible avec l'état de perfection; que dans cet état, on ne perd pas tout motif intéressé de crainte et d'espérance ; que ce n'est pas une chose contraire à cet état de vouloir son salut, comme salut propre, comme délivrance éternelle, comme récompense de nos mérites, comme le plus grand de nos intérêts,* etc. *Sur ce principe,* continue M. de Saléon, *nous pouvons raisonner ainsi : Une œuvre faite en récompense de la vie éternelle, sans se proposer actuellement aucun motif de charité pure et désintéressée, n'est pas incompatible avec l'état de perfection; elle n'est pas contraire à cet état ; le pape Innocent XII l'a décidé, et l'Église entière s'est soumise à cette décision. Nous devons donc, à plus forte raison, dire qu'une œuvre de cette sorte n'est pas un péché, comme Jansénius l'ose assurer. Il est vrai que désirer le ciel dans la vue d'y glorifier Dieu est un acte plus parfait que de le désirer dans la vue de son propre bonheur. Mais ce motif intéressé, quoique moins parfait, est nécessaire quelquefois, même aux plus parfaits, tantôt pour y trouver des forces contre la tentation, tantôt pour ranimer leur ferveur dans le bien. Les plus grands saints se sont servis de ces motifs intéressés. C'est donc une erreur que de vouloir les exclure de l'état de perfection, comme avait fait feu M. de Cam-*

---

(1) M. de Saléon, évêque d'Agen, depuis évêque de Rodez et ensuite archevêque de Vienne ; dans un ouvrage qu'il a publié, en 1719, sous ce titre : *Le système entier de Jansénius et des Jansénistes renouvelé par Quesnel.* Troisième partie, chap. 2, page 249, 250.

brai dans son explication des *Maximes des saints*. Mais c'est encore une erreur bien plus grossière de prétendre comme Jansénius (Quesnel, les curés de Sens qui ont signé la lettre en question) *que toutes les actions faites par de semblables motifs soient autant de péchés, et que pour exempter de péché toutes nos œuvres et tous les mouvements de notre cœur, il faille leur donner l'amour de Dieu pour motif et pour principe.*

Or revenons. Cette autorité du pape Innocent XII que M. de Saléon fait si bien valoir dans cet endroit, et celle de toute l'Eglise qui a adopté sa décision, ne vaut-elle pas bien celle de M. de Gondrin et des sept ou huit prélats qui ont condamné une proposition qu'on prétend être semblable à celle de M. Languet?

SECONDE LETTRE *des curés, chanoines et autres ecclésiastiques du diocèse de Sens, à M. l'archevêque, avec un Mémoire qu'ils lui ont présenté le* 2 *mars* 1732, *pour servir de réponse à la lettre pastorale qu'il leur a adressée en date du* 15 *août* 1731, *de sept pages in-*4° *pour les deux lettres, et de cinquante pages pour le Mémoire.*

On trouve dans la lettre du 25 février 1732, cette proposition, p. 4. *Si l'obligation de rapporter toutes nos actions à Dieu par un principe de charité au moins commencé, est une erreur empruntée de Luther et condamnée par le saint concile de Trente, de quel œil devons-nous regarder le savant cardinal Hosius et le célèbre Hesselius?... que devons-nous penser en particulier de M. Nicole, cet homme si distingué par les services qu'il a rendus à l'Eglise, et par les excellents ouvrages de morale dont il l'a enrichie?*

On pouvait joindre au *célèbre Hesselius*, le fameux *Baïus*, compagnon de ses égarements. On pouvait aussi ajouter à *Nicole* cet homme si distingué dans le parti jansénisle, le sieur Arnauld, qui en a été le chef avant Quesnel. Mais pour le savant cardinal Hosius, président du concile de Trente, c'est bien mal à propos que le citent les neuf curés ou chanoines, à l'exemple des quatre premiers évêques appelants. Ce grand cardinal est bien éloigné de leur erreur.

En effet il admet une vraie foi dans ceux qui par le péché mortel ont perdu la charité. *Est igitur vera fides etiam in iis qui peccatis aliquibus gravioribus obstricti tenentur, si, tum aliis articulos fidei, tum sanctam credant Ecclesiam catholicam* (Confessio catholicæ fidei christianæ, c. 62, folio cc. recto, edit. Viennensis anno 1561). Il dit (*ibid.*) que l'espérance et la charité peuvent se trouver dans un voleur. *Quemadmodum igitur, si quis furtum admisit, exclusit is quidem charitatem... sed iterum nihil impedit quominus in eo maneat habitus castitatis : ita nulla est ratio quæ impediat quominus qui fur est, idem, amissa charitate, fidei retineat habitum et spei.* Il admet même, cap. 73, folio 227, recto, des œuvres exemptes de péché avant la foi, suivant la doctrine de saint Augustin. *Num secum ipse pugnat Augustinus qui non diversis, verum etiam eodem aliquando in loco, impii, hoc est, infidelis, et bona et non bona opera esse dicit? Nulla dissensio, nulla pugna est. Verum quod alicubi dicit Augustinus ubi fides non erat, bonum opus non fuisse, nequaquam sic intelligere voluisse, credendus est, quasi, quod hæretici nostri temporis faciunt, opera omnium infidelium esse vere peccata judicaverit.*

Dans la lettre du 1ᵉʳ mars 1732, signée par soixante et un prêtres du diocèse de Sens, p. 6, on lit ces paroles : *Instruits par notre catéchisme de l'importante obligation que la charité nous impose... de faire tout en esprit d'amour et de charité... plusieurs d'entre nous... ont... soutenu... qu'il n'y a point de bon fruit (c'est-à-dire d'action exempte de péché) qui ne naisse de la charité, ou parfaite, ou imparfaite, ou achevée, ou commencée.* Quant au Mémoire, il a pour titre : *Mémoire de plusieurs curés du diocèse de Sens.... touchant l'obligation de rapporter toutes nos actions à Dieu par le motif de la charité.*

Voici quelques-unes des propositions erronées dont ce libelle est rempli.

I. — Page 4 : *Si... le précepte de rapporter tout à Dieu est fondé sur le précepte de la charité, il est clair que ce rapport doit couler de la source même de la charité; et que nos actions ne sont pas faites comme Dieu le commande, quand elles ne sont pas faites par l'impression de cette divine vertu.*

Quelle différence y a-t-il entre cette proposition et la quarante-septième de Quesnel?

II. — N° 29, p. 24. *Puisque, selon les théologiens, il n'y a que la charité habituelle qui donne le mérite, le prix et la bonté complète à l'habitude de la foi et des autres vertus, il n'y a par la même raison que l'impression actuelle ou virtuelle de la charité qui rende les actes des vertus entièrement bons et exempts de toute faute.*

Cette proposition, outre le pitoyable raisonnement qu'elle renferme, est totalement semblable à la proposition condamnée par Alexandre VIII. *Omne quod non est ex fide christiana supernaturali, quæ per dilectionem operatur, peccatum est.*

III. — *Ibid.* n. 3, p. 33 : *Ici* (c'est-à-dire dans la thèse soutenue au séminaire de Sens, les 12 et 14 septembre 1666, en présence de M. de Gondrin) *tout est décisif en faveur des curés... et pose pour principe que toutes les actions proviennent de la charité ou de la cupidité.*

L'admirable triomphe que celui des curés de Sens, qui est fondé sur une thèse soutenue en présence de M. de Gondrin ! Il est vrai que la proposition de la thèse a été censurée dans Baïus; mais que leur importe? Elle a été soutenue devant M. de Gondrin ; c'en est assez. M. de Gondrin leur tient lieu du pape, du saint-siège et de toute l'Eglise.

IV. — N. 40, p. 33 : *La Morale sur le Pater, disent-ils, est devenue en quelque sorte propre à ce diocèse par l'approbation qu'elle a reçue du même prélat* (M. de Gondrin), *qui exhorte les curés et les ecclésiastiques à s'attacher aux maximes de ce livre, et à s'en servir pour l'instruction des peuples... la doctrine que les curés défendent... est enseignée en plusieurs endroits... de cet ouvrage si recommandable pour la pureté de ses principes et tant recommandé par plusieurs savants archevêques et évêques du dernier siècle.*

Voilà un grand éloge de la Morale sur le Pater : mais des curés qui ont choisi M. de Gondrin pour leur oracle, peuvent bien n'être pas connaisseurs en bons livres. Ils citent de même, n. 22, p. 19, M Nicole ; n. 48, p. 41, le *célèbre* Hesselius ; n° 49, p. 41, l'Instruction Pastorale de 1719, de M. le cardinal de Noailles. *Voyez* à l'article FLORIOT, ce qu'il faut penser de *la Morale sur le Pater*, et ce qu'en pensent les savants archevêques et évêques de ce siècle. Nous nous contenterons de dire ici qu'on trouve dans ce pernicieux ouvrage la proposition suivante : *Notre salut ne dépend point de nous, mais de Dieu seul.*

V. — N° 16, p. 14 : *Puisque l'Eglise n'a jamais connu que deux principes des actions raisonnables, la charité et la cupidité, il faut conclure que toutes les actions qui n'ont pas la charité pour principe sont souillées par la cupidité.*

On voit ici que l'erreur des deux amours n'est point déguisée ; qu'elle est clairement exprimée. Mais combien est-elle contraire aux principes de saint Augustin ! *Opus est ergo*, dit le saint docteur, *ut intret timor primo per quem veniat charitas. Timor medicamentum : charitas, sanitas* (Tract. 9, in primam Joan., n. 4, t. III, nov. edit., part. 2, p. 888, f° 9, *legs numeros* 4, 5, 6). Or un remède qui conduit à la santé de l'âme, qui conduit à la charité, vient-il de la cupidité ? Non, sans doute. Vient-il de la cupidité ? Encore moins. Il y a donc un milieu entre la charité et la cupidité ?

LETTRE *de plusieurs curés du diocèse de Nevers à Mgr leur évêque, à l'occasion de la lettre des curés du diocèse de Sens à Mgr leur archevêque, au sujet de la charité*, 25 novembre 1731.

LETTRE *des curés de la ville de Troyes à Mgr leur évêque, au sujet*, etc., 2 novembre 1731.

Item. LETTRE *des curés du diocèse de Troyes*, etc., 25 novembre 1731.

Ces deux écrits sont une suite et une preuve de la conspiration formée par les jansénistes dans la province de Sens, pour y établir les erreurs sur la charité, et pour combattre à toute outrance les instructions lumineuses de M. l'archevêque sur une matière si importante. La doctrine est ici la même que dans les deux lettres dont nous avons parlé ci-dessus, et où nous avons traité ce sujet avec assez d'étendue.

MÉMOIRE *d'un grand nombre de curés et d'ecclésiastiques présenté à M. l'archevêque de Sens*, 1732.

On renouvelle dans ce mémoire les propositions condamnées dans le P. Quesnel, lesquelles enseignent que toutes les actions qu'on ne fait point par le motif de la charité sont des péchés.

MÉMOIRE *justificatif des remontrances du clergé de Sens, au sujet du nouveau catéchisme de M. l'archevêque, pour servir de réponse à la lettre du curé du diocèse de Sens à un de ses confrères*, 1733, in-4°, page 44.

Cet écrit (dit M. l'archevêque de Sens dans son mandement du 29 mai 1734) n'est qu'un tissu monstrueux d'erreurs grossières ; et si son auteur les enveloppe quelquefois sous des tours captieux, plus souvent il les expose sans déguisement. Sans crainte de révolter la foi et la piété des fidèles, il ose avancer :

Que Jésus-Christ est mort pour le salut des élus seulement (pag. 3, 8 et 9) ; que c'est donner dans le *semi-pélagianisme*, de soutenir qu'il est mort pour tous les hommes ; que ce n'est pas sincèrement que Dieu veut le salut des fidèles qui périssent ; qu'il ne veut pas les sauver ; quoique Jésus-Christ ait dit si expressément : *voilà la volonté de mon Père, que quiconque croit en moi ne périsse pas, mais qu'il ait la vie éternelle*. Saint Jean, chap. III ;

Que toute grâce accordée pour faire le bien et pour éviter le mal (p. 7 et 17) consiste dans une inspiration de charité ; qu'il n'y a point d'autre grâce que celle-là. Ainsi les mouvements *de la crainte de l'enfer* ne viendraient pas du Saint-Esprit ; ce qui est formellement condamné par le saint concile de Trente ;

Que *les mouvements* mêmes *de l'espérance* (pages 19, 21 et 22) *ne sont bons qu'autant qu'ils sont ex sancta charitate, qu'ils ont pour motif la charité* théologale, et que tout acte qui n'a pas cette charité pour principe et pour motif naît de la cupidité vicieuse, et qu'il est par conséquent un vrai péché. Erreur depuis si longtemps condamnée dans Luther et dans Baïus ;

Que toutes les vertus, même celles de foi et d'espérance (pag. 24) *ne sont autre chose que l'amour et la charité*, amour auquel on donne divers noms : erreur directement opposée à ce mot de l'Apôtre (I Cor., XIII) : *ce qu'il a maintenant de permanent, c'est la foi, l'espérance et la charité ; ce sont trois choses*, tria hæc. Et quoique cet écrivain paraisse par une contradiction manifeste avouer ensuite la distinction réelle de ces trois vertus, cependant l'erreur n'en est pas moins avancée par lui en termes précis ;

Que (page 6) tout ce qui est énoncé dans le symbole de Nicée, qu'on récite à la messe, n'est pas objet de notre foi ; mais qu'il y a des choses qui ne sont qu'un objet d'espérance. *Dans tel endroit* de ce symbole, dit-il, *c'est un acte de foi qu'il faut faire ; dans tel autre c'est un acte d'espérance* ; ce qui est contraire au texte même de ce symbole ; dont toutes les parties sont renfermées sous ce mot : *credo, je crois* ;

Qu'on a tort de dire que *les pasteurs du second ordre sont gouvernés et conduits par l'autorité souveraine du pape et des évêques* (page 26); que *les simples prêtres sont juges de la doctrine, conjointement avec les évêques* (page 29); *qu'ils ont voix décisive en matière de doctrine*; que c'est là *une prérogative attachée au caractère du second ordre* (page 30); et il traite avec mépris (page 27) un concile de Bordeaux qui a condamné cette maxime;

Que c'est falsifier le texte de l'Apôtre, *posuit episcopos regere Ecclesiam Dei*, de le traduire ainsi : *Le Saint-Esprit a établi les évêques pour gouverner l'Eglise de Dieu*; qu'il fallait traduire le mot *episcopos*, par celui de *surveillants, pasteurs*, en quoi il se conforme aux commentateurs calvinistes (1); et il va même plus loin que les Bibles de Genève où le mot de l'Apôtre est rendu en français par celui d'évêque;

Que ce n'est pas à *l'évêque seul qu'il appartient de décider*; que le droit de décision *appartient à l'Eglise*, en tant qu'elle renferme tous les fidèles, que seulement l'exercice juridique *de l'autorité de décider* appartient aux pasteurs, et que *la propriété des clefs appartient au corps entier*; ce qu'il donne d'abord (page 5) pour une opinion libre; mais il déride bientôt après que c'est *le langage reçu auquel il faut s'en tenir*, quoique cette erreur ait été depuis longtemps flétrie dans un concile de la province de Sens;

Que la bulle contre la doctrine de Baïus *n'est point reçue en France, et ne peut passer pour une décision de l'Eglise universelle*; quoique les évêques de France dans cent occasions aient déclaré le contraire; qu'elle ait été publiée dans Paris, et que la Sorbonne, dès l'année 1644, ayant reçu les ordres du roi, défendit à tous ses membres *d'approuver ou de soutenir aucune des propositions condamnées dans ladite bulle*...

En conséquence de ces erreurs, tant de fois proscrites par l'Eglise, M. l'archevêque de Sens condamna ce libelle anonyme, *comme contenant et insinuant des propositions respectivement fausses, captieuses, téméraires, calomnieuses, scandaleuses, erronées, sentant l'hérésie; impies, blasphématoires, dérogeant à la bonté de Dieu, schismatiques et hérétiques*.

Avis *aux personnes chargées de l'instruction de la jeunesse dans le diocèse de Sens, touchant l'usage du nouveau catéchisme*, in-4°, 20 pag., sans nom d'auteur, de ville et d'imprimeur, 1734.

C'est aux maîtresses d'école du diocèse de Sens qu'on adresse trente-six avis qui ne peuvent venir que de la plume d'un presbytérien.

L'auteur annonce à ces maîtresses d'école que, si elles ont le courage de se conformer à ses avis, elles verront bientôt Satan brisé sous leurs pieds. Or, ce Satan n'est autre que M. l'archevêque de Sens, auteur du catéchisme qu'on veut décréditer ici, parce qu'il sape le jansénisme par les fondements.

Le donneur d'avis avance hardiment qu'elles ne peuvent pas en conscience enseigner aux enfants le nouveau catéchisme de leur archevêque; et la preuve qu'il en apporte, c'est que M. l'évêque d'Auxerre et feu M. l'évêque de Troyes ont assuré dans leurs ouvrages que ce catéchisme ne valait rien.

L'Anonyme achève de se démasquer dans la seizième page. *On ne peut pas dire sans erreur*, dit-il, *que l'évêque ait seul le droit d'enseigner, et que les prêtres ont l'obéissance pour leur partage. Ce que Jésus-Christ a dit aux apôtres, ne l'a-t-il pas dit aussi aux disciples? Les paroles de la promesse regardent aussi le prêtre du second ordre*.

C'est là, comme l'on voit, renouveler l'hérésie d'Aérius, et enseigner le pur et parfait presbytérianisme.

Remarques *importantes sur le catéchisme de M. l'archevêque de Sens*.

Le taiseur de remarques ne peut digérer deux réponses du catéchisme, où il est dit que Dieu veut sincèrement sauver tous les hommes, et que Jésus-Christ est mort pour tous, sans exception. Cette doctrine est celle de saint Paul, mais ce n'est pas celle de notre anonyme.

Il ose assurer dans le même endroit, que *le décret de la réprobation des hommes dépend uniquement du choix de Dieu*. Ainsi dans le même instant de raison que Dieu fait choix d'un certain nombre d'hommes pour les tirer de la masse de perdition et pour les sauver, il prédestine tous les autres aux supplices éternels en vue du seul péché originel; et il les réprouve positivement par un arrêt immuable de sa justice. D'où il suit nécessairement que depuis la prévision absolue du péché d'origine, Dieu n'a jamais voulu d'une vraie et sincère volonté sauver aucun des réprouvés. L'abominable doctrine! Et faut-il être surpris si elle enfante tous les jours dans le royaume tant d'impiété et tant d'irréligion?

L'observateur trouve fort mauvais qu'en parlant du gouvernement de l'Eglise, on ne fasse mention que du pape et des évêques; il prétend, comme l'hérétique *de Dominis* et comme *Richer*, que *le pouvoir de gouverner est donné à toute l'Eglise en corps*, c'est-à-dire à la société entière, en tant qu'elle renferme le peuple avec les pasteurs.

Il blâme la pratique de consulter son pasteur, lorsqu'il s'agit de lire l'Ecriture sainte. Prescrire une telle pratique, c'est, dit-il, *une innovation bien hardie et bien téméraire*. L'ignorant écrivain ne sait pas que les conciles de Milan, en 1585, sous saint Charles; de Rouen, en 1581; de Bordeaux, en 1582; de Tours, en 1583; de Bourges, en 1584; d'Arles, en 1585; de Cambrai, en 1586; de Toulouse, en 1590; d'Avignon en 1594; d'Aix, en 1595; de Malines, en 1607; de Narbonne,

---

(1) Bible imprimée à Genève, 1638. Bible de Desmarets, à Amsterdam. 1699.

en 1609, ont servi de modèle et de règle à M. Languet. Est-ce donc *une innovation hardie et téméraire*, que ce qui est copié d'après douze conciles ?

Tous les sectaires en veulent à la sainte Vierge, et lui disputent autant qu'ils peuvent les priviléges de grâce et les prérogatives de gloire que l'Eglise romaine fait profession de reconnaître dans cette Reine des cieux. Le misérable censeur est du nombre de ces ennemis de la Mère de Dieu. Il ne peut souffrir que M. Languet se soit clairement expliqué en faveur de l'immaculée conception et de la glorieuse assomption de Marie. A cette occasion il ose traiter ce prélat de *novateur*. L'imbécile ne voit pas que c'est appeler aussi *novateur* M. Bossuet, évêque de Meaux, dont le catéchisme établit et développe ces deux articles plus au long que celui de Sens.

Enfin, suivant les observations de l'anonyme, on est obligé, sous peine de péché, d'agir toujours par le motif de la charité théologale ; et il ne peut y avoir de milieu entre les actes propres de cette vertu et ceux de la vicieuse cupidité. Nous avons déjà montré plus d'une fois quelle foule d'erreurs ce principe monstrueux entraîne avec lui.

GOUJET (CLAUDE-PIERRE) naquit à Paris, d'un tailleur, en 1697, fut chanoine de Saint-Jacques de l'Hôpital, et passa toute sa vie dans les travaux littéraires. Il mourut à Paris en 1767, après avoir été quelque temps de la congrégation de l'Oratoire.

Goujet croyait qu'il avait été guéri d'une maladie en 1735, par l'intercession du diacre Pâris. Il fournit des articles aux *Nouvelles Ecclésiastiques*, et des préfaces et des notes à beaucoup d'ouvrages du parti. C'est lui qui rédigea le *prospectus* pour l'édition des *OEuvres d'Arnauld*, faite à Lausanne. Il écrivit à l'archevêque d'Utrecht pour adhérer à son concile et travailler aux *Extraits des Assertions* des Jésuites avec Minard et le conseiller Roussel de la Tour. Il donna quelques autres écrits contre les Jésuites. Il fournit le récit de quelques miracles de Pâris dans le ridicule recueil de Montgeron ; il fit une *Vie* de ce prétendu thaumaturge. Il donna aussi les *Vies de Vialart, de Singlin, de Nicole* ; les *Eloges de Lévier, de Gibert, de Lambert, de Floriot, de Thomas du Fossé*, etc., etc. Il donna beaucoup d'autres ouvrages ; nous nous arrêterons sur les suivants.

BIBLIOTHÈQUE *des écrivains ecclésiastiques*, 3 vol., pour faire suite à celle de du Pin. Dans cet ouvrage l'abbé Goujet se montre constamment grand admirateur de l'évêque d'Ypres.

DISCOURS *sur le renouvellement des études depuis le* XIV° *siècle.*

On le trouve dans la continuation de l'*Histoire ecclésiastique*, par le P. Fabre (*Voyez* ce nom), que l'auteur avait beaucoup aidé, et dont il partageait les sentiments à l'égard de la constitution *Unigenitus*

DICTIONNAIRE *de Moréri.*

L'abbé Goujet fournit plus de deux mille *corrections* ou *additions* pour ce dictionnaire, édition de 1732, la plupart relatives à la secte dont il plaidait les intérêts ; ce qui a changé ce volumineux dictionnaire, que l'impartialité du premier auteur avait rendu d'un usage général, en un ouvrage de parti et un répertoire de convulsionnaires. Dans la même vue, il a fourni plusieurs *dissertations* au P. Desmolets, pour la continuation des *Mémoires de littérature*, et un grand nombre d'articles au P. Nicéron, auteur des *Mémoires des hommes illustres.*

SUPPLÉMENT *au grand Dictionnaire historique, généalogique, géographique,* etc., *de M. Louis Moreri, pour servir à la dernière édition de 1732 et aux précédentes.... Paris, 1735, avec approbation* (de M. Galliot) du 27 octobre 1735, 2 vol. in-fol.

Nous rapporterons ici quelques propositions de cet ouvrage en y joignant de courtes remarques.

Première proposition. Page 1 de l'avertissement. *Quelque préférence que l'on doive donner à l'édition de Moreri de 1732, sur toutes les précédentes....* (Il faut observer que de toutes les éditions, c'est la plus favorable au jansénisme.)

Seconde proposition. t. I, page 69, article d'AUBERY. *Il ne manquait pas aussi de savoir ; mais il n'avait pas puisé sa science dans des auteurs du premier rang, et il s'était fait un mérite de s'élever contre les jansénistes.* (Ce fut toujours un véritable mérite dans les enfants de l'Eglise, d'attaquer avec zèle les partisans de l'erreur.)

Troisième proposition. t. I, p. 123, art. HÉRÉSIES. *Dans le* VI° *siècle on compte, dans Moreri de 1725, parmi les hérétiques, les prédestinatiens, qui n'ont jamais existé. Un auteur moderne en a fait une histoire pleine d'absurdités et de suppositions fausses.* (Les absurdités et les fausses suppositions sont le partage de ceux qui, contre la foi de l'histoire, osent nier l'existence des *prédestinatiens* dans le sixième et le neuvième siècle. Ces suppositions et ces absurdités appartiennent surtout d'une manière spéciale au pesant compilateur dont nous examinons ici l'ouvrage).

Quatrième proposition. Ibid. *Gotescalk a été accusé faussement d'hérésie, et plusieurs auteurs très-connus l'ont justifié dans des ouvrages publiés* (ajoutez, ouvrages remplis de l'esprit d'erreur et d'hérésie).

Cinquième proposition. t. I, pag. 124. *M. de Héricourt, doyen de l'Eglise cathédrale de Soissons, mort appelant de la constitution Unigenitus, le 19 février 1731, a été sincèrement regretté et pleuré des gens de bien et des personnes raisonnables de tout sexe et de toute condition. Dès qu'il fut mort, toute la ville alla avec empressement lui baiser les* pieds, faire toucher quelque chose a son corps, demander de ce qui lui avait appartenu pour le conserver avec vénération. (On veut ici faire un saint d'un vieux hérétique. Plus de quinze chanoines ne voulurent point assister à l'enterrement de M. de Héricourt, et le chapitre élut pour doyen un de ceux qui avaient donné une marque si authentique d'aversion pour les erreurs du défunt.)

Sixième proposition. t. I, p. 188. *Juenin* (Gaspard), *théologien célèbre de notre temps. Les* Institutions théologiques *de cet auteur ont été enseignées librement, et même par l'autorité des évêques dans plusieurs séminaires de France.* (On ne dit rien du mandement de M. l'évêque de Noyon, qui a condamné, le 22 mars 1708, les *Institutions* du P. Juenin, ni du décret de Rome en 1708, qui les a proscrites).

Septième proposition. t. I, p. 118. *Hennebel* (Libert), *l'un des plus grands ornements de la faculté de Louvain.* (Apparemment que le sieur Hennebel n'est ici décoré de ce titre flatteur que parce qu'il fut, en 1694, député à Rome par les jansénistes de Flandre, et qu'il y figura avec grande dépense comme un ambassadeur. Mais on aurait dû ajouter, ce qui est rapporté dans les *Mémoires chronologiques*, que, les fonds venant à lui manquer, il fut obligé de diminuer son train, puis d'aller à pied, enfin de quitter Rome presque tout nu, et d'arriver en Flandre fait comme un vrai pèlerin).

Huitième proposition. t. II, p. 49, art. de MAUGUIN. *Il ne faut pas dire non plus que M. Mauguin entra en dispute avec le P. Sirmond, jésuite, sur l'hérésie prédestinatienne, qui est une pure chimère; mais sur la* Prédestination *publié par ce jésuite.* (Voilà encore le prédestinatianisme traité de *chimère*. Sans doute que M. Goujet ne regarde aussi le jansénisme que comme un fantôme : l'un est assez ordinairement une suite de l'autre.)

Neuvième proposition, t. II, p. 173, art. d'OPSTRAET. *Antiquæ facultatis theologiæ Lovaniensis discipuli, ad eos qui Lovanii sunt, de declaratione sacræ facultatis Lovaniensis recentioris, circa constitutionem* Unigenitus in-12, 1717. *La troisième et dernière partie de cet excellent ouvrage est contre l'infaillibilité du pape.* (Cet ouvrage, que l'on appelle *excellent*, est contre la constitution *Unigenitus*, comme le titre même le donne assez à entendre ; et quand il ne serait que contre l'infaillibilité du pape, nous serions assez en droit pour le déclarer mauvais.)

Dixième proposition. t. II, p. 63, de M. du Pin. *Dans le même temps, M. du Pin était aux prises avec M. de Harlay, archevêque de Paris, que l'on avait prévenu contre lui. Ce prélat fit contre la nouvelle* Bibliothèque *un bruit qui intimida l'auteur et qui le porta à donner une condamnation de quantité de propositions de son ouvrage qui étaient innocentes, et qui n'en fut pas moins supprimé par une ordonnance publique du 16 avril 1693.* (M. Goujet se constitue, comme on voit, le vengeur des jansénistes qui ont été condamnés. Témoin encore, t. II, p. 475, l'article de M. Voisin, et p. 150, celui du P. Le Quien, où il donne tout l'avantage au P. Le Courayer.) *Le succès*, dit-il, *a été beaucoup moindre dans la dispute que le P. Le Quien a eue sur la fin de sa vie avec le P. Le Courayer, chanoine régulier de Sainte-Geneviève et bibliothécaire de la maison de Sainte-Geneviève du Mont, à Paris, maintenant en Angleterre, mais toujours catholique.....Voyez* COURAYER). *Comme feu M. le cardinal de Noailles avait cru devoir décider contre le chanoine régulier, le P. Le Quien dédia son ouvrage à cette éminence. Il est sorti dans cette dispute du caractère de douceur et de modération qui éclate dans ses autres écrits, et qui eût, ce semble, été d'autant mieux placé ici, que ses écrits sur cette matière paraissent fort inférieurs en tout à ceux de son adversaire.*

Un autre article plus odieux encore est l'approbation que M. Goujet paraît donner aux propositions nestoriennes que Fontaine avait avancées, et qn'il fut obligé de rétracter.

M. Goujet, dans son second tome, page 36, en parlant de M. Le Pelletier, abbé de Saint-Aubin, avance une fausseté, quand il dit que cet abbé prononça, le 26 novembre 1692, dans l'académie d'Angers, l'éloge de M. Henri Arnauld. Le plaisir de faire louer un prélat, du nom d'Arnauld, par un homme aussi catholique qu'était M. l'abbé de Saint-Aubin, lui a fait trop aisément ajouter foi sur cet article à l'éditeur jansénien des quatorze lettres théologiques contre M. le cardinal de Bissy

M. l'abbé Saas a publié d'excellentes lettres contre ce premier supplément dont nous venons de parler. Il y relève une infinité de bévues de M. Goujet, et il lui reproche avec raison cette quantité prodigieuse de faux jugements qu'il porte à tort et à travers, au gré de ses préventions.

On voulut l'obliger à y mettre des cartons ; il s'y refusa, et l'abbé Thierry, chanoine et chancelier de l'Église de Paris, en fut chargé à sa place. Cet ecclésiastique instruit, et qui refusa depuis l'évêché de Tulle, fit plusieurs changements, dont Goujet fut très-mécontent. On peut voir dans ses *Mémoires*, l'importance qu'il met à raconter ces détails, où perce la vanité d'un auteur.

En 1749, Goujet donna un second *supplément* au *Moréri*, également en 2 vol. in-fol. On n'en retrancha que les articles de Quesnel, de Petitpied et trois ou quatre autres. Ces deux *suppléments* ont été refondus dans l'édition de 1759, en 10 vol. in-fol. Etienne François Drouet, avocat, mort le 11 septembre 1779, fut chargé de ce travail. Cette compilation a un défaut choquant. Tous les appelants y sont loués avec une prolixité fatigante. Des brouillons, qui déchirèrent l'Église par leur obstination et perpétuèrent de malheureuses querelles, y sont vantés comme des Pères et des lumières de l'Église.

GOURLIN (Pierre-Etienne) naquit à Paris en 1695, fut ordonné prêtre en 1721, et s'acquit de la célébrité par sa vive opposition aux décrets dogmatiques de l'Eglise. Interdit par son archevêque, M. de Vintimille, il vécut caché, ne s'occupant qu'à écrire en faveur du parti qu'il avait embrassé, et mourut le 15 avril 1775, à Paris. Le curé de sa paroisse lui refusa les derniers sacrements; mais par ordre du parlement et des huissiers exécuteurs, il fut administré.

Elève de Boursier, Gourlin lui succéda dans la tâche de composer des écrits pour les évêques et les curés qui lui en demandaient, et peut-être pour ceux qui ne lui en demandaient pas. Son premier ouvrage en ce genre fut un *Mémoire* pour des prêtres du diocèse de Sens contre l'*Instruction pastorale* de M. Languet, du 15 août 1731. C'était alors l'usage d'exciter les curés à réclamer contre la doctrine de leurs évêques. Ce *Mémoire*, publié en 1732, fut suivi d'un second, publié de 1742 à 1755, en 2 vol. in-4°. Gourlin interrompit quelque temps ce travail, par l'ordre de Boursier, pour composer l'*instruction pastorale sur la justice chrétienne*, publiée en 1749, sous le nom de M. de Rastignac. Depuis il donna successivement *les Appelants justifiés*; quelques *écrits* contre l'abbé de Prades (car Gourlin est de ces gens qui, à la honte de l'esprit humain, combattent la vérité et l'erreur, l'impiété et la foi avec une ardeur égale); *cinq lettres aux éditeurs des œuvres posthumes de Petit-Pied*, 1756; *Examen des Réflexions sur la foi adressées à M. l'archevêque de Paris*, 1762; *lettres à un duc et pair sur l'instruction pastorale de ce prélat*, du 28 octobre 1763; *requête* contre les actes de 1765, etc. Nous avons vu qu'il fut auteur de l'*Instruction pastorale*, publiée par M. de Fitz-James contre Hardouin et Berruyer en 1760, 7 vol. Il le fut aussi de l'*ordonnance* du même au sujet des assertions et des écrits faits pour la défense de cette pièce, et en 1769, il donna les *Œuvres posthumes* de cet évêque, en 2 vol.; du moins il les annonça ainsi; mais il y avait sans doute ici quelque restriction mentale; car ses *Œuvres posthumes* étaient de l'éditeur même. C'était encore Gourlin qui rédigeait ce qui parut sous le nom de M. de Beauteville, évêque d'Alais, dont il avait gagné le grand vicaire de confiance, et dont par ce moyen, il dirigea les démarches, comme il avait dirigé celles de M. de Fitz-James. Le même fut éditeur du *Traité de la nature de l'âme et de l'origine de ses connaissances*, par Roche, contre le système de Locke. Enfin il est auteur de l'*Institution et instruction chrétienne*, dite le *Catéchisme de Naples*, et dédiée à la reine des Deux-Siciles, 3 vol. in 12 : ouvrage particulièrement cher aux appelants, parce que leurs maximes y sont développées avec une préférence et une affectation marquées. Gourlin présidait aux *Nouvelles Ecclésiastiques*, et a même eu part, dit-on, à tous les écrits sortis de son parti dans les trente dernières années de sa vie.

GRÉGOIRE (Henri), évêque constitutionnel, naquit à Vého, près de Lunéville, le 4 décembre 1750, fut professeur au collège de Pont-à-Mousson, puis curé d'Embermesnil, dans le diocèse de Nancy. C'est de là qu'il fut envoyé aux Etats-Généraux. Nous n'avons pas à nous occuper de sa vie politique ou des faits qui sont la conséquence de ses opinions. Nous dirons seulement que lorsque la constitution civile du clergé eut été décrétée, il fut le premier ecclésiastique qui prêta le serment, et que deux départements l'élurent pour évêque, la Sarthe et le Loir-et-Cher. Il opta pour ce dernier et fut sacré le 13 mars 1791. Sa carrière ecclésiastique fut terminée par le concordat. Il écrivit beaucoup pour la défense de l'Eglise constitutionnelle, dont il était la plus ferme colonne : outre un grand nombre d'articles dans les *Annales de la religion* (voyez Desbois), il publia aussi un grand nombre de brochures. Non-seulement il fit beaucoup parler de lui, mais il en parla beaucoup lui-même, et il mourut le 23 mai 1831. On peut voir son article dans la *Biographie* de Feller. Nous noterons ici quelques-uns de ses ouvrages, et d'abord nous parlerons de sa *Chronique religieuse* qui parut de 1818 à 1821, et dont la collection forme 6 vol. in-8°. Cette *Chronique* continuait dignement les *Annales de la religion*, qui avaient continué de même les *Nouvelles Ecclésiastiques*. Ceux qui y travaillaient avec Grégoire étaient Debertier, ancien évêque de l'Aveyron; le président Agier (voyez son article); le pair de France Lanjuinais; l'abbé Tabaraud, dont nous parlerons plus loin; l'abbé Orange, qui avait été aussi rédacteur des *Annales*, etc.

Légitimité au serment civique exigé des fonctionnaires ecclésiastiques; in-8° de 33 pages.

Ruines de Port-Royal; 1801.—Autre édition, 1809, dont la vente fut interdite.

Essai historique sur les libertés de l'Eglise gallicane, etc.; 1818, in-8°.

Il y a dans l'*Ami de la religion* deux articles sur cet ouvrage. Nous allons extraire quelques passages du premier (tom. XIV, n° 361, page 337). « Je défierais le plus habile faiseur d'analyses, dit l'auteur, de parvenir à en faire une bonne de cet ouvrage incohérent et confus, assemblage informe d'anecdotes vraies et fausses, de réflexions décousues, de sorties déplacées, de digressions ennuyeuses. On ne sait jamais où en est l'auteur ni où il va; il confond perpétuellement les époques ; il cite à tort et à travers les autorités les plus suspectes. C'est dans des recueils décriés qu'il va le plus souvent chercher ses témoignages, et c'est là-dessus qu'il fonde ses plaintes et ses reproches. Pas plus de critique que de méthode, ni de raisonnement que de style. Essayons cependant de distinguer quelque chose dans ce chaos; et si nous ne parvenons pas à bien analyser cette production singulière, détachons-en quelques traits. Nous n'avons garde de chercher à réfuter toutes les assertions de l'auteur; il faudrait pour cela des volumes, et, en vérité cela n'en vaut pas la peine. Nous nous bornerons donc à des remarques qui feront juger les principes et du goût de M. Grégoire, ainsi que de la confiance qu'il mérite.

M. Grégoire s'est proposé de faire l'histoire des libertés de l'Eglise gallicane.... D'abord nous aurions voulu qu'il eût daigné nous expliquer ce qu'il entend par ces libertés; car on en parle si diversement, et tant de gens ont pris plaisir à embrouiller la matière, qu'on ne sait plus qu'en penser. Sont-ce les libertés de Pithou ou celles de Bossuet, de Durand de Maillanne ou de Fleury, des parlements ou de la Sorbonne? Sont-ce les libertés en vertu desquelles on forçait, par arrêt, les prêtres à porter les sacrements aux malades, ou bien celles qu'on déduit des quatre articles, et qui sont enseignées dans les écoles? Qui sera juge en cette matière, des jurisconsultes ou des théologiens? car les premiers diffèrent beaucoup des seconds dans l'explication qu'ils donnent de nos libertés. Il faudrait donc, ce semble, commencer par s'entendre; mais je serais tenté de croire que c'est ce dont se soucient peu ceux qui ne font sonner si haut nos libertés que pour avoir le plaisir d'y trouver tout ce qu'ils veulent, et de faire passer sous ce nom des systèmes funestes à l'Eglise, et subversifs de sa discipline. Je gagerais même que M. Grégoire, tout évêque et tout gros de citations qu'il est, aurait de la peine à nous spécifier bien nettement en quoi consistent nos libertés. Il a l'air de regarder comme des autorités à peu près égales les quatre articles de 1682, ou un arrêt du parlement; il met presque sur la même ligne Bossuet et Durand de Maillanne; il a sous la main un tas d'*écrivains jansénistes* dont il étale complaisamment les passages, et qu'il nous donne bonnement comme des espèces d'oracles. Ainsi, vous le voyez s'appuyer tour à tour sur Caylus, l'évêque d'Auxerre, sur Colbert, l'évêque de Montpellier, et sur des hommes tout à fait obscurs ou décriés; Le Gros, Gauthier, Minard, l'*Avocat du diable*, etc. Ce dernier recueil, aussi insipide qu'impertinent, est un triste témoignage à invoquer, et j'ai bien mauvaise opinion de la sagacité et du discernement de celui qui écrit l'histoire sur de telles garanties.

M. Grégoire a la prétention de savoir beaucoup de choses, et d'avoir fait des découvertes qui avaient échappé aux recherches faites avant lui. Ainsi il fait grand bruit des pièces curieuses qu'il a trouvées dans les archives pontificales amenées à Paris, et il est tout fier d'y avoir déterré des *protestations occultes*; par exemple, l'acte par lequel Clément XIII cassa, le 3 septembre 1764, les arrêts du parlement contre les jésuites. Il a fait là véritablement une trouvaille bien précieuse; il aurait pu s'apercevoir que le même fait est rapporté dans les *Mémoires pour servir à l'histoire ecclésiastique du XVIIIe siècle*, tome II, page 435, et que le pape, dans un bref aux cardinaux français, annonçait cet acte si mystérieux et si occulte.

L'auteur, après avoir tracé à sa manière l'histoire des prétentions ultramontaines, et être redescendu de (saint *) Grégoire VII à Pie VI, puis remonté de ce dernier à Boniface VIII et même plus haut, raconte avec le même ordre ce qui est relatif aux quatre articles. Il blâme avec sa verdeur ordinaire la faiblesse qu'eut Louis XIV de négocier avec le pape. Il s'y serait pris, lui, d'une manière plus expéditive. *Il était plus simple et plus sage*, dit-il, *d'en revenir sur-le-champ à l'usage de la primitive Eglise*. Ailleurs il tranche la question avec la même facilité. Il fallait, selon lui, faire donner l'institution par le métropolitain. Cela est plutôt fait dans le fond. A la vérité, il en serait résulté un schisme, mais ce n'est pas ce qui peut effrayer M. Grégoire. Il est aguerri à cet égard. Il a vu un schisme, il y a coopéré; il se consolerait d'en voir un second, comme Buonaparte lui en avait donné quelque temps l'espérance. Louis XIV, qui n'était pas si épris de ce doux moyen que l'évêque constitutionnel, fit donc la faute d'écrire au pape, le 24 septembre 1693, une lettre où il lui annonçait qu'il avait donné des ordres pour que les choses contenues dans son édit du 2 mars 1682 ne fussent pas observées. Plusieurs évêques nommés écrivirent aussi dans le même temps, et chacun en son nom, une lettre où les uns ont cru voir une rétractation, tandis que les autres n'y ont trouvé qu'une excuse générale. Ce qu'il y a de certain, c'est que les signataires y assurent que *leur intention, non plus que celle du clergé de France, n'a pas été de rien déterminer sur la foi, et de proposer aucun dogme comme appartenant à la foi*. Laissons M. Grégoire se récrier sur la pusillanimité des évêques....

M. Grégoire aurait pu se dispenser de faire entrer dans son *Essai* ce qui s'est passé en France à l'occasion du livre de Quesnel et de la bulle qui le condamnait, et il aurait bien dû nous faire grâce d'une foule d'anecdotes apocryphes, de réflexions niaises et de déclamations vagues qu'il a trouvées à cet égard dans les écrivains jansénistes du temps. Les *Hexaples*, les *Mémoires sur Port-Royal*, la *Vérité rendue sensible*, la *Vérité persécutée par l'erreur*, et autres pamphlets de cette force, sont de tristes sources et de pauvres garants. On est tenté de rire d'ailleurs quand on voit M. Grégoire si chaud en faveur du jansénisme, qui ne se félicitera pas beaucoup d'un pareil apologiste. Il y a tel avocat que je paierais pour ne pas se charger de ma défense....

---

* Nous ajoutons ce mot, que M. Picot a oublié toutes les fois qu'il a nommé ce grand pontife canonisé par l'Eglise.

GROS (NICOLAS LE), docteur en théologie de l'université de Reims, né dans cette ville, les derniers jours de l'année 1675, de parents obscurs, s'est fait un nom par le rôle qu'il a joué dans le parti des *anticonstitutionnaires*. Après avoir été chargé par l'archevêque de Reims, Le Tellier, du petit séminaire de Saint-Jacques, il devint ensuite chanoine de la cathédrale; mais son opposition à la bulle *Unigenitus* ayant déplu au successeur de Le Tellier (Mailli), ce prélat l'excommunia et obtint une lettre de cachet contre lui. Le chanoine, obligé de se cacher, parcourut différentes provinces de France, passa en Italie, en Hollande, en Angleterre, et enfin se fixa à Utrecht, où il s'ab-tint, pendant quelques années, de célébrer la sainte messe (*Voyez* BRIQUET, DE GENNES). Le soi-disant archevêque d'Utrecht, nommé Barckman, lui confia la chaire de théologie de son séminaire d'Amersfort, emploi qu'il remplit avec tout le zèle d'un enthousiaste jusqu'à sa mort, arrivée à Rhinwik, près d'Utrecht, le 4 décembre 1751, à soixante-quinze ans.

DU RENVERSEMENT *des libertés de l'Eglise gallicane, dans l'affaire de la constitution* Unigenitus. 1716 ou 1717, 2 tomes in-12.

M. Le Gros fait ici montre d'un zèle qu'il n'a pas pour la conservation de nos droits légitimes (1). Il a cru qu'en se couvrant de ce spécieux prétexte, il séduirait plus aisément le peuple, et surprendrait même des personnes plus éclairées, il s'est trompé. A peine son livre parut-il, qu'on publia une *Lettre à un seigneur de la cour*, qui dissipa en peu de mots cet amas de chicanes et tout ce vain étalage d'érudition. On y démontra les trois propositions suivantes.

Première proposition. Le jugement porté à Rome par la constitution *Unigenitus* n'a rien de contraire à nos libertés, d'où il suit que la première partie du livre du *Renversement des libertés*, etc., laquelle contient plus de trente abus prétendus de ce jugement, n'est qu'un tissu de faussetés.

Seconde proposition. La constitution a été reçue en France d'une manière très-conforme à nos libertés. Par conséquent, quarante autres abus qu'on impute à cette réception dans la seconde partie du livre sont autant de chimères.

Troisième proposition. Dans l'état où sont les choses, par rapport à la constitution *Unigenitus*, on ne peut refuser de s'y soumettre, sans violer les lois fondamentales de l'Etat, et sans faire à l'Eglise gallicane le plus grand outrage qu'elle puisse recevoir.

Ces trois propositions, si claires et aisées à établir, *renversèrent* de fond en comble tout l'édifice du chanoine apostat.

En général, Le Gros étale ouvertement, dans ce livre, le système de Richer et de Marc-Antoine de Dominis. On y lit, tom. I, page 346, que « tous les pasteurs et tous les peuples fidèles possèdent en tout temps le fond et la propriété des clefs. »

MÉMOIRE *sur les droits du second ordre du clergé*, 1718, in-4°.

Cet ouvrage, qui renferme le même système que le précédent, fut proscrit par arrêt du conseil du roi de France, du 29 juillet 1733.

DISCOURS *sur les Nouvelles Ecclésiastiques*. Sans nom d'auteur, de libraire, ni de ville. In-4°, 7 avril 1735.

Voici le jugement que porte de cet ouvrage, écrit avec emportement et malignité, un des plus grands jansénistes, M. Petit-Pied, dans sa fameuse *Lettre*, imprimée en décembre 1735 : « C'est une chose incompréhensible, dit-il, p. 4, que l'apologie qu'un célèbre théologien des nôtres a osé entreprendre de l'*auteur des Nouvelles Ecclésiastiques*. L'air de la Hollande est contagieux. Le convulsionisme, monté sur le figurisme a pénétré dans cette province; il y a infecté presque toutes les têtes : le bon cœur de notre théologien fait illusion à son esprit. Parmi les appelants qui ont de la réputation, il est le seul qui ait fait une si téméraire entreprise; aussi n'est-il avoué d'aucun de ses confrères, et nous sommes ici bien autorisés de leur part à la désavouer. »

Pour montrer combien cet écrit de Le Gros est indigne d'un chrétien, nous en allons rapporter quelques traits ; ils sont si monstrueux, que leur difformité suffira pour en inspirer une juste horreur.

Page 2. *La bulle, considérée par le fond, se décrie d'elle-même. L'autorité d'une prétendue acceptation universelle dont on la pare, les interprétations et les commentaires dont on la couvre, ne font qu'augmenter sa difformité et sa laideur naturelle.... Le nom du pape ne fait que lui imprimer une efficace d'erreur, qu'elle n'aurait point sans cela.* Combien de protestants rougiraient d'employer des expressions si atroces?

Ibid. *Mais à qui en veut ce monstrueux décret? Il va insulter le Tout-Puissant jusque dans sa redoutable sainteté.* Est-ce donc Luther qui parle de la bulle de Léon X? Non, c'est le sieur Le Gros; et ce même homme qui vient de vomir contre la constitution de si affreux blasphèmes, nous vante après cela tranquillement *la candeur, la simplicité, la douceur, la patience* des gens de sa secte. Il ne lui manque plus que d'en vanter la modestie, lui qui a l'audace de dire, page 4, qu'un janséniste est un homme qui *réunit dans sa personne, avec la foi et le mérite, la probité et la piété.*

Veut-on savoir si à tant de vertus le janséniste ajoute le respect pour les puissances ecclésiastiques? Qu'on écoute le Réfugié. *L'épiscopat*, dit-il, page 5, *était avili et rempli de sujets qui n'avaient d'autres lumières*

---

(1) L'auteur de ces réflexions emploie, en parlant des prétendues libertés gallicanes, un langage qu'il fallait bien tenir, il y a cent ans, dans un journal ou dans un livre qu'on voulait publier.

que celles qu'ils avaient puisées à Saint-Sulpice ou dans des écoles encore plus suspectes....
Au milieu de la capitale du royaume, s'élevaient des séminaires et des écoles publiques, où l'on faisait profession d'enseigner les fables ultramontaines avec le molinisme; et c'était dans ces sources empoisonnées que la noblesse française qui se destinait à l'état ecclésiastique allait puiser, et c'est là que se formaient les évêques.

Enfin, pour joindre aux vices du cœur l'absurdité et les défauts de l'esprit, Le Gros nous donne, page 17, comme une chose capable de rajeunir l'Église ou du moins de la consoler dans sa vieillesse (le croirait-on?), l'abdication volontaire de l'évêque de Saint-Popoul, de cet infortuné prélat qui fut le jouet et la victime du parti. Au reste, Le Gros est un des chefs du parti des figuristes. Il n'a pas rougi d'enseigner publiquement, dans les écrits qu'il a dictés à Utrecht, que le grand prêtre Héli, déposé du sacerdoce, nous marquait clairement que le pape serait bientôt déposé, parce qu'il a prévariqué à l'exemple d'Héli. Dans cette ridicule pensée, voici comme il a expliqué ces paroles du premier livre des Rois, chap. 2, *Suscitabo mihi sacerdotem fidelem* : Nous aurons bientôt un pape juif (*Voyez* ETEMARE). Avouons, après cela, que tous les fanatiques ne sont pas dans les Cévennes, et qu'un pareil approbateur des *Nouvelles ecclésiastiques* est parfaitement assorti au mérite du libelle dont il a pris en main la défense (*Voyez* FONTAINE).

RÉPONSE *à la Bibliothèque Janséniste, avec des remarques sur la réfutation des critiques de M. Bayle, et des éclaircissements sur les lettres de M. de Saléon, évêque de Rhodez, à M. Bossuet, évêque de Troyes.* Nancy, aux dépens de Joseph Nicolai, 1740. In-12, 408 pages.

Le Gros, dans cet ouvrage, veut faire passer le jansénisme pour un fantôme. Il dit toujours : Les *prétendus* jansénistes, ceux qu'on nomme, ceux qu'on appelle, ceux à qui on donne le nom de jansénistes. Il rougit de son nom; il a raison.

Il ne veut pas non plus que le système de la délectation victorieuse soit l'hérésie de Jansénius; il trouve mauvais que l'on confonde la délectation victorieuse avec la nécessitante. Il va plus loin; il prétend *qu'il en est peu qui tiennent le système de Jansénius sur cet article, et que presque tous font profession de suivre l'école de saint Thomas* (p. 5).

Il appelle *triviale* l'accusation de *conformité avec Calvin et Luther*, etc. Mais si cette accusation est *triviale*, n'est-ce point parce que le crime qui en est l'objet saute aux yeux de tout le monde? Les catholiques, les calvinistes, les luthériens, la voient tous, cette *conformité*, parce qu'elle est en effet sensible et palpable. On définit quelquefois un janséniste, un *huguenot qui va à la messe*. Pourquoi? parce qu'il est évident qu'à la messe près, le janséniste s'accorde avec le huguenot. Encore, sur la messe même, la différence n'est-elle pas aussi grande qu'on le pense.

Il est (page 9) extrêmement embarrassé des excommunications *ipso facto* que l'on encourt en lisant les livres dont la lecture est défendue sous cette peine. Pour s'y soustraire, lui et les siens, il prétend que cette défense est dans ces bulles une *clause abusive*.

Il loue (page 86) Saint-Cyran aux dépens de saint Vincent de Paul, sur quoi il a été solidement réfuté par M. Collet, dans son livre intitulé : *Lettres critiques sur différents points d'histoire et de dogme, adressées à l'auteur de la Réponse à la Bibliothèque Janséniste, par M. Le Prieur de Saint-Edme.* 1744. Ces lettres mettent en poudre tout ce que dit M. Le Gros, soit en faveur de Saint-Cyran, soit contre saint Vincent de Paul.

Il prétend (page 15) que c'est une *impertinence* (car il aime beaucoup ce terme) de dire que le système de la délectation victorieuse *conduit au quiétisme*, comme si la chose n'était pas démontrée.

Page 18, il attaque le saint et savant archevêque de Vienne, M. De Saléon, sur les trois *Lettres* qu'il a adressées à M. Bossuet, évêque de Troyes.

Page 57, en parlant de M. l'évêque de Marseille, il dit : *Un M. de Belsunce*; mais quel autre qu'un *Le Gros* peut parler avec si peu de respect d'un des plus respectables prélats du royaume?

Il suppose que c'est le sens de Calvin, qui a été condamné dans les cinq Propositions, et il ne dit sur cela que ce qu'a dit sa secte, dans l'écrit à trois colonnes, etc.

Ce vieux hérétique a l'insolence de prétendre que quand on transgresse une loi souvent, elle n'oblige plus, et qu'ainsi, parce qu'on a transgressé la bulle d'Alexandre VII, il n'en doit plus être question. C'est donc pour cela que la secte se sert de se révolter contre les lois les plus solennelles; c'est afin de pouvoir ensuite tirer de sa révolte même le droit d'infirmer la loi, comme si la multitude des prévaricateurs, des pécheurs, proscrivait contre les commandements qu'ils violent.

Page 63, il dit avec complaisance, qu'aucun évêque n'a excommunié.... n'a fait poursuivre par les officiaux, n'a fait refuser les sacrements, etc. Proposition fausse, même dans le temps qu'il osait l'avancer; mais devenue bien plus fausse encore, depuis l'impression de son livre. On voit par là combien il est nécessaire que les évêques agissent avec vigueur, combien sont louables ceux qui l'ont fait, quelle conséquence tirent les novateurs des ménagements qu'on a pour eux : on ne les écrase pas, donc ils n'ont pas tort; c'est leur raisonnement.

Il soutient en plein le richérisme, et il est *surpris*, dit-il, page 80, qu'on ait souscrit en France à la condamnation de la 90e proposition de Quesnel.

MANUEL DU CHRÉTIEN, *contenant le livre des Psaumes, le Nouveau Testament et l'Imitation de Jésus-Christ, avec l'ordinaire de la messe.* À Cologne, aux dépens de la compagnie. 1740, in-18.

Il a été imprimé à Utrecht, sous le nom de Cologne, et réimprimé à Paris.

Tout le monde sait qu'on a fait une infinité d'éditions du Nouveau Testament de Mons ; qu'on a publié aussi des psaumes altérés et corrompus, et des traductions infidèles de l'Imitation de Jésus-Christ. Le Manuel dont il s'agit réunit ces trois objets dans un très-petit volume d'une impression *nompareille.* La traduction du Nouveau Testament est plus mauvaise, plus infidèle que celle de Mons. Pour la version des Psaumes, on avertit dans la préface qu'elle est faite sur le texte hébreu. Mais pourquoi abandonner la Vulgate, seule version authentique, et dans un livre qu'on adresse aux fidèles, sans excepter aucun état, leur présenter le texte hébreu ? Pourquoi, puisque c'est une œuvre du parti, si ce n'est afin de traduire plus impunément, d'une manière qui favorise l'erreur ; le texte hébreu étant beaucoup moins connu que celui de la Vulgate ?

GUDVER (N......), curé de Saint-Pierre-le-Vieux, à Laon, dépouillé ensuite de sa cure, en punition de sa révolte contre l'Eglise, connu depuis en plusieurs endroits et pendant plusieurs années sous le nom de M. *Duchâteau,* mort dans le lieu de sa retraite, le 3 septembre 1737, après avoir renouvelé son appel et son adhésion à MM. de Senez et de Montpellier, et mis dans son testament toutes sortes de blasphèmes contre la bulle.

LA CONSTITUTION Unigenitus, *avec des remarques et des notes.* In-12.

Il paraît qu'il y eut plusieurs éditions de cet ouvrage ; celle de Paris, 1713, 220 pages, porte au titre... : *Augmentée du système des jésuites opposé à la doctrine des propositions du P. Quesnel, et d'un parallèle de ce système avec celui des pélagiens.* L'éditeur dit, dans son Avertissement, que son but est *d'inspirer toute l'horreur que mérite la bulle.*

ENTRETIENS *sur les miracles de M.* Pâris. 1736.

Gudver, écrivain peu sensé, s'étend fort au long dans le troisième de ses *Entretiens,* sur les prétendus changements arrivés à la jambe de l'abbé Bescherant ; et, après avoir entretenu le public sur cette impertinence, il ose dire, page 110, *que la jambe de cet abbé s'allongea de cinq pouces.* Que penser d'un auteur qui conte sérieusement de pareilles fatuités ? Ne sait-on pas que cet abbé, partisan ridicule du diacre Pâris, après s'être donné si longtemps en spectacle, et avoir été la fable du public, par tant de scènes indécentes, a eu la confusion de s'en retourner dans son pays, avec la jambe aussi défectueuse qu'auparavant, et la réputation plus flétrie que jamais ? *Voyez* BESCHERANT.

JÉSUS-CHRIST *sous l'anathème.*

Libelle de 67 pages, sans compter l'Avertissement et la Préface.

Il ne fallait pas moins qu'une tête aussi folle et aussi impie que celle de Gudver pour concevoir l'idée fanatique qui remplit tout ce libelle.

Gudver prétend que, par la Constitution, Jésus-Christ *est excommunié ;* et, en conséquence, il a dressé des prières *pour honorer,* dit-il, page 61, *le mystère de Jésus-Christ excommunié.* Un autre suppôt de la secte a fait faire une estampe qui représente Jésus-Christ dans le désert, et le diable, qui, pour tenter Notre-Seigneur, lui présente la Constitution. On voit, par ces traits odieux, que Jésus-Christ lui-même est devenu le jouet de ces hypocrites, qui font à leur gré servir son nom adorable, ses paroles, ses actions, à l'avilissement de la religion, sous prétexte de décrier la bulle.

Gudver (pag. 10 de l'Avertissement) ose avancer que toutes les fois qu'on attaque un janséniste, on attaque Jésus-Christ même ; et que, comme *Jésus-Christ fut lapidé dans la personne de saint Etienne,* il est, par exemple, emprisonné dans la personne du sieur Vaillant, qui se disait Elie, de M. de Montgeron, et de tant d'autres dont les infâmes convulsions ont mérité et les anathèmes de l'Eglise, et l'horreur des fidèles, et l'animadversion des magistrats et l'exécration de la postérité.

Au reste, chaque page de ce détestable écrit est remplie de blasphèmes, de calomnies atroces et de tout ce qui peut révolter un cœur chrétien et un homme raisonnable.

GUENIN (MARC-CLAUDE), connu sous le nom d'*abbé de* SAINT-MARC, naquit en 1730 à Tarbes. Elevé au séminaire d'Auxerre sous l'épiscopat de M. de Caylus, il y suça les principes que favorisait ce prélat (*voyez* MOUTON), après la mort duquel il se retira en Hollande, où il termina ses études. Il fut ensuite appelé à Paris pour y rédiger les *Nouvelles ecclésiastiques ;* il y travailla sous le nom d'*abbé de Saint-Marc,* et se montra le digne successeur de son devancier Fontaine de La Roche ; la feuille n'en fut pas plus modérée ni plus respectueuse pour le saint-siège. Comme il ne passait pas pour un habile théologien, Gourlin, Maultrot et l'abbé Mey revoyaient les articles théologiques. Guenin rédigea les *Nouvelles ecclésiastiques* jusqu'en 1793. A cette époque désastreuse, quoique cette feuille eut constamment défendu la constitution civile du clergé et prôné toutes les innovations, le parti crut qu'il était prudent de cesser de l'imprimer dans la capitale. Elle fut transportée à Utrecht, où l'abbé Mouton la fit reparaître dans le même sens et le même format, et la rédigea jusqu'à sa mort arrivée en 1803. Les *Nouvelles ecclésiastiques* finirent avec lui. Lorsque les temps furent devenus plus calmes, Guenin travailla aux *Annales de la religion,* qui s'imprimaient chez Desbois, et qui étaient dignes en tout de succéder aux *Nouvelles.* (*Voyez* DESBOIS.) Il paraît qu'il n'était pas dans les ordres sacrés, ou qu'au tout au plus, il avait reçu le sous-diaconat. Guenin mourut à Paris le 12 avril 1807.

GUÉRARD (ROBERT) naquit en 1641 à Rouen, entra dans la congrégation de Saint-Maur, eut part au livre intitulé l'*Abbé commendataire*, et fut, pour cela, exilé à Ambournai, dans la Bresse; de là il fut envoyé à Fécamp, puis à Rouen, où il mourut en 1715.

ABRÉGÉ *de la sainte Bible en forme de questions et de réponses familières avec des éclaircissements tirés des SS. Pères et des meilleurs interprètes, divisé en deux parties, l'Ancien et le Nouveau Testament, troisième édition revue et augmentée.* Rouen, Nicolas le Boucher, 1711, deux volumes in-12. Publié en latin avec des prolégomènes, à Anvers, 3 vol. in-8°.

Tout n'est pas exact dans cet ouvrage, dit Feller. On y trouve, en effet, plusieurs propositions condamnées dans Baïus et dans Jansénius; par exemple, à la page 17 du premier tome, après cette demande : *Dieu était donc obligé de donner la grâce au premier homme?* Il répond : *Dieu ne peut faire un corps parfait sans toutes ses parties. Il ne peut faire une créature intellectuelle, qu'il ne lui donne sa grâce.* Voilà l'erreur de Baïus, qui disait que l'état de la nature pure était impossible. Erreur inconcevable : car, si la grâce était due à l'homme avant sa chute, ce ne serait plus une grâce, mais une dette. Le pélagianisme se trouve donc ici uni avec le jansénisme; et c'est ainsi que les extrémités se touchent, selon la remarque de saint Jérôme.

2° L'Eglise nous enseigne que Jésus-Christ veut sauver tous les hommes : *Omnes homines vult salvos fieri.* I Tim., c. II, et que Jésus-Christ a prié non-seulement pour les élus, mais aussi pour ceux qui ont le malheur de ne l'être pas. Le P. Guérard insinue une doctrine toute contraire, dans la page 187 du second volume. *Jésus-Christ*, dit-il, *finit ses instructions en demandant à son Père l'esprit d'amour et d'union, et la grâce de la persévérance pour ses apôtres et généralement pour tous ceux qui devaient croire en lui, et à qui il devait donner sa gloire.*

GUÉRET (LOUIS-GABRIEL) naquit à Paris, fut docteur de Sorbonne, se fit connaître par quelques brochures en faveur des réfractaires aux décrets de l'Eglise, et des moyens qu'ils employaient pour soutenir leur rébellion. Il mourut à Paris le 9 septembre 1759, à l'âge de 80 ans.

MÉMOIRE *sur le refus des sacrements à la mort, qu'on a fait à ceux qui n'acceptent pas la Constitution, et une addition concernant les billets de confession*, 1750. Brochure, in-12 de 69 pages.

Tout ce libelle se réduit à deux propositions.

La première, que le refus d'accepter la bulle est une faute trop légère pour mériter la privation des sacrements.

La seconde, que quand même il serait question ici d'une faute grave, un curé n'aurait pas droit pour cela de refuser les sacrements.

Nous ne parlerons ici que de ce qui regarde la Constitution.

I. M. Guéret a grand soin de répéter ce que les quesnellistes ont dit mille et mille fois, que la bulle est uniquement le fruit des intrigues de la société; que les 101 propositions sont susceptibles d'*un sens vrai et orthodoxe* (pag. 32); que ce n'est qu'*à force de gloses et d'interprétations sinistres* qu'on a pu leur attacher un sens faux et condamnable : qu'on peut les défendre, sans être hérétique en aucune manière (page 12); qu'on n'est schismatique, que lorsqu'on refuse de reconnaître le pape pour pape et l'Eglise pour l'Eglise (pages 24 et 25); que ce n'est que par *droiture*, par *délicatesse de conscience*, par un *inviolable attachement à la vérité* que ces opposants refusent de se soumettre à la bulle (page 37); qu'ils sont soumis à *toutes les décisions de l'Eglise; qu'ils embrassent et qu'ils professent tous les dogmes et toutes les vérités que l'Eglise enseigne, et qu'ils condamnent de tout leur cœur toutes les hérésies et les erreurs que l'Eglise proscrit et condamne* (page 12).

Expressions, comme on voit, purement janséniennes, et qui montrent évidemment que l'auteur ne regarde nullement la Constitution comme une *décision de l'Eglise*; qu'au contraire, il approuve ceux qui refusent de s'y soumettre.

Il les comble en effet d'éloges; il les représente comme les meilleurs de tous les chrétiens, et en un sens comme les seuls vrais fidèles, tandis qu'il n'épargne ni les invectives, ni les traits satiriques, à ceux qu'il dit être leurs uniques adversaires.

II. Il prétend que les opposants ne sont point coupables d'hérésie, et voici comme il s'exprime, page 22: *Quoique le pape et les évêques aient pris les propositions du P. Quesnel dans un sens mauvais, condamnable et même hérétique, en les proscrivant sous ces qualifications; cependant ceux qui n'y voient point ces sens mauvais et hérétiques, et qui ne les soutiennent que dans des sens vrais et orthodoxes, ne sont point coupables d'hérésie.*

L'auteur affecte ici d'ignorer que c'est dans leur sens naturel que l'Eglise a condamné les 101 propositions, et que les appelants les soutiennent aussi dans le même sens : d'où il s'ensuit que, si les appelants ne soutiennent aucune erreur, l'Eglise est elle-même dans l'erreur.

A la page 23, il dit qu'on n'a qu'à interroger les opposants sur les questions dont il fait le détail, et qu'ils *y répondront d'une manière qui ne laissera aucun doute sur leur catholicité.* L'écrivain, qui parle avec tant d'assurance, veut donc nous faire croire que l'Eglise combat un fantôme, et que les erreurs qu'elle proscrit n'ont aucun défenseur.

III. Page 24, il croit justifier les opposants accusés de schisme, en disant que *le schisme renferme toujours une séparation vo-*

lontaire de l'unité de l'*Eglise*, soit en se retirant, soit en ne voulant pas en reconnaître le chef. Or, ajoute-t-il, *il est visible que ceux qui n'acceptent pas la bulle* Unigenitus, *reconnaissent le pape comme le chef de l'Eglise*, etc. Étrange illusion de l'auteur ! il ne veut pas apercevoir la contradiction sensible qui se trouve entre le langage des opposants et leur conduite. Ils reconnaissent le pape, et cependant ils lui désobéissent, comme on en convient, page 25, c'est-à-dire qu'ils paraissent le reconnaître en paroles, mais qu'ils le méconnaissent en effet; et que s'ils ne sont pas toujours schismatiques par leurs discours, ils le sont toujours par leurs actions.

L'auteur avoue qu'ils désobéissent au pape; mais désobéir au pape n'est-ce pas désobéir à l'Eglise, puisqu'il est le chef de l'Eglise, et que sans lui l'Eglise n'est pas? Une pareille désobéissance est, selon l'expression de l'Ecriture, une sorte d'idolâtrie : *Quasi scelus idololatriæ est, nolle acquiescere;* mais, selon M. Guéret, c'est *droiture*, c'est *délicatesse de conscience*, c'est *inviolable attachement à la vérité*.

Et quelle hérésie ne peut-on pas excuser par les principes qu'il avance? Selon lui, page 16, il n'y a qu'à contester le sens des propositions : c'en est assez. *L'Eglise ne prétend pas le fixer par sa condamnation...... Ne pas se soumettre au jugement que l'Eglise paraît faire du sens de ces propositions, en les condamnant, ou même le contredire, ne fut jamais la matière d'une hérésie, ni l'objet des censures de l'Eglise.*

Y a-t-il après cela aucun concile, aucune décision, aucune censure, que les réfractaires ne puissent éluder et même *contredire* impunément? Toute fausse conscience en cette matière s'appellera *délicatesse de conscience*, tout éclat se nommera *droiture*, toute opiniâtreté sera *inviolable attachement à la vérité*.

IV. Ces mauvaises raisons sont noyées dans un tas de paroles, et appuyées de différents traits d'une inutile érudition, par lesquels il rapproche assez mal à propos des objets dont les circonstances sont tout à fait différentes, et quelquefois diamétralement opposées.

Il met toutes ses forces dans l'Histoire des trois chapitres; comme si les auteurs catholiques n'avaient pas déjà suffisamment répondu à cette triviale difficulté.

Il convient lui-même, page 30, que si les Occidentaux ne voulurent pas d'abord souscrire à la condamnation des trois chapitres, c'était, suivant saint Grégoire, *par une erreur de fait, et faute d'entendre la langue grecque*. Les opposants à la Constitution ont-ils à alléguer une excuse de cette nature?

Les Occidentaux refusaient de souscrire, parce que d'un côté ils étaient attachés au dernier jugement de l'Eglise, dans le concile œcuménique de Chalcédoine, en quoi ils avaient raison, et de l'autre, ils supposaient faussement que ce concile avait approuvé les écrits de Théodoret et d'Ibas, quoiqu'il n'en eût justifié que la personne. En est-il de même des opposants ? En rejetant la bulle *Unigenitus*, ont-ils quelque autre bulle sur le jansénisme, dont ils puissent s'autoriser? Ne rejettent-ils pas toutes celles qui ont été auparavant publiées sur cette matière?

Les Occidentaux, qui refusaient de souscrire, n'étaient nullement nestoriens; ils détestaient même le nestorianisme, et ne soutenaient aucune des erreurs contenues dans les trois chapitres; au contraire, les opposants d'aujourd'hui ne rejettent la bulle que pour soutenir, pour répandre leurs erreurs, contenues dans les *Réflexions morales* du P. Quesnel.

L'Eglise toléra les évêques Occidentaux, parce qu'ils n'étaient, comme je viens de le dire, que dans une erreur de fait, et que cette tolérance ne pouvait avoir de mauvaises suites. Mais l'Eglise peut-elle aujourd'hui tolérer des hérétiques, opiniâtrement appliqués à la propagation de leur pernicieuse doctrine ?

D'ailleurs, l'Eglise, qui tolérait en Occident les opposants au cinquième concile, gardait dans l'Orient une conduite toute contraire; elle y poursuivait vivement ceux qui n'adhéraient pas au jugement de ce concile, parce qu'elle savait qu'ils ne refusaient de se soumettre que par attachement à l'erreur proscrite. Or, tel est aujourd'hui le cas où se trouvent les opposants à la bulle *Unigenitus*.

V. De tout ce qu'on a vu dans cette première partie il résulte que l'auteur est aussi opposé à la Constitution que les autres réfractaires; qu'il en a copié tout le langage ; et que, s'il se dit acceptant, s'il a adhéré en effet au dernier décret de Sorbonne qui reconnaît la bulle *Unigenitus* pour un jugement dogmatique et irréformable de l'Eglise universelle, il n'a donc fait de cette bulle qu'une acceptation fausse et frauduleuse. Alors comment faut-il le considérer ?

Aussi, en parlant de la condamnation que la Constitution a faite du livre des *Réflexions Morales*, ose-t-il dire, page 31, que *jusque-là la piété des fidèles n'avait rien vu dans ce livre que d'orthodoxe; que les plus saints évêques et les plus habiles théologiens*, tels que *M. Bossuet, n'y découvraient que la doctrine de la grâce efficace nécessaire pour toute bonne œuvre, et une morale pure et exacte*.

Mais croit-il donc que la *doctrine de la grâce efficace nécessaire pour toute bonne œuvre*, soit une saine doctrine ? Ne détruit-elle pas la grâce suffisante, et dès lors n'est-ce pas une doctrine hérétique?

Que dire encore de la hardiesse avec laquelle il avance que *jusque-là les fidèles n'avaient rien vu dans ce livre que d'orthodoxe ?* N'est-il pas de notoriété publique que le livre des *Réflexions Morales* a dans tous les temps été attaqué; qu'il a toujours scandalisé les fidèles, et que M. Bossuet, après avoir essayé de le rectifier, à l'aide de six vingts cartons qu'on lui promit de mettre, renonça à ce dessein, et abandonna l'ouvrage à son malheureux sort?

VI. Quant à la seconde proposition de M. Guéret, savoir que quand même il serait question d'une faute grave, un curé n'aurait pas droit pour cela de refuser les sacrements, ce docteur n'emploie pour la prouver que sophismes, paralogismes, faux principes, contradictions. Pour le confondre il ne faut que ce raisonnement. On peut, selon lui-même, page 46, à l'article de la mort refuser le viatique à un pécheur public, s'il ne veut pas réparer le scandale qu'il a donné. Or celui qui est notoirement opposé à la bulle, est un pécheur, est un grand pécheur, un pécheur scandaleux, un pécheur public; donc on doit lui refuser les sacrements tant qu'il refuse de se soumettre à ce jugement dogmatique de l'Église universelle.

GUET (Le chevalier Du), [un des noms de guerre de l'abbé Duguet.

GUIBAUD (EUSTACHE), de la congrégation de l'Oratoire, né à Hières le 20 septembre 1711, était par sa mère petit-cousin de Massillon, qui chercha à l'attirer dans son diocèse; mais Guibaud élevé dans d'autres principes refusa de se rendre auprès de ce prélat. Il ne voulut pas même prendre la prêtrise, pour ne pas signer le Formulaire. Après avoir professé les humanités et la philosophie à l'ézénas et à Condom, il fut appelé à Soissons par M. Fitz-James, et il rédigea avec Valla et Chabot, le *Dictionnaire historique, littéraire et critique*, publié sous le nom de *Barral*: c'est lui qui fournit l'article Saint-Cyran. Il passa ensuite à Lyon sous M. de Montazet, et devint préfet des études au collège de l'Oratoire. Après la mort de cet archevêque, il fut accusé de jansénisme et chassé du diocèse à l'âge de 77 ans: il se retira dans la maison de repos de Marseille qui appartenait à son ordre, et il fit le serment. Il mourut à Hières, dans sa famille en 1794. Il était ami de l'abbé de Bellegarde, et fort ardent à répandre les livres de son parti. Ses ouvrages sont: *Explication du Nouveau Testament, à l'usage principalement des collèges*, 1785, 8 tomes en 5 vol. in-12. Il y a fait entrer beaucoup de passages des *Réflexions morales*: *Gémissements d'une âme pénitente* in-18, souvent réimprimé. La 3e édition a été augmentée des *Maximes propres à conduire un pécheur à une véritable conversion*. Ce livre a été traduit en italien. *La Morale en action, ou Élite des faits mémorables*, etc., contenant le *Manuel de la jeunesse française*, 1787, in-12, ouvrage destiné à faire suite au livre publié par Bérenger, sous le même titre, mais qui n'a pas eu le même succès. Il a aussi rédigé les *Heures du collège de Lyon*, et publié une nouvelle édition du *Catéchisme de Naples*. Il avait commencé une *Histoire abrégée de Port-Royal*, qui n'a pas vu le jour: tant d'autres histoires complètes et histoires abrégées l'ont vu, qui n'auraient pas dû le voir; mais qui, en le voyant, ont manifesté la honte de leurs auteurs!

GUIDI (LOUIS), prêtre appelant, naquit à Lyon en 1710, fut quelque temps de l'Oratoire, servit avec beaucoup de zèle le parti des convulsionnaires par sa collaboration aux *Nouvelles ecclésiastiques*, et mourut au mois de janvier 1780.

VUES *proposées à l'auteur des* Lettres pacifiques (Le Paige) 1753, in-12. —

Il eut avec le même une controverse sur la loi du silence. Cet avocat ayant publié, en 1758, un écrit intitulé: *La légitimité et la nécessité de la loi du silence*, contre les *Réflexions d'un docteur en théologie*, Guidi l'attaqua dans une *lettre à l'auteur de cet écrit*, dans le *Jugement d'un philosophe chrétien sur les écrits pour et contre la légitimité de la loi du silence*, 1760, in-12, et dans une *lettre à l'auteur des Nouvelles*. Le Paige répondit par le *Vrai point de vue*, et Jacques Tailhé, prêtre, écrivain peu exact, et homme de parti, publia des *Remarques succinctes et pacifiques sur les écrits pour et contre la loi du silence*. Cette controverse, qui est de 1759 et 1760, prouve que ces gens, qui parlaient tant sur la loi du silence, ne l'observaient guère.

DIALOGUE *entre un évêque et un curé sur les mariages mixtes des protestants*. 1775.

Dans cet ouvrage superficiel et déclamatoire, Guidi plaide avec beaucoup de chaleur la cause des calvinistes. Ses sophismes furent dévoilés par le dominicain Charles-Louis Richard, dans *Les protestants déboutés de leurs prétentions par les principes et les paroles mêmes du curé leur apologiste*, Liège, 1776, in-12. Guidi fit une suite à son *Dialogue* qui fut réfuté ingénieusement par le même religieux, dans les *Cent questions d'un paroissien*, Liège, 1776, in-12.

Tout l'ouvrage du prêtre janséniste, devenu avocat des calvinistes, fut mis au néant par le livre de Jean Pey, intitulé: *La tolérance chrétienne, opposée au tolérantisme philosophique, ou lettres d'un patriote au soi-disant curé sur son Dialogue au sujet des protestants*. Fribourg, 1784, in-12.

GUILBERT (PIERRE), tonsuré, naquit à Paris en 1697, fut précepteur des pages de Louis XV, donna les *Mémoires historiques et chronologiques sur l'abbaye de Port-Royal*, 3e partie, de 1668 à 1752, Utrecht, 1755, 7 vol. in-12; et la première partie des mêmes Mémoires, depuis l'origine jusqu'en 1652, Utrecht, 1758, 2 vol. La deuxième n'a pas été imprimée. Ouvrage minutieux et empreint d'esprit de parti. Guilbert donna encore la traduction de *l'Amor pœnitens* de Neercassel, 3 vol. in-12, et *Jésus au Calvaire*, 1731, 1 vol. in-12. Il mourut en 1759.

GUILLEMIN (PIERRE), religieux bénédictin de la congrégation de Saint-Vannes et de Saint-Hudulphe.

COMMENTAIRE *littéral abrégé sur tous les livres de l'Ancien et Nouveau Testament*, *avec la version française.* Paris, Emeri, 1721.

Commentaire abrégé de celui de dom Calmet, mais fort au-dessous de l'original. Le P. Guillemin, parlant de Jacob et d'Esaü, insinue le détestable dogme de Calvin sur la réprobation positive; et, à l'occasion de l'arche, une des principales erreurs de Quesnel, savoir que l'Eglise n'est composée que des seuls prédestinés.

H

HABERT (Louis) naquit en 1675, à Blois; fut successivement grand vicaire de Luçon, d'Auxerre, de Verdun et de Châlons-sur-Marne; puis il vint à Paris et se retira en Sorbonne, où il décida des cas de conscience jusqu'à sa mort, qui arriva en 1718. L'auteur du *Dictionnaire des livres jansénistes*, dit Feller, l'appelle un *janséniste radouci, qui, par des routes obliques, revient toujours au système jansénien*. Habert avait appelé, il mourut dans son appel.

Theologia dogmatica et moralis, ad usum seminarii Cathalaunensis. 17**.** — Autre édition, Paris, Billiot, 1714.

Aussitôt que ce livre parut, on publia successivement trois écrits (*la Dénonciation*, la *Suite de la dénonciation*, et la *Nouvelle dénonciation de la théologie dogmatique et morale*) où l'on fit voir combien cet ouvrage est infecté de l'hérésie de Jansénius. *Voyez* PASTEL.

C'est aussi pour ce sujet que plusieurs évêques le condamnèrent : M. l'évêque de Gap par son mandement du 4 mars 1711, et M. de Cambray, le grand Fénelon, par son ordonnance et instruction pastorale du 1er mai de la même année. D'autres se contentèrent de l'ôter aux jeunes clercs de leurs séminaires, ainsi que fit M. l'évêque d'Amiens.

Pour l'illustre Fénelon, il condamna cette théologie, *comme renouvelant le système de Jansénius, sous un langage d'autant plus contagieux qu'il est plus flatteur, et comme fournissant au parti des jésuites pour paraitre anti-janséniste, en soutenant tout le jansénisme.* (page 19.)

Il dit (page 1) Qu'il *a reconnu qu'on ne peut ici tolérer le texte du sieur Habert, sans tolérer celui de Jansénius, ni condamner celui de Jansénius, sans condamner aussi celui du sieur Habert.*

Que *l'unique différence qu'il y ait entre Jansénius et lui, se réduit aux seuls termes de morale, et de moralement. Jansénius a admis une nécessité et une impuissance qu'il nomme simples : M. Habert admet une nécessité et une impuissance qu'il nomme morales.* (Page 2.)

Cette *nécessité morale est*, selon ce docteur, *celle que nous ne vaincrons jamais, quoique nous puissions la vaincre.* Mais, s'écrie ce grand prélat : « Qu'y a-t-il de plus pernicieux que d'enseigner au monde qu'on ne résiste jamais ni en bien ni en mal, au plus grand plaisir, quoiqu'on ait je ne sais quel pouvoir physique d'y résister? Qu'y a-t-il de plus capable d'ôter aux hommes toute espérance de se corriger, s'ils sont dans le vice; et de persévérer, s'ils sont dans la vertu, que de leur persuader que la résistance au plus grand plaisir, est au nombre des choses moralement impossibles, qui n'arriveront jamais; qu'en un mot, cette résistance est dans la pratique une chimère, dont il serait ridicule de se flatter?... Nous sentons, diront presque tous les hommes, que nous goûtons un plus grand plaisir dans le vice que dans la vertu....

La résistance de notre volonté à ce plaisir toujours victorieux est chimérique. Elle est au nombre des choses qui ne furent et ne seront jamais. *Quæ moraliter impossibilia sunt, nunquam existunt*. Il est clair comme le jour que ce principe mène droit au désespoir de la vertu, et aux vices les plus honteux sans aucun remords : *Desperantes semetipsos tradiderunt impudicitiæ.*

En vain (continue le prélat) le sieur Habert, qui a fait un pas si dangereux, voudra reculer, en criant aux hommes prévenus du goût de leurs passions : vous avez le pouvoir physique de les vaincre. Les commandements de Dieu, lui répondront-ils, nous sont, de votre propre aveu, moralement impossibles. Il nous est moralement impossible d'être chastes, sobres, justes et modérés, car nous sentons beaucoup plus de plaisir à délectation ou de plaisir à suivre nos passions, qu'à nous faire une violence continuelle. A quoi nous sert votre pouvoir *physique* qui ne sera jamais d'aucun usage? c'est de vous-même que nous avons appris que tous nos efforts seraient vains, et que les vertus sont pour nous au nombre des choses qui ne furent, ni ne seront jamais, *quæ nunquam existunt*. » (Pages 4 et 5.)

Rien n'est donc plus illusoire que ce terme de *morale* qu'emploie Habert pour insinuer plus doucement celui de *nécessité* qui est si odieux aux catholiques. Mais laissons les mots qui ne sont rien tout seuls, et venons au fond de la chose.

Habert lui-même présente de sa propre main la clef de tout son système, en nous disant la raison sur laquelle il se fonde pour donner le nom de *morale* à sa nécessité. C'est que cette nécessité est sans violence, ni contrainte, et qu'elle opère en délectant, *quia delectando operatur*. Voilà donc Jansénius autant justifié que Habert, puisqu'il n'admet, comme le théologien, qu'une nécessité, qui ne doit être nommée que *morale*, parce qu'elle vient du plaisir. Voilà les cinq propositions qui sont pures et innocentes.

En conséquence de ces principes, Habert dit en parlant des hommes damnés, que *leur volonté étant mal disposée, et privée de tout secours de grâce, est toujours détermi-*

née à pécher, par une certaine nécessité, non absolue, mais morale. Selon lui donc, une nécessité, quelque inévitable et invincible qu'elle soit, n'est que morale, pourvu qu'elle opère en délectant; et les damnés trouvant une délectation à se révolter contre Dieu, la nécessité qui les empêche de se convertir, est une nécessité morale. Suivant ce langage, l'heureuse nécessité, où sont les bienheureux d'aimer Dieu, n'est aussi que morale, puisqu'elle vient d'une suprême délectation. Ainsi, selon M. Habert, il n'y a dans le ciel, ni dans l'enfer, qu'une nécessité morale, quelqu'invincible qu'elle soit; et la nécessité qui détermine les hommes sur la terre, n'est nommée morale que comme celle qui détermine les bienheureux au ciel et les damnés dans l'enfer.

Ce système étant ainsi développé, M. de Fénelon représente combien il est capable de renverser les règles de la piété, de la probité, et de la pudeur. Sur quoi il s'écrie: *N'est-il pas déplorable que les théologiens qui déclament sans cesse contre les moindres apparences de relâchement, établissent par leur système des principes qui mènent à l'épicurisme le plus impudent?*

Feller, après avoir rapporté ce qu'on vient de lire, dit, article HABERT: la partie dogmatique et la partie morale sont traitées dans cette théologie avec autant de solidité que de précision; il y a cependant des choses qui prêtent à la critique, Fénelon l'a censurée avec sévérité.

Pratique du sacrement de pénitence, ou *Méthode pour l'administrer utilement*, imprimée par l'ordre de M. l'évêque de Verdun (Hippolyte de Béthune, mort appelant). Paris, 1714, 1729, etc.

Cet ouvrage est partagé en six Traités, dont le premier regarde les qualités du confesseur, qui sont la puissance, la sainteté, le zèle, la science et la prudence. Nous n'observerons rien dans le premier chapitre, sinon que l'auteur a fort mal traduit le quinzième chapitre de la 23ᵉ session du concile de Trente; car au lieu que le concile dit que les Réguliers ne pourront confesser sans l'approbation des évêques, le sieur Habert dit qu'*ils ne le pourront faire à l'insu et même contre la volonté des pasteurs*. Or, par le terme de *pasteurs* (comme il est visible par la lecture du livre), il entend les curés, dont assurément l'approbation n'est nullement nécessaire pour rendre l'absolution valide.

C'est par le second chapitre que M. Haber commence à montrer que sa *pratique* est impraticable, dit le théologien de qui nous empruntons cette appréciation; il faut convenir néanmoins, est-il dit dans le *Dictionnaire historique* de Feller, tom. VIII (Paris Méquignon-Havard, 1828), que cette pratique est fort propre à corriger la pratique contraire, devenue commune, et qui le devient tous les jours davantage, à mesure que l'esprit et les sentiments d'une vraie pénitence deviennent plus rares. Habert donc, suivant le théologien, veut que tout confesseur ne soit plus sujet ni au péché mortel, ni au péché véniel ; et quoiqu'il avoue que cette obligation est comme celle du premier commandement, qui ne s'accomplira parfaitement qu'en l'autre vie, cependant il fait tellement dépendre de là le fruit de ce saint ministère que, s'il en est cru, personne n'osera s'y engager. Il en exclut même *les bons religieux, parce qu'ils ne font qu'aspirer à la perfection, et que les confesseurs* (selon lui) *doivent l'avoir acquise* (page 36, et dans l'édition de 1729; page 43).

Pour la science, qui est la matière du quatrième chapitre, le sieur Habert veut que le confesseur soit si savant que, s'il a observé la règle qu'il donne lorsqu'il a été grand vicaire, il n'a permis à personne de confesser.

Le second Traité est de la confession. M. Habert y chargé le confesseur de faire un si grand nombre d'interrogations inutiles, qu'avec sa méthode il n'est pas possible de confesser plus d'une personne en un jour. Nous ne croyons pas qu'on puisse mettre ce Traité et le suivant entre les mains d'un jeune curé, sans se rendre coupable de l'abus qu'il en peut faire.

Dans le quatrième Traité, qui est de l'absolution, l'auteur ne veut pas qu'on la donne à ceux qui ont des procès, jusqu'à ce que leurs procès (page 295) aient été terminés Étrange pratique! car de là il s'ensuit que le tiers ou la moitié d'un diocèse ne fera pas ses pâques. Il s'ensuit encore qu'une bonne partie des prêtres et des évêques ne doivent point dire la messe, puisqu'ils ont des procès. M. Habert dira sans doute que les évêques et les prêtres savent plaider sans blesser la charité; mais, si cela est vrai, les laïques le peuvent donc aussi, et c'est ce que M. Habert devait leur apprendre dans le confessionnal, plutôt que de leur interdire les sacrements ; car, enfin, si le procès dure toute la vie du pénitent, le voilà donc excommunié pour toute sa vie.

Notre docteur prétend que, quand on remarquerait dans celui à qui on a différé l'absolution *beaucoup d'amendement*, il ne faut pas l'absoudre (page 397). Quand est-ce donc qu'on l'absoudra? Peut-être qu'il retombera encore, dit M. Habert ; mais si l'on n'absout que ceux qu'on est parfaitement sûr qu'ils ne retomberont pas , à qui donnera-t-on l'absolution ? doit-on s'attendre qu'elle rendra les hommes impeccables ?

Dans le cinquième Traité, il paraît que M. Habert compte pour rien l'efficacité de la prière pour expier les péchés et pour obtenir la grâce de s'en corriger. Il compare les confesseurs , qui donnent des chapelets à dire , à des médecins d'eau douce *qui ordonnent de boire de la tisane* (page 399, édition de 1729, p. 475, p. 412). Mais s'il avait confessé des paysans , quelle prière leur aurait-il donnée à réciter qui valût mieux que l'Oraison dominicale et l'invocation de la sainte Vierge?

Ce docteur prononce, à la page 395 (édition de 1729, page 475), qu'*une absolution valide est inutile à un homme qui ne se corrige pas.* Cette proposition est très-fausse, puisque l'absolution valide confère la grâce.

Enfin M. Habert montre, dans tout ce Traité, le peu d'expérience qu'il a dans l'administration du sacrement de Pénitence. Il ordonne (page 411) à des gens de travail de faire des abstinences, des jours de fêtes et de dimanches. Il dit que la pénitence doit durer tout autant que la tentation ; où cela va-t-il ? Ignore-t-il donc que la pénitence que je fais aujourd'hui, si je suis en état de grâce, est méritoire pour l'avenir ? Il exige que tous les confesseurs aient une expérience consommée. Idée bizarre. Comment s'acquiert cette expérience ? C'est sans doute en confessant. Pour confesser, il ne faut donc pas attendre qu'on ait une expérience consommée. Or, notre rigoriste l'a-t-il jamais eue cette grande expérience ? Ceux qui louent ses principes doivent donc empêcher qu'on ne fasse des prêtres à 25 ans, et qu'on ne donne des cures à de nouveaux prêtres !

CONSULTATION *sur l'appel*, imprimée à Châlons, in-12 de 24 pages.

Cette faible *Consultation* en faveur de l'appel suppose partout l'hérétique doctrine que l'Eglise dispersée n'est pas infaillible, qu'on en peut appeler à l'Eglise assemblée, et que cet appel est non-seulement *dévolutif*, mais encore suspensif. Elle est du 21 mars 1717, et se trouve signée par *Habert, J. Le Meur, Lambert, L. Elies Dupin, de la Coste,* curé de Saint-Pierre des Arcis, et *L. Hideux* curé des Saints-Innocents. Elle est approuvée par trois grands vicaires de Châlons, *Laigneau de Vaucienne, Taignier* et *J. Gillot.*

HAMON (JEAN), docteur en médecine de la faculté de Paris, né à Cherbourg en Normandie, vers 1618, mourut à Port-Royal-des-Champs en 1687. Il était depuis 30 ans dans cette retraite, à laquelle il se consacra pour acquérir des vertus ; mais il échoua toujours devant celles qui sont nécessaires pour se soumettre aux décisions de l'Eglise. Ses ouvrages, fort recherchés du parti janséniste, renferment des maximes étrangement propres à affermir les esprits dans la rébellion contre l'Eglise ; car elles portent à regarder comme méritoire et profitable la privation des sacrements et autres peines décernées contre ceux qui refusent d'écouter la mère commune des fidèles.

ENTRETIENS *d'une âme avec Dieu, qui comprennent un grand nombre de prières pleines de l'esprit des divines Ecritures et des saints Pères,* etc.

C'est un in-12 de 584 pages, petit caractère. Si l'on s'en rapporte au frontispice, il a été imprimé à Avignon, en 1740, mais on n'y voit aucune approbation, ni permission. Il est dit dans l'Avertissement que cet ouvrage est la suite de celui qui parut la première fois à Paris, chez Elie Jossel, en 1685, sous le titre de *Soliloques sur le Psaume* CXVIII, et qui a été réimprimé en 1731, sous le titre de *Gémissement d'un cœur chrétien.* On ajoute que l'original latin a été composé par M. Hamon, médecin de Port-Royal, en deux vol. in-12 (1).

Tout le venin des principaux dogmes du jansénisme y est répandu avec beaucoup d'artifice. L'auteur se démasque surtout à la page 210, à l'occasion de ces paroles de l'Apôtre : *La volonté de Dieu est que tous les hommes soient sauvés, et qu'ils viennent à la connaissance de la vérité ;* et il insinue clairement que ce terme *tous* ne doit point s'entendre sans exception, mais d'un certain nombre d'hommes choisis, de tout âge, de tout sexe, de tout état, répandus par toute la terre. Le Seigneur est prié de rassembler seulement *quelques-uns* de nos frères vrais fidèles, et *quelques-uns* de nos frères égarés, et *quelques-uns* de nos ennemis, qui sont les hérétiques, les païens et les Juifs. Ce terme *quelques-uns* est employé trois fois pour restreindre la volonté de Dieu au salut du petit nombre des élus ; et jamais, dans toute la prière, le mot de *tous* n'est employé, quoique le texte de l'Apôtre le demande expressément, et qu'il doive s'entendre d'une vraie et sincère volonté de Dieu et de Jésus-Christ de sauver tous les hommes. Car, selon l'Apôtre, il doit évidemment avoir la même étendue à l'égard de ceux que Dieu veut sauver, qu'à l'égard de ceux dont il est Dieu. Or Dieu est Dieu de tous les hommes sans exception : Dieu veut donc, selon la doctrine de saint Paul, sauver tous les hommes sans exception. C'est aussi la tradition constante de l'Eglise.

Selon le novateur, il n'y a point d'autre vertu que la vertu théologale, point d'actions bonnes que celles qui procèdent de la charité ; on n'accomplit point tous les autres commandements, si on ne les accomplit par la charité ; la volonté de Dieu est toujours efficace, et la grâce efficace est la seule grâce de notre état. Ainsi, il n'y a point de grâces suffisantes qui rendent l'observation du précepte possible au juste qui le viole, point de grâces suffisantes qui rendent le salut éternel possible à d'autres qu'aux prédestinés. Dieu est l'unique auteur de tous nos mérites ; la couronne de justice et la récompense des justes sont de purs dons du Saint-Esprit, c'est-à-dire que les mérites de l'homme ne sont que des mérites de nom, des mérites où la coopération libre de la volonté n'a aucune part, et que l'on acquiert en cédant précisément à l'attrait nécessitant

---

(1) *Ægræ animæ et dolorem suum lenire conantis pia in Psal.* CXVIII *soliloquia.* Liège 1684. Ouvrage traduit sous le titre de :

Soliloques sur le Psaume CXVIII. Paris, Elie Jossel, 1685. Cette traduction est de Fontaine, selon les uns, de Goujet, selon les autres.

Les gémissements d'un cœur chrétien exprimés dans les paroles du Psaume CXVIII, *Beati immaculati.* Nouvelle édition, Paris, P. N. Lottin, 1731, in-12 de 591 pages.

Joh. Hamon christiani cordis gemitus seu ægræ animæ et dolorem suum lenire conantis pia in Psalmum CXVIII *soliloquia : accesserunt ejusdem preces.* Paris, P. N. Lottin. 1732, 2 vol. in-12.

de la grâce. C'est de Dieu seul que vient notre salut, et tout le bien que nous faisons est un don de sa pure libéralité, parce que nous le faisons invinciblement déterminés par sa grâce.

C'est ainsi que, sous les titres les plus séduisants et les voiles les plus spécieux, l'esprit de mensonge s'étudie à couvrir toutes les horreurs de la nouvelle hérésie.

TRAITÉ *de pénitence.* Paris, Hérissant, 1734.

Voici plusieurs des passages qui ont été signalés comme renfermant des erreurs jansénienne :

Page 8. *Nous obéissons à Dieu pour nous sauver, ou nous obéissons à notre propre ennemi pour nous perdre.* Ibid. *Toute action et toute parole, soit du cœur, soit de la langue, qui n'est point marquée du sceau de l'Agneau, est mise sous la domination de ce tyran qui lui imprime son caractère.* — Page 30. *Si nous nous faisons cette sainte violence qui ravit le ciel, afin d'entrer dans le sanctuaire de l'humilité, et de nous anéantir devant Dieu, notre péché nous sera remis tout aussitôt.* — 67. *Nous pouvons même les effacer* (nos péchés) *en y pensant, c'est ce qui est le remède le plus parfait du monde.* — 173. *En nous ressouvenant de celui* (du mal) *que nous avons fait, nous l'effaçons.* — 184. *La prière de la foi qui a la force seule de nous délivrer de toutes nos infirmités.* — 409. *Soyons assurés que Dieu nous pardonnera notre péché, si nous le prions instamment qu'il nous le pardonne; il ne faut que l'en prier,* etc. — 410. *Il nous pardonnera tous nos péchés, si nous l'en prions.* — 413. *Il nous pardonne nos péchés quand nous l'en prions, et cette prière fait notre mérite.* — 506. *Y a-t-il un chemin si abrégé que celui-là, et un remède qui soit si facile? En se croyant le plus malade, on n'est plus malade, et on n'a qu'à se plaindre sincèrement plus que les autres pour recouvrer sa santé.* — 531. *Vous ne me demandez pour me guérir et pour me rendre heureux que de voir avec amour ce que l'amour que vous avez pour moi vous fait souffrir. Vous vous contentez de vos souffrances pourvu que je les voie... vous vous en contentez, Seigneur, pour me pardonner et pour me donner votre royaume.* — 31. *On ne s'obtient* (la rémission de ses péchés) *que par ses prières.* — 76. *Non-seulement les pénitents n'ont rien donné les premiers, mais ils ont même perdu tout ce qu'on leur avait donné.* — 116. *Dieu n'exaucerait jamais leurs prières et même ne les entendrait pas, pour ainsi dire, s'ils ne s'efforçaient de surmonter le bruit de l'iniquité par le cri de la charité.* — 398. *En effet, il n'y a que l'esprit de charité qui nous empêche d'être muets.* — 131. *Les enfants de l'Église seraient inexcusables si les ruines de la maison de Dieu les empêchaient de la respecter, et s'ils avaient moins de tendresse et d'amour pour leur Mère, parce qu'elle est fort malade.* — 132. *Nous devons dire avec une ferme confiance, lorsque nous ne voyons que des ruines et que tout paraît renversé,* quia ædificavit Dominus Sion. — 133. *Les païens dont toutes les œuvres étaient dignes de mort, et qui ne méritaient que l'enfer.* — 237. *Quand les ennemis sont plus forts que nous, comme ils le sont toujours avant la grâce, nous ne pouvons qu'offenser Dieu.* — 250. On voit ici un texte de l'Écriture, cousu d'un passage des *Prov.* ch. xxi v. 27, et d'un autre du ch. x, v. 11. Le premier, *Hostiæ impiorum abominabiles,* est tronqué, car il y a dans la Bible : *Quia offeruntur ex scelere.* — 548. *Ces prétendus mérites séparés des vôtres* (Seigneur) *sont des péchés.* — 160. *La loi, si elle est seule, ne peut causer que la présomption ou le désespoir.* — 163. *Nous devons tirer de la grandeur même de nos péchés un plus grand sujet d'espérer.* — 172. *C'est comme une raison d'espérer en lui de ce qu'ils* (nos péchés) *sont si grands.* — 164. *Dieu fait tout en nous, et c'est lui qui nous sauve, et non pas nous qui nous sauvons.* — 228. *C'est cette volonté qui est admirable, et non pas ces âmes saintes, puisque c'est cette divine volonté qui opère toute la sainteté.* — 260. *C'est lui qui nous fait marcher dans ses sentiers, parce que sa grâce fait tout.* — 170. *Un innocent même ne peut être exaucé en vertu de sa justice, mais dans la seule justice de Jésus-Christ qui est devenue la nôtre par le don et l'application qu'il nous en fait.* — 417 et 418. *Lorsque nous ressentons notre faiblesse ou que nous voyons celle de nos frères, croyons que Dieu peut les rendre forts et nous aussi, et cette créance..... nous sera imputée à justice, et Jésus-Christ deviendra notre justice à proportion que nous la croirons,* etc. — 185. *Dieu n'enseigne sa volonté qu'à ceux qui sont véritablement à lui.* — 253. *Ces peines, ces sécheresses, ce trouble, cet abattement et ce renversement de cœur ne sont que comme la voix de nos péchés et l'expression de nos crimes..... c'est le poids de nos péchés qu'il nous fait ressentir.* — 255. *Jésus-Christ ne prie son Père que pour nous montrer à le prier.* — 262. *Soit innocent, soit pénitent, il faut que les mains soient nettes avant que le cœur soit net. La perfection commence par les mains et se termine au cœur.* — 351. *Quand Dieu parle et que le tonnerre de cette voix divine se fait entendre dans son cœur, quelque injuste que soit un homme, il devient juste.* — 532. *Je vous ai fait attendre si longtemps..... ô mon Dieu..... faites attendre cet ingrat qui a eu la témérité et la présomption de vous faire attendre.* — 418. *Appuyons-nous entièrement sur Jésus-Christ, voilà ce qu'il nous demande pour nous guérir ; et y a-t-il rien de plus aisé ? Est-ce travailler que de se reposer sur Jésus-Christ ?*

TRAITÉS *de piété composés pour l'instruction et la consolation des religieuses de Port-Royal,* à l'occasion des épreuves auxquelles elles ont été exposées. Paris, 1675. Amsterdam, Nicolas Potgieter, 1727.

1° La préface qu'on voit à la tête de ces *Traités* est de la façon de M. Nicole, qui les a recueillis et qui a prodigué à l'auteur dont il était le bon ami, les plus magnifiques louanges. *Son seul nom*, dit M. Nicolle, *fait l'éloge de tout ce qui est parti de sa plume, ou, pour mieux dire, de son cœur : tous ses ouvrages portent un caractère de piété, d'onction et de lumière*, etc.

2° Ces ouvrages, malgré leurs prétendues lumières, onction et piété, ont été condamnés comme séditieux, impies et pleins d'un esprit hérétique, dans un excellent mandement publié le 15 juin 1737, par M. Henri-François-Xavier de Belzunce de Castelmoron, évêque de Marseille.

3° *L'esprit de révolte*, dit ce grand et saint prélat, *s'annonce dans le titre même*. On y traite d'épreuves la sage conduite du roi dans la manière dont il a traité ces réfractaires. On y enseigne, page 9, *pour affermir les religieuses dans leur obstination*, que c'est un bonheur d'être privé des sacrements pour la défense de l'Eglise ; que ce refus injuste qu'on leur fait des sacrements *est l'absolution de tous leurs péchés*. « J'ose dire, ajoute M. Hamon, que le refus seul qu'on fait d'admettre le pénitent à la confession, est capable de le laver. Il y a un double mérite à ne point se confesser quand c'est pour Dieu qu'on ne se confesse pas ; car je ne doute pas qu'il n'y en ait un centuple à se priver de cet avantage..... le seul refus du sacrement de pénitence pourrait suffire pour faire des martyrs : cela suffirait quand même je n'aurais pas été baptisé. Les Port-Royalistes souffrent, dit-il, n° 398 et 399, pour une action de vertu. Ils sont les enfants de la vérité et de l'amour ; ils peuvent devenir une espèce d'eucharistie. »

M. Hamon, page 14, inspire du mépris pour toutes les puissances de la terre. *Nous devons*, dit-il, *mépriser toute la puissance des hommes. Jésus-Christ était abandonné de son Père de telle sorte qu'il ne l'était point, et cela nous convient bien*. (Page 242.) *Nous devons prendre patience, parce que notre ennemi a vingt mille hommes, et nous n'en avons pas même dix mille*. (Page 26.) *Nous avons le temps de consulter. La privation des sacrements est pour nous une confession plus puissante que celle dont on entreprend de nous priver* (page 114).

4° Le médecin de Port-Royal, marchant sur les traces de Calvin, substitue hardiment à la confession sacramentelle, la confession faite à Dieu seul. *Les hommes nous refusent l'absolution..... confessons-nous à Dieu humblement et dans l'amertume de notre cœur, et nous sommes assurés qu'il nous absoudra*. Il donne même la préférence à la confession faite à Dieu seul. *Il arrive souvent*, dit-il (page 172), *que la confession qu'on fait à Dieu dans l'amertume de son âme, est plus avantageuse que celle qu'on fait aux prêtres..... Nous pouvons nous confesser à Dieu seul qui est le grand prêtre* (page 95). *Son confessionnal est notre cœur ; c'est là qu'il entend la confession de nos fautes.*

5° M. Hamon va même jusqu'à conseiller la confession faite aux laïques. *Confessons-nous à nos frères*, dit-il (page 98), *puisque nous ne pouvons plus nous confesser à nos Pères. Il me semble*, ajoute-t-il (ibid.), *que je serais aussi longtemps que vous sans aller à confesse, pourvu que je connusse une personne qui fût à Dieu et qui voulût bien me donner conseil.* Il les console de la privation de l'eucharistie par ces paroles dignes de Calvin : *On communie toujours en aimant, au lieu qu'on n'aime pas toujours en communiant. Quand il n'y aurait qu'une personne qui communiât en un jour, si nous avons la foi de la communion des membres de Jésus-Christ, telle que nous devons l'avoir, nous communions.... Toutes les fois que nous croyons l'avoir reçu comme il faut, nous le recevons* (page 236).... *La confiance qu'on a dans la confession sacramentelle fait qu'on gémit moins en la présence de Dieu* (page 172).

PRINCIPES propres *à affermir et à consoler dans les épreuves présentes. Et la Constitution* Unigenitus *avec des réflexions succinctes et des passages de l'Ecriture et de la Tradition, après chaque proposition condamnée*, 1741, in-12, 118 pages.

Ce que Jean Hamon appelle ici la *défense de la vérité*, est la défense de l'erreur ; *les temps d'épreuves et de persécution* sont ceux où la puissance séculière et la puissance ecclésiastique concourent à punir les réfractaires ; et les *principes de conduite* aboutissent à ne pas plier sous l'autorité légitime. *Voyez* LE ROI.

RECUEIL *de lettres et opuscules de M. Hamon*, etc. ; *Amsterdam*, 1734, in-12, deux tomes ; le premier, de 412 pages, le second, de 432.

Dans les deux tomes de ce recueil, on sent à chaque instant le zélé port-royaliste. En voici un singulier exemple tiré du second volume, page 413. Hamon veut y prouver qu'il faut s'approcher de l'eucharistie avec joie ; et tel est son raisonnement : *Si toutes les personnes*, dit-il, *que vous aimez le plus, étaient à Paris, et que le roi leur ordonnât à toutes et à vous aussi, de venir demeurer ensemble à Port-Royal-des-Champs, dans quel transport de joie ne serions-nous point? Et si tout ce qu'il y aurait de plus fâcheux consistait en ce que nous serions obligés d'aller quelques-uns par Versailles pour y recevoir une grande somme d'argent qui serait toute prête, et pour y recevoir aussi un remède excellent que l'on nous donnerait en même temps, qui nous guérirait, et nous et nos amis, de toutes sortes de maux ; en vérité, mon très-cher frère, aurions-nous sujet de nous plaindre, principalement étant assurés que nous arriverions tous le même jour à Port-Royal, et que nous y souperions avec nos pères et nos mères?... nous allons bien à un autre souper et à un autre Port-Royal que celui-là.*

Ne voilà-t-il pas un homme étrangement infatué de son Port-Royal, et des pères et des mères qui s'y trouvent? Y a-t-il rien de plus plat et de plus pitoyable qu'une pareille façon de penser et de s'exprimer ? Est-ce donc ainsi qu'on traite le plus auguste de nos mystères ? L'indécent parallèle entre la divine eucharistie et un *souper avec les pères et les mères* de Port-Royal ! Qu'on juge de tout le livre par cet échantillon.

Hamon a encore composé d'autres ouvrages, également marqués au coin de Port-Royal.

Explication du Cantique des cantiques, etc., en 4 volumes in-12; Paris, Etienne, 1708, avec une longue préface de Nicole.

Traité de piété; Paris, Desprez; 1689, deux volumes in-8°.

Ecrit touchant l'excommunication, composé vers l'année 1665, à l'occasion des troubles excités dans l'Eglise, par rapport au Formulaire; in-4° 24 pages, etc.

De la solitude; Amsterdam, 1734; in-12.

Pensées diverses sur les avantages de la pauvreté; 1739, in-12.

HAUTEFAGE (Jean) naquit en 1735 à Puy-Morin, dans le diocèse de Toulouse, fut destiné à l'état ecclésiastique dès sa jeunesse, et se dévoua jusqu'à la mort au parti jansénien. On publia en 1816 un *Eloge de M. l'abbé Hautefage, ancien chanoine d'Auxerre;* in-8° de 24 pages. C'est de cet écrit, moins intéressant par ce qu'il apprend de l'abbé Hautefage, que par ce qu'il révèle du parti auquel cet abbé fut attaché, qu'est tiré cet article. Jean Hautefage eut le malheur d'étudier d'abord chez les jésuites, et l'auteur de la notice le dit très-sérieusement; il ajoute que l'abbé Hautefage, au sortir du séminaire, ayant lu les ouvrages de Duguet, *se fit lui-même une théologie.* Nouveau converti et plein de zèle, il paraît qu'il donna prise sur lui dans des prônes où il insinuait, sans doute, les sentiments qu'il venait d'adopter. Il fut mandé par un grand vicaire qui reconnut bientôt à qui il avait affaire, et qui l'interdit. Des amis zélés de la même cause s'empressèrent d'accueillir ce confesseur, et comme le dit l'auteur de la notice, *l'activité des relations qui existaient alors d'une extrémité du royaume à l'autre, entre les gens de bien attachés à cette cause, procura, en fort peu de temps, à l'abbé Hautefage, une place au collège d'Auxerre,* où il fut admis et agrégé, en 1766, comme sous-principal. Il exerça ces fonctions pendant huit ans dans un établissement où les partisans de l'appel avaient trouvé le moyen de s'insinuer après la destruction des jésuites, et qui était alors fort accrédité parmi tous ceux qui tenaient aux mêmes idées. On y envoyait de toutes parts des enfants puiser les principes de Nicole, de Mézenguy et de Gourlin. Cependant M. de Cicé, alors évêque d'Auxerre, souffrait avec peine dans son diocèse et sous ses yeux un établissement où l'on prêchait ouvertement une doctrine opposée aux décisions de l'Eglise, et où sa propre conduite était censurée. Il crut pouvoir profiter de la chute de la magistrature, en 1771, pour anéantir un foyer d'opposition, et, de concert avec les autorités d'Auxerre, il fit nommer d'autres professeurs; et l'abbé Hautefage, en particulier, fut obligé de quitter la maison. On ne s'en tint pas là; le 3 février 1773, une sentence du bailliage porta décret de prise de corps contre le sous-principal et contre quelques autres maîtres. M. Hautefage étant contumace, la procédure continua cependant; et, le 14 août 1773, une sentence extrêmement sévère bannit le principal, le sieur le Roy, et condamna les sieurs Hautefage et le Franc au fouet, à la marque et aux galères à perpétuité. Les autres étaient condamnés à diverses peines. On les accusait d'avoir distribué de mauvais livres, et tenu des propos séditieux. La même sentence condamnait au feu la feuille des *Nouvelles ecclésiastiques*, du 16 juin 1773, et quelques écrits relatifs aux circonstances. La plupart des maîtres surent se soustraire à l'exécution de la sentence. L'abbé Hautefage se cacha à Paris, à l'abbaye de Gif, à Alais; et à la fin il se rendit en Hollande, auprès de l'abbé Duparc de Bellegarde, qui y était comme l'agent général de tout le parti, et qui, par sa fortune, ses relations et son zèle, avait acquis une grande influence. L'abbé de Bellegarde s'attacha M. Hautefage, et l'emmena dans le voyage qu'il fit, en 1774, en Allemagne et en Italie. Ils séjournèrent ensemble à Rome, sur la fin du pontificat de Clément XIV, et ils passèrent aussi quelque temps à Vienne. Ce voyage, les exhortations de ces deux hommes, les livres qu'ils répandirent, les intrigues qu'ils formèrent, les partisans qu'ils se firent influèrent beaucoup sur l'esprit qui prévalut peu après à Vienne et ailleurs.

Pendant l'absence de M. Hautefage, ses amis profitèrent du retour des parlements pour faire casser la sentence rendue contre lui. Ils pensaient avec raison que les magistrats rappelés ne demanderaient pas mieux que de révoquer ce qui avait été fait par les tribunaux de la création du chancelier Maupeou. On avait déjà publié un *Acte de notoriété* en faveur des anciens professeurs. On fit paraître, en 1775, un *Mémoire* signé par plusieurs avocats en leur faveur; et le 25 janvier 1776, le parlement de Paris rendit un arrêt qui cassait tout ce qui avait été fait.

Cependant l'abbé Hautefage ne revint pas en France, et l'abbé de Bellegarde l'employa à un travail auquel le parti attachait beaucoup d'importance; c'était une édition des œuvres d'Arnauld, dont on s'occupait depuis fort longtemps. Un libraire de Lausanne avait publié, en 1759, un *prospectus* d'une édition d'Arnauld. Cette entreprise n'ayant pas eu lieu, Grasset, de la même ville, fit paraître un nouveau *prospectus,* en 1767; mais il se désista de son projet, et l'édition fut annoncée chez d'Arnay, libraire à Lausanne. C'était l'abbé de Bellegarde qui était à la tête. Il avait rassemblé de toutes parts les écrits d'Arnauld, et il chargea M. Hautefage de surveiller l'exécution. Celui-ci se fixa pour cet effet à Lausanne, et y passa sept ans, uniquement occupé de ce travail. Il entretenait pour cela une correspondance suivie avec l'abbé de Bellegarde, préparait les matériaux, revoyait les épreuves, entrait enfin dans tous les détails qui appartiennent à un éditeur. Les deux premiers volumes parurent en 1775, et le dernier en 1781. Il y avait alors 42 tomes, qui peuvent se réduire à 37, par la réunion de quelques-uns qui se trouvaient moins forts. La Vie et la table des matières parurent dans un autre volume en 1783. La première est de Larrière, et la seconde de M. Hautefage. L'auteur de l'*Eloge* nous apprend que son ami fut très mal payé de sa peine. A peine reçut-il la moitié de ce que lui avait promis l'imprimeur. Il est vrai que celui-ci ne retira pas non plus de l'édition tout ce qu'il en avait espéré. Les volumes ne se vendirent point; et on a fini par les donner au rabais, et peut-être même par les vendre au poids, tant le mérite d'Arnauld était mal apprécié dans ce siècle.

Libre de ces soins, et rentré en France, M. Hautefage s'appliqua encore à des travaux à peu près du même genre. Il rédigea un *Abrégé du catéchisme de Naples;* il travailla dans les dernières années aux *Nouvelles ecclésiastiques,* dont l'abbé de Saint-Marc était le principal rédacteur; et les étaient le mystère et les précautions que l'on mettait encore à cette gazette, que l'abbé Hautefage qui y travaillait et qui voyait journellement l'abbé de Saint-Marc, ignora longtemps que ce dernier fût attaché à la même entreprise. M. Hautefage dressa la deuxième table des *Nouvelles,* depuis 1761 jusqu'en 1790, où, pour éviter la prolixité de la première, il est peut-être tombé dans un défaut opposé.

Pendant la révolution, il entra comme précepteur dans la maison de M. C., et il y resta, l'éducation de son élève étant finie. Dans ses dernières années, il faisait le catéchisme dans quelques pensions, et s'occupait encore à revoir et à mettre en état d'être publiés des écrits anciens et nouveaux sur les disputes auxquelles il s'était voué. Il a laissé aussi plusieurs ouvrages pour l'instruction des enfants, entre autres une explication du Décalogue. Il faisait le dimanche un cours d'instruction pour les jeunes gens, et on dit qu'il remplissait cette tâche avec intérêt et fruit. Il mourut à Paris, sur la paroisse des Blancs-Manteaux, le 28 février 1816.

L'auteur de l'*Eloge* vante la simplicité de ses mœurs, son désintéressement, sa droiture, sa douceur, sa complaisance. On dit en effet que l'abbé Hautefage était un bon homme. Il avait cru rendre service à l'Eglise par son dévoûment à la cause qu'il avait embrassée. Il n'est pas bien sûr que tous les amis de l'Eglise en soient persuadés, et que la postérité conserve une grande reconnaissance de tous les travaux, d'ailleurs obscurs, d'un homme qui eut le malheur de suivre une telle direction.

HAVERMANS (MACAIRE), né à Bréda, le 30 septembre 1644, chanoine régulier de l'ordre de Prémontré, était né avec un génie prématuré, vif, pénétrant, mais avec une santé extrêmement délicate, qu'il acheva de ruiner par son application continuelle à l'étude. Il mourut en 1680 à Anvers, âgé seulement de 36 ans. Ses ouvrages sont :

1° TYROCINIUM *theologiæ moralis,* Anvers, 1675, 2 vol. in 8°; 2° la *Défense* de ce livre, Cologne, 1676; 3° *Lettre apologétique au pape Innocent XI;* 4° *Disquisition théologique sur l'amour du prochain;* 5° *Disquisition,* où il examine *quel amour est nécessaire et suffisant pour la justification dans le sacrement de pénitence?*

Tous ces ouvrages sont en latin. « C'était, dit Foppens dans la *Bibliothèque Belgique,* un homme savant, mais auquel quelques critiques crurent trouver une teinte de jansénisme. »

HENNEBEL (LIBERT), Flamand, fut longtemps l'agent du parti à Rome.

Theses theologicæ, 1680.

On leur a reproché de l'extravagance et de l'impiété. L'auteur ose y calomnier saint François de Sales et l'accuser d'avoir donné dans le semi-pélagianisme. *Franciscus Salesius,* dit-il, *fuit infectus errore semi-pelagiano.* Le trait qu'il lance contre saint Jean Capistran n'est pas moins impie, et ne pouvait partir que de la main d'un hérétique. Jean Capistran, dit notre docteur, a été canonisé par le pape Alexandre VIII; mais sa doctrine n'en est pas pour cela moins pernicieuse; et si nous doutons de sa sainteté, nous n'en serons pas pour cela moins bons catholiques : Joannes Capistranus fuit ab Alexandro VIII canonisatus, sed non ideo doctrina minus perniciosa est; et si de ejus sanctitate dubitamus, non ideo sumus minus boni catholici.

Les Thèses d'Hennebel ont été condamnées par un décret du saint-siége, du 14 octobre 1682.

HENRI DE SAINT-IGNACE, carme de la ville d'Ath, en Flandre, enseigna la théologie avec réputation, et passa par les charges les plus considérables de son ordre. Il fit un long séjour à Rome, au commencement du pontificat de Clément XI, et mourut à la Cavée, maison des carmes près de Liége, vers 1720, dans un âge très-avancé. Sa principale production est un corps complet de théologie morale, intitulé :

ETHICA *amoris* (la Morale de la charité), *sive Theologia sanctorum magni præsertim Augustini et Thomæ Aquinatis, circa universam amoris et morum doctrinam, adversus novitias opiniones strenue propugnata.* Liége, Bromart, 1709, 3 vol. in-fol.

Le P. Henry de Saint-Ignace renouvelle

dans cet ouvrage le baïanisme et le jansénisme. Il y avance cette proposition condamnée dans Baïus : *Philosophorum virtutes sunt vitia.* Dans tout le second volume, il établit la compatibilité de la nécessité volontaire avec le libre arbitre. Il se déclare hautement pour la proposition hérétique de M. Arnauld : il dit qu'on a vu dans saint Pierre *un juste à qui la grâce a manqué.* Il cite avec éloge les *Réflexions morales* de Quesnel, et il ose dire que la condamnation de ces mêmes Réflexions a été *l'effet d'une cabale.* Quelque mal écrit que soit cet ouvrage, qui pourtant est assez méthodique, le parti lui prodigue les plus grands éloges. Mais les Pères carmes en ont jugé bien différemment. Ils l'ont fait réfuter par un savant auteur de leur ordre; ils l'ont dénoncé eux-mêmes, et ils disent dans leur dénonciation qu'ils n'ont pu le voir sans horreur. Le 1vre a eu le sort que souhaitaient ces religieux zélés. Il a été condamné par le saint-siége en 1714 et en 1722, et par l'archevêque de Cologne; et il a été supprimé par le parlement de Paris.

On a encore du P. Henri de Saint-Ignace un autre livre de théologie, intitulé :

THEOLOGIA *vetus, fondamentalis, ad mentem resoluti doctoris J. de Bachone*, Liége, 1677, in-folio; 2° *Molinismus profligatus*, Liége, 1715, 2 vol. in-8°; 3° *Artes justitiæ in sustinendis novitatibus, laxitatibusque sociorum*, Strasbourg, 1717; 4° *Tuba magna mirum clangens sonum. De necessitate reformandi societatem Jesu, per liberum candidum.*

C'est un recueil de pièces pleines d'animosité et peu conformes à la doctrine de l'*Ethica amoris*. Les gens du parti janséniste estiment l'édition de 1617, en 2 gros volumes in-12. Henri de Saint-Ignace se déclare hautement dans ses écrits pour la cause et les sentiments du docteur Arnauld et du P. Quesnel.

HERMANT (GODEFROY), docteur de Sorbonne, naquit en 1617, à Beauvais, où il obtint un canonicat. Il fut recteur de l'université de Paris en 1646, et mourut en 1690, après avoir été exclu de la Sorbonne et de son chapitre pour l'affaire du *Formulaire*. Ses vertus et son savoir firent regretter à la sage partie du publicum dévouement si déraisonnable à des opinions condamnées. Hermant était intimement lié avec les solitaires de Port-Royal, notamment avec Sainte-Beuve et Tillemont. Des nombreux ouvrages qu'il a composés, nous ne mentionnerons que ceux qui rentrent dans notre plan.

FRAUS *calvinistarum retecta; sive Catechismus de Gratia ab hæreticis Samuelis Marezii corruptelis vindicatus per Hieronymum ab Angelo Forti, doctorem theologum.* Paris 1652, in-4°.

Samuel Des Marets (*voyez ce nom*), ministre calviniste, avait traduit en latin le *Catéchisme de la Grâce* (*voyez* FEYDEAU), avec de grands éloges pour les théologiens jansénistes. Ces derniers sentirent que de telles louanges données si libéralement par un ennemi déclaré de la religion, pouvait leur nuire dans l'esprit des vrais catholiques. Pour en prévenir les suites, le docteur *Godefroy Hermant* adressa trois lettres à M. de Sainte-Beuve, sous le titre de *Fraus*, etc. Les efforts de cet auteur ont été inutiles; tout ce qu'il y a eu de plus habiles et de plus honnêtes gens parmi les calvinistes, ont tenu le même langage que Des Marets; et les auteurs catholiques, intimement convaincus que Calvin et Jansénius ne pensent pas en effet différemment sur ce qu'il y a d'essentiel dans la matière de la grâce et de la liberté, ont fait voir évidemment que les jansénistes n'ont point d'autres armes pour attaquer et pour se défendre que celles des calvinistes. C'est ce qu'on peut voir dans les ouvrages de M. Raconis, évêque de Lavaur, de M. Habert, évêque de Vabres, du P. de Saint-Joseph, feuillant, du P. Petau, du P. Deschamps, etc.

APOLOGIE *pour M. Arnauld, docteur de Sorbonne*, contre un livre intitulé : *Remarques judicieuses sur le livre de la Fréquente Communion*, 1644, in-4°, de 398 pages.

Ce livre est l'éloge d'Arnauld, de sa famille, de Saint-Cyran, de Duhamel, de *Petrus Aurelius*, du livre de la Fréquente Communion, de Jansénius, et de sa doctrine. C'est au contraire une satire perpétuelle de ceux qui ont attaqué les erreurs pernicieuses de ces quatre novateurs.

THESES *pro quarta sorbonica.* Hermant y soutient cette proposition blasphématoire : *Que Dieu ava t donné l'ancienne loi aux Juifs pour les porter au péché* : *Lex lata est ut reos faceret.*

DÉFENSE *des disciples de saint Augustin contre un sermon du P. Bernage, jésuite, prêché le 28 août 1650.* Paris, 1650, in-4°.

LETTRE *pastorale de M. l'évêque de Beauvais, du 12 novembre 1658, contestant sa réponse à une requête présentée par les curés de son diocèse, contre le livre intitulé* : Apologie pour les casuistes, etc., *et son ordonnance pour la condamnation du même livre, dressée par* Godefroy Hermant. Paris, Ch. Savreux. 1658, in-4°.

RÉFLEXIONS *du sieur* Du Bois (Godefroy Hermant), *sur divers endroits du livre du P. Petau, où il approuve la doctrine de celui de la Fréquente Communion, composé par M. Arnauld.* 1644, in-4°.

Hermant eut part avec Blaise Pascal et l'abbé Perrier, au *Factum pour les curés de Paris contre un livre intitulé* : Apologie pour les casuistes, *et contre ceux qui l'ont composé*, etc. 1658.

Plusieurs lui attribuent la *Réponse à la remontrance du P. Yves*, que d'autres reconnaissent pour être d'Antoine Le Maistre.

HERMINIER (L'). *Voyez* LHERMINIER.

HERSAN ou plutôt HERSENT (CHARLES), parisien, docteur de Sorbonne, etc., se fit connaître, en 1640, par l'ouvrage fameux et peu commun, intitulé: *Optatus Gallus de cavendo schismate*, in-8°, libelle sanglant contre le cardinal de Richelieu, qui paraissait, au jugement de plusieurs, vouloir se faire déclarer patriarche. Ce livre, qui était adressé aux prélats de l'Eglise de France, fut condamné par eux, *comme propre à troubler la paix publique et à révolter les sujets contre leur souverain, sous le malin prétexte d'un schisme imaginaire*. Cependant voicice que dit à ce sujet l'abbé Bérault : « L'auteur violent et déclamateur de son naturel, qui l'avait réduit à sortir de la congrégation de l'Oratoire, pouvait avoir des torts dans les tours et les saillies de sa chaude éloquence, mais ses alarmes à l'égard du schisme n'étaient pas tout à fait imaginaires. Le prince du Condé qui, tout attaché qu'il était à la foi et à l'unité catholique, n'avait assurément pas l'imagination visionnaire, parlait de schisme redouté comme d'un malheur presque inévitable dans la situation où étaient les choses. »

Quoi qu'il en soit, Hersent passa à Rome, où son génie bouillant et emporté ne lui fit pas plus d'amis qu'à Paris. Ayant prêché le *Panégyrique de saint Louis*, il fut décrété d'ajournement personnel, pour y avoir mêlé quelques erreurs jansénistes, savoir: Que depuis la chute d'Adam, *notre volonté est si corrompue, qu'elle ne peut que pécher, si elle n'est aidée de la grâce. Que les élus suivent les mouvements de la grâce librement, parce qu'ils les suivent volontairement*. Il débita le plus pur baïanisme, et le plus cru jansénisme dans le centre même de la religion. Le P. Gerberon fait là-dessus une curieuse remarque. Il dit que ces *vérités parurent nouvelles à quelques romains qui avaient été nourris dans les sentiments d'orgueil qu'inspire la nature corrompue, et qui ignorent la doctrine de saint Augustin sur ces matières*. Hersent, averti de l'orage qu'il allait attirer sur sa tête par des propositions si scandaleuses, se réfugia dans le palais de l'ambassadeur de France, et eut l'audace de faire imprimer son sermon avec une épître dédicatoire au pape Innocent X, dans laquelle il soutient de nouveau que *toute action libre qui ne vient pas de la grâce, est un péché*. Après ce coup, Hersent, refusant de répondre au décret d'ajournement, c'est-à-dire de comparaître, fut excommunié; il revint en France pour se dérober aux poursuites de l'inquisition, et mourut en 1660 au château de Largoue, en Bretagne.

HERVAUT (Isoré d'), archevêque de Tours, publia, sous la date du 15 février 1714, un *Mandement* qui fut condamné à Rome le 26 mars 1714, *comme étant au moins captieux, scandaleux, téméraire, et injurieux au saint-siége apostolique*.

Peu d'années après, il parut un MANDEMENT du *chapitre de la sainte église métropolitaine de Tours pour la publication de l'appel*. 1718.

M. Languet, évêque de Soissons, publia une lettre sur ce mandement, et montra combien cette pièce est étrange dans toutes ses parties.

Il fit voir que dans la première partie on suppose trois faussetés évidentes ; 1° que la bulle est l'ouvrage du pape seul, comme si elle n'avait pas été reçue par tous les évêques du monde; 2° qu'une bulle reçue par presque tous les évêques du monde, peut être une bulle fatale à la foi, à la morale et à la discipline; 3° qu'il n'y a que le concile qui puisse décider et juger infailliblement; ce qui est une hérésie formelle, censurée comme telle, il y a plus de cent ans, et condamnée formellement par saint Augustin, il y a treize siècles.

Passant à la seconde partie, il prouva que les raisonnements y sont aussi peu solides, aussi absurdes que ceux de la première.

HUGOT (N...), simple acolyte, qui appela de la bulle *Unigenitus*; il était né à Paris, et faisait des conférences de théologie et expliquait le catéchisme aux enfants. Mais M. de Vintimille lui interdit ce double enseignement. Il est auteur d'une *Retraite pour les enfants*; d'*Instructions pour préparer à la mort*; d'*Avis aux riches*, et d'*Instructions sur les vérités de la grâce et de la prédestination*.

HURÉ (CHARLES) naquit, en 1639, à Champigny-sur-Yonne, d'un laboureur, fut professeur d'humanités dans l'université de Paris, et devint principal du collège de Boncourt. Il était lié avec les jansénistes, mais n'adoptait pas toutes leurs erreurs; on en trouve plusieurs dans ses ouvrages, notamment dans son *Nouveau Testament*. Il concourut avec Pierre Thomas du Fossé à l'édition d'une Bible complète avec des notes, publiée à Liége, Bromart, 3 vol. in-fol. *Voyez* THOMAS DU FOSSÉ. Huré mourut en 1717.

LE NOUVEAU TESTAMENT *de Notre-Seigneur Jésus-Christ, en français, selon la Vulgate, avec des notes*, etc. Paris, 1702. 4 vol. in-12.

Un théologien, à propos de cet ouvrage, s'est exprimé dans les termes suivants:

M. Huré est un Quesnel un peu mitigé. Il établit clairement le même système hérétique que le novateur, et sa version est celle de Mons un peu retouchée. Aussi le Nouveau Testament de M. Huré a-t-il été condamné par plusieurs évêques de France, et en particulier par M. l'archevêque d'Arles, MM. les évêques d'Apt, de Marseille, de Toulon, etc.

Voici quelques-unes des erreurs que renferme cet ouvrage. M. Huré, sur saint Marc, c. IV, 28, dit que *l'âme par la grâce que Dieu lui donne, produit d'elle-même tout le bien dont cette même grâce la rend capable*. C'est là seconde proposition de Jansénius. *Interiori gratiæ nunquam resistitur*.....

Act. xv, 2: *C'est dans les conciles qu'il faut que l'on décide les grands différends sur le fait de la religion*. Cette proposition est hérétique. Il est de foi que ces différends se décident aussi par les constitutions des souverains pontifes, acceptées par l'Eglise, comme on a vu dans les hérésies de Jansénius, de Pélage, des manichéens, etc.

I Petr. 1, 23: *La seconde naissance, ayant pour principe la vie et l'éternité de Dieu même, renferme en soi une vertu qui la rend immuable et éternelle.* C'est là précisément ce dogme calviniste de la justice inamissible. On trouve cette même hérésie dans trois autres endroits du livre de M. Huré.

II Thessal. II, 6: *D'autres croient que l'Antechrist ne paraîtra point que quand on verra cesser la profession publique de la foi orthodoxe.* Cette proposition est hérétique. Il est de foi que la foi ne sera jamais éteinte dans l'Eglise qui subsistera toujours, selon cette parole de Jésus-Christ: *Ecce ego vobiscum sum omnibus diebus usque ad consummationem sæculi....*

Sur saint Matthieu, VII, 4, 2, à l'occasion du lépreux guéri par Jésus-Christ, M. Huré établit clairement le dogme de la grâce nécessitante et irrésistible, par ces paroles calvinistes: *il n'est pas possible aux pécheurs de résister à la grâce ou d'y coopérer, qu'à ce lépreux de résister ou de coopérer à sa guérison miraculeuse....... Notre coopération n'est autre chose que l'ouvrage de Dieu en nous*, dit-il sur l'épître aux Ephés. II, 9.

Enfin il renouvelle, sur saint Marc, c. II, 27, cette détestable proposition du P. Quesnel : *L'homme peut pour sa conservation, se dispenser d'une loi qui n'est faite que pour son utilité*

HUYGENS (GOMMARE) naquit en 1631, à Lier, dans le Brabant, fut professeur de théologie à Louvain, et mourut en 1702. Il était intimement lié avec Arnauld et Quesnel, dont il défendit la cause avec enthousiasme.

METHODUS *remittendi et r tinendi peccata.* —
Deuxième édition, augmentée d'un troisième traité, Louvain, 1674. in-8°. — Traduction française, Paris, 1677, in-12.

Cette *méthode*, où le jansénisme est répandu comme à pleines mains, fut censurée par l'inquisition de Tolède, le 28 août 1681, *comme contenant des propositions condamnées dans Jansénius, et comme enseignant une doctrine également pernicieuse, et aux fidèles qui approchent du sacrement de pénitence et aux confesseurs qui l'administrent.*

Cet ouvrage fut aussi condamné, en 1695, par M. l'archevêque de Malines (Précipiano) avec le livre de la *Fréquente Communion.* Et ce fut surtout cette condamnation qui produisit l'injurieux libelle de Quesnel, intitulé: *Très-humble remontrance*, qui fut brûlé par la main du bourreau, en 1695, et où il emploie contre ce grand archevêque, primat des Pays-Bas, les termes de *lâche, d'indigne et de malhonnête homme.*

APOLOGIA *pro methodo sua; adversus responsionem brevem Fr. Car. Reymakers.* Louvain, 1674, in-8°.

COMPENDIUM *theologiæ.* Louvain.
Condamné par le saint-siége.

BREVES *observationes theologicæ; seu cursus theologico-moralis.* Ces courtes observations n'ont pas moins de douze ou quinze vol. in-12. Leodii, 1694 et suiv.

CONFERENTIÆ *theologicæ.* 5 vol. in-12.

LETTRE *au pape*, en latin, du 10 février 1797.

Diverses THÈSES *sur la grâce*, in-4°.

Tous ces ouvrages sont empreints de l'esprit de la secte où Huygens s'était engagé.

I

IRÉNÉE (PAUL), faux nom sous lequel le fameux Nicole a publié quelques ouvrages.

ISLE (L'ABBÉ DE), faux nom emprunté par Boucher.

ISLE (M. DE L'), un des noms de guerre de l'abbé Duguet.

ISOLÉ (Dom), autre nom de guerre de l'abbé Duguet.

J

JABINEAU (HENRI), doctrinaire, puis avocat, né à Etampes, était professeur au collége des Doctrinaires à Vitry-le-Français, où il restait sans prendre les ordres, pour ne pas souscrire le Formulaire, lorsque Poncet Desessarts obtint de l'évêque de Châlons-sur-Marne (de Choiseul) qu'il lui conférerait les ordres sans exiger sa signature. On dit que cette complaisance fut payée 20,000 francs, que Poncet Desessarts avait promis à cette condition pour les incendiés de la Fère-Champenoise. Après la mort de M. de Choiseul, Jabineau fut interdit par son successeur et obligé de s'arrêter dans la carrière de la prédication, qu'il avait embrassée
et où il s'était fait quelque réputation. Il se rendit à Paris, y dogmatisa à sa manière, et se fit interdire de nouveau par M. de Beaumont. Ce fut alors qu'il abandonna sa congrégation et obtint le prieuré d'Andelot, avec le titre de chapelain de Saint-Benoît. Il continua, malgré son interdiction, de prêcher dans des réunions particulières et de colporter de province en province ses touchantes homélies. Dégoûté de ce ministère, il se fit avocat en 1768, fréquenta le barreau et donna un grand nombre de consultations sur toutes les affaires du parti ; on l'entendit même plaider. Le parlement ayant été dissous en 1771, il embrassa avec chaleur la

cause des magistrats renvoyés, et son ardeur à déclamer contre le président Maupeou lui ouvrit les portes de la Bastille. Rendu à sa liberté, il jouit du triomphe des magistrats exilés et rentra avec eux au barreau. Ami de l'opposition par caractère, et accoutumé par la doctrine qu'il professait à fronder l'autorité, il professa les innovations de 1789; mais les désordres dont elles ne tardèrent pas à être suivies le firent changer de système, et il traita assez mal les évêques de ce parti, sans renoncer cependant à ses sentiments sur l'appel. Il mourut au commencement du mois de juillet 1792, laissant de nombreux *mémoires* sur des questions de droit et plusieurs écrits contre les innovations de la constitution civile du clergé. Le 15 septembre 1791, il commença un journal intitulé : *Nouvelles ecclésiastiques, ou Mémoires pour servir à l'histoire de la constitution prétendue civile du clergé*, qu'il voulait opposer aux anciennes *Nouvelles ecclésiastiques*, rédigées par Saint-Marc, qui étaient favorables au schisme constitutionnel. Jabineau releva leurs inconséquences et leurs erreurs, et son journal est assez curieux. Deux autres avocats, qui travaillaient avec lui, Blonde et Maultrot, entreprirent de le continuer; ils paraissent avoir cessé au 11 août 1792.

JACQUEMONT (François) naquit en 1757, à Boen, dans le diocèse de Lyon, fut élevé dans les opinions janséniennes et embrassa l'état ecclésiastique. Il fit et bientôt après rétracta le serment prescrit par le pouvoir révolutionnaire, et resta caché dans les montagnes du Lyonnais et du Forez. Sa principale résidence était à Saint-Médard, petite paroisse de l'arrondissement de Montbrison, d'où il se répandait dans les environs, en encourageant les prêtres et les fidèles de son parti. En 1802, à l'époque du concordat, Mgr de Mérinville, évêque de Chambéry, se rendit à Lyon pour organiser provisoirement le diocèse. Jacquemont se présenta à lui et refusa de signer le *Formulaire*. Tant que Napoléon régna, Jacquemont dogmatisa avec beaucoup de circonspection; mais à la restauration il se gêna moins et rompit le silence. On a tout lieu de croire qu'il ne fut point étranger aux plaintes amères répandues en 1816 et en 1819 contre l'administration du diocèse de Lyon. Il y eut à cette époque des pétitions présentées aux chambres à l'occasion de divers refus de sacrements et de sépulture : comme ces refus eurent lieu précisément dans les cantons où il exerçait de l'influence, il est vraisemblable que les renseignements venaient de lui. Il mourut à Saint-Etienne le 14 juillet 1835.

INSTRUCTIONS *sur les avantages et les vérités de la religion chrétienne, suivies d'une instruction historique sur les maux qui affligent l'Eglise et sur les remèdes que Dieu promet à ces maux*. 1795, in-12.

Avis *aux fidèles sur la conduite qu'ils doivent tenir dans les disputes qui affligent l'Eglise*. 1796, in-12.

C'est, d'un bout à l'autre, un plaidoyer en faveur du jansénisme, et qui se termine par une justification des propositions condamnées par la bulle *Unigenitus*.

LETTRE à *Mgr le cardinal Fesch, sur la publication du nouveau catéchisme*. Paris, 1815, in-12.

MAXIMES *de l'Eglise gallicane victorieuse des attaques des modernes ultramontains*. Lyon, 1818, in-8° de 130 pages.

Cette brochure parut sans le nom de l'auteur, qui se contenta de mettre : *Par un curé de campagne*. Elle avait pour but de répondre à deux écrits publiés à Lyon, dont l'un avait pour titre : *Réflexions sur le respect dû au pape et à ses décisions dogmatiques;* et l'autre : *Précis des vérités catholiques*.

JAILLE (N....).

VIE *de Jésus-Christ*.

EXPLICATION *des Epitres et Evangiles de l'année*. 7 vol.

D'un côté, les *Nouvelles ecclésiastiques* firent, en 1729, l'éloge de ces deux ouvrages; et d'un autre côté, M. l'évêque d'Angers les condamna, la même année, par un Mandement.

JANSENIUS (CORNÉLIUS), évêque d'Ypres, avec lequel il ne faut pas confondre un autre Cornélius Jansénius, évêque de Gand, mort quelques années avant que celui dont il est ici question ne vint au monde, en 1585, dans le village d'Acquoy, près de Lurdam en Hollande; ses parents étaient catholiques; en 1604, il se rendit à Paris, après avoir étudié à Utrecht et à Louvain. Les mêmes opinions sur certaines matières théologiques unirent Jansénius et Saint-Cyran, qui le plaça, en qualité de précepteur, chez un conseiller. Saint-Cyran l'appela quelque temps après à Bayonne où ils étudièrent ensemble pendant plusieurs années, cherchant dans saint Augustin ce qui n'y était pas, mais croyant ou voulant l'y trouver. Ils avaient pour but d'introduire des nouveautés, l'un dans la théologie, l'autre dans la discipline de l'Eglise. Jansénius, revenu à Louvain, en 1617, prit le bonnet de docteur en 1619, et on lui donna le gouvernement du collége de Sainte-Pulchérie. Il fut choisi pour professeur de l'Ecriture sainte en 1630, et composa le petit livre intitulé : *Mars Gallicus*, sous le nom emprunté, *Alexandri Patricii Armacani*, où il fait la plus indigne satire de la personne et de la majesté des rois de France. (*Voyez* HERSAN). Enfin il fut nommé à l'évêché d'Ypres par Philippe IV; il fut sacré en 1636, et il gouverna cette église jusqu'en 1638, qu'il mourut frappé de la peste, à l'âge de 53 ans, après dix-huit mois d'épiscopat. Nous n'avons pas à parler ici des *Commentaires* latins qu'il a laissés sur le *Pentateuque*, les *Proverbes*, l'*Ecclésiaste* et les *Evangiles*. Nous mentionnerons ses *lettres* à l'abbé de Saint-Pulchérie, trouvées parmi les papiers de cet abbé et publiées sous le titre de;

NAISSANCE *du jansénisme découverte, ou lettres de Jansénius à l'abbé de Saint-Cyran depuis l'an 1617 jusqu'en 1635.* Louvain, 1654, in-8°.

Venons maintenant à l'ouvrage si célèbre et trop célèbre, qui est intitulé :

CORNELII JANSENII, *Episcopi Yprensis,* AUGUSTINUS, *seu doctrina sancti Augustini de humanæ naturæ sanitate, ægritudine, medicina, adversus pelagianos et Massilienses.* Lovanii, Jac. Zegerus, 1640, in-fol. 3 tom., 1 vol., c'est-à-dire : l'Augustin de Cornelius Jansénius, évêque d'Ypres; ou la doctrine de saint Augustin sur l'innocence, la corruption et la guérison de la nature humaine, contre les pélagiens et les Marseillais.

Cette édition de Louvain, 1640, est la première. L'année suivante, on fit la seconde à Paris, augmentée d'un petit traité de Florent Conrius : *Accessit huic editioni Florentii Conrii, archiepiscopi Thuamensis, tractatus de Statu parvulorum sine baptismo decedentium.* Paris, Mich. Saly, etc., 1641, in-fol., 3 tom. 2 vol.

En 1647, on publia : *Cornelii Jansenii Enchiridion, continens erroris Massiliensium et opinionis quorumdam recentiorum* παράλληλον *et stateram.* Lovanii, vidua Jac. Gravii, 1647, in-12. Dans cet écrit, où Jansénius fait le parallèle des sentiments et des maximes de quelques théologiens jésuites, et des principes des semi-pélagiens de Marseille, il ne distingue pas assez ce qu'il y a, dans les écrits de ces Marseillais, d'opposé à la saine doctrine d'avec ce qui peut se concilier avec elle. Ce jugement est de Feller.

Enfin, on donna, en 1652, à Rouen, une troisième édition de l'*Augustinus,* à laquelle on ajouta l'Enchiridion dont nous venons de parler.

Si l'on en croit Jansénius, il travailla pendant vingt ans à son *Augustinus.* Cela est douteux (*Voyez* le *Dict. hist.* de Feller). Quoi qu'il en soit, Jansénius, peu de jours avant sa mort, pressé par les remords de sa conscience, écrivit au pape Urbain VIII qu'il soumettait sincèrement à sa décision et à son autorité l'*Augustinus* qu'il venait d'achever ; et que si le saint Père jugeait qu'il fallût y faire quelques changements, il y acquiesçait avec une parfaite obéissance. Cette lettre était édifiante; mais elle fut supprimée par ses exécuteurs testamentaires (Calenus et Fromond), et selon toutes les apparences, on n'en aurait jamais eu aucune connaissance, si après la réduction d'Ypres, elle n'était tombée entre les mains du grand prince Louis de Condé, qui la rendit publique (1).

Jansénius, quelques heures avant que de mourir, et dans son dernier testament, soumit encore et sa personne et son livre au jugement et aux décisions de l'Eglise romaine. Voici les propres termes qu'il dicta une demi-heure avant que d'expirer. *Sentio aliquid difficulter mutari posse; si tamen Romana sedes aliquid mutari velit, sum obediens filius, et illius Ecclesiæ, in qua semper vixi, usque ad hunc lectum mortis obediens sum. Ita postrema mea voluntas est. Actum sexta Maii 1638.*

Tout le système de ce fameux ouvrage se réduit à ce point capital, que depuis la chute d'Adam le plaisir est l'unique ressort qui remue le cœur de l'homme ; que ce plaisir est inévitable, quand il vient, et invincible, quand il est venu. Si ce plaisir est céleste, il porte à la vertu; s'il est terrestre, il détermine au vice ; et la volonté se trouve nécessairement entraînée par celui des deux qui est actuellement le plus fort. Ces deux délectations, dit l'auteur, sont comme les deux plats d'une balance ; l'un ne peut monter, sans que l'autre ne descende. Ainsi l'homme fait invinciblement, quoique volontairement, le bien ou le mal, selon qu'il est dominé par la grâce ou par la cupidité. Voilà le fond de l'ouvrage, et tout le reste n'en est qu'une suite nécessaire.

Au reste, Jansénius prétend qu'avant saint Augustin, tout ce système de la grâce était dans d'épaisses ténèbres, et qu'il y est de nouveau retombé depuis cinq ou six cents ans. D'où il s'ensuit visiblement que, selon lui, l'ancienne tradition sur un point de foi essentiel s'est perdue dans l'Eglise depuis cinq à six siècles.

Or, ce système du plaisir prédominant détruit visiblement tout mérite et tout démérite, tout vice et toute vertu. Il livre l'homme à un libertinage affreux et à un désespoir certain; enfin il fait de l'homme une bête, et de Dieu un tyran. C'est le pur calvinisme tant soit peu déguisé. L'un et l'autre s'appuient sur les mêmes principes, et se prouvent par les mêmes arguments ; de sorte que le jansénisme peut être défini en deux mots : *Le Huguenotisme un peu mitigé.*

L'*Augustinus* de l'évêque d'Ypres fut condamné par la bulle *In eminenti* d'Urbain VIII, en 1641. L'université de Louvain résista huit à neuf ans ; mais depuis ce temps-là, elle a donné constamment toutes les preuves de la foi la plus soumise. Pour l'université de Douai, elle a toujours été inébranlable, malgré tous les artifices qu'on a mis en œuvre pour la séduire.

Douze années après, les cinq propositions et le livre d'où elles sont extraites furent solennellement condamnées par une bulle d'Innocent X, avec les plus fortes qualifications.

Nous rapporterons ici les cinq fameuses propositions et les textes de Jansénius qui y répondent.

Première proposition. « Quelques commandements de Dieu sont impossibles à des justes, lors même qu'ils tâchent de les accomplir, selon les forces qu'ils ont alors, et la grâce

---

(1) Lettre de Jansénius, évêque d'Ypres, au pape Urbain VIII, contenant la dédicace de son livre intitulé *Augustinus,* et supprimée dans la première édition de ce livre, avec les réflexions du Père Annat, jésuite. Paris, Sébast. Cramoisy, 1666, in-4°.

leur manque, par laquelle ils leur soient rendus possibles. »

Jansénius. Tom. *de Gratia Christi,* lib. III, cap. 13, pag. 138, col. 2, litt. E, de l'édition de Rouen, 1652. « Hæc igitur omnia plenissime planissimeque demonstrant nihil esse in sancti Augustini doctrina certius ac fundatius quam esse *præcepta quædam quæ hominibus,* non tantum infidelibus excæcatis, obduratis, sed *fidelibus quoque et justis, volentibus, conantibus, secundum præsentes quas habent vires, sunt impossibilia; deesse quoque gratiam qua fiant possibilia.* »

N'est-ce point là mot à mot la première proposition? Jansénius ajoute, pour confirmation de la même doctrine : *Hoc enim sancti Petri exemplo, aliisque multis quotidie manifestum esse, qui tentantur, ultra quam possint sustinere.... Cum ergo nec omnibus gratiam ferventer petendi, vel omnino petendi, Deus largiatur, apertissimum est fidelibus multis deesse illam sufficientem gratiam, et consequenter illam perpetuam, quam quidam prædicant faciendi præcepti potestatem.*

Seconde proposition. « Dans l'état de la nature corrompue, on ne résiste jamais à la grâce intérieure. »

Jansénius. Le 2e *de Gr. Christ,* c. 24, p. 82, col. 2, lettr. B. *Augustinus gratiam Dei ita victricem statuit, ut non raro dicat hominem operanti Deo per gratiam non posse resistere.*

Ne voilà-t-il pas presque en propres termes la seconde proposition? La même doctrine n'est pas moins clairement exprimée dans les paroles suivantes du même livre, c. 4, p. 41, col. 1, lettre C. *Gratia vero lapsæ ægrotæque voluntatis, nullo modo in ejus relinquitur arbitrio, ut eam deserat aut arripiat si voluerit; sed ipsa sit potius illa postrema gratia, quæ invictissime facit ut velit, et a voluntate non deseratur.*

Troisième proposition. « Pour mériter et démériter dans l'état de la nature corrompue, la liberté qui exclut la nécessité d'agir n'est pas nécessaire, mais il suffit d'avoir la liberté qui exclut la contrainte. »

Jansénius. Tom. III, lib. VI, cap. 6, p. 267, col. 2, litt. B. *Eadem illa* (sancti Augustini) *doctrina, quod sola necessitas coactionis adimat libertatem, non necessitas illa simplex et voluntaria, ex aliis ejus locis non difficile demonstrari potest.*

Peut-on ne pas reconnaître là le sens de la troisième proposition? La même doctrine se trouve dans le passage suivant, tiré du chap. 24, 6e livre, sur la grâce. Jansénius y prouve que la liberté consiste dans la seule exemption de contrainte. *Arbitrium hominis dictum, quia non cogitur... necessitatem simplicem voluntatis non repugnare libertati... liberum arbitrium non esse amissum per peccatum, quia remansit liberum a coactione.* Ajoutons encore un passage tiré du liv. VIII, ch. 19, p. 366, col. 2, litt. D. *Nulla necessitas actibus voluntatis liberis formidanda est, sed sola vis, coactio et necessitas violentiæ.*

Quatrième proposition. Les semi-pélagiens admettaient la nécessité de la grâce intérieure, prévenante pour chaque acte en particulier, même pour le commencement de la foi; et ils étaient hérétiques, en ce qu'ils voulaient que cette grâce fût telle, que la volonté pût lui résister, ou lui obéir. »

Jansénius. Cette proposition est dans le livre VIII, *de Hæresi Pelagiana,* ch. 6, p. 188, col. 1, lett. B. *In hoc ergo proprie Massiliensium error situs est, quod aliquid primævæ libertatis reliquum putant, quo sicut Adam, si voluisset, poterat perseveranter operari bonum, ita lapsus homo posset saltem credere, si vellet, neuter tamen absque interioris gratiæ adjutorio, cujus usus vel abusus relictus esset in uniuscujusque arbitrio.*

Voyez encore *de Grat. Christi,* l. II c. 15.

Cinquième proposition. « C'est une erreur des semi-pélagiens de dire que Jésus-Christ soit mort ou qu'il ait répandu son sang pour tous les hommes sans exception. »

Jansénius. Cette proposition est si clairement, si nettement exprimée dans les paroles suivantes, qu'il ne faut qu'avoir les yeux pour en être convaincu. En voici d'abord la première partie. *Nam illa extensio tam vaga modernorum scriptorum non alio ex capite, quam ex ista generali indifferenti voluntate Dei ergo salutem omnium, et ex illa sufficientis gratiæ omnibus conferendæ præparationis fluxit : quorum utrumque Augustinus, Prosper, Fulgentius et antiqua Ecclesia, velut machinam a semipelagianis introductam repudiavit,* t. III, *de Gratia Christ.,* lib. III, c. 21, p. 166, col. 2, litt. D. La seconde partie de la proposition se trouve dans la même page, et à la même colonne, et à la lettre A. *Quæ sane cum in Augustini doctrina perspicua certaque sint, nullo modo principiis ejus consentaneum est, ut Christus, vel pro infidelium in infidelitate morientium, vel pro justorum non perseverantium æterna salute, mortuus esse, sanguinem fudisse, semetipsum redemptionem dedisse, Patrem orasse sentiatur... Ex quo factum est, ut, juxta sanctissimum doctorem, non magis pro æterna liberatione ipsorum, quam pro diaboli deprecatus fuerit.*

On pourrait rapporter cent autres endroits où Jansénius établit encore clairement la doctrine des cinq propositions. Il faut donc convenir que c'est de la part du parti le comble de l'impudence et de l'effronterie, de nier que Jansénius ait jamais enseigné les propositions condamnées par la bulle d'Innocent X.

Depuis que l'*Augustin* de l'évêque d'Ypres a été si solennellement proscrit par plusieurs souverains pontifes et par l'Église universelle, on est obligé indispensablement, et sous peine d'encourir tous les anathèmes, de croire quatre choses à l'égard de cet ouvrage : 1° que les cinq propositions sont hérétiques ; 2° qu'elles sont dans le livre de Jansénius ; 3° qu'elles sont condamnées et hérétiques dans le sens même de l'auteur, c'est-à-dire, dans le sens que le livre tout entier présente naturellement ; 4° que le silence respectueux ne suffit pas ; mais qu'on est obligé de croire sincèrement, avec une soumission intérieure d'esprit et de cœur, que les cinq propositions sont hérétiques dans le sens même de leur auteur.

Nous mentionnerons ici les ouvrages dont voici les titres :

DIFFICULTÉS *sur la bulle qui porte défense de lire le livre de Cornélius Jansénius*, etc. Paris, 1649, in-12 de 37 pages.

Ce sont vingt-huit articles injurieux à l'Eglise et pleins de frivoles objections contre la bulle *In eminenti* d'Urbain VIII, que l'auteur appelle, page 3, une *pièce informe*.

AUGUSTINUS *Yprensis vindicatus, atque e damnatione romanorum pontificum, Urbani VIII, Innocentii X, Alexandri VII et Clementis XI, ereptus et erutus : sive apologeticus perillustris ac reverendissimi domini Cornelii Jansenii*, etc. *In quo controversiæ Jansenianæ prima elementa et principia statuuntur*, etc. *Per Ægidium Albanum nuper, in civitate metropolitica Mechliniensi decanum et pastorem Ecclesiæ collegiatæ et parochialis beatæ Mariæ trans Diliam, anno afflictæ gratiæ 70, æræ vulgaris* 1711, in-4°, 516 pages.

C'est ici une criminelle apologie de Jansénius et de sa doctrine : il faut donc s'attendre à y trouver toutes les erreurs de celui qu'on entreprend de justifier; mais comme si ce n'en était pas assez, on y en ajoute encore de nouvelles, qui ne méritent pas moins tous les anathèmes de l'Eglise. Nous n'en citerons qu'un exemple. A la page 112, ch. 23, l'auteur établit (et il en fait la matière du chapitre entier) que *tout chrétien est obligé, par un précepte divin, de croire fermement qu'il est du nombre des prédestinés*. N'est-ce pas donner un démenti formel à saint Paul, qui veut que nous travaillions à notre salut avec crainte et tremblement? N'est-ce pas inspirer, n'est-ce pas même ordonner aux fidèles une fausse sécurité, qui ne peut que produire en eux l'orgueil et la présomption, tarir la source des bonnes œuvres, détruire la vigilance chrétienne et enfanter le plus honteux quiétisme et le plus affreux libertinage.

JARD (FRANÇOIS), prêtre de la doctrine chrétienne, prédicateur, né près d'Avignon en 1675, mourut à Auxerre, laissant des sermons en 5 vol., et la *Religion chrétienne méditée suivant le véritable esprit de ses maximes*, qu'il fit avec l'abbé Debonnaire (*Voyez* ce nom). Il avait été exilé à Tours, et ne fut pas étranger au changement de dispositions de M. de Rastignac, dans les dernières années de la vie de ce prélat (*Voyez* CHAPT DE RASTIGNAC). Cet article est de M. Picot, *Mémoires*, tom. IV, p. 327.

JOSSEVAL. *Voyez* MOTHE-JOSSEVAL.

JOUBERT (FRANÇOIS), théologien appelant, né à Montpellier en 1689, est auteur d'ouvrages qui, sous le masque de piété, respirent le plus grand fanatisme. Tels sont sa *Connaissance des temps par rapport à la religion*, 1727; *Concordance et explication des prophéties qui ont rapport à la captivité de Babylone*, 1745; le *Commentaire sur l'Apocalypse*, 1762, 2 vol.; celui *sur les petits prophètes*, 5 vol. in-12, et l'*Explication des prophéties de Jérémie, Ezéchiel et Daniel*, 5 vol. in-12. C'est presque toujours une satire contre les pasteurs. On se plaint qu'ils enseignent l'erreur, qu'ils égarent le troupeau. On déclame contre les papes, et on paraît avoir eu principalement en vue de rendre méprisable le corps épiscopal. On y parle sans cesse de vérités proscrites, d'abus d'autorité, de l'esprit d'orgueil et de domination des pasteurs que l'on appelle des *idoles*, etc.; enfin ce sont partout des allusions malignes et souvent même odieuses. Tels sont ces ouvrages qu'on donne pour des livres de piété. Joubert en a fait d'autres du même genre, et une *lettre au P. de Saint-Genis sur les indulgences*, 1759.

JUBÉ (JACQUES), curé d'Asnières, né à Vanves le 27 mai 1674, mort à Paris le 20 décembre 1744, fameux pour les changements qu'il s'avisa de faire dans la liturgie. *Voyez* à ce sujet son article dans le *Diction. histor.* de Feller. C'était un appelant fort zélé. Le diacre Pâris habita quelque temps chez lui. Jubé se donna beaucoup de mouvements, en 1714 et les années suivantes, pour fomenter l'opposition à la bulle. Il paraît qu'il parcourut une grande partie du diocèse de Paris, pour exciter les curés, et qu'il se chargea de l'édition de plusieurs ouvrages. En 1725, l'évêque de Montpellier l'envoya à Rome pour tâcher d'éclairer le pape et le concile. Jubé déguisé accompagna en Hollande les Chartreux fugitifs, et prit le nom de Lacour. Il voyagea aussi en Angleterre, en Allemagne, en Pologne et se rendit en Russie. Après un séjour, comme précepteur, il revit la France, retourna en Hollande, et revint à Paris où il mourut dans la misère à l'Hôtel-Dieu.

JUENIN (GASPARD), naquit en 1640, à Varembon, dans la Bresse, fut prêtre de l'Oratoire, professa longtemps la théologie dans plusieurs maisons de sa congrégation, surtout au séminaire de Saint-Magloire, à Paris, ville où il mourut le 16 décembre 1713. Des divers ouvrages qu'il a laissés nous mentionnerons :

INSTITUTIONES *theologicæ ad usum seminariorum*. La troisième édition est de Lyon, 1704, 7 vol. in-12

Le malheur à jamais déplorable de la congrégation de l'Oratoire est que, malgré les précautions des premiers supérieurs qu'elle a eus, et l'exemple des plus savants d'entre les particuliers, l'erreur s'est pour ainsi dire fixée dans son sein, et s'est ensuite répandue presque dans tout le royaume.

L'ouvrage du P. Juénin n'est pas un des moins funestes présents que cette congrégation ait faits à l'Eglise. Le jansénisme, quoique déguisé avec quelque art, s'y rencontre à chaque instant; tout y est semé de propositions entortillées, captieuses et tendant a renouveler les erreurs condamnées.

L'auteur, par exemple, en parlant des cinq propositions, au lieu de dire qu'elles sont de Jansénius, et condamnées dans le sens de Jansénius, dit avec tous les novateurs de ce temps qu'elles [sont condamnées dans le sens de Calvin : *in sensu Calvini.*

En parlant du cinquième concile général, le P. Juénin dit qu'il faut respecter par un silence religieux les décisions des conciles généraux qui regardent les faits dogmatiques. C'est là, comme l'on voit, ce silence respectueux, si solennellement condamné par l'Eglise. Il insinue ailleurs artificieusement la même hérésie par ces paroles du premier tome, page 304 : *In iis etiam quæ mere sunt humani facti, exhibenda est humilis, submissa et religiosa reverentia.*

Enfin le même auteur, comme M. le cardinal de Bissy l'a remarqué dans son *Instruction*, enseigne aux ecclésiastiques l'art pernicieux de *tenir un double langage en matière de foi.*

Un si mauvais ouvrage ne pouvait échapper aux censures ecclésiastiques. Il fut proscrit à Rome par un décret du 25 septembre 1708. Il le fut en France par M. le cardinal de Bissy, évêque de Meaux, qui fit, en 1711, contre les *Institutions* du P. Juénin, un mandement et une instruction pastorale de 624 pages, qu'on regarde comme un chef-d'œuvre. M. de Chartres (Godet Desmarets) publia aussi, le 25 juin 1708, une excellente instruction pastorale pour précautionner les fidèles de son diocèse contre cette dangereuse *Théologie.*

Plusieurs autres prélats condamnèrent les *Institutions théologiques ;* entre autres :

Le cardinal de Noailles, par une ordonnance du 12 juin 1706 ; l'évêque de Nevers, par un mandement du 5 août 1707 ; l'évêque de Noyon (d'Aubigné), par un mandement du 22 mars 1708. Ce mandement fut attaqué par un anonyme, partisan des erreurs de Juénin, dans un écrit intitulé : *Dénonciation des mandements de Mgr. l'évêque de Noyon.... au pape, aux évêques, aux facultés de théologie et à tous les pasteurs de l'Eglise,* in-12 de 39 pages. L'auteur prétend surtout défendre cette erreur : que toutes nos actions doivent être rapportées à Dieu par un motif de charité, et que si elles ne se font pas par quelque impression de ce divin amour, elles sont des péchés. D'où il s'ensuit évidemment que les actions des infidèles n'étant pas rapportées à Dieu par un motif de charité, sont toutes des péchés : ce qui est expressément condamné dans Baïus.

Les autres prélats qui se prononcèrent également, malgré cette *dénonciation* contre les *Institutions* de Juénin, furent : l'évêque de Soissons (de Sillery), par une ordonnance du 18 décembre 1708 ; l'évêque d'Amiens (Sabbatier), par une constitution du 28 juin 1709 ; l'évêque de Laon (de Clermont), par une ordonnance du 30 juillet 1709 ; l'évêque de Gap, par un mandement du 4 mars 1711.

REMARQUES *sur le mandement et instruction pastorale de M. Henri de Bissy, évêque de Meaux, touchant les Institutions théologiques du P. Juénin.*

Ce libelle est du P. Juénin. M. de Bissy l'a condamné par son mandement du 30 mars 1712, *comme renouvelant une partie des erreurs des* Institutions théologiques, *et comme excusant l'autre ; comme contenant tous les moyens artificieux dont les jansénistes se sont servis pour soustraire, s'ils le pouvaient, leurs écrits aux censures de l'Eglise ; comme détournant les fidèles... de la déférence qu'ils doivent aux décisions de l'Eglise et des pasteurs légitimes ; et comme tendant à étouffer dans le cœur des diocésains de Meaux, par une foule de calomnies et d'injures, les sentiments de respect et de confiance qu'ils doivent avoir pour leur évêque.*

C'est ici l'occasion de mentionner quelques autres ouvrages faits en faveur des *Institutions* du P. Juénin.

REMARQUES *sur l'ordonnance et instruction pastorale de M. Paul Desmarets, évêque de Chartres, touchant les Institutions théologiques du P. Juénin,* 1709, in-12, 365 pages.

M. Desmarets, évêque de Chartres, fut un des premiers qui, à l'occasion des erreurs contenues dans les *Institutions théologiques* du P. Juénin, signalèrent leur zèle pour la foi. Il publia, le 25 juin 1708, une ordonnance et instruction pastorale de 320 pages. Le pape l'en félicita par un bref du 7 septembre 1709, et toute l'Eglise catholique lui applaudit. Mais la secte en pensa bien différemment. Outrée du coup qui lui était porté, elle chargea l'auteur obscur des *Remarques* dont nous parlons, d'attaquer cette ordonnance, et de tirer vengeance d'un prélat qui avait si peu ménagé une des plus chères productions du parti. On trouve dans ces *Remarques* anonymes, comme dans la plupart des libelles composés pour la défense de Jansénius, beaucoup de hardiesse et de témérité ; peu de respect, ou plutôt beaucoup de mépris pour les supérieurs ; quelques objections proposées avec assez de subtilité, une grande facilité à répéter en différents termes, et avec de nouveau tours, des choses cent fois réfutées ; mais au fond, nulle solidité, et encore moins de sincérité et de bonne foi. C'est ce que démontra, en 1713, M. Marécaux, auteur des *Lettres d'un docteur de Sorbonne à un de ses amis ;* in-12, Paris, Sim. Langlois.

LETTRES *théologiques contre le mandement et l'instruction pastorale de M. Henri de Thyard de Bissy, évêque de Meaux, sur le jansénisme, portant condamnation des Instructions théologiques du P. Juénin.*

Ces lettres sont au nombre de 14. Elles ont été condamnées par un mandement de M. de Bissy, du 10 novembre 1715, *comme contenant une doctrine fausse, téméraire, captieuse, scandaleuse, injurieuse au saint-siége, aux évêques de France et aux écoles catholiques, erronée, hérétique et déjà con-*

damnée comme telle par toute l'Eglise; enfin comme renouvelant les cinq propositions de Jansénius dans le sens condamné, en rejetant les cinq vérités de foi qui y sont contraires.

Réponse (*Les nouveaux articles de foi de M. le cardinal de Bissy réfutés, ou*) *générale à ses mandements du 30 mai 1712, et du 10 novembre 1715, contenue en deux écrits,* 1718, in-12 de 371 pages.

M. de Bissy, évêque de Meaux, publia, le 16 avril 1710, un excellent mandement contre les *Institutions théologiques* du P. Juénin. L'oratorien piqué fit à ce sujet des *Remarques* que le prélat condamna le 30 mai 1712. Il parut aussi vers ce temps-là des *Lettres théologiques,* au nombre de 14, contre le même mandement ; et M. de Meaux les proscrivit le 10 novembre 1715. Or, ce sont ces deux dernières condamnations, c'est-à-dire ces deux mandements, l'un de 1712, et l'autre de 1715, qui sont attaqués dans le libelle dont il est ici question.

Les prétendus *nouveaux articles de foi*, que l'auteur anonyme trouve dans ces deux ouvrages, et qu'il entreprend de réfuter sont : « 1° Que Dieu veut d'une volonté sincère et réelle sauver tous les fidèles ; que cette volonté n'est ni une volonté de signe ni une volonté métaphorique, mais une volonté proprement dite, qui, pour cet effet, leur donne tous les moyens nécessaires et suffisants pour y pouvoir parvenir ; 2° que tous les fidèles justifiés ont toujours, lorsqu'il s'agit de l'accomplissement de quelque précepte, une grâce actuelle, suffisante, qui leur donne un pouvoir prochain, parfait et complet de l'accomplir, ou du moins de demander ce pouvoir par la prière. »

Vérités saintes, qui sont traitées de nouveautés par ce téméraire et effronté novateur.

JUGLAR (Jean), né à Saint-André, dans le diocèse de Senez, le 17 juillet 1731, reçut les ordres sacrés et fut curé de Courchon, puis curé d'Angles, et vint à Paris. On a publié sur lui, en 1820, une *notice historique* de 41 pages. On y dit qu'*il fut assez heureux pour jouir du dernier rayon de cette lumière qui brilla d'un si beau jour sous l'épiscopat de M. Soanen, et qui s'éclipsa presque aussitôt après que Dieu eut appelé à lui ce digne prélat pour le récompenser de ses vertus et de ses souffrances.* Ceci indique assez dans quel esprit cette notice a été écrite, mais ce n'est pas fort exact ; car M. Juglar, étant né en 1731, n'a pas vu l'administration de M. Soanen, qui avait été suspens de sa juridiction en 1727. Nous ne reprocherons pas à la *notice* de manquer d'exactitude à propos des faits que nous allons relater. Juglar fut membre du presbytère sous l'épiscopat constitutionnel de Royer, député au conseil de ce parti en 1797 et en 1801, et ami de Le Coz, Grégoire et autres coryphées. Il était surtout lié avec le constitutionnel Saurine, mort évêque de Strasbourg, et on ajoute qu'il combattait avec lui contre l'ultramontanisme et pour les vérités de la grâce et la doctrine de Port-Royal. C'est dans ces sentiments qu'il mourut le 20 décembre 1819. Nous ajouterons à sa louange qu'il avait fondé à Paris une école gratuite et chrétienne.

JULLIOT (Henri), curé de Courgy. *Voyez* l'article de Caylus, évêque d'Auxerre, où il est parlé de lui.

L

LABORDE. *Voyez* Borde (Vivien La).

LABROUE, évêque de Mirepoix. *Voyez* Broue.

LAFONT (N... De), prieur de Valabrègue, ancien official d'Uzès, naquit à Avignon, fut un homme de Dieu, ce qui est assez dire qu'il ne professait par les erreurs condamnées, et mourut au commencement du XVIII° siècle, laissant quelques ouvrages estimés. Cependant une de ses productions a prêté un peu à la critique ; on a cru trouver, dans la préface même, une erreur condamnée dans Baïus et dans Quesnel. *Le premier homme,* dit l'auteur, *dans l'heureux état de la justice originelle, où il fut créé, avait une droiture d'esprit et de cœur qui lui suffisait pour la conduite de sa vie, et n'avait pas besoin d'autre lumière que celle de la raison.* Sur quoi le critique dont nous parlons dit que c'est là le pur pélagianisme renouvelé par les jansénistes mêmes.

LALANE (Noel de), fameux docteur de Sorbonne, né à Paris, fut le chef des députés à Rome, pour l'affaire de Jansénius, à la défense duquel il travailla toute sa vie. On lui attribue plus de 40 ouvrages différents sur ces matières, sur lesquelles l'autorité de l'Eglise eût dû lui donner des sentiments différents. Il mourut en 1673, à 55 ans. Outre les ouvrages dont Lalane est seul l'auteur, il en est d'autres qu'il fit en commun avec Arnauld, Nicole, etc.

Conformité *des jansénistes avec les thomistes sur le sujet de cinq propositions contre le P. Ferrier, jésuite, avec la conviction de ses falsifications et impostures, et la réfutation de ce que le P. Annat a allégué dans son livre de la conduite de l'Eglise touchant ce point.* 1668, in-4° de 132 pages.

Des ouvrages composés par Lalane, celui-ci est des plus méprisables. Il y cite de mauvaise foi les objections et les réponses du P. Ferrier ; et dans l'infidèle parallèle qu'il fait de la doctrine des jansénistes avec celles des thomistes, il impose à ceux-ci avec la dernière effronterie, en leur attribuant des sentiments diamétralement opposés à ceux de leur école.

Montrons ici au contraire les différences

essentielles qui se trouvent entre le jansénisme et le thomisme.

THOMISTES.	JANSÉNISTES.
1°	
Les thomistes, après saint Thomas, soutiennent que l'état de pure nature est possible.	Les jansénistes prétendent qu'il est impossible.
2°	
Les thomistes reconnaissent la nécessité de la grâce efficace, et de la grâce suffisante, non-seulement dans l'état où nous sommes, mais aussi dans l'état d'innocence.	Les jansénistes soutiennent qu'Adam avait des grâces suffisantes soumises au libre arbitre, mais qu'il n'avait point de grâces efficaces; au lieu que dans l'état présent les grâces suffisantes sont inutiles, et il n'y en a plus que d'efficaces.
3°	
Les thomistes prétendent que Dieu ne connaît rien hors de lui-même, mais qu'il voit toutes choses dans son essence, comme dans la cause, et, pour me servir des termes de l'école, *in medio prius cognito;* que la science de vision, en tant qu'elle est unie avec le décret efficace de la volonté de Dieu, est la cause de toutes choses : qu'elle est la règle et la mesure de la vérité et de la certitude ; que Dieu connaît les choses futures dans son décret efficace, et cela dans les deux états ; et qu'ainsi il n'y eut jamais ni science moyenne, ni décrets indifférents.	Jansénius au contraire, ayant rejeté de l'état d'innocence les décrets efficaces, dans lesquels Dieu eût prévu les actes libres des anges et d'Adam, il est obligé, 1° de reconnaître dans cet état la science moyenne qui dirige les décrets indifférents ; 2° de dire que Dieu attend le consentement de la volonté créée; 3° de soutenir qu'il connaît les choses en elles-mêmes, et dans la vérité objective qu'elles ont quand on suppose l'événement futur ; 4° d'assurer que la science de Dieu n'est point la cause de toutes choses, mais qu'elle en dépend, et que les choses sont la mesure et la règle de la science de Dieu, quant à la vérité et à la certitude.
4°	
Les thomistes enseignent que Dieu a maintenant, comme avant le péché d'Adam, une volonté antécédente, véritable et sincère de sauver tous les hommes, par laquelle il leur offre et prépare ou leur donne tous les secours suffisants pour faire leur salut.	Les jansénistes au contraire reconnaissent en Dieu, avant le premier péché, une volonté antécédente pour le salut des hommes, mais depuis le péché, ce n'est plus qu'une volonté de signe et métaphorique, qui consiste dans la précision de notre esprit. Cette volonté n'a plus pour objet la grâce médicinale, qui seule rend le salut possible à l'homme, mais la grâce de l'état d'innocence qu'il eût donné à tous les hommes, si Adam n'eût pas péché, et qu'il donnerait encore, si elle suffisait pour résister à la concupiscence. Ils prétendent que cette volonté antécédente de Dieu est à présent stérile et oisive, et qu'il ne veut sauver que les seuls prédestinés.
5°	
Les thomistes reconnaissent en Jésus-Christ une volonté réelle et véritable de mourir et d'appliquer le prix de sa mort pour le salut de tous les hommes, et de leur mériter les grâces suffisantes pour faire leur salut.	Au contraire, selon les jansénistes, Dieu n'ayant pas une volonté antécédente de sauver tous les hommes, et Jésus-Christ étant très-conforme à la volonté de son père, il n'a pas non plus une volonté réelle et véritable de répandre son sang pour racheter tous les hommes sans exception.
6°	
Comme les jansénistes n'admettent que des grâces efficaces, ils sont obligés de reconnaître qu'on ne résiste jamais à la grâce : les thomistes regardent ce sentiment comme une hérésie.	
7°	
Les thomistes enseignent que l'homme, soit qu'il soit dominé par la grâce ou par la cupidité, peut faire, sans le secours d'aucune grâce surnaturelle, avec le concours général de Dieu, des actions honnêtes et moralement bonnes dans l'ordre naturel.	Les jansénistes soutiennent que l'homme, nécessairement dominé par la grâce ou par la cupidité, ne fait aucune action qui ne soit bonne ou mauvaise, et que sans la grâce il ne peut vouloir ou faire aucun bien moralement bon dans l'ordre naturel.
8°	
Sur la grâce suffisante.	
Les thomistes soutiennent 1° que Dieu ne refuse jamais la grâce suffisante à un juste tenté, ou lorsque le précepte oblige; 2° Que cette grâce est toujours privée de l'effet pour lequel Dieu la donne, si la grâce efficace ne vient à son secours; 3° que la grâce suffisante donne un pouvoir prochain, immédiat, relatif, dégagé et proportionné à la victoire de la concupiscence la plus forte.	Les jansénistes prétendent, 1° qu'elle est refusée à des justes tentés, lors même qu'ils font de pieux efforts ; 2° qu'on ne la prive jamais de l'effet qu'elle peut obtenir, eu égard aux circonstances dans lesquelles elle est donnée; 3° qu'elle ne donne pas pour prier ou pour agir un pouvoir prochain, dégagé, relatif, et proportionné, si elle n'est dans un degré égal ou supérieur au degré de la cupidité.

Minima gratia, dit saint Thomas, *potest resistere cuilibet concupiscentiæ.* (De Th. in 3, q. 70, art. 1, ad 4, item 3, p. q. 62, art. 6, ad. 3).

9°

Sur la grâce efficace par elle-même.

| Les thomistes disent 1° que la grâce efficace par elle-même n'est pas absolument nécessaire, afin que l'homme puisse prochainement faire le bien; 2° que quelque forte qu'elle soit, la volonté y consent librement; 3° que la volonté conserve toujours le pouvoir de résister à cette grâce, quelque supérieure qu'elle soit à la concupiscence | Les jansénistes disent,1°qu'elle est nécessaire, afin que l'homme puisse prochainement faire le bien; 2° qu'au moment qu'elle est donnée, elle nécessite à consentir, à cause de sa supériorité à l'égard de la concupiscence opposée; 3° que la volonté, eu égard à la supériorité de cette grâce et à l'infériorité de la tentation opposée, n'a pas le pouvoir relatif et proportionné d'y résister. |

Comment donc les jansénistes osent-ils dire qu'ils sont unis aux thomistes sur la grâce efficace par elle-même?

Selon ceux-ci, la prédétermination physique est toujours efficace, c'est-à-dire que, dans quelques circonstances que se trouve la volonté, cette grâce surmonte toujours la résistance, et lui fait produire infailliblement le bien.

Au lieu que, suivant Jansénius et son école, la délectation victorieuse, ou la grâce efficace, est seulement relative, c'est-à-dire que la même grâce est tantôt efficace, et tantôt elle ne l'est pas. La même grâce qui n'a pas son effet dans *Pierre*, lorsqu'il a trois degrés de cupidité, aurait tout son effet dans le même *Pierre*, s'il n'avait que deux degrés de cupidité.

Prædeterminatio physica, dit Jansénius, *talis esse dicitur, ut in quibuscumque circumstantiis voluntas collocetur, s mper faciat facere, et operetur effectum suum, omnemque superet resistentiam : Christi adjutorium nullo modo. Nam delectatio victrix, quæ Augustino est efficax adjutorium, relativa est. Tunc enim est victrix quando alteram superat. Quod si contingat alteram ardentiorum esse, in solis inefficacibus desideriis hæret animus, nec efficaciter umquam volet, quod volendum est.* (Jans. *de Gr. Christ. Salv.* l. VIII, c. 2.)

Il met encore sept sortes de différences entre la grâce victorieuse et la prédétermination physique. Il se moque de celle-ci comme d'une spéculation sortie de la philosophie d'Aristote, qui répugne à la grâce de Jésus-Christ, dont on ne trouve aucun vestige dans saint Augustin, et qui met une confusion inexplicable dans la doctrine de ce Père.

Que dire après cela de l'abbé de Lalane et de son livre sur la *Conformité des jansénistes avec les thomistes, au sujet des cinq propositions?* Cette chimérique conformité qu'il a prétendu établir n'est-elle pas d'ailleurs détruite par les témoignages les plus décisifs d'une infinité d'écrivains?

Gonet dans son livre, *Apologia thomistarum, seu calvinismi et jansenismi depulsio*, art. 8, fait voir la grande différence qu'il y a entre les deux écoles. *Thomistarum sententiam a janseniana doctrina discrepare plurimum, nihilque cum ea habere commercii, breviter demonstrandum suscipio.* Il combat les cinq propositions par des textes formels de saint Augustin et de saint Thomas.

Massoulié en fait autant dans son *Sanctus Thomas sui interpres.* Contenson dans le 5° t. de la théologie, dissertation 5. Le P. Jean Nicolaï, *Præfat. ad 2 partem pantheologiæ.* Le P Alexandre Sybile dans le livre du Libre arbitre, composé contre les jansénistes. Un autre dominicain dans un livre imprimé à Cologne en 1712, sous ce titre : *Prædicatorii ordinis fides et religio vindicata.* Le P, François *Van-Rant* de l'université de Louvain, dans son ouvrage, *Veritas in medio*, imprimé à Anvers en 1718, fait voir que la doctrine de saint Thomas condamne les cent une propositions

Le P. Charles de l'Assomption, carme déchaussé, dans son ouvrage, *Thomistarum triumphus, id est, sanctorum Augustini et Thomæ, gemini Ecclesiæ solis, summâ concordia;* et dans un autre, intitulé: *Funiculus triplex*, fait voir que Baïus et Jansénius ont erré pour n'avoir pas suivi les lumières de saint Augustin et de saint Thomas.

Le cardinal de Bissy montre la même chose dans son mandement de 1710.

Le P. Annat dans l'opuscule qu'il fit imprimer à Rome, sous ce titre : *Jansenius a thomistis gratiæ per seipsam efficacis defensoribus condemnatus, circa quinque propositiones quæ Romæ examinantur.* Il ne cite que des thomistes qui ont assisté aux congrégations *de Auxiliis*, comme *Diadacus Alvarez*, Joan. *Gonzalez de Albeda*, ou qui ont écrit pendant le temps des congrégations, comme *Petrus Ledesma;* ou qui ont fait imprimer leurs ouvrages peu après, comme *Paulus Nazarius, Didacus Nuguez, Cabezudo* et *Baltazar Navarrette*.

Le P. Annat prouve la même chose dans son livre de la Liberté; dans *Informatio de quinque propositionibus ex Jansenii doctrina collectis* : et surtout dans *la conduite de l'Eglise*, où il montre dix-huit différences entre les thomistes et les jansénistes. Ce qui fait dire à Jansen (Apol. Thomist. art. 9.) : *Unde plurimum illi debet schola thomistica, quod eum a janseniana sejunxerit.*

Un docteur de Paris a fait à peu près de même dans le livre *Observationes doctoris Parisiensis in libellum cui titulus est : Doctrinæ augustinianorum expositio circa materiam quinque propositionum quinque articulis comprehensa*, 1692.

Jansénius lui-même ne dit-il pas, Lettre XVI, que *quand toutes les deux écoles, tant des jésuites que des jacobins, disputeraient jusqu'au bout du jugement, poursuivant les traits qu'ils ont commencés, ils ne feront autre chose que s'égarer beaucoup, l'un et l'autre étant à cent lieues loin de la vérité.* Il appelait par raillerie l'école de saint Thomas, *la thomisterie*.

Gerberon, éditeur de ces lettres, fait cette

remarque sur les paroles que je viens d'indiquer : *Et c'est ce que jugent tous ceux qui ne sont pas prévenus, ni de l'opinion des dominicains, ni de celle des jésuites, et qui lisent saint Augustin sans prévention.*

Aussi le cardinal Barberin ayant demandé aux députés du parti pour soutenir les cinq propositions, pourquoi ils ne s'unissaient pas avec les dominicains? ils répondirent, selon Saint-Amour : *Dominicani res suas gerunt, et Augustini suas* (Journal de Saint-Amour, part. 6, chap. 13).

Saint-Cyran disait que saint Thomas avait ravagé la théologie (*ibid.* p. 517).

Pascal dans sa première lettre se moque du *pouvoir prochain* : dans la seconde il attaque directement la grâce suffisante et l'opinion des thomistes sur ce sujet. Ainsi l'exclusion de la grâce suffisante étant d'un côté comme le fondement des cinq propositions, et d'autre part, les thomistes admettant une grâce suffisante qui donne le pouvoir prochain ou dégagé, de faire le bien ou d'éviter le mal, la différence entre eux est sensible et palpable.

Que les jansénistes ne reconnaissent d'autre grâce que celle qui est efficace, cela est si constant, que Saint-Amour nous apprend (Journ., p. 484) que le P. Desmares, député à Rome, prononça un discours, le 19 mai 1653, en présence du pape, des commissaires et consulteurs, dont le but était de montrer que la grâce efficace par elle-même, qui fait vouloir et agir, est nécessaire à tout bien; et que toute grâce, qu'on peut imaginer hors celle-là, n'est point la grâce de Jésus-Christ, mais une grâce pélagienne.

Fouilloux dans le livre qui a pour titre : *Défense des théologiens*, etc. p. 465, s'exprime ainsi : *Qui a dit à M. Dumas que M. Arnauld est en tout conforme aux nouveaux thomistes? On avoue sans peine qu'il leur est opposé en ce qu'ils veulent que sans la grâce suffisante les commandements seraient absolument impossibles; en quoi ils se sont éloignés des sentiments des saints Pères.*

Cet endroit est important. On expose la doctrine de M. Arnauld et du parti, et l'on avoue sans peine que cette doctrine est opposée à celle des thomistes.

Le bachelier *Verax*, dans le livre intitulé : *Difficultés sur l'ordonnance, et instruction pastorale de M. l'archevêque de Cambrai*, etc., p. 61, 62, 64, se moque du pouvoir prochain au sens thomistique. Il assure que ce sens d'Alvarez est *un sens dont on ne trouve pas le moindre vestige dans les ouvrages de saint Augustin; un sens qui n'est pas moins contraire aux idées de saint Thomas qu'à celles de saint Augustin.*

Gonet s'exprime ainsi dans le livre *Apol. Thomistarum*, art. 8 : *Doctrinam de gratia per se efficaci nihil cum janseniano dogmate habere commercii, ex eo patet quod Innoc. X, post editam adversus quinque Jansenii propositiones constitutionem, sæpius vivæ vocis oraculo declaravit se non intendisse doctrinam de gratia per se ipsam efficaci directe vel indirecte attingere, sed id duntaxat definire, in quo thomistæ et jesuitæ conveniunt. Id in quo convenimus, sancivit pontifex, et id in quo dissidemus, disputationi nostræ reliquit,* dit le P. Annat : *Cavilli janseniorum,* page 29.

Toutes les écoles donc, thomistes, scotistes, molinistes et autres, conviennent dans les dogmes suivants :

1° Qu'il y a des grâces extérieures et des grâces intérieures suffisantes, outre la grâce efficace; 2° que la grâce n'a pas toujours son effet; 3° que la grâce efficace n'agit pas seule, mais avec la coopération du libre arbitre; 4° que la grâce efficace ne nécessite jamais le libre arbitre à coopérer; mais que le libre arbitre y coopère toujours sans nécessité et librement; 5° qu'il n'y a point de grâce efficace, quelque forte qu'elle soit, à laquelle la volonté ne puisse résister; 6° que c'est dans le consentement toujours libre et jamais nécessité, donné par l'homme au mouvement de la grâce, que consiste le mérite de la bonne œuvre, revêtu des mérites de Jésus-Christ; 7° que non-seulement il peut résister, et résiste très-souvent en effet à la grâce, mais encore qu'il ne se damne que par cette résistance, qui est un pur effet de sa mauvaise volonté; 8° que Dieu a une volonté sincère et véritable de sauver généralement tous les hommes, et que Jésus-Christ est mort dans l'intention de les sauver et de leur mériter les grâces suffisantes avec lesquelles ils peuvent faire leur salut.

Voilà des principes sur lesquels toutes les écoles catholiques sont réunies. Or ces dogmes renversent de fond en comble le système de Jansénius, de Quesnel et des théologiens de Port-Royal. C'est donc une insigne mauvaise foi à l'abbé de Lalane, auteur de la *Conformité des jansénistes,* etc., dans M. Petitpied, auteur de l'*Examen théologique,* et dans plusieurs autres, d'avoir forgé une union, une concorde, une parfaite intelligence entre l'école de saint Thomas et la secte jansénienne.

DE LA GRACE *victorieuse de Jésus-Christ, ou Molina et ses disciples convaincus de l'erreur des pélagiens et des semi-pélagiens, sur le point de la grâce suffisante soumise au libre arbitre.... pour l'explication des cinq propositions;* par M. de Bonlieu, docteur en théologie. 1650.

C'est l'abbé de Lalane qui s'est caché sous le nom de *Bonlieu*. On trouve, à la page 55 de son livre, cette proposition si semblable à la quatrième de Jansénius : *Gennade, un des chefs des semi-pélagiens, a reconnu la grâce suffisante dans le juste qui pèche, et il a reconnu qu'il est en notre pouvoir d'y acquiescer ou d'y résister.* Cet auteur convient, page 369, que son maître, Jansénius, a enseigné que la grâce manque au juste qui pèche. *Ce prélat,* dit-il, *n'entend point qu'il y ait d'autre impuissance dans le juste qui pèche, que celle qui procède de l'absence de la grâce nécessaire pour ne point pécher. C'est ce qui lui fait ajouter en expliquant cette impuissance : Non potest proxime, non potest completis-*

sime. Enfin, dans la page 410, l'abbé de Lalane traite le jansénisme d'imagination et de fantôme.

Défense *de la constitution du pape Innocent X et de la foi de l'Eglise contre deux livres, dont l'un a pour titre :* Cavilli janseniauorum, *et l'autre :* Réponse à quelques demandes, etc. *Paris,* 1665.

L'abbé de Lalane s'y déclare hautement contre la grâce suffisante. *Saint Augustin,* dit-il, pag. 7, *n'a jamais eu recours à une grâce suffisante qui donnât un pouvoir prochain, pour soutenir contre Pélage et contre Célestius que Dieu ne commande rien d'impossible.*

Réponse *au P. Ferrier, ou réfutation de la Relation du P. Ferrier, de ce qui s'est passé depuis un an dans l'affaire du jansénisme.*

L'abbé de Lalane y altère partout la vérité ; il y soutient opiniâtrément le dogme proscrit de la grâce nécessitante.

Vindiciæ *sancti Thomæ circa gratiam sufficientem, adversus fratrem Joannem Nicolai ordinis fratrum Prædicatorum et doctorem Parisiensem.* 1656, in-4°.

Le P. Nicolaï, jacobin, estimé des gens de lettres pour son érudition, fut un des zélés défenseurs de la foi orthodoxe. Voilà pourquoi Lalane, Arnauld et Nicole, se déterminèrent à l'attaquer ouvertement dans cet ouvrage.

Deux lettres *au P. Amelotte, de l'Oratoire, sur les souscriptions.*

Le P. Denis Amelotte, dont il s'agit dans ce libelle, se signala par son zèle et par ses ouvrages pour la défense de la foi orthodoxe ; sa traduction française du Nouveau Testament fut opposée par l'Eglise à la version hérétique de Mons, et par là il devint infiniment odieux aux jansénistes.

Mensonges *lus et enseignés par Alphonse Lemoine.*

Celui que Lalane attaque dans ce libelle était un savant docteur de Sorbonne, des plus orthodoxes.

Distinction *du sens des cinq propositions.* 1664.

Cet écrit fut condamné.

Réfutation *du livre du R. P. dom Pierre de Saint-Joseph, feuillant, intitulé :* Défense du Formulaire. 1662, in-4°.

Le feuillant qui est ici attaqué est le premier auteur qui ait écrit en France contre le jansénisme : du moins c'est le P. Gerberon qui nous l'assure dans le premier volume de son *Histoire.*

Outre cette *Défense du Formulaire,* le P. Pierre de Saint-Joseph publia en faveur de la bonne cause d'autres ouvrages. Lalane entreprit de lui répondre.

Il convient, à propos de Lalane, de parler de l'*Ecrit à trois colonnes,* 1653. Ce fameux *Ecrit à trois colonnes, ou De la distinction des sens,* est celui que les députés des jansénistes présentèrent au pape Innocent X et que l'abbé de Lalane lut mot à mot à Sa Sainteté dans la célèbre audience qu'elle leur accorda le 19 mai 1653, douze jours avant la constitution, *Cum occasione.*

On donna à cet ouvrage le nom d'*Ecrit à trois colonnes,* parce que l'on y voit trois colonnes, trois sens différents sur chacune des cinq propositions. La première contient le sens reconnu par eux pour hérétique et qu'ils appellent *un sens étranger.* La seconde contient le sens dans lequel ils soutiennent chaque proposition, et qu'ils appellent *le vrai sens, le sens naturel et légitime.* La troisième contient un sens opposé au leur, et qu'ils attribuent faussement aux catholiques. Saint-Amour et ses collègues, en présentant cet écrit au pape, lui déclarèrent, au nom de tout le parti, que jamais ils n'avaient eu d'autres sentiments sur la matière des cinq propositions, que ce qui est exprimé dans la seconde colonne.

Or il est aisé de prouver que ce sens de la seconde colonne est précisément celui qui est condamné par la bulle ; voici les arguments *ad hominem* qu'on fait là-dessus à ces messieurs, et qui les confondront à jamais.

1° Le sens condamné par le pape dans les cinq propositions *est,* selon vous, *le sens propre, naturel et littéral,* que les termes renferment selon la signification ordinaire qu'ils ont parmi les hommes. Or le *sens propre et naturel* est celui que vous avez exposé dans la seconde colonne, comme étant votre sens et celui de Jansénius. Donc le sens condamné est celui de Jansénius et le vôtre.

2° Le sens naturel et littéral des cinq propositions est, selon vous, le dogme de la grâce nécessitante. Or celui qui est compris dans votre seconde colonne est le sens naturel et littéral des cinq propositions. Donc ce qui est compris dans votre seconde colonne est le dogme de la grâce nécessitante.

Comme ces raisonnements sont en bonne forme, et que les jansénistes ont avancé eux-mêmes toutes sortes d'écrits la majeure et la mineure de chacun de ces arguments, il est évident qu'ils ne peuvent se défendre de la conclusion qu'on en tire.

L'Ecrit à trois colonnes est donc un monument authentique qui fait voir qu'avant la condamnation des cinq propositions, les jansénistes défendaient le droit, et soutenaient qu'elles étaient bonnes dans leur *sens naturel et littéral ;* et que ce n'est qu'après la condamnation qu'ils ont abandonné le droit, qu'ils sont convenus que les propositions dans le *sens littéral et naturel* étaient condamnables, et qu'ils se sont retranchés sur *le fait.*

Les disciples de Quesnel s'avisèrent aussi en 1726 de faire un écrit à trois colonnes. Dans celle du milieu ils exposèrent les cent et une propositions condamnées. Dans la première ils marquèrent le sens propre et naturel de ces propositions ; mais dans la troisième ils donnèrent à ces propositions un sens favorable, à l'ombre duquel on pouvait se sauver. Cet écrit, attribué à MM. Brisacier et Thiberge, fut rejeté par les évêques de France, comme insuffisant et favorisant l'hérésie. On a encore de Lalane :

DÉFENSE *des propositions de la seconde colonne.* 1666.

L'abbé de Lalane fait, dans l'article 14, un aveu solennel et remarquable, savoir, que les députés des jansénistes à Rome, dont il était le chef, *s'étaient trompés, en ce qu'ils craignaient que leurs adversaires ne voulussent faire établir la grâce suffisante de Molina, et faire donner atteinte à la grâce efficace par elle-même, par la condamnation qu'ils poursuivaient contre les cinq propositions : ce qu'on a vu,* dit-il, *avoir été éloigné de leur intention.*

ÉCRIT DU PAPE *Clément VIII, et conformité de la doctrine soutenue par les disciples de saint Augustin sur les controverses présentes de la grâce,* avec la doctrine contenue dans l'écrit de ce pape, et confirmée par plusieurs témoignages de saint Augustin, qui y sont rapportés. Cologne, 1662, in-4°.

CONDITIONES PROPOSITÆ *ac postulatæ a doctoribus Facultatis theologicæ Parisiensis, ad examen doctrinæ gratiæ,* avec Jean Bourgeois. 1649, in-4°.

LETTRE *d'un théologien à un évêque de l'assemblée du clergé, sur la voie qu'il faudrait prendre pour étouffer entièrement les contestations présentes.* Sous le pseudonyme de *Latigny.* 1661, in-4°.

DIFFICULTÉS *proposées à MM. les docteurs de la Faculté de théologie de Paris, sur la réception qu'ils ont faite du Formulaire du clergé, dans leur assemblée tenue en Sorbonne le 2 de mai 1661,* in-4°.

LETTRE *d'un docteur, du premier juillet 1665, sur le serment contenu dans le Formulaire du pape,* in-4°.

MÉMOIRE *pour justifier la conduite des théologiens qui ne se croient pas obligés à condamner les cinq propositions au sens de Jansénius, sans explication.* 1663, in-4°.

EXAMEN *de la conduite des religieuses de Port-Royal touchant la signature du fait de Jansénius, selon les règles de l'Eglise et de la morale chrétienne.* 1664, in-4°.

LETTRE *d'un théologien à un de ses amis, du 22 septembre 1665, sur le livre de M. Chamillard contre les religieuses de Port-Royal,* in-4°.

DÉFENSE *de la foi des religieuses de Port-Royal, et de leurs directeurs,* contre le libelle scandaleux et diffamatoire de M. Chamillard, intitulé : *Déclaration de la conduite,* etc. ; en deux parties, 1667, in-4°.

RÉFUTATION *du livre du P. Annat,* contenant des réflexions sur le mandement de M. l'évêque d'Alais, et sur divers écrits, où l'on défend contre ce Père les mandements et les procès-verbaux de plusieurs prélats qui ont distingué le fait et le droit, sans exiger la créance du fait. Avec Pierre Nicole. 1666, in-4°.

RÉCIT *de ce qui s'est passé au parlement* au sujet de la bulle de N. S. P. le pape Alexandre VII, contre les censures de Sorbonne. 1665, in-4°.

LAMBERT (BERNARD) naquit à Salernes, dans la Provence, en 1738, et entra dans l'ordre de Saint-Dominique. Il fit ses vœux dans le monastère de Saint-Maximin, dont les religieux avaient été interdits pour cause de jansénisme, par M. de Brancas, archevêque d'Aix. Il prit l'esprit et les principes de cette maison, et en soutint la doctrine dans des thèses publiques. Devenu professeur au couvent de Limoges, il l'enseigna dans ses leçons. Il avait soutenu à Carcassonne, le 8 mai 1762, une thèse qu'on vanta beaucoup ; il en fit soutenir une autre à Limoges, le 14 août 1765, qui eut encore plus d'éclat : elle fut mise à l'*Index* le 19 février 1766, et obligea Lambert à quitter Limoges. M. de Beauteville voulut le fixer à Alais ; mais le P. Lambert alla peu après à Grenoble, où il fut professeur jusqu'à la mort de M. de Caulet. Alors M. de Montazet, qui aimait à s'entourer de la plus pure fleur du jansénisme, l'appela à Lyon et le mit dans son conseil. Le dominicain avait pris le nom de La Plaigne. Il est fameux par le nombre de ses écrits et par son dévouement à la cause janséniste ; et il est regardé comme le dernier théologien de cette école. Il vint à Paris sous M. de Beaumont, qui ne voulut pas le souffrir dans son diocèse, et il n'y rentra qu'à la sollicitation de quelques évêques, qui promirent qu'il n'écrirait plus que contre les incrédules ; à cette condition, qu'il ne viola point pendant la vie du ferme et pieux archevêque, il lui fut permis de se rendre dans un couvent de la capitale. On va voir, par la liste de ses ouvrages que nous allons donner, combien le P. Lambert était fécond ; malheureusement il n'en est pas beaucoup qui soient à l'abri de la critique ; dans le plus grand nombre il se montre plus ou moins homme de parti. Outre les erreurs de secte, on peut encore y reprendre une hauteur et une âcreté de style qui n'annoncent pas beaucoup de modération et de charité. « Le P. Lambert, dit un écrivain judicieux, avait du savoir et des connaissances en théologie. Si parmi ses ouvrages il s'en trouve qui contiennent une doctrine répréhensible, et parmi ceux-là il faut compter non-seulement ceux qu'il a composés en faveur du parti auquel il était attaché, et dans lesquels il essaie de justifier une résistance coupable aux décisions du chef de l'Eglise, mais encore ceux où il renouvelle les erreurs du millénarisme, il en est d'autres dont le but est louable ; tels sont ceux où il poursuit l'incrédulité à outrance, ceux où il combat l'Eglise constitutionnelle, ceux où il défend l'état religieux, etc. Tous ces écrits font regretter que le P. Lambert, s'il est permis de se servir de cette expression, ait semé l'ivraie avec le bon grain. On aimerait à n'avoir pas à lui reprocher d'avoir fait revivre d'anciennes erreurs, et d'en avoir soutenu de nouvelles ; d'avoir manqué de respect envers des ecclésiastiques constitués en dignité, quand ils n'étaient point de son sentiment ; d'avoir trempé sa plume dans le fiel, quand il écrivait contre ses adversaires, et enfin d'avoir fait l'apologie absurde des folies du *secourisme*, qu'il a défendu opiniâtrément, quoique méprisées et rejetées de ceux avec lesquels il faisait cause commune. » Au reste, le P. Lambert était un religieux attaché à sa profession ; il en remplissait les devoirs, même après y avoir été arraché. Il mourut à Paris d'une attaque d'apoplexie, qui lui ôta la connaissance, et il ne reçut point les sacrements ; ce fut le 27 février 1813. Ses ouvrages sont nombreux. C'est lui qui fournit les matériaux de l'*Instruction pastorale contre l'incrédulité*, publiée par M. de Montazet, archevêque de Lyon, en 1776.

APOLOGIE *de l'état religieux*. Sans date. In-12. *Requête aux fidèles de France pour demander l'abolition du Formulaire.* 1780.

RECUEIL *de passages sur l'avénement intermédiaire de Jésus-Christ, soumis à l'éditeur du discours de M. l'évêque de Lescar* (de Noé), *sur l'état futur de l'Eglise.* Paris, 1785, in-12°.

Il fit aussi des *Remarques* sur ce même discours de M. de Noé, dont il était l'ami.

IDÉE *de l'œuvre du secours selon les sentiments de ses véritables défenseurs.* Paris, 1786, in-4°.

Il y préconise les Convulsions ; ce qu'il fit encore dans l'*Avertissement aux fidèles*, etc. Il eut sur cette matière une controverse avec Regnault, curé de Vaux.

LETTRE *à M. l'abbé A.* (Asseline), *censeur et approbateur du discours à lire au conseil du roi sur les protestants.* 1787.

TRAITÉ *dogmatique et moral de la justice chrétienne*, 1788.

ADRESSE *des Dominicains de la rue du Bac, à l'assemblée nationale.* 1789.

Il y en eut une autre la même année, des Dominicains de la rue Saint-Jacques.

MÉMOIRE *sur le projet de détruire les corps religieux.* 1789.

MANDEMENT *et instruction pastorale de M. l'évêque de Saint-Claude* (de Chabot), *pour annoncer le terme du synode, et rappeler aux pasteurs les premiers devoirs envers la religion.* 1790, in-4° et in-8°.

AVIS *aux fidèles, ou Principes propres à diriger leurs sentiments et leur conduite dans les circonstances présentes.* Paris, 1791, in-8°.

PRÉSERVATIF *contre le schisme* (de Larrière) *convaincu de graves erreurs.* 1791, in-8°.

L'AUTORITÉ *de l'Eglise et de ses ministres défendue contre l'ouvrage de Larrière, intitulé : Suite du Préservatif*, etc. 1792, in-8°.

AVERTISSEMENT *aux fidèles sur les signes qui annoncent que tout se dispose pour le retour d'Israël et l'exécution des menaces faites aux Gentils apostats.* 1793, in-8°.

On peut rapporter au même objet l'*Avis aux catholiques sur le caractère et les signes du temps où nous vivons, ou de la Conversion des Juifs, de l'avénement intermédiaire de Jésus-Christ et de son règne visible sur la terre*, dédié à M. de Noé, évêque de Lescar (par Desfours), Lyon, 1794, in-12.

DEVOIRS *du chrétien envers la puissance publique, ou principes propres à diriger les sentiments et la conduite des gens de bien au milieu des révolutions qui agitent les empires*. Paris, 1793, in-8°.

RÉFLEXIONS *sur la fête du 21 janvier.* In-8° de 32 pages.

RÉFLEXIONS *sur le serment de liberté et d'égalité.* 1793, in-8°.

APOLOGIE *de la religion chrétienne et catholique, contre les blasphèmes et les calomnies de ses ennemis.* Paris, deuxième édition, 1796, in-8°.

LETTRES *aux ministres de la ci-devant église constitutionnelle*, 1795 et 1796, in-8°. Il y en a cinq.

LA VÉRITÉ *et la sainteté du christianisme vengée contre le livre de l'*Origine des cultes, de Dupuis. 1796, in-8°.

ESSAI *sur la jurisprudence universelle.* 1799, in-12.

LETTRE *à l'auteur de deux opuscules intitulés, l'un : Avis aux fidèles sur le schisme dont la France est menacée; l'autre : Supplément à l'Avis aux fidèles*, in-8°.

Cet auteur est le P. Minard, doctrinaire, partisan de la constitution civile du clergé.

REMONTRANCES *au gouvernement français sur la nécessité et les avantages d'une religion nationale.* 1801, in-8°.

MANUEL *du simple fidèle, où on lui remet sous les yeux*, 1° la certitude et l'excellence de la religion chrétienne ; 2° les titres et prérogatives de l'Eglise catholique; 3° les voies sûres qui mènent à la véritable justice. 1803, 1 vol. in-8°.

LETTRE *d'un théologien à M. l'évêque de Nantes* (Du Voisin). 1805. Il y en a quatre.

On y fit deux réponses qui se trouvent dans le tom. IV des *Annales littéraires*.

EXPOSITION *des prédictions et des promesses faites à l'Eglise pour les derniers temps de la gentilité.* 1806.

On assure que le fond de cette *Exposition* est de l'avocat Pineault, grand partisan des Convulsions. Ses manuscrits ayant été achetés par un nommé Guibaut, passèrent entre les mains du P. Lambert, qui adopta cet ouvrage, l'arrangea à sa manière et le publia. Il n'en est pas moins responsable des folies et des erreurs qui s'y trouvent. Aussi, M. Picot, qui nous fournit cette anecdote, s'exprime-t-il en ces termes à ce sujet : Le P. Lambert, dans cet ouvrage, embrasse le millénarisme, et soutient, comme les protestants, que le pape est l'antechrist. Il n'a pas honte d'y préconiser les Convulsions comme une œuvre surnaturelle et divine, et dans un morceau fort long, il veut faire admirer, comme des prodiges, un mélange honteux de folies, de farces et d'impiétés. Aussi ce passage fut-il blâmé dans le parti même de l'auteur, et l'on y a mis des cartons. On ne peut assez s'étonner qu'au XIX° siècle, un homme qui ne passait pas pour fou, un religieux, un théologien, ait imaginé d'exalter encore des scènes révoltantes, des impostures manifestes, des blasphèmes monstrueux. L'auteur avait déjà insinué les mêmes idées dans l'*Avertissement aux fidèles*, en 1793. Rien n'est plus propre à déshonorer sa cause que cette tenacité à soutenir des folies et des excès, que le bon sens, la morale et la religion s'accordent à proscrire.

Cet ouvrage fut vivement attaqué dans les *Mélanges de Philosophie*, tom. I, pag. 193 ; et le P. Lambert donna une *Réponse*.

LA PURETÉ *du dogme de la morale vengée contre les erreurs d'un anonyme* (l'abbé Lassausse, dans son *Explication du catéchisme*), par P. T. Paris, 1808.

Le P. Lambert ne s'y montre ni modéré ni charitable.

LA VÉRITÉ *et l'innocence vengées contre les erreurs et les calomnies de M. Picot*, auteur des Mémoires pour servir à l'histoire du XVIII° siècle. 1811, in-8°.

Il faut ajouter à cette liste : *Lettre à la maréchale de.... sur le désastre de Messine et de la Calabre*, publiée à une date que nous ignorons, et deux autres ouvrages restés manuscrits, savoir : *Traité contre les théophilanthropes*, et *Cours d'instruction sur toute la religion*.

LANCELOT (Dom CLAUDE) naquit à Paris, en 1615, fut employé par les solitaires de Port-Royal, dans une école qu'ils avaient établie à Paris, et enseigna les humanités et les mathématiques. Il fut ensuite chargé de l'éducation des princes de Conti. Cette éducation lui ayant été ôtée par la mort de la princesse, leur mère, il prit l'habit de saint Benoît dans l'abbaye de Saint-Cyran. Ayant contribué à élever quelques troubles dans ce monastère, il fut exilé à Quimperlé en Basse-Bretagne, où il mourut en 1695, à 79 ans. Les vertus que lui attribuent les *Mémoires sur Port-Royal* ne s'accordent guère avec ce qu'en disait le comte de Brienne en 1685 :

« Claude Lancelot, né en 1616, est bien le plus entêté janséniste et le plus pédant que j'aie jamais vu. Son père était un mouleur de bois à Paris. Il fut précepteur de messeigneurs les princes de Conti, d'auprès desquels le roi le chassa lui-même, après la mort de la princesse, leur mère, ce qui l'obligea de se retirer en l'abbaye de Saint-Cyran, où il avait déjà reçu le sous-diaconat. Depuis son retour dans cette abbaye, il y faisait sa cuisine et très-mal ; ce qu'il continua jusqu'à la mort du dernier abbé de Saint-Cyran. »

MÉMOIRES *touchant la Vie de M. de Saint-Cyran, pour servir d'éclaircissement à l'histoire de Port-Royal*. Cologne, 1738, 2 vol: in-12.

Ouvrage d'un enthousiaste, qu'il faut apprécier sur la vie et les qualités connues de son héros. *Voyez* SAINT-CYRAN.

LANGRAND ou LENGRAND (N...).

CATHOLICITÉ *du système suivi par les sieurs Langrand, Maréchal et Michaux*, etc.

En 1722, les cahiers de philosophie des sieurs *Lengrand et Maréchal* ayant été dénoncés à la faculté de théologie de Douai, comme contenant les principaux dogmes du jansénisme, la faculté les examina avec soin, et en réduisit toute la doctrine à sept articles qu'elle censura. Or cette censure est ce qui a donné occasion au libelle anonyme dont il s'agit. L'auteur, en bon janséniste, vient au secours de ses confrères attaqués, et fait les plus grands efforts pour les défendre.

1° Dans la préface, il tâche de renouveler cette proposition condamnée par l'Eglise, *que le jansénisme est un fantôme* ; 2° le principal moyen de défense qu'il emploie, ce sont les fameuses censures de Louvain et de Douai ; comme si l'on ne savait pas que ces censures furent désapprouvées par le pape Sixte V, et que ce souverain pontife approuva au contraire, comme contenant une saine doctrine, les propositions qui étaient l'objet de ces censures. (*Voy.* M. Habert, évêque de Vabres, *Defens. fidei*, c. 14 § 3).

3° Il ose dire que le système des deux délectations nécessitantes, enseigné par Jansénius, et suivi par les sieurs *Lengrand*, etc., a été soutenu par un grand nombre de théologiens les plus distingués et les plus orthodoxes, mais surtout par saint Augustin. Fausseté insigne, puisque s'il est vrai que saint Augustin donne souvent à la grâce le nom de *délectation*, il n'est pas moins vrai qu'il prend souvent le mot de *délecter* ou de *délectation*, comme il est presque toujours pris dans l'Ecriture sainte et dans les auteurs latins, pour une délectation conséquente et délibérée, pour le choix libre qu'il plaît à la volonté de faire. C'est dans ce sens que nous avons coutume de dire, lorsque nous préférons une chose à une autre, *hoc me delectat, hoc placet* : c'est comme si nous disions : *hoc eligo, hoc volo*.

LANGLE (Pierre de), évêque de Boulogne, naquit à Evreux en 1644, devint docteur de Sorbonne en 1670, et fut choisi, à la sollicitation du grand Bossuet son ami, pour précepteur du comte de Toulouse. Louis XIV le récompensa en 1698 de ses soins auprès de son élève, par l'évêché de Boulogne. Le *mandement* qu'il publia en 1717 au sujet de son appel de la bulle *Unigenitus*, scandalisa les catholiques, causa sa disgrâce à la cour, et excita des troubles violents dans son diocèse. Les habitants de Calais se soulevèrent; ceux de Quernes, en Artois, le reçurent dans une visite à coups de pierres et à coups de bâton. Ce prélat s'opposa avec l'évêque de Montpellier, Colbert, à l'accommodement de 1720. Cette démarche irrita le régent, qui l'exila dans son diocèse. Il y mourut en 1724, à 80 ans, ayant sacrifié les douceurs de la paix, les avantages de la soumission à l'Eglise, la satisfaction attachée aux devoirs d'un pasteur fidèle, à l'esprit de dispute et de parti. (Feller.) *Voyez* Gaultier.

Lettre *pastorale et mandement... au sujet de la constitution de N. S. P. le Pape*, du 8 septembre 1713. Boulogne, le 12 mars 1714.

Acte *d'appel*, etc. *Voyez* Broue (La), évêque de Mirepoix.

Mandement... *pour la publication de l'Appel*, etc. 1718.

LARRIÈRE (Noel Castera de) naquit à Aillas, près de Bazas, en 1735, s'occupa toute sa vie, quoique laïque, de matières ecclésiastiques. Elevé dans les principes des appelants, il s'occupa particulièrement de défendre les intérêts de ce parti, et prit la plus grande part aux querelles du temps. Député en Hollande par le parti, il y travailla longtemps sous les yeux de l'abbé Arnauld, qui lui faisait, dit-on, une pension. La révolution ayant éclaté, Larrière, qui en épousa les principes, revint en France et soutint avec un zèle particulier la constitution civile du clergé. Il assista, en 1797, au concile des constitutionnels, et appuya leur cause de toutes les ressources de son esprit et de ses connaissances. La persécution du directoire l'obligea de retourner à Aillas, où il mourut d'une attaque d'apoplexie foudroyante, en sortant de table, le 3 janvier 1803. On l'appelait communément *l'abbé Larrière*, et il portait l'habit ecclésiastique, quoiqu'il ne paraisse pas avoir été même tonsuré. Ses ouvrages sont :

Entretiens d'*Eusèbe et de Théophile sur le sacrifice de la messe*. 1779, brochure in-12.

Observations *sur le Pastoral de M. de Juigné, archevêque de Paris*. 1786 1787, in-12.

Elles sont au nombre de trois.

Vie d'*Arnauld*, jointe à l'édition des œuvres de ce docteur, donnée par l'abbé de Bellegarde, à Lausanne. Elle forme un volume in-4°.

Principes *sur l'approbation des confesseurs*. 1785.

On lui attribue ce livre.

Ses ouvrages relatifs à la constitution civile du clergé sont :

Préservatif *contre le schisme, ou questions relatives au décret du 27 novembre 1790*, in-8°.

Attaqué par Lambert.

Le Préservatif *contre le schisme accusé et non convaincu de graves erreurs*. 1791.

Réponse à Lambert.

Suite du *Préservatif, ou nouveau developpement des principes qui y sont établis*. 1792, in-8°.

Attaquée aussi par Lambert dans *L'Autorité de l'Eglise*, etc.

Lettre à *l'auteur de* L'Autorité de l'Eglise, etc.

Jean-François Vauvilliers attaqua aussi ces mêmes écrits de Larrière dans *Le Témoignage de la raison et de la foi sur la constitution civile du clergé*. ou *réfutation du Préservatif*, etc., Paris, 1792, in-8° de 364 pages ; et dans la *Doctrine des Théologiens*, ou deuxième partie du Témoignage, etc., 1792. Larrière publia trois *Lettres* en réponse à la critique de Vauvilliers.

Larrière travailla aux *Nouvelles Ecclésiastiques* dont l'abbé de Saint-Marc était chargé; il y inséra plusieurs articles en faveur de ses ouvrages. Il fut aussi l'un des rédacteurs des *Annales de la religion* fondées par Desbois de Rochefort, évêque constitutionnel et imprimeur. En 1798, il commença, sous le titre d'*Annales religieuses*, un recueil périodique dont il ne parut que huit numéros, et qui fut supprimé par le directoire. On a dit qu'il laissa en manuscrit un Traité contre le le *Contrat social*, et une Théologie d'Arnauld, qui ferait six volumes.

LATIGNY (*Le sieur de*), un des faux noms empruntés par Lalane.

LAUGIER ou LOGER, curé de Chevreuse. *Voyez* Loger.

LAVAL, un des pseudonymes de Le Maistre de Sacy.

LENET (Philibert-Bernard) naquit à Dijon en 1677, fut chanoine régulier de Sainte-Geneviève, travailla au *Missel* de Troyes, donné par Bossuet, évêque de cette ville, et qui était son parent. Il fut éditeur de quelques ouvrages de Daguet.

LEQUEUX (Claude), bénédictin janséniste des Blancs-Manteaux, mort en 1768, auteur de plusieurs ouvrages, entre autres d'un *Mémoire justificatif* de l'Exposition de la doctrine chrétienne de Mésenguy ; mais plus connu par le *prospectus* d'une édition des œuvres de Bossuet, abandonnée, après sa mort qui ne tarda pas à arriver, à dom Déforis (*Voyez* ce nom); « édition proscrite par le clergé de France, dit Feller, et entreprise précisément pour corrompre les écrits de ce grand homme, et rendre sa foi suspecte. On raconte, au sujet de l'abbé Lequeux, l'anecdote suivante, que nous transcrivons (c'est Feller qui parle) telle qu'elle nous a été communiquée. *Feu M. Riballier, syndic de la faculté de Paris, parlant à M. l'abbé Lequeux du petit ouvrage qu'avait fait ce prélat sur le Formulaire d'Alexandre VII, lui dit que sûrement il avait dû le trouver parmi ses manuscrits. L'abbé répondit qu'effectivement il l'avait trouvé, mais qu'il l'avait jeté au feu. M. Riballier lui fit à ce sujet une réprimande convenable.* Nous pouvons citer les personnes les plus respectables qui vivent encore, et à qui M. Riballier a fait part de cette anecdote. Il n'en revenait pas toutes les fois qu'il racontait cette impertinente réponse. »

On a encore de Lequeux : *Le Verbe incarné*, 1 vol. in-12; *les Dignes Fruits de pénitence dans un pécheur vraiment converti*; un *Mémoire sur la vie de Mésenguy*; une édition abrégée en six vol. de l'*Année chrétienne* de Le Tourneux (*Voyez* Tourneux) ; une traduction des *Traités de saint Augustin sur la grâce, le libre arbitre et la prédestination*; une nouvelle édition des *Instructions chrétiennes* de Singlin, avec sa *Vie*.

LEVIER, prêtre habitué de la paroisse de Saint-Leu, bachelier en théologie, mort le 12 mars 1734, fut considéré, par le parti, comme un saint et un thaumaturge.

Vie *de M. Levier..., et Relation du miracle opéré par son intercession en la personne de Marie Grognat*.

Un écrivain du siècle dernier, à l'occasion de Levier, s'exprime en ces termes : « On a voulu substituer ce nouveau thaumaturge à la place du fameux diacre de Saint-Médard, dont les prétendus miracles sont abandonnés par les plus sages du parti. Le mystère d'iniquité s'est développé de toute part. Le célèbre miracle de Pierre Gautier de Pézenas, dont M. de Montpellier se donnait dans sa *Lettre au Roi* pour témoin oculaire, et sur quoi il osait assurer Sa Majesté qu'il ne craignait pas de succomber, se trouve aujourd'hui juridiquement reconnu pour une pure supercherie. On a reçu d'Espagne une sentence authentique de l'officialité de l'Escurial, où il est juridiquement déclaré que tout ce qu'on a publié de l'infirmité et de la guérison miraculeuse de dom Palacios est un pur mensonge; il en est ainsi des autres. » *Voyez* Bescherand, La Noe-Menard, Rousse.

LHERMINIER (Nicolas), docteur de Sorbonne, théologal et archidiacre du Mans, naquit dans le Perche, en 1657, se fit respecter par ses vertus et ses lumières, et néanmoins censurer à cause des erreurs qu'il enseignait; après quoi il mourut en 1755.

Summa theologiæ *ad usum scholarum accommodatæ*. Paris, Delaulne, 1709, 7 vol. in-8°

Le système de cette théologie est un jansénisme radouci, un demi-jansénisme, qui n'en est que plus dangereux. Dès que l'ouvrage eut paru, il fut attaqué par une brochure intitulée : *Dénonciation de la théologie de M. Lherminier*, *à Nosseigneurs les évêques*. 1709. L'auteur, en conséquence d'une si vive attaque, donna une seconde édition de son Traité de la grâce, où il mit plusieurs cartons pour faire disparaître les propositions les plus révoltantes; mais le théologien catholique ne se contenta point de ces palliatifs, et il publia, en 1711, *une suite de sa Dénonciation, où l'on voit en quoi consiste la nouvelle hérésie, et quels sont les subterfuges de ses sectateurs.* Les efforts de ce théologien ne furent pas inutiles : quelques évêques censurèrent la *Somme Théologique* de Lherminier, entre autres, M. l'évêque de Gap, dans son mandement du 4 août 1711.

« Nous avons, dit ce prélat, reconnu et jugé, jugeons et déclarons que l'ouvrage du sieur Lherminier, intitulé : *Somme de Théologie réduite à l'usage de l'école*, même depuis la nouvelle correction, est contraire à la doctrine catholique et conforme à celle de Jansénius sur les matières de la liberté et de la grâce (1).

« 1° En ce qu'il fait consister la grâce de Jésus-Christ dans une délectation spirituelle et indélibérée, à laquelle la volonté ne peut refuser son consentement, à moins qu'elle n'y soit nécessitée par une plus vive délectation charnelle également indélibérée (2).

« 2° En ce qu'il ne connaît point dans l'état présent d'autre grâce suffisante que cette même délectation spirituelle, dont l'impression suffirait pour déterminer la volonté à la bonne œuvre, si la chair, par une impression plus puissante, ne la nécessitait à prendre une résolution contraire (3).

« 3° En ce qu'il enseigne qu'aucun des justes qui tombent n'a eu une grâce dont le mouvement pût l'emporter sur celui que la tentation donnait pour lors à la volonté (4).

« 4° En ce qu'il soutient que nulle grâce de Jésus-Christ n'est jamais privée de l'effet qu'elle peut avoir dans les circonstances où elle est donnée (5).

« 5° En ce que Dieu, selon lui (6), ne veut d'une volonté effective le salut éternel d'aucun de ceux qui périssent.

« 6° En ce qu'il suffit (7), pour que l'homme soit libre de la liberté requise au mérite et

---

(1) Tom. 1, p. 338 et suiv.
(2) *Ibid.* et édit. préc., t. II, *Tract. de grat.*, p. 554, 576 et suiv., p. 603, 608 et suiv.
(3) *Ibid.*, etc., p. 572 et 589, p. 645 et suiv., p. 649.
(4) *Ibid.*, etc., p. 655 et suiv.
(5) *Ibid.*
(6) *Ibid.*, etc., p. 594 et suiv.
(7) *Ibid.*, pag. 686, 688 et suiv.

au démérite, qu'il se tourne avec réflexion et plaisir vers le bien ou vers le mal. »

Au reste, cette *théologie* est des plus superficielles. L'auteur n'a ni discernement dans ses preuves, ni force dans ses raisonnements, ni intelligence dans l'interprétation de l'Ecriture sainte et des Pères, ni certitude dans ses principes, ni liaison dans ses idées, etc.

LIEPPE (le P JOSEPH), bénédictin.

MANDEMENT *pour le jubilé dans l'exemption de Fécamp*, en 1751.

Que les jansénistes fassent peu de cas des jubilés, c'est une chose que personne n'ignore. Voyez là-dessus les *Notes critiques d'un anonyme sur le mandement de M. l'archevêque d'Arles* du 7 septembre 1732, vous y trouverez un texte remarquable d'un écrivain de la secte : *Quand on a dit* (ce sont ses termes), *quand on a dit que le jubilé était un mot de trois syllabes, c'était peut-être la définition la plus propre à donner une juste idée de sa nature et de sa valeur.*

Aussi la plupart de ces novateurs n'ont-ils fait attention au jubilé de l'année susdite, que pour en décrier les indulgences, en les représentant dans leurs écrits, non comme une remise des peines temporelles dues au péché, mais comme une relaxation *précisément d'une partie des peines canoniques*, lesquelles, comme l'on sait, ne subsistent plus depuis longtemps. Or, ce système sur les indulgences, tout faux qu'il est, le P. *Joseph Lieppe*, bénédictin, l'a clairement adopté dans le passage 3 de son prétendu mandement. *Ce bachelier en théologie* (car il nous apprend qu'il l'est) a jugé encore que le jubilé pouvait être pour lui une occasion favorable de renouveler quelques propositions proscrites par la bulle. Il a donc avancé sans pudeur (pages 5 et 6) les principes erronés de Quesnel sur l'inutilité de la crainte. *C'est,* dit-il, *à l'amour pénitent qu'il est accordé de changer le cœur.... Il n'y a que le changement d'amour qui fasse le changement du cœur.* Son maître avait dit avant lui : *La crainte n'arrête que la main, et le cœur est livré au péché, tant que l'amour de la justice ne le conduit point.* (Proposition 61.)

LIGNY (N... DE). *Voyez* DELIGNY.

LISLE (L'ABBÉ DE), pseudonyme emprunté par Boucher.

LOGER (N....), curé de Chevreuse, laissa un livre, dont Boidot (*Voyez* ce nom) fut éditeur. Ce livre a pour titre :

TRAITÉ *théologique, dogmatique et critique des indulgences et du jubilé de l'Eglise catholique.* Avignon, 1751, in-12 de 280 pages.

La doctrine de l'auteur est que les indulgences ne sont qu'une relaxation des peines canoniques et de la discipline extérieure de l'Eglise, et que s'imaginer qu'elles sont une remise des peines temporelles dues au péché, c'est donner dans une chimère, c'est ignorer la sainte antiquité. Cette doctrine, que les jansénistes tiennent des calvinistes, leurs prédécesseurs, le sieur Opstract l'a autrefois avancée en Flandre, quand, par une basse et grossière plaisanterie, il a osé dire dans ses thèses de 1706 : *Missæ non refrigerant animas in purgatorio, sed in refectorio*, et le sieur François Van-Vianen, l'a aussi enseignée dans ses thèses de théologie, où il s'est exprimé en ces termes : *Mere commentitia est indulgentiarum liberalitas.*

Mais quelle est au contraire la doctrine catholique, sur la nature et les effets de l'indulgence ?

1° Lorsque nous péchons, de quelque degré de malice que soit notre péché, non-seulement nous devenons dès lors coupables d'une prévarication qui nous rend désagréables aux yeux de Dieu, et produit en nous ce que les théologiens appellent la coulpe, *reatum culpæ*, mais encore dignes d'une certaine peine due à notre péché, *reatum pœnæ.*

2° Par la vertu de la contrition parfaite, ou par l'opération du sacrement de pénitence, toute la tâche et toute la coulpe du péché nous est remise ; mais toute la peine ne l'est pas ; la peine éternelle est seulement changée en peines temporelles, qui restent à subir ou dans cette vie ou dans l'autre.

3° Ces peines temporelles sont de deux sortes ; les unes regardent le for externe, et ce sont les peines canoniques, ou celles qu'impose le confesseur, et les autres le for interne, et ce sont celles du purgatoire.

4° Les satisfactions infinies de Jésus-Christ et les satisfactions surabondantes de ses saints ne sont point perdues, elles subsistent très-réellement aux yeux du Seigneur, et composent le trésor précieux dont Jésus-Christ a confié la dispensation à son Eglise, ainsi que l'a décidé le concile de Trente.

5° Quelques anciens auteurs dont parle saint Thomas ont cru que l'indulgence ne remettait que les peines canoniques qui regardent le for externe. Mais ce sentiment a été rejeté par ce saint docteur et par saint Bonaventure, et universellement par le torrent des théologiens catholiques, qui sont venus après ces deux grandes lumières de l'Eglise. Ils enseignent tous que l'indulgence remet aux fidèles véritablement pénitents et justifiés la peine temporelle dont ils restent redevables à la justice de Dieu dans le for intérieur, et qu'ils devraient subir, ou dans cette vie, ou dans le purgatoire. Le cardinal Bellarmin établit cette doctrine sur les preuves les plus convaincantes. M. Bossuet, que ses disputes avec les ministres protestants obligeaient à parler sur ce sujet avec la dernière réserve, et à ne rien avancer que de certain, l'appuie sur une raison qui paraît sans réplique. C'est dans la considération du septième point des méditations pour le temps du jubilé : « *La doctrine de ce concile* (de Trente), dit-il, *est que l'indulgence est très-utile et très-salutaire ; mais, ô Seigneur ! quelle serait cette utilité, quelle serait cette humanité et cette douceur, si en exemptant les fidèles des rigueurs de la justice de l'Eglise, ce n'était que pour les soumettre à de plus* grandes rigueurs dans la vie future? » Cette raison est décisive, et la doctrine du concile de Trente ne saurait subsister, si l'indulgence n'exemptait que des peines canoniques, et n'avait pas la vertu de remettre celles du purgatoire. Le même auteur ajoute quelques lignes plus bas : « *Que sert de nous objecter que les pénitences qu'on exige dans les indulgences et les jubilés sont trop légères pour faire une raisonnable compensation des pénitences de l'autre vie, puisque tant de graves auteurs, dont on a vu quelques-uns élevés à la chaire de saint Pierre, ont enseigné que les œuvres pénitentielles qu'on donne comme pour matière nécessaire à l'indulgence, quoique petites en elles-mêmes, sont tellement rehaussées par l'accroissement de ferveur que l'indulgence inspire aux saints pénitents, qu'associés au prix infini du sang de Jésus-Christ et aux mérites des saints par la grâce de l'indulgence, elles peuvent être élevées jusqu'à produire une parfaite purification,* c'est-à-dire une rémission entière de toute la peine due au péché, soit dans le for de l'Eglise, soit dans le for intérieur et devant Dieu; c'est ce qui se trouve expressément décidé par l'Extravagante *Unigenitus* de Clément VI. Voici comme parle ce saint pontife dans cette constitution reçue certainement dans l'Eglise universelle.

Ce trésor (il parle du trésor des mérites infinis de Jésus-Christ) *n'est point enfermé dans un linge, ni caché dans un champ; mais Jésus-Christ en a commis la garde à son Eglise pour être salutairement dispensé aux fidèles par le bienheureux Pierre, qui tient les clefs des cieux, et par les successeurs de Pierre, ses vicaires sur la terre, et afin que les mérites de ce trésor soient miséricordieusement appliqués par eux à ceux des fidèles qui seraient véritablement repentants de leurs péchés, et qui les auraient confessés au tribunal de la pénitence, leur remettant, tantôt toute la peine temporelle par laquelle ils doivent encore satisfaire à la justice de Dieu, tantôt une partie seulement de cette peine, soit généralement, soit spécialement, selon qu'ils le jugeraient devant Dieu. Nunc pro totali, nunc pro partiali remissione pœnæ temporalis pro peccatis debitæ, prout cum Deo expedire cognoscerent, vere pœnitentibus et contritis misericorditer applicandum.*

Telle est l'idée qu'ont tous les fidèles répandus dans l'Eglise universelle, de la grâce qu'ils espèrent d'obtenir en gagnant le jubilé, et qu'ils obtiennent en effet, lorsque par une conversion véritable et par les dispositions qui sont requises, ils se mettent en état de le gagner dans toute son étendue.

C'est donc *une folie accompagnée d'une insolence extrême* d'entreprendre dans un libelle d'anéantir l'indulgence que les papes accordent à toute l'Eglise, et de choisir exprès le temps sacré où toute l'Eglise s'empresse à en profiter, pour répandre dans le public un si scandaleux écrit.

LOMBERT (Pierre) naquit à Paris, et devint avocat au parlement de cette ville; il fut uni aux solitaires de Port-Royal, et demeura quelque temps dans leur maison ; il traduisit plusieurs ouvrages des saints Pères, et mourut en 1710. On peut lui reprocher ce qu'on a reproché à Du Bois, autre traducteur de Port-Royal : saint Bernard, saint Augustin et saint Cyprien ont chez lui à peu près le même style, les mêmes tours et le même arrangement. Sa traduction de saint Cyprien a donné lieu à des observations critiques que nous allons rapporter.

Œuvres de saint Cyprien, traduites, etc., in-4°.

Ce sont d'étranges hommes que les jansénistes. Obligés de convenir que saint Cyprien défendait contre le pape saint Etienne une mauvaise cause, ils s'obstinent néanmoins à louer sa résistance. Si le sentiment de ce saint docteur se fût trouvé véritable, qu'on exaltât sa fermeté à le soutenir, je n'en serais pas surpris; mais ce même sentiment ayant été déclaré faux, peut-on faire autre chose que de chercher à excuser le saint sur cette résistance? Le louer sur ce point n'est-ce pas une absurdité dont il n'y a que les sectaires qui soient capables? Qu'ils apprennent que la seule résistance des pélagiens à Innocent I peut être comparée à leur opposition à la bulle.

Au reste, M. *Lombert* était un avocat uni à messieurs de Port-Royal ; et dès lors il n'est pas étonnant que son ouvrage se ressente de cette liaison. Je vais en extraire huit ou neuf propositions, et je mettrai à côté quelques réflexions qui en feront sentir tout le venin.

I. Proposition.	Réflexion
Pag. 52. Le traducteur pose cette maxime : «L'Eglise catholique n'étant point divisée, communiquer avec un évêque catholique, c'est communiquer avec l'Eglise; et se séparer d'un évêque catholique, c'est se séparer de l'Eglise. » Pour prouver cette maxime, il rapporte les paroles que l'évêque Firmilien osa écrire au pape saint Etienne. « * Excidisti enim te ipsum, noli te fallere, id quidem ille est vere schismaticus qui se a communione Ecclesiasticæ unitatis apostatam fecerit, dum enim putas omnes a te abstinere posse, solum te ab omnibus abstinuisti » : *d'où il tire la conséquence suivante* : «** Pour montrer qu'un évêque quelqu'il soit, qui se sépare de la communion d'un autre évêque, qui est dans l'Eglise catholique, devient lui-même schismatique. »	* La preuve de cette maxime est aussi suspecte que la maxime même. On peut faire voir que cette Epître de Firmilien, comme grecque, a été inconnue à Eusèbe, qui a ramassé toutes les épîtres écrites sur la matière du baptême des hérétiques ; et comme latine, inconnue à saint Cyprien à qui elle s'adresse, à saint Augustin et aux donatistes, ses adversaires. ** Si le pape est le chef visible de l'Eglise, il doit être le centre de la communion de tous les évêques, aussi bien que le juge. Or le juge qui condamne les autres, ne se condamne pas soi-même; le bras qui coupe et qui retranche ne se retranche pas; le centre qui attire n'est pas attiré. Qui détruit ces principes détruit le chef visible de l'Eglise ; qui n'y connaît point cette subordination, n'y connaît point d'hiérarchie, ni de règle pour séparer le

bien d'avec le mal. Il y a dans l'Eglise une séparation de commandement, et il y en a une autre d'obéissance : la première réside dans le chef qui sépare, sans se séparer ; la seconde dans les membres qui se séparent, sans séparer les autres.

II° Proposition.

Page 78. Il dit, « qu'il est très-peu important de savoir si saint Cyprien et saint Firmilien changèrent de sentiments, ou non ; leur sainteté est indépendante de cela, et elle est aussi assurée, que leur changement est douteux. » Ce qui pourrait faire le sujet d'une question plus raisonnable, c'est de savoir si le pape Etienne s'est réconcilié avec eux avant que de mourir, et est rentré dans leur communion. Et il n'en faut point douter, vu que l'Eglise l'honore comme un martyr, et que le martyre est incompatible avec le schisme et la division. »

Réflexions.

Cette recherche que l'on estime si peu *importante* n'a pas été néanmoins jugée indigne des soins de saint Augustin. Il est vrai qu'il n'a pas assuré positivement que saint Cyprien eût changé de sentiments avant que de mourir, il s'est contenté de nous laisser la chose dans le doute.

" Il est inouï que l'innocence d'un juge dépende de la grâce que lui voudra faire le coupable.

Nous voyons à la vérité dans l'histoire plusieurs exemples d'évêques qui, se voyant retranchés de la communion de l'Eglise romaine, ont fait tous leurs efforts pour mériter d'y rentrer, mais on n'a jamais vu dans tous les siècles précédents un seul pape rechercher la communion de ceux qu'il avait une fois retranchés de l'Eglise.

III° Proposition.

Même page. « On peut dire au contraire que le sentiment véritable qu'avait le pape Etienne touchant le baptême des hérétiques, ne lui aurait pu faire remporter la couronne du martyre, parce qu'il n'avait pas souffert patiemment les remontrances de plusieurs évêques catholiques, et s'était séparé de leur communion, si, avant que de mourir, il n'eût fait la paix avec eux, et n'eût renoué les liens de la charité et de l'unité. »

IV° Proposition.

Pag. 75. « 'Ainsi saint Cyprien conservant toujours sa modération ordinaire, et ne rompant point avec Etienne, quoique Etienne eût rompu avec lui, demeura ferme dans l'unité de l'Eglise. »

Réflexions.

Saint Augustin nous assure en plusieurs endroits que le pape Etienne ne rompit point la paix avec saint Cyprien, cependant une si grande autorité n'a pas pu persuader ce traducteur. Il serait difficile d'en deviner le motif, à moins que, suivant ses bons sentiments pour l'Eglise romaine, il ne se soit fait un plaisir de nous représenter un évêque, qu'il croit excommunié par un pape, révéré néanmoins dans toute l'Eglise comme un grand saint.

Si le pape Etienne eût rompu avec saint Cyprien, il n'eût plus dépendu de saint Cyprien de vivre dans la communion d'Etienne ; et si la validité d'une sentence dépendait de l'acceptation de celui qui est condamné, on n'en verrait guère d'exécutée. •

V° Proposition.

Page 69. « Ce ne fut que sous Etienne que cette ques-

Réflexions.

' Il ne faut pas demander après cela à

stion (*du baptême des hérétiques*) fut agitée avec chaleur, et que ce pape l'ayant prise extrêmement à cœur, ' et voulant que son sentiment servît de règle à toute l'Eglise, il eût causé indubitablement un schisme, s'il n'eût trouvé des évêques qui n'étaient pas moins ennemis de la discorde que de cette nouvelle domination. »

VI° Proposition.

Page 72. « Il eût été à souhaiter que le pape Etienne en eût usé de son côté avec la même modération. Car quoiqu'il défendît le bon parti, et celui auquel toute l'Eglise se rangea depuis ; comme elle n'avait encore rien défini là-dessus, il était libre à chaque évêque de tenir ce qu'il croyait le plus véritable, comme S. Augustin le reconnaît. ' Cependant ce pape s'attachant un peu trop à son sentiment, c'est-à-dire, le défendant plutôt avec la chaleur d'une personne qui le regardait comme sien, qu'avec la douceur dont on est obligé de défendre toute vérité, comme étant plus à Dieu qu'à nous, " il passa jusque-là qu'il ne voulut pas conférer avec les évêques députés d'Afrique. »

VII° Proposition.

Page 74. « Car quoique S. Cyprien respectât, comme il devait, l'évêque du premier siège d'Occident, il ne croyait pas que ce respect dût aller jusqu'à une complaisance servile, ' ni qu'il dût considérer dans cette rencontre son sentiment plus que celui d'un autre évêque, puisque la question dont il s'agissait ayant partagé les prélats de l'Eglise, elle ne pouvait être décidée que par un concile œcuménique, comme le reconnaît depuis le pape Léon sur un semblable sujet, au concile de Chalcédoine. »

VIII° Proposition.

Pag. 78. ' « Cette parole, que nous venons de rapporter de saint Cyprien est très-vraie, que nul évêque ne peut contraindre ses collègues à lui obéir, puisque

ce traducteur ce qu'il pense de la prétention des papes Innocent X et Alexandre VII, lorsqu'ils ont voulu faire souscrire tout le monde à la condamnation des cinq propositions ; ce sera, suivant lui, une *nouvelle domination*.

Réflexions.

' Nous n'avons aucun ouvrage de ce pape, où le sieur Lombert ait pu voir cet entêtement prétendu. Saint Augustin nous le représente comme ayant toujours voulu conserver la paix même avec ses adversaires. Cet entêtement donc ne peut avoir d'autre fondement que l'imagination de cet auteur.

" Cela ne se justifie que par l'épître de Firmilien : encore les paroles en sont-elles incertaines, et le cardinal Baronius est d'un autre sentiment.

Réflexions.

' Quand il serait vrai que saint Léon eût reconnu que ce fût au seul concile œcuménique à décider absolument les questions agitées dans l'Eglise, s'en suivrait-il pour cela que l'on ne dût pas considérer davantage le sentiment du pape, que celui d'un autre évêque ? Ne pourrait-il pas y avoir quelque préférence ? Mais l'auteur des *Jugements canoniques des évêques* a fait voir dans son ouvrage, pag. 308, sur la fin, la supposition de cette allégation ; en découvrant les circonstances particulières dans lesquelles ce pape fit cette reconnaissance, si l'on peut s'exprimer ainsi, et par où il paraît que bien loin que ce pape ait été dans le sentiment de ce traducteur, il en a soutenu un tout contraire.

Réflexions.

' L'auteur des *Jugements canoniques des évêques*, chap. 1, art. 1, fait voir les étranges conséquen-

tout évêque est libre de faire ce qui lui plaît, et ne peut non plus être jugé par un autre, que juger les autres. Il n'excepte de cette règle aucun évêque, non pas même celui de Rome, pour montrer que le pape Etienne passait en cette rencontre les bornes de son pouvoir, et entreprenait une chose qui n'appartenait qu'à Jésus-Christ, comme le dit encore notre saint au même endroit, c'est-à-dire à l'Eglise assemblée dans un concile universel, et inspirée de Jésus-Christ. »

ces qui se peuvent tirer de cette proposition. On remarque maintenant de plus, que quelque envie que saint Augustin ait fait paraître de défendre saint Cyprien, il n'a pu se dispenser de nous faire connaître qu'il y avait quelque chose de surprenant dans cette proposition, et que pour la rendre soutenable, elle demandait d'être restreinte dans un cas particulier.

IX· Proposition.

Page 114. Ce traducteur demande pourquoi saint Cyprien ayant combattu le sentiment du pape Etienne sur le baptême des hérétiques avec toute sorte de liberté jusqu'à le taxer d'ignorance et d'indiscrétion, ses écrits n'ont pas laissé d'être en si grande vénération dans l'Eglise " que le pape Gélase leur a fait cet honneur de les mettre sans distinction à la tête des ouvrages des Pères que l'Eglise romaine reçoit et approuve. " « Et la réponse qu'il y a à faire à cette demande, c'est que, comme le dit saint Augustin, lorsque saint Cyprien rejetait le baptême des hérétiques, cette question n'avait pas encore été terminée et définie par un concile œcuménique; et qu'ainsi il lui était libre de tenir là-dessus ce qu'il croyait de plus vrai, quoique le pape Etienne fût d'un autre sentiment. » (*Et plus bas*). « Ainsi saint Augustin était bien éloigné de s'imaginer que le sentiment du pape Etienne dût être celui des autres évêques sur ce point, puisqu'il reconnaît que ceux qui n'en étaient point, ne laissaient pas d'être catholiques; et quoique ce pape eût parlé là-dessus, comme l'on dit, il ne laisse pas de regarder toujours cette question comme indécise, parce que l'Eglise n'avait pas encore parlé. »

qu'il trouve le plus véritable. Mais on peut le confondre sur le sentiment qu'il attribue à saint Augustin; et faire voir que dans tout ce qu'il a écrit contre les donatistes sur le sujet du baptême des hérétiques, il a toujours supposé pour fondement de son raisonnement, que le pape Etienne, en s'expliquant sur cette matière, avait néanmoins laissé toujours cette question comme incertaine et douteuse dans l'Eglise, et avait toléré dans sa communion ceux qui soutenaient l'opinion contraire. Ainsi, dans cette supposition d'ir-

Réflexions.

" Ce fait n'est pas véritable; et si le traducteur se fût donné la peine de lire le décret de ce pape dans sa source, et non pas seulement dans Gratien, il eût vu qu'après que ce pape a mis les œuvres de saint Cyprien à la tête des Pères que l'Eglise reçoit, il met ensuite parmi les livres apocryphes les œuvres du même saint Cyprien ; ce que le cardinal Baronius a expliqué des lettres que saint Cyprien a écrites sur le baptême des hérétiques.

" Si cette réponse contient les véritables sentiments de cet auteur, il est aisé de conclure de là ce qu'il croit des cinq propositions condamnées; et puisqu'elles n'ont pas encore été condamnées par un concile œcuménique, il pense sans doute qu'il lui est permis de croire sur cela ce véritable. Mais on

(1) M. Languet, 7e lettre pastorale.

résolution de la part du saint-siége, il n'est pas surprenant qu'il ait cru que jusqu'à ce que le concile plénier eût entièrement déterminé cette question, il était permis à chaque évêque de croire ce qui lui paraissait le plus véritable ; mais c'est une illusion à cet auteur d'avoir voulu nous exprimer par là le véritable sentiment de saint Augustin, parce qu'il est certain que lorsque ce Père a parlé, sans aucune supposition particulière, de l'autorité du saint-siége, comme il l'a fait en écrivant au pape saint Innocent, après le concile de Milève, pour lui demander la condamnation de l'erreur pélagienne, il n'a plus eu recours alors aux définitions d'un concile œcuménique, mais il a regardé les définitions du siége apostolique comme devant servir de règle à la créance générale de l'Eglise.

LORRAINE (François-Armand), évêque de Bayeux, mort à Paris le 19 juin 1728. Louis XIV avait refusé de le nommer évêque ; la régence n'y regarda pas de si près. M. de Lorraine fut un des douze prélats qui signèrent la lettre contre le concile d'Embrun, et un des neuf qui firent signifier au procureur général un acte pour dénoncer le bref approbatif de ce concile. M. de Lorraine avait mis toute sa confiance dans l'abbé Petit-Pied, qui, au dire du gazetier janséniste, est l'auteur des mandements du prélat.

MANDEMENT..., *contenant le jugement qu'il porta sur différentes propositions qui lui avaient été dénoncées par le P. de Gennes, jésuite*. — Autre MANDEMENT, *portant approbation et confirmation de la censure de la faculté de théologie de Caen, du 31 décembre 1720, contre dix-sept propositions, tirées tant des cahiers que des thèses publiques des jésuites qui du collége de Caen.*

Ce double *mandement*, qui est de 114 pages, porte la date du 25 janvier 1722. Rome le proscrivit *comme contenant quelques opinions et doctrines téméraires, suspectes, injurieuses au saint-siége apostolique, et favorisant des erreurs condamnées.* Ce décret est du 14 juillet 1723.

L'assemblée du clergé, de 1725, s'éleva hautement contre le même écrit et demanda au roi la permission de tenir un concile provincial contre M. de Bayeux, pour lui faire sur cela son procès.

Ce prélat, dans ce mandement, autorise et déclare catholiques les maximes suivantes, qui font horreur à ceux qui sont instruits des vérités de la foi (1) : *Un homme qui déteste sa faute, précisément à cause de la laideur du péché et de son opposition à la raison, commet un nouveau péché en pleurant son péché, parce qu'il ne rapporte point son action à Dieu.*

L'homme agit toujours suivant la plus grande délectation, et une délectation indélibérée.

La seule nécessité naturelle et invariable est

opposée à l'essence de la liberté : c'est-à-dire que la liberté peut subsister dans une action dans laquelle l'homme sera nécessité, pourvu que ce ne soit que d'une nécessité passagère.

L'homme, indépendamment de la grâce, peut accomplir les préceptes de Dieu. Il le peut, s'il veut. Ce pouvoir est véritable et réel, sans avoir recours à la grâce. La grâce n'est pas nécessaire pour que l'homme ait un vrai pouvoir. Calvin, sur la liberté, et Pélage, sur la grâce, en eussent-ils demandé davantage ?

C'est à toute la multitude que Jésus-Christ a dit. Ce que vous lierez sur la terre, sera lié dans le ciel. En sorte que les évêques et les prêtres n'ont de plus que les autres fidèles que le ministère et l'exercice de ce pouvoir : pouvoir qui au fond réside dans tous les membres de l'Eglise, laïques, femmes et enfants. C'est même du consentement au moins tacite de toute l'Eglise, et par conséquent des laïques et des femmes, que ce pouvoir est exercé par les évêques et par les prêtres. Voilà ce que le grand Bossuet appelait autrefois *mettre en pièces le christianisme et préparer la voie à l'Antechrist.*

ORDONNANCE *et Intruction pastorale...*, du 17 juillet 1724, 30 pages in-4°.

Cette *Ordonnance* fut flétrie par un arrêt que rendit Sa Majesté, sur le rapport et l'avis de son conseil ecclésiastique. Elle fut en même temps combattue par divers écrits théologiques, où l'on faisait voir que cette pièce était également injurieuse aux deux puissances.

Selon M. de Bayeux, *le sens simple et naturel des 101 propositions condamnées par la bulle* Unigenitus *ne contient que la doctrine même de l'Eglise.*

INSTRUCTION *pastorale...*, du 15 janvier 1727, 22 pag. in-4°.

Le prélat y prend la défense des douze articles, et soupire après la célébration du concile général. Tout ce qu'il y dit n'est propre qu'à rendre suspectes les vérités de la religion, à inspirer du mépris pour les décisions de l'Eglise, à soulever les sujets contre l'autorité du roi. Il attaque ouvertement la constitution *Unigenitus*, les lettres patentes du 14 février 1714 et la déclaration du 14 août 1720, enregistrées dans tous les parlements du royaume.

La faculté de théologie de Caen opposa à cette *Instruction* un écrit de 23 pages in-4°, sous le titre de *Remontrances*. Il fut présenté au prélat par deux docteurs, le 28 juin 1727, et rendu public, avec la permission du roi. On y démontre que tous les efforts de l'*Instruction* contre la bulle se réduisent à lui opposer, ou des vérités auxquelles elle ne donne aucune atteinte, ou des opinions de Baïus et de Jansénius déjà plusieurs fois proscrites.

Le parlement de Rouen supprima l'*Instruction*, par un arrêt du 8 juillet 1727.

LOUAIL (JEAN), prêtre, prieur d'Auzai, appelant, naquit à Mayenne, dans le Maine, vers le milieu du XVIIe siècle, et mourut en 1724.

HISTOIRE *du livre des* Réflexions morales *sur le Nouveau Testament* (par le P. Quesnel), *et de la constitution* Unigenitus, *Pontificat de Clément XI.* Première partie. Amsterdam, Nic. Pogieter, 1723, 6 vol. in-12. — Seconde partie, suite du pontificat de Clément XI. Amsterdam, Nic. Pogieter, 4 vol. in-12. — Troisième partie, contenant le pontificat d'Innocent XIII ; 1731, 4 tom., 8 vol. in-12. — Quatrième partie, qui commence avec le pontificat de Benoît XIII, 1734 et 1738, 3 tom., 5 vol. in-12 — Quatrième partie, sixième, septième et huitième section, 1738, 3 vol. in-12.

Autre édition de la première partie : *Histoire du livre des* Réflexions morales *sur le Nouveau Testament, par le P. Quesnel, et de la constitution* Unigenitus, *servant de préface aux* Hexaples. Première partie. Amsterdam, Nic. Pogieter, 1723, in-4°. — Autre édition, Amst. Nic. Pog., 1726, in-4°.

Autre édition de la seconde partie. Amst., Nic. Pog., 1730, in-4°.

La première partie seule est de Louail ; les suivantes sont de Cadry ou Darcy, et de N....

Feller dit : « On peut considérer cet ouvrage comme la base et le modèle des *Nouvelles Ecclésiastiques*. Il est écrit dans le même goût, avec la même véracité et la même modération que les feuilles du *Scélérat obscur*, comme l'appelle d'Alembert. Cadry a continué cette prétendue *Histoire* en 3e vol. in-4°, et l'a conduite presque jusqu'au temps où ont commencé les *Nouvelles Ecclésiastiques*. »

Mais, d'après les renseignements bibliographiques que nous avons donnés ci-dessus, il paraît que cette prétendue *Histoire* a été poussée plus loin que ne l'ont pensé Feller et quelques autres, puisque les *Nouvelles Ecclésiastiques* ont commencé avant 1728. Quoi qu'il en soit, voici en quels termes un écrivain compétent a jugé le travail de Louail et de Cadry :

« Cette *Histoire*, si on peut lui donner ce nom, n'est qu'un amas informe de faits la plupart controuvés ou altérés, mis à la suite l'un de l'autre par une main peu habile. Les talents de l'auteur sont une imbécile crédulité, une envie effrénée de calomnier, un goût décidé pour le fanatisme, un esprit gauche, un cœur ulcéré, un style décousu et peu propre à soutenir son lecteur dans une si longue suite d'erreurs et de mensonges. »

Voyez FONTAINE *(Jacques).*

Il y a encore de Louail :

RÉFLEXIONS *sur le décret du pape, du 12 février* 1703, in-4°.

HISTOIRE *abrégée du jansénisme et remarques sur l'ordonnance de M. l'archevêque de Paris, du 20 août* 1696. Avec Françoise-Marguerite de Jomoux. Cologne 1698.

HISTOIRE *du cas de conscience signé par*

quarante docteurs de Sorbonne, contenant les brefs du pape, ordonnances épiscopales, etc.; *Réflexions sur ces pièces.* Avec mademoiselle de Joncoux; notes de Fouilloux, Petitpied, etc. Nancy, 1705, 1706, 1710, 1711. 8 vol. in-12.

LOUVART (dom FRANÇOIS), bénédictin de Saint-Maur, appelant, naquit en 1662 à Champ-Généreux, diocèse du Mans : il fut le premier de sa congrégation qui s'éleva contre la constitution *Unigenitus.* Ce religieux, qui aurait dû rester dans la retraite et dans l'obscurité, écrivit à quelques prélats des lettres si séditieuses, que le roi le fit enfermer à la Bastille et en d'autres maisons de force. Enfin il se réfugia à Schoonaw, près d'Utrecht, où il mourut en 1739.

LETTRE *de communion, écrite en français et en latin, à l'archevêque d'Utrecht,* le 31 juillet 1727.

Cette lettre est souscrite par trente-trois jansénistes de Nantes, prêtres, clercs, moines de Saint-Maur, etc. Elle est adressée à M. Corneille Jean *Barchman,* archevêque d'Utrecht, intrus et schismatique, comme l'était son prédécesseur, M. *Stanoven.*

Par cette lettre les jansénistes lui déclarent qu'ils s'unissent à lui de communion; et voici les motifs qu'ils en apportent. C'est qu'il rejette la constitution *Unigenitus,* qui combat, disent-ils, la foi, la morale de Jésus-Christ et la discipline, et qu'il a refusé de signer le formulaire qui cause tant de maux à l'Eglise. Dom Louvard, bénédictin de Saint-Maur, est l'auteur de la lettre latine, signée par plusieurs de ses confrères.

La prétendue église d'Utrecht, dont il est ici question, n'était pas seulement unie avec les jansénistes de Nantes ; elle avait un commerce intime avec l'évêque de Senez (Soanen) qui, à la prière du P. Quesnel, s'engagea à ordonner, et ordonna effectivement en 1718 et 1719, les sujets envoyés d'Utrecht, où il n'y avait point alors d'évêque, ni intrus, ni légitime. Cette ordination est constatée par les registres des ordinations du diocèse de Senez ; et M. Corneille-Jean *Barchman* (depuis archevêque schismatique d'Utrecht) est un de ceux qui reçurent de ce prélat, en 1719, la tonsure et tous les ordres jusqu'à la prêtrise inclusivement, en trente-sept jours.

Deux prétendus grands vicaires d'Utrecht donnaient à cet effet les dimissoires. Le premier d'entre eux était M. *Van-Hussen,* nommément excommunié par le pape; et ce qu'il y a encore de singulier, c'est que le prétendu chapitre d'Utrecht, dans les dimissoires des sieurs *Barchusius* et *Verkeul,* donna l'*Extra tempora;* ce qui n'appartient qu'au pape, comme personne ne l'ignore. Tout irréguliers, tout informes qu'étaient ces dimissoires, M. de Senez (qui ne pouvait pas ignorer que le chapitre schismatique d'Utrecht avait été nommément excommunié par trois papes) ne laissa pas de les admettre. Il fit encore quelque chose de plus étrange. Dans trois de ses ordinations il ne célébra point la messe lui-même, mais il la fit célébrer par de simples prêtres. C'est ainsi que ce prélat fanatique se mettait sans remords au-dessus de toutes les règles. Mais quand on a perdu la foi, il n'est plus de barrières que l'on ne franchisse aisément.

Cependant, comme c'était pour les jansénistes d'Utrecht une chose très-incommode de faire traverser toute la France à leurs élèves, pour venir chercher dans le fond de la Provence M. de Senez, le seul évêque qui voulût leur prêter son ministère, M. *Varlet,* évêque de Babylone, pour lors retiré à Utrecht, les délivra de cet embarras. Tout interdit qu'il était par le pape et suspens de toutes ses fonctions, il n'hésita point d'imposer ses mains sacrilèges sur les sujets présentés par le clergé schismatique et excommunié, et il ne laissa plus à M. de Senez que le mérite de la bonne volonté.

Par tout ce que nous venons de dire, on peut voir ce que c'est que cette église d'Utrecht dont les jansénistes de Nantes recherchaient avec tant de zèle la communion.

LETTRE *de dom Louvard à un prélat,* datée du 19 octobre 1727.

LETTRE *du même dom Louvard à un prélat,* du 22 février 1728.

Dom Louvard, dans sa première lettre, exhorte en ces termes un prélat à se déclarer enfin hautement pour le jansénisme : *Aujourd'hui il faut aller contre le fer, le feu, le temps et les princes.* Audacieux langage et tout à fait semblable à celui de dom Thierri, qui ne craignait pas de dire qu'il *fallait tâcher de mettre nos rois hors d'état de pouvoir exécuter des injustices pareilles à celles qu'il avait éprouvées.*

Dans la seconde lettre, dom Louvard demande qu'on exige comme une chose essentielle, 1° que la bulle ne fasse jamais loi dans l'Eglise ; 2° que l'appel demeure dans son entier ; 3° que la signature du formulaire soit abolie et ne ferme plus la porte du sanctuaire aux vrais saints ministres. Il avait dit, quelques lignes auparavant, qu'*une bonne et rigoureuse guerre valait mieux qu'un mauvais accommodement.*

MAISTRE (ANTOINE LE), né à Paris en 1608, d'Isaac le Maistre, maître des comptes, et de Catherine Arnauld, sœur du fameux Arnauld. Il fut avocat au parlement de Paris et se retira à Port-Royal où il mourut en 1658. Le parti lui doit :

LETTRE *du 27 décembre 1638, à M. le cardinal de Richelieu, pour la défense de M. l'abbé de Saint-Cyran.* In-4°.

APOLOGIE *pour feu M. l'abbé de Saint-Cyran contre l'extrait d'une information préten-*

due que l'on fit courir contre lui l'an 1638. Écrit publié en 1644, in-4°.

APOLOGIE pour Jean du Vergier de Hauranne, abbé de Saint-Cyran, divisée en quatre parties, contenant, etc., 1645, in-8°.

LETTRE du 1ᵉʳ juin 1657, touchant l'inquisition qu'on veut établir en France, à l'occasion de la nouvelle bulle du pape Alexandre VII. In-4°.

En société avec un abbé Perrier, dit-on.

FACTUM pour les religieux de Port-Royal, pour servir de réponse à une lettre imprimée de Mme de Crevecœur. 1663, in-4°.

LETTRE de L. de Saint-Aubin à une personne de condition; par laquelle on justifie la traduction des hymnes en vers français dans les Nouvelles Heures, contre les reproches du P. Labbe et d'autres. 1651, in-4°.

RÉPONSE au livre de M. l'évêque de Lavaur (Raconis), intitulé : Examen et jugement du livre de la Fréquente Communion (par Arnauld). 1644, in-4°.

On attribue cette réponse à de la Barre aussi bien qu'à le Maistre.

Antoine le Maistre est l'un des auteurs de la fameuse version du Nouveau Testament dite de Mons, dont il sera question dans l'article de le Maistre de Sacy, son frère, ci-après.

MAISTRE (LOUIS-ISAAC LE), plus connu sous le nom de SACI ou SACY, frère d'Antoine le Maistre, dont l'article précède, et neveu du fameux Arnauld, naquit à Paris en 1613, fit ses études sous les yeux de Saint-Cyran, reçut le sacerdoce en 1648, et fut choisi pour diriger les religieuses et les solitaires de Port-Royal. Le jansénisme l'obligea de se cacher en 1660, et le fit renfermer en 1661, à la Bastille, d'où il sortit en 1668. Après avoir demeuré à Paris jusqu'en 1675, il se retira à Port-Royal, qu'il fut obligé de quitter l'année suivante, et alla se fixer à Pomponne, où il mourut en 1684. Le nom de Sacy, qu'on écrivait primitivement Saci, lui vient, dit-on, de l'anagramme d'un de ses prénoms, d'Isaac (Isac).

LE NOUVEAU TESTAMENT de Notre-Seigneur Jésus-Christ, traduit en français selon l'édition vulgate, avec les différences du grec, Mons, Gaspard Migeot, 1667, 2 vol. in-12.

Il paraît que cette traduction eut un grand nombre d'éditions.

Il paraît aussi que Bossuet ne lui avait trouvé d'autres défauts que d'être d'un style trop relevé. Voyez à ce sujet la Correspondance inédite de Mabillon, etc., avec l'Italie, récemment publiée par M. Valery, 2 vol. in-8°. Si cela est vrai, ses collègues et le saint-siége, comme on va le voir, la jugèrent bien différemment.

Il paraît encore que ce n'est pas à Mons que ce livre fut imprimé, mais en Hollande. On a remarqué que du Pin en convient dans la Bibliothèque.

Cette traduction parut sous le voile de l'anonyme; mais on ne tarda pas de savoir que Louis-Isaac le Maistre de Sacy et Antoine le Maistre, son frère aîné, qui était avocat, en étaient les auteurs; et comme on sut aussi qu'Arnauld et Nicole l'avaient retouchée, on la regarda comme l'ouvrage de tout Port-Royal (1).

Nous avons sous les yeux un exemplaire d'une nouvelle édition en petit caractère et en petit format, mais sans millésime. La préface, divisée en deux parties, est suivie d'une permission de Mgr l'archevêque de Cambrai, pour la publication de ce livre. En voici le texte :

Gaspar Nemius, etc. Cum a sacrosancto concilio Tridentino decretum sit ne cui typographo liceat imprimere quosvis libros de rebus sacris, nisi primum ab ordinario examinati, probatique fuerint; hinc est quod Novum Testamentum e Vulgata Latina editione *per unum doctorem Sorbonicum in idioma gallicum fideliter translatum, et ut tale a librorum censore approbatum, Gaspari* Migeot *imprimendi et evulgandi licentiam damus et impertimur. Datum Cameraci... die 12 mensis octobris anni 1665.*

Vient ensuite une *approbation de monseigneur l'évêque de Namur*, conçue en ces termes :

Scriptura divina nihil temere vel fortuito loquitur; sed, ut ait sanctus Chrysostomus, et syllaba et apiculus unicus reconditum habet thesaurum. Hinc periculosum est interpretationem aut versionem ejus suscipere. Porro quisquis hanc Novi Testamenti *translationem in gallicam linguam cum annotationibus ad calcem cujusque paginæ scripsit, genuinum ejus sensum clarissime expressit, et sacri textus obscuritatibus verborum proprietate detectis, lectorem movet ad omne opus bonum. Quare utiliter publicari posse censemus. Datum Namurci postridie calend. octobris 1666.*

Vient enfin une approbation de M. *Pontanus*, docteur et professeur en théologie, etc., censeur royal des livres, etc., conçue ainsi qu'il suit :

Hæc Novi Testamenti gallica translatio fonti suo fideliter respondet, et claritate sua ac verborum proprietate obscuriora sacri

---

(1) « Le premier auteur de la traduction du Nouveau Testament de Mons, dit dom Calmet (*Diction. de la Bible*, au mot *Bible*), est M. le Maistre, qui, ayant traduit en français les quatre Évangiles, M. Antoine Arnauld et M. le Maistre de Sacy y firent beaucoup de corrections. M. de Sacy en composa la préface, aidé de M. Nicole et de M. Claude de Sainte-Marthe. Mais M. Arnauld seul est désigné dans le privilége, qui porte que la traduction est l'ouvrage d'un docteur de Sorbonne. Le manuscrit, de la main de M. le Maistre, avec des corrections à la marge de M. Arnaud et de M. de Sacy, fut donné à M. Toynard, par un des elzévirs qui l'avaient imprimé; car quoiqu'au frontispice on lise qu'il a été imprimé à Mons, chez Gaspard Migeot, il est vrai qu'il n'y eut jamais aucun de ses exemplaires imprimé à Mons. Ce fut M. de Cambout, abbé du Pont-Château, qui alla exprès à Amsterdam, pour l'y faire imprimer par les Elzévirs. »

textus loca multum illustrat, atque intellectu faciliora reddit. Ita censui Lovanii die 14 junii 1666.

Cette dernière approbation donna lieu à un critique de dire ces paroles : « Le docteur de Louvain, nommé Pontanus, qui dans son approbation assure que la version française *répond fidèlement* au texte grec, était un homme très-ignorant dans ces deux langues. C'était d'ailleurs un partisan déclaré de Jansénius, et il fut dégradé pour cette raison de son emploi de censeur des livres. » *Voyez* PONTANUS.

Nous allons faire connaître, en suivant l'ordre des dates, les condamnations par lesquelles cette traduction a été flétrie. Nous rapporterons *in extenso* les deux *ordonnances* de M. de Péréfixe, archevêque de Paris, qui furent publiées à six mois d'intervalle.

La première est du 18 novembre 1667, et conçue en ces termes :

« Hardouin de Péréfixe, etc. De tous les artifices de l'esprit de ténèbres, il n'y en a point de plus dangereux que celui qui inspire le mauvais usage des choses saintes; lorsqu'abusant de ce qu'il y a de plus vénérable dans la religion, il fait servir à la ruine de la foi ce qui en doit être le maintien, et à la perte des âmes ce qui a été particulièrement fait pour leur salut. C'est ainsi qu'au témoignage des Pères, il a souvent abusé des saintes Ecritures de l'Ancien et du Nouveau Testament, faisant par une étrange corruption servir à l'établissement de l'erreur les sacrés oracles de la parole de Dieu : de sorte qu'il n'y a point d'hérésie qui ne soit redevable de son origine et de ses progrès au mauvais usage de l'Ecriture mal expliquée et mal entendue. L'expérience funeste des temps passés a fait paraître que pour en pervertir l'intelligence, il n'y a point d'artifice pareil à celui des versions et traductions en langue vulgaire, soit à cause que par ce moyen le mensonge se confond d'une manière imperceptible avec la vérité, soit à cause que l'Ecriture tombant par cette voie indifféremment entre les mains de toutes sortes de personnes, cause d'étranges impressions dans les âmes faibles ou mal disposées, faisant souvent mourir par la lettre qui tue, ceux auxquels elle donnerait la vie par l'esprit de son véritable sens. De sorte que l'on peut dire que Luther et Calvin, avec les autres novateurs du siècle précédent, ont plus séduit de peuples par un artifice si mauvais que par tout ce qu'ils ont fait ouvertement et écrit contre les maximes indubitables de la vraie religion. C'est pourquoi la sainte Eglise, qui veille incessamment au salut des âmes, qui sont le prix du sang adorable de Notre-Seigneur JÉSUS-CHRIST son divin époux, a toujours tenu ces sortes de versions pour suspectes et dangereuses, ayant même de temps en temps réprouvé l'usage de celles qui ont paru et en cours dans les diocèses sans aucune autorité ni permission des ordinaires. Le sacré concile de Trente a très-expressément défendu, et sous peine d'anathème, toutes sortes d'impressions des livres sacrés, voulant par ce moyen mettre des bornes aux entreprises de ceux qui prenaient la liberté de les faire imprimer sans la permission des supérieurs ecclésiastiques, sans nom d'auteur ni d'imprimeur, ou bien sous des noms supposés des uns et des autres. L'Eglise de France a jugé cette discipline si nécessaire et de si grande conséquence, qu'elle en a fait plusieurs décrets dans ses conciles, soit avant, soit après la célébration de celui de Trente, ainsi qu'on peut remarquer particulièrement dans les conciles de Sens, tenu en 1528; de Bourges en 1584, et de Narbonne en 1609, celui de Sens ayant décerné la peine d'excommunication, *ipso facto*, contre ceux qui oseraient imprimer, vendre et publier ces mêmes livres sacrés, sans autorité et permission spéciale des évêques dans leurs diocèses. Une discipline si nécessaire au bien de l'Eglise et si utile au salut des âmes doit retenir ceux qui font gloire d'être du nombre de ses enfants, de rien attenter contre les ordonnances faites avec tant de justice et si souvent réitérées. Nous avons toutefois appris avec douleur, qu'au préjudice de cet ordre et d'une police si saintement établie, on débitait dans la ville métropolitaine et autres lieux de notre diocèse, sans notre permission, une nouvelle traduction du Nouveau Testament en français, sans nom d'auteur, que l'on prétend avoir été imprimée dans les pays étrangers, en la ville de Mons, chez le nommé Gaspard Migeot. Ce qui tourne au mépris de l'Eglise et de notre autorité, étant une contravention manifeste aux ordonnances et décrets des saints conciles, qu'il est nécessaire de réprimer, tant pour empêcher le scandale qu'en souffrent les personnes de piété et conscience timorée, qu'afin de prévenir les mauvaises suites qui en sont à craindre ; A CES CAUSES, pour ne point différer davantage l'application que Dieu a mise en notre pouvoir, contre une entreprise si dangereuse et de si mauvaise conséquence, nous avons fait et faisons très-expresses défenses et inhibitions à toutes personnes de notre diocèse, de quelque qualité et condition qu'elles soient, de lire ni retenir par devers soi ladite traduction du Nouveau Testament en français, imprimée à Mons ou réimprimée en quelqu'autre ville et lieu que ce puisse être, voulant que ladite traduction ou version ne soit d'aucune autorité dans notre diocèse; ainsi qu'elle soit réputée pour un livre suspect et défendu. Enjoignons à tous les supérieurs des monastères d'en retirer par devers eux toutes les copies qui peuvent être entre les mains des religieux et religieuses qui sont sous leur conduite. Défendons à tous imprimeurs, libraires et autres, d'imprimer, vendre et débiter ladite traduction, sous peine d'excommunication : laquelle nous entendons être encourue, *ipso facto*, par les prêtres, curés, vicaires, confesseurs et directeurs des âmes, qui en permettront ou en conseilleront la lecture. Et sera la présente ordonnance imprimée, publiée aux prônes des messes des paroisses, affichée aux portes des églises de cette ville, faubourgs et diocèses, à ce que personne n'en prétende cause d'ignorance.... »

Peu de jours après la date de la première ordonnance de l'archevêque de Paris, c'est-à-dire le 22 novembre, le conseil d'État rendit un arrêt dans lequel il est dit que Sa Majesté « défend à tous libraires et imprimeurs de vendre ou débiter ladite *version*, sous peine de punition; ordonne à toutes personnes qui en auront des exemplaires de les porter incessamment au greffe, pour y être supprimés, à peine de quinze cents francs d'amende. » Il est encore dit, dans le même arrêt, que cet ouvrage a pour auteurs des gens *notoirement désobéissants à l'Eglise*.

De son côté, Arnauld publiait son écrit intitulé : *Abus et nullités de l'ordonnance subreptice de M. l'archevêque de Paris contre la traduction*, etc.

Le 27 novembre, M. l'évêque d'Evreux, Henri de Maupas du Tour, condamnait aussi cette traduction, comme M. l'archevêque de Paris.

Au mois de décembre, M. Lambert, grand vicaire d'Embrun, la condamnait également, et quelque temps après, il parut une *Requeste présentée au roi par M. Georges d'Aubusson, archevêque d'Embrun, contre les libelles diffamatoires de Port-Royal, touchant la traduction condamnée...* précédée de l'ordonnance de M. Antoine Lambert, grand vicaire d'Embrun... portant défense, etc. Plusieurs écrits furent publiés par Arnauld, Nicole, etc., à l'occasion de cette requête, qui d'ailleurs fut défendue.

Le 4 janvier 1668, M. le cardinal Barberin, archevêque de Reims, condamne aussi la version de Mons.

Le 20 avril suivant, M. l'archevêque de Paris la condamna pour la seconde fois. Nous avons annoncé le texte de cette seconde ordonnance; le voici :

« Hardouin de Péréfixe, etc. Comme il est de l'obligation des évêques que Dieu a établis juges dans son Eglise, d'ordonner des peines contre ceux qui s'écartent de leur devoir, il est aussi de leur prudence et de leur charité pastorale de ne les décerner pour l'ordinaire que peu à peu et comme par degrés, afin de faire voir à ceux mêmes qu'ils entreprennent de réprimer, que s'ils se servent contre eux de la puissance que JÉSUS-CHRIST leur a donnée, ce n'est qu'avec regret et par le zèle qu'ils ont pour leur salut et pour l'édification des fidèles.

C'est ainsi que l'Apôtre des nations se conduisit à l'égard de ceux de Corinthe, puisqu'après les avoir traités avec indulgence, il les avertit enfin que s'ils ne se corrigeaient des fautes dont il les avait repris, il ne les épargnerait pas, comme il avait fait auparavant, *quoniam si venero iterum, non parcam*.

C'est la conduite que nous avons gardée dans l'obligation indispensable où nous nous sommes trouvés, de nous déclarer sur la traduction du Nouveau Testament imprimée à Mons. Elle ne parut pas plutôt que nous reçûmes de toutes parts des plaintes du trouble, du scandale et de la division qu'elle causait parmi les fidèles. Nous demeurâmes néanmoins quelque temps dans le silence, pour nous éclaircir de la vérité, et afin de ne rien précipiter dans une affaire de cette importance. Mais ces plaintes continuant, et ayant considéré que cette traduction avait été mise au jour par des personnes suspectes, sans observer les règles que l'Eglise prescrit, touchant les versions et la publication des livres sacrés de l'Ecriture sainte, en langue vulgaire, nous nous résolûmes à la vérité d'en défendre la lecture aux peuples de notre diocèse, mais avec toute la modération qui se pouvait apporter dans une affaire de cette conséquence, et que chacun a pu remarquer dans l'ordonnance que nous fîmes publier alors sur ce sujet, n'y ayant pas même nommé les auteurs d'une entreprise si contraire aux règles et aux formes prescrites par l'Eglise, quoiqu'ils ne nous fussent pas inconnus.

Nous avions sujet d'espérer, par cette conduite pleine de douceur et de modération, qu'ils ne s'engageraient point davantage à soutenir leur nouvelle traduction ni même à la débiter et en conseiller la lecture, et que les peuples qui nous sont soumis comme à leur pasteur, écoutant notre voix dans la défense que nous leur faisions de lire cet ouvrage suspect et dangereux, ne la mépriseraient pas, afin de ne pas mépriser en notre personne celui qui nous a envoyés.

Cependant nous apprenons qu'au préjudice d'une ordonnance si légitime, qu'au mépris de notre autorité et de celle des saints décrets et constitutions canoniques, on ne laisse point de débiter cette nouvelle traduction, que l'on prend soin d'en conseiller la lecture, et que d'autre part il y en a qui écoutent la voix de l'étranger, se laissant séduire par des libelles d'autant plus téméraires et scandaleux, qu'ils offensent ouvertement l'autorité que Jésus-Christ a confiée aux évêques, et même la puissance souveraine que Dieu a mise entre les mains des rois.

Mais ce qui fait voir bien clairement jusqu'à quel point les auteurs de cette nouvelle traduction portent leur désobéissance, c'est que dans les libelles qu'ils ont publiés, ils prétendent faire servir à la recommandation de leur ouvrage la même ordonnance par laquelle nous l'avons condamnée, sous prétexte que nous n'y avons marqué aucune erreur, ni même aucune infidélité, comme si la condamnation d'un livre en général pouvait être prise pour une approbation de tout ce qu'il contient.

En quoi il est évident qu'ils censurent sans aucun respect la conduite de l'Eglise, qui se contente assez souvent de prononcer en général contre des livres notoirement suspects et dangereux. Tout le monde sait que le pape Urbain VIII, d'heureuse mémoire, ne condamna d'abord qu'en général le livre de Jansénius, sans spécifier aucune proposition en particulier, quoique les erreurs qu'il contient aient attiré depuis des condamnations spéciales et plus précises des deux souverains pontifes qui l'ont suivi. Et en effet, il est de la prudence des pasteurs de l'Eglise de ne pas attendre toujours les remèdes dont la préparation ne peut être que lente et difficile, lorsqu'il y en a d'autres dont l'application est plus prompte, et qui peuvent arrêter le cours du mal, ou du moins empêcher qu'il ne devienne incurable.

C'était donc assez pour nous obliger à interdire l'impression et la lecture de cette nouvelle traduction, qu'elle eût les défauts que nous avons marqués dans notre dite ordonnance du 18 novembre 1667, et cela était suffisant pour mettre en repos les âmes dont Dieu nous a donné la conduite, sans entrer alors dans une plus grande discussion de ce même ouvrage; ce qui ne se pouvait faire qu'avec beaucoup de temps et avec toute l'application que nous y avons dû depuis apporter, non-seulement par nous-même, mais encore y ayant employé plusieurs personnes recommandables par leur doctrine et par leur piété, dont il y en a qui sont docteurs en théologie, avec lesquels nous étant fait représenter, et ayant mûrement considéré diverses censures que la faculté de théologie de cette ville de Paris a faites de temps en temps contre les versions de la Bible et autres livres sacrés en langue vulgaire, et particulièrement celle qu'elle fit publier, au siècle passé, contre la traduction de René Benoist et celle du 4 janvier 1661, nous avons reconnu que cette nouvelle traduction du Nouveau Testament en français, imprimée à Mons, chez Gaspard Migeot, contient des choses qui la rendent en soi très-condamnable dans tous les chefs et par les mêmes raisons qui obligèrent il y a cent ans la faculté de Paris de censurer celle de René Benoist, laquelle fut aussi condamnée par l'éminentissime cardinal de Gondy, l'un de nos prédécesseurs, et même par le pape Grégoire XIII, qui la mit au rang des livres défendus, sous peine d'anathème, et la rejeta de l'Eglise, par un bref exprès, adressé à ladite faculté, en date du 3 novembre 1575.

Car, en premier lieu, cette nouvelle traduction, imprimée à Mons, n'est point conforme, non plus que celle de René Benoist, au texte de la version latine, communément appelée Vulgate, en ce que souvent elle lui préfère le grec vulgaire, quoique l'Eglise ne l'ait point déclaré authentique, le substituant même presque toujours en sa place, et rejetant à la marge ce qui est de la Vulgate. En quoi ils manquent manifestement au respect qui est dû au saint concile de Trente, lequel a déclaré la version vulgate authentique, avec défense expresse de la rejeter, sous quelque prétexte que ce soit, *ut nemo illam rejicere sub quovis prœtextu audeat vel prœsumat.*

Ils imposent encore étrangement, par ce titre qu'ils donnent à leur ouvrage, *le Nouveau Testament de Notre-Seigneur Jésus-Christ, traduit en français, selon l'édition de la Vulgate, avec les différences du grec*, puisqu'ayant presque toujours substitué le sens du grec vulgaire à celui de la Vulgate dans les lieux où il y a quelque diversité entre l'un et l'autre texte; ils doivent plutôt lui donner pour titre : Le *Nouveau Testament traduit en français selon le grec, avec les différences de l'édition vulgate*. Et ce qui est de plus étrange dans cette imposture, c'est qu'ils n'ont suivi ni la Vulgate ni le grec dans une infinité d'endroits, ainsi que les personnes habiles et intelligentes peuvent aisément le remarquer, en conférant leur version avec les textes grec et latin.

En second lieu, cette nouvelle traduction suit en beaucoup de choses les autres versions rejetées par l'Eglise, et principalement celle de Genève, lors même qu'il s'agit de quelques points controversés, et que les catholiques soutiennent contre les hérétiques.

En troisième lieu, les auteurs de cette traduction ont fait quelques changements dans le texte de l'édition vulgate, y ont ajouté et retranché ce qu'ils ont voulu, fait quantité de transpositions, attiré à leur fantaisie, et perverti le sens de l'Ecriture en divers endroits.

En quatrième lieu, ils ont, contre la coutume ancienne et communément reçue dans l'Eglise, divisé ce qui devait être joint, et joint ce qui devait être divisé dans le texte, n'ayant à cet effet gardé aucune exactitude dans les points ni les virgules; ce que l'on sait assez être de conséquence, lorsqu'il s'agit des dogmes et vérités catholiques.

En cinquième lieu, ils ont fait entrer de toutes parts dans le texte de l'Ecriture des choses qui n'en sont point. Et comme ils aiment la nouveauté, ils suivent en cela les ministres de Genève, favorisant ainsi leurs erreurs en plusieurs endroits. Mais ils n'en sont point demeurés là, et ne se sont pas contentés d'y faire entrer seulement quelques mots; ils y ont mêlé de leurs explications, des paraphrases et quelquefois des lignes entières, sans aucune différence de caractères, et sans les distinguer d'avec le texte, ainsi qu'ils avaient promis. Et quoique d'ailleurs telles additions s'y trouvent souvent en moindres lettres, en caractères différents et italiques, c'est toutefois une chose qui est contre l'usage de l'Eglise, et qui n'avait point été pratiquée avant Calvin. De plus, ces sortes d'additions ne sont point sans quelque péril, parce qu'il peut arriver dans la suite des temps qu'elles seront imprimées en même caractère que le texte, et qu'ainsi on ne pourra plus en faire le discernement.

En sixième lieu, ces mêmes auteurs ont rejeté tous les titres ou sommaires des livres et chapitres de la Bible, qui de toute ancienneté se trouvent communément dans les éditions de la Vulgate, lesquels, dans l'opinion commune, ont été rédigés par saint Jérôme, et ils ont mis dans leur place des sommaires de leur invention, en coupant et divisant les chapitres à leur fantaisie.

Outre toutes ces choses qui ont été observées par la faculté de Paris, et condamnées dans la version de la Bible qui parut au siècle passé, sous le nom de René Benoist, nous avons encore remarqué dans ladite traduction, imprimée à Mons, plusieurs interprétations qui tendent à favoriser et renouveler les erreurs du jansénisme. De plus, nous y avons trouvé plusieurs façons de parler très-mauvaises et dangereuses, lesquelles, détournant l'Ecriture de son véritable sens, tendent à diminuer la croyance et à affaiblir les preuves de plusieurs importantes vérités de la religion.

Enfin, nous y avons vu et examiné une préface qui contient quantité de propositions contraires aux sentiments de l'Eglise, et dont il y en a qui tendent à faire croire qu'il est non-seulement permis, mais absolument nécessaire à toutes sortes de personnes, même les plus simples, de lire l'Ecriture sainte, ce que la faculté de Paris condamne expressément dans ses censures contre René Benoist et contre Erasme, du 17 décembre 1527, comme une doctrine mauvaise, conforme aux erreurs des Vaudois, des Albigeois et autres.

A ces causes, nous croyons qu'il est du devoir de notre charge et de notre vigilance pastorale d'improuver et condamner, comme de fait nous improuvons et condamnons, la susdite traduction du Nouveau Testament en français, imprimée premièrement en, la ville de Mons, et du depuis en quelques autres lieux. Et afin d'en empêcher le cours autant qu'il nous est possible, nous défendons, sous peine d'excommunication, à toutes personnes de notre diocèse, de lire ni retenir ladite traduction. Et parce que nous avons appris que certains malintentionnés n'avaient pas laissé de la distribuer, vendre ou débiter du depuis, au mépris de notre dite ordonnance et au grand scandale de l'Eglise, nous voulons que la peine de l'excommunication, dont nous avions seulement menacé les imprimeurs, libraires et autres, soit désormais encourue, *ipso facto*, par ceux qui oseront imprimer, vendre ou distribuer, publier et débiter ladite traduction, renouvelant en cela l'ancien décret du concile de la province de Sens, tenu en cette ville de Paris, l'an 1528. Laquelle excommunication, conformément à notre première ordonnance du 18 novembre 1667, sera aussi encourue, *ipso facto*, par les prêtres, curés, vicaires, confesseurs et directeurs des âmes, qui en permettront la lecture. Nous entendons pareillement que la même peine soit encourue, *ipso facto*, par tous ceux qui entreprendront de vendre, publier, distribuer ou débiter trois libelles imprimés sans nom d'auteur, d'imprimeur, ni du lieu de l'impression, dont l'un a pour titre : *Abus et nullités de l'ordonnance subreptice de monseigneur l'archevêque de Paris*, par laquelle il a défendu de lire et de débiter la traduction du *Nouveau Testament*, imprimée à Mons ; et les deux autres intitulés : *Dialogues entre deux paroissiens de Saint-Hilaire du Mont*, sur les ordonnances contre la traduction du *Nouveau Testament imprimée à Mons* comme aussi par ceux qui oseront à l'avenir écrire de semblables libelles contre nos ordonnances, et par tous ceux qui les imprimeront, les débiteront ou en favoriseront l'impression ou le débit. Défendons à tous autres qu'à nos vicaires généraux, à notre pénitencier ou à ceux qui auront pouvoir spécial de nous pour cet effet, d'absoudre ceux qui auront encouru lesdites excommunications. Et attendu le danger qu'il y a de lire cette traduction, nous révoquons tous les pouvoirs qui ont été ci-devant accordés, soit par nous ou par nos grands vicaires, à quelque personne que ce soit, de lire ladite traduction. Exhortant au surplus les pasteurs, confesseurs et directeurs qui doivent travailler avec nous à la sanctification des âmes, de porter les peuples à nous rendre obéissance, et de les détourner de cet esprit de nouveauté qui les engage trop opiniâtrement à passer pardessus les ordres de leurs supérieurs, au péril de leur salut. Et sera, la présente ordonnance, imprimée, publiée aux prônes des messes de paroisse, et affichée aux portes des églises de cette ville, faubourgs et diocèse, à ce que personne n'en puisse prendre cause d'ignorance. »

Fait à Paris, le 20 avril 1668.

Signé Hardouin,
archevêque de Paris.

Le 20 avril, le jour même où Mgr l'archevêque de Paris donnait sa *seconde ordonnance*, le pape Clément IX donnait son bref; et nous lisons à ce sujet, dans un ouvrage dont nous parlerons plus bas (*Examen de quelques passages*, etc., préface du dernier recueil, pag. 447 et suiv.) les lignes qui suivent :

« Le souverain pontife qui a été établi de Dieu pour veiller sur son Eglise, a cru qu'il était de son devoir de prendre connaissance de la traduction de Mons, et qu'après avoir observé toutes les choses que sa raison et sa prudence demandent dans une affaire de si grave conséquence, il a enfin donné son jugement définitif qu'il a fait publier à Rome, et dont il est à propos d'en peser ici les paroles parce qu'elles sont très-notables.

« *Clemens Papa IX. Ad futuram rei memoriam. Debitum pastoralis officii quo Ecclesiæ catholicæ, per universum orbem diffusæ, regimini, divina dispositione, præsidemus, exigit ut sacræ Scripturæ, in ea puritate, in qua per tot sæcula, ingenti divinæ bonitatis beneficio, conservatæ fuerunt, illibatas custodire omni studio atque vigilantia satagamus.*

« Ce n'est pas l'inquisition de Rome qui parle ici, c'est le chef de l'Eglise qui prononce lui même et qui nous déclare d'abord l'importance du sujet dont il est question, en nous disant qu'il s'agit de maintenir la pureté de la parole de Dieu, que la providence divine a conservée depuis tant de siècles jusqu'à présent par la protection singulière qu'il a donnée à son Eglise. Il ajoute ensuite que, pour procéder dans une affaire de telle conséquence, il veut prendre toutes les précautions nécessaires, et que pour cet effet il a choisi quelques cardinaux et d'autres personnes éminentes en piété, en doctrine et en sagesse pour examiner cette traduction de Mons, et lui en faire fidèlement leur rapport, comme il paraît par ces paroles qui suivent :

« *Cum itaque, sicut ad aures nostras pervenit, liber quidam versionis gallicæ Novi Testamenti cui titulus est*, le Nouveau Testament de Notre-Seigneur Jésus-Christ, traduit en français selon l'édition vulgaire, avec les différences du grec, *Montibus Hannoniæ et Lugduni, ut inscribitur, typis impressus ac in lucem edi us fuerit. Nos librum hujusmodi venerabilibus fratribus nostris S. R. E. cardinalibus aliisque viris pietate, doctrina atque sapientia præstantibus, mature, quantum rei gravitas postulat, discutiendum atque examinandum commisimus.*

« Il n'y a point lieu de douter que le jugement que le pape a donné sur un sujet qui regarde tellement l'intérêt de l'Eglise, comme est la pureté de la parole de Dieu, et dans lequel il a procédé avec tant de circonspection, ne soit très-légitime, et qu'il ne doive faire une forte impression sur l'esprit des catholiques qui ont tant soit peu de crainte de hasarder leur salut. Voici donc ce qu'il a prononcé :

« *Quorum sententiis auditis atque consideratis, eumdem librum versionis gallicæ Novi Testamenti, ut supra, et ubicumque impressum, sive in posterum imprimendum, tanquam temerarium, damnosum, a vulgata editione prædicta difformem, et offendicula simplicium continentem, authoritate apostolica, tenore præsentium, damnamus et prohibemus.*

« Il n'est point nécessaire de se mettre en peine de justifier toutes les notes de cette censure qui condamne la traduction de Mons, et qui la déclare téméraire, dommageable, différente du texte de la Vulgate et dangereuse aux personnes simples qui y trouveront des occasions de scandale et de chute, puisque les passages que nous venons d'examiner, et beaucoup d'autres que nous avons omis, de crainte d'être ennuyeux, en sont des preuves trop convaincantes ; car quelle plus grande témérité peut-on commettre en fait de religion, que de se rendre juge du texte de l'Ecriture sainte, d'abandonner la Vulgate dans une infinité d'endroits pour donner des interprétations différentes et quelquefois entièrement opposées ; mais peut-il y avoir rien de plus dommageable et de plus dangereux que de corrompre la parole de Dieu et de substituer en sa place les dépravations de Bèze et de Genève, qui ont falsifié l'Ecriture pour insinuer leurs erreurs ? Aussi le saint-siége a jugé cette traduction si pernicieuse, qu'il a défendu à tous les fidèles de la lire, de la garder, de l'imprimer ou de la vendre à peine d'excommunication actuelle.

(1) « S'il n'est point de pape, dit un historien, que les jansénistes aient tant exalté, c'est qu'il est naturel de régler son estime sur son intérêt. Il n'y a point de mal qu'ils n'aient dit d'Alexandre VII, irréprochable dans ses mœurs, ainsi que des autres papes qui les ont condamnés ; et point de louanges qu'ils n'aient prodiguées à Innocent XI, qui n'a publié

« *Ita ut nemo deinceps, cujuscumque gradus et conditionis existat, etiam speciali et simplicissima nota dignus, sub pœna excommunicationis latæ sententiæ, ipso facto incurrendæ, illum legere, retinere, vendere aut imprimere, aut imprimi facere audeat, vel præsumat sub eadem pœna.*

« Je laisse à juger à tout homme sage et prudent si l'on peut, sans une grande témérité, donner ici le désaveu au souverain pontife, et si après une condamnation si expresse et si sévère, on peut encore avancer que cette traduction est légitime, et qu'on la peut lire hardiment sans s'exposer à aucun danger. »

Le 20 octobre 1673, Mgr l'évêque d'Amiens (François Faure), et le 19 février 1678, Mgr l'évêque de Toulon (Jean de Vintimille), proscrivirent la traduction de Mons, ce dernier, *comme téméraire, dangereuse, différente de la Vulgate dont elle s'éloigne pour suivre la version des hérétiques et les dépravations de la Bible de Genève*; il ajoute qu'*elle insinue les erreurs des propositions condamnées dans Jansénius.*

Le 19 septembre 1679, le pape Innocent XI, dont les jansénistes faisaient assez souvent l'éloge (1), condamna aussi cette version ; or, il la condamna d'une manière très-expresse, puisque de tous les livres désignés et censurés dans son décret, c'est le seul sur lequel il répète en particulier ces paroles : *Vel ubique locorum et quocumque idiomate impressus et imprimendus.*

Le 4 mars 1711, Mgr l'évêque de Gap proscrit également la traduction de Mons.

En 1713, Clément XI, dans sa constitution *Unigenitus*, reçue par toute l'Eglise, déclare qu'une des raisons qui l'obligent à condamner le livre du P. Quesnel, c'est que le texte français de son livre est conforme en beaucoup d'endroits, à celui de Mons. *Sacrum ipsum Novi Testamenti textum damnabiliter vitiatum comperimus, et alteri dudum reprobatæ versioni Gallicæ Montensi in multis conformem.*

Beaucoup d'écrits furent publiés contre la traduction de Mons ; sans parler des sermons prêchés contre elle par le P. Maimbourg, qui furent attaqués d'une part et défendus de l'autre. Nous indiquerons :

RECUEIL *de quarante passages où la traduction du Nouveau Testament faite par les jansénistes, et imprimée à Mons, favorise les hérésies de Luther et de Calvin, suit les traductions de Genève, et renouvelle la doctrine condamnée de Jansénius.* 1688, in-4°.

Examen de quelques passages de la traduction française du Nouveau Testament imprimé à Mons, divisé en plusieurs recueils selon la diversité des matières, etc. Rouen, Eus-

aucune bulle contre eux. Ce n'est pas toutefois qu'il approuvât leur doctrine : la censure qu'il a faite de leur Nouveau Testament de Mons et de plusieurs autres productions de même espèce en est une preuve qui n'en demande point d'autre. Mais ils avaient enfin trouvé le secret d'échapper à son zèle, en gagnant quelques personnes qui avaient surpris sa confiance. »

tache Viret, 1676, in-12 de 495 pages, plus 22 pages pour les titres et l'avant-propos.

Chaque *recueil* a une préface particulière. Le premier est *sur la chasteté et l'impudicité en général.* L'auteur y examine dix passages de la traduction, et fait voir les erreurs qu'ils renferment: puis, *sur la chasteté des évêques et des prêtres*, huit passages du onzième au dix-huitième; ensuite, *sur la chasteté des diacres*, un passage, le 19°; *sur le vœu de chasteté*, cinq passages, les 20-24°; *sur la chasteté des vieillards*, un, le 25°; enfin, *sur l'impudicité des hérétiques*, trois, les 26-28°: Le deuxième recueil est *sur la virginité de la mère de Dieu.* L'auteur y relève douze passages. Le troisième, *sur l'eucharistie*; — seize passages. Le quatrième, *sur la prédestination et la réprobation des hommes*; — huit passages. Le cinquième, *sur la mort de Jésus-Christ pour le salut de tous les hommes*; — huit passages. Le sixième, *sur la grâce et la liberté*; — douze passages. Le septième, *sur la justification, la récompense des saints et le châtiment des damnés*; — dix passages. Le huitième, *sur la divinité du Fils de Dieu, la personne de Jésus-Christ, l'Eglise, les prélats de l'Eglise, l'intercession des saints, les œuvres satisfactoires et l'assurance du salut*; — onze passages.

Le dernier recueil contient d'abord, dans la préface, le bref de Clément IX, dont le texte se trouve rapporté plus haut; ensuite, l'ordonnance du cardinal Barberin, les deux de Mgr l'archevêque de Paris, que nous avons aussi reproduites ci-dessus; celle de l'évêque d'Evreux; celle de l'évêque d'Amiens et celle d'Antoine Lambert, grand vicaire d'Embrun; enfin l'arrêt du conseil d'Etat.

Nous avons vu plus haut, dans la citation d'une partie de la préface de son dernier recueil, que l'auteur déclare n'avoir pas relevé tous les passages répréhensibles et en avoir *omis beaucoup, de crainte d'être ennuyeux.* Comme il est possible que ce livre soit réimprimé, nous n'allons pas lui emprunter d'exemples des falsifications reprochées à la version de Mons; nous nous bornerons à citer ceux que nous trouvons dans un autre auteur, qui dit ce qui suit.

« La raison qui attira tant d'anathèmes sur cette malheureuse version, c'est que, par elle, les novateurs ont prétendu, si on l'ose dire, engager Jésus-Christ même dans les intérêts de Jansénius, ou du moins, persuader aux fidèles que le jansénisme est la pure doctrine de l'Evangile.

« Pour y réussir, les traducteurs ont altéré la version latine, qui est la seule authentique dans l'Eglise; c'est ce qui a fait dire à M. de Péréfixe qu'on aurait dû intituler cette traduction, non pas *le Nouveau Testament traduit en français, selon l'édition vulgate, avec les différences du grec*, mais plutôt, *le Nouveau Testament traduit en français selon le grec, avec les différences de l'édition vulgate.*

« Et de là vient cette malheureuse conformité que la traduction de Mons a presque toujours avec celle de Genève, même dans les passages essentiels dont les hérétiques se servent, et qu'on leur a reproché sans cesse d'avoir falsifiés. En voici quelques exemples.

« *Omnis qui irascitur fratri suo, reus erit judicio.* Matt., v, 22. Ils traduisent : *Quiconque sans sujet se mettra en colère contre son frère*; ce mot. *sans sujet* est ajouté; par conséquent c'est une fausseté manifeste. D'ailleurs, c'est donner la liberté de se venger d'un homme que nous croirons nous en avoir donné *sujet*, ce qui est un horrible relâchement.

« *Et Verbum erat apud Deum.* Joan. I, 2. Au lieu de traduire *en Dieu*, ce que signifie *apud*, et le grec, πρὸς τὸν Θεὸν ils mettent, de même que Genève, *avec Dieu*, ce qui ne prouve point la divinité de Jésus-Christ, comme le prétend saint Jean contre Ebion et Cérinthe.

« *Infirmatur quis in vobis, inducat presbyteros Ecclesiæ, et orent super eum, ungentes cum oleo.* Jac., v, 14. Port-Royal traduit, *qu'ils prient pour lui* au lieu de *sur lui*, comme il y a même dans le grec, ἐπ' αὐτόν, ce qui marque que la prière est sacerdotale et sacramentelle, et non pas une prière commune, qui se peut faire même pour un absent.

« *Mittet illis (Deus) operationem erroris ut credant mendacio.* II Thess., II, 11. L'Apôtre parle des illusions de l'Antechrist et des impostures qu'il emploiera pour tromper les Juifs, et Mons a traduit comme Genève : *Il leur enverra un esprit d'erreur si efficace, qu'ils croiront au mensonge*; on met en marge : *L. une efficace d'erreur*, pour. Tirons de ceci les conséquences qui en suivent naturellement.

« Dieu est l'auteur de tout le bien que nous faisons, parce qu'il nous donne la grâce efficace pour le faire; il sera donc l'auteur de l'impiété des Juifs, parce qu'il leur enverra *un esprit d'erreur efficace*, et *une efficace d'erreur*, pour croire au mensonge; et parce que, selon ces messieurs, on ne peut résister à la grâce, qui est toujours efficace, les Juifs ne pourront résister à cet *esprit d'erreur efficace*, et à cette *efficace d'erreur*; ils seront donc impies par nécessité, et ne pourront garder le commandement de Dieu, qui les oblige au contraire; et ensuite n'ayant point de grâce pour le garder, Jésus-Christ ne sera pas mort pour eux. Voilà quatre propositions de Jansénius et une de Calvin, dans un seul passage mal traduit.

« *Verbum Dei qui operatur in vobis qui creditis.* I Thess., II, 13. Mons traduit : *La parole de Dieu qui agit efficacement en vous qui êtes fidèles.* Ce mot, *efficacement* est encore ici une addition malicieusement faite au texte.

« *Abundantius illis laboravi, non ego autem, sed gratia Dei mecum.* I Cor., xv, 10. *J'ai travaillé plus que tous les autres, non pas moi toutefois, mais la grâce de Dieu qui est avec moi.* Ces mots, *qui est*, sont ajoutés.

Il fallait traduire, *mais la grâce de Dieu avec moi*. Par cette falsification, on donne tout à la grâce, et on ne laisse à la volonté que la nécessité d'agir.

« En un mot, toute la traduction de Mons est pleine d'altérations, de dépravations et d'erreurs semblables à celles que nous venons de rapporter. »

LE NOUVEAU TESTAMENT *de Notre-Seigneur Jésus-Christ traduit en français sur la Vulgate.* Paris, Desprez et Desessarts. 1713.

Cette traduction porte le nom de le Maistre de Sacy. La grande conformité qu'elle a avec celle dite de Mons la rend chère au parti. Que de traits favorables au dogme jansénien ne renferme-t-elle pas? Elle a été souvent réimprimée, même par des libraires qui ne cherchaient pas à favoriser le jansénisme. Nous connaissons des éditions qui semblent n'être que la reproduction de la version de Mons. Ce n'est peut-être qu'une édition de la version de Mons un peu retouchée. La traduction de Sacy fut examinée dans le temps par un critique qui releva les passages suivants.

Saint Jean, VI, 45 : *Tous ceux qui ont ouï la voix du Père, et ont été enseignés de lui, viennent à moi* (1). Il y a dans la Vulgate, que M. de Sacy fait profession de suivre fidèlement : *Omnis qui audivit a Patre et didicit, venit ad me.* Il fallait traduire : *Tous ceux qui ont ouï la voix du Père, et ont appris de lui, viennent à moi.* En effet, tous ceux qui ont reçu la grâce intérieure, ont ouï la voix de Dieu, ont été *enseignés* de lui; mais il n'y a que ceux qui se sont rendus dociles à la grâce, et qui en ont profité, dont on puisse dire qu'ils *ont appris.* La traduction de M. de Sacy renferme l'hérésie de la seconde proposition de Jansénius, que, dans l'état de la nature corrompue, l'on ne résiste jamais à la grâce intérieure.

Saint Jean, XVII, 12 : *J'ai conservé ceux que vous m'avez donnés, et nul ne s'est perdu; il n'y a eu de perdu que celui qui était enfant de perdition* (1), *afin que l'Ecriture fût accomplie.* Il y a dans la Vulgate : *Quos dedisti mihi, custodivi; et nemo ex iis periit, nisi filius perditionis.* Il fallait traduire : *J'ai conservé ceux que vous m'avez donnés, et nul d'eux ne s'est perdu, sinon le fils de perdition.* Ce texte a toujours extrêmement embarrassé ceux qui ne veulent point que Jésus-Christ soit mort pour le salut des réprouvés. Car si Judas a été du nombre de ceux que le Père Eternel a donnés à son Fils, et dont le Sauveur a pris soin, il s'ensuit nécessairement que le Père Eternel a donné à son Fils des réprouvés qui se damnent malgré ses soins. Tel est le raisonnement des saints Pères.

Quant aux novateurs, ils expliquent la particule *nisi* par la particule *sed,* comme s'il y avait *sed tantum filius perditionis:* aucun de ceux que vous m'avez donnés n'a péri ; il n'y a que Judas, lequel ne m'avait pas été confié, et qui était un enfant de perdition ; explication digne de Calvin, lequel a prétendu prouver par ce passage de saint Jean, ainsi corrompu, que Dieu n'a voulu sauver que les élus, et que Jésus-Christ n'est mort que pour les prédestinés. Le traducteur de Mons, M. de Sacy, et la plupart des écrivains quesnellistes, se sont attachés à cette interprétation de Calvin, pour appuyer le sens hérétique condamné dans la cinquième proposition de Jansénius.

Ces paroles de l'Apôtre, I Cor., XV, 10 : *Non ego, sed gratia Dei mecum,* sont ainsi traduites : *Ce n'est pas moi qui fais le bien, mais la grâce de Dieu... qui est avec moi* (3) ; il fallait traduire : *mais la grâce de Dieu avec moi;* ce qui donne clairement à entendre la coopération libre de la volonté à la grâce. On sent de quelle importance il est pour la doctrine de Jansénius que l'on traduise ce passage comme a fait le traducteur de Mons, et après lui M. de Sacy. C'est faire dire à saint Paul qu'on ne coopère pas librement à la grâce, mais qu'on y consent par nécessité, et qu'elle seule fait tout en nous, comme le système de Jansénius et celui de Calvin le supposent.

Rom., XIV, 23 : *Tout ce qui ne se fait pas selon la foi est péché* (4). Il fallait traduire : *Tout ce qui ne se fait pas selon la conscience est péché;* car il est constant, par toute la suite du discours de l'Apôtre et par le consentement général des plus savants interprètes, que le mot *fides,* qui est dans la Vulgate, ne signifie nullement ici la foi, qui est la première des trois vertus théologales, mais qu'il signifie le témoignage de la conscience, qui nous dit que ce que nous allons faire est permis ou ne l'est pas. La traduction de M. de Sacy donne lieu de conclure naturellement que toutes les actions des infidèles sont de véritables péchés, puisqu'elles ne sont pas faites selon la foi : doctrine condamnée dans Baïus et renouvelée par Jansénius.

II Thess. II, 3 : *Cet homme de péché qui doit* (5) *périr misérablement.* Il y a dans la Vulgate : *Homo peccati, filius perditionis.* Il fallait traduire : *Cet homme de péché, cet enfant de perdition.* Le traducteur de Mons a traduit : *Cet homme de péché, destiné à périr misérablement:* c'est favoriser visiblement le dogme de Jansénius : « Qu'il y a des hommes destinés à l'enfer par une volonté de Dieu positive et absolue, qui n'a point supposé leurs péchés particuliers, mais le seul péché d'Adam, et qui les met dans la nécessité inévitable de se perdre, en les privant des secours sans lesquels il leur est impossible d'éviter la damnation. »

M. de Sacy favorise encore ouvertement

(1) De même dans la version de Mons.
(2) La version de Mons dit : *Mais celui-là seulement qui était enfant de perdition.*
(3) De même dans la version de Mons.

(4) Encore comme dans la même version.
(5) Au lieu de *qui doit,* la version de Mons dit, *destiné à.*

les nouvelles erreurs, par la manière infidèle dont il traduit plusieurs autres endroits du texte sacré, notamment les versets 10 et 11 du chapitre xix de saint Matthieu; le verset 14 du chapitre ii de saint Luc; le verset 20 du chapitre iii de l'Epître aux Romains; le verset 14 du chapitre vii de la même Epître; le verset 22 du chapitre xi de cette même Epître; le verset 9 du chapitre vii de la première Epître aux Corinthiens; le verset 11 du chapitre ii de la seconde Epître aux Thessaloniciens.

LA SAINTE BIBLE *en latin et en français, avec des notes littérales pour l'intelligence des endroits les plus difficiles, et la concorde des quatre évangélistes;* par M. le Maistre de Sacy; divisée en trois tomes (in-folio), avec un quatrième tome contenant les livres apocryphes, en latin et en français, et plusieurs autres pièces. A Paris, chez Guillaume Desprez, et Jean Desessartz. 1717.

C'est une nouvelle édition. La *permission* d'imprimer, de débiter et de lire cette traduction de la sainte Bible est du cardinal de Noailles, archevêque de Paris; elle a été donnée à Paris le *treizième jour de mars mil sept cent un.* Il y est dit : « vu les approbations des sieurs Courcier, chanoine et théologal de notre église métropolitaine, le Caron, curé de Saint-Pierre aux Bœufs, T. Roulland, Blampignon, chefcier et curé de Saint-Merri, et Ph. Dubois, docteurs en théologie de la faculté de Paris, d'une traduction française de l'Ancien et du Nouveau Testament, nous avons permis, etc. »

Vient ensuite l'approbation de M. l'abbé Courcier, qui atteste que *tout le monde connaît la fidélité et l'exactitude* du traducteur. Cette approbation est datée du 6 du même mois et de la même année. Le lendemain MM. Le Caron, Blampignon, T. Roulland et Ph. Dubois donnaient ensemble leur approbation et certifiaient avoir lu et examiné cette même traduction. « Nous l'avons, disent-ils, trouvée *conforme au texte de la Vulgate,* traduit en langue vulgaire. »

Enfin vient une dernière approbation, dont la date est du 14 avril 1712, et qui a pour auteur M. Quinot, docteur de Sorbonne, professeur en théologie, et censeur royal des livres. « J'ai lu, dit-il, cette nouvelle édition de la traduction de la Bible de M. de Sacy, je l'ai trouvée *des plus correctes et des plus exactes qui aient encore paru;* les notes en sont beaucoup plus littérales et mieux choisies; on a même recherché tout ce qui pouvait rendre cette édition plus agréable et plus utile, etc. »

Voilà des docteurs qui lisent, examinent et approuvent, et la traduction dont ils font si bien l'éloge en style de réclame est semée d'erreurs janséniennes.

Cette parole de Notre-Seigneur : *Omnis qui irascitur fratri suo,* etc., Mat., v, 22, est traduite en ces termes dans le *Nouveau Testament de Mons* : Quiconque se met en colère (*sans sujet*) contre son frère, etc.; Sacy la rend dans les mêmes termes, à l'exception qu'il met en note les mots *sans sujet,* qui sont entre parenthèses dans la traduction de Mons. C'est dans ces mots mêmes que consiste l'erreur. *Voyez* ci-dessus.

Saint Jean, i, 27 : *Ipse est qui post me venturus est, qui ante me factus est.* Sacy traduit : « Celui qui doit venir après moi m'a *été préféré.* » L'erreur de cette traduction, qui est aussi dans le Nouveau Testament de Mons, a été copiée par le Père de Carrières. *Voyez* CARRIÈRES.

I Thessal., ii, 13 : *Verbum Dei, qui operatur in vobis, qui credidistis.* Sacy traduit : *La parole de Dieu qui agit* efficacement *en vous qui êtes fidèles;* il ajoute le mot *efficacement,* qui n'est pas dans le texte latin, et que le grec ne suppose pas, quoi qu'il en dise dans sa note sur ce mot.

I Thessal., v, 9 : *Non posuit nos Deus in iram.* Il le rend en ces termes : *Dieu ne nous a pas choisis pour être des objets de sa colère.* C'est dire en français ce que n'exprime ni le latin ni le grec, tant s'en faut. Il est parlé ailleurs de cette traduction hérétique.

II Thes., ii, 10 : *Mittet illis Deus operationem erroris, ut credant mendacio.* Il traduit : *Dieu leur enverra des illusions si efficaces qu'ils croiront au mensonge.* Cette traduction diffère un peu de celle de Mons; mais ce n'est que dans les termes : elle exprime les mêmes hérésies. Sa note, plus longue que celle qui se trouve dans le Nouveau Testament de Mons, porte : « *Lettr.,* une opération d'erreur. *Grec,* une énergie, une vertu, ou une efficace d'erreur. »

Saint Jacques, v, 14 : *Infirmatur quis in vobis, inducat presbyteros Ecclesiæ, et orent super eum, ungentes eum oleo.* Sacy traduit : *Quelqu'un parmi vous est-il malade? qu'il appelle les prêtres; et qu'ils prient sur lui,* etc.; mais il met en note : « *Autr.,* pour lui. » C'est en cette explication que consiste l'erreur, qui se trouve primitivement dans la version de Mons.

Si à propos de cette traduction de la Bible, nous ne donnons que des exemples d'erreurs janséniennes semées dans le Nouveau Testament, c'est que le Nouveau Testament est beaucoup plus répandu que l'Ancien. « Depuis le temps (où parut pour la première fois la traduction de la Bible par Sacy) on y a fait, dit dom Calmet (*Dict. de la Bible,* art. *Bible*) beaucoup de corrections. Celui qui a procuré l'édition de Broncart, en 1701, l'a revue et corrigée en plusieurs endroits. Nous l'avons aussi retouchée dans l'édition de ce texte qui est à la tête de notre commentaire littéral. » De Carrières reproduisit la traduction de Sacy, qui se retrouve dans la Bible de Vence; M. Drach, dans la cinquième édition de cette Bible, a fait aussi de nouvelles corrections à la traduction de Sacy, et a fini par supprimer presque tout à fait la paraphrase peu utile, quelquefois inexacte, de Carrières. Après toutes ces corrections faites à la traduction de Sacy, il en reste encore beaucoup à faire. Le style en est d'ailleurs suranné.

HISTOIRE *du Vieux et du Nouveau Testament, avec des explications édifiantes, tirées des saints Pères pour régler les mœurs dans toutes sortes de conditions. Par le sieur Royaumont, prieur de Sombreval*, en 1669, 1681, etc. et in-4°, en 1687, etc.

Sacy composa cet ouvrage pendant les deux années et demi qu'il fut à la Bastille par ordre de Louis XIV. Quelques-uns disent que l'auteur de ce livre est Nicolas Fontaine, qui était à la Bastille dans le même temps que Sacy. Cependant on l'attribue généralement à Sacy; quoi qu'il en soit, on trouve souvent dans cet ouvrage de malignes allusions aux prétendues persécutions que les jansénistes avaient à souffrir. Un écrivain fit à ce sujet les remarques suivantes.

La prison royale, dont l'auteur parle dans la fig. 31, est la Bastille où il était; il insinue qu'elle n'est devenue son partage, *que parce qu'il n'a pas voulu être l'adultère de la foi et de la vérité* (1).

S'il se plaint des *frères, qui persécutent leurs propres frères,* il entend par là les catholiques qui s'opposent au jansénisme.

Les Messieurs de Port-Royal et ceux qui combattent leurs erreurs sont représentés, dans la fig. 92, les premiers par David, et les seconds par Saül.

Le Roboam de la fig. 116, la Jézabel de la fig. 130, l'Assuérus des fig. 148 et 150, et le Darius de la fig. 162, sont, dans l'intention du malicieux auteur, le roi Louis XIV. De peur même qu'on ne puisse s'y méprendre, il a soin de se servir de termes intelligibles à tous ceux qui savent la façon de penser et de parler des jansénistes.

Au reste, quand il veut dire à ses prétendus persécuteurs quelque injure grossière, c'est toujours par les saints Pères qu'il la leur fait dire; mais avec la sage précaution, de ne citer jamais les endroits de leurs ouvrages d'où il a tiré ce qu'il met sur leur compte.

Feller dit que cet ouvrage de Sacy (ou de Fontaine, peu importe) est sèchement écrit, d'une narration froide et parasite, quelquefois indiscrète et peu assortie à l'âge pour lequel il fut fait. Quoique les erreurs du parti n'y soient pas prodiguées, elles ne laissent pas de se montrer à l'occasion. On a aussi reproché à l'auteur d'avoir falsifié l'Ecriture sainte en quelques endroits et d'en avoir omis certains textes qui devaient passablement importuner Port-Royal. Voici ce que dans le temps on a relevé de plus essentiel.

Ces paroles de la Genèse : *Sub te erit appetitus ejus, et tu dominaberis illius,* Sacy les traduit de cette manière : Dieu dit à Caïn, *que son péché seul lui nuirait, sans que le bien ou le mal des autres le regardât en aucune sorte.*

Le passage était en effet par lui-même trop favorable à la liberté, pour qu'un bon janséniste pût s'en accommoder ou le présenter aux fidèles.

Selon le même auteur, Jésus-Christ a dit

(1) Fig. 5, 16, 19, 30.
(2) Fig. 52, du Nouv. Test.
(3) Fig. 32, 52 et 54, du Nouv. Test.
(4) Fig. 71, de l'Anc. Test.

à saint Pierre que le démon avait demandé de le *tenter* (2). Il y a dans le latin : *Ecce Satanas expetivit vos ut cribraret sicut triticum.* Pourquoi *vos* est-il traduit par le singulier? pourquoi l'auteur attribue-t-il à saint Pierre en particulier ce qui lui est commun avec les autres apôtres?

D'ailleurs il supprime tout ce qui est favorable au pape et au saint-siége. Il ne fait mention nulle part, ni de ces paroles : *Tibi dabo claves regni cœlorum;* ni de celles-ci : *Ego autem rogavi pro te, ut non deficiat fides tua, et tu aliquando conversus confirma fratres tuos;* ni de ce bel endroit du ch. xxi de saint Jean, où Notre-Seigneur dit à saint Pierre: *Pasce agnos meos,... pasce oves meas.* Mais pour dédommager le lecteur de ces omissions, il rapporte (3) trois fois le renoncement de saint Pierre.

Que doit-on penser de ce qu'il dit au sujet de la sainte Vierge? Il faudrait, selon lui, être sûr qu'on est du nombre des élus, pour avoir droit de reconnaître Marie pour sa mère. *Jésus-Christ,* dit-il, *voulut déclarer d'abord par le premier de ses miracles......que la grâce serait donnée à tous les élus, par les prières de sa mère;......que ce serait par son entremise qu'il sanctifierait ses élus..... Il lui donna depuis son disciple bien-aimé pour être son fils, afin que tous les élus reconnaissent... qu'ils la doivent considérer comme leur mère.* Est-ce le langage de l'Eglise? Elle nous fait appeler Marie, *Auxilium christianorum,* et non pas, *Auxilium electorum.*

La fig. 18 ne renferme pas une doctrine plus orthodoxe. On y dit que *l'endurcissement* de ceux de Nazareth *étant invincible, Jésus-Christ se contenta de faire parmi eux quelques miracles pour leur témoigner qu'il ne les méprisait pas; et qu'il n'en fit pas davantage, afin de ne les pas rendre plus criminels.* Quelle opposition d'idées! Si l'endurcissement de ces peuples était *invincible,* ils n'avaient donc aucune grâce intérieure qui leur rendît leur conversion possible ; mais s'il n'était pas en leur pouvoir de croire en Jésus-Christ, comment seraient-ils devenus plus *criminels,* à la vue de ses miracles?

Dans la fig. 157, l'auteur avance cette proposition qui ressemble fort à la vingt-troisième de Quesnel : *Comme Dieu a tiré d'abord l'âme du néant de l'être, il l'a tirée ensuite du néant du péché; et cette seconde création est encore plus admirable que la première.* D'où, il s'ensuit que le pécheur ne contribue pas plus à sa conversion que le néant à la création.

Les quatre propositions suivantes ne sont pas moins contraires à la vérité et à la foi.

C'est le Saint-Esprit seul qui remue les cœurs (4), *c'est la grâce de Dieu qui fait tout en nous* (5). *Quelque ouvrage que nous ayons fait pendant notre vie, Dieu ne couronnera que ses dons* (6). *C'est Dieu seul qui fait tout en nous* (7).

(5) Fig. 49, du Nouv. Test.
(6) Fig. 43.
(7) Fig. 50.

Cette dernière proposition exclut, comme l'on voit, de la manière la plus nette et la plus précise, toute coopération et tout mérite de l'homme, et n'admet dans les justes qu'un état passif, sous une grâce nécessitante.

Selon Sacy (1), le principe qui rend nos actions mauvaises n'est pas moins nécessitant que celui qui les rend bonnes : *L'âme d'un pécheur est,* dit-il, *véritablement comme un corps mort, qui est presque incapable de se remuer si les démons ne le portent et ne le remuent, comme on dit qu'ils remuent quelquefois des charognes, pour paraître visiblement à nos yeux.* Cette proposition ne renferme-t-elle pas au moins tout le venin de la première de Quesnel ? et n'est-elle pas abominable à tous égards ?

Enfin veut-on une proposition non-seulement janséniste, mais calviniste ? On la trouvera dans la fig. 19 de l'Ancien Testament, où l'on insinue clairement la réprobation positive de Calvin. *C'est Dieu seul,* dit Sacy, *qui rend les uns enfants de celle qui est libre, et les autres de celle qui est esclave.*

Ce livre, que les jansénistes répandaient avec profusion, a été avantageusement remplacé par d'autres qui valent mieux sous tous les rapports.

HEURES DE PORT-ROYAL (qu'on appelait avec raison (HEURES A LA JANSÉNISTE), ou *l'Office de l'Eglise et de la Vierge en latin et en français,* avec les hymnes traduites en français et dédiées au roi, par M. Dumont. Et dans plusieurs exemplaires de ces mêmes Heures, par M. Laval.

Ces *Heures* furent condamnées par M. de Gondy, archevêque de Paris, en 1643, et à Rome en 1654, malgré les mouvements extraordinaires que se donnèrent les jansénistes pour parer ce coup.

Les principaux motifs de cette condamnation, selon le rapport de M. de Saint-Amour, pages 100, etc., de son *Journal,* furent : 1° parce que dans le calendrier de ces Heures on avait placé en qualité de bienheureux, le cardinal de Bérulle, instituteur de la congrégation de l'Oratoire, ce qui est un attentat contre l'autorité du saint-siége. Au reste, dans ce calendrier, il y a encore bien des choses à reprendre, ainsi qu'on le peut voir dans une brochure de 59 pages, intitulée; *Le calendrier des Heures surnommées à la janséniste, revu et corrigé par François de Saint-Romain, prêtre catholique,* à Paris, 1650. 2° Dans la traduction du Décalogue, on a affecté de suivre la version de Genève, et de dire avec Calvin, avec Bèze et avec Marot : *Vous ne vous ferez point d'images*, au lieu de dire avec l'Eglise : *Vous ne vous ferez point d'idoles.* 3° Dans la prière pour l'élévation de la sainte hostie, on y dit : *Je vous adore au jugement général et à la droite du Père éternel.* On affecte de n'y pas dire un seul mot de la réalité ; comme l'a remarqué le calviniste Leidcker dans son *Histoire* latine *du jansénisme,* où il assure, page 615, que Calvin lui-même n'aurait eu nulle peine à dire avec M. de Sacy : *Adoro te elevatum in cruce, in extremo judicio, et ad dexteram Patris æterni.*

Outre les infidélités que le Tourneux a commises dans sa traduction du *Bréviaire romain,* et qui se retrouvent dans les *Heures,* nous en relèverons ici quatre autres.

Dans la première hymne, page 376 de la seconde édition : *Christe Redemptor omnium,* est ainsi traduit :
Jésus divin Sauveur, clair flambeau des fidèles.

Dans l'hymne de Noël, page 380, il est traduit avec encore moins de fidélité :
Jésus égal au Père, et le même en substance.

Dans l'hymne pour l'Ascension, page 408, *Redemptor et fidelium,* est rendu par ces mots :
Sauveur, notre unique support.

Enfin dans l'hymne de la Toussaint, page 476, *Christe Redemptor omnium* est traduit :
Dieu, qui t'es fait ce que nous sommes.

Voilà donc quatre endroits, tous différents, dont aucun ne répond au latin et où l'on a évité avec affectation de dire comme le latin l'exigeait, et comme le croit l'Eglise universelle, *Jésus, Sauveur de tous les hommes.*

Dans une oraison, page 332, on insinue ainsi avec Jansénius l'hérésie de la grâce irrésistible : *Seigneur, nous vous offrons nos prières pour,* etc., *afin que vous les convertissiez par la force invincible de votre esprit à qui nulle liberté de l'homme ne résiste, lorsque vous voulez les sauver.*

Dans le psaume CXXXVIII, *Domine, probasti me,* en traduisant ces paroles : *Mihi autem nimis honorificati sunt amici tui, Deus, nimis confortatus est principatus eorum;* au lieu de dire avec les catholiques : *Vous comblez, ô mon Dieu, vos amis de gloire et vous affermissez leur puissance,* on s'enveloppe dans un affreux galimathias, pour ne point autoriser par une fidèle version le culte que l'Eglise rend aux saints, et l'on dit avec Bèze et avec Marot : *O Dieu que la sublimité de vos œuvres et de vos pensées m'est précieuse !* Peut-on falsifier plus visiblement un texte ?

Dans la Prose *Veni, sancte Spiritus,* pour le jour de la Pentecôte, on dit avec Baïus :

Toi seul nous fais ce que nous sommes,
Sans toi rien n'est bon dans les hommes.
Tout est impur, tout est péché.

Au reste, la Faculté de théologie de Paris censura par un avis doctrinal, le 4 janvier 1661, ces *Heures* à la janséniste, publiées sous le titre de *Prières pour faire en commun dans les familles chrétiennes.* Elle y trouva plusieurs choses traduites de mauvaise foi, fausses, qui ressentent l'hérésie et y portent ceux qui les lisent, touchant la doctrine des sacrements, et qui renouvellent les opinions

(1) Fig. 25.

condamnées depuis peu sur la grâce, sur le libre arbitre et sur les actions humaines.

Les *Heures de Port-Royal* ont été aussi condamnées sous le titre d'*Office de l'Eglise et de la Vierge*, etc., par un mandement de M. de Toulon, Jean de Vintimille, du 19 février 1678, *comme contenant des versions fausses de l'Ecriture sainte, des hymnes et des prières publiques de l'Eglise, en des points essentiels de la foi ; insinuant aussi en divers endroits les erreurs des propositions condamnées de Jansénius, et favorisant d'autres hérésies.*

M. l'évêque de Carcassonne (de Rochebonne) condamna le même ouvrage le 18 novembre 1727.

PRIÈRES *pour faire en commun, le matin et le soir, dans une famille chrétienne*, composées par M. de Laval, c'est-à-dire Isaac le Maistre, dit de Sacy, qui emprunta ce faux nom.

M. l'archevêque de Rouen a condamné ces Prières par un mandement du 26 mai 1661, où il en défend la lecture *sous peine d'excommunication encourue par le seul fait*.

Le même livre a été condamné par M. l'évêque de Gap le 4 mars 1711.

La Faculté de théologie de Paris le censura le 4 janvier 1661, *y ayant trouvé plusieurs choses traduites de mauvaise foi, fausses, qui ressentent l'hérésie, et y portent ceux qui les lisent, touchant la doctrine des sacrements, et qui renouvellent les opinions condamnées depuis peu de la grâce, du libre arbitre et des actions humaines.*

SENTENCES, PRIÈRES ET INSTRUCTIONS *chrétiennes tirées de l'Ancien et du Nouveau Testament*, par le sieur Laval. Paris, 1687, in-12 de 509 pages.

Les infidélités de la version de Mons se retrouvent dans ce livre, notamment, page 392, citation de II Cor., xv, dans ces paroles : *Non pas moi toutefois, mais la grâce de Dieu qui est avec moi*; et pages 437, autre citation de l'Apôtre, dans ce texte : *C'est pourquoi Dieu les abandonnera à un esprit d'erreur si efficace, qu'ils croiront au mensonge.* L'infidélité est dans les mots *qui est*, de la première citation, et *si efficace* de la deuxième, qui ne sont pas dans le texte latin.

IMITATION DE JÉSUS-CHRIST ; traduction faite sous le faux nom de *du Beuil*, prieur de Saint-Val. Paris, 1663.

Le titre du troisième chapitre du livre IV de l'Imitation est : *Quod utile sit sæpe communicare*, ce que Sacy a rendu de cette manière: *Qu'il est souvent utile de communier ;* mais cela ne se trouve pas ainsi dans toutes les éditions, et il se peut que cette singulière traduction du titre dont il s'agit soit d'un autre que de Sacy. Il y a une édition, celle de 1736, Paris, Desprez, où ce titre est traduit dans les termes suivants : *Comment l'âme pieuse doit trouver dans la sainte communion sa force et sa joie.* C'est à ces traits, qui en font soupçonner d'autres, que l'on reconnaît les éditions jansénienues de l'*Imitation* en français.

LE POÈME DE SAINT PROSPER *sur les ingrats*, traduit en vers et en prose. In-12.

Un théologien a fait un grave reproche à cette traduction. Il a dit que la proposition de Baïus et de Quesnel, que *toutes les œuvres des infidèles sont des péchés*, était clairement énoncée dans ces quatre vers :

Car si nos actions, quoique bonnes en soi,
Ne sont des fruits naissants des germes de la foi,
Elles sont des péchés qui nous rendent coupables,
Quelque attrait spécieux qui nous les rende aimables.

ENLUMINURES (*Les*) *du fameux Almanach des Jésuites*, intitulé : La déroute et la confusion des jansénistes, 1654, petit in-12 de 91 pages, réimprimé en 1733.

Il avait paru, en 1653, une estampe représentant la déroute du jansénisme foudroyé par les deux puissances, et la confusion des disciples d'Ypres, qui vont chercher un asile chez les calvinistes. Cette estampe irrita beaucoup le parti. Comme dès ce temps-là tout ce qui paraissait contre Port-Royal était attribué aux jésuites, M. Isaac le Maistre fit en mauvais vers le libelle dont il s'agit, et où il attaquait grossièrement les jésuites, tâchant de défendre en même temps Jansénius et ses erreurs. Il croyait faire tomber l'estampe.

Le célèbre Racine a parlé des *Enluminures* dans l'une de ses lettres aux MM. de Port-Royal. *Vous croyez*, leur disait-il, *qu'il est bien honorable de faire des Enluminures, des Chamillardes* (1), *des Onguents pour la brûlure* (2). *Que voulez-vous ? Tout le monde n'est pas capable de s'occuper à des choses si importantes ; tout le monde ne peut pas écrire contre les jésuites.* C'est ainsi que cet habile écrivain se moquait des occupations satiriques de ces apôtres de la charité, et des titres ridicules que donnaient à leurs libelles ces hommes qui prétendaient passer pour les plus beaux esprits du royaume.

Les *Enluminures* ont été condamnées par Innocent X, le 23 avril 1654.

MALLEVILLE (GUILLAUME), prêtre, né à Domme, petite ville du haut Périgord, en 1699, s'est fait connaître par divers ouvrages pieux ou utiles à la religion, dit Feller. Cependant nous trouvons dans un recueil littéraire un compte rendu où le critique, écrivain orthodoxe, reproche au premier ouvrage de Malleville des choses assez graves. Peut-être cet écrivain est-il un peu sévère dans sa critique ; quoi qu'il en soit, nous allons indiquer l'ouvrage et rapporter le compte rendu qui en fut fait.

LETTRES *sur l'administration du sacrement de pénitence, où l'on montre les abus des absolutions précipitées, et où l'on donne des principes pour se conduire dans les plus grandes difficultés qui se rencontrent dans le tribunal.* Bruxelles, 1740, deux tomes in-12.

---

(1) Voyez NICOLE.

(2) Voyez BARBIER D'AUCOURT.

L'auteur a raison de dire dans son avertissement que ce *recueil de lettres serait un service rendu à l'Église si le dessein était bien exécuté.* Il parle encore très-juste quand il ajoute que *de pieuses intentions ne sont pas une bonne apologie d'un méchant ouvrage.* Mais puisque le dessein qu'il propose dans son titre est en effet très-mal *exécuté,* et que son *ouvrage* est réellement *très-mauvais,* quelques *pieuses intentions* qu'on veuille bien lui supposer, il est constant qu'il n'a *rendu service* qu'à l'*église* pharisaïque des rigoristes de nos jours. A la vérité, c'est le moyen le plus aisé pour se faire des partisans. Quiconque porte la morale chrétienne à un point où personne ne puisse atteindre, et tâche de rendre l'usage des sacrements presque impossible, est sûr d'avoir des admirateurs. Le siècle le plus corrompu se pique d'exiger les maximes de vertu les plus sublimes. La raison en est sensible. Plus elles sont sublimes, ces maximes, plus il se croit raisonnablement dispensé de les mettre en pratique.

Mais quand un écrivain favorise ainsi, par une sévérité outrée, la lâcheté des chrétiens, n'a-t-il pas à se reprocher d'avoir fait déserter la voie du salut en la rendant plus étroite encore qu'elle ne l'est ; en ajoutant de sa propre autorité des ronces et des épines à celles dont le Seigneur a voulu qu'elle fût semée ; et en cherchant à effrayer par des idées gigantesques ceux qui voulaient sincèrement y entrer ? Cette réflexion doit sans doute inquiéter l'auteur des lettres S'il a eu une envie réelle de *servir l'Église,* pourra-t-il, sans se faire à lui-même les plus vifs reproches, apercevoir les excès nuisibles auxquels il s'est porté ?

Tome premier. — Depuis la page 55 jusqu'à la page 65, l'auteur s'efforce de prouver qu'un chrétien, dans qui il reste après la communion quelque amour du monde, et qui ne vit pas dans un état fervent et crucifié, a profané le sacrement. Il commence même par présumer le sacrilège dès que dans une paroisse le très-grand nombre des paroissiens a fait ses pâques. Dans l'article second, il dit, après saint Thomas, que toutes les vertus morales surnaturelles sont inséparables de la charité. D'où il conclut que si chacune de ces vertus ne se manifeste souvent par des effets, si on tombe souvent dans des fautes même vénielles qui leur sont contraires, il est certain qu'on n'est pas en état de grâce. Il assure ensuite (pag. 78) qu'*un homme qui tombe dans un péché mortel un mois ou deux après sa communion,* a fait, *selon toutes les apparences,* un sacrilège en communiant. Et page 79, il suppose un homme qui est tombé dans le péché, entraîné par une tentation ordinaire, et il décide que cette facilité à tomber prouve qu'on n'était point en grâce, parce qu'on ne passe point subitement de la domination de la charité sous celle de la cupidité, et qu'il faut pour cela un grand effort.

Page 83. Il veut prouver que la multitude des fautes vénielles est toujours une preuve que la charité ne domine pas dans le cœur. Page 87, il avance que la conduite qui est nécessaire pour être un disciple de Jésus-Christ, même *du plus bas étage,* doit de nos jours rendre un homme extrêmement *singulier.* D'où il conclut que si on ne remarque rien de *singulier* dans un chrétien, sûrement il n'est pas disciple de Jésus-Christ.

L'article 3 tend tout entier à prouver que l'on n'est point en état de grâce si on n'a pas un désir efficace de faire pénitence ; qu'on ne saurait avoir ce désir si l'on cherche encore ses commodités et ses aises ; qu'il est certain que presque tout le monde les cherche après comme avant la confession, et que par conséquent presque toutes les confessions sont des sacrilèges.

L'auteur, page 129, dit que la cessation du péché est la première marque de conversion, mais qu'elle n'est communément pas suffisante. Page 132, il assure qu'*il faut que tout plie, que tout cède sous l'empire de l'inclination dominante.*

Dans tout cet article, qui est le 2ᵉ de la cinquième lettre, il prétend qu'on ne doit jamais admettre au sacrement qu'après s'être assuré 1° que le péché ne se commet plus ; 2° que la passion dominante est pleinement vaincue ; 3° qu'il y a un accomplissement effectif et non interrompu de toutes les obligations générales et particulières ; 4° qu'on remarque dans l'extérieur un changement sensible ; 5° qu'on est dans l'usage de se nourrir de la parole de Dieu par les instructions, les lectures et les réflexions, chacun selon sa portée ; 6° que l'on a un désir ardent et effectif de se perfectionner dans le bien ; 7° qu'on est déterminé à s'interdire les plaisirs mêmes qui sont permis ; 8° que l'on a véritablement l'esprit de prière.

Sans toutes ces assurances on ne doit jamais donner l'absolution, si ce n'est en cas de mort. Mais tout cela supposé, l'auteur se flatte-t-il d'être absous lui-même avant les derniers moments de sa vie ?

Dans l'article 3, il met pour principe que l'on ne doit point absoudre ceux qui n'ont pas le véritable esprit de pénitence. Or on n'a point, selon lui, cet esprit, 1° si on ne souffre pas toutes sortes d'afflictions sans impatience ; 2° si l'on ne fuit pas tous les plaisirs qui ne sont pas nécessaires (et à cette occasion il avance que c'est un désordre de jouir d'un plaisir sans une vraie nécessité, et que toute action où l'on agit simplement en vue du plaisir et de la satisfaction qui en revient est criminelle dans un chrétien, et qu'il n'y a de plaisirs légitimes que ceux qui se trouvent sans qu'on puisse les éviter) ; 3° si l'on ne gémit pas dans l'usage des plaisirs nécessaires et inévitables ; et ici il exagère la sévérité de l'ancienne pénitence ; il peint les plaisirs comme les amorces de la cupidité, faisant sans cesse contraster les deux amours, dont l'un perd toujours autant que l'autre gagne.

Page 267, il cite le livre du sieur Huygens ; et comme ce livre a été censuré par un décret de l'archevêque de Malines, au mois de janvier 1695, il attaque ce décret. Il loue le livre de la *Fréquente Communion;* il cite là-dessus la relation du sieur Bourgeois : ailleurs il cite M. Duguet. En un mot, on remarque dans tout le cours de son ouvrage qu'il s'est nourri de la lecture des mauvais livres, et que par là il s'est mis en état d'en faire un de la même espèce.

MALOT (François) naquit en 1708, dans le diocèse de Langres, fut ordonné prêtre par M. de Caylus, évêque d'Auxerre, qui n'avait sur lui aucune juridiction, et dont il fut l'agent à Paris. Il publia, en 1776, une *Dissertation sur le rappel des juifs,* contre Rondet, éditeur de la Bible d'Avignon. Il y défend Duguet, d'Asfeld et Messengui. Il s'avisa depuis de fixer l'époque du retour des juifs, et il soutint un avènement intermédiaire de Jésus-Christ sur la terre avant le jugement dernier. Malot avait trouvé par des calculs, ou plutôt par des conjectures, que le retour des juifs aurait lieu en 1849. Ces sortes de fixations sont devenues si ridicules qu'on n'a plus besoin de les réfuter. Rondet renvoyait la conversion des juifs et ses suites à la fin du monde, Malot la place longtemps avant la persécution du dernier Antechrist. En 1779, il fit paraître une deuxième édition de sa Dissertation, avec une réplique à Rondet, où il se déclare plus fortement pour le règne de mille ans. Malot est de plus auteur d'un ouvrage sur les Psaumes, et d'un autre *sur les avantages et la nécessité d'une foi éclairée.*

MANOIR (*l'abbé* Du), un des pseudonymes de Quesnel.

MARETS (Samuel Des) naquit à Oisemont, en Picardie, l'an 1599, fut ministre protestant et professeur de théologie, notamment à Groningue, où il mourut en 1673. Charmé de voir dans les jansénistes de nouveaux disciples de Calvin, des Marets ne cessa de leur donner des louanges, et de prendre en main leur défense. C'était avec raison; car il est évident que, par exemple, dans la matière de la grâce et de la liberté, Calvin et Jansénius sont d'accord sur ce qu'il y a d'essentiel; et que les cinq articles dans lesquels l'évêque d'Ypres prétend différer du chef des sacramentaires n'ont été imaginés que pour en imposer aux simples, et ne pas paraître rompre brusquement avec l'Eglise catholique.

Apologia novissima pro sancto Augustino, Jansenio et jansenistis, contra pontificem et jesuitas; sive examen theologicum constitutionis nuperæ Innocentii X, qua definiuntur quinque propositiones in materia fidei, contra Augustini et Jansenii sequaces, in gratiam jesuitarum : præmittitur præfatio ad jansenistas, et adjicitur ad calcem iterata editio planctus Augustinianæ veritatis in Belgio patientis, ante aliquot annos in Brabantia emissi. Groningæ, 1654, in-4°.

Cette apologie fut condamnée le 23 avril 1654.

Synopsis veræ catholicæque doctrinæ de gratia et annexis quæstionibus, proposita in catechismo gratiæ a jansenistis anno 1650 edito, et in scholiis ad illum theologicis. Groningæ, 1654, in-4°.

Ce n'est presque qu'une traduction du *Catéchisme de la grâce,* de Feydeau, janséniste fameux. Dans son ouvrage, des Marets soutient que les jansénistes sont unis de sentiments avec les calvinistes, sur la grâce.

Il vante extraordinairement Jansénius, Saint-Cyran et Arnauld. Il dit de Jansénius qu'il a puissamment *défendu la cause de Michel Baius* et d'Arnauld, qu'il s'est proposé de *rétablir la pénitence publique, d'abroger l'usage de la fréquente communion, et d'associer saint Paul à saint Pierre dans la fondation du siége de Rome.* Il ajoute en parlant des jansénistes en général, qu'il faut espérer qu'ils abjureront enfin les autres erreurs de leur communion, et qu'ils se déclareront ouvertement contre le concile de Trente, dont ils ont déjà soin d'adoucir les canons, et de les plier comme de la cire molle pour les ajuster à leurs opinions. *Voyez* Feydeau.

MARIETTE (François de Paule), de l'Oratoire, né à Orléans, en 1684, a été regardé par les appelants mêmes comme un homme hardi. Lors de la dispute qui s'éleva dans ce parti, en 1734, sur la confiance et la crainte (*Voyez* Fourquevaux), Mariette entra dans cette controverse, et fit naître une deuxième dispute plus vive que la première. Il publia un *Examen des éclaircissements* de l'abbé d'Etemare; des *difficultés proposées aux théologiens défenseurs de la doctrine du Traité de la confiance,* 1734; de *Nouvelles Difficultés,* 1737; trois *Lettres* à l'auteur des *Nouvelles Ecclésiastiques,* qui avait représenté son système comme subversif de la religion; une *Courte Exposition de sa doctrine et de ses griefs* contre Petitpied et Fourquevaux, et deux derniers écrits contre la *lettre* de Boursier sur *l'espérance et la confiance chrétienne,* 1739, qui paraît avoir terminé la controverse. Mariette ne fut pas moins hardi dans deux ou trois brochures qu'il publia en 1759, sur les indulgences et le jubilé; *Lettre d'un curé à son confrère; Réponse du curé; Discours d'un curé,* où il attaquait la doctrine de l'Eglise sur les indulgences. L'abbé Joubert y répondit par une *lettre au P. de Saint-Génis.* Enfin, Mariette donna dans des erreurs plus graves encore dans l'écrit intitulé : *Exposition des principes qu'on doit tenir sur le ministère des clefs suivant la doctrine du concile de Trente.* Il y disait que l'absolution ne remet pas devant Dieu les péchés, et insinuait que la confession était d'institution récente. Il n'y eut que le commencement de cet écrit qui fut imprimé. On arrêta l'impression qui se faisait à Orléans, et une sentence de la police, du 12 janvier 1763, supprima la feuille et brûla l'édition. L'auteur, dont il n'est pas question dans la sentence, resta encore quelque temps dans l'Oratoire, et résista aux instances qui lui furent faites pour se rétracter. Jean-Baptiste Mesnidrieu, autre appelant, retiré alors à Orléans, et mort le 25 janvier 1766, composa deux petits écrits contre lui. Le nom de Mariette ne se trouve dans aucun Dictionnaire historique.

MASCLEF (François), habile hébraïsant, né à Amiens, vers 1663, fut l'homme de confiance de M. Brou, évêque de cette ville, qui lui donna la direction du séminaire; mais M. Sabbatier, successeur de M. Brou, la lui ôta, parce qu'il voulait dans ses ecclésiastiques une entière soumission aux décrets de l'Eglise, et que Masclef avait sur le jansénisme une façon de penser qui lui était suspecte. Masclef passe pour être l'auteur d'une *Lettre sur* (c'est-à-dire, contre) *la bulle*, et d'une *Dénonciation contre les jésuites*. Il laissa, outre les ouvrages que l'on connait de lui, une *Philosophie* et une *Théologie*, qui n'ont pas été imprimées, parce qu'on a reconnu que ces traités étaient entachés de jansénisme.

MAUDUIT (Michel), prêtre de l'Oratoire, né à Vire, en Normandie, mort à Paris, en 1709, à soixante-quinze ans, donna plusieurs ouvrages dont nous mentionnerons les suivants :

Analyses *des Evangiles*, 4 vol. in-12; — des *Actes des Apôtres*, 2 vol.; — des *Epîtres*, 2 vol.; — de l'*Apocalypse*, 1 vol., à Paris, Rouen et Lyon, avec des *Dissertations* qui ont été très-recherchées et réimprimées à Toulouse avec quelques changements.

Ces *Analyses* prouvent l'esprit d'ordre, le jugement et le savoir de l'auteur; on lui reproche cependant, non sans fondement, d'avoir recherché plutôt la subtilité que la solidité, et d'avoir souvent adopté des sentiments qui ne pouvaient lui plaire que parce qu'ils étaient nouveaux. Il s'appesantit sur des détails inutiles, en faveur de quelques points d'érudition très-indifférents au résultat de la chose; et n'hésite point à critiquer la *Vulgate*, mais encore l'opinion commune des interprètes et des Pères, en leur opposant quelque subtilité grammaticale grecque ou hébraïque. Dans trois ou quatre endroits de son *Analyse des Epîtres*, il avance une proposition qui est fort au goût du parti; savoir, que l'Eglise doit souffrir une apostasie générale. *Voyez* Etemare.

MAUGUIN (Gilbert), président de la cour des monnaies de Paris, publia contre le Père Sirmond une dissertation intitulée : *Vindiciæ prædestinationis et gratiæ*, qu'on trouve dans le Recueil publié à Paris en 1650, 2 vol. in-4°, sous ce titre : *Veterum scriptorum qui in ix sœculo de gratia scripsere opera*. Il y soutient que Gotescalc n'a point enseigné l'hérésie prédestinatienne. L'auteur n'a pas raison, mais il n'a rien oublié pour l'avoir. Ce magistrat mourut en 1674, dans un âge fort avancé. Son ouvrage fut fort loué par le ministre calviniste Samuel des Marets, qui se flattait que l'auteur pourrait bien penser comme lui sur la présence réelle et sur la grâce.

MAULTROT (Gabriel-Nicolas), naquit à Paris en 1714, fut reçu avocat au parlement en 1733, écrivit plus qu'il ne plaida, s'attachant presque exclusivement au droit canon. Il se dévoua au parti appelant, et pour prouver son zèle pour la cause, il se fit le défenseur de tous ceux qui refusaient de se soumettre à la bulle ; il publia dans ce but de nombreux *Mémoires*, dans lesquels il cherchait à diminuer les prérogatives de l'épiscopat. En soutenant ainsi la désobéissance des inférieurs, il sapait l'autorité du saint-siége. Le spectacle de la révolution le ramena à d'autres sentiments ; il devint défenseur ardent des prérogatives de l'épiscopat, et fut un de ceux de son parti qui se prononcèrent avec le plus de force contre la constitution civile du clergé. Il composa à ce sujet un grand nombre de brochures en 1790, 1792, et mourut le 12 mars 1803. De ses ouvrages, nous mentionnerons seulement :

Apologie *des jugements rendus en France contre le schisme par les travaux séculiers*, 1752, 2 vol. in-12. L'abbé Mey eut part à cet ouvrage, que Benoît XIV condamna dans un bref du 20 novembre 1752.

Dissertation *sur le Formulaire*, 1775. *Défense de Richer et chimère du richérisme*, 1790, 2 vol. in-8°.

MÉGANCK (François-Dominique), doyen du chapitre d'Utrecht, né à Menin en 1683, étudia à Louvain, et passa en Hollande en 1713. Il fit ses premières armes sous Van Erkel, et donna deux petits écrits, savoir, une défense des propositions condamnées par la bulle *Unigenitus*, et une réfutation d'un *Traité du schisme*, publié par ordre du cardinal d'Alsace. En 1727, Barchman fit Méganck pasteur à Leyde. C'est à cette époque que celui-ci entra si vivement dans la dispute qui eut lieu en Hollande sur le prêt. Il se déclara pour les contrats et les rentes usités en ce pays. Le clergé d'Utrecht souffrait impatiemment que les appelants français vinssent les troubler dans leur pratique. Méganck se joignit à cet égard à Broedersen, Cinck, Vivien, Valkenburg. Il composa une *Défense des contrats de rente rachetables des deux côtés*, 1730 ; une *suite* de cette défense, 1731, et des *Remarques sur une lettre de l'évêque de Montpellier à Van Erkel contre le prêt*, 1741. Ces écrits dans lesquels il attaquait assez vivement le Gros, Poncet et les autres adversaires du prêt, ne l'empêchèrent pas de succéder à Broedersen, en qualité de doyen du chapitre d'Utrecht. Il joua un rôle au concile de 1763, y fit plusieurs rapports, et publia une *Lettre sur la primauté de saint Pierre et de ses successeurs*, 191 pag. in-12. L'auteur y prouve, contre le Clerc (*voyez* ce nom) que cette primauté est non-seulement d'honneur, mais de juridiction, et qu'elle est d'institution divine. Reste à savoir comment Méganck conciliait cette doctrine avec sa conduite et celle de son Eglise ; c'est un problème qu'il ne nous a pas expliqué. Sa lettre et son rapport ont été attaqués dans un traité publié en 1769, en latin et en français, sous le ti re *De la Pr mauté du pape*, in-4°, 207 pages. *Voyez* PINEL. Il promettait d'attaquer aussi le décret de l'assemblée d'Utrecht touchant la supériorité des évêques sur les prêtres. Il y a lieu de croire qu'il n'a pu exécuter ce projet, étant mort vers ce même temps.

MESENGUY (FRANÇOIS-PHILIPPE), né à Beauvais le 22 août 1677, de parents pauvres, fut d'abord enfant de chœur, obtint ensuite une bourse, et, en 1694, il fut reçu au collège des Trente-Trois à Paris. Six ans après, il professa pendant plusieurs années les humanités et la rhétorique au collège de Beauvais ; il obtint la place de gouverneur de la chambre commune des rhétoriciens au collège de Beauvais. Coffin, devenu principal de ce collège après le célèbre Rollin, prit l'abbé Mésenguy pour son coadjuteur, et le chargea d'enseigner le catéchisme aux pensionnaires. Ce fut pour eux qu'il écrivit son *Exposition de la doctrine chrétienne*. Son opposition à la bulle *Unigenitus* l'obligea à quitter le collège de Beauvais en 1728. Il mourut le 19 février 1763, à l'âge de 86 ans.

ABRÉGÉ *de l'Histoire de l'Ancien Testament, avec des éclaircissements et des réflexions*. Paris, Desaint et Saillant, 1737.

Cet ouvrage était cité quelquefois avec complaisance par le gazetier janséniste, notamment dans la feuille du 27 mars 1750. *Voyez* FONTAINE.

A la page 430 du premier tome, l'auteur compare la famine de l'Egypte au refroidissement de la charité dans l'Eglise, et le blé que Joseph conserva dans le royaume où il commandait, à tout ce qui peut nourrir la foi et la piété des fidèles. *Les Ecritures*, dit-il, *l'intelligence de ce pain céleste, les vérités révélées et pour le dogme et pour les mœurs, les bons exemples dans chaque siècle, les élus qui ne se sanctifient jamais hors de l'Eglise, et qui seront toujours sa principale richesse, les sacrements et les autres moyens de salut ; enfin la grâce intérieure, qui est véritablement le pain de l'âme et du cœur, sont le blé que le véritable Joseph a réservé dans des greniers pour les années de famine.* Puis il ajoute tout de suite : *Ce blé ne se trouve que dans l'Eglise où règne Jésus-Christ.* Il pense donc que *la grâce intérieure* dont il vient de parler *ne se trouve que dans l'Eglise* ; par conséquent que les infidèles n'ont jamais *de grâce intérieure*, par conséquent encore que *la foi est la première grâce*, ce qui est la vingt-septième proposition de Quesnel. D'où il s'ensuit (selon le système du parti, qui est évidemment celui de l'auteur) que *toutes les actions des infidèles sont des péchés*, puisque étant toujours faites sans la grâce, elles ont dans ce système nécessairement pour principe la cupidité.

Ce seul échantillon fait assez connaître que l'ouvrage publié sous le voile de l'anonyme part d'une main jansénienne. A la vérité c'est une main adroite, qui touche légèrement les objets, et qui les présente artificieusement ; mais elle n'en est que plus dangereuse. Par exemple (tom. VIII, p. 47, l. VIII et suivantes), l'auteur veut faire entendre que ce que nos rois ont fait contre les jansénistes sont des *injustices*, où on les a engagés *par de faux rapports et des suggestions malignes*. P. 49, il parle des miracles qui s'opèrent dans chaque siècle, et il s'écrie : *Heureux ceux qui entendent ce langage!* etc.

A s'en tenir à la lettre, il n'y a rien de répréhensible dans tous ces endroits, mais à en pénétrer l'esprit et le motif, on ne peut douter que ce ne soient des allusions malignes aux circonstances présentes, soit des ordres du roi, soit des miracles de Pâris.

Pages 275 et 276, l'auteur exhorte à la lecture de l'Ecriture sainte ; à la bonne heure, pourvu qu'il n'y exhorte pas indifféremment tout le monde. Mais quand il dit que l'Ecriture sainte est *la source de toute vérité, de toute lumière et de toute consolation*, n'a-t-on pas lieu de croire qu'il ne reconnaît d'autre règle de foi que l'Ecriture ; et que par ces mots il prétend exclure la tradition, laquelle néanmoins, selon le concile de Trente, est aussi une autre source de *vérité* et de *lumières*? Et d'ailleurs, est-il bien vrai que l'Ecriture sainte est la source *de toute consolation*? peut-on dire que ceux qui ne savent point lire et qui ne sont point à portée de l'entendre lire sont dépourvus *de toute consolation*? Tout ce langage est donc un langage outré. L'Ecriture sainte est divine, la tradition est divine, ce sont les deux règles de notre foi ; il ne faut rien avancer à la gloire de l'une qui puisse porter aucun préjudice à l'autre.

Tome IX, p. 56, l'auteur se fait cette question : *N'y a-t-il pas au moins de la témérité à dire, comme plusieurs font aujourd'hui, si Dieu faisait telle et telle chose, il serait injuste et cruel ; et à rejeter, sous ce prétexte, des vérités qui ont toujours été enseignées dans l'Eglise, et auxquelles les Ecritures rendent témoignage?*

Qu'a-t-il en vue quand il s'exprime ainsi? Le voici. On dit aujourd'hui aux jansénistes pour les confondre : Si Dieu commandait l'impossible, s'il punissait un homme d'un supplice éternel pour n'avoir pas fait une action pour laquelle il n'avait ni secours ni moyens nécessaires, Dieu serait injuste et cruel. Cette vérité qu'on leur oppose est si sensible et si palpable, qu'il n'est pas possible de rien répliquer de sensé et de raisonnable. Que fait ici M. Mésenguy ? Il assure *qu'il y a du moins de la témérité à faire* cette objection, *et à rejeter sous ce prétexte les prétendues vérités* jauséniennes C'est, comme l'on voit, une manière de répondre aux difficultés également aisée et commode, mais qui ne peut satisfaire que des imbéciles.

Page 154 et suivantes, l'erreur jansénienne sur la stabilité de la justice est proposée avec assez d'étendue et peu de ménagement; on y dit que le juste marche *constamment dans la voie de la justice; qu'il est rare qu'un juste, après s'être relevé, retombe dans quelqu'un de ces péchés qui donnent la mort à l'âme.* Les voilà donc ces sectaires qui, quelquefois, exagèrent avec tant d'emphase la faiblesse de l'homme, les voilà qui font ici l'homme si fort, si *constant,* qu'il ne lui arrive presque jamais de *retomber* quand il s'est relevé : telle est l'hérésie; uniquement appuyée sur le mensonge, il est impossible que souvent elle ne se combatte elle-même ; la vérité seule a le privilége d'être toujours invariable, toujours uniforme.

Page 348, on enseigne la même doctrine que feu M. l'archevêque de Tours sur l'amour de Dieu; on suppose que cet amour il n'y a point de degré, qui ne soit commandé; et l'on prétend que Dieu *veut bien ne nous point imputer à péché* de ce que nous n'y atteignons pas. Les calvinistes emploient cette même expression, quand ils disent que les mouvements de la concupiscence, même involontaires, sont des péchés, mais que Dieu ne nous les impute pas.

Page 464 *et suivantes,* le janséniste auteur s'échauffe beaucoup à prouver la toute-puissance de Dieu sur le cœur de l'homme; vérité qu'assurément personne ne conteste, et dont néanmoins la preuve lui coûte neuf ou dix pages : veut-on savoir quelques-uns des arguments victorieux sur lesquels il s'appuye? C'est, dit-il, que le roi, *dans les lettres écrites aux évêques durant la dernière guerre, a reconnu que la divine providence gouverne le cœur et les armes des souverains.* On voit par là jusqu'où Mésenguy porte l'érudition. Il a jugé même cet article si important, qu'il lui a donné place dans sa table, p. 538, en ces termes : *Le roi Louis XV rend hommage au dogme de la toute-puissance de Dieu sur les cœurs.* Mais qu'en veut-il conclure? est-il persuadé comme les autres suppôts de sa secte, que les constitutionnaires renversent le premier article du symbole?

Dans le tome IV, en parlant de Salomon, il insinue clairement (p. 470) que la grâce intérieure nécessaire lui a manqué dans le temps de la tentation : *La raison,* dit-il, *l'autorité divine, la vue des bienfaits, la crainte des menaces de Dieu, l'exemple de David, son père, tout conspirait à rendre ce prince attentif et fidèle : cependant il oublia Dieu et ses devoirs.... Tant il est vrai que, si la grâce ne vient au secours de l'homme, et si l'Esprit-Saint ne corrige par sa vertu le penchant vicieux de notre volonté, tous les moyens extérieurs joints aux plus grandes lumières de l'esprit ne peuvent rien, ni pour nous détourner du mal, ni pour nous appliquer au bien.*

Selon le même auteur, p. 36, Oza, en portant la main à l'arche pour en prévenir la chute, se trouva dans une *situation, où, de quelque côté qu'il se tournât, il ne lui était pas possible de n'être point prévaricateur et coupable.*

Page 298, dans une dissertation, où sont citées ces paroles du concile d'Orange : *Nemo habet de suo nisi mendacium et peccatum,* Mésenguy les traduit ainsi : *L'homme par sa prévarication est tombé dans une si extrême pauvreté à l'égard de tout bien, qu'il n'a de son fond que le mensonge et le péché.* Un catholique aurait expliqué le vrai sens des paroles du concile. Il aurait montré l'abus que Baïus en a fait, en avançant ces deux propositions : *Liberum arbitrium sine gratia et Dei adjutorio nonnisi ad peccandum valet....*
.... Pelagianus error est dicere quod liberum arbitrium ad ullum peccatum vitandum valet. Il y aurait établi que la coopération de la créature, qui travaille avec le secours de la grâce à l'œuvre du salut, ne consiste pas uniquement à recevoir avec reconnaissance ce qui lui est départi avec profusion. Enfin, il aurait dit clairement que Dieu, en couronnant ses dons, récompense de vrais mérites.

Après cette suite d'erreurs réfléchies, il ne faut pas s'étonner que notre auteur cite avec éloges la Bible de M. de Sacy, la prière publique de M. Duguet; et qu'en parlant de celui-ci, p. 60 du tom. IV, il l'appelle *un grand homme.* Tout bon janséniste doit parître *grand* à M. Mésenguy. Mais aussi après toutes les choses que nous avons reprises, et tant d'autres encore qui méritent d'être relevées dans cet ouvrage, on ne doit pas être surpris que des docteurs très-éclairés aient refusé de l'approuver.

EXPOSITION *de la doctrine chrétienne, instructions sur les principales vérités de la religion.* Utrecht, aux dépens de la compagnie. 1744, six volumes in-12.

Voici quelques-unes des principales erreurs qui sont répandues dans cet ouvrage.

Tome I, *page* 203, l'auteur enseigne clairement que toute volonté de Dieu réelle et sincère est toujours accomplie et ne peut jamais être frustrée de son effet: *En Dieu vouloir et faire, c'est la même chose,* dit-il, pag. 219, et il consacre 15 ou 16 pages à développer ce principe fondamental du jansénisme. Comme si l'Ecriture, les Pères et les docteurs de l'Eglise, en particulier saint Augustin et saint Thomas, ne connaissaient pas en Dieu, outre la volonté toute-puissante et absolue, une volonté formelle et promptement dite, à laquelle néanmoins on résiste ; une volonté réelle et sincère, qui n'est que conditionnelle ; une volonté, en un mot, que la créature libre prive de son effet par le mauvais usage qu'elle fait de sa liberté.

Tome II, page 231 : *Nous n'avons aucun mérite qui ne soit un don de la pure libéralité de Dieu;* ainsi point de coopération de notre part : Dieu *seul* fait tout et nous détermine invinciblement au bien par sa grâce : et *notre volonté n'a de force que pour le mal, et elle ne peut ni faire ni vouloir aucun bien* que par la grâce qui donne le vouloir et l'action (au sens de Jansénius et de Quesnel).

Depuis la page 142 jusqu'à la page 152, inclusivement, on s'élève avec audace contre les censures *in globo*. L'auteur ensuite présente aux fidèles une foule de prétextes pour refuser leur soumission à toutes les décisions de l'Eglise, au moins de l'Eglise dispersée.

Page 138 : *Le pouvoir d'excommunier a été accordé par Jésus-Christ à l'Eglise; pour être exercé par les premiers pasteurs, c'est-à-dire, les évêques.* On reconnaît là le richérisme, qui ne regarde l'Eglise que comme une république populaire, dont toute l'autorité réside dans la société entière et dans le consentement exprès ou tacite que cette société donne aux actes de juridiction exercés par ses ministres.

Page 183 : *On ne doit pas aller contre son devoir par la crainte d'une excommunication injuste.*

Page 184 : *La crainte qu'a un chrétien d'une excommunication injuste ne doit jamais l'empêcher de faire son devoir.* C'est là, comme l'on voit, renouveler sans pudeur la proposition 92 de Quesnel.

La doctrine de Mésenguy sur le schisme, pages 188 et 189, répond parfaitement à l'état présent de la secte. *On ne peut* (dit-il, page 190), *être schismatique malgré soi.... Quiconque est attaché à l'unité et prêt à tout souffrir plutôt que de se séparer, ne peut être schismatique.* Ainsi l'on ne pourra regarder comme schismatiques les pélagiens, les manichéens, les priscillianistes, puisqu'on ne trouve nulle part qu'ils aient fait une séparation volontaire, et qu'en effet ils ont été séparés malgré eux. Les ariens de même n'auront point été séparés de l'Eglise, parce qu'ils ont tâché par des formules trompeuses d'éviter l'apparence de la séparation. Tous ceux qui font schisme se flattent toujours de n'en point faire; et ils sont depuis longtemps séparés de l'Eglise, qu'ils se persuadent encore et tâchent de persuader aux autres qu'ils y demeurent attachés.

Tome troisième. Que d'erreurs dans ce volume sur la loi naturelle, la loi de Moïse et la loi nouvelle, surtout pages 25, 26, 271

Depuis la page 123 jusqu'à la page 141, on s'efforce d'établir que nous devons sous peine de péché rapporter à Dieu chacune de nos actions par le motif de la charité théologale.

Page 71 : *Le culte que nous rendons à Dieu par la foi, l'espérance, la vertu de religion, n'est véritable et chrétien qu'autant qu'il a pour principe l'amour.*

Page 77 : *Nous ne connaissons que deux amours, la charité et la cupidité. Tout vient de l'un ou l'autre de ces deux principes, et l'on ne peut pas en assigner un troisième qui soit mitoyen entre l'un et l'autre. La charité étant donc le bon amour, tout ce qui découle de cette source est bon : au contraire tout ce qui est produit par la cupidité, qui est le mauvais amour, est mauvais.*

Peut-on adopter plus crûment l'erreur de Baïus, de Jansénius et de Quesnel sur les deux amours?

Tome cinquième, à la page 501, on lit ces paroles : *Le sacrifice de la messe est offert par les prêtres, au nom de toute l'Eglise. Car le prêtre n'offre pas le sacrifice en son propre nom. Il est à l'autel comme ministre public de l'Eglise, choisi et député par elle pour cette auguste fonction. C'est en son nom qu'il parle et qu'il agit. Ainsi le sacrifice est offert par tous les fidèles ensemble et par chacun en particulier....* D'où l'on conclut (page 514) que *tous ceux qui savent lire doivent faire usage de l'ordinaire de la messe, et suivre le prêtre surtout depuis l'Offertoire jusqu'à la Communion;* et que *le prêtre de son côté ne peut rien faire de plus conforme à l'esprit de l'Eglise, que de prononcer toutes les paroles de la messe d'une voix capable d'être entendue des assistants.* C'est aux femmes et aux artisans à remercier l'auteur des singulières prérogatives qu'il veut bien leur attribuer contre l'esprit et la doctrine de l'Eglise.

Tome sixième. Vingt pages sont employées à inculquer en diverses manières que la crainte des châtiments éternels la plus efficace n'arrête que la main et ne peut jamais exclure la volonté actuelle de pécher. C'est une suite nécessaire du système jansénien; car cette crainte ne venant pas de la charité, il faut dans ses principes qu'elle vienne de la cupidité vicieuse et qu'elle soit mauvaise elle-même.

Si les nouvelles erreurs sont moins répandues dans le quatrième tome de l'écrivain quesnelliste, c'est que les matières qu'il y traite n'en étaient guère susceptibles.

Cet ouvrage a été souvent réimprimé; cependant il y a contre lui un décret de l'*Index* du 21 novembre 1757; et le pape Clément XIII le condamna par un bref particulier du 14 juin 1761. Un Italien nommé Serrao, dans une brochure intitulée *De præclaris catechistis*, fait de cet ouvrage de Mésenguy un éloge immense et amphigourique : c'est, selon lui, le catéchisme des catéchismes, apparemment parce que l'auteur en établissant l'existence des miracles, en trouve la preuve la plus évidente dans ceux du bienheureux diacre Pâris (tom. IV, pag. 393, édit. de Paris, 1777, en 4 vol.). A ces miracles, il faut joindre sans doute celui que M. Serrao dit très-sérieusement être arrivé lors de la condamnation du *Catéchisme* de Mésenguy. Le cardinal Passionei ayant eu la faiblesse de signer le bref de Clément XIII, qui proscrivait cet ouvrage divin, entra tout à coup dans une espèce de manie, et mourut peu de jours après : *Alienatæ mentis indicium in eo apparuisse, sudoremque consecutum ferunt; ex eoque die cum corruisset, morbo levari deinde nunquam potuit, neque ita multos post dies exstinctus est* (p. 233). « C'est, dit un auteur orthodoxe, au milieu de la corruption et de la séduction de ces temps malheureux, que ce parti inquiet, actif et fécond en artifices, cherche surtout à décrier les sources connues d'une instruction sûre, pour leur substituer celle où coule, sous l'apparence d'une onde pure, le poison de l'erreur. »

On attribue à Mésenguy une des *Vies* condamnées du diacre Pâris. Il se mêla aussi de la polémique janséniste. En ce genre, il a donné :

La constitution Unigenitus, *avec des remarques*, in-12.

Lettre *à un ami sur la constitution Unigenitus*, in-12.

Et d'autres écrits. Voyez le *Mémoire abrégé sur sa Vie et ses ouvrages*, par Lequeux, qui était aussi de la secte.

« On peut, dit un critique, louer les ouvrages de Mésenguy du côté du savoir, du style et de l'onction; mais ceux qui aiment l'exactitude dans le dogme, la conséquence dans les principes, la franchise dans la manière d'exprimer ses pensées, ne trouveront pas ces qualités dans son *Abrégé de l'histoire de l'Ancien Testament*, non plus que dans son *Exposition de la doctrine chrétienne*, condamnée par le pape. Ceux qui exigent l'impartialité dans les sentiments, la soumission à l'autorité, la modération dans la dispute, goûteront encore moins ses ouvrages polémiques, où il est aisé d'apercevoir que les illusions du préjugé l'emportent sur sa raison et peut-être sur ses propres sentiments. »

MEZERAI (François EUDES de), naquit en 1610, au village de Rye, près d'Argentan, en Basse-Normandie, vint se fixer à Paris où il se fit appeler *Mézerai*, du nom d'un hameau de sa paroisse. Il se rendit célèbre par ses travaux historiques. Plusieurs passages de ses ouvrages et plusieurs traits de sa vie ont fait penser qu'il aurait joué un rôle dans la révolution française. Il mourut en 1683. Nous ne mentionnerons de Mézerai que l'ouvrage suivant :

Mémoires *historiques et critiques sur divers points de l'Histoire de France, et plusieurs autres sujets curieux*. Amsterdam, Jean-Fred. Bernard. 1732, 2 vol. in-12.

Cet ouvrage, publié par le parti, a été condamné par M. l'archevêque d'Embrun (de Tencin). Il contient le Mémoire sur le *Judicium Francorum*, dont nous parlerons dans la suite (pag. 104).

On voit ici avec frayeur les suppôts du jansénisme attaquer avec la dernière audace le trône de Sa Majesté; l'ébranler jusque dans ses fondements; dégrader la personne sacrée; la soumettre à son parlement; développer ainsi le système des quarante avocats, et le sens affreux de ces paroles énigmatiques de D. Thierri qui écrivait en 1712, à M. Petitpied, *qu'il fallait mettre nos rois hors d'état de pouvoir exercer, soit par eux, soit par leurs ministres des injustices pareilles à celles qu'il prétendait avoir éprouvées.*

Ces libelles apprennent à tout l'univers que ce n'est pas au pape seulement, mais que c'est encore au roi qu'en veut le jansénisme; que ce n'est pas seulement l'autorité de l'Eglise, mais encore l'autorité du souverain qu'il prétend renverser; que son dessein n'est pas seulement de mettre la France au point où est l'Angleterre, quant à la religion, mais d'en faire, et pour le temporel et pour le spirituel, une république monstrueuse, où la communauté ait seule toute la puissance et toute l'autorité. Ces lignes sont écrites depuis plus de cent ans. Aujourd'hui, il est certain que le jansénisme a contribué à amener la révolution de 1793. C'est ce que fait voir M. Louis Blanc, dans le 1er vol. de son *Histoire de la révolution*.

MIGNOT (Etienne), docteur de Sorbonne, et membre de l'Académie des inscriptions, naquit à Paris en 1698. Les dictionnaires historiques citent de lui les ouvrages suivants : *Paraphrases sur les psaumes, sur les livres sapientiaux et sur le Nouveau Testament*, 1754 et 1755, 7 vol in-12; *Réflexions sur les connaissances préliminaires au christianisme; Analyse des vérités de la religion chrétienne*, 1755; *Mémoires sur les libertés de l'Eglise gallicane; Histoire des démêlés de Henry II avec saint Thomas de Cantorbéri; Traité des droits de l'Etat et du prince sur les biens du clergé*, 2 vol.; *Histoire de la réception du concile de Trente dans les Etats catholiques*, 2 vol. Ces derniers écrits sont de 1756. Le choix des sujets, et encore plus la manière dont ils sont traités, et dont l'auteur parle, soit des droits du prince, soit de ceux de l'Eglise, ne font pas toujours honneur à sa modération. Outre ces écrits, il entra dans plusieurs controverses qui firent du bruit de son temps. Appelant, lié avec Débonnaire, Boidat, de la Tour et les autres membres de la société dite des Trente-Trois, il prit part aux écrits sortis de cette société, et on lui attribue entre autres trois *lettres* publiées en 1736, contre le *juste milieu à tenir dans les disputes de l'Eglise*, par Besoigne. Lorsque Soanen eut adopté la lettre du P. de Gennes, *Sur les erreurs avancées dans quelques nouveaux écrits*, Mignot prit la défense de *ces nouveaux écrits*, qui étaient ceux de l'abbé Débonnaire, et dont le grand défaut aux yeux de l'évêque était de combattre le *figurisme* et les convulsions. Mignot fit donc paraître une *Réponse*, du 22 septembre 1736; une *suite*, du 4 novembre; l'*Examen des règles du figurisme moderne*, et successivement, en 1737, trois autres écrits suite des précédents, pour combattre l'abus de ce système et en montrer les illusions. Une *lettre de plusieurs théologiens aux évêques de Senez et de Montpellier*, en date du 6 février 1737, et une *dernière lettre à Soanen*, du 28 février 1738, sont encore de Mignot; qui y combat d'Etemare, Delan et Alexis Desessarts. Ces productions, qui réunies forment un petit volume in-4°, firent partager à l'auteur les anathèmes dont on accablait Débonnaire et sa société. On les appela des *socinianisants*, et tout le parti *figuriste* se souleva contre eux. Mignot ne se laissa point effrayer par ces plaintes. Il faisait profession d'avoir des opinions très-décidées, et nul n'était moins disposé à jurer *in verba magistri*. Il le prouva dans une autre dispute qui ne fut guère moins vive que la précédente. Il avait paru, en 1739, un *Traité des prêts de commerce*, qui passait pour être sorti de la société des Trente-Trois, et dont Aubert, curé de Chânes, au diocèse de Mâcon, était regardé comme l'éditeur. Mais divers renseignements nous persuadent qu'il en était véritablement l'auteur, et que, s'il avait consulté Boidat et ses amis, le fond de l'ouvrage était de lui. Quoi qu'il en soit, après la mort de d'Aubert, Mignot revit son *Traité*, l'augmenta beaucoup, et le fit paraître comme sien en 1759, 4 vol. in-12. Il s'y déclarait pour le prêt, et prétendait que les scolastiques avaient embrouillé la matière par leurs subtilités. Il a mis à la fin quelques consultations non signées. On doit convenir que son livre n'est pas mal fait, et il a servi à la plupart de ceux qui ont adopté depuis le même sentiment. L'abbé de la Porte soutint la thèse contraire dans ses Principes *théologiques, canoniques et civils sur l'usure*, Paris, 1769, 3 vol. in-12. Il y a dans le 3ᵉ volume *six lettres*, dirigées contre le *Traité des prêts de commerce*. C'est peut-être le meilleur ouvrage qui ait été fait sur cette matière. Mignot se défendit par de courtes *observations*, en 1769, et l'année suivante par une *réponse* qui forme le cinquième volume de son *Traité*. De la Porte de son côté donna *six nouvelles lettres à un ami*, et en 1772, il ajouta un quatrième volume à ses *Principes*. Mignot était mort alors ; mais d'autres héritèrent de ses sentiments, et c'est depuis cette époque que l'on vit paraître un plus grand nombre d'écrits en faveur du prêt. Mignot paraît assez hardi et tranchant dans ses assertions. Il ne faut pas le confondre avec Jean-André Mignot, chanoine et grand vicaire d'Auxerre sous M. de Caylus, qui eut la principale part au Martyrologe, au Bréviaire et au Missel donnés par ce prélat, et qui est éditeur du *discours de saint Victrice*, traduit en français par Morel. Celui-ci était mort le 14 mai 1770.

MINARD (l'abbé) travailla aux *Extraits des assertions* avec Goujet, et publia l'*Histoire des jésuites en France*, 1762, in-12. On lui attribue aussi divers *écrits des curés de Paris, de Rouen*, etc., *contre la morale des jésuites*. Cet abbé Minard est probablement le même dont parle Rousseau dans le dixième livre de ses *Confessions*, et qu'il avait connu à Montmorency. Minard y passait les étés avec un abbé Férand, tous deux déguisés et portant l'épée. Rousseau croyait qu'ils rédigeaient la *Gazette ecclésiastique*.

MINARD (Louis-Guillaume), naquit à Paris en 1725, entra dans la congrégation de la doctrine chrétienne, prononça un *panégyrique de saint Charles*, où l'on reconnut des traces de jansénisme. Ses opinions et son zèle, et peut-être encore quelque autre motif, le firent interdire par M. de Beaumont. Retiré au Petit-Bercy, il y faisait des instructions familières qui eurent de la réputation parmi ses partisans. Il dirigeait beaucoup de personnes, et exerçait sans pouvoirs un ministère secret. C'était un usage introduit parmi les appelants, pour éluder les règles de l'Eglise. Le confesseur approuvé n'était en quelque sorte que pour la forme; on ne lui confiait que ce que permettait le directeur véritable (*Voyez* Sanson). Partisan déclaré de la constitution civile du clergé, Minard devint, après la terreur, membre de ce qu'on appelait le presbytère de Paris, et publia, en 1796, l'*Avis aux fidèles sur le schisme dont l'Eglise de France est menacée*, in-8º. Le P. Lambert écrivit contre ce livre. Minard répondit par un *supplément à l'Avis aux fidèles*, in-12. Il voulait que sans discuter la constitution civile du clergé, on ne fît point schisme jusqu'à ce que l'Eglise eût prononcé, et feignait d'ignorer qu'elle s'était déjà déclarée. Il se donna beaucoup de mouvement pour faire nommer un successeur à Gobel, éloignant ainsi la paix au moment où il paraissait la prêcher. Il contribua aux *Annales de la religion*, de Desbois à Rochefort, et mourut le 22 avril 1798; peu de temps après son *éloge* fut donné dans les *Nouvelles Ecclésiastiques*, qui depuis plusieurs années s'imprimaient à Utrecht.

MONTALTE (Louis de), faux nom sous lequel s'est caché l'auteur des *Lettres provinciales*. *Voyez* Pascal.

MONTAZET (Antoine Malvin de), archevêque de Lyon, naquit au diocèse d'Agen, en 1712. Etant entré dans l'état ecclésiastique, il s'attacha à M. de Fitz-James, évêque de Soissons, qui le fit chanoine écolâtre de son église, et son grand vicaire, et qui lui procura une place d'aumônier du roi, cet évêque étant alors premier aumônier. L'abbé de Montazet fut député du second ordre à l'assemblée du clergé de 1742. Nommé, en 1748, à l'évêché d'Autun, il fut sacré le 25 août de cette année. Il fit aussi partie de l'assemblée du clergé de 1750, et fut chargé d'y prêcher le discours d'ouverture, où il s'éleva contre l'incrédulité naissante ; il en signala les causes, qui étaient, dit-il, les progrès de la corruption, l'orgueil et l'amour de l'indépendance. On se servit plusieurs fois des talents du prélat dans cette assemblée, qui fut assez orageuse, et qui se trouvait en opposition avec le ministère. Ce fut l'évêque d'Autun qui rédigea les remontrances sur le *vingtième*, auquel on voulait assujétir les biens ecclésiastiques : il y réclamait fortement en faveur des immunités qu'une longue possession semblait avoir assurées au clergé. En 1752, il adhéra, ainsi qu'environ quatre-vingts de ses collègues, à une lettre du 27 juin, adressée au roi par dix-neuf évêques réunis à Paris, contre un arrêt du parlement, injurieux à M. Languet, archevêque de Sens. M. de Montazet ne se montra pas moins attaché aux maximes de son corps dans l'assemblée de 1755; il rédigea un mémoire sulide et pressant sur un arrêt du parlement de Paris, dans une affaire qui faisait alors beaucoup de bruit, savoir le refus de sacrement fait à un chanoine d'Orléans, appelant, nommé Cougniou. Le prélat fut, dans cette assemblée, du parti qu'on appela des *Feuillants*, parce que le ministre de la Feuille était à sa tête : parti qui d'ailleurs se prononçait aussi en faveur de la bulle *Unigenitus*, et contre ceux qui refusaient de s'y soumettre. L'évêque d'Autun harangua le roi pour la clôture, et dans son discours, il déplora les maux de l'Église et les *préventions des parlements, qu'on avait vus s'élever contre nos jugements les plus irrévocables en matière de doctrine, usurper la dispensation de nos saints mystères, juger des dispositions qu'ils exigent, suppléer la mission légitime des pasteurs, troubler la paix du sanctuaire, et disposer en maîtres de ce qu'il y a de plus spirituel dans la religion.* Il exprima la douleur de l'assemblée, de n'avoir pu obtenir le rappel de tant de victimes d'une proscription rigoureuse, et insista sur la nécessité *d'expliquer une loi dont on abusait* (la déclaration du 2 septembre 1754), *d'effacer des jugements désavoués par la justice comme par la religion, et de fermer les portes du sanctuaire à la tache qu'on voulait lui imprimer par l'arrêt rendu dans l'affaire d'Orléans.*

Nous remarquons ce langage et ce zèle de M. de Montazet à défendre les droits de l'Église contre d'injustes entreprises, parce que nous allons le voir prendre subitement une autre couleur. On était alors au plus fort des disputes entre le clergé et le parlement. La cour, faible et incertaine dans sa marche, exilait tantôt des évêques, tantôt des magistrats. On suscitait des tracasseries à M. de Beaumont, archevêque de Paris, et un couvent d'hospitalières, établi rue Mouffetard et poussé sans doute par d'insidieux conseils, harcelait obstinément ce prélat. Le parlement s'empare de l'affaire, et ordonne aux religieuses de procéder à l'élection que l'archevêque leur défendait de faire ; elles se hâtent de déférer à un ordre qu'elles avaient peut-être provoqué. Le prélat les menace de censures canoniques, et interdit leur église. La cour veut qu'il rétracte cette mesure ; et, sur son refus, il est exilé dans le Périgord. Le cardinal de Tencin, archevêque de Lyon, étant mort sur ces entrefaites (le 2 mars 1758), on imagina de profiter de cette circonstance pour protéger les filles opiniâtres auxquelles on prenait un intérêt si vif. Le bruit public dans ce temps-là fut qu'on avait offert à M. de Montazet le siège de Lyon, à condition qu'il casserait, comme primat, *l'ordonnance* de l'archevêque de Paris. Le 16 mars, l'évêque d'Autun fut nommé par le roi à l'archevêché de Lyon ; les hospitalières lui présentèrent de suite leur requête, et, telle était l'impatience qu'on avait de les soutenir, que le 8 avril, avant d'avoir reçu ses bulles pour Lyon, M. de Montazet les autorisa à passer outre à *l'ordonnance* et aux monitions de leur archevêque, et à procéder à leurs élections. Il prétendit qu'il avait ce droit, comme évêque d'Autun et administrateur du spirituel et du temporel de Lyon, le siège vacant. Mais quand il en aurait eu le droit rigoureux, ce qui était loin d'être généralement avoué, ce jugement précipité à l'égard d'un collègue, son ancien dans l'épiscopat, et alors exilé, parut blesser toutes les convenances. Il y eut dans le clergé un soulèvement général contre M. de Montazet. Les assemblées des provinces, qui se tinrent peu après, pour nommer à l'assemblée extraordinaire du clergé de 1758, voulaient qu'on obligeât ce prélat à réformer son ordonnance ; M. de Beaumont surtout réclama contre un acte qui protégeait la désobéissance et favorisait la révolte. Ses mémoires furent peu écoutés, et la cour fit en sorte que les assemblées du clergé qui suivirent ne s'occupassent pas de cette affaire. Le nouvel archevêque de Lyon, car M. de Montazet fut institué en cette qualité, le 25 août 1758, trouva dans la faveur de la cour, dans l'appui du parlement et dans les applaudissements d'un parti, une consolation du blâme de ses collègues. Il essaya de se justifier dans une *lettre de M. l'archevêque de Lyon, primat de France, à M. l'archevêque de Paris ;* Lyon, 1760, in-4° de 168 pages. Dans cette *lettre*, qui fut attribuée aux abbés Hook et Mey, on exposait les faits tout à l'avantage de M. de Montazet, et on exaltait les droits de sa primatie. M. de Montazet crut relever encore en prenant le titre de *primat de France*, tandis que ses prédécesseurs s'intitulaient *primats des Gaules*. Les parlements et les jansénistes appuyaient ses prétentions ; et le prélat, devenu ainsi l'instrument de ceux mêmes dont il avait autrefois signalé les écarts, se trouva engagé dans une route d'où il ne lui fut plus possible de s'écarter. Il faisait cause commune avec M. de Fitz-James et avec une très-petite minorité d'évêques ; il avait adopté un système particulier sur les affaires de l'Église, reconnaissait l'autorité des constitutions des papes, et favorisait néanmoins le parti qui leur était contraire.

Cette conduite lui attira quelques mortifications de la part de ses collègues, entre autres, à l'assemblée de sa province, en 1760. En 1764, il fit un nouvel essai de ses prétentions contre l'archevêque de Paris. Celui-ci ayant refusé ou plutôt différé l'exhumation des ossements déposés dans les chapelles de quelques petits collèges que l'on venait de supprimer, on eut recours à l'archevêque de Lyon, qui rendit, le 19 octobre 1764, une *ordonnance* pour autoriser l'exhumation, et le parlement le seconda par ses arrêts. M. de Beaumont fit à ce sujet des représentations au roi, et se plaignit de la précipitation qu'on avait mise à cette affaire ; et il est vrai que le parlement ne le ménageait guère, en même temps qu'il couvrait l'archevêque de Lyon de toute sa protection.

Ce prélat avait eu, en 1763, des démêlés avec les officiers de la sénéchaussée de Lyon, relativement au choix des maîtres qui devaient remplacer les jésuites dans les colléges de cette ville. Il exposa les motifs de sa conduite dans une *Lettre pastorale*, du 30 juin 1763, n-4° de 39 pages; et le parlement de Paris, se hâtant de venir à son secours, supprima, par un arrêt du 18 juin de la même année, un écrit imprimé à Lyon contre l'archevêque dans cette affaire. Au surplus, ce fut cette *lettre pastorale*, pour le dire en passant, qui donna lieu à la *lettre de l'archevêque de Lyon, dans laquelle on traite du prêt à intérêt*; 1763, in-8°, attribuée à Prost de Royer. Le prélat y disait incidemment que l'Oratoire n'avait ce dépôt de l'argent d'autre doctrine que celle du clergé de France, *doctrine la seule sûre, la seule qu'il faut suivre indépendamment de tout inconvénient temporel.* L'avocat lyonnais en prit occasion de défendre les pratiques des négociants sur le prêt.

On ne voit point que M. de Montazet ait pris part publiquement à ce qui se fit pour ou contre les jésuites, lors de la proscription de la société; mais il donna, le 24 décembre 1762, un *mandement et instruction pastorale contre l'Histoire du peuple de Dieu*, par Berruyer, in-12 de 212 pages. Il y caractérisait fort sévèrement cet ouvrage, et condamnait, ainsi que le *Commentaire* latin du P. Hardouin *sur le Nouveau Testament*, et renvoyait à la censure de la Faculté de théologie de Paris et à *l'instruction pastorale* de M. de Fitz-James, sur le même objet. Il parut un *Examen du mandement* de l'archevêque, 56 pages in-4°; cet écrit fut condamné au feu, par arrêt du parlement de Paris, du 22 février 1764, comme tous ceux qui paraissaient alors en faveur des jésuites. M. de Montazet fut un des quatre évêques qui n'adhérèrent point aux actes du clergé de 1765; il avait beaucoup de confiance en l'abbé Mey, avocat canoniste, qui jouissait alors d'une grande réputation, et qui était du même âge que lui. Mey, né à Lyon, était un des écrivains les plus féconds du parti appelant; il avait part aux *Nouvelles Ecclésiastiques*, et on croit qu'il prêta sa plume à l'archevêque en plusieurs occasions. Il passait souvent ses vacances à sa campagne d'Oullins. Le prélat appela aussi à Lyon plusieurs théologiens déclarés pour la même cause, comme les oratoriens Valla, Guibaut et Labat, et les dominicains Caussanel, Chaix et Crêpe. Il fit donner à l'Oratoire le collège de la ville occupé autrefois par les jésuites. Le séminaire Saint-Irénée, dirigé par MM. de Saint-Sulpice, avait joui de la confiance des précédents archevêques. M. de Montazet les molesta en toute rencontre. Il établit pour les séminaristes l'armée de ville,

usage dangereux pour la dissipation et la perte de temps: avant d'entrer en théologie à Saint-Irénée, il fallait une année chez les jacobins ou à l'Oratoire, et avant de recevoir la prêtrise, les diacres étaient encore obligés d'aller plusieurs mois à Saint-Joseph, où la doctrine était la même que dans les deux autres maisons. M. de Montazet prétendit qu'il était le premier administrateur des biens de son séminaire, et il s'en fit adjuger les revenus, dont il disposait à son gré; plus tard même il voulut renvoyer MM. de Saint-Sulpice; une puissante intercession le força de les laisser tranquilles (1).

Les mandements publiés par ce prélat sont nombreux et généralement assez étendus. Nous n'indiquerons que les plus remarquables: le *mandement* du 12 février 1757, *sur la pénitence*, avec un *mandement pour le jubilé* (M. de Montazet était encore alors évêque d'Autun); *une lettre pour la convocation d'un synode*, indiqué pour le 30 avril 1760; les *mandements* pour les carêmes de 1768 et 1769, et pour les jubilés de 1770 et 1776: ces derniers surtout sont tout à fait dans le goût des écrits que les appelants ont publiés sur cette matière: on y rappelait les quatre articles de 1682, qui n'avaient cependant aucun trait au jubilé; on s'y élevait contre les maximes ultramontaines, et on y affectait d'atténuer l'effet des indulgences. Il est assez vraisemblable que le P. Lambert a eu part à ces mandements: on le regarde aussi comme l'auteur de *l'instruction pastorale sur les sources de l'incrédulité et les fondements de la religion*, in-4° de 200 pages, que l'archevêque donna sous la date du 1er février 1776. Il y a de belles choses dans cette *instruction*, et elle fut fort applaudie, jusqu'à ce qu'on eût la malice de la faire imprimer, en mettant en regard des passages du *traité des Principes de la foi chrétienne*, de Duguet, 3 vol. in-12, avec titre: *Plagiats de M. l'archevêque.* Il se trouve en effet qu'en plusieurs endroits, Duguet avait été assez exactement copié, et qu'en d'autres il était abrégé d'une manière très-reconnaissable. C'est le même ordre, ce sont les mêmes réflexions, les mêmes preuves et souvent les mêmes expressions. Nous avons été curieux de faire nous-même la comparaison, et nous avons trouvé l'emprunt trop visible et trop fréquent pour être contesté.

Cependant, M. de Montazet se lassait d'être divisé de ses collègues. La disgrâce des parlements, en 1771, le laissait sans appui. Il fit donc quelques démarches pour se rapprocher de M. de Beaumont, et depuis, ces deux prélats se virent. Le premier résultat de ce changement fut que M. de Montazet, qui n'a-

---

(1) Le 22 juillet 1765, une sentence de la sénéchaussée de Lyon condamna au feu une brochure intitulée: *Les dénonciateurs secrets dénoncés au public*, 48 pages in-12; brochure dirigée contre l'évêque d'Egée, suffragant de Lyon, et contre les directeurs du séminaire Saint-Irénée. Ce séminaire était agrégé à l'université de Valence. Leurs ennemis, à qui cette agrégation déplaisait, s'efforcèrent de la faire casser. Un abbé Billet, gradué en l'université, ayant jeté son dévolu sur une cure, elle lui fut disputée. On pré-

tendit qu'il n'avait pas toutes les conditions requises, et on attaqua l'union du séminaire de Lyon à l'université de Valence, comme n'ayant été prononcée, en 1757, que par des lettres-patentes non enregistrées. Ce fut l'objet d'un mémoire publié en 1784, et signé Mey, Gerbier, Target, Blondel, Picart et de Bonnières. Le parlement de Paris rendit, le 18 mars 1785, un arrêt qui rendit nuls les grades de l'abbé Billet.

vait été d'aucune assemblée du clergé depuis 1755, fut élu pour celle de 1772. Il fit des rapports sur des mesures prises contre quelques ordres religieux ; il présenta un mémoire au roi sur les mauvais livres. On remarqua aussi qu'il s'éleva contre un arrêt du parlement de Paris, en 1769, en faveur d'un religieux qui réclamait contre ses vœux. L'archevêque dit qu'un tel arrêt était une infraction aux principes qui assurent aux juges d'église seuls la connaissance des causes concernant les sacrements, les vœux et autres matières purement spirituelles. Il se plaignit aussi d'arrêts rendus par les parlements de Rouen et de Bordeaux, en faveur d'ecclésiastiques auxquels leurs évêques avaient refusé le *visa*.

Ce langage aurait pu faire croire que M. de Montazet revenait sur ses pas ; mais sa conduite dans l'administration de son diocèse fut toujours la même, et il continua de favoriser le parti qui l'avait fait tomber dans ses filets. En 1768, il donna un *Catéchisme*, qui ne parut pas exempt d'affectation sur quelques points, et qui fut adopté en 1786, par Ricci et par trois autres évêques de Toscane, lorsque l'on travaillait à introduire le jansénisme en ce pays. Ce *Catéchisme* ayant été attaqué par une *critique en forme de dialogue*, le prélat la condamna par un *mandement et instruction pastorale*, du 6 novembre 1772, in-4° de 137 pages, et in-12 de 296 pages, qui fut fort loué par quelques journaux du temps. Il y a lieu de croire que cette *instruction*, ou au moins le fond, est encore du P. Lambert. Elle donna lieu à quelques *observations* qu'une feuille non suspecte assurait avoir été *accueillies avec une espèce de triomphe par le plus grand nombre des ecclésiastiques du diocèse* ; et il est vrai qu'avec de l'esprit, des qualités estimables et un caractère généreux, M. de Montazet était peu aimé dans son diocèse, à cause de sa prédilection pour des gens de parti et de son penchant à innover et à dominer. Il eut de longs différends avec son chapitre, dont il voulut changer les usages et abolir les priviléges ; ce fut l'objet d'une *ordonnance* du 30 novembre 1773 (1), qui statuait sur la résidence des chanoines, sur l'assistance aux offices, sur les distributions et l'égalité des prébendes. Le chapitre qui se prétendait exempt, appela comme d'abus de ce règlement, et fit paraître, en 1774, un *mémoire* rédigé par l'avocat Courtin, et qui ne peignait pas la conduite du prélat sous des couleurs très-favorables. Il y eut un autre *mémoire* en réponse, sous le nom du syndic du clergé, in-4° de 130 pages, et un *mémoire* pour l'archevêque. Les tribunaux retentirent de ces querelles.

M. de Montazet, qui avait à cœur de changer tous les livres liturgiques de son diocèse, donna en 1776 un nouveau *Bréviaire*, auquel le chapitre métropolitain se soumit le 13 novembre 1776. Plusieurs se montrèrent opposants à cette délibération, et il parut un écrit intitulé : *Motifs de ne point admettre la nouvelle liturgie de M. l'archevêque de Lyon*, in-12 de 136 pages. Cet écrit, qui ne paraît pas d'un ton modéré, fut condamné au feu par un arrêt du parlement de Paris, du 7 février 1777. L'archevêque avait un autre projet auquel il attachait beaucoup d'importance : c'était de donner de nouveaux livres pour l'enseignement des séminaires. Il chargea le P. Joseph Valla, de l'Oratoire, de composer une théologie et une philosophie, en recommandant seulement à ce professeur de modérer son zèle et de ne point trop laisser paraître ses sentiments en faveur du jansénisme. Les amis de Valla assurent que ce sacrifice lui fut très-pénible ; cependant il trouva les moyens d'insinuer en plusieurs endroits ses idées favorites. Les *Institutions théologiques* parurent en latin, Lyon, 1782, 6 vol. in-12, sans approbation et sans mandement ; ce n'était qu'un essai. Les professeurs, et même ceux de Saint-Sulpice furent invités à présenter leurs observations sur l'ouvrage ; ils le firent, et on leur promit d'y avoir égard. Mais les corrections auxquelles l'auteur consentit devinrent illusoires par ses artifices : s'il ôta dans l'exposé des thèses ce qui paraissait favoriser trop ouvertement le jansénisme, il eut soin de l'inculquer plus bas dans la réponse aux objections, et l'esprit de cette théologie resta le même. On y évita de s'expliquer sur des questions importantes et de parler des décisions les plus solennelles. En 1784 parut la seconde édition, ainsi arrangée (2) : elle porte en tête un mandement de l'archevêque, en date du 16 août de cette année. On y ordonnait l'enseignement de cette théologie dans les écoles du diocèse, et on assurait qu'elle avait été rédigée avec le soin, l'exactitude, la maturité et la sagesse nécessaires. Peut-être était-ce Valla qui faisait ainsi l'éloge de son propre ouvrage. On trouve à la suite du mandement une liste des livres à consulter sur les différentes questions de théologie. Il y a une certaine affectation à citer dans cette liste des ouvrages des appelants et des auteurs favorables à ce parti : Serry, Duguet, Drouin, Juenin, etc. L'*instruction pastorale* contre Hardouin et Berruyer, rédigée par Goursin, sous le nom de l'évêque de Soissons, y est indiquée sept ou huit fois sur des questions différentes. On y nomme aussi l'*instruction pastorale* de M. de Rastignac *sur la justice chrétienne*, les ouvrages de Pihou et de Merre, un recueil de pièces sur le mariage du juif Borach-Lévi, les *Lettres théologiques sur la distinction de la religion naturelle et de la religion révélée*, et d'autres écrits sortis du sein de l'appel. La

---

(1) *Ordonnance de M. l'archevêque de Lyon, portant règlement pour le chapitre de l'église primatiale, sur le réquisitoire du promoteur*; Lyon, 1775, in-4° de 43 pages, et in-12 de 93 pages.

(2) Elle a pour titre : *Institutiones theologicæ, auctoritate D. D. archiepiscopi Lugdunensis, ad usum scholarum suæ diœcesis editæ*; Lyon, 1784, 6 vol. in-12.

même année, les *Institutions philosophiques*, aussi en latin, parurent à Lyon, en 5 vol. in-12, dont 2 pour la physique ; il y avait aussi au commencement un mandement de l'archevêque.

Il avait exigé que les professeurs du séminaire Saint-Irénée enseignassent sa théologie, et ils ne s'y soumirent qu'après avoir pris l'avis des prélats les plus éclairés, entre autres de M. de Pompignan, évêque de Vienne ; mais ils y joignirent des explications qui suppléaient à ce qui était omis dans l'ouvrage, ou qui en redressaient les inexactitudes. Les jeunes gens prenaient note de ces explications, et l'archevêque, qui en fut instruit, se montra très-blessé de ce correctif, qu'il ne put empêcher. On porta bientôt un autre coup à la nouvelle production, dans des *Observations sur la Théologie de Lyon*, 1786, in-12 de 127 pages. Elles étaient de l'abbé Pey, chanoine de l'Eglise de Paris et auteur du traité *De l'autorité des deux puissances*. Il y signalait dans quatre lettres les artifices, les réticences et les principes faux du nouveau théologien, et il faisait voir que le jansénisme s'y retrouvait sous d'adroits déguisements (1). L'auteur des *Nouvelles Ecclésiastiques* ayant critiqué ces *Observations* dans ses feuilles des 11 et 18 décembre 1786, l'abbé Pey joignit en 1787, à une deuxième édition de ces mêmes *Observations*, une *Réponse au gazetier janséniste* ; le tout forme un in-12 de 243 pages, en y comprenant la *Lettre d'un séminariste*, qui est à la suite. On prétend que c'est Valla lui-même qui avait fait les deux articles ci-dessus dans les *Nouvelles*. D'un autre côté il parut une *Défense de la Théologie de Lyon*, ou *Réponse aux Observations d'un anonyme contre cette Théologie*, 1788, in-12 de 415 pages. On dit que l'auteur était un augustinien, mais soumis aux constitutions contre le jansénisme (2).

Enfin, en 1787, M. de Montazet donna un nouveau *Rituel ;* il l'annonça par un mandement du 30 mai. On remarqua qu'il n'enjoignait pas de s'en servir, comme il l'avait fait pour le Bréviaire et pour la Théologie, et qu'il se contentait de *le proposer pour servir de règle dans l'exercice du ministère*. Le dernier écrit du prélat paraît être une *Lettre pastorale pour exhorter les fidèles à secourir les pauvres ouvriers qui manquent de travail*, 1788, in-4°. La fin de sa vie fut troublée par des chagrins domestiques et par les éclats scandaleux de quelques convulsionnaires. Il s'aperçut peut-être alors des tristes résultats de l'imprudente protection qu'il avait accordée à un parti. Lyon, Montbrison, Saint-Galmier, eurent des convulsionnaires et des prophètes ; une fille fut crucifiée, le 12 octobre 1787, à Fareins, près Trévoux, en présence de quarante personnes, et le curé du lieu, Bonjour, fut accusé d'avoir présidé à cette scène. Un cri général s'éleva contre cet excès de fanatisme, et l'autorité en poursuivit les auteurs. Ce fut au milieu de ces scandales que M. de Montazet mourut à Paris, le 3 mai 1788, à l'âge de soixante-seize ans. Il avait occupé le siège de Lyon pendant trente ans, et eut le malheur d'y avoir fomenté des disputes que l'on n'y connaissait pas, et dont les suites subsistent encore. Outre l'archevêché de Lyon, il jouissait de l'abbaye de Moustier en Argonne et de celle de Saint-Victor de Paris, dont le palais abbatial lui procurait une résidence agréable dans la capitale. Il avait été reçu à l'Académie française en 1757. Le diocèse de Lyon, vu son étendue, avait le privilège d'avoir des évêques suffragants pour aider l'archevêque dans les fonctions épiscopales. Deux prélats eurent successivement ce titre sous M. de Montazet, savoir : M. Bron, évêque d'Egée jusqu'en 1776, et depuis cette époque M. de Vienne, évêque de Sarepta. L'un et l'autre ne partageaient pas les sentiments de l'archevêque, et s'efforcèrent en plus d'une rencontre d'atténuer les effets du système qu'il avait adopté. Dès qu'il fut mort l'ordre ancien fut rétabli. M. de Marbeuf, évêque d'Autun, ayant été nommé à l'archevêché de Lyon, envoya dans cette ville l'abbé Hemey, archidiacre d'Autun et son grand vicaire, qui se concerta avec l'évêque suffragant. On rétablit la signature du Formulaire, on supprima l'enseignement de la nouvelle Théologie, on éloigna les plus ardents des opposants, on changea les professeurs, et le diocèse, dont on avait fait la place forte du jansénisme, se retrouva en harmonie avec le reste de l'Eglise de France. Quelques clameurs se firent entendre, et aujourd'hui même quelques voix, rares et fai-

---

(1) Ces *Observations* ne sont cependant pas parfaitement exactes. Pey y présentait comme un article de foi la volonté de Dieu de sauver tous les hommes. Voyez sur ce que l'on doit croire, à cet égard, l'*Avertissement sur le livre des Réflexions morales*, par Bossuet. § 16.

(2) *La Théologie de Lyon*, proscrite en France, se réfugia dans les pays étrangers, où l'esprit de parti lui donna un instant de vogue. Ricci l'introduisit en Italie ; mais elle fut condamnée par un décret de l'Index, du 17 décembre 1792, et le grand duc Ferdinand, en Toscane, la fit retirer des séminaires, à la sollicitation du nonce et des évêques bien intentionnés. A Naples, où on l'avait imprimée, elle fut interdite lors de l'arrangement de Ferdinand IV avec Pie VI. En Espagne, elle s'était insinuée dans les universités, grâces à l'esprit qui animait plusieurs des ministres de Charles III ; elle a été prohibée récemment par les soins d'un prélat aussi zélé qu'instruit, M. Castillon y Salas, évêque de Tarazona. Dans les Pays-Bas, Feller attaqua plusieurs fois cette théologie dans son journal ; nous avons vu une réponse qui lui fut faite par l'abbé Bigy, prêtre français, déporté par suite de la révolution. Cette réponse, peu connue en France, consiste en deux lettres, du 25 novembre 1793 et du 13 février 1794. L'auteur renvoie à la *Défense de la Théologie*, citée plus haut ; il est d'ailleurs modéré, et ti e avantage de quelques assertions peu exactes de Feller. La théologie de Lyon est aujourd'hui abandonnée ; elle n'avait pas même le mérit d'une bonne latinité. Ce n'est, à proprement parler, que du latin en français, et on n'y trouve ni inversions, ni tournures des bons auteurs.

bles, à la vérité, viennent de s'élever pour exalter le système suivi par M. de Montazet. Mais les faits parlent plus haut que ces éloges intéressés : il est notoire que le prélat avait contre lui le plus grand nombre des ecclésiastiques de son diocèse, et nous avons vu ses partisans mêmes l'avouer. Il avait également contre lui ses collègues ; et les illusions et les excès qui éclatèrent à la fin de son épiscopat déposent fortement contre la marche de son administration.

MONTEMPUYS. *Voyez* PETIT.

MONTGAILLARD (PIERRE-JEAN-FRANÇOIS DE PERCIN DE), évêque de Saint-Pons, naquit le 29 mars 1633, de Pierre de Percin, baron de Montgaillard, gouverneur de Blême dans le Milanais et décapité pour avoir rendu cette place faute de munitions. La mémoire du père ayant été rétablie, le fils fut élevé aux honneurs ecclésiastiques. Il termina sa carrière en 1713.

DU DROIT ET DU DEVOIR *des évêques de régler les offices divins dans leurs diocèses, suivant la tradition de tous les siècles, depuis Jésus-Christ jusqu'à présent*, in-8°.
Mis à l'*index, donec corrigatur*.

MANDEMENT *de M. l'évêque de Saint-Pons, touchant l'acceptation de la bulle de N. S. P. le pape Clément XI sur le cas signé par quarante docteurs ; avec la justification des vingt-trois évêques qui, voulant procurer la paix à l'Eglise de France en 1667, se servirent de l'expression du silence respectueux, pour marquer la soumission qui est due aux décisions de l'Eglise sur les faits non révélés, avec les moyens de rétablir à présent cette paix*. 1706, dernier octobre.

Le seul titre de ce *mandement* est une preuve indubitable qu'il est fait pour combattre la bulle de Clément XI. *Vineam Domini Sabaoth*, et pour justifier ce qu'elle a condamné dans le fameux cas de conscience. Voici les quatre principales erreurs auxquelles se réduit tout cet ouvrage. 1° Selon M. de Saint-Pons, l'hérésie du livre de Jansénius n'était pas encore condamnée, et la question de droit était encore en son entier. On n'avait condamné que le pur calvinisme. 2° On ne doit aux décisions de l'Eglise sur les faits dogmatiques non révélés aucune soumission d'esprit, mais seulement celle du silence respectueux (Première édition, in-4°, p. 3, 34, 50, 69, 77). 3° On peut jurer en signant le formulaire purement et simplement, quoiqu'on ne croie pas ce qui y est contenu touchant le livre de Jansénius (pag. 47, 48, 49). 4° Le fait de Jansénius étant une question des plus frivoles, elle ne peut être un fondement légitime à l'Eglise pour fulminer aucune censure.

Ainsi M. de Saint-Pons ne recevait la bulle qu'après avoir justifié tout ce qu'elle condamne, et après avoir rétabli tout ce qui fait le jansénisme.

Il est encore bien d'autres articles à relever dans cet ouvrage ; mais pour n'être pas trop long, on se borne à indiquer ceux qui suivent :

Il dit, page 13, que l'Eglise approuve et désapprouve les mêmes auteurs. Pages 3, 14, 23, 25, 26 et 63, que l'évidence d'un particulier le peut dispenser de la croyance intérieure.

Page 9, il donne comme un nouveau dogme, auquel il a eu raison de s'opposer, l'inséparabilité du droit et du fait de Jansénius, quoique l'Eglise, par ses décisions réitérées, les ait unis d'un nœud indissoluble. Enfin, page 76, il prétend que, selon plusieurs théologiens, saint Thomas n'a pas cru d'autre nécessité opposée à la liberté et au mérite, que l'impuissance de vouloir et de ne pas vouloir. Et non-seulement M. de Saint-Pons donne ainsi atteinte au droit, sur la troisième proposition ; mais, ce qui est plus pernicieux, il fournit encore des expédients pour les soutenir toutes, par la liste qu'il mit à la fin de son *mandement* des termes équivoques dont, selon lui, sont composées les cinq propositions.

Par le précis du *mandement* de M. de Montgaillard, il est aisé de connaître que l'acceptation qu'il semble faire de la bulle de Clément XI, étant accompagnée d'une si hardie justification du silence respectueux, est une vraie dérision ; et en un mot, que cet écrit est une espèce de manifeste qui tend à perpétuer le trouble de l'Eglise et de l'Etat. Aussi fut-il condamné par un bref du 18 janvier 1710, avec trois autres écrits du même prélat adressés à M. de Cambrai. Il fut même question, dit M. Picot, de soumettre l'auteur à un jugement canonique.

LETTRE... *à Mgr l'archevêque de Cambrai, où il justifie les dix-neuf évêques qui écrivirent, en* 1667, *au pape et au roi*, etc.

RÉPONSE *à la lettre de monseigneur l'archevêque de Cambrai*.

NOUVELLE LETTRE *de monseigneur l'évêque de Saint-Pons, qui réfute celles de monseigneur l'archevêque de Cambrai*, etc., 1701.

Ces trois écrits ont été condamnés par un bref de Clément XI, du 18 janvier 1710, comme contenant des doctrines et propositions fausses, pernicieuses, scandaleuses, séditieuses, téméraires, schismatiques, sentant l'hérésie, et tendant évidemment à éluder la constitution récemment publiée pour l'extirpation de l'hérésie janséniste.

Feller dit : « Montgaillard, qui dans l'affaire du Formulaire se déclare pour les quatre évêques réfractaires, et qui écrivit en faveur du Rituel d'Alais, paraît être revenu sur la fin de ses jours à d'autres sentiments, comme le prouve une lettre de sa main trouvée dans les archives du Vatican. »

MONTGERON (LOUIS-BASILE CARRÉ DE), naquit à Paris en 1686, d'un maître des requêtes. Il n'avait que vingt-cinq ans lorsqu'il acheta une charge de conseiller au parlement, où il s'acquit une sorte de réputation par son esprit et ses qualités extérieures.

Plongé dans l'incrédulité et tous les vices qui la font naître, il en sortit tout à coup pour se donner en spectacle sur le cimetière de Saint-Médard. Il alla, le 7 septembre 1731, au tombeau du diacre Pâris. Son but (à ce qu'il nous apprend) était d'examiner, avec les yeux de la plus sévère critique, les miracles qui s'y opéraient; mais il se sentit, dit-il, tout d'un coup terrassé par mille traits de lumière qui l'éclairèrent. D'incrédule frondeur, il devint tout à coup chrétien fervent, et de détracteur du fameux diacre, il devint son apôtre. Il se livra depuis ce moment au fanatisme des convulsions avec la même impétuosité de caractère qui l'avait plongé dans les plus honteux excès. Il n'avait été jusqu'alors que confesseur du jansénisme, il en fut bientôt le martyr. Lorsque la chambre des enquêtes fut exilée en 1732, il fut relégué dans les montagnes d'Auvergne, dont l'air pur, loin de refroidir son zèle, ne fit que l'échauffer. C'est pendant cet exil qu'il forma le projet de recueillir les preuves des miracles de Pâris, et d'en faire ce qu'il appelait la démonstration. De retour à Paris, il se prépara à exécuter son projet, et il alla à Versailles présenter au roi, le 29 juillet 1737, un volume in-4°, magnifiquement relié. Ce livre, regardé par les convulsionnaires comme un chef-d'œuvre d'éloquence, et par les autres comme un prodige d'ineptie, le fit renfermer à la Bastille quelques heures après qu'il l'eut présenté au roi. On le relégua ensuite dans une abbaye de bénédictins du diocèse d'Avignon, d'où il fut transféré peu de temps après à Viviers. Il fut renfermé ensuite dans la citadelle de Valence, où il mourut le 12 mai 1754. L'ouvrage qu'il présenta au roi est intitulé :

LA VÉRITÉ *des miracles opérés par l'intercession de M. Pâris et autres appelants, démontrés contre M. l'archevêque de Sens.* Trois vol. in-4°, le premier en 1737, les deux autres en 1747.

Le 1ᵉʳ volume contient une *Epître dédicatoire au roi*; la *relation du miracle de conversion opérée sur l'auteur*, et les prétendues *démonstrations de neuf miracles de guérison.* Il est parlé de ce volume avec les plus grands éloges dans les *Nouvelles Ecclésiastiques* des 31 juillet, 13 et 31 août, 14 septembre, 5 octobre 1737. Bien plus, le frontispice des *Nouvelles Ecclésiastiques* de cette même année représente M. de Montgeron écrivant son livre, et ayant au-dessus de sa tête le Saint-Esprit en forme de colombe, au milieu d'une lumière céleste, qui semble lui inspirer ce qu'il écrit.

Le célèbre Racine, ayant un démêlé avec MM. de Port-Royal, leur disait dans sa première lettre : *Quelles exclamations ne faites-vous point sur ce qu'un homme qui confesse qu'il a mené une vie déréglée, a la hardiesse d'écrire sur les matières de la religion* (il s'agissait alors de *Saint-Fortin*, qui, après sa conversion, attaqua vivement la secte). Voici de même dans M. de Montgeron, un homme qui se donne lui-même pour avoir été un grand scélérat, pour une *âme basse et timide*, avec un *orgueil ridicule*, et qui ne craint pas *d'écrire sur les matières de la religion*. Cependant on lui prodigue les louanges les plus outrées, et on le représente comme inspiré par l'Esprit-Saint. Pourquoi cette différence ? C'est que M. de Montgeron, après avoir quitté *sa vie déréglée*, a consacré sa plume à la défense du parti, et que le parti fait profession de changer de maximes selon ses intérêts, et de blâmer sans pudeur dans ses adversaires les choses qu'il admire dans ses suppôts.

Au reste, les prétendues *démonstrations de neuf miracles*, qui composent ce premier tome, ne sont que des assertions nouvelles de neuf impostures, et par conséquent ce ne peut être que l'esprit de mensonge et d'erreur qui les a dictées. Voyons ce que le même esprit a inspiré à l'auteur dans les deux tomes suivants, qui, comme nous l'avons dit, ont été imprimés dix ans après le premier, en 1747.

Nous ne parlerons ici que du troisième tome, qui est un gros in-quarto de 882 pages. Le dessein est de traiter des *secours violents donnés aux convulsionnaires*, et des prétendus miracles qui en résultent. Si nous voulions montrer jusqu'où peut aller le fanatisme, il n'y aurait qu'à rapporter plusieurs traits de l'*Essai de dissertation sur les instincts divins*. Cet essai commence à la page 355, et pour me servir des termes du supplément du 27 août 1748, il contient des récits si dégoûtants, si affreux, des réflexions si extravagantes et si impies, que si ce n'était la nécessité de faire connaître les ennemis de l'Eglise tels qu'ils sont, on rougirait d'en parler, même pour les condamner et les détester.

« M. de Montgeron dit, page 400, que M. Le Paige, avocat au parlement, lui a écrit une lettre où il raconte qu'une jeune convulsionnaire de dix-huit ans, pendant vingt et un jours entiers, n'a bu que de l'urine et n'a mangé que de l'excrément d'homme. Une fois elle en prit la quantité d'une livre ; quelquefois l'excrément était cru, quelquefois délayé avec de l'urine, quelquefois on faisait bouillir le tout. Ces horribles potages composaient une chopine, une pinte ou trois chopines. M. Le Paige les a mesurées (étrange occupation pour un avocat !). *Un de ces breuvages*, dit-il *composé d'excrément d'homme, de cheval, de vache, d'urine, de fiel, de jus de fumier, de suie de cheminée, de cheveux, de crachats, de rognures d'ongles, d'ordure d'oreilles et de nez.*

L'extravagance de MM. *Le Paige* et *Montgeron* est d'assurer, comme ils font, que tout cela se changeait en lait véritable que cette fille rendait sur-le-champ par la bouche. M *Le Paige* déclare qu'il conserve de ce lait dans une fiole bien fermée, et il entre à cet égard dans un détail où nous n'avons garde de le suivre.

Mais voici l'impiété et le blasphème. M. de Montgeron, page 401, compare ce miracle au changement d'eau en vin fait aux noces de Cana. Il ajoute, page 402, que ce changement est symbolique, et que l'excrément marquait la doctrine des molinistes. Or se peut-il rien de plus détestable que tout ce fanatisme ? En faut-il davantage pour faire ouvrir les yeux aux personnes séduites qui ont le malheur de tenir encore au parti ? Garderont-elles quelque affection et quelque estime pour une secte qui enfante de si monstrueux excès ?

L'auteur vient ensuite aux différents *secours* dont il est l'admirateur et qu'il veut diviniser. Nous ne ferons qu'en donner la liste ; les nommer, c'est charger de confusion ceux qui les font valoir. Ces secours sont: 1° *Un coup extrêmement violent d'un gros chenet donné dans l'estomac ;* 2° *un poids énorme soutenu ;* 3° *un coup terrible donné sur le sein d'un cailloux pesant vingt et une livres ;* 4° *deux clefs de porte cochère enfoncées dans l'estomac ;* 5° *des tringles de fer pointues, des pèles coupantes contre le sein ;* 6° *un coup dans l'estomac avec un pilon de fer pesant quarante-huit livres ;* 7° *cent coups de tranchant d'un très-grand marteau de fer ;* 8° *un très-grand pilon de fer dont la masse se terminait en pointe ;* 9° *une bûche ;* 10° *une pierre qui pèse soixante livres ;* 11° *des épées, des broches ;* 12° *du feu,* etc. De tout cela il conclut que les antisecouristes résistent à la voix de Dieu. Le livre est terminé par deux miracles opérés par l'intercession de madame la marquise de Vieux-Pont. »

Un auteur janséniste a publié, en 1749, un écrit intitulé : *Illusion faite au public par la fausse description que M. de Montgeron a faite de l'état présent des convulsionnaires.* Il rapporte les horribles impudicités des filles convulsionnaires (pages 4, 5, etc.), les meurtres qui sont arrivés par les *secours* (pages 18, 19, etc.). Il prouve la fausseté de plusieurs miracles que produit M. de Montgeron. Mais le comble de l'*illusion* est de convenir, comme il fait, de tout cela et de rester encore attaché au jansénisme.

Plusieurs écrits furent publiés à l'occasion de l'ouvrage de Montgeron. Nous mentionnerons : *Réflexions sur la démarche de M. de Montgeron,* in-4°. — *Lettres à un magistrat sur la démarche de M. de Montgeron,* in-4°. — *Lettre d'un théologien, du* 14 août 1747, où l'on montre ce que l'on doit penser *d'un petit écrit qui a pour titre :* Réflexions sur la démarche de M. de Montgeron, in-4°. — *Réflexions en forme de lettre sur la démarche de M. de Montgeron,* in-4°. — *Suite des lettres à un magistrat, où l'on montre que M. de Montgeron n'a fait que ce qu'il était indispensablement obligé de faire,* etc., in-4°. — *Le magistrat trompé, ou la victime du parti janséniste ; réponse à un écrit intitulé :* La vérité des miracles, *etc.*; *Lettres de M. de....* 1737, in-4°.

C'est surtout par dom La Taste, bénédictin, depuis évêque de Bethléem, que l'ouvrage de Montgeron fut solidement et peut-être trop sérieusement réfuté, dans ses *Lettres théologiques,* 2 vol. in-4°, dirigées en général contre les convulsions et les miracles attribués à Pâris. Elles sont au nombre de vingt-une ; la dix-neuvième fut, dit-on, supprimée par arrêt du parlement et censurée par la Sorbonne, parce que l'auteur attribuait aux démons le pouvoir de faire des miracles bienfaisants et des guérisons miraculeuses. On y trouve des faits curieux et des observations péremptoires contre les farces du cimetière de Saint-Médard. Ces Lettres ne tardèrent pas à être attaquées par les dévots du parti, qui, dans leurs écrits appelèrent honnêtement l'auteur « bête de l'Apocalypse, blasphémateur, mauvaise bête de l'île de Crète, moine impudent, bouffi d'orgueil, écrivain forcené, auteur abominable d'impostures atroces et d'ouvrages monstrueux. » Voilà le sel délicat qu'on a répandu sur l'ouvrage d'un religieux et d'un évêque respectable, qui, aux yeux mêmes de la secte, n'a commis d'autre crime que celui de ne pas croire à la vertu miraculeuse de ses saints.

On sait que le célèbre Duguet (*Voyez* ce nom) regardait aussi les prétendus miracles de Pâris comme des scènes de sottise et de scandale. « Ne vous imaginez pas (dit un écrivain protestant qui a examiné par lui-même le phénomène des convulsions) que la vertu émanée du corps du bienheureux Pâris ait la force de ressusciter des morts, de rendre l'ouïe à un sourd, de donner la vue à un aveugle de naissance, de faire marcher un cul-de-jatte ; jamais elle ne s'est avisée de pareils prodiges ; non. C'est un abbé Bécheran qui, couché sur le tombeau, saute à se briser les os, et dans des accès convulsifs, fait le saut de carpe sans se faire mal. Ce sont des fous qui avalent des charbons allumés, qui gobent comme pêches des cailloux gros comme le poing, que l'on frappe des demi-heures sans qu'ils paraissent le sentir, qui souffrent dix hommes marchant sur leur ventre, etc., etc. J'ai vu dans mes voyages vingt joueurs de gibecières qui feraient nargue à la vertu miraculeuse émanée du corps de l'abbé Pâris..... Nos camisards en France se sont avisés de débiter de pareilles balivernes, et la plupart des faits que M. Jurieu rapporte dans ses lettres pastorales ont beaucoup d'affinité avec les relations des miracles de l'abbé Pâris. Les a-t-on crus ? Le petit peuple a donné là-dedans pendant quelque temps : les sages en ont gémi et ont vu avec déplaisir ces extravagances. Les jansénistes ne se font pas honneur de vouloir s'accréditer par des voies aussi frivoles et des moyens aussi opposés au caractère de la religion. Cicéron leur prescrit une leçon qu'ils devraient observer : *Ut religio propaganda superstitionis stirpes omnes elidendæ.* Ce n'est pas de la manière qu'ils agissent que l'on concourt à l'avancement de la religion. » *Recueil de litt., de phil. et d'hist.;* Amsterdam, 1730, pag. 128. Quelques spectateurs, même philosophes, ont cru dans certains cas y voir l'intervention *du père du mensonge* et de la *puissance des ténèbres,* à laquelle cette secte devrait être moins indifférente que toute autre. Le sage et pieux pape Clément XIII croyait que ces farces ridicules et sacriléges n'étaient que le fruit tout naturel de l'aveuglement dont Dieu avait frappé une secte qui s'était plus que toute autre couverte du voile de la piété et de la vertu : *Quas fœditates cum legeremus, in mentem nobis venit jansenianorum, per simulationem pietatis jactare se volentium in Ecclesia, quam graviter superbiam Deus perculerit, et pestilentissimæ sectæ conatus ad hæc dedecora tandem redisse permiserit; quasi dixerit Dominus :* REVELABO PUDENDA TUA, ET OSTENDAM GENTIBUS NUDATATEM TUAM, ET REGNIS IGNOMINIAM TUAM. *Nahum* III. Bref à l'évêque de Sarlat du 19 novembre 1764.

MOREL (Dom ROBERT), bénédictin de Saint-Maur, né à la Chaise-Dieu, en Auvergne, l'an 1653, fut supérieur de différentes maisons de son ordre, et se retira à Saint-Denis, où il composa des ouvrages ascétiques, et où il mourut en 1731. On prétend, dit Feller, que l'on trouve dans quelques-uns de ses ouvrages des propositions qui ne sont pas assez exactes et qui se ressentent du parti auquel il avait été attaché pendant quelque temps. Il avait appelé, mais il renonça à son appel, en 1729, lorsque M. le cardinal de Noailles eut fait son acceptation. Les ouvrages dans lesquels surtout on a cru trouver des propositions inexactes sont les deux suivants :

EFFUSIONS *de cœur, ou Entretiens spirituels et affectifs sur chaque verset des psaumes et des cantiques de l'Eglise:* Paris, 1716, 4 vol. in-12.

Tome I, page 389 : *Mon esprit sans le vôtre, ô mon Dieu! n'est capable que de m'égarer et de me perdre.*

On y a vu la 39ᵉ proposition de Quesnel.

LA VOLONTÉ *que la grâce ne prévient point n'a de lumières que pour s'égarer, d'ardeur que pour se précipiter, de force que pour se blesser,* etc., page 449 :

Sans vous, toutes mes démarches seront des égarements ou des chutes. Page 489 : *Faites que j'agisse toujours par la charité; car tout ce qu'elle ne sanctifie point est une semence perdue.*

Toutes propositions qui paraissent copiées de Quesnel.

L'Eglise nous enseigne que, sans la grâce du Rédempteur, l'homme peut opérer quelques œuvres dans l'ordre naturel, qui sont moralement bonnes; et que c'est un sentiment impie de dire que la connaissance naturelle de Dieu dans les païens ne produit qu'orgueil, que vanité, qu'opposition à Dieu.

IMITATION *de Notre-Seigneur Jésus-Christ, traduite nouvellement, avec une prière affective, ou effusions de cœur à la fin de chaque chapitre;* Paris, Jac. Vincent, 1722, 1724, in-12.

1° *Page* 387, on lit ces paroles si contraires au dogme de la réalité : *Je possède véritablement et j'adore celui-là même que les anges adorent dans le ciel, mais je ne le possède que par la foi.* Ne voilà-t-il pas le dogme impie de Calvin, qui est que nous ne recevons dans l'eucharistie le corps de Jésus-Christ que par la foi.

2° *Page* 43, on trouve ce dogme favori des novateurs : *Je travaille beaucoup, et je ne fais rien; car j'appelle rien tout ce que je fais qui n'a pas votre amour, ô mon Dieu, pour principe.* C'est la 55ᵉ proposition de Quesnel : *Dieu ne couronne que la charité; qui court par un autre mouvement et un autre motif, court en vain.* Comme si Dieu n'était pas honoré par la foi, par l'espérance et par les autres vertus chrétiennes.

3° *Page* 265, dans une effusion de cœur devant Dieu, on lit ces paroles : *faisant gloire de vous devoir tout, de n'avoir point d'autres mérites que ceux que vous créez dans moi.* On sait que les jansénistes employaient volontiers le terme de créer, de création : la raison est qu'ils sont persuadés que l'homme est purement passif, et qu'il ne concourt pas davantage aux mérites qui sont en lui, que le néant à la création.

Au reste, « dom Morel, né avec un esprit vif et fécond, excellait, dit Feller, dans les matières de piété, dans la connaissance des mœurs et des règles de conduite pour la vie spirituelle. »

MOTHE-JOSSEVAL (LA), pseudonyme d'Amelot de La Houssaye.

MOUTON (JEAN-BAPTISTE-SYLVAIN), prêtre, né à la Charité-sur-Loire, fut élevé au séminaire d'Auxerre, sous M. de Caylus, et y puisa les principes de Port-Royal (*Voyez* GUÉNIN). Après avoir achevé ses études et pris les ordres, il passa en Hollande, et s'y fixa près de l'abbé du Pac de Bellegarde. Attaché au parti janséniste, il voyagea en Italie et en France pour le soutien de cette cause. Lorsque l'abbé Guénin, en 1793, cessa de travailler aux *Nouvelles Ecclésiastiques* qui s'imprimaient alors à Paris, Mouton les continua à Utrecht, sous le même format et dans le même esprit; seulement elles ne parurent plus que tous les quinze jours (*Voyez* GUÉNIN). L'abbé Mouton mourut le 13 juin 1803, et avec lui finirent les *Nouvelles Ecclésiastiques.* (*Voyez* FONTAINE JACQUES.) Il les rédigeait pendant les longues souffrances et la captivité de Pie VI. Quelques personnes ont remarqué qu'à peine a-t-il parlé deux ou trois fois de ce vénérable et infortuné pontife; et qu'il ne lui était pas échappé le moindre signe de pitié pour ses malheurs, ni la moindre marque d'improbation du cruel traitement dont usaient envers lui ses persécuteurs. Mouton fut le dernier des Français établis en Hollande par suite de leur attachement au jansénisme, et à sa mort se trouva dissoute cette colonie formée autrefois par Poncet et plusieurs autres *appelants,* et soutenue successivement par d'Etemare et Bellegarde.

MULLET, professeur de philosophie au

collège du Roi, dans l'université de Douai, ensuite président du séminaire Moulart.

OBSERVATIONS *du sieur Mullet pour lui servir de défense contre les calomnies contenues dans un imprimé du 22 août 1722, qui a pour titre :* Censura, *etc.*

Les docteurs de Douai ayant publié une censure contre des jansénistes ont dû s'attendre à être traités par le parti comme Luther traita les docteurs de Cologne, de Paris et de Louvain, qu'il appela des *ânes* et des *sophistes;* comme Mélancthon traita les docteurs de Paris dans un écrit qui a pour titre : *Adversus furiosum Parisiensium theologastrorum decretum ;* comme les Arnauld, les Gerberon, les de Witte et leurs partisans traitèrent les Habert, les Desmaretz, les Nicolaï, les Steyaert; enfin comme les hérétiques de tous les temps ont traité dans leurs écrits tout ce qu'il y a de plus respectable au monde.

L'auteur des *Observations* ne dégénère point de la hauteur et de la dureté de ses prédécesseurs. Les manières méprisantes, les tours malins, les ruses, le fard du discours, les vaines déclamations, les grossières injures remplissent son ouvrage. Les docteurs qui ont signé la censure de Douai, sont, à l'en croire, *des ignorants, des menteurs, des calomniateurs, des sophistes, des téméraires, des meurtriers, des gens de mauvaise foi et d'un zèle amer, qui n'est accompagné ni de science, ni de charité ni de justice;* et leur censure *est pleine d'obscurité, d'équivoques grossières, de faux raisonnements, de sophismes palpables, de faussetés, d'abus et de nullités.*

Tel est le langage de l'hérésie démasquée et vaincue. Les docteurs catholiques confondirent le faiseur d'observations par un imprimé qui a pour titre : *Justification de la censure que la faculté de théologie de l'université de Douai a faite le 22 août 1722.*

N

NATALI (MARTIN) naquit dans le diocèse d'Albenga, État de Gênes, en 1730, fut clerc régulier des écoles pies, enseigna la théologie au collège nazaréen, à Rome ; manifesta des opinions suspectes et perdit sa chaire; fut appelé à Pavie, où on lui donna une chaire, et où il afficha ouvertement le jansénisme qu'il dissimulait à Rome; refusa, en qualité de censeur, son approbation au catéchisme de Bellarmin, déjà ancien, et fort autorisé; eut à ce sujet des démêlés qui lui attirèrent une sentence d'excommunication de la part de l'évêque de Pavie, le 5 mai 1775. Protégé par le système de Joseph II, qui prévalait en Italie, Natali fut maintenu, malgré le pape, dans sa place, et on bannit un dominicain qui l'avait attaqué. Il mourut à Pavie le 28 juin 1791.

SENTIMENTS *d'un catholique sur la prédestination.* 1782.

PRIÈRES *des Églises pour obtenir la grâce.* 1783.

DE L'INJUSTE *accusation de jansénisme, plainte à M. Habert;* par Petit-Pied. 1783.

Ouvrage auquel il mit des notes où il parle avec éloge des appelants français. Son zèle le porta aussi à publier, en Italie, un ouvrage de d'Etemare. On ne sait comment qualifier la manie de reproduire de tels ouvrages et de telles disputes.

COMPLEXIONES *Augustinianæ de gratia Christi.* 2 vol.

TRAITÉ *de l'existence et des attributs de Dieu, de la Trinité, de la création et de la grâce.* 3 vol.

Et quelques autres ouvrages.

NATTE (DE), ecclésiastique.

IDÉE *de la conversion du pécheur, ou explication des qualités d'une vraie pénitence, tirée des saintes Écritures et de la tradition de l'Église.* 1731, in-12 de 334 pages. Autre édition. 1732, 2 vol.

Les additions qui sont dans cette édition ne viennent point de M. de Natte; on croit qu'elles sont de M. d'Etemare. Ce livre, qui a été loué dans les *Nouvelles ecclésiastiques* du 21 avril 1731, est une explication étendue de la dissertation latine de M. Opstract, *De conversione peccatoris,* imprimée à Louvain en 1687.

La seconde partie de ce livre établit et développe les preuves du système monstrueux de Bourdaille (*Voy.* ce nom). On a ajouté à la fin de l'ouvrage un *Traité de la confiance chrétienne,* qui suffit seul pour ruiner la précieuse vertu qu'il faudrait établir. *La confiance,* dit-on, ch. 16, *consiste à se regarder comme étant du nombre des élus, et à espérer en conséquence toutes les faveurs que Dieu répand sur ceux qui appartiennent à cet heureux troupeau :* d'où il suit évidemment que la bonté spéciale par laquelle Dieu conduit ses élus à la gloire, est le seul fondement de notre espérance. Or comme nous ne savons pas si nous sommes du nombre des élus, nous ignorons conséquemment si nous avons quelque part à cette bonté spéciale, qui seule, selon les jansénistes, nous fournit les secours nécessaires au salut. Quelle est donc cette espérance qui n'est fondée que sur un secours que j'ignore s'il me sera accordé ou refusé? Une confiance appuyée uniquement sur un peut-être est-elle l'inébranlable confiance d'un chrétien?

NAVEUS (JOSEPH), né dans le pays de Liége en 1651, fut licencié de théologie à Louvain et devint chanoine de Saint-Paul à Liége. Il était lié avec Opstract, Quesnel et Van Espen; il écrivit contre les jésuites, et contribua à quelques-uns des ouvrages publiés par ses amis.

NEERCASSEL (Jean De), évêque de Castorie, né à Gorcum en 1623, entra dans la congrégation de l'Oratoire à Paris. Après avoir professé avec succès la théologie dans le séminaire archiépiscopal de Malines, l'an 1652, et dans le collége des SS. Willibrod et Boniface à Cologne, qui était le séminaire de la mission hollandaise, il devint provicaire apostolique. Alexandre VII le nomma en 1662 coadjuteur de Baudouin Catz, archevêque de Philippes, vicaire apostolique en Hollande, auquel il succéda l'an 1663, sous le titre d'*évêque de Castorie*. En 1670, il se rendit à Rome pour rendre compte à Clément X de l'état de la religion catholique en Hollande. Il fut bien accueilli du pontife, et souscrivit solennellement et avec serment au formulaire d'Alexandre VII. Il ne s'arrêta guère à Rome, et revint en Hollande, où l'on ne s'aperçut que trop, par ses liaisons avec les chefs du parti, que son adhésion n'avait pas été sincère. Il mourut à Zwol en 1686, et eut pour successeur Pierre Codde (*Voy.* ce nom). On a de lui trois traités latins : le premier sur le *culte des Saints et de la sainte Vierge* (1), traduit en français (2); le second sur la *lecture de l'Ecriture sainte* (3), et le troisième intitulé l'*Amour pénitent*, qui est un traité de l'amour de Dieu dans le sacrement de pénitence. La meilleure édition de l'*Amor pœnitens de recto usu clavium*, est celle de 1684, 2 vol. in-12 (4). Il parut en français, en 1740, en 3 vol. in-12 (5). Le but de cet ouvrage est d'établir la nécessité de l'amour de Dieu dans le sacrement de pénitence, contre les théologiens qui prétendent que l'attrition suffit. On sait que les deux sentiments sont appuyés sur des raisons imposantes : si, d'un côté, il paraît absurde qu'on puisse être justifié et devenir l'ami de Dieu sans charité, de l'autre le sacrement de pénitence semble perdre son efficacité, si la charité est nécessaire, parce qu'elle suffit seule pour *couvrir la multitude des péchés*. Peut-être concilie-t-on heureusement les deux opinions, en disant que l'attrition se change en contrition par la vertu et la grâce du sacrement, de manière que l'amour de Dieu nous est donné avec la justification et la charité habituelle ; et c'est peut-être le vrai sens du concile de Trente, qui dit, en parlant de l'attrition : *Ad Dei gratiam in sacramento pœnitentiæ impetrandam d sponit*. C'est certainement le sens raisonnable qu'on peut donner à cet adage de l'école : *Attritus in sacramento fit contritus* ; comme c'est le seul encore qui se présente naturellement dans le titre du paragraphe 47 de *Pœnitentia*, dans le catéchisme romain : *Contritionem perficit confessio*, titre mal expliqué dans le paragraphe, selon lequel il faudrait *supplet*, « Le Seigneur (dit un théologien), toujours riche en miséricorde, accueille le pénitent timide et craintif ; touché de sa candeur, de ses aveux et de sa volonté d'appartenir à Dieu d'une manière quelconque, il achève, purifie et perfectionne tout cela, fait naître son amour dans un cœur qui se montre disposé à le recevoir, et tout cela se fait dans le sacrement même. » Quoi qu'il en soit, on trouve dans l'*Amor pœnitens* quelques endroits favorables aux erreurs de Jansénius, et c'est ce qui l'a fait censurer par Alexandre VIII, et défendre par un décret de la sacrée congrégation. Innocent XI, à qui il avait été déféré, ne voulut pas le condamner ; mais ce qu'on a fait dire là-dessus à ce pape : *Il libro e buono, e l'autore e un santo*, est une fable. (*Voyez* sur ce sujet l'ouvrage imprimé par ordre de l'archevêque de Malines, sous le titre de *Causa Quesnelliana* ; ainsi que l'*Historia Ecclesiæ ultrajectinæ*, *Cornelii Hoynck van Papendrecht, canonici Mechliniensis*.) Il ne faut nullement croire ce que dit Heussénius dans sa *Batavia sacra*, part. 2, pag. 482 : on sait qu'il était totalement livré au parti. Néercassel ne doit cependant pas être compté parmi les coryphées du jansénisme, non-seulement parce qu'il a souscrit au formulaire, mais parce qu'il n'adoptait pas la plupart de leurs opinions, et qu'il était zélé au contraire pour des choses qui leur sont pour le moins indifférentes : comme on voit dans le traité du *Culte des saints et de la sainte Vierge*. On assure qu'il a été longtemps très-opposé à

---

(1) *Tractatus quatuor de Sanctorum et præcipue B. V. Mariæ cultu*. Ultrajecti, Arn. ab Eynden. 1675, in-8°.

On y trouve, dès la cinquième page, dit un critique, cette étrange proposition, à laquelle les calvinistes souscrivent sans peine : « Que nous ne devons rendre aux saints régnant dans le ciel, que le même honneur que nous rendons aux justes vivant sur la terre : *Catholici colunt sanctos in cœlo commorantes, eo modo quo colunt sanctos hic in terra exulantes*. »

(2) *Du culte des saints, et principalement de la B. V. Marie, par Jean Néercassel... ; de la traduction de M. Le Roy* (Voyez ce nom), abbé de Haute-Fontaine. Paris, Guil. Desprez, 1679, in-8° (*Voyez* Roy (*Guillaume Le*).

(3) *Tractatus de lectione Scripturarum ; in quo protestantium eas legendi praxis refellitur : accedit dissertatio de interprete Scripturarum*. Embricæ, Arn. ab Eynden, 1677, in-8°.

Traduit en français, par Guil. Le Roy, abbé de Haute-Fontaine :

Traité de la lecture de l'Ecriture-Sainte, où l'on réfute la pratique des protestants dans cette lecture, et où l'on montre la solidité de celle des catholiques ; avec une dissertation de l'interprète de l'Ecriture-Sainte. Cologne, 1688, in-8°.

(4) *Amor pœnitens ; sive libri duo de divini amoris ad pœnitentiam necessitate, et recto clavium usu ; cum appendice, in quo quorumdam theologorum de remissione peccatorum nonnulla difficultates proponuntur*. Embricæ, Jo. Arnoldus, 1683, in-8°.

(5) *L'amour pénitent ; ou traité de la nécessité et des conditions de l'amour de Dieu pour obtenir le pardon de ses péchés, et de l'usage légitime des clefs ; ou conduite des confesseurs et des pénitents par rapport au sacrement de pénitence*. Utrecht, Corneille Lefèvre, 1741, 3 vol. in-12.

Cette traduction est de Pierre Guilbert.

la secte, mais qu'une affaire où l'intérêt et l'ambition sont intervenus l'en ont rapproché. On croit que M. Arnauld, qui a demeuré quelque temps chez lui, a eu part à ses ouvrages.

NICOLE (Pierre) naquit à Chartres, le 13 octobre 1625, de Jean Nicole, avocat au parlement de Paris et juge de la chambre épiscopale de Chartres. Après avoir terminé ses humanités sous les yeux de son père, il vint à Paris, sur la fin de 1642, pour faire son cours de philosophie et de théologie. Il fut reçu maître-ès-arts le 23 juillet 1644. Il connut les solitaires de Port-Royal, qui trouvèrent en lui ce qu'ils cherchaient avec tant d'empressement, l'esprit et la docilité. Nicole donna une partie de son temps à l'instruction de la jeunesse qu'on élevait dans cette solitude. Après ses trois années ordinaires de théologie, il se préparait à entrer en licence; mais ses sentiments n'étant pas ceux de la faculté de théologie de Paris, ni d'aucune université catholique, il se détermina à se contenter du baccalauréat, qu'il reçut en 1649. Plus libre alors, ses engagements avec Port-Royal devinrent plus suivis et plus étroits; il fréquenta cette maison, y fit même d'assez longs séjours, et travailla avec Arnauld à plusieurs écrits pour la défense de Jansénius et de sa doctrine. En 1664, il se rendit avec lui à Châtillon, près de Paris, et y employa tout son temps à écrire contre les calvinistes et les casuistes relâchés. Il sortit de temps en temps de cette retraite, pour aller tantôt à Port-Royal, tantôt à Paris. Au commencement de 1676, sollicité d'entrer dans les ordres sacrés, il consulta Pavillon, évêque d'Aleth, et après un examen de trois semaines, la conclusion fut qu'il resterait simple tonsuré. Une *Lettre* qu'il écrivit en 1677, pour les évêques de Saint-Pons et d'Arras, au pape Innocent XI, attira sur lui un orage qui l'obligea de quitter la capitale. La mort de la duchesse de Longueville, la plus ardente protectrice du jansénisme, arrivée en 1679, et plus encore la crainte des suites que pouvaient avoir ses démarches imprudentes et factieuses, l'engagèrent à se retirer aux Pays-Bas. Il revint en France en 1683, et s'y tint caché pendant quelque temps. Il entra, à la fin de ses jours, dans deux querelles célèbres; celles des études monastiques et celles du *quiétisme*. Il défendit les sentiments de Mabillon dans la première et ceux de Bossuet dans la deuxième. Les deux dernières années de sa vie furent fort languissantes, et enfin il mourut en 1695, à 70 ans. On raconte de lui plusieurs anecdotes. Une demoiselle était venue le consulter sur un cas de conscience. Au milieu de l'entretien arrive le P. Fouquet, de l'Oratoire, fils du fameux intendant; Nicole, du plus loin qu'il l'aperçoit, s'écrie : *Voici, mademoiselle, quelqu'un qui décidera la chose;* et sur-le-champ il lui conte l'histoire de la demoiselle qui rougit beaucoup. On fit des reproches à Nicole de cette imprudence : il s'excusa sur ce que cet oratorien était son confesseur : *Puisque,* dit-il, *je n'ai rien de caché pour ce Père, mademoiselle ne doit pas être réservée pour lui.* Ce trait bien approfondi donne de cet écrivain célèbre une idée au moins singulière. Il fut logé très-longtemps au faubourg Saint-Marcel. Quand on lui en demandait la raison, *c'est,* répondait-il, *que les ennemis qui ravagent tout en Flandre, et minaient Paris, entreront par la porte Saint-Martin avant que de venir chez moi.* « Lorsqu'il marchait dans les rues, dit la comtesse de Rivière, il avait toujours peur que quelque débris de maisou ne lui tombât sur la tête. Quand il allait en voyage sur l'eau, il avait toujours peur d'être noyé. » (*Lettres de M. L. c. de la R., Paris,* 1676.) Un auteur judicieux a remarqué que cette terreur avait beaucoup de rapport avec le fantôme qui troublait Pascal. On dirait que ces chefs du parti n'avaient pas l'âme bien rassurée et bien calme à la vue des agitations qu'ils préparaient à l'Eglise. C'est Nicole qui est le premier fondateur de ce dépôt si avantageux aux affaires du jansénisme, nommé communément *la boîte à Perrette,* dont le produit annuel était en 1780, de 40,000 livres, comme nous l'apprend M. le président Rolland, dans un *Mémoire* imprimé en 1781, mémoire où, en se plaignant des grands legs faits par son oncle à la même fin, il ajoute, page 35, ces paroles remarquables : « J'avais beaucoup dépensé avant la mort de M. de Fonterrières, et l'affaire seule des jésuites me coûtait de mon argent plus de 60,000 livres. Et en vérité les travaux que j'ai faits, et surtout relativement aux jésuites, qui n'auraient pas été éteints si je n'avais consacré à cette œuvre mon temps, ma santé et mon argent, ne devaient pas m'attirer une exhérédation de mon oncle. » Nicole fit plusieurs de ses ouvrages avec Arnauld, Lalane, Ant. le Maistre, Charles Dufour, etc. Il en publia d'autres sous des noms supposés, tels que *Profuturus, Paul Irénée, le sieur de Damvillers, Wendrock,* un *Avocat au parlement,* etc.

Belga percontator, *ou les scrupules de François Profuturus, théologien, sur la narration de ce qui s'est passé dans l'assemblée du clergé de* 1656.

Disquisitiones ad præsentes Ecclesiæ tumultus sedandos opportunæ: Prima, an sint in Ecclesia novæ alicujus hæresis sectatores; secunda, de vero sensu Jansenii, et multis commentitiis sensibus illi afflictis circa primam propositionem; tertia, sive Ecclesiæ turbæ Fr. Annato, jesuita, judice compositæ. 1657, in 4°.

Publiées sous le faux nom de *Paul Irénée;* il y en a trois autres, et dans toutes Nicole soutient les cinq propositions.

F. Joan. Nicolai,... *Molinisticæ theses, Thomisticis notis expunctæ;* i. e. : Thèses molinistes du P. Nicolaï..., effacés par des notes thomistiques. 1656.

Le P. Nicolaï, savant dominicain, et un

des plus zélés défenseurs de la saine doctrine, porta, en Sorbonne, son suffrage contre Arnauld, et le publia même par la voie de l'impression; c'était plus qu'il n'en fallait pour s'attirer la haine du parti. C'est du moins ce qui détermine Nicole à attaquer les thèses catholiques du P. Nicolaï, par des notes remplies d'erreurs et de malignité.

IDÉE GÉNÉRALE *de l'esprit et du livre du P. Amelotte.* 1658, in-4°.

Le livre du P. Amelotte était un *Traité des souscriptions en faveur du formulaire.* Il ne fallait rien moins que la plume de Nicole pour soutenir la cause jansénienne contre le P. Amelotte. Lalane s'en mêla aussi par deux ouvrages.

De la foi humaine, en deux parties. 1664, in-4°.

Ce livre est qualifié d'excellent par le P. Gerberon; aussi est-il un des plus envenimés et des plus séduisants qui aient paru. L'auteur y enseigne ouvertement que l'Eglise n'a pu exiger la créance d'un fait dogmatique, tel que celui de Jansénius; que cette créance entraîne mille inconvénients; et que *par le moyen du formulaire l'iniquité triomphe, la calomnie est à couvert et l'innocence opprimée* (page 57). — Feller dit cependant que ce livre, plusieurs fois réimprimé, est *plein de vues vraies et solides.*

LES IMAGINAIRES, ou *Lettres sur l'hérésie imaginaire.* Dix lettres furent successivement publiées sous ce titre en 1664 et 1665.

L'année suivante on en fit circuler huit autres sous le titre de *Visionnaires*. On les réunit et on publia :

Les imaginaires et les visionnaires, ou dix-huit lettres sur l'hérésie imaginaire. Liége, Ad. Beyers, 1667, 2 vol. in-12.

Elles parurent sous le pseudonyme du *sieur de Damvilliers.* — Autre édition, augmentée de diverses pièces, Cologne, Pierre Marteau, 1683, in-8°. — Autre édition augmentée d'un plus grand nombre de pièces, Mons, Antoine Barbier, 1693, 3 vol. in-12.

Le principal but que Nicole s'est proposé dans cet ouvrage est de faire du jansénisme une chimère; et c'est sur cela que M. Racine écrivit en ces termes à l'auteur : *Il y a vingt ans que vous dites tous les jours que les cinq propositions ne sont pas dans Jansénius, cependant on ne vous croit pas encore. Que l'on regarde ce que vous avez fait depuis dix ans, vos disquisitions, vos dissertations, vos réflexions, vos considérations, vos observations, on n'y trouvera autre chose, sinon que les propositions ne sont pas dans Jansénius. Hé! messieurs, demeurez-en-là ; ne le dites plus. Aussi bien, à vous parler franchement, nous sommes résolus d'en croire plutôt le pape et le clergé de France que vous.*

M. Nicole avait voulu dans ces lettres attraper le genre d'écrire de Pascal; mais il n'y réussit pas. On ne peut rien de plus insipide que la manière dont il plaisante dès l'entrée de son livre sur le capuchon des cordeliers.

Cet ouvrage, ainsi que tous les autres qui font du jansénisme un fantôme, a été condamné par l'assemblée générale du clergé de 1700. *Voyez* FOUILLOUX, *Chimère du jansénisme.*

Au reste pour justifier cette censure, et pour se convaincre que l'hérésie dont il s'agit n'est pas tant *imaginaire* que le prétend M. Nicole, il ne faut que se rappeler un fait où il a eu lui-même beaucoup de part. En 1677 et 1678, le P. *de Cort*, supérieur de l'Oratoire de Malines, et un des enfants spirituels de la fameuse fanatique, Antoinette *Bourignon,* acheta au nom des jansénistes de France et des Pays-Bas la plus grande partie d'une île de Danemark, nommée Nordstrand. Ils avaient unanimement résolu d'aller s'y établir pour y trouver un asile contre la persécution du pape, du roi et des évêques; car c'est ainsi qu'ils parlaient. Ils soupiraient tous après cet heureux séjour, espérant y pratiquer bientôt sans obstacle le nouvel Evangile. Mais les grands inconvénients qu'on trouva dans l'exécution, empêchèrent la réussite d'un si beau projet. Les terres furent donc revendues au duc de Holstein, en 1678, pour la somme de cinquante mille écus.

Cependant comme elles avaient beaucoup plus coûté, et que le duc de Holstein ne paya pas en argent comptant, il fallut faire la répartition de la perte commune, entre tous les particuliers qui avaient contribué à l'acquisition. La chose ne fut pas aisée, et peu s'en fallut que la cupidité plus forte que la charité n'occasionnât dans le parti un procès sérieux entre ceux qui avaient acheté leurs portions de l'île à bon marché, et ceux à qui les leurs coûtaient un tiers plus cher.

M. Nicole, intéressé dans cette dispute et mécontent, écrivit sur ce sujet à un de ses amis une lettre assez singulière. Pour lui il ne voulut point que sa famille profitât de ce qui pouvait lui revenir de cette vente. Il le légua par forme de codicille à madame de Fontpertuis, une des principales dames de la grâce et l'héroïne du parti ; voici les termes du codicille, qui a été imprimé, et qui est du 4 juin 1695 : Je donne à madame de Fontpertuis tout ce qui pourra me revenir, tant en principal qu'en intérêts de M. le duc de Holstein, pour l'acquisition qu'il a faite des terres que nous lui avons vendues en commun dans l'île de Nordstrand, par contrat passé par-devant Boucher et Lorinier, notaires au Châtelet de Paris, le 18 ou 20 novembre 1678.

Le voilà donc bien réalisé ce parti prétendu imaginaire. Il s'agissait là d'hommes et de femmes très-réels, très-réellement attachés aux sentiments de Jansénius (tels que M. Nicole, M. de Pontchâteau, madame de Fontpertuis), et qui, pour se soustraire aux suites de leur révolte, voulaient se cantonner dans une région éloignée et y faire un corps à part, une sorte de république indépendante, une nouvelle Genève.

Quant aux *visionnaires*, en particulier, ou seconde partie des lettres sur l'hérésie imaginaire, nous nous contenterons ici de rapporter un trait de la réponse que fit M. Racine à l'auteur : *Pour vous, monsieur,* lui dit-il, *qui entrez maintenant en lice contre Desmarets* (1)... *et employez l'autorité de saint Augustin et de saint Bernard pour le déclarer visionnaire, établissez de bonnes règles pour nous aider à reconnaître les fous; nous nous en servirons en temps et lieu.*

Si M. Racine eût vécu dans notre temps, aurait-il eu besoin de ces *règles* qu'il demandait malignement pour décider si les prophétesses, les convulsionnaires, les convulsionnistes, les mélangistes, le frère Augustin, Vaillant, l'*Invisible*, la *Rosalie*, etc., si tous leurs partisans et protecteurs sont, ou ne sont pas des *visionnaires* et des fanatiques.

Le Port-Royal, sous prétexte de quelques écarts d'une imagination trop vive, voulut faire passer M. Desmarets pour un fou. Qu'aurait-il dit, si ce même Desmarets avait fait la millième partie des extravagances dont nous sommes témoins?

En vérité, les jansénistes ayant pour patriarche en France un Saint-Cyran, et ne cessant encore aujourd'hui de donner au public les scènes les plus ridicules, il leur sied mal de parler de fous et de *visionnaires.*

Les **chamillardes** *ou lettres à M. Chamillard sur la signature du formulaire.*

L'esprit d'erreur et de satire dicta ces trois lettres, et le parti les publia en 1665, contre M. Chamillard, docteur de Sorbonne, qui travaillait à la conversion des religieuses de Port-Royal, dont il avait été fait supérieur. Bien des gens ont attribué ce libelle à M. Barbier d'Aucourt ; mais il est certain que c'est l'ouvrage de M. Nicole.

M. Racine s'est moqué avec raison des froides plaisanteries dont il est rempli. *Vos bons mots,* dit-il à l'auteur, *ne sont d'ordinaire que de fausses allusions. Vous croyez dire quelque chose de fort agréable, quand vous dites, sur une exclamation que fait M. Chamillard, que son grand O n'est qu'un O en chiffre; et quand vous l'avertissez de ne pas suivre le grand nombre, de peur d'être un docteur à la douzaine, on voit bien que vous vous efforcez d'être plaisant; mais ce n'est pas le moyen de l'être. Retranchez-vous donc sur le sérieux; remplissez vos lettres de longues et doctes périodes; citez les Pères; jetez-vous souvent sur les antithèses : vous êtes appelé à ce style; il faut que chacun suive sa vocation.*

Des traits si piquants mortifièrent tout Port-Royal. MM. Dubois et d'Aucourt furent chargés d'y répondre. Ils se récrièrent sur ce que leur adversaire avait confondu les *Chamillardes* avec les *Visionnaires*, comme si c'eût été faire tort à celles-ci (2), que de les comparer à celles-là. M. Racine répliqua par une raillerie délicate. Il fit semblant de défendre lui-même les *Chamillardes*. Il soutint qu'elles n'étaient pas aussi inférieures aux *Imaginaires* qu'on voulait le persuader. *Savez-vous,* dit-il aux deux apologistes, *qu'il y a d'assez bonnes choses dans ces Chamillardes? Cet homme ne manque point de hardiesse. Il possède assez bien le caractère de Port-Royal. Il traite le pape familièrement, il parle aux docteurs avec autorité : que dis-je? Savez-vous qu'il a fait un grand écrit qui a mérité d'être brûlé?*

Défense *de la proposition de M. Arnauld, docteur de Sorbonne, touchant le droit, contre la première lettre de M. Chamillard.*

M. Arnauld ayant été chassé de Sorbonne, pour une proposition hérétique qu'il avait avancée, et qu'il a soutenue jusqu'à la mort, et M. Chamillard ayant écrit quelques lettres contre cette hérésie, Nicole prit en main la défense des erreurs de son ami, et fit cette apologie, où il rappelle plusieurs fois et soutient la fameuse proposition dont il s'agissait : savoir que *la grâce sans laquelle on ne peut rien, manque à quelque juste dans une occasion où il pèche.*

Mémoires *sur la cause des évêques qui ont distingué le fait du droit.* 1666-1668, in-4°.

Ces *Mémoires* sont au nombre de dix : Nicole est l'auteur du premier, 1666; du second, 24 mars 1666; du sixième, 1ᵉʳ décembre, et du septième, 20 décembre.

Litteræ *provincialis......, e gallica in latinam linguam translatæ, et theologicis notis illustratæ studio Willelmi Wendrockii.*

La première édition parut en 1658; la quatrième, beaucoup plus ample, en 1665, Cologne, Nic. Schouten, in-8°. La sixième est de 1700, Cologne, 2 vol. in-12.

Une délicatesse qui n'était pas sans fondement engagea Nicole à se cacher sous le faux nom de *Guillaume Wendrock;* ses notes sont pires que le texte. On verra dans l'article Pascal, ce qu'il faut penser des fameuses Provinciales. Nous ne relèverons ici qu'un trait de la mauvaise foi de Nicole. Tout ce qu'il dit de meilleur contre la probabilité, il l'a pris dans le livre du P. *Comitolus*, jésuite, et cependant il ne le cite point ; de sorte qu'il se sert des armes d'un jésuite pour combattre un sentiment qu'il a le front d'imputer à tous les jésuites sans exception.

Les notes de Nicole ne restèrent pas sans réponse : on publia : *Bernardi Stubrockii* (Honorati Fabri) *societatis Jesu, Notæ in notas Will. Wendrockii*, etc. Cologne, J. Busœus, 1659, in-8°.

Les notes de Nicole furent traduites en

---

(1) Desmarets de Saint-Sorlin, qui avait dit trop de mal des jansénistes pour ne pas s'attirer l'indignation du parti, et en particulier de Nicole.

(2) Elles étaient les unes et les autres du même auteur ; ainsi la méprise était pardonnable.

français par Françoise Marguerite de Joncoux, pour l'édition du *Provinciales*, 1700, 2 vol. in-12.

DÉFENSE *des professeurs en théologie de l'université de Bordeaux contre un écrit intitulé :* Lettre d'un théologien à un officier du parlement sur la question si le livre intitulé : L. M. litteræ provinciales, etc., est hérétique. 1660, in-4°. — *Seconde Défense... contre divers écrits dictés par les jésuites, où l'on fait voir l'absurdité de la prétention de ces Pères, que le fait de Jansénius soit inséparablement joint à la foi.* 1660, in-4°.

REMARQUES *sur la requête présentée au roi par* M. *l'archevêque d'Embrun* (Georges d'Aubusson), *contre la traduction du Nouveau Testament, imprimée à* Mons. 1668, in-4°. — On répondit par : *Réflexions sur les remarques que l'on a imprimées à côté de la requête de* M. *l'archevêque d'Embrun.* Paris, Cramoisy, 1668, in-4°.

RÉFUTATION de la Lettre à un seigneur de la cour (par le P. Bouhours) *servant d'apologie à* M. *l'archevêque d'Embrun.* 1668, in-4°.

Jacques Brousse et Guillaume Le Roy écrivirent aussi contre la *Lettre* du P. Bouhours, et ils ne furent pas les seuls. Cette *Lettre* fit beaucoup de bruit.

CAUSA JANSENIANA, *sive fictitia hæresis, sex disquisitionibus theologice, historice explicata et explosa a Paulo Irenæo ; adjecti sunt super eamdem materiam alii tractatus et epistolæ ; edente Antonio Arnaldo.* Cologne, 1682, in-8°.

ESSAIS DE MORALE, *contenus en divers traités sur plusieurs devoirs importants.* — Publiés successivement, réimprimés en divers endroits, et parvenus à treize volumes in-12 ou in-18. Paris, Desprez.

Il y a un quatorzième volume, contenant la *Vie* de l'auteur. Cette collection renferme les *Essais* proprement dits, et la *continuation des Essais.*

« Il y règne, dit Feller, un ordre qui plaît, et une solidité de réflexions qui convainc ; mais l'auteur ne parle qu'à l'esprit ; il est sec et froid. »

On a fait aux *Essais* de Nicole des reproches plus graves ; le lecteur décidera s'ils sont justes. Voici donc en quels termes un critique orthodoxe en a parlé.

Premier volume. Nicole, page 77 (édit. de 1715), appelle M. Pavillon, évêque d'Alais, *un grand prélat qui a été la gloire de l'Eglise de France.* Or, ce *grand* prélat fut l'un des quatre évêques qui refusèrent de signer le formulaire ; il fut aussi l'auteur du fameux *Rituel*, condamné solennellement par un décret de Clément IX, du 9 avril 1668.

A la page 60, il s'agit de ces paroles formellement contraires au système jansénien : *Erat lux vera quæ illuminat omnem hominem venientem in hunc mundum.* Que fait Nicole ? Par un adroit commentaire, il restreint ce texte au système de son maître. *Il y a,* dit-il, *une véritable lumière, qui éclaire tout homme qui vient au monde :* C'est-à-dire *que les hommes ne sont éclairés qu'autant qu'il plaît à cette lumière divine et incréée de luire dans leurs esprits.*

Cet écrivain, comme tous les jansénistes, exagère les suites du péché originel. Il insinue que Dieu ne veut sauver que *quelques-uns* d'entre les hommes; que la grâce qui élève vers le ciel n'est donnée qu'à *quelques-uns.* Tous les autres sont *abandonnés*, à cause du péché originel ; car, selon le système de la secte, ce ne sont point les péchés personnels des réprouvés qui sont cause de cet abandon, c'est au contraire cet abandon qui est cause de leurs péchés personnels. *La faiblesse de l'homme* (dit Nicole, page 37, premier Traité de la faiblesse, ch. XI), *consiste dans l'impuissance où sa volonté se trouve de se conduire par la raison.*

Page 43 et 44 : *La nature corrompue... précipiterait tous les hommes dans ce centre malheureux (l'enfer), si Dieu par sa grâce toute-puissante n'avait donné à quelques-uns d'entre eux un autre poids qui les élève vers le ciel.*

Page 130 : *Tous ces gens aveugles et abandonnés à leurs passions sont autant de preuves de la rigueur de la justice de Dieu. C'est elle qui les livre aux démons, qui les dominent, qui se jouent d'eux, qui les jettent dans mille désordres,* etc.

Second volume. Voici un portrait outré du pécheur, page 85 : « Qu'est-ce qu'un pécheur ? C'est un aveugle, puisqu'il ne participe point à la véritable lumière..... Il est dans les ténèbres, puisqu'il tombe à tout moment, et qu'il ne sait où il met ses pas (page 86). C'est un sourd, c'est-à-dire qu'il n'entend point la voix de Dieu..... C'est un paralytique, parce qu'il est toujours abattu à terre, et dans *l'impuissance entière* de se relever. C'est un homme réduit à l'extrémité de la pauvreté, puisqu'il est dépouillé de *toutes* les vraies richesses spirituelles, qu'il a perdu *tout* ce que Dieu lui avait donné dans son baptême..... C'est un esclave, non-seulement de ses passions qui le dominent, mais du diable qui le possède, qui le remue, l'agite, le secoue, le *fait agir* à sa fantaisie. C'est aussi un esclave des élus de Dieu et des justes, c'est-à-dire que *tout* son office en ce monde, pendant qu'il demeure en cet état, est de travailler pour autrui, et non pour soi, et de contribuer à quelque avantage des élus. »

Ne peut-on pas conclure de ces expressions qu'en perdant la charité on perd aussi la foi et l'espérance, puisqu'on perd *toutes* les vraies richesses spirituelles, *tout* ce que Dieu a donné dans le baptême ?

N'y trouverait-on pas de quoi justifier plusieurs propositions de Quesnel ; la première : *Que reste-t-il à un pécheur qui a perdu Dieu et sa grâce, sinon le péché et ses suites, une orgueilleuse pauvreté et une indigence paresseuse ;* c'est-à-dire *une impuis-*

sance générale au travail, à la prière, à tout bien. La 45° et la 48° : *Que peut-on être autre chose que ténèbres, qu'égarement et que péché, sans la lumière de la foi, sans Jésus-Christ, sans la charité?* La 57° et la 58° : *Il n'y a ni Dieu ni religion où il n'y a point de charité.*

Troisième volume. Pages 162 et 163, troisième traité où il s'agit *des manières dont on tente Dieu*, ch. IV. *Les saints persuadés que Dieu est le maître des cœurs et qu'il opère en eux tout ce qu'il veut par une force invincible et toute-puissante.* C'est dire que l'homme ne peut résister à la grâce, qu'il ne coopère avec elle que passivement, et que les saints en étaient persuadés.

Page 194: *Quelque honnêteté qu'on se puisse imaginer dans l'amour d'une créature mortelle, cet amour est toujours vicieux et illégitime, lorsqu'il ne naît pas de l'amour de Dieu.* Quesnel en dit autant (Prop. 45): *Quand l'amour de Dieu ne règne pas dans le cœur du pécheur, il est nécessaire que la cupidité charnelle y règne et corrompe toutes ses actions.* C'est une suite de la 44° prop. *Il n'y a que deux amours*, etc.

Tout ce volume est rempli de propositions janséniennes, mais la plupart sont enveloppées avec tout l'art imaginable; quelquefois même Nicole leur donne un air de catholicité.

Quatrième volume. Traité 1", *des quatre dernières fins*, l. I, chap. 13. *Il faut que Dieu ou le diable règne en nous; il n'y a point de milieu.*

Dieu a tenu cachée à toute la terre l'espace de quatre mille ans la grande et heureuse nouvelle du royaume des cieux. Tr. 1, des quatre dernières fins, l. III, du Paradis, chap. 2.

L'Eglise n'est presque plus composée que de monceaux de sable, c'est-à-dire de membres secs. Ibid., chap. 6. N'est-ce point là le dogme impie de Saint-Cyran, d'Arnauld, et de tous les nouveaux sectaires, sur la caducité, le dépérissement, ou même l'entière destruction de l'Eglise? *Voyez* ETEMARE.

Dieu conduit tous les hommes à la fin à laquelle ils sont destinés, par des voies infaillibles. (Page 259.) Il conduit donc aussi par des voies infaillibles les réprouvés en enfer.

Page 221, 1" traité des quatre fins, l. III, du Par., ch. 12. *Rien ne s'est fait dans le monde que pour les élus.* Les réprouvés n'ont donc eu aucun moyen de salut.

Ibid., ch. 3: *Celui qui n'aime point Dieu n'appartient point à la loi nouvelle.* C'est ce que dit Quesnel dans les propositions 8, 72, 73, 74, 75, 76, 77, 78, etc.

Pag. 268, second traité de la Vig. Chrét., ch. 6: *Dieu nous montre par la rareté de ces vertus que la grâce est rare.* Quand un catholique considère la rareté des vertus, il en conclut que les hommes résistent souvent à la grâce. Un janséniste, au contraire, en conclut que *la grâce est rare*, parce qu'il ne reconnaît point de grâce qui ne soit efficace; que, selon lui, dès que la grâce est donnée, la vertu est donnée; et que là où il n'y a point de vertu, il n'y a point de grâce.

Cinquième volume. Pag. 151, 152, traité 9, des Supérieures, n. 20: *Bien souvent on ne fait des fautes... que parce que la concupiscence est plus forte que la grâce*, dit saint Augustin. 1° Fausse citation. Saint Augustin n'a dit cela nulle part; 2° c'est exprimer assez clairement les deux délectations nécessitantes. Il en est de même de ce qu'on lit à la page 222: *On ne résiste aux attraits des sens que par un attrait spirituel plus fort et plus efficace.*

Page 225, traité 10, de l'emploi d'une maîtresse des novices. *On peut se servir pour cela d'un livre intitulé* : Instructions sur les dispositions qu'on doit apporter aux sacrements de pénitence et d'eucharistie, *qui est dédié à madame de Longueville; chez Guillaume Desprez,* à Paris. Ce livre que conseille Nicole pour la lecture des religieuses novices est très-propre à en faire les plus outrées jansénistes. Elles y apprendront par exemple, que l'esprit de l'Eglise est de n'accorder la grâce de la réconciliation pour les péchés mortels qu'une seule fois dans la vie, et jamais plus. Que quand on est pécheur, on ne peut suivre que les mouvements du péché; que le pécheur irrite Dieu au lieu de l'apaiser, quand il assiste au sacrifice de la messe, etc.

Page 153 du traité neuvième des Supérieures, il appelle Saint-Cyran *un homme de Dieu*. Donner ce titre glorieux à un homme atteint et convaincu par ses propres aveux de toutes sortes d'erreurs, de folies et de blasphèmes, c'est un abus si étrange, que pour s'en rendre coupable, il faut penser presque aussi mal que celui à qui l'on donne un éloge si déplacé. Quand on parle d'un homme dont plusieurs ouvrages ont été condamnés, qui a été arrêté par l'ordre du souverain, qui a été interrogé par autorité des deux puissances, dont les réponses sont publiques et pleines d'extravagance et d'impiété, peut-on, sans se rendre suspect, l'appeler dans des lettres, dans des discours, dans des livres, *un homme de Dieu, un serviteur de Dieu, un digne serviteur de Dieu, son bon serviteur, un vertueux prélat?* Le moins qu'on puisse dire, c'est que de pareilles expressions marquent bien de l'imprudence, peu de respect pour le souverain, et peu de soumission pour les puissances ecclésiastiques.

Ibid. 2° point, parag. 9 : *Nulle action n'est exempte de péché quand elle n'a pas pour principe l'amour de Dieu.*

Sixième volume. Pensées diverses, n. 17: *Dieu cache les péchés aux hommes et par justice, lorsqu'il veut les aveugler.* Ibid., *Les hommes, avant Jésus-Christ, n'avaient point la science du salut.* Quoi donc! le saint roi David, le chaste Joseph, le fidèle Abraham, le juste Enoch, etc., ignoraient-ils les voies du salut? Ibid., n. 95 : *Un ministre de la justice de Dieu sur les hommes, destiné à les aveugler, ne laisse pas d'être, à l'égard de plusieurs, ministre de sa miséricorde.* Les jansénistes aiment les expressions dures. *Dieu veut aveugler ; il a dans son Eglise des ministres destinés à aveugler.*

Septième volume. Page 93, lettre XVII : « Combien y a-t-il peu de paroisses pourvues de bons pasteurs, et de diocèses de bons évêques ? On fait quelquefois des provinces *entières*, sans trouver *un homme* à qui l'on puisse confier sa conscience... La disette est encore plus grande dans les autres royaumes ; et une religieuse brigitine m'a dit à B..., qui est une ville où il y a encore de la piété, qu'il leur était presque impossible de trouver des prêtres qui ne s'enivrassent point. Ce mal si ordinaire n'a pas commencé à ce siècle, il a été de tous... Quels pasteurs avaient tant de bons chrétiens, qui ont vécu dans l'Orient, pendant que presque *tous* les évêques et les ecclésiastiques étaient ou ariens, ou eutychéens, ou monothélites ou iconoclastes ? »

Comme Nicole ne reconnaît pour *bons pasteurs* que les jansénistes, il a raison de dire que la disette en est encore plus grande dans les autres royaumes. Mais un auteur catholique exagérerait-il ainsi la disette des bons pasteurs ? avancerait-il, sur le seul témoignage d'une religieuse, que tous les prêtres d'une ville sont des ivrognes ? Ce qu'il y a de plus condamnable dans ce passage, c'est que Nicole ose assurer que dans l'Orient, pendant qu'il y avait tant de bons chrétiens, *presque tous* les évêques et les ecclésiastiques étaient ariens, etc.

Ibid. Il avance cette étrange proposition : Quelque grande que soit l'utilité d'un confesseur, elle n'est pas telle que sans ce secours on ne puisse se sanctifier dans les monastères. *Car pendant les premiers siècles de l'Eglise, non-seulement les religieuses n'avaient pas de bons confesseurs, mais elles n'en avaient point du tout.*

Huitième volume. Dans la lettre LXXX, page 142, Nicole parle de M. de Pontchâteau, mort à Port-Royal, où il avait été, dit-il, un modèle de pénitence et d'humilité. Puis il ajoute : *Je vous avoue, au reste, que je ne fais pas un grand fond sur ce concours de peuple à son tombeau, ni sur les miracles qu'on lui attribue. Je ne sais pas même s'ils sont effectifs... ne paraissant pas de la qualité de ceux où l'opération particulière est incontestable ; il eût été bon, ce me semble, de n'en pas faire du bruit.* On voit par là que le goût pour les miracles a été de tout temps dans le parti ; qu'on en publiait qui n'étaient pas *effectifs* ; qu'ainsi le diacre Pâris n'est pas le premier thaumaturge de la secte ; et qu'on en a essayé plusieurs autres avant lui.

Neuvième volume. A la page 161, sur l'épître de la messe du jour de Noël, n. 3 : « Quel autre moyen, dit notre auteur, que l'incarnation nous eût pu marquer autant la bonté et l'amour infini de Dieu *envers ses élus*, puisque, pour les sauver, non-seulement il leur a donné son Fils, mais il l'a livré à une mort cruelle pour eux ? Il a tellement aimé le monde, dit le Sauveur même dans l'Evangile de saint Jean, qu'il a donné son *Fils unique*, et par là il s'est engagé à *les* sauver par une espèce de justice. » On voit que notre auteur restreint ici ces paroles de l'Ecriture : *Dieu a tellement aimé le monde*, et qu'il les explique de la même manière que s'il y avait : *Dieu a tellement aimé les élus.* C'est qu'en effet Nicole, en bon janséniste, croyait que Jésus-Christ n'est mort que pour les élus.

Page 140, sur l'épître de la messe du point du jour, n. 9 : « On aurait sujet de désespérer, si notre salut était remis à nos soins, à notre vigilance et à nos efforts : mais étant entre les mains de Dieu, dont la force est *invincible* et la miséricorde infinie, qui aime *ses élus* et qui *les veut sauver*, toutes les marques que nous avons d'être de ce nombre heureux, nous doivent remplir d'espérance que nous surmonterons tous les obstacles de notre salut. »

On a raison de dire que le quiétisme est une suite du jansénisme. L'espérance des jansénistes est fondée, comme on voit, sur *la force invincible de Dieu qui veut sauver les élus* : et comme ils ont *toutes les marques d'être de ce nombre heureux*, ils laissent aux autres *les soins, la vigilance et les efforts.*

Les chrétiens qui n'observent la loi de Dieu que par crainte ne sont point distingués des juifs, et doivent plutôt passer pour juifs que pour chrétiens. (Sur le dimanche dans l'octave de Noël, n. 2).

Ceux d'entre les chrétiens déchus qui observent extérieurement les lois du christianisme, mais par un esprit de crainte et par des motifs intéressés, sont effectivement de ces juifs charnels qui n'appartenaient qu'à l'Ancien Testament. (*Ibid.*, trois pages après).

Ces deux textes ne font-ils pas clairement entendre : 1° que tout chrétien qui n'observe la loi évangélique que parce qu'il craint l'enfer, quoique cette crainte soit surnaturelle et un don de Dieu, cesse dès là d'être chrétien ? 2° que c'est agir *en juif*, et suivant l'esprit de l'ancienne loi, que d'agir par la crainte des peines éternelles : ce qui est absolument faux, puisque cette crainte n'est pas tellement le propre de la loi ancienne, qu'elle ne convienne aussi à la loi nouvelle, et que sous cette loi on ne puisse encore aujourd'hui suivre le mouvement qu'elle inspire.

Qui doute qu'il ne faille que toutes nos actions aient la charité pour principe, puisqu'on ne rend le culte à Dieu que par la charité ? Sur l'épître du dimanche dans l'octave de l'Epiphanie.

Nicole prétend que le juste dans notre état n'a point de mérites propres. *Ce néant de mérites propres*, dit-il, *qui subsiste dans l'homme régénéré, même avec l'abondance des grâces et des dons de Dieu, l'oblige de se regarder toujours comme pauvre et dépourvu de tout bien.* Sur l'épître de la messe du point du jour.

Mais saint Paul, avec l'abondance des grâces qui lui ont fait pratiquer les plus éminentes vertus, n'avait-il point de *mérites propres* ? Etait-ce une *pure grâce*, un don de la seule libéralité de Dieu, que cette récompense qu'il attendait comme méritée, et comme une *couronne de justice?*

Sur ces paroles de l'ange : *Je viens vous apporter une nouvelle qui sera pour tout le peuple le sujet d'une grande joie,* Nicole dit : « Elle est en effet pour tout le peuple, mais c'est pour tout le peuple des justes.... nul autre qu'eux n'y a part. » (Sur l'évangile de la messe de minuit).

Dixième volume. Dans l'épître du troisième dimanche de Carême, il s'agit de ce passage de l'épître aux Ephésiens, ch. 5, v. 8 : *Eratis aliquando tenebræ.* Nicole altère et corrompt ce passage, afin d'y insinuer l'erreur que Quesnel a depuis développée dans sa première proposition; et au lieu de traduire tout naturellement : *Vous étiez autrefois les ténèbres mêmes,* il traduit avec les traducteurs de Mons et Sacy : *Vous n'étiez autrefois que ténèbres.*

Dieu qui n'est que charité est incapable d'approuver autre chose que la charité. Sur l'épître du dimanche de la Quinquagésime.

Rien de mercenaire ni d'intéressé ne peut avoir lieu (dans le temple que Dieu veut avoir dans nos âmes), *puisque Dieu est charité et qu'il ne peut approuver que la charité.* Sur l'évangile du mardi de la première semaine de Carême.

Ceux en particulier qui ne sont éloignés des actions criminelles que par la crainte, sont nécessairement hypocrites en cette matière. Car n'ayant point d'amour de Dieu, ils ne sauraient aimer que la créature.... ainsi ils sont bien éloignés de pouvoir être justifiés dans cet état, puisque c'est celui que Jésus-Christ reproche aux Pharisiens et pour lequel il les condamne comme hypocrites. (Sur l'évangile du mercredi de la troisième semaine de Carême). N'est-ce point là dire avec Quesnel, que *l'obéissance à la loi n'est qu'hypocrisie,* quand la charité n'en est pas le principe? Proposition condamnée par la bulle *Unigenitus* (c'est la 47e), déjà proscrite autrefois dans les propositions 25 et 35 de Baïus, et contradictoirement opposée au concile de Trente, qui a frappé d'anathème ceux qui enseigneraient que la douleur du péché conçue par le motif de la crainte de l'enfer nous rend *hypocrites et plus grands pécheurs.*

Onzième volume. Notre auteur en parlant de la résurrection du Lazare et du fils de la veuve de Naïm, dit, page 66, sur l'évangile du jeudi de la quatrième semaine du Carême, n. 1 : *Il n'y a pas lieu de douter que Jésus-Christ ne nous ait marqué par les circonstances de ces deux résurrections de quelle manière il opère celle des âmes dans le cours des siècles.* C'est à peu près ce que dit Quesnel dans sa 23e proposition : *Dieu nous a donné lui-même l'idée qu'il veut que nous ayons de l'opération toute-puissante de sa grâce dans nos cœurs, en la figurant par celle qui tire les créatures du néant et qui redonne la vie aux morts.* Ces novateurs veulent persuader aux fidèles que le pécheur qui se convertit ne contribue pas plus de son côté a sa conversion, qu'un mort à sa résurrection.

Ibid., n. 4, p. 71 : « Dieu essuiera quelque jour toutes les larmes de l'Eglise, lorsqu'il l'aura transportée dans le ciel. Elle n'y pleurera plus, parce que *tous ses enfants seront sauvés.* » Les fidèles qui périront ne sont donc point *enfants de l'Eglise*, puisque tous les *enfants de l'Eglise* seront sauvés. « Dieu, ajoute M. Nicole, veut redonner la vie *à certains morts ;* mais il veut que ce soit par les larmes de l'Eglise. *Sa charité est toujours efficace dans tous ceux que le Père a donné à Jésus-Christ.* » Il est évident par ces passages, que, selon cet auteur, les seuls élus sont ces *certains morts,* à qui Dieu veut redonner la vie par les larmes de l'Eglise, et que Jésus-Christ n'est mort pour le salut éternel d'aucun autre.

On pèche en assistant au sacrifice de la messe sans les dispositions qui y sont essentielles, lesquelles consistent dans l'amour. Sur l'épître du dimanche de la Passion.

Douzième volume. Toute notre activité propre ne peut être que mauvaise. Sur l'épître du dimanche dans l'octave de l'Ascension.

Sur l'épître du sixième dimanche après la Pentecôte, n° 8 : « La grâce chrétienne n'est point un état inconstant, comme bien des gens se l'imaginent. C'est un état durable, qui a de la fermeté et de la stabilité. C'est une chose inouïe dans tous les Pères qui ont connu l'esprit du christianisme, que ces vicissitudes de vie et de mort dans lesquelles plusieurs se persuadent qu'un chrétien peut vivre. L'esprit de Dieu ne prend point possession d'un cœur *pour si peu de temps,* et il n'y rentre point si facilement quand on l'en a banni. » La stabilité de la justice est un dogme favori des novateurs. Bourdaille le développa fort au long dans *sa Théologie morale de saint Augustin.* Il prétendit (comme fait ici Nicole) que *l'esprit de Dieu ne prenait point possession d'un cœur pour si peu de temps, et que la charité était un état si durable* et qui avait tant de *fermeté,* qu'un seul péché, même mortel, n'en détruisait pas toujours totalement le fond et l'habitude ; d'où il s'ensuivait que le péché mortel et la charité pouvaient subsister ensemble. Mais ce système abominable fut condamné par l'assemblée de 1700.

Page 159, sur l'épître du dimanche dans l'octave de l'Ascension, n° 8 : *Nous devons toujours nous considérer à l'égard du bien comme de purs instruments qui ne peuvent rien faire d'eux-mêmes, s'ils ne sont appliqués et remués de Dieu. Toute notre activité propre ne peut être que mauvaise...*, celles de nos *œuvres qui viennent de Dieu sont bonnes...;* mais celles *qui sont purement de nous, ne peuvent être que mauvaises.* N'est-ce point là la 39e proposition de Quesnel? « La volonté que la grâce ne prévient point n'a de lumière que pour s'égarer, d'ardeur que pour se précipiter, de force que pour se blesser ; capable de tout mal, impuissante à tout bien. »

Page 192 et 193, sur l'évangile du jour de la Pentecôte, n° 5 : *Celui qui ne m'aime point* ne garde point mes paroles...; il ne les garde point, parce qu'il est nécessairement dominé par la cupidité dont il préfère toujours les désirs aux commandements de Dieu. On aurait bien de la peine à montrer la différence entre cette proposition et la 45ᵉ de Quesnel : « Quand l'amour de Dieu ne règne plus dans le cœur du pécheur, il est *nécessaire* que la *cupidité* charnelle y règne et en corrompe *toutes* les actions. »

Treizième volume. Le motif de la charité étant nécessaire dans toutes les actions, l'est par conséquent dans la pratique de tous les commandements... *Il n'y a point d'autre principe légitime que l'amour de Dieu.* Sur l'évangile du dix-septième dimanche après la Pentecôte.

Saint Paul ne reconnaît que deux principes de nos actions, le vieil homme ou l'homme renouvelé...; toutes les actions du vieil homme sont mauvaises...; toutes celles du nouveau sont bonnes... : *il n'y en a point par conséquent qui tiennent le milieu entre ces deux sortes d'actions, parce qu'elles portent toutes le caractère du principe qui les produit.* Sur l'épître du dix-neuvième dimanche après la Pentecôte.

Il n'y a point d'action qui ne doive être rapportée à Dieu; et comme nous ne lui saurions rapporter nos actions qu'en l'aimant, l'amour de Dieu doit être le principe de toutes nos actions. Sur l'évangile du vingt-deuxième dimanche après la Pentecôte, nᵒ 9. C'est toujours le système erroné, qui ne reconnaît d'autre vertu que la charité, et qui veut que toute action soit péché, quand elle n'est pas produite par un motif de charité ; d'où l'on conclut avec Baïus que toutes les actions des infidèles et des pécheurs sont des péchés.

Nous nous sommes fort étendus sur cet ouvrage; mais le lecteur doit considérer 1° de quelle importance il est de bien connaître un auteur que les novateurs mettent entre les mains de tout le monde ; 2° qu'il est nécessaire, pour le bien connaître, de rapprocher toutes les fausses idées qu'il a dispersées lui-même avec art dans un grand nombre de volumes, afin qu'elles fussent moins sensibles, mais qui, étant réunies, se donnent un jour mutuel les unes aux autres, et, comme autant de parties d'un système suivi, forment un tout frappant, et un corps d'erreurs aussi complet que celui de Le Tourneux dans son *Année Chrétienne*, et celui de Quesnel dans ses *Réflexions morales*. On va voir à la suite à propos des *Instructions* du même auteur.

INSTRUCTIONS THÉOLOGIQUES. Après ce que nous avons dit de M. Nicole, à l'occasion de ses *Essais de morale*, on doit s'attendre à trouver bien des erreurs dans les différentes *Instructions* qu'il a publiées. C'est ce que nous allons examiner.

I. — INSTRUCTIONS *théologiques et morales sur les sacrements*, 2 v., *La Haye, Adrien Moetjens*, 1719, approuvées en 1698 par M. Gerbais, et en 1700 par MM. Blampignon, Hideux et d'Arnaudin, fameux approbateurs de mauvais livres.

Tom. I, chap. 12 : *Il n'y a que l'amour qui appartienne à la loi nouvelle.* D'où il faut conclure que la crainte de Dieu, si fort recommandée dans l'Évangile, la foi et l'espérance ne sont point du ressort de la *loi nouvelle*.

Dans la quatrième instruction de la pénitence, ch. 8, on fait cette demande (c'est la quatrième) : *Tous ceux à qui la grâce donne quelque désir de se convertir, n'en ont-ils pas le pouvoir?* Rien sans doute n'était plus aisé que de répondre à cette question. Il n'y avait qu'à dire que ces hommes en avaient un véritable pouvoir, et que c'était leur faute s'ils ne se convertissaient pas. Voici donc la captieuse réponse que fait Nicole : *Si ces désirs sont encore faibles, ils ne mettent l'âme que dans l'état où saint Augustin dit, que la nouvelle volonté qu'il avait reçue de la grâce de Dieu n'était pas encore capable de surmonter celle du péché, fortifiée par une longue habitude.* C'est dire assez clairement que ces hommes n'ont point le pouvoir de se convertir. Ainsi pensait Quesnel, quand il disait que *sans la grâce efficace, non-seulement on ne fait rien, mais on ne peut rien faire.* Seconde proposition.

Ibid., demande sixième. *Le langage par lequel on dit qu'on ne peut pas certaines choses commandées, est-il autorisé dans l'Église?* Réponse. *Le concile de Trente l'autorise formellement...,* et *il n'y a rien de plus commun dans les livres des SS. PP. et surtout de saint Augustin, que ces sortes d'expressions.* Ceci est pour justifier la proposition d'Arnauld, et la première des cinq de Jansénius : c'est aussi ce qu'a prétendu le P. Quesnel dans ses neuf premières propositions.

Ibid., ch. 12, réponse première à la quatrième demande. *La crainte, quoique bonne en elle-même, n'est qu'une disposition judaïque: car la crainte fait les juifs, comme la charité fait les chrétiens.* Ne voilà-t-il pas les propositions 53 et 63 de Quesnel? *Un baptisé est encore sous la loi comme un juif, s'il accomplit la loi par la seule crainte... La seule charité fait les actions chrétiennes chrétiennement.*

Ibid., réponse neuvième à la même demande. *Il est nécessaire que la contrition naisse de l'amour de Dieu, afin que les œuvres qu'elle produit ne soient pas des œuvres de ténèbres.* Étrange décision ! Quoi ! les œuvres qu'un pécheur pénitent fait par la crainte surnaturelle de l'enfer, comme les prières, les aumônes, les restitutions, les réconciliations, etc. sont des *œuvres de ténèbres!* ce sont des péchés ! Le bon sens et la raison ne réclament-ils pas également contre une si dangereuse doctrine?

Tom. II, instr. 8, ch. 21, réponse à la quatrième demande. Jésus-Christ, dit Nicole, *n'a été prêtre parfait qu'après sa résurrection.* Que veut-il dire, et quel sens raisonnable donner à de si indécentes expressions ?

II. INSTRUCTIONS *théologiques et morales sur le premier commandement du Décalogue,* etc. *La Haye, Adrien Moetjens,* 1719. Livre approuvé par M. Bigres, le 24 septembre 1708.

Tome I. De l'amour de Dieu comme justice, art. 8. *On doit reconnaître que par nous-mêmes nous ne saurions faire autre chose que pécher.*

Ch. 2. De la crainte. *Ceux qui s'abstiennent de faire quelque péché par la seule crainte de la damnation ne sont pas exempts du péché qu'il y a à ne rapporter pas toutes ses actions à Dieu, et à n'agir pas par principe d'amour de Dieu actuel ou virtuel ;* car une action faite par la crainte des peines n'a pas l'amour de Dieu pour principe, et par conséquent est défectueuse.

Ibid. Demande troisième. *Mais cette crainte de Dieu, quoique servile, n'est-elle point bonne absolument, et n'a-t-elle point quelques utilités ?* Réponse.... *Elle empêche l'œuvre extérieure du péché, et par là elle rend le péché moindre.* On reconnaît ici le langage de Jansénius et' Quesnel. Nicole n'admet aucune action exempte du péché, que celle qui est faite par.*un motif d'amour de Dieu.* Observer un commandement de Dieu par le seul motif surnaturel de la crainte de l'enfer, ou de l'espérance, vertu théologale, c'est pécher.

Tom. II, Instr. 8, de la charité envers soi-même; sect. 1, ch. 3, réponse à la huitième demande : *La grâce,* dit Nicole, *n'est autre chose que l'amour de Dieu.* Par conséquent le pécheur n'a point de grâce.

Ibid., ch. 9, réponse à la cinquième demande: *La grâce n'est autre chose que l'amour de la vérité.*

Ibid., sect. 2, ch. 6 , réponse à la seconde demande : *Toutes nos actions doivent être rapportées à Dieu, et être faites par l'impression de son amour.* C'est encore ici, comme l'on voit, l'erreur mille fois répétée sur la charité.

Sect. 1, ch. 6, part. 3, art. 1, Réponse à la quatrième demande : *Jésus-Christ a été le seul qui ait souffert comme innocent : aucun des autres ne peut s'attribuer ce privilège.* La sainte Vierge n'était donc ni pure, ni innocente, puisqu'elle a été, surtout au pied de la croix, percée d'un glaive de douleur.

Ibid. On ne souffre rien en ce monde que l'on n'ait mérité par ses péchés, et qui ne soit le remède de ces mêmes péchés. C'est la 70ᵉ proposition de Quesnel : *Dieu n'afflige jamais les innocents, et les afflictions servent toujours à punir le péché, ou à purifier le pécheur.* C'est la 72ᵉ de Baïus : *Toutes les afflictions des justes sont des châtiments de leurs péchés.* Principes généraux avancés exprès pour ternir la gloire de Marie ; car les hérétiques, et surtout les jansénistes, comme nous l'avons déjà vu, sont les ennemis nés de la Mère de Dieu.

Ibid., sect. 2, chap. 3, part. 1, art. 3, demande deuxième. On prétend que la lecture de l'Ecriture sainte, et surtout du Nouveau Testament, est pour tout le monde de droit et de nécessité.

III. INSTRUCTIONS *théologiques et morales sur s Oraison dominicale,* etc. *Paris, et se vend à Bruxelles chez Eugène-Henry Frick.*

Instruction cinquième, ch. 3, réponse à la septième demande : *Nous n'avons pas le pouvoir de demander à Dieu son assistance, à moins qu'il ne nous fasse prier.* Ainsi le commandement de prier est impossible à tous ceux qui n'ont pas la grâce efficace *qui fait prier.*

Instruction septième, ch. 6, réponse à la septième demande : *Dieu veut sauver les élus, comme faisant tous ensemble un corps et une société qui est l'Eglise.* Et à la page suivante : *L'Eglise comprend les saints vivants et les saints morts.* C'est définir l'Eglise comme a fait Quesnel dans les propositions 72, 73, 74, 75, 76, 77, 78.

Instruction quatrième, ch. 2, réponse à la première demande : *Le peuple,* dit Nicole, *coopère avec le prêtre à l'oblation de ce sacrifice.* Le même auteur, dans ses instructions sur le Décalogue, ch. 4, de la charité envers soi-même, réponse à la douzième demande, avait dit : *Tous les chretiens sont aussi des prêtres, puisqu'ils ont le pouvoir de s'offrir... en s'unissant au sacrifice de Jésus-Christ, et en le sacrifiant lui-même avec les prêtres.* C'est sur cette flatteuse idée que les femmes janséniennes ont grand soin de prononcer avec le prêtre les paroles de la consécration, afin de suppléer à son défaut, au cas qu'il ne fût pas en état de consacrer.

IV. INSTRUCTIONS *théologiques et morales sur le Symbole. La Haye, Adrien Moetjens,* 1719, deux tomes. L'approbation de M. Bigres est à la fin du second tome, en date du 9 août 1705.

Le premier volume est employé tout entier à expliquer le premier article du Symbole, et à établir sous ce prétexte l'hérésie janséniennne, en sorte qu'on pourrait l'intituler : *l'Augustin d'Ypres mis en français.*

Nicole y enseigne la réprobation positive :

Qu'il n'y a que deux amours, d'où naissent toutes nos actions, la cupidité et la charité ;

Que les commandements de Dieu sont impossibles au juste même, lorsqu'il ne les accomplit pas ;

Que la liberté de notre état consiste dans l'exemption de contrainte ;

Que l'ignorance invincible n'excuse point de péché ;

Que Dieu ne veut sauver éternellement que les seuls élus, et que Jésus-Christ n'est mort pour le salut éternel d'aucun réprouvé, etc.

Voici entre autres une proposition bien étrange. Elle est tirée du premier tome, sect. 5, de la Grâce et de la Prédestination, chap. 4 : *Dieu,* dit Nicole, *a fait par sa seule volonté cette effroyable différence entre les uns et les autres (les élus et les réprouvés).* L'affreux langage ! si la seule volonté de Dieu a fait la différence qu'il y a entre les élus et les réprouvés, ceux-ci n'y ont donc contribué en rien de leur part : c'est donc Dieu

sein qui a fait en eux le péché, l'obstination dans le péché, et les terribles suites du péché ; car c'est en cela que consiste l'*effroyable différence* dont il s'agit.

TRAITÉ *de l'oraison et de la prière, divisé en sept livres. Josset,* 1679.

Nicole dans cet ouvrage réfute solidement le quiétisme, mais il y insinue adroitement le jansénisme.

1° Dans la préface, page 3, lig. 13 : *C'est par la seule grâce* (de Dieu) *que nous y pouvons arriver* (aux biens spirituels). Où est donc la coopération de la volonté? Saint Paul dit : *Non ego, sed gratia Dei mecum,* et saint Augustin, sur ces paroles de saint Paul : (*I Cor.* xv, 10; l. *de Gratia et Lib. Arb.* c. 5) : *Ac per hoc nec gratia Dei sola, nec ipse solus, sed gratia Dei cum illo.*

2° Dans la même préface, p. 4, l. 11 : *La foi renferme toujours quelque amour des biens éternels; et plus cet amour est vif, c'est-à-dire plus la foi est vive et agissante par la charité, plus nos prières sont vives et animées.* Mais si je fais un acte de foi sur les peines éternelles de l'enfer, cet acte renfermera-t-il nécessairement quelque amour des biens éternels ? D'ailleurs, l'expression *c'est-à-dire* marque visiblement que l'amour que l'on prétend être renfermé dans la foi, est un amour de *charité.* Il n'y a donc point de foi où il n'y a point de *charité:* en perdant la *charité* on perd donc la foi? C'est là le langage de Quesnel et de Luther ; mais celui du concile de Trente et de tous les évêques qui ont accepté la constitution *Unigenitus* est bien différent.

3° Dans le corps de l'ouvrage, page 30, ligne 28 : *Quand cette intention est droite, ce n'est autre chose que la charité qui tend à Dieu.* Notre intention n'est donc pas *droite,* quand ce n'est pas *la charité,* mais l'espérance, la religion, l'obéissance, etc., qui *tend à Dieu.* Moïse n'avait donc pas une intention *droite,* lorsqu'il envisageait la récompense : *Aspiciebat enim in remunerationem* (*Hebr.* xi, 26). David avait donc une intention perverse, quand il gardait la loi de Dieu en vue de la récompense : *Inclinavi cor meum ad faciendas justificationes tuas in æternum, propter retributionem* (*Ps.* cxviii). Saint Paul (II *Tim.* iv, 8) avait donc une intention perverse, quand il se proposait d'obtenir du juste Juge la couronne de justice : *In reliquo reposita est mihi corona justitiæ, quam reddet mihi Dominus in illa die justus Judex.* Jésus-Christ nous suggère donc une intention perverse, quand il nous exhorte à nous réjouir et à tressaillir de joie (*Matth.* v, 12), parce que la récompense qui nous attend dans le ciel est abondante : *Gaudete et exsultate, quoniam merces vestra copiosa est in cœlis.* J'en dis autant de la crainte des peines de l'enfer (*Luc.* xii, 5) : *Ostendam autem vobis quem timeatis :* timete eum qui, postquam occiderit, habet potestatem mittere in gehennam. Ita dico vobis, hunc timete. Castigo corpus meum et in servitutem redigo* (I *Cor.* ix, 27) : *ne forte cum aliis prædicaverim, ipse reprobus efficiar.*

4° Page 39, ligne 31 : *Il* (Dieu) *ne se tient honoré que par la charité. Il ne compte nos actions qu'à proportion de la charité qu'il y voit.* C'est ainsi que parle Quesnel, proposition 56.

5° Page 133, ligne première : *L'abondance des grâces que Dieu avait versées dans l'âme de l'homme en sa création, le mettant hors de la nécessité de prier, ne lui laissait point d'autre occupation que celle de louer Dieu. Non orabas, sed laudabas.* August. in psalm. xxix, Enar. 2, pag. 318, l. 8. On appuie la même pensée du même passage de saint Augustin. 1° Dire que l'homme, dans l'état d'innocence, n'était pas dans la *nécessité de prier,* c'est avancer une hérésie formelle, et soutenir le pélagianisme par rapport à l'état d'innocence. Quelque parfaite qu'on suppose la créature, elle est toujours essentiellement dépendante du Créateur. Elle a besoin de son secours, elle doit le demander. 2° Pour étayer cette hérésie, on cite saint Augustin ; mais on le cite à faux sur cette matière comme sur toutes les autres ; car saint Augustin, en parlant de l'homme innocent, n'a jamais dit : *Non orabas, sed laudabas.* On défie l'auteur du *Traité de l'oraison,* de montrer ces expressions, non-seulement dans l'endroit qu'il cite, mais encore dans aucun autre endroit de saint Augustin. Il est vrai que le saint docteur, sur le psaume xxix, Enar. 2, en expliquant ces deux versets : *Avertisti faciem tuam a me, et factus sum conturbatus ; Ad te, Domine, clamabo, et ad Deum meum deprecabor,* s'exprime ainsi : *Avertit ergo faciem ab illo, quem emisit foras de paradiso. Jam hic positus clamet et dicat, ad te, Domine, clamabo, et ad Deum meum deprecabor. In paradiso non clamabas, sed laudabas, non gemebas, sed fruebaris : foris positus geme et clama.* Mais 1° il est évident que ces deux expressions, *non orabas, non clamabas,* ne sont point synonymes. La première, *non orabas,* exclut toute prière ; la seconde, *non clamabas,* exclut seulement la prière d'un homme qui gémit sous le poids de la concupiscence : *non clamabas, sed laudabas ; non gemebas, sed fruebaris.* Adam innocent goûtait toutes les douceurs du paradis terrestre, et en bénissait le Seigneur. Adam coupable était privé de ces chastes délices, et il gémissait d'en être privé. Voilà tout ce que dit saint Augustin. On peut bien conclure de là que la prière d'Adam innocent n'était pas la même que la prière d'Adam coupable ; mais non pas qu'Adam innocent n'avait aucun besoin de prier. 2° à saint Augustin, dans le même sermon, nombre premier, contredit manifestement notre auteur : car en expliquant ces paroles du prophète : *Exaltabo te, Domine, quoniam suscepisti me,* il les applique à Jésus-Christ en tant qu'homme, et il dit : *Primo ipsum Dominum consideremus qui, secundum id quod homo esse dignatus est, potuit sibi per præcedentem prophetiam non incongrue verba ipsa coaptare. Ex quo enim homo, ex hoc et infirmus : ex quo infirmus, ex hoc et orans.* Selon saint Augustin, il suffit donc d'être faible pour avoir recours à la prière; il n'est pas nécessaire d'être coupable. L'auteur du *Traité de l'oraison* imite donc les jansénistes. Il cite en sa faveur saint Augustin, lors même qu'il lui est contraire, et ne craint pas d'altérer, de falsifier ses textes, pour faire accroire qu'il lui est favorable.

6° Page 159, lign. 14 : *Cette adoration véritable et spirituelle est propre à la loi nouvelle, et elle n'appartient qu'aux chrétiens, et non pas aux juifs.* Ligne 22 : *Qu'est-ce donc que cette adoration véritable, qui ne convient point aux juifs, et qui fait le caractère des chrétiens? C'est l'adoration d'amour.* Le premier précepte du décalogue, promulgué par Moïse, n'obligeait-il point les Juifs à cette *adoration d'amour?* N'obligeait-il pas même toute créature intelligente, indépendamment de la promulgation extérieure? Pourquoi donc ne conviendrait-il point aux juifs, mais aux seuls chrétiens? Est-ce que les chrétiens sont les seuls qui aient la grâce nécessaire pour l'accomplir? *Voyez* Quesnel, Prop. 6 et 7.

7° Pag. 160, l. 1 : *Les Juifs n'ont point adoré Dieu véritablement, parce qu'ils ne le servaient que pour des récompenses charnelles, et qu'ils ne l'aimaient point pour lui-même.* Il n'y a donc point eu un seul Juif de sauvé ; car on ne peut être sauvé sans aimer Dieu pour lui-même. N'était-ce que pour des récompenses charnelles que Moïse abandonna la cour de Pharaon ; que les Machabées souffrirent le plus cruel martyre ; que tant d'autres, dont, selon saint Paul, le monde n'était pas digne, furent lapidés, sciés en deux, etc. *Lapidati sunt, secati sunt, in occisione gladii perierunt,* etc. Saint Augustin se trompait donc, ou nous trompait, quand il disait que la crainte et l'amour conviennent à l'un et à l'autre Testament (*L. de Morib. Eccles.,* c. 28) : *Utrumque in utroque est.* Il nous trompait, ou il se trompait, quand il ajoutait (*De peccato orig.*, c. 25) : *Erant et legis tempore homines Dei non sub lege terrente, convincente, puniente, sed sub gratia delectante, sanante, liberante....... Eadem quippe et ipsi mundabantur fide, qua et nos unde Apostolus dicit : Habentes eumdem spiritum fidei......et tunc ergo illa gratia, mediatoris Dei et hominum erat in populo Dei.* Voyez Quesnel, Prop. 65.

8° Page 160, lig. 24 : *Tous les amateurs du monde..... sont incapables d'adorer Dieu.* Quoi donc, quand on est coupable d'un péché mortel, ne peut-on plus faire aucun acte de religion, de foi, d'espérance, de crainte, de contrition, d'obéissance, etc?

9° Page 161, ligne 4 : *Aimons donc Dieu, si nous voulons l'adorer en chrétiens ; que tous les respects que nous lui rendons naissent de la charité.* N'y a-t-il donc que l'amour, et l'amour de *charité*, qui soit une vertu *chrétienne?* Pourquoi donc saint Paul nous dit-il : *Nunc autem manent fides, spes, charitas ; tria hæc; major autem horum est charitas.*

10° Page 181, ligne 24 : *Dieu ne nous donne point une vie temporelle comme à des Juifs, mais une vie éternelle, comme à des chrétiens.* Veut-on dire que nul Juif n'a obtenu la vie éternelle? Quel serait donc le sort de tant de patriarches, de tant de prophètes, etc.

11° Page 278, ligne 21 : *La vérité n'est que loi ancienne, lorsqu'elle n'est que dans l'esprit ; mais elle devient loi nouvelle et évangélique, lorsqu'elle est gravée dans le cœur.* 1° La loi ancienne n'était-elle que dans l'esprit? Pourquoi donc saint Cyprien sur ces paroles d'Isaïe : *Quomodo meretrix facta est Sion,* dit-il, *perinde est ac si diceret : Sion, quæ ad intelligendum occasiones accipit, imo vero, quæ spiritualibus adjumentis abundavit, in defectionem et apostasiam defluxit?* Pourquoi saint Prosper, lib. 2, *De vocat. Gent.* cap. 13, assure-t-il que l'esprit de Dieu conduisait le peuple de Dieu : *Regebatur ergo primus ille populus Dei spiritu Dei?* Pourquoi saint Augustin, l. III ad Bonif., ch. 4, dit-il qu'aucun catholique ne soutient que le secours du Saint-Esprit ait manqué dans l'ancienne loi : *Quis catholicus dicat quòd nos dicere jactitant* (pelagiani) *Spiritum sanctum adjutorem virtutis in Veteri Testamento non fuisse?* 2° La vérité n'est pas gravée dans le cœur d'un chrétien qui est en péché mortel. La vérité cesse-t-elle pour cela d'être *loi nouvelle et évangélique?* Le chrétien, dès qu'il est pécheur, cesse-t-il d'appartenir à la nouvelle alliance? C'est ce que prétend Quesnel, proposition huitième ; mais saint Thomas enseigne le contraire, 1-2., q. 106 à 1 ad 3., *per fidem...* : *Christi pertinet homo ad Novum Testamentum.*

12° Page 281, lig. 27 : *Si nous avons de la foi, nous pouvons communier partout, parce que nous pouvons adorer Jésus-Christ partout..... Il suffit de l'aimer et de savoir qu'il y est pour l'adorer. Il suffit de l'adorer pour y communier.* L'auteur aurait pu se passer de citer et d'adopter ces paroles tirées d'un livre intitulé : *des trois Communions,* parce que ces trois paroles, prises à la lettre, ne favorisent pas trop la présence réelle, du moins elles peuvent ralentir l'ardeur des fidèles pour la sainte Eucharistie.

13° Page 283, lig. 2 : *Saint Augustin ne nous assure-t-il pas que les personnes qui s'éloignent de l'autel pour un temps, avec une foi aussi vive que ceux qui s'en approchent, n'honorent pas moins Jésus-Christ.* D'où il est aisé de conclure que ceux qui s'en éloignent avec une grande foi, l'honorent davantage que ceux qui s'en approchent avec une foi médiocre. 1° Il serait à souhaiter que l'auteur eût indiqué l'endroit où saint Augustin dit ce qu'il lui fait dire : car nous avons déjà montré qu'il n'est pas exact dans ses citations ; 2° ce qu'il dit ici n'est rien moins qu'une exhortation à la fréquente communion.

14° Page 317, lig. 22 : *La prière chrétienne n'est point une action intéressée..... Toute autre prière, quelle qu'elle fût, ne serait point celle que Dieu a promis d'exaucer; et comme elle aurait un autre principe que la charité, elle serait incapable de toucher le cœur de Dieu, qui ne se tient honoré que par la cha-*

rité ; non colitur nisi amando. 1° L'espérance ne prie donc point, car l'espérance est *intéressée ;* 2° si Dieu n'exauce que les prières désintéressées, si toute prière qui n'a pas la charité pour principe est incapable de toucher le cœur de Dieu, la vingt-quatrième proposition de Quesnel, quoique condamnée par toute l'Eglise, est donc véritable : *C'est elle seule* (la charité) *qui parle à Dieu; c'est elle seule que Dieu entend.* Comment donc saint Augustin peut-il dire, épît. 186, que la foi obtient la charité? *Hanc fidem volumus habeant qua impetrent charitatem.* Car si la foi obtient la charité, la charité n'est donc pas le principe de toute prière capable de toucher le cœur de Dieu ; 3° si Dieu *ne se tient honoré que par la charité,* pourquoi donc saint Bernard dit-il (Serm. 72, de Divers : *(Cultus Dei in tribus consistit : fide, spe et charitate?* Pourquoi saint Bonaventure ajoute-t-il (l. III, dist. 2, dub. 1) : *Deus non tantum colitur dilectione, sed etiam fide?* 4° On cite un texte de saint Augustin (tiré de la lettre à Honorat.) : *Non colitur ille nisi amando ;* mais il faut expliquer ces paroles du culte le plus parfait par ce que saint Augustin dit ailleurs, qu'on doit honorer Dieu par la foi, par l'espérance et par la charité : *Fide, spe et charitate colendus Deus.*

15° Page 318, lig. 22 : *Comme c'est la charité qui le rend sensible au péché et aux misères qui en naissent, c'est elle aussi qui lui fait pousser ces cris vers Dieu, pour lui demander miséricorde.* Si cette proposition signifie, comme il y a tout lieu de le croire, que la charité seule rend le cœur de l'homme sensible au péché, etc., elle revient à la proposition cinquante-quatrième de Quesnel dont nous venons de parler.

16° Page 319, lig. 32 : *L'état du péché où nous sommes nés..... renferme une incapacité de tout bien, une pente à tout mal, une privation de tout droit aux lumières et aux grâces de Dieu. De sorte que lorsque Dieu en donne maintenant aux hommes, ils n'ont point de droit ni à celles qu'ils reçoivent, ni à celles qui sont nécessaires pour y persévérer.* 1° La première partie de cette proposition rentre dans la trente-neuvième proposition de Quesnel : *La volonté que la grâce ne prévient point..... est capable de tout mal, impuissante à tout bien.* 2° L'état du péché où nous sommes nés nous rend-il incapables des vertus morales? 3° Quand une fois Dieu nous a justifié par sa grâce, nous sommes ses enfants adoptifs, nous avons droit à son héritage, et par conséquent aux grâces nécessaires pour y parvenir. Saint Augustin, sur le verset 11 du psaume VII, ne dit-il pas que le secours que Dieu donne aux pécheurs est un secours de miséricorde, mais que celui qu'il donne aux justes, est un secours de justice? *Justum adjutorium quod jam justo tribuitur.*

17° Page 332, lig. 20 : *Ce désir* (marqué par nos prières) *n'y est souvent* (dans le cœur) *que comme un désir humain, qui se termine à notre intérêt.* Tout ce qui se termine à notre intérêt n'est donc qu'*humain,* n'est donc point surnaturel? Que devient donc l'espérance chrétienne, essentiellement distinguée de la charité?

18° *On ne se présente point assez à Dieu dans la prière avec les sentiments de son impuissance ; l'on ne désespère point assez de soi-même et l'on n'est point assez convaincu que nous ne ferons rien de bien s'il ne nous le fait faire par la puissance de sa grâce.* 1° On doit se défier de soi-même : mais doit-on aussi en *désespérer ?* 2° Le terme d'impuissance employé dans la première partie de ce texte ne modifie-t-il pas ces termes de la seconde, *nous ne ferons rien de bien s'il ne nous le fait faire;* en sorte que ces dernières paroles signifient : *Nous ne pourrons rien faire de bien s'il ne nous le fait faire.* Si c'est-là la pensée de l'auteur, il n'admet point de grâce suffisante qui ne soit efficace ; point de grâce qui donne la puissance d'agir sans donner l'action même.

19° Page 415, lig. 10 : *Toutes les vertus ne sont que divers mouvements de l'amour de Dieu.* 1° Cela est-il bien vrai de la foi ? par exemple : la volonté de croire qui précède la foi, et que les théologiens appellent *pius credulitatis affectus,* est une espèce d'amour; mais cet amour n'a pas Dieu pour objet, mais la crédibilité du mystère proposé à croire. D'ailleurs, quand le *pius credulitatis affectus* serait un acte d'amour de Dieu, il ne s'ensuivrait pas pour cela que l'acte de foi fût un acte d'amour de Dieu. C'est l'entendement qui produit l'acte de foi, puisque ce n'est autre chose qu'*assensus rei revelata datus,* au lieu que l'acte d'amour n'est produit que par la volonté ; 2° quelques lignes plus bas, cet amour de Dieu est appelé *charité.* On prétend donc que toutes les vertus ne sont que divers mouvements de la charité. Rien de plus conforme aux erreurs de Quesnel, de Jansénius et de Luther. *Voyez* Quesnel, propositions 52, 57, 58.

20° Page 450, lig. 6 : *La grâce n'étant qu'une impression de cette lumière et de cette charité qui est Dieu même, elle produit toujours dans les âmes et la lumière et la charité.* Il paraît par toute la suite du discours que l'auteur parle ici et de la grâce actuelle, et de la charité délibérée que cette grâce produit. Il veut donc que la grâce soit toujours efficace, et qu'on n'y résiste jamais : c'est la seconde des cinq hérésies de Jansénius.

21° Page 487, lig. 20 : *La grâce* (il s'agit de l'actuelle) *n'étant autre chose que la charité, il y a plus de grâce où il y a plus de charité.* Il est faux que la grâce actuelle ne soit autre chose que la charité. La grâce est nécessaire pour produire des actes de foi, d'espérance, de crainte, de religion, d'obéissance, etc., mais il n'est point nécessaire que cette grâce soit un acte indélibéré de charité. Si cela était, en consentant à la grâce, je ne produirais jamais d'actes de foi, d'espérance, de crainte, etc., mais seulement des actes de charité.

TRAITÉ *de la grâce générale.*

Tant que Nicole soutient la doctrine de

Jansénius, les jansénistes n'en parlent qu'avec éloge; ils le regardent comme un des principaux défenseurs de la vérité; mais s'il s'écarte tant soit peu des principes de leur secte, pour lors il se trompe, il a tort, il soutient une doctrine qui n'est pas soutenable. C'est ce qui est arrivé par rapport à son système de la *Grâce générale*. Selon eux, il n'écrit sur ce sujet que *d'une manière éblouissante, quoique plus capable que personne de bien défendre ce système, s'il était soutenable* (Exam. théol., t. II, chap. 11, page 187).

Que ces MM. s'accordent avec eux-mêmes. Ils citent en cent endroits ce théologien pour établir ce qu'ils avancent, pourquoi donc disent-ils à présent qu'il écrit *d'une manière éblouissante*, qu'*il soutient ce qui n'est pas soutenable*? C'est qu'en effet son système sur la grâce générale ébranle tout le jansénisme. On y reconnaît (pag. 9, 10, 11 et 12) que la volonté de Dieu pour le salut des hommes est la même à l'égard de l'homme innocent et de l'homme tombé. On y admet des grâces suffisantes; un véritable pouvoir physique d'observer les préceptes sans une grâce efficace, un pouvoir prochain et immédiat de résister à la grâce; une volonté véritable et sincère en Dieu et en Jésus-Christ de sauver tous les hommes.

Cela posé, ou ce théologien était dans les mêmes sentiments, lorsqu'il a écrit en faveur du jansénisme, ou il ne les avait point. S'il était dans ces sentiments, que faut-il penser de lui pour avoir soutenu pendant tant d'années, et avec tant de chaleur, une doctrine qui était très-opposée à ses véritables sentiments, et qu'il croyait insoutenable? Mais s'il n'était pas dans ces sentiments, il faut donc avouer qu'il a changé sur la fin de sa vie. Et en effet, on doit regarder le système de Nicole sur la grâce générale comme un vrai testament spirituel, puisque c'est une déclaration solennelle des sentiments dans lesquels il voulait mourir, et dans lesquels il est mort. On assure qu'il avait souhaité qu'on le fît imprimer après sa mort; cependant ce traité n'a été donné au public que longtemps après. Il fut imprimé à Cologne, chez Corneille Egmont en 1700, et depuis en 1715.

Or, tout cela étant connu des jansénistes, où est leur équité d'alléguer le témoignage d'un auteur, pour établir un sentiment qu'ils savent certainement qu'il ne croyait pas véritable, ou qu'il avait abandonné? Que dirait-on d'un homme qui citerait sérieusement saint Augustin pour établir une doctrine, sachant très-bien que ce saint docteur l'a rétractée sur la fin de sa vie? Pourquoi donc emploient-ils en plusieurs endroits (1) le témoignage de M. Nicole, du P. Thomassin, du P. Luc Wadingt, franciscain, et de l'abbé de Bourzeis, pour appuyer leur préjugé, quoiqu'ils n'ignorent pas que ces théologiens ont solennellement rétracté les sentiments favorables qu'ils avaient pour le jansénisme?

Au reste, quoique M. Nicole se soit ici

(1) Paix de Clém. IX, p. 58.

ouvertement déclaré contre le système de M. Arnauld sur la grâce, et quoiqu'il se soit fort rapproché de la doctrine de l'Eglise, il ne s'est pas néanmoins expliqué d'une manière assez catholique, comme l'a démontré le Père général des chartreux, dans ses deux Lettres sur les systèmes de M. Nicole.

Nous croyons devoir mentionner ici l'ouvrage intitulé:

LETTRE à *M. Nicole sur son principe de la plus grande autorité visible, dont il fait la vraie règle de foi.*

Cet ouvrage est daté de la solitude de l'auteur, le 1ᵉʳ septembre 1726, et il a 12 p. in-4°.

Comme le principe de M. Nicole sur la plus grande autorité visible, incommode fort les appelants, l'auteur de la Lettre prend un autre système et donne à tous les fidèles, pour dernière règle, le texte de l'Ecriture. C'est, selon lui, une règle, par laquelle ils doivent et peuvent juger de la doctrine que tout ce qui est sur la terre leur enseigne; par-là il érige à chacun un petit tribunal supérieur à toute l'Eglise.

Voici ce qu'on y avance, page 10 : *Il suffit pour mon dessein de vous avoir montré que, ni dans la Synagogue, ni dans l'Eglise, la vraie règle de foi ne fut jamais ce que vous appelez la plus grande autorité visible ; jamais les Juifs n'en connurent d'autres que l'Ecriture sainte.*

S'il parle de la tradition, ce n'est que faiblement, et comme un homme qui tient à peu près sur ce point la doctrine des protestants. On voit donc que l'auteur de cette Lettre ne craint pas de tirer tout haut des principes janséniens les conséquences qui en suivent naturellement. Ce qui a déplu aux appelants, c'est qu'il dévoile avant le temps leurs intentions secrètes. Ces intentions sont de réduire tout à l'examen particulier, ainsi que les calvinistes, l'Eglise n'ayant, suivant eux, quand elle est dispersée, aucune autorité pour décider, et ne se trouvant presque jamais assemblée.

NOAILLES (LOUIS-ANTOINE DE), né en 1651, fut élevé dans la piété et dans les lettres. Après avoir fait sa licence en Sorbonne avec distinction, il prit le bonnet de docteur en 1676. Le roi le nomma à l'évêché de Cahors en 1679. Il fut transféré à Châlons-sur-Marne l'année d'après, et l'archevêché de Paris étant venu à vaquer en 1695, Louis XIV jeta les yeux sur lui pour remplir ce siége important. Noailles parut hésiter à l'accepter ; mais quelque temps après, non content d'acquiescer à sa nomination, il demanda et obtint encore son frère pour successeur dans le siége de Châlons. L'archevêque de Paris fit des règlements pour le gouvernement de son diocèse et pour la réforme de son clergé; mais il ne ménageait pas assez les jésuites. Il ne voulait pas être leur valet, suivant ses expressions, et ceux-ci crurent, de leur côté, avoir sujet de se plaindre de ce prélat. Noailles avait donné en 1695, n'étant encore qu'évêque de Châlons, une approbation authentique aux *Réflexions morales* du Père Quesnel, ou plutôt il en avait continué l'approbation ; car son prédécesseur, Félix Vialart, l'avait accordée pour son diocèse. Devenu archevêque de Paris, il condamna, en 1696, le livre de l'abbé de Barcos, intitulé : *Exposition de la foi catholique touchant la grâce.* On vit paraître à cette occasion le fameux *Problème ecclésiastique*, attribué au P. Doucin, mais que le P. Gerberon croit avec plus de vraisemblance être d'un écrivain du parti de Jansénius, dom Thierri de Viaixnes, janséniste des plus outrés, dit d'Aguesseau. On examinait dans ce *Problème :* « Auquel fallait-il croire, ou à M. de Noailles, archevêque de Paris, condamnant l'*Exposition de la foi*, ou à M. de Noailles, évêque de Châlons, approuvant les *Réflexions morales ?* » Il est aisé de concevoir que l'archevêque fut irrité ; et comme il ne doutait pas que ce ne fût l'ouvrage d'un jésuite, il en fut animé contre ces religieux. Dans l'assemblée de 1700 à laquelle il présida, il fit condamner 127 propositions tirées de différents casuistes, parmi lesquels plusieurs étaient jésuites, mais qui n'avaient fait que suivre et répéter de plus anciens (*Voyez* ARNAULD). La même année il fut nommé cardinal. On proposa en 1701 un problème théologique, qu'on appela le *cas de conscience par excellence.* « Pouvait-on donner les sacrements à un homme qui aurait signé le formulaire, en croyant dans le fond de son cœur que le pape et même l'Eglise peuvent se tromper sur les faits ? » Quarante docteurs signèrent qu'on pouvait donner l'absolution à cet homme. Le cardinal de Noailles ordonna qu'on crût le droit d'une foi divine et le fait d'une foi humaine. Les autres évêques exigèrent la foi divine pour le fait, disant que ce fait étant le sens d'un livre, il était nécessaire que l'Eglise pût en juger avec certitude ; que les faits doctrinaux ne peuvent cesser d'être du ressort de la foi, sans que le dogme même y soit également soustrait. Clément XI crut terminer la querelle en donnant, en 1705, la bulle *Vineam Domini*, par laquelle il ordonna de croire le fait, sans s'expliquer si c'était d'une foi divine ou d'une foi humaine. L'assemblée du clergé de la même année reçut cette bulle, mais avec la clause que *les évêques l'acceptaient par voie de jugement.* Cette clause, suggérée par le cardinal de Noailles, indisposa Clément XI contre lui. Cependant le cardinal voulut faire signer la bulle aux religieuses de Port-Royal-des-Champs. Elles signèrent, mais en ajoutant que « c'était sans déroger à ce qui s'était fait à leur égard à la paix de Clément IX. » Cette déclaration fut mal interprétée. Le roi demanda une bulle au pape pour la suppression de ce monastère, et en 1709 il fut démoli de fond en comble. Le cardinal qui avait dit plusieurs fois que Port-Royal était le *séjour de l'innocence*, se prêta à sa destruction, parce qu'il crut voir ensuite que c'était celui de l'opiniâtreté. L'année d'auparavant (1708), Clément XI avait porté un décret contre les *Réflexions morales ;* mais le parlement de Paris y ayant trouvé des nullités, il ne fut point reçu en France. Les foudres lancées contre Quesnel ne produisirent leur effet qu'en 1713, année dans laquelle la constitution *Unigenitus* vit le jour. Le cardinal de Noailles révoqua, le 28 septembre 1713, l'approbation qu'il avait donnée étant évêque de Châlons au livre de Quesnel. Une nombreuse assemblée d'évêques fut convoquée à Paris ; tous acceptèrent la bulle, les uns purement et simplement, les autres moyennant quelques explications, excepté sept qui ne voulurent ni de la bulle, ni des commentaires. Le cardinal de Noailles se mit à la tête de ces derniers, et défendit par un mandement du 25 février de recevoir la constitution *Unigenitus*. Louis XIV, irrité, lui défendit de paraître à la cour, et renvoya les évêques non adhérents dans leurs diocèses. La bulle fut enregistrée par la Sorbonne et par le parlement. Mais après la mort de Louis XIV, en 1715, tout changea de face. Le duc d'Orléans, régent du royaume, unit le cardinal de Noailles à la tête du conseil de conscience. Ce prélat étant bien accueilli à la cour du régent, les évêques opposés à la bulle appelèrent et réappelèrent à un fu ur concile, dût-il ne se tenir jamais. Noailles appela aussi en 1717, par un acte public, qui fut supprimé par arrêt du parlement, le 1er décembre de la même année. L'archevêque renouvela son appel en 1718 ; et le 14 janvier 1719, il donna une *Instruction pastorale*, qui fut condamnée à Rome le 3 août 1719, par un décret du pape. Le régent confondant l'erreur et la vérité, ordonna le silence aux deux partis. Cette loi du silence, toujours recommandée et toujours violée, ne fit qu'encourager les opposants. L'expérience de tous les siècles apprend que c'est toujours à l'ombre du silence que les sectaires se fortifient : bien résolus de ne pas le garder, ils envisagent comme un triomphe l'ordre qui l'impose à leurs adversaires ; et c'en est véritablement un pour l'erreur, que de voir la vérité captive. Cependant le moment du Seigneur arriva pour le cardinal. Il reconnut tout à coup, comme il s'en expliqua hautement, qu'on l'avait engagé dans un parti de factieux. Les remords qu'il éprouvait depuis longtemps, joints à près de quatre-vingts ans d'âge qui le menaçaient d'une mort prochaine, le déterminèrent à écrire au pape Benoît XIII, en termes trop édifiants, pour qu'on les trouve déplacés, quelque soit l'endroit où on les rapporte. Après avoir dit que son grand âge ne lui permettait guère de compter sur une vie plus longue, et que les approches de l'éternité demandaient de lui qu'il se rendît enfin aux désirs du chef de l'Eglise : « Dans cette vue, poursuivait-il, je vous atteste, en présence de Jésus-Christ, que je me soumets sincèrement à la bulle *Unigenitus*, que je condamne le livre des *Réflexions morales*, et les 101 propositions de la même manière qu'elles sont condamnées par la constitution ; et que je révoque mon *Instruction pastorale*, avec tout ce qui a paru sous mon nom contre cette bulle. Je promets à Votre Sainteté, continue-t-il, de publier au plus tôt un mandement pour la faire observer dans mon diocèse. Je dois encore lui avouer que depuis que, par la grâce du Seigneur, j'ai pris cette résolution, je me sens infiniment soulagé; que les jours sont devenus plus sereins pour moi ; que mon âme jouit d'une paix et d'une tranquillité que je ne goûtais plus depuis longtemps. » Toutes ces promesses furent ponctuellement remplies. Le cardinal archevêque se prêta à tout ; il rétracta son appel, et son mandement de rétractation fut affiché le 11 octobre 1728. Les jansénistes, atterrés de ce coup inattendu, cherchèrent à en atténuer l'effet. *Voyez* ci-après, dans le *catalogue* des livres dont on ne connaît pas les auteurs, l'article ACTES, *lettres et discours*, etc. M. le cardinal de Noailles mourut en 1729, à 78 ans. Ses charités étaient immenses; ses meubles vendus et toutes les autres dépenses payées, il ne laissa pas plus de 500 livres. Il aimait le bien et le faisait. Doux, agréable dans la société, brillant même dans la conversation, sensible à l'amitié, plein de candeur et de franchise, il attachait le cœur et l'esprit. S'il se laissa quelquefois prévenir, c'est qu'il jugeait les autres par l'élévation de son âme, et cette âme était incapable de tromper. Ses adversaires crurent voir en lui un mélange de grandeur et de faiblesse, de courage et d'irrésolution. Plein de bonne foi, il soutenait des gens qu'on accusait d'en manquer. Il favorisait les jansénistes, sans l'être lui-même. Quoiqu'il luttât contre le pape et contre tous les évêques du monde catholique, à quelques appelants près, on était parvenu à lui persuader qu'il n'avait pour adversaires que les jésuites ; ce qui paraîtrait incroyable, si on ne voyait cette singulière persuasion consignée dans ses propres lettres et celles de ses correspondants. « Il n'y a contre vous qu'un soupçon, » (lui écrivait madame de Maintenon, en répondant à une de ses lettres), « est-il impossible de l'effacer? Tout ce qu'on dit contre vous se réduit à la protection secrète que vous accordez au parti janséniste. Personne ne vous accuse de l'être; voudriez-vous plus longtemps être le chef et le martyre d'un corps dont vous rougiriez d'être membre? Jamais les jésuites n'ont été plus faibles qu'ils le sont. Je vois la force que vous auriez si ce nuage de jansénisme pouvait se dissiper. On est averti que vous avez des commerces directs et indirects à Rome, avec des gens qui ont été les plus acharnés pour Jansénius et contre le roi. Croyez, monseigneur, que tout lui revient, et qu'il n'a aucun tort de vous soupçonner. Ce n'est point sur les discours de votre Père de la Chaise, etc. »

Des mandements, instructions, etc., de M. le cardinal de Noailles, nous mentionnerons les pièces qui suivent :

MANDEMENT.... *du 15 avril 1709, portant permission d'imprimer une lettre de feu M. l'évêque de Meaux aux religieuses de Port-Royal*. Paris, Josse, 1709, in-4°.

LETTRE.... *aux religieuses de Port-Royal des Champs, qui ne se sont point encore soumises, avec divers actes et lettres de celles qui sont rentrées dans l'obéissance à l'Eglise.* Paris, Josse, 1711, in-12.

LETTRE... *à M. l'évêque d'Agen, en date du 20 décembre 1711, pour se plaindre de l'accusation de jansénisme, intentée contre lui, à l'occasion principalement de l'approbation qu'il a donnée au livre des* Réflexions morales. Paris, Muguet, 1712, in-8°.

ORDONNANCE... *du 28 avril 1711, portant défense de lire les ordonnances et mandements de MM. les évêques de Luçon, de la Rochelle et de Gap.* In-8°.

MANDEMENT... *du 28 septembre 1713, portant défense et condamnation du Nouveau Testament en français*, etc. Paris, Josse, 1713, in-4°.

LETTRE *pastorale et Mandement... du 25 février 1714, au sujet de la constitution de N. S. P. le Pape, du 8 septembre 1713.* Paris, Coignard, 1714, in-4°.

Lorsque les docteurs de Sorbonne s'assemblèrent le 1ᵉʳ jour de mars 1714, pour faire insérer la Constitution dans leurs registres, suivant les ordres du roi, M. le cardinal de Noailles leur fit distribuer à la porte de leur grande salle, à mesure qu'ils entraient, le mandement dont il est ici question.

Cet ouvrage est donc un signal de révolte contre une constitution dogmatique, acceptée par le corps épiscopal, revêtue de l'autorité royale, enregistrée dans les parlements; et M. de Noailles est peut-être le premier évêque du monde, qui ait osé dans ses mandements défendre, sous peine de suspense, de recevoir une constitution si authentique. Cependant cette menace de suspense fit une si vive impression sur un docteur nommé *Bigres*, qu'il s'écria avec frayeur: *Nolo mori suspensus*; et pour le coup, la crainte d'une excommunication injuste, et même nulle, l'empêcha de faire son devoir. Ce *Bigres* était censeur royal, et ne voulait approuver aucun livre où il fût dit que la sainte Vierge est au ciel en corps et en âme, et qu'elle a été conçue sans péché. Un tel homme ne pouvait manquer d'obéir volontiers au schismatique mandement dont nous parlons. Au reste, ce mandement fut condamné à Rome, le 26 mars 1714, *comme étant au moins captieux, scandaleux, téméraire, injurieux au saint-siége apostolique, sentant le schisme et conduisant au schisme.*

ORDONNANCE *du 12 novembre 1716, portant révocation des pouvoirs de confesser et de prêcher dans le diocèse, ci-devant accordés aux religieux de la Compagnie de Jésus.* Paris, de Lespine, 1716, in-12.

ACTE D'APPEL... *du 3 avril 1717, de la Constitution du 13 septembre 1713.* In-12. Il fut condamné à Rome. — Autre édition : *Acte d'appel... du 3 avril 1717, au pape mieux conseillé, et au futur concile général, de la constitution de N. S. P. le pape Clément XI, du 8 septembre 1713, en français et en latin, avec l'acte d'adhésion de feu M. l'évêque de Lectoure* (F. L. de Polastron), *du 1er juin 1717, à cet appel; sa lettre à M. le cardinal de Noailles, du 4 juillet, en lui envoyant son acte d'adhésion, et la réponse de cette éminence, du 16 juillet de la même année 1717.* In-4°.

MANDEMENT... *du 3 avril 1717, pour la publication de l'appel qu'il a interjeté de la constitution* Unigenitus. Paris, J. B. de Lespine, 1718, in-4°.

LETTRE... *à N. S. P. le pape, du 2 juin 1717, en réponse à celle de Sa Sainteté.* Paris, J. B. de Lespine, 1717, in-4°.

MANDEMENT... *du 3 octobre 1718, pour la publication de l'appel qu'il a interjeté des lettres du pape Clément XI, du 8 septembre 1718, qui commencent par ces mots* : Pastoralis officii. Paris, J. B. de Lespine, 1718, in-4°.

PREMIÈRE INSTRUCTION pastorale... *du 14 janvier 1719, sur la constitution* Unigenitus. Paris, J. B. de Lespine, 1719, in-4°.

Elle fut condamnée à Rome, le 3 août 1719. Le décret porte que N. S. P. le pape ayant appris qu'il paraissait un livre intitulé : Première Instruction de S. E. M. le cardinal de Noailles, etc., après *l'avoir fait examiner*, etc. Sa Sainteté condamne ce livre, *comme contenant une doctrine fausse, captieuse, séditieuse, scandaleuse, présomptueuse, téméraire, injurieuse aux évêques, surtout de France, et à la chaire apostolique, erronée, qui favorise les hérétiques, les hérésies, les schismatiques, et même hérétique et schismatique*, etc.

Le 6 septembre 1719, intervint un *arrêt de la cour de parlement, qui ordonne la suppression d'un décret de l'Inquisition de Rome, du 3 août 1719, condamnant cette première instruction pastorale.*

SECONDE INSTRUCTION pastorale... *au sujet de l'appel qu'il a interjeté de la constitution.* 1719, in-4°.

MANDEMENT... *du 2 août 1720, pour la publication et acceptation de la constitution* Unigenitus, *suivant les explications approuvées par un grand nombre d'évêques de France.* Paris, J. B. de Lespine, 1720, in-4°.

Au mois d'avril 1721, il parut contre ce mandement un écrit intitulé : *Projet d'instruction pastorale de S. Em. M. le cardinal de Noailles, où l'on expose les motifs qu'elle a d'appeler des explications sur la bulle* Unigenitus, *publiées le 2 août 1720.* L'auteur attaque l'accommodement par les propres paroles de M. le cardinal de Noailles, tirées de différents écrits qu'il a publiés depuis la constitution. Il lui conseille d'interjeter un nouvel appel au futur concile, *comme étant*, dit-il, *le seul moyen de recouvrer la confiance de ses diocésains.*

LETTRE... *du premier octobre 1724, à N. S. P. le pape Benoît XIII, au commencement de son pontificat.* En latin et en français, in-4°.

DÉCLARATION... *dans laquelle il explique le désistement qu'il a donné au sujet de son opposition au bref de Sa Sainteté, du 17 décembre 1727, confirmatif du concile d'Embrun, et désavoue et proteste contre tout acte, mandement, instruction pastorale, déclaration qu'on pourrait tirer de lui, et qui serait contraire à ce qui est contenu dans la lettre des douze évêques au roi, du 28 octobre 1727, 1728,* in-4°.

MANDEMENT... *du 11 octobre 1728, pour l'acceptation et publication de la constitution du pape Clément XI, du 8 septembre 1713, avec ladite constitution.* Paris, Fr. Muguet, 1728, in-4°.

ORDONNANCE... *pour lever les défenses portées par celle du 12 novembre 1716, contre les Jésuites.* Paris, J. B. de Lespine, 1729, in-4°.

RECUEIL *de mandements, ordonnances, instructions et lettres pastorales.* Paris J. B. de Lespine, 1718, in-4°.

RECUEIL *de plusieurs écrits importants, au sujet des différends de M. le cardinal de Noailles, tant avec les évêques de Luçon et de la Rochelle, qu'avec les jésuites.* In-12.

Les écrits de M. de Noailles en ont occasionné beaucoup d'autres ; plusieurs sont mentionnés dans divers articles de cet ouvrage, notamment dans l'article CURÉS de Paris. Nous parlerons ici des ouvrages suivants :

LETTRE *en vers libres à un ami, sur le mandement de M. l'archevêque de Paris, portant défense de lire le Nouveau Testament, traduit en français, imprimé à Mons.*

C'est une des plus insipides productions de la secte. En voici le début :

Puisque vous désirez qu'ici je vous expose
Le nouveau mandement qui fait de l'embarras,
Tout de bon ce n'est pas grand' chose,
Et cela ne mérite pas
Que je vous en écrive en prose ;
Mais dans quelques vers seulement
On peut examiner ce nouveau mandement.

Telle est la poésie de Port-Royal.

REMONTRANCE *des fidèles du diocèse de Paris à M. leur archevêque, au sujet de son ordonnance du 29 septembre 1729. A Paris,* 26 octobre 1729.

On ne peut donner ici une idée plus exacte de ce libelle, qu'en mettant sous les yeux du lecteur quelques-uns des traits remarquables dont le peignit M. Gilbert de Voisins, avocat général, en requérant sa condamnation.

Un auteur anonyme, dit ce magistrat, *du fond de son obscurité, entreprend de faire parler un peuple entier; et en lui prêtant ses paroles, il entreprend de lui inspirer en effet ses pernicieux sentiments. On n'aperçoit dans cet ouv age que témérité, qu'emportement et que scandale; il ne se contente pas de se déclarer contre l'ordonnance de M. l'archevêque de Paris, du 20 septembre dernier, il attaque en même temps sa personne et la droiture de ses intentions. Nous vous plaindrions,* dit le libelle, *si vous n'étiez que séduit; mais votre foi s'est aperçue du piège qu'on veut lui tendre. Les reproches injurieux d'affectation, de déguisement, de mauvaise foi, de fausses insinuations, de détours artificieux, sont les expressions qu'on y trouve à chaque page contre ce prélat. Les évêques de France sont encore moins épargnés. Sans égard ni pour leur dignité, ni pour leurs personnes, on met en œuvre les couleurs les plus noires pour les décrier. Il n'est point d'invectives ni de traits envenimés qu'on ne rassemble contre eux. Pour comble d'attentat, on ose s'élever contre le corps de l'épiscopat, et il semble qu'on aspire à le rendre odieux et méprisable. L'auteur s'abandonne à des déclamations et à des invectives contre la constitution* Unigenitus. *Il avance sans détour les maximes les plus dangereuses.* Il est faux, dit-il, *qu'en toute circonstance, l'autorité du chef et du corps des pasteurs doit rendre notre soumission tranquille et exempte de scrupule. Après tout,* dit-il encore, *et ce sont ses propres termes, pourquoi ne défendrions-nous pas la vérité contre le pape et contre tous les évêques qui la combattent en effet? Il annonce ouvertement que le corps de l'épiscopat peut tomber dans l'erreur, et l'enseigner; qu'il peut être instruit, corrigé, jugé par le peuple même. C'est là le but que l'auteur semble s'être proposé dans son ouvrage, où il renverse les fondements de l'autorité infaillible de l'Eglise.*

En conséquence de ce réquisitoire, un arrêt du parlement rendu le 23 février 1730, condamna ce libelle, rempli du plus pur presbytéranisme, à être lacéré et jeté au feu au bas du grand escalier du palais.

ACTES, *lettres et discours de feu M. le cardinal de Noailles, qui montrent l'opposition qui se trouve entre les sentiments constants et uniformes qu'il a conservés jusqu'à la mort, et le mandement d'acceptation de la bulle du 11 octobre 1728, qui a paru sous le nom de S. E.*

Ce recueil, daté du 12 septembre 1729, contient 23 pages in-4°, y compris l'avertissement et la conclusion.

La soumission de M. le cardinal de Noailles à la bulle *Unigenitus*, et son mandement d'acceptation, furent un coup de foudre pour les novateurs. Ils tâchèrent de l'éluder en publiant deux déclarations de ce cardinal; mais ces déclarations furent démontrées fausses; et MM. les vicaires généraux, le siège vacant, publièrent une lettre imprimée, où ils prouvèrent avec la dernière évidence, 1° que le mandement du 11 octobre *est le véritable ouvrage du cardinal, le fruit de ses mûres et longues réflexions, et l'exécution d'une volonté déterminée et constante;* 2° *que les déclarations que l'on oppose à ce mandement solennel portent tous les caractères d'écrits supposés.*

C'est contre de si authentiques témoignages que le parti a dressé ce recueil artificieux de pièces fausses ou surprises : mais pour me servir des paroles du nouvelliste de la secte, en les appliquant mieux qu'il ne fait et en les tournant contre lui : *Il est difficile à l'erreur de se soutenir, même avec tous les appuis de l'art, contre les charmes naturels de l'ingénue vérité.*

NOAILLES (GASTON-JEAN-BAPTISTE-LOUIS DE), frère du précédent, auquel il succéda sur le siège épiscopal de Châlons; il le suivit dans son opposition à la constitution *Unigenitus*, mais ne l'imita point dans sa réunion avec le corps des pasteurs. Il donna : *Lettre et mandement.... au sujet de la constitution,* le 15 mars 1714. Cet écrit fut condamné à Rome, avec une pareille pièce de l'évêque de Boulogne et une autre de l'évêque de Bayonne; ces trois écrits donc furent condamnés à Rome le 2 mai 1714, *comme captieux, scandaleux, téméraires, injurieux au saint-siège, approchant du schisme et y induisant, erronés et sentant l'hérésie.* Gaston de Noailles mourut en 1720, à l'âge de 52 ans.

NOÉ (MARC-ANTOINE DE), naquit en 1724, au château de la Grimaudière, près de la Rochelle. Il fut député à l'assemblée du clergé de 1762, et sacré évêque de Lescar en Béarn, le 12 juin 1763. Pendant la révolution il se retira en Espagne, puis en Angleterre, où il publia, en 1801, une édition de ses œuvres, en un vol. in-12. Il donna sa démission la même année, lorsqu'elle lui fut demandée par le pape pour faciliter l'exécution du concordat, et repassa peu après en France. Au mois d'avril, il fut nommé à l'évêché de Troyes, où il ne fit, pour ainsi dire, que paraître; car il mourut le 21 septembre 1802.

M. de Noé fut un des quatre évêques qui n'adhérèrent point aux actes du clergé de 1765, et cette affectation à se séparer de l'immense majorité de ses collègues parut tout au moins une singularité. Les trois autres évêques dont M. de Noé suivit l'exemple passaient pour être favorables à un certain parti, et s'il ne l'était pas lui-même, il eut le tort de céder dans cette circonstance à une influence domestique. Le chevalier de Noé, son frère, qui avait beaucoup d'ascendant sur son esprit, se conduisait, dit-on, par les conseils du P. Lambert; c'est ce qui explique quelques démarches du prélat, c'est ce qui rend raison entre autres de ce *discours sur l'état futur de l'Eglise,* où M. de Noé a revêtu d'un beau style les idées du millénarisme. Ce *discours* devait être prononcé à l'assemblée du clergé de 1785; mais il ne le fut pas, parce qu'on sut qu'il y était question de défection, de menaces et de conjectures arbitraires et non approuvées. Il aurait été fort déplacé qu'on eût avancé devant l'assemblée du clergé des opinions inventées ou propagées par des novateurs et des sectaires, et les évêques firent leur devoir en empêchant ce scandale.

On a donné en 1817 ou 1818, une nouvelle édition des *OEuvres de M. de Noé*. Paris, 1 vol. in-8°.

Ces *œuvres* se bornent à quatre *discours* de quelque étendue, à trois *mandements* un peu importants, et à d'autres pièces. Les *discours* sont : 1° celui dont il a été question tout à l'heure, *sur l'état futur de l'Eglise*; 2° celui qui fut prononcé à Auch en 1781, pour la bénédiction des guidons du régiment du roi ; 3° celui pour le jubilé de 1775 ; et 4° celui pour une confirmation à Londres, en 1799. Le premier et le second sont les plus travaillés de tous.

Le *discours sur l'état futur de l'Eglise* est divisé en deux parties, les promesses et les menaces. Chacune renferme des choses belles et vraies, mais mêlées de conjectures et d'idées particulières. L'auteur exagère le besoin d'un renouvellement qui doit, selon lui, s'opérer par les juifs ; il s'étaie de l'autorité de Bossuet, sur lequel on ne cite que des anecdotes sans autorité (1). Il annonce la défection de la gentilité, et l'établissement d'un nouveau règne de Jésus-Christ. Enfin il réchauffe à ce sujet les idées des anciens millénaires et de quelques écrivains modernes qui, condamnés par l'Eglise, s'en vengent en l'accusant de vieillesse et de stérilité, et appellent des changements à l'œuvre du Fils de Dieu même. L'éditeur loue beaucoup ce *discours*, qui est effectivement bien écrit, mais dont le mérite est au-dessous des éloges qu'il lui donne : il y a lieu de croire qu'étranger aux matières ecclésiastiques et aux notions de la théologie, il n'aura pas remarqué dans ce *discours* ce qui s'y trouve de singulier et de systématique. Il se montre mal instruit de quelques faits qu'un peu plus de recherches lui aurait fait connaître. Il dit : *Ce discours ne fut pas imprimé ; je n'en rapporterai pas les raisons, parce que l'éloge d'un homme vertueux n'a pas besoin de s'étayer de la satire du vice*. Il y a bien de la malignité dans cette discrétion prétendue charitable, qui laisse croire qu'apparemment M. de Noé tenait à ses collègues le langage

de Nathan et de Jean-Baptiste, et qu'il leur adressait les vérités les plus dures. C'est une supposition très-fausse, comme on peut le voir par le *discours* même. Nous avons dit pourquoi il ne fut pas permis à M. de Noé de le prononcer. L'éditeur n'est pas mieux informé sur le *Recueil des passages* dont il n'a pu, dit-il, découvrir quel est l'auteur. Ce *Recueil* est du P. Lambert, dominicain, qui fournit au prélat l'idée et probablement les matériaux de son *discours*. Le même théologien est auteur de l'*Exposition des prédictions et des promesses faites à l'Eglise pour les derniers temps de la gentilité*, que l'éditeur cite également sans savoir à qui l'attribuer. Enfin il fait mention de l'*Avis aux catholiques*, publié à Lyon, par Desfours de la Genetière, et il a l'air d'ignorer que ces divers ouvrages viennent d'un parti condamné pour ses erreurs, et non moins condamnable pour les illusions où il est tombé dans ces derniers temps.

Parmi les autres pièces qui composent la collection des *OEuvres* de M. de Noé, nous mentionnerons sa traduction ou plutôt sa paraphrase de l'Epître de saint Paul aux Romains. Il ajoute et supplée beaucoup de choses au texte de l'Apôtre, et on voit clairement dans ce travail l'intention d'insinuer les mêmes doctrines que dans le *Discours sur l'état futur de l'Eglise*. L'auteur fait en plusieurs endroits violence au texte pour autoriser son sentiment.

NOE-MENARD (Jean de la), prêtre appelant, naquit en 1650, fut avocat, entra quelque temps dans l'Oratoire, reçut la prêtrise et fit des conférences à la communauté de Saint-Clément, à Nantes, où il fonda une maison de refuge. Il avait du mérite et des vertus. Le parti le revendiqua, il en voulut faire un saint, un thaumaturge. Outre un article dont il est l'objet dans le *Moréri* de Goujet, et dans lequel il est loué avec une affectation prononcée, un écrivain du parti le présenta à l'admiration du monde, dans un livre intitulé :

Vie de M. de La Noë-Menard, prêtre du diocèse de Nantes, etc., avec l'Histoire de son culte et les relations des miracles opérés à son tombeau. *Bruxelles, Vanderagen*, 1734, in-12, 238 pages.

Cet ouvrage ne put paraître en 1718 avec

---

(1) « Bossuet, dit M. Picot (*Ami de la Religion*, tom. VI, pag. 165), choqué d'entendre les déclamations des protestants de son temps, qui prétendaient trouver la Babylone de saint Jean dans l'Apocalypse, entreprit de venger l'Eglise de Jésus-Christ et la chaire de saint Pierre ; et il est remarquable que depuis les plus célèbres protestants ont à peu près abandonné leur odieuse interprétation, qu'un homme qui se disait catholique, a pourtant osé recueillir et renouveler dans un écrit récent enfanté par le plus prodigieux égarement (M. Picot veut sans doute parler du P. Lambert). Et ce qui ajoute le ridicule au délire, c'est que cet homme de modestie et de mérite, ne craint pas de s'appuyer de l'autorité de Bossuet. Ils nous racontent partout une conversation supposée de

Bossuet avec Duguet, où ils le font abonder dans leur sens ; mais, comme le dit l'abbé Hémey, ce n'est pas même Duguet qui rapporte cette conversation, c'est Soanen, dans une lettre qui n'est pas de lui, et qu'on sait être l'ouvrage d'un convulsionnaire, nommé le P. de Gennes. Voilà l'autorité sur laquelle on prête à Bossuet une opinion indigne d'un homme si judicieux, si éclairé et si exact. Le milléranisme de Bossuet est une supposition dénuée de fondement et de vraisemblance. Quant à l'application qu'il fait des différentes parties de la prophétie aux événements de l'histoire, il ne propose ses conjectures qu'avec une modestie qui fait voir encore combien il eût été éloigné d'autoriser des hypothèses hardies et contraires à la tradition. »

privilége, parce qu'on exigeait des conditions que l'auteur ne voulut pas accepter. Il n'a été publié qu'en 1734, sans privilége ni approbation, et tel qu'il est sorti des mains de son fanatique auteur. Les pages 155 et suivantes sont employées à célébrer l'appel du sieur de La Noë. *Il semble*, dit-on, page 156, *que M. de La Noë n'était retenu dans ce monde que pour y faire cette sainte action.* Après cela, on entreprend de lui faire faire des miracles. La secte, comme on sait, cherchait à multiplier ses thaumaturges, mais inutilement : Pâris était tombé, et ses petits copistes n'eurent aucun succès. *Voyez* LEVIER, ROUSSE.

NOIR (JEAN LE), fameux chanoine et théologal de Séez, était fils d'un conseiller au présidial d'Alençon. Il prêcha à Paris et en province avec réputation. Il eût pu continuer d'employer utilement ses talents, si une opposition tout à fait déraisonnable aux décisions de l'Église ne l'eût brouillé avec son évêque, qui avait donné un mandement pour la publication du formulaire. Il eut l'audace de l'accuser de plusieurs erreurs dans des écrits publics. Ses excès indignèrent les gens de bien. On nomma des commissaires pour le juger, et, sur la représentation de ses libelles, il fut condamné le 24 avril 1684, à faire amende honorable devant l'église métropolitaine de Paris, et aux galères à perpétuité. Quelques jours après ce jugement, les jansénistes qui l'avaient égaré à ce point, firent courir une complainte latine, dans laquelle on disait « qu'il était *noir* de nom, mais *blanc* par ses vertus et son caractère. » Cependant la peine des galères ayant été commuée, il fut conduit à Saint-Malo, puis dans les prisons de Brest, et enfin dans celles de Nantes où il mourut en 1692.

L'ÉVÊQUE DE COUR *opposé à l'évêque apostolique. Premier entretien sur l'ordonnance de M. l'évêque d'Amiens contre la traduction du Nouveau Testament en français, imprimé à Mons.*

Cet *Entretien* est daté du 2 janvier 1674.

Item, *Second entretien*, du 9 janvier de la même année. Brochure in-4°, l'une de 30, l'autre de 31 pages. Il y a six *Entretiens* dans l'édition in-12, en 2 volumes. Cologne, 1682.

Rien n'est plus méprisable en soi, ni plus injurieux à l'épiscopat que ces *Entretiens*. L'abbé qui y joue le rôle principal, trouve sept nullités dans l'ordonnance de M. d'Amiens.

La première, *parce qu'elle est émanée d'un évêque qui a passé de l'évêché de Glandèves à celui d'Amiens.*

La seconde, *parce qu'elle ne marque dans le livre aucun endroit sur lequel porte la condamnation.*

La troisième, parce qu'elle fait mention d'un bref du pape contre la traduction de Mons, lequel est peut-être nul. Or, *exposer un bref du pape aux doutes qu'on doit avoir de sa vérité et de sa validité*, c'est une conduite injurieuse à Sa Sainteté.

La quatrième, parce qu'elle est *injurieuse au roi*, qui, à la vérité, a supprimé par un arrêt du conseil, la traduction de Mons, mais qui depuis a donné la paix à ces messieurs.

La cinquième, parce qu'elle est *injurieuse à tous les évêques de l'Eglise*, la traduction de Mons ayant été *approuvée par M. l'évêque de Namur et M. l'archevêque de Cambrai.*

La sixième, parce qu'elle est *téméraire et précipitée*, M. d'Amiens n'ayant *peut-être pas lu l'arrêt du conseil et le bref du pape dont il parle.*

La septième, parce que dans cette ordonnance il est dit que *les traductions de l'Ecriture sainte imprimées sans permission sont dangereuses.* D'où il faut conclure que la traduction de Mons, que condamne M. d'Amiens, ayant été imprimée avec permission, l'ordonnance se contredit elle-même.

Tout le reste de ce libelle est un tissu de raisonnements de la même force, toujours exprimés de la manière la plus indécente.

HÉRÉSIE *de la domination épiscopale, ou Lettre de M. Le Noir, théologal de Séez, à Son Altesse Royale madame la duchesse de Guise*, 1682, in-12, sans nom de ville.

Jean Le Noir franchit ici toutes les bornes de la pudeur, non-seulement à l'égard de son évêque et de son métropolitain, mais encore à l'égard de tout le corps épiscopal et de l'Eglise elle-même. Jamais peut-être hérétique n'a parlé de l'épiscopat d'une manière plus injurieuse et plus outrageante. On en jugera par cet échantillon qui se trouve à la page 152 : *Les hérétiques nous demandent tous les jours, madame, où est donc notre Eglise? Nous ne saurions leur en montrer d'autre qu'une déchirée et déshonorée par ses propres enfants. Il y a plus de deux cents ans que l'Eglise a été réduite à un si pitoyable état par la domination épiscopale, que ce proverbe est devenu commun dans la bouche de tout le monde, que l'Eglise ne pouvait plus être gouvernée par des réprouvés.*

O

OPSTRAET (JEAN), né à Béringhem, dans le pays de Liége, en 1651, professa d'abord la théologie dans le collège d'Adrien VI, à Louvain, ensuite au séminaire de Malines. Humbert de Précipiano, archevêque de cette ville, instruit de son attachement à Jansénius et à Quesnel, le renvoya, en 1690, comme un homme dangereux. De retour à Louvain, il entra dans les querelles excitées par les nouvelles erreurs, et fut banni par lettre de cachet, en 1704, de tous les États de Philippe V. Revenu à Louvain deux ans après, lorsque cette ville passa sous la domination de l'empereur, il fut fait principal du collége du Faucon. Il mourut dans cet emploi en 1720, après avoir reçu les sacrements, moyennant une déclaration de soumission à l'Eglise. Cependant plusieurs colléges et corps de l'université refusèrent d'assister à son enterrement. Ses lumières l'avaient rendu l'oracle des jansénistes de Hollande.

DISSERTATIO *theologica de conversione peccatoris*. Louvain, 1687, in-4°, et depuis in-12. *Voyez* NATTE.

THESES *theologicæ*. 1706.

On y trouve ce sarcasme digne de Luther: *Mis æ non refrigerant animas in purgatorio, sed in refectorio*.

ANTIQUÆ *facultatis theologiæ Lovaniensis, qui adhuc per Belgium superstites sunt discipuli, ad eos qui hodie Lovanii sunt theologos, de declaratione sacræ facultatis theol. Lovaniensis recentioris circa constitutionem* Unigenitus Dei Filius, *edita 8 julii* 1713, 1717, in-12 de 374 pages.

La célèbre université de Louvain a eu aussi ses éclipses. Au commencement du baïanisme, plusieurs de ses membres se laissèrent entraîner aux nouvelles erreurs; mais elle reprit bientôt après son ancien éclat. Elle a donné depuis, dans l'affaire de la constitution, un acte authentique de sa soumission pure et simple à cette bulle, sans exception, sans modification, sans explication. Or cet acte si orthodoxe ne pouvait manquer de déplaire infiniment aux jansénistes. Ils avaient toujours ardemment désiré d'avoir des intelligences dans cette faculté; mais enfin voyant que cet acte était passé tout d'une voix, ils prirent le parti d'écrire contre, sous le nom de *disciples de l'ancienne faculté de Louvain;* afin, disent-ils, *de faire connaître à tout l'univers qu'il y a en Flandre des opposants à la constitution.*

Dans la première partie de leur ouvrage, ils prétendent prouver que les premiers principes de la religion et de la morale chrétienne sont renversés par la condamnation des propositions de Quesnel. On voit par là que ce sont des jansénistes rigides, outrés et extravagants. Dans la seconde partie, ils s'efforcent de justifier Quesnel; et dans la troisième, ils attaquent l'infaillibilité du pape, comme s'il s'agissait de cette infaillibilité dans une affaire où il n'est question que d'un décret dogmatique de l'Eglise universelle.

Quand nous disons *ils*, nous entendons Opstraët, qui rédigea cet écrit et y manifesta leur façon de penser.

P

PACAUD ou PACOT (PIERRE), prêtre de l'Oratoire, naquit en Bretagne, s'acquit quelque réputation en prêchant et mourut en 1760.

DISCOURS *de piété, ou sermons sur les plus importants objets de la religion*. 1745, 3 vol. in-12.

Comme le nom de l'auteur pouvait être un obstacle au privilége nécessaire pour l'impression, le parti jugea à propos de les faire présenter sous le nom d'un Père capucin. Ainsi masqués ils furent examinés et approuvés par le censeur. Le public s'aperçut bientôt des erreurs contenues dans cet ouvrage. Le gouvernement en fut informé. Il fit saisir ce qui restait d'exemplaires, et n'en permit le débit qu'après y avoir fait mettre trente-cinq cartons. Cette affaire est détaillée dans les *Nouvelles Ecclésiastiques* du 26 juin 1745.

La doctrine de ces sermons ne méritait que trop toutes ces contradictions. Le P. Pacaud, p. 173, 174, 175 du premier tome, enseigne que si l'homme n'a point la charité, ses actions sont vicieuses. Sans l'amour divin (dit-il, dans le sermon sur l'amour de Dieu) *l'âme n'est plus, pour ainsi dire, qu'un cadavre inanimé, qui n'a ni sentiment, ni mouvement, si ce n'est un mouvement confus et désordonné, qui ne tend qu'à la corrompre de plus en plus.... qui n'exhale que la mauvaise odeur du péché et la contagion du scandale... L'homme sans la charité est sans intelligence* pour ses devoirs; *la lumière ne l'éclaire point, les conseils de la sagesse ne le touchent point, les règles de la justice ne le frappent point*. Il est évident que ces propositions doivent s'entendre, ou de la charité habituelle, qui n'est point distinguée de la grâce sanctifiante; ou de la charité actuelle, qui est un mouvement de l'âme lequel nous port à aimer Dieu pour lui-même. Or, en quelque sens qu'on les prenne, elles sont dignes de censure, et déjà proscrites. Si on les explique dans le sens de la charité habituelle, elles énonceront clairement qu'un juste qui a perdu l'amitié de Dieu, ne trouve en lui que ténèbres, égarement, impuissance générale à tout bien, et que toutes ses actions sont criminelles. Si on les fixe au sens de la charité actuelle, il s'ensuivra que l'amour de Dieu pour lui-même est absolument nécessaire pour faire une bonne action, et qu'on est obligé sous peine de péché d'agir toujours par ce motif. Aussi dit-il, page 106 du tome II, que *le jeûne ne sert qu'à accumuler les péchés, si on le fait dans l'état du péché;* et page 94 du tome III, que *l'aumône se change en péché, si on ne la rapporte pas à Dieu*.

Il dit encore dans le même sermon; *Dieu ne récompense que ce qui est fait pour son amour;* et dans le discours sur la fête de la Purification, page 65 du tome III : *Rien n'honore Dieu, que ce qui se fait pour son amour*. Doctrine de Quesnel dans sa 56° proposition et dans plusieurs autres qui expriment la même erreur.

Pacaud renouvelle aussi la 61ᵉ et la 62ᵉ proposition en disant, à la fin de la p. 428 du t. II, *Le pécheur n'agissant que par la crainte* (des maux éternels), *le péché vit toujours dans son cœur.* C'est prétendre que cette crainte sans la charité ne saurait exclure la volonté actuelle de pécher ; que le arrête seulement la main, et que le cœur, tandis qu'il n'agit que par cette impression, est toujours livré au crime. Et voilà ce qui fait dire au même auteur, que *l'esprit de Jésus-Christ n'est pas un esprit de crainte, mais un esprit de charité.* Comme si Jésus-Christ et ses apôtres n'avaient pas mis continuellement devant les yeux des premiers fidèles la rigueur des jugements de Dieu, pour les engager à vivre saintement. L'amour et la crainte, dit saint Augustin, se trouvent dans les deux Testaments ; avec cette différence que la crainte a prévalu dans l'ancien, et que l'amour prévaut dans le nouveau.

Selon ce quesnelliste prédicateur, toute grâce de Jésus-Christ est efficace. *Elle opère tout en nous,* dit-il dans son panégyrique de saint Germain, *et notre volonté malade, languissante, captive, sous la tyrannie d'une impérieuse cupidité, ne peut plus se porter au bien sans le secours de cette même grâce,* efficace et victorieuse. Il ne reconnaît point dans Dieu de volonté réelle, qui n'ait toujours son effet. *Le suprême arbitre qui tient en main les esprits et les cœurs,* dit-il sur la fête de Pâques, *en concerte les mouvements avec tant de sagesse, et les manie avec un tel empire, que, sans les contraindre en rien, ils ne font précisément que ce qu'il a réglé et ordonné dans ses conseils éternels.* A-t-il donc réglé et ordonné que l'homme péchera, qu'il persévérera dans le crime et mourra dans l'impénitence?

A la page 273 du premier volume, l'auteur affecte de dire aux simples fidèles : *Vous devez offrir le saint sacrifice comme prêtres et comme victimes.* C'est ainsi que les hérétiques de ce siècle, après avoir mis les prêtres au niveau des évêques, élèvent les laïques et les femmes mêmes à la qualité de prêtres. Ils espèrent surtout que les personnes du sexe se laisseront séduire à ce dangereux artifice, et que l'envie d'être prêtresses les attachera à une secte qui leur accorde libéralement une si haute prérogative.

PACCORI (Ambroise), naquit à Céaucé, dans le bas Maine, et, après avoir été principal du collège de cette ville, fut appelé, par le cardinal de Coislin, évêque d'Orléans, à la tête du petit séminaire de Meung. M. de Coislin mourut en 1706. Peu de temps après, Paccori fut obligé de sortir du diocèse d'Orléans, à cause de son opposition aux décrets de l'Eglise, et cette opposition fit naître quelque soupçon sur l'orthodoxie du prélat qui lui avait donné sa confiance : d'un autre côté les gens du parti faisaient l'éloge du cardinal de Coislin ; mais ce n'est sans doute qu'une nouvelle preuve du danger qu'il y a pour les gens de bien d'être loués par des sectaires ; et d'ailleurs il se peut que Paccori eût caché ses sentiments à M. de Coislin. Paccori vint à Paris, où il mourut en 1730, âgé de près de quatre-vingts ans. Il n'était pas prêtre, mais seulement diacre, ne voulant point recevoir le sacerdoce, suivant un usage assez commun parmi les disciples de Jansénius. Les *Nouvelles Ecclésiastiques* du 11 mars 1730, disent qu'il laissa à sa mort, en forme de testament spirituel, deux déclarations de ses sentiments de révolte contre la constitution et le formulaire. Il composa un grand nombre d'ouvrages tenus pour suspects ; nous mentionnerons les suivants :

Abrégé *de la loi nouvelle.* Dernière édition, Paris, Muguet, 1714, in-18. *Suite* de cet ouvrage, où Paccori *traite de la charité selon saint Paul,* 1714.

Avis *salutaires aux pères et mères pour bien élever leurs enfants.* Orléans.

Devoirs *des vierges chrétiennes, tirés de l'Ecriture sainte et des Pères.* Paris, Lottin, 1727, in-18.

Entretiens *sur la sanctification des dimanches et des fêtes.* Orléans.

De l'honneur *qui est dû à Dieu et à ses saints dans ses mystères.* Paris, 1726, in-12, de 342 pages. Empreint d'un rigorisme outré.

Journée chrétienne, *où l'on trouve des règles pour vivre saintement dans tous les états et dans toutes les conditions.* Paris, Desprez, 1730, in-12,

Livre qu'il ne faut pas confondre avec la *Journée du chrétien,* excellent livre de prières.

Pensées chrétiennes *pour tous les jours du mois.* Paris, Desprez, in-18.

Il ne faut pas non plus le confondre avec un autre livre qui porte le même titre et qui est du P. Bouhours. Les *Pensées chrétiennes* du jésuite sont courtes, excellentes; celles du diacre Paccori sont prolixes, pesamment écrites, etc.

Regrets *sur l'abus du Pater.* Orléans, in-12.

Règles *pour travailler utilement à l'éducation des enfants.* Paris, 1726.

Vie *de Jésus-Christ.* Orléans.

Règles *chrétiennes pour faire saintement toutes ses actions.*

Ce n'est pas, a dit un critique orthodoxe, dans les ouvrages du diacre Paccori, qu'il faut chercher les principes de la véritable piété ; on y trouverait ceux de l'erreur. Par exemple, suivant Paccori, dans ses *Règles* prétendues *chrétiennes,* p. 5 de l'avant-propos, *ne faire pas pour l'amour de Dieu le bien que l'on fait, c'est un sujet de condamnation, c'est mériter d'être jeté pieds et mains liés dans les prisons ténébreuses de l'enfer.* Ainsi, toutes les actions des infidèles, toutes celles des pécheurs, même toutes celles des justes, lesquelles n'ont pas pour motif l'amour de Dieu, sont des péchés mortels. Peut-on pousser plus loin l'extravagance et le fanatisme?

Pages 31, 32, 33, 35, 39, 43, 52, 55, Paccori excite généralement, et par conséquent très-indiscrètement, tous les fidèles à la lecture de l'Écriture sainte : il dit qu'une seule de ses paroles suffit pour ressusciter une âme morte par le péché, lorsque Dieu veut bien y joindre *une opération de grâce et d'amour, non moins puissante et efficace que celle par laquelle l'univers a été créé.* Les jansénistes aiment cette comparaison, parce qu'elle détruit toute coopération de notre part, et tout usage de la liberté.

Page 130 : *D'où vient que l'on tombe si souvent dans le péché, et qu'on s'en relève si rarement; qu'on y devient insensible, et qu'on y meurt à la fin? C'est qu'on ne reçoit point le secours de la grâce sans lequel on ne peut éviter le péché.* Par conséquent, point de grâce suffisante, toute grâce est efficace; et celui qui pèche, manque du *secours* qui lui est nécessaire pour *pouvoir éviter le péché.*

Page 246, l'auteur insensé défend de se confesser les jours de fêtes. *La confession* dit-il, *se devant faire avec douleur et devant être précédée et suivie des exercices de pénitence, on doit se confesser les jours de devant la fête, parce que cette douleur et cette pénitence ne sont point convenables aux dimanches et aux fêtes, qui sont des jours d'une réjouissance toute céleste.*

Page 259 : *Quiconque va à la messe en état de péché n'est capable que de profaner de si saints mystères.... faire mourir Jésus-Christ... répandre son sang divin.... et attirer sur soi la malédiction de Dieu.* Cette maxime, qui est aussi celle de Quesnel, suit nécessairement des principes janséniens, selon lesquels un homme en état de péché mortel n'est pas membre de l'Eglise et par conséquent n'a pas droit d'assister à la messe.

PAIGE (Louis-Adrien Le), avocat et bailli du Temple, né à Paris vers 1712, mort dans la même ville en 1802, donna plusieurs ouvrages dans lesquels il défend les appelants et se déclare vivement pour les prétentions de la magistrature. En voici les titres :

LETTRES *historiques sur les fonctions essentielles du parlement.* Amsterdam, 1753, 2 parties, in-12.

LETTRES *pacifiques.* Paris, 1752, in-12, 1753, in-4°.

MÉMOIRES au sujet d'un écrit de l'abbé de Chaupy, intitulé : Observations sur le refus que fait le Châtelet de reconnaître la chambre royale. 1754, in-12.

Bertrand Capmartin de Chaupy fut banni pour cette brochure, et se retira à Rome. Il mourut à Paris en 1798. Son ouvrage fut attribué dans les temps à D. La Tarte ou au P. Patouillet.

Le Paige donna encore l'*Histoire de la détention du cardinal de Retz, à Vincennes,* 1755, in-12; et la *France Littéraire* lui attribue : *La légitimité et la nécessité de la loi du silence,* 1758, in-12; et un *Mémoire sur la nécessité d'une exposition de doctrine,* 1758. *Voyez* MONTGERON.

PALEOPHILE (JEAN), faux nom sous lequel se cacha l'auteur d'un livre intitulé : *Apologia pro clero Ecclesiæ Batavorum.*

PARADAN (PIERRE), abbé du monastère d'Ulierbech en Flandre, diocèse d'Anvers. On publia ses *Sentiments* en 1728. Or il fut convaincu d'avoir enseigné et publié : 1° que ceux qui ont accepté la constitution *Unigenitus* ont péché plus grièvement que les Juifs en crucifiant Jésus-Christ ; 2° qu'on avait trois exemples illustres de la vengeance divine sur les fauteurs de cette bulle. Ces trois exemples sont ceux de Clément XI lui-même, de M. l'archevêque de Reims, et de Louis XIV, mort comme Antiochus ; 3° que les évêques qui autorisent cette constitution, cherchent, comme Hérode, à perdre l'Enfant Jésus ; 4° que la doctrine de cette bulle est l'abomination de la désolation prédite et annoncée dans l'Ecriture. En conséquence de ces chefs et de quantité d'autres suffisamment prouvés, l'abbé a été suspendu de tout ordre et juridiction, et privé de la communion laïque, avec quatre de ses adhérents. Cette sentence a été portée par M. l'évêque d'Anvers, député du saint-siège.

PARIS (FRANÇOIS), prêtre, né à Châtillon, près de Paris, fut domestique de M. Varet, vicaire général de Sens, qui le fit instruire et élever dans le sacerdoce. Après avoir desservi la cure de Saint-Lambert et une autre, il vint se fixer à Paris, où il fut sous-vicaire de Saint-Etienne-du-Mont, poste dans lequel il mourut fort âgé en 1718. Il avait publié, par ordre de M. de Gondrin, quarante ans auparavant, un livre intitulé : *Traité de l'usage du sacrement de pénitence et d'eucharistie.* Sens, 1678.

Ce livre avait été revu et corrigé par Arnauld et Nicole.

PARIS (FRANÇOIS), fameux diacre, était fils aîné d'un conseiller au parlement de Paris, où il naquit le 30 juin 1690. Il devait naturellement succéder à sa charge, mais il aima mieux embrasser l'état ecclésiastique. Après la mort de son père, il abandonna ses biens à son frère. Il fit pendant quelque temps des catéchismes à la paroisse de Saint-Côme, se chargea de la conduite des clercs, et leur fit des conférences. Le cardinal de Noailles, à la cause duquel il était attaché, voulut le faire nommer curé de cette paroisse; mais un obstacle imprévu rompit ces mesures. L'abbé Pâris, après avoir essayé de diverses solitudes, se confina dans une maison du faubourg Saint-Marcel. Il s'y livra au travail des mains, et faisait des bas au métier pour les pauvres. Il mourut dans cet asile en 1727, à trente-sept ans. L'abbé Pâris avait adhéré à l'appel de la bulle *Unigenitus,* interjeté par les quatre évêques ; il avait renouvelé son appel en 1720. Avant que de faire des bas, il avait enfanté des livres assez médiocres. Quelques-uns disent qu'on les lui a supposés pour lui faire un nom. Nous en parlerons ci-après. Son frère lui ayant fait ériger un tombeau dans le petit cimetière de Saint-Médard, tous les dévôts du parti allèrent y faire leurs prières. Il y eut des guérisons qu'on disait merveilleuses, il y eut des *convulsions* qu'on trouva dangereuses et ridicules ; la cour fut enfin obligée de faire cesser ce spectacle, en ordonnant la clôture du cimetière, le 27 janvier 1732. Comment, après un tel éclat, les jansénistes ont-ils prétendu passer pour un fantôme, pour une secte qui n'existait que dans l'imagination des jésuites ? Leur séparation n'est-elle pas d'ailleurs manifeste dans la prétendue Eglise d'Utrecht, méconnue de tous les catholiques de l'univers ? Ce tombeau du diacre Páris fut le tombeau du jansénis ne dans l'esprit de bien des gens. Le célèbre Duguet, quoique d'ailleurs très-attaché au parti, regardait ces farces avec indignation et avec mépris. Petit-Pied en fit voir la sottise dans un ouvrage composé exprès. (*Voyez* son article.) Le fanatique Mésenguy, au contraire, ne craint pas de les associer aux miracles de l'Évangile, et à ceux qui dans tous les siècles ont illustré l'Eglise catholique. Un philosophe anglais, de déiste redevenu chrétien par des réflexions faites sur la conversion et l'apostolat de saint Paul, milord George Littleton, a parlé ainsi de ces prétendus miracles : « Ils étaient soutenus de tout le parti janséniste, qui est fort nombreux et fort puissant en France, et composé d'un côté de gens sages et habiles, et de l'autre de bigots et d'enthousiastes. Tout ce corps entier se réunit et se ligua pour accréditer les miracles que l'on disait s'opérer en faveur de leur parti ; et ceux qui y ajoutèrent foi étaient extrêmement disposés à les croire. Cependant, malgré tous ces avantages, avec quelle facilité tous ces prétendus miracles n'ont-ils pas été supprimés ? Il ne fallut pour réussir que murer simplement l'endroit où cette tombe était placée... Si Dieu eût réellement opéré ces miracles, aurait-il souffert qu'une misérable muraille eût traversé ses desseins ? Si l'on vit-on pas des anges descendre autrefois dans la prison des apôtres, et les en tirer, lorsqu'ils y furent renfermés pour leur empêcher de faire des miracles ? Mais l'abbé Páris a été dans l'impuissance d'abattre le petit mur qui le séparait de ses dévots, et sa vertu miraculeuse n'a pu opérer au delà de ce mur. Et sied-il bien après cela à nos incrédules modernes de comparer et d'opposer de tels miracles à ceux de Jésus-Christ et des apôtres ? Aussi n'est-ce que pour leur fermer la bouche à cet égard que j'ai attaqué l'exemple en question, et que je m'y suis arrêté. » (*Voy.* MONTGERON.)

EXPLICATION *de l'Epître de saint Paul aux Galates; par le bienheureux François de Páris, diacre du diocèse de Paris*, 1733, in-12 de 224 pages, avec une analyse de 58 pages.

« La secte jansénienne, dit un critique rendant compte de ce livre, après avoir fait d'un saint d'un hérétique entêté qui ne faisait pas ses pâques, a entrepris aussi de faire d'un idiot un auteur et un savant. Elle ne s'est donc pas contentée de supposer des miracles au sieur *Páris*, elle lui a encore supposé des livres ; de sorte que cet imbécile qui ne savait que faire des bas, se trouve tout d'un coup transformé en docte commentateur de l'Ecriture. Après tout, on n'a pas fait un grand présent à sa mémoire, car le livre qu'on a publié sous son nom n'est qu'une rapsodie de faussetés et d'erreurs, où la constitution, le saint-siége et ceux qui sont soumis aux décisions de l'Eglise sont traités, comme on doit s'y attendre de la part des hérétiques modernes, ennemis nés de la foi et des fidèles. »

Voici ce qu'on lit dans ce livre, sur le chapitre II, verset 11 de l'Epître aux Galates, ainsi conçu : *Cum autem venisset* CEPHAS *Antiochiam*, etc., et ainsi traduit : *Or*, PIERRE *étant venu à Antioche, je lui résistai en face, parce qu'il était répréhensible.*

Dans ce verset et les trois suivants qui contiennent le fait dont il s'agit, « saint Paul, dit l'auteur, remarque, 1° la faute de saint Pierre ; 2° les suites fâcheuses qu'elle eut ; 3° on y voit la liberté avec laquelle il le reprit.—*Je lui résistai en face*. Nous apprenons de cette conduite libre de saint Paul qu'il y a des occasions dans lesquelles non-seulement on peut, mais *dans lesquelles on est obligé en conscience à résister en face, à tenir tête aux évêques, et même au premier d'entre eux, au pape*, et qu'on ne doit pas toujours regarder comme des hérétiques qui méprisent l'épiscopat, ceux qui tiennent cette conduite... Nous voyons ici dans saint Paul un rare exemple du courage et de la liberté chrétienne. Il tient tête et résiste en face à saint Pierre, sans considérer qu'il était au-dessus de lui. Il a été généralement approuvé en cela : car ce *restiti in faciem* marque que saint Pierre disputa quelque temps le terrain avant que de se rendre... *Je lui résistai en face parce qu'il était répréhensible*. Nous prétendons prouver par ce mot et par toute cette histoire ce qu'on doit penser de l'*infaillibilité des papes*. Saint Paul n'en était assurément persuadé lorsqu'il reprit saint Pierre ; et saint Pierre ne reconnaissait pas en lui ce droit si fort au-dessus de l'humanité quand il se soumit avec tant de modestie et d'humilité à la répréhension de saint Paul, son inférieur.

« *Mais quand je vis qu'ils ne marchaient pas droit*, etc. Nous apprenons de ce fait à ne pas non plus juger de la vérité par le grand nombre. Saint Pierre avait assurément avec lui le plus grand nombre, puisqu'il avait avec lui tous les Juifs convertis, et même saint Barnabé, l'aide de saint Paul dans l'apostolat des gentils, et saint Paul se trouvait seul. Donc le sentiment du pape, joint au plus grand nombre, n'est pas toujours celui de l'Eglise. Cependant saint Paul avait raison, et saint Pierre se trompait. »

« Ce langage est clair, dit M. l'abbé James, il fait parfaitement voir pourquoi on attribue une si grande importance au fait en question, pourquoi on soutient que Céphas repris par saint Paul est le même que saint Pierre, et pourquoi on mandait à dom Calmet qu'il était important d'arrêter le progrès de l'opinion contraire.

« Mais ce langage est logique aussi ; et dès que vous admettez le fait comme on vous le présente, il faut nécessairement en admettre les conséquences. »

M. l'abbé James a encore remarqué que le passage qu'on vient de lire a été copié dans la *Discipline de l'Eglise* de Quesnel, tom. 1, pag. 224-229. Nous pouvons ajouter que tout l'ouvrage attribué au diacre Pâris n'est qu'une compilation de passages tirés des divers ouvrages composés par les jansénistes, et arrangés de manière à remplir le plan tracé par l'*Epître* elle-même, et à donner de nouveaux aliments à l'esprit de parti. M. l'abbé James a parlé de ce livre à l'occasion de la question de savoir si le Céphas repris par saint Paul est le même que saint Pierre, qu'il voulait examiner pour répondre aux gallicans, qui se trouvent quelquefois, trop souvent, d'accord avec les hérétiques sur certains points. Voyez son opuscule, intitulé : *Dissertations où il est irréfragablement prouvé que saint Pierre seul décida la question de foi soumise au concile de Jérusalem, et que Céphas, repris par saint Paul, à Antioche, n'est pas le même que le prince des apôtres*. Deuxième édition. Grand in-8° de 60 pages. Paris, Périsse et Camus, 1846.

On a encore fait honneur au diacre Pâris des ouvrages dont voici les titres :

PLAN *de la religion, par le bienheureux diacre François de Pâris*. En France, 1740, in-12.

SCIENCE DU VRAI, *qui contient les principaux mystères de la foi. Par feu M. de Pâris, diacre*. En France, in-12 de 55 pages.

LETTRE *à un de ses amis, écrite en* 1724, in-4°. Publiée à la suite d'une *lettre de M. Du Mont à M. l'abbé* ***, *en date du 2 janvier* 1733, *au sujet d'un ouvrage de M. Pâris intitulé* Science du vrai.

EXPLICATION *de l'Epître aux Romains*.

ANALYSE *de l'Epître aux Hébreux*.

On a imprimé différentes Vies de Pâris, dont on n'aurait peut-être jamais parlé, si on n'eût voulu en faire un thaumaturge. Elles furent publiées presque en même temps. *Vie de M. Pâris, diacre*. Bruxelles, Foppens, 1731, in-12, avec une préface. — *Vie de M. Pâris, diacre du diocèse de Paris*. En France, 1731, in-12 de 179 pages. — *Vie de M. Pâris, diacre*, 1731. M. de la Fare, évêque de Laon, est le premier évêque qui ait condamné ce 1 vré fanatique. Il le fit d'abord par un mandement du premier décembre 1731. Il dévoila dans un autre mandement l'imposture du fameux miracle que l'on prétendait avoir été opéré en la personne du sieur Le Doulx, et il *défendit de rendre directement ou indirectement aucun culte religieux au prétendu Thaumaturge ; de célébrer ou faire célébrer des messes en son honneur ; de garder ou lire l'écrit intitulé* : Vie de M. Pâris, *d'aucune des éditions qui ont paru ; le tout sous peine d'excommunication*.

M. l'archevêque de Paris, Vintimille, condamna aussi ces trois *Vies*, le 30 janvier 1732, *comme contenant des propositions respectivement fausses, scandaleuses, injurieuses à l'autorité du saint-siége et de l'Eglise ; téméraires, impies, favorisant les hérétiques, erronées, schismatiques et hérétiques ; défendit de lire lesdits écrits ou de les garder, sous peine d'excommunication ; déclara illégitime et illicite le culte rendu au sieur Pâris au préjudice des lois générales de l'Eglise ou desdites défenses*.

Plusieurs prélats en firent autant. M. l'évêque de Marseille, M. de Vaugirauld, évêque d'Angers, M. de Saint-Albin, archevêque de Cambrai, etc.

Par une sentence de l'officialité de Cambrai, rendue le 25 avril 1733, il fut ordonné *que les fragments des prétendues reliques de François de Pâris, diacre, trouvées chez un nommé Bosquet, avec quatre images en papier, et un petit mémoire contenant l'abrégé de la Vie dudit Pâris, seraient lacérés et brûlés en place publique, par l'exécuteur de la haute justice* : ce qui fut exécuté à Mons, sur la place, ensuite d'autorisation de la cour, le 6 mai de la même année.

Ces mêmes *Vies* eurent le même sort à Rome. Elles y furent chargées des plus fortes qualifications, et condamnées au feu.

Voici les principales raisons qui ont attiré tant d'anathèmes sur ce malheureux ouvrage.

1° L'objet de ces trois libelles est d'éloigner les fidèles des sacrements, de leur inspirer la révolte contre l'Eglise, d'accréditer le jansénisme, et de soulever les ouailles contre leurs pasteurs.

2° On ose y avancer qu'il peut se faire que tous les évêques de l'univers, de concert avec le pape, combattent la voix de l'Eglise, ou ce qui est la même chose, dit l'une de ces *Vies* (Edition de Bruxelles, préface, p. 31), la voix de l'Evangile et la tradition. Dans la même édition de Bruxelles, page 151, on fait un mérite au diacre Pâris d'avoir dénoncé la bulle au concile œcuménique, par des actes réitérés ; de l'avoir regardée comme un décret qui avait allumé la colère de Dieu, qui autorisait des erreurs, des relâchements, des scandales, qu'on ne pouvait y souscrire sans renoncer à la foi ; qu'il avait vu dans la bulle l'apostasie prédite par saint Paul.

3° Pâris prône l'Eglise schismatique d'Utrecht, autant qu'il avilit et qu'il décrédite celle de Jésus-Christ. Celle-ci *lui paraissait telle que cette Sion, autrefois remplie, riche, maîtresse des nations, dans la gloire et dans l'éclat, et depuis déserte, appauvrie, foulée aux pieds de tous les passants, et enfin asservie à la tyrannie de Babylone*. Au contraire, les *réfugiés d'Utrecht lui étaient infiniment chers. L'Eglise d'Hollande l'occupait beaucoup*. Il avait fait le projet de partir à pied pour aller visiter cette Eglise, qui lui était infiniment chère. Il avait une vénération infinie pour les illustres confesseurs de Jésus-Christ qui s'y étaient réfugiés.

L'auteur de la troisième Vie avance cette étrange proposition, que par le moyen de la bulle, on a établi le judaïsme *jusque dans le sanctuaire; que l'Eglise chrétienne, séduite par ses propres pasteurs, a abandonné la vraie foi, et qu'à l'imitation de la Synagogue, elle persécute le Sauveur et ses disciples, et fait une profession publique du paganisme.*

4° On applaudit à Paris (édition de Bruxelles, p. 63) pour avoir transgressé deux fois le précepte de la communion pascale. On dit qu'il avait passé près de deux ans privé des sacrements, et que son inclination aurait été de pousser cette privation jusqu'à la mort.

5° Ajoutons que dans différents écrits publiés par le parti, au sujet de la Vie et des miracles de Pâris, on trouva cette proposition impie, scandaleuse et blasphématoire, *que si on avait examiné les miracles de Jésus-Christ comme on examine ceux qui sont attribués à M. Pâris, les miracles de Jésus-Christ et la résurrection même des morts n'auraient point tenu contre une pareille critique.*

MIRACLES DE PARIS.

On ne saurait dire le nombre des écrits qui ont été publiés à l'occasion de ces prétendus miracles. Avant de donner la liste de ceux dont nous avons les titres, nous nous contenterons 1° de remarquer en général que tous ces prestiges qu'on a opposés à des décisions du saint-siège reçues par le corps épiscopal, sont la dernière ressource d'une cause désespérée; 2° de représenter aux novateurs ce qu'a pensé de leurs faux miracles Benoît XIV, dont ils font semblant de respecter le mérite. Ce savant pontife, dans l'ouvrage sur la *Canonisation des saints* dont il a enrichi l'Eglise, après avoir donné des règles pour discerner les vrais miracles des prodiges séducteurs, s'explique ainsi sur les miracles du diacre Pâris.

« Il nous reste, pour achever ce chapitre, à dire quelque chose sur ce qui a donné lieu à ces écrits. On sait qu'il est mort dans ces derniers temps, un certain diacre nommé Pâris, et que son corps a été inhumé dans le cimetière de Saint-Médard de la ville de Paris. Sa Vie a été imprimée, et il s'en est fait différentes éditions dans divers endroits. L'auteur qui l'a composée ne dissimule pas quelle fut l'opposition du diacre Pâris à la constitution. Les appels qu'il interjeta plusieurs fois au futur concile, celui qu'il renouvela dans les derniers moments de sa vie, y sont préconisés et célébrés comme des marques d'une vraie foi ; non-seulement on y dépeint la multitude qui accourut à ses funérailles et à son tombeau, mais on a encore imprimé quantité d'autres volumes, contenant les miracles et les prodiges qu'on dit s'être opérés sur sa tombe par son intercession. Ceux qui favorisent les appelants de la constitution *Unigenitus* au futur concile

général, présentèrent une requête à M. l'archevêque de Paris, dans laquelle ils le suppliaient de faire informer juridiquement de tous ces prodiges et ces miracles. Ils s'étendaient fort au long non-seulement dans cette requête, mais encore dans plusieurs autres écrits pour démontrer qu'on ne pouvait empêcher un culte privé; que celui que l'on rendait au diacre Pâris était de cette nature, quoique ce fût en public. Ils ne cessèrent outre cela de produire quantité de raisons pour constater la vérité de ces prétendus miracles, et pour prouver que les guérisons qu'ils donnaient pour certaines, surpassaient les forces de la nature ; mais plusieurs prélats de France, aussi recommandables par leur science que par le zèle de leur foi, entre autres MM. les archevêques de Paris et de Sens s'opposèrent à ces entreprises; de leur côté les médecins démontrèrent dans leurs écrits que les miracles qu'on publiait de tous côtés étaient faux, et que les guérisons qui pouvaient être vraies, n'excédaient en rien les forces de la nature. Les théologiens (M. l'évêque de Béthléem, etc.), dont nous avons rapporté les paroles dans ce chapitre, confirmèrent cette vérité par des arguments invincibles. Le roi très-chrétien, vraiment héritier de la religion de ses ancêtres, bien convaincu par le rapport des médecins, que les miracles attribués au diacre Pâris ne pouvaient pas soutenir la preuve du grand jour, comme il est aisé de le remarquer dans les édits du 27 janvier 1732, et du 17 février 1733, appuya de toute son autorité M. l'archevêque de Paris, et fit fermer le cimetière de Saint-Médard. Le très-saint pape Clément XII condamna pareillement, sur le rapport que lui en fit la congrégation de la sainte inquisition, la Vie du diacre Pâris, comme contenant des propositions et des assertions fausses, offensives des oreilles pieuses, scandaleuses, injurieuses, tant à l'autorité du saint-siège qu'à l'autorité de l'Eglise et des évêques, surtout des évêques de France; téméraires, impies, favorisant les hérétiques, erronées et même schismatiques et hérétiques, pleines de l'esprit d'hérésie, comme on le peut voir dans le décret donné le 22 août 1731, affiché et publié le 29 du même mois, et par des lettres apostoliques en forme de bref datées du 19 juin 1734. Il proscrivit par une semblable censure une ordonnance de l'évêque d'Auxerre, qui annonçait et approuvait un certain miracle que l'on disait s'être fait dans son diocèse par l'intercession du diacre Pâris, dont nous avons parlé.

« Tout le but de cette histoire était de faire passer pour un homme d'une solide vertu et d'une piété éminente, à la faveur des faux miracles qu'on lui attribuait, un réfractaire au saint-siège, un schismatique, un hérétique, un ennemi déclaré de la bulle et un partisan entêté des jansénistes. Les évêques de France, dont nous avons parlé, se sont donc comportés avec toute la sainteté et la prudence possibles, quand ils ont refusé de recevoir des informations juridiques, et qu'ils se sont opposés à un culte insensé, scandaleux et téméraire. »

Voici maintenant la liste des ouvrages publiés à l'occasion des faux prodiges du diacre Pâris ; c'est-à-dire de ceux seulement dont les titres nous sont connus : car sans doute on en publia encore d'autres.

Nous mentionnerons d'abord *dix recueils des miracles opérés au tombeau de M. Pâris, diacre, ou opérés sur le tombeau et par l'intercession de M. l'abbé de Pâris;* car ces recueils, publiés séparément et à des époques différentes, présentent cette variante. Les deux premiers sont in-12, l'un de 140 pages, l'autre de 153, et portent la date de 1732. Les huit autres sont in-4°.

DISSERTATION *sur les miracles* et en particulier sur ceux qui ont été opérés au tombeau de M. Pâris, en l'église de Saint-Médard de Paris, avec la relation et les preuves de celui qui s'est fait le 3 novembre 1730, en la personne d'*Anne Le Franc*, de la paroisse de saint Barthélemy. 1731, in-4°.

La fausseté de ce miracle, tant vanté par le parti, a été authentiquement constatée par le mandement de M. l'archevêque de Paris (de Vintimille) ; ouvrage excellent, qui a confondu à jamais les fabricateurs et les partisans de cette imposture. On peut voir, à l'article CURÉS *de Paris*, où il s'agit de leur *Seconde requête*, un autre miracle de la même espèce, détruit et confondu, dévoilé et rétracté par celui-là même qui en était l'objet, et qui en avait été le *publicateur*.

LETTRE *de M*** à un de ses amis*, touchant les informations qui se font à l'officialité de Paris, au sujet du miracle arrivé le 3 novembre 1730, en la personne d'*Anne Le Franc*. 1731, in-4°.

LETTRE *du 25 juillet 1731, à M*** au sujet du concours qui se fait à Saint-Médard, et d'un écrit intitulé : Dissertation sur les miracles, et en particulier sur ceux qui ont été opérés au tombeau de M. Pâris, en l'église de Saint-Médard de Paris; avec la relation et les preuves de celui qui s'est fait le 3 novembre 1730, en la personne d'*Anne Le Franc, de la paroisse de Saint-Barthélemy, in-4°.

ACTE *d'appel au parlement*, interjeté par *Anne Le Franc*, du mandement de M. l'archevêque de Paris du 15 juillet 1731, *in-4°*.

LETTRE *d'un chirurgien de Saint-Cosme à un autre chirurgien de ses amis*, en date du 8 septembre 1731, au sujet du certificat des sieurs Petit, Guérin et Morand, joint au mandement de M. l'archevêque de Paris sur le miracle opéré à Saint-Médard, en la personne d'*Anne Le Franc*. *in-4°*.

RELATION *du miracle opéré sur un jeune Savoyard*, extraite de la lettre de M. le duc de Châtillon à Madame ***, religieuse. 1731, in-4°.

RELATION *de la manière dont Gabrielle Gautier, veuve Delorme*, a été frappée d'une paralysie subite au tombeau de M. de Pâris, le 4 août 1731, avec un détail des circonstances qui ont précédé et suivi cet événement; recueillies par M. François Chaulin, docteur en théologie de la faculté de Paris, 1732, *in-4°*.

Il existe en manuscrit, à la bibliothèque royale : *Déclaration faite le 7 août* 1731, *par Gabrielle Gautier, veuve de P. Delorme*, des dispositions dans lesquelles elle est allée au tombeau de M. Pâris, *in-4°*; avec la copie collationnée de ladite déclaration, signée de deux notaires, *in-fol*.

LETTRE *de M. l'évêque d'Auxerre*, du 4 mai 1732, et de M. de Senez, du 12 desdits mois et an, à M. Chaulin, à l'occasion du miracle opéré sur la *veuve Delorme*. *In-4°*.

LETTRE *du 16 janvier* 1732, *écrite au sujet de la mort surprenante du garçon chirurgien de M. Lombard*, nommé *Jean de La Croix*. 1732, *in-4°*.

DÉCLARATION *de Madame Le Moine*, religieuse de Haulebruière, ordre de Fontevrault, au sujet de sa guérison opérée au tombeau de M. de Pâris, dans le cours d'une neuvaine, commencée le 20 septembre 1731, avec les certificats des médecins, etc., qui ont eu connaissance de sa maladie. *In-4°*.

ACTE *passé par-devant notaire, le 5 décembre* 1731, contenant plusieurs pièces au sujet du miracle opéré en la personne de *Mademoiselle Hardouin*. *In-4°*.

CANTIQUE *sur le miracle opéré en la personne de Mademoiselle Hardouin*, par l'intercession du B. F. de Pâris, diacre. *In-12*.

DÉCLARATION *de Madame de Mégrigny*, religieuse bénédictine de l'abbaye de Notre-Dame de Troyes, au sujet de sa guérison opérée par l'intercession de M. de Pâris, le 23 mars 1732, *in-4°*.

LETTRE du 2 avril 1732, au sujet du miracle opéré en faveur d'une religieuse bénédictine de la ville de Troyes, par l'intercession du B. H. François de Pâris, *in-4°*; avec deux estampes représentant l'enlèvement de ladite religieuse, fait par ordre du roi.

DÉCLARATION *du révérend P. Colinet*, prêtre de *l'Oratoire*, supérieur du collége de Troyes, au sujet de la guérison miraculeuse *de madame de Mégrigny*, religieuse bénédictine de l'abbaye de Notre-Dame de Troyes, obtenue par l'intercession du bienheureux François de Pâris, *in-4°*.

DEUX LETTRES *de M. l'évêque de Troyes à M. l'évêque d'Auxerre*, du mois d'avril 1731, au sujet de la guérison miraculeuse *de madame de Mégrigny*, religieuse, *in-4°*.

DÉCLARATION *de Guillaume Bourdonnay*, au

sujet de sa guérison miraculeuse opérée au tombeau de M. de Pâris, le 16 septembre 1731, avec les certificats des chirurgiens et autres personnes qui ont eu connaissance de sa maladie, 1732, in-4°.

RELATION *du miracle* opéré par l'intercession de M. de Pâris, sur *Charlotte Regnault;* avec toutes les pièces nécessaires servant à le constater. 1732, in-4°.

ACTE passé par-devant notaires au sujet de la guérison miraculeuse de dame *Marguerite Loysel*, dite de Sainte-Clotilde, religieuse du Calvaire, rue de Vaugirard, opéré le 8 juin 1733, in-4°.

LA VÉRITÉ *du miracle* opéré en la personne de *Marguerite Hutin*, fille native de la ville de Reims, connue sous le nom de sœur Marguerite, estropiée du bras droit pendant trente ans par une mauvaise saignée, et guérie par l'intercession du bienheureux François de Pâris, au mois de juin 1732, en la cinquantième année de son âge, justifiée contre les impostures et les calomnies d'un libelle intitulé: *Démonstration de la fausseté d'un miracle qu'on a publié s'être fait par l'intercession du sieur François de Pâris, dans la personne de Marguerite Hutin;* et prouvée par les aveux mêmes et les contradictions sans nombre de l'auteur du libelle. 1734, in-4°.

DÉCLARATION *de M. Tessier*, président au présidial de Blois, du 23 février 1733, au sujet de la guérison de son fils. 1733, in-4°.

RELATION *faite par M. Texier (sic)*, président au présidial de Blois, de la maladie et de la guérison miraculeuse d'Alexandre-Augustin Texier, sieur de Gallery, son fils, opérée au mois de février 1733, par l'intercession de M. de Pâris; avec les certificats des médecin, chirurgien, apothicaire, curé et confesseur du malade, le tout déposé à Lambert, notaire de la même ville, le 23 dudit mois 1733, in-4°.

Un auteur a donné dans le temps un démenti formel à ces deux dernières pièces, bien qu'il ne parle que d'une *lettre* de M. Tessier. « Cette *lettre*, dit-il, avec toutes les déclamations, les invectives et les impostures qui la composent, n'a abouti qu'à couvrir de confusion ses auteurs, c'est-à-dire, et M. *Tessier*, sous le nom duquel on l'a publiée, et M. *Pomart*, ancien curé de Saint-Médard, qui l'a composée à Blois, où il était relégué pour sa désobéissance à l'Église et au roi.

Voici quelques-unes des impostures dont fourmille cet écrit.

1° Il est faux que M. l'évêque de Blois (de Caumartin) ait béni Dieu et ait été transporté à la vue de ce prétendu miracle. Tout Blois sait au contraire que ce prélat répondit à la troisième députation qu'on lui fit pour autoriser le miracle : *Ne me parlez plus de cette affaire. Il ne sera pas dit dans le monde que l'évêque de Blois soit le premier qui ait donné dans le panneau des miracles de Pâris.*

2° Il est faux que M. Chartier, grand vicaire, ait autorisé sérieusement le miracle. Il se moquait de M. Tessier, et il dit partout qu'il n'eût jamais *cru que cet homme fût assez simple pour ne pas distinguer l'ironie du ton sérieux.*

3° Il est faux que les certificats du chirurgien et de l'apothicaire soient authentiques, et ils prouvent si peu, que M. Tessier n'a pas osé les faire paraître. Mais ce qui achève de confondre l'imposture, c'est que le chirurgien (Manuis) et l'apothicaire (Salomé) ne voulant pas qu'on crût qu'ils s'étaient prêtés à l'imposture, sont allés de porte en porte déclarer qu'ils n'avaient ni cru ni certifié le miracle, et que leur attestation, qu'ils avaient accordée à l'importunité de M. Tessier, n'attestait rien qui tînt du miracle.

4° Il est faux que M. Boussel, prêtre irlandais, précepteur du fils, soit un fanatique. On l'avait regardé jusque-là comme un homme respectable par sa piété, sa modération et ses mœurs irréprochables. Mais il est devenu un fanatique et un homme indigne de son caractère, parce que, pressé de certifier le miracle, il a constamment refusé de sacrifier sa conscience et sa religion à l'imposture et à l'hérésie. *Je n'ai pas*, dit-il *quitté catholique l'Irlande, ma patrie, pour devenir fanatique en France.*

EXTRAIT *d'une lettre du R. P. Le Sueur*, chanoine régulier, curé de Saint-Euverte à Orléans, à un de ses amis; datée du 7 février 1733, au sujet du miracle opéré le 28 janvier 1733, à Orléans sur *mademoiselle Richome*, in-4°.

DÉCLARATION *de Pierre Gautier*, habitant de Pézenas, au sujet de sa guérison miraculeuse opérée par l'intercession de M. l'abbé Pâris, diacre du diocèse de Paris, le 22 avril 1733, in-4°.

RELATION *de la maladie* et de la guérison miraculeuse de *Marie Elisabeth Giroust*, opérée par l'intercession du bienheureux François de Pâris, le 26 août 1732-1733, in-4°.

RELATION *du miracle* opéré en la personne de *Pierre Douesnelle*, habitant de Chaillot, faubourg de la Conférence, malade depuis quatre années, et guéri subitement de paralysie à l'Hôtel-Dieu de Paris, le 28 août 1734, à une heure après midi. 1734, in-4°.

RELATION *de la maladie* et de la guérison miraculeuse de *mademoiselle Dumoulin*, opérée par l'intercession de M. de Pâris; avec les pièces justificatives des faits contenus dans ladite relation. 1735, in-4°.

RELATION *du miracle* opéré le 10 juin 1735, par l'intercession du bienheureux François de Pâris, sur *Jacques Violette*, maître tapissier, demeurant rue des Gravillers, in-4°.

RELATION *de la maladie de mademoiselle Le Juge*, fille de M. Le Juge, conseiller du roi, correcteur en la chambre des comptes de Paris, et de sa guérison miraculeuse, arrivée le 9 mars au soir de la présente année 1737. *In-*4°.

CERTIFICAT *de M. le Juge*, correcteur des comptes, du 17 mai 1737, par lequel il reconnaît la vérité de tous les faits contenus dans la relation de la guérison miraculeuse de mademoiselle sa fille. 1737, in-4°.

COPIE *de l'Acte* passé devant le notaire de Moisy, diocèse de Blois, par *Louise Tremasse*, guérie au mois d'octobre 1737, par l'intercession du B. Pâris, in-4°. *Voyez* CURÉS *de Blois*.

RÉFLEXIONS *importantes* sur le miracle arrivé au bourg de Moisy, en Beauce, diocèse de Blois, en la personne de *Louise Tremass*, veuve Mercier, par l'intercession de M. de Pâris ; avec des pièces servant de preuves. 1738, in-4°. *Voyez* la pièce ci-dessus et CURÉS *de Blois*.

LETTRE *d'un nouveau converti* à son frère encore protestant, résidant en Angleterre, au sujet des miracles de M. de Pâris. 1732, in-4°.

EXTRAIT *d'une lettre* d'un chartreux de Hollande (Dom Aspais) à un de ses plus proches parents, du 3 septembre 1731, au sujet des miracles qui s'opèrent journellement au tombeau de M. de Pâris, in-4°.

DISCOURS *sur les miracles*, par un théologien ; attribué au P. Jacques Longueval, jésuite, in-4°.

DISSERTATION *physique sur les miracles de M. Pâris* ; dans laquelle on prouve que les guérisons qui se font à son tombeau, ne sont que les effets des causes purement naturelles, et qu'elles n'ont aucun caractère des vrais miracles. In-4°.

RÉCIT *au sujet de la mort funeste du sieur Robert*, prêtre, arrivée à Issoudun à la fin de novembre, après qu'il se fut fait mettre sur la tête de la poussière du tombeau du sieur Pâris. 1732, in-4°.

L'APOTHÉOSE *de l'abbé Pâris* racontée en détail par le fidèle témoin Vifvinfras, in-4°.

PROCÈS-VERBAUX *de plusieurs médecins et chirurgiens*, dressés par ordre de Sa Majesté, au sujet de quelques personnes soi-disant agitées de convulsions. Paris 1732, in-4°.

PREMIER DISCOURS *sur les miracles de M. de Pâris*, où l'on répond à tous les prétextes qu'on allègue pour les rejeter, in-4°.

SECOND DISCOURS *sur les miracles* opérés au tombeau et par l'intercession de M. de Pâris, diacre ; où l'on répond aux objections, in-4°.

L'AUTORITÉ *des miracles des Appelants dans l'Eglise* ; ou traité dogmatique, dans lequel, en examinant la matière des miracles en elle-même et montrant que saint Augustin est l'interprète de l'Eglise sur ce point, on fait voir l'abus que les Constitutionnaires font du témoignage de ce Père ; que les miracles étant la preuve des preuves, on ne peut donner atteinte à leur autorité sans ébranler les fondements de la religion ;

et qu'on a lieu de le craindre dans les principes semés dans les derniers mandements de MM. les archevêques de Paris, de Sens, de Cambrai, d'Embrun, etc., auxquels on répond, en réfutant toutes les autres difficultés qu'ils font pour ôter créance aux miracles des Appelants, et cacher le sceau qu'ils portent. 1734, in-4°.

LETTRE *apologétique au sujet des miracles* que Dieu opère sur le tombeau de M. de Pâris ; pour servir de réponse aux difficultés que l'on objecte contre ces miracles. In-4°.

DÉMONSTRATION *de la vérité et de l'autorité des miracles des Appelants*, suivant les principes de M. Pascal. 1732, in-4°.

LA CAUSE *de Dieu reconnue par les miracles chez les Appelants*, suivant les principes établis par le P. Lallemant, jésuite, dans ses *Réflexions morales* avec des notes sur le Nouveau Testament. 1737, in-4°.

ELÉVATION *de cœur à Dieu sur les maux de l'Eglise* et sur les merveilles qui s'opèrent au tombeau du bienheureux de Pâris, in-8°.

PRIÈRE *d'un malade qui demande à Dieu sa guérison* par l'intercession du saint diacre, M. Pâris, in-8°.

RELATION *des miracles de saint Pâris*, avec un abrégé de la Vie du saint, et un dialogue sur les neuvaines : troisième édition augmentée d'une chanson nouvelle ; avec des remarques par le docteur Mathanasius. Bruxelles, 1731, in-12.

RÉFLEXIONS *sur les miracles que Dieu opère au tombeau de M. de Pâris*, et en particulier sur la manière étonnante dont il les opère depuis six mois ou environ, in-4°. Arrêtons-nous, car il faudrait mentionner les écrits sur, pour et contre les convulsions, etc., dont le nombre est incroyable.

Voyez BESCHERANT, BOUCHER, CAYLUS, COLBERT, CURÉS de Paris, CURÉS de Blois, MONTGERON, FOUILLOUX, ROUSSE, etc.

PASCAL (BLAISE), né le 19 juin 1623, à Clermont en Auvergne, d'un président à la cour des aides, mort à Paris le 19 août 1662, se rendit fameux comme savant et comme janséniste. Nous n'avons pas à nous occuper ici du savant ; Feller nous paraît l'avoir justement apprécié sous le rapport de la science.

Pascal prit une grande part aux affaires janséniennes. Il va être question, en premier lieu, de ses fameuses *Provinciales* ; ensuite nous mentionnerons ses divers écrits polémiques ; enfin il s'agira de ses *Pensées*.

LES PROVINCIALES, *ou lettres de Louis de Montalte à un provincial de ses amis, et aux pères jésuites, sur la morale et la politique de ces Pères*. Cologne, Pierre de la Vallée, 1657, in-4°.

Il y a dix-huit lettres ; elles parurent toutes in-4°, l'une après l'autre, depuis le mois de janvier 1656, jusqu'au mois de mars

1657. L'édition de Cologne, dont nous venons de transcrire le titre, est sans doute la première qui ait été faite des dix-huit lettres réunies.

Il y a une autre édition, que nous croyons être la deuxième (ou la 3ᵉ, en considérant comme la première celle des lettres publiées séparément); cette deuxième, *avec les avis des curés de Paris*, par Arnauld et Nicole, *aux curés des autres diocèses, sur les mauvaises maximes de quelques nouveaux casuistes*. Cologne, Pierre de la Vallée, 1657, in-12.

Les mêmes: septième édition, *augmentée de la lettre d'un avocat du parlement à un de ses amis*. Cologne, Nic. Schoute, 1669, in-12.

Les mêmes; *avec les notes de Guil. Vendroek* (P. Nicole. *Voyez* ce nom), traduites en français par Françoise Marguerite de Joncoux, 1700, 2 vol. in-12.

Les mêmes; avec *les notes de Guil. Vendrock*, traduites par *Fr. Marg. de Joncoux*: nouvelle édition, augmentée d'une lettre de *Polémarque à Eusèbe*, et d'une lettre d'un *théologien à Polémarque*. 1700, 3 vol. in-12.

On sait que Pierre Nicole traduisit en latin les *Provinciales*, et y ajouta des notes latines, encore pires que le texte. *Voyez* NICOLE. On sait aussi que le *Provincial* auquel ces lettres sont adressées est le beau-frère de Pascal, M. Perrier, dévoué comme lui au parti.

Parlons maintenant de ces fameuses *Lettres*, qui nous donneront l'occasion de rappeler quelques faits qui concernent l'auteur.

I. Dans les deux premières *lettres*, Pascal attaque vivement la Sorbonne et les Dominicains. D'abord la Sorbonne, ou plutôt toute la faculté de théologie de Paris, assemblée par les ordres du roi, en présence du chancelier de France, est traitée avec un mépris, avec des outrages, avec une insolence dont on n'avait point vu jusqu'alors d'exemple. On dépeint les Dominicains comme des prévaricateurs qui, pour conserver leur crédit, déguisent leur doctrine en matière de foi, et font semblant d'admettre une grâce suffisante, quoiqu'ils soient persuadés qu'il n'y en a point. On se moque de la grâce qu'ils admettent. On dit que *leur grâce suffisante est une grâce insuffisante*: on les exhorte à faire publier, à son de trompe, que *leur grâce suffisante ne suffit pas*.

Dans les treize *lettres* suivantes, l'auteur se rabat uniquement sur les jésuites. Dans les dernières, il se met sur la défensive, et il revient à la matière de la grâce qu'il avait abandonnée.

Il se déclare hautement dans la troisième *lettre* pour l'hérésie qui fit chasser M. Arnauld de la Sorbonne. *On ne voit rien*, dit-il, *dans cette proposition de M. Arnauld*: les Pères nous montrent dans la personne de saint Pierre, un juste à qui la grâce, sans laquelle on ne peut rien, a manqué; *qui ne soit si clairement exprimé dans les passages des Pères que M. Arnauld a rapportés, que je n'ai vu personne qui en pût comprendre la différence*.

Au surplus, c'est le libelle diffamatoire, où la calomnie est répandue avec le plus de profusion, apprêtée avec le plus de sel et le plus de malignité, et portée jusqu'à l'outrage avec le plus de violence et le plus de noirceur.

La partialité et l'injustice y éclatent à chaque page. On attribue aux casuistes jésuites, comme leur appartenant spécialement, les opinions qui étaient alors les plus communes, et qu'ils avaient puisées dans tous les casuistes qui les avaient précédés (1). Il est évident que tout ce que dit là-dessus le malicieux écrivain, est pillé du livre de Dumoulin qui a pour titre: *Catalogue, ou dénombrement des traditions romaines*. D'ailleurs les passages des auteurs jésuites qu'il cite, sont ou altérés avec infidélité, ou tronqués sans pudeur, ou interprétés avec la plus noire méchanceté.

Voici ce que M. Racine pensait de ce fameux écrit (2): *Vous semble-t-il que les* Lettres provinciales *soient autre chose que des comédies? L'auteur a choisi ses personnages dans les couvents et dans la Sorbonne. Il introduit sur la scène tantôt des jacobins, tantôt des docteurs, et toujours des jésuites. Combien de rôles leur fait-il jouer! Tantôt il amène un jésuite bon homme, tantôt un jésuite méchant, et toujours un jésuite ridicule; le monde en a ri pendant quelque temps, et le plus austère janséniste aurait cru trahir la vérité que de n'en pas rire*.

C'est là en effet le vrai caractère des *Provinciales*. Outre l'erreur, l'hérésie, et l'imposture, qui y règnent, on peut dire que ce qui y domine le plus, est une raillerie pleine de fiel et d'amertume. Il est surprenant après cela que le gazetier janséniste (3) ait assuré dans sa feuille du 27 février 1744, que *le ton moqueur ne convient qu'à celui qui est assis dans la chaire de pestilence*. C'est bien là d'un seul trait faire le procès à Pascal.

Il convient de rapporter ici ce que Voltaire a dit du même ouvrage: « On tentait par toutes les voies de rendre les jésuites odieux. Pascal fit plus, il les rendit ridicules. Ses *Lettres provinciales*, qui paraissaient alors, étaient un modèle d'éloquence et de plaisanterie. Les meilleures comédies de Molière n'ont pas plus de sel que les premières *Lettres provinciales*: Bossuet n'a rien de plus sublime que les dernières. Il est vrai que tout le livre portait sur un fondement faux. On attribuait adroitement à toute la société des opinions extravagantes de plusieurs jésuites espagnols et flamands. On aurait déterrées aussi bien chez des casuistes dominicains et franciscains; mais

---

(1) *Voyez* l'article MOYA dans le *Dictionn. histor.* de Feller, et ceux qu'il y indique.
(2) *Lettre de M. Racine*, ou réplique aux réponses de MM. Dubois et Barbier d'Aucourt, dans l'*Abrégé de l'histoire de Port-Royal*, Cologne, 1770, pag. 73.
(1) Le rédacteur des *Nouvelles ecclésiastiques*. Voy. FONTAINE, ci-dessus.

c'était aux seuls jésuites qu'on en voulait. On tâchait, dans ces lettres, de prouver qu'ils avaient un dessein formé de corrompre les mœurs des hommes; dessein qu'aucune secte, aucune société n'a jamais eu et ne peut avoir; mais il ne s'agissait pas d'avoir raison, il s'agissait de divertir le public. » *Siècle de Louis XIV*, chap. 37.

« Pascal n'avait lu aucun des livres des jésuites dont il se moque dans ses lettres. C'étaient les manœuvres littéraires de Port-Royal qui lui fournissaient les passages qu'il tournait si bien en ridicule. » *Traduction d'une lettre de milord Bolingbroke;* pièce qui est de Voltaire, dans ses *OEuvres*, édition Beuchot, tom. XLIII, ou VIII des *Mélanges*, pag. 208.

« Les Lettres provinciales sont la plus ingénieuse, aussi bien que la plus cruelle et, en quelques endroits, la plus injuste satire qu'on ait jamais faite. » *Temple du goût*, notes, tom. XII de la même édition, pag. 373.

« Je ne cesse de m'étonner qu'on puisse accuser les jésuites d'une morale corruptrice. Ils ont eu, comme tous les autres religieux, dans des temps de ténèbres, des casuistes qui ont traité le pour et le contre des questions aujourd'hui éclaircies, ou mises en oubli. Mais, de bonne foi, est-ce par la satire ingénieuse des *Lettres provinciales* qu'on doit juger leur morale? C'est assurément par le P. Bourdaloue, par le P. Cheminais, par leurs autres prédicateurs, par leurs missionnaires.

« Qu'on mette en parallèle les *Lettres provinciales* et les *Sermons* du P. Bourdaloue, on apprendra dans les premières l'art de la raillerie, celui de présenter des choses indifférentes sous des faces criminelles, celui d'insulter avec éloquence: on apprendra avec le P. Bourdaloue à être sévère à soi-même et indulgent pour les autres. Je demande alors de quel côté est la vraie morale, et lequel de ces deux livres est utile aux hommes.

« J'ose le dire; il n'y a rien de plus contradictoire, rien de plus honteux pour l'humanité, que d'accuser de morale relâchée des hommes qui mènent en Europe la vie la plus dure, et qui vont chercher la mort au bout de l'Asie et de l'Amérique..... » *Lettre au P. de la Tour*, du 17 février 1746, imprimée cette même année in-4° et in-8°. *OEuvres* de Voltaire, édition Beuchot, tom. LV, *Correspondance*, tom. V, lettre 1385, pag. 90.

II. — Les deux puissances concoururent sans délai à foudroyer les *Provinciales*.

Le 6 septembre 1657, ce livre fut condamné à Rome par Alexandre VII. Dans le décret on spécifie chaque lettre nommément, en commençant par la première, et en les marquant toutes les unes après les autres jusqu'à la dernière.

Le 5 juin il fut proscrit par l'inquisition d'Espagne, *comme contenant des propositions hérétiques, erronées, séditieuses, scandaleuses: comme étant une apologie de la doctrine de Jansénius, condamnée par l'Eglise, au mépris de ceux qui suivent les écoles des thomistes et des jésuites: comme faisant à saint Thomas la dernière injustice, et tâchant de persuader qu'il est du sentiment de Jansénius: enfin parce qu'en traitant des matières de la morale, il est plein de calomnies contre la compagnie de Jésus.*

En France, quatre évêques et plusieurs docteurs portèrent sur ce livre le jugement suivant : « Nous soussignés, députés du roi pour juger d'un livre intitulé : *Lettres Provinciales de Louis Montalte*, etc., après l'avoir examiné avec soin, certifions que les hérésies de Jansénius condamnées par l'Eglise sont soutenues et défendues, soit dans les lettres de *Louis de Montalte*, soit dans les notes de *William Wendrock*, soit dans les disquisitions de *Paul Irénée* (1) qui y sont jointes; qu'au reste cela est si évident que, pour en disconvenir, il faut ou n'avoir point lu ce livre, ou ne l'avoir pas entendu, ou même, ce qui est encore pis, ne pas tenir pour hérétique ce qui est condamné comme tel par les souverains pontifes, par le clergé de France et par la sacrée faculté de théologie de Paris: Nous certifions de plus que ces trois auteurs sont tellement accoutumés à médire et à parler insolemment, qu'aux seuls jansénistes près, ils ne ménagent personne et n'épargnent ni le roi, ni les principaux ministres de l'Etat, ni la sacrée faculté de Paris, ni les ordres religieux; et qu'ainsi ce livre mérite la peine portée par le droit contre les libelles infâmes et hérétiques. Fait à Paris le 7 septembre de l'année 1660. »

Henry de la Mothe, évêque de Rennes. — Hardouin, évêque de Rodez. — François, évêque d'Amiens. — Charles, évêque de Soissons. — Chapelas, curé de Saint-Jacques. — C. Morel. — L. Bail. — F. Jo. Nicolaï, de l'ordre de Saint-Dominique. — M. Grandin. — Saussois. — F. Matthieu de Gangi, de l'ordre des Carmes. — Chamillard. — G. de Lestocq.

En conséquence de ce jugement, le conseil d'Etat, S. M. y étant, rendit un arrêt le 25 septembre de la même année, qui condamne les *Lettres Provinciales* à être lacérées et brûlées à la croix du Trahoir par les mains de l'exécuteur de la haute justice.

Trois ans auparavant, le 9 février 1657, le parlement de Provence les avait déclarées *diffamatoires, calomnieuses et pernicieuses au public*; et comme telles les avait fait brûler par la main du bourreau.

Pendant plusieurs années on combattit de toute part les *Provinciales* par un grand nombre de très-bons écrits. Le plus connu, et en effet le plus estimable, est la réponse du P. Daniel, intitulée : *Entretiens de Cléandre et d'Eudoxe*, Cologne, 1696, in-12.

III. — L'auteur des Provinciales était un bel esprit, grand mathématicien, bon physicien, mais très-ignorant en matière de théo-

---

(1) On sait que sous ces noms P. Nicole s'était caché.

logie, et logicien si pitoyable, qu'il se contredisait sans s'en apercevoir. Par exemple, dans ses premières *Lettres* il regarde les thomistes comme ses grands adversaires sur les matières de la grâce. Il dit que *les thomistes se brouillent avec la raison, les molinistes avec la foi, et que les seuls jansénistes savent accorder la foi avec la raison.*

Cependant, dans sa dernière *lettre*, il soutient que les jansénistes sont, sur la grâce, du sentiment des thomistes. Y a-t-il contradiction plus sensible et plus palpable?

Il s'embarrassait peu si ce qu'il avançait de plus injurieux au prochain était vrai ou non, pourvu qu'il fût tourné avec esprit. La marquise de Sablé lui ayant un jour demandé s'il savait sûrement tout ce qu'il mettait dans ses *lettres*, il lui répondit qu'il se contentait de mettre en œuvre les mémoires qu'on lui fournissait, mais que ce n'était pas à lui d'examiner s'ils étaient fidèles. Etrange morale! avec laquelle on s'associe aux plus grands imposteurs, on est complice de leurs plus atroces calomnies, on les colore ces calomnies, on les assaisonne, on les répand dans tout l'univers, et cela sans scrupule, sans inquiétude et sans remords.

Quoique Pascal eût ainsi sacrifié au parti tout sentiment de foi, d'honneur et de probité, il n'eut pas la consolation de trouver dans ces messieurs des cœurs reconnaissants. Il eut même dans la suite les plus grands démêlés avec eux. Il prétendit qu'ils avaient varié dans leurs sentiments, ou du moins dans l'exposition de leurs sentiments. Eux, de leur côté, firent de lui un portrait peu avantageux. Ils dirent qu'*on ne pouvait guère compter sur son témoignage, qu'il ne voyait que par les yeux d'autrui; qu'il était peu instruit des faits qu'il rapporte...; qu'en écrivant les* Provinciales *il se fiait absolument à la bonne foi de ceux qui lui fournissaient les passages qu'il citait, sans les vérifier dans les originaux; que souvent, sur des fondements faux ou incertains, il se faisait des systèmes d'imagination qui ne subsistaient que dans son esprit.* Anecdotes importantes, confirmées par les jansénistes eux-mêmes, dans un écrit intitulé : *Lettre d'un ecclésiastique à un de ses amis*, pag. 81, 82.

Mais ce qui achève d'ôter toute créance à ce satirique écrivain, c'est ce que dit de lui M. l'abbé Boileau dans ses *Lettres sur différents sujets de morale et de piété*. Lettre 29, t. I, page 207: *Vous savez*, dit-il, *que M. Pascal avait de l'esprit, qu'il a passé dans le monde pour être un peu critique, et qu'il ne s'élevait guère moins haut, quand il lui plaisait, que le Père Mallebranche. Cependant ce grand esprit croyait toujours voir un abîme à son côté gauche, et y faisait mettre une chaise pour se rassurer. Je sais l'histoire d'original. Ses amis, son confesseur, son directeur avaient beau lui dire qu'il n'y avait rien à craindre; que ce n'étaient que des alarmes d'une imagination épuisée par une étude abstraite et métaphysique, il convenait de tout cela avec eux; car il n'était nullement visionnaire, et un quart d'heure après il se creusait* de nouveau le précipice qui *l'effrayait. Que sert-il de parler à des imaginations alarmées? vous voyez bien qu'on y perd toutes ses raisons, et que l'imagination va toujours son train.*

Pascal, dit Voltaire, *croyait toujours, pendant les dernières années de sa vie, voir un abîme à côté de sa chaise. OEuvres* de Voltaire, édit. Beuchot, tom. LIV, *Correspond.*, tom. IV, lettre 1106 à M. de S'Gravesaude, pag. 350.

Son cerveau, dit ailleurs Voltaire, *se dérangea sur les dernières années de sa vie, qui fut courte. C'est une chose bien singulière que Pascal et Abbadie, que l'on cite le plus, soient tous deux morts fous. Pascal, comme vous savez, croyait toujours voir un précipice à côté de sa chaise.* Traduction d'une lettre à milord Bolingbroke, déjà citée plus haut.

Pascal était donc, comme l'on voit, un cerveau blessé, aussi bien qu'un cœur ulcéré; or quel fond peut-on faire sur les décisions et sur les récits d'un pareil écrivain? Un hypocondre, qui voyait sans cesse un abîme à son côté gauche, a dû voir dans les livres des casuistes bien des choses qui n'y étaient pas.

LETTRE *au Père Annat... au sujet des casuistes*. 1657, in-4°.

Pascal essaya de répondre par cette *lettre* au Père Annat, qui avait publié un écrit intitulé : *La bonne foi des jansénistes en la citation des auteurs, reconnue dans les Lettres au Provincial.* Paris, Flor. Lambert, 1656, in-4°.

FACTUM *pour les curés de Paris contre un livre intitulé* : Apologie pour les casuistes, etc., *et contre ceux qui l'ont composé*, etc., avec Godefroi Hermant et l'abbé Perrier. Janvier, 1658, in-4°.

RÉPONSE *des curés de Paris pour soutenir le* Factum *par eux présenté à MM. les vicaires généraux pour demander la censure de l'Apologie des casuistes; contre un écrit intitulé* : Réfutation des calomnies nouvellement publiées par les auteurs d'un Factum sous le nom de MM. les curés de Paris, etc., le 1er avril 1658, in-4°.

CENSURE *du livre intitulé* : Apologie pour les casuistes, *faite par M. l'archevêque de Rouen*, le 3 janvier 1659, dressée par Blaise Pascal. Sur l'imprimé à Rouen, chez Laurens Maurry, 1659, in-4°.

CENSURE *de M. de Chery, évêque de Nevers, de l'Apologie des casuistes*, du 8 novembre 1658, in-4°.

SIXIÈME *écrit des curés de Paris*, où l'on fait voir par sa dernière pièce des jésuites, que leur société entière est résolue de ne point condamner l'Apologie, et où l'on montre, par plusieurs exemples, que c'est un principe des plus fermes de la conduite de ces Pères de défendre en corps les sentiments de leurs docteurs particuliers; le 24 juillet 1658, in-4°.

REQUÊTE *des curés d'Amiens*, présentée à leur évêque le 5 juillet 1658, contre le livre intitulé : *Apologie pour les casuistes;* avec le *Factum* qu'ils lui ont présenté le 27 du même mois, et les extraits des écrits dictés dans le collège d'Amiens par trois jésuites, contenant les mêmes erreurs que l'*Apologie*, attribué à Blaise Pascal. 1658, in-4°.

REQUÊTE *des curés de Nevers*, présentée à leur évêque le 5 juillet 1658, contre un livre intitulé : *Apologie pour les casuistes;* avec le *Factum* qu'ils lui ont aussi présenté, et la censure de mondit seigneur contre le même livre, in-4°.

CONCLUSION *des curés de Paris*, du 22 novembre 1658, pour la publication de la censure du livre de l'*Apologie des casuistes*, faite par les vicaires généraux de l'archevêque de Paris; attribuée à Blaise Pascal. In-4°.

ARRÊT *du conseil d'Etat*, du 7 juin 1659, contre le libelle intitulé : *Journal de ce qui s'est passé tant à Paris que dans les provinces, sur le sujet de la morale et de l'Apologie des casuistes*. Paris, Cramoisy, 1659, in-4°.

ORDONNANCE *de MM. les vicaires généraux de M. le cardinal de Retz*, archevêque de Paris, du 8 juin 1661, pour la signature du Formulaire de foi, dressé en exécution des constitutions d'Innocent X et d'Alexandre VII. Paris, Ch. Savreux, 1661, in-4°.

DÉCLARATION *des curés de Paris*, du 20 juillet 1661, sur le mandement de MM. les vicaires généraux, touchant la signature du Formulaire, in-4°.

PENSÉES.... *sur la religion et sur quelques autres sujets, recueillies et données au public depuis la mort de l'auteur*, en 1670, un vol. in-12. — *Nouvelle édition, augmentée de plusieurs pensées du même auteur.* Paris, Guill. Desprez, 1678, in 12. — *Nouvelle édition, augmentée de plusieurs pensées, de sa Vie et de quelques discours.* Paris, Guill. Desprez et Jean Desessarts. 1714.

Ces pensées sont différentes réflexions sur le christianisme. Pascal avait projeté d'en faire un ouvrage suivi; ses infirmités l'empêchèrent de remplir ce dessein. Il ne laissa que quelques fragments, écrits sans aucune liaison et sans aucun ordre : ce sont les fragments qu'on a donnés au public. Condorcet en a donné une édition incomplète, où plusieurs *pensées* sont mutilées et d'autres falsifiées. Voltaire les a attaquées; non content d'avoir traité l'auteur de *misanthrope sublime* et de *vertueux fou*, il a beaucoup déprimé son livre. On sent comment un ennemi forcené du christianisme a dû parler d'un ouvrage qui en contenait d'excellentes preuves. Il faut convenir néanmoins que l'auteur y est trop occupé de lui-même, et qu'à de bonnes réflexions il mêle des égoïsmes dont il semble avoir pris le modèle dans les *Essais* de Montaigne, mais qui sont d'autant plus déplacés, que la nature du livre et de la religion dont il traite, les exclut positivement. Ceci regarde les *Pensées* en général. Un critique orthodoxe a relevé divers passages des *Pensées* et du *Discours* sur les Pensées, édition de 1714, et voici comment.

Après avoir cité et loué ces lignes extraites de la page 207, et qui sont très-remarquables, parce qu'elles sont de Pascal : *Toutes les vertus, le martyre, les austérités et toutes les bonnes œuvres, sont inutiles hors de l'Eglise et de communion du chef de l'Eglise, qui est le pape;* le critique réfute les passages où le jansénisme se montre et domine.

Page 339 (Discours) : *Après la chute d'Adam, il ne lui resta d'usage de sa liberté que pour le péché, et il se trouva sans force pour le bien.* Proposition fausse. Il est faux qu'Adam après sa chute n'ait pu faire que des péchés, et que le bien dans l'ordre naturel lui ait été impossible. Il ne lui fut pas même impossible dans l'ordre surnaturel, puisque la grâce nécessaire ne lui manquait pas. Non : le Seigneur ne se cacha pas pour Adam dans une nuit impénétrable (comme le dit le disciple de Pascal). Dieu ne lui parla-t-il pas après son péché, et ne lui promit-il pas un Rédempteur?

Pascal, comme tout janséniste, se fait un devoir de dégrader l'ancienne alliance. *Une plénitude de maux sans consolation, dit-il, c'est un état de judaïsme..... Car, Seigneur, vous avez laissé languir le monde dans les souffrances naturelles sans consolation avant la venue de votre Fils unique. Vous consolez maintenant et vous adoucissez les souffrances de vos fidèles par la grâce de votre Fils unique* (page 311). Il est visible que, selon cette proposition, les Juifs étaient *sans cette consolation* qui est par la grâce de Jésus-Christ, c'est-à-dire qu'ils étaient sans grâce; au lieu que cette *consolation* et cette *grâce* se trouvent dans la nouvelle alliance et parmi les chrétiens. Telle est aussi la doctrine de Quesnel dans ses propositions 6 et 7, et telle est celle de tous ses partisans. Dans leur système, les Juifs étaient obligés d'accomplir la loi sous peine de damnation; mais Dieu leur refusait la grâce sans laquelle cet accomplissement était impossible : cette grâce était réservée à la nouvelle alliance; système affreux, où Dieu, comme un tyran insensé, exigeait l'impossible de ses sujets; et, comme un tyran cruel, les punissait par des feux éternels, pour n'avoir pas fait ce qui leur était impossible.

Page 125 : *On n'entend rien aux ouvrages de Dieu, si on ne prend pour principe qu'il aveugle les uns et éclaire les autres.*

Page 362 (Discours) : *Il* (M. Pascal) *commença par faire voir... que l'Ecriture a deux sens, qu'elle est faite pour éclairer les uns et aveugler les autres.*

Page 344 (Discours) : *Dieu laisse courir les hommes après les désirs de leurs cœurs, et il ne se veut découvrir qu'à un petit nombre de gens qu'il en rend lui-même dignes, et capables d'une véritable vertu.*

Il n'est pas nécessaire d'être bien pénétrant, pour apercevoir dans ces trois propositions le venin du jansénisme. Pascal et son disciple ne se bornent pas à y insinuer que Dieu n'a aucune bonne volonté pour ceux qui périssent. Ils vont plus loin : ils prétendent que Dieu les *aveugle*, que ses saintes Ecritures *sont faites pour les aveugler*, et qu'*il ne veut se découvrir qu'au petit nombre des élus*.

Page 47 : *On ne croira jamais d'une créance utile et de foi, si Dieu n'incline le cœur, et on croira dès qu'il l'inclinera.*

Page 48 : *C'est Dieu lui-même qui les incline à croire, et ainsi ils sont très-efficacement persuadés.*

C'est faire entendre assez clairement que l'on ne résiste jamais à la grâce.

Page 303 : *Ni les discours, ni les livres, ni nos Écritures sacrées, ni notre Evangile, ni nos mystères les plus saints, ni les aumônes, ni les jeûnes, ni les mortifications, ni les miracles, ni l'usage des sacrements, ni le sacrifice de notre corps, ni tous mes efforts, ni ceux de tout le monde ensemble, ne peuvent rien du tout pour commencer ma conversion, si vous n'accompagnez toutes ces choses d'une assistance toute extraordinaire de votre grâce.*

Quoi ! sans une *grâce toute extraordinaire*, c'est-à-dire sans une grâce efficace, *je ne puis rien du tout* pour commencer ma conversion ! Quoi ! mes aumônes, mes jeûnes, *tous mes efforts*, avec une grâce ordinaire, qu'on appelle suffisante, *ne peuvent rien*, et, encore une fois, sans la grâce efficace *je ne puis rien du tout* ! Si cette doctrine était véritable, que de propositions de Quesnel eussent été à l'abri de la condamnation !

Page 74 : *Il y a deux principes qui partagent les volontés des hommes, la cupidité et la charité.*

Page 342 (Discours) : *La crainte, l'admiration, l'adoration même, séparées de l'amour, ne sont que des sentiments morts où le cœur n'a point de part.*

Page 138 : *Sans Jésus-Christ il faut que l'homme soit dans le vice et dans la misère... et hors de lui il n'y a que vice, misère, ténèbres, désespoir.*

Que penser de ces propositions, sinon qu'elles ont été condamnées avec la plupart des propositions de Quesnel sur la charité et la crainte ; entre autres avec la 46ᵉ : *La cupidité ou la charité rendent l'usage des sens bons ou mauvais.* Et la 48ᵉ : *Que peut-on être autre chose que ténèbres, qu'égarement et que péché, sans la lumière de la foi, sans Jésus-Christ, sans la charité ?*

Page 46 : *Les hérétiques nous reprochent cette soumission superstitieuse. C'est faire ce qu'ils nous reprochent, que d'exiger cette soumission dans les choses qui ne sont pas matière de soumission.* Pascal, fidèle écho du parti, parle ici de la condamnation de Jansénius.

PASTEL, docteur de Sorbonne, avait approuvé la théologie de Louis Habert. Cette théologie fut attaquée par une Dénonciation qui la présentait comme remplie d'un jansénisme mitigé, et qui était adressée à M. le cardinal de Noailles, archevêque de Paris. Pastel fit imprimer une *Réponse* à cette Dénonciation ; Paris, Billiot, 1711, in-12. On publia bientôt après une *Suite de la Dénonciation* ; Pastel voulut continuer de se défendre, et de défendre en même temps la théologie qu'il avait approuvée ; il fit donc paraître une nouvelle *Réponse*; Paris, Emery, 1712, in-12 de près de 600 pages. Ces deux *Réponses* de Pastel firent voir qu'il ne pensait pas plus catholiquement que l'auteur même de la théologie dont il avait pris la défense avec tant de chaleur. Sa seconde *Réponse* parut mériter une *Troisième Dénonciation*, qui ne se fit pas longtemps attendre. *Voyez* HABERT (*Louis*).

PAVILLON (NICOLAS), évêque d'Aleth, fils d'Etienne Pavillon, correcteur de la chambre des comptes, et petit-fils de Nicolas Pavillon, savant avocat au parlement de Paris, naquit en 1597. Elevé à l'évêché d'Aleth, il augmenta le nombre des écoles pour les filles et pour les garçons ; il forma lui-même des maîtres et des maîtresses, et leur donna des instructions et des exemples. Ces actions de vertus et de zèle ne l'empêchèrent pas de s'élever contre les décrets du saint-siège. Ce prélat était lié avec le docteur Arnauld et avec ses amis et ses partisans, et plusieurs de ses actions en furent les conséquences. Il se déclara contre ceux qui signaient le *Formulaire*, et cette démarche prévint Louis XIV contre lui. Ce monarque fut encore plus irrité lorsque l'évêque d'Aleth refusa de se soumettre au droit de régale. Saint Vincent de Paul écrivit souvent à son ancien ami pour lui faire de sages observations ; elles parurent d'abord faire sur lui quelque effet ; mais après la mort de saint Vincent, il professa ouvertement ses opinions. On l'accuse d'avoir mis tout en œuvre pour brouiller Louis XIV avec Innocent XI, afin qu'au moyen de ces divisions le parti fût tranquille et se fortifiât, en quoi il a malheureusement réussi. Il mourut dans la disgrâce en 1677, âgé de plus de quatre-vingts ans.

LETTRE *écrite au roi*. 1664. — Cette *Lettre*, sur le réquisitoire de l'avocat général Talon, fut supprimée par un arrêt du parlement, le 12 décembre 1664.

Ce magistrat, qui ne devait pas être suspect au parti, parlant d'abord des cinq propositions, dit qu'*elles ont été portées à Rome comme extraites des livres de Jansénius, qu'il est de notoriété publique que lorsqu'on les a soutenues, elles ont été principalement appuyées sur l'autorité du nom et de l'érudition de cet auteur, et sur les grandes lumières qu'il avait puisées dans les œuvres de saint Augustin, dont les sectateurs éblouis, ou plutôt abusés par l'éclat du titre de son livre, y prétendaient avoir fait revivre la doctrine ; qu'après néanmoins que ces propositions ont été si solennellement condamnées, et que leur défense ne pouvait plus être ni licite, ni innocente, on n'a pas laissé d'inventer une nouvelle subtilité* pour en réveiller la dispute; qu'on a partagé l'autorité des bulles et le pouvoir de l'Eglise, et prétendu que la soumission des esprits à la décision des papes, quant au droit, ne portait aucun préjudice, et ne tirait aucune conséquence pour la question du fait; qu'ainsi l'on pouvait soutenir que ces mêmes propositions tant de fois soutenues sous les étendards de Jansénius, avaient comme par un art magique disparu de ses écrits.

M. Talon, venant ensuite à la lettre de M. d'Aleth, fait voir que le but de l'auteur est de battre en ruine la déclaration par laquelle le roi a ordonné la souscription du Formulaire, d'établir comme un principe certain que l'hérésie des jansénistes est une chimère sans fondement, et que le Formulaire n'étant ni l'ouvrage du pape, ni des évêques assemblés dans un concile, personne n'est obligé d'y souscrire. Le magistrat foudroie ces prétentions avec beaucoup de force et d'éloquence, et démontre qu'*il ne se peut rien figurer qui choque plus ouvertement que cette Lettre, et l'honneur du saint-siège, et la dignité épiscopale, et l'autorité royale;* que l'évêque, protecteur des jansénistes et lié d'intérêt avec eux, rompt toutes les mesures du devoir et du respect, et passe par-dessus toutes les règles de la modestie et de la bienséance; que menaçant d'anathème les ecclésiastiques de son diocèse qui signeront le Formulaire, il sonne le tocsin de la guerre pour renouveler un combat d'autant plus dangereux, qu'il s'adresse directement à la piété et à l'autorité royale; qu'en un mot c'est un libelle rempli d'erreurs et de propositions périlleuses. Telle est la juste idée que donne M. Talon du scandaleux écrit de M. l'évêque d'Aleth. Aussi fut-il supprimé, avec ordre d'informer contre ceux qui l'avaient imprimé ou fait imprimer.

MANDEMENT... au sujet du Formulaire, 1ᵉʳ juin 1665.

M. l'évêque d'Aleth fut si persuadé, durant plusieurs années, de la nécessité indispensable de signer le Formulaire, qu'il en faisait aux autres les leçons les plus touchantes. *Tout chrétien*, disait-il, à l'abbé de Rancé (Projet d'une lettre de M. de Rancé à M. de Tillemont), *est obligé de suivre les décrets et les déclarations de l'Eglise; il faut demeurer ferme et mourir dans cette conviction, et les raisons contraires ne valent pas la peine d'être écoutées.* Je sais, ajoute cet abbé, qu'il changea depuis. *Mais je sais aussi de quelle adresse et de quels artifices on s'est servi, et quelle diligence a été faite pour l'y porter.*

Le même abbé écrivit en ces termes sur le même sujet, le 29 janvier 1697, à madame de Saint-Loup : *Je vous dirai avec sincérité que ma joie fut entière, quand je trouvai M. d'Aleth, non-seulement vivant selon les règles d'une morale exacte, et passant sa vie à les apprendre aux autres et à les faire observer dans tout son diocèse; mais quand je lui reconnus une soumission entière aux ordonnances et aux décisions de l'Eglise, et que je vis qu'il s'animait d'un saint zèle pour m'approuver et me confirmer dans les sentiments où j'étais sur ce sujet, me disant plusieurs fois qu'il ne pouvait y avoir en ce monde ni repos, ni salut, qu'en écoutant et recevant sa parole dans une parfaite dépendance. Il me lut lui-même des écrits les plus forts qui lui avaient été envoyés et qui avaient été faits contre la signature du Formulaire; il me dit : Il n'y a rien de plus savant, ni de plus éloquent; cependant mes sentiments subsistent, et il n'y a rien qui soit capable de les ébranler. Et il m'exhorta fort à la persévérance.*

La vérité est, madame, que je n'ai jamais été plus surpris que quand je sus qu'il avait changé d'avis, et qu'il était dans le parti des adversaires de la souscription. En un mot, je crus, et je le crois encore, qu'il y aurait plus de sûreté de suivre monsieur d'Aleth, qui n'avait en ce temps-là consulté que Dieu seul, et écouté sa parole, que d'embrasser ses pensées lorsqu'il eût prêté l'oreille, et qu'il se fût laissé aller aux instances pressantes de ceux qui entreprirent de lui faire changer sa première opinion, qu'il avait prise uniquement dans la présence de Dieu, et qu'il avait conservée jusqu'alors avec tant de fidélité et de religion.

Je vous dirai, madame, une circonstance remarquable, qui est que la première fois qu'il me parla de la signature, fut quelques jours après que je fus arrivé à Aleth; et que la veille de mon départ il fit porter deux sièges à trois cents pas de sa maison, sur le bord d'un torrent, où, après un entretien de deux heures, il me répéta ce qu'il m'avait dit sur cette matière, me conjurant de demeurer ferme dans les sentiments où il me laissait, nonobstant toutes les conduites qu'on pourrait prendre, et les raisons dont on pourrait se servir pour m'en faire changer. Par la grâce de Dieu j'y ai été fidèle, et je le serai jusqu'au dernier soupir de ma vie. Vous pouvez prendre ce que je vous dis, madame, au pied de la lettre, car je vous parle dans la dernière sincérité.

Nous rapportons ici avec d'autant plus de plaisir cet extrait de la *Lettre* de M. de Rancé, qu'on y trouve trois choses clairement exprimées : 1° les sentiments orthodoxes où était M. l'évêque d'Aleth en 1660; 2° la surprise où fut M. de la Trappe, de son changement; 3° les pensées vraiment catholiques de ce fameux abbé sur le Formulaire.

M. d'Aleth, après son changement, enseigne en termes formels dans le *Mandement* dont il est ici question, l'hérétique distinction du fait et du droit. *La soumission que l'on doit aux décisions de l'Eglise, se renferme*, dit-il, *dans les vérités révélées... Quand l'Eglise juge si des propositions ou des sens hérétiques sont contenus dans un tel livre, elle n'agit que par une lumière humaine, et en cela elle peut être surprise; et dans ce cas il suffit de lui témoigner son respect, en demeurant dans le silence*

Ce mandement fut adopté par M. de Beauvais (Buzanval) le 23 juin; par M. d'Angers (Arnauld) le 8 juillet; et par M. François de Caulet, évêque de Pamiers, le 31 du même mois.

Tous ces mandements schismatiques furent condamnés par le pape le 18 janvier 1667, et supprimés par un arrêt du conseil rendu le 20 juillet 1665. Peu s'en fallut que l'opiniâtreté de ces prélats ne leur fit perdre leurs sièges, et ne bouleversât l'Eglise.

RITUEL romain du pape Paul V, à l'usage du diocèse d'Aleth, avec les instructions et les rubriques en français, imprimé à Paris en 1667; ou Rituel d'Aleth. Ou Instructions du Rituel du diocèse d'Aleth. Paris, 1667. — Seconde édition. Paris, veuve Charles Savreux, 1670.

Du Pin assure que c'est Arnauld qui est l'auteur de ce fameux Rituel et du Factum pour M. l'évêque d'Aleth.

Le calviniste Melchior Leydecker, dans son Histoire du Jansénisme, page 572, fait une remarque singulière sur ce livre. Il dit qu'il va à la destruction de la religion catholique et de ses sacrements; et il le prouve par ce qui est prescrit dans la page 91, savoir, que la satisfaction doit précéder l'absolution : Satisfactio debet absolutionem præcedere.

Le pape Clément IX, ayant fait examiner le Rituel dont il s'agit, le condamna solennellement par un décret du 9 avril 1668, comme contenant des sentiments singuliers, des propositions fausses, erronées, dangereuses dans la pratique, contraires à la coutume reçue communément dans l'Eglise, capables de conduire insensiblement les fidèles à des erreurs déjà condamnées.

Le même ouvrage a été proscrit par l'évêque de Toulon (Jean de Vintimille), comme contenant des choses contraires au Rituel romain de Paul V, des propositions fausses, singulières, dangereuses en pratique, erronées et opposées à la coutume générale de l'Eglise; la lecture desquelles peut insinuer les erreurs condamnées dans l'esprit des fidèles, et les infecter de méchantes opinions. L'ordonnance est du 17 février 1678.

M. d'Aleth, malgré la censure de Rome, fit observer toute sa vie son Rituel dans son diocèse; et la lettre de soumission qu'il écrivit avant sa mort au pape Clément IX est plutôt une apologie qu'une soumission et qu'une rétractation.

L'ordonnance dont nous avons parlé de M. l'évêque de Toulon contre le Rituel d'Aleth, occasionna une dispute assez vive entre lui et M. de Montgaillard, évêque de Saint-Pons. Celui-ci, entièrement livré au parti, ne put souffrir tranquillement que l'évêque d'Aleth, son ami et son confrère en Jansénius, fût attaqué après sa mort par un évêque particulier. Il écrivit donc une lettre piquante à M. de Toulon, qui lui répondit avec fermeté. M. de Saint-Pons répliqua par une autre lettre d'une longueur énorme, datée du 19 août 1678, dans laquelle cet adroit prélat cherche à donner le change et ne vient jamais à son sujet. On a réuni toutes les pièces de cette dispute dans un petit in-12, intitulé : Recueil de ce qui s'est passé entre MM. les évêques de Saint-Pons et de Toulon, au sujet du Rituel d'Aleth. La dernière pièce de ce Recueil est excellente : elle met en poudre les deux lettres de M. de Saint-Pons, et dévoile parfaitement le mystère odieux des approbations de plusieurs évêques données après coup au Rituel d'Aleth.

Nous mentionnerons encore de M. Pavillon :

LETTRE à M. Hardouin de Péréfixe, archevêque de Paris, sur la soumission qui est due à l'Eglise à l'égard des faits qu'elle décide. In-12. Elle est du 7 novembre 1667. Voyez NICOLE, où il s'agit des Imaginaires, édition de Cologne, P. Marteau, 1683, in-8°.

PROJET de lettre pastorale, publié par M. Quesnel, dans les Avis sincères aux catholiques des Provinces-Unies, 1704, in-12, où l'on trouve aussi une Lettre circulaire des quatre évêques en 1668.

PÉAN (N...), laïque, auteur, à ce qu'il paraît, du livre suivant, qu'on avait attribué à Pierre Boyer.

PARALLÈLE de la doctrine des païens avec celle des jésuites et de la Constitution. Amsterdam, 1726.

L'auteur qui a fait les Nouvelles Ecclésiastiques depuis la Constitution jusqu'en 1728, page 139, dit que cet ouvrage peut servir de second tome aux Lettres Provinciales.

Ce qui est certain, c'est qu'il vient d'une plume grossière, à qui les expressions les plus atroces ne coûtent rien. M. le cardinal de Bissy, M. l'archevêque de Malines, M. l'évêque de Soissons (Languet), les jésuites, Clément XI y sont traités de la manière la plus indigne.

L'objet d'une si affreuse satire est de prouver que la doctrine des païens était encore plus pure que celle de la bulle Unigenitus.

On dit, page 166, que la bulle condamne la foi de nos pères. On avance, page 167, qu'elle favorise l'infamie, l'impiété, le blasphème; qu'elle fait le procès à un innocent, à un saint prêtre, à un docteur de la vérité; qu'elle contient un mystère d'iniquité, qu'on se flatte de dévoiler au public.

Le 29 août 1726, le parlement de Paris rendit un arrêt par lequel il condamne ce détestable livre à être lacéré et brûlé par l'exécuteur de la haute justice. Ce qui fut exécuté le même jour.

PELÉ (JULIEN), bénédictin

RELATION abrégée de la maladie et de la mort de M. Ravechet.

Sous le syndicat de M. Le Rouge, la faculté de théologie de Paris avait reçu purement et simplement la Constitution. Hyacinthe Ravechet, devenu syndic et soutenu par quelques docteurs hétérodoxes, entreprit de faire regarder comme nulle une si solennelle acceptation; et, pour y réussir, il ne craignit pas de se rendre coupable de la plus indigne fourberie, ainsi qu'on le démontra en 1716 par des faits certains et incontestables. Ce fougueux docteur ayant été, pour prix de ses criminelles manœuvres, exilé à Saint-Brieuc en 1717 et passant par

Rennes pour se rendre au .ieu de son exil, logea chez les PP. Bénédictins. Ce fut là que la justice de Dieu l'attendait. Il y tomba malade, et il y mourut le 24 avril 1717. Tel est l'événement qui fait la matière de l'écrit dont nous parlons.

Les religieux de l'abbaye de Saint-Melaine, qui passèrent dans le temps pour en être les auteurs, traitent le sieur Ravechet de *confesseur de Jésus-Christ*, d'*homme qui a rendu d'importants services à l'Eglise, qui a souffert pour la cause du Seigneur, et qui lui a été immolé comme une victime d'agréable odeur*. Et comme ce réfractaire renouvela à la mort son appel au futur concile, et confirma tout ce qu'il avait fait en Sorbonne pendant son syndicat, ces mêmes auteurs parlent de cet acte comme d'un *monument éternel de son attachement à la foi de l'Eglise, et de son zèle à la défendre jusqu'au dernier soupir*. C'est, comme on sait, la coutume de la secte de travestir en héroïques vertus les plus grands crimes de ses suppôts.

On tenta à Rennes de faire passer pour saint ce novateur; mais comme il ne se trouve point dans cette ville autant de dupes qu'à Paris, et que d'ailleurs les plus habiles fourbes du parti étaient occupés à Saint-Médard, la tentative n'a point réussi.

On attribue cette relation à dom Julien Pelé, bénédictin.

PELVERT (Bon-François RIVIÈRE, plus connu sous le nom de), théologien appelant, naquit à Rouen en 1714, et se fit ordonner prêtre en 1738, par M. de Caylus, qui réunissait précieusement les réfractaires des autres diocèses. Pelvert fut professeur de théologie à Troyes, sous M. Bossuet. Lors de la démission de ce prélat, il se retira à Paris, et fut reçu dans la communauté des prêtres de Saint-Josse, où le curé Bournisson rassemblait des appelants de Paris et des provinces. La mort de ce curé, en 1753, engagea Pelvert à se joindre à l'abbé Mesnidrieu, et à former avec lui et quelques autres une autre communauté secrète; car dans ce parti on aimait beaucoup les rassemblements et le mystère, et pour cause. Pelvert assista au concile d'Utrecht, en 1763. Voici les titres de ses ouvrages : *Dissertations théologiques et canoniques sur l'approbation nécessaire pour administrer le sacrement de pénitence*, 1755, in-12; *Dénonciation de la doctrine des jésuites*, 1767; *Lettres d'un théologien sur la distinction de religion naturelle et de religion révélée*, 1770; six *Lettres d'un théologien où l'on examine la doctrine de quelques écrivains modernes contre les incrédules*, 1776, 2 vol. (ces écrivains sont Delamarre, Paulian, Floris et Nonotte, tous anciens jésuites, qui avaient le malheur de ne pas penser comme Pelvert sur beaucoup de matières, et qu'il critique en conséquence avec la sévérité la plus minutieuse); *Dissertation sur la nature et l'essence du sacrifice de la messe*, 1779, in-12; *Défense de cette Dissertation*, 1781, 8 vol. in-12 (1); *Exposition succincte, et comparaison de la doctrine des anciens et des nouveaux philosophes*, 1787, 2 gros vol. in-12. Pelvert mit la dernière main au traité posthume de Goursin *sur la grâce et la prédestination*, en 3 gros vol. in-4°.

PERRIER (L'abbé). Voyez Maistre (Antoine Le).

PETIT DE MONTEMPUYS (Jean-Gabriel), recteur de l'Université de Paris.

Oratio *habita die 22 mensis junii anni 1716 in comitiis generalibus Universitatis, adversus libellum cui titulus :* Déclaration de M. l'évêque de Toulon au clergé de son diocèse; *cum conclusionibus universitatis, etc.; latine et gallice.* Paris, 1717, in-4°.

Il y fut répondu par une *Lettre d'un ancien professeur*. In-12.

Délibérations *et conclusions de l'Université de Paris sur la proposition d'appeler de la constitution* Unigenitus *au futur concile général*, 1717, petite brochure in-12 de 35 pages.

M. de Montempuys présida à ces délibérations.

Cet écrit n'est pas l'acte d'appel de l'Université, mais la résolution qui fut prise, le 12 mars 1717, d'envoyer des députés à M. le duc d'Orléans, régent du royaume, pour le supplier de lever la défense qu'il avait faite

---

(1) Ces deux ouvrages ont rapport à une controverse qui s'éleva entre le petit nombre de théologiens appelants qui existaient encore. En 1778, l'abbé Plawden, Anglais d'origine, mais demeurant en France, avait publié un *Traité sur le sacrifice de Jésus-Christ*, en 3 volumes. Il y prétendait que la réalité du sacrifice consiste précisément, non dans l'immolation, mais dans l'offrande faite à Dieu de la victime immolée. Selon lui, la réalité du sacrifice de la croix consistait dans l'offrande que Jésus-Christ faisait de sa vie, et non dans l'immolation même, et le sacrifice de la messe n'était qu'une simple offrande de la croix. Pelvert soutient que c'était là dénaturer le sacrifice de la messe, et tomber dans l'erreur de Le Courrayer. Il combattit ce système dans sa *Dissertation sur la nature et l'essence du sacrifice de la messe*. M. de Plawden trouva des partisans qui défendirent son opinion. Ce fut l'objet d'une douzaine de brochures qui parurent coup sur coup. Les principales sont : *Lettre d'un théologien; Lettre à un ami de province; Réponse à l'auteur de la Dissertation; de l'Immolation de Notre-Seigneur Jésus-Christ dans le sacrifice de la messe*, etc. Cette dernière brochure était du P. Lambert. Les autres qui écrivirent dans le même sens furent Jabineau, Massillon, Larrière, etc. D'un autre côté, Mey prit parti pour Pelvert, dans une *Lettre* sous le nom d'un *Minime*, contre l'écrit du P. Lambert. Plusieurs de ces écrits se faisaient remarquer par une extrême vivacité. On s'accusa t de part et d'autre d'erreurs, de nouveautés, d'injures, de mauvaise foi, d'entêtement. Pelvert publia, en 1781, la *Défense de sa Dissertation*, en 5 gros volumes in-12. Il y réfute longuement et minutieusement ses adversaires, et y nomme quatorze écrits publiés contre sa *Dissertation*. On trouve sur ce sujet, au tome XV de l'édition de Bossuet par Déforis, un écrit de ce bénédictin, sous le titre de *Dissertation sur la nécessité d'une immolation réelle, actuellement présente dans le sacrifice de la messe*.

à l'Université d'adhérer à l'appel des quatre évêques.

Dans les *Délibérations*, dont il est ici question, chaque nation de la faculté des arts parle de la Constitution d'une manière indigne et avec la plus grande indécence. La nation de Picardie dit (pag. 17) que cette bulle *est contraire aux droits du roi et du royaume, à l'autorité des évêques et aux dogmes de la foi et des mœurs*. La nation de Normandie assure (pag. 19) que ce décret *paraît contraire à la parole de Dieu, à la pratique de l'Eglise catholique touchant l'administration des sacrements de la pénitence et de l'eucharistie, à la discipline de la même Eglise, et aux libertés de celle de France*. Les facultés de droit et de médecine n'opinèrent point dans cette occasion.

MÉMOIRE *présenté à monseigneur le duc d'Orléans, régent du royaume, pour la défense de l'Université, contre un mémoire de quelques prélats de France*, daté du 7 juin 1717.

On s'efforce ici de combattre les solides principes sur lesquels sont appuyés les évêques acceptants; mais on ne les combat que par des principes hérétiques, tels qu'étaient ceux des Pélagiens, de Wiclef et de Luther. L'auteur de ce *Mémoire* est le même, M. de Montempuys, qui, quelques années après, fut surpris à la Comédie Française, habillé en femme, et qui, pour avoir donné au public une scène si scandaleuse, fut exilé par lettre de cachet.

PETIT-DIDIER (Dom MATTHIEU), bénédictin de la congrégation de Saint-Vannes, naquit à Saint-Nicolas, en Lorraine, l'an 1659, devint abbé de Sénones en 1715, président de la congrégation de Saint-Vannes en 1723, évêque de Macra *in partibus* en 1725, et assistant du trône pontifical en 1726. Benoît XIII fit lui-même la cérémonie de son sacre, et lui fit présent d'une mitre précieuse. Petit-Didier mourut à Sénones en 1728, avec la réputation d'un homme savant, grave, sévère et laborieux. Nous le voyons à regret dans cette triste galerie janséniste; mais il fit l'apologie des *Provinciales*, et fut appelant de la constitution *Unigenitus*. Hâtons-nous d'ajouter qu'il désavoua cette apologie, qu'il révoqua son appel, et rompit toutes les liaisons qu'il paraissait avoir avec quelques-uns du parti.

APOLOGIE *des Lettres provinciales de L. de Montalte, contre la dernière réponse des PP. Jésuites, intitulée*: Entretiens de Cléandre et d'Eudoxe (par le P. Daniel). Rouen (Delft, Henri van Rhin), 1697 et 1698, tom. II en 1 vol. in-12.

Nous avons déjà dit qu'il désavoua cet ouvrage; on y avait fait beaucoup de changements. Après cela, et après s'être déclaré en faveur de la bulle *Unigenitus*, Petit-Didier fit imprimer une *Dissertation sur le sentiment du concile de Constance sur l'infaillibilité des papes*; Luxembourg, 1724-1725, in-12; traduite en latin sous ce titre: *Tractatus theologicus de auctoritate et infallibilitate summorum pontificum; latinitate donatus per P. Gallum Cartier*; editio prima, ab auctore revisa. Augustæ Vindelicorum, G. Schlüter, 1727, in-8°. L'auteur y soutient que les Pères ne décidèrent la supériorité du concile sur le pape que relativement au temps de trouble et de schisme où se trouvait l'Eglise. Il y a dans cet ouvrage des extraits d'un traité de Gerson, qui ne répond guère à l'idée que l'on avait ordinairement de cet homme célèbre; mais des critiques judicieux ont pensé avec raison, ou que ce traité n'est pas de Gerson, ou qu'il a été substantiellement altéré par le luthérien Vander Hart, qui le publia le premier, quoiqu'on puisse excuser certaines expressions par les circonstances tout à fait pénibles et alarmantes où était l'Eglise durant le grand schisme.

PETIT-PIED (NICOLAS), né à Paris en 1665, fit ses études et sa licence avec distinction. Ses succès lui méritèrent en 1701 une chaire de Sorbonne, dont il fut privé en 1703, pour avoir signé avec trente-neuf autres docteurs le fameux *Cas de conscience*. On l'exila à Beaune. Dégoûté de ce séjour, il se retira auprès de son ami Quesnel, en Hollande. Il y demeura jusqu'en 1718, qu'il eut permission de revenir à Paris. Il établit son domicile et une espèce nouvelle de prêche, dans le village d'Asnières, aux portes de Paris. Il y fit l'essai des règlements et de toute la liturgie que les frères pratiquaient en Hollande. La renommée en publia des choses étonnantes. On y accourut en foule de la capitale; et bientôt Asnières devint un autre Charenton. « On s'étonnera sans doute, dit l'abbé Bérault, que de pareils scandales se soient donnés hautement aux portes de Paris; et par là même ils pourraient devenir incroyables. L'archevêque (M. de Noailles) ne se donnait pas le premier souci pour les arrêter, ne dit pas un mot qui les improuvât. La Sorbonne, contre ses propres décrets et les déclarations du roi, réintégra dans toutes ses prérogatives ce réformateur scandaleux, tandis même qu'il donnait des étranges scandales. Mais, au défaut de la puissance ecclésiastique, la puissance civile intervint, et voici dans le châtiment la preuve incontestable de l'attentat: le dépositaire de l'autorité royale s'indignait enfin, contraignit les officiers de la faculté à comparaître par-devant les ministres, fit biffer la conclusion qui réhabilitait le docteur, et chassa plus ignominieusement ce perturbateur du repos public. » L'évêque de Bayeux (M. de Lorraine) le prit alors pour son théologien. Ce prélat étant mort en 1728, Petit-Pied se retira de nouveau en Hollande. Il obtint son rappel en 1734, et mourut à Paris en 1747.

Pendant son séjour en Hollande, près de Quesnel, Petit-Pied publia les *Lettres sur les excommunications injustes, — sur le Formulaire, — sur le Silence respectueux;— la Justification de M. Codde, — de l'Injuste accusation de jansénisme, plainte à M. Habert;— les Réflexions sur un écrit du dauphin;— les Lettres théologiques*, contre le cardinal de

Bissy, en faveur de Juénin, — et l'*Examen théologique*.

Revenu en France, il écrivit contre M. Languet et contre le corps de doctrine de 1720. Il donna, sous le nom de l'évêque de Bayeux, deux *Mandements*, en 1722, sur des propositions de théologie ; deux *Instructions pastorales*, l'une du 17 juillet 1724, et l'autre du 15 janvier 1727, et des *Remontrances* au roi. Le *Mémoire* des curés de Paris (*Voyez* CURÉS DE PARIS), du 16 mars 1727, et la *Lettre* des dix évêques au roi, du 14 mai 1728, sont encore de Petit-Pied.

Retourné en Hollande en 1728, il travailla avec Le Gros au *dogme de l'Eglise touchant l'usure*, ouvrage latin.

Revenu de nouveau en France en 1734, il composa ses trois *Lettres* sur les convulsions ; plusieurs *écrits* sur la dispute agitée dans le parti touchant la crainte et la confiance chrétienne, dispute dans laquelle il joua le principal rôle ; les *Instructions pastorales* de Bossuet, évêque de Troyes, du 8 septembre 1737, du 28 du même mois, et du 1ᵉʳ mai 1738, sur son Missel ; l'*Examen pacifique de la bulle* ; le *Traité de la liberté*, qui donna lieu à une dispute dans le parti ; enfin d'autres brochures sur divers sujets. Il va être question plus au long de quelques-uns de ces écrits.

RÉFLEXIONS sur le *Mémoire attribué à M. le dauphin*, 1712.

Ce libelle anonyme est de M. Petit-Pied. Voici quelle en fut l'occasion.

Deux mois avant la mort de M. le dauphin (duc de Bourgogne), arrivée le 18 février 1712, ce prince fut informé, par des lettres écrites de Rome, qu'on y débitait diverses faussetés sur son sujet : par exemple, qu'il s'était entièrement déclaré contre les évêques de La Rochelle et de Luçon, dont la procédé l'avait extrêmement indigné ; qu'il était disposé à favoriser hautement les jansénistes, qui trouveraient dans lui un protecteur d'autant plus éclairé, qu'il possédait parfaitement les Pères et surtout saint Augustin ; que le P. Le Tellier lui ayant présenté un ouvrage contre les Réflexions morales du P. Quesnel, les Pères Bénédictins, quelques semaines après, lui en avaient donné un autre, où ils faisaient voir que celui-là était plein de fausses propositions et de passages tronqués ou altérés ; qu'il avait fait là-dessus une forte réprimande à ce jésuite, et un éloge des jansénistes et de leur doctrine.

Le prince apprit en même temps que ces bruits avaient été non-seulement répandus dans Rome depuis plusieurs mois, mais qu'ils y faisaient impression sur le peuple ; que des prélats, des cardinaux, et le pape même, ne laissaient pas d'en être alarmés, vu la hardiesse avec laquelle les émissaires du parti donnaient ces prétendus faits pour constants, sur les lettres qu'ils se vantaient d'avoir de personnes d'une grande distinction qu'ils nommaient. Tout cela détermina M. le dauphin à composer, avec l'agrément du roi, un Mémoire, pour l'envoyer au souverain pontife.

Il y nie précisément tous les faits allégués ; et voici en particulier comme il s'exprime sur le jansénisme.

Quoique je ne sois pas bien profond dans la théologie, je sais assez que la doctrine de Jansénius rend quelques commandements de Dieu impossibles aux justes ; qu'elle établit une nécessité d'agir, selon la détermination de la grâce intérieure ou de la concupiscence, sans qu'il soit possible de résister, se restreignant à la seule exemption de contrainte pour l'action, soit méritoire ou non ; qu'elle fait Dieu injuste lui-même, puisque, contre la décision expresse du concile de Trente, elle le fait abandonner le premier, les justes lavés dans le baptême de la tache du péché originel et réconciliés avec lui ; en sorte que, tout pardonné qu'est ce péché, Dieu en conserve encore assez la mémoire, pour, en conséquence, leur refuser la grâce nécessaire pour pouvoir ne pas pécher, ce qui, établissant une contradiction manifeste en Dieu, va directement contre sa bonté et sa justice ; qu'elle détruit entièrement la liberté et la coopération de l'homme à l'œuvre de son salut, puisqu'il ne peut résister à la prévention de la grâce, ni pour le commencement de la foi, ni pour chaque acte en particulier, lorsqu'elle lui est donnée ; et que Dieu agit alors en l'homme, sans que l'homme y ait aucune part, que de faire volontairement ce qu'il fait nécessairement ; que ce système réduit la volonté de l'homme au seul volontaire depuis le péché d'Adam, et qu'il mérite ou démérite nécessairement, ce qui ne peut être un véritable mérite ni démérite devant Dieu, toujours infiniment juste ; enfin qu'il enseigne que de tous les hommes, Dieu ne veut le salut que des seuls élus, et que Jésus-Christ, en répandant son sang, n'a prétendu sauver que les seuls élus.

Je sais que tout ce système, supposant en Dieu de l'injustice et de la bizarrerie, si j'ose ainsi m'exprimer, porte l'homme au libertinage par la suppression de sa liberté. Je sais aussi que les jansénistes, après avoir soutenu hautement le droit de la véritable doctrine des cinq propositions, et ayant été condamnés, se sont rejetés sur la question de fait du livre de Jansénius ; qu'ayant encore perdu ce point ils sont venus à la suffisance du silence respectueux ; et que, forcés dans ce retranchement par la dernière constitution de N. S. Père le pape, ils ont recours à mille subtilités scholastiques pour paraître simples thomistes, mais qu'ils gardent dans le fond tous les mêmes sentiments ; qu'ils sont schismatiques en Hollande ; et que, soit qu'ils soutiennent ouvertement la doctrine, soit qu'ils se retranchent sur le fait, soit qu'ils s'en tiennent à ce silence respectueux, ou à un prétendu thomisme, c'est toujours une cabale très-unie et des plus dangereuses qu'il y ait jamais eu et qu'il y aura peut-être jamais.....

Je crois qu'en voilà bien assez, à le prince en finissant, pour détruire les soupçons que l'on a répandus si mal à propos sur mon sujet, mais dont je ne saurais être que très-alarmé, puisqu'ils sont arrivés jusqu'aux oreilles du chef de l'Eglise.

Je voudrais être à portée de pouvoir les dissiper moi-même, et d'expliquer plus au long que je ne ne fais ici ma soumission à l'Église, mon attachement au saint-siège, et mon respect filial pour celui qui le remplit aujourd'hui. C'est donc afin qu'il connaisse mes sentiments que j'ai cru devoir donner ce Mémoire, où, répondant article par article aux choses que l'on a avancées sur mon chapitre, j'espère qu'ils ne demeureront plus douteux, et que non-seulement par mes discours, mais par toute ma conduite, on me verra suivre les traces du roi, mon grand-père, au témoignage duquel je puis m'en rapporter, s'il en est besoin......

Le prince était sur le point d'envoyer cet écrit à Rome, lorsqu'il tomba malade. Après sa mort, on le trouva parmi les papiers de sa cassette, tout de sa main, avec des renvois et des ratures, qui ne permettaient pas de douter qu'il n'en fût l'auteur. Le roi, pour suivre les pieuses intentions du prince, fit présenter le Mémoire au pape par M. le cardinal de la Trémouille, et Sa Sainteté marqua dans son bref à Sa Majesté, en date du 4 mai, « qu'elle l'avait reçu avec plaisir, lu avec empressement; et qu'en répandant des larmes de joie, elle avait rendu grâces au Très-Haut d'avoir inspiré au prince de si beaux et de si religieux sentiments, pour maintenir la pureté de la saine doctrine et la soumission due aux constitutions apostoliques; qu'on pouvait lui appliquer ce qui a été dit autrefois d'un grand monarque : *Il s'est expliqué comme l'aurait pu faire, non pas un empereur, mais un évêque.* » Le pape ajoutait « que, quoique les personnes équitables n'eussent jamais eu le moindre sujet de douter que la foi de M. le dauphin ne fût pure et sans tache, il était néanmoins très-important pour la doctrine orthodoxe que le Mémoire dissipant tous les nuages, découvrît l'artifice et les tromperies de ceux qui semaient des discours pleins d'impostures; que cet écrit serait un monument plus durable que l'airain, un monument éternel de la piété et de la gloire du prince. »

On le répandit donc à Rome et en France; il fut imprimé par ordre de Louis XIV, et envoyé à tous les évêques et intendants des provinces. Il est aisé de s'imaginer que ceux dont on attaquait la doctrine dans le Mémoire souffrirent fort impatiemment qu'il fût devenu public par l'ordre exprès de Sa Majesté. Aussi mirent-ils tout en usage pour le faire tomber dès qu'il parut; et c'est le but du libelle qui donne lieu à cet article. Comme il y aurait eu de la folie à le prendre sur le ton dédaigneux, en parlant du prince, après les louanges qu'on lui avait données en toute occasion, et qu'on sentait malgré soi qu'il méritait dans toute leur étendue, l'auteur prit le parti de le combler de nouveaux éloges; mais ce ne fut que pour en conclure qu'il n'avait nulle part au Mémoire, qu'on supposait peu convenable à sa dignité et indigne de lui. C'était, disait-on, l'ouvrage de la cabale molinienne, qui avait tâché de lui inspirer ces frayeurs; et qu'il n'avait fait que transcrire, encore d'une manière qui prouvait qu'il n'entendait pas ce qu'il écrivait : en sorte qu'il eût été à désirer, pour son honneur, que l'écrit n'eût jamais paru.

L'audacieux calomniateur pouvait-il se contredire d'une manière plus absurde et plus grossière? Après avoir parlé de M. le dauphin, comme d'un prince qui avait l'esprit infiniment élevé et pénétrant, il ne rougit pas de le représenter aussitôt comme un homme faible et crédule à l'excès, ou plutôt, comme un imbécile, qui ne sait presque ce qu'il dit, ni ce qu'il fait. M. Joly de Fleury, l'un des avocats généraux, ne manqua pas de faire sentir cette contradiction. L'arrêt qui condamna le libelle a être lacéré et brûlé par la main du bourreau fut rendu le 17 juin 1712, et exécuté le jour suivant, avec les plus grands et les plus justes applaudissements de tous les catholiques.

M. le Normant, évêque d'Evreux, publia cet arrêt dans son diocèse par une lettre du 1er septembre de la même année.

Règles *de l'équité naturelle et du bon sens, pour l'examen de la Constitution et des propositions qui y sont condamnées, comme extraites du livre des* Réflexions morales sur le Nouveau Testament. Décembre 1713, in-12 de 255 pages.

L'auteur prouve parfaitement par cet ouvrage qu'il ne connaît lui-même ni les *règles du bon sens*, ni celles de la religion.

Résolution *de quelques doutes sur le devoir des docteurs de Sorbonne, par rapport à l'enregistrement de la Constitution,* etc., 1714; in-12 de 56 pages.

L'auteur, dans l'avertissement, page 4, convient que la bulle *a été reçue et enregistrée à la pluralité des voix, par la faculté de théologie de Paris :* cependant il ne laisse pas de publier son libelle, *pour consoler,* dit-il, ceux qui n'ont pas été de l'avis d'accepter et d'enregistrer. Pour lui, il prétend, page 53, qu*e l'on ne peut ni accepter ce décret, ni l'enregistrer, même avec des explications, parce qu'il n'est pas possible d'en trouver aucune qui soit en même temps conforme à la raison, à la religion, à l'équité.*

Examen *théologique de l'instruction pastorale* approuvée dans l'assemblée du clergé de France, et proposée à tous les prélats du royaume pour l'acceptation et la publication de la bulle du pape Clément XI du 8 septembre 1713, 1715-1716, 3 vol. in-12.

Le P. Honoré de Sainte-Marie, carme déchaussé, répondit à Petit-Pied par quatre tomes de *difficultés* qu'il lui proposait, et il lui démontra qu'il soutenait les cinq propositions de Jansénius, et qu'il avait réalisé le prétendu fantôme du jansénisme.

Rien n'égale le style mordant et chagrin de Petit-Pied. Son ouvrage est un dictionnaire d'injures et de calomnies. On ne sait s'il n'a pas surpassé dans cette sorte de littérature odieuse et infamante, les Zoïle, les Scaliger et les Scioppius de Port-Royal. *Voyez* tom. I, page 1, 2, 4, 5, 6, 94, 95, 97, 98, etc.

On dit que Petit-Pied composa cet ouvrage en Hollande sous les yeux du P. Quesnel.

Il débute en ces termes : *Si on ne peut donner une plus juste idée de la constitution du 8 septembre 1713, qu'en disant qu'elle renverse les notions communes de la religion et de la théologie chrétienne, on ne peut mieux caractériser l'instruction pastorale approuvée par quarante évêques de France, qu'en disant qu'elle choque toutes les règles du bon sens, de l'équité et de la bonne foi.*

Tel est le jugement que ce téméraire écrivain, assis sur la chaire de pestilence, a prononcé contre ces deux objets dignes de la vénération de tous les siècles, par les grandes lumières qu'ils répandent, par les dogmes qu'ils affermissent, et par les erreurs qu'ils condamnent.

L'*Examen théologique* fut censuré par le suffrage de près de trente évêques en 1717.

Réponse *au premier Avertissement de M. l'évêque de Soissons,* imprimée en 1719, et publiée en 1721, 516 pages in-12, outre un Avertissement qui n'est pas de l'auteur de la réponse.

Ce sont là les deux premières parties de l'ouvrage. Deux mois après ont paru la troisième et la quatrième partie, en 528 pages in-12.

Rien ne prouve mieux la bonté des ouvrages de M. Languet, évêque de Soissons et depuis archevêque de Sens, que l'embarras où ils ont jeté le parti, l'empressement qu'ont eu les jansénistes d'y répondre, et le peu de succès de tous leurs efforts. Il est évident qu'on n'a opposé jusqu'ici à ce prélat que des erreurs, des sophismes et des injures.

Mémoire *en forme de lettre pour être présenté à MM. les plénipotentiaires de Soissons.* In-4°.

L'objet de cet écrit est d'intéresser le congrès de Soissons dans la cause commune des nouveaux sectaires, et par là *ils se flattent,* disent-ils, *de rendre janséniste toute la terre, jusqu'au Mexique et au Pérou, jusqu'au Paraguay et aux jésuites mêmes.* Ils s'efforcent de faire remarquer à MM. les plénipotentiaires et à leurs maîtres une infinité de maux auxquels le seul concile général peut remédier. Ils leur représentent les abus de la cour de Rome. Ils leur exposent la décadence des bonnes études, et spécialement la négligence des fidèles dans la lecture des livres saints, et les abus qui en résultent.

Ce Mémoire, daté du 24 avril 1728, a été trouvé dans les papiers de Petit-Pied, saisis par le commissaire Courcy, suivant le procès-verbal du 11 décembre, et paraphe par M. le lieutenant général de police.

On peut mentionner ici un autre écrit qui n'est pas de Petit-Pied; c'est celui dont voici le titre :

Second Mémoire *pour MM. les plénipotentiaires assemblés à Soissons, en leur adressant la Dénonciation des jésuites et de leur doctrine.* In-4°.

On se propose dans cet imprimé, comme dans le précédent, d'engager MM. les plénipotentiaires à se mêler des affaires de l'Église, et en particulier à soutenir contre les jésuites le parti quesnelliste. Ce libelle fut lacéré et brûlé par arrêt du parlement du 8 mars 1728. *Les auteurs inconnus de cette lettre,* dit l'arrêt, *semblent adopter un nom de parti, et soumis aux lois de l'État par le titre de sujets du roi, ils ne craignent point de réclamer des puissances étrangères par un libelle anonyme et scandaleux.*

Qu'on ajoute à ces deux Mémoires ce que nous avons dit de la lettre à M. d'Avaux (1), et l'on verra que les jansénistes, malgré l'envie qu'ils ont de se cacher, prétendent cependant dans les grandes occasions se distinguer du reste de la nation, et en être, pour ainsi dire, une portion séparée qui puisse figurer dans l'Europe et traiter avec les ministres des puissances étrangères.

L'*Examen pacifique de la bulle* et le *Traité de la liberté* ne furent publiés qu'après la mort de l'auteur. On remarque que Petit-Pied et son éditeur y mitigeaient sur plusieurs points la doctrine des appelants. Gourlin le réfuta dans cinq lettres où il leur reproche de favoriser le molinisme. Plusieurs *Lettres* de Petit-Pied, une entre autres du 13 mars 1737, où il se déclare contre les convulsions et blâme hautement les convulsionnaires ; sa controverse avec Boursier sur les vertus théologales, qui produisit plusieurs écrits ; celle sur la crainte et la confiance, qui en enfanta encore davantage, mécontentèrent le gros des appelants. On ne trouvait plus Petit-Pied assez ardent. Il paraît que dans sa querelle sur la crainte, il abandonnait les principes rigoureux des jansénistes.

PHILIBERT (Emmanuel-Robert de), pseudonyme de *Jean Antoine* Gazaignes. *Voyez* ce nom.

PILÉ (Denis), prêtre du diocèse de Paris, suivait pour la liturgie l'exemple de Jubé, curé d'Asnières. Il est auteur de plusieurs ouvrages dont nous citerons une Réponse aux *Lettres théologiques* de La Taste; un écrit en l'honneur du diacre Pâris ; la *Lettre d'un Parisien à M. l'archevêque;* et une traduction des *Livres de saint Augustin à Pollentius.*

PIN (Louis Ellies du), naquit à Paris en 1657 ; il fut docteur de Sorbonne, grand approbateur des mauvais livres (par exemple, des *Réflexions* de Quesnel, des ouvrages de

---

(1) *Voyez* à l'article Quesnel, l'endroit où il s'agit de la *Lettre à un député du second ordre*

Fontaine, etc.); et il en fit lui-même de très-pernicieux. Il fut exilé en 1701 pour avoir signé le fameux Cas de conscience, et le pape en remercia le roi dans un bref du 10 avril 1703, où il appelle ce docteur *un homme d'une très-mauvaise doctrine et coupable de plusieurs excès envers le siège apostolique*: *Nequioris doctrinæ hominem, temerataeque sæpius apostolicæ sedis reum*. Il était dans une étroite liaison et dans une relation continuelle avec l'archevêque de Cantorbéry, Guillaume Wake. On le sut, et on finit par découvrir qu'il existait entre eux un projet pour réunir à *l'Eglise anglicane le parti des jansénistes opposants, rédigé par du Pin*. Mais écoutons là-dessus M. Lafiteau, évêque de Sisteron. « *Le docteur du Pin*, dit-il (*Hist. de la Constitution*, tom. II, liv. v), *si connu en Sorbonne par ses excès, avait fait un traité exprès sur ce projet de réunion. Il y avait longtemps qu'on le savait dans une étroite liaison et dans une relation continuelle avec M. l'archevêque de Cantorbéry, c'est-à-dire avec l'homme que l'Eglise anglicane a le plus distingué par le rang. D'abord on supposa que ce commerce était un devoir de pure civilité. Dans la suite on y soupçonna du mystère, il transpira quelque chose : on y eut l'œil. Enfin on parvint à la connaissance du plus abominable complot qu'un docteur catholique ait pu tramer en matière de religion. L'apostasie n'eut jamais rien de plus criminel.* (*Voyez* COURAYER.) *Le 10 février* (1719) *l'ordre fut donné en ma présence d'aller chez le sieur du Pin et de saisir ses papiers. Sur l'heure ils furent tous enlevés. Je me trouvais au Palais-Royal au moment qu'on les y apporta. Il y était dit que les principes de notre foi peuvent s'accorder avec les principes de la religion anglicane. On y avançait que, sans altérer l'intégrité du dogme, on peut abolir la confession auriculaire et ne plus parler de transsubstantiation dans le sacrement de l'eucharistie, anéantir les vœux de religion, permettre le mariage des prêtres, retrancher le jeûne et l'abstinence du carême, se passer du pape et n'avoir plus ni commerce avec lui, ni égard pour ses décisions.*

« Les gens qui se croient bien instruits, dit Feller, assurent que sa conduite était conforme à sa doctrine ; qu'il était marié, et que sa veuve se présenta pour recueillir sa succession. Si ce docteur était tel qu'ils nous le présentent, le pape devait paraître modéré dans les qualifications dont il le charge. Ses amis ont voulu faire regarder son projet de réunion de l'Eglise anglicane avec l'Eglise romaine plutôt comme le fruit de son esprit conciliant que comme une suite de son penchant pour l'erreur ; mais comment accorder ce jugement avec ce que l'évêque de Sisteron dit avoir lu de ses propres yeux dans les écrits de du Pin ? On sait d'ailleurs qu'il était partisan de Richer, et qu'il prônait son démocratique système, totalement destructif de la hiérarchie et de l'unité de l'Eglise, et cela même après que le syndic eut solennellement abjuré ses erreurs. Du reste, quelque idée que l'on se fasse de sa façon de penser et de sa conduite, on ne peut lui refuser un esprit net, précis, méthodique, une lecture immense, une mémoire heureuse, un style à la vérité peu correct, mais facile et assez noble, et un caractère moins ardent que celui qu'on attribue d'ordinaire aux écrivains du parti avec lequel il était lié. » Il mourut à Paris en 1719, à l'âge de soixante-deux ans.

BIBLIOTHÈQUE *des auteurs ecclésiastiques.* Deux éditions : une à Paris, l'autre en Hollande.

C'est un livre semé d'erreurs capitales. Aussi a-t-il été flétri par plusieurs évêques du royaume, et en particulier par M. de Harlay, archevêque de Paris, qui le condamna le 16 avril 1693, *comme contenant plusieurs propositions fausses, téméraires, scandaleuses, capables d'offenser les oreilles pieuses, tendant à affaiblir les preuves de la tradition sur l'autorité de livres canoniques, et en plusieurs autres articles de foi, injurieuses aux conciles œcuméniques, au saint-siège apostolique et aux Pères de l'Eglise, erronées et induisant à hérésies respectivement.*

Voici une partie des erreurs que l'on trouve dans ce volumineux et pernicieux ouvrage.

1° M. du Pin répète cent fois dans son Cinquième siècle, qu'on peut appeler Marie mère de Dieu, et que cette expression *est tolérée et vraie dans un sens* ; mais il affecte d'inculquer que cette expression n'est pas ancienne et qu'elle a été introduite par le concile d'Ephèse. Il affaiblit tout ce qui favorise le culte d'hyperdulie que l'Eglise rend à la mère de Dieu. Il accuse le concile d'Ephèse de précipitation et de politique. Il ose avancer que ce concile a donné dans des excès qui n'ont pas été suivis ; et il faut bien remarquer que ce qu'il appelle excès dans ce concile, c'est d'avoir dit souvent que *Dieu est né, qu'il a souffert et qu'il est mort*. Il supprime tout ce qui peut rendre Nestorius odieux, et il accuse au contraire saint Cyrille de cabale et de partialité. Il le peint comme un homme inquiet, brouillon, emporté, faux et mauvais politique. Et voilà ce qui a donné tant de cours en Hollande aux ouvrages de du Pin, et ce qui l'a tant fait vanter par les sociniens, surtout par Le Clerc.

2° Notre auteur affaiblit autant qu'il peut les preuves de la primauté du saint-siège ; il traite de purs compliments tout ce que saint Augstin dit là-dessus.

3° Il dit dans son V° tome que le culte des images n'a été introduit que par les ignorants et par les simples, et qu'il a été fortifié par les faux miracles qu'on a attribués à ces images. Il ajoute qu'on ne doit point traiter d'hérétiques ceux qui rejettent les images, et qu'il n'en faut point souffrir qui représentent ni Dieu, le Père, ni la très-sainte Trinité : proposition condamnée en particulier par Alexandre VIII.

4° Il parle des saints Pères et des plus grands docteurs de l'Eglise de la manière du monde la moins respectueuse, ou plutôt avec autant et plus d'audace que n'en ont fait paraître *Le Clerc, Bayle* et *Barbeyrac.* Il dit que saint Grégoire de Nazianze a eu trois évêchés sans avoir jamais été légitime évêque, qu'il *était chagrin, railleur, satirique, n'épargnant personne*, etc.; que saint Augustin s'est fait un nouveau système sur la grâce ; que saint Thomas citait les saints Pères avec beaucoup de négligence et fort peu de discernement. Selon lui, le pape saint Étienne était un homme fier et emporté ; saint Paulin, un esprit faible, qui honorait les reliques et croyait facilement les miracles ; saint Léon ne cherchait qu'à faire valoir son autorité ; saint Epiphane n'avait ni conduite, ni jugement, etc. Et tandis qu'il traite avec si peu de respect les Pères et les docteurs, il prodigue au contraire ses éloges à Eusèbe de Césarée, et il dit qu'on ne peut sans injustice lui disputer le titre de saint, quoiqu'il avoue qu'il a rejeté l'*homoousion*, et qu'il n'a pas reconnu la consubstantialité du Verbe.

5° Il ose soutenir avec les hérétiques des deux derniers siècles que le célibat des prêtres n'est pas une pratique ancienne. Il avance qu'il est douteux si les six derniers chapitres d'Esther sont canoniques, quoique le concile de Trente ait formellement prononcé là-dessus.

6° Il a attribué aux saints Pères des erreurs sur l'immortalité de l'âme et sur l'éternité des peines de l'enfer ; et il a paru favoriser ces erreurs.

Histoire *ecclésiastique du* xvii° *siècle.* Paris, 4 vol.

Dans cet ouvrage, du Pin se déclare ouvertement pour la doctrine jansénienne ; comme dans le supplément au *Dictionnaire historique* de Moréri, auquel il a eu beaucoup de part, il comble d'éloges les auteurs jansénistes.

Mémoires *et réflexions sur la constitution* Unigenitus *de Clément XI et sur l'instruction pastorale des* 40 *prélats acceptants, par M. D., docteur de Sorbonne, avec plusieurs lettres très-curieuses de quelques évêques contre cette bulle, et deux mémoires, l'un sur la convocation d'un concile national, par le célèbre M. Nouet, avocat au parlement de Paris, et l'autre, sur les libertés de l'Église gallicane, où l'auteur, en défendant ces libertés, réfute la prétendue infaillibilité du pape, et censure avec sévérité la conduite des jésuites.* Amsterdam, 1717, in-12 de 192 pages.

La Constitution et l'instruction des quarante sont traitées comme elles le peuvent être par un demi-protestant. On veut surtout faire accroire que la bulle est contraire aux libertés de l'Église gallicane, quoiqu'il soit notoire, 1° que cette bulle a été demandée par les évêques mêmes, lesquels ont dénoncé le livre du P. Qusnel au souverain pontife, et par le roi qui a fait instance à Sa Sainteté pour obtenir son jugement ; 2° qu'elle a été reçue purement et simplement par l'assemblée du clergé, et qu'elle a été accompagnée de lettres patentes enregistrées dans tous les parlements du royaume. Fut-il jamais rien de plus conforme à nos usages et à nos libertés ? C'est en ces termes que s'exprimait, sur l'ouvrage dont il s'agit, un écrivain du siècle dernier.

Observations *sur le livre intitulé :* Eclaircissements sur quelques ouvrages de théologie, par M.... (Gaillande), docteur, etc., 1713.

Du Pin prétend ici infirmer l'autorité du bref de Clément XI, en 1708, contre le *Nouveau Testament* du P. Quesnel, et donner au contraire un grand poids à la prétendue justification de ce même ouvrage, publié sous le nom de M. Bossuet, après sa mort.

Il trouvait mauvais que M. Gaillande assurât qu'il y aurait bientôt une nouvelle constitution contre le livre de Quesnel ; cependant elle parut, cette constitution, dans cette même année 1713, au grand étonnement et au grand regret de l'abbé du Pin, qui depuis en appela, et qui mourut dans son appel.

Enfin, il ne pouvait souffrir que le docteur Gaillande donnât comme de foi le *pouvoir relatif aux circonstances actuelles, nécessaire pour agir.* Il appelait cela *un système nouveau.* C'est que le docteur du Pin, en bon janséniste, n'admettait dans l'homme qu'un pouvoir absolu qui, dans les circonstances où la cupidité est plus forte en degrés, cesse d'être un véritable pouvoir, un pouvoir prochain.

Traité *historique des excommunications*, dont le second volume fut supprimé par arrêt du conseil, du 8 janvier 1743.

Du Pin donna encore d'autres ouvrages. « Cet écrivain, dit M. Picot (*Mémoires*, t. IV, p. 84), n'est ni toujours sûr, ni assez exact. Il n'était pas très-favorable au saint-siège. Ses ennemis lui ont reproché des torts plus graves encore, qui ne paraissent pas fondés. » Nous avons cru devoir terminer son article par cette citation.

PINEL (N....), originaire d'Amérique, était entré dans l'Oratoire, et professa les classes dans les collèges, suivant l'usage de ce corps. Il remplissait les fonctions de régent de troisième à Juilly, en 1732, et c'était à lui qu'était adressée la lettre de Duguet, du 9 février de cette année, dont l'auteur des *Nouvelles Ecclésiastiques.* En 1736, il était à Vendôme, et la même gazette loue sa *tendre et solide piété*, qui le portait à faire des instructions aux domestiques et aux enfants, et à leur distribuer des livres. Il eut ordre de cesser ces instructions. En 1746, lorsqu'on fit recevoir le Formulaire et la Constitution dans l'Oratoire, le P. Pinel, car on croit qu'il était alors prêtre, protesta, le 30 août, contre ces actes, et quitta son corps. La délicatesse de sa conscience ne lui permettait pas de se souiller par une signature qu'il regardait comme une véritable prévarication. Il était riche, il vécut dans le monde avec plus de liberté. Peut-être était-il déjà infatué des illusions du millénarisme et des convulsions (*Voyez* D'ETEMARE). On le regarde comme le fondateur d'une classe de convulsionnaires qui dominaient principalement à Lyon, à Mâcon, à Saumur et dans le midi. Il avait avec lui une sœur Brigitte, qu'il avait enlevée du grand hôpital de Paris, et qui joua un rôle dans l'*œuvre*. L'illusion, le scandale et l'impiété présidaient à leurs prétendues prophéties. Pinel s'efforça de leur donner quelque couleur par l'écrit intitulé : *Horoscope des temps* ou *Conjectures sur l'avenir.* Nous n'avons point vu cet écrit, qu'on dit curieux. Cet appelant courait de province en province, débitant d'absurdes prophéties, annonçant Élie, le retour des Juifs, etc. La mort le surprit au milieu de ses folies, auxquelles il joignait des scandales de plus d'une sorte. Il finit ses jours dans un village, sans aucune espèce de secours, et laissa la moitié de sa fortune à la convulsionnaire Brigitte, qui abandonna bientôt l'œuvre et rentra dans son hôpital. Une si triste fin ne détrompa point les sectateurs insensés de Pinel. On dit qu'ils lui rendaient encore un culte, et qu'ils attendaient sa résurrection. *Voyez* la *Notion de l'œuvre des convulsions,* par le P. Crêpe, dominicain, Lyon, 1788. On trouvera sur Pinel quelques autres détails dans une note de l'article ETEMARE.

DE LA PRIMAUTÉ *du pape*, en latin et en français, Londres, 1770, in-8°; —1770, in-12, en français seulement, avec un avis de l'éditeur, en réponse aux *Nouvelles Ecclésiastiques* du 22 mars 1770.

L'auteur attaque, dans ce livre, la *lettre* de Méganck (*voyez* ce nom) sur la primauté de saint Pierre et de ses successeurs, dans laquelle il soutient, tout appelant qu'il est, que cette puissance est non-seulement d'honneur, mais encore de juridiction. Pinel prétend, au contraire, que saint Pierre n'eut jamais d'autorité sur les autres apôtres, et que la primauté qu'affectent depuis longtemps les papes, non-seulement n'est ni divine ni de juridiction, mais qu'elle est dénuée de tout fondement.

PLAIGNE (LA), nom emprunté par le P. Lambert.

PLUQUET (FRANÇOIS-ANDRÉ-ADRIEN), naquit à Bayeux le 14 juin 1716, vint à Paris en 1742, fut bachelier en 1745, et licencié de Sorbonne en 1750. On dit que les encyclopédistes cherchèrent à l'attirer à eux; mais il évita des gens dont les principes lui étaient justement suspects. Il publia son *Dictionnaire des hérésies* en 1762. Il donna d'autres ouvrages estimés, et il mourut le 19 septembre 1790. « C'était un homme instruit dans l'histoire et dans les antiquités, et dont les ouvrages annoncent beaucoup d'attachement à la religion et une sorte de modération. Il passait pour être attaché au parti, mais il n'en épousa pas tous les travers et les passions. Une fois cependant il paya sa dette aux préventions dans lesquelles il avait été nourri : c'est dans le livre posthume, *De la Superstition et de l'Enthousiasme*, où il emploie un chapitre entier, et un chapitre de trente pages, à déclamer contre un corps célèbre par les services qu'il a rendus à l'Église et à l'État. Il semble que l'auteur ait voulu montrer dans ce morceau un exemple de ce fanatisme contre lequel il s'élève ailleurs. Peut-être cependant n'est-il pas le plus coupable ; car enfin, Pluquet n'avait pas publié cet écrit, il l'avait gardé dans son portefeuille. Qui sait s'il ne s'était pas repenti de ce qu'il avait écrit, et s'il ne l'avait pas condamné à ne pas voir le jour ? Il en aurait sans doute retranché ce chapitre, et son indiscret ami lui a rendu un bien mauvais service en ne faisant pas cette suppression ; car il y a d'ailleurs dans ce traité d'assez bonnes choses, surtout à la fin, où l'auteur montre les sinistres effets de l'athéisme et de l'irréligion, et où il dissipe les sophismes et repousse les calomnies du *Système de la Nature*. Pluquet n'a point parlé des erreurs postérieures au XVI° siècle ; il n'eut garde de placer le jansénisme dans son *Dictionnaire*, et il n'a pas assez vécu pour voir le schisme des constitutionnels..... » Cet article est tiré d'une notice de M. Picot, *Ami de la religion*, tom. XX, pag. 337 et suiv., 24 juillet 1819.

POITEVIN (FRANÇOIS), un des pseudonymes dont faisait usage le P. Gerberon.

POMART, curé de Saint-Médard, fut relégué à Blois pour sa désobéissance à l'Église et au roi. Il composa dans le lieu de son exil un ou deux écrits *au sujet de la miraculeuse guérison du fils de M. Tessier, président au présidial de Blois, par l'intercession du saint diacre Pâris.* Ces pièces sont pleines d'impostures. *Voyez* l'article PARIS, dans la liste des écrits publiés à l'occasion de ses prétendus miracles.

PONCET (JEAN-BAPTISTE DESESSARTS, plus connu sous le nom de), frère d'Alexis Desessarts, naquit à Paris en 1681 ; il était diacre et fut un zélé janséniste. Plusieurs fois il fit le voyage de Hollande pour voir Quesnel, entreprit l'apologie des convulsions, sacrifia sa fortune à son fanatisme, et mourut à Paris, le 23 décembre 1762, avec la réputation d'un enthousiaste et d'un visionnaire, même dans l'esprit de plusieurs personnes de son parti.

APOLOGIE *de saint Paul contre l'apologiste de Charlotte.* 1731.

LETTRES *sur l'écrit intitulé : Vains efforts des mélangistes, par Besoigne et d'Asfeld.* 1738.

LETTRES, au nombre de dix-neuf, *sur l'œuvre des convulsions.* 1734-1737.

DE LA POSSIBILITÉ *des mélanges dans les œuvres surnaturelles du genre merveilleux.*

ILLUSION *faite au public par la fausse description que M. de Montgeron a faite de l'état présent des convulsionnaires.* 1749.

AUTORITÉ *des miracles et usage qu'on en doit faire.* 1749.

TRAITÉ *du pouvoir du démon.* 1749

RECUEIL *de plusieurs histoires très-autorisées, qui font voir l'étendue du pouvoir du démon dans l'ordre surnaturel.* 1749.

OBSERVATIONS *sur le bref de Benoît XIV au grand inquisiteur d'Espagne*, etc. 1749.

Dans la controverse des convulsions, qui enfanta tant de brochures de toute espèce, Poncet combattait à la fois, d'un côté Montgeron et les partisans des *secours* violents; de l'autre Delan, d'Asfeld, Débonnaire et autres ennemis des c nvulsions en général. Il prétendait faire un discernement dans l'*œuvre*, et y trouvait beaucoup de choses admirables et divines. C'est cette illusion et la confiance avec laquelle il la soutint, qui le rendirent de plus en plus ridicule aux yeux des plus sensés. Débonnaire et Mignot parlent avec beaucoup de mépris de sa crédulité et des principes étranges qu'il avançait pour justifier de honteuses folies. Ils le peignent comme un enthousiaste opiniâtre, intrigant, présomptueux, livré aux visions du *figurisme*, et voulant faire recevoir ses décisions comme des oracles.

PONTANUS (JACQUES), né à Hermalle, village sur la Meuse, entre Liége et Maestricht, mort en 1668, fut censeur des livres à Louvain, et approuva avec beaucoup d'éloges l'*Augustinus* de Jansénius. Cela lui suscita quelques difficultés, mais il déclara qu'il n'avait approuvé cet ouvrage qu'à cause de la réputation de l'auteur et à la sollicitude des éditeurs, et qu'il était éloigné des sentiments qu'il renfermait. Il donna lieu de soupçonner que sa déclaration n'était pas sincère, puisqu'il approuva dans la suite différents livres pour la défense de Jansénius et la fameuse version du Nouveau Testament de Mons ; ce qui fit que l'archiduc Léopold, gouverneur des Pays-Bas, et le nonce du pape le suspendirent de ses fonctions. *Voyez* MAISTRE (*Louis-Isaac* LE).

PONTCHASTEAU (SÉBASTIEN-JOSEPH DU CAMBOUT DE), né en 1634, d'une famille illustre et ancienne, était parent du cardinal de Richelieu. Singlin, directeur des religieuses de Port-Royal, l'attira dans cette maison, mais il n'y resta guère. Après divers voyages en Allemagne, en Italie et dans les différentes parties de la France, et après plusieurs aventures, il rentra de nouveau à Port-Royal, et s'y chargea, en 1668, de l'office de jardinier, dont il fit pendant six ans toutes les fonctions. Obligé de sortir de sa retraite en 1679, il alla à Rome, où il agit en faveur du parti. Il y demeurait sous un nom emprunté, lorsque la cour de France le découvrit et obtint son expulsion. Pontchasteau se retira dans l'abbaye de la Haute-Fontaine, en Champagne, puis dans celle d'Orval, où il vécut pendant cinq ans. Quelques affaires l'ayant rappelé à Paris, il y tomba malade et y mourut en 1690, à 57 ans. On a de lui, les deux premiers volumes de la *Morale pratique des jésuites*, dont Arnauld a fait les six autres : ouvrage que le parlement de Paris condamna à être brûlé et lacéré par la main du bourreau, et que Rome défendit sous peine d'excommunication, par un décret publié le 27 mai 1687. *Voyez* ARNAULD. Pontchasteau a encore donné une *Lettre à M. de Péréfixe*, 1666, en faveur de M. de Sacy, qui avait été mis à la Bastille; et il a traduit en français les *Soliloques* de Hamon sur le psaume CXVIII. *Voyez* HAMON.

PORTE (ETIENNE DE LA), prêtre du diocèse de Nantes, connu par les excès de révolte et de scandale où il se porta après le concile d'Embrun, sous le faux titre de vicaire général du diocèse de Senez, et par la sentence solennelle qui fut portée contre lui à Castellane, le 2 octobre 1728, par laquelle il fut excommunié.

INSTRUCTION *pastorale du vicaire général de M. de Senez, dans laquelle il établit l'injustice et la nullité de la sentence prononcée contre lui par messeigneurs les évêques assemblés à Embrun, et prescrit au clergé et au peuple la conduite qu'ils doivent tenir dans les conjonctures présentes.*

Cet écrit est daté du premier novembre 1727. Le prétendu grand vicaire y exalte la piété, la régularité, la charité, l'austérité de vie de M. de Senez. Il prétend, de son autorité privée, anéantir tout ce qui a été fait contre ce prélat, dans un concile provincial, approuvé par le saint-siège et par le roi.

LETTRE *de M. de La Porte à la Sœur* ***, *religieuse à Castellane, du* 16 *mai* 1729.

Ce prétendu grand vicaire de M. de Senez n'a écrit cette séditieuse lettre que pour exciter les religieuses de Castellane à la révolte contre le roi, contre les évêques et contre toutes les puissances. *Il faut*, leur dit-il, *résister jusqu'à l'effusion du sang aux lettres de cachet qui doivent les exiler, et souffrir de se faire traîner*. Il les assure que le roi n'avait point d'autorité pour les faire sortir de la clôture, sans la permission de M. de Senez ou la sienne.

On reconnaît là (dit M. de Tencin, alors archevêque d'Embrun, dans sa sixième lettre à M. de Senez, page 3) les expressions qui furent employées par les premiers émissaires du calvinisme dans les discours séditieux qui soufflaient le feu de la division et de la révolte.

Le sieur de la Porte pousse l'emportement et le fanatisme jusqu'à dire, dans sa lettre du 19 avril 1729, qu'*il est important de bien comprendre et de savoir que nous devons aujourd'hui confesser la foi devant les évêques, sur les mêmes principes que les martyrs ont confessé la vérité devant les tyrans.*

Les traits suivants ne sont pas moins remarquables. Dans sa lettre du premier avril il dit aux mêmes religieuses :

Qu'elles doivent regarder comme des tenta-

tions du démon le désir qu'elles ont d'approcher des sacrements;

Qu'elles peuvent faire dire la messe chez elles, quoique leur église soit interdite;

Que si elles manquent de prêtres, elles pourront sortir de leur monastère pour aller l'entendre ailleurs;

Qu'elles peuvent transporter le saint sacrement elles-mêmes;

Qu'elles peuvent s'administrer la communion.

Sa charité lui fait ensuite souhaiter de s'enfermer avec elles; et sa sagesse demande un souterrain pour se bien cacher en cas de visite. *J'ai peu é*, leur dit-il dans la lettre du 27 décembre, adressée à la communauté, *si vous ne pourriez pas me faire une petite cellule de votre chapelle de Saint-François, au haut du jardin, pour pouvoir m'enfermer et vous rendre tous les services qui dépendraient de moi :..... cette solitude ne m'effrayerait pas.*

Ce que l'abbé de La Porte dit aux mêmes religieuses dans sa lettre du 12 juillet 1729 est encore plus étrange. Il leur fait entendre que le pape n'a pas plus d'autorité que les autres évêques. Il leur conseille de s'encourager par la lecture de bons livres; et les livres qu'il leur désigne, sont : *les Réflexions morales de Quesnel ; la Morale du Pater ; le Nécrologue de Port-Royal ; les Relations et les Gémissements ; la Vérité rendue sensible ; le Mémoire des quatre évêques ; l'Instruction de M. le cardinal de Noailles de 1719 ; les Lettres de M. de Montpellier à M. de Soissons ; les Remontrances au roi sur le Formulaire.*

Il devient enthousiaste dans la lettre du 6 juin. Il déclare à ces filles que le petit troupeau dont elles font la gloire est assuré de la victoire; qu'il verra tous ses ennemis à ses pieds; qu'il fait lui seul toute la force et les richesses de l'Eglise : il leur annonce que le nouveau pape prendra leur parti ; que l'assemblée du clergé se déclarera en leur faveur; qu'on attend de jour à autre un grand changement, et qu'un certain mouvement, qu'il aperçoit dans les évêques, en est un garant assuré.

Il leur apprend, dans sa lettre du 12 juillet, que l'approbation que le pape Benoît XIII a donnée au concile d'Embrun *a été fabriquée en France... que le saint-père a été obsédé ; qu'il avait de bons sentiments pour elles et pour le bon parti : mais qu'en tous cas Rome, qui est le siége de l'unité, n'est pas le siége de la vérité, et que depuis plusieurs siècles elle enseigne de mauvaises maximes.*

Il ne faut pas oublier ici que les instructions pastorales qui ont paru sous le nom de ce prétendu grand vicaire de M. de Senez ont été condamnées, avec celles de son évêque, par un bref de Benoît XIII, du 16 avril 1728. *Eadem scripta, auditis venerabilium FF. nostrorum S. R. E. cardinalium suffragiis, nec non plurimorum theologo¹um sententiis, tanquam temeraria, Ebredunensi concilio atque huic sedi injuriosa, spiritu schismatico et hæretico plena, rejicimus et damnamus, districte interdicimus ac prohibemus.*

PLAN D'ÉTUDE *au sujet des contestations importantes qui agitent aujourd'hui l'Eglise universelle.*

C'est une planche gravée en forme de carte, qui représente en abrégé le système hérétique développé dans le pernicieux livre intitulé : *Catéchisme historique et dogmatique.*

Etienne de La Porte composa ce *Plan d'étude* pour entretenir le goût de nouveauté et l'esprit de rébellion parmi les religieuses de Castellane. Il y traite en particulier deux points principaux, qu'il dit renfermer toute la science que doit avoir un quesnelliste : 1° De quelles sources sont provenus tous les troubles qui agitent l'Eglise ; 2° quels sont ceux qui soutiennent la vérité, depuis tout le temps qu'elle se trouve si vivement attaquée ?

Il convient d'abord que les disputes qui nous divisent aujourd'hui se sont formées *depuis plus de cent cinquante ans.* C'est avouer ingénûment que les erreurs de Baïus ou de Calvin même y ont donné lieu. Mais, ajoute-t-il, *ce mal a des racines plus anciennes.* Selon lui, les dissensions qui nous troublent viennent des *fausses reliques* qu'on a exposées sur nos autels à la vénération des fidèles ; des *fausses histoires* qu'on a données dans la Vie des saints ; des *fausses légendes* qu'on a insérées dans les bréviaires ; des *fausses décrétales* des papes ; des *fausses opinions théologiques*, telles, dit-il, qu'est celle de dire que *les enfants morts sans baptême vont aux limbes;* et des *fausses pratiques de piété proposées aux fidèles.* Or de pareilles leçons ne sont-elles pas dignes d'un ministre protestant ?

Les seuls noms qu'il met à la tête du parti devraient suffire pour en détacher toute personne tant soit peu instruite. Quels sont en effet les héros de la secte, qu'il appelle les défenseurs de la vérité? *Premièrement,* dit-il, *ce furent des hommes épars en différents endroits* : tels apparemment qu'étaient les premiers sectateurs de Luther et de Calvin qu'il n'a osé nommer. *Dans la suite,* ajoute-t-il, *Jansénius est venu* : puis, messieurs de Port-Royal ; *et aujourd'hui c'est le clergé de Hollande,* qui soutient l'Eglise contre l'Eglise même.

Ainsi, le zélateur du nouvel Evangile donne pour appui de l'Eglise ceux précisément que l'Eglise a frappés d'anathèmes. Il convient que *leur nombre est petit,* et qu'ils ont contre eux *les bulles et les brefs* des papes Urbain VIII, Innocent X, Alexandre VII, Clément XI, Innocent XIII, Benoît XIII, les assemblées du clergé de France, etc.

Pour nous, à un *plan d'étude* si confus et si hétérodoxe, nous en opposerons un autre qui sera clair, simple et catholique.

I. —Pour l'histoire des faits, il faut lire les livres suivants :

Histoire du prédestinatianisme, par le P. Duchesne. In-4°.

Histoire du baïanisme, par le même. In-4°.

Histoire des cinq propositions, par M. Dumas, conseiller-clerc au parlement de Paris, et docteur de Sorbonne. Trois petits tomes in-12. Trévoux, Ganeau, 1702.

Lettres d'un docteur sur les hérésies du XVIIᵉ siècle, in-12. Paris, Louis Josse, 1707.

Mémoires chronologiques et dogmatiques, pour servir à l'Histoire ecclésiastique, depuis 1600 jusqu'en 1717, avec des réflexions et des remarques critiques, 1720. Quatre volumes in-12. Ouvrage excellent et généralement estimé par tous ceux qui ont de l'esprit, du goût et de l'amour pour la vérité.

Histoire de la constitution Unigenitus, par M. l'évêque de Sisteron. 2 vol. in-4°, ou 3 vol. in-12.

Réfutation des Anecdotes, par le même. 1734, in-8°.

Réfutation de l'Histoire du concile d'Embrun, par le même. In-8°.

Recueil historique des bulles, constitutions, brefs, décrets et autres actes concernant les erreurs de ces deux derniers siècles, etc. In-8°.

Causa Quesnelliana, ou *Procès du P. Quesnel*. Bruxelles, 1704.

Exposition historique de toutes les hérésies et des erreurs que l'Église a condamnées sur les matières de la grâce et du libre arbitre. In-12. Paris, 1714.

Relation fidèle des assemblées de Sorbonne touchant la constitution Unigenitus, avec le Mémoire des sieurs Charton et consorts.

La Vie de saint Vincent de Paul, par M. Abelly, évêque de Rodez. Paris, 1664, in-4°, souvent réimprimée.

La Vie du même saint, par M. Collet. 2 vol. in-4°.

On trouve, dans ces *Vies*, des faits importants et singuliers, qui découvrent les desseins pernicieux du parti jansénite, et qui font sentir l'extrême horreur qu'en avait conçu le saint homme.

Le Supplément aux Nouvelles ecclésiastiques. Ouvrage périodique où, pendant quinze années consécutives, on a confondu les calomnies et combattu les erreurs du gazetier janséniste. Il a commencé en 1734 et a fini en 1748. *Voyez* FONTAINE.

La Vie de Pélage, ouvrage important, où l'on apprend à connaître tout à la fois, et la doctrine des pélagiens, et la conduite des jansénistes.

II. — Pour la controverse et le dogme.

Témoignage de l'Église universelle en faveur de la bulle Unigenitus. Bruxelles, 1718. C'est un recueil des mandements et lettres des évêques d'Italie, d'Allemagne, d'Espagne, de Portugal, de Pologne, de Hongrie, du Piémont, des Pays-Bas, de France, etc., en faveur de la Constitution. Monument le plus complet contre l'erreur qui soit dans l'histoire de l'Église.

Recueil des mandements et instructions pastorales de nosseigneurs les archevêques et évêques de France pour l'acceptation de la Constitution. Paris, 1715, in-4°. Ce recueil, imprimé par les ordres du clergé, contient cent trente mandements, à la tête desquels est l'Instruction pastorale des quarante évêques de l'assemblée.

Stephani De Champs, e Societate Jesu, de Hæresi Janseniana ab apostolica sede merito proscripta libri tres. Lutetiæ Parisiorum, 1661, in-fol. Le parti, qui se pique de répondre à tout, n'a jamais répondu à cet excellent ouvrage.

Les opuscules théologiques du P. Annat sur la grâce. 3 vol. in-4°. Paris, Cramoisi, 1666. Rien de plus solide, de plus clair, de plus profond et de mieux écrit.

Les sentiments de saint Augustin sur la grâce, opposés à ceux de Jansénius, par le P. Jean le Porcq, prêtre de l'Oratoire de Jésus. Paris, 1682, in-4°.

Le P. Fontaine sur la Constitution. In-fol.

Les Instructions et les Mandements du grand Fénelon, archevêque de Cambrai.

Les ouvrages de M. le cardinal de Bissy; surtout son *mandement contre Juénin*, en 1710, mandement qui est un chef-d'œuvre, où tout le système de Jansénius est très-clairement dévoilé et très-solidement réfuté.

Les Avertissements et autres ouvrages de M. Languet, évêque de Soissons, et depuis archevêque de Sens.

Les Mandements et Lettres de M. le cardinal de Mailly, archev. de Reims.

Le Concile d'Embrun et tous les ouvrages de M. de Tencin, archevêque d'Embrun, et depuis cardinal et archevêque de Lyon.

Les ouvrages de M. de Saint-Albin, archevêque de Cambrai. Ceux de M. l'évêque de Marseille. Ceux de M. de Saléon, évêque de Rodez, et depuis archevêque de Vienne.

Les Anti-Héxaples du P. Paul de Lyon, capucin.

Lettres instructives, par le même.

Les Artifices des hérétiques, par François Simonis, traduits en français par le P. Rapin.

Le Traité du schisme.

Les Caractères de l'erreur.

La seconde Lettre de dom Thuillier, bénédictin.

Les lettres de dom La Taste. 2 vol. in-4°.

La Vérité et l'équité de la constitution Unigenitus.

Lettres de M. l'évêque de N. à son Eminence M. le cardinal de Noailles, au sujet de son Mandement pour la publication de l'appel, etc. Ces lettres sont au nombre de six. La seconde et la cinquième sont les plus curieuses et les plus intéressantes.

Objections et réponses au sujet de la constitution Unigenitus, in-12.

Instruction familière sur la prédestination et sur la grâce, par demandes et par réponses. Liége, 1721.

Exposition de la doctrine jansénienne.

Les Nouveaux Disciples de saint Augustin. 3 vol. in-12.

Entretiens au sujet des affaires présentes. 9 petits vol. in-12.

POUGET (François-Aimé), naquit à Montpellier en 1664, fut prêtre de l'Oratoire, docteur de Sorbonne et abbé de Chambon. Appelé par Colbert, évêque de Montpellier, à la tête de son séminaire, il remplit avec zèle les fonctions attachées à ce poste, et vint à Paris, dans la maison de Saint-Magloire, où il mourut en 1723.

INSTRUCTIONS *générales en forme de catéchisme, où l'on explique par l'Ecriture et par la tradition l'histoire et les dogmes de la religion, la morale chrétienne, les sacrements, les prières, les cérémonies et les usages de l'Eglise ; imprimé par ordre de messire Charles-Joachim Colbert, évêque de Montpellier :* autrement Catéchisme de Montpellier. Paris. 1702; Lyon, Plaignard, 1705 et 1713, in-4° et in-12.

Colbert, évêque de Montpellier, adopta cet ouvrage, approuvé par le cardinal de Noailles.

Le Catéchisme de Montpellier, quoique bon à certains égards, a été condamné par un décret de Clément XI, du 1er février 1712 (1). Cette condamnation est un des griefs dont se plaignent les sept évêques appelants, qui écrivirent une lettre commune au pape Innocent XIII, datée du 9 juin 1721 : *En eam, sanctissime Pater, damnare audivimus Catechismum Montispessulensis Ecclesiæ, de quo id unum dicemus, acerbissimum dolorem bonis omnibus afferre scandalosam ejusmodi damnationem.* Plusieurs prélats ont depuis condamné ce même livre, à l'exemple du saint-siége.

Le saint-siége aussi le condamna depuis, c'est-à-dire par décret du 21 janvier 1721. Le même décret porte condamnation d'une traduction italienne du même ouvrage. Nous prenons ce renseignement dans le catalogue des livres mis à l'*index*. Ce catalogue nous apprend que le Catéchisme de Montpellier fut aussi traduit en anglais et en espagnol, et que ces deux traductions furent également condamnées : l'anglaise, par décret du 15 janvier 1725, et l'espagnole, par décret du 2 septembre 1727.

On remarque en effet dans ce catéchisme plusieurs propositions évidemment mauvaises et quelques autres suspectes, qui favorisent les erreurs janséniennes. On en jugera par les traits suivants :

Tom. I, part. 1, sect. 1, ch. 4, § 1 : *Si un grand nombre de peuples se sont perdus avant la venue du Messie, c'est que Dieu l'a voulu pour faire sentir aux hommes la corruption de la raison abandonnée à elle-même, et l'imperfection de la loi, qui n'était écrite que sur la pierre.* Cette proposition est fausse, erronée, suspecte d'hérésie : elle renouvelle la sixième et la septième des propositions de Quesnel.

On débite dans le second tome, part. 2. sect. 2, ch. 2, § 3, que la lecture de l'Ecriture sainte, tant de l'Ancien que du Nouveau Testament, *doit être l'occupation ordinaire des fidèles.* Cette proposition, ainsi prise d'une manière indéfinie, est fausse, injurieuse à l'Eglise et contraire à ses usages.

On s'explique ailleurs d'une manière fort suspecte, en disant : *C'est Jésus-Christ qui surmonte tous les jours dans nous le démon dans nos tentations.* Comme si nous ne coopérions nullement à cette victoire. L'auteur devait dire que c'est par la grâce de Jésus-Christ que nous surmontons le démon dans nos tentations.

Dans le petit catéchisme, imprimé pour les enfants, et dont la première leçon est sur la grâce, on demande : *Quelle grâce est nécessaire pour vivre saintement ?* Et l'on répond que, pour pouvoir vivre saintement, il faut une grâce qui éclaire l'esprit, qui touche le cœur *et qui fasse agir.* Cette proposition est suspecte d'hérésie, ou même hérétique, puisqu'elle exclut la grâce suffisante, qui suffit pour faire agir, mais *qui ne fait pas agir* effectivement.

M. de Montpellier, dans son *Instruction pastorale* du 17 septembre 1725, dit des choses assez singulières sur le catéchisme publié sous son nom. Il déclare : 1° qu'il ne reconnaît pour légitime que la première édition de ce catéchisme faite en 1702 et toutes celles qui y sont conformes, attendu, dit-il, que dans les éditions postérieures de notre catéchisme françois, il s'est fait divers changements et additions dont nous sommes plaints, c'est-à-dire qu'on en a retranché quelques erreurs.

2° Le même prélat condamne l'édition latine publiée sous ce titre : *Institutiones catholicæ in modum catechæ eos, in quibus quidquid ad religionis historiam, Ecclesiæ dogmata, mores, sacramenta, preces, usus, cœremonias pertinet, brevi compendio explanatur, ex Gallico idiomate in Latinum translatæ.* Les deux motifs de cette condamnation, c'est, dit M. de Montpellier, qu'on *y a retranché notre nom, et qu'on y a mêlé beaucoup d'erreurs* ; c'est-à-dire, à bien apprécier ces dernières paroles, que l'édition latine a été retouchée par une main catholique.

Feller dit : « Pouget avait lui-même traduit cet ouvrage en latin, et il voulait le publier avec les passages entiers, qui ne sont que cités dans l'original français ; la mort l'empêcha d'exécuter ce dessein. Le P. Desmolets, son confrère, acheva ce travail et le mit au jour en 1725, sous le titre d'*Institutiones catholicæ*, 2 vol. in-fol., Louvain, 1774, et en 14 vol. in-8°. Cet ouvrage solide peut tenir lieu d'une théologie entière. Il y a peu de productions de ce genre où les dogmes de la religion, la morale et cæt. enim, le sacrements, les prières, les cérémonies et les usages de l'Eglise soient exposés d'une manière plus claire et avec une simplicité plus élégante. Il y a cependant quelques endroits qui ont essuyé des difficultés, et qui firent condamner l'ouvrage à Rome en 1721. L'auteur cité toujours, en preuve de ce qu'il avance, les livres saints, les conciles et les

---

(1) Nous laissons cette date que nous trouvons dans l'auteur dont nous empruntons ces lignes ; mais nous ne savons au juste si elle est certaine.

Pères; mais l'on remarque dans quelques citations non-seulement une prédilection qui semble tenir à l'esprit de parti, mais encore des applications qui ne tiennent pas au sens littéral, ce qui est cependant essentiel dans un catéchisme. Charancy, successeur de Colbert, le fit imprimer avec des corrections qui firent disparaître ce qui se ressentait des préventions de l'auteur et paraissait favoriser les opinions condamnées par l'Eglise, et c'est de cette édition qu'il faut entendre les éloges que les catholiques ont faits de l'ouvrage. »

PRESSIGNY (*Lesieur de*), un des pseudonymes dont Gerberon faisait usage.

PRIEUR. Le P. Quesnel, après la mort d'Arnauld, le pape des jansénistes, ne voulut pas prendre le titre de *père abbé*; il se contenta de celui de *père prieur*. Et quelquefois, ne voulant pas décliner son vrai nom, il disait qu'il s'appelait *le père prieur*. Voyez son article.

PROFECTURUS, pseudonyme dont s'est servi le fameux Nicole.

Q

QUESNEL (Pasquier) né à Paris en 1634, d'une famille honnête, fit son cours de théologie en Sorbonne avec beaucoup de distinction. Après l'avoir achevé, il entra dans la congrégation de l'Oratoire en 1657. Consacré tout entier à l'étude de l'Ecriture et des Pères, il composa de bonne heure des livres de piété, qui lui méritèrent, dès l'âge de 28 ans, la place de premier directeur de l'institution de Paris. Ce fut pour l'usage des jeunes élèves confiés à ses soins qu'il composa ses *Réflexions morales*. Ce n'étaient d'abord que quelques pensées sur les plus belles maximes de l'Evangile. Le marquis de Laigue ayant goûté cet essai, en fit un grand éloge à Félix Vialart, évêque de Châlons-sur-Marne, qui résolut de l'adopter pour son diocèse. L'oratorien flatté de ce suffrage, augmenta beaucoup son livre, il fut imprimé à Paris en 1671, avec un mandement de l'évêque de Châlons et l'approbation des docteurs. Quesnel travaillait alors à une nouvelle édition des œuvres de saint Léon, pape, sur un ancien manuscrit apporté de Venise, qui avait appartenu au cardinal Grimani. Elle parut à Paris en 1675, en 2 vol. in-4°, fut réimprimée à Lyon en 1700, in-fol, et l'a été depuis à Rome en 3 vol. in-fol., avec des augmentations et des changements. Quelque éloge qu'en fasse M. du Pin, l'oratorien semble ne l'avoir entreprise que pour attaquer les prérogatives du saint-siége : d'ailleurs il s'est donné des peines inutiles pour prouver que saint Léon est l'auteur de la *Lettre à Démétriade* et du livre de *la Vocation des Gentils*. Le repos dont il avait joui jusqu'alors fut troublé peu de temps après. L'archevêque de Paris (M. de Harlay), instruit de son attachement aux nouveaux disciples de saint Augustin, et de son opposition à la bulle d'Alexandre VII, l'obligea de quitter la capitale et de se retirer à Orléans en 1681 ; mais il n'y resta pas longtemps. On avait dressé dans l'assemblée générale de l'Oratoire, tenue à Paris en 1678, un formulaire de doctrine qui défendait à tous les membres de la congrégation d'enseigner le jansénisme et quelques nouvelles opinions en philosophie, dont on se défiait alors, parce qu'elles n'étaient pas encore bien éclaircies. Dans l'assemblée de 1684, il fallut quitter ce corps ou signer ce formulaire. (*Voyez* Arnauld.) Quelques membres de la congrégation en sortirent ; Quesnel fut de ce nombre. Il se retira aux Pays-Bas en 1685, et alla se consoler auprès de M. Arnauld à Bruxelles. C'est alors qu'il commença à jouer un rôle. Ayant un talent singulier pour écrire facilement, avec onction et élégance, jouissant d'une santé robuste, que ni l'étude, ni les voyages, ni les peines continuelles d'esprit n'altérèrent jamais ; joignant à l'étude le désir de diriger les consciences, personne n'était plus en état que lui de remplacer Arnauld. Il en avait recueilli les derniers soupirs. Un auteur prétend « qu'Arnauld mourant l'avait désigné chef d'une faction malheureuse. Aussi les jansénistes, à la mort de leur *pape*, de leur *père abbé*, mirent-ils Quesnel à la tête du parti. L'ex-oratorien méprisa des titres aussi fastueux, et ne porta que celui de *père prieur*. Il avait choisi Bruxelles pour sa retraite. Le bénédictin Gerberon, un prêtre nommé Brigode, et trois ou quatre autres personnes de confiance composaient sa société. Tous les ressorts qu'on peut mettre en mouvement, il les faisait agir en digne chef du parti. Soutenir le courage des élus persécutés, leur conserver les anciens amis et protecteurs ou leur en faire de nouveaux, rendre neutres les personnes puissantes qu'il ne pouvait se concilier, entretenir sourdement des correspondances partout, dans les cloîtres, dans le clergé, dans les parlements, dans plusieurs cours de l'Europe : voilà quelles étaient ses occupations continuelles. Il eut la gloire de traiter par ambassadeur avec Rome. Hennebel y alla chargé des affaires des jansénistes. Ils firent de leurs aumônes un fonds qui le mit en état d'y représenter. Il y figura quelque temps : il y parut d'égal à égal avec les envoyés des têtes couronnées; mais les charités venant à baisser, son train baissa de même. Hennebel revint de Rome dans les Pays-Bas en vrai pèlerin mendiant. Quesnel en fut au désespoir ; mais, réduit lui-même à vivre d'aumônes, comment eût-il pu fournir au luxe de ses députés ? » Ce fut à Bruxelles qu'il acheva ses *Réflexions morales sur les Actes et les Epîtres des apôtres*. Il les joignit aux *Réflexions sur les quatre Evangiles*, auxquelles il donna plus d'étendue. L'ouvrage ainsi complet parut en 1693 et 1694. Le cardinal de Noailles, alors évêque de Châlons, successeur de Vialart, invita par un mandement, en 1695, son clergé et son peuple à le lire. Il le proposa aux fidèles comme le *pain des forts et le lait des faibles*. Les jésuites, voyant qu'on multipliait les éditions de ce livre, y soupçonnèrent un poison caché. Le signal de la guerre se donna en 1693. Noailles, devenu archevêque de Paris, publia une instruction pastorale sur la *prédestination*, qui occasionna le *Problème ecclésiastique*. (*Voyez* BARCOS, NOAILLES.)

Cette brochure roulait presque entièrement sur les *Réflexions morales*. Elle donna lieu à examiner ce livre. Le cardinal de Noailles convint que la critique était fondée, et fit faire des corrections : l'ouvrage ainsi corrigé parut à Paris en 1696. La retraite de Quesnel à Bruxelles ayant été découverte, Philippe V donna un ordre pour l'arrêter : l'archevêque de Malines, Humbert de Précipiano, le fit exécuter. On le trouva au refuge de Forêt, caché derrière un tonneau. « Comme on avait de la peine à le reconnaître, dit l'abbé Bérault, sous l'habit séculier qu'il portait, on lui demanda s'il n'était pas le P. Quesnel. Il répondit qu'il s'appelait de Rebecq, De Fresne, de Rebecq, le P. prieur, c'étaient là pour lui autant de noms de guerre et de pieux expédients pour éviter les restrictions mentales et l'abominable équivoque. » On ne laissa pas de saisir de Rebecq, et on le conduisit dans les prisons de l'archevêché, d'où il fut tiré par une voie inespérée, le 13 septembre 1703. Sa délivrance fut l'ouvrage d'un gentilhomme espagnol réduit à la misère, qui, plein d'espoir en la boite qui vaut la pierre philosophale, perça les murs de la prison et brisa ses chaînes. En l'arrêtant, on s'était saisi de ses papiers et de ceux qu'il avait d'Arnauld : le jésuite le Tellier en fit des extraits, dont madame de Maintenon lisait tous les soirs quelque chose à Louis XIV pendant les dernières années de sa vie. Le monarque y trouva des motifs nouveaux de ne pas se repentir des efforts qu'il avait faits pour abattre cette secte naissante. Quesnel remis en liberté s'enfuit en Hollande, d'où il décocha quelques brochures contre l'archevêque de Malines, un des plus sages et des plus zélés prélats qu'eût alors l'Église catholique. Cependant dès le 15 octobre de cette année, Foresta de Cologne, évêque d'Apt, proscrivit les *Réflexions morales*. L'année suivante, on dénonça l'auteur au public comme un *hérétique et comme séditieux*. Il était effectivement l'un et l'autre. Le P. Quesnel se défendit; mais ses apologies n'empêchèrent pas que ses *Réflexions morales* ne fussent condamnées par les deux puissances, à diverses époques, et en dernier lieu solennellement anathématisées par la constitution *Unigenitus*, publiée à Rome le 8 septembre 1713, sur les instances de Louis XIV. Cette bulle fut acceptée, le 21 janvier 1714, par les évêques assemblés à Paris, enregistrée en Sorbonne le 5 mars et reçue ensuite par le corps épiscopal, à l'exception de quelques évêques français qui en appelèrent au futur concile. De ce nombre était le cardinal de Noailles, qui dans la suite abandonna le parti avec éclat. Quesnel survécut peu à ces événements. Après avoir employé sa vieillesse à former à Amsterdam quelques églises jansénistes, il mourut dans cette ville en 1719, à 86 ans. Voyez *Causa Quesnelliana*, Bruxelles, 1704, in-4°, et *Historia Ecclesiæ Ultrajectinæ a tempore mutatæ religionis*, par Hoynck Van Papin Drecht, Malines, 1725, in-folio. La manière dont Quesnel s'expliqua dans ses derniers moments est remarquable. Il déclare dans une profession de foi : *qu'il voulait mourir, comme il avait toujours vécu, dans le sein de l'Église catholique ; qu'il croyait toutes les vérités qu'elle enseigne ; qu'il condamnait toutes les erreurs qu'elle condamne ; qu'il reconnaissait le souverain pontife pour le premier vicaire de Jésus-Christ, et le siège apostolique pour le centre de l'unité*. Dans le cours de la même maladie, il rappela à une personne qui était auprès de lui les accusations qu'on avait formulées contre lui à Louvain, touchant ses mœurs, et assura qu'elles étaient mal fondées. Quelque temps auparavant, son neveu Pinson lui ayant demandé conseil sur le parti à prendre dans les disputes qui l'avaient tant occupé, il lui recommanda de rester attaché à l'Église : *Les manières outrageantes des jésuites*, ajouta-t-il, *m'ont engagé à soutenir avec opiniâtreté ce que je soutiens aujourd'hui*. Ce détail se trouve dans une lettre de M. Pinson, sculpteur, à M. Poncet de la Rivière, évêque d'Angers.

OPERA *sancti Leonis Magni omnia..... auctiora..... expurgata..... illustrata..... a Pascasio Quesnel parisino, presbytero congreg. Orat. D. Jesu : Parisiis, apud Joannem Coignard*, 2. vol. in-4°.

Œuvres de saint Léon le Grand, augmentées, corrigées et éclaircies par des notes. Par le P. Pasquier Quesnel, parisien, prêtre de la congrégation de l'Oratoire. A Paris chez Jean-Baptiste Coignard, 2. vol. in-4°.

Les notes du P. Quesnel sur les ouvrages de saint Léon le Grand furent condamnées à Rome, le 22 juin 1676.

Quesnel écrivait à Magliabechi le 30 avril 1677 : « On m'a envoyé plusieurs mémoires de Rome des choses que l'on a trouvées mauvaises dans le *Saint Léon* que j'ai fait imprimer; mais pour vous dire la vérité, tout cela est bien mince et n'est guère capable de me faire peur. M. le cardinal Barberin m'a fait la grâce de m'envoyer des *variæ lectiones* sur les ouvrages de ce Père, et Son Éminence me témoigne bien de la bonté. »

Et le 7 mai de la même année : « J'ai même été obligé à répondre à plusieurs observations que M. le cardinal Barberin, doyen du sacré collège, m'a fait la grâce de m'envoyer sur mon ouvrage de saint Léon. Il y en a de Mgr Suarès, d'autres de Mgr l'archevêque de Rozzane, et d'autres enfin d'un prêtre de l'Oratoire de Saint-Philippe, nommé le P. Marquez. L'honneur que l'on m'a fait de me mettre dans l'*Indice* de Rome m'a attiré la connaissance de cette Éminence qui me témoigne beaucoup de bonté, et m'a envoyé beaucoup de diverses leçons (*variæ lectiones*) pour corriger ou plutôt pour confirmer les corrections que j'ai faites dans le texte de saint Léon. » *Correspon. inédite* de Mabillon, etc., avec *l'Italie*, publiée par M. Valery, tom. III, pp. 240, 244.

Le P. Lupus, religieux augustin, dont le témoignage n'est pas suspect au parti, n'a pas craint de dire dans son ouvrage sur les Appellations, dédié à Innocent XI, que Quesnel dans son livre parle de l'autorité du saint-siège, comme en ont parlé Calvin, Marc-Antoine de Dominis, et les autres ennemis de la primauté du pape.

Le P. Chrétien Lupus était né à Ypres en 1612, et parut montrer, pendant quelque temps, une certaine propension pour le jansénisme ; mais il abandonna ce parti et mourut bon catholique, en 1681, à Louvain, où il avait été professeur. Son *Traité des Appels au saint siége* est en latin, in-4°, et dirigé contre Quesnel. Dans cet ouvrage, l'auteur réfute d'avance la triste compilation du fameux Fébronius (Honheim) ; il y prouve le droit d'appeler au pape, par la nature de sa primauté et par l'histoire ecclésiastique.

Rien n'égale l'emportement avec lequel le P. Quesnel éclata contre le décret de Rome, dont il prétendait donner l'idée la plus atroce, dans une espèce d'analyse suivie qu'il en fit. Selon lui, ce n'est pas un décret émané d'un tribunal respectable : *C'est un libelle diffamatoire, contraire à la loi de Dieu et aux bonnes mœurs, plein d'impostures et de faussetés*. ... *C'est une entreprise schismatique, une erreur plus qu'intolérable, qu'une congrégation telle que celle de l'inquisition ait entrepris de condamner et de défendre les avis salutaires de la sainte Vierge. C'est une insolence insupportable, qu'une congrégation de moines présidée par un clerc habillé de rouge ait la hardiesse de proscrire des livres approuvés par des évêques. C'est un attentat nouveau, un renversement horrible, qu'un petit moine appelé inquisiteur se donne une pareille hardiesse*, etc.

C'est dans ce même esprit de rébellion que Quesnel accueillit le décret de la congrégation de l'*Index* contre son travail sur les œuvres de saint Léon. Il écrivit au pape Innocent XI et au cardinal Cibo des lettres où il protestait avec une irrespectueuse liberté contre ce qu'il appelait l'injustice avec laquelle on avait mis son ouvrage à l'*index* ; et lorsqu'il eut appris, par un correspondant qu'il avait à Rome, que Schelstrate et Lupus avaient été chargés de le réfuter, il dit dans une lettre : *Le décret de l'indice n'est donc pas capable de réparer le tort qu'ils prétendent avoir reçu de moi, et il faut qu'ils louent des bravos pour me battre et m'assassiner !..... Il ne leur est guère honorable d'être réduits à armer contre moi un bon Flamand qui n'est pas le plus terrible homme du monde..... J'attendrai le loup* (le Père Lupus dont il vient d'être question), *et j'espère faire si bien, qu'il ne me mangera pas*. Le livre du Père Lupus parut en 1681, peu de temps avant la mort de l'auteur ; celui de Schlstrate fut publié dans l'année même où l'édition des œuvres de saint Léon eut été mise à l'*index*.

DOGMES *de la discipline et de la morale de l'Eglise*. 1676.

Quesnel y renouvelle l'hérésie des deux chefs qui n'en font qu'un. *Voyez* ARNAULD (*Antoine*).

LETTRE *à un député du second ordre*.

Le P. Quesnel prétend prouver dans cette lettre que le jansénisme est une illusion et un fantôme. Nous réfuterons ici cette prétention par un autre écrit qu'on a trouvé dans ses papiers.

C'est la lettre que les chefs du parti composèrent en commun en 1684, et qui fut adressée à M. Davaux, plénipotentiaire de France à Ratisbonne, pour se faire comprendre dans la trêve qui fut faite avec l'Espagne, après le siège de Luxembourg. Elle commençait par ces termes : *Monseigneur, le pouvoir si ample*, etc. Et elle est signée, *vos très-humbles et très-obéissants serviteurs, les disciples de saint Augustin*. Cette pièce existe encore aujourd'hui. Elle fut trouvée en original parmi les papiers du Père Quesnel, quand il fut arrêté à Bruxelles ; et on l'a insérée tout entière dans le procès de ce Père (pag. 256), imprimé par l'ordre de M. l'archevêque de Malines en 1704. Aussi le Père Quesnel n'a-t-il eu garde de la traiter de supposition et de calomnie. Il savait qu'on était en état de prouver le fait. Il se contente de dire dans l'*Anatomie de la Sentence de M. de Malines*, qu'on n'avait jamais eu dessein de publier cette lettre ; que ce n'est dans le fond qu'une pure badinerie qui n'a jamais été faite que pour se divertir. Espèce de justification aussi singulière que la pièce même qu'il prétend excuser.

Dans cet insolent écrit *les disciples de saint Augustin* marquent à M. Davaux les huit conditions sous lesquelles ils souhaitent d'être compris dans la trêve générale. La première est qu'il leur sera permis de se justifier par de bonnes apologies. La deuxième, que Sa Majesté sera suppliée de faire cesser les voies de fait et l'usage des lettres de cachet, qui décrient sa justice. La troisième, qu'il leur accordera une amnistie générale. La quatrième, que les disciples de saint Augustin ne lui demanderont jamais aucun bénéfice. La cinquième, qu'ils travailleront à convertir les hérétiques par de bons livres qu'ils composeront. La sixième, qu'ils soutiendront de toutes leurs forces la grâce de Jésus-Christ, prêchée par saint Paul et expliquée par saint Augustin. La septième, qu'ils s'opposeront au cours de la mauvaise doctrine. La huitième, que Sa Majesté leur permettra de se bien défendre, et qu'elle s'obligera à punir leurs calomniateurs.

Telle est la lettre que les jansénistes écrivirent en commun, et qui prouve, avec la dernière évidence, qu'ils font un corps et un corps considérable, qui veut marcher de pair avec les têtes couronnées ; qui prétend traiter avec son roi, et qui ose proposer les conditions auxquelles ils offrent d'entrer dans une trêve générale.

TRADITION de l'Eglise romaine sur la prédestination des saints et sur la grâce efficace. Cologne, 1687.

Cette tradition prétendue romaine est l'ouvrage de Quesnel, comme on l'apprend par le procès fait à ce Père (page 490, Causa Quesnel.), et comme le témoigne l'auteur de l'*Examen théologique*.

Le troisième tome contient plusieurs erreurs sur la grâce : 1° on y rejette la grâce suffisante. On y dit que c'est un monstre et un monstre d'erreur, et non pas une grâce de Jésus-Christ ; 2° on y soutient que l'efficace est nécessitante ; 3° on y justifie la proposition de M. Arnauld sur saint Pierre... On y fait l'apologie des cinq propositions. Voici comme l'auteur parle dans la page 335 : *Celui à qui la grâce efficace manque, ne peut accomplir le commandement, il ne lui est pas possible de l'accomplir. Adieu, grâce due aux pécheurs*, dit le P. Quesnel dans la minute d'une de ses lettres, où il tourne en ridicule la grâce suffisante, *adieu grâce nécessaire pour pécher ; adieu grâce qui n'a jamais aucun effet, et qui ne sert qu'à rendre l'homme criminel et condamnable ; adieu adieu, mais adieu sans regret : car vous ne servez de rien aux réprouvés, et les élus n'ont que faire de vous, contents de leur patrimoine, qui est la grâce toute-puissante du Sauveur. Vous ne faites jamais de bien, et vous faites toujours du mal. Allez vous promener.* Causa Quesnelliana, page 491.

Le P. Quesnel, dans ce livre de la *Tradition de l'Eglise romaine*, établit lui-même, comme un principe incontestable, que tout jugement dogmatique du saint-siége accepté par quelques églises particulières doit passer pour un consentement général et doit être censé le jugement de l'Eglise entière, si les autres Eglises demeurent dans le silence. Tom. I, pag. 217.

APOLOGIE *historique de deux censures de l'université de Douai*, par M. Gery, bachelier en théologie, 1688. Cologne, in-12, 479 pages.

L'ouvrage dont il s'agit a été censuré par un décret de l'université de Douai, en 1690, et condamné par le pape Innocent XII, le 8 mai 1697. Le P. Quesnel en est l'auteur, et le nom de Gery n'est qu'un nom supposé.

Cette entreprise de Quesnel pour gagner l'université de Douai fut, comme l'on voit, assez malheureuse : cependant il fit encore dans la suite de nouvelles tentatives, mais elles ne lui réussirent pas mieux. *Voyez* ci-après.

MÉMOIRES *importants pour servir à l'histoire de la faculté de théologie de Douai*, etc. 1695.

La faculté de théologie de Douai ayant censuré l'*Apologie des deux censures de Louvain et de Douai*, dont il vient d'être question, cette censure fut attaquée dans les *Mémoires importants* dont il s'agit ici ; mais la faculté ne laissa pas ces *Mémoires* sans flétrissure : elle rendit contre eux un jugement doctrinal et les censura le 4 juin 1696. Les jansénistes, de leur côté, ne restèrent pas dans le silence : ils publièrent un autre libelle ayant pour titre : *Suite des Mémoires importants*, et un autre intitulé : *Avis à la faculté de théologie de Douai*, etc., qu'on dit être aussi du P. Quesnel. *Voyez* ARNAULD (*le faux*), GILBERT.

HISTOIRE *abrégée de la Vie et des ouvrages de M. Arnauld*. Cologne, 1695, in-12 de 296 pages ; Liége, 1697, in-12 de 373 pages.

Si la Vie de M. Arnauld était écrite avec fidélité, on la pourrait lire avec fruit. Ce qu'on y verrait de son orgueil, de ses emportements, de ses erreurs, de ses calomnies, de ses intrigues, de son opiniâtreté dans l'hérésie, donnerait à coup sûr un juste éloignement pour sa personne, pour ses écrits et pour ses sectateurs. Mais l'Histoire dont il s'agit ici est dans un goût tout opposé ; c'est un panégyrique continuel de la criminelle conduite et des pernicieux écrits de ce novateur ; et dès lors on ne peut pas plus la laisser entre les mains des fidèles que la vie de Calvin qui serait écrite par un zélé calviniste, pour la défense de la religion prétendue réformée.

Arnauld mourut le 8 août 1694. Non-seulement il ne s'est point reconnu à la mort, mais il a même craint de paraître alors revenir à résipiscence. C'est pourquoi dans son testament il s'exprime ainsi : *Je veux prévenir les faux bruits qu'il est aisé de prévoir que la calomnie pourra répandre, soit en me traitant d'hérétique mort dans son erreur, soit en supposant que c'est me faire grâce que de croire pieusement que je me serai reconnu avant que de mourir.*

Le fameux abbé de la Trappe, écrivant sur cette mort à M. l'abbé Nicaise, se servit de ces termes remarquables : *Enfin voilà M. Arnauld mort : après avoir poussé sa carrière aussi loin qu'il a pu, il a fallu qu'elle se soit terminée. Quoi qu'on en dise, voilà bien des questions finies.* Son érudition et son autorité étaient d'un grand poids dans le parti : *heureux qui n'en a point d'autre que celui de Jésus-Christ, et qui mettant à part tout ce qui pourrait l'en séparer ou l'en distraire, même pour un moment, s'y attache avec tant de fermeté, que rien ne soit capable de l'en déprendre.*

Nous avons assez parlé d'Arnauld dans d'autres articles, surtout dans celui de l'*Apologie de Jansénius* et celui de la *Fréquente Communion*. Mais pour répondre aux épitaphes et aux éloges en vers qu'on lit à la fin de l'*Histoire abrégée*, nous allons donner ici un portrait fidèle de ce docteur, si tant est qu'on puisse encore l'appeler docteur, après qu'il a été chassé de la faculté et de la Sorbonne à cause de ses erreurs et de ses hérésies.

Hic jacet
Antonius Arnaldus :
Vir indole præfervidus, præceps ingenio,
Moribus anceps, ut doctrina :
Novæ in Galliis autor sectæ, vel fautor,
Augustini discipulus, Batavi, non Afri;
Jansenianus fama, re Calvinianus,
Molinæ hostis, æmulus Molinæi, præcursor
[*Molinosi.*

Gratiæ Christi ostentator
Ut irritam redderet Christi mortem.
Evangelium vertit, ut perverteret :
Ecclesiam dum reformare vult, pene defor
[*mavit :*
Bicipitem fecit, ut faceret acephalam.
Pontifices quosdam laudavit magnifice ,
Ut aliis liberius malediceret.

Scripsit, vel exscripsit multa, de suo ferme
[*nihil,*
Præter unam, illæsa charitate, conviciandi
[*artem.*
Methodo geometrica demonstratam;
Magnus conviciandi Magister,
Major calumniandi.

Tam veritatis contemptor, quam affectator
[*severitatis.*
Censor novus!
Mollem vitæ cultum amans in suis; asperum
[*in alienis.*
Sub simplicitatis larva securius fallax;
Modestiæ velo pertinaciam obtegens;
Nullius patiens potestatis, nulli parcens
Nisi quæ rebelli parceret.

Solitarius secessu, arcanis commerciis in
[*aula totus;*
Non minus coronæ inimicus, quam tiaræ,
Lucis metuens, tenebris confusus;
Exul ubique, vel in patria ;
Vitavit fuga carcerem, meritus æternum.

Ita obiit.
Extra Gallicam (1) *Martem Gallicum,*
Intra Ecclesiam, hæresim spirans.

CAUSA *Arnaldina seu Antonius Arnaldus a calumniis vindicatus.* Revertimini ad judicium. Dan, XIII. 1697.

Ce livre, qui est du P. Quesnel lui-même, et qui est une violente apologie de M. Arnauld et de toutes ses erreurs, a été condamné par le pape Innocent XII en 1699.

On y trouve (page 119) la seconde des cinq propositions de Jansenius : *Gratia nunquam eo effectu caret ad quem a Deo ordinatur.*

A la page 104, l'auteur y débite cette proposition blasphématoire et si souvent condamnée : *Je ne refuserai jamais d'avouer que tous les justes peuvent toujours observer les commandements de Dieu, lors même qu'ils manquent de la grâce efficace, de la même manière que les hommes qui ont de bons yeux peuvent voir, lorsqu'ils sont dans les ténèbres, en vertu de la puissance intérieure qu'ils ont de voir.* Voici les termes mêmes de l'auteur : *Nec unquam fateri recusabo omnes justos mandata semper observare posse, quemadmodum homines visu præditi in tenebris videre possunt ob internam videndi potestatem.*

---

(1) Jansenii opus adversus reges Galliæ.

DÉFENSE *des deux brefs d'Innocent XII aux évêques de Flandre.* 1697. Sous le pseudonyme de *l'abbé du Manoir.*

HISTOIRE *du Formulaire qu'on a fait signer en France, et de la paix que le pape Clément IX a rendue à cette Eglise en* 1688. 1698, in-12.

HISTOIRE *abrégée de la paix de l'Eglise.* Mons, P. Marteau, 1698, in-12.

Le grand objet de ces histoires schismatiques est d'imposer au public en lui persuadant que le pape Clément IX avait consenti que les quatre évêques (savoir : d'Alet, de Pamiers, d'Angers et de Beauvais) distinguassent dans leurs mandements le fait d'avec le droit; et à l'égard du fait, qu'ils s'en tinssent au silence respectueux. Mais rien n'est plus faux : et pour s'en convaincre, il ne faut que lire le bref du pape aux évêques médiateurs. Sa Sainteté y paraît entièrement persuadée *de la parfaite et entière obéissance des quatre évêques, et de leur sincérité dans la signature du Formulaire, sans exception et sans restriction.* Voyez ci-après *la Paix de Clément IX*, et l'article ARNAULD (*Henri*).

LA PAIX *de Clément IX, ou démonstration des deux faussetés capitales avancées dans l'Histoire des cinq propositions contre la foi des disciples de saint Augustin et la sincérité des quatre évêques, avec l'histoire de leur accommodement, et plusieurs pièces justificatives et historiques.* Deux vol. in-12. A Chambéry, *chez Jean-Baptiste Giraud*, 1701. C'est-à-dire à Bruxelles.

1° L'ouvrage contre lequel on s'inscrit ici en faux avec tant de hauteur, est *l'Histoire des cinq propositions* de Jansénius, donnée au public par M. Dumas, docteur de Sorbonne et conseiller clerc au parlement de Paris. On a fait plusieurs éditions de son ouvrage, et c'est, de l'aveu de toutes les personnes équitables, une histoire exacte et fidèle de tout ce qui s'est passé et de tout ce qui s'est écrit au sujet de cette importante affaire; histoire qui ne renferme aucun fait contre lequel l'un et l'autre parti puisse justement se récrier; histoire sincère, qui ne dissimule ou n'affaiblit rien de tout ce que les principaux écrivains de l'un et de l'autre ont avancé; qui n'y mêle aucun fait étranger au sujet, rien enfin qui marque de la prévention ou qui a l'air de partialité.

2° Celui qui s'inscrit en faux contre l'histoire de M. Dumas est le P. Quesnel lui-même qui, dans cet écrit comme dans ses autres ouvrages, paie d'injures et d'audace bien plus que de raisons. Il n'est point d'artifice, point de paralogisme et de mensonge qu'il ne mette en œuvre pour s'autoriser par l'école de saint Thomas et pour faire illusion aux ignorants en leur faisant croire que les jansénistes n'ont point d'autres sentiments sur la grâce que ceux des thomistes, quoique le P. Ferrier ait si bien fait sentir les dix-neuf différences essentielles qu'il y a entre les uns et les autres. Jansénius se vantait souvent qu'il saurait bien rendre ses adversaires semi-pélagiens, malgré qu'ils en eussent et en dépit d'eux-mêmes : *Velint, nolint, faciam illos semipelaginnos.* Le P. Quesnel veut de même rendre les thomistes jansénistes malgré eux : *Velint, nolint, faciam illos jansenistas.*

3° A l'occasion de la prétendue paix dont il est ici question (*Voyez* ci-dessus immédiatement), il est bon de rappeler le souvenir d'une fourberie des jansénistes. Ces messieurs se servant (dit M. Dumas) du crédit qu'ils avaient auprès des ministres, leur persuadèrent de faire frapper une médaille sur une paix si glorieuse à Sa Majesté. Ils fournirent le dessin de la médaille, et il fut exécuté.

D'un côté étaient la figure et le nom du roi ; de l'autre on y voyait sur un autel un livre ouvert, et sur le livre les clefs de saint Pierre avec le sceptre et la main de justice du roi passés en sautoir ; au-dessus de tout cela un Saint-Esprit rayonnant, avec ces mots à l'entour : *Gratia et pax a Deo*; et ceux-ci dans l'exergue : *Ob restitutam Ecclesiæ concordiam.*

Le nonce s'en plaignit au roi. Sa Majesté le mena dans la chambre du conseil, où les ministres étaient alors assemblés, et leur demanda en sa présence qui d'entre eux avait fait frapper la médaille. Quand ils eurent vu ce que c'était, ils déclarèrent tous qu'ils n'y avaient point de part, et qu'ils estimaient que c'était une contravention à la parole qu'avaient donnée les jansénistes de ne faire aucun éclat sur cet accommodement. Là-dessus le roi fit donner ordre au sieur Varin de rompre le coin, afin qu'il ne fût plus tiré aucune de ces médailles.

Depuis ce temps, l'Académie des inscriptions, dans ses recueils, a changé cette médaille et y a mis simplement pour légende : *Restituta Ecclesiæ Gallicanæ concordia.* Elle a aussi changé, dans l'édition de 1723, l'explication qu'elle avait donnée du sujet de cette médaille dans l'édition de 1702. C'est de quoi se plaint amèrement le gazetier janséniste dans sa feuille du 7 octobre 1729.

LETTRE *d'un évêque à un évêque, ou consultation sur le fameux cas de conscience*, 1704, in-12 de 130 pages.

Quand le cardinal de Noailles eut condamné, en 1703, la décision du fameux cas de conscience, et que les docteurs qui l'avaient signée se furent presque tous rétractés, le P. Quesnel fit paraître cette lettre. Il y traite des docteurs de *fourbes, de lâches, d'hypocrites, de parjures scandaleux, qui sacrifient leur conscience à des vues humaines.* Il dit que puisqu'ils l'avaient reconnu pour leur chef en signant le cas, il était en droit de les traiter comme des déserteurs. Il soutient (page 36) que *c'est dégrader la raison humaine que de vouloir imposer à un homme éclairé le joug d'une créance aveugle à l'égard d'un autre homme, dont la raison est aussi capable et peut-être plus capable de se tromper que la sienne.*

Tournant ensuite le discours sur le cardinal de Noailles : *Ne nous flattons point*, dit-il. *En matière de raisonnement la mitre et la crosse n'y font rien. Une raison crossée et mitrée est toujours une raison humaine sujette à se tromper, et d'autant plus que la mitre et la crosse nous engagent à tant d'occupations différentes que souvent nous n'avons pas le temps d'étudier.* C'est ainsi que ce novateur veut donner le change aux catholiques. Est-il donc ici question si un évêque, si dix ou vingt peuvent se tromper ? Tout le monde ne convient-il pas qu'ils le peuvent ? Il s'agit de savoir si tout le corps épiscopal uni à son chef, qui est le pape, peut se tromper en prononçant sur un fait dogmatique. C'est là ce que nient tous les catholiques, et ce qu'on ne peut avancer sans renverser tous les fondements de la religion.

PRIÈRES *chrétiennes en forme de méditations sur tous les mystères de Notre-Seigneur, de la sainte Vierge, et sur les dimanches et les fêtes de l'année.* Paris, 1695,

Les partisans de Quesnel ont fait faire grand nombre d'éditions de ce livre. Dans les prières sur la fête de saint Bernard, il insinue l'hérésie de la décadence et de la vieillesse de l'Eglise, et il fait un magnifique éloge des religieuses de Port-Royal, ouvertement révoltées contre les deux puissances. Cet ouvrage se reconnaîtra aisément à cette façon singulière de commencer : *Il est donc vrai, ô mon Dieu,* etc.

JÉSUS-CHRIST *pénitent, ou Exercice de piété pour le temps du carême et pour une retraite de dix jours, avec des réflexions sur les sept psaumes de la pénitence, sur la Journée chrétienne,* etc. Paris, 1697.

JOUR ÉVANGÉLIQUE, *ou trois cent soixante-six vérités, tirées de la morale du Nouveau Testament,* etc., *pour servir de sujet de méditation chaque jour de l'année; recueillies par un abbé régulier de l'ordre de Saint-Augustin, pour l'usage de ses religieux.* Liège, 1699.

Dès la troisième page on trouve cette proposition condamnée dans Quesnel : *Il n'y a de bonnes œuvres que celles que l'homme rapporte à Dieu par la charité.*

A la page 316, on lit cette proposition fausse et injurieuse à l'Eglise, que les fidèles doivent lire l'Ecriture sainte *tout entière et dans toutes ses parties.*

Ce livre fut défendu par Mgr l'évêque de Marseille, en 1714, sous peine d'excommunication encourue *ipso facto.*

CONDUITE *chrétienne touchant la confession et la communion.* Paris, Josset.

Les approbations, datées de 1675, ont été

données par de bons jansénistes, Mgr de Buzanval, évêque de Beauvais, les docteurs Merlin, Blampignon et Groyn. Nous connaissons l'édition de 1720, qui est la huitième.

ELÉVATIONS à *Jésus-Christ sur sa passion et sur sa mort.* 1688

IDÉE *du sacerdoce et du sacrifice de Jésus-Christ, avec quelques éclaircissements et une explication des prières de la messe.* Paris, 1688.

ANALYSE *des Proverbes et de l'Ecclésiaste.* 1691.

LE BONHEUR *de la mort chrétienne. Retraite de huit jours.* A Paris, 1693, in-12.

Les évangiles et les épîtres qui s'y trouvent pour chaque jour de la retraite sont toutes de la traduction de Mons.

EXERCICES *de piété pour le renouvellement annuel des trois consécrations du baptême, de la profession religieuse et du sacerdoce.* Paris, 1694.

On reconnaît ici les maximes de l'abbé de Saint-Cyran, que personne n'a peut-être plus fidèlement suivies que Quesnel.

LA FOI *et l'innocence du clergé de Hollande défendues contre un libelle diffamatoire intitulé :* Mémoire touchant le progrès du jansénisme en Hollande. Delft, Henri Van-Rhin, 1700.

Publié sous le nom de *M. Dubois, prêtre à Delft.* Quesnel l'a reconnu lui-même pour sien dans l'*Anatomie de la sentence* portée contre lui (page 109).

Il y soutient de toutes ses forces, page 26, que *le jansénisme est un fantôme. Je le dis encore une fois,* s'écrie-t-il, *le jansénisme consiste dans l'erreur des cinq propositions. Et comme il n'y a personne dans l'Église qui les soutienne, la secte du jansénisme est une chimère; un janséniste est un fantôme que l'on dit qui apparaît partout, et que personne n'a encore rencontré.*

Dans les pages 109 et 110, il débite sans détour ces erreurs condamnées : *La doctrine qui enseigne que Dieu veut sauver tous les hommes, a été la doctrine de tous les hérétiques... Tous les hommes n'ont pas la grâce nécessaire pour leur salut.*

LETTRE *au P. de la Chaise, confesseur du roi*, in-12, 60 pages.

Ce sont ici les plus sanglants reproches, les plaintes les plus vives et les plus amères que l'on fait au confesseur du roi. Le P. Quesnel lui impute tous les prétendus mauvais traitements qu'ont soufferts ses amis. On ne manque pas d'y faire à l'ordinaire un magnifique éloge de ce que les novateurs appellent dans leur langage *les martyrs de la vérité.*

LETTRE *à M. Van Fusteren, vicaire général de M. l'archevêque de Malines, du 5 décembre 1703,* in-12, 53 pages.

Le P. Quesnel se félicite d'abord lui-même sur son évasion des prisons de Bruxelles. Il redemande ensuite ses papiers à M. Van Fusteren. Il exige de lui une réparation d'honneur, et dans tout le cours de la lettre, il lui parle avec la hardiesse et l'insolence d'un criminel nouvellement échappé des mains de la justice, et tout fier de sa liberté et de l'indépendance qu'il s'est procurée.

LETTRE *au roi.* Liége, 1704.

Les émissaires du P. Quesnel répandirent cette lettre avec profusion dans Paris. Ce novateur y assure Sa Majesté de son innocence et de celle du sieur Willart. Mais cette protestation fut fort inutile à tous les deux. Louis XIV connaissait le génie et le style des hérétiques, et ne se laissa point tromper par l'hypocrisie. Les honnêtes gens n'en furent pas non plus fort touchés. On ne put se persuader qu'il fût permis à un prêtre de sortir de l'Église par le schisme et l'hérésie ; de se soustraire à l'obéissance du roi par la rébellion ; de recevoir et d'écrire des lettres injurieuses aux deux couronnes, de France et d'Espagne ; de soulever les fidèles contre le souverain pontife ; de déchirer la réputation d'un grand archevêque (de Malines) qui en l'emprisonnant n'avait fait qu'exécuter les ordres des deux rois, et de calomnier enfin avec une fureur inconcevable tous ceux qu'il croyait fortement attachés à l'Église.

MOTIF *de droit du révérend Père Quesnel, divisé en deux parties,* etc. 1704, in-12, 293 pages.

ANATOMIE *de la sentence de M. l'archevêque de Malines contre le P. Quesnel, où l'on découvre les injustices et les nullités fondées sur les calomnies et les artifices de son fiscal, et sur les défauts essentiels de la procédure.* 1705, 264 pages, in-12, sans nom de ville ni d'auteur.

Le Père Quesnel ayant été arrêté dans les Pays-Bas, son procès lui fut fait dans toutes les formes, et une sentence fut portée contre lui à Bruxelles, le 10 novembre 1704, par M. l'archevêque de Malines, Humbert-Guillaume de Précipiano.

C'est contre cette sentence qu'il s'élève dans le libelle dont nous parlons. Il emploie toute la force de son esprit et toute son érudition pour défendre et pour justifier ses erreurs et ses excès. Il reconnaît lui-même dans cette audacieuse apologie que les principaux chefs, dont on prétendait l'avoir convaincu, étaient, 1° d'avoir fait entrer partout dans ses écrits les hérésies enseignées par Jansénius et proscrites par l'Église ; 2° d'avoir refusé de souscrire simplement la formule doctrinale prescrite dans l'assemblée générale de l'Oratoire de France, quoiqu'il en fût sollicité et pressé avec instance par ses supérieurs ; refus dont la raison principale était que cette formule contenait la condamnation de Jansénius et de Baïus ; 3° de s'être enfui de France en 1685, et du lieu de sa retraite (qui fut d'abord les Pays-Bas, ensuite la Hollande) d'avoir rempli le monde de ses livres hérétiques ; 4° d'avoir écrit d'une manière indigne contre les papes, les évêques, les rois et leurs ministres, et de les avoir outragés sans pudeur ; 5° d'avoir soutenu opiniâtrément que le jansénisme n'était qu'un fantôme ; 6° d'avoir fait des notes fort injurieuses contre le décret de la sacrée congrégation du 22 juin 1676, par lequel ses dissertations sur les œuvres de saint Léon sont prohibées ; 7° d'avoir approuvé, loué et répandu les écrits du P. Gerberon, condamnés par le saint-siége ; 8° d'avoir écrit que le temps de rendre justice à Jansénius, et de réparer le tort qu'on lui a fait, n'était pas encore arrivé ; 9° d'avoir soutenu que plusieurs des propositions condamnées dans Baïus renferment la vraie doctrine de saint Augustin ; 10° d'avoir mis l'immaculée conception de la Mère de Dieu au rang des opinions contraires à la vérité, d'où l'on peut tirer de pernicieuses conséquences ; 11° d'avoir soutenu assez ouvertement l'opinion condamnée des deux chefs de l'Eglise ; 12° de s'être fait, de sa propre autorité, un oratoire domestique, et d'y avoir dit la messe quand il lui a plu ; 13° d'avoir excité d'une manière séditieuse le clergé de Hollande contre un décret de Clément XI, par un écrit insolent, etc.

Idée *générale du libelle publié en latin sous ce titre:* Causa Quesnelliana, sive Motivum juris pro procuratore curiæ ecclesiasticæ Mechliniensis, actore contra Patrem Paschas um Quesnel, Oratorii Berulliani in Gallia presbyterum, citatum fugitivum, 1696, *où sont exposés les artifices et les calomnies de ce libelle, et les nullités de la sentence de M. l'archevêque de Malines. Avec un Mémoire sur une ordonnance de M. l'évêque d'Apt, insérée dans le motif,* etc., 1705, in-12 de 138 pages. Le Mémoire en a 50.

Cet insolent libelle est une suite de celui qui est intitulé : *Anatomie de la sentence de M. l'archevêque de Malines,* etc. Dans l'un et dans l'autre on voit paraître cet emportement et cette hauteur, qui font le caractère particulier de ce presbytérien.

Dans la *Préface,* qu'il appelle *nécessaire,* il fait, page x, l'histoire de son évasion, et ce criminel échappé des mains de la justice a le front de s'appliquer, pages xii, xiii et xiv, ce que saint Athanase, dans l'Apologie qu'il a faite de sa fuite, répondait aux ariens qui la lui reprochaient.

Le corps de l'ouvrage est une *Lettre à un de ses amis.* Après avoir consacré à l'hypocrisie les pages 2, 3 et 4, il se manifeste dans la cinquième, et il avance, en parlant de la sentence de M. l'archevêque de Malines et du livre qui en explique les motifs, *que s'il y a des monstres entre les livres, comme il y en a entre les animaux, on peut dire que celui-ci en est un des plus extraordinaires qui aient paru dans le monde.*

Le reste de l'écrit est de la même violence, et contre le prélat qui a porté la sentence, et contre ses officiers, et contre les jésuites, auxquels, selon la coutume de la secte, il attribue tout ce qui s'est fait contre lui.

Désaveu *d'un libelle calomnieux attribué au P. Quesnel dans la dernière instruction pastorale de M. l'archevêque, duc de Cambrai,* 1709, in-12, 76 pages.

Il avait paru un libelle intitulé : *L'ancienne hérésie des jésuites, renouvelée dans un mandement publié sous le nom de M. l'évêque d'Arras, du 30 décembre 1697, dénoncée à tous les évêques de France.* Ce libelle était incontestablement une production de la secte janséniste, où les jésuites et M. d'Arras étaient extrêmement maltraités. M. l'archevêque de Cambrai, dans son *Instruction pastorale* sur le silence respectueux, cita ce libelle comme étant du P. Quesnel ; et c'est là ce qui a donné occasion au *Désaveu* dont nous parlons.

Le P. Quesnel désavoue donc cet écrit et assure qu'il n'en est pas l'auteur ; s'il s'en était tenu là il n'y aurait rien à dire : mais l'impudence est de vouloir faire passer ce même libelle pour l'ouvrage d'un jésuite qui a fait le janséniste, et qui a attaqué lui-même les jésuites, afin d'avoir le plaisir d'attaquer en même temps M. d'Arras. Cette prétention est si extravagante qu'elle ne peut que déshonorer celui qui s'en sert pour sa justification. D'ailleurs tout ce libelle ne tend qu'à autoriser le silence respectueux.

Réponse *aux deux lettres de M. l'archevêque de Cambrai.* 1711, in-12 de 140 pages.

Le P. Quesnel est toujours le P. Quesnel. Tous ses écrits, et celui-ci en particulier portent sur le front l'empreinte de l'erreur et de l'insolence.

Abrégé *de la Morale de l'Evangile, ou Pensées chrétiennes sur le texte des quatre évangélistes, pour en rendre la lecture et la méditation plus faciles à ceux qui commencent à s'y appliquer ; imprimé par ordre de M. l'évêque de Châlons,* Lyon, Baritel, 1686, et puis à Paris et ailleurs.

C'est ici l'avant-coureur, l'annonce ou l'ébauche des quatre volumes in-8° que le P. Quesnel a publiés ; ce n'était d'abord qu'un volume in-12, qui fut bientôt suivi de deux autres, sur tout le reste du Nouveau Testament.

1° Cet ouvrage est semé d'un bout à l'autre du plus pur jansénisme. En voici quelques échantillons, vers. 11 du 2e chap. de saint Marc. *Quand Dieu veut sauver l'âme, en tout temps, en tout lieu, l'indubitable effet suit le vouloir d'un Dieu.* Ce qui renferme en deux lignes ces deux hérésies à la fois : 1° Que la grâce est irrésistible ; 2° que Dieu ne veut sauver que les seuls élus, v. 19 du 12e chap. de saint Marc. *Moïse et les prophètes sont morts sans donner des enfants à Dieu, n'ayant fait que des enfants de crainte,* vers. 36 du 25e chap. de saint Matthieu. *Dieu ne récompense que la charité, parce que la charité seule honore Dieu,* etc.

2° Quoique ce premier ouvrage de Quesnel n'ait pas fait tant de bruit, il a été néanmoins condamné par la constitution *Unigenitus*, avec les mêmes qualifications et avec la même solennité que le second, qui a pour titre : *Le Nouveau Testament en français, avec des Réflexions morales sur chaque verset*.

3° Les jansénistes ont voulu persuader au public que M. Félix de Vialard, évêque de Châlons, avait approuvé *les Réflexions morales*. C'est de leur part une imposture qui se trouve confondue par la déposition de Jacques Seneuze, imprimeur de M. de Vialard, laquelle fut mise entre les mains de M. Grossard, avocat du roi à Châlons, et qui est conçue en ces termes : « La première impression du Nouveau Testament du P. Quesnel a été en 1671, chez Pralard, avec le privilége de Jacques Seneuze, imprimeur de M. de Vialard, évêque de Châlons, et le mandement de mondit seigneur de Vialard, du mois de novembre de ladite année 1671. Mais il est à observer que pour lors le P. Quesnel n'avait travaillé que sur les quatre évangélistes, et même n'avait fait que des Réflexions courtes sur chaque verset, et que mondit seigneur de Vialard y avait fait beaucoup de corrections, que l'on appelle des cartons en termes d'imprimerie. Et huit ans après il a paru un nouvel ouvrage dudit P. Quesnel, savoir : *des Réflexions sur les Actes des apôtres, les Epîtres* et le reste du Nouveau Testament; lesquelles Réflexions étaient fort courtes, et par versets, comme celles qui avaient paru d'abord sur les évangélistes. Mais M. Vialard n'a jamais eu aucune connaissance de cette suite du Nouveau Testament, et bien moins des nouvelles impressions qui ont été faites depuis ce temps-là, et même augmentées de plus d'un tiers depuis son décès, quoique l'imprimeur y ait toujours mis le mandement de M. de Vialard, et les ait fait passer comme imprimées par ordre dudit seigneur évêque. »

Le Dictionnaire de Moréri de 1718 a donc grand tort de dire que l'an 1695, le cardinal de Noailles *ayant trouvé que ce livre avait été recommandé par son prédécesseur, en recommanda la lecture*. C'est confondre étrangement les objets. Le livre que recommandait M. le cardinal était les *Réflexions morales* dans toute leur étendue, lesquelles avaient paru en 1694, en 4 tomes in-8°. Au contraire le livre qu'avait recommandé M. de Vialard n'était qu'un très-petit in-12, contenant de très-courtes réflexions sur les quatre Evangiles. Mais sur cette mat ère le Moréri est rempli de faussetés. Il paraît qu'il n'a été fabriqué que par un écrivain suspect, livré au jansénisme et gagé pour en louer les partisans, et pour en adopter les mensonges. C'est bien pis encore dans le Supplément de l'abbé Goujet.

SOLUTION *de divers problèmes très-importants pour la paix de l'Eglise*, etc. Cologne, 1699, in-12 de 141 pages.

Le P. Quesnel renouvelle ici toutes les erreurs que l'Eglise a si souvent proscrites dans les temps qui ont précédé la date de son livre, et en particulier la doctrine censurée par M. le cardinal de Noailles dans l'*Exposition de la foi*, etc.; c'est à cela qu'il emploie les quatre derniers problèmes. Le premier n'est que pour affirmer (non-seulement sans aucune preuve, mais contre toute vraisemblance) que les jésuites sont les auteurs du *Problème ecclésiastique*, fameux libelle dont il a été parlé dans la notice biographique et dans les articles de BARCOS et de NOAILLES.

LE NOUVEAU TESTAMENT *en français, avec des* RÉFLEXIONS MORALES *sur chaque verset*. Paris, Pralard, 1693.

Le P. Quesnel, dans ce fameux ouvrage, a réuni, avec adresse et malignité, tous les dogmes du jansénisme, non-seulement tous les dogmes de spéculation, mais encore les dogmes de pratique.

Car il ne faut pas s'imaginer que le jansénisme ne soit qu'une doctrine erronée sur les matières abstraites de la grâce, sans influer en rien sur les mœurs ; jamais, au contraire, hérésie n'y eut un rapport plus essentiel, plus immédiat et plus universel que celle-là. Le jansénisme ne donne pas seulement atteinte à la foi, en détruisant un article spéculatif de notre créance, il sape le fondement de toute la morale, tant chrétienne que naturelle, en détruisant le libre arbitre; par là il anéantit toutes les lois et toutes les vertus, et il devient, pour ainsi dire, l'absolution générale donnée à tous les crimes et à tous les vices, et c'est là ce qui a rendu si pernicieux le livre des Réflexions morales.

Le jansénisme détruit le libre arbitre par ce dogme capital qui lui sert de base : que l'homme a pour principe de toutes ses actions un double instinct de plaisir, l'un pour le bien, l'autre pour le mal, lesquels le dominent tour à tour, sans qu'il soit jamais en son pouvoir, ni d'en éviter le sentiment, ni de s'empêcher d'y consentir, lorsqu'il en est prévenu.

C'est principalement ce dogme de Calvin, adopté par Jansénius, qui a fait appeler le calvinisme à juste titre, *le renversement de la morale*: et c'est par là que l'une et l'autre hérésie est la source de tout ce qu'il y a de plus abominable dans le quiétisme sensuel.

Par ce principe, le jansénisme fait de notre Dieu un maître également insensé et cruel; insensé jusqu'à nous demander des choses qu'il sait bien nous être impossibles, qu'il ne veut pas nous rendre possibles, et par conséquent qu'il ne peut pas réellement vouloir que nous fassions. Cruel jusqu'à punir par une éternité de supplices des actions que l'ennemi le plus outré et le plus barbare aurait honte de punir même d'un reproche.

Par là, le jansénisme nous apprend à regarder Dieu comme un trompeur, parce qu'au lieu de dire, comme il fait, qu'il a envoyé son Fils pour racheter les hommes, il devait dire, parlant même des fidèles, qu'il l'a envoyé pour les condamner ou pour aggraver leur damnation; de sorte que s'il doit porter l'un de ces deux titres, de sauveur ou d'ennemi du genre humain, c'est le dernier qui lui conviendrait bien plus justement que le premier.

Par ce même principe, la doctrine du jansénisme est l'extinction de toutes les vertus théologiques et morales, de l'espérance et de la charité, de l'humilité, de la contrition, des vœux, de la prière, de l'obéissance à l'égard des supérieurs, soit temporels, soit spirituels, etc.; de l'espérance chrétienne, parce qu'elle ne peut être fondée en chacun de nous que sur la persuasion certaine qu'il a que Jésus-Christ a voulu le sauver, qu'il lui a rendu le salut possible, persuasion que nul janséniste ne saurait avoir sans folie; de la charité, parce que, comme il ne peut y avoir d'espérance sans la foi, il ne peut non plus y avoir de charité sans espérance. Comment aimer Dieu ou Jésus-Christ si je doute que j'en sois aimé, qu'il m'ait voulu mettre en état de me sauver, qu'il m'ait voulu tirer de la nécessité d'être damné éternellement? Sans cela, tout le bien qu'il pourrait m'avoir fait pour le temps serait moins un effet de son amour que de sa haine pour moi, puisqu'il saurait bien lui-même que tous ses dons ne pourraient servir qu'à me rendre plus malheureux pour toute l'éternité.

Enfin, le jansénisme est un système théologique, suivant lequel il est vrai de dire avec Calvin, que l'homme ne fait aucune bonne œuvre sans un péché; que toute tentation nous rend coupables devant Dieu; qu'il y a plus de péché à la combattre qu'à s'y laisser aller sans résistance; que Jésus-Christ nous commande ou nous conseille des actes qui sont essentiellement par eux-mêmes de véritables péchés, etc.

Ces paradoxes et beaucoup d'autres non moins horribles qui en dépendent deviennent autant de vérités incontestables, dès qu'on pose pour principe le dogme qui sert de fondement à la théologie jansénienne, et qui est le plus souvent et le plus fortement inculqué dans les Réflexions du P. Quesnel.

Ce dogme est que la grâce actuelle de Jésus-Christ, sans laquelle il est de foi qu'on ne peut rien faire de bon par rapport au salut éternel, est une grâce d'action qui nous fait faire le bien qu'elle met en notre pouvoir; que c'est une opération toute-puissante de la volonté de Dieu, par laquelle il fait en nous infailliblement tout ce qu'il veut que nous fassions; opération qui se rend toujours maîtresse de notre cœur, et qui est inséparable du consentement de notre volonté; que c'est une inspiration de l'amour divin, une délectation céleste et toujours victorieuse, que le Saint-Esprit répand dans nos cœurs, etc.

Cette idée de la grâce prise en général exclut toute grâce non efficace, et c'est ce dogme capital du jansénisme qui se trouve exprimé en plusieurs manières différentes par les vingt-cinq premières propositions marquées dans la bulle, sans parler de beaucoup d'autres qui n'y sont pas rapportées.

Non content d'avoir répandu ce principe dans tout son ouvrage, le P. Quesnel avance les propositions qui en sont les conséquences naturelles et nécessaires.

1° De ce que la grâce de Jésus-Christ est une opération toute-puissante de la volonté de Dieu à laquelle on ne résiste jamais, il s'ensuit que tous ceux qu'il veut sauver sont infailliblement sauvés. Et c'est l'assertion expresse du P. Quesnel dans les propositions 30, 31, 33.

2° De ce que la grâce de Jésus-Christ est une opération de Dieu toute-puissante à laquelle rien ne peut résister, il s'ensuit que notre libre arbitre n'a pas plus de part aux bonnes actions que nous faisons sous la grâce, que n'en a eu l'humanité de Jésus-Christ à l'opération par laquelle Dieu l'a unie au Verbe; pas plus que le corps du Sauveur n'a eu de part à l'opération par laquelle le Verbe le réunit à son âme en le ressuscitant; pas plus que les morts ressuscités ou les malades guéris par le Fils de Dieu ne coopéraient à leur guérison ou à leur résurrection; que notre consentement à la grâce, et ce que nous appelons nos mérites, ne sont que des dons de la pure libéralité de Dieu; que c'est lui seul qui fait en nous tout le bien; qu'il n'y a pas plus du nôtre dans les bonnes actions, que dans le mouvement indélibéré de la grâce qui nous prévient; que nous n'avons droit à la gloire du ciel que par une pure miséricorde de Dieu, c'est-à-dire, qu'à l'égard des adultes, non plus qu'à l'égard des enfants qui meurent avec la seule grâce du baptême, la gloire du ciel n'est point une couronne de justice, ni une récompense qui soit due aux mérites, mais un don de la pure libéralité de Dieu.

Toutes ces conséquences, qui sont autant d'hérésies de Calvin, le P. Quesnel ne nous laisse point la peine de les tirer de son principe : il les a tirées lui-même, ainsi qu'on le voit dans les propositions 21, 22, 23, 69.

3° De ce que la grâce, sans laquelle on ne peut rien pour le salut, est une inspiration d'amour et une délectation, il s'ensuit :

En premier lieu, que la crainte des peines de l'enfer, si elle est seule sans un acte de charité, n'est point un acte de vertu, ni un mouvement du Saint-Esprit, quoi qu'en ait pu dire le concile de Trente, puisque cette crainte n'est pas accompagnée de délectation, que ce n'est pas un amour, et qu'elle ne procède pas d'un mouvement d'amour.

Il s'ensuit en deuxième lieu qu'une telle crainte ne peut pas seule exclure toute volonté de pécher, comme l'a supposé le saint concile, puisqu'il n'y a que la grâce, qu'un mouvement du Saint-Esprit, qui puisse avoir cet effet, et que, selon le P. Quesnel, la crainte n'est qu'un mouvement de la cupidité.

Il s'ensuit en troisième lieu que la douleur et le repentir qui n'est fondé que sur cette crainte est une douleur et un repentir simulé, qui fait du pénitent un vrai hypocrite, puisqu'il veut paraître pénitent aux yeux de son confesseur, et ne l'est pas effectivement, relenant toujours dans son cœur la volonté actuelle de pécher.

Il s'ensuit en quatrième lieu que cette pénitence hypocrite rend l'homme encore plus pécheur qu'il n'était déjà, puisqu'à ses autres péchés il ajoute l'hypocrisie et un mouvement de la cupidité.

Ces propositions qui sont autant de dogmes positivement condamnés par le concile de Trente dans Luther, le P. Quesnel nous a encore épargné le soin de les tirer de son principe touchant la nature de la grâce. Il les a expressément avancées lui-même, comme l'on voit, dans les propositions 60, 61, 62, 63, 64, 65, 66, 67.

4° Comme il est de foi que la grâce de Jésus-Christ est nécessaire pour tout bien qui regarde le salut, dès-là qu'il n'y a point d'autre grâce d'action, il est vrai en toute rigueur que sans cette grâce qui fait agir on ne peut ni prier, ni vouloir aucun bien, ni faire comme il faut; c'est-à-dire que tous ceux qui ne sont point entrés dans les voies de la justice, ou qui n'ont point persévéré, étaient dans l'impuissance de le faire, faute de grâce, et c'est aussi ce qu'établit le P. Quesnel conséquemment à son principe, avançant cette maxime, que sans la grâce efficace *on ne peut rien*, proposition 2.

Il n'y a personne qui ne voie que c'est dire positivement de tous les infidèles qui ne sont point entrés dans la voie du salut, de tous les chrétiens pécheurs qui n'y sont point rentrés, et de tous les justes qui n'y persévèrent point, qu'ils n'ont eu nulle grâce de Jésus-Christ pour le faire, puisqu'ils ne l'ont pas fait effectivement; que Dieu les a tous laissés dans l'impuissance, les uns de se convertir, les autres de persévérer, tous dans la nécessité de se perdre; enfin que nul réprouvé, même d'entre les chrétiens, n'a pu éviter la damnation éternelle.

A de si affreux paradoxes, les catholiques ont toujours opposé cet axiome de saint Augustin, qui est celui de la lumière naturelle et du bon sens, *peccati reum teneri quemquam, quia non fecit quod facere non potuit, summæ iniquitatis est et in aniæ*.

Pour éluder cette objection, les novateurs ont conspiré tous à soutenir au contraire que l'impuissance de faire ce qui est défendu n'empêche point que la transgression du précepte ne soit une offense de Dieu qui mérite l'enfer, et c'est ce qu'ils s'efforcent de justifier par l'exemple des infidèles et des Juifs, qui sont, disent-ils, dans l'impuissance d'éviter le mal, et qui ne sont pas excusables pour cela.

C'est ce que le P. Quesnel établit ouvertement à l'égard des Juifs dans les propositions 6, 7 et 8 de la bulle, et dans plusieurs autres qui y sont omises; et à l'égard des infidèles, par les propositions 26, 27, 29, 40, 41, 42. Ils pèchent, selon lui, lorsqu'ils n'observent pas la loi; et ils pèchent encore en l'observant, parce qu'ils ne le font que par un motif de crainte, et sans rapporter leurs actions

Dieu comme à leur dernière fin, par un acte d'amour. Les voilà donc dans la nécessité de pécher, quoi qu'ils fassent : toutes leurs actions sont autant de péchés; erreur condamnée par le concile de Trente.

On comprend aisément que toutes ces propositions, clairement énoncées par le P. Quesnel, et renfermées toutes dans son grand principe, ne peuvent conduire ceux qui en sont prévenus, qu'à la présomption ou au désespoir de leur salut; présomption et désespoir qui conduisent également et immanquablement au libertinage. Jamais ces maximes ne furent imaginées que pour l'excuser; et jamais elles n'ont eu d'autre effet que d'étouffer toutes sortes de remords. Personne n'a tant d'intérêt à les faire valoir qu'en ont les libertins, ou ceux qui veulent le devenir. C'est leur apologie et, comme disait un célèbre écrivain, c'est la *rhétorique des réprouvés*. Que ne se permettra pas un homme qui croira avec le P. Quesnel, dans sa proposition 68, que *Dieu a abrégé la voie du salut, en renfermant tout dans la foi et dans la prière*, et dans la proposition 71, *que l'homme peut se dispenser pour sa conservation, d'une loi que Dieu a faite pour son utilité*? Affranchi par ces deux maximes, de toutes les lois, de la nécessité des bonnes œuvres et de l'usage des sacrements, ne donnera-t-il pas carrière à ses sens et à ses passions?

Il ne faut pas s'étonner si l'on découvre de temps en temps des personnes qui paraissent les plus éloignées de mettre en pratique cette doctrine, et qui cependant ne laissent pas, sous un extérieur très-réformé, de commettre sans remords les plus grandes abominations. C'était agir conséquemment et régler leur conduite sur leur créance. Si tous n'en font pas autant, il faut que ce soit, ou parce qu'ils ne croient pas dans le cœur ce que quelque intérêt les oblige à soutenir devant le monde, ou parce qu'ils n'en comprennent pas les conséquences. C'est qu'ils sont meilleurs que leur religion. Un catholique qui croit comme l'Église n'est jamais aussi homme de bien que sa foi le demanderait; et quand il n'observe pas la loi, il devient une espèce de monstre dans la morale. Un janséniste, au contraire, qui allie avec la doctrine de son parti la vie d'un homme de bien, est une autre espèce de prodige, puisqu'il joint deux choses qui paraissent incompatibles.

Pour revenir au livre du P. Quesnel, nous ne dirons ici que deux mots : 1° de l'affectation de cet auteur à peindre les partisans de Jansénius comme des martyrs de la vérité persécutée par toutes les puissances ecclésiastiques et temporelles; car c'est à ce but que tendent d'une manière sensible et palpable toutes les allusions si bien marquées dans son ouvrage; 2° du plaisir qu'il trouve, comme tous les novateurs, à représenter l'Église dans un état de vieillesse, de caducité et de ruine; 3° du soin qu'il prend d'attribuer la juridiction ecclésiastique et le pouvoir des clefs aux laïques et au peuple; 4° Du zèle qu'il a pour faire lire indifféremment à toutes sortes de personnes les saintes Écritures en langue vulgaire. Toutes erreurs répandues dans les livres de Wiclef, de Jean Hus, de Baïus, de Saint-Cyran, de Marc-Antoine, de Dominis et de Richer; et que Quesnel a visiblement, mais adroitement semées dans ses Réflexions.

Après avoir ainsi examiné le fond de ce dangereux ouvrage, il ne reste plus qu'à parler du sort qu'il a eu, et de la personne de son auteur.

Les Réflexions morales ont été condamnées par un décret de Clément XI, du 13 juillet 1708,

Par M. l'évêque de Gap, le 4 mars 1711, etc.

Supprimées par un arrêt du conseil du 11 novembre 1711.

Proscrites par M. le cardinal de Noailles le 28 septembre 1713, après avoir révoqué son approbation (1).

Enfin elles ont été solennellement condamnées par la constitution *Unigenitus*, publiée à Rome le 8 septembre 1713, sur les instances de Louis XIV, acceptée le 25 janvier 1714 par les évêques assemblés à Paris; enregistrée en Sorbonne le 5 mars; reçue dans tout l'univers catholique par le corps épiscopal; publiée par les lettres patentes du roi; enregistrée en parlement et devenue ainsi loi de l'Église et de l'État.

Trois conciles (de Latran, d'Avignon et d'Embrun) ont anathématisé le livre de Quesnel, et ont applaudi à sa condamnation; et c'est actuellement le cinquième pape qui appuie de son autorité le saint décret, et qui flétrit ceux qui n'y sont pas soumis, en les déclarant exclus de la grâce du jubilé, comme il a déjà fait en 1745, et comme il vient de faire par son bref au roi.

De sorte que l'opposition des novateurs à la constitution n'a produit autre chose que de rendre l'acceptation de ce décret la plus authentique et la plus solennelle qu'il y ait jamais eu dans l'Église de Jésus-Christ.

Pour ce qui est du P. Pasquier Quesnel, prêtre de l'Oratoire, et auteur de cet ouvrage, il fut arrêté à Bruxelles le 30 mai 1703; il s'échappa de sa prison le 12 septembre de la même année, et en 1704, à Amsterdam, où il est mort, après une maladie de huit ou dix jours, le 2 décembre 1719, âgé de 85 ans, étant né à Paris le 14 juillet 1634.

ENTRETIENS *sur le décret de Rome contre le Nouveau Testament de Châlons*, 1709; in-12 de 296 pages, sans les pièces justificatives et la table.

C'est contre le bref de Clément XI, du 13 juillet 1708, condamnant les *Réflexions morales*, et précédé de tant d'autres condamnations émanées de l'épiscopat, que sont composés les *Entretiens* dont il s'agit. Le P. Quesnel ne rougit pas d'y avancer que la cour de Rome est le théâtre des passions, et que le bref du pape était l'effet de l'intrigue. *On ne peut, dit-il, regarder une telle conduite que comme un attentat scandaleux, qui blesse l'épiscopat dans le cœur.... un ouvrage de ténèbres et l'entreprise d'une horrible cabale.*

Après tout ce que nous avons dit à ce sujet, pourra-t-on entendre sans indignation un grand nombre de quesnellistes qui ont le front d'assurer que le livre des *Réflexions morales* a été longtemps sans essuyer aucune contradiction?

EXPLICATION *apologétique des sentiments du P. Quesnel dans ses Réflexions sur le Nouveau Testament, par rapport à l'ordonnance de messieurs les évêques de Luçon et de la Rochelle, du 15 juillet 1710.* 1712, in-12, deux parties : la première, de 191 pages; la seconde, de 304 pages.

On a vu de quelle manière le livre du P. Quesnel a été approuvé par M. Vialard. Quesnel raconte ici la chose tout autrement. Il veut rendre une infinité de personnes complices, pour ainsi dire, de ses *Réflexions morales*, et approbateurs d'un si mauvais livre. Il ne faut pas en être surpris, les hérétiques ne sont pas moins habiles à altérer les faits, et à inventer des fables, qu'à corrompre la doctrine et à publier des erreurs. Quesnel a le front de dire (pages 35, 36, 37, 38 et 39) que les jésuites, le P. de la Chaise, par exemple, le P. Bourdaloue, etc., ont longtemps loué son ouvrage, et qu'ils en ont autorisé la lecture. Ensuite, par une supercherie digne d'une si méchante cause, il ose assurer que tout le jansénisme renfermé dans son livre et attaqué par messieurs de Luçon et de la Rochelle n'est que le sentiment de la grâce efficace par elle-même.

Dans l'avertissement qui est à la tête de la seconde partie, page xvi, le P. Quesnel fait cette hypocrite protestation. *Je soumets très-sincèrement et mes Réflexions sur le Nouveau Testament, et toutes les explications que j'en ai apportées, au jugement de la sainte Église catholique, apostolique et romaine, ma mère, dont je serai jusqu'au dernier soupir un fils très-soumis et très-obéissant.* Tel a été le langage de cet écrivain en 1712; mais quand l'année suivante son livre a été proscrit par le pape, et que la condamnation a été reçue avec applaudissement de toute l'Église, qu'est devenue cette *soumission très-sincère*? A quel excès, au contraire, de révolte, d'invectives et d'outrages ne s'est-il pas porté contre l'autorité du saint-siège et des évêques? Et enfin n'est-il pas mort dans un déplorable endurcissement, toujours opiniâtrement attaché à son appel impie et schismatique?

---

(1) Le parti a publié : DÉFENSE *au mandement de M. le cardinal de Noailles, archevêque de Paris, portant approbation des Réflexions morales du P. Quesnel sur le Nouveau Testament, à Paris, chez André Pralard*, 1705, in-12, page 105.

Ce sont quatre lettres écrites pour la justification du Nouveau Testament du P. Quesnel. On avait publié deux excellents petits ouvrages, l'un intitulé : *Quesnel séditieux*, et l'autre : *Quesnel hérétique*. Le parti leur opposa le libelle dont il s'agit, qui doit être censé condamné par la bulle *Unigenitus*, puisqu'elle condamne tous les livres et libelles, soit manuscrits soit imprimés ou qui pourraient s'imprimer pour la défense du Nouveau Testament du P. Quesnel.

Il emploie la seconde partie tout entière à justifier les cinq articles dont nous parlerons dans l'article *Expositio Augustiniana.*

Mémoires *du P. Quesnel pour servir à l'examen de la constitution,* etc. *Premier Mémoire, sur les douze premières propositions;* in-12, 155 pages, avec un avertissement. Novembre 1713, seconde édition, augmentée, 202 pages, 1714.

Second Mémoire *pour servir,* etc.; in-12, 127 pages. Décembre 1713.

Troisième Mémoire *pour servir,* etc. On y défend les propositions 30, 31, 32, 33, 34, 35, 36, 37, *de la Constitution,* etc.; 176 pages.

Quatrième Mémoire *pour servir,* etc.; 286 pages; 1714. On prétend y justifier les propositions 38, 39, 40, 41, 42, 43, 44, 45, 46, 47, 48, 49 et 50.

Cinquième Mémoire *pour servir,* etc.; 1715, *et adhuc sub judice lis est;* 324 pages. On y défend les propositions 51° et suivantes, jusqu'à la 68°.

Sixième Mémoire *pour servir,* etc.; 1715, avec deux avertissements, 271 pages. Il s'y agit des propositions 68° et suivantes, jusqu'à la 87°.

Septième Mémoire *pour servir,* etc.; 1716. L'avertissement est de 158 pages. Le *Mémoire,* avec un recueil de pièces, en a 470.

Tous ces *Mémoires,* dont le P. Quesnel a inondé le public, ne sont autre chose que les erreurs de son livre des *Réflexions morales,* étendues et délayées, pour ainsi dire, dans un grand nombre de volumes, et prouvées par de nouvelles erreurs.

Le but de cet hérétique est de prouver que les 101 propositions sont *cent une vérités frappées d'un seul coup, et dont plusieurs sont essentielles à la religion* (3° Mem., avert., p. 13). Vérités qu'on ne peut nier sans renoncer à la foi, étant clairement établies dans l'*Ecriture et dans la tradition* (Ibid., p. 18 et 19). Et de prouver encore que la constitution *renverse le dogme de la grâce de fond en comble; que la doctrine qu'elle condamne est une doctrine de foi que le concile de Trente nous enseigne, et sans la croyance de laquelle l'ancienne Eglise romaine a déclaré qu'on n'est point catholique* (Ibid., p. 70, 71, 74).

Si ces affreuses paroles sont vraies, le saint-siége a affirmé cent une erreurs; il a renoncé à la foi, il a renversé le dogme de la grâce de fond en comble; le centre de la pure foi est devenu le centre contagieux de l'erreur; la nouvelle Eglise romaine dément la foi de l'ancienne. En un mot, toute l'Eglise a prévariqué, puisque la bulle a été acceptée par le corps des pasteurs unis à leur chef. Je défie Luther et Calvin d'en dire davantage.

Vains efforts *des jésuites contre la Justification des* Réflexions *sur le Nouveau Testament, par feu messire Jacques Bénigne Bossuet, évêque de Meaux,* 1713.

L'auteur de ce livre est le Père Quesnel, qui se l'attribue lui-même en quelques endroits de ses ouvrages.

Il y attaque 1° l'écrit de l'abbé Gaillande, intitulé : *Eclaircissement sur quelques ouvrages de théologie;* 2° plusieurs faits publiés par MM. les évêques de Luçon et de la Rochelle ; 3° M. Fromageau, docteur de la maison et société de Sorbonne, qui avait fait le Recueil de 199 propositions extraites des *Réflexions morales.*

L'occasion de cet ouvrage est la prétendue justification des *Réflexions* de Quesnel ; écrit de M. Bossuet, évêque de Meaux, que les jansénistes n'ont produit qu'après sa mort. Sur quoi il faut observer, 1° que ce prélat avait dit en toute occasion que le livre de Quesnel était pétri du plus pur jansénisme ; 2° qu'on a encore entre les mains les lettres où il le lui reprochait à lui-même ; 3° que dans son écrit il ne justifie le livre de Quesnel, qu'à condition qu'il sera corrigé et rectifié par six-vingts cartons au moins (condamnation encore plus forte que celle qui est portée par la bulle, où l'on n'a spécifié en détail que 101 propositions) ; 4° qu'il avait composé un avertissement, pour expliquer le sens catholique que devaient avoir les autres points qui lui faisaient peine, et qu'il n'avait pu comprendre dans les 120 cartons ; 5° qu'enfin convaincu de la mauvaise foi des jansénistes, qui n'avaient point mis les cartons et les corrections qu'il avait jugés nécessaires, il condamna son écrit à ne paraître jamais au jour.

Après cela on demande de quel front les quesnellistes osent revendiquer en leur faveur l'autorité de M. Bossuet, et si l'on n'est pas en droit d'insulter aux *vains efforts* qu'ils font pour l'attirer à leur parti. *Voyez* l'article Bossuet, évêque de Troyes.

Plainte et protestation.... *contre la condamnation des* 101 *propositions,* etc. 1715, in-12 de 390 pages.

Les criminels ne sont jamais contents de la sentence qui les condamne. Quesnel s'est épuisé en *mémoires,* en plaintes, en protestations, en *lettres,* et n'a montré par là que son orgueil et son opiniâtreté. Il conseilla à son neveu de s'attacher au gros de l'armée ; que n'a-t-il suivi lui-même le conseil qu'il donnait aux autres ?

Lettre.... *aux cardinaux, archevêques et évêques de France, assemblés à Paris au sujet de la constitution* du 5 janvier 1714, in-12, 44 pages.

Seconde Lettre.... *au sujet de la constitution, à un des évêques de l'assemblée, pour lui exposer les sentiments du pape saint Grégoire le Grand, touchant ce que les évêques doivent à la justice et à l'innocence.* 15 janvier 1714, in-12, 24 pages.

Lettre... *à M. l'évêque de Poitiers.* 1716, in-12, 57 pages.

Lettre apologétique.... *à M. l'évêque et comte de Beauvais,* etc. 1716. in-12, 124 pages.

LETTRE.... à *M. le cardinal de Rohan.* 10 décembre 1716.

Toutes ces lettres de Quesnel sont fières, arrogantes et remplies de cet esprit hérétique qui était comme l'âme de sa conduite et de toutes ses démarches.

RÉPONSE.... *à une religieuse, au sujet de l'instruction pastorale des quarante évêques.*

Le P. Quesnel ose avancer, page 2, que l'instruction pastorale publiée sous le nom des quarante évêques est une misérable pièce, *un ouvrage de ténèbres, entrepris et exécuté de mauvaise foi, duquel il ne faut faire aucun usage.* C'est ainsi que ce vieil hérétique insultait à ses juges. Il assure, page 4, que *la constitution est telle qu'il ne peut y avoir aucune bonne manière de la recevoir.*

PRÉJUGÉ *légitime,* pour justifier ses injustifiables erreurs.

INSTRUCTIONS *chrétiennes et prières à Dieu pour tous les jours de l'année, tirées des* Réflexions morales. Paris, chez Pralard, 1701, in-12 de 420 pages.

Quesnel a donné à ses *Réflexions morales* toutes les tournures imaginables : *Instructions, Jour évangélique, Pensées pieuses, Prières chrétiennes; Méditations,* etc. Il a sassé et bluté ses erreurs sous une infinité de titres. Par cette industrie il augmentait ses finances et répandait plus au loin son poison. Qu'on ouvre les *Instructions chrétiennes,* et l'on trouvera à coup sûr quelques-unes des cent et une propositions condamnées. Par exemple, je tombe sur la page 180, et j'y trouve : *La grâce de Jésus-Christ, principe efficace de toute sorte de bien, est nécessaire pour toute bonne action.... Sans elle, non-seulement on ne fait rien, mais on ne peut rien.*

Me voici à la page 23, et j'y lis : *Les souhaits de Jésus-Christ ont toujours leur effet,* etc.

Ce livre a été défendu par M. l'évêque de Marseille en 1714, sous peine d'excommunication encourue par le seul fait.

INSTRUCTIONS *chrétiennes et élévations à Dieu sur la passion, avec les octaves de Pâques, de la Pentecôte, du Saint-Sacrement et de Noël, tirées des* Réflexions morales *sur le Nouveau Testament.* Paris, Pralard, 1702.

Ce livre, comme le précédent et le *Jour évangélique,* fut défendu par M. l'évêque de Marseille, sous la même peine.

EPITRES *et Evangiles pour toute l'année,* etc. Paris, Pralard, 1705.

C'est un précis de ce que les *Réflexions morales* contiennent de plus mauvais. Ainsi, ce livre porte avec soi sa condamnation; ce qui n'empêcha pas que M. l'évêque de Marseille ne le proscrivît spécialement par un mandement publié en 1714.

PENSÉES *pieuses tirées des Réflexions morales du Nouveau Testament.* Paris, Pralard, 1711.

RÈGLEMENTS *adressés.... à une religieuse entêtée des erreurs du parti,* 1719.

M. de Sisteron (tome II de l'Histoire de la constitution, page 87) nous instruit exactement des mystères d'iniquités contenus dans ces nouveaux *Règlements,* et des dangereux complots qu'on avait formés contre la religion.

M. d'Aubigné, archevêque de Rouen, en eut une copie exacte et l'envoya à M. le régent, qui m'ordonna de l'examiner et de lui en faire mon rapport. Cette copie avait été donnée à M. l'archevêque de Rouen par une religieuse, jusqu'alors des plus entêtées, mais qui revint de bonne foi de ses erreurs. Les règlements lui avaient été adressés en 1699 par une lettre du P. Quesnel : cette lettre me fut remise avec les règlements.

Ces règlements ou statuts consistaient en 10 ou 12 articles, qu'on adressait par une lettre circulaire à ceux qui dans chaque province étaient regardés comme les supérieurs locaux, et qui, selon le devoir de leur charge, s'appliquaient à former de nouveaux prosélytes. On y avait joint une courte instruction sur les principaux points du dogme et sur les différentes manières de converser avec les simples, avec les neutres, avec les dévots, avec les libertins, avec les prêtres. Pour les religieux, il était enjoint à tout le parti de n'avoir aucune liaison avec eux. Ils devaient les regarder comme des usurpateurs qu'il fallait dépouiller de tous leurs biens.

Dans cette lettre circulaire, on recommandait aux nouveaux disciples de la grâce, de cimenter entre eux une parfaite union, de n'agir que par un même esprit, d'ensevelir dans un profond secret les points fondamentaux de leur doctrine, et d'avoir égard aux personnes qui pourraient s'en scandaliser.

Le secret était surtout nécessaire sur l'article de la messe. Selon eux, on ne doit jamais la dire qu'en présence du peuple. Ils rejetaient généralement toutes les messes privées. Ils s'expliquaient avec la même aversion sur les messes basses où personne ne communie avec le prêtre. Ils voulaient qu'on détruisît toutes les chapelles, du moins, disaient-ils, si on les laisse subsister, qu'on se contente d'y adresser les prières au Seigneur, mais qu'on n'y offre jamais le sacrifice. Qu'on sache, ajoutaient-ils, qu'il n'y a point d'église pour les religieux; qu'ils ne peuvent avoir que des chapelles ou oratoires; que s'il leur est permis d'y célébrer les saints mystères, ce doit toujours être portes closes, et que c'est un péché pour les laïques d'y assister, en s'absentant de leurs églises.

Sur l'eucharistie : à la vérité, disaient-ils, le corps de Jésus-Christ n'y est ni par la foi, ni en figure, comme les calvinistes le prétendent; mais aussi, poursuivent-ils, il n'y est ni réellement ni substantiellement, comme l'Eglise romaine nous l'enseigne. Il y est d'une manière inconcevable et indicible.... Ils ne reconnaissent point d'autre purgatoire que les tribulations qu'on souffre dans cette vie; point de caractère indélébile dans l'ordre de prêtrise; c'est-à-dire que lorsqu'un curé ou même qu'un évêque est déposé, leur caractère s'efface, et l'un et l'autre est réduit à l'état des laïques.

Dans les articles suivants ils anéantissent le pouvoir et la vertu des clefs dans le sacrement de pénitence.

Ils prétendaient que dans la confession les péchés sont déjà remis avant l'absolution; que la contrition y est toujours requise, et par conséquent que l'attrition ne suffit pas avec le sacrement.

On jugera des desseins et de l'esprit du parti, par les scènes que donna M. Petit-Pied, un de leurs principaux chefs, après qu'il fut revenu en France. Asnières fut le lieu qu'il choisit pour y exposer sa nouvelle liturgie aux yeux du public. Ce village est aux portes de Paris. On y accourait en foule, et on en rapportait des choses si étonnantes, que la postérité aura peine à croire que M. le cardinal de Noailles ne se soit jamais mis en peine d'en arrêter le cours.

M. Petit-Pied commença par construire un nouvel autel.... Dans le temps même du sacrifice on n'y voyait ni croix ni chandeliers... Le pain, l'eau et le vin, qui devaient servir au sacrifice, lui étaient portés parmi les offrandes du peuple. Dans la saison on y bénit les prémices des fruits, et on les plaçait sur l'autel.... De temps à autre les bénédictions qu'il est ordonné de faire sur le sacré corps et sur le sang adorable de Notre-Seigneur se faisaient sur les fruits de la saison, qu'on avait placés à côté du calice. J'ai vu moi-même trois ans après, continue M. l'évêque de Sisteron, pratiquer la même chose sur un bassin d'asperges. A la communion des laïques, le sous-diacre, revêtu de sa dalmatique, communiait mêlé à la même table avec les femmes. Parmi les dernières oraisons, on en avait inséré une qui était pour demander à Dieu la conservation de la nouvelle église. Je l'ai encore entendu chanter en ma présence.

A ces rubriques nouvellement inventées et pratiquées sous les yeux de M. le cardinal de Noailles et à la vue de tout Paris, le sieur Petit-pied en ajoutait une infinité d'autres; par exemple il faisait publiquement la cène le jour du jeudi saint, et le curé d'Asnières la fit encore après lui. Avant les vêpres, une espèce de diaconesse lisait à haute voix l'évangile du jour en français. En un mot, le fanatisme était porté à son dernier période.

RÈGLEMENT d'une dame.

M. Brigode, secrétaire de Quesnel, avoue que c'est lui qui a fait réimprimer ce livre. Nous n'avons pas, à beaucoup près, donné la liste de tous les ouvrages de Quesnel.

RÉPONSE de M. le marquis de *** à la lettre de M. l'évêque d'Angers, du 30 octobre 1720, où l'on justifie le sieur Pinson contre les nouvelles calomnies de ce prélat, etc.

M. l'évêque d'Angers, (Poncet de la Rivière,) à la fin d'un de ses ouvrages intitulé : Réflexions consolantes, etc., fit imprimer une lettre du sieur Pinson, sculpteur, et neveu du P. Quesnel. Dans cette lettre, dont ce prélat avait l'original, ce sculpteur déclara nettement qu'ayant demandé à son oncle Quesnel à quoi donc s'en tenir sur tout ce les disputes qu'on voit aujourd'hui, il lui avait répondu de se tenir attaché au gros de l'arbre de l'Église, et qu'il n'y avait que les manières outrageantes des jésuites qui l'avaient engagé à soutenir avec opiniâtreté ce qu'il soutenait aujourd'hui. Le sculpteur ajoute que cela est très-vrai, son oncle Quesnel le lui ayant dit plus de vingt fois. Une pareille découverte mit l'alarme dans le parti; il en sentit toutes les conséquences. Conseiller de s'attacher au gros de l'arbre de l'Église, quand on s'en sépare soi-même; résister avec opiniâtreté à la plus sainte et à la plus légitime autorité, pour se défaire de quelques manières qu'on appelle outrageantes, ce sont des dispositions peu apostoliques, peu honorables à celui que la petite Église regardait comme son pape. D'ailleurs, les jansénistes craignaient avec raison que ceux qui liraient cette lettre, ne prissent le P. Quesnel au mot, et ne suivissent en effet eux-mêmes le conseil qu'il donnait à son neveu.

Ils résolurent donc d'attaquer M. d'Angers. On crut que les carquois jansénistes allaient s'épuiser. Tout aboutit à deux écrits anonymes et à un acte d'un bénédictin de Château-Gontier, étayé d'un menuisier de la même ville.

Le prélat détruisit aisément cette pitoyable batterie par sa lettre à M. le marquis de Magnane. Or, c'est contre cette lettre que s'élève avec violence l'auteur de la Réponse dont il s'agit dans cet article.

M. d'Angers y répliqua par une lettre à M. l'abbé de Claye, du 7 août 1721, où il releva admirablement toutes les contradictions, les déguisements et les injures de la Réponse, s'étonnant qu'une cellule eût pu les enfanter. Il confondit à un tel point les misérables adversaires qu'on lui avait opposés, qu'il resta pour certain que le sieur Pinson était neveu du P. Quesnel; qu'il l'avait vu dans le voyage que ce Père fit en cachette de Hollande à Paris; qu'il lui avait servi d'homme de confiance pendant son séjour; qu'il l'avait accompagné dans son retour en Hollande, et que pendant tout ce temps, le P. Quesnel lui avait souvent conseillé de se tenir attaché au gros de l'arbre de l'Église, et lui avait dit que lui, Quesnel, ne soutenait avec opiniâtreté ce qu'il soutenait, que parce que des manières outrageantes l'y avaient engagé. Précieuse anecdote, qui nous apprend positivement, ce qu'on avait déjà raison de croire, que c'est le dépit, la jalousie, la haine, l'orgueil, en un mot, les plus grands vices de l'esprit et du cœur, qui ont enfanté le quesnellisme.

QUEUX (CLAUDE LE). Voyez LEQUEUX.

R

RACINE (Louis), fils de Jean Racine qui fut un des plus beaux génies du siècle de Louis XIV, et peut-être le poëte tragique le plus parfait qui ait jamais paru (1), naquit à Paris le 6 novembre 1692, et se fit un nom par un poëme sur la *religion* et un autre sur la *grâce*, et mourut dans de grands sentiments de piété, en 1763.

Poëme sur la grâce.

L'auteur de ce poëme est M. Racine, fils du fameux poëte de ce nom. Comme il était jeune quand il le publia, on peut rejeter sur son âge et sur son éducation les défauts de son ouvrage, et par là l'excuser en quelque sorte d'avoir ignoré la véritable doctrine de l'Eglise, et d'avoir néanmoins eu la témérité de traiter en vers un si grand sujet.

Dès que ce poëme parut, on en fit une critique littéraire et une critique dogmatique. On l'examina, 1° sur le fond du poëme et sur la versification; 2° sur la doctrine. De ces deux articles, le premier n'est point de notre ressort, nous nous bornerons donc au second, et nous nous contenterons à cet égard de donner un précis fidèle de ce que l'on a justement reproché à l'auteur.

Plan de la doctrine du poëme sur la grâce.

Dieu, voyant tous les hommes enveloppés dans le péché d'Adam, fait son choix. Il destine ceux-ci pour le ciel; il marque ceux-là nommément pour le feu éternel de l'enfer, sans se régler par leur conduite future. De sorte que durant notre vie sa providence consiste à nous conduire au ciel, à l'enfer, chacun au terme qu'il nous a décerné.

Il y réussit en donnant à ceux qu'il a résolu de sauver, des grâces nécessitantes, et en refusant des grâces nécessaires à ceux qu'il a résolu de perdre, en rendant le salut impossible aux uns et la damnation impossible aux autres.

Tel est le système hérétique qui doit sa naissance au calvinisme, et tel est le fond du poëme sur la grâce.

Le péché originel une fois supposé, on voit dans cet ouvrage, 1° de la part de Dieu la destination arbitraire des uns aux flammes de l'enfer, comme des autres au bonheur du ciel; 2° l'impossibilité de la damnation pour les uns à force de grâces nécessitantes, ou qui sauvent nécessairement; 3° l'impossibilité du salut des autres, faute de grâces nécessaires, sans lesquelles, plus on fait pour se sauver, et plus on se damne.

Reprenons chacun de ces articles.

(1) Jean Racine donna une *Histoire de Port-Royal*, 1767, 2 parties in-12. Le style de cet ouvrage est coulant et historique, mais souvent négligé; on sent assez que l'historien est dans le cas de faire quelquefois l'apologiste et quelquefois le panégyriste. Clément nous a donné aussi une *Histoire* de cette maison chérie du parti. Il en a paru une nouvelle en 1786, Paris, 4 tom. in-12, 2 vol. Outre cela, nous avons encore les *Mémoires hist. et chron.* de Guilbert. Tant d'histoires d'une maison religieuse semblent dire qu'elle avait grand besoin de gens qui en dîssent du bien.

Dictionnaire des Hérésies. II.

Réprobation positive.

Chant IV, v. 37, etc.

Des humains *en deux parts* Dieu sépara la masse.
Les hommes à ses yeux *en mérites égaux*
Reçurent pour partage ou les biens ou les maux.
Nous fûmes tous jugés. De la race proscrite
Sa bonté sépara la race favorite...
Les hommes par ce choix qui partage leur sort
Sont tous, devant celui qui ne fait aucun tort,
Les uns, vases d'honneur, objets de ses tendresses,
Connus, prédestinés à ses riches promesses;
Les autres, malheureux, inconnus, réprouvés,
Vases d'ignominie, *aux flammes réservés*.

Et le principe de ce partage et de toutes ses suites est la seule volonté suprême.

Il touche, *il endurcit, il punit,* il pardonne.
Il éclaire, *il aveugle, il condamne,* il couronne.
S'il ne veut plus de moi, je tombe, je péris;
S'il veut m'aimer encor, je respire, je vis.
Ce qu'il veut, il l'ordonne; *et son ordre suprême*
N'a pour toute raison que sa volonté même.

Et quel est le fondement de cette réprobation positive? Le péché originel qui est en tous.

Qui suis-je pour oser murmurer de mon sort,
Moi conçu dans le crime, esclave de la mort?

Ce qu'il y a d'étrange, c'est que, selon ce poëte, le péché originel est en nous égal au péché des anges.

Chant IV, v. 25 et suiv.

Fils ingrats! fils pécheurs! victimes du supplice!
Depuis le jour qu'Adam mérita son courroux,
Les feux toujours brûlants son allumés pour nous...
Pour un crime pareil si l'ange est condamné,
Pourquoi l'homme après lui sera-t-il épargné?
Tous deux de la révolte *également* coupables
Devaient tous deux *s'attendre à* des peines semblables.

Laissons là ce qu'il y a d'absurde et d'erroné à égaler le péché originel dans les enfants d'Adam au péché actuel et personnel des anges. Examinons le fond de cette doctrine, qui établit que les réprouvés le sont en vue du seul péché originel, et que ceux d'entre eux qui reçoivent le baptême et la justification sont encore, malgré l'un et l'autre, liés à la damnation éternelle par un arrêt irrévocable. Que s'ensuit-il de là? Il n'est donc point vrai qu'il ne reste pas de damnation dans les baptisés! Le baptême ne remet donc point avec la coulpe toute la peine, même éternelle! Le but de la justification n'est donc point la vie éternelle! Il n'est donc point au pouvoir du baptisé de se sauver! Il demeure donc prédestiné pour le mal! Or, toutes ces erreurs ne sont-elles pas proscrites dans l'Ecriture et anathématisées dans les conciles d'Orange, de Florence et de Trente?

26

Impossibilité du salut pour tous ceux que Dieu a destinés à l'enfer, en vue du seul péché originel.

Le poëte développe ainsi son dogme. La grâce est continuellement nécessaire au juste, pour qu'il ne tombe pas en péché mortel.

Chant II, v. 129, etc.

De tant d'ennemis quoiqu'il soit le vainqueur,
Si a grâce *un moment* abandonne son cœur,
Le triomphe sera d'une courte durée :
Des dons qu'on a reçus la perte est assurée,
Si la grâce *à toute heure* accordant son secours
De ses premiers bienfaits ne prolonge le cours.

Or, Dieu soustrait *quelquefois*, souvent même à l'homme justifié, ces grâces si nécessaires, et il les retire par la seule raison de sa suprême volonté, voulant par exemple faire sentir à l'homme juste toute sa faiblesse. Car Dieu (dit le poëte, chant IV, v. 107)

Pour ceux mêmes *souvent* qu'il avait rendus bons
Arrête *tout à coup* la source de ses dons...

Chant II, v. 155

Par ce triste *abandon* la suprême sagesse
Fait *aux saints quelquefois* éprouver leur faiblesse...

Enfin, quoique le péché du juste ainsi abandonné suive nécessairement de cet *abandon* qu'il n'a point mérité, cependant le juste est censé coupable de ce péché qu'il n'a pu parer.

Que le juste à toute heure appréhenne sa chute :
S'il tombe cependant qu'à lui-même il l'impute.

Mais parler ainsi n'est-ce pas déclarer que quelque usage que le juste fasse de ses forces présentes, quelquefois les commandements lui sont impraticables, faute d'une grâce qui lui rende la loi possible ? Par conséquent, n'est-ce pas soutenir ouvertement la première des cinq propositions de Jansénius ?

La damnation impossible aux prédestinés par le moyen des grâces nécessitantes.

Pour soutenir la seule grâce nécessitante, le poëte fait quatre choses :

1° Il décrie la grâce catholique ; et après l'avoir attribuée non à l'Église, mais à un seul théologien ou à une seule école, il la note par deux endroits ; premièrement, comme subordonnée indécemment à la volonté humaine ; secondement, comme laissant à l'homme seul la gloire de la bonne œuvre ;

2° Il décharge la grâce nécessitante de la double flétrissure qu'elle a d'être la grâce de Luther et de Calvin, et la grâce anathématisée par le concile de Trente ;

3° Il exprime l'efficacité qu'il approprie à la grâce par les termes les plus propres à marquer une vraie nécessité, sans le nommer nécessité ;

4° Il accorde aux œuvres faites par la grâce nécessitante la vertu d'être méritoires.

Nous n'entrerons point dans le détail pour prouver tous ces points par des morceaux du poëme, cela serait trop long. Nous renvoyons à l'*Examen* de cet ouvrage, examen qui a été imprimé en 1723, et que nous n'avons fait que copier jusqu'ici.

Au reste, comme l'auteur ne s'est point défendu contre cette critique, il faut croire qu'il en a reconnu la justice, et qu'il n'est plus aujourd'hui (1) dans les mêmes sentiments, où il a eu le malheur d'être en composant son poëme.

Feller dit que cette critique est quelquefois un peu sévère, mais qu'elle renferme des observations raisonnables.

On connaît ces vers que Voltaire a adressés à l'auteur du poëme de la *Grâce*

Cher Racine, j'ai lu, dans les vers didactiques,
De ton Jansénius les dogmes fanatiques :
Quelquefois je t'admire, et ne te crois en rien ;
Si ton style me plaît, ton Dieu n'est pas le mien ;
Tu m'en fais un tyran, je veux qu'il soit mon père.
Si ton culte est sacré, le mien est volontaire ;
De son sang mieux que toi je reconnais le prix :
Tu le sers en esclave, et je le sers en fils.
Crois-moi, n'affecte point une inutile audace,
Il faut comprendre Dieu pour comprendre la grâce.
Soumettons nos esprits, présentons-lui nos cœurs,
Et soyons des chrétiens, et non pas des docteurs.

RASTIGNAC, archevêque de Tours. *Voyez* CHAPT.

RAUCOURT, curé de Bruxelles, l'un des approbateurs du *Miroir de la piété chrétienne*, ouvrage du P. Gerberon, qui publia un livre intitulé :

CATÉCHISME *de la pénitence qui conduit les pécheurs à une véritable conversion*. Paris, Josset, 1677, in-12 de 204 pages.

Ce livre, qui avait d'abord été en latin, reproduit les erreurs du *Catéchisme de la grâce*, qui avait été condamné. *Voyez* FEYDEAU.

REBECQ (DE), faux nom que se donna le P. Quesnel lorsqu'il fut arrêté. *Voyez* son article.

REYNAUD (MARC-ANTOINE), naquit à Limoux, vers 1717, entra comme novice à l'abbaye de Saint-Polycarpe, livrée au jansénisme depuis la mort du pieux Lafite-Maria. (*Voyez* ce nom). Comme par ordre du roi, en 1741, il était défendu d'admettre aucun novice à la profession, il fut obligé de sortir, n'étant encore que tonsuré, et se rendit à Auxerre, où il fut accueilli par de Caylus, qui l'ordonna prêtre et lui donna la cure de Vaux, à laquelle était unie la desserte de Champ. Il avait du talent, et il le consacra à la défense de son parti, sans pourtant tomber dans les excès et les absurdités de quelques-uns, qu'au contraire il prit à tâche de signaler et de combattre. Il est un de ceux qui ont le mieux mis à découvert les folies et les abominations des convulsions, dans deux écrits intitulés : *Le Secourisme détruit*, et *Le Mystère d'iniquité*. Il laissa de bons ouvrages. On peut voir sur lui, dans l'*Ami de la religion*, tom. XXXV, une notice étendue et intéressante.

RICCI (SCIPION), évêque de Pistoie et Prato, naquit à Florence en 1741, parvint à l'épiscopat en 1780, et signala chaque année

(1) On voit que l'auteur de cet article écrivait lorsque Racine vivait encore.

de son gouvernement par des actes indiscrets et turbulents. Son premier écrit paraît être l'*Instruction pastorale*, du 23 juin 1781, *sur la dévotion au sacré-cœur*. On ne multiplie que trop les dévotions dans cette lie des siècles, disait le pieux évêque. Dans une autre *Instruction pastorale* du 1er mai de l'année suivante, *sur la nécessité et la manière d'étudier la religion*, il appelait Quesnel *un pieux et savant martyr de la vérité*, et louait les autres appelants français. Il faisait imprimer à Pistoie un recueil d'ouvrages jansénistes, dont il parut successivement onze volumes qui renfermaient des actes d'appel, des mémoires contre le saint-siége, des écrits contre les jésuites. On a peine à concevoir le but d'un prélat qui suscitait ainsi des querelles sur des sujets peu connus en Italie. Déjà fauteur des réformes introduites dans les Etats autrichiens par l'empereur Joseph II, Ricci devint le conseil de Léopold II, grand-duc de Toscane et frère de cet empereur. On vit dès lors le gouvernement se mêler des affaires ecclésiastiques, vouloir régler le culte et les cérémonies, et s'emparer de l'enseignement spirituel. On faisait composer des catéchismes sans consulter les évêques; on établissait dans les écoles de théologie des professeurs imbus des doctrines qu'on voulait accréditer. Le 18 septembre 1786, conformément aux désirs du grand-duc, Ricci ouvrit à Pistoie un synode pour procéder régulièrement aux réformes qu'on voulait faire. Il s'en fallait bien qu'elles fussent du goût de la majorité de son clergé; mais la nouvelle théologie avait pénétré dans l'université de Pavie. On fit venir de cette ville Tamburini, qui avait été privé de sa chaire par le cardinal Molino, évêque de Pavie, pour une dissertation où il établissait sa doctrine janséniste sur la grâce. Ricci le fit promoteur de son synode, quoiqu'il n'eût pas même le droit d'y assister. Il y joua le principal rôle, aidé d'ecclésiastiques pensant comme lui, qu'on avait eu soin de lui adjoindre; on y adopta toute la doctrine des *appelants* français. On y consacra le système de Baïus et de Quesnel sur les deux amours, sur l'efficacité et la toute-puissance de la grâce, sur l'inefficacité et l'inutilité de la crainte; en un mot, sur les dogmes que l'Eglise repousse depuis le commencement de ces disputes. L'année suivante, une seconde assemblée se tint à Florence le 23 avril par ordre du grand-duc; elle était composée de tous les évêques de Toscane. Elle fut loin de se terminer au gré de Ricci, comme la première. Non-seulement il y trouva de l'opposition de la part de la majorité des évêques, mais encore il fut obligé de la dissoudre le 5 juin, après dix-neuf sessions. Pendant sa durée, une sédition s'était élevée contre lui dans le diocèse de Prato. On avait renversé et brûlé son trône épiscopal et ses armoiries, après avoir enlevé de son palais et de son séminaire les livres et les papiers qui s'y trouvaient. On fut obligé d'envoyer des troupes à Prato pour y rétablir l'ordre. Néanmoins, malgré ces échecs, Ricci, soutenu par le grand-duc, n'abandonna pas ses plans. A son instigation, de nouveaux édits en leur faveur, et calqués sur ceux de Vienne, se succédaient. Un événement auquel on ne s'attendait pas vint mettre fin à ces funestes innovations. La mort de l'empereur Joseph II, en 1790, fit passer Léopold sur le trône impérial. Il paraît que la conduite de ce prince, dans ce qui s'était passé, tenait moins à ses propres opinions qu'au désir de ne point contrarier son frère. Après son départ de Toscane, tout, sous le rapport religieux, y rentra dans l'ordre. Une nouvelle émeute qui eut lieu à Pistoie contre Ricci l'obligea de fuir et le détermina à donner sa démission. Pie VI, en 1794, condamna par la bulle *Auctorem fidei* sa doctrine établie dans le concile de Pistoie. Cette condamnation ne suffit pas pour ouvrir les yeux à Ricci. Plus tard, en 1799, il subit un emprisonnement pour s'être déclaré en faveur des décrets de l'assemblée constituante et des Français qui avaient momentanément occupé la Toscane. Rendu à la liberté, il persista dans ses erreurs. Ce ne fut qu'en 1805 qu'il revint sur ses pas. Pie VII passait par Florence en revenant de France. L'heure du repentir était arrivée. L'ancien évêque de Pistoie vit le saint-père et lui remit une déclaration portant qu'il recevait les *constitutions apostoliques* contre Baïus, Jansénius et Quesnel, et notamment la bulle *Auctorem fidei*, qui condamnait son synode. Cet évêque mourut le 27 janvier 1810. On lit dans le *Dictionnaire universel* de Prudhomme que Ricci ne se rétracta point, et on en fait pour lui un sujet d'éloges. Son retour à de meilleurs sentiments est un fait positif, et nous croyons le louer mieux en affirmant sa rétractation et sa soumission aux lois de l'Eglise. En 1824 on a publié à Bruxelles un ouvrage intitulé : *Vie et mémoires de Scipion Ricci*, par de Potter, 4 vol. in-8º. Il a été réimprimé en 1825 à Paris chez les frères Baudouin. Cette édition, qui est mutilée, a été publiée par l'abbé Grégoire et le comte Lanjuinais.

RICHARD (l'*abbé*), un des pseudonymes dont usait le P. Gerberon.

RICHER (EDMOND) naquit, en 1560, à Chaource, dans le diocèse de Langres, vint à Paris, mérita le bonnet de docteur en 1590; eut la hardiesse, dans une thèse soutenue en octobre 1591, d'approuver l'action de Jacques Clément; devint syndic de la faculté de théologie, le 2 janvier 1608; s'éleva fortement, en 1611, contre la thèse d'un dominicain qui soutenait l'infaillibilité du pape et son autorité sur le concile; publia divers ouvrages, notamment ceux dont il va être question, et mourut le 29 novembre 1631.

DE POTESTATE *ecclesiastica et politica*. Paris, 1611.

DE POTESTATE *ecclesiastica et politica Edmundi Richerii, doctoris Parisiensis libellus. Necnon ejusdem libelli per eumdem Richerium demonstratio. Nova editio aucta ejusdem libelli defensione nunc primum ty-*

pis edita ex manuscripto ejusdem auctoris, in duos tomos divisa. Cum aliis quibusdam opusculis. Coloniæ, apud Baltazarum ab Egmond et socios, 1701.

Les deux principaux ouvrages contenus dans ces deux volumes sont l'Ecrit *sur la puissance ecclésiastique et politique*, avec les preuves sur lesquelles il est appuyé, et la défense ou justification de ce même écrit.

Ce fut en 1611, pendant la minorité de Louis XIII, un an après la mort de Henri IV, que fut imprimé pour la première fois le livre sur la *Puissance ecclésiastique et politique*. A peine parut-il qu'on le regarda, en France et à Rome, comme un écrit des plus dangereux par rapport à la religion, parce que l'auteur y donnait atteinte à la primauté du pape, qu'il y attaquait le pouvoir des évêques et qu'il y blâmait ouvertement le gouvernement présent de l'Eglise. Aussi le chargea-t-on d'anathèmes à Rome et en France.

Le cardinal du Perron, alors archevêque de Sens, dans une assemblée de tous les évêques de sa province, qui comprenait en ce temps-là celle de Sens et celle de Paris, condamna, lui et tous ses suffragants, cet écrit, *comme contenant des propositions, des citations, des expositions fausses, erronées, scandaleuses, schismatiques et hérétiques, à prendre les termes dans leur signification naturelle.* Cette censure est du 13 mars 1612. Les évêques de la province d'Aix censurèrent le même écrit le 24 mai de la même année. La Sorbonne se disposait aussi à le censurer, quoique Richer en fût alors syndic, mais M. de Verdun, premier président, fit défense à la Sorbonne de passer outre.

Le décret, par lequel le saint-siège condamna le traité *de la Puissance ecclésiastique et politique*, est du 10 mai 1613 ; ce livre fut encore condamné par les décrets du 2 décembre 1622, et du 4 mars 1709.

La Cour ne fut pas plus contente de l'écrit de Richer que le pape et les évêques. On s'aperçut bientôt que ce docteur, sous prétexte d'attaquer la puissance du pape, établissait des principes généraux qui renversaient la puissance royale, aussi bien que celle du pape et des évêques, principes qui étaient ceux-là mêmes dont les séditieux s'étaient servis sous Henri III et Henri IV, pendant les temps de troubles, pour attaquer dans leurs discours et dans leurs écrits la puissance absolue de nos rois. Ces principes sont : que le gouvernement aristocratique est le meilleur de tous et le plus convenable à la nature ; que toute communauté parfaite et toute société civile a le droit de se gouverner elle-même ; que le droit de gouverner toute la communauté appartient dans la première origine à la communauté même ; qu'il lui appartient plus immédiatement, plus essentiellement qu'à aucun particulier ; que tout cela est fondé sur le droit divin et sur le droit naturel, contre lequel ni la multitude des années ni les privi-

léges des lieux, ni les dignités des personnes ne pourront jamais prescrire. *Regimen aristocraticum et naturæ convenientissimum est*. Cap. III, p. 21, 22. *Jure divino et naturali omnibus perfectis communitatibus et civili societati prius, immediatius atque essentialius competit, ut seipsam gubernet, quam alicui homini singulari ut totam societatem et communitatem regat.* Cap. I, p. 2. *Adversus legem divinam et naturalem neque spatia temporum, neque privilegia locorum, neque dignitates personarum unquam !præscribere poterunt.* Cap. II, p. 5.

De ces principes Richer concluait que le pape n'a point sur toute l'Eglise, ni les évêques sur leurs diocèses, une primauté de juridiction ; mais que la juridiction appartient à la communauté, et que le pape est le premier des ministres de l'Eglise, *Caput ministériale*, et les évêques les premiers ministres de leurs diocèses.

Il concluait en second lieu que les évêques ne pouvaient faire en leurs diocèses aucun règlement considérable dans leur synode, ni le pape dans l'Eglise, sans un concile général, parce que ni les uns ni les autres n'avaient le pouvoir de faire des lois et des canons, mais seulement le pouvoir de faire exécuter les lois portées dans les synodes et dans les conciles.

Il concluait en troisième lieu que la fréquente célébration des conciles était absolument nécessaire pour mieux gouverner l'Eglise.

Il n'est point nécessaire d'ajouter ici les autres conclusions qu'il tire des principes que nous avons rapportés ; il suffit de remarquer que si ses principes étaient véritables, on en pourrait conclure aussi que dans un royaume la juridiction appartient au corps de l'Etat et non pas au roi ; que le roi est seulement le premier des ministres qui doit veiller à l'exécution des lois portées dans les états du royaume ; mais qu'il ne peut pas lui-même faire des lois ; que la tenue des états est absolument nécessaire pour mieux gouverner le royaume, etc. Car le principe qu'on a établi étant général et commun à la société ecclésiastique et civile, les conséquences qu'on en tire par rapport à la société ecclésiastique peuvent également être appliquées à la société civile.

Il est vrai que Richer n'a osé appliquer ces conséquences à la société civile, et qu'il les a seulement appliquées à la société ecclésiastique. Mais on avait sujet de croire qu'il avait eu en vue et les uns et les autres, parce que pendant la Ligue il avait été un des plus séditieux, et qu'il avait eu l'audace de soutenir en Sorbonne, au mois d'octobre 1591, dans une thèse imprimée (1), que *les états du royaume étaient indubitablement par-dessus le roi* ; qu'*Henri III, qui avait violé la foi donnée à la face des états, avait été comme tyran justement tué* ; et d'autres choses encore plus horribles.

Il y avait encore une autre circonstance

---

(1) Ambass. de du Perron, Lettre à Casaubon

qui rendait l'écrit de Richer très-dangereux pour l'Etat. Il le fit imprimer en 1611, pendant la minorité de Louis XIII, un an après la mort d'Henri IV. Tout le monde sait qu'Henri IV avait obtenu du pape qu'il déclarât nul son mariage avec la reine Marguerite, et qu'ensuite il avait épousé la princesse de Médicis, dont il avait eu le roi Louis XIII et le duc d'Orléans Gaston. Dans ces circonstances, prouver, comme le faisait Richer, que le pape n'avait point une primauté de juridiction sur toute l'Eglise, c'était attaquer indirectement le mariage de Henri IV avec la princesse de Médicis, et par conséquent la naissance du roi Louis XIII. Aussi crut-on en ce temps-là que c'était à l'instigation du prince de Condé que Richer avait composé son traité : et le cardinal du Perron dit en plein conseil que c'était à la dignité de la reine régente, et encore plus à celle du jeune roi, qu'on en voulait par cet écrit séditieux.

Toutes ces considérations obligèrent la cour d'ordonner à la Sorbonne de déposer juridiquement Richer, qui en était syndic, et d'en élire un autre. Le premier président, qui l'avait protégé d'abord, l'abandonna ; et Richer ayant voulu appeler comme d'abus de la censure des évêques, le parlement ne reçut point son appel. Il voulut présenter requête au conseil, mais aucun maître des requêtes ne voulut la recevoir.

Tel est le libelle *sur la Puissance ecclésiastique et politique*, dont on a fait en 1701 une nouvelle édition.

La défense de cet écrit, qui occupe la plus grande partie des deux volumes, n'avait point encore été imprimée. Richer n'avait eu garde de la publier de son vivant. Il nous avertit lui-même qu'on lui avait défendu sous peine de la vie de rien imprimer davantage contre ceux qui avaient réfuté son livre. *Mihi pœna capitis interdictum ne quid pro mea defensione lucubrarem*. Cette défense lui fut signifiée par le cardinal de Bonzi de la part du roi et de monsieur le chancelier Brulart ; et on l'avertit qu'on lui imputerait tous les livres qui paraîtraient pour sa défense, quand même ils seraient composés par un autre. Un ordre du roi, si précis et si sévère avait retenu Richer dans le devoir, mais il n'y a pas contenu ceux qui depuis ont fait imprimer son apologie.

Richer, dans cette apologie, ne désavoue aucun des principes que nous avons rapportés. Il s'applique seulement à appuyer, par des passages des pères et par des faits de l'histoire ecclésiastique, les conséquences qu'il en avait tirées par rapport à la puissance du pape et des évêques. Il y soutient aussi que les élections aux bénéfices sont de droit divin ; proposition directement opposée au concordat et dont il s'ensuivrait que tous les évêques nommés par le roi ne sont pas des pasteurs légitimes.

Sur quoi il faut remarquer qu'il y a en France deux sortes de personnes opposées aux intérêts de la cour de Rome ; les uns y sont seulement contraires par zèle pour la conservation des libertés de l'Eglise gallicane, et ceux-là ne disputent point au souverain pontife sa primauté de juridiction sur toute l'Eglise. Les autres sont contraires au pape par les principes du richérisme. Ils ne lui accordent qu'une primauté de ministère, *caput ministeriale*, et ils sont autant ennemis de la puissance absolue des rois que de celle du pape. Il faut donc, en soutenant les libertés de l'Eglise gallicane, examiner par quels motifs on doit les soutenir, de peur qu'on ne s'engage insensiblement dans les principes du richérisme, sans les avoir bien pénétrés et sans en avoir aperçu les conséquences.

Pour ce qui regarde les jansénistes (1), c'est de tout leur cœur qu'ils ont adopté ce système ; et ils ne cessent de le renouveler ouvertement dans leurs écrits. M. de Sainte-Beuve, qui sans doute n'ignorait pas leurs véritables sentiments, l'avait bien prévu. Dans une lettre écrite à M. de Saint-Amour, au mois de mai 1653, il lui demande que, *si ce dont se vantent les molinistes est véritable*, c'est-à-dire si les cinq propositions de Jansénius sont condamnées, *ce sera une des choses les plus désavantageuses au saint-siège, et qui diminuera dans la plupart des esprits le respect et la soumission qu'ils ont toujours gardés pour Rome, et qui fera incliner beaucoup d'autres dans les sentiments des richéristes*. Et plus bas : *Faites, s'il vous plaît, réflexion sur cela, et souvenez-vous que je vous ai mandé il y a longtemps que de cette décision dépendra le renouvellement du richérisme en France : ce que je crains très-fort*.

Cette prédiction de M. de Sainte-Beuve, ce sont les jansénistes eux-mêmes qui ont jugé à propos de la faire imprimer en 1662. Ce sont eux aussi qui ont fait faire, en 1701, l'édition des deux volumes dont il est ici question. Anecdote intéressante que nous apprenons de dom Thierri de Viaixnes.

Dans une lettre du 2 avril 1699, écrite au sieur Brigode, prisonnier à Bruxelles, ce bénédictin s'exprime ainsi : *J'ai déterré un manuscrit d'un gros ouvrage de Richer, qui n'a pas été imprimé. Il y a plus de 2000 pages plus grandes que celles-ci. Ce serait pour faire un gros in-folio ou trois in-quarto. Je suis persuadé qu'un semblable manuscrit enrichirait un libraire, et qu'on y courrait comme au feu, surtout en France. Un de mes amis a tiré une copie d'après l'original qui appartient à M. Errard, avocat de Paris, qui a épousé une nièce de M. Richer, c'est proprement la justification et les preuves d'un autre petit ouvrage* De Ecclesiastica et politica potestate. *On ne peut rien de plus fort ni de plus mordant... Je ne désespère pas d'être dans peu maître de ce manuscrit*

---

(1) Qui tous étaient primitivement des gallicans. Le gallicanisme, même le plus modéré, est une pente glissante. Si l'on s'y arrête, c'est qu'on ne craint pas de n'être pas conséquent. Il conduit nécessairement au schisme ceux qui veulent les conséquences d'un principe admis.

Dans une autre lettre, du 17 d'avril 1703, écrite au même M. Brigode, il donne à connaître que c'est lui qui l'a fait imprimer; car, à l'occasion des onze tomes manuscrits de Richer qui lui restent encore entre les mains, il lui parle en ces termes : *J'avoue que pour les manuscrits de Richer il me faudrait un secrétaire, mais il faudrait qu'il fût habile et entendît les matières, sans quoi il ferait une infinité de fautes. Je le vois par l'édition des deux derniers in-quarto,* Delensio libelli. *Elle a été faite à Liége, où on ne pouvait pas être. On l'a très-mal fagotée en toutes manières. A moins qu'on ne donne tout mâché aux imprimeurs, ou qu'on ne soit présent pour les conduire sans cesse, la plupart n'impriment rien qui vaille. J'ai été assez bien servi pour le Lemoz. Ce n'a pas été sans des peines infinies. Il faut que j'en prenne autant pour Richer, si je veux l'impression belle, bien correcte et commode; mes écoliers ne seraient pas propres à transcrire et ne voudraient pas s'y assujettir. Ce travail est trop ingrat et trop pénible. Chacun ne pense et ne s'occupe que de ce qui le regarde.*

Enfin le P. Quesnel, dans sa 90ᵉ proposition (*c'est l'Eglise qui a l'autorité de l'excommunication, pour l'exercer par les premiers pasteurs, du consentement au moins présumé de tout le corps*), et le P. Laborde, dans son fameux livre du *Témoignage de la vérité*, ont si clairement renouvelé le système de Richer, qu'on ne peut plus douter que les jansénistes ne soient de véritables richéristes.

Richer se rétracta en 1629. Il déclara, par un écrit signé de sa main, qu'il reconnaissait l'Eglise romaine pour mère et maîtresse de toutes les églises, et pour juge infaillible de la vérité. Et tout ce que le parti a publié d'une prétendue violence faite à ce docteur n'est qu'une pure fiction qui ne mérite aucune créance.

Au reste, ce système de Richer, dit M. l'évêque de Luçon, dans son ordonnance et instruction pastorale de 1728, est précisément la confession de foi d'Anne Dubourg, martyre du calvinisme en 1559. *Je crois,* disait-il, *la puissance de lier et de délier, qu'on appelle communément les clefs de l'Eglise, être donnée de Dieu, non point à un homme ou deux, mais à toute l'Eglise, c'est-à-dire à tous les fidèles et croyant en Jésus-Christ.*

RIDOLFI (ANGE), professeur de droit public à Bologne, publia un ouvrage intitulé : *Du droit social, trois livres.* Bologne, 1808, un vol. in-8°. Cet ouvrage, par un décret de l'inquisition, du 22 août 1816, fut condamné comme contenant des propositions dans leur sens naturel, et, suivant tout le contexte, respectivement fausses, téméraires, scandaleuses, erronées, injurieuses à l'Eglise et au souverain pontife, subversives de la religion révélée et de la hiérarchie, impies, favorables au schisme et à l'hérésie, et y conduisant, et même hérétiques et déjà condamnées.

RIGBERIUS, un des faux noms empruntés par le P. Gerberon.

RONDET (LAURENT-ETIENNE) naquit à Paris, d'un imprimeur, le 6 mai 1717, et devint célèbre par ses travaux bibliques et autres, et mourut le 1ᵉʳ avril 1785. Rondet croyait fermement avoir été guéri d'une maladie en 1741, par l'application des reliques de l'évêque Soanen. Il révérait beaucoup Saint-Cyran et Pâris, et visitait leurs tombeaux avec dévotion.

Il fut l'éditeur de l'abrégé de l'*Histoire ecclésiastique* de Racine, in-4°; de la *sainte Bible* de Legros, 1756; de celle de Sacy, paraphrasée par de Carrières; des *Lettres provinciales* de Pascal, 1764; du *Nouveau Testament* de Mésenguy, 1754, in-12; etc., etc. « Toutes ces éditions et les notes qui les accompagnent, dit Feller, prouvent l'application, les recherches et le goût de Rondet pour les sciences ecclésiastiques; il est fâcheux qu'on y découvre des vues de parti, et des traces de ses liaisons avec les agents d'une secte qui porte le trouble dans la science théologique, en même temps qu'elle essaye de détruire la hiérarchie et l'union catholique. »

DISSERTATIONS où il adopte presque toujours, dit Feller, l'opinion la moins suivie et la plus propre à nourrir des impressions désavantageuses au texte sacré.

DISSERTATION *sur les sauterelles de l'Apocalypse*, 1775.

Feller dit qu'elle « est le froid du fanatisme le plus forcené, d'une fureur de haine indigne d'un chrétien et même d'un homme sensé. » Il renvoie, pour la preuve de ce jugement, à son *Journal histor. et littéraire* du 1ᵉʳ juin 1784, pag. 175.

Cette *Dissertation* est probablement celle qui est dirigée contre Deshauterayes. Rondet y assigne l'époque de la fin du monde à l'an 1860, et prétend que les temps qui suivront le rappel et la conversion des juifs ne seront que de trois ans et demi. Cela lui attira une dispute avec Malot (*Voyez* ce nom).

VIE *de M. Besogne*. — Panégyrique d'un homme de parti fait par un homme de même parti.

ROUSSE (GÉRARD), prêtre, chanoine d'Avenay, dans le diocèse de Reims, appela et réappela, et mourut le 9 mai 1727. On voulut en faire le Pâris du diocèse de Reims.

RELATION *du miracle arrivé à Avenay*, le 8 juillet 1727, sur le tombeau de M. Gérard Rousse...., en la personne d'*Anne Augier*, fille, native et habitante de Marueil, paralytique depuis l'espace de vingt-deux ans. 1727, in-4°.

On y a joint la requête des trente-deux curés des doyennés circonvoisins d'Avenay, présentée aux grands vicaires du diocèse au sujet de leur *mandement* du 29 août, et une lettre de ces mêmes curés à leur archevêque.

Le parti voulut rendre Rousse rival de Pâris, et lui faire faire d'aussi nombreux miracles; mais Pâris prévalut, et le pauvre Rousse ne put avoir pour panégyristes que quelques curés de village qui firent tout ce qu'ils purent pour se rendre aussi méprisables que la requête qu'ils présentèrent à leur archevêque.

MÉMOIRES *et pièces justificatives touchant le miracle arrivé à Avenay....* en la personne d'*Anne Augier....* 1728, in-4°.

RECUEIL *de pièces justificatives du miracle arrivé à Avenay*, le 16 mai 1728, sur le tombeau de M. Gérard Rousse,... en la personne de *Marie-Jeanne Gaulard*, épouse de M. *François Stapart*, notaire à Epernay; avec quelques nouvelles pièces touchant la guérison miraculeuse d'*Anne Augier* ;... le tout précédé d'un petit discours sur les miracles en général, en forme de préface. 1729, in-4°.

Ce sont les témoignages, requêtes, lettres, extraits de lettres, certificats de prêtres, curés, chanoines, médecins, chirurgiens, etc., qui attestent tous le mensonge avec une assurance et une effronterie inconcevables. Cette fureur qu'avait la secte de multiplier les prétendus miracles de ses suppôts et de fabriquer tant de faux actes pour les soutenir, faisait à la religion un tort infini. Les incrédules se croyaient autorisés à douter des miracles anciens et à les mépriser, surtout quand ils voyaient le gazetier de la secte comparer les prétendus miracles de Paris à ceux de Jésus-Christ. *Voyez* LEVIER, PARIS.

ROUSSE (N....), c'est le Pâris du diocèse de Reims.

ROY (CHARLES-FRANÇOIS LE) naquit en 1699, à Orléans, étudia la théologie dans l'oratoire sous le P. de Gennes, à Saumur, mais n'entra point dans les ordres. Il prit de son maitre des idées qui n'étaient pas saines, et soutint des thèses que Poncet, évêque d'Angers, condamna. Il n'approuvait pas les excès des fanatiques de son parti, et on connait de lui une lettre dans laquelle il traite le gazetier janséniste comme il le méritait : cette lettre, qui est du 13 mars 1738, est adressée à l'auteur même des *Nouvelles Ecclésiastiques*, auquel il reproche nettement *des calomnies, des injures, de la satire, de la partialité, de l'entêtement*. Il quitta l'oratoire en 1746, lorsqu'on y fit recevoir la bulle *Unigenitus*. Il fut éditeur de la prétendue *Défense de la déclaration du clergé*, de Bossuet, dont il donna en même temps une traduction, 5 vol., les cinq derniers de l'édition des œuvres de Bossuet, par l'abbé Pérau. Nous mentionnerons encore de Le Roy une traduction du *Discours* de saint Athanase *contre ceux qui jugent de la vérité par la seule autorité de la multitude*, et une *Lettre* contenant les jugements qu'ont portés des jésuites les cardinaux de Bérulle et Lecamus, Bossuet et Letellier.

ROY (GUILLAUME LE), né à Caen, en Normandie, fut envoyé de bonne heure à Paris, où il fit ses études. Il embrassa l'état ecclésiastique, et fut élevé au sacerdoce. Ayant permuté son canonicat de Notre-Dame de Paris avec l'abbaye de Haute-Fontaine, il y vécut jusqu'à sa mort, arrivée en 1684, à 74 ans. Il était ami des Arnauld, des Nicole, des Pont-Château.

LETTRE *sur la constance et le courage qu'on doit avoir pour la vérité, avec les sentiments de saint Bernard sur l'obéissance qu'on est obligé de rendre aux supérieurs, et sur le discernement qu'on doit faire de ce qu'ils commandent; tirés de sa septième lettre.* 1661, ou 1667, in-4°, sans nom d'auteur ni de libraire.

Cette lettre de *la Constance*, ou plutôt de la désobéissance, fut composée pour exciter tout le monde à ne point obéir au pape, aux évêques et au roi. C'est ainsi que les pélagiens firent un traité exprès *de la Constance*, pour s'animer à soutenir généreusement leurs opinions hérétiques contre les décisions des papes et les édits des empereurs.

L'auteur de ce séditieux libelle déclare dès le commencement que la doctrine contraire à celle de Port-Royal est une doctrine damnable; que c'est renoncer à Jésus-Christ que de s'éloigner des sentiments de ces messieurs ; que la disposition où sont les ecclésiastiques soumis est une tentation effroyable ; que la conduite des puissances dans l'affaire de la signature est une persécution aussi dangereuse que celle des tyrans, et que *les vrais serviteurs de Dieu marchent sur l'aspic et sur le basilic, et foulent aux pieds le lion et le dragon ;* c'est-à-dire foulent aux pieds le pape, le roi, l'archevêque de Paris et toutes les puissances qui veulent les obliger à se soumettre.

On a dit avec raison qu'il ne s'est peut-être jamais rien écrit de plus insolent ni de plus impie. Ce qu'il y a de sûr, c'est que les huguenots, dans leur Martyrologe et en particulier dans le *Traité des afflictions qui adviennent aux fidèles*, n'ont pas surpassé et n'ont pas même égalé cet esprit de faction et de révolte, qui règne d'un bout à l'autre dans la *lettre sur la Constance*. Aussi les jansénistes ont-ils fait d'abord tout ce qu'ils ont pu pour faire disparaître cet horrible libelle. Ils eurent même l'audace de publier qu'il ne subsistait que dans l'imagination de M. l'archevêque d'Embrun (de La Feuillade). Ils se sont ravisés depuis, et, en 1727, ils l'ont réimprimé en 23 pages in-4°.

L'auteur de cet écrit séditieux est le même M. Le Roy, qui a traduit le *Traité de Philérème*, touchant l'oraison dominicale; qui a publié la *Lettre d'un solitaire sur la prétendue persécution des religieuses de Port-Royal*, en date du 11 mai 1661, in-4°; et qui, par une infidèle traduction d'un *discours de saint Athanase*, s'efforça de prouver que, pour trouver la vérité, il ne fallait pas s'attacher, ni au plus grand nombre, ni à la plus grande autorité visible.

Il y a encore de ce même Le Roy les ouvrages suivants, et d'autres :

LETTRE *d'un capucin de Flandre, du 2 mars 1651, qui montre combien est faux le décret qu'on attribue à son ordre touchant la* doctrine de saint Augustin, et combien est ridicule le trophée que les disciples de Molina ont voulu fonder sur ce prétendu décret, in-4°.

DISCOURS d'un religieux professeur en théologie, sur un voyage qu'il a été obligé de faire à Paris à l'occasion de la doctrine de la grâce : avec une lettre du cardinal Baronius, sur les sentiments de Molina, jésuite.

LETTRE.... d un conseiller du parlement, sur l'écrit du P. Ameat intitulé : Remarques sur la conduite qu'ont tenue les jansénistes dans l'impression et la publication du Nouveau Testament imprimé à Mons, 1667, in-4°.

ROYAUMONT, prieur de Sombreval, un des pseudonymes de Le Maistre de Sacy.

RUTH D'ANS (PAUL-ERNEST), né à Verviers, ville du pays de Liége, en 1653, d'une famille ancienne, se rendit à Paris, et s'attacha à Arnauld, qui fut depuis son conseil et son ami. Il assista à la mort de ce docteur en 1694, et apporta son cœur à Port-Royal-des-Champs. Ruth d'Ans ayant été exilé par une lettre de cachet, en 1704, se retira dans les Pays-Bas. Précipiano, archevêque de Malines, toujours zélé pour l'orthodoxie, connaissant le tort qu'il pouvait faire à ses ouailles, tâcha de l'éloigner. Ruth eut ordre de sortir des Pays-Bas catholiques. Il alla à Rome, où il eut l'adresse de déguiser ses sentiments, et fut assez bien reçu du pape Innocent XII ; mais Clément XI l'ayant mieux connu le déclara, par un bref spécial, inhabile à posséder des bénéfices et des dignités ecclésiastiques. Il parvint cependant, à forces d'intrigues, à être chanoine de Sainte-Gudule, à Bruxelles, en 1728, envahit la dignité de doyen de l'église de Tournai, par la protection des Hollandais, alors maîtres de cette ville. Le chapitre, qui refusa de le reconnaître et de l'admettre, fut l'objet de sa haine et de ses persécutions : l'illustre Fénelon prit part à la douleur des chanoines de Tournai ; la lettre que ce grand prélat écrivit à ce sujet est rapportée dans l'*Histoire de Tournai*, in-4°, par Poutrain. Ruth étant tombé malade à Bruxelles, le cardinal d'Alsace, archevêque de Malines, n'en fut pas plutôt informé qu'il s'y transporta pour ramener au bercail cette brebis égarée ; il sollicita pendant une heure à la porte l'entrée de la maison et ne put l'obtenir. Ruth mourut en 1728, sans avoir reçu les sacrements de l'Église, son cadavre fut enlevé furtivement pendant la nuit. C'est lui qui a composé le dixième et le onzième volume de l'*Année chrétienne* de Le Tourneux (*Voyez* ce nom). Il est encore auteur de quelques autres ouvrages composés dans l'intérêt du parti.

S

SACY. *Voyez* MAISTRE (*Louis-Isaac Le*).

SAINT-AMOUR (LOUIS GORIN DE), né à Paris, en 1619, d'un cocher du corps royal. Il était filleul de Louis XIII. Après avoir fait de brillantes études, il prit le bonnet de docteur en théologie, et devint recteur de l'université de Paris. Les évêques partisans de Jansénius l'envoyèrent à Rome, sous Innocent X, pour défendre leur cause. N'ayant pu la gagner, il revint à Paris plaider celle d'Arnauld. Il fut, comme beaucoup d'autres, exclu de la Sorbonne pour n'avoir pas voulu souscrire à la condamnation de ce docteur. Il mourut en 1687.

JOURNAL de ce qui s'est fait à Rome dans l'affaire des cinq propositions, 1662, in-folio de 578 pages, avec un recueil de pièces de 286 pages.

Il contient une relation fort détaillée de tout ce que les jansénistes avaient fait en France et à Rome pour la défense de leur doctrine, c'est-à-dire depuis la naissance de cette hérésie jusqu'en l'année 1662.

Le roi Louis le Grand ayant fait examiner ce livre par plusieurs prélats et docteurs, leur rapport unanime fut : *que l'hérésie de Jansénius était ouvertement soutenue et renouvelée dans ce journal ; que les auteurs et les défenseurs de cette secte y étaient extraordinairement loués, et les docteurs catholiques chargés d'injures ; que les papes, les cardinaux, les évêques, les docteurs, les religieux y étaient traités avec un mépris et une impudence insupportable : en sorte que ces livres étaient dignes des peines que les lois décernent contre les livres hérétiques.* Sur cet avis, le roi rendit en son conseil, le 4 janvier 1664, un arrêt qui condamna ce livre à été brûlé par la main du bourreau.

Le journal de Saint-Amour fut aussi condamné à Rome, le 28 mars 1664.

Il fut traduit en anglais : *The journal of Mons. de Saint-Amour*, etc., par G. Havers, London, T. Ratcliff, 1664, in-fol.

Le cardinal Bona fit du journal de Saint-Amour une censure détaillée qui existe en manuscrit, et qui est datée du mois de février 1664. Le savant prélat y dévoile excellemment la mauvaise foi et l'esprit hétérodoxe du chroniqueur janséniste.

SAINT-AUBIN (L. DE), pseudonyme d'Antoine Le Maistre.

SAINT-CYRAN (JEAN DU VERGER DE HAURANE, plus connu sous le nom d'*abbé de*), naquit en 1581, à Bayonne, d'une famille noble, étudia en France et à Louvain; fut pourvu, en 1620, de l'abbaye de Saint-Cyran, et assista la même année à la fameuse conférence de Bourgfontaine, qui avait été précédée d'une autre à Bordeaux (*Voyez* FILLEAU DE VILLIERS). Après la mort de Jansénius, son ami, il redoubla d'efforts pour établir la nouvelle secte. Paris lui parut le théâtre le plus convenable pour dogmatiser. Il y fit usage de tous les moyens pour y faire des prosélytes, et prétendit même avoir des révélations. *Oui, je vous le confesse*, dit-il un jour à saint Vincent de Paul, *Dieu m'a donné et me donne de grandes lumières. Il m'a fait connaître qu'il n'y a plus d'Eglise*. Et comme à ce propos le saint témoigna la plus étrange surprise : *Non*, répliqua l'illuminé, *il n'y a plus d'Eglise, Dieu m'a fait connaître que depuis cinq ou six cents ans, il n'y avait plus d'Eglise. Avant cela, l'Eglise était comme un grand fleuve qui avait ses eaux claires; mais à présent, ce qui nous semble l'Eglise n'est plus que de la bourbe. Le lit de cette belle rivière est encore le même, mais ce ne sont plus les mêmes eaux.* « Eh quoi! Monsieur, lui dit le saint homme, voulez-vous plutôt croire vos sentiments particuliers que la parole de Notre-Seigneur qui a dit qu'il édifierait son Eglise et que les portes de l'enfer ne prévaudraient pas contre elle? » *Il est vrai*, répondit l'abbé, *que Jésus-Christ a édifié son Eglise sur la pierre; mais il y a temps d'édifier et temps de détruire; elle était son épouse, mais c'est une adultère et une prostituée : c'est pourquoi il l'a répudiée, et il veut qu'on lui en substitue une autre qui lui sera fidèle.* L'artificieux prédicant n'en était pas venu tout d'un coup à cette horrible confidence. Dans plusieurs autres entrevues, il avait travaillé à y préparer insensiblement son pieux ami. Un jour qu'il l'avait trouvé ayant l'Ecriture sainte entre les mains, il s'étendit sur les lumières spéciales que Dieu lui donnait pour l'intelligence des livres saints; et il alla jusqu'à dire *qu'ils étaient plus lumineux dans son esprit qu'ils ne l'étaient en eux-mêmes*. Si ce galimatias n'exprime pas le dogme calvinien du sens particulier, il couvre quelque chose de plus dangereux et de plus superbe. Dans une autre occasion, où ils discouraient ensemble sur quelques articles de la doctrine de Calvin, l'abbé prit le parti de l'hérésiarque et en soutint formellement quelques erreurs. Le saint lui représenta que cette doctrine était condamnée par l'Eglise. *Calvin*, repartit l'abbé, *n'avait pas si mauvaise cause; mais il l'a mal défendue : il a mal parlé, mais il pensait bien.* Une autre fois, il dit, en parlant du concile de Trente : *Ne me parlez point de ce concile, c'était un concile du pape et des scolastiques, où il n'y avait que brigue et cabale.* Il n'en fallait pas davantage pour rompre tout lien d'amitié entre le saint et le novateur. Mais si celui-ci désespéra de s'attacher cet homme vertueux et orthodoxe, il ne réussit que trop bien ailleurs. Son air simple et mortifié, ses paroles douces et insinuantes, lui firent beaucoup de partisans. Des prêtres, des laïques, des femmes de la ville et de la cour, des religieux et surtout des religieuses, adoptèrent ses idées. La cour informée de ce commencement de secte regarda l'abbé de Saint-Cyran comme un homme dangereux, et le cardinal de Richelieu le fit renfermer en 1638. Après la mort de ce ministre, il sortit de prison; mais il ne jouit pas longtemps de sa liberté, étant mort à Paris en 1643, à 62 ans.

Ce qu'on vient de lire est tiré de Feller. « Je dois encore ajouter, dit un autre biographe, que, selon les dispositions juridiques de saint Vincent de Paul et de M. l'abbé de Caulet, qui fut depuis le célèbre évêque de Pamiers, et de plusieurs autres témoins respectables, on remarqua toujours dans l'abbé de Saint-Cyran le vrai caractère des hérétiques, c'est-à-dire un fonds d'orgueil étonnant..... Si on lui alléguait le sentiment des théologiens, il disait franchement qu'il en savait beaucoup plus qu'eux, et qu'il avait puisé dans les premières sources. J'ai connu, disait-il, tous les siècles, et j'ai parlé à tous les grands successeurs des apôtres, et *je vous confesse*, dit-il un jour à M. Vincent de Paul, *que Dieu m'a donné et me donne de grandes lumières* (1).

Il inculquait éternellement à ses disciples ces maximes fanatiques : que les pasteurs et les directeurs de notre siècle étaient dépourvus de l'esprit du christianisme, de l'esprit de grâce et de l'ancienne Eglise, mais que Dieu l'avait suscité pour le faire revivre.... *Que les sentiments communs ne sont que pour les âmes communes; qu'il ne puisait point ses maximes dans les livres, mais qu'il les lisait en Dieu qui est la vérité même... qui le conduisait en tout par les sentiments intérieurs et les lumières que Dieu versait dans son esprit et dans son cœur* : et qu'enfin lorsqu'il avait sondé une âme, il connaissait si elle était élue ou réprouvée. Tous ces traits sont tirés des informations authentiques faites en 1638 au sujet de Saint-Cyran.

« Ecrivain faible et diffus, en latin comme en français, sans agrément, sans correction et sans clarté, dit un critique du dix-huitième siècle, Saint-Cyran avait quelque chaleur dans l'imagination, mais cette chaleur n'étant pas dirigée par le bon sens et le goût, le jetait dans le galimatias. Il y en a beaucoup dans ses *Lettres*. La plupart de ceux qui le louent autant aujourd'hui ne voudraient pas être condamnés à le lire. Sa plus grande gloire aux yeux des gens du parti est d'avoir fait du monastère de Port-Royal une de ses conquêtes, et d'avoir eu les Arnauld, les Nicole et les Pascal pour disciples. »

Un autre critique a fait de Saint-Cyran le portrait suivant : « Avec un esprit des plus communs, ou plutôt fort éloigné du sens commun, et approchant du délire, il avait au degré suprême le génie de l'intrigue et de la séduction. Qu'on en juge par le point auquel il réussit à fasciner le docteur Antoine Arnauld et tant d'autres. Telle fut la raison pour laquelle le cardinal Richelieu le mit hors d'état de brouiller, en le faisant confiner dans une prison où il demeura jusqu'à la mort de ce ministre. Son principal ouvrage est un gros in-fol. intitulé : *Petrus Aurelius*, et qu'on réduirait au plus petit livre, si l'on en retranchait toutes les

---

(1) *Vie de M. Vincent de Paul*, par M. Abelly, évêque de Rodez.

sottises qu'il dit aux jésuites. Il eut assez de manége pour le faire imprimer aux dépens du clergé de France, mais trop peu pour empêcher la cour de le faire supprimer. Sa *Question royale*, apologie formelle du suicide et de l'homicide en bien des cas, mérite à peine attention sous ce point de vue, tant il y a su rassembler des principes encore plus répréhensibles, de maximes et de dogmes païens, d'impertinences et d'extravagances en tous genres. Son *Apologie pour le chapelet du saint sacrement*, sa *Théologie familière*, et plusieurs de ses *Lettres*, qui sont en très-grand nombre, portent également la marque d'une suffisance inepte et ridicule, sans compter le fond corrompu des choses. Mais le ridicule y est si frappant, qu'il en peut tout seul faire l'antidote. Si les puissances ecclésiastiques, en méprisant la plupart de ces absurdes productions, en ont condamné quelques-unes, ce fut moins pour prévenir les simples mêmes contre ce dogmatiseur absurde, que pour les tenir en garde contre l'admiration feinte de ses artificieux panégyristes. »

QUESTION ROYALE, *où il est montré à quelle extrémité, principalement en temps de paix, le sujet pourrait être obligé de conserver la vie du prince aux dépens de la sienne*, 1609. Imprimé par Toussaint du Bray. In-12, 57 pages.

Dans cet ouvrage de Saint-Cyran, il entreprend de prouver qu'en diverses occasions on peut et on doit même de sa propre autorité se tuer soi-même, et par la même raison tuer son prochain, sans commettre de péché, et en faisant même une œuvre méritoire. L'obligation de conserver la vie du prince aux dépens de la sienne, que l'auteur met à la tête de son livre, n'est qu'un faux titre dont il abuse pour colorer le parricide qu'il autorise.

Il pose donc d'abord le cas, cas imaginaire, où le roi, emporté sur la mer par un ouragan, et jeté sur quelque plage déserte, se verrait au moment de mourir de faim. Dans cette supposition, ou ce rêve de fièvre chaude, le grave moraliste prononce qu'un sujet qui accompagnerait le prince serait obligé de devenir son propre assassin, ou plutôt son boucher, afin de fournir de sa chair la table de son souverain et d'en être mangé. Du devoir des sujets, il passe à celui des esclaves, et décide formellement que ceux-ci, *par l'ordonnance de cette raison qui tient la place de la raison de Dieu, peuvent se trouver obligés d'éteindre leur vie par le poison, afin de la conserver à leur maître. L'homme*, ajoute-t-il en preuve, *est-il moins maître de sa liberté que de sa vie? Dieu lui a-t-il moins donné l'une que l'autre? Mais ne lui a-t-il pas donné l'une pour l'autre, puisqu'il ne l'a pu faire vivre qu'afin qu'il vécût librement?* Il va jusqu'à trouver contre la raison que la vie demeure à cet esclave, tandis qu'on le prive de la liberté, qui est la fin de sa vie.

Le manquement de propriété sur sa vie,

(1) Par Nit. Le Tardif, avocat au parlement de Paris.

n'empêche point, dit Saint-Cyran, *qu'on ne puisse se tuer soi-même. Car on voit tous les jours que la chose publique, qui n'a point d'autorité sur nos vies, les détruit avec autorité et sans reproche par le glaive de la justice.* Raisonnement dont la fausseté saute aux yeux, puisque la république, quoiqu'elle ne soit point propriétaire de nos vies, a néanmoins reçu de Dieu le droit de nous l'ôter, quand la conservation publique l'exige; et c'est ce qu'elle fait à l'égard des voleurs, des assassins et des rebelles.

Il veut encore que les enfants se puissent tuer pour leur père, et le père pour ses enfants. *Je crois*, dit-il, page 62, *que sous les empereurs Néron et Tibère, les pères étaient obligés de se tuer eux-mêmes pour le bien de leurs familles et de leurs enfants. Et c'est*, dit-il, *au tribunal de la raison qu'il doit être décidé de cette obligation.* Avec cet horrible principe un homme qui se guidera uniquement par l'instinct et le mouvement de sa raison et de sa conscience, pourra se croire obligé en certaines occasions d'en tuer un autre. C'est là précisément ce qui fut réalisé par ce disciple (1) de l'abbé de Saint-Cyran, qui tua son neveu pour venger l'injure qu'il avait faite à Dieu, comme on le voit dans les dépositions juridiques qui furent faites contre l'abbé de Saint-Cyran.

Après avoir ainsi enseigné qu'on peut quelquefois se tuer soi-même, on dicte le moyen de le faire de la manière la moins violente, la plus douce et *sans beaucoup de douleur, comme par rétention d'haleine, par la suffocation des eaux, par l'ouverture de la veine*, etc., et on colore le parricide par cet admirable principe, page 34, *toutes choses sont pures et nettes à ceux qui le sont*.

L'éloge de Socrate qui se tua lui-même est un morceau des plus curieux de ce petit ouvrage. *Le voulez-vous voir*, dit l'auteur, *l'homme de bien, meurtrier de sa vie, en celui où la raison semblait habiter, comme en un temple matériel; mais plutôt où elle était comme incorporée... Il était assisté et conduit en ses actions par un génie qui se plaisait à sa conversation, et qui se mêlait tellement à son entendement, que leurs communes actions, comme si elles eussent procédé d'une même forme, semblaient être de tous les deux comme d'une même personne... Quelle merveille de la raison parfaite est celle-là, Socrate se donnant la mort?... Ce sont les merveilles que Dieu fait voir en la raison qui est son image, ou à ceux qui se rendent capables par la purification de leurs sens d'en voir l'exemplaire quelque jour...*

Enfin, l'abbé de Saint-Cyran réduit à trente-quatre ou environ les cas dans lesquels un homme peut se tuer innocemment lui-même, de sa propre autorité; et dans la manière dont il parle de la raison et des anciens philosophes, on reconnaît un pur déiste, mais déiste très-fanatique.

PETRI AURELII *theologi opera; jussu et impensis cleri Gallicani denuo edita*. Paris, Antoine Vitré, 1642, in-fol.

La haine de Saint-Cyran pour les jésuites le détermina à composer son *Petrus Aurelius*. En voici l'occasion. Richard Smith, Anglais, fut envoyé par Urbain VIII en Angleterre, avec le caractère d'évêque de Chalcédoine. Les réguliers, qu'il troubla dans l'exercice de leurs fonctions, s'en plaignirent, et la division augmentant chaque jour, ils publièrent quelques ouvrages, dont deux surtout parurent contraires à l'autorité épiscopale. Saint-Cyran saisit cette occasion pour attaquer la compagnie et pour vomir contre elle les plus grossières injures. Il se masqua sous le nom de *Petrus Aurelius*, et le composa, sous ce titre, avec l'abbé de Barcos, son neveu, un gros *in-folio*, qu'il regardait comme son chef-d'œuvre et comme le meilleur ouvrage qui eût paru depuis six cents ans. Il trouva le moyen de le faire imprimer aux dépens du clergé de France, qui, dans cette occasion, fut surpris (comme nous l'apprend M. Habert) *par des personnes auxquelles il n'en fut pas beaucoup redevable* (Défense de la foi de l'Eglise, p. 44). Mais le clergé s'aperçut dans la suite de la surprise qui lui avait été faite; et bien loin d'avouer un si pernicieux écrit, il fit un décret exprès dans une assemblée générale, pour rayer *du Gallia Christiana* l'éloge de l'abbé de Saint-Cyran. La cour de son côté supprima l'ouvrage et en fit saisir les exemplaires.

Le *Petrus Aurelius* est rempli des erreurs les plus monstrueuses, mais débitées avec un air de hauteur, qui a imposé à bien des personnes, ou peu éclairées, ou peu attentives. Voici quelques échantillons de ces erreurs.

1° Selon Saint-Cyran, *l'ancienne loi par elle-même entraînait les Juifs à la damnation et à la mort : elle imposait aux Juifs un fardeau pesant et ne leur donnait pas le moyen de le porter* (Vindic., pag. 286). C'est là précisément le détestable dogme des manichéens, qui prétendaient que l'ancienne loi était l'ouvrage du mauvais principe.

2° On cesse d'être prêtre et évêque, par un seul péché mortel commis contre la chasteté (Vindic., p. 319) : *Extinguitur sacerdotalis dignitas... simul atque castitas deficit.* C'est un des dogmes impies de Wiclef et de Jean Hus, condamné par le concile de Constance, art. 4 : *Si episcopus vel sacerdos est in peccato mortali, non ordinat, non consecrat, non baptizat... hoc ipso quo episcopus peccator est, statum amittit.*

3° Les bonnes œuvres de ceux qui sont hors de l'Eglise sont des œuvres semblables à celles des démons, qui ont quelquefois guéri des malades : *Eodem modo quo dæmones ægrorum morbos interdum sublevant* (Vindic., p. 134). Si cela est ainsi, le prophète avait grand tort d'exhorter le roi Nabuchodonosor à racheter ses péchés par des aumônes. Et comment est-ce que les bonnes œuvres du centenier Corneille, n'étant que des œuvres diaboliques, ont pu monter jusqu'au trône de Dieu?

4° C'est erreur et ignorance de s'imaginer que Dieu veut sauver tous les hommes.

Saint Augustin, dit-on, et ses disciples ont enseigné tout le contraire, et leur sentiment a été applaudi de toute l'Eglise. *Illud, Deus vult omnes homines salvos fieri, quemadmodum non de singulis hominibus intelligi debeat, sed de iis solis qui salvantur, jam pridem Ecclesia plaudente, frementibus pelagianis, gementibus molinistis, exposuit D. Augustinus, ac post eum discipuli ejus...* In Assert. Epist. illust. et rev. Galliæ antistitum, p. 55.

5° Il n'y a que les actes de charité qui soient méritoires : *Non solum actus virtutum moralium, qualis est justitia, sed ne quidem virtutum theologicarum, nisi solius charitatis, per se meritorii sunt* (Vindic., p. 136).

6° L'état religieux n'est point incompatible avec le mariage : nouvelle doctrine qu'on fait débiter à Suarès, quoiqu'il ait dit le contraire en termes exprès : *Ad religionis statum simpliciter, seu perfectum ac proprie dictum necessaria et essentialia sunt tria vota, paupertatis, castitatis et obedientiæ*, Suar. t. III, de Relig., l. II, cap. 10.

7° On assure (pag. 252, *in octo causas*) que Richer et les richéristes n'ont jamais été condamnés que par des fous.

8° On débite clairement l'hérésie d'Arius, en égalant avec lui les curés aux évêques : *Omnes parochos simul cum episcopo unum inter se ac per hoc cum Christo pastorem dicere possumus* (Vindic., pag. 110).

9° On dit qu'un évêque qui se démet de son évêché n'est plus reconnu dans l'Eglise pour évêque : *Non remanet* (potestas ordinis) *ex more loquendi Ecclesiæ, quæ talem potestatem non magis agnoscit, quam si revera nulla esset... et omnem ejus memoriam rationemque ita abjiciens, quasi nunquam fuisset.*

10° Selon *Petrus Aurelius*, les moines ne sont point propres à gouverner les églises; il y en a fort peu, dit-il, qui y aient réussi: et il allègue là-dessus le témoignage des saints Pères : *Patres docuerunt scriptisque mandarunt, monachos parum idoneos ad Ecclesiæ munera videri* (Vind., p. 236). Saint-Cyran avait-il oublié que la plupart des saints Pères avaient été moines et solitaires, et que plusieurs des plus grands papes ont été tirés du fond d'un cloître?

NOUVEL ORDRE *monastique*, in-4°.

A l'occasion de ce livre un critique du siècle dernier s'exprime en ces termes :

« L'abbé de Saint-Cyran, qui était un homme à système, dans le dessein qu'il avait conçu de renverser la hiérarchie ecclésiastique, forma le projet d'un nouvel ordre monastique, qui dans ses vues devait bientôt absorber et engloutir tous les autres. Il dressa lui-même en latin et en français les règles et les constitutions de ce nouvel ordre, que nous avons encore, et c'est là un morceau des plus curieux de l'histoire jansénienne. Il fit présenter par les agents du parti ces règles et ces constitutions à M. l'archevêque de Paris, pour en être approuvées et autorisées; mais ce sage prélat les rejeta, et nous avons encore les réflexions qui furent faites sur ces constitutions par les personnes à qui on les remit pour les examiner.

« Une des singularités de ce nouvel ordre janséniste, c'est que l'abbé devait être laïque: *Oportet... abbatem monasterii laicum esse.* Ce sont les termes du chapitre 4°. Une autre singularité qui n'est pas moins remarquable, c'est qu'il n'est pas dit un seul mot de la communion, quoiqu'on entre dans un fort grand détail de toutes les observations monastiques et de tous les divers exercices de piété qu'on y devait pratiquer à chaque heure du jour.

« Il est vrai que dans la première page des constitutions il est marqué que les frères, conduits par leurs doyens, iront dans le chapitre, où ils confesseront leurs fautes ; mais il est évident qu'il ne s'agit point là d'une confession sacramentelle, puisqu'il ne s'y trouve point de prêtre pour la recevoir; mais qu'il n'y est question que de prosternations et d'un aveu public qu'on doit y faire de ses fautes, uniquement pour s'humilier, et non pas pour en recevoir l'absolution.

« Dans toutes ces constitutions il n'est pas dit un mot ni de l'Eglise romaine, ni du pape.

« Le projet de l'établissement de ce nouvel ordre ayant échoué par la prison de l'abbé de Saint-Cyran, ses disciples ont suivi et réalisé ce projet autant qu'ils ont pu en se désignant dans leurs lettres secrètes, sous l'idée d'un ordre religieux, comme on en a été convaincu par le procès de Quesnel et par la lecture des papiers qui furent saisis à Paris et à Bruxelles.

« Cet ordre a son général, son abbé, son prieur, ses simples moines, ses monastères, ses hospices, etc., chacun y est désigné par son nom de guerre. L'un est le *frère Borromée*, l'autre est le *frère Nicolas*, ou le *frère Joseph*. Il y a des frères *Feuillet*, et c'est M. Fouilloux ; des dom *Isolé*, et c'est M. l'abbé Duguet. On y trouve même des sœurs *Espérance*, des mères *Nicoliline*, etc.

« Ce nouvel ordre a son calendrier et ses saints particuliers; beaucoup de saints du parti, quelques-uns de l'Ancien Testament, peu du Nouveau. On y célèbre surtout la naissance et le baptême de M. *Sacy*: le jour de la profession de la mère *Agnès*, sœur de M. Arnauld ; le jour de la mort du saint patriarche *Jansénius*, arrivée le 4 mai 1638 ; la seconde profession de la mère *Angélique*, autre sœur de M. Arnauld ; le jour de la mort de la petite bienheureuse *Marie Richer*, enfant de Port-Royal-des-Champs, âgée de quatre ans sept mois ; la première vêture de la mère *Agnès* ; la naissance de M. *de Singlin*, pape de Port-Royal, par lequel la mère *Angélique* aurait mieux aimé être canonisée que par le pape de Rome, à ce qu'elle disait quelquefois. »

CHAPELET *secret du très-saint sacrement.* Publié vers 1632.

Ce n'est autre chose qu'un certain arrangement d'attributs de Jésus-Christ qu'on propose à méditer.

Ce n'est point la sœur Agnès de Saint-Paul qui est l'auteur de ce libelle, comme le prétend M. du Pin ; c'est bien l'abbé de Saint-Cyran. On y reconnaît son esprit, son style, ses expressions, et cet impie galimatias qui lui est propre.

Voici quelques-unes des étranges visions de cet abbé.

INACCESSIBILITÉ. *Afin que les âmes renoncent à la rencontre de Dieu. Et où iront-elles, si elles ne vont à Dieu ?*

INDÉPENDANCE. *Afin que Jésus-Christ n'ait point d'égard à ce que les âmes méritent* (Dieu sera donc injuste en privant de récompense le mérite); *mais qu'il fasse tout selon lui, et que les âmes renoncent au pouvoir qu'elles ont d'assujettir Dieu; en ce qu'étant en grâce, il leur a promis de se donner à elles* (Dieu aura donc eu tort de nous faire des promesses, puisqu'il vaut mieux y renoncer).

INCOMMUNICABILITÉ. *Afin que Jésus-Christ ne se rabaisse point dans des communications disproportionnées à son infinie capacité* (N'est-ce pas là renverser les desseins ineffables de Dieu dans l'économie de l'incarnation et du saint-sacrement?) ; *que les âmes demeurent dans l'indignité qu'elles portent d'une si divine communication* (Dieu cependant exhorte les hommes à s'en rendre dignes : *Ut ambuletis digne, Deo per omnia placentes*).

ILLIMITATION. *Afin que Jésus-Christ agisse dans l'étendue divine, qu'il ne lui importe ce qui arrive de tout ce qui est fini.* (Horrible discours ! *Jésus-Christ a versé tout son sang pour une âme*, et on dit ici, *qu'il arrive ce qu'il voudra de tout ce qui est fini :* que la sainte Vierge et tous les saints, qui sont finis, soient damnés ; que rien de tout cela n'importe à Jésus-Christ. Quel monstrueux langage!)

INAPPLICATION. *Afin que Jésus-Christ ne donne point dans lui d'être aux néants; qu'il n'ait égard à rien de ce qui se passe hors de lui; que les âmes ne se présentent pas à lui pour l'objet de son application, mais plutôt pour être rebutées par la préférence qu'il se doit à soi-même ; qu'elles s'appliquent et se donnent à cette inapplication de Jésus-Christ, aimant mieux être exposées à son oubli, qu'étant à son souvenir, lui donner sujet de sortir de l'application de soi-même, pour s'appliquer aux créatures.* (Quel jargon ! quelles ténèbres! que d'erreurs, d'hérésies et de blasphèmes !)

Telle est l'idée que ce fanatique s'efforce de nous donner de Jésus-Christ. Il veut le dépouiller de tous les traits de sa bonté, et nous faire renoncer en quelque façon à ses miséricordes.

Aussi sept docteurs de Paris, consultés en 1633, portèrent sur ce détestable libelle le jugement qui suit : *Nous certifions*, disent-ils, *que le livre qui a pour titre* Chapelet secret du très-saint sacrement, *contient plusieurs extravagances, impertinences, erreurs, blasphèmes et impiétés, qui tendent à séparer et à détourner les âmes de la pratique de la vertu, spécialement de la foi, espérance et charité*, etc. Jugement équitable et qui a été dans la suite confirmé par celui du saint-siège.

L'abbé de Saint-Cyran fit contre cette censure l'apologie de son libelle avec une magnifique approbation de Jansénius lui-même.

THÉOLOGIE FAMILIÈRE, *avec divers autres petits traités de dévotion.* La cinquième édition est de Paris ; J. Le Mire, 1644, in-12.
Les *petits traités* sont :
Traité de la confirmation.
Le Cœur nouveau.
Explication des cérémonies de la messe.
Exercice pour la bien entendre.
Raisons de l'ancienne cérémonie de suspendre le saint sacrement au milieu du grand autel.
Acte d'adoration.
Les dix règles de la vie religieuse.

Dès que la *Théologie familière* de Saint-Cyran eut été publiée pour la première fois avec les autres petits traités, elle fut condamnée et défendue. Elle le fut en 1643, le 27 janvier, par François de Gondy, archevêque de Paris, *comme contenant diverses propositions qui peuvent induire les esprits dans l'erreur.* Ensuite elle fut condamnée à Rome le 23 avril 1654.

Cette *Théologie* est semée d'erreurs capitales en toutes sortes de matières. Par exemple, on demande dans la sixième leçon de la *Théologie* familière : *Qu'est-ce que l'Église?* Et on répond avec Luther, Wiclef et Quesnel : *C'est la compagnie de ceux qui servent Dieu dans la lumière et dans la profession de la vraie foi, et dans l'union de la charité.* Cette doctrine, qui n'admet dans l'Église que les justes et les élus et qui en exclut tous les pécheurs, vient originairement des donatistes, et a été condamnée dans le concile de Constance. C'est dans cette source empoisonnée que le P. Quesnel a puisé la 73e proposition : *Qu'est-ce que l'Église, sinon l'assemblée des enfants de Dieu, demeurant dans son sein, adoptés en Jésus-Christ, subsistant de sa personne, rachetés de son sang, vivant de son esprit et attendant la paix du siècle à venir.*

Le système de Luther, de Calvin et de Quesnel, sur la grâce d'Adam innocent, est renfermé dans cet article du *Cœur nouveau,* sur la fin : *Le grand secret et l'abrégé de la religion chrétienne consiste à savoir la différence qu'il y a entre la grâce d'Adam et celle de Jésus-Christ. La grâce d'Adam le mettait en sa propre conduite,* in manu consilii est, *comme parle l'Ecriture : mais la grâce de Jésus-Christ nous met en la conduite de Dieu* ce qui fait que le prophète lui dit pour tous in manibus tuis sortes meæ, *mes aventures e les événements de ma vie sont en votre puissance.* Cette doctrine, renouvelée par le P. Quesnel, a pour auteur Pélage. On y débite après lui que la grâce d'Adam, dans l'état d'innocence et d'élévation où il fut créé, était une suite naturelle de sa création, et qu'elle était due à la nature saine et entière. On y joint l'impiété et l'hérésie, en insinuant que la grâce donnée à Adam le mettait en sa propre conduite, à l'exclusion de Dieu; on en prétend avec Pélage qu'il n'avait nul besoin, comme on veut d'autre part, que la grâce de Jésus-Christ nous mette sous la conduite de Dieu, à l'exclusion de notre propre conduite, c'est-à-dire, de notre liberté ; comme si l'usage de la liberté était incompatible avec la conduite de Dieu, ou que la conduite de Dieu fût incompatible avec l'usage de la liberté.

L'erreur de Pélage sur l'état d'innocence est encore plus clairement exprimée dans la seconde leçon de la *Théologie familière;* on y lit : *L'homme dans l'état d'innocence était si absolu et si puissant, que nulle créature ne pouvait se soulever contre lui; et tous les mouvements de son corps et de son âme dépendaient de sa volonté.* L'Église nous enseigne que les lumières de l'entendement et les bonnes pensées nécessaires au salut n'étaient pas au pouvoir d'Adam, que c'étaient des secours surnaturels dont il avait besoin, comme le dit expressément saint Augustin dans son livre *de Correp. et Gratia,* chap. 11 : *Primus homo egebat adjutorio gratiæ.* Il appelle ce secours une grande grâce : *Imo vero habuit magnam.* La doctrine contraire a été condamnée dans Baïus, par le saint pape Pie V et par Grégoire XIII.

On anéantit, dans la première leçon de la *Théologie familière,* le mystère de la sainte Trinité, et on semble vouloir y reconnaître une quatrième personne, en disant que *Dieu n'était pas seul avant la création du monde, et qu'il vivait dans la sacrée compagnie des trois personnes divines, le Père, le Fils et le Saint-Esprit.* Saint Thomas, qu'on cite mal à propos à la marge, est bien éloigné de rien dire de pareil.

On dit dans l'*Explication des cérémonies de la messe* que *ceux qui demeurent volontairement dans les moindres fautes et imperfections, sont indignes du sacrement de l'eucharistie.* On débite ailleurs qu'il faut chasser du temple et exclure du sacrifice *ceux qui ne sont pas encore parfaitement unis à Dieu; ceux qui ne sont pas entièrement parfaits et irréprochables.* Voilà ce qui s'appelle interdire la participation des saints mystères à presque tout ce qu'il y a de chrétiens au monde. On ne saurait apporter trop de dispositions pour en approcher, tout le monde en convient; mais il ne faut point confondre les dispositions essentielles avec celles qui sont nécessaires pour attirer une plus grande abondance de grâces.

On nous apprend dans la *Théologie familière* que si Dieu souffre qu'on lui demande des choses temporelles, *ce n'est que par condescendance et contre son premier dessein.* D'où il résulte que la Mère de Dieu et le Sauveur lui-même se sont écartés de la perfection en demandant à Dieu des choses temporelles : *Vinum non habent... transeat a me calix iste;* et que l'Église ferait mieux de ne point prier pour le beau temps et pour la paix.

On trouve, dans le *Traité de la prière,* ce dangereux principe des quiétistes et des illuminés, que l'oraison la plus parfaite est celle qui est purement passive, dans laquelle Dieu fait tout, et l'âme ne fait rien.

La doctrine des pharisiens est renouvelée dans la neuvième leçon de la *Théologie familière*, où l'on dit que le quatrième commandement regarde encore plus nos pasteurs que nos propres pères.

Si l'on en veut croire notre auteur, *le fruit de la prédication de Jésus-Christ n'a pas été grand: car tous ceux qui l'avaient oui l'ont abandonné*, dit-il, *au temps de sa passion*. Théol. fam., p. 26. On devait pour le moins excepter la Mère de Dieu, laquelle certainement n'abandonna pas son fils au temps de sa passion. Saint Jean était avec elle au pied de la croix.

L'auteur heurte de front l'Ecriture, en assurant, dans l'*Exercice pour bien entendre la messe*, que *les juifs sont les seuls à qui les prophètes ont prêché le salut* : A-t-il donc voulu oublier que le prophète Jonas prêcha la pénitence aux Ninivites, qui étaient Gentils et qui se convertirent à sa parole ?

Cette erreur nous en rappelle une autre contenue dans ses *Lettres spirituelles*, où il dit (Lettre 42) que *Dieu parla à saint Paul d'une voix si secrète, que nul de ceux qui l'accompagnaient, ne l'entendit*; quoique les *Actes des apôtres* disent positivement tout le contraire : *Audientes quidem vocem, neminem autem videntes* ; et une autre de la lettre 75, où l'on remarque que *Jésus-Christ, après avoir fait durant sa vie mortelle une infinité de miracles sur les corps, n'a produit l'amour dans les âmes qu'après sa résurrection*. Il fallait du moins excepter la Madeleine, qui avait un amour si ardent pour Jésus-Christ avant sa mort et sa résurrection, *dilexit multum*.

LETTRES *chrétiennes et spirituelles*. Paris, 1645, in-4°, 792 pages.

M. Arnauld d'Andilly est l'éditeur de ces *Lettres*. Il ne les publia qu'après la mort de l'abbé de Saint-Cyran, arrivée en 1643.

On trouve dans la lettre 71, page 568, ce blasphème étonnant et digne d'Arius : *Jésus-Christ est maintenant tout égal à son Père*. Comme si Jésus-Christ, selon sa divinité, n'avait pas toujours été égal à son Père, et qu'il eût jamais commencé de l'être selon son humanité.

La lettre 93 contient une hérésie condamnée dans Jean Hus et dans Wiclef, savoir : que les mauvais prêtres ne sont plus prêtres. *C'est à l'Eglise*, dit Saint-Cyran, page 784, *de les corriger et de les retrancher, s'il lui plait; et alors ils ne sont plus prêtres, et passent pour laïques*. Il avait avancé déjà la même hérésie dans son *Petrus Aurelius*, à la page 319, *vindiciarum*, édition de 1646. *Extinguitur sacerdotalis dignitas... simul atque castitas deficit*.

Il parut ensuite un autre tome de *Lettres spirituelles* du même abbé, où il est dit que *les Juifs sont les seuls à qui les prophètes ont prêché le salut, et à qui Jésus-Christ a prêché l'Evangile*. Proposition fausse et dont la fausseté est démontrée par les deux faits de Jonas et de la Samaritaine.

On a donné encore au public, au commencement de 1744, deux autres volumes in-12 de *Lettres chrétiennes et spirituelles* qui n'avaient pas encore été imprimées. Les deux tomes ensemble, chiffrés de suite, contiennent 787 pages.

En 1648, on imprima un petit in-8° intitulé : *Lettre de messire Jean du Verger de Hauranne, abbé de Saint-Cyran, à un ecclésiastique de ses amis, touchant les dispositions à la prêtrise*.

Saint-Cyran a fait quelques autres ouvrages. « Il n'y en a peut-être aucun, dit un auteur, où il n'ait semé quelques-unes de ses trente-deux maximes, que le parti adopta si hautement, et qui furent le fond de tous les ouvrages des écrivains jansénistes, l'abrégé de leur doctrine, et comme le coin auquel leurs livres sont marqués. En voici quelques-unes, qui sont tirées des informations qu'on fit contre lui :

1° L'absolution n'est qu'une déclaration et une marque de pardon accordé ; mais elle ne confère jamais la grâce, et elle doit toujours être précédée de la satisfaction ;

2° Le concile de Trente n'a été qu'un concile de scolastiques, qui a fait grand tort à l'Eglise et corrompu la saine doctrine ;

3° La fréquentation des sacrements est nuisible ;

4° La théologie scolastique est une théologie pernicieuse qu'il faudrait bannir des écoles ; on ne peut donc pas rendre un plus grand service à Dieu que de travailler à décréditer les jésuites ;

5° Saint Thomas, avec son beau nom d'Ange de l'Ecole, a ruiné la théologie ;

6° Les curés sont égaux aux évêques ;

7° L'Eglise de ces derniers temps est corrompue dans les mœurs et dans la doctrine ; elle a commencé à dégénérer depuis le dixième siècle ; enfin, il n'y a plus d'Eglise ;

8° Un chrétien peut renoncer à la communion, même à l'heure de la mort, pour mieux imiter le désespoir et l'abandonnement de Jésus-Christ sur son Père ;

9° Les vœux de religion sont blâmables ;

10° L'oraison purement passive est la meilleure de toutes ;

11° Les évêques d'aujourd'hui n'ont plus l'esprit de Dieu ; un péché d'impureté détruit l'épiscopat et le sacerdoce ;

12° L'attrition conçue par la crainte de l'enfer est un péché ;

13° Les justes doivent suivre en toutes choses le mouvement et l'instinct de la loi intérieure, sans se mettre en peine de la loi extérieure, quand elle est contredite par les mouvements intérieurs ;

14° Et enfin, les sentiments communs ne sont que pour les âmes communes. »

SAINT-JULIEN (*l'abbé de*), un des noms empruntés par Gerberon.

SAINT-MARC (CHARLES-HUGUES LE FEBVRE DE) naquit à Paris en 1698, et, après avoir choisi et quitté le parti des armes, prit le petit collet et s'attacha à l'histoire ecclésiastique du siècle dernier. Il débuta dans la littérature par le *Supplément au Nécrologe de Port-Royal*, qui parut en 1735 (*voyez* DESMARES). Il travailla ensuite à l'*Histoire de Pavillon*, évêque d'Alet, ouvrage qui marque assez ses liaisons avec les gens du parti (*voyez* PAVILLON). Il donna aussi un *Abrégé chronologique de l'histoire d'Italie*, 6 vol., où il fait de pénibles efforts pour contourner les faits au profit de la petite Eglise. Il mourut en 1770.

SAINT-MARC, pseudonyme de Guenin, rédacteur des *Nouvelles Ecclésiastiques*. *Voyez* GUENIN.

SAINTE-FOI (FLORE DE), un des pseudonymes sous lesquels se cachait le Père Gerberon.

SAINTE-MARTHE (ABEL-LOUIS DE), fils de Scévole de Sainte-Marthe, et oncle de Claude de Sainte-Marthe, dont il va être question ci-après, devint général des Pères de l'Oratoire, et peut être considéré comme une des principales causes de la décadence de cette congrégation, par son adhésion aux sentiments de Jansénius et d'Arnauld, et par la confiance qu'il avait dans le Père Quesnel. Il mourut en 1697, à l'âge de 77 ans.

SAINTE-MARTHE (CLAUDE DE) naquit à Paris, en 1620, de François de Sainte-Marthe, avocat au parlement, et petit-fils de Scévole de Sainte-Marthe, embrassa l'état ecclésiastique, et fut, pendant seize ans, le directeur des religieux de Port-Royal. Sa révolte contre l'Eglise le fit exiler deux fois par ordre du roi. Retiré à Courbeville en 1679, il y mourut en 1690.

LETTRE à *M. l'archevêque de Paris* (Péréfixe).
Il y exprime son attachement au parti jansénien.

DÉFENSE *des religieuses de Port-Royal et de leurs directeurs, sur tous les faits allégués par M. Chamillard, docteur de Sorbonne, dans ses deux libelles contre ces religieuses.*

TRAITÉS *de piété, ou Discours sur divers sujets de la morale chrétienne.* Paris, Osmond, in-12. Ouvrage posthume, réimprimé en 1733.

Un des grands buts que s'est proposé l'auteur, c'est de décrier l'Eglise et le corps des premiers pasteurs. Voici comme il s'explique, page 12 : *Il est étrange que dans l'Eglise... où l'on ne devrait trouver que des pasteurs éclairés qui nous conduisent à Jésus-Christ, on y trouve des docteurs de mensonge, des séducteurs, des loups, des pasteurs mercenaires qui perdent les âmes*, etc.

SAINTE-MARTHE (DENIS DE) naquit à Paris, en 1650, de la famille des précédents, entra dans la congrégation de Saint-Maur, et devint, en 1720, général de cet ordre. Il appela, mais il adhéra à l'accommodement de 1720. Il mourut en 1725, après avoir honoré son ordre par sa vertu et ses ouvrages.

SALAZ (N....).

INSTRUCTIONS *sur divers sujets de morale pour l'éducation chrétienne des filles.* Lyon, Boudet, 1710.

L'auteur ose assurer, dans l'instruction 5°, que les filles doivent lire toute l'Ecriture sainte; qu'elles ne doivent pas même craindre de lire et d'apprendre par cœur le Cantique des Cantiques. Proposition fausse, téméraire, injurieuse, et outrageante pour l'Eglise dont elle attaque la conduite.

Il prononce que tous les hommes sans exception sont nés avec le péché originel. C'est condamner la conduite de l'Eglise, qui célèbre avec tant de piété la fête de l'Immaculée Conception de la Mère de Dieu.

SAMSON (N....), curé d'Olivet. *Voyez* AVOCATS.

SANDEN (BERNARD DE), théologien luthérien, premier prédicateur de la cour de Prusse, né en 1666, mort en 1721, prêta un coup de main aux Jansénistes par un écrit intitulé : *Préjugés contre la bulle* Unigenitus.

SANSON (JEAN-BAPTISTE), prêtre qui exerçait, parmi les appelants, un ministère occulte; il n'était pas le seul, mais il paraît avoir été le plus fameux. Déjà, dans l'article MINARD, on a vu en quoi consistait ce ministère. Sanson, quoiqu'il n'eût pas de pouvoir, dirigeait un troupeau nombreux. Les appelants ne voulaient pas que l'on s'adressât aux prêtres approuvés qui avaient prévariqué en recevant le formulaire ou bulle. Telle est la doctrine expliquée dans l'écrit intitulé : *Réflexions sur le despotisme des évêques, et sur les interdits arbitraires*, 1769. Les *Nouvelles Ecclésiastiques* blâment l'abbé de l'Epée d'avoir hésité à confesser les sourds-muets, quoiqu'il fût sans pouvoirs. Maultrot, dans sa *Dissertation sur l'approbation des confesseurs*, dit que cette approbation est une innovation du concile de Trente; ainsi on peut s'en passer, et tout prêtre a, en vertu de son ordination, tous les pouvoirs nécessaires.

SAUSSOIS (DU). *Voyez* DUSAUSSOIS.

SÉGUR (JEAN-CHARLES DE) naquit à Paris en 1695, entra dans la congrégation de l'Oratoire, et appela de la constitution *Unigenitus*. L'ambition lui fit révoquer son appel; il quitta l'Oratoire et fut fait évêque de Saint-Papoul. Après avoir longtemps édifié le public par sa piété et par sa soumission à l'Eglise, il donna tout à coup, le 26 février 1735, une scène qui scandalisa étrangement les fidèles. Il rétracta par un *mandement* tout ce qu'il avait fait en faveur de la constitution; il se démit de son évêché, et il consomma sa révolte en adhérant à l'appel des quatre évêques. La chute de ce prélat fut le malheureux fruit des liaisons secrètes qu'il entretenait toujours avec les réfractaires, malgré son acceptation. Comme il avait l'esprit médiocre, et qu'il n'avait nulle science, il leur fut aisé de le séduire. Dès qu'ils le virent ébranlé, ils l'obsédèrent sans relâche. Les mauvais principes qu'il avait puisés dans la congrégation de l'Oratoire lui revinrent dans l'esprit; l'apostasie se forma dans son cœur, et enfin *il l'a rendue publique*, dit M. l'évêque de Marseille, *par un horrible attentat contre l'Eglise, dont il contredit dans son mandement les décisions; contre le pouvoir accordé aux premiers pasteurs, dont il méprise l'anathème; contre le souverain, dont il enfreint les lois;*

contre les canons qu'il viole, contre un concile qu'il calomnie, contre l'épiscopat entier qu'il afflige et qu'il outrage, contre la hiérarchie qu'il renverse, contre la chaire unique dont il se sépare, et contre la grâce de Dieu qu'il blasphème en lui attribuant son illusion. M. le cardinal de Tencin, alors archevêque d'Embrun, M. l'évêque de Laon (La Fare), M. de Châlons-sur-Saône, M. l'archevêque de Tours (Chapt de Ratignac), s'élevèrent avec force contre cet affreux mandement. Enfin, cette pièce schismatique fut supprimée par un arrêt du conseil d'Etat du 2 avril 1735, comme *injurieuse à l'Eglise, contraire à son autorité, attentatoire à celle du roi, tendant à inspirer la révolte contre l'une et l'autre puissance, et à troubler la tranquillité publique.*

M. de Ségur, depuis son apostasie, vécut treize ans dans l'obscurité, qu'il méritait par tant de titres. Il mourut le 28 septembre 1748, sur la paroisse Saint-Gervais.

Les Jansénistes en font de grands éloges, faible dédommagement de l'opprobre dont ils l'ont couvert et du malheur où ils l'ont précipité. Ils en font presque un saint. Ils ont publié : *Abrégé de la Vie de messire Jean-Charles de Ségur, ancien évêque de Saint-Papoul, mort en odeur d'une éminente piété, avec son mandement d'abdication; un Recueil de lettres et autres pièces.* Utrecht, 1749, in-12. Il est dédié à M. l'évêque d'Auxerre.

SERRY (JACQUES-HYACINTHE) naquit à Toulon, d'un médecin, se fit dominicain, reçut à Paris le bonnet de docteur, se rendit à Rome, où il devint consulteur de la congrégation de l'*Index*, enseigna la théologie à Padoue, où il mourut en 1738, à 79 ans.

HISTORIÆ *congregationum* de Auxiliis *divinæ gratiæ libri quatuor*, c'est-à-dire : *Les quatre livres de l'Histoire de la congrégation de* Auxiliis, *touchant la grâce.*

Publié sous le faux nom d'*Augustin Le Blanc, docteur en théologie.*

La première édition est de 1699; la plus ample, de 1709, in-folio.

« On peut appeler ce livre un roman théologique, tant il y a de faussetés, de calomnies et de mensonges débités avec une audace incroyable, » dit l'auteur du *Dictionnaire des livres jansénistes.* « Mais on sent bien, dit à son tour Feller, que tout le monde n'en a pas porté un jugement si sévère. Ce fut le Père Quesnel qui revit le manuscrit, et qui se chargea d'en diriger l'édition. » Ainsi, les Jansénistes pensaient bien de ce livre.

L'auteur fut accusé d'y autoriser le jansénisme et même le calvinisme, en reconnaissant pour orthodoxes des propositions hérétiques, par exemple quand il dit, l. III, ch. 46 : *que l'opinion de la grâce, toujours irrésistible, toujours victorieuse dans les élus, et qui détermine nécessairement la volonté, et telle enfin que M. Jurieu l'enseigne,* est une opinion catholique.

Ce livre fut condamné en 1701, par un décret de l'inquisition générale d'Espagne, comme *contenant des propositions scandaleuses, séditieuses, injurieuses aux souverains pontifes, au saint office, à un grand inquisiteur... et à plusieurs hommes illustres.* Voyez le *Dictionnaire historique* de Feller.

EXERCITATIONES *historicæ, criticæ, polemicæ, de Christo ejusque Virgine matre, in quibus Judæorum errores de promisso sibi liberatore nova methodo refelluntur; christianæ religionis mysteria omnia ad certam historiæ fidem exiguntur, explicantur, definiuntur, habita in academia Patavina a fratre Hyacintho Serry.* Dissertations historiques, critiques, polémiques, sur Jésus-Christ et la sainte Vierge, sa mère, où l'on réfute avec une nouvelle méthode les erreurs des juifs au sujet du libérateur promis, l'on explique et l'on éclaircit conformément à l'histoire tous les mystères de notre religion, prononcées dans l'Université de Padoue, par le frère Hyacinthe Serry; *Venetiis* 1719 *apud Joannem Malachinum.*

Cet ouvrage fut condamné par un décret du saint-siège du 11 mars 1722, comme contenant plusieurs choses téméraires, scandaleuses, pernicieuses, injurieuses aux plus saints et plus célèbres écrivains de l'Eglise, comme offensant les oreilles pieuses, et tendant à pervertir les simples fidèles.

DE ROMANO *Pontifice*, etc.; Padoue, 1732, in-8°. Ouvrage qui fut aussi condamné par un décret du 14 janvier 1733.

SÉVIGNÉ (MARIE DE RABUTIN, dame de Chantal et marquise DE), née le 5 février 1627, de Celse-Bénigne de Rabutin, baron de Chantal, épousa, en 1644, Henri, marquis de Sévigné, qui fut tué en duel, l'an 1651, après l'avoir rendue mère de deux enfants, dont une fille, qui fut mariée, en 1669, au comte de Grignan. Madame de Sévigné mourut le 18 avril 1696. Ses *Lettres* ont été favorablement jugées sous le rapport littéraire; elles ont un caractère si original, qu'aucun ouvrage de ce genre n'a pu mériter de lui être comparé. La critique, néanmoins, y a découvert quelques défauts; mais ce n'est pas de cela que nous avons à nous occuper. Madame de Sévigné s'est quelquefois mêlée de questions théologiques, et nous allons rapporter les observations qu'a faites à cet égard un écrivain orthodoxe.

On sera peut-être surpris, dit-il, qu'à propos de matières théologiques, nous parlions des *Lettres de madame de Sévigné*, de ces *Lettres* si estimées du public pour l'esprit, l'élégance, le naturel et la finesse qui y règnent. Ce n'est pas que nous ne convenions sans peine de tout ce mérite littéraire, et que nous n'en soyons touchés autant que personne; mais nous ne pouvons dissimuler que cette dame était infiniment attachée aux jansénistes et à leur doctrine; qu'elle ne cesse de les louer, eux et leurs écrits, et que par là ses *Lettres* sont dangereuses; parce qu'en effet elles peuvent inspirer insensiblement à ceux qui les lisent la même estime pour des personnes flétries et pour des ouvrages réprouvés. Ce qui rend encore le danger plus grand, c'est que l'éditeur des deux derniers tomes (édition de Rollin, 1737), peu théologien sans doute, loue sur cela même la façon de penser de madame de Sévigné. C'est dans l'avertissement qu'il a mis à la tête du cinquième tome, page 9, où il nous dit avec emphase que quand madame de Sévigné parle des grandes vérités, *c'est d'une manière sublime et lumineuse, qu'on ne peut assez l'admirer, et que c'est toujours sans s'écarter des bons principes.* Pour nous, nous allons montrer combien cet éditeur peu instruit s'écarte de la vérité et de la saine critique, en louant ainsi précisément ce qu'il y a de répréhensible dans ces Lettres.

Nous commencerons par un endroit du cinquième tome, où cette dame parle en vraie dame de la grâce, fait le docteur et veut séduire madame de Grignan, sa fille, qui n'avait aucun goût pour les nouveautés proscrites, qu'on faisait passer sous le nom de saint Augustin.

Une bonne fois, ma très-chère, dit madame de Sévigné (page 175), *mettez un peu votre nez dans le livre de la Prédestination des saints de saint Augustin, et du Don de la persévérance ; c'est un fort petit livre. Vous y verrez d'abord comme les papes et les conciles renvoient à ce Père, qu'ils appellent le docteur de la grâce ; ensuite vous trouverez des lettres des saints Prosper et Hilaire, qui font mention des difficultés de certains prêtres de Marseille, qui disent tout comme vous; ils sont nommés semi-pélagiens.* Tel est le langage des jansénistes, ils imputent aux catholiques de dire *tout comme les pélagiens* ou *semi-pélagiens.*

Voyez, continue la dame docteur, *ce que saint Augustin répond à ces lettres, et ce qu'il répète cent fois. Le onzième chapitre, du Don de la persévérance, me tomba hier sous la main ; lisez-le , et lisez tout le livre, c'est où j'ai puisé mes erreurs.* Autre façon de parler des jansénistes : ils disent hardiment que les *erreurs* qu'on condamne dans leurs livres sont puisées dans saint Augustin.

Je ne suis pas seule, poursuit madame de Sévigné, *cela me console.* C'est pour une dame d'esprit bien mal raisonner. Une femme calviniste *n'est pas seule*; cela doit-il *la consoler* ? Quand il y a une révolte contre le souverain, chacun des révoltés peut dire qu'*il n'est pas seul;* en est-il pour cela plus justifié ? Le nombre des coupables doit-il rassurer, quand on a affaire à un maître qui peut les punir tous, quelque grande qu'en soit la multitude? Si cette dame avait manqué aux bonnes mœurs, elle aurait sans doute pu dire de même, *je ne suis pas seule;* aurait-elle eu droit pour cela de dire, *cela me console?* Disons donc que quand on lutte, en matière de foi, contre l'autorité du corps des premiers pasteurs unis à leur chef, on est aussi faible, fût-on cent mille, que si l'on était seul.

Il y a une autre lettre (c'est la 444°, page 205), où madame de Sévigné a grande raison de dire que sa *plume va comme une étourdie.* Elle y prêche en effet la janséniste la toute-puissance divine, c'est-à-dire, sans aucun égard ni pour la miséricorde de Dieu, ni pour la liberté de l'homme. Les passages qui lui paraissent favoriser son sentiment, elle dit qu'elle *les entend tous; et quand elle voit le contraire, elle dit , c'est qu'ils ont voulu parler communément.* Moyennant cela elle prend au pied de la lettre tous les endroits de l'Ecriture qui expriment la toute-puissance et la justice ; mais ceux qui énoncent la miséricorde divine et notre liberté, elle se donne bien de garde de les prendre littéralement; ce sont pour elle des métaphores.

On peut après cela facilement conjecturer quels sont ses sentiments pour le pape. *Je vous envoie*, dit-elle , *la lettre du pape..... vous verrez un étrange pape. Comment ? il parle en maître ; diriez-vous qu'il fût le père des chrétiens ? Il ne tremble point , il ne flatte point , il menace; il semble qu'il veuille sous-entendre quelque blâme contre M. de Paris* (de Harlay). *Voilà un homme étrange, est-ce ainsi qu'il prétend se raccommoder ? Et après avoir condamné* 65 *propositions , ne devait-il pas filer plus doux ?* Selon cette bizarre pensée, un pape qui a condamné plusieurs propositions erronées, doit après cela *filer doux*, et en laisser passer bien d'autres. Quoique *père des chrétiens* , quoique chef de toute l'Eglise, il ne doit pas, en fait de doctrine, *parler en maître*, il doit au contraire *trembler, flatter* , et ne point *menacer.*

Dans la 482° lettre, page 383, elle loue à toute outrance un certain janséniste mort dans la paroisse de Saint-Jacques , et qui, dit-elle, *se trouvait indigne de mourir à la même place où était morte madame de Louqueville.* C'est cette princesse qui avait toujours protégé Port-Royal, et à qui le sieur Treuvé a dédié son fanatique ouvrage, intitulé : *Instruction sur les sacrements de pénitence et d'eucharistie.*

Il faut bien s'attendre qu'avec de pareils sentiments, madame de Sévigné ne sera guère favorable à la fréquente communion. Aussi quelles exclamations ne fait-elle pas, non sur la communion journalière ou sur la communion hebdomadaire, mais sur vingt ou vingt-cinq communions par an. *Je suis assurée* (dit-elle, page 100 du 6° tome) *que tous les premiers dimanches du mois, toutes les douze ou treize fêtes de la Vierge, il faut en passer par là! ô mon Dieu!*

Enfin, tous les livres de Port-Royal font l'admiration de madame de Sévigné : les livres de Nicole *sont divins ;* Hamon, cet hérétique médecin de Port-Royal, dont les œuvres ont été si justement condamnées par M. de Marseille, etc., *est un saint homme;* ses livres sont *spirituels, lumineux, saints*, et charment la dévote du parti, *quoiqu'ils lui passent cent pieds par-dessus la tête.* Mais où elle s'épanouit le plus, c'est sur les *Lettres provinciales.* Madame de Grignan ne les approuvait pas. Elle *trouvait que c'était toujours la même chose;* et ce cela elle marquait la bonté de son goût, et la justesse de son discernement ; puisqu'en effet, c'est toujours un jésuite qu'on fait ridicule à l'excès, et qui rapporte sans cesse par cœur de grands lambeaux de casuistes, dont on plaisante ensuite à son aise.

Mais madame de Sévigné, en savante du premier ordre, y trouve une *plaisanterie, digne fille* (dit-elle) *de ces Dialogues de Platon, qui sont si beaux.*

Les railleries de Pascal finissent, comme on sait, avec les dix premières lettres; et les huit dernières ne sont plus qu'un tissu d'injures et d'assez grossières déclamations. Point du tout, c'est ce qui enchante madame de Sévigné. Elle y trouve un *amour* parfait *pour Dieu et pour la vérité*, et une *manière* admirable *de la soutenir et de la faire entendre.* Elle devait ajouter un amour singulier pour le prochain.

Mais voici bien pis encore : c'est qu'elle loue les *Imaginaires* (*voyez* NICOLE), et qu'elle les *trouve jolies et justes.* Racine en porta un tout autre jugement. On a entre les mains les lettres charmantes qu'il y opposa, et les railleries fines qu'il en fit. Mais les *Imaginaires* venaient de Port-Royal, et c'en était assez pour les faire *lire et relire* avec goût à madame de Sévigné ; c'est donc pour elle qu'on peut dire avec raison, que bien écrire est un talent, et bien juger en est un autre. Il est vrai, qu'un autre écrivain orthodoxe, que madame de Sévigné fait quelquefois la femme docteur, qu'elle prononce sur des matières qu'elle n'entend pas, que ses éloges et ses censures ne sont pas toujours exempts de l'esprit de parti ; mais quoiqu'elle ait paru s'intéresser à celui qui dès lors portait le trouble dans l'Eglise, il s'en faut beaucoup qu'elle en approuvât les maximes et l'absurde doctrine de la prédestination. « Je lis, dit-elle dans une de ses lettres, l'Ecriture sainte, qui prend l'affaire depuis Adam. J'ai commencé par cette création du monde que vous aimez tant : cela conduit jusqu'après la mort de Notre-Seigneur ; c'est une belle suite. Pour moi, je vais plus loin que les jésuites, et voyant les reproches d'ingratitude, les punitions horribles dont Dieu menace et afflige son peuple, je suis persuadée que nous avons notre liberté tout entière, que par conséquent nous sommes très-coupables, et méritons bien le feu et l'eau dont Dieu se sert quand il lui plaît. »

SINGLIN (ANTOINE), fils d'un marchand de Paris, renonça au commerce par le conseil de saint Vincent de Paul, et embrassa l'état ecclésiastique. L'abbé de Saint-Cyran lui fit recevoir la prêtrise, et l'engagea à se charger de la direction des religieuses de Port-Royal. Singlin fut leur confesseur pendant vingt-six ans, et leur supérieur pendant huit. Pascal lui lisait tous ses ouvrages avant de les publier, et s'en rapportait à ses avis. Singlin eut beaucoup de part aux affaires de Port-Royal et aux traverses que ce monastère essuya. Craignant d'être arrêté, il se retira dans une des terres de la duchesse de Longueville. Il mourut en 1664, dans une autre retraite. On a de lui un ouvrage intitulé : *Instructions chrétiennes sur les mystères de Notre-Seigneur et les principales fêtes de l'année*; Paris, 1671, en 5 vol. in-8°, réimprimé depuis, 1736, 12 v. in-12. Cette édition est précédée d'une *Vie de Singlin*, par l'abbé Goujet. Il a aussi laissé quelques *Lettres.*

SINNICH (JEAN), Irlandais, né à Corck, docteur en théologie, président du grand collége à Louvain, fut un des ardents défenseurs des idées janséniennes, se rendit à Rome pour plaider la cause de l'évêque d'Ypres, fit cependant plusieurs fondations charitables, utiles, édifiantes, et mourut à Louvain en 1666. Les titres de ses livres sont singuliers ; si du moins ses livres étaient exempts de reproches!

CONSONANTIARUM *dissonantia.* 1650. Ce livre fut condamné par quelques évêques

HOMOLOGIA *Augustini Hipponensis et Augustini Yprensis de Deo omnes salvare volente*, etc. *Lovanii apud Jacobum Zegers.*

Sinnich y entreprend un parallèle de la doctrine de saint Augustin avec celle de Jansénius.

Le P. *Bivero* répondit à cet ouvrage, qui a été condamné par Innocent X, le 23 avril 1654.

SAUL EX-REX, *sive de Saule divinitus primum sublimato, ac deinde ob violatam religionem principatu vitaque exuto.* Louvain, 1662. — Seconde édition Louvain. 1665 et 1667, 2 vol. in-fol.

SPONGIA *Notarum molinomachiæ.*—Eponge des Notes sur la molinomachie.—1651. Sinnich, dans cet ouvrage, fronde de toutes ses forces le dogme catholique de la grâce suffisante, en même temps qu'il cherche à établir le dogme de la grâce nécessitante, qui est un dogme calviniste.

C'est à l'occasion de pareilles productions que le protestant Leydecker, après avoir félicité les jansénistes d'avoir enfin puisé la vérité dans les mêmes sources que les calvinistes, leur fait de grands reproches de ce qu'ils sont encore unis extérieurement à une Eglise pélagienne.

CONFESSIONISTARUM *Goliathismus profligatus; sive lutheranorum confessionis Augustanæ symbolum profitentium provocatio ad monomachiam doctrinalem super canonibus synodi Tridentinæ et articulis confessionis suæ Augustanæ, solemniter ex edicto Cæsareo secum a catholicis ineundam, repulsa.* Louvain, 1661. Deuxième édition, Louvain, 1667, in-fol.

Contre les luthériens de la confession d'Ausbourg ; mais il y a mis quelque chose en faveur de Jansénius.

VINDICIÆ *Decalogicæ desumptæ ex Saule, ex-rege ; quibus asseritur rigor præceptorum Decalogi adversus laxiores quorumdam opiniones... Accessit Mat. van Vianen opusculum de juris naturalis ignorantia.* Louvain, 1672, in-4°.

VULPES *Ripaldæ capta a theologis Lovaniensibus.* C'est-à-dire, le Renard de Ripalda (jésuite) pris par les théologiens de Louvain.

La Molinomachie; ouvrage publié en latin, sous le nom d'*Aurélius Avitus.*

LE PÈLERIN *de Jérusalem;* publié en latin, sous le nom de *Célidonius Nicasius.*

LA TRIADE *des saints Pères,* etc.

Plusieurs de ces ouvrages ont été condamnés à Rome.

SOANEN (JEAN) naquit à Riom, d'un procureur au présidial de cette ville, en 1647. Il entra en 1661 dans la congrégation de l'Oratoire à Paris, où il prit le P. Quesnel pour son confesseur. Au sortir de l'institution, il enseigna les humanités et la rhétorique dans plusieurs villes de province. Consacré au ministère de la chaire, pour laquelle il avait beaucoup de talent, il prêcha à Lyon, à Orléans, à Paris et à la cour, les carêmes de 1686 et de 1688. On récompensa ses succès par l'évêché de Senez, en 1695. Son économie le mit en état de faire beaucoup de charités. Un pauvre s'étant présenté, et l'évêque ne trouvant pas d'argent, il lui donna sa bague, action qui fit beaucoup de bruit, et qu'une charité circonspecte eût peut-être évité. Après la mort de Louis XIV, la bulle *Unigenitus* lui ayant paru un *décret monstrueux*, il fut un des quatre évêques qui, le 1er mars 1717, en appelèrent au futur concile, et publia le 28 août 1726, une longue *Instruction pastorale,* plus digne d'un ministre de Genève que d'un évêque de France, et dans laquelle il s'élevait avec force contre cette constitution. Le cardinal de Fleury, voulant faire un exemple d'un prélat quesnelliste, profita de cette occasion pour faire assembler le concile d'Embrun, tenu en 1727. Le cardinal de Tencin y présida. Soanen y fut condamné, suspendu de ses fonctions d'évêque et de prêtre, et exilé à la Chaise-Dieu, en Auvergne, où il mourut en 1740.

Dorsanne dit qu'en 1720, on gagna Soanen, qui ordonna en peu de jours douze Hollandais sur les démissoires du chapitre d'Utrecht, et sans *extra tempora.* Ce prélat avait des qualités; mais il fut la dupe d'intrigants qui abusèrent de son extrême facilité. Nous avons parlé de son appel et de sa condamnation. Il eut le malheur d'applaudir aux miracles et aux convulsions dans des lettres imprimées. La plupart des écrits publiés sous son nom n'étaient pas de lui; il est même douteux qu'il en ait composé. On n'est pas sûr qu'il soit auteur des *Sermons* imprimés comme de lui, en 1767. Quant aux lettres, mandements et instructions pastorales qu'il donna sur les contestations d'alors, on en connaît les auteurs : Cadry eut beaucoup de part à l'*Instruction pastorale* de 1726, qui provoqua principalement la tenue du concile d'Embrun. Boursier composa l'*Instruction pastorale* de 1728, sur *l'autorité de l'Eglise.* Il fournit de plus à l'évêque sa *Lettre au roi,* en 1729, et d'autres écrits. La *Lettre* du 20 juin 1736, publiée sous le nom de Soanen, *contre les erreurs avancées dans quelques nouveaux écrits,* est du P. de Gennes. Ces *nouveaux écrits* étaient ceux de l'abbé Debonnaire, appelant, qui s'était associé avec Boidal, Mignot, de La Tour, et autres appelants, pour combattre le figurisme et les convulsions. *Voyez* DEBONNAIRE, 1752. Soanen était visité avec empressement, dans sa retraite, comme un confesseur de la foi. Un pèlerinage à la Chaise-Dieu était alors de rigueur. Il n'oubliait point de signer : *Jean, évêque de Senez, prisonnier de Jésus-Christ.* Il ignorait sans doute que la première vertu des disciples de Jésus-Christ est une humilité d'esprit et une soumission sincère aux décisions de son Eglise. Cependant la réputation de Soanen souffrit quelque atteinte lors des convulsions ; des appelants même le peignirent comme un vieillard *de la faiblesse duquel on abusait pour lui faire adopter les visions du figurisme, et autoriser un fanatisme révoltant pour le bon sens et déshonorant pour la religion;* et il mourut sans pouvoir ramener la paix dans son troupeau divisé. Depuis le concile d'Embrun, son diocèse avait été successivement régi par trois grands vicaires, les abbés de Saléon, de la Mothe et de Vocance, qui achevèrent d'y établir le calme, malgré les efforts d'Etienne de la Porte, qui prit quelque temps le titre de grand vicaire de Soanen, publia des lettres et mandements, fut arrêté pour ses intrigues, relâché ensuite, et mena une vie errante et vagabonde. On publia, en 1751, *la Vie et les Lettres de M. Soanen,* en 8 gros vol. in-12. On y trouve un abrégé des miracles opérés par son intercession; car il y en eut une foule pendant sa vie et après sa mort. Les lettres contenues dans ce recueil sont au nombre de plus de seize cents. La plupart étaient de la façon de Jean-Joseph Pougnet, dit Bérard ou Beaumont, que l'on avait donné au prélat pour secrétaire, et qui fut depuis un agent très-actif de l'Eglise d'Utrecht. Il y faisait tenir à l'évêque le langage de chef de parti. Ces lettres sont presque toutes en effet pour la gloire et les intérêts des appelants.

Voyez BROUE (LA), COLBERT, LOUVART, etc.

INSTRUCTION *pastorale...., dans laquelle, à l'occasion des bruits qui se répandent de sa mort, il rend son clergé et son peuple dépositaires de ses derniers sentiments sur les contestations qui agitent l'Eglise.* En date du 28 août 1726.

C'est cette Instruction pastorale à l'occasion de laquelle fut assemblé, le 16 août 1727, le concile d'Embrun (1). Elle y fut condamnée *comme téméraire, scandaleuse, séditieuse, injurieuse à l'Eglise, aux évêques et à l'autorité royale; schismatique, pleine d'un esprit hérétique, remplie d'erreurs, et fomentant des hérésies, principalement en ce qui y est contenu contre la signature pure et simple du formulaire d'Alexandre VII, laquelle signature y est qualifiée de vexation. En ce qui y est faussement et injurieusement avancé*

---

(1) On voulut attaquer le concile d'Embrun par un autre écrit publié dans le même temps, et intitulé : *Mémoire abrégé où l'on montre l'incompétence du concile d'Embrun.* 1728, 22 pag. in-4°

contre la constitution Unigenitus, *et l'acceptation qui en a été faite; qu'elle renverse le dogme, la morale, la discipline, la hiérarchie de l'Eglise. En ce que ladite* Instruction *permet et recommande la lecture du livre condamné des* Réflexions morales *auteur de Quesnel*, etc.

Le concile défendit la lecture de cette *Instruction pastorale* sous peine d'excommunication encourue par le seul fait et réservée à l'ordinaire. Il ordonna que *le révérendissime seigneur Jean de Soanen, évêque de Senez, qui a avoué, adopté et signé ladite* Instruction, *et qui, nonobstant les monitions canoniques à lui faites de rétracter lesdits excès, y a opiniâtrément persisté, soit et demeure suspens de tout pouvoir et juridiction épiscopale et de tout exercice de l'ordre, tant épiscopal que sacerdotal, jusqu'à ce qu'il ait satisfait par due rétractation*, etc.

Cette sentence fut signifiée à Soanen le 22 septembre. On a vu ci-dessus que, exilé à la Chaise-Dieu, il y mourut le 25 décembre 1740. Dieu lui donna bien le temps de se rétracter, car il ne l'appela à son jugement que dans la 94ᵉ année de son âge; malheureusement ce prélat mourut dans son opiniâtreté et dans son endurcissement, et consomma ainsi sa réprobation.

Le parti essaya de justifier Soanen; il publia un ouvrage intitulé : *Histoire de la condamnation de M. de Senez, par les prélats assemblés à Embrun*, 1728, in-4° de 164 pages, sans nom d'auteur, ni d'imprimeur, ni de ville (1). Mais on sait que dans ce concile tout se passa selon les plus saintes règles. M. de Tencin, alors archevêque d'Embrun, y présida et y fit paraître, avec la supériorité des lumières et des talents, tout le zèle et toute la sagesse qu'on a admirés autrefois dans ces grands hommes que l'histoire nous représente à la tête des anciens conciles ; le coupable y fut cité, y comparut, y fut écouté, et son *Instruction pastorale* fut condamnée tout d'une voix, par une sentence du 20 septembre, pour les causes et avec les qualifications qu'on a lues plus haut.

Le concile d'Embrun fut approuvé par le saint-siége, par l'Eglise de France et par le roi. Cependant c'est ce saint concile qu'on a osé attaquer avec la plus grande violence dans le libelle dont nous parlons.

Cet ouvrage de ténèbres était resté sans réplique jusqu'en 1739. Mais ayant alors reparu sous le titre de : *Mémoire de monseigneur l'évêque d'Angoulême sur le concile*

d'Embrun, M. l'évêque de Sisteron en publia la *Réfutation*, qu'il accompagna d'un mandement du 6 mai 1739. Le tout fut imprimé à Florence, in-8°.

L'illustre prélat qui avait si glorieusement terrassé l'auteur des *Anecdotes*, ne combattit pas avec moins d'avantage l'auteur anonyme de l'*Histoire de la condamnation de M. de Senez*. Il lui prouve que tout est faux dans son ouvrage ; faux dans les *faits* qu'il allègue ; faux dans les *principes* qu'il pose. Par rapport aux *faits* dont l'anonyme charge les Pères du concile d'Embrun, M. de Sisteron montre qu'il accuse faux dans les démarches qu'il leur impute ; faux dans les discours qu'il leur attribue ; faux dans les portraits qu'il en fait. Par rapport aux *principes* dont il prétend qu'ils se sont écartés, le prélat prouve qu'il expose faux dans les maximes qu'il établit ; faux dans les maximes mêmes qu'il adopte. De sorte que par cette excellente réfutation, il est démontré que, soit que l'auteur de l'*Histoire* raconte, soit qu'il raisonne, cet indigne écrivain s'écarte toujours également de la vérité. Une marque de la petitesse extrême de son esprit, c'est qu'il ne rougit pas de produire en faveur de la cause de M. Soanen, un quatrain de Nostradamus, conçu en ces termes :

Tard arrivés, l'exécution faite.
Le vent contraire, lettres en chemin prises.
Les conjurés, quatorze d'une secte.
Par le Rousseau, Senez les entreprises.

LETTRE... *aux religieuses de la Visitation de Castellane*, du 24 juin 1732.

Soanen les excite, de la manière la plus forte et la plus séduisante, à persévérer dans le schisme et dans l'hérésie.

CATÉCHISME *sur l'Eglise, pour les temps de trouble, suivant les principes expliqués dans l'Instruction pastorale de M. l'évêque de Senez*. In-12 de 107 pages.

Aussi pernicieux que la source où l'auteur s'est avisé de puiser ; condamné par M. de la Fare, évêque de Laon, sous peine d'excommunication, en son mandement du 1ᵉʳ décembre 1731.

SOLARI (BENOÎT) naquit à Gênes en 1742, entra dans l'ordre des dominicains, enseigna la théologie, dissimula ses opinions, et fut fait évêque de Noli le 1ᵉʳ juin 1778. Il se déclara en faveur de Ricci, évêque de Pistoie (*Voyez* son article). Quand la bulle *Auctorem*

---

(1) Le 1ᵉʳ août l'évêque de Senez avait publié une autre *Instruction pastorale sur l'autorité infaillible de l'Eglise et sur les caractères de ses jugements dogmatiques*. Au sujet de cette *Instruction*, un théologien fit les observations suivantes :

« L'Eglise des jansénistes est une Eglise sans pape et presque sans évêques. Selon eux, le peuple est juge de la foi : les premiers pasteurs tiennent de lui leur autorité et l'exercent en son nom. Avec de pareils principes, comment pourraient-ils se distinguer des protestants ? C'est cependant ce qu'entreprend M. l'évêque de Senez dans son Instruction. Il l'emploie à cela la première partie, qui est très-courte et très-faible. Pour les trois autres parties, il les consacre tout entières à attaquer les principes catholiques

sur la visibilité de l'Eglise, sur l'autorité du plus grand nombre des premiers pasteurs unis à leur chef, sur l'Eglise dispersée, sur la soumission due à la constitution.

« Ce prélat réfractaire ne tarda pas à être puni de tant d'excès, puisque sept semaines après il fut jugé et condamné dans le concile de sa province.

Comme la doctrine de cette longue instruction est chère au parti, on en a fait un précis qui a été imprimé, et dont on arrêta une édition entière à Rouen en mai 1729. Ce même précis se trouve dans une prétendue *instruction pastorale*, que publia celui qui se disait vicaire-général de M. de Senez. *Voyez* PORTE (*Etienne De La*)

fidei parut, en 1794, il montra contre cet acte du pouvoir pontifical une opposition formelle et publique, en le dénonçant, par une lettre du 8 octobre, au sénat de Gênes. Il applaudit à la révolution génoise, en 1797, et mérita d'être fait membre de la commission de législation. Il donna des mandements patriotiques, et publia une lettre à l'avocat Giusti, en faveur des jansénistes, et correspondit avec le clergé constitutionnel de France. Sollicité de venir au second concile de ce clergé, en 1801, il répondit, le 23 mai, par une lettre d'excuse, où il avoue qu'il est devenu odieux, non-seulement aux Romains, mais encore à ses propres compatriotes. Le célèbre cardinal Gerdil publia, en 1802, un *Examen des motifs de Solari à la bulle* Auctorem fidei, dans lequel il les réfute complétement. Solari répliqua par une apologie, quoiqu'il ne fût pas de force à lutter contre le savant cardinal. Il mourut le 13 avril 1814.

STANOVEN, archevêque d'Utrecht. *Voyez* LOUVART.

LETTRE... *sur les mémoires que la cour a fait faire pour rendre odieux en France, et suspects à leurs hautes puissances, M. d'Utrecht et ceux qui lui sont attachés.* In-4° de 8 pages.

L'archevêque d'Utrecht a pour but, dans cet écrit, de se justifier lui-même en faisant tout son possible pour justifier l'évêque de Babylone, Petit-Pied, Blondel, Poncet et Maupas. Entreprise au-dessus de ses forces.

T

TABARAUD (MATTHIEU-MATHURIN) naquit à Limoges en 1744, étudia à Saint-Sulpice et entra dans la congrégation de l'Oratoire. Il enseigna à Arles, à Lyon, à Pézenas, dirigea le collège de la Rochelle, et fut supérieur de la maison oratorienne de Limoges. La révolution l'ayant obligé de la quitter, il se rendit à Londres, d'où il revint en 1802; alors Fouché, son ancien confrère, le porta sur une liste pour l'épiscopat : mais cette dignité lui aurait d'autant moins convenu, qu'il n'exerçait point les fonctions du ministère. Le parti se serait sans doute flatté d'avoir de nouveau un évêque. Nommé, en 1811, censeur de la librairie, Tabaraud profita de sa position pour entraver la publication des livres contraires à ses idées jansénistes. A la Restauration, il fut renvoyé de cette place, mais il obtint une pension. Il conserva toujours un grand attachement pour ses opinions, qu'il défendit avec zèle jusqu'à sa mort, arrivée à Limoges le 9 janvier 1832. Il donna beaucoup d'ouvrages; les uns sont assez bons, les autres sont répréhensibles; nous mentionnerons plusieurs de ces derniers. Il fut un des collaborateurs de la *Biographie universelle;* ses articles qui se trouvent dans les vingt premiers volumes sont nombreux et empreints de son esprit janséniste. Avant de nous occuper de ses livres, nous devons rapporter les paroles de son testament olographe, daté du 9 janvier 1831 : « Je rends grâces à Dieu de m'avoir fait naître dans le sein de l'Eglise catholique, apostolique et romaine; de m'avoir inspiré la bonne croyance de toutes les vérités qu'elle enseigne, et préservé de toutes les erreurs qu'elle condamne. J'espère de sa divine miséricorde qu'il me conservera dans ces sentiments, jusqu'à ce qu'il lui plaise de m'appeler à lui. Si dans les ouvrages que j'ai publiés, il se trouvait quelque chose qui ne fût pas conforme à ces dispositions, je le soumets au jugement de ladite Eglise, et je demande pardon à Dieu de tout ce qui, dans mes ouvrages, aurait offensé les personnes, etc. »

PRINCIPES *sur la distinction du contrat et du sacrement de mariage, sur le pouvoir d'apposer des empêchements dirimants, et sur le droit d'accorder des dispenses matrimoniales.* Un vol. in-8°. Paris, 1816.

Ce livre fut publié sous le voile de l'anonyme; mais on sut qu'il était de l'abbé Tabaraud, et un critique judicieux l'apprécia dans les pages suivantes qu'il est utile de conserver.

§ Ier. — Rien n'est si commun dans une certaine école que de parler d'un obscurcissement général dans l'Eglise, d'erreurs capitales qui y sont enseignées, de défection, de ténèbres qui y ont prévalu. C'est la doctrine que l'on trouve inculquée le plus persévéramment dans les livres sortis de cette école. Ils représentent constamment l'Eglise comme ayant laissé éteindre le flambeau de la foi, le corps des pasteurs comme ennemi de la vérité, l'enseignement comme perverti, l'apostasie comme générale, et la visibilité comme réfugiée dans les bornes étroites d'un parti qui se cache et qui rougit même de son nom. Le même principe se trouve consacré par l'autorité si imposante du synode de Pistoie, qui s'exprime en ces termes : *Il s'est répandu dans ces derniers siècles un obscurcissement général sur les vérités les plus importantes de la religion:* proposition qui a été à la vérité condamnée par la bulle Auctorem fidei, mais qui n'en est pas moins chère aux partisans de ce synode, aux yeux desquels une telle condamnation est une nouvelle preuve de la vérité de leur maxime.

L'auteur de l'écrit que nous annonçons sur le mariage suit fidèlement le même système et professe la même doctrine, et il ne faut pas s'en étonner, puisqu'il est en ce moment la dernière lumière de cette Eglise mourante. Ce théologien, déjà connu par plusieurs ouvrages, n'a pas jugé à propos de mettre son nom à celui-ci; mais il s'y est fait reconnaître à des marques sûres, au bien qu'il dit de lui et à son humeur contre les autres, à ses plaintes perpétuelles contre l'enseignement, et à son désir naïvement exprimé de réformer cette *théologie routinière,* qui refuse de se plier au temps et de se conformer à l'esprit du siècle. Il ne se contente pas d'insinuer le principe de l'obscurcissement, il essaie de l'établir par de nombreux exemples, et c'est à cela que tend principalement son Discours préliminaire, qui est assez long, et où il répète beaucoup de choses qu'il avait pris déjà la peine de nous dire dans des écrits antérieurs.

Cet auteur avance donc que la portion des membres de l'Eglise qui peut donner dans des erreurs contre la foi, *ne se réduit pas seulement à quelques personnes isolées*, mais que *c'est quelquefois le très-grand nombre des pasteurs et des fidèles*; d'où il suit que ceux qui soutiennent la vérité, forment le très-petit nombre, maxime fort commode, et avec laquelle on peut se passer de l'autorité, et braver les condamnations. A l'appui de ce principe, l'auteur cite plusieurs doctrines qui se sont accréditées, selon lui, dans ces derniers temps, et qui n'en sont pas moins fausses. Les jésuites n'ont-ils pas tenté, dit-il, de renverser la doctrine de saint Augustin sur la grâce efficace par elle-même et sur la prédestination gratuite, et n'y ont-ils pas substitué le système de Molina, *qui a obtenu la préférence*; et n'a plus laissé à l'ancienne doctrine que la simple tolérance? Ce premier exemple est sans doute assez mal choisi. Le système de Molina n'a point *obtenu la préférence* dans l'Eglise, il n'y est que toléré, et on peut même dire qu'il n'y est point répandu. Les théologiens les plus suivis de nos jours ne s'appliquent plus à défendre telle ou telle explication des mystères de la grâce, et celle-là moins que toute autre; ils énoncent ce qui, à cet égard, est de foi, sans chercher à connaître les secrets des opérations divines. Ils exhortent plus à demander la grâce, qu'à s'enquérir comment elle agit. Enfin, l'auteur est d'autant plus de mauvaise foi dans cet article, qu'il sait très-bien sans doute que, dans le nombre des théologiens qui adoptent encore un sentiment particulier sur ces hautes matières, et qui sont presque tous étrangers, il y a plus d'augustiniens que de molinistes.

Le même obscurcissement, continue-t-il, s'est répandu sur la doctrine de la nécessité d'un commencement d'amour de Dieu par-dessus toutes choses, pour être réconcilié dans le sacrement de pénitence. Il se plaint qu'on enseigne généralement que l'attrition purement servile, c'est-à-dire conçue par la seule crainte des peines de l'enfer, sans aucun acte d'amour de Dieu, suffit pour être réconcilié dans le sacrement de pénitence. Cette opinion est, selon lui, *répandue dans les livres de piété et dans les catéchismes, et elle est généralement adoptée dans la pratique*. Mais notre obscurant se plaît à augmenter nos ténèbres. Ne devrait-il pas mieux savoir quelle est particulièrement à cet égard la doctrine du clergé de France, et n'a-t-il pas lu cette célèbre déclaration de l'assemblée de 1700, qui avertit, d'après le concile de Trente, que *personne ne doit se croire en sûreté si dans le sacrement de péni-* *tence, outre les actes de foi et d'espérance, il ne commence à aimer Dieu comme source de toute justice?* Les livres de piété sont rédigés dans cet esprit. Ils inculquent l'amour de Dieu, ils en offrent des actes aux fidèles dans les exercices de piété, et surtout dans la préparation à la confession; et les formules d'actes de contrition qu'on y trouve expriment positivement qu'on est *fâché d'avoir offensé Dieu, parce qu'il est infiniment bon et infiniment aimable*. Quel prédicateur, quel catéchisme, quel confesseur prennent soin d'avertir les pénitents qu'ils sont dispensés de s'exciter à l'amour de Dieu? M. Tabaraud altère donc ici l'enseignement ordinaire pour le rendre ridicule, et calomnie la pratique pour avoir le plaisir de se plaindre.

Il cite encore comme une preuve de cet obscurcissement qu'il veut voir partout dans les choses qui tiennent à la foi, les contradictions qu'ont essuyées les quatre articles de 1682. Il aurait dû lire avec attention la *Defense de la déclaration*, par Bossuet, et il y aurait vu ce grand évêque assurer *que les évêques n'ont pas prétendu faire un décret sur la foi, mais indiquer une opinion comme meilleure et préférable;* qu'ils ont *énoncé un sentiment ancien et suivi dans ce pays, et non une doctrine qui obligeât tout le monde*. Ce sont les expressions de Bossuet lui-même, qui apparemment savait ce que l'assemblée de 1682 avait voulu établir, et ce qu'il avait voulu soutenir lui-même (1).

M. Tabaraud, qui avait de l'humeur, et qui était décidé à trouver de l'obscurcissement dans l'Eglise, regarde encore comme une preuve de ces ténèbres la croyance commune sur l'assomption et la conception de la sainte Vierge. En vain lui dira-t-on que l'Eglise universelle n'a rien défini à cet égard; c'est précisément cette réserve qui n'est pas de son goût. Plus difficile que l'Eglise, cet âpre théologien paraît avoir pris son parti de la censurer, soit qu'elle parle, soit qu'elle se taise. Il nous fait grâce de plusieurs autres reproches que, dans son humeur chagrine, il était disposé à lui adresser. Peut-être allait-il lui faire la guerre sur les processions, les pèlerinages, les *Agnus Dei* et autres abus énormes qui sans doute scandalisent une piété si fervente et un zèle si pur; mais la dévotion du sacré-cœur lui est revenue en mémoire, et sa bile s'est déchargée sur cette pratique, objet d'une antipathie ancienne et déclarée pour l'école à laquelle il appartient.

Ce n'est qu'après avoir passé en revue ces différents exemples d'un obscurcissement qui ne paraît tel qu'à des yeux malades, que l'auteur arrive à la question du mariage; sur laquelle il s'imagine qu'on a répandu les plus épaisses ténèbres, et ici il fait impitoyablement le procès à tout le monde. Ce n'est pas seulement l'enseignement des écoles qu'il réprouve; ce ne sont pas seulement les théologiens, les scolastiques, les canonistes qu'il accuse d'erreur, ce sont encore des jurisconsultes, des magistrats, la cham-

(1) Voyez sur cette fameuse *Défense* l'article de Bossuet, évêque de Troyes.

bre des députés, *les conseils des princes et l'opinion publique* elle-même. Ainsi M. Tabaraud a affaire à forte partie; mais il ne redoute ni le nombre, ni la qualité de ses adversaires, et il dit à chacun son fait, avec la modestie d'un homme qui se charge de réformer l'univers. Voici entre autres un argument auquel on ne s'attend pas. *On ne retrouve*, dit-il, *les vrais principes sur cette question que dans le code civil, qui a établi de la manière la plus formelle la distinction du contrat et du sacrement* (1). Pour un homme qui se dit théologien, c'est là sans doute un singulier aveu. Ainsi c'est dans le code civil qu'il faudra aller chercher les règles de l'Eglise, et le code civil doit être la boussole et l'oracle des écoles catholiques. La question du mariage était auparavant ignorée et obscurcie, c'est le code civil qui l'a remise en lumière. Ce n'est que là qu'ont été enfin proclamés les principes méconnus depuis longtemps par les conciles comme par les théologiens. L'Eglise avait laissé s'altérer la bonne doctrine; Bonaparte et son conseil d'Etat l'ont heureusement ressuscitée : la science et la piété de quelques avocats, bien qu'un peu révolutionnaires, ont dissipé les ténèbres que les docteurs et les Pères avaient répandues parmi nous depuis tant de siècles, et ce n'est que dans un code, où il n'est point question de Dieu, *que l'on retrouve les vrais principes*, qui s'étaient effacés par la négligence des dépositaires de la tradition. Ne perdons point de vue cette décision de M. Tabaraud. Elle montre quelles sont les autorités qu'il préfère, et quel cas il fait dans le fond de la vénérable antiquité, qu'il tâche pourtant d'attirer à lui pour la forme. Elle nous dispenserait peut-être de recherches ultérieures ; car celui qui ne trouve les vrais principes que dans le code, et qui, par une suite nécessaire, ne rencontre qu'obscurcissement dans l'ancienne théologie, ne paraîtra sûrement aux lecteurs de sang-froid ni un canoniste bien profond, ni un juge bien clairvoyant, ni surtout un dissertateur bien impartial. C'est ce dont il a pris soin de nous convaincre par toute la suite de son livre.

§ II. — M. Tabaraud, qui avait eu la franchise de nous avouer qu'il n'avait trouvé *les vrais principes sur le mariage que dans le code civil*, ce qu'il ne faut jamais oublier, aurait pu, après cela, s'épargner la peine de fouiller dans la tradition, et d'y chercher les preuves de son système. Ce ne peut être que pour la forme, et en quelque sorte par décence, qu'il a interrogé sur ce sujet les monuments de l'antiquité. Il a pensé sans doute qu'il serait aussi trop ridicule de discuter une pareille question, sans y mettre un peu d'appareil théologique, et sans avoir l'air de s'environner de quelques autorités. Plusieurs lecteurs pourront y être trompés et, en lui voyant citer les Pères et les conciles, s'imagineront qu'il les a en effet pour lui. On est quelquefois dupe d'un certain étalage d'érudition, et

des manières hardies et tranchantes d'un auteur qui prend d'autant plus le ton de l'assurance qu'il a besoin de couvrir par là le défaut de ses arguments. Il faut donc montrer les artifices, les subtilités et le manège d'un homme qui paraît assez exercé à tordre les passages par des interprétations forcées, et leur faire prendre la couleur qu'il juge à propos de leur donner.

D'abord, M. Tabaraud, trouvant dans les monuments de la tradition très-peu de textes qui se pliassent à ses vues, a eu le soin de faire précéder et suivre chacun d'un commentaire plus ou moins adroit, mais toujours assez long pour disposer le lecteur à n'y voir que ce qu'on veut lui insinuer. Il appelle à son secours la science des distinctions, des explications, des restrictions, et tout en se moquant des scolastiques, il imite très-bien les subtilités qu'il leur reproche. Par exemple, il rapporte un passage de saint Ignace, disciple des apôtres : *Nubat in Ecclesia, benedictione Ecclesiæ, ex Domini præcepto.* Vous croyez peut-être que ce passage, qui indique un *précepte* si formel de Notre-Seigneur lui-même, gêne M. Tabaraud. Point. Saint Ignace ne dit pas en cet endroit que la bénédiction fût nécessaire à la validité du mariage. C'est une simple *recommandation* qu'il fait aux fidèles; et ainsi le *précepte* ne devient plus qu'un conseil, et le témoignage d'un évêque contemporain des apôtres est adroitement éludé. L'auteur interprète de même les autres passages où il est parlé de la bénédiction nuptiale. Tertullien à la vérité flétrit les mariages qui ne se célébraient pas à l'église ; mais *ce sont des expressions outrées, échappées à son imagination bouillante.* D'ailleurs, il n'a pas dit absolument que ces mariages étaient nuls, et tout ce qu'on trouve dans les Pères contre ces sortes d'unions doit s'entendre d'une simple prohibition, et non d'une déclaration de nullité. Cette distinction, que M. Tabaraud répète fréquemment, est une des clefs avec lesquelles il se tire des plus mauvais pas.

Il est une autre clef non moins ingénieusement imaginée, et dont l'auteur fait aussi un grand usage. Saint Basile déclare que le mariage contracté successivement avec les deux sœurs n'est pas un vrai mariage, et que les conjoints doivent être exclus de l'assemblée des fidèles, jusqu'à ce qu'ils consentent à se séparer. Les théologiens ordinaires croient voir là un empêchement dirimant établi par l'Eglise, et ils s'imaginent que quand un Père de l'Eglise déclare que telle union *n'est pas un vrai mariage*, cela signifie un mariage nul. M. Tabaraud leur apprendra comment on élude des expressions en apparence si précises, et par quelle tournure on peut avoir l'air d'échapper à une déclaration si formelle. C'est là qu'il applique cette autre clef dont nous avons parlé. La séparation dont parlent les Pères dans ce cas et plusieurs autres, ne doit pas être étendue *au*

(1) Discours préliminaire, page xxxvi.

lien de mariage; il convient de la restreindre à l'habitation, thoro. Cet *il convient* est naïf. Cela *convient* en effet au système de M. Tabaraud, et cela lui *convient* si bien, qu'il en use souvent, et qu'il l'applique à plusieurs décisions pareilles qu'il trouve dans l'antiquité.

Deux conciles du VIIIe siècle embarrassèrent un peu M. Tabaraud, ou plutôt embarrasseraient tout autre; car, pour lui, il ne s'épouvante d'aucune autorité, et il sait esquiver les plus fortes objections. L'un de ces conciles, celui de Chalcut, en 787, prononce sur l'état des enfants nés de certains mariages. *Ce n'est là,* dit M. Tabaraud, *qu'une entreprise extraordinaire sur laquelle on ne saurait fonder un droit légitime... On ne peut en rien conclure ni contre les droits des princes, ni en faveur des prétentions de l'Eglise sur le mariage.* Il est bien plus indigné encore contre le concile de Forli, en 791, qui ose déclarer nuls des mariages entre des parents à des degrés prohibés, et il s'écrie : *Quel avantage pourrait-on tirer d'un canon qui entreprend manifestement sur les droits imprescriptibles de la puissance temporelle à laquelle seule il appartient de prononcer sur l'état des personnes?* Mais c'est précisément là la question, et cette manière de raisonner est ce qu'on appelle, en bonne logique, une pétition de principe, espèce de sophisme assez facile, qui n'a pas le mérite d'être fort spécieux, et qui devrait être interdit, surtout à un ancien professeur; car M. Tabaraud ne se débarrasse ici de ce canon incommode qu'en supposant manifestement vrai le système qu'il avait à prouver, et que ce canon renverse. Avec une volonté aussi décidée d'avoir raison tout seul, on peut compter qu'il ne rencontrera plus d'obstacles.

Les *fausses décrétales* lui fournissent particulièrement un moyen de battre en ruine ses adversaires. Ce sont les fausses décrétales qui ont fait tout le mal; elles ont changé toute la discipline et interverti toutes les notions. Les principes ont été altérés tout à coup, et l'Eglise, assistée de l'Esprit-Saint, a laissé prévaloir, sur une foule de points, des idées, une discipline et même une doctrine tout opposées à celles qui avaient régné jusque-là. On sait que c'est là le texte le plus habituel des déclamations des protestants, et il s'est trouvé des catholiques qui les ont répétées, ou par légèreté, ou à mauvaise intention. Les canonistes du dernier siècle surtout ont appuyé là-dessus les nouvelles maximes qu'il leur plaisait d'introduire, et ils ont mieux aimé accuser l'Eglise de changement que d'avouer que c'étaient eux qui méritaient ce reproche. A leur imitation, le religieux théologien, qui veut réformer la doctrine commune sur le mariage, cherche à nous persuader, tant il est respectueux pour l'Eglise, que c'est elle qui a eu tort et qui a varié, et son système lui est plus cher que l'honneur de cette société à qui Dieu a promis l'assistance, et que tous les chrétiens doivent chérir comme leur mère.

Cette disposition de M. Tabaraud s'applique surtout aux chapitres où il traite du concile de Trente. L'autorité de cette sainte assemblée est établie dans l'Eglise depuis près de trois cents ans, et les catholiques sont accoutumés à regarder ses canons et ses décrets comme la règle de leur croyance et l'oracle de l'Esprit-Saint. Rome, les évêques des différentes Eglises, les théologiens des diverses écoles, les pasteurs et les fidèles, professent un religieux respect pour les décisions de ce *grand parlement des chrétiens,* ainsi que l'appelait un philosophe célèbre; et les décisions de ce dernier concile, fortifiées de l'assentiment de toutes les Eglises catholiques, sont un rempart contre les erreurs des derniers siècles, et un frein contre celles qui voudraient naître encore. Or, ce concile a le malheur de professer sur le mariage une autre doctrine que M. Tabaraud. Il prononce anathème contre celui qui dirait *que le mariage n'est point un sacrement,* et contre celui *qui prétendrait que l'Eglise n'a pu établir des empêchements dirimants.* Cet anathème d'un concile œcuménique a quelque chose d'effrayant pour nous autres gens simples; mais un théologien aguerri comme M. Tabaraud saura bien esquiver un tel coup, et sa méthode des distinctions lui sera ici d'un merveilleux secours. Il n'attaque point l'œcuménicité du concile, il est trop adroit pour heurter de front un point sur lequel il y a unanimité dans les écoles catholiques; ce procédé ne ferait pas fortune et indisposerait contre l'auteur. Il est des manières détournées d'arriver au même but. On ne conteste point directement un principe, mais on l'atténue dans ses détails. Nous allons voir comment M. Tabaraud sait miner et détruire une autorité tout en ayant l'air de la révérer profondément.

Le concile de Trente, dit-il, est infaillible lorsqu'il statue sur la présence réelle, sur l'invocation des saints et sur les dogmes et les pratiques de la foi; il n'en est pas de même de ses décisions sur le mariage, parce qu'elles intéressent les princes, et qu'elles leur enlèvent leurs droits pour soumettre à la juridiction ecclésiastique un contrat purement profane par sa nature. Le concile, en statuant à cet égard, a visiblement excédé les bornes de son pouvoir, et ses décrets sont nuls par défaut de compétence du tribunal. Ainsi parle M. Tabaraud, et il se fonde, comme on voit, sur ce que les questions que le concile a décidées sur le mariage ne touchent point à la foi. A la vérité le concile dit le contraire. Dans la vingt-troisième session, en indiquant les matières qui devaient faire l'objet de la suivante, il fut dit que l'on y traiterait *du sacrement de mariage et des autres objets qui appartiennent à la doctrine de la foi.* Et au commencement de la vingt-quatrième session, le concile exposant la doctrine sur le sacrement de mariage, s'exprime ainsi : *Les saints Pères, les conciles et toute la tradition ecclésiastique nous enseignent que le mariage doit être compté parmi les sacrements de la loi nouvelle. Cependant plusieurs hommes impies et insensés de ce siècle, non-seulement ont mal pensé sur ce sacrement vénérable, mais introduisant, suivant leur usage, la licence sous prétexte de la liberté évangélique, ils ont avancé de vive voix et par écrit plusieurs choses éloignées du sentiment de l'Eglise catholique et de la pratique du temps des apôtres, et cela non sans un grand dommage pour les chrétiens. Le saint concile universel, voulant aller au-devant de leur témérité, a jugé convenable d'exterminer les plus remarquables des hérésies et des erreurs de ces schismatiques, de peur que cette dangereuse contagion n'en séduise un plus grand nombre : en conséquence il a décerné les anathèmes suivants contre ces hérétiques et leurs erreurs.*

Il semble que ce passage ait été écrit exprès pour prévenir les vains subterfuges de M. Tabaraud. Ce théologien de nouvelle fabrique prétend que les canons et les décrets sur le mariage n'appartiennent point à la foi, et le concile emploie les plus fortes expressions pour prouver le contraire. Il signale avec une juste sévérité *les hérésies et les schismatiques qui introduisent la licence et séduisent les fidèles*. Maintenant à qui croirons-nous, ou du saint et œcuménique concile de Trente prononçant qu'il s'agit ici du dépôt de la foi, ou d'un particulier sans autorité qui prétend décider le contraire? A qui croirons-nous de cette assemblée antique lançant un anathème contre celui qui dirait que l'Eglise n'a pu établir des empêchements dirimants, ou d'un dissertateur moderne qui affronte cet anathème, et qui met en thèse la proposition que l'Eglise réprouve? A qui croirons-nous des premiers pasteurs, des dépositaires de la tradition, des députés de toutes les églises, avertissant les fidèles que le mariage est un sacrement pour les exhorter à le recevoir saintement, ou bien d'un sophiste qui vient dire gravement que *ce n'est point ici une simple inexactitude de langage*, et qui, repoussant un principe consacré par la croyance et la pratique communes, emploie un volume entier à subtiliser sur ce sujet, et à enfanter un système immoral et absurde?

Il y a plus : la légèreté avec laquelle M. Tabaraud parle des décisions du concile ne se borne pas aux canons et décrets de la vingt-quatrième session. Il pose des principes avec lesquels on pourrait aussi bien ébranler les autres décrets de cette vénérable assemblée. Ainsi il faut, selon lui, pour que les décrets d'un concile œcuménique soient irréfragables : 1° que les matières aient été sérieusement discutées en conférences ; 2° que dans cette discussion tous les nuages qui couvraient la vérité aient été éclaircis ; 3° qu'il y ait eu un accord unanime entre les Pères. Or, qui ne voit que de telles conditions tendent à infirmer les décisions les plus sages et les plus respectées. Elles fournissent, par exemple, des armes aux protestants pour résister aux décrets du concile de Trente. Ils pourront toujours dire que les matières n'ont pas été suffisamment discutées. Ils manqueront encore moins de dire que les nuages qui couvraient la vérité n'ont pas été éclaircis. C'est la prétention de tous ceux dont l'Eglise a condamné les erreurs. Fra Paolo à la main, ils suivront toute l'histoire du concile, telle que la rapporte cet écrivain si bien caractérisé en deux mots par Bossuet. Ils trouveront dans ce critique infidèle mille prétextes pour censurer et calomnier les opérations des Pères, et M. Tabaraud veut bien les aider encore à cet égard de ses lumières et de son impartialité. Telle décision est obscure, selon lui, parce qu'elle a été jugée telle par deux ou trois jurisconsultes. *On y a omis les règles* que M. Tabaraud vient de tracer avec tant de sagesse, et *on attribue avec juste raison l'oubli de toutes ces règles au défaut de liberté*. Ici il répète les plaintes de Fra-Paolo, et il conclut en disant que *quand même les décrets du concile de Trente sur le mariage auraient pour objet une doctrine appartenant à la foi, on pourrait encore leur refuser la qualité de règle de foi*; et plus loin, que *ces canons doivent être regardés comme non avenus*.

Tant de hardiesse et de hauteur de la part d'un homme obscur, et qui ne s'est pas nommé, doivent sans doute étonner et confondre le lecteur qui connaît les règles et les droits de l'Eglise. On se demande qu, a pu inspirer cette audacieuse désobéissance et cette critique effrénée : c'est l'esprit de parti. Arnauld et Nicole, combien vous seriez humiliés de voir vos disciples si différents de vous ! En attaquant les droits de l'Eglise dispersée, vous faisiez profession du moins de révérer les décisions des conciles généraux, et vous auriez regardé comme une injure le moindre soupçon que l'on aurait conçu contre vous à cet égard. Vous les avez mis sur la voie, ils y ont fait de rapides progrès, et il n'y a plus de moyen d'arrêter désormais des gens qui ne s'effraient point des condamnations les plus solennelles, et qui bravent les anathèmes les plus clairs. Que deviendrait l'Eglise si un tel système pouvait y prévaloir? Toutes les erreurs y renaîtraient impunément, et chacun s'arrogerait le droit de remettre en question ce qui aurait été décidé de la manière la plus solennelle. C'est bien alors que nous flotterions à *tout vent de doctrine*, et que, lancés sans boussole dans la mer des opinions humaines, nous irions nous briser contre tous les écueils. Il n'y aurait plus d'autorité, plus de frein, et le Fils de Dieu aurait cessé, malgré sa promesse, d'être avec cette société sainte à laquelle il a assuré son assistance éternelle.

§ III. — On avait cru jusqu'ici que l'invariabilité de doctrine était un des caractères de la véritable Eglise, et les changements dans la foi un des signes les plus marqués de l'erreur; et Bossuet, en racontant les variations des Eglises protestantes, s'était persuadé qu'il les avait décréditées par ce seul fait, et qu'il les avait dépouillées de ce vernis d'antiquité dont elles se paraient. Mais ce grand homme était dans l'illusion à cet égard, ainsi que les théologiens qui l'ont précédé et suivi, et M. Tabaraud vient rectifier les idées communes sur cet article comme sur tant d'autres. Il a fort à cœur de consoler les protestants en leur montrant que l'Eglise catholique a aussi varié, qu'elle s'est trompée dans ses décisions, et qu'elle a proclamé comme de foi ce qui ne l'était pas. Il ne parle que d'altérations dans l'enseignement, d'obscurcissements, de préjugés sur les questions les plus importantes. Il se plaint de l'empire de la routine, c'est-à-dire apparemment de l'attachement que l'on a pour la doctrine de l'antiquité. Il répète souvent qu'il faut *mettre nos mœurs en harmonie avec nos lois, et faire disparaître la dissonance qui règne entre la théologie et la jurisprudence.* On croit peut-être que pour établir cet accord il faut que la jurisprudence se réforme. Au contraire, c'est à la théologie à se plier aux nouvelles lumières et à se mettre en harmonie avec les lois modernes. C'est à l'Eglise à céder et à changer son enseignement par déférence pour les jurisconsultes, et c'est pour coopérer à ce but que M. Tabaraud a fait son livre, où il dit nettement qu'il faut en venir à *une ample réforme dans l'enseignement ecclésiastique.* Ce n'est pas là du moins cacher sa marche.

Les deux grandes questions qu'il traite, ne *commencèrent,* dit-il, *à sortir du chaos où elles étaient plongées que vers la fin du* XVII° *siècle.* Ce fut le docteur Launoy qui osa le premier, en France, s'élever contre les préjugés alors en vogue. Il publia, en 1674, le traité intitulé : *Regia in matrimonium potestas,* dont M. Tabaraud fait un grand éloge. Il dissimule les réclamations qui s'élevèrent contre ce livre. *La témérité du docteur,* dit un illustre cardinal, *excita d'abord les réclamations des écrivains contemporains, et attira sur l'auteur le blâme des évêques de sa nation et de toute la chrétienté. Son étrange système ne produisit aucune révolution, ni dans la théologie, ni dans la jurisprudence; l'ouvrage déféré à Rome y fut relégué parmi les livres pernicieux, d'où il tomba dans l'oubli et le mépris. Lorsqu'on ressuscita, sur la fin du* XVIII° *siècle, la prétention de Launoy, elle rencontra dans les écoles chrétiennes les mêmes oppositions qu'elle avait éprouvées au dix-septième, et l'Eglise romaine, toujours attentive à conserver le dépôt de la doctrine, n'a point manqué de se déclarer contre cette vieille nouveauté.* Gerbais, qui écrivait peu après Launoy, prouva contre celui-ci le droit et l'usage de l'Eglise d'apposer des empêchements dirimants, sans nier que les princes eussent aussi ce droit. Son sentiment était adopté généralement en France. Non-seulement les théologiens, mais des jurisconsultes, d'Héricourt, Gibert, Lacombe, d'Aguesseau, le célèbre Pothier, professaient la même doctrine. Leur autorité n'embarrasse nullement M. Tabaraud, qui en est quitte pour dire qu'ils obéissaient encore aux anciens préjugés. Mais il prétend tirer un grand avantage d'un arrêt fameux rendu par le parlement de Paris, vers le milieu du XVIII° siècle. Le fait fit beaucoup de bruit dans le temps. Un juif, Borach-Lévi, fut abandonné par sa femme parce qu'il s'était fait chrétien. Il lui fit inutilement plusieurs sommations de revenir, et sur son refus il présenta requête à l'official de Soissons pour être autorisé à se remarier. *Il avait en sa faveur,* dit M. Tabaraud lui-même, *la doctrine générale répandue dans l'Eglise.* Saint Paul, dans le VII° chapitre de la I" Epître aux Corinthiens, permet à l'époux converti à la foi de se marier, si l'époux infidèle l'abandonne. Du moins ce verset avait toujours été entendu ainsi. L'Eglise avait rendu plusieurs décisions conformément à ce texte, et récemment Benoît XIV venait de déclarer, dans une bulle du 16 novembre 1747, et dans un bref du 9 février 1749, qu'il est libre à un juif converti de contracter un autre mariage. Il y discutait cette question avec son érudition ordinaire, et il semble que son autorité, fortifiée par l'usage général de l'Eglise, devait faire quelque impression sur l'official de Soissons. Mais l'évêque de Soissons était alors M. de Fitz-James, et les canonistes auxquels il accordait sa confiance commençaient à penser, comme M. Tabaraud, que l'Eglise n'a pas le droit de mettre des empêchements dirimants. Ils profitèrent de l'occasion pour consacrer leur système par quelque démarche éclatante; et, malgré la doctrine consignée dans le Rituel même du diocèse, l'official de Soissons déclara Lévi non recevable dans sa demande, par deux sentences du 5 septembre 1755 et 17 janvier 1756. Ce juif converti en appela au parlement de Paris, où sa cause devait être encore moins favorablement accueillie. Il fut débouté par un arrêt du 2 janvier 1758 qui lui défendit de se marier du vivant de sa femme. Il parut alors plusieurs mémoires et consultations rédigés dans le même sens, et ce fut à cette occasion que l'avocat Le Ridant publia son *Examen de deux questions importantes sur le mariage,* où il se déclarait contre l'autorité de l'Eglise sur cette matière.

Depuis ce temps, M. Tabaraud ne manque pas d'avis en faveur de son sentiment, et c'est à cette époque que commence véritablement une tradition non interrompue, qui, si elle n'a pas pour elle l'antiquité, peut au moins se dédommager par le nombre des écrits. Cette tradition est d'autant plus précieuse qu'elle se compose uniquement des témoignages d'un certain parti. A sa tête est l'avocat Maultrot, que M. Tabaraud vante à l'égal d'un Père de l'Eglise, et à qui il a en effet beaucoup d'obligations; car c'est dans les ouvrages de ce canoniste qu'il a pris et son système et ses preuves. Seulement il n'ose aller tout à fait aussi loin que son guide sur l'article du concile de Trente, dont Maultrot attaquait ouvertement l'œcuménicité. A cela près, *sa discussion sur les canons de ce concile offre,* dit M. Tabaraud, *une critique exacte et des arguments irrésistibles;* de sorte qu'il est clair que les deux écrivains ne s'éloignent pas beaucoup dans le fond, et que leurs conclusions sont à peu près les mêmes. Le même respect pour le concile de Trente a guidé l'auteur d'une *Dissertation sur l'indissolubilité du lien conjugal;* cet auteur était un abbé Pilé, appelant, mort en 1772. Enfin, dernièrement, un magistrat fort connu a professé la même doctrine dans un *Traité du mariage*, qu'il aurait pu intituler aussi bien *Traité contre le concile de Trente*; car une grande partie de l'ouvrage est dirigée contre cette assemblée, à laquelle l'auteur fait le procès dans toutes les formes, et qu'il déclare être dépourvue de tout caractère d'œcuménicité. Ainsi, on voit que c'est un parti pris parmi ces messieurs de fronder l'autorité du concile, et de refuser obéissance à ses décrets : nouvelle preuve de l'esprit de docilité qui les anime, et de leur respect pour l'Eglise, et pour des décisions que, depuis près de trois siècles, elle a sanctionnées de son suffrage.

Nous avons vu que M. Tabaraud n'approuvait pas qu'on appelât le mariage un sacrement, et qu'il blâmait fort le concile de Trente de s'être servi de cette expression, et de l'avoir même consacrée par un canon exprès. Comme il est assez conséquent dans sa marche, il n'improuve pas moins cette maxime que, *sous la loi évangélique, le mariage a été élevé à la dignité de sacrement. C'est*, dit-il, *une idée nouvelle, imaginée pour opppuyer un paradoxe, et que tous les modernes répètent inconsidérément. Elle s'est insinuée dans tous les livres liturgiques, dans les rituels, dans les catéchismes, les instructions familières;* ce qui prouve apparemment que c'est la doctrine de l'Eglise. Mais M. Tabaraud ne s'en moque pas moins. On dirait qu'il prend plaisir ici, comme ailleurs, à trouver l'Eglise en défaut. S'il blâme, c'est avec aigreur; s'il raille, c'est avec amertume. On voit qu'il a été nourri dans une école accoutumée à fronder l'autorité, et qu'il n'est pas fâché d'humilier un peu celle dont lui et les siens croient avoir à se plaindre. Ils lui contestent tous ses droits, ils la mettent sous le joug, ils la dépriment; c'est une petite vengeance dont leur charité se ménage la douceur.

Il est curieux d'observer jusqu'où cet esprit de secte a entraîné le P. Tabaraud. L'Eglise met dans la bouche du prêtre, quand il administre le sacrement de mariage, cette formule : *Ego vos in matrimonium conjungo.* Or, cette formule déplaît souverainement à notre censeur chagrin, attendu qu'elle est trop impérative, et qu'elle autorise une doctrine qu'il réprouve. Il veut donc qu'on la change, et qu'on y substitue une formule plus modeste. La première n'a plus de sens, dit-il, et ne peut servir qu'à entretenir l'erreur. Ce n'est pas sans raison qu'il avait été question, dans le conseil d'Etat de Bonaparte, de la supprimer. Ainsi, attendons-nous à voir quelque jour M. Tabaraud ou ses amis nous donner un rituel de leur façon, qui ne donnera plus lieu à aucune équivoque, et où la nouvelle doctrine sera bien clairement exprimée.

Et ceci nous conduit à un autre changement bien autrement grave que propose M. Tabaraud, et qu'on pourrait à peine croire, si ce point n'était pas développé expressément et répété plusieurs fois dans son livre. On sait assez que, dans notre législation actuelle, l'acte civil et la bénédiction nuptiale sont séparés l'un de l'autre. Le premier précède toujours la seconde; mais il n'est rien que les ministres de la religion recommandent avec plus de soin que de recourir au ministère ecclésiastique immédiatement après avoir satisfait à ce qu'exige la loi. Les époux qui ont quelque zèle pour leur salut, ou qui même tiennent simplement à leur réputation, s'empressent en effet de s'adresser à l'Eglise après avoir comparu devant l'officier civil. Ceux qui s'en dispensent sont regardés comme de mauvais chrétiens qui donnent un scandale que le monde même flétrit. Cette différence de conduite forme en quelque sorte la ligne de démarcation entre ceux qui respectent encore la religion et ceux qui en ont secoué les pratiques; et un des plus grands sujets de chagrin des pasteurs est de voir, parmi leurs ouailles, des hommes qui, soit incrédulité, soit indifférence, vivent tranquillement dans des engagements que Dieu n'a point bénis. La suite la plus naturelle d'un tel état est de ne faire aucun acte de religion, et d'accoutumer leurs familles à suivre cet exemple. Eh bien! ce qui fait gémir l'Eglise est précisément ce que M. Tabaraud conseille. Il approuve que l'on sépare la convention civile de la cérémonie religieuse. Il ose dire que l'esprit de l'Eglise est qu'on fasse le mariage devant l'officier civil, sauf à attendre pour recevoir le sacrement. Il prend le langage de la piété pour motiver ces délais. Il semble dire aux personnes *que le vœu de la nature porte irrésistiblement au mariage* (car ce sont ses expressions); il semble leur dire : *Prenez votre temps, ne vous pressez pas de vous présenter à l'autel, attendez que vous soyez bien disposés. La grâce vous viendra quelque jour, et alors vous recevrez le sacrement.* C'est le résultat de sa doctrine; de sorte qu'on verrait des chrétiens passer des années entières dans un état que nous n'osons caractériser, élever leurs familles dans cet oubli de leurs devoirs, et mourir paisiblement dans une telle conduite. Certes, un tel scandale est moins grand encore que celui que donne un prêtre qui prêche une telle doctrine, et le chrétien qui suit de telles leçons est moins coupable que le théologien qui les professe. Jusqu'ici, il était réservé aux ennemis de la religion de détourner les fidèles de recourir au ministère ecclésiastique; on notait ceux qui tenaient ce langage. On avait vu en effet sous Bonaparte, car nous supposons qu'il n'en existe plus aujourd'hui, des maires irréligieux se faire un plaisir, après avoir dressé l'acte civil des deux époux, de leur dire à peu près, comme M. Tabaraud, que l'essentiel était fait, et qu'ils pouvaient se retirer chez eux. (Nous serions honteux de rapporter ces perfides conseils, qui ont plus d'une fois, dans les campagnes surtout, trompé des gens simples et crédules.) Mais que dirons-nous aujourd'hui, que ces insinuations partent, non pas d'un laïque décrié pour sa conduite et accoutumé à insulter à la religion, mais d'un ecclésiastique, d'un auteur et d'un professeur en théologie, d'un membre d'une congrégation renommée, d'un homme qui crie contre le relâchement et qui parle de réformer les mœurs? Voilà où un faux système et la manie d'innover et de contredire ont conduit le P. Tabaraud. Il ne s'agit plus ici d'invoquer l'autorité du concile de Trente, qui déclare nuls les mariages contractés ailleurs qu'en présence du propre prêtre. Notre théologien a secoué depuis longtemps ce joug. Mais le soin des mœurs, mais la sainteté des mariages, mais l'honneur des familles? Tout cela lui est indifférent. Un prêtre sera-t-il moins exigeant que cette fille simple, mais pieuse, qui fuit une union que l'Eglise ne consacre pas? Pasteurs vigilants qui vous élevez avec chaleur contre un abus qui vous désole, que pourrez-vous dire à vos ouailles, quand elles sauront qu'un de vos collègues autorise leur éloignement de l'autel, et leur recommande d'attendre indéfiniment à faire bénir leur union, sous prétexte de se mieux disposer? Comment caractériserez-vous ce zèle affecté qui conduit à se passer du ministère de l'Eglise, et à contracter mariage comme des païens? Ne suffit-il pas d'un tel résultat pour flétrir, aux yeux de toute âme religieuse, un système qui mène à de telles conséquences, et ne faut-il pas regarder comme un scandale qu'un prêtre ait osé soutenir cette doctrine et insulter si hautement à l'Eglise, à son enseignement, à sa pratique? Pour nous, ce dernier trait nous paraît être un nouveau sujet de deuil pour les pasteurs zélés pour l'honneur du sacerdoce. Nous avions noté encore plusieurs erreurs à relever dans le livre de M. Tabaraud; mais, après ce que nous venons de voir, il serait inutile de pousser plus loin notre examen. Il n'y a plus qu'à gémir et se taire.

Cet ouvrage de Tabaraud fut condamné dans un manifeste du 28 février 1818, donné par M. l'évêque de Limoges, dont la décision fut confirmée par le souverain pontife. L'auteur fit paraître plusieurs répliques, où l'on rencontre des expressions trop peu respectueuses pour le prélat et pour le saint-siège, une entre autres sous ce titre : *De la puissance temporelle sur le mariage, ou Réfutation du décret de M. l'évêque de Limoges.* Paris, 1818, in-8°.

LETTRES à *M. de Beausset pour servir de supplément à son Histoire de Fénelon.*

Il y en a deux : la première est remplie de chicanes et de minuties; la seconde est toute relative au jansénisme. L'auteur y plaide nettement pour les partisans de cette nouvelle doctrine, et blâme tout ce qu'on a fait contre eux. Les papes, les évêques, le clergé, les jésuites, se sont tous trompés en poursuivant une secte chimérique.

ESSAI HISTORIQUE *et critique sur l'institution des évêques.* 1811, in-8°.

Lorsque cet ouvrage fut publié, Pie VII était prisonnier à Savone. Tabaraud cherche à établir que, quand le pape refuse des bulles à une grande église, elle a le droit de revenir à l'ancienne discipline, et de faire instituer les évêques par les métropolitains.

DU PAPE *et des Jésuites.* Paris, 1814, in-8°.

Pamphlet réimprimé plusieurs fois. Il est dicté par la partialité la plus déclarée.

HISTOIRE *de Pierre de Bérulle, cardinal, ministre d'Etat, instituteur et premier supérieur des Carmélites en France, fondateur de la congrégation de l'Oratoire, suivie d'une Notice historique des supérieurs généraux de cette congrégation*. 2 vol. in-8°. Paris, chez Egron.

Bérulle eut beaucoup de querelles; il en eut une assez vive avec les jésuites. Elle naquit de la rivalité entre les deux corps pour le gouvernement des collèges. Les jésuites, dit M. Tabaraud, décriaient partout l'Oratoire; l'Oratoire, au contraire, n'avait que de bons procédés pour les jésuites : non-seulement le P. Bérulle ne chercha jamais à se venger, mais ses enfants se continrent *assez généralement*, c'est l'expression de l'historien, dans les bornes de la modération. Un seul, le P. Hersent, homme d'un caractère impétueux et turbulent, se permit des invectives contre la société. Le P. de Bérulle le fit changer de maison, et le renvoya peu de temps après. Le cardinal de Richelieu s'efforça de réconcilier les deux corps, et les engagea à exposer leurs plaintes réciproques. M. de Bérulle n'en attendait rien ; cependant, par déférence pour le cardinal, il exposa ses griefs dans une lettre du 23 décembre 1623. On nous assure que cette lettre est authentique ; nous dirons franchement qu'elle ne nous a nullement paru digne d'un homme si sage et si pacifique. Elle renferme bien des minuties et des petitesses ; elle est appuyée sur des rapports et des oui-dire ; elle est même assez aigre. Ce furent les jansénistes qui la publièrent, pour la première fois, dans quelques-uns de leurs recueils contre la société ; et M. Tabaraud, qui la cite en entier comme un monument irréfragable, n'a pas cru devoir placer à côté la réponse des jésuites. Il parle de ce dernier écrit avec beaucoup de mépris, et ajoute qu'on ignore quel jugement le cardinal de Richelieu porta de ces deux mémoires. C'est une légère distraction de l'historien, qui, à la page suivante, avoue que le cardinal de Richelieu accusait M. de Bérulle d'une aversion extrême pour les jésuites. C'était apparemment sur ces Mémoires mêmes que le cardinal de Richelieu avait conçu cette idée.

L'impartial écrivain ajoute : *C'était en considérant les jésuites en homme d'Etat, plutôt que comme chef d'une congrégation rivale, que leurs prétentions excitaient la sensibilité du cardinal de Bérulle. Si c'est là ce que M. de Richelieu appelle haïr les jésuites, le pieux cardinal n'aurait pas désavoué ce genre de haine qui lui était commune avec tant d'autres gens de bien. Mais cette haine chrétienne ne lui fit jamais rien entreprendre contre la compagnie de Jésus, et elle s'accordait très-bien avec la charité.* Ce petit passage ne laisse pas de former un commentaire fort curieux de tout l'ouvrage. Cette *haine chrétienne*, cette *haine qui s'accorde très-bien avec la charité*, nous révèle toute la douceur janséniste. C'est une explication subtile qui peut servir de pendant à celles qu'on a reprochées à Escobar. Si c'est là la modération dont on usait dans l'Oratoire envers les jésuites, elle est tout à fait touchante ; et M. Tabaraud, qui en a hérité, et qui s'exprime ici avec tant de naïveté, est un casuiste fort commode pour ses amis. Il leur permet la *haine* en toute conscience, et la *haine* contre les personnes ; il les assure qu'elle s'*accorde très-bien avec la charité* des jansénistes ; car ce sont là les gens de bien chez qui la *haine* contre les jésuites était et est encore *commune*. Enfin, M. Tabaraud se trompe encore, ou nous trompe, dans ce même passage, en disant que le cardinal de Bérulle était opposé aux jésuites, *plutôt comme homme d'État, que comme chef d'une congrégation rivale*; car il venait de citer, quatre lignes plus haut, une lettre du cardinal de Bérulle, qui prouve le contraire, et où il se plaignait que les jésuites eussent *trop de colléges.*

Outre les deux chapitres où M. Tabaraud développe longuement ses sujets de plaintes contre les jésuites, il ne manque guère d'occasion de les gourmander dans le cours de son *Histoire.* On ne dira pas de lui ce qu'il a dit du P. de Bérulle, que *sa haine chrétienne ne lui fit jamais rien entreprendre contre la compagnie de Jésus;* car cette *Histoire* est aussi une espèce de plaidoyer contre elle. N'allez pas croire cependant que la modération et la charité soient étrangères au cœur de l'écrivain. Voyez plutôt avec quels égards il parle de Corneille Jansen, évêque d'Ypres, dans une longue note du 1ᵉʳ volume. Il n'a pas moins de respect pour l'abbé de Saint-Cyran, *qui jouissait d'une grande réputation de science et de piété;* et il épargne aux amis de ces deux fameux personnages les épithètes qui pourraient blesser le moins du monde leur extrême délicatesse. Ses expressions sur un certain parti sont toujours choisies avec art. Conduit à parler d'une erreur qui a troublé si longtemps l'Eglise, il se donne bien de garde de l'appeler par son nom, et se sert de cette tournure : *ce qu'on appelle le jansénisme.* Nous ne relèverons point ce qu'il a dit de saint Augustin ; ce grand docteur n'a pas besoin d'être défendu avec tant de chaleur, et n'a point de détracteurs parmi nos théologiens. De même l'historien aurait pu se dispenser de poursuivre ce pauvre Molina, qui ne compterait peut-être pas en France aujourd'hui un seul partisan de son système. Les idées particulières que M. Tabaraud s'est faites sur cette partie de l'histoire de l'Eglise, éclatent dans tout ce qu'il raconte, et des congrégations des *Auxiliis*, et de la bulle *Unigenitus*, et de tous les événements qui ont rapport à l'origine et aux progrès du jansénisme. Ainsi il donne à Rovenius, vicaire apostolique en Hollande, le titre d'archevêque de Philippes et d'*Utrecht*; or Rovenius ne prit jamais ce dernier titre.

OBSERVATIONS *d'un ancien canoniste sur la convention conclue à Rome, le 11 juin 1817;* — Paris, 1817, in-8°.

L'auteur, qui a pris le nom d'*un ancien canoniste*, ne voulait probablement pas qu'on se méprît sur son nom véritable. Nous l'avons reconnu dès le premier abord, dit un critique exact, et à son ton chagrin, à ses plaintes contre le clergé, à une certaine âpreté qui est le caractère de l'esprit de parti, nous avons vu tout de suite à qui nous avions affaire. M. Tabaraud est mécontent de tout et de tout le monde. Il en veut aux vivants et aux morts. Il attaque et feu M. Emery, et l'abbé Proyart, et des évêques français vivants, et l'enseignement des séminaires, et l'esprit général du clergé, et plusieurs écrivains modernes. De quoi sont donc coupables ces corps et ces particuliers que M. Tabaraud dénonce dans chacun de ses écrits ? Ah! ils sont coupables d'une chose bien odieuse, d'ultramontanisme. Mais M. Tabaraud a-t-il donné quelque preuve de son accusation ? Non, il n'a pas cru devoir en prendre la peine. A-t-il du moins spécifié ce que c'est que l'ultramontanisme ? Pas davantage. Cependant il serait bon de s'entendre, et de savoir bien précisément en quoi consiste ce crime que M. Tabaraud poursuit avec un zèle si vif. Il y a des gens qui appellent *ultramontanisme* ce que d'autres ne regarderaient que comme l'attachement le plus légitime au saint-siége. Dans la bouche d'un janséniste, par exemple, le reproche d'ultramontanisme signifie seulement qu'on ne partage pas ses préjugés et son esprit d'opposition, comme le reproche de fanatisme dans la bouche du mécréant ne prouve autre chose sinon, qu'on a la simplicité de croire en Dieu et d'être attaché à la religion.

M. Tabaraud aurait donc dû s'expliquer d'une manière précise à cet égard ; car si par hasard il était janséniste (nous espérons que cette supposition ne peut faire aucun tort à sa réputation) ; s'il était, dis-je, janséniste, son zèle contre l'ultramontanisme ne serait plus si étonnant, et ceux qu'il dénonce pourraient appeler de son jugement. Il y a d'ailleurs dans son ton quelque chose d'aigre, de dur et de fâché qui nuit à la persuasion, et il émousse lui-même la pointe de ses délations en les prodiguant et en ne les faisant porter sur rien de solide et de précis. Il aurait dû sentir combien il est déplacé dans un prêtre d'accuser nommément des prélats recommandables par leur piété et leurs services, et de chercher à flétrir entre autres la réputation de son propre évêque. Il ne paraît occupé qu'à censurer tous ceux qui travaillent dans le champ du Seigneur, évêques, curés, confesseurs, prédicateurs, professeurs, etc. N'aurait-il pas bien mieux fait de vaquer un peu aux fonctions de son état, que de harceler ceux qui s'y dévouent ? et n'aurait-on pas pu lui appliquer ce reproche, *que ne faisant rien, il nuit à qui veut faire?* Quelle est donc cette opiniâtreté fatigante qui le porte à rebattre les mêmes plaintes dans chacun de ses écrits, à signaler des abus que lui seul voit, à s'élever tantôt contre telles pratiques de piété, tantôt contre l'enseignement des écoles ? Lui semble-t-il que les prêtres jouissent de trop de considération, et croit-il nécessaire d'aigrir contre eux les esprits par des reproches réitérés? Est-on irrévocablement digne de mépris et de pitié parce qu'on ne pense pas comme M. Tabaraud, sur Jansénius et sur Quesnel, ou parce qu'on ne partage pas sa bienveillance pour la *cour de Rome?*....

M. Tabaraud est également ennemi de tous les concordats, et il les bat en ruine les uns après les autres. Celui de Léon X ne fut qu'*une transaction politique où les droits des églises furent sacrifiés, et où chacun se donna réciproquement ce qui ne lui appartenait pas.* Bien d'autres l'avaient dit avant M. Tabaraud ; mais il le répète et le confirme de son mieux, et il suit de ses principes que nos rois n'ont nommé depuis aux évêchés que sur un titre usurpé, de même que le pape n'a donné l'institution que sur un titre aussi peu solide. Voilà le code qui régit l'Eglise de France depuis trois cents ans ; d'où il ne reste plus qu'à conclure que nous n'avons pas eu depuis ce temps un évêque, dont la nomination et l'institution fussent canoniques et légitimes. Voilà où nous mène M. Tabaraud avec ses maximes. Il s'épuise en regrets de la pragmatique, et peu s'en faut qu'elle ne lui arrache des larmes. Avec elle on se serait passé de la cour de Rome, et tout serait allé au mieux, au lieu que le concordat est entaché d'ultramontanisme, et nous a mis dans des rapports habituels et nécessaires avec le chef de l'Eglise. Nous eussions formé une Eglise indépendante, au lieu que le concordat a resserré nos nœuds avec le centre de l'unité. Quel dommage !

Chacun, dit M. Tabaraud, après d'autres canonistes, *chacun*, *dans le concordat de Léon X*, *se donna réciproquement un droit qui ne lui appartenait pas*. D'abord la pensée est fausse. Le roi ne prétendit point donner au pape le droit de confirmer les évêques, il le reconnut seulement. Le pape n'acquit pas alors un droit nouveau, il rentra dans l'exercice d'un droit ancien. Quant à ce qu'il accorda au roi les nominations, il s'agirait de savoir si le mode des élections était encore possible, s'il n'était pas aboli par le fait, si les désordres et les abus qui s'y commettaient ne devaient pas en provoquer la suppression, si les princes n'y avaient pas déjà la plus grande influence, et s'il ne valait pas mieux autoriser ce qui se serait fait par des moyens moins réguliers. Etait-il donc si étrange que le chef de l'Eglise et le chef de l'Etat se concertassent pour faire cesser un ordre de choses qui tombait de lui-même, et cet accord ne valait-il pas bien les querelles, les dissensions, les violences qui revenaient périodiquement à chaque élection ?

Après avoir représenté le concordat de Léon X comme entaché d'un vice *radical et indélébile*, M. Tabaraud ne devait pas mieux traiter le concordat de 1801, auquel il trouve encore bien d'autres défauts. Nous ne discuterons point le jugement qu'il en porte ; mais nous ne pourrons nous empêcher de remarquer ce que dit l'auteur, que *la fâcheuse position où s'était trouvé alors le pape, pouvait l'autoriser, en vertu de sa sollicitude générale sur toutes les églises, d'adopter une mesure extraordinaire à l'égard de celles de France.* Ainsi M. Tabaraud convient que les circonstances autorisaient Pie VII à déployer un pouvoir extraordinaire. Assurément ce ne sont pas des préventions favorables au saint-siége qui ont arraché de lui cet aveu, et il faut que la chose soit vraie, pour qu'un censeur si âpre le croie et le dise. Ce qui suit est plus étonnant : *On était convenu*, dit M. Tabaraud, *de regarder la loi qui faisait le titre des nouveaux pasteurs comme un simple règlement provisoire, et la partie du clergé du second ordre la plus éclairée, la plus attachée à nos anciennes maximes, n'a jamais regardé les évêques concordataires que comme de simples administrateurs, chargés en vertu d'un titre apparent, de gouverner les nouveaux diocèses, et dont l'administration devait cesser par le retour des titulaires canoniques.* Il est possible que ce soit là l'opinion de M. Tabaraud. Mais ce n'est assurément pas celle de la partie la plus éclairée du clergé. Ce système au fond n'est pas soutenable; les évêques n'ont pas été institués en 1802, comme de simples administrateurs, mais comme des évêques titulaires. Ils sont donc évêques titulaires, ou ils ne sont rien du tout. Le pape n'avait pas plus le droit de les faire administrateurs que titulaires, et de leur donner une mission provisoire qu'une mission définitive. Ils ont donc la juridiction ordinaire, ou ils n'en ont aucune, et si leur titre n'est pas réel, il n'est même pas *apparent*. D'ailleurs, qu'étaient, dans ce système, les évêques envoyés sur des siéges dont les titulaires étaient morts? Les réduira-t-on aussi à n'être que de simples administrateurs, quand cependant leur siége était bien réellement vacant ? Et si on accorde que ceux-là étaient légitimes titulaires, il y aurait donc eu alors ici des évêques titulaires, là de simples administrateurs, ailleurs même des évêques qui étaient à la fois et titulaires pour tel lieu et administrateurs pour tel autre, et l'Eglise de France n'aurait été qu'un composé bizarre de pasteurs sous différents noms et de missions diverses.

On peut juger par là de ce que dit M. Tabaraud à l'occasion du concordat de 1817, et des conséquences qui résulteraient du principe qu'il a posé. On voit d'avance qu'il s'oppose à cette nouvelle convention. Cela tient sans doute à la tournure particulière de son esprit un peu contrariant, et aussi à l'influence du parti auquel il s'est attaché, et où, depuis plus de cent ans, on s'est fait une douce habitude de blâmer, de censurer, de gronder et de se plaindre, le tout par charité.

DÉFENSE *de la déclaration du clergé par Bossuet*; 1820, in-8°.

Il appartenait bien à M. Tabaraud de faire un pareil livre.

DE L'INAMOVIBILITÉ *des pasteurs du second ordre*; 1821, in-8°.

L'auteur plaide en faveur de tous les prêtres qui sont mal avec leurs supérieurs, et qui ont été frappés d'interdit.

Des sacrés cœurs *de Jésus et de Marie, par un vétéran du sacerdoce*; 1823, in-8°.

Dans cet écrit l'auteur attaque la nouvelle édition du bréviaire de Paris, et la fête des sacrés cœurs de Jésus et de Marie.

Réflexions *sur l'engagement exigé des professeurs de théologie, d'enseigner la doctrine contenue dans la déclaration de 1682*; 1824, in-8°.

Elles sont principalement dirigées contre M. de Clermont-Tonnerre, archevêque de Toulouse, qui ne reconnaissait pas au gouvernement le droit de s'immiscer dans l'enseignement des séminaires.

Lettre à *M. Bellart*; 1825, in-8°. Il reproche à cet avocat général de s'endormir sur les progrès de l'ultramontanisme, sur les jésuites, etc.

Essai *historique et critique sur l'état des jésuites en France*; 1828, in-8°.

Cet écrit parut en même temps que l'ordonnance du 16 juin 1828.

TAILHE (Jacques), naquit à Villeneuve d'Agen, fut prêtre appelant, et donna plusieurs compilations où l'on trouve toutes les préventions de la secte à laquelle il appartenait. Rarement il manque l'occasion de faire aux jésuites une guerre que rien ne peut justifier. Ses *Abrégés de l'Histoire ancienne et de l'Histoire romaine*, formant en semble 8 ou 9 vol. in-12, souvent réimprimés, annoncent un mauvais esprit et peu de talent. Ses autres ouvrages sont :

Abrégé *chronologique de l'Histoire des jésuites*; 1759, 2 parties in-12, etc.

Histoire *de Louis XII*. Milan (Paris), 1755; autre édition, 1784, 5 vol. in-12.

Remarques *succinctes et pacifiques sur les écrits pour et contre la loi du silence*; 1760, in-12.

Portrait *des jésuites*; 1762, in-12.

Histoire *des entreprises du clergé sur la souveraineté des rois*; 1767, 2 vol. in-12.

Compilation déshonorante de ce que les philosophes ont écrit sur ce sujet. Elle fut mise à l'*index* le 19 juillet 1768.

Traité *de la nature du gouvernement de l'Eglise*; 1778, 3 vol. in-12.

TAMBURINI (l'abbé Pierre), professeur à l'Université de Pavie, né à Brescia en 1737, mort le 14 mars 1827. *Voyez* l'article de Zola.

TERRASSON (Gaspard), prêtre de l'Oratoire, frère d'André, qui fut aussi prêtre de l'Oratoire, et de Jean, qui n'en voulut pas être, mais qui cependant était prêtre aussi, et obtint une place à l'académie des sciences et une chaire au collège royal. Leur père était conseiller en la sénéchaussée et présidial de Lyon. Gaspard naquit en cette ville, l'an 1680. Il se distingua supérieurement par la prédication ; mais son opposition aux décrets de l'Eglise l'obligea de quitter en même temps l'Oratoire et la chaire. Il paraît cependant qu'il accepta la bulle en 1744, et il mourut à Paris en 1752. On lui attribua les *Lettres sur la justice chrétienne*, censurées par la Sorbonne, parce qu'elles ont principalement pour but de calmer la conscience des anti-constitutionnaires sur la privation des sacrements, et qu'elles renferment des attaques injustes contre l'état présent de l'Eglise. Mais ces *lettres* ne sont point de Terrasson.

THIERRI de VIAIXNES (Dom). *Voyez* Viaixnes.

THIROUX (Dom Jean-Évangéliste), bénédictin de la congrégation de Saint-Maur, naquit à Autun en 1663, d'une famille très-considérée. Il professa la philosophie et la théologie dans quelques monastères de sa congrégation. Lorsqu'il professait à Reims, dom Thierri de Viaixnes, de la congrégation de Saint-Vannes, professait aussi à Hautvilliers. Le même genre d'occupation, le même goût pour l'étude et la conformité des sentiments sur des points agités alors, contribuèrent à lier ces deux professeurs. Ce fut pour dom Thiroux la source de beaucoup de désagréments et d'une longue détention. Le 25 octobre 1703, dom Thiroux fut arrêté à Meulan par ordre du roi et conduit à la Bastille. Quelques jours auparavant, dom Thierri de Viaixnes avait été arrêté et mené à Vincennes. On avait saisi les papiers de dom Thiroux, et surtout les cahiers de philosophie et de théologie qu'il avait dictés à ses écoliers, et on sut que des théologiens jésuites les examinaient à Mont-Louis, maison de campagne du P. de la Chaise. Les supérieurs de la congrégation firent les démarches convenables pour délivrer dom Thiroux, ou savoir au moins la cause de sa captivité; mais ils ne purent rien en apprendre. Pour charmer l'ennui de sa prison, et pour ne point perdre par la désuétude le fruit de ses veilles, dom Thiroux s'était avisé de faire chaque jour, dans sa prison, deux leçons de philosophie ou de théologie comme s'il avait eu des auditeurs. Ayant ensuite obtenu des livres et de quoi écrire, il composa un abrégé de théologie, et apprit aussi l'hébreu et l'anglais de deux ecclésiastiques avec lesquels il avait eu permission de communiquer. Ce religieux demeura à la Bastille jusqu'au 15 février 1710, qu'il fut élargi, et amené à Saint-Germain-des-Prés ; mais quelque temps après, un ordre du roi le relégua à l'abbaye de Bonneval, avec défense d'en sortir, et interdiction de tout office sans une permission préalable, obtenue du gouvernement. On sut alors que quelques écrits sur les affaires du temps, une visite que dom Thiroux et dom de Viaixnes avaient faite au P. Quesnel, en Hollande, une correspondance avec ce Père de la part de deux religieux, avaient été la juste cause de leur disgrâce. Dom de Viaixnes était aussi sorti du donjon de Vincennes, mais avait été traité plus sévèrement. (Voy. VIAIXNES.) Louis XIV étant mort le 1er septembre 1715, dom Thiroux fut rappelé à Saint-Germain-des-Prés et passa de là à l'abbaye de Saint-Denis, où il travailla avec dom Denis de Sainte-Marthe, occupé alors du nouveau *Gallia christiana.* Il y resta jusqu'en 1727. Il passa de là à Corbigny, puis à Molesmes, et enfin à Saint-Germain-d'Auxerre, où il mourut le 14 septembre 1731.

THOMAS DU FOSSÉ (PIERRE), naquit d'une famille noble, à Rouen, l'an 1634, fut élevé à Port-Royal-des-Champs, où Le Maistre de Sacy prit soin de lui former l'esprit et le style. Il fut obstinément opposé aux décrets de l'Eglise et fortement attaché au parti qui la troubla si longtemps. Il aimait la vie cachée, et mourut dans le célibat en 1698.

LA SAINTE BIBLE, *traduite en français, le latin de la Vulgate à côté, avec de courtes notes tirées des saints Pères et des meilleurs interprètes,* etc., nouvelle édition, Liége, Broncart, 1701. 3 vol. in-fol.

Huré et Du Fossé ont fourni les explications dont cette traduction est accompagnée; ils sont proprement les auteurs de cette Bible, où l'on a trouvé, dans la traduction, dans la préface et dans les notes beaucoup de traces de quesnellisme.

On lit dès la première page de la préface, *qu'il n'est rien de plus indispensable aux hommes que la lecture de l'Ecriture sainte... et qu'il n'y a pas un seul homme qui puisse se dispenser de la lire.* C'est là renouveler sans déguisement et en propres termes les sept fameuses propositions si solennellement condamnées dans les Réflexions Morales de Quesnel : Que la lecture de l'Ecriture sainte est pour tout le monde... qu'il est nécessaire à toutes sortes de personnes de l'étudier, etc. (Prop. 79, 80, 81, 82, 83, 84, 85.) L'Eglise, au contraire, toujours opposée à cette pernicieuse doctrine, ne permet la lecture de l'Ecriture sainte, surtout dans la langue vulgaire, qu'avec certaines précautions ; de peur qu'on n'en abuse par ignorance ou par malice. Cette sage conduite est aussi ancienne que l'Eglise elle-même. Saint Pierre avertissait déjà de son temps les fidèles qu'il y avait dans les Lettres de saint Paul *des choses difficiles à entendre, auxquelles des hommes peu instruits et légers donnent un faux sens, de même qu'ils font aux autres Ecritures, pour leur propre ruine.* In quibus sunt quædam difficilia intellectu quæ indocti et instabiles depravant, sicut et cæteras Scripturas, ad suam ipsorum perditionem. (II Petr., III.)

On ajoute, dans le même endroit de la préface, *que l'Eglise ne saurait subsister sans l'Ecriture sainte.* Proposition visiblement favorable à l'erreur de ceux qui rejettent la tradition. La Synagogue, qui était l'ancienne Eglise, a subsisté jusqu'au temps de Moïse par le secours de la seule tradition ; l'Ecriture ne lui était donc pas absolument nécessaire. Saint Irénée, dans son troisième livre des Hérésies, atteste un fait remarquable : c'est qu'il y avait encore de son temps des nations entières qui, avant qu'on leur eût communiqué les divines Ecritures, vivaient saintement dans la profession du christianisme, par le secours de la seule tradition.

2° Le texte de cette Bible française n'est pas plus orthodoxe que la préface; on y a adopté les erreurs de la version de Mons, si solennellement condamnée par les papes Clément IX, Innocent XI, et par l'Eglise gallicane.

On y dit dans la seconde épître aux Thessaloniciens (chap. II) : *Dieu leur enverra des illusions si efficaces, qu'ils croiront au mensonge.* On y répète dans la première aux Corinthiens (chap. XV) les propres termes de la version de Mons : *Non pas moi, mais la grâce de Dieu qui est avec moi.* On y retrouve, dans le premier chapitre de saint Jean, ces paroles : *Le Verbe était avec Dieu,* au lieu de celles-ci : *était en Dieu,* etc. Voyez LE MAISTRE DE SACY.

3° Le venin répandu dans les notes marginales est aussi dangereux que celui de la préface et du texte. Nous nous contentons de rapporter ici deux de ces notes, sur lesquelles nous sommes tombés par hasard.

On fait cette remarque sur la première épître aux Corinthiens, chap. IX : *Dieu ne récompense que ceux qui travaillent par amour.* Il est évident que c'est là le pur baïanisme et les propositions 55 et 56 de Quesnel : *Dieu ne couronne..... Dieu ne récompense que la charité.* Or, parler ainsi, c'est dégrader, c'est anéantir la foi, l'espérance et les vertus chrétiennes ; c'est démentir expressément saint Augustin qui nous apprend que Dieu *est honoré par la foi et par l'espérance.* (Enchirid. c. 8.)

La remarque que l'on fait sur le chap. XVI de la même épître, contient encore cette doctrine erronée. On y enseigne : *Que ce qui n'a pas pour fin et pour principe l'amour de Dieu, n'est pas fait comme il faut, et par conséquent n'est pas sans quelque péché.* Cependant l'Eglise, instruite par l'Apôtre, nous apprend que les mouvements de foi, de crainte et d'espérance, par lesquels Dieu prépare à la justification, ne sont point des péchés : que bien loin de rendre l'homme hypocrite et plus criminel, ils sont bons et utiles ; qu'ils sont des dons de Dieu et des mouvements du Saint-Esprit ; et que les actions qui sont faites par ces motifs non-seulement ne sont pas mauvaises, mais qu'elles sont des dispositions à la justification. C'est ce que le saint concile de Trente a déclaré dans la session XIV, chap. IV, can. 5.

Il faut observer que la faculté de Théologie de Paris a toujours été fort opposée aux traductions de la Bible en langue vulgaire. C'est ce qu'il est aisé de prouver par les registres de la faculté depuis le commencement du XVIIe siècle. Il serait à souhaiter qu'on pût remonter plus haut et qu'on y eût conservé tous les actes du siècle précédent ; on en trouverait sans doute un grand nombre sur ces sortes de traductions ; mais presque toutes les pièces du XVIe siècle furent déchirées, lorsqu'après la réduction de Paris on fit biffer, par ordre d'Henri IV, tout ce qui s'était fait du temps de la Ligue.

MÉMOIRES *pour servir à l'histoire de Port-Royal.* Utrecht, 1739, in-12 de 533 pages.

Après les *Mémoires* de Lamelot et de Fontaine, Thomas du Fossé jugea à propos d'en donner aussi qui partissent du même esprit, et qui tendissent au même but, c'est-à-dire qui fussent dictés comme les autres par l'esprit d'erreur, et qui tendissent comme eux à la révolte. Aussi, quand on a lu cette multitude de libelles, toutes les personnes équitables ne peuvent s'empêcher de prononcer que les théologiens de Port-Royal étaient des novateurs factieux, également pernicieux à l'Eglise et à l'Etat ; que les religieuses conduites par Saint-Cyran, Arnauld, Singlin, de Saci, de Sainte-Marthe, étaient des vierges folles ; que les jeunes personnes de l'un et de l'autre sexe qu'on élevait dans le monastère ou dans les écoles de cette maison, y recevaient des leçons d'erreur, et qu'on a rendu un important service à l'Eglise en les dispersant et en ruinant enfin une maison si constamment dévouée à l'hérésie et au fanatisme.

THOMASSIN (N...), prévôt de Saint-Nicolas-du-Louvre.

INFORMATIONS *juridiques faites par l'ordre de feu M. le cardinal de Noailles, au sujet de quatre miracles opérés au tombeau de M. Pâris, avec la première requête des curés de Paris.* Le tout contenant 47 pages in-4° et 140 in-12, non compris 6 pages in-4° et 16 in-12 de réflexions. 1732.

Ces informations, déposées chez de Savigny, notaire, ont été faites par M. Thomassin, prévôt de Saint-Nicolas-du-Louvre, vice-gérant de l'officialité et commissaire de M. le cardinal de Noailles, accompagné de M. Isabeau, greffier ordinaire de l'officialité, à la requête de M. Isoard, alors promoteur-général de l'archevêché, depuis curé de Sainte-Marine, en exécution de l'ordonnance de M. le cardinal de Noailles du 21 juin 1728.

Ce fut peu de temps après que les mêmes curés, par une seconde requête, présentèrent à M. l'archevêque (de Vintimille) des relations détaillées de treize autres miracles opérés, disaient-ils, tout récemment.

M. l'archevêque fit en effet informer sur quelques-uns et trouva que ce n'étaient que des impostures. Entre autres, celui du sieur le Doulx, de Laon, fut démenti par le miraculé lui-même, qui déclara naïvement à M. l'évêque de Laon, et ensuite à M. l'archevêque de Paris, tous les artifices dont on avait usé pour mettre un miracle sur son compte, et pour accréditer par là le culte du diacre Pâris.

TOURNEUX (NICOLAS LE) naquit à Rouen le 30 avril 1640, de parents qui n'avaient d'autres ressources que leur travail. Du Fossé, maître des comptes, le tira de l'obscurité et l'envoya étudier à Paris, où, dans la suite, il devint fameux par son audace à professer les dogmes jansséniens et à les semer dans ses écrits. C'est ce qui lui causa des chagrins, que sa soumission à l'Eglise lui aurait épargnés. Il fut obligé de se retirer à son prieuré de Villiers-la-Fère, dans le diocèse de Soissons. Il mourut subitement à Paris en 1687.

L'ANNÉE CHRÉTIENNE, *ou les messes des dimanches, féries et fêtes de toute l'année, en latin et en français, avec l'explication des épîtres et des évangiles, et un abrégé de la Vie des saints dont on fait l'office.* Paris, plusieurs éditions en onze, douze ou treize volumes. *Voyez* RUTH D'ANS.

Cet ouvrage a été condamné par Innocent XII, en 1695, par plusieurs évêques, et entre autres par celui de Carcassonne, le 18 novembre 1727. Ce prélat déclare qu'il y a « trouvé l'ivraie que l'homme ennemi ne cesse point de mêler avec le bon grain dans le champ du père de famille. Il ordonne à tous ceux qui en ont des exemplaires de les rapporter incessamment à son secrétariat. Il défend à tous confesseurs d'absoudre ceux qui les garderaient huit jours après la publication de son mandement, ce cas étant réservé à lui et à ses vicaires-généraux. Enfin il déclare que les confesseurs sont tenus d'interroger ceux qu'ils pourraient croire avoir lu le susdit livre. »

Voici les défauts essentiels et les erreurs qui ont attiré à cet ouvrage les censures de l'Eglise.

1° La traduction qu'on y lit des épîtres et des évangiles est en beaucoup d'endroits conforme à la traduction de Mons si solennellement condamnée.

2° On y a inséré en entier la traduction du Missel romain par *Voisin*, condamnée par l'assemblée du clergé en 1660, et ensuite par le pape Alexandre VII, le 12 janvier 1661.

3° Il y a des choses indécentes et qui tiennent du blasphème. Par exemple, tom. IV, p. 396, évang. du sam. de la sem. de la Passion, p. 6, on lit ces paroles : *Jésus-Christ délibéra s'il prierait son Père de le dispenser de mourir, ou peut-être même qu'il lui fit en effet cette prière, mais il se corrigea aussitôt.* Dire que Jésus-Christ *délibéra*, c'est supposer en lui de l'ignorance. Dire qu'il *se corrigea*, c'est supposer qu'il avait fait une faute.

4° La proposition suivante : *Saint Pierre et saint Paul sont deux chefs qui n'en font qu'un*, a été condamnée comme hérétique par Innocent X, le 24 janvier 1647. Or cette proposition est insinuée fort clairement par Le Tourneux. Il dit de saint Evariste, le 26 octobre, que ce fut le quatrième pape après *saint Pierre et saint Paul.*

5° L'autorité épiscopale est combattue ou plutôt anéantie par Le Tourneux dans son *Année chrétienne.* En voici la preuve.

T. IX, saint Apollinaire, 23 juillet. *Il n'est pas permis dans l'Eglise de commander par autorité*, c'est-à-dire en sorte que l'autorité seule soit la raison qui fasse obéir.

Ibid. *Quand il n'y aurait qu'une seule âme, qui fût gênée d'un commandement de l'Eglise; et qui ne s'y pût rendre sans trahir sa conscience, le bien commun... ne pourrait pas être considéré pour imposer à cette personne un joug qui lui serait insupportable.*

Ibid. *Les rois commandent à ceux qui ne veulent pas obéir, et les évêques à ceux qui le veulent.*

Ibid. *Un véritable pasteur ne commande qu'à ceux qui veulent bien obéir.*

Comment les évêques pourraient-ils souffrir de si rudes atteintes portées à leur autorité?

Le Tourneux, après les avoir ainsi réduits à la seule autorité de persuasion, veut encore que ce pouvoir n'ait pas été donné en propre aux premiers pasteurs.

On défère un coupable à l'Eglise, disait-il, *soit qu'on le défère à toute l'assemblée des fidèles, soit qu'on le défère seulement aux pasteurs.* Tom. IV, pag. 60.

6° Tout le jansénisme se trouve dans l'*Année chrétienne*.

L'homme ne fait rien; il est purement passif, il ne coopère pas même : *Dieu seul... fait tout en tous.* Tom. III, pag. 310, Explication de l'Epître de saint Cyriaque, 8 août.

Tom. X, pag. 93, au 16° dimanche d'après la Pentecôte, Le Tourneux assure que dans l'état présent, il n'est plus laissé au pouvoir de la volonté humaine *faible et languissante*, de conserver la grâce ou de ne la pas conserver.

7° La proposition de Baïus sur les deux amours (c'est la 38°), les propositions 44, 45, 46, 47, 48, 49, 50, 52, 53, 54, 55, 56, 57, 58, du P. Quesnel sont clairement renouvelées dans l'*Année chrétienne* de Le Tourneux.

Tom. II, pag. 192, Explication du dim. de la Quinq. *On peut faire une même action par différents motifs qui se réduisent tous à deux : celui de la cupidité et de la charité.*

Explication de l'évangile du 14° dimanche de la Pentecôte : *Il y a deux principes des actions humaines, la charité et la cupidité.*

Explication de l'Evangile du 13° dim. : *L'Apôtre considère donc ici les deux principes des actions humaines, la cupidité et la charité, comme deux fonds ou deux champs, dans lesquels il faut nécessairement que l'on jette la semence des œuvres.*

8° La doctrine de Quesnel sur la crainte (propos. 61 et 62), est aussi celle de Le Tourneux.

Explication de l'évang. du vendr. des Quatre-Temps de septembre : *La crainte retient le pécheur, et l'empêche de tomber dans le péché; mais en changeant sa conduite, elle ne change pas encore son cœur.*

Explication de l'évang. du mardi de la semaine sainte : *On ne retourne à Dieu que par l'amour. On peut s'empêcher de commettre le péché par la crainte de la peine; mais on ne cesse pas de l'aimer, et il est toujours dans le cœur.*

9° Sur la différence des deux alliances, Le Tourneux est un autre Quesnel.

Explication de l'épître du 13° dimanche après la Pentecôte : *Il a fallu que l'homme ait été laissé à lui-même dans l'état de l'ancienne loi, afin que tombant dans le péché, et connaissant sa faiblesse, il reconnût qu'il avait besoin de la grâce.*

10. Ils sont aussi d'accord sur la définition de l'Eglise.

Tom. IV, Explication de l'épître du 4° dimanche de carême : *par l'Eglise, il faut entendre l'assemblée de tous ceux qui servent le véritable Dieu en esprit et en vérité; en enfants, avec un esprit de liberté et d'amour.*

Tom. VII, pag. 80 : *Nous voilà dans le corps de votre Eglise; mais purifiez-nous sans cesse, afin que nous soyons de son corps.*

Les pécheurs sont donc exclus de l'Eglise; ils ne sont pas de *son corps*; et comme personne n'a juridiction dans l'Eglise sans être de son corps, un évêque, le pape même, n'a donc aucune juridiction dans l'Eglise, s'il n'est entièrement pur. Ce qui est renouveler l'hérésie de Jean Hus.

Enfin, on peut assurer que l'*Année chrétienne* diffère si peu de l'ouvrage de Quesnel, que toutes les qualifications dont on a chargé le livre des *Réflexions morales*, tomberaient également sur l'*Année chrétienne*, en changeant seulement le titre.

L'auteur des *Nouvelles ecclésiastiques*, dans sa feuille du 12 décembre 1747, fait lui-même cet aveu important : *Nous convenons avec l'auteur du* Supplément, *que la doctrine de M. Le Tourneux est la même que celle du P. Quesnel.*

Voyez sur cette matière les *Suppléments* du 8 août 1747, des 9, 16 et 23 janvier 1748.

Il est donc étonnant qu'un livre si pernicieux ait été imprimé et réimprimé avec privilège. Quesnel travaillait à en donner une nouvelle édition, quand il fut arrêté à Bruxelles; et quelque temps auparavant il avait jeté les hauts cris, quand il avait appris sa condamnation : *Je n'ai point été surpris* (lui écrivait son ami, le sieur Duvaucel) *de vous voir jeter feu et flamme sur le sujet du décret qui condamne l'Année chrétienne.* (Causa Quesnel., pag. 486). Mais plus cet ouvrage est cher au parti (*Quesnello opus dilectissimum*, dit le procès-verbal), moins on le doit souffrir entre les mains des fidèles.

PRINCIPES *et règles de la vie chrétienne.* Paris, Élie Josset 1688.

Il y a dans cet ouvrage un chapitre sur l'amitié chrétienne, qui ne paraît composé que pour affermir dans leur révolte les religieuses de Port-Royal, dont les directeurs avaient été exilés ou emprisonnés. On n'y parle que de persécution, de tyrannie, de couronne de gloire pour les confesseurs et les martyrs. Dans le langage jansénien, tous ceux à qui leur révolte contre les lois de l'Eglise et de l'Etat a attiré quelque punition, sont autant de martyrs. Et en effet ils le sont, non de Jésus-Christ, mais du démon; car on sait que le démon à aussi ses martyrs : *Habet suos martyres diabolus.*

Dans le chapitre onzième on débite clairement l'hérésie proscrite des deux poids (la charité et la cupidité) dont le plus fort entraîne l'âme invinciblement. On y enseigne que tout ce qui ne se fait pas par le principe de la charité, est péché.

Histoire *de la Vie de Jésus-Christ.* Souvent réimprimée.

Ce livre se ressent fort des principes erronés de son auteur.

Dans la quarante-troisième page de la préface, on trouve cette hérésie formelle : *Les Juifs n'ont point suivi la lumière, parce qu'ils ne l'ont point connue, et cependant ils sont inexcusables.* Ces paroles renferment ce dogme impie de Jansénius et de Quesnel : *Que Dieu exigeait des Juifs l'accomplissement de la loi, et qu'il les laissait néanmoins dans l'impuissance de l'accomplir. Quelle différence, o mon Dieu,* (s'écriait Quesnel; d'un ton hypocrite) *entre l'alliance chrétienne et l'alliance judaïque! Là vous exigez du pécheur l'accomplissement de la loi, en le laissant dans son impuissance; ici vous lui donnez ce que vous lui commandez.* Doctrine purement hérétique. Il est faux que les Juifs, à parler absolument, n'aient point connu la lumière. Ils avaient un remède pour effacer le péché originel. Ils avaient des grâces intérieures et extérieures pour se conserver dans la justice, et par conséquent ils *connaissaient la lumière.* Dieu disait aux Juifs, ch. xxx du Deutéronome : *Le commandement que je vous fais n'est point au-dessus de vos forces.* Et saint Thomas nous enseigne que, quoique la loi ancienne ne fût pas suffisante par elle-même pour sauver les hommes, cependant Dieu leur avait donné avec la loi un autre secours suffisant, qui était la foi et la grâce du Médiateur, par laquelle les patriarches ont été justifiés.

Dans la sixième édition, *Paris, Elie Josset,* 1693, on lit, pag. 76, cette proposition : *Comme l'amour est le principe de tout ce que nous faisons, nos œuvres sont bonnes ou mauvaises, selon que l'amour dont elles partent, est bon ou mauvais.* C'est adopter assez clairement le système janséniendes deux amours, seul principe de nos actions.

Lors même que cette *histoire* faite par Le Tourneux ne contiendrait aucune erreur, elle serait froide et d'un faible effet. « J'ai lu, dit un illustre prélat, à l'âge de seize ans, la *Vie de Jésus-Christ,* par le P. de Montreuil (3 vol. in-12). Cette lecture me procura alors un plaisir dont rien n'a effacé le souvenir. J'ai eu plusieurs fois entre les mains une *Vie de Jésus-Christ* par M. Le Tourneux. Ce volume est petit, mais je l'ai trouvé si long que ni moi ni les jeunes personnes à qui je le conseillais n'en avons pu lire la moitié. Cependant Jésus-Christ est bien aimable. » Mais la *Vie de Jésus-Christ,* par le P. de Montreuil, excellente sans doute, a été effacée par celle qu'a donnée le P de Ligny; et depuis, M. l'abbé James a publié l'*Histoire du Nouveau Testament,* « ouvrage dans lequel, dit Mgr de Quélen, l'auteur développe le texte de l'Évangile, explique les endroits difficiles, expose et réfute les objections des incrédules, intéresse et édifie ses lecteurs autant par une sage critique que par son érudition et sa piété. »

Bréviaire *Romain en latin et en français.* Paris, Denis Thierry; achevé d'imprimé le 15 novembre 1687, 4 vol. in-8°.

Arnauld, dans l'écrit qui a pour titre : *Question curieuse, si M. Arnauld, docteur de Sorbonne est hérétique,* nous apprend que la traduction du Bréviaire romain est de Le Tourneux. Ce livre fut l'objet d'une juste condamnation le 10 avril 1688, portée par les ordres de Harlay, archevêque de Paris.

La sentence rendue en son officialité, condamne l'impression et la traduction en langue française du *Bréviaire romain,* comme étant une nouveauté faite contre les conciles, les délibérations des assemblées du clergé, ou les ordonnances du diocèse de Paris, les édits et les ordonnances du roi, contre l'esprit et l'usage de *l'Eglise,* et encore comme n'étant ladite version ni pure ni fidèle, contenant aussi plusieurs sens qui conduisent à l'erreur, et qui peuvent être la source, la pépinière de plusieurs hérésies, et commey ayant dans cette traduction plusieurs erreurs et hérésies condamnées par *l'Eglise,* etc.

Voici quelques-unes des erreurs qui ont mérité une censure si flétrissante, et qui sont rapportées dans la sentence de l'officialité.

1° Dans l'hymne de tierce, Le Tourneux ayant à traduire ces vers :

Dignare promptus ingeri,
Nostro refusus pectori,

les a rendus par ces paroles suivantes :

Règne au fond de nos cœurs
Par la force invincible
de tes charmes si doux.

Et dans l'hymne de la troisième férie, ces mots :

Aufer tenebras cordium,

il les traduit de cette sorte :

Répands sur nous le feu de ta
grâce invincible.

Est-ce donc là traduire? ces versions sont-elles conformes au texte, à l'esprit du texte? n'insinuent-elles pas les hérésies de nos jours, et la grâce irrésistible qu'établit Jansénius dans sa deuxième proposition ?

2° L'auteur n'a pas été plus fidèle dans la traduction des premières paroles de l'Oraison de la paix : *Deus a quo sancta desideria, recta consilia, et justa sunt opera,* qu'on a rendues ainsi à la janséniste : *O Dieu, qui par votre grâce êtes l'unique auteur des saints désirs et des bonnes actions.* N'est-ce pas là encore favoriser ouvertement l'hérésie, en faisant entendre que Dieu *seul* fait dans nous tout le bien sans notre coopération ?

3° Dans l'oraison du 13e dimanche après la Pentecôte, où il est dit : *Et ut mereamur assequi quod promittis, fac nos amare quod præcipis.* Le Tourneux traduit ainsi : *Afin que* nous puissions acquérir ce que vous nous promettez, faites-nous aimer ce que vous commandez. Or, le mot, mereamur, a-t-il jamais signifié, que nous puissions? L'auteur ne l'a donc traduit si infidèlement, que pour insinuer que la seule grâce qui donne le pouvoir, est celle qui donne l'action. Aussi, dans l'oraison du 12e dimanche, où il est parlé de la grâce efficace, qui nous fait servir Dieu comme il faut, la traduction dit que ; sans cette grâce efficace, nous ne pouvons lui rendre aucun service.

4° Dans la troisième leçon du samedi des Quatre-Temps de septembre, où on lit ces paroles latines, fort aisées à traduire : *Quorumdam pravorum mentes nec inspirata lex naturalis corrigit, nec præcepta erudiunt, nec incarnationis ejus miracula convertunt* : Le Tourneux a grand soin de les corrompre : *Il y a*, dit-il, *une infinité d'hommes que l'impression de la loi naturelle n'a pu corriger, ni la connaissance des préceptes n'a pu instruire, ni les miracles de l'incarnation n'ont pu convertir.* Mais depuis quand le mot *quorumdam* signifie-t-il une *infinité d'hommes*? D'ailleurs il n'y a point dans le latin, qu'ils n'aient pu être corrigés ni convertis, il y a seulement qu'ils ne l'ont point été. Dire qu'ils n'ont pu l'être, c'est leur ôter toute grâce suffisante pour éviter le péché, et pour sortir de l'état du péché.

5° L'auteur, par des traductions semblables, c'est-à-dire, ou fausses ou forcées, marque une affectation continuelle à faire entrer partout la seule grâce efficace, comme il paraît particulièrement dans les hymnes du dimanche à matines, des féries seconde et quatrième à laudes, de la férie sixième à vêpres, du temps paschal, du jour de la Trinité à matines et dans plusieurs autres. Pour les hymnes, où se trouvent les mots de *Rédempteur de tous*, Letourneux n'a garde de les traduire selon le sens naturel de la Lettre, et d'employer le mot essentiel de *tous*. Voici donc la manière infidèle, dont il rend ces paroles latines : *Christe, redemptor omnium.*

Jésus, divin Sauveur, clair flambeau des fidèles.
6° Il résulte de tout cela, que le *Bréviaire français* est un livre presque aussi dangereux que *l'Année chrétienne*.

TOURNUS, prêtre, bon janséniste, qui avait cessé de célébrer la sainte messe; de sorte que, quand il mourut, en 1733, il y avait environ vingt ans qu'il n'était monté à l'autel. *Voyez* BRIQUET.

TOUROUVRE (N... DE), évêque et comte de Rhodez, publia : *Ordonnance et instruction pastorale pour la condamnation du* Traité des actes humains, *dicté au collège de Rhodez, par le P. Cabrespine, jésuite*, l'an 1722, qui fut condamné à Rome par un décret du 14 juillet 1723, *comme contenant quelques opinions contraires et doctrines téméraires, suspectes, injurieuses au siége apostolique, et favorisant des erreurs condamnées.*

TRAVERS (NICOLAS), prêtre appelant, né à Nantes, en 1686, mort le 15 octobre 1750. Il donna étrangement dans le travers.

CONSULTATION *sur la juridiction et sur l'approbation nécessaire pour confesser, renfermée en sept questions*, 1734.

Dans cet ouvrage presbytérien, il soutient avec une témérité sans exemple que tous les prêtres sans distinction, même lorsqu'ils sont interdits et suspens, peuvent confesser tous les fidèles, et les absoudre validement de tous leurs péchés, sans être approuvés des évêques; et pour empêcher qu'une pareille doctrine n'alarme les fidèles, il débite d'une manière confuse les dogmes les plus propres à rassurer les consciences qui auraient peine à secouer le joug de l'autorité légitime.

Cette consultation fut condamnée par M. l'archevêque de Sens, le 1er mai 1735, et censurée par la Sorbonne, le 15 septembre de la même année. Elle fut aussi condamnée le 1er octobre, et défendue sous peine d'excommunication par M. l'archevêque d'Embrun (depuis cardinal de Tencin), « comme contenant des propositions et des maximes respectivement fausses, scandaleuses, téméraires, captieuses, séditieuses, outrageantes au concile de Trente, contraires à son autorité, injurieuses aux premiers pasteurs et au roi, destructives de la puissance de lier et de délier....... tendant au schisme, sentant et favorisant l'hérésie, et même hérétiques. »

Travers, publia, en 1736, un écrit pour servir de défense à ses opinions inouïes, et il l'intitula :

LA CONSUTATION *sur la juridiction et approbation défendue*, etc.

Comme cette *défense* ne contenait aucune preuve nouvelle qui accréditât les erreurs presbytériennes, la Sorbonne ne se crut pas obligée à une nouvelle censure, ni les évêques à de nouveaux mandements.

LES POUVOIRS *légitimes du premier et second ordre dans l'administration des sacrements*, etc., 1744, in-4° de 800 pages.

Cet énorme volume fut publié au moyen des secours pécuniaires que l'auteur sut se procurer.

C'est un ouvrage longtemps médité dans le secret pour donner des confesseurs à la secte, et pour servir de ressources dans le besoin. *Le temps est venu* (dit l'auteur, Avert., page XIX), *de dévoiler tout, de mettre dans un grand jour l'approbation et la juridiction nécessaires pour le ministère ecclésiastique.* Il tint en effet parole; il lève le voile et il met dans le plus grand jour tous les traits odieux qui caractérisent un ouvrage de parti. On y trouve des emportements, des injures, des outrages contre ce qu'il y a de plus auguste dans l'Eglise et dans l'Etat. Les papes (p. 649, *et passim*), les évêques (page 636|, *et passim*), Avert. (p. XXV, XXXII), note (b), les assemblées du clergé de France (*ibid. et passim*), Avert. (page XXX), les conciles page 289), les facultés de théologie, Avert. (pages X, XXV, XXXI), les grands vicaires, (*ibid.* page 20, et pages 271 et suivantes) les chanoines (page 282, etc.) les séminaires (Avert., p. xviii et xxviii). Rien n'échappe aux emportements et à la satire; on va même jusqu'à révoquer en doute l'authenticité du concile de Trente (page 173), et à ramasser contre ce saint concile tout ce qui a été dit de plus injurieux.

Travers enlève aux premiers pasteurs une autorité qu'ils tiennent immédiatement de Jésus-Christ; il renverse toute subordination. Selon lui, le peuple, le clergé inférieur et les premiers pasteurs, composent et forment l'Eglise, à laquelle il appartient de porter des lois, de décider des controverses, et de punir les réfractaires. *De là, il arrive,* dit-il, page 721, *que quand ils ne concourent pas tous dans un jugement d'excommunication, et même dans les jugements de doctrine et de discipline, les uns en le rendant, et les autres en l'approuvant, du moins tacitement, ce n'est point l'Eglise, mais des particuliers, qui, par un abus visible, et un exercice indiscret et précipité de l'autorité qui leur est commise, prononcent une censure et un jugement contre la volonté de l'Eglise. D'où il résulte que cette censure, ou cet autre jugement n'étant point porté juridiquement, il n'y a pas à douter qu'ils n'ont aucune force devant Dieu, et que les censures des évêques, portées malgré le clergé et le peuple, n'ont point leur effet.*

On voit que Travers, adoptant le pur richérisme, assujettit la puissance des successeurs des apôtres au suffrage de la multitude, et qu'il regarde l'Eglise comme une république populaire, dont toute l'autorité réside dans la société entière. C'est ce qu'il exprime encore plus clairement quand il ajoute : *Les pasteurs exercent ce pouvoir, et font ces sortes de jugements au nom de toute l'Eglise :* d'où il conclut qu'ils ont besoin *de l'acquiescement et du concours virtuel des fidèles.*

Travers ne rougit pas d'avancer, page 768, que la bulle *Unigenitus* n'est qu'*une loi de police et d'économie.* Comme si les termes de la bulle même, le témoignage de ceux qui l'acceptent, l'aveu de ceux qui la combattent, ne démontraient pas l'absurdité de ce paradoxe; comme si un décret, qui proscrit des hérésies, des erreurs, des impiétés, des blasphèmes, et qui est accepté par l'Eglise universelle, n'était pas pour les fidèles un jugement dogmatique et irréformable, et pouvait être réduit à la simple qualité de *loi de police,* de discipline et d'*économie.*

Page 770 : *La constitution Unigenitus,* dit l'auteur, *est la malédiction qui s'est répandue sur la terre.*

Page 762 : *Rien ne doit empêcher un curé, qui accepte cette constitution, d'absoudre le pénitent qui croit la devoir rejeter.*

Tant d'erreurs ne pouvaient pas rester impunies. Le procès-verbal de l'assemblée du clergé, en 1745, fit connaître au public ce que le clergé de France pensait d'un livre si monstrueux.

La Faculté de théologie de Nantes, le 19 avril 1746, en fit une censure détaillée qui contient onze articles. Chaque article renferme plusieurs propositions, à chacune desquelles sont appliquées les notes et les qualifications qui lui conviennent. Les propositions censurées, sont en tout, au nombre de quatre-vingt-dix-neuf. Il y en a vingt-sept condamnées comme hérétiques.

TREUVÉ (Simon-Michel), fils d'un procureur de Noyers en Bourgogne, entra, l'an 1668, dans la congrégation de la Doctrine Chrétienne, et la quitta l'an 1673. Bossuet, qui l'attira à Meaux, lui donna la théologale et un canonicat. Le cardinal de Bissy ayant, dit-on, eu des preuves que Treuvé était flagellant, même à l'égard des religieuses, ses pénitentes, et, de plus, très-opposé aux décisions de l'Eglise, cherchant en toutes manières à propager le parti de Jansénius, l'obligea de sortir de son diocèse, après qu'il y eut demeuré vingt-deux ans. Nous venons de copier Feller. Treuvé se retira à Paris, où il mourut en 1730, à soixante-dix-sept ans.

Instructions *sur les dispositions qu'on doit apporter aux sacrements de pénitence et d'eucharistie, tirées de l'Ecriture sainte, des saints Pères et de quelques autres saints auteurs.*

Ce livre, que Treuvé composa à l'âge de vingt-quatre ans, fut souvent réimprimé.

Il est dédié à madame la duchesse de Longueville, et l'abrégé qui en a été fait lui est aussi dédié : on sait que cette dame tenait à la secte jansénienne.

Des théologiens, connus par leur orthodoxie, ont parlé différemment de ce livre : l'un paraît l'avoir jugé avec un peu de sévérité, dans les douze observations qu'il a faites sur les éditions de 1697 et de 1734, et que nous allons rapporter.

I. — Première partie, ch. 7, page 75, édition de 1697 (45ᵉ édition de 1734) : *Considérez que l'Eglise, dans les premiers siècles, n'accordait la grâce de la réconciliation pour les péchés mortels qu'une seule fois.* Cette proposition est fausse, dangereuse, scandaleuse, induisant à erreur.

II. — *Ibid.* Page suivante : *Considérez qu'encore que l'Eglise n'observe plus cette pratique* (de n'accorder la grâce de la réconciliation qu'*une seule fois et jamais plus*), *elle en conserve néanmoins l'esprit et les raisons.* Cette proposition est fausse; elle en impose à l'Eglise, elle est scandaleuse, elle conduit à l'erreur et au désespoir.

III. — Première partie, ch. 2, page 15, de 1697 (9 et 10, de 1734) : *Elle* (l'Eglise) *considérait que, dans cet état de ténèbres, on ne pouvait faire que des actions de ténèbres; qu'étant esclave du péché, on ne pouvait suivre que les mouvements du péché.* C'est la vingt-cinquième proposition de Baïus.

IV. — Troisième partie. Avertissement, avec quel esprit les pénitents et les justes doivent assister au sacrifice de la sainte messe, page 562, de 1697 (366, de 1734) : *Toutes les créatures peuvent louer et bénir*

Dieu, excepté le pécheur qui en est incapable, à cause de son péché. C'est une suite de l'erreur précédente.

V. — *Ibid.*, page 567 (369) : *Tout pécheur irrite Dieu, au lieu de l'apaiser, quand il assiste au sacrifice de la messe, sans s'unir à Jésus-Christ et à l'Eglise, en se sacrifiant à Dieu, comme Jésus-Christ et comme l'Eglise, dont il est membre.* Quesnel assure, dans sa quatre-vingt-neuvième proposition, que *le quatorzième degré de la conversion du pécheur est qu'étant réconcilié, il a droit d'assister au sacrifice de l'Eglise.*

VI. — Première partie, ch. 14, Elévation, page 145 (88 et 89) : *Adorable Sauveur,... la justice que l'on acquiert par ses propres actions est toute souillée devant vous; elle n'est qu'iniquité, elle n'est qu'abomination à vos yeux.*

VII. — Seconde partie, ch. 4, Elévation, p. 392 (245 et 246) : *Seigneur,... mes pensées et ma volonté ne sont point en mon pouvoir, et je n'en puis disposer comme je voudrais; je ne leur puis commander.*

VIII. — Première partie, ch. 26, page 253 (156) : *Et votre grâce n'est que votre amour.* D'où il suit que les pécheurs sont sans grâce, puisqu'ils sont sans amour.

IX. — Première partie, ch. 19, page 184 (112, 113) : *La grâce que Jésus-Christ nous a méritée n'est proprement autre chose qu'un amour par lequel on préfère le Créateur à la créature.* Ainsi Jésus-Christ ne nous a mérité aucune grâce suffisante.

X. — Première partie, ch. 19, page 179 (109) : *Nulle inclination n'est bonne en nous, qu'elle ne vienne de l'amour de Dieu.*

XI. — Première partie, ch. 16, page 157 (96) : *Les païens, qui sont dans les ténèbres, ne peuvent vivre que selon l'un de ces trois objets* (la concupiscence de la chair, la concupiscence des yeux, l'orgueil de la vie). C'est toujours la vingt-cinquième proposition de Baïus : *Toutes les actions des infidèles sont des péchés, et leurs vertus sont des vices.*

XII. — Première partie, ch. 19, page 185 (113) : *On n'adore Dieu qu'en l'aimant, et il ne veut point d'autre culte que l'amour.*

Ce n'est pas ainsi que pense saint Augustin. *La crainte*, dit-il, *est le remède, l'amour est la santé.* Tract. IX in primam Joan., n. 4, ad Eph., IV, v. 18.

La piété, dit-il ailleurs (et par la piété, il entend le vrai culte du vrai Dieu), *commence par la crainte, et se perfectionne par la charité.* C. XVII, n. 33, lib. De vera Religione.

De là, vient que, selon le saint docteur, si l'homme ne commence par la crainte à honorer Dieu, il ne parviendra pas à l'aimer. Enarrat. in Psalmum CXLIX, n. 14.

Il est donc évident que quand saint Augustin a dit (Ep. 140, ad Honoratium, c. 18, n. 45 : *Pietas cultus Dei est, nec colitur ille nisi amando* : La piété est le culte que l'on rend à Dieu, et ce culte ne lui est rendu que par l'amour, il a prétendu parler du culte parfait, qui, en effet, n'est point sans la charité

Un autre théologien, non moins orthodoxe, nous l'avons déjà dit, s'exprime en ces termes, au sujet des *Instructions* de Treuvé : « Malgré ce qu'en ont dit quelques directeurs un peu trop aisés, il est certain que ce livre a produit de bons effets, et qu'il est propre à corriger des abus devenus très-communs dans l'administration des sacrements, à maintenir ou à rétablir la vraie notion de la pénitence chrétienne (*voyez* HABERT) ; mais il est vrai aussi qu'il y a des inexactitudes, dont quelques-unes pourraient faire soupçonner de la mauvaise foi, et des assertions qui, prises à la lettre, porteraient le découragement dans des âmes faibles et timides. »

DISCOURS *de Piété, contenant l'explication des mystères et l'éloge des saints Pères que l'Eglise honore pendant l'Avent.* Lyon, 1697, in-12.

LE DIRECTEUR *spirituel, pour ceux qui n'en ont point.* Plusieurs éditions, à Lyon et à Paris.

Dans cet ouvrage, qui n'est pas trop bon, l'auteur en recommande de plus mauvais.

On lui reproche en outre d'avoir avancé, dans les chapitres où il traite de la messe et de la prière, des choses fausses, erronées, suspectes, etc.

On a relevé cette proposition, page 139, édition de 1738 : *Les Pères voulaient qu'un chrétien, pour communier, possédât un amour pur et sans mélange.* Laquelle est condamnée par Alexandre VIII. Et, page 62, il dit que *les Pères demandaient aux fidèles une pureté presque aussi grande pour assister à la messe que pour communier.*

On lui a encore fait d'autres reproches, et il s'ensuit en somme que, tel qu'il est, ce livre a grand besoin de corrections.

Vie de M. Du Hamel, curé de Saint-Merry, in-12.

Il en fait un saint du parti.

TRIPERET (dom HILAIRE), bénédictin, de la congrégation de Cluny, a laissé divers écrits, 1711, la Charité-sur-Loire, dans lesquels se trouvent plusieurs erreurs, entre autres, que les païens ne faisaient et ne pouvaient faire aucunes œuvres moralement bonnes, et que, sans la grâce, toutes leurs actions étaient des péchés.

M. de Caylus, évêque d'Auxerre, en étant informé, reconnut que cette doctrine était celle de Baïus et de Jansénius. Il exigea de ce religieux une rétractation dans les formes, et il l'obligea de signer les contradictoires de ses erreurs, et en particulier : *Que, sans un commencement de foi et de charité, on peut faire quelques œuvres moralement bonnes, d'un ordre naturel, lesquelles ne sont pas péchés.* Et ce prélat publia à ce sujet une *Lettre pastorale*, le 22 mars 1711, à la suite de laquelle est la rétractation du bénédictin. Mais ce qu'il y a d'étrange, c'est que M. de Caylus a depuis qualifié d'erreur dans M. l'archevêque de Sens cette même proposition qu'il avait fait signer à dom Triperet. *Voyez* CAYLUS.

TRONCHAY (Michel), naquit à Mayence, en 1667, fut associé à Lenain de Tillemont, auteur des *Mémoires pour servir à l'histoire ecclésiastique*; reçut les ordres sacrés des mains de Colbert, évêque de Montpellier, et mourut au château de Nonant, dans le diocèse de Lisieux, le 30 septembre 1733. Tronchay partageait, sur les questions de son époque, les sentiments de Tillemont, qu'il appelait *son maitre*. Ayant fait connaissance de Quesnel à Paris, en 1701, il se lia avec lui, et il y eut entre eux une correspondance habituelle, qui ne cessa qu'à la mort de ce père du jansénisme. On a de Tronchay les tomes VII à XVI des *Mémoires* commencés par Tillemont, une *Idée de la vie*, des *Réflexions* et des *Lettres* du même Tillemont, le 6ᵉ vol. de l'*Histoire des Empereurs*, l'*Histoire abrégée de l'abbaye de Port-Royal*, depuis sa fondation jusqu'à l'enlèvement des religieuses, en 1709, Paris, 1710, in-12; réimprimée en 1720; une *Lettre* à M. Colbert, évêque de Montpellier. C'est lui, dit-on, qui mit en ordre les *Mémoires de Nicolas Fontaine*.

TROYA D'ASSIGNY (Louis), prêtre de Grenoble, né vers 1696, mort en 1772, fut un des premiers rédacteurs des *Nouvelles ecclésiastiques*, et, entre autres ouvrages, publia :

FIN du *Chrétien, ou Traité dogmatique et moral sur le petit nombre des élus*. 3 vol. in-12, 1751. C'est une refonte, avec augmentation, de *la Science du salut*, d'Ollivier Debords-des-Doires, dit d'Amelincourt.

TRAITÉ dogmatique et moral de *l'espérance chrétienne*. Avignon (Paris, 1753-1755, 2 vol. in-12.

DÉNONCIATION *faite à tous les évêques de France*.

LA VRAIE *Doctrine de l'Eglise*.

DISSERTATION *sur le caractère essentiel à toute loi de l'Eglise*.

V

VALENTIN (*l'abbé*), un des pseudonymes sous lesquels Gerberon se cachait.

VALLA (Joseph) naquit à l'Hôpital, dans le Forez, entra dans la congrégation de l'Oratoire et dans le sacerdoce; fut opposé à la bulle *Unigenitus*, professa la théologie à Soissons, sous Fitz-James, et à Lyon, sous Montazet; puis, retiré à Dijon, il y mourut le 26 février 1790. C'est lui qui est l'auteur de la *Philosophie* et de la *Théologie* dites de Lyon, qu'il composa par l'ordre de Montazet. Ces ouvrages avaient plusieurs sortes de défauts; on fit à la *Philosophie* des changements et des corrections; la *Théologie* fut mise à l'*index*, par un décret du 17 septembre 1792. Et cependant on a dit, et il paraît, en effet, que Montazet contint plus d'une fois l'auteur, et l'empêcha de développer ses sentiments dans toute leur étendue. Un autre reproche plus grave encore que mérite Valla, c'est d'avoir collaboré avec Barral, Guibaud et Chabot, dans la rédaction du *Dictionnaire historique et critique*.

VANDER-CROON, se disant archevêque d'Utrecht, lorsque le pape Clément XII eut publié contre lui un bref daté du 17 février 1736, osa adresser à M. le cardinal d'Alsace, archevêque de Malines, l'appel qu'il avait interjeté de ce bref au futur concile œcuménique. Le cardinal répondit à cette pièce par un écrit latin de dix-neuf pages, où il montre clairement que le chef et les membres de la nouvelle Eglise de Hollande sont notoirement schismatiques.

VAN-DE-VELDEN (Corneille), un des pseudonymes du P. Gerberon.

VAN-ESPEN. *Voyez* ESPEN.

VAN-HUSSEN. *Voyez* l'article LOUVART.

VAN-ROOST (Guillaume), chanoine et pléban (curé, *qui plebem regit*) de l'église métropolitaine de Malines, composa :

POINTS SPIRITUELS de *morale, mêlés d'affections salutaires sur la vie, les mystères et la doctrine de Jésus-Christ, sur l'ordre de l'Histoire évangélique*. Seconde édition, corrigée et augmentée par l'auteur. Anvers, 1702, 2 vol.

LA BONNE RÈGLE de *l'exercice volontaire, ou le dévot solitaire, pour apprendre comme on doit servir Dieu dans le tumulte du monde, avec un exercice pour toute la semaine*. Anvers, 1714.

LES PSAUMES de *David, avec de courtes réflexions sur le sens historique, spirituel et moral; plus, quelques cantiques de l'Ecriture sainte*, etc. Gand, 1725.

Ces livres étaient répréhensibles, et l'auteur tenait des discours contraires à la soumission due aux décisions de l'Eglise. Le cardinal d'Alsace, archevêque de Malines, condamna ces livres par une sentence du 20 août 1728; par cette sentence, le cardinal déclare Van-Roost hérétique, excommunié et privé, *ipso jure*, de son canonicat, de sa plébanie et de ses autres bénéfices; Van-Roost, convaincu en même temps d'un libertinage et d'une conduite indigne de son état, devait être renfermé en vertu de la même sentence; mais il s'enfuit en Hollande et y mourut en 1746.

VARET (Alexandre), né à Paris en 1631, étudia dans les écoles de Sorbonne, fut grand vicaire de Gondrin, archevêque de Sens, perdit son emploi lorsque ce prélat perdit la vie, et se retira dans la solitude de Port-Royal-des-Champs, où il mourut en 1676, laissant divers ouvrages, dont nous mentionnerons les suivants :

MIRACLE ARRIVÉ A PROVINS, *par la dévotion à la sainte Epine, révérée à Port-Royal*; reconnu et approuvé par la sentence de M. le grand vicaire de M. l'archevêque de Sens, rendue le 14 décembre 1656. In-4°.

DÉFENSE DE LA DISCIPLINE *qui s'observe dans le diocèse de Sens, touchant l'imposition de la pénitence publique pour les péchés publics* ; imprimée par l'ordre de M. de Gondrin, archevêque de Sens. Sens, Louis Pressurot, 1673, in-8°.

On a dit que le docteur Boileau avait travaillé à ce livre.

Les novateurs ayant voulu établir dans l'Eglise de Sens l'obligation de la pénitence publique, le saint-siége et plusieurs évêques de France condamnèrent les livres publiés par le parti pour autoriser cette dangereuse discipline. Ils suivirent en cela l'exemple de saint Léon qui, douze cents ans auparavant, avait porté la même condamnation dans cette lettre 48. *Removeratur tam improbabilis consuetudo, ne multi a pœnitentiœ remediis arceantur* ; et celui du concile de Trente, qui ne s'est pas expliqué sur ce sujet moins clairement dans la session 24, ch. 5. *Etsi Christus*, dit le saint concile, *non vetuerit quominus aliquis in vindictam suorum scelerum et sui humiliationem... delicta sua publice confiteri posset, non est tamen hoc divino prœcepto mandatum, nec satis consulte humana aliqua lege prœciperetur, ut delicta, prœsertim secreta, essent confessione aperienda.*

Le décret de Rome contre cet écrit, est du 19 septembre 1676, dit un auteur ; de 1679, dit un autre.

RELATION *de ce qui s'est passé dans l'affaire de la paix de l'Eglise, sous le pape Clément* IX, avec les lettres, actes, mémoires et autres pièces qui y ont rapport. 1706, 2 vol. in-8°.

C'est encore à Alexandre Varet que le parti dut la préface de la *Théologie morale des jésuites*, imprimée à Mons, en 1666, et celle qui est au commencement du premier volume de leur *Morale pratique*. *Voyez* ARNAULD (*Antoine*).

VARLET (DOMINIQUE-MARIE) naquit à Paris, en 1678, devint docteur de Sorbonne en 1706, fut fait évêque d'Ascalon, et coadjuteur de Babylone, par un bref de Clément XI, du 17 septembre 1718. Il fut sacré à Paris, le 19 février 1719, et le jour même de sa consécration, il apprit la mort de M. l'évêque de Babylone, Louis-Marie Pidou de Saint-Olon. Dès lors il commença à lever le masque, et à ne plus garder de mesures. 1° Il reçut ordre de Rome de n'aller voir à Paris M. le nonce Bentivoglio ; mais de peur que ce prélat ne lui parlât de se soumettre à la constitution, il partit de Paris sans lui rendre visite, et fit semblant depuis de n'avoir pas reçu l'ordre qui lui avait été donné par la propagande ; 2° Passant par Bruxelles, il eut la même attention à ne pas voir l'internonce ; 3° sans la permission de cet internonce, il donna la confirmation à Amsterdam, en vertu des prétendus pouvoirs du chapitre de Harlem et d'Utrecht, composé de gens désobéissants au saint-siége, réfractaires et schismatiques ; 4° il logea chez les jansénistes de ce pays-là, et leur donna en tout des marques du plus intime attachement.

Varlet partit ensuite pour la Perse ; mais l'évêque d'Ispahan eut ordre du pape de le suspendre de tout exercice de ses ordres et de sa juridiction ; et en effet, l'acte de suspense lui fut remis à Schamaké, en Perse, le 15 mars 1720. Il est daté de Casbin, du 17 décembre 1719, et signé Barnabé, évêque d'Ispahan.

L'évêque de Babylone, après cette flétrissure qu'il avait si bien méritée, quitta la Perse et revint à Amsterdam. Là, au lieu de reconnaître sa faute, il consomma sa révolte et son schisme ; méprisa la suspense, l'irrégularité et l'excommunication, appela de la bulle *Unigenitus* au futur concile, exerça toutes les fonctions de l'épiscopat, et sacra archevêque d'Utrecht Corneille Stunhoven, le 15 octobre 1724, dans la maison du sieur Brigode, à Amsterdam : ordination qui fut déclarée *illicite et exécrable*, et l'élection nulle par le pape Benoît XIII, le 21 février 1725. Ce fut encore lui qui imposa les mains aux trois successeurs de Stunhoven, qui furent également excommuniés par le saint-siége. Cette conduite irrita tout le monde : vainement il tâcha de se justifier par deux *Apologies* qui, avec les pièces justificatives forment un gros vol. in-4°. M. Languet, évêque de Soissons, en fit voir l'illusion. Il publia encore une *Lettre* du 20 octobre 1736 à Soanen pour donner son assentiment à la lettre de celui-ci, du 20 juin précédent ; une *Lettre*, du 12 mai 1736, à l'évêque de Montpellier, en faveur des miracles du diacre Paris ; deux autres *Lettres* à l'évêque de Senez ; et une sur l'*Histoire du concile de Trente* de Le Courrayer. Ces écrits ont tous été imprimés. Varlet vint en France incognito, et logea à Regennes, chez M. de Caylus. Il y passa quelque temps caché, et retourna en Hollande, où il mourut à Rhinnwich, près d'Utrecht, en 1742, regardé comme un rebelle et un schismatique par les catholiques, et comme un Chrysostome par les jansénistes. Le marquis de Fénelon, ambassadeur en Hollande, et M. d'Acunha, ambassadeur de Portugal, dans le même pays, s'étaient efforcés, dans une conférence, de l'engager à abandonner le parti auquel il s'était livré ; ils n'avaient pu réussir.

VARLET (JACQUES), chanoine de Saint-Amé de Douai, mourut en 1736. On a de lui des *Lettres* sous le nom d'un *ecclésiastique de Flandre*, adressées à Languet, évêque de Soissons, pleines de l'esprit de secte et de parti, et réfutées par le même évêque.

VASSOR (MICHEL LE) naquit à Orléans, fut prêtre de l'Oratoire, s'attira des désagréments dans cette congrégation, qu'il quitta en 1690 ; passa en Hollande, puis en Angleterre, où il mourut apostat en 1718, à l'âge de soixante-dix ans.

Avant de se rendre en Hollande, dans l'intention de se faire protestant, Le Vassor avait publié plusieurs bons ouvrages en faveur de la religion catholique. Depuis, il publia :

LETTRES et *Mémoires de François de Vargas, de Pierre Malvenda, et de quelques évêques d'Espagne touchant le concile de Trente*, traduit de l'espagnol, avec des remarques. Amsterdam, Pierre Brunel, 1699. in-8°.

C'est une œuvre d'imposture ; le but de Le Vassor était de calomnier la sainte assemblée de l'Eglise catholique, en faisant dire aux hommes illustres qu'il met en scène ce qu'ils n'auraient jamais dit. Cette prétendue traduction, fort autorisée dans le parti, fut condamnée par les archevêques de Cologne et de Malines. *Voyez* le *Dict. hist.* de Feller, article *Vassor*.

Il existe un livre, intitulé :

CRITIQUE de l'Histoire du concile de Trente de Fra Paolo, *avec des réflexions critiques sur les* Lettres et Mémoires de Vargas, *traduits de l'espagnol et donnés au public par Michel Le Vassor*. Rouen, Guill. Behourt. 1719, in-4°.

VAUCEL (LOUIS-PIERRE DU) naquit à Evreux, fut ami d'Arnauld, et secrétaire de Pavillon, évêque d'Alais. Il fut envoyé en qualité d'agent du parti, à Rome, où il passa plus de dix ans, s'y cachant sous le nom de Valloni. Son zèle pour sa cause lui fit entreprendre beaucoup de voyages. Il mourut à Maestricht.

VAUGE (GILLES) naquit à Béric, dans le diocèse de Vannes ; entra dans la congrégation de l'Oratoire, professa la théologie au séminaire de Grenoble, et mourut dans la maison de l'Oratoire de Lyon en 1739. Indépendamment du *Catéchisme de Grenoble* et du *Directeur des âmes pénitentes*, il donna quelques écrits sur les affaires du temps, dans lesquels il prend la défense des jansénistes et de leurs opinions. Nous parlerons spécialement de l'ouvrage suivant :

TRAITÉ DE L'ESPÉRANCE CHRÉTIENNE, *contre l'esprit de pusillanimité et de défiance, et contre la crainte excessive*. Nancy, Vagner, sans date ; mais honoré de l'approbation de l'évêque de Nancy, datée du 17 juillet 1846. Un vol. in-12 de 332 pages.

Cette édition paraît être la troisième. Il en avait été donné une nouvelle en 1777.

Feller fait l'éloge de cet ouvrage, « profond et solide, dit-il, plein d'onction et de lumières; il a été traduit en italien par Louis Riccoboni. » Ce qui est certain, c'est que ce livre a aussi presque toute la sécheresse des livres jansénistes.

La Revue intitulée *la Voix de l'Eglise* s'exprime en ces termes sur le *Traité de l'espérance chrétienne*, dans son numéro de décembre 1846, page 232 : «Ce livre, qui vient d'être réimprimé, est loué par la *Bibliographie catholique* et le *Bulletin de censure*, comme un ouvrage profond, clair, solide, plein d'onction, etc. Nous, qui l'avons lu avec attention, nous le trouvons, au contraire, sec, peu solide, et manquant d'exactitude. L'auteur, prêtre de l'Oratoire, était affilié au parti janséniste. En voici une preuve: *Quel-que éclairé que soit l'esprit sur tous les devoirs de la justice chrétienne, il ne les accomplira jamais, si la volonté n'est fortifiée par une grâce puissante et efficace, qui n'est due à personne, et qui n'est pas donnée à tous.* Pag. 59. »

VENCE (FRANÇOIS DE VILLENEUVE DE), qu'il ne faut pas confondre avec *Henri-François de Vence*, auteur de dissertations et de notes sur la Bible, et soumis aux décrets de l'Eglise, était prêtre de l'Oratoire, appelant, réappelant et signataire d'actes, de requêtes et de protestations contre la bulle *Unigenitus* et le Formulaire. Il mourut à Vendôme le 26 février 1741, dans un âge avancé. On connaît de lui les traductions françaises des *six livres de saint Augustin contre Julien, défenseur de l'hérésie pélagienne*, Paris, 1736, 2 vol. in-12, et les *deux livres* du même Père, *touchant la grâce de Jésus-Christ et le péché originel*, Paris, 1738, 1 vol. in-12.

VERAX, bachelier en théologie, que nous trouvons sans autre désignation dans le Catalogue de la bibliothèque du roi. C'est un pseudonyme.

DIFFICULTÉS sur l'ordonnance et instruction pastorale de *M. l'archevêque de Cambray* (de Fénelon), *touchant le fameux Cas de conscience, proposé à ce prélat en plusieurs lettres*, Nancy, Nicolaï, 1704, in-8°.

Ce que ces difficultés présentent d'erroné peut se réduire à deux propositions principales :

La première, que l'Eglise n'est pas infaillible dans les faits dogmatiques ; la seconde, sur les justes qui pèchent n'ont pas toujours un *pouvoir véritablement prochain de ne pécher pas, et une grâce véritablement suffisante pour accomplir les préceptes*.

Les deux premières lettres de notre auteur sont employées à établir le premier de ces principes erronés ; le second fait le sujet de la troisième lettre.

I.—Nous ne nous étendrons pas ici sur la première de ces erreurs. On a suffisamment prouvé que l'Eglise ne pourrait savoir avec une assurance entière qu'elle transmet à ses enfants le dépôt de la sainte doctrine, si elle peut se tromper sur la valeur des termes qu'elle emploie pour le faire passer jusqu'à eux, c'est lui ôter le pouvoir de dresser des symboles, des canons, des décrets qui soient les règles infaillibles de notre créance, que de soutenir qu'elle est faillible dans l'interprétation du sens des textes dont elle compose ces symboles, et ces canons, et ces décrets, et qu'on la réduit à ne pouvoir décider infailliblement de rien, si on lui refuse l'infaillibilité dans la connaissance du sens des textes sur lesquels elle décide, ou de ceux dont elle se sert pour exprimer ses décisions. Il y a eu sur cette matière tant d'éclaircissements et d'instructions que, pour confondre l'inconnu qui a pris le nom de *Verax*, et les autres adversaires de la vérité, il ne faut que les ramener à la simple exposition de leurs sentiments.

II. — Quant à la seconde erreur, le bachelier *Verax* est de meilleure foi que la plupart des autres jansénistes, qui tâchent de cacher leurs sentiments sous l'apparence du thomisme. Celui-ci est impartial. Il n'épargne pas davantage Alvarez que Molina. Il se moque du pouvoir prochain au sens thomistique, et il dit hautement (pages 62, 64) que ce sens d'Alvarez est *un sens dont on ne trouve pas le moindre vestige dans les ouvrages de saint Augustin; un sens qui n'est pas moins contraire aux idées de saint Thomas qu'à celles de saint Augustin.* C'est pourquoi il ne fait pas difficulté de nier (p. 59) *qu'il soit de foi que les justes aient dans les occasions où ils pèchent une grâce suffisante, au sens même d'Alvarez et des nouveaux thomistes, pour ne pécher pas.*

Verax se range donc, et du côté de Jansénius qui, selon lui (p. 52, 53), n'admet pas de pouvoir prochain ni de grâce suffisante *en prenant ces mots dans le sens ordinaire*, *dans lequel tous les hommes*, et en particulier saint Thomas et saint Augustin, les prennent, et du côté de M. Arnauld qui a dit que *la grâce, sans laquelle on ne peut rien, a manqué à un juste en la personne de saint Pierre, dans une occasion où l'on ne peut pas dire qu'il n'ait pas péché.* Proposition si justement censurée en Sorbonne, mais que notre bachelier (p. 54) prétend bien justifier en disant qu'on a *montré manifestement la nullité de cette censure.*

Ce n'est pas, après tout, qu'il n'admette dans le juste aucun pouvoir d'accomplir les commandements. Il en admet un, à la vérité, p. 51, mais quel pouvoir? un pouvoir tel qu'est celui de lire dans un homme qui a de bons yeux, mais qui est dans un cachot sans fenêtre et sans lumière. Voilà le fond et la réalité de sa grâce suffisante, dont il ne veut pas souffrir le nom *inconnu*, dit-il page 70, *à tous les Pères et les théologiens de l'école avant le seizième siècle.*

On ne peut guère se déclarer plus nettement pour l'hérésie de la première des cinq propositions, que le fait ici le bachelier *Verax* ; et l'on doit du moins lui rendre cette justice qu'il éclaircit tout, et qu'il ne laisse presque rien à développer, pour que l'erreur saute aux yeux; bien différent d'une infinité de quesnellistes de nos jours qui, pour se tirer d'affaire, ont recours aux plus lâches dissimulations.

VERGER DE HAURANNE. *Voyez* SAINT-CYRAN.

VERHULST (PHILIPPE-LOUIS), naquit à Gand, étudia à Louvain, se jeta dans le jansénisme, fut ami d'Opstraet et de Van Espen, écrivit contre les jésuites, se retira, en 1739, à Amersfort, où il professa la théologie avec Le Gros, et où il mourut en 1753.

IMPOSTURÆ *et errores jesuitarum Lovaniensium contra theses.* PP. Marin, etc., 1711.

LA VÉRITÉ *qni se plaint du relâchement des jésuites*, en flamand, 1713.

DE AUCTORITATE *Romani pontificis, dissertatio tripartita*, 1719.

LES FONDEMENTS *solides de la foi catholique, touchant le saint sacrement de l'autel*, 1695, trois parties, 6 vol. in-12, en flamand, sous le faux nom de Zeelander.

TRAITÉ *sur le titre d'évêque universel*, 1752, en flamand.

PRÆFATIO *ante Acta quædam Ecclesiæ Ultrajectensis.*

Il eut la principale part à ces *Actes*, qui furent publiés par Van der Croon, en 1737.

LETTRES, 3 vol. in-12, sur les disputes de son église.

VERKEUL. *Voyez* l'article LOUVART.

VIAIXNES (DOM THIERRY DE) naquit à Châlons-sur-Marne, le 10 mars 1659. *Fagnier* était son nom de famille, et Joseph est le nom qu'il reçut au baptême. Il est appelé quelque part Joseph-François Fainey de Viaixnes. Malgré l'opposition de ses parents qui avaient de la fortune, il persista à vouloir embrasser la vie religieuse ; ses parents enfin le laissèrent libre, et il devint bénédictin de la congrégation de Saint-Vannes. Il eut l'occasion de se lier avec dom Thiroux, de la congrégation de Saint-Maur. Tous deux partageaient les opinions de Port-Royal, et entretenaient, à ce qu'il paraît, une correspondance où leurs sentiments n'étaient point déguisés. Ils firent ensemble un voyage aux Pays-Bas. En passant à Bruxelles, ils y virent le P. Quesnel qui y résidait. Il en résulta une liaison entre ce Père et dom de Viaixnes, qui continua d'avoir avec lui un commerce de lettres. Le P. Quesnel ayant été arrêté à Bruxelles par ordre de Philippe V, les lettres de dom de Viaixnes furent trouvées dans ses papiers. Ce religieux était allé à Paris pour quelques affaires ; il y fut arrêté en 1703 et conduit au château de Vincennes. Par suite de cette arrestation, dom Thiroux, alors prieur de Saint-Nicaise à Meulan, dont on avait trouvé des lettres dans les papiers de dom de Viaixnes, subit le même sort (*Voyez* THIROUX). L'un et l'autre recouvrèrent la liberté en 1710; mais dom de Viaixnes fut exilé à l'abbaye de Saint-Florent, près de Saumur. En 1714, dom de Viaixnes fut de nouveau enfermé au château de Vincennes, d'où il ne sortit qu'après la mort de Louis XIV. D'autres imprudences le firent exiler de nouveau en 1721, à l'abbaye de Poultières, au diocèse de Langres, et bannir ensuite du royaume. Il passa quelque temps à l'abbaye de Saint-Guislain, dans le Hainaut autrichien, et chez des bénédictins, près de Louvain. Ensuite il se retira en Hollande, et mourut à Rhynswich, près d'Utrecht, en 1735, après une vie que son caractère ardent, et le parti qu'il avait embrassé, lui avaient fait passer dans une continuelle agitation. Le célèbre chancelier d'Aguesseau, dans ses *Mémoires sur les affaires de l'Église*, qualifie dom de Viaixnes de *janséniste des plus outrés*. Tout bien considéré, dom de Viaixnes paraît être l'auteur du fameux *Problème ecclésiastique*, dont il a déjà été question dans plusieurs articles, notamment dans celui de l'abbé de Barcos à propos de son *Exposition de la foi catholique*. On sait que ce dilemme satirique, qui fit beaucoup de bruit, fut attribué aux jésuites, nommément au P. Doucin et au P. Daniel, tant il était fait avec art; mais on l'attribuait aussi à dom de Viaixnes, à dom Matthieu Petit-Didier, à dom Gerberon, à dom Senocq. Personne ne reconnaissait l'avoir fait; dom de Viaixnes le désavouait hautement, à ce qu'il paraît; il feignit même de faire un voyage en Flandre pour en découvrir le véritable auteur, et disait à qui voulait l'entendre que c'était un jésuite qui l'avait composé, puisque c'était sûrement un jésuite qui l'avait fait imprimer. Dom Calmet assurait avoir entre ses mains une lettre de dom de Viaixnes, dans laquelle il dit avoir démontré, dans son interrogatoire en 1704, que ni lui ni Petit-Didier n'étaient les auteurs du *Problème*. Ceux qui disent que le véritable auteur était le P. Doucin, ou quelqu'autre jésuite, n'apportent aucune preuve en faveur de cette opinion ; que dom de Viaixnes, dans les circonstances où il s'est trouvé, ait nié en être l'auteur, cela se conçoit; mais on a déjà vu, dans l'article Barcos, que dom Gerberon, qui n'est pas suspect, avait prouvé que cet écrit venait d'un augustinien, et qu'en effet on l'avait trouvé dans les papiers de dom de Viaixnes écrit de sa propre main. *Voyez* Gerberon, où il s'agit de l'*Apologie du Problème*. M. d'Aguesseau dit aussi que dom de Viaixnes est l'auteur du Problème.

Edmundi Richerii *libellus de ecclesiastica et politica potestate, cum demonstratione*. Cologne, 1702, 2 vol. in-4°. *Voyez* Richer.

Acte *de dénonciation à l'Eglise universelle et au futur concile général, libre et œcuménique, du molinisme, du suarisme, du sfondratisme et de la bulle Unigenitus, comme enseignant des hérésies formelles et directement opposées à la foi*.

Cet acte commence ainsi : *Nous soussigné, prêtre religieux bénédictin de la congrégation de Saint-Vannes, après avoir longtemps et mûrement examiné devant Dieu les troubles effroyables qui ont agité l'Eglise catholique, surtout dans ces temps malheureux et déplorables où l'Eglise est si violemment agitée par la malheureuse bulle Unigenitus..... Je dénonce non-seulement en mon nom, mais encore au nom de tous les thomistes et augustiniens, surtout de mes confrères les bénédictins, qui ne me désavoueront pas, je dénonce à toute l'Eglise et au futur concile, libre, général et œcuménique, le molinisme, le suarisme et le sfondratisme, comme enseignant des hérésies formelles ; je joins à cette dénonciation celle de la bulle Unigenitus, comme renfermant tous ces excès monstrueux*. On voit que dom Thierry prend un ton assez extravagant.

Dom Thierry ne demeure pas en si beau chemin, et il n'en fait pas à deux fois. Il requiert encore, au nom de Dieu, que le Formulaire d'Alexandre VII et la bulle *Vineam Domini Sabaoth*, soient aussi condamnés et anéantis. Il se flatte que la bulle *Unigenitus* sera condamnée au concile, et que Clément XI sera déclaré hérétique et même hérésiarque. Voici ses paroles : *Je ne doute point que, dans un concile libre et général tel que je le requiers au nom de Dieu, la bulle ne soit brûlée avec infamie en plein concile, et que son auteur n'y soit déclaré hérétique et même hérésiarque*.

Un fait intéressant se trouve dans cet écrit, et nous dévoile le mystère d'iniquité caché sous les douze fameux articles. Dom de Viaixnes nous apprend que les augustiniens étaient tous disposés à y souscrire, et que pour lui il l'aurait fait de tout son cœur. Il ajoute qu'il n'en fallait pas davantage pour renverser de fond en comble la bulle *Unigenitus*.

Dom Thierry expose ensuite à M. Petit-Pied le dessein qu'il a de publier un important ouvrage, *où il fera*, dit-il, *cesser l'oppression, tant pour la religion que pour l'Etat*. L'auteur fixe lui-même ces paroles au sens le plus criminel : *Il faut* dit-il, *tâcher de mettre nos rois hors d'état de pouvoir exercer de pareilles injustices, soit par eux, soit par leurs ministres*. Les bons Français feront sur ces paroles les réflexions qu'elles méritent. La dénonciation est datée d'Amsterdam, où l'auteur s'était retiré, du jour même de Pâques, 13 avril 1727.

Tous ces faits sont tirés des papiers que les jansénistes de Hollande avaient confiés au sieur Blondet pour leurs associés en France. Ces papiers ayant été saisis entre ses mains à son retour: l'original en a été déposé dans la bibliothèque du roi.

Dom de Viaixnes a, en outre, composé un grand nombre d'écrits contre la bulle et contre les jésuites. Il se croyait honoré de la révélation. La violence de son zèle était sans doute bien extrême, puisque les *Nouvelles ecclésiastiques* elles-mêmes le peignent comme un fou.

VILLEFORE (Joseph-François Bourgoin de) naquit à Paris en 1652, passa quelques années dans la communauté des Gentils-Hommes établie sur la paroisse de Saint-Sulpice, et fut admis en 1706 dans l'académie des inscriptions. Il s'en retira en 1708, et alla se cacher dans un petit appartement du cloître de l'église métropolitaine, où il vécut jusqu'à sa mort, arrivée en 1737. Il donna au moins deux ouvrages en faveur du parti.

Anecdotes *ou mémoires secrets sur la constitution* Unigenitus. Sans nom d'auteur, de ville ni d'imprimeur. 1730, in-12., 3 vol.

Dans ce livre Villefore cherche à mettre en corps d'histoire le *Journal de Dorsanne*. C'est un ouvrage fatigant par l'esprit de parti qui y règne, et plus encore peut-être par la prolixité des détails et par les minuties sur lesquelles se traîne l'auteur. Il fut mis en poudre par Mgr l'évêque de Sisteron dans son excellent ouvrage intulé ; *Réfutation des Anecdotes adressée à leur auteur.*

Ce prélat fait voir que *ces Anecdotes ne sont qu'un tissu de principes qui établissent l'erreur, de maximes qui inspirent la révolte; de faits qui portent sur la calomnie et le mensonge ; d'éloges qui encensent le schisme ; de satires qui décrient la vertu.* C'est pourquoi il les condamne par son mandement du 15 août 1733, *comme contenant plusieurs propositions respectivement fausses, scandaleuses, téméraires, séditieuses, attentatoires à l'autorité royale, injurieuses au saint-siége et aux évêques, opposées à un jugement dogmatique, irrévocable et irréformable de l'Eglise, erronées, schismatiques et hérétiques.*

Cette censure, quelque forte qu'elle paraisse, est peut-être encore au-dessous de ce que mérite ce détestable libelle, où tout respire en effet l'hérésie et la révolte, et où l'imposture est portée jusqu'à l'extravagance.

Croirait-on, par exemple, qu'un écrivain fût assez fou pour publier que Louis XIV, avait fait les trois vœux de religion ? assez effronté, pour traiter de pièce supposée le célèbre mémoire que M. le duc de Bourgogne écrivit au pape, et dont le roi conservait l'original écrit de la main de ce prince ? assez ignorant, pour attribuer au P. Doucin le fameux problème, quoique le P. Gerberon, bénédictin, ait reconnu authentiquement que c'était l'ouvrage d'un augustinien (*Voyez* VIAIXNES)? et assez menteur pour avancer, que le pape ayant *lu sa bulle au cardinal Cassini, ce cardinal se jeta à ses pieds pour le conjurer de ne la point publier*, quoique cette calomnie eût été déjà confondue par le cardinal Cassini lui-même, dans deux lettres qu'il écrivit, l'une au général des capucins, et l'autre à M. l'évêque de Grasse?

On a dit que Villefore, ne se croyant pas assez récompensé pour le parti, alla trouver M. le cardinal de Billi, et s'offrit à détruire par un nouvel ouvrage tout ce qu'il avait avancé dans ses *Anecdotes* ; mais que le cardinal rejeta ses offres et le renvoya d'une manière qu'il ne dut pas trouver flatteuse.

VIE *de la duchesse de Longueville*, 2 vol. in-12. Cette duchesse était une zélée protectrice du parti.

VIOU (Le Père), dominicain, professait la théologie à Rhodez, et enseignait les erreurs janséniennes. M. de Saléon, archevêque de Vienne, condamna ses cahiers, par un mandement du 11 novembre 1737. Viou, retiré au Puy, publia, contre ce mandement, des *réflexions* qui furent supprimées comme injurieuses à l'épiscopat. Le dominicain, loin de perdre confiance, porta cette affaire à Rome ; et le prélat, de son côté, écrivit au pape le 25 avril 1742. Benoît XIV lui répondit le 5 juillet suivant. Sans entrer dans le fond de la question, le pape, après avoir donné des éloges au prélat, distingue trois espèces de réfractaires et trace les règles à suivre pour chacune. Il lui recommande d'ailleurs la réserve et la circonspection. Quant à Viou, le général de son ordre l'en exclut pour toujours, par un décret du 15 mars 1743. Un autre décret, du 10 mai, défendit de le recevoir dans aucune maison. Viou essaya d'appeler comme d'abus : des avocats lui prêtèrent leur ministère ; mais le parlement de Paris prononça, le 5 septembre, que son appel pour le présent n'était pas recevable.

VOISIN (JOSEPH DE) naquit à Bordeaux d'une famille noble et distinguée dans la robe, fut d'abord conseiller au parlement de sa ville natale, et entra ensuite dans le sacerdoce. Il mourut en 1685.

MISSEL *romain, traduit en français*, 1660, 4 vol. in-12.

L'assemblée du clergé de France défendit en 1660, sous peine d'excommunication, cette traduction française du *Missel romain*, et non contente de cela, elle écrivit à tous les évêques du royaume, pour les prier d'en faire autant, chacun dans leur diocèse, et sous les mêmes peines.

L'année suivante, ces mêmes évêques écrivirent au pape le 7 janvier, et le prièrent d'appuyer leur décision de l'autorité apostolique. Ils disent dans leur lettre que si d'une part il n'y a rien de meilleur et de plus utile que la parole de Dieu, de l'autre il n'y a rien de plus dangereux à cause du mauvais usage qu'on en peut faire. *D'où l'on doit conclure, saint Père*, ajoutent-ils, *que la lecture de.... la messe donne la vie aux uns et la mort aux autres, et il ne convient nullement que le missel, ou le livre sacerdotal, qui se garde religieusement dans nos églises, sous la clef et sous le sceau sacré, soit mis indifféremment entre les mains de tout le monde.* Après cette décision, l'assemblée s'adressa au roi, et en obtint, le 16, un arrêt du conseil pour faire supprimer le missel français et en défendre le débit.

Le pape Alexandre VII le condamna le 12 janvier 1661. Il qualifie cette traduction française d'*entreprise folle, contraire aux lois et à la pratique de l'Eglise, propre à avilir les sacrés mystères.* Ce bref fut suivi d'une lettre de ce même souverain pontife, du 7 février 1661, par laquelle il réitère la défense de la traduction du missel, sur la demande qui lui en avait été faite par le clergé.

Cette même traduction fut censurée le premier avril, et le deuxième jour de mai, par la faculté de théologie de Paris.

Toutes ces défenses ne purent pas empêcher le sieur Le Tourneux de l'insérer dans son *Année chrétienne,* qui eut le même sort, comme nous l'avons déjà vu à l'article de LE TOURNEUX.

VUITASSE ou WITASSE (CHARLES) naquit à Chauni, dans le diocèse de Noyon, en

1660, fut docteur et professeur en Sorbonne. Il refusa de recevoir la bulle *Unigenitus*; ce qui lui fit perdre sa chaire : une lettre de cachet l'exila à Noyon ; mais, au lieu d'obéir, il prit la fuite. Après la mort de Louis XIV, il revint à Paris, cherchant à se faire rétablir et continuant à déclamer contre la bulle ; mais la mort ne le laissa pas longtemps solliciter ce qu'il désirait : il fut frappé d'apoplexie en 1716, laissant plusieurs ouvrages.

W

WATERLOOP, curé de Carvin-Epinoy, village du diocèse de Tournay, fut excommunié, en 1714, par une sentence de M. de Conninck, vice-gérant de l'officialité, pour n'avoir pas publié la constitution *Unigenitus* et le mandement de son évêque, et pour avoir dit que la constitution *avait plusieurs contrariétés avec la parole de Dieu*; qu'elle *condamnait plusieurs propositions qui étaient des vérités de foi*, et qu'elle *était contraire à la catholicité de tous les temps.*

Divers écrits (*Voyez* l'article AVOCATS) furent publiés *sur l'affaire de M. le curé de Carvin-Epinoy*, 1715, in-12 de 238 pages, dans lesquels on entreprend de soutenir ce prêtre rebelle ; de justifier ses réponses fausses, téméraires, injurieuses à l'Eglise ; et de canoniser sa scandaleuse révolte contre les supérieurs. On ne fait pas même difficulté d'avancer dans l'avertissement, page 5, *qu'il faut regarder ces sortes de supériurs comme autant de faux témoins dans la cause de Dieu et comme des sacriléges.*

Ce début annonce assez ce que peut contenir le reste du livre. Ce n'est qu'un tissu de blasphèmes contre la bulle. On s'attache surtout à prouver contre elle, qu'il faut mettre l'Ecriture sainte entre les mains de tout le monde (depuis la page 34 jusqu'à la page 60).

A la page 26, on débite la même doctrine que dans la *dissertation sur les droits des curés*; savoir, que les prêtres sont autant que les évêques, et *qu'il n'y a de différence entre eux, que par le pouvoir d'ordonner*: Que ce que saint Paul dit des évêques *doit s'entendre aussi des prêtres*: Que *les curés sont établis immédiatement de Jésus-Christ pour gouverner son Eglise en qualité de pasteurs, qu'ils sont docteurs et juges de la doctrine.* (Page 31.)

En conséquence de ses principes, le curé de Carvin avait appelé et de la constitution et du mandement de son évêque, au synode général du diocèse de Tournay. Un fait de cette nature avait sans doute grand besoin d'apologie. Aussi les pages 84 et 85 sont-elles consacrées à le justifier. C'est ici le seul exemple que nous ayons d'un appel si extravagant. Du moins les autres s'adressaient-ils au concile général ; et leur appel, quoique illusoire et schismatique, avait enfin un terme éblouissant, et se parait d'un grand nom. Mais appeler d'une décision dogmatique et solennelle du pape et des évêques à une assemblée de curés, y citer Clément XI et tout le corps épiscopal et prétendre obliger toute l'Eglise à plier sous la décision du synode de Tournay, c'est une folie si étrange, qu'elle était réservée au curé de Carvin et à son défenseur.

WENDROCK, faux nom sous lequel s'est caché Pierre Nicole, auteur de *notes* sur les *Lettres provinciales.*

WIDENFELDT (Adam), jurisconsulte de Cologne.

I. — En 1673, sur la fin de novembre, il parut un livre latin ayant pour titre : *Monita salutaria*, etc., imprimé à Gand chez Erkel, traduit en français sous le titre d'*Avertissements* ou *Avis de la bienheureuse vierge Marie à ses dévots indiscrets*. Lille, 1674. — Autre traduction, imprimée à Paris, mais indiquée à Gand. — Autre faite par des protestants, et accompagnée de réflexions, à Rouen. — On en fit aussi une traduction en flamand, avec des notes, à Middelbourg.

II. — Ce petit livre, qui fit tant de bruit et causa tant de troubles, n'a cependant que vingt pages. Un simple laïque allemand, Adam Widenfeldt, peut-être habile jurisconsulte, mais nullement théologien, en est l'auteur, et un janséniste fougueux, le P. Gerberon, est le premier qui le traduisit en français.

III. — Widenfeldt, dans ses voyages, avait fait connaissance à Gand et à Louvain avec les jansénistes de ce pays-là ; et ces MM. l'ayant jugé capable de servir le parti, et propre à donner entrée à leur doctrine dans l'université de Cologne, ils eurent soin de cultiver son amitié. Ils lui donnèrent aussi la connaissance d'Arnauld et des principaux de la secte, dans le voyage qu'il fit à Paris pour les affaires du prince de Schwartzemberg, auquel il était attaché.

IV. — C'était le temps où l'on examinait à Rome les cinq propositions. Les jansénistes de Paris déterminèrent aisément Widenfeldt à en embrasser la doctrine et à la soutenir avec chaleur ; mais dès que les cinq propositions eurent été condamnées par la constitution d'Innocent X, ce jurisconsulte qui était de bonne foi, et dont le naturel sincère ne se trouva point capable du sens à trois colonnes, ni de toutes les autres ruses d'Arnauld et de ses partisans, reconnut sans façon la vérité, et crut, après saint Augustin, que le saint-siége ayant prononcé, la cause était finie.

V. — Il fallut donc tendre de nouveaux piéges à Widenfeldt. On lui suggéra mille préventions contre la théologie scolastique, contre les casuites, contre les jésuites, contre les religieux, et enfin contre le culte de la sainte Vierge. Et comme il était fort zélé pour la conversion des protestants, on lui fit entendre qu'un excellent moyen pour les guérir de leurs préjugés était de corriger les abus qui s'étaient glissés dans le culte de l'Eglise romaine. Quand on le vit bien disposé d'esprit et de cœur à tout ce qu'on pourrait souhaiter de lui, on lui proposa le dessein des *Avis salutaires;* on lui fit voir des raisons spécieuses pour l'engager à cet ouvrage, un lieu sûr pour l'imprimer, des approbateurs favorables, des gens prêts à le distribuer partout, des protecteurs assez puissants pour le soutenir, et de bons amis à Rome pour en empêcher la condamnation, qui paraissait sans cela inévitable. C'est ainsi que l'on embarqua le bonhomme, et qu'on l'obligea à se sacrifier pour un parti, qui s'engageait de si bonne grâce à ne l'abandonner jamais.

VI. — Widenfeldt fit donc imprimer son libelle. Cet auteur, à l'exemple d'Erasme dans ses *colloques,* et de semblables impies, qui ont entrepris de tourner en ridicule les dévotions des catholiques, se sert d'une fiction aussi scandaleuse que puérile, faisant parler dans tout son livre la sainte Vierge contre sa propre gloire, et condamner elle-même les sentiments les plus légitimes de la piété de ses serviteurs, qu'elle appelle *indiscrets.* Cet étrange discours se développe en huit articles, où s'expliquant sous la qualité de *mère de la belle dilection,* elle dit tout ce que les enfants du père du mensonge ont inventé de plus propre à ruiner dans les cœurs des fidèles les sentiments de respect, de confiance et de tendresse que le Saint-Esprit inspire envers Marie.

VII. — Il n'y a pas un seul endroit de l'ouvrage, où la dévotion envers la sainte Vierge soit approuvée; et la plupart des propositions qu'on y trouve, sont toujours exprimées d'une manière artificieuse et susceptible du plus mauvais sens. Telles sont les propositions suivantes :

Ne m'appelez pas médiatrice et avocate.

Ne dites point que je suis la mère de miséricorde.

Ne comptez pour rien les éloges hyperboliques que quelques saints Pères ont donnés à la sainte Vierge.

L'honneur qu'on rend à Marie, en tant que Marie, est un honneur vain et frivole. (Proposition condamnée depuis par Alexandre VIII, en 1690.)

De plus, dans quelques endroits de ce libelle, la sainte Vierge défend de parer ses images et ses autels, ou de les éclairer. Enfin on lui fait dire : *Je déteste l'amour qu'on me porte, quand on n'aime pas Dieu par-dessus toutes choses.* Proposition erronée : car un pécheur qui n'est pas encore converti, et par conséquent qui n'aime pas encore Dieu par-dessus toutes choses, peut néanmoins se confier en la sainte Vierge dans l'espérance qu'elle lui obtiendra de Dieu la grâce de sa conversion. Or, cette confiance vient d'un amour qu'il porte à la sainte Vierge, et que la sainte Vierge *ne déteste pas.* Autrement, Dieu pourrait dire aussi : *Je déteste le culte qu'on me rend, quand on ne m'aime pas par-dessus toutes choses.* Ce qui est absolument faux; un pécheur qui se dispose à sa conversion, pouvant rendre à Dieu un culte véritable, *et que Dieu ne déteste pas,* quoiqu'il ne soit pas encore parvenu à cet amour de Dieu parfait et *par-dessus toutes choses.*

VIII. — Dès que les *Avis salutaires* parurent, tous les catholiques en furent scandalisés : les hérétiques d'Hollande, d'Allemagne et de France en triomphèrent hautement; ils les traduisirent en leurs langues, et les répandirent partout avec les réflexions les plus injurieuses à l'Eglise catholique, jusqu'à publier dans une infinité d'écrits, qu'enfin elle commençait à reconnaître par ce libelle, ses erreurs et son idolâtrie. Et c'est pour cela que Widenfeldt fut obligé de faire une grande apologie, tant de sa doctrine que de ses intentions.

IX. — Cette apologie ne fut pas heureuse. Elle fut condamnée par le saint-siége, en 1675. Peu de temps auparavant, le 27 nov. 1674, l'inquisition d'Espagne censura les *Avis salutaires* comme *indiscrets, dangereux et pernicieux, détournant les fidèles du culte de la sainte Vierge,* etc. Le même ouvrage fut mis à Rome au nombre des livres défendus en 1675, et ensuite positivement censuré en 1676, malgré les approbations dont il est muni, malgré la lettre pastorale que M. de Choiseul, évêque de Tournay, publia pour l'adopter, enfin malgré tous les efforts du parti (1).

X. — Un grand nombre de catholiques, de tous ordres et de tous états, ont écrit contre ce misérable libelle; entre autres, le célèbre P. Bourdaloue, qui a fait un sermon exprès pour le combattre (Mystères, tom. II) et M. Abelly, évêque de Rhodez, qui l'a refuté avec autant de solidité que de zèle, par un livre imprimé à Paris en 1674, et intitulé : *Sentiments des saints Pères touchant les excellences et les prérogatives de la très-sainte Vierge.* Des universités entières en ont porté le même jugement; et en particulier celle de Mayence, toujours inviolablement attachée à la foi, s'exprime, ainsi dans la censure qu'elle fit, en 1674, de ces Avis prétendus salutaires : *Damnamus hujusmodi monita scandalosa, noxia, officinam jansenianorum olentia et gustui Luthero-Calvinicorum vehementer arridentia.*

XI. — Le coupable auteur des *Avis salutaires,* Widenfeldt, quatre ans et demi après leur publication, mourut le 2 de juin 1678, âgé d'environ 60 ans.

XII. Nous ajoutons ici, pour la satisfaction des curieux, le catalogue exact de tous

---

(1) Nous rapportons ces observations telles que nous les avons trouvées dans un auteur; mais nous lisons, dans le *Catalogue des livres mis à l'index,* édition de 1826 (Paris, éd. Garnot), que les *Monita salutaria* furent mis à l'index, avec la note *donec corrigantur,* par décret du 19 juin 1674. Nous y lisons aussi qu'une traduction française de cet ouvrage, c'est-à-dire les *Avertissements salutaires,* etc., par M. W., furent également mis à l'index par décret du 30 juillet 1678, et avec la note *donec corrigantur.*

les écrits qui ont été imprimés pour et contre ce libelle.

An 1674.
1. *Tractatus brevis ad Libellum, cui titulus* : Monita salutaria. Duaci.
2. *Responsoriolum ad scriptiunculam Monitoris.* Ibid.
3. *Cavillator veri Hyperduliæ cultus magnæ Dei Matris deprehensus et reprehensus.* A Prague, par le P. Max. de Reichemberg, jésuite. Voyez les numéros 4, 5, 13, 41, 46.
4. *Reflexiones super approbationibus Libelli.* Par le même P. de Reichemberg, jésuite.
5. *Parænesis ad Monitorem Amarianum.* Par le même.
6. *Ulula seu Bubo ecclesiasticus P. Alexii Recollecti, in suo sermone habito 8 decembris 1673 super Libello dicto,* Monita salutaria.
7. *Epistola apologetica Auctoris.* Mechliniæ.
8. *Jesu Christi Monita maxime salutaria de cultu Mariæ debito exhibendo.* Par M. de Cerf, à Douai.
9. *Idem amplificatum et illustratum.* Par un jésuite.
10. Première traduction, à Douai, puis à Rouen.
11. Seconde traduction réformée par le P. Vignancour, à Rouen.
Remarques sur un libelle intitulé : Avertissements salutaires de Jésus-Christ *dédiés aux congréganistes.*
13. *Appendix parænetica in apologiam simul et palinodiam defensoris Monitorum insalutarium.* Par le P. de Reichemberg.
14. *Notæ salubres ad Monita, nec salutaria, nec necessaria.* A Mayence, par M. Volusius.
15. *Introduction au culte que l'on doit aux saints.* Par M. Guillemans, à Gand.
16. *Lettre pastorale de M. l'évêque de Tournai.* A Lille.
17. Traduction de cette lettre en latin. Ibid.
18. *Cultus B. V. Mariæ vindicatus.* A Saint-Omer par le P. Henneguyer, jacobin. Voyez le numéros 21.
19. Première traduction, par le P. le Roi, jacobin Wallon. A Lille.
20. Seconde traduction, par le P. Montplainchamp, jésuite. A Saint-Omer.
21. *Monita salutaria, vindicata per notas salutares ad libellum P. Henneguyer.* Par un religieux de Gand (1).
22. *Lettre aux cardinaux du saint office,* de M. l'archevêque de Cologne.
23. *Juste apologie du culte de la mère de Dieu.* A Douai par le P. Grégoire de Saint-Martin, carme.
24. *Sentiments des saints Pères touchant les excellences et les prérogatives de la très-sainte Vierge...... pour servir de réponse aux Avis salutaires.* A Paris, par M. Abelly. Voyez les numéros 25, 26, 37, 38.
25. *Lettre à M. Abelly, évêque de Rhodez,* touchant son livre des *Excellences de la sainte Vierge.*
26. *Réponse de M. Abelly,* à cette lettre.
27. *Defensio B. V. Mariæ et piorum cultorum ejus,* etc. A Mayence, par Lodviscius Bona; c'est-à-dire, M. Dubois, professeur de Louvain.
28. *Appendix contra defensionem Lodviscii Bona;* par M. Widenfeldt. Voyez les numeros 21, 27, 42, 45.
29. *Status quæstionis de intercessione, invocatione et veneratione SS.* Par le prince Ernest, landgrave de Hesse.
30. *Divers sentiments, autant des catholiques que des protestants sur l'invocation et le culte de la très-sainte Vierge.* Par le prince Ernest, landgrave de Hesse.
31. *Reflexiones Ernesti principis Landgravii in puncto intercessionis, invocationis et venerationis B. V, ad summum pontificem Clementem X.*
32. *Orthodoxa salutatio B. M. Virginis.*

An. 1675.
33. *Accord amoureux entre l'amant de Jésus et de Marie.* A Douai, par un récollet.
34. *Apologie des dévots de la sainte Vierge.* A Bruxelles, par M. Grenier (2).
35. *De cultu et invocatione Sanctorum, præcipue B. V. Mariæ.* Par M. de Castorie, à Utrecht.
36. *Expunctio notarum quas in favorem Monitoris anonymi alter anonymus innuere nititur cultui B. V. Mariæ vindicato per P. Henneguyer.* Cameraci.
37. *Sentiments des saints Peres et docteurs de l'Eglise touchant les excellences de la sainte Vierge.* Seconde édition, augmentée par M. Abelly, à Paris. Voyez le n° 24.
38. *Eclaircissement de quelques difficultés touchant les éloges que les saints Pères ont donnés à la bienheureuse Vierge.* Par M. Abelly, à Paris.
39. *Statera et examen libelli cui titulus* : *Monita salutaria auctore Laurentio Adript Benedicto Gladbmensi, episcopi Paderbonensis consiliario et commissario.*
40. *Monitorum salutarium consonantiæ hæreticis : a Theotocophilo Partheno Montano, Mariæ Burgi catholicorum.* C'est M. François Vanherenbeck, doyen de l'église de Louvain, et depuis évêque de Gand.
41. *Brevis apostrophe ad regularem anonymum Monita salutaria vindicantem :* attribuée au P. Reichemberg. Voyez les n°s 3, 21, 42.

(1) Ce livre fut mis à l'index par décret du 22 juin 1676. Voici le titre tel qu'il se trouve dans le *catalogue des livres mis à l'index,* édition de Paris, 1826 : *Monita salutaria B. V. Mariæ vindicata per notas salutares ad libellum intitulatum* : Cultus B. V. Mariæ vindicatus P. Hieron. Henneguyer (voyez le n° 18), *et similes scriptores; auctore quodam regulari orthodoxi cultus beatissimæ virginis Mariæ zelatore. Cui accedit Appendix contra defensionem B. Virginis Mariæ Ludovisii Bona.* Voyez les n°s 27, 41.

(2) Nous trouvons, dans le *Catalogue des livres mis à l'index,* l'article suivant : Apologie des dévots de la sainte Vierge; ou les sentiments de Théotisme sur le libelle intitulé : *Les avis salutaires de la Bienheureuse Vierge à ses dévots indiscrets,* sur la *Lettre apologétique de son auteur* (voyez le n° 7), et sur les *Nouveaux avis en forme de réflexions,* ajoutés au libelle. *Decr.* 5 iunii 1677.

42. *Correctio fraterna et charitativa ad Auctorem brevis apostrophes.* Par M. Widenfeldt. Voyez le n° 41.

43. *Monita vere salutaria.* A Anvers, par Alardus Cremerius, prêtre séculier.

44. *Defensio cultus B. V. ex puris Canisii verbis contra hæreticos.* A Lille, chez de Rache, par le P. Platel, jésuite.

45. *Litteræ pro defensione Monitorum salutarium.* Envoyées à Widenfeldt par l'évêque de Castorie.

46. *Mariani cultus vindiciæ, seu nonnullæ animadversiones in libellum, cui titulus :* Monita salutaria B. V. etc. *pro vindicanda contra auctorem anonymum Deiparæ gloria.* A R. P. Maximiliano Reichemberger, e soc. Jesu Pragensi, opusculum posthumum Pragæ. Voyez les n°° 3, etc.

An 1679.

47. *La véritable dévotion envers la sainte Vierge établie et défendue.* A Paris, par le P. Crasset, jésuite.

WITTE (GILLES DE) naquit à Gand, en 1641 ou en 1648, entra dans la congrégation de l'Oratoire, fut docteur de Louvain, et se rendit fameux par son zèle fougueux en faveur du parti et par ses emportements contre le saint-siége, et mourut en 1721.

PANÉGYRIS *Janseniana*, etc. Gratianopoli - (Delphis), 1698, in-8°.

Ce sont principalement les approbations que des docteurs et des théologiens avaient données au livre de Jansénius, et qui furent supprimées dans l'impression qu'on fit de ce livre.

Witte, page 31, traite outrageusement les consulteurs de la cour de Rome. Voici ses paroles : *Factumque vidit Roma, ut hi quorum plerique, teste P. Pascaligonio, sancti Augustini scripta nec a limine salutaverant, ac multi, ne vel prima principia, ipsos terminos rei de qua tractabatur, intelligebant, judicium tulerint de re gravissima.*

CAPISTRUM *ab Embricensi interprete dono missum N. declamatori in versionem Belgicam novissimam Novi Testamenti.* C'est-à-dire : Licou envoyé par l'interprète d'Emmeric à *** qui déclame contre la nouvelle version flamande du Nouveau Testament. 1710.

Un auteur catholique avait attaqué la version flamande du Nouveau Testament : Gilles Witte, qui l'avait donnée, publia contre lui ce libelle, qui fut condamné par les archevêques de Cologne et de Malines, aussi bien que sa version.

CONVIVIUM *funebre.* 1721.

Il y soutient, 1° que ces paroles de Jésus-Christ : *Tu es Petrus, et super hanc Petram ædificabo Ecclesiam meam*, ont été dites personnellement et uniquement à saint Pierre, et nullement à ses successeurs ; que le pape n'est que le premier des évêques, et qu'il n'a pas plus d'autorité sur les autres évêques que le curé de la première paroisse de Gand en a sur les autres curés de la même ville.

DEPULSIO *excommunicationis per illustrissimum D. Bussy Coloniænuntium pontificium attentatæ in R. D. Matthiam Thoricem : ubi eadem excommunicatio demonstratur plane nulla, evanida, cassa, irrita.* 1709.

M. Le Nonu de Cologne avait excommunié un certain Torch à Utrecht ; les jansénistes de Hollande se soulevèrent contre cette excommunication par des libelles, soit en latin, soit en langue vulgaire, dans lesquels ils traitèrent le pape, les cardinaux et tout ce qui dépend de Rome d'une manière digne de Luther. Witte, dans l'écrit dont on vient de lire le titre, après s'être déchaîné contre le nonce, attaque de front la bulle *Vineam Domini Sabbaoth*, qu'il nomme *Horrificam bullam* ; venant ensuite au Formulaire, il s'exprime ainsi : *En, si superis placet, feliciter Ecclesiam Dei regit, qui veram Dei gratiam, qua Christiani sumus in Janseniano libro fulgentem, a morigeris Ecclesiæ filiis, hoc est Romanæ curiæ projectis servis, damnari, rejici, atque ejerari compellit.* Le reste de l'écrit est de la même violence : on rappelle Libère, saint Athanase, etc. On invective contre Clément XI, contre les jésuites ; et c'est tout l'ouvrage.

Nous ne mentionnerons pas, à beaucoup près, tous les écrits de Witte, qui remplaçait souvent son nom qui veut dire *blanc*, par celui de *Candidus* et par celui d'*Albanus*. Le nombre de ses libelles se monte à 140 ; il suffit de dire qu'ils ne respirent que l'emportement le plus violent.

WITTOLA (MARC-ANTOINE) naquit le 25 avril, 1736, à Kosel, dans la Silésie, fut ordonné prêtre à Teschen, pourvu de la cure de Schorfling, puis nommé curé de Probsdorff et censeur des livres ; il fut prévôt mitré de Bianco, en Hongrie, et mourut subitement, à Vienne, en 1797. Il avait embrassé avec chaleur les opinions théologiques qui s'enseignaient alors en Allemagne, surtout dans les Etats autrichiens, et il faisait tout ce qui dépendait de lui pour les propager. C'est dans ce but qu'il traduisit de l'italien et du français en allemand tous les livres où cette doctrine était favorisée et notamment les écrits des appelants. Il était lié avec les principaux d'entre eux, se signalait par sa haine contre les jésuites, et entretenait une correspondance avec l'abbé de Bellegarde, l'un des plus ardents sectateurs de ces doctrines. Sa qualité de censeur lui donna la facilité de livrer à la circulation les détestables livres de son parti ; il autorisa la réimpression des *Annales des jésuites* de Gazaignes. Cette protection accordée à un libelle plein de calomnies le fit destituer, et ce ne fut que sous Joseph II que cette production d'une aveugle haine eut un libre cours. Admirateur des réformes de ce prince, Wittola publia trois écrits en faveur de la *tolérance*, et commença en 1784, la *Gazette ecclésiastique* de Vienne, dans le goût des *Nouvelles ecclésiastiques*. C'est assez faire l'éloge de son discernement et de sa modération. Il rédigea cette Gazette jusqu'en 1789, et la reprit, en 1790, sous le titre de *Mémoires des choses les* plus récentes concernant l'enseignement de la religion et l'histoire de l'Eglise, et continua cette publication jusqu'en 1793. Parmi les traductions de livres jansénistes faites par Wittola, nous mentionnerons les *Abrégés de l'histoire de l'Ancien et du Nouveau Testament de Mésenguy* ; le *Directeur spirituel pour ceux qui n'en ont point*, de Treuvé.

WOLFGAND-JOEGER (Jean).

Bulla *novitia Pontificis Max. Clementis XI, cum fulmine damnationis vibrata contra doct. vir. m P. Quesnel, ejusque Novum Testamentum*, etc., *sub examen vocata*, etc. Tubingen.

Ce libelle, dont le but est de défendre les erreurs de Quesnel, fut condamné le 3 janvier 1715, par l'évêque de Constance, comme étant un livre impie, avec menace de procéder contre ceux qui oseraient l'imprimer, le distribuer, le lire ou le retenir.

Z

ZOLA (Joseph), professeur d'histoire ecclésiastique à Pavie, naquit à Concejo, près Brescia, dans l'Etat de Venise, en 1739, et professa la morale dans le séminaire de cette ville, de 1760 à 1770. Il fut privé de sa chaire par l'évêque, le cardinal Maiino, en même temps que son collègue, Pierre Tamburini, pour une dissertation où celui-ci établissait toute la doctrine janséniste sur la grâce. Les deux amis se retirèrent à Rome, où le cardinal Maresfaschi les fit placer : Zola au collège Fuccioli, et Tamburini au collège irlandais. Zola professa la morale jusqu'en 1774, qu'on l'attira à Pavie pour y travailler à mettre cette université sur le même pied que celles des autres Etats héréditaires. Il se consacra à cette œuvre avec beaucoup de zèle, et publia successivement un *Traité des lieux théologiques* et un autre *de la fin dernière*, 1775 ; un *Discours pour montrer qu'il ne faut point dissimuler les maux de l'Eglise en écrivant son Histoire*, 1776 ; une édition de l'opuscule de Cadocini, sur ce passage de saint Augustin : *L'Eglise sera dans la servitude sous les princes séculiers* (*Voyez* l'article *Cadocini*, 1786). Une édition de la *Défense de la foi de Nicée*, de Bull ; les *Prolégomènes des Commentaires historiques du christianisme*, avec un *Supplément*, 1778 ; les *Commentaires* mêmes, dont le troisième volume vit le jour en 1786, et va jusqu'à la fin du second siècle. Dans le même temps, Zola fut nommé recteur du collège germanique-hongrois, transféré, par Joseph, de Rome à Pavie. En 1788, il donna une *Dissertation anonyme sur l'autorité de saint Augustin dans les matières théologiques, surtout par rapport à la prédestination et à la grâce*. La *Dissertation* et le *Prologue* furent mis à l'index à Rome, le 5 février 1790. La mort de Joseph fut un grand sujet de deuil pour Zola et ses amis. Le 20 mai suivant, il prononça l'éloge funèbre de ce prince, dont il loua la piété profonde, l'amour pour l'Eglise, la sagesse et la modération. Ses partisans mêmes trouvèrent une exagération ridicule dans ce qu'il disait où du zèle et des connaissances théologiques de l'empereur. Cependant l'archevêque de Milan et les autres évêques de Lombardie ayant porté à Léopold leurs plaintes contre le séminaire général de Pavie, ce prince supprima cette école, le 9 avril 1791, et rendit aux évêques leurs droits sur l'enseignement, et aux séminaires diocésains leurs biens. En 1795, Zola et Tamburini furent privés de leurs chaires sur la demande de Pie VI. Lors de la révolution d'Italie, on rappela le premier à Pavie pour y occuper une chaire d'histoire des lois et de la diplomatie. Comme lui et ses collègues s'étaient déclarés partisans de la révolution de leur pays, la cour de Vienne supprima l'université de Pavie, lorsqu'elle reprit le Milanais en 1799. Zola entra, en 1802, dans le collège des *Datti*, de la république italienne, et mourut à Concejo, où il était allé pendant les vacances. On connaît encore de lui un petit traité intitulé : *Du catéchiste*, qui n'est qu'un abrégé de l'ouvrage de Serrao sur la même matière. Ce fut un des hommes les plus zélés contre ce qu'il appelait l'*hildebrandisme*, sobriquet injurieux par lequel ces nouveaux théologiens désignaient les droits et prérogatives du saint-siège. Son livre *De Rebus christianis aute Constantinum*, 3 vol ; et ses *Leçons théologiques au séminaire de Brescia*, 2 vol., sont à l'index, par décret du 10 juillet 1797.

INDEX LIBRORUM PROHIBITORUM

JUXTA EXEMPLAR ROMANUM
JUSSU SANCTISSIMI DOMINI NOSTRI EDITUM ANNO MDCCCXXXV;

ACCESSERUNT SUIS LOCIS NOMINA EORUM QUI USQUE AD HANC DIEM DAMNATI FUERE.

BENEDICTUS PAPA XIV.
AD PERPETUAM REI MEMORIAM.

Quæ ad catholicæ religionis puritatem integerrime tuendam, et castos mores a contagione caute servandos maxime pertinent. cum semper ab apostolica hac sancta sede provide, sapienterque constituta, et sanctissime custodita sint; tum illud in primis laudabili Romanorum pontificum prædecessorum nostrorum zelo, ac vigilantia provisum et cautum fuit, ne ullum propter pravos, exitiosusque libros, quibus fides et pietas labefactari plerumque solent, Christi fidelium animabus præjudicium, ac detrimentum irrogaretur. Quamobrem non solum hujusmodi libros improbare et proscribere consueverunt, sed ne vetitæ quoque eorum lectionis oblivio ulla unquam subreperet, aut ignorantia obtenderetur, publicis tabulis, atque catalogis eosdem perniciosos libros describi, et consignari voluerunt; quo sane fieret, ut, palam denuntiata, atque oculis subjecta eorum pravitate, ab omnium manibus facilius removerentur. Crescente autem in dies exitiosa ipsorum segete, et copia, renovari identidem, atque augeri oportuit Indices ipsos, quorum primum quidem publica Ecclesiæ auctoritate a sapientissimis Tridentinæ synodi Patribus di positum fel. rec. Pius PP. IV prædecessor noster optimis regulis communitum perfecit, atque apostolica auctoritate vulgavit : deinde vero Clemens PP. VIII itidem prædecessor noster librorum numero auctum, atque nonnullis in antedictas regulas observationibus illustratum nova luce donavit. Alexander denique PP. VII pariter prædecessor noster diversa a prioribus methodo ordinatum, atque in varias partes tributum hujusmodi indicem suo nomine edi voluit, ac promulgari. Etsi autem pro temporum conditione satis diligenter, atque utiliter in iis conficiendis laboratum sit, diuturna tamen observatione, atque experimento compertum est, memoratos Indices neque satis correctos, neque potis usui accommodatos prodiisse : quapropter e publica utilitate fore visum est, si novus Index methodo apriore digestus, atque a mendis, erratisque pluribus, quæ in priores irrepserant, emendatus construeretur. Rem hanc omni procul dubio laboris et diligentiæ plenam jam tum animo præconceperamus, cum certas regulas in examine et proscriptione librorum servandas tradidimus in constitutione nostra, quæ incipit : *Sollicita, ac provida*, vii id. Jul., anno Incarnat. Dom. MDCCLIII, pontificatus nostri anno xiii data. Hujusmodi sub fide negotium mature jam discussum Ven. Fratribus nostris S. R. E. cardinalibus congregationi Indicis librorum prohibitorum præposi is dirigendum, promovendumque commisimus, qui pro injuncti sibi muneris ratione, zelo ac solertia, adhibitis etiam in consultationem et opus doctis, ac diligentibus viris, omnia pro votis sedulo accurateque perfecerunt. Absolutum itaque juxta mentem nostram laudatum Indicem, et ab iisdem cardinalibus revisum, atque recognitum typis cameræ nostræ apostolicæ edi voluimus, ipsumque præsentibus litteris nostris tanquam expresse insertum habentes, auctoritate apostolica tenore præsentium approbamus et confirmamus, atque ab omnibus et singulis personis, ubicumque locorum existentibus, inviolabiliter et inconcusse observari præcipimus, et mandamus sub pœnis tam in regulis Indicis quam in litteris, et constitut onibus apostolicis alias statutis et expressis, quas tenore earumdem præsentium confirmamus et renovamus. Non obstantibus apostolicis generalibus, vel specialibus litteris, constitutionibus ac quibusvis statutis, decretis, usibus, stylis, et consuetudinibus etiam immemorabilibus, cæterisque in contrarium facientibus quibuscunque. Volumus autem, ut earumdem præsentium litterarum transumptis, seu exemplis etiam impressis, manu alicujus notarii publici subscriptis, et sigillo præfati alicujus in dignitate ecclesiastica constituti obsignatis eadem prorsus fides habeatur, quæ ipsis præsentibus haberetur, si forent exhibitæ vel ostensæ. Datum Romæ apud Sanctam Mariam Majorem sub annulo Piscatoris die xxiii Decemb. MDCCLVII, pontificatus nostri anno xviii.

Cajetanus Amatus.

CATHOLICO LECTORI
FR. THOMAS ANTONINUS DEGOLA,
Ordinis prædicatorum, sac. congregationis Indicis secretarius.

Distractis Indicis librorum prohibitorum postremæ editionis anni 1819 exemplaribus, novam illius, mandante SS^{mo} *D. N.* GREGORIO XVI, *occurrentori, quoad licuit, sedulitate ac studio elaborandum suscepimus. Eo vero in id operæ laborisque alacrius intendimus, quo et exosum eum plurimorum votis, et rei, tum christianæ, cum civili his maxime temporibus pertubatæ opportunius consuleretur. Integram igitur dum hic promimus librorum vetitæ ad hanc usque diem lectionis seriem, methodo pariter ac ratione, quæ aptior atque expeditior videretur per quam addicti, eam potissimum consectandam præ reliquis instituimus, quam Indicis anni 1758 veluti normam, celebris olim doctrina et eruditione vir Fr. Thomas Augustinus Ricchinius sacræ ejusdem Indicis congregationis a secretis exposuit his fere verbis :*

« *In primis Indici universo cum regulas ipsius Indicis sacrosanctæ synodi Tridentinæ jussu editas, tum easdem in regulas observationes, quæ Clementis VIII et Alexandri VII auctoritate confectæ sunt, præmisimus, una cum ejusdem Clementis VIII instructione*». *Quibus quidem rebus omnibus cum majorem et lucem, et vim afferat sapientissimi pontificis Benedicti XIV constitutio incipiens :* Sollicita ac provida, *eam idcirco adjungendam putavimus. Subjecimus deinde decreta quædam generalia, quo et trepidati Indicis consuleremus, et dubitationem omnem tolleremus, si qua de certis quibusdam libris suboriri posset, qui in Indice nominatim descripti non essent*.

Auctores autem ipsos, quorum nomina, ac cognomina, magna adhibita diligentia Germanæ lectioni restituimus. In alphabeticum ordinem redegimus, majoremque in iis a ferendis rationem habuimus cognominum, quam nominum, quod hæc illis minus nota esse videantur. Cognominum tamen loco habuimus quoque simulata cognomina, quibus pseudonymi del tescunt, tum aliquando patriam, aut etiam sanctos ipsos, quos sibi nonnulli tarquam cognomina assumunt.

Theses atque disputationes non discipulorum, sed magistrorum, aut præsidentium nomine, qui plerumque earum auctores esse solent, disposuimus, nisi forte quis, vel suum unice, non magistri nomen attulerit, vel ipse quidem earumdem thesium verissimus auctor habitus sit.

Libri a duobus auctoribus conscripti ejus auctoris cognomina referuntur, qui primus ordine reperitur. Qui vero libri a pluribus compositi sunt, jam non auctorum cognominibus, sed ipsis suis titulis designantur.

Eadem ratione anonymos libros, alphabeti ordine retento, recensuimus; quos inter si quis libros aliquos annumeratos deprehendat, qui certos auctores habent; nec unquam anonymi editi sunt, id et in præcedentibus Indicibus, et in hoc nostro non sine causa factum esse intelligat.

Titulos vero librorum, quos pariter emendandos suscepimus, eadem orthographia descriptos attulimus, quam auctores ipsi adhibuerunt. Et aliquibus quidem libris locum et tempus editionis addidimus tum lectorum commodo, ne scilicet illos cum aliis ejusdem tituli atque argumenti confunderent, tum ad commonstrandum editiones illas, non reliquas, quæ diversæ sunt, aut emendatæ, esse proscriptas. Cæterorum vero librorum, si locum, ubi impressi sunt, omisimus, id propterea faciendum existimavimus, ut intelligeret quisque omnes earum librorum editiones, quocunque tandem loco factæ sint, prohibitas esse: id enim cautum decretis sacræ congregationis. Quamobrem perraro etiam unius ejusdemque libri diversas, quæ aliquando fieri solent, indicavimus versiones. Cum ex instructione Clementis VIII, tit. de Prohibit. librorum, § 6, appareat perniciosos, ac malos libros, qui certa aliqua lingua editi, ac deinde prohibiti sunt, prohibitos censeri debere, in quodcunque idioma postea transferantur.

Diem, mensem et annum prohibitionis, singulis fere libris, qui post annum 1596 proscripti sunt, adjunximus. Descriptos vero ante prædictum annum in Indice Pii IV, quem Tridentinum vocant, et in Indice Clementis VIII, qui Tridentini Appendix vocari solet, hisce notis distinximus : Ind. Trid., App. Ind. Trid.

Quibus autem libris, eo quod utilitatem aliquam præ se ferre videantur, additum est donec corrigantur, seu donec expurgentur : eam correctionem a nemine privato judicio, atque auctoritate fieri posse, sed rem totam ad sacram Indicis congregationem esse deferendam monemus.

Jam vero reticendum non putamus, quod non ii duntaxat libri excommunicationis reservatæ pœna sunt proscripti, qui ab hæreticis compositi de religione catholica ex professo agunt, hæresesque docent, quod litteris apostolicis die cœnæ Domini legi solitis, et constitutione Alexandri VII, quæ incipit : Speculatores, statuitur : sed quod ii etiam fere omnes libri hujusmodi pœna proscribuntur, qui Jesu prædictam Alexandri VII constitutionem editam die 5 martii anni 1664, brevibus, aut bullis pontificiis prohibiti indicantur, ut ex ipsis brevibus intelligi potest, ad quæ lectores remittimus. »

Monendum denique catholicum lectorem ducimus omnibus Indicis anni MDCCLVIII præmissis additum hic, ad calcem scilicet regularum et decretorum fuisse : 1° Mandatum S. S. Leonis XII, quod simul cum decreto prohibitionis quorumdam librorum sub die 26 Martii 1825 editum fuit ; 2° Monitum S. congregationis additum decreto Fer. III, 4 Martii an. 1828.

Cætera quæ in hac novissima editione, ut omnium commodo, et utilitati serviremus, præstanda curavimus, usu quodam animadvertenda, ac judicanda lectori relinquimus.

REGULÆ INDICIS
SACROSANCTÆ SYNODI TRIDENTINÆ JUSSU EDITÆ.

REGULA I. — Libri omnes quos ante annum MDXV aut summi pontifices, aut concilia œcumenica damnarunt, et in hoc Indice non sunt, eodem modo damnati esse censeantur, sicut olim damnati fuerunt.

REGULA II. — Hæresiarcharum libri, tam eorum qui post prædictum annum hæreses invenerunt, vel suscitarunt, quam qui hæreticorum capita, aut duces sunt, vel fuerunt, quales sunt Lutherus, Zwinglius, Calvinus, Balthasar Pacimontanus, Schwenckfeldius, et his similes, cujuscunque nominis, tituli, aut argumenti existant, omnino prohibentur.

Aliorum autem hæreticorum libri, qui de religione quidem ex professo tractant, omnino damnantur.

Qui vero de religione non tractant, a theologis catholicis, jussu episcoporum et inquisitorum examinati et approbati, permittuntur.

Libri etiam catholice conscripti, tam ab illis qui postea in hæresim lapsi sunt, quam ab illis qui post lapsum ad Ecclesiæ gremium rediere, approbati a Facultate theologica alicujus universitatis catholicæ, vel ab inquisitione generali, permitti poterunt.

REGULA III. — Versiones scriptorum etiam ecclesiasticorum, quæ hactenus editæ sunt a damnatis auctoribus, modo nihil contra sanam doctrinam contineant, permittuntur.

Librorum autem Veteris Testamenti versiones, viris tantum doctis et piis, judicio episcopi, concedi poterunt; modo hujusmodi versionibus, tanquam elucidationibus Vulgatæ editionis, ad intelligendam sacram Scripturam, non autem tanquam sacro textu utantur.

Versiones vero Novi Testamenti ab auctoribus primæ classis hujus Indicis factæ, nemini concedantur, quia utilitatis parum, periculi vero plurimum lectoribus ex earum lectione manare solet.

Si quæ vero annotationes cum hujusmodi, quæ permittuntur, versionibus, vel cum Vulgata editione circumferuntur, expunctis locis suspectis a Facultate theologica alicujus universitatis catholicæ, aut inquisitione generali, permitti eisdem poterunt quibus et versiones.

Quibus conditionibus totum volumen Bibliorum, quod vulgo Biblia Vatabli dicitur, aut partes ejus, concedi viris piis et doctis poterunt.

Ex Bibliis vero Isidori Clarii Brixiani prologus et prolegomena præcidantur; ejus vero textum, nemo textum Vulgatæ editionis esse existimet.

Regula IV. — Cum experimento manifestum sit, si sacra Biblia vulgari lingua passim sine discrimine permittantur, plus inde, ob hominum temeritatem, detrimenti quam utilitatis oriri; hac in parte judicio episcopi, aut inquisitoris stetur, ut cum consilio parochi, vel confessarii Bibliorum, a catholicis auctoribus versorum, lectionem in vulgari lingua eis concedere possint, quos intellexerint ex hujusmodi lectione non damnum, sed fidei, atque pietatis augmentum capere posse; quam facultatem in scriptis habeant.

Qui autem absque tali facultate ea legere, seu habere præsumpserit, nisi prius Bibliis ordinario redditis, peccatorum absolutionem percipere non possit.

Bibliopolæ vero qui prædictam facultatem non habenti Biblia idiomate vulgari conscripta vendiderint, vel alio quovis modo concesserint, librorum pretium, in usus pios ab episcopo convertendum, amittant; aliisque pœnis pro delicti qualitate, ejusdem episcopi arbitrio, subjaceant.

Regulares vero, nonnisi facultate a prælatis suis habita, ea legere, aut emere possint.

Regula V. — Libri illi, qui hæreticorum auctorum opera interdum prodeunt, in quibus nulla, aut pauca de suo apponunt, sed aliorum dicta colligunt, cujusmodi sunt lexica, concordantiæ, apophthegmata, similitudines, indices, et hujusmodi, si quæ habeant admixta, quæ expurgatione indigeant, illis episcopi et inquisitoris, una cum theologorum catholicorum consilio sublatis, aut emenda is, permittantur.

Regula VI. — Libri vulgari idiomate de controversiis inter catholicos et hæreticos nostri temporis disserentes, non passim permittantur, sed idem de iis servetur, quod de Bibliis vulgari lingua scriptis statutum est.

Qui vero de ratione bene vivendi, contemplandi, confitendi, ac similibus argumentis vulgari sermone conscripti sunt, si sanam doctrinam contineant, non est cur prohibeantur; sicut nec sermones populares vulgari lingua habiti.

Quod si hactenus, in aliquo regno, vel provincia, aliqui libri sunt prohibiti, quod nonnulla contineant quæ sine delectu ab omnibus legi non expediat; si eorum auctores catholici sunt, postquam emendati fuerint, permitti ab episcopo et inquisitore poterunt.

Regula VII. — Libri qui res lascivas, seu obscœnas ex professo tractant, narrant aut docent, cum non solum fidei, sed et morum,

qui hujusmodi librorum lectione facile corrumpi solent, ratio habenda sit, omnino prohibeantur; et qui eos habuerint, severe ab episcopis puniantur.

Antiqui vero ab ethnicis conscripti, propter sermonis elegantiam, et proprietatem, permittuntur : nulla tamen ratione pueris prælegendi erunt.

Regula VIII. — Libri quorum principale argumentum bonum est, in quibus tamen obiter aliqua inserta sunt quæ ad hæresim, seu impietatem, divinationem, seu superstitionem spectant, a catholicis theologis, inquisitionis generalis auctoritate, expurgati, concedi possunt.

Idem judicium sit de prologis, summariis, seu annotationibus, quæ a damnatis auctoribus, libris non damnatis appositæ sunt; sed posthac nonnisi emendati excudantur.

Regula IX. — Libri omnes, et scripta geomantiæ, hydromantiæ, æromantiæ, pyromantiæ, onomantiæ, chiromantiæ, necromantiæ, sive in quibus continentur sortilegia, veneficia, auguria, auspicia, incantationes artis magicæ, prorsus rejiciuntur.

Episcopi vero diligenter provideant, ne astrologiæ judiciariæ libri tractatus, indices legantur, vel habeantur, qui de futuris contingentibus, successibus, fortuitisve casibus, aut iis actionibus, quæ ab humana voluntate pendent, certo aliquid eventurum affirmare audent.

Permittuntur autem judicia, et naturales observationes, quæ navigationis, agriculturæ, sive medicæ artis juvandæ gratia, conscripta sunt.

Regula X. — In librorum, aliarumve scripturarum impressione servetur, quod in concilio Lateranensi sub Leone X, sess. 10, statutum est.

Quare si in alma urbe Roma liber aliquis sit imprimendus, per vicarium summi pontificis, et sacri palatii magistrum, vel personas a sanctissimo domino nostro deputandas, prius examinetur.

In aliis vero locis ad episcopum, vel alium habentem scientiam libri, vel scripturæ imprimendæ, ab eodem episcopo deputandum, ac inquisitorem hæreticæ pravitatis ejus civitatis, vel diœcesis, in qua impressio fiet, ejus approbatio, et examen pertineat, et per eorum manum, propria subscriptione, gratis, et sine dilatione imponenda, sub pœnis et censuris in eodem decreto contentis, approbetur; hac lege, et conditione addita, ut exemplum libri imprimendi authenticum, et manu auctoris subscriptum apud examinatorem remaneat.

Eos vero qui libellos manuscriptos vulgant, nisi ante examinati probatique fuerint, iisdem pœnis subjici debere judicarunt Patres deputati, quibus impressores; et qui eos habuerint et legerint, nisi auctores prodiderint, pro auctoribus habeantur.

Ipsa vero hujusmodi librorum probatio in scriptis detur, et in fronte libri, vel scripti, vel impressi, authentice appareat; probatioque et examen, ac cætera gratis fiant.

Præterea in singulis civitatibus ac diœcesibus, domus, vel loci, ubi ars impressoria exercetur, et bibliothecæ librorum venalium sæpius visitentur a personis ad id deputandis ab episcopo, sive ejus vicario, atque etiam ab inquisitore hæreticæ pravitatis, ut nihil eorum quæ prohibentur, aut imprimatur, aut vendatur, aut habeatur.

Omnes vero librarii et quicunque librorum venditores habeant in suis bibliothecis indicem librorum venalium, quos habent, cum subscriptione dictarum personarum; nec alios libros habeant, aut vendant, aut quacunque ratione tradant, sine licentia eorumdem deputatorum, sub pœna amissionis librorum, et aliis arbitrio episcoporum, vel inquisitorum imponendis; emptores vero, lectores, vel impressores, eorumdem arbitrio puniantur.

Quod si aliqui libros quoscunque in aliquam civitatem introducant, teneantur iisdem per omnes deputandis renuntiare; vel si locus publicus mercibus ejusmodi constitutus sit, ministri publici ejus loci prædictis personis, significent, libros esse adductos.

Nemo vero audeat librum quem ipse, vel alius in civitatem introduxit, alicui legendum tradere, vel aliqua ratione alienare, aut commodare, nisi ostenso prius libro, et habita licentia a personis deputandis, aut nisi notorie constet, librum jam esse omnibus permissum.

Idem quoque servetur ab hæredibus, et exsecutoribus ultimarum voluntatum, ut libros a defuncto relictos, sive eorum indicem, illis personis deputandis afferant, ab iis licentiam obtineant, priusquam eis utantur, aut in alias personas quacunque ratione eos transferant.

In his autem omnibus, et singulis pœna statuatur, vel amissionis librorum, vel alia, arbitrio eorumdem episcoporum, vel inquisitorum, pro qualitate contumaciæ, vel delicti.

Circa vero libros quos Patres deputati aut examinarunt, aut expurgandos tradiderunt, aut certis conditionibus, ut rursus excuderentur, concesserunt, quidquid illos statuisse constiterit, tam bibliopolæ quam cæteri observent.

Liberum tamen sit episcopis aut inquisitoribus generalibus, secundum facultatem, quam habent, eos etiam libros, qui his regulis permitti videntur, prohibere, si hoc in suis regnis, aut provinciis, vel diœcesibus expedire judicaverint.

Cæterum nomina cum librorum qui a Patribus deputatis purgati sunt, tum eorum quibus illi hanc provinciam dederunt, eorumdem deputatorum secretarius notario sacræ universalis inquisitionis Romanæ descripta, sanctissimi domini nostri jussu tradat.

Ad extremum vero omnibus fidelibus præcipitur, ne quis audeat contra harum regularum præscriptum, aut hujus Indicis prohibitionem, libros aliquos legere, aut habere.

Quod si quis libros hæreticorum, vel cujusvis auctoris scripta, ob hæresim, vel ob falsi dogmatis suspicionem damnata, atque prohibita legerit, sive habuerit, statim in excommunicationis sententiam incurrat.

Qui vero libros alio nomine interdictos legerit aut habuerit, præter peccati mortalis reatum, quo afficitur, judicio episcoporum severe puniatur.

OBSERVATIONES

AD REGULAM QUARTAM ET NONAM CLEMENTIS PAPÆ VIII JUSSU FACTÆ.

CIRCA QUARTAM REGULAM.

Animadvertendum est circa suprascriptam quartam regulam Indicis fel. rec. Pii papæ IV nullam per hanc impressionem, et editionem de novo tribui facultatem episcopis, vel inquisitoribus, aut regularium superioribus, concedendi licentiam emendi, legendi, aut retinendi Biblia vulgari lingua edita, cum hactenus mandato, et usu sanctæ Romanæ, et universalis inquisitionis sublata eis fuerit facultas concedendi hujusmodi licentias legendi, vel retinendi Biblia vulgaria, aut alias sacræ Scripturæ, tam Novi quam Veteris Testamenti partes, quavis vulgari lingua editas.

ADDITIO.

Quod si hujusmodi Bibliorum versiones vulgari lingua fuerint ab apostolica sede approbatæ, aut editæ cum annotationibus desumptis ex sanctis Ecclesiæ Patribus, vel ex doctis, catholicisque viris, conceduntur. *Decr. sac. congregationis Ind.* 13 Junii 1757.

CIRCA NONAM REGULAM.

Circa regulam nonam ejusdem Indicis ab episcopis, et inquisitoribus Christi fideles sedulo admonendi sunt, quod in legentes, aut retinentes contra regulam hanc libros hujusmodi astrologiæ judiciariæ, divinationum et sortilegiorum, rerumque aliarum in eadem regula expressarum, procedi potest, non modo per ipsos episcopos et ordinarios, sed etiam per inquisitores locorum, ex Constit. fel. rec. Sixti papæ quinti contra exercentes astrologiæ judiciariæ artem, et alia quæcunque divinationum genera, librosque de eis legentes, ac tenentes, promulgata, sub Dat. Romæ apud Sanctum Petrum, anno incarnat. Domini MDLXXXV nonis Januarii, pontificatus sui anno primo.

DE THALMUD ET ALIIS LIBRIS HEBRÆORUM.

Quamvis in Indice prædicti Pii papæ quarti Thalmud Hebræorum, ejusque glossæ, annotationes, interpretationes et expositiones omnes prohibeantur; sed quod, si absque nomine Thalmud, et sine injuriis, et calumniis in religionem Christianam aliquando prodiissent, tolerarentur; quia tamen sanctissimus dominus noster dominus Clemens papa VIII per suam constitutionem contra impia scripta, et libros Hebræorum sub Dat. Romæ apud Sanctum Petrum anno incarnat. Domini MDXCII, pridie kal. Martii, pontificatus sui anno secundo, illos prohibuit, atque damnavit: mens ipsius non est, eos propterea ullatenus etiam sub illis conditionibus permittendi, aut tolerandi; sed specialiter et expresse statuit et vult ut hujusmodi impii thalmudici, cabalistici, aliique nefarii Hebræorum libri omnino damnati, et prohibiti maneant et censeantur; atque super eis, et aliis libris hujusmodi prædicta constitutio perpetuo et inviolabiliter observetur.

DE LIBRO MAGAZOR.

Ad hæc, sciant episcopi ordinarii et inquisitores locorum, librum Magazor Hebræorum, qui continet pa tem officiorum et cæremoniarum ipsorum, et Synagogæ, Lusitanicæ, Hispanicæ, Gallicæ, Germanicæ, Italicæ, aut quavis alia vulgari l ngu præterquam Hebræa, editum, jamdiu ex speciali decreto rationabiliter prohibitum esse. Idcirco provide ni, illum nullatenus permitti, aut tolerari debere, nisi Hebraica lingua prædicta.

OBSERVATIONES
AD REGULAM DECIMAM ALEXANDRI PAPÆ VII JUSSU ADDITÆ.

Observandum est circa regulam decimam, quod degentes in statu sedi apostolicæ mediate, vel immediate subjecto non possunt transmittere libros a se compositos, alibi imprimendos, sine expressa approbatione, et in scriptis eminentissimi, ac reverendissimi D. cardinalis sanctissimi domini nostri vicarii et magistri sacri palatii, si in Urbe; si vero extra Urbem existant, sine ordinarii lori illius, sive ab his deputatorum facultate, et licentia operi infigenda.

Qui vero super impressionem librorum, ordinariam, aut delegatam auctoritatem exercent, dent operam, ne ad examen librorum hujusmodi, personas affectui auctorum quomodolibet addictas, præsertim vero propinquitate illos, aut alia, quantumvis a longe petita ea sit (veri et sinceri judicii corruptrice) necessitudine contingentes admittant : super omnia autem ab oblatis sibi in hanc operam per eosdem auctores censoribus caveant; sed iis demum utantur, quos doctrina, morumque integritate probatos, ab omni suspicione gratiæ intactos, ac, si fieri potest, auctoribus ipsis ignotos, et unius boni publici, Deique gloriæ studiosos cognoverint. Quo vero ad auctores regulares, cujuscunque ordinis, et instituti sint, illud præterea observandum, ut ne corum scripta, vel opera aliis ejusdem instituti regularibus examinanda committantur, sed alterius ordinis, et instituti viri pii, doctique, et a partium studio, atque ab amoris et odii stimulis prorsus remoti eligantur : per hoc autem non tollitur, quin intra eorumdem regularium ordinem, per religiosos ejusdem ordinis, superiorum suorum jussu, præfati libri examinari debeant.

INSTRUCTIO

PRO IIS, QUI LIBRIS TUM PROHIBENDIS, TUM EXPURGANDIS, TUM ET AM IMPRIMENDIS, DILIGENTEM, AC FIDELEM, UT PAR EST, OPERAM SUNT DATURI.

CLEMENTIS VIII
AUCTORITATE REGULIS INDICIS ADJECTA.

Ad Fidei catholicæ conservationem non satis est, quinam ex jam editis libris damnatæ lectionis sint, cognoscere (quod Indice, et regulis confectis per Patres a generali Tridentina synodo delectos, præcipue sancitum est), nisi illud etiam caveatur ne vel iidem denuo pullulent libri, vel similes alii emergant et propagentur, qui incautas fidelium mentes occulto veneno inficientes, justa, ac merita, damnatione digni judicentur.

Ut igitur quicunque posthac, seu veteres, seu novi libri edentur, quam maxime puri, et tam in iis, quæ ad fidem, quam quæ ad mores pertinent, incontaminati existant; quid circa malorum librorum interdictionem, ad eos penitus abolendos, tam ab episcopis et inquisitoribus quam a cæteris, quoru n ad it in Ecclesia Dei studium valere, et auctoritas potest; (præter ea, quæ Tridentinorum Patrum regulis supradictis decreta sunt) publica utilitas exigat, capitibus infra positis, diligentius sancitur, iisdemque statuitur, quæ omnino in posterum, tum ab iisdem episcopis et inquisitoribus, aliisque, ut præfertur, in malorum librorum interdictione, et abolitione, tum a correctoribus in librorum, ac cæterorum quorumcunque scriptorum correct one, atque emendatione, tum a typographis in ipsorum librorum impressione (pœna pro arbitrio episcopi et inquisitoris adversus eosdem typographos constituta) inviolate sunt observanda.

De Prohibitione librorum.

§ I.—Curent episcopi et inquisitores, ut statim atque hic Index fuerit publicatus, eorum jurisdictione subjecti ad ipsos descripta deferant nomina librorum omnium, et singulorum, quos apud se in eodem Indice prohibitos quisque reperiet

Ad hujusmodi vero libros sic significandos, infra certum tempus ab episcopo vel inquisitore præscribendum, omnes cujuscunque gradus et conditionis exstiterint, sub gravi pœna, eorum arbitratu infligenda, teneantur.

Romæ vero hæc omnia, certo a se, propositis edictis, præscribendo tempore, præstari curabit sacri palatii magister.

§ II. — Si qui erunt qui librum unum, aut plures ex prohibitis, qui ad præscriptum regularum permitti possunt, certa aliqua ex causa potestatem sibi retinendi, aut legendi fieri ante expurgationem desiderent, concedendæ facultatis extra Urbem jus erit penes episcopum aut inquisitorem; Romæ, penes magistrum sacri palatii.

Qui quidem gratis eam, et scripto manu sua subsignato tribuent, de triennio in triennium renovandam; ea in primis adhibita consideratione, ut nonnisi viris dignis, ac pietate, et doctrina conspicuis, cum delectu, ejusmodi licentiam largiantur; iis autem in primis, quorum studia utilitati publicæ, et sanctæ catholicæ Ecclesiæ usui esse, compertum habuerint.

Qui inter legendum, quæcunque repererint animadversione digna, notatis capitibus et foliis, significare episcopo vel inquisitori teneantur.

§ III. — Illud etiam catholicæ fidei conservandæ pecessitas extra Italiam, maxime cum ab episcopis et Inquisitoribus, tum a publicis universitatibus, omni doctrinæ laude florentibus postulat, ut eorum librorum indicem confici et publicari curent, qui per eorum regna atque provincias, hæretica labe infecti, ac bonis moribus contrarii vagantur, sive illi propria nationis, sive aliena lingua, conscripti fuerint.

Utque ab eorum lectione, seu retentione, certis pœnis, ab eisdem episcopis et inquisitoribus propositis, eorumdem regnorum, ac provinciarum homines arceant.

Ad quod exsequendum apostolicæ sedis nuntii et legati extra Italiam, eosdem episcopos, inquisitores et universitates sedulo excitare debebunt.

§ IV. — Iidem apostolici extra Italiam nuntii, sive legati, nec non in Italia episcopi et inquisitores, eam curam suscipient, ut singulis annis catalogum diligenter e lectum librorum in suis partibus impressorum, qui aut prohibiti sint, aut expurgatione indigeant, ad sanctam sedem apostolicam, vel congregationem Indicis ab illa deputatam transmittant.

§ V. — Episcopi et inquisitores, seu ab iisdem subdelegati et deputati, tam in Italia quam extra, penes se habeant singularum nationum indices; ut librorum, qui apud illas damnati ac prohibiti sunt, cognitionem habentes, facilius prospicere possint, an etiam e suæ jurisdictionis terris eosdem recognitos arcere vel retinere debeant.

§ VI. — In universum autem de malis et perniciosis libris id declaratur atque statuitur, ut qui certa aliqua lingua initio editi et deinde prohibiti, ac damnati a sede apostolica sunt; iidem quoque in quamcunque postea vertantur linguam, censeantur ab eadem sede, ubique gentium, sub eisdem pœnis interdicti et damnati.

De Correctione librorum.

§ I. — Habeant episcopi et inquisitores conjunctim facultatem quoscunque libros juxta præscriptum hujus Indicis expurgandi, etiam in locis exemptis, et nullius: ubi vero nulli sunt inquisitores, episcopi soli.

Librorum vero expurgatio nonnisi viris eruditione et pietate insignibus committatur, iique sint tres; nisi forte, considerato genere libri, aut eruditione eorum, qui ad id deligentur, plures vel pauciores judicentur expedire.

Ubi emendatio confecta erit, notatis capitibus, paragraphis et foliis, manu illius, vel illorum, qui expurgaverint, subscripta, reddatur eisdem episcopis et inquisitoribus, ut præfertur; qui si emendationem approbaverint, tunc liber permittatur.

§ II. — Qui negotium susceperit corrigendi atque expurgandi, circumspicere omnia et attente notare debet, non solum quæ in cursu operis manifeste se offerunt, sed si quæ in scholiis, in summariis, in marginibus, in indicibus librorum, in præfationibus, aut epistolis dedicatoriis, tanquam in insidiis, delitescunt.

Quæ autem correctione atque expurgatione indigent, fere hæc sunt quæ sequuntur.

Propositiones hæreticæ, erroneæ, hæresim sapientes, scandalosæ, piarum aurium offensivæ, temerariæ, schismaticæ, seditiosæ et blasphemæ.

Quæ contra sacramentorum ritus et cæremonias, contraque receptum usum et consuetudinem sanctæ Romanæ Ecclesiæ novitatem aliquam inducunt.

Profanæ etiam novitates vocum ab hæreticis excogitatæ, et ad fallendum introductæ.

Verba dubia et ambigua, quæ legentium animos a recto, catholicoque sensu ad nefarias opiniones adducere possunt.

Verba sacræ Scripturæ non fideliter prolata, vel e pravis hæreticorum versionibus deprompta; nisi forte afferrentur ad eosdem hæreticos impugnandos, et propriis telis jugulandos et convincendos.

Expungi etiam oportet verba Scripturæ sacræ, quæcunque ad profanum usum impie accommodantur: tum quæ ad sensum detorquentur abhorrentem a catholicorum Patrum atque doctorum unanimi sententia.

Itemque epitheta honorifica et omnia in laudem hæreticorum dicta deleantur.

Ad hæc rejiciuntur omnia quæ superstitiones, sortilegia ac divinationes sapiunt.

Item quæcunque fatis, aut fallacibus signis, aut ethnicæ fortunæ, humani arbitrii libertatem subjiciunt, obliterentur.

Ea quoque aboleantur, quæ paganismum redolent.

Item quæ famæ proximorum, et præsertim ecclesiasticorum et principum detrahunt; bonisque moribus et Christianæ disciplinæ sunt contraria, expungantur.

Expungendæ sunt etiam propositiones quæ contra libertatem, immunitatem et jurisdictionem ecclesiasticam.

Item quæ ex gentilium placitis, moribus, exemplis tyrannicam politiam fovent, et quam falso vocant rationem status, ab evangelica, et Christiana lege abhorrentem inducunt, deleantur.

Explodantur exempla quæ ecclesiasticos ritus, religiosorum ordines, statum, dignitatem ac personas lædunt et violant.

Faceliæ etiam, aut dicteria, in perniciem, aut præjudicium famæ, et existimationis aliorum jactata, repudientur.

Denique lasciva quæ bonos mores corrumpere possunt, deleantur.

Et si quæ obscenæ imagines, prædictis libris expurgandis impressæ, aut depictæ exstent, etiam in litteris grandiusculis, quæ initio librorum, vel capitum imprimi moris est; hujus generis omnia penitus obliterentur.

§ III. — In libris autem catholicorum recentiorum, qui post annum Christianæ salutis MDXV conscripti sunt, si id quod corrigendum occurrit, paucis demptis aut additis, emendari posse videatur, id correctores faciendum curent, sin minus omnino auferatur.

§ IV. — In libris autem catholicorum veterum nihil mutare fas sit, nisi ubi, aut fraude hæreticorum, aut typographi incuria manifestus error irrepserit.

Si quid autem majoris momenti et animadversione dignum occurrerit, liceat in novis editionibus, vel ad margines, vel in scholiis adnotare: ea in primis adhibita diligentia, an ex doctrina, locisque collatis, ejusdem auctoris sententia difficilior illustrari; ac mens ejus planius explicari possit.

§ V. — Postquam codex expurgatorius confectus erit, ac mandato episcopi ei inquisitoris impressus, qui libros expurgandos habebunt, poterunt de eorumdem licentia, juxta formam in codice traditam, eos corrigere ac purgare.

De Impressione librorum.

§ I. — Nullus liber in posterum excudatur, qui non in fronte nomen, cognomen et patriam praeferat auctoris. Quod si de auctore non constet, aut justam aliquam ob causam, tacito ejus nomine, episcopo et inquisitori liber edi posse videatur, nomen illius omnino describatur, qui librum examinaverit atque approbaverit.

In his vero generibus librorum, qui ex variorum scriptorum dictis, aut exemplis, aut vocibus compilari solent, is, qui laborem colligendi, et compilandi susceperit, pro auctore habeatur.

§ II. — Regulares, praeter episcopi et inquisitoris licentiam (de qua regula decima dictum est), meminerint teneri se, sacri concilii Tridentini decreto, operis in lucem edendi facultatem a praelato, cui subjacent, obtinere.

Utramque autem concessionem, quae appareat, ad principium operis imprimi faciant.

§ III. — Curent episcopi et inquisitores, poenis etiam propositis, ne impressoriam artem exercentes, obscenas imagines, turpesve, etiam in grandiusculis litteris imprimi consuetas, in librorum deinceps impressione apponant.

Ad libros vero qui de rebus ecclesiasticis aut spiritualibus conscripti sunt, ne characteribus grandioribus utantur, in quibus expresse appareat alicujus rei profanae, nedum turpis, obscenaeve species.

Qui etiam invigilabunt summopere, ut in singulorum impressione librorum nomen impressoris, locus impressionis, et annus quo liber impressus est, in principio ejus, atque in fine adnotetur.

§ IV. — Qui operis alicujus editionem parat, integrum ejus exemplar exhibeat episcopo vel inquisitori: id ubi recognoverint probaverintque, penes se retineant. Quod Romae quidem in archivio magistri sacri palatii; extra Urbem vero, in loco idoneo, quem episcopus aut inquisitor elegerit, reservetur.

Postquam autem liber impressus erit, non liceat cuiquam venalem in vulgus proponere, aut quoquomodo publicare, antequam is ad quem haec cura pertinet, illum cum manuscripto apud se retento diligenter contulerit, licentiamque, ut vendi publicarique possit, concesserit.

Idque tum demum faciendum, cum exploratum habebitur, typographum fideliter se in suo munere gessisse, neque ab exemplari manuscripto vel minimum discessisse.

§ V. — Curent episcopi et inquisitores, quorum muneris erit facultatem libros imprimendi concedere, ut eis examinandis spectatae pietatis et doctrinae viros adhibeant, de quorum fide et integritate sibi polliceri queant, nihil eos gratiae daturos, nihil odio, sed omni humano affectu posthabito, Dei duntaxat gloriam spectaturos et fidelis populi utilitatem.

Talium autem virorum approbatio, una cum licentia episcopi et inquisitoris, ante initium operis imprimatur.

§ VI. — Typographi et bibliopolae coram episcopo aut inquisitore, et Romae coram magistro sacri palatii, jurejurando spondeant, se munus suum catholice, sincere ac fideliter exsecuturos, hujusque Indicis decretis ac regulis, episcoporumque et inquisitorum edictis, quatenus eorum artes attingunt, obtemperaturos; neque ad suae artis ministerium quemquam scienter admissuros, qui haeretica labe sit inquinatus.

Quod si inter illos, insignes, ac eruditi nonnulli reperiantur, fidem etiam catholicam, juxta formam a Pio IV fel. rec. praescriptam, eorumdem superiorum arbitrio, profiteri teneantur.

§ VII. — Liber auctoris damnati, qui ad praescriptum regularum expurgari permittitur, postquam accurate recognitus, et purgatus, legitimeque permissus fuerit, si denuo sit imprimendus, praeferat titulo inscriptum nomen auctoris, cum nota damnationis, ut quamvis quoad aliqua liber recipi, auctor tamen repudiari intelligatur.

In ejusdem quoque libri principio, tum veteris prohibitionis, tum ecentis emendationis, ac permissionis mentio fiat; exempli gratia: *Bibliotheca a Conrado Gesnero Tigurino, damnati auctore, olim edita ac prohibita, nunc jussu superiorum expurgata et permissa.*

[BENEDICTI PAPAE XIV CONSTITUTIO
QUA METHODUS PRAESCRIBITUR IN EXAMINE, ET PROSCRIPTIONE
LIBRORUM SERVANDA.

BENEDICTUS EPISCOPUS
SERVUS SERVORUM DEI
AD PERPETUAM REI MEMORIAM.

Sollicita ac provida Romanorum pontificum praedecessorum nostrorum vigilantia in eam semper curam incubuit, ut Christi fideles ab eorum librorum lectione averterel, ex quibus incauti, ac simplices detrimenti quidpiam capere possent, imbuique opinionibus ac doctrinis, quae vel morum integritati, vel catholicae religionis dogmatibus adversantur. Nam, ut vetustissimum mittamus sancti Gelasii I decretum, quaeque jam pridem a Gregorio IX, aliisque pontificibus hac de re statuta fuerunt, ignorare neminem arbitramur, quae fuerint a praedecessoribus nostris Pio IV, sancto Pio V, et Clemente VIII diligentissime praestita, ut saluberrimum opus a sacrosanctae Tridentinae synodi Patribus susceptum, mature discussum, ac pene ad exitum perductum, de vetitæ lectionis librorum Indice conficiendo, atque vulgando, non absolverent solum, atque perficerent, sed sapientissimis etiam decretis ac regulis communirent. Quod quidem negotium apostolicæ sedes continenter urget ac promovet; ad id deputatis duabus sanctæ Romanæ Ecclesiæ cardinalium congregationibus, quibus onus inquirendi in pravos noxiosque libros impositum est, cognoscendique, quibus emendatio, et quibus proscriptio debeatur. Id muneris congregationi quidem Romanæ universalis inquisitionis a Paulo IV commissum perhibent, idque adhuc ab ea exerceri pergit, ubi de libris ad certa rerum genera pertinentibus judicandum occurrit. Certum est autem, sanctum Pium V primum fuisse congregationis Indicis institutorem, quam subsequentes deinde pontifices Gregorius XIII, Sixtus V et Clemens VIII confirmarunt, variisque privilegiis et facultatibus auxerunt: ejusque proprium, ac fere unicum officium est in examen libros vocare, de quorum proscriptione, emendatione vel permissione capienda est deliberatio.

§ 1. Qua maturitate, consilio, ac prudentia in congregatione universalis inquisitionis de proscribendis, vel dimittendis libris deliberetur, cum neminem latere putamus, tum nos ipsi plane perspectum, ac diuturna experientia compertum habemus; nam in minoribus constituti, de libris nonnullis in ea censuram tulimus, et consultoris ejusdem congregationis munere diu perfuncti sumus; postremo inter sanctæ Romanæ Ecclesiæ cardinales cooptati, inquisitoris generalis locum in ea obtinuimus; ac demum ad apostolicam sedem, meritis licet imparibus, evecti, non modo censorum animadversiones in libros nonnullos aliquando legere ac ponderare, sed etiam in congregationibus, quæ singulis feriis quintis coram nobis habentur, cardinalium sententias atque suffragia, antequam de iisdem libris quid decernatur, audire et excipere consuevimus. Haud minoris diligentiæ testimonium ferre possumus, adeoque debemus, pro altera congregatione Indicis, cui generaliter incumbit, ut supra diximus, de quorumvis librorum proscriptione decernere. Dum enim in minoribus versaremur, cum primi, tum secundi censoris, seu relatoris officium in ea congregatione non semel obivimus; ex quo autem supremum pontificatum gerimus, nullius libri proscriptionem ratam habuimus, nisi audito congregationis secretario, qui libri materiem, revisorum censuras, cardinalium judicia, et suffragia accurate nobis exponeret.

§ 2. Sed quoniam compertum est nobis, atque exploratum, multas librorum proscriptiones, præsertim quorum auctores catholici sunt, publicis aliquando, injustisque querelis in reprehensionem adduci, tanquam si temere, ac perfunctorie in tribunalibus nostris ea res ageretur, operæ pretium duximus, hac nostra perpetuo valitura constitutione, certas firmasque regulas proponere, juxta quas deinceps librorum examen, judiciumque peragatur; tametsi plane affirmari possit, iidipsum jampridem, vel eadem prorsus ratione, vel alia æquipollenti, constanter actum fuisse.

§ 3. Porro Romanæ universalis Inquisitionis congregatio ex pluribus constat sanctæ Romanæ Ecclesiæ cardinalibus a summo pontifice delectis, quorum alii sacræ theologiæ, alii canonici juris doctrina, alii ecclesiasticarum rerum peritia, munerumque Romanæ curiæ exercitatione, prudentiæ demum, ac probitatis laude, conspicui habentur. His adjungitur unus ex Romanæ curiæ præsulibus, quem assessorem vocant; unus etiam ex ordine Prædicatorum sacræ theologiæ magister, quem commissarium appellant; certus præterea consultorum numerus, qui ex utroque clero sæculari ac regulari assumuntur; alii demum præstantes doctrina viri, qui a congregatione jussi de libri censuram instaurant, iisque qualificatorum nomen tributum est. De variis in præfata congregatione, iisque gravissimis rebus agitur, in primis autem de causis fidei, ac de personis violatæ religionis reis. At cum librum aliquem ad eam, tanquam proscriptione dignum, deferri contigerit; nisi ad Indicis congregationem, ut fieri plerumque solet, judicandum remittat, sed pro rerum, temporumque ratione sibi de illo cognoscendum esse arbitretur; nos, inhærentes decreto lato ab eadem congregatione feria quarta kalendis Julii anni millesimi septingentesimi quinquagesimi, atque a nobis confirmato feria quinta insequente, hac ratione et methodo judicium institui mandamus.

§ 4. Primo nimirum uni ex qualificatoribus, aut consultoribus a congregatione designando, liber tradatur, quem is attento animo legat, ac diligenter expendat; tum censuram suam scripto consignet, locis indicatis et paginis, in quibus notati errores contineantur. Mox liber cum animadversionibus revisoris ad singulos consultores mittatur, qui in congregatione pro more habenda singulis feriis secundis in ædibus sancti officii, de libro et censura sententiam dicant: ipsa deinde censura, cum libro, et consultorum suffragiis, ad cardinales transmittantur, ut hi in congregatione, quæ feria quarta haberi solet in Fratrum Prædicatorum cœnobio Sanctæ Mariæ supra Minervam nuncupato, de tota re definitive pronuntiet. Post ab assessore sancti officii acta omnia ad pontificem referantur, cujus arbitrio judicium omne absolvetur.

§ 5. Cum autem sit veteri institutione receptum, ut auctoris catholici liber non unius tantum relatoris perspecta censura, illico proscribatur; ad normam præfati decreti mensis Julii anni millesimi septingentesimi quinquagesimi, volumus eam consuetudinem omnino servari; ita ut si primus censor librum proscribendum esse judicet, quamvis consultores in eamdem sententiam conveniant, nihilominus alteri revisori ab eadem congregatione electo liber, et censura tradantur, suppresso primi censoris nomine, quo alter judicium suum liberius exponat. Si autem secundus revisor primo assentiatur, tunc utriusque animadversiones ad cardinales mittantur, ut iis expensis de libro decernant; at si secundus a primo dissentiat, ac librum dimittendum existimet, tertius eligatur censor, cui, suppresso priorum nomine, utraque censura communicetur. Hujus autem relatio, si a priore consultorum sententia non abludat, cardinalibus immediate communicetur, ut ipsi quod opportunum fuerit decernant. Sin minus, iterum consultores, perspecta tertia censura suffragia ferant; idque una cum omnibus præfatis relationibus, cardinalibus exhibeatur, qui, re ita mature perpensa, de controversia denique pronuntiare debebunt. Quotiescunque autem pontifex, vel ob rei, de qua in libro agitur, gravitatem, vel quia id auctoris merito, aliisque circumstantiis tribuendum censeat, libri judicium coram seipso in congregatione feriæ quintæ habendum decreverit; quod sæpe a nobis factum fuit, et quoties ita expedire judicabimus, in posterum quoque fiet; tunc satis fuerit exhibere pontifici et cardinalibus libri censuras et consultorum suffragia, omisso examine congregationis feriæ quartæ, ejusque relatione, quam per assessorem pontifici faciendam diximus: nam cardinalium suffragiis coram ipso pontifice ferendis, atque hujus definitiva sententia, vel alio opportuno consilio in eadem congregatione capiendo, res absolvetur.

§ 6. Altera quoque Indicis congregatio plures complectitur cardinales ipsi a pontifice ascriptos, iisdemque dotibus præditos, quibus sancti officii cardinales pollere solent; cum etiam eorum aliquos in utraque congregatione locum habere contingat. Ex iis unus ejusdem congregationis præfectus existit; assistens vero perpetuus est magister sacri palatii; secretarius autem, a prima congregationis institutione usque in præsentem diem, ex ordine Fratrum Prædicatorum a summo pontifice pro tempore eligi consuevit. Sunt præterea ex utroque clero sæculari, et regulari ejusdem congregationis consultores et relatores selecti; et quidem, ubi aliquis librorum relationes coram congregationes semel, bis, tertio laudabiliter peregerit, tum ipsa congregatio pontificem rogare solet, ut ejus auctoritate in consultorum numerum referatur.

§ 7. Sub ipsa pontificatus nostri primordia, ea nos subiit cogitatio, ut certam aliquam et immutabilem methodum pro examine, judicioque librorum in hac Indicis congregatione servandam statueremus. Qua de re non modo consilium exquisivimus dilecti filii, nostri Angeli Mariæ sanctæ Romanæ Ecclesiæ cardinalis Quirini nuncupati, ejusdem sanctæ Romanæ Ecclesiæ bibliothecarii, et dictæ congregationis præfecti, qui pari prudentia et doctrina suum nobis sensum scripto declaravit; verum etiam antiquiores aliquot ejusdem congregationis consultores coram dilecto filio Josepho Augustino Orsi, ordinis Prædicatorum; tunc ipsius congregationis secretario, nunc autem palatii apostolici magistro, convenire jussimus, suamque sententiam aperire, quæ pariter scripto concepta, nobis jam tunc exhibita fuit. Cumque hæc omnia diligenter apud nos asservata fuerint, nunc demum veterem deliberationem nostram resumentes, quæ admodum ea, quæ ad librorum examen, atque judicium in primodicta congregatione sancti Officii peragendum, pertinent, auctoritate nostra constabilivimus; ita etiam ea, quæ ad congregationem Indicis, et ejusdem generis negotia apud eam tractanda facere possunt, opportunis decretis constitui nere volentes, prælaudati cardinalis præfecti consiliis, dictorumque consultorum votis inhærendo, hæc deinceps servanda decernimus.

§ 8. Cum congregatio Indicis ad librorum censuram unice, ut dictum est, instituta, non ita crebro convocari soleat, ut altera sancti Officii congregatio, quæ ob causarum et negotiorum multitudinem singulis hebdomadis ter haberi consuevit; illius propterea secretario peculiare munus, et officium recipiendi librorum denuntiationes, ut fieri jam ante consuevit, committimus et demandamus. Is autem a libri delatore percunctabitur diligenter, quas ob causas illum prohiberi postulet, tum librum ipsum haud perfunctorie pervolvet, ut de propositæ accusationis subsistentia cognoscat; duobus etiam in eam rem adhibitis consultoribus, ab ipso, prævia summi pontificis, aut cardinalis præfecti, vel ejus, qui præfecti vices supplet, approbatione eligendis; quorum collato consilio, si liber censura et nota dignus videatur, unus aliquis relator ad ferendum de eo judicium idoneus, illius nempe facultatis, de qua in libro agitur, peritus, eadem, quam nuper innuimus, ratione eligendus erit, qui scripto referat animadversiones suas, annotatis paginis, quibus singula ab ipso reprehensa continentur. Sed antequam ejus censura ad cardinalium congregationem feratur, haberi volumus privatam consultorum congregationem, quam olim *parvam* dixerunt, nos autem *præparatoriam* vocabimus, ut relatoris animadversionibus ad librum collatis, de earum pondere judicium fiat. Hujusmodi congregatio semel omnino singulis mensibus, aut etiam sæpius, si oportuerit, ab ipso congregationis secretario convocanda erit, vel in suis cubiculis, vel opportuniore, ut ipsi videbitur, loco, intra prædicti cœnobii ædes, ubi is commoratur. Eique semper intererit magister sacri palatii pro tempore existens, una cum sex aliis e numero consultorum, singulis vicibus, pro qualitate argumenti et materiæ, de qua disputandum erit, ut supra de primis duobus consultoribus, et de relatore constitutum est, a secretario eligendis; præter secretarium ipsum, cujus partes erunt in tabulas re erre consultorum sententias, quas deinde ad congregationem cardinalium mittet cum relatoris censura. In generali demum congregatione omnia illa servari debebunt, quæ superius statuta sunt pro congregatione sancti officii circa librorum examen. Ac quemadmodum ad assessorem sancti officii pertinet de actis in congregatione summum pontificem certum reddere; ita ad secretarium congregationis Indicis spectabit, quoties hæc librorum aliquem proscribendum, aut emendandum censuerit, ejusdem pontificis assensum, prævia diligenti actorum omnium relatione, exquirere.

§ 9. Quoniam vero in congregatione Indicis de sola librorum prohibitione agitur, nonnulla hoc loco adjungenda judicavimus, eidem congregationi potissimum usui futura, quæ tamen ab altera etiam congregatione sancti officii, dum in hujus quoque generis causis se immiscet, ubi similes rerum circumstantiæ se offerant, æque observanda erunt. Quotiescunque agitur de libro auctoris catholici, qui sit integræ famæ, et clari nominis, vel ob alios editos libros, vel forte ob eum ipsum, qui in examen adducitur, et hinc quidem proscribi oporteat; præ oculis habeatur usu jamdiu recepta consuetudo prohibendi librum, adjecta clausula: *Donec corrigatur*, seu *Donec expurgetur*, si locum habere possit, nec grave quidpiam obstet, quominus in casu de quo agitur, adhiberi valeat. Hac autem conditione proscriptionis adjecta, non statim evulgetur decretum, sed suspensa illius publicatione, res antea cum auctore, vel quovis altero pro eo agente et rogante, communicetur, atque ei quid delendum, mutandum, corrigendumve fuerit, indicetur. Quod si nemo auctoris nomine compareat, vel ipse, aut alter pro eo agens, injunctam correctionem libri detrectet, congruo definito tempore decretum edatur. Si vero idem auctor, ejusve procurator, congregationis jussa fecerit, sed novam instituerit libri editionem cum opportunis castigationibus, ac mutationibus, tunc supprimatur proscriptionis decretum; nisi forte prioris editionis exemplaria eum quo numero distracta fuerint: tunc enim ita decretum publicandum erit, ut omnes intelligant, primæ editionis exemplaria duntaxat interdicta fore, secundæ vero jam emendatæ permissa.

§ 10. Conquestos scimus aliquando nonnullos, quod librorum judicia et proscriptiones, inauditis auctoribus, fiant, nullo ipsis loco ad defensionem concesso. Huic autem querelæ responsum fuisse videmus, nihil opus esse auctores in judicium vocare, ubi non quidem de eorum personis notandis, aut condemnandis agitur, sed de consulendo fidelium indemnitati, atque avertendo ab ipsis periculo, quod ex noxia librorum lectione facile incurritur; si qua vero ignominiæ labe auctoris nomen ex eo aspergi contingat, id non directe, sed oblique ex libri damnatione consequi. Qua sane ratione minime improbandas censemus hujusmodi librorum prohibitiones, inauditis auctoribus factas; cum præsertim credendum sit, quidquid pro se ipso, aut pro doctrinæ suæ defensione potuisset auctor afferre, id minime a censoribus, aut judicibus ignoratum neglectumve fuisse. Nihilo tamen minus, quod sæpe alias, summa æquitatis et prudentiæ ratione, ab eadem congregatione factum

fuisse constat, hoc etiam in posterum ab ea servari magnopere optamus, ut quando res sit de auctore catholico, aliqua nominis et meritorum fama illustri, ejusque opus, demptis demendis, in publicum prodesse posse dignoscatur, v f auctorem ipsum suam causam tueri volentem audia, vel unum ex consultoribus desi net, qui *ex officio* operis patrocinium defensionemque suscipiat.

§ 11. Quemadmodum vero ubi de congregatione sancti officii agebamus, eidem nos semper interfuturos recepimus, quotiescunque de libro, cujus materia gravioris momenti sit, judicium agatur; quod erit nobis facillimum, cum eadem congregatio qualibet fer a quinta coram nobis habeatur; sic et Indicis congregationi præsentiam nostram impendere parati sumus, quoties rei gravitas id promereri videbitur. Neque enim id opus esse dicendum est, cum vel hæretici hominis liber denuntiatur, in quo auctor errores catholico dogmati adversantes consulto tradit, aut tuetur; vel opus aliquod in examen adducitur, quo rectæ morum regulæ labefaciantur, ac vitiis, et corruptelis fomenta præbentur. In his enim casibus ne illis quidem, quas supra scripsimus, accuratiores cautelas adhibere necesse erit; sed hæretico dogmate, vel pravo moris incitamento semel comperto, proscriptionis decretum illico sanciendum erit, juxta primam, secundam, et septimam Indicis regulas, sacrosancti Tridentini concilii jussu editas, atque vulgatas.

§ 12. Cum in prælaudata congregatione sancti officii severissimis legibus cautum sit, ne de rebus ejusdem congregationis quisquam cum alio extra illam loquatur; nos hanc eamdem silentii legem a relatoribus, consultoribus, et cardinalibus congregationis Indicis religiose custodiendam præcipimus. Illius tamen secretario potestatem facimus, ut animadversiones in libros censuræ subjectos, eorum auctoribus, vel aliis illorum nomine agentibus, et postulantibus, sub eadem decreti lege communicare queat; suppressis semper denuntiatoris, censorisque nominibus.

§ 13. Examinandis corrigendisque libris peropportuna sunt, quæ decem regulis Indicis a Patribus Tridentinæ synodi confectis atque editis continentur. In instructione autem felicis recordationis Clementis papæ VIII, eisdem regulis adjecta, *Tit. de Correctione librorum*. § v, episcopis, et inquisitoribus cura committitur, ut ad librorum edendorum examen *spectatæ pietatis et doctrinæ viros adhibeant*, *de quorum fide, et integritate sibi polliceri queant, nihil eos gratiæ daturos, nihil odio, sed omni humano affectu postha ito. Dei duntaxat gloriam spectaturos, et fidelis populi utilitatem*. His porro virtutibus animique dotibus, si non majori, at pari certe de causa, præstare oportet hujus nostræ congregationis revisores et consultores. Quamque eos omnes, qui nunc hujusmodi munera obtinent, tales esse non ignoremus, optandum sperandumque est, non absimiles deinceps futuros, qui ad id eligentur; homines nimirum vitæ integros, probatæ doctrinæ, maturo judicio, incorrupto affectu, ab omni partium studio, personarumque acceptione alienos; qui æquitatem libertatemque judicandi, cum prudentia et veritatis zelo conjungant. Cum autem eorum numerus nunc certus et constitutus non sit; ab ejusdem congregationis cardinalibus consilium exspectabimus atque capiemus, num eum pro futuris temporibus definire oporteat, vel expediat: hoc tamen jam nunc decernentes, quatenus eorum numerus definiatur, ut tam relatores, quam consultores, ex utroque clero, sæculari nempe et regulari, assumantur, alii quidem theologi, alii utriusque juris periti, alii sacra, et profana eruditione præstantes, ut ex eorum cœtu, pro varietate librorum qui ad congregationem deferuntur, idonei viri non desint ad ferendum de unoquoque judicium.

§ 14. Ipsos autem relatores consultoresque, tam nunc existentes, quam in posterum quandocunque futuros, monemus ac vehementer hortamur, ut in examine judicioque librorum, sequentes regulas diligenter inspiciant accurateque custodiant.

§ 15. I. Meminerint non id sibi muneris onerisque impositum, ut libri ad examinandum sibi traditi proscriptionem modis omnibus curent atque urgeant; sed ut diligenti studio ac sedato animo ipsum expendentes, fideles observationes suas, verasque rationes congregationi suppeditent, ex quibus rectum judicium de illo ferre, ejusque proscriptionem, emendationem aut dimissionem pro merito decernere valeat.

§ 16. II. Tametsi hactenus cautum sit, cavendumque deinceps non dubitemus, ut ad referendum et consulendum in prædicta congregatione, ii solum admittantur qui scientiam rerum, quas libri dicti respective continent, diuturno studio acquisitam possideant; decet enim de artibus solos artifices judicare; nihilominus si forte eveniat, ut alicui per errorem materia aliqua discutienda committatur, ab illius peculiaribus studiis aliena, idque a censore aut consultore electo, ex ipsa libri lectione deprehendatur; noveritis, se neque apud Deum, neque apud homines culpa vacaturum, nisi quamprimum id congregationi aut secretario aperiat, seque ad ferendam de hujusmodi libro censuram minus aptum professus, alium magis idoneum ad id muneris subrogari curet: quo tantum abest, ut existimationis suæ dispendium apud pontificem et cardinales passurus sit, ut magnam potius probitatis et candoris opinionem et laudem sibi sit conciliaturus.

§ 17. III. De variis opinionibus, atque sententiis in unoquoque libro contentis, animo a præjudiciis omnibus vacuo, judicandum sibi esse sciant. Itaque nationis, familiæ, scholæ, instituti affectum excutiant; studia partium seponant; Ecclesiæ sanctæ dogmata, et communem catholicorum doctrinam, quæ conciliorum generalium decretis, Romanorum pontificum constitutionibus, et orthodoxorum Patrum atque doctorum consensu continetur, unice præ oculis habeant; hoc de cætero cogitantes, non parcas esse opiniones, quæ uni scholæ, instituto, aut nationi certæ certiores videntur, et nihilominus, sine ullo fidei aut religionis detrimento, ab aliis catholicis viris rejiciuntur atque impugnantur, oppositæque defenduntur, sciente ac permittente apostolica sede, quæ unamquamque opinionem hujusmodi in suo probabilitatis gradu relinquit.

§ 18. IV. Hoc quoque diligenter animadvertendum monemus, haud rectum judicium de vero auctoris sensu fieri posse, nisi omni ex parte illius liber legatur; quæque diversis in locis posita et collocata sunt, inter se comparentur; universum præterea auctoris consilium et institutum attente dispiciatur; neque vero ex una, vel altera propositione a suo contextu divulsa, vel seorsim ab aliis in eodem libro continentur, considerata et expensa, de eo pronuntiandum esse: sæpe enim accidit, ut quod ab auctore in aliquo operis loco perfunctorie, aut subobscure traditum est, ita alio in loco distincte, copiose ac dilucide explicetur, ut offusæ priori sententiæ tenebræ, quibus involuta pravi sensus speciem exhibebat, penitus dispellantur, omnisque labis expers propositio dignoscatur.

§ 19. V. Quod si ambigua quædam exciderint auctori, qui alioquin catholicus sit, et integra religionis, doctrinæque fama, æquitas ipsa postulare videtur, ut ejus dicta benigne quantum licuerit, explicata, in bonam partem accipiantur.

§ 20. Has porro similesque regulas, quæ apud optimos scriptores de hi agentes facile occurrent, semper animo propositas habeant censores et consultores; quo valeant, in hoc gravissimo judicii genere, conscientiæ suæ, auctorum famæ, Ecclesiæ bono et fidelium utilitati consulere. Duo autem reliqua sunt in eum finem plane opportuna, quæ hoc loco adjungenda omnino esse judicamus.

§ 21. Prodeunt aliquando libri, in quibus falsa et reprobata dogmata, aut systemata, religioni vel moribus exitiosa, tanquam aliorum inventa et cogitata, exponuntur et referuntur, absque eo quod auctor, qui opus suum pravis hujusmodi mercibus onerare sategit, ea refutandi curam in se recipiat. Putant vero, qui talia agunt, nulli sese reprehensioni aut censuræ obnoxios esse, propterea quod de alienis, ut aiunt, opinionibus nihil ipsi affirment, sed historice agant. At quidquid sit de eorum animo, et consilio, deque personali in eos animadversione, de qua viderint, qui in tribunalibus ad coercenda crimina institutis jus dicunt; dubitari certe non potest, magnum ejusmodi libris in Christianam rempublicam labem ac perniciem inferri; cum incautis lectoribus venena propinent, nullo exhibito, vel parato, quo præserventur, antidoto. Subtilissimum hoc humanæ malitiæ inventum, ac novum seductionis genus, quo simplicium mentes facile implicantur, quam diligentissime revisores advertant ac censuræ subjiciant; ut vel hujusmodi libri, si aliqua ex ipsis capi possuit utilitas, emendentur, vel in vetitorum indicem omnino referantur.

§ 22. In ea, quam superius laudavimus, prædecessoris nostri Clementis papæ VIII, Instructione, Tit. de Correct. lib. § 2, sapientissime cautum egitur, ut *quæ famæ proximorum, et præsertim ecclesiasticorum et principum detrahunt, bonisque moribus et Christianæ disciplinæ sunt contraria, expungantur*. Et paulo post: *Facetiæ etiam, aut dicteria, in perniciem, aut præjudicium famæ, et existimationis aliorum jactata, repudientur*. Utinam vero in aspectum, lucemque hominum libri ejusmodi in hac temporum licentia et pravitate non efferrentur, in quibus dissidentes auctores mutuis se jurgiis conviciisque proscindunt: aliorum opiniones nondum ab Ecclesia damnatas censura perstringunt, adversarios eorumque scholas, ac cœtus sugillant, et pro ridiculis ducunt, magno equidem bonorum scandalo, hæreticorum vero contemptu, qui digladiantibus inter se catholicis, seque mutuo lacerantibus, plane triumphant. Etsi vero fieri non posse intelligamus, ut disputationes omnes e mundo tollantur, præsertim cum librorum numerus continenter augeatur; *faciendi enim plures libros nullus est finis*, ut est apud Ecclesiasten *cap*. XII; compertum præterea nobis sit, magnum aliquando utilitatem ex iis capi posse; modum tamen in defendendis opinionibus, et Christianam in scribendo moderationem servari merito volumus. *Non inutiliter* (inquit Augustinus in *Enchirid*. cap. 59 prope finem) *exercentur ingenia, si adhibeatur disceptatio moderata, et absit error opinantium se scire quod nesciunt*. Qui veritatis studium, et purioris doctrinæ zelum, quo suarum scriptionum mordacitatem excusant, obtendere solent, si primum intelligant, non minorem habendam veritatis, quam evangelicæ mansuetudinis, et Christianæ charitatis rationem. Charitas autem de corde puro, patiens est, benigna est, non irritatur, non æmulatur, non agit perperam, (utque addit idem Augustinus lib. *contra Litteras Petiliani* cap. 29, n. 31) *sine superbia veritate præsumit, sine sævitia pro veritate certat*. Hæc magnus ille non veritatis minus quam charitatis doctor, et scripto, et opere præmonstravit. Nam in suis adversus Manichæos, Pelagianos, Donatistas, aliosque tam sibi quam Ecclesiæ adversantes, assiduis conflictationibus, id semper diligentissime cavit, ne quempiam eorum injuriis, aut conviciis læderet atque exasperaret. Qui secus scribendo, vel disputando fecerit, is profecto nec veritatem sibi præcipue cordi esse, nec charitatem sectari se ostendit.

§ 23. Ii quoque non satis idoneam justamque excusationem afferre videntur, qui ob singulare, quod profitentur, erga veteres doctores studium, eam sibi scribendi rationem licere arbitrantur; nam si carpere novos audeant, forte ab ædendis veteribus sibi minime temperassent, si in eorum tempora incidissent; quod præclare animadversum est ab auctore *Operis imperfecti* in Matthæum Hom. 42: — *Cum audieris*, inquit, *aliquem beatificantem antiquos doctores, proba qualis sit circa suos doctores; si enim illos cum quibus vicit sustinet et honorat, sine dubio illos, si cum illis vixisset, honorasset; si autem suos contemnit, si cum illis vixisset, et illos contempsisset*. — Quamobrem firmum ratumque sit omnibus, qui adversus aliorum sententias scribunt ac disputant, id quod graviter ac sapienter a Ven. servo Dei prædecesso e nostro Innocentio papa XI præscriptum est in decreto edito die se unda Martii anni mille ini sexcentesimi septuagesimi noni: — *Tandem*, inquit, *ut ab injuriosis contentionibus doctores, seu scholastici, aut alii quicunque in posterum abstineant, ut paci et charitati consulatur, idem sanctissimus in virtute sanctæ obedientiæ eis præcipit, ut tam in libris imprimendis ac manuscriptis, quam in thesibus ac prædicationibus, caveant ab omni censura si nota, nec non a quibuscunque conviciis contra eas propositiones, quæ adhuc inter catholicos controvertuntur, donec a sancta sede recognitæ sint, et super eis judicium proferatur*. — Cohibeatur itaque ea scriptorum licentia, qui, ut aiebat Augustinus lib. XII *Conf*. cap. 25, num. 34, *sententiam suam amantes, non quia vera est, sed quia sua est, aliorum opiniones non modo improbant, sed illiberaliter etiam notant atque traducunt*. Non feruntur omnino, privatas sententias, veluti certa ac definita Ecclesiæ dogmata, a quopiam in libris obtrudi, opposita vero erroris insimulari; quo turpe in Ecclesia excitantur, dissidia inter doctores aut seruntur, aut fo entur, et Christianæ charitatis vincula persæpe abrumpuntur.

§ 24. Angelicus scholarum princeps, Ecclesiæque doctor S. Thomas Aquinas, dum tot conscripsit nunquam satis laudata volumina, varias necessario offendit philosophorum theologorumque opiniones quas veritate impellente refellere debuit. Cæteras vero tanti doctoris laudes id mirabiliter cumulat, quod adversariorum neminem parvipendere, vellicare aut traducere visus si, sed omnes officiose ac perhumaniter demereri; nam si quid durius, ambiguum obscuriusve eorum dictis subesset, id leniter benigneque interpretando, emolliebat atque explicabat. Si autem religionis ac fidei causa postulabat, ut eorum sententiam exploderet ac refutaret, tanta id præstabat modestia, ut non minorem ab iis dissentiendo, quam catholicam veritatem asserendo, laudem mereretur. Qui tam eximio uti solent, ac gloriari magistro (quos magno numero esse, pro singulari nostro erga ipsum cultu studioque gaudemus) ii sibi ad æmulandum proponant tanti doctoris in scribendo moderationem, honestissimamque cum adversariis agendi disputandique rationem. Ab hanc cæteri quoque sese componere studeant, qui ab ejus schola doctrinaque recedunt. Sanctorum enim virtutes omnibus in exemplum ab Ecclesia propositæ sunt. Cumque angelicus doctor sanctorum albo ascriptus sit, quanquam diversa ab eo sentire liceat, ei tamen contrariam in agendo, ac disputando rationem inire omnino non licet. Nimium interest publicæ tranquillitatis, proximiorum ædificationis et charitatis, ut e catholicorum scriptis absit livor, acerbitas atque scurrilitas, a Christiana institutione ac disciplina, et ab omni honestate prorsus aliena. Quamobrem in hujusmodi scriptorum licentiam graviter pro munere suo censuram intendant revisores librorum, eamque congregationis cardinalibus cognoscendam subjiciant, ut eam pro zelo suo et potestate coerceant.

§ 25. Quæ hactenus a nobis proposita ac constituta sunt, prædecessorum nostrorum decretis plane consona, congregationum quoque nostrarum legibus et consuetudinibus comprobata, in librorum examine ac judicio instituendo, apostolica auctoritate deinceps servari decernimus : mandantes universis et singulis, qui in præfatis congregationibus locum obtinent, seu illis quomodolibet operam suam præstant, ut adversus præmissa sic a nobis statuta nihil edicere, innovare, decernere aut intentare præsumant, absque nostra, vel successorum nostrorum pro tempore existentium Romanorum pontificum expressa facultate.

§ 26. Non obstantibus contrariis quibusvis, etiam apostolicis constitutionibus et ordinationibus, nec non earumdem congregationum, etiam apostolica auctoritate, seu quavis firmitate alia roboratis decretis, usibus, stylis et consuetudinibus, etiam immemorabilibus, cæterisque in contrarium facientibus quibuscumque.

§ 27. Nulli ergo omnino hominum liceat paginam hanc nostrorum decretorum, mandatorum, statutorum, voluntatum ac derogationum infringere, vel ei ausu temerario contraire Si quis autem hoc attentare præsumpserit, indignationem omnipotentis Dei, ac beatorum Petri et Pauli apostolorum ejus se noverit incursurum.

Datum Romæ apud Sanctam Mariam Majorem anno incarnationis dominicæ millesimo septingentesimo quinquagesimo tertio, septimo idus Julii, pontificatus nostri anno tertio decimo.

D. CARD. PASSIONEUS.
J. DATARIUS.

VISA
DE CURIA J. C. BOSCHI.
L. EUGENIUS.

LOCO † PLUMBI.
Registrata in Secretaria Brevium.

DECRETA
DE LIBRIS PROHIBITIS NEC IN INDICE NOMINATIM EXPRESSIS.

Cum non omnes libri, qui vi constitutionum apostolicarum, aut decretorum congregationum S. Officii et Indicis prohibiti sunt, singillatim describi in Indice propter eorum ingentem numerum possint, necessarium visum est hujusmodi libros ad certa quædam capita revocare, ac per materias de quibus agunt, eorum veluti Indicem conficere, ut si quod circa librum aliquem in Indice non descriptum, aut in regulis ejusdem Indicis non comprehensum, exoritur dubium, intelligi possit utrum inter prohibitos sit computandus.

§ 1er. — Libri ab hæreticis scripti, vel editi, aut ad eos, sive ad infideles pertinentes prohibiti.

1. *Agenda, seu formulæ precum, aut officia eorumdem.*
2. *Apologiæ omnes, quibus eorum errores vindicantur, sive explicantur et confirmantur.*
3. *Biblia sacra, eorum opera impressa, vel eorumdem annotationibus, argumentis, summariis, scholiis et indicibus aucta.*
4. *Biblia sacra, vel eorum partes ab iisdem metrice conscriptæ.*
5. *Calendaria, martyrologia ac necrologia eorumdem.*
6. *Carmina, narrationes, orationes, imagines, libri, in quibus eorum fides ac religio commendatur.*
7. *Catecheses et catechismi omnes, quamcumque inscriptionem præferant, sive librorum abecedariorum, sive explicationum symboli apostolici, præceptorum decalogi, sive instructionum, ac institutionum religionis Christianæ, locorum communium, etc.*
8. *Colloquia, conferentiæ, disputationes, synodi acta synodalia de fide, et fidei dogmatibus ab eisdem edita, et in quibus explicationes quæcumque eorum errorum continentur.*
9. *Confessiones, articuli, sive formulæ fidei eorumdem.*
10. *Dictionaria autem, vocabularia, lexica, glossaria, thesauri, et similes libri ab iisdem scripti, sive editi, ut Henrici, et Caroli Stephani, Joannis Scapulæ, Joannis Jacobi Hofmanni, etc., non permittuntur, nisi deletis iis quæ habent contra religionem catholicam.*
11. *Instructionum, et rituum sectæ Mahometanæ libri omnes.*

§ II. — Libri certorum argumentorum prohibiti.

1. *De materia auxiliorum divinorum libri, vel compositiones ex professo, vel incidenter, aut prætextu commentandi S. Thomam, vel quemlib t alium doctorem, aut alia quavis occasione tractantes, impressi nulla obtenta licentia a congregatione S. Officii.*
2. *De l eatæ Mariæ Virginis Concetine libri omnes, conciones, disputationes, tractatus impressi post annum 1617, in quibus asseritur, B. Virginem Mariam cum originali peccato conceptam esse; vel in quibus affirmatur, opinantes, B. Virginem fuisse in originali peccato conceptam, esse hæreticos, vel impios, vel peccare mortaliter.*
3. *Declarationes, decisiones, interpretationes congregationis concilii Tridentini, earumque collectiones tam impressæ quam imprimendæ, ementito ipsius congregationis nomine.*
4. *De controversia exorta inter episcopum Chalcedonensem et regulares Angliæ libri omnes, et singuli tractatus impressi, sive manuscripti, et omnia alia, quæ spectant directe, vel indirecte ad prædictam controversiam. Per hoc autem decretum nihil intendit sacra congregatio statuere de meritis causæ, vel ulli*

auctori, aut operi ignominiam aliquam, vel notam malæ doctrinæ inferre.

5. *De doctrina libri Cornelii Jansenii episcopi Iprensis, qui inscribitur* Augustinus, *libri omnes, et libelli, aut epistolæ tam impressæ quam manuscriptæ, seu in posterum edendæ et publicandæ, in quibus illa eo modo damnata, quo eam damnavit Alexander VII, vel ut est in 5 propositionibus damnata, propugnatur, vel quomodolibet approbatur, aut defenditur.*

6. *De constitutione* Unigenitus *Clementis XI libri, aliaque scripta, in quibus illa subdole eluditur, temere carpitur, aut contemnitur aut impugnatur.*

Item *Libri, sive libelli vel scripti, vel typis editi, aut edendi in defensionem libri inscripti:* Le Nouveau Testament en français, avec des Réflexions morales sur chaque verset, *aut alio titulo:* Abrégé de la Morale de l'Evangile, etc.

Item *Actus, sive instrumenta appellationum quæcunque a constitutione* Unigenitus *ad concilium generale; nec non judicia theologorum, aut facultatum theologicarum, sive academiarum, earumque deliberationes, consultationes, acta, decreta; quorumcunque e jam aliorum mandata, ordinationes, arresta, epistolæ; interpretationes etiam et declarationes, ac scripta quælibet, quibus explicationis aut alio quovis prætextu aliquid dicitur, vel scribitur, quo dictæ constitutionis robur, atque auctoritas et obligatio minui, aut infringi possit.*

7. *De duellis agentes libri, litteræ, libelli, scripta, in quibus eadem duella defenduntur, suadentur, docentur. Si qui vero hujum di libri ad controversias sedandas, præcipue componendas utiles esse possunt, expurgati et approbati permittuntur.*

8. *De Joannis Cala asserti anachoretæ prætensa sanctitate, miraculis, vaticiniis, visionibus aliisque hujusmodi signis libri, codices et folia quæcunque sive manuscripta, sive impressa.*

Item *Omnia et singula transumpta, seu copiæ, tam impressæ quam manuscriptæ decreti a vicario generali Cassanensi emanati, per quod idem vicarius ausus fuit definitive pronuntiare, eumdem Joannem fuisse in quasi possessione cultus, atque ideo in eo manutenendum.*

9. *Libri omnes immunitatem bonorum ecclesiasticorum impugnantes.*

10. *De laminis plumbeis arabico sermone, et antiquis characteribus conscriptis, ac in cavernis montis Illipulitan, dicti Sacri, prope Granatam repertis, et de scripturis in turri Torpiana ejusdem civitatis inventis, libri omnes, tractatus, responsa, consulta, commentarii, glossæ, additamenta, annotationes et quæcunque alia, sive manuscripta, sive typis impressa. Alii vero libri, sive tractatus, qui ad alia argumenta spectant, obiter vero de his laminis, vel de earum doctrina tractant, permittuntur, expunctis locis, quæ de his laminis agunt.*

11. *De SS. Apostolis Petro et Paulo libri omnes, tam impressi quam manuscripti, in quibus asseritur et defenditur, quod S. Petrus et S. Paulus sunt duo Ecclesiæ principes, qui unicum efficiunt: vel sunt duo Ecclesiæ catholicæ choriphæi, ac supremi duces summa inter se unitate conjuncti: vel sunt geminus universalis Ecclesiæ vertex, qui in unum divinissime coaluerunt: vel sunt duo Ecclesiæ summi pastores ac præsides, qui unicum caput constituunt, atque ita explicantur, ut ponatur omnimoda æqualitas inter S. Petrum et S. Paulum, sine subordinatione S. Pauli ad S. Petrum in potestate suprema universalis Ecclesiæ.*

12. *De vera et non interrupta successione filiorum S. Francisci, et de vera forma capitii ejusdem libri omnes impressi, et qui inconsulta sacra congregatione imprimentur, tractantes hanc eamdem controversiam.*

13. *Pasquilli omnes ex verbis sacræ Scripturæ confecti.*

Item *Pasquilli omnes etiam manuscripti, omnesque conscriptiones, in quibus Deo, aut sanctis, aut sacramentis, aut catholicæ Ecclesiæ, et ejus cultui, aut apostolicæ sedi quomodocunque detrahitur.*

14. *Libri omnes agentes,* ut vulgo dicitur, delle venture, e delle sorti.

§ III. — Imagines et Indulgentiæ prohibitæ.

1. *Imagines cum laureolis, aut radiis, sive splendoribus, eorum, qui neque canonizationis, neque beatificationis honore insigniti sunt a sede apostolica.*

2. *Imagines Domini Nostri Jesu Christi, et De para Virginis Mariæ, ac angelorum, evangelistarum, aliorumque sanctorum et sanctarum quarumcunque sculptæ, aut pictæ cum alio habitu et forma, quam in catholica et apostolica Ecclesia ab antiquo tempore consuevit, vel etiam cum habitu peculiari alicujus ordinis regularis.*

3. *Imagines, numismata insculpta pro confraternitatibus mancipiorum Matris Dei,* Italice schiavi della Madre di Dio, *sodales catenatos exprimentia.*

Item *Libelli, in quibus eisdem confraternitatibus regulæ præscribuntur. Confraternitates autem, quæ catenulas distribuunt confratribus et consororibus, brachiis et collo circumponendas atque gestandas, ut eo signo beatissimæ Virgini emancipatos se esse profiteantur, et quarum institutum in eo mancipatu præcipue versatur, damnantur et exstinguuntur. Societatibus vero, quæ ritum aliquem, aut quodcunque aliud ad mancipatum ejusmodi pertinens adhibent, præcipitur, ut id statim rejiciant.*

4. *Imagines, catenulæ, folia, libelli pro usu confraternitatum sub invocatione SS. sacramenti, B. Mariæ Virginis immaculatæ, et S. Josephi sub titulo Gregis boni Pastoris erectarum, et in quibus repræsentantur homines penduli a Christo, a sacra pyxide, a B. Virgine, a S. Josepho, et a quovis alio sancto.*

5. *Imagines, ubi repræsentatur puer Jesus in sublime elatus, et sub ipso tres Ecclesiæ doctores, et in locum aliorum trium (qui repræsentantur in imaginibus ejusdem formæ*

jampridem impressis) substituti sunt tres presbyteri regulares cum his versibus : Jesu doctorum intima, qui nubes ignorantiæ pellis virore gratiæ, etc.

6. *Imagines sive depictæ, sive sculptæ, sive impressæ Joannem Cala quocunque sanctitatis, vel beatitudinis signo repræsentantes.*

7. *Imagines, ubi repræsentatur B. Virgo cum Filio in medio duorum sanctorum societatis Jesu, quorum uni tradit librum, alii rosarium cum hac inscriptione :* Deipara Virgo cum Filio inspirat, commendatque societati Jesu institutionem Sodalitatum, et officii, rosariique usum.

8. *Inscriptiones omnes Imaginum SS. Francisci et Antonii de Padua, in quibus dicitur, formam habitus qua depicti sunt, esse eamdem qua ipsi usi fuerunt; vel in quibus asseritur, in hoc, vel illo ordine S. Francisci esse veram, legitimam et non interruptam ejusdem S. Patris in Filios successionem.*

9. *Indulgentiæ omnes concessæ coronis, granis, seu calculis, crucibus et imaginibus sacris ante decretum Clementis VIII* an. 1597 editum de forma indulgentiarum.

Item *Indulgentiæ omnes concessæ quibuscunque regularium ordinibus confratribus sæcularibus, capitulis, collegiis, aut eorum superioribus, ante Constitutionem ejusdem Clementis VIII* Quæcunque d. 7 Decemb. 1604, *et Paul. V Romanus Pontifex* d. 13 Maii 1606, *et* Quæ salubriter d. 23 Novemb. 1610 *revocatæ sunt, utque apocryphæ habendæ, nisi ab iisdem summis pontificibus, aut eorum successoribus renovatæ ac confirmatæ fuerint.*

10. *Indulgentiæ concessæ coronis S. Brigittæ ab Alexandro VI, declarantur apocryphæ, et nullius roboris ac momenti : sine præjudicio tamen Indulgentiarum a Leone X dictis coronis concessarum* vi Id. Jul. 1513.

11. *Indulgentiæ concessæ crucibus S. Turibii ab Urbano VIII, tanquam falsæ habendæ sunt.*

12. *Indulgentiarum libri omnes, diaria, summaria, libelli, folia,* etc., *in quibus earum concessiones continentur, non edantur absque licentia S. congregationis Indulgentiarum.*

§ IV. — Quædam ad ritus sacros spectantia, quæ prohibita sunt.

1. *Benedictiones omnes ecclesiasticæ, nisi approbatæ fuerint a sacra Rituum congregatione.*

2. *Exorcismorum formulæ diversæ ab iis quæ præscribuntur in regulis Ritualis romani, et earumdem usus, absque prævio examine coram ordinario.*

3. *Litaniæ omnes, præter antiquissimas et communes, quæ in Breviariis, Missalibus, Pontificalibus ac Ritualibus continentur, et*

præter litanias de B. Virgine, quæ in sacra æde Lauretana decantari solent.

4. *Missalis Romani omnia exemplaria alterata post edictum Pii V, præsertim quæ Venetiis apud Junctas, Sessas, Mysserinum, et ad Signum Syrenæ, atque Europæ, et quoscunque alios, impressa sunt ab anno* 1596.

5. *Officia B. Mariæ Virginis, vel sanctorum aut sanctarum, aliaque hujusmodi absque approbatione S. Rituum congregationis edita, vel edenda.*

6. *De ritibus Sinicis eorumque controversiis, aut illorum occasione exortis, libri, libelli, relationes, theses, folia et scripta quæcunque post diem 1 Octobris 1710 edita, in quibus ex professo, vel incidenter, quomodolibet de iis tractetur, sine expressa, et speciali licentia Romani pontificis in congregatione sanctæ, et universalis Inquisitionis obtinenda.*

7. *Rituali romano additiones omnes factæ aut factendæ post reformationem Pauli V, sine approbatione S. c. congregationis Rituum.*

8. *Rosaria quæcunque de novo inventa aut invenienda, sine opportuna S. s dis facultate, quibus authenticum rosarium Deo, et B. Mariæ Virgini sacrum antiquaretur.*

MANDATUM

S. M. LEONIS XII ADDITUM DECRETO SAC. CONGREG.
DIE SABBATI XXVI MARTII MDCCCXXV

Sanctitas Sua mandavit in memoriam revocando esse universis patriarchis archiepiscopis, episcopis abisque in Ecclesiarum regimine præpositis, ea quæ in regulis Indicis sacrosanctæ synodi Tridentinæ jussu editis, atque in observationibus, instructione, additione et generalibus decretis summorum pontificum Clementis VIII, Alexandri VII, et Benedicti XIV auctoritate ad pravos libros proscribendos abolendosque Indici librorum prohibitorum præposita sunt, ut nimirum, q in prorsus impossib le est libros omnes noxios in exsunter prodeuntes in Indicem referre, propria auctoritate illos e manibus fidelium evellere studeant, ac per eos ipsimet fideles edoceantur quod paluti genis sibi salutare, quod noxium ac mortiferum ducere debeant, ne ulla in eo suscipiendo capiantur specie ac pervertantur illecebra.

MONITUM

SAC. CONGREG. EDITUM FER. III, DIE IV MARTII
MDCCCXXVIII.

Sacra congregatio in mentem revocat omnibus patriarchis, archiepiscopis, episcopis, ordinariis et inquisitoribus locorum id quod præscribitur in regula, inter editas ju su S. conc. Trid. N. 3, his verbis : *Hæreticorum libri qui de religione ex professo tractant omnino damnantur.* Et ea quæ mandavit S. M. Clemens VIII in instructione de prohibendis libris sequentibus verbis : § VI. *In universum autem de malis, et perniciosis libris id decernitur atque statuitur, ut qui certa aliqua lingua initio editi, et deinde prohibiti, ac damnati a sede apostolica sunt ; iidem quoque, in quamcumque postea vertantur linguam, censeantur ab eadem sede, ubique gentium, sub eisdem pœnis interdicti et damnati.*

INDEX
LIBRORUM PROHIBITORUM.

A

Abælardus, *seu* Abailardus Petrus. (1 Cl. Ind. Trid.)
(Append. Ind. Trident.)
Abano (de), *seu* de Apono Petrus. Geomantia.
— Heptameron, *seu* Elementa Magica.
— Et ejusdem de omni genere Divinationis Opera.
Abauzit. *Vide* Réflexions impartiales sur les Evangiles.
Abbadie Jacques. Traité de la Vérité de la Religion Chrétienne, Partie I, II et III. (Decr. 22 Decembris 1700, et 12 Martii 1703.)
Abbecedario, Catechismo, modo di servire la S. Messa, formole di Preghiere, etc. (Decr. 11 Junii 1827.)
A B C *id est libellus tractans rudimenta Religionis, et duo tantummodo Sacramenta commemorans.* (App. Ind. Trid.)
A B C *Latino, vel Flandrico idiomate, ubi secunda pars Salutationis Angelicæ mutata est, et omissis verbis :* Sancta Maria Mater Dei : *substituta sunt hæc alia :* Maria Mater Gratiæ, Mater Misericordiæ. (Decr. 9 Septembris 1688.)
A B C (l'), etc. *Vide* la Raison par alphabet.
ABHANDLUNG von Verbrechen und Strafen. Eine gekrönte Preis-Schrift nebst angehangten Lehrsätzen aus der Polizey-Wissenschaft welche Joseph Edler von Montag....... vertheidigen wird. Den 5 Julii... Altstadt Prag gedrukt bey Joh. Jos. Clauset.... anno 1767. *Id est latine :* Tractatus de Delictis, et Pœ is. Libellus laude dignus, cui annexæ sunt Theses ex scientia politica, quas Joseph nobilis de Montag... defendendas suscipiet die V Julii... Vetero-Pragæ excud. Joh. Jos. Clauset.... anno 1767. (Decr. 19 Julii 1768.)
Ablass des kleinen privilegierten, und mit sonderen gnaden begabten Rosen-Krantzlein deren Closter-Frauen von der Verkundigung Mariæ, etc. *Id est :* Indulgentiæ parvi privilegiati, et specialibus gratiis donati Rosarioli Monialium de Annuntiatione Beatissimæ Virginis Mariæ, concessa ab Alexandro VI, Julio II, et Leone X. (Decr. S. Congr. Indulg. 3 Augusti 1750.)
Abominationes Papatus, seu invicta demonstratio, papam Romanum esse Antichristum. (Decr. 21 Aprilis 1693.)
Abregé chronologique de l'Histoire Ecclésiastique. (Decr. 20 Novembris 1752.)
Abrégé de l'Histoire de Charles Botta, de 1534 à 1789, par l'avocat Louis Cometti. (Dec. 15 Feb. 1838.)
Abrégé de l'Histoire Ecclésiastique contenant les événements considérables de chaque siècle, avec des réflexions. (Decr. 21 Novembris 1757.)
Abrégé de l'Histoire Ecclésiastique de Fleury (*mendax titulus mendacissimi operis*) traduit de l'anglais. (Decr. Clementis Papæ XIV, 1 Martii 1770.)

DICTIONNAIRE DES HÉRÉSIES. II

Abrégé de l'histoire de la philosophie, de Guillaume Tennemann. (Decr. 5 april. 1843.)
Abrégé de la Morale de l'Evangile, des Actes des Apostres, des Epistres de S. Paul, des Epistres Canoniques, et de l'Apocalypse; ou pensées Chrétiennes sur le texte de ces livres sacrés. (Brevi Clement. XI, 13 Julii 1708, et Bulla *Unigenitus* die 8 Septembris 1713.)
— *Idem aliter :* Le Nouveau Testament en François. *Vide* Testament.
Abrégé des Mémoires donnés au Roy sur la réunion de l'ordre; et grande Maistrise de S. Jean de Jérusalem (maintenant de Malthe) à la Couronne, sans porter préjudice à la Noblesse de France. (Decr. 12 Aprilis 1628.)
Abrégé des Systèmes. *Vide* de la Mettrie.
Abrégé Méthodique des ouvrages de Bayle. *Vide* Analyse raisonnée de Bayle.
Abstemius Laurentius. Fabulæ. (Ind. Trid.)
Abudacnus Joseph, Historia Jacobitarum, seu Coptorum in Ægypto, Lybia, Nubia, Æthiopia tota, et Cypri insulæ parte habitantium. Cum annotationibus Joannis Nicolai, antiqui quondam in Academia Tubingensi Professoris celeberrimi. Vulgavit nunc primum ex bibliotheca sua Sigebertus Havercampus. (Decr. 7 Januarii 1765.)
Abus (d.vers) et nullités du Décret de Rome du 4 octobre 1707, au sujet des affaires de l'Eglise Catholique des Provinces-unies. (Decr. 22 Junii 1712.)
Abusi della Giurisdizione Ecclesiastica nel Regno di Napoli. (Decr. 29 Augusti 1774.)
Abusos introducidos en la disciplina de la Iglesia, y po estad de los Principes en su correccion. Por un Prebendado de estos Reynos. (Decr. 27 Novembris 1820.)

(Decr. 4 Martii 1709, et 21 Januarii 1732).

Accomplissement (l') des Prophéties, ou la délivrance prochaine de l'Eglise; ouvrage dans lequel il est prouvé que le Papisme est l'Empire antichrétien. Par le S. J. P. P. E. P. E. Th. A. R. Tom. I et II.
— Suite de l'accomplissement des Prophéties, ou amplification des preuves historiques, qui font voir que le Papisme est l'antichristianisme.
Accusatio Phisiophili. *Vide* Phisiophili.
Acheul Julian (de S.). — Taxes des parties casuelles de la Boutique du Pape rédigées par Jean XXII, et publiés par Léon X. (Decr. 27 Novembris 1820.)
A hmetis Sereimi F. Oneirocritica cum Notis Nicolai Rigaltii. (Decr. 3 Julii 1623.)
Achrilenus, *seu* Acridanus Leo. (1 Cl. App. Ind. Trid.)
Acontius Jacobus. (1 Cl. App. Ind. Trid.)
— Stratagematum Satanæ libri octo. (App. Ind. Trid.)
Acosta Jerome. *Vide* Costa.

Acta authentica. *Vide* Hattler.

Acta Concilii Tridentini ann. 1546 celebrati, una cum annotationibus piis et lectu dignissimis. (App. Ind. Trid.)

Acta Ecclesiæ Græcæ annorum 1762 et 1765. *Vid.* le Bret Jo. Frid.

(Decret. ab ann. 1685 ad ann. 1757.)

Acta Eruditorum Lipsiæ. *Ab anno 1682 ad annum 1731 inclusive.*

— Supplementa ad Acta Eruditorum Lipsiæ. *Usque ad ann. 1749 inclusive.*

Acta et Scripta Theologorum Wirtembergensium et Patriarchæ Constantinopolitani D. Hieremiæ, quæ utrique ab ann. 1576 usque ad ann. 1530 de Augustana Confessione se miserunt. (App. Ind. Trid.)

Acta Legationis Ducis Niverniæ ad Clementem VIII Pontificem Romanum. (Decr. 7 Augusti 1603.)

Acta (nova) Eruditorum Lipsiæ publicata anno 1752 et anno 1753. (Decr. 17 Jan. 1763.)

— Supplementum ad nova acta. Tom. VIII. (Decr. 6 Septembris 1762.)

Acta (nova) Erud. Lipsiæ publicata anno 1754. (Decr. 8 Julii 1763.)

Eadem publicata anno 1755. (Decr. eod.).

Eadem publicata anno 1756. (Decr. 13 Augusti 1764.)

Acta quædam Ecclesiæ Ultrajectinæ exhibita in defensionem jurium Archiepiscopi et Capituli ejusdem Ecclesiæ, adversus Scriptum Cardinalis Archiepiscopi Mechliniensis. (Decr. 13 Aprilis 1739.)

Acte d'Appel interjeté le 1 Mars 1717 par les Illustr. et Révérendiss. évêques de Mirepoix, de Senez, de Montpellier et de Boulogne au futur Concile général de la Constitution de N. S. Père le Pape Clément XI, du 8 Septembre 1713. (Decr. 16 Februarii 1718.)

Acte d'Appel interjeté par le Procureur général de Lorraine et Barrois de l'exécution du Bref du 22 Septembre dernier, rendu contre l'Ordonnance de S. A. R. du mois de Juillet 1701, de N. S. P. le Pape Clément XI. (Brevi Clementis XI, 11 Februarii 1704.)

Actio in Henricum Garnetum Societatis Jesuiticæ in Anglia Superiorem. (Decr. 7 Septembris 1609.)

Actiones duæ Secretarii Pontificii, quarum altera disputat, an Paulus Papa IV debeat cogitare de instaurando Concilio Tridentino; altera vero, an vi et armis possit deinde imperare protestantibus ipsius Concilii decreta. (Ind. Trid.)

Actiones et monumenta Martyrum eorum qui a Wiclefo et Huss ad nostram hanc ætatem in Germania, Gallia, Britannia et ipsa demum Hispania veritatem Evangelicam sanguine suo constanter obsignaverunt. (App. Ind. Trid.)

Adamo (a S.). *Vide* Commentatio Biblica.

Adamo (d') Antonio. Anatomia della Messa (Ind. Trid.)

Adamus Cornelius. Exercitationes exegeticæ de Israelis in Ægypto multiplicatione, nativitate Mosis, conversione S. Pauli, malisque Romæ paganæ et hodiernæ moribus. (Decr. 4 Decembris 1725.)

Adamus Melchior. Vitæ Germanorum Theologorum. (Decr. 12 Decembris 1644.)

— Decades duæ continentes vitas Theologorum exterorum principum. (Decr. 12 Decembris 1644.)

Addisson Mr. (*Joseph*). Remarques sur divers endroits d'Italie pour servir de quatrième tome au voyage de monsieur Misson. (Decr. 18 Julii 1729.)

Address of the committee of S. Mary's Church of Philadelphia to their Brethren of the Roman Catholic Faith throughout the united states of America on the subject of a Reform of Sunday abuses, in the a ministration of our Church Discipline. *Latine vero*: Monitum Comitatus Ecclesiæ S. Mariæ Philadelphiensis...... supra Reformationem quorumdam abusuum in administranda disciplina Ecclesiastica. (Decr. 26 Augusti 1822.)

Address to the Right Rev. the Bishop of Pensylvania, etc. by a Catholic Layman. *Latine vero* : Monitum R^{mo} Episcopo Pensylvaniensi a quodam Laico Catholico. (Decr. 26 Augusti 1822.)

Adeodatus Presbyter. *Epistola* Compresbyteris de Clero per fœderatum Belgium, D. Theodorum Cockium ut Provicarium non recipientibus. (Brevi Clementis XI, 4 Octobris 1707.)

Adieux(mes) à Rome, lettre de l'abbé Bruitte, ex-curé de La Chapelle, et maintenant chrétien non romain. (Decr. 5 April. 1845.)

Adler, *seu* Aquila, Gaspar. (1 Cl. App. Trid.)

Admonitio (amica, humilis, et devota, ad gentem sanctam de corrigendo Canone Missæ. *Vide* Flacius.

Admonitio Ministrorum verbi et Fratrum Argentinensium. *Vide* Verwarnung.

Advis charitable formé aux Pères Pénitens du Tiers Ordre de S. François sur la persécution qu'ils font aux Pères Capucins. (Décr. 10 Junii 1659.)

Ægidius Petrus. *Vide* Scribonius.

Æmilius (Alphonsus) Chemnicensis. (1 Cl. Ind. Trid.)

Æmilius (Georgius) Mansfeldensis. (1 Cl. Ind. Trid.)

Ænetius Jacobus. (1 Cl. App. Ind. Trid.)

Æpinus, *seu* Hepinus Joannes. (1 Cl. Ind. Trid.)

Ærodius Petrus. De Patrio Jure. (Decr. 23 Octobris 1619.)

Æsina facti et juris (Sacræ Congregationis supremæ, ac S. universalis Inquisitionis de Urbe) pro justitia Edicti moderni Episcopi Æsini prohibentis quemdam libellum in civitate, et tota diœcesi anni 1698. (Decr. 17 Januarii 1703.)

Affaires de Rome. *Vide* de la Mennais.

Agobardi (S.) opera. *Vide* Massonus.

(Decr. 2 Decembris 1622.)

Agricola Bartholomæus. De Ætate ineuntium officia.

— Symbolum Pythagoricum, seu de justitia in forma reducenda. Prodromus, seu lib. I.

Agricola (Joannes) Islebius. (1 Cl. Ind. Trid.)

Agricola Martinus. (1 Cl. App. Ind. Trid.)

Agrippa Henricus Cornelius. (1 Cl. Ind. Trid.)

Ajaoiens. *Vide* République des Philosophes.

Alabaster Guilielmus. Apparatus in revelationem Jesu Christi. *Nisi fuerit ex correctis ab auctore, et impressis Romæ.* (Decr. 30 Januarii 1610.)

Alamin (Fr. Félix de). Espejo de verdadera, y falsa contemplacion. (Decr. 4 Martii 1709.)

Alanus Magnus de Insulis. Explanationum in Prophetiam Ambrosii Merlini Britanni libri vii. (Dec. 22 Decembris 1700.)

Albani Joh. Franci. Neniæ Pontificis de jure Reges appellandi. *Una cum opusculo eidem adjecto, quod inscribitur:* Perillustris cujusdam viri eidem Diplomati Clementino oppositus libellus. Romæ novæ, typis Aldinis 1706. *Qui liber nomen auctoris, typographi et loci impressionis ementitur.* (Decr. 21 Januarii 1721.)

Albanus Ægidius. Refutatio libelli supplicis R. P. Marci a S. Francisco Carmelitæ discalceati. (Decr. 29 Novembris 1689.)

Alberius Claudius. Organon, id est Instrumentum doctrinarum omnium in duas partes divisum. (Decr. 16 Decembris 1605.)

Alberti Gio. Andrea. Teopiste ammaestrata secondo gli esempj della madre suor Paola Maria di Gesù Centuriona Carmelitana scalza. *Suspensus donec corrigatur.* (Decr. 2 Julii 1693.)

Alberti Magni de Secretis mulierum libellus. *Qui tamen falso ei adscribitur.* (Decr. 16 Decembris 1605.)

Alberti Valentinus. Interesse præcipuarum Religionum Christianarum in omnibus articulis. (Decr. 12 Martii 1703.)

— *Et reliqua ejusdem Opera de religione tractantia.* (Decr. 10 Maii 1757.)

Albertinus Alexander. Malleus Dæmonum. (Decr. 4 Martii 1709.)

Alberto Magno diviso in tre libri, nel primo si tratta della virtù delle herbe, nel secondo della virtù delle pietre, nel terzo della virtù di alcuni animali. (Decr. 10 App. 1666.)

Albertus Argentinensis. Chronicon. *Donec corrigatur.* (App. Ind. Trid.)

Albertus Brandeburgensis. (1 Cl. Ind. Trid.)

Alberus Erasmus (1 Cl. App. Ind. Trid.)

Alberus Matthæus. (1 Cl. Ind. Tr d.)

Albinius Petrus Constantius. Magia Astrologica, hoc est Clavis Sympathiæ septem metallorum, et septem selectorum lapidum ad Planetas. (Decr. 4 Decembris 1674.)

Albius, *seu ex Albiis* Thomas. *Vide* Anglus.

Albizzi Maso. *Vide* Trattato delle Appellazioni.

A'chimia Purgatorii. (Ind. Trid.)

A ciatus Andreas. Epistola contra vitam Monasticam ad Bernardum Mattium collegam olim suum. (Decr. 22 Decembris 1700.)

Alciatus Paulus Joannes. (1 Cl. App. Ind. Trid.)

Alciphron, ou le petit Philosophe en sept dialogues, contenant une apologie de la Religion chrétienne contre ceux qu'on nomme Esprits forts. (Decr. 22 Maii 1745.)

Alcoranus Franciscanorum. (Ind. Trid.)

Alcoranus Mahometis. *Vide* Mahometes.

Alcuinus. *Vide* Lossius.

Aldina (la dernière), par Georges Sand. (Decr. 30 Mart. 1841.)

Alechibrochora Bartholomæus. Dissertatio Theorico-practica de nobilissima et frequentissima Haureitarum materia. (Decr. 12 Decembris 1624.)

Alegre (Marcus Antonius) de Casanate. Paradisus Carmelitici decoris. (Decr. 26 Octobris 1649.)

Alembert (d') *Vide* Mélanges de littérature.

Alen (Eadmundus) Nordovolegius. (1 Cl. App. Ind. Trid.)

Alesius (Alexander) Scotus, Lipsiensis Professor. (1 Cl. Ind. Trid.)

Alet (d') Evêque. Mandement sur la Signature du Formulaire du 1 Juin 1665. (Decr. 5 Januarii 1667.)

Aletheus Theophilus. Polygamia triumphatrix, sive Discursus politicus de Polygamia, cum notis Athanasi Vincentii. (Decr. 27 Maii 1687.)

Alethophilus Christianus. Artes Jesuiticæ in sustinendis pertinaciter novitatibus, damnabili busque Sociorum laxitatibus. (Decr. 4 Martii 1709.)

— Artes Jesuiticæ; editio secunda, media fere parte auctior. (Decr. 2 Decembris 1711).

Alexander Natalis. Selecta Historiæ Ecclesiasticæ Capita, et in loca ejusdem ins gnia Dissertationes Historicæ Chronologicæ, Criticæ, Dogmaticæ a 1 Ecclesiæ sæculo ad xvi. (Brevib. Innocent. XI, 10 Julii 1684, 6 Aprilis 1685, et 26 Februarii 1687.)

(Brevi Innocent. XI, 10 Julii 1684.)

— Summa S. Thomæ vindicata

— Dissertationum Ecclesiasticarum Trias.

— Contra Launojanas circa Simoniam observationes Animadversio.

— Dissertatio Polemica de Confessione Sacramentali.

Permittuntur tamen hæc eadem Opera juxta editionem Lucensem cum notis et animadversionibus Constantini Roncaglia, sublata etiam excommunicatione lata in prædictis Brevibus pro quacumque editione. (Decr. 8 Julii 1754.)

Alexicacus Heliodorus. (1 Cl. Ind. Trid.)

Alfabeto litterale, fantasmatico, mistico, acquisito, contemplativo, col quale resta formata risposta circolare ad una Religiosa pusillanime nel dibattimento della contemplazione mistica acquisita. (Decr. 15 Maii 1687.)

Alfieri Vittorio da Asti. Satire. (Decr. 20 Januarii 1823.)

— La Tirannide. (Decr. eodem.)

— Vita scritta da esso. (Decr. eodem.)

— Panegirico di Plinio a Trajano. (*Non illa vera Panegyrica Oratio Plinii, sed ficta a Victorio Alfieri.*) (Decr. 11 Junii 1827.)

— del Principe, e delle Lettere (*inter Opera Victorii Alfieri*). (Decr. eodem.)

Aligherius Dantes. De Monarchia libri tres. (Ind. Trid.)

Allegazioni per la rivocazione dell' Editto

pubblicato dai R.mi Vescovi di Catania, Girgenti, e Mazzara in contemplazione della lettera mis iva della sacra Congregazione dell' Immunità sopra l'asso'uzione *ad reincidentiam* senza il Regio *Exequa.ur.* (Decr. 7 Septembris 1712.)

Allegrezze (Sette) della Madonna, *quarum initium*: Ave Maria Vergine gloriosa più ch'altre, etc. (App. Ind. Clement. XI.)

Allg-meines. *Vide* Libellus, etc. *Vid.* Universalis pro'essio Fidei.

All'Italia nelle tenebre l'Aurora porta la luce: Riflessioni Filosofiche, e Morali; Documenti, ed Avvisi all'Italia; Sistema nuovo, mai trattato pria, tanto agli antichi, che dai moderni Scrittori. In Mil no presso Francesco Fogliani, e Comp. l'anno 5 della Republica Francese, e primo della Libertà d'Italia 1796, *sine nomine Auctoris*. (Decr. 17 Martii 1817.)

Allix Petrus. Dissertatio de Trisagii origine. (Decr. 17 Octobris 1678.)

Alphabeto Chris'iano, che insegna la vera via d'acquistare il lume dello Spirito Santo. (nd. Trid.)

Alstedius Johannes Henricus. Systema Mnemo icum duplex. (Decr. 10 Maii 1613.)

— Encyclopædia omnium Scientiarum. (Decr. 18 Junii 1651.)

— *Et reliqua Opera de Religione tractantia*. (Decr. 10 Maii 1757.)

Althamerus Andreas. (1 Cl. Ind. Trid.)

— Commentaria in P. Cornelii Taciti libellum de situ, moribus, populisque Germaniæ. *Donec corrigatur*. (Decr. 12 Decembris 1624.)

Althusius Joannes. Diceo'ogiæ libri tres, totum et universum Jus, quo utimur, complectentes. (Decr. 16 Martii 1621.)

(Decr. 22 Octobris 1619.)

— Politica methodice digesta, et exemplis sacris et prophanis illustrata.

— De utilitate, necessitate et antiquitate Scholarum Admonitio panegyrica.

Alting Henricus Theologia Historica, seu Systematis Historici loca quatuor. (Decr. 25 Januarii 1684.)

— *Et reliqua ejusdem Opera omnia*. Decr. 10 Maii 1757.)

Alting Jacobus. *Opera omnia*.) Decr. 10 Maii 1757.)

Alva et Astorga Petrus (de). Naturæ prodigium, Gratiæ portentum, hoc est Seraphici P. Francisci vitæ acta ad Christi D. N. vitam et mortem regulata et coaptata. (Decr. 24 Novembris 1655.)

(Decr. 22 Julii 1665.)

— Nodus indissolubilis de conceptu mentis et conceptu ventris.

— *Idem aliter*. Funiculi nodi indissolubilis de concep u mentis et conceptu ventris.

— Sol veritatis cum venti.abro Seraphico pro candida aurora Maria.

Alvin Joannes. Elucidatio veritatis in casu fatalium accusationum per quadringen os Fratres coadunatos contra Patres Provinciæ Algarbiorum. (Décr. 21 Aprilis 1693.)

Alvin Stephanus (d'). De Potestate Episcoporum, Abbatum, aliorumque Prælatorum Tractatus. (*Donec corrigatur*.) (Decr. 16 Marlii 1621.)

Alvis t Virginius. Muræaulæ sacræ vestis sponsæ Regis æterni vermiculatæ, opus de privilegiis Ordinum Regularium. (Decr. 17 Novembris 1664.)

Alzedo Mauricus (de). De Præcellentia Episcopa'is dignitatis, deque Episcepi functionibus ac potestate. *Donec corrigatur* (Decr. 18 Decembris 1646.)

Amabed, etc., etc. Lettres traduites par l'abbé Tamponet, par Mr. de V...... à Genève 1770. (Decr. 1 Maii 1779.)

Amama Sixtinus. Anti-Barbarus Biblicus libro quarti aucts. (Decr. 4 Martii 1709.)

Amant (Mr. de S.) La Rome ridicule, Caprice. (Decr. 3 Aprilis 1669.)

Amatoria Bibliorum V. Errotika Biblion.

Amatus Michael. De piscium atque avium esus consuetudine apud quosdam Christifideles in Antepaschali jejunio. (Decr. 2 Septembris 1727.)

Amaya Franciscus (de). In tres posteriores libros Codicis Imperatoris Justiniani Commentarii. Tomus 1. *Donec corr. gatur*. (Decr. 18 Decembris 1666.)

Ambachius Melchior. (1 Cl. Ind. Trid.)

Ambasciata (l') di Romolo a' Romani. (Decr. 30 Junii 1671.)

Ambrosius Merlinus. *Vide* Merlinus.

Ame, Traité de l'. *Vide* de la Metrie.

Ame (de l') et de son immortalité. (Decr. 24 Maii 1775.)

(Decr. 2 Dec. 1667.)

Amelot de la Houssaye (*Nicolas Abraham*.) Histoire du Gouvernement de Venise.

— Supplément à l'Histoire du Gouvernement de Venise.

— Tacite, avec des Notes Politiques et Historiques. *Donec corrigantur*. (Decr. 21 Januarii 1721 et 1732.)

Ameno Ludovicus Maria (de). *Vide* Sinistrari.

(Ind. Trid.)

Amerpachius, seu Amerbachius (Vitus.) Antiparadoxa.

— Historia de Sacerdotio Jesu Christi ex Suida.

— Poëmata Pythagoræ et Pholycidis cum duplici interpretatione.

Amesius Guilielmus. *Opera omnia*. (Decr. 10 Maii 1757.)

Amico. (J. F.) Manuale di Filosofia sperimentale ect. Prima versione Italiana con nuova Appendice, e con osservazioni critiche. (Decr. 28 Julii 1834.)

Amicus Franciscus. Cursus Theologici juxta Scholasticam hujus temporis Societatis Jesu methodum, Tomus v de Jure et Justitia. *Donec corrigatur; correctus vero juxta correctionem expressam in Decr. 6 Julii* 1655 *permittitur*.

Amicus Juventutis, etc. *Vide* Der Jugendfreund, etc.

Amlingus Wolfgangus. (1 Cl. App. Ind. Trid.)

Ammonius Wolfgangus (1 Cl. App. Ind. Trid.)

Amore Liberius (de S.). Epistolæ Theologicæ, in quibus varii Scholasticorum errores castigantur. (Decr. 3 Aprilis 1685.)

Amor Sacer. (Decr. 12 Decembris 1624.)

Amour (de l') selon les loix primordiales et selon les convenances des sociétés modernes, par M.r de Senancourt. 4.e éd. avec des changements et des additions. (Decr. 13 Februarii 1838.)

Amour (M.r de S.) Journal de ce qui s'est fait à Rome dans l'affaire des Cinq Propositions. (Decr. 28 Maii 1664.)

Ampelander Wolfgangus. (1 Cl. App. Ind. Trid.)

Amplia (Joannes) Polonus. (1 Cl. App. Ind. Trid.)

Amschaspands et Darvands, par Franç. La Mennais. (Decr. 21 Augusti 1843.)

Amsdorffius Nicolaus (1 Cl. Ind. Trid.)

Amstelius Gisbertus. Expostulatio prima adversus eos qui dicunt se de causa tio Jesu esse, et non sunt, et sunt Synagoga Satanæ. (Decr. 23 Octobris 1707.)

— Expostulatio altera adversus Lojolitas, fœdos Societatis Jesu desertores. (Brevi Clementis XI, 4 Octobris 1707.)

Amydenius Theodorus. Tractatus de officio et jurisdictione Datarii, et de stylo Datariæ. (Decr. 10 Decembris 1653.)

Amyraldus Moses. Vide Syntagma Thesium.

Anacreonte. Vide Marchetti.

An lisi Critica. Vide Del Cattolicismo della Chiesa d'Utrecht.

Analisi del Concilio Diocesano di Pistoia celebrato nel mese di Settembre dell'anno 1786, ossia Saggio dei molti errori contro la Fede nell'istesso Concilio. Ital a 1790. Tomi 2. (Decr. 10 Julii 1797.)

Analisi del Libro delle prescrizioni di Tertulliano con alcune osservazioni. In Pavia 1781. Sine Auctoris nomine. (Decr. 7 Augusti 1786.)

Analisi e confutazione succinta della Bolla del S. Padre Papa Pio VI, spedita in Francia ai Vescovi, e Clero di quella Nazione. (Decr. 26 Augusti 1822.)

Analisi scrupolosa della Religione Cristiana. Vide la Religione Cristiana liberata dalle ombre.

Analyse Raisonnée de Bayle, ou Abrégé Méthodique de ses ouvrages, particulièrement de son Dictionnaire historique et critique, dont les Remarques ont été fondues dans le texte, pour en former un corps instructif et agréable de lectures suivies. (Decr. 15 Julii 1777.)

Analyse Raisonnée des Evangiles. Vide Histoire critique de Jésus-Christ.

Analy is, resolutio Dialectica quatuor librorum Institutionum Imperialium, una cum quarumdam utilium quæstionum Juris explicatione, cum præfatione Ludovici Gremp. (App. Ind. Trid.)

Analysis professionis. Vide Pereira de Figueiredo. Idem Italice cum dilucidationibus.

Ἀνώμυτος juris, quod in approbandis Pontificibus Imperatores habuerunt. (App. Ind. Trid.)

Anastasii (S.) Sinaitæ Anagogicarum contemplationum in Hexaëmeron liber XII, cui præmissa est Expostulatio de S. Johannis Chrysostomi Epistola ad Cæsarium Monachum, Editio Londin. 1682. (Decr. 23 Januarii 1684.)

Anastasio Leofilo. Vide Leofilo, etc. Communione del P. polo nella Messa.

Anastasius (Joannes) Velucinus. (1 Cl. Ind. Trid.)

Anatomia. Excusa Marpurgi per Eucharium Cervicornum. (Ind. Trid.)

Anatomia Monachi. Vide Phisiophili.

Anatomia Societatis Jesu, sive probatio spiritus Jesuitarum. (Decr. 23 Augusti 1634.)

Ancien (l') Clergé constitutionnel jugé par un Evêque d'Italie. (Decr. 26 Augusti 1822.)

Andachts Uebung. Vide Plaguta sic inscripta.

An (l') deux mille quatre cent quarante. Rêve s'il en fut jamais. (Decr. 15 Novembris 1773.)

Andreæ Jacobus, alias Schmidlinus, Pastor Goppingensis. (1 Cl. App. Ind. Trid.)

Andreæ Joannes (S.). Examen Trophæorum Congregationis prætensæ Anglicanæ Ordinis S. Benedicti. (Decr. 12 Decembr s 1624.)

Andreæ Joannes Valentinus. Mytho ogiæ Christianæ, sive virtutum et vitiorum vitæ humanæ imaginum libri tres. (Decr. 4 Februarii 1627.)

Andreas (Valerius) Desselius. Vide Struvius.

Andrews (Lancellottus) Cisterciensis. Tortura Torti, sive ad Matthæi Torti librum responsio. (Decr. 9 Novembris 1609 et 30 Januarii 1610.)

Andringa Reynerus (ab). Doctrina non Universitatis Lovaniensis, sed quorumdam privatorum. Donec corrigatur. Decr. 14 Aprilis 1682.)

Angelius Joannes. Vide Werdenhagen.

Angelo rator Daniel. Officina Poetica, seu Viridarium Poeticum. (Decr. 16 Decembris 1605.)

Angers Evêque (d'). Mandement sur la Signature du Formulaire du 8 Juillet 1665. (Decr. 5 Januarii 1667.)

Angliæ (Illustrissimi, ac potentissimi Senatus, populique) Sententia de eo Concilio, quod Paulus Episcopus Romanus Mantuæ futurum simulavit. (Ind. Trid.)

Anglica, Hibernica, Normaunica, Camorica a veteribus scripta ex Bibliotheca Guilielmi Camdeni. Donec corrigatur. (Decr. 16 Decembris 1605.)

Anglus Antonius, auctor libri de Origine Missæ. (1 Cl. Ind. Trid.)

Anglus (Thomas) ex Albiis East-Saxonum, seu Albius, cognomento White. Opera omnia et Scripta. (Decr. 17 Novembris 1661.)

Anguisciola (Angelo Gabriello). Della Hebraica Medaglia detta Magaen David, et Abraham Dichiarazione. (Decr. 16 Martii 1621.)

— Prohibetur etiam omne hujusmodi Numisma, et mandatur ut qui illud habent ad S. Officium deferant. (Decr. 16 Martii 1621.)

Anicius (Joannes) Dulmnensis. Thesaurus perpetuus Indulgentiarum Seraphi i Ordinis S. Francisci. (Decr. 26 Octobris 1707.)

Anima (de) Brutorum Commentaria. — *Curiosum nobis natura ingenium dedit.* — Seneca *de vita beata* c. 32. (Decr. die 6 Decembris 1784.) *Donec corrigatur.*

Anima (l') di Ferrante Pallavicino. (Decr. 18 Decembris 1646.)

Anima (l') di Ferrante Pallavicino divisa in sei vigilie. (Decr. 20 Februarii 1676.)

Animali Parlanti (Gli). Poema Epico diviso in ventisei Canti di Giambattista Casti. Vi sono in fine aggiunti quattro Apologhi. Milano MDCCCII. Presso Pirotta, e Maspero Stampatori Libraj in S. Margarita. *Vide* Casti. (Decr. 26 Augusti 1805.)

Animaux (les) plus que Machines. *Vide* de la Mettrie.

Annali del mondo ossia Fasti Universali di tutti i tempi e di tutti i luoghi della terra ec. ec. Corredati da prospetti generali e particolari, e da tavole alfabetiche degli Uomini, e delle Cose pel cui mezzo il libro diventa un repertorio Enciclopedico storico. (Decr. 23 Junii 1836.)

Annali Ecclesiastici. *Vide* Folia impressa.

Annatæ, e Index Taxationum Ecclesiarum et Monasteriorum per universum Orbem. *Ab Hæreticis depravatæ.* (App. Ind. Trid.)

Annatus (Petrus). Apparatus ad positivam Theologiam methodicum. Tom. i et ii. *Donec corrigentur.* (Decr. 12 Septembris 1714.)

Année (l') Chrétienne, ou les Messes des Dimanches, Féries et Fêtes de toute l'année. (Decr. 7 Septembris 1695.)

Anno (l') duemila quattrocento quaranta, sogno se mai lo fosse. (Decr. 15 Novembris 1773.) *Idem cum notis.* (Decr. 26 Augusti 1822.)

Annotazione (curiosa, e distinta) di tutti gli nomi, che sono sta i sino al presente nella Lista del Giuoco del Seminario di Genova, Napoli, Torino, Milano, e Venezia, con l'estrazioni seguite nelle suddette Città, con la interpretazione de' sogni, ed altre curiosità, per avventurare i giuocatori, data in luce da Carlo Francesco Caputo. (Decr. 15 Jul i 1732.)

Anonyme (l') persiflé. *Vide* de la Mettrie.

Ansaldius (Franciscus). De Jurisdictione Tractatus *Donec corrigatur.* (Decr. 18 Decembris 1646.)

Antica Disciplina della Liturgia, osia Messa celebrata colle solite offerte per li Vivi, e per li Morti. (Decr. 13 Aprilis 1774.)

Antechrist (l') Romain opposé à l'Antechrist Juif du Cardinal Bellarmin, du Sieur Remond et autres (Decr. 7 Septembris 1609.)

Anti-contract social. *Vide* Bauclair.

Anticotone, overo Confutazione della Lettera dedicatoria del P. Cotone. (Decr. 16 Martii 1621.)

Antidoto contra le calunnie de Capuccini, composto per li Fideli confessori della verità nelle Leghe de' Grigioni. (Decr. 4 Februarii 1627.)

Anti-Pamela (l'), ou la fausse Innocence découverte dans les aventures de Syrene. (Decr. 22 Maii 1745.)

Anti-Senèque. *Vide* de la Mettrie.

Anti-Sturmius (Laonicus) a Sturmoneck. (1 Cl. App. Ind. Trid.)

Antithèse des faicts de Jésus-Christ, et du Pape, mise en vers Français, imprimée à Rome l'an du grand Jubilé 1600. (Decr. 18 Octobris 1608.)

Antoine Jaq. Roustan. *Vide* Offrande aux Autels.

Apellus (Joannes) Norimbergensis. (1 Cl. Ind. Trid.)

Aphorismi doctrinæ Jesuitarum et aliorum aliquot Pontificiorum Doctorum, quibus verus Christianismus corrumpitur, pax publica turbatur. (Decr. 12 Decembris 1624.)

Apocalisse (l') di S. Giovanni Apostolo in volgare lingua tradotta, e con un nuovo metodo esplicata da Ennodio Papia .... Lugano 1781. (*Ementitum nomen.*) (Decr. 20 Januarii 1783.)

Apologetica responsio ad scabiosum libellum cujusdam Canonici Regulais Ecclesiæ Unterstorfensis nuperrime vulgatum sub specioso titulo : Discussionis Theologico-Juridicæ contra discussionem problematicam ad decantatam legem Amortizationis bonorum. (Decr. 12 Martii 1703.)

Apologia Catholica adversus libellos, declarationes, monita et consultationes factas, scriptas et editas a fœderatis perturbatoribus pacis in Regno Franciæ per E. D. L. I. C. (App. Ind. Trid.)

Apologia Confessionis Augustanæ. (Ind. Trid.)

— *Et cæteræ omnes Hæreticorum Apologiæ.* *Vide* Decreta § 1, num. 2.

Apologia contra Henricum Ducem. (Ind. Trid.)

Apologia contra status Burgundiæ. (App Ind. Trid.)

Apologia del Catechismo sulla Comunione del Sagrificio della Messa. (Decr. 18 August 1775.) *Vide* Catechismo esposto in forma di Dialoghi sulla Comunione dell'Augustissimo Sagrificio della Messa, etc.

Apologia della Corrispondenza di Monteverde contro il Giornale la Voce della Ragione (Decr. 7 Januarii 1836.)

Apologia Græcorum de Purgatorio igne in Concilio Basileensi exhibita. (Ind. Trid.)

Apologia Panegyreos Jansenianæ ad Theologum Lovaniensem, ubi Janseniani Facti assertionem Formulario ineluctabiliter contineri ostenditur. (Decr. 26 Octobris 1707.)

Apologia ii Panegyreos Jansenianæ confligens Jansenismi Historiam brevem corrasam a L. C. Deckero. (Decr. 29 Octobris 1701.)

Apologia iii Panegyreos Jansenianæ enervans Defensionem brevem Historiæ Jansenismi conflatam a L. C. Deckero. (Decr. 26 Octobris 1767.)

Apologia pro Sac. Congregatione Indicis, ejusque Secretario, ac Dominicanis contra Petri a Valle Clausa libellum famosum. (Decr. 20 Februarii 1664.)

Apologia Wilhelmi Principis Auriaci, Comitis Nassoviæ ad proscriptionem ab Hispaniarum Rege in eum promulgatam. (App. Ind. Trid.)

Apologia di Fr. Benedetto Solari Vescovo di Noli contro il fu Em⁰ Card. Gerdil divisa in tre parti. (Decr. 30 Septembris 1817.)

Apologie de Monsieur Jansenius, Evêque d'Ipre, et de la doctrine de S. Augustin expliquée dans son livre intitulé *Augustinus*, contre trois sermons de Monsieur Habert, Théologal de Paris. (Decr. 23 Aprilis 1654.)

Apologie (Seconde) pour Mr. Jansenius Evêque d'Ipre, et pour la doctrine de S. Augustin expliquée dans son livre intitulé *Augustinus*, contre la Réponse que Mr. Habert, Théologal de Paris, a faite à la première Apologie. (Decr. 23 Aprilis 1654.)

Apologie de tous les Jugements rendus par les Tribunaux séculiers en France contre le Schisme, dans laquelle on établit : 1° l'injustice et l'irrégularité des refus de Sacrements, de Sépulture, et des autres peines qu'on prononce contre ceux qui ne sont pas soumis à la Constitution *Unigenitus*; 2° la compétence des J ges Laïcs pour s'opposer à tous ces actes de Schisme. To. I et II. (Brevi Benedicti XIV, 20 Novembris 1752.)

Apologie des dévots de la S. Vierge, ou les sentiments de Théotime sur le libelle intitulé : les Avis salutaires de la Bienheureuse Vierge à ses dévots indiscrets ; sur la Lettre apologétique de son Auteur, et sur les nouveaux Avis en forme de Réflexions ajoutez au libelle. (Decr. 5 Junii 1677.)

Apologie des Lettres Provinciales de Louis de Montalte contre la dernière Réponse des PP. Jésuites, intitulée : Entretien de Cléandre et d'Eudoxe. (Decr. 11 Maii 1704.)

Apologie, ou Défense des Chrétiens, qui sont de la Religion Évangéque, ou Réformée, satisfaisant à ceux qui ne veulent vivre en paix et concorde avec eux. (Decr. 12 Decembris 1624.)

Apologie pour le Synode de Dordrecht, ou réfutation du livre intitulé : l'Impiété de la Morale des Calvinistes. (Decr. 31 Martii 1681.)

Apologie pour les Casuistes contre les calomnies des Jansénistes par un Théologien et Professeur en Droit Canon. (Decr. 21 Augusti 1659.)

Apologie pour les Religieux Bénédictins du Diocèse et païs de Liege, touchant leurs préséance et prérogatives, pour servir de Réponse à un écrit intitulé : Répartie de Mr. l'abbé de S. Gilles. *Ob transgressionem imvositi silentii.* (Decr. 17 Maii 1734.)

Apono Petrus (de). *Vide* de Abano.

Aponte Laurentius (de). In D. Matthæi Evangelium Commentariorum litteralium et moralium. Tomus II. (Decr. 27 Maii 1687.)

Appellante. *Vide* Cosa è un appellante.

Appellatione (de) ad Romanam Sedem. *Vide* Von der Appellazi n.

Appréciation du projet de Loi relatif aux trois Concordats par I. Lanjuinais. Paris 1817. (Decr. 22 Martii 1819.)

Approbationes Theologorum ex variis Religionibus et Ordinibus Doctrinæ Cornelii Jansenii. Vide Testimonia Eruditorum Virorum.

Aquilinius Cæsar. De tribus Historicis Concilii Tridentini. (Decr. 21 Martii 1668.)

Aquin Ludovicus Henricus (d'). *Vide* Daquin.

Aretino Pietro. *Opera omnia.* (Ind Trid.)

Aretinus (Benedictus) Bernensis. (1 Cl. App. Ind. Trid.)

Argens Marquis (d'). *Vide* Boyer.

Argentano Luigi Francesco (d'). Esercizj del Cristiano interiore, ne quali s'insegnano le prattiche per conformare il nostro interiore a quello di Gesù, dalla lingua Francese tradotti nell' Italiana. (Decr. 5 Julii 1728.)

Argolus Andreas. Ptolemæus parvus in Genethliacis, junctus Arabibus. (Decr. 10 Junii 1658.)

Argyrophylax G. Epistola ad Germanorum Principes. (Ind. Trid.)

Aricler Altamannus. Hermeneutica Biblica Generalis usibus academicis accommodata. (D cr. 26 Augusti 1822.)

Ariosto Lodovico. *Vide* Satire

Arithmæus Valentinus. Periculum Academicum, id est Disceptationum Legalium partus, in duas divisus partes. (Decr. 16 Martii 1621.)

Arlensis (Petrus) de Scudalupis. Sympathia septem metallorum et septem selectorum lapidum ad Planetas. (Decr. 4 Decembris 1674.)

Arnaldus Antonius, *Advocatus Parisiensis.* Oratio contra Jesuitas habita Parisiis 4 et 3 Idus Jul. (Decr. 5 Novemb. 1609.

(Decr. 3 Aug. 1656.)

Arnaldus Antonius, *Theologus Parisiensis* Epistola et Scriptum ad sacram Facultatem Parisiensem in Sorbona congregatam die 7 Decembris MDCXLV.

— Scripti pars altera ad sacram Facultatem Parisiensem in Sorbona congregatam die 10 Decembris MDCLV.

— Epistola, et alter Apologeticus ad sacram Facultatem Parisiensem in Sorbona congregatam die 17 Januari anni MDCLVI.

— Epistola ad Henricum Holdenum, *cujus initium*; Ea temporum conditione.

— Vera S. Thomæ de Gratia sufficienti et efficacia doctrina dilucide explanata.

— Propositiones Theologicæ duæ, de quibus hodie maxime disputatur, clarissime demonstratæ.

— Lettre à une personne de condition sur ce qui est arrivé depuis peu, dans une Paroisse de Paris, à un Seigneur de la Cour.

— Seconde lettre à un Duc et Pair de France, pour servir de réponse à plusieurs écrits, qui ont été publiés contre sa première lettre.

— Instructions sur la Grace selon l'Ecriture et les Pères; avec l'Exposition de la Foi de l'Eglise Romaine touchant la Grâce et la Prédestination, par Mr. Barcos. (Decr. 11 April 1704.)

Arnaud. Progetto, o manifesto con questo titolo : œuvres de messire Antoine Arnaud, docteur de la maison et de la société de Sorbonne. Proposé par souscription. (Decr. S. O. 14 Augusti 1759.)

Arnisæus Henningus. *Opera omnia.* (Decr.

7 Septembris 1603, 26 Martii 1621, et 2 Decembris 1622.)

Arnoldus Christophorus. Triginta Epistolæ Philologicæ, et Historicæ de Flavii Josephi testimonio, quod Christo tribuit. (Decr. 20 Junii 1622.)
— Spicilegium. Vide Ursinus Joh. Henricus.

Arnoldus Gothofredus. Historia et descriptio Theologæ Mysticæ, itemque veterum et novorum Mysticorum. (Decr. 4 Martii 1709.)

Arnoldus Nicolaus. Religio Sociniana, seu Catechesis Racoviana major refutata. (Decr. 15 annuarii 1714.)

Arodono Rabi Benjamin (d'). Precetti d'essere imparati ai e donne Hebree. Lezzioni dichiarate amplamente da regger la casa, ed allevar li figliuoli nel timor di Dio ; tradotto dalla lingua Tedesca nella volgare per Rabi Giacob Alpron. Aggiuntovi molti avvertimenti, e nel fine diversi precetti d'insalar le carni. (Decr. 21 Januarii 1732.)

Arrêt de la Cour du Parlement portant suppression d'un imprimé intitulé : Lettres de plusieurs Evêques sur l'obligation de priver de l'oblation du Sacrifice de la Messe, et des suffrages de l'Eglise, ceux qui meurent appelants de la Constitution Unigenitus. (Brevi Clementis XII, 26 Januarii 1740.)

Arrêt de la Cour du Parlement, qui supprime un imprimé intitulé : Canonizatio Vincentii à Paulo. Parisiis, Typis Petri Simoni 1737. (Brevi Clementis XII, 15 Februarii 1738, et Decr. 13 Aprilis 1739.)

Arrêt de la Cour du Parlement sur deux imprimés en forme de Brefs du Pape, du 18 Janvier 1710, l'un concernant le Mandement et autres écrit de M. l'Evêque de S. Pons, l'autre touchant le Traité de l'origine de la Régale, composé par le sieur Audoul, du 1 Avril 1710. (Decr. 22 Junii 1712.)

Arrêt de la Cour du Parlement sur un Bref du mois d'Août mil six cent quatre-vingt, du 24 Septembre 1680. Etiam manuscriptum. (Brevi Innocenti XI, 18 Decembris 1680.)

Arrêt de la Cour rendu sur les Remontrances et Conclusions de Mr. le Procureur général du Roy, qui le reçoit appelant comme d'abus d'un Mandement du Sr. Evêque de Vannes, 5 Juin 1744, extrait des Registres du Parlement. (Decr. 22 Maii 1745.)

Arrêt de la Cour du Parlement, portant suppression d'un livre intitulé : Instruction Pastorale de M. l'Archevêque de Cambray, et d'une Thèse soutenue en Sorbonne le 30 Octobre 1734, du 18 Février 1735. (Brevi Clementis XII, 18 Maii 1735.)

Arretin (l') Moderne. Première et seconde Partie. A Rome (falsis typis) MDCCLXXVI. (Decr. 13 Augusti 1782.)

Arringa Filosofica (Tutto è ordine) indiritta alla prestantissima donzella la Signora Eloisa Pimentelli. (Decr. 19 Januarii 1824.)

(Décret. 22 Dec. 1700.)
Arsdekin Richardus. Theologia tripartita universa. Tom. I.

— Tom. II, Pars I et II
— Tom. III. Donec corrigantur.

Art (l') de connaître les Femmes. (Decr. 11 Decembris 1826.)

Art (l') de jouir. Vide de la Mettrie

Arte (dell') d'amare libri due. Opera bernesca. Ginevra (falsis typis) 1765. (Decr. 9 Julii 1765.)

Arte (l') di conservare ed accrescere la bellezza delle Donne scritta da un Filantropo Subalpino. Torino presso Michelangelo Morano l'Anno XI della Rep. Francese. (Decr. 22 Decembris 1817.)

Artemidorus Oneirocriticus. Conventus Africanus, sive disceptatio judicialis apud Tribunal Præsulis Augustini inter veteris et novitiæ Theologiæ patronos. (Bulla Urbani VIII, 6 Martii 1641, et Decr. 23 Aprilis 1634.)

Arthus, seu Arthusius Gothardus. Mercurius Gallo-Belgicus Sleidano succenturiatus. (Decr. 12 Novembris 1616, et 3 Julii 1625.)

Articuli a Facultate sacræ Theologiæ Parisiensi determinati super materiis Fidei nostræ hodie controversis cum Antidoto. Opus Joannis Calvini. (Ind. Trid.)

Articuli Fidei præcipui ad unionem utriusque Ecclesiæ Romano-Catholicæ et Lutheranæ. (Decr. 30 Aprilis 1685.)

Artopœus Henricus (1 Cl. App. Ind. Trid.)
Artopœus Petrus. (1 Cl. Ind. Trid.)
— Evangelicæ Conciones Dominicarum totius anni per Dialectica et Rhetorica artificia breviter tractatæ. (Ind. Trid.)

Arturus (Thomas) Britannus. (1 Cl. Ind. Trid.)

Avumæus Dominicus. Discursus Academici de Jure publico. (Decr. 22 Octobris 1619.)
— Commentarius Juridico-Historico-Politicus de Comitiis Romano-Germanici Imperii. (Decr. 18 Junii 1651.)

A. S. C. Dissertatio pro Francisco Suarez de Gratia ægro oppresso collata per absolutionem a Sacerdote præsente impensam, prævia peccatorum expositione epistolari. (Decr. 10 Junii 1658.)

Asceis Spiritualis pro Confraternitate S. Joseph edita a Confratribus dictæ Confraternitatis in Ecclesia Varsaviensi Carmelitarum discalceatorum congregatis. (Decr. 30 Junii 1671.)

Ascianus Dorotheus. Montes Pietatis Romanenses historice, canonice, theologice detecti. Præmittitur Tractatus de Nervis rerum gerendarum Romanæ Ecclesiæ. Subjungitur Biga Scriptorum Pontificiorum Nicolai Bariani Montes Impietatis, et Michaelis Papafavæ Decisio contra Montes Pietatis. (Decr. 12 Martii 1705.)

Asbwarby Joannes. (1 Cl. Ind. Trid.)
Askeve Anna. (1 Cl. App. Ind. Trid.)
Asilo Ecclesiastico. Vide Discorso.
Aslacus Conradus. De dicendi et discendi ratione libri tres. (Decr. 2 Decembris 1622.)
Assedio (l') di Firenze. Capitoli xxx. (Decr. 14 Februarii 1837.)
Assemblea dei Vescovi di Toscana. Vide Riflessioni.
Asseriuo Luca Vide Scelta di Lettere.
Assertio Juris Ecclesiæ Metropolitanæ Ul-

trajectinæ Romano-Catholicæ adversus quosdam, qui eam ad instar Ecclesiarum per Infidelium persecutiones destructarum jure pristino penitus excidisse existimant. Per J. C. E. J. U. Licent. ejusdem Ecclesiæ Canonicum. (Brevi Clementis XI, 4 Octobris 1707.)

Astone (Joannes) Anglus. (1 Cl. Ind. Trid.)

Athanasii (S.) Tractatus de vera et pura Ecclesia. *Falso ei adscriptus.* (Ind. Trid.)

Athanasius Michael Angelus. Sanctissimæ Deiparæ Laudes centum et quinquaginta Psalmorum prima verba exponentes David. (Decr. 12 Decembris 1624.)

Atrocianus Joannes. (1 Cl. App. Ind. Trid.)

Attestatio Notarialis, quod neque Decretum SS. D. Urbani VIII, neque Pauli V Lovanii sit publicatum. *Incipit:* Ego infrascriptus almæ Universitatis Studii Generalis Oppidi, Lovaniensis Notarius, et Scriba. *Finit:* Petrus Mintaert Not. (Bulla Urbani VIII, 6 Martii 1641.)

Atti e Decreti d l Concilio Diocesano di Pistoja dell'anno MDCCLXXXVI. In Pistoja per Atto Bracali Stampatore Vescovile. (Bulla *Auctorem Fidei* SS. D. N. PII PAPÆ SEXTI, 22 Augusti 1794.)

Avantages du Mariage, et combien il est nécessaire et salutaire aux Prêtres et aux Evêques de ce temps-ci d'épouser une fille Chrétienne. Tome 1 et 2. (Decr. 7 Januarii 1765.)

Au-delà du Rhin. *Vide* Lerminier.

Auctoritate (de), officio et potestate Pastorum Ecclesiasticorum; et quatenus sint audiendi, e sacris literis declaratio. (App. Ind. Trid.)

Audingus Wolfgangus. (1 Cl. App. Ind. Trid.)

Audoul Gaspard. Traité de l'Origine de la Régale et des causes de son établissement. (Brevi Clem. XI, 18 Januarii 1710.)

Avenarius, *vulgo* Haberman Joannes. (1 Cl. App. Ind. Trid.)

Avendano Michël. De Divina Scientia et Prædestinatione. Tomus I, II et III. (Decr. 17 Januarii, et 3 Aprilis 1685.)

Avene (Joannes) Rubeaquensis. (1 Cl. Ind. Trid.)

Avenstein (d') Schmid. Principj della Legislazione universale. *Donec corrigatur.* (Decr. 11 Junii 1827.)

Aventinus Joannes. (1 Cl. Ind. Trid.)

— Liber, in quo declarantur causæ miseriarum, quibus Christiana Respublica premitur. *Qui extat in Tom.* 1 *Chronic. Turcicor. Loniceri pag.* 113. (App. Ind. Trid.)

Aventrot Giovanni. Lettera al potentissimo Re di Spagna, nella quale si dichiara il mistero della Guerra delle XVII Provincie del Paese Basso. (Decr. 16 Martii 1621.)

— *Eadem Hispanico idiomate.*

Avertissements salutaires de la Bienheureuse Vierge à ses dévots indiscrets, par M. W. *Donec corrigantur.* (Decr. 30 Julii 1678.)

Avertissement sur la Déclaration suivante: Déclaration de plusieurs Religieux Bénédictins de l'Abbaye Royale de S. Lucien, présentée et signifiée à Mr. l'Evêque de Beauvais le 18 Avril 1721. (Decr. 2 Septembris 1727.)

Avertissement sur les Lettres suivantes: Lettres du R. P. D. Charles Dissard au R. P. D. Jean Daret; Réponse du R. P. D. Jean Daret à la lettre précédente; Lettre édifiante au R. P. D. Thierri de Viaixne. (Decr. 2 Septembris 1727.)

Avertissement, *cujus initium:* Celui qui a recueilli les passages rapportés cy-devant a cru faire plaisir au public, etc. *Finis vero:* afin d'apprendre leur condamnation à plus de personnes. *Quod habetur p.* 34 *Opusculi incripti:* Décret de N. S. Père le Pape Innocent XI contre plusieurs propositions de Morale (Decr. 31 Martii 1681.)

Avertissement qu'ont mis à la tête des vrais MS. d'un Curé de W. des personnes qui se proposent de les rendre publics. (Decr. 11 Julii 1777.) *Vide* Curés Lorrains Allemands. *Vide* Extraits des MSc.

Avis Fraternels aux Ultramontains Concordatistes: *Quare transgredimini mandatum Dei, propter traditionem vestram:* Math. xv, 3. A Londres, 1809, *sine nomine auctoris.* (Decr. 23 Junii 1817.)

Augustini et Hieronymi Theologia (Ind. Trid.)

Augustini Hipponensis et Augustini Iprensis. De Deo omnes salvari volente, et Christo omnes redimente, Homologia. (Decr. 23 Aprilis 1654.)

Augustinis (de) Thomas. Librorum omnium in Sacræ Indicis Congregationis Decretis prohibitorum ab anno 1635 usque ad annum 1655 Elenchus ordine alphabetico digestus. *Cum deficiens sit, nec omnia Decreta contineat edita a S. Congregatione usque ad eum annum.* (Decr. 10 Junii 1658.)

Augustinus Antonius. *Vide* Baluzius. *Vide* Mastricht.

Avicinius Joannes. (1 Cl. App. Ind. Trid.)

Avis sincères aux Catholiques des Provinces-Unies sur le Décret de l'Inquisition de Rome, contre Mr. l'Archevêque de Sebaste, avec plusieurs pièces qui ont rapport à son affaire. (Brevi Clementis XI, 4 Octobris 1707.)

Avitus Academicus. Parænesis ad Alumnos Almæ Universitatis Lovaniensis, e qua liquet quid deferendum sit Constitutioni *Vineam Domini Sabaoth.* (Decr. 26 Octobris 1707.)

Avitus Aurelius. Molinomachia, hoc est Molinistarum in Augustinum Jansenii insultus novissimus. (Decr. 20 Novembris 1663.)

Avocat (l') des Protestants, ou Traité du Schisme, dans lequel on justifie la séparation des Protestants d'avec l'Église Romaine, contre les objections des Sieurs Nicole, Brueys et Ferrand; par le Sieur A. D. V. (Decr. 4 Martii 1709.)

Avocat (l') du Diable, ou Mémoires historiques et critiques sur la V e et sur la Légende du Pape Grégoire VII. (Decr. 29 Februarii 1752.)

Aurelius Paulus. Panegyris Jansenjana, hoc est testimonia eruditorum virorum celebrantia librum, cui titulus: *Cornelii Janse-*

nii Augustinus; addito Prologo Galeato. (Decr. 8 Aprilis 1699.)

Auruccio Vincenzo. Rituario per quelli, che avendo cura d'anime desiderano vegliare sopra il gregge a loro commesso da Dio. (Decr. 30 Junii 1671.)

Autorità legittima de Vescovi, e de'Sovrani per procedere alla riforma de'Regolari, senza che vi concorra l'autorità del Papa. (Decr. 16 Januarii 1770.)

Autorità (dell'), che si compete al Sovrano nelle materie di Religione : *Sufficiant limites, quos SS. PP. providentissima decreta posuerunt.* S. Leo Epist. 135. *Fungar vice Cotis,* Hor. Eliopoli 1787. (Decr. 31 Martii 1788.)

. Autorità (dell') dell'Angelico. *Vide* Guadagnini App. II.

Autorité (l') des Evêques sur les Bénéfices. (Decr. 13 Martii 1679.)

Autorité (de l') de S. Pierre et de S. Paul, qui réside dans le Pape, successeur de ces deux Apostres. (Decr. 24 Januarii 1647.)

Autorité (de l') du Roy touchant l'âge nécessaire à la profession solennelle des Relgieux. (Decr. 30 Junii 1671.)

Autorité (de l') du Clergé, et du pouvoir du Magistrat politique sur l'exercice des fonctions du Ministère Ecclésiastique. Première et seconde Partie. 1766. (Decr. 26 Martii 1767.)

Autumnus Geórgius. (1 Cl. App. Ind. Trid.)

Avis sur la Méthode d'enseignement, par Graser. (Decr. 14 Jan. 1839.)

Avvenimenti (gli) felici, o sinistri degli Amanti, regolati dall'influenza de'Pianeti l'anno 1744. (Decr. 29 Aprilis 1744.)

Avviso tradotto dal francese. La traduzione, e impressione francese del Trattato metafisico dell'Uomo. Opera stampata in Italia dal Sig. Marchese Gorini, si darà da noi Angelet, e Verno, etc. (Decr. 17 Septembris 1758.)

Auxerre Charles Gabriel Evêque (d'). *Vide* Caylus.

Aymon Mr. (*Jean*). Lettres, Anecdotes et Mémoires historiques du nonce Visconti au Concile de Trente. (Decr. 7 Octobris 1746.)

Azzariti Michele. *Vide* Trattati di Legislazione, etc.

B

Babylone Evêque (de). Ouvrages posthumes, où il est principalement des miracles contre Mr. l'Archevêque de Sens. (Decr. 1 Februarii 1752.)

Bacchi et Veneris facetiæ, ubi agitur de generibus ebriosorum, et ebrietate vitanda. (Decr. 18 Junii 1651.)

Baccinata, ovvero Battarella per le Api Barberine. (Decr. 3 Aprilis 1669.)

Bachimius (Arnoldus) Densionius. Pan-Sophia Enchiretica, seu Philosophia universalis experimentalis. (Decr. 10 Septembris 1688.)

Backmeisterus (Lucas) Luneburgensis. (1 Cl. App. Ind. Trid.)

Baconus (Franciscus) de Verulamio. De dignitate et augments Scientiarum. *Donec corrigatur.* (Decr. 3 Aprilis 1669.)

Badius Conradus. (1 Cl. App. Ind. Trid.)

Baduellus Claudius. Liber de ratione vitæ studiosæ ac litteratæ in matrimonio collocandæ. (App. Ind. Trid.)

Bagatta Gio. Bonifazio. Vita della Ven. Orsola Benincasa. (Decr. 19 Septembris 1679.)

Bagatelle (la), ou Discours ironiques, où l'on prête des sophismes ingénieux au vice et à l'extravagance, pour en faire mieux sentir le ridicule. (Decr. 2 Septembris 1727.)

Baillet Adrien. Les Vies des saints. Tom. I. (Decr. 4 Martii 1709.)

—Tom. II, contenant les mois de May, Juin, Juillet et Août. (Decr. 14 Januarii 1714.)

Baillius Robertus. Operis Historici et Chronologici libri duo, a creatione Mundi ad Constantinum Magnum. (Decr. 10 Septembris 1688.)

Bajus Michael. Opera cum Bullis Pontificum et aliis ipsius causam spectantibus, studio A. P. Theologi. *Coloniæ Agrippinæ* 1696. (Decr. 8 Maii 1697.)

Balbi Ambrogio. Apologia della Filosofia contro la scrupolosità religiosa di alcuni Censori degli Studj. (D. cr. 11 Decembris 1826.)

Balbus Hieronymus. Ad Carolum V Imperatorem de Coronatione. (Decr. 17 Decembris 1623.)

Baldach, *seu* Waldach Durandus (de). (1 Cl. App. Ind. Trid.)

Baldanus Theophilus (1 Cl. App. Ind. Trid.)

Balduinus Franciscus. Constantinus Magnus, sive de Constantini Imperatoris legibus Ecclesiasticis atque Civilibus Commentariorum libro duo. (Ind. Trid.)

Baleus *seu* Balæus Joannes (1 Cl. App. Ind Trid.)

Balingius Nicolaus. (1 Cl. Ind. Trid.)

Balitarius Joannes, *non ille Carmelita* (1 Cl. Ind. Trid.)

Baluzius Stephanus. Vitæ Paparum Avenionensium. Tom. I et II. (Decr. 22 Decembris 1700.)

— Antonii Augustini Dialogorum libri duo de emendatione Gratiani, cum notis et novis emendationibus ad Gratianum. (Decr. 19 Junii 1674.)

Banck Laurentius. Pompa triumphalis, sive solemnis inauguratio, et coronatio Innocentii Papæ X. (Decr. 18 Junii 1658.)

— Taxa S. Cancellariæ Romanæ in lucem emissa, et notis illustrata. (Decr. 16 Junii 1654, et 13 Novembris 1662.)

— Tariffa delle Spedizioni della Dataria. (Decr. 13 Novembris 1662.)

Bandinius Angelus Maria. Collectio veterum aliquot Monumentorum ad Historiam præcipue Litterarum pertinentium. *Donec corrigatur.* (Decr. 16 Maii 1753.)

Bangius Thomas. Cœlum Orientis et prisci Mundi, triade Exercitationum litterariarum repræsentatum. (Decr. 10 Junii 1659.)

Baraterius Johannes Philippus. Disquisitio Chronologica de successione antiquissima Episcoporum Romanorum. (Decr. 13 Augusti 1748.)

Baratotti Galerana. La Semplicità ingannata. (Decr. 4 Julii 1661.)

Barba Pompejus. De Secretis naturæ. (Ind. Trid.)

Barbault (Mr.), Curé de Bouillant, Diocèse de Senlis.Lettre écrite à Monseigneur l'Evêque de Senlis, au mois de Novembre 1716. (Decr. 17 Februarii 1717.)

Barbeyrac Jean. Traité de la Morale des Pères de l'Eglise, où, en défendant un article de la Préface sur Puffendorf contre l'Apologie de la Morale des Pères, du Père Cellier, Religieux Bénédictin de la Congrégation de Saint-Vanne, et de Saint-Hydulphe, on fait diverses réflexions sur plusieurs matières importantes. (Decr. 16 Martii 1767.)

Barbosa Augustinus. Collectanea Bullarii, aliarumve Summorum Pontificum Constitutionum, nec non præcipuarum Decisionum, quæ ab Apostolica Sede et Sacris Congregationibus usque ad annum 1633 emanarunt. (Decr. 22 Januarii 1642.)

— Remissiones Doctorum, qui varia loca Concilii Tridentini incidenter tractarunt. (Decr. 6 Junii 1621.)

Barclajus Guilielmus. Tractatus de Potestate Papæ, an, et quatenus in Reges et Principes sæculares jus et imperium habeat. (Decr. 9 Novembris 1609.)

Barclajus Joannes. Pietas, sive publicæ pro Regibus ac Principibus, et privatæ pro Guil. Barclajo parente Vindiciæ adversus Card. Bellarmini Tractatum de Potestate Summi Pontificis in rebus temporalibus. (Decr. 10 Maii 1613.)

—Euphormionis Lusinini Satyricon. (Dec. 7 Septembris 1609.)

Barclay Robert. Apologie de la véritable Théologie Chrétienne, ainsi qu'elle est soutenue et prêchée par le peuple appelé par mépris les Trembleurs, traduite en Français. (Decr. 22 Junii 1712.)

Barcos (Mr. Martin). Exposition de la Foi de l'Eglise Romaine touchant la Grace et la Prédestination. (Decr. 11 Martii 1704.)

Bar aamus Monachus. De Principatu seu Primatu Papæ, Joanne Luydo interprete. (Decr. 14 Novembris 1609, et 30 Januarii 1610.)

Barlandus Adrianus. Institutio Christiani hominis. (App. Ind. Trid.)

—Liber selectas quasdam Epistolas Erasmi Roterodami continens. (App. Ind. Trid.)

Barlow Gulielmus. (1 Cl. App. Ind. Trid.)

Barlami a' direttori negl' Esercicij di S. Ignazio Lojola Fondatore della Compagnia di Gesù, per facilitare la pratica loro con qualsivoglia stato di persone. (Decr. 9 Sept. 1688.)

Barnes, seu Barns Robertus. (1Cl. Ind.Trid.)
—Vitæ Romanorum Pontificum. (Ind.Trid.)

Barnesius Joannes. Catholico - Romanus Pacificus. (Decr. 6 Augusti 1682.)

—Sententia de Ecclesiæ Britannicæ privilegiis ex Cathol. Rom. Pacif. (Decr. 4 Martii 1709.)

Baro Bonaventura. Opuscula prosa et metro; argumenta etiam varia. (Decr. 20 Junii 1690.)

Baronius Franciscus. Vindicata veritas Panormitana. (Decr. 19 Martii 1633.)

Baronius Robertus. Ad Georgii Turnebulli Tetragonismum Pseudographum Apodixis Catholica; sive Apologia pro disputatione de formali objecto Fidei. (Decr. 3 Aprilis 1669.)

—Et cetera ejusdem Opera omnia. (Decr. 18 Junii 1680, et 10 Maii 1757.)

(Decr. 27 Sept. 1672.)

Baronius Vincentius. Theologiæ Moralis Summa bipartita. Tomus I et II.

—Theologiæ Moralis Tomus, III Donec corrigatur.

—Libri quinque Apologetici pro Religione, utraque Theologia, moribus ac juribus Ordinis Prædicatorum.

Barret Guilielmus. Jus Regis, sive de absoluto et independenti sæcularium Principum dominio et obsequio eis debito. (Decr. 12 Decembris 1624.)

Barro Joannes (de). Libri et Scripta omnia magicæ artis. (Ind. Innocent. XI.)

Bartolini Erasmo. Vide La originale innocenza.

Bartholinus Thomas. Paralytici N. Testamenti Medico et Philologico Commentario illustrati. (Decr. 22 Decemb. 1700.)

Bartholotti Joan. Nepomuc. Cæs., Regiæ Commissionis censuræ librorum Assessoris in facultate Theologica Univ. Vindob. Examinatoris, nec non Theologiæ Doctoris, ejusdemque antea Professoris Publ. Ord. O. S. P. P. E. Exercitatio Politico-Theologica, in qua de libertate Conscientiæ et de receptarum in Imperio Romano Theutonico Religionum tolerantia cumTheologica, tumPolitica disputatur, nec non de disjunctorum statu Græcorum tractatur. Viennæ Typis Josephi Nobilis de Kurtzbek MDCCLXXXII. (Decr. Fer. V, die 7 Januarii 1785.)

Bartolus Sebastianus. Astronomiæ Microcosmicæ Systema novum. (Decr. 21 Junii 1666.)

— In eversionem Scholasticæ Medicinæ Exercitationum Paradoxicarum decas. (Decr. 18 Januarii 1667.)

— Idem alio titulo : Artis Medicæ dogmatum communiter receptorum examen.(Decr. 3 Aprilis 1669.)

Basileensium Ministrorum Responsio contra Missam. (App. Ind. Trid.)

Basilii (S.) Magni Imago typis æneis impressa a Joanne de Noort. (Decr. 10 Decembris 1636, et 5 Aprilis 1728.)

Basilius Groningensis, qui et Wesfelus Gansfortius. (1 Cl. Ind. Trid.)

Basnagius Jacobus. Divi Chrysostomi Epistola ad Cæsarium Monachum, cui adjunctæ sunt tres Epistolicæ Dissertationes. Prima de Appollinaris Hæresi. Secunda de variis Athanasio supposititiis Operibus. Tertia adversus Simonium. (Decr. 21 Aprilis 1693.)

— Histoire de l'Eglise depuis Jésus-Christ jusqu'à présent, divisée en quatre parties. (Decr. 26 Octobris 1707.)

— Sermons sur divers sujets de Morale, de Théologie et de l'Histoire sainte.Tom. I et II. (Decr. 15 Januarii 1714.)

— Histoire de la Religion des Eglises Réformées. Tom. I et II. (Decr. 5 Julii 1728.)

— Et cetera ejusdem Opera, in quibus de Religione agit. (Decr. 10 Maii 1757.)

Basnagius Samuel. De Rebus Sacris et Ecclesiasticis Exercitationes Historico-Criticæ. (Decr. 4 Martii 1709.)
— Morale Théologique et Politique sur les vertus et les vices de l'homme. (Decr. 7 Februarii 1718.)
— Annales Politico-Ecclesiastici a Cæsare Augusto ad Phocam usque. Tomi III. (Decr. 2 Septembris 1737.)
Bassanus Hieronymus. (1 Cl. Ind. Trid.)
Bastingius. (1 Cl. App. Ind. Trid.)
Batachi D... *Vide* Raccolta di Novelle.
Batavia Sacra, sive res gestæ Apostolicorum virorum, qui fidem Batavæ primi intulerunt, industria ac studio T. S. F. H. L. H. S. T. L. P. V. T. (Decr. 29 Julii 1722.)
Battaglia Francesco Maria. Galleria spirituale arricchita di varie, e bellissime divozioni. (Decr. 21 Novembris 1690.)
Battenheimer Georgius. (1 Cl. Ind. Trid.)
Baucio Carolus (de). Praxis Confessariorum. Tractatus magnopere necessarius ad munus Confessarii. (Decr. 23 Augusti 1634.)
Bauclair P. L. Citoyen du Monde. Anticontrat social, dans lequel on réfute d'une manière claire, utile et agréable, les principes posés dans le Contract social de J. J. Rousseau, citoyen de Genève. (Decr. 16 Junii 1766.)
Baudius Dominicus. Poëmatum nova editio. (Decr. 16 Martii 1621.)
— Orationes. (Decr. 12 Aprilis 1628.)
Baume de Galaad, ou le véritable moyen d'obtenir la paix de Sion, et de haster la délivrance de l'Eglise. (Decr. 4 Martii 1709.)

(Decr. 26 Octob. 1640.)
Bauny Stephanus. Theologia Moralis.
— Somme des Pechez qui se commettent en tous estats.
— Pratique du Droit Canonique.
Bauwens Armandus. Dissertatio de concordia Sacerdotii et Imperii, habita in universitate Lovaniensi, quinto idus Novembris 1723. (Decr. 13 Februarii 1725.)
Bayardus Octavius. Beatæ Mariæ Virginis sine originali labe conceptæ singulis horis dicendæ Laudes, e Sacræ Scripturæ locis excerptæ. (Decr. 4 Maii 1742.)
Bayeux (François Armand de) Evêque. *Vide* Lorraine.
Bayle Pierre. Dictionnaire Historique et Critique. (Decr. 22 Decembris 1700, ac 12 Martii 1703.)
— Et cetera ejusdem Opera omnia. (Decr. 10 Maii 1757.)
Bayle. *Vide* Analyse Raisonnée.
Bayli Luigi. La Pratica di pietà, che insegna al Cristiano il vero modo di piacere a Dio, dall'Inglese tradotta nell'Italiano da G. F. (Decr. 29 Julii 1722.)
Bayonne, André, Evêque (de). Lettre Pastorale, et Mandement au sujet de la Constitution de N. S. Père le Pape, du 8 Septembre 1713. (Decr. 2 Maii 1714.)
Bazin l'Abbé (*nomen ementitum*). *Vide* La Philosophie de l'Histoire.
B. D. S. Opera posthuma. *Vide* Spinoza.
Beatus Georgius. Sententiarum definitivarum Saxonic. de Matrimonialibus Centuria. (Decr. 30 Januarii 1610.)
Beausobre *Isaac* (de). Histoire Critique de Manichée et du Manichéisme. (Decr. 28 Julii 1742.)
Bauvais Evêque (de). Mandement sur la Signature du Formulaire du 23 Juin 1665. (Decr. 5 Januarii 1667.)
Beantwortung acht Wichtiger einem Mainzer Theologen vorgelegter Fragen über den Ursprung, die Geschichte des Fasten, und Abstinenzgebots, und über die Abänderung in Betreff des letztern. Mainz 1785. *Id est latine*: Responsio ad octo quæstiones magni momenti cuidam Theologo Moguntino propositas super origine ac historia jejunii et abstinentiæ præcepti, nec non super immutatione posterioris. (Decr. 7 Augusti 1786.)
Behelius Balthazar. Antiquitates Ecclesiæ in tribus pri ribus post Christum natum sæculis. (Decr. 10 Septembris 1688.)
— *Et reliqua ejusdem Opera omnia.* (Decr 10 Maii 1757.)

(Ind. Trid.)
Behelius Henricus. De Institutione puerorum, quibus artibus et præceptis tradendi et instituendi sunt.
— Facetiarum libri tres.
— Triumphus Veneris.
Beccatini. *Vide* Storia dell'Inquisizione.
Beconus Thomas (1 Cl. App. Ind. Trid.)
Beda Noel. Confession. *Quæ tamen falso ei adscribitur.* (App. Ind. Trid.)
Bedrotus (Jacobus) Pludentinus. (1 Cl. Ind Trid.)
Beduina (la), Racconto del Sign. Poujoulat. (Decr. 4 Julii 1837.)
Behault Laurentius (de). Theses de Ortu et Vita Christi, cum quodam Impertinenti incipiente : Episcopus Belgii admittere non debere, etc. *Ob contraventionem silentii a Sanctissimo impositi.* (Decr. 7 Septembris 1695.)
Bejerus Carolus Christophorus. (1 Cl. App. Ind. Trid.)
Bekanntmachung und Beleuchtung der Badener... *seu* « Evulgatio et illustratio Articulorum Conventus Badensis a parvo Consilio Pagi Lucernensis ad ejusdem Cives. (Decr. SS. D. N. P. P. Gregorii XVI, 23 Septembris 1835.)
Belial. *Vide* Liber Belial.
Bélisaire. *Vide* Marmontel.
Bellanda Matteo. *Vide* Soldato Svezzese.
Bellaunay (Mr. de), Archidiacre de Corbonois, et L. Martin, Chanoine Théologal de Seez. Lettre écrite à Mr. l'Evêque de Seez au mois de Nov. ou Déc. 1716 sur les dispositions de ce Diocèse par rapport à la Constitution *Unigenitus*. (Decr. 17 Februarii 1717.)
Belli Luca. Commento sopra il Couvito di Platone. (Decr. 16 Martii 1621.)
B. ll'Huomo Gottardo, Il Pregio, e l'ordine dell'orazioni ordinarie, e mistiche. *Donec corrigatur.* (Decr. 26 Novembris 1681.)
Belizius Joannes. (1 Cl. App. Ind. Trid.)
Belydinghe van de seven Puncten ofte Artikelen des Gheloofs de welcke een-ieder

moet weten door noodigheyt des middels, om saligh te worden. *Id est : Professio septem Punctorum, sive Articulorum Fidei, quos unusquisque scire debet necessitate medii ad salutem. Sine loco impressionis.* (Decr. 6 Augusti 1682.)

Belydinghe van de seven Puncten ofte Artike'en des Gheloofs, de welcke een-ieder moet weten door noodigheydt des middels, om saligh te worden, wat breeder, uyt-gheleydt om beter te verstaen. Den tweden druck. Tot Brussel 1673. *Id est : Professio septem Punctorum, sive Articulorum Fidei, quos unusquisque scire debet necessitate medii ad salutem, latius expositi, ut melius intelligantur. Editio secunda. Bruxellis* 1673. (Decr. 6 Augusti 1682.)

Belydinghe van de seven Puncten ofte Artikelen des Gheloofs, de welcke een-ieghelych moet weten door noodigheydt des middels, om saligh te worden, wat breeder uyt-gheleydt om beter te verstaen. Tot Brussel 1680. *Id est : Professio septem Punctorum, sive Articulorum Fidei, quos unusquisque scire debet necessitate medii ad salutem, latius expositi, ut melius intelligantur. Bruxellis* 1680. (Decr. 6 Augusti 1682.)

Benamati Gian-Battista. Manuale commodo per li Curati. (Decr. 2 Septembris 1727.)

Benamati Guido Ubaldo. Il Principe Nigello. (Decr. 26 Octobris 1640.)

Benedictis Benedictus (de). Antithesis de Antichristo contra Guillielmum Witackerum. *Nisi fuerit ex correctis et impressis Romæ.* (Decr. 30 Januarii 1610.)

Benedictus (Erasmus) Silesius. (1 Cl. Ind. Trid.)

Benedizione (la) della Madonna in ottava rima, *cujus initium :* A te colle maui giunte. (App. Ind. Clem. XI.)

Beneficiaria (de Re) Dissertationes tres, ubi Caroli III, Austrii, Hisp. Regis Edictum, quo fructuum capionem in sacerdotiis externorum, et vagantium Clericorum jubet, tum summo, tum optimo jure, recte atque ordine factum demonstratur. (Brevi Clementis XI, 17 Februarii 1710.)

Beneficii (de) Ecclesiastici, laicali, e misti, del Dott. di legge D. Isidoro Carli. *Donec expurgetur.* (D cr. 23 Junii 1836.)

Ben-ezra Juan Josaphat Hebreo Christiano. La Venida del Mesias en Gloria y Magestad : Observaciones dirigas al Sacerdote Christofilo (*verum Auctoris nomen Emmanuel Lacunza*). *Opus posthumum. Quocumque idiomate* (Decr. 6 Septembris 1824.)

Benjamin Tudelensis. Itinerarium. (App. Ind. Trid.)

Benius Paulus. Qua tandem ratione dirimi possit controversia de efficaci Dei auxilio et libero arbitrio. (Decr. 16 Decembris 1605.)

Bennazar Petrus. Breve, ac compendiosum Rescriptum nativitatem, vi am, martyrium, cultum immemorabilem Raymundi Lulli complectens. (Decr. 21 Junii 1690.)

Beno, *seu* Benno Cardinalis. De Vita et gestis Hildebrandi Papæ. (Ind. Trid.)

Benthamus (Thomas) Anglus. (1 Cl. App. Ind. Trid.)

Bentham Jérémie. Trattati di Legislazione civile, e penale. Traduzione dal Francese di Michele Azzariti. (Decr. 22 Martii 1819.)

— Essais sur la situation politique de l'Espagne, sur la Constitution et sur le nouveau Code Espagnol, sur la Constitution du Portugal, etc. (Decr. 11 Decembris 1826.)

— Teoria delle Prove Giudiziarie. (Decr. 4 Martii 1828.)

— Déontologie, ou science de la morale. Ouvrage posthume. (Decr. 29 Januarii 1835.)

Benvenuti Francesco. Metodo della correzione paterna, estratto da alcune risposte del Dottore Federigo Giannetti. (Decr. 19 Maii 1694.)

Benzelius Henricus. Syntagma Dissertationum habitarum in Academia Lundensi. (Decr. 11 Martii 1754.)

Benzi Bernardinus. Dissertatio in casus reservatos Venetæ Diœceseos. (Decr. 16 Aprilis 1744.)

— Praxis Tribunalis Conscientiæ, seu Tractatus Theologicus Moralis de Sacramento Pœnitentiæ. (Decr. 22 Maii 1745.)

Beranger. Chansons. (Decr. 28 Julii 1834.)

Berchetus Tussanus. *Vide* Consilium pium.

Berengarius Diaconus Andegavens. s. (1 Cl. Ind. Trid.)

Berenicus (Theodosius) Noricus. Tuba pacis occenta Scioppiano belli sacri Classico. (Decr. 9 Maii 1636.)

Berexasius Petrus. (1 Cl. App. Ind. Trid.)

Bergius (Mathias) Brunsvicensis. (1 Cl. App. Ind. Trid.)

Berichtigung (zur) der Ansichten über die Aufhebung, der Ehelosigkeit bei den Katolischen Geistlichen. — *Latine vero* : Correctio opinionum de abolitione Cœlibatus pro Clericis Catholicis. (Decr. 24 Augusti 1829.)

Beringerus (Erichus) Poilyreus. Discursus Historico-Politicus in tres sectiones distributus, quibus errores scripturientium nostri ævi deteguntur. (Decr. 12 Novembris 1616.)

Berlando (Matteo), e Jacopo Filippo Ravizza. Il nuovo Confederamento di Gesù il Messia Salvator nostro divolgarizzato fedelmente di Greco, e reso intelligibile infino al volgo. (Decr. 21 Januarii 1721.)

Berlichius Mathias. Conclusiones practicabiles secundum Ordinem Constitutionum Augusti Electoris Saxoniæ. Pars I, II, III, IV et V. (Decr. 10 Junii 1659.)

Bernardi (Bartholomæus) Cembergensis Pastor. (1 Cl. Ind. Trid.)

Bernardi Bartholomæus (1 Cl. App. Ind. Trid.)

Bernardino Botelho Josè (de S.). Salvaçao de todos innocentes de la Redamçao de Jesus Christo. (Decr. 6 Septembris 1824.)

Berneggerus Mathias. Observationes Historico-Politicæ. (Decr. 10 Junii 1659.)

Bernieres Lovvigni Gio (di). Opere Spirituali, onde fu cavato il Cristiano interiore, ovvero guida sicura per quelli, che aspirano alla perfezione. Parte I, e II. (Decr. 10 Martii 1692.)

Beroaldus Matthæus. (1 Cl. App. Ind. Trid.)

Berquinus Ludovicus. (1 Cl. App. Ind Trid.)

Berruyer Isaac-Joseph. Histoire du peuple de Dieu, depuis son origine jusqu'à la naissance du Messie. (Decr. 17 Maii 1734.)

— *Eadem Italice:* Storia del Popolo di Dio dalla sua origine sino alla nascita del Messia. (Decr. 18 Februarii 1737.)

— Histoire du peuple de Dieu, depuis la naissance du Messie jusqu'à la fin de la Synagogue. (Decr. 14 Aprilis 1735, et Brevi Benedicti XIV, 17 Februarii 1758.)

(Brevi Benedicti XIV, 17 Febr. 1758.)

— *Eadem Italice:* Storia del Popolo di Dio dalla nascita del Messia sino al fine della Sinagoga tradotta dal Franzese.

— Raccolta di Dissertazioni, seu Dissertationes. *Quibus additur:*

— Difesa della Seconda Parte dell'Istoria del Popolo di Dio, contro le calunnie d'un libello intitolato: Progetto d'Instruzion Pastorale.

— Histoire du Peuple de Dieu. Troisième Partie. Ou Paraphrase littérale des Epîtres des Apôtres, d'après le Commentaire du P. Harduin. (Brevi Clem. XIII, 2 Decembris 1758.)

Berruyer (le P.) justifié contre l'Auteur d'un libelle intitulé : le Père Berruyer Jésuite, convaincu d'obstination dans l'Arianisme et le Nestorianisme.

— Lettre à un Docteur de Sorbonne sur la dénonciation et l'examen des ouvrages du Père Berruyer. (Decr. 30 Augus 1759.)

Berruyer Isaac Joseph. Reflexions sur la Foi, adressées à Mons. l'Archevêque de Paris. (Decr. 6 Junii 1764.)

Bertramus. De Corpore et Sanguine Domini. (Ind. Trid.)

Berus Oswaldus. (1 Cl. App. Ind. Trid.)

(Decr. 22 Octob. 1619.)

Besoldus Christophorus. Disputationum Nomico-Politicarum libri tres.

— De Jurisdictione Imperii Romani Discursus.

— Templum Justitiæ, sive de addiscenda et exercenda jurisprudentia Dissertatio. (Decr. 16 Martii 1621.)

— Dissertatio Politico-Juridica de Fœderum jure. (Decr. 3 Julii 1623.)

Besserer Georgius. (1 Cl. Ind. Trid.)

Betrachtungen über die neuen Kirchlichen und Politischen Einrichtungen in Baiern. Von Joseph Zintel der b. R. Dr. und Churfürstlichen Hofgerichts-Advocaten München 1804. *Id est:* Considerationes super Ecclesiasticis et Politicis Ordinationibus in Bavaria latis Josephi Zintel licentiati in utroque jure, et Advocati Electoralis Aulici Tribunalis. Monachii 1804. (Decr. 9 Decembris 1806.)

Bettini Luca. Oracolo della rinnovazione della Chiesa, secondo la doltrina del Savonarola. (Ind. Trid.)

Bettus Franciscus. (1 Cl. Ind. Trid.)

Beiulejus (Xystus) Augustanus. (1 Cl. Ind. Trid.)

— Susanna, Comœdia Tragica. (App. Ind. Trid.)

Beveregius Gulielmus. ΣΥΝΟΔΙΚΟΝ, sive Pandectæ Canonum Sanctorum Apostolorum et Conciliorum. (Decr. 22 Junii 1676.)

Beumlerus (Marcus) Tigurinus. (1 Cl. App. Ind. Trid.)

— Theodoreti Episcopi Cypri Dialogi tres, cum versione Latina Victorini Strigelii et Analysi Logica. (Decr. 7 Augusti 1603.)

Beurhusius Fridericus. (1 Cl. App. Ind. Trid.)

Beust Joachimus (a). Lectura in Titulum Digesti Veteris de Jurejurando. (App. Ind. Trid.)

— Tractatus de Sponsalibus et Matrimoniis ad praxim Forensem accommodatus. (Decr. 3 Julii 1623.)

Beyer Christianus. (1 Cl. Ind. Trid.)
Beyer Germanus. (1 Cl. App. Ind. Trid.)
Beyer Hartmannus. (1 Cl. Ind. Trid.)
Beza (Theodorus) Vezelius. (1 Cl. App. Ind. Trid.)

— La Confessione corretta, e stampata di nuovo in Roma per ordine del Papa. *Quod falso dicitur, cum sit Libellus Genevæ impressus.* (Decr. 23 Julii 1609.)

— Icones, id est veræ imagines Virorum doctrina simul et pietate illustrium. (Decr. 12 Decembris 1624.)

Bible (la) de la Liberté, par l'abbé Constant. (Decr. 30 Mart. 1841.)

Bible (la S.), ou le Vieux et le Nouveau Testament, avec un Commentaire littéral composé de notes choisies et tirées de divers Auteurs Anglos. (Decr. 22 Maii 1745.)

Bibliander Theodorus. (1 Cl. Ind. Trid.)

— De Fati-Monarchiæ Romanæ somnium, vaticinium Esdræ Prophetæ explicatum. (Ind. Trid.)

— Sermo Divinæ Majestatis voce pronunciatus in monte Sinai. (App. Ind. Trid.)

Bibliorum (Novorum) Polyglottorum Synopsis. (Decr. 2 Julii 1686.)

Bibliotheca Fratrum Polonorum. (Decr. 10 Maii 1757.)

Bibliotheca Historico-Philologico-Theologica *Bremensis.* (Decr. 2 Septembris 1727, et 10 Maii 1757.)

Bibliotheca Lublecensis. (Decr. 14 Januarii 1737.)

Bibliotheca (Magna) Ecclesiastica, sive notitia Scriptorum Ecclesiasticorum veterum et recentiorum. (Decr. 14 Januarii 1737.)

Bibliotheca Studii Theologici ex plerisque Doctorum prisci sæculi monumentis collecta. *Donec expurgetur.* (App. Ind. Trid.)

Bibliothèque Britannique, ou Histoire des Ouvrages des Savants de la Grande-Bretagne. (Decr. 28 Julii 1742, et 10 Maii 1757.)

Bibliothèque Germanique, ou Histoire littéraire de l'Allemagne et des pays du Nord. (Decr. 28 Julii 1742, et 10 Maii 1757.)

Bibliothèque Janséniste, ou Catalogue alphabétique des Livres Jansénistes, Quesnellistes, Baïanistes, ou suspects de ces erreurs. (Decr. 20 Septembris 1749.)

Bibliothèque raisonnée des Ouvrages des

Savants de l'Europe. (Decr. 28 Julii 1742 et 10 Maii 1757.)

Bibliothèque Universelle et Historique. *Opus Joannis Clerici*. (Decr. 17 Maii 1734.)

Bidenbachius Balthasar. (1 Cl. App. Ind. Trid.)

Bidenbachius Johannes. Quæstionum nobilium hendecades II, quibus tam suprema territorii, quam meri quoque imperii jura et immunitates explicantur. (Decr. 12 Decembris 1624.)

Bidenbachius Wilhelmus. (1 Cl. App. Ind. Trid.)

Bigel Jasparus. (1 Cl. Ind. Trid.)

Bigne Margarinus (de la). Bibliotheca Sanctorum Patrum. *Donec expurgetur*. (App. Ind. Trid.)

Bignon (Mr.) Les Cabinets et les Peuples, depuis 1815 jusqu'à la fin de 1822. (Decr. 11 Junii 1827.)

Bignoni Mario (de'). Il Santuario. (Decr. 27 Septembris 1672.)

— Domenicale. Prediche sopra le XXIV Domeniche dopo la Pentecoste. (Decr. 2 Octobris 1673.)

— Serafici splendori compartiti per li giorni di Quaresima. (Decr. 19 Junii 1674.)

Bigarrures (les) de l'Esprit humain. *Vide* le Compère Mathieu.

Bigot Franciscus. (1 Cl. App. Ind. Trid.)

Biht (Franciscus). *Vide* Dissertatio Inauguralis Juridica de Jure, etc.

Billicanus Theobaldus. *Vide* Gerlachius.

Bilstenius Joannes. Syntagma Philippo-Rameum artium liberalium methodo brevi ac perspicua concinnatum. (Decr. 7 Augusti 1603.)

Binderus Georgius. (1 Cl. App. Ind. Trid.)

Binet Joannes. Procedenti ab utroque: Quæstio Theologica, *Quæ est speciosior Sole. Sapientiæ* 7, *versus* 27. Theses, quas tueri conabitur Joannes Roland die 1 Septembris 1707, in Scholis exterioribus Sorbonæ. (Decr. 26 Octobris 1707.)

Binghamus Josephus. Origines, sive Antiquitates Ecclesiasticæ. (Decr. 17 Maii 1734.)

Biografia di Fra Paolo Sarpi Teologo e Consultore di Stato della Republica Veneta di A. Bianchi-Giovini. (Decr. 4 Julii 1837.)

Bisaccioni Maiolino. Continuazione del Commentario delle guerre successe in Alemagna. (Decr. 23 Augusti 1634.)

Bischoff Melchior. (1 Cl. App. Ind. Trid.)

(Decr. 5 Februarii 1688.)

Biscia Benedetto. Insegnamenti spirituali per la Monaca.

— Brevi Documenti per l'anime, che aspirano alla Cristiana perfezione.

— Gesù specchio dell' Anima

Bisterfeldius Johannes Henricus. De uno Deo, Patre, Filio ac Spiritu Sancto mysterium pietatis contra Joh. Crellii de uno Deo Patre libros duos. (Decr. 18 Decembris 1646.)

(Bulla Urbani PP. VIII, 6 Mart. 1641, et Decr. 1 Augusti 1641.)

Biverus Petrus. *Epistola*: Doctoribus Jansenianis S. P. D. Ad rem. ad rem. quod nulla res est, omnino nihil est: S. Aug. Ad rem, Amici, ad rem

— *Epistola*: All' Eminentissimo, y Reverendissimo Senor Cardenal de la Cueva de la Congregacion de la S. Inquisicion.

Bizault (Mr.) Prêtre de l'Oratoire, Curé de Fossey. Lettre écrite à Monseigneur l'Archevêque de Rouen le..... octobre 1716, au sujet de la Constitution *Unigenitus*. (Decr. 17 Februarii 1717.)

Blacvellius Georgius. *Vide* Quæstio bipartita.

Blanc Ludovicus (le). Theses Theologicæ variis temporibus in Academia Sedauensi editæ. (Decr. 4 Decembris 1725.)

Blanc-Mont. *Vide* Dufeu.

Blancus Joannes. Divina Sapientia arte constructa ad cognitionem et amorem Dei acquirendum. (Decr. 25 Octobris 1640.)

— Sapientiæ Examen, in quo erudi issimi viri Peripateticæ, et communis doctrinæ apologi dubia solvuntur. (Decr. 11 Junii 1642.)

Blandrata Georgius. (1 Cl. App. Ind. Trid.)

Blasius Joannes. (1 Cl. Ind. Trid.)

Blast (the First) of the trumpet against the monstruos regiment and empire of women. *Id est: Primus sonus buccinæ contra monstruosum regimen et imperium feminarum*. (App. Ind. Trid.)

Blaurerus Ambrosius. (1 Cl. Ind. Trid.)

Blaurerus Thomas. (1 Cl. Ind. Trid.)

Bleynianus Antonius Fabricius. In Tneoriam et praxim Beneficiorum Ecclesiasticorum Introductio. *Donec corrigatur*. (Decr. 18 Januarii 1622.)

Bloccius (Nicolaus) Ludimagister Leydensis. (1 Cl. App. Ind. Trid.)

Blondeel Jo. *Vide* Wieling.

Blondellus David. De Jure Plebis in Regimine Ecclesiastico Dissertatio. (Decr. 10 Junii 1658.)

— Pseudo-Isidorus et Turrianus vapulantes: seu editio et censura nova Epistolarum, quas Urbis Romæ Præsulibus a B. Clemente ad Siricium Isidorus Mercator supposuit. (Decr. 4 Julii 1661.)

— *Idem aliter*: Epistolarum Decretalium, quæ vetustissimis Pontificibus Romanis tribuuntur, Examen per D. B. C. (Decr. 4 Julii 1661.)

— Actes authentiques des Eglises Réformées de France, Germanie, Grande-Bretagne, Pologne, Hongrie, Païs-Bas. (Decr. 4 Maii 1709.)

— *Et cetera ejusdem Opera, in quibus de Religione tractat*. (Decr. 10 Maii 1757.)

Blouin Claudius. Matri Filium adoranti. Quæstio Theologica. Theses defensæ Parisiis in Sorbona. (Decr. 22 Junii 1676.)

Blunt John James. Vestiges of ancient manners and customs descoverable in moderni Italy and Sicily. — *Latine vero*: Usuum morumque vetustorum vestigia in regionibus Italicis et Siculis nunc detegibilia. (Decr. 11 Junii 1827.)

Blyenburgius Damasus. Venerum Blyenburgicarum, sive horti amoris areolæ quinque. (Decr. 7 Augusti 1603.)

Bocalosi Girolamo. Dell' Educazione Democratica da darsi al Pópolo Italiano, Milano Anno I, D. R. c. (Decr. 26 Augusti 1805.)

Boccaccio Giovanni. Il Decamerone, ovvero Cento Novelle. *Donec expurgetur.* (Ind Trid.)

Buccalini Trajano. Commentarj sopra Cornelio T cito. (Decr. 19 Septembris 1679.)

— La Bilancia Politica di tutte le sue Opere con gli Avvertimenti di Lodovico du May. Parte I, II, e III. (Decr. 13 Martii et 19 Septembris 1679.)

Bocerus (Joannes) Lubecensis. (1 Cl. App. Ind. Trid.)

Bochellus Laurentius, Decretorum Ecclesiæ Gallicanæ Libri VIII. *Donec corrigantur.* (Decr. 3 Julii 1623.)

Bockelmannus Joannes Fridericus. Tractatus posthumus de Differentiis Juris Civilis, Canonici et hodierni, quem Cornelius Van-Eck edidit, et præfatione auxit. (Decr. 21 Januarii 1721.)

Bodenbergius, *seu* Bodenborgius Daniel. (1 Cl. App. Ind. Trid.)

Bodenstein (Andreas) Carolostadius. (1 Cl. Ind. Trid.)

Bodin Félix. Résumé de l'Histoire de France. (Decr. 28 Julii 1834.)

Bodinus Joannes. De Republica libri VI. (Decr. 15 Octobris 1592.)

— De Magorum Dæmonomania. (Decr. 1 Septembris 1594.)

— Methodus ad facilem Historiarum cognitionem. (App. Ind. Trid.)

— Universæ Naturæ Theatrum. (Decr. 19 Martii 1633.)

Bodius Hermannus. (1 Cl. Ind. Trid.)

Bœhmerus Justus Henningus. Animadversiones in Institutiones Juris Ecclesiastici Claudii Fleury. (Decr. 18 Julii 1729.)

— Institutiones Juris Canonici tum Ecclesiastici, tum Pontificii ad methodum Decretalium, nec non ad Fora Catholicorum et Protestantium compositæ. (Decr. 22 Maii 1745.)

— Schilterus illustratus. (Decr. 12 Maii 1749.)

Boethius Henricus. (1 Cl. App. Ind. Trid.)

Boffinus Petrus. (1 Cl. App. Ind. Trid.)

Bogliasco Michel' Angelo (di). Indulgenza Plenaria, e Giubileo perpetuo per tutti li Fedeli Cristiani, concessa dalla bocca di N.-S. Gesù Cristo alla Cappella dalla Madonna degli Angioli in Assisi. (Decr. 18 Junii 1680.)

Boissardus Janus Jacobus. Icones Virorum illustrium doctrina et eruditione præstantium ad vivum effictæ cum eorum vitis. Pars I, II, III et IV. (Decr. 16 Decembris 1605.)

— *Idem alio titulo :* Bibliotheca, sive Thesaurus virtutis et gloriæ, in quo continentur illustrium doctrina Virorum effigies et vitæ. (Decr. 26 Januarii 1633.)

Bolinbrok. *Vide* Examen important.

Bolleville Prieur (de). Réponse au Livre intitulé : Sentiments de quelques Théologiens de Hollande sur l'Histoire Critique du Vieux Testament. (Decr. 1 Decembris 1687.)

Bolzano Bernardo : Erbauungsreden fur Akademiker. — *Latine vero :* Exhortationes (sermones hortatorii) pro Academicis. (Decr. 4 Martii 1828.)

Bom lius (Henricus) Wesaliansis. (1 Cl. Ind. Trid.)

Bomston. *Vide* la Nouvelle Héloïse.

Bona arte in Italia. *Vide* Gianni.

Bonartes Thomas. Concordia scientiæ cum Fide, e difficillimis Philosophiæ et Theologiæ Scholasticæ quæstionibus concinnata. (Decr. 10 Novembris 1662.)

Bonaventura Anterus Maria (de S.). Auri, gemmarumque mystica fodina, sive Charitatis Congregatio a Domino nostro Jesu Christo fundata et saluberrimis regulis communita. *Donec corrigatur.* (Decr. 9 Februarii 1683.)

— Svegliatojo de'sfaccendati, e stimolo d'affaccendati per ben impiegare il tempo. (Decr. 14 Aprilis 1682.)

Bonfinius Antonius. Symposion trimeron, sive de pudicitia conjugali et virginitate Dialogi III. (App. Ind. Trid.)

Bonicel J. Considérations sur le Célibat des Prêtres. (Decr. 10 Septembris 1827.)

Bonini Filippo Maria. L'Ateista convento dalle sole ragioni. (Decr. 10 Aprilis 1666.)

— L'Officio di Maria Vergine trasportato dalla Latina all Italiana lingua. (Decr. 19 Junii 1674.)

Bonis Francesco (de). La Scimia del Monfalto, cioè un Libricciuolo intitolato : *Apologia in favore de' Santi Padri, contra quelli, che in materie morali fanno de'medesimi poca stima,* convinto di falsità. (Decr. 26 Octobris 1701.)

Bonlieu Sieur (de). De la Grâce victorieuse de Jésus-Christ, ou Molina et ses disciples convaincus de l'erreur des Pélagiens et des Semipélagiens (Decr. 23 Aprilis 1654.)

Bonnefille, Charles. L'Homme irréprochable en sa conversation, divisé en trois parties. (Decr. 18 Januarii 1667.)

Bunnei Franciscus. Tractatus de ratione discendi. (Decr. 18 Junii 1651.)

Bonnus Hermannus. (1 Cl. Ind. Trid.)

Bononia Bernardus (a). Manuale Confessariorum Ordinis Capuccinorum. (Decr. 28 Julii 1742.)

Bon Sens (le). Idées Naturelles opposées aux Idées Surnaturelles, à Londres, 1774. (Decr. 18 Augusti 1775.)

Bonus Joachimus (1 Cl. App. Ind. Trid.)

Bophart Jacobus. De Studio litterarum et juventute erudienda. (Ind. Trid.)

Boquinus Petrus (1 Cl. App. Ind. Trid.)

Brbonius (Ludovicus) Princeps Condæus. Litteræ ad Carolum IX, Galliæ Regem. (App. Ind. Trid.)

Borbonius (Nicolaus) Vandoperanus. (1 Cl. Ind. Trid.)

Borde Père (de la). Principes sur l'essence, la distinction et les limites des deux puissances spirituelle et temporelle. (Brevi Benedicti XIV, 4 Martii 1735.)

Borjon, Charles Emmanuel. Compilation du Droit Romain, du Droit François et du Droit Canon : des Dignitez Ecclesiastiques, où il est traité du Pape, des Patriarches, des

Cardinaux. Tom. I. Partie I et II. (Decr. 29 Maii 1690, et 22 Decembris 1700.)
(Decr. 22 Dec. 1700).
— Des Officies Ecclésiastiques, où il est traité des Légats, Vicelégats, et des Nonces. Tom. II.
— Des matières Ecclésiastiques, où il est traité de l'institution des Droits, des Biens, des Priviléges. Tom. III.
— Des Matières Bénéficiales, où il est traité des Bénéfices, de la Nomination, de l'Institution. Tom. IV.

Bornitius Jacobus. Tractatus duo. I, de Majestate Politica, et summo Imperio, ejusque functionibus. II, de Præmiis in Republica decernendis, deque eorum generibus. (Decr. 22 Novembris 1619.)

Borremansius Antonius. Variarum Lectionum liber; in quo varia utriusque linguæ auctorum loca emendantur. (Decr. 30 Julii 1678.)

Borrhaus (Martinus) Stuggardianus. (1 Cl. Ind. Trid.)

Bortius Mathias. De natura Jurium Majestatis, et Regalium Explicatio. (Decr. 22 Novembris 1619.)

Borsini Lorenzo. Riflessioni sulle scienze sacre. *Auctor reprobavit.* (Decr. 17 Decembris 1821.)

Bosius Joannes Andreas. Schediasma de comparanda notitia Scriptorum Ecclesiasticorum. (Decr. 12 Martii 1703.)

Bossi Luigi. Della Storia d'Italia antica, e moderna. (Decr. 19 Januarii 1824.)

Bossius Joannes Angelus. Tractatus de Scrupulis, et eorum remediis, tum in universum, tum speciatim circa particulares materias. (Decr. 4 Decembris 1674.)

Bossuet (Mr.) Evêque de Troyes. Projet de Réponse à Mr. de Tencin Archevêque d'Embrun. (Decr. 7 Octobris 1746.)

Botta Carlo. Storia de' Popoli d'Italia. *Donec corrigatur.* (Decr. 11 Junii 1827.)
— Storia d'Italia del 1789 al 1814. *Donec corrigatur.* (Decr. 26 Martii 1825.)
— Storia d'Italia continuata da quella del Guicciardini sino al 1789. (Decr. 5 Augusti 1833.)
— Compendio della Storia di Carlo Botta dal 1534 al 1789 dell' avv Luigi *Cometti*. (Decr. 13 Februarii 1838.)

Bottazzi Francesco Maria. *Vide* Catechismo Repubblicano.

Botero Giovanni. Relazioni Universali. *Non permittuntur, nisi correctæ juxta editionem Taurinensem anni 1601.* (Decr. 2 Decembris 1622.)

Botsaccus Joannes. Promptuarium allegoriarum tributum in Centurias XVIII, et supra. (Decr. 10 Junii 1654.)
— *Et cetera ejusdem Opera de Religione tractantia.* (Decr. 10 Maii 1757.)

(Nisi fuerint correcti juxta Decr. 19 Novembris 1652).

Boverius Zacharias. Annales Minorum Cappuccinorum.
— Annali dell' Ordine de' Frati Minori Cappuccini tradotti nell' Italiano da Fr. Benedetto Sanbenedetti.

Boulanger (Mr). L'Antiquité dévoilée par ses usages. (Decr. 20 Januarii 1823.)

Boulogne Pierre Évêque (de). *Vide* Langle.

Bourignon Antoinette. La Lumière du monde, récit très-véritable d'une Pelerine voyageant vers l'éternité, mis au jour par Mr. Christian de Cort. (Decr. 15 Maii 1687.)
— La Lumière née en ténèbres. (Decr. 30 Junii 1671.)
— *Et cetera ejusdem Opera omnia.* (Decr. 10 Maii 1757.)

Bourn. Homélie prêchée à Londres. *Vide* Libellus continens impia opuscula inscripta, etc.

Bouzæus Ludovicus. Problematum miscellaneorum anti-Aristotelicorum Centuria dimidiata. (Decr. 15 Februarii 1625.)

Boxhornius Marcus Zuerius. Historia universalis sacra, et prophana a Christo nato ad annum usque 1650. Accessit Appendix proximorum sequentium annorum res complexa. (Decr. 30 Julii 1678.)

Boyer (Jean-Baptiste de) Marquis d'Argens. La Philosophie du bon sens, ou Réflexions Philosophiques sur l'incertitude des connaissances humaines. (Decr. 15 Februarii, et 16 Maii 1753.)

(Decr. 22 Decembris 1700).

Boyle Robertus. Cogitationes de Sacræ Scripturæ stylo.
— De amore Seraphico, seu de quibusdam ad Dei amorem stimulis.
— Summa veneratio Deo ab humano intellectu debita.

Boyvin Joannes Gabriel. *Vide* Labbé Petrus.

Bozi Paolo. Tebaide sacra, nella quale con l'occasione d'alcuni Padri Eremiti si ragiona di molte, e varie virtù. (Decr. 23 Augusti 1634.)

Bradfordus Joannes. (1 Cl. App. Ind. Trid.)

Brandeburgensis Achatius. (1 Cl. App. Ind. Trid.)

Brandimarte Felice. Panegirici sacri di diversi Santi occorrenti nell' anno. (Decr. 30 Julii 1678.)

Brandi Ubaldo. Il Dormitanzio del Secolo decimottavo; ossia Esame critico sulla Dissertazione intitolata : Lasciamo star le cose come stanno. Firense 1789. (Decr. 18 Septembris 1789.)

Brandmüller Gaspar. (1 Cl. App. Ind. Trid.)

Brandmüllerus, seu Brandmillerus Joannes. (1 Cl. Append. Ind. Trid.)

Brauezek Guilielmus. Brevis Relatio de origine, et divisione Religionis S. Francisci. *Non permittitur, nisi deletis Litaniis.* (Decr. 21 Martii 1668.)

Braudlacht Georgius. Epitome Jurisprudentiæ publicæ universæ. (Decr. 20 Junii 1662.)

Braunius Joannes. Vestitus Sacerdotum Hebræorum sive Commentarius in Exodi cap. 28 ac 29, et Levitici cap. 16. Liber I et II. (Decr. 3 Aprilis 1685.)

Breitingero Gio. Giacomo. Instruzione fondamentale, se una setta duri più, o meno di cent'anni; similmente qual sia l'antica e nuova Fede. (Decr. 4 Februarii 1627.)

Brendel Sebaldus. Handbuch des Katholischen und protestantischen Kirchenrechts mit geschicht'ichen Erlauterungen, etc. — *Latine vero* : Manuale juris Ecclesiastici Catholicorum et Protestantium cum Historicis annotationibus, etc. (Decr. 6 Septembris 1824.)

Brentius Joannes. (1 Cl. Ind. Trid.)

Brentius Joannes *Filius*. (1 Cl. App. Ind. Trid.)

Breschwertibach Vitus. (1 Cl. App. Ind. Trid.)

Brescia Luciano (da). *Vide* Raineri.

Bresnicerus Alexius. (1 Cl. Ind. Trid.)

Bret Jo. Fridericus (le). Acta Ecclesiæ Græcæ annorum 1762 et 1763, sive de schismate recentissimo in Ecclesia Græca sublato, Commentatio. Studgardiæ apud Jo. Bened. Mezler 1764. (Decr. 26 Martii 1770.)

Bretel Collatino (di). Il Mistico Parlamento d'Apollo. (Decr. 22 Junii 1665.)

Brettanus Paulus Commodus. (1 Cl. Ind. Trid.)

Breve ad honorem S. Ubaldi. (Decr. 12 Decembris 1624.)

Breve exposicion sobre el Real Patronato, y sobre los Derechos de los obispos electos de l'America, que en vertud de los Reales despachos de presentacion y Gobjerno administran sus Iglesias antes de la confirmacion Pontificia. (Decr. 27 Novembris 1820.)

Breviarium Politicorum secundum Rubricas Mazarinicas. (Decr. 1 Decembris 1687.)

Brevi di Sua Santità Clemente XIII, emanati in favore de' RR. PP. Gesuiti colle osservazioni sopra i medesimi, e sopra la Bolla *Apostolicum. Libellus ita inscriptus, editusque* Venetiis An. 1766. (Decr. 12 Martii 1767.)

Breulæus Henricus. De Militia Politica, duplici, rogata, et armata. (Decr. 16 Decembris 1605, et 7 Septembris 1609.)

— De Renunciandi recepto more, modoque, quem Germaniæ Principum, Comitum, Baronum, Nobiliumque filiæ, si quando nuptui collocantur, observare solent. (Decr. 10 Martii 1619.)

Briefe eines Baiern an seinen freund über die Macht der Kirche unde des Pabstes. *Hoc est* : Epistolæ cujusdam Bavari ad amicum suum de potestate Ecclesiæ, et Papæ. (Decr. 3 Decembris 1770.)

Brigante Vittorio. Novelli Fiori della Vergine Maria di Loreto, et santa Casa sua. (Decr. 7 Augusti 1603.)

Brinkelow Henricus. (1 Cl. App. Ind. Trid.)

Brion Mr. l'Abbé (de). La vie de la très-sublime comtemplative Sœur Marie de Sainte Thérèse Carmélite de Bordeaux. (Decr. 2 Septembris 1727.)

Brismannus Joannes. (1 Cl. Ind. Trid.)

Britanicæ (de antiqua Ecclesiæ) libertate, atque de legitima ejusdem Ecclesiæ exemptione a Romano Patriarchatu, Diatribe per aliquot Theses deducta autore J. B. Sac. Theologiæ Professore. (Decr. 4 Martii 1709.)

Brocardus Jacobus. (1 Cl. App. Ind. Trid.)

Brodeau, *seu* Brodæus Victor. (1 Cl. App. Ind. Trid.)

Brognolus Candidus. Manuale Exorcistarum, ac Parochorum : hoc est, Tractatus de curatione ac protectione divina. (Decr. 2 Septembris 1727.)

Brombach Fridolinus. (1 Cl. Ind. Trid.)

Bronchorst Everardus. Centuriæ duæ ENANTIOΦANΩN, et conciliationes eorumdem juxta seriem Pandectarum dispositæ. (Decr. 7 Augusti 1603.)

— Aphorismi Politici, primo ex variis Scriptoribus per Lambertum Danæum collecti, deinde multis exemplis illustrati. Decr. 18 Decembris 1646.)

Brontius Adolphus. The Catechist catechiz'd, or Loyalty asserted in vindication of the oath of Allegiance, etc. *Id est* : *Catechista instructus, seu Fidelitas asserta in defensionem juramenti Fidelitatis contra novum Catechismum cujusdam Sacerdotis Societatis Jesu.* (Decr. 14 Maii 1682.)

Bronzini Cristofano. Della Dignità, et nobilità delle donne. Dialogo. *Donec corrigatur*. (Decr. 2 Decembris 1622.)

Broussais F. J. V. De l'Irritation et de la Folie. (Decr. 5 Augusti 1833.)

Broverius Matthæus. De Populorum veterum, ac recentiorum adorationibus Dissertatio. (Decr. 13 Aprilis 1739.)

Broughtonus Hugo. Opera. (Decr. 7 Septembris 1609.)

Brower Henricus. De Jure Connubiorum apud Batavos recepti libro duo. (Decr. 29 Maii 1690.)

Broya Franciscus. Praxis Criminalis, seu methodus actitandi in criminalibus. (Decr. 2 Julii 1686.)

Brubachius Petrus. (1 Cl. Ind. Trid.)

Brucioli Antonius. (1 Cl. Ind. Trid.)

Bruck, *seu* Pontanus Gregorius. (1 Cl. Ind. Trid.)

Bruckerus Jacobus. Historia critica Philosophiæ a mundi incunabulis ad nostram usque ætatem deducta. (Decr. 28 Julii 1755, et 21 Novembris 1757).

Brucksulbergius Georgius. Memoriale juridicum. *Vide* Manuductio.

Brullaughan Dominicus. Opusculum de Missione, et Missionariis. (Decr. 2 Julii 1737.)

Brunfelsius, *seu* Brunsfelsius Otto. (1 Cl. Ind. Trid.)

Brünings Christianus. De Silentio sacræ Scripturæ, sive de iis, quæ in Verbo divino omissa sunt, Libellus. (Decr. 14 Aprilis 1755.)

Bruno Tobias. (1 Cl. App. Ind. Trid.)

Brunsvicensis Jacobus. (1. Cl. App. Ind. Trid.)

— Catechesis puerilis. (Ind. Trid.)

Brunus Jordanus. *Opera omnia*. (Decr. 7 Augusti 1603).

Bruodinus Antonius. Corolla OEcodomiæ Minoriticæ scholæ Salomonis, sive pars altera Manualis Summæ totius Theologiæ. *Donec corrigatur*. (Decr. 21 Martii 1668.)

Bruschius (Gaspar) Egranus. (1 Cl. Ind. Trid.)

— Monasteriorum Germaniæ præcipuorum, ac maxime illustrium Centuria prima, in qua origines, annales, ac celebriora monumenta recensentur. (App. Ind. Trid.)

Brusoni Girolamo. La Gondola a tre remi. (Dec. 20 Novembris 1663.)

— Il Carrozzino alla moda. (Decr. 4 Aprilis 1669.)

Brutum fulmen Papæ Sixti V, adversus Henricum Regem Navarræ, et Henricum Borbonium Principem Condæum, una cum Protestatione multiplicis nullitatis. (App. Ind. Trid.)

Brutus (Stephanus Junius) Celta. Vindiciæ contra Tyrannos, sive de Principis in populum, populique in Principem legitima potestate. (Decr. 14 Novembris 1609.)

Brylingerus Nicolaus. (1 Cl. Ind. Trid.)

— Vide Comœdiæ, Tragœdiæ aliquot.

Bucerus Martinus. (1 Cl. Ind. Trid.)

Defensio adversus axioma Catholicum, id est criminationem Roberti Episcopi Abricensis. (Ind. Trid.)

— Metaphrases, et enarrationes perpetuæ Epistolarum Divi Pauli Apostoli, quibus singulatim Apostoli omnia cum argumenta, tum sententiis excutiuntur. (Ind. Trid.)

Bucerus (Nicolaus) Brugensis (1 Cl. App. Ind. Trid.)

Buchananus (Georgius) Scotus. (1 Cl. App. Ind. Trid.)

Bucholtz Andreas Henricus. De Ecclesiæ Romano Pontifici subjectæ Indulgentiis Tractatus Theologicus. (Decr. 4 Martii 1709.)

Buddeus Joannes Franciscus. Institutiones Theologiæ Dogmaticæ variis observationibus illustratæ. (Decr. 4 Decembris 1725.)

Et cetera ejusdem Opera omnia. (Decr. 5 Maii 1750.)

Budone Henrico Maria. Vide Dudone.

Budowez Wenceslaus. Circulus Horologii Solaris, ac Lunaris, seu de variis Ecclesiæ mutationibus. (Decr. 22 Octobr s 1619.)

Buffi Benedetto. Opera di Giovanni Cassiano delle Costituzioni, e origine de' Monachi tradotta di latino in volgare. Donec corrigatur. (Decr. 19 Junii 1674.)

Bugenhagius (Joannes) Pomeranus. (1 Cl. Ind. Trid.)

Buhle Jean Gottlieb. Histoire de la Philosophie moderne depuis la renaissance des Lettres jusqu'à Kant; traduite de l'allemand, par A. J. L. Jourdan; tom. I, II, III, IV, V, VI. (Decr. 27 Novembris 1820.)

Buhle G. Amadeo. Storia della Filosofia Moderna. (Decr. eod. et 4 Martii 1828.)

Bukentop Henricus. Theses sacræ in Actus Apostolorum, quas defendent Fr. Ludovicus Janssens, et Petrus Claessens Lovanii in Conventu SS. Trinitatis die 21 Julii 1694. (Decr. 7 Decembris 1694.)

Bülfingerus Georgius Bernardus. De Harmonia animi, et corporis humani maxime præstabilita ex mente Leibnitii. (Decr. 2 Septembris 1727.)

Bulla Diaboli, qua Papam admonet. (Ind. Trid.)

Bullarii (Magni) Romani Tomus IV, Editionis Lugdun. sumptibus Philippi Bordè, Laurentii Arnaud, etc. Donec auferantur Constitutio XXV, incipiens : Sacrosanctæ Romanæ Ecclesiæ ; et prætereasex paginæ a pag. 289, cujus initium : In nomine Domini, usque ad pag. 300. (Decr. 3 Augusti 1656, 27 Julii 1657, et 10 Junii 1658.)

Bullarii Romani ab Urbano VIII usque ad Clementem X Tomus V. Lugduni 1673. Donec in eo ponatur Bulla Alexandri VII data VII Kal. Julii 1665, quæ incipit : Cum ad aures nostras pervenerit duos prodiisse libros, prout est in Bullario Romano edito Romæ anno 1672. (Decr. 25 Januarii 1684.)

Bullarii Romani Destructio, et confutatio generalis, ac specialis Bullarum Innocentii X, et Urbani VIII de abrogatione pacis Germaniæ, de suppressione Jesuitissarum, de cultu Imaginum, et observatione Festorum. (Decr. 10 Septembris 1688.)

Bullingerus Henricus. (1 Cl. Ind. Trid.)

Bullingham (Joannes) Anglus. (Cl. App. Ind. Trid.)

Bullus Georgius. Opera omnia. Donec corrigantur. (Decr. 13 Aprilis 1739, et 13 Junii 1757.)

Bunnius Edmundus. (1 Cl. App. Ind. Trid.)

Buno Joannes. Universæ Historiæ cum sacræ, tum prophanæ idea. (Decr. 18 Januarii 1667.)

Buongiorni Ferdinando. Il Buon giorno. (Decr. 17 Augusti 1603.)

Buon Senso (il), ossia Idee naturali opposte alle soprannaturali. Vol. due. Italia 1808. (Decr. 30 Septembris 1817.) Opus jam damnatum idiomate Gallico. (Decr. S. C. Ind. 18 Augusti 1773.)

Burbachius Petrus. (1 Cl. Ind. Trid.)

Burcardi (Franciscus) Vilnensis Superintendens. (1 Cl. Ind. Trid.)

Burchardus Johannes. Vide Leibnitius.

Burgess Richard. Lectures on the insufficiency of unrevealed religion, and on the succeeding influence of Christianity.

— Latine vero : Sermones de. insufficientia Religionis non revelatæ et de succedente influxu Christianitatis. (Decr. 5 Augusti 1833.)

Burgovius Franciscus. (1 Cl. App. Ind. Trid.)

Burgundia Jacobus (a). (1 Cl. Ind. Trid.)

— Apologia, qua apud Imperatoriam Majestatem inustas sibi criminationes diluit, fideique suæ confessionem edit. (App. Ind. Trid.)

Burlamacchi Nicolao. Vita di D. Armando Giovanni le Bouthillier di Ransé, raccolta da quella, che ha scritta in lingua Francese l'Abbate di Marsollier. Donec corrigatur. (Decr. 7 Februarii 1718.)

— Vide Scienza della salute.

Burnet Gilbert. Histoire de la réformation de l'Eglise d'Angleterre, traduite de l'Anglois par M. de Rosemond. (Decr. 29 Maii 1690, et 21 Aprilis 1693.)

— Histoire des dernières Révolutions d'Angleterre, avec un récit préliminaire des principaux événements sous Jacques I, Charles I, et Cromwel. (Decr. 21 Januarii 1732.)

(Decr. 17 Maii 1734.)

Burnetius Thomas. De Statu Mortuorum, et Resurgentium.
— De Fide, et Officiis Christianorum.
— Appendix de futura Judæorum Restauratione.
— Telluris Theoria sacra. (Decr. 13 Aprilis 1739.)

Buschius (Hermannus) Pasiphilus. (1 Cl. Ind. Trid.)

(Decr. 19 Junii 1674.)

Buscum Petrus (van). Instructio ad tyronem Theologum de methodo Theologica octo regulis perstricta.
— Instructio ad tyronem Theologum de methodo Theologica octo regulis perstricta, ab insulsis Jesuitæ Estrix cavillis vindicata.
— Defensio adversus ea quæ Ægidius Estrix in Diatriba Theologica opponit Instructioni ad tyronem Theologum.

Buslebius Joannes. (1 Cl. App. Ind. Trid.)

(Decr. 4 Julii 1661.)

Buxtorfius Joannes *Senior*. Epistola Dedicatoria, *præfixa* Lexico Hebraico, et Chaldaico.
— Epistola Dedicatoria, *præfixa* Thesauro Grammatico Linguæ Sanctæ.

C

(App. Ind. Trid.)

Caballinus Gaspar, *qui et Carolus Molinæus*. Tractatus commerciorum, et usurarum, reddituumque pecunia constitutorum, et monetarum. *Donec corrigatur.*
— Tractatus de eo quod interest, ad theoricam praximque utilissimus. *Donec corrigatur.*
— Tractatus Dividui, et Individui. *Donec corrigatur.*

Cabanis P. J. C. Rapports du Physique et du Moral de l'Homme. Tom. I, II. (Decr. 6 Septembris 1819.)

Cabellotti Francesco Maria. Il Fulmine delle presenti calamità. (Decr. 20 Aprilis 1727.)

Cabinet Satyrique (le), ou Recueil des vers piquants et gaillards, tirés des Cabinets des Sieurs de Sigognes, Regnier, Motin, Berthelot, Maynard et autres Poëtes. (Decr. 30 Junii 1761.)

(Decr. 4 Julii 1661.)

Caccini Damiano. Calculo da rappresentarsi pro veritate per la revisione de' conti
— Relazione stata fatta al Serenissim Cardinale Carlo de' Medici, *cujus initium* Nella causa del ricorso fatto.
— Scrittura, *cujus initium :* Per esser venuto a notizia al P. D. Damiano Caccini.
— Scrittura, *cujus initium :* Per Intelligenza di questi fatti.
— Vallumbrosana Defensionis, *cujus initium :* Serenissime Carole Cardinalis Protector.
— Vallumbrosana Gravaminis, *cujus initium :* Serenissime Cardinalis. P. D. Damianus de Caccinis.
— Attestazioni, e fedi fatte in difesa del P. D. Damiano Caccini.

Cadana Salvatore. Quaresimale. (Decr. 10 Junii 1659.)
— Dubbj Scritturali. *Donec corrigantur.* (Dec. 8. Martii 1662.)

Cælius. *Vide* Cœlius.

Cæsaris (Caii Julii) Opera. *Vide* Montanus

Cæsena Michael (de). (1 Cl. Ind. Trid.)

Cævallos, *seu* Zevallos Hieronymus (de) Speculum aureum communium opinionum, seu practicæ quæstiones communes contra communes. Tom. IV. (Decr. 12 Decembris 1624).
— Tractatus de cognitione per viam violentiæ in causis Ecclesiasticis, et inter personas Ecclesiasticas. (Decr. 12 Decembris 1624).

Cajetani. *Vide* de Rottenstaidter.

Cajetanus Constantinus. De Religiosa S. Ignatii, sive S. Enneconis Fundatoris Societatis Jesu per PP. Benedictinos institutione, deque libello Exercitiorum ejusdem ab Exercitatorio Garciæ Cisnerii desumpto, libri duo. *Quos Abbas Constantinus tamquam adulteratos, suppositos et suo nomine falso evulgatos reprobavit.* (Decr. 18 Decembris 1646.)

Cajus Joannes. (1 Cl. App. Ind. Trid.)

Cala Carolus. De Contrabannis Clericorum in rebus extrahi prohibitis a Regno Neapolitano. (Decr. 18 Julii 1651.)

Calabria Nicolaus (de). (1 Cl. Ind. Trid.)

Calado Manuel. O valoroso Lucideno, e Triumpho da liberdade, primeira Parte. *Donec corrigatur.* (Decr. 24 Novembris 1655.)

Calandrini Scipione. Trattato dell' origine delle Heresie, e delle Schisme, che sono nate nella Chiesa di Dio, et de' rimedi, che si deeno usare contra di quelle. (Decr. 16 Decembris 1605.)

Caldori Carlo. Del Sacrosanto Sacrificio della Messa per li Sacerdoti novelli. (Decr. 29 Augusti 1690.)

Calendarium Gregorianum perpetuum. *Editionis Francofurti.* (Decr. 7 Augusti 1603.)

Calendarium Tyrnaviense ad annum Jesu Christi 1721, primum post Bissextilem ad meridianum Tyrnaviensem, opera et studio cujusdam Astrophili. (Decr. 29 Julii 1722.)

Calendrier des Heures à la Janseniste de la seconde édition. (Decr. 16 Julii 1651.)

Calenus Henricus. *Vide* Fromondus.

Calfhillus Jacobus. (1 Cl. App. Ind. Trid.)

Calixtus Georgius. *Opera omnia.* (Decr. 22 Decembris 1700.)

Calvaire profané (le), ou le Mont Valérien usurpé par les Jacobins réformez du faux-bourg S.-Honoré. (Decr. 22 Decembris 1700.)

Calvinus Antonius. (1 Cl. Ind. Trid.)

Calvinus Joannes. (1 Cl. Ind. Trid.)

Calvinus, *seu* Kahl Joannes. Lexicon Juridicum Juris Cæsarei simul, et Canonici. (Decr. 4 Julii 1661.)

Camdenus Guilielmus. *Vide* Anglica.

Cambronne (Mr. de) Chanoine de Clermont. Lettre écrite à Monseigneur l'Evêque de Beauvais, *cujus initium :* Ayant appris dans le public ; *finis vero :* et un respectueux attachement. (Decr. 17 Februarii 1717.)

Camerarius Joachimus. (C. Ind. Trid.)

Camerarius Joannes. Philosophia moralis Christiana, continens tres Dissertationes. i, de rectitudine et pravitate actuum humanorum, ii, de libero arbitrio. iii, de concursu Divino. (Decr. 23 Aprilis 1654.)

Camerarius Philippus. Operæ horarum subcisivarum, sive Meditationes Historicæ. (Decr. 7 Augusti 1603.)

Cammarata, et Poyo Phil ppus. Responsa decisiva. (Decr. 1 Decembris 1687.)

Campagne de Rome, par Charles Didier. (Decr. 20 Junii 1844.)

Campanella Thomas. *Opera, quæ Romæ impressa, aut approbata non sunt, cum Auctor pro suis ea non agnoscat.* (Decr. 21 Aprilis 1632.)

Campanus Joannes, *qui scripsit contra Trinitatem.* (1 Cl. Ind. Trid.)

Campiglia Alessandro. Delle Turbolenze della Francia in vita del Re Henrico il Grande. *Donec corrigatur.* (Decr. 16 Martii 1621.)

Campomanes D. Pedro Rodriquez. Tratado de la Regalia de Amortizacion.... (Decr. 5 Septembris 1825.)

Camus Hieronymus (le). Judicium de nupera Isaaci Vossii ad iteratas P. Simonii objectiones responsione. (Decr. 1 Decembris 1687.)

Canale Floriano. Del Modo di conoscere, et sanare i maleficiati, et dell'antichissimo, et ottimo uso del benedire. (Decr. 20 Septembris 1706.)

Cancerinus Nicolaus. (1 Cl. App. Ind. Trid.)

Candide. *Vide* Mémoires de Candide.

Candido, o l'Ottimismo del Signor Dottor Ralph tradotto in Italiano. (Decr. 14 Maii 1762.)

Candidus Eusebius. Plausus luctificæ mortis. (App. Ind. Trid.)

Candidus Joannes. (1 Cl. App. Ind. Trid.) (Decr. 16 Decembris 1605.)

Candidus Pantaleon. Annales, seu Tabulæ chronologicæ.

— Epitaphia antiqua, et recentia.

Canfelt Benedetto (da). Regola di perfezione, la quale contiene un breve, e chiaro compendio di tutta la vita spirituale, tradotta dalla lingua Latina nell' Italiana dal P. F. Modesto Romano. (Decr. 29 Novembris 1689.)

Cannerius Joannes. (1 Cl. Ind. Trid.)

Canone (del) nella Messa. *Vide* Pronunzia.

Canturani Selvaggio. *Vide* Storia della Chiesa. *Vide* Storia profana.

Canzius Israël Theophilus. Philosophiæ Leibnitianæ, et Wolfianæ usus in Theologia. (Decr. 13 Aprilis 1739, et 16 Maii 1753.)

Canzius Israël Gottlieb. Compendium Theologiæ purioris. (Decr. 24 Augusti 1772.)

Capassi Gerardus. Conclusiones ex Philosophia ac Theologia selectæ pro solemniis Divi Dominici propugnandæ a Fr. Henrico Antonio Verzelli in Conventu SS. Annunciatæ de Florentia. (Decr. 1 Aprilis 1688.)

Capellis Franciscus Maria (de). Circulus aureus, seu breve Compendium Cæremoniarum, quibus passim ad suas, et proximi utilitates Præsbyteris uti contingit. (Decr. 4 Decembris 1725.)

Capellus Ludovicus. *Vide* Syntagma Thesium.

Capilupus Lælius. Cento ex Virgilio de vita Monachorum, quos vulgo Fratres appellant. *Nisi fuerit expurgatus.* (Ind. Trid.)

Capita Fidei Christianæ contra Papam, et portas Inferorum. (Ind. Trid.)

(App. Ind. Trid.)

Capite Fontinm Christophorus (a). De necessaria correctione Theologiæ Scholasticæ.

— Novæ illustrationes Christianæ Fidei adversus Impios, Libertinos, Atheos, Epicureos, et omne genus Infideles, Epitome.

— De Missæ Christi ordine, et ritu.

— *Reliqua vero ipsius Opera prohibentur, donec corrigantur.*

Capito Wolfgangus. (1 Cl. App. Ind. Trid.)

Capitolo d'Averano Seminetti. *Vide* Scelta di prose, e poesie.

Capitolo del Cav. Cini. *Vide* Scelta di prose, e poesie.

Capitolo di Orazio Persiani. *Vide* Scelta di prose, e poesie.

Capo Finto. (Ind. Trid.)

Capoa Lionardo (di). Parere divisato in otto ragionamenti. (Decr. 5 Augusti 1693.)

Capocoda Giulio. L'Amore di Carlo Gonzaga Duca di Mantova, e della Contessa Margarita della Rovere. (Decr. 21 Martii 1668.)

Capuro Carlo Francesco. *Vide* Annotazione curiosa, e distinta.

Caramanius Julius Dominicus. (1 Cl. Ind. Trid.)

Caramuel Joannes. Apologema pro antiquissima, et universalissima doctrina de Probabilitate. (Decr. 15 Januarii 1664.)

Cararino, *seu* Carrarino Antonio. Specchio d'Astrologia naturale, il quale tratta dell'inclinazione della natività degl'uomini. (Decr. 3 Julii 1623.)

— Inclinazione, e natura de' sette Pianeti, e de' dodici Segni celesti. (Decr. 3 Julii 1623.)

Caratteri de' giudizj dommatici della Chiesa. *Vide* Cosa è un Appellante.

Carboni Francesco. Le Piaghe dell' Hebraismo. (Decr. 26 Septembris 1680.)

Nisi corrigantur. (App. Ind. Trid.)

Cardanus Hieronymus. De Sapientia libri v.

— De Consolatione libri tres.

— De Rerum varietate libri xvii.

— De Subtilitate libri xxi.

— In Cl. Ptolomæi iv de astrorum judiciis, seu quadripartitæ constructionis libros Commentaria.

— Geniturarum xii Exempla.

— De Exemplis centum Geniturarum

— De Judiciis Geniturarum.

Et reliqua Opera omnia, quæ de Medicina non tractant.

Cardinale, Bischöfe, und Priester, etc. — *Id est :* Cardinales, Episcopi, et Sacerdotes. (Decr. 5 Septembris 1833.)

Cardinalismo (il) di santa Chiesa diviso in tre parti. (Decr. 13 Aprilis 1669.)

Carega Francesco. Su la legge del Divorzio. Dissertazione. Genova dalla Stamperia di G. Grossi. 1808. (Decr. 27 Januarii 1817.)

Carerius Alexander. De Potestate Romani Pontificis adversus impios Politicos libri duo. *Donec corrigantur.* (Decr. 7 Augusti 1603.)

Carion, *seu* Cario Joannes. (1 Cl. Ind. Trid.)

Carlymmeshin Eusebius. Antilogia, seu juridico-historica defensio, et responsio ad præjudicia Ecclesiasticæ Hierarchiæ, Clero Cathedrali, et Ordini D. Benedicti illata a D. Augustino Erath. (Decr. 13 Julii 1717.)

Carmina amicorum in honorem nuptiarum Stephani Isaaci. (App. Ind. Trid.)

Carmina et Epistolæ de conjugio ad Davidem Chytræum. (App. Ind. Trid.)

Caroli Magni. Opus contra Synodum, quæ in partibus Græciæ pro adorandis Imaginibus gesta est. (Ind. Trid.)

Carolostadius Andreas. *Vide* Bodenstein.

Caronus Raymundus. Apostolicus Evangelicus Missionariorum Regularium per universum mundum, cum obligatione Pastorum quoad manutenentiam Evangelii. *Donec corrigatur.* (Decr. 8 Martii 1662.)

Caro (Tito Lucrezio). *Vide* Filosofia.

Carové Frid. Gulielmus. Kosmorama. Eine reihe von studien zur orientirung in natur, etc. — *Latine vero :* Cosmorama : series studiorum pro cognitione naturæ historiæ, regiminis, philosophiæ, et religionis assequenda. (Decr. 7 Julii 1835.)

— Der Saint-simonismus und die neuere französische Philosophie. — *Id est :* Sansimonismus et recentior philosophia gallica. (Decr. 7 Julii 1835.)

— Un partheiische Betrachtungen über das gesetz des geistl. Cœlibats, etc. v. d. Prof. C. A. P. mit Einleitung Anmerkungen, etc. V. D. Friedrich Wilhelm Carové. — *Latine vero :* Commentationes de Ecclesiastici Cœlibatus lege, et solemni castitatis voto sine studio partium propositæ a Prof. C. A. P. ex Italico in germanicum sermonem translatæ. Cum introductione, animadversionibus, etc., editæ a Frid. Gulielmo Carové. Vollständige sammlung der Cœlibat gesetze, etc. v. d. F. W. Carové. — *Id est :* Completa collectio legum de Cœlibatu, etc. Cum animadversionibus F. G. Carové *conjunctim et seorsim.* (Decr. 7 Julii 1835.)

— Die letzten dinge des Römischen Katholicismus in Deutschland. — *Latine vero :* Postrema rerum seu postrema tempora Romanæ Catholicæ Ecclesiæ in Germania, auctore Frid. Gul. Carové. (Decr. 7 Januarii 1836.)

Carpovius Jacobus. Theologia revelata Dogmatica, methodo scientifica adornata. (Decr. 14 Aprilis 1755.)

(Decr. 24 Novembris 1655.)

Carpzovius, *seu* Carpzov Benedictus. Practica nova Imperialis Saxonica rerum Criminalium in partes tres divisa.

— Commentarius in legem regiam Germanorum, sive Capitulationem Imperatoriam.

— Decisiones illustres Saxonicæ rerum, et quæstionum Forensium.

— Decisionum illustrium Saxonicarum Pars II, et III.

— Centuriæ juridicarum positionum de juribus fœminarum singularibus. (Decr. 8 Martii 1662.)

— Jurisprudentia Ecclesiastica, seu Consistorialis rerum, et quæstionum in Electoris Saxoniæ Senatu Ecclesiastico, et Consistorio supremo decisarum. (Decr. 15 Maii 1714.)

— Methodus de studio Juris recte, ac feliciter instituendo. *Vide* Manuductio ad universum Jus Civile.

Carpzovius Joannes Benedictus. Isagoge in libros Ecclesiarum Lutheranarum Symbolicos. (Decr. 13 Martii 1679.)

— Notæ in Wilhelmum Schickardum. *Vide* Schickardus.

Carrança Bartholome. Commentarios sobre el' Catechismo Christiano. (App. Ind. Trid.)

Carrarino. *Vide* Cararino.

Carré de Montgeron (Mr.) La Vérité des miracles opérés à l'intercession de M. de Pâris, et autres Appellans. (Decr. 18 Februarii 1739.)

Carriere Franciscus. Historia Chronologica Pontificum Romanorum, cum præsignatione futurorum ex S. Malachia. *Donec corrigatur.* (Decr. 11 Decembris 1700.)

Carrozzi (Avvocato Giuseppe). Le prescrizioni sul diritto del Matrimonio,.... con i Commenti a ciascum Articolo estratti dal Commentario sul Codice Civile Universale.... del ch. Sig. Zeiller esposti (*ab illo*) con alcune addizioni. Milano 1815. (Decr. 22 Decembris 1817.)

Cartas de hum amigo a outro sobre as Indulgencias. (Decr. 6 Septembris 1824.)

Carta escrita al Papa Pio Settimo (*sub prætenso nomine Principis Caroli Mauritii Talleyrand*). Decr. 6 Septemb. 1824.)

Carta que el Presbitero D. Antonio Bernabeu escribe al III.mo Senor D. Simon Lopez Arzobispo de Valencia vindicando el Sacerdocio y el Patriotismo, etc. (Decr. 5 Septembris 1825.)

Cartas de Don Roque Leal a un Amigo suyo sobre la representacion del Arzopispo de Valencia a las Cortes fecha a 20 Octobre 1820, *quæ prænotantur :* 1, Recursos de Fuerza. 2, Fuero Eclesiastico. 3 et 4, Diezmos. 5 et 6, Bienes Ecclesiasticos. 7, 8 et 9, Supresion de Monasterios. 10, Jesuitas. 11, 12 et 13, Sujecion de los Regulares, a la jurisdiccion de los obispos. 14 et 15, Disciplina externa. (Decr. 17 Decembris 1821.)

Carta XVI, XVII del Compadre. (Decr. 26 Augusti 1822.)

Carlerius Ludovicus. Justa expostulatio de P. M. Xante Mariales. (Decr. 2 Octobris 1673.)

Carteromaco Niccolò. Ricciardetto. (Decr. 13 Aprilis 1739.)

Donec corrigantur. (Decr. 20 Novembris 1663.)

Cartes Renatus (des). Meditationes de prima Philosophia, in quibus Dei existentia, et animæ humanæ a corpore distinctio demonstrantur.

— Notæ in Programma quoddam sub finem anni 1647, in Belgio editum cum hoc titulo: Explicatio mentis humanæ, sive animæ rationalis.

— Epistola ad Patrem Dinet Societatis Jesu Præpositum Provincialem per Franciam.

— Epistola ad Gisbertum Voetium, in qua examinantur duo libri pro Voetio editi.

— Passiones animæ, Gallice ab Auctore conscriptæ, nunc autem latina civitate donatæ.

— Opera Philosophica.

— Meditationes de prima Philosophia, in quibus adjectæ sunt utilissimæ quædam animadversiones ex variis Auctoribus collectæ. *Amstelodami* 1709. (Decr. 29 Julii 1722.)

Cartwrightus Thomas. (1 Cl. App. Ind. Trid.)

Carvajalus Ludovicus. Dulcoratio amarulentiarum Erasmicæ responsionis ad Apologiam ejusdem Ludovici. *Donec corrigatur.* (App. Ind. Trid.)

Casalas Joannes. Candor lilii, seu Ordo Prædicatorum a calumniis Petri a Valle-clausa vindicatus. (Decr. 17 Novembris 1664.)

Casalicchius Carolus. Tuta conscientia, seu Theologia Moralis: (Decr. 9 Februarii 1683.)

Casanova de Seingalt. *Vide* Mémoires.

Casaubonus Isaacus. De Rebus sacris et Ecclesiasticis Exercitationes ad Cardinalis Baronii Prolegomena, et primam Annalium partem. (Decr. 12 Decembris 1624.)

— Epistolæ quotquot reperiri potuerunt. Adjecta est Epistola de morbi ejus, mortisque causa, deque iisdem narratio Raphaelis Thorii. (Decr. 26 Octobris 1640.)

Casaubonus Isaacus. Corona Regia, id est Panegyrici cujusdam, quem Jacobo I Britanniæ Regi delinearat, fragmenta ab Euphormione in lucem edita. (Decr. 18 Decembris 1646.)

Caselius, seu Chaselius Georgius. (1 Cl. Ind. Trid.)

Casibus (de) reservatis in Fulginati Ecclesia, Morale Opusculum, in quo varia ad S. Theologiam Moralem pertinentia Dubia ad trutinam revocantur, ac breviter expediuntur, illius Facultatis Tyronibus apprime perutile, ab Antonio Marcellio Priori Parocho Ecclesiæ Insignis Collegiatæ SS. Salvatoris Fulginiæ concinnatum. Fulginei 1810. Typis Francisci Fofi cum permiss. (Decr. S. Officii, 28 Martii 1817.)

Casimirus Tolosas. Atomi Peripateticæ, sive tum veterum, tuum recentiorum Atomistarum placita. Tom. II, III, IV, V et VI. *Donec corrigantur.* (Decr. 31 Martii 1681.)

Casmannus, *seu* Casmanus Otho. Rhetoricæ Tropologiæ præcepta. (Decr. 7 Augusti 1603.)

Cassander (Georgius) Brugensis. Hymni Ecclesiastici, præsertim qui Ambrosiani dicuntur, cum Scholiis opportunis in locis adjectis. (Ind. Trid.)

—Opera, quæ reperiri potuerunt omnia. Epistolæ 117, et colloquia duo cum Anabaptistis. (Decr. 2 Decembris 1617.)

Cassiani (Joannis) Diaconi Constantinopolitani Collatio de libero arbitrio. *Editionis Haganoæ per Joannem Secerium* 1527. (App. Ind. Trid.)

— Opera delle Costituzioni de' Monachi. *Vide* Buffi.

Cassiodorus Petrus. (1 Cl. App. Ind. Trid.)

Castaldus Joannes Baptista. Pacificum certamen, seu in Julii Nigroni Opusculum de S. Ignatio, et B. Cajetano Thienæo animadversiones. (Decr. 21 Aprilis 1693.)

Castalio, *seu* Castellio Sebastianus. (1 Cl. Ind. Trid.)

— Dialogi Sacri. (App. Ind. Trid.)

— De Christo imitando, contemnendisque mundi vanitatibus, auctore Thoma Kempisio libri quatuor, interprete Sebastiano Castellione. (Decr. 4 Decembris 1725.)

Castellanus Joannes. (1 Cl. Ind. Trid.)

Castello Bartolomeo (de). Dialogo dell' unione spirituale di Dio con l'anima. (Decr. 8 Martii 1584.)

— *Idem*: Dialogo dell'unione dell'anima con Dio. (Decr. 7 Augusti 1603.)

Castelvetro Ludovico. *Opera omnia. Donec expurgentur.* (App. Ind. Trid.)

Casti Giambattista. Novelle amene. (Decr. 2 Julii 1804.)

— Animali parlanti. Poema Epico in ventisei Canti. Vi sono in fine aggiunti quattro apologhi. (Decr. 26 Augusti 1805.)

Castiglione Baltassar. Il Cortegiano. *Nisi fuerit ex correctis juxta editionem Venetam anno* 1584. (Decr. 3 Julii 1623.)

Castillo Sotomajor Joannes (del). De Tertiis debitis Catholicis Regibus Hispaniæ ex fructibus et rebus omnibus quæ decimantur. (Decr. 18 Decembris 1646.)

Castoriensis Joannes Episcopus. Amor pœnitens, sive de Divini amoris ad pœnitentiam necessitate, et recto clavium usu libri duo. *Suspensus, donec corrigatur.* (Decr. 20 Junii 1690.)

Casus Joannes. Sphæra Civitatis, hoc est Reipublicæ recte ac pie secundum leges administrandæ ratio. *Donec corrigatur.* (App. Ind. Trid.)

Casus (ad) Conscientiæ. *Vide* Libellus inscriptus.

Catalano Niccolò. Fiume del terrestre Paradiso. Discorso sopra l'antica forma dell' abito Minoritico da S. Francesco d'Assisi instituita, e portata. (Decr. 10 Junii 1558.)

Catalogue du Pape, et de Moyse. (Ind. Trid.)

Catalogus Testium veritatis. *Vide* Flacius Illyricus.

Cataneus Hieronymus. Panegyricus de institutione Collegii Germanici et Ungarici, *Donec corrigatur.* (Decr. 5 Octobris 1652.)

Catechesi, ovvero Instruzione del Cristiano composta di varie distinzioni cavate dal Catechismo Romano, dal Bellarmino, e da altri Autori. (Decr. 2 Julii 1686.)

Catechesis Religionis Christianæ, quæ traditur in Ecclesiis et Scholis Palatinatus (App. Ind. Trid.)

— *Et celeræ omnes Hæreticorum Catecheses*. *Vide Decreta*. § 1, *num.* 7.

Catechesis, sive prima institutio, aut rudimenta Religionis Christianæ Hebraice, Græce, Latine explicata. *Lugduni Batavorum ex Officina Plantiniana apud Franciscum Raphelengium*. (App. Ind. Trid.)

Catechism (a) for those that are more advanced in years and knowledge. *Id est : Catechismus pro illis, qui ætate, et scientia sunt maturiores*. (Decr. 12 Januarii 1735.)

Catechism, or abridgment of Christian Doctrine. *Id est : Catechismus, seu synopsis Christianæ Doctrinæ*. (Decr. 7 Decembris 1734.)

Catéchisme, ou Abrégé de doctrine touchant la Grâce Divine, selon la Bulle de Pie V, Grégoire XIII, Urbain VIII. Antidote contre les erreurs du temps; par un Docteur de la 3. Theol. de Douay. (Decr. 6 Octobris 1650.)

Catéchisme (le) du Genre Humain; *sine annotatione nominis Auctoris et loci*, 1789. (Decr. 28 Martii 1791.)

Catéchisme de la Grâce. (Decr. 6 Octobris 1650.)

Catéchisme Historique et Dogmatique sur les contestations qui divisent maintenant l'Eglise; où l'on montre quelle a été l'origine et le progrès des disputes présentes. (Decr. 6 Februarii 1732.)

— Suite du Catéchisme Historique et Dogmatique. (Decr. 11 Martii 1754.)

Catéchisme véritable des croyants (le). *Vide* Dubois.

Catéchisme de l'honnête Homme. *Vide* Ouvrages philosophiques.

Catechismi (simplicissima et brevissima) expositio. (Ind. Trid.)

Catechismo (breve) sulle Indulgenze secondo la vera Dottrina della Chiesa, proposto dal Vescovo di Colle ai suoi Parrochi per servirsene d'istruzione ai loro Popoli. In Colle 1787, *sive seorsim, sive conjunctim cum aliis Libris*. (Decr. 9 Decembris 1793.)

Catechismo, cioè Formulario per ammaestrare i fanciulli nella Religione Cristiana fatto in modo di Dialogo. (Ind. Trid.)

Catechismo della Dottrina Cristiana, e de' Doveri sociali ad uso dei Licei, e Collegii Reali delle scuole primarie del Regno. Napoli 1816. (Decr. 17 Martii 1817.)

Catechismo del Galantuomo dedicato al Fanciullo Federico de Vecchi. Zara. Presso Domenico Fracasso con permissione; *sine annotatione anni*. (Decr. 2 Julii 1804.)

Catechismo esposto in forma di Dialoghi sulla Comunione. *Vide* Comunione del Popolo nella Messa.

Catechismo, nel quale le controversie principali di questo tempo sono brevemente decise per la parola di Dio, tradotto in lingua Italiana, ed accresciuto. (Decr. 12 Septembris 1714.)

Catechismo per i fanciulli ad uso della Città, e Diocesi di Motola. In Napoli 1789. (Decr. 9 Decembris 1793.)

Catechismo Repubblicano, ovvero verità elementari su i diritti dell' Uomo, e sue conseguenze in società, adattate alla capacità de' Cittadini poco esperti, da Francesco Maria Bottazzi Sacerdote Professore di Teologia, e Filosofia. — *Indoctos ipse doceto : Propaganda etenim rerum doctrina bonarum*. (Decr. 2 Julii 1804.)

Catechismo sulle Indulgenze secondo la vera Dottrina della Chiesa proposto dal Vescovo di Colle ai suoi Parrochi per servirsene d'istruzione ai loro Popoli. *Opusculum jam prohibitum* (Decr. 9 Decembris 1793); *nunc denuo vulgatum*. (Decr. 6 Septembris 1824.)

Catechismo universale. *Vide* Educazione, ed istruzione Cristiana.

Catechismus Christianæ Catholicæ Religionis, etc. *Vide* Katechismus der Christkatholischen, etc.

Catechismus, hoc est brevis instructio de præcipuis capitibus Christianæ doctrinæ, pro Ecclesia Antuerpiensi, quæ Confessionem Augustanam profitetur. App. Ind. Trid.)

— *Et ceteri omnes Hæreticorum Catechismi*. *Vide Decreta*, § 1, *num.* 7.

Catechismus Jesuitarum, sive examen eorum Doctrinæ. (Decr. 12 Decembris 1624.)

Catechismus ofte korte-leeringhe van de Gratie, etc. *Id est : Catechismus, seu brevis doctrina de Gratia, ex Gallico idiomate in Flandricum translatus*. (Decr. 9 Septembris 1688.)

Catechismus, sive explicatio Symboli Apostolici. (Ind. Trid.)

Catechismus super Evangelium Marci. (Ind. Trid.)

Catechismus Oder Milchd des Goettichen Wortes. *Vide* Knopffer.

Catechista (il), ossia Istruzione Cristiana esposta in brevi Dialoghi famigliari ad uso dei Maestri del Catechismo Cattolico. Lugano nella Stamperia di Francesco Valedini, e Compagni. 1815. (Decr. S. Officii 30 Julii 1817.)

Catena preziosa de' Schiavi della Santissima, et immacolata Regina del Cielo Madre di Dio. (Decr. 2 Octobris 1675, et Brev. Clem. X, 13 Decembris 1673.)

Catharinus Ambrosius. *Vide* Politus.

Catholicæ Ecclesiæ, etc. *Vide* Katholischen Kirche, etc.

Catholick Christians new the universal manual, being a true spiritual guide for those, who ardently aspire to salvation. — Containing amongst other requisites, some elevated hymns and necessary devotions, never published before in this Kingdom being absolutely necessary for all Roman Catholicks in general. Permissu Superiorum. London. Printed in the year 1767. *Id est :* Novum universale Christianorum Catholicorum Manuale, quo tamquam a spirituali ductore manuducuntur, qui ad salutem ardenter aspirant. Continet inter alia necessaria hymnos nonnullos sublimes, et necessarias preces, ante in hoc Regno numquam publicatas, quibus generatim indiget omnino quilibet Catholicus Romanus. Permissu Superiorum. Londini impressum anno 1767. (Decr. 26 Martii 1770.) *Hæc editio et quælibet alia juxta eamdem*.

Cato (Hieronymus) Pisauriensis. (1 Cl. Ind. Trid.)

Cato Uticensis redivivus ad amplissimos archidiœceseos Ultrajectensis, et diœceseos Harlemiensis Capitulares viros. Pro aris, et focis. (Brevi Clement. XI, 4 Octobris 1707.)

Cattaneus Octavius. Cursus Philosophici Tomus IV, complectens quæstiones, et disputationes in universam Aristotelis Metaphysicam. *Donec corrigatur.* (Decr. 14 Martii 1679.)

Cattolicismo della Chiesa d'Utrecht (del), e delle altre Chiese d'Olanda appellanti, ossia Analisi critica, e Confutazione del Libro, che ha per titolo : Storia compendiosa dello Scisma della nuova Chiesa d'Utrecht diretta a Monsig. . . . . Vescovo di . . . . da D. A. D. C. Ferrara per Francesco Pomatelli 1785, in Milano MDCCLXXXVI nella Stamperia di Francesco Pagliani, e Francesco Pulini. (Decr. 4 Junii 1787.)

Catumsyritus Joannes Baptista. Opera : *exceptis iis quæ ab Auctore sunt recognita, Romæ iterum edita, ac probata.* (Decr. 9 Maii 1636.)

(Décr. 27 Januarii 1817.)

Cavallari (Dominici) in Regia Neapolitana Academia Ordinarii Professoris Commentaria de Jure Canonico. Opera posthuma. Neapoli 1788, in sex Tomos (in-4°.) distributa ; apud novam societatem litterariam et Typographicam.

— Ejusdem in Regia Neapolitana Academia Primarii Professoris Institutiones Juris Canonici, quibus vetus et nova Ecclesiæ disciplina enarratur. Bassani 1803, ex Typographia Remondiniana. Tom. 2. (in-8°.)

— Ejusdem Institutiones Juris Canonici in tres partes ac sex Tomos (in-8°) distributæ. Edit. Bassani 1797.

Cave Guilielmus. Scriptorum Ecclesiasticorum Historia litteraria a Christo nato usque ad sæculum XIV. (Decr. 22 Decembris 1700.)

— *Et reliqua omnia ejus opera.*

Causa Arnaldina, seu Antonius Arnaldus Doctor, et Socius Sorbonicus a censura anno 1656 sub nomine Facultatis Theologiæ Parisiensis vulgata vindicatus. *Ex quo continet nonnulla opuscula alias damnata.* (Decr. 8 Aprilis 1699.)

Causæ quare et amplexæ sint, et retinendam ducant doctrinam, quam profitentur Ecclesiæ, quæ Confessionem Augustæ exhibitam Imperatori sequuntur. (Ind. Trid.)

Causæ quare Synodum indictam a Romano Pontifice Paulo III recusarint Principes, Status et Civitates Imperii. (Ind. Trid.)

Causse, *seu* Caussæus (Bartholomæus) Genevensis Minister. *Opera omnia.* (App. Ind. Trid.)

Caylus (de), Charles Gabriel de Thubieres, Evêque d'Auxerre. Lettre à Mr. l'Evêque de Soissons, à l'occasion de ce que ce Prélat dit de lui dans sa première lettre à Mr. l'Evêque de Boulogne. (Decr. 14 Julii 1722.)

— Mandement qui défend de réciter l'Office, qui commence par ces mots : Die 25 Maii in festo Sancti Gregorii VII. (Brevi Benedicti XIII, 17 Septembris 1729.)

— Mandement à l'occasion du miracle opéré dans la Ville de Seingnelay le 6 Janvier 1733. (Brevi Clementis XII, 19 Januarii 1734.)

— Lettre à Mr. l'Evêque de Montpellier à l'occasion de ce que ce Prélat dit de lui dans son Mandement en date du premier Juillet 1742. (Decr. 3 Augusti 1750.)

— Seconde Lettre à Mr. l'Evêque de Montpellier à l'occasion de la Réponse à ce Prélat, en date du premier Avril 1744. (Decr. eod.)

— Les OEuvres. (Decr. 11 Martii 1754.)

Cebà Ansaldo. La Reina Esther Poema. *Donec corrigatur.* (Decr. 16 Martii 1621.)

Celeste Instituzione (la). *Vide* Instituzione.

Celibato (del), ovvero riforma del Clero Romano. Trattato Teologico-Politico del C. C. S. R. con annotazioni del medesimo Autore. In Venezia per Antonio Grazioli 1766. Con licenza de' Superiori. (Decr. 15 Septembris 1766.)

Celibato, Dissertazione, etc. *Vide* Necessità, e utilità del Matrimonio degli Ecclesiastici.

Celichius Andreas. (1 Cl. App. Ind. Trid.)

(Decr. 17 Maii 1734.)

Cellarius Christophorus. Programmata varii argumenti Oratoriis exercitiis in Citicensi Lycæo præmissa ; et Orationes in illustriori consessu recitatæ.

— Historia universalis breviter exposita, in antiquam, et medii ævi, ac novam divisa, cum notis perpetuis.

— Historia antiqua multis accessionibus aucta, cum notis perpetuis.

— Historia medii ævi in tabulis synopticis, et Orationes solemniores in Lycæo Citicensi habitæ.

— Dissertationes Academicæ varii argumenti, in summam redactæ cura Jo. Georgii Walchii.

— Appendix duarum Dissertationum sub præsidio Cellarii habitarum. 1 de Excidio Sodomæ, Auct. Jo. Guilielmo Bajero. II, de Pathmo Lutheri adversus Card. Pallavicinum ab Augustino Antonio.

Cellarius Diethelmus. (1 Cl. Ind. Trid.)

Cellarius Michael. (1 Cl. Ind. Trid.)

Cellotius Ludovicus. De Hierarchia, et Hierarchis libri IX. *Donec corrigantur.* (Decr. 22 Junii 1642.)

— Appendicis Miscellaneæ ad Historiam Gottescalchi Opusculum quartum de libero arbitrio. (Decr. 21 Januarii 1732.)

Celsus Minus. (1 Cl. App. Ind. Trid.)

Cenedo Petrus. Practicæ Quæstiones Canonicæ, et Civiles, recognitæ et auctæ a Joanne Hieronymo Cenedo. (Decr. 18 Decembris 1646.)

Censorini. *Vide* Riflessioni sul discorso istorico-politico.

Censorinus Victorianus. Furfur Logicæ Vernejanæ. (Decr. 16 Maii 1753.)

Censuræ sacræ Facultatis Theologicæ Duacensis in quasdam propositiones de Gratia, depromptas ex Dictatis Philosophicis DD. Lengrand, et Marechal. Accedit Appendix ad causam Professorum primariorum Collegii Regii. Item Mantissa continens censuram in Epistolam scriptam ab Er. D. Pierart S. Th. Licent. *Donec corrigatur.* (Decr. 18 Julii 1729.)

Censura sacræ Facultatis Theologicæ Parisiensis in librum, cui titulus : Amadei Guimenii Lomariensis, olim primarii sacræ Theologiæ Professoris Opusculum, singularia universæ fere Theologiæ Moralis complectens, adversus quorumdam expostulationes. (Brevi Alexandri VII, 25 Junii 1665.)

Censura sacræ Facultatis Theologicæ Parisiensis in librum, cui titulus : La Défense de l'authorité de N. S. P. le Pape, de Nosseigneurs les Cardinaux, les Archevêques et Évêques, par Jacques de Vernant; opera ac studio quorumdam Theologorum Parisiensium. (Brevi Alexandri VII, 25 Junii 1665.)

Centomani Ascanio. Ragioni a pro de' Frati Minori Osservanti della Provincia di S. Nicolo di Bari, con le quali si dimostra non doversi eseguire il Breve, in cui viene eletto il P. Bonaventura da Bisceglia Provinciale. (Decr. 27 Februarii 1737.)

— Nota a pro del Sacerdote D. Giuseppe Nardelli, nella quale si dimostra, che non doveasi interporre l'*Exequatur* Regio al Decreto di Roma destinante Visitatore Apostolico della Diocesi d'Oria Monsignor Lagatti di Bitonto. (Decr. 4 Septembris 1737.)

Ceppi Nicola Girolamo. La Scuola Mabillona, nella quale si trattano quei studj, che possono convenire agli Ecclesiastici. (Decr. 12 Januarii 1735.)

(Decr. S. Officii die 19 Februarii 1834.)

Cerati (l'Abbé) ex-Régent des humanités au Collége d'Ajaccio. — Des usurpations Sacerdotales, ou le Clergé en opposition avec les principes actuels de la société, et du besoin de ramener le culte Catholique à la religion primitive, précédé du récit, etc.

— Des dangers du Célibat, et de la nécessité du mariage des Prêtres.

Cerberus (Otho) Pabergensis. (1 Cl. Ind. Trid.)

Cérémonies, et coutumes religieuses de tous les peuples du Monde, représentées par des figures dessinées de la main de Bernard Picard, avec une explication historique et quelques Dissertations curieuses. (Decr. 28 Julii 1738, 13 Aprilis 1739 et 10 Maii 1757.)

Cerfool. *Vide* la Gamalogia.

Cerri Urbano. *Vide* Steele.

Cevallerius Antonius, seu Antonius Rodolphus. (1 Cl. App. Ind. Trid.)

— Thesaurus Linguæ Sanctæ Sanctis Pagnini. *Vide* Mercerus.

Cevallos Hieronymus. *Vide* Cævallos.

Cevasco Gio. Giacomo. La Quaresima dell' anima, Meditazioni. *Donec corrigatur.* (Decr. 15 Junii 1714.)

Châlons, Gaston Evêque (de). *Vide* Noailles.

Chabo J. Auguste. Paroles d'un Voyant en réponse aux paroles d'un Croyant de Mons' l'Abbé de La Mennais. (Decr. 7 Julii 1835.)

— Philosophie des révélations, adressée à M. le professeur Lerminier par A. Chaho, de Navarre. (Decr. 23 Junii 1836.)

Chais Charles. Lettres historiques et dogmatiques sur les Jubilés et les Indulgences, à l'occasion du Jubilé universel célébré à Rome par Benoit XIV, l'an 1750, et étendu à tout le Monde Catholique Romain an 1751, tom. 3. (Decr. 1 Septembris 1760.)

Chalcondylas Laonicus. *Vide* Clauserus.

Chambers Effraimo. Dizionario universale delle Arti, et delle Scienze, etc., traduzione esatta ed intera dall'Inglese, etc.

— *Idemque inscriptum* : Ciclopedia, ovvero Dizionario universale, etc., tradotto dall'Inglese, etc. (Decr. 19 Maii 1760.)

Chandelle d'Arras (la). Poëme héroïcomique en XVIII Chants. (Decr. 16 Junii 1766.)

Chapelle Armand (de la). Lettres d'un Théologien Réformé à un Gentilhomme Luthérien. (Decr. 28 Julii 1742.)

Charitopolitanus Alithophilus. Manuale Catholicorum hodiernis controversiis àmice componendis maxime necessarium. (Decr. 31 Maii 1663.)

— Manuale Catholicorum ad devitandas ex mente Apostoli profanas vocum, doctrinarumque novitates, ex Conciliis atque antiquis Patribus fideliter contextum. (Decr. 2 Septembris 1727.)

Charke Guilelmus. (1 Cl. App. Ind. Trid.)

Charp (Mr.) Histoire naturelle de l'Ame traduite de l'Anglois par feu M. H. de l'Académie des Sciences. (Decr. 7 Februarii 1748.)

Charron Pierre. De la Sagesse, trois livres. (Decr. 16 Decembris 1705.)

Chassaing Bruno. Privilegia Regularium, quibus aperte demonstratur, Regulares ab omni Ordinarium potestate exemptos esse. (Decr. 4 Junii 1661.)

Chasteau Lambertus. Theses ex universa Theologia, quas D. Thoma favente tueri conabitur in trium Coronarum Gymnasio, Coloniæ. (Decr. 11 Martii 1704.)

Chemnicius, seu Kemnitius Martinus. (1 Cl. App. Ind. Trid.)

Chemnicius Matthæus. (1 Cl. App. Ind. Trid.)

Cherbury Edoardus (de). *Vide* Herbert.

Chesne Jean Baptiste (du). Histoire du Baïanisme, ou de l'Hérésie de Michael Bajus. (Decr. 17 Maii 1734.)

Chesne Martinus (du). Disquisitiones duæ de gratuita prædestinatione et de gratia seipsa efficaci. (Decr. 8 Maii 1697.)

Chevignard A. T. Nouveau Spectacle de la Nature. (Decr. 26 Martii 1825.)

Chiara Stefano (di). *Vide* Memoria per la consagrazione, etc.

Chiavetta Joannes Baptista. Trutina, qua Josephi Balli sententia eo libro contenta, cujus titulus est : *Ænigma dissolutum de modo existendi Christi Domini sub speciebus panis et vini*, expenditur. (Decr. 12 Maii 1655.)

Chierico Lombardo. *Vide* Emende sincere.

Chiesa Stephanus. Epistolica Dissertatio Scoti-Thomistica super facti quæstione, utrum Doctor Angelicus docuerit B. Virginem fuisse immunem a peccato originali ; cui accessit duplex Dissertatio circa B. Virginis Conceptionem. *Donec corrigatur.* (Decr. 18 Julii 1729.)

Chiesa (la), e la Repubblica dentro i loro limiti. — Concordia discors — 1768. (Decr. 12 Augusti 1769.)

Chiesa Subalpina. *Vide* Morardi G.

Chirulli Isidoro. Istoria Chronologica della Franca Martina. (Decr. 2 Augusti 1751.)

Chlorus Firmianus, *qui, et Petrus Viretus.* (1 Cl. Ind. Trid.)

Cholinus Petrus. (1 Cl. Ind. Trid.)

Choquetius Hyacinthus. Mariæ Deiparæ in Ordinem Prædicatorum viscera materna. *Donec corrigatur.* (Decr. 22 Januarii 1642.)

Choreander Johannes. (1 Cl. App. Ind. Trid.)

Choveronius Bermondus. In Sacrosanctioris Lateranensis Concilii Titulum de publicis Concubinariis Commentarii. *Donec corrigantur.* (Decr. 7 Augusti 1603.)

Choyseul (Gilbert du Plessy-Prastain de) Evêque de Cominge, *deinde vero Tornacensis.* Ordonnance sur la publication qu'il a faite dans le Synode Diocésain de Cominge le 9 Octobre 1652, de la Constitution du Pape Innocent X. (Decr. 23 Aprilis 1654.)

— Epistola ad D. Martinum Steyaert de Potestate Ecclesiastica. (Decr. 13 Octobris 1688.)

Christelycke Leeringhe (de), gedeelt in diverske Liedekens, seer dienstigh voor de ouders en de haer kinderen. Uyt gegeven door eenen Lief hebber van den Catechismus, om in de selve gebruyckt te worden. *Id est : Christiana doctrina plures in Cantiones divisa, valde utilis pro parentibus, eorumque filiis, edita per amatorem Catechismi, ut illis sit usui.* (Decr. 6 Augusti 1682.)

Christenius Joannes. De Causis matrimonialibus Dissertationes. (Decr. 5 Octobris 1688, et 29 Maii 1690.)

Christiana Fidei Professio. *Vide* Christliches glaubens, etc.

Christiana Institutio. (Ind. Trid.)

Christianæ juventutis crepundia. (Ind. Trid.)

Christianisme dévoilé (le) ou examen des principes et des effets de la Religion Chrétienne. (Decr. 26 Januarii 1823.)

Christiano (il) interiore, ovvero la conformità interiore, che devono havere li Christiani con Giesù Christo. Opera tradotta dalla lingua Francese nell' Italiana da Alessandro Cenami. (Decr. 29 Novembris 1689.)

Christliches Glaubens - bekenntniss des Pfarrers Henhœfer, etc.

— *Latine vero :* Christiana Fidei Professio Parochi Henhœfer in Mulhausen, suo Populo, et suis olim Auditoribus, et Amicis dedicata. (Decr. 19 Januarii 1824.)

Chronologia ex sacris litteris. *Nisi expurgetur.* (App. Ind. Trid.)

Chronologicarum rerum libri duo. *Nisi expurgentur.* (App. Ind. Trid.)

Chronologie Septenaire, ou l'Histoire de la paix entre les Rois de France et d'Espagne, contenant les choses les plus mémorables depuis l'an 1598, jusqu'à la fin de l'an 1605, par P. V. P. C. (Decr. 16 Decembris 1605.)

Chrysippus, sive de libero arbitrio Epistola circularis ad Philosophos Peripateticos. (Decr. 23 Aprilis 1654.)

Chrysostome S. Jean. *Vide* Homélies et Notæ.

Chumillas Julian. Retractatorias vozes, que levanta à el Cielo el nemor, postrado con ansias de bolver à la gracia de su padre. (Decr. 21 Aprilis 1693.)

Churrerus Conradus. (1 Cl. App. Ind. Trid.)

Churrerus Gaspar. (1 Cl. Ind. Trid.)

Chute (la) d'un ange, épisode de M. Alphonse de Lamartine. (Decr. 14 Janvier 1839.)

Chytræus David. (1 Cl. App. Ind. Trid.)

— Liber de auctoritate, et certitudine Christianæ doctrinæ, ac ratione discendi Theologiam. (Ind. Trid.)

Chytræus Nathan. (1 Cl. App. Ind. Trid.)

Ciaffoni Bernardino. Apologia in favore de' SS. Padri, contra quei, che nelle materie morali fanno de'medesimi poca stima. (Decr. 26 Octobris 1761.)

Ciammaricone Filippo. Historia sagra di S. Veneranda Parasceve Cittadina di Sezza. *Nisi corrigatur Epistola ad Academicos Setinos.* (Decr. 4 Martii 1709.)

Cicceide (la). (Decr. 29 Maii 1690.)

(Decr. 25 Januarii 1684.)

Cicogna Michele. L'Amore immenso di Giesù manifestato ne' duri patimenti nella sua amara passione.

— Ambrosia celeste, o soave cibo dell'anima contemplativa.

— Fontana del divino amore.

— Ricreationi del cielo espresse nelle narrationi di varie vite de' Santi.

(Decr. 21 Novembris 1690.)

— Fiamme d'amor divino dell'anima desiderosa di fare tutto il bene, e d'impedire tutto il male.

— Memorie funeste de'fatti dolorosi occorsi nella passione dell'Unigenito Figlio di Dio.

— Pascoli di devotione all'anime desiderose di perfetione Cristiana.

— Tributi di pietà, o sia raccolta di varie divotioni da farsi da' fedeli.

— Cristo Giesù appassionato, ovvero contemplationi fruttuose per indrizzar l'anima nello spirito. (Decr. 21 Aprilis 1693.)

— Idea del cor humano rappresentata in figure unite a divoti soliloquj. (Decr. 12 Martii 1703.)

— Sacri Trattenimenti, che contengono varie considerationi sopra la passione di N S. Giesù Cristo. (Decr. 15 Jan. 1714.)

Cicogna *seu* Cigogna Strozzi, Palagio degl'incanti, et delle gran maraviglie degli spiriti, e di tutta la natura loro. (Decr. 17 Decembris 1623.)

Cicognini Giacinto Andrea. La Forza dell' amicitia. Opera tragica. (Decr. 18 Maii 1677.)

Ciconia Vicentius. Enarrationes in Psalmos. *Donec corrigantur.* (App. Ind. Trid.)

Cinquième Empire (le), ou Traité dans lequel on fait voir qu'il y aura un cinquième Empire sur la terre, qui sera plus grand que celui des Assyriens, des Perses, des Grecs, et des Romains. (Decr. 21 Aprilis 1693.)

Cioffius Petrus. Quæstiones quatuor de sacris figurativis. (Decr. 23 Augusti 1634.)

Circulus charitatis divinæ. (App. Ind. Trid.)

Cisnerus Nicolaus. Orationes de Vita Othonis III, et Friderici II, Imperatorum, et de Conrado ultimo Sueviæ gentis Principe. (Decr. 10 Maii 1613.)

— Alberti Krantzii Saxonia. *Vide* Krantzius.

Civitella (Felicianus de). (1 Cl. App. Ind. Trid.)

Clajus (Joannes) Hertzbergensis. (1 Cl. App. Ind. Trid.)

Clamengiis (Nicolaus de). *Vide* Clemangiis.

Clapmarius Arnoldus. *Opera omnia.* (Decr. 7 Septembris 1609.)

Clarenbach, *seu* Clarebachus Adolphus. (1 Cl. Ind. Trid.)

Clarius Christophorus. (1 Cl. Ind. Trid.)

Clarius Eugenius. Diotrephes, sive spiritus, et opera Theodori Cockii accurate descripta, et justificando Clero eum in Vicarium Apostolicum non recipienti in lucem data. (Brevi Clem. XI, 4 Octobris 1707.)

Clarke Petrus. (1 Cl. App. Ind. Trid.)

Clasen Daniel. De Jure aggratiandi liber unus. (Decr. 4 Julii 1661.)

Claude Jean. Réponse au Livre de Mr. Arnaud intitulé : La Perpétuité de la Foy de l'Eglise Catholique touchant l'Eucharistie défendue. (Decr. 30 Junii 1671.)

— *Et reliqua omnia ejusdem Opera.* (Decr. 10 Maii 1757.)

Claudia Gio (Bartholomeo da S.). Rinforzo dello spirito Religioso, con dieci giorni di ozio santo. (Decr. 29 Julii 1722.)

Claudius Taurinensis, *qui scripsit de imaginibus.* (1 Cl. Ind. Trid.)

Clavestain Ferdinando. Apologia in difesa d'una dottrina di Pietro Conti. (Decr. 10 Junii 1658.)

Clavicula Salomonis. (Ind. Trid.)

Clavier E. Exposition de la Doctrine de l'Eglise Gallicane par rapport aux prétentions de la Cour de Rome, par du Marsais. et libertés de l'Eglise Gallicane par P. Pithou. *Opuscula jam prohibita : Primum* Dec. 21 Novembris 1757, *secundum* Decr. 3 Julii 1623, nunc denuo impressa. Avec un Discours préliminaire. (Decr. 27 Julii 1818.)

Clauserus Conradus. (1 Cl. Ind. Trid.)

— Laonici Chalcondylæ de origine et rebus gestis Turcorum libri x cum annotationibus. (Ind. Trid.)

Cleander et Eudoxus, seu de Provincialibus, quas vocant, litteris Dialogi. (Decr. 26 Januarii 1703.)

Cleberus Eusebius. (1 Cl. App. Ind. Trid.)

Cleitron R. Much may be said on both sides. A familiar Dialogue, etc. *Id est : Plura utrinque dici possunt. Dialogus familiaris Ricardum inter et Joannem quondam condiscipulos.* (Decr. 14 Januarii 1737.)

Clemangiis (seu Clamengiis Nicolaus de). Opera. *Donec corrigantur.* (Ind. Trid.)

Clementis VIII Ferrariam petentis et ingredientis apparatus et forma. (Decr. 12 Decembris 1624.)

Clementius Guilielmus. (1 Cl. App. Ind. Trid.)

Clenearts Petrus. Synopsis quadripartita Theologo-Scholastica, Theologo-Prædicatoria, Theologo-Historica, Theologo-Pontificia, quam defendet Fr. Franciscus Peemans. (Decr. 29 Novembris 1689.)

Clericus David. Quæstiones sacræ, in quibus multa Scripturæ loca explicantur. Accesserunt Diatribæ Stephani Clerici, et Annotationes Jo. Clerici. (Decr. 29 Maii 1690.)

Clericus Joannes. Ars Critica. Volumen I, II et III. (Decr. 12 Martii 1703.)

— Hugo Grotius de veritate Religionis Christianæ editio accuratior, quam recensuit, notulisque adjectis illustravit. Accessit de eligenda inter Christianos dissentientes sententia liber unicus. (Decr. 15 Januarii 1714.)

— Opera Philosophica in quatuor Volumina digesta. (Decr. 5 Julii 1728.)

— *Et cetera ejusdem Opera omnia.* Decr. 17 Maii 1734.)

Clericus Stephanus. Diatribæ. *Vide* Clericus David.

Clingius *seu* Klingius Conradus. Opera omnia. *Donec corrigantur.* (App. Ind. Trid.)

Clodinio, ovvero Klodzinsky Girolamo. Esercizj spirituali da farsi nelle cinque Novene, e solennità de' giorni, e per altre festività della gran Madre di Dio. (Decr. 30 Julii 1678.)

— Cento discorsi per le cinque Novene, e solennità della gran Madre di Dio. (Decr. 17 Octobris 1678.)

Clovet François. Déclaration où il déduit les raisons qu'il a eues de se séparer de l'Eglise Romaine. (Decr. 26 Octobris 1640.)

Cludius Andreas. Ad illustr. Tit. Digest. et Codicis de Condictione ob turpem vel injustam causam Commentarius. (Decr. 16 Martii 1621.)

Cluten (Joachim) de Parchun, Megalopolitanus. Sylloge rerum quotidianarum. (Dec. 12 Decembris 1624.)

Cluverius Philippus. *Vide* Hekelius.

Cluverius Johannes. *Opera omnia.* (Decr. 26 Octobris 1640.)

Cocajus Merlinus, Macaronicorum Opus. *Nisi repurgatum fuerit.* (App. Ind. Trid.)

Cocburnus Patricius. (1 Cl. App. Ind. Trid.)

Cocchi Antonio. Del Matrimonio Discorso. *Item hoc titulo :* Del Matrimonio Ragionamento d'un Filosofo Mugellano. Edizione seconda coll'aggiunta d'una Lettera ad una Sposa, tradotta dall' Inglese da una Fanciulla Mugellana. (Decr. 16 Martii 1763.)

Cock Jodocus, *qui et justus Jonas.* (1 Cl. Ind. Trid.)

Cocles Bartholomæus. Anastasis Chiromantiæ, ac Physiognomiæ. (App. Ind. Trid.)

(Decr. 3 Aprilis 1704.)

Coddæus, *seu* Codde (Petrus) Archiepiscopus Sebastenus. Declaratio super pluribus, quæ tum ad ipsum, tum ad Missionem in Hollandia pertinent, interrogationibus.

— Responsiones ad Scriptum varia accusationum capita continens, jussu Eminentissimorum Deputatorum ei traditum.

— Defensio adversus Decretum Inquisitionis Romæ emanatum die 3 Aprilis 1704. (Decr. 23 Julii 1704.)

(Brevi Clement. XI, 4 Octobris 1707.)

— Declaratio, et Responsiones, cum in Urbe esset, EE. DD. Cardinalibus traditæ, et jam Orbi panditæ Christiano.

— Epistola ad Catholicos incolas fœderati Belgii de suo ad Urbem itinere, ac de muneris sui administrandi interdictione.

— Epistola secunda ad Catholicos incolas fœderati Belgii.

— Denuntiatio apologetica sinceris, solidisque documentis firmata, quam circa præcipua causæ suæ capita evulgandam duxit.

Code de la Nature, ou véritable esprit de ses lois, de tout temps négligé ou méconnu. Par tout. Chez le vrai sage. (Decr. 19 Januarii 1761.)

Codigo (el) Eclesiastico primitivo, o las leyes de la Yglesia sacadas des sus primitivas y legitimas fuentes. (Decr. 20 Januarii 1823.)

Codognat Martinus. Summula Joannis Maldonati cuilibet Sacerdoti confessiones pœnitentium audienti scitu perutilis. *Quæ tamen falso Joanni Maldonato tribuitur*. (Decr. 16 decembris 1605.)

Codomanus Laurentius. (1 Cl. App. Ind. Trid.)

Codonius Georgius. (1 Cl. App. Ind. Trid.)

Cœlestinus Georgius. (1 Cl. Ind. Trid.)

Cœlestinus Joannes Fridericus. (1 Cl. Ind. Trid.)

Cœlius, *seu* Cœlius Michael. (1 Cl. App. Ind. Trid.)

Cœltanius Nicolaus. (1 Cl. App. Ind. Trid.)

Cœna Dominica (de). (Ind. Trid.)

Cogelerus Joannes. (1 Cl. App. Ind. Trid.)

Cogelius Charieus. (1 Cl. Ind. Trid.)

Cognatus (Gilbertus) Nozerenus. (1 Cl. Ind. Trid.)

— Fabulæ. (Ind. Trid.)

Cognitione (de) unius Dei Patris. *Vide* de falsa et vera.

Cognizione (della), intelligenza, e raziocinio degl'animali bruti. (Decr. 26 Martii 1825.)

Colbert de Croissy (Charles Joachim), Evêque de Montpellier. Instructions générales en forme de Catéchisme, où l'on explique en abrégé par l'Écriture Sainte et par la tradition l'Histoire et les dogmes de la Religion. (Decr. 21 Januarii 1721.)

— *Idem italice* : Instruzioni generali in forma di Catechismo, tradotte dal Francese nell'Italiano da Costanzo Grasselli Fiorentino. (Decr. 21 Januarii 1721.)

— *Idem Anglice* : General Instructions, by way of Catechism, in which the History, and Tenets of Religion are briefly explain'd by Holy Scripture, and Tradition. Translated from the original French, and carefully compar'd with the Spanish approv'd Translation. The second edition corrected and amended by S. L. L. (Decr. 15 Januarii 1725.)

— *Idem Hispanice* : Instructiones generales en forma de Catechismo traducidas en Castellan por D. Manuel de Villegas y Pinateli. Tom. I, II et III. (Decr. 2 septembris 1727.)

— Instruction Pastorale adressée au Clergé et aux Fidèles de son diocèse, au sujet des miracles que Dieu fait en faveur des Appellans de la Bulle *Unigenitus*. (Brevi Clementis XII, 3 Octobris 1733.)

— Lettre Pastorale adressée au Clergé, et aux Fidèles de son diocèse, pour leur notifier un miracle opéré dans son diocèse par l'intercession de Mr. Pâris, et les prémunir contre un Bref de N. S. P. le Pape en date du trois Octobre 1733. (Brevi Clementis XII, 11 Octobris 1733.)

— Mandement portant condamnation d'une feuille imprimée contenant un prétendu Office pour la fête de S. Gregoire VII. (Brevi Benedicti XIII, 6 Decembris 1729.)

— Ordonnance contre la Délibération de son Chapitre. (Brevi Clementis XII, 27 Augusti 1731.)

— Très-humbles Remontrances au Roy, au sujet de l'Arrêt du Conseil d'Etat de Sa Majesté du 11 Mars 1723, signifié le 27 du même mois. (Decr. 13 Februarii 1725.)

— Lettre Pastorale au Clergé de son diocèse, au sujet des troubles excités dans son diocèse, et de quelques libelles répandus dans le public à l'occasion de la Signature du Formulaire. (Decr. 13 Februarii 1725.)

— Mandement portant condamnation d'un Ecrit intitulé : Testament de Mr. Jean Soanen Evêque de Senez, dressé à la Chaise-Dieu par Mr. Antibule, Protonotaire Apostolique. (Brevi Clem. XII, 23 Maii 1735.)

— Les OEuvres. (Decr. 28 Julii 1742.)

Colerus Mathias. Tractatus de Processibus executivis in causis civilibus et pecuniariis ad practicam fori Saxonici accommodatus. *Donec corrigatur*. (Decr. 2 Decembris 1621.)

Coleti Stephanus. Energumenos dignoscendi et liberandi, tum maleficia quælibet dissolvendi, nec non benedictiones utiliter conficiendi super ægros, compendiaria et facillima ratio.

— *Anonyma quæstiuncula, ex eodem opusculo desumpta, de liberandis energumenis*, seclusa licentia Ordinarii. *Sic autem inscribitur* : Ad majorem Dei Gloriam ; *et sic clauditur* : Loquere quod minime ignoras, et recte loqueris. Venetiis 1762. Typis Antonii Zatta. Superiorum permissu. (Decr. 17 Januarii 1763.)

Colimaçons (les). *Vide* Libellus continens.

Collado Nicolaus. (1 Cl. App. Ind. Trid.)

Collatio Antuerpiensis ad Petrum Aurelium. (Decr. 23 Aprilis 1654.)
Collatio Divinorum et Papalium Canonum. Ind. Trid.)
Collazione del Simbolo Niceno, e Constantinopolitano col Simbolo, che si ricava dalle Dottrine de' PP. Arduino, e Berruyer Gesuiti, indicati i luoghi delle loro Opere, d'onde son tratti. (Decr. 13 Augusti 1764.)
Coleccion diplomatica de varios Papelles antiquos y modernos sobre dispensas matrimoniales y otros puntos de disciplina Eclesiastica. (Decr. 26 Augusti 1822).
Coleccion de cuentos divertidos en verso y prosa con algunas fabulas. Por D. T. H. de T. (Decr. 6 Septembris 1824.)
Collectanea demonstrationum ex Prophetis, Apostolis et Doctoribus Ecclesiæ, quod Spiritus Sanctus a solo Patre procedit. (Ind. Trid.)
Collectio Bullarum, Brevium, Allocutionum, Epistolarumque Felicis recordationis Pii PP. VI, contra Constitutionem Civilem Cleri Gallicani, etc. Item concordatorum inter S. P. Pium VII, et Gubernium Reipublicæ in Galliis, etc. Tum expostulationum..... *Una cum epistola, cujus initium:* Benevolæ amplitudini tuæ; *finis vero:* in hacce collectione nostra insertorum ; *cum subscriptione:* L'abbé de la Roche Aymon, etc. data London 29 Septembris 1821. (Decr. 26 Augusti 1822.)
Collectio figurarum omnium Sacræ Scripturæ. *Nisi expurgetur.* (App. Ind. Trid.)
Collection de lettres sur les miracles. *Vide* Opuscula sex.
Collendall Henricus. Theses Theologicæ de peccatis, et gratia *defensæ* in Gymnasio Paulino Monasteriensi Westphaliæ PP. Societatis Jesu, 17 Januarii 1703. (Decr. 11 Martii 1704.)
Collensis Julianus. Tractatus de certitudine gratiæ Dei et salutis nostræ. (Ind. Trid.)
Colletta Pietro. Storia del Reame di Napoli dal 1734 al 1825. (Decr. 7 Julii 1835.)
Collezione di lettere. *Vide* Il Segretario galante.
Collin de Plancy J. A. S. Dictionnaire Critique des reliques, et des images miraculeuses, *et cætera Opera omnia.* (Decr. 10 Septembris 1827.)
Collina Guiseppe. La Laostenia ovvero dell'imminente pericolo della civiltà Europea, e dell'unico mezzo della sua salvezza e rigenerazione. (Decr. 13 Februarii 1838.)
Collini. *Vide* Lettera II.
Colloquium Altenburgense de articulo Justificationis inter Electoris Saxoniæ Theologos. (App. Ind. Trid.)
—*Et cetera omnia Hæreticorum Colloquia. Vide* Decreta § 1, num. 8.
Collyrium Theodoro de Cock dono missum per M. M. A. P. C. cordis amicitia. (Brevi Clem. XI, 4 Octobris 1707.)
Colnerus (Johannes) Wildunga-Waldeccus. Chronologia et Syncrotema Papatus ex avitis aliisque veridicis Auctoribus. (Decr. 22 Decembris 1700.)

Colonna Biagio. *Vide* la Difesa della Chiesa Greca.
Columbus Hieronymus. De Angelica, et humana Hierarchia libri VIII. (Decr. 4 Julii 1661.)
—In Sanctam J. C. temporalem nativitatem, quonam pacto planetæ, ac sidera Christo Domino famulentur, Theologica Disquisitio. (Decr. 29 Maii 1690.)
Colus Guilielmus. (1 Cl. App. Ind. Trid.)
Colzeburgius Matthæus. (1 Cl. Ind. Trid.)
Comander Joannes. (1 Cl. Ind. Trid.)
Comazzi Gio. Battista. La mente del savio. (Decr. 11 Martii 1704.)
—Politica, e Religione trovate insieme nella persona, parole, ed azioni di Gesù Cristo, secondo l'Evangelio di S. Giovanni. Tom. I, II, III, e IV. (Decr. 22 Junii 1712.)
—La Coscienza illuminata dalla Teologia di S. Tommaso d'Aquino. (Decr. 15 Maii 1714.)
—La morale de' Principi osservata nell' Istoria di tutti gl'Imperadori, che regnarono in Roma. (Decr. 7 Februarii 1718.)
—Filosofia, et Amore nella Raccolta d'alcuni Sonetti. (Decr. 7 Februarii 1718.)
Combasson Bonitus. Vera, et dilucida explicatio præsentis status totius Seraphicæ Fratrum Minorum Religionis. (Decr. 10 Junii 1658.)
Combat critique avec l'Eglise et l'Etat, par Edgar Bauer. (Decr. 5 April. 1845.)
Combat (le) de l'erreur contre la vérité : Suite du Parallèle de la doctrine condamnée par la Bulle *Unigenitus*, avec celle des Ecrivains sacrés, des Pères, et des Docteurs de l'Eglise. (Decr. 11 Martii 1754.)
Combe Franciscus (la). Orationis mentalis Analysis, deque variis ejusdem speciebus judicium. (Decr. 9 Septembris 1688.)
Combefis Franciscus. Historia Hæresis Monothelitarum. (Decr. 20 Junii 1662.)
Comedia piacevole della vera, antica, Romana, Cattolica, et Apostolica Chiesa, nella quale vengono disputate le controversie, che sono fra i Cattolici Romani, Luterani, Zuingliani, Calvinisti, Anabattisti, Svenkfeldiani, et altri per conto della Religione. (Decr. 18 Januarii 1622.)
Cominge (Gilbert Evêque de). *Vide* Choyseul.
Comilibus Petrus (de). Summæ Philosophicæ pars prima, tribus tomis distincta, totam Physicam complectens. *Donec corrigatur.* (Decr. 2 Octobris 1673.)
Commentaire sur Malebranche. *Vide* Evangile du Jour.
Commentaria de jure Canonico, etc. *Vide* Cavallari.
Commentaria. *Vide* de Anima brutorum.
Commentaria (in Ovidii Metamorphoseon libros), sive enarrationes allegoricæ, vel tropologicæ. (Ind. Trid.)
Commentari di Stefano Bonsignore, Versi ed Iscrizioni in onore di Lui. (Decr. 4 Martii 1828.)
Commentarii in Epistolas Pauli ad Romanos, et ad Galatas ; *quorum Præfatio in Epist. ad Romanos incipit :* Cum varias na-

tiones; *et Commentar.* 1 *Capitis:* Cum beatus Apostolus Romanis scribere instituisset. (App. Ind. Trid.)

Commentarii (in Evangelium secundum Matthæum, Marcum, Lucam) ex Ecclesiasticis Scriptoribus collecti: novæ Glossæ ordinariæ specimen, donec meliora Dominus. (App. Ind. Trid.)

Commentariorum de Regno aut quovis Principatu recte et tranquille administrando libri tres adversus Nic. Macchiavellum Florentinum. *Quod tamen falso asseritur, cum ei faveat.* (Decr. 16 Decembris 1605.)

Commentariorum de statu Religionis et Reipublicæ in Regno Galliæ. Part. I, II, III, IV et V. (Decr. 7 Augusti 1603 et 30 Januarii 1610.)

Commentarium Bibliorum. (App. Ind. Trid.)

Commentarium in Bullam Pauli III *Licet ab initio,* datam anno 1542, qua Romanam Inquisitionem constituit, et ejus regimen non regularibus, sed Clero sæculari commisit. (Decr. 21 Novembris 1757.)

Commentarius de Angelo Melanchthonis. (Ind. Trid.)

Commentarius captæ Urbis ductore Carolo Borbonio ad exquisitum modum confectus. (App. Ind. Trid.)

Commentarius in priorem Timothei Epistolam a viro summæ pietatis conscriptus. (Ind. Trid.)

Commentarius Analyticus-exegeticus in Epist. ad Galatas. *Vide* Vesselii.

Commentatio ad loca quædam N. Testamenti, quæ de Antichristo agunt aut agere putantur. (Decr. 23 Martii 1672.)

Commentatio Biblica in effatum Christi Matt. 16, 18, 19, *Tu es Petrus, et super hanc Petram, etc* QUAS cum selectis e N. T. Thesibus Præside Thaddæo a S. Adamo SS. T. Doct., Sacr. Hermeneut. et LL. OO. Prof. P. O. publico tentamini subjicit Adrianus ex Wipperfuhrt Ord Capuc. Theologiæ in Univers. Bonnensi Auditor. Bonnæ in Aula Academica die 7 Septembris 1789. Coloniæ Typis Christiani Everaerts. (Decr. 5 Februarii 1790.)

Commerce des Européens dans les deux Indes. *Vide* Histoire Philosophique et Politique.

Commissioni (delle), e facultà, che Papa Giulio III ha dato a M. Paolo Odescalco. (Ind. Trid.)

Comœdiæ ac Tragœdiæ aliquot ex Novo et Veteri Testamento desumptæ: adjunctæ præterea duæ lepidissimæ Comœdiæ mores corruptissimi sæculi elegantissime depingentes, cum præfatione Nicolai Brylingeri. *Basileæ* 1540. (App. Ind. Trid.)

Compagnoni. *Vide* Elementi d'Ideologia, etc.

Comparaison de l'Evangile du Pape avec l'Evangile de Jésus-Christ, touchant la rémission des péchez, et la consécution de la vie éternelle. (Decr. 4 Februarii 1627.)

Compendio (breve) intorno alla perfettione Christiana, dove si vede una pratica mirabile per unir l'anima con Dio. (Decr. 17 Januarii 1703.)

Compendio critico della Storia Veneta, e moderna di V... F... Venezia 1781. (Decr. die 6 Decemb. 1784.) *Donec corrigatur.*

Compendio cronologico dell'Istoria Ecclesiastica diviso in quattro Tomi. (Decr. 24 Aprilis 1758.)

Compendio de' discorsi, che si tengono nella Regia Università di Bologna, dalla Cattedra di Fisiologia, e di Notomia comparata. Bologna 1808. Nella Tipografia Sassi. (Decr. 23 Junii 1817.)

Compendio delli obblighi, indulgenze, gratie, e privilegi, che godono li Fratelli, e Sorelle della Compagnia della Santissima Trinità del Riscatto. (Decr. 10 Aprilis 1666.)

Compendio de la Historia de la Inquisicion por el P^bro D. F. L. (Decr. 26 Augusti 1822.)

Compendio della Confederation Mariana, ereta sotto la protettione della Beata Vergine Maria nella Chiesa Parrochiale di S. Pietro della Città Elettorale di Monaco. (Decr. 17 Novembris 1689.)

Compendio della Dottrina Cristiana per facilitare la prattica d'insegnarla, et impararla; con nuova aggiunta. *In Cuneo* 1714. (Decr. 21 Januarii 1721.)

Compendio della Regola del Terz' Ordine de' Penitenti del Serafico Padre S. Francesco, confermata da Papa Nicolò IV, nuovamente, per comodità de' Terziarj, e Terziarie ristampato, con l'aggiunta di una breve notizia dell'Indulgenze, favori, e privilegj più conspicui concessi da' Sommi Pontefici a quest' Ordine. (Decr. S. Congr. Indulgent. 14 Februarii 1720.)

Compendio della Storia Civile, Ecclesiastica, e Letteraria della Città d'Imola. Tomi 2. In Imola 1810 dai Tipi Communali per G. Benedetto Filippini con permesso. (Decr. 27 Januarii 1817). *Donec corrigatur. Permittuntur interim exemplaria impressa, dummodo præmittatur formula retractationis ab Auctore factæ, et a S. Congr. approbatæ.*

Compendio della Storia di Carlo Botta dal 1534, al. 1789, dell'avv. Luigi Cometti. (Decr. 13 Februarii 1838.)

Compendio del Trattato Storico Dogmatico Critico delle Indulgenze. In Pavia 1789. (Decr. 9 Decembris 1793.)

Compendio memorabile della istitutione, approvatione, e progressi dell'Ordine della SS. Trinità del Riscatto, e di due delle più sante Confraternite. (Decr. 10 Aprilis 1666.)

Compendium Antiquitatum Ecclesiasticarum ex Scriptoribus Apologeticis, eorumdemque Commentatoribus compositum, Accedunt Conr. Sam. Schurzfleischii Controversiæ et Quæstiones insigniores Antiquitatum Ecclesiasticarum, editæ cura et studio Jo. Georgii Walchii. (Decr. 22 Maii 1745.)

Compendium Historiæ Ecclesiasticæ decreto Sereniss. Principis Ernesti, Saxon. Jul. Cliviæ, et Mont. Ducis, in usum Gymnasii Gothani ex sacris litteris, et optimis qui exstant auctoribus compositum. (D. cr. 21 novembris 1690.)

Compendium Orationum cum multis Orationibus et Psalmis contra inimicos. *Vene-*

tiis per Lucam Antonium Junctum, sive alios. Donec expurgetur. (App. Ind. Trid.)
Còmpendium, sive Breviarium textus, et Glossematon in omnes Veteris Testamenti libros. (App. Ind. Trid.)
Compère Mathieu (le), ou les Bigarrures de l'esprit humain. Nouvelle édition ornée de belles Figures. A Malte, aux dépens du Grand-Maître *(falsa Annotatio)* 1787. vol. 5. (Decr. 2 Julii 1804.)

(Decr. 22 Junii 1712.)
Comte de Gabalis, ou Entretiens sur les sciences secrètes, renouvelés et augmentés d'une lettre sur ce sujet.
— *Idem Italice. Vide* Conte di Gabali.
— La suite du Comte de Gabalis, ou Nouveaux Entretiens sur les sciences secrètes, touchant la nouvelle Philosophie.
Communion (de la) in divinis avec Pie VII. (Decr. 26 Aug. 1822.)

(Decr. 18 Augusti 1775.)
Comunione del Popolo nella Messa.
— Catechismo esposto in forma di Dialoghi sulla Comunione dell'Augustissimo Sacrifizio della Messa per uso de'Parrochi, e de'Sacerdoti, diviso in due Tomi.
— Opuscolo Teologico. La Comunione del Sacrifizio rispetto al popolo è una delle verità rilevate propostaci dalla Chieza.
— Apologia del Catechismo sulla Comunione del Sacrifizio della Messa.
— I Sentimenti del Concilio di Trento sulla parte, che ha il Popolo al Divin nostro Sacrifizio.
— Del pubblico Divin diritto alla Comunione Eucaristica nel Sacrifizio della Messa, Trattato Dogmatico diviso in due Tomi, da Anastasio Leofilo.

(Decr. 22 Aprilis 1776.)
— Ristretto della Dottrina della Chiesa circa l'uso della SS^{ma} Eucaristia nella Comunione de'Fedeli.
— Estratto di alcune delle tante proposizioni erronee, etc., e rispettivamente ereticali, di un Libro intitolato : Dissertazione Teologico-Critica del P. F. Giuseppe Maria Elefante in risposta all'Anonimo Italiano Autore del Catechismo sulla Comunione dell'Augustissimo Sacrifizio della Messa.
Conceptione (Emmanuel a). Enchiridion judiciale Ordinis Fratrum Minorum. (Decr. 22 Decembris 1700).
Conceptione (Pius Marianus a.) Vocabularium trilingue, et elingue pro Scriptoribus Dominicanis. (Decr. 17 Novembris 1664.)
Conciliabulum Theologistarum adversus bonarum litterarum studiosos. (Ind. Trid.)
Concilio Diocesano di Pistoja. *Vide* Atti, e decreti, et Analisi.
Concilium Pisanum, *quod verius Conciliabulum dicendum est.* (Ind. Trid.)
Concilj, e Sinodi tenuti in Firenze dall'Anno MLV all'Anno MDCCLXXXVII; *sine annotatione nominis Auctoris, Loci et Anni.* (Decr. 31 Martii 1788).
Conciones de decem præceptis Dominicis. (Ind. Trid.)

Conclusioni concise sulla Religione di G. B. A. V. F. (Decr. 17 Januarii 1820.)
Concordantiæ Principum nationis Germanicæ de astutiis Christianorum vel Curtisanorum. (Ind. Trid.)
Concordia (de) Ecclesiæ. (App. Ind. Trid.)
Concordia pia, et unanimi consensu repetita Confessio Fidei et doctrinæ Electorum, Principum et Ordinum Imperii, atque eorumdem Theologorum, qui Augustanam Confessionem amplectuntur. (App. Ind. Trid.)
Condillac (l'abbé de). *Vide* Cours d'étude pour l'instruction du duc de Parme.
Condorcet (de). Esquisse d'un Tableau historique des progrès de l'esprit humain. Ouvrage posthume. (Decr. 10 Septembris 1827.)
Conduite de l'évêque de Mechoacan, dom Jean-Gaëtan Portugal, avec le motif de l'exil imposé par le gouvernement de cet Etat (le Mexique) à quelques ecclésiastiques opposés au système fédéral, avec quelques documents, réflexions et articles (Decr. 6 April 1843.)
Conen Nicolaus. Theses Thomistico-Canonico-Civilistico-Juridicæ, Practicæ, quas defendent in Conventu Confluentino apud Fratres [Prædicatores mense Martio 1707 Carolus Gaspar Eruvinus Liber Baro a Walpot, Joannes Jacobus Burmer ex Weis, etc. (Decr. 20 octobris 1707.)
Conférence de Diodore et de Théotime, sur les Entretiens de Cléandre et d'Eudoxe. (Decr. 11 Maii 1704.)
Conferencia curiosa de la Assemblea popular, que convocò en la puerta del Sol Catalina della Parra, explicada en una carta, que escrive a Emerico Tekeli. (Decr. 21 Aprilis 1693).
Confermazione del Ragionamento intorno ai beni temporali delle Chiese,etc. indirizzata agli Autori dello Scritto, che ha per titolo : *Mani Morte*, o sia Lettere all'Autore del Ragionamento, etc., divisa in cinque Lettere. In Venezia 1767 presso Antonio Zatta. Con licenza de' Superiori e privilegio. (Decr. 1 Martii 1767.) *Vide* Ragionamento.
Confessio Fidei exhibita Carolo V Cæsari Augusto in Comitiis Augustæ, anno 1530. (Ind. Trid.)
— *Et ceteræ omnes Hæreticorum Confessiones. Vide* Decreta § 1, num. 9.
Confessio septem punctorum, sive articulorum Fidei, quæ quilibet scire tenetur necessitate medii ad consequendam salutem, fusius explicatorum ad meliorem intelligentiam. (Decr. 6 Augusti 1682.)
Confessione di S. Maria Maddalena, *cujus initium* : Altissima benigna, e benedetta. Vel Al nome di Gesù con divozione. (App. Ind. Clem. XI.)
Confiance (la) Chrétienne appuyée sur quatre principes inébranlables, d'où s'ensuivent nécessairement les principales vérités qui regardent le salut des hommes. (Decr. 11 Martii 1704.)
Confitemini della B. Vergine (il). (App. Ind. Clem. XI.)
Conformi Bartholomæus. (1 Cl. Ind. Trid.)

Conformités (les) des cérémonies modernes avec les anciennes. (Decr. 20 Martii 1668.)

Confrérie (la saincte) du Redempteur, ou le grand tresor des Indulgences concedées par plusieurs Papes à la Confrérie de la Saincte Trinité, ou Redemption des Captifs. (Decr. 10 Aprilis 1666.)

Confutatio Determinationis Doctorum Parisiensium contra Martinum Lutherum. (Ind. Trid.)

Confutatio et condemnatio præcipuarum corruptelarum. *Vide* Joannes Fridericus.

Confutatio unius et viginti propositionum de differentia Legis et Evangelii. (Ind. Trid.)

Congregatio, sive collectio insignium Concordantiarum Bibliæ. (Ind. Trid.)

Connor Bernardus. Evangelium Medici, seu Medicina mystica de suspensis naturæ legibus, sive de miraculis. (Decr. 21 Januarii 1721.)

Conradus Alphonsus. (1 Cl. App. Ind. Trid.)

Conringius Hermannus. De Imperii Germanici Republica Acroamata sex Historico-Politica. (Decr. 13 Novembris 1662.)

(Decr. 24 Aprilis 1682.)

— De Finibus Imperii Germanici.

— De Pace civili inter Imperii Ordines religione dissidentes perpetuo conservanda.

— *Et cetera ejus Opera, in quibus de Religione tractat.* (Decr. 10 Maii 1757.)

Consalvi Stephanus. Rationalis et experimentalis Philosophiæ Placita, Marcellino Albergetto Marchiæ Gubernatori a Venantio Cricchi Leonissano dicata. (Decr. 17 Julii 1709.)

Conseglio d'alcuni Vescovi congregati in Bologna dato a Papa Paulo per stabilimento della Chiesa Romana. (Ind. Trid.)

Conseils raisonnables à M^r. Bergier pour la défense du Christianisme. *Vide* Libellus continens.

Considérant Victor. Destinée sociale. (Decr. 22 Septembris 1836.)

— Considérations sociales sur l'architectonique. (Decr. 14 Februarii 1837.)

Considerationes circa exactionem Formulæ Alexandrinæ, variasque de hoc argumento difficultates ac pugnantes inter se opiniones. (Decr. 22 Junii 1712.)

Considerationes super Ecclesiasticis et politicis ordinationibus. *Vide* Betrachtungen.

Considérations sur la lettre composée par M. l'Evêque de Vabres, pour être envoyée au Pape en son nom, et de quelques autres Prélats. (Decr. 23 Aprilis 1654.)

Considérations impartiales sur la loi du célibat ecclésiastique et sur le vœu solennel de la chasteté, proposée secrètement aux conseillers et législateurs des Etats catholiques. (Decr. 15 Febr. 1838.)

Considerazioni, per le quali si dimostra la giustizia delle lettere della Maestà del Re Cattolico Carlo III, che stabiliscono doversi nelle cause appartenenti alla Religione procedere nella Città, e Regno di Napoli dagli Ordinarj, e per la via ordinaria usata in tutti gli altri delitti, e cause criminali Ecclesiastiche. (Decr. 15 Junii 1711.)

Considerazioni imparziali sopra la legge del Celibato Ecclesiastico e sul voto solenne di castità proposte segretamente ai consiglieri, e Legislatori degli stati Cattolici dal professore C. A. P. (Decr. S. Officii, die 2 Maii 1838.)

Considerazioni Teologico-Politiche fatte a pro degli Editti di Sua Maestà Cattolica intorno alle rendite Ecclesiastiche del Regno di Napoli. Parte I e II. (Brevib. Clem. XI, 17 Februarii 1710 et 24 Martii 1710.)

Consilium admodum paternum Pauli III Pontificis Romani datum Imperatori in Belgis per Cardinalem Farnesium pro Lutheranis ann. 1540, et Eusebii Pamphili ejusdem Consilii pia et salutaris explicatio. (App. Ind. Trid.)

Consilium datum amico de recuperanda, et in posterum stabilienda pace Regni Poloniæ. (Decr. 7 Septembris 1609.)

Consilium de emendanda Ecclesia. *Cum Notis vel Præfationibus Hæreticorum.* (Ind. Trid.)

Consilium (pium) super Papæ Sfondrati dicti Gregorii XIV, monitorialibus, ut vocant, Bullis, et excommunicationis, atque interdicti in Galliæ Regem, a Tussano Bercheto Lingonensi e Gallico in Latinum sermonem conversum. (App. Ind. Trid.)

Conspectus Epistolarum Joannis Launoii. (Decr. 27 Septembris 1672.)

(Decr. 11 Junii 1827.)

Constant Beniamino. Commentario alla Scienza della Legislazione di G. Filangieri.

— De la Religion considérée dans sa source, ses formes et ses développements.

Constantinus (Georgius) Anglus. (1 Cl. App. Ind. Trid.)

Consultation de Messieurs les Avocats du Parlement de Paris, au sujet du Jugement rendu à Ambrun contre Monsieur l'Evêque de Senez. (Brevi Bened. XIII, 9 Junii 1728.)

Consultation sur le Mariage du Juif Borach-Levi. (Decr. 6 Septembris 1759.)

Contadinella di S...., Fatto storico dato in luce dal Rev. Legh Richmond Parroco di Turvey, etc. (Decr. 11 Decembris 1826.)

Contagion Sacrée (la), ou Histoire Naturelle de la superstition. *Quocumque idiomate.* (Decr. 17 Septembris 1821.)

Conte (il) di Gabali, ovvero Ragionamenti sulle scienze segrete tradotti dal Francese. (Decr. 2 Martii 1752.)

Contemplazione del Peccatore con una laude di Maria, *cujus initium:* A laude dell' eterno Creatore Trinità Santa un solo Iddio. (App. Ind. Clem. XI.)

Contes et Nouvelles en vers, par Jean de la Fontaine, 1777. Vol. 2, *sine annotat. loci.* (Decr. 2 Julii 1804.)

Continuatio moniti Congregationi, etc. *Vide* Hogan Guglielmi Continuation of an address, etc.

Continuatio *(altera)* moniti Congregationi, etc. *Vide* Hogan Guglielmi Continuation of an address, etc.

Continuatio (nova temporum) Germani cujusdam ab anno salutis 1513, usque ad annum 1549. *Quæ extat in Chronico Eusebii edit. Basileæ ann.* 1579. (App. Ind. Trid.)

Continuation de l'Histoire universelle de Messire Jacques Bénigne Bossuet, Evêque de Meaux. (Decr. 28 Julii 1742.)

Continuazione dell'Appellante. *Vide* Cosa è un appellante.

Contrasto dell'Angelo col Demonio, *cujus initium :* Madre di Christo Vergine Maria. (App. Ind. Clem. XI.)

Contrasto (il) di Cicarello. (App. Ind. Clem. XI.)

Controverse pacifique sur les principales questions qui divisent et troublent l'Eglise Gallicane..... par un membre de l'Eglise Gallicane. (Decr. 10 Septembris 1827.)

Convention du 11 Juin 1817, entre Sa Majesté Très-Chrétienne et Sa Sainteté Pie VII, développée. (Decr. 26 Augusti 1822.)

Conventus Augustanus anno MDXVIII. (Ind. Trid.)

Conventus Genevensis, sive Consilium Ministrorum Genevensium in diversorio quodam juxta Genevam habitum anno Domini 1565. (App. Ind. Trid.)

Conversacion Familiar entre un Cura Dr. de la Universitad de Salamanca, y el Sacristán, graduado de Bachiller en la misma, sobre la Juridiccion de los obispos en orden a dispensas, reservaciones, confirmaciones, trastaciones y demas prerogativas de que en el dia estan desposeidos. (Decr. 27 Novembris 1820.)

Conversazioni familiari tra due forestieri sul punto della vera et unica Religione Cristiana. (Decr. 29 Julii 1722.)

Conversione (la) di un Frate Domenicano scritta da lui medesimo a suo Fratello, *sine nomine Auctoris,* pag. ult. Roma dalla Minerva....... 1786, *subscriptio mendax.* (Decr. 31 Martii 1788.)

Convivia seu colloquia Tyronum. (App. Ind. Trid.)

Cooke Antonius. (1 Cl. App. Ind. Trid.)

Coopers Briefe über den neuesten Zustand von Irland, nebst einer Apologetica Schilderung des Katholicismus in England. Zur Beurtheilung der nothwendigen Emancipation und politischen Gleichstellung der Katholiken in dem unirten Kœnigreiche. Aus dem Englischen herausgegeben von H. E. G. Paulus, Professor der Theologie zu Jena. Jena 1801, in der Akademischen Buchhandlung. *Id est : Epistolæ de novissimo statu Hiberniæ, una cum Apologetica pictura Catholicismi in Anglia, ad adjudicandam necessariam emancipationem et æquiparationem Catholicorum in regno unito ex Anglica lingua editæ ab H. E. G. Paulus Professore Theologiæ Jenæ. Jenæ* 1801, *in Bibliopolio Academico* 8. (Decr. 30 Septembris 1817.)

Cooperus Thomas. (1 Cl. App. Ind. Trid.)

Copia d'una lettera scritta alli 4 di Gennaro MDL. (Ind. Trid.)

Copia d'una lettera scritta da un P. Chierico Regolare Teatino ad una Signora sua penitente, divota del Santissimosacramento dell' Altare. *Donec corrigatur.* (Decr. 2 Decembris 1622.)

Cople d'une lettre escrite à Monsieur de ...... sur l'excommunication du Procureur général du Roy à Malines. (Decr. 17 Januarii 1703.)

Copius Balthasar. (1 Cl. App. Ind. Trid.)

Coppola Gio. Carlo. Maria Concetta. Poëma. (Decr. 9 Maii 1636.)

Coptis Christianus. (Ind. Trid.)

Corallus S. Ahydenus, *qui*, *et Ulrichus Huttenus.* (1 Cl. Ind. Trid.)

Corasius Joannes. In universam Sacerdotiorum materiam erudita ac luculenta Paraphrasis. *Donec corrigatur.* (App. Ind. Trid.)

— Memorabilium Senatus Consultorum summæ apud Tolosates Curiæ, ac sententiarum tum Scholasticarum, tum Forensium Centuria. (Decr. 7 Augusti 1603.)

— Miscellaneorum Juris Civilis libri sex. *Donec corrigantur.* (Decr. 7 Septembris 1609.)

Corbeau Thomas. (1 Cl. App. Ind. Trid.)

Cordatus Conradus. (1 Cl. Ind. Trid.)

Cordelius (Marcus) Torgensis. (1 Cl. Ind. Trid.)

Corderius Maturinus. (1 Cl. Ind. Trid.)

Cordes (les sept) de la lyre, par Georges Sand. (Decr. 30 Mart. 1841.)

Cordigeræ Navis Conflagratio. Dialogus. (Ind. Trid.)

Cordus Euricius. (1 Cl. Ind. Trid.)

Coreglia (Giacomo di). Pratica del Confessionario, e Spiegazione delle proposizioni condannate da Innocenzo XI et Alessandro VII tradotta dallo Spagnuolo nell'Italiano da Fr. Pietro Francesco da Como. Parte I e II. (Decr. 12 Augusti 1710 et 22 Junii 1712.)

Corio Bernardino. Historia di Milano. *Donec corrigatur.* (Decr. 16 Martii 1625.)

Cornarius Janus. (1 Cl. Ind. Trid.)

Cornelia o la victima de la Inquisicion. (Decr. 26 Augusti 1822.)

Cornerus (Christophorus) ex Fagis. (1 Cl. Ind. Trid.)

— Cantica selecta Veteris et Novi Testamenti cum Hymnis, et Collectis, seu Orationibus purioribus, quæ in Ecclesia cantari solent, addita familiari expositione. (App. Ind. Trid.)

Cornerus Jacobus. (1 Cl. App. Ind. Trid.)

Corona di dodici Stelle da porsi in capo alla grande Imperatrice del Cielo. Divozione da praticarsi da' divoti di Maria in onore della Concezione della B. V. immacolata ; con l'aggiunta d'una Novena da premettersi alla sua Festa. (Decr. 17 Maii 1734.)

Corona d'oro a Maria Vergine contenente i dodici privilegj, che gode in Cielo. Aggiuntavi una divota Orazione alla Passione di Gezù Cristo, e le quindici Orazioni di S. Brigida. (14 Januarii 1737.)

Coronelle della Santissima Trinità, e di Maria Santissima, estratte d'all'Opera data in luce da Francesco Pepe. (Decr. 2 Septembris 1727.)

Corradinus Annibal. Miles Macedonicus Plautino sale perfrictus. (Decr. 22 Junii 1676.)

Corranus, *seu de Corro* Antonius. (1 Cl. App. Ind. Trid.)

Correctio opinionum, etc. *Vide zur Berichtigung der Ansichten*, etc.

Corrispondenza di due Ecclesiastici Cattolici sulla questione : è egli tempo di abrogare la legge del Celibato ? Traduzione dal Francese. (Decr. 7 Januarii 1836.)

Corrispondenza di Monteverde, o Lettere Morali sulla felicità dell'Uomo, e sugli Ostacoli che essa incontra nelle contradizioni fra la politica, e la Morale. (Decr. 29 Januarii 1835.)

Corso completo di lezioni di Theologia dogmatica per uso delle scuole Theologiche di Sicilia del Rev. Can. Michele Stella. *Auctor laudabiliter se subjecit et reprobavit.* (Decr. 22 Septembris 1836.)

Cortaguerra Romolo. L'Huomo del Papa, e del Re contra gl'intrighi del nostro tempo di Zambeccari. (Decr. 30 Junii 1771.)

Cortasse Joseph Ignatius. Conclusiones Polemico-Scholasticæ Sacratissimæ Virgini Mariæ dicatæ. Quæstio Theologica : *Quis sapiens.* Defensæ Romæ in Æde Minimorum SS. Trinitatis Montis Pincii 24 Aprilis 1703. (Decr. 15 Maii 1703.)

Cort (Christian de). *Vide* Bourignon.

Corte Bartolomeo. Lettera, nella quale si discorre, da qual tempo probabilmente s'infonda nel feto l'anima ragionevole. (Decr. 11 Martii 1704.)

Corte (la) di Roma convinta dalla verità. *Vide* Pirani Avvocato Giuseppe.

Corthymius Andreas. Florilegium Historicum Sacro-profanum. (Decr. 4 Decembris 1725.)

Corvinus Andreas. (1 Cl. App. Ind. Trid.)

Corvinus Antonius. (1 Cl. Ind. Trid.)

Corvus Andreas. Liber de Chiromantia. (Ind. Trid.)

Cosa è un Appellante. In Piacenza 1784, *sine Auctoris nomine.* (Decr. 4 Junii 1787.)

— Continuazione dell'Appellante : Caratteri de'Giudizj dommatici della Chiesa. In Piacenza 1784, *sine Auctoris nomine.* (Decr. 29 Maii 1789.)

Cosinus (Johannes) Dunelmensis Episcopus. Historia Transubtantiationis Papalis, cui præmittitur atque opponitur tum sacræ Scripturæ, tum veterum Patrum et reformatarum Ecclesiarum doctrina. (Decr. 1 Decembris 1687.)

Cosmius Joannes. (1 Cl. Ind. Trid.)

Costa (Jerôme a). Histoire de l'origine et du progrès des revenus ecclésiastiques. (Decr. 21 Aprilis 1693.)

Costantini P. L. Scelta di Prose italiane tratte da più celebri, e classici Scrittori, etc. (Decr. 11 Decembris 1826.)

Costo Tommaso. Il piacevolissimo Fuggilozio, libri VIII. *Donec corrigatur.* (Decr. 17 Novembris 1664.)

Cothmannus Ernestus. Commentarius methodicus in librum Codicis Justinianei primum (Decr. 22 Octobris 1619.)

— Responsa Juris et Consultationes. (Decr. 3 Julii 1623.)

Cotta (Joannes Franciscus) Lambergius (1 Cl. Ind. Trid.)

Cottisfordus Thomas. (1 Cl. App. Ind. Trid.)

Coverdale (Milo) Eboracensis. (1 Cl. Ind. Trid.)

Cougniou (Philippus de). Quæstio Theologica : *Quod est vere Verbum Dei.* 1 *ad Thessalon.* 2, v. 13. Theses quas tueri conabitur Bernardus Frasquin die 22 Augusti in Sorbona. (Decr. 26 Octobris 1707.)

Courayer (Pierre François le). Histoire du Concile de Trente, écrite en Italien par Fra Paolo Sarpi, et traduite de nouveau en François, avec des notes critiques, historiques et théologiques. (Brevi Clement. XII, 26 Januarii 1740.)

— Défense de la nouvelle traduction de l'Histoire du Concile de Trente. (Decr. 7 Octobris 1746.)

Courcier Petrus. Virgini Deiparæ. Quæstio Theologica : *Quid est Columna et firmamentum veritatis ?* 1 *ad Timoth.* VI, 3. Theses quas tueri conabitor Joachimus Dreux, 3 Junii 1707, in Regia Navarra. (Decr. 26 Octobris 1707.)

Cours d'étude pour l'instruction du Prince de Parme, aujourd'hui son altesse royale, l'infant D. Ferdinand, Duc de Parme, Plaisance, Guastalle, etc., etc., par M. l'abbé de Condillac. (Dec. 22 Septembris 1836.)

Cours de l'histoire de la philosophie, par M. V. Cousin. (Decr. 5 April. 1845.)

Coxus Leonardus. (1 Cl. Ind. Trid.)

Coxus Richardus. (1 Cl. App. Ind. Trid.)

Crakanthorp Richardus. Defensio Ecclesiæ Anglicanæ contra M. Antonium de Dominis, Opus posthumum a Joanne Barkam in lucem editum. (Decr. 23 Augusti 1634.)

Cranebergh (Cornelius a). Fraus quinque Articulorum a Pseudo-Augustini discipulis primum Alexandro VII, nunc iterum Alexandro VIII, obtrusorum, sive eorum cum Augustino Iprensi convenientia demonstrata. (Decr. 19 Martii 1692.)

Cranmerus Thomas. (1 Cl. Ind. Trid.)

Cratander Andreas. (1 Cl. Ind. Trid.)

Credo (il). *Vide* Collini.

Crellius Fortunatus. (1 Cl. App. Ind. Trid.)

Crellius Johannes. De uno Deo Patre. (Decr. 18 Decembris 1646.)

— *Et reliqua ejusdem Opera omnia.* (Decr. 10 Maii 1757.)

Crellius Paulus. (1 Cl. App. Ind. Trid.)

Crema (Battista da). *Opera omnia. Nisi emendetur.* (Ind. Trid.)

Cremer Bernardus Sebastianus. Prodromus typicus, continens Exercitationes Theologico-Philologicas in V., et N. Testamenti loca. (Decr. 4 Decembris 1725.)

Cremoninus Cæsar. Disputatio de Cœlo in tres partes divisa. (Decr. 3 Julii 1623.)

Creyghton Robertus. Notæ in Silvestrum Sguropulum. *Vide* Sguropulus.

Cricchi Venantius. *Vide* Consalvi.

Crisis de Probabilitate ex Academia Monachorum Cassinensium in Monasterio S. Catharinæ Genuæ. (Decr. 8 Maii 1697.)

Crisis paradoxa super tractatu insignis P. Antonii Vieyræ Lusitani S. J. De Regno,

Chrieti in terris consummato, etc. Auctore quondam Lusitano Anonymo, etc. (Decr. 3 Decembris 1759.)

Crispinus Joannes. (1 Cl. App. Ind. Trid.)

Cristiano (il) interiore. *Vide* Christiano.

Cristiano (il) occupato nel ritiro di dieci giorni per far gli Esercizj Spirituali di S. Ignazio, di un Religioso dei Minori Conventuali di S. Francesco. (Decr. 28 Julii 1742.) *Correctus vero juxta editionem Romanam anni* 1777 *permittitur.*

Critique générale de l'Histoire du Calvinisme de M. Maimbourg.(Decr. 18 Maii 1684.)

Critius (Andreas) Polonus. (1 Cl. App. Ind. Trid.)

Crogerus Nicolaus. Amphitheatrum mortis maturæ, sortis duræ. (Decr. 22 Octobris 1619.)

Cronerus Joannes. (1 Cl. App. Ind. Trid.)

Cronica del Paradiso, *sine nomine Auctoris et Annotatione loci et anni.* (Decr. 2 Julii 1804.)

Crousaz (Jean Pierre de) Traité du Beau. (Decr. 28 Julii 1742.)

Crousers Cyprianus. Lectiones Parænetïcæ ad Regulam S. Francisci. *Donec corrigantur.* (Decr. 3 Augusti 1656.)

Crowæus Guillelmus. Elenchus Scriptorum in Sacram Scripturam tam Græcorum quam Latinorum. (Decr. 27 Maii 1687.)

Crowleyus *seu* Croleus Robertus. (1 Cl. App. Ind. Trid.)

Croy (François de). Les trois Conformités, savoir l'harmonie et convenance de l'Eglise Romaine avec le Paganisme, Judaisme et hérésies anciennes. (Decr. 12 Decembris 1624.)

Croyant (le) détrompé, ou preuves évidentes, etc. *Vide* P. Dubois.

(Decr. 28 Julii 1742.)

Croze Maturin (la). Veyssiere Histoire du Christianisme des Indes.

— Histoire du Christianisme d'Ethiopie et d'Arménie.

Cruciger Gaspar. (1 Cl. Ind. Trid.)

Crucius Jacobus. Mercurius Batavus, sive Epistolarum libri v. (Decr. 25 Januarii 1684.)

Crudeli Tommaso. Raccolta di Poesie. (Decr. 7 Octobris 1746.)

(Decr. 15 Januarii 1714.)

Crusius Cristophorus. Tractatus de indiciis delictorum ex jure publico et privato, cum observationibus et notis Andreæ Crusii.

— Tractatus de indiciis delictorum specialibus, cum præmissa maleficiorum eorumque pœna, compendiosa relatione.

Crusius Jacobus Andreas. De Nocte et nocturnis Officiis tam sacris quam prophanis. (Decr. 8 Martii 1662.)

— De jure offerendi. Tractatus Historico-Philologico-Juridicus. (Decr. 20 Junii 1662.)

Crusius Martinus. (1 Cl. Ind. Trid.)

— Turco-Græciæ libri VIII. *Donec corrigatur.* (App. Ind. Trid.)

Crux Christiani cum quibusdam annotationibus in S. Hilarium. (App. Ind. Trid.)

Cucchi (Sisto de). Vie della contemplatione, ove s'insegnano li principali Essercitii, che sollevano l'anima alla contemplatione, et amor di Deo. (Decr. 20 Junii 1690.)

Cudworth Radulphus. Systema intellectuale hujus Universi, seu de veris naturæ rerum originibus Commentarii. (Decr. 13 Aprilis 1739.)

Cuestion importante? Los Diputados de nuestras Cortes son inviolables respecto de la Curia Romana? (Decr. 26 Augusti 1822.)

Cuillerie Stephanus. Matri inter Virgines purissimæ. Quæstio Theologica. Theses defensæ in Academia Dolana a Joanne Adamo Groob 29 Martii 1690. (Decr. 21 Novembris 1690.)

Culman, *seu* Culmannus Leonhardus. (1 Cl. Ind. Trid.)

Cuno Joannes. (1 Cl. App. Ind. Trid.)

Cura salutis, sive de statu vitæ mature ac prudenter deliberandi methodus, per decem dierum Veneris, Spiritus Sancti, Sanctissimæ Dei Matris boni Consilii, S. Ignatii, et Xaverii honori instituendam solitam devotionem, proposita. (Decr. 4 Decembris 1725.)

Cura (della) fisica, e politica d'ell'Uomo di Giovanni Pozzi. Milano Anno x presso Pirotta e Maspero Stampatori e Libraj in S. Margarita. (Decr. 9 Decembris 1806.)

Curalt Roberto. Principj genuini di tutta la Giurisprudenza Sacra, con nuovo, acconcio, e facil metodo trattati: Traduzione dal Latino, coll'aggiunta di una Prefazione, e di alcune note. Tom. I, II, III, in Prato 1787. (Decr. 5 Februarii 1790.)

Curés Lorrains Allemands. Projet de requête au Roy. (Decr. 11 Julii 1777.)

— *Vide* Avertissement qu'ont mis à la tête, etc.

— *Vide* Catechismus Oder Milch, etc.

— *Vide* Extraits des MSc.

— *Vide* Knöpfler.

Cureus, *seu* Curæus Joachimus. (1 Cl. App. Ind. Trid.)

— Gentis Silesiæ Annales. (App. Ind. Trid.)

Curio Cœlius Horatius. (1 Cl. Ind. Trid.)

Curio Cœlius Secundus. (1 Cl. Ind. Trid.)

Curte (Camillus de). Secunda Pars Diversorii, seu Comprensorii juris feudalis. (Decr. 16 Decembris 1605.)

Cuspinianus Joannes. De Cæsaribus atque Imperatoribus Romanis. *Donec corrigatur.* (Ind. Trid.)

Cutellius, *seu* Cutelli Marius. Codicis Legum Sicularum libri IV, cum Glossis, sive Notis Juridico-Politicis. (Decr. 18 Decembris 1646.)

— De prisca et recenti Immunitate Ecclesiæ et Ecclesiasticorum libertate. Tomus prior. (Decr. 10 Junii 1634.)

Cymbalum Mundi. (Ind. Trid.)

Cypriani (S.) Opera recognita per Joannem Oxoniensem Episcopum. *Vide* Fell. *Vide* Lombert.

Cyprius Philippus. *Vide* Hilarius.

Cyrillo (Joannes Thomas a S.) Mater honorificata S. Annæ; sive de laudibus, excellentiis ac prærogativis Divæ Annæ. *Donec corrigatur.* (Decr. 18 Januarii 1667.)

Czapko Joannes. *Vide* Tzapko.

D

Daillon (Beniamin de). Examen de l'oppression des Réformez en France, où l'on justifie l'innocence de leur Religion. (Decr. 4 Martii 1709.)

(Decr. 14 Januarii 1737.)

Dale (Antonius van). De Oraculis Ethnicorum Dissertationes duæ. Accedit Schediasma de Consecrationibus Ethnicis.
—Dissertationes de origine ac progressu Idololatriæ et Superstitionum.
—De vera, et falsa Prophetia, et de Divinationibus idololatricis.

Dallæus Joannes. De usu Patrum ad ea definienda Religionis capita, quæ sunt hodie controversa. (Decr. 2 Julii 1686.)
—*Et reliqua ejusdem Opera omnia.* (Decr. 23 Martii 1672, et 2 Julii 1686.)

Dalmazoni. Grammatica Italiana, e Inglese. Terza Edizione modificata, corretta, ed accresciuta dal Professore di Lingua Inglese I. B. Roma presso Venanzio Monaldini (*subdola indicatio*). Napoli da G. P. Merande Negoziante di Libri nella strada della Trinità maggiore num. 8, 1793. (Decr. 18 Julii 1808.) *Damnatur Editio Neapolitana, donec corrigatur: præsertim quoad duo specimina ad stylum historicum pertinentia.*

Damhouderius Judocus. Praxis rerum Criminalium. *Donec corrigatur.* (Decr. 3 Julii 1623.)

Dame (la) sage et aimable, par Anne Pepoli, veuve Sampieri. (Decr. 23 Sept. 1839.)

Damiron (M. Ph.) Essai sur l'Histoire de la Philosophie en France au xixe siècle. (Decr. 28 Julii 1834.)

Damman Hadrianus. Imperii ac Sacerdotii ornatus ; diversarum item Gentium peculiaris vestitus, cum Commentariolo Cæsarum, Pontificum ac Sacerdotum. (App. Ind. Trid.)

Danæus Lambertus. (1 Cl. App. Ind. Trid.)
—Ethices Christianæ libri tres, in quibus de veris humanarum actionum principiis agitur. (App. Ind. Trid.)

Dannemayr Mathias, Hist. Ecclesiast. in Universit. Vindob. Prof.—Institutiones Hist. Ecclesiasticæ Tom. i, ii. *Idem Opus* Panormi Editore Vincentio Panormi. Tom. i, ii, iii, iv. (Decr. 17 Januarii 1820.)

Dantes. *Vide* Aligherius.

Daquin Ludovicus Henricus. Sententiæ et Proverbia Rabbinorum. (Decr. 2 Decembris 1622.)

Darrius Joannes. (1 Cl. App. Ind. Trid.)

Darwin Erasmo Medico di Derby Membro, etc. Zoonomia, ovvero Leggi dalla Vita Organica. Traduzione dall'Inglese con Aggiunte. (*Rasori*) Milano presso Pirotta, e Maspero 1803. Vol. i, ii, iii. Vol. iv. Milano, etc., 1804. Parte ii, comprendente un Catalogo delle Malattie, etc. Vol. v, Milano, etc. 1805. vi. Supplemento, etc. Parte iii, contenente gli Articoli della Materia Medica, etc. (Decr. 22 Decembris 1817.)

Dasypodius Conradus. (1 Cl. Ind. Trid.)
Dasypodius Petrus. (1 Cl. Ind. Trid.)
Dathænus Petrus.[1] (1 Cl. App. Ind. Trid.)
David Kimhi. *Vide* Kimhi.
Davidis Franciscus. (1 Cl. App. Ind. Trid.)
Davila Joapnes de Roa. *Vide* Roa.

Decimator Henricus. Sylva vocabulorum et phrasium cum solutæ, tum ligatæ orationis. *Donec corrigatur.* (App. Ind. Trid.)

Decisionum novissimarum Rotæ Romanæ, sive Sac. Palatii Romani Pars vi, continens tum Decisiones varias, tum Declarationes Concilii Tridentini habitas e Bibliotheca D. Prosperi Farinacii. (Decr. 7 Sept. 1609.)

Declaratio (Sacræ Cæsareæ Majestatis) quomodo in negotio Religionis per Imperium usque ad definitionem Concilii generalis videndum sit, in Comitiis Augustanis xv Maii anno MDXLVIII proposita et publicata. (App. Ind. Trid.)

Declaratione del Giubileo. (Ind. Trid.)

Declarationes Cardinalium Congregationis Concilii Tridentini, una cum Joannis Sotealli et Horatii Lucii adnotationibus. (Decr. 6 Junii 1621.)

Décret du Saint-Office de Rome, qui condamne et abolit comme un abus toutes les Confréries, ou Sociétez de l'Esclavage de la Mère de Dieu, Scapulaire des Carmes, et autres Cordons, Ceintures, etc. *Quia in multis depravatum et dolose accommodatum ad alias Sodalitates ab Apostolica Sede approbatas, Cincturæ, Scapularis et Chordæ.* (Decr. 25 Januarii 1679.)

Décrets de nos SS. PP. les Papes Alexandre VII et Innocent XI contre plusieurs propositions de la Morale relachée. *A Liége* 1680. (Decr. 26 Junii 1681.)

Decretum Norimbergense editum anno 1523. (Ind. Trid.)

Dedekindus Fridericus. (1 Cl. App. Ind. Trid.)

Défense de l'autorité et des décisions des merveilles que Dieu ne cesse point de faire en France depuis un grand nombre d'années. (Decr. 11 Martii 1754.)

Défense de l'Eglise Romaine contre les calomnies des Protestants ; ou le juste discernement de la créance Catholique d'avec les sentiments des Protestants, et d'avec ceux des Pélagiens touchant le mystère de la Prédestination et de la Grâce du Sauveur, mis en François par C. B. P. (Decr. 11 Martii 1704.)

Défense de la Discipline qui s'observe dans le Diocèse de Sens, touchant l'imposition de la pénitence publique pour les péchez publics. (Decr. 19 Sept. 1679.)

Défense de la Discipline qui s'observe dans plusieurs diocèses de France, touchant l'imposition de la pénitence publique pour les péchez publics. (Decr. 25 Januarii 1684.)

Défense de la Dissertation sur la validité des Ordinations des Anglois, contre les différentes Réponses, qui y ont été faites. (Brevi Benedicti XIII, 25 Januarii 1728.)

Défense de la Religion tant naturelle que révélée, contre les Infidèles et les Incrédules : extraite des Ecrits publiés par la fondation de Mr. Boyle, par les plus habiles gens d'Angleterre. (Decr. 7 Octobris 1746.)

Défense de tous les Théologiens et en particulier des disciples de S. Augustin contre l'Ordonnance de Mr. l'évêque de Chartres du 3 d'Août 1703. (Dec. 17 Julii 1709.)

Défense des Théologiens, en particulier des disciples de S. Augustin contre l'Ordonnance de Mr. l'Evêque de Chartres, portant condamnation du Cas de Conscience. Seconde édition, avec une réponse aux Remarques du même Prélat sur les Déclarations de M. Coüet. (Decr. 26 Octobris 1707.)

Défense des Abbés Commendataires et des Curés primitifs, contre les plaintes des Moines et des Curés; pour servir de réponse à l'Abbé Commendataire. (Decr. 29 Maii 1690.)

Défense des Libertés des Eglises réformées de France. *Vide* Histoire Apologétique.

Défense des nouveaux Chrétiens et des Missionnaires de la Chine, du Japon et des Indes contre deux livres intitulez : la Morale pratique des Jésuites, et l'Esprit de Mr. Arnauld. *Donec corrigatur*. (Decr. 22 Decembris 1700.)

- Défense de Mon Oncle. *Vide* Opuscula sex.

Defensio Belgarum contra evocationes causarum, et peregrina judicia. (Decr. 23 Aprilis 1654.)

Defensio Naturalis, Christianæ et Catholicæ Religionis, etc. *Vide* Mayrs Beda.

Defensio piæ memoriæ D. Petri Codde Archiepiscopi Sebasteni, et per fœderatum Belgium Vicarii Apostolici ad clarissimum Dominum *** (Decr. 16 Martii 1712.)

Dekreet (Naeder) van de Roomse vierschaer genaemd Inquisicie by het welke onder anderen verdoemt wort het smeekschrift van Heer Adrien van Wyck. *Id est: Decretum nuperum Tribunalis Romani, quod Inquisitionem vocamus, quo inter cetera damnatur supplicatio D. Adriani van Wyck.* (Decr. 7 Septembris 1695.)

Delitti (dei), e delle pene. Decr. 3 Februarii 1766.) *Vide* Voltaire. *Vide* Abhandlung.

Deliberatio (simplex ac pia) qua ratione Christiana, et in verbo Dei fundata Reformatio doctrinæ, administrationis Divinorum Sacramentorum, Cæremoniarum tantisper instituenda sit. (Ind. Trid.)

Dempsterus Thomas. Antiquitatum Romanarum Corpus absolutissimum, in quo præter ea, quæ Joannes Rosinus delineaverat, infinita supplentur, mutantur, adduntur. *Donec corrigatur*. (Decr. 16 Martii 1621.)

—Scotia illustrior, seu mendicabula repressa modestâ Parecbasi. (Decr. 17 Decembris 1623.)

Denckius Joannes. (1 Cl. Ind. Trid.)

Denstonius Arnoldus. *Vide* Bachimius.

Dénonciation à Monseigneur le Procureur général du Parlement de Dijon d'un libellé intitulé: Lettre de Mr. l'Evêque de Châlons sur Saône, pour servir de réponse à celle que Mr. Crugé lui avoit écrite au sujet de son Mandement sur le livre des Hexaples. (Decr. 29 Julii 1722.)

Denuntiatio solemnis Bullæ Clementinæ, quæ incipit: *Vineam Domini Sabaoth*, facta universæ Ecclesiæ Catholicæ, ac præsertim omnibus Hierarchis ejus. (Decr. 12 Junii 1712.)

Denys Henricus. Epistola ad amplissimum Dominum anno 1695. (Decr. 7 Septembris, 1695.)

Der aufgehende Morgenstern und der anbrechende Tag in den Christenherzen, ou en latin, Lucifer oriens et dies illucescens in cordibus Christianorum, sive Spiritus Christi, in sua Ecclesia. (Decr. 6 April. 1840.)

Deschamps Felix. Epistola ad D. Martinum Steyaertium de Summo Pontifice, ejusque potestate. (Decr. 29 Novembris 1689.)

Descriptio (Iconica et Historica) præcipuorum Hæresiarcharum, qui ab Ecclesia Catholica et Christiana, ut sectarii, ac phanatici, excommunicati rejectique sunt, per C. V. S. (Decr. 22 Octobris 1619.)

Desirant Bernardus. Commonitorium ad Orthodoxos. (Decr. 26 Octobris 1707.)

—De nullitatibus, aliisque defectibus Schedulæ, quam D. Henricus Malcorps cum suis corruperunt, publicisque typis donarunt, sub nomine sententiæ latæ contra P. Bernardum Desirant. (Decr. 12 Sept. 1714.)

- Despagne Jean. *Vide* Espagne.

Desqueux (Mr.). Traité de la Théologie mystique, où l'on découvre les secrets de la sagesse de Dieu dans la conduite des âmes appliquées au saint exercice de l'oraison. (Decr. 29 Novembris 1689.)

Destinée sociale. *Vide* Considérant Victor.

Desfutt di Tracy. Elementi d'Ideologia con Prefazione, e Note del Cav. Compagnoni. Parte I, divisa in due volumi. *Item* Ideologia propriamente detta. Parte II, divisa in due volumi : Grammatica Generale, ec. *Item* Parte III, divisa in due volumi : Logica, ec. *Item* Parte IV, ossia Trattato della volontà, e de'suoi effetti, divisa in tre volumi con un saggio di Catechismo. *Denique*: Saggio di un trattato morale in forma di Catechismo pubblicato in seguito degli Elementi d'Ideologia del Sig. Conte Destutt di Tracy, del Cavaliere Compagnoni. *Quocumque idiomate sive cum Præfatione et Notis Equitis Compagnoni, sive sine illis*. (Decr. 27 Novembris 1820.)

Dévotion (de la) à la Sainte Vierge, et du culte qui lui est dû. *Donec corrigatur*. (Decr. 7 Septembris 1695.)

Dévotion (de la) à la Sainte Vierge, et du culte qui lui est dû; nouvelle édition. *Donec corrigatur*. (Decr. 26 Octobris 1701.)

Dévotion (la) au sacré Cœur de N. S. Jésus-Christ, par un père de la Compagnie de Jésus. (Decr. 11 Martii 1704.)

Dévotion (la) des pécheurs pénitens, par un pécheur. (Decr. 15 Januarii 1714.)

Devotione (la) della Novena perpetua ad onore della gloriosa S. Anna Madre della gran Madre di Dio. (Decr. 18 Maii 1677.)

Devotioni, che si possono fare in onore di S. Anna Madre della gran Madre di Dio, ad istanza di Agostino Rispoli. In Napoli 1663. (Decr. 30 Julii 1678.)

Devotioni, che si possono fare in onore di S. Anna Madre della gran Madre di Dio. In Viterbo. (Decr. 30 Julii 1678.)

Devotioni da farsi alla gloriosa S. Anna. Napoli 1663. (Decr. 18 Maii 1677.)

Devotioni tenere, e fervorose, che si esercitano dalli Fratelli, e Sorelle della Confraternita di S. Anna di Napoli. (Decr. 30 Julii 1678.)

Devozione all'amabilissimo. *Vide* Divozione.

Deus et Rex, sive Dialogus, quo demonstratur Serenissimum Jacobum Regem in regnis suis justissime sibi vindicare quidquid in juramento Fidelitatis requiritur. (Decr. 2 Decembris 1617.)

Dialectica Legalis. (App. Ind. Trid.)
— *Idem Opus cum nomine Auctoris. Vide* Hegendorphinus.

Dialoghi de' Morti. *Vide* Nuovi Dialoghi.

Dialoghi (due), l'uno di Mercurio, et Caronte, nel quale si racconta quel che accade nella guerra dopo l'anno 1521, l'altro di Lattantio, et di uno Archidiacono. (Ind. Trid.)

Dialoghi Historici, ovvero Compendio Historico dell'Italia, e dello stato presente de' Principi, e Repubbliche Italiane, dell'Accademico Incognito. (Decr. 10 Aprilis 1666.)

Dialoghi Politici, ovvero la Politica, che usano in questi tempi i Principi, e Repubbliche Italiane per conservare i loro stati. (Decr. 21 Martii 1668.)

Dialogi. Decoctio, Eckius Monachus. (Ind. Trid.)

Dialogi Sacri. *Opus Sebastiani Castalionis.* (App. Ind. Trid.)

Dialogo fra due Marinari dopo una tempesta. (Decr. 26 Martii 1825.)

Dialogo molto curioso, e degno tradue gentilhuomini Acanzi, cioè soldati volontarj dell'Altezze Serenissime di Modona, e Parma. (Decr. 3 Aprilis 1669.)

Dialogo per musica a favore dell'Immacolata Concezione nel primo istante, *cujus initium:* Si suoni a battaglia, che il brando mi dà; *finis vero:* Se Fenice sei nel tuo candore, sii Fenice in lodare il nostro amore. (Decr. 26 Septembris 1680.)

Dialogos (los) Argelinos, o conversaciones antre un Eclesiastico y un Arabe sobre la Ley y voto del Celibato. (Decr. 26 Augusti 1822.)

Dialogus de doctrina Christiana. (Ind. Trid.)

Dialogus (ex obscurorum Virorum salibus cribratus), in quo introducuntur Colonienses Theologi tres, Ortuinus, Gingolphus, Lupoldus; tres item celebres viri Joannes Reuchlin, Desiderius Erasmus et Jacobus Faber, de rebus a se recenter factis disceptantes. (Ind. Trid.)

Dialogus Orat. Pontificis Romani et illius, qui est Pontifici a Confessionibus. (Ind. Trid.)

Dialogus paradoxos, quo Romani Pontificis Orator una cum eo, qui est, etc. (Ind. Trid.)

Diario del Concilio Romano celebrato in S. Gio. Laterano l'anno del Giubileo 1725, sotto il Pontificato di Papa Benedetto XIII. (Decr. 5 Julii 1728.)

Diario (Sacro) delle Grazie, e Indulgenze concesse alla Compagnia della Cintura, detta di S. Agostino, e di S. Monica. (Decr. 24 Februarii 1712.)

Diatriba Theologica de peccato philosophico, cum expositione Decreti Inquisitionis Romanæ, editi 24 Augusti 1690. (Decr. 1 Julii 1693.)

Diazius Joannes, *ille cujus mortis historiam scripsit Senarclæus.* (1 Cl. Ind. Trid.)

Dichiaratione (la) delli cento cinquanta Salmi di David con le sue vere esplicationi, e virtù, estratti da molti libri di virtuosi Rabbini Ebrei; con una insigne tabella de' caratteri ebraici, e sue virtù. (Decr. 15 Januarii 1714.)

Dichiaratione pubblica di Federico per la Dio gratia Re di Boemia, per quali ragioni abbia accettato il governo, et Regno. (Decr. 12 Decembris 1624.)

Dickius Leopoldus. (1 Cl. Ind. Trid.)

Dictamen de la comision eclesiastica de las Cortes, sobre que no se exporte dinero para Roma con motivo de la impetracion de Bullas, dispensas y demas Gracias Apostolicas. (Decr. 9 Septembris 1824.)

Dictamen de la comision eclesiastica encargada del arreglo definitivo del clero de Espana impreso de orden de las cortes. (Decr. 26 Martii 1825.)

Dictamen y proyecto de Ley sobre la reforma de los Regulares. (Decr. 6 Septembris 1824.)

Dictionnaire des Livres Jansénistes, ou qui favorisent le Jansénisme. (Decr. 11 Martii 1754.)

Dictionnaire des Philosophes. *Vide* Liber, *tametsi ironice.*

Dictionnaire historique, littéraire et critique, contenant une idée abrégée de la vie et des ouvrages des hommes illustres en tout temps, en tout pays. Tom. 6 in-8°. (Decr. 1 Februarii 1762.)

Dictionnaire Philosophique portatif. Nouvelle edition revue, corrigée et augmentée de divers articles, par l'Auteur. (Decr. 8 Julii 1765.)

Diderot. *Vide* Jacques.

Didier Charles. Rome souterraine (Decr. 7 Julii 1835.)

Dieterich, *seu* Dietericus Cunradus. Institutiones Catecheticæ e Lutheri Catechesi depromptæ. (Decr. 10 Aprilis 1666.)

Dieterichius Joannes Cunradus. Breviarium Pontificum Romanorum a Lino usque ad Alexandrum VII. (Decr. 23 Decembris 1700.)

Dieterichus Georgius. (1 Cl. App. Ind. Trid.)

Dieterichus Georgius Theodorus. De Jure et statu Judæorum in Republica Christianorum Discursus. (Decr. 20 Junii 1662.)

Dietherus, *seu* Diether Andreas. (1 Cl Ind. Trid.)

Dieu et les hommes. *Vide* Evangile du Jour.

(Decr. 4 Julii 1661.)

Dieu (Ludovicus de). Historia Christi Per-

sico conscripta ab Hieronymo Xavier, Latine reddita, et animadversionibus notata.
— Historia S. Petri, Persice conscripta ab Hieronymo Xavier, Latine reddita, et brevibus animadversionibus notata.
— Opera. (Decr. 18 Decembris 1646.)

Difenbachius Martinus. De vero mortis genere, ex quo Henricus VII, Imperator, obiit, Dissertatio. (Decr. 29 Maii 1690.)

Difesa (la) della Chiesa Greca ultimamente assalita da Comenido Reaixtei, scritta da Biagio Colonna Sinclerico. Corfù 1800. (Decr. S. Officii Fer. 4, die 27 Aprilis 1803.)

Difesa del Purgatorio dalle moderne opinioni, ossia il Purgatorio vendicato dalle imposture. (Decr. 6 Septembris 1824.)

Differentia (de) Regiæ Majestatis. *Vide* Opus eximium.

(Decr. 3 Martii 1705.)

Difficultez (des) proposées à Mr. Steyaert sur l'avis par luy donné à Mr. l'Archevêque de Cambray. (Première et Seconde Partie.)
— Troisième partie, IV, V, VI, VII, VIII et IX.

Digiuno perpetuo istituito in onore dell' Immacolata Concezione di Maria sempre Vergine nella Terra di Soriano. (Decr. 12 Januarii 1739.)

Digner Cæsar. Veritas nuda, dilucidatio cujusdam Epistolæ Capituli Conimbricensis ad instantiam Patrum Societatis directæ ad Urbanum VIII. (Decr. 10 Junii 1654.)

Dilherrus Joannes Michael. Disputationum Academicarum, præcipue Philologicarum. Tom. 1 et 2. (Decr. 10 Junii 1654.)

Dillerus Michael. (1 Cl. App. Ind. Trid.)
Dillerus Petrus, (1 Cl. App. Ind. Trid.)
Dinellus Michael. (1 Cl. App. Ind. Trid.)
Dinhein Fridericus (a). (1 Cl. Ind. Trid.)
Dinothus Richardus. De rebus et factis memorabilibus Loci communes Historici. *Donec corrigantur.* (App. Ind. Trid.)
— Adversaria Historica. *Donec corrigantur.* (App. Ind. Trid.)

Dionigi (Bartolomeo) da Fano. Compendio istorico del Vecchio, e del Nuovo Testamento cavato dalla Sacra Bibbia. (Decr. 30 Julii et 17 Octobris 1678.)

Dionomachia Poemetto Eroi-Comico con note. (Decr. 17 Januarii 1820.)

Director (the Spiritual) for those who have none, translated out of French. *Id est : Director Spiritualis pro his qui nullum habent, ex Gallico translatus.* (Decr. 18 Julii 1729.)

Diritto pubblico Ecclesiastico. *Vide* Instituzioni del *Diritto*.

Diritto pubblico sulla proibizione de' nuovi acquisti a'Collegj Ecclesiastici, e sulla Regalia de'Sovrani. Opera del Dottor Giuseppe Pasquali. (Dec. 18 Julii 1777.)

Diritto libero del Sovrano sul Matrimonio, *sine annotatione nominis Auctoris*, *Loci et Anni*. (Decr. 7 Augusti 1786.)

Diritto (del) Sociale Libri 3 del Dottor Angelo Ridolfi Professore del Diritto pubblico nella Regia Università di Bologna, Socio Ordinario dell'Accademia Italiana di Scienze, Lettere, ed Arti. Volume I, Bologna 1808. Presso i Fratelli Masi, e Compagno Tipografi dell' Istituto. (Decr. S. Officii, 22 Augusti 1816.)

Discernement (le juste) de la Créance Catholique. *Vide* Défense de l'Église.

Disciplina (de) puerorum, recteque formandis eorum et studiis et moribus; ac simul tam præceptorum quam parentum in eosdem officio, doctorum virorum libelli aliquot vere aurei. (App. Ind. Trid.)

Discorsi sopra i Fioretti di S. Francesco, ne'quali della sua Vita, et delle sue Stigmate si ragiona. (Ind. Trid.)

Discorso, e parere d'un Teologo intorno al cambio della ricorsa a se stesso. (Decr. 12 Decembris 1624.)

Discorso indirizzato al Papa da un Filosofo Tedesco. (Decr. 13 Augusti 1782.)

Discorso (in lode dell'arte Comica). Venezia 1752. (Decr. 4 Julii 1752.)

Discorso piacevole (che le Donne non siano della specie degli Uomini), tradotto da Horatio Plata Romano. (Decr. 18 Junii 1651.)

Discorso sopra l'Asilo Ecclesiastico. In Firenze 1763. (Decr. 27 Februarii 1764.)

Discorso Istorico Politico dell' origine, del progresso, e della decadenza del potere dei Chiericisulle Signorie temporali, con un Ristretto dell' Istoria delle due Sicilie. Filadelfia. (Decr. Fer. 5, die 29 Januarii 1789.)

Discours contre la persécution, traduit de l'Anglois. *Vide* Traité de Loix Civiles.

Discours sur la liberté de penser, écrit à l'occasion d'une nouvelle Secte d'Esprits forts ou de gens qui pensent librement. (Decr. 7 Februarii 1718.)

Discourse (a Seasonable) shewing how that the Oaths of allegiance and supremacy contain nothing which any good Christian ought to boggle at. By. W. B. *Id est : Discursus opportunus ostendens, qua ratione juramenta fidelitatis et suprematus nihil contineant quod cuipiam bono Christiano scrupulum injiciat ; auctore W. B.* (Decr. 27 Septembris 1679.)

Discussion Historique, Juridique et Politique sur l'immunité réelle des Eglises et autres lieux pieux, sur l'usage des excommunications, leur origine et leurs forces, et sur le prétexte que Monsieur l'Archevêque de Malines s'est donné pour excommunier le Procureur général du Roy, avec des réflexions sur l'Ordonnance du grand Conseil du 8 Aoust 1700. (Decr. 17 Januarii 1703.)

Discussions critiques et pensées diverses sur la Religion et la Philosophie, par F. Lamennais. (Decr. 30 Martii 1841.)

Disertacion Historica, Legal, y Polytica sobre el Celibato Clerical por D...... L. (Decr. 26 Augusti 1822.)

Disordine della Chiesa. (Ind. Trid.)

Disputatio æquivocatoria de licita æquivocatione terminorum. (Decr. 12 Decembris 1624.)

Disputatio Groningæ habita; cum duabus Epistolis non minus piis, quam eruditis, una Anonymi de certa in Deum fiducia habenda, etc., altera Lutheri ad Wolfgangum Fabritium Capitonem. (Ind. Trid.)

Disputatio inter Clericum et Militem super potestate Prælatis Ecclesiæ atque Principibus terrarum commissa. (Ind. Trid.)

Disputatio inter Joannem Eckium et Martinum Lutherum habita anno 1519. (Ind. Trid.)

— *Et ceteræ omnes Hæreticorum Disputationes de Fide et Fidei Dogmatibus, in quibus eorum errores continentur.* Vide Decreta § 1, *num.* 8.

Disputatio perjucunda, qua Anonymus probare nititur, mulieres homines non esse : cui opposita est Simonis Gedicci Defensio sexus muliebris. (Decr. 15 Maii 1714.)

Disputationum selectiorum inauguralium (Volumina duo) ex difficillimis jurium materiis desumptarum, a quibusdam Candidatis in Basileensium Academia publice propositarum. (Decr. 16 Martii 1621.)

Disquisitio Theologica de potestate ac jurisdictione, quibus in fœderatis Belgii Provinciis etiamnum fruitur Archiepiscopus Sebastenus, ablato licet Vicariatu Apostolico. (Brevi Clementis XI, 4 Octobris 1707.)

Dissertatio Anagogica, Theologica, Paræneticaque de Paradiso. Opus posthumum P. Benedicti Plazza. (Decr. 22 Maii 1772.) *Donec deleatur* Caput quintum et ultimum ab editore P. Josepho Maria Gravina compositum : *De Electorum hominum numero respectu hominum reproborum*, quod omnino damnatur. (Decr. eod. 22 Maii 1772.)

Dissertatio de Cœnæ administratione, ubi Pastores non sunt : item an semper communicandum per Symbola. (Decr. 23 Martii 1672.)

Dissertatio de Conciliorum quorumvis definitionibus ad examen revocandis, qua Fidelibus jus Conciliorum quorumvis definitiones expendendi ex veteris Ecclesiæ sententia asseritur. (Decr. 12 Martii 1703.)

Dissertatio de Gratia seipsa efficaci, et de Prædestinatione. (Decr. 4 Decembris 1725.)

Dissertatio de Sanguine D. N. Jesu Christi ad Epist. 146 S. Augustini, qua, num ibi existat, inquiritur. (Decr. 12 Martii 1703.)

Dissertatio de Tertulliani vita et scriptis. (Decr. 12 Martii 1703.)

Dissertatio de Trisagii origine. *Vide* Allix.

Dissertatio Inauguralis Juridica de Jure Imperantis in personas, et bona Civitatis, quam Disquisitioni subjicit Franciscus Bihl. (Decr. 31 Januarii 1777.)

Dissertatio Inauguralis Juridica de Justitia Placeti Regii, quam.... Disquisitioni submittit Antonius Remiz. (Decr. 31 Januarii 1777.)

Dissertatio historico-ecclesiastica, etc. *Vide* Pape Fridericus.

Dissertatio pro Francisco Suarez. *Vide* A. S. C.

Dissertation, où l'on prouve que S. Paul dans le 7 Chap. de la 1 aux Corinthiens n'enseigne pas que le mariage puisse être rompu, lorsqu'une des parties embrasse la Religion Chrétienne. (Decr. 6 Septembris 1759.)

Dissertation sur l'Honoraire des Messes. (Decr. 11 Septembris 1750.)

Dissertation sur la validité des Ordinations des Anglois, et sur la succession des Evêques de l'Eglise Anglicane. (Brevi Benedicti XIII, 25 Junii 1728.)

Dissertation sur les vertus Théologales, où l'on examine, 1 quel est l'objet de ces vertus. 2, Si la Foi et l'Espérance théologales renferment un saint commencement au moins d'amour de Dieu. 3, Qu'est-ce que contient la Charité. (Decr. 18 Junii 1746.)

Dissertation Théologique et critique, dans laquelle on tâche de prouver par divers passages des saintes Ecritures, que l'Ame de Jésus-Christ étoit dans le Ciel une Intelligence pure et glorieuse, avant que d'être unie à un corps humain dans le sein de la bienheureuse Vierge Marie. (Decr. 19 Maii 1760.)

Dissertations mêlées sur divers Sujets importants et curieux. Tome premier. (Decr. 28 Julii 1742.)

Dissertazione isagogica intorno allo Stato della Chiesa, e Podestà del Romano Pontefice, e de' Vescovi. Venezia 1766. Per Guiseppe Bettinelli con licenza de' Superiori. (Decr. 15 Septembris 1766.)

Dissertazione Storica, e Filosofica sopra il Celibato. *Vide* Necessità, e utilità del Matrimonio degli Ecclesiastici.

Dissertazioni secondo l'ordine delle Istituzioni Canoniche per uso dell'Università di Pisa. *Donec corrigantur. Auctor laudabiliter se subjecit et reprobanda reprobavit:* (Decr. 6 Septembris 1824.)

Dissolvitur celebre Quæsitum a nemine hactenus discussum pro Exorcista rite edocto, quem fecit idoneum ministrum Novi Testamenti donum Dei. Ad obsessam ovem si quis Sacerdos accedat ad maleficiatam liberationis gratia, et benedictionis ad infirmam, quid sentiant Pastores earum. (Decr. 14 Novembris 1763.)

(Decr. 23 Aprilis 1654.)

Distinctio (brevissima quinque Propositionum in varios sensus) apertaque de iis tum Calvinistarum ac Lutheranorum, tum Pelagianorum et Molinistarum, tum S. Augustini, ejusque discipulorum sententia. *Sive typis, sive scripto exstet.*

— *Idem Libellus Gallice* : Distinction abrégée des cinq Propositions qui regardent la matière de la Grâce, laquelle a été présentée en Latin à Sa Sainteté par les Théologiens qui sont à Rome, pour la défense de la doctrine de S. Augustin.

Divina (de) institutione Pastorum. *Vide* de Rottenstandter.

Divinatricis (Artis) encomia, et patrocinia diversorum Auctorum. (App. Ind. Trid.)

Divinité ou le principe de l'unique vraie forme de l'éducation de l'homme, par Graser. (Decr. 14 Janv. 1839.)

Division de los Dominios del Papa. Traducion libre del Folleto titulado il Papa in Camisciâ. (Decr. 6 Septembris 1824.)

Divortio (il) celeste cagionato dalle dissolutezze della sposa Romana. (Decr. 28 Decembris 1646.)

Divozione (la) all'amabilissimo, e divino Cuore del nostro Signore Gesù Cristo, cavata dall'Opere di Giovanni Lanspergio Certosino. (Decr. 22 Maii 1745.)

Divozione (la) di Maria Madre Santissima del Lume, distribuita in tre parti da un Sacerdote della Compagnia di Gesù. (Decr. 22 Maii 1745.)

Dix-sept Dialogues traduits de l'Anglois. *Vide* la Raison par alphabet.

Diurnale Romanum. *Lugduni in œdibus Filiberti Rolleti, et Bartholomœi Freni*. (Ind. Trid.)

Doctrinæ Jesuitarum capita a doctis quibusdam Theologis retexta, solidis rationibus, testimoniisque Sacrarum Scripturarum, et Doctorum veteris Ecclesiæ confutata. (App. Ind. Trid.)

Doctrine de la Croyance Catholique, par Achterfeldt. (Decr. 14 Janv. 1839.)

Doctrine de l'Ecriture Sainte sur l'adoration de Marie. (Decr. 26 Augusti 1822.)

Doctrine de Saint-Simon. Exposition. *Et opus cui titulus* : Religion Saint-Simonienne. Aux Artistes du passé et de l'avenir des Beaux-Arts, Aux Elèves de l'Ecole Polytechnique.... *una cum opusculo* : L'Education du Genre humain par Lessing. (Decr. 29 Januarii 1835.)

Doctrine religieuse et philosophique, par Emile Hannolin. (Decr. 13 Januar. 1845.)

Documenti, ed avvisi, etc. *Vide* All'Italia nelle tenebre.

Doelschius (Joannes) Veltkirchensis. (1 Cl. Ind. Trid.)

Dogninus Petrus. (1 Cl. App. Ind. Trid.).

Dolce Lodovico. Libri tre, nei quali si tratta delle diverse sorti delle Gemme, che produce la natura. (Decr. 16 Decembris 1605.)

Doletus Stephanus. (1 Cl. Ind. Trid.)

Dolori (Sette) della Madonna. *Incip*. Deh piacciavi d'udir divotamente. (App. Ind. Clemen. XI.)

Dolscius Paulus. (1 Cl. App. Ind. Trid.)

— Psalterium Græco carmine versum, cum præfatione Philippi Melanchthonis. (Ind. Trid.)

Dominicæ precationis Explanatio. *Lugduni apud Gryphium et alios*. (App. Ind. Trid.)

Dominis (Marcus Antonius de). De Republica Ecclesiastica libri x. (Decr. 2 Decembris 1617.)

— *Et cetera ejusdem Opera omnia*. (Decr. 16 Martii 1621.)

Domus Sapientiæ septenis fulta columnis, id est Tractatus mysticus de legitimo et perpetuo cultu septem Horarum Canonicarum. (Decr. 30 Junii 1671.)

Donatus Joannes Paulus. Brevis Tractatus de Casibus Sedi Apostolicæ reservatis. (App. Ind. Trid.)

Doni Anton-Francesco. Lettere. (Ind. Trid.)

Donò (el picciol, ma te l'offre il cuore). (Decr. 26 Junii 1843.)

Doppia (la) impiccata. (Decr. 20 Martii 1668.)

Dordracenæ (Synodi), et eorum qui illi præferunt in Belgii Remonstrantes, quos vocant, crudelis iniquitas exposita. (Decr. 16 Martii 1621.)

Doren (Bernardus van). Fides in una Sancta, Catholica, et Apostolica Ecclesia sub uno in terris Capite Romano Pontifice, per D. Bonaventuram propugnata, quam defendent Fr. Henricus Hulshouts, et Fr. Urbanus Erckens Bruxellis in Conventu SS. Martini, et Catharinæ Fr. Minor. Recollectorum 12 Octobris 1694. (Decr. 7 Decembris 1694.)

Doresses Guilielmus. *Liber contra quasdam propositiones Joannis Francisci Angli, Gallice editus*. (Decr. 3 Julii 1623.)

Dormitanzio (il) del secolo decimottavo. *Vide* Brandi Ubaldo.

Dornavius Gaspar. Amphitheatrum sapientiæ Socraticæ jocoseriæ. (Decr. 2 Decembris 1622.)

Dorscheus Johannes Georgius. Thomas Aquinas exhibitus confessor veritatis Evangelicæ Augustana Confessione repetitæ. (Decr. 10 Junii 1658.)

— *Et cetera ejusdem Opera omnia*. (Decr. 10 Maii 1757.)

Dottrina vecchia, e nuova. *Vide* Opera utilissima.

Dottrina verissima tolta dal capitolo IV a'Romani, per consolare l'afflitte conscientie. (Ind. Trid.)

Dovizie sagre (le) de' vivi a pro de' defonti, cioè breve Ristretto delle Indulgenze de Fedeli, e de' Regolari in comune, principalmente delle Indulgenze dell'Ordine Carmelitano. *Declaratur autem non prohiberi Indulgentias contentas in Summario in eodem libro inserto*. (Decr. 27 Junii 1673.)

Dounamus Georgius. Papa Antichristus, sive Diatriba duabus partibus de Antichristo. (Decr. 18 Maii 1677.)

Dousa Georgius. De Itinere suo Constantinopolitano Epistola. (Decr. 22 Novembris 1619.)

Dousa, *seu* Douza Janus. (1 Cl. App. Ind. Trid.)

Draco, *seu* Draconites Joannes. (1 Cl. Ind. Trid.)

— Postilla per totum annum. (App. Ind. Trid.)

Dramata sacra, Comœdiæ atque Tragœdiæ aliquot e veteri Testamento desumptæ. *Collectore Joanne Oporino*. (Ind. Trid.)

Dranta Thomas. (1 Cl. App. Ind. Trid.)

Dreherus Conradus. (1. Cl. App. Ind. Trid.)

Drelincourt Charles. Abrégé des Controverses, ou Sommaire des erreurs de l'Eglise Romaine. (Decr. 19 Martii 1633.)

— *Et cetera ejusdem Opera omnia*. (Decr. 10 Junii 1659, et 4 Julii 1661.)

Dresdensis Petrus. (1 Cl. Ind. Trid.)

Dresserus Matthæus. (1 Cl. App. Ind. Trid.)

— Orationum libri tres. (Decr. 3 Julii 1623.)

Dript (Laurentius a). Statera et examen Libelli a Sacra Congregatione proscripti, cui titulus : Monita salutaria B. V. ad suos cultores indiscretos. *Donec corrigatur.* (Decr. 30 Julii 1678.)

— Droits (les) des Hommes, et les Usurpations des autres (*In fine*) A Padoue 1768. (Decr. 11 Augusti 1769.)

Drusius Joannes. Opera. *Donec emendentur.* (App. Ind. Trid.)

Duarenus Franciscus. De sacris Ecclesiæ Ministeriis ac Beneficiis Libri viii. Item pro libertate Ecclesiæ Gallicæ adversus Romanam Aulam Defensio Parisiensis Curiæ, Ludovico XI Gallorum Regi quondam oblata. *Prohibetur hæc Defensio; Duareni vero Liber permittitur, si fuerit correctus.* (App. Ind. Trid.)

Dubbio sul Centro dell'Unità Cattolica nella Chiesa. *Sine annotatione nominis Auctoris et Loci.* (Decr. 28 Martii 1791.)

Dubia Amplissimis S. R. E. Cardinalibus. *Vide* Epistola Amplissimis S. R. E. Cardinalibus.

Dubois (P). Le Catéchisme véritable des croyans publié par permission de N. S. P. le Pape et de tous les Evêques et Archevêques du monde chrétien. (Decr. 7 Januarii 1836.)

— Le Croyant détrompé, ou preuves évidentes de la fausseté et de l'absurdité du Christianisme et de sa funeste influence dans la société. (Decr. 7 Januarii 1836.)

Dudone, *alias* Budone Henrico Maria. Dio solo, ovvero Aggregazione per l'interesse di Dio solo, composto in lingua Francese, e tradotto nell'Italiana da un Sacerdote Secolare. (Decr. 9 Septembris 1688.)

Dufeu (E.) dit le Blanc-Mont. Première Apologie pour Jean de Labadie, et pour la justice de sa déclaration. (Decr. 10 Aprilis 1666.)

Duffy Patricius. Theologia ad mentem Doctoris subtilis Jo. Duns Scoti, quam defendent Fr. Antonius Kelly, Fr. Jacobus Magann, Fr. Franciscus Duffy, Fr. Benedictus Sall Lovanii in Collegio S. Antonii de Padua FF. Minorum Hibernorum die 28 Julii 1679. (Decr. 15 Martii 1684.)

Dufrenoy M. Biographie des jeunes demoiselles, ou vies des femmes célèbres, depuis les Hébreux jusqu'à nos jours. (Decr. 11 Decembris 1826.)

Dugo Joannes. *Vide* Philonius.

Dugnet. (Mr Jacques Joseph). Lettres à Monseigneur l'Évêque de Montpellier au sujet de ses Remonstrances au Roi, 25 Juillet 1724. (Decr. 13 Februarii 1725.)

Dulaure J. A. Histoire abrégée de différens Cultes. (Decr. 11 Decembris 1826).

Dunelmensis Joannes Episcopus. *Vide* Cosinus.

Dunoyer Madame. Lettres historiques et galantes de deux Dames de condition. (Decr. 4 Decembris 1725.)

Dupaty. Lettres sur l'Italie. (Decr. 11 Decembris 1826.)

Dupin Ludovicus Ellies. De antiqua Ecclesiæ disciplina Dissertationes Historicæ. (Brevi Innocent. XI, 22 Januarii 1688.)

— Nouvelle Bibliothèque des Auteurs Ecclésiastiques, contenant l'histoire de leur vie, le catalogue, la critique et la chronologie de leurs ouvrages. (Decr. 1 Julii 1693 et 10 Maii 1757.)

Traité de la Doctrine Chrétienne et Orthodoxe, dans lequel les vérités de la Religion sont établies sur l'Ecriture et sur la Tradition. (Decr. 11 Martii 1704.)

— Veteres figuras adimplenti. Quæstio Theologica: *Quis venit legem adimplere?* Theses, quas tueri conabitur Joannes Nicolaus Guillaume die 4 Maii 1719. (Decr. 29 Julii 1722.)

— Histoire du Concile de Trente et des choses qui se sont passées en Europe touchant la Religion depuis la convocation de ce Concile jusqu'à sa fin.(Decr. 4 Decembris 1725.)

(Decr. 28 Julii 1742.

— Tractatus Theologico-Philosophicus de Veritate.

— Methodus Studii Theologici recte instituendi. Præfationem de vita, fatis et scriptis Dupinii præmisit Joannes Frickius.

Dupuy. *Vide* Origine de tous les Cultes.

Durellus Johannes. Ecclesiæ Anglicanæ adversus Schismaticorum criminationes Vindiciæ. (Decr. 30 Junii 1671.)

Durrius Johanne Conradus. Tractatus Theologici tres: i, Brevis Commentatio de Religione Christiana in Germaniam et singulatim in Rempublicam Noribergensem introducta. ii, Isagoge in Libros symbolicos Ecclesiæ Noribergensis. iii, Observationes ad textum Augustanæ Confessionis. (Decr. 4 Martii 1709.)

E

Eberhart Mathias. (1 Cl. App. Ind. Trid.)
Eberstain (Ludovicus ab). (1 Cl. Ind. Trid.)
Eberus Paulus. (1 Cl. Ind. Trid.)
Ebnerus Erasmus. (1 Cl. Ind. Trid.)
Ebouff Georgius. (1 Cl. App. Ind. Trid.)
Eccardus (Justus) Alsfeldensis. Explicatio quæstionis de Lege Regia, de qua tantopere Jurisconsulti disceptarunt. (Decr. 3 Julii 1623.)

Ecclesia (cur) quatuor Evangelia acceptavit. (Ind. Trid.)

Ecclesiæ Gallicanæ in Schismate status. *Sive seorsim, sive insertus Operibus Petri Pithœi.* (Decr. 3 Julii 1623.)

Ecclesiastica (de) et politica potestate. *Opus Edmundi Richerii.* (Decr. 10 Maii 1613, et 2 Decembris 1622.)

Ecclesiastico (l') in solitudine, composto da N. Prete della Congregatione dell'Oratorio. (Decr. 2 Julii 1686).

Echialle Mufti. *Vide* Religion, ou Théologie des Turcs.

Eckard Georgius. (1 Cl. App. Ind. Trid.)

Eckhardus Tobias. Henrici Leonis auctoritas circa Sacra in constituendis atque confirmandis Episcopis. (Decr. 14 Januarii 1737.)

Eclaircissemeuts sur l'autorité des Conciles généraux et des Papes, ou Explication du vrai sens de trois Décrets des Sessions iv et v, du Concile général de Constance, contre la Dissertation de M. de Schelstrate. (Decr. 7 Februarii 1718.)

Ecloga Oxonio-Cantabrigiensis tributa in libros duos. Opera et studio T. I. (Decr. 7 Augusti 1603).)

Edelman Georgius. (1 Cl. App. Ind. Trid).

Edictum, *cui titulus:* Vicarii Generales Sedis Episcopalis Iprensis, *etc. Incipit :* Sanctissimus Dominus noster Urbanus beatæ mem... Papa VIII. *Finis:* Sicut antiquitus in usu fuerunt intacta relinquere et illæsa conservare. Actum 27 Martii 1651, de mandato admodum RR. DD. Vicariorum. M. de Cerf Secretarius. (Decr. 11 Maii 1651.)

Educazione Cristiana, o sia Catechismo universale diviso in tre Volumi. Genova 1779. *Cautum est, ne cui hoc Opus quolibet idiomate, quocumque titulo, quovis tempore, ubivis locorum editum retinere aut legere liceat.* (Decr. 20 Januarii 1783.)

Educazione (dell') Democratica. *Vide* Bocalosi Girolamo.

Effectus et virtutes Crucis, sive Numismatis S. Patriarchæ Benedicti. (Decr. 30 Julii 1678.)

Efferhen, *seu* Efforhen (Henricus ab). (1 Cl. App. Ind. Trid.)

Église (l') Catholique romaine a-t-elle quelques défauts? Lettres d'un laïque, par Maximilien Wangenmuller. (Decr. 5 April. 1845.)

Eglise (l') Protestante justifiée par l'Eglise Romaine sur quelques points de controverse. (Decr. 14 Januarii 1737.)

Egloga Pastorale di Groto'o, e Lilia. (App. Ind. Clem. XI.)

Einsidel, *seu* Einsiedel (Henricus ab). (1 Cl. Ind. Trid.)

Eisenberg Jacobus. (1 Cl. App. Ind. Trid.)

Eisengreinius Martinus. De certitudine Gratiæ. Tractatus apologeticus pro vero ac germano intellectu Canonis xiii, Sess. vi, Concilii Tridentini. (App. Ind. Trid.)

Eizen (Paulus ab). (1 Cl. Ind. Trid.)

Elchanon. *Vide* Pauli.

Elementa Christiana ad instituendos pueros. (Ind. Trid.)

Elementa Juris Canonici quatuor in partes divisa ad statum Ecclesiæ Germaniæ. Auctore Philippo Hedderich. Vol. 6. Bonnæ 1791. (Decr. 10 Julii 1797.)

Elementi del Diritto naturale dell'Abb. Gr. Ar. Napoli 1787. (Decr. 29 Maii 1789.)

Elementi d'Ideologia. *Vide* Destutt de Tracy.

Elenchus veterum quorumdam brevium Theologorum. *Vide* ΜΙΚΡΟΠΡΕΣΒΥΤΙΚΟΝ.

Elévation de l'état ecclésiastique à la dignité, etc., par Graser. (Decr. 14 Janv. 1839.)

Elia (Cassianus a S.). Centum Historiarum examen, seu Decisiones Theologico-Legales. *Donec corrigatur.* (Decr. 9 Februarii 1683.)

— Theologia Moralis expurgata et ordine alphabetico disposita. (Decr. 2 Julii 1686.)

Elli Angelo. Specchio spirituale del principio, e fine della vita umana. (Decr. 7 Februarii 1718.)

Ellingerus Andræas. (1 Cl. App. Ind. Trid.)

Elmenhorstius Geverhartus. Notæ in Gennadii Massiliensis librum de Ecclesiasticis Dogmatibus, veteris cujusdam Theologi homiliam sacram et Marcialis Episcopi Lemovicensis Epistolas. (Decr. 4 Februarii 1627.)

Eloge de l'enfer. Ouvrage critique, historique et moral. (Decr. 13 Augusti 1764.)

Elogio (de) primo ac præcipuo Doctrinæ Angelici Doctoris S. Thomæ Aquinatis, occasione Pertinentis cujusdam impertinentis P. Philosophi. (Decr. 18 Januarii 1667.)

Elogio Storico del Sig. Abate Antonio Genovesi pubblico Professore di Civil Economia, etc. (Decr. 15 Novembris 1773.)

Elogium (Joannis Launoii Parisiensis Theologi) una cum ejusdem Notationibus in Censuram duarum propositionum A. A. D. S. (Decr. 22 Decembris 1700.)

Elogium Scoti. *Vide* Labbé.

Elogius Gaspar. (1 Cl. App. Ind. Trid.)

Elvidius Stanislaus. Responsio ad Epistolam ornatissimi cujusdam viri de rebus Gallicis. *Quæ habetur in libello inscripto :* Nuptiæ Parisinæ, pag. 59. (Decr. 5 Julii 1728.)

Elysius Thomas. Piorum Clypeus adversus veterum recentiorumque Hæreticorum pravitatem fabrefactus. (App. Ind. Trid.)

Emendatione (de) et correctione status Christiani. (Ind. Trid.)

Emende sincere d'un Chierico Lombardo alle annotazioni Pacifice, che possono servire di riposta ad altri somigliante libelli usciti sinora alla lice. *Sine Auctoris nomine.* Firenze 1789. Tom. I, II, III. (Decr. 28 Martii 1791.)

Emonerius Stephanus. Splendor veritatis moralis collatus cum tenebris mendacii et nubilo æquivocationis ac mentalis restrictionis: Addita depulsione calumniarum, quibus Joannes Barnesius Leonardum Lessium oneravit. (Decr. 14 Aprilis 1682.)

Empire (le Cinquième). *Vide* Cinquième.

Emportements (les) amoureux de la Religieuse étrangère. Nouvelle galante et historique. (Decr. 2 Septembris 1727.)

Emunctorium Lucernæ Augustinianæ, quo fuligines a quibusdam aspersæ emunguntur. (Decr. 23 Aprilis 1654.)

Enarrationes Epistolarum et Evangeliorum. *Opus Martini Lutheri.* (Ind. Trid.)

Euchaustius Huldrychus. (1 Cl. Ind. Trid.)

Enchiridion Christianæ institutionis in Concilio Provinciali Coloniensi editum. *Donec corrigatur.* (App. Ind. Trid.)

Enchiridion Christianismi. (Ind. Trid.)

Enchiridion, *cui titulus:* Hoc in Enchiridio, Manualive, pie Lector, proxime sequentia habentur. Septem Psalmi Pœnitentiales. Oratio devota Leonis Papæ. Aliquot item orationes adversus omnia Mundi pericula. (Decr. 9 Septembris 1668.)

Enchiridion Manuale. *Romæ excusum apud Thomam Membrunium, ut quidem apparet in titulo : ut vero in calce libri legitur, Trecis.* (App. Ind. Trid.)

Enchiridion militiæ Christianæ, *Compluti editum. Opus Joannis Justi Lanspergii.* (App. Ind. Trid.)

Enchiridion parvi Catechismi Joannis Brentii in Colloquia redactum. (App. Ind. Trid.)

Enchiridion piarum precationum. (Ind. Trid.)

Enchiridion piarum precationum cum Calendario et Passionali, ut vocant, Mart. Lutheri. (App. Ind. Trid.)

Enciclopedia de'Fanciulli. *Vide* Rampoldi Gio. Battista.

Encyclopédie, ou Dictionnaire raisonné des Sciences, des Arts et des Métiers. Par une société de Gens de Lettres, etc. (Brevi Clem. PP. XIII, 3 Septembris 1759.)

Encyclopédie progressive, ou collection de Traités sur l'Histoire, l'état actuel et les progrès des connaissances humaines, avec un Manuel encyclopédique, etc. (Decr. 11 Junii 1827.)

Encyclopedisches Handuch, etc. *Latine vero* : Manuale Encyclopedicum totius juris Ecclesiastici Catholici et Protestantis in Germania vigentis, etc. (Decr. 5 Augusti 1833.)

Engelbert Jean. Divine vision et révélation des trois états, l'Ecclésiastique, le Politique et l'Economique. (Decr. 15 Maii 1714.)

Engelgrave Henricus. Lucis Evangelicæ sub velum sacrorum Emblematum reconditæ pars III, hoc est cœleste Pantheon in festa et gesta Sanctorum totius anni. Pars I. (Decr. 2 Julii 1686.)

English Loyalty vindicated by the French Divines, or a Declaration of threescore Doctors of Sorbone for the oath of Allegiance, done in English by W. H. *Id est : Anglicana Fidelitas vindicata a Theologis Gallis, seu Declaratio sexaginta Doctorum Sorbonæ in favorem juramenti Fidelitatis, in Anglicum translata a W. H.* (Decr. 14 Maii 1682.)

Enluminures (les) du fameux Almanach des PP. Jésuites, intitulé la Déroute et la Confusion des Jansénistes. (Decr. 23 Aprilis 1654.)

Ennodio Papia. *Vide* l'Apocalisse di S. Giovanni. *Vide* l'Epoca seconda della Chiesa.

Entomius Joannes. (1 Cl. Ind. Trid.)

Entretien (Premier) d'Eudoxe et d'Eucharistie, pour servir de défense à la Thèse d'un Bachelier de Sorbonne contre le Père Maimbourg. (Decr. 4 Decembris 1674.)

Entretiens curieux, ou Dialogues rustiques entre plusieurs personnes de différens estats, composés pour l'utilité de ceux de la Religion Réformée. (Decr. 3 Aprilis 1685.)

Entretiens (les) des voyageurs sur la Mer. (Prohibentur ut 1 Cl. Decr. 26 Octobris 1707, et 4 Decembris 1725.)

Entretiens d'un Philosophe Indien. *Vide* Evangile du Jour.

Entretiens sur la pluralité des Mondes. (Decr. 1 Dec. 1687.)

Entretiens sur le Décret de Rome contre le Nouveau Testament de Châlons, accompagnés de réflexions morales. (Brevi Clementis XI, 6 Junii 1710.)

Enzinas Franciscus (de). (1 Cl. Ind. Trid.)

Eobanus (Helius) Hessus. (1 Cl. Ind. Trid.)

Epimetron, sive Auctarium Thesauri Aphorismorum politicorum, hoc est quæstionum politicarum libri tres. (Decr. 18 Maii 1618.)

Episcopius Simon. Opera Theologica. (Decr. 3 Aprilis 1685.)

Episcoporum (de antiquis et majoribus) causis liber, in quo SS. Patrum, Pontificum et Conciliorum Ecclesiæ Catholicæ sententiæ proferuntur ad confutationem errorum Davidii in libro Gallice scripto : de Judiciis Canonicis Episcoporum. (Decr. 1 Februarii 1679.)

Epistola ad Urania. *Vide* Scelta di Prose, e Poesie.

Epistola Amplissimis S. R. E. Cardinalibus et clarissimis Theologis in Urbe Præneste congregatis post pacem Ecclesiæ Gallicanæ restitutam, et methodum propediem edituris pro studiis peragendis ab Alumnis collegii Urbani de Propaganda Fide, ad Hæreticos profligandos, ad Gentiles et Atheos in sinum Ecclesiæ reducendos. *Cujus initium* : Hæc sunt dubia; *finis vero* : et explodendam novitatem. (Brevi Bened. XIV, 5 Septembris 1757.)

Epistola Anglice et Latine data Romæ 13 Novembris 1816, quæ incipit : *omnibus et singulis*. *Vide* Gandolphy Peter.

Epistola Apologetica ad sincerioris Christianismi sectatores per Frisiam Orientalem et alias inferiores Germaniæ regiones. (Iud. Trid.)

Epistola Christiana ex Batavis missa, longe aliter tractans cœnam Dominicam, quam hactenus tractata est. (Ind. Trid.)

Epistola consolatoria ad reverendos et gravissimos Theologos Jacobum Andreæ et Lucam Osiandrum de Palatinatus Electoralis administratione, et instituta in Ecclesiis et Scholis emendatione. (App. Ind. Trid.)

Epistola d'Elisa ad Abelardo. *Vide* Scelta di Prose, e Poesie.

Epistola dedicatoria præfixa libro, *cui titulus* : Regulæ Societatis Jesu, *juxta exemplar impressum Lugduni ex typographia Jacobi Reussin* 1607, *edita ab Auctore, qui se Augustanæ Confessionis sectatorem profitetur*. (Decr. 13 Novembris 1662.)

Epistola della Domenica in ottava rima, *cujus initium :* Viva Divinità donde procede. (App. Ind. Clem. XI.)

Epistola de Magistris nostris Lovaniensibus, quot et quales sint, quibus debemus magistratem illam damnationem Lutherianam. (Ind. Trid.)

Epistola de moribus Angliæ. *Vide* H. V. P.

Epistola de non Apostolicis quorumdam moribus, qui in Apostolorum se locum successisse gloriantur. (Ind. Trid.)

Epistola directa ad pauperem et mendicam Ecclesiam Lutheranam. (Ind. Trid.)

Epistola Doctoris Sorbonici ad amicum Belgam. *Parisiis*, XII *Kal. Decembris* 1749. (Decr. 6 Maii 1750, et 24 Novembris 1751.)

—*Eadem Gallice*. *Vide* Lettre d'un Docteur.

Epistola et Præfatio in Decalogum. (Ind. Trid.)

Epistola Eximio ac admodum Reverendo Domino Liberto Fromondo, et Reverendo admodum Domino Henrico Caleno; *cujus initium* : Gratias agimus; *finis* : Professores Sacræ Theologiæ Societatis Jesu Lovan. (Bulla Urbani VIII 6 Martii 1641, et Decr. 1 Augusti 1641.)

Epistola Illustrissimorum ac Reverendissimorum Ecclesiæ Principum, Francisci Caillebot de la Salle, olim Episcopi Tornacensis, Joannis Baptistæ de Verthamont Episcopi Apamiensis, Joannis Soanen Episcopi Senecensis, Caroli Joachim Colbert de Croissy Episcopi Montispessulani, Petri de Langle Episcopi Boloniensis, Caroli de Caylus Episcopi Antissiodorensis, et Michaelis Cassagnet de Tilladet Episcopi Matisconensis, ad SS. D. Innocentium Papam XIII occasione Constitutionis *Unigenitus*. (Decr. 8 Januarii 1722.)

Epistola invitatoria (Theologorum quorumdam in Electoratu Saxoniæ) ad universos Dominos Theologos, et Ecclesiarum Evangelicarum Ministros, de Jubilæo Lutherano circa finem Octobris, et initium Novembris solemniter celebrando. (Decr. 2 Decembris 1617.)

Epistola Luciferi ad malos Principes Ecclesiasticos. (Ind. Trid.)

Epistola Ministri cujusdam verbi Dei, de Ecclesiæ clavibus, Sacramentis, veraque Ministrorum Spiritus electione. (Ind. Trid.)

Epistola N. N. Religionis Reformatæ Ministrorum ad Perillustrem Dominum N. Legionis Batavæ Ducem in Præsidio Bruxellensi degentem. (Decr. 1 Julii 1693.)

Epistola pro pacando super Regaliæ negotio Summo Pontifice Innocentio XI ad Eminentissimum Cardinalem Alderanum Cybo, Pontificii status Administrum. (Decr. 31 Martii 1681.)

Epistola, *quæ habetur initio* Historiæ Miscellæ Pauli Diaconi *editionis Basileæ anni* 1569. (App. Ind. Trid.)

Epistola sub nomine Eminentissimi Domini Joannis S. R. E. Cardinalis Bona, approbans doctrinam Germani Philalethis Eupistini. *Libellus contra Card. Bona sic inscriptus*. (Decr. 22 Junii 1676.)

Epistolæ aliquot consolatoriæ, piæ et utiles, maxime iis qui propter confessionem veritatis persecutiones patiuntur, cum præfatione Cyriaci Spangenbergii. (App. Ind. Trid.)

Epistolæ cujusdam Bavari. *Vide* Brief einos Bairen.

Epistolæ duæ Decani et Canonici cujusdam (An statui et dignitati Ecclesiasticorum magis conducat admittere Synodum nationalem piam et liberam, quam decernere bello. (Ind. Trid.)

Epistolæ obscurorum Virorum. App. Ind. Trid.)

Epistolæ (piæ et christianæ) cujusdam Servi Dei Jesu Christi de Fide, Operibus et Charitate. (Ind. Trid.)

Epistolæ selectiores (illustrium et clarorum Virorum) superiore sæculo scriptæ, vel a Belgis vel ad Belgas, tributæ in Centurias duas. (Decr. 11 Aprilis 1628.)

Epistolæ de novissimo statu Hiberniæ. *Vide* Coopers.

Epistolarum Decretalium Examen. *Vide* Blondellus.

Epistole di Francesco Petrarca recate in Italiano da Ferdinando Ranalli. (Decr. 22 Septembris 1836.)

Epitaphium *factum Sepulcro Fr. Pauli Servitæ incipiens* : Paulus Venetus Servitarum Ordinis Theologus, ita prudens, integer, sapiens, etc. *Tam impressum, quam manuscriptum*. (Decr. 3 Julii 1623.)

Epithemata Historiæ de bello Religionis. (App. Ind. Trid.)

Epitoma Responsionis Sylvestri ad Martinum Lutherum a Luthero edita. (Ind. Trid.)

Epitome belli Papistarum contra Germaniam atque patriam ipsam, Cæsare Carolo V duce. (Ind. Trid.)

Epitome Chronicorum et Historiarum Mundi, velut Index. *Primæ, et secundæ impressionis, ubi sunt impressæ, atque figuratæ Imperatorum imagines*. (App. Ind. Trid.)

Epitome decem præceptorum, prout quemque Christianum cognoscere decet. (Ind. Trid.)

Epitome Ecclesiæ renovatæ. (Ind. Trid.)

Epitome Figurarum sacræ Scripturæ. (App. Ind. Trid.)

Epitome Historiæ Gallicæ, hoc est Regum et rerum Galliæ usque ad annum 1603 brevis notatio. (Decr. 16 Decembris 1605.)

Epitome Historiarum sacrarum et locorum communium. (App. Ind. Trid.)

Epitre à Mlle A. C. P. *Vide* de la Mettrie.

Epitre à mon esprit. *Vide* de la Mettrie.

Epitre (l') aux Romains. *Vide* Libellus continens.

Epitre de Saint Paul. *Vide* Laugeois.

Epoca (l') seconda della Chiesa col richiamo de'Giudei, e gli avvenimenti singolari... Dissertazione critica di Ennodio Papia (*ementitum Auctoris nomen*) diviso in due Tomi... Tom. I, Lugano 1781. (Decr. 20 Januarii 1783.) Tom. II. (Decr. 6 Decembris 1784.)

(Ind. Trid.)

Eppendorf (Henricus ab). (1 Cl. Ind. Trid.)

Erasmus (Desiderius) Roterodamus. Colloquia Familiaria.

— Moriæ Encomium.

— Lingua, sive de linguæ usu, atque abusu.

— Christiani Matrimonii Institutio.

— De interdicto esu carnium.

— Adagia. *Si non fuerint ex editione Pauli Manutii, quæ permittitur, prohibentur, nisi expurgantur loca suspecta*. (App. Ind. Trid.)

— Parafrasi sopra S. Matteo tradotte da Bernardino Tomitano. (App. Ind. Trid.)

— *Opera, in quibus de Religione tractat. Donec expurgentur*. (Ind. Trid.)

Erastus Thomas. (1 Cl. App. Ind. Trid.)

Erath Augustinus. Commentarius Theologico-Juridico-Historicus in Regulam S. Augustini. (Decr. 13 Julii 1717.)

Erbenius Nicolaus. (1 Cl. App. Ind. Trid.)

Erbius, *seu* Erbenus Mathias. (1 Cl App. Ind. Trid.)

Erigena Johannes Scotus. De Divisione naturæ libri v. Accedit Appendix ex Ambiguis S. Maximi Græce et Latine. (Decr. 3 Aprilis 1685).

Erkel (J. C. van). Protest van de Rooms-Catholyke Clergie der voornaemste steden van Zuijr Holland, etc. *Id est* : *Protestatio*

Romano-Catholici Cleri in præcipuis oppidis Hollandiæ meridionalis, contra publicatores quarumdam Epistolarum gerentium, nomen D. Joannis Baptistæ Bussi, Nuncii Apostolici. (Decr. 13 Aprilis 1711.)

Ernestus Jo. Augustus. Antimuratorius, sive confutatio Muratorianæ Disputationis de Rebus Liturgicis. (Decr. 5 Martii 1759.)

Erotemàta Juris Civilis ex Institutis, Digestis, Codice et Novellis ab Anonymo quodam Professore Regiomontano quondam collecta. (Decr. 9 Februarii 1683.)

Errotika Biblion. Id est : *Amatoria Bibliorum.* Ἐν Καρὶ Ἐκάτηρον. *Abstrusum excudit.* Dernière édition à Paris, chez le Jay, libraire, rue Neuve-des-Petits-Champs, près celle de Richelieu, au Grand Corneille, n. 146, 1792. *Sine nomine auctoris, qui tamen in Præfatione extremæ huic editioni præmissa fuisse dicitur* Mirabeau, *nempe auctor impii ac jamdudum proscripti Operis, cui titulus :* Système de la nature *ementito* Mirabeau *nomine editi.* (Decr. 2 Julii 1804.)

Erster Sieg des Liçhtes über die Finsterniss in der Katholischen Kirche Schlesiens. Ein interessantes Actenstück. *Latine vero :* Primus triumphus lucis *(relatus)* de tenebris in Catholica Ecclesia Silesiæ. Documenta magni momenti. (Decr. 11 Junii 1827.)

Ertzberg Henricus. (1 Cl. App. Ind. Trid.)

Erynachus Paulus. Sanctorum Patrum de Gratia Christi et libero arbitrio dimicantium Trias. *Donec corrigantur tituli Capitum et Articulorum, atque Index* (Decr. 3 Julii 1661.)

Erythræus Valentinus. (1 Cl. App. Ind. Trid.)

Esame critico di una Lettera di D. Francesco Spadea contro gli Elementi del Dritto naturale dell'Abb. Gregorio Aracri. Napoli 1787. (Decr. 29 Maii 1789.)

Esame della Confessione Auriculare, e della vera Chiesa di Gesù Cristo : *Conoscerete la verità, e la verità sarà la vostra liberatrice.* Gesù Cr.sto in S. Gio. vııı, 32. Milano l'anno ıı della libertà Italiana. Proprietà del Cittadino G. A. Ranza 1797. (Decr. 27 Januarii 1817.)

Escandalosa (A) Vida dos Papas. (Decr. 23 Junii 1836.)

Escalante (Ferdinandus de). Clypeus Concionatorum verbi Dei. *Non permittitur, nisi correctis iis quæ habentur capite ultimo libri* vı *jam notata a Jacobo Gretsero in Admonitione ad Exteros de Bibliis Tigurinis.* (Decr. 3 Julii 1664.)

Escarbotier (l'). *Vide* Libellus continens.

Esercizj di Religione. (Decr. 26 Augusti 1822.)

Esnaudiere (Pierre de l'). La Loüange du Mariage, et recueil des Histoires des bonnes, vertueuses et illustres femmes. (App. Ind. Trid.)

Esortatione (supplice) di nuovo mandata all'invittissimo Cesare Carlo V. (Ind. Trid.)

Espagne (Jean d'). Les erreurs populaires et points principaux qui concernent l'intelligence de la Religion, rapportez à leurs causes. (Decr. 22 Junii 1676.)

— Les OEuvres. (Decr. 18 Maii 1677.)

Espana venturosa por la vida de la Constitucion y la muerte de la inquisicion. (Decr. 27 Novembris 1820.)

Espen (Zegerus Bernardus van). Jus Ecclesiasticum universum. (Decr. 22 Aprilis 1704.)

— *Et cetera ejusdem Opera omnia.* (Decr. 17 Maii 1734.)

Espencæus Claudius. Collectanea de Continentia. *Donec corrigantur.* (App. Ind. Trid).

— In Epistolam D. Pauli Apostoli ad Titum commentarius. *Donec corrigatur.* (App Ind. Trid.)

Espion (l') Chinois, ou l'Envoyé secret de la Cour de Pékin pour examiner l'état présent de l'Europe. Traduit du Chinois. Tomi 6. (Decr. 26 Martii 1770.)

(Decr. 4 Martii 1709.)

Espion (l') dans les Cours des Princes Chrétiens, ou Lettres et Mémoires d'un Envoyé secret de la Porte dans les Cours de l'Europe.

— Suite de l'Espion dans les Cours des Princes Chrétiens.

Espion (l') de Thamas Kouli-Kan dans les Cours de l'Europe, ou Lettres et Mémoires de Pagi-Nassir-Bek. Traduit du Persan par l'Abbé de Rochebrune. (Decr. 11 Septembris 1750.)

Espositione dell'Oratione del Signore in volgare composta per un Padre non nominato. (Ind. Trid.)

Esposizione della Dottrina della Chiesa, o sieno Istruzioni familiari, e necessarie ad ogni sorte di persone intorno alla Grazia di Gesù Cristo, per servire di fondamento alla Morale Cristiana, e di preservativo contro i falsi principj della mondana Filosofia. To. ı, ıı, ııı. In Siena. *Sine Auctoris nomine et Anni annotatione.* (Decr. 11 Januarii 1796.)

Esprit (de l'). (Brevi Clementis XIII, 31 Januarii 1759.)

Esprit de Clément XIV, mis au jour par le R. P. B..., etc., et traduit de l'italien par l'Abbé C... (Decr. 18 Augusti 1775.)

Esprit (l') de Gerson, ou Instructions Catholiques touchant le Saint-Siége. (Decr. 15 Septembris 1707.)

Esprit (l') de Jésus-Christ sur la Tolérance, pour servir de réponse à plusieurs Ecrits de ces temps sur la même matière. (Decr. 1 Septembris 1760.)

Esprit (l') de Mr. Arnaud, tiré de sa conduite et des Ecrits de lui et de ses disciples, particulièrement de l'Apologie pour les Catholiques. (Decr. 29 Augusti 1690.)

Esprit (l') de Mr. de Voltaire. (Decr. 19 Maii 1760.)

Esprit des Loix (de l'), ou du rapport que les Loix doivent avoir avec la constitution de chaque gouvernement, les mœurs, le climat, la religion, le commerce. (Decr. 2 Martii 1752.)

— *Idem Italice. Vide* Spirito delle Leggi.

Esprit du dogme de la franche-maçonnerie ; recherche sur son origine et celle de ses différents rites, compris ceux du carbonarisme, par M. R. de Schio. (Dec. 17 April. 1839.)

Esprit (l'), ou les principes du Droit Canonique. (Decr. 24 Maii 1762.)

Esquisse d'une philosophie, par F. Lamennais. (Decr. 30 Martii 1841.)

Essai de Cosmogonie et de Cosmologie, ou de l'origine et de l'organisation des systèmes du monde, par Nicolas Calcaterra.

Essai historique et critique sur les dissensions des Eglises de Pologne ; par Joseph Bourdillon, Professeur du Droit public. (Decr. 12 Decembris 1768.)

Essai historique sur la puissance temporelle des Papes. (Decr. 20 Januarii 1823.)

Essai philosophique. *Vide* le Théisme.

Essai sur cette question : quand et comment l'Amérique a-t-elle été peuplée d'hommes et d'animaux ; par E. B. d'É. (Decr. 24 Augusti 1772.)

Essai sur l'Apocalypse. *Vide* Réflexions impartiales.

Essai sur la formation du dogme catholique. (Decr. 21 Aug. 1843.)

Essai sur la Tolérance Chrétienne, divisée en deux parties. (Decr. 8 Maii 1761.)

Essai sur l'Esprit. *Vide* Villers.

Essai théorique et historique sur la génération des connaissances humaines dans ses rapports avec la morale, la politique et la religion, etc., par Guillaume Tiberghien. (Decr. 5 April. 1845.)

Essarts (des). *Vide* le Livre à la mode.

Estienne Henry. *Vide* Stephanus *Henricus*.

Estor Joannes Georgius. Delineatio Juris publici Protestantium, exhibens jura et beneficia Augustanæ Confessionis. (Decr. 28 Julii 1742.)

Estratto di alcune delle tante proposizioni, etc *Vide* Comunione del Popolo nella Messa.

(Decr. 5 Aprilis 1674.)

Estrix Ægidius. Diatriba Theologica de Sapientia Dei benefica et verace ; sive manuductio ad fidem Divinam pervestigandam.

— Dilucidatio communis doctrinæ Theologorum de fide imperfecta quorumdam rudium hominum.

— Apologia pro Summis Pontificibus, Generalibus Conciliis et Ecclesia Catholica contra Petri Van-Buscum Instructionem ad tyronem Theologum. *Donec corrigatur.* (Decr. 19 Junii 1674.)

Etablissement et Commerce des Européens dans les deux Indes. *Vide* Histoire Philosophique et Politique.

Etat (de l') de l'homme après le péché et de sa prédestination au salut. (Decr. 14 Decembris 1725.)

Etat (l') et les Délices de la Suisse, ou Description Helvétique, historique et géographique. Nouvelle édition, corrigée et considérablement augmentée par plusieurs Auteurs. Vol. 4. (Decr. 8 Julii 1765.)

Etat (l') politique et religieux de la France devenu plus déplorable encore par l'effet du voyage de Pie VII en ce pays..., par l'Auteur de la controverse pacifique. (Decr. 10 Septembris 1827.)

Etat présent de l'Angleterre, avec plusieurs réflexions sur son ancien état. (Decr. 17 Maii 1734.)

Etat (l') présent de la Faculté de Théologie de Louvain, où l'on traite de la conduite de quelques-uns de ses Théologiens, et de leurs sentiments contre la souveraineté et la sûreté des Rois, en trois Lettres. (Decr. 17 Januarii 1703.)

Ethices Cristianæ libri tres. *Vide* Danæus.

Etiro Partenio (*Pietro Aretino*). Carte parlanti. Dialogo. (Decr. 18 Junii 1680.)

Evangeli (egli) tradotti in lingua Italiana da G. Diodati con le rifflessioni e note di Francesco Lamenais tradotte da Pier Silvestro Leopardi. (Decr. 10 Aug. 1846.)

Evangelium æternum. (Ind. Trid.)

Evangelium lætum Regni nuncium. (App. Ind. Trid.)

Evangelium Pasquilli. (Ind. Trid.)

Evangelium (in) secundum Matthæum, Marcum, Lucam Commentarii. *Vide* Commentarii.

Evangile de la Raison. Ouvrage posthume de M. D.... Y. *Vide* Ouvrages philosophiques.

Evangile du Jour, contenant : De la paix perpétuelle, par le Docteur Goodheart ; Instruction du Gardien des Capucins de Raguse à Frère Pediculoso partant pour la Terre Sainte ; Tout en Dieu, Commentaire sur Malebranche par l'Abbé Tilliadet ; Dieu et les hommes, OEuvre Théologique, mais raisonnable, en XLIV Chapitres, à Londres. *Omnia impii scurræ commenta.* (Decr. 3 Decembris 1770.)

Evangile (l') du peuple. (Decr. 30 Mart. 1841.)

Evangiles (les), traduction nouvelle avec des notes et des réflexions à la fin de chaque chapitre, par F. Lamennais. (Decr. 10 Aug. 1846.)

Evans Ludovicus. (1 Cl. App. Ind. Trid.)

Eucharistiæ (de) genuino intellectu. *Vide* Libellus ex Scriptis.

Evenredige Samenspraek op het verwyzen van onsen Saligmaker Jesus Christus, en op de zaek van den Arschbisschop van Sebasten. Id est : *Colloquium parallelum de condemnatione Redemptoris nostri Jesu Christi, et de causa Archiepiscopi Sebasteni.* (Brevi Clementis XI, 4 Octobris 1707.)

Evesque (l') de Cour opposé à l'Evesque Apostolique. Premier entretien sur l'Ordonnance de Mr. l'Evesque d'Amiens contre la traduction du Nouveau Testament en François, imprimé à Mons. (Decr. 4 Decembris 1673.)

— Second Entretien, III, IV, V et VI. (Decr. 4 Decembris 1674, et 10 Maii 1757.)

Eugenius Brugensis. Ultima vox zelatricis innocentiæ indigna patientis ; sive libellus supplex ad Innocentium XI. (Decr 29 Novembris 1689.)

Eugenius Theophilus. Protocatastasis, seu prima Societatis Jesu institutio restauranda. (Decr. 16 Martii 1621.)

Eugubinus Augustinus. Cosmopœia. *Nisi fuerit ex emendatis et impressis Venetiis an.* 1591. (App. Ind. Trid.)

Evia (Franciscus de). Præparatio mortis. (App. Ind. Trid.)

Evremond (Saint). *Vide* Ouvrages philosophiques.

Eurimaches *seu* Eurimachæra Gaspar. (1 Cl. App. Ind. Trid.)

Europe (l') esclave, si l'Angleterre ne rompt ses fers. (Decr. 17 Julii 1709.)

Europe (l') vivante, ou Relation nouvelle, historique et politique de tous ses états jusqu'à l'année présente 1667. (Decr. 22 Junii 1676.)

Examen critico de las causas de la Persecucion que han experimentado los Francmasones, y explicacion de las Bullas de los Sumos Pontifices Clemente XII y Benedicto XIV. (Decr. 27 Novembris 1820.)

Examen critique des Apologistes. *Vide* Fréret.

Examen de deux questions importantes sur le Mariage: Comment la Puissance Civile peut-elle déclarer des Mariages nuls? Quelle est l'étendue du pouvoir des Souverains sur les empêchements dirimans le Mariage? (Decr. 14 Aprilis 1755.)

Examen de la Méthode d'enseignement de la Religion pratique, par Graser. (Decr. 14 Januarii 1839.)

Examen de la nota pasada por el E^mo Senor Nuncio de S. S. al Ministerio d'Estado. Por un Nieto de Don Roque Leal. (Decr. 6 Septembris 1824.)

Examen de la Religion, dont on cherche l'éclaircissement de bonne foi, attribué à Mr. de Saint Evremond, traduit de l'Anglois de Gilbert Burnet. (Decr. S. Officii 29 Novembris 1763.) *Vide* Ouvrages philosophiques.

Examen de l'influence du Gouvernement sur les mœurs. *Vide* Système Social

Examen des Critiques du livre intitulé: De l'Esprit. (Decr. 1 Februarii 1762.)

Examen des principes, d'après lesquels on peut apprécier la Réclamation attribuée à l'Assemblée du Clergé. (Decr. 21 Augusti 1761.)

Examen du premier Traité de controverse du P. Louis Maimbourg, intitulé: Méthode pacifique pour ramener sans dispute les Protestants à la vraie foi sur le point de l'Eucharistie. (Decr. 3 Aprilis 1685.)

Examen du Mosaïsme et du Christianisme par M. Reghellini, de Schio. (Decr. 23 Junii 1836.)

Examen impartial des Immunités Ecclésiastiques, contenant les maximes du Droit public, et les faits historiques qui y ont rapport. (Decr. 2 Martii 1752.)

Examen important de Milord Bolinbroke. *Vide* Opuscula sex.

Examen judiciorum de Prodromo Corporis Theologiæ P. L. S. P. D. E. ante annum Hagæ Comitum in lucem emisso, factorum. (Decr. 4 Martii 1709.)

Examen juste et Catholique d'une Apologie du Sieur Royer, soy-disant Docteur et Précenteur de l'Eglise de Saint-Pons. (Decr. 27 Aprilis 1701.)

Examen Libelli, *cui titulus est*: Propositiones excerptæ ex Augustino Rev^mi Domini Cornelii Jansenii Episcopi Iprensis, quæ in speciem exhibentur Suæ Sanctitati. (Decr. 23 Aprilis 1654.)

Excerpta quædam Capita ex Scripturis, omnibus Fidelibus necessaria. (App. Ind. Trid.)

Excea y Talayero Luis (de). Discurso Historico-Juridico sobre la instauracion de la Iglesia Cesaraugustana en el Templo maximo de San Salvador. (Decr. 22 Junii 1676.)

Exempla virtutum, et vitiorum, atque etiam aliarum rerum maxime memorabilium. (App. Ind. Trid.)

Exemplarium sanctæ Fidei Catholicæ. (App. Ind. Trid.)

Exemplorum variorum liber de Apostolis et Martyribus. *Sive seorsum, sive conjunctus Catalogo S. Hieronymi de Ecclesiasticis Scriptoribus.* (App. Ind. Trid.)

Exercitatio politico-theologica, etc. *Vide* Bartholotti.

Exercitatio vitæ spiritualis. (App. Ind. Trid.)

Exercitium juridicum. *Vide* Neller.

Exhortatio ad Christianissimi Regis Galliæ Consiliarios, quo pacto obviam iri possit seditionibus, quæ ob religionis causam impendere videntur. (Decr. 12 Decembris 1624.)

Exhortationes (sermones hortatorii), etc. *Vide* Bolzano Bernardo: Erbauungsreden fur, etc.

Exorcista. *Vide* Dissolvitur celebre quæsitum.

Explicatio Decalogi, ut Græce extat, et quomodo ad Decalogi locos Evangelii præcepta referantur. (Decr. 27 Septembris 1672.)

Explicatio primi, tertii, quarti, quinti capitis Actuum Apostolorum. (App. Ind. Trid.)

Explicatio Symboli per Dialogos. (App. Ind. Trid.)

Explication des qualités ou des caractères, que Saint Paul donne à la Charité. *Donec corrigatur.* (Decr. 7 Octob. 1746.)

Expositio nominis Jesu juxta mentem Hebræorum, Græcorum, Chaldæorum, Persarum et Latinorum. (App. Ind. Trid.)

Expositio secundæ Epistolæ D. Petri et Judæ. (App. Ind Trid.)

Expositio super Cantica Canticorum Salomonis. (App. Ind. Trid.)

Expositio Symboli Apostolorum, Orationis Dominicæ et Præceptorum. (Ind. Trid.)

Exposition de la Doctrine Chrétienne. *Vide* Italica Interpretatio.

Exposition de la Doctrine Chrétienne, ou Instructions sur les principales vérités de la Religion. (Decr. 21 Novemb. 1757.)

Exposition de la Doctrine de l'Eglise Gallicane par rapport aux prétentions de la Cour de Rome. (Decr. 21 Novembris 1757.)

Exposition de la Foi Catholique touchant la Grâce et la Prédestination, avec un recueil des passages les plus précis, et les plus forts de l'Ecriture Sainte. (Decr. 8 Maii 1697.)

Extrait de l'Examen de la Bulle du Papa

DICTIONNAIRE DES HÉRÉSIES. II. 33

Innocent X, contre la paix, de l'Allemagne conclue à Munster l'an 1648, fait en Latin par Amand Flavian. (Decr. 4 Martii 1709.)

Extrait d'un livre Anglois, qui n'est pas encore publié, intitulé : Essai Philosophique concernant l'entendement humain ; communiqué par Monsieur Locke. (Brevi Clementis XII, 19 Junii 1734.)

Extraits de Msc. du C. de W. pour être ajoutés à ses premières feuilles. (Decr. 11 Julii 1777.)

Eybel Joseph Valentinus U. J. D. Introductio in jus Ecclesiasticum Catholicorum. T. I, II, III, IV. (Decr. 16 Februarii 1784.)

— Item ejusd. liber germanico idiomate editus, cui titulus : Was enthalten die Urkunden des christlichen Alterthums von der Ohrenbeichte? Wen, bey Joseph Edlen von Kurzbek us. f. 1784. *Latine vero : Quod continent Documenta Antiquitatis Christianæ de Auriculari Confessione?* Vindobonæ apud Josephum Nobilem de Kurzbek, etc. 1784. (Brevi Pii VI, die 11 Novembris 1784.)

— Item ejusd. liber Germanico idiomate editus, *cui titulus :* Was ist der Pabst? *Græce autem :* Τί ἐστω ὁ Πάπας; *Latine vero :* Quid est Papa? Viennæ apud Josephum Edlen de Kurzbek 1782. (Brevi Pii VI, die 28 Novembris 1786.)

Eychlerus Michael. (1 Cl. App. Ind. Trid.)

Eykenboom Ignatius. Adumbrata Ecclesiæ Romanæ, Catholicæque veritatis de Gratia adversus Joannis Leydeckeri in sua Historia Jansenismi hallucinationes Defensio. (Decr. 8 Aprilis 1699.)

F

Faba (Appio Anneo Cromaziano de). Ritratti Poetici, Storici, e Critici di varj uomini di Lettere. (Decr. 14 Aprilis 1755.)

Faber (Basilius) Soranus. (1 Cl. App. Ind. Trid.)

Faber Gaspar. (1 Cl. App. Ind. Trid.)

Donec corrigantur. (Ind. Trid.)

Faber (Jacobus) Stapulensis. Commentarii in quatuor Evangelia.

— In omnes Epistolas D. Pauli Commentariorum libri XIV.

— Commentarii in Epistolas Catholicas Joannis, Petri, Jacobi et Judæ.

— Quintuplex Psalterium Gallicum, Romanum, Hebraicum, Vetus, Conciliatum.

— De Maria Magdalena et ex tribus una Maria Disceptatio.

Faber Martinus. (1 Cl. App. Ind. Trid.)

Faber Timæus. *Vide* Scotanus.

Fable (la) des Abeilles ou les fripons devenus honnêtes gens, avec le Commentaire, où l'on prouve que les vices des particuliers tendent à l'avantage du public. (Decr. 22 Maii 1745.)

Fabre d'Olivet. La langue Hébraïque restituée, et le véritable sens des mots hébreux rétabli et prouvé par leur analyse radicale. (Decr. 26 Martii 1825.)

Fabri (*Angelus Antonius*) Tarvisinus. Juris publici ecclesiastici. P. P. Materies, atque ordo Scholarum, quas annis 1771 et 1772 explicaturus est in Gymnasio Patavino. (Decr. 11 Martii 1772.)

Fabri (Carlo de) da Mondolfo. Scudo di Christo, ovvero di David in tre libri distinto. (Decr. 26 Octobris 1701.)

Fabri (Honoratus). Apologeticus doctrinæ Moralis Societatis Jesu. Pars I et II. (Decr. 23 Martii 1672, et 2 Octobris 1673.)

Fabricatore (Antonio). La Felicità della Società politica, e dei principali mezzi per ottenerla con alcune osservazioni sulla Costituzione di Spagna. (Decr. 17 Decembris 1821.)

Fabrici (Andreas) Chemnicensis. (1 Cl. Ind. Trid.)

Fabricius Antonius *Vide* Bleynianus.

Fabricius Erasmus. (1 Cl. Ind. Trid.)

Fabricius Franciscus. Orator sacer. Accessit heptas dissertationum Theologico-Oratoriarum. (Decr. 14 Januarii 1737.)

Fabricius (Georgius) Chemnicensis. (1 Cl Ind. Trid.)

— Saxoniæ illustratæ libri IX. (Decr. 23 Augusti 1634.)

Fabricius Joannes. (1 Cl. Ind. Trid.)

Fabricius Joannes. Oratio inauguralis de utilitate, quam Theologiæ studiosus ex itinere capere potest Italico. Adjectis Tabula figurarum, sive locorum, quibus nonnulla de Græcæ, et Romanæ Ecclesiæ ritibus dicta oculis subjiciuntur, et notis. (Decr. 13 Martii 1679.)

Fabricius Jo. Albertus. Bibliographia Antiquaria. *Donec corrigatur.* (Decr. 21 Januarii 1721.)

— Salutaris lux Evangelii toti Orbi per divinam gratiam exoriens. *Donec corrigatur.* (Decr. 14 Januarii 1737.)

Fabricius (Joannes) Montanus. (1 Cl. Ind. Trid.)

— Poëmata. (Ind. Trid.)

Fabricius (Joannes) Patavinus. Epistolarum Miscellanearum ad Fridericum Nauseam liber VIII, *qui est Roberti a Moshaim.* (App. Ind. Trid.)

Fabula (de) Equestris Ordinis Constantiniani Epistola. Tiguri 1712. (Decr. 15 Januarii 1714.)

Facetiæ facetiarum, hoc est joco-seriorum Fasciculus exhibens variorum Auctorum scripta lectu jucunda et jocosa. (Decr. 18 Julii 1651.)

Facetiæ facetiarum, hoc est joco-seriorum Fasciculus novus exhibens variorum Auctorum scripta lectu jucunda, et jocosa. (Decr. 4 Julii 1651.)

Facius Gaspar. Politica Liviana. (Decr. 2 Decembris 1622.)

Factum et Instruction pour le Sindic des Recolez de la Province appelée de S. Bernardin, appellant comme d'abus d'une Ordnance de Mr. l'Evêque de S. Pons du 18 Septembre 1694. (Decr. 27 Aprilis 1701.)

Factum, ou Propositions succinctement recueillies des questions, qui se forment au jour d'huy sur la matière de l'usure. (Decr. 11 Martii 1704.)

Factum pour les Directeurs des villages du

païs du franc de Bruges, au sujet des dixmes contre les Ecclésiastiques, et autres prétendans icelles dixmes. (Decr. 8 Aprilis 1699.)

Faes (Johannes) Luneburgensis. Exercitatio Academica de vulneribus Christi, cujus Theses sub præsidio Johannis Sauberti defendet. (Decr. 30 Julii 1678.)

Fagius Paulus. (1 Cl. Ind. Trid.)
— Thargum, hoc est Paraphrasis Onkeli Chaldaica in Sacra Biblia, additis in singula fere capita succinctis Annotationibus. (App. Ind. Trid.)
— *Vide* Kimhi David.

Faillibilité (la) des Papes dans les décisions dogmatiques, démontrée par toute la tradition. Avec des Remarques sur une lettre au Pape de Mr. l'Archevêque de Malines et des autres Évêques du Pays-Bas. (Decr. 19 Julii 1722.)

Falcone Niccolo Carminio. L'intera Storia della famiglia, vita, miracoli, traslazioni, e culto del glorioso Martire S. Gennaro Vescovo di Benevento. (Decr. 7 Februarii 1718.)

(Decr. 1 Aprilis 1688.)

Falconi Giovanni. Alfabeto per saper leggere in Christo, libro di vita eterna.
— Lettera scritta ad una figliuola spirituale, nella quale l'insegna il più puro, e perfetto spirito dell'orazione.
— Lettera scritta ad un Religioso in difesa del modo d'orazione in pura fede.

Falsa (de), et vera unius Dei Patris, et Filii, et Spiritus Sancti cognitione libri duo, Auctoribus Ministris Ecclesiarum consentientium in Sarmatia et Transylvania. (App. Ind. Trid.)

Famille (la) Chrétienne sous la conduite de S. Joseph. (Decr. 30 Junii 1671.)

Farellus Guilielmus. (1 Cl. Ind. Trid.)

Fasciculus Myrrhæ. *Genevæ impressus.* (App. Ind. Trid.)

Fasciculus rerum expetendarum ac fugiendarum. *Vide* Gratius.

Fasti Academici Studii generalis Lovaniensis. *Donec corrigatur.* (Decr. 13 Novembris 1622.)

Fasti Scritturali dell'Antico, e Nuovo Testamento accompagnati da Morali, e divote riflessioni atte a formare nei Giovani il buon costume. *Donec corrigatur.* (Decr. 5 Augusti 1833.)

Faventinus Didymus, *qui et Philippus Melanchthon.* (1 Cl. Ind. Trid.)

Favre (Mr.) Lettres édifiantes et curieuses sur la visite Apostolique de M. de La-Baume, Évêque de Halicarnasse à la Cochinchine. (Decr. 16 Junii 1746.)

Fayus Antonio. (1 Cl. App. Trid.)
(Decr. 27 Februarii 1764.)

Febronius Justinus. De Statu Ecclesiæ et legitima potestate Romani Pontificis. Liber singularis ad reuniendos dissidentes in Religione Christianos compositus.
— Ejusdem Operis editio altera.
— Appendix prima.
— Appendix secunda. Justiniani Novi animadversiones in Justiniani Frobenii Epistolam ad Cl. V. Justinum Febronium Ictum de legitima potestate Summi Pontificis.
— Appendix tertia. Joannis Clerici Palatini ad Justinum Febronium Epistola excitatoria adversus Observationes quasdam summarias Heidelbergensis Jesuitæ in ejus Librum singularem. Cum notis ad easdem Observationes.
— Appendix quarta. Auli Jordani Icti Examen Dissertationis, quam Magister Carolus Fridericus Bahrdt Lipsiensis die 14 Decembris 1765, adversus Justini Febronii Tractatum publico exposuit. (Decr. 3 Februarii 1766.)
— De Statu Ecclesiæ et legitima potestate Romani Pontificis. Liber singularis ad reuniendos dissidentes in Religione Christiana compositus. Tom. III, ulteriores operis vindicias continens. (Decr. 3 Martii 1773.)

Fechtius Joannes. Disquisitio de Judaica Ecclesia, in qua facies Ecclesiæ qualis hodie est, et historia per omnem ætatem exhibetur. (Decr. 12 Martii 1703.)

Feguernekinus Isaac L. (1 Cl. App. Ind. Trid.)

Felde Johannes. (1 Cl. App. Ind. Trid.)

Felic Stanislaus. Notæ sexaginta quatuor morales, censoriæ, historicæ ad inscriptionem, epistolam, approbationem et capita XIII introductionis ad Historiam Concilii Tridentini P. Sfortiæ Pallavicini. (Decr. 22 Julii 1665.)

Felice (Joannes a S.). Triumphus misericordiæ, id est sacrum Ordinis SS. Trinitatis Institutum Redemptionis Captivorum, cum Kalendario Ecclesiastico Historico universi Ordinis. (Decr. 18 Julii 1729.)

Felinus Aretius, *qui et Martinus Bucerus.* (1 Cl. Ind. Trid.)

Fell, *seu* Fellus (Joannes) Episcopus Oxoniensis. S. Cæcilii Cypriani Opera recognita et illustrata. Accedunt Annales Cyprianici per Joannem Pearson Cestriensem Episcopum. (Decr. 2 Julii 1686.)

Felle (Guglielmo). La Rovina del Quietismo, e dell'amor puro. (Decr. 11 Martii 1704.)

Felsinius Philippus. (1 Cl. App. Ind. Trid.)

Fénelon (de). *Vide* Salignac.

Ferchius Matthæus. Defensio Vestigationum Peripateticarum ab offensionibus Belluti et Mastrii. *Donec corrigatur.* (Decr. 12 Maii 1655.)

Ferinarius Joannes. (1 Cl. App. Ind. Trid.)

Fernandez Antonio. Cronica Religiosa. (Decr. 29 Januarii.)

Fernandez (Petrus) de Villegas. Flosculus Sanctorum. (App. Ind. Trid.)

Ferrara Buonaventura. Grazie concesse da Maria N. Signora immacolata a molti divoti del digiuno perpetuo in pane, et acqua in honore della sua purissima Concettione. (Decr. 9 Februarii 1683.)

Ferrariensis Bartholomæus. De Christo Jesu abscondito pro solemnitate Corporis ejusdem libri VI. *Donec expurgentur.* (App. Ind. Trid.)

Ferrariensis Petrus. (1 Cl. Ind. Trid.)

Ferrariis (Joannes Petrus de). Practica

Papiensis. *Nisi corrigatur.* (App. Ind. Trid.)
Ferrella (Gio. Paolo). Fioretti Spirituali. (Decr. 10 Maii 1619.)
Ferri (Marcello). Del danno avvenuto alla Religione, e allo Stato per le ricchezze, e numero de'Regolari. A sua Eccellenza il Signor Marchese Tanucci. (Decr. 11 Julii 1777.)
Ferro Marcus. Justa damnatio quinque Propositionum Jansenii. (Decr. 23 Aprilis 1654.)
Ferus Joannes. *Opera omnia. Donec corrigantur.* (App. Ind. Trid.)
— *Excipiuntur tamen* Commentaria in S. Matthæum. Commentaria in Evangelium Johannis, et in Johannis Epistolam primam *editionis Romæ*; et Examen Ordinandum, *impressum post annum* 1587. (App. Ind. Trid.)
Fêtes et courtisanes de la Grèce, supplément aux voyages d'Anacharsis et d'Antenor. (Decr. 11 Decembris 1826.)
Feuguerejus, *seu* Feugueræus Guilielmus. (1 Cl. App. Ind. Trid.)
Feurelius Theophilus. (1 Cl. App. Ind. Trid.)
Fevret Charles. Traité de l'abus, et du vray sujet des Appellations qualifiées d'abus. (Decr. 22 Decembris 1700.)
Feurus Richardus. (1 Cl. App. Ind. Trid.)
Feustelius Christianus. Miscellanea sacra et erudita de phraseologia et emphasi Biblica ad Val. Ern. Lœscherum, et ad Lœscheri responsio de statu, progressuque Scriptorum a se promissorum. (Decr. 29 Julii 1722.)
Ficoroni (Francesco de). Osservazioni sopra l'antichità di Roma descritte nel Diario Italico del P. Bernardo Montfaucon. *Donec corrigantur.* (Decr. 15 Januarii 1714.)
Fidelis servi subdito infideli responsio. *Vide* Responsio.
Fidlerus Valerius. (1 Cl. App. Ind. Trid.)
Figlia (la) del Lattajo. (Decr. 11 Junii 1827.)
Figulus Hermannus. (1 Cl. App. Ind. Trid.)
Figulus Sebastianus. (1 Cl. App. Ind. Trid.)
Filangieri (*Cittadino* Gaetano). La Scienza della Legislazione. (Decr. 6 Decembris 1784, et 12 Junii 1826.)
Filantropo Subalpino. *Vide* l'Arte di conservare, etc.
Filis Pastor Halberstadiensis. (1 Cl. App. Ind. Trid.)
Filis Pastor in Austria. (1 Cl. App. Ind. Trid.)
Filomastige (Cesellio.) I Piffери di montagna, che andarono per sonare, e furono sonati. Ragionamento I. (Decr. 12 Aprilis 1759.)
Filosofia della Natura di Tito Lucrezio Caro, e Confutazione del suo Deismo, e Materialismo, dell'Abate Rafaello Pastore. Tom. I e II, in Londra 1776. (Decr. 24 Februarii 1779.)
Filosofo di Sans-Souci. *Vide* Lettera al Maresciallo Keit.
Filpotus Joannes. (1 Cl. App. Ind. Trid.)
Finckelthaus Wolfgangus. (1 Cl. App. Ind. Trid.)
Fineck Hermannus. Practica Musicæ. (App. Ind. Trid.)

Fiori Romani. (App. Ind. Trid.)
Firenze Nicodemo (da). Prattica de'casi di coscienza, overo Specchio de' Confessori. *Donec corrigatur.* (Decr. 16 Martii 1621.)
Firmanus Seraphinus. Apologia pro Baptista de Crema. (Ind. Trid.)
Fischer, *seu* Fischerus Christophorus. (1 Cl. App. Ind. Trid.)
Fischerus (Johannes) Episcopus Roffensis. Opusculum de fiducia et misericordia Dei. *Quod tamen ei falso adscribitur.* (App. Ind. Trid.)
Fischerus Samuel. (1 Cl. App. Ind. Trid.)
Fischerus Wilichius. (1 Cl. App. Ind. Trid.)
Fischlinus Ludovicus Melchior. Mysterium primogeniti omnis creaturæ, sive examen Theologicum hypotheseos Jo. Wilhelmi Petersenii de humanitate Christi antesæculari ac cœlesti : Accessit quæstio singularis de Melchisedecho. (Decr. 21 Januarii 1721.)
Fiscus Papalis, sive Catalogus Indulgentiarum et Reliquiarum septem principalium Ecclesiarum Urbis Romæ. (Decr. 2 Decembris 1622.)
Flacius (Mathias) Illyricus. (1 Cl. Ind. Trid.)
— Amica, humilis et devota admonitio ad gentem sanctam de corrigendo Canone Missæ. (Ind. Trid.)
— Catalogus Testium veritatis. (Ind. Trid.)
— Spiritus Sancti figuræ, sive typi originale peccatum depingentes, et refutatio Pelagianorum spectrorum. (App. Ind. Trid.)
— *Vide* Poëmata varia. *Vide* Scripta quædam.
Fladerus Georgius. (1 Cl. App. Ind. Trid.)
Fleury Claude. Institution au Droit Ecclésiastique. I, II et III Partie. (Decr. 21 Aprilis 1693.)
— Neuvième Discours sur les libertez de l'Eglise Gallicane. *Una cum notis eidem subjectis.* (Decr. 13 Februarii 1725.)
— Catéchisme Historique contenant en abregé l'Histoire sainte, et la doctrine Chrétienne. *Donec corrigatur.* (Decr. 1 Aprilis 1728.)
— Catechismo Istorico, che contiene in ristretto l'Istoria santa e la dottrina Christiana. *Donec corrigitur.* (Decr. 22 Maii 1745.)
Flinspachius (Cunmannus) de Tabernis Montanis. Chronologia ex sacris atque ecclesiasticis Auctoribus desumpta ab orbe condito usque ad annum 1552. (Ind Trid.)
Flisco *Mauritius* Comes (de). Decas de fato annisque fatalibus tam hominibus quam regnis. (Decr. 2 Octobris 1673.)
Flitnerus Johannes. *Vide* Nebulo Nebulonum.
Flor de virtudes. (App. Ind. Trid.)
Florenius Paulus. (1 Cl. App. Ind. Trid.)
Florentinius Hieronymus. Disputatio de ministrando Baptismo humanis fœtibus abortivorum. *Nisi fuerit ex correctis juxta editionem Lucensem anni* 1666. (Decr. 1 Aprilis 1666.)
Flores Epigrammatum. *Vide* a Quercu.
Flori Benvenuto. Il Teofilo, Commedia spirituale. *Donec corrigatur.* (Decr. 18 Decembris 1646.)
Florus Nicolaus. (1 Cl. App. Ind. Trid.)

Flos Sanctorum. *Impressus Cæsaraugustæ ann 1556, et alibi. Donec corrigatur.* (App. Ind. Trid.)

Fludd (Robertus). Utriusque Cosmi, majoris scilicet et minoris, Metaphysica, Physica, atque Technica Historia. (Decr. 4 Februarii 1627.)

Foi (la) des Appellans justifiée contre les calomnies contenues dans une Lettre Pastorale de M. Berger de Charancy, Évêque de Montpellier. (Decr. 19 Aprilis 1742.)

Folengius (Joannes Baptista). In Canonicas Apostolorum Epistolas, Jacobi unam, Petri duas, ac D. Joannis primam Commentarii. (App. Ind. Trid.)

Folia impressa contra religionem Catholicam insidiose vulgata, *quorum tituli* : « Differenza principali tra la religione protestante, é la Cattolica romana. » Lavallese. « La via della salvazione » un breve e chiaro esame de' due patti... » riflessioni serie » Progresso del peccato » ristretto della Bibblia, che mostra, quel ch'Essa contiene, e quel che, c'insegna » aliaque his similia. » (Decr. 23 Junii 1836.)

Folia *hoc titulo impressa.* Annali Ecclesiastici. Secolo XVIII. Reliqua (Continuazione degli Annali Ecclesiastici) quæque desinunt : Giuseppe Pagani Gazzettiere in Firenze è il Dispensatore degli Annali Ecclesiastici. *Omnia et singula impressa anno* 1780, 1781, 1782. (Decr. 8 Julii 1782.)

Folia, *quorum titulus* : Giornale letterario — *Tros Tyriusve mihi nullo discrimine agetur.* Virg. Æneid. ; *et desinunt* : Alii confini d'Europa. Anton. Graziosi Stampatore, e Negoziante di Libri in Venezia. *Singula impressa anno* 1781, 1782. (Decr. 8 Julii 1782.)

Folium impressum, *cui titulus* : Il Papa Clemente III, Pontefice Romano trovò nelle Croniche, che gli Apostoli avevano scritto, che ogni persona dovrebbe digiunare dodici Venerdi in pane, ed acqua una volta in vita sua, e quelli che digiuneranno con buona divozione, mai sentiranno le pene dell'inferno, nè del Purgatorio, ed alla fine anderanno alla gloria del Paradiso, e finiti li digiuni, faccino celebrare una Messa a S. Pietro, e saranno sicuri che gli Angioli nel giorno del giudizio, e della lor morte riceveranno le anime loro, etc. (Decr. 8 Julii 1782.)

Fons vitæ. *Donec corrigatur.* (App. Ind. Trid.)

Fontaine (M^r. Jean de la). Contes et Nouvelles en vers. (Decr. 12 Martii 1703.) *Vide* Contes et Nouvelles.

Fontenelle. *Vide* République des Philosophes.

Fontejus Claudius. De antiquo Jure Presbyterorum in regimine Ecclesiastico. (Decr. 29 Martii 1690.)

Fontius, *seu* de la Fuente (Constantinus). (1 Cl. App. Ind. Trid.)

Forma dell'orationi Ecclesiastiche, e il modo di amministrare i Sacramenti, e di celebrare il santo Matrimonio. (Ind. Trid.)

Formula Missæ et Communionis pro Ecclesia Wittembergensi. *Opus Martini Lutheri.* (App. Ind. Trid.)

Forsterus Joannes. (1 Cl. App. Ind. Trid.) Dictionarium Hebraicum. *Donec corrigatur.* (App. Ind. Trid.)

Forsterus Valentinus. De Successionibus, quæ ab intestato deferuntur, libri v. *Donec corrigantur* (App. Ind. Trid.)

Fortius [Joachimus. *Vide* Ringelbergius.

Fossati. *Vide* Nouveau Manuel de Phrénologie.

Fourier Ch. Le Nouveau monde industriel et Sociétaire, ou invention du procédé d'industrie attrayante et naturelle, distribuée en séries passionnées. (Decr. 29 Januarii 1835.)

Fox (Jean) de Bruges (*Pierre Bayle*). Commentaire Philosophique sur ces paroles de Jésus-Christ : Contrains-les d'entrer. (Decr. 12 Septembris 1714).

Foxus Joannes. (1. Cl. Ind. Trid.)

(Decr. 30 Julii 1678.)

Foy (Flore de S.). Le Miroir de la piété chrétienne.

— Suite du Miroir de la piété chrétienne.

Fragment d'une Lettre du Lord Bolinbroke. *Vide* Libellus continens.

France (la) au Parlement. (Decr. 24 Augusti 1761.)

Francheville (Mr. de). Le Siècle de Louis XIV. (Decr. 22 Februarii, et 16 Maii 1753.)

Franchi (Francesco de) Parenesi al Dottor Capriata. (Decr. 3 Aprilis 1669.)

Franchinus Franciscus. Poëmata. (Ind. Trid.)

Franchois (Joannes Baptista.) Theses Theologicæ de Deo et Religione, cum digressionibus ad Theses : Arcana Dei. (Decr. 8 Maii 1697.)

France (de la). *Vide* Heine Henri.

France (la) en 1814 et 1815 ou Lettre de M. D. M. à M. W. Bew. (Decr. 26 Augusti 1822.)

Francisci nocturna apparitio. (Ind. Trid.)

Franck. *Vide* Francus.

Franckenbergerus Andreas. (1 Cl. App. Ind. Trid.)

Franco Fernandez (Blas). Vida de la Venerable Sierva de Dios Maria de Jesus natural de Villa-Robledo. (Decr. 16 Januarii 1714.)

Franco Niccolò. Sonetti contro Pietro Aretino. (Ind. Trid.)

— Priapea. (Ind. Trid.)

Françoises (les) Illustres. Histoires véritables, où l'on trouve dans des caractères très-particuliers et fort différents un grand nombre d'exemples rares et extraordinaires. (Decr. 4 Decembris 1725.)

Francolinus Clerici Romani Pædagogus, laxioris in administrando Pœnitentiæ Sacramento disciplinæ magister, observationibus historico-critico-moralibus exagitatus. (Decr. 26 Octobris 1707.)

Francus Daniel. Disquisitio Academica de Papistarum Indicibus librorum prohibitorum et expurgandorum. (Decr. 10 Septembris 1688.)

Francus, *seu* Franck Jonas. (1 Cl. App. Ind. Trid.)

Francus, *seu* Franck Sebastianus. (1 Cl. Ind. Trid.)

Frassus Petrus. Tractatus de Regio Patronatu ac aliis nonnullis Regaliis, Regibus Catholicis in Indiarum Occidentalium imperio pertinentibus. (Decr. 10 Septembris 1688.)

Frechtus Martinus. (1 Cl. Ind. Trid.)

Frederus Johannes. (1 Cl. Ind. Trid.)

Fregoso Frederigo. Pio et Christianissimo Trattato della oratione, il quale dimostra, come si debba orare. (Ind. Trid.)

— *Quæ tamen falso ei tribuuntur.* (Ind. Trid.)
— Della Giustificatione, della Fede, e dell' Opere.
— Prefatione alla Lettera di S. Paolo a' Romani.

Freigius Johannes Thomas. *Opera omnia.* (App. Ind. Trid.)

Freinshemius Joannes. Orationes cum quibusdam declamationibus. (Decr. 20 Novembris 1663.)

Freirio Paschalis Josephus. *Vide* Institutiones juris Civilis Lusitani, etc.

Frencelius (Bartholomæus) Cothenus. (1 Cl. App. Ind. Trid.)

Frentz Christophorus. Theses Theologicæ de scientia, voluntate, providentia, prædestinatione et gratia Dei. Cum justa refutatione Appendicis R. P. Joannis Baptistæ vander Wœstyn, quas defendit Fr. Joannes Donnelly Lovani in Collegio S. Crucis 1703. (Decr. 11 Martii 1704.)

Fréret (Mr.) Examen critique des Apologistes de la Religion Chrétienne. (Decr. 16 Martii 1770.)

Freydangus Jacobus. (1 Cl. App. Ind. Trid.)

Freyhub Andreas. (1. Cl. App. Ind. Trid.)

Fricius Andreas. *Vide* Modrevius.

Frickius Joannes. *Vide* Stromeyerus.

Fridenreich Zacharias. Politicorum liber ex sacris profanisque Scriptoribus, veros artis politicæ fontes investigans. (Decr. 16 Martii 1621.)

Fridericus (Achilles) Dux Wurtembergiæ. Consultatio de Principatu inter Provincias Europæ habita Tubingæ. (Decr. 5 Martii 1616.)

Friderus (Petrus) Mindanus. (1 Cl. Decr. 7 Augusti 1603.)

— De Processibus, mandatis et monitoriis in Imperiali Camera extrahendis. Liber i, ii et iii. (Decr. 7 Augusti 1603, 8 Martii 1662 et 20 Novembris 1663.)

Fridl (Marcus). Englische tugend schul Marie unter denen von Clemente XI guigeheissnen, und bestättigten Reglen des von der Maria Ward etc. *Id est: Angelicarum virtutum schola Mariæ, in qua sub Clemente XI approbatæ et confirmatæ fuerunt Regulæ Mariæ Ward Fundatricis Instituti Mariæ sub nomine Angelicarum Virginum.* Par. i et ii. (Decr. 2 Martii 1732.)

Frischlinus Nicodemus. *Opera omnia.* (Decr. 7 Augusti 1603.)

Frisius (Joannes) Tigurinus. (1 Cl. Ind. Trid.)

Frit (Joannes) Londinensis. (1 Cl. Ind. Trid.)

Fritschius Ahasuerus. Tractatus Theologico-Nomico-Politicus de mendicantibus validis. (Decr. 18 Junii 1680.)

Fritzius Anton-Gunter. Ad Jacobi Masenii Jesuitæ meditatam concordiam Considerationes politicæ xxx. (Decr. 22 Decembris 1700.)

(Bulla Urbani VIII, 6 Martii 1641, et Decr. 23 Aprilis 1654.)

Fromondus Libertus. Brevis Anatomia Hominis.
— Et Henricus Calenus. Epistola *cujus initium :* Theses vestras.

Froschelius Sebastianus. (1 Cl. Ind. Trid.)

Froscoverus Christophorus. (1 Cl. Ind. Trid.)

Fuchs (Aloysius). Ohne Christus Kein Heil für die Menschheit in Kirche und staat.
..... *Latine vero :* Sine Christo nulla est salus generi humano neque in Ecclesia, neque in Republica Civili: Sermo habitus in Rappertswill Dominica iii post Pascha 1832. (Brevi SS. D. N. GREGORII XVI, 17 Septembris 1833.)

Fuchs (Johannes Christophorus). (1 Cl. App. Ind. Trid.)

Fuchsius (Leonardus). (1 Cl. Ind. Trid.)
— Opera. (Decr. 16 Decembris 1605.)

Fuente (de la) Constantinus. *Vide* Fontius.

Fueslinus Joannes Georgius. Conclavia Romana reserata. (Decr. 15 Januarii 1714.)

Fulco, *seu* Fulk Guilielmus. (1 Cl. App. Ind. Trid.)

Fulda Andreas. (1 Cl. App. Ind. Trid.)

Fullerus Nicolaus. Miscellaneorum Theologicorum libri tres. His insuper accessit consimilis argumenti liber quartus. (Decr. 11 Aprilis 1628.)

Funccius Christianus. Quadripartitum Historico-Politicum Orbis hodie imperantis Breviarium. (Decr. 7 Februarii 1718.)

Funccius (Joannes) Noribergensis. (1 Cl. Ind. Trid.)

Fundamentum malorum et bonorum operum. (Ind. Trid.)

Fünfzehen heimliche. *Vide* Libellus Inscriptus.

Furius Cæriolanus (Fridericus.) Valentinus. Bononia, sive de Libris sacris in vernaculam linguam convertendis libri duo. (Ind. Trid.)

G

Gabriel, par Georges Sand. (Decr. 30 Martii 1841.)

Gabriel Stephanus. Storgæ Saliceæ, id est, Epistola ad patrem orthodoxum filium Papistam in veritatis viam reducere conatur. (Decr. 26 Octobris 1640.)

Gabrielis (Ægidius) Leodiensis. Specimina Moralis Christianæ et Moralis Diabolicæ. (Decr. 27 Septembris 1579.)

(Decr. 2 Septembris 1683.

Specimina Moralia : editio secunda ab auctore correcta et aucta.
— Les Essais de Théologie Morale. Troi-

sième édition, revue, corrigée et augmentée.

Gajnl Rod. (1 Cl. Ind. Trid.)

Gaillardus Jacobus. Melchisedecus Christus unus Rex justitiæ, Rex pacis. (Decr. 22 Decembris 1700.)

Galathæus Hieronymus. (1 Cl. Ind. Trid.)

Galerus Nicolaus. (1 Cl. Ind. Trid.)

Galerie Helvétique, ou Almanach suisse, orné d'un grand nombre de figures, par Disteli. (Decr. 20 Junii 1844.)

Gallæus Servatius. Lutii Cœlii Lactantii Firmiani Opera, cum selectis Variorum commentariis. (Decr. 3 Aprilis 1685.)

Gallasius Nicolaus, *Calvini Defensor*. (1 Cl. Ind. Trid.)

(Decr. 29 Aprilis et 6 Junii 1621.)

Gallemart Joannes (de). Declarationes Cardinalium Concilii Tridentini interpretum, cum citationibus Joannis Soteallí, et remissionibus Augustini Barbosæ.

— Sacri Concilii Tridentini Decisiones, et Declarationes Cardinalium ejusdem Concilii interpretum, præsertim secundum correctionem Petri de Marzilla.

Gallicanus Gregorius. Mariale, sive Apophthegmata SS. Patrum in omnibus festivitatibus et materiis Virginis Mariæ. *Donec corrigatur*. (Decr. 23 Augusti 1634.)

Gallois Léonard. Histoire abrégée de l'Inquisition d'Espagne, augmentée d'une Lettre de Mr. Grégoire. (Decr. 11 Junii 1827.)

Gallus Joannes. (1 Cl. App. Ind. Trid.)

Gallus Nicolaus. (1 Cl. Ind. Trid.)

Gamalogia (la), o sia dell'educazione delle Zitelle destinate per il Matrimonio. Opera, etc., divisa in XVII lettere del Signor di Cerfool tradotta per la prima volta dal. Francese in idioma Toscano da L. S. A. F. in Torino 1778. (Decr. 13 Augusti 1782.)

Gambacurta Petrus. Commentariorum de Immunitate Ecclesiarum in Constitutionem Gregorii XIV libri VIII. (Decr. 3 Julii 1623.)

Gamberg Dr. C. P. W. Libri Geneseos secundum fontes rite dignoscendos adumbratio nova. (Decr. 24 Augusti 1829.)

Gand (Antoine, Evesque de). *Vide* Triest.

Gandavenses Ludi, seu Comœdiæ Gandavi exhibitæ super quæstione : Quæ est major conso atio morientis. (Ind. Trid.)

Gandolphy (Peter) Priest of the Catholic Church. Defence of the ancient faith in four volumes : or a full exposition of the Christian Religion in a series of Controversial Sermons. Vol. I, II, III, IV. *Latine : Defensio antiquæ Fidei, sive expositio totius Christianæ Religionis pluribus Sermonibus controversialibus.* (Decr. 27 Julii 1818.)

— An exposition of Liturgy, or a book of common Prayers, and administration of Sacraments with other rites and ceremonies of the Church, for the use of all Christians in the united Kigdom of Great Britain and Ireland. *Latine : Expositio Liturgiæ sive liber communium precum et administrationis Sacramentorum cum aliis Ritibus et Cæremoniis Ecclesiæ pro omnibus Christi fidelibus in regno unito Magnæ Britanniæ et Irlandiæ.* Una cum testificatione seu Epistola quadam alterius Auctoris (*qui tamen eamdem epistolam laudabiliter retractavit*) sive conjunctim, sive seorsim impressa, quæ incipit OMNIBUS ET SINGULIS; Anglice et Latine scripta, et Romæ data 13 Novembris 1816, in qua temere et falso asseritur dicta opera AMPLAM APPROBATIONEM A SEDE APOSTOLICA OBTINUISSE. (Decr. 27 Julii 1818.)

Gangwisch. *Vide* Satze.

Ganzetti Angelo. *Vide* Intenzioni.

Gara (la) dell'intelletto, e della volontà, il giudizio della sapienza, e la vittoria della grazia da cantarsi nell'Accademia de'Signori Affidati della Città di Pavia la vigilia dell' Immacolata Concezione della SS. Vergine, dell'Accademico Affidato Concorde. (Decr. 21 Aprilis 1693.)

Garcœus Joannes. (1 Cl. App. Ind. Trid.)

Gardinerus (Stephanus) Episcopus Wintoniensis. De vera obedientia Oratio. (Ind. Trid.)

Garmannus Christianus Fridericus. De Miraculis mortuorum. (Decr. 13 Martii 1679.)

Garnerius (Joannes) Marburgensis Professor. (1 Cl. App. Ind. Trid.)

Garnier Philippe. Dialogues en cinq Langues, Espagnole, Italienne, Latine, Françoise et Allemande. (Decr. 4 Julii 1661.)

Garofalo Biagio. Considerazioni intorno alla Poesia degli Ebrei, e dei Greci. *Editionis Romæ anni 1707, secunda enim Romana editio anni 1718 permittitur.* (Decr. 7 Februarii 1718.)

Garrido Joannes Baptista. Concordia Prælatorum. Tractatus duplex de unione Ecclesiarum et Beneficiorum : De exemptione personarum et Ecclesiarum tum Pontificia, tum Regia, vel de immediata Regis protectione. (Brevi Benedicti XIV, 9 Junii 1746.)

Gassarus, seu Gasserus Achilles Pyrminius. (1 Cl. Ind. Trid.)

— *Vide* Historiarum et Chronicorum Mundi Epitome.

Gast Hiob. (1 Cl. Ind. Trid.)

Gastius (Joannes) Brisacensis. (1 Cl. Ind. Trid.)

— Liber Parabolarum, sive similitudinum, et dissimilitudinum ex SS. Patrum scriptis excerptus. (App. Ind. Trid.)

Gatius (M. Antonius.) Nugæ Laderchianæ in Epistola ad Equitem Florentinum sub nomine et sine nomine Petri Donati Polydori vulgata. Centuria prima. (Decr. 22 Junii 1742.)

Gaudioso Antonio. Piano d'economia politica. (Decr. 6 Septembris 1824.)

Gazzettino (il) del Gigli. *Vide* Scelta di prose, e poesie.

Gebhardus Janus. Oratio Panegyrica, qua victoriæ de Tillio et exercitu Pontificio ad Sehusium 7 Septembris 1630 partæ memoriam celebrabat. (Decr. 26 Januarii 1633.)

(Ind. Trid.)

Gebwilerus Hieronymus. Gravissimæ Sacrilegii, ac contentæ theosobiæ ultionis, Ethnicorum, Hebræorum, Christianorum verissimis comprobatæ exemplis Syngramma.

— Exhortatio ad sacram Communionem.

Gedanken über die Punktation des embser Kongresses, und die im Streit befangene papstliche Nunziatursache im Römischen deutschen Reiche von H. D. T. I. In Deutschland 1790. *Id est : Reflexiones super Statutis Congressus Embsensis, et Punctis Nunciaturæ Apostolicæ in controversiam vocatis in Imperio Romano Germanico a H. D. T. I. in Germania 1790.* (Decr. 17 Decembris 1792.)

Gediccus Simon. (1 Cl. App. Ind. Trid.)

— Defensio sexus muliebris. *Vide Disputatio perjucunda.*

Geduldig, *seu Patiens Petrus.* (1 Cl. App. Ind. Trid.)

Geierus Martinus. De Hebræorum luctu lugentiumque ritibus. (Decr. 21 Aprilis 1693.)

— *Et cetera ejusdem Opera omnia.* (Decr. 10 Maii 1757.)

Grilli (M. de). Rétractation publique du Concordat. (Decr. 26 Augusti 1822.)

Geldenhaurius (Gerardus) Noviomagus. (1 Cl. Ind. Trid.)

Gelli Gio. Battista. Capricci del Bottajo. *Donec corrigantur.* (Ind. Trid.)

Genesis cum Catholica expositione Ecclesiastica, id est ex universis probatis Theologis, quos Dominus suis Ecclesiis dedit, excerpta a quodam verbi Dei Ministro. (App. Ind. Trid.)

Genovesi Antonio. Lezioni di Commercio, o sia d'Economia civile. Parte Prima, Edizione novissima, accresciuta di varie aggiunte dell'autore medesimo. Bassano 1769. A spese Remondini di Venezia. Con licenza de' Superiori, e Privilegio. (Decr. 17 Martii 1817.)

— Lezioni di Commercio, o sia d'Economia civile. Parte seconda, *iisdem typis et anno.* (Decr. 23 Junii 1817.) *Donec utraque Pars corrigatur.*

Genselius Joannes Christianus. Observationes sacræ, quibus varia Codicis sacri loca dilucidantur. (Decr. 14 Januarii 1737.)

Gentili Giuseppe. Vita della Madre Rosa Maria Serio di S. Antonio Priora del Monastero di S. Giuseppe di Fasano. *Donec corrigatur.* (Decr. 7 Octobris 1746.)

(Decr. 7 Augusti 1603.)

Gentilis Albericus. Disputationum de nuptiis libri vii.

— *Et cetera ejusdem Opera omnia.*

Gentilis Scipio. De Jurisdictione libri tres. *Donec corrigantur.* (Decr. 7 Augusti 1603.)

Gentilletus, *seu Gentiletus* (Innocentius) J. C. Delphinensis. (1 Cl. App. Ind. Trid.)

Geographia universalis, *Basileæ per Henricum Petri.* (Ind. Trid.)

Georgius (David) ex Delphis. (1 Cl. Ind. Trid.)

Donec corrigantur. (App. Ind. Trid.)

Georgius Franciscus. De Harmonia Mundi totius Cantica tria.

— In Scripturam sacram Problemata.

Georgius Princeps Anhaltinus. (1 Cl. App. Ind. Trid.)

Gerardus (Andreas) Hyperius. (1 Cl. Ind. Trid.)

Gerbais Joannes. Dissertatio de Causis majoribus ad caput Concordatorum de Causis *Lutetiæ Parisiorum* 1679. (Brevi Innocentii XI, 18 Decembris 1680.)

— Première Lettre à un Bénédictin de la Congrégation de S. Maur touchant le pécule des Religieux faits Curez ou Evesques. *Donec corrigatur.* (Decr. 11 Martii 1704.)

— Traité du célèbre Panorme touchant le Concile de Basle, mis en François. (Decr. 9 Aprilis 1699.)

Gerbelius Nicolaus. (1 Cl. Ind. Trid.)

Gerhardus Johannes. Commentarii super Epistolam primam et secundam D. Petri. (Decr. 27 Septembris 1672.)

— *Et cetera ejusdem Opera omnia.* (Decr. 7 Februarii 1718, et 10 Maii 1757.)

Gerlachius Stephanus. (1 Cl. App. Ind. Trid.)

Gerlachius (Theobaldus) Billicanus. (1 Cl. Ind. Trid.)

Germain (Mr.). Défense de l'Eglise Romaine et des souverains Pontifes, contre Melchior Leydecker. (Decr. 11 Martii 1704.)

Gernhard Bartholomæus. (Cl. App. Ind. Trid.)

Gernuche Ægidius. Breviarium Theologicum accuratiori methodo in forma definitionum conscriptum. (Decr. 25 Januarii 1684.)

Gerrarde Philippus. (1 Cl. App. Ind. Trid.)

Gertophius Joannes. Recriminatio adversus furiosissimum sycophantam Edoardum Leum. (Ind. Trid.)

Gery (Mr.). Apologie Historique des deux Censures de Louvain et de Douai sur la matière de la Grâce. *Donec corrigatur.* (Decr. 8 Maii 1697.)

Geschichte der Grossen, etc. *Vide Storia del grande, ed universale Concilio di Costanza.*

Gesnerus Conradus. (1 Cl. Ind. Trid.)

Gesselius Timannus. Antiqua, e vera Fides, et sola servans. (Decr. 15 Januarii 1714.)

Gest (Edmundus) Anglus. (1 Cl. App. Ind. Trid.)

Gesta Romanorum. (App. Ind. Trid.)

Gesù Cristo sotto l'anatema, et sotto la scomunica, ovvero Riflessioni sul Mistero di Gesù Cristo rigettato, condannato, e scomunicato dal Gran Sacerdote, e dal Corpo dei Pastori del Popolo di Dio, per l'istruzione, e consolazione di quelli, che nel seno della Chiesa provano un simile trattamento. In Pistoja 1789. (Decr. 4 Junii 1797.)

Geyler (Joannes) Keisersbergius. (1 Cl. App. Ind. Trid.)

— Navicula, sive speculum fatuorum a Jacobo Otthero collecta. (Ind. Trid.)

— Sermones de Oratione Dominica a Jacobo Otthero collecti. (Ind. Trid.)

Gherardi Innocenzo Amantio. Atti di Christiana pietà da praticarsi ogni giorno. (Decr. 7 Februarii 1718.)

Gherus Ranutius. Delitiæ centum Poëtarum Gallorum. (Decr. 16 Martii 1621.)

Gianni (Francesco). Bonaparte in Italia Poëma, *cujus initium : Poichè cinta di fol-*

gori e di tuoni. Milano per Carlo Cirati. Stamperia de' Patriotti Francesi. (Decr. 26 Septembris 1818.)

Giannone Pietro. Historia Civile del Regno di Napoli. (Decr. 1 Julii 1723.)

Giardino spirituale per li putti, *cujus initium:* O somma, o sacra, o alta Trinità. (App. Ind. Clement. XI.)

Giesù (di) Paola Maria. Varj Essercitj Spirituali, composti in varj tempi. *Donec corrigantur.* (Decr. 1 Julii 1693.)

Gifftheil, *seu* Giefftheil Joachimus. (1 Cl. App. Ind. Trid.)

Gigas (Joannes) Northusianus. (1 Cl. Ind. Trid.)

Gigli (Girolamo). Vocabolario Cateriniano, *cujus initium :* Girolamo Gigli a chi legge. (Decr. 21 Augusti 1717.)

— Il Don Pilone, ovvero il Bacchettone falso. Commedia. (Decr. 7 Februarii 1718.)

Gilby (Antonius) Lincolniensis. (1 Cl. App. Ind. Trid.)

Gilles Pierre. Histoire Ecclésiastique des Eglises Réformées. (Decr. 18 Decembris 1646.)

Ginguené P. L. Storia della Letteratura italiana. (Decr. 5 Septembris 1825.)

Gioja Melchiorre. Del Merito, e delle ricompense. Trattato Storico Filosofico. (Decr. 27 Novembris 1820.)

— Elementi di Filosofia ad uso de' Giovanetti. (Decr. 4 Martii 1828.)

— Esercizio Logico sugli errori d'Ideologia, e Zoologia, ossia arte di trar profitto dai cattivi Libri. (Decr. 18 Augusti 1828.)

— Ideologia. (Decr. 18 Augusti 1828.)

— Nuovo Galateo. (Decr. 12 Junii 1826.)

— Nuovo Prospetto di Scienze Economiche. Tom. I, II, III, IV, V, VI. (Decr. 27 Novembris 1820.)

— Teoria Civile e Penale del Divorzio, ossia necessità, causa, nuova maniera di organizzarlo, con una Memoria al Magistrato di revisione. (Decr. 17 Decembris 1821.)

— Dissertazione sul Problema : quale Dei Governi Liberi meglio convenga alla Felicità dell' Italia. (Decr. 7 Januarii 1836.)

Giordani (Pietro). Opere. *Donec corrigantur.* (Decr. 5 Septembris 1825.)

Giorgi (Francesc'Antonio). Vita di S. Pietro Celestino. Parte I e II. (Decr. 29 Maii 1690.)

Giornale dell'Indulgenze della Cintura di S. Agostino, e di S. Monica. (Decr. 17 Martii 1738.)

Giornata bene spesa del Cristiano, con orazioni assai divote, ed affettuose, raccolte da molti SS. Padri, e così disposte da un Religioso Francescano de' Minori Conventuali. (Decr. 28 Julii 1742.)

Giovane (il) instruito ne' principj della Democrazia rappresentativa , e ne' doveri di Cittadino, Jesi dalla Stamperia Nazionale di Pietro Paolo Bonelli. Anno VII Repubblicano. *Sine nomine Auctoris, qui deinde in proximi Libri inscriptione se prodidit.* (Decr. 2 Julii 1804.)

Giovanni Fiorentino. Il Pecorone, nel quale si contengono cinquanta novelle antiche. *Donec corrigatur.* (Decr. 7 Augusti 1603.)

Giraldus (Gregorius); *alius a Ferrariensi, qui vocatur Lilius Gregorius.* (1 Cl. Ind. Trid.)

Girard (Bernard de) Seigneur du Haillan. De l'Estat et succez des affaires de France, en IV Livres. (Decr. 7 Septembris 1609.)

Girardus (Joannes) Genevensis Impressor. (1 Cl. Ind. Trid.)

(Decr. 15 Januarii 1684.)

Gisolfo (Pietro). La Guida de' peccatori. Parte I e II.

— Prodigio di mature virtù nella vita di Nicola di Fusco fanciullo di tre anni, e mesi.

Giubileo (del) di N. S. Innocenzo X con il Sommario degli altri passati Giubilei, e del vero modo di ottenere pienissima Indulgenza, e d'altre cose misteriose, e divote, stampato nella Corte di S. Pietro. (Decr. 18 Julii 1651.)

Giubileo (un gran), una generale perdonanza, ed assoluta remissione de' peccati, per proprio moto conceduta dalla Santità di N. S., e Sommo Pontefice ad ogni buono, e fedel Cattolico, senza obbligo di moversi da casa. (Decr. 16 Martii 1621.)

Giudizio sopra le lettere di tredici huomini illustri, pubblicate da M. Dionigi Atanagi, e stampate in Venetia nell' anno 1554. *Opus Petri Pauli Vergerii.* (Ind. Trid.)

Giulj. *Vide* Lettera postuma.

Giuliani. *Vide* Saggio politico.

Glaser Petrus. (1 Cl. App. Ind. Trid.)

Glassius (Salomon). Philologiæ sacræ, qua totius Veteris et Novi Testamenti Scripturæ ratio expenditur, libri V. (Decr. 14 Jan. 1737.)

Glatesecha (Ramigdio). Fantasie capricciose trasportate in sensi politici, e morali. (Decr. 15 Januarii 1714.)

Glaubensbekenntniss eines mit dem Tode ringenden Mannes Herrnhuth 1785. *Id est italice :* Profession di fede di un Uomo agonizzante. (Decr. 7 Augusti 1786.)

Glissonius Franciscus. Tractatus de natura substantiæ energetica, seu de vita naturæ, ejusque primis tribus facultatibus. (Decr. 7 Februarii 1718.)

Glossa ordinaria Genevensis. (App. Ind. Trid.)

Gmeineri Xaverius. Epitome Historiæ Ecclesiasticæ Novi Testamenti in usum prælectionum Academicarum. (Decr. 10 Septembris 1827.)

Gnapheus, *seu* Gnaphæus (Gulielmus) Hagiensis. (1 Cl. Ind. Trid.)

Gocchianus. *Vide* Pupperus.

Gocchius Joannes, *qui et Joannes Pupperus Gocchianus.* (1 Cl. Ind. Trid.)

Gockelius Ernestus. De Europæis Regibus, eorumque præcipuis majestaticis juribus Tractatio methodica. (Decr. 30 Junii 1671.)

Goclenius Rodolphus *Senior.* Physicæ completæ Speculum. (Decr. 10 Maii 1613.)

— Tractatus novus de Magnetica vulnerum curatione citra ullum dolorem, et remedii applicationem, et superstitionem. (Decr. 16 Martii 1621.)

(Decr. 3 Julii 1623.)

— Partitionum Dialecticarum libri duo.

— Controversiæ Logicæ.

— Lexicon Philosophicum, quo tamquam clave Philosophiæ fores aperiuntur. (Decr. 10 Martii 1633.)

Godelmannus Joannes Georgius. (1 Cl. App. Ind. Trid.)

— Tractatus de Magis, Veneficis et Lamiis, deque his recte cognoscendis et puniendis. Liber I, II et III. (Decr. 7 Augusti 1603, et 18 Maii 1677.)

Gödeman Gaspar. (1 Cl. App. Ind. Trid.)

Gogrenius Mento. (1 Cl. App. Ind. Trid.)

Goldastus Haiminsfeldius (Melchior). Politica Imperialia. (Decr. 23 Augusti 1634.)

— Et cetera ejusdem Opera omnia. (Decr. 4 Martii 1709.)

Goldsmith. Compendio della Storia d'Inghilterra. *Donec corrigatur*. (Decr. 20 Januarii 1823.)

Gonsalvius (Reginaldus) Montanus. Sanctæ Inquisitionis Hispanicæ artes detectæ ac palam traductæ. (App. Ind. Trid.)

Gonzalez (Antonius) de Rosende. Disputationes Theologicæ de justitia originali, de peccato originali, de just.tia gratuita. (Decr. 26 Junii 1681.)

Gonzalez (Petrus de Salcedo). De Lege Politica, ejusque naturali executione, et obligatione tam inter Laicos quam Ecclesiasticos. (Decr. 18 Decembris 1646.)

— Idem opus novis auctum quæstionibus, Matriti 1678. (Decr. 31 Martii 1681.)

Goodheart. *Vide* Evangile du jour.

Goodmanus Christophorus. (1 Cl. App. Ind. Trid.)

Gorani Joseph. Mémoires secrets et critiques des Cours, et des Gouvernements, et des mœurs des principaux états de l'Italie. (Decr. 20 Januarii 1823.)

Gordon Alexander. Vie du pape Alexandre VI et de son fils, César Borgia, contenant les guerres de Charles VIII, et Louis XII, Rois de France. (Decr. 17 Maii 1734.)

Gordonius (Joannes). Παρασκευή, sive præparatio pacificationis controversiarum, quæ exortæ statim post millesimum a Christo annum, in immensum his sexcentis elapsis annis excreverunt. (Decr. 18 Januarii 1622.)

Gorini Corio (Giuseppe). Politica, Diritto, e Religione per ben pensare, e scegliere il vero dal falso. (Decr. 4 Julii 1742.)

(Decr. S. Offic. 19 Julii 1759.)

— L'Uomo. Trattato Fisico-Morale diviso in tre libri.

— Et sine Auctoris nomine. L'Uomo. Trattato Fisico-Morale diviso in due Tomi, e tre libri. *Itemque* L'Uomo Justitia et Pax.

Gorini (Sig. Marchese). *Vide* Avviso tradotto, etc.

Gorlitz (Andreas de) Professor Lipsiensis. (1 Cl. App. Ind. Trid.)

Gorrutius Andreas. (1 Cl. App. Ind. Trid.)

Gothardus, qui et Alphonsus Conradus. (1 Cl. App. Ind. Trid.)

Golofredus Joannes Ludovicus. Archontologia Cosmica, sive Imperiorum, Regnorum, Principatum, Rerumque publicarum Commentarii. *Donec corrigantur*. (Decr. 19 Martii 1633.)

Gotvisus (Donatus), qui et Donatus Wisartus. (1 Cl. App. Ind. Trid.)

Goude Myne ondergraven ende inde locht gesprongen, oft Wederleggingh der ziel-verderfelycken Boeck van P. Marcus Vanden H. Franciscus Religieus Carmeliet Discalz, gedruckt t'Antwerpen by Jacob Mesens 1686, door E. A. D. O. D. D. T. M. *Id est: Aurifodina suffossa, ejaculataque in aerem, seu refutatio perniciosi libri P. Marci a S. Francisco Carmelitæ discalceati, impressi Antuerpiæ apud Jacobum Mesens anno 1686, per E. A. D. O. D. D. T. M.* (Decr. 29 Novembris 1689.)

— Goude Myne ondergraven ende inde locht gesprongen, tweede deel behelsende de wederlegging van de voorder argumenten van P. Marcus. *Id est : Aurifodina suffossa, ejaculataque in aerem. Pars secunda complectens refutationem uberiorem argumentorum P. Marci.* (Decr. 29 Novembris 1689.)

Gouju Charles. *Vide* Lettre de Charles.

Grabius Johannes Ernestus. Spicilegium Sanctorum Patrum ut'et Hæreticorum sæculi post Christum natum I, II et III. (Decr. 15 Januarii 1714.)

Grabius (Josephus) Averoacensis. (1 Cl. App. Ind. Trid.)

Græterus, seu Gretterus Gaspar. (1 Cl. Ind. Trid.)

Graffio Nicandro. Lettere di S. Antonio di Padova, raccolte da' suoi divoti Sermoni. (Decr. 18 Junii 1651.)

Gramaldi Gio. Maria. Tesoro dell'anima, cioè a dire documenti, e mezzi potentissimi per trasformare l'anima in Dio. (Decr. 29 Novembris 1689.)

Grammatica Italiana e Inglese. *Vide* Dalmazoni.

Grammont: *Vide* Memorie del Conte di, ec.

Grand (le) Antonius. Institutio Philosophiæ secundum principia Renati Des-Cartes (Decr. 15 Januarii 1714.)

— Apologia pro Renato Des-Cartes contra Samuelem Parkerum. (Decr. 21 Januarii 1721.)

Grandeur (la) de l'Eglise Romaine establie sur l'autorité de S. Pierre et de S. Paul, et justifiée par la doctrine des Papes, des Pères et des Conciles, et par la tradition de tous les siècles. (Decr. 24 Januarii 1747.)

Granduillers Joannes Fridericus. *Vide* Sonner.

Grange (de la) Carolus. Quæstio Theologica : *Quodnam est scutum fidei ? Ephes. cap. 6, v. 6.* Theses, quas tueri conabitur Amabilis Guilielmus de Chaumont 13 Septembris 1707, in Regia Victorina. (Decr. 26 Octobris 1707.)

Granmundt Christophorus. (1 Cl. App. Ind. Trid.)

Gras (Jean) Prêtre Curé de Layrargues, et Theodorit Mercier Prêtre Curé de S. Annez d'Aurous. Plainte et Protestation à l'Eglise universelle, à N. Saint Père le Pape, à tous les Evesques Catholiques, et notamment aux Evesques de France. (Decr. 15 Februarii 1742.)

Grasserus Jonas. (1 Cl. App. Ind. Trid.)
Gratarolus Guilielmus. Opera. *Donec emendata prodierint.* (App. Ind. Trid.)
Gratia (de), et libero ejus, velocique cursu. (Ind. Trid.)
Gratianus Anti-Jesuita, id est Canonum ex scriptis veterum Theologorum a Gratiano collectorum, et doctrinæ Jesuiticæ ex variis istius nuperæ sectæ Matæologorum scriptis excerptæ, Collatio. (App. Ind. Trid.)
Gratianus Stephanus. Disceptationum Forensium Judiciorum *Tom.* II, *Cap.* 184, § 51 *et* 52 *deleatur historia de Leone Romano Pontifice, et D. Hilario.* (Decr. 10 Junii 1659.)
Gratius Orthuinus. Fasciculus rerum expetendarum ac fugiendarum. (Ind. Trid.)
Gravamina centum nationis Germanicæ. (Ind. Trid.)
Gravina Joseph Maria. De electorum hominum numero respectu hominum reproborum. (Decr. 22 Maii 1772.) *Vide Dissertatio anagogica.*
Graziani Conte Nicola. Ragionamenti Accademici recitati per la prima volta in Firenze, e dal medesimo dedicati alle Dame d'Italia. (Decr. 26 Junii 1767.)
Grazini Anton Francesco, detto il Lasca. La seconda Cena, in cui si raccontano dieci bellissime, e piacevolissime novelle. (Decr. 7 Octobris 1746.)
Grebelius (Conradus) Tigurinus. (1 Cl. Ind. Trid.)
Gregge del buon Pastore, e più perfetta schiavitudine di Gesù sagramentato, Maria immacolata, e Giuseppe giusto. (Decr. 2 Octobris 1673, et Brevi Clementis X, 15 Decembris 1763.)
Grégoire M. Histoire des Confesseurs des Empereurs, des Rois et d'autres Princes. (Decr. 11 Junii 1827.)
— Histoire des Sectes Religieuses qui, depuis le commencement du siècle dernier jusqu'à l'époque actuelle sont nées, se sont modifiées, se sont éteintes, dans les quatre parties du monde. (Decr. 18 Augusti 1828.)
Gregorius Hieromonachus Chius Protosyncellus. Synopsis Dogmatum Ecclesiasticorum vernaculo Græcorum idiomate. (Decr. 18 Junii 1651.)
Grellus Johannes. (1 Cl. Ind. Trid.)
Gremoire (ou Grimoire) du Pape Honorius (*ementitum nomen*), avec un recueil des plus rares secrets. A Rome (*falsa loci Annotatio*) 1800. (Decr. 2 Julii 1804.)
Grenet Claudius. Veritati audiendæ. Quæstio Theologica : *Quis est caput corporis Ecclesiæ?* Theses, quas tueri conabitur Jacobus Le Febure Parisiis die 15 Novembris 1673. (Decr. 4 Decembris 1674.)
Greserus Valentinus. (1 Cl. App. Ind. Trid.)
Gretterus Gaspar. *Vide* Græterus.
Griffyn Joannes. (1 Cl. App. Ind. Trid.)
Grilinzoni Raffaelle. Affanni dell' anima timorata co' suoi conforti, e rimedj. (Decr. 9 Septembris 1688.)
Grillparzer Wenceslaus. *Vide* Von der Appellazion.
Grimaldi Constantino. Discussioni Istoriche, Teologiche, e Filosofiche fatte per occasione della Risposta alle Lettere Apologetiche di Benedetto Aletino. Parte I e II. (Decr. 23 Septembris 1726.)
Grimoaldus Nicolaus. (1 Cl. App. Ind. Trid.)
— Grimoire. *Vid.* Gremoire.
Grindallus (Edmundus) Anglus. (1 Cl. App. Ind. Trid.)
Griselini Francesco. Memorie aneddote spettanti alla vita, ed agli studj del sommo Filosofo, e Giureconsulto Fra Paolo Servita. (Decr. 1 Februarii 1762.)
Grosher (Wigandus.) (1 Cl. Ind. Trid.)
Gross (Franciscus Josephus). Rede wieder die Verfolgungen auf den dritten sonntag nach ostern über Joannis 16, v. 20, gehalten in der Kathedral Kirche zu Strasburg. Strasburg 1792. *Id est latine :* Sermo contra Spiritum persecutionis Dominica tertia post Pascha super Joann. 16, v. 20, habitus in Ecclesia Cathedrali Argentorati. Anno IV Libertatis. Argentorati 1792 (Decr. 26 Januarii 1795.
Grotii (Hugonis) Manes ab iniquis obtrectatoribus vindicati. (Decr. 13 Aprilis 1739).

(Decr. 4 Februarii 1637.)

Grotius Hugo. Apologeticus eorum qui Hollandiæ, Westfrisiæque præfuerunt.
— De Jure belli ac pacis libri tres. *Donec corrigantur.*
— Poemata collecta et edita a Guilielmo Grotio Fratre.
— De imperio summarum potestatum circa Sacra. (Decr. 10 Junii 1658.)
— Traité du pouvoir du Magistrat politique sur les choses sacrées, traduit du Latin. (Decr. 22 Augusti 1753.)

(Decr. 4 Julii 1661.)

— Annales et Historiæ de rebus Belgicis.
— Dissertationes de studiis instituendis.
— Opera omnia Theologica in tres Tomos divisa. (Decr. 10 Maii 1757.)
Gruncher Vincentius. (1 Cl. App. Ind. Trid.)
Grunpeck, seu Grünbeck Josephus. (1. Cl. Ind. Trid.)
Grynæus (Georgius) Bodicenus. (1 Cl. App. Ind. Trid.)
Grynæus Jacobus. (1 Cl. App. Ind. Trid.)
Grynæus Joannes Jacobus. (1 Cl. App. Ind. Trid.)
Grynæus Simon. (1 Cl. Ind. Trid.)
Gryphius (Otho) Goarinus Cattus. (1 Cl. App. Ind. Trid.)
Guadagni Carlo. Della facilità di salvarsi, ovvero dei tre stati dell'anima, purgativo, illuminativo, unitivo. (Decr. 29 Novembris 1689.)

(Decr. 18 Sept. 1789.)

Guadagnini Giambattista. Nuovo Esame di alcuni Testi del Concilio di Trento relativi all'assoluzione de' Casi riservati, ed all'approvazione de' Confessori. In Pavia 1787.
— Appendice al nuovo Esame, etc., contro alcuni Impugnatori di Monsig. Litta.

Appendice II, dell' Autorità dell'Angelico Dottor S. Tommaso, e degli altri Scolastici intorno all' assoluzione de' Casi riservati. In Pavia 1789.

— Vita di Arnaldo da Brescia. In Pavia 1790. (Decr. 2 Augusti 1790.)

— Due Scritti : cioè I, Lettera al Giornalista Romano sopra il suo foglio n. XI de' 4 Aprile 1789, II, Lettera, ossia libro al P. D. Giuseppe Fontana Abate di S. Pudenziana di Roma sopra la sua Difesa dell'Episcopato : che possono servire di terza Appendice al nuovo Esame de' Decreti del Concilio di Trento sopra le facoltà de' Confessori. In Pavia 1790. (Decr. 28 Martii 1791.)

— Parenesi al Giornalista Romano sopra gli Articoli 65, 66 e 67, di quest'anno 1789, con un avvertimento sulla proibizione fatta in Roma di alcuni suoi libri. In Pavia 1790. (Decr. 28 Martii 1791.)

— Esame delle Riflessioni Teologiche, e Critiche sopra molte censure fatte al Catechismo composto per ordine di Clemente VIII, ed approvato dalla Congregazione della Riforma, ove specialmente si tratta de'Bambini morti senza battesimo, e si danno alcune regole per ben comporre un nuovo Catechismo, correggere un vecchio, e spiegar l'uno, o l'altro ai Fedeli. Parere intorno a così detti atti di Fede, Speranza, e Carità, ed altre cristiane virtù. In Pavia T. I, 1786. T. II, 1787. (Decr. 9 Decembris 1793 et Fer. 5, 14 Januarii 1796.)

Guadalaxara (de), seu Guadalajara y Xavier (Marco). Quinta parte de la Historia Pontifical. *Donec corrigatur*. (Decr. 23 Augusti 1634.)

Gualdi Abbate. Vita di D. Olimpia Maldachini. (Decr. 21 Martii 1668.)

Gualtherus (Rodolphus) Tigurinus. (1 Cl. Ind. Trid.)

— Ad Sanctam et Catholicam omnium fidelium Ecclesiam pro Huldricho Zuinglio Apologia. (Ind. Trid.)

Guarino Alessandro. Verità, e Religione, Christiani manifesti contro le due irreligiose Apologie di Pietro Conti. (Decr. 20 Novembris 1663.)

La guerre et la paix, ou l'Hermésianisme et ses adversaires, par Pierre-Paul Frank. (Decr. 5 April. 1845.)

Guerre (la) des Dieux. *Vide* Parny Evariste.

Guerre (la) libre. Traité, auquel est décidée la question s'il est loisible de porter armes au service d'un Prince de diverse Religion. (Decr. 18 Decembris 1646.)

Guerre (la) Séraphique, ou Histoire des périls qu'a courus la barbe des Capucins. (Decr. 2 Martii 1752.)

Guerry Estienne. Messe Paroissiale. (Decr. 21 Martii 1668.)

Guicciardini (Francesco). La Historia d'Italia con le postille in margine delle cose più notabili, con la vita dell'Autore di nuovo riveduta, e corretta per Francesco Sansovino, con l'aggiunta di quattro libri lasciati addietro dall'Autore. *Appresso Jacovo Stoer* 1621. (Decr. 4 Februarii 1627.)

— Historiarum sui temporis libri XX, ex Italico in latinum sermonem conversi. Cœlio Secundo Curione interprete. *Donec expurgentur*. (App. Ind. Trid.)

— *Vide* Loci duo.

Guichardo (de) Martinus. Noctes Granzovianæ, seu Discursus panegyricus de antiquis Triumphis. (Decr. 22 Junii 1665.)

Guida all'istruzione della Religione per la seconda classe dello studio delle belle Lettere. (Decr. 4 Martii 1828.)

Guidone (Fra) Zoccolante. Lettera a Frate Zaccaria Gesuito. (Decr. 11 Martii 1754.)

(Decr. 21 Nov. 1757.)

— Seconda Lettera.
— Terza Lettera.

Guimenius Amadæus. Opusculum singularia universæ fere Theologiæ Moralis complectens adversus quorumdam expostulationes contra nonnullas Jesuitarum opiniones morales. (Brevi Innocent. XI, 16 Septembris 1680.)

Gulich Joannes Dieterichus (von). Analysis Chronologico-Pragmatologica, sive illustratio Tabularum Chronologicarum Christophori Schraderi. (Decr. 12 Martii 1703.)

Guilielmus Aurifex. (1 Cl. Ind. Trid.)

Gundlingius Wolfgangus. Canones Græci Concilii Laodiceni cum versionibus Gentiani Herveti, Dionysii Exigui, Isidori Mercatoris, et observationibus. (Decr. 15 Januarii 1714.)

Guntherus. *Vide* Spiegelius.

Guntherus Ovenus. (1 Cl. App. Ind. Trid.)

Guntherus Petrus. De Arte Rhetorica libri duo. *Nisi expurgentur*. (App. Ind. Trid.)

Gürtlerus Nicolaus. Institutiones Theologicæ ordine maxime naturali dispositæ. Adjecta est in fine Mathiæ Martinii Epitome Sacræ Theologiæ. (Decr. 14 Januarii 1737.)

— Synopsis Theologiæ Reformatæ. (Decr. 28 Julii 1742.)

Guthberletus Henricus. Chronologia. (Decr. 18 Decembris 1646.)

Gybsonus Thomas (1 Cl. App. Ind. Trid.)

H

Hackspanius Theodoricus. Miscellaneorum Sacrorum libri duo, quibus accessit ejusdem Exercitatio de Cabbala Judaica. (Decr. 15 Januarii 1714.)

Haddarsan. *Vide* Simeon.

Haftitius Petrus. (1 Cl. App. Ind. Trid.)

Hagerus Michael. (1 Cl. App. Ind. Trid.)

Haiminsfeldius Melchior. *Vide* Goldastus.

Hakewill Georgius. Scutum Regium adversus omnes Regicidas et Regicidarum patronos. (Decr. 18 Januarii 1622.)

Halesius Joannes. Historia Concilii Dordraceni. (Decr. 11 Septembris 1750.)

Halieus Antonius. (1 Cl. Ind. Trid.)

(Decr. 5 Augusti 1833.)

Hallam Arrigo. L'Europa nel medio Evo fatta italiana sull'Inglese per M. Leoni.

— The constitutional history of England from the accession of Henry VII, to the death of Georg IV, *Latinere vero* : Historia constitutionalis Angliæ, ab accessione Henrici VII ad mortem Georgii IV.

Hallerus Bertholdus. (1 Cl. Ind. Trid.)

Hallerus (Joannes) Tigurinus. (1 Cl. Ind. Trid.)

Hallis Jacobus. (1 Cl. Ind. Trid.)

Halloix Petrus. Origenes defensus. *Donec corrigatur*. (Decr. 12 Maii 1655.)

Hamboldus Hieronymus. *Vide* Hauboldus.

Hamelle, *seu* Hamellæus Godofredus (de). (1 Cl. App. Ind. Trid.)

Hamelmannus Hermannus. (1 Cl. App. Ind. Trid.)

Hampelius Nicolaus. Nucleus Discursum, seu Disputationum in jure publico editarum de statu Romani Imperii. (Decr. 2 Decembris 1622.)

Hanerus Joannes. (1 Cl. App. Ind. Trid.)

Hanfeld Georgius. (1 Cl. App. Ind. Trid.)

Hanmerus Meredith. (1 Cl. App. Ind. Trid.)

Hantz Gaspar. (1 Cl. App. Ind. Trid.)

Harchius (Jodocus) Montensis. (1 Cl. App. Ind. Trid.)

Hardenbergius Albertus. (1 Cl. App. Ind. Trid.)

Hardt Hermannus von der. Magnum œcumenicum Constantiense Concilium, vi Tomis comprehensum. (Decr. 12 Martii 1703.)

(Decr. 13 Aprilis 1739.)

Harduinus Joannes. Opera Varia.
— Opera Selecta.
— Commentarius in Novum Testamentum. (Decr. 23 Julii 1742.)

Harphius Henricus. Theologia mystica. *Nisi repurgata fuerit ad exemplar illius, quæ fuit impressa Romæ anno 1585.* (App. Ind. Trid.)

Harpprechtus Johannes. Tractatus Criminalis, planam ac perspicuam aliquot titulorum libri iv Institutionum Juris D. Justiniani explicationem complectens. (Decr. 16 Decembris 1605.)
— In quatuor Libros Institutionum Juris Civilis Justiniani Commentariorum Tomi quatuor. (Decr. 7 Februarii 1718.)

Harrison Jacobus. (1 Cl. App. Ind. Trid.)

Hartmanni (Hartmannus) Palatinus J. C. (1 Cl. Ind. Trid.)

Hartmannus Joh. Ludovicus. Concilia illustrata. *Vide* Ruelius.

Hartungus Joannes. (1 Cl. App. Ind. Trid.)

Harvæus Gedeon. Ars curandi morbos expectatione, item de vanitatibus, dolis et mendaciis Medicorum. (Decr. 26 Octobris 1701.)

Hauboldus, *seu* Humboldus (Hieronymus) Ratisponensis. (1 Cl. App. Ind. Trid.)

Havemannus Michael. Gamalogia Synoptica, istud est Tractatus de jure connubiorum, quatuor libris. (Decr. 29 Maii 1690.)

(Decr. 16 Martii 1621.)

Hawenreuterus Sebaldus. (1 Cl. Ind. Trid.)

Hebelus Samuel. (1 Cl. App. Ind. Trid.)

Hebius Tarræus. Amphitheatrum seriorum jocorum libris xxx Epigrammatum constructum

— Amphitheatrum sapientiæ, quæ ex libris hauriri potest.

Hebræa, Chaldæa, Græca, et Latina nomina virorum, mulierum, populorum, idolorum, quæ in Bibliis leguntur, restituta cum latina interpretatione. Index præterea rerum et sententiarum quæ in iisdem Bibliis continentur. (App. Ind. Trid.)

(Decr. 10 Julii 1551.)

Hedderichius Philippus M. C. Presbyter Sac. Theol. Licentiatus. Dissertatio Juris Ecclesiastici Publici de potestate Principis circa ultimas voluntates ad causas pias, earumque privilegia, etc. Bonnæ in Typographia Elector. Academica an. 1779.
— Systema, quo præfatione præmissa prælectiones suas publicas indicit. Bonnæ typis Friderich Abshoven in Typographia Elector. Academica ann. 1780.
— Elementa Juris Canonici quatuor in partes divisa ad statum Ecclesiæ Germaniæ Vol. 6. Bonnæ 1791. (Decr. 10 Julii 1797.)

Hedericus Joannes. *Vide* Heidanreich

Hedio Gaspar. (1 Cl. Ind. Trid.)

Hedlerus Joannes. (1 Cl. App. Ind. Trid.)

Heerbrandus Jacobus. (1 Cl. App. Ind. Trid.)

Hegendorphinus Cristophorus. (1 Cl. Ind. Trid.)
— Dialectica Legalis, sive disserendi, demonstrandive ars. (App. Ind. Trid.)

Heidanus Abrahamus. De origine erroris libri viii. (Decr. 18 Junii 1680.)

Heideggerus Johannes Henricus. *Opera omnia*. (Decr. 2 Octobris 1673, et 27 Maii 1687.)

Heidel Wolfgangus Ernestus. Joannis Trithemii Steganographia vindicata, reserata et illustrata. (Decr. 12 Martii 1703.)

Heidelbergensis Theologia de Cœna Domini. (App. Ind. Trid.)

Heidenreich Esaias. (1 Cl. App. Ind. Trid.)

Heidenreich, *seu* Hedericus Joannes. (1 Cl. App. Ind. Trid.)

Heidfeldius (Johannes) Waltorffensis. Sextum renata, renovata, ac longe ornatius exculta Sphinx Theologico - Philosophica. (Decr. 12 Novembris 1616.)

Heigius Petrus. Quæstiones Juris tam Civilis quam Saxonici, editæ cura Ludovici Person. (Decr. 7 Augusti 1603.)

Heiland Valentinus. (1 Cl. App. Ind. Trid.)

Heilbrunnerus Philippus. (1 Cl. App. Ind. Trid.)

Heine Henri. De la France par Henri Heine. (Decr. 22 Septembris 1836.)
— Œuvres de Henri Heine : Reisebilder, Tableaux de Voyage. (Decr. 22 Septembris 1836.)
— Œuvres de Henri Heine. De l'Allemagne. (Decr. 22 Septembris 1836.)

Heineccius Johannes Gottlieb. Elementa Juris naturæ et gentium. *Donec corrigantur*. (Decr. 22 Maii 1745.)

Heinsius Daniel. Aristarchus sacer, sive ad Nonni in Johannem Metaphrasim Exercitationes. (Decr. 19 Martii 1633.)
— Sacrarum Exercitationum ad novum

Testamentum libri xx. (Decr. 18 Decembris 1646.)

Hækelius Jo. Fridericus. Philippi Cluverii Introductio in universam Geographiam, tam veterem quam novam, auctior atque emendatior edita. (Decr. 4 Martii 1709.)

Helbach (Wendelinus ab). (1 Cl. Ind. Trid.)

Heldelinus Gaspar. (1 Cl. Ind. Trid.)

Helenocceus Balduinus. Vera ac sincera sententia de immaculata Conceptione Deiparæ Virginis, ejusdemque cultus festivi objecto. (Decr. 18 Maii 1677.)

— *Idem sub nomine*. Jo. Ludovici Schönleben. *Vide* Schönleben.

Hellingus Mauritius. (1 Cl. App. Ind. Trid.)

Helmboldus Ludovicus. (1 Cl. App. Ind. Trid.)

Helmoldi Chronica. *Vide* Reineccius.

Helvetiæ gratulatio ad Galliam de Henrico hujus nominis quarto Galliarum et Navarræ Rege. (App. Ind. Trid.)

Helvetiorum (de) Juribus circa sacra, das ist : Kurzer historischer Entwurff der Freyheiten, und der Gerertsb arkeit der Eidsgenossen, in so genantem geistlichen dingen. (Decr. S. Officii 1 Februarii 1769.)

Helvétius. *Vide* de l'Homme.

Helvicus Christophorus. Synopsis Historiæ universalis ab origine Mundi ad præsens tempus deducta. (Decr. 16 Martii 1621.)

Hemmerlin Felix. *Vide* Malleolus.

Hemmingius Nicolaus. (1 Cl. App. Ind. Trid.)

Hempelus, *seu* Hempelius Michael. (1 Cl. App. Ind. Trid.)

Hennebel Joannes Libertus. Theses Sacræ ex Epistola B. Pauli Apostoli ad Romanos, quas pro adipiscendo sacræ Theologiæ Magisterio exposuit, Lovanii 17 Augusti 1682. (Decr. 14 Octobris 1682.)

Henning (M. Michael) Dresdensis. (1 Cl. App. Ind. Trid.)

Henninges Georgius. (1 Cl. App. Ind. Trid.)

Henninges Hieronymus. (1 Cl. App. Ind. Trid.)

— Theatrum Genealogicum. (Decr. 12 Decembris 1624.)

Henrici IV Cæsaris Aug. Vita. (Ind. Trid.)

Henricpetri Sebastianus. (1 Cl. App. Ind. Trid.)

Henricus VIII Anglus. (1 Cl. Ind. Trid.)

— *Permittitur tamen* Assertio septem Sacramentorum adversus Lutherum. (App. Ind. Trid.)

Henricus Tolosanus. (1 Cl. App. Ind. Trid.)

Henriquez Alphonsus. Defensio pro Erasmo contra Eduardum Leum et contra Universitatem Parisiensem. (App. Ind. Trid.)

Henriquez Henricus. Summa Moralis Sacramentorum. *Donec corrigatur*. (Decr. 7 Augusti 1603.)

Hensterus Joannes. Collegium Politico-Juridicum omnium generalium politicarum materiarum. (Decr. 16 Martii 1621.)

Hepinus Joannes. *Vide* Æpinus.

Herando (Antonio). Riflessioni : *Quæ additæ sunt Libro, qui inscribitur* : Casi, et avvenimenti dalla Confessione scritti dal P. Christoforo Vega : *nisi fuerint ex correctis juxta editionem Romanam anni* 1668. (Decr. 21 Martii 1668.)

Herbert (Edoardus) de Cherbury. De veritate, prout distinguitur a revelatione, a verisimili, a possibili et a falso. (Decr. 23 Augusti 1634.)

— De Religione Gentilium, errorumque apud eos causis. (Decr. 4 Martii 1709.)

Herbinius Johaunes. Religiosæ Kijovienses Cryptæ, sive Kijovia subterranea. (Decr. 18 Maii 1677.)

Herdesianus Cyriacus. De Perjurio, ejusque differentiis, et effectibus Repetitio. (Decr. 16 Martii 1621.)

Herefordius Nicolaus. *Vide* Herforde.

Heresbachius Conradus. (1 Cl. App. Ind. Trid.)

Hérésie (l') imaginaire. (Decr. 11, et 18 Januarii 1667.)

Herforde, *seu* Herefordius (Nicolaus) Anglus. (1 Cl. Ind. Trid.)

Herfortus Antonius. (1 Cl. App. Ind. Trid.)

Herman (Giuseppe). *Vide* Riflessioni sopra una lettera.

Hermannus Joannes Goffredus. Historia concertationum de pane azymo et fermentato in Cœna Domini. (Decr. 28 Julii 1742.)

Hermannus Italus. (1 Cl. Ind. Trid.)

Hermannus Michael. (1 Cl. App. Ind. Trid.)

(Brevi S^{mi} D. N. Gregorii XVI 26 Septemb. 1835, et Decreto Declaratorio ex mandato ejusdem sanctitatis suæ, die 7 Januarii 1836.)

Hermes Georgius Einleitung in die Christkatholische Theologie, von Georg Hermes, Professor der Dogmatischen Theologie an der Universität zu Münster. Erster Theil Philosophische Einleitung. Münster in der Coppenrathschen Buch- und Kunsthandlung, 1819. *Latine* : Introductio in Theologiam, Christiano-Catholicam, auctore Georgio Hermes, Theologiæ dogmaticæ in Academia Monasteriensi Professore. Pars prima, introductionem philosophicam continens. Monasterii ex Biblio, atque Iconopolio Coppenrath, 1819.

— Einleitung in die Christkatholische Theologie von Georg Hermes, Doctor der Theologie und Philosophie, Professor der Theologie an der Rheinischen Friedrich-Wilhelms Universität Bonn, und Domkapitular der Metropolitan kirche. Zweiter Theil. Positive Einleitung. Erste Abtheilung. Münster in der Coppenraihschen Buch-und Kunsthandlung, 1829. *Latine* : Introductio in Theologiam, Christiano-Catholicam, auctore Georgio Hermes, Theologiæ et Philosophiæ Doctore, in Rhenana Friderico-Wilhelmiana Academia Bonnensi Theologiæ professore et Capitulari Cathedrali Ecclesiæ metropolitanæ Coloniensis. Pars altera introductionem positivam continens. Monasterii ex Biblio atque Iconopolio Coppenrath, 1829.

— Christ-Katholische Dogmatik von Georg. Hermes, Doctor der Theologie und Philosophie, Professor der Theologie in der Rheinischen Friedrich-Wilhelm Universität

Bonn, und Domkapitular der Metropolitan kirche zu Kölln, nach dessen Tode herausgegeben von D. J. H. Achterfeldt, ordentl. Professor der Theologie in der universität, und Inspector des Katholisch-Theologischen Convictoriums zu Bonn, Erster Theil. Münster, in der Coppenrathschen Buch und Kunsthandlung, 1834. *Latine autem :* Dogmatica Christiano Catholica auctore Georgio Hermes Theologiæ et Philosophiæ Doctore in Rhenana Friderico-Wilhelmiana academia Bonnensi Theologiæ Professore et Capitulari Ecclesiæ Metropolitanæ Coloniensis, post ejus mortem edita a Doctor. J. H. Achterfeld in academia Theologiæ professore ordinario, ac Catholici Convictorii Theologici Bonnensis Inspectore. Pars prima. Monasterii ex Biblio, atque Iconopolio Coppenrath, 1834.
— *Idem.* Zweiter Theil. Münster, 1834.
— *Idem.* Pars secunda. Monasterii, 1834.
— *Idem.* Dritter Theil. Erste Abtheilung. Münster 1834.
— *Idem.* Pars tertia, sectio prima. Monasterii, 1834

Hermetis Magi, Libri ad Aristotelem. (Ind. Trid.)
Herold (Basilius Joannes) Acropolita. (1 Cl. Ind. Trid.)
Herold (Joannes) Acropolita. (1 Cl. Ind. Trid.)
Hertelius Jacobus. Præfatio in Poetarum Comicorum veterum quinquaginta, quorum opera non extant, sententias. (App. Ind. Trid.)
Hertius Joh. Nicolaus. Dissertatio juris publici de jactitata vulgo Ordinis Cisterciensis libertate ac exemtione a superioritate, et advocatia regionum in S. R. G. Imperio Dominorum, quam publicæ disquisitioni subjicit Georgius Henricus Wegelinus. (Decr. 15 Januarii 1714.)
Hervagius Joannes. (1 Cl. Ind. Trid.)
Herzberg Joannes. (1 Cl. App. Ind. Trid.)
HesenerusValentinus.(1Cl.App.Ind.Trid.)
Heshusius Tilemannus. (1 Cl. Ind. Trid.)
Hessiander Christianus. (1 Cl. App. Ind. Trid.)
Hessus Hermannus. (1 Cl. Ind. Trid.)
Hessus Joannes. (1 Cl. Ind. Trid.)
Hessus Simon. (1 Cl. Ind. Trid.)
Hetzer (Lucas) Torgensis. (1 Cl. Ind. Trid.)
Hetzer, *seu* Hetzerus Ludovicus. (1 Cl. Ind. Trid.)
Heüel Henricus. Officium B. Mariæ Virginis parallelometricum, una cum Litaniis Lauretanis. (Decr. 13 Aprilis 1739.)
Heures et Instructions chrétiennes à l'usage des Troupes de S. M. le Roi de Sardaigne. (Decr. S. Officii 21 Martii 1739.)
Heurnius Justus. De Legatione Evangelica ad Indos capessenda Admonitio. (Decr. 4 Februarii 1627.)
Hexameron Dei opus. (Ind. Trid.)
Hexameron rustique, ou les six journées passées à la campagne entre des personnes studieuses. (Decr. 18 Maii 1677.)
Heyden Sebaldus. (1 Cl. Ind. Trid.)

Heylin Petrus. Cosmographia in quatuor libros divisa. (Decr. 2 Septembris 1727.)
Heylsame vermaaningen van de S. M. Maria en haer ondiscrete dienaers. Tot Middelburg 1675. *Id est : Monita salutaria B. V. Mariæ ad cultores suos indiscretos. Middelburgi* 1675. *Cum Adnotationibus lingua Belgica.* (Decr. 22 Junii 1676.)
Heymairus Magdalenus. (1 Cl. App. Ind. Trid.)
Hiberniæ, sive antiquioris Scotiæ Vindiciæ adversus immodestam Parecbasim Thomæ Dempsteri, auctore G. F. Veridico Hiberno. (Decr. 17 Decembris 1623.)
Hibernicus Thomas. Flores Doctorum pene omnium, qui tum in Theologia, tum in Philosophia baetenus claruerunt. *Ex Typographia Jacobi Stoer Genevæ : cum sint multis in locis adulterati ab hoc impressore Hæretico.* (Decr. 11 Junii 1642.)
Hichel Venustianus : Justificatio parvuli sine martyrio et Sacramento Baptismi in re suscepto decedenti. (Decr. 14 Aprilis 1755.)
Hieron Gulielmus. (1 Cl. App. Ind. Trid.)
Hieronymus de Praga. *Vide* de Praga.
Hilarius Henricus. Philippi Cyprii Chronicon Ecclesiæ Græcæ cum Commentariis et Notis. Accessit in fine Appendix Historiæ Patriarchiæ. (Decr. 21 Aprilis 1693.)
Hilden Henricus. Symbolum militare Scholæ ac doctrinæ Augustino-Thomisticæ, quo muniti contra scientiam, ut dicitur, mediam; procedunt prælialuri Fr. Columbanus a Liebenfels, et Fr. Othmarus a Bodman. (Decr. 13 Novembris 1662.)
Hilligerus Osvaldus. Donellus enucleatus, sive Commentarii Hugonis Donelli de Jure Civili in compendium redacti. (Decr. 5 Martii 1616.)
Himmel Michael. (1 Cl. App. Ind. Trid.)
Hirnhaim Hieronymus. Meditationes pro singulis anni diebus ex sacra Scriptura excerptæ, quibus accesserunt orationes quædam selectæ ac privilegiatæ cum Indulgentiarum lucrabilium catalogo. *Donec corrigantur.* (Decr. 18 Junii 1680.)
— De Typho generis humani, sive scientiarum humanarum inani ac ventoso tumiore. (Decr. 14 Aprilis 1682.)
Hirscher J. Baptista.*Vide* Missæ Genuinam.
Histoire abrégée de l'Inquisition. *Vide* Gallois Léonard.
Histoire abrégée de la paix de l'Eglise; à Mons 1693. (Decr. 21 Januarii 1732.)
Histoire apologétique, ou Défense des Libertés des Eglises Réformées de France. (Decr. 22 Decembris 1700, et 12 Martii 1703.)
Histoire critique de Jésus-Christ, ou Analyse raisonnée des Evangiles. Ecce Homo. *Pudet me humani Generis, cujus mentes et aures talia ferre potuerunt.* S. Aug. — Absque data loci et temporis. (Decr. 16 Februarii 1778 et Fer. 5, 8 Augusti 1782.)
Historia da Franc-Maçonaria ou dos pedreiros livres pelo author da bibliotheco-Maçonica. (Decr. S. Officii 1 Julii 1846.)
Histoire de l'admirable D. Inigo de Guipuscoa, Chevalier de la Vierge et Fondateur de la Monarchie des Inighistes; avec une

description en abrégé de l'établissement, et du gouvernement de cette formidable Monarchie. Par Hercule Rasiel de Silva. Augmentée de l'Anticotton et de l'Histoire critique de ce fameux ouvrage. (Decr. S. Officii 26 Julii 1759.)

Histoire de la destruction du Paganisme en Occident, par A. Beugnot. (Decr. 4 Julii 1837.)

Histoire de la réception du Concile de Trente dans les différents Etats Catholiques, avec les pièces justificatives. (Decr. 21 Novembris 1757.)

Histoire de l'Eglise en abregé par demandes et par réponses, depuis le commencement du Monde jusqu'à présent. (Decr. 4 Decembris 1719.)
— *Eadem italice. Vide* Storia della Chiesa.

Histoire de l'Inquisition, et son origine. (Decr. 19 Maii 1694.)

Histoire de l'origine des Dixmes, des Bénéfices et des autres biens temporels de l'Eglise. (Decr. 22 Decembris 1700.)

Histoire de Louis XI. (Decr. 7 Octobris 1746.)

Histoire de la naissance de l'Eglise, de son organisation et de ses progrès, pendant le 1er siècle, par J. Salvador. (Dec. 23 Sept. 1839.)

Histoire des Ajaoiens. *Vide* République des Philosophes.

Histoire des derniers troubles de France sous les Règnes des Roys Henri III et Henri IIII. *Donec corrigatur.* (Decr. 3 Julii 1623.)

Histoire des Entreprises du Clergé sur la Souveraineté des Rois. (Decr. 19 Julii 1768.)

Histoire des Fous. *Vide* Récréations Historiques.

Histoire des Papes depuis S. Pierre jusqu'à Benoît XIII, inclusivement. (Decr. 11 Septembris 1750.)

Histoire des Papes et Souverains chefs de l'Eglise depuis S. Pierre jusqu'à Paul V. (Decr. 3 Julii 1623.)

Histoire philosophique, politique et critique du Christianisme et des Eglises chrétiennes, depuis J.-C. jusqu'au XIXe siècle, par de Potter. (Decr. 15 Feb. 1838.)

Histoire des Religieux de la Compagnie de Jésus, contenant ce qui s'est passé dans cet Ordre depuis son établissement jusqu'à présent. (Decr. 11 Septembris 1750.)

Histoire des sciences mathématiques en Italie, depuis la renaissance des lettres jusqu'à la fin du XVIIe siècle, par Guillaume Libri, (Decr. 20 Junii 1844.)

Histoire du démêlé de Henri II Roi d'Angleterre avec Thomas Becket Archevêque de Cantorbery, précédée d'un Discours sur la jurisdiction des Princes, et des Magistrats séculiers sur les personnes Ecclésiastiques. (Decr. 21 Novembris 1757.)

Histoire du Diable traduite de l'Anglais. (Decr. 29 Aprilis 1744.)

Histoire du Formulaire qu'on a fait signer en France, et de la paix, que le Pape Clément IX a rendue à cette Eglise en 1668. (Decr. 17 Maii 1734.)

Histoire du livre des Réflexions morales sur le Nouveau Testament, et de la Constitution *Unigenitus.* (Brevi Clement. XI, 26 Januarii 1740.)

Histoire d'un Peuple nouveau, ou Découverte d'une Isle à 43 degrés 14 min. de latitude méridionale, par David Tompson Capitaine du Vaisseau le Boston, à son retour de la Chine en 1756. Ouvrage traduit de l'Anglois. (Decr. 6 Septembris 1762.)

Histoire du Pays-Bas depuis l'an 1560 jusqu'à la fin de 1602, tirée de l'Histoire de Jean-François Le-Petit. (Decr. 7 Septembris 1609.)

Histoire du Règne de l'Empereur Charles Quint. *Vide* Robertson.

Histoire du Règne de Louis XIII, Roi de France, et des principaux événements arrivez pendant ce Règne dans tous les païs du Monde. *Donec corrigatur.* (Decr. 4 Decembris 1725.)

Histoire du Règne de Louis XIV, Roi de France et de Navarre, par H. P. D. L. D. E. D. (Decr. 4 Decembris 1725.)
— *Eadem cum Auctoris nomine. Vide* Limiers.

Histoire générale de l'Italie depuis les temps anciens jusqu'à nos jours, brièvement exposée et considérée par Jean Campiglio. (Dec. 15 Febr. 1838.)

Histoire générale du Jansénisme, contenant ce qui s'est passé en France, en Espagne, en Italie, dans le Païs-Bas, etc., au sujet du Livre intitulé : *Augustinus Cornelii Jansenii*; par Monsieur l'Abbé *****. (Decr. 1 Martii 1704.)

Histoire Philosophique de l'Homme. (Decr. 1 Martii 1768.)

Histoire Philosophique et Politique des établissements et du Commerce des Européens dans les deux Indes. (Decr. 29 Augusti 1774.)

Histoire de la Papauté depuis son origine jusqu'à ce jour. Ouvrage traduit de l'Allemand. Seconde Edition. *Opus aggredior opimum casibus, atrox prœliis, discors seditionibus, ipsa etiam pace sævum.* Tacit. hist. lib. 1. A Paris, à la Librairie Classique, pont S. Michel, au coin de la rue Saint-Louis, an x. 1802. *Sine nominibus Auctoris, atque Interpretis, simulque Interpolatoris.* (Decr. 2 Julii 1804.)

Histoire des Républiques Italiennes. *Vide* Sismondi.

Historia Belgica : hoc est rerum memorabilium, quæ in Belgio a pace Cameracensi inter Carolum V, Imperat. et Franciscum I, Regem Franciæ, evenerunt, brevis designatio. (App. Ind. Trid.)

Historia breve del Celibato, seguida de un discurso y proyecto de Decreto de un Filosofo del nuevo Mundo, sobre institutos Monasticos, y de una rapida Mirada sobre la marcha social del genero humano por el Ciudadano J. G. (Decr. 17 Decembris 1821.)

Historia completa das Inquisiçoes de Italia, Hespanha, e Portugal. (Decr. 26 Martii 1825.)

Historia de Germanorum origine. (Ind. Trid.)

Historia de iis quæ Joanni Huss in Constantiensi Concilio evenerunt. (Ind. Trid.)

Historia de Vita Henrici IV, et Gregorii VII. (Decr. 4 Februarii 1627.)

Historia degli Apostoli Pietro, e Paolo, *cujus initium :* Al nome sia di Dio glorificato. (App. Ind. Clement. XI.)

Historia di S. Caterina Vergine, e Martire. (App. Ind. Clement. XI.)

Historia di S. Giorgio in ottava rima, *cujus initium:* In nome sia. (App. Ind. Clement. XI.)

Historia (Ecclesiastica) integram Ecclesiæ Christi ideam secundum singulas Centurias complectens, congesta per aliquot studiosos viros in Urbe Magdeburgica. (App. Ind. Trid.)

Historia ed Oratione di S. Bartolomeo, *cujus initium :* Donami gratia omnipotente Iddio. (App. Ind. Clement. XI.)

Historia ed Oratione di S. Giacomo Maggiore, *cujus initium :* Immenso Creator, che con tua morte. (App. Ind. Clem. XI.)

Historia Flagellantium, de recto, et perverso flagrorum usu apud Christianos. (Decr. 4 Martii 1709.)

Historia Hussitarum. (App. Ind. Trid.)

Historia Jacobitarum, *seu* Coptorum. *Vide* Abudacnus.

Historia Politica del Pontificado Romano, por Don T. I. De V. (Decr. 26 Augusti 1822.)

Historia Scotorum. *Donec expurgetur.* (App. Ind. Trid.)

Historia Symboli Apostolici, cum observationibus Ecclesiasticis, et Criticis ad singulos ejus Articulos, ex Anglico sermone in Latinum translata. (Decr. 15 Januarii 1714.)

Historia vera de vita, obitu, sepultura, accusatione hæreseos, exhumatione Martini Buceri, et Pauli Fagii. Item Historia Catharinæ Vermiliæ, Petri Martyris Vermilii conjugis exhumatæ, ejusque ad honestam sepulturam restitutæ. (App. Ind. Trid.)

Historiæ Ecclesiasticæ Compendium a Christo nato usque ad annum 1700. (Decr. 14 Januarii 1737.)

Historiarum, et Chronicorum Epitome velut Index usque ad annum 34. (App. Ind. Trid.)

Historiarum, et Chronicorum, Mundi Epitome, cum præfatione Achillis P. Gassari. *Basileæ*, 1532. (App. Ind. Trid.)

Hobbes Thomas. Leviathan, sive de materia, forma, et potestate Civitatis Ecclesiasticæ et Civilis. (Decr. 12 Martii 1703.)

—*Et cetera ejusdem opera omnia.* (Decr. 4 Martii 1709.)

Hochsteterus Petrus Paulus. (1 Cl. App. Ind. Trid.)

Hockerius Jodocus. (1 Cl. App. Ind. Trid.)

Hody Humfredus. Contra Historiam Aristeæ de LXX Interpretibus Dissertatio. (Decr. 21 Aprilis 1693.)

Hofen (Thomas ab). (1 Cl. Ind. Trid.)

Hofmann Bartholomæus. (1 Cl. App. Ind. Trid.)

Hofman, *seu* Hofmannus Christophorus. (1 Cl. Ind. Trid.)

† Hofmannus Gaspar. Commentarii in Galeni de usu partium corporis humani lib. XVII. (Decr. 4 Februarii 1627.)

Hofmannus Daniel. (1 Cl. App. Ind. Trid.)

Donec expurgetur. (Decr. 10 Septembris 1688.)

Hofmannus Joh. Jacobus. Lexicon universale Historico-Geographico-Chronologico-Poetico-Philologicum.

—*Ejusdem* Continuatio.

Hofmannus Martinus. (1 Cl. App. Ind. Trid.)

Hofmannus Melchior. (1 Cl. Ind. Trid.)

(Decr. 26 Augusti 1822.)

Hogan Guglielmus. An Address to the Congregation of S. Mary's Church, Philadelphia. *Latine vero:* Monitum Congregationi Ecclesiæ S. Mariæ Philadelphiensi.

—Continuation of an address to the Congregation of S. Mary's Church, Philadelphia. *Latine vero:* Continuatio moniti Congregationi Ecclesiæ S. Mariæ Philadelphiæ.

- —Continuation of an address to the Congregation of S. Mary's Church, Philadelphia. *Latine vero:* Continuatio (*altera*) moniti Congregationi Ecclesiæ S. Mariæ Philadelphiæ.

Holderus Wilhelmus. (1 Cl. App. Ind. Trid.)

— Calvinianus sandor. (App. Ind. Trid.)

Hollandus Liberius. *Vide* Vincentius.

Holtius Nicolaus. Apophoreta sacra, sive Dissertationum Theologicarum varii argumenti Fasciculus. (Decr. 17 Maii 1734.)

Holuberveso (Martinus ab). Responsio Apologetica pro sententia P. Hieronymi Florentinii de Baptismo abortivorum. (Decr. 10 Aprilis 1666.)

Hombergerus, *seu* Hombergius Jeremias. (1 Cl. App. Ind. Trid.)

Hombergius Gaspar. (1 Cl. App. Ind. Trid.)

Homburgius Joannes. (1 Cl. Ind. Trid.)

— Precationes Psalmorum latinitate donatæ. (Ind. Trid.)

Homélie du Pasteur Bourn prêchée à Londres. *Vide* Libellus continens.

Homélies, ou Sermons de S. Jean Chrysostôme, Archevêque de Constantinople, sur l'Epitre de S. Paul aux Romains. *Paris*, 1682. (Decr. 17 Maii 1687.)

Homme (l') aux quarante écus. *Vide* Opuscula sex.

Homme (de l') et de ses facultés intellectuelles, et de son éducation. Ouvrage posthume de M. Helvétius. (Decr. 19 Augusti 1774.)

Homme (l') machine. *Vide* de la Mettrie.

Homme (l') moral. *Vide* Levesque.

Homme (l') plante. *Vide* de la Mettrie.

Hommetz Patina (Maddalena). Riflessi morali, e christiani cavati dall'Epistole di S. Paolo. *Donec corrigantur.* (Decr. 14 Aprilis 1682.)

· Hondorffius Andreas. (1 Cl. App. Ind. Trid.)

— Theatrum Historicum, sive Promptuarium illustrium exemplorum a Philippo Lonicero latinitate donatum, multisque in locis auctum. (Decr. 2 Decembris 1617.)

Honni soit qui mal y pense. Ou Histoires

des Filles célèbres du xviii Siècle. Fabulæ narrari creduntur, historiæ sunt. (Decr. 6 Septembris 1762.)

Hontan (la). *Vide* Lahontan.

Hooperus Joannes. *Vide* Hoperus.

Hoornbeek, *seu* Hoornbeeck Johannes. Examen Bullæ Papalis, qua P. Innocentius X abrogare nititur pacem Germaniæ. (Decr. 10 Junii 1658.)

— *Et cetera ejusdem Opera omnia.* (Decr. 10 Maii 1757.)

Hoperus, *sive* Hooperus (Joannes) Anglus. (1 Cl. Ind. Trid.)

Hoppius Adamus. (1 Cl. App. Ind. Trid.)

Horchius Henricus. Sacerdotium Romanum, una cum ejus Sacrificio νοθείας convictum. (Decr. 22 Novembris 1690.)

Horæ devotionis, etc. *Vide* Stunden der Andacht, etc.

(Decr. 3 Aprilis 1685.)

Hornius Georgius. Orbis imperans, seu Tractatus de tredecim Orbis Imperiis, partim castigatus, partim illustratus a Joachimo Fellero.

— — Orbis Politicus Imperiorum, Regnorum, Principatuum, Rerumpublicarum.

— Historia Ecclesiastica, et Politica.

(Decr. 2 Julii 1686.)

— Defensio Dissertationis de vera ætate Mundi contra castigationes Isaaci Vossii.

— Auctuarium Defensionis pro vera ætate Mundi.

— Dissertationes Historicæ, et Politicæ. (Decr. 21 Januarii 1732.)

— Sulpicii Severi Opera cum Commentariis. (Decr. 10 Junii 1658.)

Hornungus Joannes. Epistola Dedicatoria *præfixa* Cistæ Medicæ ad prælum elaboratæ. (Decr. 4 Februarii 1627.)

Hornus Robertus. (1 Cl. App. Ind. Trid.)

Hortulus animæ. (*Donec corrigatur*. (App. Ind. Trid.)

Hortulus Passionis in ara Altaris floridus. (App. Ind. Trid.)

Hosmarius Zacharias. (1 Cl. App. Ind. Trid.)

Hospinianus (Joannes) Steinanus. (1 Cl. Ind. Trid.)

Hospinianus Rodolphus. (1 Cl. App. Ind. Trid.

— Historia Jesuitica. (Decr. 15 Februarii 1623.)

Host Joannes (1 Cl. Ind. Trid.)

Hotomanus, *sive* Hottomannus Franciscus. (1 Cl. App. Ind. Trid.)

Hottingerus Joh. Henricus. Thesaurus Philologicus, seu Clavis Scripturæ. (Decr. 20 Junii 1662.)

— *Et cetera ejusdem Opera omnia.* (Decr. 10 Maii 1757.)

Housta (Balduinus de). Conclusiones Theologicæ ex Prima Parte, et Prima Secundæ, *defensæ* Trudonopoli in Monasterio S. Trudonis *mense* Junii 1709. (Decr. 12 Septembris 1715.)

Houwaert Balthasar. (1 Cl. App. Ind. Trid.)

Huarte Gio. Esame degl'ingegni degli huomini. (Decr. 16 Decembris 1605.)

Huberinus Gaspar. (1 Cl. Ind. Trid.)

Huebmeir, *seu* Hubmayer (Balthasar) Pacimontanus. (1 Cl. Ind. Trid.)

Hugo Jacobus. Vera Historia Romana, seu origo Latii, vel Italiæ, ac Romanæ Urbis. (Decr. 3 Augusti 1656.)

Hugo Joannes. (1 Cl. App. Ind. Trid.)

Hugo Victor. *Vide* Notre-Dame.

Hugvaldus Udalricus, *qui et Huldricus Mutius*. Epistolæ. (Ind. Trid.)

Hulrici (S.), *seu* Hulderichi Augustani Episcopi Epistola ad Nicolaum Primum pro defensione conjugii Sacerdotum. *Quæ tamen falso ei tribuitur.* (Ind. Trid.)

Hulsemannus Joannes. De Ministro Consecrationis, et Ordinationis Sacerdotalis Tractatus. (Decr. 13 Novembris 1662.)

Hume David. Storia d'Inghilterra, *quocumque idiomate atque etiam* traduzione dall'Inglese di A. Clericheti, *et cetera ejusdem Opera omnia.* (Decr. 10 Septembris 1827).

Hume (Mr.). Essais philosophiques sur l'Entendement humain. (Decr. 19 Januarii 1761.)

Humfredus (Laurentius) Anglus. (1 Cl. Ind. Trid.)

Hunnius Ægidius. (1 Cl. App. Ind. Trid.)

Hunnius Helfricus Ulricus. De interpretatione, et auctoritate Juris libri duo. (Decr. 18 Maii 1618.)

— *Et cetera ejusdem Opera omnia.* (Decr. 16 Martii 1621.)

Huomo (l') del Papa, et del Re. *Vide* Cortaguerra.

H. V. P. ad B*** de nuperis Angliæ motibus Epistola, in qua de diversum a publica Religione circa Divina sentientium disseritur tolerantia. (Decr. 1 Decembris 1687.)

Huré Charles. Le Nouveau Testament de notre Seigneur Jésus-Christ, traduit en François, selon la Vulgate, avec des notes. (Decr. 29 Julii 1722.)

Hurtado Thomas. Resolutiones Orthodoxo-Morales, Scholasticæ, Historicæ de vero, unico, proprio, et Catholico martyrio fidei sanguine Sanctorum violenter effuso; quibus junguntur Digressiones de germana intelligentia quorumdam Canonum Illiberitani Concilii, de variis tormentorum instrumentis, et de Martyrio per pestem. *Donec corrigantur.* (Decr. 10 Junii 1639.)

Husanus Henricus. (1 Cl. App. Ind. Trid.)

Huschinus Joannes. (1 Cl. Ind. Trid.)

Huserus Joannes. (1 Cl. App. Ind. Trid.)

Huss, *seu* Hus Joannes. (1 Cl. Ind. Trid.)

Hutten (*seu* Huttenus Ulrichus de). Cl. Ind. Trid.)

— Phalarismus: Dialogus Huttenicus. (Ind. Trid.)

Huttenus Matthæus. (1 Cl. App. Ind. Trid.)

Hutterus Elias. (1 Cl. App. Ind. Trid.)

Huttichius Joannes. (1 Cl. Ind. Trid.)

Huygens Gummarus. Theses Theologicæ, id est Articuli Theologorum Lovaniensium exhibiti Archiepiscopo Mechliniensi causa concordiæ ineundæ cum PP. Societatis Jesu, quas defendet Joannes Beauver 12 Julii 1685. (Decr. 8 Augusti 1685.)

— Compendium Theologiæ, id est Theses ex prima parte, 1, 2 et 2, 2 D. Thomæ, defensæ ab anno 1672 usque ad annum 1679. (Decr. 17 Januarii 1691.)

Huyssen (Henricus) Essendiensis. Disputatio inauguralis Juridica de Justitia, Vom Still-stand des Gerichtes, quam Jova juvante eruditorum examini subjicit. (Decr. 22 Decembris 1700.)

Hyperius Andreas, *qui et Andreas Gerardus.* (1 Cl. Ind. Trid.)

I

Iconica, et Historica descriptio. *Vide* Descriptio.

Idea (vera) Theologiæ cum Historia Ecclesiastica sociatæ, sive quæstiones juris et facti Theologicæ. (App. Ind. Clem. XI.)

Idea (vera) della Chiesa Cattolica Romana. *Vide* Invito alla pace.

Idea (vera) della S. Sede. In Pavia 1784. *Sine Auctoris nomine.* (Decr. 7 Augusti 1787.)

Idée de la vie de Mr. Jean Soanen Evêque de Senez, et son Testament Spirituel. (Decr. 15 Februarii 1742.)

Idee naturali. *Vide* Il buon senso.

Idee sulle opinioni Religiose, e sul Clero. (Decr. 12 Junii 1826.)

Idées naturelles opposées aux Idées surnaturelles. *Vide* le Bon Sens.

Ignatii (S.) Martyris Epistolæ *editionis* Isaaci Vossii. *Vide* Vossius.

Ignatio (Henricus a S.). Ethica amoris, sive Theologia Sanctorum. Tom. I, II et III. (Decr. 12 Septembris 1714, et 29 Julii 1722.)

Il codice della Fortuna. (Decr. 23 Junii 1836.)

Il velo rimosso da sulle tristi avventure del R.mo P. Giovanni da Capistrano ex Generale di tutto l'Ordine de'minori. (Decr. 23 Junii 1836.)

Illyricus Mathias. *Vide* Flacius.

Imagines Mortis, cum medicina animæ. (App. Ind. Trid.)

Imelius Jacobus. (1 Cl. Ind Trid.)

Imlerus Christophorus (1 Cl. App. Ind. Trid.)

Imperatorum, et Cæsarum Vitæ. (Ind. Trid.)

Incarnatione Maria Bon (dell'). Stati di oratione mentale per arrivare in breve tempo a Dio. (Decr. 22 Junii 1676.)

Incendio (l') di Tordinona. Poema eroicomico. In Venezia 1781. (Decr. 13 Septembris 1781.)

Inchofer Melchior. Epistolæ B. Virginis Mariæ ad Messanenses veritas vindicata. *Messanæ* 1629. *Permittitur tamen editio facta Viterbii anno* 1632, *hoc titulo :* De Epistola B. Mariæ ad Messanenses conjectatio. (Decr. 19 Martii 1633.)

Incredulorum Libri. *Vide* Libri omnes.

Indagine Joannes, *alius a Chartusiensis.* (1 Cl. Ind. Trid.)

Index Bibliorum. *Colonia in ædibus Quentellianis.* (App. Ind. Trid.)

Index rerum omnium, quæ in novo, ac veteri Testamento habentur, locupletissimus, una cum Hebræorum, Chaldæorum, ac Latinorum nominum interpretatione. *Venetiis ad signum Spei.* 1544. (App. Ind. Trid.)

Index utriusque Testamenti. *Pene similis Indici Bibliorum Roberti Stephani.* App. Ind. Trid.)

Indirizzi. *Vide* Raccolta de'cosi detti.

Indulgentiæ, *quæ concessæ fuerunt a san. mem. Papa Sixto V, Paulo V, Urbano VIII, Innocentio X, Alexandro VII, Clemente IX Coronis , Crucibus factis Hierosolymis, et Bethleem; denuo confirmatæ a summis Pontificibus Clemente X et Innocentio XI, die* 11 *Junii anni* 1670. *Augustæ* 1720. *Germanice.* (Decr. Sacræ Congreg. Indulg. 5 Junii 1721.)

Indulgentiæ *quæ Crucibus Caravaccensibus concessæ fuerunt a Romanis Pontificibus Pio V, Gregorio XV, et Clemente X, denuo confirmatæ ab Innocentio XII. Germanice.* (Decr. Sacræ Congreg. Indulg. 5 Junii 1721.)

(Decr. 23 Maii 1696.)

Indulgentiarum folia, *quorum initia :* Procurando la Santidad de N. M. S. P. Innocencio XI fixar en nuestros corazones la devocion, que todos dovemos tener à la Reyna de los Angeles de la Consolacion de la Sierra en el Reyno de Aragon, etc. *Finis :* Dada en Roma sub annulo Piscatoris en 26 de Abril de 1681.

— Conociendo la Santidad de N. Muy S. P. Innocencio Undecimo la necessidad, y esterilidad, que la Real Casa, y gran Hospital del glorioso Apostol Santiago de Galicia, etc. *Finis :* Dada en Roma en Santa Maria la Mayor debaxo del Anillo del Pescador a 2 de Enero de 1684.

— Nuestro Muy Santo Padre Innocencio Undecimo aviendo sido informado de los muchos, et infinitos Milagros, que haze el glorioso S. Lazaro de Palencia, etc. *Finis :* Dada en Roma en S. Maria la Mayor, debaxo del Anillo del Pescador à ocho de Febrero de 1685.

— Clemente Obispo, Siervo de los Siervos de Dios, ad futuram rei memoriam, à todos los Fieles de Jesu Christo, que las presentes letras vieren, salud, y Apostolica benedicion. Considerando la fragilidad de nuestra mortalidad, y condicion de la humana naturaleza, y la severidad del Divino juixio, etc. *Finis :* Dada en Roma en Santa Maria la Mayor debaxo del Anillo del Pescador San Pedro, en diez de Março de mil y seiscientos y ochenta y cinco annos.

— Breve Sumario, y compendio de las Indulgencias, y Gracias, que estan concedidas por muchos Sumos Pontifices, y aora nuevamente confirmadas por Nuestro muy S. P. Innocentio XI, que al presente rige, y govierna la Santa Iglesia Catolica, à la S. Casa, y Hospital de nuestra Senora del Buen Sucesso de los Innocentes, que està en la Ciudad de Valladolid, etc. *Finis :* Dado en Roma en Santa Maria la Mayor baxo el Anillo del Pescador en doçe de Enero de 1686 annos.

— Breve Sumario de las muchas Gracias,

e Indulgencias, y Perdones, concedidos por muchos Sumos Pontifices, íy aora de nuevo confirmadas por Nuestro muy Santo Padre Innocencio XII, à todos les Fieles Christianos, vezinos de toda la Christiandad, que fueren Confradres, y aora de nuevo se escrivieren en los libros de la Real confradria de el Santissimo Christo de la Quinta Angustia de la Villa de Zalamea, etc. *Finis :* Dada en Roma en el Palacio Sacro à 16 de Março de 1692 annos.

Indulgentiarum (Liber) Fratrum Ordinis Carmelitarum. *Donec emendetur.* (Decr. 7 Augusti 1603.)

Indulgentiarum (Liber) Fratrum Ordinis Servorum. *Donec expurgetur.* (Decr. 7 Augusti 1603.)

Indulgenze, e gratie della Sacra Religione della Mercè della Redentione de'Cattivi. *Donec corrigatur.* (Decr. 16 Martii 1621.)

Infantas (Ferdinandus de las). Tractatus de, Prædestinatione secundum Scripturam sacram, et veram Evangelicam lucem. (Decr. 7 Augusti 1603.)

— Liber divinæ lucis secundum divinæ, et Evangelicæ Scripturæ lucem in centesimi noni Psalmi expositionem. (Decr. 16 Decembris 1603.)

Informaciones (dos) muy utiles, la una dirigida à la Magestad del Emperador Carlos V, etc. (Decr. 7 Augusti 1603.)

Informatio pro veritate contra iniquiorem famam sparsam per Sinas cum calumnia PP. Societ. Jesu, et detrimento Missionis communicata Missionariis in Imperio Sinensi. (Decr. 21 Januarii 1720.)

Informatione reale delle false apparizioni, e miracoli della Madonna di Tirano, di S. Carlo Borromeo, e del B. Alviggi. (Decr. 16 Martii 1621.)

Informazione della B. V. Maria Auxiliatrice, o Sacra Lega spirituale eretta nella Città di Santa Fede nell'Indie Occidentali, ed in Torino nella Chiesa del Real Collegio de'PP. Minimi di S. Francesco di Paola. (Decr. 14 Aprilis 1755.)

Informe de la Sociedad. *Vide* de Jovellanos.

Inquisitione (l') processata. Opera storica. (Decr. 14 Aprilis 1682.)

Inquisitiones Theologicæ in usum Clericorum Panormitanæ Diœcesos adornatæ, instante Canonico D. Antonio Calvo Cathedralis Ecclesiæ Decano, atque Seminarii Archiepiscopalis Rectore editæ. Panormi 1774. (Decr. 20 Januarii 1783.)

Inquisitionis (Sanctæ) Hispanicæ artes. *Vide* Gonsalvius.

Institutio Principis. (App. Ind. Trid.)

Institutio Religionis Christianæ. *Wittembergæ* 1536. (App. Ind. Trid.)

Institution de la Sodalité du Bienheureux S. Joseph, érigée en l'Eglise des Frères Mineurs de l'Observance de S.-Omer. (Decr. 19 Martii 1633.)

Institution d'un Prince, ou Traité des qualités, des vertus et des devoirs d'un Souverain. Tom. VI. (Decr. 22 Maii 1745.)

Institutione (la celeste) del sacro Ordine della Santissima Trinità della Redentione delli Schiavi, con i privilegj, gratie, e Indulgenze concesse a detto Ordine. (Decr. 10 Aprilis 1666.)

Institutiones Grammaticæ, et aliarum Artium. *Nisi expurgentur.* (App. Ind. Trid.)

Institutiones historiæ Ecclesiasticæ, etc. *Vide* Dannenmayr Mathias, etc.

Institutiones Juris Canonici. *Vide* Cavallari.

Institutiones juris Civilis Lusitani cum Publici, tum privati, auctore Paschale Josepho Mellio Freirio. (Decr. 7 Januarii 1836.)

Institutiones Justitiæ Christianæ, seu Theologia moralis. Auctore P. F. Herculano Oberrauch. OEniponte MDCCLXXIV. (Decr. 11 Januarii 1796.)

Institutiones Theologicæ ad usum Scholarum accomodatæ : *quæ vulgariter circumferuntur sub nomine THEOLOGIÆ LUGDUNENSIS*. Lugduni 1780. *Cum ceteris editionibus inde secutis.* (Decr. 17 Decembris 1792.)

Institutions de la Science de la Religion, où cahiers de leçons d'un ancien précepteur de religion dans une université catholique, recueillis et publiés par quelques-uns de ses disciples, par Anne Pepoli, veuve Sampieri. (Decr. 23 Sept. 1839.)

Instituzioni del Dritto Pubblico Ecclesiastico accomodate alla pratica di Venezia dall'-Abate A. B. Giureconsulto Veneto. (Decr. 24 Augusti 1772.)

Instructio ad tyronem Theologum. *Vide* Buscum.

Instructio (brevis et compendiosa) de Religione Christiana. (Ind. Trid.)

Instructio Puerorum, etc. *Vid.* ΗΙΝΑΚΕΣ ΠΑΙΔΑΓΩΓΙΚΟΙ, etc.

Instructio, qua vitam æternam obtinebimus. (App. Ind. Trid.)

Instructio Visitationis Saxonicæ ad Ecclesiarum Pastores de doctrina Christiana. (Ind. Trid.)

Instruction du Gardien. *Vide* Evangile du Jour.

Instruction pastorale de Henri-Jean Van Buul, évêque de Harlem, sur le schisme qui divise les Catholiques de l'Eglise de Hollande. (Decr. 20 Junii 1844.)

Instructions and prayers for children, with a Catechism for young children. *Id est : Instructiones, et preces pro pueris, cum Catechismo pro adolescentibus.* (Decr. 12 Januarii 1735.)

Instructions sur les vérités de la Grâce, et de la Prédestination en faveur des simples Fidèles. Nouvelle édition, revue et corrigée.

— *Eædemque Italice hoc titulo :* Le verità della Grazia, e della Predestinazione per ammaestramento de' semplici e buoni Cattolici. (Decr. 1 Martii 1768.)

Instructions générales en forme de Catéchisme. *Vide* Colbert.

Instrumentum appellationis (Illustrissimorum, ac Reverendissimorum Archiepiscopi Ultrajectensis, et Episcopi Harlemensis) ad Concilium generale futurum a duobus Brevibus, quæ præferunt nomen SS. D. N. Benedicti XIV, scriptis ad universos Catholicos in Fœderato Belgio. (Brevi Benedicti XIV. 26 Junii 1745.)

Instrumentum appellationis interjectæ die prima Martii 1717, ab Illustrissimis, et Reverendissimis Episcopis Mirapicensi, Senecensi, Montis-Pessulani, et Boloniensi ad futurum Concilium generale a Constitutione SS. D. N. D. Clementis Papæ XI, data Romæ anno MDCCXIII, sexto Idus Septembris. (Decr. 16 Februarii 1718.)

— *Idem Gallice*. *Vide* Acte d'appel.

Instruttione a' Prencipi della maniera, con la quale si governano li Padri Gesuiti, fatta da persona Religiosa, e totalmente spassionata. (Decr. 18 Maii 1618.)

Instruttione (breve) per l'anime, che desiderano dedicarsi alla vera divotione della gloriosa S. Anna Madre di Maria. (Decr. 30 Julii 1678.)

Instruttione (breve) per li giovinetti, che si devono comunicare la prima volta, con aggiunta delle cose necessarie a sapersi ben confessare. Padova 1688. Venezia 1689. (Decr. 29 Novembris 1689.)

Instruzione sopra la verità, e i vantaggi della Religione Cristiana. (Decr. 26 Martii 1825.)

Insulis (de). *Vide* Alanus.

Intenzioni del P. M. Angelo Ganzetti di Jesi sull' Opuscolo, che egli già stampò col titolo : *Il Giovane instruito ne'principj della Democrazia rappresentativa, e ne'doveri di Cittadino*; (*in fine*, Senigallia 1800, pel Lazzarini con licenza de' Superiori. (Decr. 2 Julii 1804.) *De quo certior factus docilis Auctor Declaratione publicis typis edita die 13 Julii utrumque Librum a se vulgatum laudabiliter rejecit et improbavit.*

Interbocensis Ambrosius. (1 Cl. Ind. Trid.)

(Decr. 4 Martii 1709.)

Intérêts et Maximes des Princes et des estats souverains. *Una cum Opusculo cui titulus :*

— Maximes des Princes et estats souverains.

Intéréts (nouveaux) des Princes de l'Europe, où l'on traite des Maximes qu'ils doivent observer pour se maintenir dans leurs Etats. (Decr. 27 Maii 1687.) *Vide* Declaratio, etc.

Introductio cælibatus coacti, etc. *Vide* Theiner Johann. Anton., etc. Die Einführung, etc.

Introductio puerorum. (Ind. Trid.)

Introductio in jus ecclesiasticorum Catholicorum. *Vide* Eybel.

Invito alla pace, ed all'unità, ossia vera Idea della Chiesa Cattolica Romana proposta da un Sacerdote Fiorentino agli Ecclesiastici, e Secolari per guida, e calma delle coscienze ne'tempi di controversia : si aggiunge in fine un Sermone sull' anatema, e sullo scisma composto de'sentimenti di S. Giangrisostomo, e di S. Ottato Milevitano. *Sine Auctoris nomine.* (Decr. 11 Januarii 1796.)

Irenæi (S.) Fragmenta. *Vide* Pfaffius.

Irenæus (Christophorus) Passaviensis. (1 Cl. App. Ind. Trid.)

Irenæus Joannes. (1 Cl. App. Ind. Trid.)

Irenæus Philopater. Vindiciarum Catholicorum Hiberniæ ad Alitophilum libri duo. (Decr. 10 Junii 1654.)

Irenæus (Philotheus) Tripolitanus. (1 Cl. Ind. Trid.)

— Aphorismi ex orthodoxis Patribus Ambrosio, Augustino, Lactantio. (Ind. Trid.)

Irenicus (Franciscus) Ettelingiacensis. Germaniæ Exegeseos volumina duodecim. *Donec expurgentur.* (App. Ind. Trid.)

Isagoge (brevis Pastorum). (Ind. Trid.)

Isenbiehls Johann Lorenz. Neuer Versuch über die Weissagung vom Emmanuel 1778. *Hoc est Latine :* Novum Tentamen in Prophetiam de Emmanuele 1778. (Brevi Pii VI, die 20 Septembris 1779.)

Issaulier Bartholomæus. Patri Luminum. Conclusiones Physicæ, Massiliæ defensæ 19 Januarii 1674. (Decr. 4 Decembris 1674.)

Istituzioni Logiche di Domenico Mamone di Monte rosso in Calabria ultra. Napoli 1813, nella Stamperia di Severino. (Decr. 22 Martii 1819.)

Istoria (della) Ecclesiastica della Liguria. *Vide* Paganetti.

Istoria Universale. *Vide* Storia.

Istoria dei Concilj, e Sinodi approvati dai Papi, arricchita della Cronologia dei Pontefici da S. Pietro sino a Pio VI, dove a colpo d'occhio si vede, quando sono stati creati, il tempo che hanno regnato, ed il giorno della loro morte : *si vende in Italia*. (Decr. 31 Martii 1788.)

Istoria d'Ancona Capitale della Marca Anconitana, dell'Abbate Leoni Anconitano, Censore della Società Georgica di Treja, etc. divisa in tre Volumi. Vol. I e II. Ancona dalla Tipografia Baluffi 1810. Vol. III, *iisdem typis*, 1812. Vol. IV, *iisdem typis*, 1815. (Decr. 27 Januarii 1817.) *Donec corrigatur. Permittuntur interim exemplaria impressa, dummodo præmittatur formula Retractationis ab Auctore factæ, et a Sac. Congr. approbatæ.*

Istoria del Progresso, e del estinzione della riforma in Italia nel secolo sedicesimo, tradotta dell'Inglese di Thomas Maccrie. (Decr. 22 Septembris 1836.)

Istoria dell'Inquisizione, ossia del S. Offizio, corredata di opportuni, e rari documenti, data per la terza volta alla luce da Francesco Beccatini Academico Apatista. Milano 1797. Presso Giuseppe Galeazzi. (Decr. 30 Septemb. 1817.)

Istoria succinta delle Operazioni della Compagnia Bibbica Brittannica, e straniere, coll' Indice delle materie concernenti la medesima : *Chi è da Dio, le parole di Dio ascolta*. Gio. 8. 47. Napoli. Presso Agnello Nobile Librajo Stampatore. 1817. (Decr. 23 Junii 1817.) *Et versiones omnes Bibliorum, quavis vulgari lingua, nisi fuerint ab Apostolica Sede approbatæ, aut editæ cum annotationibus desumptis ex S. Ecclesiæ Patribus, vel ex doctis Catholicisque viris, juxta* Decretum Sac. Congr. Indicis 18 Junii 1757.

Istruzione Cristiana. *Vide* il Catechista.

Istruzione Generale sulle verità Cristiane

ın forma di Catechismo. *Donec corrigatur.* (Decr. 11 Junii 1827.)

Istruzione intorno al Santo Sacrifizio della Messa. *Vide* Traversari Carlo Maria.

Istruzzioni secrete della Compagnia di Gesù con aggiunte importanti. *Opusculum impressum cum ementito editionis loco.* (Decr. 22 Septembris 1836.)

Istruzioni famigliari, e necessarie. *Vide* Esposizione della Dottrina della Chiesa.

Istruzioni intorno la Santa Sede tradotte dal Francese. (Decr. S. Officii 4 Julii 1765.)

Italia. *Vide* all'Italia.

Italica Interpretatio *Operis inscripti :* Exposition de la Doctrine Chrétienne, etc., *quinque Tomis sic partita :* Esposizione del Simbolo. Esposizione dell'Orazione Domenicale. Esposizione del Decalogo. Esposizione de' Sagramenti. Esposizione de' Comandamenti della Chiesa : con l'aggiunta di un Trattato della Giustificazione. (Brevi Clem. XIII, 14 Junii 1761.)

Italie (L'), ou découvertes faites par les Italiens, dans les sciences, les arts, etc.

Itinerario della Corte di Roma, o Teatro della Sede Apostolica. (Decr. 19 Junii 1674.)

(Decr. 15 Januarii 1714.)

Ittigius Thomas. De Hæresiarchis ævi Apostolici, et Apostolico proximi, Dissertatio.

— Bibliotheca Patrum Apostolicorum Græco-Latina.

— Historiæ Ecclesiasticæ primi a Christo nato seculi selecta capita.

— Historiæ Ecclesiasticæ secundi a Christo nato seculi selecta capita. (Decr. 10 Maii 1757.)

J

(Decr. 12 Martii 1703.)

Jacob (R) filius Chaviv, filii Salomonis. נשראל חלק ראשון עץ. *Id est :* Oculus Israelis. *Pars Prima continens omnes veritates, discursus, et expositiones, quæ sparsim in sex Ordinibus Misnicis reperiuntur.*

— בית ושראל חלק שני. *Id est :* Domus Israelis. *Pars* II. *Accedit Liber Domus Judæ R. Leonis de Mutina.*

Jacob Fridericus (1 Cl. Ind. Trid.)

Jacobellus. *Vide* Misnensis.

Jacobus I, Angliæ Rex. Apologia pro juramento fidelitatis. (Decr. 23 Julii 1609.)

— ΒΑΣΙΛΙΚΟΝ ΔΩΡΟΝ seu Regia Institutio ad Henricum Principem primogenitum suum. (Decr. 7 Septemb. 1609.)

— Meditatio in Orationem Dominicam. (Decr. 22 Octobris 1619.)

— Meditatio in Caput XXVII Evangelii Matthæi, versus 27, 28, 29, sive hypotyposis inaugurationis Regiæ. (Decr. 16 Martii 1621.)

Jacobus (Leonardus) Northusianus. (1 Cl. Ind. Trid.)

Jacques, par Georges Sand. (Decr. 30 Mart. 1841.)

Jacques le Fataliste et son Maître par Diderot. A Paris, chez Buisson, Imprimeur-Libraire, rue Haute-Feuille, n. 20. An cinquième de la République; vol. 2. (Decr. 2 Julii 1804.)

Jægerus Joh. Wolfgangus. Historia Ecclesiastica cum parallelismo profanæ, in qua Conclavia Pontificum Romanorum aperiuntur. Tom. I et II. (Decr. 21 Junii 1721, et 21 Junii 1731.)

— Opuscula varia Theologica. (Decr. 21 Januarii 1721.)

— Systema Theologicum, Dogmatico-Polemicum, in quo recentiores controversiæ exponuntur. (Decr. 4 Decembris 1725.)

Jagenteuffel Nicolaus. (1 Cl. App. Ind. Trid.)

(Decr. 26 Augusti 1822.

Jahn Johannes. Enchiridion Hermeneuticæ Generalis tabularum veteris et novi Fœderis.

— Introductio in Libros V. T.

— Appendix Hermeneuticæ seu exercitationes exegeticæ.

— Archæologia Biblica in epitomen redacta.

Jahrschrift für Theologie und Kirchenrecht der Katholiken herausgegeben von einigen katholischen Theologen. Prüfet alles; das gute behaltet. Ulm in der Wohlerschen Buchhandlung, vom Jahre 1806, bis 1816. 4 Bände in 8. *Id est : Scriptum annuum pro Theologia et jure Canonico Catholicorum editum a nonnullis Catholicis Theologis.* Omnia probate, quod bonum est tenete. *Ulmæ in Bibliopolio Vohlersiano* 1806 ad 1816. (Decr. 30 Septembris 1817.)

Jalkut Reubeni, *id est* Raccolta di Rabbin Reuben Oschi. (Decr. S. Offic. 14 Martii 1766.)

Janovesius Bartholomæus. De adventu Antichristi. (Ind. Trid.)

Jansenii Augustinus (Utrum sit damnandus), *cujus initium :* Nullo jure ; *finis :* Non potest damnari Jansenius nisi ridente Pelagio, plorante Augustino. Humilis Romanus. (Decr. 23 Aprilis 1654.)

(Decr. 7 Decembris 1694.)

Jansenismus in multis exotice rigidus.

Jansenismus omnem destruens Religionem.

Jansenismus plurimas hæreses, et errores damnatos pertinaciter defendens.

Janséniste (le) convaincu de vaine sophistiquerie, ou examen des réflexions de Mr. Arnaud sur le Préservatif contre le changement de Religion. (Decr. 26 Octobris 1707.)

Jansenius (Cornelius) Iprensis Episcopus. Augustinus. (Bulla Urbani VIII, 6 Martii 1641, et Decr. 23 Aprilis 1654.)

— Parallelum erroris Massiliensium, et opinionis quorumdam recentiorum. (Decr. 23 Aprilis 1654.)

Jansenius Jean. Mémorial au Roi, *cujus initium :* Jean Jansenius Chanoine, etc. (Decr. 23 Aprilis 1654.)

Jansenius Philippus. Uyterste devoiren in den uytersten noodt van de leste Casuistique. *Id est :* Ultima attentata in extrema necessitate novissimorum Casuistarum. (Decr. 2 Septembris 1683.)

Jardin Antonius. Dogma Theologicum de Ecclesia, quod propugnabit die 30 Januarii

1693, in Regio Societatis Jesu Collegio Academiæ Cadomensis. (Decr. 19 Maii 1694.)

Jarrigius Petrus. Jesuita in ferali pegmate ob nefanda crimina in Provincia Guienna perpetrata constitutus. (Decr. 10 Septembris 1688.)

Jennyn Joannes. Vera Confraternitatis Sanctissimæ Trinitatis de redemptione Captivorum, et B. Mariæ de remedio, nec non vitæ SS. Patriarcharum Joannis, et Felicis fdea. (Decr. 10 Aprilis 1666.)

Jesuardus Marianus. Mikalt Mamertinum ex Sacris Bibliis, et SS. Patribus excerptum, qui Urbs Messana ad protectricem Mariam a sacra Epistola refugeret, in horas precarias distributum. (Decr. 17 Maii 1734.)

Jesu (Cristo de) Pontifice maximo, et Rege Fidelium summo, regnante in Ecclesia Sanctorum. (App. Ind. Trid.)

Jesu (Liberius a). Controversiæ Dogmaticæ adversus Hæreses utriusque Orbis. Tomus I. *Editionis Romæ anni* 1701. *Donec corrigatur.* (Decr. 11 Martii 1704.)

Jesuita exenteratus. (Decr. 23 Augusti 1634.)

Jesuitarum, aliorumque Romanæ Curiæ adulantium de Summi Pontificis auctoritate commenta Regnis, Regibusque infesta, fideliter proposita per Jurisconsultum Batavum, Ecclesiæ, et patriæ amantem. (Brevi Clementis XI, 4 Octobris 1707.)

Jésuite (le) sécularisé. (Decr. 27 Maii 1687.)

Jésus-Christ et sa doctrine. (Decr. 23 Septembris 1839.)

Jésus-Christ sous l'anathème. (Decr. 10 Novembris 1734.)

Jesus (Sor Maria de). Letania, y nombres misteriosos de la Reyna del Cielo, y Madre del Altissimo. (Decr. 30 Julii 1678.)

Jésus-Marie (Anne Joachim de). Quatre Sonnets à l'honneur de la très-pure, et très-immaculée Conception de la Vierge Marie. (Decr. 2 Julii 1686.)

Jezlerus (Joannes) Scaphusianus. (1 Cl. App. Ind. Trid.)

Joannes Clericus Palatinus. *Vide* Febronius. Appendix tertia.

Joannes Pataviensis. *Vide* Pataviensis.

Joannes Fridericus Secundus Dux Saxoniæ, ac Fratres Joannes Wilhelmus, et Jo. Fridericus Junior. Solida, et ex verbo Dei sumpta confutatio, et condemnatio præcipuarum corruptelarum, sectarum, et errorum hoc tempore grassantium. (App. Ind. Trid.)

Joannis (Petrus) de Villa Sereiatum. (1 Cl. Ind. Trid.)

Jocelyn. *Vide* de Lamartine.

Joecherus Christ. Gottl. Philosophia Hæresium obex. (Decr. 14 Januarii 1737.)

Johnstonus Robertus. Historia Rerum Britannicarum, ut et multarum Gallicarum, Belgicarum, et Germanicarum, ab anno 1572 ad annum 1628. (Decr. 22 Junii 1676.)

Jollain (Mr.) Discours. (Decr. 2 Septembris 1727.)

Jonas Justus, *qui et Jodocus Cock*. (1 Cl. Ind. Trid.)

Jonghe (Joannes de) Theses Theologicæ de Gratia, libero Arbitrio, Prædestinatione, etc., in quibus Doctrina Theologorum Societatis Jesu contra Corn. Jansenii Augustinum defenditur, in sex capita divisæ. (Bulla Urbani VIII, 6 Martii 1641, et Decr. 1 Augusti 1641.)

(Decr. 23 Aug. 1634.)

Jonstonus Johannes. Naturæ Constantia.
— Thaumatographia naturalis.
— Historia universalis Civilis, et Ecclesiastica. (Decr. 18 Junii 1651.)
— de Festis Hebræorum, et Græcorum Schediasma. (Decr. 20 Junii 1662.)
— Polymathiæ Philologicæ, seu totius rerum universitatis ad suos ordines revocatæ adumbratio. (Decr. 28 Augusti 1690.)

Jonvillæus Carolus. (1 Cl. App. Ind. Trid.)

Jourdan A. J. L. *Vide* Buhle Jean Gottlieb. Histoire de la Philosophie, etc.

Jordanus Aulus. *Vide* Febronius. Appendix quarta.

Journal d'Henri III, roi de France et de Pologne. (Decr. 11 Septembris 1750.)

Jouy (M. de). L'Hermite en Italie ou observations sur les mœurs et usages des Italiens au commencement du XIXe siècle. (Decr. 11 Decembris 1826.)

Jovellanos (Gaspar Melchior de). Informe de la Sociedad economica de esta corte al Real y Supremo Consejo de Castilla. . . . . (Decr. 5 Septembris 1825.)

Joye (Georgius) Bedfordiensis. (1 Cl. App. Ind. Trid.)

Judæ Leo. (1 Cl. Ind. Trid.)

Judex Johannes. (1 Cl. App. Ind. Trid.)

Judex Matthæus. (1 Cl. Ind. Trid.)

Judicium, et censura Ecclesiarum piarum de dogmate in quibusdam provinciis Septentrionalibus contra adorandam Trinitatem per quosdam turbulentos noviter sparso. (App. Ind. Trid.)

Judicium sacræ Facultatis Theologicæ Lovaniensis de octo Articulis inter alios excerptis ex Casu conscientiæ in Sorbona a quadraginta Doctoribus 20 Julii 1702 subscripto. (Decr. 11 Martii 1704.)

Judicium Synodi nationalis Reformatarum Ecclesiarum Belgicarum habitæ Dordrechti anno 1618 et 1619, *seu* Sententia de Divina Prædestinatione, et annexis ei capitibus, quam Synodus Dortrechtana verbo Dei consentaneam, atque in Ecclesiis Reformatis hactenus receptam esse judicat, quibusdam articulis exposita. (Decr. 22 Octobris 1619, et 16 Martii 1621.)

Juellus (Joannes) Anglus. (1 Cl. App. Ind. Trid.)
— Apologia Ecclesiæ Anglicanæ. (App. Ind. Trid.)

Juenin Gaspar. Institutiones Theologicæ ad usum Seminariorum. *Donec corrigantur.* (Decr. 25 Septembris 1708.)

Jugement doctrinal des Théologiens sur les Institutions Théologiques du P. Juenin, suivi d'un Problème sur l'Ordonnance de son Eminence Mr. le Cardinal de Noailles, et sur le mandement de Mr. Madot, évêque de Belley. (Decr. 26 Octobris 1707.)

Jugendfreund (der). Ein Lehr-und Lesebuch für die oberen Klassen der Volksschulen. *Latine vero :* Amicus juventutis seu liber doctrinæ et lectionis pro classibus Superioribus Scholarum communium. (Decr. 5 Septembris 1825.)

Juicio Historico-Canonico-Politico de la Autoritad de las Naciones en los Bienes Ecclesiasticos. (Decr. 27 Novembris 1821.)

Julianus Joannes. Manuductio ad Theologiam moralem. *Donec corrigatur.* (Decr. 26 Octobris 1707.)

Julius. Dialogus viri cujuspiam eruditissimi festivus sane ac elegans. (Ind. Trid.)

Julius Cæsar P., *qui Calvini Institutiones in Italicam linguam transtulit.* (1 Cl. Ind. Trid.)

Julius Mediolanensis. *Vide* Mediolanensis.

Junius Franciscus *Senior.* (1 Cl. App. Ind. Trid.)

— Vita ab ipso conscripta. (Decr. 12 Decembris 1624.)

— *Vide* Pappus.

Junius Hadrianus. (1 Cl. Ind. Trid.)

Junius Stephanus. *Vide* Brutus.

Juretus Franciscus. Observationes ad Ivonis Carnotensis Epistolas. *Donec corrigantur.* (Decr. 3 Julii 1623.)

Jurieu Pierre. Justification de la morale des Réformez, contre les accusations de M. Arnaud. (Decr. 21 Aprilis 1693.)

— Et cetera ejusdem Opera omnia. (Decr. 14 Januarii 1737, et 10 Maii 1757.)

Jus Belgarum circa Bullarum Pontificiarum receptiones. (Decr. 23 Aprilis 1654.)

Jus (Nullum) Pontificis Maximi in Regno Neapolitano. Dissertatio Historico-Juridica. (Decr. 15 Januarii 1714.)

Justellus Christophorus. Codex Canonum Ecclesiæ universæ a Justiniano Imperatore confirmatus, et notis illustratus. (Decr. 17 Decembris 1623.)

Justi Jacobus. (1 Cl. App. Ind. Trid.)

Justificatio Matrimoniorum, etc. *Vide* Van-Ess Leander Rechtfertigung der gemischten, etc.

Justificatio praxeos Pastorum, aliorumque Curatorum, qua consueverunt populo proponere septem Fidei puncta, tamquam credenda explicite, ac necessario necessitate medii. (Decr. 9 Februarii 1683.)

Justification de la Mémoire de M. Pierre Codde Archevêque de Sebaste, Vicaire Apostolique dans les Provinces-Unies contre un Décret de l'Inquisition du 14 Janvier 1711 en deux Parties. (Decr. 16 Martii 1712.)

Justification du silence respectueux, ou Réponse aux Instructions Pastorales et autres Ecrits de M. l'Archevêque de Cambray. Tome Troisième. (Decr. 17 Julii 1709.)

Justification de Fra-Paolo Sarpi, ou Lettres d'un Prêtre Italien à un Magistrat Français sur le caractère et les sentimens de cet homme célèbre; à Paris chez Eberhart Nève et le Normant. 1811. (Decr. 22 Decembris 1817.)

Justinianus novus. *Vide* Febronius. Appendix secunda.

Justitia Britannica, per quam liquet, aliquot, in eo Regno cives morte mulctatos esse: propter Religionem vero, neminem in capitis discrimen vocatum. (App. Ind. Trid.)

Justitia, et veritas vindicata contra calumnias, errores, et falsitates, quibus scatet Apologia P. Desirant in iis, quæ concernunt quosdam Superiores Carmelitarum Discalceatorum. (Decr. 12 Septembris 1714.)

Juvencius Josephus. Historia Societatis Jesu. Pars v. Tomus posterior. *Prohibentur quæ concernunt Ritus Sinenses, quibus deletis permittitur liber.* (Decr. 29 Julii 1722.)

K

Kaiserling, Major au service du Roi de Prusse. Discours aux Confédérez de Kaminieck en Pologne. (Decr. 11 Augusti 1769).

Kalb Z. A. Theologisch-politische Abhandlungen von Spinosa; freye Uebersetzung und mit Anmerkungen begleitet. *Latine vero:* Tractatuum Theologico-politicorum Spinosæ versio libera cum adnotationibus. (Decr. 12 Junii 1826.)

Kammerer Joannes Jacobus. Abhandlung über die Exkomunikation, oder den Kirchenbann. Strasburg 1792. *Id est latine: Tractatus de excommunicatione, aut anathemate. Argentorati* 1792. (Decr. 26 Januarii 1795.)

Kampf (der) zwischen Pabsthum und Katholicismus im fünfzehnten Jahrhunderte... *Latine vero:* Pugna Papatum inter et Catholicismum Sæculo decimo quinto. Zürich typis impressum apud Davidem Burkli 1732. Dissertatio jam inde ab anno 1816 inserta Libro cui titulus: Museum Helveticum. (Brevi SS. D. N. PP. GREGORII XVI, 17 Septembris 1833.)

Kant Manuele. Critica della Ragione pura. (Decr. 11 Junii 1827.)

Kant. *Vide* Villers Charles.

Karg Joannes Fridericus. Pax Religiosa, sive de exemptionibus et subjectionibus Religiosorum. (Decr. 21 Aprilis 1693.)

Karsthans et Kegelhans. Dialogus. (Ind. Trid.)

Katechismus der Christkatholischen Religion, etc. *Latine vero:* Catechismus Christianæ Catholicæ Religionis... ad usum Ecclesiarum et Scholarum. (Decr. 5 Septemb. 1825.)

Katholische (die) Kirche, etc. *Vide* Kopp. G. L. C., etc.

Katholische (die) Kirche von Schlesien, dargestellt von einem Katholischen Geistlichen. *Latine vero :* De statu Ecclesiæ Catholicæ in Silesia, Auctore Sacerdote quodam Catholico. (Decr. 11 Decembris 1826.)

Katolische Kirche, etc. *Latine vero :* Catholicæ Ecclesiæ. Pars secunda : seu Paragraphi pro nova ejusdem (Ecclesiæ) ratione constituenda cum fundamentis ex historia, Christianismo, ac ratione depromtis. (Decr. 5 Augusti 1833.)

Katzschius Joannes. De Sanitate gubernanda, secundum sex res non naturales (App. Ind. Trid.)

Kautius Jacobus. (1 Cl. Ind. Trid.)

Keckermannus Bartholomæus. Gymnasium Logicum, id est de usu, et exercitatione Logieæ libri tres. (Decr. 10 Maii 1613.)

Kednadon (Palatinus) a Straswich. (1 Cl. App. Ind. Trid.)

Kemerius Paulus (1 Cl. App. Ind. Trid.)
Kemnitius Martinus. *Vide* Chemnicius.
Kempisius Thomas. *Vide* Castalio.
Kempius Martinus. Opus Polyhistoricum Dissertationibus xxv de osculis absolutum. (Decr. 31 Martii 1681.)
Kenerus Joannes. (1 Cl. App. Ind. Trid.)
Keyser Philippus. (1 Cl. App. Ind. Trid.)
Keyscrspergius, *seu* Keisersbergius Joannes. *Vide* Geyler.
Khamm Corbinianus. Hierarchia Augustana Chronologica tripartita in partem Cathedralem, Collegialem, et Regularem. Prodromus Partis III, Regularis. (Decr. 21 Januarii 1721.
Kieslingius Jo. Rudolphus. Historia concertationis Græcorum Latinorumque de transsubstantiatione in Eucharistiæ Sacramento. (Decr. 21 Novembris 1757.)
Kimedoncius Jacobus. (1 Cl. App. Ind.Trid.)
Kimhi R. David. *Commentaria in Vetus Testamentum, tam Hebraice, quam Latine per Paulum Fagium, et Conradum Pellicanum translata.* (App. Ind. Trid.)
Kiörningins Olaus. Commentatio Historico-Theologica, qua controversia de ConsecrationibusEpiscoporumAnglorum recensetur,et dijudicatur; in Academia Julia præsidente Jo. Laurentio Moshemio conscripta, et exhibita. (Decr. 11 Septembris 1750.)
Kippingius Henricus. Methodus nova Juris publici. (Decr. 4 Martii 1709.)
— Antiquitates Romanæ. (Decr. 13 Aprilis 1739.)
— Notæ et supplementa ad Epitomen Historiæ Ecclesiasticæ Jo. Pappi. *Vide* Pappus.
Kirchenordnung, wie es mit der christlichen Lehre, heiligen Sacramenten und Ceremonien, in des Durchleuchtigsten Hochgebornen Fürsten und Herren. Hern Friderichs Hertzogen in Bayern gehalten wird. *Id est : Ordo Ecclesiasticus circa doctrinam, Sacramenta, et cæremonias in Ducatu Illustrissimi Ducis Friderici Bavariæ observandus.* (App. Ind. Trid.)
Kirchmejerus Jo. Sigismundus. De unico Fidei principio verbo Dei, aliisque extra Dei verbum revelationibus immediatis, Disquisitio. (Decr. 21 Januarii 1721.)
Kirchnerus Hermannus. Superioris ævi Imperatorum, Regum, Electorum, Ducum, ac Principum curricula. (Decr. 3 Julii 1623.)
Kirchnerus Timotheus. (1 Cl. App. Ind. Trid.)
Kirchovius Laurentius. Consilium xxvII. *Quod habetur Tom.* II, *pag.* 144 : Matrimonialium Consiliorum Jo. Baptistæ Ziletti, et Nicolai Ruckeri. (Decr. 16 Decembris 1605.)
Klammer Balthasarus. Promptuarium tam Juris Civilis, quam Feudalis, multis quæstionibus, et decisionibus auctum opera Joachimi Scheplitz. (Decr. 4 Februarii 1627.)
Klebitius Wilhelmus. (1 Cl. App. Ind. Trid.)
Kleinaw Joannes. (1 Cl. Ind. Trid.)
Kleine (de) Getyden of Bedestonden, etc. Utrecht 1699. *Id est : Officium parvum B. Mariæ Virginis. Ultrajecti* 1699. (Decr. 26 Octobris 1701.)
(App. Ind. Trid.)
Klingius Conradus. *Vide* Clingius.

Kling, *seu* Klingius Melchior. Commentarii in præcipuos secundi libri Decretalium titulos.
— In quatuor Institutionum Juris Principis Justiniani libros Enarrationes.
(Decr. 30 Julii 1678.)
Klockius Gaspar. Tractatus Juridico-Politico-Polemico-Historicus de Ærario,observationibus locupletatus opera Christophori Pelleri.
— Tractatus Nomico-Politicus de Contributionibus.
Klug Josephus. (1 Cl. Ind. Trid.)
Knewstub Joannes. (1 Cl. App. Ind. Trid.)
Knibbe David. Manuductio ad Oratoriam sacram. (Decr. 31 Martii 1681.)
(Decr. 29 Julii 1722.)
Knippenberg Sebastianus. Opusculum. Doctrina S. Thomæ in materia de Gratia, ab erroribus ipsi falso impositis liberata. Adjungitur Compendium doctrinæ Cornelii Jansenii Iprensis Episcopi in quinque famosis Propositionibus illius damnatæ.
— Opusculum contra librum Auctoris anonymi intitulatum: Prædicatorii Ordinis Fides, et religio vindicata.
Knipperdolling Bernardus. (1 Cl. Ind. Trid.)
Knipstroch, *seu* Knipstrovius (Joannes) Pomeranus. (1 Cl. Ind. Trid.)
Knoblouchus Joannes. (1 Cl. Ind. Trid.)
Knoffer Parochi, sive Pastoris in Rothe Diœcesis Metensis. Catechismus oder Milch des Gœtlichen Wortes. *Seu* Catechismus,sive Lac Verbi Divini. (Decr. 11 Julii 1777.)
Knopken, *seu* Knophius Andræas. (1 Cl. Ind. Trid.)
Knoxus (Joannes) Scotus. (1 Cl. App. Ind. Trid.)
Koeberus Joh. Fridericus. Dissertatiunculæ de Sanguine Jesu Christi xxiv. (Decr. 17 Maii 1734.)
(Decr. 11 Septembris 1750.)
Koechlerus Henricus. Juris naturalis ejusque cum primis cogentis, methodo systematica propositi, Exercitationes VII.
— Juris socialis, et gentium ad Jus naturale revocati specimina septem.
Kœnig Johannes Fridericus. Theologia positiva acroamatica synoptice tractata. (Decr. 18 Maii 1677.)
Kœnig (Reinhardus) Marpurgensis. Acies disputationum politicarum methodice instructa. (Decr. 22 Novemb. 1619.)
Kolbius Franciscus. (1 Cl. Ind. Trid.)
Kolch Jacobus. (1 Cl. App. Ind. Trid.)
Kollarius Adamus Franciscus. De originibus, et usu perpetuo Potestatis legislatoriæ circa Sacra Apostolicorum Regum Ungariæ. (Decr. 13 Augusti 1764.)
Kopp. G. L. C. Die katholische Kirche im neunzehnten Jahrhunderte... *Latine vero :* Catholica Ecclesia Sæculi decimi noni, et tempori congrua transformatio externæ constitutionis ejusdem. (Brevi SS. D. N. PP. GREGORII XVI 17 Septembris 1833.)
Kornmannus Henricus. Sibylla Trig-Andriana, seu de virginitate, virginum statu, et jure Tractatus. (Decr. 16 Martii 1621.)

Kortholtus Christianus. Valerianus Confessor, hoc est solida demonstratio, quod Ecclesia Romana non sit vera Christi Ecclesia. (Decr. 17 Novembris 1664.)
— *Et cetera ejus Opera, in quibus de Religione tractat.* (Decr. 10 Maii 1757.)
Donec expurgentur. (App. Ind. Trid.)

Krantzius (Albertus) Hamburgensis. Regnorum Aquilonarium Daniæ, Sueciæ, et Norvagiæ Chronica. *Editionis Francofurti cum præfatione, et notis Joannis Wolfii.*
— Ecclesiastica Historia, sive Metropolis. *Editionis Francofurti cum præfatione, et notis Joannis Wolfii.*
— Saxonia. *Editionis Francofurti cum præfatione, et notis Nicoli Cisneri.*
— Wandalia. *Editionis Francofurti cum præfatione Andreæ Wecheli editoris.*

Krapf Nicolaus Ambrosius. Annotationes Medico-Morales quoad quæstiones ponderosiores, multasque difficultates matrimoniales, cum Confessariis, tum Casuistis quotidie vix non pro resolutione occurrentes, in reali et anatomica partium dilucidatione...., sensu recentioristico fundatæ. Pro quarum soliditate expositionis denique de Incarnatione Domini Nostri Jesu-Christi, et de Conceptione illibatæ Deiparæ. *Donec corrigatur.* (Decr. 25 Maii 1767.)

Krentzheim Leonardus. (1 Cl. App. Ind. Trid.)

Krenzer Sebastianus. Cursus Theologiæ Scholasticæ per principia Lulliana, cum principiis aliarum Scholarum comparata. (Decr. 14 Aprilis 1755.)

Kreuch Andreas. (1 Cl. App. Ind. Trid.)

Kriegsmannus Wilhelmus Christophorus. De attrito per Papas Imperio, deque Pontificatu a Cæsare, Ecclesiæ Reipub publicæ causa capessendo, Dissertationes. (Decr 1 Decembris 1687.)

Krompach, *seu* Krumbach Nicolaus. (1 Cl. Ind. Trid.)

Kuppelich Georgius. (1 Cl. App. Ind. Trid.)

Kypseler Gottlieb. Les délices de la Suisse, une des principales Républiques de l'Europe, divisées en IV Tomes. (Decr. 21 Januarii 1732.)

L

Labadie (Jean de). Lettre à ses amis de la communion Romaine, touchant sa Déclaration. (Decr. 23 Aprilis 1654.)
— *Et cetera ejusdem Opera omnia.* (Decr. 21 Aprilis 1693, et 22 Decembris 1700.)

Labbé Petrus. Elogium Scoti. *Quod præfixum est* Theologiæ Scoti Joannis Gabrielis Boyvin, *et cujus initium:* Hic pene antesubtilis fuit, quam homo esset. (Decr. 12 Junii 1680.)

Lachkern Jacobus. (1 Cl. App. Ind. Trid.

Lachmannus Joannes. (1 Cl. Ind. Trid.)

Lactantii Opera *editionis* Servatii Gallæi. *Vide* Gallæus.

Lacunza Emmanuel. *Vide* Ben-ezra.

Laetus Joannes. Compendium Historiæ universalis, Civilis, et Ecclesasticæ, tam Romanæ quam Protestantium. (Decr. 2 Septembris 1727.)

Lagus Conradus. (1 Cl. Ind. Trid.)
— Methodica Juris utriusque traditio. (App. Ind. Trid.)

Lagus Josua. (1 Cl. App. Ind. Trid.)

Lahontan (le baron de). Dialogues avec un sauvage dans l'Amérique, contenant une description exacte des mœurs, et des coutumes de ces Peuples sauvages. (Decr. 22 Junii 1712.)

Lalamantius Joannes. Exterarum fere omnium, et præcipuarum gentium anni ratio; et cum Romano collatio. *Nisi corrigatur.* (App. Ind. Trid.)

(Decr. 11 Decembris 1826.)

Lallebasque. Introduzione alla Filosofia naturale del pensiero.
—Principj della Genealogia del pensiero.

(Decr. 28 Martii 1675.)

Lambardi Giacomo. Semplicità spirituale.
— Anime deploratio,
— Trattato dell'esteriorità.
— Verba Ministri Altaris, o sia libro di Profetie.
— *Et reliqua omnia ejus Opuscula, tam edita quam manuscripta.*

Lambert, *alias* Nicolls Joannes. (1 Cl. App. Ind. Trid.)

Lambert P. Exposition des prédictions et des promesses faites à l'Eglise pour les derniers temps de la gentilité. (Decr. 26 Martii 1825.)

Lambertus Franciscus. (1 Cl. Ind. Trid.)
— In Regulam Minoritarum, et contra universas perditionis sectas Commentarii. (Ind: Trid.)

Lamenta, et querelæ sponsæ Sebastenæ per Clementem XI viduatæ, ad eumdem pro sponso suo. (Brevi Clementis XI, 4 Octobris 1707.)

Lamentatio, et querimonia Missæ, quæ cani potest ad numerum Prosæ : Lauda Sion Salvatorem. (Ind. Trid.)

Lamentationes Germanicæ nationis. (Ind. Trid.)

Lamentationes Petri, auctore Esdra, Scriba olim, modo publico Sanctorum Protonotario. (Ind. Trid.)

Lamento del peccatore, ovvero Stanze della Passione, *cujus initium:* Al nome dell'eterno Creatore Trinità santa. (App. Ind. Clem. XI.)

Lamento nuovo della Madonna, *cujus initium:* Regina benedetta e santa (App. Ind. Clem. XI.)

Lamentos de la Iglesia de Espana dirigidos a las Cortes por la Deputacion Provincial de Galicia. (Decr. 17 Decembris 1821.)

Laminæ *plumbeæ, et membranæ Granatenses.* (Brevi Innocentii XI, 6 Maii 1682.)

Lampadius Jacobus. Tractatus de Republica Romano-Germanica. (Decr. 20 Junii 1662.)

Lande (M. la), Voyage en Italie, 3.me édition, revue, corrigée et augmentée. Genève

1790. *Tomus sextus tantummodo, ob annotationes alterius Auctoris adjectas.* (Decr. 27 Novembris 1820.)

— Astronomia pel bel sesso. (Decr. 5 Augusti 1833).

Landi Giuseppe. Il linguaggio dalla Religione, trasportato dal Francese nell'Italiano idioma, *suspensus, donec corrigatur.* (Decr. 26 Januarii 1795.)

Landsbergius (Petrus) Limburgensis. (1 Cl. App. Ind. Trid.)

Laudus Hortensius. (1 Cl. Ind. Trid.)

Lang Andreas. (1 Cl. App. Ind. Trid.)

Langius Josephus. Novissima Polyanthea. *Donec corrigatur.* (Decr. 4 Februarii 1627.)

Langle (Pierre de), Evêque de Boulogne. Lettre Pastorale, et Mandement au sujet de la Constitution de Notre Saint-Père le Pape du 8 Septembre 1713. (Decr. 2 Maii 1714.)

Langus (Joannes) Silesius. (1 Cl. App. Ind. Trid.)

Lanjuinais I. *Vide* Appréciation, etc.

Lanspergius Jo. Justus. Enchiridion militiæ Christianæ. *Donec corrigatur.* (App. Ind. Trid.)

Lao Andreas. De Pontifice Romano Tractatus brevis. *Nisi fuerit ex correctis, et Romæ editis anno* 1663. (Decr. 20 Novembris 1663.)

Laostenia (la) ovvero dell'imminente pericolo della Civiltà Europea, e dell'unico mezzo della sua salvezza e rigenerazione, opera di Giuseppe Collina. (Decr. 13 Februarii 1838.)

Lapeus Joannes. (1 Cl. App. Ind. Trid.)

Lapide (Joannes a). Cornelii Jansenii Iprensis Episcopi laudatio funebris. (Bulla Urbani VIII, 6 Martii 1641, et Decr. 23 Aprilis 1654.)

Lapide (Pacificus a). Homo politicus, hoc est Consiliarius novus, officiarius, et aulicus. (Decr. 18 Januarii 1667.)

Larraga (*ementitum nomen alterius auctoris*) del anno de 1822, o Prontuario de Theologia moral conforme a las doctrinas eclesiasticas y politicas vigentes en Espana por dos individuos del Clero espanol. (Decr. 20 Januarii 1823.)

Larrea Joannes Baptista. Allegationum Fiscalium Pars 1. *Donec corrigatur.* (Decr. 18 Decembris 1646.)

Larrey (Mr. Isaac de). Histoire d'Angleterre, d'Ecosse et d'Irlande. (Decr. 21 Januarii 1732.)

Lasco, *seu* Lasco (Joannes a) Polonus. (1 Cl. Ind. Trid.)

Lasdenus Baptista. (1 Cl. Ind. Trid.)

Lasitzki Joannes. De Russorum, Moscovitarum, et Tartarorum religione, sacrificiis, nuptiarum et funerum ritu e diversis Scriptoribus. (Decr. 7 Augusti 1603.)

Lasius Christophorus. (1 Cl. App. Ind. Trid.)

Latherus (Hermannus) Husanus. De Censu Tractatus Nomico-Politicus. (Decr. 22 Octobris 1619.)

Latimerus Hugo. (1 Cl. Ind. Trid.)

Lavaterus Ludovicus. (1 Cl. App. Ind. Trid.)

Laude devotissima, *cujus initium*: Christo santo glorioso. (App. Ind. Clem. XI.)

Laude, *alias* de Lauro Gregorius (de). Beati Joannis Joachim Abbatis, et Florensis Ordinis Institutoris, Hergasiarum Alethia Apologetica, sive mirabilium veritas defensa. *Donec corrigatur.* (Decr. 20 Novembris 1663.)

Laudibus (de) Julii III Hymnus, et Sequentia Missæ, quæ dicitur in die Corporis Christi. (App. Ind. Trid.)

Laugeois de Chatelliers. Nouvelle traduction des Epitres de Saint Paul. (Decr. Clem. XIV, 3 Septembris 1773.)

Launojus Joannes. Inquisitio in privilegia Præmonstratensis Ordinis. (Decr. 13 Novembris 1662.)

—Censura Responsionis, qua Fr. Norbertus Caillocius sese mendaciis, atque erroribus novis irretivit. (Decr. 17 Novembris 1664.)

—Explicata Ecclesiæ traditio circa Canonem: *Omnis utriusque sexus.* (Decr. 13 Martii 1679.)

—Epistolarum Pars I, II, III, IV, V, VI, VII et VIII. (Decr. 27 Maii 1687.)

—De recta Nicæni Canonis VI, et prout a Rufino explicatur, intelligentia. (Decr. 1 Decembris 1687.)

(Decr. 10 Septembris 1688.)

—Regia in Matrimonium potestas.

—Contentorum in libro sic inscripto: Dominici Galésii Ecclesiastica in Matrimonium potestas: erratorum Index locupletissimus.

(Decr. 29 Maii 1690.)

—De Auctore vero professionis fidei, quæ Pelagio, Hieronymo, Augustino tribui vulgo solet.

—De Controversia super exscribendo Parisiensis Ecclesiæ Martyrologio exorta judicium.

—Dispunctio Epistolæ de tempore, quo primum in Galliis suscepta est Christi fides.

Dissertationes tres, quarum una Gregorii Turonensis de septem Episcoporum adventu in Galliam; altera Sulpitii Severi de primis Galliæ Martyribus locus defenditur; tertia quid de primi Cenomannorum Antistitis epocha sentiendum sit, explicatur.

—Diversi generis erratorum, quæ in Parthenicis Nicolai Billiadi Vindiciis exstant, specimen.

—Inquisitio in Chartam fundationis, et privilegia Vindocinensis Monasterii.

—Inquisitio in Chartam Immunitatis, quam B. Germanus Parisiorum Episcopus suburbano Monasterio dedisse fertur.

—Inquisitio in Privilegium, quod Gregorius Papa 1 Monasterio S. Medardi dedisse fertur.

—De Simonis Stochii viso, de Sabbatinæ Bullæ privilegio, et de Scapularis Carmelitarum Sodalitate, Dissertationes quinque.

—Veneranda Romanæ Ecclesiæ circa Simoniam traditio.

—De vera causa secessus S. Brunonis in Eremum Dissertatio.

—De vera notione plenarii apud Augusti-

num Concilii, in causa Rebaptizantium, Dissertatio.
—Confirmatio Dissertationis de vera plenarii apud Augustinum Concilii notione.
—De Victorino Episcopo, et Martyre Dissertatio.

(Decr. 29 Augusti 1690.)

— Examen de la Préface et de la Réponse de Mr. David aux Remarques sur la Dissertation du Concile plénier.

— Remarques sur la Dissertation, où l'on montre en quel temps, et pour quelle raison l'Eglise consentit à recevoir le Baptême des Hérétiques.

(Decr. 21 Novemb. 1690.)

— Capituli Laudunensis Ecclesiæ jus apertum in Monasteria Præmonstratensium Diœcesis.
— Examen du Privilége d'Alexandre V.
— De mente Concilii Tridentini circa contritionem, et attritionem in Sacramento Pœnitentiæ liber. (Decr. 21 Aprilis 1693.)
— Véritable tradition de l'Eglise sur la prédestination et la grâce. (Brevi Clem. XI, 28 Januarii 1704.)
— Vide Conspectus Epistolarum. Vide Elogium.

Laurentius Jacobus. Conscientia Jesuitica. (Decr. 18 Julii 1651.)
— Et cetera ejusdem Opera omnia. (Decr. 21 Aprilis 1693.)

Laurenzana (Buonaventurade) Abbate. Croniche della di Riforma Basilicata. (Decr. 21 Novembris 1690.)

Lauro Giacomo. Historia, e pianta della Città di Terni. Donec corrigatur. (Decr. 18 Decembris 1646.)

Lautenbach, seu Lauterbach. Conradus. (1 Cl. App. Ind. Trid.)

Lauterianus Antipapius. Meretricis Babylonicæ aureum poculum venenatum Ecclesiæ propinatum, hujusque antidotum. (Decr. 29 Augusti 1690.)

Lectius Jacobus. Adversus Codicis Fabriani ΤΑ ΠΡΩΤΑ ΚΑΚΟΔΟΞΑ Præscriptionum Theologicarum libri duo. (Decr. 18 Decembris 1646.)

Lega spirituale de' viventi fermata co' morti. (Decr. 12 Julii 1703.)

Legdæus Valentinus. Disputatio de idololatrico Corporis Christi festo. (Decr. 16 Martii 1621.)

Leggenda devota del Romito de' Pulcini. (App. Ind. Clement XI.)

Lehrbuch der religions Wissenschaft (en Français) par Anne Pepoli, veuve Sampieri. (Decr. 23 Septembris 1839.)

Leibnitius Godefridus Guilielmus. Historia arcana, seu de vita Alexandri VI, Papæ, excerpta ex Diario Johannis Burchardi. (Decr. 12 Martii 1703.)

Leideckerus, seu Leydekkerus Melchior. Medulla Theologiæ concinnata ex scriptis Gisberti Voetii, Joh. Hoornbeeck, Andr. Essenii. (Decr. 3 Aprilis 1685.)
— Et cetera ejus Opera de Religione tractantia. (Decr. 10 Maii 1757.)

Leigh Eduardus. In universum Novum Testamentum Annotationes Philologicæ, et Theologicæ. (Decr. 4 Januarii 1737.)

Leipsick (Phileleuthère de). La Friponnerie Laïque des prétendus Esprits-forts d'Angleterre; ou remarques sur le discours de la liberté de penser, traduites de l'Anglois. (Decr. 28 Julii 1742.)

Lelia, par Georges Sand.

Lemannus Rodolphus. (1 Cl. App. Ind. Trid.)

Lemnius Levinus. Occulta naturæ miracula. Donec expurgentur. (App. Ind. Trid.)

Lenfant Jacques. Histoire du Concile de Constance. (Decr. 7 Februarii 1718.)

(Decr. 10 Maii 1757.)

— Histoire du concile de Pise.
— Histoire de la guerre des Hussites, et du concile de Basle.
— Et cetera ejus Opera, in quibus de Religione tractat.

(Decr. 23 Aprilis 1654.)

Lenis Vincentius. Theriaca adversus Dionysii Petavii, et Antonii Ricardi de libero arbitrio libros.
— Epistola Prodroma gemella ad Dionysium Petavium, et Antonium Ricardum.

Leofilo (Anastasio). Vide Communione del Popolo nella Messa.

Leonardi Thomas. Angelici Doctoris D. Thomæ Aquinatis sententia de humani nimis institutione, ejus per peccatum corruptione, illiusque per Christum reparatione. Nisi deleantur omnia, quæ pag. 126 usque ad 134 de Conceptione B. Mariæ Virginis habentur, et quæ lib. 2, cap. 8 et 10 de actu beatifico charitatis in Christo leguntur. (Decr. 18 Junii 1680.)

Leonardus Camillus. Speculum lapidum. (Decr. 4 Decembris 1674.)

Leone Evasio. Sul Sepolcro di S. A. Reale la Principessa Carlotta Augusta di Galles. (Decr. 26 Augusti 1822.)

Leone Leoni, par Georges Sand. (Decr. 30 Martii 1841.)

Leoni Antonio Camillo. Il Matrimonio di buona legge. (Decr. 7 Februarii 1718.)

Leoni Livio. Regola breve, e facile per fare oratione mattina, e sera sopra quel divino punto : Fiat voluntas tua. (Decr. 29 Novembris 1689.)

Leoni. Vide Istoria d'Ancona.

Leonis (S.) Magni opera editionis Quesnelli. Vide Quesnellus.

Leovitius Cyprianus. (1 Cl. Ind. Trid.)

Lepusculus Sebastianus. (1 Cl. Ind. Trid.) Donec corrigantur. (Decr. 10 Junii 1654.)

Lequile (Diego de). Nuovo Quadragesimale.
— La Vite Mariana.

(Decr. 28 Julii 1834.)

Lerminier E. Philosophie du Droit.
— De l'influence de la Philosophie du XVIII siècle sur la Législation et la Sociabilité du XIX.
— Au delà du Rhin. (Decr. 23 Junii 1836.)

Lesberus Joachimus. (1 Cl. Ind. Trid.)

Lesnaudière (Pierre de). *Vide* Esnaudière.

Lessæus Nicolaus. (1 Cl. App. Ind. Trid.)

Leti Gregorio. *Opera omnia.* (Decr. 22 Decembris 1709.)

Lettera ad un Cavaliere Fiorentino devoto de' Santi Martiri Cresci, e Compagni in risposta di quella scritta dal P. Fr. Gherardo Capassi dell' Ordine de' Servi di Maria a Giusto Fontanini. (Decr. 22 Junii 1712.)

Lettera al Maresciallo Keit, sopra il vano timore della morte, e lo spavento d'un'altra vita del Filosofo di Sans-Souci : *ex gallica editione , quæ est ex adverso.* (Decr. 27 Novembris 1767.)

Lettera Apologetica a S. E. il Signor Marchese N. N. amico del Signor Avvocato Benedetti di Ferrara scritta dal Signor N. N. nell'occasione di certo Libro diffamatorio controgli Ebrei, venuto alla luce sotto il titolo : Dissertatione della Religione , e del giuramento degli Ebrei fallacemente attribuito a detto Signor Avvocato. (Decr. 11 Decembris 1776.)

Lettera Apologetica dell' Esercitato Accademico della Crusca contenente la difesa del libro intitolato : Lettera d'una Peruana per rispetto alla supposizione de'Quipu. (Decr. 2 Martii 1752.)

Lettera a' Sovrani Cattolici. *Vide* Necessità, e utilità del Matrimonio degli Ecclesiastici.

Lettera dell' Eminentissimo Signor Cardinal Spinola Vescovo di Lucca agl'oriundi di Lucca stantianti in Geneva , colle considerationi sopra ad essa fatte. *Quæ Considerationes sunt Francisci Turretini Ministri Genevensis.* (Decr. 26 Junii 1681.)

Lettera di Antonio Possevino, nella quale si sforza di provare, che i Libri, che si leggono sotto il nome di Dionigi Areopagita, siano di quello che fu discepolo di S. Paolo , con la refutatione delle sue ragioni. (Decr. 19 Martii 1621.)

Lettera di N. ad un' Ambasciatore di Papa Giulio III. (Ind. Trid.)

Littera di risposta al Signor Ignatio Bartalini sopra l'eccettioni , che dà un difensore de'moderni Quietisti a chi ha impugnate le loro leggi in orare. (Decr. 15 Decembris 1682.)

Lettera postuma Critico-Apologetica (del Padre Egidio Maria Giulj della Compagnia di Gesù) degli studj di sua Religione. (Decr. 31 Augusti 1750.)

Lettera prima contro il libro del Canonico Mozzi. (Decr. 3 Decembris 1781.)

Lettera prima, seconda , e terza , intorno la Bolla , che comincia : *Apostolicum pascendi Dominici Gregis munus.* (Decr. S. Officii 4 Septembris 1765.)

Lettera del nobile Sig..... di Bergamo. *Vide* Opuscolo, etc.

Lettera di N. N. ad un amico , nella quale si esamina, se i Frati siano di maggior utile, o svantaggio alla Società. *Sine Annotatione Loci et Anni.* (Decr. 31 Martii 1788.)

Lettere Apologetiche Teologico - Morali scritte da un Dottore Napoletano ad un Letterato Veneziano. (Decr. 15 Januarii 1714.)

Lettere (due) di un Cortigiano, nelle quali si dimostra che la fede, ec. (Ind. Trid.)

Lettere scritte da un Teologo a un Vescovo di Francia sopra l'importante questione, se sia lecito di approvare i Gesuiti per predicare , e confessare. (Decr. 28 Augusti 1758.)

Lettere scritte dal Sig. March. Carlo Mosca Barzi ad un suo amico di Roveredo in proposito della limosina. (Decr. 20 Martii 1766.) *Quæ epistolæ a docili Auctore solemniter retractatæ fuerunt, die* 15 *Aprilis.*

Lettere Teologico-politiche su la presente situazione delle cose ecclesiastiche. *Sine anno et loco.* (Decr. 10 Julii 1797.)

(Decr. 18 Septembris 1789.)

Lettere di un Teologo Piacentino a Monsig. Nani Vescovo di Brescia sul rumore eccitato da alcuni suoi Teologi contro l'analisi del Libro delle prescrizioni di Tertulliano. *Sine Auctoris nomine.*

— Lettera 1 sulla condotta da lui tenuta in quest'affare. In Piacenza 1782.

— Lettera II. Il Credo dell'Abb. Collini, e Compagni colla spiegazione del medesimo, e di quello di Fr. Marco. In Piacenza 1782.

— Lettera III sulla Logica dei Teologi di Monsig. Nani. In Piacenza 1785.

(Decr. 7 Octobris 1746.)

Lettre à M. Berquet, Professeur en Théologie au Séminaire de Verdun, au sujet de la Thèse qu'il y a fait soutenir au mois d'Avril 1741.

— Seconde Lettre à M. Berquet, au sujet de la seconde Thèse qu'il a fait soutenir au mois d'Avril 1741.

(Decr. 22 Decembris 1700.)

Lettre à un ami sur l'Onguent à la brûlure.

Lettre à un ami sur la signature du fait contenu dans le Formulaire.

Lettre à un Docteur de Sorbonne sur la dénonciation , et l'examen des Ouvrages du P. Berruyer. (Decr. S. Officii 30 Augusti 1759.)

Lettre à un Magistrat, où l'on examine si ceux qui ont déclaré qu'ils persistent dans leur appel, peuvent être accusés d'imprudence. (Decr. 2 Septembris 1727.)

Lettre au sujet de la Bulle de N. S. P. le Pape concernant les Rits Malabares. (Decr. 7 Octobris 1746.)

Lettre de Charles Gouju à ses Frères. (Decr. 24 Maii 1762.)

Lettre d'un Abbé à un Prélat de la Cour de Rome, sur le Décret de l'Inquisition du 7 Décembre 1690, contre XXXI propositions. (Decr. 17 Junii 1703.)

Lettre d'un Abbé Commendataire, aux RR. PP. Bénédictins de la Congrégation de Saint Maur. (Decr. 2 Junii 1700.)

Lettre d'un Avocat au Parlement à un de ses amis, touchant l'Inquisition qu'on veut rétablir en France, à l'occasion de la nouvelle Bulle du Pape Alexandre VII. (Decr. 8 Septembris 1657.)

Lettre d'un Bénédictin non Réformé aux RR. PP. Bénédictins de la Congrégation de Saint Maur. (Decr. 2 Junii 1700.)

Lettre d'un Docteur de Sorbonne à un de ses amis en Flandre. *De Paris, le 21 Novembre 1749.* (Decr. 6 Maii 1750, et 24 Novembris 1751.)

Lettre d'un Docteur en Théologie du Diocèse de St.-Paul Trois-Châteaux, à un de ses amis qui lui avoit envoyé le nouveau libelle diffamatoire, que les Récollets de la Province de Saint-Bernardin d'Avignon ont publié contre M. Royer, Precenteur de l'Eglise de Saint-Pons. (Decr. 27 Aprilis 1701.)

Lettre d'un Docteur sur l'Ordonnance de Mr. le Cardinal de Noailles, touchant les Institutions Théologiques du P. Juenin, sur la déclaration de cet Auteur, mise en forme de lettre au bas de la même Ordonnance. (Decr. 26 Octobris 1707.)

Lettre d'un Ecclésiastique, ou Théologal d'une Cathédrale sur le Catéchisme de Montpellier, et la Réponse. (Decr. 4 Decembris 1725.)

Lettre d'un Evêque à un Evêque, ou consultation sur le fameux Cas de conscience, résolu par quarante Docteurs de la Faculté de Théologie de Paris. (Decr. 11 Martii 1704.)

Lettre d'un homme de qualité, pour servir de réponse à une autre à lui adressée par Monseigneur l'Internonce Apostolique, avec la Bulle qui a pour titre : Datée à Rome le 7 d'Avril 1703. (Brevi Clement. XI, 4 Octobris 1707.)

Lettre d'un philosophe dans laquelle on prouve que l'Athéisme et le Déréglement des mœurs ne sauraient s'établir dans le système de la Nécessité. (Decr. 24 Augusti 1701.)

Lettre d'un Prélat à Monseigneur l'Evêque de Saint-Pons, *cujus initium:* Monseigneur, J'ai lu avec admiration. *Finis :* Votre très-humble, très-obéissant Serviteur, Confrère T. E. C. (Decr. 27 Aprilis 1701.)

Lettre d'un Prélat à Monseigneur l'Evêque de Saint Pons, *cujus initium:* Monseigneur, Il y a longtemps. *Finis :* Votre très-humble, et très-obéissant Serviteur, Confrère, T.'E.C. (Decr. 27 Aprilis 1701.)

Lettre d'un Protestant à un Catholique Romain, en réponse aux sollicitations que ce dernier lui avait faites pour changer la Religion. (Decr. 10 Septembris 1827.)

Lettre d'un serviteur de Dieu à une personne qui aspire à la perfection religieuse. (Decr. 29 Novembris 1689.)

Lettre d'un Théologien aux RR. PP. PP. Bénédictins des Congrégations de S. Maur, et de S. Vannes pour les exhorter à continuer de défendre le Christianisme renversé par la Constitution *Unigenitus* du Pape Clément XI. (Decr. 1 Septembris 1727.)

Lettre de l'Abbé de**** aux RR. PP. Bénédictins de la Congrégation de Saint Maur, sur le dernier Tome de leur édition de Saint Augustin. (Decr. 2 Junii 1700.)

Lettre de l'Auteur des Règles très-importantes à Monseigneur de Marca, Archevêque de Toulouse. (Decr. 30 Januarii 1659.)

Lettre de M. ******, Chanoine de B. à Mr T. D. A., etc. Cas de conscience proposé par un Confesseur de Province, touchant un Ecclésiastique, qui est sous sa conduite, et résolu par plusieurs Docteurs de la Faculté de Théologie de Paris. (Brevi Clement. XI, 12 Februarii 1703.)

Lettre de M. L. à M. B...., ou relation circonstanciée de ce qui s'est passé au sujet du refus des Sacrements fait à M. Coffin, Conseiller au Chatelet, par le Sieur Bovettin. (Decr. 22 Februarii 1753.)

Lettre de Mr. N. à un Seigneur d'Angleterre sur la demande, s'il est bon d'employer les PP. Jésuites dans une Mission. (Brevi Clement. XI, 4 Octobris 1707.)

Lettre de MM. les Illustrissimes, et Révérendissimes François Caillebot ancien Evêque de Tournay, Jean-Baptiste de Verthamont Evêque de Pamiers, Jean Soanen Evêque de Senez, Charles-Joachim Colbert de Croissy Evêque de Montpellier, Pierre de Langle Evêque de Boulogne, Charles de Caylus Evêque d'Auxerre, et Michel Cassagnet de Tilladet Evêque de Mâcon, au Roi, au sujet de l'Arrêt du Conseil d'Etat de Sa Majesté, du 19 Avril 1722, contre la lettre des susdits Prélats à N. S. P. le Pape Innocent XIII, au sujet de la Bulle *Unigenitus.* 1722. (Decr. 23 Septemb. 1723.)

Lettre de MM. les Illustrissimes, et Révérendissimes Jean-Baptiste de Verthamont Evêque de Pamiers, Jean Soanen Evêque de Senez, Charles-Joachim Colbert de Croissy Evêque de Montpellier, Pierre de Langle Evêque de Boulogne, Charles de Caylus Evêque d'Auxerre, et Michel Cassagnet de Tilladet Evêque de Mâcon, au Roi, par laquelle il supplient Sa Majesté de se faire rendre compte de leur Réponse à l'Instruction Pastorale de M. le Cardinal de Bissy, au sujet de la Bulle *Unigenitus.* 1723. (Decr. 13 Februarii 1725.)

Lettre de six Curés de Senlis à M. l'Evêque de Senlis. *Cujus initium :* Il faudrait être insensible pour ne point prendre part aux troubles que cause dans l'Eglise la Constitution. (Decr. 17 Februarii 1717.)

Lettre des Curés de Paris et du Diocèse à Son Eminence Monseigneur le Cardinal de Noailles, le 15 Décembre 1716. *Cujus initium :* Nous sommes trop intéressés dans la cause que V. E. a la gloire de soutenir. *Finis :* nous sommes avec le dévoûment le plus tendre, le plus respectueux, et le plus inviolable. (Decr. 17 Februarii 1717.)

Lettre du Père à Charles Duveyrier, sur la vie éternelle. (Decr. 14 Februarii 1837.)

Lettre écrite à Monseigneur l'Archevêque de Rouen, par Messieurs les Curés d'Ennecourt-Leage, de Jammericourt, de Tourly, de Lattainville, de Notre-Dame, de Liencourt, de l'Aillerie, de Senot, de Serifontaine, de Flavacourt Doyenné de Chaumont, au sujet de la Constitution *Unigenitus.* (Decr. 17 Februarii 1717.)

Lettre écrite de Rome à un Docteur de

Louvain, au sujet du nouveau Décret, et du Bref de N. S. Père le Pape Innocent XII, aux Evêques des Païs-Bas, touchant le Formulaire contre Jansenius. (Decr. 19 Maii 1694.)
— *Eadem Latine. Vide* Litteræ Romæ datæ.

Lettre écrite de Rome, où l'on montre l'exacte conformité qu'il y a entre le Papisme et la Religion des Romains. (Decr. 14 Aprilis 1755.)

(Decr. 6 Septembris 1657.)

Lettre escrite à un Provincial par un [de ses amis, sur le sujet des disputes présentes de la Sorbonne. De Paris, ce 23 Janvier 1656.

— Seconde Lettre, III, IV, V, VI, VII, VIII, IX, X, XI, XII, XIII, XIV, XV, XVI, XVII, et XVIII, escrite à un Provincial par un de ses amis.

Lettres à Monseigneur l'Evêque d'Angers, au sujet d'un prétendu extrait du Catéchisme de Montpellier autorisé par ce prélat. (Decr. 11 Martii 1754.)

Lettres à un ami sur la Constitution *Unigenitus.* 1752. (Decr. 22 Februarii 1753.)

Lettres Cabalistiques, ou correspondance Philosophique, Historique et Critique entre deux Cabalistes. (Decr. 28 Julii 1742.)

Lettres Chinoises, ou correspondance Philosophique, Historique et Critique entre un Chinois voyageur à Paris, et ses correspondants à la Chine ; par l'Auteur des Lettres Juives, et des Lettres Cabalistiques. (Decr. 28 Junii 1742.)

Lettres (les) d'Amabed, etc., traduites par l'Abbé Tamponet ; par M. de V.... Genève 1770. (Decr. 14 Maii 1779.)

Lettres d'une Péruvienne (Decr. 8 Julii 1765.)

Lettres d'un Théologien à M. de Charancy Evêque de Montpellier à l'occasion de sa réponse à M. l'Evêque d'Auxerre. (Decr. 11 Septembris 1750.)

Lettres d'un Voyageur, par Georges Sand. (Decr. 30 Mart. 1841.)

Lettres des Fidèles du Marquisat de Saluces envoyées à messieurs les Pasteurs de l'Eglise de Genève, contenantes l'histoire de leur persécution. (Decr. 12 Decembris 1624.)

Lettres Historiques contenant ce qui se passe de plus important en Europe, et les réflexions nécessaires sur ce sujet. Mois d'Avril 1694. (Decr. 7 Decembris 1694.)

Lettres Juives, ou correspondance Philosophique, Historique et Critique entre un Juif voyageur à Paris, et ses correspondants en divers endroits. (Decr. 28 Julii 1742 et 29 Aprilis 1744.)

Lettres. *Ne repugnate vestro bono, et hanc spem, dum ad verum pervenitis, alite in animis, libenterque meliora excipite, et opinione, ac voto juvate. Seneca de Constantia Sap. Cap.* XIX. (Brevi Bened. XIV, 25 Januarii 1751.)

Lettres (nouvelles) de l'Auteur de la Critique générale de l'Histoire du Calvinisme de Mr. Maimbourg. (Decr. 4 Martii 1709.)

Lettres Pastorales adressées aux Fidèles de France, qui gémissent sous la captivité de Babylone. (Decr. 22 Decembris 1700, 12 Martii 1703, et 4 Martii 1709.)

Lettres Persanes. (Decr. 24 Maii 1761.)

Lettres sur la direction des études, par François Forti. (Decr. 5 Aug. 1843.)

Lettres sur la Religion essentielle à l'homme, distinguée de ce qui n'est que l'accessoire. (Decr. 28 Julii 1742.)

§ Lettres sur les vrais principes de la Religion, où l'on examine un livre intitulé : la Religion essentielle à l'homme. (Decr. 22 Maii 1745.)

Lettres (trois) touchant l'Etat présent d'Italie écrites en l'année 1687. La première regarde l'affaire de Molinos et des Quiétistes ; la seconde l'Inquisition et l'Etat de la Religion ; la troisième regarde la politique et les intérêts de quelques Etats d'Italie. (Decr. 17 Januarii 1691, et 19 Martii 1692.)

Lettres d'un Théologien-Canoniste à N. S. P. le Pape Pie VI, au sujet de la Bulle *Auctorem fidei*, etc., du 28 Août 1794, portant condamnation d'un grand nombre de Propositions tirées du Synode de Pistoie de l'an 1786. *Opus in Constitutione Dogmatica indicata fel. record. Pii Papæ VI.* § *Hisce propterea de Causis, sub pœna excommunicationis ipso facto incurrendæ omnibus, et singulis Christi fidelibus jam prohibitum, et interdictum.* (Decr. 26 Augusti 1805.)

Leverus Thomas. (1 Cl. App. Ind. Trid.)

Levesque (P. Ch.). L'Homme moral, ou l'Homme considéré tant dans l'état de pure nature que dans la société. (Decr. 31 Januarii 1777.)

Leunclavius, *seu* Leunclajus Joannes. (1 Cl. App. Ind. Trid.)

(Decr. 2 Julii 1686, et 28 Julii 1742.)

Leusden Johannes. Philologus Hebræomixtus, una cum Spicilegio Philologico continente decem quæstionum centurias.
— Philologus Hebræus, continens quæstiones Hebraicas, quæ circa vetus Testamentum Hebræum moveri solent.
— Philologus Hebræo-Græcus, continens quæstiones Hebræo-Græcas, quæ circa novum Testamentum Græcum fere moveri solent. (Decr. 28 Julii 1742.)

Lexicon Græcum novum. *Genevæ* 1564. (App. Ind. Trid.)

Leydekkerus. *Vede* Leideckerus.

Leydis (Joannes a). (1 Cl. Ind. Trid.)

Lezioni di Commercio. *Vide* Genovesi.

Libavius Andreas. Defensio, et declaratio Alchimiæ transmutatoriæ, opposita Nicolai Guiberti Expugnationi virili, et Gastonis Clavei Apologiæ. (Decr. 10 Decembris 1603.)

— Appendix necessaria syntagmatis arcanorum in Chimicorum. (Decr. 18 Maii 1618.)

Libellus Apostolorum nationis Gallicanæ, cum Constitutione sacri Concilii Basileensis, et Arresto Curiæ Parlamenti super Annatis non solvendis. (App. Ind. Trid.)

Libellus (aureus de utraque potestate), temporali scilicet, et spirituali, Somnium viridarii vulgariter nuncupatus, formam tenens Dialogi in quo miles, et Clericus de utraque jurisdictione latissime disserentes introducuntur. (Ind. Trid.)

Libellus aureus, quod Idola!, etc. (Ind. Trid.)

Libellus continens *septem has impias opellas, videlicet* :
— Les Colimaçons du R. P. L.-L'Escarbotier.... Capucin.... au R. P. Elia, Carme chaussé, *cum hujusce responsis.*
— Conseils raisonnables à Mr. Bergier, pour la défense du Christianisme. Par une Société de Bacheliers en Théologie.
— L'Epître aux Romains.
— Homélie du Pasteur Bourn prêchée à Londres le jour de la Pentecôte, 1768.
— Fragment d'une Lettre du Lord Bolingbroke.
— La Profession de Foy des Théistes.
— Remontrances du Corps des Pasteurs du Gevaudan à Antoine Jean Rustan, Pasteur suisse à Londres. *Omnes sive conjunctim, sive separatim.* (Decr. Clem. XIV, 1 Martii 1770, *qui Sanctissimus Pontifex sibi, et Successoribus suis reservavit potestatem permittendi cuiquam horum Opusculorum retinendorum, legendorumque licentiam.*)

Libellus ex scriptis vetustissimorum Orthodoxorum Patrum Cypriani, Hilarii, Ambrosii, Augustini, Hieronymi, Isichii et Paschasii, de genuino Eucharistiæ negotii intellectu, et usu. (Ind. Trid.)

Libellus *germanica lingua editus, titulo, qui sic latine redditur* : Reddite quæ sunt Cæsaris Cæsari, et quæ sunt Papæ Papæ. (Decr. S. Officii 26 Martii 1767.)

Libellus *germanico idiomate editus, cui titulus* : Heinrich Joseph Watteroth für Toleranz überhaupt und Bürgerrechte der Protestanten in Katholischen Staaten. *Qui italice redditus, sic sonat* : Enrico Giuseppe Watteroth per la Tolleranza in generale, e per il diritto di Cittadinanza dei Protestanti nei Stati Cattolici, 1781. (Decr. 20 Januarii 1783.)

Libellus *germanice editus, cui titulus* : Nichts Mehreres von Ehedispensen, als was Religion, Recht, Nutzen, Klugheit und Pflicht fordert. *Latine vero redditus sic habet* : Nihil amplius de Dispensationibus matrimonialibus, quam quod Religio, justitia, utilitas, prudentia, et debitum exigunt. Melius est, ut scandalum oriatur, quam ut veritas reticeatur. S. Gregorius Magnus. In Valle Veritatis apud Fratres pectoris, 1782. (Decr. 20 Januarii 1783.)

Libellus *inscriptus* : Fünffzehen heimliche Leyden oder Schmertzen So Christus der Herr der fromen, und Gottliebenden Heil Schwester Maria Magdalena aus dem Orden der Heiligen Clara... geoffenbahret, etc. *Quod est latine* : Quindecim occulti cruciatus, seu dolores, quos Christus Dominus piæ, et Deum amanti Sanctæ Sorori Mariæ Magdalenæ ex Ordine S. Claræ... revelavit. (Decr. 5 Julii 1758.)

Libellus *hoc altero titulo inscriptus* : Fünffzehn heimliche Leyden, oder Sehmertzen, so Christus der Herr der frommem und Gottliebenden Heil Schwester Maria Magdalena aus dem Orden der Heil. Clara, velche zu Rom in grosser Heiligkeit gelebet und seelig gestorben, mündlich geoffenbahret. Samt Erklaerung über das Gloria Patri, und Bericht Sechs H. Messen, wie sie vor Lebendig-und Abgestorbene sollen aufgeopfferet werden. *Hoc est italice* : Quindici occulti patimenti o dolori, che Christo Nostro Signore palesò a viva voce alla divota ed amante di Dio Santa Suor Maria Maddalena dell' Ordine di Santa Chiara, la quale è vivuta in Roma con gran Santità, e morta ivi piamente. Con una spiegazione sopra il Gloria Patri, e la maniera da tenersi nell'applicazione di sei santo Messe, si per i vivi, che per i morti. (Decr. 3 Februarii 1765.)

Libellus Germanico idiomate editus, cui titulus : Allgemeines Glaubensbekeuntiss aller Religionen. 1784. Dem gesunden Menschenverstande gewidmet. *Latine vero : Universalis Professio Fidei omnium Religionum.* 1784. *Sano Hominis intellectui dicata.* (Brevi Pii Sexti die 17 Novembris 1784.)

Libellus inscriptus. Ad casus conscientiæ præterito Anno 1786 discussos compendiosæ resolutionis (nella pag. ult. In Pistoja per Atto Bracali Stampator Vesc.). (Decr. 31 Martii 1788.)

Libellus, cui titulus : Die unzufriednen in Wien mit Josephs Regierung Von. I. B. *Italice* : Li non contenti. In Vienna nel Governo di Giuseppe, 1782. (Decr. die 6 Decembris 1784.)

Liber Belial, de consolatione peccatorum. (Ind. Trid.)

Liber continens doctrinam, administrationem sacramentorum, ritus Ecclesiasticos, formam ordinationis Consistorii, visitationis Scholarum in ditione Principum, et DD. D. Jo. Alberti, et D. Hulderici fratrum Ducum Megapolensium Gentis Henetæ. (App. Ind. Trid.)

Liber, *cui titulus* : Memoria [Cattolica] da presentarsi a Sua Santità. Opera postuma. Cosmopoli 1780. fol. 188. (Brevi Pii VI, 13 Junii 1781.)

Liber, cui titulus : Seconda Memoria Cattolica contenente il Trionfo della Fede, e Chiesa, de' Monarchi, e Monarchie, e della Compagnia di Gesù, e sue apologie collo sterminio de' lor Nemici, da presentarsi a Sua Santità, ed alli Principi Cristiani : Opera divisa in tre Tomi, e parti, e postuma in una richiesta già, e gradita da Clemente XIII nella nuova Stamperia Camerale di Buon'aria MDCCLXXXIII, MDCCLXXXIV. (Brevi Pii VI, 18 Novembris 1788.)

Liber egregius de unitate Ecclesiæ, cujus Auctor periit in Concilio Constantiensi. *Opus Joannis Huss.* (App. Ind. Trid.)

Liber *inscriptus* : Brevi di Sua Santità Clemente XIII. *Vide* Brevi di Sua Santità.

Libri ms. *cujus initium* : Por mano de este Nuncio recivio su Excelencia una carta, etc. *Finis* : lo que mas convenga al servicio de Dios, bien de las almas, y recta justicia. (Decr. 15 Januarii 1654.)

Liber Militantis postulationes paucas et pias, etc. (Ind. Trid.)

Liber Psalmorum Davidis cum Catholica Expositione Ecclesiastica, et Cantica ex diversis Bibliorum locis cum eadem expositione. (App. Ind. Trid.)

Liber, *tametsi ironice, ut præ se fert, elaboratus, qui sic inscribitur :* La petite Encyclopédie, ou Dictionnaire des Philosophes. Ouvrage posthume d'un de ces messieurs. Ridiculum acri fortius, et melius plerumque secat res. (Decr. 6 Septembris 1762.)

Liber Virginalis. (App. Ind. Trid.)

Liberinus Abdias. (1 Cl. App. Ind. Trid.)

Liberius a Jesu. *Vide* a Jesu.

Liberté de Conscience resserrée dans des bornes légitimes. (Decr. 19 Januarii 1761.)

Libertez (les) de l'Eglise Gallicane. *Sive seorsum, sive cum Operibus Petri Phithœi.* (Decr. 3 Julii 1623.)

Libretto, che contiene nuove liste di tutte le arti, che sono per tutte l'Estrazioni, che si faranno nei presenti anni avvenire, aggiuntevi due liste generali , che medesimamente servano per qualunque Estrazione ; ed in fine una Gabola per li nomi della Luna con alcune Tariffe de'prezzi per miglior chiarezza de'giocatori, quanto de'prenditori. (Decr. 28 Maii 1732.)

(App. Ind. Trid.
Libri decem Annulorum Veneris.
— Imaginum Ptolemæi.
— Imaginum Tobiæ.
— Quatuor Speculorum.

Libri omnes Incredulorum, sive anonymi, sive contra, in quibus adversus Religionem agitur. *Jussu sanctissimi Domini Nostri die 20 Februarii 1778 sic etiam in Indice exprimendi* (tametsi in Regula secunda Indicis Tridentini prædamnati), potestate cuique, ut eos aut legat, aut retineat, Summo Pontifici reservata.

Libri scripti contra Dietam Imperialem Ratisbonensem. (App. Ind. Trid.)

Licaula Joannes. (1 Cl. Ind. Trid.)

Licenteo, *seu* Licunteo Claristo. Lettera scritta a Ridolfo Grandini, in cui si essaminan due luoghi dell'Opere di Francesco Maradei. (Decr. 21 Januarii 1721.)

Liebenthal Christianus. Collegium Politicum, in quo de societatibus, magistratibus, juribus Majestatis, Rege Romanorum, Jure Episcopali, et jure belli tractatur. (Decr. 30 Julii 1678.)

Liechtenaw (Conradus a) Urspergensis Chronicon. *Editionis Argentorati anno* 1609, *quæ non permittitur nisi ablatis* duabus Epistolis, Paralipomenis, et Postillis *eidem editioni insertis.* (Decr. 16 Martii 1621.)

Lienhardt Georgius. Ogdoas Erotematum ex Octonis Theosophiæ Scholasticæ Tractatibus, publicæ luci, et concertationi exposita. Decr. 15 Junii 1747.

Lightfootus Joannes, Opera omnia, duobus voluminibus comprehensa. (Decr. 29 Maii 1690.)

Ligneus Petrus. Lepidissima parabola. (Ind. Trid.)

Limborch Philippus. Historia Inquisitionis, cui subjungitur liber Sententiarum Inquisitionis Tolosanæ. (Decr. 19 Maii 1694.)

— Theologia Christiana ad praxin pietatis, ac promotionem pacis Christianæ unice directa. (Decr. 2 Septembris 1727.)

— De veritate Religionis Christianæ amica collatio cum erudito Judæo. (Decr. 18 Decembris 1749.)

Limiers (Mr. Henri Philippe de). Histoire du Règne de Louis XIV, Roi de France et Navarre. (Decr. 4 Decembris 1725.)

— *Vide* Vitringa.

Linck *seu* Lincus Wenceslaus. (1 Cl. Ind. Trid.)

(Decr. 15 Jan. 1714.)
Linckens Henricus. Tractatus de jure Episcopali.

— Tractatus de juribus Templorum, cum discursu præliminari de Juris Canonici origine et auctoritate.

Linctor Jacobus. (1 Cl. App. Ind. Trid.)

Lindius Stephanus. Epistolæ monitoriæ, in quibus curam Religionis ad Magistratum pertinere, et qua ratione Missa in veteri Ecclesia celebrata fuerit, ostenditur. (App. Ind. Trid.)

Lindoverus Fridolinus. (1 Cl. Ind.Trid.)

Linguaggio (il) della Religione. *Vide* Landi Giuseppe.

Liouardo di Capua. *Vide* Capoa.

Lipsius Justus. Orationes octo Jenæ potissimum habitæ. *Cum falsum sit has omnes ejus esse.* (Decr. 7 Septembris 1609.)

— *Vide* Notæ.

Lipstorpius Daniel. Formatio et exclusio infrunitæ Monarchiæ Papalis. (Decr. 13 Novembris 1662.)

Lisero P. F. Due Prediche Cattoliche, una delle Opere buone, l'altra della Giustificatione, predicate nell'Imperial Palazzo di Praga. (Decr. 22 Novembris 1619.)

Liste dell'Arti di tutte l'Estrazzioni ridotte per ordine di alfabeto. (Decr. 25 Julii 1732.)

Liste (première) des Chanoines, Curés, Docteurs, et Ecclésiastiques séculiers et réguliers des différens Diocèses de l'Eglise de France, qui ont déclaré qu'ils persistent dans leur appel. (Decr. 2 Septembris 1727.)

Liste des Chanoines, Curés, Docteurs et Ecclésiastiques séculiers et réguliers de la Ville et du Diocèse de Paris, qui ont déclaré qu'ils persistent dans leur appel. (Decr. 2 Septembris 1727.)

Listonai (de). Le Voyageur philosophe dans un Pays inconnu aux habitans de la Terre. Multa incredibilia vera. Multa credibilia falsa. (Decr. 17 Januarii 1763.)

Listrius Gerardius. (1 Cl. ind. Trid.)

Litania Germanorum : hoc est supplicatio ad Deum Opt. Max. pro Germania, habita in celebri quadam Germaniæ urbe in die Cinerum. (Ind. Trid.)

Litsich Michael, Declamatio in libelli repudii vicem hodiernæ Jesuitico-Pontificiæ Ecclesiæ data. (Decr. 22 Decembris 1700.)

Litta Luigi. Della Sagramentale Assoluzione ne'casi riservati : Lettera all'anonimo Autore del Libro intitolato : Le storte idee raddrizzate, etc. Milano. *Sine annotatione Anni.* (Decr. 5 Februarii 1790.)

Litteræ Roma datæ ad Doctorem Lovaniensem circa novum Decretum, et Breve SS. D. N. Innocentii XII ad Episcopos Belgii de Formulario contra Jansenium ; et Theologi Lovaniensis ad illas responsio. (Decr. 10 Maii 1694.)

Liturgia, seu liber precum communium, et administrationis Sacramentorum, aliorumque rituum, atque cæremoniarum Ecclesiæ, juxta usum Ecclesiæ Anglicanæ. (Decr. 15 Maii 1714.)

Livello (il) Politico, o sia la giusta Bilancia, nella quale si pesano tutte le massime di Roma. Parte I, II, III e IV. (Decr. 17 Octobris 1678.)

Lives (the) of Saints collected from authentic records of Church History, with a full account of the other Festivals throughout the year, etc. *Id est : Vitæ Sanctorum collectæ ex authenticis Historicæ Ecclesiasticæ monumentis, cum pleniori expositione aliarum Festivitatum per annum, insertis opportunis animadversionibus.* (Decr. 14 Januarii 1737.)

Livre (le) à la mode, ou le Philosophe rêveur. Ouvrage dans lequel on trouve plusieurs particularités singulières, et intéressantes pour tous les états de la vie; par le Chevalier des Essarts. A Amsterdam, chez Merkus, Fils, Libraire, 1700. (Decr. 14 Maii 1779.)

Livre (le) des Mères de Famille et des Institutrices sur l'éducation pratique des Femmes, par Mlle Nathalie de Lajolais. (Decr. 13 Januar. 1845.)

Livre (le) du Peuple, par F. de la Mennais. (Décr. 15 fév. 1838.)

Livres (les deux) de S. Augustin. *Vide* Opus *inscriptum :* Les deux.

Livre (le) des Manifestes, où l'on trouve développé par les lumières de la raison et des divines Ecritures : 1° Quelles sont les véritables causes de notre étonnante Révolution. 2° Quelle doit en être l'issue. Dernière année du 18e siècle de l'Ere Chrétienne. (Decr. 9 Decembris 1806.)

Llorante Juan Antonio. Aforismos Politicos escritos en una de las lenguas del norte de la Europa por un Filosofo y traducidos al Espanol. (Decr. 20 Januarii 1823.)

(Decr. 26 Augusti 1822.)
— Apologia Cattolica del proyecto de Constitucion Religiosa.
— Defensa de la obra intitulada : Proyet d'une Constitucion Religiosa.
— Discoursos sobre una Constitucion Religiosa ; su autor un Americano.
—Disertacion sobre el poder que los Reyes Espanoles ejercieron hasta el Siglo Duodecimo en la Division de Opispados, y otros puntos concessos de disciplina eclesiastica. (Decr. 6 Septembris 1824.)
— Histoire critique de l'Inquisition d'Espagne. (Decr. 26 Augusti 1822.)
— Notas al Dictamen de la comision eclesiastica encargada del arreglo definitivo del Clero de Espana. (Decr. 6 Septembris 1824.)
— Portrait Politique des Papes considérés comme Princes temporels et comme chefs de l'Eglise, depuis l'établissement du Saint-Siège à Rome jusqu'en 1822. (Decr. 19 Januarii 1824.)

Lobartus (Joannes) Borussus. (1 Cl. App. Ind. Trid.)

Lobon D. Francisco. *Vide* de Salazar.

Lobwasser Ambrosius. (1 Cl. App. Ind. Trid.)

Loca insignia. (Ind. Trid.)

Lochandrus (Martinus) Gornensis Silesius. (1 Cl. App. Ind. Trid.)

Lochstein (von) Veremunds Gründe so wohl für als wider die Geistliche Immunität in zeitlichen Dingen. Herausgegeben und mit Anmerkungen begleitet von F. L. W. *Id est latine :* Veremundi de Lochstein Fundamenta tam pro, quam contra Immunitatem Ecclesiasticam in temporalibus; edita et adnotationibus aucta a F. L. W. (Decr. 26 Junii 1767.)

Loci communes de bonis operibus, et potestate Ecclesiastica. (Ind. Trid.)

Loci duo (Francisci Guicciardini) ob rerum, quas continent, gravitatem cognitione dignissimi, ex ipsius Historiarum libris tertio et quarto dolo malo detracti, nunc ab interitu vindicati. (Decr. 7 Augusti 1603.)

Loci insigniores, et concordantes ex utroque Testamento, concinna admodum brevitate recens congesti, Scripturam ad varios usus allegaturis mire commodaturi. (Ind. Trid.)

Loci (multi integri) sacræ doctrinæ Veteris et Novi Testamenti ex Hebræa, et Græca lingua in Latinum, et Germanicum sermonem translati. (App. Ind. Trid.)

Loci omnium ferme capitum Evangelii secundum Matthæum, Marcum, Lucam, Joannem. *Opus Ottonis Brunfelsii.* (Ind. Trid.)

Loci utriusque Testamenti complectentes præcipua capita totius Christianismi. (Ind. Trid.)

Locis (de) Theologicis Dissertationes x Theologi Lovaniensis. (Decr. 13 Aprilis 1739.)

Locis (de) Theologicis. *Vide* Stattler.

Locke (Mr. Jean). Essai Philosophique concernant l'entendement humain, traduit de l'Anglois par Pierre Coste. (Brevi Clement. XII, 19 Junii 1734.)
— Le Christianisme raisonnable, tel qu'il nous est représenté dans l'Ecriture-Sainte. (1 Cl. Decr. 5 Septembris 1737.)
— *Vide* Extrait d'un Livre Anglois

Lode sopra li dodici privilegi concessi dalla Santissima Trinità alla Beatissima Vergine Maria in onore della sua immacolata Concezione. (Decr. 22 Junii 1712.)

Lohetus Daniel. Sorex primus oras chartarum primi libri de Republica Ecclesiastica Archiepiscopi Spalatensis corrodens , Leonardus Marius Theologaster Coloniensis in muscipula captus. (Decr. 22 Octobris 1619.)

Lohner Tobias. Instructio practica de Confessionibus rite , ac fructuose excipiendis. (Decr. 5 Julii 1728.)

Lois du Monde physique et du Monde moral. *Vide* Système de la Nature.

Lollardus Walterus. (1 Cl. Ind. Trid.)

Lombert (Pierre). Les OEuvres de S. Cyprien traduites en François, avec des remarques, et une nouvelle Vie de S. Cyprien tirée de ses écrits. (Decr. 27 Septembris 1672.)

Lomonaco Francesco. Vite degli eccellenti Italiani. *Majorum gloria posteris quasi lumen est.* Sall. Tom. I. Italia 1802. Tom. II e III. Italia 1803. (Decr. 18 Julii 1808.)

Loner Josue. (1 Cl. App. Ind. Trid.)

Longinus Cæsar. Trinum Magicum, sive secretorum Magicorum Opus. (Decr. 22 Decembris 1700.)

Longobardi (Francesco di). Centuria di Lettere del glorioso Patriarca S. Francesco di Paola, con alcune Annotationi. *Cum multa falsa, et apocrypha contineat.* (Decr. 10 Junii 1659.)

Lonicerus Albertus. Triumphi Romanorum, et Jesu Christi in cœlum ascendentis collatio. (App. Ind. Trid.)

Lonicerus Joannes. (1 Cl. Ind. Trid.)

Lonicerus Philippus. (1 Cl. App. Ind. Trid.)

— Chronica Turcica. *Donec corrigantur.* (App. Ind. Trid.)

— Theatrum Historicum. *Vide* Hondorffius.

Lonigus Michael. *Vide* Vossius *Gerardus.*

Lopez de Baylo (Joannes). Justificationes motivorum, tam juris quam facti, quibus Regia Audientia moveri debet ad procedendum ad occupationem temporalitatum, et bannimentum contra Episcopum Alguarensem D. Antonium Nuseo. (Decr. 11 Junii 1642, et 18 Decembris 1646.)

Lopez Juan Luis. Discurso Juridico-Historico-Politico en defensa de la jurisdicion Real, ilustracion de la provision de veynte de Febrero del anno 1684. (Decr. 29 Maii 1690.)

Lopez Royo (Pietro Maria). Dialogo della bellezza, o arte di ben servirsi delle finestre dell'anima. (Decr. 21 Januarii 1732.)

Loquæus Bertrandus. (1 Cl. Ind. Trid.)

Lorea (Antonio de). Epitome de la prodigiosa vida, virtudes, y admirables escritos de la Venerable Madre Hipolita de Jesu y Rocaberti. (Decr. 1 Decembris 1687.)

Loredano Gio. Francesco. Novelle amorose. (Decr. 9 Februarii 1683.)

(Decr. 10 Aprilis 1666.)

Lorenzo (Francesco di S.). Brevissimo Compendio dell'Indulgentie, gratie, privilegii, et essentioni concesse da' Sommi Pontefici al S. Ordine della Santissima Trinità della Redentione de' Schiavi.

— Compendio della Vita miracolosa dei Santi Giovanni de Matha, et Felice Valesio, con una brevissima dichiaratione delle sacre Indulgenze.

— Compendio delli privilegii, gratie, et Indulgenze da' Sommi Pontefici concesse all'Ordine, et Archiconfraternita del Riscatto, alla quale è unita la Confraternita della Madona del Rimedio.

Loreta Giuseppe Parroco di S. Maria in Cœloseo di Ravenna. Apologia o Cattolici e Liberi sentimenti. (Decr. 11 Decembris 1826.)

Lorichius (Gherardus) Hadamarius. (1 Cl. Ind. Trid.)

— Racemationum libri tres de Missa publica proroganda. (App. Ind. Trid.)

Lorichius (Joannes) Hadamarius. (1 Cl. App. Ind. Trid.)

Lorichius (Reinhardus) Hadamarius. (1 Cl. Ind. Trid.)

Lorraine (François Armand de), Evêque de Bayeux. Mandement contenant le jugement qu'il a porté sur différentes Propositions qui lui ont été dénoncées. (Decr. 14 Julii 1723.)

— Ordonnance et Instruction Pastorale portant condamnation de deux libelles intitulés, l'un : Instruction en forme de Catéchisme au sujet de la Constitution *Unigenitus*; l'autre : Instruction Théologique pour servir de réponse à un libelle intitulé : Entretien familier au sujet de la Constitution *Unigenitus*, 1724. (Decr. 13 Februarii 1725.)

Lossius Lucas. (1 Cl. Ind. Trid.)

— Alcuini Abbatis Turonensis de fide sanctæ et individuæ Trinitatis libri tres commentario illustrati. (Ind. Trid.)

Lotichius (Christianus) Hessus. (1 Cl. Ind. Trid.)

Lotto spirituale per le povere anime del Purgatorio molte bisognose di cristiano soccorso. (Decr. 18 Julii 1703.)

Lovaniensis (antiquæ Facultatis Theologicæ) qui adhuc per Belgium superstites sunt discipuli, ad eos, qui hodie Lovanii sunt, Theologos, de declaratione sacræ Facultatis Theologicæ Lovaniensis recentioris circa Constitutionem *Unigenitus*. (Decr. 17 Maii 1734.)

Lovvigni. *Vide* Bernières.

Loyseleur, *alias* Villerius (Petrus de). (1 Cl. App. Ind. Trid.)

Lubbertus Sibrandus. De Papa Romano : Replicatio ad defensionem tertiæ Controversiæ Roberti Bellarmini scriptam a Jacobo Gretsero. (Decr. 22 Decembris 1700.)

— *Et cetera ejusdem Opera omnia.* (Decr. 10 maii 1757.)

Lubicensis Joannes. De Antichristi adventu, et de Messia Judæorum. (Ind. Trid.)

Lubieniecius Stanislaus. Historia Reformationis Polonicæ, in qua tum Reformatorum, tum Anti-Trinitariorum origo et progressus in Polonia narrantur. (Decr. 27 Maii 1687.)

Luca (Carolus Antonius de). Praxis judiciaria in Civilem, et Criminalem divisa. *Donec corrigatur.* (Decr. 2 Julii 1686.)

Lucar (Cyrille) Patriarche de Constantinople. Lettres anecdotes, sa confession de foi, avec des remarques. Concile de Jérusalem tenu contre lui, avec un examen de sa doctrine. (Decr. 21 Januarii 1721.)

Lucas (Joannes) Veronensis. Strena veritatis amatoribus pro veritate defendenda, anno præcedenti multum impugnata, nullis annis expugnanda ; oblata primi anni 1680. (Decr. 26 Junii 1681.)

Lucas (Mr.). La perfection du Chrétien traduite de l'Anglois. (Decr. 22 Maii 1745.

Lucatellus Petrus, Conjurationes potentissimæ, et efficaces ad expellendas, et fugandas æreas potestates. (Decr. 4 Decembris 1725.)

Lucerna Augustiniana, qua breviter, et dilucide declaratur concordia, et discordia, qua duo nuper ex DD. Doctor. S. Theol. Duacen. conveniunt, aut recedunt a ceteris hodie S. Augustini discipulis. (Decr. 23 Aprilis 1654.)

Lucerna (la) di Eureta Misoscolo. *Vide* Pona *Francesco*.

Lucianus Mantuanus. Annotationes in D. Joannis Chrysostomi in Apostoli Pauli Epistolam ad Romanos Commentaria. (Ind. Trid.)

(Ind. Trid.)

Lucianus Samosatensis. De morte Peregrini Dialogus.
— Philopatris, Dialogus.

Lucius Ludovicus. Historia Jesuitica. (Decr. 28 Decembris 1646.)

Lucrezio. *Vide* Marchetti.

Lucrezio Caro. *Vide* Filosofia di Tito Lucrezio Caro.

Lucta Christiana. (Ind. Trid.)

Ludecus, *seu* Ludtke Matthæus.(1 Cl. App. Ind. Trid.)

Ludovici Imperatoris Liber contra sacras Imagines. *Ejus nomine confictus*. (App. Ind. Trid.)

Ludovicus (Laurentius) Leobergensis. (1 Cl. App. Ind. Trid.)

Ludus Pyramidum. (Ind. Trid.)

Luitholdus Varemundus. (1 Cl. Ind. Trid.)

Lukawitz (Joannes de). (1 Cl. Ind. Trid.)

Lumbier Raymundus. Observationes Theologicæ morales circa Propositiones ab Innocentio XI, nec non circa alias ab Alexandro VII damnatas. (Decr. 25 Januarii 1684.)

Lumières (les Nouvelles) politiques pour le gouvernement de l'Eglise, ou l'Evangile nouveau du Cardinal Palavicin. (Decr. 18 Maii 1677.)

Lundorpius Michael Gaspar. Bellum sexennale Civile Germanicum, sive Annalium, et Commentariorum Historicorum de statu Religionis, et Reipublicæ, libri duo. (Decr. 17 Decembris 1623.)

Luoghi (alcuni importanti) tradotti fuor dell'Epistole latine di M. Francesco Petrarca, con tre sonetti suoi, e xviii stanze del Berna avanti il xx Canto. (Ind. Trid.)

Lupacius Procopius. (1 Cl. App. Ind. Trid.)

Lupano Otto. Torricella : Dialogo delle Statue, Demonj, Spiriti. (Ind. Trid.)

Lupulus Henricus. (1 Cl. Ind. Trid.)

Lupulus Sebastianus. (1 Cl. App. Ind. Trid.)

Luseus Hermannus. (1 Cl. Ind. Trid.)

Lusinius Euphormio. *Vide* Barclajus *Joannes*.

Lusitanus Amatus. Curationum medicinalium Centuriæ. *Donec expurgentur*. (App. Ind. Trid.)

Lutherus Martinus. (1 Cl. Ind. Trid.)

Lycosthenes Conradus. (1 Cl. Ind. Trid.)
— Prodigiorum, ac Ostentorum Chronicon. (App. Ind. Trid.)
— Theatrum vitæ humanæ. *Vide* Zuingerus.

Lysmanius, *seu* Lismaninus Franciscus. (1 Cl. Ind. Trid.)

Lystenius Georgius. (1 Cl. App. Ind. Trid.)

Lyltichius Albertus. (1 Cl. App. Ind. Trid.)

M

Macchiavellizatio, qua unitorum animos Jesuaster quidam dissociare nititur. (Decr. 16 Martii 1621.)

Maccrie Thomas. *Vide* Istoria del Progresso, e del estinzione della riforma in Italia.

Macedo Franciscus a S. Augustino. Azymus Eucharisticus, sive Joannis Bona doctrina de usu Fermentati in Sacrificio Missæ examinata, expensa, refutata. *Donec corrigatur*. (Decr. 2 Octobris 1673.)

Macer Gaspar. (1 Cl. App. Ind. Trid.)

Machiavellus Nicolaus. (1 Cl. Ind. Trid.)

Machine (la) terrassée. *Vide* de la Mettrie.

Machumetes, *seu* Mahometes. Alcoranus. *Editionis Basileæ* 1543, 1550, *et aliarum editionum, in quibus impia Scholia, et Annotationes habentur. In vulgari autem lingua non habeatur, nisi ex concessione Inquisitorum*. (App. Ind. Trid.)

Machumetis Saracenorum Principis, ejusque Successorum vitæ, ac doctrina, ipseque Alcoran. His adjunctæ sunt confutationes multorum, una cum Martini Lutheri præmonitione, et præfatione in Alcoranum. (App. Ind. Trid.)

Mackbray Joannes. (2 Cl. App. Ind. Trid.)

Maçonnerie Égyptienne MSS. (*Fer. V. 7 Aprilis 1791.*)

Maçonnerie (la), considérée comme le résultat des religions Egyptienne, Juive, Chrétienne; par F∴M∴R∴ de S∴. (Decr. 23 Junii 1836.)

Madre de Dios Francisco (de la). Exercito limpio Austral contra las Manchas del Prado (Decr. 22 Junii 1665.)

Mæcardus Georgius. *Vide* Meckard.

Mæstlinus Michael. (1 Cl. App. Ind. Trid.)

Maets Carolus (de). Sylva quæstionum insignium Philologiam, Antiquitates, Philosophiam, potissimum vero Theologiam spectantium. (Decr. 20 Novembris 1663.)

Magdeburgenses Centuriæ. *Vide* Historia Ecclesiastica.

Magdeburgensis (Civitatis) publicatio Litterarum ad omnes Christi Fideles ann. 1550. (Ind. Trid.)

Magdeburgius Joachimus. (1 Cl. App. Ind. Trid.)

Mageirus Joannes. *Vide* Magirus.

Magendeus Andreas. Anti-Baronius Magenelis, seu animadversiones in Annales Cardinalis Baronii. (Decr. 29 Augusti 1690.)

Maggio Francesco Maria. Compendioso ragguaglio della vita, morte, e Monisterj della Madre D. Orsola Benincasa. (Decr. 19 Junii 1674.)

— Vita della Madre Orsola Benincasa. (Decr. 19 Septembris 1679.)

Magheu David et Abraham, breve discorso, e compendiosa esaminazione della natura e proprietà di questa antichissima medaglia, estratto dal Libro sopra ciò di Don Angelo Gabrielle Anguisciola. (Decr. 16 Martii 1621.)

— *Prohibetur etiam omne hujusmodi Numisma, et mandatur, ut qui habent, illud ad S. Officium deferant.* (Decr. 16 Martii 1621.)

Magica, seu mirabilium Historiarum de spectris, et apparitionibus spirituum. Item de Magicis, et Diabolicis incantationibus libri duo. (Decr. 3 Augusti 1656.)

Magirus, *seu* Mageirus (Joannes) Præpositus Stutgardianus. (1 Cl. App. Ind. Trid.)

Magnante Gio. Battista. Nuova Novena di S. Anna Madre della gran Madre di Dio. (Decr. 19 Septembris 1679.)

Magnus Valerianus. Apologia contra imposturas Jesuitarum. (Decr. 13 Januarii 1665.)

Mahometes. *Vide* Machumetes.

Mahon P. A. O. Medicina Legale, e Polizia Medica con alcune annotazioni del Cittadino Frautrel. Vol. I, II, III. *Donec corrigantur.* (Decr. 17 Januarii 1820.)

Mahusius Johannes. Epitome Annotationum Erasmi in novum Testamentum. *Donec corrigatur.* (App. Ind. Trid.)

Maitres (les) Mosaïstes, par Georges Sand. (Decr. 30 Mart. 1841.)

Majer Georgius Andreas. *Vide* Riemerus.

Majerus Michael. Symbola aureæ mensæ XII Nationum. (Decr. 12 Decembris 1624.)

— Verum inventum, hoc est munera Germaniæ ab ipsa primitus reperta, et reliquo orbi communicata. (Decr. 11 Aprilis 1628.)

Maignan Emmanuel. De usu licito pecuniæ Dissertatio Theologica. (Decr. 4 Decembris 1674.)

(Decr. 23 Maii 1580.)

Maimbourg Louis. Histoire de la décadence de l'Empire après Charlemagne.

— Histoire du grand Schisme d'Occident.

— Histoire du Luthérianisme. (Decr. 12 Decembris 1680.)

— Traité Historique de l'établissement et des prérogatives de l'Eglise de Rome, et de ses Evêques. (Brevi Innoc. XI, 4 Junii 1685.)

— Histoire du Pontificat de S. Grégoire le Grand. (Brevi Innoc. XI, 26 Februarii 1687.)

Maimonides R. Moses. De Idololatria liber, cum interpretatione latina, et notis Dionysii Vossii. (Decr. 7 Februarii 1718.)

Mainardus (Augustinus) Pedemontanus. (1 Cl. Ind. Trid.)

Mainus Lucas. (1 Cl. App. Ind. Trid.)

Majolus Simon. Colloquiorum, sive dierum Canicularium continuatio. *Quæ tamen falso ei adscribitur. Donec corrigatur.* (Decr. 16 Martii 1621.)

Major Georgius. (1 Cl. Ind. Trid.)

— Vitæ Patrum in usum Ministrorum verbi, cum præfatione Martini Lutheri. (Ind. Trid.)

Major (Joannes) Poeta. (1 Cl. App. Ind. Trid.)

Maire, *seu* Marius Joannes (le). (1 Cl. Ind. Trid.)

Malavalle Francesco. Pratica facile per elevare l'anima alla contemplatione, tradotta dal Francese in Italiano. Parte I e II. (Decr. 1 Aprilis 1688.)

— Lettre à M. l'Abbé de Foresta-Colongue, Vicaire général de Mr. l'Evêque de Marseille. (Decr. 17 Januarii 1703.)

Maldonatus Joannes. *Vide* Codognat.

(Decr. 29 Maii 1690.)

Malebranche *Nicolaus.* Traité de la Nature et de la Grâce.

— *Idem :* dernière édition augmentée de plusieurs éclaircissements.

— Lettres touchant celles de Mr. Arnauld.

— Défense de l'Auteur de la Recherche de la vérité contre l'accusation de M. de la Ville.

— Lettres à un de ses amis, dans lesquelles il répond aux *Réflexions Philosophiques et Théologiques de Mr. Arnauld* sur le Traité *de la Nature et de la Grâce.* (Decr. 29 Maii 1690.)

— De inquirenda veritate libri sex, in quibus mentis humanæ natura disquiritur. (Decr. 4 Martii 1709.)

(Decr. 15 Januarii 1714.)

— Entretiens sur la Métaphysique et sur la Religion.

— Traité de Morale. Première Partie.

Maler Wolfgangus. (1 Cl. Ind. Trid.)

Malescot (Stephanus de). (1 Cl. Ind. Trid.)

Malespini Celio. Ducento Novelle. (Decr. 16 Martii 1621.)

Malfi Tiberio. Riflesso dell'uomo interiore. (Decr. 29 Novembris 1689.)

Malleolus, *vulgo* Hemmerlin (Felix) Tigurinus. (1 Cl. Ind. Trid.)

Malvica Ferdinando, Sopra l'Educazione. (Decr. 18 Augusti 1828.)

Mamone Domenico. *Vide* Istituzioni Logiche.

Manassei Paolo. Paradiso interiore, ovvero Corona spirituale, nella quale con trentatrè essercitii si praticano tutte le virtù per arrivare alla perfettione. (Decr. 29 Novembris 1689.)

Manchettus Antonius. Flores aurei ex variis in Ecclesia Doctoribus, et ex Catechismo brevissime excerpti. (Decr. 7 Februarii 1718.)

Manentibus (Carolus Antonius de). Tractatus de potestate jurisdictionis, seu de regimine animarum, ac de jurisdictione contentiosa. (Decr. 4 Martii 1709.)

Manettus Jannotius. De Dignitate, et excellentia hominis libri IV. *Donec emendentur* (App. Ind. Trid.)

Manfredi Fulgentio. Apologia, overo difensione sopra la riformatiohe dell'Ordine suo, contra quelli, che sotto pretesto di riformare, lo difformano (Decr. 10 Decembris 1605.)

Mangetus Franciscus. Tractatus Philosophico-Theologicus de loco. (Decr. 18 Junii 1651.)

Maniera (della) di conversare con Dio, aggiuntevi alcune necessarie riflessioni. Opera tradotta dal Francese. (Decr. 4 Decembris 1725.)

Maniera di tenere a insegnare i figliuoli Christiani. (Ind. Trid.)

Maniera divota da pratticarsi verso la Serafica Maria Maddalena de' Pazzi Carmelitana, in cinque Venerdì, in memoria de' cinque più segnalati regali fatti da Dio alla detta Santa. (Decr. 10 Septembris 1688.)

Manière (seconde) d'onguent à la brûlure. (Decr. 22 Decembris 1700.)

Manifesto, e prospetto d'Associazione all'opera : Meditazioni religiose in forma di discorsi, etc., per tutte le epoche circostanze, e situazioni della vita domestica e civile : cum tribus meditationibus adnexis. Voghera 1835. (Decr. 7 Julii 1835.)

Manifesto per l'Associazione alle Opere del Sig. Ab. D. Pietro Tamburini di Brescia, Professore nell' I. R. Universita di Pavia, Cavaliere dell' Ordine della Corona Ferrea, Membro dell' I. R. Istituto delle Scienze. Milano li 10 Agosto 1818. Dalla Tipografia dell'Editore Vincenzo Ferrario. *Confirmatis Decretis quibus pleraque Opera jam proscripta et damnata fuerunt quæ in hoc Monito Typographico enunciantur et laudantur, edita sive sub Auctoris nomine, sive suppresso.* (Decr. 26 Septembris 1818.)

Manlius Joannes. (1 Cl. App. Ind. Trid.)

Manoir Abbé (de). Défense de deux Brefs de N. S. P. le Pape Innocent XII aux Evêques de Flandre, contre le Docteur Martin Steyaert. (Decr. 11 Martii 1704.)

Mantelius Joannes. (1 Cl. Ind. Trid.)

Manter Joannes. (1 Cl. Ind. Trid.)

Mantzius Felix. (1 Cl. Ind. Trid.)

Manual new universal. *Vide* the Catholick.

Manuale Catholicorum. *Vide* Charitopolitanus.

Manuale Catholicorum, seu breve Compendium veræ, antiquissimæ, et Catholicæ doctrinæ, in quo præcipua Christianæ Religionis capita ex solo Dei verbo perspicue explicantur. (Decr. 16 Martii 1621.)

Manuale Confraternitatis S. Joseph Patriarchæ, in Templo PP. Carmelitarum Discalceatorum erectæ Viennæ Austriæ anno Jubilæum præcedente. (Decr. 14 Aprilis 1682.)

Manuductio ad universum Jus Civile et Canonicum, continens : D. Benedicti Carpzovii Methodum de studio Juris recte et feliciter instituendo : Danielis Keysers Historiam Juris Civilis : Nucleum Institutionum : Georgii Brucksulbergii Memoriale judicium : Job. Serpilii compendiosam Juris Canonici et Civilis delineationem : generalia utriusque Juris Axiomata. (Decr. 30 Julii 1678.)

Manuale Encyclopedicum, etc. *Vide* Encyclopedisches Handbuch, etc.

Manuale Juris Ecclesiastici, etc. *Vide* Brandel Sebaldus. Handbuch des Katholischen, etc.

Manuel de Philosophie à l'usage des élèves qui suivent le cours de l'Université, par M. C. Mallet. (Decr. 5 April. 1845.)

Manuel du Droit public Ecclésiastique Français, contenant : les Libertés de l'Eglise Gallicane en 83 articles, avec Commentaire; la Délibération du clergé, de 1682, sur les limites de la puissance ecclésiastique ; le Concordat et la Loi organique, précédés des Rapports de M. Portalis, etc., etc., par M. Dupin, procureur général près la Cour de cassation. (Decr. 5 April. 1845.)

Manuel Religieux en rapport surtout avec notre temps, par le P. Fr. Sébastien Ammann. (Decr. 6 April.)

Marbachius Johannes. (1 Cl. Ind. Trid.)

Marbachius Philipous. (1 Cl. App. Ind. Trid.)

Marbais (Nicolas de). Supplication et Requête à l'Empereur, aux Rois, Princes, Estats, Républiques, et Magistrats Chrestiens, sur les causes d'assembler un Concile général contre Paul Cinquiesme. (Decr. 28 Novembris 1617.)

Marca (Petrus de). De Concordia Sacerdotii et Imperii, seu de Libertatibus Ecclesiæ Gallicanæ. (Decr. 11 Junii 1642.)

— *Idem Editionis* Stephani Baluzii. (Decr. 17 Novembris 1664.)

— *Epistola* D. Hyacintho Mesades Archidiacono Emporitano Ecclesiæ Gerundensis. (Decr. 18 Decembris 1646.)

Marcanus (Reinholdus) Westvalus. (1 Cl. App. Ind. Trid.)

Marcelli. *Vide* de Casibus reservatis.

Marcellus (Joannes) Regiomontanus. (1 Cl Ind. Trid.

Marchant Petrus. Sanctificatio S. Joseph Sponsi Virginis in utero asserta. (Decr. 19 Martii 1633.)

Marchetti Alessandro. Anacreonte tradotto dal testo Greco in Rime Toscane. (Decr. 22 Junii 1712.)

— Di Tito Lucrezio Caro della natura delle cose libri sei tradotti. (1 Cl. Decr. 16 Novembris 1718.)

Donec corrigatur. (Decr. 18 Decembris 1646.)

Marchinus Philibertus. De Sacramento Ordinis.

— Bellum Divinum effuse ac diligenter explicatum ; hoc est de obligationibus Episcoporum, ac Parochorum, de Sacramentorum administratione, de secularis Magistratus potestate, de valore Testamentorum.

Marcus Ephesinus. (1 Cl. Ind. Trid.)

Mardeley Joannes. (1 Cl. Ind. Trid.)

Mardojai de Abraham de Soria. Oracion Panejirico-doctrinal sobre la mala tentacion. (Decr. 14 Aprilis 1755.)

Mare liberum, sive de jure quod Batavis

competit ad Indicana commercia. (Decr. 30 Januarii 1610.)

Mare (Paulus Marcellus del) Prælectiones de Locis Theologicis Senis habitæ. Senis 1789. (Decr. 9 Decembris 1793, et Fer. 5, 5 Martii 1795.)

Maresius Samuel. Opera omnia. (Decr. 30 Julii 1678.)

Margarita Pastorum. (App. Ind. Trid.)

Maria Gabriel de S.). Tratado de las siete Missas del Señor S. Joseph en reverencia de sus siete dolores, y siete gozos. (Decr. 9 Februarii 1683.)

Maria (Sigismundus a S.). De Officio immaculatæ Conceptionis Deiparæ antiquissimo et devotissimo, recens per Anonymum correcto, et Lucensibus typis edito, observationes. (Decr. 14 Aprilis 1682.)

Mariales Xantes. Controversia Prolegomena adversus Novatores. *Præfixa Tomo* I *Bibliothecæ Interpretum ad universam Summam Theologiæ* D. Thomæ Aquinatis. (Decr. 20 Junii 1662.)

Mariana Gio. Discorso intorno ai grandi errori, che sono nella forma del governo de'Gesuiti. (Decr. 11 Aprilis 1628.)

Marie (Ruppé Chérubin de S.). La véritable dévotion à la Mère de Dieu établie sur les principes du Christianisme, divisée en trois parties. *Donec corrigatur.* (Decr. 27 Aprilis 1701.)

Marin (Joannes) Oconensis. Theologia. Speculativa, et Moralis. (Decr. 5 Julii, et 10 Julii 1729.)

(Decr. 4 Feb. 1627.)

Marino Gio. Battista. L'Adone, Poema.
— Gli Amori notturni.
— I Baci.

(Decr. 11 Aprilis 1628.)

— Il Camerone, prigione orridissima in Napoli.
— Il Padre Naso.
— La prigionia in Torino.
— Ragguaglio de'costumi della Francia.
— Sonetto per l'inondazione del Tebro a Roma, *cujus initium*: Fosti Città d'ogni Città Fenice.
— I Trastulli Estivi.

(Decr. 17 Octobris 1679.)

— Il Duello amoroso.
— La Lira.
— Venere Pronuba.

Marius Hieronymus, *qui et Hieronymus Massarius.* (1 Cl. Ind. Trid.)

(Decr. 24 Novembris 1655.).

Marius Joannes. *Vide* Maire.

Markiewicz Joannes. Scandalum expurgatum in laudem Instituti Societatis Jesu.
— Speculum zeli a pessimis ad exemplar malitiæ contra sacros Canones, et jurisdictionem Ecclesiasticam elucubratum.

(Decr. 4 Decembris 1674.)

— Veritas bonæ vitæ ex occasione occupatæ hæreditatis Jaroslaviensis, Patribus Societatis demonstrata.

— Summus Pontifex Innocentius X de duplici Instituto Societatis, ejusque Constitutionibus, et declarationibus interrogatus.

Marloratus Augustinus. (1 Cl. App. Ind. Trid.)

Marmontel de l'Académie Française. Bélisaire. *Donec corrigatur.* (Decr. 25 Maii 1767.)

Marnixius, *seu* de Marnix (Philippus), Dominus de S. Aldegonda. (1 Cl. App. Ind. Trid.)

Maroldus (Ortolphus) Francus. (1 Cl. Ind. Trid.)

Maroncelli Pietro. Addizioni alle mie Prigioni di Silvio Pellico. (Decr. 29 Januarii 1835.)

Marot Clemens. (1 Cl. Ind. Trid.)

Marquardus Johannes. De Jure Mercatorum, et Commerciorum singulari, libri IV. *Donec corrigantur.* (Decr. 20 Novembris 1663.)

(Decr. 18 Januarii 1667.)

Marraccius Hippolytus. Alloquutiones pacificæ pro immaculata Deiparæ Virginis Conceptione.
— Excusatio pro libello prænotato : Fides Cajetana ; ac pro Opere inscripto : Cajetanus triumphatus, ac triumphator in controversia Conceptionis Beatissimæ Virginis Mariæ.
Magister a discipulo edoctus in causa Conceptionis Beatissimæ Virginis Mariæ.
— Meditamenta circa Bullam Alexandrinam seu Alexandri VII, in favorem Deiparæ Virginis ab originali peccato præservatæ editam. (Decr. 18 Januarii 1667.)

Marsais (du). *Vide* Exposition de la doctrine de l'Eglise Gallicane. *Vide* Clavier E. Exposition, etc.

Marsilius de Padua. *Vide* Menandrino.

Marstaller Christophorus. (1 Cl. App. Ind. Trid.)

Marta Doctor (*Horatius*). Tractatus de Jurisdictione per et inter Judicem Ecclesiasticum, et secularem exercenda. (Decr. 3 Julii 1623.)

Marti y Viladamòr Francisco. Defensa de lo auctoridad Real en las Personas Ecclesiasticas del Principado de Cataluna. (Decr. 18 Decembris 1646.)

Martin Franciscus. Reflexiones ad nuperrimam declarationem Doctoris Hennebel. (Decr. 11 Martii 1704.)

(Decr. 22 Junii 1712.)

— Nodus in scirpo quæsitus a Molinistis, sive Motivum Juris in causa Thesis Lovanii defensæ 5 Martii 1712.
— Alterum Motivum Juris contra Patres Societatis, ac eorum patronos, et asseclas.

(Decr. 29 Novembris 1712.)

— Tertium motivum Juris contra Patres Jesuitas, et cæteros Molinistas.
— Quartum Juris Motivum contra Theologos Societatis, et cunctos eis adhærentes.

Martine (Alphonse de la). Souvenirs, impressions, pensées, et paysages pendant un voyage en Orient (1832-1833), ou Notes d'un Voyageur. (Decr. 22 Septembris 1836.)

— Joceryn, Episode. Journal trouvé chez un curé de village. (Decr. 22 Septembris 1836.)

Martinez Joannes. *Vide* Vulpes Joannis Martinez.

(Decr. 26 Martii 1825.)

Martinez Marina Doctor Don Francisco. Ensayo Historico-Critico sobre la antigua legislacion y principales cuerpos legales de los Reynos de Leone y Castilla, e specialmente sobre el codigo de D. Alonso el Sabio conocido con el nombre de las siete partidas.

— Teoria de las Cortes o grandes juntas nacionales de los reinos de Leon y Castilla. Monumentos de su constitucion politica y de la Soberania del Pueblo... (Decr. 26 Martii 1825.)

Martinez Martinus. Hypotyposes Theologicæ ad intelligendos sacræ Scripturæ sensus. *Nisi fuerint ex impressis ab anno* 1582. (App. Ind. Trid.)

Martini Joseffo Gio. Il Contadino guidato per la via delle sue faccende al Cielo. (Decr. 28 Augusti 1758.)

Martiniko. (1 Cl. Ind. Trid.)

Martinius Mathias. Lexicon Philologicum, præcipue Etymologicum et Sacrum. (Decr. 11 Aprilis 1628, et 8 Martii 1662.)

— Epitome sacræ Theologiæ. (Decr. 14 Januarii 1737.)

Martinius Eucharius. Epistola ad Mathiam Hœneg Comitem Lateranensem. (Decr. 16 Martii 1621.)

Martius Wolfgangus. (1 Cl. App. Ind. Trid.)

Martyr Petrus. *Vide* Vermilius.

Marzilla (Petrus Vincentius de). Decreta Concilii Tridentini ad suos quæque titulos secundum Juris methodum redacta : adjunctis declarationibus auctoritate Apostolica editis. (Decr. 29 Aprilis, et 6 Junii 1621.)

Masdeu (D. Juan Francisco de). Historia critica de Hespanay de la cultura espanola... *Donec corrigatur.* (Decr. 11 Decembris 1826.)

Masius Andreas. Josuæ Imperatoris Historia illustrata, atque explicata. *Donec corrigatur.* (App. Ind. Trid.)

Massimo da Monza. *Vide* Monza.

Massonius (Robertus) Anglus. (1 Cl. App. Ind. Trid.)

Massonius Papirius Libri sex de Episcopis Urbis, qui Romanam Ecclesiam rexerunt. *Donec corrigatur* (App. Ind Trid.)

— S. Agobardi Episcopi Lugdunensis Opera. *Donec corrigantur.* (Decr. 16 Decembris 1605.)

Massuccio Salernitano. Le cinquanta Novelle, intitolate il Novellino. (Ind. Trid.)

Mastelloni Andrea. Esercitio di ringraziamento. *Vide* Solazzi.

Mastricht (Gerardus von). Antonii Augustini de emendatione Gratiani libri duo, *quibus* Historiam Juris Ecclesiastici præmisit, et notas subjunxit. (Decr. 7 Februarii 1718.)

Mastripieri Giammaria. Riposta a un Libro intitolato : Lettera di un Ecclesiastico Italiano diretta a Monsig. Scipione de Ricci Vescovo di Pistoja, e Prato 1786. (Pag. 58.

Pistoja 6 Gennar.) *Ementitum Auctoris nomen.*(Decr. 4 Martii 1788.)

Mathesius Laurentius. (1 Cl. App. Ind. Trid.)

Mathieu (M. F.). Abrégé de l'ancienne et céleste doctrine de saint Augustin, et de toute l'Eglise touchant la Grâce. (Decr. 3 Aprilis 1669.)

Matrimonio (del). *Vide* Cocchi Antonio.

Matrimonio (il) degli antichi Preti, e il Celibato dei Moderni. Tom. I, II, III, IV. (Decr. 17 Decembris 1821.)

Matrimonio degli Ecclesiastici. *Vide* Necessità, e utilità.

Matrimonio (del) de'Preti, e delle Monache. (Ind. Trid.)

Matrimonio (il) di Fr. Giovanni. Commedia. *Sine annotatione nominis Auctoris, et Loci.* 1689. (Decr. 18 Septembris 1789.)

Matthæus Antonius. Collegia Juris sex, unum fundamentorum Juris, alterum Institutionum, tertium et quartum earumdem, quintum Pandectarum, sextum Codicis. (Decr. 11 Junii 1642.)

Matthæus (Joannes) Schmalchaldensis. (1 Cl. App. Ind. Trid.)

Matthæus Petrus. Septimus Decretalium : Constitutionum Apostolicarum post Sextum, Clementinas, et Extravagantes continuatio. (Decr. 3 Julii 1623.)

Matthæus Westmonasteriensis. Flores Historiarum. *Edit. Londini* 1573. *Donec emendentur.* (App. Ind. Trid.)

Matthew Thomas. (1 Cl. Ind. Trid.)

Matthias Christianus. Theatrum Historicum. (Dec. 30 Junii 1654.)

— Collegium Politicum , juxta methodum Logicam conscriptum. (Decr. 2 Decembris 1622.)

Mauprat, par Georges Sand. (Decr. 30 Mart. 1841.)

Maurocenus Andreas. Historia Veneta, ab anno 1521 usque ad annum 1615. *Donec corrigatur.* (Decr. 12 Decembris 1624.)

Maurus Maximilianus. (1 Cl. Ind. Trid.)

Maximes Chrétiennes sur le devoir de parler en faveur de la vérité. (Decr. 2 Septembris 1727.)

Maximes des Princes et Estats souverains. *Vide* Interêts.

Mayerus Jo. Fridericus. De Pontificis Romani electione liber commentarius , cum duarum Dissertationum appendice. (Decr. 22 Decembris 1700.)

Maynard (Gerardus de). Illustres controversiæ Forenses secundum Juris Civilis Romanorum normas in Senatu Tholosano decisæ, e Gallico sermone in Latinum translatæ, et additionibus, ac Corollariis auctæ ab Hieronymo Bruckner. *Cum multa falsa Auctor, et Brucknerus affirment.* (Decr. 4 Februarii 1627.)

Mayou Joannes Baptista. Quæstio Theologica. *Quæ est circumdata varietate.* Psal. 44. Theses, quas tueri conabitur Claudius Franciscus Monnier, 10 Septembris 1707, in Sorbona. (Decr. 26 Octobris 1707.

(Decr. 17 Decemb. 1792.)

Mayrs Beda. Vertheidigung der Natürlichen, Christlichen, und Catholischen Religion nach den Bedürfnissen unserer zeiten : Erster Theil : Vertheidigung der Natürlichen, und Einleitung in die geoffenbarte Religion. *Id est latine : Defensio Naturalis, Christianæ, et Catholicæ Religionis pro necessitate nostrorum temporum :* Pars prima ; *Defensio naturalis Religionis, et introductio ad Revelatam. Augsburg,* 1789.

— Zweyter Theil : Erste Abtheilung : Vertheidigung der Christlichen Religion. *Id est latine :* Pars II, Divisio I. *Defensio Christianæ Religionis. Ausburg,* 1789.

— Zweyter Theil : Zweyte Abtheilung : Vertheidigung der Christlichen Religion. *Id est latine :* Pars II. *Defensio Christianæ Religionis : Ausburg.* 1789.

— Dritter und letzter Theil : Vertheidigung der Catholischen Religion. Sammt einem Anhange von der Möglichkeit einer Vereinigung zwischen unserer und der Evangelisch Lutherischen Kirche.. *Id est latine :* Tertia et ultima Pars. *Defensio Catholicæ Religionis. Cum appendice de possibilitate unionis inter nostram, et Evangelico-Lutheranam Ecclesiam. Ausburg,* 1789.

Mayst Pfarrer Z. P. Erste Lesenübungen für Elementar Schulen Durch. *Latine vero :* Prima Legendi Exercitia pro Scholis elementaribus (Decr. 12 Junii 1826.)

Mazure Nicolaus. Nudæ Veritati. Quæstio Theologica : *Quænam est columna veritatis.* Theses, quas tueri conabitur Joannes de Boessel die 16 Novembris 1673, in Sorbona. (Decr. 4 Decembris 1674.)

Mazzius Carolus. Mare magnum Sacramenti Matrimonii. (Decr. 22 Decembris 1700.)

Mea dimissio a Curia Romana. *Vide* Villanueva, Joachimus Laurentius. Mi despedida, etc.

Mea sententia super instructione, etc. *Vide* Oberthur D. Franciscus. Meine Ansichten, etc.

Mead Richardus. Medica sacra, sive de morbis insignioribus, qui in Bibliis memorantur, Commentarius. (Decr. 11 Martii 1754.)

Meazza Girolamo. Nove Martedi in onore di S. Anna. (Decr. 25 Januarii 1684.)

(Decr. 11 Maii 1651.

Mechliniensis Jacobus Archiepiscopus. Edictum, *cujus initium :* Notum facimus, quod cum circa publicationem Bullæ Urbani VIII. *Finis :* Datum Bruxellæ die 29 Martii 1651. J. A. M. V.

— Rationes, ob quas a promulgatione Bullæ, qua proscribitur liber, cui titulus : Cornelii Jansenii Episcopi Iprensis Augustinus, abstinuit, ex mandato Regio suæ Majestati exhibitæ, e Gallico in Latinum translatæ.

Meckard, *seu* Mæcardus Georgius. (1 Cl. App. Ind. Trid.)

Mediatoris (de) Jesu Christi hominis Divinitate, æqualitateque libellus. Item de restauratione Ecclesiæ *Martini* Cellarii, cum Epistola præliminari Fabricii Capitonis. (App. Ind. Trid.)

Medicina Animæ. (Ind. Trid.)

Medicina Animæ pro sanis simul, et ægrotis instante morte. (App. Ind. Trid.)

Medicina Animæ tam his qui firma, quam qui adversa corporis valetudine præditi sunt, in mortis agone, et extremis his periculosissimis temporibus maxime necessaria. (App. Ind. Trid.)

Medina Michael. Apologia Joannis Feri, in qua LXVII loca Commentariorum in Joannem, quæ Dominicus Soto Lutherana traduxerat, ex sacra Scriptura Sanctorumque doctrina restituuntur. (App. Ind. Trid.)

Mediolanensis Julius *Apostata.* (1 Cl. Ind. Trid.)

Meditationes et precationes piæ, admodum utiles et necessariæ pro formandis tum conscientiis, tum moribus electorum. (Ind. Trid.)

Meditationes (in Orationem Dominicam saluberrimæ ac sanctissimæ) ex libris Catholicorum Patrum selectæ. (Ind. Trid.)

Meditationes (Sanctorum Patrum) quibus Dominicæ passionis mysterium explicatur, atque historia de passione Christi expenditur. (App. Ind. Trid.)

Meditazione da farsi quando si dice la Corona della Madonna. (Decr. 3 Aprilis 1685.)

Meditazione filosofica di Francesco L... P. P. in Pavia 1778. (Decr. 17 Decembris 1778.)

Megander (Gaspar) Tigurinus. (1 Cl. Ind. Trid.)

Meglin Martinus. (1 Cl. Ind. Trid.)

Mejerus Justus. Juris publici quæstio capitalis : Sintne Protestantes Jure Cæsareo Hæretici, et ultimo supplicio afficiendi. (Decr. 9 Maii 1636.)

Meisterus Joachimus. (1 Cl. App. Ind Trid.)

Melanchthon Philippus. (1 Cl. Ind. Trid.)

— Sententiæ sanctorum Patrum de Cœna Dominica. (App. Ind. Trid.)

— Idem. *Vide* Dolscius Paulus.

Melander Dionysius. (1 Cl. Ind. Trid.)

Melander Otho. Jocorum, atque seriorum tum novorum, tum selectorum atque memorabilium Centuriæ aliquot. (Decr. 16 Decembris 1605.)

Melander Philoxemus. Actio perduellionis in Jesuitas Sacri Romani Imperii juratos hostes. (Decr. 23 Augusti 1634.)

Mélanges de Littérature, d'Histoire et de Philosophie. Nouvelle édition, augmentée de plusieurs notes sur la Traduction de quelques morceaux de Tacite. Vol. 4. (Decr. 27 Novembris 1767.) *Donec expurgentur.*

(Ind. Trid.)

Melangæus Hippophilus. Theologiæ Compendium.

— Expositio in Evangelium Matthæi.

Melguitius Dominicus. (1 Cl. Ind. Trid.)

Melhoverus Christophorus. (1 Cl. Ind. Trid.)

Melisander Gaspar. (1 Cl. App. Ind. Trid.)

Meliton. L'Apocalypse de Meliton, ou révélation des mystères Cénobitiques. (Decr. 31 Martii 1681.)

Mellio Paschale Josepho. Institutiones Juris Civilis Lusitani cum Publici, tum Privati. (Decr. 7 Januarii 1836.)

Melvil Jacques. Mémoires Historiques, contenant plusieurs événements très-importants. (Decr. 26 Octobris 1707.)

Mémoire à présenter à Messieurs les Commissaires proposés par le Roi, pour procéder à la Réformation des Ordres Religieux, 1767. (Decr. 27 Novembris 1767.)

Mémoire dans lequel on examine, si l'appel interjeté au futur Concile Général de la Constitution *Unigenitus* par quatre Evêques de France, est légitime et canonique. (Decr. 29 Julii 1722.)

Mémoire d'un Docteur en Théologie, adressé à Messeigneurs les Prélats de France, sur la réponse d'un Théologien des PP. Bénédictins à la lettre de l'Abbé Allemand. (Decr. 2 Junii 1700.)

Mémoire pour justifier l'usage de recevoir des Requêtes de la part des parties intéressées, touchant l'enregistrement des Edits et Déclarations du Roi. (Decr. 2 Septembris 1727.)

Mémoire pour le Précenteur de l'Eglise de Saint-Pons, demandeur en réparation de calomnies, contre le R. P. Chérubine de S. Marie-Rupé, Syndic des R. P. Récollets de la Province de Saint Bernardin du Couvent de S.-Pons. (Decr. 27 Aprilis 1701.)

Mémoire pour Nosseigneurs du Parlement sur l'enregistrement de la Déclaration, qui autorise l'accommodement conclu entre plusieurs Evêques, touchant la Constitution *Unigenitus*. (Decr. 2 Septembris 1727.)

Mémoire pour le S. Daage, Curé de Ville-Neuve sur Belot, intimé contre S. J. F. E. Levis appellant comme d'abus, etc. (Decr. S. Offic. 6 Septembris 1750.)

Mémoire servant de clef de David, ou le Molinisme et le Matérialisme démasqués. (Decr. 12 Septembris 1759.)

(Decr. 18 Januarii 1667, et 27 Martii 1668.) Mémoire sur la cause des Evêques, qui ont distingué le fait du Droit.

— Second Mémoire contenant la réponse aux raisons politiques, que le P. Annat allègue pour porter à poursuivre les Evêques.

— Troisième Mémoire, IV, V, VI, VII et VIII.

Mémoire sur la publication de la Bulle *Unigenitus* dans le Païs-Bas, où l'on expose les raisons qui doivent empêcher de permettre cette publication. (Decr. 12 Septembris 1714.)

Mémoire sur le dessein qu'ont les Jésuites de faire retomber la censure des cinq Propositions sur la véritable doctrine de S. Augustin, sous le nom de Jansenius. (Decr. 23 Aprilis 1654.)

Mémoire sur le droit de la Faculté de Théologie de Paris, d'être entendue sur les décisions de doctrine, proposées pour servir de loi dans le Royaume. (Decr. 2 Septembris 1727.)

Mémoire sur le refus des sacrements à la mort, qu'on fait à ceux qui n'acceptent pas la Constitution, et une Addition concernant les Billets de Confession. (Decr. 22 Februarii 1733.)

Mémoire (Nouveau) sur les appels des jugements Ecclésiastiques 1717. (Decr. 29 Julii 1722.)

Mémoire sur les droits du second Ordre du Clergé, avec la tradition qui prouve les droits du second Ordre. (Decr. 26 Augusti 1733.)

Mémoire sur les Libertés de l'Eglise Gallicane. *Amsterdam*, 1755, *sive alibi*. (Decr. 21 Novembris 1757.)

Mémoire sur les Professions Religieuses en faveur de la raison contre les préjugés. (Decr. 27 Novembris 1767.)

Mémoire touchant le dessein qu'on a d'introduire le Formulaire du Pape Alexandre VII dans l'Eglise des Païs-Bas. (Decr. 26 Octobris 1707.)

Mémoires Chronologiques et Dogmatiques, pour servir à l'Histoire Ecclésiastique depuis 1600 jusqu'en 1716, avec des réflexions et des remarques critiques. (Decr. 2 Septembris 1727.)

Mémoires de Casanova de Seingalt, écrits par lui-même. (Decr. 28 Julii 1834.)

Mémoires de Luther, écrits par lui-même, traduits et mis en ordre par M. Michelet. (Decr. 6 April. 1840.)

Mémoires Historiques pour servir à l'Histoire des Inquisitions. (Decr. 13 Aprilis 1739.)

Mémoires pour servir à l'Histoire de Madame la Marquise de Maintenon. Vol. 6 (Decr. 7 Januarii 1765.)

Mémoires secrets de la République des lettres, ou le Théâtre de la vérité, par l'Auteur des Lettres Juives. (Decr. 21 Novembris 1757.)

Mémoires secrets. *Vide* Gorani Joseph.

Mémoires sur la vie de Mademoiselle de Lenclos. Par M. Br.... I, II, III Partie. (Decr. 7 Januarii 1765.)

Mémoires de Candide, sur la liberté de la presse, la paix générale, les fondements de l'ordre Social, et d'autres bagatelles ; par le Docteur Emmanuel Ralph. Ouvrage traduit de l'Allemand, sur la troisième Edition. A Altona, et se trouve à Paris, à Londres, à Rome (*clanculum fortasse*), et à Pétersbourg. L'An de Grâce 1802. (Decr. 2 Julii 1804.)

Memoria Cattolica. *Vide* Liber, *cui titulus*. Mem. Catt.

Memoria (seconda) cattolica. *Vide* Id. 4.

Memoria che presenta, ec. *Vide* la Schiavitù delle donne.

Memoria per la consagrazione dei Vescovi in Sicilia, da tenersi presente nelle attuali circostanze ; che rendono pericoloso, e difficile l'accesso al Sommo Pontefice, del Canonico Stefano di Chiara Professore di Canoni nella Regia Università di Palermo. Palermo nella Stamperia Reale 1813. (Decr. S. Officii 24 Augusti 1815.)

Memorial al Serenissimo Cardenal Infante de Espana, *cujus initium* : Serenissimo Senor ; *Finis* : Como es V. Cathol. Real. A.

(Bulla Urbani VIII, 6 Martii 1641, et Decr. 1 Augusti 1641.)

Memorial, *cujus initium:* Senora. En doze de Deciembre del ano 1645, parecieron en la Real Audiencia de este Reyno de Aragon Procuradores legitimos de el Cabildo de la Santa Iglesia del Salvador. (Decr. 22 Junii 1676.)

Memoriale ad EminentissimumCardinalem de la Cueva circa querimoniam frivolam Jansenianam DD. P. S. J. contra Theses Theologicas, et libellum supplicem P. S. J. Capellæ Reg. Bruxell. Concionatoris: ejusdem de eodem ingesta tela, et regesta. (Bulla Urbani VIII, 6 Martii 1641 et Decr. 1 Augusti 1641.)

Memoriale, *cujus initium:* Alla Santità di N. S. Papa Gregorio XV, il Clero, et Cattolici di Valtellina. *Cum manuscriptum, tum impressum.* (Decr. 18 Januarii 1622.)

Memoriale alla Santità di Papa Pio VI, tratto dal manoscritto del recentemente defunto Signor Delaurier, di Rautenstrauch. In Vienna 1782 (*falsis typis*). (Decr. 26 Januarii 1795.)

Memorialia per Deputatos Academiæ Lovaniensis exhibita Romæ Summis Pontificibus Urbano VIII et Innocentio X, pro doctrina B. Augustini manutenenda. (Decr. 23 Aprilis 1654.)

Memorie istorico-Ecclesiastiche per servire di apologia a quanto viene presentemente praticato in differenti Corti di Europa per condurre la Disciplina Ecclesiastica, e specialmente Regolare (per quanto sia possibile) nel primiero suo Instituto. Opera per Italiano. Conisberga 1782. Si vendono da Luigi, e Benedetto Bindi Mercanti di Libri, e Stampatori in Siena. (Decr. Fer. 4. die 11 Februarii 1784.)

Memorie del Conte di Grammont scritte in lingua Francese da Antonio Hamilton, ora per la prima volta recate in Italiano. Milano per Sonzogno, e Comp. 1814. (Decr. 30 Septembris 1817.)

Memorie del Magistrato di Revisione. Milano. Presso Pirotta, e Maspero. (Decr. 30 Septembris 1817.)

Menandrino (de), *seu* Menandrinus (Marsilius) Patavinus. (1 Cl. Ind. Trid.)

Menasseh Ben-Israel. De Resurrectione mortuorum libri III. (Decr. 3 Augusti 1656.)

Mencelius Hieronymus. (1 Cl. App. Ind. Trid.)

Mendizabal Antonio. Tratado Historico Canonico de los Parrochos. (Decr. 26 Augusti 1822.)

Mendo Andreas. Statera opinionum benignarum in controversiis moralibus. (Decr. 30 Julii 1678, et 14 Aprilis 1682.)

Menghi Girolamo. *Vide* Mengus.

Menghini Tomaso. Opera della divina gratia, che mostra la pratica singolare degli affetti mentali per via di Fede. (Decr. 1 Aprilis 1688.)

— Lume mistico per l'esercitio degli affetti divini. (Decr. 9 Septembris 1688.)

(Decr. 4 Martii 1709.)

Mengus Hieronymus. Flagellum Dæmonum.

— Fustis Dæmonum.

— Compendio dell'Arte Essorcistica, e possibilità delle mirabili, e stupende operationi de'Demonj.

Menius (Justus) Isenacensis Pastor. (1 Cl. Ind. Trid.)

Mennais (F. de la). Paroles d'un Croyant. (*Opus reprobatum et damnatum* Epist. Encycl. SANCTISSIMI D. N. GREGORII XVI, 25 Junii 1834 et Decr. declaratorio ex mandato ejusdem Sanctitatis Suæ 7 Julii 1836.)

— Affaires de Rome, par M. F. de la Mennais. (Decr. 14 Februarii 1837.)

— Le Livre du peuple, par M. F. de la Mennais. (Decr. 13 Februarii 1838.)

Menningus Marcus. (1 Cl. App. Ind. Trid.)

Menno. *Vide* Simonis.

Mento (M.), *qui et Mento Gogrenius.* (1 Cl. App. Ind. Trid.)

Mentrius Melterus *adversus Balearium Episcopum.* (1 Cl. App. Ind. Trid.)

Menzini Benedetto. Satire. (Decr. 21 Junii 1721.)

Mercator Gerardus. Chronologia, hoc est temporum demonstratio ab initio Mundi usque ad annum 1568. *Donec corrigatur.* (App. Ind. Trid.)

— Atlas Minor. (Decr. 7 Augusti 1603.)

Mercerus (Joannes) Uticencis. (1 Cl. App. Ind. Trid.)

— Thesaurus Linguæ Sanctæ, sive Lexicon Hebraicum auctore Sancte Pagnino, auctum ac recognitum opera Joannis Merceri et Ant. Cevallerii. (App. Ind. Trid.)

Mercier Théodorit. *Vide* Gras Jean.

Merckel Valentinus. (1 Cl. App. Ind. Trid.)

Mercklinus Conradus. (1 Cl. App. Ind. Trid.)

Mercure (le) Jésuite, ou Recueil des pièces concernant le progrès des Jésuites, leurs écrits et différends, depuis l'an 1620 jusqu'à la présente année 1626. (Decr. 19 Martii 1633.)

Mercurio (il) Postiglione da questo all' altro Mondo. (Decr. 3 Aprilis 1669.)

Merenda Antonius. Disputationis de consilio minime dando extra casus regulæ ex duobus malis, juxta opinionem specificantem probabiliter actum pro licito, in concursu opinionis specificantis ipsum probabiliter pro illicito. Pars prima. *Nisi fuerit ex correctis juxta Decretum 20 Novembris* 1663.

Merlinus Ambrosius Britannus. Divinarum, seu obscurarum prædictionum liber I et II. (Ind. Trid.)

— *Vide* Alanus.

Mersman Franciscus. Conclusiones Seraphico-subtiles de gratia, justificatione et merito, quas justificare conabuntur Fr. Constantinus Letius, et Fr. Dionysius Wytterwige die 3 Junii 1694. Gandavi. (Decr. 7 Decembris 1694.)

Mersy (F. L.). *Vide* Sind Reformen in der Katholischen Kirche nothwendig ?.....

Merula Gaudentius. Memorabilium liber. *Nisi corrigatur.* (App. Ind. Trid.)

Merzilius Philippus. (1 Cl. App. Ind. Trid.)

Messingamus Thomas. Florilegium insulæ Sanctorum, seu vitæ et acta Sanctorum Hiberniæ. *Donec corrigatur.* (Decr. 23 Augusti 1634.)

Messio Hieronimo. Li giusti Discorsi per la unione di tutti i Principi de'Christiani, con i proverbj, e pronostici. (Ind. Trid.)

Mestrezat Gio. Della Communione con Jesù Cristo nell'Eucharistia contra i Cardinali Bellarmino, e de Perron. (Decr. 26 Octobris 1640.)
— *Et cætera ejusdem Opera omnia.* (Decr. 10 Maii 1757.)

Méthode pour étudier la Géographie, dans laquelle on donne une description exacte de l'Univers, tirée des meilleurs Auteurs, avec un discours préliminaire sur l'étude de cette science. Amsterdam, 1718. (Decr. 4 Decembris 1725.)

Mettrie (de la). OEuvres philosophiques. *Vol.* 2 Amsterdam, 1753. *Item* OEuvres philosophiques. Nouvelle édition, corrigée et augmentée. A Berlin, 1764. *Opuscula quibus constant, sunt hæc duodecim.*
— Discours préliminaire.
— Traité de l'Ame.
— Abrégé des Systèmes.
— Système d'Epicure.
— L'Homme Machine.
— L'Homme Plante.
— Les Animaux plus que Machines.
— Anti-Sénèque, ou Discours sur le bonheur.
— Epître à M¹¹ᵉ A. C. P., ou la Machine terrassée.
— Epître à mon esprit, ou l'Anonyme persiflé.
— La volupté. Par Mr. le Chevalier de M...., Capitaine au Régiment Dauphin.
— L'Art de jouir.
Omnia sive conjunctim, sive separatim. (Decr. Clementis XIV, 1 Martii 1770.)

Metz (Evêque de). Mandement et Instruction Pastorale pour la publication de la Constitution de N. S. P. le Pape du 8 Septembre 1713. (Decr. 22 Augusti 1714.)
— Mandement qui défend de réciter l'office imprimé de S. Grégoire VII. (Brevi Benedicti XIII, 8 Octobris 1729.)

Meur (Josephus le). Sorbonicorum Patronæ. Quæstio Theologica : *Quam sponsavit sibi Christus in sempiternum.* Osee 2. Theses quas propugnabit Joannes le Boucher, die 27 Maii 1713. (Decr. 21 Augusti 1714.)

Meursius Joannes. Athenæ Batavæ, sive de Urbe Leidensi et Academia, virisque claris, qui utramque illustrarunt, libri duo. Decr. 26 Januarii 1753.)

Meursius Joannes. Elegantiæ Latini sermonis. (Decr. 7 Februarii 1718.)

Meuslin Wolfgangus. *Vide* Musculus.

Meyer Joannes. (1 Cl. Ind. Trid.)

Meyer Sebastianus. (1 Cl. Ind. Trid.)

Meyer Simon. (1 Cl. App. Ind. Trid.)

Meyrer Hermannus. De Præferentiis Creditorum libri tres. (Decr. 3 Julii 1623.)

Michaelis Jean David. Introduction au Nouveau Testament. (Decr. 10 Septembris 1827.)

Michelini Hieronymus. Assertum responsivum pro defensione castitatis conjugalis. *Donec corrigatur.* (Decr. 17 Januarii 1703.)

Micrælius Johannes. Ethnophronius, tribus Dialogorum libris contra Gentiles de principiis Religionis Christianæ dubitationes. (Decr. 10 Junii 1658).

Microsynodus Noribergensis. (Ind. Trid.)

Micyllus. Jacobus. (1 Cl. Ind. Trid.)
— De re metrica libri tres (App. Ind. Trid.)

Mignet F. A. Storia della Rivoluzione Francese dal 1789 al 1814. (Decr. 5 Septembris 1825.)

ΜΙΚΡΟΠΡΕΣΒΥΤΙΚΟΝ. Veterum quorumdam brevium Theologorum, sive Episcoporum, sive Presbyterorum Elenchus. (App. Ind. Trid.)

Milichius Jacobus. (1 Cl. Ind. Trid.)

Militaire (le) Philosophe. *Vide* Opuscula sex.

Milizia Francesco. Lettere al Conte Francesco di Sangiovanni. (Decr. 31 Januarii 1834.)

Miller M. Catechismo riguardante la natura della Chiesa Cristiana, ed i doveri de'suoi membri colle prove tratte dalla S Scrittura. (Decr. 10 Septembris 1827.)

Millerus Jo. Petrus. *Vide* Moshemius.

Milletot (Benigne). Traicté du delict commun, et cas privilégié : ou de la puissance légitime des Juges séculiers sur les personnes Ecclésiastiques. (Decr. 3 Julii 1623.)

Millot (M. l'abbé). Eléments d'histoire générale. *Quocumque idiomate.* (Decr. 7 Julii 1835.)
—*Idem Opus.* Recato nell'Italiano da Lodovico Antonio Loschi con varie aggiunte ed annotazioni. (Decr. 7 Julii 1835.)

Miltonus Joannes. Litteræ Pseudo-Senatus Anglicani, Cromwellii, reliquorumque perduellium nomine, ac jussu conscriptæ. (Decr. 22 Decembris 1700.)
— Il Paradiso perduto. Poema Inglese, tradotto in nostra lingua de Paolo Rolli. (Decr. 21 Januarii 1732.)

Mini Bonaventura. Decisiones Theologicæ, ex quatuor Sententiarum libris Joannis Duns Scoti selectæ. (Decr. 7 Septembris 1695).

Mirabaud (*ementitum nomen*). *Vide* Système de la Nature.

Mirabilis liber, qui prophetias revelationesque, nec non res mirandas præteritas, præsentes et futuras aperte demonstrat. (Ind. Trid.)

Miraculis (de), quæ Pythagoræ, Apollonio Thianensi, Francisco Assisio, Dominico, et Ignatio Loyolæ tribuuntur. Editio nova multis adnotamentis aucta, Auctore Phileleuthero Helvetio. (Decr. 14 Novembris 1763.)

Miranda (Innocencio Antonio de). O Cidadao Lusitano. Breve Compendio em que se dimostrao os fructos da Constituçao, cos deveres do Cidadao Constitucional, etc. (Decr. 6 Septembris 1824.)

Mirepoix (de), Evêque. Mandement aux Fidèles de son Diocèse, 1714. *Cujus initium* : Mes chers frères, il n'est pas possible, etc. (Decr. 12 Decembris 1714.)

Miroir du Christianisme primitif, tiré des écrits des premiers Pères de l'Eglise. (Decr. 14 Jan. 1839.)

Miroir de l'histoire moderne de l'Europe, pour faire suite au tableau des révolutions de l'Europe, de Koch, première traduction italienne de Jean Tamassia. *Donec corrigatur.* (Decr. 15 Febr. 1838.)

Misnensis, *seu de Misa Jacobus, alias Jacobellus.* (1 Cl. Ind. Trid.)

Misnensis Petrus. (1 Cl. Ind. Trid.)

Misoscolo Eureta. *Vide* Pona.

Missa (de) audienda diebus festis ex præcepto. *Incipit :* Quod est solemne, ut materiæ, de qua agitur, laudatio in fronte operis præfigatur, etc. (Decr. 18 Junii 1680.)

Missa Evangelica. (App. Ind. Trid.)

Missa Latina, quæ olim ante Romanam circa septingentesimum Domini annum in usu fuit : item quædam de vetustatibus Missæ scitu valde digna; adjuncta est B. Rhenani Præfatio in Missam Chrysostomi a Leone Tusco anno 1070 versam, cum Præfatione Mathiæ Flacii Illyrici. (App. Ind. Trid).

Missæ genuinam notionem eruere ejusque celebrandæ rectam methodum monstrare tentavit D. J. Baptista Hirscher. (Decr. 20 Januarii 1823.)

Misson (Mr. *Maximilien*). Nouveau voyage d'Italie, avec un Mémoire contenant des avis utiles à ceux qui voudront faire le même voyage. (Decr. 18 Julii 1729.)

Mitternacht Johannes Sebastianus. Hexas Dissertationum, sive Programmatum de putidissimis Papæorum fabulis, cum Appendice de abominanda barbarie, quæ rem litterariam ante Lutherum foedaverat. (Decr. 18 Maii 1677.)

Donec corrigantur. (Decr. 3 Julii 1623.)

Mizaldus Antonius. Memorabilium, utilium, ac jucundorum Centuriæ ix.

— Historia Hortensium, quatuor opusculis methodice contexta.

Mochius Petrus. De cruciatu, exilioque cupidinis Dialogus. (App. Ind. Trid.)

Modec Henricus. (1 Cl. App. Ind. Trid.)

Modestus (Veranius) Pacimontanus. Detensio insontis libelli, de officio pii viri. (App. Ind. Trid.)

Modo di tenere nell'insegnare, e nel predicare al principio della Religion Cristiana. (Ind. Trid.)

Modo, e via breve di consolare quelli, che stanno in pericolo di morte. (Ind. Trid.)

Modo (breve) qual deve tenere ciascun Padre, etc. (Ind. Trid.)

Modrevius Andreas Fricius. (1 Cl. Ind. Trid.)

Modus confitendi, et modus orandi. *Apud. Stephanum Doletum.* (App. Ind. Trid.)

Modus Orandi, et confitendi. (App. Ind. Trid.)

Modus (simplex et succinctus) orandi. (Ind. Trid.)

Mœurs (les). (Decr. 21 Novembris 1757.)

Moibanus (Ambrosius) Uratislaviensis. (1 Cl. Ind. Trid.)

Moine (le) sécularisé. (Decr. 19 Septembris 1679.)

Mojon B. Leggi Fisiologiche. (Decr. 18 Januarii 1820.)

Mokerus Antonius. (1 Cl. App. Ind. Trid.)

Molarcha Ægidius. Præludia Apologiæ Teneramundanorum Birgittanorum contra libellum D. Cornelii Ooms intitulatum : Vindiciæ pro Antonio Triest Episcopo Gandavensi. (Decr. 18 Decembris 1646.)

Molhusensis Christophorus. (1 Cl. App Ind. Trid.)

Molinæus Carolus. (1 Cl. Ind. Trid.)

(Decr. 10 Junii 1659.)

— Consilium de commodis, vel incommodis novæ Sectæ, seu factitiæ Religionis Jesuitarum.

— Consilium super facto Concilii Tridentini.

— *Libri autem Juris Canonici, et Catholicorum Auctorum, in quibus habentur Postillæ, et notæ ejusdem, non permittuntur, nisi iis delectis et emendatis juxta Censuram jussu Clementis VIII, impressam Romæ anno* 1602. (Ind. Alexand. VII).

Molinæus Petrus. (1 Cl. Ind. Trid.)

Molinæus, seu du Moulin Petrus. *Opera omnia.* (Decr. 12 Decembris 1624, et 10 Maii 1757.)

Molinos (Michael de). *Opera omnia tam edita, quam manuscripta.* (Bulla Innocentii XI, 20 Novembris 1687.)

Mollerus Daniel. Semestrium libri v. (Decr. 30 Januarii 1610.)

Mollerus Henricus (1 Cl. App. Ind. Trid.)

Mollerus Martinus. (1 Cl. App. Ind. Trid.)

Molossio. *Vide* Sofilo.

Moltherus Menradus. (1 Cl. Ind. Trid.)

(Decr. 12 Martii 1703.)

Momma Wilhelmus. OEconomia Temporum Testamentaria triplex. De varia conditione Ecclesiæ Dei sub triplici œconomia Patriarcharum, et Testamenti veteris, et novi. Tomus I et II.

— Prælectiones Theologicæ de adventu Schiloh ad Genes. 49, 10, et de variis Theologiæ capitibus.

Monaca (la) ammæstrata del Diritto, che ha il Principe sopra la Clausura, e nella liberta che le rimane di ritornarsene a Secolo soppresso il Monistero, e l'Istituto. (Decr. 26 Septembris 1783.)

Monarchia (de non speranda nova). Dialogus. (Decr. 15 Maii 1714.)

Monarchia (della) universale de' Papi. *Respondit Jesus : Regnum meum non est de hoc Mundo. Joan.* XVIII. 36. Discorso, 1789. *Sine nomine Auctoris, et Annotatione loci* (Decr. 2 Julii 1804.)

Monbron (Jacobus de). Disquisitio Historico-Theologica, an Jansenismus sit merum phantasma. Pars I, II et III. (Decr. 19 Maii, et 7 Decembris 1694.)

Moncæjus Franciscus. Aaron purgatus, sive de Vitulo aureo libri duo. (Decr. 7 Septembris 1609.)

Monde (le) dans la Lune, divisé en deux

livres, le premier prouvant que la Lune peut être un monde; le second que la terre peut être une Planète, de la traduction du Sr. de la Montagne. (Decr. 12 Martii 1703.)

Monde (le), son Origine et son Antiquité. (Decr. 24 Maii 1771.)

Monhemius Johannes. (1 Cl. App. Ind. Trid.)

Moni (le Sr. de). Histoire Critique de la créance, et des coutumes des nations du Levant. (Decr. 2 Julii 1686).

Monita politica ad Sacri Romani Imperii Principes de immensa Romanæ Curiæ potentia moderanda. (Decr. 10 Maii 1613.)

Monita privata Societatis Jesu. (Decr. 16 Martii 1621).

Monita salutaria B. V. Mariæ ad cultores suos indiscretos. *Donec corrigantur*. (Decr. 19 Junii 1674.)

Monita salutaria B. V. Mariæ vindicata per notas salutares ad libellum intitulatum : Cultus B. V. Mariæ vindicatus P. Hieronymi Henneguier, et similes scriptores; auctore quodam Regulari orthodoxi cultus Beatissimæ Virginis Mariæ zelatore. Cui accedit Appendix contra Defensionem B. Virginis Mariæ Ludovisii Bona. (Decr. 22 Junii 1676.)

Monitum Congregationi Ecclesiæ, etc. *Vide* Hogan Guglielmus.

Monitum Comitatus Ecclesiæ, etc. *Vide* Address of the committee, etc.

Monitum R^mo Episcopo, etc. *Vide* Address to the Right Rev., etc.

Monnerus Basilius. Tractatus duo I, de Matrimonio; II, de clandestinis Conjugiis. (Decr. 22 Novembris 1619.)

Monoclologia. *Vide* Philosophili Joannis.

(Decr. 15 Januarii 1714.)

Montacutius Richardus. Antidiatribæ ad priorem partem Diatribarum J. Cæsaris Bulengeri adversus Exercitationes Isaaci Casauboni.

— Analecta Ecclesiasticarum Exercitationum.

— Apparatus ad Origines Ecclesiasticas.

— De Originibus Ecclesiasticis Commentationum. Tomus I.

— ΘΕΑΝΘΡΩΠΙΚΟΝ, seu de vita Jesu Christi Domini Nostri, originum Ecclesiasticarum libri duo.

Montaigne (Michel de). Les Essais. (Decr. 12 Junii 1676.)

Montalto (Luiggi da). *Vide* le Provinciali, o lettere scritte, etc.

Montanerii Arnoldus. (1 Cl. Ind. Trid.)

Montanus Arnoldus. Diatriba de usu carnium, et Quadragesima Pontificiorum. (Decr. 29 Maii 1690.)

— Caii Julii Cæsaris quæ extant, cum selectis variorum commentariis. (Decr. 4 Martii 1709.)

Montanus Joannes Fabricius. *Vide* Fabricius.

Monte (Gaufridus de). Tractatus super materia Sacri Concilii, factus in Basilea anno Domini 1436. (Ind. Trid.)

Monteforti (Lucas a). Domus sapientiæ septem suffultis per allegoriam columnis, Mariæ cultoribus novissime ædificata. (Decr. 10 Junii 1658.)

Monte (a) Piloso Angelus. *Vide* Vulpes.

Monte (de) Sancto Gratia Dei. Epistolæ piæ, et christianæ. (Ind. Trid.)

Montesperato (Ludovicus de). Vindiciæ pacificationis Osnabrugensis et Monasteriensis. (Decr. 10 Junii 1654.)

Montgeron (Mr. de). *Vide* Carré.

Monti Vincenzo. Prolusioni agli studj dell'Università di Pavia per l'anno 1804. (Decr. 9 Decembris 1806.)

— Il Fanatismo, e la Superstizione. Poemetti due. (Decr. 17 Decembris 1821.)

Montlosier (M. le Cte de). Mémoire à consulter sur un système religieux et politique, tendant à renverser la Religion, la Société et le Trône. (Decr. 12 Junii 1826.)

— Du Prêtre, et de son ministère dans l'état actuel de la France. (Decr. 31 Januarii 1834.)

Montpellier (Charles-Joachim Evêque de). *Vide* Colbert.

Monumenta Sanctorum Patrum Orthodoxographa, hoc est Theologiæ sacrosanctæ, ac sincerioris fidei Doctores numero circiter LXXXV. Auctores partim Græci, partim Latini. *Donec corrigantur*. (App. Ind. Trid.)

Monza (da) Massimo. Gloria di S. Anna, e pratica di alcune devotioni da farsi in suo honore. (Decr. 25 Januarii 1684.)

Morale (la) pratique des Jésuites, représentée en plusieurs Histoires arrivées da s toutes les parties du Monde. (Decr. 30 Julii 1671, et 27 Maii 1687.)

Morale (la) universelle ou les devoirs de l'homme fondés sur sa nature. (Decr. 4 Ju ii 1837.)

Morano Francesco Maria. Risposte date da un Teologo per sciogliment di alcuni quesiti fattigli da più Confessori desiderosi di bene indirizzare l'anime a Dio. (Decr. 11 Martii 1704.)

Morardi G. Chiesa Subalpina l'Anno XII della Rep. Francese. Torino. Anno x, presso Michelangelo Morano. (Decr. 22 Decembris 1817.)

Morardo Gaspare. Opuscoli sopra diversi oggetti. *Et ejusdem Auctoris Opera omnia*. (Decr. 17 Decembris 1821.)

Morata Olympia Fulvia. Dialogi, Epistolæ et Carmina. (App. Ind. Trid.)

Mordechai Fil. Arje Loew, אברהם של. *Id est : Nemus Abrahæ*. (Decr. 17 Januarii 1703.)

Morgan (lady). L'Italie. (Decr. 26 Augusti 1822.)

Morgenstern Benedictus. (1 Cl. Ind. Trid.)

Morhofius Daniel Georgius. De ratione conscribendarum Epistolarum Libellus (Decr. 21 Januarii 1721.)

— Polyhistor Litterarius, Philosophicus, ac practicus, cum accessionibus Joannis Frickii et Joannis Molleri. (Decr. 14 Januarii 1737.)

Morisinus, seu Morisonus (Richardus) Anglus. (1 Cl. Ind. Trid.)

Morlin Martinus. (1 Cl. App. Ind. Trid.)

Morlinus Joachimus. (1 Cl. Ind. Trid.)

Mornay (Filippo de). La Storia del Papato;

jam prohibita inter opera ejusdem Auctoris in Ind. Conc. Trid. et Decr. 16 *Martii* 1621, ora tradotta in Italiano con Note da Paolo Rivarola. Tom. I, II, III, IV. In Pavia Anno IV Repubblicano, 1796. (Decr. 26 Septembris 1818.)

Mornæus, *seu* Mornayus (Philippus), Plesseus. *Opera omnia.* (1 Cl. App. Ind. Trid., et Decr. 16 Martii 1621.)

Moro Mauritio. Giardino de' Madrigali, e Selva di varii pensieri. (Decr. 7 Augusti 1603.)

Morsius Rodericus, *qui et Henricus Brinkelow.* (1 Cl. App. Ind. Trid.)

Morte (de) non timenda. (App. Ind. Trid.)

Mortonval M. Fray-Eugenio ou l'Auto-da-Fé de 1680. (Decr. 11 Junii 1827.)

Morus Alexander. Causa Dei, seu de Scriptura sacra Exercitationes Genevenses. (Decr. 7 Octobris 1673.)

Morus (Henricus) Cantabrigiensis. Opera omnia, tum quæ Latine, tum quæ Anglice scripta sunt. (Decr. 22 Decemb. 1700, et 12 Martii 1703.)

Mosellanus Joannes. (1 Cl. App. Ind. Trid.)

Mosellanus Petrus. Prædologia in puerorum usum conscripta. (Ind. Trid.)

Moshaim (Robertus a). (1 Cl. Ind. Trid.)

Moshemius Johannes Laurentius. Institutiones Historiæ Christianæ majores. Sæculum primum. (Decr. 11 Septembris 1750.)

(Decr. 22 Februarii 1753.)

— Institutiones Historiæ Christianæ antiquioris.

— Institutiones Historiæ Christianæ recentioris.

— Dissertationum ad Historiam Ecclesiasticam pertinentium Volumen I et II. *Donec expurgentur.* (Decr. 22 Februarii et 16 Maii 1753.)

— Institutionum Historiæ Christianæ Compendium; *Auctore Jo. Petro Millero.* (Decr. 14 Aprilis 1755.)

— Commentatio de Consecrationibus Episcoporum Anglorum. *Vide* Kiörningius.

Motivum Juris in causa Doctoris Martin. *Vide* Martin.

Motivum Juris pro Capitulo Cathedrali Harlemensi. *Vide* Swaan.

Motivum Juris pro D. Guilielmo van de Nesse. *Vide* Nesse.

Motivi dell'Opposizione del Cittadino Vescovo di Noli alla publicazione di un Decreto del S. Uffizio di Genova, relativo alla Costituzione *Auctorem Fidei* di Pio VI, e della dinunzia fattane al Ser^{mo} Senato l'anno 1794. Genova 1798. Stamperia della Libertà in Canneto. (Decr. 30 Septembris 1817.)

Motthæus (Gaspar) Schmalkaldensis. (1 Cl. App. Ind. Trid.)

Moulin (Cyrus du). Le Pacifique, ou de la paix de l'Eglise. (Decr. 30 Junii 1671.)

Moulin (Mr.), curé des Barils. Lettre écrite à Monseigneur l'Evêque d'Evreux le 28 Décembre 1716. (Decr. 17 Februarii 1717.)

Moulin (Pierre du). *Vide* Molinæus *Petrus.*

(Decr. 11 Martii 1704.)

Moya (Matthæus de). Quæstiones selectæ in præcipuis Theologiæ Moralis Tractatibus. Tomus I.

— Appendix ad quæstiones selectas prioris Tomi. Tomus II.

Moyen court et très-facile pour l'oraison, que tous peuvent pratiquer très-aisément, et arriver par là en peu à une haute perfection. (Decr. 29 Novembris 1689.)

Moyens sûrs et honnêtes pour la conversion de tous les Hérétiques, et avis et expédients salutaires pour la réformation de l'Eglise. (Decr. 14 Januarii 1737.)

Moyne (Stephanus le). Varia sacra, seu Sylloge variorum Opusculorum Græcorum. Tomus I. (Decr. 1 Decembris 1687.)

— In Varia sacra Notæ, et Observationes. Tomus II. (Decr. 29 Maii 1690.)

Mozzagrugnus Josephus. Narratio rerum gestarum Canonicorum Regularium. (Decr. 12 Decembris 1624.)

Muchkius Johannes (1 Cl. Ind. Trid.)

(Decr. 22 Maii 1745.)

Muelen (Guilielmus vander). Dissertatio de ortu et interitu Imperii Romani, et de sanctitate summi Imperii Civilis.

— Dissertationes Philologicæ de die Mundi, et rerum omnium natali. Accedit defensio Dissertationis de origine Juris naturalis.

Mullerus Vitus. (1 Cl. App. Ind. Trid.)

Muncerus Andreas. (1 Cl. App. Ind. Trid.)

Muncerus, *seu* Muntzerus Thomas. (1 Cl. Ind. Trid.)

Munderus Henricus Sthenius. (1 Cl. App. Ind. Trid.)

Munsholt (Abrahamus a) Antuerpiensis. (1 Cl. App. Ind.)

Munsterus Sebastianus. (1 Cl. Ind. Trid.)

— Psalterium Hebraicum, Græcum, Latinum cum annotationibus. (App. Ind. Trid.)

Muratore Carlo Antonio. Orazioni Panegiriche. Parte I e II. *Donec corrigantur.* (Decr. 13 Martii 1679.)

Murnarus Leviathan, vulgo dictus Geltnar oder Gensz prediger. (Ind. Trid.)

(Decr. 4 Martii 1709.)

Musæus Joannes. Dissertatio de æterno electionis decreto, an ejus aliqua extra Deum causa impulsiva detur, nec ne.

— De luminis naturæ insufficientia ad salutem, Dissertatio contra Eduardum Herbert de Cherbury.

Musæus Raphael. (1 Cl. Ind. Trid.)

Musæus Simon. (1 Cl. Ind. Trid.)

Musculus Abrahamus. (1 Cl. App. Ind. Trid.)

Musculus Andreas. (1 Cl. Ind. Trid.)

Musculus Bartholomæus. Conclusionum Civilium de successione conventionali et anomala, Classis prima. (Decr. 12 Novembris 1616.)

Musculus, *alias* Meuslin Wolfgangus. (1 Cl. Ind. Trid.)

Muslerus Joannes. (1 Cl. Ind. Trid.)

Mutius (Huldricus) Hugvaldus. (1 Cl. Ind. Trid.)

Mutuis (de) officiis Sacerdotii et Imperii. *Vide* Riflessioni del Theologo Piacentino.

Myconius Fridericus. (1 Cl. Ind. Trid.)

Myconius Oswaldus. (1 Cl. Ind. Trid.)
Mylius Crato. (1 Cl. Ind. Trid.)
Mylius Georgius. (1 Cl. App. Ind. Trid.)
Mylius Henricus. (1 Cl. App. Ind. Trid.)
Myon Eutychius, *qui et Wolfgangus Musculus*. (1 Cl. Ind. Trid.)
Mysteria Patrum Jesuitarum. (Decr. 23 Augusti 1634.)

N

Nali Marcantonio, Avvisi di Parnaso ai Poeti Toschi. (Decr. 18 Decembris 1646.)
Naogeorgus Theodorus. (1Cl. App. Ind. Tr.)
Naogeorgus Thomas. (1 Cl. Ind. Trid.)
Nardi Joannes Leonis, *qui et Joannes Leonardus Sertorius*. (1 Cl. App. Ind. Trid.)
Narratio eorum, quæ contigerunt in Patria inferiori an. 1566. (App. Ind. Trid.)
Narratione (Vera) del massacro degli Evangelici fatto dai Papisti ribelli nella maggior parte della Valtellina nell' anno 1620, a dì 9 di Luglio. (Decr. 16 Martii 1621.)
Nature (de la). A Amsterdam, chez E. Van-Harrevelt, 1761. (Decr. S. Officii 6 Septembris 1762.)
Natta Giacomo. Riflessioni sopra il Libro intitolato : Della Scienza chiamata Cavalleresca. (Decr. 7 Februarii 1718.)
Nave Giusto. Fra Paolo Sarpi giustificato, Dissertazione Epistolare. (Dec. 11 Martii 1754.)
Neander (Conradus) Bergensis. (1 Cl. App. Ind. Trid.)
Neander (Michael) Soraviensis. (1 Cl. App. Ind. Trid.)
Nebulo Nebulonum, hoc est joco-seria nequitiæ censura, annis ab hinc c rhythmis Germanicis edita, deinde latinitate donata a Jo. Flitnero Franco. (Decr. 7 Februarii 1718.)
Neccerus, *seu* Neckerus Georgius. (1 Cl. Ind. Trid.
Necessità e utilità del Matrimonio degli Ecclesiastici, in cui si dimostra , che il Papa può dispensare quelli, che chieggono. Si aggiunge una Lettera a' Sovrani Cattolici con una breve Dissertazione Storica, e Filosofica supra il Celibato, e il Progetto dell' Abate S. Pierre. (Decr. 26 Augusti 1771.)
Nectarius Patriarcha Hierosolymitanus. Confutatio Imperii Papæ in Ecclesiam. (Decr. 4 Martii 1709.)
Neller Georgius Christophorus. Ad 3 Septembris 1766. Exercitium juridicum... thesibus ex jure vario propositis, una cum Apologia historico-canonica pro Sancta Provincia Romana, Johannem XII Papam ut Apostatam anno 963 reprobante, et coram Ottone M. Imperatore, Henrico I. Treviren, aliisque Germaniæ et Italiæ Archi, et Episcopis, Leonem VIII, canonice eligente. (Decr. 25 Maii 1767.)
Neocorus Timotheus. (1 Cl. Ind. Trid.)
Neofanius Melchior. (1 Cl. App. Ind. Trid.)

(Decr. 23 Augusti 1634.)

Nerius Vincentius. Expositio nova in verbum : Hoc judicium.
— Luminoso Sole, per mezzo del quale l'anima Cristiana può entrare nel sacro Regno della mistica Teologia.

Nesekius Nathanael, *qui et Theodorus Beza*. (1 Cl. Ind. Trid.)
Nesenus Wilhelmus. (1 Cl. Ind. Trid.)

(Decr. 26 Octobris 1707.)

Nesse (Gulielmus van de). Motivum juris apud Senatum Brabantiæ contra Archiepiscopum Mechliniensem.
— Appendix ad Motivum juris apud Senatum Brabantiæ, contra Archiepiscopum Mechliniensem.
Neuhusius Edo. Fatidica sacra, sive de divina futurorum prænunciatione libri duo. (Decr. 26 Octobris 1640.)
— Theatrum ingenii humani, sive de cognoscenda hominum indole, et secretis animi moribus. (Decr. 18 Maii 1677.)
Nevizanus (Joannes) Astensis. Sylva nuptialis. *Donec corrigatur*. (App. Ind. Trid.)
Neumayr Franciscus. Fragt. ob der Probabilismus oder die gelindere Sitten lehre Katolischer chulen abscheulich, und zu vermaledeyen seye? Beantwortet... der Reichsstadt Augsburg... Wider die Protestantischen Zeitungs-Schreiber am Oster-Dienstag im Jahr Christi 1759, etc. *Latine* : Quæstio, an Probabilissimus, sive mitior moralis doctrina Catholicarum Scholarum horribilis, et maledicenda sit? Resoluta...... in Imperiali Civitate Augustæ...... contra Protestantium Scriptores, vulgo Novellistas, tertia Paschatis die anno Christi 1759, etc. (Decr. S. Officii 29 Maii 1760.)
Newheuser Samuel. (1 Cl. App. Ind. Trid.)
Newtonianismo (il) per le Dame, ovvero Dialoghi sopra la luce, i colori, e l'attirazione. (Decr. 13 Aprilis 1739.)
Nicocleonte Collenuccio. Lo Scudo, e l'Asta del Soldato Monferrino. (Decr. 30 Junii 1671.)
Nicodemo da Firenze. *Vide* da Firenze.
Nicodemus. De Magistri et Salvatoris nostri Jesu Christi passione, et resurrectione Evangelium. (Ind. Trid.)
Nicolai Henricus. Miscella Theologica de sanctimonia, bonis operibus, loquendi et sentiendi modis in illis, et superstitiosis quibusdam festis. (Decr. 10 Junii 1654.)
Nicolai Joannes. Demonstratio, qua probatur Gentilium Theologiam ex fonte Scripturæ originem traxisse. (Decr. 14 Aprilis 1682.)
Nicolai Joannes Georgius. Tractatus de Repudiis, et Divortiis ex jure Divino, Canonico, Civili, et Provinciali. (Decr. 7 Februarii 1718.)
Nicolai Melchior. Jubar cœlestis veritatis in medio tenebrarum Papisticarum rutilans. (Decr. 3 Aprilis 1669.)
Nicolaus Henricus. (1 Cl.) *et libri omnes his litteris signati* H. N. (App. Ind. Trid.)
Nicolaus Joannes. *Vide* Abudacnus.
Niem *seu* Niemus (Theodoricus de). Historia de Schismate inter Urbanum VI, Clementem Antipapam, et successores. (App. Ind. Trid.)
Nieremberg Juan Eusebio. Vida de S. Ignacio de Loyola Fundador de la Compania de Jesus. *Donec corrigatur*. (Decr. 18 Decembris 1646.)

Niesielski Adamus. Speculum zeli pro Clero in materia Decimarum adversus Polanam Societatem Jesu. (Decr. 4 Julii 1661.)

Niger (Franciscus) Bassanensis. (1 Cl. Ind. Trid.)

Niger Georgius. (1 Cl. App. Ind. Trid.)

Nigrinus Georgius. (1 Cl. App. Ind. Trid.)

— Conciones in Apocalypsin. (App. Ind. Trid.)

Nigromonte (Lampertus de). (1 Cl. Ind. Trid.)

Nilus Thessalonicensis. Libellus de Primatu Romani Pontificis a Mathia Flacio Illyrico in Latinum sermonem conversus.(App. Ind. Trid.)

Nipotismo (il) di Roma, ovvero relatione delle ragioni, che muovono i Pontefici all'aggrandimento de'Nipoti. (Decr. 21 Martii 1668.)

Nisæus Johannes. (1 Cl. App. Ind. Trid.)

Noailles (Gaston-Jean-Baptiste-Louis de), Evêque de Châlons. Lettre Pastorale, et Mandement au sujet de la Constitution de Notre Saint Père le Pape du huit Septembre 1713. *Châlons, le 15 de mars 1714*. (Decr. 2 Maii 1714.)

Noja Francesco. Discorsi critici su l'Istoria della vita di S. Amato Prete, e primo Vescovo di Nusco, con una Lettera, ove si dà accurato giudizio del Sacco di San Francesco. (Decr. 15 Januarii 1714.)

Noir (Mr. Jean le). Lettre à Madame la Duchesse de Guise, sur le sujet de l'Hérésie de la domination Episcopale, qu'on établit en France. (Decr. 26 Junii 1681.)

Nolden Josias. De statu Nobilium civili synoptica Tractatio. (Decr. 17 Decembris 1623.)

Noldius Christianus. Leges distinguendi, seu de virtute et vitio distinctionis. (Decr. 10 Junii 1659.)

Nomenclator insignium Scriptorum, quorum libri extant vel manuscripti, vel impressi. (Ind. Trid.)

Noodighen (den) Leydts-man tot den dienst Godts, verciert met vyf-en-twintig liedekens, vyt-gheghevendooreenen Lief-hebber vanden Catechismus. *Id est : Necessarius Conductor ad cultum Dei, ornatus viginti quinque cantionibus editis per Amatorem Catechismi.* (Decr. 6 Augusti 1682.)

Noodt Gerardus. Opera omnia, ab ipso recognita, et aucta, et emendata multis in locis. (Decr. 14 Januarii 1737.)

(Decr. 1 Aprilis 1745.)

Norberto (P.) Memorie Storiche intorno alle Missioni dell'Indie Orientali.

— *Eædem Gallice*.

— Mémoires Historiques Apologétiques, présentés en 1751 au Souverain Pontife Benoît XIV. Tome III. (Decr. 24 Novembris 1751.)

Normant (Joannes le). Vera, ac memorabilis Historia de tribus Energumenis in partibus Belgii, et de quibusdam aliis Magiæ complicibus. (Decr. 12 Decembris 1624.)

Norme per l'Istruzione della Religione Cattolica ad uso delle classi inferiori di Grammatica, etc. (Decr. 11 Junii 1827.)

DICTIONNAIRE DES HÉRÉSIES. II.

Notæ breves in Epistolam ad Catholicos Hollandiæ, quæ sub nomine Pontificis Clementis XI circumfertur, per Jurisconsultum Batavum. (Brevi Clement. XI, 4 Octobris 1707.)

Notæ in Justi Lipsii Epistolas et Carmina, *edit. Hardevici*. (Decr. 4 Februarii 1627.)

Notæ in S. Joannis Chrysostomi Opera, *quæ habentur Tomo* VIII *editionis Etonæ* 1612. (Decr. 16 Martii 1621.)

Notæ veræ Ecclesiæ. (Ind. Trid.)

Notizia (breve) del santo Habitino, che si dispensa da' Padri Teatini ad onore dell'Immacolata Concezione di Maria Vergine, in virtù d'un Breve Apostolico di Clemente X confermato con altro del Regnante Sommo Pontefice in data delli 12 Maggio 1710. Decr. Sacr. Congr. Indulgent. 24 Februarii 1712.)

Notizia (vera) della diversità dell'indulgenza plenaria quotidiana concessa da Papa Innocenzo XII a S. Maria degl' Angeli, da quella, che concesse Onorio III al a piccola Basilica della Porziuncula d'Assisi *Firma tamen remanente Indulgentia Plenaria quotidiana ab Innocentio XII concessa*. (Decr. Sacr. Congr. Indulgent. 5 Julii 1735.)

Notizie istorico critiche intorno alla vita, ai'costumi, ed alle Opere dell'Ab.D. Giuseppe Zola. (Decr. 5 Septembris 1825.)

Notre-Dame de Paris, par Victor Hugo. (Decr. 28 Julii 1834.)

Notulæ ad Decretum Archiepiscopi Mechliniensis, datum Bruxellis die 29 Augusti 1674, et conclusum 14 Junii ejusdem anni. (Decr. 9 Februarii 1683.)

Nouë (Sieur *François* de la). Discours politiques et militaires. (Decr. 30 Januarii 1610.)

Nouveau manuel de Phrénologie par George Combe, ouvrage traduit de l'Anglais et augmenté d'additions nombreuses et de Notes, par le Docteur J. Fossati. (Decr. 14 Februarii 1837.)

Nouveau (le) Monde industriel. *Vide* Fourier Ch.

Nouveau système de Chimie. *Vide* Raspail F. V.

Nouveaux Mélanges philosophiques, historiques, critiques, (*absque data loci*) in quatuordecim Tomos divisa. (Decr. 15 Novembris 1773, 16 Februarii 1778, et Fer. 5, 22 Augusti 1782.)

Nouvelle (la) Héloïse, ou Lettres de deux Amans, habitans d'une petite ville au pied des Alpes, recueillies et publiées par J. J. Rousseau, Citoyen de Genève. Nouvel édition, augmentée des Amours et Aventures d'Edouard Bomston. A Paris, chez les Libraires Associés, 1793. (Decr. 9 Decembris 1806.)

Nouvelles (les) transactions sociales, religieuses et scientifiques de Vitomnius. (Decr. 22 Septembris 1836.)

Nouvelles de la République des Lettres. *Opus Petri Bayle*. (Decr. 29 Maii 1690, et 21 Aprilis 1693.)

Nouvelles Ecclésiastiques, ou Mémoires pour servir à l'histoire de la Constitution *Unigenitus*. (Decr. 28 Julii 1742 et 10 Maii 1757.)

— Suite des Nouvelles Ecclésiastiques du 20 Février 1740, 20 Juin 1740, 20 Mars 1741, *et reliquorum annorum*. (Decr. 19 Aprilis 1740, 6 Julii 1741 et 10 Maii 1757.)

Novarinus Aloysius. Electa Sacra. *Editionis Lugdunensis ann*. 1629. *Nisi auferatur Epistola Dedicatoria Laurentii Durand impressoris, qua ablata permittuntur*. (Decr. 9 Maii 1636.)

— Vita di Maria nel ventre di S. Anna. *Donec corrigatur*. (Decr. 11 Junii 1642.)

Novella della Giulleria. *Vide* Scelta di Prose, e Poesie.

Novelle amene del Cittadino Casti. Vol. 4. (Decr. 2 Julii 1804.)

Novelle di Autori Senesi. (Decr. 12 Junii 1826.)

Novelle piacevoli, e morali di un Viaggiatore incognito. Amsterdam, 1802. *Quarum initium :* La santa Verità. (Decr. 22 Decembris 1817.)

Novena in onore dell' Immacolata Concezione di Maria data in luce da un suo divoto. Venezia, 1739. (Decr. 4 Maii 1742.)

Noviomagus Gerardus, *qui et Gerardus Geldenhaurius Noviomagus*. (1 Cl. App. Ind. Trid.)

Novità del Papismo comprovata colla ragione, la scrittura, ed il senso comune, vovero discorso dirizzato ai Fedeli di ogni communione, nel quale dimostrasi di aver la Religione Protestante esistito pria di Lutero e che sia quella stessa promulgata da Cristo, e da suoi Apostoli. (Decr. 26 Martii 1825.)

Novus Prosper contra novum Collatorem. (Decr. 13 Aprilis 1654.)

Nowellus Alexander. (1 Cl. App. Ind. Trid.)

Nullitatibus (de), aliisque defectibus Schedulæ. *Vide* Desirant Bernardus.

Nuovi Dialoghi Italiani de' Morti coll'aggiunta di tre altri tradotti dal Francese. (Decr. 22 Aprilis 1776.)

Nuovo dizionario degli Uomini illustri. (Decr. 11 Junii 1827.)

Nuovo Piano d'istruzione. *Vide* Regulèas Giovanni.

Nuovo Testamento secondo la Volgata tradotta in Lingua Italiana da Monsignor Antonio Martini Arcivescovo di Firenze. Livorno, 1818. (Decr. 6 Septembris 1819.) *Item* Italia, 1817. (Decr. 17 Januarii 1820.) *Item* Il Nuovo Testamento del Nostro Signor Gesù Cristo : Edizione Stereotipa Shatklewell : dai Torchi di T. Rutt. 1813. (Decr. eod.) Juxta Decreta S. Congregationis Indicis 13 Junii 1757 et 23 Junii 1817.

Nuptiæ Parisinæ 1572, *sive* Ternio Epistolarum de Nuptiis Parisiensibus, *una cum præfatione in easdem Christiani Friderici Franckensteinii*. (Decr. 5 Julii 1728.)

Nycols Philippus. (1 Cl. App. Ind. Trid.)

O

Obedientiæ credulæ vana religio, seu silentium religiosum in causa Jansenii explicatum, et salva fide, ac auctoritate Ecclesiæ vindicatum adversus Theologum Leodiensem. (Decr. 29 Julii 1722.)

Obenhin, *seu* Obenhein, *vel* Obenhenius (Christophorus) Ottingensis. (1 Cl. App. Ind. Trid.)

Oberhauser Benedictus. Theses ex Jure Canonico; Ex historia de Processu judiciali antiquo. — Theses Canonicæ in proœmium Juris Canonici, de Legum materia. — Theses ex Jure Canonico et Civili; Ex historia Juris Ecclesiastici. — Theses Canonicæ de usu sacræ potestatis maxime in Germania. — Generalia ex historia. *Propugnatæ fuerunt respective diebus* 20 *Aprilis*, 13 *Julii*, 19 *Augusti* 1761 *et* 26 *Januarii* 1763, *in perillustri Conventu ad S. Salvatorem Fuldæ*.

— Prælectiones canonicæ juxta titulos Libri I, II et III Decretalium, ex Monumentis, Auctoribus et Controversiis melioris notæ... hodierno eruditionis genio et studio accommodatæ Vol. 3. *Quas Theses, ac Prælectiones, juxta Decretum* 16 *Februarii* 1764 *proscriptas, Auctor ipse laudabiliter ac solemniter reprobavit*.

Oberrauch Herculanus. *Vide* Institutiones justitiæ Christianæ.

Oberthur Dr. Franciscus. Meine ansichten von der Bestimmung der Domkapitel und von dem Gottesdienste in den Kathedral Kirchen. *Latine vero :* Mea sententia super institutione Cathedralis, nec non Divini Cultus in Ecclesiis Cathedralibus. (Decr. 12 Junii 1826.)

Ο ΒΙΟΣ ΚΑΙ Η ΜΑΡΤΥΡΙΑ ΤΟΥ ΑΓΙΟΥ ΙΩΑΝΝΟΥ ΤΟΥ ΒΑΠΤΙΣΤΟΥ. *Latine vero :* Vita et Passio S. Joannis Baptistæ. (Decr. 26 Martii 1825.)

Obligation (l') des Fidèles de se confesser à leur Curé. (Decr. 30 Januarii 1659.)

Obscurorum virorum Orationum volumina duo, (App. Ind. Trid.)

Obscurorum (ex) virorum salibus cribratus Dialogus. *Vide* Dialogus.

Observationes pacificas. *Vide* Padua Melato.

Observationes in controversiam de Gratia efficaci relatam in libris Augustini le Blanc, et Theodori Eleutherii. (Decr. 4 Decembris 1725.)

Observationes in quinque Epistolas, quæ circumferuntur nomine Universitatis Salmanticensis, ac præsertim in quintam, scriptæ ad illos, a quibus legitur prima subscripta. (Decr. 29 Julii 1722.)

Obsopœus Vincentius. (1 Cl. Ind. Trid.)

Occident et Orient. Etudes politiques, morales, religieuses, pendant 1833-1834, de l'ére chrétienne. 1249-1250, de l'Hégyre, par E. Barrault. (Decr. 14 Februarii 1837.)

(Ind. Trid.)

Ochamus, *seu* de Ockam Gulielmus. Opus nonaginta dierum.

— Dialogus tres in partes distinctus.

— *Et scripta omnia contra Joan.* XXII *Papam.*

Ochesius Wolfgangus. (1 Cl. App. Ind. Trid.)

Ochinus (Bernardinus) Senensis. (1 Cl. Ind. Trid.)
Ode a Priapo. *Vide* Scelta di Prose, e Poesie.
Ode Jacobus. Commentarius de Angelis. (Decr. 8 Julii 1765.)
Odenbach Joannes. (1 Cl. App. Ind. Trid.)
Odonus Joannes Angelus. (1 Cl. App. Ind. Trid.)
OEcolampadius Joannes. (1 Cl. Ind. Trid.)
OEconomia Christiana. (Ind. Trid.)
OEuvres de Messire Antoine Arnaud. *Vide* Progetto.
OEuvres du Philosophe de Sans-Souci. (Decr. S. Officii 12 Martii 1760.)
Office (l') de l'Eglise et de la Vierge, en Latin et en François, avec les hymnes traduites en vers. (Decr. 18 Junii 1651.)
Office (l') de la Conception de la Sainte Vierge composé de passages de l'Ecriture Sainte avec des prières. Paris, 1678. (Decr. 30 Julii 1678.)
Office (Petit) de l'Immaculée Conception de la très-glorieuse Vierge Marie, Mère de Dieu. (Decr. 26 Octobris 1701.)
Officio dell'Immacolata Conceltione della Santissima Vergine nostra Signora, approvato dal Sommo Pontefice Paolo v, il quale a chi devotamente lo reciterà, concede Indulgenza di cento giorni. *Quod Officium incipit :* Ad Matutinum. Ave Maria. v. Eja mea labia nunc annunciate. *Et desinit cum oratione ;* Deus, qui per Immaculatam Virginis Conceptionem , etc. (Decr. 17 Februarii 1678.)
Officio di Maria Vergine. *Vide* Bonini.
Officio (de) pii , et publicæ tranquillitatis vere amantis viri in hoc religionis dissidio. *Opus Georgii Cassandri.* (App. Ind. Trid.)
Officium parvum Beatæ Mariæ semper Virginis , quotidie recitandum in honorem ejus Immaculatæ Conceptionis. *Venetiis*, 1739. (Decr. 4 Maii 1742.)
Officium parvum in honorem S. Joseph. *Brixiæ*, 1608. *Sive alibi impressum.* (Decr. 12 Decembris 1624.)
Officium parvum S. Angeli Custodis. *Venetiis* , 1611. *Aliud ab eo quod S. Congregatio approbavit.* (Decr. 12 Decembris 1624.)
Officium quindecim Sanctorum Auxiliatorum. *Brixiæ*, 1613. (Decr. 12 Decembris 1624.)
Officium S. Raphaelis Archangeli duplex cum hymnis, et lectionibus secundi Nocturni a sacra Rituum Congregatione approbatis, et in nova impressione Breviarii Romani apponendis. *Monachi*, 1541. (Decr. 22 Januarii 1642.)
Offrande aux Autels et à la Patrie, contenant défense du Christianisme, ou réfutation du Chapitre VIII du Contrat social : Examen historique des quatre beaux Siècles de Monsieur de Voltaire : Quels sont les moyens de tirer un Peuple de sa corruption , par M. Ant. Jaq. Koustan. (Decr. 14 Maii 1779.)
Ogerius Danus. Fabulæ. (Ind. Trid.)
Ohne Christus. *Vide* Fuchs Aloysius.

Oldenburger Philippus Andreas. Manuale Principum Christianorum , in quo eorum vera felicitas depingitur. (Decr. 18 Maii 1677.)
— Thesaurus Rerum publicarum totius Orbis quadripartitus. (Decr. 30 Julii 1678.)
Oldencastel, *seu* Oldcastel (Joannes) Anglus. (1 Cl. Ind. Trid.)
Oldendorpius Joannes. (1 Cl. Ind. Trid.)
Oldus Joannes. (1 Cl. App. Ind. Trid.)
Olearius (Joannes) Wesaliensis. (1 Cl. App. Ind. Trid.)
Olerius Petrus. (1 Cl. Ind. Trid.)
Olevianus Gaspar. (1 Cl. App. Ind. Trid.)
Oliva (Felicianus de) e Souza. Tractatus de Foro Ecclesiæ , materiam utriusque potestatis, spiritualis scilicet et temporalis,respiciens. Pars I, II et III. *Donec corrigantur.* (Decr. 14 Aprilis 1682.)
Ombre parlanti. (Decr. 27 Septembris 1672.)
Onderwys voor de eerste H. Communie, dat is, de geestelycke bruyloft van de jonghe kinderen, Gemaeckt door eenen Priester der Societeyt Jesu, etc. Amsterdam. *Id est : Instructio ad primam S. Communionem , sive spirituales nuptias adolescentium , Auctore quodam Societatis Jesu Presbytero.* Amstelodami. *Donec corrigatur.* (Decr. 17 Januarii 1703.)

(Decr. 22 Decembris 1700.)
Onguent à la brûlure. 1670.
Onguent pour la brûlure ; ou le secret pour empêcher les Jésuites de brûler les livres.
Onkelos. *Vide* Fagius.
Ooms Cornelius. Vindiciæ pro D. Antonio Triest, Episcopo Gandavensi. (Decr. 18 Decembris 1646.)
Opera divina della Christiana vita. (Ind. Trid.)
Opera nuova, chiamata Luce di Fede. (App. Ind. Clem. XI.)
Opera nuova del Giudizio universale, *cujus initium :* A te ricorro eterno Creatore, che grazia presti. (App. Ind. Clement. XI.)
Opera santissima, chiamata Salute de' Christiani. (App. Ind. Clement. XI.)
Opera utilissima, intitolata : Dottrina vecchia, e nuova. (Ind.Trid.)
Opere inedito di Fra Girolamo Savonarola. *Vide* Savonarola.
Operetta nuova di dodici Venerdi. *Cujus initium :* A laude dell' eterno Redentore, della Madre. (App. Ind. Clement. XI.)
Opinion (the) of the Rt. Rev. Dr. John Rico.... on the differences existing between the Rt. D. Conwell and the Rev. W. Hogan. *Latine vero :* Opinio R[mi] Doctoris Johannis Rico supra differentias inter R. D. Conwell et R. Gulielmum Hogan. (Decr. 29 Augusti 1822.)
Opinion (the) of the R. Rev. Servandus A. Mier on certain queries proposed to him by the Rev. W. Hogan. *Latine vero :* Opinio R[mi] Servandi A Mier supra difficultates quasdam illi factas a Rev. Gulielmo Hogam. (Decr. 26 Augusti 1822.)

Opitius Josue. (1 Cl. App. Ind.Trid.)
Oporinus Joannes. (1 Cl. Ind. Trid.)
— *Vide* Dramata Sacra.
Oppenbusch (Michaël von). Exercitatio Historico-Theologica, in qua Religio Moscovitarum breviter delineata, et exhibita. (Decr. 12 Martii 1703.)
Opstraet Joannes. Pastor bonus, seu Idea, Officium et Praxis Pastorum. (Decr. S. Officii 27 Februarii 1766.)
Opus eximium de vera differentia Regiæ Potestatis et Ecclesiasticæ, et quæ sit ipsa veritas, ac virtus utriusque. (Ind. Trid.)
Opus *inscriptum* : Les deux Livres de S. Augustin, Evêque d'Hippone, à Pollentius sur les Mariages adultères, traduits en François, avec le texte latin à côté, des notes, et une Dissertation. Dédiés à Mons. l'Evêque de Soissons. Ouvrage utile, et même nécessaire à tous les Confesseurs, et singulièrement aux Missionnaires employés chez les Infidèles. (Decr. 7 Januarii 1765.)
Opus magni lapidis per Lucidarium. (App. Ind.Trid.)
Opuscolo, *cui titulus* : Lettera del nobile Sig.... di Bergamo sopra la divozione del Cuore di Gesù. *Quod incipit* : Mi sorprende, che V. S. Illma, etc., *et desinit*. A di 24 Gennaro 1780. Umilissimo obbligatissimo Servitore Cristiano Cattolico. In Venezia, 1780, appresso Simone Occhi. (Decr. 8 Julii 1782.)
Opuscula sex (*ab impio scurra edita*) : Les questions de Zapata (*ementitum nomen*) traduites par le Sieur Tamponet Docteur de Sorbonne (*est hoc item ementitum nomen*) : Collection de Lettres sur les Miracles, écrites à Genève et à Neufchâtel, par le proposant Thero, M. Covelle, M. Neêdam, M. Baudinet, et M. Mont-Molin (*omnia ficta fraude*) : L'examen important du milord Bolinbroke, écrit sur la fin de 1736, nouvelle édition corrigée, et augmentée sur le manuscrit de l'illustre Auteur (*sunt hæc commentitia*) : Le Militaire Philosophe, ou difficultés sur la Religion proposées au R. P. Malebranche.... par un ancien officier, nouvelle édition (*commentitia perinde hæc sunt*) : L'Homme aux quarante écus : La Défense de Mon-Oncle. (Decr. 29 Novembris 1771.)
Opusculum, *cujus initium* : Omnibus Ecclesiæ CatholicæEpiscopis,*et finis*:EcclesiæGallicanæ morientis vocem audientes. *Londini,etc. et notas adjectas opusculo alteri ab iisdem auctoribus rursus edito cui titulus*, Canonicæ, et reverentissimæ expostulationes, etc., *de quibus tamen expostulationibus consulantur Allocutio habita a SS^{mo} D. N. Pio PP. VII, in Consistorio Secreto diei 28 Julii 1817, nec non Epistolæ ad Sanctitatem Suam datæ per antiquos Galliarum Præsules quorum exemplum prostat in actis ejusdem Consistorii typis Rev. Cameræ Apostolicæ editis.* (Decr. 26 Augusti 1822.)
Oracle (l') des Anciens Fidèles pour servir de suite et d'éclaircissement à la S. Bible. (Decr. 8 Maii 1761.)
Oræus Henricus : Nomenclator præcipuorum jam inde a nato Christo Doctorum, Scriptorum, Professorum, Metropolitarum, Archiepiscoporum, Episcoporum, Cardinalium, Præsulum. (Decr. 16 Martii 1621.)
Oraison (de l') des pécheurs par un pécheur. (Decr. 16 Januarii 1714.)
Oratio ad Christum Opt. Max. pro Julio II Ligure Pont. Max. a quodam bene docto, et Christiano perscripta. (Ind. Trid.)
Oratio Dominica cum aliis quibusdam precatiunculis Græce, cum Latina versione e regione posita, quibus adjunctum est Alphabetum Græcum. (App. Ind. Trid.)
Oratio Ecclesiarum Germaniæ ac Belgiæ, etc., 1566. (App. Ind. Trid.)
Oratio (ingenua et vera) ad Regem Christianissimum, de eo quod postulatur, ut Jesuitæ restituantur in Regno Galliæ. (Decr. 12 Decembris 1624.)
Oratio parrhesiastica, qua auxilia a Rege, et Ordinibus Ungariæ petuntur, in Comitiis Neosoliensibus habita. (Decr. 16 Martii 1621.)
Oratio solemnis anno 1623. *Tiguri typis Ambergerianis*. (Decr. 12 Decembris 1624.)
Orationem (in) Dominicam. *Vide* Meditationes.
Orationes funebres, et Elegiæ in funere Principum Germaniæ. Tom. I, II et III. *Collectore Simone Schardio*. (App. Ind. Trid.)
Orationi da recitarsi la mattina, e la sera in onore dell' Immacolata Concettione di M. V. *Firenze*, 1653. *Donec corrigantur*. (Decr. 30 Julii 1678.)
Orationi (le Quindici) di S. Brigida. *Nisi deleatur Prologus*. (Decr. 30 Junii 1671.)
Orationi quotidiane da recitarsi ad onore delle nove grandezze di S. Anna Madre della Madre di Dio. (Decr. 9 Augusti 1673.)

(App. Ind. Clement. XI.)

Orazione ascritta a S. Cipriano contro mali spiriti, incantati, fatture, ligamenti, e contro ogni avversità, *cujus initium* : Io sono Cipriano Servo di Dio.
Orazione dell' Angelo Raffaele, *cujus initium* : Al nome sia di Nostro Signore.
Orazione della Madonna di Loreto, *cujus initium* : O Vergin di Loreto alma Maria.
Orazione della nostra Donna divotissima in rima, *cujus initium* : Ave Madre di Dio.
Orazione della nostra Donna divotissima, *cujus initium* : Ave Madre di Dio Vergine bella.
Orazione di S. Antonio Abbate contro la peste, *quæ incipit* : Nel nome sia di Cristo Salvatore, della sua Madre.
Orazione di S. Antonio di Padova, *quæ incipit* : Misericordioso alto Signore.
Orazione di S. Appollonia, *cujus initium* : Ricoro a te Signor d'ogni Signore.
Orazione di S. Brandano.
Orazione di S. Danielle.
Orazione di S. Elena, *quæ incipit* : la Vergine Maria con gli Angeli santi.
Orazione di S. Francesco, *quæ incipit* : Onnipotente Iddio, Signor supremo.
Orazione di S. Gioseffo,*quæ incipit* : O gloriosa Vergine Maria.
Orazione di S. Margherita per le Donne di parto, *cujus initium* : O dolce Madre di Gesù.
Orazione di S. Maria, con il prego suo chi

la dirà, etc., *cujus initium :* O somma sacra ed alta.

Orazione di S. Maria perpetua in prosa, *cujus initium :* Questa e una divotissima Orazione.

Orazione di Michele Arcangelo, *cujus initium :* Al nome della Beatissima Regina.

Orazione di S. Stefano, *cujus initium :* Supremo Padre eterno Redentore.

Orazione sopra la Santa Sindone, *quæ una cum ipsa Sindone edi solet.*

Orazione trovata nella Cappella, dove fu flagellato il nostro Signore in Gerusalemme, *cujus initium :* Madonna Santa Maria.

Orazioni, *quarum initium :* Signor, che in Croce langue. *Una cum Oratione in fine, quæ incipit :* Deus, qui nobis in sancta Hierusalem. *Ob falso assertam Indulgentiam eas preces recitantibus concessam, ut dicitur, a Clemente VIII, et confirmatam a Benedicto XVI.* (Decr. 2 Martii 1752.)

Orbara (Joannes de). Epistola ad S. D. N. Paulum V. P. M. (Decr. 3 Julii 1623.)

Orden (der) des Friedens, oder deren dreyen Andachten der Hochgelobten allezeit unbefleckten Jungfrau, und Mutter Gottes Maria. *Id est : Ordo pacis, seu trium devotionum laudatissimæ semper Immaculatæ Virginis, et Matris Dei Mariæ.* (Decr. 11 Septembris 1750.)

Ordo baptizandi juxta ritum S. Romanæ Ecclesiæ. *Venetiis, apud Joannem Guariscum et Socios*, 1575. *Nisi corrigatur.* (App. Ind. Trid.)

Ordo Ecclesiasticus. *Vide* Kirchenordnung.

Ordonnance ampliative de son Altesse Royale pour supplément de celles des mois de Juillet et Août 1701, donnée à Lunéville le 19 Février 1704. (Decr. 26 Octobris 1707.)

Ordonnance de Léopold I, Duc de Lorraine et de Bar, donnée à Nancy au mois de Juillet 1701. (Brevi Clement. XI, 22 Septembris 1703.)

Ordonnance, et Instruction Pastorale de Monseigneur l'Evéque de Soissons au sujet des assertions extraites par le Parlement des Livres, Thèses, Cahiers, composés, publiés et dictés par les Jésuites. (Decr. S. Officii 13 Aprilis 1763.)

Ordres Monastiques : Histoires extraites de tous les Auteurs, qui ont conservé à la postérité ce qu'il y a de plus curieux dans chaque Ordre. (Decr. 14 Aprilis 1755.)

Origanus David. Ephémérides. *Donec corrigantur.* (Decr. 7 Augusti 1603.)

Originale (la) Innocenza di Maria SS. vendicata. Opera del Sacerdote Erasmo Bartolini di Sant' Elpidio a Mare, Curato di S. Maria la Corva. Fermo per Bartolommeo Bartolini Stamp. Arciv. Anno vi Repubblicano. (Decr. 18 Julii 1808. *Hoc opus damnatur, quia obsistit Auctoritati Constitutionum Apostolicarum, præsertim Constitutioni S. Pii V hac de re editæ.*

Origine de tous les Cultes, ou Religion universelle par Dupuy Citoyen Français. A Paris chez H. Agasse, rue des Poitevins, N. 18, l'an III de la République. Tom. I, II, III,

IV, *compresovi un volume di tavole.* (Decr. 26 Septembris 1818.)

Ornæus Joannes. (1 Cl. App. Ind. Trid.)

Ortega (Christophorus de). De Deo uno. Tomus I Controversiarum Dogmaticarum Scholasticarum, de essentia, attributis non vitalibus, de scientia, et decreto concurrendi cum causis liberis. (Decr. 29 Julii 1722.)

Orthodoxographa, Theologiæ sacrosanctæ, ac sincerioris fidei Doctores numero LXXVI, Auctores partim Græci; partim Latini. *Donec expurgentur.* (App. Ind. Trid.)

Ortis Jacopo. Ultime Lettere. (*Verum Auctoris nomen Hugo Foscolo.* (Decr. 19 Januarii 1824.)

Ortizius Martinus. Caduceus Theologicus, et Crisis pacifica de examine Thomistico. (Decr. 13 Aprilis 1739.)

Ortolani G. Emanuele. Pensieri Filosofico-Morali sul piacere. (Decr. 18 Januarii 1828.)

Osborn Francis. The Miscellaneous Works. *Id est;* Opera Miscellanea. Tom. I et II. (Decr. 14 Januarii 1737.)

Oschi Rab. Reuben. *Vide* Jalkut.

Osiander Andreas. (1 Cl. Ind. Trid.)

Osiander Johannes Adamus. Systema Theologicum, seu Theologia positiva acroamatica in IV partes distincta. (Decr. 31 Martii 1681.)

— *Et* cetera ejus opera *de Religione tractantia.* (Decr. 10 Maii 1757.)

Osiander Lucas. (1 Cl. App. Ind. Trid.)

— Quinque librorum Moysis brevis ac perspicua explicatio; insertis locis communibus in lectione sacra observandis. (App. Ind. Trid.)

Osiandrismus, seu Acta Norimbergæ. (App. Ind. Trid.)

Osservazioni di un Teologo ad un Conte, nelle quali si risponde alle difficoltà prodotte nelle quattro Lettere del Curato Campestre contro la Dissertazione del Dott. Tamburini: *De summa Catholicæ de gratia doctrinæ præstantia, etc.* Volume I, contenente le osservazioni sulla I, II e III Lettera. Volume II, contenente le osservazioni sulla IV Lettera. In Firense, 1776. *Sine Auctoris nomine.* (Decr. 2 Augusti 1790.)

Osservazioni semi-serie di un Esule sull' Inghilterra. (Decr. 28 Julii 1834.)

Ostermincherus Martinus. (1 Cl. Ind. Trid.)

Otho (Antonius) Hertzbergensis. (1 Cl. Ind. Trid.)

Otho Henricus. (1 Cl. Ind. Trid.)

Otherus Jacobus. (1 Cl. Ind. Trid.)

— *Vide* Geyler.

Ottius Joannes Baptista. Spicilegium, sive excerpta ex Flavio Josepho ad novi Testamenti illustrationem. (Decr. 22 Maii 1745.)

Ottius, seu Otto Joh. Henricus. Epitome Tractatus Gallicani, cui titulus : *La grandeur de l'Eglise Romaine*, demonstrans auctoritatem Ecclesiæ Romanæ fundatam super Petro et Paulo, tamquam uno Ecclesiæ capite. (Decr. 20 Novembris 1663.)

— Examen Perpetuum Historico-Theologicum in Annales Cæsaris Baronii Cardinalis. (Decr. 30 Julii 1678.)

— *Et cetera ejus Opera de Religione tractantia.* (Decr. 10 Maii 1757.)

Otto Daniel. Dissertatio Juridico Politica de jure publico Imperii Romani, cum notis Johannis Limnæi. (Decr. 4 Julii 1661.)

Oudin Ignatius. Thomisticum Quare solutum per Scotisticum Quia, sive Theologia Scoti controversa explicata, quam in Conventu FF. Min. Recoll. Mont. defendent Fr. Marianus Mailar, et Fr. Eusebius Tilman. (Decr. 22 Junii 1676.)

Oudinus Casimirus. Commentarius de Scriptoribus Ecclesiæ antiquis, illorumque scriptis, tam impressis quam manuscriptis; cum multis Dissertationibus, in quibus insigniorum Ecclesiæ Auctorum Opuscula, atque alia argumenta examinantur. Tom. I, II et III. (Decr. 18 Julii 1729.)

Ovidio dell'Arte d'amare. *Vide* Vernice.

Outramus Guilielmus. De Sacrificiis Libri duo : quorum altero explicantur omnia Judæorum, nonnulla Gentium prophanarum Sacrificia : altero Sacrificium Christi. (Decr. 13 Martii 1679.)

Ouvrages philosophiques pour servir de preuves à la Religion de l'Auteur. *Ejusdem Collectionis inscriptio altera* : l'Evangile de la Raison. Ouvrage posthume de M. D...y. *Continet hæc quinque impia Opuscula, videlicet.*

— Saül et David. Tragédie d'après l'Anglais, intitulée : The man after God's own heart.

— Testament de Jean Meslier.

— Catéchisme de l'honnête Homme, ou Dialogue entre un Caloyer et un homme de bien. Traduit du grec vulgaire. Par D. J. J. Q. C. D. C. D. G.

— Sermon des Cinquante, 1749; on l'attribue à M. du Martayne ou du Marsay, d'autres à la Mettrie; mais il est d'un grand Prince très-instruit.

— Examen de la Religion, dont on cherche l'éclaircissement de bonne foi. Attribué à Mr de S. Evremond.

Omnia sive conjunctim, sive separatim. (Decr. 8 Jul. 1765.)

Owen Joannes. Epigrammata. (Decr. 10 Junii 1654.)

P

Pablo (Hermenegildo de S.). Origen, y continuacion de el Instituto y Religion Jeronimiana. (Decr. 23 Martii 1672.)

Pacificus Hermannus. (1 Cl. App. Ind. Trid.)

Pacimontanus Balthasar, *qui et Balthasar Huebmeir.* (1 Cl. Ind. Trid.)

Padua D. Melato Macario. Observaciones pacificas sobre la Potestad Ecclesiastica dadas a lux *cum appendicibus prima, secunda et tertia.* (Decr. 6 Septembris 1824 et 26 Martii 1825.)

Paganetti (Pietro). Della Istoria Ecclesiastica della Liguria descritta, e con Dissertazioni illustrata. (Decr. 26 Augusti 1774.)

(App. Ind. Trid.)

Pagani Marco. Trionfo Angelico.
— Sonetti diversi.

Pagano Francesco Mario. De' Saggi politici del civil corso delle Nazioni. Vol. I. Napoli, 1783. Vol. II. Napoli, 1785. (Decr. 26 Januarii 1795.)

Pagninus Sanctes. *Vide* Mercerus.

Paige (Petrus le). Quæstio Theologica : *Quænam est lucerna pedibus meis. Psalm.* 118. Theses, quas tueri conabitur Balthasar Aubret, die 11 Junii 1707, in Collegio de Mercede. (Decr. 26 Octobris 1707.)

Paix (la) de Clément IX, ou démonstration des deux faussetés capitales avancées dans l'histoire des v propositions. (Decr. 26 Octobris 1707.)

Paix perpétuelle. *Vide* Evangile du Jour.

Palæologus Jacobus. (1 Cl. App. Ind. Trid.)

Palæophilus Desiderius. Imago Pontificiæ dignitatis penicillo Sacrarum Scripturarum, ac traditionis native delineata. (Brevi Clem. XI, 4 Octobris 1707.)

Palæophilus Vincentius. Gratia triumphans de novis liberi arbitrii decomptoribus, inflatoribus, deceptoribus. (Decr. 26 Octobris 1707.)

Palæopistus Joannes. Apologia pro clero Ecclesiæ Batavorum Romano-Catholicæ, seu rationes, ob quas Clerus censuit in locum Archiepiscopi Sebasteni non esse recipiendum D. Theodorum Cokkium. (Brevi Clement. XI, 4 Octobris 1707.)

Palatius Johannes. Gesta Pontificum Romanorum. Tom. I, II, III, IV et V. (Decr. 22 Decembris 1700, 12 Martii 1703 et 4 Martii 1709.)

— Fasti Cardinalium omnium S. R. E. Tom. I, II, III, IV et V. (Decr. 4 Martii 1709.)

— Armonia contemplativa sopra la vita di Giesù Christo, delli Santi Filippo Neri, Ignatio Lojola, Cajetano di Tieni, e Teresa di Giesù. (Decr. 21 Aprilis 1693.)

Palazol (Juan de). Memorial al Rey N. Senor Carlos II en defensa de sus Reales decretos en el Pais Baxo Catholico. (Decr. 8 Aprilis 1699.)

Palearius Aonius. (1 Cl. App. Ind. Trid.)
Palingenius Elias. (1 Cl. App. Ind. Trid.)
Palingenius (Marcellus) Stellatus. (1 Cl. Ind. Trid.)

Palladius Petrus. (1 Cl. App. Ind. Trid.)

(Decr. 22 Januarii 1642.)

Pallavicino Ferrante. Lettere amorose.
— La Pudicitia schernita.
— La Rete di Vulcano.

(Decr. 18 Decembris 1646.)

— Il Corriero svaligiato, publicato da Ginifaccio Spironcini.
— Il Divortio Celeste.
— Le Bellezze dell'anima.

(Decr. 4 Julii 1661.)

— La Bersabee.
— Il Giuseppe.
— Panegirici, Epitalami, Discorsi Accademici, Novelle.
— Il Principe Hermafrodito.
— Il Samsone.
— La Scena Rettorica.

— La Suzanna.
— La Taliclea.
Palmerius Joannes. (1 Cl. App. Ind. Trid.)
Pamella, ou la vertu récompensée, traduite de l'Anglois. (Decr. 22 Maii 1745.)
Pamiés (Evêque de). Mandement sur la signature du Formulaire, du 31 Juillet 1665.) (Decr. 5 Januarii 1667.)
Pananti. *Vide* Poesie.
Pancirollus Guido. *Vide* Salmuth.
Pracratius Andreas. (1 Cl. App. Ind. Trid.)
Pandochæus Joannes. (1 Cl. App. Ind. Trid.)
Pandocheus Elias, *qui et Guglielmus Postellus*. (1 Cl. Ind. Trid.)
Panegirico sopra la Carità pelosa. *Vide* Scelta di Prose, e Poesie.
Panicelli Felix. Theses Philosophicæ, quas ex universa Philosophia publice propugnandas exhibet. *Veronæ*, 1719. (Decr. 22 Julii 1722.)
Panormitanus Abbas. Tractatus super Concilio Basileensi. (App. Ind. Trid.)
Pantaleon Henricus. (1 Cl. Ind. Trid.)
— Chronographia Ecclesiæ Christianæ. (App. Ind. Trid.)
Papa (il), o siano ricerche sul Primato di questo Sacerdote. Eleutropoli, 1783. (Decr. Fer. 5, die 21 Aprilis 1785.)
Papatus Romanus, seu de origine, progressu, et extinctione ejus. (Decr. 2 Decembris 1617.)
Pape (Le) et l'Evangile, ou Encore mes adieux à Rome, par J. J. Maurette, curé de Serres, prêtre démissionnaire. (Decr. 5 April. 1845.)
Pape, Fridericus Georgius. Dissertatio Historico-Ecclesiastica de Archidiaconatibus in Germania et Ecclesia Coloniensi, speciatim de Archidiaconatu majore Bonnensi. Bonnæ, 1790. (Decr. 17 Decembris 1792.)
Papebrochius Daniël. Conatus Chronico-Historicus ad Catalogum Romanorum Pontificum. Pars I et II. *Non permittitur nisi expunctis Historiis Conclavium pro electione Romanorum Pontificum*. (Decr. 22 Decembris 1700, et 13 Junii 1757.)
Pappus Joannes. (1 Cl. App. Ind. Trid.)

(Decr. 21 Novembris 1690.)

— Epitome Historiæ Ecclesiasticæ.
— *Eadem cum Auctariis, Notis, et Supplementis Henrici Kippingii.*
— Et Franciscus Junius. Præfationes in Indicem Expurgatorium. (Decr. 12 Decembris 1624.)
Papstbüchlein (Das)... *Latine vero*: Libellus de Papis, utilis perinde ac jucundus lectu pro homine de Plebe cujuscumque Ecclesiasticæ communionis. (Decr. 28 Julii 1834. Ind. Trid.)
Paracelsus Theophrastus. (1 Cl. App. Ind. Trid.)
Paradiso Cattolico per l'anime devote. (Decr. 11 Januarii 1667.)
Paralipomena rerum memorabilium a Friderico II usque ad Carolum V, Augustum, per studiosum historiarum virum collecta, *sive seorsum, sive cum Conradi a Liecktenaw Abbatis Urspergensis Chronico.* (App. Ind. Trid. et Decr. 16 Martii 1621.)
Parallèle de la doctrine des Païens avec celle des Jésuites, et de la Constitution du Pape Clément XI, qui commence par ces mots: *Unigenitus Dei Filius.* (Decr. 21 Januarii 1732.)
Parallèle abrégé de l'Histoire du Peuple d'Israël, et de l'Histoire de l'Eglise. (Decr. 11 Septembris 1750.)
Pareus David. (1 Cl. App. Ind. Trid.)
Parisiensis Curiæ Defensio, *Vide* Duarenus.
Parival (Jean Nicolas de). Abrégé de l'Histoire de ce siècle de fer, contenant les misères et calamitez des derniers temps. (Decr. 4 Julii 1661.)
Parkerus (Matthæus) Pseudo-Archiepiscopus Cantuariensis. (1 Cl. App. Ind. Trid.)
Pakhurstus Joannes. (1 Cl. App. Ind. Trid.)
Parny Evariste. La Guerre des Dieux Anciens et Modernes. Poëme en dix chants; à Paris chez Didot. An VII. (Decr. 22 Decembris 1817.)
Parole di un Uome dedicate al credente de la Mennais da Harro Harring. (Decr. 23 Julii 1836.)
Paroles d'un Voyant. *Vide* Chabo.
Paroles d'un Croyant. *Vide* de la Mennais.
Parole du Père, à la Cour d'Assises. (Decr. 14 Februarii 1837.)

(Brevi Clem. XI, 4 Octobris 1707.)
Parrhasius Janus. Notæ in Decretum, quod Inquisitionis nomine circumfertur contra Archiepiscopum Sebastenum.
— Litteræ ad Archiepiscopum Sebastenum nomine Sacræ Congregationis de Propaganda Fide 25 Augusti 1703, ut fertur scriptæ, notis vero brevibus illustratæ.
Pascale Giuseppe Nicola. *Vide* i Progressi della Fisica.
Paschalis Joannes Aloysius. (1 Cl. Ind. Trid.)
Pascual Prudencio Maria. Sistema de la Moral, o la Teoria de los Deberes. (Decr. 26 Augusti 1822.)
Pasquale Giuseppe, *Vide* Diritto pubblico.
Pasquali Joannes Baptista. Scutum inexpugnabile Fidei et confidentiæ in Deum, vel in potentissimum nomen Jesu. (Decr. 3 Aprilis 1674.)
Pasqualigus Zacharias. Sacra moralis doctrina de statu supernaturali humanæ naturæ. *Nisi fuerit ex correctis juxta Decretum* 29 Martii 1656.
—Decisiones Morales juxta principia theologica, et sacras atque civiles Leges. *Donec corrigantur.* (Decr. 25 Januarii 1684.)
Pasquilli, et Marforii Hymnus in Paulum III. (Ind. Trid.)
Pasquillorum Tomi duo, quorum primo versibus ac rhythmis, altero soluta oratione conscripta quamplurima continentur. (Ind. Trid.)
Pasquillus extaticus, et Marphorius. (App. Ind. Trid.)

Pasquillus Fagius. (Ind. Trid.)
Pasquillus Germanicus. (Ind. Trid.)
Pasquillus proscriptus a Tridentino Concilio. (Ind. Trid.)
Pasquillus Semipoeta. (Ind. Trid.)
Pasquino in estasi, nuovo, e molto più pieno che 'l primo, insieme col viaggio de l'Inferno. (Decr. 16 Martii 1621.)
Passi Giuseppe. I Donneschi difetti. (Decr. 3 Julii 1623.)
Passio Doctoris Martini Lutheri secundum Marcellum. (Ind. Trid.)
Passione del N. Sig. Giesù Cristo, *cujus initium :* Donne v'invito, e voi giovani belle. (App. Ind. Clem. XI.)
Pastoral del obispo de Astorga al clero y pueblo de su diocesis. (Decr. 21 Aug. 1843.)
Pastore Raffaello. *Vide* la Filosofia della natura di Tito Lucrezio Caro. *Vide præterea* Saggio di Poesie.
Pastoris Adamus. (1 Cl. App. Ind. Trid.)
Pastrana Antonius Joseph. Sacra Cithara cithæcdantium Sanctissimo Joseph Patriarchæ, et Sponso Virginis Mariæ. (Decr. 19 Septembris 1679.)
Pataviensis Joannes Decanus. (1 Cl. Ind. Trid.
Pateshul Petrus. (1 Cl. App. Ind. Trid.)
Patiens Petrus. *Vide* Gedultig.
Patina Maddalena. *Vide* Hommetz.
Patricius Franciscus. Nova de universis Philosophia. *Donec corrigatur.* (App. Ind. Trid.)
Patru Olivier. Plaidoyer pour Dame Claire Charlotte de Rotondis de Biscaras, nommée par le Roi à l'Abbaye de S. Jean-Baptiste du Montcel. (Decr. 17 Octobris 1678.)
Pauli (Elchanon) Pragensis. (1 Cl. App. Ind. Trid.)
Pauli Gregorius. (1 Cl. App. Ind. Trid.)
Pauli IV Papæ Romani Epistola consolatoria, et hortatoria ad suos dilectos Filios. *Quæ tamen falso ei tribuitur.* (Ind. Trid.)
Pauli (Simon) Suerinensis. (1 Cl. App. Ind. Trid.)
Paurmeisterus (Tobias) a Kochstet. De Jurisdictione Imperii Romani libri duo. (Decr. 12 Decembris 1624.)
Payne (Petrus) Anglus. (1 Cl. Ind. Trid.)
Paynell Thomas. (1 Cl. App. Ind. Trid.)
Pearsonius Joannes. Expositio Symboli Apostolici juxta editionem Anglicanam v in Latinam linguam translata. (Decr. 4 Martii 1709.)
—Annales Cyprianici. *Vide* Fell.
Peguleti Nicolaus. Tractatus Probabilitatis ex principiis Antiquorum compositus. (Decr. 15 Januarii 1714.)
Peiferus (David) Lipsius. (1 Cl. Ind. Trid.)
Pelhrzimow, *seu* Pelhizimov (Nicolaus de) Thaborensium Pseudo-Episcopus. (1 Cl. Ind. Trid.)

(Decr. 17 Decembris 1623.)

Pellegrini Antonius. Physionomia naturalis.
—*Eadem Italice.* I segni della natura dell'uomo.
Pellerus Christophorus. Politicus sceleratus, impugnatus ; id est Compendium Politices novum , notis illustratum. (Decr. 3 Aprilis 1685.)
Pellicanus Conradus. (1 Cl. Ind. Trid.)
—*Vide* R. Salomon.
Pellicanus (Leonardus) Rubeaquensis. (1 Cl. App. Ind. Trid.)
Pellizarius Franciscus. Manuale Regularium. Tomus I et II. (Decr. 18 Junii 1651.)
—Tractatio de Monialibus. *Donec corrigatur.* (Decr. 21 Aprilis 1693.)
—*Correcta autem juxta editionem Romanam anni 1755 permittitur.*
—*Excerpta omnia ex Tractatu de Monialibus, etiam Italica lingua.* (Decr. 4 Decembris 1725.)
Penet Jean François. Testament Spirituel. (Decr. 29 Aprilis 1744.)

(Decr. 7 Augusti 1603.)

Penotus (Bernardus G.) a Portu Sanctæ Mariæ Aquitanus. Apologia in duas partes divisa ad Josephi Michelii Scriptum.
—*Et reliqua ejusdem Opera.*
Pensées d'un Lombard sur l'essence sociale des hommes suivant les lois de la nature.
Pensées d'un Magistrat sur la déclaration qui doit être portée au Parlement. (Decr. 2 Septembris 1727.)
Pensées, et Réflexions sur divers sujets par l'Abbé Sottile. A Avignon chez Hiel Imprimeur-Libraire, an 1778. (Decr. 10 Julii 1780.)
Pensées libres sur la Religion, l'Eglise, et le bonheur de la nation, traduites de l'Anglois du Docteur B. M. (Decr. 21 Januarii 1732.)
Pensées de Pascal avec les Notes de M. de Voltaire. Tom. I et II. A Genève , 1778. (Decr. 18 Septembris 1789.)
Pensieri Filosofico-Morali. *Vide* Ortolani G. Emanuele.
Pensieri sopra la capacità, e i diritti, che hanno i Collegj Ecclesiastici, o Laici di possedere Beni in comune, et sopra le alienazioni dei medesimi. Genova 1803. Stamperia Olzati. (Decr. 26 Augusti 1805.)
Pentalogus Diaphoricus, sive quinque differentiarum rationes, ex quibus verum judicatur de dilatione absolutionis ad mentem SS. Augustini et Thomæ. (Decr. 3 Aprilis 1685.)
Pepe Francesco. Esercizj di divozione in onore della Santissima Trinità. *Donec corrigantur.* (Decr. 5 Julii 1728.)
Peralta (Narciso de) De la Potestad secular en los Eclesiasticos por la OEconomia, y Politica. (Decr. 17 Decembris 1646.)
Perca Conradus. (1 Cl. App. Ind. Trid.)
Peregrinus Jacobus. (1 Cl. App. Ind. Trid.)
Peregrinus (Joannes) Petroselanus. Convivalium Sermonum Liber. (App. Ind. Trid.)
Pereira de Castro (Gabriel). De Manu Regia Tractatus. (Decr. 26 Octobris 1640.)
Pereira Joannes. *Vide* Solorzano.
Pereira. *Vide* Theses, quas Antonius.

(Decr. 26 Januarii 1795.)

Pereira de **Figueiredo**. Analyse da Professao da Fè do Santo Padre Pio IV. Lisboa, 1791. Id est latine: Analysis Professionis Fidei Sancti Patris Pii IV. Ulissipone, anno 1791.

— Analisi della professione di Fede del Santo Padre Pio IV ora tradotta dal Portoghese con alcune dilucidazioni. Napoli, 1792.

Pereire. *Vide* Religion Saint-Simonienne.

Perez Antonio. Relaçiones en tres partes. (Decr. 7 Aug. 1603.)

Perez de Guevara, Martin. Juizio de Salomon, acerca de Averiguar quien sea la verdadera madre de un hijo llamado antiguamente Continuo, despues Glossa continua, y aora Cadena de oro. (Decr. 17 Martii 1665.)

Perez Zaragoza Godinez D. Augustin. El remedio della melancolia : la Floresta del ano de 1821, o colleccion de recreaciones jocosas e instructivas. (Decr. 11 Junii 1827.)

Periculis (de) Christianissimi Regis, et notata quædam ad Sfondratæ Pont. Rom. litteras monitoriales, ad Cl. V. D Gasparum Peucerum. (App. Ind. Trid.)

Peristerius Hieronymus. (1 Cl. App. Ind. Trid.)

Peristerus Wolfgangus. (1 Cl. App. Ind. Trid.)

Perkinsus, *seu* Perkinsius, Guilielmus. Problema de Romanæ Fidei ementito Catholicismo. (Decr. 30 Januarii 1610.)

— Et cetera ejus Opera de Religione tractantia. (Decr. 10 Maii 1757.)

Perlitius (Georgius) Lubecencis. (1 Cl. App. Ind. Trid.)

Perontinus Janus. De consiliis ac Dicasteriis, quæ in Urbe Vindobona habentur, liber singularis. (Decr. 17 Augusti 1735.)

Peren Franciscus. (1 Cl. App. Ind. Trid.)

Persecutione (de) Barbarorum. (App. Ind. Trid.)

(Decr. 27 Aprilis 1701.)

Persin (Pierre-Jean-François de) de Montgaillard, évêque de S. Pons. Instruction contre le Schisme des prétendus Réformez. *Donec corrigatur.*

— Du Droit et du pouvoir des évêques de régler les Offices Divins dans leurs Diocèses.

(Decr. 27 Aprilis 1701.)

— Recueil des factums et autres pièces qui ont servi à la defense du Calendrier du diocèse de Saint-Pons.

— Proprium Sanctorum *renovatum ab eodem Episcopo*, Directoria, ac Calendaria ejusdem Ecclesiæ et Diœcesis *ab anno* 1681.

— Instruction Pastorale sur différentes questions touchant les fonctions Hiérarchiques, avec l'Ordonnance qui a donné occasion à ces questions, et un parallèle de la doctrine des Récollets, et de celle de ce prélat. *Donec corrigatur.*

— Ordonnance portant défense à ses Diocésains d'assister aux Offices Divins dans l'Eglise des Récollets.

— Lettre adressée à Messeigneurs les évêques de France, sur les difficultez qu'il trouve de traiter par accommodement l'affaire qu'il a avec les Récollets.

— Lettre à Messeigneurs les archevêques et évêques de l'Eglise Gallicane, pour servir d'éclaircissement à ce que l'on a publié contre lui.

(Decr. 17 Julii 1709, et Brevi Clem. XI, 18 Jan. 1710.)

— Lettre à M^r l'Archevêque de Cambray, où il justifie les xix Evêques qui écrivirent en 1667 au Pape et au Roi, au sujet des célèbres Evêques d'Alet, de Pamiez, de Beauvais et d'Angers.

— Nouvelle Lettre, qui réfute celles de M^r l'Archevêque de Cambray touchant l'infaillibilité du Pape.

— Réponse à la lettre de M. l'Archevêque de Cambray.

— Mandement touchant l'acceptation de la Bulle de N. S. P. le Pape Clément XI, sur le Cas signé par xL Docteurs, avec la justification des xxiii Evêques, qui voulant procurer la paix à l'Eglise de France en 1667, se servirent de l'expression d'un silence respectueux.

Perluchius Justinus. Chronicon Portense, duobus libris distinctum. (Decr. 16 Martii 1621.)

Perugia (Pietro Battista da). Scala dell' anima per arrivare in breve alla contemplacione, perfettione, ed unione con Dio. (Decr. 29 Novembris 1689.)]

Petite (la) Encyclopédie. *Vide* Liber *tametsi.*

Petra (Petrus Antonius de). Tractatus de Jure quæsito per Principem non tollendo. (Decr. 7 Augusti 1603.)

Petræus Henricus. Nosologia Harmonica, Dogmatica et Hermetica disceptationibus quinquaginta in Academia Marpurgensi disceptata. (Decr. 12 Decembris 1624.)

Petrettini Spiridione. Le Opere scelte di Giuliano Imperatore, per la prima volta dal Greco volgarizzate con note, e con alcuni discorsi illustrativi. (Decr. 4 Martii 1828.)

Petreus (Henricus) Herdesianus. (1 Cl. App. Ind. Trid.)

Petri Fridericus. (1 Cl. App. Ind. Trid.)

Petrius Andreas. (1 Cl. App. Ind. Trid.)

Petroselanus Joannes Peregrinus. *Vide* Peregrinus.

(Decr. 5 Februarii 1688.)

Petrucci, Pier Matteo. Lettere, e Trattati spirituali, e mistici. Parte i e ii.

— I Mistici Enigmi disvelati, con un breve metodo per la guida dell' anime all' altezza mistica della divina gratia guidate.

— La Contemplazione mistica acquistata, in cui si sciogliono l'opposizioni contro a questa orazione.

— Il Nulla delle Creature, e 'l tutto di Dio. Trattati due.

— Lettere brievi spirituali, e sacre. Parte i e ii.

— La Scuola dell'oratione aperta all'anime devote.

— Meditationi, et esercitii pratici di varie

virtù, ed estirpatione di vitii per la Novena del SS.mo Natale di Giesù N. S., e per la Settimana Santa.

— La Vergine Assunta, Novena Spirituale, con una Introduttione all'oratione interna, e con una esplicatione di sette punti di perfettione Christiana accennati dal P. Gio. Taulero. (Decr. 5 Februarii 1688.)

Peucerus (Gaspar Rudissinus. 1 Cl. Ind. Trid.)

Pexenfelder, Michael. Apparatus Eruditionis tam rerum quam verborum. *Editio tertia, Nisi corrigatur, delendo illa verba.* Anno 166). Ordo Scholarum Piarum abrogatur a Clemente IX. (Decr. 22 Decembris 1700.)

Peyrat. *Vide* Theses, quas de Ecclesia,

Pezelius, Christophorus. (1 Cl. App. Ind. Trid.)

Pezzi Carlo Antonio. Lezioni di Filosofia della mente, e del cuore. (Decr. 11 Decembris 1826.)

(Decr. 21 Januarii 1721.)

Pfaffius, Christophorus Matthæus. S. Irenæi Episcopi Lugdunensis Fragmenta anecdota cum Notis, et duabus Dissertationibus de oblatione et consecratione Eucharistiæ.

— Primitiæ Tubingenses. Pars prior et posterior.

— Institutiones Historiæ Ecclesiasticæ. (Decr. 11 Martii 1754.)

— Et cetera ejus *Opera de Religione tractantia* (Decr. 10 Maii 1755.)

Pfaw, Yso. Collectarium, sive Summarium privilegiorum Abbatibus, et Religiosis Monasteriorum exemptorum Ordinis Benedictini per Helvetiam ab Urbano VIII concessorum. (Decr. 2 Julii 1686.)

Pfeffingerus Joannes. (1 Cl. Ind. Trid.)

Pfeifferus Augustus. Dubia vexata Scripturæ Sacræ, sive loca difficiliora veteris Testamenti succincte decisa. (Decr. 31 Martii 1681.)

— Actio rei amotæ contra Papam in puncto subtracti calicis instituta ; una cum decisione triginta Casuum Conscientiæ. (Decr. 21 Aprilis 1693.)

Pfeil Joannes. (1 Cl. App. Ind. Trid.)

Pflacherus Moses (1 Cl. App. Ind.Trid.)

Phalarismus. *Vide* Huttenus.

Philalethes Hispanus. Ad Philalethem Romanum, cujus est Epistola de justa Bibliothecæ Jansenianæ proscriptione responsio, ubi de justa proscriptione Norisii per Inquisitionem. (Decr. 24 Novembris 1751, et 2 Martii 1752.)

Philalethes. Remarks upon the Book of Edmond Burk Doctor of Divinity, in which Churcks discipline is vindicated, etc. *Id est : Animadversiones in Librum Edmundi Burk Doctoris Theologiæ, in quibus Ecclesiæ disciplina est vindicata, et divinum jus Episcoporum assertum : in responsum ad Epistolam cujusdam Clerici.* (Decr. 29 Augusti 1730.)

Philalethes Utopiensis. (1 Cl. Ind. Trid.)

Philanax Philander. De natura, fine, et mediis Jesuitarum. (Decr. 19 Martii 1633.)

Philarchus Valerius (1 Cl. Ind. Trid.)

Phylargyrus Matthæus.(1 Cl. Ind. Trid.)

Phileleutherus Helvetius. *Vide* de Miraculis.

Philetymus. Somnium Hipponense, sive judicium Augustini de controversiis Theologicis hodiernis (Bulla Urbani VIII, 6 Martii 1641, et Decr. 23 Aprilis 1654.)

Philippus Cattorum Princeps. Responsio adversus Ducis Henrici Brunswicensis sycophanticum Scriptum. (Ind. Trid.)

Philips Dirk, *qui suos Anabaptismi libros incribit litteris* D. P. (1 Cl. App. Ind. Trid.)

Philirenus Christianus. Cleri Catholici per Fœderatum Belgium, et Archiepiscopi Sebasteni religio vindicata. (Brevi Clement. XI, 4 Octobris 1707.)

Philologus Joannes. (1 Cl. Ind. Trid.)

Philologus Jonas. (1 Cl. Ind. Trid.)

Philonius Joannes Dugo. (1 Cl. Ind. Trid.)

Philopenes. Usury explain'd ; or conscientie quieted in the caso of putting out money at interest. *Id est : Usura explicata, sive de conscientia pacata in concessione pecuniæ ad incrementum annuum.* (Decr. 11 Martii 1704.)

Philosophia Amoris. (App. Ind. Trid.)

Philosophiæ Lebnitianæ et Wolfianæ usus in Theologia. Auctore I. T. C. (Decr. 13 Aprilis 1739.)

— *Eadem expresso Auctoris nomine Vide* Canzius.

Philosophie (la) de l'Histoire. (Decr. 12 Decembris 1768.)

Philosophie des révélations adressée à...etc. *Vide* Chaho.

Pilosophie Morale, ou mélange raisonné de principes, pensées et réflexions, par M. S (Decr. 14 Aprilis 1745.)

Philosophie (la) rectifiée, par le marquis Pie-Muti-Bussi. (6 April. 1840.)

Philosophe rêveur. *Vide* le Livre à la mode.

Philyreus Herichus. *Vide* Beringerus.

Phisiophili (Joannis) Opuscula. Continent Monochologiam ; Accusationem Phisiophili; Defensionem Phisiophili ; Anatomiam Monachi. Collegit, edidit et præfatus est P. Aloysius Martius. Augustæ Vindelicorum 1784. (Decr. die 6 Decembris 1784.)

Phrases Hebraicæ. *Vide* Stephanus Robertus.

Phrases Sacræ Scripturæ. *Vide* Westhemerus *Bartholomæus*.

Phrygio Paulus Constantinus. (1 Cl. Ind. Trid.)

Piano Ecclesiastico per un regolamento da tentare nelle circostanze de' tempi presenti. Con aggiunta di un discorso sopra l'autorità della Chiesa. In Venezia 1767, appresso Bartolo Baronchelli. Con licenza de' Superiori. (Decr. 27 Novembris 1767.)

Pianto della Madonna in ottava rima, *cujus initium :* Chi vuol pianger colla Vergine. (App. Ind. Clement. XI.)

Piccolo (il) Bollandista, o atti, e vite de' Santi di ciascun giorno. (Decr. 19 Januarii 1824.)

Piccolomineus Æneas Silvius. Commentariorum de Concilio Bisileæ celebrato Libri duo. *Corrigantur ea quæ ipse in Bulla retractationis damnavit.* (Ind. Trid.)

Picenino Giacomo. Apologia per i Riformatori, è per la Religione Riformata. (Decr. 26 Octobris 1707.)

— Vestimento per le nozze dell'Agnello qui in terra. (Decr. 12 Augusti 1710, et 22 Junii 1712.)

— Concordia del Matrimonio, e del Ministero in forma di Dialoghi. (Decr. 12 Augusti 1710, et 22 Junii 1712.)

— Trionfo della vera Religione contro le invettive di Andrea Semery. (Decr. 12 Septembris 1714.)

Picherellus Petrus. Opuscula Theologica, quæ reperiri potuerunt, partim antea, partim nunc primum edita. (Decr. 10 Junii 1658.)

Pichon Jean. L'Esprit de Jésus-Christ et de l'Eglise sur la fréquente Communion. (Decr. 13 Augusti 1748, et 11 Septembris 1750.)

Picot Séraphin. Lettre adressée aux Évêques de France. (Decr. 27 Aprilis 1701.)

Pictorius Georgius Poemata. (App. Ind. Trid.)

— Threnodia Ecclesiæ Catholicæ ad Christum Sponsum suum. (App. Ind. Trid.)

Picus (Joannes) Carthusiensis. Paraphrases et annotationes in Psalmos. (Ind. Trid.)

Pièces fugitives sur l'Eucharistie. (Decr. 17 Maii 1734.)

Piedad (Francisco de la). Teatro Jesuitico, Apologetico Discurso con saludables, y seguras dotrinas, necessarias a los Principes, y Senores de la tierra. (Decr. 27 Maii 1687.)

Pignatto (il) grasso. Comedia del Pastor Manopolitano. (Decr. 17 Decembris 1623.)

Pignoni Pasquino. Compendio della vita, e miracoli del B. Andrea Avellino. *Donec corrigatur.* (Decr. 21 Januarii 1642.)

Pigault-le-Brun. El Citador escrito en Frances, y traducido al Castellano. (Decr. 27 Novembris 1820.)

— El Citador Historico, o sea la liga de los nobles y de los Sacerdotes contra los Pueblos y los Reyès, desde el principio de la Era Christiana hasta el anno 1820, traducida dal Frances al Espanol por Z. Izgonde. (Decr. 20 Januarii 1823.)

(Decr. 18 Augusti 1828.)

— La Folie Espagnole.

— Tableaux de Société ou Fanchette, et Honorine.

— Jérome.

— L'Enfant du Carnaval, Histoire remarquable, et surtout véritable.

— Romans. (Decr. 28 Julii 1834.)

Pignotti Lorenzo. Storia della Toscana sino al Principato con diversi saggi sulle scienze, lettere ed arti. (Decr. 19 Januarii 1824.)

ΠΙΝΑΚΕΣ ΠΑΙΔΑΓΩΓΙΚΟΙ ΕΙΣ ΧΡΗΣΙΝ ΤΩΝ ΑΛΛΗΛΟΔΙΔΑΚΤΙΚΩΝ ΣΧΟΛΕΙΩΝ ΤΟΥ ΙΟΝΙΚΟΥ ΚΡΑΤΟΥΣ. *Latine vero: Instructio puerorum in Scholis Jonici Dominii.* (Decr. 5 Septembris 1825.)

Pilati, Carl' Antonio, L'esistenza della legge naturale impugnata e sostenuta. Venezia, 1764, presso Antonio Zatta. Conlicenza de'-Superiori, e privilegio (Decr. 16 Junii 1766.)

Pilkintonus, *seu* Pylkintonus (Jacobus) Pseudo-Episcopus Dunelmensis. (1 Cl. App. Ind. Trid.)

Pincierus (Joannes) Veteranus. (1 Cl. App Ind. Trid.)

(Decr. 7 Februarii 1718.)

Pipping Henricus. Sacer decadum Septenarius, memoriam Theologorum nostra ætate clarissimorum renovatam exhibens.

— Trias decadum, memoriam Theologorum nostræ ætatis clarissimorum renovatam exhibens.

Pirckheimerus, *seu* Pirkeymerus Bilibaldus. (1 Cl. Ind. Trid.)

Pirani Avvocato Giuseppe. La Corte di Roma convinta dalla verità. In Bologna 1797. (Decr. 26 Septembris 1818.)

Pires Carvalho Laurentius. Quæstiones selectæ duodecim de Bulla sanctæ Cruciatæ Lusitaniæ. Pars prior et posterior. (Brevi Clem. XI, 29 Decembris 1707.)

— Epitome das Indulgencias, e Privilegios da Bulla da Santa Cruzada (Brevi Clem. XI, 29 Decembris 1707.)

Pirrus Rocchus. Notitiæ Siciliensium Ecclesiarum. Pars I et II. *Donec corrigantur.* (Decr. 23 Augusti 1634.)

Pisæus Lucius (1 Cl. Ind. Trid.)

Piscator (Joannes) Argentoratensis, *Opera omnia.* (Decr. 10 Maii 1757.)

Piscatorius Joannes Baptista. (1 Cl. Ind. Trid.)

Piscatorius (Joannes) Lithopolitanus. Epitome omnium Operum D. Aurelii Augustini. *Editionis Joannis Crispini* (App. Ind. Trid.)

Pissini Andreas. Naturalium doctrina, qua funditus eversis materiei primæ, formæque substantialis et accidentalis sententiis, inopinata substituuntur, aut penitus obsoleta revocantur. (Decr. 22 Augusti 1675.)

Pistorius Jeremias. (1 Cl. Ind. Trid.)

Pistorius (Joannes) a Worden. (1 Cl. Ind. Trid.)

— Elegiæ aliquot de morte Conjugis et liberorum. (App. Ind. Trid.)

Pithou Pierre. Traités des Droits et libertez de l'Eglise Gallicane. (Decr. 26 Octobris 1640.)

Pittonus Jo. Baptista. Recentiora Sacræ Rituum Congregationis Decreta, nullibi hactenus conjunctim impressa, collecta. (Decr. 4 Martii 1709.)

Placæus Josue. *Vide* Syntagma Thesium.

Placete, *seu* Placette (Joannes la). Observationes Historico-Ecclesiasticæ, quibus eruitur veteris Ecclesiæ sensus circa Pontificis Romani potestatem in definiendis Fidei rebus. (Decr. 4 Martii 1709.)

— *Et cetera ejus Opera de Religione tractantia.* (Decr. 10 Maii 1757.)

Plagula *sic inscripta:* Andachts-uebung zu dem Leiden Christi des Herrn. *Id est:* Pietatis exercitatio erga Passionem Christi Domini. *Desinit autem:* Von den Totdten ist auferstanden. Ende. *Id est:* A mortuis resurrexit. Finis. (Decr. 8 Maii 1761.)

Plagula *undecim Thesium, cui titulus:* Probabilismus disputationi Ven. Clero Avisiensi exercitii gratia oxpositus contra Probabiliorismum stricte talem, utpote negotium perambulans in tenebris ; pro die 10 Junii 1760 in Ædibus Canonicalibus Avisii. (Decr. S. Officii 26 Februarii 1761.)

Plaidoyer pour Mr. l'Evêque de Soissons intimé, contre Joseph Jean Elie Levis ci-devant Borach-Levi, Juif de Nation, appelant comme d'abus. (Decr. 6 Septembris 1759.)

Planctus veritatis Augustinianæ in Belgio patientis. (Decr. 23 Aprilis 1654.)

Plata Horatio. *Vide* Discorso piacevole.

Platterus Thomas. (1 Cl. Ind. Trid.)

Platz, *seu* Platzius Conradus Wolfgangus. (1 Cl. App. Ind. Trid.)

Plazza. *Vide* Dissertatio Anagogica.

Plough (Joannes) Nottinghamensis. (1 Cl. App. Ind. Trid.)

Poach Andreas. (1 Cl. Ind. Trid.)

Pocquius Antonius. (1 Cl. App. Ind. Trid.)

Poemata (Varia doctorum, piorumque virorum de corrupto Ecclesiæ statu), cum præfatione Mathiæ Flacii Illyrici. *Nisi corrigantur.* (Ind. Trid.)

Poésies (nouvelles) par le Cte Mansiani de la Rovère. (Decr. 14 Jan. 1839.)

Poesias lyricas de Francisco de Boya Garçao Stockler, etc. *Donec corrigatur.* (Decr. 23 Junii 1836.)

Poesie Pananti edite, e inedite : Italia. *Sine nomine Auctoris et annotatione anni.* (Decr. 23 Junii 1817.) Quarum initium : *Derrino delle moglie, etc.*

Poésies Italiennes, tirées d'un recueil manuscrit. (Decr. 5 April. 1845.)

Poggio (Francesco di). Vita della Madre Suor Cherubina dell' Agnus Dei. (Decr. 13 Martii 1679.)

Poggius Florentinus. Facetiæ. (Ind. Trid.)

Poinetus, *seu* Ponetus Joannes. (1 Cl. App. Ind. Trid.)

Polanus (Amandus) a Polansdorf. Syntagma Theologiæ Christianæ. (Decr. 25 Januarii 1684.)

Politica Ecclesiastica : *Se hallara en Valencia en la libreria de Domingo y Mompie calle de Caballeros.* (Decr. 20 Januarii 1823.)

Politique (la) des Jésuites. (Decr. 22 Decembris 1700.)

(App. Ind. Trid.)

Politus Ambrosius Catharinus. Quæstio, quibusnam verbis Christus confecit Eucharistiæ Sacramentum.

— Tractatio secunda illius quæstionis, quibus verbis Christus Eucharistiæ Sacramentum confecerit.

Polletta Peregrinus. Lucerna inextinguibilis, ignorantiæ tenebras ab anima fideli indocta procul pellens. (Decr. 19 Martii 1633.)

Pollicarius (Joannes) Cygnæus. (1 Cl. Ind. Trid.)

Pollius (Joannes) Westphalus. (1 Cl. Ind. Trid.)

Polus (Antonius) Venetus. Lucidarium potestatis Papalis septem libros complectens. (App. Ind. Trid.)

Polus Matthæus. Synopsis Criticorum, aliorumque Sacræ Scripturæ Interpretum et Commentatorum. (Decr. 21 Aprilis 1693.)

Polydorus (Valerius) Patavinus. Practica Exorcistarum ad dæmones et maleficia de Christi Fidelibus expellendum. (Decr. 4 Martii 1709.)

Polygranus Franciscus. Assertiones quorumdam Ecclesiæ dogmatum, cum ab aliis quondam, tum a Lutherana factione denuo in dubium revocatorum. *Donec corrigantur.* (App. Ind. Trid.)

Pomeranus Joannes, *qui et Joannes Bugenhagius Pomeranus.* (1 Cl. Ind. Trid.)

Pomis (David de). De Medico Hebræo enarratio apologetica. *Donec emendetur.* (App. Ind. Trid.)

Pomponatius Petrus. De naturalium effectuum admirandorum causis, seu de incantationibus liber. (App. Ind. Trid.)

Pona Francesco. La Lucerna di Eureta Misoscolo. (Decr. 4 Februarii 1627.)

Pons (Evesque de S.) *Vide* de Persin.

Pont (Mr. du). Dénonciateur du péché Philosophique convaincu de méchants principes dans la morale. (Decr. 1 Julii 1693.)

Pontanus Gregorius. *Vide* Bruck.

Pontanus Joannes Jovianus. Charon, Dialogus. (App. Ind. Trid.)

Pontanus Joannes Isacius. Rerum et Urbis Amstelodamensium Historia. (Decr. 12 Novembris 1616.)

— Originum Francicarum libri VI. (Decr. 10 Maii 1619.)

Pontifices denudati. *Vide* Schwind Carolus Franciscus.

Pontificii Oratoris legatio in Conventu Norimbergensi. (Ind. Trid.)

Pontisella Joannes. (1 Cl. App. Ind. Trid.)

Popoli (Vittore de). Il Piovano, cioè sedici Sermoni sopra il Catechismo Romano. (Decr. 23 Julii 1609.)

Port-Royal, par C. A. Sainte-Beuve. (Decr. 13 Januarii 1845.)

Porta Conradus. (1 Cl. App. Ind. Trid.)

Porta Gio. Battista. Miracoli, e maravigliosi effetti dalla natura prodotti. (Decr. 21 Martii 1668.)

Portæ Sion. *Vide* Shaharé Zijon.

Porterus Franciscus. Syntagma variarum Ecclesiæ definitionum in materia fidei et morum, a sæculo IV ad præsens usque tempus editarum. (Decr. 26 Augusti 1682.)

Portus Æmilius, *Francisci filius.* (1 Cl. App. Ind. Trid.)

Portus (Franciscus) Cretensis. (1 Cl. Ind. Trid.)

Positiones ex jure universo, quas sine præside publicæ disputationi submittit Ignatius Jos. Joan. Andr. S. R. I. Comes de Tannemberg, Societatis Litter. Roboretanæ Socius. (Decr. 3 Februarii 1766.)

Positiones ex universa Theologia selectæ, quas sub regimine Josephi Schinzinger defensurus est Fridolinus Huber, MDCCXCIII. Friburgi Bresg. (Decr. 10 Julii 1797.)

Positiones ex Theologia Dogmatica speciali. Lucernæ typis Georg. Ignat. Thuring. Civit. Typog. (Decr. 26 Augusti 1805.)

Positiones. *Vide* Satze aus allen.

Posselius Joannes. (1 Cl. Ind. Trid.)
Postellus (Gulielmus) Barentonius. (1 Cl. Ind. Trid.)
Postillæ majores totius anni. (App. Ind. Trid.)
Potestas (Quæ Regia), quo debent auctore solemnes Ecclesiæ conventus indici, cogique? compendiosa Discussio Cl. G. Præt. Sen. Auctore. (App. Ind. Trid.)
Pothovin d'Avillet, et Travers, avocats au Parlement, sur l'appel comme d'abus, interjeté par Levi de deux sentences de l'Officialité de Soissons, qui l'ont déclaré non recevable dans sa demande, tendante à contracter dans le Christianisme un nouveau mariage du vivant de la femme qu'il avait épousée dans le Judaïsme. (Decr. S. Offic. 6 Septembris 1759.)
Potter (de). Considérations sur l'Histoire des principaux Conciles, depuis les Apôtres jusqu'au Schisme d'Occident sous l'Empire de Charlemagne. (Decr. 19 Januarii 1824.)
— L'Esprit de l'Eglise, ou considérations Philosophiques et Politiques sur l'Histoire des Conciles et des Papes, depuis les Apôtres jusqu'à nos jours. (Decr. 12 Junii 1826.)
— Vie de Scipion de Ricci, Evêque de Pistoie et Prato. (Decr. Leonis PP. XII, 26 Novembris 1825.)
— Histoire Philosophique, Politique et Critique du Christianisme et des Eglises Chrétiennes, depuis Jésus jusqu'au dix-neuvième siècle. (Decr. 13 Februarii 1838.)
Pouchenius Andreas. (1 Cl. App. Ind. Trid.)
Poza Joannes Baptista. Elucidarium Deiparæ. (Decr. 11 Aprilis 1628.)
Item: Tractatus, Apologiæ, Informationes, Libelli supplices, vel quovis alio nomine expressi pro defensione Elucidarii Deiparæ, *sive doctrinæ præfati Jo. Baptistæ Pozæ, tam editi quam manuscripti.* (Decr. 9 Septembris 1632.)
— *Et cetera ejusdem Opera omnia.* (Decr. 9 Septembris 1632.)
Pozzi Giovanni. *Vide* Della cura fisica, e politica.
Prades (Joannes Martinus de.) Theses, *quarum titulus:* Hierusalem cœlesti. Quæstio Theologica: *Quis est ille, cujus in faciem Deus inspiravit spiraculum vitæ?* (Brevi Benedicti XIV, 22 Martii 1752.)
Pradt (de). Concordat de l'Amérique avec Rome. (Decr. 4 Martii 1828.)
— Les quatre Concordats suivis de considérations, sur l'Eglise de France en particuculier, depuis 1515. Tom. i, ii, iii. (Decr. 17 Novembris 1820.)
— Congrès de Panama. (Decr. 18 Augusti 1828.)
Prælectiones Canonicæ. *Vide* Oberhauser.
Prælectiones de locis Theologicis. *Vide* del Mare.
Præpositus Jacobus, *ille qui scripsit Historiam utriusque captivitatis propter verbum Dei.* (1 Cl. Ind. Trid.)
Prætorius Abdias. (1 Cl. App. Ind. Trid.)
Prætorius Matthæus. Tuba pacis ad universas dissidentes in Occidente Ecclesias, seu discursus Theologicus de unione Ecclesiarum Romanæ et Protestantium. (Decr. 17 Aprilis 1687.)
Prætorius Zacharias. (1 Cl. App. Ind. Trid.)
Praga (Hieronymus de). (1 Cl. Ind. Trid.)
Prati Francesco. Avvisi di Parnaso, ovvero compendio de' Ragguagli di Trajano Boccalini. (Decr. 23 Augusti 1634.)
Praxi (de) Quesnelliana in dilatione sacramentalis absolutionis, ad Propositiones lxxxvii et lxxxviii ex ci proscriptis in Bulla *Unigenitus,* Dissertatio Dogmatica. (Decr. 21 Novembris 1757.)
Praxis et Taxa Officinæ Pœnitentiariæ Papæ. *Cum ab Hæreticis sit depravata.* (App. Ind. Trid.)
Precationes Biblicæ Sanctorum Patrum, illustriumque virorum, et mulierum utriusque Testamenti. (Ind. Trid.)
Precationes Christianæ ad imitationem Psalmorum compositæ. (Ind. Trid.)
Precationes (novæ) ex optimis quibusque scriptis præcipuorum nostri sæculi Theologorum. (App. Ind. Trid.)
Precationes Psalmorum. *Vide* Homburgius.
Precationum aliquot, et piarum meditationum Enchiridion. (Ind. Trid.)
Precedentie all'Apologia della Confessione Wittembergense. (Ind. Trid.)
Preces Gertrudianæ, seu vera et sincera medulla devotissimarum precum. *Nisi expungantur Litaniæ et Officia a Sacra Rituum Congregatione non approbata.* (Decr. 4 Martii 1709.)
Precipitii della Sede Apostolica, ovvero la Corte di Roma perseguitata, e perseguitante. (Decr. 19 Junii 1674.)
Preghiere Cristiane pubblicate per uso della sua Chiesa da Mons. Ortiz Cortes Vescovo di Motola. Napoli 1789. (Decr. 10 Julii 1797.)
Prémontval (de). Vues philosophiques, ou Protestations et Déclarations sur les principaux objets des connaissances humaines. (Decr. 24 Augusti 1761.)
Preservativo contro certi libri e sermoni de' Gesuiti. (Decr. 19 Januarii 1761.)
Preservativo contro la Critica d'alcuni falsi zelanti. (Decr. 14 Januarii 1733.)
Prestonus (Thomas), et Thomas Greenæus. Appellatio a Cardinalibus ad Indicem deputatis, ad ipsummet Summum Pontificem. (Decr. 16 Martii 1621.)
Prêtre (du), de la Femme, de la Famille, par Jean Michelet. (Decr. 5 April. 1845.)
Prêtre (du), et de son Ministère. *Vide* Montlosier.
Preuves des libertez de l'Eglise Gallicane. (Decr. 26 Octobris 1640.)
Priapeia, sive diversorum veterum Poetarum in Priapum lusus. *Sive seorsum, sive una cum Virgilio.* (App. Ind. Trid.)
Prideaux (Mr. *Humphrey*). Histoire des Juifs et des Peuples voisins, depuis la décadence des Royaumes d'Israël et de Juda jusqu'à la mort de Jésus-Christ. *Donec corrigatur.*
Prideaux Johannes. Opera Theologica, quæ Latine extant, omnia. (Decr. 13 Martii 1679.)
Prieras Silvester. Modus solemnis et authenticus ad inquirendum, et inveniendum,

et convincendum Lutheranos. *Qui tamen falso ei tribuitur.* (Ind. Trid.)

Prière pour demander à Dieu la grâce d'une véritable et parfaite conversion. (Decr. 23 Aprilis 1654.)

Prima legendi Exercitia. *Vide* Mayst Pfarrer Z. P.

Primatu (de) Papæ; *et in adversa pagina :* De la Primauté du Pape. *In-4. Latine, et Gallice.* (Decr. 16 Januarii 1770.)

Primus passus ad futuram unionem Ecclesiarum Catholicæ atque Evangelicæ attentatus a quodam Monaco P. T. K. M. W. Secunda editio 1779. (*Titulus libelli germanico idiomate editi latine redditus.*) (Decr. Fer. 5, 31 Julii 1783.)

Primus triumphus lucis, etc. *Vide* Erster Sieg des Lichts, etc.

Principes de la Morale et de la Politique. *Vide* Système Social.

Principia Juris Ecclesiastici Catholicorum ad statum Germaniæ accommodata in usum tyronum. (Decr. 11 Septembris 1750.)

Principj genuini, ec. *Vide* Curalt.

Prisbachius Wolfgangus. (1 Cl. App. Ind. Trid.)

Pritius Jo, Georgius. Oratio inauguralis. (Decr. 8 Aprilis 1699.)

Probabilismus Disputationi. *Vide* Plagula *undecim Thesium.*

Problème Ecclésiastique proposé à Mr. l'Abbé Boileau de l'Archevêché : à qui l'on doit croire de Messire Louis Ant. de Noailles, Evêque de Châlons en 1695 ; ou de M. Louis Antoine de Noailles, Archevêque de Paris en 1696. (Decr. 2 Junii 1700.)

Problème historique, qui des Jésuites ou de Luther et Calvin ont le plus nui à l'Eglise Chrétienne. (Decr. S. Offic. 17 Maii 1759.)

Probus Antonius. (1 Cl. App. Ind. Trid.)

Procès contre les Jésuites, pour servir de suite aux Causes célèbres. (Decr. 11 Martii 1754.)

Processus Consistorialis martyrii Jo. Huss, cum correspondentia legis gratiæ ad jus Papisticum. (Ind. Trid.)

Prodromus corporis Theologiæ, quo tota Fidei, ac morum doctrina, Historia, item Prophetia, methodo pariter et verbis sacris asseruntur. (Decr. 4 Martii 1709.)

Prodromus, Cyrus Theodorus. Epigrammata. (Ind. Trid.)

Professio septem Punctorum, sive Articulorum Fidei, quos unusquisque debet scire necessitate medii, ut salvus fiat, latius expositi, ut melius intelligantur. (Decr. 6 Augusti 1682.)

Profession (la) de Foi des Théistes. *Vide* Libellus continens.

Progetto *con questo titolo :* OEuvres de Messire Antoine Arnaud, Docteur de la Maison et de la Société de Sorbonne. Proposé par souscription. (Decr. 14 Augusti 1759.)

Progetto di riforma dell'obbligo del digiuno, in quanto riguarda la qualità, e la quantità de' cibi, umilmente indrizzato a S. S. il Sommo Pontefice Regnante : *Parve, nec invideo, sine me, Liber, ibis in Urbem.* Ovid. Londra 1787. (Decr. 31 Martii 1788.)

Progressi (i) della Fisica. Discorso Accademico di Giuseppe Nicola Pascale (*discipuli Sacerdotis Aloysii Amoroso, qui est verus Auctor dicti Operis.*) (Decr. Fer. 5, 14 Novembris 1782.)

Projet de conférence sur les matières de controverse, appuyé de quelques observations sur trois ou quatre points de Religion, et particulièrement sur le Sacrement de Pénitence, avec cinquante questions choisies pour être proposées à Messieurs de la R. P. R. (Decr. 31 Martii 1651.)

Projet de Requête au Roy. *Vide* Curés Lorrains Allemands.

Projet d'une association Religieuse contre le Déisme et le Papisme du xixᵉ siècle. (Decr. 11 Junii 1827.)

Pronunzia (della) del Canone nella Messa MDCCLXXXVIII. In Firenze. (Decr. 31 Martii 1788.)

Propositiones Belgio-unito-Romanæ ac Papales, hac secunda editione elucidatæ; *quarum initium :* Peccatum non est, sacrificium Deo pollutis manibus, sive in peccato offerre. (Decr. 18 Januarii 1667.)

Propositiones Historico-Canonicæ quas vindicabit D. Johannes Rico, etc., die 15 Novembris 1821 ; Præside D. Philippo Sobrino Taboada. (Decr. 26 Augusti 1822.)

Propositions tirées des livres et autres écrits du Docteur Molinos chef des Quiétistes, condamnées par la Sainte Inquisition de Rome. *Propter malam versionem.* (Decr. 5 Februarii, et 1 Aprilis 1688.)

Propugnaculo de la Real jurisdicion, y protecion de las Regalias del Regio Exequatur, y de la Real Monarchia, patrocinio de la jurisdicion de los Metropolitanos, y de los privilegios del Reyno de Sicilia. (Decr. 7 Septembris 1712.)

Propugnaculum Canonici Ordinis. *Donec corrigatur.* (Decr. 7 Augusti 1603.)

Protocollum, hoc est Acta Colloquii inter Palatinos et Wirtebergicos Theologos de ubiquitate, sive omni præsentia Corporis Christi, et de sensu verborum Christi : Hoc est Corpus meum; anno 1564, Mulbrunnæ habiti. (App. Ind. Trid.)

Providentia (de) Dei. (Ind. Trid.)

Provinciali (le), o Lettere scritte da Luiggi di Montalto ad un Provinciale de' suoi amici, colle annotazioni di Guglielmo Wendrock, tradotte nell'italiana favella, con delle nuove annotazioni. (Decr. 27 Martii 1762.)

Przibram Joannes. (1 Cl. Ind. Trid.)

Psalmi aliquot in versus Græcos nuper a diversis translati. *Apud Henricum Stephanum.* (App. Ind. Trid.)

Psalmi Davidis, carmine. *Editi Lovanii.* (App. Ind. Trid.)

Psalterium Davidis ex Hebraico in Latinum et Germanicum sermonem fideliter translatum. (App. Ind. Trid.)

Psalterium translationis veteris, cum nova præfatione Martini Lutheri. (Ind. Trid.)

Publico divino Diritto alla Comunione Eucaristica nel Sagrifizio della Messa. *Vide* Leofilo (Anastasio).

Puccius Filidinus (Franciscus), *falso usur-*

pans Pucciorum cognomen. (1 Cl. App. Ind. Trid.)

Pucelle (la) d'Orléans. Poëme Héroï-comique. (Decr. 20 Januarii 1757.)

(Decr. 15 Januarii 1714.)

Pufendorf (Samuel de). De Jure naturæ et Gentium.

— Le Droit de la nature et des gens, traduit du Latin par Jean Barbeyrac, avec des notes du Traducteur. Tome I et II.

— Introduction à l'Histoire des principaux Etats tels qu'ils sont aujourd'hui dans l'Europe, traduit de l'original Allemand par Claude Rouxell. (Decr. 21 Aprilis 1693.)

— Introductio ad Historiam Europæam, Latine reddita a Joanne Friderico Cramero, cum supplemento usque ad initium seculi XVIII, et compendio Historiæ Suevicæ. (Decr. 14 Januarii 1737.)

— De Officio Hominis et Civis, cum notis Variorum. *Et etiam sine notis.* (Decr. 2 Martii 1752.)

— De Statu Imperii Germanici liber unus; notis ad præsens seculum accommodatis, atque præfatione de libertate sentiendi in causis publicis restricta, auctus a Jo. Godofr. Schaumburg. (Decr. 11 Martii 1754.)

Puissance (de la) Royale et Sacerdotale. (Decr. 13 Novembris 1662.)

Pulci Luigi. Ode, Sonetti, Canzoni. (Ind. Trid.)

Pullanus Joannes. (1 Cl. App. Ind. Trid.)

Pumekchius Hieronymus. (1 Cl. App. Ind. Trid.)

Pupperus (Joannes) Gocchianus. (1 Cl. App. Ind. Trid.)

Purpurei Joannes. (1 Cl. Ind. Trid.)

Purvey, *seu* Purvejus (Joannes) Anglus. (1 Cl. Ind. Trid.)

Puttanismo (il) Romano, overo Conclave generale delle Puttane della Corte. *Una cum Opusculo inscripto:* Dialogo tra Pasquino, e Marforio sopra l'istesso soggetto. (Decr. 3 Aprilis 1699, et 15 Aprilis 1711.)

Pylkintonus. *Vide* Pilkintonus.

Q

Quadus Nicolaus. (1 Cl. Ind. Trid.)

Quæstio bipartita (in Georgium Blacvellum Angliæ Archi-presbyterum a Clemente Papa VIII designatum. (Decr. 12 Decembris 1624.)

Quæstio Theologica. *Vide* Theses.

Quæstione (de) facti Jansenii variæ quæstiones juris, et responsa. (Decr. 17 Julii 1709.)

Quenstedt, Johannes Andreas. Dialogus de Patriis illustrium doctrina et scriptis virorum. (Decr. 10 Junii 1659.)

— Sepultura veterum, sive Tractatus de antiquis ritibus sepulcralibus Græcorum, Romanorum, Judæorum et Christianorum. (Decr. 18 Maii 1677.)

Quercu (Leodegarius a). Farrago Poematum, ex optimis quibusque antiquioribus, et ætatis nostræ Poetis selecta. *Donec emendetur.* (App. Ind. Trid.)

— Flores Epigrammatum ex optimis quibusque Auctoribus excerpti. *Donec corrigantur.* (App. Ind. Trid.)

Querela de Pontificiis insidiis per Germaniam. (App. Ind. Trid.)

Querimonia (humilis et supplex) Jacobi Zegers. *Vide* Zegers.

Quesnel Paschasius. S. Leonis Magni Opera, Dissertationibus, notis, observationibusque illustrata. (Decr. 22 Junii 1676.)

Questions sur la Tolérance, où l'on examine si les maximes de la persécution ne sont pas contraires au droit des gens, à la Religion, à la Morale, à l'intérêt des Souverains et du Clergé. (Decr. 5 Martii 1759.)

Questions (les) de Zapata. *Vide* Opuscula sex.

Questione : Se i Vescovi delle altre Cattoliche Chiese debbano immischiarsi nella Causa de'Vescovi, e Preti giurati di Francia. Torino. Per gli Eredi Evondo Stampatori della Commissione Municipale l'anno dell' Era Cristiana 1801, Republicano IX. (Decr. 17 Martii 1817.)

Quindecim occulti cruciatus. *Vide* Libellus *inscriptus* Fünffzehen.

Quindici occulti patimenti. *Vide* Libellus *alter* Fünffzehen, etc., *eodem titulo inscriptus.*

Quinet Edgard. Ahasvérus. (Decr. 29 Januarii 1835.)

Quinos Bruno. (1 Cl. App. Ind. Trid.)

Quintinus (Leodegarius) Heduo. Theologia antiqua de vera Martyrii adæquate sumpti notione, contra spumosam Καινολογιαν, et fragrosum Tarantara Thomæ Hurtado. (Decr. 10 Junii 1658.)

Quirino Antonio. Avviso delle ragioni della Repubblica di Venetia intorno alle difficoltà, che le sono promosse dalla Santità di Papa Paolo V. (Decr. 29 Septembris 1606.)

R

Rabardeus Michaël. Optatus Gallus de cavendo schismate benigna manu sectus. (Decr. 18 Martii 1643.)

Rabelais, *seu* Rabelæsus Franciscus. (1 Cl. App. Ind. Trid.)

Rabus Ludovicus. (1 Cl. App. Ind. Trid.)

Raccolta de'così detti Indirizzi fatti da molti Vescovi, e Capitoli d'Italia, in adesione all' Indirizzo stampato in Parigi li 6 Genn. 1811, sotto il nome del Capitolo Metropolitano di quella Capitale. (Decr. 30 Septembris 1817.) *Qui libelli partim ex integro conficti, partim substantialiter commutati, plerique vi fallacibusque artibus extorti cum fuerint, fere omnes postquam per tempora licuit, ab iis, quorum nomina præ se ferunt, reprobati, correcti aut declarati sunt, obsequentissimis litteris ad Sanctissimum D. N. Pium VII, ultro ac libenter datis.*

Raccolta di Novelle D.... Batachi, Vol. I, II, III, IV. Italia. (Decr. 22 Martii 1819.)

Raccolta di Opuscoli interessanti la Religione. In Pistoja nella Stamperia d'Atto Bracali. *Cum præfatione et notis.* Tomo I, II, III, IV, V, VI, VII, VIII, IX. (Decr. 7 Augusti 1786.) Tomo X, XI, XII. (Decr. 4 Junii 1787.) Tomo XIII, XIV. (Decr. 31 Martii 1788.) Tomo XV. (Decr. 29 Maii 1789.) Tomo XVI, 1789. Tomo XVII, 1790. (Decr. 11 Jan. 1796.)

Raccolta di Opuscoli di Cristiana Filosofia, e di Ecclesiastica Giurisdizione compilata dal Volgarizzatore del Concilio Nazionale di Francia, Prete, e Cittadino Piemontese. Vol. I, in sei Quinterni. Torino presso il Cittadino Soffietti in Casa Pæsana. 1799. (Decr. 27 Julii 1818.)

Raccolta di varie devotioni per chi desidera dedicarsi alla vera devotione della gloriosa S. Anna Madre di Maria Vergine, Ava di Gesù Figlio di Dio. (Decr. 30 Julii 1678.)

Radclif Rodulphus. (1 Cl. App. Ind Trid.)

Radensis Wilhelmus. (1 Cl. Ind. Trid.)

Radivil, *seu* Radzivil (Nicolaus) Palatinus Wilnensis. (1 Cl. Ind. Trid.)

Radspinner Samuel. (1 Cl. Ind. Trid.)

Ragionamento in materia di Religione accaduto tra due amici Italiani. (Decr. 12 Decembris 1624.)

Ragionamento intorno a'beni temporali posseduti dalle Chiese, dagli Ecclesiastici, e da tutti quelli, che si dicono : Mani morte. In Venezia appresso Luigi Pavini 1766, con licenza de'Superiori. (Decr. 15 Septembris 1766.) *Vide* Confermazione del Ragionamento.

Ragioni a prò del Comune della fedelissima Città di Napoli, e de'suoi Casali intorno al seppellire i morti. (Decr. 7 Februarii 1718.)

(Brevi Clem. XI, 17 Febr. 1710.)

Ragioni a prò della fedelissima Città, e Regno di Napoli contr'al procedimento straordinario nelle cause del S. Officio divisate in tre capi.

Ragioni del Regno di Napoli nella causa de' suoi Benefizi Ecclesiastici, che si tratta nel Real Consiglio della Maestà del Re, nuovamente a tale affare ordinato.

Ragioni per la fedelissima e eccellentissima Città di Napoli circa l'impedire la fabrica delle nuove Chiese, e l'acquisto, che gli Ecclesiastici fanno de' beni de'Secolari. (Decr. 21 Januarii 1721.)

Ragnonus Lactantius. (1 Cl. Ind. Trid.)

Ragucius Antonius. Lucerna Parochorum, seu Catechesis ad Parochos. *Nisi* titulo de Sacramento Eucharistiæ quæsito XLI, n. 1, *deleantur ea verba : Et hæc est communis opinio,* etc., *usque ad totius numeri finem*. (Decr. 12 Decembris 1624.)

Raida, *seu* Reida Balthasar. (1 Cl. App. Ind. Trid.)

Raimondi Annibale. Opera dell'antica, ed honorata scientia de Nomandia. (Ind. Innocent XI.)

Rainieri (Luciano) da Brescia. Il Lume acceso ad un moribondo. (Decr. 21 Januarii 1732.)

Rainoldus Joannes. (1 Cl. App. Ind Trid.)

Raison (la) par Alphabet, etc., l'A. B. C. Dix-sept Dialogues traduits de l'Anglois. (Decr. Pii PP. VI, 11 Julii 1776.) *Potestate illud cuiquam, ut legat, aut retineat, permittendi Summo Pontifici reservata.*

Raisons, pour lesquelles on n'a trouvé convenir de publier au Diocèse de Gand, etc. *Vide* Triest.

Rallius Andreas. Halcyonia Ecclesiarum Evangelicarum, sive de Regno Christi glorioso in terris. (Decr. 13 Novembris 1662.)

- Rampelogis *seu* Rampegolis, (Antonius de). Figuræ Biblicæ. *Donec corrigantur*. (App. Ind. Trid.)

Rampoldi Gio. Battista. Enciclopedia de' Fanciulli, ossia Idee Generali delle cosse nelle quali i Fanciulli debbono essere ammæstrati. *Prohibentur Edit. Liburni* 1821-1823, *Anconæ* 1825, *Mediolani* 1827, *aliæque similes, donec corrigantur. Permittuntur editiones emendatæ Romæ* 1822 et 1826. (Decr. 5 Augusti 1833.)

Ramus Petrus. (1 Cl. App. Ind. Trid.)

Rangolius Claudius. Commentaria in Libros Regum. (Decr. 16 Martii 1621.)

Rapporti (due) sullo stato attuale dell' Amministrazione de' Dipartimenti, e de' Ministerj degli affari Ecclesiastici della Polizia Generale, e della Giustizia presentati al parlamento Nazionale di Napoli (*il primo*) nell' adunanza del di... Novembre 1820; (*ed il secondo*) nell'Adunanza del dì... Decembre 1820. (Decr. 17 Decembris 1821.)

Rasiel de Silva. *Vide* Histoire de l'admirable.

Raspail F. V. Nouveau système de Chimie organique, fondé sur des méthodes nouvelles d'observation. (Decr. 28 Julii 1834.)

Rassinesi Paolo. Dello scrupoloso convito con l'antorità del Vecchio, e Nuovo Testamento. (Decr. 10 Julii 1658.)

Ratio brevis sacrarum concionum tractandarum, a quodam docto et pio Rhapsodo Philippi Melanchthonis familiari congesta. (Ind. Trid.)

Ratio, cur qui Confessionem Augustanam profitentur, non esse assentiendum Concilii Tridentini sententiis judicarunt. (Ind. Trid.)

Ratio et forma publice orandi Deum, atque administrandi Sacramenta in Anglorum Ecclesia, quæ Genevæ colligitur. (App. Ind. Trid.)

Ratio (optima) componendæ Religionis quæ sit. (App. Ind. Trid.)

Ralph Emmanuel. *Vide* Mémoires de Candide.

Ratione (de), et auctoritate præcipue S. Augustini in rebus Theologicis, ac speciatim in tradendo Mysterio prædestinationis et gratiæ : Dissertatio cum Prologo Galeato. Ticimi 1788. (Decr. 5 Februarii 1790.)

Rationes, ob quas Illustrissimus Dominus Archiepiscopus Mechliniensis, etc. *Vide* Mechliniensis.

Raudt Georgius. (1 Cl. App. Ind. Trid.)

Ravenspergerus Hermannus. Via veritatis et pacis ; hoc est Tractatus, et Tractatulus Theologici, quibus modis et mediis Ecclesia ad veram sacrarum Scripturarum intelligentiam pertingere et firmam concordiam inire possit. (Decr. 20 Novembris 1663.)

Ravizza Jacobo Filippo. *Vide* Berlando.

Rauppius Jacobus. Bibliothecæ portatilis Pars practica, hoc est Theologiæ practicæ systema integrum. (Decr. 3 Aprilis 1685.)

Rauscher Hieronymus. (1 Cl. Ind Trid.)

Raye Nicolaus. Theologia, quam defendet P. Joannes Janssens Lovanii in Collegio Societatis Jesu, die 3 Julii 1701. (Decr. 11 Martii 1704.)

Raymundus Neophytus. (1 Cl. Ind. Trid.)

Raynal. *Vide* Storia filosofica.

Decr. 18 Decembris 1646.)

Raynaudus Theophilus. Error popularis de Communione pro mortuis.

— Gustus Operis, cui titulus : Heteroclita spiritualia, et anomala pietatis.

— De Martyrio per pestem, ad martyrium improprium et proprium comparato.

— Erotemata de bonis ac malis libris, deque justa, aut injusta eorumdem confixione. *Donec corrigantur.* (Decr. 10 Junii 1659.)

— Apopompæus admodum rata continens. Tomus xx, et posthumus Operum : *Excipiuntur tamen Tractatus in eodem Tomo comprehensi, quibus titulus :* Hipparchus, de Religioso negociatore Disceptatio ; *et* ΑΥΤΟΣ ΕΦΑ, Os Domini locutum est, *qui separati permittuntur.* (Decr. 23 Martii 1672.)

Re (de) metrica. *Vide* Micyllus.

Rebus (de) Christianis ante Constantinum Magnum. *Vide* Zola.

Recantatio de Inferno. (App.Ind. Trid.)

Recend Bartholomæus. *Acta Conferentiæ cœptæ Senæ, et continuatæ Uzetiæ, et Gratianopoli contra jactantias Fr. Hilarii Capuccini. Gallice.* (Decr. 7 Septembris 1609.)

Receptatio omnium figurarum Sacræ Scripturæ. (Ind. Trid.)

Rechberger Georgius J. D. Enchiridion Juris Ecclesiastici Austriaci. Auctor edidit Idiomate Germanico, dein latinitate donavit multisque additamentis locupletavit. *Omnes editiones et versiones.* Tom. I, II. (Decr. 17 Januarii 1820.)

Recherches Philosophiques sur les Américains, ou Mémoires intéressans pour servir à l'Histoire de l'Espèce humaine. Par M. de P. (Decr. 31 Januarii 1777.)

Recherches sur l'Origine du Despotisme Oriental, et des Superstitions. Ouvrage posthume de Mr. B. J. D. P. E. C. (Decr. 13 Augusti 1764.)

— Seconde Partie, *tria continens Opuscula, quæ pariter damnantur, et inscripta sunt :* Dissertations sur Elie et Enoch, sur Esope Fabuliste, et Traité mathématique sur le Bonheur. (Decr. S. Offic. 26 Martii 1767.)

Récit de ce qui s'est passé au Parlement, au sujet de la Bulle de N. S. P. le Pape Alexandre VII, contre les censures de Sorbonne. (Decr. 15 Julii 1666.)

Recordus Robertus. (1 Cl. App. Ind. Trid.)

Récréations Historiques, Critiques, Morales et d'Erudition, avec l'Histoire des Fous en titre d'Office, par M. DD. Auteur des Anecdotes des Rois, Reines et Régentes de France. Tom. 2. (Decr 10 Julii 1780.)

Recueil de diverses pièces concernant le Quiétisme et les Quiétistes, ou Molinos, ses sentiments et ses disciples. (Decr. 17 Januarii 1691, et 19 Martii 1692.)

Recueil de diverses pièces sur la Philosophie, la Religion naturelle, l'Histoire, les Mathématiques, par Mr. Leibnitz, Clarke,

DICTIONNAIRE DES HÉRÉSIES. II.

Newton et autres Auteurs célèbres. (Decr. 22 Maii 1745.)

Recueil de plusieurs pièces curieuses, comme il se verra à la page suivante; à *Ville Fronche.* (Decr. 27 Maii 1687.)

Recueil des Consultations de Messieurs les Avocats du Parlement de Paris, au sujet de la procédure extraordinaire de l'Official de Cambray, contre le Sieur Bardon, Chanoine de Leuze. (Decr. 6 Decembris 1741).

Recueil des factums, et autres pièces. *Vide* Persin.

Reflexionen eines Schweizers über die Frage : Ob es der catholischen Eidgenossenchaft nicht zuträglich wäre die Regularen Orden gänzlich aufzuheben, oder wenigstens einzuschränken. *Id est :* Animadversiones cujusdam Helvetii super quæstione : An Helvetiæ Catholicæ Confœderatis foret proficuum, si Ordines Regularium penitus abolerentur, vel saltem ad limites arctiores redigerentur? (Decr. S. Offic. 13 Septembris 1769.)

Réflexions Chrétiennes adressées à Monseigneur l'Evêque de Saint-Pons, au sujet de son Ordonnance contre les Récollets, du 18 Septembre 1694. (Decr. 27 Aprilis 1701.)

Réflexions Chrétiennes sur l'Ordonnance de Mr. l'Evêque de S.-Pons du 18 Septembre 1694. (Decr. 27 Aprilis 1701.)

Réflexions impartiales sur les Evangiles, suivies d'un Essai sur l'Apocalypse, imprimé sur un Manuscrit du célèbre M. Abauzit. (Decr. 29 Augusti 1774.)

Réflexions nouvelles sur la vérité du serment par rapport aux jugements de l'Eglise. (Decr. 7 Octobris 1746.)

Réflexions succinctes sur la lettre d'un Catholique Romain à un de ses amis d'Italie, touchant l'état présent des Catholiques Romains en Hollande. 7 Novembris 1704. (Brevi Clement. XI, 4 Octobris 1707.)

Réflexions sur les grands hommes qui sont morts en plaisantant. (Decr. 5 Decembris 1758.)

Réflexions sur l'Instruction Pastorale de Mons. l'Evêque de Rhodez, au sujet des erreurs de Jansénius. (Decr. 19 Aprilis 1742.)

Réflexions sur la cruelle persécution que souffre l'Eglise Réformée de France, et sur la conduite et les actes de la dernière Assemblée du Clergé de ce Royaume. (Decr. 29 Augusti 1690.)

Réflexions sur une Lettre de Mons. Linguet à M. le Marquis Beccaria. (Decr. 26 Augusti 1773.)

Reformatio Ecclesiæ Coloniensis. *Vide* Deliberatio simplex ac pia.

Refus (du) de signer le Formulaire pour servir de réponse à un écrit, qui a pour titre : Second Préservatif. (Decr. 29 Julii 1722.)

Refutacao de Livro intitulado a Salvacao dos Innocentes pe lo Senhor Conego da Basilica de S. Maria Major. (Decr. 6 Septembris 1824.)

Refutatio Responsi ad libellum, cui titulus : Motivum juris. *Vide* Swaan *Martinus.*

Refutatio (solida) Compilationis Cinglianæ et Calvinianæ, quam illi Consensum Orthodoxum appellarunt, conscripta per Theologos Wirtembergicos. (App. Ind. Trid.)

Réfutation d'un Monitoire de Monseigneur l'Archevêque de Malines, signifié à Mr. Guillaume van de Nesse, Pasteur de Ste. Catherine. (Decr. 22 Junii 1712.)

Réfutation péremptoire d'un certain livret, avorté depuis peu, sous le titre de Décret de N. S. Père, auquel on a adjoint une certaine table, et quelques advertissements diffamatoires et hérétiques. (Decr. 18 Junii 1680.)

Regel (die) des Dritten Ordens, so von den Seraphischen Patriarchen S. Francisco, etc. Und dem Officio B. Mariæ Virginis. Strasburg, 1729. *Id est : Regula Tertii Ordinis Seraphici Patriarchæ S. Francisci, etc. Una cum Officio B. Mariæ Virginis. Argentinæ,* 1729. (Decr. 4 Maii 1742.)

Regels of maximen van het Christendom gesteit theghen de maximen van de Wereldt. *Id est: Regulæ sive maximæ Christianismi propositæ contra maximas Mundi.* (Decr. 6 Augusti 1682.)

Reggius Honorius. De statu Ecclesiæ Britannicæ hodierno, liber commentarius, una cum appendice eorum quæ in Synodo Glasguensi contra Episcopos decreta sunt. (Decr. 30 Junii 1671.)

Regii sanguinis clamor ad Cœlum adversus parricidas Anglicanos. (Decr. 3 Aprilis 1669.)

Regius Alexander. Clavis aurea, qua aperiuntur errores Michaëlis de Molinos in ejus libro, cui titulus est : La Guida Spirituale. (Decr. 15 Decembris 1682.)

Regius Urbanus. *Vide* Rhegius.

Règle des associez à l'Enfance de Jésus, modèle de perfection pour tous les états. (Decr. 29 Novembris 1689.)

Règles très-importantes tirées de deux passages, l'un du Concile de Florence et l'autre du Glaber, pour servir d'éclaircissement à l'examen du livre du Père Bagot intitulé : Défense du droit Épiscopal. (Decr. 30 Januarii 1659.)

Regno (de) Christi liber primus; de Regno Antichristi liber secundus. Accessit Tractatus de Pædobaptismo et Circumcisione. (App. Ind. Trid.)

Regno (de), civitate, et domo Dei ac Domini nostri Jesu Christi. (App. Ind. Trid.)

Regole da osservarsi dai devoti di Maria, che professano d'essere incatenati schiavi di lei. (Decr. 2 Octobris 1673, et Brevi Clem. X, 15 Decembris 1673.)

Reguléas Giovanni. Nuovo Piano d'istruzione d'Ideologia sperimentale. (Decr. S. Officii 26 Novembris 1834.) *Auctor laudabiliter se subjecit.*

Reich Georgius. (1 Cl. Ind. Trid.)

Reich Stephanus. (1 Cl. App. Ind. Trid.)

Reicheltus Julius. Exercitatio de Amuletis. (Decr. 18 Maii 1677.)

Reihing Jacobus. Laquei Pontificii contriti. (Decr. 2 Decembris 1622.)

Reineccius (Reinerus) Steinhemius. (1 Cl. App. Ind. Trid.)

— Chronica Salvorum, seu Annales Helmoldi : addita est Historia de vita Henrici IV et Gregorii VII. (Decr. 4 Februarii 1627.)

Reinius Cassiodorus. (1 Cl. App. Ind. Trid.)

Reinkingk Theodorus. De regimine seculari et Ecclesiastico, cum accessione eorum quæ durantibus bellis circa statum Imperii Romani et subsequutam in eo pacis compositionem innovata. (Decr. 4 Julii 1661.)

Reiserus Antonius. S. Augustinus veritatis Evangelico-Catholicæ testis et confessor contra Bellarminum, et alios Scriptores Papæos vindicatus. (Decr. 19 Septembris 1679.)

— Brevis Apologia pro Epistola quadam consolatoria in gratiam S. Aletheæ scripta et edita anno 1674. (Decr. 26 Septembris 1680.)

— Johannes Launoyus testis et confessor veritatis Evangelico-Catholicæ adversus Bellarminum, et alios Sedis Romanæ defensores. (Decr. 2 Julii 1686.)

Reiss Jacobus. Josephina Lucernensis, in qua S. Joseph vir Mariæ centum elogiis illustratur. *Donec corrigatur.* (Decr. 4 Julii 1661.)

Reiter Christophorus. (1. Cl. App. Ind. Trid.)

Relacion de lo sucedido en Roma sobre el reconocimiento del Archiduque ; concordados entre el Papa, y Rey de Romanos ; protesta hecha por el Duque de Uzeda a su Santidad ; y oficio, que mandò el Rey se passasse con el Nuncio insinuandole su salida de Espana. (Brevi Clem. XI, 2 Octobris 1709.)

Relandus Hadrianus. De Religione Mohammedica libri II. (Decr. 3 Decembris 1725.)

Relatio nuperi itineris proscriptorum Jesuitarum ex Regnis Bohemiæ et Ungariæ, missa ex Helicone juxta Parnassum. (Decr. 3 Julii 1623.)

Relation abrégée de l'affaire suscitée par Monseigneur l'Archevêque de Malines au Sieur Guillaume van de Nesse. (Decr. 22 Junii 1712.)

Relation apologétique et historique de la société des Francs-Maçons, par I. G. D. F. M. D. (Decr. 18 Februarii, et 13 Aprilis 1739).

Relation de ce qui s'est passé au Parlement de Rouen, au sujet de la déclaration du 4 Août 1720, touchant la conciliation des Évêques. (Decr. 2 Septembris 1727.)

Relation de ce qui s'est passé dans l'Assemblée de Sorbonne du 4 Juin 1721. (Decr. 2 Septembris 1727.)

Relation de ce qui s'est passé, tant à Rome que de la part de M. le Cardinal de Noailles, sur l'affaire de la Constitution, depuis l'exaltation de N. S. P. le Pape Benoît XIII. (Decr. 17 Septembris 1727.)

Relation de l'accroissement de la Papauté et du gouvernement absolu en Angleterre, particulièrement depuis la longue prorogation de Novembre 1675, laquelle a fini le 15 Février 1676, jusques à présent. (Decr. 21 Junii 1732.)

Relation de l'Inquisition de Goa. (Decr. 29 Maii 1690.)

Relation du miracle arrivé en la personne de Marie-Anne Pollet, affligée depuis près de quatre années d'une complication de maux étranges, et guérie le 4 Mai de la présente année par l'intercession de Jean Soanen. (Decr. 15 Februarii 1742.)

Relationes (Quinquaginta) ex Parnasso de variis Europæ eventibus : adjuncta est ratio status Davidis Judæorum Regis, tribus libris comprehensa. (Decr. 2 Julii 1686.)

Relations de l'Enseignement élémentaire de la Politique, par Graser. (Decr. 14 Jan. 1839.)

Religio Medici. (Decr. 18 Decembris 1646.)
Religion. *Vide* Véritable Religion.

Religion (la) constatée universellement, à l'aide des sciences modernes, par M. de la Marne. (Decr. 26 Junii 1843.)

Religion (la) défendue contre les préjugés de la superstition. (Decr. 20 Junii 1844.)

Religion (la) des Dames. Discours où l'on montre que la Religion est et doit être à la portée des plus simples des Femmes et des Gens sans lettres. Traduit de l'Anglois. (Decr. S. Offic. 26 Martii 1767.)

Religion (la) Natural : Obra escrita en Frances por Platon Blanchard traducida al Espanol. (Decr. 20 Januarii 1823.)

Religion , ou Théologie des Turcs, par Echialle Mufti, avec la profession de Foi de Mahomet, fils de Pir Ali. (Decr. 4 Martii 1709.)

Religion Saint-Simonienne, Leçons sur l'Industrie et les Finances, prononcées à la salle de l'Athénée par J. Pereire, suivies d'un projet de Banque. (Decr. 14 Februarii 1837.)

Religion Saint-Simonienne. *Vide* Doctrine de Saint-Simon.

Religione (de) Falsa. (Ind. Trid.)

Religione (la) Cristiana liberata dalle Ombre, o sia Analisi scrupolosa della medesima Religione. Milano nella Stamperia de' Patriotti in strada nuova. (Decr. 9 Decembris 1806.)

Remarques sur le Bref de N. S. P. le Pape Clément XI à Mr. Humbert Guill. à Precipiano Archevêque de Malines du 3 Mars 1708. (Decr. 17 Julii 1709.)

Remedio (el) della melancolia. *Vide* Perez Zaragoza.

Remiz (*Antonius*). *Vide* Dissertatio inauguralis juridica de Justitia Placeti Regii.

Rémond J. Remarques sur un livre intitulé : Théologie Morale, ou Résolution des Cas de conscience selon l'Ecriture Sainte, les Canons et les Saints Pères. Tom. I et II. (Decr. 13 Martii 1679.)

Remontrance (très-humble) faicte par les Religieux au grand Prélat de France. *Donec corrigatur.* (Decr. 10 Junii 1659.)

Remontrances (les très-humbles) de la Faculté de Théologie de Paris au Roi. (Decr. 2 Septembris 1727.)

Remontrance du Corps des Pasteurs, etc. *Vide* Libellus continens.

Renatus , Eques Gallobelgicus. Apologeticus tripartitus pro Divo Augustino , in quo multæ quæstiones curiosæ de D. Augustino ejusque Ordine solvuntur. (Decr. 18 Decembris 1646.)

Rendete a Cesare ciò ch' è di Cesare : *Si vende in Italia.* (Decr. 31 Martii 1788.)

Rennerus Michaël. (1 Cl. App. Ind. Trid.)

Renneville (Constantin de). L'Inquisition Françoise, ou l'Histoire de la Bastille. (Decr. 21 Januarii 1721.)

Rennigerus (Michaël) Anglus. (1 Cl. App. Ind. Trid.)

Renoult (Mr.). Les Aventures de la Madona et de François d'Assise. (Decr. 26 Octobris 1701.)

Renouvellement (du) de l'ancienne Philosophie, par le comte Mamiani de la Rovère. (Decr. 14 Jan. 1839.)

Repartie de Monsieur l'Abbé de S.-Gilles à la Protestation de Mr. l'Abbé de Boneffe du deuxième de May 1732. *Ob transgressionem impositi silentii super Præcedentia inter Canonicos Regulares S. Augustini, et Monachos Ordinis S. Benedicti.* (Decr. 17 Maii 1734.)

Repetitio Orthodoxæ Confessionis Ecclesiarum, quæ sunt sub ditione Ducis Electoris Saxoniæ, de Sacrosancta Cœna Domini nostri Jesu Christi, deque horum temporum controversis articulis, conscripta et comprobata unanimi consensu Academiarum Lipsiensis et Witebergensis. (App. Ind. Trid.)

Repetitione delli principali capi della Dottrina Christiana cavati dalla Sacra Scrittura. (Decr. 10 Maii 1619.)

Replica d'una Supplica diretta a Nostro Signore Paolo Quinto da' Creditori di Gieronimo Bocchi (Decr. 4 Februarii 1627.)

Réponse à la Bibliothèque Janséniste, avec avec des remarques sur la Réfutation des Critiques de M. Bayle, et des éclaircissements sur les lettres de M. Saleon Evêque de Rhodès à M. Bossuet Evêque de Troyes. (Decr. 2 Martii 1752.)

Réponse à la lettre d'une personne de condition, touchant les règles de la conduite des Saints Pères dans la composition de leurs ouvrages , pour la défense des veritez combattues, ou de l'innocence calomniée. (Decr. 22 Decembris 1700.)

Réponse à une Brochure intitulée : la secte connue sous le nom de Petite Eglise, etc. (Decr. 26 Augusti 1822.)

Réponse à un écrit qui a pour titre : Advis donné en ami à un certain Ecclésiastique de Louvain au sujet de la Bulle du Pape Urbain VIII , qui condamne le livre portant le titre : Augustinus Cornelii Jansenii. (Decr. 23 Aprilis 1654.)

Réponse à un Sermon prononcé par le P. Brisacier Jésuite dans l'Église de Saint-Solene à Blois, le 29 Mars 1651. (Decr. 23 Aprilis 1654.)

Réponse au livre de Mr. l'Évêque de Condom , qui a pour titre : Exposition de la Doctrine de l'Église Catholique sur les matières de controverse. (Decr. 21 Aprilis 1693.)

Réponse au Mandement de Monseigneur Berger de Charancy, Evêque de Montpellier. (Brevi Benedicti XIV , 29 Novembris 1740.)

Réponse au Mémoire du Recteur des Pénitens de la Miséricorde. (Decr. 7 Octobris 1746.)

Réponse au P. Annat, Provincial des Jésuites, touchant les cinq Propositions attribuées à M. l'Evêque d'Ipre, divisée en deux Parties. (Decr. 23 Aprilis 1654.)

Réponse au Système de la Nature. (Decr. 31 Januarii 1777.)

Réponse aux difficultés proposées au sujet d'un Ecrit intitulé : Dernier éclaircissement sur les vertus théologales. (Decr. 11 Septembris 1750.)

Réponse aux faussetés et aux invectives qui se lisent dans la Relation du voyage de Sorbiere en Angleterre. (Decr. 26 Octobris 1707.)

Repristinatione (de) Jesuitarum, etc. *Vide* Uber die Wieder herstellung, etc.

République (la) des Philosophes, ou Histoire des Ajaoins. Ouvrage posthume de Mr. de Fontenelle. A Genève, 1768. (Decr. 14 Martii 1779.)

Repugnantia (de) doctrinæ Christi ac Romani Pontificis. (App. Ind. Trid.)

Requeste présentée au Parlement par vingt-trois Curés de la Ville, Faubourgs et Banlieue de Paris, contre l'Instruction Pastorale de M. Languet, Archevêque de Sens, imprimée en 1734, au sujet des miracles opérés par l'intercession de M. de Paris. (Decr. 20 Junii 1736.)

Requête du Précenteur de l'Eglise de Saint Pons, demandeur en réparation de calomnies contre le Sindic des Pères Récollets. (Decr. 27 Aprilis 1701.)

Rerum in Gallia ob religionem gestarum libri tres, Regibus Henrico Secundo, Francisco Secundo, et Carolo Nono. (App. Ind. Trid.)

Response. *Vide* Réponse.

Responsio ad Epistolam a D. Licentiato Denys scriptam ad amplissimum Dominum. (Decr. 7 Septembris 1695.)

Responsio cujusdam Sac. Theologiæ Professoris ad Epistolam cujusdam Prælati, qua continebatur quæstio facti : an certi Theologi Regulares sint auctores LXV propositionum, quas die 2 Martii 1679 Innocentius Papa XI damnavit. (Decr. 18 Junii 1680.)

Responsio (Fidelis servi subdito Infideli) una cum errorum et calumniarum quarumdam examine, quæ continentur in septimo libro de visibili Ecclesiæ Monarchia a Nicolao Sandero conscripta. (App. Ind. Trid.)

Responsio pro eruditissimo viro Epistolæ Leodiensis confutatore ad perillustrem ejusdem Epistolæ auctorem, defensorem ac vindicem. (Decr. 12 Septembris 1714.)

Responsio ad octo quæstiones. *Vide* Beantwortung.

Responsione (ex) Synodali data Basileæ Oratoribus D. Eugenii PP. IV, in Congregatione generali III. Non. Septembris 1432. Pars præcipua, et in eam Commentarius. (Decr. 10 Martii 1613.)

Responsorum juris illustrium, et celeberrimorum Jurisconsultorum, et diversarum Academiarum hoc tempore florentium, sive, ut recentiores vocant, Consiliorum in Hispania, Tomus. I. (Decr. 12 Decembris 1624.)

Responsorum juris in causa Prioris, et Conventualium Monasterii B. M. V. in oppido Novariensi contra Officiales Archiconfraternitatis S. Crucis in Civitate Coloniensi, etc. (Decr. 12 Decembris 1624.)

Resposta do Bispo d'Angra eleito de Bragança a alguns reparos, que se fizeraõ a respeito do opusculo anonimo publicado pelo mesmo Bispo, e que tem por titulo : Cartas de hum amigo a outro, sobre as Indulgencias. (Decr. 5 Septembris 1825.)

Respuesta a unos errores, que han aparecido vagos sin autor : bien que se presume prohijarse al insigne varon el Doctor Miguel de Molinos. (Decr. 14 Martii 1686.)

Respuesta del Serenissimo Senor Preste-Juan de las Indias a una carta del Illustrissimo Don Fray Gines Barrientos, Dominico, Obispo auxiliar del titulo de Troya, en Islas Philippinas. (Decr. 21 Aprilis 1693.)

Respuesta monopantica dirigida a Don Frislis de la Borra nuevamente confirmado con el nombre de Fiera-Bras Judain. (Decr. 2 Julii 1636.)

(Decr. 26 Augusti 1822.)

Ressi Adeotado. Breve esposizione di alcuni principj intorno alla scienza del diritto mercantile.

— Dell' Economia della Specie Umana.

Ressi Carlo. Allocuzione recitata in occasione dell' erezione dell' Albero della Libertà. (Decr. 26 Augusti 1822.)

Restitutione (de) vitæ et doctrinæ Christianæ. (Ind. Trid.)

Résumé de l'Histoire de France. *Vide* Bodin.

Rétractation publique. *Vide* de Geilh M.

Rétractations du Chapitre de Nevers et des Curés d'Evreux, de Nevers et de Toulon, de la publication de la Bulle *Unigenitus*. (Decr. 17 Februarii 1717.)

Rettorica della Puttane. (Decr. 3 Aprilis 1669.)

Reuchlinus Antonius. Exegesis dictionum in Psalmos VI. *Donec corrigatur*. (App. Ind. Trid.)

(Ind. Trid.)

Reuchlinus Joannes. De arte Cabalistica libri tres.

— De verbo mirifico libri tres.

— Miroir oculaire contre un libelle faux et diffamatoire publié par Pfefferkorn.

Reudenius Ambrosius. (1 Cl. App. Ind. Trid.)

Revelatio consiliorum, quæ initio Synodi Tridentinæ inter Pontificem, cæterosque Principes, et status Pontificios contra veros et liberos Orbis Christiani Reges, Principes et Ordines sunt inita. (Decr. 16 Martii 1621.)

Revell Tristramus. (1 Cl. App. Ind. Trid.)

Révision du Concile de Trente, contenant les nullitez d'iceluy : les griefs des Rois et Princes Chrestiens, de l'Eglise Gallicane et autres Catholiques. (Decr. 22 Octobris 1619.)

Revius Jacobus. Historia Pontificum Romanorum contracta et compendio perducta usque ad annum MDCXXXII. (Decr. 18 Junii 1651.)

Revolutione (de) animarum humanarum;

quanta sit istius doctrinæ cum veritate Christianæ Religionis conformitas. Problematum centuriæ duæ. (Decr. 26 Octobris 1707.)

Reusnerus Elias. Ephemeris, seu Diarium Historicum Fastorum et Annalium, tam sacrorum quam prophanorum. (Decr. 7 Augusti 1603.)

— Stratagematographia, sive Thesaurus bellicus. (Decr. 17 Decembris 1623.)

Reusnerus Nicolaus. Consilia. (Decr. 12 Decembris 1624.)

Reuterus (Quirinus) Monsbacensis. (1 Cl. App. Ind. Trid.)

Reyberger Antonius Carolus. Institutiones Ethicæ Christianæ seu Theologiæ Moralis usibus Academicis accommodatæ. Tomulus I, II et III. *Donec corrigatur.* (Decr. 27 Novembris 1820.)

Rhegius, *seu* Regius Urbanus. (1 Cl. Ind. Trid.)

Rhellicanus (Johannes) Tigurinus. (1 Cl. Ind. Trid.)

Rhenanus Beatus. Epistola de Primatu Petri. *Sive seorsum, sive inserta libro* x *Operis ad Fridericum Nausea.* (App. Ind. Trid.)

— Adnotationes in Tertulliani Opera. (Ind. Trid.)

Theticus Georgius Joachimus. (1 Cl. Ind. Trid.)

Rho Joannes. Achates ad Constantinum Cajetanum adversus ineptias et malignitatem libelli Pseudo-Constantiniani de S. Ignatii Institutione atque Exercitiis. (Decr. 18 Decembris 1646.)

— Ad Jo. Bapt. Castaldum Interrogationes Apologeticæ, in quibus S. Ignatii cum B. Cajetano Thienæo colloquentis, atque ab eo Theatinorum Ordinem postulantis rejicitur fabula. (Decr. 21 Aprilis 1693.)

(Ind. Trid.)

Rhodingus Nicolaus. Exhortatio ad Germaniam.

— Precationes carmine elegiaco conscriptæ.

Rhodius Joannes. (1 Cl. App. Ind. Trid.)

Rhodomanus Laurentius. (1 Cl. App. Ind. Trid.)

Rhodophanta Joannes. (1 Cl. Ind. Trid.)

Rhosellus Lucius Paulus. Index locupletissimus Commentariorum Francisci Aretini de Accoltis. (Decr. 7 Septembris 1609.)

Rhotus, *seu* Rothus Henricus. (1 Cl. App. Ind. Trid.)

Ribittus Joannes (1 Cl. Ind. Trid.)

Ricaut (Mr. Paul). Histoire de l'Etat présent de l'Eglise Grecque et de l'Eglise Arménienne, traduite de l'Anglois par Mr. de Rosemonde. (Decr. 21 Januarii 1732.)

Riccamati Giacopo. Dialogo, nel qual si scuoprono le astutie, con che i Lutherani si sforzano d'ingannare le persone semplici, et tirarle alla loro setta. (Decr. 16 Martii 1621.)

Ricciolius Joannes Baptista. Immunitas ab errore tam speculativo quam practico definitionum S. Sedis Apostolicæ in Canonizatione Sanctorum. *Donec corrigatur.* (Decr. 3 Aprilis 1669.)

Riccobaldi Romualdo. Apologia del Diario Italico del P. Bernardo Montfaucon contra le osservazioni di Francesco Ficoroni. *Donec corrigatur.* (Decr. 15 Januarii 1714.)

Richardus Christophorus. (1 Cl. App. Ind. Trid.)

Richardus (Joannes) Ossanæus. (1 Cl. App. Ind. Trid.)

Richerand Antelmo. Nuovi Elementi di Fisiologia. Tom. I, II. *Donec corrigantur.* (Decr. 27 Julii 1818.)

Richerius Edmundus. De Ecclesiastica et Politica Potestate liber. (Decr. 10 Maii 1613, 2 Decembris 1622 et 4 Martii 1709.)

— Demonstratio libelli de Ecclesiastica et Politica Potestate. (Decr. 4 Martii 1709.)

— Historia Conciliorum Generalium in IV libros distributa. (Brevi Innocent. XI, 17 Martii 1681.)

— Opera. (Decr. 2 Decembris 1622.)

Richmond. *Vide* Contadinella.

Richter, Christophorus Philippus. Expositio omnium Authenticarum Codici Imperatoris Justiniani insertarum. (Decr. 8 Martii 1662.)

Richterus Georgius. Epistolæ selectiores ad viros nobilissimos, clarissimosque datæ ac redditæ. (Decr. 20 Novembris 1663.)

Richterus (Gregorius) Gorlicius. Editio nova Axiomatum œconomicorum, accessione novarum regularum, multarumque sententiarum, et exemplorum aucta. (Decr. 4 Februarii 1627.)

— Axiomatum Historicorum Pars tertia, continens Axiomata Ecclesiastica. (Decr. 4 Februarii 1627.)

— Opera. (Decr. 7 Septembris 1609.)

Ricius (Paulus) Israëlita. (1 Cl. Ind. Trid.)

— Statera prudentum. (App. Ind. Trid.)

Ricordo per il digiuno perpetuo istituito in onore dell' Immaculata Concezione. (Decr. 13 Aprilis 1739.)

Ridleius, *seu* Ridley Nicolaus. (1 Cl. Ind. Trid.)

Ridolfi Angelo. *Vide* del Diritto sociale.

Riemerus Valentinus. Dissertatio Historico-Politico-Juridica de veterum Magistratuum et hodiernorum alta, itemque ac bassa jurisdictione, quam Academico examini subjicit Georgius Andreas Maier. (Decr. 23 Augusti 1634.)

Riflessioni del Teologo Piacentino sul Libro dell'Abb. Cucagni: De mutuis officiis Sacerdotii et Imperii. In Piacenza 1785. *Sine nomine Auctoris.* (Decr. 4 Junii 1787.)

Riflessioni di un Canonista in occasione della privata Assemblea dei Vescovi di Toscana fissata in Firenze il dì 23 Aprile 1787, per la convocazione del Sinodo Nazionale MDCCLXXXVII. (Decr. 31 Martii 1788.)

Riflessioni d'un Italiano sopra la Chiesa in generale, sopra il Clero sì Regolare, che Secolare, sopra i Vescovi, ed i Romani Pontefici, e sopra i Diritti Ecclesiastici de'Principi. (Decr. Clement. XIV, in Congreg. S. Officii 1 Martii 1770.)

Riflessioni in difesa di M. Scipione de Ricci, e del suo Sinodo di Pistoja, sopra la Costituzione *Auctorem Fidei*, etc., 1796. (Decr. 30 Septembris 1817.)

Riflessioni intorno l'origine delle passioni, colle quali s'investiga l'economia della volontà umana, secondo i principj della natura, e della grazia. (Decr. 28 Julii 1742.)

Riflessioni Preliminari Storico-Critiche ai motivi dell'Opposizione del Vescovo di Noli alla pubblicazione d'un Decreto del S. Officio di Genova, etc., 1796. (Decr. 30 Septembris 1817.)

Riflessioni sopra una Lettera del Papa Pio VI, al Principe e Vescovo di Frisinga in data dei 18 Ottobre dell'anno 1786, esposte al Pubblico con germana schiettezza da Giuseppe Hermann. Stampate in Damiata nell'anno 1787. (Decr. 31 Martii 1788.)

Riflessioni sul discorso Istorico-Politico dell'origine, del progresso, e della decadenza del potere de' Chierici su le Signorie temporali, con un Ristretto dell'Istoria delle due Sicilie. Dialogo del Signor Censorini Italiano col Signor Ramour Fran ese. Filadelfia. *Sine anni annotatione et Auctoris nomine.* (Decr. Fer. 5, 20 Februarii 1794.)

Riflessioni sull' Omelie di Fra Turchi Vescovo di Parma. (Decr. 5 Septembris 1825.)

Riforma (d'una) d'Italia, o sia de'mezzi di riformare i più cattivi costumi, e le più perniciose leggi d'Italia. (Decr. S. Officii 26 Martii 1767.)

Rihelius Joannes. (1 Cl. Ind. Trid.)

Rime spirituali raccolte dalla Scrittura, *quarum initium* : Colui che fece il primo fondamento. (App. Ind. Cl. ment. XI.)

Rime, e Prose. Genova. Anno Primo 1797, *Sine nomine Auctoris.* (Decr. 23 Julii 1817.) Quarum initium : *Dio della più gentil, ec.*

Rinaw Petrus. (1 Cl. App. Ind. Trid.)

Rinch Melchior. (1 Cl. Ind. Trid.)

(Ind. Innoc. XI.)

Ringelbergius Joachimus Fortius. Astrologia cum Geomantia.

— De Urina non visa, et interpretatione somniorum.

— Horoscopus.

Risbrochius Fulgentius. Henricus Noris dogmatistes Augustino injurius. (Decr. 22 Junii 1676.)

Risebergius Laurentius. De rebus Gallicis præcipuis Epitome, ab anno 1555, usque ad 1594. (Decr. 3 Julii 1623.)

(Decr. 23 Septembris 1726.)

Risposta alla Lettera apologetica in difesa della Teologia Scolastica di Benedetto Aletino.

Risposta alla seconda Lettera apologetica di Benedetto Aletino.

Risposta alla terza Lettera apologetica contra il Cartesio, creduto da più d'Aristotele, di Benedetto Aletino.

Risposta di Giammaria. *Vide* Mastripieri.

Risposta dell'amico alla Lettera scritta dall'Abbate di Verneuil. (Decr. 29 Novembris 1689.)

Riposta di Frate Tiburzio M. R. (*ementitum Auctoris nomen*) allievo della Regia Università di Pavia ai dubbj proposti alli Signori Professori della Facoltà Teologica della medesima. In Pavia, 1790. (Decr. 5 Decembris 1791.)

Risposte date da un Teologo. *Vide* Morano.

Ristretto della Dottrina della Chiesa circa l'uso della Santissima Eucaristia nella Comunione de'Fedeli. *Vide* Comunione del Popolo nella Messa.

Ristretto (prattico) delle devotjoni da farsi alla gloriosa S. Anna Madre della gran Madre di Dio, ed Ava del Nostro Signor Giesù Christo. (Decr. 9 Augusti 1673.)

Riswick, *seu* Ryswick Hermannus. (Cl. Ind. Trid.)

Ritrattazione solenne di tutte l'ingiurie, bugie, falsificazioni, calunnie, contumelie, imposture, ribalderie, stampate in varj libri da Fra Daniello Concina Domenicano Gavotto contro la venerabile Compagnia di Gesù. *Libellus famosus contra Patrem Concina.* (Decr. 17 Julii 1744.)

Ritratto del glorioso capitano di Christo difensore, ed ampliatore della sua Fede S. Ignatio di Lojola Fondatore della Compagnia di Gesù. *Donec corrigatur.* (Decr. 29 Augusti 1690.)

Ritratto di Christo animato co i colori della virtù da un Religioso Agostiniano (Decr. 13 Novembris 1662.)

Ritter Laurentius. (1 Cl. App. Ind. Trid.)

Ritter Mathias. (1 Cl. App. Ind. Trid.)

(Decr. 10 Maii 1619.)

Rittershusius Cunradus. Differentiarum Juris Civilis et Canonici, seu Pontificii libri VII.

— Jus Justinianum, hoc est Justiniani et aliorum Impp. Augg. Novellarum mixtarum expositio methodica.

Rittershusius Georgius. Jucunda de osculis Dissertati, Historica Philologica. (Decr. 2 Decembris 1622.)

— ΑΣΥΛΙΑ, hoc est de jure Asylorum Tractatus. (Decr. 26 Octobris 1640.)

Ritterus Stephanus. Flores Historiarum selectissimarum, sententiarum, aliarumque rerum memorabilium. (Decr. 17 Decembris 1623.)

Rituale, seu Cæremoniale Ecclesiasticum juxta ritum Sanctæ Matris Ecclesiæ Romanæ, usumque fratrum Discalceatorum S. Augustini per Galliam. *Donec corrigatur.* (Decr. 23 Augusti 1634.)

Rituel Romain du Pape Paul V, à l'usage du Diocèse d'Alet, avec les Instructions et les Rubriques en François. (Brevi Clement. IX, 9 Aprilis 1668.)

Rivet André. Sommaire de toutes les Controverses touchant la Religion, agitées de notre temps entre l'Eglise Romaine et les Eglises Réformées. (Decr. 18 Januarii 1622.)

— *Et cetera ejusdem Opera omnia* (Decr. 10 Maii 1757.)

Rivière A. Calvinismus bestiarum religio, et appellatio pro Dominico Banne, Calvinismi damnato a Petro Paulo de Bellis. (Decr. 19 Martii 1633.)

Rivius (Joannes) Altbendoriensis. (1 Cl. Ind. Trid.)

Rivius (Joannes) Lovaniensis. Vitæ D. Aurelii Augustini libri iv. *Nisi deleantur illa verba, quæ sunt in fine* § 2, *capitis* 1, *libri* iv : Quibus dum similia tradit, etc., *usque ad illa alia :* de Enchiridio ista sufficiant. (Decr. 10 Aprilis 1666.)

Rivius Thomas. Imperatoris Justiniani defensio adversus Alemannum. (Decr. 19 Martii 1633.)

Rixnerus Henricus. De veterum Christianorum circa Eucharistiam institutis ac ritibus liber. Decr. 29 Augusti 1690.)

Roa Davila (Joannes de). Apologia de juribus principalibus defendendis et moderandis juste. (App. Ind. Trid.)

Robertson (M.). L'Histoire du Règne de l'Empereur Charles-Quint.... Ouvrage traduit de l'Anglois, 1771. (Decr. 31 Januarii 1777.)

Robertus Anglus. (1 Cl. Ind. Trid.)

Robinsonus (Nicolaus) Bangorensis. (1 Cl. App. Ind. Trid.)

Rocaberti, Hipolita de Jesus. Admirable vida, y dotrina, que escrivio de su mano por mandado de sus Prelados, y Confessores. Libro primero, segundo, tercero, y quarto. (Decr. 1 Decembris 1687, et 10 Septembris 1688.)

(Decr. 1 Decembris 1687 et 10 Septembris 1688.)

—De los sagrados Huessos de Christo Senor nuestro. Tomo primero, y segundo.

—Tercera parte de las Alabanças de los divinos Huessos, dividida en vii libros.

—Memorial de la Passion de N. S. Jesu Christo, dividido en tres libros.

(Decr. 29 Martii 1690.)

—Commentario, y mistica exposicion del sagrado libro de los divinos Cantares de Salomon, dividido en dos libros.

—Mistica exposicion de la Salve Regina. Libro primero, segundo, y tercero.

—Tomo quinto del redimimiento del tiempo perdido, dividido en quatro libros.

—Tratado de los Santos Angeles.

—Tratado de las virtudes, dividido en quatro libros.

—Tratado de los Estados, dividido en cinco libros. (Decr. 21 Aprilis 1693.)

Donec corrigantur. (Decr. 22 Decembris 1700.)

—Tomo primero de las Obras, que por mandado de sus Prelados, y Confessores, dexò escritas de su mano.

—Tomo tercero de la Penitencia, temor de Dios, y meditaciones celestiales.

—Tratado dividido en quatro libros; el primero contiene la exposicion literal, y mistica de los Psalmos Penitenciales; el segundo, la preparacion para la muerte; el tercero, coloquios del alma Christiana con Dios, el quarto, fundamento solido de la oracion.

Roccabella Tommaso. Opere. (Decr. 18 Decembris 1646.)

Rocchi, Gio. Paolo. Passi dell'anima per il cammino di pura fede. (Decr. 15 Maii 1687.)

Roccus Antonius. Animæ rationalis immortalitas, simul cum ipsius vera propagatione ex semine. (Decr. 18 Decembris 1646.)

Roccus Franciscus. De Officiis, eorumque regimine. *Donec corrigatur.* (Decr. 30 Junii 1671.)

Roche Guilhen (Mademoiselle la). Jacqueline de Bavière, Comtesse de Hainaut : Nouvelle historique. (Decr. 2 Septembris 1727.)

Rochebrune (Abbé de). *Vide* Espion de Thamas Kouli-Kan.

Rochefort (Johannes de). (1 Cl. Ind. Trid.)

Roches (François de). Défense du Christianisme, ou préservatif contre un ouvrage intitulé : Lettres sur la Religion essentielle à l'homme. (Decr. 28 Julii 1742.)

Rochezana, *seu* Rockyzana (Joannes de). (1 Cl. Ind. Trid.)

Rodez (Evêque de). Ordonnance et Instruction Pastorale pour la condamnation du Traité des Actes humains, dicté au Collége de Rodez par le P. Cabrespine, Jésuite. (Decr. 14 Julii 1723.)

Rodingus (Gulielmus) Hassus. (1 Cl. App. Ind: Trid.)

Rodriguez Manuel. El Maranon, y Amazonas. Historia de los descubrimientos, entradas, y reduccion de naciones en las dilatadas Montanas, y mayores Rios de la America. (Decr. 22 Decembris 1700.)

Rodulphus Gaspar. (1 Cl. Ind. trid.)

Rogeri Gellio (*Gregorio Leti*). Vita di Sisto V, Pontefice. (Decr. 23 Martii 1672.)

Rogers (Joannes) Anglus. (1 Cl. Ind. Trid.)

Rojas Antonio. Vita dello spirito, ove s'impara a far oratione, ed unirsi con Dio. (Decr. 29 Decembris 1689.)

Rolegravius Johannes. Tractatus de Religionum conciliatoribus. (Decr. 15 Januarii 1714.)

Rolichius Gulielmus. Epistola ad Lectorem, *præfixa* Dulciloquiorum libris iii S. Aurelii Augustini. (Decr. 17 Decembris 1623.)

Rom und Seine Päbste, etc. *Latine vero* : Roma ac ejus Pontifices, vera historia Pontificatus, F. Gregoire, ex gallico idiomate. (Decr. 28 Julii 1834.)

Donec expurgentur. (Ind. Trid.)

Roma (Augustinus de), Episcopus Nazarenus. Tractatus de Sacramento Divinitatis Jesu Christi, et Ecclesiæ.

—Tractatus de Christo Capite, et ejus inclito Principatu.

—Tractatus de Charitate Christi circa electos, et de ejus infinito amore.

Romæ ruina finalis anno Dom. 1666, Mundique finis sub quadragesimum quintum post annum, sive Litteræ ad Anglos Romæ versantes datæ. (Decr. 3 Aprilis 1669.)

Romain (François de S.). Le Calendrier des heures surnommées à la Janséniste, revu et corrigé. (Decr. 18 Julii 1651.)

Romano Damiano. Apologia sopra l'Autore della Istoria del Concilio Tridentino, che và sotto il nome di Pietro Soave Polano, (Decr. 10 Januarii 1742.)

Romano e Colonna (Gio. Battista). Della congiura dei Ministri del Re di Spagna contro la Città di Messina, Racconto Istorico. Parte I, II e III. (Decr. 18 Junii 1680.)

Romans et Contes par Voltaire, édition conforme à celle de Kell avec Figures. A Lyon, de l'imprimerie d'Amable le Roy, 1790. Vol. 6. (Decr. 12 Julii 1804.)

Romanus Petrus. Circulus Divinitatis. (App. Ind. Trid.)

Rome in the nineteenth centuries. *Latine vero* : Roma Decimi noni sæculi. (Decr. 12 Junii 1826.)

Rome souterraine. *Vide* Didier.

Romswinckel, Joan. Hermannus. Alphabetum veræ, vivæ et orthodoxæ Fidei. (Decr. 4 Julii 1661.)

Rorarius Georgius. (1 Cl. Ind. Trid.)

Rosa Joannes. (1 Cl. App. Ind. Trid.)

Rosa Salvatore. Satire dedicate a Settano. (Decr. 24 Decembris 1700.)

Rosaire et Chapelet de la très-sainte et adorable Trinité, qu'on dit toutes les fêtes, dimanches et jeudis de l'année, à une heure après midi, dans la Chapelle de Notre-Dame du Remède des Pères de l'Ordre de la Sainte Trinité, Rédemption des Captifs, du Couvent de Toulouse. (Decr. 15 Januarii 1714.)

Rosales, Immanuel B. F. Y. Fasciculus trium verarum propositionum Astronomicæ, Astrologicæ et Philosophicæ. (Decr. 13 Novembris 1662.)

Rosario della gloriosa Sant'Anna, in cui si dà il modo di contemplare, e riverire i principali misterj della sua vita ad imitatione del Rosario della Beatissima Vergine sua Figlia. (Decr. 9 Augusti 1673.)

Rosarium Seraphicum cruentis passionis Dominicæ vermiculatum flosculis, quam S. P. Franciscus vivus SS. V. vulnerum Christi bajulus recentissimæ immemoris mundi offert memoriæ et devotioni. (Decr. 26 Octobris 1707.)

Roscoe Guglielmo. Vita e Pontificato di Leone X. *Idem opus* tradotto, e corredato di annotazioni, e di alcuni documenti inediti del Conte Cav. Luigi Bossi Milanese. (Decr. 26 Martii 1825.)

Roselli Anna. *Vide* la schiavitù delle donne.

Rosellis (Antonius de) Aretinus. Monarchia, sive Tractatus de potestate Imperatoris et Papæ, et de materia Conciliorum. *Donec expurgetur.* (Ind. Trid.)

Rosenerus, Andreas Christophorus. Thesaurus locorum communium Jurisprudentiæ ex axiomatibus Augustini Barbosæ, et Analectis Joh. Ottonis Taboris, aliorumque concinnatus. (Decr. 17 Maii 1734.)

Rosier Hugo. *Vide* Sureau.

Rosinus Bartholomæus. (1 Cl. Ind. Trid.)

Ross Alexandre. Les Religions du Monde, ou démonstration de toutes les Religions et Hérésies, traduite par Thomas la Grue. (Decr. 22 Junii 1676.)

Rossel Joseph. Tractatus, sive praxis deponendi conscientiam in dubiis et scrupulis, circa casus morales occurrentibus. (Decr. 27 Maii 1687.)

Rossetti Gabriele. Sullo spirito antipapale, che produsse la riforma, e sulla segreta influenza che esercitò nella Letteratura d'Europa, e specialmente d'Italia, etc. (Decr. 5 Augusti 1833.)

— Iddio e l'uomo. Salterio di Gabriele Rossetti. (Decr. 14 Februarii 1837.)

Rossetto Pietro. Esercizio de' Sacerdoti diviso in tre Parti. (Decr. 1 Julii 1693.)

Rotembucher Erasmus. (1 Cl. Ind. Trid.)

Rottenstaedter (Cajetani de). De Divina institutione Pastorum secundi Ordinis ad Josephum II. Augustum. Ticini, 1788. *Accesserunt* Theses, quas magnis sub auspiciis Josephi II, Augusti, in Regio - Cæsareo Archigymnasio Ticinensi ad assequendam S. Theol. et Juris Canonici lauream, anno MDCCLXXXVI, die 19 Junii publice defendit Cajetanus Nob. de Rottenstaedter Styrus Græcensis Imperialis Collegii Germanici et Hungarici Alumnus. *Cum dissertatiunculis adjectis.* (Decr. 2 Augusti 1790.)

Rothmannus Bernardus. (1 Cl. Ind. Trid.)

Rothus Henricus. *Vide* Rhotus.

Rotingus Michaël. (1 Cl. Ind. Trid.)

Rousse Jean. Sommaire des déclarations des Curez de Paris. (Decr. 30 Januarii 1659.)

Rousseau, Jean-Jacq., Citoyen de Genève. Emile, ou de l'Education. (Decr. 6 Septembris 1762.)

(Decr. 16 Junii 1766.)

— Du Contrat Social, ou principes du Droit politique.

— Lettre à Christophe de Beaumont, Archevéque de Paris, etc. A Amsterdam, aux dépens de la Compagnie.

— Lettres écrites de la Montagne... *Vitàm impendere vero.* (Decr. 29 Julii 1767.)

— *Vide* la Nouvelle Héloïse.

Roussel Michaël. Historia Pontificiæ Jurisdictionis ex antiquo, medio et novo usu. (Decr. 4 Februarii 1627.)

Rousset (Mr.) Histoire mémorable des Guerres entre les maisons de France et d'Autriche. (Decr. 2 Martii 1752.)

Roustan, Ant. Jacq. *Vide* Offrande.

Royaume (le) mis en interdit. Tragédie. (Decr. S. Officii 21 Septembris 1768.)

Roye (Franciscus de). Canonici Juris Institutionum libri tres. (Decr. 2 Septembris 1727.)

Royko Gaspare. *Vide* Storia del grande, ed universale Concilio di Costanza.

Ruben (Rabbin) Oschi. *Vide* Jalkut

Rubino Antonio. Metodo della dottrina : che i PP. della Compagnia di Gesù insegnano a' Neofiti nelle Missioni della Cina. (Decr. 14 Martii 1680.)

Ruchat Abraham. Histoire de la Réformation de la Suisse. (Decr. 21 Januarii 1732.)

Rudigerus Andreas. Physica divina, recta via, eademque inter superstitionem et Atheismum media, ad utramque hominis felicitatem naturalem atque moralem ducens. (Decr. 21 Januarii 1721.)

Rudingerus Nicolaus. (1 Cl. App. Ind. Trid.)

Rudrauffius Kilianus. Philosophia Theologica, vel Agar Saræ exemplaris in usus Philosophicos per receptam articulorum Fidei seriem exhibita. (Decr. 30 Julii 1678.)

Ruelius, Johannes Ludovicus. Concilia

illustrata per Ecclesiasticæ Historiæ diegeticam dilucidationem, una cum Historia Hæreseon et Schismatum. Joh. Ludovicus Hartmannus continuavit et absolvit.(Decr. 27 Maii 1687.)

Ruine (la) du Papat, et de la Simonie de Rome, avec une Lettre circulaire adressée aux Pères, dont les filles désertent leurs maisons et la Religion, pour se rendre Nonnains. (Decr. 19 Septembris 1679.)

Rulandt Rutgerus. Tractatus de invocatione utriusque brachii, Causæ præsenti Venetæ accommodatus. *Qui habetur initio Thesauri Juris executivi Ecclesiastici, Criminalis et Civilis.* (Decr. 7 Septembris 1609.)

Rumelinus Martinus. Dissertationum ad Aur. Bullam Caroli IV, Rom. Imperatoris, Pars I, II et III, revisæ et multis in locis auctæ a Johanne Jacobo Speidelio. (Decr. 9 Maii 1636.)

Rungius Jacobus. (1 Cl. Ind. Trid.)
Rupejus Justus. (1 Cl. App. Ind. Trid.)
Rupertus, Christophorus Adamus. Observationes ad Historiæ universalis Synopsin Resoldianam minorem. (Decr. 13 Novembris 1662.)

Rupertus Wolfgangus. (1 Cl. Ind. Trid.)
Ruppinensis Uldaricus. (1 Cl. App. Ind. Trid.)
Rüss Wolgangus. (1 Cl. Ind. Trid.)
Russell Joannes. (1 Cl. App. Ind. Trid.)
Russo Vincenzo. Pensieri Politici. (Decr. 17 Januarii 1820.)

Russorum (de) et Moscovitarum religione. *Vide* Lasitzki.

Rusticus Philippus. (1 Cl. App. Ind. Trid.)
Ruthenus Johannes. (1 Cl. Ind. Trid.)
— Tabulæ locorum communium præcipuorum Veteris et Novi Testamenti. *Donec corrigantur.* (App. Ind. Trid.)

Ryckes Joannes. (1 Cl. App. Ind. Trid.)
Ryd, Valerius Anselmus. (1 Cl. Ind. Trid.)
Ryssenius Leonardus. Justa detestatio sceleratissimi libelli Adriani Beverlandi de peccato originali. Accedit descriptio poëtica creationis et lapsus. (Decr. 22 Decembris 1700.)

S

Sa Emmanuel. Aphorismi Confessariorum. *Nisi fuerint ex correctis juxta editionem Romanam anni 1602.* (Decr. 7 Augusti 1603.)

Sabinus Georgius. (1 Cl. Ind. Trid.)
Sabund, *seu* Sebunde (Raymundus de). PrologusinTheologiam naturalem.(Ind.Trid.)
Sacchetti Franco. Novelle. (Decr. 2 Septembris 1727.)

Saccus Siegfridus. (1 Cl. App. Ind. Trid.)
Sacerdotio (de), Legibus et Sacrificiis Papæ. (Ind. Trid.)

Sacre de l'Electeur Palatin Frideric Roy de Bohême en l'Eglise parochiale du Chasteau de Prague. (Decr. 12 Decembris 1624.)

Sadeel, *seu* Sadelus Antonius. (1 Cl. App. Ind. Trid.)

Saggi (de) politici. *Vide* Pagano.
Saggio di Poesie Toscane, e Latine dell' Abbate Raffaele Pastore. (*Libellus jussu Sanctissimi D. N. a Suprema Congregatione S. Officii ad Sacr. Indicis Congregationem transmissus, ut illum referret in consuetum Catalogum Librorum prohibitorum,* 25 *Februarii* 1779.)

Saggio filosofico sul Matrimonio. *Hæc venus est nobis.* (Decr. 19 Januarii 1776.)

Saggio intorno allo studio di Teologia. Lugano, 1778. (Decr. 3 Decembris 1781.)

Saggio di un nuovo metodo per insegnare le scienze ai Fanciulli 1791. (Decr. 10 Julii 1797.)

Saggio Politico sopra le vicissitudini inevitabili delle società civili di Antonio de' Giuliani. Parigi presso Gio. Claudio Molini Librajo, rue Mignon, quartier Saint-André-des-Arcs. 1791. (Decr. 18 Julii 1803.)

Saggio sopra la Solitudine del Signor Gian Giorgio Zimmerman, Medico di S. M. Britanica in Hannover. Traduzione dal Tedesco in Pavia presso Giovanni Capelli Stampatore e Librajo, 1804. (Decr. 18 Julii 1808.)

Sagittarius (Joannes) Burdelagensis. (1 Cl. Ind. Trid.)

Sagittarius Thomas. Epistolica institutio, seu de conscribendis Epistolis Tractatus. (Decr. 22 Novembris 1619.)

Sagu Claudius. Theses Theologicæ de peccatis et gratia, quas defendit in Theologia Rhedonensi Societatis Jesu, die Augusti 1694. (Decr. 7 Septembris 1695.)

(Decr. 4 Martii 1709.)

Saguens Joannes. Systema Gratiæ Philosophico-Theologicum, in quo omnis vera gratia, tum actualis, tum habitualis explanatur. Accessit appendix, in qua exponitur, quid rei physicæ sint virtutes infusæ, gratiæ gratis datæ, fructus Spiritus Sancti, ac characteres Sacramentales.

— Philosophia Maignani Scholastica, in quatuor Volumina divisa.

Sailly Thomas. Thesaurus Litaniarum ac orationum sacer. (Decr. 7 Augusti 1603.)

Sainjore (Mr. de). Bibliothèque Critique ou Recueil de diverses pièces critiques. Tom. I, II, III et IV. (Decr. 15 Januarii 1714.)

Saint Napoléon au Paradis et en exil, suivi d'une épître au diable. (Decr. 7 Januarii 1836.)

Saint Pierre (l'Abbé). *Vide* Necessità, e utilità del Matrimonio degli Ecclesiastici.

Salazar (D. Francisco Lobon de). Historia del famoso Predicador Fray Gerundio de Campazas, alias Zotes. (Decr. 1 Septembris 1760.)

Salbach Martinus. (1 Cl. App. Ind. Trid.)
Saldenus Gulielmus. De libris, varioque eorum usu et abusu, libri duo. (Decr. 4 Martii 1705.)

Salgado (Franciscus) de Somoza. De Regia protectione vi oppressorum, appellantium a causis et Judicibus Ecclesiasticis. (Decr. 11 Aprilis 1628.)

— Tractatus de supplicatione ad Sanctissimum a Litteris et Bullis Apostolicis, nequam et importune impetratis, et de earum retentione interim in Senatu. (Decr. 26 Octobris 1640.)

Saliceti Giuseppe. Mariale teorico, et pralico, consistente in discorsi, e osservazioni sopra dodici Feste, che tra l'anno si celebrano, della gran Madre di Dio. (Decr. 30 Januarii 1691.)

Salignac Fénelon (François de), Archevêque de Cambray. Explications des Maximes des Saints sur la vie intérieure. (Brevi Innocent. XII, 12 Martii 1699.)

Salimbeni Giacinto. Via morale dell'anima necessaria a' penitenti, e Confessori, divisa in quattro Trattati. (Decr. 30 Julii 1678.)

Salmasius Claudius. Opera. (Decr. 18 Decembris 1646.)

Salmi (Sessanta) di David tradotti in rime volgari Italiane secondo la verità del testo Ebreo : col Cantico di Simeone, e i dieci Comandamenti della Legge : ogni cosa insieme col canto. (Decr. 2 Decembris 1617.)

Salmista (il) di David secondo la Bibbia, con la virtù de i detti Salmi appropriata per la salute dell'anima, e del corpo, e per lo accrescimento della sostantia di questo Mondo. (Decr. 16 Martii 1621.)

Salmuth Henricus. Notæ in libros Rerum memorabilium jam olim deperditarum, et rerum memorabilium recens inventarum Guidonis Pancirolli. (Decr. 7 Augusti 1603, et 16 Decembris 1605.)

Salmuth Joannes. (1 Cl. App. Ind. Trid.)

Salomon, et Marcolphus Justiniano-Gregoriani, hoc est sapida ac insipida, sana atque insana, Auctore Δ. X. Δ. (Decr. 15 Maii 1714.)

Salomon Jarchi (R.). *Commentaria in Vetus Testamentum, tam Hebraice, quam Latine per Conradum Pellicanum translata.* (App. Ind. Trid.)

Salvador J. Histoire des institutions de Moïse et du peuple Hébreu. (Decr. 25 Augusti 1829.)

(Decr. 12 Decembris 1624.)

Salvatore (Antonio di S.). Trattato della ricorsa, e continuazione de' Cambj fatti a se stesso.

— Decisione d'un Caso, e con esso di alcuni altri dubbj in materia de' Cambj.

Salute (de) Christiana et Philosophica, id est de Christianorum vera, et Philosophorum gentilium falsa beatitudine Considerationes xxxiv, Auctore I. S. P. L. Caes. (Decr. 22 Junii 1676.)

Sampson Richardus. (1 Cl. Ind. Trid.)

Sanbenedetti Benedetto. *Vide* Boverius.

Sanchez Arroyo (Pedro). Dialogo Traumatico regular, en el qual hablan tres Padres del Orden de Santo Domingo, como censores de un Tratado intitulado : El humano Seraphin, y unico llagado. (Decr. 22 Decembris 1700.)

Sanchez Joannes. Selectæ et practicæ disputationes de rebus in administratione Sacramentorum, præsertim Eucharistiæ et Pœnitentiæ, passim occurrentibus. *Donec corrigantur.* (Decr. 18 Decembris 1646.)

Sanchez Thomas. Disputationum de Sacramento Matrimonii Tomus III. *Edit. Venetæ, sive aliarum, a quibus libro* VIII. *Disputat.* VII. *detractus est integer numerus 4, cujus initium :* At frequentissima, ac verior sententia habet id posse; *finis vero :* Et his diebus in hoc Prætorio Granatensi sententia pars hæc definita est. (Decr. 4 Februarii 1627.)

(Decr. 26 Septembris 1680.)

Sanctorus, Joannes Donatus. De regimine Christianorum Principum.

— Viridarium Ecclesiasticum purpuratum.

Sandæus Wilhelmus. Refutatio accusatoris Anonymi damnatas ab Innocentio XI propositiones adscribentis Ordinum Religiosorum Theologis, ac præcipue Societatis Jesu. (Decr. 14 Martii 1680.)

Sanderson Robertus. De Conscientia, seu obligatione conscientiæ, et de juramenti promissorii obligatione. (Decr. 18 Maii 1677.)

— De obligatione conscientiæ Prælectiones decem. (Decr. 22 Decembris 1700.)

Sandis Edoino. Relatione dello stato della Religione, e con quali disegni, ed arti è stata fabricata, tradotta dall' Inglese. (Decr. 4 Februarii 1627.)

(Decr. S. Offic. 29 Julii 1767.)

Sandius, Christophorus Christophori. Nucleus Historiæ Ecclesiasticæ exhibitus in Historia Arianorum tribus libris comprehensa, quibus præfixus est Tractatus de veteribus Scriptoribus Ecclesiasticis, etc.

— Appendix addendorum, confirmandorum, emendandorum cum tribus Epistolis.

Sandys, *seu* Sandus (Edwinus) Pseudo-Episcopus Wigorniensis. (1 Cl. App. Ind. Trid.)

Sanguin Andreas. Factum circa propositiones libri, cui titulus : Le miroir de la piété Chrétienne. (Decr. 19 Septembris 1679.)

Santacroce Antonio. La Segretaria d'Apollo. (Decr. 10 Junii 1658.)

Santanelli Ferdinandus. Lucubrationes Physico-Mechanicæ in septem Tractatus divisæ. (Decr. 26 Octobris 1701.)

Sanvitali Ab. Leonardo. *Vide* Segur. Storia dell' Olanda, etc.

Sanz et Peynado Ignatius. Sacræ Theologiæ Flores, Sanctissimis Redemptricis familiæ Protoparentibus Joanni de Matha, et Felici de Valois dicati, quos Fr. Sebastianus Mallen et Iranzu in Templo Cæsaraugustano Ord. SS. Trinitatis defendit anno 1723. (Decr. 13 Februarii 1725.)

Sapidus (Johannes) Selestadiensis. (1 Cl. Ind Trid.)

Saracenus (Enochus) Genevensis. (1 Cl. App. Ind. Trid.)

Saravia Hadrianus. Defensio tractationis de diversis ministrorum Evangelii gradibus, contra responsionem Theodori Bezæ. (Decr. 18 Maii 1618.)

Sarcerius Erasmus. (1 Cl. Ind. Trid.)

(Ind. Trid.)

— Methodus in præcipuos Scripturæ Divinæ locos.

— Tomus I Methodi in præcipuos Scripturæ Divinæ locos.

— Tomus II Methodi, in quo novi loci amplius quinquaginta, jam recens ad methodum tractati. (Ind. Trid.)

Sarcerius Gulielmus. (1 Cl. App. Ind. Trid.)
Sarnicius Stanislaus. (1 Cl. App. Ind. Trid.)

(Decr. 20 Septembris 1606.)

Sarpi, Fra Paolo, Apologia per l'opposizioni fatte dal Cardinale Bellarmino alli Trattati, e risoluzioni di Gio. Gersone sopra la validità delle Scomuniche.
— Considerazioni sopra le Censure della Santità di Papa Paolo V contro la Repubblica di Venezia.
— Historia del Concilio Tridentino. *Vide* Soave *et* Courayer.
— Historia particolare delle cose passate tra il Pontefice Paolo V, e la Repubblica di Venezia. (Decr. 15 Februarii 1625.)
— Historia sopra li Beneficj Ecclesiastici. (Decr. 22 Junii 1676.)
— Lettere Italiane. (Decr. 18 Maii 1677.)
— Trattato dell' Interdetto. *Vide* Trattato.
— Scelte lettere inedite di Fra Paolo Sarpi. (Decr. 4 Julii 1837.)

Sarpi Petrus, *qui et Paulus Sarpi*. De jure Asylorum liber singularis. (Decr. 17 Decembris 1623.)

Sarro Frances' Antonio. Glorioso trionfo d'invitta morte di carità, emulatrice di vero martirio. Discorso. (Decr. 18 Decembris 1646.)

Sartoris Gulielmus. (1 Cl. Ind. Trid.)
Sartorius Balthasar. (1 Cl. App. Ind. Trid.)
Sartorius Joannes. (1 Cl. Ind. Trid.)

Satire (Sette libri) di Ludovico Ariosto, Hercole Bentivoglio, Luigi Alemanni, Pietro Nelli, Antonio Vinciguerra, Francesco Sansovino, e d'altri Scrittori. (Ind. Innocent. XI.)

Sätze aus allen Theilen der Jurisprudenz, und den politischen Wissenschaften, welche zur Erhaltung der Doktorswürde öffentlich vertheidigen wird Franz Anton Trondlin, beider Rechte Kandidat. Den 21 Sten Hornung 1786. Freyburg im Breisgau, gedrückt mit Satronischen Schrifften. *Id est latine :* Positiones ex omnibus partibus jurisprudentiæ et ex scientiis politicis, quas ad obtinendam dignitatem doctoratus publice defendet Franciscus Antonius Trondlin utriusque juris candidatus. 21 Februarii 1786. (Decr. 10 Julii 1797.)

Sätze aus allen Theilen der Rechtsgelehrtheit und aus den politischen Wissenschaften, welche zur Erhaltung der Doktorswürde öffentlich vertheidigen wird Franz Schlaar, Kandidat der Rechte, zu Freyburg im Breisgau, den 3ten Junnius 1788. Freyburg im Breisgau, gedrückt mit Satronischen Schrifften. *Id est latine :* Positiones ex omnibus partibus jurisprudentiæ et ex scientiis politicis, quas ad obtinendam dignitatem doctoratus publice defendet Franciscus Schlaar Friburgensis, 3 Junii 1788. (Decr. 10 Julii 1797.)

Sätze aus allen Theilen der Jurisprudenz, und aus den politischen Wissenschaften, mit Erlaubnis der juridischen Fakultät zur Erhaltung der Doktorswürde öffentlich vertheidiget von Franz Joseph Kupferschmitt aus Freyburg im Breisgau. Den 10ten December im Jahre 1789. Gedrückt mit Zehnder'schen Schrifften. *Id est latine :* Positiones ex omnibus partibus jurisprudentiæ, et ex scientiis politicis, quas cum permissione facultatis juridicæ ab obtinendam dignitatem Doctoratus publice defendet Franciscus Josephus Kupferschmitt Friburgensis, 10 Decembris 1789. (Decr. 10 Julii 1797.)

Sätze aus allen Theilen der Rechtsgelehrtheit, und aus den politischen Wissenschaften, zur Erhaltung der Doktorswürde öffentlich vertheidiget von Sebastian Gangwisch. Im Jahre 1791. Freyburg im Breisgau, gedrückt mit Zehnder'schen Schrifften. *Id est latine :* Positiones ex omnibus partibus jurisprudentiæ et ex scientiis politicis ad obtinendam dignitatem Doctoratus publice defensæ a Sebastiano Gangwisch. Anno 1791. (Decr. 10 Julii 1797.)

Sätze aus allen Theilen der Rechtsgelehrtheit, und aus den politischen Wissenschaften, welche zur Erhaltung der Doktorswürde öffentlich vertheidigen wird Vinzenz Edler von Pirkenon in Kärnten im Monath August 1793. Freyburg im Breisgau, gedrückt mit Zehnder'schen Schrifften. *Id est latine •* Positiones ex omnibus partibus jurisprudentiæ, et ex scientiis politicis, quas ad obtinendam dignitatem Doctoratus publice defendet Nobilis a Pirkenau, mense Augusto 1793. (Decr. 10 Julii 1797.)

Sätze aus allen Theilen der Rechtsgelehrtheit, welche zur Erhaltung der Doktorswürde öffentlich vertheidigen wird Kaspar Lehmann von Gengenbach im Kinzinger Thale 1794. Freyburg im Breisgau, gedrückt mit Satron'schen Schrifften. *Id est latine :* Positiones ex omnibus partibus jurisprudentiæ, quas ad obtinendam dignitatem Doctoratus publice defendet Gaspar Lehmann, 1794. (Decr. 10 Julii 1797.)

Sätze aus allen Theilen der Rechtsgelehrtheit, welche zur Erhaltung der Doktorswürde öffentlich vertheidigen wird Johann Nepomuk Ruffle von Freyburg im Jahre 1794. Freyburg im Breisgau, gedrückt mit Zehnder'schen Schrifften. *Id est latine :* Positiones ex omnibus partibus jurisprudentiæ, quas ad obtinendam dignitatem Doctoratus publice defendet Joannes Nepomucenus Ruffle, 1794. (Decr. 10 Julii 1797.)

Sätze aus allen Theilen der Rechtsgelehrtheit, und aus den politischen Wissenschaften, welche mit Erlaubnis der juridischen Fakultät zur Erhaltung der Doktorswürde öffentlich vertheidigen wird Johann Nepomuk Keller von Freyburg im Breisgau, 1794, gedrückt mit Zender'schen Schrifften. *Id est latine :* Positiones ex omnibus partibus jurisprudentiæ, et ex scientiis politicis, quas cum permissu Facultatis juridicæ ad obtinendam dignitatem Doctoratus publice defendet Joannes Nepomucenus Keller, 1794. (Decr. 10 Julii 1797.)

Sätze aus allen Theilen der Rechtsgelehrtheit, und aus den politischen Wissenschaften welche zur Erhaltung der Doktorswürde öffentlich vertheidigen wird Ignaz Wanner der Rechte Kandidat von Freyburg im Breisgau, 1794, gedrückt mit Zehnder'schen Schrifften. *Id est latine :* Positiones ex omnibus partibus jurisprudentiæ, et ex scientiis politicis, quas ad dignitatem Doctoratus publice defendet Ignatius Wannez, 1794. (Decr. 10 Julii 1797.)

Saubertus Johannes. Palæstra Theologico-Philologica, sive Disquisitionum Academicarum Tomus singularis. (Decr. 7 Februarii 1718.)
— *Vide* Faes.

Saül et David. Tragédie. *Vide* Ouvrages philosophiques.

Donec emendatæ prodeant. (Ind. Trid.)

Savonarola Girolamo. Dialogo della Verità Profetica.

— Esortazione fatta al Popolo il dì 7 Aprile 1498, *cujus initium :* Havendosi a fare.

— *Delle* Prediche sopra l'Esodo. Predica i, Domine, quid multiplicati sunt ? Predica ii, Sopra una certa Scomunica, *cujus initium :* Essendo noi. Predica iii, *In exitu Israël de Ægypto.* Predica vi, *Quantoque opprimebant eos, tanto magis multiplicabantur.* Predica x, *Clamor ergo filiorum Israël.* Predica xii, *Respondens Moyses ait.* Predica xx, *Palpebræ ejus interrogant filios hominum.*

— *Delle* Prediche per tutto l'anno. Predica vii, sopra Ruth, *cujus initium :* Il lume naturale della ragione.

— *Delle* Prediche per Quadragesima sopra Amos, e Zaccaria. Predica xii, *Audite verbum hoc vaccæ pingues.*

— *Delle* Prediche sopra Giob. Predica xiv, *Beatus vir, qui corripitur a Domino.*

— *Delle* Prediche sopra Ezechiele Profeta. Predica xxi, *Et illis dixit Dominus : audite me transire.* Predica xxii, *Et factus est sermo Domini ad me dicens : Fili hominis, vaticinare ad Prophetas Israël.* Predica xxxii, *Et post omnes abominationes tuas, et fornicationes.*

— *Delle* Prediche sopra li Salmi. Predica iii, fatta il dì dell'Ottava dell'Epifania : *Ecce gladius Domini super terram.*

— Opere inedite di Fra Girolamo Savonarola ; *vel alio titulo :* libri cinque dell'Italia, *cujus initium :* dell'Italia. Libro primo, 1 Principi. (Decr. 14 Februarii 1837.)

Savonensis Hieronymus. (1 Cl. Ind. Trid.)

Saxo Joannes. Liber de judiciis Astrorum. (Decr. 27 Novembris 1624.)

Scalæ Jacob. Virginibus Deo cum proposito perpetuæ continentiæ in sæculo famulantibus a R. D. Joanne Lindeborn S. Th. Bac. Form. applicatæ, Flosculi electiores. (Decr. 18 Januar.i 1667.)

Scalichius, *seu* de la Scala, Paulus. (1 Cl. Ind. Trid.)

Scaliger Josephus. De Emendatione temporum. *Donec corrigatur.* (App. Ind. Trid.)
— Epistolæ. *Donec corrigantur.* (Decr. 19 Martii 1633.)

Donec corrigantur. (App. Ind. Trid.)

Scaliger, Julius Cæsar. Commentarii et Animadversiones in libros de causis Plantarum Theophrasti.
— Poëmata.

Scamblerus (Edmundus), Pseudo-Episcopus Petroburgensis. (1 Cl. App. Ind. Trid.)

Scapula Joannes. Lexicon Græco-Latinum. *Donec corrigatur.* (App. Ind. Trid.)

Scaramelli P. Gio Battista. Vita di Suor Maria Crocifissa Satellico Monaca Francescana nel Monastero di Monte Nuovo. (Decr. S. Rit. Congr. 3 Octobris 1719.) *Permittitur tamen editio emendata Romæ* 1819. *Typis Vincentii Poggioli.* (Decr. S. Rit. Congr. 13 Aprilis 1820.)

Scelta di Lettere amorose di Ferrante Pallavicino, Luca Asserino, Margarita Costa, Girolamo Parabosco, e d'altri. (Decr. 9 Februarii 1683.)

Scelta di Lettere del glorioso Patriarca S. Francesco di Paola Fondatore de' Minimi. *Cum multa falsa et apocrypha contineat.* (Decr. 12 Martii 1703.)

Scelta di Prose, e Poesie Italiane. Prima edizione.

Opuscula in hac Editione collecta, sunt quæ sequuntur.
— Il Gazzettino del Gigli.
— Epistola d'Elisa ad Abelardo.
— Panegirico sopra la carità pelosa.
— Capitolo di Orazio Persiani a Matteo Novelli.
— Capitolo del Cavalier Cini alla Grappolina.
— Capitolo d'Averano Seminetti a Benedetto Guerrini.
— L. . . Bruciolato Capitolo
— Novella della Giulleria, o sia della Buffoneria.
— Epistola ad Urania.
— Ode a Priapo.

Omnia sive conjunctim, sive separatim. (Decr. 26 Januarii 1767.)

Scelte lettere inedite di Fra Paolo Sarpi. *Vide* Sarpi.

Scelte Rime piacevoli di un Lombardo Quarta Edizione conforme alla terza. Brescia per Nicolò Bettoni, 1802. *Quarum initium :* Mi son provato. (Decr. 22 Decembris 1817.)

Schachtius Valentinus (1 Cl. App. Ind. Trid.)

Scadæus Elias. (1 Cl. App. Ind. Trid.)

Schalingius (Martinus) Farensis. (1 Cl. App. Ind. Trid.)

Schaplerus Christophorus. (1 Cl. Ind. Trid.)

Schardius Simon. Lexicon Juridicum. *Donec corrigatur.* (App. Ind. Trid.)

— De Principum, quibus electio Imperatoris in Germania commendata est, origine, seu institutione. (Decr. 9 Novembris 1609.)

— Syntagma Tractatuum de Imperiali jurisdictione, auctoritate, et præeminentia ac potestate Ecclesiastica, deque juribus Regni et Imperii. (Decr. 3 Julii 1603.)

— *Vide* Orationes funebres.

Schechsius Joannes. (1 Cl. App. Ind. Trid.)

Schedius E ias. De Diis Germanis, sive de veteri Germanorum, Gallorum, Britannorum, Vandalorum religione, Syngrammata quatuor. (Decr. 10 Junii 1654.)

S hefer David. (1 Cl. Ind. Trid.)

Schegkius Jacobus. (1 Cl. Ind. Trid.)

— De una Persona, et duabus naturis Christi. (App. Ind. Trid.)

Schelbachius, *vel* Seltbachius Thomas. (1 Cl. App. Ind. Trid.)

Schelling Joannes. (1 Cl. Ind. Trid.)
Schenck Jacobus. (1 Cl. Ind. Trid.)
Scherzerus, Joannes Adamus. Breviculus Theologicus, unica positione generali systema Theologiæ exhibens. (Decr. 31 Martii 1681.)
— Anti-Bellarminus, sive in quatuor Tomos Controversiarum Rob. Bellarmini Disputationes Academicæ. (Decr. 3 Aprilis 1685.)
Scheubelius Nicolaus. (1 Cl. App. Ind. Trid.)
Schiavitù (la) delle Donne. Memoria che presenta la Cittadina Anna Roselli par publica istruzione, li 4 Piovoso Anno 1 della Libertà d'Italia. *Sine annotatione loci.* (Decr. 27 Januarii 1817.)
Schiavo (lo) della Madonna Santissima, ovvero prattica di conservarsi perfettamente per Servo della B. Vergine Maria. (Decr. 2 Octobris 1673, et Brevi Clem. X, 15 Octobris 1673.)
Schickardus Wilhelmus. Jus Regium Hebræorum cum animadversionibus et notis Joannis Benedicti Carpzovi. (Decr. 30 Julii 1678.)
Schilterus Johannes. De libertate Ecclesiarum Germaniæ libri VII, quibus adjectus est de prudentia juris Christianorum liber, itemque de fatis Ecclesiarum S. Joannis revelatis Dissertatio. (Decr. 3 Aprilis 1685.)
— Praxis Juris Romani circa connubia in Foro Germanico. (Decr. 14 Aprilis 1682.)
Schilterus Zacharias. (1 Cl. App. Ind. Trid.)
Schindlerus Valentinus. (1 Cl. App. Ind. Trid.)
Schiurpff, *seu* Schurpf Hieronymus. (1 Cl. Ind. Trid.)
— Consiliorum, seu Responsorum juris Centuria prima. (Decr. 16 Martii 1621.)
Schlusselburgius Conradus. Theologiæ Calvinistarum libri tres. (Decr. 5 Martii 1616.)
— *Et cetera ejusdem Opera omnia.*) Decr. 22 Octobris 1619.)
Schmaltzing Georgius. (1 Cl. App. Ind. Trid.)
Schmid Adamus. (1 Cl. App. Ind. Trid.)
Schmidius Nicolaus. (1 Cl. App. Ind. Trid.)
Schmidlinus Jacobus, *qui et Jacobus Andreæ.* (1 Cl. App. Ind. Trid.)
Schneider Mathias. (1 Cl. App. Ind. Trid.)
Schneider Eulogius. Institutio catechetica in Principiis universalissimis Christianismi practici (*edita germanico idiomate*). Bonnæ et Coloniæ, 1790. (Decr. 28 Martii 1791.)
Schneidewinus Joannes. Commentaria in quatuor libros Institutionum Juris civilis Justiniani. *Donec corrigantur.* (App. Ind. Trid.)
Schnepffius Erhardus. (1 Cl. Ind. Trid.)
Schnepffius Joannes. (1 Cl. Ind. Trid.)
Schnepffius, *seu* Snepffius Theodoricus. (1 Cl. App. Ind. Trid.)
Schobinger Claudius. Der Schlimme Alchymist, Pater Rudolff Gassert von Schweitz Capuciner, wegen seiner dreyfachen Capeli, Schrifftmässig erforschet. *Id est* : *Nequam Alchimista, P. Rudolphus Gassert Suicensis Cappucinus ob suam triplicem Capellam ex Scriptura perscrutatus.* (Decr. 12 Martii 1703.)
Schoepperus (Jacobus) Tremonianus. Monomachia Davidis et Goliath. (Ind. Trid.)
Scholæ Christianæ Epigrammatum libri II, ex variis Christianis Poëtis decerpti in usum adolescentulorum. *Donec corrigantur.* (Ind. Trid.)
Scholia in Epistolam Pauli III, Pont. Max. (Ind. Trid.)
Scholius Joannes. Praxis Logica, sive Scholæ et exercitationes Dialecticæ. (Decr. 22 Octobris 1619.)
Scholtz Georgius. (1 Cl. App. Ind. Trid.)
Schonbornerus Georgius. Politicorum libri VII. (Decr. 18 Junii 1680.)
Schonerus (Joannes) Carolostadius. (1 Cl. Ind. Trid.)
Schönleben, Joannes Ludovicus. Vera ac sincera sententia de immaculata Conceptione Deiparæ Virginis, ejusdemque cultus festivi objecto. (Decr. 18 Maii 1667.)
— Palma virginea, sive Deiparæ Virginis Mariæ de adversariis suæ immaculatæ Conceptionis victoriæ. (Decr. 13 Martii 1679.)
Schoockius Martinus. Tractatus de pace, speciatim de pace perpetua quæ Fœderatis Belgii contingit. (Decr. 13 Novembris 1662.)
— Auctarium ad desperatissimam causam Papatus, sive responsio ad Epistolam Liberti Fromondi, quam inscripsit Sycophantam. (Decr. 22 Decembris 1700.)
Dissertatio singularis de Majestate (Decr 4 Martii 1709.)
— *Et cetera ejusdem Opera, in quibus de Religione tractat.* (Decr. 22 Decembris 1700.)
Schopffer Joannes. (1 Cl. Ind. Trid.)
Schopperus (Hartmannus) Novoforensis Noricus. (1 Cl. App. Ind. Trid.)
— ΠΑΝΟΠΛΙΑ omnium illiberalium, mechanicarum, aut sedentariarum artium genera continens. *Donec expurgetur.* (App. Ind Trid.)
— Speculum vitæ aulicæ de admirabili fallacia, et astutia vulpeculæ Reinikes libri IV. (App. Ind. Trid.)
Schopperus (Jacobus) Bibracensis. (1 Cl. App. Ind. Trid.)
Schoppius Andreas. (1 Cl. App. Ind. Trid)
Schopsius Andreas. *Vide* Treutlerus.
Schorus (Antonius) Anglus. (1 Cl. App. Ind. Trid.)
Schraderus, *seu* Schradæus Laurentius. Monumentorum Italiæ libri quatuor. *Donec corrigantur.* (Decr. 7 Augusti 1603.)
Schrant J. M. Het leven Van Jesus Christus een geschenk voor de Jeugd. *Latine vero* : Vita Jesu Christi Donum Juventuti oblatum. (Decr. 5 Septembris 1825.)
Schreck Conradus. (1 Cl. Ind. Trid.)
Schreckenfuchsius, Erasmus Oswaldus. (1 Cl. Ind. Trid.)
Schreiben eines österreichischen Pfarrers über die Toleranz nach den Grundsätzen der Katolischen Kirche. *Italice* : Lettera di un Parroco Austriaco sopra la Tolleranza giusta le leggi fondamentali della Chiesa Cattolica. (Decr. 26 Septembris 1783.)
Schritsmejerus (Leonhardus) Dithmarsus. Speculum politicum, in quo exhibentur nobilissimæ et selectissimæ quæstiones ex Jure publico decerptæ. (Decr. 15 Januarii 1714.)

Schroteisen (Lucas) Rubeaouensis. (1 Cl. Ind. Trid.)
— *Vide* Zabarella.

Schrynmackers Isaacus. Dissertatio litteralis, scholastica et moralis in Epistolam D. Pauli ad Galatas, quam defendent Godefridus Bollis et Carolus Massart, Mechliniæ, 7 Julii 1694. (Decr. 7 Decembris 1694.)

Schubert Adamus. (1 Cl. App. Ind. Trid.)
Schubertus Clemens. (1 Cl. App. Ind. Trid.)
—Libri quatuor de scrupulis Chronologorum. *Donec corrigantur.* (App. Ind. Trid.)

Schultetus Samuel. Ecclesia Muhammedana breviter delineata. (Decr. 12 Martii 1703.)

Schultheis Michäel. (1 Cl. Ind. Trid.)

Schumajerus Joannes. (1 Cl. App. Ind. Trid.)

Schurius Andreas. Epistolarum liber I, II et III. (Decr. 4 Maii 1702.)

Schurman (Anna Maria a). Opuscula Hebræa, Græca, Latina, Gallica, prosaica et metrica. (Decr. 17 Octobris 1678.)

Schurmegistus Benedictus. (1 Cl. Ind. Trid.)

Schurpf Hieronymus. *Vide* Schiurpff.

Schurzfleischius, Conradus Samuel. De Vitricis Ecclesiæ Dissertatio. (Decr. 30 Julii 1678.)
—Controversiæ et quæstiones insigniores antiquitatum Ecclesiasticarum. *Vide* Compendium antiquitatum Ecclesiasticarum.

Schweiglinus Jeremias. (1 Cl. App. Ind. Trid.)

Schweiglinus Leonardus. (1 Cl. App. Ind. Trid.)

Schwelingius, Joannes Eberhardus. Exercitationes Cathedrariæ in Petri Danielis Huetii censuram Philosophiæ Cartesianæ. (Decr. 15 Januarii 1714.)

Schwenkfeldius Gaspar. (1 Cl. Ind. Trid.)

Schwind, Carolus Franciscus. Ueber die ältesten heiligen semitischen Denkmäler. Eine Abhandlung unserer theologischen Routine entgegen. *Id est latine : In vetustissima sacra semitica Monumenta, Tractatus adversus nostrum theologicum tramitem.* Argentorati, 1792. (Decr. 26 Januarii 1795.)
—Die Päbste in ihrer Blöse. Ein Auszug aus der Parallel zwischen dem Leben Jesu, und dem Leben derer, die seine ersten Nachfolger sein sollten, vorgestellt am Ostermontag der Kathedralkirche zu Strasburg. *Id est latine: Pontifices denudati. Extractus Parallelæ inter vitam Jesu et vitam illorum qui primi ejusdem successores esse deberent, exhibitus.* Fer. 2, *Paschatis in Ecclesia Cathedrali Argentoraten.* Argentorati, 1792. (Decr. 26 Januarii 1795.)

Scienza (la) della Legislazione. *Vide* Filangieri.

Scienza (la) della salute ristretta in quelle due parole: Pochi sono gli Eletti. Trattato dogmatico portato dal Francese dall' Abbate Nicolaò Burlamacchi. (Decr. 4 Martii 1709.)

Scioppius Gaspar. Infamia Famiani, cui adjunctum est de styli historici virtutibus ac vitiis judicium, et de natura Historiæ et Historici officio Diatriba. (Decr. 27 Maii 1687.)

Scogli del Christiano naufragio, quale va scoprendo la Santa Chiesa di Christo alli suoi diletti figliuoli, perchè da quelli possano allontanarsi. (Decr. 18 Maii 1618.)

(Decr. 18 Decembris 1646.)

Scoofs Leonardus. De vita et moribus. R. P. Leonardi Lessii liber
—Nec non *Folium Sacræ Congregationis Indicis nomine falso editum, hoc titulo* : Ea quæ in vita R. P. Leonardi Lessii corrigenda vel omittenda censuit S. Congregatio Indicis, hæc sunt.

Scory Joannes. (1 Cl. App. Ind. Trid.)

Scotanus Henricus. Paratitla in tres priores libros Codicis. (Decr. 4 Februarii 1627.)
—Scotanus redivivus, sive Commentarius Erotematicus in tres libros Codicis, editus a Timæo Fabro. (Decr. 5 Martii 1616.)

Scottellius, Antonius Albertius. Dissertatio Historica de ludibriis Aulæ Romanæ in translatione Imperii Romani. (Decr. 4 Martii 1709.)

Scotus Henricus. (1 Cl. Ind. Trid.)

Scotus (Joannes) Erigena. *Vide* Erigena.
(Decr. 18 Junii 1651.)

Scotus, Julius Clemens. De Potestate Pontificia in Societatem Jesu.
— De obligatione Regularis extra regularem domum commorantis ob justum metum.
— De jure tuendi famam.
— De Apostasia ac fugitivis
— Pædiæ Peripateticæ Dissertationes VIII. (Decr. 10 Junii 1654.)
— Opuscula duo de seligendis opinionibus, et Auctoribus generatim, et de observandis in Auctorum præsertim scientissimorum lectione. (Decr. 3 Augusti 1656.)

Scribonius Cornelius, et Petrus Ægidius. Enchiridion Principis ac Magistratus Christiani. (App. Ind. Trid.)

Scrinius (Michäel) Dantiscanus. (1 Cl. App. Ind. Trid.)

Scripta eruditorum aliquot virorum de controversia Cœnæ Domini. (App. Ind. Trid.)

Scripta quædam Papæ et Monarcharum de Concilio Tridentino ; ann. 1547 et 1548, cum præfatione Mathiæ Flacii Illyrici. (Ind. Trid.)

Scriptorum publice propositorum a Professoribus in Academia Witebergensi. Tomus I, II, III, IV, V, VI et VII. (App. Ind. Trid.)

Scriptorum (Veterum), qui Cæsarum et Imperatorum Germanicorum res, per aliquot sæcula gestas, litteris mandarunt, Tomus unus ex bibliotheca Justi Reuberi. *Donec expurgetur.* (App. Ind. Trid.)

Scripturæ (de) Sacræ præstantia, dignitate, auctoritate, perfectione, claritate et ejus usu Dissertatio. (App. Ind. Trid.)

Scrupuli Doctoris Sorbonici orti ex libro R. P. Henrici de Noris, qui inscribitur: Historia Pelagiana, ad Romanos hujus libri Censores. (Decr. 7 Septembris 1695.)

Scudalupis (Petrus de) Arlensis. *Vide* Arlensis.

Scultetus Abrahamus. Idea concionum Dominicalium ad populum Heidelbergensem habitarum, confecta opera et studio Balthasaris Tilesii. (Decr. 10 Maii 1613.)
— *Et cetera ejus Opera omnia.* (Decr. 10 Maii 1757.)
Sebastenus Archiepiscopus. *Vide* Codde.
Sebenico (Gregorius de). Nova concordia Prædestinationis Divinæ cum libertate voluntatis creatæ. (Decr. 18 Januarii 1667.)
Sebivilla Petrus. (1 Cl. Ind. Trid.)
Secerius Joannes. (1 Cl. Ind. Trid.)
Seconda Memoria Cattolica. *Vide* Liber, *cui titulus:* Seconda Memoria Cattolica.
Secrétaire (le) intime, par Georges Sand. (Decr. 30 Mart. 1841.)
Sectanus (L. Q.) Fil. De tota Græculorum hujus ætatis litteratura ad Gaium Salmorium Sermones quatuor. Accessere quædam M. Philocardii enarrationes. (Decr. 13 Aprilis 1739.)

(Decr. 22 Decembris 1700.)

Sectanus (Q.). Satyræ.
— *Eædem* cum Notis Variorum.
— *Eædem Italice.*
Seder olam, sive ordo seculorum. Historica enarratio doctrinæ. (Decr. 22 Decembris 1700.)
Segarelli (Gerardus) Parmensis. (1 Cl. Ind. Trid.)
Segni Bernardo. Storie Fiorentine dall' anno MDXXVII al MDLV, colla vita di Niccolò Capponi. *Donec corrigantur.* (Decr. 4 Decembris 1725.)
Segretario (il) Galante, e Collezione di Lettere di stile amoroso. Volume I. Torino e Milano, 1810. Volume II. Milano e Torino, 1810. (Decr. 17 Martii 1817.)
Segreti (li) di stato dei Pr ncipi dell' Europa rivelati da varj Confessori politici. (Decr. 30 Julii 1671.)
Segur (Conte di). Storia del Basso Impero (*aut* del Sig. de Nougaret *ut alibi dicitur*) compresa nel Compendio o Complesso della Storia Universale scritta dagli Autori i più distinti ad uso della studiosa Gioventù (*etiam editio Romæ facta*). (Decr. 20 Januarii 1823.)
— Storia Romana compresa nel Compendio o Complesso della Storia Universale scritta dagli Autori i più distinti ad uso della studiosa Gioventù (*etiam editio Romæ facta*). (Decr. 6 Septembris 1824.)
— Storia dell' Olanda, e dei Paesi Bassi compilata dall' Ab. Leonardo Sanvitali compresa nel Complesso della Storia Universale. (Decr. 24 Augusti 1829.)
— Galerie Morale et politique. *Donec corrigatur.* (Decr. 11 Decembris 1826.)
Sehofer Arsatius. (1 Cl. Ind. Trid.)
Seidélius (Bruno) Querfurdensis. Poëmatum libri VII. (Ind. Trid.)
Seipius, Joannes Henricus. Manes Roberti Bellarmini, in Colloquio a Valeriano Magno Capuccino cum D. Haberkorn et Theologis Giessensibus habito, irritati. (Decr. 13 Novembris 1662.)

(Decr. 15 Januarii 1714.)

Seldenus Joannes. De Jure naturali et Gentium, juxta disciplinam Hebræorum, lib. VII.
— De Synedriis et Præfecturis juridicis veterum Hebræorum libri tres.

(Decr. 7 Februarii 1718.)

— De Successionibus ad leges Hebræorum in bona defunctorum.
— Uxor Hebraica, seu de nuptiis et divortiis ex jure Civili veterum Hebræorum libri tres.
— De successione in Pontificatum Hebræorum libri duo.
Sellarius Michaël. (1 Cl. Ind. Trid.)
Sempere D. Juan. Historia de las rentas ecclesiasticas de Espana. (Decr. 26 Augusti 1822.)
Senancourt (de). *Vide* de l'Amour selon les lois primordiales.
Selneccerus, *seu* Selneckerus Nicolaus. (1 Cl. Ind. Trid.)
Senarclæus Claudius. (1 Cl. Ind. Trid.)
— Historia de morte Joannis Diazii Hispani, quem frater ejus germanus interfecit. (App. Ind. Trid.)
Senensis Henricus. (1 Cl. App. Ind. Trid.)
Senez (Evêque de). *Vide* Soanen.
Sennertus Daniel. Physica Hypomnemata. *Donec corrigantur.* (Decr. 22 Januarii 1642.)
Sens (Archevêque de). Lettre pastorale pour la publication de la Constitution de Notre Saint-Père le Pape, donnée à Rome, le trente-uniesme May dernier. (Decr. 23 Aprilis 1654.)
Sententia, *seu* Decretum a Concilio Brabantiæ emanatum, *quo præcipitur Archiepiscopo Mechliniensi, ut suas Monitoriales Litteras ad Gulielmum van de Nesse, pro rebus ad fidem pertinentibus transmissas, casset et annulet.* (Decr. 29 Martii 1708.)
Sententiæ Patrum de officio verorum Rectorum Ecclesiæ Dei CXIV. (Ind. Trid.)
Sententiæ pueriles. *Sive seorsum, sive additæ libro Leonardi Culman de vera Religione.* (Ind. Trid.)
Sententiæ Sanctorum Patrum de Cœna Dominica. *Vide* Melanchthon.
Sentimenti del Concilio di Trento. *Vide* Comunione del Popolo nella Messa.
Serces Jacques. Traité sur les miracles, dans lequel on prouve que le Diable n'en saurait faire pour confirmer l'erreur. (Decr. 17 Maii 1734.)
Sermo de digna præparatione ad Sacramentum Eucharistiæ. (App. Ind. Trid.)
Sermon des Cinquante. *Vide* Ouvrages philosophiques.
Sermones convivales. (Ind. Trid.)
Sermones de insufficientia. *Vide* Burgess Richard Lectures on the insufficiency, etc.
Sermones de providentia Dei. (Ind. Trid.)
Serpilius Joannes. *Vide* Manuductio ad universum Jus Civile.
Serra Hieronymus. Lutheranorum Serra in servum arbitrium. *Donec corrigatur.* (App. Ind. Trid.)
Serranus, *alias* de Serres Joannes. (1 Cl. App. Ind. Trid.)
Serry, Jacobus Hyacinthus. Exercitationes Historicæ, Criticæ, Polemicæ de Christo,

ejusque Virgine Matre. (Decr. 11 Martii 1722.)

— De Romano Pontifice in ferendo de Fide moribusque judicio, falli et fallere nescio. (Decr. 14 Januarii 1733.)

Sertorius, Joannes Leonardus. (1 Cl. Ind. Trid.)

Serveto (Michaël) Hispanus. (1 Cl. Ind. Trid.)

Servin Louys. Plaidoyez. Tom. I, II, III et IV. *Donec expurgentur.* (Decr. 2 Decembris 1622.)

Servo (il) Moro, racconto autentico, ed interessante diviso in tre parti. (Decr. 26 Martii 1825.)

Seton (Alexander) Scotus. (1 Cl. App. Ind. Trid.)

Settano. *Vide* Sectanus.

Sguropulus Silvester. Vera Historia unionis non veræ inter Græcos et Latinos, sive Concilii Florentini exactissima narratio, cum notis Roberti Creyghton. (Decr. 14 Aprilis 1682.)

שערי עיון חדקון סעודה וספר יעירה. *Id est: Portæ Sion, Præparatio Convivii et liber Formationis.* (Decr. 21 Novembris 1757.)

שפר ספר חחלים רגד. *Id est : Pulchritudo libri Psalmorum, una cum* שיורש חחלים, *id est: Usu Psalmorum. Mantuæ,* 1744, *sive alibi.* (Decr. 14 Aprilis 1755.)

Sherlock Guillaume. Sermons sur divers textes importants de l'Ecriture sainte. (Decr. 14 Januarii 1737.)

Siberus Adamus. (1 Cl. App. Ind. Trid.)

Siberus, Adamus Theodorus. Dialexeωn Academicarum, quæ sunt orationes, præfationes, dissertationes, epistolæ et carmina, Vol. I et II. (Decr. 12 Novembris 1616.)

Sidereo Luigi. Camino del Cielo, ovvero pratiche spirituali. Parte II. *Donec corrigatur.* (Decr. 10 Junii 1654.)

Siderus Simon. (1 Cl. App. Ind. Trid.)

Siena (Fra Tommaso da) (*Bernardinus Ochinus*). Prediche. (App. Ind. Trid.)

Sigæa (Aloisia) Toletana. Satyra Sotadica de arcanis Amoris et Veneris. (Decr. 22 Decembris 1700.)

(Ind. Trid.)

Sigebertus Gemblacensis. Responsum ad Hildebrandi Papæ Epistolam, quam scripsit in potestatis Regiæ calumniam.

— Epistola nomine Ecclesiæ Leodiensis contra Epistolam Paschalis Papæ.

Signa sacra et origo Missæ. (Apo. Ind. Trid.)

Silberschalg Georgius. (1 Cl. App. Ind. Trid.)

Si hon (Signor de). Il Ministro di Stato, trasportato dal Francese per Mutio Ziccata. (Decr. 26 Octobris 1640.)

Silva (de). *Vide* Histoire de l'admirable.

Simeon (R.) Haddarsan. ספד ילקיט הלק דאשון. *Id est : Liber Jalkult, Pars* I *super totum Pentateuchum, super quem R. Abraham fil. Samuëlis Ghedalia scripsit Collectanea excerpta ex libris Sephra.* (Decr. 11 Martii 1703.)

— ספד ילקיט הלק שני. *Id est : Liber Jalkult,*

pars II *continens Commentaria in reliquos sacræ Scripturæ libros.* (Decr. 11 Martii 1703.)

Simlerus Josias. (1 Cl. Ind. Trid.)

Simlerus Petrus. (1 Cl. Ind. Trid.)

Simolachri, Historie, e figure della morte, ove si contiene la Medicina dell'anima, il modo di consolar gl'infermi, etc. (Ind. Trid.)

Simon, par Georges Sand. (Decr. 30 Martii 1841.)

Simon, Joannes Georgius. Brevis delineatio impotentiæ conjugalis. (Decr. 27 Maii 1687.)

(Decr. 22 Decembris 1700.)

— De Justitia permissiva.

— De Justitia hominis circa sua membra.

— De Justitia hominis circa animam.

— Actiones injuriarum Sacerdotem concernentes.

— De Amore venenato.

Simon Richard. Histoire Critique du Vieux Testament. (Decr. 9 Februarii 1683.)

(Decr. 21 Decembris 1700.)

— Histoire Critique du texte du Nouveau Testament.

— Histoire Critique des Versions du Nouveau Testament.

— Opuscula Critica adversus Isaacum Vossium. (Decr. 1 Decembris 1687.)

Simon (Sr.). Maximes du Droit Canonique de France, par un des plus célèbres Avocats, enrichies de plusieurs autorités et observations. (Decr. 18 Junii 1680.)

Simonia Curiæ Romanæ, Carolo V, Cæsare Augusto, a S. R. I. Electoribus, Comitiis Norimbergensibus anno 1522 Oratori Pontificio proposita. (Decr. 22 Decembris 1700.)

Simonis, seu Simon Menno. (1 Cl. Ind. Trid.)

Simonius Simon. (1 Cl. App. Ind. Trid.)

Simonzin Ludovicus. Moderamen conscientiæ dubiæ, theologico-morali ratiocinio stabilitum, in Soc. Jesu Gymnasio Tridentino publicæ disputationi propositum a Mauritio Antonio Fortunato Honorato de Zanonis et Joanne Aliprando de Thomasiis, mense Augusto anno 1718. (Decr. 22 Septembris 1727.)

Sind Reformen in der Katholischen Kirche nothwendig ? etc... *Latine vero :* Suntne in Ecclesia Catholica necessariæ Reformationes? Quænam via est tenenda ut fiant, et qualia forte impedimenta obstant? Responsum in conferentia Pastorali habita in Offenburg, die 24 Julii 1832. Secunda editio, aucta quadam dilucidatione modesta, sed libera, et nonnulla additamenta. Editum a F. L. Mersy. (Brevi GREGORII PP. XVI, 17 Septembris 1833.)

Sindicato (il) di Alessandro VII, con il suo viaggio nell'altro Mondo. (Decr. 3 Aprilis 1669.)

Sinistrati (Ludovicus Maria) de Ameno. De Delictis et Pœnis Tractatus absolutissimus. *Donec corrigatur.* (Decr. 4 Martii 1709.)

Correctus autem juxta editionem Romanam anni 1753 permittitur.

Sinodo Fiorentino contro Sisto IV in favore di Lorenzo de Medici, e della sua Casa, in occasione della Congiura della Famiglia de Pazzi : *si vende in Italia*. (Decr. 31 Martii 1788.)

Siricius Michaël. Ostensio fundamentalis abominationum Papatus circa religiosum creaturarum cultum, una cum præfatione et supplemento Val. Alberti. (Decr. 21 Aprilis 1693.

Sismondi, Simonde J. C. L. Histoire des Républiques Italiennes du moyen âge, à Paris chez H. Nicolle 1809. Volumi xi. (Decr. 22 Decembris 1817.)

Sistema de la Moral. *Vide* Pascual Prudencio.

Sithmannus Joannes. Idea Juris Episcopalis moderni. (Decr. 13 Novembris 1662.)

Sittwald Philander. Visiones de Don Quevedo, das ist wunderliche satyrische un wahrhaffte Gesichte, etc. *Id est : Visiones D. Quevedo, seu mirabiles, satyricæ, ac veræ Historiæ, in quibus omnium hominum mores nativis coloribus suis exprimuntur.* (Decr. 13 Novembris 1662.)

Sixtinus Regnerus. Tractatus de Regalibus. (Decr. 16 Martii 1621.)

Sleidanus Joannes. (1. Cl. Ind. Trid.)

Slüterus Severinus Waltherus. Propylæum Historiæ Christianæ, sistens enarrationem methodicam Scriptorum ad Historiam Ecclesiæ Christianæ facientium. (Decr. 22 Decembris 1700.)

Smith Thomas. Miscellanea, in quibus continentur : Præmonitio de infantium communione apud Græcos ; Defensio libri de Græcæ Ecclesiæ statu contra objectiones auctoris Historiæ criticæ super fide et ritibus Orientalium ; Brevis narratio de vita, studiis, gestis et martyrio D. Cyrilli Lucarii Patriarchæ Constantinopolitani ; Commentatio de hymnis matutino et vespertino Græcorum ; Exercitatio Theologica de causis remediisque dissidiorum, quæ Orbem Christianum hodie affligunt. (Decr. 29 Maii 1790.)

— Vitæ quorumdam eruditissimorum et illustrium virorum. (Decr. 4 Martii 1709.)

— De Græcæ Ecclesiæ hodierno statu Epistola. (Decr. 7 Februarii 1718.)

Smoll Godfridus. Manuale rerum admirabilium et abstrusarum, continens venerandæ antiquitatis Philosophica et Medica principia. (Decr. 16 Martii 1621.)

Snellius Rodolphus. (1 Cl. App. Ind. Trid.)

Snepffius. *Vide* Schnepffius.

Sneyderus Simon. (1 Cl. App. Ind. Trid.)

Soanen (Jean) Evêque de Senez. Testament spirituel en date du 28 Mars 1735. (Decr. 15 Februarii 1742.)

— Lettre au sujet d'un Ecrit intitulé : Vains efforts des Mélangistes. (Decr. 7 Octobris 1746.)

Soave (Pietro) Polano (*Paolo Sarpi*). Historia del Concilio Tridentino. (Decr. 22 Novembris 1619.)

Sobius Jacobus. (1 Cl. App. Ind. Trid.)

Sociedad (la) de los Francos Macones sostenida contra los Falsos Preocupaciones Por F.... R. (Decr. 26 Augusti 1822.)

Socinus Faustus. (1 Cl. App. Ind. Trid.)
Socinus Lælius. (1 Cl. App. Ind. Trid.)

Sofilo Molossio Pastore Arcade Perugino, e Custode degl' Armenti automatici in Arcadia, gli difende dallo Scrutinio, che ne fa nella sua Critica Pietro Angelo Papi. (Decr. 15 Julii 1711.)

Sohn, *seu* Sohnius Georgius. (1 Cl. App. Ind. Trid.)

Solari. *Vide* Apologia, etc.

Solazzi Gio. Antonio. Maniera divota da praticarsi verso la Serafica Maria Maddalena de Pazzi in cinque Venerdì; con l'aggiunta d'un essercizio di ringratiamento alle Tre Divine Persone per i lavori fatti alla medesima Santa, del P. Andrea Mastelloni. (Decr. 9 Aprilis et 26 Septembris 1680.)

— Modo facile per far acquisto dell'oratione di Quiete. (Decr. 29 Novembris 1689.)

Soldato (il) Svezzese. Historia della guerra tra Ferdinando II e Gustavo Re di Svetia; tradotto dal Francese da Matteo Bellanda. (Decr. 23 Augusti 1634.)

(Decr. 11 Junii 1642.)

Solorzano Pereira (Joannes de). Disputationes de Indiarum jure, Tom. ii, Liber iii, in quo de rebus Ecclesiasticis et Regio circa eas patronatu.

— *Reliqui autem libri, tam* i *quam* ii *Tomi. Donec corrigantur.*

Someire (Zepherin de). La dévotion à la Mère de Dieu dans le très-saint Sacrement de l'Autel. (Decr. 22 Decembris 1700.)

Somius Conradus. (1 Cl. Ind. Trid.)

Somma (Agatio-de). Vie du Pape Pie V, écrite en Italien, et mise en François par M. F. (Decr. 19 Junii 1674.)

Sommaire des décrets du Concile de Trente, touchant la réformation de la discipline Ecclésiastique, avec des observations tirées de l'usage de France. (Decr. 31 Martii 1681.)

Sommario (breve) delle principali grazie ed Indulgenze concesse alli Religiosi dell'Ordine della Santissima Trinità della Redenzione delli Schiavi, delle quali godono tutti quelli che portano il Scapulario, ovvero Abitino, e visiteranno le Chiese, o Capelle di detto Ordine. (Decr. Sacr. Congr. Indulg. 11 Martii 1716.)

Sommario (breve) delle principali grazie ed Indulgenze concesse alli Religiosi dell'Ordine della SS. Trinità della Redenzione de' Schiavi Cristiani, delle quali godono tutti quelli che portano il Scapolario, ovvero Abitino, e visiteranno le Chiese, o Cappelle di detto Ordine, le quali Indulgenze sono state approvate da Sommi Pontefici, e di nuovo dalla fel. mem. di Papa Innocenzo XII, come si vede nella Bolla spedita l'anno 1693. (Decr. Sacr. Congr. Indulg. 22 Decembris 1718.)

Sommario (breve) delli privilegj et Indulgenze concesse da Innocenzo III, all'Ordine ed Archiconfraternita della Santissima Trinità del Riscatto. (Decr. 10 Aprilis 1666.)

Sommario (Brevissimo) dell'Indulgenze, grazie, e privilegj concessi da Sommi Pontefici all'Ordine della Santissima Trinità del

Riscatto de' Christiani Schiavi. (Decr. 10 Aprilis 1666.)

Sommario del celeste tesoro dell'Indulgenze, doni, grazie, facoltà, e privilegj concessi a ciaschedun Fedel Christiano, che vorrà entrare nella Santa Confraternita di S. Rocco di Roma, e communicate alla Confraternita del medesimo S. Rocco, e Sebastiano nella Chiesa della B. V. Maria di Loreto nella Città di Roveredo. (Decr. Sacr. Congr. Indulg 14 Martii 1714.)

Sommario del celeste tesoro dell'Indulgenze, doni, grazie, facoltà, e privilegj concessi per molti Romani Pontefici, ed ultimamente confermati ed ampliati dalla Santità di N. S. Gregorio per la divina providenza Papa XIV, alla Ven. Compagnia, ed Ospedale di S. Rocco di Roma, da potersi concedere dalli Commissarj deputati a questo santo offizio della Publicazione di tante divine grazie a ciaschedun Fedel Christiano, che vorrà entrare nella S. Confraternita di S. Rocco di Roma. (Decr. Sacr. Congr. Indulg. 14 Martii 1714.)

Sommario dell'Indulgenze ampliate, e concesse da diversi Sommi Pontefici, e ultimamente confermate da Papa Alessandro VIII, e da Innocenzo XII, a' Fratelli e Sorelle del Sacro Reale e Militare Ordine de' PP. di N. Signora della Mercede. (Decr. 7 Decembris 1694.)

Sommario dell'Indulgenze concesse da diversi Romani Pontefici, ed ultimamente ampliate, e confermate da N. S. Clemente XI, alli Fratelli, e Sorelle del Sacro Reale e Militare Ordine, cosi dell'Osservanza, come delli Scalzi di Nostra Signora della Mercede, opera della Redenziona de'Schiavi Christiani fra gl'Infedeli. (Decr. Sacr. Congr. Indulg. 19 Julii 1714.)

Sommario dell'Indulgenze concesse da Sommi Pontefici alla Venerabile Compagnia di S. Rocco di Roma, ed alla Compagnia di S. Rocco di Ancona. (Decr. Sacr. Congr. Indulg. 14 Martii 1714.)

Sommario dell'Indulgenze, grazie, e doni concessi da molti Romani Pontefici, e nuovamente confermate dalla Santità di N. S. Papa Clemente XI, alla venerabil Chiesa, ed Hospitale di S. Maria di Monserrato di Catalogna, ed alli Confrati e Consorore d'essa Madre Vergine. (Decr. Sacr. Congr. Indul. 19 Julii 1714.)

Sommario della Religione Christiana raccolto in dieci libri, ne' quali si tratta di tutti gli articoli della Fede, secondo la pura parola di Dio. Stampato in Roma da Paolo Gigliodoro. *Quod tamen falso asseritur.* (Decr. 7 Augusti 1603.)

Sommario (il) della sacra Scrittura. (Ind. Trid.)

Sommario della schiavitudine di Giesù Sagramentato, Maria immacolata, e Giuseppe giusto, intitolata Ovile del buon Pastore. (Decr. 2 Octobris 1673, et Brevi Clem. X, 15 Decembris 1673.)

Sommario di tutte le Indulgenze concesse dalla fel. mem. di N. S. Paolo III alle Compagnie del Santissimo Sagramento del Corpo di Cristo, come per li Brevi, e Bolle Apostoliche appare, e che riservate sono in Roma nella detta Compagnia, che è nella Chiesa della Minerva. (Decr. 14 Aprilis 1755.)

Somnium Hipponense. *Vide* Philetymu.

Somnium Viridarii. *Vide* Libellus aureus.

Sonetti contro le opinioni di Michel Bajo, di Giansenio Iprense, del Belelli, del P. Berti Agostiniano, del Viatore, del Rotigni, e del Migliavacca. (Decr. 6 Septembris 1762.)

Sonner Jo. Michaël. Dissertatio Juridica inauguralis de Foro competente Ecclesiastico et Seculari, publicæ concertationi exhibita a Joanne Friderico Granduillers 18 Augusti 1656. *Donec corrigatur.* (Decr. 10 Junii 1659.)

Sonnius Franciscus. Totius Belgicæ Urbium, Abbatiarum, Collegiorum divisio ad opprimendum per novos Episcopos Evangelium, Romæ anno 1559 definita. *Quæ tamen falso ei adscribitur.* (App. Ind. Trid.)

Soranus Castorius. Episcopus atque Sacerdos sanctus. Opus Episcopis, Prælatis et Sacerdotibus necessarium. (Decr. 10 Septembris 1688.)

Sorbonici Doctoris ad Reverendissimum Ricchinium Sac. Congr. Indicis Secretarium gratiarum actio, quod Epistolam Sorbonicam, nomine Sac. Congregationis proscribendo, egregie confirmaverit. (Decr. 4 Novembris 1751, et 2 Martii 1752.)

Soteallus Joannes. *Vide* Declarationes.

Soter Joannes. (1 Cl. App. Ind. Trid.)

— Epigrammata aliquot Græca Veterum elegantissima, eademque Latina ab utriusque linguæ viris doctissimis versa, atque e diversis Auctoribus collecta. (Ind. Trid.)

Souvenirs, Impressions, Pensées, etc. *Vide* de la Martine.

Spadon Nicola. Studio di curiosità, nel quale si tratta di Fisonomia, Chiromantia, e Metoposcopia, diviso in due parti. (Decr. 30 Julii 1678.)

Spalatinus Georgius. (1 Cl. Ind. Trid.)

Spangenbergius Cyriacus. (1 Cl. App. Ind. Trid.)

— *Vide* Epistolæ consolatoriæ.

Spangenbergius Joannes. (1 Cl. Ind. Trid.)

— Margarita Theologica, præcipuos locos doctrinæ Christianæ continens. (Ind. Trid.)

(Decr. 29 Augusti 1690.)

Spanhemius Fridericus. Exercitationes de Gratia universali.

— Continuatio Exercitationum de Gratia universali.

— Erotemata L. pro Gratia universali expensa et discussa.

Anterotemata C, opposita universalis Gratiæ defensori.

— *Et cetera ejusdem Opera de religione tractantia.* (Decr. 10 Maii 1757.)

Spanhemius Fridericus *Fil. Opera omnia.* (Decr. 10 Septembris 1688, 29 Maii 1690, 21 Aprilis 1693 et 10 Maii 1757.)

Spatharius (Octavianus) de Incisa. Aurea methodus de modo corrigendi Regulares. *Donec corrigatur.* (Decr. 17 Decembris 1623.)

Specchio della Storia moderna Europea in Continuazione del Quadro delle Rivoluzioni dell'Europa del Sig. Koch prima traduzione italiana di Giovanni Famassia. *Donec corrigatur.* (Decr. 13 Februarii 1838.)

Specchio del Governo, e Popolo di Roma, ed esame della condotta tenuta da quella Corte, etc. (Decr. 26 Augusti 1822.)

Specchio (lo) veridico. Operetta utile ad ogni donna d'honore, che stabilisca il suo stato nel secolo. (Decr. 22 Decemb. 1709.)

Specker Melchior. (1 Cl. App. Ind. Trid.)

Spectateur (le), ou le Socrate moderne, où l'on voit un portrait naïf des mœurs de ce siècle. (Decr. 22 Maii 1745.)

Speculi aulicarum, atque politicarum observationum libelli octo. (Decr. 16 Martii 1621.)

Speculum cæcorum ad cognitionem Evangelicæ veritatis. (Ind. Trid.)

Speculum justitiæ. (App. Ind. Trid.)

Speidelius, Johannes Jacobus. *Vide* Rumelinus.

Sperber Sebastianus. (1 Cl. App. Ind. Trid.)

Spettatore (lo) italiano preceduto da un Saggio critico sopra i Filosofi morali, e i dipintori dei costumi, e de' caratteri. *Donec corrigatur. Auctor laudabiliter se subjecit, et reprobavit.* (Decr. 19 Januarii 1824.)

Spiegelius Jacobus. Scholia in Ligurinum Guntheri. (Decr. 7 Septembris 1609.)

Spina, *seu* Spinæus (Joannes de). (1 Cl. Ind. Trid.)

Spina, Joannes Franciscus. De mundi catastrophe, hoc est de maxima rerum mundanarum revolutione post annum 1630. (Decr. 4 Februarii 1627.)

Spindlerus Georgius. (1 Cl. App. Ind. Trid.)

Spinoza (Benedictus de). Opera posthuma. (Decr. 13 Martii 1679, et 29 Augusti 1690.)

(Decr. 13 Aug. 1782.)

Spione (lo) Italiano. N. I e II.
— Idem N. III, e il Corriero Europeo.

Spirito (lo) delle leggi, tradotto dal Francese in Toscano, con alcune note dei Traduttori. (Decr. 2 Martii 1752.)

Spironcini Ginifaccio. *Vide* Pallavicino *Ferrante.*

(Decr. 29 Maii 1690.)

Spizelius Theophilus. Felix Litteratus ex infelicium periculis et casibus, sive de vitiis Litteratorum Commentationes.
— Infelix Litteratus, sive de vita et moribus Litteratorum.
— Litteratus felicissimus sacræ metanoeæ proselytus, sive de conversione Litteratorum Commentarius.
— Pius Litterati hominis secessus, sive a profanæ doctrinæ vanitate ad sinceram pietatem manuductio.
— Selecta Doctorum veterum, Scriptorumque Ecclesiasticorum de vera sinceraque ad Deum conversatione monumenta.

Splendianus Joannes. (1 Cl. Ind. Trid.)

Spon Jacob. Histoire de la Ville et de l'Etat de Genève. (Decr. 10 Septembris 1688.)

Spoor Henricus. Responsio ad Epistolam sibi scriptam a D. Internuncio Bruxellensi, edita Latino et Belgico idiomate. (Brevi Clem. XI, 4 Octobris 1707.)
— Klagende Merkuur opgedragen aan de Heer Franciscus Fairlemnt Theol. Doct. *Id est: Querulus Mercurius dicatus D. Francisco Fairlemnt, Theologiæ Doctori.* (Brevi Clement. XI, 4 Octobris 1707.)

Spradler Sebastianus. (1 Cl. App. Ind. Trid.)

Sprecherus Fortunatus. Pallas Rhætica armata et togata. (Decr. 16 Martii 1621.)

Sprengen, Jo. Jac. Abhandlungen von dem Usprunge und Alterthum der mehrern und mindern Stadt Basel, wie auch der Rauracischen und Baselischen Kirche. *Id est.* Dissertationes de origine et antiquitate majoris et minoris urbis Basileæ, atque etiam de Rauracensi et Basileensi Ecclesia. (Decr. 8 Maii 1761.)

Sprengerus, Johannes Theodorus. Jurisprudentia publica moderno usui, recessibus, actis et capitulationibus novissimis conformata. (Decr. 20 Junii 1662.)

Sprocovius Bertholdus. ((1 Cl. App. Ind Trid.)

Stancarus Franciscus. (1 Cl. App. Ind. Trid.)

Stangius Daniel. (1 Cl. App. Ind. Trid.)

Stapfer, Johannes Fridericus. Institutiones Theologiæ Polemicæ universæ, ordine scientifico dispositæ. (Decr. 11 Septembris 1750.)

Statera appensa, quo ad salutis assequendæ facilitatem, auctore I. S. (Decr. 17 Novembris 1661.)

Statius, Franciscus Trachelæus. Propædeumata Oratoria. (Ind. Trid.)

Statius Martinus. Postillæ Patrum super Evangelia. (Decr. 18 Maii 1677.)

Statorius Petrus. (1 Cl. App. Ind. Trid.)

Stattler Benedictus. Demonstratio Catholica, sive Ecclesiæ Catholicæ sub ratione Societatis legalis inæqualis a Jesu Christo Deo Homine institutæ genuinum systema secundum juris naturæ principia accurata methodo explicatum. Pappenhemii 1775. (Decr. 10 Julii 1780, publicat. 29 Aprilis 1796.)

(Decr. 10 Julii 1797.)

— De locis theologicis. Typis Meyerianis Weissemburgii 1773.
— Ejusdem Epistola parænetica ad Virum cl. Doctorem Carolum Frider. Bahrdt. Eustadii et Günzburgii 1780.
— Ejusdem Acta authentica prohibitionis suæ demonstrationis Catholicæ. Francofurti et Lipsiæ, 1796.
— Theologia Christiana Theoretica. Vol. 3. Eustadii et Günzburgii, 1781.

Statue (delle) et Immagini. (Ind. Trid.)

Statu (de) Ecclesiæ in Silesia, etc. *Vide* die Katolische Kirche, etc.

Staubius Joachimus. (1 Cl. App. Ind. Trid.)

Staupitius Joannes. (1 Cl. Ind. Trid.)

Steele Richard. Etat présent de l'Eglise Romaine dans toutes les parties du Monde, écrit pour l'usage du Pape Innocent XI par Urbano Cerri, avec une Epître Dédicatoire au Pape Clément XI, contenant l'état de la Religion dans la Grande-Bretagne. (Decr. 21 Januarii 1721.)

Stefani Stefano Zucchino. I flagelli di Don Gile divenuto Poëta contro i seguaci del vizio. (Decr. 24 Aprilis 1758.)

Stella Didacus. Enarrationes in Evangelium S. Lucæ. *Nisi fuerint ex impressis ab anno 1581.* (App. Ind. Trid.)

. . Stella Michele. *Vide* Corso completo.

Stellartius Prosper. Augustinomachia, id est pro Augustino et Augustinianis vindiciæ tutelares. (Decr. 2 Decembris 1622.)

Stellung (die) des Rœmischen Stuhls, gegenüber dem Geiste des neunzehnten Jahrhunderts, etc... *Latine vero :* Status Romanæ Sedis relate ad Spiritum Sæculi decimi noni ; aut considerationes super ejusdem novissimas Litteras Pastorales : Dum caput ægrotat, cætera membra dolent. (Brevi GREGORII PP. XVI, 17 Septembris 1833.)

Stendhal. Rome, Naples et Florence. (Decr. 4 Martii 1828.)

Stephani (Joachimus) Pomeranus. Libri quatuor de Jurisdictione Judæorum, Græcorum, Romanorum et Ecclesiasticorum. (Decr. 16 Decembris 1605.)

Stephani (Mathias) Pomeranus. Tractatus de Jurisdictione, qualemqoe habeant omnes Judices, tam sæculares quam Ecclesiastici, in Imperio Romano. (Decr. 12 Decembris 1624.)

Stephanus Carolus. Dictionarium Historicum, Geographicum, Poëticum, innumeris pene locis auctum per Nicolaum Lloydium. *Donec expurgetur.* (Decr. 12 Martii 1703.)

Stephanus Henricus. (1 Cl. App. Ind. Trid.)

— L'Introduction au Traité de la conformité des merveilles anciennes avec les modernes, ou Traité préparatif à l'Apologie pour Hérodote. (App. Ind. Trid.)

Stephanus Robertus. (1 Cl. Ind. Trid.)

— Phrases Hebraicæ, seu loquendi genera Hebraica, quæ in Veteri Testamento passim leguntur, ex Commentariis Hebræorum explicata. (App. Ind. Trid.)

— Responsio ad Censuras Theologorum Parisiensium in Stephani Bibliorum editionem. (Decr. 12 Decembris 1624.)

Sternberger (Lucas) Moravus. (1 Cl. App. Ind. Trid.)

Steurlin Johannes. (1 Cl. App. Ind. Trid.)

Sthenius Henricus. *Vide* Munderus.

Stiblinus Gaspar. Coropædia, sive de moribus et vita Virginum sacrarum. (App. Ind. Trid.)

Stigelius Joannes. (1 Cl. Ind. Trid.)

Stigius Joachimus. (1 Cl. App. Ind. Trid.)

Stigliani Tomaso. Rime, distinte in viii libri. (Decr. 16 Decembris 1605.)

Stockelius Leonardus. (1 Cl. App. Ind. Trid.)

Stockmannus Ernestus. Hodegeticum pestilentiale sacrum, sive quæstiones quinquaginta, plurimam partem casuales, de Peste. (Decr. 3 Aprilis 1669.)

Stoiber Ubaldus. Armamentarium Ecclesiasticum complectens arma spiritualia fortissima ad insultus diabolicos elidendos. (Decr. 11 Martii 1754.)

Stolberg Christophorus. (1 Cl. App. Ind. Trid.)

Stollius Henricus. (1 Cl. Ind. Trid.)

Stolshagius Gaspar. (1 Cl. App. Ind. Trid.)

Stolte Benedictus. Tractatus Historico-Juridicus de præcedenti controversia Monachos Benedictinos inter et Canonicos Regulares S. Augustini. (Decr. 3 Aprilis 1731.)

Stoltzius, *seu* Stolsius Joannes. (1 Cl. Ind. Trid.)

Storckius Nicolaus. (1 Cl. Ind. Trid.)

Storia Cronologica de' Papi da S. Pietro, fino all'odierno Pontificato di Pio VII..... con annotazioni, ed in fine il Concordato tra la Francia, e la S. Sede. (Decr. 5 Septembris 1825.)

Storia del grande, ed universale Concilio di Costanza di Gaspare Royko, Professore ordinario di Storia Ecclesiastica nell' Università di Gratz. Tom. i e ii. *Id est (germanico idiomate quo editum est hoc Opus)*: Geschichte der grossen allgemeinem Kirchenversammlung zu Kostniz, von Gaspar Royko Ordl. Lehrer der allg. Kirchengeschichte auf der Universität zu Gratz. Erster Theil... 1782. Zweiter Theil... 1783. (Decr. 26 Septembris 1783.)

Storia (la) della Chiesa dal principio del Mondo fino al presente, espressa in ristretto, e trasportata dalla lingua Francese nell'Italiana da Selvaggio Canturani. (Decr. 2 Decembris 1719.)

Storia della Lega fatta in Cambrai fra Papa Giulio II, Massimiliano I Imperatore, Luigi XII Re di Francia, Ferdinando V Re d'Aragona, e tutti i Principi d'Italia contro la Repubblica di Venezia. (Decr. 21 Januarii 1721.)

Storia del'Reame di Napoli. *Vide* Colletta Pietro.

Storia della Letteratura Italiana. *Vide* Ginguené.

Storia di Andrea Dunn Cattolico Romano Irlandese. (Decr. 12 Junii 1826.)

Storia di Como scritta da Maurizio Monti, Professore nel Liceo Diocesano della stessa Città. *Donec corrigatur. Quod opus auctor ipse sponte ante judicium laudabiliter ac solemniter reprobavit.* (Decr. 23 Junii 1836.)

Storia di Enrichetto, e del suo Latore. (Decr. 11 Junii 1827.)

Storia generale dell'Italia dagli antichissimi tempi fino ai di nostri con brevità esposta, e considerata da Giovanni Campiglio. (Decr. 13 Februarii 1838.)

Storia (o Istoria) della decadenza, e della rovina dell' Imperio Romano, dall'originale Inglese del Signor Gibbon trasportata in idioma Francese dal Signor le Clerc di Septchênes. Traduzione Italiana. Losanna, 1779. (Decr. 26 Septembris 1783.)

Storia profana dal suo principio sino al presente, composta nella lingua Francese dall'Autore della Storia della Chiesa, e tradotta in lingua Italiana da Selvaggio Canturani. (Decr. 4 Decembris 1725.)

Storia universale dal principio del Mondo sino al presente, tradotta dall'Inglese in Francese, e dal Francese in Italiano. (Decr. 14 Januarii 1737.)

Storia Filosofica e politica degli Stabilimenti, e del Commercio degli Europei nelle due Indie. Opera dell'Abate Raynal... tradotta dal Francese. (Decr. 16 Februarii 1784.)

Storia delle Rivoluzioni della Republica Christiana con Riflessioni analoghe. Tom. I, II, III. Crema presso Antonio Ronna, 1803. Anno II. Tom. IV, v e VI. Part. 1. Part. 2. Crema, 1804. Anno III. (Decr. 22 Decembris 1817.)

Strada di salute, breve, facile, e sicura insegnata nuovamente da un Religioso Scalzo Eremitano Agostiniano ad una sua penitente. (Decr. 26 Octobris 1707.)

Strada felice per l'eterna vita, scritta per utile delle Signore Monache, e persone Religiose, e altri che desiderano il conoscimento, e amor di Dio loro Creatore e Redentore, da un Religioso desideroso della loro eterna salute. (Decr. 29 Novembris 1689.)

Straparola, Gio. Francesco. Le tredici Notti, con gli Enigmi. (Decr. 16 Decembris 1605.)

Strauss Jacobus. (1 Cl. Ind. Trid.)
Strauss Joannes. (1 Cl. App. Ind. Trid.)
Streicherus Laurentius. (1 Cl. App. Ind. Trid.)
Strigelius Victorinus. (1 Cl. Ind. Trid.)
— *Vide* Beumlerus.

Stromeyerus, Carolus Ludovicus. Dissertatio Theologica Divinitatem Christi ex œconomia gratiæ demonstrans, habita sub præsidio Joannis Frickii. (Decr. 21 Januarii 1721.)

Strozzi Tomaso. Controversia della Concezione della Beata Vergine Maria, descritta istoricamente. (Decr. 11 Martii 1704.)

Strubin Leonardus. (1 Cl. Ind. Trid.)
Struvius, Georgius Adamus. Valerii Andreæ Desselii Erotemata Juris Canonici, cum notis et animadversionibus. (Decr. 19 Septembris 1679.)

Stubrockius Bernardus. Notæ in notas Willelmi Wendrockii ad Ludovici Montaltii litteras, et in disquisitiones Pauli Irenæi. (Decr. 30 Julii 1678.)

Stuck Joannes. (1 Cl. Ind. Trid.)
Stuckius Johannes. Consiliorum, seu Juris Responsorum Volumen. (Decr. 21 Martii 1668.)
Stuckius (Joannes Guilielmus) Tigurinus. (1 Cl. App. Ind. Trid.)
Studerius Ulricus. (1 Cl. Ind. Trid.)
Stumpff Joannes. (1 Cl. Ind. Trid.)
Stunden der Andacht zur Beförderung wahren Christenthums und häuslicher Gottesverehrung. *Latine vero*: Horæ devotionis ad promovendum verum Christianismum et Domesticum Dei cultum. (Decr. 27 Novembris 1820.)

Stupanus, Jo. Petrus. Tractatus de Idololatria et Magia. *Donec corrigatur*. (Decr. 7 Augusti 1603.)
Sturmius (Joannes) Argentoratensis. (1 Cl. Ind. Trid.)
Stymmelius Christophorus. (1 Cl. App. Ind. Trid.)
Stypmannus Franciscus. Tractatus posthumus de Salariis Clericorum. (Decr. 23 Martii 1672.)

Suarez Franciscus. Commentariorum ac disputationum in III Partem D. Thomæ Tomus v de Censuris. *Edit. Venet. anni 1606, apud Jo. Anton. et Jacobum de Franciscis, vel Jo. Baptistam Ciottum; quæ non permittitur, nisi subrogatis foliis et locis, quæ ademerunt*. (Decr. 7 Septembris 1609.)

Sudphanus, seu Zutphaniensis Henricus. (1 Cl. App. Ind. Trid.)
Suermerica doctrina. (Ind. Trid.)
Suevus Sigismundus. (1 Cl. App. Ind. Trid.)
Suicerus, Johannes Gaspar. Symbolum Nicæno-Constantinopolitanum expositum, et ex antiquitate Ecclesiastica illustratum. (Decr. 21 Januarii 1721.)
— Thesaurus Ecclesiasticus, e Patribus Græcis ordine alphabetico concinnatus. (Decr. 18 Julii 1729.)

Suidas. *Vide* Wolfius *Hieronymus*.
Suisse (de la). *Vide* l'Etat et les délices de la Suisse.
Suisse (la) italienne, par Stefano Franscini.
Suite de l'accomplissement des Prophéties. *Vide* Accomplissement.
Suite de l'espion dans les Cours des Princes. *Vide* Espion.
Suite des Nouvelles Ecclésiastiques. *Vide* Nouvelles.
Suite du Catéchisme historique. *Vide* Catéchisme.
Suite du comte de Gabalis. *Vide* Comte de Gabalis.
Sulcerus, seu Sultzærus Simon. (1 Cl. Ind. Trid.)
Sulle immunità Ecclesiastiche : Risposta del capitano Filippo de Sacco ai pensieri del Curato Silva. (Decr. 7 Julii 1835.)
Sulpice, Récollet de Nantes. Exercices spirituels pour la retraite de dix jours. *Donec corrigantur*. (Decr. 21 Martii 1689.)
Sultanini Baltassaro. Il nuovo Parlatorio delle Monache : Satira Comica. (Decr. 27 Septembris 1672.)
Sultzærus Simon. *Vide* Sulcerus.
Sumario de las gracias, y Indulgencias, y Estaciones concedidas à los Senores Reyes Catholicos en su Real Capilla de nuestra Senora de la Concepcion en el Convento del nuestro P. S. Francisco Casa grande de la Ciudad de Granada, y à las medallas, que en dicha Capilla se reparten, concedidas por el Senor Leon X, y confirmadas por muchos Summos Pontifices, y nuevamente confirmadas por nuestro Santissimo Padre Benedicto XIII, dia 30 de Abril este ano 1727. (Decr. 14 Aprilis 1755.)
Summa purioris doctrinæ, per Mansfel-

denses ad Gallicam Ecclesiam missa. (App. Ind. Trid.)

Summario do Thesauro Celestial das Indulgencias, graças, faculdades e privilegios concedidos por muytos Romanos Pontifices ao sagrado, e Apostolico Hospital de Santo Spirito em Saxia da Cidade de Roma, confirmadas ora nouvamente pe lo SS. Papa Gregorio XIII, nosso Senhor; as quaes se concedem pe los Cummissarios, Collectores, Deputados por este santo Officio a todos e cadahum dos Fieis Christaos, que quizerem entrar na SS. Confraria da Casa e Hospital de nossa Senhora da Victoria desta Cidade de Lisboa. (Decr. Sac. Congr. Indulg. 14 Februarii 1720.)

Summarium in Evangelia et Epistolas, quæ leguntur in templis per circuitum anni, totius doctrinæ pietatis medullam in se complectens, in usum Ministrorum Ecclesiæ conscriptum. *Sive seorsum, sive Smaragdo additum.* (Ind. Trid.)

Summonte, Gio. Antonio. Historia della Città, e Regno di Napoli. *Donec corrigatur.* (Decr. 21 Aprilis 1693.)

Superstitiones descubertas verdadas declaradas a desenganos a toda gente. (Decr. 20 Januarii 1823.)

Supplément au Mémoire sur le devoir de parler en faveur de la vérité. (Decr. 2 Septembris 1727.)

Supplica a Sua Maestà delle due Sicilie per qualche opportuno rimedio sopra li gravami, che dalla Corte di Roma in materia di Beneficj, e rendite ecclesiastiche soffre questo suo Regno di Napoli. (Decr. 28 Julii 1742.)

Supplica alla Santità di Nostro Signore Papa Paolo Quinto per varj Cittadini Bolognesi, ed altri Creditori di Girolamo Bochi. (Decr. 4 Februarii 1627.)

Supplicatio quorumdam apud Helvetios Evangelistarum ad Hugonem Episcopum Constantiensem, ut Presbyteris uxores ducere permittat. (Ind. Trid.)

Supputatio annorum Mundi. *Opus Martini Lutheri.* (Ind. Trid.)

Sureau, *seu* Suræus (Hugo) *cognomine* Rosier. (1 Cl. App. Ind. Trid.)

Surini Giuseppe. Catechismo spirituale, in cui si contengono li principali mezzi per arrivare alla perfettione, tradotto dalla lingua Francese nell' Italiana da Pellegrino Marcgini. (Decr. 7 Septembris 1695.)

Susanna. Comœdia Tragica. *Opus Xysti Betuleii.* (App. Ind. Trid.)

Sutel Johann. Das Evangelium, von der grausamen erschröcklichen Zerstörung Jerusalem ausgelegt. *Id est : Evangelium de crudeli et horribili excidio Hierosolymæ expositum* (Ind. Trid.)

(Brevi Clem. XI, 4 Octob. 1707.)

Swaan, *seu* Swaen (Martinus de). Motivum Juris pro Capitulo Cathedrali Harlemensi.

— Refutatio Responsi ad libellum, cui titulus : Motivum juris pro Capitulo Cathedrali Harlemensi, sive elucidatio uberior jurium ejusdem Capituli.

Swedenborgius Emmanuel. Principia rerum naturalium, sive novorum Teutaminum phænomena Mundi elementaris philosophice explicandi. (Decr. 13 Aprilis 1739.)

Swift Dr. (*Jonathan*). Le Conte du Tonneau, contenant tout ce que les arts et les sciences ont de plus sublime et de plus mystérieux, traduit de l'Anglois. (Decr. 17 Maii 1734.)

Swinden (Mr.). Recherches sur la nature du feu de l'Enfer, et du lieu où il est situé, traduites de l'Anglois par Mr. Bion. (Decr. 22 Maii 1745.)

Swinerton Thomas. (1 Cl. App. Ind. Trid.)

Sykes Ashley. Examen des fondements et de la connexion de la Religion naturelle et de la révélée, traduit de l'Anglois. (Decr. 22 Maii 1745.)

Sylva sermonum jucundissimorum, in qua novæ Historiæ, et exempla varia, facetiis undique referta, continentur. (Decr. 7 Augusti 1603.)

Sylvius Æneas. *Vide* Piccolomineus.

Syngramma et pium et eruditum (clarissimorum Virorum, qui anno 1526 Halæ Suevorum convenerunt), super verbis Cœnæ Dominicæ ad Jo. OEcolampadium. (Ind. Trid.)

Synodus Sanctorum Patrum convocata ad cognoscendam et dijudicandam controversiam, multos jam annos Ecclesiam Christi gravissime exercentem, de majestate Corporis Christi. (App. Ind. Trid.)

Syntagma Thesium Theologicarum in Academia Salmuriensi variis temporibus disputatarum, sub præsidio Ludovici Capelli Mosis Amyraldi et Josue Placæi. (Decr. 27 Maii 1687.)

Système de la Nature, ou des Lois du Monde Physique et du Monde Moral, par Mirabaud (*ementitum nomen*). (Decr. 9 Novembris 1770.)

Système d'Epicure. *Vide* de la Mettrie.

Système (le) des Anciens et des Modernes sur l'état des âmes séparées des corps, en xiv Lettres. (Decr. 13 Aprilis 1739.)

Système (le) des Anciens et des Modernes concilié par l'exposition des sentimens differ ns de quelques Théologiens sur l'état des âmes séparées des corps, en quatorze lettres. (Decr. 5 Martii 1759.)

Système des Connaissances humaines, ou fondemens d'une Encyclopédie rationnelle, en Italien, par Louis Pieraccini. (Decr. 18 Septembris 1839.)

Système Social, ou principes de la Morale et de la Politique, avec un examen de l'influence du gouvernement sur les mœurs. (Decr. 18 Augusti 1775.)

Szegedinus Stephanus. (1 Cl. App. Ind. Trid.)

T

Tabaraud (Mr.). Essai historique et critique sur l'institution canonique des Evêques. (Decr. 17 Decembris 1821.)

Tableau de l'Eglise militante, ou somme de l'Eglise instituée par le Fils de Dieu fait homme, œuvre posthume de Félix Amat, archevêque de Palmyre.

Tableau du Siècle. Par un auteur connu. (Decr. 19 Maii 1760.)

Tableau historique des principaux traits de la vie du bienheureux Jean Soanen, Evêque de Senez. (Decr. 5 Junii 1741.)

Tableau historique de la politique de la Cour de Rome, depuis l'origine de sa puissance temporelle jusqu'à nos jours. A Paris, 1810. Decr. 22 Martii 1819.)

Tables (Trois) Espagnol-Françoises : la 1re de l'ancienne doctrine de Dieu et de la nouvelle des hommes; la 2e, de la Ste Cène et de la Messe; la 3e de l'Antechrist et de ses marques. (Decr. 12 Decembris 1624.)

Tabœtius Julianus. De quadruplicis Monarchiæ primis Auctoribus et Magistratibus. (App. Ind. Trid.)

Tabulæ duæ, *quarum prima incipit :* Icy est brièvement compris tout ce que les livres de la sainte Bible enseignent à tous Chrétiens. *Altera :* Les Commandemens de Dieu baillez par Moyse, exposez par Jésus-Christ. (App. Ind. Trid.)

Tacite, avec des notes politiques et historiques. *Vide* Amelot.

Taffin Johannes. (1 Cl.App. Ind. Trid.)

Talon (Mr. *Denis*). Traité de l'autorité des Rois touchant l'administration de l'Eglise. (Decr. 17 Januarii 1703.)

Tamburini Petri. De summa Catholicæ de Gratia Christi Doctrinæ præstantia, utilitate ac necessitate Dissertatio. Accedunt Theses de variis humanæ naturæ statibus et de gratia Christi ad tutissima et inconcussa SS. Augustini et Thomæ principia exactæ. Brixiæ, 1771. *Cum novis editionibus inde sequutis.* (Decr. 2 Augusti 1790.)

— Prælectionum. De justitia Christiana et de Sacramentis. Volumen I. Ticini, 1783. (Decr. 5 Februarii 1790.)

(Decr. 2 Augusti 1790.)

— De justitia Christiana et de Sacramentis. Volumen II. Ticini, 1784.

— De ultimo Hominis fine, deque virtutibus Theologicis ac Cardinalibus. Volumen III. Ticini, 1785.

— De Ethica Christiana. Volumen IV. Ticini, 1788.

— Introduzione allo studio della Filosofia Morale, col prospetto di un corso della medesima e dei diritti dell'Uomo e della Società. Tom. I, II. *Item* Lezioni di Filosofia morale sulle tracci del prospetto delineato nel 1 e 2 Volume. Tom. III, 1804. Tom. IV e V, 1806. Tom. VI, 1808. *Item* Continuazione delle Lezioni di Filosofia Morale, e di Naturale, e Sociale Diritto. Tom. VII, ed ultimo 1812. In Pavia per gli Eredi Galeazzi. (Decr. 6 Septembris 1819.)

Decr. 11 Januarii 1796.)

— Prælectiones, quas (*ille*) habuit in Academia Ticinensi, antequam explicare aggrederetur tractatum de Locis theologicis. Ticini, 1792.

— De Verbo Dei scripto ac tradito. Vol. 3. Ticini, 1789.

— Saggio di Poesie composte oltre l'ottantesimo anno dell'età sua. (Decr. 5 Septembris 1825.)

Tamburo (il). Parafrasi in versi sciolti della Commedia tradotta in prosa dal Signor Des Touches dall' originale Inglese di Mr. Addisson. (Decr. 19 Augusti 1750.)

Tannemberg (Ignatius Jos. Joann. And. de). *Vide* Positiones. Tarvisinus Gaudentius. Neomantia, Geomantia, Chiromantia (Ind. Trid.)

Tauberus Gaspar. (1 Cl. App. Ind. Trid.)

Taverner Richardus. (1 Cl. Ind. Trid.)

Taylour (Gulielmus) Anglus. (1 Cl. Ind. Trid.)

Teatro Comico Fiorentino contenente XX delle più rare Commedie, citate da' Signori Accademici della Crusca. (Decr. 28 Februarii 1757.)

Teissier Philippus. Historia Carmelitana theologice propugnata. Quæstio Theologica. *Quis prophetas facit successores post se?* Theses, quas tuebitur Bitteris mense Aprili 1682. (Decr. 25 Januarii 1684.)

Donec expurgentur. (App. Ind. Trid.)

Telesius Bernardinus. De rerum natura libri IX.

— De Somno.

— Quod Animal universum ab unica animæ substantia gubernetur

Templum pacis et paciscentium. Leges Imperii fundamentales, et in primis Instrumenta pacis Westphalicæ, Noviomagicæ et Armistitii Ratisbonensis. (Decr. 4 Martii 1709.)

Teoria civile e penale del Divorzio. Milano. Luglio, 1803. Presso Pirotta, e Maspero Stampatori Libraj in Santa Margarita. (Decr. 30 Septembris 1817.)

Tesoro mistico scoperto all'anima desiderosa d'oratione continua ; cioè discorso, in cui si mostra il modo facile di far sempre oratione, dato in luce da un Sacerdote Genovese. (Decr. 29 Novembris 1689.)

Tesoro politico, in cui si contengono relationi, istruttioni, trattati, e varj discorsi pertinenti alla perfetta intelligenza della ragion di Stato. Parte I, II e III. (Decr. 16 Decembris 1605.)

Tesoro ricchissimo dell'Indulgenze concesse da molti Sommi Pontefici, communicate alla Compagnia posta in Venezia in S. Maria Formosa, per ordine del P. Cesare Renaldino Piovano. (Decr. 16 Decembris 1605.)

Testament de Jean Meslier. *Vide* Ouvrages philosophiques.

Testament (het Nieuwe) van onzen Heere Jesus Christus, met korte verklaringen op de duystere plaetsen, etc. *Id est :* Novum Testamentum Domini Nostri Jesu Christi, cum brevibus declarationibus super obscuris locis, et Chronico de vita nostri Salvatoris, et Actis Apostolorum, Tabula Geographica, et Tabula regnorum, regionum, atque urbium, quæ occurrunt in Novo Testamento. (Decr. 22 Junii 1712.)

Testament (le Nouveau) de Notre-Seigneur Jésus-Christ, traduit en François selon l'édition Vulgate, avec les différences du Grec, à *Mons*. (Brevi Clement. IX, 20 Aprilis 1668.)

— *Idem edit.* Bruxellis 1675, *sive aliis in locis* (Decr. 19 Septembris 1679.)

Testament (le Nouveau) de Notre-Seigneur Jésus-Christ, traduit sur l'ancienne édition Latine, avec des remarques littérales et critiques sur les principales difficultés. A *Trévoux*, 1702. (Decr. 11 Martii 1704.)

Testament (le Nouveau) de Notre-Seigneur Jésus-Christ, traduit en langue Piémontaise.)

Testament (le Nouveau) en François, avec des réflexions morales sur chaque verset. (Brevi Clement. XI, 13 Julii 1708, et Bulla *Unigenitus*, 8 Septembris 1713.)

Testamento (il Nuovo) di Gesù Cristo nostro Signore, nuovamente riveduto, e ricorretto secondo la verità del testo Greco, ed illustrato di molte, ed utili annotationi. *Coira*, 1709. (Decr. 22 Junii 1712.)

Testimonia eruditorum virorum celebrantia librum, cui titulus : Cornelii Jansenii Episcopi Iprensis Augustinus. *Quorum initium :* Quid censendum sit de doctrina in opere Reverendissimi Domini Cornelii Jansenii. (Bulla Urbani VIII, 6 Martii 1641.)

Thaddaeus Johannes. Conciliatorium Biblicum. (Decr. 17 Octobris 1678.)

Thalmannus Benedictus. (1 Cl. App. Ind. Trid.)

Than (Fridericus a) (1 Cl. Ind. Trid.)

Thanholtzner Thomas. (1 Cl. App. Ind. Trid.)

Theatrum Chemicum præcipuos selectorum Auctorum tractatus de Chemiæ et Lapidis Philosophici antiquitate, præstantia et operationibus continens, in sex Partes digestum. (Decr. 4 Martii 1709.)

Theiner Johann Anton und Theiner Augustin : Die Einführung der erzwugenen Ehelosigkeit bei den christlichen Geistlichen und ihre Folgen. *Latine vero :* Introductio Cœlibatus coacti apud Christianos Sacerdotes. (Decr. 24 Augusti 1829.)

Théisme (le) Essai philosophique, à Londres, 1775. (Decr. 21 Julii 1775.)

Themata cxiv, Basileæ disputata in Auditorio Theologorum. (Ind. Trid.)

Themudo (Emmanuel) da Fonseca. Decisiones et quæstiones Senatus Archiepiscopalis Metropolis Olysiponensis, Pars I et II. *Donec corrigantur.* (Decr. 18 Decembris 1646.)

Theodorus Vitus. (1 Cl. Ind. Trid.)

Theologia Lugdunensis. *Vide* Institutiones theologicæ.

(Decr. 16 Martii 1621.)

Theologia Germanica; libellus aureus, quomodo sit exuendus vetus homo, induendusque novus, ex Germanico translatus studio Johannis Theophili.

— *Idem aliter :* Theologia Mystica a pio quodam Ordinis Dominorum Teutonicorum Sacerdote, ducentis circiter abhinc annis Germanice conscripta, et a Joanne Theophilo in Latinum translata.

Theologia supplex coram Clemente XII, Pont. Max. Clementinæ Constitutionis, *Unigenitus Dei Filius*, explicationem atque intelligentiam submisse rogans. (Decr. 14 Januarii 1737.)

Théologie (la) Morale des Jésuites, et nouveaux Casuistes. (Decr. 10 Aprilis 1666.)

Theologorum (Tredecim) ad examinandas quinque Propositiones ab Innocentio X selectorum suffragia : seu, ut appellant, Vota Summo Pontifici scripto tradita. (Decr. 6 Septembris 1657.)

Theophilus. Defensio pro Valeriano Magno, in qua exponitur Ecclesiæ Romano-Catholicæ scandalum, id est Jesuitarum hæresis, seu atheismus. (Decr. 17 Novembris 1664.)

Thesan du Puiol (Franciscus Gabriel de). Epistola ad SS. D. Innocentium XI, *cujus initium :* Non dubitans quin, etc. (Decr. 27 Aprilis 1701.)

Thesaurus sacrarum precum, sive Litaniæ variæ ad Deum Patrem, ad Deum Filium, ad Deum Spiritum Sanctum, [ad B. Virginem, ad Sanctos Angelos, et ad plures Sanctos et Sanctas Dei. (Decr. 7 Augusti 1603.)

Thesaurus Theologico-Philologicus, sive sylloge Dissertationum elegantiorum ad selectiora et illustriora Veteris et Novi Testamenti loca a Theologis Protestantibus conscriptarum. (Dec. 4 Martii 1709.)

Thesaurus novus Theologico-Philologicus, sive sylloge Dissertationum exegeticarum ad selectiora atque insigniora Veteris et Novi Instrumenti loca, a Theologis Protestantibus maximam partem in Germania diversis temporibus separatim editarum, ex Musæo Theodori Hasœi et Conradi Ikenii. (Decr. 28 Julii 1742.)

Theses ex Jure Canonico. *Vide* Oberhauser.

Theses ex utroque Jure depromptæ, quas Illustrissimis Viris … nuncupat Vincentius Guitti, docente Alphunso (sic) Mazzolani U. J. D. et Antecessore. Ferrariæ Josepho Rinaldo Typographo, Superioribus annuentibus : *Quatuor omnes et singulæ* ex Jure Canonico, *et quarta* ex Jure Civili. (Decr. 1 Martii 1768.)

Theses, quas Antonius Pereira Congregationis Oratorii Olysiponensis Presbyter ac Theologus *inscripsit :* Doctrinam veteris Ecclesiæ de suprema Regum etiam in Clericos potestate, etc. Quo duce ac præside *Pereira*, eamdem doctrinam publice propugnandam suscepit Joachimus Costius ejusdem Congregationis Diaconus. (Decr. 16 Junii 1766.)

Theses, quas de Ecclesia Christi et Libertatibus Gallicanis *inscripsit* D. Franciscus Peyrat 1765. Decr. S. Officii 19 Februarii 1766.)

Theses, quas de Ecclesiastica potestate, Regum ac Principum imperio nequaquam metuenda, cunctisque hominibus veneranda et amanda ad normam solemnis declarationis, quam edidit Clerus Gallicanus, anno 1682. Assertiones Dogmaticas, Metaphysicas,

Historicas, Apologeticas, ad Sacerdotii et Imperii Jus publicum spectantes *inscripsere* FF. Prædicatores Tolosani. (Decr. S. Officii 9 Maii 1765.)

Theses Theologicæ apologeticæ, et miscellaneæ adversus doctrinam Cornelii Jansenii propugnatam ab ejus patronis, sub prætextu Querimoniæ Typographi Lovaniensis, editionis secundæ. (Bulla Urbani VIII, 6 Martii 1641, et Decr. 1 Augusti 1641.)

Theses Theologicæ de Gratia, libero arbitrio, prædestinatione, etc. *Vide* Jonghe.

Theses Theologicæ de Gratia, *quarum titulus* : Matri Divinæ Gratiæ : propugnatæ in ædibus Ardelliensibus mense Julio 1674. *Salmurii*. (Decr. 4 Decembris 1674.)

Theses Theologicæ de Legibus. — Per me Reges regnant, et Legum Conditores justa decernunt — propugnatæ die 26 Julii 1768 in Scholis publicis FF. Prædicatorum Lugduni. (Decr. 11 Augusti 1769.)

Theses Theologicæ, *quarum titulus :* Divo Aurelio Augustino Divinæ Gratiæ vindici : in ædibus Ardelliensibus propugnatæ mense Augusti 1674. *Salmurii*. (Decr. 4 Decembris 1674.)

Theses Theologicæ, *quarum titulus :* Quæstio Theologica : *Quæ est disciplina Sapientiæ?* defensæ in Scholis S. Jacobi Pruvinensis anno 1702 (Decr. 26 Octobris 1707.)

Theses ex universa Theologia, quas Præside Adamo Josepho Onymus, tuebitur Nicolaus Foertsch, die XIX Mai MDCCXCVII. Wirceburgi typis Ernesti Nitribitt, Universitatis Typographi. (Decr. 26 Augusti 1805.

Thiers, Joannes Baptista. De Festorum dierum imminutione. *Donec corrigatur*. (Decr. 23 Martii 1672.)

— Traité des Superstitions. (Decr. 12 Martii 1703, et 30 Maii 1757.)

Thilo Joannes. Medulla Theologiæ veteris Testamenti Exegeticæ, Thetico-Polemicæ, ac Homileticæ. (Decr. 14 Aprilis 1682.)

Thomasius Jacobus. Exercitatio de Stoica Mundi exustione. Cui accesserunt argumenti varii, sed in primis ad Historiam Stoicæ Philosophiæ facientes Dissertationes XXI. (Decr. 17 Octobris 1678.)

— Præfatio et notæ in Opera Mureti. (Decr. 5 Julii 1728.)

Thoner David. (1 Cl. App. Ind. Trid.)

Thorndicius Herbertus. Origines Ecclesiasticæ, sive de jure et potestate Ecclesiæ Christianæ Exercitationes. (Decr. 4 Martii 1709.)

Thrasybulus Christophorus. (1 Cl. Ind. Trid.)

Threni Hieremiæ mysticati. (Ind. Trid.)

Thuanus, Jacobus Augustus. Historiarum sui temporis libri CXXXVIII, ab anno 1543 ad annum 1607. (Decr. 9 Novembris 1609 et 10 Maii 1757.)

Thummermuth Wernherus. Responsum juris, quo evincitur Rescripta Pontificia, falsis suggestionibus in præjudicium tertii, parte in judicio non audita, cum gravi scandalo inde proveniente, impetrata, jure non subsistere. (Decr. 17 Julii 1709.)

Thylo Henricus. (1 Cl. App. Ind. Trid.)

Thymoleon (M.). Adversus improbos litterarum, bonarumque artium osores Menippea I. Accesserunt Sex. Philomidis enarrationes. (Decr. 13 Aprilis 1739.)

Tiberius Antiochus. De Chiromantia libri tres. (App. Ind. Trid.)

Tilenus Georgius. (1 Cl. App. Ind. Trid.)

Tilliadet. *Vide* Evangile du Jour.

Tillotson (Mr. Jean). Sermons sur diverses matières importantes, traduits de l'Anglois par Jean Barbeyrac. Tom. I, II, III, IV et V. (Decr. 2 Septembris 1727 et 13 Aprilis 1739.)

Tinctorius Mathias. (1 Cl. App. Ind. Trid.)

Tindalus, *seu* Tyndallus, *alias* Hitchins (Gulielmus). (1 Cl. Ind. Trid.)

Titis (Placidus de). Physiomathematica, sive cœlestis Philosophia naturalibus hucusque desideratis ostensa principiis. Cum nuperrimis ad Placidianam doctrinam additamentis. (Decr. 1 Decembris 1687.)

Titius Gerhardus. Ostensio summaria, quod Pontificii dogmata sua non possint unanimi Scriptorum Ecclesiasticorum e v prioribus seculis superstitum, consensu probare. (Decr. 4 Martii 1709.)

Tobar, Don Joseph. La invocacion de Nuestra Senora con el titulo de Madre Santissima de la Luz. (Decr. 8 Maii 1761.)

Tofi Stefano. Trattato dell'Indulgenza Plenaria concessa dalla bocca di Giesù Christo alla Cappella di S. Maria degli Angeli d'Assisi. (Decr. 21 Aprilis 1693.)

Tolandus Joannes. Adeisidæmon, seu Titus Livius a superstitione vindicatus, cui annexæ sunt Origines Judaicæ. (Decr. 4 Decembris 1725.)

Tolerantia (de). *Vide* Trautmansdorf.

Tomasi Tomaso. Vita del Duca Valentino. (Decr. 3 Augusti 1656.)

Tomaso (Andrea da S.). L'incertezza accertata circa la Predestinazione dell'huomo. (Decr. 10 Junii 1659.)

Tombeau (le) du Socinianisme, auquel on a ajouté le nouveau visionnaire de Rotterdam. (Decr. 15 Januarii 1714.)

Tombeau (le) de toutes les Philosophies tant anciennes que modernes, ou exposition raisonnée d'un nouveau système de l'univers, etc., par R. B. (Decr. 14 Februarii 1837.)

Tomitano Bernardino. *Vide* Erasmus.

Toniola Joannes. Basilea sepulta, retecta, continuata, hoc est tam urbis quam agri Basileensis monumenta sepulchralia. (Decr. 13 Novembris 1662.)

Torcia (*Michele*). Elogio di Metastasio. (Decr. 22 Maii 1772.)

Torellatius Sebastianus. Justa et vera defensio Damiani Caccini. (Decr. 4 Junii 1661.)

(Decr. 14 Aprilis 1682.)

Tornamira e Gotho, Pietro Antonio, S. Benedetto Abbate Patriarcha, Historia Monastica divisa in quattro libri.

— Riposta alla dimanda fatta da Giuseppe Gentile, sopra la chiarezza rischiarata del P. Fr. Paolo da Termini.

— Vita e morte del P. D. Girolamo Arminio di Napoli, detto comunemente il Flagello de' Demonj.

Tornettus Natalis. (1 Cl. App. Ind. Trid.)

Torres (D. Thomas Hermenegildo de las). Cuentos en verso Castellano. (Decr. 6 Septembris 1824.)

Tortora Torti. *Vide* Andrews.

Tosarrius (Joannes) Aquilovicanus, *qui et Joannes Sartorius*. (1 Cl. App. Ind. Trid.)

Toscanus, Joannes Matthæus. Psalmi Davidis ex Hebraica veritate Latinis versibus expressi. (App. Ind. Trid.)

Tosini Abbate. La libertà dell'Italia dimostrata a' suoi Prencipi, e popoli. (Decr. 4 Decembris 1725.)

— Storia, e sentimento sopra il Giansenismo. (Decr. 5 Julii 1728.)

Tossanus Daniel. (1 Cl. App. Ind. Trid.)

Tour (la) de Babel, ou la division des Evêques de France, qui ont eu part à la Constitution *Unigenitus*, depuis l'année 1714. (Decr. 2 Septembris 1727.)

Tours (Archevêque de). Mandement. *A Tours, ce 15 Février 1714*. (Decr. 26 Martii 1714.)

Tout en Dieu. *Vide* Evangile du jour.

Toxita, *seu* Toxites Michaël. (1 Cl. Ind. Trid.)

Tracius (Richardus) de Todyngton. (1 Cl. Ind. Trid.)

Tractatiuncula de fontibus Juris Canonici Germanici, qua Prælectiones suas Academicas ad 13 Novembris 1758 publice indicit Joannes Horix, (Decr. 22 Martii 1759.)

Tractatuum Theologico-politicorum, etc. *Vide* Kalb. Z. A. Teologisch-politische, etc.

Tractatus (Brevis) ad omnes in Christianam libertatem malevolos. (Ind. Trid.)

Tractatus (Brevis) interrogationibus et responsionibus digestus in usum Fidelium, qui Indulgentias et Jubilæum cum fructu lucrari meditantur. Lovanii 1681, Belgice. (Decr. 15 Maii 1687.)

Tractatus de Jure Magistratuum in subditos, et officio subditorum erga Magistratus, e Gallico in Latinum conversus. (Decr. 7 Septembris 1609.)

Tractatus de Redditibus et Decimis. (Ind. Trid.)

Tractatus de remediis, Regibus ceterisque Catholicis liberis Principibus et eorum ministris competentibus adversus Archiepiscopos et Episcopos. (Decr. 7 Septembris 1609.)

Tractatus de Salomonis nuptiis, vel Epithalamium in nuptias inter Fridericum V, Comitem Palatinum, et Elisabetham, Jacobi Britanniæ Regis filiam unicam. (Decr. 22 Novembris 1619.)

Tractatus Theologico-Politicus continens Dissertationes aliquot, quibus ostenditur libertatem philosophandi non tantum salva pietate et Reipublicæ pace posse concedi, sed eamdem, nisi cum pace Reipublicæ ipsaque pietate, tolli non posse. (Decr. 13 Martii 1679.)

Tradition des Faits qui manifestent le système d'indépendance, que les Evêques ont opposé dans les différents siècles aux principes invariables de la justice souveraine du Roi sur tous ses Sujets indistinctement. (Decr. 11 Martii 1754.)

Traditionibus (de) Divinis et Apostolicis. (App. Ind. Trid.)

Tragedia di F. N. B. intitolata : Libero arbitrio. (Ind. Trid.)

Tragica, seu tristium historiarum de pœnis criminalibus, et exitu horribili eorum qui impietate, blasphemia, etc., ultionem divinam provocarunt, et mirabiliter perpessi sunt, libri II. (Decr. 12 Decembris 1624.)

Traheron Bartholomæus. (1 Cl. App. Ind. Trid.)

Traité de l'Ame. *Vide* de la Mettrie.

Traité de l'autorité du Pape, dans lequel ses droits sont établis et réduits à leurs justes bornes, et les principes des libertés de l'Eglise Gallicane justifiés. Tom. I, II, III et IV. (Decr. 29 Julii 1722.)

Traité de la morale des Pères. *Vide* Barbeyrac.

Traité de la puissance Ecclésiastique et temporelle. (Brevi Clement XI, 14 Maii 1708.)

Traité de la Vérité de la Religion Chrétienne. *Vide* Abbadie.

Traité de Morale par l'Auteur de la Recherche de la vérité. *Vide* Malebranche.

Traité des anciennes cérémonies, ou histoire contenant leur naissance et accroissement, leur entrée en l'Eglise, et par quels degrez elles ont passé jusques à la superstition. (Decr. 3 Aprilis 1669.)

Traité des bornes de la puissance Ecclésiastique et de la puissance Civile; avec un sommaire chronologique des entreprises des Papes, pour étendre la puissance Spirituelle. Par un Conseiller de grand'Chambre. (Decr. 14 Januarii 1737.)

Traité des deux puissances, ou Maximes sur l'abus, avec les preuves tirées du droit canonique, des principes du droit public et de l'histoire. (Decr. 11 Martii 1754.)

Traité des droits de l'Etat et du Prince sur les biens possédés par le Clergé. (Decr. 21 Novembris 1757.)

Traité des droits du Roi sur les Bénéfices de ses Etats. (Decr. 11 Martii 1754.)

Traité des lois Civiles et Ecclésiastiques contre les Hérétiques, par les Papes, les Empereurs, les Rois et les Conciles Généraux et Provinciaux approuvés par l'Eglise de Rome ; avec un Discours contre la persécution, traduit de l'Anglois. (Decr. 18 Julii 1729.)

(Decr. Fer. 5, die 28 Augusti 1783.)

Traité des trois Imposteurs. Yverdon, de l'Imprimerie des Professeurs de Félicité. 1768.

— Idem alterius editionis absque expressione Loci, et cum sola indicatione Anni 1775.

Traité Historique des Excommunications, dans lequel on expose l'ancienne et la nouvelle discipline de l'Eglise au sujet des Excommunications et des autres Censures. (Decr. 29 Julii 1722.)

Traité Théologique, Dogmatique et Critique des Indulgences et Jubilés de l'Eglise Catholique. (Decr. 22 Februarii 1753.)

Traités sur la prière publique et sur les dispositions pour offrir les saints mystères et y participer avec fruit. *Donec corrigatur.* (Decr. 15 Januarii 1714.)

Tranquillus Hortensius, *qui et Hortensius Landus, alias Jeremias* (1 Cl. Ind. Trid.)

Transito (il) della Madonna, *cujus initium:* Ave Regina pura, e benedetta. (App. Ind. Clem. XI.)

Tratado (Breve) de la doctrina antigua de Dios, y de la nueva de los hombres, util y necessario para todo Fiel Christiano. (Decr. 29 Augusti 1690.)

Tratado Historico-Canonico. *Vide* Mendizabal Antonio.

Tratados (Dos), el primero es del Papa, y de su autoridad, colegido de su vida, y doctrina : el segundo es de la Missa. (Decr. 12 Decembris 1624.)

Trattato del benefitio di Christo. (Ind. Trid.)

Trattato delle Appellazioni nelle materie Ecclesiastiche, per il capo di abuso, tradotto dal Francese da Maso degl'Albizzi Fiorentino. (Decr. 15 Februarii 1625.)

Trattato dell' Interdetto della Santità di Papa Paolo V, composto da Pietr' Antonio Arcidiacono e Vicario general di Venetia, F. Paolo dell' Ord. de' Servi Teol. della Ser. Rep. di Venetia, F. Bernardo Giordano Minore Osservante, F. Michel' Agnolo Minore Osservante, F. Marc'Antonio Capello Minore Conventuale, F. Camillo Agostiniano, F. Fulgentio dell'Ordine de'Servi. (Decr. 20 Septembris 1606.)

Trattato del Matrimonio, e della sua Legislazione tradotto dal Tedesco. (Decr. 26 Augusti 1822.)

Trattato per condurre l'anime alla stretta unione d'amore con Dio, per mantenervele, è farle approfittare, raccolto dalla dottrina, e esperienza de'Santi, in favore della vera divotione contra le false et ingannevoli : con una Instruttione familiare intorno alla vita interiore, l'oration mentale, e la conversatione col prossimo, tradotto dalla lingua Francese nell' Italiana. (Decr. 29 Novembris 1689.)

Trattato sulla scrittura sacra : Compilato da un membro della Chiesa Cattolica. (Decr. 7 Julii 1836.)

Travers. *Vide* Pothovin.

(Decr. 3 Decembris 1781.)

Traversari, Fr. Carolus Maria. De incruenti novæ Legis Sacrificii communione Theologico-Polemica Dissertatio. Patavii 1779.

— Istruzione intorno al Santo Sacrifizio della Messa, indirizzata a Theofila dal P. Carlo Maria Traversari.

— *Item cum additamentis, videlicet :* Esercizj di Pietà per la Confessione, Communione, e per le principali azioni della Vita Cristiana ; *una cum* Discorso preliminare dell'Editore ai cristiani lettori. Genova, 1798. (Decr. 22 Martii 1819.)

Trautmansdorf (Thaddæi de) S. R. J. Comitis. De tolerantia Ecclesiastica et Civili. Ticini, 1783. (Decr. 18 Septembris 1789.)

Tremellius Immanuel (1 Cl. App. Ind. Trid.)

Tre Quesiti Accademici trattati in tre separate lettere di un Filosofo Critico. Goa, A spese del capriccio nella Stamperia della Moda. (Decr 16 Junii 1770.)

(Decr. 4 Februarii 1627.)

Treutlerus Hieronymus. Selectarum Disputationum ad Jus civile Justinianæum Volumina duo.

— Et Andreas Schöpsius. Consiliorum, sive Responsorum Volumen I et II.

Trew (Conradus) de Fridesleuen. (1 Cl. Ind. Trid.)

Trewer Petrus. (1 Cl. App. Ind. Trid.)

Tribbechovius Adamus. De Doctoribus Scholasticis, et corrupta per eos divinarum humanarumque rerum scientia. (Decr. 12 Martii 1703.)

Tributi (Ossequiosi) d'affetto d'anima infervorata verso S. Maria Maddalena de Pazzi da farsi in nove Mercordi in onore di nove estasi principali, con cinque devote salutationi a cinque privilegiatissimi doni, ch'ella ricevette da Giesù Christo. (Decr. 14 Aprilis 1682.)

Tricassinus, Carolus Joseph. Gratia efficax a seipsa, refutata ex libris S. Augustini. (Dec. 21 Aprilis 1693.)

(App. Ind. Trid.)

Tricassus (Patricius) Mantuanus. Chiromantia.

— Expositio in Coclitis Chiromantiam.

(Decr. 11 Maii 1651.)

Triest (Antoine), évêque de Gand. Raisons pour lesquelles on n'a trouvé convenir de publier au Diocèse de Gand, avec les solemnifez accoustumées, certaine Bulle contre le livre du défunct Evesque d'Ipre Jansenius.

— Edictum *cujus initium:* Noveritis, quod Clementissimus noster Rex. *Finis:* Curavimus prædictam Bullam de verbo ad verbum, ut supra diximus, de novo imprimi et huic nostræ Ordinationi inseri 26 Martii 1651.

Trigamus, contra quem Cochlæus. (Ind. Trid.)

Trilogium pro Catechistis. (Ind. Trid.)

Trimersheim Petrus. (1 Cl. Ind. Trid.)

Trionfi (Tutti i), Carri Mascherate, o Canti Carnascialeschi andati per Firenze dal tempo del magnifico Lorenzo de'Medici sino all'anno 1559. Tom. I et II. (Decr. 14 Aprilis 1755.)

Trithemius Joannes. Steganographia (Decr. 7 Septembris 1609.)

Triumphus Crucis Jesu Christi, etc. *Vide* Verheylewegen F. G.

Trocendorfius, *seu* Trocedorfius Valentinus. (1 Cl. App. Ind. Trid.)

Troisi Abb. Tommaso. Saggio Filosofico sulle Leggi della natura prescritte all'Uomo. (Decr. 5 Augusti 1833.)

Troporum Theologicorum liber, ex omnibus Orthodoxis Ecclesiæ Patribus singulari industria tam collectus quam in ordinem convenientissimum, hoc est Alphabeticum, dispositus. (Trid. Ind.)

Truberus (Primus) Carniolanus. (1 Cl. App. Ind. Trid.)

Tuba Gio. L'Uomo in traffico, o sia la materia de'Contratti. (Decr. 14 Januarii 1737.)

Tubero Ludovicus. Commentariorum de rebus, quæ temporibus ejus in illa Europæ parte, quam Pannonii, et Turcæ, eorumque finitimi incolunt, gestæ sunt. (Decr. 17 Maii 1734.)

Tuppius (Laurentius) Pomeranus. (1 Cl. Ind. Trid.)

Turacrus Gulielmus. (1 Cl. (App. Ind. Trid.)

Turco-Græciæ libri octo. *Vide* Crusius.

Turingicorum exulum responsio. (App. Ind. Trid.)

Turnerus Gulielmus. (1 Cl. (App. Ind. Trid.)

Turretin Benedict. Brief Traité, auquel est montré que celui qui a la connaissance de l'Evangile est nécessairement obligé de sortir de l'Eglise Papistique. (Decr. 18 Julii 1651.)

— Disputatio Theologica de Ecclesiæ Romanæ Idololatria, quam ad 19 diem Junii anni 1619 defendit Henricus Hamers. (Decr. 22 Octobris 1619.)

— *Et cetera ejus Opera omnia.* (Decr. 10 Maii 1757.)

(Decr. 7 Februarii 1718.)

Turretinus Franciscus. Institutio Theologiæ Elencticæ.

— Recueil de Sermons sur divers textes de l'Ecriture sainte, pour l'état présent de l'Eglise.

— *Et cetera ejus Opera omnia.* (Decr. 10 Maii 1757.)

Turretinus, Joh. Alphonsus. In Pauli Apostoli ad Romanos Epistolæ capita XI, Prælectiones Criticæ Theologicæ. (Decr. 11 Septembris 1750.)

— *Et cetera ejus Opera de Religione tractantia.* (Decr. 10 Maii 1757.)

Twissus Gulielmus. Dissertatio de scientia media, tribus libris absoluta, quorum prior Gabrielem Penottum ad partes vocat, posteriores duo Francisco Suaresio oppositi sunt. (Decr. 4 Martii 1709.)

— *Et cetera ejus Opera omnia.* (Decr. 10 Maii 1757.)

Tyndallus. *Vide* Tindalus.

Tzapko, *seu* Czanko Joannes. (1 Cl. Ind. Trid.)

U

Uber die Wiederherstellung der Jesuiten, die Unterdrückung des Freimaurerordens und das einzige Mittel die Ruhe in Deutschland zu sichern mit Beilagen. Frankfurt am Main 1815, bei Franz Varrentrapp. *Id est:* De restitutione Jesuitarum, de oppressione Ordinis liberorum Muratorum, et de unico medio conservandæ in Germania tranquillitatis. Cum Documentis. Francofurti ad Mœnum 1815, apud Franciscum Varrentrapp. (Decr. 22 Decembris 1817 et 19 Januarii 1824.)

Udallus, *sive* Odovallus (Nicolaus) Anglus. (1 Cl. Ind. Trid.)

Udalus Gulielmus. (1 Cl. App. Ind. Trid.)

Ugolini, Gio. Francesco. Religiosa Difesa al singolar favore delle sagratiss. Stimmate del raffigurato di Christo. S. Francesco. (Decr. 3 Aprilis 1669.)

Ulmerus, Joannes Conradus. (1 Cl. App. Ind. Trid.)

Ulmius Augustinus. De natura et effectibus amoris sensitivi Tractatus Philosophicus. (Decr. 3 Junii 1623.)

Ulmo (Joannes ab). Resolutio Theologica moralis, in qua asseritur, et propugnatur licite permitti posse meretrices, ubicumque majora mala aliter vitari non possunt. (Decr. 31 Martii 1681.)

Ultrajectensis Archiepiscopus. *Vide* Instrumentum appellationis.

Ulula, seu Bubo Ecclesiasticus recte expositus. P. Alexii Recollecti, suo in sermone habito 8 Decembris 1673, Gandavi, super libello dicto : Salutaria monita. *Flandrice.* (Decr. 4 Decembris 1674.)

Umana (dell') Legislazione sulle Nozze dei Cittadini Cattolici. In Pavia, 1784. *Sine nomine Auctoris.* (Decr. 4 Junii 1787.)

Una lezione Accademica sulla pena di morte detta nella università di Pisa, il 18 Marzo 1836. *Opus laudabiliter reprobavit auctor.* (Decr. 4 Julii 1837.)

Unelia (Clemens Attardus ab). Preces devotissimæ ad Deiparam Virginem, in quatuor magnæ devotionis Officia distributæ. (Decr. 17 Decembris 1623.)

Ungepauerus Erasmus. Commentarius super Decretales. (Decr. 4 Julii 1661.)

Unio dissidentium tripartita. (Ind. Trid.)

De l'union de la philosophie avec la morale, par le chevalier Bozelli. (Decr. 15 jan. 1845.)

Unitas dogmatica et politica, in qua agitur de reformatione, hoc tempore attentata in Belgio, oblata Serenissimo Principi Johanni Austriaco. (Decr. 26 Julii 1681.)

Unitate (de) Ecclesiastica. (Ind. Trid.)

Universalis professio Fidei. *Vide* Libellus germanico idiomate editus.

Unterberg Johann. Kurzer Begriff des wunderbarlichen Lebens Marie Ward, Stifflerin der Englischen Fraulen. *Id est:* Breve Compendium mirabilis vitæ Mariæ Ward, Fundatricis Virginum Angelicarum. (Decr. 2 Martii 1752.)

Unzufriedenen (die). *Vide* Libellus cui titulus.

Uomo (l'). *Vide* Gorini.

Upton Nicolaus. (1 Cl. App. Ind. Trid.)

Uranius Michaël. (1 Cl. App. Ind. Trid.)

Urrea (Pedro de). Peregrinacion de Hierusalem. (Ind. Trid.)

Urries (Petrus de). Æstivum otium ad repetitionem Ritus CCXXXV magnæ Curiæ Vicariæ Neapolitanæ. (Decr. 4 Februarii 1627.)

Ursaya Antonius. De duplici statu vitæ humanæ, seu de Adam ante et post prævaricationem Philosophia sacra. (Decr. 26 Octobris 1707.)

Ursinus, Johannes Henricus. De Zoroastre

Bactriano, Hermete Trismegisto, Sanchoniathone Phœnicio, eorumque scriptis Exercitationes familiares ; quibus accessit Christophori Arnoldi Spicilegium. (Decr. 13 Novembris 1662.)

— Passionale quadruplex Historicum, Propheticum, Typicum, Symbolicum. Accesserunt decem Conciones de Agno Paschali, et septem in ultima Domini verba. (Decr. 30 Junii 1678.)

Ursinus (Zacharias) Uratislaviensis et Professor Heidelbergiensis. (1 Cl. App. Ind. Trid.)

Ursulæ Munsterbergensis Ducissæ Defensio, quare vitam Monasticam deseruerit. (App. Ind. Trid.)

Ursus Joannes. (1 Cl. App. Ind. Trid.)

Uscoque (l'), par Georges Sand. (Decr. 30 Mart. 1841.)

Usserius Jacobus. Britannicarum Ecclesiarum Antiquitates, quibus inserta est pestiferæ a Pelagio in Ecclesiam inductæ hæreseos Historia. (Decr. 4 Martii 1709.)

— Gravissimæ quæstionis de Christianarum Ecclesiarum, in Occidentis præsertim partibus, ab Apostolicis temporibus continua successione et statu historica explicatio. (Decr. 4 Martii 1709.)

Usuum morumque vetustorum, etc. *Vide* Blunt John James. Vestiges of ancient, ec.

Utenhovius Carolus. (1 Cl. App. Ind. Trid.)

Utenhovius Johannes. (1 Cl. App. Ind. Trid.)

Utingerus Henricus. (1 Cl. Ind. Trid.)

V

Vaccherius Horatius. De sanguinis missione in vulneribus Disceptatio apologetica. (Decr. 10 Junii 1659.)

Vade mecum piorum Christianorum, sive varia pietatis exercitia cultui divino, magnæ matris Mariæ, Sanctorumque patronorum debita, variis officiis, Litaniis, precibus, Psalmis et affectibus instructa. (Decr. 14 Januarii 1737.)

Vadianus Joachimus. (1 Cl. Ind. Trid.)

Valdes, *seu* Valdesus Joannes. (1 Cl. Ind. Trid.)

Valentiis (Ventura de). Parthenius litigiosus, sive discursus politico-juridicus de litigiosis nostri sæculi malitiis, et de remediis abbreviandarum litium. (Decr. 3 Julii 1623.)

Valesius Petrus. Causa Valesiana Epistolis ternis prælibata ; quibus accesserunt appendices duæ, una Instrumentorum, altera de Gregorio VII, et in fine additamentum. (Decr. 29 Martii 1690.)

(Ind. Trid.)

Valla Laurentius. De falso credita, et ementita Constantini donatione Declamatio.
— De Libero Arbitrio.
— De Voluptate, et vero bono libri III.
— Annotationes in Novum Testamentum. *Donec corrigantur*. (App. Ind. Trid.)
— Caput 34 libri VI Elegantiarum, de Persona contra Boethium. *Donec corrigatur*. (App. Ind. Trid.)

Valle Clausa (Petrus a). De immunitate auctorum Cyriacorum a censura. (Decr. 20 Junii 1662.)

Valle (Pietro della). Delle Conditioni di Abbas Re di Persia. *Editionis Venetæ anni 1628. Cum Auctor ut suum non agnoscat nisi librum Romæ impressum*. (Decr. 19 Martii 1633.)

Vallemot (M. L. L. de). La Physique occulte, ou Traité de la Baguette divinatoire. (Decr. 26 Octobris 1701.)

Vallesius Franciscus. De Sacra Philosophia, seu de iis, quæ physice scripta sunt in sacris Litteris. *Donec emendetur*. (Decr. 7 Augusti 1603.)

Van Buscum. *Vide* Buscum.
Van Dale. *Vide* Dale.
Van Doren. *Vide* Doren.
Van de Nesse. *Vide* Nesse.
Van de Velden. *Vide* Velden.
Vander Muelen. *Vide* Muelen.
Vander Woestin. *Vide* Woestin.
Van Erkel. *Vide* Erkel.
Van Espen. *Vide* Espen.

(Decr. 17 Decembris 1821.)

Van-Ess, Leander. Die heiligen Schriften des Neuen Testaments übersezt. *Latine vero* : Sacra Scriptura Novi Testamenti versa (Germanice.)

— Rechtfertigung der gemischten Ehen zwischen Katholiken und Protestanten in statisch-Kirlich-und moralischer Hinsicht, von einen Katolischen Geislichen mit einer Vorrede. *Latine vero* : Justificatio matrimoniorum mixtorum inter Catholicos et Protestantes, etc.

Vannius Julius Cæsar. De admirandis Naturæ, Reginæ Deæque mortalium arcanis libri quatuor. (Decr. 3 Julii 1623.)

Vannius (Joannes) Constantiensis Minister. (1 Cl. Ind. Trid.)

Vanius (Valentinus) Malbrugensis. (1 Cl. App. Ind. Trid.)

Van Vrede. *Vide* Vrede.
Van Wyck. *Vide* Wyck.

Varchi Benedetto. Storia Fiorentina. (Decr. 4 Decembris 1725.)

(Decr. 17 Martii 1665.)

Vergas (Alphonsus de). Relatio ad Reges et Principes Christianos de stratagematis et sophismatis politicis Societatis Jesu ad Monarchiam Orbis terrarum sibi conficiendam.

— Sedis Apostolicæ Censura prima adversus novam, falsam, impiam et hæreticam Societatis Jesu doctrinam nuper in Hispania publicatam.

— Societatis Jesu novum Fidei symbolum in Hispania promulgatum.

— Actio hæresis in Societatem Jesu ad Summi Pontificis et Sacræ Inquisitionis Tribunal. (Decr. 17 Martii 1665.)

Varignana Guilielmus. Secreta sublimia ad varios curandos morbos. *Donec corrigantur*. (Decr. 18 Junii 1651.)

Vassor (Michel le). Histoire du Règne de Louis XIII, Roi de France et de Navarre. Tom. I, II, III, IV, V, VI, VII, VIII, IX, X et XI. (Decr. 15 Maii 1714 et 7 Februarii 1718.)

Vaticano (il) languente dopo la morte di Clemente X, con i rimedj preparati da Pasquino e Marforio per guarirlo. Parte I, II, III. (Decr. 18 Martii 1677.)

Vecchiettus Hieronymus. De Anno primitivo, et de sacrorum temporum ratione libri VIII. (Decr. 2 Decembris 1622.)

Vechnerus Abrahamus. Suada Gallicana, hoc est Conciones et Orationes Thuaneæ, (Decr. 9 Februarii 1683.)

Vedelius Nicolaus. De Cathedra Petri, seu de Episcopatu Antiocheno et Romano S. Petri libri duo. (Decr. 21 Aprilis 1693.)

Veggente (il) in solitudine, poema polimetro di Gabriele Rossetti. (Decr. 10 Aug. 1846.)

Veglia (Matteo da). Gusto afflitto di Giesù Christo nostro Signore. (Decr. 16 Aprilis 1664.)

Vehus Hieronymus. (1 Cl. App. Ind. Trid.)

Vehus Mathias. (1 Cl. App. Ind. Trid.)

Vejelius Elias. Exercitatio Historico-Theologica de Ecclesia Græcanica hodierna. (Decr. 20 Junii 1662.)

Veil (Carolus Maria de). Explicatio litteralis Evangelii secundum Matthæum et Marcum. (Decr. 21 Januarii 1721.)

Velden (Cornelis van de), Korte en noodighe onderwysinghe voor alle Catholycken van Nederlandt, ræckende het lesen der Heylighe Schriftuer. *Id est : Brevis ac necessaria instructio pro omnibus Catholicis Belgii circa lectionem Sacræ Scripturæ.* (Decr. 21 Aprilis 1693.)

Velli Francesco. Difesa del gloriosissimo Pontefice Paolo IV, dalle false calunnie di un moderno Scrittore. (Decr. 10 Junii 1658.)

— Difesa del gloriosissimo Pontefice Paolo IV, dalle nove calunnie del moderno Scrittore, ovvero Sommario d'una più lunga risposta all'Autore della lettera scritta a Gianluca Durazzo. (Decr. 10 Junii 1658.)

Velmatius, Joannes Maria. Christeidos libri X. (Decr. 7 Augusti 1603.)

Velsius (Justus) Haganus. (1 Cl. App. Ind. Trid.)

— Κρίσις veræ, Christianæque Philosophiæ comprobatoris, atque æmuli et sophistæ, quique Antichristi doctrinam sequitur, per contentionem, comparationemque descriptio. (App. Ind. Trid.)

Velthuysius Lambertus. Operum omnium Pars I et II. (Decr. 25 Januarii 1684.)

Veltkirch, seu Velcurio Joannes. (1 Cl. Ind. Trid.)

Veluanus. *Vide* Anastasius.

Venatorius, *alias* Gechauff Thomas. (1 Cl. Ind. Trid.)

Venida (la) del Mesias, etc. *Vide* Ben-ezra Juan Josaphat, etc.

Vera Idea della S. Sede. *Vide* Idea (vera).

Verdæus Renatus. Statera, qua ponderatur Mantissæ Laurentii Forerii Sectio I, quam emisit adversus libellum, cui titulus est : Mysteria Patrum Jesuitarum. (Decr. 18 Junii 1651.)

Verde Franciscus. Theologiæ fundamentalis Caramuelis positiones selectæ, novitatis, singularitatis et improbabilitatis frustra appellatæ. (Decr. 17 Novembris 1664.)

Vergerius Joannes Baptista. '1 Cl. Ind. Trid.)

Vergerius Petrus Paulus. (1 Cl. Ind. Trid.)

Vergier (Jean du) de Havranne, Abbé de S.-Cyran. Théologie familière, ou instruction de ce que le Chrétien doit croire et faire en cette vie pour être sauvé. (Decr. 23 Aprilis 1654.)

Vergilius, *seu* Virgilius Polydorus. De Inventoribus rerum. *Nisi fuerit ex impressis ab anno 1576, juxta editionem Romæ factam jussu Gregorii XIII.* (App. Ind. Trid.)

Verheylewegen F. G. Vic. Gener. Archiep. Mechl. Den Zegeprael van Het Kruys van Jesus Christus, etc. *Latine vero* : Triumphus Crucis Jesu Christi, prædicatus in Ecclesia Metropolitana S. Rumoldi ; *quocumque idiomate*. (Decr. S. Officii Fer. 4, die 12 Decembris 1821.)

Véritable (la) Religion, unique dans son espèce, universelle dans ses principes, corrompue par les disputes des Théologiens, divisée en plusieurs sectes, réunie en Christ. (Decr. 19 Maii 1760.)

Verità (la) della Grazia, e della Predestinazione. *Vide* Instructions sur les vérités de la Grâce.

Vérité (la) des miracles opérés à l'intercession de M. de Pâris. *Vide* Carré.

Vérité (la) rendue sensible à tout le Monde contre les défenseurs de la Constitution *Unigenitus*, par demandes et par réponses. (Decr. 7 Septembris 1735.)

Vérité (la) rendue sensible à Louis XVI; par un admirateur de M.... Necker. T. I et II. Londres, 1782. (Decr. 29 Septembris 1783.)

Vermilius, Petrus Martyr. (1 Cl. Ind. Trid.)

Verneuil Abbate. Lettera scritta ad un amico a Marséglia sopra le dottrine del Maestro della nuova scuola dell'orazione di Quiete, o di pura fede. (Decr. 13 Augusti 1687.)

Vernice Gaetano. Dell'Arte d'amare libri tre, trasportati dal Latino di Ovvidio Nasone in ottava rima Toscana. (Decr. 4 Martii 1709.)

Vero (il) Dispotismo.... Miseris succurrere disco. Virgil. (Decr. Clementis XIV, in S. Offic. 26 Augusti 1773.) *Potestate illum cuiquam permittendi uni Summo Pontifici reservata.*

Veron François. De la Primauté en l'Eglise, ou de la Hiérarchie d'icelle. (Decr. 22 Januarii 1642.)

Verricelli, Angelus Maria. Quæstiones morales et legales in octo Tractatus distributæ. (Decr. 10 Junii 1654.)

Verri Pietro. Scritti inediti. (Decr. 11 Decembris 1826.)

Verrus Stephanus. Oratio Panegyrica habita in assumptione D. D. Joseph Michaëlis; *cujus initium* : Immensus curatur Oceanus. (Decr. 26 Septembris 1680.)

Vers sur la paix de l'Église. (Decr. 22 Decembris 1700.)

Vertot (Mr. *René Aubert* de). Histoire des Chevaliers Hospitaliers de S. Jean de Jérusalem, appelés depuis Chevaliers de Rhodes. Tom. i, ii, iii, iv et v. (Decr. 18 Julii 1729.)

Verus Gratianus. (1 Cl. Ind. Trid.)

Verwarnung der Diener des Worts und der Brüder zu Strasburg an die Brüder vom Lande und Städten Gemeiner, Eidgenossenschaft. *Id est : Admonitio Ministrorum verbi, et Fratrum Argentinensium ad Fratres Provinciarum, et civitatum Helvetiæ.* (Ind. Trid.)

Vesselii (*Johannis*). Commentarius analyticus exegeticus, tam litteralis quam realis, in Epistolam Pauli ad Galatas. Curavit et primo edidit Cornelius de Telfer, Lugduni Batavor. 1750. (Decr. 27 Julii 1778.)

Vesthemerus. *Vide* Westhemerus.

Viaggio sentimentale di Yorick lungo la Francia, e l'Italia. *Opus anglice editum, sed tantum in italica Versione ad S. Congr. relatum.* (Decr. 6 Septembris 1819.)

Vicaire (le) général Verheylewegen consacré dans son vrai jour, par un jeune Théologien Catholique. (Decr. S. Officii 16 Julii 1823.)

Vicarissen Generael des Vacherende Bisdom van Brugghe, aen alle Inghesetenen deser Bisdoms saluyt, ende saligheydt in den Heere, etc. *Id est: Vicarii Generales Episcopatus Brugensis vacantis omnibus ad hunc Episcopatum spectantibus salutem, et beatitudinem in Domino. Finis:* Actum binnes Brugghe in het Palleys den Bisdoms desen 7 September 1682, etc. *Id est : Actum Brugis in Episcopali Palatio, 7 Septembris 1682. De mandato Reverendorum Dominorum Vicariorum Generalium supradictorum Alexand. van Volden Secret.* (Decr. 9 Februarii 1683.)

Viccei (Cassio) P. A. Immeneo : Epitalamio. (Decr. 11 Martii 1754.)

Vicecomes Zacharias. Complementum artis exorcisticæ; cum Litaniis, benedictionibus et doctrinis novis. (Decr. 4 Martii 1709.)

Vico (Francisco de) De las Leyes, y Pragmaticas Reales del Reyno de Sardena libro i y ii. (Decr. 18 Junii 1651.)

Vicomterie (la) V. Les Crimes des Papes depuis S. Pierre jusqu'à Pie VI. (Decr. 28 Julii 1835.)

Victor (le Sieur de S.). Le prétendu ennemi de Dieu et de la loi réfuté. (Decr. 31 Martii 1681.)

Victor Hugo. *Vide* Notre-Dame

Vida Otthonellus. (1 Cl. Ind. Trid.)

Vidaurre (Manuel Lorenzo de). Proyecto del Codice Ecclesiastico. (Decr. 5 Augusti 1833.)

Vidal Marcus. Arca vitalis, seu Inquisitiones theologicæ morales Casuum Conscientiæ. (Decr. 10 Junii 1654.)

Arca salutaris, consultus utriusque juris includens, seu Inquisitiones morales Casuum Conscientiæ. *Donec corrigatur.* (Decr. 4 Julii 1661.)

Vie de Grégoire VI., par Vidaillan. (Decr. 14 Januarii 1839.)

Vie (la) de Jésus-Christ. Ouvrage critique du docteur Strauss. (Decr. 14 Januarii 1839.)

Vie de Monsieur de la Noe-Ménard, Prêtre du Diocèse de Nantes, avec l'Histoire de son culte et les Relations des miracles opérés à son tombeau. (Decr. 20 Junii 1736.)

Vie (la) de M. Pâris, Diacre. (Decr. 22 Augusti 1731.)

Vie (la Véritable) d'Anne-Geneviève de Bourbon, Duchesse de Longueville, par l'Auteur des Anecdotes de la Constitution *Unigenitus*. (Decr. 28 Julii 1742.)

Vie voluptueuse des Capucins et des Nonnes... A Cologne. (Decr. 16 Februarii 1784.)

Vierges (les) martyres, les Vierges folles, les Vierges sages, par Alphonse Esquiros. (Decr. 20 Junii 1844.)

Vies intéressantes et édifiantes des amis de Port-Royal. (Decr. 11 Martii 1754.)

Vigorius (Simon) Consiliarius Regius. Apologia de Monarchia, de Infallibilitate, de Disciplina Ecclesiastica, et de Conciliis adversus Andream Duval. (Decr. 16 Martii 1621.)

— De l'Etat et gouvernement de l'Eglise, divisé en quatre livres. (Decr. 2 Decembris 1622.)

— Opera omnia in quatuor Tomos distributa. (Decr. 25 Januarii 1684.)

Vilela (Gio. Baptista de). Pratica per ajutare a ben morire, anco per quelli, che solo sanno leggere. (Decr. 23 Augusti 1634.)

Villa Santi. Indulgenza plenaria, e Giubileo perpetuo per tutti li Fedeli Cristiani concessa dalla bocca di N. S. Giesù Christo alla Cappella della Madonna degl'Angeli, detta Porziuncula, nel Piano d'Assisi. (Decr. 21 Aprilis 1693.)

Villanius Jacobus. Ariminensis Rubicon, in Cæsenam Claramontii. *Donec corrigatur.* (Decr. 18 Decembris 1646.)

Villanova (Arnaldus de). Opera. *Donec expurgentur.* (App. Ind. Trid.)

Villanueve, Joachimus Laurentius. Mi despedida de la Curia Romana. *Latine vero :* Mea dimissio a Curia Romana. (Decr. 19 Januarii 1823.)

Villebois Ludovicus (1 Cl. App. Ind. Trid.)

Villegas y Contardii (Franciscus de.) Statuta et privilegia vallis Antigorii. (Decr. 10 Septembris 1688.)

(Decr. 22 Decembr. 1817.)

Villers (Charles). Essai sur l'esprit et l'influence de la réformation de Luther. Seconde édition; à Paris, chez Henrichs, et à Metz, chez Collignon. (An. xii, 1804.)

— Philosophie de Kant ou Principes fondamentaux de la Philosophie transcendentale. Première Partie, Notions Préliminaires. Seconde Partie, Doctrine critique. Metz, chez Collignon, 1801. (An ix.)

Vincentius, Gio. Maria. Il Messia venuto, Historia spiegata, e provata agli Ebrei in cento discorsi. (Decr. 18 Junii 1680.)

Vincentius Civis Cæsenas. de Rubicone antiquo. Dissertatio adversus Ariminenses Scriptores. *Donec corrigatur.* (Decr. 18 Decembris 1646.)

Vicentius (Liberius) Hollandus. Nescimus, quid vesper serus vehat : Satyra Menippæa. (Decr. 16 Martii 1621.)

Vindicatio Consuetudinis Angliæ de concedenda ad usum pecunia. *Anglice* (Decr. 11 Martii 1704.)

Vindiciæ Jahn. (Decr. 5 Septembris 1825.)

Vindiciæ Jurisdictionis sæcularis et Imperii adversus usurpativam exemptionis et immunitatis Ecclesiasticæ extensionem in materia Reali Collectarum et Talliarum. (Decr. 2 Junii 1700.)

Vineis (Petrus de). Querimonia Friderici II Imperatoris, qua se a Romano Pontifice et Cardinalibus immerito persecutum, et Imperio dejectum esse ostendit. (App. Ind. Trid.)

Donec corrigatur. (Decr. 4 Decemb. 1725.)

Vinerius Otho. (1 Cl. Ind. Trid.)

Vinitor. (1 Cl. App. Ind. Trid.)

Vinnius Arnoldus. In quatuor libros Institutionum Imperialium Commentarius.

— *Idem.* Editio novissima juxta exemplar Lugdunense correcta. *Venetiis* 1712.)

Viretus Petrus. (1 Cl. Ind. Trid.)

Virey G. Giuseppe. Compendio di Storia Fisica e Morale dell' Uomo, posto in italiano, e corredato di breve annotazioni dal Dott. F. Giuseppe Bergamaschi. (Decr. 5 Augusti 1833.)

Virgilius Polydorus. *Vide* Vergilius.

Virtù delli 150 Salmi di David, con l'espositione di molti Santi Padri. (Decr. 25 Januarii 1684.)

Viscardus Marcellus. Necessitatis magnalia. *Donec corrigatur.* (Decr. 12 Decembris 1624.)

Visconti Blasius. Synthesis Apologetica-Theologica-Moralis, secundum Ethicæ Christianæ doctrinam, generales morum regulas continens. *Donec corrigatur.* (Decr. 15 Januarii 1714).

Visioni (le) politiche sopra gl'interessi di tutti i Prencipi, e Repubbliche della Christianità. *Una cum Opusculo inscripto:* Pasquino esiliato da Roma. (Decr. 27 Septembris 1672.)

Visitatio Saxonica. (Ind. Trid.)

Vita Antonii Charlas, *præfixa ejusdem* Tractatui de Libertatibus Ecclesiæ Gallicanæ, *Romæ impresso, an.* 1720; *qui ablata vita non prohibetur.* (Decr. 4 Junii 1721.)

Vita del P. Daniello Concina.... che serve di compimento alle celebri lettere di Eusebio Eraniste. *Donec corrigatur.* (Decr. 11 Julii 1777.)

Vita del P. Paolo dell' Ordine de' Servi. (Decr. 10 Julii 1659.)

Vita di S. Gio Battista in Rima. (App. Ind. Clem. XI.)

Vita di Suor Maria Crocifissa Satellico. *Vide* Scaramelli P. Gio Battista.

Vita e Pontificato di Leone X. *Vide* Roscoe Guglielmo.

Vita et gesta Hildebrandi. *Vide* Beno.

Vita et Passio S. Joannis Baptistæ, etc. *Vide* Ὁ Βίος καὶ ἡ Μαρτυρία, etc.

Vita Jesu Christi. *Vide* Schrant.

Vita (Joannis Clerici) et Opera ad annum 1711. Amici ejus Opusculum, Philosophicis Clerici Operibus subjiciendum. (Decr. 7 Februarii 1718.)

Vita (de) juventutis instituenda, moribusque, ac studiis corrigendis. (Ind. Trid.)

Vita juventutis cum annotationibus, seu additionibus Philippi Melanchthonis. (App. Ind. Trid.)

Vita protrahenda (de) ultra viginti quinque annos. (App. Ind. Trid.)

Vita S. Rusinæ, seu Rosanæ filiæ Austeri Romanorum Regis. (Decr. 4 Junii 1661.)

Vita Thomæ Hobbes, Angli Malmesburiensis Philosophi. (Decr. 12 Martii 1703.)

Vita di Donna Olimpia Maldachini Panfili Principessa di S. Martino. *Sine annotatione nominis Auctoris et Loci.* (Decr. 5 Decembris 1791.)

Vitæ Patrum in usum ministrorum verbi. *Vide* Major *Georgius.*

Vitæ Romanorum Pontificum. *Vide* Barnes.

Vite degli eccellenti Italiani. *Vide* Lomonaco.

(Decr. 4 Decembr. 1725.)

Vitringa Campegius. Typus Theologiæ practicæ seu de vita spirituali, ejusque affectionibus brevis commentatio.

— *Idem Gallice*: Essai de Théologie pratique, ou Traité de la vie spirituelle et de ses caractères; traduit par Mr. de Limiers.

Vivaldo (Martinus Alfonsus de). Candelabrum aureum Ecclesiæ Sanctæ Dei. *Donec prodeat emendatum.* (Decr. 7 Augusti 1603.)

— Scuola Cattolica Morale, in tre Parti principali, e Dialoghi trenta divisa. (Decr. 7 Augusti 1603.)

Vives, Joannes Ludovicus. Commentarii in libros D. Aurelii Augustini de Civitate Dei. *Nisi expurgentur.* (App. Ind. Trid.)

Viviani Jacobus. Specimina Philosophica, in quibus consentientibus Platone et D. Augustino, nonnullæ quæstiones Metaphysicæ examinantur. (Decr. 15 Januarii 1714.)

Vœgelinus, seu Vogelin Ernestus. (1 Cl. App. Ind. Trid.)

Vœux (Mr. des). Critique générale du livre de Mr. de Montgeron sur les miracles de Mr. l'Abbé de Pâris. (Decr. 22 Maii 1745.)

Vogel Matthæus. (1 Cl. App. Ind. Trid.)

Vogler Georgius. (1 Cl. Ind. Trid.)

Voitus David. (1 Cl. App. Ind. Trid.)

Voix (la) du Sage et du Peuple. (Brevi Benedicti XIV, 25 Januarii 1751.)

Volanus Andreas. (1 Cl. App. Ind. Trid.)

Volgari Latino. Familiare gastigo Apologetico sul Discorso genealogico del P. Gamorrini sopra la famiglia Confidata d'Assisi, pretesa de' Dragoni. (Decr. 18 Januarii 1667.)

Volney G. F. Le rovine, ossia meditazioni delle rivoluzioni degl' Imperj; *quocumque idiomate.* (Decr. 17 Decembris 1821.)

— Recherches nouvelles sur l'histoire ancienne. (Decr. 11 Decembris 1826.)

Volpi Antonius. Resolutiones morales quotidianæ, utroque jure exornatæ. *Donec corrigantur.* (Decr. 4 Decembris 1674.)

Volradus Comes Mansfeldensis. (1 Cl. App. Ind. Trid.)

Voltaire (Mr. de). Lettres Philosophiques. (Decr. 4 Julii 1752.)
— OEuvres. (Decr. 28 Februarii 1753.)
— Histoire des Croisades. (Decr. 11 Martii 1754.)

(Decr. 21 Novemb. 1757.)
— Abrégé de l'Histoire universelle depuis Charlemagne jusqu'à Charles V.
— Essai sur l'Histoire universelle.
— Précis de l'Ecclésiaste et du Cantique. (Decr. 3 Decembris 1759.)
— Traité sur la Tolérance. (Decr. 3 Februarii 1766.)
— *Vide* Philosophie de l'Histoire.
— Commentaire sur le livre des Délits et des Peines. (Decr. 19 Julii 1768.)
— Les singularités de la Nature. (Decr. 16 Januarii 1770.)
— *Vide* Romans et Contes.
Volupté (la). *Vide* de la Mettrie.
Vomburg Joachimus. (1 Cl. App. Ind. Trid.)
Von der Hardt Hermannus. *Vide* Hardt.
Von der Appellazion an den romischen Stuhl; von Wenzl Grillparzer, Zoglinge des gräfl Windhaag-Alumnats. Herausgegeben bei Gelegenheit seiner öffentlichen vertheidtgung beigefügter satze aus der ganzen Rechtswissenschaft zur Erlangung der Doktorswürde. Wien, 1785. *Id est latine :* De Appellatione ad Romanam Sedem a Wenceslao Grillparzer, etc. (Decr. 4 Junii 1787.)
Vorstius (Joannes) Superintendens Holsatiensis. (App. Ind. Trid.)
Vos (a) da raza'o. *Latine :* Vox rationis. Auctore Josepho Anastasio de Cunha, Doctore Mathematices in universitate Conimbricensi. (Decr. 7 Januarii 1836.)
Vos (Philippus de). Anti-Theses ad Theses Theologicas, seu Articulos exhibitos Archiepiscopo Mechliniensi causa prætensæ concordiæ ineundæ cum Patribus Societ. Jesu, et aliis, per D. Gummarum Huygens, quas defendet P. Goswinus van Geffen Lovanii apud PP. Societ. Jesu. (Decr. 5 Septembris 1685.)
Vossius, Gerardus Joannes. Dissertationes tres de tribus Symbolis, Apostolico, Athanasiano et Constantinopolitano. (Decr. 10 Junii 1654.)
— Consilium Gregorii XV, exhibitum per Michaëlem Lonigum de adhortando Maximilianum Bavariæ Ducem, ad petendam dignitatis Electoratus confirmationem a Sede Apostolica, cum præfatione et censura G. J. V. (Decr. 12 Decembris 1624.)

(Decr. 2 Julii 1686.)
— Theses Theologicæ et Historicæ de variis doctrinæ Christianæ capitibus.
— Harmoniæ Evangelicæ de Passione, Morte, Resurrectione ac Adscensione Jesu Christi libri tres.
— De Theologia Gentili et Physiologia Christiana, sive de origine ac progressu Idololatriæ libri IX. (Decr. 7 Februarii 1718.)

(Decr. 2 Julii 1686.)
Vossius Isaäcus. De Septuaginta Interpretibus, eorumque Translatione et Chronologia.
— Chronologia sacra ad mentem veterum Hebræorum.
— Dissertatio de vera ætate Mundi.
— Castigationes ad objecta Georgii Hornii.
— Auctarium castigationum ad Scriptum de ætate Mundi.
— Ad V. Cl. Andreäm Colvium Epistola, qua refelluntur argumenta, quæ diversi scriptores de ætate Mundi opposuere.
— Responsio ad objecta Christiani Schotani.
— De Lucis natura et proprietate.
— De Sibyllinis aliisque, quæ Christi natalem præcessere, oraculis : accedit ejusdem responsio ad objectiones nuperæ Criticæ.
— Epistolæ genuinæ S. Ignatii Martyris. Adduntur S. Ignatii Epistolæ, quales vulgo circumferuntur : ad hæc S. Barnabæ Epistola, cum notis.
Vrede (Timotheus van). Zedelyke overweginge van het Decreet der Roomsche Inquisitie, des Iaars 1704, 3 April, tegens de verklaringe en verantwoordinge des Aartsbischop van Sebasten. *Id est :* Modesta consideratio Decreti Romanæ Inquisitionis, anni 1704, 3 Aprilis, contra expositionem et defensionem Archiepiscopi Sebasteni. (brevi Clem. XI, 4 Octobris 1707.)
Vreedzamige waarschouwing, over zekere Brief de naam voerende van Clemens XI. *Id est :* Admonitio pacifica de quadam Epistola ferente nomen Clementis XI. (Brevi Clement. XI. 4 Octobris 1707.)
Vulpes (Angelus) a Monte Piloso. Sacræ Theologiæ Summa Jo. Duns Scoti, et Commentaria. Tomus I Partis I. *Donec corrigatur.* (Decr. 4 Decembris 1725.)
— Tomus II Partis I. *Donec corrigatur.* (Decr. 21 Januarii 1721.)
— Tomus III Partis I. (Decr. 7 Februarii 1718.)
Tomus I partis II. *Donec corrigatur.* (Decr. 7 Februarii 1718.)
— Tomus II Partis II. (Decr. 15 Martii 1714.)
— Tomus III Partis II. (Decr. 2 Septembris 1727.)
— Tomus I, II et III Partis III. (Decr. 7 Februarii 1718.)
— Tomus I Partis IV. (Decr. 15 Januarii 1714.)
— Tomus II Partis IV. (Decr. 2 Septembris 1727.)
— Tomus III Partis IV. (Decr. 10 Junii 1759.)
Vulpes (Joannis Martinez de Ripalda) capta per Theologos sacræ Facultatis Academiæ Lovaniensis. (Decr. 23 Aprilis 1654.)
Vunschelburgensis Joannes. De Signis et miraculis falsis, et de superstitionibus. (Ind. Trid.)

W

Wacker Stephanus. (I Cl. App. Ind. Trid.)
Wagenseilius, Joannes Christophorus. Tela ignea Satanæ, hoc est arcani et horribiles Judæorum adversus Christum Deum et Chri-

stinam Religionem libri ἀνέκδοτοι. (Decr. 2 Julii 1686.)

Wagnerus Philippus. (1 Cl. App. Ind. Trid.)

Wagnerus Tobias. Examen elencticum Atheismi speculativi. (Decr. 12 Martii 1703.)

Wakefeldus Robertus. (1 Cl. App. Ind. Trid.)

Walchius Joannes. Decas Fabularum. (Decr. 3 Julii 1623.)

Walchius, Jo. Georgius. Commentatio de Concilio Lateranensi a Benedicto XIII celebrato (Decr. 28 Julii 1729.)
— *Vide* Compendium Antiquitatum.

Waldach (Durandus de). *Vide* Baldach.

Waldnerus Wolfgangus. (1 Cl. Ind. Trid.)

Waldus Petrus. (1 Cl. Ind. Trid.)

Waltherus Georgius. (1 Cl. App. Ind. Trid.)

Waltherus Michaël. Dissertationes Theologicæ Academicæ, editæ a Carolo Gottlieb Hofmanno. (Decr. 21 Novembris 1757.)

Waltonus Brianus. Biblia Sacra Polyglotta. (Decr. 20 Novembris 1663.)

Wandalinus Jo.... Prælectiones Theologicæ in Epistolam Pauli ad Romanos, editæ cura et studio J. Wandalinorum Filii et Nepotis. (Decr. 8 Julii 1763.)

Warenborg, *seu* Warenburgus (Petrus) ab Altenkirchen. (1 Cl. App. Ind. Trid.)

Warmundus Leonardus. (1 Cl. App. Ind. Trid.)

Watsonus Robertus. (1 Cl. App. Ind. Trid.)

Watteroth. *Vide* Libellus germanico idiomate editus, cui titulus : Heinrich Joseph Vatteroth, etc.

Wattes Petrus. (1 Cl. App. Ind. Trid.)

Weckerus, Joannes Jacobus. De Secretis libri XVII. (Decr. 7 Septembris 1609.)

Wegelinus, Georgius Henricus. *Vide* Hertius *Joh. Nicolaus.*

Weihe (Eberartus de). Aulicus politicus diversis regulis, vel definitionibus selectis, proborum voto probe instructus, ante multos annos sub nomine Duro de Pasculo ablegatus, nunc multis thesibus auctior et emendatior. (Decr. 22 Octobris 1619.)

Weinrichius Martinus. De ortu Monstrorum Commentarius. *Donec corrigatur.* (Decr. 16 Martii 1621.)

Weiser Gregorius. (1 Cl. App. Ind. Trid.)

Weisslinger, Johan. Nicolaus. Huttenus delarvatus, das ist warkaßte nachricht von dem authore oder urheber der verschreyten Epistolarum obscurorum virorum Ulrich von Hutten. *Id est : Huttenus delarvatus, seu veridica notitia de auctore diffamatarum Epistolarum obscurorum Virorum Ulrico de Hutten.* (Decr. 18 Novembris 1732.)

Weiss. Principj filosofici, politici, e morali, etiam la versione dal Francese dell'Avvocato Camillo Ciabatta Romano con note del Traduttore. (Decr. 10 Septembris 1827.)

Wellerus (Hieronymus) Friburgensis. (1 Cl. Ind. Trid.)

Welpius (Henricus) Lingensis. (1 Cl. Ind. Trid.)

Wendelinus, Marcus Fridericus. Christianæ Theologiæ libri duo, methodice dispositi. (Decr. 18 Decembris 1646.)

— Institutionum politicarum libri tres. (Decr. 4 Julii 1661.)

— Christianæ Theologiæ systema majus. (D cr. 23 Martii 1672.)

Werdenhagen, Johannes Angelius. ΨΥΧΟΛΟΓΙΑ vera I. B. T. XL quæstionibus explicata et Rerumpublicarum vero regimini ac earum majestatico juri applicata. (Decr. 19 Martii 1633.)

— Universalis introductio in omnes Respublicas, sive Politica generalis. (Decr. 9 Maii 1636.)

Werdmüllerus Otho. (1 Cl. Ind. Trid.)

Wernerus Leonardus. (1 Cl. App. Ind. Trid.)

Wernsdorffius Gottlieb. Brevis et nervosa de Indifferentismo Religionum Commentatio. Accessit de auctoritate librorum Symbolicorum Dissertatio. (Decr. 21 Novembris 1757.)

Wesalia (Joannes de). (1 Cl. Ind. Trid.)

Wesenbecius Joannes. (1 Cl. App. Ind. Trid.)

Wesenbecius, *seu* Wesembecius Matthæus. (1 Cl. App. Ind. Trid.)

Wesselus, *qui et Basilius Gansfortius* Groningensis. (1 Cl. Ind. Trid.)

Westhemerus, *seu* Vesthemerus Bartholomæus. (1 Cl. Ind. Trid.)

— Phrases, seu modi loquendi Sacræ Scripturæ. *Nisi expurgentur.* (Ind. Trid.)

— Farrago Concordantiarum insignium totius Sacræ Scripturæ. (Ind. Trid.)

Westmonasteriensis Matthæus. *Vide* Matthæus.

Westphalus Joachimus. (1 Cl. Ind. Trid.)

Wetterus David. (1 Cl. App. Ind. Trid.)

Wharton Henricus. Appendix ad Historiam litterariam Guilielmi Cave. (Decr. 22 Decembris 1700.)

Whitakerus Guilielmus. (1 Cl. App. Ind. Trid.)

— Ad decem rationes Edmundi Campiani Responsio. (App. Ind. Trid.)

Whitby Daniel. Ethices Compendium, in usum Academicæ Juventutis. (Decr. 21 Novembris 1690.)

— Et cetera ejusdem Opera omnia. (Decr. 10 Maii 1757.)

White (Guilielmus) Anglus. (1 Cl. App. Ind. Trid.)

White Thomas. *Vide* Anglus *Thomas.*

Whithedus, *seu* Withedus David. (1 Cl. App. Ind. Trid.)

Whitgiftus Joannes. (1 Cl. App. Ind. Trid.)

Whittinghamus, *seu* Wyttynghamus Guilielmus. (1 Cl. App. Ind. Trid.)

Wibalius (Joannes) Montensis. (1 Cl. App. Ind. Trid.)

Wick Joannes. (1 Cl. Ind. Trid.)

Wick, *seu* Wichius Richardus. (1 Cl. Ind. Trid.)

Wiclefus Joannes. (1 Cl. Ind. Trid.)

(Decr. 16 Martii 1614.)

Widdringtonus Rogerus. Apologia Cardinalis Bellarmini pro jure Principum, adversus suas ipsius rationes, pro auctoritate Papali, Principes sæculares, in ordine ad bonum spirituale, deponendi.

— Disputatio Theologica de juramento Fidelitatis.

— Ad Sanctissimum Dominum Paulum Quintum Pontificem Max. humillima Supplicatio. (Decr. 12 Novembris 1616.)

Widephus Gulielmus. (1 Cl. App. Ind. Trid.)

Wieling Abrahamus. Apologeticus. Accedit Valentini Jo. Blondeel Dissertatio Academica de Legibus. (Decr. 1 Septembris 1760.)

Wierts Joannes. Centuria Colloquiorum Dei et animæ, quibus Jansenianam de gratia doctrinam e campo disputandi Martio in placidum meditandi Elysium transducere conatus est. (Decr. 2 Decembris 1677.)

Wierus Joannes. De Præstigiis Dæmonum et incantationibus, ac veneficiis libri v. (App. Ind. Trid.)

Wigandus Joannes. (1 Cl. Ind. Trid.)

Wildenbergius (Hieronymus) Aurimontanus. (1 Cl. App. Ind. Trid.)

Wildius Melchior. (1 Cl. App. Ind. Trid.)

Wildtius, Joannes Ulricus. Ecclesia Æthiopica breviter adumbrata. (Decr. 12 Martii 1703.)

(Decr. 14 Januarii 1737.)

Wilkius Andreas. Ἑορτογραφίας Pars prior, Festa Christianorum œcumenica continens, ex Poetis qua veteribus, qua recentibus illustrata, nunc vero revisa studio Georgii Hessi.

— Ἑορτογραφίας Pars posterior posthuma, Festa xii Apostolorum continens.

Willebrochius (Joannes) Dantiscanus. (1 Cl. Ind. Trid.)

Willichius Jodocus. (1 Cl. Ind. Trid.)

Willingus Joannes. (1 Cl. App. Ind. Trid.)

Wilsonus Thomas. (1 Cl. App. Ind. Trid.)

Windet Jacobus. De vita functorum statu ex Hebræorum et Græcorum sententiis; cum Corollario de Tartaro Apostoli Petri, in quem prævaricatores Angelos dejectos memorat. (Decr. 2 Julii 1686.)

Winmannus, seu Wynmannus Nicolaus. Colymbeses, sive de arte natandi Dialogus. (Ind. Trid.)

Winschemius Valentinus. (1 Cl. App. Ind. Trid.)

Winsemius Vitus. (1 Cl. Ind. Trid.)

Wintoniensis Stephanus, Episcopus. *Vide* Gardinerus.

Wirth Petrus. (1 Cl. App. Ind. Trid.)

Wisartus Donatus. (1 Cl. App. Ind. Trid.)

Wissenbachius, Johannes Jacobus. In libros iv priores Codicis Justiniani repetitæ prælectionis Commentationes Cathedrariæ. (Decr. 4 Julii 1661.)

— Disputationes Juris Civilis : ad calcem adjectæ sunt Contradictiones Juris Canonici. (Decr. 21 Januarii 1721.)

Wissenburgius, sive Lumburgensis Otho. (1 Cl. App. Ind. Trid.)

Wissenburgius Wolfgangus. (1 Cl. Ind. Trid.)

Wistadius Thomas. (1 Cl. App. Ind. Trid.)

Witekindus Hermannus. De Sphæra Mundi et temporis ratione apud Christianos. (Decr. 4 Martii 1709.)

Withedus. *Vide* Whithedus.

Witlingius Joannes, *qui et Joannes Brentius Senior*. (1 Cl. Ind. Trid.)

(Decr. 12 Martii 1703.)

Witsius Hermannus. Exercitationum Academicarum maxima ex parte Historico et Critico-Theologicarum duodecas.

— Miscellaneorum sacrorum libri quatuor.

Wittembergensis (Universitatis) seria actio apud Principem Fridericum. (Ind. Trid.)

Wittembergensium (Theologorum) vera et solida refutatio duorum libellorum Jesuitarum. (App. Ind. Trid.)

Wittembergica Acta Synodalia a quodam collecta et per Wittembergicos Theologos probata contra Illyricanos. (App. Ind. Trid.)

(Decr. 11 Martii 1704.)

Woestyn (Joannes Baptista van der). Theses Theologicæ de Sacramentis in genere, et tribus primis in specie; cum appendice ad duplicem Thesim defensam in Conventu S. Crucis Fratrum Prædicatorum Hibernorum die 19 et 20 Julii 1702, quas defendet P. Josephus Antheunis in Collegio Societatis Jesu, die 28 Novembris 1702.

— Theologia, quam defendet P. Josephus Antheunis. Lovanii, 1703.

Wokenius Franciscus. Textus veteris Testamenti ab Enallagis liberatus. (Decr. 17 Maii 1734.)

Wolfius Ambrosius. (1 Cl. App. Ind. Trid.)

Wolfius Henricus. (1 Cl. App. Ind. Trid.)

Wolfius Hieronymus. (1 Cl. Ind. Trid.)

— Suidæ Historica. *Nisi Annotationes marginales et Indices emendentur.* (App. Ind. Trid.)

— *Vide* Krantzius.

Wolfius, *seu* Wolphius (Joannes) Tigurinus. (1 Cl. Ind. Trid.)

Wolfius (*Jo. Christophorus*), Pastor Hamburgensis. Curæ Philologicæ in Novum Testamentum, quibus, etc. (Decr. 11 Julii 1777.)

Wolfius Martinus. (1 Cl. Ind. Trid.)

Wolfius Thomas. (1 Cl. Ind. Trid.)

Wolfredus Michaël. Assertiones Theologicæ, quibus rei Trapeziticæ in Belgio Fœderato, auctoritate publica constitutæ, honestas et necessitas exponitur et vindicatur. (Decr. 15 Januarii 1714.)

Wollebius Joannes. Compendium Theologiæ Christianæ, cum adnotationibus Alexandri Rossæi. (Decr. 7 Februarii 1718.)

Wollus Christophorus. Hermeneutica novi Fœderis acroamatico-dogmatica. (Decr. 11 Martii 1754.)

Wolphius, Joannes Gaspar. Disputatio Theologica de necessaria secessione ab Ecclesia Romana, quam amicæ disquisitioni subjicit Joannes Fortunatus Peracherus. (Decr. 26 Octobris 1707.)

Woolston Thomas. Discours un the miracles, etc. *Hoc est*: Sermones de Miraculis Servatoris nostri comparate ad quæstionem quæ nunc agitatur Incredulos inter et Apostatas.

— Defense af the Discours, etc. *Hoc est:* Apologia Sermonum de Miraculis Servatoris adversus Episcopos S. Davidis, et Leondinensem, ceterosque adversarios. Pars I et II. (Decr. S. Officii 26 Martii 1767.)

Worden (Joannes a). *Vide* Pistorius.

Wurmserus Johannes. Exercitationes Academicæ, ex Jure publico depromptæ, et maxime ad hodiernum S. I. R. statum accommodatæ. (Decr. 9 Maii 1636.)

Wych *seu* Wychius (Adrianus van). Ad EE., ac RR. S. R. E. Cardinales, et Inquisitores supremos Supplicatio, ut non cogatur subscribere judicio P. Commissarii, et alterius Qualificatoris. (Decr. 19 Maii 1694.)

— Den Catholyken Theologant ofte den Theologische Verhandeling ængænde de goddelyke gratie, etc. *Id est: Theologus Catholicus, sive Theologicus Tractatus de divina gratia juxta modum, quo ista materia in publicis Academiis tractatur, cum Appendice circa Cornelii Jansenii, et ejus librum, cui titulus est: Augustinus.* (Decr. 29 Maii 1690.)

— Den Toet-steen van het boekjen genaemt: Rechtmaetigh onderscheyd, etc. *Id est: Lydius lapis libelli, qui inscribitur: Adæquatum discrimen.* (Decr. 21 Novembris 1690.)

(Decr. 1 Julii 1693.)

— Den Oprechten Catholyk thoonende dat Godt aen alle menschen, niemant uytgenomen, een genoeghsame genade geéft, om te kunnen saligh werden, etc. *Id est: Verus Catholicus, ostendens, quod Deus omnibus hominibus, nemine excepto, sufficientem gratiam det, ut salvi fieri possint; tractans etiam in particulari de Infidelibus, Paganis atque parvulis non baptizatis.*

— Vriendelyke zendbrief aen alle de soo genaemde Jansenisten. *Id est: Epistola amica ad eos omnes, qui Jansenistæ dicuntur.*

— Kort, en getrouw Verhael van't gene onlangs is voorgevallen tusschen Lambertus van Rhyn, en my Adriaan van Wyck. *Id est: Brevis et fidelis narratio ejus, quod nuper accidit inter Lombertum van Rhyn, et me Adrianum van Wyck.*

— Eenvoudigh Verhael, van't gene voorgevallen is wegens zeker geschrift: Vriendelyken zendbrief aen alle de soo genaemde Jansenisten. *Id est: Sincera Relatio eorum quæ gesta sunt circa Scriptum: Epistola amica ad omnes vulgo dictos Jansenistas.* (Decr. 7 Septembris 1695.)

Wynmannus *Vide* Winmannus.

Wyse Richardus. (1 Cl. App. Ind. Trid.)

Wytlenbachius Daniel. Tentamen Theologiæ Dogmaticæ, methodo scientifica pertractatæ. (Decr. 11 Martii 1754.)

Wyttynghamus. *Vide* Whittinghamus.

X

Xavier Hieronymus. *Vide* Dieu (de).

Xenicum Chronographicum, sive selecta innocentiæ per invidiam, calumniamve oppressæ exempla, Illustrissimo ac Reverendissimo D. Petro Coddæo Archiepiscopo Sebasteno, pro strena oblata, cordis et animi sinceritate. (Brevi Clem. XI, 4 Octobris 1707.)

Xenium ad Catholicos Anglos, sive brevis et dilucida explicatio novi juramenti Fidelitatis. Auth. E. I. Theologo, ut Anglo-Catholicorum conscientiæ plenius instruantur et tranquillentur circa juramentum Fidelitatis. (Decr. 16 Martii 1621.)

Xylander Gulielmus. (1 Cl. App. Ind. Trid.)

Z

Zabarella, *seu* de Zabarellis Franciscus De Schismate Tractatus. (Ind. Trid.)

— *Idem* cum Præfatione Lucæ Schroteisen. (Ind. Trid.)

Zaccheroni, Introduction, notes et dédicace à l'enfer de' la comédie de Dante Alighieri, avec commentaire de Guiniforto delli Barbigi.

Zaioso Benedetto. Rosario della grande Imperatrice de' Cieli Maria, in tre parti distinto, con la santa Messa. *Nisi deleantur Litaniæ in eo insertæ.* (Decr. 12 Decembris 1624.)

Zamorus, Joannes Maria. De eminentissima Deiparæ Virginis perfectione libri tres. (Decr. 9 Maii 1636.)

Zanchius, *seu* Zanchus Hieronymus. (1 Cl. App. Ind. Trid.)

Zander Otho. (1 Cl. App. Ind. Trid.)

Zangerus Joannes. (1 Cl. App. Ind. Trid.)

— Commentationes in libri II Decretalium quatuor titulos, de sententia et re judicata, Appellationibus, Clericis peregrinantibus, et confirmatione utili et inutili. (Decr. 8 Martii 1662.)

Zapata. *Vide* Opuscula sex.

Zasius Udalricus. Apologetica defensio contra Joannem Eckium, super eo, quod olim tractaverat, quo loco fides non esset hosti servanda. (App. Ind. Trid.)

— *Opera omnia. Donec corrigantur.* (App. Ind. Trid.)

Zearrote (Martin de). Dios contemplado, y Christo imitado. Practica de la oracion mental para todos estados de personas. (Decr. 13 Januarii 1714.)

Zegers Jacobus. Humilis et supplex querimonia adversus libellum R. P. S. J. Regiæ Capellæ Bruxellensis Concionatoris; et Theses Patrum Societatis Jesu, Lovanii, anno 1641, 12 Martii disputatas. *Primæ, secundæ, tertiæ, seu alterius editionis.* (Bulla Urbani VIII, 6 Martii 1641, et Decr. 23 Aprilis 1654.)

Zeghelstein contra Sanctos. (Ind. Trid.)

Zellius (Mathias) Keyserspergensis. (1 Cl. Ind. Trid.)

Zentgrafius, Joannes Joachimus. Colluvies Quackerorum, secundum ortum, progressum et dogmata monstruosa delineata. (Decr. 12 Martii 1703.)

Zerola, *seu* Zerula Thomas. Praxis Episcopalis. *Tam Venetæ quam Lugdunensis editionis. Donec corrigatur.* (Decr. 3 Julii 1623.)

Zevallos Hieronymus. *Vide* Cævallos.

Zieglerus, *seu* Ziglerus Bernardus. (1 Cl. Ind. Trid.)

Zieglerus Gaspar. ΣΙΔΗΡΟΞΥΛΟΝ Ecclesiasticum, sive Episcopus miles in veteri Ecclesia invisus. (Decr. 2 Julii 1686.)

— De Episcopis, eorumque juribus, privilegiis et vivendi ratione Commentarius. (Decr. 15 Maii 1687.)

— De Diaconis et Diaconissis veteris Ecclesiæ liber Commentarius. (Decr. 29 Augusti 1690.)

Zieglerus Jacobus. (1 Cl. Ind. Trid.)

Zieritzius Bernardus. De Principum inter ipsos dignitatis prærogativa Commentatiuncula. (Decr. 22 Octobris 1619.)

Zifer Matthæus. (1 Cl. Ind. Trid.)

Ziglerus. *Vide* Zieglerus.

Zimmermannus, Jo. Jac. Opuscula Theologici, Historici et Philosophici Argumenti. Tom. I, Pars I et II. (Decr. 8 Julii 1763.)

— Tom. II, Pars I et Pars altera. (Decr. 14 Decembris 1763.)

Zoch Laurentius. (1 Cl. Ind. Trid.)

(Decr. 10 Julii 1797.)

Zola Joseph. De rebus Christianis ante Constantinum Magnum. Vol. 3. Ticini, 1780. *Prohibetur donec corrigatur.*

— Ejusdem Theologicarum prælectionum, quas olim habuit in Seminario Brixiano. Vol. 2. Ticini, 1785. *Prohibetur Præfatio in secundo volumine præmissa variis D. Augustini Opusculis.*

Zornius Petrus. Historia Eucharistiæ infantium. (Decr. 13 Aprilis 1739.)

Zuickius Joannes. (1 Cl. Ind. Trid.)

Zuingerus, *seu* Zwingerus Theodorus. (1 Cl. App. Ind. Trid.)

— Theatrum vitæ humanæ, primum a Conrado Lycosthene inchoatum, deinde a Theodoro Zuingero absolutum. *Donec corrigatur.* (App. Ind. Trid.)

Zuinglius, *seu* Zwinglius (Huldrichus) Toggius. (1 Cl. Ind. Trid.)

Zutphaniensis Henricus. *Vide* Sudphanus.

DE CARBONEANO VITA.

De Carboneano (Philippus), ex ordine Fratrum Minorum celeberrimus, Italiæ, patriæ suæ, gymnasia plurima probatissimus nomine primo ut discipulus, dein, ut professor obtinuit. Tantam laudem scientiæ philosophicæ theologicæque adeptus est, ut Benedictus XIV nobilissimus ipse exhausti sæculi pontifex tum morum integritate, tum doctrinæ altitudine, illum apud se Romæ accersiverit. Hic invito, sed submisso animo, vicissim multis muneribus ornatus est, ne tanta lux sub modio occultaretur. Sacræ Congregationis Indiæ consultor primùm evasit, dein universalis Inquisitionis qualificator, postremò Romanorum theologorum unus fuit, qui privata ad consilia Benedicti XIV accedebant. Interdùm in Collegio Urbano de *propagandâ Fide* philosophicæ sedem occupavit, usquedùm moreretur sexagenarius, emensus ætatis clapsæ plus quàm dimidiam partem. Inter plurima quibus inclaruit opera, præcipuum locum obtinent *Annotationes* spectatissimæ ad *Antonianam Theologiam moralem*, in quâ et ipse pontifex summus Benedictus XIV perlucidissima scripsit.

DE PROPOSITIONIBUS
AB ECCLESIA DAMNATIS.

CAPUT PRIMUM (1).

Ubi decreta quoque nonnulla ad disciplinam pertinentia recensentur.

Damnatas ab Ecclesiâ propositiones brevi eisdem adjectâ explicatione subnectimus, ut Theologia hæc, quoad ea saltem quæ necessaria videantur, absoluta sit, atque perfecta. Nam licet plures in eâ recenserentur, nonnullæ tamen deerant, et quanquàm haberentur omnes propriis in locis recensitæ et indicatæ, tamen adhuc necessarius videretur hujusmodi catalogus, ut ex eodem confessariorum oculis subjecto facilè deprehendant errores, in quos theologi nonnulli incidêre sive ob nimium rigorem, sive ob nimiam illam indulgentiam, quâ libertati favere studuerunt. Nec eas tantùm propositiones recensemus, quæ per se ad morum doctrinam pertinent, sed etiam illas quæ ad Adami lapsum, depravationemque inde secutam humanæ naturæ, liberum arbitrium, et gratiam spectant, vel ad Ecclesiæ disciplinam. Nam cùm hæ plurimùm conferant ad naturæ infirmitatem ejusque causam detegendam, et ad meritum demeritumque hominis cognoscendum, animarum rectoribus omninò exploratæ esse debent, et ad ritè animas dirigendas sunt necessariæ. Accedit etiam esse inter orthodoxos, qui in eis exponendis invicem varient, ac opiniones quæ in aliquâ Catholicorum scholâ traduntur, cum damnatis propositionibus confundant, quo fit ut dissidia non solùm inter privatos, sed etiam inter ordines ipsos Regularium plerùmque oriantur, quæ si non ini

(1) Vide in tomo primo nostri *Cursus completi Theologiæ* quod ad censuras Propositionum spectat.

micitias, saltem scandala pariant; at hæc quoque doctrinâ morum de medio tollere decet. Ii ergo qui animarum curam susceperint, scire eas ac explicare, dùm opus sit, tenentur. Ne verò certa ac tuta pro iis exponendis via desit, indicatis variis Apostolicæ Sedis Constitutionibus, quæ orthodoxarum scholarum opiniones cum damnatis confundere, et censurâ notare prohibent, Baii, Jansenii, Quesnellique systemata exponam, eâdemque ratione de Quietistarum propositionibus agam. Quoad reliquas verò propositiones, eas singillatim explicabo, ac juxta traditam in opere doctrinam refutabo : antiquiorum verò hæreticorum, sine ullâ expositione recensebo.

CAPUT II.

Referuntur propositiones damnatæ anno 411 et item anno 416.

Sanctus Innocentius papa, hujus nominis primus, damnavit hasce Pelagii ac Cælestii propositiones, respondens concilio Carthaginiensi et concilio Milevitano. Sunt ergo propositiones doctrinæ Pelagianæ, ut hìc jacent damnatæ annis 411 et 416. Primæ tres spectant ad concilium Carthaginiense, aliæ ad Milevitanum.

1. Naturaliter potest implere legem qui vult, et Deus legem ad adjutorium dedit.

2. Ad perficiendam justitiam, et Dei mandata complenda, sola humana sufficere potest natura.

3. Parvuli propter salutem, quæ per Salvatorem Christum datur, baptizandi non sunt.

4. Potest homo in hâc vitâ, præceptis Dei cognitis, ad tantam perfectionem justitiæ, sine adjutorio gratiæ Salvatoris, per solum liberæ voluntatis arbitrium pervenire, ut etiam non sit necessarium dicere : *Dimitte nobis debita nostra*.

5. Illud, *Et ne nos inferas in tentationem*, non ita intelligendum, tanquàm divinum adjutorium poscere debeamus, ne in peccatum tentati decidamus, quoniam hoc in nostrâ positum est potestate, et ad hoc implendum sola sufficit hominis voluntas.

6. Non est orandus Deus, ut contra peccati malum et ad operandam justitiam sit noster adjutor.

7. Non opitulatur parvulis ad consequendam vitam æternam christianæ gratiæ sacramentum.

Nota. Pelagius peccatum originale, et gratiæ adjutorium de medio sustulit. Docuit enim Adamum formatum à Deo fuisse, sicut nunc homines nascuntur, nullo superno Dei gratiæ auxilio donatum, ac passionibus, miseriis, mortique, ut cæteri homines, obnoxium, ac solo nobis exemplo dùm peccavit nocuisse, sicuti solo nobis exemplo et doctrinâ profuit Christus. Illius hæresim suscitârunt ac propugnant Sociniani hâc nostrâ ætate hæreticorum omnium pessimi, qui originale peccatum, gratiam nobis interiùs adjuvantem, prædestinationem ex Dei decreto æterno, Deique præscientiam negant, ac tantùm humano tribuunt arbitrio, ut eo homines virtutem, perfectionemque sectari, ac æternam assequi beatitudinem valeant. Id notatum volui, ut quisque intelligat, jam antea ab Ecclesiâ damnatam hæresim hujusmodi novatores excitâsse.

CAPUT III.

Refertur propositio abbatis Joachim de unione divinæ Trinitatis in naturâ, damnata in concilio Lateranensi IV, anno 1215.

Unitas divinarum personarum in naturâ non est vera et propria, sed quasi collectiva, et similitudinaria, quemadmodùm dicuntur multi homines unus populus, et multi fideles una Ecclesia.

Nota. Hæc propositio Trinitatis mysterium evertit; naturas enim cum divinis personis dividit atque disjungit : quamobrem non solùm naturæ in tribus personis unitatem tollit, sed et præterea Dei unitatem negat, pluresque Deos constituit, contra naturæ lumen, ac manifestam revelationem.

CAPUT IV.

Referuntur Propositiones anno 1276, à Joanne XXII contra doctrinas D. Joan. de Poliaco doctoris Parisiensis, damnatæ in Extravaganti : Cùm inter nonnullos, de verb. signific. ; ac etiam alia Propositio ab eodem damnata in concilio Lugdunensi.

1. Confessi Fratribus habentibus licentiam generalem audiendi confessiones, tenentur eadem peccata, quæ confessi fuerant, iterùm confiteri proprio sacerdoti.

2. Stante *omnis utriusque sexûs* edicto in concilio Generali, Romanus Pontifex non potest facere, quòd parochiani non teneantur omnia peccata sua semel in anno proprio sacerdoti confiteri (quem dicit esse parochianum curatum). Imò nec Deus posset hoc facere, quia (ut dicebat) implicat contradictionem.

3. Papa non potest dare potestatem generalem audiendi confessionem, imò nec Deus, quin confessus habenti licentiam teneatur eadem confiteri proprio sacerdoti, quem dicit esse (ut præmittitur) proprium curatum.

Nota. Cùm omnis sacerdos virtute divinæ ordinationis potestatem habeat à Deo dimittendi peccata, eâque uti possit semel ac subditi ei designentur, in quos jurisdictionem exerceat, facilé patet, etiam regulares dùm eis episcopus subditos assignet, propriæ curæ pastorali subjectos, validé ac licité absolvere, vel dùm id facit Romanus Pontifex, qui pastor est universi Dominici gregis. Proprius verò cujusque fidelis sacerdos, quoad confessionem, is est, cui in ipsum jurisdictio concessa sit, vel ab episcopo propriæ diœceseos, qui pastor est ordinarius, vel à Romano Pontifice, qui in universam Ecclesiam jurisdictionem habet.

Ab eodem Pontifice in concilio Lugdunensi damnata est ut hæretica hæc propositio : *Christus et ejus discipuli nihil habuerunt : et in eis quæ habuerunt, nullum jus eis fuit.*

CAPUT V.

Recensentur Propositiones damnatæ an. 1311, in concilio generali Viennensi sub Clemente Pontifice Ma-

alino hujus nominis V, et sunt errores muliercularum quarumdam, quæ Beguinæ vocabantur, et in illusionibus vitæ spiritualis miserrimè jacebant. *Referuntur deinde aliæ Propositiones in eodem concilio damnatæ. Porrò Propositiones Beguardorum, et Beguinarum sunt istæ.*

1. Homo in vitâ præsenti tantum et talem perfectionis gradum potest acquirere quòd reddatur penitùs impeccabilis, et ampliùs in gratiâ proficere non valebit. Nam, ut dicitur, si quis potest semper proficere, posset aliquis Christo perfectior inveniri.

2. Jejunare non oportet hominem, nec orare, postquàm gradus perfectionis hujusmodi fuerit assecutus, quia tunc sensualitas est ita spiritui et rationi subjecta, quòd homo potest liberè corpori concedere quidquid placet.

3. Illi qui sunt in prædicto gradu perfectionis, et spiritu libertatis, non sunt humanæ subjecti obedientiæ, nec ad aliqua præcepta Ecclesiæ obligantur, quia, ut asserunt, *ubi spiritus Domini, ibi libertas.*

4. Homo potest ita finalem beatitudinem secundùm omnem gradum perfectionis in præsenti assequi, sicut eam obtinebit in vitâ beatâ.

5. Quælibet intellectualis creatura in seipsâ naturaliter est beata, et anima non indiget lumine gloriæ ipsam elevante ad Deum videndum, et eo beatè fruendum.

6. Se in actibus exercere virtutum est hominis imperfecti, et perfecta anima licentiat à se virtutes.

7. Mulieris osculum, cùm ad hoc natura non inclinet, est peccatum mortale; actus autem carnalis, cùm ad hoc natura inclinet, peccatum non est, maximè cùm tentatur exercens.

8. In elevatione corporis Christi non debent assurgere, nec eidem reverentiam exhibere, asserentes, quòd esset imperfectionis eidem, si à puritate et altitudine suæ contemplationis tantùm descenderent; quòd circa mysterium, seu sacramentum Eucharistiæ, aut circa passionem humanitatis Christi aliqua cogitarent.

9. In hoc concilio damnata pariter fuit tanquàm hæretica ista propositio, sub eodem Pontifice: *Exercere usuras non est peccatum.*

10. Damnata fuit insuper ut hæretica hæc propositio: *Anima rationalis non est verè, et propriè forma corporis humani.*

CAPUT VI.

Refertur Propositio damnata anno 1418, in concilio Constantiensi Œcumenico sub Joanne XXIV, tempore schismatis ante creationem Martini V, qui deinde hujus Propositionis damnationem approbavit; est autem Propositio circa occisionem tyrannorum, et est hujusmodi.

1. Quilibet tyrannus potest et debet licitè et meritoriè occidi per quemcumque vassallum suum, vel subditum, etiam per clanculares insidias, et subtiles blanditias, vel adulationes, non obstante quocumque præstito juramento, seu consecratione factâ cum eo, non exspectatâ sententiâ vel mandato judicis cujuscumque.

CAPUT VII.

De schismate hujus temporis.

Cùm Urbanus VI severioribus fortasse gubernationis habenis urbi dominaretur, et cardinales nonnullos ambitione damnaret, ac in pluribus coerceret, factum est, ut hi novum Pontificem sub prætextu, quòd electio Urbani VI minimè canonica habenda esset, quia non liberè facta, deligerent. Hæc electio cardinalium propè Romam habita extulit ad Pontificatum Robertum Comitem Genevensem, qui dictus est Clemens VII. Hinc atrox nimis schisma inconsutilem Christi vestem, Ecclesiam scilicet, dividebat. Post hæc coactum est, non tamen convocante Pontifice, Pisanum concilium, à quo Pontifices ambo depositi, et creatus tertius Pontifex, ita ut jam schisma tres divisiones subiret; cardinalis Petrus Philaretes vir Dei assumptus fuit ad pontificatum Pisis. Quare principibus ipsis, ac orbe catholico in tres partes diviso, schisma magis ac magis invalescebat in dies, præsertim ex eo quòd defuncto Clemente, qui ei adhærebant cardinales novum illi Pontificem subrogârunt Petrum de Luna, qui Benedicti XIII nomen assumpsit, et ad plurimos annos Ecclesiam Christi turbavit. Tandem adhibito efficaci remedio, et convocato Constantiæ de consensu partium Concilio Œcumenico, tres Pontifices dignitate Pontificiâ privati sunt, ac electus Otho cardinalis Columna Romanus, qui Martinus V voluit nuncupari. Porrò Martinus V omnia deinde acta in concilio Constantiensi ad fidem spectantia approbavit auctoritate apostolicâ, et deinde redditâ Ecclesiæ pace singulis Patribus facultatem fecit ad propria remeandi. Hæc breviter hìc attigisse sufficiat, quæ in historiis conciliorum fusè exponuntur.

CAPUT VIII.

Referuntur Propositiones damnatæ anno 1418, sub Joanne XXIV, ante creationem Martini V, in concilio Constantiensi, sessione 45, contra Joannem Wicleffum.

1. Substantia panis materialis, et similiter substantia vini materialis remanent in sacramento Altaris.

2. Accidentia panis non manent sine subjecto in eodem sacramento.

Nota. Caveas, ne hìc accidentium nomine Peripateticorum entitatulas intelligas; non enim hæc fuit Synodi mens, inquit cardinalis Petrus Alliciensis, quæ definire unicè voluit, non manere in sacramento altaris substantiam panis cum corpore Christi, sed accidentia tantùm, sive hæc nudæ sint apparentiæ, sive species, ut antea Lateranense, deinde Tridentinum concilium dixit; sive denique quidpiam aliud quod sine panis substantiâ, panis in nobis sensum excitet; quod non theologo, et conciliis, sed philosopho investigandum est, ratione tamen divinâ revelatione informatâ, ne philosophia theologiæ, et Religioni obsit.

3. Christus non est in eodem sacramento identicè, et realiter propriâ præsentiâ corporali.

4. Si episcopus, vel sacerdos existat in peccato mortali non ordinat, non consecrat, non conficit, non baptizat.

5. Non est fundatum in Evangelio, quòd Christus Missam ordinaverit.

6. Deus debet obedire diabolo.

7. Si homo fuerit debitè contritus, omnis confessio exterior est sibi superflua, et inutilis.

8. Si papa sit præscitus et malus, et per consequens membrum diaboli, non habet potestatem super fideles sibi ab aliquo datam, nisi forte à Cæsare.

9. Post Urbanum VI non est aliquis recipiendus in papam, sed vivendum est more Græcorum sub legibus propriis.

10. Contra Scripturam Sacram est, quòd viri ecclesiastici habeant possessiones.

11. Nullus prælatus debet aliquem excommunicare, nisi priùs sciat eum excommunicatum à Deo, et qui sic excommunicat, fit ex hoc hæreticus, vel excommunicatus.

12. Prælatus excommunicans clericum, qui appellavit ad regem, vel concilium Regni, eo ipso traditor est regis, et regni.

13. Illi qui dimittunt prædicare, sive audire verbum Dei propter excommunicationem hominum, sunt excommunicati, et in Dei judicio traditores Christi habebuntur.

14. Licet alicui diacono, vel presbytero, prædicare verbum Dei absque auctoritate Sedis Apostolicæ, sive episcopi catholici.

15. Nullus est dominus civilis, nullus est prælatus, nullus est episcopus, dùm est in peccato mortali.

16. Domini temporales possunt ad arbitrium suum auferre bona temporalia ab Ecclesiâ, possessionatis habitualiter delinquentibus, id est, ex habitu, non solùm actu delinquentibus.

17. Populares possunt ad suum arbitrium dominos delinquentes corrigere.

18. Decimæ sunt puræ eleemosynæ, et possunt parochiani propter peccata suorum prælatorum ad libitum suum eas auferre.

19. Speciales orationes applicatæ uni personæ per prælatos, vel religiosos, non plus prosunt eidem, quàm generales cæteris paribus.

20. Conferens eleemosynam fratribus est excommunicatus eo facto.

21. Si aliquis ingreditur religionem privatam qualemcumque, tam possessionatorum, quàm mendicantium, redditur ineptior et inhabilior ad observationem mandatorum Dei.

22. Sancti instituentes religiones privatas, sic instituendo peccaverunt.

23. Religiosi viventes in religionibus privatis non sunt de religione christianâ.

24. Fratres tenentur per laborem manuum victum acquirere, et non per mendicitatem.

25. Omnes sunt simoniaci, qui se obligant ora-re pro aliis eis in temporalibus subvenientibus.

26. Oratio præsciti nulli valet.

27. Omnia de necessitate absolutâ eveniunt.

28. Confirmatio juvenum, clericorum ordinatio, locorum consecratio, reservantur papæ et episcopis propter cupiditatem lucri temporalis, et honoris.

29. Universitates, studia, collegia, graduationes, et magisteria in eisdem sunt vanâ gentilitate introducta, tantùm prosunt Ecclesiæ sicut diabolus.

30. Excommunicatio papæ, vel cujuscumque prælati, non est timenda, quia est censura Anti-Christi.

31. Peccant fundantes Claustra, et ingredientes sunt viri diabolici.

32. Ditare clerum est contra regulam Christi.

33. Sylvester papa et Constantinus imperator erràrunt Ecclesiam dotando.

34. Omnes de ordine Mendicantium sunt hæretici, et dantes eis eleemosynas sunt excommunicati.

35. Ingredientes religionem, aut aliquem Ordinem, eo ipso inhabiles sunt ad observanda divina præcepta, et per consequens ad perveniendum ad regnum cœlorum, nisi apostataverint ab eisdem.

36. Papa cum omnibus clericis suis possessionem habentibus sunt hæretici, eò quòd possessiones habent, et consentientes eis, omnes videlicet domini seculares, et cæteri laici.

37. Ecclesia Romana est synagoga Satanæ, nec papa est proximus et immediatus vicarius Christi et Apostolorum.

38. Decretales epistolæ sunt apocryphæ, et seducunt à fide Christi, et clerici sunt stulti, qui student eis.

39. Imperator et domini seculares sunt seducti à diabolo, ut Ecclesiam dotarent bonis temporalibus.

40. Electio papæ à cardinalibus, à diabolo est introducta.

41. Non est de necessitate salutis credere Romanam Ecclesiam esse supremam inter alias Ecclesias.

42. Fatuum est credere indulgentiis papæ et episcoporum.

43. Juramenta illicita sunt, quæ fiunt ad corroborandos humanos contractus, et commercia civilia.

44. Augustinus, Benedictus, et Bernardus, damnati sunt nisi pœnituerint de hoc, quòd habuerunt possessiones, et instituerunt, et intraverunt religiones, et sic à papâ usque ad ultimum religiosum, omnes sunt hæretici.

45. Omnes religiones indifferenter introductæ sunt à diabolo.

CAPUT IX.

Recensentur Propositiones Joannis Hus damnatæ veluti errores contra fidem eodem anno.

1. Una est sancta universalis Ecclesia, quæ est prædestinatorum universitas.

2. Paulus nunquàm fuit membrum diaboli, licet fecerit quosdam actus, actibus Ecclesiæ malignantium consimiles.

3. Præsciti non sunt partes Ecclesiæ, cùm multa pars ejus finaliter excidet ab eâ, eò quòd præde-

stinationis charitas, quæ ipsam ligat, non excidet.

4. Duæ naturæ, Divinitas et Humanitas, sunt unus Christus.

5. Præscitus, etsi aliquando est in gratiâ secundùm præsentem justitiam, tamen nunquàm est pars S. Ecclesiæ, et prædestinatus semper manet membrum Ecclesiæ, licet aliquando excidat à gratiâ adventitiâ, sed non à gratiâ prædestinationis.

6. Sumendo Ecclesiam pro convocatione prædestinatorum, sive fuerint in gratiâ, sive non, secundùm præsentem justitiam, isto modo Ecclesia est articulus Fidei.

7. Petrus non est, nec fuit caput Ecclesiæ sanctæ catholicæ.

8. Sacerdotes quomodolibet criminosè viventes sacerdotii polluunt potestatem, et sicut filii infideles sentiunt infideliter de septem sacramentis Ecclesiæ, de clavibus, officiis, censuris, moribus, cæremoniis, et sacris rebus Ecclesiæ, veneratione Reliquiarum, Indulgentiis, et Ordinibus.

9. Papalis dignitas à Cæsare inolevit, et papæ perfectio et institutio à Cæsaris potentiâ emanavit.

10. Nullus sine revelatione assereret rationabiliter de se, vel alio, quòd esset caput Ecclesiæ particularis, nec Romanus Pontifex est caput Romanæ Ecclesiæ particularis.

11. Non oportet credere, quòd iste, quicumque est Romanus Pontifex, sit caput cujuscumque particularis Ecclesiæ sanctæ, nisi Deus eum prædestinaverit.

12. Nemo gerit vicem Christi, vel Petri, nisi sequatur eum in moribus, cùm nulla alia sequela sit pertinentior, nec aliter recipiat à Deo procuratoriam potestatem, quia ad illud officium vicariatùs requiritur et morum conformitas, et instituentis auctoritas.

13. Papa non est verus et manifestus successor Apostolorum principis Petri, si vivit moribus contrariis Petro; et si quærit avaritiam, tunc est vicarius Judæ Iscariot. Et pari evidentiâ, cardinales non sunt veri et manifesti successores collegii aliorum Apostolorum Christi, nisi vixerint more Apóstolorum, servantes mandata et consilia Domini nostri Jesu Christi.

14. Doctores ponentes quòd aliquis per censuram Ecclesiasticam emendandus, si corrigi noluerit, seculari judicio est tradendus, pro certo sequuntur in hoc pontifices, scribas, et pharisæos, qui Christum non volentem eis obedire in omnibus, dicentes : *Nobis non licet interficere quemquam*, ipsum seculari judicio tradiderunt; et quòd tales sint homicidæ graviores, quàm Pilatus.

15. Obedientia ecclesiastica est obedientia secundùm adinventionem sacerdotum Ecclesiæ, propter expressam auctoritatem Scripturæ.

16. Divisio immediata humanorum operum est, quòd sunt vel virtuosa, vel vitiosa, quia si homo est vitiosus, et agit quidquam, tunc agit vitiosè, et si est virtuosus, et agit quidquam, tunc agit virtuosè : quia sicut vitium, quod crimen dicitur, seu mortale peccatum, inficit universaliter actus hominis vitiosi, sic virtus vivificat omnes actus hominis virtuosi.

17. Sacerdotes Christi viventes secundùm legem ejus, et habentes Scripturæ notitiam, et affectum ad ædificandum populum, debent prædicare, non obstante prætensâ excommunicatione. Quòd si papa, vel aliquis prælatus mandat sacerdoti sic disposito non prædicare, non debet subditus obedire.

18. Quilibet prædicantis officium de mandato accipit, qui ad sacerdotium accedit; et illud mandatum debet exequi, prætensâ excommunicatione non obstante.

19. Per censuras Ecclesiasticas excommunicationis, suspensionis, et interdicti, ad sui exaltationem clerus populum laicalem sibi suppeditat, avaritiam multiplicat, malitiam protegit, et viam præparat Anti-Christo. Signum autem evidens est, quòd ab Anti-Christo tales procedunt censuræ, quas vocant in suis processibus fulminationes, quibus clerus principalissimè procedit contra illos qui denudant nequitiam Anti-Christi, qui clerum pro se maximè usurpabit.

20. Si papa est malus, et præsertim si est præscitus, tunc ut Judas apostolus est diabolus, fur, et filius perditionis, et non est caput S. militantis Ecclesiæ, cùm nec sit membrum ejus.

21. Gratia prædestinationis est vinculum, quo corpus Ecclesiæ, et quodlibet ejus membrum jungitur Christo capiti insolubiliter.

22. Papa, vel prælatus malus et præscitus, est æquivocè Pastor, et verè fur, et latro.

23. Papa non debet dici sanctissimus, etiam secundùm officium, quia aliàs rex deberet etiam dici sanctissimus secundùm officium, et tortores, et præcones dicerentur sancti, imò etiam diabolus deberet dici sanctus, cùm sit officiarius Dei.

24. Si papa vivat Christo contrariè, etiamsi ascenderet per ritum et legitimam electionem, secundùm constitutionem humanam vulgatam, tamen aliunde ascenderet, quàm per Christum, dato etiam quòd intraret per electionem à Deo principaliter factam; nam Judas Iscariotes ritè, et legitimè à Deo Christo Jesu electus est ad episcopatum, et tamen ascendit aliunde ad ovile ovium.

25. Condemnatio XLV art. Joannis Wicleff per doctores facta est irrationabilis, et iniqua, et malè facta, et ficta est causa per eos allegata, videlicet ex eo, quòd nullus eorum sit Catholicus, sed quilibet eorum, aut est hæreticus, aut erroneus, aut scandalosus.

26. Non eo ipso, quo electores, vel major pars eorum consenserit vivâ voce secundùm ritus hominum in personam aliquam, eo ipso illa persona est legitimè electa, vel eo ipso est verus, et manifestus successor, vel vicarius Petri Apostoli, vel alterius Apostoli in officio ecclesiastico : unde sive electores benè, vel malè elegerint, operibus electi debemus credere; nam eo ipso, quo quis copiosiùs operatur meritoriè ad profectum Ecclesiæ, habet à Deo ad hoc copiosiùs facultatem.

27. Non est scintilla apparentiæ, quòd oporteat esse unum caput in spiritualibus regens Ecclesiam, quod semper cum Ecclesià ipsà militante conversetur, et conservetur.

28. Christus sine talibus monstruosis capitibus per suos veraces discipulos sparsos per orbem terrarum, meliùs suam Ecclesiam regularet.

29. Apostoli, et fideles sacerdotes Domini strenuè in necessariis ad salutem regulàrunt Ecclesiam, antequàm papæ officium foret introductum; sic facerent, deficiente, per summè possibile, papà usque ad diem judicii.

30. Nullus est dominus civilis, nullus est prælatus, nullus est episcopus, dùm est in peccato mortali.

Post hanc damnationem, cùm Joannes Hus contumax perseverâsset in suis erroribus, unà cum Hieronymo d Praga publico igne combustus est.

CAPUT X.

Recensentur Propositiones damnatæ in concilio Basileensi sub Eugenio IV, antequàm concilium esset acce phatum anno 1435, decerptæ à libro Augustini Ro mani Archiepiscopi Nazareni.

1. Anima Christi videt Deum tam clarè, et intensè, quantùm clarè et intensè Deus videt seipsum.

2. Ratio suppositalis determinans humanam naturam in Christo, non realiter distinguitur ab ipsà naturà determinatà.

3. Christus quotidiè peccat, et ex quo fuit Christus quotidiè peccavit.

4. Non omnes justificati sunt membra Christi, sed soli prædestinati.

5. Humana natura in Christo est persona Verbi.

6. Humana natura assumpta à Verbo ex unione personali est veraciter Deus naturalis et proprius.

7. Christus secundùm voluntatem creatam diligit naturam humanam unitam personæ Verbi, quantùm diligit naturam divinam.

8. Sicut duæ personæ in divinis sunt æqualiter diligibiles; ita duæ naturæ in Christo, humana et divina, sunt æqualiter diligibiles propter personam communem.

CAPUT XI.

Referuntur nonnullæ Propositiones Magistri Oxomensis damnatæ in congregatione Complutensi; quarum damnationem auctoritate apostolicà confirmavit Sixtus IV, anno 1489.

1. Peccata mortalia quantùm ad culpam, et pœnam alterius seculi delentur per solam cordis contritionem sine ordine ad claves.

2. Confessio de peccatis in specie fuit ex aliquo statuto utilis Ecclesiæ, non de jure divino.

3. Pravæ cogitationes confiteri non debent, sed solà displicentià delentur sine ordine ad claves.

4. Confessio debet esse secreta, id est, de peccatis secretis, non de manifestis.

5. Non sunt absolvendi pœnitentes, nisi peractà priùs pœnitentià eis injunctà.

6. Papa non potest indulgere alicui viro pœnam Purgatorii.

7. Ecclesia urbis Romæ errare potest.

8. Papa non potest dispensare in statutis universalis Ecclesiæ.

9. Sacramentum Pœnitentiæ, quantùm ad collationem gratiæ sacramentalis, naturæ est, non alicujus institutionis veteris, vel novi Testamenti.

Damnatæ fuerunt hæ propositiones ut scandalosæ, et hæreticæ, et coactus Magister Petrus Oxomensis abjurare illas, quod catholicè implevit.

CAPUT XII.

Referuntur duæ Propositiones circa hominis animam rationalem, quas Leo X damnavit in concilio Lateranensi, sess. 8, anno 1513. Propositiones sunt istæ.

1. Anima intellectiva mortalis est, saltem secundùm philosophiam.

2. Anima intellectiva est unica in cunctis hominibus.

Duæ istæ propositiones damnatæ fuerunt ut hæreticæ, ac deinde superaddita hæc universalis definitio quoad assertiones philosophicas. « Cùm verum vero « minimè contradicat, omnem assertionem veritati « illuminatæ fidei contrariam omninò falsam esse de- « finimus, et ut aliter dogmatizare non liceat, distri- « ctiùs inhibemus. Omnes hujusmodi erroneis asser- « tionibus inhærentes, tanquam hæreticos vitandos, « et puniendos fore decernimus.

« Insuper omnibus, et singulis philosophis in Uni- « versitatibus studiorum generalium, et alibi publicè « legentibus districtè præcipimus, ut cùm philoso- « phorum principia, aut conclusiones, in quibus à « rectà fide deviare noscuntur, auditoribus suis lege- « rint, seu explicaverint (quale hoc de immortalitate « animæ, aut unitate, et mundi æternitate, ac alia hu- « jusmodi), teneantur eisdem veritatem religionis « christianæ omni conatu manifestam facere, et per- « suadendo, pro posse, docere, ac omni studio hujus- « modi philosophorum argumenta (cùm omnia solu- « bilia existant) pro viribus excludere, atque resol- « vere. »

CAPUT XIII.

Referuntur Propositiones XLI Martini Lutheri à Leone X, damnatæ anno 1520, per Bullam : Exurge, Domine, quæ sic habent:

1. Hæretica sententia est, sed usitata, sacramenta novæ legis justificantem gratiam illis dare, qui non ponunt obicem.

2. In puero post Baptismum negare remanens peccatum, est Paulum et Christum simul conculcare.

3. Fomes peccati, etiamsi nullum adsit actuale peccatum, moratur exeuntem à corpore animam ab ingressu cœli.

4. Imperfecta charitas morituri fert secum necessariò magnum timorem, qui se solo satis est facere pœnam purgatorii, et impedit intróitum regni.

5. Tres esse partes pœnitentiæ : Contritionem, confessionem, et satisfactionem, non est fundatum in S.

Scripturâ, nec in antiquis SS. christianis doctoribus.

6. Contritio, quæ paratur per discussionem, collationem et detestationem peccatorum, quâ quis recogitat annos suos in amaritudine animæ suæ ponderando peccatorum gravitatem, multitudinem, fœditatem, amissionem æternæ beatitudinis, ac æternæ damnationis acquisitionem, hæc contritio facit hypocritam, imò magis peccatorem.

7. Verissimum est proverbium, et omni doctrinâ de contritionibus hucùsque datâ præstantius, de cætero non facere summas pœnitentias : optima pœnitentia nova vita.

8. Nullo modo præsumas confiteri peccata venialia, sed nec omnia mortalia, quia impossibile est, ut omnia mortalia cognoscas : unde in primitivâ Ecclesiâ solùm manifesta mortalia confitebantur.

9. Dùm volumus omnia purè confiteri, nihil aliud facimus, quàm quod misericordiæ Dei nihil volumus relinquere ignoscendum.

10. Peccata non sunt ulli remissa, nisi, remittente sacerdote, credat sibi remitti : imò peccatum maneret, nisi remissum crederet : non enim sufficit remissio peccati, et gratiæ donatio, sed oportet etiam credere esse remissum.

11. Nullo modo confidas absolvi propter tuam contritionem, sed propter verbum Christi : *Quodcumque solveris*, etc. Hinc, inquam, confide, si sacerdotis obtinueris absolutionem, et crede fortiter te absolutum, et absolutus verè eris, quidquid sit de contritione.

12. Si per impossibile confessus non esset contritus, aut sacerdos non serió, sed joco absolveret, si tamen credat se absolutum, verissimè est absolutus.

13. In sacramento pœnitentiæ, ac remissione culpæ, non plus facit papa, aut episcopus, quàm infimus sacerdos; imò ubi non est sacerdos, æquè tantùm quilibet Christianus, etiamsi mulier, aut puer esset.

14. Nullus debet sacerdoti respondere se esse contritum, nec sacerdos requirere.

15. Magnus est error eorum qui ad sacramenta Eucharistiæ accedunt, huic innixi, quòd sint confessi, quòd non sint sibi conscii alicujus peccati mortalis, quòd præmiserint orationes suas, et præparatoria : omnes illi judicium sibi manducant, et bibunt. Sed si credant, et confidant se gratiam ibi consecuturos, hæc sola fides facit eos puros et dignos.

16. Consultum videtur, quòd Ecclesia in communi concilio statueret, laicos sub utrâque specie communicandos, nec Bohemi sub utrâque specie communicantes sunt hæretici, sed schismatici.

17. Thesauri Ecclesiæ, unde papa dat indulgentias, non sunt merita Christi.

18. Indulgentiæ sunt piæ fraudes fidelium, et remissiones bonorum operum : et sunt de numero eorum quæ licent, et non de numero eorum quæ expediunt.

19. Indulgentiæ his qui veraciter eas consequuntur, non valent ad remissionem pœnæ pro peccatis actualibus debitæ apud divinam justitiam.

20. Seducuntur credentes, Indulgentias esse salutares, et ad fructum spiritûs utiles.

21. Indulgentiæ necessariæ sunt solùm publicis criminibus, et propriè conceduntur duris solummodò, et impatientibus.

22. Sex generibus hominum Indulgentiæ nec sunt necessariæ, nec utiles : videlicet mortuis seu morituris, infirmis legitimè impeditis, his qui non commiserunt crimina, his qui crimina commiserunt, sed non publica, his qui meliora operantur.

23. Excommunicationes sunt tantùm externæ pœnæ, nec privant hominem communibus spiritualibus Ecclesiæ orationibus.

24. Docendi sunt Christiani, plus diligere excommunicationem, quàm timere.

25. Romanus Pontifex Petri successor, non est Christi vicarius super omnes totius mundi Ecclesias, ab ipso Christo in B. Petro institutus.

26. Verbum Christi ad Petrum : *quodcumque solveris super terram*, etc., extenditur duntaxat ad ligata ab ipso Petro.

27. Certum est in manu papæ, aut Ecclesiæ, prorsùs non esse statuere articulos fidei, imò nec leges morum, seu bonorum operum.

28. Si Papa cum magnâ parte Ecclesiæ sic, vel sic sentiret, nec etiam erraret, adhuc non est peccatum aut hæresis contrarium sentire, præsertim in re non necessariâ ad salutem, donec fuerit per concilium universale, alterum reprobatum, alterum approbatum.

29. Via nobis facta est enervandi auctoritatem conciliorum, et liberè contradicendi eorum gestis, et judicandi eorum decreta, et confidenter confitendi quidquid verum videtur, sive probatum fuerit, sive reprobatum à quocumque concilio.

30. Aliqui articuli Joannis Hus condemnati in concil. Constantiensi sunt christianissimi, verissimi, et evangelici, quos nec universalis Ecclesia posset damnare.

31. In omni opere bono justus peccat.

32. Opus bonum optimè factum, est veniale peccatum.

33. Hæreticos comburi est contra voluntatem Spiritûs sancti.

34. Præliari adversùs Turcas, est repugnare Deo visitanti iniquitates nostras per illos.

35. Nemo est certus, se non semper peccare mortaliter propter occultissimum superbiæ vitium.

36. Liberum arbitrium post peccatum est res de solo titulo : et dùm facit quod in se est, peccat mortaliter.

37. Purgatorium non potest probari ex Sacrâ Scripturâ, quæ sit in canone.

38. Animæ in Purgatorio non sunt securæ de earum salute, saltem omnes : nec probatum est ullis aut rationibus, aut Scripturis, ipsas esse extra statum merendi, aut augendæ charitatis.

39. Animæ ex Purgatorio peccant sine intermissione quamdiù quærunt requiem, et horrent pœnas.

40. Animæ ex Purgatorio liberatæ suffragiis viventium minùs beantur, quàm si per se satisfecissent.

41. Prælati ecclesiastici, et principes seculares non malè facerent, si omnes saccos mendicitatis delerent.

CAPUT XIV.

Monitum ad Ecclesiæ pastores et confessarios circa eorum vitium, ac detestandum peccatum, qui orthodoxas scholas, theologosque catholicos invidioso Baianismi ac Jansenianismi nomine traducunt.

Non dubito quin futuri sint homines qui monitum hocce nostrum vel ineptum habeant et prædicent, vel alio nomine irrideant atque contemnant. Scio enim esse apud plerosque in more positum, ut quæ præconceptis eorum opinionibus, eorumque studiis et voluntati respondeant et faveant, probent omnia ac summis laudibus efferant; quæ verò cum iis pugnant, causâ nondùm cognitâ, damnent ac fœdissimis conviciis proscindant. Ii sanè vel ad rem monitum non esse, vel parti me servire voluisse, aut iis etiam pejora effutient. At horum egò dicteria atque convicia nihili facio; non enim eos, quos malitia ita excæcaverit ut apertam veritatem intueri aut nequeant, aut nolint, sed homines ratione utentes, ac Christi fidelium rectores alloquor, quibus dùm suscepti operis consilium expositum compertumque sit, non dubito quin si non opus, consilium saltem probandum sit, animusque scribentis. Hic enim demonstrandum suscepi quàm grave peccatum, quàmque enormis eorum sit culpa, qui aut culpabili ignorantiâ aut malitiâ ducti, ut proprias opiniones alienis præponant, solent has, earumque auctores conviciis lacerare. De Baianismi ac Jansenianismi calumniâ dicturus sum, quòd horum tantùm damnatas sententias recenseam; sed quæ hâc de re disputabo ad eos quoque applicari facilè poterunt, qui Pelagianismi, Semipelagianismi, vel alterius ab Ecclesiâ proscripti erroris orthodoxos theologos insimulent. Primùm itaque convicii hujus perversitatem ostendam, ac deinde ad calcem propositionum principaliores theologorum opiniones, quæ notari erroris nequeant, explicabo. Nam id necessarium esse omninò arbitror ob abjectas Sporerio, ac Felici Potestati explicationes, quæ sive ex ignorantiâ, sive ex auctorum malitiâ, eo expositæ consilio visæ sunt, ut faciliùs quisque possit theologos plerosque catholicos Jansenianismi accusare.

Venio nunc ad id quod in monito explicandum susceperam; ac principio statuo, gravem esse culpam in re gravis momenti Apostolicæ Sedi non obtemperare, ejusque præcepta sub onere sanctæ obedientiæ, et sub gravissimis pœnis imposita palam contemnere. Id enim catholicis est omninò exploratum. Videamus modò Apostolicæ Sedis decreta et constitutiones. Mitto latas in causâ Baii Constitutiones, atque rem ex Innocentii XI decreto exordior. Is itaque, die 2 *Martii*, anno 1679, « omnibus in virtute sanctæ obedientiæ
« præcepit, ut tam in libris imprimendis, ac Mss.
« quàm in thesibus, disputationibus ac prædicationibus
« caveant ab omni censurâ et notâ, nec non à qui-
« buscumque conviciis contra eas propositiones quæ
« adhuc inter catholicos hinc inde controvertuntur,
« donec à Sanctâ Sede recognitâ super eisdem propo-
« sitionibus judicium proferatur. » Deinde Innocentius XII, die sextâ januarii, anno 1694, decreto suo sancivit, « ne quis traducatur invidiosè nomine Janse-
« nianismi, nisi priùs legitimè constiterit aliquam ex
« quinque propositionibus docuisse et tenuisse. » Vides Apostolicæ Sedis præcepta. Parentne decretis præceptisque hujusmodi, qui Thomistas, Augustinianos, ac theologos eorum opinionibus non faventes Jansenianos palam prædicant? Sed rem persequamur. Satis nota est Constitutio *Unigenitus*, quam infra referemus. Cùm eâ promulgatâ, nonnulli Quesnellianismi, et Jansenianismi insimulare cœpissent assertores gratiæ per se efficacis ac saniores morum regulas edocentes, re ad Clement XI, Pont. Max. delatâ, anno 1718, 5 Kalendas Septembris constitutionem edidit, cujus initium est : *Pastoralis*, in quâ ad eos coercendos, qui scholarum opiniones cum damnatis in Bullâ *Unigenitus* propositionibus confundebant : « Cæterùm, inquit, in
« hoc præpostero judicio consuetum calumniandi mo-
« dum non derelinquunt; nisi enim excæcaret eos
« malitia eorum, ac nisi diligenter magis tenebras,
« quàm lucem, ignorare non deberent sententias illas
« ac doctrinas, quas ipsi cum erroribus per nos dam-
« natis confundunt, palam, et liberè in catholicis scho-
« lis etiam post editam à nobis memoratam constitu-
« tionem sub oculis nostris doceri atque defendi, il-
« lasque propterea minimè, per eam fuisse proscrip-
« tas. Verùm supercecidit ignis contentionis, et non
« viderunt solem lucidissimæ veritatis. » Cùm verò hæc satis non fuerint ad eos compescendos, qui partium studio incitati, atque superbiæ spiritu ducti, proprias alienis opinionibus præponere, et de adversariis victoriam ac veluti reportatum triumphum canere student, Clem. XII, die 2 octobris, anno 1733, novam constitutionem edidit, quæ incipit : *Apostolicæ providentiæ officio*, in quâ celeberrimæ constitutionis *Unigenitus* mentione præmissâ, in hunc modum loquitur :
« Nos paternâ quoque sollicitudine inhærentes magno
« pere dolemus tenebras à dissensionis filiis offusas
« nondùm ex quorumdam mentibus satis esse discus-
« sas, sed plerosque etiam nunc intolerabili pertinaciâ
« contendere, censuris laudatæ constitutionis doctri-
« nam sanctorum Augustini et Thomæ de divinæ gra-
« tiæ efficaciâ esse perstrictam. Ut igitur nullas chari-
« tatis partes ad revocandos errantes nobis reliquas
« faciamus, universis et singulis Christi fidelibus quâ-
« cumque dignitate, etiam episcopali, et majori ful-
« gentibus in virtute sanctæ obedientiæ districtè præ-
« cipimus, et sub canonicis pœnis mandamus, ne
« disputantes, aut docentes sive in scholis, sive in
« concionibus, sive scriptis editis, sive aliter proposi-
« tiones defendant, aut enuntient, quæ antedictas no-
« vatorum calumnias firmare et promovere possint.
« Mentes tamen eorumdem prædecessorum perspectas
« habentes nolumus aut per nostros, aut per ipsorum
« laudes Thomisticæ scholæ delatas, quas iterato nos-
« tro judicio comprobamus et confirmamus, quidpiam
« esse detractum cæteris catholicis scholis diversa ab

« eâdem in explicandâ divinæ gratiæ efficaciâ sentien-
« tibus, quarum etiam erga hanc Sanctam Sedem præ-
« clara sunt merita, quominùs sententias eâ de re
« tueri pergant, quas hactenùs palam et liberè ubique,
« etiam in hujus almæ Urbis luce docuerunt, et pro-
« pugnârunt. Quamobrem fel. record. Pauli V et alio-
« rum prædecessorum nostrorum ad restringendum
« dissensionum fomitem vestigia prosequentes, et sa-
« luberrima mandata renovantes, auctoritate quoque
« nostrâ omnibus et singulis superiùs expressis inter-
« dicimus et prohibemus sub iisdem pœnis, ne vel
« scribendo, vel disputando, vel aliâ quâlibet occa-
« sione notam, aut censuram ullam theologicam iis-
« dem scholis diversa sentientibus inurere, aut eorum
« sententias conviciis et contumeliis incessere au-
« deant, donec de iisdem controversiis hæc Sancta
« Sedes aliquid definiendum ac pronuntiandum cen-
« suerit. Pacem siquidem, quam cum veritate diligen-
« dam Dominus præcipit, inter catholicæ Ecclesiæ
« filios fovere et communire debemus, et curamus, ut
« conjunctis diversarum licet scholarum studiis fir-
« mius sit adversùs erroris insidias præsidium. »

Accedunt etiam litteræ in formâ Brevis Benedict. XIII
ad universos fratres ordinis Prædicatorum adversùs
calumnias doctrinæ SS. Augustini et Thomæ intenta-
tatas, quarum initium est : *Demissas preces*. In eis
itaque hæc habentur : « Eos qui constitutione *Unige-
« nitus* damnatam Augustinianam et Thomisticam do-
« ctrinam asseverant, apostolicæ auctoritati detra-
« here ; » atque ita concluditur : « Magno igitur animo
« contemnite, dilecti Filii, calumnias intentatas sen-
« tentiis vestris de gratiâ præsertim, per se, et ab in-
« trinseco efficaci, ac de gratuitâ prædestinatione ad
« gloriam sine ullâ prævisione meritorum, quas lau-
« dabiliter hactenùs docuistis, et quas ab ipsis SS. do-
« ctoribus Augustino et Thomâ se hausisse, et verbo
« Dei, summorumque pontificum et conciliorum de-
« cretis et Patrum dictis consonas esse commendabili
« studio schola vestra gloriatur. Cùm igitur bonis et
« rectis corde satis constet, ipsique calumniatores,
« nisi dolum sequi velint, satis perspiciant, SS. Au-
« gustini et Thomæ inconcussa tutissimaque dogmata
« nullis prorsùs antedictæ constitutionis censuris esse
« perstricta : ne quis in posterum eo nomine calumnias
« struere, et dissensiones tenere audeat, sub canonicis
« pœnis districtè inhibemus. Pergite porrò doctoris
« vestri opera sole clariora sine ullo prorsùs errore
« conscripta, quibus Ecclesiam Christi mirâ eruditione
« clarificavit, inoffenso pede decurrere, ac per certis-
« simam illam Christianæ doctrinæ regulam sacro-
« sanctæ religionis veritatem, incorruptæque disci-
« plinæ sanctitatem tueri ac vendicare, etc. »

En Apostolicæ Sedis decreta, præcepta, ac latas in
contemptores pœnas. At quæ sub præcepto et in virtute sanctæ obedientiæ, ac sub canonicis pœnis vetita
sunt, ea gravem per se obligationem ferre, nemo
ignorat. Ita verò Apostolica Sedes vetat Jansenismi
notare opiniones, quæ in scholis à Thomistis et Augustinianis traduntur, quæ palam Romæ sub Pontificis

oculis docentur et propugnantur, et quæ ab auctoribus
catholicis proponuntur, dummodò per legitimam causam probatum non sit, sensum illas involvere damna-
torum errorum. Quis ergo non videt peccare eos, qui
invidiosis hujusmodi nominibus viros catholicos tradu-
cant, ac publicos etiam esse Apostolicæ Sedis contemptores?

At convicia et calumniæ hujusmodi non solùm in-
obedientiæ et contemptûs Apostolicæ Sedis reatum
habent, sed injuriam maximam secum ferunt, ac alia
quàm plurima, quæ peccatum augeant. Nam crimen
hæreseos maximum est, ac maximam secum fert
infamiam. Ergo gravissimi viro præsertim ecclesiastico, vel regularium ordini injuria fit, dùm hæreticus
prædicatur, et gravissimum peccatum hujusmodi con-
vicium est. Accedit præterea odium, quod inde sequitur, et publicæ inter ecclesiasticos viros inimicitiæ
atque lites, quæ res populo christiano sunt maximo
scandalo, atque hæreticis occasionem præbent contemnendi Ecclesiam catholicam fidemque orthodoxam.
Quænam verò etiam apud benigniores theologos doctrina est quæ à gravissimâ culpâ mala hæc valet
excusare ? non solùm enim charitas in re gravissimâ,
sed etiam justitia manifestè læditur, ut ex iis quæ de
charitate et justitiâ disputata sunt manifestum est.

Dicet verò aliquis non posse opiniones illas censurâ
notari, sed fas esse theologo, qui in oppositâ sententiâ
versetur, Thomisticas vel Augustinianas opiniones ita
confutare, ut ex earum positione Baianismum vel
Jansenismum consequi argumentetur. Ut enim cuique
licet omni argumentorum genere contrarias opiniones
refellere, ac proprias tueri ; ita etiam licitum cuique
erit ob absurda, quæ inde sequerentur, opiniones illas
rejicere ; quia veris illis constitutis, veras quoque adstruere oporteret Baii, Jansenii Quesnelliique theses.

Non nego licitè id fieri posse, imò et quandoque hujusmodi oppositiones plurimùm conferre censeo ad
exponendum catholicum dogma, et ad aperiendum
explicandumque discrimen, quod inter damnatas ab
Ecclesiâ propositiones, et Catholicorum opiniones
intercedit. Quamobrem, si, servatis charitatis legibus
ac eo tantùm animo, hujusmodi argumenta urgeantur,
ut veritas magis magisque clarescat, et ut certi inter
damnatam doctrinam, atque orthodoxas opiniones limites detegantur, laude digni theologi haberentur. Sed
si fallaces illas ratiocinationes, quas adhibent, tanti
faciant, ut certos se esse jactitent opiniones illas,
Baianas, Jansenianasque esse, atque ita prædicent ;
tum peccant reverâ contra Apostolicæ Sedis præceptum, et Apostolicam Sedem contemnunt, cùm pluris
faciant privatam eorum opinionem, quàm illius judicium et mandatum : peccant etiam contra charitatem,
et justitiam, quia lædunt quàm maximè famam proximi
sui, illumque ad odium et dissidia talia provocant,
ut maxima inde in christiano populo scandala sequantur ; ac demùm catholicæ religioni plurimùm obsunt,
tum ob honorem, quem præbent damnatis sectis, tum
cùm eisdem theologos nostros sentire prædicant ;
tum ob derisionem cui apud illas sectas exponunt ju-

dicium Ecclesiæ, quod veluti iniquum traducitur, quasi in illis damnâsset, quod in aliis tolerat, ac apertè permittit; tum denique, quia ita difficiliorem faciunt errantium conversionem. Hæc verò tanti mihi momenti semper visa sunt, ut non modò convicia hæc, sed etiam hujusmodi argumentandi rationem horruerim. Neque enim facilè fieri posse censeo, ut ita argumentando scandalum apud simpliciores præcaveri possit, et ut animus in eo, qui ita agit, desit in opinionem contrariam, illiusque assertoribus invidiam conciliandi. Accedit etiam, argumenta hujusmodi mera esse sophismata, positâ jam definitione Ecclesiæ, quæ decrevit, opiniones illas à damnatis erroribus esse omninò diversas. Ecquis enim ignoret, in re theologicâ purum putumque sophisma esse ratiocinium illud, quo probari quidpiam contenditur, quod judicio Ecclesiæ adversetur? Quis ergo dicat non perversè agere, qui usu sophismatum violant charitatem, scandala creant, et ad minus periculo sese exponunt lædendi in re gravissimâ famam proximi et contemnendi Ecclesiam?

Denique muneri desunt suo scholastici illi, qui hujusmodi ratiocinandi rationem adhibent. Nam scholasticæ theologiæ institutum, ac theologi officium est explicare orthodoxa dogmata, novatorum adversùs ea sophismata solvere, ac discrimen ostendere, quod inter proscriptos errores, et Catholicorum opiniones, intercedit. Hâc enim unicè de causâ theologia scholastica utilis dici potest; quodnam enim aliud est bonum, quod ejus usu Religioni, atque Ecclesiæ afferri possit? Numquid ingenii ostentatio, gloriola apud homines, aut seria occupatio, quæ otium excludat? At priora duo Ecclesiæ malum potiùs quàm bonum conciliant; tertium verò inutile prorsùs est, nisi ex occupatione illâ quidpiam erui valeat, quod Religioni prosit. Age verò, qui tanto conatu student Thomisticas, vel Augustinianas, aut aliorum catholicorum hominum opiniones Jansenianas ostendere, an non potiùs confundere orthodoxas opiniones cum erroribus videntur, quàm discrimen detegere et explicare. An non favent potiùs quàm noceant errori proscripto, dùm illum cum catholici opinione confundendo, occasionem novatoribus præbent sub velo orthodoxæ opinionis tegendi errores ac hæreses? Ubi tunc est bonum, quod Ecclesiæ affert theologia scholastica? Nam ita potiùs errori, quàm veritati catholicæ, præsidium est. Nec dici potest obscuram hâc in re materiam esse; etenim Ecclesiæ definitio, quæ scholarum opiniones immunes ab errore declarat, perspicua est. Theologi Thomistæ et Augustiniani perspicuè explicant discrimen inter proprias, et damnatas sententias, atque id egregiè quoque tuentur. Ut ii ergo id faciunt, cur conjunctis viribus adversùs errorum insidias, ex horum etiam principiis, agere theologi reliqui non poterunt? Ita sanè prudentiores omnes faciunt, dùm contra Semipelagianos disputando, eos constitutâ quoque *scientiâ mediâ* confutant, etsi hæc hujus aliquando erroris insimulata fuit. Quare ergo Thomisticâ, vel Augustinianâ, aut quâcumque aliâ constitutâ hypothesi refellendi non erunt Lutherani, Jansenianique? Hâc viâ Catholicorum honori, Ecclesiæque bono consulitur, et conjunctis viribus, ut Apostolica Sedes jubet, hæreses impugnantur. Hæc quantùm ad monitum ; quoad explicationem catholicarum opinionum earumque à Janseniano errore discrimen vide cap. 16.

CAPUT XV.

Recensentur novem ac septuaginta Propositiones Michaelis Baii, olim à Pio V et Gregorio XIII, ac deinde ab Urbano VIII, anno 1664, confixæ in Bullâ In eminenti.

1. Nec angeli, nec primi hominis adhuc integri merita rectè vocantur gratia.

2. Sicut opus malum ex naturâ suâ est mortis æternæ meritorium, sic bonum opus ex naturâ suâ est vitæ æternæ meritorium.

3. Et bonis angelis et primo homini, si in statu illo perseverâsset usque ad ultimum vitæ, felicitas esset merces, et non gratia.

4. Vita æterna homini integro et angelo promissa fuit intuitu bonorum operum, et bona opera ex lege naturæ ad illam consequendam per se sufficiunt.

5. In promissione factâ angelo et primo homini continetur naturalis justitiæ constitutio, quâ pro bonis operibus, sine alio respectu, vita æterna justis promittitur.

6. Naturali lege constitutum fuit homini, ut si in obedientiâ perseveraret, ad eam vitam pertransiret, in quâ mori non posset.

7. Primi hominis integri merita fuerunt primæ creationis munera; sed juxta modum loquendi Scripturæ Sacræ non rectè vocantur gratia : quo fit, ut tantùm merita, non etiam gratia debeant nuncupari.

8. In redemptis per gratiam Christi, nullum inveniri potest bonum meritum, quod non sit gratis indigno collatum.

9. Dona concessa homini integro, et angelo, forsitan, non improbandâ ratione, possunt dici gratia; sed quia secundùm usum Sacræ Scripturæ nomine gratiæ, ea tantùm munera intelliguntur, quæ per Jesum Christum malè meritis, et indignis conferuntur, ideò neque merita, neque merces, quæ illis redditur, gratia dici debet.

10. Solutio pœnæ temporalis, quæ peccato dimisso sæpè remanet, et corporis resurrectio, propriè nonnisi meritis Christi adscribenda.

11. Quòd piè et justè in hâc vitâ mortali usque in finem conversati vitam consequimur æternam, id non propriè gratiæ Dei, sed ordinationi naturali statim initio creationis constitutæ justo Dei judicio deputandum est; neque in hâc retributione bonorum ad Christi meritum respicitur, sed tantùm ad primam institutionem generis humani, in quâ lege naturali constitutum est, ut justo Dei judicio obedientiæ mandatorum vita æterna reddatur.

12. Pelagii sententia est : Opus bonum citra gratiam adoptionis factum non est regni cœlestis meritorium.

13. Opera bona à filiis adoptionis facta non acci-

piunt rationem meriti ex eo quòd fiunt per spiritum adoptionis inhabitantem corda filiorum Dei, sed tantùm ex eo quòd sunt conformia legi, quòdque per se præstatur obedientia legi.

14. Opera bona justorum non accipient in die judicii extremi ampliorem mercedem, quàm justo Dei judicio mereantur accipere.

15. Ratio meriti non consistit in eo quòd qui benè operatur habet gratiam, et inhabitantem Spiritum Sanctum, sed in eo solùm quòd obedit divinæ legi.

16. Non est vera legis obedientia, quæ fit sine charitate.

17. Sentiunt cum Pelagio, qui dicunt esse necessarium ad rationem meriti, ut homo per gratiam adoptionis sublimetur ad statum deificum.

18. Opera catechumenorum, ut fides et pœnitentia ante remissionem peccatorum facta, sunt vitæ æternæ merita : quam vitam ipsi non consequentur, nisi priùs præcedentium delictorum impedimenta tollantur.

19. Opera justitiæ et temperantiæ, quæ Christus fecit, ex dignitate personæ operantis non traxerunt majorem valorem.

20. Nullum est peccatum ex naturâ suâ veniale, sed omne peccatum meretur pœnam æternam.

21. Humanæ naturæ sublimatio et exaltatio in consortium divinæ naturæ, debita fuit integritati primæ conditionis : et proinde naturalis dicenda est, et non supernaturalis.

22. Cum Pelagio sentiunt, qui textum Apostoli ad Romanos 2 : *Gentes, quæ legem non havent, naturaliter ea quæ legis sunt faciunt*, intelligunt de gentibus fidei gratiam non habentibus.

23. Absurda est eorum sententia, qui dicunt, hominem ab initio, dono quodam supernaturali et gratuito, supra conditionem naturæ suæ fuisse exaltatum, ut fide, spe, et charitate Deum supernaturaliter coleret.

24. A vanis et otiosis hominibus secundùm insipientiam philosophorum excogitata est sententia, quæ ad Pelagianismum rejicienda est : Hominem ab initio sic constitutum, ut per dona naturæ superaddita fuerit largitate conditoris sublimatus, et ad Dei filium adoptatus.

25. Omnia opera infidelium sunt peccata, et philosophorum virtutes sunt vitia.

26. Integritas primæ creationis non fuit indebita humanæ naturæ exaltatio, sed naturalis ejus conditio.

27. Liberum arbitrium sine gratiâ Dei adjutorio, nonnisi ad peccandum valet.

28. Pelagianus est error, dicere, quòd liberum arbitrium valet ad ullum peccatum vitandum.

29. Non soli fures ii sunt, et latrones, qui Christum, viam et ostium veritatis et vitæ negant, sed etiam quicumque aliunde, quàm per ipsum, in viam justitiæ (hoc est, ad aliquam justitiam) conscendi posse docent.

30. Aut tentationi ulli sine gratiæ ipsius adjutorio resistere hominem posse, sic ut in eam non inducatur, ut ab eâ non superetur.

31. Charitas perfecta et sincera, quæ est de corde puro, et conscientiâ bonâ, et fide non fictâ, tam in catechumenis, quàm in pœnitentibus potest esse sine remissione peccatorum.

32. Charitas illa, quæ est plenitudo legis, non est semper conjuncta cum remissione peccatorum.

33. Catechumenus justè, rectè et sanctè vivit, et mandata Dei observat, ac legem implet per charitatem, ante obtentam remissionem peccatorum, quæ in Baptismi lavacro demùm recipitur.

34. Distinctio illa duplicis amoris, naturalis videlicet, quo Deus amatur ut auctor naturæ, et gratuiti, quo Deus amatur ut beatificator, vana est, commentitia, et ad illudendum sacris litteris, et plurimis veterum testimoniis excogitata.

35. Omne quod agit peccator, vel servus peccati, peccatum est.

36. Amor naturalis, qui ex viribus naturæ exoritur, ex solâ philosophiâ, per elationem præsumptionis humanæ, cum injuriâ crucis Christi defenditur à nonnullis doctoribus.

37. Cum Pelagio sentit, qui boni aliquid naturalis, hoc est, quod ex naturæ solis viribus ortum ducit, agnoscit.

38. Omnis amor creaturæ rationalis, aut vitiosa est cupiditas, quâ mundus diligitur, quæ à Joanne prohibetur ; aut laudabilis illa charitas, quâ per Spiritum sanctum in corde diffusâ, Deus amatur.

39. Quod voluntariè fit, etiamsi necessariò fiat, liberè tamen fit.

40. In omnibus suis actibus peccator servit dominanti cupiditati.

41. Is libertatis modus, qui est à necessitate, sub libertatis nomine non reperitur in Scripturis, sed solum nomen libertatis à peccato.

42. Justitia, quâ justificatur per fidem impius, consistit formaliter in obedientiâ mandatorum, quæ est operum justitia ; non autem in gratiâ aliquâ animæ infusâ, quâ adoptatur homo in filium Dei, et secundùm interiorem hominem renovatur, ac Divinæ naturæ consors efficitur, ut sic per Spiritum sanctum renovatus, deinceps benè vivere, et Dei mandatis obedire possit.

43. In hominibus pœnitentibus ante Sacramentum absolutionis, et in Catechumenis ante Baptismum est vera justificatio, separata tamen à remissione peccatorum.

44. Operibus plerisque, quæ à fidelibus fiunt solùm ut Dei mandatis pareant, cujusmodi sunt, obedire parentibus, depositum reddere, ab homicidio, à furto, à fornicatione abstinere, justificantur quidem homines, quia sunt legis obedientia, et vera legis justitia ; non tamen iis obtinent incrementa virtutum.

45. Sacrificium Missæ non aliâ ratione est Sacrificium, quàm generali illâ, quâ omne opus, quod fit, ut sanctâ societate Deo homo inhæreat.

46. Ad rationem, et definitionem peccati non pertinet, voluntarium ; nec definitionis quæstio est, sed causæ et originis, utrùm omne peccatum debeat esse voluntarium.

47. Unde peccatum originis verè habet rationem peccati sine ullâ relatione, ac respectu ad voluntatem, à quâ originem habuit.

48. Peccatum originis est habituali parvuli voluntate voluntarium, et habitualiter dominatur parvulo, eò quòd non gerit contrarium voluntatis arbitrium.

49. Et ex habituali voluntate dominante fit ut parvulus decedens sine regenerationis Sacramento, quando usus rationis consecutus erit, actualiter Deum odio habeat, Deum blasphemet, et legi Dei repugnet.

50. Prava desideria, quibus ratio non consentit, et quæ homo invitus patitur, sunt prohibita præcepto : *Non concupisces.*

51. Concupiscentia, sive lex membrorum, et prava ejus desideria, quæ inviti sentiunt homines, sunt vera Legis inobedientia.

52. Omne scelus est ejus conditionis, ut suum auctorem, et omnes posteros eo modo inficere possit, quo infecit prima transgressio.

53. Quantùm est ex vi transgressionis, tantùm meritorum malorum à generante contrahunt, qui cum minoribus nascuntur vitiis, quàm cum majoribus.

54. Definitiva hæc sententia, Deum homini nihil impossibile præcepisse, falsò tribuitur Augustino, cùm Pelagii sit.

55. Deus non potuisset ab initio talem creare hominem, qualis nunc nascitur.

56. In peccato duo sunt : Actus et reatus; transeunte autem actu, nihil manet, nisi reatus, sive obligatio ad pœnam.

57. Unde in sacramento Baptismi, aut sacerdotis absolutione, proprie reatus peccati duntaxat tollitur : et ministerium sacerdotum solum liberat à reatu.

58. Peccator pœnitens non vivificatur ministerio sacerdotis absolventis, sed à solo Deo, qui pœnitentiam suggerens et inspirans vivificat eum, et resuscitat; ministerio autem sacerdotis solùm reatus tollitur.

59. Quando per eleemosynas, aliaque pœnitentiæ opera Deo satisfacimus pro pœnis temporalibus, non dignum pretium Deo pro peccatis nostris offerimus, sicut quidam errantes autumant (nam alioqui essemus saltem aliquâ ex parte redemptores), sed aliquid facimus, cujus intuitu Christi satisfactio nobis applicatur, et communicatur.

60. Per passiones sanctorum in indulgentiis communicatas non propriè redimuntur nostra delicta; sed per communionem charitatis nobis eorum passiones impertiuntur, et ut digni simus, qui pretio sanguinis Christi à pœnis pro peccatis debitis liberemur.

61. Celebris illa doctorum distinctio, divinæ legis mandata bifariàm impleri, altero modo quantùm ad præceptorum operum substantiam tantùm, altero quantùm ad certum quemdam modum, videlicet secundùm quem valeant operantem perducere ad regnum (hoc est ad modum meritorum) commentitia est, et explodenda.

62. Illa quoque distinctio, quâ opus dicitur bifariàm bonum, vel quia ex objecto, et omnibus circumstantiis rectum est, et bonum (quod moraliter bonum appellare consueverunt) vel quia est meritorium regni æterni, eò quòd sit à vivo Christi membro per spiritum charitatis, rejicienda est.

63. Sed et illa distinctio duplicis justitiæ, alterius, quæ fit per Spiritum charitatis inhabitantem, alterius, quæ fit ex inspiratione quidem Spiritûs sancti cor ad pœnitentiam excitantis, sed nondùm cor inhabitantis, et in eo charitatem diffundentis, quâ divinæ Legis justificatio impleatur, similiter rejicitur.

64. Item et illa distinctio duplicis vivificationis, alterius, quâ vivificatur peccator, dùm ei pœnitentiæ, et vitæ novæ propositum et inchoatio per Dei gratiam inspiratur, alterius, quâ vivificatur, qui verè justificatur, et palmes vivus in vite Christo efficitur, pariter commentitia est, et Scripturis minimè congruens.

65. Nonnisi Pelagiano errore admitti potest usus aliquis liberi arbitrii bonus, sive non malus, et gratiæ Christi injuriam facit, qui ita sentit et docet.

66. Sola violentia repugnat libertati hominis naturali.

67. Homo peccat, etiam damnabiliter, in eo quod necessariò facit.

68. Infidelitas purè negativa in his, in quibus Christus non est prædicatus, peccatum est.

69. Justificatio impii fit formaliter per obedientiam Legis, non autem per occultam communicationem, et inspirationem gratiæ, quæ per eam justificatos faciat implere legem.

70. Homo existens in peccato mortali, sive in reatu æternæ damnationis, potest habere veram charitatem; et charitas, etiam perfecta, potest consistere cum reatu æternæ damnationis.

71. Per contritionem, etiam cum charitate perfectâ, et cum voto suscipiendi Sacramentum conjunctam, non remittitur crimen, extra casum necessitatis, aut martyrii, sine actuali susceptione sacramenti.

72. Omnes omninò justorum afflictiones sunt ultiones peccatorum ipsorum; unde et Job, et martyres, quæ passi sunt, propter peccata sua passi sunt.

73. Nemo, præter Christum, est absque peccato originali : hinc B. Virgo mortua est propter peccatum ex Adam contractum, omnesque ejus afflictiones in hâc vitâ, sicut et aliorum justorum, fuerunt ultiones peccati actualis, vel originalis.

74. Concupiscentia in renatis relapsis in peccatum mortale, in quibus jam dominatur, peccatum est, sicut et alii habitus pravi.

75. Motus pravi concupiscentiæ sunt, pro statu hominis vitiati, prohibiti præcepto, *Non concupisces.* Unde homo eos sentiens, et non consentiens, transgreditur præceptum : *Non concupisces;* quamvis transgressio in peccatum non deputetur.

76. Quamdiù aliquid concupiscentiæ carnalis in diligente est, non facit præceptum : *Diliges Dominum Deum tuum in toto corde tuo.*

77. Satisfactiones laboriosæ justificatorum non valent expiare de condigno pœnam temporalem restantem post culpam cordonatam.

78. Immortalitas primi hominis non erat gratiæ beneficium, sed naturalis conditio.

79. Falsa est doctorum sententia, primum hominem potuisse à Deo creari, et institui, sine justitiâ naturali.

Nota 1°: Pii V Const. ita absolvitur. « Quas quidem « sententias strictè coram nobis examine ponderatas, « quanquàm nonnullæ aliquo pacto sustineri possent, « in rigore et proprio verborum sensu ab assertoribus « intento hæreticas, erroneas, suspectas, temerarias, « et in pias aures offensionem immittentes, respe- « ctivè, etc., damnamus, etc. » Lacroixius, Mansius, Felicis Potest. Continuator, et alii interpunctionem sive virgulam, post verbum *possent*, et ante τὸ *in rigore* à Baianis sublatam fuisse asserunt, ut inde inferrent nullam determinatè dici posse damnatam ex iis propositionibus, sed tantùm aliquas indeterminatè, ideòque posse singulas defendi in sensu ab assertoribus intento; sed Urbanum VIII in generali Congr. an. 1644, producta ex archivio Bulla *In eminenti* à se edita anno 1641, pro damnatione illarum thesium comprobanda, ex eâdem ostendisse virgulam positam fuisse post verbum *possent*. Quidquid sit de congregatione illâ generali, quam ii auctores loquuntur, res explorata est in Constitutione S. Pii relata in edità à Gregorio XIII quæ incipit *Provisionis nostræ*, et in illâ quam diximus ab Urbano VIII vulgatam, post verbum *possent*, reperiri virgulam. Imò addit Natalis Alexander in Hist.Eccl. sec. 15 et 16, cap. 2, art. 16. « Quod « si absque notâ interpunctionis seu virgulæ in Pontificio Pii V diplomate hæc sententia legenda esset, « sibi ipsi contradixisset sapientissimus pontifex; hoc « enim posito, nonnullæ Baii propositiones, non solùm *aliquo pacto*, sed simpliciter, et absolutè sustineri possent : siquidem fieret sensus, illas in rigore « et sensu proprio sustineri posse, quod sanè idem est « ac posse absolutè et simpliciter sustineri. Neque « Toletus omnium retractationem à Michaele Baio « pontificis nomine postulâsset, et imposuisset, si aliqua in rigore et proprio sensu ab auctore intento « sustineri posset, » ut idem paulò infra subnectit.

En autem Baii retractatio. « Ego Michael de Baii « cancellarius universitatis Lovaniensis agnosco et « profiteor me ex variis colloquiis, et communicationibus habitis cum R. P. D. Francisco Toleto Concionatore Suæ Sanctitatis, et ad hanc rem specialiter misso super diversis sententiis, et propositionibus « jam et olim à SS. D. N. Pio V, fel. record. sub data « Kal. Octob. an 1579, et nuper à Gregorio XIII iterato damnatis et prohibitis : ita motum et eo perductum esse, ut planè mihi habeam persuasum, « earum omnium sententiarum damnationem, atque « prohibitionem, jurè meritòque, ac nonnisi maturo « judicio, et diligentissimâ discussione præmissis, factam, atque decretam esse. Fateor insuper, plurimas ex iisdem sententiis in nonnullis libris à me « olim, et ante emanatam Sedis Apostolicæ super iis « censuram conscriptis, et in lucem editis contineri, « et defendi etiam in eo sensu, in quo reprobantur.

DICTIONNAIRE DES HÉRÉSIES. II.

« Denique declaro me in præsentiarum ab iis omnibus « recedere, et damnationi à S. Sede factæ acquiescere, nec posthàc ullas docere, asserere, ac defendere « velle. *Actum* 24 *Maii*, etc. »

Nota 2°: Ex Suaresio Prolog. 6, c. 2, n.14 : « Generatim dici posse, has propositiones, quæ non apparent à damnabiles propter nudam doctrinam : propter acerbitatem, et audaciam, quâ Baius suas propositiones adstruebat, et contrarias notabat, rejectas « esse à Pontifice saltem ut scandalosas, quia Baii illa « immodica exaggeratio scandalum generabat. » Eadem Vasquesius ait 1-2, disp. 190, c. 18, suamque assertionem testimonio comprobat duorum S. R. E. cardinalium Bellarmini et Toleti, quibus ita Baii causa et doctrina perspecta erat, ut nemo iis melius eam cognoscere potuerit; cùm prior Romæ esset dùm Bulla promulgata fuit, alter verò Baio auctor retractationis fuerit, ut supra diximus.

Accedit etiam celebris ex Prædicatorum familiâ Theologus Contensonius, qui, tom. 2, diss. 1, c. 1, sect. 1, scribit : « Adde (quod hâc vice pro omnibus à « te observari diligentissimè velim) declarâsse Pium V, « plures ex Baianis propositionibus esse veras, et catholicas, et ab Augustino totidem verbis quandoque « decerptas, eas tamen Sanctitatem Suam reprobâsse, « vel ob censuræ atrocitatem, vel ob auctoris superci- « lium, vel ob pravam earum interpretationem. » Quam ob rem non omnes Baii propositiones, sublato scandalo, censuræ in alios theologos atrocitate, aliorum contemptu, et pravâ interpretatione, in aliis auctoribus repertæ, damnari debent, vel ex ipsâ Suaresii, Vasquesiique, ac Bellarmini, et Toleti confessione. Imò nec omninò rejicienda videtur nonnullorum theologorum interpretatio, qui iis remotis, quæ diximus, propositiones aliquas ex illis aliquo pacto, et in rigorè ac proprio verborum sensu ab auctoribus intento, propugnari posse tuentur; scilicet in sensu intento ab aliis catholicis auctoribus, qui easdem tradiderant, ac etiam nunc docent, sine acerbitate, ac pravâ illâ interpretatione, quâ à Baio donabantur. Et sanè, si dùm Summus Pontifex Baii propositiones in eâ constitutione proscripsit, verba illa *in rigore*, etc., ad Baium referenda essent, non dixisset in sensu *ab assertoribus*, sed ab assertore intento, quod quidem comprobari ex eo etiam potest, quia ut Belellius, aliique referunt, ante Bullæ promulgationem, Summo Pontifici plurimorum querelæ delatæ fuerunt, *quòd illâ damnatione non Baii errores, sed insuper plures Augustini, et aliorum nobilissimorum theologorum propositiones totidem verbis expressæ comprehenderentur :* quamobrem ne propositiones illæ in sensu catholico ab Augustino, aliisque Scholæ theologis intento dicerentur proscriptæ, posita in Bullâ fuêre verba illa, *quanquàm nonnullæ aliquo pacto sustineri possent in rigore, et proprio verborum sensu ab assertoribus intento*. Sed cùm Pius V, suppresso Baii nomine, eas proscripserit, et cùm à Baii quoque discipulis illæ propugnarentur sententiæ, valdè mihi verisimilior videtur Natalis Alexandri interpretatio, quæ locum non haberet, si assertores ibi designati, alii catholici auctores essent; præsertim cùm ex epist. ab eodem S. Pio V, 3 maii supradicti anni ad eumdem Baium conscriptâ, constet, ipsi Baio, ac cæteris illarum propositionum assertoribus silentium impositum fuisse. Ex quo constat voluisse Pontificem in illâ const. designare esse illas propositiones damnatas in sensu *ab assertoribus* istis intento. Atque hæc omnia indicanda dixi, ne ea quæ ad vindicandas à censuris scholarum orthodoxarum opiniones maximè faciunt, prætermissa viderentur.

CAPUT XVI.

De variis hominis ad ultimum finem comparati statibus, de libertate, deque Christi gratiâ. Ubi ea potissimùm declarantur, quæ ad explicanda Lutheri, Baii, Jansenii, Quesnelliique systemata, atque ad vindicandas ab omni notâ Catholicorum opiniones necessaria videntur.

Status hic sumitur pro conditione illâ, sub quâ humana natura ad suum ultimum finem juxta Providentiæ leges comparata concipitur: quo sensu ii, qui ultimum finem possident, eoque fruuntur, in statu termini; qui verò per virtutes ac bona opera ad illum pervenire contendunt, in statu viæ positi dicuntur. Dùm hominem spectamus veluti in viâ positum per quam juxta providentiæ ordinem ad finem pervenire studeat, triplicem distinguimus ipsius statum; hoc est, innocentiæ, naturæ lapsæ, et naturæ per Christi gratiam reparatæ. Status innocentiæ ille est, in quo fuit Adamus à Deo positus à doloribus, miseriis, ac morte immunis, cum eâ naturæ integritate, per quam sensus, affectusque perfectæ rationis imperio subesset, et cum originali justitiâ ac gratiâ sanctificante. Status naturæ lapsæ misera est illa Adami posterorum conditio, qui nondùm per baptismum ab originariâ, quam ex eodem Adamo trahimus, culpâ liberati sunt. Status denique naturæ reparatæ, is est, in quo sunt homines Christi gratiâ liberati et redempti. Atque il status sunt, in quibus reverà homo aut fuit, aut nunc est. Disputari quoque solet de statibus, qui non fuêre, sed esse possunt, qui possibiles appellantur, et inquiri 1° num possibilis sit status puræ naturæ, in quo homo sine vitio, et sine gratiâ esset, subjectus tamen infirmitatibus, aliisque miseriis, quibus nunc sumus obnoxii; 2° num possibilis sit status naturæ integræ, in quo supernaturali auxilio careret homo, nec ad supremam esset beatitudinem elevatus, sed iis naturæ præsidiis donaretur, quibus immunis fieret à nostris miseriis, ac per naturales virtutes sibi respondentem beatitudinem comparare sibi posset; 3° denique num possibilis sit status naturæ lapsæ, non reparandæ, in quo fuisset homo post Adæ peccatum, si Deus infinitâ suâ misericordiâ eum non liberâsset. De iis ergo statibus primùm dicendum est.

Atque à recensendis proscriptis erroribus exordior. Pelagiani initio quinti Ecclesiæ seculi negantes originale peccatum, Adamum dixêre ita fuisse à Deo conditum, ut nunc homines nascuntur sine ullo naturæ adjutorio, et sine supernæ gratiæ auxilio. Horum hæresim excitavêre iterùm sexto decimo seculo Sociniani, originariam culpam negantes, ac docentes Adamum mortalem, ac iis omnibus obnoxium conditum fuisse miseriis, quibus nos premimur. Iis proximè accedunt Arminiani, qui juxta Limborchii explicationem, in Adamo nullum supernaturale donum, nullamque indebitam prærogativam agnoscunt, licet scientiâ aliquâ ei in illo statu necessariâ donatum fuisse asserant, eâque rectitudine, quâ nec inordinatè concupisceret, nec concupiscere posset; quia cùm lex tunc non esset, liberrimus voluntatis usus sine culpâ erat, et licet contra Pelagianos ac Socinianos doceant à morte futurum fuisse immunem, virtute fructûs arboris vitæ, quo in paradiso uti potuisset. Ii itaque credidêre, hominem viribus naturæ, quas in præsentiâ habet, Deo ultimo fini, ac supremo bono proportionatum esse, ac ad illius possessionem pervenire posse, et Adamum peccato suo, secluso pravo exemplo, nihil prorsùs homini nocuisse.

Contra verò Calvinus, Lutherus, Baius, Jansenianique, hominem ob Adami peccatum ita vitiatum in naturâ, ac depravatum effutiunt, et non tantùm quælibet indebita in eo prærogativa desideretur, sed etiam naturales, ac propriæ ipsius virtutes ac perfectiones, quibus ante illud peccatum Deo ita proportionatus erat, ut solis naturæ viribus cognoscere, amare, ac bono libertatis usu facilè Deum consequi potuisset. Dicam paucis, omnia concessa Adamo bona integritatis, justitiæ, innocentiæ, quibus à passionibus, infirmitate, ac morte immunis erat, et facilè virtutem sectari, sanctèque vivere poterat, naturæ fuisse proprietates, et appendices tradunt. In eo ergo cum Pelagianis, Socinianisque conveniunt, quod hominem omni bono supernaturali, ac supernâ gratiâ destitutum, initio à Deo conditum asserant, et quòd solæ ei naturæ vires ad finis consecutionem sufficerent; dissident verò, quia nunc nonnullis naturæ proprietatibus, et perfectionibus spoliatum asserunt. Ita verò Calvinum docuisse, verba hæc satis apertè declarant, quæ à Bellarmino recensentur de gratiâ primi hominis, cap. 1. *Ergo animam hominis Deus mente instruxit, quâ bonum à malo, justum ab injusto discerneret, ac quid sequendum vel fugiendum sit præeunte rationis luce videret. Huic adjunxit voluntatem, penès quam est electio. His præclaris dotibus excelluit prima hominis conditio.* Vides nullam fieri supernaturalis gratiæ mentionem, sed libertatis tantùm per peccatum amissæ, et naturalis cognitionis per istud obtenebratæ, ut ipse alibi exponit. Lutherus verò comment. in 3 Genes. caput clariùs loquitur, quia postquàm dixit, *justitiam non fuisse quoddam donum, sed fuisse verè naturalem, ut natura Adæ esset diligere Deum, credere Deo, agnoscere Deum,* subdit, *hæc tam naturalia fuêre in Adamo, quàm naturale est quòd oculi lumen recipiant. Et infra: Porrò hæc probant originalem justitiam esse de naturâ hominis, eà autem per peccatum amissâ, non mansisse integra naturalia, ut scholastici delirant.* In eamdem abiêre hæresim Baius, ejusque sectatores. Vide Baii propositiones circa gratiam angelorum et primi hominis, 1, 3, 7, 9, 21, 23, 24, 27, 66, in quibus asserit angeli, primique hominis *merita* non rectè vocari *gratiam*; felicitatem quam consecuti sunt angeli, quamque perseverando assecutus esset Adam, non *gratiam*, sed *mercedem* fuisse; *merita* primi hominis *munera* fuisse creationis, ac exaltationem humanæ *naturæ* in divinæ consortium, id est, justitiam et sanctificationem, sive in filii Dei adoptionem, naturalem dicendam esse, non supra naturæ ordinem atque indebitam; naturalem itidem, sive juxta naturæ conditionem fuisse immortalitatem. Denique irridet theologos aientes Adamum supernaturalibus et gratuitis donis ac auxiliis indiguisse, ut fide, spe et caritate Deum coleret. Hæc verò cùm ita se habeant, quis non videt Baium cum Calvino, ac Luthero sensisse, hominem à Deo initio formatum cum debitis ipsius naturæ perfectionibus, eâ fuisse mente ac libertate præditum, quâ bonum, malumque discernere, sanctèque vivere, ac æternam adipisci beatitudinem potuisset, si vellet; quâve perfectè corpus ejusque motus deprehenderet, ac nutu suo facilè regeret; corpus denique habuisse, nec infirmitatibus, nec morti obnoxium. Ita sanè ipsius sententiæ declarant, atque ita expositæ illæ fuêre à celebrioribus theologis, scilicet à Bellarmino de Grat. primi hominis lib. 1, cap. 1, ab Aloysio Turriano in tract. contra Baium, cap. 1, § 1; à Vasquesio, à Suaresio proleg. 6 de Grat., c. 2, n. 5; à Ripalda, Goneto, Estio, Francisco Macedo, aliisque. Hoc verò posito, quis non videt turpiter eos errare qui censeant cum Baio sentire negantes possibilem statum puræ naturæ, quia hic propositione 55 dixerat: *Deus non potuisset ab initio talem creare hominem, qualis nunc nascitur?* Nam Baius puram naturam hominis eam credidit, quæ in Adamo fuit, nunc verò non puram, sed depravatam, vitiatam, ac in naturalibus corruptam ob peccatum esse, ait, et à Deo vitiatam fieri non potuisse naturam asserit. At qui negant inter Catholicos, naturam puram à Deo creari potuisse, ex aliis principiis id eruunt, quæ non sunt improbata, ut infra ostendemus. Redeo nunc ad rem.

Neque dubitari potest quin in eâdem cum Baio hæresi fuerit Jansenius damnati illius systematis propugnator acerrimus, cùm recensendo Adamiticæ culpæ consectaria, ea doceat quæ ex pravis Baii principiis sequuntur, de quibus infra dicemus. Interim indicare sufficiat Quesnellianas illas theses, quæ eumdem errorem præ se ferunt, sunt verò 34, 35, 36, 37, in quibus declarat Adami gratiam, quæ sequela fuit creationis, debitam adhuc integræ naturæ fuisse, et humana duntaxat produxisse merita; ac discrimen designando quod inter gratiam status innocentiæ, atque Christi gratiam intercessit, ait, illam quemque *in propriâ personâ* recipere debuisse, hanc verò *in personâ Christi*: hanc illam sanctificando hominem in semetipso fuisse ei proportionatam, hanc verò nos in Christo, sanctificando, omnipotentem esse, ac Dei Unigenito Filio dignam. Quæ sanè perspicuè designare videntur, voluisse Quesnellium adstruere integritatem,

ac sanctitatem, cæterasque Adami prærogativas, naturæ nondùm per culpam depravatæ inseparabilem conditionem, ac debitas proprietates fuisse. Id verò ne gratis videatur assertum, celebres nonnullos theologos indicandos censui, qui rem ita explicaverunt. Vide Jacobum Fontanum tom. 1, *Constit. Unigenitus propugnatæ*, pag. 757 et seq. *Instructionem pastoralem* editam, ac probatam post comitia cardinalium, archiepiscoporum, et episcoporum Galliarum anno 1514. Henricum cardinalem Bissi in tract. theologico adv. Quesn., etc. Gregorium Selleri S. R. E. cardinalem in principio tomi 6, aliosque Theologos.

Habes itaque hæreses contra catholica de statu innocentiæ dogmata, quæ credere nos cogunt, Adamum in illo fuisse statu positum, supernaturali gratiâ instructum, per quam in sanctitate, et justitiâ constituebatur, à morte, ac miseriis immunis, nec concupiscentiæ et passionibus subjectum, cùm affectus rationis imperio omninò subditi essent. Dùm hæc intacta maneant, nil est quod in Scholasticorum opinionibus reprehendas, quæ versantur vel circa instans, in quo fuit illi gratia collata, vel circa distinctionem originalis justitiæ à charitate, vel circa necessitatem gratiæ per se efficacis ultra sufficientem, vel circa naturam habitus supernaturalis auxilii, aliudve simile. Dùm enim statuas supernaturale auxilium, sine eo nihil agere potuisse, quod ad æternam felicitatem conferret, ac liberum sub hoc auxilio mansisse; fides nostra sarta, ac tecta servatur: sive dicas, gratiam sanctificantem habuisse, et sufficientem quâ benè agere potest, si vellet, sive auxilium efficax ultra sufficiens ad salvandam dependentiam à Deo, necessarium ei fuisse ad agendum opineris, sive putes supernam dilectionem divinitùs eidem inspiratam, ac in eo permanentem charitatem fuisse, quâ sanctus Deoque charus esset, et quâ si vellet benè agere, ac in acceptâ justitiâ perseverare potuisset, quin etiam novo auxilio adjuvaretur, sive alio modo Scholasticis etiam ignoto explices inhærentem, aut permanentem in eo sanctitatem, et justitiam, et supernum adjutorium, sine quo benè agere, ac perseverare non poterat. Idem de integritate, aliisque privilegiis dicas; nam modò rationis in affectus imperium adstruas, ac immunem illum à morte fuisse, nil vetat, quominus vel in gratiâ supernaturali, vel in naturali rectitudine vim illius imperii constituas, et quominùs unâ, vel alterâ hypothesi, quâ id contigerit ratione, demonstres; sicut liberum cuique est investigare, quo modo ab infirmitatibus, et morte futurus fuisset immunis, dùm tamen legem fatearis, quâ à moriendi necessitate liberabatur.

Pauca nunc de statu puræ naturæ dicemus, idque ex eo quòd Sporerius, sive illius supplementi auctor, aliique confidenter asserant, Baianos, Jansenianosque esse, qui hunc possibilem négent. Ii equidem possibilem négant. Sed ducti principiis superiùs à nobis expositis, quæ sunt hæreseos ab Ecclesiâ notata. Si ergo theologi sint qui principia illa improbent, ac aliâ viâ astruere conentur, vel Deum hominem concupiscentiæ rationi rebelli subjectum condere initio non potuisse, vel debuisse etiam illum supernaturali gratiâ donare, cur damnati erroris contra Apostolicæ Sedis sententiam arguuntur? Sunt verò quàm plures, qui hominem fieri potuisse, qualis nunc nascitur, negent, ac nonnulli etiam qui attentâ divinâ providentiâ, nequidem sine gratiâ condi posse propugnent. Ex iis autem nemo cum Jansenianis convenit in damnatis erroribus. Ii enim, ut vidimus, integritatem, justitiamque originalem, et sanctitatem debitas naturæ proprietates adstruebant. Contra verò Augustiniani, aliique theologi orthodoxi, hæc indebita homini esse, ac sanctitatem gratuitum donum supernaturale fatentur. Negant verò posse hominem fieri concupiscentiæ subjectum; quia hanc effectum peccati ad peccatum inclinantem et contra naturam esse hominis rationalis juxta SS. Augustinum et Thomam opinantur. Quid verò in hoc est revelationi ac definitioni Ecclesiæ contrarium.

Dicent fortassè damnatam esse Baii propositionem, quæ hominem fieri potuisse negat, sicut nunc nascitur. Sed jam dixi quo sensu hæc proscripta fuerit, ac celebriores theologi asserunt, hanc unam ex illis esse, quæ aliquo pacto defendi possunt, licet attentis Baii principiis jure meritoque proscripta in eo fuerit. Videatur Petrus Mansius *de Peccato Originali* quæst. 4, ubi plurima profert ex Augustino, Thomâ, Bonaventurâ Alensi, aliisque theologis, quæ probant concupiscentiam esse ab appetitu sensitivo distinctam, ac perversam affectionem, sive qualitatem, quæ Deum auctorem habere nequeat. Accedit etiam, quòd si ex illâ fas esset inferre, potuisse reverà Deum hominem facere qualis nunc nascitur, cùm nunc peccato nascatur infectus: ita quoque fieri potuisse oporteret, quo nihil absurdius.

Alii verò censent non solùm fieri à Deo non posse hominem concupiscentiæ subjectum, sed nec etiam supernaturali gratiâ destitutum; non quòd hæc naturæ sit debita, cùm donum sit gratuitum et supernaturale; sed quia posito homine ad imaginem Dei formato, ac amante Deum, atque in ipsum, veluti ac in ultimum finem suum tendente, illumque appetente, providentiæ ordo postulat, ut ea ipsi concedantur, quæ ad illius consecutionem sunt necessaria; et sicut alii theologi teneri Deum ex providentiæ lege asserunt ad unicuique dandum in hoc statu auxilia sufficientia Redemptoris, quibus possent homines expeditè et proximè mandata servare, quæ tamen auxilia etsi ex illâ lege debita, ad veram tamen gratiam pertinere tuentur; ista isti, quòd hominis naturam exigere asserant imaginem Dei, innatum Dei clarè videndi appetitum, et esse non possit, quin Deum amet, quem tamen nequit sine gratiâ diligere, nequidem ut naturæ auctorem, in quocumque statu ex providentiæ et justitiæ lege, homini gratiam conditoris deberi opinantur, ut mandata servare, Deum auctorem suum diligere, ac optatam beatitudinem consequi valeat.

Opinio hæc novatorum supra expositam hæresim detestatur, atque in tribus fundatur principiis, in quibus theologi pro libito disceptare salvâ fide possunt.

Nam asserunt 1° hominem naturâ suâ ad imaginem Dei esse; 2° fieri non posse quin indito naturæ appetitu feratur in Deum ipsius auctorem, ac finem clarè videndum; 3° Amare non posse Deum, nequidem ut naturæ auctorem, quin supernâ gratiâ à creaturis, et supra seipsum elevetur, ac dirigatur in Deum propter se amabilem. Hæ verò opiniones sunt, quæ revelatis principiis et Ecclesiæ definitionibus non adversantur, et quæ in scholis catholicis semper apud nonnullos viguêre. Ex hujusmodi principiis eruunt Deum, condito homine rationali, vi suæ providentiæ, debere illi gratiam conferre, quâ suum auctorem diligere possit, servare mandata, et in finem suum pervenire; quâ gratiâ is, qui est naturâ servus, adoptatur, ut licitè serviat, et suum dominum colat, et jus habeat ad illam hæreditatem, sine quâ beatus esse non posset. Ubinam hæc opinio ab Ecclesiâ proscripta est? Imò Apostolica Sedes, ut improbat eos qui contrariam, quæ communior est, Pelagianismi et Manichæismi cum Jansenio insimulant, ita eos reprehendit, qui hanc Jansenianismi accusant. Atque hæc una ex illis scholæ opinionibus est, quæ à catholicis etiam Romæ sub oculis pontificis propugnantur. Mitto enim Contensonium celebrem è Dominicanâ familiâ theologum, aliosque qui, editis jam operibus, variis in locis puræ naturæ statum impossibilem tradidêre. Cardinalis Norisius, Fulgentius Belelli, et Laurentius Berti Romæ hanc propugnaverunt opinionem, ac in editis in lucem operibus asseruêre, et eamdem traditam vidi ac publicè propugnatam non solùm in scholâ Augustinianensium, sed etiam à monachis Cassinensibus in monasterio S. Calixti et à viro clarissimo Antonio Francisco Vezzosi Clerico Regul. in conventu S. Andreæ de Valle. Sed hæc satis de statu innocentiæ et naturæ puræ.

Disputandum nunc est de statu naturæ lapsæ, hoc est, de miserâ illâ conditione, in quâ humanum genus ob Adami culpam nunc reperitur, spoliatum nempe naturæ indebitis donis, miseriis, quibus premimur, concupiscentiæ, potestati dæmonis. Deique indignationi subjectum, ac adamiticâ ipsâ culpâ per generationem propagatâ infectum. Orthodoxa fides docet, omnes homines ex Adamo propagatos, etiam ex fidelium parentibus ortos originali peccato infectos nasci, esse jure æternâ felicitate privatos, filios iræ, atque vindictæ, et æternæ damnationi obnoxios. Hæreticorum nonnulli, ut Pelagiani, Sociniani et Arminiani originale peccatum negant. Lutherani verò, Calviniani ac Janseniani nimiùm illius effectus extollunt. Nam per istud liberum arbitrium omninò exstinctum prædicant, ac rationem miserè obtenebratam, depravatamque ipsam naturam. Ad Lutheranos, Calvinianosque quod spectat, præterquàm quòd peccatum originale in concupiscentiâ formaliter positum asserunt, quæ etiam in baptizatis remanet, aiunt Baptismum tegere tantùm, aut radere, non verò tollere originale peccatum et editi contra eosdem in concilio Tridentino canones palam faciunt, docuisse etiam perditum omninò Adami culpâ fuisse liberum arbitrium. In quam hæresim abiisse quoque Baium, Jansenium, atque Quesnellium, eorum damnatæ propositiones ostendunt, ex quibus constat in homine post Adami peccatum libertatem deesse indifferentiæ, ad merendum et demerendum satis esse ut à coactione immunis sit, nec requiri ut à necessitate antecedente et inevitabili sit liber. Hinc aiunt peccare homines damnabiliter, etiam in iis quæ vitare nequeunt; indeliberatos concupiscentiæ motus esse vera peccata; impossibilia Deum jubere, ac hominibus quoque justis impossibilia esse aliqua Dei præcepta, atque iis similia, quæ clariora fient, eorum expositâ hæresi.

Omnes ergo novatores isti aiunt, Adamum per voluntarium peccatum dona naturæ debita perdidisse, et inter alia libertatem indifferentiæ, et claram cognitionem eorum quæ ad jus naturæ pertinent. Quamobrem ignorantia eorum, quæ ad naturæ legem pertinent, et agendi peccandique necessitas, atque concupiscentia rebellis, veluti voluntariæ in Adamo volitæ reputantur. Ideòque invincibilis juris naturæ ignorantia à culpâ non excusat, indeliberati concupiscentiæ motus peccata sunt contra præceptum, *Non concupisces*, et operationes omnes, quanquàm necessariæ, ut sunt opera omnia infidelium, secundùm hypothesim Jansenianam, sunt peccata, quia necessitas illa, quâ inevitabiliter fiunt, ex voluntariâ et liberâ Adami culpâ, cum quo nos quoque peccavimus, orta est, ac remanet in homine etiam postquàm per Baptismum sit originale peccatum sublatum.

Itaque homo post Adami peccatum, libertatem amisit, ac necessariè agit quæcumque operatur. Quamobrem spectari juxta Novatores hujusmodi debet, veluti agens necessarium, delectatione ad ea quæ operaturus sit, determinandum. Itaque sicuti bilanx determinatur pondere, et sicut lanx quæ majori premitur pondere necessariò inclinatur, ita necessariè in eam trahitur partem hominis voluntas, in quam major delectatio urgeat. Hæc est vera Jansenianæ hæresis imago à Luthero et Calvino delineata, sed à Baio, Jansenio, atque Quesnellio veluti aliquo velo obducta.

Videant verò ii qui Augustinianos ac Thomistas Jansenismi insimulant, num jure horum de libertate hominis sententiam cum Jansenii systemate confundant? Nam ii omnes fatentur per Adami peccatum attenuatas quidem esse liberi arbitrii vires, sed manere adhuc indifferentiæ libertatem.

Sed antequàm ad aperiendum discrimen veniamus, quod inter hos novatores catholicosque theologos intercedit, observare necesse est tria alia illos statuere, quæ sunt cum recensito errore connexa : scilicet amissam cum libertate fuisse naturalis scientiæ cognitionem, castumque amorem Dei integræ naturæ debitum, ac loco istius dominantem cupiditatem successisse. Cùm verò in homine necessitas, ignorantia legis, et vitiosa cupiditas ob peccatum insint liberè in Adamo commissum, asserere non verentur, ad peccatum et demeritum agendi necessitatem non obesse, sed libertatem sufficere liberè in Adamo amissam, eamdemque ob causam peccata esse, quæ ex ignorantià etiam invincibili contra naturæ legem fiunt, atque dominantis concupiscentiæ motus. Hæc basis est Janseniani systematis. Ut verò pessimas, quæ inde nascuntur consecutiones, intelligere valeamus, duo illi amores, sive duæ illæ delectationes exponendæ sunt, quibus veluti pondere necessariò flectitur, agiturque voluntas. Sunt ii duo amores, amor mundi, qui vitiosa cupiditas, ac terrena quoque delectatio dicitur, et amor Dei, sive charitas à Deo inspirata. Nullam in homine actionem esse contendunt, quæ aut ex vitiosâ illâ cupiditate, aut ex charitate perfectâ non oriatur. Quamobrem, quæ ex charitate non sunt, ea omnia ex cupiditate, ideòque vera peccata esse prædicant. Hinc omnia opera infidelium et peccatorum, cùm ex charitate non sint, veluti ex vitiatâ radice prodeuntia infecta esse atque peccata aiunt. Hinc vel ipse timor gehennæ, quo peccator ad conversionem disponitur, et actus reliqui, qui à charitate non oriantur, cujusque generis sint, vera peccata esse definiunt. Hâc de causâ, liberum arbitrium sine sanctificante gratiâ nihil nisi peccatum operari posse, atque gratiam omnem extra dominantem charitatem, etiam sufficientem, excludunt. Hæc indicâsse sufficiat, ut inde concludere clarè possint toto cœlo Thomistarum, Augustinianensium aliorumque theologorum opiniones ab horum novatorum erroribus dissidere. Nam ut incipiam à libero arbitrio.

Quis horum est qui Adami peccato exstinctum asserat? Numquid illud perimit gratia efficax? At hæc infirmo et attenuato arbitrio à Deo datur, ut illud roboret, adjuvet, perficiat, modo tamen ejusdem indoli consentaneo, libero scilicet, cùm libera sit illius indoles. Gratia enim efficax quæ lapsis hominibus datur, medicinalis est, neque præsumi potest, peritum medicum, cognito ægroti morbo, medicinam porrigere, quæ illum occidat. Quis ergo credat Deum divinum medicum, cui arbitrii infirmitas cognita est, congruam medicinam non porrigere? Si Adami peccatum non exstinxit arbitrium, numquid medicina divina illud interficiet? *Si non occiditur per vulnerantem*, inquit Prosper, *numquid per medentem?* Quòd medicus gravi infirmitati naturâ suâ efficax remedium porrigat, ideòne ægroti natura detrimentum accipiet? Paucis dicam, efficax gratia ratio est Dei omnipotentis, qui non tollere, sed roborare, juvare, perficere vult libertatem; ergo perficit, non minuit, non exstinguit : alioquin effectus infinitæ causæ virtuti non responderet. Dices : Intellectu difficile est, quâ ratione id cum arbitrio concilietur. At mysterium est, ut ait Augustinus, quid ergo mirum?

Hæc verò non ad Thomistas tantùm, sed etiam ad Augustinianos pertinent. Si enim medicinalis efficax gratia à Deo ad perficiendum libertatis usum destinata est, sive hæc præmotio dicatur, sive divina inspiratio, sive dilectio, sive delectatio prævia ac victrix, semper Dei actio est, atque effectum parit, quem Deus vult. Quid, si dicant moralem necessitatem afferre præviam prædominantem delectationem? Quis unquàm hanc proscripsit opinionem? Sed ut os obstruatur imperitis nonnullis, quibus Sorbonicus ille Turnellius imposuit, dùm asseruit delectationem superiorem, seu relativè victricem basim constituere Jansenianî systematis, paulò fusiùs rem agam. Opinio hæc damnata jam Jansenianâ hæresi propugnata fuit à Basilio Pontio, Augustino Burgensi, Mansio, Macedo, Haberto, cardinali Lauræa, cardinali Norisio, aliisque et Romæ sub oculis pontificis summi tradita et propugnata fuit ab Augustinianis et monachis Casinensibus, ac asserta, et typis tradita à Laurentio Berti, aliisque. Numquid passa id fuisset Apostolica Sedes, cujus judicio Janseniana hæresis damnata fuit, si res ita se haberet, ut Turnellius asserit? Imò pluries hæc doctrina expensa fuit, ac post illius examen, Norisius cardinalis renuntiatus fuit, ac Berti laudatus. Sed an non Moliniani ipsi propugnant gratiam relativam, comparatam malitiæ gradibus, quæque respectu Syriorum est efficax seu victrix, et respectu Corozaitarum inefficax est? Numquid hæc à Jansenianis differt, quia gratiam, non verò inspirationem, lumen cœleste, sanctam delectationem vocant? At hic non est de nominis appellatione contentio. Itaque cùm jam sit notum, Jansenium exstinctum asserere arbitrium per peccatum Adami, jam patet fundamentum systematis : ac delectatio illa victrix in Jansenio non potest libertatem, quæ non est, tollere, sed naturam necessariò operantem flectere debet; ut ab aliis verò usurpata, juvat, fovet, perficit que libertatem, ut alia quæcumque efficax gratia.

Dissident præterea Thomistæ, Augustiniani, aliique ab istis novatoribus : quia isti præter dominantem charitatem, nullam aliam gratiam agnoscunt, ac sufficientem damnant. Contra verò Thomistæ sufficientem adstruunt, quæ verè potentiam perficit, ac dat posse operari, atque hanc ab efficaci diversam statuunt, concessamque asserunt, non prædestinatis tantùm, sed Catholicis, hæreticis, ac etiam infidelibus, licet nonnulli eorum cum aliis Catholicis sentiant, non dari parvulis decedentibus in utero matris, ac obcæcatis nonnullis peccatoribus, et infidelibus; quâ in re consentientes quoque habent Augustinianos, qui gratiam sufficientem, usurpatâ ab Augustino phrasi, etiam parvam vocare solent, quod concupiscentiæ conatus non vincat : differunt verò isti à Thomistis, quia sine novo auxilio, hanc satis esse aiunt ad orandum, si homo velit, ut gratiam uberiorem ad vincendum aptam obtineat.

Aliud est Augustinianæ doctrinæ caput, quod cum damnatis erroribus aliqui imperiti confundunt, quod scilicet, ii doceant hominem teneri ad actiones suas humanas in Deum ultimum finem dirigendas, nec posse eas ita in Deum referre sine gratiâ. At à Jansenianis Baianisque hæc opinio longè diversa est, cùm Augustiniani dicant tantùm vel actu, vel virtute in Deum referendas; cùm adstruant, præstò esse infidelibus et peccatoribus, etiam saltem non obcæcatis, gratiam, quâ ita actiones dirigant suas; cùm fateantur non ita esse mentem ab originali culpâ depravatam, ut motus aliquos bonos naturâ suâ habere non possit, ac non habeat, et ut gratiâ destituta necessariò ad peccandum trahatur. Nam beatitudinis amor, qui in naturâ est, bonus est naturæ motus, et si qui sint actus, qui ad Deum non referuntur, juxta Augustinianos, non sunt mali, ac lethalia peccata, quæ ab infectâ dominante cupiditate inficiantur; sed mali tantùm dici possunt ob defectum rectæ ordinationis, ac ferè semper culpa venialis ac levissima sunt. Rursùm gehennæ metum in pœnitente bonum ac salutarem fatentur, ac novatores hâc in re validissimè confutant, licet asserant esse præterea ad justificationem obtinendam necessariam initialem charitatem, quâ Deum pœnitens diligere incipiat, et sese à creaturâ avertere, atque convertere ad Creatorem. Hanc opinionem censurâ notari posse vetuit Apostolica Sedes, ut videre est in notis adjectis theologiæ P. Antoine ex Benedicti XIV doctrinâ. Vides ergo quàm latè distent Catholicorum opiniones à damnatis sententiis.

Sed unum adhuc monendum superest, scilicet, notandos non esse Catholicos, qui salvâ fide, quâ credimus hominem justificari per gratiam eidem inhærentem, gratiam ei necessariam esse ad benè agendum etiam ad initium fidei, eamque iis conferri omnibus quos supra diximus, atque hanc arbitrii libertatem juvare et roborare, non adimere, diverso à recepto in Scholis modo supernaturalium donorum et gratiæ interioris naturam explicent. Nam id philosophi potiùs modum declarantis, quo actiones nostræ fiant, habitusque in animâ insint, munus est, quàm theologi revelationem unicè proponentis atque consecutiones ex eâ deducentis. Quis ergo reprehendat illos, qui sanctificari animam per charitatem asserant, et charitatem esse vel Dei in nobis permanentem actionem, vel inspiratam divinitùs dilectionem, quæ naturam elevet, elevatam ad Deum amandum, ejusque amore agendum inclinet, adjuvetque etiam ut verè actu diligatur Deus, vel Dei amore quidquam agatur? Si hæc salvâ libertate fiant, quid est, quod damnari possit, præsertim cùm aliæ etiam divinæ in homine gratiæ operationes juxta definitam ab Ecclesiæ doctrinam explicentur? Dùm necessitas gratiæ salvatur ad initium fidei, ad sanctitatem, ad credendum, sperandum, agendumque ut oportet, libertas unâ cum gratiâ operante, et mysterium in concilianda gratia cum libero arbitrio, salva fides, ac Ecclesiæ doctrina est.

CAPUT XVII.

DECRETUM *SS. D. N. Alexandri VII, Feriâ V, die 30 Januarii 1659.*

« In congregatione generali S. Romanæ et universalis Inquisitionis habitâ in Palatio Apostolico Montis Quirinalis coram sanctissimo Domino Nostro Domino Alexandro divinâ providentiâ Papâ VII, ac Eminentiss. et Reverendiss. DD. S. R. E. Cardinalibus in universâ Republicâ Christianâ contra hæreticam pravitatem Generalibus Inquisitoribus à S. Sede Apostolicâ specialiter deputatis.

« Cùm nuper à Regularibus Mendicantibus diœcesis Andegaven. judicio Sedis Apostolicæ (ad quam duntaxat controversias fidei ac morum universalis Ecclesiæ pertinet definire) infra insertæ propositiones suorint oblatæ, de mandato Sanctissimi Domini Nostri Alexandri, divinâ providentiâ Papæ VII, plurium theologorum et canonistarum à Sanctitate Suâ ad id specialiter deputatorum examini sunt commissæ, quo peracto, et relatâ Sanctitati Suæ unanimi eorumdem theologorum atque canonistarum censurâ, idem Sanctissimus, auditis votis Eminentissimorum et Reverendissimorum DD. Cardinalium, Generalium Inquisitorum, easdem propositiones, prout infra qualificatas, auctoritate Apostolicâ, declaravit, declaratas decrevit, et tales ab omnibus haberi præcepit. »

1. Concil. Trid. non obligat Regulares in Galliâ ad obtinendas approbationes ab episcopis, ut Secularium confessiones audire possint, neque ex illius concilii auctoritate privilegia Regularium restringi possunt, cùm in Galliâ receptum non sit, præterquam in decisionibus fidei, neque etiam Bulla Pii IV, pro confirmatione illius concilii promulgata.

Est falsa, temeraria, scandalosa, in hæresim et schisma inducens, sacro Concilio Tridentino, et Sedi Apostolicæ injuriosa.

2. Ubi Concil. Trid. est receptum, non possunt episcopi restringere, vel limitare approbationes, quas Regularibus concedunt ad confessiones audiendas, neque illas ullâ ex causâ revocare. Quinimò Ordinum Mendicantium Religiosi eas approbationes obtinendas non tenentur; et si ab episcopis Religiosi non probentur, rejectio illa tantùmdem valet, ac si approbatio concessa fuisset.

Complexè accepta est falsa, temeraria, scandalosa et erronea.

3. Regulares Ordinum mendicantium semel approbati ab uno episcopo ad confessiones audiendas in suâ diœcesi, habentur pro approbatis in aliis diœcesibus, nec novâ episcoporum indigent approbatione. Regulares habent potestatem absolvendi à peccatis episcopo reservatis, etiamsi ab episcopo auctoritas ipsis indulta non fuerit.

Quoad primam partem est falsa, et saluti animarum perniciosa. Quoad secundam partem est falsa, auctoritati episcoporum et Sedis Apostolicæ injuriosa.

4. Nullus in foro conscientiæ Parochiæ suæ interesse tenetur, nec ad annuam confessionem, nec ad missas Parochiales, nec ad audiendum verbum Dei, divinam legem, fidei rudimenta, morumque doctrinam, quæ ibi in Catechesibus annuntiantur et docentur.

Quoad primam et secundam partem simpliciter accepta, est erronea et temeraria : suppositis verò privilegiis apostolicis, nullam meretur censuram. Et quoad tertiam partem de auditione verbi Dei servetur dispositio sacri Concilii Tridentini.

5. Talem legem in hâc materiâ nec episcopi, nec concilia Provinciarum vel Nationum sancire, nec delinquentes aliquibus pœnis, aut ecclesiasticis censuris mulctare possunt.

Suppositis itidem privilegiis apostolicis, nullam meretur censuram; verùm ista non est prædicanda, nec publicè docenda, prout nec præcedens quarta.

6. Regulares mendicantes petere possunt licitè à judicibus secularibus, ut injungant episcopis, quatenùs ipsis mandata concedant ad prædicandum in Adventu, et Quadragesimâ : quod si renuant facere episcopi, decretum judicum secularium tantùmdem valet, ac si permissio dictis Religiosis concessa fuisset.

Est falsa, erronea, et in hæresim ac schisma inducens.

« Hanc ergo qualificationem, et declarationem à cunctis tenendam, sequendam; et in praxi observandam esse, Sanctitas Sua declaravit et mandavit sub pœnis contra schismaticos, temerarios, seditiosos, ac de hæresi suspectos respectivè impositis, contrariis quibuscumque non obstantibus, etc. »

Nota. Adeò clara est affixa sex supra recensitis propositionibus censura, ut explicatione nostrâ non egeat. Vide tamen, si placet, apud Auctorem earumdem refutationem.

CAPUT XVIII.

DECRETUM *alterum ejusdem Pontificis, die* 24 *septembris* 1665.

« Sanctissimus D. N. audivit non sine magno animi sui mœrore, complures opiniones christianæ disciplinæ relaxativas, et animarum perniciem inferentes, partim antiquas iterùm suscitari, partim noviter prodire ac summam illam luxuriantium ingeniorum licentiam in dies magis excrescere, per quam in rebus ad conscientiam pertinentibus modus opinandi irrepsit alienus omninò ab evangelicâ simplicitate, sanctorum Patrum doctrinâ, et quem si pro rectâ regulâ fideles in praxi sequerentur, ingens eruptura esset christianæ vitæ corruptela. Quare, ne ullo unquam tempore viam salutis, quam suprema veritas Deus, cujus verba in æternum permanent, arctam esse definivit, in animarum perniciem dilatari, seu veriùs perverti contingeret, idem sanctissimus D. N. ut oves sibi traditas ab ejusmodi spatiosâ latâque, per quam itur ad perditionem, viâ, pro pastorali sollicitudine in rectam semitam evocaret, earumdem opinionum examen pluribus in sacrâ theologiâ magistris, et deinde eminentissimis et reverendissimis DD. cardinalibus contra hæreticam pravitatem generalibus Inquisitoribus serio commisit : qui tantum negotium strenuè aggressi, eique sedulò incumbentes, et maturè discussis usque ad hanc diem infra scriptis propositionibus, super unâquaque ipsarum sua suffragia Sanctitati Suæ sigillatim exposuerunt. »

1. Homo nullo unquàm vitæ suæ tempore tenetur elicere actum fidei, spei, et charitatis ex vi præceptorum divinorum ad eas virtutes pertinentium.

De eâdem sic Clerus Gallicanus in suâ censurâ, anno 1700, 4 sept.: « Hæc propositio est scandalosa, in « praxi perniciosa, erronea, fidei et Evangelii obli« vionem inducit. »

Repugnat S. Th. 2-2, q. 44, art. 2, ad 1, ubi sic : *Dantur præcepta de actibus virtutum* ; atqui præcepta hæc specialia sunt, et specialiter obligant. Eadem enim est omnium virtutum theologicarum ratio : atqui ex eodem S. Th. 1-2, q. 100, art. 10, *actus charitatis cadit sub præceptum legis, quod de hoc specialiter datur*; ergo.

Et verò fides specialiter præcipitur, Hebr. 11, his verbis : *Accedentem ad Deum credere oportet, quia est;* et Joan. 1 : *Hoc est mandatum ejus, ut credamus in nomine Filii ejus.* Spes præcipitur, Ps. 4 : *Sperate in Domino;* charitas, Matth. 22 : *Diliges Dominum Deum tuum*, et alibi toties, ut lex tota ad præceptum charitatis quodammodò revocari videatur ; ergo tenetur fidelis ad actus virtutum theologicarum non solùm per accidens, puta cùm eos elici necesse est, ut videtur grave aliquod peccatum, quod nemo unus negavit, sed per se, et ex vi specialis præcepti. Vide auctorem *de Fide* q. 4, resp. 2, *de Spe* q. 11, et *de Charitate* cap. 11, art. 1, q. 1.

2. Vir equestris ad duellum provocatus potest illud acceptare, ne timiditatis notam apud alios incurrat.

Censura Cleri Gallicani : « Doctrina hâc propositione contenta falsa est, scandalosa, contraria juri divino, et humano tam ecclesiastico quàm civili, imò et naturali. »

Repugnat concilio Tridentino quòd *detestabilem duellorum usum fabricante diabolo introductum esse declarat*, sess. 25, c. 19. Quæ sanè declaratio vix quidquam prodesse potest, si duellum ad evitandam timiditatis notam acceptare liceat, quia semper notam hanc verebuntur homines mundani ; est ergo falsa hæc propositio, occasionem præ se fert ruinæ spiritualis proximi, cùm duella foveat, divinæ legi opponitur, quæ occisionem vetat, et etiam naturali, quæ docet ob inanem mundi gloriam non esse exponendam animam certo æternæ salutis periculo, ac ob vanum timorem, vitam, cujus Dominus est Deus, exponi certo periculo non posse.

3. Sententia asserens, Bullam *Cœnæ* solùm prohibere absolutionem hæresis et aliorum criminum, quando publica sunt, et id non derogare facultati Tridentini, in quâ de occultis criminibus sermo est, anno 1629, 28 Julii in consistorio Sacræ Congregationis eminentissimorum cardinalium visa et tolerata est.

Patet ex hujus propositionis censurâ quid faciendum in praxi. In hâc enim materiâ, aliisque similibus merè positivis, sufficit pro omni expositione declaratio S. Sedis explicantis constitutiones suas. Vide in tractatu *de Censuris* (p. 153) notam à nobis adjectam, in quâ hujus propositionis mentio fit, ejusque sensus exponitur.

4. Prælati Regulares possunt in foro conscientiæ absolvere quoscumque seculares ab hæresi occultâ, et ab excommunicatione propter eam incursâ.

Repugnat D. Thomæ, qui in supplem. q. 20, art. 2, *Potestas Ordinis*, ait, quantùm est ad se, extendit se ad omnia peccata remittenda : *Sed, quia ad usum hujusmodi potestatis requiritur jurisdictio, quæ à majoribus in inferiores descendit, ideò potest Superior aliqua sibi reservare, in quibus inferiori judicium non committat.*

Et iterùm : *Quandoque est consuetudo in aliquo episcopatu, quòd enormia crimina ad terrorem reserventur episcopo* : Ergo prælati regulares, absque superiorum ecclesiasticorum consensu, à censuris reservatis absolvere non possunt. Porrò potestas absolvendi ab hæresi etiam occultâ, nedùm seculares, sed etiam subditos suos, jam non competit Regularibus, prout declaravit S. Congregatio an. 1628, de quo consule Dominicum Vivam in examine hujus propositionis. Vide etiam quæ dixi *de Obligationibus*, et in notâ adjectâ quæst. 7, cap. 3 *de Fide*, ubi ostendi hanc facultatem sublatam etiam esse episcopis per Bullam *Cœnæ*.

5. Quamvis evidenter tibi constet Petrum esse hæreticum, non tenebris denuntiare, si probare non possis.

Repugnat D. Thomæ 2-2, q. 37, art. 7, in corp.: *Quædam peccata*, ait S. doctor, *occulta sunt quæ sunt in nocumentum proximorum, vel corporale vel spirituale, puta si aliquis occultè tractat, quomodò civitas tradatur hostibus, vel si hæreticus privatim homines à fide avertat*, ut avertere solet id hominum genus, quorum sermo ut cancer serpit : *Et quia ille, qui sic occultè peccat, non solùm in se peccat, sed etiam in alios, oportet statim procedere ad denuntiationem, ut hujusmodi nocumentum impediatur.* Tunc autem non requiret discretus judex, ut probes, sed ut criminis indicia declares, et exponas. Vide, quæ dicta sunt ab auctore *de Correctione fraternâ*, q. 111, n. 2.

6. Confessarius, qui in sacramentali confessione tribuit pœnitenti chartam postea legendam, in quâ ad venerem incitat, non censetur sollicitâsse in confessione, ac proinde non est denuntiandus.

Hæc propositio puerili distinctione denuntiandi necessitatem eludit : nam cùm Apostolica Sedes veluti hæreseos suspectos denuntiandos jusserit confessarios qui loco medicinæ venenum pœnitentibus præbent, eos provocando ad turpia, vel in confessione vel immediatè antea vel post, aut occasione confessionis, manifestum est eos quoque denuntiati voluisse, qui per chartam, domi legendam, ad turpia sollicitaverint. Vide nostram *Appendicem de Sollicitatione*.

7. Modus evadendi obligationem denuntiandæ sollicitationis est, si sollicitatus confiteatur cum sollicitante, hic potest ipsum absolvere ab onere denuntiandi.

Eadem est ratio propositionis hujus quæ præcedentis; an enim sollicitans, qui sollicitati confessionem excipit, potest eum eximere à lege eidem per superiores legitimos impositâ? Mera igitur sunt hæc subterfugia ad eludendas superiorum leges.

8. Duplicatum stipendium potest sacerdos pro eâdem missâ licitè accipere, applicando petenti partem etiam specialissimam fructus ipsimet celebranti correspondentem, idque post decretum Urbani VIII.

In hâc propositione auri sacra fames omnibus Christianis, præcipuèque verò sacerdotibus severè interdicta repugnat. Veritas censuræ hinc patet, quòd Ecclesia, quæ ut continuò et indefessè loquitur doctor Angelicus errare non potest, non patiatur, ut sacerdos de specialissimâ sacrificii parte pro nutu disponere, eamque à se pro nummis ablegare possit. Cùm ex ejusdem Ecclesiæ præcepto pro se missam offerre debeat, ut patet ex his offertorii verbis : *pro innumerabilibus peccatis et offensionibus et negligentiis meis.* Præiverat Apostolus Hebr. 7, ubi docet sacerdotes *necessitatem habere, priùs pro suis delictis hostias offerre, deinde pro populi.*

9. Post decretum Urbani potest sacerdos, cui missæ celebrandæ tradantur, per alium satisfacere, collato illi minori stipendio, aliâ parte stipendii sibi retentâ.

Hæc propositio titulo duplici reprobanda est, 1° quia justitiam lædit. Quo enim titulo sacerdotes collato alteri minori stipendio alteram stipendii partem sibi retinent ? 2° quia negotiationem importat clericis in materiâ etiam profanâ, et à fortiori in materiâ sacrâ prohibitam, prout docet S. Thomas 2-2, quæst. 77, art. 4, ad 3. Hinc colligunt Viva, et alii accuratiores, cum qui per alium celebrat, teneri ex justitiâ ad ferendum eidem stipendii excessum, quem penès se, et nullo ex titulo servaverat. Vide censuram à Benedicto XIV in eos latam, qui mercimonia exercent missarum.

10. Non est contra justitiam pro pluribus sacrificiis stipendium accipere, et sacrificium unum offerre ; neque etiam est contra fidelitatem, etiamsi promittam, promissione etiam juramento firmatâ, danti stipendium, quod pro nullo alio offeram.

Hæc propositio repugnat his D. Thomæ verbis in supplem. quæst. 73, art. 13 : *Suffragium missæ distributum in multos minùs prodest singulis, quàm prodesset si fieret pro uno tantùm* ; repugnat etiam rationi, quia quidquid sit de participatione unius ejusdemque sacrificii in plures distributi, certè stipendium non datur sacerdoti tanquàm pretium fructûs sacrificii ; sed tanquàm aliud à lege, vel consuetudine statutum ad ministri sustentationem ; porrò nulla lex permisit unquàm plura pro uno sacrificio recipi stipendia, sed id omni, et quocumque tempore in Ecclesiâ Christi inviolatè prohibitum est, et multò magis cùm intervenit promissio contraria juramento confirmata.

11. Peccata in confessione omissa, seu oblita ob instans periculum vitæ, aut ob aliam causam, non tenemur in sequenti confessione exprimere.

Censura Cleri Gallic.: « Hæc propositio est temeraria, erronea, et confessionis integritati derogat. »

Repugnat expressissimis D. Thomæ verbis in supplem. quæst. 10, art. 5, ad 3 : *Aliquis tenetur iterùm confiteri, cùm ad memoriam peccatorum venerit, sicut pauper* (q. 2, art. 3, ad 2) *qui non potest solvere quod debet, tenetur cùm primò potest.* Quid efficacius ad perimendum hujus propositionis errorem ? Et verò, ait Viva, se habet secundùm quid ad secundùm quid, sicut se habet simpliciter ad simpliciter ; ergo sicut qui nullatenùs peccata deposuit, eadem, licet per sinceram contritionem sibi dimissa, deponere tenetur quamprimùm potest ; ita et ea quis deponere tenetur, quæ sibi è memoriâ exciderant, et deinceps animo occurrunt. Vide auctorem art. 2 *de confessione*, quæst. 8.

12. Mendicantes possunt absolvere à casibus episcopis reservatis, non obtentâ ad id episcoporum facultate.

Censura Cleri Gallicani : « Doctrina hâc propositione contenta falsa est, temeraria, scandalosa, erronea, in hæresim et schisma inducens, concilio Tridentino contraria, ecclesiasticæ hierarchiæ destructiva, invalidis confessionibus viam aperit, jam olim à summis pontificibus, et à Clero Gallic. damnata. » Pluries à Romanis pontificibus hæc propositio proscripta fuit. Hanc enim non competere Regularibus facultatem declaravit Sac. Congr. concilii 10 septembris 1572, approbante Gregorio XIII, congr. episcoporum et Regularium die 9 januarii 1601, approbante Clemente VIII, ac deinceps 7 januarii 1617, approbante Paulo V, quod et præstitit etiam sub Urbano VIII. Quamobrem Alexander VII istam propositionem proscripsit, et Clemens X, Const. incipien. *Superni magni,* non solùm denuò definivit, per *Mare magnum,* aliave privilegia, nulli Regularium cujuscumque ordinis, instituti, seu societatis, etiam Jesu, factam esse potestatem absolvendi à casibus episcopo reservatis, sed insuper sancivit *habentes facultatem absolvendi à casibus omnibus sedi Apostolicæ reservatis, non ideò à casibus episcopo reservatis absolvere posse.*

13. Satisfacit præcepto annuæ confessionis, qui confitetur Regulari episcopo præsentato, sed ab eo injustè reprobato.

Censura Cleri Gallic. eadem, quæ propositionis præcedentis. Vide auctorem nostrum *de Pœnitentiâ,* cap. 3, art. 1, q. 3.

14. Qui facit confessionem voluntariè nullam, satis facit præcepto Ecclesiæ.

Censura Cleri Gallic.: « Hæc propositio temeraria est, erronea, sacrilegio favet, et præceptis Ecclesiæ illudit. »

Repugnat rationi, quæ satis docet non magis impleri præceptum confessionis per confessionem voluntariè nullam, quàm præceptum restitutionis per exhibitionem monetæ falsæ. Repugnat etiam S. Thomæ, secundùm quem ad pœnitentiam requiritur *ex parte ipsius, qui suscipit sacramentum... contritio, quæ est de essentiâ Sacramenti.* Quæro autem an contritio voluntariè nulla et sacrilega sit de essentiâ pœnitentiæ ? Denique confessio, quam præcipit Ecclesia semel saltem in anno, non alia est, quàm à Deo præcepta ; hanc enim Ecclesia fieri jubet : Deus verò confessionem jubet, quæ peccatorem cum ipso reconciliet, ideòque validam.

15. Pœnitens propriâ auctoritate substituere sibi alium potest, qui loco ipsius pœnitentiam adimpleat.

Repugnat D. Thomæ 3 part., q. 90, art. 2 : *Requiritur ex parte pœnitentis,* ait S. doctor, *quòd recompenset secundum arbitrium ministri Dei; quod fit in satisfactione.* Sanè ex concilio Tridentino sess. 14, cap. 8 : *Pœnæ satisfactoriæ magnoperè à peccato revocant, et quasi frœno quodam pœnitentes coercent... medentur peccatorum reliquiis, et vitiosos habitus malè vivendo comparatos contrariis virtutum actibus tollunt ;* atque ii effectus saltem ex præcipuâ sui parte haberi non possent, si sufficeret pœnitentiam uni impositam, per alium impleri. Quantâ inde iis præsertim, qui opum divites sunt, peccandi, et nunquàm satisfaciendi facilitas.

16. Qui beneficium curatum habent, possunt sibi eligere in confessarium simplicem sacerdotem non approbatum ab Ordinario.

Censura Cleri Gallic. : « Hæc propositio est falsa, « temeraria, concilio Tridentino contraria. » Quod consuleudum est, sess. 23, cap. 15, ubi decernitur : « Nullum etiam Regularem posse confessiones secula- « rium etiam sacerdotum, ac proinde etiam parocho- « rum audire, nec ad id idoneum reputari, nisi aut « beneficium parochiale habeat, aut ab episcopis ido- « neus judicetur, et approbationem obtineat. » Et verò, ne ipsis quidem episcopis extra propriam diœcesim versantibus licet sibi in confessarium eligere sacerdotem, qui approbatus non sit, prout re diù graviter expensâ definiit Gregorius XIII, apud Vivam hìc, num. 7.

17. Est licitum religioso, vel clerico calumniatorem gravia crimina de se, vel de suâ religione spargere minantem, occidere, quando alius modus defendendi non suppetit, uti suppetere non videatur, si calumniator sit paratus vel ipsi religioso, vel ejus religioni publicè, et coram gravissimis viris prædicta impingere, nisi occidatur.

Censura Cleri Gallic.: « Hæc propositio est scanda- « losa, erronea, Decalogo apertè repugnat, cædibus « patrocinatur, et Magistratibus, ipsique humanæ so- « cietati certam perniciem intentat. » Hæc ipsa Cleri censura suam secum probationem trahit. Vide auctorem de *Just. et Jure*, c. 11, q. 10.

18. Licet interficere falsum accusatorem, falsos testes, ac etiam judicem, à quo iniqua certò imminet sententia, si aliâ viâ non potest innocens damnum evitare.

Censura Cleri Gallic. eadem quæ præcedentis. Et verò, ubi apud eos, qui homicidam hanc propositionem evomuerunt, ubi, inquam, patientia christiana? Ubi illud Christi : *Beati estis, cùm maledixerint vobis homines, et persecuti vos fuerint, et dixerint omne malum adversùm vos mentientes*? Ubi moderamen inculpatæ tutelæ à theologis omnibus requisitum?

19. Non peccat maritus occidens propriâ auctoritate uxorem in adulterio deprehensam.

Censura Cleri Gallic.: « Hæc proposito est erronea, « crudelitatem privatamque vindictam approbat. »

Repugnat et rationi, et auctoritati D. Thomæ 2-2, q. 64, art. 3 : *Principibus habentibus publicam auctoritatem solùm licet malefactores* (quibus sanè annumeranda est adultera, quæ juxta legem Moysis lapidanda erat) *occidere, non autem privatis personis*, qualis est maritus relativè ad vitam uxoris. *Vir enim non est judex uxoris, et ideò non potest eam interficere, sed coram judice accusare;* in supplem. quæst. 60, art. 1, ad 1, ubi quæstionem hanc ex professo versat doctor Angelicus. Præiverat Augustinus, lib. 2 de Adult.

Conjug., ubi occisionem hanc vocat *rem nefariam*, et meritò, tum quia non licet quemquam inauditum damnare, cùm Deus ipse Adamum audire voluerit, dicens : *Adam, ubi es*? fortè enim innoxia est uxor, et à stupratore oppressa ; tum quia si rea sit conjux, et sponte succubuerit libidini, in æternum damnabitur, quo malo nullum esse gravius potest.

20. Restitutio à Pio V imposita Beneficiatis non recitantibus non debetur in conscientiâ ante sententiam declaratoriam judicis, eò quòd sit pœna.

Censura Cleri Gallic.: « Hæc propositio falsa est, « temeraria, cavillatoria, ac præceptis ecclesiasticis « illudit. »

Et verò, quia pœnæ non arbitrariæ, sed ipso naturali jure impositæ, obligant independenter à sententiâ judicis ; atque restitutio ab iis facienda, qui horas omisère, non solùm Ecclesiæ legibus, sed ipso naturali jure imposita est. Quia ipso naturæ jure constitutum est ut qui ex pacto ad aliquid faciendum tenetur sub certis conditionibus, nihil acquirat, quando iisdem conditionibus deest. Vide quæ dicta sunt ab Auctore, tract. *de Obligation.* cap. 1, q. 3.

21. Habens Capellaniam collativam, aut quodvis aliud beneficium ecclesiasticum, si studio litterarum vacet, satisfacit suæ obligationi, si officium per alium recitet.

Repugnat D. Thomæ quodlibet 1, q. 7. art. 1 : *Præbendatûs debitum, quod debet Deo, per seipsum debet exsolvere.* Si per seipsum debet, ergo non sufficit, ut per alium. Nec nocet, quòd propositio loquatur de beneficiario studiis vacante. Neque enim officii sanctè recitati pensum, studiorum fructus retardare potest, cùm Dei benedictionem inducat. Certè si juniores beneficiarii non satis haberent intervalli, ut magnum Ecclesiæ officium recitarent, non deberent ab eo propriâ auctoritate abstinere, sed recurrere ad episcopum, qui his in casibus non dispensat absolutè, sed solius B. Virginis officii recitationem indulget.

22. Non est contra justitiam beneficia ecclesiastica non conferre gratis, quia collator conferens illa beneficia Ecclesiastica, pecuniâ interveniente, non exigit illam pro collatione beneficii, sed veluti pro emolumento temporali, quod tibi conferre non tenebatur.

Censura Cleri Gallicani : « Hæc propositio temeraria « est, scandalosa, perniciosa, erronea, et hæresim si- « moniacam à sacrâ Scripturâ, canonibus et pontificiis « constitutionibus reprobatam, mutato tantùm nomine, « per fallaciam mentis, sive directionem intensionis « inducit. »

Repugnat primis Christianismi principiis. Certè si semel stet non vendi beneficium, quia solùm venduntur temporalia ejus emolumenta, jam ne ipse quidem Giezi simoniæ reus judicari potest. Longè aliter S. Thom. q. 100, art. 4 : *Beneficia*, inquit, *ecclesiastica, quoad fructus temporales, nullo modo vendere licet, quia eis fructibus venditis intelligitur etiam spiritualia venditioni subjici.* Vide quæ passim dicta sunt in art. *de Simoniâ*, q. 20 *resp.* 5, etc.

23. Frangens jejunium Ecclesiæ, ad quod tenetur, non peccat mortaliter, nisi ex contemptu, vel inobedientiâ hoc faciat, puta quia non vult se subjicere præcepto.

Censura Cleri Gallic.: *Doctrina hâc propositione contenta, falsa est, temeraria, scandalosa, perniciosa, ecclesiasticorum mandatorum incuriam inducit, jejunii leges pravis artibus eludit.*

Repugnat saniorum quotquot fuerunt theologorum judicio. Apud eos enim receptum est istud S. Thomæ 1-2, q. 96, art. 4: *Leges non ecclesiasticæ solùm, sed et civiles habent vim obligandi in foro conscientiæ,* ac proinde, per se et ex naturâ, rei et secluso contemptu; ergo peccat mortaliter, qui eas in materiâ gravi infringit. Vide quæ dicta sunt in Tract. *de Legibus et de Jejunio.*

24. Mollities, sodomia, et bestialitas sunt peccata ejusdem speciei infimæ, ideòque sufficit dicere in confessione se procurâsse pollutionem.

Hæc adeò horrenda sunt, ut refutatione non indigeant. Inter vitia, quæ sunt contra naturam, ait S. Thom. 2-2, q. 154, art. 12, ad 4, *infimum locum tenet peccatum immunditiæ,* seu mollitiei, *quod consistit in solâ omissione concubitûs ad alterum. Gravissimum autem est peccatum bestialitatis, quia non servatur debita species.... post hoc autem est vitium sodomiticum, cùm ibi non servetur debitus sexus.* Vide quæ dicta sunt in Tract. *de Peccatis,* q. 18, etc.

25. Qui habuit copulam cum solutâ, satisfacit confessionis præcepto, dicens: Commisi cum solutâ grave peccatum contra castitatem, non explicando copulam.

Repugnat vel ipsi rationi, quasi verò fornicatio non sit crimen majus simplici tactu etiam mortaliter malo, quasi quoque fornicatio non pariat effectus, circa quos pœnitentem interrogari necesse est, puta, an virgo deflorata fuerit, etc. Vide quæ dixi in loco mox citato.

26. Quando litigantes habent pro se opiniones æquè probabiles, potest judex pecuniam accipere pro ferendâ sententiâ in favorem unius præ alio.

Censura Cleri Gallic.: ‹ Hæc propositio falsa est, et ‹ perniciosa, verbo Dei contraria, et judicum corru‹ ptelas inducit. ›

Longè aliter D. Thomas, 2-2, q. 71, art. 4, ad 3: *Justitia,* inquit, *non declinat in unam partem magis quàm in aliam;* ergo ubi plena est utrinque æqualitas, plenum servare debet æquilibrium, absque eo quòd statera ejus in unam potiùs quàm in alteram partem auri pondere inclinetur. In hoc ergo casu id agere debet judex, ut partes amicè conveniant, aut ut rem de quâ litigatur, ex æquo dividant inter se. Vide in Tr. *de Judicum obligationibus.*

27. Si liber sit alicujus junioris, et moderni, debet opinio censeri probabilis, dùm non constet rejectam esse à Sede Apostolicâ tanquàm improbabilem.

Censura Cleri Gallic.: ‹ Hæc propositio quatenùs ‹ silentium et tolerantiam pro Ecclesiæ, vel Sedis ‹ Apostolicæ approbatione statuit, falsa est, scanda‹ losa, saluti animarum noxia, patrocinatur pessimis ‹ opinationibus; quæ identidem temerè obtruduntur;
‹ atque ad evangelicam veritatem iniquis præjudiciis ‹ opprimendam, viam parat. ›

Hæc propositio ex omni parte peccat, et quidem 1° quatenùs juniorum libros, veterum placitis præponere videtur, contra id quod ait S. Cælestinus I, epist. 1: *Desinat novitas lacessere vetustatem.* 2° Quatenùs supponit Apostolicam Sedem tacito assensu probare quidquid solemni judicio non improbat. Quasi verò vel omnia, quæ singulis diebus exsurgunt opinionum portenta singulis diebus configere possit, vel pudendas eas approbaverit, aut permiserit opiniones, quæ à Theologis primùm, deinde ab episcopis reprobatæ, tandem ab ipsis Rom. Pontificibus, crescente malo, confixæ sunt. Et verò Innocentius XI et Alexander VIII in decretis suis monent, non censendas esse approbatas alias propositiones ibi non expressas, etiamsi Sedi Apostolicæ exhibitæ sint ut damnentur. 3° Quia cùm nulla sit penè propositio tam horrenda, quæ approbatores suos non habuerit, nulla quoque erit laxitas, quam practicè sequi illicitum sit.

28. Populus non peccat, etiamsi absque ullâ causâ non recipiat legem à principe promulgatam.

Censura Cleri Gallic.: ‹ Hæc propositio seditiosa est, ‹ Apostolicæ doctrinæ ac dictis dominicis apertè con‹ tradicit. ›

Et verò, Luc. 20, ait Christus: *Reddite quæ sunt Cæsaris, Cæsari*: Et, Rom. 13, ait Apost.: *Omnis anima potestatibus sublimioribus subdita sit...... Itaque qui resistit potestati, Dei ordinationi resistit; qui autem resistunt, ipsi sibi damnationem acquirunt.* Vide quæ dixi in Tr. *de Legibus,* cap. 2, q. 1 et seq.

‹ Quibus peractis, dùm similium propositionum examini cura, et studium impenditur, interea idem Sanctissimus, re maturè consideratâ, statuit et decrevit, prædictas propositiones, et unamquamque ipsarum, ut minimùm tanquàm scandalosas, esse damnandas et prohibendas; sicut eas damnat, ac prohibet: ita ut quicumque illas aut conjunctim, aut divisim docuerit, et defenderit, ediderit, aut de eis etiam disputativè, publicè, aut privatim tractaverit, nisi forsan impugnando, ipso facto incidat in excommunicationem, à quâ non possit (præterquàm in articulo mortis) ab alio quâcumque etiam dignitate fulgente, nisi à pro tempore existente Romano Pontifice absolvi. ›

‹ Insuper districtè in virtute sanctæ obedientiæ, et sub interminatione divini judicii prohibet omnibus Christi fidelibus cujuscumque conditionis, dignitatis, ac statûs, etiam speciali, ac specialissimâ notâ dignis, ne prædictas opiniones, aut aliquam ipsarum ad praxim deducant. ›

CAPUT XIX.

Decretum *tertium ejusdem Alexandri VII, die 18 martii 1665.*

‹ Sanctissimus D. N. post latum Decretum die 24 Septembris proximè elapsi, quo viginti octo propositiones damnatæ fuerunt, examinatis sedulò et accuratè usque ad hanc diem infra scriptis aliis, quadragesimum quintum numerum implentibus, per plures in sacrâ theologiâ magistris, ac per eminentissimos et reverendissimos DD. cardinales adversùs hæreticam pravitatem Generales Inquisitores, eorum suffragia sigillatim super unâquaque ipsarum audivit. »

Propositio 29. In die jejunii, qui sæpiùs modicum quid comedit, etsi notabilem quantitatem in fine comederit, non frangit jejunium.

Censura Gallic. eadem quæ 23.

Idem etiam motivum, quia qui sæpiùs modicum quid comedendo ad notabilem devenit, se habet ut qui sæpiùs modicum quid furando ad gravem summam pervenit; et is utique gravis tandem peccati reum se constituit. Vide quæ dicta sunt, tom. 1 *de Ecclesiastico jejunio*, q. 6, resp. 3, tom. 3, p. 169, ubi satis superque demonstratum est modicam cibi quantitatem sæpè repetitam illam nutritionem efficere, quæ mortificationi opponitur, quam Ecclesia per jejunium vult atque optat.

30. Omnes officiales, qui in republicâ corporaliter laborant, sunt excusati ab obligatione jejunii, nec debent se certificare an labor sit compatibilis cum iejunio.

Censura Cleri Gallic. eadem quæ præcedentis. Vide quæ dicta sunt in loco supra citato, quæst. 7; ibi enim ostenditur, experientiâ constare officiales illos posse sine gravi nocumento jejunare, et ab Ecclesiæ præcepto non posse homines sine gravi ratione excusari.

31. Excusantur absolutè à præcepto jejunii illi, qui iter agunt equitando, utcumque iter agant, etiamsi iter necessarium non sit, et etiamsi iter unius diei conficiant.

Censura Cleri Gallic. eadem quæ 23.

Utramque hanc propositionem prædamnavit Angelus scholæ, 2-2, q. 147, art. 4 ad 3, his verbis : *Si immineat necessitas statim peregrinandi, et magnas dietas, vel onerosa faciendi, vel etiam multùm laborandi, vel propter conservationem vitæ corporalis, vel propter aliquod necessarium ad vitam spiritualem, et simul cùm hoc non possint Ecclesiæ jejunia observari, non obligatur homo ad jejunandum*; ergo à jejunio non excusantur ii, de quibus agunt prædictæ propositiones. Vide q. 7 cit. num. 6.

32. Non est evidens quòd consuetudo non comedendi ova et lacticinia in Quadragesimâ obliget.

Repugnat D. Thomæ, 2-2, q. 147, art. 8 ad 3 : *In quolibet jejunio*, ait S. doctor, *interdicitur esus carnium, in jejunio autem Quadragesimali interdicuntur ova et lacticinia*; ergo evidens est ab ovis et lacticiniis per Quadragesimam esse abstinendum iis in locis, ubi huic consuetudini, ex generali, vel speciali Superiorum dispensatione derogatum non est : sicut ei quoad lacticinia in Galliâ derogatum est. Quanquàm, et multæ sunt in illo regno Diœceses, in quibus modica pecuniæ summa pro lacticiniorum redemptione à singulis solvitur, ut in Diœcesi Bononiensi. Vide in cit. tract. q. 1.

33. Restitutio fructuum ob omissionem Horarum suppleri potest per quascumque eleemosynas, quas antea Beneficiatus de fructibus sui beneficii fecerit.

Propositio planè absurda; non enim magis restituuntur fructus injustè percepti per eleemosynas præcedentes, quàm bonum pauperi ereptum eidem restitutum censeatur per eleemosynas eidem vel alii cuilibet antea factas. Et verò eleemosyna de se gratuita est; quod autem gratuitò datur, justitiæ debitum non expungit.

34. In die Palmarum recitans officium paschale satisfacit præcepto.

Propositio falsa, quia sola officii præscripti recitatio satisfacere potest, nisi quandoque excuset bona fides aliud pro alio recitantis; quo etiam in casu compensanda venit officiorum inæqualitas. Vide, quæ dicta sunt de *Religione*, ubi de Officio Divino, sei Horis Canonicis q. 4.

35. Unico officio potest quis satisfacere duplici præcepto, pro die præsenti et crastino.

Eadem quæ in præcedentibus absurditas; quasi nempe unius et integri officii recitatio, unicuique diei per Ecclesiam affixa non sit. Vide hic uberes, sed amaros Probabilitatis fructus : certè stando in propositione 18 superiùs relatâ, poterat unusquisque practicè sequi opiniones mox adductas ante judicium Sedis Apostolicæ; sunt enim eæ omnes non in uno solùm, sed et in pluribus libris juniorum.

36. Regulares possunt in foro conscientiæ uti privilegiis suis, quæ sunt expressè revocata per concilium Tridentinum.

Censura Cleri Gallic. eadem quæ 12, idem et censuræ motivum.

37. Indulgentiæ concessæ Regularibus, et revocatæ à Paulo V, hodiè sunt revalidatæ.

Ficta erat hæc revalidatio; atque, etiamsi genuina fuisset, jam non esset in vigore post censuram hujusce propositionis, quæ novam prædictarum indulgentiarum revocationem importat.

38. Mandatum Tridentini factum sacerdoti sacrificanti ex necessitate cum peccato mortali confitendi quamprimùm, est consilium, non præceptum.

Censura Cleri Gallic. : « Hæc propositio est falsa, « perniciosa, apertè concilii Tridentini Decretum in- « vertit. »

39. Illa particula *quamprimùm* intelligitur, cùm sacerdos suo tempore confitebitur.

Censura Cleri Gallic. eadem quæ 38.

Æquitas censuræ propositionis utriusque ex solâ Tridentini concilii lectione manifesta est et aperta Sanè verò quis unquam id fieri *quamprimùm* contendet, quod aliquando ad unum, vel alterum mensem protraheretur?

40. Est probabilis opinio, quæ dicit, esse tantùm veniale osculum habitum ob delectationem carnalem et sensibilem, quæ ex osculo oritur, seclusa periculo consensûs ulterioris et pollutionis.

Repugnat D. Thomæ, 2-2, q. 154, art. 4 : *Oscula*, ait, *sunt peccata mortalia, secundùm quòd libidinosa sunt*; atqui oscula ob delectationem carnalem verè sunt libidinosa; et falsum supponunt, qui ea à periculo consensûs ulterioris secludi supponunt. Quare enim placet osculum, nisi quia stimulat, et rapit cor hominis in id ad quod de se, et propriæ corruptionis pondere vergit et inclinatur.

41. Non est obligandus concubinarius ad ejiciendam concubinam, si hæc nimis utilis esset ad oblectamentum concubinarii, vulgò *Regalo*, dùm deficiente illo, nimis ægrè ageret vitam, et aliæ epulæ tædio magno concubinarium afficerent, et aliæ famulæ nimis difficilè invenirentur.

Censura Cleri Gallic. « Hæc propositio scandalosa
« est, perniciosa, hæretica, apertè repugnans præ-
« cepto Christi jubentis, manum, pedem, oculum
« quoque dextrum scandalizantem abscindere et
« projicere. »

Hæc Cleri censura suam secum probationem habet omni majorem exceptione. Vide quæ dicta sunt, ubi de occasione proximâ.

42. Licitum est mutuasti aliquid ultra sortem exigere, si se obligat ad non repetendam sortem usque ad certum tempus.

Censura Cleri Gallic. « Hæc propositio, in quâ mu-
« tato tantùm mutui et usuræ nomine, licet res eò-
« dem recidat, per falsas venditiones, et alienationes,
« simulatasque societates, aliasque ejusmodi artes,
« et fraudes vis divinæ legis eluditur, doctrinam con-
« tinet falsam, scandalosam, cavillatoriam, in praxi
« perniciosam, palliativam usurarum, verbo Dei scri-
« pto ac non scripto contrariam, jam à Clero Gallic.
« reprobatam, conciliorum ac Pontificum decretis
« sæpè damnatam. »

Ratio Censuræ est, quia obligatio non repetendæ sortis ad certum tempus est mutuò intrinseca. Vide quæ fusè dicta sunt in Tract. *de Contractibus*, ubi de usuris.

43. Annuum legatum pro animâ relictum non durat plusquàm per decem annos.

Existimârunt aliqui cum Soto, animas, ut aiunt, *purgantes*, ultra annos decem non torqueri: quæ cerebri ferientis imaginatio, propositionis præcedentis fundamentum erat: verùm hæc ab omnibus rejecta est: qui ergo legata in perpetuum habent, eadem in perpetuum adimplere tenentur ex justitiâ, quia pacta legitimè sancita prorsùs servari necesse est.

44. Quoad forum conscientiæ, reo correcto, ejusque contumaciâ cessante, cessant censuræ.

Hujus propositionis falsitas apertè patet, tum ex constanti usu Ecclesiæ, qui pœnitentes in excommunicatione fato functos, etiam post mortem absolvit, tum ex aliis, quæ dicta sunt in tract. *de Censuris*.

45. Libri prohibiti, donec expurgentur, possunt retineri usquedùm adhibitâ diligentiâ corrigantur.

Sua sunt libris prohibitis pericula; et multi sunt, qui eos legendo etiam ut id quod malum est resecent et corrigant, magno se seductionis discrimini objiciunt. Ac præterea in tam gravi Ecclesiæ parendum est, quæ hos legere vetat, quoadusque juxta præscriptum à se modum libri vetiti corrigantur.

« Quibus maturè pensatis, idem Sanctissimus statuit ac decrevit, prædictas Propositiones, et unamquamque ipsarum, ut minimùm tanquàm scandalosas, esse damnandas et prohibendas : sicut eas damnat ac prohibet : ita ut quicumque illas, aut conjunctim, aut divisim docuerit, defenderit, ediderit, aut de eis etiam disputativè, publicè, aut privatim tractaverit, nisi forsan impugnando, ipso facto incidat in excommunicationem, à quâ non possit (præterquàm in articulo mortis) ab alio, quâcumque etiam dignitate fulgente, nisi à, pro tempore existente, romano pontifice, absolvi. »

« Insuper districtè in virtute sanctæ obedientiæ, et sub interminatione Divini Judicii prohibet omnibus Christi fidelibus cujuscumque conditionis, dignitatis ac statûs, etiam speciali et specialissimâ notâ dignis, ne prædictas opiniones, aut aliquam ipsarum ad praxim deducant. »

CAPUT XX.

DECRETUM SS. *D. N. Innocentii XI. die* 2 *Martii* 1679.

« Sanctissimus D. N. Innocentius papa XI, prædictus ovium sibi à Deo creditarum saluti sedulò incumbens, et salubre opus in segregandis noxiis doctrinarum pascuis ab innoxiis, à fel. rec. Alexandro VII. prædecessore suo inchoatum prosequi volens, plurimas propositiones, partim ex diversis, vel libris, vel thesibus seu scriptis excerptas, et partim noviter adinventas, theologorum plurium examini, et deinde eminentissimis et reverendissimis DD. cardinalibus contra hæreticam pravitatem generalibus inquisitoribus subjecit. Quibus propositionibus sedulò et accuratè sæpiùs discussis, eorumdem eminentissimorum cardinalium et theologorum votis per sanctitatem suam auditis, idem SS. D. N. re posteà maturè consideratâ, statuit et decrevit pro nunc sequentes propositiones, unamquamque ipsarum, sicuti jacent, ut minimùm tanquàm scandalosas et in praxi perniciosas, esse damnandas et prohibendas, sicuti eas damnat et prohibet. Non intendens tamen Sanctitas Sua per decretum alias propositiones in ipso non expressas, et Sanctitati Suæ quomodolibet et ex quâcumque parte exhibitas vel exhibendas ullatenùs approbare. »

1. Non est illicitum in sacramentis conferendis sequi opinionem probabilem de valore sacramenti, relictâ tutiore, nisi id vetet lex, conventio, aut periculum gravis damni incurrendi. Hinc sententiâ probabili tantùm utendum non est in collatione baptismi, ordinis sacerdotalis, aut episcopalis.

Censura Cleri Gallicani.: « Doctrina hâc propositione
« contenta est respectivè falsa, absurda, perniciosa,
« erronea, probabilitatis pessimus fructus. »

Vide quæ dicta sunt in tract. *de Conscientiâ*, ubi omni argumentorum genere probatum est nequidem probabiles esse opiniones illas quas juniores casuistæ docebant permissas et licitas esse in concursu aliarum, quæ simul et tutiores sunt et probabiliores. Sanè propositio de quâ agitur, eo etiam titulo ridicula est et absurda, quòd non attendat in dubiâ collatione cujuscumque sacramenti grave semper reperiri periculum irreverentiæ. Immania probabilitatis consectaria, malæ arboris fructus pessimi, ex decursu magis ac magis innotescunt.

2. Probabiliter existimo judicem posse judicare juxta opinionem etiam minùs probabilem.

Censura Cleri Gallic. eadem, quæ propositionis præcedentis; idem et motivum, toties in jure canonico repetitum, quòd nempe in dubiis, et à fortiori in iis quæ sunt plus quàm dubia, qualia sunt minùs probabilia, viam debeamus eligere tutiorem. Vide insuper quæ dicta sunt, ubi de obligationibus judicum.

3. Generatim dùm probabilitate sive intrinsecà, sive extrinsecà quantumvis tenui, modò à probabilitatis finibus non exeatur, confisi aliquid agimus, semper prudenter agimus.

Censura Cleri Gallic.: « Hæc propositio falsa est, « temeraria, scandalosa, perniciosa, novam morum « regulam, novumque prudentiæ genus, nullo Scri« pturarum, aut traditionis fundamento, cum magno « animarum periculo statuit. »

Eamdem in citato *de Conscientiâ* Tractatu à fundamentis subversam reperire est.

4. Ab infidelitate excusabitur infidelis non credens ductus opinione minùs probabili.

Censura Cleri Gallicani eadem, quæ primæ Innocentii XI, et eadem censuræ ratio.

5. An peccet mortaliter qui actum dilectionis Dei semel tantùm in vitâ eliceret, condemnare non audemus.

Censura Cleri Gallic.: « Hæc propositio est scanda« losa, perniciosa, piarum aurium offensiva, erronea, « impia, primum et summum mandatum irritum facit, « atque evangelicæ legis spiritum exstinguit. »

6. Probabile est, ne singulis quidem rigorosè quinquenniis per se obligare præceptum caritatis erga Deum.

Censura Cleri Gallic. eadem quæ præcedentis.

7. Tunc solùm obligat, quandò tenemur justificari et non habemus aliam viam quâ justificari possimus.

Censura Cleri Gallicani eadem quæ præcedentium. *Præcipitur,* ait D. Th. 2-2, qu. 44, art. 5, ut *ex totâ fortitudine, vel virtute, vel viribus Deum diligamus.* An ex totâ virtute diligit, qui semel in vitâ, aut singulis quinquenniis diligit? An censeretur filius impositam sibi à Deo de honorandis parentibus legem adimplere, si semel in vitâ, aut per quinquennium debitam patri reverentiam præstaret? Hæc quorum Turcas puderet, quomodò animis volvere ac multò magis verbis exprimere ausi sunt viri Christiani? Vide quæ dicta sunt *de Charitate.*

8. Comedere et bibere usque ad satietatem ob solam voluptatem non est peccatum, modò non obsit valetudini, quia licitè potest appetitus naturalis suis actibus frui.

Censura Cleri Gallicani.: « Hæc propositio teme« raria est, scandalosa, perniciosa, erronea, et ad Epi« curi scholam ablegenda. »

Repugnat D. Thomæ, 1-2, qu. 18, art. 9, sic loquenti: *Cùm rationis sit ordinare, actus à ratione deliberativâ procedens, si non sit ad debitum finem ordinatus, ex hoc ipso repugnat rationi, et habet rationem mali.* Porrò quis nisi Epicuri alumnus, voluptatem dixerit finem esse cibi et potûs? Vide quæ dicta sunt de virtute temperantiæ, et de necessitate omnes et singulos actus ad Deum referendi.

9. Opus conjugii ob solam voluptatem exercitum omni penitùs caret culpâ ac defectu veniali.

Longè aliter D. Thom. in supp. qu. 4, art. 5: *Duobus solùm modis conjuges absque omni peccato conveniunt: scilicet causâ procreandæ prolis, et debiti reddendi; aliàs autem ibi est peccatum ad minùs veniale.*

10. Non tenemur proximum diligere actu interno et formali.

Censura Cleri Gallicani: « Hujus propositionis do« ctrina scandalosa et perniciosa est, piarum aurium « offensiva, et secundo charitatis præcepto contraria, « respectivè hærectica, et omnem, vel in ipsis parenti« bus et liberis, humanitatis sensum exstinguens. »

11. Præcepto proximum diligendi satisfacere possumus per solos actus externos.

Censura Cleri Gallic. eadem quæ præcedentis.

Utraque propositio præceptum fraternæ charitatis directè subvertit. Certè proximum sicut nos, et post Deum diligere jubemur. Deum autem, et nosmetipsos non exterius solùm, sed et interiori ac formali actu diligere præcipimur. Unde Angelus scholæ, 2-2, qu. 25, art. 9: *Effectus,* inquit, *et signa charitatis ab interiori dilectione procedunt, et ex proportionantur.* Vide dicta, ubi de præcepto charitatis.

12. Vix in secularibus invenies, etiam in regibus, superfluum statui. Et ita vix aliquis tenetur ad eleemosynam quando tenetur tantùm ex superfluo statui.

Censura Cleri Gallicani: « Hæc propositio est te« meraria, scandalosa, perniciosa, erronea, evange« licum de eleemosynâ præceptum pessumdat. »

Hujus censuræ veritas et æquitas per se patet, et ampliùs adhuc ex iis elucescet, quæ dicta sunt agendo de eleemosynâ in tract. *de Charitate.* Fundamentum erroneæ hujus propositionis hoc fuit, quòd liceat ditissimis, ipsisque adeò regibus servare sua ad suum, suorumque statum augendum; quo semel jacto principio, vix locupletissimi quique superfluum habebunt, cùm ambitio et effrenis cupiditas nunquàm dicant: *Satis est.* Aliter sentit S. Thom. 2-2, qu. 32, art. 5 ad 3, ubi definit moraliter peccare eum qui non dat eleemosynam ex iis, quæ sibi necessaria non sunt *secundùm præsentem statum. Nec oportet,* inquit, *quòd homo consideret omnes casus, qui possunt contingere in futurum,* puta sui, suorumque ad statum altiorem promotionis: *hoc enim esset cogitare de crastino.*

13. Si cum debitâ moderatione facias, potes absque peccato mortali de vitâ alicujus tristari, et de illius morte naturali gaudere, illam inefficaci affectu petere et desiderare, non quidem ex displicentiâ personæ, sed ob aliquod temporale emolumentum.

Censura Cleri Gallic. eadem quæ 10 Innocentii XI.

Censuræ ratio est, quia ex D. Thomâ 2-2, qu. 25, art. 7, *id quod habet majorem rationem boni, est magis diligendum, et quod Deo similius.* Ergo cùm proximi vita majus sit bonum, quàm ejusdem opes, et ex parte vitæ majorem cum Deo similitudinem habeat, magis vitam ejus, quàm bona diligere debemus. Et verò proximum sicut nos diligere tenemur. Quis porrò vellet, ut alius de suâ vitâ tristaretur, et morte suâ naturali gauderet?

14. Licitum est absoluto desiderio cupere mortem patris, non quidem ut malum patris, sed ut bonum cupientis, quia nimirùm ei obventura est pinguis hæreditas.

Censura Cleri Gallic. eadem, quæ præcedentis, eadem et ratio censuræ.

15. Licitum est filio gaudere de parricidio parentis à se in ebrietate perpetrato propter ingentes divitias inde ex hæreditate consecutas.

Censura Cleri Gallic. : « Hæc propositio est falsa, « scandalosa, execranda, pietati erga parentes con« traria, viam crudelitati et avaritiæ aperiens. »

Refellitur abundè ex iis quæ ad præcedentes propositiones dicta sunt.

16. Fides non censetur cadere sub præceptum speciale et secundùm se.

Repugnat his D. Th. verbis 2-2, q. 62, art. 1 : *De actibus fidei dantur præcepta in lege divinâ.* Dicitur enim, *Eccles.* 2 : *Qui timet Deum credit illi.* Et verò, si fides non cadat sub præceptum speciale, non peccat specialiter infidelis, qui fidem sibi sufficienter propositam amplecti detrectat; quod repugnat et D. Th. 2-2, q. 10, art. 1, et constanti saniorum Theologorum judicio. Vide tr. *de Fide*, et notas ibid. adjectas.

17. Satis est actum fidei semel in vitâ elicere.

Censura Cleri Gallic. eadem quæ primæ Alexandri VII, ad quam recurre.

18. Si à potestate publicâ quis interrogetur, fidem ingenuè confiteri, ut Deo, et Fidei gloriosum, consulo; tacere, ut peccaminosum per se, non damno.

Censura Cleri Gallic. : « Hæc propositio scandalosa est, præceptis evangelicis et apostolicis apertè contraria, et hæretica. »

Audiatur S. Thom. 2-2, quæst. 3, art. 2 : *Apostolus dixit ad Rom.* 10 : *Corde creditur ad justitiam, ore autem confessio fit ad salutem.* Et infra : *Si aliquis interrogatus de fide* (auctoritate publicâ) *taceret, et ex hoc crederetur, vel quòd non haberet fidem, vel quòd fides non esset vera, vel alii per ejus taciturnitatem averterentur à fide, peccaret mortaliter. In hujusmodi enim casibus confessio fidei est de necessitate salutis.* Vide tract. *de Fide.*

19. Voluntas non potest efficere, ut assensus fidei in seipso sit magis firmus, quàm mereatur pondus rationum ad assensum impellentium.

20. Hinc potest quis prudenter repudiare assensum, quem habebat supernaturalem.

Utriusque hujus propositionis doctrina, subtilis quidem, si non philosophicè consideretur, sed theologicè, magnoperè erronea est. Fidei enim certitudo, et firmitas non mensuratur ex motivis et rationibus, quæ ad fidem tanquàm præambula inducunt, sed ex operatione Dei, quo movente accipit humana mens : *Verbum auditur Dei, non ut verbum hominum, sed sicut est verè verbum Dei*, ideòque illud eâ jam certitudine amplectitur, quæ omnem aliam seu moralem, seu naturalem excedit : ergo, qui audito Christi Evangelio ab hominibus aliquando nulla miracula patrantibus, Alcorani deinceps prædicationem audit ab hominibus, qui, ut Joannes et Mambres per præstigia illudunt, imprudenter prorsùs assensum fidei sibi propositæ datum rejicit, et repudiat. Ita fermè Martinus Steyartius, tom. 1, edit. 1736.

21. Assensus fidei supernaturalis et utilis ad salutem stat cum notitiâ solùm probabili revelationis; imò cum formidine quâ quis formidet, ne non sit locutus Deus.

Censura Cleri Gallic. : « Hæc propositio scandalosa « est, perniciosa, et apostolicam fidei definitionem « evertit. »

Si vera sit hæc propositio, jam 1°, æternam salutem consequi poterit quoddam hominum genus in fide scepticum, nihil in Religione tenens certum, sed suam singulis Christianismi sectis probabilitatem inesse existimans, desperansque de assequendâ in tantis varietatibus certitudine. Longè aliter, 5, Thom. 2-2 qu. 2, art. 4 : *Actus qui est credere*, ait, *habet firmam adhæsionem.* 2° Nemo fidelis tenebitur paratus esse vitam perdere potiùs quàm deserere fidem; quis enim vitam pro notitiâ solùm probabili et erroris periculo obnoxiâ profundere teneatur? 3° Posset quis post intensos et iteratos contritionis actus credere fide supernaturali se justificatum esse, cùm ea justificatio probabiliter oriatur, ex illâ præmissâ revelatâ universali, quòd contritus gratiam consequatur ; atqui consequens repugnat Trident sess. 9, cap. 9.

22. Nonnisi fides unius Dei necessaria videtur necessitate medii, non autem explicita remuneratoris.

Censura Cleri Gallic. : « Hæc propositio in Deum re« muneratorem, et in Christi mediatoris nomen con« tumeliosa est, erronea, et hæretica. »

Repugnat expressè Apost. ad Hebr. 11 : *Credere oportet accedentem ad Deum quia est, et inquirentibus se remunerator sit;* ubi non minùs requiritur explicita fides Dei remuneratoris, quàm explicita fides Dei unius; et hanc tamen nemo negat necessariam esse etiam necessitate medii. Et verò fides est basis, et fundamentum spei nostræ cùm sit *sperandarum substantia rerum*, ex eodem Apostolo. Ergo fides non in Deum simpliciter, sed in Deum, ut à quo bona cuncta sperantur, ferri debet, ac proinde habere pro objecto Deum tanquàm remuneratorem. Hinc S. Th. lect. 2, hìc : *Non solùm*, inquit, *est necessarium credere, quod Deus sit, sed quòd habeat providentiam de rebus : aliter nullus iret ad ipsum, si non speraret aliquam remunerationem ab ipso.*

23. Fides latè dicta ex testimonio creaturarum, similive motivo ad justificationem sufficit.

Censura Cleri Gallic. eadem quæ præcedentis.

Ratio censuræ hæc est, quòd *per cognitionem naturalem homo non convertitur in Deum, in quantum est justificationis causa, unde talis cognitio non sufficit ad justificationem.* Verba sunt doctoris angelici, 1-2, quæst. 113, art. 4, num. 2. Et verò, inter principium justificationis, et justificationem ipsam aliqua intercedere debet proportio; ergo cùm justificatio sit supernaturalis, necesse est ut et supernaturalis sit fides, cui illa innititur. Hinc Tridentinum, sess. 6, can. 3 : *Si quis,* inquit, *dixerit sine Spiritûs Sancti adjutorio hominem credere.... posse sicut oportet, ut ei justificationis gratia conferatur, anathema sit.*

24. Vocare Deum in testem mendacii levis non est tanta irreverentia, propter quam velit aut possit damnare hominem.

Repugnat D. Thomæ 2-2, quæst. 98, art. 3, ad 2 : *Ille,* inquit, *qui jocosè* (ac proinde in quâlibet aliâ re levi) *perjurat, non evitat divinam irreverentiam, sed quantum ad aliquid magis auget, et ideò non excusatur à peccato mortali.* Consuetudo autem jurantes tunc demùm excusabit, ait Steyartius, ubi sup. pag. 23, cum de illâ tollendâ seriò laborabunt.

25. Cum causâ licitum est jurare sine animo jurandi, sive res sit levis, sive gravis.

Censura Cleri Gallic. « Hæc propositio est temeraria, scandalosa, perniciosa, bonæ fidei illudens, et Decalogo contraria. »

Repugnat D. Thomæ 2-2, qu. 100, art. 5 : *Cum voces,* inquit, *sint naturaliter signa intellectuum, innaturale est et indebitum, quòd aliquis voce significet id quod non habet in mente : porrò, qui jurat sine animo jurandi, exteriùs simulat id quod reipsâ et intùs non facit ; ergò verè mentitur et peccat.* Vide dicta *de Juramento.*

26. Si quis vel solus, vel coram aliis, sive interrogatus, sive propriâ sponte, sive recreationis causâ, sive quocumque alio fine juret se non fecisse aliquid, quod reverà fecit, intelligendo intra se aliquid aliud quod non fecit, vel aliam viam ab eâ, in quâ fecit, vel quodvis aliud additum verum, reverà non mentitur, nec est perjurus.

Censura Cler. Gallic. : « Hæc propositio temeraria est, scandalosa, perniciosa, illusoria, erronea, mendaciis, fraudibus et perjuriis viam aperit, sacris Scripturis adversatur. »

27. Causa justa utendi his amphibologiis est, quoties id necessarium aut utile est ad salutem corporis, honorem, res familiares tuendas, vel ad quemlibet alium virtutis actum, ita ut veritatis occultatio censeatur tunc expediens et studiosa.

Censura Clerì Gallic. eadem quæ præcedentis.

Utraque repugnat his D. Thom. verbis, 2-2, q. 89, art. 7, ad 4 : *Debet juramentum servari secundùm sanum intellectum ejus, cui juramentum præstatur ; unde Isidorus dicit : Quâcumque arte verborum quis juret, Deus tamen, qui conscientiæ testis est, ita hoc accipit, sicut ille, cui juratur, intelligit.* Dupliciter autem reus fit, qui, *et Dei nomen in vanum assumit, et proximum dolo capit.*

Nec nocet, quòd aliquando grave proximi malum per amphibologias, et non aliter averti possit ; nam, ut benè S. Thomas ibidem, q. 110, art. 3 ad 4 : *Non licet aliquâ inordinatione uti ad impediendum nocumenta, et defectus aliorum.* Quis æquivocationes nihil habere inordinati contendere ausit? Vide, quæ contra amphibologias, et mendacia dicta sunt Tract. *de Virt. Moral.* cap. IV. quæst. 11.

28. Qui mediante commendatione, vel munere ad magistratum, vel officium publicum promotus est, poterit cum restrictione mentali præstare juramentum, quod de mandato regis à similibus solet exigi, non habito respectu ad intentionem exigentis, quia non tenetur fateri crimen occultum.

Censura Cleri Gallic. : « Hæc propositio scandalosa est, perniciosa, patrocinatur humanæ ambitioni, perjuria excusat, publicæ potestati contra Dei mandatum adversatur. »

Nec obstat quòd si non jures, crimen occultum fatearis, quia imputare tibi debes, quòd te eas in angustias conjeceris. Adde, quòd lex non intendit, ut occultum tui crimen reveles, sed ut ab officio, quod malè ambiisti, et quod in Reipublicæ detrimentum exercebis, te retrahas. Unde tunc non imponitur præceptum justo rigidius, sed rationabile, et quod ad bonum publicum valdè conducit.

Confirm. quia quando superior promovendos ad ordines interrogat de natalibus, de censuris, de irregularitatibus, aut eos qui matrimonium contrahere volunt, de impedimentis ; etsi nulla tunc præcesserit infamia, aut semiprobatio, datur tamen obligatio candidè respondendi, adeòque occultum dedecus manifestandi, nisi tamen velint ii à matrimonio, illi ab Ordinibus abstinere ; ergo à pari in casu proposito.

29. Urgens metus gravis est causa sacramentorum administrationem simulandi.

Audiatur S. Thomas, qui pestilentem hanc doctrinam apertè damnat, 2-2, quæst. 93, art. 1 : *Mendacium,* ait ex Augustino, *maximè perniciosum est, quòd sit in his quæ ad Christianam religionem* (ac proinde, quæ ad sacramenta, potissimam christianæ religionis partem) *pertinent. Est autem mendacium, cùm aliquis exterius significat contrarium veritati. Sicut autem significatur aliquid verbo, ita etiam significatur aliquid facto; et ideò si per cultum exteriorem aliquid falsum significatur, ut reverà significatur, cùm simulatur administratio sacramentorum,* puta cùm metu mortis datur indigno hostia non consecrata, *erit cultus perniciosus.* Hinc olim condemnati *Libellatici,* qui numeratâ pecuniâ à magistratibus ethnicis obtinebant libellos fidem facientes, ipsos Cæsarum edictis de cultu idolorum, quæ tamen non adoraverant, obsecutos fuisse. Hinc recentiùs damnati illi, qui intentionem ad Deum, aut crucem in sinu gestatam dirigentes, thus coram idolo adolebant. Probanda tamen, ait Steyaert, praxis confessariorum, qui pœnitenti, quem non absolvunt, dant benedictionem, ne apud alios suspicionem incurrat.

30. Fas est viro honorato occidere invasorem, qui nititur calumniam inferre, si aliter hæc ignominia vitari nequit ; idem quoque dicendum, si quis impingat

alapam, vel fuste percutiat, et post impactam alapam, ictum fustis fugiat.

Censura Cleri Gallic.: « Hæc propositio est scanda-
« losa, erronea, mundano honori inservit, ultionem et
« homicidia excusat. »

Permittit quidem D. Thomas, ut is, cui mors intentatur, vim vi repellat. Verùm calumnia non est propriè vis, ut saniores quotquot fruêre theologi advertunt, aliâque, quàm percussionis viâ repelli potest, implorato scilicet magistratûs auxilio, quod si non juvet, dicendum cum prophetâ rege : *Propter verba labiorum tuorum, ego custodivi vias duras.* Et verò, quis nisi mundano spiritûs refertu existimet verum, solidumque honorem tam fragilem esse, ut à quocumque nebulone colaphum, aut fustem per injuriam infligente, viro honorato injuriam hanc pro Christo patienter sustinenti, auferri possit! Vide dicta ad Tract. *de Justitiâ et Jure*, cap. II. qu. X.

31. Regulariter occidere possum furem pro conservatione unius aurei.

Censura Cleri Gallic.: « Hæc propositio legi Dei, et
« ordini charitatis divinitùs instituto contraria est, per-
« niciosa et erronea. »

32. Non solùm licitum est defendere defensione occisivâ, quæ actu possidemus, sed etiam ad quæ jus inchoatum habemus, et quæ nos possessuros speramus.

33. Licitum est tam hæredi, quàm legatario contra injustè impedientem, ne vel hæreditas adeatur, vel legata solvantur, se taliter defendere : sicut et jus habenti in Cathedram, vel Præbendam contra eorum possessionem injustè impedientem.

Censura Cleri Gallic. eadem quæ 31 præcedentis.

Horret animus eas audire propositiones, quæ ipsis etiam clericis tribuunt feralem licentiam ferro, veneno, aut alio mortis genere grassandi in eos, qui sibi quoad Beneficiorum possessionem adversantur. Benè hic Steyaert : *De viris sanguinum salva me*, Domine.

34. Licet procurare abortum ante animationem fœtûs, ne puella deprehensa gravida occidatur, aut infametur.

Censura Cleri Gallic.: « Hæc propositio est scanda-
« losa, erronea, infandis homicidiis et parricidiis pro-
« curandis apta. Homicidii enim festinatio est prohi-
« bere nasci, nec refert natam quis eripiat animam, an
« nascentem disturbet. »

35. Videtur probabile omnem fœtum, quamdiù in utero est, carere animâ rationali, et tunc primùm incipere eamdem habere, cùm paritur; ac consequenter dicendum erit, in nullo abortu homicidium committi.

Censura Cleri Gallic. eadem quæ præcedentis.

Jungatur hæc propositio cum superiori, et manifestum erit fœtum quamdiù est in utero matris occidi posse à puellâ, mortem, vel infamiam, quæ semper imminet, pertimescente. O extremum absurditatis! De his quinque propositionibus consule, quæ dicta sunt in tract. *de Justitiâ et Jure*, cap. citato quæst. 5.

36. Permissum est furari non solùm in extremâ necessitate, sed etiam in gravi.

Censura Cleri Gallic.: « Hæc propositio, quatenùs

« furtum permittit in gravi necessitate, falsa est, te-
« meraria, et reipublicæ perniciosa. »

Vide, quæ dixi in tract. *de Justitiâ*. Interim compara hanc doctrinam cum doctrinâ superiôri de occidendo fure, et omnia furibus plena habebis. Furabuntur pauperes propter necessitatem, quæ sæpè est, et sæpè judicatur gravis; occident divites ob boni sui dilapidationem, saltem quoties aureum sibi unum surripi videbunt, aut subripiendum pertimescent. Inde quæ et quanta malorum strues?

37. Famuli, et famulæ domesticæ possunt occultè heris suis surripere ad compensandum operam suam, quam majorem judicant salario quod recipiunt.

Censura Cleri Gallic. : « Hæc propositio falsa est,
« furtis viam aperit, et Famulorum fidem labefactat. »

Peccat hæc propositio, quatenùs quemlibet famulum in propriâ causâ judicem constituit. Quod si semel admittatur, nulla erit in familiis pax, nullus ordo, nulla securitas. Vide quæ dicta sunt in tract. *de Justitiâ et Jure* cap. 5, quæst. 9.

38. Non tenetur quis sub pœnâ peccati mortalis restituere, quod ablatum est per pauca furta, quantumcunque sit magna summa totalis.

Censura Cleri Gallic. « Hæc propositio est falsa,
« perniciosa, et furta etiam gravia approbat. »

Repugnat rationi; qui enim grandem per modica furta summam deprædatus est, jam incipit esse detentor rei alienæ in magnâ quantitate, ac proinde peccati mortalis reus, ni summam hanc partem restituat. Vide Auct. cap. citato.

39. Qui alium movet, aut inducit ad inferendum grave damnum tertiò, non tenetur ad restitutionem istius damni illati.

Censura Cleri Gallic. : « Hæc propositio falsa est,
« temeraria, fraudibus, et dolo patrocinatur, et justi-
« tiæ regulis repugnat. »

Repugnat D. Th. 2-2, quæst. 62, art. 7. Ubi *ad restitutionem* obligatur *quicumque est causa injustæ acceptionis; id quidem*, ait S. doctor *contingit... movendo ad ipsam acceptionem, quod fit præcipiendo, consulendo, etc.* Vide quæ dicta in Tract. *Justitia et Jure* par. 11, cap. 4, q. 1 et seq.

40. Contractus Mohatra licitus est etiam respectu ejusdem personæ, et cum contractu retrovenditionis præviè inito, cum intentione lucri.

Censura Cleri Gallic. eadem quæ 42 Alexandri VII. Vide tract. nostrum *de Contractibus* cap. 5, quæst. 18, ubi ex professo probatum est contractum *Mohatra* usuram esse, ex omninò injustum.

41. Cùm numerata pecunia pretiosior sit numeranda, et nullus sit, qui non majoris faciat pecuniam præsentem, quàm futuram, potest creditor aliquid ultra sortem à mutuatario exigere, et eo titulo ab usurâ excusari.

Censura Cleri Gallic. eadem quæ 42 Alexandri VII. Vide eumdem tract. cap. 2, q. 8, resp. 2.

42. Usura non est, dùm ultra sortem aliquid exigitur, tanquàm ex benevolentiâ, et gratitudine debitum, sed solùm si exigatur, tanquàm ex justitiâ debitum.

Censura Cleri Gallic. eadem, quæ 42 Alexandri VII. Censuræ hujus æquitas patebit ex eod. tract. eâdemque quæst. et resp.

43. Exinde nonnisi veniale fit detrahentis auctoritatem magnam sibi noxiam falso crimine elidere?

Longè aliter S. Th. 2-2, q. 110, art. 3, ad 4. *Non est licitum mendacium officiosum dicere, ad hoc quod aliquis alium à quocumque periculo liberet,* etiam mortis ; ut ex contextu evidens est. Si mendacium hujusmodi à peccato veniali non vacat, quomodò a mortali vacabit, falsi criminis exprobratio. Vide dicta superiùs, et tract. *de Virt. Moralibus,* c. 4, q. 1 et seq.

44. Probabile est non peccare mortaliter, qui imponit falsum crimen alicui, ut suam justitiam, et honorem defendat. Et si hoc non sit probabile, vix ulla erit opinio probabilis in Theologiâ.

Censura Cleri Gallic. : « Hujus propositionis doctrina « falsa est, temeraria, scandalosa, erronea, spatiosam « calumniatoribus, et impostoribus portam aperit; et « clarè detegit, quàm nefaria placita probabilitatis no-« mine inducantur. »

Adde, quòd istud Dei præceptum : *Non loqueris contra proximum tuum falsum testimonium,* sic semper intellectum fuerit, ut graviter in materiâ gravi obligaret. Porrò gravis est materia quælibet accusatio de crimine, quod quis reipsâ non perpetravit.

45. Dare temporale pro spirituali non est simonia, quando temporale non datur tanquàm pretium, sed duntaxat tanquàm motivum conferendi, vel efficiendi spirituale, vel etiam quando temporale sit solùm gratuita compensatio pro spirituali, aut contra.

Censura Cleri Gallicani, eadem quæ 22 Alexandri VII.

46. Et id quoque locum habet, etiamsi temporale sit principale motivum dandi spirituale; imò etiamsi sit finis ipsius rei spiritualis, sic ut illud pluris æstimetur, quàm res spiritualis.

Censura Cleri Gallic., eadem, quæ ejusdem propositionis 22. Alexandri VII. Hæc opinionum portenta in Tract. *de Simoniâ* confutata reperies.

47. Cùm dicit concilium Tridentinum, eos alienis peccatis communicantes mortaliter peccare, qui nisi quos digniores, et Ecclesiæ magis utiles ipsi judicaverint, ad Ecclesias promovent, Concilium vel primò videtur per hoc *digniores*, non aliud significare velle, nisi dignitatem eligendorum, sumpto comparativo pro positivo : vel secundò locutione minùs propriâ ponit digniores, ut excludat indignos, non verò dignos : vel tandem loquitur tertio, quando fit concursus.

Censura Cleri Gallic. : « Hæc propositio concilio Tri-« dentino contraria est; Ecclesiæ utilitati, ac saluti « animarum, quæ à pastorum delectu præcipuè pen-« det, adversatur. »

Hujus propositionis errorem nervosè, et breviter præfocavit S. Thom. his verbis 2-2, q. 63, art. 2, ad 3 : *Necesse est eligere ad beneficia meliorem, vel simpliciter, vel in ordine ad bonum commune.* Vide quæ dicta sunt, ubi *de Beneficiis.*

48. Tam clarum videtur, fornicationem secundùm se nullam involvere malitiam, et solùm esse malam, quia interdicta, ut contrarium omninò rationi dissonum videatur.

Censura Cleri Gallic. : « Doctrina hâc propositione « contenta scandalosa est, perniciosa, castarum, ac « piarum aurium offensiva, et erronea. »

Censuræ veritas, et æquitas ex se patent : *Fornicatio,* ait S. Thomas 2-2, q. 154, art. 2, *est contra bonum prolis educandæ* et ideò est *peccatum mortale;* ac proinde non ideò solùm vitiosa, quia prohibita. Certè si fornicatio nonnisi à Dei positivâ lege habeat, quod peccatum sit, gentiles, qui legem hanc nesciebant, inculpabiliter fornicati fuêre, quod repugnat Apostolo 1 Cor. 6, et Ephes. 5, ubi fornicatio inter vitia per se mala, et quæ per Christi gratiam abluenda sunt, numeratur. Sed de his prolixiùs in tract. *de Peccatis,* art. 4, q. 11, dictum est.

49. Mollities jure naturæ prohibita non est : Unde si Deus eam non interdixisset, sæpè esset bona, et aliquando obligatoria sub mortali.

Repugnat D. Thom. q. 15, *de malo,* art. 1. Repugnat Apostolo mollitiem recensenti inter ea peccata, quæ Ethnicos solam naturæ legem agnoscentes in perpetuum damnare potuerunt. Repugnat vel ipsis paganis, quos inter Martialis vir alioqui levissimus. Vide citatum caput.

50. Copula cum conjugatâ, consentiente marito, non est adulterium; ideòque sufficit in confessione dicere se esse fornicatum.

Censura Cleri Gallicani eadem quæ 48 Innocentii XI.

Repugnat Apostolo generatim, et indistinctè pronuntianti, Rom. 7 quòd *mulier, vivente viro, vocabitur adultera, si fuerit cum alio viro.* Repugnat et August., quem tamen in fœditatis suæ patrocinium adducere conati sunt pseudo-Casuistæ. *Non est ita existimandum,* ait lib. 1 *de Serm. Dom.* c. 17, *quòd hoc femina, viro permittente, facere posse videatur, hoc enim omnium sensus excludit.* Vide dicta ad idem caput.

51. Famulus, qui submissis humeris scienter adjuvat herum suum ascendere per fenestras ad stuprandam virginem, et multoties eidem subservit deferendo scalam, aperiendo januam, aut quid simile cooperando, non peccat mortaliter, si id faciat metu notabilis detrimenti, ne à Domino malè tractetur, ne torvis oculis aspiciatur, ne domo expellatur.

Censura Cleri Gallic. : « Hæc propositio scandalosa « est, perniciosa, verbis Dominicis, et Apostolicis « apertè contraria, et hæretica ; quam enim dabit homo « commutationem pro animâ suâ ? et digni sunt morte « non solùm, qui ea faciunt, sed etiam qui consen-« tiunt facientibus. » Censura hæc suam secum defert probationem. Appositè S. Th. 1-2, q. 62, art. 7, ad 1 : *Non solùm peccat ille qui peccatum exsequitur, sed etiam, qui quocumque modo peccati causa est, vel cooperatur.* Vide quæ dicta sunt ubi *de Scandalo.*

Nota cum Steyartio tenebrosam erroneæ Casuistarum theologiæ profunditatem. Cùm audis *notabile detrimentum,* magni aliquid concipis. Cùm veneris ad rem ipsam, nihil detegis. Potest juxta eos occidi homo? utique pro re gravi; sed quænam ea est? *regulariter aureus unus*, vel ad summum paulò plures, sed quibus nec vitam bovis in macello emas. Potest et occidi qui alterius honorem invadit; sed invadere censetur qui dat alapam ictumve fustis aut dicit: Mentiris. Potest famulus magistri libidinibus cooperari, si id faciat *metu notabilis detrimenti*. Cujusnam verò? an mortis? Non ita sanè, sed ne torvis oculis aspiciatur.

52. Præceptum servandi festa non obligat sub mortali, seposito scandalo, et si absit contemptus.

Censura Cleri Gallic. : « Hæc propositio est scanda« losa, ad violandas leges tum civiles, tum Ecclesias« ticas, et Apostolicas viam aperit, ac proinde Supe« riorum auctoritate prohibenda. »

Vide, quæ dicta sunt in Tract. *de Legibus*, ubi abundè probatum est id quod docet S. Thom. 1-2, q. 96, art. 4. *Leges* etiam civiles, et à fortiori Ecclesiasticas *habere vim obligandi in foro conscientiæ*, et quidem graviter in materiâ gravi, et secluso quocumque contemptu.

53. Satisfacit præcepto Ecclesiæ de audiendo Sacro, qui duas ejus partes, imò quatuor simul, à diversis celebrantibus audit.

Censura Cleri Gallicani : « Hæc propositio absurda « est, scandalosa, illusoria, communique Christiano« rum sensui repugnat. »

Ratio est, quia plures diversorum sacrorum partes non magis sacrum unum efficiunt, quàm caput Joannis, pectus Petri, et pedes Pauli simul sint unus homo. Sanè si quatuor diversarum partes audiens, missam integram audire censeatur, qui decem aut viginti partes simul audierit, eam audisse, quidni censeatur? O miseros parentes nostros, qui hæc compendia nescierunt! Ex propositionis hujus censurâ obiter colliges cum Steyartio, eum qui missam audit à Consecratione usque ad finem, non satisfacere præcepto, si aliam posthàc audit à principio ad consecrationem.

54. Qui non potest recitare Matutinum, et Laudes, potest autem reliquas Horas, ad nihil tenetur, quia major pars trahit ad se minorem.

Censura Cleri Gallic. eadem quæ 20 Alexandri VII. Idem prorsùs, ac si dixeris, qui centum debet, et nonnisi decem solvere potest, non tenetur ad decem. Nec ridiculum minùs est fundamentum assertionis, quàm assertio ipsa; ex eâ tamen inferebant recentiores Casuistæ eum qui totum, vel jejunii, vel missæ audiendæ præceptum implere nequit, ne ad eam quidem partem teneri, quàm potest ; quòd si in restitutione sibi faciendâ non admissasent, cur in rebus Deo debitis tam facilè admiserunt? Vide dicta, ubi *de D. Officii recitatione*.

55. Præcepto communionis annuæ satisfit per sacrilegam Domini manducationem.

Censura Cleri Gallic. : « Doctrina hâc propositione « contenta temeraria est, scandalosa, erronea impie« tati et sacrilegio favet, et præceptis Ecclesiæ illudit. »

Repugnat concilio Lateranensi, secundùm quod : *Omnis utriusque sexûs debet reverenter ad minùs in Paschâ Eucharistiæ sacramentum suscipere*. Si reverenter, ergo non sacrilegè, sed cum debitâ animi præparatione. Fundamentum impiæ hujus assertionis hoc erat, et quod modus præcepti sub præceptum non cadat, et quod Ecclesia actus internos præcipere nequeat, fallit utrumque : tum quia præceptum Ecclesiæ sic impleri debet ut nihil fiat contra finem actûs præcepti, qui in communione est unio cordis cum Christo ; tum quia Ecclesia cùm communionem, aliaque ejusdem generis multa præcipit, non tam præceptum condit novum, quàm determinet divinum ; tum denique quia non inepte probatur actus interiores ab Ecclesiâ præcipi posse. Vide quæ dixi in tract. *de Legibus*.

56. Frequens confessio et communio, etiam in his qui gentiliter vivunt, est nota prædestinationis.

Censura Cleri Gallic. : « Hæc propositio temeraria « est, scandalosa, erronea, impia, et sacris litteris « contraria. »

Audiatur vel ipsa ratio, et rationi consonans S. Thom. 3 part., q. 80, art. 4, ad 5. *Apostolus dicit* 1 ad Cor. 11. *Qui manducat et bibit indignè, judicium sibi manducat et bibit, id est, condemnationem*. Dicit autem *Glossa* ibidem, *quòd indignè manducat et bibit, qui in crimine est* ; ergo qui in peccato mortali, si hoc Sacramentum accipiat, damnationem acquirit : atqui est in crimine et peccato , qui *gentiliter* vivit, sen qui instar Ethnici, Dei et Ecclesiæ leges nescit , suisque criminibus habenas laxat ; ergo frequens ejus communio, nedùm nota est prædestinationis, sed è contrario reprobationis, et quidem æternæ damnationis prodromus.

57. Probabile est, sufficere attritionem naturalem, modò honestam.

Censura Cleri Gallic. « Hæc propositio est hære« tica. »

Repugnat conc. Trid. sic definienti : *Si quis dixerit sine præveniente Spiritûs sancti inspiratione, atque ejus adjutorio, hominem credere, sperare, diligere , aut pœnitere posse sicut oportet , ut ei justificationis gratia conferatur, anathema sit*. Vide superiùs dicta ad propositionem 23 Innocentii XI.

58. Non tenemur confessario interroganti fateri peccati alicujus consuetudinem.

Censura Cleri Gallic. : « Doctrina hâc propositione « contenta, falsa est, temeraria, in errorem inducit « sacrilegiis favet, Christianæ simplicitati, ministro« rum Christi judiciariæ potestati, confessionis inte« gritati, atque ipsius Sacramenti institutioni ac fini « derogat. »

Repugnat vel ipsi rationi, quæ apertè declarat medico spirituali, non secùs ac corporali jus esse, ut interrogando cognoscat, an inveteratum sit nec ne malum, quod sibi curandum proponitur. Solidè S. Thomas in supplem. q. 9, art. 2 ad 1. *Unum peccatum per se consideratum non ita demonstrat malam dispositionem peccantis... quia in unum peccatum ali-*

quis quandoque labitur ex ignorantiâ, vel infirmitate; sed multitudo peccatorum, seu eorum consuetudo, quod in idem redit in præsenti, demonstrat malitiam peccantis, vel magnam corruptionem ejusdem. Quis porrò dixerit indifferens esse confessioni, an pœnitens ex infirmitate, an ex magnâ et inveteratâ corruptione peccaverit?

59. Licet sacramentaliter absolvere dimidiatè tantùm confessum, ratione magni concursûs pœnitentium, qualis, v. g., potest contingere in die magnæ alicujus festivitatis, aut indulgentiæ.

Censura Cleri Gallic. eadem quæ præcedentis.

Repugnat D. Thomæ, ubi supra, sic ille : *De necessitate confessionis est, quòd homo omnia peccata confiteatur, quæ in memoriâ habet; quod si non faciat, tunc est confessionis simulatio*. Sed qui dimidiatè tantùm confitetur, non omnia, quæ in memoriâ habet, peccata deponit; ergo non verè, sed simulatè, et ideò invalidè confitetur. Nec obest magnus pœnitentium concursus : nemo enim ante recentiores etiam somniando cogitavit causam hanc sufficere, ut quis à confessione quantùm fieri poterit perfectâ et integrâ excusetur. Jungatur hæc propositio cum undecimâ ex iis quæ ab Alexandro VII proscriptæ sunt, et apparebit Casuistas invenissse artem vi cujus, qui flagitiosissima quæque commiserat, liber eat ab iis confitendis.

60. Pœnitenti habenti consuetudinem peccandi contra legem Dei, naturæ, aut Ecclesiæ, etsi emendationis spes nulla appareat, nec est neganda, nec differenda absolutio, dummodò ore proferat, se dolere, et proponere emendationem.

Censura Cleri Gallic. « Hæc propositio est erronea, et ad finalem impœnitentiam ducit. »

Repugnat naturæ pœnitentiæ, quæ vetat ne confessarius quemquam absolvat, nisi prudenter judicet eum verè de peccatis dolere, et serió dispositum esse ad *emendandum*, ut loquitur S. Thomas. *Quis autem id de eo judicet, in quo nullam emendationis spem deprehendit?* Vide quæ dicta sunt ubi de peccati occasionibus, et ubi de obligationibus confessariorum.

61. Potest aliquando absolvi qui in proximâ occasione peccandi versatur, quam potest et non vult omittere : quinimò directè et ex proposito quærit, aut ei se ingerit.

Censura Cleri Gall. eadem quæ 41 Alexandri VII, idem et motivum censuræ.

62. Proxima occasio peccandi non est fugienda, quando causa aliqua utilis, aut honesta non fugiendi occurrit.

Censura Cleri Gall. eadem quæ 41 Alexandri VII.

63. Licitum est quærere directè occasionem proximam peccandi pro bono spirituali, vel temporali nostro vel proximi.

Censura Cleri Gallicani eadem quæ 41 Alexandri VII. Circa hæc recurre ad ea quæ ab auctore dicta sunt *de Occasione proximâ*.

64. Absolutionis capax est homo, quantùmvis laboret ignorantiâ mysteriorum fidei, et etiamsi per negligentiam, etiam culpabilem, nesciat mysterium sanctissimæ Trinitatis, et Incarnationis D. N. J. C.

Censura Cleri Gall. eadem quæ 12 Innocentii XI.

Dicitur Hebr. 10, ait S. Th. 2-2, qu. 2, art. 3 : *Sine Fide impossibile est placere Deo*. Atqui inter mysteria quorum Fides ad placendum Deo est necessaria, primas tenet mysterium SS. Trinitatis, et Incarnationis, ex eodem S. doctore ibid. art. 7, et unanimi theologorum suffragio. Vide quæ dicta sunt agendo *de Fide*.

65. Sufficit illa mysteria semel credidisse.

Virulentum hoc dogma ex æquo confutavimus in loco mox allegato. Ecquis in animum sibi inducat, fidem desidem, otiosam, quæque ita non erumpit in actum, ut quasi in animo oblitteretur, ad justificationem sufficere? Hinc colliges non modò beneficio absolutionis privandum esse pœnitentem, qui Religionis mysteria primaria ignorat, sed etiam, an ignoret, ex professo esse interrogandum, si probabilem hujus ignorantiæ suspicionem, sive ex modo confitendi, seu aliter præbeat. Quia cavendum confessario, ne indignum absolvat.

« Quicumque autem cujusvis conditionis, statûs, et dignitatis illas, vel illarum aliquam conjunctim, vel divisim defenderit, vel ediderit, vel de eis disputativè, publicè, aut privatim tractaverit, vel prædicaverit, nisi forsan impugnando, ipso facto incidat in excommunicationem latæ sententiæ, à quâ non possit (præterquàm in articulo mortis) ab alio, quâcumquo etiam dignitate fulgente, nisi pro tempore existente Romano Pontifice absolvi.

« Insuper districtè in virtute sanctæ obedientiæ, et sub interminatione divini judicii prohibet omnibus Christi fidelibus cujuscumque conditionis, dignitatis et statûs, etiam speciali et specialissimâ notâ dignis, ne prædictas opiniones, aut aliquam ipsarum ad praxim deducant.

« Tandem, ut ab injuriosis contentionibus doctores, seu Scholastici, aut alii quicumque in posterum se abstineant, et ut paci et charitati consulatur, idem sanctissimus in virtute sanctæ obedientiæ eis præcipit, ut tam in libris imprimendis ac manuscriptis, quàm in thesibus, disputationibus, ac prædicationibus, caveant ab omni censurâ et notâ, necnon à quibuscumque conviciis contra eas propositiones, quæ adhuc inter Catholicos hinc inde controvertuntur, donec à S. Sede recognita sint, et super iisdem propositionibus judicium proferatur. »

CAPUT XXI.

Propositiones duæ de omnipotentiâ donatâ et subjectâ creaturæ, quæ, die 23 novembris ann. 1679, ab Innocentio XI damnatæ sunt ut temerariæ ad minimum et novæ.

1. Deus donat nobis omnipotentiam suam ut eâ utamur sicut aliquis donat alteri villam, aut librum.

2. Deus subjicit nobis suam omnipotentiam.

Si quibus probari possint prædictæ duæ theses, iis utique, qui concursum indifferentem in primo actu admittunt; et hi tamen fatentur iisdem thesibus jure merito praefixum fuisse nigrum theta à pontifice Romano. Scilicet enim concursus Dei, qualiscumque fingatur, non est concursus subjectionis, sed dignitatis ac dominii; cùm sit concursus Dei plenissimè dominii voluntatis creatae, et actuum liberorum. Et verò si omnipotentia voluntati creatae subdita foret, non posset esse eadem creata libertas in manu Omnipotentiae Divinae, sicut non potest in manu subditorum esse voluntas Principis : porrò luce meridianâ clarius est libertatem creatam esse in manu omnipotentiae juxta id Prov. 21 : *Cor Regis in manu Domini, quòcumque voluerit, inclinabit illud ;* et Jerem. 18 : *Sicut lutum in manu figuli, ita et vos.* Sed de his, quae incauto exciderunt mihi, et nihil ad moralem spectant, adi Dominicum Viva, pag. 533.

CAPUT XXII.

Propositiones duae de confessione diversis temporibus proscriptae.

1° Scientiâ ex confessione acquisitâ uti licet, modò fiat sine directâ, aut indirectâ revelatione, et gravamine poenitentis, nisi aliud multò majus ex non usu sequatur, in cujus comparatione prius meritò contemnatur.

Additâ deinde explicatione, sive limitatione, quòd (propositio) sit intelligenda de usu scientiae ex confessione acquisitae cum gravamine poenitentis, seclusâ quâcumque revelatione, atque in casu, quo multò majus gravamen ejusdem poenitentis ex non usu sequeretur, (Consultores Romani, die 18 Nov. 1682) dictam propositionem quatenùs admittit usum dictae scientiae cum gravamine poenitentis, omninò prohibendam esse, etiam cum dictâ explicatione, vel limitatione..... mandantes etiam universis sacramenti poenitentiae ministris, ut ab eâ in praxim deducendâ prorsùs abstineant. Vide quae *de Sigillo Confessionis* ab Auctore explicantur.

2° Licet per litteras seu internuntium confessario absenti peccata sacramentaliter confiteri, et ab eodem absenti absolutionem obtinere.

Haec propositio, die 20 Jun. an. 1602, damnata est à Clemente VIII, Bullâ 87, *ad minus uti falsa, temeraria, et scandalosa*. Vetatque idem papa sub poenâ excommunicationis ipso facto incurrendae, et sibi reservatae, *ne deinceps ista propositio publicis privatisque lectionibus, concionibus, et congressibus doceatur, neve unquàm tanquàm aliquo casu probabilis defendatur, imprimatur, aut ad praxim quovis modo deducatur.*

Circa utramque hanc thesim plura proponi possunt scitu dignissima, ut legere est apud Vivam. Sed quia haec fusè tractata sunt, ubi *de Poenitentiâ*, ea omittimus in praesenti.

CAPUT XXIII.

Propositio unica ab Innocentio X damnata anno 1647, in Congregatione Generali Supremae et Universalis nquisitionis.

1. Sanctus Petrus et S. Paulus sunt duo Ecclesiae principes, unicum efficiunt, vel sunt duo Ecclesiae catholicae coryphaei ac supremi duces, summâ inter se unitate conjuncti; vel sunt geminus universalis Ecclesiae vertex, qui in unum divinissimè coaluerunt; vel sunt duo Ecclesiae summi pastores ac praesides, qui unicum caput constituunt.

Damnatur haec propositio, ut haeretica, si illa expliceatur ut ponat omnimodam aequalitatem inter S. Petrum, et S. Paulum sine subordinatione S. Pauli ad S. Petrum in potestate supremâ et regimine universalis Ecclesiae.

Nota. Haec propositio Scripturae et universae Patrum traditioni adversatur, ex quibus discimus Ecclesiam supra Petrum fundatam, atque hunc principem ac caput à Christo fuisse constitutum; Paulum verò extraordinariâ apostolatûs et episcopatûs potestate, Petro aequalem fuisse; sed Petrum praeterea caput, principem, ac ordinarium totius Ecclesiae pastorem fuisse, cui et Paulus et Apostoli reliqui subjiciebantur.

CAPUT XXIV.

Propositiones duae ab Alexandro VIII damnatae, 24 augusti 1690

1. Bonitas objectiva consistit in convenientiâ objecti cum naturâ rationali; formalis verò in conformitate actuum cum regulâ morum. Ad hoc sufficit, ut actus moralis tendat in suum finem ultimum interpretativè, hunc homo non tenetur amare, neque in principio, neque in decursu vitae suae moralis.

Censura Summi Pontificis et Cleri Gallicani : « Haec « propositio est haeretica. » Talem verò esse patebit ex iis, quae dicta sunt agendo de praecepto charitatis. Primam hujus partem clarè perimunt haec S. Thomae verba, 1-2, q. 83, art. 3 ad 5 : *Cùm homo usum rationis habere inceperit... hoc est, tempus pro quo obligatur ex Dei praecepto affirmativo ad ejusdem amorem.*

Vide etiam quae dicta sunt in tract. *de Virtutibus theol..* cap. 11, q. 1 et q. 3.

2. Peccatum philosophicum, seu morale, est actus humanus disconveniens naturae rationali, et rectae rationi. Theologicum verò et mortale est transgressio libera divinae legis. Philosophicum quantùmvis grave in illo qui Deum vel ignorat, vel de Deo actu non cogitat, est grave peccatum, sed non offensa Dei, neque peccatum mortale, dissolvens amicitiam Dei, neque aeternâ poenâ dignum.

Censura Summi Pontificis et Cleri Gallic. « Haec « propositio scandalosa est, temeraria, piarum au- « rium offensiva, et erronea. »

Breviter, sed nervosè S. Th. 1-2. q. 71, art. 2 ad 4 : *Ejusdem est rationis, quòd peccatum sit contra ordinem rationis humanae, et quòd sit contra legem aeternam :* ergo dari nequit peccatum, quod rationi adversetur, id est, philosophicum, quin eo ipso legi aeternae dissentiat, et quin consequenter sit theologicum. Vide quae eam in rem scripta sunt in tract. *de Peccatis*, quaest. 2.

Hactenùs laxiorem doctrinam praeeunte Sede Apostolicâ insectati sumus : rigidiorem nunc, et quae in oppositum scopulum impingit, eâdem praeeunte Sede

Apostolicâ, impugnabimus, sic tamen ut nullam affingamus notam iis propositionibus, quæ ad dogma, non autem ad praxim pertinent, et circa quas utiliter consuletur Tractatus *de Gratiâ*.

CAPUT XXV.

CONSTITUTIO INNOCENTII XI *proscribentis octo et sexaginta Theses, quæ prætextu orationis quietis à Michaele de Molinos docebantur.*

INNOCENTIUS EPISCOPUS SERVUS SERVORUM DEI.
Ad perpetuam rei memoriam.

« Cœlestis Pastor Christus Dominus, ut jacentem in tenebris mundum, variisque gentium erroribus involutum à potestate diaboli, sub quâ miserè post lapsum primi parentis tenebatur, suâ ineffabili miseratione liberaret, carnem sumere, et in ligno crucis chirographo redemptionis nostræ affixo, in testimonium suæ in nos charitatis sese hostiam viventem Deo pro nobis offerre dignatus est, mox rediturus in cœlum, Ecclesiam catholicam sponsam suam tanquàm novam civitatem sanctam Jerusalem descendentem de cœlo, non habentem rugam, neque maculam, unam sanctamque in terris relinquens, armis potentiæ suæ contra portas inferi circumvallatam, Petro apostolorum principi, et successoribus ejus regendam tradidit, ut doctrinam ab ipsius ore haustam, sartam tectamque custodirent, ne oves pretioso suo sanguine redemptæ pravarum opinionum pabulo in antiquos errores reciderent, quod præcipuè Beato Petro mandâsse sacræ litteræ docent: cui enim Apostolorum, nisi Petro dixit: *Pasce oves meas*; et rursùs: *Ego rogavi pro te, ut non deficiat fides tua, et tu aliquando conversus confirma fratres tuos?* Quare Nobis, qui non nostris meritis, sed inscrutabili Dei Omnipotentis consilio in ejusdem Petri Cathedrâ pari potestate sedemus, semper fixum in animo fuit, ut populus christianus eam sectaretur fidem, quæ à Christo Domino per Apostolos suos perpetuâ et nunquàm interruptâ traditione prædicata fuit, quamque usque ad seculi consummationem permansuram esse promisit. »

« Cùm igitur ad apostolatum nostrum relatum fuisset, quemdam Michaelem de Molinos prava dogmata tum verbo, tum scripto docuisse et in praxim deduxisse, quæ prætextu orationis quietis contra doctrinam et usum à sanctis Patribus, ab ipsis nascentis Ecclesiæ primordiis, receptum, Fideles à verâ Religione, et à christianæ pietatis puritate in maximos errores, et turpissima quæque inducebant; nos, cui cordi semper fuit, ut fidelium animæ nobis ex alto commissæ, purgatis pravarum opinionum erroribus, ad optatum salutis portum tutò pervenire possint, legitimis præcedentibus indiciis, prædictum Michaelem de Molinos carceribus mancipari mandavimus, deinde coram Nobis et Venerabilibus Fratribus nostris S. R. E. Cardinalibus Inquisitoribus apostolicâ auctoritate specialiter deputatis, auditis pluribus in sacrâ theologiâ magistris, eorumque suffragiis tum voce tum scripto susceptis maturèque perpensis, imploratâ etiam Sancti Spiritûs assistentiâ, cum prædictorum Fratrum nostrorum unanimi voce ad damnationem infra scriptarum Propositionum ejusdem Michaelis de Molinos, à quo fuerunt pro suis recognitæ, et de quibus propositionibus tanquàm à se dictatis, scriptis, comunicatis, et creditis ipse convictus et respectivè confessus fuerat, ut latiùs in processu, et decreto de mandato nostro lato, die 24 Augusti præsentis anni 1687, devenire ut infra decrevimus. »

Propositiones.

1. Oportet hominem suas potentias annihilare. Et hæc est via interna.

2. Velle operari activè, est Deum offendere, qui vult esse ipse solus agens; et ideò opus est seipsum n Deo totum et totaliter derelinquere, et postea permanere, velut corpus exanime.

3. Vota de aliquo faciendo sunt perfectionis impeditiva.

4. Activitas naturalis est gratiæ inimica, impeditque Dei operationes, et veram perfectionem, quia Deus operari vult in nobis sine nobis.

5. Nihil operando anima se annihilat, et ad ipsum principium redit, et ad suam originem, quæ est essentia Dei, in quâ transformata remanet, ac divinizata, et Deus tunc in seipso remanet; quia tunc non sunt ampliùs duæ res unitæ, sed una tantùm, et hâc ratione Deus vivit et regnat in nobis, et anima seipsam annihilat in esse operativo.

6. Via interna est illa, quâ non cognoscitur nec lumen, nec amor, nec resignatio: et non oportet Deum cognoscere, et hoc modo rectè proceditur.

7. Non debet anima cogitare nec de præmio, nec de punitione, nec de Paradiso, nec de inferno, nec de morte, nec de æternitate.

8. Non debet velle scire, an gradiatur cum voluntate Dei, an cum eâdem voluntate resignata maneat, necne: nec opus est ut velit cognoscere suum statum, nec proprium nihil, sed debet ut corpus exanime manere.

9. Non debet anima reminisci nec sui, nec Dei, nec cujuscumque rei, et in viâ internâ omnis reflexio est nociva, etiam reflexio ad suas humanas actiones et ad proprios defectus.

10. Si proprii defectus alios scandalizent, non est necessarium reflectere, dummodò non adsit voluntas scandalizandi; et ad proprios defectus non posse reflectere, gratia Dei est.

11. Ad dubia quæ occurrunt, an rectè procedatur necne, non opus est reflectere.

12. Qui suum liberum arbitrium Deo donavit, de nullâ re debet curam habere, nec de inferno, nec de Paradiso, nec debet desiderium habere propriæ perfectionis, nec virtutum, nec propriæ sanctitatis, nec propriæ salutis, cujus spem expurgare debet.

13. Resignato Deo libero arbitrio, eidem Deo relinquenda est cogitatio, et cura de omni re nostrâ, et relinquere, ut faciat in nobis sine nobis suam divinam voluntatem.

14. Qui divinæ voluntati resignatus est, non conve-

nit, ut à Deo rem aliquam petat, quia petere est imperfectio, cùm sit actus propriæ voluntatis et electionis, et est velle quòd divina voluntas nostræ conformetur, et non quòd nostra divinæ. Et illud Evangelii, *petite et accipietis*, non est dictum à Christo pro animabus internis quæ nolunt habere voluntatem. Imò hujusmodi animæ eò perveniunt, ut non possint à Deo rem aliquam petere.

15. Sicut non debent à Deo rem aliquam petere, ita nec illi ob rem aliquam gratias agere debent, quia utrumque est actus propriæ voluntatis.

16. Non convenit indulgentias quærere pro pœnà propriis peccatis debitâ; quia melius est divinæ justitiæ satisfacere, quàm divinam misericordiam quærere; quoniam illud ex puro Dei amore procedit, et istud ab amore nostri interessato, nec est res Deo grata, nec meritoria, quia est velle crucem fugere.

17. Tradito Deo libero arbitrio, et eidem relictâ curâ, et cogitatione animæ nostræ, non est ampliùs habenda ratio tentationum; nec eis alia resistentia fieri debet, nisi negativa nullâ adhibitâ industriâ; et si natura commovetur, oportet sinere ut commoveatur, quia est natura.

18. Qui in oratione utitur imaginibus, figuris, speciebus et propriis conceptionibus, non adorat Deum in spiritu et veritate.

19. Qui amat Deum eo modo, quo ratio argumentatur, aut intellectus comprehendit, non amat verum Deum.

20. Asserere, quòd in oratione opus est sibi per discursum auxilium ferre, et per cogitationes, per quas Deus animam non alloquitur, ignorantia est. Deus nunquàm loquitur, ejus locutio est operatio; et semper in animâ operatur, quando hæc suis discursibus, cogitationibus et operationibus eum non impedit.

21. In oratione opus est manere in fide obscurâ et universali, cum quiete et oblivione cujuscumque cogitationis particularis ac distinctæ attributorum Dei ac Trinitatis, et sic in Dei præsentiâ manere ad illum adorandum, et amandum, eique inserviendum, sed absque productione actuum, quia in his Deus sibi non complacet.

22. Cognitio hæc per fidem non est actus à creaturâ productus, sed est cognitio à Deo creaturæ tradita, quam creatura se habere non cognoscit, sed postea cognoscit illam se habuisse, et idem dicitur de amore.

23. Mystici cum sancto Bernardo, in Scalâ Claustralium, distinguunt quatuor gradus, Lectionem, Meditationem, Orationem, et Contemplationem infusam. Qui semper in primo sistit, nunquàm ad secundum pertransit. Qui semper in secundo persistit, nunquàm ad tertium pervenit, qui est nostra contemplatio acquisita, in quâ per totam vitam persistendum est, dummodò Deus animam non trahat, absque eo quòd ipsa id exspectet, ad contemplationem infusam; et hâc cessante, anima regredi debet ad tertium gradum, et in ipso permanere absque eo quòd ampliùs redeat ad secundum, aut primum.

24. Qualescumque cogitationes in oratione occurrunt, etiam impuræ, etiam contra Deum, sanctos, fidem et sacramenta, si voluntariè non nutriantur, nec voluntariè expellantur, sed cum indifferentiâ et resignatione tolerentur, non impediant orationem fidei; imò eam perfectiorem efficiunt, quia anima tunc magis divinæ voluntati resignata remanet.

25. Etiamsi superveniat somnus, et dormiatur, nihilominùs fit oratio, et contemplatio actualis; quia oratio et resignatio idem sunt, et dùm resignatio perdurat, perdurat et oratio.

26. Tres illæ viæ, Purgativa, Illuminativa, et Unitiva, sunt absurdum maximum, quod dictum fuerit in mysticâ; cùm non sit nisi unica via, scilicet via interna.

27. Qui desiderat et amplectitur devotionem sensibilem, non desiderat nec quærit Deum, sed seipsum, et malè agit, cùm eam desiderat et eam habere conatur, qui per viam internam incedit, tam in locis sacris, quàm in diebus solemnibus.

28. Tædium rerum spiritualium bonum est: siquidem per illud purgatur amor proprius.

29. Dùm anima interna fastidit discursus de Deo, et virtutes, et frigida remanet, nullum in seipsâ sentiens fervorem, bonum signum est.

30. Totum sensibile, quod experimur in vitâ spirituali, est abominabile, spurcum et immundum.

31. Nullus meditativus veras virtutes exercet internas, quæ non debent à sensibus cognosci. Opus est amittere virtutes.

32. Nec ante, nec post communionem alia requiritur præparatio, aut gratiarum actio (pro istis animabus internis) quàm permanentia in solitâ resignatione passivâ, quia modo perfectiore supplet omnes actus virtutum, qui possunt, et fiunt in viâ ordinariâ. Et si hâc occasione communionis insurgunt motus humiliationis, petitionis, aut gratiarum actionis, reprimendi sunt, quoties non dignoscatur eos esse ex impulsu speciali Dei; aliàs sunt impulsus naturæ nondùm mortuæ.

33. Malè agit anima quæ procedit per hanc viam internam, si in diebus solemnibus vult aliquo conatu particulari excitare in se devotum aliquem sensum; quoniam animæ internæ omnes dies sunt æquales, omnes festivi. Et idem dicitur de locis sacris, quia hujusmodi animabus omnia loca æqualia sunt.

34. Verbis et linguâ gratias agere Deo non est pro animabus internis, quæ in silentio manere debent, nullum Deo impedimentum apponendo, quòd operetur in illis, et quò magis Deo se resignant, experiuntur se non posse Orationem Dominicam, seu *Pater noster*, recitare.

35. Non convenit animabus hujus viæ internæ, quòd faciant operationes, etiam virtuosas, ex propriâ electione, et activitate, aliàs non essent mortuæ; nec debent elicere actus amoris erga B. Virginem, sanctos, aut Humanitatem Christi; quia cùm ista objecta sensibilia sint, talis est amor erga illa.

36. Nulla creatura, nec B. Virgo, nec sancti sedere

debent in nostro corde, quia solus Deus vult illud occupare et possidere.

57. In occasione tentationum, etiam furiosarum, non debet anima elicere actus explicitos virtutum oppositarum, sed debet in supra dicto amore, et resignatione permanere.

58. Crux voluntaria mortificationum pondus grave est et infructuosum, ideòque dimittenda.

59. Sanctiora opera, et pœnitentiæ, quas peregerunt sancti, non sufficiunt ad removendam ab animâ vel unicam adhæsionem.

40. B. Virgo nullum unquàm opus exterius peregit, et tamen fuit sanctis omnibus sanctior. Igitur ad sanctitatem perveniri potest absque opere exteriori.

41. Deus permittit, et vult ad nos humiliandos et ad veram transformationem perducendos, quòd in aliquibus animabus perfectis, etiam non arreptitiis, dæmon violentiam inferat earum corporibus, easque actus carnales committere faciat, etiam in vigiliâ, et sine mentis offuscatione, movendo physicè illorum manus et alia membra contra earum voluntatem. Et idem dicitur quoad alios actus per se peccaminosos, in quo casu non sunt peccata, quia in iis non adest consensus.

42. Potest dari casus, quòd hujusmodi violentiæ ad actus carnales contingant eodem tempore ex parte duarum personarum, scilicet maris et feminæ, et ex parte utriusque sequatur actus.

43. Deus præteritis seculis sanctos efficiebat tyrannorum ministerio, nunc verò eos efficit sanctos ministerio dæmonum, qui, causando in eis prædictas violentias, facit, ut illi seipsos magis despiciant atque annihilent, et se Deo resignent.

44. Job blasphemavit, et tamen non peccavit labiis suis, quia fuit ex dæmonis violentiâ.

45. Sanctus Paulus hujusmodi dæmonis violentias in suo corpore passus est, unde scripsit: *Non quod volo bonum, hoc ago, sed, quod nolo, malum hoc facio.*

46. Hujusmodi violentiæ sunt medium magis proportionatum ad annihilandam animam, et ad eam ad veram transformationem et unionem perducendam; nec alia superest via, et hæc est via facilior et tutior.

47. Cùm hujusmodi violentiæ occurrunt, sinere oportet, ut Satanas operetur, nullam adhibendo industriam, nullumque proprium conatum, sed permanere debet homo in suo nihilo; et etiamsi sequantur pollutiones, et actus obscœni propriis manibus, et etiam pejora, non opus est seipsum inquietari, sed foràs emittendi sunt scrupuli, dubia, et timores, quia anima fit magis illuminata, magis roborata, magisque candida, et acquiritur sancta libertas. Et præ omnibus non opus est hæc confiteri; et sanctissimè fit, non confitendo; quia hoc pacto superatur dæmon, et acquiritur thesaurus pacis.

48. Satanas, qui hujusmodi violentias infert, suadet deinde gravia esse delicta, ut anima se inquietet, ne in viâ internâ ulteriùs progrediatur; unde ad ejus vires enervandas, melius est ea non confiteri, quia non sunt peccata, nec etiam venialia.

49. Job ex violentiâ dæmonis se propriis manibus polluebat, eodem tempore quo mundas habebat ad Deum preces (sic interpretando locum ex cap. 16 Job).

50. David, Hieremias et multi ex sanctis prophetis hujusmodi violentias patiebantur harum impurarum operationum externarum.

51. In sacrâ Scripturâ multa sunt exempla violentiarum ad actus externos peccaminosos, uti illud de Samsone, qui per violentiam seipsum occidit cum Philisthæis, conjugium iniit cum alienigenâ, et cum Dalilâ meretrice fornicatus est: quæ aliàs erant prohibita, et peccata fuissent. De Judithâ, quæ Olopherni mentita fuit. De Eliseo, qui pueris maledixit. De Eliâ, qui combussit duces cum turmis Regis Achab. An verò fuerit violentia immediatè à Deo peracta, vel dæmonum ministerio, ut in aliis animabus contingit, in dubio relinquitur.

52. Cùm hujusmodi violentiæ etiam impuræ absque mentis offuscatione accidunt, tunc anima Deo potest uniri, et de facto semper magis unitur.

53. Ad cognoscendum in praxi, an aliqua operatio in aliis personis fuerit violentia, regula, quam de hoc habeo, nedùm sunt protestationes animarum illarum, quæ protestantur se dictis violentiis non consensisse, aut jurare non posse, quòd in iis consenserint, et videre quòd sint animæ quæ proficiunt in viâ internâ; sed regulam sumo à lumine quodam actuali, cognitione humanâ ac theologicâ superiore, quod me certò cognoscere facit cum internâ certitudine, quòd talis operatio est violentia, et certus sum quòd hoc lumen à Deo procedit, quod ad me pervenit conjunctum cum certitudine, quòd à Deo proveniat, et mihi nec umbram dubii relinquit in contrarium; eo modo quo interdùm contingit, quòd Deus aliquid revelando, eodem tempore animam certam reddit, quòd ipse sit qui revelat, et anima in contrarium non potest dubitare.

54. Spirituales vitæ ordinariæ in horâ mortis se delusos invenient, et confusos, et cum omnibus passionibus in alio mundo purgandis.

55. Per hanc viam internam pervenitur, etsi multâ cum sufferentiâ ad purgandas et exstinguendas omnes passiones, ita quòd nihil amplius sentiant, nihil, nihil; nec ullam sentiant inquietudinem, sicut corpus mortuum, nec anima se amplius commoveri sinit.

56. Duæ leges, et duæ cupiditates, animæ una, et amoris proprii altera, tamdiù perdurant, quamdiù perdurat amor proprius; unde quando hic purgatus est et mortuus, ut fit per viam internam, non adsunt ampliùs illæ duæ leges, et duæ cupiditates, nec ulteriùs lapsus aliquis incurritur, nec aliquid sentitur ampliùs, ne quidem veniale peccatum.

57. Per contemplationem acquisitam pervenitur ad statum non faciendi ampliùs peccata, nec mortalia, nec venialia.

58. Ad ejusmodi statum pervenitur, non reflectendo ampliùs ad proprias operationes; quia defectus ex reflexione oriuntur.

59. Via interna sejuncta est à confessione, à confessariis et à casibus conscientiæ, à theologiâ et philosophiâ.

60. Animabus provectis, quæ reflexionibus mori incipiunt, et eò etiam perveniunt, ut sint mortuæ, Deus confessionem aliquando efficit impossibilem, et supplet ipse tantâ gratiâ præservante, quantam in sacramento reciperent; et ideò hujusmodi animabus non est bonum in tali casu ad sacramentum pœnitentiæ accedere, quia id est in illis impossibile.

61. Anima cùm ad mortem mysticam pervenit, non potest ampliùs aliud velle quàm quod Deus vult, quia non habet ampliùs voluntatem, et Deus illi eam abstulit.

62. Per viam internam pervenitur ad continuum statum immobilem in pace imperturbabili.

63. Per viam internam pervenitur etiam ad mortem sensuum; quinimò signum, quòd quis in statu nihilitatis maneat, id est, mortis mysticæ, est, si sensus exteriores non repræsentent ampliùs res sensibiles, unde sint, ac si non essent, quia non perveniunt ad faciendum, quòd intellectus se ad eas applicet.

64. Theologus minorem dispositionem habet, quàm homo rudis ad statum contemplativi : primò quia non habet fidem adeò puram ; secundò quia non est adeò humilis ; tertiò quia non adeò curat propriam salutem ; quartò quia caput reseratum habet phantasmatibus, speciebus, opinionibus et speculationibus, et non potest in illum ingredi verum lumen.

65. Præpositis obediendum est in exteriore, et latitudo voti obedientiæ Religiosorum, tantummodò ad exterius pertingit ; in interiore verò aliter res se habet, quia solus Deus et director intrant.

66. Risu digna est nova quædam doctrina in Ecclesiâ Dei, quòd anima quoad internum gubernari debeat ab episcopo : quòd si episcopus non sit capax, anima ipsum cum suo directore adeat. Novam dico doctrinam, quia nec Sacra Scriptura, nec concilia, nec canones, nec bullæ, nec sancti, nec auctores, eam unquàm tradiderunt, nec tradere possunt, quia Ecclesia non judicat de occultis, et anima jus habet eligendi quemcumque sibi benè visum.

67. Dicere quòd internum manifestandum est exteriori tribunali præpositorum, et quòd peccatum sit id non facere, est manifesta deceptio ; quia Ecclesia non judicat de occultis, et propriis animabus præjudicant his deceptionibus, et simulationibus.

68. In mundo non est facultas, nec jurisdictio ad præcipiendum, ut manifestentur epistolæ directoris quoad internum animæ, et ideò opus est animadvertere, quòd hoc est insultus Satanæ, etc.

« Quas quidem propositiones tanquàm hæreticas, suspectas, erroneas, scandalosas, blasphemas, piarum aurium offensivas, temerarias, Christianæ disciplinæ relaxativas et eversivas, et seditiosas respectivè, ac quæcumque super iis verbo, scripto, vel typis emissa, pariter cum voto eorumdem fratrum nostrorum sanctæ Romanæ Ecclesiæ cardinalium, et inquisitorum generalium damnavimus, circumscripsimus et abolevimus : deque eisdem, et similibus omnibus, et singulis posthàc quoquo modo loquendi, scribendi, disputandi, easque credendi, tenendi, docendi, aut in praxim reducendi facultatem quibuscumque interdiximus, et contrafacientes omnibus dignitatibus, gradibus, honoribus, beneficiis et officiis ipso facto perpetuò privavimus, et inhabiles ad quæcumque decrevimus, vinculoque etiam anathematis eo ipso innodavimus, à quo nisi à nobis et à Romanis pontificibus successoribus nostris valeant absolvi. Præterea eodem nostro decreto prohibuimus et damnavimus omnes libros, omniaque opera quocumque loco, et idiomate impressa, necnon omnia manuscripta ejusdem *Michaelis de Molinos*; vetuimusque ne quis cujuscumque gradûs, conditionis, vel statûs, etiam speciali notâ dignus, audeat sub quovis prætextu, quolibet pariter idiomate, sive sub eisdem verbis, sub æqualibus, aut æquipollentibus, sive absque nomine, seu ficto aut alieno nomine ea imprimere, vel imprimi facere, neque impressa, seu manuscripta legere, vel apud se retinere, sed ordinariis locorum, aut hæreticæ pravitatis inquisitoribus statim tradere, et consignare teneantur sub eisdem pœnis superiùs inflictis ; qui ordinarii et inquisitores statim ea igni comburant, vel comburi faciant. Tandem ut prædictus *Michael de Molinos* ob hæreses, errores, et turpia facta prædicta debitis pœnis in aliorum exemplum, et ipsius emendationem plecteretur : lecto in eâdem nostrâ congregatione toto processu, et auditis dilectis filiis consultoribus nostræ sanctæ Inquisitionis officii, in sacrâ Theologiâ, et in jure pontificio magistris, cum eorumdem venerabilium fratrum nostrorum sanctæ Romanæ Ecclesiæ cardinalium unanimi voto, dictum *Michaelem de Molinos*, tanquàm reum convictum et confessum respectivè, et uti hæreticum formalem, licet pœnitentem, in pœnam arcti et perpetui carceris, et ad peragendas alias pœnitentias salutares, præviâ tamen abjuratione de formali per ipsum emittendâ, servato juris ordine, damnavimus ; mandantes, ut die et horâ præfigendis in Ecclesiâ sanctæ Mariæ supra Minervam hujus almæ urbis, præsentibus omnibus venerabilibus fratribus nostris sanctæ Romanæ Ecclesiæ Cardinalibus, et Romanæ curiæ nostræ prælatis, universoque populo ad id etiam per concessionem indulgentiarum convocando, ex alto tenore processûs stante in suggestu eodem *Michaele de Molinos*, unà cum sententiâ inde secutâ legeretur : et postquàm idem *de Molinos* habitu pœnitentiæ indutus prædictos errores et hæreses publicè abjurâsset, facultatem dedimus dilecto filio nostro Sancti Officii commissario, ut cum à censuris, quibus innodatus erat, in formâ Ecclesiæ consuetâ absolveret ; quæ omnia in executionem dictæ nostræ ordinationis, die 3 septembris labentis anni, solemniter adimpleta sunt. »

« Et licet supra narratum decretum de mandato nostro latum ad majorem fidelium cautelam typis editum, publicis locis affixum et divulgatum fuerit : nihilominùs ne hujus Apostolicæ damnationis memoria futuris temporibus deleri possit, utque populus Christianus catholicâ veritate instructior per viam salutis incedere valeat; prædecessorum nostrorum summorum pontificum vestigiis inhærentes, hâc nostrâ perpetuò valiturâ constitutione supradictum decretum denuò approbamus, confirmamus, et debitæ executioni tradi mandamus: iterùm supradictas propositiones definitivè damnantes, et reprobantes, librosque, et manuscripta ejusdem *Michaelis de Molinos* prohibentes, et interdicentes sub eisdem pœnis et censuris contra transgressores latis et indictis. »

« Decernentes insuper præsentes litteras semper et perpetuò validas, et efficaces existere et fore, suasque plenarios et integros effectus sortiri et obtinere, sicque per quoscumque Judices ordinarios, et delegatos, quâvis auctoritate fungentes, et functuros ubique judicari, et definiri debere, sublatâ eis, et eorum cuilibet quâvis aliter judicandi, et interpretandi facultate, et auctoritate, ac irritum, et inane quidquid secùs super his à quoquam quâvis auctoritate scienter, vel ignoranter contigerit attentari. Volumus autem, ut præsentium transumptis, etiam impressis, manu notarii publici subscriptis, et sigillo alicujus personæ in dignitate ecclesiasticâ constitutæ munitis, eadem fides prorsùs adhibeatur, quæ ipsis originalibus litteris adhiberetur, si essent exhibitæ, vel ostensæ. Nulli ergo omninò hominum liceat hanc paginam nostræ approbationis, confirmationis, damnationis, reprobationis, punitionis, decreti et voluntatis infringere, vel ei ausu temerario contraire. Si quis autem hoc attentare præsumpserit, indignationem Omnipotentis Dei, ac beatorum Petri et Pauli Apostolorum ejus se noverit incursurum. »

« Datum Romæ apud Sanctam Mariam Majorem anno Incarnationis Dominicæ millesimo sexcentesimo octogesimo septimo, duodecimo kalendas decemb., Pontificatûs nostri anno duodecimo. »

En nefaria Molinos commenta, quæ dùm in Ecclesiâ S. Mariæ supra Minervam legerentur coràm confertissimâ multitudine populi, plebs effusissimis vocibus conclamabat: *Damnetur ad ignem, ad ignem.* Sed lenis Inquisitio Romana, miserum autem (qui principiis suis adhærens per annos duodecim à sacramentali confessione se abstinuerat, et cujus in scriniis reperta duodecim millia epistolarum satis indicabant, quàm latè errores suos sparsisset) addixit carceri perpetuo, ubi pœnitens obiit die 28 nov. ann. 1692.

Prædictorum errorum summa hæc est: 1° homini enitendum esse, ut facultatum suarum activitatem cohibeat, adeòque quantum ad ipsas maneat in quiete (unde commenti hujus sequacibus indictum est nomen *Quietistarum*), et sic de nullâ re curam habeat, non de inferno, non de paradiso, non de propriis defectibus, etc. Propos. 1, 2, 4, 6, 7, 8, 9, etc.

2. Abjiciendam esse tum orationem, quâ quidpiam petatur, tum quamlibet corporis mortificationem. Propos, 14, 38.

3. Id locum habere etiam, cùm quis insolitis tentationibus quatitur, et impuras quascumque carnis rebelliones experitur; quia hæ meræ sunt dæmonis violentiæ, quæ ad fornicationem usque progredi possint, et de facto pluries progressæ sint, absque ullo hominis peccato, quia absque ullo ejus consensu. Propos. 41, 42, 51, etc.

4. Obscœna hæc, si quandoque in corpore exsurgant, non esse confessario aperienda, ut quæ nequidem sint veniales culpæ, imò quæ animum in viâ internâ progredientem magis uniant Deo. Propos. 47, 48, 52, etc.

Hæc porrò eò usque fidei communique Christianorum sensui adversantur, ut nullâ indigeant confutatione. *Intelligendum est*, ait S. Thom. 1 part., quæst. 105, art. 5, *sic Deum operari in rebus, quòd tamen ipsæ res propriam habeant operationem*; et 2-2, quæst. 182, art. 3: *Vita nostra hîc dicitur operatio, cui homo principaliter intendit: non ergo gratiæ inimica est activitas naturalis, sed hæc cum illâ concurrere debet.*

Per jejunium, vigilias et alia hujusmodi retrahitur homo à peccatis luxuriæ, et à quibuscumque aliis peccatis, ait idem S. Thomas, 1-2, quæst. 189, art. 2. Unde Apostolus 1 Cor. 7: *Castigo corpus meum*, etc. et Rom. 8: *Si facta carnis mortificaveritis, vivetis*; non ergo *crux voluntaria mortificationum pondus est infructuosum*, etc.

Dominus, ait idem Angelus Scholæ, 2-2, q. 83, art. 5, *docuit discipulos*, utique divinæ voluntati resignatos, determinatos, quædam *petere*, ac eâ præsertim quæ *continentur in petitionibus orationis dominicæ*, ac proinde ne non succumberent tentationi; ergo *non convenit tantum, sed et prorsùs necesse est ut is etiam qui divinæ voluntati resignatus est, à Deo rem aliquam petat.*

Cætera, quæ pudor penè prohibuit referre, prohibet confutare: perpendat quis impium Molinosi systema, statimque gnosticum hominem deprehendet, qui suos suasque ad nefaria quæque flagitia pollicere voluit, eisque omnem adimere scrupulum, veritus duntaxat, ne vel confessario, vel superiori, quisquis ille foret, infamia sua detegeretur.

CAPUT XXVI.

DECRETUM *alterum SS. D. N. Alexandri Papæ VIII, die 7 decemb.* 1690.

« Sanctissimus D. N. Alexander divinâ providentiâ papa VIII prædictus, pro pastorali curâ ovium à Christo Domino sibi commissâ de eorum salute sollicitus, ut inoffenso gradu per rectas semitas possint incedere, et pascua nimiùm perniciosa in pravis doctrinis exhibita vitare, unius supra triginta propositionum examen pluribus in sacrâ Theologiâ magistris, et deinde eminentissimis ac reverendissimis DD. cardinalibus contra hæreticam pravitatem generalibus inquisitoribus commisit, qui tantum negotium diligenter aggressi, eique sedulò ac pluries incumbentes, super unâquaque ipsarum sua suffragia Sanctitati suæ sigillatim detulerunt. »

Propositiones autem sunt infra scriptæ, videlicet:

1. In statu naturæ lapsæ ad peccatum formale, et demeritum sufficit illa libertas, quâ voluntarium ac

liberum fuit in causâ suâ, peccato originali, et libertate Adami peccantis.

Si res ita se haberet, prava desideria, quæ homo invitus patitur, et involuntarii concupiscentiæ motus, totidem peccata erunt : quod à Tridentinis Patribus in Calvino ac Luthero, et ab Apostolicâ Sede in Baio damnatum est. Vide tract. *de Actibus humanis*, in quo declaratur, hâc propositione basim contineri Jansenii systematis, quod statuit amissum fuisse in Adamo liberum arbitrium, Dei castum amorem, et legis naturalis cognitionem, quæ perfectiones naturæ integræ debebantur. Cùm verò harum naturalium, ut ipsi aiunt, perfectionum omissio, voluntariâ et liberâ in Adami voluntate fuerit, libertatem hanc, quam in causâ homines habuerunt, sufficere blaterant ut necessariæ ex cupiditate prodeuntes, aut involuntariæ etiam ob ignorantiam legis naturalis actiones, vera peccata formalia sint. Hæc autem et ab Ecclesiâ damnata sunt, et iis confutantur argumentis, quibus ex Scripturâ et Patribus ostenditur, manere adhuc in homine lapso liberum arbitrium, neminem peccare in eo quod vitare non possit, invincibilem ignorantiam à culpâ excusare, et naturam per originale peccatum ita depravatam non esse, ut cognitiones aliquas aliquosque motus non habeat, ac habere possit, etiam gratiâ spoliata, quæ mala non sint.

2. Tametsi detur ignorantia invincibilis juris naturæ, hæc in statu naturæ lapsæ operantem ex ipsâ non excusat à peccato formali.

Repugnat S. Thom. 1-2, qu. 76, art. 3, ubi ait : *Patet, quòd nulla ignorantia invincibilis est peccatum.* Vide quæ dicta sunt in tract. *de Actibus humanis* et *de Peccatis*.

3. Non licet sequi opinionem vel inter probabiles probabilissimam.

Hæc propositio confutata fuit tract. *de Conscientiâ*, quæst. 4, resp. 2.

4. Dedit (Christus) semetipsum pro nobis oblationem Deo, non pro solis electis, sed pro omnibus et solis fidelibus.

De istâ et duabus sequentibus agunt theologi, ubi de Gratiâ; ibi enim theologi probant ac perspicuis ex Scripturâ et PP. deductis argumentis ostendunt, Christum non pro solis fidelibus, sed pro omnibus mortuum esse, ac etiam Paganos, Judæos, Hæreticosque divinæ Redemptionis beneficium experiri per interiorem mentis illustrationem, inspirationem motionemque divinæ gratiæ sufficientis. Solùm enim de obduratis et obcæcatis nonnullis, deque pueris decedentibus in utero matris, aut non valentibus ad baptismum pervenire, in scholis controvertitur nùm gratiam sufficientem recipiant.

5. Pagani, Judæi, Hæretici, aliique hujus generis nullum omninò accipiunt à Jesu Christo influxum, adeòque hinc rectè infers, in illis esse voluntatem nudam et inermem, sine omni gratiâ sufficienti.

6. Gratia sufficiens statui nostro non tam utilis, quàm perniciosa est, sic ut proinde meritò possimus petere : A gratiâ sufficienti libera nos, Domine.

7. Omnis humana actio deliberata est Dei dilectio, vel mundi : si Dei, charitas Patris est; si mundi, concupiscentia carnis, hoc est, mala est.

Falsa est hæc propositio, atque præcipuum in eâ reperitur Jansenianî systematis fundamentum, stabilito tamen, deperditum esse in statu naturæ lapsæ liberum arbitrium. Hoc enim sensu propositio illa indicat omnem actionem nostram deliberatam necessariò oriri vel ab illâ vitiosâ cupiditate, quæ in homine, loco casti amoris, naturæ nondùm vitiatæ debiti, successit; vel ex gratiâ Christi, sive charitate, quâ idem homo jam necessitati agendi subjectus, instar lancis flectitur atque trahitur. En turpissimæ propositionis hæresis! Fides autem orthodoxa docet, præter actus à charitate prodeuntes, dari etiam supernaturales actus fidei, spei, et timoris, atque bonas nonnullas operationes in infidelibus, peccatoribus, aliisque charitate carentibus. Vide tract. *de Actionibus humanis*, et quæ à nobis cap. 16, dicta sunt.

8. Necesse est infidelem in omni opere peccare.

Falsa est hæc propositio; neque magis necesse est infidelem in omni opere peccare, quàm fidelem in omni opere sanctum esse. Vide quæ superiùs dicta sunt cap. 16.

9. Reverà peccat, qui odio habet peccatum merè ob ejus turpitudinem et disconvenientiam cum naturâ rationali, sine ullo ad Deum offensum respectu.

Falsa est hæc assertio, quia non peccat qui ordinatè agit; porrò agit ordinatè, qui peccatum etiam præcisè, ut turpe est, et humanæ naturæ infensum detestatur : quia peccatum etiam ut turpe et naturæ disconveniens detestationem meretur. Ita Steyaert, tom. 1, pag. 336, qui addit detestationem, seu odium peccati respicere posse meram ejus turpitudinem sine respectu offensæ Dei, quæ eidem peccato inest; sic tamen, ut detestans ad actum illum se excitet ex aliquâ Dei dilectione, vel alio motivo, quod nullatenùs possit redargui. Quanquàm, ut notavit Viva, inde etiam peccat hæc propositio, quòd supponat peccatum ut naturæ contrarium odio haberi posse sine ullo prorsùs ad Deum respectu. Utique qui peccatum odit ut contrarium naturæ, odit illud ut prohibitum à supremo legislatore, et repugnans legi æternæ, quæ Deus est, ut cum aliis dixi in tract. *de Peccatis*, cap. 1, art. 1. Interim non eos, qui peccatum odio haberi volunt *cum respectu ad Deum offensum*, exigere, ut quisquis oderit peccatum, quatenùs est offensa Dei summè boni, ac proinde eosdem arbitrari illud duntaxat peccati odium ab omni culpâ vacare, quod ex charitatis motivo procedit : patet id vel ex ipsâ prop. 7 quam paulò ante suo ordine retulimus. Vide explic.

10. Intentio, quâ quis detestatur malum et prosequitur bonum, merè ut cœlestem obtineat gloriam, non est recta, nec Deo placens.

Confutata est propositio in *Tract. de Spe et Charitate.*

11. Omne quod non est ex fide christianâ supernaturali, quæ per dilectionem operatur, peccatum est.

Si vera sit hæc assertio, nulla erunt opera moraliter

bona; malum erit id omne quod fit ex notitiâ unius Dei : malus erit actus fidei, spei et timoris ab homine actu, vel habitu per charitatem non operante procedens : quæ omnia totidem sunt apud alios quàm Jansenii asseclas, falsa et absurda.

12. Quando in magnis peccatoribus deficit omnis amor, deficit etiam fides; et etiamsi videantur credere, non est fides divina, sed humana.

Repugnat concilio Trid. sess. 6, canon. 28, inquienti : *Si quis dixerit, amissâ per peccatum gratiâ, simul et fidem semper amitti; aut fidem, quæ remanet, non esse veram fidem, licet non sit viva; aut eum qui fidem sine charitate habet, non esse Christianum : anathema sit.* Hæc sunt impura infecti Janseniani seminis germina, scilicet consectaria illius erroris, quo putant omnia à vitiosâ infici cupiditate, ac peccata esse, ubi Christi charitas non regnet.

13. Quisquis etiam æternæ mercedis intuitu Deo famulatur, charitate si caruerit, vitio non caret, quoties intuitu licet beatitudinis operatur.

Repugnat D. Thomæ : *Cùm*, ait S. doct. 2-2, 17, art. 5, *spes habeat Deum pro objecto* (in quantum scilicet est beatitudo æterna, ut ibidem docet S. Thom. art. 7,) *manifestum est quòd spes est virtus theologica*; absit autem, ait Franciscus Van-Rat Dominicanus, ut peccet quis virtutis theologicæ actus exercendo. Vide citatos jam tract. *de Spe et Charitate.*

14. Timor gehennæ non est supernaturalis.

15. Attritio, quæ gehennæ et pœnarum metu concipitur, sine dilectione benevolentiæ Dei propter se, non est bonus motus, ac supernaturalis.

Utriusque propositionis idem est sensus. Idem et error, breviterque refellitur nitidâ hâc et simplici S. Thomæ ratiocinatione : *Nullum malum est à Spiritu sancto : atqui timor etiam servilis est à Spiritu sancto; unus enim Spiritus est, qui facit duos timores, scilicet servilem, et castum; ergo timor servilis non est malus.* Neque solùm non est malus, sed etiam est supernaturalis, cùm sit à Spiritu sancto, *et procedat ex actu Dei convertentis cor* dispositivè, prout tradit S. doctor 3 p., q. 85, art. 5, ad 3, et Trident.

16. Ordinem præmittendi satisfactionem absolutioni induxit non politia, aut institutio Ecclesiæ, sed ipsa Christi lex, et præscriptio, naturâ rei id ipsum quodammodò dictante.

Si vera sit hæc propositio, nunquàm concedi potest absolutio, nisi jam præmissâ pœnitentis satisfactione, cùm lex Christi ab hominibus tolli non possit : atqui hoc universæ Ecclesiæ, atque ipsi rigidiorum Casuistarum praxi repugnat, qui quotidiè mutuas sibi absolutiones sub onere præstandæ deinceps satisfactionis impendunt : ergo meritò reprobata est hæc propositio. Et verò absolutio concedi potest, et de facto sæpè conceditur homini sensibus destituto, qui nullam proin satisfactionem ponere potest.

17. Per illam praxim mox **absolvendi**, ordo pœnitentiæ est inversus.

Idem qui præcedentis assertionis error. Non invertit ordinem pœnitentiæ praxis mox absolvendi eos, qui legitimis instructi sunt dispositionibus : sed praxis absolvendi eos, qui peccato adhærent, qui Ecclesiæ consuetudinem carpunt, qui in legitimos pastores debacchantur, qui totâ die veritatem et charitatem inclamant, et utramque in praxi respuunt.

18. Consuetudo moderna quoad administrationem sacramenti Pœnitentiæ, etiamsi eam plurimorum hominum sustentet auctoritas, et multi temporis diuturnitas confirmet, nihilominùs ab Ecclesiâ non habetur pro usu, sed abusu.

Indicat Sedes Apostolica in hujus propositionis censurâ, quid habeat pro abusu, quid pro usu.

19. Homo debet agere totâ vitâ pœnitentiam pro peccato originali.

Est planè falsa : *Contritio*, ait S. Th. in supplem. q. 2, art. 2, *solùm de illis peccatis potest esse, quæ ex duritiâ nostræ voluntatis in nos proveniunt; et quia peccatum originale nostrâ voluntate non est inductum.... ideò de ipso non potest esse contritio.* Nec proinde à fortiori pro eo agenda est toto vitæ decursu pœnitentia.

20. Confessiones apud Religiosos factæ, plerumque vel sacrilegæ sunt, vel invalidæ.

Injuriosa est Ecclesiæ, quæ alioqui malè Religiones instituit, malè etiam Religiosorum utitur ministerio. Injuriosa est etiam Religiosis in quibus animum diabolo venditam, et penè omnimodam pietatis ac scientiæ privationem supponit. Hujus propositionis excessum jam pridem prædamnavit S. Th. in Guilelmo de Sancto Amore, Religiosorum impugnatore.

21. Parochianus potest suspicari de mendicantibus, qui eleemosynis communibus vivunt, de imponendâ nimis levi, et incongruâ pœnitentiâ, seu satisfactione, ob quæstum, seu lucrum subsidii temporalis.

Continet judicium insigniter temerarium in materiâ gravi. Eâdem de causâ, eâdemque temeritate suspicabitur Parochianus, vel de Parocho qui leviorem imponet pœnitentiam, ne pingui oblatione frustretur, vel de vicariis, aliisque inferioribus sacerdotibus, qui per rura vini et frumenti quæstum faciunt. Non nego quosdam utrinque esse, qui officio suo desint; *Iliacos intra muros peccatur, et extra.* Sed quorumdam vitia corpori toti adscribenda non sunt : nec si proditor Judas, alii continuò Apostoli omnes proditionis erunt redarguendi.

22. Sacrilegi sunt judicandi, qui jus ad communionem percipiendam prætendunt, antequàm condignam de delictis suis pœnitentiam egerint.

Contra assumi potest illud S. Th. 2-2, q. 10, art. 12: *Ecclesiæ consuetudo semper est in omnibus æmulanda.* Est autem nunc Ecclesiæ consuetudo, quod communio non differatur, donec quis condignam de peccatis suis egerit pœnitentiam, seu satisfactionem; idque nedùm pro sacrilegio habendum sit, consonat parabolæ Filii Prodigi, cui sincerè ad patrem reverso occisus est in epulum *vitulus saginatus.* Nec, puto, ait Steyaert, dilata Davidi fuisset Eucharistia, si jam instituta fuisset, donec pœnitentiam omnem sibi impositam subiisset.

23. Similiter arcendi sunt à Sacrâ **communione,**

quibus nondùm inest amor Dei purissimus, et omnis mixtionis expers.

I nunc et quaere, qui sacrâ Eucharistiâ reficiantur; quaere, inquam, in alio orbe, qui novi figmenti homines habeat, in hâc enim peccati terrâ *in multis offendimus omnes*, non est qui saepiùs non peccet; qui dixerit se peccatum non habere, ipse se seducit : ergo nullibi, aut ferè nullibi est amor ille purissimus, et omnis mixtionis expers, quem ut praeviam ad Eucharistiae sacramentum praeparationem requirit praecedens propositio. Mundi erant Apostoli, cùm Christi corpus in ultimâ Coenâ recepêre. Quaero an iis adhuc tam infirmis inesset amor omnis mixtionis expers?

24. Oblatio in templo, quae fiebat à B. Virgine Mariâ in die Purificationis suae per duos pullos Columbarum, unum in holocaustum, et alterum pro peccatis, sufficienter testatur, quod indiguerit purificatione, et quod Filius, qui offerebatur, etiam maculâ Matris maculatus esset, secundùm verba legis.

Haec assertio, si *de maculâ peccati* intelligatur, non notas meretur, sed flammas; si verò *de maculâ legali*, falsa etiam est, et piarum aurium offensiva. Non erat partus ille purissimus obnoxius legi, nec ex eo, quòd Christus et Maria hoc in puncto legem adimpleverint, colligi magis potest eos legem adimplere debuisse, quàm ex eo, quòd Christus Baptismum receperit, colligi queat, eum indiguisse Baptismo. Errorem hujus propositionis breviter, et solidè confutat Angelus Scholae ex ipso Levitici textu, c. 12, ubi ea solùm mulier declaratur immunda, quae *suscepto semine* prolem parit.

25. Dei Patris sedentis simulacrum nefas est Christiano in templo collocare.

Refellitur ex hodiernâ Ecclesiae praxi, et consuetudine, quae, teste Augustino ipso, cujus auctoritate praecipuè innituntur propositionis hujus assertores, ea quae sunt contra rectam fidem, et bonos mores, non approbat, nec tacet, nec facit. Sed de his fusiùs agunt theologi in tractatu *de Incarnatione*.

26. Laus quae defertur Mariae ut Mariae, vana est.

Repugnat D. Thomae 3 p., q. 25, art. 5, ad 3 : *Beata Virgo*, inquit, *secundùm seipsam est venerationis capax*. Et verò B. Virgo in seipsâ, licet non à seipsâ, est Dei Mater, Virgo Virginum mundissima, creatura omnium post sacram Christi humanitatem sanctissima ; ergo laus quae ei defertur, non relativè solùm, ut imaginibus, non ob merum Christi contactum, ut vivificae cruci, sed eidem *secundùm seipsam* non est vana, sed pia, et religiosa.

27. Valuit aliquando Baptismus sub hâc formâ collatus : *In nomine Patris*, etc., praetermissis illis : *Ego te baptizo*.

Repugnat D. Thomae 3 p., q. 66, art. 5, et caeteris fermè, praeter Morinum, Theologis. Vide Tract. *de Baptismo*.

28. Valet Baptismus collatus à ministro, qui omnem ritum externum, formamque baptizandi observat, intùs verò in corde suo apud se resolvit : *Non intendo facere quod facit Ecclesia*.

Propositio haec, ne ipsis quidem externae, ut aiunt, intentionis defensoribus placet; cùm juxta eos exterior omnis ritus, et forma Sacramentorum observâri possit, absque eo quòd verum conficiatur Sacramentum, de quo legatur Contensonius, Juvenin, et P. Serry. Verùm de eâ re consulendus Tract. *de Baptismo*, praesertim nota ex Tract. *de Synodo Diœcesanâ* Benedicti XIV deprompta.

29. Futilis, et toties convulsa est assertio de Pontificis Romani supra concilium œcumenicum auctoritate, atque in Fidei quaestionibus decernendis infallibilitate.

Romanum pontificem esse Petri successorem, totius Ecclesiae caput, ac unitatis centrum, omnes catholici unanimi consensu firmissimè credunt. Eique praerogativam concessam esse, ne erret in rebus fidei, et quâ supra Concilium sit, docet Scriptura, dùm super Petrum Ecclesiam fundatam ait, ac Petro privilegium concessum, ne ei fides deficeret, et ut contra ipsius definitiones pro regendâ Ecclesiâ et explicando concredito sibi fidei deposito, portae Inferi praevalere non possent, ac jus etiam in fratres, hoc est, in episcopos omnes, quos in fide confirmare jubetur. Traditio quoque, ac omnes ferè Catholici, inter quos Galli etiam theologi reperiuntur, qui ante annum 1682 scripserunt, hanc in Romano pontifice praerogativam adstruunt. Quam ob rem omnibus exploratum arbitror, jure fuisse illam propositionem damnatam, praesertim ob notam quam contrariae inurit sententiae temerè omninò.

30. Ubi quis invenerit doctrinam in Augustino clarè fundatam, illam absolutè potest tenere, et docere, non respiciendo ad ullam Pontificiam Bullam.

Repugnat haec doctrina, tum D. Th. 2-2, q. 10, art. 12, tum praecipuè Augustino ipsi : *Haec*, ait in suâ ad Bonifacium epist., c. 1, *quae duabus Epistolis Pelagianorum istâ disputatione respondeo, ad tuam potissimùm dirigere Sanctitatem non tam discenda, quàm examinanda, et ubi forsitan aliquid displicuerit, exterminandum constitui*. Qui Augustinianam doctrinam sectari profitentur, hoc praeclarum Augustini factum imitentur.

31. Bulla Urbani VIII, *In Eminenti* est subreptitia.

Non aliâ de causâ Bullam hanc subreptitiam esse judicârunt propositionis auctores, quàm quia Baii et Jansenii doctrinam condemnat; quod posteriorum Pontificum constitutionibus multò amplius peractum est. Has autem ad unam omnes subreptitias esse, vel etiam obreptitias credant Janseniani, si velint; non credunt quotquot sunt verè Catholici.

« Quibus maturè consideratis, idem sanctissimus statuit et decrevit 31 supradictas Propositiones, tanquàm temerarias, scandalosas, malè sonantes, injuriosas, haeresi proximas, haeresim sapientes, erroneas, schismaticas, et haereticas respectivè esse damnandas, et prohibendas, sicut eas damnat et prohibet : ita ut quicumque illas aut conjunctim, aut divisim docuerit, defenderit, ediderit, aut de eis etiam disputativè, publicè, aut privatim tractaverit, nisi forsan impugnando, ipso facto incidat in excommunicationem, à quâ non possit (præterquàm in articulo mortis) ab alio quâcumque etiam dignitate fulgente, nisi à pro tempore existente Romano pontifice absolvi. »

« Insuper districtè in virtute sanctæ obedientiæ, et sub interminatione divini Judicii prohibet omnibus Christi fidelibus cujuscumque conditionis, dignitatis, et statûs, etiam speciali et specialissimâ notâ dignis, ne prædictas opiniones, aut aliquam ipsarum ad praxim deducant. »

« Non intendit Sanctitas Sua per hoc decretum alias Propositiones in majori numero ultra supradictas 31, jam exhibitas, et in hoc decreto non expressas, approbare.»

CAPUT XXVII.

Breve *Innocentii XII, proscribentis tres et viginti Theses, quæ prætextu amoris erga Deum purissimi in Galliis docebantur.*

Innocentius episcopus servus servorum Dei.

Ad perpetuam rei memoriam.

« Cùm aliàs ad Apostolatûs nostri notitiam pervenerit, in lucem prodiisse librum quemdam Gallico idiomate editum, cui titulus : *Explication des maximes des Saints sur la vie intérieure, par Messire François de Salignac Fénélon, archevêque, duc de Cambray, Précepteur de Messeigneurs les Ducs de Bourgogne, d'Anjou, et de Berry. A Paris, chez Pierre Aubouin, Pierre Emery, Charles Clousier*, 1697 ; ingens verò subinde de non sanâ libri hujusmodi doctrinâ excitatus in Galliis rumor adeò percrebuit, ut opportunam pastoralis vigilantiæ nostræ opem efflagitaverit. Nos eumdem librum nonnullis ex venerabilibus Fratribus nostris S. R. E Cardinalibus, aliisque in sacrâ theologiâ magistris, maturè, ut rei gravitas postulare videbatur, examinandum censuimus. Porrò hi mandatis nostris obsequentes, postquàm in quàmplurimis Congregationibus varias propositiones ex eodem libro excerptas diuturno accuratoque examine discusserant, quid super earum singulis sibi videretur, tam voce, quàm scripto nobis exposuerunt. Auditis igitur in pluribus itidem coram nobis desuper actis Congregationibus memoratorum Cardinalium, et in sacrâ theologiâ magistrorum sententiis, Dominici gregis Nobis ab Æterno Pastore crediti periculis, quantùm Nobis ex alto conceditur occurrere cupientes, motu proprio, ac ex certâ scientiâ, et maturâ deliberatione nostris, deque apostolicæ potestatis plenitudine, librum prædictum ubicumque, et quocumque alio idiomate, seu quàvis editione, aut versione hucusque impressum, aut imposterum imprimendum, quippe ex cujus lectione et usu fideles sensim in errores ab Ecclesiâ catholicâ jam damnatos induci possunt, ac insuper tanquàm continentem propositiones, sive in obvio earum verborum sensu, sive attentâ sententiarum connexione, temerarias, scandalosas, malè sonantes, piarum aurium offensivas, in praxi perniciosas, ac etiam erroneas respectivè, tenore præsentium damnamus et reprobamus, ipsiusque libri impressionem, descriptionem, lectionem, retentionem, et usum omnibus et singulis Christi fidelibus etiam specificâ et individuâ mentione, et expressione dignis, sub pœnâ excommunicationis per contrafacientes ipso facto absque aliâ declaratione incurrendâ, interdicimus et prohibemus. Volentes, et apostolicâ auctoritate mandantes, ut quicumque supradictum librum penès se habuerint, illum statim atque præsentes litteræ eis innotuerint, locorum Ordinariis, vel hæreticæ pravitatis Inquisitoribus tradere ac consignare omninò teneantur. In contrarium facientibus, non obstantibus quibuscumque, etc. Cæterùm propositiones in dicto libro contentæ, quas apostolici censurâ judicii, sicut præmittitur, configendas ducimus, ex Gallico idiomate in latinum versæ, sunt tenoris, qui sequitur, videlicet : »

1. Datur habitualis status amoris Dei, qui est charitas pura, et sine ullâ mixtione motivi proprii interesse. Neque timor pœnarum, neque desiderium remunerationum habent ampliùs in eo partem. Non amatur Deus propter meritum, neque propter perfectionem, neque propter felicitatem in eo amando.

2. In statu vitæ contemplativæ, seu unitivæ, amittitur omne motivum interessatum timoris et spei.

3. Id, quod est essentiale in directione animæ, est non aliud facere, quàm sequi pedetentim gratiam cum infinitâ patientiâ, præcautione, et subtilitate : oportet se intra hos limites continere, ut sinatur Deus agere, et nunquàm ad purum amorem ducere, nisi quando Deus per unctionem interiorem incipit aperire cor huic verbo, quod adeò durum est animabus adhuc sibimet affixis, et adeò potest illas scandalizare, aut in perturbationem conjicere.

4. In statu sanctæ indifferentiæ anima non habet ampliùs desideria voluntaria, et deliberata propter suum interesse, exceptis iis occasionibus, in quibus toti suæ gratiæ fideliter non cooperatur.

5. In eodem statu sanctæ indifferentiæ nihil nobis, omnia Deo volumus. Nihil volumus, ut simus perfecti et beati propter interesse proprium, sed omnem perfectionem ac beatitudinem volumus in quantum Deo placet efficere, ut velimus res istas impressione suæ gratiæ.

6. In hoc sanctæ indifferentiæ statu nolumus ampliùs salutem, ut salutem propriam, ut liberationem æternam, ut mercedem nostrorum meritorum, ut nostrum interesse omnium maximum, sed eam volumus voluntate plenâ, ut gloriam et beneplacitum Dei, ut rem quam ipse vult, quam nos vult velle propter ipsum.

7. Derelictio non est nisi abnegatio, seu sui ipsius renuntiatio, quam Jesus Christus à nobis in Evangelio requirit, postquàm externa omnia reliquerimus. Ista nostri ipsorum abnegatio non est, nisi quoad interesse proprium. Extremæ probationes, in quibus hæc abnegatio, seu sui ipsius derelictio exerceri debet, sunt tentationes, quibus Deus æmulator vult purgare amorem, nullum ei ostendendo perfugium, neque ullam spem quoad suum interesse proprium, etiam æternum.

8. Omnia sacrificia, quæ fieri solent ab animabus quàm maximè disinteressatis circa earum æternam beatitudinem, sunt conditionalia. Sed hoc sacrificium non potest esse absolutum in statu ordinario. In uno extremarum probationum casu hoc sacrificium fit aliquo modo absolutum.

9. In extremis probationibus potest animæ invincibiliter persuasum esse persuasione reflexâ, quæ non est intimus conscientiæ fundus, se justè reprobatam esse à Deo.

10. Tunc anima divisa à semetipsâ exspirat cum Christo in cruce, dicens : *Deus, Deus meus, ut quid dereliquisti me?* In hâc involuntariâ impressione desperationis conficit sacrificium absolutum sui interesse proprii quoad æternitatem.

11. In hoc statu anima amittit omnem spem sui proprii interesse, sed nunquàm amittit in parte superiori, id est, in suis actibus directis et intimis, spem perfectam, quæ est desiderium disinteressatum promissionum.

12. Director tunc potest huic animæ permittere, ut simpliciter acquiescat jacturæ sui proprii interesse, et justæ condemnationi, quam sibi à Deo indictam credit.

13. Inferior Christi pars in cruce non communicavit superiori suas involuntarias perturbationes.

14. In extremis probationibus pro purificatione amoris fit quædam separatio partis superioris animæ ab inferiori. In istâ separatione actus partis inferioris manant ex omninò cæcâ et involuntariâ perturbatione ; nam totum quod est voluntarium et intellectuale, est partis superioris.

15. Meditatio constat discursivis actibus, qui à se invicem facilè distinguuntur. Ista compositio actuum discursivorum et reflexorum est propria exercitatio amoris interessati.

16. Datur status contemplationis adeò sublimis, adeòque perfectæ, ut fiat habitualis, ita ut quoties anima actu orat, sua oratio sit contemplativa, non discursiva. Tunc non ampliùs indiget redire ad meditationem, ejusque actus methodicos.

17. Animæ contemplativæ privantur intuitu distincto, sensibili, et reflexo Jesu Christi, duobus temporibus diversis ; primò in fervore nascente earum contemplationis ; secundò, anima amittit intuitum Jesu Christi in extremis probationibus.

18. In statu passivo exercentur omnes virtutes distinctè, non cogitando quòd sint virtutes ; quolibet momento aliud non cogitatur, quàm facere id quod Deus vult, et amor zelotypus simul efficit, ne quis ampliùs sibi virtutem velit, nec unquàm sit adeò virtute præditus, quàm cùm virtuti ampliùs affixus non est.

19. Potest dici in hoc sensu, quòd anima passiva et disinteressata nec ipsum amorem vult ampliùs, quatenùs est sua perfectio, et sua felicitas, sed solum quatenùs est id quod Deus à nobis vult.

20. In confitendo debent animæ transformatæ sua peccata detestari, et condemnare se, et desiderare remissionem suorum peccatorum, non ut propriam purificationem et liberationem, sed ut rem quam Deus vult, et vult nos velle propter suam gloriam.

21. Sancti mystici excluserunt à statu animarum transformatarum exercitationes virtutum.

22. Quamvis hæc doctrina (de puro amore) esset pura, et simplex perfectio Evangelica in universâ traditione designata, antiqui Pastores non proponebant passim multitudini justorum, nisi exercitationem amoris interessati eorum gratiæ proportionatam.

23. Purus amor ipse solus constituit totam vitam interiorem, et tunc evadit unicum principium, et unicum motivum omnium actuum, qui deliberati, et meritorii sunt.

« Non intendimus tamen per expressam Propositionum hujusmodi reprobationem alia in eodem libro contenta ullatenùs approbare. Ut autem cædem præsentes litteræ omnibus faciliùs innotescant, nec quisquam illarum ignorantiam valeat allegare, volumus pariter, et auctoritate præfatâ decernimus, ut illæ ad valvas Basilicæ principis Apostolorum, ac Cancellariæ Apostolicæ, necnon Curiæ Generalis in Monte Citatorio, et in Acie Campi Floræ de Urbe, per aliquem ex Cursoribus nostris, ut moris est, publicentur, illarumque exempla ibidem affixa relinquantur ; ita ut sic publicatæ omnes et singulos, quos concernunt, perinde afficiant, ac si unicuique illorum personaliter notificatæ, et intimatæ fuissent. Utque ipsarum præsentium litterarum transumptis, seu exemplis, etiam impressis, manu alicujus notarii publici subscriptis, et sigillo personæ in Ecclesiasticâ dignitate constitutæ munitis, eadem prorsùs fides tam in judicio, quàm extra illud ubique locorum habeatur, quæ ipsis præsentibus haberetur, si forent exhibitæ, vel ostensæ. »

« Datum Romæ apud S. Mariam Majorem sub annulo piscatoris, die 12 martii 1699, Pontificatûs nostri anno 8. »

En totum systema illustrissimi Archipræsulis, qui, acceptâ Romani Pontificis constitutione, cathedram statim conscendit, populo suo, à quo tenerâ charitate diligebatur, prohibuit, ne quis deinceps librum suum vel legeret, vel retineret apud se ; coram multitudine in lacrymas et singultus erumpente, librum eumdem eo prorsùs modo reprobavit, quo ab Apostolicâ Sede reprobatus erat.

Systematis hujus errores sunt duo præcipui, alter, quòd *non possibilis solummodò sit, sed et de facto existat habitualis status charitatis puræ, in quo nullam ampliùs partem habeant timor pœnarum, et desiderium remunerationis, adeò ut anima nihil sibi velit, ne quidem perfectionem, et beatitudinem suam.* Alter *quòd animæ invincibiliter persuasum esse possit persuasione reflexâ se justè reprobatam esse à Deo ; unde ei tunc permittere potest director, ut simpliciter acquiescat justæ condemnationi, quam sibi à Deo inflictam credit.*

Primum caput ex professo confutavimus, ubi *de Spe* sect. 4, punct. 2, concl. 3. Secundi capitis error hinc patet, quòd *persuasio reprobationis adversatur spei* ; porrò *spes in statu viæ prorsùs necessaria est*, atque adcemente charitate perfectior redditur, quia de amicis maximè speramus, ait S. Th. 2-2, q. 17, art. 8. Hinc juxta S. doctorem q. 23, de Veritate, art. 8, ad 2 : Si alicui talis revelatio de futurâ sui reprobatione *fieret, deberet intelligi non secundùm modum prophetiæ prædestinationis, vel præscientiæ, sed per modum prophetiæ comminationis, quæ intelligitur suppositâ conditione meritorum.* Non posset igitur director animæ huic permittere, ut simpliciter acquiesceret *jacturæ sui proprii interesse et justæ condemnationis.* Et verò positâ hâc in propriam reprobationem consensione, anima pro æternâ suâ salute nec deberet nec posset orare : atque id falsum esse liquet ex iis quæ contra Mysticos diximus ubi *de Orat.* c. 2, art. 7.

Plus adhuc erroris habet, quod statuit illustrissimus auctor propos. 10, 13 et 14, ibi enim desperatio nomine sacrificii commendatur. Malæ involuntariæ perturbationes attribuuntur Christo, qui quantùm voluit, et non ultra passus est, ut cum Scripturis docet S. Th. 3 p., q. 47, art. 1. Malè pars inferior à partis superioris regimine quasi avulsa exhibetur, ita ut actus partis inferioris *in animâ probatâ* prorsùs cæci sint, et involuntarii. Certè si superior pars non invigilet actibus potentiarum inferiorum, ii in peccatorem animæ imputabuntur, ut docet S. Th. 1-2, q. 174, art. 3, ad 2 ; qui secus senserit, viam sternet sibi ad periculosiora quæque Molinosi commenta, à quibus tamen procul abfuit piissimus archipræsul Cameracensis.

CAPUT XXVIII.

Recensentur quinque Jansenii Propositiones cum Censurâ eisdem affixâ in Constitut. Innocentii X, Cùm occasione.

Jansenii propositio est :

1. Aliqua Dei præcepta hominibus justis volentibus, et conantibus secundùm præsentes quas habent vires, sunt impossibilia ; deest quoque illis gratia, quâ possibilia fiant.

Hæc declaratur temeraria, impia, blasphema, et hæretica.

2. Interiori gratiæ in statu naturæ lapsæ nunquàm resistitur .

Hæc declaratur hæretica.

3. Ad merendum et demerendum in statu naturæ lapsæ non requiritur in homine libertas à necessitate, sed sufficit libertas à coactione.

Hæc damnatur ut hæretica.

4. Semipelagiani admittebant prævenientis gratiæ interioris necessitatem ad singulos actus, etiam ad initium fidei ; et in hoc erant hæretici, quòd vellent eam gratiam talem esse, cui possit humana voluntas resistere, vel obtemperare.

Hæc quoque declaratur hæretica.

5. Semipelagianum est dicere, Christum pro omnibus omninò hominibus mortuum esse, aut sanguinem fudisse.

Hæc falsa, temeraria, scandalosa, et intellecta eo sensu, ut Christus pro salute tantùm prædestinatorum mortuus sit, impia quoque, blasphema, contumeliosa, divinæ pietati derogans, et hæretica declaratur.

CAPUT XXIX.

Recensentur Quesnellii propositiones damnatæ à Clemente XI in Const. Unigenitus.

1. Quid aliud remanet animæ, quæ Deum, atque ipsius gratiam amisit, nisi peccatum, et peccati consecutiones, superba paupertas, et segnis indigentia, hoc est generalis impotentia ad laborem, ad orationem, et ad omne opus bonum ?

2. Jesu Christi gratia, principium efficax boni cujuscumque generis, necessaria est ad omne opus bonum ; absque illâ non solùm nihil fit, sed nec fieri potest.

3. In vanum, Domine, præcipis, si tu ipse non das quod præcipis.

4. Ita, Domine, omnia possibilia sunt ei, cui omnia possibilia facis, eadem operando in illo.

5. Quando Deus non emollit cor per interiorem unctionem gratiæ suæ, exhortationes et gratiæ exteriores non inserviunt, nisi ad illud magis obdurandum.

6. Discrimen inter fœdus Judaicum, et Christianum est, quod in illo Deus exigit fugam peccati, et implementum legis à peccatore, relinquendo illum in suâ impotentiâ ; in isto verò Deus peccatori dat, quod jubet, illum suâ gratiâ purificando.

7. Quæ utilitas pro homine in veteri fœdere, in quo Deus illum reliquit ejus propriæ infirmitati, imponendo ipsi suam legem ? Quæ verò facilitas non est admitti ad novum fœdus, in quo Deus nobis donat, quod petit à nobis ?

8. Nos non pertinemus ad novum fœdus, nisi in quantum participes sumus ipsius novæ gratiæ quæ operatur in nobis id quod Deus nobis præcipit.

9. Gratia Christi est gratia suprema, sine quâ confiteri Christum nunquàm possumus, et cum quâ nunquàm illum abnegamus.

10. Gratia est operatio manûs Omnipotentis Dei, quem nihil impedire potest, aut retardare.

11. Gratia non est aliud, quàm voluntas Omnipotentis Dei jubentis, et facientis quod jubet.

12. Quando Deus vult salvare animam, quocumque tempore, quocumque loco effectus indubitabilis sequitur voluntatem Dei.

13. Quando Deus vult animam salvam facere, et eam tangit interiori gratiæ suæ manu, nulla voluntas humana ei resistit.

14. Quantùmcumque remotus à salute sit peccator obstinatus, quando Jesus se ei videndum exhibet lumine salutari suæ gratiæ, oportet ut se dedat, accurrat, humiliet, et adoret Salvatorem suum.

15. Quando Deus mandatum suum, et suam æternam locutionem comitatur unctione sui Spiritûs, et interiori vi gratiæ suæ, operatur illam in corde obedientiam quam petit.

16. Nullæ sunt illecebræ, quæ non cedant illecebris gratiæ, quia nihil resistit Omnipotenti.

17. Gratia est vox illa Patris, quæ homines interiùs

docet, ac eos venire facit ad Jesum Christum; quicumque ad eum non venit, postquàm audivit vocem exteriorem Filii, nullatenùs est doctus à Patre.

18. Semen verbi, quod manus Dei irrigat, semper affert fructum suum.

19. Dei Gratia nihil aliud est, quàm ejus omnipotens voluntas : hæc est idea, quam Deus ipse nobis tradit in omnibus suis Scripturis.

20. Vera gratiæ idea est, quod Deus vult sibi à nobis obediri, et obeditur; imperat, et omnia fiunt; loquitur tanquàm Dominus, et omnia sibi submissa sunt.

21. Gratia Jesu Christi est gratia fortis, potens, suprema, invincibilis, utpote quæ est operatio voluntatis omnipotentis, sequela, et imitatio operationis Dei incarnantis, et resuscitantis Filium suum.

22. Concordia omnipotentis operationis Dei in corde hominis, cum libero ipsius voluntatis consensu, demonstratur illicò nobis in Incarnatione, veluti in fonte, atque archetypo omnium aliarum operationum misericordiæ et gratiæ, quæ omnes ita gratuitæ, atque ita dependentes à Deo sunt, sicut ipsa originalis operatio.

23. Deus ipse nobis ideam tradidit omnipotentis operationis suæ gratiæ, eam significans per illam quâ creaturas à nihilo producit, et mortuis reddit vitam.

24. Justa idea quam centurio habuit de omnipotentiâ Dei, et Jesu Christi in sanandis corporibus solo motu suæ voluntatis, est imago ideæ quæ haberi debet de omnipotentiâ suæ gratiæ in sanandis animabus à cupiditate.

25. Deus illuminat animam, et eam sanat æquè ac corpus solâ suâ voluntate; jubet, et ipsi obtemperatur.

26. Nullæ dantur gratiæ nisi per fidem.

27. Fides est prima gratia, et fons omnium aliarum.

28. Prima gratia, quam Deus concedit peccatori, est peccatorum remissio.

29. Extra Ecclesiam nulla conceditur gratia.

30. Omnes quos Deus vult salvare per Christum, salvantur infallibiliter.

31. Desideria Christi semper habent suum effectum, pacem intimo cordium infert, quando eis illam optat.

32. Jesus Christus se morti tradidit ad liberandum pro semper suo sanguine primogenitos, id est, electos, de manu Angeli exterminatoris.

33. Proh! quantùm oportet bonis terrenis, et sibimetipsis renuntiàsse, ad hoc, ut quis fiduciam habeat sibi, ut ita dicam, appropriandi Christum Jesum, ejus amorem, mortem, et mysteria, ut fecit sanctus Paulus dicens : *Qui dilexit me et tradidit semetipsum pro me.*

34. Gratia Adami non producebat nisi merita humana.

35. Gratia Adami est sequela creationis, et erat debita naturæ sanæ et integræ.

36. Differentia essentialis inter gratiam Adami, et statûs Innocentiæ, ac gratiam Christianam, est, quòd primam unusquisque in propriâ personâ recepisset: ista verò non recipitur, nisi in personâ Jesu Christi resuscitati, cui nos uniti sumus.

37. Grátia Adami, sanctificando illum in semetipso, erat illi proportionata; Gratia Christiana nos sanctificando in Jesu Christo, est omnipotens, et digna Filio Dei.

38. Peccator non est liber, nisi ad malum, sine gratiâ Liberatoris.

39. Voluntas quam gratia non prævenit, nihil habet luminis, nisi ad aberrandum : est capax omnis mali, et incapax ad omne bonum.

40. Sine gratiâ nihil amare possumus, nisi ad nostram condemnationem.

41. Omnis cognitio Dei, etiam naturalis, etiam in philosophis Ethnicis non potest venire nisi à Deo, et sine gratiâ non producit nisi præsumptionem, vanitatem, et oppositionem ad ipsum Deum, loco affectuum adorationis, gratitudinis et amoris.

42. Sola gratia Christi reddit hominem aptum ad sacrificium Fidei; sine hoc nihil nisi impuritas, nihil nisi indignitas.

43. Primus effectus gratiæ baptismalis est facere, ut moriamur peccato; adeò ut spiritus, cor, sensus non hobeant plus vitæ pro peccato, quàm homo mortuus habeat pro rebus mundi.

44. Non sunt, nisi duo amores, unde volitiones, et actiones omnes nostræ nascuntur : Amor Dei, qui omnia agit propter Deum, quemque Deus remuneratur; et Amor quo nos ipsos ac mundum diligimus, qui quod ad Deum referendum est, non refert, et propter hoc ipsum fit malus.

45. Amore Dei in corde peccatorum non amplius regnante, necesse est ut in eo carnalis regnet cupiditas, omnesque actiones ejus corrumpat.

46. Cupiditas aut charitas usum sensuum bonum, vel malum faciunt.

47. Obedientia legis profluere debet ex fonte, et hic fons est charitas. Quando iste amor est illius principium interius, et Dei gloria ejus finis, tunc purum est, quod apparet exterius; alioquin non est nisi hypocrisis, aut falsa justitia.

48. Quid aliud esse possumus, nisi tenebræ, nisi aberratio, et nisi peccatum sine fidei lumine, et sine Christo, et sine charitate?

49. Ut nullum peccatum est sine amore nostri, ita nullum est opus bonum sine amore Dei.

50. Frustra clamamus ad Deum, Pater mi, si spiritus charitatis non est ille qui clamat.

51. Fides justificat quando operatur, sed ipsa non operatur nisi per charitatem.

52. Omnia alia salutis remedia continentur in fide, tanquàm in suo germine, et semine; sed hæc fides non est absque amore et fiduciâ.

53. Sola charitas Christiano modo facit (actiones Christianas) per relationem ad Deum, et Jesum Christum.

54. Sola charitas est quæ Deo loquitur, eam solam Deus audit.

55. Deus non coronat nisi charitatem; qui currit ex alio impulsu, et ex alio motivo, in vanum currit.

56. Deus non remunerat nisi charitatem, quoniam charitas sola Deum honorat.

57. Totum deest peccatori, quando ei deest spes; et non est spes in Deo, ubi non est amor Dei.

58. Nec Deus est, nec religio, ubi non est charitas.

59. Oratio impiorum est novum peccatum, et quod Deus illis concedit, est novum in eos judicium.

60. Si solus supplicii timor animat pœnitentiam, quò hæc est magis violenta, eò magis ducit ad desperationem.

61. Timor nonnisi manum cohibet; cor autem tamdiù peccato addicitur, quamdiù ab amore justitiæ non dutitur.

62. Qui à malo non abstinet nisi timore pœnæ, illud committit in corde suo, et jam est reus coram Deo.

63. Baptizatus adhuc est sub lege, sicut Judæus, si legem non adimpleat, aut adimpleat ex solo timore.

64. Sub maledicto legis nunquàm fit bonum, quia peccatur sive faciendo malum, sive illud nonnisi ob timorem evitando.

65. Moyses, prophetæ, sacerdotes, et doctores legis mortui sunt, absque eo quòd ullum Deo dederint filium; cùm non effecerint nisi mancipia per timorem.

66. Qui vult Deo appropinquare, nec debet ad ipsum venire cum brutalibus passionibus, neque adduci per instinctum naturalem, aut per timorem, sicut bestiæ; sed per fidem, et per amorem, sicuti filii.

67. Timor servilis non sibi repræsentat Deum, nisi ut Dominum durum, imperiosum, injustum, intractabilem.

68. Dei bonitas abbreviavit viam salutis claudendo totum in fide, et precibus.

69. Fides, usus, augmentum, et præmium fidei totum est donum puræ liberalitatis Dei.

70. Nunquàm Deus affligit innocentes, et afflictiones semper serviunt vel ad puniendum peccatum, vel ad purificandum peccatorem.

71. Homo ob sui conservationem potest se dispensare ab eâ lege, quam Deus condidit propter ejus utilitatem.

72. Nota Ecclesiæ Christianæ est, quòd sit Catholica; comprehendens et omnes angelos cœli, et omnes electos, et justos terræ, omnium seculorum.

73. Quid est Ecclesia, nisi cœtus filiorum Dei manentium in ejus sinu, adoptatorum in Christo, subsistentium in ejus personâ, redemptorum ejus sanguine, viventium ejus spiritu, agentium per ejus gratiam, et exspectantium gratiam futuri seculi ?

74. Ecclesia, sive integrè Christus, incarnatum Verbum habet ut caput; omnes verò sanctos ut membra.

75. Ecclesia est unus solus homo, compositus ex pluribus membris, quorum Christus est caput, vita, subsistentia, et persona. Unus solus Christus compositus ex pluribus sanctis, quorum est sanctificator.

76. Nihil spatiosius Ecclesiâ Dei, quia omnes electi, et justi omnium seculorum illam componunt.

77. Qui non ducit vitam dignam Filio Dei, et membro Christi, cessat interius habere Deum pro patre, et Christum pro capite.

78. Separatur quis à populo electo, cujus figura fuit populus judaicus, et caput est Jesus Christus, tam non vivendo secundùm Evangelium, quàm non credendo Evangelio.

79. Utile, et necessarium est omni tempore, omni loco, et omni personarum generi studere, et cognoscere spiritum, pietatem et Mysteria Sacræ Scripturæ.

80. Lectio Sacræ Scripturæ est pro omnibus.

81. Obscuritas sancti Verbi Dei non est laicis ratio dispensandi se ipsos ab ejus lectione.

82. Dies Dominicus à Christianis debet sanctificari lectionibus pietatis, et super omnia Sanctarum Scripturarum. Damnosum est velle Christianum ab hâc lectione retrahere.

83. Est illusio sibi persuadere, quòd notitia mysteriorum religionis non debeat communicari feminis lectione sacrorum librorum. Non ex feminarum simplicitate, sed ex superbâ virorum scientiâ ortus est Scripturarum abusus, et natæ sunt hæreses.

84. Abripere è Christianorum manibus novum Testamentum, seu eis illud clausum tenere, auferendo eis modum illud intelligendi, est illis Christi os obturare.

85. Interdicere Christianis lectionem Sacræ Scripturæ, præsertim Evangelii, est interdicere usum luminis filiis lucis, et facere ut patiantur speciem quamdam excommunicationis.

86. Eripere simplici populo hoc solatium jungendi vocem suam voci totius Ecclesiæ, est usus contrarius praxi Apostolicæ, et intentioni Dei.

87. Modus plenus sapientiâ, lumine et charitate est, dare animabus tempus portandi cum humilitate, et sentiendi statum peccati, petendi spiritum pœnitentiæ et contritionis, et incipiendi ad minùs satisfacere justitiæ Dei antequàm reconcilientur.

88. Ignoramus quid sit peccatum, et vera pœnitentia, quando volumus statim restitui possessioni bonorum illorum, quibus nos peccatum spoliavit, et detrectamus separationis istius ferro confusionem.

89. Quartus decimus gradus conversionis peccatoris est, quòd cùm sit jam reconciliatus, habet jus assistendi sacrificio Ecclesiæ.

90. Ecclesia auctoritatem excommunicandi habet ut eam exerceat per primos pastores de consensu, saltem præsumpto, totius corporis.

91. Excommunicationis injustæ metus nunquàm debet nos impedire ab implendo debito nostro. Nunquàm eximus ab Ecclesiâ, etiam quando hominum nequitiâ videmur ab eâ expulsi, quando Deo, Jesu Christo, atquo ipsi Ecclesiæ per charitatem affixi sumus.

92. Pari potiùs in pace excommunicationem, et anathema, injustum, quàm prodere veritatem, est imitari sanctum Paulum : tantùm abest, ut sit erigere se contra auctoritatem, aut scindere unitatem.

93. Jesus quandoque sanat vulnera, quæ præceps primorum pastorum festinatio infligit sine ipsius mandato; Jesus restituit quod ipsi inconsiderato zelo rescindunt.

94. Nihil pejorem de Ecclesiâ opinionem ingerit ejus inimicis, quàm videre illic dominatum exerceri supra fidem fidelium, et foveri divisiones propter res, quæ nec fidem lædunt, nec mores.

95. Veritates eò devenerunt, ut sint lingua peregrina quasi plerisque Christianis, et modus eas prædicandi est veluti idioma incognitum : adeò remotus est à simplicitate Apostolorum, et supra communem captum fidelium. Neque satis advertitur, quod hic effectus est unum ex signis maximè sensibilibus senectutis Ecclesiæ, et iræ Dei in filios suos.

96. Deus permittit, ut omnes potestates sint contrariæ prædicatoribus veritatis, ut ejus victoria attribui non possit nisi divinæ gratiæ.

97. Nimis sæpe contingit, membra illa quæ magis sanctè, ac magis strictè unita Ecclesiæ sunt, respici atque tractari tanquam indigna, ut sint in Ecclesiâ, vel tanquam ab eâ separata : sed justus vivit ex fide, et non ex opinione hominum.

98. Status persecutionis, et pœnarum, quas quis tolerat, tanquàm hæreticus, flagitiosus et impius, ultima plerumque probatio est, et maximè meritoria, utpote quæ facit hominem magis conformem Jesu Christo.

99. Pervicacia, præventio, obstinatio in nolendo aut aliquid examinare, aut agnoscere se fuisse deceptum, mutant quotidiè quoad multos in odorem mortis id quod Deus in suâ Ecclesiâ posuit, ut in eâ esset odor vitæ, v. gr., bonos libros, instructiones, sancta exempla.

100. Tempus deplorabile, quo creditur honorari Deus persequendo veritatem, ejusque discipulos. Tempus hoc advenit..... Haberi et tractari à religionis ministris, tanquàm impium, et indignum omni commercio cum Deo, tanquàm membrum putridum, capax corrumpendi omnia in societate sanctorum, est hominibus piis morte corporis mors terribilior. Frustra quis sibi blanditur de suarum intentionum puritate, et zelo quodam religionis, persequendo flammâ ferroque viros probos, si propriâ passione est excæcatus, aut abreptus alienâ, propterea quòd nihil vult examinare. Frequenter credimus sacrificare Deo impium, et sacrificamus diabolo Dei servum.

101. Nihil spiritui Dei, et doctrinæ Jesu Christi magis opponitur, quàm communia facere juramenta in Ecclesiâ : quia hoc est multiplicare occasiones pejerandi, laqueos tendere infirmis et idiotis, et efficere ut nomen et veritas Dei aliquando deserviant consilio impiorum.

CAPUT XXX.

Recensetur Constitutio Benedicti XIV quâ damnantur quinque de duello propositiones, et novæ pœnæ in duellantes decernuntur.

BENEDICTUS EPISCOPUS SERVUS SERVORUM DEI.

Ad perpetuam rei memoriam.

« Detestabilem, ac divinâ naturalique lege damnatum duellorum abusum, à barbaris gentibus atque superstitiosis, non sine ingenti corporum, animarumque clade, in Christianam rempublicam auctore diabolo invectum, cùm semper exsecrata sit, atque improbârit Ecclesia, tum præcipuo in eum curâ, studio, vigilantiâ, ac zelo incubuerunt Romani pontifices, ut à Fidelium cœtu longissimè arceretur. Nam ut antiquiora mittamus prædecessorum nostrorum Nicolai I, Cœlestini III, Innocentii II, Eugenii III, Alexandri III, Innocentii IV adversùs singulares pugnas decreta, exstant recentiores Apostolicæ Sedis constitutiones, quibus Romani pontifices Julius II, Leo X, Clemens VII, ac demùm Pius IV gravissimas pœnas antea statutas confirmârunt, aliaque de novo addiderunt, contra duellantes ex quâcumque causâ, etiam per seculares regionum, aut locorum leges forsan permissa, adjectâ infamiâ, bonorumque proscriptione etiam adversùs complices ac participes, et qualemcumque operam iisdem præbentes.

« Tridentina verò Synodus latam in eos excommunicationem extendit ad imperatores et reges, duces ac principes, cæterosque dominos temporales, si locum ad monomachiam in terris suis concesserint, ac jurisdictione et dominio loci, in quo duellum fieri permiserint, quem ab Ecclesiâ obtineant, eo ipso privatos declaravit. Committentes verò pugnam, eorumque patrinos, excommunicationis, ac omnium bonorum proscriptionis, nec non perpetuam infamiæ pœnam incurrere statuit; et si in ipso conflictu decesserint, ecclesiasticâ sepulturâ perpetuò carituros decrevit.

« Cùm verò præfatis saluberrimis legibus judicialia duntaxat, ac solemnia duella comprehensa, ac proscripta viderentur, piæ memoriæ prædecessor noster, Gregorius papa XIII, hujusmodi pœnas adversùs eos omnes extendit, qui nedùm publicè, sed etiam privatim ex condicto, statuto tempore, et loco monomachiam commiserint, etiamsi nulli patrini, sociive ad id vocati fuerint, nec loci securitas habita, nullæve procuratoriæ litteræ, aut denuntiationis chartulæ præcesserint.

« Denique felicis recordationis Clemens papa VIII, prædecessor Noster, apostolicas Romanorum esse Pontificum leges omnes, et pœnas in eis statutas, suâ constitutione, quæ incipit : *Illius vices*, datâ 16 Kal. Septembris, anno 1592, disertè complèxus, eásdem extendit ad omnes non solùm duello certantes, sed etiam provocantes, suadentes, equos, arma, commeatus præbentes, comitantes, chartulas, libellos, manifesta mittentes, scribentes, vel divulgantes, aut quomodolibet circa ista cooperantes, socios, patrinos, de industriâ spectatores, fautores, criminis demùm par-ticipes, illudque permittentes, vel, quantùm in ipsis est, non prohibentes, ac delinquentibus veniam et impunitatem concedentes, quique se prædictis quoquo modo immiscuerint, etiamsi neque pugnæ effectus, neque accessus ad locum sit subsecutus.

« His tam sapienter, tam apertè, atque perspicuè ab Ecclesià, et ab Apostolicâ Sede constitutis, dubitari jam nullo modo posse videbatur, quin duella omnia, tam publica, quàm privata, et naturali, et divino, et ecclesiastico jure prorsùs illicita, vetita, atque damnata censeri deberent; sed nonnulli earum legum interpretes, per benignitatis speciem humanis pravisque cupiditatibus plus æquò faventes, apostolicas Sanctiones ac corrupta hominum judicia inflectentes ac temperantes, *licere, docuerunt, viro equestri duellum acceptare, ne timiditatis notam apud alios incurrat; fas esse defensione occisivâ, vel ipsis clericis ac religiosis, tueri honorem, dùm alia declinandæ calumniæ via non suppetat; propulsare damna, quæ ex iniquâ judicis sententiâ certò imminent; defendere non solùm quæ possidemus, sed etiam ea ad quæ jus inchoatum habemus, dùm aliâ viâ id assequi non valeamus*: quas quidem assertiones, duellis faventes, Apostolica Sedes censurâ notavit, rejecit, proscripsit.

« Et nihilominùs exstiterunt quàm proximè recentiores alii, qui etsi duella, vel odii, vel vindictæ, vel honoris tuendi causâ, vel levioris momenti res fortunasque servandi, fateantur illicita, aliis tamen in circumstantiis, et casibus, vel amittendi officii et sustentationis, vel denegatæ sibi à magistratu justitiæ, defensionis innoxiæ titulo, ea licere pronuntient. Laxas et periculi plenas opiniones hujusmodi, ex vulgatis eorum libris ad Nos delatas, ubi primùm accepimus, earum examen nonnullis ex venerabilibus fratribus Nostris S. R. E. Cardinalibus, et quibusdam dilectis filiis sacræ theologiæ magistris specialiter ad id per Nos deputatis, commisimus, qui, re maturè discussâ, latis coram Nobis tum voce, tum scripto suffragiis, infra scriptas Propositiones, censurâ et proscriptione dignas existimârunt. »

1. Vir militaris, qui nisi offerat, vel acceptet duellum, tanquàm formidolosus, timidus, abjectus, et ad officia militaria ineptus haberetur, indeque officio, quo se suosque sustentat, privaretur, vel promotionis, fas sibi debitæ ac promeritæ, spe perpetuò carere deberet, culpâ et pœnâ vacaret, sive offerat, sive acceptet duellum.

2. Excusari possunt etiam honoris tuendi, vel humanæ vilipensionis vitandæ gratiâ, duellum acceptantes, vel ad illud provocantes, quando certò sciunt pugnam non esse secuturam, utpote ab aliis impediendam.

3. Non incurrit in ecclesiasticas pœnas ab Ecclesià contra duellantes latas, dux, vel officialis militiæ, acceptans duellum, ex gravi metu amissionis famæ et officii.

4. Licitum est, in statu hominis naturali acceptare et offerre duellum, ad servandas cum honore fortunas, quando alio remedio earum jactura propulsari nequit.

5. Asserta licentia pro statu naturali, applicari etiam potest statui civitatis malè ordinatæ, in quâ nimirùm vel negligentiâ, vel malitiâ magistratûs, justitia apertè denegatur.

« Auditis itaque, super unâquâque earum Propositionum, dictorum Cardinalium et Consultorum judiciis, atque omnibus ritè et maturè consideratis, Nos ipsas, præsentium litterarum tenore, et apostolicâ auctoritate, tanquàm falsas, scandalosas ac perniciosas rejicimus, damnamus ac prohibemus, ita ut quicumque illas aut conjunctim, aut divisim docuerit, defenderit, ediderit, aut de iis, etiam disputandi gratiâ, publicè, aut privatim tractaverit, nisi forsan impugnando, ipso facto incidat in excommunicationem, à quâ non possit (præterquàm in mortis articulo) ab alio, quâcumque etiam dignitate fulgente, nisi ab existente pro tempore Romano Pontifice absolvi.

« Insuper districtè, in virtute sanctæ obedientiæ, et sub interminatione divini judicii, prohibemus omnibus Christi fidelibus cujuscumque conditionis, dignitatis, et statûs, etiam speciali et specialissimâ notâ dignis, ne prædictas opiniones, aut aliquam ipsarum, ad praxim deducant.

« Jam verò, ut exitiosam duellorum licentiam in christianâ, ac præsertim militari Republicâ, non obstantibus providis legibus à plerisque etiam secularibus principibus et potestatibus ad eamdem extirpandam laudabiliter editis, adhuc gliscentem, validiore manu coerceamus, gravissimumque scelus apostolicæ districtionis gladio magis magisque insequamur, omnes et singulas dictorum Romanorum Pontificum prædecessorum nostrorum constitutiones superiùs enuntiatas, quarum tenore, ac si præsentibus de verbo ad verbum insertæ forent, pro sufficienter expressis haberi volumus, apostolicâ auctoritate confirmantes et innovantes, ad hoc ut pœnarum gravitas et severitas majorem perditis hominibus ingerat peccandi metum, Nostro motu proprio, ac de Apostolicæ auctoritatis plenitudine, earumdem præsentium litterarum serie, statuimus atque decernimus, ut si quis in duello, sive publicè, sive privatim indicto hominem occiderit, sive is mortuus fuerit in loco conflictûs, sive extra illum ex vulnere in duello accepto, hujusmodi homicida, tanquàm interficiens proximum suum animo præmeditato ac deliberato, ad formam constitutionis felicis recordationis prædecessoris nostri Benedicti Papæ XIII, quæ incipit : *Ex quo divina*, datâ 6 Idus junii, anno Domini 1725, ab ecclesiasticæ immunitatis beneficio exclusus et repulsus omninò censeatur : ita ut à cujuscumque sacri aut religiosi loci asylo, ad quod confugerit, servatis tamen de jure servandis, extrahi, et judicis competentis curiæ pro merito puniendus tradi possit et debeat; super quo Nos episcopis, aliisque superioribus antistitibus, ad quos respectivè pertinet, et pertinebit inposterùm, necessarias et opportunas facultates præsentium quoque tenore impertimur. Quin etiam vivente adhuc altero in singulari certamine graviter vulnerato, si percussor in locum immunem se receperit, ex quo eveniente illius morte fugam arripere, et legum severitatem evadere posse prospiciatur; volumus, et respectivè permittimus, ut quatenùs periti ad inspiciendum vulnus acciti, *grave vitæ periculum* adesse retulerint, percussor ipse, prævio semper decreto episcopi, et cum assistentiâ personæ ecclesiasticæ ab eodem episcopo deputatæ, ab hujusmodi loco immuni extractus, sine morâ carceribus mancipetur, câ tamen lege judicibus indictâ, ut illum ecclesiæ restituere debeant, si vulneratus superstes vivat ultra tempus à legibus, quæ de homicidis sunt, constitutum; alioquin in easdem pœnas incidant, quæ in memoratis Benedicti XIII litteris constitutæ sunt adversùs illos qui delinquentem in aliquo ex casibus ibidem expressis, ex indiciis ad id sufficientibus sibi traditum, restituere recusant, postquàm is in suis defensionibus hujusmodi indicia diluerit.

« Præterea simili motu, et auctoritate decernimus ac declaramus sepulturæ sacræ privationem à Sacrosanctâ Tridentinâ Synodo inflictam morientibus in loco duelli et conflictûs, incurrendam perpetuò fore, etiam ante sententiam judicis, à decedente quoque extra locum conflictûs ex vulnere ibidem accepto, sive duellum publicè, sive privatim indictum fuerit, ac etiamsi vulneratus ante mortem non incerta pœnitentiæ signa dederit, atque à peccatis et censuris absolutionem obtinuerit; sublatâ episcopis et ordinariis locorum super hâc pœnâ interpretandi ac dispensandi facultate, quo cæteris documentum præbeatur fugiendi sceleris ac debitam Ecclesiæ legibus obedientiam præstandi.

« In hujus demùm sollicitudinis nostræ societatem vocantes charissimos in Christo Filios Nostros imperatorem electum, cunctosque catholicos reges, nec non principes, magistratus, militiæ duces, atque præsules, eos omnes et singulos, pro suâ in Deum religione ac pietate, enixè obtestamur in Domino, ut conjunctis studiis et animis, exitiosæ duellorum licentiæ, quâ regnorum tranquillitas, populorum securitas, atque incolumitas, neque corporum solùm, sed, quæ nullo pretio æstimari potest, æterna animarum vita certò periclitatur, omni nisu et constantiâ vehementer obsistant. Neque sibi, suæque in Deum fidei, munerisque rationi fecisse satis intelligant, quòd optimè constitutis legibus, indictisque gravissimis pœnis, horrendum scelus proscriptum sit, nisi accuratam ipsarum legum, pœnarumque executionem gnaviter urgeant ac promoveant, seque inexorabiles Dei vindices in eos qui talia agunt, diligenter exhibeant; nam si delinquentes aut oscitanter ferant, aut molliter puniant, alieno sese crimine polluent, omnisque illius sanguinis reos sese constituent, quem ita crudeliter inultum effundi permiserint. Vani enim falsique honoris idolo humanas litari victimas non impunè feret supremus omnium judex Deus; rationem ab iis aliquando exacturus, quorum est divina et humana jura tueri, sibique creditorum hominum vitam servare, pro quibus sanguinem ipse suum Jesus Christus effudit.

« Volumus autem ut præsentium litterarum transsumptis, etiam impressis, notarii publici manu subscriptis et sigillo personæ in ecclesiasticâ dignitate constitutæ munitis, eadem ubique, etiam in judicio, fides habeatur, quæ ipsis præsentibus haberetur, si originaliter forent exhibitæ vel ostensæ; utque eædem præsentes in consuetis locis publicis hujus almæ Urbis per Cursores nostros, uti moris est, publicatæ et affixæ, omnes et singulos, quos concernunt seu concernent in futurum, perinde afficiant, ac si unicuique illorum personaliter intimatæ et notificatæ fuissent.

« Nulli ergo omninò hominum liceat paginam hanc nostrarum prohibitionis, damnationis, præcepti, statuti, declarationis, facultatum impertitionis, obtestationis, decreti, et voluntatis infringere, vel ei ausu temerario contraire. Si quis autem hoc attentare præsumpserit, indignationem Omnipotentis Dei, ac Beatorum Petri, et Pauli Apostolorum ejus se noverit incursurum.

« Datum Romæ apud Sanctam Mariam Majorem, anno Incarnationis Dominicæ 1752, quarto idus Novembris, Pontificatùs nostri anno tertio decimo. »

Catalogue

COMPLET ET PAR ORDRE ALPHABÉTIQUE

DES OUVRAGES QUI ONT ÉTÉ L'OBJET SOIT DE CONDAMNATIONS, SOIT DE POURSUITES JUDICIAIRES, DEPUIS 1814 JUSQU'AU 1ᵉʳ SEPTEMBRE 1847.

INTRODUCTION.

Un catalogue des ouvrages et écrits judiciairement condamnés ne doit pas être considéré comme un catalogue ordinaire. C'est plus que cela. Un catalogue de ce genre doit, selon nous, presenter le miroir où se reflètent les diverses phases de la maladie morale à laquelle la société est en proie déjà depuis longues années. Ce doit être, pour nous servir d'une expression plus à la mode, le thermomètre de la moralité publique et de ses tendances. C'est à ce point de vue que nous nous sommes placés, et que nous avons entrepris le travail que nous offrons aujourd'hui au public.

Nous avons divisé ce travail en trois parties. La première est une analyse succincte et par année des diverses condamnations intervenues en matière de délits commis par la voie de la presse contre la religion et ses ministres, contre la morale publique et les bonnes mœurs, contre le roi, le gouvernement ses agents, en un mot, contre les autorités constituées. Nous indiquons, en aussi peu de mots que cela nous a été possible, la nature des publications et délits, le nombre des condamnations, le nombre des individus dont les écrits ont été incriminés. C'est une véritable statistique en matière de délits de presse qui n'est assurément pas sans intérêt, et qu'on peut, à bon droit, regarder comme une sorte d'introduction à notre catalogue.

Ce catalogue est dans la forme la plus ordinaire et la plus commode, c'est-à-dire, par ordre alphabétique. Nous y avons inséré les titres de tous les livres, brochures, pamphlets, journaux, articles de journaux, gravures, lithographies, dont la publication a été poursuivie par le ministère public. Nous avons donné, autant que nous l'avons pu, les noms des auteurs, des libraires, des imprimeurs, des colporteurs; le format des ouvrages et le nombre de volumes dont ils se composent. Nous nous sommes particulièrement appliqués à faire connaître le caractère des publications et la nature des délits qui ont motivé les poursuites dirigées contre elles.

Viennent ensuite les dates des jugements et arrêts de condamnations. Cette partie était une des plus importantes de notre travail, car il s'agissait, d'une part, de n'omettre aucune condamnation, et de l'autre, de ne point donner comme condamnés des ouvrages qui ne l'auraient point été. Nous croyons avoir évité ce double écueil par le soin que nous avons mis à compulser les journaux judiciaires, ainsi que les autres écrits périodiques où nous avions l'espoir de trouver quelques renseignements. Nous avons surtout consulté le *Moniteur universel*, qui a été pour nous d'un grand secours dans l'accomplissement de notre tâche. On sait qu'aux termes de l'article 26 de la loi du 26 mai 1819, toutes les condamnations devenues définitives en matière de délits de presse doivent être légalement publiées. Or, c'est dans le journal officiel qu'elles l'ont été, nous dirons pas toutes, mais presque toutes. Aussi, après avoir indiqué la date du jugement ou de l'arrêt, nous faisons toujours connaître la source où nous l'avons puisée. Quand la condamnation a été publiée au *Moniteur*, conformément à la loi de 1819, nous renvoyons au numéro de ce journal qui en contient la mention. Si elle n'y a point été insérée, nous renvoyons alors à la *Gazette des Tribunaux*, qui est le journal judiciaire le plus universellement répandu.

STATISTIQUE DES DÉLITS

Commis par la voie de la presse contre le roi, le gouvernement, les autorités constituées, la religion, la morale publique et les bonnes mœurs, et jugés par les cours d'assises du royaume.

Nous avons dit que la loi du 26 mai 1819 a prescrit la publication légale de toutes les condamnations devenues définitives, en matière de délits de presse. A partir de ce temps, la statistique de ces condamnations est facile; elle l'est devenue surtout depuis 1825; car c'est dans le cours de cette année que l'on songea pour la première fois, au ministère de la justice, à publier le compte général de l'administration de la justice criminelle en France. Ce compte rendu, qui a été régulièrement imprimé depuis, tous les ans, est le document le plus complet que l'on puisse consulter sur la matière. Les renseignements ne sont pas toutefois aussi certains pour les années antérieures, et nous n'avons pu composer notre travail que sur ceux qu'il nous a été donné de puiser dans les archives judiciaires des greffes des divers tribunaux du royaume. On ne s'étonnera donc point de ne pas trouver la statistique des années 1814, 1815, 1816, 1817, 1818, 1819, aussi détaillée que celle des années subséquentes.

1814

Malgré toute l'activité de nos recherches, nous n'avons pu trouver pendant cette année que 4 condamnations intervenues en matière de presse. Sur ces 4 condamnations, 2 ont eu pour cause des délits politiques, et 2 des délits d'outrages à la morale publique et religieuse.

1815

En 1815, le nombre de ces condamnations est plus considérable. Nos renseignements ne nous ont fourni aucun ouvrage condamné pour délit politique; mais en revanche, nous comptons plus de 15 publications condamnées pour outrages à la morale publique et religieuse, aux bonnes mœurs, et pour attaques contre la religion.

1816

En 1816, ce sont les ouvrages condamnés pour délits politiques qui dominent. Nous trouvons 6 condamnations pour attaques contre la personne du roi et contre son autorité, tandis que nous avons seulement 3 condamnations pour outrages contre les bonnes mœurs et contre la religion.

1817

L'année 1817 présente absolument le même nombre de condamnations que l'année 1816.

1818

Nous trouvons, pendant le cours de cette année, 12 ouvrages condamnés pour délits politiques contre le roi ou contre son gouvernement, et seulement 6 publications condamnées pour délits d'outrages à la morale publique, aux bonnes mœurs et à la religion.

1819

Il y a eu pendant cette année 10 ouvrages, pamphlets ou brochures, condamnés pour offenses envers la personne du roi et attaque contre son autorité, et 6 seulement pour outrages à la religion, à la morale publique et aux bonnes mœurs.

1820

En 1820, les délits politiques se sont accrus, et nous comptons plus de 15 ouvrages, pamphlets ou brochures, condamnés. Il faut ajouter 10 journaux poursuivis pour les mêmes délits, et plusieurs gravures et lithographies. 6 ouvrages seulement ont été condamnés comme renfermant des attaques contre la morale publique et contre la religion ; mais il y a eu un assez grand nombre de gravures et lithographies poursuivies pour le même objet.

1821

En 1821, les publications attentatoires aux mœurs et à la religion dépassent celles contenant des délits contre le gouvernement. Nous comptons 23 écrits ou gravures condamnés pour le premier genre de délit, et 12 seulement pour le deuxième.

1822

Le génie de l'immoralité et de l'irréligion déploie une fécondité véritablement effrayante durant l'année 1822. Nous ne comptons pas moins de 50 livres, pamphlets ou brochures dont la destruction est ordonnée, pour cause d'outrages à la morale publique, et par attaques contre les prêtres et contre la religion. A ce chiffre il faut ajouter un grand nombre de gravures obscènes, dont la condamnation a également été prononcée judiciairement. Les délits politiques se sont aussi élevés dans une proportion remarquable, comparativement à l'année précédente. En 1821, nous n'en avons compté que 12 ; et pendant l'année 1822 nous en trouvons plus de 25, sans y comprendre les gravures et lithographies séditieuses, qui ont aussi donné lieu à des poursuites judiciaires. Du reste, nos renseignements ne nous ont fourni que 2 journaux condamnés pour délits politiques, un seul pour outrages à la morale publique et religieuse.

1823

L'année 1823 a vu quelques condamnations de moins, dans l'ordre moral et religieux. Nous ne trouvons plus que 25 écrits et quelques gravures condamnés pour outrages à la morale publique. Nous comptons toutefois 25 condamnations intervenues en matière de délits politiques.

1824

Pendant le cours de cette année, il n'y a eu en tout que 20 publications condamnées, dont 12 pour attentat contre la morale publique et religieuse et 8 pour délits politiques.

1825

Nous trouvons pour Paris seulement 25 affaires concernant des délits de presse. Sur ce nombre plus de 20 ont été suivies de condamnations pour outrages à la morale publique, aux bonnes mœurs, et pour attaque contre la religion et ses ministres. Parmi les écrits poursuivis figurent deux journaux seulement. Plusieurs autres affaires ont été suscitées dans les départements, mais nous n'en connaissons pas le chiffre, et les documents mis à notre disposition pour cet objet nous ont fait défaut.

1826

Nous sommes arrivés à une époque où les documents officiels, émanés du ministère de la justice, vont nous servir de règle, et donner à notre travail toute l'étendue et toute la précision dont il est susceptible. La presse périodique ayant pris vers cette époque un grand développement, nous indiquerons désormais la nature des publications, ainsi que la qualité des délits qu'elles renferment.

NATURE DES PUBLICATIONS ET DÉLITS.

LIVRES, BROCHURES, PAMPHLETS ET GRAVURES.

Délits contre la morale publique, les bonnes mœurs et la religion. — Outrages à la morale publique et religieuse et aux bonnes mœurs ; à la religion catholique et envers ses ministres : 13 poursuivis, et 11 condamnés ; 38 prévenus, dont 27 ont été acquittés.

Délits politiques. — Excitation à la haine

et au mépris du gouvernement du roi; attaques contre la dignité royale, contre les droits garantis par l'article 5 de la charte; provocation à la désobéissance aux lois du royaume : 5 ouvrages poursuivis et 5 condamnés; 12 prévenus, dont 4 seulement ont été acquittés.

JOURNAUX ET ÉCRITS PÉRIODIQUES.

Délits politiques.—Provocation à la désobéissance aux lois du royaume, et d'excitation à la haine d'une classe de personnes : 2 journaux poursuivis, 2 condamnés, 5 prévenus, dont un seul acquitté.

LIVRES PRÉCÉDEMMENT CONDAMNÉS.

Il n'y a eu que 5 affaires relatives à ces livres. Sur 8 prévenus, 6 ont été acquittés et deux condamnés, l'un à la prison et à l'amende, et l'autre à l'amende seulement.

1827

NATURE DES PUBLICATIONS ET DÉLITS.

LIVRES, BROCHURES ET PAMPHLETS.

Délits contre la religion et les bonnes mœurs. — Outrages envers la religion de l'Etat et les autres cultes légalement établis en France; à la morale publique et aux bonnes mœurs; à la morale publique et religieuse : 4 ouvrages attaqués, dont 2 condamnés; 9 prévenus, dont 6 ont été acquittés.

Délits politiques. — Offense envers la personne du roi; excitation à la haine et au mépris de son gouvernement; provocation à la rébellion et outrages envers des fonctionnaires publics : 2 ouvrages poursuivis, et 1 seul condamné; 5 prévenus, dont 1 condamné.

JOURNAUX ET ÉCRITS PÉRIODIQUES.

Délits politiques. — Attaques contre la dignité royale et l'inviolabilité de la personne du roi; provocation à la révolte et excitation à la haine et au mépris du gouvernement du roi; diffamation envers des fonctionnaires publics ou des administrations publiques : 5 journaux poursuivis, 5 condamnés; 7 prévenus et 6 condamnés.

PLANCHES, GRAVURES ET LITHOGRAPHIES.

Délits contre la religion et les bonnes mœurs. — Outrages à la morale publique et aux bonnes mœurs : 3 poursuivies et 3 condamnées; 5 personnes prévenues, dont 3 acquittées.

LIVRES PRÉCÉDEMMENT CONDAMNÉS

Il n'y a eu que 3 affaires relatives à la vente de ces livres. Sur 3 prévenus 2 ont été condamnés à l'emprisonnement et à l'amende.

1828

NATURE DES PUBLICATIONS ET DÉLITS.

LIVRES, BROCHURES, PAMPHLETS.

Délits contre la religion, la morale publique et les bonnes mœurs.—Outrages à la religion de l'Etat, et à la morale publique et religieuse avec offense envers la personne du roi; attaque contre la dignité royale et excitation à la haine et au mépris du gouvernement : 1 seul ouvrage attaqué et condamné. 6 prévenus, dont 4 acquittés. Outrages à la morale publique et religieuse seulement : 9 ouvrages poursuivis et condamnés; 5 prévenus, dont un seul acquitté. Outrages à la religion de l'Etat et à ses ministres : 1 livre attaqué et condamné; 2 prévenus, qui ont été condamnés à l'amende ou à l'emprisonnement.

Délits politiques.—Provocation à la guerre civile, au changement du gouvernement et à l'ordre de successibilité au trône : 1 ouvrage poursuivi et condamné; 4 prévenus, dont 3 condamnés à l'emprisonnement et à l'amende.

JOURNAUX ET ÉCRITS PÉRIODIQUES.

Délits politiques.— Excitation à la haine et au mépris du gouvernement du roi : 2 journaux attaqués et 2 condamnés; 2 prévenus, dont 1 acquitté, et l'autre condamné à la prison. Provocation à la résistance, à force ouverte, à l'exécution des actes de l'autorité publique... 1 poursuivi, 1 condamné.

Délits contre la religion, la morale publique et les bonnes mœurs. — Outrages à la morale publique et religieuse, et aux bonnes mœurs : 1 journal poursuivi et condamné; 1 prévenu, condamné à l'amende et à l'emprisonnement.

GRAVURES ET LITHOGRAPHIES.

23 poursuivies et 19 condamnées, comme contraires à la paix publique et aux bonnes mœurs; 21 prévenus, dont 15 condamnés à l'amende ou à la prison.

OUVRAGES PRÉCÉDEMMENT CONDAMNÉS.

Il n'y a eu que 2 affaires qui ont été suivies de condamnations.

En tout pendant l'année 1828 : 37 condamnations intervenues, soit à Paris, soit dans les départements, à l'occasion des délits signalés.

1829

NATURE DES PUBLICATIONS ET DÉLITS.

LIVRES ET BROCHURES.

Délits politiques. — Attaques contre l'autorité constitutionnelle du roi et contre l'autorité royale; contre la dignité royale et les droits que le roi tient de sa naissance; contre l'ordre de successibilité au trône, et provocation à un changement du gouvernement, et à la désobéissance aux lois : 3 ouvrages attaqués et 3 condamnés; 5 prévenus, dont 4 acquittés.

Délits contre la morale publique et les bonnes mœurs. — Attentats aux bonnes mœurs et à la morale publique et religieuse : 1 écrit poursuivi, 1 condamné; 1 prévenu condamné à l'amende et à l'emprisonnement.

JOURNAUX ET ÉCRITS PÉRIODIQUES.

Délits contre la morale publique et la religion. — Outrages à la morale publique et aux bonnes mœurs : 4 journaux poursuivis, dont 3 condamnés. 11 prévenus, dont 7 condamnés à l'amende ou à la prison. Outrages à la religion catholique et aux autres cultes : 4 journaux poursuivis et 3 condamnés. Diffamation envers les ministres de la religion : 3 journaux poursuivis et 3 condamnés ; 4 prévenus, dont 3 condamnés à l'amende et 1 à la prison.

Délits politiques. — Offenses envers la personne du roi et attaques contre la dignité royale; contre son autorité constitutionnelle; excitation à la haine et au mépris du gouvernement; provocation au renversement du gouvernement, et à la désobéissance aux lois : 14 journaux attaqués, et 11 condamnés; 41 prévenus, dont 25 ont été acquittés.

GRAVURES ET LITHOGRAPHIES.

9 poursuivies et 8 condamnées, comme contraires à la paix publique et aux bonnes mœurs ; 14 prévenus, dont 5 acquittés.

OUVRAGES PRÉCÉDEMMENT CONDAMNÉS.

13 poursuivis et 12 condamnés ; 7 prévenus, dont 2 seulement condamnés à l'amende et à la prison.

1830
NATURE DES PUBLICATIONS ET DÉLITS.

LIVRES ET BROCHURES.

Délits contre le gouvernement. — Attaque contre la dignité royale et les droits que le roi tient de sa naissance; excitation à la haine et au mépris du gouvernement; outrages envers les cours et tribunaux ; envers des fonctionnaires publics, à raison de leurs fonctions ; envers les chambres : 7 ouvrages poursuivis, dont 4 seulement ont été condamnés; 20 prévenus, dont 15 acquittés.

Délits contre la morale publique et la religion. — Outrage à la morale publique et religieuse : 1 ouvrage poursuivi et condamné.

JOURNAUX ET ÉCRITS PÉRIODIQUES.

Délits contre le gouvernement. — Outrages envers la mémoire de Louis XVI; offense envers la personne du roi ; attaque contre l'ordre de successibilité au trône, contre l'inviolabilité de la personne du roi, contre l'autorité constitutionnelle du roi, contre les droits qu'il tient de sa naissance ; excitation à la haine et au mépris du gouvernement, d'une classe de personnes ; provocation à la désobéissance aux lois ; outrages envers des ministres du roi, des fonctionnaires publics et des magistrats : 34 journaux poursuivis à raison des délits ci-dessus. Sur 61 prévenus, 27 seulement ont été condamnés à la prison ou à l'amende.

Délits contre la morale publique, les bonnes mœurs, contre la religion et ses ministres. — 6 journaux poursuivis ; 8 prévenus, dont 2 ont été acquittés.

GRAVURES ET LITHOGRAPHIES.

39 poursuivies et 33 condamnées, comme contraires à la paix publique et aux bonnes mœurs ; 23 prévenus, dont 8 seulement ont été condamnés.

LIVRES, DESSINS ET GRAVURES OBSCÈNES PRÉCÉDEMMENT CONDAMNÉS.

Il n'y a eu que 4 affaires dans le cours de l'année ; 6 publications seulement ont été poursuivies et condamnées.

1831
NATURE DES PUBLICATIONS ET DÉLITS.

LIVRES, BROCHURES, PAMPHLETS, GRAVURES ET LITHOGRAPHIES.

Délits politiques. — Attaque contre les droits que le roi tient du vœu de la nation et l'ordre de successibilité au trône : 8 affaires tant à Paris que dans les départements. Sur 24 prévenus, 4 seulement ont été acquittés. Offenses envers la personne du roi : 2 affaires; 4 prévenus, dont 2 condamnés. Attaque contre les droits et l'autorité des Chambres : 2 affaires, 6 prévenus, acquittés. Excitation à la haine et au mépris du gouvernement : 7 écrits poursuivis, 16 prévenus, dont 14 acquittés. Provocation non suivie d'effet au changement du gouvernement : 4 ouvrages ; 6 prévenus, 2 seulement condamnés. Diffamation et outrages envers des fonctionnaires publics à raison de leurs fonctions : 3 affaires dans les départements ; 6 prévenus, dont 2 condamnés.

Délits contre la religion, les bonnes mœurs, la morale publique, et contre les membres du clergé. — Outrages à la morale publique et aux bonnes mœurs : 2 ouvrages attaqués ; 4 prévenus, dont 2 seulement condamnés. Outrages à la religion catholique et excitation à la haine et au mépris du clergé : 2 ouvrages poursuivis tant à Paris que dans les départements ; 6 prévenus, tous acquittés.

JOURNAUX ET ÉCRITS PÉRIODIQUES.

Délits politiques contre les autorités constituées. — Attaque contre les droits que le roi tient du vœu de la nation et contre l'ordre de successibilité au trône : 13 affaires jugées ; 17 prévenus, dont 10 ont été acquittés. Offenses envers la personne du roi : 13 affaires jugées tant à Paris que dans les départements ; 21 prévenus, dont 16 acquittés. Attaque contre les droits et l'autorité des chambres : 9 affaires jugées ; 15 prévenus, dont 9 acquittés. Excitation à la haine et au mépris du gouvernement. 30 affaires jugées ; 45 prévenus, dont 10 seulement ont été condamnés à l'amende ou à l'emprisonnement. Excitation à la haine et au mépris d'une classe de personnes, et par là atteinte portée à la paix publique : 4 affaires jugées ; 6 prévenus, dont 2 seulement ont été condamnés. Provocation non suivie d'effet à la guerre civile, au renversement du gouvernement : 10 affaires jugées ; 10 prévenus, dont 6 acquittés. Provocation à la désobéissance aux lois : 2 affaires jugées ; 2 prévenus, qui ont été acquittés. Diffamation et outrages envers des ministres du roi à l'occasion de leurs fonctions : 4 affaires jugées ; 10 prévenus, dont 2 seulement ont été condamnés. Diffamation envers un tribunal ou une cour : 5 affaires jugées ; 5 prévenus, dont 1 seul acquitté. Diffamation et outrages envers des fonctionnaires publics de l'ordre administratif et judiciaire : 25 affaires jugées ; 32 prévenus, dont 11 ont été acquittés.

LITHOGRAPHIES ET GRAVURES.

Offenses envers la personne du roi : 1 à Paris et 1 dans les départements ; 2 prévenus, tous les deux acquittés. Outrage à la morale publique et aux bonnes mœurs : 29 affaires jugées à Paris et 22 dans les départements ; en tout 62 prévenus, dont 27 seulement ont été condamnés.

LIVRES LICENCIEUX PRÉCÉDEMMENT CONDAMNÉS.

7 affaires, dont 3 à Paris et 4 dans les départements. Sur 11 prévenus, 4 seulement ont été condamnés.

1832
NATURE DES PUBLICATIONS ET DÉLITS.
LIVRES, BROCHURES ET PAMPHLETS.

Délits politiques. — Attaque contre les droits que le roi tient du vœu de la nation et l'ordre de successibilité au trône : 4 ouvrages poursuivis ; 6 prévenus, dont 3 ont été acquittés. Excitation à la haine et au mépris du gouvernement et attaque contre la dignité royale, etc. : 4 écrits attaqués ; 3 prévenus, dont un seul condamné. Offenses envers la personne du roi et provocation non suivie d'effet au renversement du gouvernement, etc. : 3 publications incriminées ; 6 prévenus, dont 3 seulement ont été condamnés.

Délits contre la morale publique, les bonnes mœurs et la religion. — Outrage à la morale publique et religieuse et aux bonnes mœurs : 3 publications attaquées ; 5 prévenus, dont 2 ont été acquittés. Outrage à la religion : 1 écrit poursuivi ; 1 prévenu, qui a été acquitté.

JOURNAUX ET ÉCRITS PÉRIODIQUES.

Délits politiques.—Offenses envers la personne du roi et attaque contre ses droits constitutionnels : 8 journaux poursuivis ; 14 prévenus, dont 6 ont été condamnés. Excitation à la haine et au mépris du gouvernement : 6 journaux attaqués ; 10 prévenus, dont 7 ont été acquittés. Provocation non suivie d'effet au renversement du gouvernement, etc. : 2 journaux incriminés ; 2 prévenus, qui ont été acquittés. Provocation à la désobéissance aux lois ; excitation à la haine et au mépris d'une classe de personnes, du gouvernement, à la guerre civile, etc. : 2 journaux poursuivis ; 4 prévenus, dont 1 seul a été condamné.

Délits contre la morale publique, les bonnes mœurs et la religion. — Outrages à la morale publique et religieuse et à la religion : 3 journaux attaqués ; 5 prévenus, dont 2 ont été condamnés à la peine de l'emprisonnement.

1833
NATURE DES PUBLICATIONS ET DÉLITS.
LIVRES, BROCHURES ET PAMPHLETS.

Délits contre la personne du roi, contre le gouvernement et ses agents. — Attaque contre les droits que le roi tient du vœu de la nation, l'ordre de successibilité au trône et la dignité royale : 33 affaires jugées tant par la cour d'assises de Paris que par celles des départements ; 55 prévenus, dont 35 ont été acquittés et 20 condamnés à la prison ou à l'amende. Offenses envers la personne du roi : 9 publications attaquées ; 22 prévenus, dont 4 seulement ont été condamnés. Excitation à la haine et au mépris du gouvernement : 2 écrits poursuivis ; 2 prévenus, dont 1 condamné à l'emprisonnement et à l'amende. Provocation non suivie d'effet au renversement du gouvernement, à la guerre civile, au pillage, etc. : 5 écrits attaqués ; 20 prévenus, dont 6 seulement ont été condamnés à l'amende et à l'emprisonnement. Diffamation et outrages envers des fonctionnaires publics en raison de leurs fonctions : 5 écrits attaqués ; 6 prévenus, qui ont été tous acquittés.

Délits contre la morale publique et les bonnes mœurs ; contre la religion et ses ministres.—Outrages à la morale publique et aux bonnes mœurs : 4 affaires jugées ; 4 prévenus, qui ont été acquittés.

JOURNAUX ET ÉCRITS PÉRIODIQUES.

Attaque contre les droits que le roi tient du vœu de la nation, l'ordre de successibilité au trône et la dignité royale : 44 affaires jugées tant à Paris que dans les départements ; 77 prévenus, dont 14 seulement ont été condamnés. Offenses envers la personne du roi : 28 affaires jugées ; 38 prévenus, dont 8 seulement ont été condamnés. Excitation à la haine et au mépris du gouvernement : 50 affaires jugées ; 69 prévenus, dont 55 ont été acquittés. Excitation à la haine d'une classe de personnes, et par là attaque portée à la paix publique : 2 affaires jugées en province ; 2 prévenus, qui ont été condamnés à l'amende et à l'emprisonnement. Provocation non suivie d'effet à la guerre civile, au renversement du gouvernement : 2 affaires jugées en province ; 2 prévenus, qui ont été acquittés. Provocation à la désobéissance aux lois et à la rébellion : 3 affaires jugées ; 5 prévenus, qui ont été acquittés. Diffamation et outrages envers des fonctionnaires de l'ordre administratif et judiciaire : 24 affaires jugées ; 39 prévenus, dont 27 ont été acquittés. Compte rendu d'une manière infidèle, de mauvaise foi et injurieuse pour la cour, des audiences d'une cour d'assises : 8 affaires jugées ; 8 prévenus, dont 2 seulement ont été acquittés.

LITHOGRAPHIES ET GRAVURES.

Gravures séditieuses et contenant offenses envers la personne du roi : 7 affaires jugées ; 7 prévenus, dont deux seulement ont été condamnés. Gravures obscènes contenant outrages à la morale publique et religieuse, et aux bonnes mœurs: 18 affaires jugées tant à Paris que dans les départements; 33 prévenus, dont 28 ont été acquittés.

LIVRES ET PAMPHLETS PRÉCÉDEMMENT CONDAMNÉS.

Il n'y a eu qu'une seule affaire jugée en province. Les deux prévenus qui y figuraient ont été acquittés.

En tout 178 affaires jugées; 270 prévenus, dont 101 seulement ont été condamnés.

1834
NATURE DES PUBLICATIONS ET DÉLITS.

LIVRES, BROCHURES ET PAMPHLETS.

Délits politiques. — Attaques contre les droits constitutionnels du roi et contre l'ordre de successibilité au trône; offenses envers sa dignité royale et excitation à la haine et au mépris du gouvernement: 6 écrits condamnés; 12 prévenus, dont 7 ont été acquittés. Acte d'adhésion à une autre forme de gouvernement avec provocation à la désobéissance : 2 écrits poursuivis et condamnés; 3 prévenus, dont 1 seul a été acquitté.

Délits contre la morale publique, les bonnes mœurs et la religion. — Outrage à la morale publique et aux bonnes mœurs: 2 publications condamnées; 3 prévenus, qui ont été condamnés. Outrage à la morale publique et religieuse: 2 ouvrages condamnés; 2 prévenus, qui ont été condamnés à la peine de l'emprisonnement.

JOURNAUX ET ÉCRITS PÉRIODIQUES.

Délits politiques. — Attaque contre les droits que le roi tient du vœu de la nation, l'ordre de successibilité au trône et la dignité royale: 10 journaux attaqués; 18 prévenus, dont 8 seulement ont été condamnés. Excitation à la haine et au mépris du gouvernement, avec offense envers la personne du roi : 5 journaux poursuivis; 11 prévenus, dont 3 ont été condamnés. Offenses envers la personne du roi, et excitation à la haine contre une classe de personnes, etc. : 6 affaires jugées; 6 prévenus, dont 4 ont été acquittés. Provocation à la désobéissance aux lois et au renversement du gouvernement: 5 journaux incriminés : 4 prévenus, dont un seul a été condamné.

Délits contre la morale publique, les bonnes mœurs et la religion. — Outrages à la morale publique et religieuse: 1 seul journal condamné.

1835
NATURE DES PUBLICATIONS ET DÉLITS.

LIVRES, BROCHURES ET PAMPHLETS.

Délits contre la personne du roi, le gouvernement et ses agents. — Attaque contre les droits que le roi tient du vœu de la nation, l'ordre de successibilité au trône et la dignité royale, etc. : 2 affaires, dont l'une jugée à Paris et l'autre dans les départements; 6 prévenus, qui ont été acquittés. Offenses envers la personne du roi: 4 ouvrages poursuivis; 11 prévenus, dont 9 ont été acquittés. Offense envers le roi et apologie du régicide: 2 écrits attaqués; 2 prévenus, condamnés à l'emprisonnement et à l'amende. Provocation non suivie d'effet au renversement du gouvernement, à la guerre civile, au pillage, etc. : 2 écrits poursuivis; 6 prévenus, dont 4 ont été condamnés à l'emprisonnement et à l'amende. Diffamation et outrages envers des fonctionnaires publics, en raison de leurs fonctions : 2 écrits poursuivis ; 3 prévenus, dont un seul condamné.

Délits contre la morale publique et religieuse, et les bonnes mœurs. — Outrages à la morale publique et aux bonnes mœurs : 13 ouvrages poursuivis, dont 5 à Paris et 8 dans les départements ; 21 prévenus, dont 17 ont été acquittés.

JOURNAUX ET ÉCRITS PÉRIODIQUES.

Délits contre le roi, le gouvernement et ses agents. — Attaque contre les droits que le roi tient du vœu de la nation, l'ordre de successibilité au trône et la dignité royale : 13 affaires jugées; 14 prévenus, dont 7 seulement ont été condamnés. Offenses envers la personne du roi, etc. : 40 affaires jugées; 51 prévenus, dont 33 ont été acquittés. Provocation au renversement du gouvernement et excitation à la haine et au mépris contre lui : 24 affaires jugées ; 31 prévenus, dont 11 seulement ont été condamnés. Excitation à la haine d'une classe de personnes, et par là atteinte portée à la paix publique : 1 affaire jugée ; 1 prévenu, qui a été acquitté. Provocation à la guerre civile et au renversement du gouvernement : 9 affaires jugées; 9 prévenus, dont 5 acquittés. Provocation à la désobéissance aux lois et attaque contre le respect qui leur est dû : 10 affaires jugées; 12 prévenus, dont 10 condamnés. Diffamation et outrages envers des fonctionnaires de l'ordre administratif et judiciaire : 15 affaires jugées; 20 prévenus, dont 9 ont été acquittés. Outrages à la morale publique et aux bonnes mœurs : 1 affaire jugée en province; 1 prévenu, qui a été condamné à l'emprisonnement et à l'amende.

GRAVURES ET LITHOGRAPHIES.

Gravures obscènes contenant outrages à la morale publique et religieuse et aux bonnes mœurs : 4 affaires jugées tant à Paris que dans les départements ; 8 prévenus, dont 4 seulement ont été condamnés.

En tout 142 affaires jugées; 196 prévenus, dont 81 seulement ont été condamnés à l'amende et à la prison.

1836
NATURE DES PUBLICATIONS ET DÉLITS.

LIVRES, BROCHURES ET PAMPHLETS.

Délits politiques. — Acte public d'adhésion à une autre forme de gouvernement, et attaque contre les droits que le roi tient du vœu de la nation et la dignité royale : 1 ouvrage attaqué; 2 prévenus, qui ont été acquittés. Offenses envers la personne du roi, et excitation à la haine et au mépris du gouvernement : 1 écrit poursuivi; 1 prévenu, qui a été acquitté. Excitation à la haine et au mépris d'une classe de personnes, avec outrages à la morale publique : 1 ouvrage poursuivi ; 1 prévenu, qui a été condamné à l'emprisonnement et à l'amende. Diffamation et outrages envers des fonctionnaires publics en raison de leurs fonctions : 2 écrits poursuivis; 2 prévenus, dont un acquitté.

Délits contre la religion, la morale publique et les bonnes mœurs. — Outrages à la morale publique et aux bonnes mœurs, avec apologie de faits qualifiés crimes par la loi, et excitation à la haine des membres du clergé : 3 livres attaqués ; 3 prévenus, condamnés à l'amende et à l'emprisonnement.

JOURNAUX ET ÉCRITS PÉRIODIQUES.

Délits politiques. — Acte d'adhésion à une autre forme de gouvernement et attaque contre la dignité royale : 6 journaux poursuivis ; 6 prévenus, dont 4 ont été acquittés. Attaque contre les droits que le roi tient du vœu de la nation, l'ordre de successibilité au trône et la dignité royale : 13 journaux attaqués; 13 prévenus, dont 10 ont été acquittés. Offenses envers la personne du roi : 11 affaires jugées; 13 prévenus, dont 9 ont été acquittés. Attaque contre les droits des chambres et le principe du gouvernement : 1 affaire jugée ; 2 prévenus, dont 1 a été condamné à la prison et à l'amende. Excitation à la haine et au mépris du gouvernement : 17 affaires jugées ; 20 prévenus, dont 8 seulement ont été condamnés. Excitation à la haine d'une classe de personnes, et par là atteinte portée à la paix publique : 2 affaires jugées ; 2 prévenus, qui ont été acquittés. Diffamation et outrages envers des fonctionnaires de l'ordre administratif ou judiciaire : 8 affaires jugées ; 14 prévenus, dont 3 seulement ont été condamnés. Compte rendu des audiences d'une cour d'assises d'une manière infidèle et de mauvaise foi : 2 affaires jugées; 2 prévenus, qui ont été condamnés à l'emprisonnement et à l'amende.

Délits contre la religion, la morale publique et les bonnes mœurs. — Outrages à la morale publique, avec apologie du régicide : 9 journaux poursuivis et condamnés ; 9 prévenus qui ont tous été condamnés à l'amende et à l'emprisonnement.

GRAVURES ET LITHOGRAPHIES.

Délits contre la religion, la morale publique et les bonnes mœurs. — Outrages à la morale publique et religieuse et aux bonnes mœurs : 2 attaquées ; 2 prévenus, qui ont été acquittés.

En tout 80 affaires jugées ; 95 prévenus, dont 57 ont été acquittés.

1837
NATURE DES PUBLICATIONS ET DÉLITS.

LIVRES, BROCHURES, PAMPHLETS, etc.

Délits politiques. — Attaques contre les droits que le roi tient du vœu de la nation, l'ordre de successibilité au trône et la dignité royale : 1 ouvrage poursuivi ; 1 prévenu, qui a été condamné à l'emprisonnement. Acte d'adhésion à une autre forme de gouvernement avec apologie du régicide, et excitation à la haine et au mépris du gouvernement : 1 écrit attaqué ; 2 prévenus, qui ont été acquittés. Excitation à la haine et au mépris du gouvernement, avec outrages à la morale publique et excitation à la haine d'une classe de personnes : 2 ouvrages ; 3 prévenus, qui ont été acquittés. Offense envers la personne du roi et d'autres membres de sa famille, etc.; 5 écrits poursuivis ; 16 prévenus, dont 13 ont été acquittés, et 3 seulement condamnés à l'emprisonnement ou à l'amende. Excitation à la haine et au mépris du gouvernement, et provocation non suivie d'effet à son renversement : 4 écrits attaqués ; 12 prévenus, qui ont été acquittés. Diffamation et outrages envers des fonctionnaires publics par placards injurieux : 2 poursuivis ; 2 prévenus, dont 1 seul a été condamné.

Délits contre la religion, la morale publique et les bonnes mœurs. — Outrage à la morale publique, avec excitation à la haine contre une classe de personnes et contre le gouvernement : 2 écrits poursuivis ; 3 prévenus, qui ont été acquittés. Outrages à la morale publique et aux bonnes mœurs : 1 livre attaqué ; 2 prévenus, dont 1 seul a été condamné à l'emprisonnement.

JOURNAUX ET ÉCRITS PÉRIODIQUES.

Délits politiques. — Attaques contre les droits que le roi tient du vœu de la nation, l'ordre de successibilité au trône et la dignité royale, et actes d'adhésion à une autre forme de gouvernement : 8 journaux poursuivis ; 8 prévenus, dont 6 ont été condamnés à l'emprisonnement. Attaque contre l'inviolabilité royale, en faisant remonter jusqu'à elle les actes de son gouvernement : 4 affaires jugées ; 4 prévenus, qui ont été acquittés. Offenses envers la personne du roi, avec apologie du régicide et excitation à la haine et au mépris du gouvernement : 11 affaires jugées ; 11 prévenus, dont 9 ont été acquittés. Acte public d'adhésion à une autre forme de gouvernement avec apologie du régicide et excitation à la haine et au mépris du gouvernement : 3 journaux attaqués ; 3 prévenus, dont 2 ont été condamnés à l'emprisonnement. Excitation à la haine et au mépris du gouvernement seulement : 6 journaux poursuivis ; 6 prévenus, dont 4 ont été condamnés à l'emprisonnement. Excitation à la haine d'une classe de personnes, et par là atteinte portée à la paix publique : 2 journaux poursuivis ; 2 prévenus, qui ont été acquittés. Provocation à la désobéissance aux lois : 2 journaux attaqués ; 2 prévenus qui ont été condamnés à la prison. Diffamation et outrages envers les fonctionnaires de l'ordre administratif et judiciaire : 3 journaux poursuivis ; 5 prévenus, dont 3 acquittés et 2 condamnés à la peine de l'emprisonnement.

GRAVURES ET LITHOGRAPHIES.

Délits politiques. — Exposition publique de gravures séditieuses : 3 affaires jugées ; 3 prévenus, qui ont été acquittés.

Délits contre la religion, la morale publique et les bonnes mœurs. — Outrage à la morale publique par gravures obscènes : 10 affaires jugées; 10 prévenus, dont 8 ont été condamnés à l'amende ou à l'emprisonnement.

En tout 44 affaires jugées en matière de presse : 61 prévenus, dont 29 seulement ont été condamnés à l'emprisonnement.

1838
NATURE DES PUBLICATIONS ET DÉLITS.

LIVRES, BROCHURES ET PAMPHLETS.

Délits politiques. — Attaque contre les droits que le roi tient du vœu de la nation, et excitation à la haine et au mépris du gouvernement : 2 écrits attaqués ; 3 prévenus, dont 1 seul a été condamné à la peine de l'emprisonnement. Diffamation et outrages envers des magistrats et autres fonctionnaires publics : 5 ouvrages poursuivis ; 9 prévenus, qui ont été acquittés.
Délits contre la religion, la morale publique et les bonnes mœurs. — Outrages à la morale publique et aux bonnes mœurs : 6 écrits attaqués ; 10 prévenus, dont 2 seulement ont été acquittés.

JOURNAUX ET ÉCRITS PÉRIODIQUES.

Délits politiques. — Attaque contre les droits que le roi tient du vœu de la nation, et contre l'autorité royale, avec excitation à la haine et au mépris du gouvernement, etc.; 6 journaux poursuivis ; 8 prévenus, dont 6 ont été acquittés. Offenses envers la personne du roi, ou d'un membre de la famille royale, avec provocation à la désobéissance aux lois : 7 journaux attaqués ; 7 prévenus, dont 3 ont été acquittés. Attaque contre les droits et l'autorité de la chambre des pairs : 1 journal poursuivi ; 2 prévenus, qui ont été acquittés. Apologie d'un fait qualifié crime par la loi : 1 journal poursuivi ; 2 prévenus, qui ont été acquittés. Diffamation envers des magistrats et autres fonctionnaires publics : 9 affaires jugées ; 9 prévenus, dont 3 ont été condamnés à l'emprisonnement ou à l'amende.

GRAVURES ET LITHOGRAPHIES.

6 condamnations pour gravures obscènes; 6 prévenus, qui ont été acquittés.
En tout 43 affaires jugées ; 55 prévenus, dont 19 seulement ont été condamnés à l'emprisonnement ou à l'amende.

1839
NATURE DES PUBLICATIONS ET DELITS.

Délits politiques. — Attaque contre les droits que le roi tient du vœu de la nation, et offenses envers sa personne : 2 ouvrages attaqués ; 4 prévenus, qui ont été acquittés. Excitation à la haine et au mépris du gouvernement et d'une classe de personnes (trouble à la paix publique) : 2 écrits poursuivis ; 6 prévenus, dont 2 seulement ont été condamnés à l'emprisonnement. Diffamation et outrages envers des magistrats et autres fonctionnaires publics : 7 écrits incriminés ; 15 prévenus, dont 9 ont été acquittés. Par placards séditieux : 2 affaires jugées ; 2 prévenus, qui ont été condamnés.
Délits contre la religion, la morale publique et les bonnes mœurs. — Outrages à la morale publique et aux bonnes mœurs : 5 livres condamnés ; 6 prévenus, dont 3 ont été acquittés.

JOURNAUX ET ÉCRITS PÉRIODIQUES.

Délits politiques. — Offenses envers la personne du roi et attaque contre ses droits : 6 journaux poursuivis ; 6 prévenus, dont 4 ont été acquittés. Blâme et responsabilité des actes du gouvernement rapportés au roi : 2 journaux attaqués ; 2 prévenus, qui ont été acquittés. Excitation à la haine et au mépris du gouvernement, adhésion publique à une autre forme de gouvernement; apologie de faits qualifiés crimes par la loi, et provocation à commettre des crimes ou délits : 13 affaires jugées ; 24 prévenus, dont 4 seulement ont été condamnés à l'emprisonnement. Excitation à la haine d'une classe de citoyens : 1 journal attaqué ; 1 prévenu, condamné à la prison. Diffamation et injures envers des magistrats et autres fonctionnaires publics : 6 journaux attaqués ; 8 prévenus, dont 4 seulement ont été condamnés.
Délits contre la religion, la morale publique et les bonnes mœurs. — Outrages envers la morale publique et religieuse, et envers la religion : 4 journaux poursuivis ; 5 prévenus, dont 2 ont été acquittés.

GRAVURES ET LITHOGRAPHIES.

12 affaires jugées pour vente de gravures obscènes ; 13 prévenus, dont 6 ont été condamnés à la prison ou à l'amende.

1840
NATURE DES PUBLICATIONS ET DÉLITS.

LIVRES, BROCHURES ET PAMPHLETS.

Délits politiques. — Apologie d'un fait qualifié crime, avec attaque du respect dû aux lois, et excitation à la haine et au mépris contre une classe de personnes : 2 ouvrages attaqués ; 2 prévenus, condamnés. Excitation à la haine et au mépris du gouvernement et d'une classe de personnes (trouble à la paix publique) : 4 écrits poursuivis; 6 prévenus, dont 2 seulement ont été acquittés. Diffamation et outrages envers des magistrats et autres fonctionnaires publics : 2 écrits poursuivis ; 2 prévenus, dont 1 condamné à l'emprisonnement et l'autre acquitté. Provocation au pillage, au meurtre et à la rébellion : (placards séditieux) : 3 affaires jugées ; 7 prévenus, dont 3 condamnés à l'emprisonnement.
Délits contre la religion, la morale publique et les bonnes mœurs. — Outrages à la morale publique et aux bonnes mœurs : 4 livres incriminés ; 10 prévenus, dont 2 seulement ont été condamnés.

JOURNAUX ET ÉCRITS PÉRIODIQUES.

Délits politiques. — Offenses envers la personne du roi et excitation à la haine et au mépris du gouvernement et d'une classe de personnes : 1 affaire jugée ; 2 prévenus, qui ont été acquittés. Diffamation envers des magistrats et autres fonctionnaires publics : 4 journaux poursuivis ; 9 prévenus, dont 6 condamnés à l'amende et à l'emprisonnement.

LITHOGRAPHIES ET GRAVURES.

2 affaires jugées par suite de vente de gravures obscènes ; 8 prévenus, dont 2 seulement ont été condamnés.

1841
NATURE DES PUBLICATIONS ET DÉLITS.
LIVRES, BROCHURES, PAMPHLETS, etc.

Délits politiques. — Apologie d'un fait qualifié crime, avec attaque du respect dû aux lois et excitation à la haine et au mépris contre une classe de personnes : 2 écrits poursuivis ; 2 prévenus, condamnés à l'emprisonnement. Excitation à la haine et au mépris du gouvernement, et provocation à la désobéissance aux lois : 3 ouvrages incriminés ; 3 prévenus, qui ont été acquittés. Excitation à la haine contre une classe de personnes et attaque contre la propriété : 3 écrits attaqués ; 5 prévenus, qui ont été condamnés. Diffamation et outrages envers des magistrats et autres fonctionnaires publics : 1 ouvrage poursuivi ; 21 prévenus, qui ont tous été acquittés. Provocation à la désobéissance aux lois, et troubles à la paix publique par apposition de placards séditieux et de tissus imprimés : 2 affaires jugées ; 2 prévenus, qui ont été acquittés.

Délits contre la religion, la morale publique et les bonnes mœurs. — Outrages à la morale publique et aux bonnes mœurs : 4 livres incriminés ; 6 prévenus, dont 2 seulement ont été condamnés.

JOURNAUX ET ÉCRITS PÉRIODIQUES.

Délits politiques. — Acte public d'adhésion à une autre forme de gouvernement, avec attaque contre les droits des chambres et le respect dû aux lois : 2 journaux attaqués ; 2 prévenus, dont un seul condamné. Attaque contre la dignité royale et l'ordre de successibilité au trône : 1 journal poursuivi ; 1 prévenu, qui a été acquitté. Offenses envers le roi et attaques contre l'inviolabilité de sa personne : 13 journaux incriminés ; 14 prévenus, dont 1 seul a été condamné. Excitation à la haine et au mépris du gouvernement : 8 journaux attaqués ; 10 prévenus, dont 9 ont été condamnés. Excitation à la haine d'une classe de personnes : 1 journal poursuivi ; 1 prévenu, condamné à l'emprisonnement. Diffamation et outrages envers des magistrats et autres fonctionnaires publics : etc. : 5 affaires jugées ; 8 prévenus, dont 5 ont été condamnés.

En tout 45 poursuites en matière de délits de presse, dont 4 seulement relatives à des publications contraires à la morale publique et aux bonnes mœurs.

1842
NATURE DES PUBLICATIONS ET DÉLITS.
LIVRES, BROCHURES, PAMPHLETS.

Délits politiques. — Excitation à la haine et au mépris du gouvernement et d'une classe de personnes, avec outrages à la morale publique et à la religion : 5 ouvrages incriminés ; 7 prévenus, dont 3 seulement ont été acquittés. Diffamation et outrages envers des magistrats et autres fonctionnaires publics : 2 écrits attaqués ; 2 prévenus, qui ont été condamnés à l'emprisonnement.

Délits contre la morale publique et les bonnes mœurs et contre la religion. — Outrages à la morale publique et religieuse et aux bonnes mœurs : plus de 40 ouvrages attaqués et condamnés ; 2 prévenus, qui ont été condamnés à la peine de l'emprisonnement.

Outrages à la religion, avec excitation à la haine et au mépris du gouvernement et d'une classe de personnes : 1 écrit attaqué ; 1 prévenu, qui a été acquitté. Outrage à la morale publique et religieuse, avec excitation à la haine et au mépris du gouvernement : 4 ouvrages poursuivis ; 6 prévenus, dont 2 ont été acquittés.

JOURNAUX ET ÉCRITS PÉRIODIQUES.

Délits politiques. — Acte public d'adhésion à une autre forme de gouvernement : 2 journaux attaqués ; 3 prévenus, qui ont été acquittés. Attaque contre le principe et la forme du gouvernement, les droits et l'autorité des chambres, le respect dû aux lois, la dignité royale et l'ordre de successibilité au trône : 4 journaux poursuivis ; 4 prévenus, qui ont été condamnés à la peine de l'emprisonnement. Offenses envers le roi, avec attaques contre l'inviolabilité de sa personne, et excitation à la haine et au mépris du gouvernement : 2 journaux attaqués ; 3 prévenus, dont un seul a été acquitté. Excitation à la haine et au mépris du gouvernement seulement : 6 journaux poursuivis ; 8 prévenus, dont 7 ont été condamnés. Excitation à la haine d'une classe de personnes, avec attaques contre la propriété : 1 journal attaqué ; 1 prévenu, qui a été condamné. Diffamation et outrages envers des magistrats et autres fonctionnaires publics : 5 journaux poursuivis ; 8 prévenus, dont 2 seulement ont été acquittés.

GRAVURES ET LITHOGRAPHIES.

Il y a eu 8 poursuites, dirigées, tant à Paris que dans les départements, contre des gravures attentatoires à la morale publique et religieuse, et aux bonnes mœurs. Sur 12 prévenus, 4 seulement ont été acquittés.

1843
NATURE DES PUBLICATIONS ET DÉLITS.
LIVRES, BROCHURES ET PAMPHLETS.

Délits politiques. — Il n'y a pas eu d'ouvrages poursuivis pour délits politiques proprement dits, et le compte rendu de l'administration de la justice ne relève qu'une affaire jugée pour diffamation et outrages envers des magistrats et autres fonctionnaires publics.

Délits contre la morale publique, les bonnes mœurs et la religion. — Outrages à la morale publique et religieuse, et aux bonnes mœurs : 24 publications condamnées ; 30 prévenus, dont 23 ont été acquittés (1).

JOURNAUX ET ÉCRITS PÉRIODIQUES.

Délits politiques. — Acte public d'adhésion à une autre forme de gouvernement et excitation à la haine et au mépris du gouvernement : 4 journaux poursuivis tant à Paris que dans les départements ; 5 prévenus, qui ont été acquittés. Attaque contre le principe et la forme du gouvernement, les droits et l'autorité des chambres, le respect dû aux lois, etc. : 1 journal attaqué ; 1 prévenu, qui a été acquitté. Excitation à la haine et au mépris du gouvernement : 1 journal incriminé ; 2 prévenus, qui ont été acquittés. Excitation à la haine d'une classe de personnes, et attaques contre la propriété : 1 journal poursuivi ; 2 prévenus, qui ont été acquittés.

GRAVURES ET LITHOGRAPHIES.

Toutes les gravures poursuivies pendant le cours de cette année l'ont été pour outrages à la morale publique et religieuse, et aux bonnes mœurs. Il n'y a eu que 4 affaires, tant à Paris que dans les départements ; 6 prévenus, qui ont été acquittés.

1844
NATURE DES PUBLICATIONS ET DÉLITS.

LIVRES, BROCHURES ET PAMPHLETS.

Délits politiques. — Excitation à la haine et au mépris du gouvernement et d'une classe de personnes : 3 ouvrages incriminés ; 3 prévenus, dont 2 ont été condamnés à la peine de l'emprisonnement. Attaque contre le respect dû aux lois, etc. ; et apologie de faits qualifiés délits : 2 écrits poursuivis ; 2 prévenus, qui ont été condamnés. Diffamation et outrages envers des fonctionnaires publics, au moyen de placards : 2 affaires jugées ; 2 prévenus, dont un seul a été condamné.

Délits contre la morale publique, les bonnes mœurs et la religion. — Outrage à la morale publique et religieuse, et aux bonnes mœurs : 6 ouvrages poursuivis ; 8 prévenus, dont 6 ont été acquittés. Outrage à la morale publique et religieuse, avec attaque contre la propriété : 2 écrits attaqués ; 2 prévenus, qui ont été condamnés. Outrages envers la religion et ses ministres : 1 ouvrage poursuivi dans les départements ; 1 prévenu, qui a été condamné à la peine de l'emprisonnement.

JOURNAUX ET ÉCRITS PÉRIODIQUES.

Délits politiques. — Attaque contre les droits du roi et son autorité, etc. ; acte d'adhésion à une autre forme de gouvernement, et excitation à la haine et au mépris du gouvernement : 13 journaux attaqués ; 13 prévenus, dont 2 seulement ont été acquittés. Offenses envers la personne du roi, avec excitation à la haine et au mépris de son gouvernement : 2 affaires jugées dans les départements ; 2 prévenus, qui ont été acquittés. Excitation à la haine et au mépris d'une classe de personnes, et apologie d'un fait qualifié crime : 3 journaux poursuivis ; trois prévenus, dont un seul a été condamné. Outrages publics et diffamation envers des fonctionnaires publics : 4 affaires jugées ; 5 prévenus, dont 4 ont été acquittés.

Délits contre la morale publique, les bonnes mœurs et la religion. — Outrages à la religion de la majorité et excitation à la haine contre une classe de personnes : 1 journal attaqué ; 1 prévenu, qui a été acquitté.

GRAVURES ET LITHOGRAPHIES.

Il n'y a eu que deux affaires pour exposition de gravures obscènes, et dans lesquelles les 2 prévenus ont été acquittés.

1845
NATURE DES PUBLICATIONS ET DÉLITS.

LIVRES, BROCHURES ET PAMPHLETS.

Délits politiques. — Offenses envers la personne du roi et la famille royale, avec attaque contre les droits du roi et l'inviolabilité royale, et acte d'adhésion à une autre forme de gouvernement : 4 ouvrages poursuivis ; 10 prévenus, dont 4 ont été acquittés. Excitation à la haine et au mépris du gouvernement et d'une classe de personnes : 2 écrits attaqués ; 3 prévenus, qui ont été acquittés. Excitation à la haine et au mépris d'une classe de personnes, avec provocation à la désobéissance aux lois : 5 publications incriminées ; 11 prévenus, dont 8 ont été condamnés. Diffamation envers des fonctionnaires publics : 3 brochures attaquées ; 3 prévenus, dont 2 ont été acquittés.

Délits contre la morale publique, les bonnes mœurs et la religion. — Outrage à la morale publique et religieuse et aux bonnes mœurs : 7 publications poursuivies ; 4 prévenus, dont 2 ont été acquittés (2).

JOURNAUX ET ÉCRITS PÉRIODIQUES.

Délits politiques. — Attaque contre les droits du roi et son autorité constitutionnelle : 1 journal poursuivi ; 1 prévenu, qui a été condamné. Excitation à la haine et au mépris du gouvernement : 2 journaux incriminés ; 2 prévenus, qui ont été acquittés. Outrages publics et diffamation envers des fonctionnaires publics : 4 journaux attaqués ; 4 prévenus, dont 3 ont été condamnés, l'un

---

(1) Il y a eu pendant cette année 3 autres poursuites pour délits contre la morale publique et religieuse et contre la religion et ses ministres ; mais ces délits résultaient simplement de propos et discours, et non point d'écrits publiés

(2) Le compte rendu du ministère de la justice signale une autre condamnation pour outrage à la morale publique et religieuse ; mais le délit poursuivi ne résultait point d'un écrit publié.

à l'amende et les deux autres à l'emprisonnement.

Délits contre la morale publique, les bonnes mœurs et la religion. — Outrages à la religion de la majorité, avec excitation à la haine contre les ministres du culte : 1 journal poursuivi; 1 prévenu, qui a été acquitté.

GRAVURES ET LITHOGRAPHIES.

9 affaires pour vente de gravures attentatoires à la morale publique et religieuse et aux bonnes mœurs : 19 prévenus, dont 6 ont été acquittés.

1846

Les condamnations en matière de presse deviennent moins fréquentes depuis 1846. Nous ne trouvons pour cette année que 3 ouvrages que le ministère public a cru devoir incriminer pour attaques dirigées contre le gouvernement. Nous ne comptons pas un seul livre condamné pour délit contre la morale publique, les bonnes mœurs ou la religion et ses ministres. Les journaux ont été aussi plus circonspects. Il a été intenté quelques poursuites pour délits politiques, mais il n'est point intervenu de condamnations.

1847

L'année 1847 compte quelques condamnations de plus que l'année 1846. Nous trouvons 4 ouvrages condamnés pour délits politiques; nous en trouvons 5 condamnés pour outrages à la morale publique et religieuse et aux bonnes mœurs. Plusieurs journaux ont aussi été poursuivis pour délits d'attaque contre le gouvernement, mais il n'y a point eu de condamnation judiciaire. Nous en comptons seulement deux qui aient été condamnés pour outrages à la morale publique et religieuse.

CATALOGUE

DES OUVRAGES QUI ONT ÉTÉ L'OBJET SOIT DE CONDAMNATIONS, SOIT DE POURSUITES JUDICIAIRES, DEPUIS 1814 JUSQU'AU 1er SEPTEMBRE 1847.

ABDICATION (l') *et le duel*, par Destigny, homme de lettres. Offense envers le roi et un membre de la famille royale; provocation non suivie d'effet au renversement du gouvernement. Arrêt de la cour d'assises de la Seine, du 5 octobre 1833, publié au *Moniteur* du 25 avril 1834. La cour a ordonné la destruction de l'écrit. (*Gazette des tribunaux* du 6 octobre 1833.)

A BON ENTENDEUR SALUT, ou *Description topographique*, ouvrage publié par Rousseau, libraire à Paris, condamné par jugement du tribunal correctionnel de Paris, du 12 octobre 1822, et par arrêt de la cour royale du 16 novembre suivant. La cour a ordonné la destruction de l'écrit. Cette condamnation a été publiée en exécution de l'article 26 de la loi du 26 mai 1819, dans le *Moniteur* du 26 mars 1825 (1).

ABRÉGÉ *de l'histoire*, mis en vente par Regnier-Becker, commissionnaire en marchandises. Outrages à la morale publique et religieuse et aux bonnes mœurs. Arrêt de la cour d'assises de la Seine, du 9 août 1842, qui a ordonné la destruction des exemplaires saisis et de ceux qui pourraient l'être ultérieurement. Ladite condamnation a été publiée au *Moniteur* du 15 décembre 1843.

ABRÉGÉ *de l'origine des cultes*, par Dupuis. Outrages à la religion, à la morale publique et religieuse. Arrêt de la cour royale de Paris, du 26 juin 1825; jugement du tribunal correctionnel de la Seine, du 31 mai 1826. L'arrêt et le jugement ont ordonné la destruction des exemplaires saisis et de ceux qui pourraient l'être, et ont été insérés par extrait au *Moniteur* des 26 mars 1825 et 6 août 1826. Deux autres jugements, rendus à la date du 24 novembre 1846 par le tribunal correctionnel de la Seine, ont ordonné la destruction d'exemplaires nouvellement saisis. Réimprimé en 1842, cet ouvrage a encore été l'objet de poursuites de la part du parquet. (Voy. *Gazette des tribunaux* du 3 juillet 1842.)

ABSENTS *pour le service du roi*, article inséré dans le n° du 25 avril 1840 du journal *la Mode*; gérant, M. Kergan. Offense envers les membres de la famille royale. Arrêt de la cour d'assises de la Seine, du 10 mai 1843. Destruction ordonnée. Condamnation publiée au *Moniteur* du 15 décembre 1843.

ABSURDITÉ *des religions prétendues révélées*, par Michel Toussaint, correcteur d'imprimerie. Attaques contre la morale et la religion. Arrêt de la cour d'assises de la Seine, du 15 mars 1844. La cour a ordonné la destruction de l'ouvrage. (*Gazette des tribunaux* du 16 du même mois.) Cette condamnation a aussi été publiée au *Moniteur* du 3 décembre 1844.

ACADÉMIE *des Dames*, avec gravures obscènes, publiée par Rousseau, libraire à Paris. Arrêt de la cour royale de Paris, du 16 novembre 1822, inséré par extrait au *Moniteur* du 26 mars 1825. Destruction ordonnée du consentement du prévenu, qui a été acquitté.

ACCENTS (les) *de la liberté au tombeau de Napoléon*, par Frédéric. Écrit séditieux. Arrêt de la cour d'assises de Paris, du 10 novembre 1821.

ACCUSÉS (les) *de Niort*, article inséré dans le numéro du 1er août 1835 du journal *la Quotidienne*, par Louis-Florian-Paul de Kergorlay et Jérôme Dieudé. Attaque contre les droits constitutionnels du roi et provocation à la désobéissance aux lois. Arrêt de la cour d'assises de la Seine, du 10 octobre 1835. Suppression ordonnée. Mention de la condamnation au *Moniteur* du 26 juin 1836. (Voy. *Gazette des tribunaux* du 10 octobre 1835.)

ADIEUX *à l'année 1832*, article inséré dans le n° 105 du journal *l'Ami de la vérité*, par Charles-Adolphe Godefroy, gérant. Excitation à la haine et au mépris du gouvernement du roi. Arrêt de la cour d'assises du Calvados, du 27 février 1833. (*Moniteur* du 29 juin 1833.)

AIGLE (l') *captif*. Offense envers le gouvernement. Arrêt de la cour royale de Paris du 23 avril 1819.

A LA FRANCE DE JUILLET *et à tous les généreux défenseurs de la liberté des peuples. A la France de juillet* : LIS, JUGE ET AGIS. Écrit distribué en 1832 et 1833, et contenant : Excitation à la guerre civile, à la haine et au mépris du gouvernement, et offense envers la personne du roi, par Hébert, baron de Richemont. Arrêt de la cour d'assises de la Seine, du 4 novembre 1834, publié au *Moniteur* du 30 décembre de la même année. Ledit arrêt a ordonné la destruction des exemplaires saisis.

ALBUM (journal), par Magallon; articles intitulés :

---

(1) Le *Moniteur*, d'où nous avons extrait cette condamnation, ne définit point le caractère du délit pour lequel elle a été prononcée.

1° *Scènes de bourse;* 2° *Extraits de l'Almanach royal pour* 1830; 3° *Tribulations de l'homme de Dieu;* 4° *On annonce la recomposition de l'école de médecine.* Arrêt de la cour royale de Paris, du 15 mars 1823, publié au *Moniteur* du 2 avril 1823. Article faisant l'apologie de l'assassinat commis par l'étudiant Sand contre la personne de Kotzebue. Jugement du tribunal correctionnel de Paris, du 19 février 1829, confirmé par arrêt de la cour royale du 8 avril suivant.

Articles intitulés : *L'âne béni et pendu; Galotti et M. Portalis; Le mouton enragé,* condamnés pour offenses envers la religion, le roi et un fonctionnaire public. Jugement du tribunal correctionnel de Paris, du 25 juillet 1829, et arrêt confirmatif du 19 août de la même année.

ALBUM *anecdotique,* recueil légitimiste. Articles insérés au numéro 16 du recueil : attaques contre les droits constitutionnels du roi ; exposition dans un lieu public de signes ou symboles séditieux. Arrêts de la cour d'assises de la Seine, des 4 février, 23 avril et 21 octobre 1833. Ce dernier arrêt a maintenu la saisie des numéros incriminés et ordonné qu'ils seraient détruits. (*Gazette des tribunaux* des 4 et 5 février, 24 avril et 21 octobre 1833. (*Moniteur* du 29 avril 1833.)

ALBUM *hérétique,* mis en vente par Régnier Becker, commissionnaire en marchandises. Outrage à la morale publique et religieuse et aux bonnes mœurs. Arrêt de la cour d'assises de la Seine, du 9 août 1842, qui a ordonné la destruction de l'ouvrage. La condamnation a été mentionnée au *Moniteur* du 15 décembre 1843.

ALGER *et les élections,* article inséré dans le journal l'*Aviso* de la Méditerranée, et contenant diffamation envers M. de Bourmont. Jugement du tribunal correctionnel de Toulon, du 3 juin 1830. *Voy.* AVISO *de la Méditerranée.*

ALINE *et Valcour,* ou *Le Roman philosophique,* par de Sade, auteur de *Justine,* ou *Les malheurs de la vertu.* Arrêt de la cour royale de Paris, du 19 mai 1815, qui ordonne la destruction de l'ouvrage.

ALMANACH-*catéchisme, manuel du peuple,* article inséré au n° 4 de la revue intitulée : *Les droits du peuple,* revue sociale et politique, par Jean Terson, journaliste et prêtre catholique. Excitation à la haine entre les diverses classes de la société. Arrêt de la cour d'assises de la Seine, du 26 novembre 1845, qui a ordonné la suppression et la destruction de l'article incriminé. Cet arrêt a été rapporté par extrait au *Moniteur* du 9 juin 1846. *Voy. Les droits du peuple.*

ALMANACH-*catéchisme, manuel du peuple, par des infiniment petits,* deux brochures portant, l'une la lettre C, et l'autre la lettre D. Les articles incriminés de cet ouvrage sont ceux intitulés : *Le conservateur; La traite des blancs,* chanson ; *Est-ce qu'on meurt de faim? Qu'est-ce que le peuple ? Législature : Les rigueurs salutaires ; Martyrologe démocratique ; Aménités catholiques; Propagande populaire.* Édité par Brée et imprimé par Delcambre. Provocation à la haine entre les diverses classes de la société ; excitation au mépris du gouvernement ; outrage envers la religion catholique, et apologie de faits qualifiés crimes et délits par la loi. Arrêt de la cour d'assises de la Seine, du 31 décembre 1845, qui a ordonné la destruction des exemplaires saisis. (*Gazette des tribunaux* du 1ᵉʳ janvier 1846, et *Moniteur* du 9 juin 1846.)

ALMANACH *de la France démocratique,* publié par Pagnerre et Bouton. Excitation à la haine entre les diverses classes de la société. Arrêt de la cour d'assises de la Seine, du 7 décembre 1846, qui a ordonné la destruction des exemplaires saisis et de ceux qui pourraient l'être. (*Gazette des tribunaux,* du même jour, et *Moniteur,* du 1ᵉʳ août 1847.)

(1) L'arrêt de la cour d'assises du Pas-de-Calais, du 14 décembre 1836, a été l'objet d'un pourvoi devant la cour

ALMANACH *de l'Antechrist,* ou *Pandémonium français,* par Blanc, imprimé par Vrayet de Surcy. Offense envers la personne du roi, et excitation à la haine et au mépris du gouvernement. Arrêt de la cour d'assises de la Seine, du 30 avril 1846. (*Gazette des tribunaux* des 10-22 avril et 1ᵉʳ mai de la même année.) La cour a ordonné la destruction de l'ouvrage. Condamnation mentionnée au *Moniteur* du 9 juin 1846.

ALMANACH *de l'organisation sociale,* par Alexandre-Théodore Dezamy, homme de lettres. Cet ouvrage a été poursuivi et condamné pour outrages à la morale publique et religieuse, attaque contre la propriété et le respect dû aux lois, et provocation à la haine entre les diverses classes de la société ; crimes résultant de la publication des articles intitulés : *Quelques vérités primordiales ; Lois de l'union des sexes; Question du mariage ; Appel aux travailleurs ; La situation égalitaire ; Lois fondamentales ; La définition des mots* PROLÉTAIRES *et* BOURGEOIS. Arrêt de la cour d'assises de la Seine, du 28 mars 1844, qui a ordonné la suppression et la destruction des exemplaires saisis et de ceux qui pourraient l'être. Cette condamnation a été publiée au *Moniteur* du 23 juin 1845. (*Voy. Gazette des tribunaux* du 29 mars 1844.)

ALMANACH *populaire de la France,* pour 1837. Brochure par Auguste Baron, 2ᵉ et 3ᵉ édition. Excitation à la haine et au mépris du gouvernement du roi. Apologie du régicide ; expressions publiques du vœu, de l'espoir ou de la masse de la destruction de l'ordre monarchique constitutionnel ; dérision envers la religion catholique ; attaque contre le respect dû aux lois; et provocation à la haine entre les diverses classes de la société. Arrêts de la cour d'assises du Pas-de-Calais, du 14 décembre 1836 ; de la cour d'assises du Rhône, du 14 mars 1837. Ces deux arrêts, qui ont ordonné la destruction dudit Almanach, ont été publiés dans le *Moniteur* des 11 février et 12 mai 1837 (1). Réimprimé en 1838 à Paris, par les sieurs Roquemaure et Desgeorges, libraires, l'*Almanach populaire* a été l'objet de nouvelles poursuites, et il est intervenu, à la date du 25 mars 1839, un arrêt de la cour d'assises de la Seine, qui en a ordonné la destruction. (*Gazette des tribunaux* des 14 octobre 1837, 22, 23 novembre 1838, et 25 mars 1839.)

ALMANACH *populaire du Pas-de-Calais,* publié par Gombert, gérant du *Progrès,* journal d'Arras.
Voy. ALMANAC *populaire de la France.*

AMANT (l') *pressant.* Gravure obscène. Arrêt de la cour d'assises de Paris, du 14 janvier 1822.

AMANT (l') *heureux.* Gravure obscène. Arrêt de la cour d'assises de Paris, 14 janvier 1822.

AMANTS (les) *surpris.* Gravure obscène. Arrêt de la cour d'assises de Paris, 14 janvier 1822.

AMÉNITÉS *catholiques,* article extrait de l'*Almanach-catéchisme,* par Brée. Provocation à la haine et au mépris du gouvernement. Arrêt de la cour d'assises de la Seine, du 31 décembre 1845. *Voy.* ALMANACH-*catéchisme.*

AMI (l') *de la charte.* Journal publié à Nantes, par Victor Mangin, gérant. Article intitulé : *Epitre à M. le comte de Montlosier, suivie de chansons sur le séjour des missionnaires à Brest,* par Alexandre Bouet, signé de l'initiale L..... (Excitation à la haine et au mépris contre les ministres du culte, et outrages à la religion de l'Etat.) Jugement du tribunal correctionnel de Nantes, du 28 juillet 1827 ; arrêt de la cour royale de Rennes, du 20 août suivant. Plusieurs articles de ce journal ont encore été poursuivis, sous prévention de calomnie, de diffamation et de délits politiques, dans le cours des années 1830, 1831, 1833, 1834, 1835 et 1843, mais il n'est intervenu à leur égard aucun jugement de condamnation. (*Voy. Gazette des tribunaux* des 5, 19 et 25 août 1827, 21 juillet et 2 août 1830, 26 janvier et 2 septembre 1831, 12 jan-

de cassation. Mais à la date du 2 février 1837, ce pourvoi a été rejeté. (*Moniteur* du 11 février 1837.)

vier 1833, 19 février, 22 septembre, 2 et 4 octobre 1834, 3 juin, 14 septembre 1835, 8 mai 1843.)

AMI (l') *des lois*. Journal. Article attentatoire à la dignité royale et diffamatoire envers la garde nationale. Arrêt de la cour d'assises de la Haute-Vienne, du 18 août 1831. (*Gazette des tribunaux* du 9 septembre suivant.)

AMI (l') *de la vérité*. Journal publié par Godefroy, gérant. (Article contenant excitation à la haine et au mépris du gouvernement du roi.) Arrêt de la cour d'assises de Caen, du 5 décembre 1831. (*Gazette des tribunaux* du 12 du même mois.) Articles insérés aux numéros 22, 37, 62, 105, des 15 mars et 6 mai 1832, 30 août et 20 octobre 1833, 20 et 27 avril 1834, intitulés : *Le drapeau blanc est le seul drapeau français* ; *Adieux à l'année 1832* ; *Encore une douceur du juste-milieu* ; contenant provocation à la désobéissance aux lois. Arrêts de la cour d'assises du Calvados, des 20 février et 14 août 1832, et 22 novembre 1834. (*Gazette des tribunaux* des 31 mars, 23 août 1832, et 24 novembre 1834.) Condamnation publiée au *Moniteur* du 7 août 1835.

AMI (l') *du peuple*, le sieur Morel gérant. Article diffamatoire envers les forts de la halle. Jugement du tribunal correctionnel de Paris, du 7 septembre 1830. Ce jugement ayant été frappé d'appel, le gérant a été acquitté. (Voy. *Gazette des tribunaux* des 13 septembre et 9 décembre 1830.)

AMNISTIE *accordée, par l'ordonnance du 13 novembre 1816, aux militaires qui ont suivi le roi à Gand*. Condamnation par jugement du tribunal de première instance de la Seine, du 13 mars 1817. La destruction de l'écrit a été ordonnée.

AMOUR (l') *au grand trot*, ou *La gaudriole en diligence* (vélocifère). Cet ouvrage, dont la nature résulte suffisamment de son titre, a été l'objet de poursuites judiciaires ; mais il nous a été impossible d'en préciser la date.

AMOUR (l') *et la guerre*, ou *Thélène* (4 vol.), par Ducange. Outrage à la morale publique et religieuse. Jugement du tribunal de première instance de la Seine, du 29 janvier 1824, publié au *Moniteur* du 7 novembre 1826. Destruction de l'ouvrage.

AMOUREUX (l') *des onze mille vierges*. Il nous a été impossible d'avoir la date précise des poursuites exercées contre cet écrit.

AMOURS (les) *de Bonaparte*. 1 vol. in-18. Jugement du tribunal correctionnel de la Seine, du 3 avril 1823. Le tribunal a ordonné la destruction de l'écrit, du consentement du prévenu, qui a été acquitté.

AMOURS *de notre saint-père le pape*, avec figures obscènes, publiées par le libraire Rousseau, à Paris. Arrêt de la cour royale de Paris, du 16 novembre 1822, inséré au *Moniteur* du 26 mars 1823. La cour a ordonné la destruction de l'ouvrage du consentement du prévenu, qui a été acquitté.

AMOURS (les) *des dieux païens*, mises en vente par Régnier Becker, commissionnaire en marchandises. Outrages à la morale publique et religieuse et aux bonnes mœurs. Arrêt de la cour d'assises de la Seine, du 9 août 1842, qui a ordonné la destruction de l'ouvrage. Cette condamnation a été publiée au *Moniteur* du 15 décembre 1843.

AMOURS (les) *des rois de France*, gravure obscène, publiée par Goin, imprimeur en taille douce à Paris. Arrêt de la chambre d'accusation de la cour royale, de novembre 1832. En cour d'assises, l'éditeur a été acquitté. Arrêt du 20 décembre 1832 suivant. (*Gazette des tribunaux* du 21 du même mois.)

AMOURS (les) *du chevalier de Faublas*, roman attentatoire à la morale publique et aux bonnes mœurs. Jugement du tribunal correctionnel de Paris, du 24 novembre 1826, qui a ordonné la suppression des exemplaires saisis. (*Gazette des tribunaux* du 30 du même mois.) Voy. FAUBLAS.

AMOURS (les) *secrètes de M. Mayeux, écrites par lui-même*, avec dessins ; mises en vente par Pierre Bou, colporteur. Outrage à la morale publique et aux bonnes mœurs. Arrêt de la cour d'assises de la Seine-Inférieure, du 8 septembre 1844, qui a ordonné la destruction de l'ouvrage. Cette condamnation a été publiée dans le *Moniteur* du 3 décembre 1844.

ANE (l') *béni et pendu*. Article inséré dans l'ancien *Album*, journal, par Magallon. Dérision envers la religion de l'Etat. Jugement du tribunal correctionnel de Paris, du 15 juillet 1829. (*Gazette des tribunaux* des 11 et 16 juillet, même année.)

ANGUILLE (l'), chanson de Pradel. (Outrages aux bonnes mœurs.) Arrêt de la cour royale de Paris, des 11 juillet et 11 novembre 1822. Ces arrêts, qui ont ordonné la destruction de l'écrit, ont été insérés au *Moniteur*, sous la date des 26 juillet 1822 et 26 mars 1823.

ANNALES *du commerce*, journal publié par Gilbert, éditeur gérant. Article extrait d'un poëme intitulé : *Saint Guignolet*, contenant outrage à la religion de l'Etat, à la morale publique et aux bonnes mœurs. Jugement du tribunal correctionnel de Paris, du 16 juillet 1828. Le tribunal a ordonné l'insertion de ce jugement dans les colonnes du journal condamné. Arrêt confirmatif de la cour royale de Paris, du 29 avril 1830. (Voy. *Gazette des tribunaux*, des 7 juillet et 21 août 1828, 23 et 30 avril 1830.)

ANNIVERSAIRE (l') ou *Le barde Hradschin aux fêtes de juillet*, par Charpentier de Damery. Offense envers la personne du roi, excitation à la haine et au mépris de son gouvernement, et attaque contre ses droits constitutionnels. Arrêt de la cour d'assises de Paris, du 24 octobre 1834, publié au *Moniteur* du 30 déc. de la même année. La destruction de l'écrit a été ordonnée.

ANNOTATEUR *boulonnais*, journal. Article intitulé : *Association du Pas-de-Calais pour le refus des impôts illégaux*. Excitation à la haine et au mépris du gouvernement. Arrêt de la cour royale de Douai, du 11 mai 1830. (Voy. *Gazette des tribunaux*, des 27 déc. 1829, 9 janvier et 13 mai 1830.)

ANTHOLOGIE *érotique*. Un vol. in-8°. Jugement du tribunal de première instance de la Seine, du 7 mars 1825. Destruction ordonnée.

APERÇUS *historiques*, par Nicolas Billotey, homme de lettres. Provocation à la désobéissance aux lois. Arrêt de la cour d'assises de Paris, du 28 juin 1820. Cet arrêt, qui a été publié au *Moniteur* du 20 août suivant, a ordonné la destruction des exemplaires saisis, ainsi que de ceux qui pourraient l'être par la suite.

APOSTOLIQUE (l'). Journal publié par Mercier, gérant. Article tendant à exciter à la haine et au mépris du gouvernement. Jugement du tribunal correctionnel de Paris, du 28 août 1829. (*Gazette des tribunaux* du 29 du même mois.)

APOTHÉOSE *des quatre condamnés de la Rochelle*, avec cette inscription : *Pro patria* (gravure séditieuse). Arrêt de la cour royale de Paris, du 26 août 1823. Destruction de la gravure.

APOTHÉOSE *de Bonaparte* (gravure). Arrêt de la cour royale de Paris, du 26 août 1823. Destruction ordonnée. Cette gravure a été reproduite en 1822 et a été l'objet de nouvelles poursuites. Voy. la *Gazette des tribunaux* des 1er juin et 11 juillet de la dite année.

APPRÊTS (les) *du bal*, mis en vente par Régnier Becker. Outrages à la morale publique et religieuse et aux bonnes mœurs. Arrêt de la cour d'assises de la Seine, du 9 août 1842. Destruction ordonnée. La mention de la condamnation a été faite au *Moniteur* du 15 décembre 1843.

APPUI (l') *des braves*, cantate en douze chants, par Perrin, architecte. Ecrit séditieux. Arrêt de la cour royale de Paris, du 22 mars 1823, publié au *Moniteur* du 20 mars 1823. Destruction de l'écrit ordonnée.

APRÈS LA VICTOIRE, gravure, mise en vente par Deshayes et la femme Gouin, marchands d'estampes. Outrage à la morale publique et aux bonnes mœurs,

Arrêt de la cour d'assises de la Seine, du 28 nov. 1845, qui a ordonné la destruction de la gravure. Mention de cette condamnation a été faite au *Moniteur* du 9 juin 1846. (Voy. *Gazette des tribunaux* du 29 nov. 1845.)

ARÉTIN (l') *français*, avec figures. Un vol. publié par Jean-Hemerie Bourrut, fabricant à Paris, Ouvrage condamné comme attentatoire aux bonnes mœurs et à la morale publique et religieuse, par arrêt de la cour royale de Paris, du 19 mai 1815, et par jugement du tribunal de première instance de la Seine, du 25 février 1825. L'extrait du jugement a été inséré au *Moniteur* du 7 novembre 1826. L'arrêt et le jugement ont ordonné la destruction de l'ouvrage. L'*Arétin* a été l'objet de nouvelles poursuites pendant le cours des années 1828 et 1830. Voy. *Gazette des tribunaux* des 6 janvier 1828 et 16 janvier 1830.

ARÉTIN (*Histoire et vie de l*') ou *Entretiens de Madelon et de Julie*. Voy. l'ARÉTIN *français*.

ARRESTATION *de la mère des charpentiers*, article publié dans le premier numéro de la revue intitulée : *Les droits du peuple*, *revue sociale et politique*, par Jean Terson. Excitation à la haine et au mépris du gouvernement. Arrêt de la cour d'assises de la Seine, du 26 novembre 1845, qui ordonne la destruction du numéro où le dit article a été inséré. La condamnation ci-dessus a été mentionnée au *Moniteur* du 9 juin 1846. Voy. *les* DROITS *du peuple*.

ASSASSINAT *des prévenus dans leur prison*, article inséré dans le numéro du 17 juillet 1835, du journal *le Réformateur*, par Jaffrenou. Attentat contre le gouvernement. Arrêt de la cour d'assises de la Seine, du 7 octobre 1835. La cour a maintenu la saisie du numéro du journal et en a ordonné la suppression et la destruction. Cette condamnation a été publiée au *Moniteur* du 26 juin 1836.

ASSOCIATION *du Pas-de-Calais pour le refus des impots illégaux*. Article publié dans l'*Annotateur boulonnais*, numéro du ... 1829. Arrêt de la cour royale de Douai, du 11 mai 1830. Voy. ANNOTATEUR *boulonnais*.

ATROCITÉ, *sottise et fourberie ou le scalpel de raison et vérité*, ou *Autopsie du monstre Pankalaphagon* (dévorant tout), *et de toute sa famille*. Brochure sans nom d'auteur, imprimée et publiée par Dentu. Attaques contre la personne du roi et contre la dignité royale. Arrêt de la cour d'assises de la Seine, du 6 mai 1833. (*Gazette des tribunaux* du même jour.)

ATTENTE (l') *Voluptueuse*, gravure obscène. Jugement du tribunal correctionnel de la Seine, du 7 mars 1823. Le tribunal a ordonné la destruction de la gravure. L'*Attente voluptueuse* a été de nouveau mise en vente en 1842, par Régnier Becker, et, à la date du 9 août de la même année, il est intervenu à la cour d'assises de la Seine un arrêt qui en a ordonné la suppression. Cette dernière condamnation a été publiée au *Moniteur* du 15 décembre 1843.

ATTENTION, écrit séditieux, par Bousquet-Deschamps. Condamné par deux arrêts de la cour d'assises de Paris : l'un et l'autre en date du 23 juin 1820. Le premier condamne le libraire, et le deuxième l'auteur. Ces arrêts, qui ont été publiés au *Moniteur* des 15 et 20 août 1820, ont ordonné la destruction des exemplaires saisis, ainsi que de ceux qui pourraient être ultérieurement

AU ROI, 2ᵉ satire, par Louis Bastide, homme de lettres. Offense envers le roi, et attaque contre l'inviolabilité de sa personne. Arrêt de la cour d'assises de la Seine, du 9 avril 1834, qui a ordonné la destruction de la satire. Cet arrêt a été inséré au *Moniteur* du 30 décembre de la même année.

AUJOURD'HUI *et demain*, ou *Ce qui adviendra*. Brochure politique, par M. Sostène de la Rochefoucault. Attaque contre l'autorité du roi. Arrêt de la cour d'assises de la Seine, du 7 janv. 1833. (*Gazette des tribunaux* du même jour.)

AURORE (l) *d'un beau jour*, ou *Épisode des 5 et 6 juin* 1832, poème par Noël Parfait. Edité par Chaumerot, Bousquet et Gabriel Dentu, libraires à Paris. Excitation à la haine et au mépris du gouvernement et offense envers le roi. Arrêt de la cour d'assises de la Seine, du 13 sept. 1833. La cour a ordonné la suppression de l'écrit, et l'impression de l'arrêt de condamnation au nombre de 50 exemplaires. (*Gazette des tribunaux* du 15.)

AUTOPSIES. Article publié dans le journal *la Caricature*, avec lithographie. Allusions offensantes envers le gouvernement. Arrêt de la cour d'assises de la Seine, du 28 janvier 1833. (*Gazette des tribunaux* du 30 du même mois.)

AUTRES TEMPS AUTRES MOEURS, ou *Les deux mois de février*. Article inséré dans le numéro du 10 février 1838, du journal *la Mode*, par Voillet de Saint-Philibert. Offense envers la personne du roi. Arrêt de la cour d'assises de la Seine, du 20 février 1838. La cour a ordonné la destruction de tous les exemplaires du journal qui ont été saisis, et de ceux qui pourraient l'être par la suite. Cette condamnation a été publiée dans le *Moniteur* du 18 mai 1838.

AVENTURES *divertissantes du duc de Roquelaure*, suivant les mémoires trouvés dans le cabinet du maréchal d'H.., publiées par Bouquin, libraire à Paris. Outrage à la morale publique et aux bonnes mœurs. Jugements du tribunal de première instance de la Seine, des 12 août et 8 novembre 1826. Ces deux jugements, qui ont ordonné la destruction des exemplaires saisis, ont été insérés au *Moniteur* du 10 septembre 1826. Réimprimées en 1842, les *Aventures du duc de Roquelaure* ont été poursuivies de nouveau par le parquet. (*Gazette des tribunaux*, des 10 et 27 avril 1842.)

AVERTISSEMENT *aux Catholiques sur les dangers qui les menacent dans leurs enfants*. Brochure, par M. l'abbé Souchet, chanoine titulaire de l'église cathédrale de Saint-Brieuc. Efforts tendant à troubler la paix publique en excitant la haine et le mépris des citoyens contre une classe de personnes. Arrêt de la cour d'assises du Calvados, du 15 février 1845. Cet arrêt ordonne la suppression et la destruction, tant des exemplaires de l'écrit déjà saisis, que de ceux qui pourraient l'être ultérieurement. La présente condamnation a été publiée au *Moniteur* du 30 mars 1845.

AVIS (l') *au peuple et à la chambre des députés*, par Delpech. Cet écrit a été poursuivi comme présentant un caractère de sédition, mais il a été condamné seulement comme ayant été imprimé sans nom d'imprimeur. Jugement du tribunal correctionnel de Paris, du 5 janvier 1832. (*Gazette des tribunaux* du lendemain.)

AVIS *aux citoyens sur les événements du 5 juin*. Attaque contre le gouvernement. Arrêt de la cour d'assises de la Seine, du 14 juillet 1820, qui a ordonné la suppression et la destruction de l'écrit.

AVISO *de la Méditerranée*, feuille périodique publiée par Marquesy, avocat. Article contenant dérision envers la religion de l'Etat, en reproduisant l'article du *Courrier français* sur *les croyances religieuses*. Arrêt de la cour royale d'Aix, confirmatif d'un jugement de première instance du 3 décembre 1829. Article intitulé : *Alger et les élections*. Diffamation envers le général de Bourmont. Jugement du tribunal correctionnel de Toulon, du 3 juin 1830. (Voy. *Gazette des tribunaux*, des 14 et 15 décembre 1829, 4 et 11 juin 1830.)

B

BALAI (le), poëme héroï-comique, in-18, par Dulaurens. Cet ouvrage a été poursuivi comme renfermant le délit d'outrage à la morale publique, mais il n'en est point intervenu de condamnation judiciaire.

BARDE (le) *de Hradschin aux fêtes de juillet*, ou *L'anniversaire*, par Charpentier. Voy. ANNIVERSAIRE.

BATAILLE (la) *de Nori*, mise en vente par Eric Jean Rameau, ouvrier bijoutier et colporteur. Outrage à la morale publique et aux bonnes mœurs. Arrêt de la cour d'assises de la Seine, du 30 mars 1843. Destruction ordonnée. (*Moniteur* du 15 décembre 1843.) Voy. les GAUDRIOLES *de M. Gaillard*.

BELLE ALMANDE (la), ou *Galanteries de Thérèse*. Cet écrit dont le caractère ressort suffisamment du titre a été l'objet de poursuites de la part du parquet, mais il n'y a point eu de condamnation insérée au *Moniteur*.

BELLE MAIN (la), chanson licencieuse, par Debraux. Arrêt de la cour royale de Paris, du 29 mai 1823. Voy. CHANSONS *de Debraux*.

BELLE SANS CHEMISE (la). Les poursuites dirigées contre cette publication obscène n'ont point été publiées au *Moniteur*.

BÉRANGER, mis en vente par Becker. Outrages à la morale publique. Arrêt de la cour d'assises de la Seine, du 9 août 1842. Destruction ordonnée (*Moniteur* du 15 décembre 1843.)

BIBLE (la) *de la liberté*, par l'abbé Constant, éditée par Legallois, libraire. Attaques contre la propriété et outrage à la morale publique et religieuse. Arrêt de la cour d'assises de la Seine, du 11 mai 1841, publié au *Moniteur* du 12 mars 1842. La cour a ordonné la destruction des exemplaires saisis et de ceux qui pourraient l'être par la suite.

BIBLIOTHÈQUE *historique*, par Chevalier et Raynaud. 2e 4e et 5e cahiers du 1er vol.; 1er, 3e et 6e cahiers du 11e vol. Attaque contre le gouvernement. Arrêt de la cour royale de Paris, du 14 décembre 1818. Destruction des exemplaires saisis. L'un des auteurs, le sieur Chevalier, ayant publié un supplément à la Bibliothèque historique, ce supplément a aussi été l'objet de poursuites de la part du ministère public, et il est intervenu, à la date du 7 janvier 1819, un jugement du tribunal correctionnel de la Seine qui a ordonné la destruction des exemplaires saisis.

BIBLIOTHÈQUE *de Paillards*. Cette publication immorale a été l'objet de poursuites judiciaires, mais il nous a été impossible de trouver la date du jugement qui les a suivies.

BIBLIOTHÈQUE *des romans*. Cahier de gravures représentant des sujets obscènes, mise en vente par Mayer. Arrêt de la cour d'assises de la Seine, du 11 avril 1843. Destruction ordonnée. (*Moniteur* du 15 décembre 1843.)

BIJOU (le) *de société*. Arrêt de la cour royale de Paris, du 19 mai 1815. La cour a ordonné la destruction de l'ouvrage.

BIJOUX (les) *indiscrets*, roman érotique et satirique, par Diderot. Outrage à la morale publique et religieuse et aux bonnes mœurs. Arrêt de la cour d'assises du Nord, du 2 février 1835, qui a ordonné la destruction du roman, mentionné au *Moniteur* du 7 août 1835.

BIOGRAPHIE, ou *Galerie historique des contemporains*, par Barthélemy. Article relatif au comte de Mosbourg. Arrêt de la cour royale de Paris, du 17 avril 1823, qui a ordonné la suppression de cet article dans tous les exemplaires non vendus et l'insertion de l'arrêt dans le IIIe vol. de la *Biographie*.

BIOGRAPHIE *des commissaires de police et officiers de paix de la ville de Paris*, par Guyon. Arrêt de la cour royale de Paris, du 12 décembre 1826, qui ordonne la destruction des exemplaires saisis et de ceux qui pourraient l'être.

BIOGRAPHIE *des contemporains*. Articles : *Frères Faucher*, par Jouy ; *Boyer Fonfrède*, par Jay ; contenant excitation à la haine et au mépris du gouvernement. Arrêt de la cour royale de Paris, du 10 avril 1823, qui a ordonné la suppression des deux articles incriminés. Ledit arrêt a été inséré au *Moniteur* du 2 mai 1823 et 26 mars 1825. Deux autres articles de la même *Biographie*, intitulés : *d'Argenson et Baden*, ont été condamnés par jugement du tribunal correctionnel de Paris, du 22 avril de la même année.

La suppression des articles a été également ordonnée.

BIOGRAPHIE *des dames de la cour et du faubourg Saint-Germain*, par Pitou. Arrêt de la cour royale du 21 novembre 1826.

BIOGRAPHIE *des députés de la chambre septennale*, par Massey de Tyronne et Dentu. Arrêt de la cour royale de Paris, du 28 février 1829. Destruction des exemplaires saisis et de ceux qui pourraient l'être.

BIOGRAPHIE (petite) *des députés*, par Raban. Arrêt de la cour royale de Paris, du 6 mars 1827. Destruction des exemplaires saisis.

BIOGRAPHIE (petite) *des gens de lettres vivants*, articles : *Fiévée*, *Virginie de Senancourt* et *Armand Gouffé*. Diffamation et outrage à la morale publique et aux bonnes mœurs. Jugement du tribunal correctionnel de la Seine, du 22 août 1826, publié au *Moniteur* du 7 novembre 1826. Destruction des exemplaires saisis.

BIOGRAPHIE *des imprimeurs et libraires*, par Imbert. Arrêt de la cour royale de Paris, du 28 avril 1827, qui ordonne la destruction des exemplaires saisis.

BIOGRAPHIE *des médecins*, par Morel. Jugement du tribunal correctionnel de Paris, du 17 octobre 1826, qui ordonne la destruction du livre.

BIOGRAPHIE (petite) *des pairs*, par Raban, 1 vol. in-52. Arrêt de la cour royale de Paris, du 12 décembre 1826. Destruction des exemplaires saisis et de ceux qui le seraient ultérieurement.

BIOGRAPHIE *des préfets*, par Delamotte-Langon. Arrêt de la cour royale de Paris, du 21 avril 1827. La cour a ordonné la destruction de l'ouvrage, du consentement du prévenu, qui a été acquitté.

BIOGRAPHIE (nouvelle) *pittoresque des députés de la chambre septennale*, par Lagarde. Arrêt de la cour royale de Paris, du 28 novembre 1826. Destruction ordonnée.

BIOGRAPHIE *pittoresque des pairs de France*, par Montgalve. Arrêt de la cour royale de Paris, du 28 novembre 1826. La cour a ordonné aussi la destruction des exemplaires saisis et de ceux qui pourraient l'être.

BONAPARTIANA (le) de 1815. Jugement du tribunal de première instance de la Seine, du 20 mars 1816. La destruction de l'ouvrage a été ordonnée.

BON DIEU (le). Chanson de Béranger. Arrêt de la cour d'assises de Paris, du 8 décembre 1821. Arrêt de la cour royale de Paris, du 16 novembre 1822 ; jugement du tribunal correctionnel de la Seine, du 31 mai 1826. Ces arrêts et jugement ont ordonné la destruction des exemplaires saisis, et ont été insérés par extrait au *Moniteur* des 17 mars 1822, 26 mars 1825 et 6 août 1826.

BON FRANÇAIS (le), *Almanach universel pour 1837*, publié par Ducollet, libraire à Nantes, imprimé par Bailly. Excitation à la haine et au mépris du gouvernement du roi ; atteinte aux droits que le roi tient du vœu de la nation française. Arrêt de la cour d'assises du département de Maine-et-Loire, du 14 février 1837. Cette condamnation a été publiée au *Moniteur* du 15 mars 1837.

BON SENS (le), journal, n° du 17 juillet 1836. Apologie de l'attentat commis par Alibaud, le 25 juin 1836, contre la vie du roi ; outrage à la morale publique. Arrêt de la cour d'assises de la Seine, du 8 août 1836, publié au *Moniteur* du 18 janvier 1837.

BON SENS (le) *du curé Meslier*. Outrage à la morale publique et religieuse et aux bonnes mœurs. Jugement du tribunal correctionnel de Paris, du 20 août 1824, qui ordonne la destruction de l'ouvrage. Arrêt de la cour d'assises du Nord, du 2 février 1835, de la cour royale de Douai, du 1er septembre 1837 ; de la cour d'assises de la Vienne, du 12 décembre 1838. Ces trois arrêts, qui ont aussi ordonné la destruction de l'ouvrage, ont été publiés au *Moniteur* des 7 août 1835, 18 mai 1838 et 9 juin 1839.

BOUTADE *d'un riche à sentiments populaires*, par Voyer-d'Argenson, publié par Reverchon. Excitation à la haine et au mépris d'une classe de personnes, et attaque au droit de propriété. Arrêt de la cour d'assises du Rhône, du 22 mars 1834. (*Gazette des tribunaux* du 26 du même mois.)

BRID'OISON, journal publié à Paris, par Henrion de Bussy. Numéro du 5 juin 1832, contenant les articles intitulés : *Les ingrats, les impies et les brigands*, et la *proclamation* du 2 juillet 1834; des 2 et 26 octobre de la même année. Excitation à la haine et au mépris du gouvernement; offenses envers la personne du roi et des membres de la famille royale. Arrêts de la cour d'assises de la Seine, du 11 août 1832, 22 octobre 1834, 15 janvier et 14 mars 1835. La destruction des numéros incriminés a été ordonnée. (*Gazette des tribunaux* du 12 août 1832 et *Moniteur* du 7 août 1835.)

BROCHURE *politique*, par Noiret, ouvrier tisserand. Attaque contre la propriété et excitation à la haine entre les diverses classes de la société. Arrêt de la cour d'assises de la Seine-Inférieure, du 31 juillet 1841. (*Gazette des tribunaux* du 2 août suivant.)

BULLETIN *politique*. Article inséré dans la 46ᵉ livraison du journal intitulé : *Les tablettes universelles*, par Jacques Coste. Excitation à la haine et au mépris du gouvernement du roi. Jugement du tribunal correctionnel de Paris, du 24 décembre 1823, confirmé par arrêt de la cour royale du 29 janvier 1824. *Voy.* TABLETTES *universelles*.

C

CACOMONADE (la), ou *Histoire du mal de Naples*, par Linguet. Outrages aux bonnes mœurs. Jugement du tribunal correctionnel de Paris, du 12 octobre 1822, confirmé par arrêt de la cour royale, du 16 novembre suivant. La destruction de l'ouvrage a été ordonnée. (*Moniteur* du 20 mars 1825.)

CADRAN (le) *de la volupté*. 1 vol. publié par Régnier Becker. Ouvrage attentatoire à la morale publique et religieuse et aux bonnes mœurs. Arrêt de la cour d'assises de la Seine, du 9 août 1842, qui a ordonné la destruction des exemplaires saisis. (*Moniteur* du 15 décembre 1843.)

CADUCITÉ *des religions révélées*. Brochure par Michel Toussaint, correcteur typographe. Attaques contre la morale et la religion. Arrêt de la cour d'assises de la Seine, du 15 mars 1844, qui ordonne la destruction des exemplaires saisis.(*Gazette des tribunaux* du lendemain, et *Moniteur* du 23 juin 1845.)

CANCANS *anticomédiens*, par Denis Capry. Excitation à la guerre civile, offense envers la personne du roi, et attaque contre l'ordre de successibilité au trône. Arrêt de la cour d'assises des Bouches-du-Rhône, du 19 juin 1833, qui a ordonné la destruction des exemplaires saisis. (*Moniteur* du 50 octobre 1833.)

CANCANS *correctionnels*, par Bérard. Prévention d'offense envers la personne du roi. Arrêt de la cour d'assises de la Seine, du 10 mai 1832. (*Gazette des tribunaux* du lendemain.)

CANCANS *décisifs*, imprimés et mis en vente par Dentu. Offense envers la personne du roi ; excitation à la haine et au mépris du gouvernement, et attaque contre les droits constitutionnels du roi. Arrêt de la cour d'assises de la Seine, du 5 février 1833, qui a ordonné la destruction des exemplaires saisis, ainsi que de tous ceux qui pourraient l'être ultérieurement. Condamnation publiée au *Moniteur* du 29 juin 1833.

CANCANS *en cour d'assises*, par Bérard. Prévention d'offense au roi. Arrêt de la cour d'assises de la Seine, du 10 mai 1832. (*Gazette des tribunaux* du lendemain.)

CANCANS *en liberté sous caution*, par Bérard. Excitation à la haine et au mépris du gouvernement du roi. Arrêt de la cour d'assises des Bouches-du-Rhône, du 13 mai 1833, publié au *Moniteur* du 30 octobre de la même année.

CANCANS *fidèles*, par Bérard. Offenses envers la personne du roi, et attaque contre ses droits constitutionnels. Arrêts de la cour d'assises de la Seine, des 26 mars et 11 juillet 1834, qui ont ordonné la destruction des exemplaires saisis, publiés au *Moniteur* du 30 décembre de la même année.

CANCANS *flétrissants*, par Bérard, imprimés et mis en vente par Dentu. Offense envers la personne du roi, excitation à la haine et au mépris du gouvernement et attaques contre les droits constitutionnels du roi. Arrêt de la cour d'assises de la Seine, du 5 février 1833. Destruction des exemplaires saisis ainsi que de ceux qui pourraient l'être. (*Moniteur* du 29 juin 1833.)

CANCANS *historiques*, publiés par Denis Capry. Excitation à la haine et au mépris du gouvernement du roi. Arrêt de la cour d'assises des Bouches-du-Rhône, du 23 janvier 1833. Destruction ordonnée. (*Moniteur* du 29 juin 1833.)-

CANCANS *indignés*, par Bérard. Offense envers la personne du roi, excitation à la haine et au mépris du gouvernement, et attaques contre les droits constitutionnels du roi. Arrêt de la cour d'assises de la Seine, du 5 février 1833. Destruction ordonnée. (*Moniteur* du 7 avril de la même année.)

CANCANS *indomptables*, par Bérard. Prévention d'outrage au jury. Arrêt de la cour d'assises de la Seine, du 10 mai 1832.(*Gazette des tribunaux* du lendemain.)

CANCANS *infatigables*, publiés par Denis Capry. Excitation à la haine et au mépris du gouvernement, et offense envers la personne du roi. Arrêt de la cour d'assises des Bouches-du-Rhône, du 24 janvier 1833, publié au *Moniteur* du 29 juin de la même année.

CANCANS *inflexibles*, par Bérard. *Voy.* CANCANS *flétrissants*.

CANCANS *militaires*, par Bérard. Excitation à la haine et au mépris du gouvernement du roi. Arrêt de la cour d'assises de la Seine, du 10 mai 1832. (*Gazette des tribunaux* du lendemain.)

CANCANS *persévérants*, par Denis Capry. Attaques contre les droits que le roi tient du vœu de la nation. Arrêt de la cour d'assises des Bouches-du-Rhône, du 29 mars 1833, qui ordonne la destruction de l'écrit. (*Moniteur* du 29 juin 1833.)

CANCANS *persévérants*, par Bérard. Offense envers la personne du roi. Arrêt de la cour d'assises de la Seine, du 29 mars 1833, publié au *Moniteur* du 29 juin 1833. Destruction ordonnée.

CANCANS *révoltés*, par Bérard, édités par Guillaume Gérard. Offenses envers la personne du roi, et excitation à la haine et au mépris du gouvernement. Arrêts de la cour d'assises de la Seine, des 22 avril et 11 juillet 1834. Ces deux arrêts ont ordonné la destruction des exemplaires saisis. (*Moniteur* du 30 décembre de la même année.)

CANCANS *véridiques*, par Bérard. Offense envers la personne du roi, et attaque contre ses droits constitutionnels. Arrêt de la cour d'assises de la Seine, du 5 février 1833. Confiscation des exemplaires saisis. (*Moniteur* du 7 avril 1833.)

CANONADE (la), par Linguet. Arrêt de la cour royale de Paris, du 16 novembre 1822, publié au *Moniteur* du 26 mars 1825. Destruction ordonnée. *Voy.* CHANSONS *de Béranger*.

CANTATE *en douze chants sur l'appui des braves*, par Perrin. Chant séditieux. Arrêt de la cour royale de Paris, du 22 mars 1825, inséré au *Moniteur* du 26 mars 1825. La cour a ordonné la destruction de l'écrit.

CAPUCINS (les), ou *Le secret du cabinet noir*. Arrêt de la cour royale de Paris, du 21 décembre 1822, qui ordonne la destruction de l'ouvrage.

CAPUCINS (les), chanson de Béranger. Arrêt de la cour d'assises de la Seine, du 28 décembre 1821 ; de la cour royale, du 16 novembre 1822 ; et jugement du tribunal correctionnel de Paris, du 31 mai 1826. *Voy.* CHANSONS *de Béranger*.

CARDINAL (le) et le capucin. Article publié dans le journal le Nain, renfermant des outrages à la morale publique et religieuse. Arrêt de la cour royale de Paris, du 25 juin 1825, inséré au Moniteur du 30 novembre 1825. La cour a validé la saisie des numéros 5, 7, 10, 11, 12 et 13, et a ordonné en même temps l'insertion de son arrêt dans le journal le Nain.

CARICATURE (la). Journal avec gravures, publié par Philippon et Aubert (n° 84). Article intitulé : Autopsies ; et lithographie ayant pour titre : Projet d'un monument. Offense envers la personne du roi. Arrêt de la cour d'assises de la Seine, du 28 janvier 1833, qui ordonne la destruction des exemplaires saisis. (Moniteur du 14 mars 1833.) Voy. AUTOPSIES et PROJET d'un monument.

CARICATURES (les). Article publié dans le Grondeur, journal, par Chabot. Injures envers les ministres du culte et efforts tendant à troubler la paix publique. Jugement du tribunal correctionnel de Paris, du 14 juillet 1829. Voy. GRONDEUR.

CARLINE et Belval, ou Les leçons de la volupté ; 2 vol. in-18. Cet ouvrage licencieux a été l'objet de poursuites judiciaires, mais il ne nous a pas été possible de trouver la date du jugement qui les a suivies. Du reste, il n'a été inséré au Moniteur aucune condamnation qui lui soit relative.

CARNOT, par Rioust. Arrêt de la cour royale de Paris, du 30 avril 1817, qui ordonne la destruction de l'écrit.

CAROLINE de Saint-Hilaire, ou Les...... du Palais-Royal. Cette publication licencieuse a été l'objet de poursuites de la part du parquet, mais il nous a été impossible de trouver la date du jugement qui les a suivies.

CARTONNAGES à sujets obscènes, exposés en vente par Louis-Jules Guerrier, imprimeur lithographe, à Paris. Arrêt de la cour d'assises de la Seine, du 29 janvier 1845. Destruction ordonnée. (Moniteur du 29 janvier 1845.)

CATACOMBES monarchiques. Article inséré dans le n°... du journal le Charivari, publié par Claude Simon. Excitation à la haine et au mépris du gouvernement du roi. Arrêt de la cour d'assises de la Seine, du 28 octobre 1835, qui a ordonné la destruction des exemplaires saisis et de ceux qui pourraient l'être. (Moniteur du 26 juin 1836.)

CATÉCHISME du prolétaire, ou Réforme sociale. Brochure par Sauriac, membre de la société des droits de l'homme. Voy. RÉFORME sociale.

CATÉCHISME (le) véritable des croyants publié par permission de notre saint-père le pape, et de tous les évêques et archevêques du monde chrétien, par Pierre Dubois, homme de lettres. Outrages à la morale publique et religieuse et outrage et dérision envers la religion catholique, apostolique et romaine. Arrêt de la cour d'assises de la Seine, du 19 septembre 1835, qui a ordonné la destruction de l'ouvrage saisi. (Gazette des tribunaux du 20 septembre 1835.)

CÉCILE, ou La nouvelle Félicia. Outrages aux bonnes mœurs. Jugement du tribunal correctionnel de Paris, du 12 juillet 1827, confirmé par arrêt de la cour royale du 5 août 1828. La destruction de l'ouvrage a été ordonnée.

CENSEUR (le) européen. III° vol., par Comte et Dunoyer. Arrêt de la cour royale de Paris, du 7 octobre 1817. Destruction des exemplaires saisis.

CE QUE J'AIME ET CE QUE JE N'AIME PAS. Article publié dans le journal le Sylphe, par Roubaud fils. Outrage à la morale publique et religieuse et aux bonnes mœurs. Arrêt de la cour royale d'Aix, du 13 décembre 1825, qui a ordonné la destruction des exemplaires du journal et l'article incriminé a été inséré. (Cette condamnation a été publiée au Moniteur du 2 février 1826.)

CE QU'IL FAUT FAIRE, ou Ce qui nous menace, ou Des élections. Écrit séditieux. Arrêt de la cour d'assises de la Seine, du 10 novembre 1821, qui ordonne la destruction de l'écrit.

C'EST PU NANAN. Chanson par Debraux. Voy. CHANSONS de Debraux.

C'EST LE ROI, LE ROI... Chanson par Béranger. Voy. CHANSONS de Béranger.

CHANDELLE (la) d'Arras, poëme en dix-huit chants, publié par le libraire Lagier, à Paris. Outrage à la morale publique et religieuse. Arrêt de la cour royale de Paris, du 21 décembre 1822, publié au Moniteur du 26 mars 1825. Destruction ordonnée.

CHANSON contenant provocation à la désobéissance aux lois, par Alexandre Poulet fils. Arrêt de la cour d'assises de la Seine, du 12 juin 1820. Cet arrêt qui a ordonné la destruction des exemplaires saisis et de ceux qui pourraient l'être, est mentionné au Moniteur du 1er août 1820.

CHANSON, attentatoire à la morale publique et aux bonnes mœurs, imprimée et publiée sans l'indication des noms soit de l'auteur, soit de l'imprimeur, vendue par le nommé Finot, vigneron. Arrêt de la cour d'assises de l'Aube, du 11 août 1843. (Moniteur du 15 décembre 1843.)

CHANSON (la) au XIXe siècle. Recueil de chansons publié par Charles Durand. 11e livraison, comprenant les chansons intitulées : 1° La femme d'un homme public ou le cabinet de M. le maire ; 2° Le mauvais sujet ; 3° Zon, ma Lisette. Outrage à la morale publique et religieuse et aux bonnes mœurs. Arrêt de la cour d'assises de la Seine, du 10 février 1847, inséré par extrait au Moniteur du 1er août 1847. La destruction du recueil a été ordonnée. Voy. Gazette des tribunaux du 11 février 1847.)

CHANSON, contenant offense envers la personne du roi, par Marchal. Arrêt de la cour d'assises de la Seine, du 6 novembre 1835, publié au Moniteur du 26 juin 1836.

CHANSONNIER (le) de la table et du lit, mis en vente par le sieur Redonnet. Jugement du tribunal de première instance de Vannes, du 20 avril 1822, publié au Moniteur des 24 et 25 mai suivant. Destruction des exemplaires saisis.

CHANSONNIER (le) des B...., mis en vente par Becker. Outrages à la morale publique et religieuse et aux bonnes mœurs. Arrêt de la cour d'assises de la Seine, du 9 août 1842. Destruction des exemplaires saisis et de ceux qui pourront l'être ultérieurement. (Moniteur du 15 décembre 1843.)

CHANSONNIER (le) des filles d'amour. 1 vol. in-18, mis en vente par Régnier Becker. Outrages à la morale publique et religieuse et aux bonnes mœurs. Arrêt de la cour d'assises de la Seine, du 9 août 1842, qui ordonne la destruction de l'ouvrage. (Moniteur du 15 décembre 1843.)

CHANSONNIER (le) du bordel, avec gravures obscènes, mis en vente par la femme Goin, marchande d'estampes. Outrages à la morale publique et aux bonnes mœurs. Arrêt de la cour d'assises de la Seine, du 28 novembre 1845, qui a ordonné la destruction de l'ouvrage. Cet arrêt a été mentionné au Moniteur du 9 juin 1846.

CHANSONS de Béranger : Deo gratias ; Descente aux enfers ; Mon curé ; Les capucins ; Les chantres de paroisse ; Les missionnaires ; Le bon Dieu ; Le roi Christophe (3e couplet), etc. Ces chansons ont été frappées de plusieurs condamnations, notamment par arrêt de la cour d'assises de la Seine, du 8 décembre 1821, par arrêt de la cour royale du 16 novembre 1822, et par jugement du tribunal de première instance de la Seine, du 31 mai 1826. Ces arrêts et jugement, qui ont ordonné la destruction des exemplaires saisis et à saisir, ont été publiés au Moniteur du 17 mars 1822, 26 mars 1825 et 6 août 1826.

SUPPLÉMENT : Le cri de la France, commençant par ces mots : Plus de B...., et finissant par ceux-ci : Plus de B.... ; C'est le roi, le roi ; Peuple français, finissant par ces mots : Ne tremblent pas devant des *émigrés*, etc. Condamné par arrêt de la cour d'assises de Paris, du 31 mars 1822, inséré au *Moniteur* du 11 avril 1822 et 26 mars 1825. La cour a ordonné aussi la destruction de ces chansons. Les chansons de Béranger donnèrent encore lieu à plusieurs poursuites, dans le cours des années 1828 et 1829. *Voy.* à cet égard la *Gazette des tribunaux* des 27 et 28 novembre 1828, 11 février et 14 décembre 1829 (1).

CHANSONS *de Debraux*, intitulées : *C'est du nanan ; La belle main ; Lisa ; Mon cousin Jacques*, éditées par Lecouvey, libraire à Paris. (Outrages aux bonnes mœurs.) Arrêt de la cour royale de Paris, du 29 mai 1823, inséré au *Moniteur* du 26 mars 1825. La cour a ordonné la destruction du recueil.

CHANSONS *de Piron, Collé et Gallet*. Arrêt de la cour royale de Paris, du 21 décembre 1822. Destruction du recueil.

CHANSONS *joyeuses*, mises en vente par le même. Jugement du tribunal correctionnel de Vannes, du 29 avril 1822, mentionné au *Moniteur* des 24 et 25 mai de la même année. Le tribunal a ordonné la destruction des exemplaires susdits.

CHANSON *sur la girafe*, contenant outrage envers la personne du roi. Arrêt de la cour royale de Paris, du 22 avril 1828. (*Gazette des tribunaux* du 23 du même mois.)

CHANT *patriotique*. Provocation à la désobéissance aux lois et à la guerre civile. Arrêt de la cour d'assises de la Seine, du 12 juin 1820, qui a ordonné la destruction de l'ouvrage. (*Moniteur* du 1er août 1820.)

CHANTS *prolétaires*. Offense envers la personne du roi. Arrêt de la cour d'assises de la Seine, du 8 février 1837, publié au *Moniteur* du 23 avril de la même année. Destruction ordonnée.

CHANTRES (les) *de paroisse*, par Béranger. Voyez CHANSONS *de Béranger*.

CHAPITRE (un) *de l'histoire de France*, article inséré au numéro 2 de la Revue intitulée : *Les droits du peuple, revue sociale et politique*, par Jean Terson. Provocation à la haine entre les diverses classes de la société. Arrêt de la cour d'assises de la Seine, du 26 novembre 1845, qui a ordonné la suppression et la destruction du numéro où a été publié l'article incriminé. Cette condamnation a été publiée au *Moniteur* du 9 juin 1846. Voy. *les* DROITS *du peuple*.

CHARGE (la) *en douze temps*. Voy. *les* GAUDRIOLES *de M. Caillard*.

CHARIVARI (le), journal, publié par Claude Simon. Numéro du 14 juin 1834, article renfermant le délit prévu et réprimé par l'article 7, § 3, de la loi du 25 mars 1822 (2). Arrêt de la cour d'assises de la Seine, du 30 juin 1834, qui a ordonné la destruction du numéro du journal. (*Moniteur* du 30 décembre 1834.) Numéro 81, article contenant attaque contre la dignité royale. Arrêt de la cour d'assises de la Seine, du 11 juillet 1834, qui ordonne la destruction. (*Moniteur* du 30 décembre de la même année.) Numéro du 11 février 1835, article contenant offense envers la personne du roi. Arrêt de la cour d'assises de la Seine, du 15 avril 1835. (*Moniteur* du 1 août 1835.) Numéro du 17 juillet 1835, article provoquant à la haine et au mépris du gouvernement du roi. Arrêt de la cour d'assises de la Seine, du 28 octobre 1835. (*Moniteur* du 26 juin 1836.) Numéro du 1er décembre 1838, article contenant offense envers la personne du roi. Arrêt de la cour d'assises de la Seine, du 10 janvier 1839. (*Moniteur* du 9 juin de la même année.) Tous ces arrêts ont ordonné la destruction des numéros saisis.

CHAT (le) *chéri*, gravure obscène. Arrêt de la cour d'assises de Paris, du 14 janvier 1822.

CHEMISE (la) *de la courtisane*, lithographie, par Dreuille, éditée par Ligny et Dupaix. Outrage aux bonnes mœurs. Cette lithographie est aussi dans le même cas que celle qui précède. (Voy. *Gazette des tribunaux*, du 28 novembre 1832.)

CHEMISE *de la grisette*, lithographie, par Dreuille et éditée par Ligny et Dupaix. Outrage aux bonnes mœurs. Les poursuites dirigées contre cette lithographie datent du commencement de novembre 1832, mais il nous est impossible d'en donner la date exacte. (Voy. *Gazette des tribunaux*, du 28 novembre 1832.)

CHEMISE (la) *de la religieuse*, lithographie, par Dreuille, éditée par Ligny et Dupaix. Outrages aux bonnes mœurs. Cette lithographie est dans le même cas que la précédente. (Voy. *Gazette des tribunaux*, du 28 novembre 1832.)

CHIFFON (le), chanson de Pradel. Provocation au port public d'un signe extérieur de ralliement non autorisé par la loi. Arrêts de la cour royale de Paris, des 11 juillet et 16 novembre 1822, publiés au *Moniteur* des 26 juillet 1822 et 26 mars 1825. Destruction des exemplaires saisis.

CITATEUR (le), par Pigault-Lebrun, traduction espagnole. Arrêt de la cour royale de Paris, du 26 février 1827. La cour a ordonné la destruction de l'ouvrage du consentement du prévenu qui a été acquitté.

CLÉMENTINE *Androgyne, ou Les caprices de la nature et de la fortune*, par Cuisin, avec figures. Cet ouvrage, qui renferme des outrages aux bonnes mœurs, a été l'objet de poursuites judiciaires, mais il nous a été impossible de nous procurer la date du jugement qui les a suivies ; il n'a d'ailleurs été inséré au *Moniteur* aucune condamnation qui lui soit relative.

CLOITRE *Saint-Merry* (le), par Rey Dusseuil, homme de lettres, édité par Dupont. Provocation non suivie d'effet aux crimes de rébellion et de meurtre. Arrêt de la cour d'assises de la Seine, du 28 février 1833, qui a maintenu la saisie de l'ouvrage et ordonné que les numéros saisis seraient détruits. (*Moniteur* du 7 avril 1833.)

COMPÈRE *Matthieu* (le), ou *Les bigarrures de l'esprit humain*, par Dulaurens. Ce pamphlet a été poursuivi par le parquet comme renfermant le délit d'outrage à la morale publique, mais nous n'avons pu nous procurer la date du jugement qui a suivi les poursuites.

CONCORDAT (le) expliqué au roi par l'abbé Vinson. Arrêt de la cour royale de Paris, du 28 novembre 1816. Destruction ordonnée.

CONFESSIONS (les) *de Clémentine*, publiées par Rousseau. Arrêt de la cour royale de Paris, du 16 novembre 1822, publié au *Moniteur* du 26 mars 1825. La cour a ordonné la destruction du livre du consentement du prévenu qui a été acquitté.

CONFESSIONS *du chevalier de Wilfort*. Ouvrage attentatoire aux bonnes mœurs. Jugement du tribunal correctionnel, du 12 juillet 1827, confirmé par arrêt

---

(1) Une grande quantité d'exemplaires de ces chansons, condamnées comme injurieuses à la morale publique et religieuse, et comme tendant à exciter à la haine et au mépris du gouvernement du roi, ayant été saisie à la douane, fut brûlée dans la cour du greffe, le 16 juillet de la même année.

(2) Voici le texte de cet article : « L'infidélité et la mauvaise foi dans le compte que rendent les journaux et écrits périodiques des séances des chambres et des audiences des cours et tribunaux seront punies d'une amende de 1000 fr. à 6000 fr. — En cas de recidive, ou lorsque le compte-rendu sera offensant pour l'une ou l'autre des chambres, ou pour l'un des pairs ou des députés, ou injurieux pour la cour, le tribunal ou l'un des magistrats, des jurés ou des témoins, les éditeurs du journal seront en outre condamnés à un emprisonnement d'un mois à trois ans. — Dans les mêmes cas, il pourra être interdit pour un temps limité, ou pour toujours, aux propriétaires ou éditeurs du journal, ou écrit périodique condamné, de rendre compte des débats législatifs ou judiciaires. La violation de cette défense sera punie de peines doubles de celles portées au présent article. »

de la cour royale, du 5 août 1828. La destruction a été ordonnée.

Conseil à un ami. Voy. les Gaudrioles de M. Gaillard.

Conservateur (le), article extrait de l'Almanach-catéchisme, par Brée. Provocation à la haine entre les diverses classes de la société. Arrêt de la cour d'assises de la Seine, du 31 décembre 1845, qui ordonne la destruction de l'article. Voy. Almanach-catéchisme.

Considérations politiques, brochure, par de Nugent. Attaque contre le gouvernement. Arrêt de la chambre d'accusation de la cour royale de Paris, du 9 novembre 1830. (Gazette des tribunaux, du 11 du même mois.)

Conspiration de la poire. Écrit publié dans le numéro 192 du journal le Peuple-Souverain, et contenant excitation à la haine et au mépris du gouvernement du roi, et provocation non suivie d'effet, soit à détruire, soit à changer le gouvernement. Arrêt par défaut de la cour d'assises des Bouches-du-Rhône, du 16 novembre 1835. (Moniteur du 26 juin 1836.)

Contes érotiques et poésies de Grécourt, publiés par Rousseau. Arrêt de la cour royale de Paris, du 16 nov. 1822, publié au Moniteur du 26 mars 1825. Destruction du recueil, du consentement du prévenu, qui a été acquitté.

Contes de la princesse de Navarre; 3 vol. in-8°, avec figures. Cet ouvrage, qui renferme des passages offensants pour la morale publique, est encore un de ceux dont nous n'avons pu nous procurer la date du jugement qui a suivi les poursuites dont il a été l'objet.

Correspondance administrative et politique, 2e partie, par Fiévée. Arrêt de la cour royale de Paris, du 29 juin 1818, qui ordonne la suppression de l'écrit.

Corruption (la), article publié dans le journal le Haro national normand, numéro du 16 novembre 1841. Offenses envers la personne du roi, et excitation à la haine et au mépris de son gouvernement. Arrêt de la cour d'assises du Calvados, du 22 février 1842. (Moniteur du 12 novembre 1842.)

Corsaire (le), journal publié par Viennot. Article intitulé : Sottise des deux parts, contenant diffamation envers un tribunal. Jugement du tribunal correctionnel de Paris, du 4 juillet 1829. (Gazette des tribunaux du lendemain.)

Coteries (les), satire en vers, par Lagarde (Alexis). Arrêt de la cour royale de Paris, du 21 novembre 1826, qui a ordonné la destruction des exemplaires saisis et de ceux qui pourraient l'être ultérieurement. L'auteur avait joint à sa satire l'épître de Chénier à Voltaire.

Coup (le) de vent, gravure obscène. Jugement du tribunal correctionnel de Paris, du 7 mars 1823, qui a ordonné la destruction. Cette gravure ayant été de nouveau exposée, en 1842, par le nommé Régnier Becker, commissionnaire en marchandises à Paris, il est intervenu à la cour d'assises de la Seine, le 9 août de ladite année, un arrêt qui en a aussi ordonné la destruction. (Moniteur du 15 décembre 1843.)

Courrier des chambres (session de 1817), par Saint-Aulaire (4e cahier). Arrêt de la cour royale de Paris, du 3 avril 1818, qui ordonne la destruction de l'écrit.

Courrier (le) de la Sarthe, journal. Numéro du 21 décembre 1834. Article tendant à exciter à la haine et au mépris du gouvernement du roi. Arrêt de la cour d'assises de la Sarthe, du 16 mars 1835. (Moniteur du 7 août de la même année.)

Courrier français, journal publié à Paris. Article relatif à la négation de la perpétuité des croyances religieuses. Jugement du tribunal correctionnel de Paris, du..... 1828, confirmé par arrêt par défaut de la cour royale de la même année. Sur l'opposition formée par le gérant du journal, la même cour (chambre civile et chambre correctionnelle réunies) l'a acquitté. (Gazette des tribunaux de juillet et août 1828 et 18 décembre 1829.)

Courrier (le petit) de Lucifer, journal. Article intitulé : Diable rose, par Ducange. Arrêt de la cour royale de Paris, du 23 novembre 1822, inséré au Moniteur du 17 décembre suivant.

Cours d'Histoire de France depuis 1789 jusqu'à nos jours, par Albert Laponneraye. Excitation à la haine et au mépris du gouvernement du roi ; provocation non suivie d'effet à la guerre civile, au pillage, à la haine des citoyens contre une classe de personnes, etc. Arrêt de la cour d'assises de la Seine, du 10 mars 1832. (Gazette des tribunaux du lendemain.)

Cousin Jacques (mon), chanson licencieuse, par Debraux. Voy. Chansons de Debraux.

Cousin Mathieu (mon), par Raban. Outrage à la morale publique et religieuse. Jugement du tribunal correctionnel de la Seine, du 19 octobre 1824, publié au Moniteur du 9 octobre 1826. Le tribunal a ordonné la destruction du livre.

Cri (le) de la France, par Grand. Arrêt de la cour d'assises de Paris, du 11 octobre 1821.

Cri (le) de la France, chanson par Béranger. Voy. Chansons de Béranger.

Cri (le) de la nation, par Crevel. Arrêt de la cour royale de Paris, du 2 mai 1818. Destruction des exemplaires saisis.

Cri (le) des peuples, par Crevel. Même arrêt que dessus. La cour a aussi ordonné la destruction du pamphlet.

Crimes des papes, depuis saint Pierre jusqu'à Pie VI, par Lavicomterie. Ce pamphlet extravagant est encore une des publications dont nous n'avons pu nous procurer la date du jugement qui a suivi les poursuites dont elles ont été l'objet.

Crimes des rois de France, depuis Clovis jusqu'à Louis XVI, par Lavicomterie. Cet ouvrage est dans le même cas que le précédent.

Crimes des reines de France, depuis la monarchie jusqu'à Marie-Antoinette, par Prudhomme. Cet ouvrage est aussi dans le même cas que celui qui précède.

Crise actuelle (sur la). Lettre à S. A. R. monseigneur le duc d'Orléans, par M. Cauchois-Lemaire. Attaque contre l'autorité du roi. Arrêt de la cour royale de Paris, du 14 février 1828. Gazette des tribunaux du lendemain, et Moniteur du 18 janvier 1829.

Croyances diverses, article publié dans le journal le Nain. Outrages à la morale publique et religieuse. Arrêt de la cour royale de Paris, du 23 juin 1825. Voy. le Nain.

Curé (mon), chanson de Béranger. Voy. Chansons de Béranger.

Curé (le) capitaine, par Raban. Outrage à la morale publique et religieuse. Tribunal correctionnel de Paris, du 19 octobre 1824, publié au Moniteur du 9 octobre 1825. La destruction de l'écrit a été ordonnée. Voy. mon Cousin Mathieu, par le même auteur.

D

Dame (la) *de maison;* mise en vente par Régnier Becker. Outrages à la morale publique et religieuse et aux bonnes mœurs. Arrêt de la cour d'assises de la Seine, du 9 août 1842. Destruction ordonnée. (*Moniteur* du 15 septembre 1843.)

Débats *parlementaires*, article inséré dans le premier numéro de la revue intitulée : *Les droits du peuple, revue sociale et politique ;* par Jean Terson. Excitation à la haine et au mépris du gouvernement du roi. Arrêt de la cour d'assises de la Seine, du 20 novembre 1845, qui ordonne la suppression et la destruction du numéro où se trouve l'article incriminé. Cette condamnation a été mentionnée au *Moniteur* du 9 juin 1846. Voy. les Droits *du peuple.*

Déclaration *sur le projet de loi relatif à l'emplacement de l'ancien archevêché de Paris.* Publication où Mgr l'archevêque de Quélen contestait au gouvernement le droit de s'en approprier le terrain. Condamnée comme abusive par ordonnance du conseil d'Etat, du 21 mars 1837. Le texte de cette ordonnance qui ordonne la suppression de la déclaration a été inséré au *Moniteur* du 22 du même mois.

Décrets (les) *des sens sanctionnés par la volupté.* 1 vol. in-18. Cet ouvrage immoral est un de ceux dont la date de la condamnation nous a manqué.

Demande *en autorisation de poursuivre un maire*, par M. Bellanger, déclarée abusive par ordonnance du conseil d'Etat du 30 août 1852.

De la civilisation, brochure par Desjardins et Avril, membres de la *société des amis du peuple.* Attaques contre le gouvernement. Arrêt de la chambre d'accusation de la cour royale de Paris, du mois de janvier 1833. En cour d'assises, les prévenus ont été déclarés non coupables et les numéros de la brochure incriminée ont été rendus. (*Gazette des tribunaux*, du 23 février.)

De la vieille Europe, *des rois et des peuples de notre époque*, par le général Donadieu. Offense envers la personne du roi; attaque contre les droits qu'il tient de la nation et excitation à la haine et au mépris de son gouvernement. Arrêt de la cour d'assises de la Seine, du..., 1838. (*Gazette des tribunaux*, du 7 février 1838.)

Délices *de la jouissance*, ou *L'enfant du plaisir.* 1 vol. in-18. Arrêt de la cour royale de Paris, chambre des mises en accusation, du 28 juin 1825.

Démocratie *pacifique*, journal publié à Paris, gérant le sieur Cantagrel. Numéro du... 1847. Article intitulé : *La part des femmes*, par Meray; ledit article portant atteinte à la morale publique et aux bonnes mœurs. Arrêt de la cour d'assises de la Seine, du 23 août 1847, qui a ordonné la destruction du numéro saisi. (*Gazette des tribunaux* du 24 août 1847.)

Deo gratias, chanson, par Béranger. *Voy.* Chansons *de Béranger.*

De quoi vous plaignez-vous? Chanson publiée dans *les Républicaines*, par Pagnerre, et contenant offense envers la personne du roi. Arrêt de la cour d'assises de la Seine, du 6 novembre 1835. (*Moniteur* du 26 juin 1836.) Voy. les Républicaines.

Derniers moyens *de défense de la royauté du 7 août.* Ecrit publié dans le numéro 204 du journal *le Peuple-Souverain.* Excitation à la haine et au mépris du gouvernement, et attaque contre la dignité royale. Arrêt de la cour d'assises des Bouches-du-Rhône, du 16 novembre 1835, publié au *Moniteur* du 26 juin 1836.

Descente *aux enfers.* Chanson par Béranger. *Voy.* Chansons *de Béranger.*

Description *topographique*, ou *A bon entendeur salut.* Arrêt de la cour royale de Paris, du 16 novembre 1822. *Voy.* A bon entendeur salut.

Despotisme (le) *en état de siège*, ou *La royauté sans prestige*, par de Beaufort. Arrêt de la cour d'assises de la Seine, du 7 novembre 1820. Le même arrêt a ordonné la destruction de l'ouvrage.

Dessins *obscènes*, fabriqués et vendus par les époux Marchal et le sieur Madigné (1). Arrêt de la cour d'assises de la Seine, du 23 juin 1844, qui a ordonné la destruction des dessins saisis. (*Gazette des tribunaux* du 24 du même mois.)

Dessins *à sujets obscènes*, exposés par Louis-Jules Guerrier, imprimeur lithographe à Paris. Arrêt de la cour d'assises de la Seine, du 29 janvier 1845. Destruction ordonnée. (*Moniteur* du 23 juin 1845.)

Deuxième lettre *aux ouvriers*, *organisation du travail*, par Noiret, tisserand à Rouen. Attaque contre le respect dû à la propriété, et provocation à la haine entre les diverses classes de la société. Arrêt de la cour d'assises de la Seine-Inférieure, du 31 juillet 1841, qui a ordonné la destruction des exemplaires saisis et de ceux qui pourraient l'être ultérieurement. Insertion de la condamnation au *Moniteur* du 12 mars 1842.

Deuxièmes pélagiennes. Brochure par Bastide, auteur de Tisiphone. Prévention d'excitation à la haine et au mépris du gouvernement, offense envers le duc d'Orléans et la personne du roi. Arrêt de la cour royale de Paris, chambre des mises en accusation, du 2 septembre 1837. En cour d'assises, l'auteur a été acquitté : arrêt du 12 septembre 1837. (*Gazette des tribunaux* du lendemain.)

Diable (le) *au corps.* 6 vol. in-18, par l'auteur de *Félicia* et de *Monrose.* Outrage à la morale publique et religieuse et aux bonnes mœurs. Arrêt de la cour royale de Paris, chambre des mises en accusation, en date du 19 septembre 1826, qui déclare n'y avoir lieu à suivre contre l'éditeur du livre, et qui néanmoins ordonne la destruction de l'ouvrage, comme attentatoire aux bonnes mœurs. Cet ouvrage a été remis en vente en 1842 par Régnier Becker, commissionnaire en marchandises à Paris, et le 9 août de la même année, il a été rendu par la cour d'assises de la Seine un nouvel arrêt qui en a aussi ordonné la destruction. (*Moniteur* du 15 décembre 1843.)

Diable (le) *rose*, journal, ou *Petit courrier de Lucifer*, par Ducauge. Arrêt de la cour royale de Paris, du 23 novembre 1822, publié au *Moniteur* du 17 décembre de la même année.

Dictionnaire *anecdotique des nymphes du Palais-Royal*, par Lepage. Jugement du tribunal correctionnel de la Seine, du 15 décembre 1826. Le tribunal, en déclarant que le sujet était honteux, a pensé que la publication de l'ouvrage ne constituait pas un délit, dans le sens de la loi, et il a, en conséquence, acquitté l'auteur, qui a d'ailleurs consenti à la destruction de son œuvre.

Dictionnaire *féodal*, par Collin de Plancy. Arrêt de la cour royale de Paris, du 16 nov. 1822, publié au *Moniteur* du 26 mars 1825. La cour a ordonné la destruction du livre, du consentement de l'auteur, qui a été acquitté.

Dictionnaire (petit) *ministériel*, par Magallon. Arrêts de la cour royale de Paris, des 5 et 12 décembre 1826. Destruction ordonnée.

Discours *de Marat au peuple*, affiche publiée par Constant Hilbey, ouvrier tailleur. Provocation à la guerre civile. Arrêt de la cour d'assises de la Seine, du 9 janvier 1847. (*Gazette des tribunaux* du lendemain.)

Dix ans *de la vie d'une femme*, avec figures. Mis en vente par le sieur Bon, colporteur. Outrages à la

---

(1) Les documents judiciaires ne nous ont point fourni les titres de ces dessins.

morale publique et aux bonnes mœurs. Arrêt de la cour d'assises de la Seine-Inférieure, du . . . . 1845, qui a ordonné la destruction de l'écrit. Cette condamnation a été mentionnée au *Moniteur* du 3 décembre 1844.

DIVINITÉS (des) *génératrices*, ou *Du culte de Phalère chez les anciens et chez les modernes*, par Dulaure. 1 vol. in-8°. Ce volume est le deuxième de l'ouvrage qui a pour titre : *Abrégé des différents cultes*. Jugement du tribunal correctionnel de la Seine, du 27 octobre 1826. Destruction des exemplaires saisis.

DOIT *et avoir du peuple et de la société*, article publié dans le n° 2 de la revue intitulée : *Les droits du peuple, revue sociale et politique*, par Jean Terson. Provocation à la haine entre les diverses classes de la société. Arrêt de la cour d'assises, du 26 novembre 1845, mentionné au *Moniteur* du 9 mai 1846. La destruction de l'article incriminé a été ordonnée. Voy. *les* DROITS *du peuple*.

DON (le) *du mouchoir* mis en vente par Régnier Becker, commissionaire en marchandises à Paris. Outrage à la morale publique et aux bonnes mœurs. Arrêt de la cour d'assises de la Seine, du 9 août 1842. Destruction ordonnée. (*Moniteur* du 15 décembre 1845.)

DOUZE *Césars* (*Monuments de la vie privée des*), avec gravures. Arrêt de la cour royale de Paris, du 19 septembre 1826 (chambre des mises en accusation), qui déclare n'y avoir lieu à suivre contre le libraire inculpé, et qui néanmoins ordonne la destruction du livre.

DOUZE *sujets du jour*. Mis en vente par Becker. Outrage à la morale publique et aux bonnes mœurs. Arrêt de la cour d'assises de la Seine, du 9 août 1842. Destruction ordonnée (*Moniteur* du 15 décembre 1843.)

DRAPEAU (le) *blanc est le seul drapeau français*. Article politique inséré dans le journal *l'Ami de la vérité* (n° du 15 mars 1832), contenant provocation à la désobéissance aux lois. Arrêt de la cour d'assises du Calvados, du 14 août 1832. (*Gazette des tribunaux* du 23 du même mois.)

DROITS (les) *du peuple, revue sociale et politique*, publication par Jean Terson, journaliste et prêtre catholique. Numéros publiés en mai, juin, juillet et septembre 1845, et où se trouvent les articles intitulés *Débats parlementaires ; Aux travailleurs ; Arrestation de la mère des charpentiers ; De l'instruction supérieure des prolétaires ; Doit et avoir du peuple et de la société ; Un chapitre de l'histoire de France ; Juste-Milieu ; Conservateurs ; Almanach-catéchisme manuel du peuple*. Excitation au mépris du gouvernement du roi et à la haine entre les diverses classes de la société. Arrêt de la cour d'assises de la Seine, du 26 novembre 1845, qui maintient la saisie de la revue et ordonne la suppression et la destruction des numéros incriminés. (*Gazette des tribunaux*, du 27 novembre 1845, et *Moniteur* du 9 juin 1846.)

E

ECHO (l') *de Paris*, journal paraissant deux fois par semaine, par Sombret. Article intitulé : *La suite d'un bal masqué*, contenant outrage à la morale publique et religieuse. Jugement du tribunal correctionnel de Paris, du 3 avril 1829. (*Gazette des tribunaux* du lendemain.)

EDUCATION *de Laure*, ou *Le rideau levé*. Arrêt de la cour royale de Paris, du 19 mai 1815, qui ordonne la destruction de l'ouvrage.

EGAREMENTS (les) *de Julie*, par Dorat. Outrages aux bonnes mœurs. Jugement du tribunal correctionnel de Paris, du 12 juillet 1828, confirmé par arrêt de la cour royale, du 5 août suivant. La destruction de l'ouvrage a été ordonnée.

EGIDE *contre le mal de Vénus*, par Morel. Jugement du tribunal correctionnel de la Seine, du 10 janvier 1827. Destruction ordonnée.

EGLAY, ou *Amour et plaisir*. Nous n'avons pu nous procurer la date du jugement qui a suivi les poursuites dirigées contre cet écrit, le *Moniteur* n'ayant publié aucune condamnation qui lui soit relative.

ELECTEURS (aux) *des arrondissements de Loches et de Chinon*. Écrit tendant à exciter à la haine contre les nobles, par Drouin de Varennes. Arrêt de la cour royale d'Orléans, du 7 août 1822, publié au *Moniteur* du 28 septembre de la même année.

ELECTIONS (des). *Ce qu'il faut faire, ou ce qui nous menace*. Arrêt de la cour d'assises de la Seine, du 10 novembre 1821. La destruction de l'écrit a été ordonnée.

ELECTIONS *de M. Laffitte à Rouen*. Article inséré dans *le National*, numéro du 25 avril 1834, et contenant offense envers la personne du roi. Arrêt de la cour d'assises de la Seine, du 26 juillet 1834, qui a ordonné la suppression des numéros saisis. Insertion de la condamnation au *Moniteur* du 30 décembre 1834.

ELÉGIE *de l'Étudiant en perspective des vacances*. Article publié dans le journal *l'Étudiant*. Outrages à la morale publique et religieuse. Arrêt de la cour d'assises de la Seine, du 25 février 1839. Voy. *l'*ÉTUDIANT.

ÉLOGE *du sein des femmes*. Cet ouvrage licencieux est encore un de ceux dont nous n'avons pu nous procurer la date du jugement qui a suivi les poursuites dont ils ont été l'objet.

EMBARRAS *du choix*. (l'), gravure obscène. Arrêt de la cour d'assises de Paris, du 14 janvier 1822.

ENCORE *des adieux à Rome*, ou *Le Pape et l'Évangile*, brochure par J.-J. Maurette, ancien curé de Serres. Voy. *le* PAPE *et l'Évangile*.

ENCORE *une douceur du juste-milieu*. Article publié dans le journal *l'Ami de la Vérité*, n° du 6 mai 1832. Provocation à la désobéissance aux lois. Arrêt de la cour d'assises du Calvados, du 14 août 1832. (*Gazette des tribunaux* du 23 du même mois, et *Moniteur* du 7 avril 1833.)

ENCORE *une tête*. Article inséré dans le *Bon-Sens*, journal, n° du 17 juillet 1836. Outrage à la morale publique et aux bonnes mœurs. Arrêts de la cour d'assises de la Meurthe, du 4 août ; de la cour d'assises de la Seine, du 8 août, et de la cour d'assises du Nord, du 26 novembre 1836. (*Moniteur* du 18 janvier 1837.)

ENFANT (l') *du bordel*, 2 vol. in-18, avec figures. Arrêt de la cour royale de Paris, du 28 juin 1825, chambre des mises en accusation.

ENFANT (l') *du carnaval*, par Pigault-Lebrun. Outrage à la morale publique et religieuse. Jugement du tribunal correctionnel de la Seine, du 25 juin 1825, qui ordonne la destruction des exemplaires saisis, inséré au *Moniteur* du 6 septembre de la même année. Le même ouvrage ayant été traduit en langue espagnole, il est intervenu, à la date du 26 février 1827, un arrêt de la cour royale de Paris, qui l'a condamné et a ordonné sa destruction.

ENFANT (le nouvel) *de la goguette*, par Debraux. Arrêt de la cour royale de Paris, du 29 mai 1823. *Voy.* CHANSONS *de Debraux*.

ENFANT (l') *du mardi gras*. Écrit attentatoire à la morale publique et aux bonnes mœurs. Jugement du tribunal correctionnel de Paris, du 18 juillet 1827, confirmé par arrêt de la cour royale, du 5 août 1828. La destruction de cet écrit a été ordonnée.

ENFANT (l') *du plaisir*, ou *Les délices de la jouissance*, 1 vol. in-18. Arrêt de la cour royale de Paris, du 28 juin 1825, chambre des mises en accusation. Remis en vente en 1842, par Régnier Becker, commissionnaire en marchandises, à Paris. Cet ouvrage licencieux a de nouveau été condamné par arrêt de la cour d'assises de la Seine, du 9 août 1842. (*Moniteur* du 15 décembre 1843.)

Enfant *du régiment*, gravure. Jugement du tribunal correctionnel de la Seine, du 30 juin 1818, qui ordonne la destruction de la gravure.

Entretiens *de deux amants*. Brochure mise en vente par Pierre Agasse, marchand ambulant ; contenant outrage à la morale publique et religieuse. Jugement du tribunal correctionnel de Lons-le-Saulnier, du 14 décembre 1826, qui a ordonné la confiscation de la brochure. (*Gazette des tribunaux* du 15 janvier 1827.)

Entretiens *de Madelon et de Julie*, ou *Histoire et Vie de l'Arétin*. Voy. Histoire et Vie de l'Arétin.

Entretiens *du Palais-Royal*. Cet ouvrage contient des outrages à la morale publique et a été poursuivi par le parquet ; mais nous n'avons pu nous procurer la date du jugement qui a suivi les poursuites.

Epithalame. Voy. Gaudrioles *de M. Gaillard*.

Epitre *à mon curé*, par Lagarde. Outrage aux mœurs et envers les ministres de la religion. Arrêt de la cour royale de Paris, du 13 mai 1823, publié au *Moniteur* du 26 mars 1825.

Epitre à *M.-N.-L. Lemercier*, par Lesguillon. Dérision envers la religion et attaque contre la dignité royale. Jugement du tribunal correctionnel de la Seine, du 1er juillet 1824, qui ordonne la suppression de l'écrit. Ce jugement a été mentionné au *Moniteur* du 7 novembre 1826.

Epitre *aux amis des missionnaires*, par Cahaigne. Outrage à la religion et aux bonnes mœurs. Arrêt de la cour royale de Paris, du 5 décembre 1826. Destruction ordonnée.

Epitre *à Voltaire*, par M.-J. Chénier. Arrêt de la cour royale de Paris, du 21 novembre 1826, qui a ordonné la destruction des exemplaires saisis ou de ceux qui pourraient l'être.

Errotica *biblion*, par Mirabeau. Outrage à la morale publique et aux bonnes mœurs. Arrêt de la cour royale de Paris (chambre des mises en accusation), du 19 septembre 1826. L'inculpé a été acquitté, mais la cour a néanmoins ordonné la destruction de l'ouvrage.

Espérance (l'), *courrier de Nancy*, publié par Nicolas Vagner, imprimeur libraire. Article inséré au numéro du 6 février 1846 et contenant diffamation envers un fonctionnaire public. Arrêt de la cour d'assises de la Meurthe, du 9 mai 1845, qui a ordonné la suppression de l'article incriminé. Cette condamnation a été publiée au *Moniteur* du 9 juin 1846.

Est-ce *qu'on meurt de faim?* article extrait de *l'Almanach-Catéchisme*, par Brée. Provocation à la haine entre les diverses classes de la société. Arrêt de la cour d'assises de la Seine, du 31 décembre 1845. Voy. Almanach-*catéchisme*.

Esquisses *morales*, mises en vente par Becker. Outrages à la morale publique et aux bonnes mœurs. Arrêt de la cour d'assises de la Seine, du 9 août 1842. Destruction ordonnée. (*Moniteur* du 15 décembre 1843.)

Etat *de la liberté en France*, par Scheffer. Arrêt de la cour royale de Paris, du 30 mars 1818. Le même arrêt a ordonné la destruction de l'écrit.

Etincelles (les), recueil de chansons, par Pradel, portant les titres suivants : *L'orphelin royal ; Le chiffon ; Les prémices de Javotte ; L'anguille ; Les missionnaires en goguette*. Attaque contre l'ordre de successibilité au trône, outrages aux bonnes mœurs et efforts tendant à troubler la paix publique. Arrêts de la cour royale de Paris, des 11 juillet et 16 novembre 1822. Ces arrêts ont ordonné la destruction des exemplaires non vendus, et sont mentionnés au *Moniteur* des 26 juillet 1822 et 26 mars 1825.

Etrennes *aux amateurs de Vénus*. Arrêt de la cour royale de Paris, du 19 mai 1815. Destruction ordonnée.

Etrennes *mignonnes*, cahier de gravures obscènes, mises en vente par Mayer. Arrêt de la cour d'assises de la Seine, du 11 avril 1843. Destruction ordonnée. (*Moniteur* du 15 décembre 1843.)

Etudes *législatives*, par Bonnin. Outrages contre toutes les religions. Arrêt de la cour royale de Paris, du 7 novembre 1822, inséré au *Moniteur* des 17 décembre 1822 et 26 mars 1825.

Etudiant (l'), journal. Article inséré dans le numéro du 15 juillet 1838, et intitulé : *Elégie de l'étudiant en perspective des vacances*. Outrages à la morale publique et religieuse. Arrêt de la cour d'assises de la Seine, du 25 février 1839, qui a ordonné la destruction du numéro incriminé. (*Moniteur* du 25 février 1839.)

Evangile (l'), *partie morale et historique*, publié par Touquet, éditeur. Arrêt de la cour royale de Paris, du 26 décembre 1826. La destruction des exemplaires saisis ou de ceux qui pourraient l'être, a été ordonnée.

Evangile *du peuple*, brochure, par Esquiros, publié par le libraire Legallois. Outrage à la morale publique et religieuse et aux bonnes mœurs. Arrêt de la cour royale de Paris, chambre des mises en accusation, du 8 décembre 1840. (*Gazette des tribunaux*, du 10 du même mois.)

Extases *de l'amour*, gravures obscènes. 1 vol. Jugements du tribunal correctionnel de la Seine, des 7 mars 1823, et 25 février 1825, publiés au *Moniteur* du 7 novembre 1826. La destruction du recueil a été ordonnée.

Extrait *de l'Almanach royal pour 1830*, par Magallon. Article publié dans le journal *l'Album*. Arrêt de la cour royale de Paris, du 15 mars 1823, inséré par extrait au *Moniteur* du 2 avril suivant.

F

Famille (la) *d'Orléans, depuis son origine jusqu'à nos jours*, par Charles Marchal, auteur de *l'Histoire du peuple parisien*. Délits d'offense envers la personne du roi et les membres de la famille royale ; attaque contre l'autorité du roi et l'inviolabilité de sa personne ; apologie des faits qualifiés crimes par la loi pénale. Arrêt de la cour d'assises de la Seine, du 26 février 1845, qui a ordonné la destruction tant de tous les exemplaires dudit ouvrage qui ont été saisis que de ceux qui pourraient l'être ultérieurement. La condamnation ci-dessus a été publiée dans le *Moniteur* du 29 mars 1845. (Voy. *Gazette des tribunaux* du 26 février 1845.) Le 25 avril de la même année, il est intervenu un nouvel arrêt de la cour d'assises qui a condamné à la prison le libraire Cauville, pour avoir remis en vente ledit ouvrage.

Ce dernier arrêt, qui a maintenu la saisie du livre, a été mentionné au *Moniteur* du 23 juin 1845.

Famine (*Voix de la*), brochure par l'abbé Constant. Arrêt de la cour d'assises de la Seine, du 8 février 1847. Voy. Voix de la famine.

Fastes, *ruses et intrigues de la galanterie*, ou *Tableau de l'amour et du plaisir*. Outrages aux bonnes mœurs. Arrêt de la cour d'assises de la Seine, du 8 décembre 1835, qui a ordonné la destruction de l'écrit. Insertion dudit arrêt au *Moniteur* du 7 novembre 1837.

Faurlas (*Vie du chevalier de*), 8 vol., par Louvet. Outrage à la morale publique et religieuse. Cet ouvrage a été frappé par plusieurs condamnations. Jugement du tribunal correctionnel de Vannes, du 29 avril 1822, publié au *Moniteur* des 24 et 25 mai de la même année; jugements du tribunal correctionnel de la Seine, des 16 décembre 1825 et 24 novembre 1826. Ces jugements, qui ont été mentionnés au *Moniteur* du 9 février 1826, ont ordonné la destruction des exemplaires saisis et de ceux qui pourraient l'être. Le 19 juin 1827, la cour royale de Paris a rendu aussi un arrêt relatif audit ouvrage, et en a de nouveau ordonné la destruction. La même publication a encore été, en 1829, 1830 et 1831, l'objet de nouvelles poursuites judiciaires. (Voy. *Gazette des tribunaux* des 10 et 11 août 1829, 24 août 1830 et 21 octobre 1831.)

FÉLICIA, ou *Mes fredaines*, par l'auteur du *Diable au corps*, 4 vol. Outrages aux bonnes mœurs. Arrêt de la cour royale de Paris, du 21 décembre 1822, publié au *Moniteur* du 26 mars 1825. Destruction ordonnée. Le même ouvrage a été remis en vente, à Paris en 1842, par Régnier Becker, commissionnaire en marchandises; et à la date du 9 août de ladite année, la cour d'assises de la Seine a rendu un arrêt qui en a encore une fois ordonné la destruction. (*Moniteur* du 15 décembre 1843.)

FEMME (la) *d'un homme public*, ou *Le cabinet de M. le maire*, chanson insérée dans la 11e livraison du recueil intitulé : *La chanson au* XIXe *siècle*, publié par Charles Durand. Outrage à la morale publique et religieuse et aux bonnes mœurs. Arrêt de la cour d'assises de la Seine, du 10 février 1847, qui a ordonné la destruction du recueil. Voy. la CHANSON au XIXe siècle.

FEMME (la) *jésuite*, histoire véritable par une victime du jésuitisme. Arrêt de la cour royale de Paris, du 21 avril 1827. La cour a ordonné la destruction de l'ouvrage.

FEUILLE *du commerce de Marseille*, journal. Article inséré au numéro 182, et contenant attaque contre la dignité royale; offense envers la personne du roi; excitation à la haine et au mépris du gouvernement; par Aimé Blanc, dit Boileau, ouvrier imprimeur. Arrêt de la cour d'assises des Bouches-du-Rhône, du 23 septembre 1835, publié au *Moniteur* du 26 juin 1836.

FIGARO, journal publié par Bohain. Article inséré dans le numéro du 9 août 1829, et contenant offense envers la personne du roi. Jugement du tribunal correctionnel de Paris, du 28 août 1829. (*Gazette des tribunaux* du lendemain.)

FILLE (la) *de joie*, 2 vol., publiés par le sieur Bourrut et consorts, à Paris. Arrêts de la cour d'assises de la Seine, du 29 décembre 1821; de la cour royale de Paris, du 16 novembre 1822; jugements du tribunal correctionnel, des 7 mars 1823 et 23 février 1825. Ces arrêts et jugements ont été mentionnés au *Moniteur* des 26 mars 1825 et 7 novembre 1826. Destruction ordonnée.

FILLES (les) *de joie*. Outrages à la morale publique et aux bonnes mœurs. Arrêt de la cour d'assises de la Seine, du 8 décembre 1821; de la cour royale du 16 novembre 1822, et jugement du tribunal correctionnel de Paris, du 31 mai 1826. Destruction ordonnée. Voy. CHANSONS *de Béranger*.

FILS (le) *de l'homme*, ou *Souvenir de Vienne*. Poëme, par Barthélemy. Attaque contre la dignité royale. Jugement du tribunal correctionnel de Paris, du 29 juillet 1829. Le tribunal a maintenu la saisie et ordonné que l'ouvrage serait détruit. (*Gazette des tribunaux*, du 30 du même mois.)

FLEUVE *Scamandre*. Gravure obscène, exposée par Maurice Goin, imprimeur en taille douce. Arrêt de la chambre d'accusation de la cour royale de Paris, du 20 novembre 1832. En cour d'assises le prévenu a été acquitté. Arrêt du 20 décembre suivant. (*Gazette des tribunaux* du 21.)

FOI (la) *et le pape Alexandre VI*. Article publié dans le *Grondeur*, feuille périodique par Chabot, Binès et Pollet. Outrages à la morale publique et à la religion. Jugement du tribunal correctionnel de Paris, du 14 juillet 1829. Voy. GRONDEUR.

FOLIE (la) *espagnole*. 1 vol. in-18. Ouvrage attentatoire aux bonnes mœurs. Voy. la relation des poursuites dont cette publication a été l'objet dans la *Gazette des tribunaux*, du 6 janvier 1828.

F.... manie (la). Poëme en six chants. Condamné par arrêt de la cour royale de Paris, du 19 mai 1815. La destruction de l'ouvrage a été ordonnée.

FRANCE (la), journal quotidien, gérant, M. Verteuil de Feuillas. Article inséré au numéro du 23 février 1837 et intitulé : *Marche civilisatrice de la révolution ; progrès dans le régicide*. Prévention d'attaque contre le respect dû aux lois. Arrêt de la cour d'assises de la Seine, du 6 mars 1837, qui a ordonné la suppression des exemplaires saisis. (*Gazette des tribunaux* du même jour.) Numéros des 10, 12, 29 décembre 1843. Article intitulé : *Du serment*. M. Frédéric Dollé alors gérant. 1° Offense envers la personne du roi ; 2° acte public d'adhésion à une autre forme de gouvernement que celle établie par la charte de 1830, en exprimant le vœu, l'espoir ou la menace de la destruction de l'ordre monarchique et de la restauration de la monarchie déchue ; 3° attribution au roi du blâme et de la responsabilité des actes de son gouvernement ; 4° attaque contre le serment ; 5° attaque contre le principe et la forme du gouvernement établi par la charte de 1830. Arrêt de la cour d'assises de la Seine, du 26 février 1844, qui a déclaré définitive la saisie des numéros du journal qui faisaient l'objet du procès. (*Moniteur* du 23 juin 1845.)

FRANCE (la) *galante*, ou *Histoire amoureuse de Louis XIV*. Cet écrit est un de ceux dont la date du jugement qui a suivi les poursuites dirigées contre lui nous a manqué.

FREDAINES (mes) ou *Félicia*. Voy. FÉLICIA.

FURET (le), pamphlet séditieux. Arrêt de la cour royale de Paris, du 2 avril 1818. Destruction ordonnée.

G

GALANTERIES *de la Bible*. Ouvrage faisant suite à *La Guerre des dieux*, de Parny, publié par Louis Terry, libraire à Paris. Attaques contre la religion. Arrêt de la cour d'assises de la Seine-Inférieure, du 24 février 1845, qui a ordonné la destruction de l'ouvrage. Publié dans le *Moniteur* du 3 décembre de la même année.

GALERIE *des gardes françaises*, mise en vente par Régnier Becker. Outrage à la morale publique et aux bonnes mœurs. Arrêt de la cour d'assises de la Seine, du 9 août 1842. Destruction ordonnée. (*Moniteur* du 15 décembre 1843.)

GALOTTI *et M. Portalis*. Article publié dans l'*Album*, journal, par Magallon et Briffaut. Outrages envers un fonctionnaire public à raison de ses fonctions. Jugement du tribunal correctionnel de Paris, du 25 juillet 1829 ; arrêt confirmatif de la cour royale, du 19 août suivant. Voy. ALBUM.

GARDE *champêtre*. Voy. *les* GAUDRIOLES *de M. Gaillard*.

GARDE *française*, dessin. Outrages à la morale publique et aux bonnes mœurs. Arrêt de la cour d'assises de la Seine-Inférieure, du 2 juill. 1844 (*Moniteur* du 3 décembre 1844). Voy. GALERIE *des gardes françaises*.

GAUDRIOLES (les petites), 1 vol., mises en vente par le sieur Redonnet. Jugement du tribunal de première instance de Vannes, du 29 avril 1822, publié au *Moniteur* des 24 et 25 mai 1822. Destruction des exemplaires saisis.

GAUDRIOLES (les) de M. Gaillard, contenant, 1° La bataille de Novi; 2° Suite de la bataille de Novi; 3° M. et Mme. Mayeux; 4° Conseil à un ami; 5° Epithalame; 6° Le garde champêtre; 7° Il faut souffrir pour le plaisir; 8° La charge en douze temps; 9° Le jugement de Paris; 10° Halte-là! 11° Je ne le ferai plus; et 12° La solliciteuse, mises en vente par Rameau (dit Jean), ouvrier bijoutier et colporteur. Outrages à la morale publique et aux bonnes mœurs. Arrêt de la cour d'assises de la Seine, du 30 mars 1843, qui a ordonné la destruction des exemplaires saisis dudit ouvrage. (Moniteur du 15 décembre 1843.)

GAZETTE de Bretagne, journal. Numéros 497, 499, 505. Délits d'excitation à la haine et au mépris du gouvernement du roi. Arrêts de la cour d'assises d'Ille-et-Vilaine, des 9 et 10 février 1835. Condamnation publiée au Moniteur du 7 août 1835.

GAZETTE de France, journal, Aubry Foucault gérant responsable. Supplément au numéro du 16 août 1832, renfermant des attaques contre l'ordre de successibilité au trône et contre les droits constitutionnels du roi. Arrêt de la cour d'assises de la Seine, du 5 mars 1833, qui a ordonné la destruction de ce supplément. Numéro du 14 septembre 1833. Délit d'excitation contre les droits constitutionnels du roi. Arrêt de la cour d'assises de la Seine, du 25 janvier 1834. Destruction ordonnée. Numéros des 4 et 23 mai 1834. Délit d'excitation à la haine et au mépris du gouvernement, et d'attaque contre les droits constitutionnels du roi. Arrêt de la cour d'assises de la Seine, du 10 janvier 1835. Destruction des numéros incriminés. Numéros des 23 septembre et 20 octobre 1834. Délit d'attaque contre les droits constitutionnels du roi. Arrêt de la cour d'assises de la Seine, du 10 février 1835. Suppression ordonnée. Numéro du 4 février 1836. Délit d'excitation à la haine et au mépris du gouvernement. Arrêt de la cour d'assises de la Seine, du 26 février 1836. Numéros des 24, 25 et 28 juin 1836. Délits d'attaque contre les droits constitutionnels du roi, et d'excitation au mépris de son gouvernement. Arrêt de la cour d'assises de la Seine, du 30 décembre 1836. Suppression des exemplaires saisis. Numéros des 8, 9 et 10 décembre 1836. Délits d'attaques contre l'ordre de successibilité au trône et contre les droits constitutionnels du roi, et d'adhésion à une autre forme de gouvernement, en attribuant des droits au trône de France aux personnes bannies à perpétuité par la loi du 10 avril 1832. Arrêt de la cour d'assises de la Seine, du 11 février 1837, qui a aussi ordonné la destruction des numéros saisis.

Tous les arrêts rapportés ci-dessus ont été publiés au Moniteur des 30 octobre 1833, 25 avril 1834, 10 janvier et 10 février 1835, 18 janvier et 12 mai 1837.

Numéros des 19 et 20 juillet 1842. Attaques contre les droits et l'autorité des chambres, contre l'ordre de successibilité au trône et les droits constitutionnels du roi; excitation à la haine et au mépris du gouvernement; attaque contre le serment. Arrêt de la cour d'assises de la Seine, du 12 août 1842, qui a maintenu la saisie desdits numéros et a ordonné leur destruction. (Moniteur du 15 décembre 1843.)

Numéro du 13 mars 1844 (Lettre de M. de la Rochefoucault, duc de Doudauville). 1° Attaque contre les droits que le roi tient du vœu de la nation; 2° acte public d'adhésion à une autre forme de gouvernement; excitation à la haine et au mépris du gouvernement; 4° attaque contre le serment et contre le respect dû aux lois. Arrêt de la cour d'assises de la Seine, du 13 avril 1844, qui a déclaré définitive la saisie du numéro incriminé. (Moniteur du 25 juin 1845.) Numéro du 25 août. Article relatif à l'assassinat de Madame la duchesse de Praslin, et poursuivi pour prévention d'excitation à la haine entre les diverses classes de la société, et d'excitation au mépris du gouvernement (1). Arrêt de la cour d'assises de la Seine, du 13 septembre 1847. (Gazette des tribunaux du lendemain.)

GAZETTE (la) de Franche-Comté, journal publié par Pinondel, gérant responsable. Attaque contre les droits que le roi tient du vœu de la nation, et excitation à la haine et au mépris du gouvernement. Arrêt de la cour d'assises du Doubs, du 28 janvier 1835. (Moniteur du 29 juin de la même année.)

GAZETTE du Bas-Languedoc, journal, Louis Coulonge gérant. Article contenant offense envers la personne du roi. Arrêt de la cour d'assises du Puy-de-Dôme, du 25 février 1835. (Moniteur du 26 juin 1836.)

GAZETTE du Languedoc, journal. Articles insérés aux numéros 318 et 345, et contenant le délit d'excitation à la haine et au mépris du gouvernement du roi. Arrêts de la cour d'assises de la Haute-Garonne, des 26 mars et 24 juillet 1833. Destruction ordonnée. (Moniteur du 30 octobre 1833.)

GAZETTE du Lyonnais, journal, publié par Pitrat. Articles renfermant le délit d'excitation à la haine et au mépris du gouvernement du roi, et celui d'outrage public envers le jury, à raison de ses fonctions. Arrêts de la cour d'assises du Rhône, des 24 décembre 1836, et 8 mars 1837, publiés au Moniteur du 25 avril 1837.

GAZETTE du Maine, journal publié par Marcelin Laroze. Numéro 185, article tendant à exciter à la haine et au mépris du gouvernement du roi. Arrêt de la cour d'assises de la Sarthe, du 15 mars 1834, qui a ordonné la suppression de l'article incriminé. Numéro 465 (6 août 1835), article renfermant des attaques contre les droits que le roi tient du vœu de la nation française et de la charte constitutionnelle de 1830. Arrêt de la cour d'assises de la Sarthe, du 14 décembre 1835, qui a également ordonné la suppression de l'écrit. Ces deux arrêts ont été publiés au Moniteur des 30 décembre 1834 et 26 juin 1836.

GAZETTE du Midi, journal, gérant Eugène Seisson. Numéro 277, article contenant offense envers la personne du roi. Arrêt de la cour d'assises des Bouches-du-Rhône, du 9 mai 1833, qui a ordonné la destruction de la feuille incriminée. Numéro 281, article tendant à exciter à la haine et au mépris du gouvernement. Même arrêt que dessus. Numéro 329, article tendant à exciter à la haine et au mépris du gouvernement. Arrêt de la cour d'assises des Bouches-du-Rhône, du 18 juin 1833. Destruction ordonnée. Numéro 791 (le 25 juillet 1835). Offense envers la personne du roi, attaque contre la famille royale, l'ordre de successibilité au trône, les droits que le roi tient du vœu de la nation et de la charte constitutionnelle, et l'inviolabilité de sa personne et de la charte. Arrêt de la cour d'assises des Bouches-du-Rhône, du 9 novembre 1835. Numéro 792. Excitation à la haine et au mépris du gouvernement. Arrêt de la cour d'assises des Bouches-du-Rhône, du 19 septembre 1835. Les arrêts ci-dessus ont tous été publiés au Moniteur des 30 octobre 1833, et 26 juin 1836.

GAZETTE du Périgord, journal. Joseph de Josselin gérant responsable. Article tendant à exciter à la haine et au mépris du gouvernement, et attaquant les droits que le roi tient du vœu de la nation. Arrêt de la cour d'assises de Périgueux, du 21 juin 1833. (Moniteur du 14 mars de la même année.)

GENDARME (le) orthodoxe, article publié dans le Grondeur, journal, par Chabot. Offenses envers les

---

(1) Plusieurs journaux ont été poursuivis pour le même délit; entre autres, l'Union monarchique, la Réforme, le Charivari et la Démocratie pacifique. La Démocratie pacifique a été acquittée par le jury, le 7 septembre, huit jours avant la condamnation de la Gazette. Les autres ont été renvoyés devant la cour d'assises.

ministres de la religion. Jugement du tribunal correctionnel de Paris, du 14 juillet 1829. Voy. GRONDEUR.

GRAVURES offensantes envers la personne du roi et les membres de la famille royale, et attentatoires à la morale publique et aux bonnes mœurs, publiées par Alexandre Colette, et la dame Bouilly, femme Seignier. Arrêts de la cour d'assises de la Seine, des 29 janvier et 23 mars 1833, publiés au *Moniteur* des 14 mars et 29 juin 1833. La destruction des gravures saisies a été ordonnée.

GRAVURES *à sujets obscènes*, exposées en vente par Louis-Jules Guerrier, imprimeur lithographe, à Paris (1). Arrêt de la cour d'assises de la Seine, du 29 janvier 1845. Destruction ordonnée. (*Moniteur* du 23 juin 1845.)

GRAVURES *attentatoires aux bonnes mœurs*, par Edme Desmaisons, marchand de gravures à Paris. Arrêt de la cour d'assises de la Seine, du 29 octobre 1833, qui acquitte les prévenus, mais néanmoins ordonne que les gravures saisies seront détruites. (*Gazette des tribunaux* du lendemain.)

GRAVURES *et recueils de gravures*, mis en vente par Becker. Outrages à la morale publique et religieuse et aux bonnes mœurs. Arrêt de la cour d'assises de la Seine, du 9 août 1842, publié au *Moniteur* du 15 décembre 1843. Destruction ordonnée.

GRAVURES *licencieuses*, exposées par les frères Alès. Jugement du tribunal correctionnel de Paris, du 11 décembre 1829. (*Gazette des tribunaux* du lendemain.)

GRAVURES *obscènes*, mises en vente par le nommé François Carlier, compagnon serrurier. Arrêt de la cour d'assises de la Seine, du 25 mai 1820. Destruction ordonnée. (*Moniteur* du 27 juillet suivant.)

GRAVURES *obscènes*, exposées par Jean-Marie Mendement. Arrêt de la cour d'assises du Gard, du 27 novembre 1835. Destruction ordonnée. (*Moniteur* du 18 janvier 1837.)

GRAVURES *obscènes*, distribuées par Peru et Bourguin, ouvriers. Arrêt de la cour d'assises de la Seine, du 4 mars 1842. (*Gazette des tribunaux* du lendemain.)

GRAVURES *obscènes*, mises en vente par Mayer. Arrêt de la cour d'assises de la Seine, du 11 avril 1843. Destruction ordonnée. (*Moniteur* du 15 décembre 1845.)

GRAVURES *obscènes*, exposées et vendues par Lerendu, coloriste et concierge, et par Delarue, marchand de gravures au Palais-Royal (2). Arrêt de la chambre d'accusation de la cour royale de Paris, du 20 mai 1846. En cour d'assises, les prévenus ont été acquittés; arrêt du 23 juin suivant. (*Gazette des tribunaux* du 24.)

GRAVURES *représentant plusieurs images obscènes*, mises en vente par le nommé Jacques Bignon, cou-

telier. Arrêt de la cour d'assises de la Seine, du 27 avril 1820. Destruction ordonnée. (*Moniteur* du 27 juillet de la même année.)

GRAVURES *et ouvrages obscènes*, mis en vente par le sieur Barat, marchand de cirage. Arrêt de la cour d'assises de l'Orne, du 4 juillet 1820. Destruction ordonnée. (*Moniteur* du 24 août de la même année.)

GRAVURE *représentant la séance du 4 mars 1823, de la chambre des députés*. Attaque contre les droits des chambres. Arrêt de la cour royale de Paris, du 26 août 1823, qui ordonne que la gravure sera détruite.

GRONDEUR, (le) feuille périodique, par Chabot, Binés et Pollet. Articles intitulés : *La foi et le pape Alexandre VI*; *Une tête coupée*; *Le gendarme orthodoxe*; *Les caricatures*; condamnés pour outrages à la morale publique et à la religion de l'Etat, injures envers les ministres de la religion, et efforts tendant à troubler la paix publique. Jugement du tribunal correctionnel de Paris, du 24 juillet 1829. (*Gazette des tribunaux* du même jour.)

GUERRE (la) *des dieux*, par Parny. Ce sale poëme a été condamné, en 1821, par arrêt de la cour d'assises de Paris, du 29 décembre; en 1826, par jugement du tribunal de première instance de la Seine, du 31 mai; en 1827, par arrêt de la cour royale de Paris, du 19 juin; en 1829, par jugement du tribunal correctionnel, rapporté dans la *Gazette des tribunaux* des 10 et 11 août, jugement qui condamne les libraires Langlois et Lebailli, chacun en une année d'emprisonnement et 500 fr. d'amende, pour avoir vendu des exemplaires de cet ouvrage. Quoique ces arrêts et jugements eussent ordonné la destruction de tous les exemplaires saisis et de ceux qui pourraient l'être, les mêmes libraires continuèrent à en mettre en vente, et s'attirèrent par là de nouvelles poursuites, au commencement et à la fin de l'année 1830. C'est ce que l'on peut voir dans la *Gazette des tribunaux* des 25 et 26 octobre 1830. Au reste, la destruction de *La guerre des dieux* a encore été ordonnée par arrêt de la cour d'assises de la Seine, du 19 novembre 1834; par arrêt de la même cour, du 9 août 1842; par arrêt de la cour d'assises de la Seine, du 23 février 1843; enfin par arrêt de la cour d'assises de la Seine-Inférieure, du ...... 1844. Toutes ces condamnations ont été publiées au *Moniteur* des 6 août 1826, 26 juillet 1827, 26 juin 1836, 15 décembre 1842, 15 décembre 1843 et 3 décembre 1844.

GUIGNOLET (saint), poëme inséré dans le journal *les Annales du commerce*, contenant outrage à la morale publique et religieuse. Voy. SAINT *Guignolet*, et ANNALES *du commerce*.

GUYENNE (journal de la). Voy. JOURNAL *de la Guyenne*.

H

HALTE-LA! Voy. *les* GAUDRIOLES *de M. Gaillard*.

HENRI, duc de Bordeaux, brochure imprimée par Dentu. Attaque contre l'autorité du roi. Arrêt de la cour d'assises de la Seine, du 6 mai 1833. (*Gazette des tribunaux* du même jour.)

HERMINE (journal l'); gérant, le sieur Boubée. Nos 404 et 527, où sont contenus les délits d'outrage public envers le corps de la gendarmerie, et d'excitation à la haine et au mépris du gouvernement du roi. Arrêts de la cour d'assises de la Loire-Inférieure, des 9 mars et 11 juin 1836, publiés au *Moniteur* du 26 juin de la même année.

Hic et hoc. 1 vol. sans nom d'imprimeur, mis en vente par Terry, libraire au Palais-Royal. Outrage à la morale publique et aux bonnes mœurs. Jugement du tribunal correctionnel de Paris, du 7 jan-

vier 1840, confirmé par arrêt de la cour royale, du 7 mars suivant. (*Gazette des tribunaux* des 8 janvier et 8 mars de la même année.)

HISTOIRE *abrégée des différents cultes*, formant le onzième vol. de l'ouvrage ayant pour titre : *Des divinités génératrices*, par Dulaure. Jugement du tribunal de première instance de la Seine, du 27 octobre 1826, qui ordonne la destruction du volume.

HISTOIRE *de Bonaparte*, depuis sa naissance jusqu'à sa dernière abdication, contenant le détail des faits mémorables qui ont illustré les Français sous son règne; par Collot, avec cette épigraphe : *Impartialité*. Publié par Vauquelin. Ouvrage condamné comme séditieux, par arrêt de la cour royale de Paris, du 20 février 1816.

HISTOIRE *des cent jours*, ou *Dernier règne de l'em-*

---

(1) Les documents judiciaires relatifs à ces gravures ne nous ont point fourni leurs titres. Il en a été de même de plusieurs autres.

(2) Les documents judiciaires que nous avons sur cette affaire ne nous ont point fourni les titres des gravures saisies. Mais ces gravures étaient en très-grand nombre.

pereur Napoléon. Lettres écrites de Paris depuis le 8 avril 1815 jusqu'au 20 juillet ; traduites de l'anglais de Hobhouse, par Reynault-Warin. Offenses envers la personne du roi et les membres de la famille royale. Arrêt de la cour d'assises de Paris, du 25 novembre 1819, mentionné au *Moniteur* du 23 juin 1820. Destruction ordonnée.

HISTOIRE *des missionnaires*, suivie d'un écrit ayant pour titre : *Les missionnaires*, poëme héroï-comique, par Guyon. Outrage à la morale publique et religieuse. Arrêts de la cour d'assises de Paris, du 27 juin 1820, et de la cour d'assises de Draguignan, du 18 août de la même année. Ces arrêts, dont le premier ordonne la suppression des exemplaires saisis du poëme *Les missionnaires*, ont été rapportés par extrait au *Moniteur* des 20 août et 7 septembre 1820.

HISTOIRE *de la première quinzaine de juin 1820*, par Bousquet-Deschamps. Arrêt de la cour d'assises de la Seine, du 26 juillet 1820, qui ordonne la destruction de l'écrit.

HISTOIRE *et vie de l'Arétin, ou Entretiens de Madelon et de Julie.* Voy. l'ARÉTIN et ENTRETIENS *de Madelon.*

HISTOIRE *philosophique du mal de Naples, ou La cacomonade*, publiée par le libraire Rousseau. Outrage à la morale publique et religieuse. Arrêt de la cour royale de Paris, du 16 novembre 1822, qui ordonne la destruction de l'ouvrage. Voy. *la* CACOMONADE.

HISTOIRE *universelle hérétique*, mise en vente par Becker. Outrages à la morale publique et religieuse et aux bonnes mœurs. Arrêt de la cour d'assises de la Seine, du 9 août 1842. Destruction ordonnée. (*Moniteur* du 15 décembre 1843.)

HISTOIRE *véritable de Tchen Cheouli*, mandarin lettré, par Barginet; chez Nadeau, libraire à Paris. Attaques contre le roi et la famille royale. Arrêt de la cour royale de Paris, du 19 août 1822, rapporté au *Moniteur* du 26 mars 1825 ; jugement du tribunal de première instance de la Seine, du 26 novembre 1825. La destruction des exemplaires saisis et de ceux qui pourraient l'être ultérieurement a été ordonnée par l'arrêt et par le jugement.

HOMME (l') *à la longue barbe*. Brochure diffamatoire, par MM. Eliçagaray et Amic. Jugement du tribunal correctionnel de Paris, du 2 avril 1829, qui ordonne la suppression de l'écrit incriminé. Le tribunal a aussi ordonné l'insertion du jugement dans *le Moniteur*, *le Constitutionnel*, *le Journal des Débats* et *la Quotidienne*. (*Gazette des tribunaux* du 3 avril 1829.)

HOMME GRIS (l'). Petite chronique, par Ferret. N°s 6, 7 et 8 du premier volume. Arrêt de la cour royale de Paris, du 27 juillet 1818, qui a ordonné la destruction des numéros incriminés. Les n°s 3, 4, 5 et du onzième volume, par Creton, ont été condamnés par arrêt de la même cour, du 19 août 1822, qui en a également ordonné la destruction.

HUIT *années du règne de Napoléon.* 4 vol. publiés par Jean Foret, libraire à Bordeaux. Offenses envers le roi. Arrêt de la cour d'assises de la Gironde, du 2 septembre 1822, publié au *Moniteur* du 23 février 1823. Destruction ordonnée.

I

ILE *d'amour*, mise en vente par Régnier Becker, commissionnaire en marchandises à Paris. Outrages à la morale publique et aux bonnes mœurs. Arrêt de la cour d'assises de la Seine, du 9 août 1842. Destruction ordonnée. (*Moniteur* du 15 décembre 1843.)

IL FAUT SOUFFRIR POUR LE PLAISIR. Voy. *les* GAUDRIOLES *de M. Gaillard.*

IL N'EST PAS MORT ! Par un ami de la patrie. Arrêt de la cour d'assises de Paris, du 15 novembre 1821.

IMPRIMÉS *à sujets obscènes*, mis en vente par Louis-Jules Guerrier, imprimeur lithographe, à Paris. Arrêt de la cour d'assises de la Seine, du 29 janvier 1845. Destruction ordonnée. (*Moniteur* du 23 juin 1845.)

INCRÉDULE (l'), ou *Les deux tartufes*, par Raban. Outrages à la morale publique et aux bonnes mœurs. Arrêt de la cour royale de Paris, du 14 mars 1825, publié au *Moniteur* du 26 mars 1825. Destruction des exemplaires saisis ou de ceux qui pourraient l'être.

INDÉPENDANT (l'), journal. N° 50. Article contenant excitation à la haine et au mépris du gouvernement, délit prévu et puni par l'article 4 de la loi du 25 mars 1822. Arrêt de la cour d'assises de Maine-et-Loire, du 6 mai 1834, publié au *Moniteur* du 7 août 1835.

INDISCRET (l'). Journal publié par Léon Lauriez. Outrages à la morale publique et religieuse et aux bonnes mœurs. Arrêts de la cour d'assises de la Seine, du 14 janvier 1822; de la cour d'assises de la Seine-Intérieure, du 22 décembre 1835. Cette condamnation n'a été publiée au *Moniteur* que le 18 janvier de l'année 1837.

INGRATS (les), *les impies et les brigands !* Article inséré dans le journal *Brid'Oison*. N° du 5 juin 1832. Excitation à la haine et au mépris du gouvernement du roi. Arrêt de la cour d'assises de la Seine, du 11 août 1832. (*Gazette des tribunaux* du 12 du même mois.)

INSTRUCTION (de l') *supérieure des prolétaires*, article publié dans le premier numéro de la revue intitulée : *les Droits du peuple, revue sociale et politique*, par Jean Terson. Excitation à la haine et au mépris du gouvernement du roi. Arrêt de la cour d'assises de la Seine, du 26 novembre 1845. La destruction de la revue a été ordonnée. Mention de la condamnation a été faite au *Moniteur* du 9 juin 1846. Voy. *les* DROITS *du peuple.*

INTÉRIEUR (l') *d'une Grille*, gravure obscène, publiée par Aubert et Besnard. Arrêt de la cour d'assises de la Seine, du 31 octobre 1833. La cour a ordonné la destruction de la gravure du consentement des prévenus, qui ont été acquittés. (*Gazette des tribunaux* du 1er novembre de la même année.)

INTRIGUE *dans les tribunaux*, par Pinet. Outrages à la morale publique et injures envers les tribunaux. Jugement du tribunal de première instance de la Seine, du 15 juillet 1824; publié au *Moniteur* du 7 novembre 1826. Ce jugement a ordonné la destruction du livre.

INVOCATIONS *à l'amour*, 1 vol. in-4°, contenant 16 gravures. Il nous a été impossible de nous procurer la date du jugement qui a suivi les poursuites dont cet ouvrage a été l'objet.

J

JACQUES *le fataliste et son maître*, par Diderot. Outrages à la morale publique et religieuse et aux bonnes mœurs. Jugement du tribunal correctionnel de la Seine, du 31 mai 1826, rapporté par extrait au *Moniteur* du 6 août de la même année. Destruction ordonnée.

JE *m'abandonne à toi*. Cahier de dessins, mis en vente par Bon, colporteur. Outrages à la morale publique et aux bonnes mœurs. Arrêt de la cour d'assises de la Seine-Inférieure, de ... 1844. Destruction ordonnée. (*Moniteur* du 3 décembre 1843.)

Je ne le ferai plus. Voy. les GAUDRIOLES *de M. Gaillard.*

JÉROME *le franc-parleur,* pamphlet. Offense envers la personne du roi. Arrêt de la cour d'assises de la Seine, du 18 juillet 1832. (*Gazette des tribunaux* du 18.)

JEU (le petit) *de société,* gravure séditieuse. Jugement du tribunal correctionnel de Paris, du 18 mai 1819.

·JOUJOU (le) *des demoiselles.* Arrêt de la cour royale de Paris, du 19 mai 1815. La cour a ordonné la destruction du volume.

JOUR (le) *et la nuit,* cahier de gravures, mis en vente par Mayer. Outrage à la morale publique et religieuse, et aux bonnes mœurs. Arrêt de la cour d'assises de la Seine, du 11 avril 1843. Le dit arrêt ordonne la destruction des gravures saisies et de celles qui pourraient l'être ultérieurement. (*Moniteur* du 15 décembre 1843.)

JOURNAL *de la Guyenne,* publié par les sieurs Lecoutre de Beauvais et Alexandre Cutié, gérants. Articles contenant les délits suivants : provocation au renversement du gouvernement ; offense publique envers la personne du roi ; attaques contre les droits qu'il tient du vœu de la nation ; excitation à la haine et au mépris du gouvernement. Arrêts de la cour d'assises de la Gironde, des 15 et 16 décembre 1832, 10 juin 1834, et de la cour d'assises de la Dordogne, du 22 janvier 1833, publiés au *Moniteur* des 7 avril, 29 juin 1833 et 30 décembre 1834.

JOURNÉES (les), ou *La journée de juillet et libéralo-métriques, faites à Caen, le 29 juillet 1832,* écrit publié dans le n° 62 de l'*Ami de la vérité,* par Godefroy. Excitation à la haine et au mépris du gouvernement, et provocation à la haine et au mépris des citoyens contre la garde nationale. Arrêt de la cour d'assises du Calvados, du 7 décembre 1832, publié au *Moniteur* du 7 avril 1833.

JUGEMENT (le) *de Paris.* Voy. les GAUDRIOLES de M. *Gaillard.*

JULIE ou *J'ai sauvé ma rose.* 1 vol. Outrage aux bonnes mœurs. Jugement du tribunal correctionnel, du 12 juillet 1827, confirmé par arrêt de la cour royale, du 5 août 1828.

JULIETTE, suite de *Justine* ou *Les malheurs de la vertu.* Outrages aux mœurs Voy. JUSTINE.

JUSTE MILIEU *et conservateurs.* Article inséré au n° 3 de la revue intitulée : *les Droits du peuple, revue sociale et politique,* par Jean Terson. Provocation à la haine entre les diverses classes de la société. Arrêt de la cour d'assises de la Seine, du 26 novembre 1845, qui a ordonné la suppression et la destruction de l'article. La mention de cette condamnation se trouve au *Moniteur* du 9 juin 1846. Voy. les DROITS *du peuple.*

JUSTINE, ou *Les malheurs de la vertu,* 4 vol. Outrages à la morale publique et aux bonnes mœurs. Arrêt de la cour royale de Paris, du 19 mai 1815, qui a ordonné la destruction de l'ouvrage. Autre arrêt de la cour d'assises de la Seine, du 15 mars 1836. (*Moniteur* du 26 juin 1836.) Voy. NOUVELLE JUSTINE.

L

LAMENTATIONS, ou *Renaissance sociale,* par Marcelin de Bonnal, 2 vol. Outrages à la morale publique et aux bonnes mœurs. Arrêt de la cour d'assises de la Seine, du 12 mars 1842, publié au *Moniteur* du 12 novembre de la même année.

LANTERNE *magique,* gravure. Jugement du tribunal correctionnel de Paris, du 25 février 1825, qui ordonne la destruction de la gravure. L'extrait de ce jugement se trouve au *Moniteur* du 7 novembre 1826.

LÉGISLATURE, article extrait de l'*Almanach-Catéchisme,* par Brée. Excitation à la haine et au mépris du gouvernement du roi. Arrêt de la cour d'assises de la Seine, du 31 décembre 1845. Voy. ALMANACH-*catéchisme.*

LETTRE *au roi,* sur les imperfections du régime introduit dans la colonie de l'Algérie, par le sieur Cappé. Offenses envers la personne du roi. Arrêt de la cour de la Seine, du 14 mars 1834, qui a maintenu la saisie de ladite lettre. (*Gazette des tribunaux* du lendemain.)

LETTRE *à M. Carrère,* par Benjamin Constant. Jugement du tribunal correctionnel de Paris, du 28 novembre 1822, qui ordonne la destruction de l'écrit.

LETTRE *à M. Decazes, ministre de la police générale,* par Chevalier. Arrêt de la cour royale de Paris, du 17 juin 1817. Destruction ordonnée.

LETTRE *à Mgr d'Hermopolis,* par M. l'abbé de Lamennais. Insérée dans *le Drapeau blanc* du 22 août 1825. Arrêt de la cour royale de Paris, du 11 décembre 1825. Cet arrêt, ainsi que le jugement de première instance, ont ordonné l'insertion des motifs et du dispositif de la condamnation dans *le Drapeau blanc* dans le délai d'un mois.

LETTRES *à M. Grégoire, ancien évêque de Blois.* Arrêt de la cour d'assises de Paris, du 29 décembre 1820. La cour a ordonné que les lettres seraient détruites.

LETTRE (deuxième) *aux ouvriers,* par Noiret. Voy. DEUXIÈME LETTRE *aux ouvriers.*

LETTRE *aux prolétaires,* par Laponneraye. Délit d'excitation à la haine et au mépris d'une classe de citoyens et de provocation au renversement du gouvernement. Arrêt de la cour d'assises de la Seine, du 27 juin 1833, qui a ordonné la destruction de l'écrit, publié au MONITEUR du 30 octobre 1833.

LETTRE *confidentielle, écrite par un chasseur involontaire de la garde nationale à Louis-Philippe, surnommé le roi des Barricades.* Délits d'offense envers la personne du roi et les membres de sa famille, et d'attaque contre ses droits constitutionnels. Arrêt de la cour d'assises de la Seine, du 27 mars 1835, qui ordonne la destruction de la lettre. (*Moniteur* du 30 octobre 1835.)

LETTRE *de M. de la Rochefoucault, duc de Doudauville,* insérée dans le numéro du 13 mars 1844 de la *Gazette de France* et de *la Nation,* et renfermant les délits suivants : 1° Attaque contre les droits que le roi tient du vœu de la nation ; 2° acte public d'adhésion à une autre forme de gouvernement ; 3° excitation à la haine et au mépris du gouvernement ; 4° attaque contre le serment et contre le respect dû aux lois. Arrêt de la cour d'assises de la Seine, du 15 avril 1844, qui a maintenu la saisie des journaux où ladite lettre a été publiée. (*Moniteur* du 23 juin 1845.)

LETTRE *de Mgr l'évêque de Châlons;* prévention d'injures envers l'université et menaces de refus de sacrement contre les élèves des collèges royaux, déclarée abusive par ordonnance du conseil d'État, du 8 novembre 1843.

LETTRE *de Satan aux francs-maçons.* Jugement du tribunal correctionnel de Paris, du 22 février 1826, qui ordonne la destruction de la lettre.

LETTRE *d'un étudiant, homme du peuple, aux aristocrates doctrinaires.* Prévention d'excitation à la haine et au mépris du gouvernement du roi ; provocation non suivie d'effet au renversement du gouvernement. Arrêt de la cour d'assises de la Seine, du

19 janvier 1832. (*Gazette des tribunaux* du 20 du même mois.)

LETTRE *d'un vieux religieux*. Pamphlet sans nom d'auteur, renfermant des outrages à la morale publique et religieuse et aux bonnes mœurs.

LETTRES *normandes*. Lettre relative au service funèbre du 21 janvier, contenant provocation à la désobéissance à la loi qui a établi que ce jour serait férié. Arrêt de la cour d'assises de la Seine, du 17 mars 1820.

LETTRES (nouvelles) *provinciales*, par d'Erbigny. Outrage à la religion et attaque contre la dignité royale. Arrêt de la cour royale de Paris, du 20 juin 1826, qui ordonne la destruction des exemplaires saisis et de ceux qui pourraient l'être. Cet arrêt a été inséré par extrait au *Moniteur* du 7 novembre de la même année.

LETTRES *sur quelques particularités secrètes de l'histoire pendant l'interrègne des Bourbons*, par Barruel de Beauvert. Jugement du tribunal correctionnel de Paris, du 13 août 1816, qui ordonne la destruction desdites lettres.

LETTRE *au procureur général de Poitiers*, par Benjamin Constant. Arrêt de la cour royale de Paris, du 6 février 1823. Destruction ordonnée.

LIAISONS (les) *dangereuses*, par Laclos. Outrages aux bonnes mœurs. Jugement du tribunal correctionnel, du 8 novembre 1823, confirmé par arrêt de la cour royale, du 22 janvier 1824. La destruction de l'ouvrage a été ordonnée.

LIBÉRATEUR (le), écrit périodique publié par Adam, gérant, imprimé par Grosseteste. *Voy.* PREMIÈRE PUBLICATION *du Libérateur*.

LIBERTÉ (état de la), par Scheffer. Arrêt de la cour royale de Paris, du 30 mars 1818, qui ordonne la destruction de l'écrit.

LIBERTÉ *d'enseignement*, procès de M. *l'abbé Combalot*, précédé d'une introduction par M. Louis Veuillot, rédacteur en chef du journal l'Univers et suivi de documents historiques. Cet écrit, qui a été publié dans l'*Univers*, numéros des 16 et 20 mars 1844, a été poursuivi comme renfermant les délits suivants : 1° provocation à la désobéissance aux lois du royaume; 2° attaque contre le respect qui leur est dû ; 3° apologie de faits qualifiés délits par la loi. Arrêt de la cour d'assises de la Seine, du 11 mai 1844, qui a ordonné la destruction de l'écrit susdit. (*Moniteur* du 23 juin 1845.)

LIBERTÉ (la) *individuelle sous le régime de la charte-vérité* ; par Félix Bocker. Délit d'offense envers la personne du roi. Arrêt de la cour d'assises de la Seine, du 25 juin 1833, qui a ordonné la destruction de l'écrit, publié au *Moniteur* du 30 octobre de la même année. (*Gazette des tribunaux* du 26 juin 1833.)

LIBERTIN (le) *de qualité*, 2 vol. in-12 avec gravures. Outrages à la morale publique et religieuse et aux bonnes mœurs. Arrêt de la cour d'assises de la Vienne, du 12 décembre 1838, qui a ordonné la destruction de l'ouvrage, publié au *Moniteur* du 9 juin 1839. Le même ouvrage a été remis en vente en 1842, à Paris, par Régnier Becker, commissionnaire en marchandises : et à la date du 9 août de la dite année, la cour d'assises de la Seine, à laquelle il avait été déféré, a rendu un arrêt qui en a de nouveau ordonné la destruction. (*Moniteur* du 15 décembre 1843.)

LIBERTIN (le) *par fatalité*, ou *Monrose*, suite de *Félicia*. Ouvrage licencieux. *Voy.* FÉLICIA.

LISA, chanson de Debraux. Outrage aux bonnes mœurs. Arrêt de la cour royale de Paris, du 29 mai 1823, publié au *Moniteur* du 25 mars 1823. Destruction ordonnée.

LITHOGRAPHIES à sujets obscènes, exposées en vente par Louis-Jules Guerrier, imprimeur lithographe, à Paris. Arrêt de la cour d'assises de la Seine, du 29 janvier 1845. Destruction ordonnée. *Moniteur* du 23 juin 1845.

LOI (la) *infernale*, satire, par Bastide. Offense envers la personne du roi, et provocation au renversement du gouvernement. Arrêt de la cour d'assises de la Seine, du 7 novembre 1835. (*Gazette des tribunaux* du 8 du même mois.)

LOIS *du monde physique et du monde moral, ou Système de la nature*. Attaque contre la religion. Arrêt de la cour royale de Paris, du 29 mai 1825, qui a ordonné la destruction de l'ouvrage. (*Moniteur* du 26 mars 1825.)

M

MADAME, *Nantes, Blaye et Paris*, par Fortuné de Choilet. Ouvrage publié par livraisons. 1re et 2e livraisons incriminées. Offenses envers le roi. Arrêt de la cour d'assises de la Seine, du 6 mai 1833. (*Gazette des tribunaux* des 6 et 12 du même mois.)

MALHEURS (les) *de la vertu, ou Justine*. Arrêt de la cour royale de Paris, du 19 mai 1815, qui ordonne la destruction de l'ouvrage. *Voy.* JUSTINE.

MANDEMENT *de MM. les vicaires généraux de Paris*. Chanson manuscrite. Jugement du tribunal correctionnel de Paris du 22 mai 1817, qui ordonne la suppression de l'écrit.

MANDEMENT de Mgr le cardinal archevêque de Lyon (Mgr de Bonald). Publié à l'occasion du *Manuel du droit ecclésiastique français* de M. Dupin. Déclaré abusif par ordonnance du conseil d'État du 9 mars 1845.

MANUSCRIT *de Sainte-Hélène*, inséré dans le IIIe volume du *Censeur Européen*. Arrêt de la cour royale de Paris, du 7 octobre 1817.

MARCHE *civilisatrice de la révolution, progrès dans le régicide*. Article inséré dans le numéro du 23 février 1837 du journal *la France*. Prévention d'attaque contre le respect dû aux lois. Arrêt de la cour d'assises de la Seine, du 6 mars 1837, qui ordonne la suppression des exemplaires saisis. *Voy. la* FRANCE.

MARGOT *la ravaudeuse et ses aventures galantes*, 1 vol. in-18, publié par Rousseau. Arrêts de la cour royale de Paris, des 19 mai 1815 et 16 novembre 1822, insérés au *Moniteur* du 26 mars 1825. Destruction ordonnée.

MARIAGE *Cobourg-Clémentinois*. Article publié dans le journal *la Mode*, numéro du 25 avril 1840. Offenses envers la personne du roi et des membres de la famille royale. Arrêt de la cour d'assises de la Seine, du 10 mai 1843. Destruction de l'article incriminé. (*Moniteur* du 15 décembre 1843). *Voy. la* MODE.

MARTYROLOGE *démocratique*, article extrait de *l'Almanach-catéchisme*, par Brée. Excitation à la haine et au mépris du gouvernement du roi. Arrêt de la cour d'assises de la Seine, du 31 décembre 1845. *Voy.* ALMANACH-*catéchisme*.

MA TANTE GENEVIÈVE. Ouvrage immoral. *Voy.* TANTE GENEVIÈVE.

MAUVAIS (le) *sujet*, chanson insérée dans la 11e livraison du recueil intitulé : *La chanson au* XIXe *siècle*, par Charles Durand. Outrage à la morale publique et religieuse et aux bonnes mœurs. Arrêt de la cour d'assises de la Seine, du 10 février 1847, qui ordonne la destruction de la chanson. *Voy. la* CHANSON *au* XIXe *siècle*.

MA VIE *de garçon*, 1 vol. in-18. Ouvrage licencieux. *Voy.* VIE *de garçon*.

MÉMOIRE *adressé aux évêques de France et aux pères de famille sur la guerre faite à l'Eglise et à la société par le monopole universitaire*, par l'abbé Combalot, imprimé par Sirou. Brochure où le gouvernement a cru voir une diffamation envers l'université, et de plus une tendance à troubler la paix publique en cherchant à exciter la haine ou le mépris contre une classe de personnes. Arrêt de la cour d'assises de la Seine, du 6 mars 1844. (*Gazette des tribunaux*, des 14 février et 29 mars 1844, et *Moniteur* du 23 juin 1845.)

MÉMOIRE *au roi*, par Mgr l'évêque de Moulins, déclaré abusif par ordonnance du conseil d'État du 4 mars 1835.

MÉMOIRES *de la cour de Louis XIV*, par Alexandre Schubart, homme de lettres. Publiés par le libraire Ponthieu, à Paris. Outrage à la morale publique et religieuse. Arrêt de la cour royale de Paris, du 26 juin 1825, qui a ordonné la destruction des exemplaires saisis. Condamnation publiée au *Moniteur* du 26 mars 1825.

MÉMOIRES (les) *de M. Levasseur, ex-conventionnel*; publiés, imprimés et mis en vente par MM. Roche, Gauthier Laguionie et Rapilly. 2 vol. Outrage à la morale publique; attaque contre les droits que le roi tient de sa naissance et contre la dignité royale; outrage à la religion de l'État. Jugement du tribunal correctionnel de Paris, du 3 mars 1830, qui maintient la saisie de l'ouvrage et ordonne sa destruction. (*Gazette des tribunaux* des 6 mars et 7 mai 1830.)

MÉMOIRES *de Saturnin, portier des chartreux*. Outrages à la morale publique et religieuse. Arrêts de la cour royale de Paris, du 29 décembre 1821; de la chambre des mises en accusation du 28 juin 1825. La destruction de l'ouvrage a été ordonnée.

MÉMOIRE *de Suzon*. 1 vol., mis en vente par Régnier Becker. Écrit attentatoire à la morale publique et religieuse et aux bonnes mœurs. Arrêt de la cour d'assises de la Seine, du 9 août 1842, qui a ordonné la destruction dudit écrit. (*Moniteur* du 15 décembre 1845.)

MÉMOIRE *justificatif de Fournier Verneuil*, auteur de l'ouvrage intitulé : *Paris, tableau moral et philosophique*. Outrage à la morale publique. Arrêt de la cour royale de Paris, du 13 juin 1826, qui ordonne la destruction du mémoire. L'extrait de cet arrêt a été inséré au *Moniteur* du 7 novembre de la même année.

MÉMOIRES *pour servir à l'histoire de France*. Publiés par le libraire Rousseau, à Paris. Arrêt de la cour royale de Paris, du 16 novembre 1822, qui a ordonné la destruction de l'ouvrage, du consentement du prévenu qui a été acquitté. (*Moniteur* du 26 mars 1825.)

MÉMOIRES *sur la vie et les ouvrages de Diderot*, par Naigeon. Jugements du tribunal correctionnel de Paris, des 23 décembre 1823 et 25 novembre 1824. La destruction des exemplaires saisis a été ordonnée. Le premier de ces jugements a été publié au *Moniteur* du 7 novembre 1826.

MERCURE (48e livraison). Arrêt de la cour royale de Paris, du 25 novembre 1814, qui ordonne la suppression de l'écrit.

MERCURE *du XIXe siècle*, mis en vente par Antoine Année. 48e livraison contenant l'article intitulé : *Tablettes romaines*. Outrages à la morale publique et religieuse. Arrêt de la cour royale de Paris, première chambre civile et chambre correctionnelle réunies, en date du 25 novembre 1825. La destruction des exemplaires saisis a été ordonnée. (*Moniteur* du 26 mars 1825.)

MERVEILLES *du pouvoir absolu*, par le baron de Saigé. Ouvrage renfermant des doctrines subversives de la religion et du gouvernement. (*Gazette des tribunaux*, des 7 et 10 février 1829.)

MESSAGER (le) *journal quotidien*. Numéro du 24 avril 1834, article diffamatoire envers des agents de l'autorité publique. Arrêt de la cour d'assises de la Seine, du 12 juin 1834, qui a ordonné la destruction des numéros saisis. (*Moniteur* du 7 août 1835.)

MESSALINE (la) *française*, mise en vente par Becker. Outrage à la morale publique et religieuse et aux bonnes mœurs. Arrêt de la cour d'assises de la Seine, du 9 août 1842, qui a ordonné la destruction des exemplaires saisis et de ceux qui pourraient l'être. (*Moniteur* du 15 décembre 1845.)

MÉTAMORPHOSES (les) *du jour, ou La Fontaine en 1831*. Prévention d'offense envers la personne du roi. Arrêt de la chambre d'accusation de la cour royale de Paris du 31 décembre 1831. (*Gazette des tribunaux*, des 6 et 26 janvier 1832.)

MEURSIUS *français*, avec figures. Outrages à la morale publique et religieuse et aux bonnes mœurs. Arrêt de la cour d'assises de Paris, du 29 décembre 1821 ; de la cour royale, du 9 août 1822 ; jugements du tribunal correctionnel, des 6 juin 1822, et 25 février 1825. La destruction de l'ouvrage a été ordonnée. Les condamnations ci-dessus ont été publiées au *Moniteur* du 7 novembre 1826. Cet ouvrage ayant été remis en vente, en 1842, par Régnier Becker, commissionnaire en marchandises, à Paris, il a été rendu, par la cour d'assises de la Seine, le 9 août de ladite année, un arrêt qui en a de nouveau ordonné la destruction. (*Moniteur* du 15 décembre 1845.)

MILLE (les) *et une faveurs*, ouvrage exposé par le sieur Gambart, ancien militaire (1). Outrage à la morale publique et aux bonnes mœurs. Arrêt de la cour royale de Paris, du 23 août 1827. (*Gazette des tribunaux* des 6 et 13 juillet, 24 août 1827 et 6 janvier 1828.)

MILLION (un), *s'il vous plaît !* Article inséré dans le *Charivari* et relatif à l'apanage du duc de Nemours et à la dotation de la reine des Belges. Attaque contre la dignité royale. Arrêt de la cour royale de Paris, chambre des mises en accusation. En cour d'assises, le gérant du journal a été acquitté. (*Gazette des tribunaux*, des 13 et 14 mars 1837.)

MISSIONIDE (la), par Cabaigne. Outrages à la religion et aux bonnes mœurs. Arrêt de la cour royale de Paris, du 8 décembre 1826. La cour a ordonné la destruction des exemplaires saisis et de ceux qui pourraient l'être.

MISSIONNAIRES (les), poëme héroï-comique, par Louis Guyon, ex-lieutenant au 58e régiment de ligne. Outrage à la morale publique et religieuse et aux bonnes mœurs. Arrêts de la cour d'assises de Paris, du 27 juin 1820; de la cour d'assises de Draguignan, du 18 août suivant. La destruction a été ordonnée. Ces deux arrêts ont été mentionnés au *Moniteur* des 20 août et 7 septembre 1820.

MISSIONNAIRES (les), chanson de Béranger. Offense envers la religion et ses ministres. Arrêts de la cour d'assises de Paris, du 8 décembre 1821; de la cour royale, du 16 novembre 1822; jugement du tribunal correctionnel de la Seine, du 31 mai 1826. La destruction de la chanson a été ordonnée. Les condamnations résultant de ces arrêts et jugement ont été publiées au *Moniteur* des 17 mars 1822, 25 mars 1825 et 6 août 1826.

MISSIONNAIRES (les) *en goguette*. Chanson par Pradel. Excitation à la haine et au mépris des citoyens contre une classe de personnes. Arrêts de la cour royale de Paris, des 11 juillet et 16 novembre 1822, insérés par extrait au *Moniteur* des 26 juillet 1822 et 20 mars 1825. La destruction de la chanson a été ordonnée.

---

(1) Le sieur Gambart tenait à Paris un cabinet de lecture, où se trouvait une quantité de livres attentatoires aux bonnes mœurs. Ces livres, qui ont été saisis au nombre de cinquante-neuf volumes, étaient par lui loués aux élèves des collèges. C'est sur la dénonciation d'un maître de pension, nommé Guilles de Fernex, que la police a fait irruption dans le cabinet du sieur Gambart.

Mode (la), journal, Martin, gérant. Article contenant les délits d'attaque contre les droits constitutionnels du roi, et d'offense envers sa personne. Arrêt de la cour d'assises de la Seine, du 4 août 1834, qui ordonne la destruction des exemplaires saisis. (*Moniteur* du 30 décembre 1834. Numéro du 26 mars 1836. Offense envers la personne du roi. Arrêt de la cour d'assises de la Seine, du 4 août 1836. Numéro du 31 décembre 1836. Apologie de faits qualifiés crimes par la loi pénale et offense envers les membres de la famille royale. Arrêt de la cour d'assises de la Seine, du 10 janvier 1837. Numéro du 10 février 1838. Offense envers la personne du roi. De même du 20 février 1836. Numéro du 3 mars 1838. Offense envers la personne du roi; attaque contre ses droits constitutionnels et acte public, par l'attribution de droit au trône de France, à une autre forme de gouvernement. De même du 21 mars 1838.

Ces quatre derniers arrêts, qui ont ordonné la destruction des numéros incriminés, ont été publiés au *Moniteur* des 18 janvier, 12 mai 1837 et 18 mai 1838.

Le numéro du 25 avril 1840 dudit journal a aussi été saisi, comme contenant les articles suivants : *Petite chronique*; *Absents pour le service du roi*; *Mariage Cobourg-Clémentinois*; *Propagande royaliste*, articles dans lesquels le ministère public a relevé les délits d'offense envers la personne du roi, et les membres de la famille royale ; d'acte public d'adhésion à une autre forme de gouvernement ; et d'excitation à la haine et au mépris du gouvernement du roi. La cour d'assises de la Seine, par son arrêt du 10 mai 1843, a ordonné la destruction du numéro saisi. (*Moniteur* du 15 décembre 1843.)

Mœurs (les) *de Paris*, mises en vente par Régnier Becker, commissionnaire en marchandises, à Paris. Outrages à la morale publique et aux bonnes mœurs. Arrêt de la cour d'assises de la Seine, du 9 août 1842. Destruction ordonnée (*Moniteur* du 15 décembre 1843). Le même ouvrage ayant été saisi, en 1844, sur le nommé Bon, colporteur, il est intervenu à la cour d'assises de la Seine-Inférieure un arrêt qui en a de nouveau ordonné la destruction. (*Moniteur* du 5 décembre 1844.)

Mœurs *françaises*, ou *l'Académie des dames*, avec figures, publiées par le libraire Rousseau, à Paris. Outrages à la morale publique et aux bonnes mœurs. Arrêt de la cour royale de Paris, du 16 novembre 1822. L'extrait de cet arrêt, qui a ordonné la destruction de l'écrit, a été inséré au *Moniteur* du 26 mars 1825.

Moines (les trois), publiés par Lagier, libraire à Paris. Outrage à la morale publique et religieuse. Arrêt de la cour royale de Paris, du 21 décembre 1822, qui a ordonné la destruction. Condamnation publiée au *Moniteur* du 26 mars 1825.

Momus *redivivus*, avec figures obscènes, chez Rousseau, libraire à Paris. Arrêt de la cour royale de Paris, du 16 novembre 1822, inséré par extrait au *Moniteur* du 26 mars 1825. Destruction de l'ouvrage.

Moniteur (extraits du), par Auguis. Arrêt de la cour royale de Paris, du 28 décembre 1814.

Monrose ou *Le libertin par fatalité*, ouvrage licencieux. *Voy.* Libertin *par fatalité* et Felicia.

M. et madame Mayeux. *Voy. les* Gaudrioles *de M. Gaillard*.

M. le président (à) *du collège électoral du département de l'Ain*, lettre politique, par M. le comte de Cordon. Excitation à la haine et au mépris du gouvernement. Arrêt de la cour d'assises de la Seine, du 30 novembre 1832. (*Gazette des tribunaux* du 1er décembre de la même année.)

Monuments *de la vie privée des douze Césars*, avec gravures. Arrêt de la cour royale de Paris, du 19 septembre 1826. Destruction ordonnée du consentement du prévenu, à l'égard duquel il a été déclaré n'y avoir lieu à suivre.

Monuments *du culte secret des dames romaines*, avec gravures. Arrêts de la cour royale de Paris, des 19 mai 1815, et 19 septembre 1826. Destruction ordonnée.

Mort *au tyran Louis-Philippe, la sangsue du peuple*. Placards exposés en public par Lenoir (Marie-Eugène-Dominique). Offense envers la personne du roi. Arrêt de la cour d'assises de la Seine, du 5 juillet 1842. Destruction des exemplaires saisis et de ceux qui pourraient l'être. (*Moniteur* du 12 novembre 1842.)

Mouton *enragé*, (le) article inséré dans l'*Album*, journal publié par Mégallon, condamné pour outrages envers le roi et la famille royale. Jugement du tribunal correctionnel de Paris du 25 juillet 1829 ; confirmé par arrêt de la cour royale du 19 août suivant. Le *Mouton enragé* fut encore l'objet de poursuites judiciaires au commencement de 1830. (*Voy. Gazette des tribunaux* des 28 février et 5 mars 1830.) *Voy.* Album.

Moyen *infaillible de donner du travail et de l'aisance à l'ouvrier*. Délit d'offense envers la personne du roi. Arrêt de la cour d'assises de la Seine, du 14 mars 1834, qui a ordonné la destruction de l'écrit, publié au *Moniteur* du 25 avril de la même année.

Musée *des familles*, mis en vente par Becker. Outrages à la morale publique et religieuse et aux bonnes mœurs. Arrêt de la cour d'assises de la Seine, du 9 août 1842. Destruction ordonnée. (*Moniteur* du 15 décembre 1843.)

N

Nain (le), journal publié par Pierre Soulé, homme de lettres. Numéros 5, 7, 10, 11, 12 et 13, contenant les articles intitulés : *Le cardinal et le capucin* : *Croyances diverses*. Outrages à la morale publique et religieuse. Arrêt de la cour royale de Paris, du 23 juin 1825, publié au *Moniteur* du 30 novembre de la même année. L'arrêt a déclaré définitif et valable la saisie des numéros incriminés et ordonné l'insertion des motifs et du dispositif de la condamnation dans l'un des numéros du journal.

Nain (le) *tricolore*, écrit renfermant des attaques contre le gouvernement. Arrêt de la cour royale de Paris, du 11 juin 1816.

Nation (la), journal publié à Paris, par François Durand, gérant. Numéros des 30 novembre, 14, 15 et 28 décembre 1843. Acte public d'adhésion à une autre forme de gouvernement que celle établie par la charte de 1830, 1° en attribuant des droits au trône de France à une personne bannie à perpétuité par la loi du 10 avril 1832 ; 2° en prenant une qualification incompatible avec la charte ; 3° en exprimant le vœu, l'espoir ou la menace de la destruction de l'ordre constitutionnel et de la restauration de la dynastie déchue. Arrêt de la cour d'assises de la Seine, du 25 mars 1844, qui a déclaré définitive la saisie des numéros incriminés, et a ordonné leur destruction. (*Moniteur* du 23 juin 1845). Numéro du 15 mars 1844 (Lettre de M. de la Rochefoucault, duc de Doudauville). Attaque contre les droits que le roi tient du vœu de la nation ; acte public d'adhésion à une autre forme de gouvernement ; excitation à la haine et au mépris du gouvernement, attaque contre le serment et contre le respect dû aux lois. Arrêt de la cour d'assises de la Seine, du 13 avril 1844, qui a maintenu la saisie du numéro incriminé. (*Moniteur* du 23 juin 1845.)

NATIONAL (le), journal. Articles insérés dans les numéros 1, 2, 3 et du 5 juillet 1823, par Bertrand Lamotte, contenant offense envers la personne du roi. Jugement du tribunal correctionnel de Paris, du 7 octobre 1823, qui ordonne la destruction de l'article incriminé. Article inséré au numéro du 14 mars 1833. Compte rendu infidèle, de mauvaise foi et injurieux d'une cour d'assises de la Seine. Arrêt de la cour d'assises de Seine-et-Oise, du 10 août 1833, publié dans le *Moniteur* du 25 avril 1834.

NATIONAL de 1834. Articles contenus aux numéros des 8, 31 janvier et 1er février 1834. Délits prévus et punis par des articles un de la loi du 25 mars 1822, 26 de la loi du 26 mai 1819 et 11 de la loi du 9 juin 1819 (1). Arrêt de la cour d'assises de la Seine, du 31 mai 1834, qui a ordonné la destruction des numéros incriminés. Article inséré au numéro du 25 avril 1834. Délit d'offense envers la personne du roi. Arrêts de la cour d'assises de la Seine, des 31 juillet, 13 et 29 août 1834, qui ont ordonné la destruction de l'article. Article publié dans le numéro du 1er septembre 1834. Provocation non suivie d'effet à la destruction et au renversement du gouvernement. Arrêt de la cour d'assises de la Seine, du 16 septembre 1834, qui a ordonné la destruction de l'article. Article publié dans le numéro du 13 juillet 1836, faisant l'apologie de l'attentat commis par Alibaud contre la vie de Louis-Philippe. Arrêt de la cour d'assises de la Seine, du 2 octobre 1836, qui a ordonné la destruction de l'article. Article publié dans le numéro du 12 septembre 1841, tendant à exciter à la haine et au mépris du gouvernement du roi. Arrêt de la cour d'assises de la Seine, du 30 juillet 1842, qui ordonne la destruction de l'article.

Ces divers arrêts ont été publiés au *Moniteur* des 25 avril, 30 décembre 1834, 7 août 1835, 18 janvier 1837 et 26 mars 1842.

NICOSTRATA (la), brochure politique, par Basières, homme de lettres. Provocation au renversement du roi. Jugement par défaut du tribunal correctionnel de Paris, du 28 juin 1832. (*Gazette des tribunaux* du lendemain.)

NOM *de famille* (le), 2 vol., par Auguste Luchet. Outrage à la morale publique et religieuse; excitation à la haine et au mépris du gouvernement du roi ; provocation à la haine et au mépris des citoyens contre plusieurs classes de la société; dérision envers la religion catholique. Arrêt de la cour d'assises de la Seine, du 10 mars 1842, publié au *Moniteur* du 12 novembre de la même année.

NOUVEL ENFANT (le) *de la goguette*, chanson par Debraux. Arrêt de la cour royale de Paris, du 29 mai 1823, inséré par extrait au *Moniteur*, du 26 mars 1825. La cour a ordonné la destruction de la chanson. *Voy.* CHANSONS *de Debraux*.

NOUVELLE JUSTINE (la), mis en vente par Régnier Becker. Outrage à la morale publique et religieuse et aux bonnes mœurs. Arrêt de la cour d'assises de la Seine, du 9 août 1842, publié au *Moniteur* du 15 décembre 1843. La destruction de l'ouvrage a été ordonnée.

NOUVELLES LETTRES *provinciales*. *Voy.* LETTRES (nouvelles) *provinciales*.

O

OCCITANIQUE (l'), feuille périodique. Numéro du 29 avril 1834. Délit d'excitation à la haine et au mépris du gouvernement du roi. Arrêt de la cour d'assises de l'Hérault, du 5 août 1834, publié au *Moniteur* du 7 août 1835.

ODES *et stances sur la mort de Lallemand*, par Roch. Arrêt de la cour royale de Paris, du 14 décembre 1822, qui a ordonné la destruction de l'ouvrage.

ŒUVRES *badines d'Alexis Piron*; ouvrage licencieux, condamné à être détruit par plusieurs jugements et arrêts, notamment par jugement du tribunal correctionnel de Paris, du 15 novembre 1827 ; arrêt confirmatif de la cour royale du 5 janvier 1828; arrêts de la cour d'assises de la Seine, du 24 novembre 1834, et de la cour d'assises du Nord, du 2 février 1835. Insertion au *Moniteur* des 7 août 1835 et 26 juin 1836.

ŒUVRES *badines de Grécourt*. Outrage à la morale publique et religieuse et aux bonnes mœurs. Arrêt de la cour d'assises du Nord, du 2 février 1835, qui a ordonné la destruction de l'ouvrage. Condamnation publiée au *Moniteur* du 7 août 1835.

ŒUVRES *complètes de Béranger*, tome V, *Supplément, chansons érotiques*, mises en vente par Chantpie fils. Outrage à la morale publique et religieuse et aux bonnes mœurs. Arrêt de la cour d'assises de la Seine, du 24 octobre 1834, qui a ordonné la destruction des exemplaires saisis et de ceux qui pourraient l'être ultérieurement. (*Moniteur* du 30 décembre 1834.)

ŒUVRES (les) *de Parny*, en 4 volumes ; mises en vente par Maurice Goin, imprimeur en taille-douce, à Paris. Dérision contre la religion de la majorité des Français, et outrages aux bonnes mœurs. Arrêts de la cour d'assises du Nord, du 2 février 1835, et de la cour d'assises de la Seine, du 24 août 1840, qui ont ordonné la suppression des exemplaires saisis de l'ouvrage. Ces deux arrêts ont été publiés dans le *Moniteur* des 7 août 1835 et 23 juin 1845. *Voy. la* GUERRE *des dieux*.

OPINION *de Georges Couthon*, membre de la Convention nationale, sur le jugement de Louis XVI, précédée d'une lettre secrète de Louis XIV à Frédéric-Guillaume, roi de Prusse, publiée par les libraires Hasard et Auffray. Excitation au renversement du gouvernement. Arrêt de la chambre de la cour royale de Paris, chambre des mises en accusation. En cour d'assises les éditeurs ont été acquittés. Arrêt du 13 janvier 1834. (*Gazette des tribunaux* du même jour.)

OPUSCULES, par Cauchois-Lemaire. Arrêt de la cour d'assises de la Seine, du 31 août 1821.

ORACLE (l'), ci-devant *l'Ultra*, journal, 6e, 7e et 8e livraisons. Diffamation de T. Arrêt de la cour royale de Paris, du 19 juillet 1819.

ORDRE (nouvel) *du jour*. Chanson de Béranger. Jugement du tribunal correctionnel de Paris, du 21 août 1824, qui a ordonné la destruction de la chanson.

ORGANISATION *du travail*. *Voy.* DEUXIÈME LETTRE *aux ouvriers*, par Noiret.

ORIGINE (Abrégé de l') *des cultes*, par Dupuis ; réédité par Chaperon. Arrêt de la cour royale de Paris, du 26 juin 1823 et jugement du tribunal correctionnel, du 31 mai 1826, inséré par extrait au *Moniteur* des 26 mars 1825 et 6 août 1826. Destruction ordonnée. A la date du 24 novembre 1826, il a été rendu au tribunal correctionnel de Paris deux autres jugements qui ont aussi ordonné la destruction d'exemplaires nouvellement saisis.

ORIGINE (l') *des puces*, ou *Les pucelages conquis*. Arrêt de la cour royale de Paris, qui ordonne la destruction de l'écrit.

ORLÉANAIS (l'), Joseph Hue gérant responsable. Numéros des 6 juin, 18 juillet, 19 et 22 août 1832, renfermant le délit d'excitation à la haine et au mé-

---

(1) *Voyez* le texte de l'article 26 de la loi du 26 mai 1819, pag...... Quant à l'article 11 de la loi du 9 juin 1819, il est ainsi conçu : « Les éditeurs du journal ou écrit périodique seront tenus d'insérer dans l'une des feuilles ou des livraisons qui paraîtront dans le mois du jugement ou de l'arrêt intervenu contre eux, extrait contenant les motifs et le dispositif dudit jugement ou arrêt. »

pris du gouvernement. Arrêt de la cour d'assises du Loiret, du 28 décembre 1832, publié au *Moniteur* du 7 avril 1833.

Ormin et *Azéma*, publié par Rousseau, libraire à Paris. Arrêt de la cour royale de Paris, du 16 novembre 1822, publié au *Moniteur* du 26 mars 1825. Destruction ordonnée.

Orphelin (l') *royal*, chanson de Pradel. Attaque contre l'ordre de successibilité au trône. Arrêts de la cour royale de Paris, des 11 juillet et 16 novembre 1822, mentionnés au *Moniteur* des 26 juillet 1822 et 26 mars 1825. La cour a ordonné la destruction de la chanson.

Ouvrages *contraires aux bonnes mœurs*. Mis en vente par le nommé Redonnet, dit Garravé, colporteur. Jugement du tribunal correctionnel de Vannes, du 29 avril 1822, qui a ordonné la destruction des livres saisis. (*Moniteur* du 24 mai 1822.)

P

Pandæmonium *français*, ou *Almanach de l'Antechrist pour 1845*. Arrêt de la cour d'assises de la Seine, du 30 avril 1846, qui a ordonné la destruction des exemplaires saisis. Cette condamnation a été publiée au *Moniteur* du 9 juin 1846. *Voy*. Almanach de l'Antechrist.

Panorama *des paillards*, gravure obscène ; mis en vente par Mayer. Arrêt de la cour d'assises de la Seine, du 11 avril 1843. Destruction ordonnée. (*Moniteur* du 15 décembre 1843.)

Pape (le) et *l'Evangile*, ou *Encore des adieux à Rome*. Brochure, par J.-J. Maurette (1). Outrage et dérision envers la religion catholique; excitation au mépris ou à la haine contre une ou plusieurs classes de personnes ; provocation à la haine entre les diverses classes de la société. Arrêt de la cour d'assises de l'Ariége (Foix), du 17 mai 1844, qui a déclaré bonne et valable la saisie de la brochure et a ordonné sa destruction. (*Gazette des tribunaux* du 25 du même mois.)

Parapluie (le) *patrimonial*, par Gallois. Attaques contre la dignité royale. Arrêt de la cour royale de Paris, du 11 novembre 1822. (*Moniteur* des 17 décembre 1822 et 26 mars 1825.)

Parchemins (les) *et la livrée*, par Garay de Monglave. Outrage à la morale publique et religieuse et aux bonnes mœurs. Jugement du tribunal correctionnel de Paris, du 30 juin 1825, qui a ordonné la destruction de l'ouvrage. (*Moniteur* du 20 septembre 1825.)

Paris, *tableau moral et philosophique*, par Fournier Verneuil. Outrage à la morale publique. Arrêt de la cour royale de Paris, du 13 juin 1826, qui a ordonné la destruction de l'ouvrage, en même temps que celle d'un mémoire justificatif distribué par le prévenu, et qui a été déclaré être la continuation du délit. La présente condamnation a été publiée au *Moniteur* du 7 novembre 1826.

Part (la) *des femmes*, par Meray. Ecrit publié dans le journal *la Démocratie pacifique*. Outrage à la morale publique et aux bonnes mœurs. Arrêt de la cour d'assises de la Seine, du 24 août 1847. (*Gazette des tribunaux* du lendemain.) *Voy*. Démocratie pacifique.

Pasteur (le) *d'Uzès*, ou *Valentine* ; 3 vol., par Brahaim Ducange. Outrage à la morale publique et religieuse. Arrêt de la cour d'assises de Paris, du 26 juin 1821, qui a ordonné la destruction des exemplaires saisis et de ceux qui pourraient l'être. (*Moniteur* du 24 mars 1822.)

Patriote *de la Meurthe et des Vosges*, journal. Numéro contenant l'article intitulé : *Encore une tête*. Délit d'outrage à la morale publique et religieuse. Arrêt de la cour d'assises de la Meurthe, du 4 août 1836, publié au *Moniteur* du 18 janvier 1837.

Pamphlets *de Paul-Louis Courrier*. Attaques contre le gouvernement et l'autorité du roi. Arrêt de la cour royale de Paris, du 9 décembre 1826. Destruction ordonnée.

Pays (le) *et le gouvernement*, par M. l'abbé de Lamennais. Excitation à la haine et au mépris du gouvernement; attaques contre le respect dû aux lois, et apologie de faits qualifiés délits par la loi pénale. Arrêt de la cour d'assises de la Seine, du 26 décembre 1840, qui a ordonné la destruction des exemplaires saisis et de tous ceux qui pourraient l'être, tant dudit ouvrage que de la préface manuscrite qui l'accompagne, publié au *Moniteur* du 12 mars 1842.

Paysan (le) *perverti*, ou *Les dangers de la ville*, par Rétif de la Bretonne. Cet ouvrage, qui renferme plusieurs outrages aux bonnes mœurs, a été poursuivi par le parquet; mais nous n'avons pu nous procurer la date du jugement qui a suivi les poursuites.

Paysanne *pervertie* (la), ou *Les dangers de la ville*, par le même auteur. Cet ouvrage est dans le même cas que le précédent.

Père (le) *la Poire*, chanson insérée dans *les Républicaines*, publiées par Pagnerre, libraire éditeur, contenant offense envers la personne du roi. Arrêt de la cour d'assises de la Seine, du 6 novembre 1835. (*Moniteur* du 26 juin 1836.) *Voy*. Républicaines.

Père (le) *Michel*, par Tartarin. Tom. I, II et III. Jugement du tribunal correctionnel de Paris, du 6 juin 1818. Confiscation des exemplaires saisis.

Perfidies (les) *assassines*. Arrêt de la cour royale de Paris, du 21 décembre 1822, qui a ordonné la destruction de l'ouvrage. L'extrait de cet arrêt a été inséré au *Moniteur* du 26 mars 1825.

Petit livre (le) *à quinze sous*, ou *La politique de poche*. *Voy*. ce dernier mot.

Petite chronique, article inséré dans le numéro du 25 avril 1840 du journal *la Mode*. Arrêt de la cour d'assises de la Seine, du 10 mai 1843, qui ordonne la destruction dudit article. (*Moniteur* du 15 décembre 1843.) *Voy*. la Mode.

Pétition *à la chambre des députés*, par Jean-Paul Orband, ancien juge au tribunal civil du département du Var, tendant à provoquer une loi ayant pour objet de prévoir la démission ou la destitution du roi. Attaque contre l'inviolabilité de la personne du roi et l'ordre de successibilité au trône. Arrêt de la cour d'assises de Draguignan, du 31 mai 1820, publié au *Moniteur* du 13 juillet de la même année.

Pétition *aux chambres*, par Tendron. Arrêt de la cour royale de Paris, du 2 avril 1848.

Pétition *d'un voleur à un roi son voisin*. Quatrième couplet d'une chanson publiée dans le recueil intitulé : *Procès complet de Lacenaire*, et renfermant les

---

(1) Maurette a été curé de Serres, dans l'Ariége. On se rappelle qu'en 1841 il abjura la religion catholique, et se convertit au protestantisme ; depuis lors, le sieur Maurette n'avait pas cessé d'habiter son ancienne paroisse, où il avait été exposé plusieurs fois à des outrages et à des charivaris. Il avait enfin pris la résolution de partir pour le Canada, pour aller se joindre aux missionnaires protestants qui vont prêcher l'Evangile dans ces contrées. Mais auparavant, il voulut faire ses adieux à ses anciens paroissiens, en publiant la brochure dont nous venons de donner le titre. Cette brochure, qu'il avait fait imprimer à Lyon, fut saisie à la requête de M. le procureur du roi de Foix, partout où elle avait été publiée, comme renfermant les trois délits qui ont motivé sa condamnation.

Maurette s'est pourvu en cassation contre l'arrêt de la cour d'assises de l'Ariége, mais le 19 juillet de la même année, la cour suprême a rejeté son pourvoi. (*Gazette des tribunaux*, du 20 juillet 1844.)

Depuis lors, Maurette, revenu à des sentiments meilleurs, s'est jeté dans les bras de Mgr de Pamiers, et est revenu à la foi de ses pères.

caractères d'une offense envers la personne du roi. Arrêts de la cour d'assises de la Seine, des 6 novembre 1835 et 26 septembre 1836, qui ont ordonné que le couplet incriminé serait supprimé dans les exemplaires dudit recueil qui pourraient être saisis. Condamnation publiée au *Moniteur* des 26 juin 1836 et 25 avril 1837. *Voy.* RÉPUBLICAINES.

PÉTITION sur le rétablissement légal de la garde nationale de Paris, par Duplan, avocat. Attaque contre la dignité royale. Jugement du tribunal correctionnel de Paris, du 22 avril 1829. (*Gazette des tribunaux* du lendemain.)

PEUPLE (le) *déchirant sa chemise*, par Bastide, homme de lettres. Provocation non suivie d'effet au renversement et au changement du gouvernement. Arrêt de la cour d'assises de la Seine, du 7 novembre 1835, qui a ordonné la destruction de l'écrit, publié du *Moniteur* du 26 juin 1836.

PEUPLES (des) *et des gouvernements*, pensées extraites de Raynal, éditées par Barrault-Roullon. Outrages envers la religion de l'État; attaque contre la dignité royale, contre l'ordre de successibilité au trône, contre les droits que le roi tient de sa naissance et contre son autorité constitutionnelle. Jugement du tribunal correctionnel de Paris, du 22 décembre 1822, confirmé par arrêt contradictoire de la cour royale, du 12 juin 1823. Destruction ordonnée. Cette condamnation a été publiée au *Moniteur* du 26 mars 1825.

PEUPLE *français...*, chanson de Béranger. Arrêt de la cour d'assises de la Seine, du 31 mars 1822, qui a ordonné la destruction de la chanson. (*Moniteur* des 11 avril 1822 et 26 mars 1825.)

PEUPLE (le) *souverain*, écrit périodique, publié par Imbert. Numéro 192, article intitulé : *Conspiration de la poire*, renfermant les délits d'excitation à la haine et au mépris du gouvernement du roi, et de provocation non suivie d'effet à son renversement. Arrêt de la cour d'assises des Bouches-du-Rhône, du 16 novembre 1835, publié au *Moniteur* du 26 juin 1836.

PHILIPPOIRE (le) *Dagobert*, chanson, par de Nugent, homme de lettres. Prévention d'offense envers le roi, d'excitation à la haine et au mépris du gouvernement; d'outrages aux bonnes mœurs et d'offense envers un membre de la famille royale. Arrêt de la cour royale de Paris, chambre des mises en accusation, du 10 février 1836. (*Gazette des tribunaux* du 13 du même mois.)

PIE VI *et Louis XVIII*, ou *Conférence politique et théologique*. Brochure publiée par Therry, libraire à Paris. Attaques contre l'autorité du roi et outrages à la morale publique et religieuse. Arrêt de la cour d'assises de Paris, du 31 mars 1822, qui a ordonné la destruction de l'écrit. (*Moniteur* du 11 avril suivant et 26 mars 1825.)

PIÈCES *authentiques sur le captif de Sainte-Hélène*, par Barthélemy. Vol. X. Article intitulé : *Napoléon dans l'exil*, ou *l'écho de Sainte-Hélène*. Jugement du tribunal correctionnel de Paris, du 4 mars 1825, qui ordonne la destruction de l'ouvrage. Les vol. VI et VII du même écrit ont été condamnés par un autre jugement du tribunal correctionnel de la même ville, du 23 décembre 1824.

PIÈCES (deux) *importantes à joindre aux mémoires et documents historiques sur la révolution française*, par Méhée de la Touche. Diffamation. Jugement du tribunal correctionnel de Paris, du 14 avril 1824, confirmé par arrêt de la cour royale, du 25 novembre 1824. Cette condamnation a été publiée au *Moniteur* du 26 mars 1825.

PIÈCES *politiques*, par Bousquet-Deschamps. Outrage envers le roi de Portugal et du Brésil. Arrêts de la cour d'assises de Paris, des 27 juillet 1820 et 13 avril 1821. La destruction de l'ouvrage a été ordonnée.

PLAISIRS (les) *de tous les âges*, mis en vente par Régnier Becker. Outrages à la morale publique et religieuse et aux bonnes mœurs. Arrêt de la cour d'assises de la Seine, du 9 août 1842, qui a maintenu la saisie de l'écrit et ordonné sa destruction. (*Moniteur* du 15 décembre 1843.)

PLAN *de Paris*, mis en vente par Becker. Outrage à la morale publique. Arrêt de la cour d'assises de la Seine, du 9 août 1842. Destruction ordonnée. (*Moniteur* du 15 décembre 1843.)

POLITIQUE (la) *de poche*, *à l'usage des gens qui ne sont pas riches*, ou *Le petit livre à quinze sous*, par le P. Michel, devenu auteur sans le savoir. Tom. I, II et III. Jugement du tribunal correctionnel de Paris, du 6 juin 1817. Destruction ordonnée.

POPULAIRE (le) *royaliste*, journal publié par Magnan. Article inséré au numéro du 27 décembre 1836, et contenant excitation à la haine et au mépris du gouvernement, et acte public d'adhésion à une autre forme de gouvernement. Arrêt de la cour d'assises de la Seine, du 25 février 1837, qui a ordonné la destruction des numéros saisis. (*Gazette des tribunaux* du lendemain.) Cette condamnation a été publiée au *Moniteur* du 23 avril 1837.

PORTIER *des chartreux*, mémoires de Saturnin. Arrêts de la cour d'assises de Paris, du 29 décembre 1821 ; de la cour royale, chambre des mises en accusation, du 28 juin 1825. La destruction de l'écrit a été ordonnée.

POUR *le père et le fils prions le Saint-Esprit*. Gravure séditieuse, publiée par Danti, marchand d'estampes à Paris. Cette gravure offrait dans un transparent l'effigie de Napoléon, celle de sa femme et de son fils, et portait ces mots : *Famille impériale*. Arrêt de la cour d'assises de Paris, du 22 juin 1820, publié au *Moniteur* du 15 août suivant. La destruction des exemplaires saisis a été ordonnée.

PRÉCIS *de la révolution française*, par Rabaut Saint-Étienne. Offense envers le roi. Arrêt de la cour royale de Paris, du 13 mai 1828. (*Gazette des tribunaux* du lendemain.)

PRÉCIS *de l'Histoire générale des jésuites*. Jugement du tribunal correctionnel de Paris, du 22 août 1826. L'auteur, qui a été renvoyé des fins de la plainte, a consenti à la suppression du passage incriminé, lequel avait été extrait par lui d'un ouvrage publié en 1726 par Hercule Rasiel de Selva.

PRÉCURSEUR (le), feuille périodique publiée à Lyon; gérant, le sieur Anselme Petetin. Numéro du 25 février 1833. Délits d'excitation à la haine et au mépris du gouvernement du roi, et de provocation à la désobéissance aux lois. Arrêts de la cour d'assises du Rhône, des 25 mars 1833 et 25 mars 1835, publiés au *Moniteur* des 29 juin 1833 et 26 juin 1836.

PRÉMICES (les) *de Javotte*, chanson de Pradel. Arrêts de la cour royale de Paris, des 11 juillet et 16 novembre 1822. Destruction ordonnée. (*Moniteur* des 26 juillet 1822 et 26 mars 1825.)

PREMIÈRE PUBLICATION *du Libérateur* : *Tout l'espoir des prolétaires est dans la république*. Écrit publié par Adam et imprimé par Grossetesie. Provocation, suivie d'effet, au crime d'attentat ayant pour but, soit de changer, soit de détruire le gouvernement. Arrêt de la cour d'assises de la Seine, du 29 avril 1834, qui a ordonné la destruction des exemplaires saisis et de tous ceux qui pourraient l'être ultérieurement. (*Moniteur* du 30 décembre 1834.)

PRENONS-Y GARDE, par Pontignac de Villars. Arrêt de la cour d'assises de Paris, du 14 septembre 1820, qui ordonne la destruction de l'écrit.

PRÊTRE (le). Pamphlet attentatoire à la morale publique et religieuse et aux bonnes mœurs. Condamné par jugement du tribunal correctionnel de Paris, du 12 juillet 1827 ; confirmé par arrêt de la cour royale, du 5 août 1828. Le jugement a ordonné la destruction de l'ouvrage.

PROCLAMATION (la), article inséré dans *Brid'oison*, journal publié par Henrion de Bussy. Numéro du 5 juin 1852. Excitation à la haine et au mépris du gouvernement du roi. Arrêt de la cour d'assises de la Seine, du 11 août 1852. (*Gazette des tribunaux* du lendemain.)

Progrès (les) *du libertinage*. Mis en vente par Becker. Outrages à la morale publique et religieuse et aux bonnes mœurs. Arrêt de la cour d'assises de la Seine, du 9 août 1842. Destruction ordonnée. (*Moniteur* du 15 décembre 1843.)

Progressif (le) *de l'Aube*, journal. Numéro du 11 avril 1834, contenant les délits d'attaque contre l'autorité constitutionnelle du roi et l'autorité des chambres, et de provocation à la désobéissance aux lois. Arrêt de la cour d'assises de l'Aube, du 9 juin 1834, publié au *Moniteur* du 7 août 1835.

Projet *d'assurance mutuelle entre les auteurs*, par Lenoir. Attaque contre le respect dû aux lois. Arrêt de la cour royale de Paris, du 6 mars 1827. La cour a ordonné la destruction des exemplaires saisis et de ceux qui pourraient l'être ultérieurement.

Projet *d'un monument*, lithographie. Voy. Caricature.

Propagande *populaire*, article extrait de l'*Almanach-catéchisme*, par Brée. Excitation à la haine et au mépris du gouvernement du roi. Arrêt de la cour d'assises de la Seine, du 31 décembre 1845. Voy. Almanach-*catéchisme*.

Propagande *royaliste*. Article publié dans le journal *la Mode*, n° du 25 avril 1840. Excitation à la haine et au mépris du gouvernement du roi, acte public d'adhésion à une autre forme de gouvernement. Arrêt de la cour d'assises de la Seine, du 10 mai 1845, qui a ordonné la destruction dudit article. (*Moniteur* du 15 décembre 1843.) Voy. *la* Mode.

Prospectus *pour la maladie de neuf mois*, distribués par le nommé Langlois, ancien chef de bureau au ministère des cultes (1). Outrage à la morale publique. Arrêt de la cour d'assises de la Seine, du 6 novembre 1835. (*Gazette des tribunaux* du 7 du même mois.)

Protestation *de la chambre des représentants des cent jours*, suivie d'une provocation à la révolte. Jugement du tribunal correctionnel de Paris, du 20 août 1823.

Providence (la) *de juillet*. Article inséré dans le journal *la Mode*. Apologie de faits qualifiés crimes par la loi pénale, et offense envers des membres de la famille royale. Arrêt de la cour d'assises de la Seine, du 10 janvier 1837, publié au *Moniteur* du 12 mai 1837.

Pucelages (les) *conquis*, ou *Origine des puces*. Outrage à la morale publique et aux bonnes mœurs. Arrêt de la cour royale de Paris, du 19 mai 1818.

Pucelle (la) *d'Orléans*, avec gravures. Publié par Lagier, libraire à Paris. Outrages à la morale publique et religieuse et aux bonnes mœurs. Arrêts de la cour royale de Paris, du 21 décembre 1822, de la chambre des mises en accusation, du 19 septembre 1826, qui ont ordonné la destruction de l'ouvrage. Ledit ouvrage ayant été remis en vente par Régnier Becker, commissionnaire en marchandises, et en 1843 par Victor Deshayes, marchand d'estampes, et la nommée Gabrielle Despréaux, aussi marchande d'estampes, il a été rendu par la cour d'assises de la Seine, les 9 août 1842 et 28 novembre 1845, deux arrêts qui en ont de nouveau ordonné la destruction. Ces deux dernières condamnations ont été publiées au *Moniteur* des 15 décembre 1843 et 9 juin 1846.

P..... (les) *cloîtrées*, avec figures obscènes. Publié par le libraire Rousseau, à Paris. Arrêt de la cour royale de Paris, du 16 novembre 1822, qui ordonne la destruction de l'écrit. (*Moniteur* du 26 mars 1825.)

Q

Quelques mots *à ceux qui possèdent, en faveur des prolétaires sans travail*. Brochure signée par Barbès; Aberny; Fayes, avocat; Trincbau, avocat; Doux, négociant; Paliopy, aussi négociant. Offense envers un membre de la famille royale; attaque contre la propriété, contre le respect dû aux lois, et excitation à la haine et au mépris d'une classe de la société contre une autre. Arrêt de la chambre des mises en accusation. En cour d'assises, les auteurs de la brochure ont été acquittés : arrêt de la cour d'assises de Carcassonne, du 7 août 1837. (*Gazette des tribunaux* du 15 août 1837.)

Qu'est-ce que le peuple? Article extrait de l'*Almanach-Catéchisme*, par Brée. Excitation à la haine entre les diverses classes de la société. Arrêt de la cour d'assises de la Seine, du 31 décembre 1845. Voy. Almanach-*catéchisme*.

Question *à l'ordre du jour*, par Bousquet-Deschamps. Provocation à la désobéissance aux lois; Arrêt de la cour d'assises de Paris, du 14 juin 1820, qui a ordonné que les exemplaires saisis et ceux qui pourront l'être seront supprimés et détruits. Condamnation publiée au *Moniteur* du 15 août de la même année.

Quotidienne (la), journal. Numéros des 19 octobre 1830, 2 et 22 mai 1834; 5, 19, 31 janvier et 1er août 1835; 8 décembre 1836, 6 mai 1837; 6, 15, 20 et 28 décembre 1843. Excitation à la haine et au mépris du gouvernement; offense envers la personne du roi, et attaque contre ses droits constitutionnels; provocation à la désobéissance aux lois et à la destruction du gouvernement; acte public d'adhésion à une autre forme de gouvernement, par l'attribution des droits au trône de France faite à des personnes bannies à perpétuité par la loi du 10 avril 1832, etc. Arrêts de la cour d'assises de la Seine, des 23 novembre 1830, 11 octobre 1834; 20, 22 mars, 12 juin, 10 octobre 1835; 9 janvier et 14 mars 1837; 9 janvier 1845. Tous ces arrêts ont ordonné la suppression des numéros saisis et ont été publiés au *Moniteur* des 7 août 1835, 26 juin 1836, 12 mai 1837 et 23 juin 1845. Voy. *les* Accusés *de Niort*.

R

Recueil *de poésies diverses de La Fontaine, Piron, Voltaire et Grécourt*. 1 vol. avec gravures. Outrages à la morale publique et religieuse et aux bonnes mœurs. Arrêt de la cour d'assises de la Vienne, du 12 décembre 1838. (*Moniteur* du 9 juin 1839).

Recueil *de pièces authentiques sur le captif de Sainte-Hélène*, par Barthélemy. Jugements du tribunal correctionnel de Paris, des 4 mars 1823 et 23 décembre 1824. Voy. Pièces *authentiques sur le captif de Sainte-Hélène*.

Réflexions *d'un ouvrier tailleur sur la misère des ouvriers en général*. Brochure, par Sylvain Court. Excitation à la haine et au mépris du gouvernement du roi. Arrêt de la cour d'assises du Rhône, du 23 juin 1834. (*Gazette des tribunaux* du 26 du même mois.)

Réflexions *d'un patriote*, par Bousquet-Deschamps. Attaques contre l'autorité du roi et des chambres. Arrêt de la cour d'assises de la Seine, du 12 juin 1820, qui ordonne la suppression des exemplaires

---

(1) Langlois était alors âgé de 89 ans, et il a déclaré à l'audience que depuis plus de 40 ans il s'occupait de la guérison de la maladie en question.

saisis. Cette condamnation a été publiée au *Moniteur* du 1er août de la même année.

RÉFLEXIONS (quelques) *sur la trahison*, par Dardouville. Excitation à la haine et au mépris du gouvernement du roi. Arrêt de la cour royale de Paris, du 7 décembre 1822, publié au *Moniteur* du 26 mars 1825.

RÉFLEXIONS sur le procès de Scheffer, auteur de la brochure intitulée : *De l'état de la liberté en France*. Arrêt de la cour royale de Paris, du 4 avril 1818.

RÉFORMATEUR (le), journal; Yves Jallrenou, gérant. Numéros des 21 et 23 mai, 9, 10, 21 et 23 juin, 17 juillet, 16 août, 13 et 14 octobre 1833. Provocation au renversement du gouvernement et à la guerre civile; diffamation envers le préfet de police et l'administration dont il est le chef, pour des faits relatifs à leurs fonctions; excitation à la désobéissance aux lois, à la haine et au mépris du gouvernement; et injures envers les dépositaires de l'autorité publique chargés de la répression des délits, pour des faits relatifs à leurs fonctions. Arrêts de la cour d'assises de la Seine, des 27 août, 21 juillet, 28 septembre, 7 et 27 octobre, 23 novembre 1833. Tous ces arrêts, qui ont ordonné la destruction des numéros saisis, ont été publiés au *Moniteur* du 26 juin 1836.

RÉFORME sociale, ou *Catéchisme du prolétaire*. Brochure, par Sauriac, membre de la société des droits de l'homme. Provocation au renversement du gouvernement. Arrêt de la cour royale de Paris, chambre des mises en accusation, du..... 1834. En cour d'assises, l'auteur a été acquitté. Arrêt du 2 avril 1834. (*Gazette des tribunaux* du lendemain.)

RELATION détaillée des faits qui se sont passés à Paris, le 3 juin, à l'occasion de l'anniversaire de la mort de Lallemand. Publié par Charles Lhuillier, libraire à Paris. Excitation à la haine et au mépris du gouvernement du roi, à la rébellion, au renversement du gouvernement et au meurtre. Arrêt de la cour royale de Paris, du 16 novembre 1822, qui ordonne la destruction de l'écrit. (*Moniteur* des 19 décembre 1822 et 26 mars 1825.)

RELATION *historique des événements qui ont eu lieu à Colmar et dans les villes et communes environnantes, les 2 et 3 juillet 1822*, suivie de la pétition présentée aux chambres par trente-deux citoyens du département du Haut-Rhin, par M. Kœklin, député. Excitation à la haine et au mépris du gouvernement du roi. Arrêts de la cour royale de Colmar, du 22 mars 1823; de la cour royale de Paris, du 17 juillet de la même année. Ce dernier arrêt a ordonné la destruction d'un mémoire justificatif distribué par M. Kœklin, et qui a été considéré comme aggravation du délit. (*Moniteur* du 26 mars 1825.)

RELATION historique *des événements du 30 octobre 1836. Le prince Napoléon à Strasbourg*. Brochure, par Armand Laity, ex-lieutenant d'artillerie, ancien élève de l'école polytechnique. Attentat contre la sûreté de l'État. Arrêt de la cour des Pairs, du 28 juin 1838, qui a ordonné la suppression et la destruction de la brochure. (*Gazette des tribunaux* du 30 du même mois.)

RELIGIEUSE (la), par Diderot. Jugement du tribunal correctionnel de Paris, des 20 août 1824 et 24 novembre 1826. La destruction du roman a été ordonnée.

RELIGION (de la) *considérée dans ses rapports avec l'ordre politique et civil*, par l'abbé de Lamennais. Prévention d'excitation à la désobéissance aux lois. Jugement du tribunal correctionnel de Paris, du 22 avril 1836, qui a ordonné la destruction de l'ouvrage. (*Moniteur* du 31 mai 1836.)

RENAISSANCE sociale, ou *Lamentations*, par Marcelin de Bonnal. 2 vol. Outrages à la morale publique et aux bonnes mœurs. Voy. LAMENTATIONS.

RÉNOVATEUR *Breton et Vendéen*, journal. Numéro du 4 mars 1833, contenant excitation à la haine et au mépris du gouvernement du roi, et diffamation envers un agent de l'autorité publique, pour des faits relatifs à ses fonctions. Arrêt de la cour d'assises de la Loire-Inférieure, du 12 juin 1833. (*Moniteur* du 30 octobre de la même année.)

RÉPUBLICAINES (les), écrit renfermant les trois chansons suivantes : *De quoi vous plaignez-vous? Le père la Poire*, et *Pétition d'un voleur à un roi son voisin*. Offenses envers la personne du roi. *Voy*. ces chansons à leur titre. (*Moniteur* du 26 juin 1836.)

RÉPUBLIQUE *et monarchie*, ou *Principes d'ordre social*, brochure par Francisque Bouvet. Attaque contre la dignité royale et les droits constitutionnels du roi. Arrêt de la cour d'assises de la Seine, du 5 janvier 1833, qui a ordonné la destruction de l'écrit. (*Gazette des tribunaux* du lendemain, et *Moniteur* du 7 avril de la même année.)

RÉSUMÉ *de l'histoire des traditions civiles et religieuses*, par M. de Senancourt. Outrage envers la religion. Arrêt de la cour royale de Paris, chambre des mises en accusations. (*Gazette des tribunaux* des 8 et 15 août 1827, 25 janv. 1828.)

RÉVOLUTION *de 1830, et situation présente expliquée par les révolutions de 89, 93, 1814 et 1815*, par M. Cabet. Attaque contre la dignité royale. Arrêt de la cour d'assises de la Seine, du 16 novembre 1832. La cour ordonne qu'en exécution de l'art. 26 de la loi du 26 mai 1819, les exemplaires seront détruits et supprimés ainsi que ceux qui seraient saisis ultérieurement. (*Gazette des tribunaux* dudit jour.)

REVUE dramatique. Mise en vente par Régnier Becker. Outrage à la morale publique et religieuse, et aux bonnes mœurs. Arrêt de la cour d'assises de la Seine, du 9 août 1842. Destruction ordonnée. (*Moniteur* du 15 décembre 1843.)

REVUE démocratique, recueil mensuel, publié par Louis Basquin. Livraisons des 5 octobre et 5 novembre 1840, renfermant les délits suivants : provocation à la haine et au mépris du gouvernement du roi; apologie de faits qualifiés crimes par la loi pénale; attaque contre la propriété, et outrage à la morale publique et religieuse. Arrêt de la cour d'assises de la Seine, du 30 novembre 1840. La cour a ordonné la destruction des livraisons saisies et de celles qui pourraient l'être par la suite. (*Moniteur* du 12 mars 1842.)

REVUE militaire. Brochure, publiée à Lyon, par Sylvain Court. Offense envers la personne du roi; excitation à la haine et au mépris du gouvernement, et provocation non suivie d'effet au renversement dudit gouvernement. Arrêt de la cour d'assises du Rhône, du 22 juin 1834. (*Gazette des tribunaux* du 26 du même mois.)

RHÉTORIQUE (la) *des p*.....,

RIDEAU (le) levé, ou *L'éducation de Laure*. 2 vol. in-12, avec figures. Arrêts de la cour royale de Paris, du 19 mai 1815, et de la cour d'assises de la Vienne, du 12 décembre 1838. Ces deux arrêts ont ordonné la destruction de l'ouvrage. (*Moniteur* du 9 juin 1839.)

RIGUEURS (les) *salutaires*, article extrait de l'*Almanach-Catéchisme*, par Brée. Provocation à la haine et au mépris du gouvernement du roi. Arrêt de la cour d'assises de la Seine, du 31 octobre 1845. *Voy*. ALMANACH-*catéchisme*.

ROBERVILLE (M. de), par Pigault-Lebrun. Outrage à la morale publique et religieuse. Arrêt de la cour royale de Paris, du 15 janvier 1825. Destruction ordonnée.

ROI (le) *Christophe*, chanson de Béranger, troisième couplet. Outrage à la morale publique et religieuse. Arrêts de la cour d'assises de Paris, du 8 décembre 1821, de la cour royale, du 16 novembre 1822; jugement du tribunal correctionnel du 31 mai 1826. Ces arrêts et ces jugements ont ordonné la destruction des exemplaires saisis et de ceux qui pourraient être saisis ultérieurement. (*Moniteur* des

19 mars 1822, 26 mars 1825 et 6 août 1826. *Voy.* Chansons *de Béranger.*

Roi (le) *de leur choix.* Chanson par de Nugent. Prévention d'offense envers la personne du roi, d'excitation à la haine et au mépris du gouvernement du roi, d'outrages aux bonnes mœurs, et d'offense envers un membre de la famille royale. Arrêt de la cour royale de Paris, chambre des mises en accusation, du 9 février 1836. (*Gazette des tribunaux* du 13 du même mois.)

Rosée (la), gravure, mise en vente par Becker, commissionnaire en marchandises. Outrages à la morale publique et religieuse et aux bonnes mœurs. Arrêt de la cour d'assises de la Seine, du 9 août 1842. Destruction des exemplaires saisis et de ceux qui pourraient l'être ultérieurement. (*Moniteur* du 15 décembre 1843.)

Rosée *de toutes les saisons.* Cahier de gravures, mis en vente par Mayer. Outrage à la morale publique et aux bonnes mœurs. Arrêt de la cour d'assises de la Seine, du 11 avril 1843. Destruction ordonnée. (*Moniteur* du 15 décembre 1843.)

Royauté (la) *sans prestige,* ou *Le despotisme en état de siége,* par Beaufort. Arrêt de la cour d'assises de Paris, du 7 novembre 1820. La destruction de l'écrit a été ordonnée.

S

Saint Guignolet, poëme. Outrage à la religion, à la morale publique et aux bonnes mœurs. Jugement du tribunal correctionnel de Paris, du 16 juillet 1828 ; arrêt de la cour royale, du 29 avril 1830, *Voy.* Annales *du commerce.*

Sainte Nitouche, mis en vente par Régnier Becker. Outrages à la morale publique et religieuse et aux bonnes mœurs. Arrêt de la cour d'assises de la Seine, du 9 août 1842, qui a ordonné la destruction. (*Moniteur* du 15 décembre 1843.)

Saints-Simoniens. Cahier de gravures, mis en vente par Mayer. Outrage à la morale publique et aux bonnes mœurs. Arrêt de la cour d'assises de la Seine, du 11 avril 1843. Destruction ordonnée. (*Moniteur* du 15 décembre 1843.)

Scènes *de bourse,* par Magallon. Article publié dans *l'Album.* Outrages envers les ministres du culte. Arrêt de la cour royale de Paris, du 15 mars 1825, publié au *Moniteur* du 2 avril de la même année.

Scènes *de la vie intime.* Ouvrage mis en vente par Becker, et renfermant des outrages à la morale publique et religieuse et aux bonnes mœurs. Arrêt de la cour d'assises de la Seine, du 9 août 1842. Destruction ordonnée. (*Moniteur* du 14 décembre 1843.)

Secret *du cabinet noir,* ou *Les capucins.* Arrêt de la cour royale de Paris, du 21 décembre 1822. Destruction ordonnée.

Séjour *de Bonaparte à l'île d'Elbe.* Jugement du tribunal correctionnel de Paris, du 20 mars 1816, qui a ordonné la destruction de l'écrit.

Séminaire (le) *de Vénus,* ou *La tourelle de Saint-Etienne,* avec gravures. Voy. *la* Tourelle *de Saint-Etienne.*

Sentinelles (les) *en défaut,* gravure. Arrêt de la cour royale de Paris, du 14 septembre 1821. La destruction de la gravure a été ordonnée.

Serment (du). Article publié dans *la France,* numéro du 29 décembre 1843. Attaque contre le serment et contre le principe et la forme de gouvernement établis par la charte de 1830. Arrêt de la cour d'assises de la Seine, du 26 février 1844, qui a déclaré valable la saisie du numéro du journal contenant l'article incriminé. (*Moniteur* du 23 juin 1845.)

Siége *du Paradis* (le). Chanson par Becker; compagnon menuisier à Méru (Oise). Outrage à la religion catholique et à la morale publique et religieuse. Jugement du tribunal correctionnel de Senlis, du 9 décembre 1829. (*Gazette des tribunaux* du 13 du même mois) (1).

Silhouette (la), journal de salon. N° 2 du second volume, contenant une gravure offensante pour la personne du roi (2). Jugement du tribunal correctionnel de Paris, du 25 juin 1830. (*Gazette des tribunaux* du lendemain.)

Simple discours *de Paul-Louis,* vigneron de la Chavonnière. Arrêt de la cour d'assises de Paris, du 28 août 1821.

Situation. Article publié dans *la Gazette de France,* numéro du 20 septembre 1841, et renfermant les délits d'excitation à la haine et au mépris du gouvernement, et d'attaque contre les droits que le roi tient du vœu de la nation, exprimé dans la déclaration du 7 août 1830, et de la charte par lui acceptée. Arrêt de la cour d'assises de la Seine, du 14 février 1842. Destruction du numéro saisi. (*Moniteur* du 12 novembre 1842.)

Soirées (les) *lubriques.* Mises en vente par Régnier Becker. Outrage à la morale publique et aux bonnes mœurs. Arrêt de la cour d'assises de la Seine, du 9 août 1842. Destruction ordonnée. (*Moniteur* du 15 décembre 1843.)

Solliciteuse (la). Voy. *les* Gaudrioles *de M. Gaillard.*

Sommeil (le) *du lion.* Gravure séditieuse, mise en vente par Gramain. Jugement du tribunal correctionnel de Paris, du 9 juillet 1828, confirmé par arrêt de la cour royale, du 22 novembre de la même année. (*Gazette des tribunaux* du lendemain.)

Songe (le). Gravure séditieuse. Jugement du tribunal correctionnel de Paris, du 25 février 1825, qui ordonne la destruction de la gravure. (*Moniteur* du 7 novembre 1826.)

Songe *de Marie-Louise,* gravure séditieuse, mise en vente par Gramain. Jugement du tribunal correctionnel de Paris, du 9 juillet 1828, confirmé par arrêt de la cour royale, du 22 novembre de la même année. (*Gazette des tribunaux* du lendemain.)

Songe (le) *trompeur.* Gravure obscène. Arrêt de la cour d'assises de Paris, du 14 janvier 1822.

Sottise *des deux parts.* Article inséré dans le *Corsaire,* journal publié par Viennot. Diffamation envers un tribunal. Jugement du tribunal correctionnel de Paris, du 4 juillet 1829. (*Gazette des tribunaux* du lendemain.)

Source (la) *des plaisirs.* Ouvrage mis en vente par Becker, et renfermant des outrages à la morale publique et religieuse, et aux bonnes mœurs. Arrêt de la cour d'assises de la Seine, du 9 août 1842, publié au *Moniteur* du 15 décembre 1843. Destruction ordonnée.

Sources (les) *du plaisir,* mises en vente par Becker, et contenant des outrages à la morale publique et re-

---

(1) Le nommé Becker fut condamné à l'emprisonnement et à une amende très-considérable. C'en fut assez pour rendre sa position intéressante aux yeux d'un grand nombre de littérateurs de carrefour qui se faisaient alors remarquer par leurs sarcasmes contre la religion et par leur opposition au gouvernement. Les écrivassiers de la *Gazette des tribunaux* ne manquèrent pas de donner l'idée d'une souscription en faveur du poète menuisier. Cette souscription fut réalisée, et Becker s'en servit pour payer l'amende et sortir de prison. Il s'en servit aussi pour autre chose, car nous le trouvons plus tard devenu commissionnaire en marchandises à Paris, pourvu d'un fonds de librairie obscène, véritablement considérable pour le genre. C'est sur le même Becker que, dans le cours de l'année 1842, la police saisit plus de 200 livres, ou lithographies, ou gravures à sujets obscènes et immoraux.

(2) La gravure en question représentait un homme affublé d'un costume ecclésiastique, portant une calotte et un rabat avec cette inscription : *Un jésuite.*

ligieuse, et aux bonnes mœurs. Arrêt de la cour d'assises de la Seine, du 9 août 1842. Destruction ordonnée. (*Moniteur* du 15 décembre 1843.)

SOUSCRIPTION *nationale*. Article inséré dans *le Constitutionnel, le Censeur, l'Indépendant, la Renommée, le Courrier, l'Aristarque, les Lettres normandes et la Bibliothèque historique*, et dans lequel on propose une souscription en faveur des individus qui seraient arrêtés. Arrêt de la cour d'assises de Paris, du 1er juillet 1820.

SOUVENIRS *des Highlanders, voyage à la suite d'Henri V en* 1832, par d'Hardivilliers, ancien garde du corps. Attaque contre le roi et le gouvernement. Arrêt de la chambre d'accusation de la cour royale de Paris, du ... novembre 1835. En cour d'assises le prévenu a été acquitté. Arrêt du 5 décembre suivant. (*Gazette des tribunaux* du lendemain.)

STROPHES *aux mânes de Lallemand*. Jugement du tribunal correctionnel de Paris, du 14 décembre 1822.

SUITE *de la bataille de Novi*. Voy. *les* GAUDRIOLES *de M. Gaillard*.

SUITE (la) *d'un bal masqué*. Article inséré dans le journal *l'Echo de Paris*, par Sombret. Condamné pour outrage à la morale publique et religieuse, par jugement du tribunal correctionnel de Paris, du 3 avril 1829. (*Gazette des tribunaux* du lendemain.)

SUPPLÉMENT *aux chansons de Béranger*, publié par Therry. Attaque contre l'inviolabilité de la personne du roi. Arrêt de la cour d'assises de Paris, du 51 mars 1822. Voy. CHANSONS *de Béranger*.

SYLPHE (le), journal publié par Hippolyte Roubaud. Article inséré au n° 2 et intitulé : *Ce que j'aime et ce que je n'aime pas*, contenant outrage à la morale publique et religieuse, et aux bonnes mœurs. Arrêt de la cour royale d'Aix, du 13 décembre 1825, publié au *Moniteur* du 2 février 1826. Suppression du numéro du *Sylphe* où se trouvait l'article incriminé.

SYNODE (le) *conjugal*, 2 vol. Arrêt de la cour royale de Paris, du 19 mai 1815. La destruction de l'ouvrage a été ordonnée.

SYSTEMA *de la naturaliza*. Arrêt de la cour royale de Paris, du 15 novembre 1823, qui a déclaré bonne et valable la saisie de l'ouvrage.

SYSTÈME *de la nature et des lois du monde physique et moral*, par le baron d'Holback, 4 vol. Ouvrage renfermant des outrages à la morale publique, à toutes les religions et notamment à la religion catholique. Arrêts de la cour royale de Paris, des 29 mai 1823 et 19 juin 1827, qui ordonnent la destruction de l'ouvrage. (*Moniteur* du 26 mars 1825.)

SYSTÈME *social, ou Principes naturels de la morale et de la politique, avec un examen de l'influence des gouvernements sur les mœurs*; 2 vol., par le baron d'Holback ; publié par Niogret, libraire à Paris. Outrages à la religion ; attaque contre la dignité royale et les droits que le roi tient de sa naissance ; ceux en vertu desquels il a donné la charte, son autorité constitutionnelle et l'inviolabilité de sa personne. Arrêts de la cour royale de Paris, des 1er mars 1823 et 19 juin 1827, qui ont ordonné la destruction de l'ouvrage. (*Moniteur* des 15 mars 1823 et 26 mars 1825.)

T

TABLEAU *de l'amour conjugal*, avec figures obscènes, publié et mis en vente par Cassé fils, libraire à Saint-Gaudens. Arrêt de la cour d'assises de la Haute-Loire, du 8 juin 1843, qui a maintenu la saisie de l'ouvrage et à ordonné sa destruction. La mention de cette condamnation a été faite au *Moniteur* du 3 décembre 1844.

TABLETTES *romaines*, par Antoine Année, insérées dans *le Mercure du* XIXe *siècle*; 48e livraison. Outrage à la morale publique et religieuse. Jugement du tribunal correctionnel de Paris, du 15 juillet 1824; arrêt confirmatif de la cour royale, du 25 novembre suivant. La cour a en outre ordonné la suppression et la destruction des exemplaires saisis. (*Moniteur* du 26 mars 1825.)

TABLETTES *romaines*, par Sainto-Domingo. 1 vol. Outrage envers la religion et les ministres du culte. Jugement du tribunal correctionnel de Paris, du 23 mai 1824, confirmé par arrêt de la cour royale, du 25 novembre de la même année. La destruction des exemplaires saisis a été ordonnée. (*Moniteur* du 26 mars 1825.)

TABLETTES *universelles*, par Coste. 46e livraison, où se trouve l'article intitulé : *Bulletin politique*. Excitation à la haine et au mépris du gouvernement. Arrêt de la cour royale de Paris, du 6 mai 1824. (*Moniteur* du 26 mars 1825.)

TANTE GENEVIÈVE (ma). 1 vol. in-18. Outrages à la morale publique et religieuse et aux bonnes mœurs. La destruction de cet ouvrage a été ordonnée par jugement du tribunal correctionnel de Paris du 12 juillet 1827, confirmé par arrêt de la cour royale, du 5 août 1828.

TARTUFES (les deux), 2 vol., par Raban. Outrages à la morale publique et religieuse et aux bonnes mœurs. Arrêt de la cour royale de Paris, du 14 mars 1825, qui a ordonné la destruction de l'ouvrage. (*Moniteur* du 26 mars 1825.) Voy. l'INCRÉDULE.

TEMPS (le) *qui court*. Brochure mise en vente par le libraire Alexandre Corréard. Outrage à la morale publique et religieuse et aux bonnes mœurs. Arrêt de la cour d'assises du 28 juin 1820, qui a ordonné la suppression des exemplaires saisis de l'écrit dont s'agit et de ceux qui pourraient l'être ultérieurement. (*Moniteur* du 20 août 1820.)

THEATRE *Gaillard*, 2 vol. in-12, avec gravures. Publié par le libraire Rousseau. Jugement du tribunal correctionnel de Paris, du 12 octobre 1822, confirmé par arrêt de la cour royale, du 16 novembre suivant. Destruction de l'ouvrage, et insertion de l'arrêt au *Moniteur* du 26 mars 1825. Arrêts des cours d'assises de la Seine, du 24 novembre 1834, et de la Vienne, du 12 décembre 1838. Ces deux derniers arrêts ont également ordonné la destruction de l'ouvrage. (*Moniteur* du 9 juin 1839.) Cet ouvrage immoral a encore été mis en vente, en 1840, par le libraire Terry, et, à la date du 7 janvier de ladite année, il a été rendu, par le tribunal correctionnel de Paris, un jugement qui en a de nouveau ordonné la destruction. Ce jugement a aussi été confirmé par arrêt de la cour royale du 7 mars de la même année. (*Gazette des tribunaux* des 8 janvier et 8 mars 1840.)

THÉLÈNE, *ou L'amour et la guerre*, par Ducange. Outrage à la morale publique et religieuse et aux bonnes mœurs. Jugement du tribunal correctionnel de Paris, du 29 janvier 1824, qui a ordonné la destruction des exemplaires saisis. (*Moniteur* du 7 novembre 1826.)

THÉMIDORE, *ou mon histoire et celle de ma maîtresse*, avec figures. Pamphlet licencieux, publié par le libraire Rousseau, à Paris. Arrêts de la cour royale de Paris, des 19 mai 1815 et 16 novembre 1822, qui ordonnent la destruction de l'ouvrage. Cette condamnation a été publiée au *Moniteur* du 26 mars 1825.

THÉRÈSE *philosophe*. Publié par Leroux, libraire à Paris. Outrages à la morale publique et religieuse et aux bonnes mœurs. Arrêts de la cour royale de Paris, des 19 mai 1815, et 19 août 1822; jugements du tribunal correctionnel, des 6 juin 1822, et 26 février 1825. La destruction du livre a été ordonnée. (*Moniteur* du 7 novembre 1826.)

TÊTE (une) coupée. Article inséré dans le *Grondeur*, journal, par Chabot. Efforts tendant à troubler la paix publique. Jugement du tribunal correctionnel de Paris, du 14 juillet 1829. Voy. GRONDEUR.

TOUJOURS! toujours! Gravure obscène, publiée par Aubert et Besnard. Arrêt de la cour d'assises de la Seine, du 31 octobre 1833, qui a déclaré les prévenus non coupables, et qui néanmoins a ordonné de leur consentement que la gravure saisie serait détruite. (*Gazette des tribunaux* du 1er novembre de la même année.)

TOURELLE (la) *de Saint-Étienne*, ou *Le séminaire de Vénus*, avec gravures dont l'obscénité n'est égalée que par celle du texte, ouvrage mis en vente par Gautier, ancien bouquiniste. Arrêt de la chambre d'accusation de la cour royale de Paris, du 17 juillet 1841. En cour d'assises, le prévenu a été acquitté. Arrêt du 23 août suivant. (*Gazette des tribunaux*, du même jour.)

TRAITE (la) *des blancs*. Chanson extraite de l'*Almanach-catéchisme*, publiée par Brée. Provocation à la haine entre les diverses classes de la société. Arrêt de la cour d'assises de la Seine, du 31 décembre 1845. Destruction ordonnée. Voy. ALMANACH-*catéchisme*.

TRAVAILLEURS (aux). Article publié dans le premier numéro de la revue intitulée : *les Droits du peuple, revue sociale et politique*, par Jean Terson. Excitation à la haine et au mépris du gouvernement du roi. Arrêt de la cour d'assises de la Seine, du 26 novembre 1845. L'arrêt qui ordonne la suppression de l'écrit a été publié au *Moniteur* du 9 juin 1846. Voy. *les* DROITS *du peuple*.

TRIBULATIONS *de l'homme de Dieu*, par Magallon. Écrit publié dans le journal l'*Album*. Outrages envers les ministres du culte. Jugement du tribunal correctionnel de Paris, du 22 février 1823, confirmé par arrêt de la cour royale, du 15 mars suivant. (*Moniteur* du 2 avril 1823.)

TRIBUNE (la), journal publié à Paris. Numéros des 21 mars, 5 et 8 juillet, 14 septembre (243), 1833, du 4 mars, 20 mars, 14, 26 septembre, 5 novembre 1834, du 30 janvier, 3 février (92), 1835. Attaques contre l'inviolabilité de la personne du roi et contre ses droits constitutionnels; offenses envers sa personne ; provocations à la désobéissance aux lois, à la haine, au mépris et au renversement du gouvernement. Arrêts de la cour d'assises de la Seine, des 23 septembre, 4 octobre, 7 et 12 novembre 1833; 26 avril, 15 juillet, 30 août, 11 octobre 1834; 10 janvier, 26 mars, 22 mai, 12 juin, 15 juillet 1835. Ces divers arrêts ont ordonné la destruction des numéros saisis et ont été publiés au *Moniteur* des 25 avril, 30 décembre 1834; 7 août 1835, et 26 juin 1836.

TYSIPHONE, par Bastide, imprimé par Mévrel. Passage incriminé : *Le peuple déchirant sa chemise*. Provocation non suivie d'effet à changer et à détruire le gouvernement, et à exciter les citoyens à s'armer contre l'autorité royale. Arrêt de la cour d'assises de la Seine, du 7 novembre 1835, qui a ordonné la destruction des exemplaires saisis et de tous ceux qui pourraient l'être ultérieurement. (*Moniteur* du 26 juin 1836.)

U

ULTRA (l'), 6e, 7e et 8e livraisons. Arrêt de la cour royale de Paris, du 17 juillet 1819.

UNION (l') *des provinces*, journal; gérant, Jean-Joseph Martin, correcteur typographe. Numéros des 12 et 21 juillet 1844. Apologie d'un fait qualifié délit par l'art. 415 du code pénal ; provocation à la haine envers les diverses classes de la société. Arrêt de la cour d'assises, du 13 août 1844. Destruction ordonnée. (*Moniteur* du 3 décembre 1844.)

UNIVERS (l'), journal publié à Paris. Numéros des 16 et 20 mars 1844. Écrit intitulé : *Liberté d'enseignement; procès de M. l'abbé Combalot, précédé d'une introduction par M. Louis Veuillot, rédacteur en chef du journal l'Univers, et suivi de documents historiques*. 1° Provocation à la désobéissance aux lois ; 2° attaque contre le respect qui leur est dû ; 3° et apologie de faits qualifiés délits par la loi pénale. Arrêt de la cour d'assises de la Seine, du 11 mai 1844, qui a ordonné que tous les exemplaires de l'écrit susdit et des numéros des 16 et 20 mars dudit journal seraient détruits. (*Moniteur* du 23 juin 1845.)

UN MILLION, s'il vous plaît. Voy. CHARIVARI et MILLION (un).

V

VALENTINE, ou *le Pasteur d'Uzès*, 3 vol. Arrêt de la cour d'assises de Paris, du 26 juin 1821. Voy. *le* PASTEUR *d'Uzès*.

VEILLÉE (une) *de jeunes filles*. Mise en vente par Becker, commissionnaire en marchandises, à Paris. Outrage à la morale publique et aux bonnes mœurs. Arrêt de la cour d'assises de la Seine, du 9 août 1842. Destruction ordonnée. (*Moniteur* du 15 décembre 1843.)

VENDÉEN (le), journal, par de Bremont; Brunet de la Grange gérant. Article publié en 1834 et contenant excitation à la haine et au mépris du gouvernement du roi. Arrêt de la cour d'assises des Deux-Sèvres, du 12 juillet 1834. Destruction du 30 décembre de la même année.)

VÉRITÉ (la) *sur le parti démocratique*. Brochure par Thoré. Apologie de faits qualifiés crimes par la loi; attaque contre le respect dû aux lois ; provocation à la haine contre les diverses classes de la société ; attaque contre la propriété. Arrêt de la cour d'assises de la Seine, du 8 décembre 1840, qui ordonne la destruction des exemplaires saisis. (*Gazette des tribunaux* du 9.) Cette condamnation a été publiée au *Moniteur* du 12 mars 1842.

VIE (ma) *de garçon*. 1 vol. in-8°. Ouvrage licencieux, dont la destruction a été ordonnée par jugement du tribunal correctionnel de Paris, du 12 juillet 1827, et par arrêt de la cour royale, du 5 août 1828.

VIE *du dandy en Europe*. Mis en vente par Becker, commissionnaire en marchandises. Outrage à la morale publique et religieuse et aux bonnes mœurs. Arrêt de la cour d'assises de la Seine, du 9 août 1842. Destruction des exemplaires saisis. (*Moniteur* du 15 décembre 1843.)

VIE *du chevalier de Faublas*. 8 vol., par Louvet ; mis en vente par le sieur Redonnet, dit Garravé. Jugement du tribunal correctionnel de Vannes, du 29 avril 1822. Arrêt de la cour d'assises de la Vienne, du 12 décembre 1838, qui a ordonné la destruction de l'ouvrage. Cette dernière condamnation a été publiée au *Moniteur* du 9 juin 1839. Voy. FAUBLAS.

VIE (la) *du soldat*. Mise en vente par Becker. Outrage à la morale publique et religieuse et aux bonnes mœurs. Arrêt de la cour d'assises de la Seine, du 9 août 1842. Destruction ordonnée. (*Moniteur* du 15 décembre 1843.)

VINGT ANS *de la vie d'un jeune homme*. 1 vol., mis en vente par Régnier Becker commissionnaire en marchandises à Paris. Outrages à la morale publique et religieuse et aux bonnes mœurs. Arrêt de la cour d'assises de la Seine, du 9 août 1842, qui a ordonné la destruction de l'ouvrage. (*Moniteur* du 15 décembre 1843.)

VINGT ANS *de la vie d'une femme*. 1 vol., mis en vente par Régnier Becker, commissionnaire en marchandises. Ouvrage attentatoire à la morale publique et religieuse et aux bonnes mœurs. Arrêt de la cour d'assises de la Seine, du 9 août 1842, qui a maintenu la saisie de l'écrit et ordonné sa destruction. (*Moniteur* du 15 décembre 1843.)

Voix (la) *de la famine*, avec cette épigraphe : *Le peuple a faim, la France a peur*. Brochure par l'abbé Constant. Excitation au mépris et à la haine des citoyens contre une classe de personnes. Arrêt de la cour d'assises de la Seine, du 8 février 1847, qui a ordonné la destruction de tous les exemplaires saisis dudit écrit et de tous ceux qui pourraient l'être ultérieurement. Cet arrêt a été inséré par extrait au *Moniteur* du 1er août 1847.

Vous avez *la clef*, gravure. Arrêt de la cour royale de Paris, du 14 septembre 1821, qui ordonne la destruction de la gravure.

Z

ZON, *ma Lisette*, chanson licencieuse insérée dans la 11e livraison du recueil ayant pour titre : *Les chansons au* XIXe *siècle*, par Charles Durand. Arrêt de la cour d'assises de la Seine, du 10 février 1847, qui ordonne la destruction de la chanson. Voy. la CHANSON *au* XIXe *siècle*.

TABLE
DES MATIÈRES
CONTENUES DANS LE DICTIONNAIRE DES HÉRÉSIES,
AVEC LE TABLEAU SYNOPTIQUE
DES ARTICLES QUI LE COMPOSENT.

	col.
AVERTISSEMENT.	9-10
NOTICE SUR M. L'ABBÉ PLUQUET.	Ibid.
Introduction.	23-24
Sources générales des hérésies.	Ibid.
Funestes effets des hérésies.	25
Objet et plan de l'ouvrage.	28
DISCOURS PRÉLIMINAIRE.	29-30

Temps antérieurs à Jésus-Christ.

Chapitre 1er. De la religion primitive des hommes.	Ibid.
Chap. II. De l'altération de la religion primitive.	39
§ 1. Des différents systèmes religieux que l'esprit humain éleva sur les débris de la religion primitive.	42
§ 2. De l'extinction de la religion primitive chez plusieurs peuples, et de celle qu'ils imaginèrent.	48
Chap. III. De l'origine de la philosophie, et des changements qu'elle causa dans la religion que les prêtres avaient formée sur les débris de la religion primitive.	54
§ 1. Des principes religieux des philosophes chaldéens.	55
§ 2. Des principes religieux des philosophes persans.	59
§ 3. Des principes religieux des philosophes égyptiens.	61
§ 4. Des principes religieux des philosophes indiens.	62
Chap. IV. Des principes religieux des philosophes, depuis la naissance de la philosophie chez les Grecs, jusqu'à la conquête de l'Asie par Alexandre.	65
Chap. V. Des principes religieux des philosophes, depuis les conquêtes d'Alexandre jusqu'à l'extinction de son empire.	72
Chap. VI. Des principes religieux des Juifs.	78
§ 1. Des pharisiens.	81
§ 2. Des sadducéens.	82
§ 3. Des esséniens.	83
§ 4. Des samaritains.	87
Chap. VII. Etat politique du genre humain depuis l'extinction de l'empire d'Alexandre jusqu'à la naissance du christianisme.	88
Chap. VIII. Etat de l'esprit humain, par rapport à la religion, à la morale et aux sciences, depuis la destruction de l'empire d'Alexandre jusqu'à la naissance du christianisme.	90

Temps postérieurs à Jésus-Christ.

Ier SIÈCLE.

Chapitre 1er. Naissance du christianisme, ses progrès chez les Juifs, obstacles qu'il y rencontre.	93-94
Chap. II. Des schismes, des divisions et des hérésies qui s'élèvent parmi les chrétiens pendant le premier siècle.	96
Chap. III. Conséquences qui naissent du progrès du christianisme dans le premier siècle.	99

IIe SIÈCLE.

Chapitre 1er. Etat politique et civil du monde.	100
Chap. II. Etat de la religion pendant le second siècle.	102
Du polythéisme pendant le second siècle.	Ibid.
Chap. III. Des principes religieux des philosophes, et de l'état de l'esprit humain par rapport aux sciences et à la morale pendant le second siècle.	103
Chap. IV. Etat des Juifs pendant le second siècle.	105
Chap. V. Etat et progrès du christianisme pendant le second siècle.	107
Chap. VI. Des hérésies et des sectes qui s'élèvent pendant le second siècle.	109

TABLE DES MATIERES.

Chap. vii. Des effets des sectes qui s'élevèrent pendant le premier siècle, et du progrès de la philosophie chez les chrétiens dans le second siècle. 112

IIIe SIÈCLE.

Chapitre 1er. Etat politique du monde pendant le troisième siècle. 114
Chap. ii. Etat de la religion, systèmes religieux des philosophes pendant le troisième siècle. 115
Chap. iii. Du christianisme pendant le troisième siècle. 118
Chap. iv. Des contestations et des erreurs qui s'élevèrent chez les chrétiens. 119

IVe SIÈCLE.

Chapitre 1er. Etat politique de l'empire pendant le quatrième siècle. 120
Chap. ii. Etat de la religion pendant le quatrième siècle. 121
Chap. iii. Etat de l'esprit humain par rapport aux lettres, aux sciences et à la morale pendant le quatrième siècle. 123
Des hérésies du quatrième siècle. 126

Ve SIÈCLE.

Chapitre 1er. De l'état politique et civil de l'Orient pendant le cinquième siècle. 129
Chap. ii. De l'état civil et politique de l'Occident pendant le cinquième siècle. 130
Chap. iii. Etat de l'esprit humain, par rapport aux sciences, aux lettres et à la morale pendant le cinquième siècle. 132
Chap. iv. Des hérésies du cinquième siècle. 134

VIe SIÈCLE.

Chapitre 1er. De l'empire d'Orient pendant le sixième siècle. 137
De l'état de l'Occident pendant le sixième siècle. 138
Chap. ii. Etat des lettres et des sciences pendant le sixième siècle. 139
Chap. iii. Des hérésies du sixième siècle. 142

VIIe SIÈCLE.

Chapitre 1er. Etat de l'Orient pendant le septième siècle. 144
Chap. ii. Etat de l'Occident pendant le septième siècle. 147
Chap. iii. Etat de l'esprit humain par rapport aux sciences, aux lettres et à la morale pendant le septième siècle. 148
Chap. iv. Des hérésies du septième siècle. 151

VIIIe SIÈCLE.

Chapitre 1er. Etat de l'Orient pendant le huitième siècle. 152
Chap. ii. Etat de l'Occident pendant le huitième siècle. 153
Chap. iii. Etat de l'esprit humain pendant le huitième siècle. 156
Chap. iv. Des erreurs de l'esprit humain, par rapport à la religion chrétienne, pendant le huitième siècle. 159

IXe SIÈCLE.

Chapitre 1er. De l'Orient pendant le neuvième siècle. 160
Chap. ii. De l'Occident pendant le neuvième siècle. 161
Chap. iii. Etat de l'esprit humain pendant le neuvième siècle. 162
Chap. iv. Des hérésies, des schismes et des disputes théologiques pendant le neuvième siècle. 165

Xe SIÈCLE.

Chapitre 1er. Etat de l'Orient pendant le dixième siècle. 166
Chap. ii. De l'Occident pendant le dixième siècle. 168
Chap. iii. Etat de l'esprit humain pendant le dixième siècle. 169

XIe SIÈCLE.

Chapitre 1er. Etat politique des empires pendant le onzième siècle. 172
Chap. ii. Etat de l'esprit humain pendant le onzième siècle. 174
Chap. iii. Des hérésies et des schismes pendant le onzième siècle. 177

XIIe SIÈCLE.

Chapitre 1er. Etat politique et civil de l'empire pendant le douzième siècle. 178
Chap. ii. Etat de l'esprit humain pendant le douzième siècle. 180
Chap. iii. Des hérésies pendant le douzième siècle. 181

XIIIe SIÈCLE.

Chapitre 1er. Etat politique des empires pendant le treizième siècle. 182
Chap. ii. Etat de l'esprit humain pendant le treizième siècle. 183

XIVe SIÈCLE.

Chapitre 1er. Etat politique des empires au quatorzième siècle. 186
Chap. ii. De l'état de l'esprit humain et des hérésies pendant le quatorzième siècle. 187

XVe SIÈCLE.

Chapitre 1er. Etat politique des empires pendant le quinzième siècle. 190
Chap. ii. Des hérésies pendant le quinzième siècle. 191

XVIe SIÈCLE.

Chapitre 1er. Etat de la société. 195
Chap. ii. Naissance de la réforme. 197

XVIIe SIÈCLE.

Chapitre 1er. Etat de la société au seizième et au dix-septième siècle. 207
Chap. ii. Etat de la religion au dix-septième siècle. 217
Chap. iii. Des hérésies pendant le dix-septième siècle. 220
§ 1. Allemagne. ibid.
§ 2. Angleterre. 225
Contraste que formaient les sectes avec la religion catholique dans la Grande-Bretagne. 230
§ 3. Hollande. 233
§ 4. France. 235
Chap. iv. Naissance du jansénisme. 240
Chap. v. Du quiétisme. 247

XVIIIe SIÈCLE.

Chapitre 1er. Philosophie. 251
Chap. ii. Hérésie. Jansénisme. 260
Chap. iii. Etat du protestantisme en France, en Pologne, en Allemagne et en Angleterre pendant le dix-huitième siècle. 263
Chap. iv. Sociétés secrètes. 268

XIXe SIÈCLE.

Chapitre 1er. Etat de la société au commencement du dix-neuvième siècle. 276
Chap. ii. Sociétés secrètes. 278
Chap. iii. Protestantisme au dix-neuvième siècle. 280

ARTICLES CONTENUS DANS LE DICTIONNAIRE DES HÉRÉSIES.

A

Abaelard.
Abélonites, Abéloniens, Abéliens.
Ablabius.
Abrahamites.
Abstinents.
Abyssins, ou Éthiopiens.
Acace.
Acaciens.
Accaophores, ou Hydroparastates, ou Aquariens.
Acéphales, Acéphalites.
Acésius.
Acuanites.
Acyndineus.
Adalbert.
Adamiens.
Adamites.
Adelphius, ou Adelphile.
Adessénaires, ou Adesséniens.
Adiaphoristes.
Adimanthus.
Adoptiens.
Adrianites.
Adrumétains.
Ægidléens.
Ælurus.
Aérius.
Aériens.
Aeschines.
Aétius.
Aétiens.
Agapètes.
Agaréniens.
Agilanes.
Agionites, ou Agionois.
Agnini (Fratres).
Agnoètes.
Agonicélites.
Agonistes, ou Agonistiques.
Agricola.
Agrippiniens.
Albanois.
Albigeois.
Ambrosiens, ou Pneumatiques.
Amsdorfiens.
Anabaptistes.
Androniciens.
Angéliques.
Angélites.
Angélolatrie.
Angleterre.
Anglicane (Religion).
Anoméens.
Anthiasistes.
Anthropomorphites, ou Anthropiens.
Anti-Adiaphoristes.
Anti-Concordataires.
Anti Constitutionnaires.
Anti-Convulsionnistes.
Anti-Démoniaques.
Antidicomarianites.
Antiluthériens, ou Sacramentaires.
Antinomiens, ou Anomiens.
Antioche.
Anti-Puritains.
Anti-Scripturaires.
Antitactes.
Anti-Trinitaires.
Apelle.
Apellites.
Aphtartédocètes.
Apocarites.
Apollinaire.
Apollinaristes.
Apophanites.
Apostoliques.
Apotactiques.
Appelants.
Aquariens.
Aquatiques.
Ara.
Aarabes, ou Arabiens.
Archontiques.
Arianisme.
Aristotéliens.
Arméniens.
Arminius.
Arnaud de Bresse.
Arnaud de Villeneuve.
Arnaud de Montanier.
Arnaudistes.
Arrhabonaires
Artémon, ou Artemas.
Artotyrites.
Ascites.
Ascodrugites.
Ascophites.
Astaliens.
Athociens.
Audée, ou Audie.
Augustiniens.
Augustinus.
Auxence.

B

Baanites.
Baculaires.
Bagénius.
Bagnolois, ou Bagnoliens.
Baïanisme.
Baïanistes.
Barallots.
Barbéliots, ou Barboriens.
Barbélites.
Barbélo.
Bardesane.
Barsaniens, ou Sémidulites.
Barules.
Basilide.
Basilidiens.
Béate de Cuença.
Béghards, ou Béguards.
Bérauger.
Bernard de Thuringe.
Bérylle.
Biblistes.
Bissacramentaux.
Blanchardisme.
Blastus.
Bogomiles.
Bohémiens.
Bolingbroke.
Bonose.
Bonosiaques, ou Bonosiens.
Borborites.
Borrélistes.
Bourignonistes.
Brachites.
Brownistes.
Buddas.
Bulgares.

C

Cabale, ou Cabbale.
Caïnites.
Calixtins de Bohême.
Calixtins luthériens.
Calvin.
Calvinistes.
Caméroniens.
Camisars.
Campatois, ou Campites.
Capuciati, ou Encapuchonnés
Caputjés.
Carlostad.
Carpocrate.
Catabaptistes.
Cataphrygiens.
Cathares.
Catharistes.
Cacaubardites.
Cecus Asculan.
Centuries de Magdebourg.
Cerdon.
Cérinthe.
Chaldéens, ou Nestoriens de Syrie.
Chatel.
Chazinzariens.
Chercheurs.
Chevaliers de l'Apocalypse.
Chiliastes, ou Millénaires.
Christians.
Christianisme rationnel.
Christolites.
Christomaques.
Christo-Sacrum.
Chubb.
Circumcellions.
Clanculaires.
Claude de Thurin
Clément.
Clémentins.
Cléobius, ou Cléobule.
Coccéiens.
Colarbasse.
Colluthe.
Collyridiens.
Communicants.

TABLE DES MATIERES.

Communisme.
Condormants.
Confessionnistes.
Conformistes.
Congrégationalistes orthodoxes.
Cononites.
Consciencieux.
Constitutionnels.
Convulsionnaires.
Cophtes.
Cornaristes.
Corrupticoles.
Cotereaux.
Criticisme.
Cyniques.
Cyrénaïques.
Cyrthiens.

D
Dadoes.
Damianistes.
Danseurs.
David de Dinant.
Davidiques, Davidistes, ou David Georgiens.
Déchaussés.
Dissentants, ou Opposants.
Dissidents.
Docètes.
Donatistes.
Dosithée.
Dualistes.
Dulcin.
Dunkers.

E
Ébionites.
Eclectiques.
Effrontés.
Eglise Catholique Française.
Eglise Evangélique Chrétienne.
Eglise (Petite).
Elcètes.
Elcésaïtes, ou Ossoniens, ou Sampséens.
Encratites.
Endie.
Energiques, ou Energistes.
Ensabatés.
Enthousiastes.
Entichites, ou Eutychites.
Eon de l'Etoile.
Epiphane.
Episcopaux.
Erastiens.
Esquinistes.
Eternels.
Ethiopiens.
Ethnophrones.
Eticoproscoptes.
Euchites.
Eudoxiens.
Eunome.
Eunomiens.
Eunomiœupsychiens.
Eunuques, ou Valésiens.
Euphémites.

Euphrate.
Euphronomiens.
Eusébiens.
Eustathe.
Eustathiens.
Eutychès.
Eutychianisme.
Eutychiens.
Eutychites.
Exégèse (Nouvelle).
Exégètes allemands.

F
Famille, ou Maison d'amour.
Fanatique.
Fareinistes
Félix d'Urgel.
Fialinistes.
Figuristes.
Flagellants.
Floriniens.
Fouriérisme.
Fratricelles, ou Frérots.
Frères Bohémiens
Frères de la Pauvre Vie.
Frères Polonais.

G
Gaïanites.
Galénistes, ou Galénites.
Gentilis Valentin.
Gilbert de la Porrée.
Gnosimaque.
Gnostiques.
Gomar.
Gonzalve.
Gorthée.
Gotescalc.
Grecs.

H
Hattémistes.
Hégélianisme.
Hélicites.
Helvidius.
Hématites.
Henry de Bruis.
Henriciens.
Héracléon.
Hermésianisme.
Hermias.
Hermogéniens.
Hernhutes, ou Hernhuters.
Héshusiens.
Hésicastes.
Hésitants.
Hétérousiens.
Hiéracites.
Hoffmannistes.
Hollande.
Homuncionistes.
Hopkinsians.
Huguenots.
Humanitaires.
Hus (Jean), ou Jean de Hussinets.
Hussites
Hydroparastes.
Hymène, ou Hyménée.

I
Ibériens.
Iconoclastes.
Iconomaques.
Illuminés.
Illuminés Avignonais.
Illuminisme.
Illyricains.
Impanateurs.
Impeccables.
Incorruptibles, ou Incorrupticoles.
Indépendants.
Indifférents.
Indifférentistes.
Infernaux.
Infralapsaires.
Insermentés.
Interim, Intérimistes.
Invisibles.
Islébiens.
Isochristes.
Ithaciens.

J
Jacobel.
Jacobites.
Jansénisme.
Jérôme de Prague.
Joachim.
Joachimites.
Josepins.
Jovinien.
Judaïsme réformé.
Juifs-Chrétiens.
Julien l'Apostat.

K
Kabale. *Voy*. Cabale.
Kouakres. *Voy*. Quakers.

L
Labadistes.
Laïcocéphales.
Lampétiens.
Lapses.
Larmoyants.
Latitudinaires.
Léon Isaurien.
Libellatiques.
Libertins.
Libres.
Libres Penseurs.
Lollards.
Louisettes. *Voy*. Blanchardisme.
Lucianistes.
Lucifériens.
Luther.
Luthériens.

M
Macédoniens.
Macédonius.
Majoristes, ou Majorites.
Mamillaires.
Mandaïtes, ou Chrétiens de Saint-Jean.

TABLE DES MATIÈRES.

Manès.
Manichéens.
Manifestaires.
Marc.
Marcosiens.
Marcelliens.
Marcion.
Martinistes français.
Martinistes russes.
Masbothée.
Massaliens, ou Messaliens.
Massiliens, ou Marseillais.
Matérialistes, ou Matériels.
Maximilianistes.
Mélanchthoniens, ou Luthériens mitigés.
Melchisédéciens.
Melchites.
Méléciens.
Ménandre.
Mennaisianisme.
Mennonites.
Messaliens.
Métamorphistes, ou Transformateurs.
Métangismonites
Méthodistes.
Millénaires.
Minéens.
Mingréliens.
Molinosisme.
Momiers.
Monarchiques.
Monastériens.
Monophysisme.
Monothélites
Montan.
Moraves (Frères).
Moscovites, Russes ou Roxolans.
Multiplians.
Muntzer, ou Munster.
Musculus.
Mutilés de Russie.
Mythe.

N

Nativitaires.
Nazoréens.
Nécessariens.
Néologisme. *Voy.* Exégèse (nouvelle).
Nestorianisme.
Nestorius.
Nicolaïtes.
Noet.
Non-Conformistes.
Novatien.
Nu-pieds Spirituels.
Nyctages, ou Nyctazontes.

O

OEcolampade.
Omphalophysiques.
Ophites.
Opinionistes.
Orangistes.
Orhibariens.
Orébites.

Origène.
Origénisme.
Origénistes.
Osiandriens.
Osiandrisme.
Osma (Pierre d').
Osséniens.
Owen (Robert).

P

Pacificateurs.
Pajonistes.
Palamites.
Panthéisme.
Parfaits.
Parherméneutes.
Particularistes.
Passagiens.
Passalorynchites.
Passionistes.
Pastoricides.
Pastoureaux.
Patarins, Paterins, ou Patrins.
Pateliers.
Paterniens
Patripassiens.
Paul.
Paul de Samosate.
Paulinianistes.
Pauliciens.
Paulins.
Pauvres de Lyon. *Voy.* Vaudois.
Pélage.
Pélagianisme.
Pépuziens.
Péréens, ou Pératiques. *Voy.* Euphrate.
Perfectibilité chrétienne.
Pétiliens. *Voy.* Donatistes.
Pétrobrusiens.
Pettalorynchites.
Phalanstériens. *Voy.* Fouriérisme.
Phantasiastiques.
Philalèthes.
Photin.
Photius.
Phrygiens. *Voy.* Montanistes.
Picards.
Pierre de Bruys.
Pierre d'Osma.
Piétistes.
Pneumatomaques, ou Ennemis du Saint-Esprit.
Poplicains, ou Publicains.
Porphyriens.
Porrétains.
Praxée.
Préadamites.
Prédestinatianisme.
Presbytériens.
Prétendus réformés, *Voy.* Réformation.
Priscillien.
Priscilliens. *Voy.* Montanistes.
Procliens.
Prodianites.
Progrès.

Protestants.
Protoctiste.
Protopaschites.
Psatyriens.
Ptolémaïtes.
Ptolomée.
Puccianistes.
Puritains. *Voy.* Presbytériens.
Puséysme.
Pyrrhonisme. *Voy.* Scepticisme.
Pyrrhus. *Voy.* Monothélites.

Q

Quadrisacramentaux.
Quakers.
Quakers français.
Quartodécimans, ou Quatuordécimans.
Quesnel.
Quiétisme.

R

Rationalisme.
Rebaptisants.
Réformation, Réforme.
Réjouis.
Relaps.
Remontrants.
Renégats.
Rethorius.
Richer (Edmond).
Roscelin.
Roskolniks, ou Raskolniks.
Runcaires.
Rupitans.
Russiens, ou Russes. *Voy.* Moscovites.
Rustaux.

S

Sabbataires, ou Sabbathiens.
Sabellius.
Saccophores.
Saciens.
Sacramentaires.
Sagarel. *Voy.* Segarel.
Saint-Simonisme.
Samosaciens, ou Samosaténiens.
Sampçéens, ou Schamséens.
Sanguinaires.
Saturnin.
Scepticisme.
Schelling.
Schisme d'Angleterre.
Schisme des Grecs. *Voy.* Grecs
Schisme d'Occident.
Scholténiens.
Schwenkfeldiens.
Sectaires.
Secundin.
Secundus.
Segarel ou Sagarel.
Séleucus.
Semi-Ariens.
Semi-Pélagianisme.

Séparatistes.
Sépulcraux.
Servétistes.
Sethiens.
Sévère.
Sévériens.
Significatifs.
Silencieux.
Simon.
Siscidois.
Socialistes.
Sociétés secrètes.
Socinianisme.
Spinosisme.
Stadinghs.
Stancaristes.
Stercoraniste.
Stevenistes.
Stonites, ou Nouvelles Lumières.
Strauss.
Substantiaires.
Supernaturalisme.
Supralapsaires. *Voy.* Infralapsaires.
Syncrétistes.
Synergistes.

Synousiastes. *Voy.* Apollinaristes.

T

Taborites. *Voy.* Hussites.
Taciturnes. *Voy.* Silencieux.
Tauchelin, ou Tanchelme.
Tascadrugistes.
Tatien.
Terministes.
Terrie.
Tétradites.
Théobule, ou Thébule.
Théocatagnostes.
Théodore de Mopsueste.
Théodote. *Voy.* Cléobule.
Théodote le Valentinien.
Théodote de Bysance.
Théopaschites. *Voy.* Patripassiens.
Théophilanthropes.
Thimothéens.
Tnétopsychiques.
Traditeurs.
Trembleurs.
Trinitaires.
Trisacramentaires.

Trithéisme.
Tropiques.
Tropites.
Trustées.
Turlupins.

U

Ubiquistes, ou Ubiquitaires.
Unitaires.
Universalistes.
Utilitaires.

V

Valdo. *Voy.* Vaudois.
Valentin.
Valésiens.
Vaudois.
Vigilance.
Vintras.
Walfrède.
Walkéristes.
Wiclef, ou Jean de Wiclif.
Woëtiens.

Z

Zisca. *Voy.* Hussites.
Zuingle (Ulric).
Zuingliens.

DICTIONNAIRE DES JANSÉNISTES. — ARTICLES QUI LE COMPOSENT.

A

Agier.
Aguesseau (D').
Alétophile. *Voy.* Courtot.
Alexandre (Noël).
Amelot de la Houssaye.
André (N...).
Antine. *Voy.* Clémencet.
Arnauld (Antoine).
Arnauld d'Andilly.
Arnauld (Henri).
Arnauld (*Le faux*).
Asfeld (Bidal d').
Audran.
Auger.
Avocats.

B

Bolus.
Barbier d'Aucourt.
Barcos (Martin de).
Barral.
Barre (De la). *V.* Maistre (Antoine le)
Basnage de Beauval.
Baudin.
Beauteville (Du Buisson de).
Bellegarde (Du Pac de).
Bénédictins de Saint-Maur.
Berti.
Ben-Ezra.
Bescherand.
Beuil (Du).
Blondel.
Boidot.
Boileau (Jacques).
Boileau (Jean-Jacques).
Bonnaire (De). *Voy.* Debonnaire.
Bonnery.
Boissière (Herrieu de la).
Bonlieu.
Bont (De).
Borde (Vivien la).
Bossuet (Jacques-Bénigne).
Boucher (Elie-Marcoul).
Boucher (Philippe).
Bourdaille.
Bourgeois.
Boursier (Laurent-François).
Boursier (Philippe).
Bourzéis.
Boyer.
Brianne.
Briquet.

Broedersen.
Broue (De la).
Brun (Le).
Buzanval (Choart de).

C

Cabrisseau.
Cadry. *Voy.* Darcy.
Camus.
Carmélites de la rue Saint-Jacques.
Carré de Montgeron. *Voy.* Montgeron.
Carrières (De).
Castorie. *Voy.* Néercassel.
Caulet (De).
Caylus (De).
Cerveau.
Chapt de Rastignac (De).
Chauvelin (De).
Chevalier.
Chiniac de la Bastide. *Voy.* Fleury.
Choiseul du Plessis-Praslin (De).
Clémencet (Dom).
Clément.
Clerc (Le).
Climent.
Clugny, ou Cluny (De).
Corbaert.
Codde.
Coffin.
Coislin (De).
Colart.
Colbert.
Cordier.
Couet.
Courayer (Le).
Courtot.
Curés de Blois.
Curés de Paris.
Curés de Reims.

D

Damvilliers.
Dantine (Dom). *Voy.* Clémencet.
Darcy.
Debonnaire.
Deforis (Dom).
Deligny.
Desangins.
Desbois de Rochefort.
Desessarts (Alexis).
Desessarts (Jean-Baptiste). *V.* Poncet.
Desfours de Génetière.
Desmares.

Desroques.
Dinouart.
Dominis (De).
Dorsanne.
Drapier.
Dublineau.
Dubois. *Voy.* Quesnel.
Duguet.
Duhamel.
Dumont.
Dupac de Bellegarde. *V.* Bellegarde.
Durand (Dom). *Voy.* Clémencet.
Dusaussois.
Duverger, ou Duverger de Hauranne. *Voy.* Saint-Cyran.

E

Espen (Van).
Etemare (Lesesne de Ménille d').
Eykenboom.

F

Fabre.
Fauvel.
Feuillet.
Fèvre (Le).
Feydeau.
Fite-Maria (De la).
Fitz-James (De).
Fleury.
Flore de Sainte-Foi.
Floriot.
Fontaine (Claude).
Fontaine (Jacques) de la Roche.
Fontaine (Nicolas).
Fossé (Du).
Fouilloux (Du).
Foulon.
Fourquevaux (Pavie de).
Fresne.
Froidmont, ou Fromont.

G

Gabriel (Gilles de).
Gaufridy.
Gaultier (Jean-Baptiste).
Gauthier (François-Louis).
Gazaignes.
Genet.
Génetière. *Voy.* Desfours.
Geunes (De).
Gerberon.
Gory.
Gesvres (Dom).

Gibieuf.
*Gilbert.
Girard (Claude).
Girard de Villethierry.
Gondrin (De Pardaillan de).
Goujet.
Goulin.
Grégoire (Henri).
Gros (Le).
Gudver.
Guenin.
Guera d.
Guéret.
Guet (Du). *Voy.* Duguet.
Guibaud.
Guidi.
Guilbert.
Guillemin.

H

Habert.
Hamon.
Hautefage.
Havermans.
Hennebel.
Henri de Saint-Ignace.
Hermant.
Herminier (L'). *Voy.* Lherminier.
Hersan, ou H. rsent.
Hervaut (D').
Hugot.
Huré.
Huygens.

I

Irénée.
Isle (L'abbé de l').
Isle (M. de l').
Isolé (Dom).

J

Jabineau.
Jacquemont.
Jaille.
Jansénius.
Jard.
Josseval. *Voy.* Mothe-Josseval.
Joubert.
Jubé.
Juenin.
Juglar.
Julliot. *Voy.* Caylus (de).

L

Laborde. *Voy.* Borde (La).
Labroue. *Voy.* Broue (La).
Lafont (De).
Lalane (De).
Lambert.
Lancelot (Dom).
Langrand, ou Leugrand.
Ladgle.
Larrière (De).
Latigny (Le sieur de). *Voy.* Lalane.
Laugier, ou Loger. *Voy.* Loger.
Laval.
Lenet.
Lequeux.
Levier.
Lherminier.
Lieppe (Le P.).
Ligny (De). *Voy.* Deligny.
Lisle (L'abbé de). *Voy.* Boucher.
Loger.
Lombert.
Lorraine (De).
Louail.
Louvart (Dom).

M

Maistre (Antoine le).
Maistre (Louis-Isaac le).
Malleville.
Malot.
Manoir (L'abbé du).
Marets (Des).
Mariette.
Masclef.

Mauduit.
Mauguy.
Maultrot.
Méganek.
Mesenguy.
Mézeray (Eudes de).
Mignot.
Minard (L'abbé).
Minard (Louis-Guillaume).
Montalte (Louis de). *Voy.* Pascal.
Montazet (Malvin de).
Montempuys. *Voy.* Petit.
Montgaillard (De Percin de).
Montgeron (Carré de).
Morel (Dom).
Mothe-Josseval (La). *Voy.* Amelot de la Houssaye.
Mouton.
Mullet.

N

Natali.
Natte (De).
Naveus.
Néercassel (De).
Nicole.
Noailles (Louis-Antoine de).
Noailles (Gaston-J.-Baptiste-Louis de).
Noé (Marc-Antoine de).
Noé-Menard (Jean de la).
Noir (Le).

O

Opstraët.

P

Pacaud, ou Pacot.
Paccori.
Paige (Le).
Paléophile.
Paradan.
Paris.
Pâris.
Pascal.
Pastel.
Pavillon.
Pelé.
Pelvert, ou Bon-François Rivière.
Perrier (L'abbé). *Voy.* Maistre (Antoine le).
Petit de Montempuys.
Petit-Didier (Dom).
Petit-Pied.
Philibert (Emmanuel-Robert de). *Voy.* Gazaignes.
Pilé.
Pin (Ellies du).
Pinel.
Plaigne (La). *Voy.* Lambert.
Pluquet.
Poitevin (François). *Voy.* Gerberon.
Pomart.
Poncet, ou Jean-Baptiste Desessarts.
Pontanus.
Pontchasteau (Du Cambout de).
Pouget.
Pressigny (Le sieur de). *V.* Gerberon.
Prieur.
Profecturus. *Voy.* Nicole.

Q

Quesnel.
Queux (Le). *Voy.* Lequeux.

R

Racine (Louis).
Rastignac. *Voy.* Chapt.
Raucourt.
Rebecq (De). *Voy.* Quesnel.
Reynaud.
Ricci.
Richard (L'abbé). *Voy.* Gerberon.
Richer.
Ridolfi.
Rigberius. *Voy.* Gerberon.
Rondet.
Rousse (Gérard).

Rousse (N...).
Roy (Charles-François Le).
Roy (Guillaume Le).
Royaumont. *Voy.* Sacy.
Ruth d'Ans.

S

Sacy. *Voy.* Maistre (Louis-Isaac le).
Saint-Amour (Louis-Gorin de).
Saint-Aubin (L. de). *Voy.* Maistre (Antoine le).
Saint-Cyran.
Saint-Julien (L'abbé de). *V.* Gerberon.
Saint-Marc (Charles-Hug. Le Fèvre de).
Saint-Marc. *Voy.* Guenin.
Sainte-Foi (Flore de).
Sainte-Marthe (Abel-Louis de).
Sainte-Marthe (Claude de).
Sainte-Marthe (Denis de).
Salaz (N...).
Samson (N...). *Voy.* Avocats.
Sanden.
Sanson (Jean-Baptiste).
Saussois (Du). *Voy.* Dusaussois.
Ségur (De).
Serry.
Sévigné (Marie de Rabutin de).
Singlin.
Sinnich.
Soanen.
Solari.
Stanoven. *Voy.* Louvart.

T

Tabaraud.
Talhé.
Tamburini. *Voy.* Zola.
Terrasson (Gaspard).
Thierri de Viaixnes (Dom). *Voyez* Viaixnes.
Thiroux (Dom).
Thomas du Fossé.
Thomassin (N...).
Tourneux (Le).
Tournus.
Touvrovre (N.... de)
Travers.
Treuvé.
Triperet (Dom).
Tronchay.
Troya d'Assigny.

V

Valentin (L'abbé).
Valla.
Vander-Croon.
Van-de-Velden (Corneille). *Voy.* Gerberon.
Van-Espen. *Voy.* Espen.
Van-Hussen. *Voy.* Louvart.
Van-Roost.
Varet.
Varlet (Dominique-Marie).
Varlet (Jacques).
Vassor (Michel Le).
Vaucel (Du).
Vauge (Gilles).
Vence (François de Villeneuve de).
Verax.
Verhulst.
Verkeul. *Voy.* Louvart.
Viaixnes (Dom Thierri de).
Villeflore (Joseph-Franç. Bourgoin de).
Viou (le P.).
Voisin (De).
Vuitasse, ou Witasse.

W

Waterloop.
Wendrock. *Voy.* Nicole.
Widenfeldt.
Witte (Gilles de).
Wittola.
Wolfgang-Joeger.

Z

Zola.

INDEX *librorum prohibitorum qui usque ad hanc diem damnati fuere.* II, 905-1252.
PROPOSITIONES *ab Ecclesia damnatæ.* II, 1253-1528.
CATALOGUE complet et par ordre alphabétique des ouvrages qui ont été l'objet soit de condamnations, soit de poursuites judiciaires, depuis 1814 jusqu'au 1er septembre 1847. II, 1529-1408.

FIN DU SECOND ET DERNIER VOLUME.

www.ingramcontent.com/pod-product-compliance
Lightning Source LLC
Chambersburg PA
CBHW050322020526
44117CB00031B/1339